**Hümmerich**  Arbeitsrecht

ANWALTFORMULARE
DeutscherAnwaltVerein

# Arbeitsrecht

Schriftsätze · Verträge
Erläuterungen

Von
Rechtsanwalt Prof. Dr. Klaus Hümmerich
Fachanwalt für Arbeitsrecht
Bonn

3., völlig überarbeitete
und erweiterte Auflage 2000

**Zitiervorschlag:**
Hümmerich, Arbeitsrecht, § 1 Rn 1

**Hinweis**
Die Formulierungsbeispiele in diesem Buch wurden mit Sorgfalt und nach bestem Wissen erstellt. Sie stellen jedoch lediglich Arbeitshilfen und Anregungen für die Lösung typischer Fallgestaltungen dar. Die Eigenverantwortung für die Formulierung von Verträgen, Verfügungen und Schriftsätzen trägt der Benutzer. Autoren und Verlag übernehmen keinerlei Haftung für die Richtigkeit und Vollständigkeit der in dem Buch und auf der CD-ROM enthaltenen Ausführungen und Formulierungsbeispiele.

Copyright 2000 by Deutscher Anwaltverlag, Bonn
Satz und Druck: Richarz Publikations Service GmbH, St. Augustin

Die Deutsche Bibliothek – CIP-Einheitsaufnahme

Hümmerich, Klaus:
Arbeitsrecht: Schriftsätze, Verträge, Erläuterungen / von Klaus Hümmerich. – 3., völlig überarb. und erw. Aufl. – Bonn: Dt. Anwaltverl., 2000
   (Anwaltformulare)
   ISBN 3-8240-0396-1

# Vorwort zur 3. Auflage

Was bietet die 3. Auflage Neues? Zunächst einmal ist das Buch wesentlich erweitert, wie der geneigte Leser auf einen Blick feststellen kann. Die zunächst auffälligste Änderung betrifft die Struktur und den Aufbau des Buches. Aus eigenen Überlegungen und aus Gesprächen mit Kollegen erwuchs die Überzeugung, daß das Buch in der 2. Auflage nicht klar genug gegliedert war.

Im Grunde besaß das Buch eine einfache und übersichtliche Gliederung, wenn man einen Blick auf die in der 2. Auflage noch als „Teile" bezeichneten Abschnitte des Werkes warf.

**Teil 1: Verträge mit Arbeitnehmern, Gesellschaftsorganen und Selbständigen**
- § 1  Arbeitsverträge
- § 2  Handelsvertreterverträge und Verträge mit freien Mitarbeitern
- § 3  Anstellungsverträge mit GmbH-Geschäftsführern und AG-Vorständen

**Teil 2: Zusatzvereinbarungen zu Arbeits- und Anstellungsverträgen**
- § 4  Nachvertragliche Wettbewerbsverbote
- § 5  Verträge über Kfz-Nutzung
- § 6  Ausbildungsfinanzierung und Arbeitgeberdarlehen

**Teil 3: Mustertexte des Personalwesens**
- § 7  Abmahnungen
- § 8  Zeugnistexte
- § 9  Textbeispiele aus der Personalarbeit

**Teil 4: Auflösungsverträge**
- § 10  Aufhebungsverträge
- § 11  Abwicklungsverträge
- § 12  Altersteilzeitverträge

**Teil 5: Betriebsvereinbarungen**
- § 13  Freiwillige Betriebsvereinbarungen
- § 14  Erzwingbare Betriebsvereinbarungen
- § 15  Interessenausgleichsvereinbarungen und Sozialpläne

**Teil 6: Anwaltsgebühren**
- § 16  Honorarvereinbarungen
- § 17  Gegenstandswerte im Arbeitsrecht
- § 18  Korrespondenz mit Rechtsschutzversicherungen

**Teil 7: Schriftsätze im arbeitsgerichtlichen Urteilsverfahren**
- § 19  Vertretung von Arbeitnehmern
- § 20  Vertretung von Arbeitgebern
- § 21  Statusneutrale Schriftsätze im Urteilsverfahren

**Teil 8: Schriftsätze im arbeitsgerichtlichen Beschlußverfahren**
- § 22  Vertretung von Betriebsräten im Beschlußverfahren
- § 23  Vertretung von Arbeitgebern
- § 24  Statusneutrale Schriftsätze

Da optisch die einzelnen Teile nicht als Obergliederungspunkte, beispielsweise in der Kopfzeile, erschienen, konnte der Leser die Schrift nur nach den durchnummerierten Paragraphen wahrnehmen, die in Wahrheit Unterkapitel darstellten. Auf diese Weise wurde der Zugang zu der im Grunde übersichtlichen Gliederung erschwert. Trotzdem haben Verlag und Autor unter Wahrung der für die Reihe „Anwaltformulare" maßgeblichen Prinzipien einen Weg gefunden, mit der dritten Auflage die Struktur zu wahren und das Werk trotz seines Umfangs für den Benutzer zugänglich zu gestalten. Die neue Gliederung lautet wie folgt:

### § 1 Verträge mit Arbeitnehmern, Gesellschaftsorganen und Selbständigen
Kapitel 1: Arbeitsverträge
Kapitel 2: Handelsvertreterverträge und Verträge mit freien Mitarbeitern
Kapitel 3: Anstellungsverträge mit GmbH-Geschäftsführern und AG-Vorständen

### § 2 Zusatzvereinbarungen zu Arbeits- und Anstellungsverträgen
Kapitel 1: Nachvertragliche Wettbewerbsverbote
Kapitel 2: Kfz-Nutzung
Kapitel 3: Ausbildungsfinanzierung und Arbeitgeber-Darlehen

### § 3 Mustertexte des Personalwesens
Kapitel 1: Einstellung und Entlassung
Kapitel 2: Administration bestehender Arbeitsverhältnisse
Kapitel 3: Zeugnistexte

### § 4 Trennung von Arbeitnehmern
Kapitel 1: ABC der Kündigungsgründe
Kapitel 2: Abwicklungs- und Aufhebungsverträge
Kapitel 3: Altersteilzeitverträge

### § 5 Betriebsvereinbarungen
Kapitel 1: Freiwillige Betriebsvereinbarungen
Kapitel 2: Erzwingbare Betriebsvereinbarungen
Kapitel 3: Interessenausgleichsvereinbarungen und Sozialpläne

### § 6 Anwaltsgebühren
Kapitel 1: Honorarvereinbarungen
Kapitel 2: Gegenstandswerte im Arbeitsrecht
Kapitel 3: Korrespondenz mit Rechtsschutzversicherungen

### § 7 Schriftsätze im arbeitsgerichtlichen Urteilsverfahren
Kapitel 1: Vertretung von Arbeitnehmern
Kapitel 2: Vertretung von Arbeitgebern
Kapitel 3: Statusneutrale Schriftsätze

### § 8 Schriftsätze im arbeitsgerichtlichen Beschlußverfahren
Kapitel 1: Vertretung von Betriebsräten
Kapitel 2: Vertretung von Arbeitgebern
Kapitel 3: Statusneutrale Schriftsätze

Alle Erläuterungen und Textbausteine wurden auf den Rechtsprechungsstand Januar 2000 sowie auf den Gesetzgebungsstand April 2000 gebracht. Mit der vorgelegten Auflage wird allen Einzelkapiteln ein eigenständiger Literaturüberblick vorangestellt. Die meisten Kapitel habe ich grundlegend neu bearbeitet, so beispielsweise die §§ 3 und 4, andere Erläuterungen und Textbausteine sind nur an die veränderte Rechtslage oder an neuere Rechtsprechung angepaßt.

In § 1 haben breiten Raum in der Neubearbeitung die Verträge mit Arbeitnehmern, Gesellschaftsorganen und Selbständigen eingenommen, nicht zuletzt aufgrund einer breit angelegten, wissenschaftlichen Diskussion zur Scheinselbständigkeit nach Inkrafttreten des § 7 Abs. 4 SGB IV und einer sich anschließenden, in Etappen vollzogenen Rechtsänderung. Sämtliche Verträge entsprechen jetzt der geänderten Rechtslage nach Inkrafttreten des arbeitsrechtlichen Korrekturgesetzes und des Korrekturgesetzes zur Scheinselbständigkeit. Auch die Neuerungen durch das Arbeitsgerichtsbeschleunigungsgesetz, das zum 01.05.2000 in Kraft getreten ist, konnten noch berücksichtigt werden.

Manche Erläuterungen, wie beispielsweise zu den geringfügig Beschäftigten, sind völlig neu geschrieben. Um eine Reihe von Stichworten (Euro, Incentiv, Stock-Options, Leiharbeitsverhältnisse) ist das Klauselalphabet in § 1 erweitert. Insgesamt wurden 18 neue Vertragsmuster in § 1 aufgenommen, ein Muster entfiel ersatzlos. In Kapitel 1 finden sich in einem neuen Unterkapitel („Sonderregelungen") Muster zu aktuellen Themengebieten wie z. B. ein Antragsformular auf Erteilung einer Bescheinigung zur Steuerfreistellung des Arbeitslohnes für ein geringfügiges Beschäftigungsverhältnis, ein Fragebogen für geringfügig Beschäftigte und eine Gesamtzusage zu Aktienoptionen.

In § 2 habe ich die Erläuterungen zum nachvertraglichen Wettbewerbsverbot überarbeitet und die übrigen Erläuterungen aufgrund neuerer Rechtsprechung aktualisiert. Einige Mustertexte erscheinen in neuem Gewand, vier Muster kamen hinzu.

§ 3 habe ich in eine geänderte Gliederung gebracht. Statt der Kapitel „Abmahnungen", „Zeugnistexte" und „Textbeispiele aus der Personalarbeit" gibt es jetzt die Kapitel „Einstellung und Entlassung", „Administration bestehender Arbeitsvehältnisse" und „Zeugnistexte", die jeweils mit umfänglichen Erläuterungstexten versehen wurden.

In Kapitel 1 habe ich 31 Muster zusätzlich aufgenommen, 7 Muster wurden aus der Vorauflage beibehalten. Die neuen Muster betreffen Themen wie Bewerberauswahl, Stellenbeschreibung, Mitbestimmung des Betriebsrates bei der Einstellung und Kündigungsschreiben. In Kapitel 2 wurden 28 Muster hinzugefügt, 15 Muster habe ich aus der Vorauflage belassen. Sie umfassen Bereiche wie Mitarbeiterbeurteilung, Änderung von Arbeitsbedingungen, Dienstreisen, Urlaub, Mutterschaft, Datenschutz oder Abmahnung.

§ 4 (früher Teil 4) hat eine komplette Neubearbeitung erfahren. Erstes Unterkapitel ist nunmehr ein ABC der Kündigungsgründe, in dem man unter Stichworten die Rechtsprechung, auch der Instanzgerichte, zu Kündigungssachverhalten auf einen Blick erfassen kann. Das ABC der Kündigungsgründe habe ich hinzugenommen, weil Prozeßchancen im Kündigungsrechtsstreit beim Aushandeln der Abfindungshöhe für Abwicklungs- und Aufhebungsvertrag von maßgeblicher Bedeutung sind. Das ABC der Kündigungsgründe ist als stichwortmäßiger Argumentationshelfer in den Abfindungsverhandlungen des Anwalts gedacht. Im Unterkapitel 2 sind die früheren §§ 10, 11 (Aufhebungsvertrag, Abwicklungsvertrag) zusammengefaßt. Die Erläuterungen habe ich neu geschrieben. Sie sind wesentlich umfangreicher geworden und berücksichtigen die aktuelle Literatur und Rechtsprechung, vor allem die Änderungen durch das Korrekturgesetz, sowie Änderungen im Bereich des Steuer- und des Arbeitslosenförderungsrechts. Fünf Texte zu Aufhebungs- und Abwicklungsverträgen sind hinzugekommen, inzwischen auch Abwicklungsverträge in englischer und italienischer Sprache. Schließlich war das Unterkapitel 3 über Altersteilzeitvereinbarungen an die Änderung des Altersteilzeitgesetzes (BGBl I 1999, 2494) anzupassen und um weitere zwei Vertragsmuster zu bereichern.

## Vorwort

Neben einer Aktualisierung der Erläuterungen in § 5, insbesondere einer nach dem Korrekturgesetz notwendig gewordenen vollständigen Neubearbeitung der Erläuterungen zu Interessenausgleich und Sozialplan, habe ich die Muster um 26 Betriebsvereinbarungen erweitert. Hinzugekommen sind u. a. Betriebsvereinbarungen zur Verwendung von E-mail und Internet, zum Einsatz von SAP-Programmen sowie zur Video- und Kameraüberwachung. Auch Betriebsvereinbarungen zum Umweltschutz, zur Förderung von Teilzeitarbeit sowie zur Einführung von Telearbeit sind hinzugefügt.

Aus Redundanzgründen entfallen in Kapitel 3 die Interessenausgleichs- und Sozialplanvereinbarungen der Muster 2480 und 2481. Neu in der Sammlung sind u. a. ein Transferinteressenausgleich und ein Transfersozialplan mit dem dazugehörigen Schriftwechsel. Nach wie vor werden keine Muster zur Betriebsratsarbeit abgedruckt. Geschäftsordnungen des Betriebsrats oder Unterlagen zur Betriebswahl sind vielfältig über die Gewerkschaften zu beziehen und es wird dem beratenden Anwalt selten abverlangt, in diesem Bereich Entwürfe zu fertigen.

In § 6 Kapitel 1 wurde der Erläuterungstext neu gefaßt, und es kam ein weiteres Muster einer arbeitsrechtlichen Honorarvereinbarung hinzu. In Kapitel 2 sind eine Reihe von Mustertexten zu Gegenstandswerten hinzugekommen. Die Tabelle der Streitwerte bei Beschlußverfahren (Kap. 3) wurde in großem Umfang aktualisiert und erweitert.

Die gerichtlichen Schriftsätze sind um zahlreiche neue Mustertexte erweitert worden. Der Bereich der gerichtlichen Schriftsätze (§ 7) wurde an die gegenwärtige Rechtsprechung angepaßt. Eine Reihe von Schriftsätzen ist entfallen. Insgesamt 50 neue Klagen bzw. Erwiderungsschriftsätze sind hinzugekommen. Sie reichen von der Klage auf tabakfreien Arbeitsplatz über Klagen zur betrieblichen Altersversorgung bis hin zu Klagen wegen Ungleichbehandlung, Geschlechtsdiskriminierung oder Einhaltung von Wettbewerbsverboten.

In § 8 (Beschlußverfahren) sind 11 Muster hinzugekommen: Aus Kapitel 1 sei ein Antrag auf Bestellung eines Wahlvorstandes zur Betriebsratswahl erwähnt, ebenso ein Antrag auf Festsetzung von Zwangsgeld wegen Nichtaufhebung einer personellen Maßnahme, eine Replik wegen Zustimmungsverweigerung bei zu hoher Eingruppierung, ein Antrag des Betriebsrats auf moderne Kommunikationsmittel, ein Antrag des Betriebsrates auf Information über die Konzernstruktur, ein Antrag auf Abgeltung und Freizeitausgleich für Betriebsratstätigkeit und ein Antrag auf Errichtung einer Einigungsstelle wegen Mitarbeiterbeschwerden. In § 8 Kapitel 2 findet sich jetzt außerdem ein Antrag auf Entbindung von der Pflicht zur Weiterbeschäftigung eines Auszubildenden, ein Antrag im Beschlußverfahren auf Ersetzung der Zustimmung des Betriebsrats zur Kündigung sowie eine Unterlassungsverfügung gegen die Betriebsratswahl.

Eine Aufgabe des Formularbuchs ist es auch, aktuelle Entwicklungen in der arbeitsrechtlichen Vertragsgestaltung zu verfolgen und dem Rechtsanwalt Lösungsmöglichkeiten für neue Probleme zur Verfügung zu stellen. Daher finden sich zu aktuellen Entwicklungen jeweils mehrere Muster, durch die die unterschiedlichen Konstellationen abgedeckt werden, in denen sich die Vertragsgestaltung vollziehen kann. So enthält das Werk jetzt zum Thema „Stock Options" einen Arbeitsvertrag mit einer ausführlichen Stock Option-Vereinbarung, ein Muster zur nachträglichen Einführung von Stock Options, eine Gesamtzusage über Aktienoptionen sowie eine entsprechende Betriebsvereinbarung. Ähnlich verhält es sich im Bereich der in letzter Zeit immer häufiger diskutierten Telearbeit. Hier bietet das Formularbuch einen Arbeitsvertrag zur Telearbeit, eine nachträgliche Vereinbarung zur Telearbeit sowie zwei verschiedene Betriebsvereinbarungen zu diesem Thema.

Für ihre unermüdliche Hilfe bei der 3. Auflage möchte ich Frau Assessorin Hannah Adelmann und Frau Referendarin Karolin Grünkorn ganz herzlich danken.

Bonn, im Frühjahr 2000                          Rechtsanwalt Prof. Dr. K. Hümmerich

# Inhaltsübersicht

| | |
|---|---:|
| **§ 1 Verträge mit Arbeitnehmern, Gesellschaftsorganen und Selbständigen** | 43 |
| Kapitel 1: Arbeitsverträge | 43 |
| Kapitel 2: Handelsvertreterverträge und Verträge mit freien Mitarbeitern | 455 |
| Kapitel 3: Anstellungsverträge mit GmbH-Geschäftsführern und AG-Vorständen | 537 |
| **§ 2 Zusatzvereinbarungen zu Arbeits- und Anstellungsverträgen** | 613 |
| Kapitel 1: Nachvertragliche Wettbewerbsverbote | 613 |
| Kapitel 2: Kfz-Nutzung | 633 |
| Kapitel 3: Ausbildungsfinanzierung und Arbeitgeberdarlehen | 653 |
| **§ 3 Mustertexte des Personalwesens** | 667 |
| Kapitel 1: Einstellung und Entlassung | 667 |
| Kapitel 2: Administration bestehender Arbeitsverhältnisse | 705 |
| Kapitel 3: Zeugnistexte | 743 |
| **§ 4 Beendigung von Arbeitsverhältnissen** | 757 |
| Kapitel 1: Kündigung von Arbeitsverhältnissen | 757 |
| Kapitel 2: Abwicklungs- und Aufhebungsverträge | 825 |
| Kapitel 3: Altersteilzeitverträge | 939 |
| **§ 5 Betriebsvereinbarungen** | 951 |
| Kapitel 1: Freiwillige Betriebsvereinbarungen | 951 |
| Kapitel 2: Erzwingbare Betriebsvereinbarungen | 1009 |
| Kapitel 3: Interessenausgleichsvereinbarungen und Sozialpläne | 1107 |
| **§ 6 Anwaltsgebühren** | 1315 |
| Kapitel 1: Honorarvereinbarungen | 1315 |
| Kapitel 2: Gegenstandswerte im Arbeitsrecht | 1331 |
| Kapitel 3: Korrespondenz mit Rechtsschutzversicherungen | 1401 |
| **§ 7 Schriftsätze im arbeitsgerichtlichen Urteilsverfahren** | 1425 |
| Kapitel 1: Vertretung von Arbeitnehmern | 1425 |
| Kapitel 2: Vertretung von Arbeitgebern | 1597 |
| Kapitel 3: Statusneutrale Schriftsätze im Urteilsverfahren | 1699 |
| **§ 8 Schriftsätze im arbeitsgerichtlichen Beschlußverfahren** | 1725 |
| Kapitel 1: Vertretung von Betriebsräten im Beschlußverfahren | 1725 |
| Kapitel 2: Vertretung von Arbeitgebern | 1779 |
| Kapitel 3: Statusneutrale Schriftsätze | 1791 |
| Stichwortverzeichnis | 1801 |
| Benutzerhinweise zur CD-ROM | 1831 |

# Inhaltsverzeichnis

§ 1 Verträge mit Arbeitnehmern, Gesellschaftsorganen und Selbständigen .... 43

**Kapitel 1: Arbeitsverträge** . . . . . . . . . . . . . . . . . . . . . . . . . 43
A. Erläuterungen und Klauselalphabet . . . . . . . . . . . . . . . . . . . 43
    I. Beachtenswertes zur Vertragsgestaltung . . . . . . . . . . . . . . 43
    II. Methodische Fragen der Vertragsgestaltung . . . . . . . . . . . . 44
    III. Grenzen der Vertragsgestaltung . . . . . . . . . . . . . . . . . 46
    IV. Die Rechtsprechung zu den Vertragsklauseln – Klauselalphabet . . . . . 50
      1. Abrufklauseln . . . . . . . . . . . . . . . . . . . . . . . 50
      2. Abtretungsverbote . . . . . . . . . . . . . . . . . . . . . 52
      3. Altersgrenzenklauseln . . . . . . . . . . . . . . . . . . . 55
      4. Anrechnungsklauseln bei Tariflohnerhöhungen . . . . . . . . . 57
      5. Anwesenheitsprämien . . . . . . . . . . . . . . . . . . . 58
      6. Arbeitsort . . . . . . . . . . . . . . . . . . . . . . . . 59
      7. Arbeitszeitregelungen . . . . . . . . . . . . . . . . . . . 60
      8. Auslandsarbeitsverträge . . . . . . . . . . . . . . . . . . 62
        a) Arbeitsrechtliche Aspekte . . . . . . . . . . . . . . . . 62
        b) Sozialversicherungsrechtliche Aspekte bei Entsendung und Abordnung . 64
        c) Sozialversicherungsrechtliche Aspekte beim Auslandsarbeitsvertrag . . 65
        d) Steuerrechtliche Aspekte bei Entsendung und Abordnung . . . . . 66
        e) Steuerrechtliche Aspekte bei Auslandsarbeitsverträgen . . . . . . 66
      9. Ausschlußfristen . . . . . . . . . . . . . . . . . . . . . 67
      10. Ärztliche Untersuchungen . . . . . . . . . . . . . . . . . 70
      11. Befristung von Arbeitsverhältnissen . . . . . . . . . . . . . 71
        a) Arbeitnehmerüberlassung . . . . . . . . . . . . . . . . 73
        b) Aufenthaltserlaubnis . . . . . . . . . . . . . . . . . . 73
        c) Ausbildung, Fortbildung und Weiterbildung . . . . . . . . . 73
        d) Aushilfsarbeitsverhältnisse . . . . . . . . . . . . . . . . 75
        e) Auslauftatbestände . . . . . . . . . . . . . . . . . . . 76
        f) Bedarfsschwankungen . . . . . . . . . . . . . . . . . 77
        g) Befristung nach dem BeschFG . . . . . . . . . . . . . . 77
        h) Aushilfstätigkeit bei Vertretung von Mitarbeiterinnen in Mutterschutz und Erziehungsurlaub . . . . . . . . . . . . . . . . . . . . 77
        i) Wiederholter Abschluß befristeter Verträge . . . . . . . . . 78
        k) Eingliederung im Rahmen einer Arbeitsbeschaffungsmaßnahme . . . 79
        l) Mitarbeiter der Presse und des Rundfunks . . . . . . . . . 79
        m) Personalrotation . . . . . . . . . . . . . . . . . . . . 79
        n) Probearbeitsverhältnisse . . . . . . . . . . . . . . . . . 81
        o) Saisonarbeit . . . . . . . . . . . . . . . . . . . . . . 82
        p) Sozialer Überbrückungszweck . . . . . . . . . . . . . . 82
        q) Wunsch des Arbeitnehmers . . . . . . . . . . . . . . . 83
        r) Sonstiges zu befristeten Arbeitsverhältnissen . . . . . . . . 83
      12. Betriebsvereinbarungsöffnungsklauseln . . . . . . . . . . . . 84
      13. Beweislastvereinbarungen . . . . . . . . . . . . . . . . . 85
      14. Direktversicherung . . . . . . . . . . . . . . . . . . . . 88

| | | |
|---|---|---|
| 15. | Entgeltfortzahlung | 88 |
| 16. | Euroklausel | 91 |
| 17. | Freistellung | 93 |
| 18. | Gehaltsanpassungsklauseln | 94 |
| 19. | Gerichtsstandsklauseln | 95 |
| 20. | Geringfügig Beschäftigte | 96 |
| | a) Sozialversicherungspflicht | 97 |
| | b) Besteuerung | 99 |
| | c) Weitere arbeitsrechtliche Änderungen | 101 |
| 21. | Gratifikationsvereinbarungen | 102 |
| 22. | Haftungsregelungen | 109 |
| | a) Haftungsbegrenzungsklauseln zugunsten des Arbeitgebers | 110 |
| | b) Haftungsregelungen für Arbeitnehmer | 111 |
| | c) Arbeitnehmerhaftung bei Kfz-Schäden | 114 |
| 23. | Herausgaberegelungen | 115 |
| 24. | Incentiv-Klauseln | 115 |
| 25. | Kollektivrechtlicher Bezug | 116 |
| 26. | Kündigung vor Dienstantritt | 117 |
| 27. | Kündigungsgründe | 118 |
| 28. | Kündigungsfristen | 119 |
| 29. | Kurzarbeitsklauseln | 121 |
| 30. | Leiharbeitsverhältnisse | 122 |
| 31. | Nebentätigkeit | 122 |
| 31. | Raucherklausel | 123 |
| 32. | Salvatorische Klauseln | 124 |
| 33. | Schriftformklauseln | 125 |
| 34. | Stock Options | 127 |
| | a) Nicht handelbare Optionen | 130 |
| | b) Voll handelbare Optionen | 130 |
| | c) Virtuelle Optionsprogramme | 131 |
| | d) Arbeitsrechtliche Gestaltung von Aktienoptionsplänen | 132 |
| 35. | Tätigkeitsbeschreibung | 134 |
| 36. | Tantieme | 141 |
| 37. | Teilzeitarbeitsverhältnisse | 141 |
| 38. | Überstundenregelungen | 143 |
| 39. | Urlaubsabreden | 144 |
| 40. | Vergütung | 146 |
| 41. | Verschwiegenheitspflicht | 146 |
| 42. | Vertragsstrafen | 147 |
| 43. | Vertriebsmitarbeiterverträge | 149 |
| 44. | Verweisungsklauseln | 152 |
| 45. | Zulagen | 155 |

B. Vertragstexte . . . . . . . . . . . . . . . . . . . . . . . . . . . . . . . . . . . . . . . . . . 155

    I. Sondertexte . . . . . . . . . . . . . . . . . . . . . . . . . . . . . . . . . . . . . . . . 155

| | | |
|---|---|---|
| 1. | Muster: Niederschrift gemäß Nachweisgesetz | 155 |
| 2. | Muster: Vertrag für geringfügig Beschäftigte | 156 |
| 3. | Muster: Rahmenvereinbarung über Arbeit auf Abruf, flexible Arbeitszeit | 158 |
| 4. | Muster: Volontariatsvertrag mit einer Agentur | 160 |

5. Muster: Ausbildungsvertrag mit einem Auszubildenden . . . . . . . . . 162
6. Muster: Einfacher befristeter Arbeitsvertrag . . . . . . . . . . . . . 168
7. Muster: Einarbeitungsvertrag nach längerer Krankheit . . . . . . . . . 169
8. Muster: Mietvertrag über Werkswohnung . . . . . . . . . . . . . . 170
9. Muster: Arbeitsvertrag mit Eheleuten (Hausmeister und Wirtschafterin einer betrieblichen Schulungsstätte) . . . . . . . . . . . . . . . . . . . 178
10. Muster: Arbeitsvertragliche Gratifikationsvereinbarung mit Freiwilligkeitsvorbehalt . . . . . . . . . . . . . . . . . . . . . . . . . . . 182
11. Muster: Job-Sharing-Vertrag . . . . . . . . . . . . . . . . . . . 183
12. Muster: Telearbeit im Heimarbeitsverhältnis . . . . . . . . . . . . . 184
13. Muster: Rahmenvereinbarung für befristete Arbeitsverhältnisse . . . . . 186

II. Verträge mit gewerblichen Arbeitnehmern . . . . . . . . . . . . . . . . 187
1. Muster: Arbeitsvertrag eines Arbeiters ohne Tarifbezug mit Einbeziehung einer Betriebsvereinbarung . . . . . . . . . . . . . . . . . . . 187
2. Muster: Einfacher Arbeitsvertrag eines Arbeiters mit Tarifbezug . . . . 190
3. Muster: Arbeitsvertrag eines Arbeiters ohne Tarifbindung mit Sechs-Tage-Woche . . . . . . . . . . . . . . . . . . . . . . . . . . . . 191
4. Muster: Arbeitsvertrag eines Arbeiters mit teilweiser Übernahme tariflicher Bestimmungen . . . . . . . . . . . . . . . . . . . . . . . . . 195
5. Muster: Arbeitsvertrag eines Arbeiters unter Einschluß möglicher Tarifbindung . . . . . . . . . . . . . . . . . . . . . . . . . . 197
6. Muster: Befristeter Arbeitsvertrag mit Rufbereitschaft und Tarifbindung . . 199

III. Verträge mit Angestellten . . . . . . . . . . . . . . . . . . . . . . . 202
1. Muster: Musterarbeitsvertrag eines Angestellten ohne Tarifvertragsbezug . 202
2. Muster: Arbeitsvertrag als Anschreiben mit Organisationsanweisungen (guideline) . . . . . . . . . . . . . . . . . . . . . . . . . . 207
3. Muster: Arbeitsvertrag mit Einrichtung der kath. Kirche unter Einbeziehung der AVR . . . . . . . . . . . . . . . . . . . . . . . . . . . 212
4. Muster: Arbeitsvertrag mit einer Einrichtung der evangelischen Kirche unter Einbeziehung der Dienstvertragsordnung in Deutschland . . . . . . . 213
5. Muster: BAT-Arbeitsvertrag . . . . . . . . . . . . . . . . . . . . 215
6. Muster: Arbeitsvertrag im mittelständischen Unternehmen mit Betriebsrat, ohne Tarifbezug . . . . . . . . . . . . . . . . . . . . . . . . 215

IV. Verträge mit leitenden Angestellten . . . . . . . . . . . . . . . . . . . 220
1. Muster: Anstellungsvertrag mit Prokurist . . . . . . . . . . . . . . 220
2. Muster: Arbeitsvertrag mit einem Leiter der Finanzabteilung . . . . . . 223
3. Muster: Arbeitsvertrag mit dem Leiter eines Warenhauses . . . . . . . 227
4. Muster: Arbeitsvertrag mit dem Leiter Konstruktion (mit Regelung über Wohnortwechsel, Pensionszusage und Wettbewerbsverbot) . . . . . . . 231
5. Muster: Arbeitsvertrag eines Leiters Gesamtvertrieb mit Gesamtprokura . . 234
6. Muster: Arbeitsvertrag mit Niederlassungsleiter eines Bauunternehmens . . 238
7. Muster: Arbeitsvertrag mit einem Leiter Produktionsmanagement (als Anschreiben) . . . . . . . . . . . . . . . . . . . . . . . . . 240
8. Muster: Arbeitsvertrag mit Leiter der Forschung und Entwicklung (mit Trennungsentschädigungs- und Umzugskostenregelung) . . . . . . . . 242
9. Muster: Arbeitsvertrag mit einem technischen Leiter . . . . . . . . . 245
10. Muster: Arbeitsvertrag mit einem Chefredakteur . . . . . . . . . . . 250
11. Muster: Anstellungsvertrag oberer Führungskreis . . . . . . . . . . . 253

## Inhaltsverzeichnis

12. Muster: Arbeitsvertrag eines Generalbevollmächtigten (Anschreiben) ... 256
V. Arbeitsverträge mit besonderen Berufsgruppen ... 259
   1. Muster: Arbeitsvertrag mit einem unselbständigen Reisevertreter ..... 259
   2. Muster: Arbeitsvertrag mit einem Außendienstmitarbeiter ......... 261
   3. Muster: Arbeitsvertrag mit einem Vertriebsmitarbeiter für EDV-Produkte und EDV-Dienstleistungen (mit Anlage Provisionsregelung) ......... 268
   4. Muster: Einfacher Arbeitsvertrag für Außendienstmitarbeiter mit Tarifbezug und pauschaler Dienstwagenregelung ... 274
   5. Muster: Außertariflicher Anstellungsvertrag mit Leiter Merchandising/Verkaufsförderung ... 276
   6. Muster: Arbeitsvertrag mit einem Fachberater mit Zusatzvereinbarung ohne Tarifbezug ... 279
   7. Muster: Arbeitsvertrag im Einzelhandel NW ............. 283
   8. Muster: Teilzeit-Arbeitsvertrag im Einzelhandel .......... 288
   9. Muster: Arbeitsvertrag für Aushilfskräfte im Einzelhandel NW mit allgemeiner Arbeitsanweisung für Verkäufer ............. 290
  10. Muster: Arbeitsvertrag mit Kellnerin (mit Tarifbindung Gaststättenverband NW) ... 292
  11. Muster: Teilzeitarbeitsverhältnis in der Systemgastronomie ....... 294
  12. Muster: Arbeitsvertrag für Bewachungspersonal (mit Tarifbezug) ..... 298
  13. Muster: Arbeitsvertrag mit Detektiv (mit Tarifbindung Bewachungsgewerbe NW) ... 304
  14. Muster: Arbeitsvertrag mit einem Lkw-Fahrer ............ 307
  15. Muster: Arbeitsvertrag mit einer Sekretärin ............ 314
  16. Muster: Arbeitsvertrag mit einer kaufmännischen Angestellten (mit Dienstwagen) ... 318
  17. Muster: Arbeitsvertrag mit einem Programmierer ........... 319
  18. Muster: Arbeitsvertrag eines Verbandsgeschäftsführers ........ 323
  19. Muster: Arbeitsvertrag mit Niederlassungsleiter eines Beratungsunternehmens 327
  20. Muster: Arbeitsvertrag mit einer Lehrkraft an einer Privatschule in NW ... 330
  21. Muster: Arbeitsvertrag mit einer Krankenschwester in einer Privatklinik mit Gewinnbeteiligung ... 331
  22. Muster: Arbeitsvertrag mit einer Altenpflegerin in einer Privatklinik ... 334
  23. Muster: Arbeitsvertrag mit einer Arzthelferin ........... 337
  24. Muster: Arbeitsvertrag mit einem Assistenten zur Vorbereitung auf die kassenärztliche Tätigkeit ... 339
  25. Muster: Arbeitsvertrag mit einem Bankangestellten (Tarifbindung privates und öffentliches Bankgewerbe) ... 341
  26. Muster: Arbeitsvertrag mit Elektromeister mit besonderer Sicherheitsphilosophie eines Weltunternehmens ... 344
  27. Muster: Arbeitsvertrag in der chemischen Industrie (mit Tarifbindung) als Anschreiben ... 347
  28. Muster: Arbeitsvertrag mit Angestelltem in der chemischen Industrie (mit Tarifbindung) ... 348
  29. Muster: Arbeitsvertrag im Bereich Groß- und Außenhandel (mit Tarifbindung) ... 350
  30. Muster: Arbeitsvertrag im Bereich Groß- und Außenhandel als Anschreiben (für Arbeiter) ... 354

31. Muster: Arbeitsvertrag mit einem Projektmanager unter Einbeziehung der Tarifverträge Groß- und Außenhandel mit Merkblättern zu Datenschutz (deutsch/englisch) und zu Diensterfindungen . . . . . . . . . . . . . . . 355
32. Muster: Arbeitsvertrag im Bereich Touristik (mit Tarifbindung) . . . . . 360
33. Muster: Angestelltenarbeitsvertrag (mit Tarifbindung Elektro- und Metallindustrie NW) . . . . . . . . . . . . . . . . . . . . . . . . . . . . . . . . . . . . . . . . . 362
34. Muster: Arbeitsvertrag eines angestellten Unternehmensberaters mit Zeit- und Spesenregelung sowie Vergütungsvereinbarung . . . . . . . . . . . 364
35. Muster: Arbeitsvertrag für eine Verwaltungskraft mit Leistungszulage und Erfolgsbeteiligung (ohne Tarifbindung) . . . . . . . . . . . . . . . . . . . . 369
36. Muster: Arbeitsvertrag mit einer Sachbearbeiterin (mit Tarifbindung private Versicherungswirtschaft) . . . . . . . . . . . . . . . . . . . . . . . . . . . . . . . 372
37. Muster: Umfangreicher Arbeitsvertrag mit Angestelltem aus dem Bereich Paketabfertigung . . . . . . . . . . . . . . . . . . . . . . . . . . . . . . . . . . . . . . 374
38. Muster: Arbeitsvertrag eines Vermögensmanagers/Anlageberaters . . . . 385
39. Muster: Arbeitsvertrag eines Call-Centers mit einem Telefonakquisiteur . . 389
VI. Verträge aus dem Bereich der Zeitarbeit . . . . . . . . . . . . . . . . . . . . . . . . 393
   1. Muster: Arbeitnehmerüberlassungsvertrag . . . . . . . . . . . . . . . . . . . 393
   2. Muster: Vertrag zwischen Verleiher und Leiharbeitnehmer . . . . . . . 394
   3. Muster: Umfangreicher Arbeitsvertrag zwischen Verleiher und Arbeitnehmer mit Merkblatt der Bundesanstalt für Arbeit für Leiharbeitnehmer . . . . . 397
   4. Muster: Checkliste für Arbeitnehmerüberlassung . . . . . . . . . . . . . . 405
VII. Verträge mit Auslandsbezug . . . . . . . . . . . . . . . . . . . . . . . . . . . . . . . . 406
   1. Muster: Auslandsarbeitsvertrag mit einer Stiftung . . . . . . . . . . . . . 406
   2. Muster: Auslandsentsendungsvertrag . . . . . . . . . . . . . . . . . . . . . . 408
   3. Muster: Anstellungsvertrag mit ausländischer Tochter . . . . . . . . . . 413
   4. Muster: Arbeitsvertrag mit ausländischem Arbeiter mit Tarifbindung . . . 416
   5. Muster: Arbeitsvertrag in englischer Sprache einschl. deutscher Übersetzung 419
   6. Muster: Arbeitsvertrag in französischer Sprache einschl. deutscher Übersetzung . . . . . . . . . . . . . . . . . . . . . . . . . . . . . . . . . . . . . . . . 427
   7. Muster: Arbeitsvertrag in flämischer Sprache einschl. deutscher Übersetzung 431
   8. Muster: Arbeitsvertrag für Financial Consultant einer internationalen Gesellschaft (mit Stock Options) . . . . . . . . . . . . . . . . . . . . . . . . . . 434
   9. Muster: Auslandsentsendung eines Monteurs . . . . . . . . . . . . . . . . 441
VIII. Sonderregelungen . . . . . . . . . . . . . . . . . . . . . . . . . . . . . . . . . . . . . . . 442
   1. Muster: Vertragsergänzung Aktienoptionen (über Wandelschuldverschreibungen) . . . . . . . . . . . . . . . . . . . . . . . . . . . . . . . . . . . . . 442
   2. Muster: Ruhensvereinbarung . . . . . . . . . . . . . . . . . . . . . . . . . . . . 443
   3. Muster: Gesamtzusage über Aktienoptionen . . . . . . . . . . . . . . . . . 445
   4. Muster: Antrag auf Erteilung einer Bescheinigung zur Steuerfreistellung des Arbeitslohnes für ein geringfügiges Beschäftigungsverhältnis (630-DM-Arbeitsverhältnis) . . . . . . . . . . . . . . . . . . . . . . . . . . . . . . . . . . . . . 450
   5. Muster: Fragebogen für geringfügig Beschäftigte . . . . . . . . . . . . . . 452
   6. Muster: Vergütungsvereinbarung für Arbeitnehmererfindung . . . . . . 453

**Kapitel 2: Handelsvertreterverträge und Verträge mit freien Mitarbeitern** . . . . 455
A. Erläuterungen . . . . . . . . . . . . . . . . . . . . . . . . . . . . . . . . . . . . . . . . . . . 455
   1. Gemeinsame Elemente beider Vertragstypen . . . . . . . . . . . . . . . . . . 455

## Inhaltsverzeichnis

    2. Klauselinhalte bei Handelsvertreterverträgen .................. 456
    3. Vertragskonzepte bei freien Mitarbeitern .................... 463
B. Vertragstexte ............................................ 471
    1. Muster: Einfacher Handelsvertretervertrag ohne Gebietsschutz ........ 471
    2. Muster: Handelsvertretervertrag – Vertriebsgebiet eines Mehrfirmenvertreters .. 473
    3. Muster: Handelsvertretervertrag eines Einfirmenvertreters mit Vertriebsgebiet .. 478
    4. Muster: Handelsvertretervertrag eines Einfirmenvertreters ohne Vertriebsgebiet mit Fixum und Vertragsstrafe .................................. 482
    5. Muster: Handelsvertretervertrag eines Vermittlungsagenten für Anzeigen und Adreßverzeichnisse .................................... 485
    6. Muster: Internationaler Handelsvertretervertrag ................. 488
    7. Muster: Beratervertrag 1 ................................ 490
    8. Muster: Beratervertrag 2 ................................ 493
    9. Muster: Beratervertrag (personalwirtschaftliche Beratung) .......... 494
    10. Muster: Vertrag über freie Mitarbeit ........................ 496
    11. Muster: Programmierer als freier Mitarbeiter .................. 498
    12. Muster: Softwareentwickler als freier Mitarbeiter ................ 501
    13. Muster: Vertraulichkeitsvereinbarung für freie Mitarbeiter und Subunternehmer (mit wortgleicher Übersetzung ins Englische) ......... 504
    14. Muster: Freier Mitarbeitervertrag eines Grafik- und Layout-Mitarbeiters in einer Werbeagentur ........................................ 507
    15. Muster: Freier Mitarbeitervertrag eines Creativ-Consultant in der Werbebranche ............................................. 512
    16. Muster: Vertrag mit einem Wirtschaftsprüfer .................. 513
    17. Muster: Vertrag mit einem Steuerberater ..................... 516
    18. Muster: Freier-Mitarbeitervertrag eines programmgestaltenden Mitarbeiters (Moderators) einer Rundfunkanstalt ........................ 520
    19. Muster: Subunternehmervertrag 1 .......................... 524
    20. Muster: Subunternehmervertrag 2 .......................... 527
    21. Muster: Geschäftsbesorgungsvertrag zur Bestellung eines externen Datenschutzbeauftragten ........................................ 529
    22. Muster: Vertrag mit einer verselbständigten Monteursgruppe ....... 531
    23. Muster: Freier-Mitarbeitervertrag mit einem Ausbeiner ........... 534

**Kapitel 3: Anstellungsverträge mit GmbH-Geschäftsführern und AG-Vorständen** . 537
A. Erläuterungen .......................................... 537
    1. Vergleichbare Rechtspositionen ........................... 537
    2. Vertragsklauseln im Geschäftsführervertrag ................... 542
    3. Vertragsklauseln im Vorstandsvertrag ....................... 549
    4. Besonderheiten bei Altersversorgungsregelungen ............... 556
B. Vertragstexte ............................................ 559
    1. Muster: Dienstvertrag eines Fremdgeschäftsführers (ausführlich) mit Tantieme . 559
    2. Muster: Dienstvertrag eines GmbH-Geschäftsführers (Fremdgeschäftsführers) bei GmbH mit Aufsichtsrat .................................. 564
    3. Muster: Dienstvertrag eines GmbH-Geschäftsführers (Gesellschafter-Geschäftsführer) ohne Aufsichtsrat ................................. 570
    4. Muster: Dienstvertrag eines Steuerberaters als GmbH-Geschäftsführer (Gesellschafter-Geschäftsführer) ohne Aufsichtsrat ............... 575

5. Muster: Dienstvertrag eines Holding-Vorstands, zugleich Vorstandsvorsitzender einer Tochter ... 578
6. Muster: Beschluß der Gesellschafterversammlung über die Geschäftsverteilung . 580
7. Muster: Ruhegeldvereinbarung eines GmbH-Geschäftsführers ... 581
8. Muster: Vorstandsvertrag mit Erläuterungen und Geschäftsordnung des Vorstands im konzernverbundenen Unternehmen ... 584
9. Muster: Betriebliche Altersversorgung – Pensionszusage eines Vorstands im Konzern ... 594
10. Muster: Vorstandsvertrag mit Pensionsvertrag ... 596
11. Muster: Anstellungsvertrag eines Vorstandsvorsitzenden einer Bank mit Pensions- und Darlehensvertrag ... 600
12. Muster: Anstellungsvertrag eines Vorstands bei Bestellungsverlängerung mit teilthesaurierter Tantieme, Pensionsvereinbarung und vertraglicher Abfindung . . 605
13. Muster: Protokoll einer Gesellschafterversammlung über Abberufung und außerordentliche Kündigung des Geschäftsführers ... 610
14. Muster: Abberufungs- und Kündigungsbeschluß wegen eines Vorstandsmitglieds ... 611
15. Muster: Freistellung eines Vorstandsmitglieds ... 612

## § 2 Zusatzvereinbarungen zu Arbeits- und Anstellungsverträgen ... 613

## Kapitel 1: Nachvertragliche Wettbewerbsverbote ... 613
A. Erläuterungen ... 613
   1. Geltungsumfang ... 613
   2. Nachvertragliche Wettbewerbsverbote für freie Mitarbeiter und Selbständige . . 615
   3. Die Einbeziehung von Konkurrenzunternehmen des Konzerns ... 615
   4. Örtlicher Geltungsbereich ... 616
   5. Nichtige und unverbindliche Wettbewerbsvereinbarungen ... 617
   6. Formelle Wirksamkeitsvoraussetzungen ... 621
   7. Mandantenschutzklauseln ... 621
   8. Bedingte Wettbewerbsverbote ... 622
   9. Wegfall des Wettbewerbsverbots ... 622
   10. Verdienstanrechnung ... 623
B. Vertragstexte ... 624
   1. Muster: Nachvertragliches Wettbewerbsverbot ... 624
   2. Muster: Nachvertragliches unternehmensbezogenes Wettbewerbsverbot ... 626
   3. Muster: Vertragliches und nachvertragliches, unternehmens- und tätigkeitsbezogenes Wettbewerbsverbot ... 627
   4. Muster: Tätigkeits- und gebietsbezogenes Wettbewerbsverbot als Arbeitsvertragsklausel ... 628
   5. Muster: Unternehmensbezogene Wettbewerbsklausel ... 629
   6. Muster: Tätigkeitsbezogene Wettbewerbsklausel ... 629
   7. Muster: Mandantenschutzklausel ... 629
   8. Muster: Aufforderung zur Auskunft über anderweitigen Erwerb ... 630
   9. Muster: Lösungserklärung des Arbeitnehmers gem. § 75 Abs. 1 oder 2 HGB . . 630
   10. Muster: Verzicht des Arbeitgebers gemäß § 75 a HGB ... 631

## Kapitel 2: Kfz-Nutzung ... 633
A. Erläuterungen ... 633
   1. Vereinbarung des Nutzungsumfangs ... 633
   2. Steuerrechtliche Behandlung der privaten Nutzung ... 635
   3. Haftungsrechtliche Einzelfragen ... 636
   4. Vorenthaltung des Fahrzeugs ... 637
B. Vertragstexte ... 639
   1. Muster: Kfz-Nutzungsvereinbarung mit Nutzungspauschale für Privatfahrten ... 639
   2. Muster: Überlassung eines Betriebs-Kraftfahrzeugs für Dienst- und Privatfahrten mit Abrechnung nach Einzelnachweis ... 641
   3. Muster: Arbeitsvertragsergänzung – Kfz-Nutzung mit Nutzungspauschale für Privatnutzung ... 643
   4. Muster: Jederzeit widerrufliche Kfz-Überlassungsvereinbarung mit Nutzungspauschale für Privatnutzung ... 645
   5. Muster: Dienstwagen-Nutzungsvereinbarung bei Leasingfahrzeug mit Übernahme der Leasingkosten durch Mitarbeiter ... 647
   6. Muster: Erlaubnis der Benutzung eines arbeitnehmereigenen Kraftfahrzeugs für Dienstfahrten ... 649
   7. Muster: Haftungs-Verzichtserklärung eines Mitfahrers ... 650
   8. Muster: Unfallmeldung ... 650

## Kapitel 3: Ausbildungsfinanzierung und Arbeitgeberdarlehen ... 653
A. Erläuterungen ... 653
   1. Abgrenzung zu sonstigen finanziellen Leistungen ... 653
   2. Zu beachtende Bestimmungen bei der Gestaltung von Arbeitgeberdarlehensverträgen ... 654
   3. Rückzahlungsklauseln bei Arbeitgeberdarlehen ... 655
   4. Rückzahlungsklauseln bei Fortbildungsverträgen ... 656
B. Vertragstexte ... 660
   1. Muster: Arbeitgeberdarlehensvertrag ... 660
   2. Muster: Darlehensvertrag mit Sicherungsübereignung eines Pkw ... 661
   3. Muster: Arbeitgeberdarlehen mit Schuldanerkenntnis ... 662
   4. Muster: Fortbildungsvertrag 1 ... 663
   5. Muster: Fortbildungsvertrag 2 ... 663
   6. Muster: Fortbildungsvertrag mit gestaffelter Rückzahlungsklausel ... 664

## § 3 Mustertexte des Personalwesens ... 667

## Kapitel 1: Einstellung und Entlassung ... 667
A. Erläuterungen ... 667
   1. Fragerecht des Arbeitgebers und Offenbarungspflicht des Arbeitnehmers ... 668
   2. Mitbestimmungsrecht des Betriebsrats beim Personalfragebogen und bei Beurteilungsgrundsätzen ... 671
   3. Personalauswahl ... 672
   4. Stellenausschreibung ... 673
   5. Zusammenarbeit mit dem Betriebsrat bei Einstellungen ... 674
   6. Kündigungsschreiben ... 674
   7. Kommunikation bei der Kündigung mit Dritten ... 677

# Inhaltsverzeichnis

B. Schriftsätze, Formulare, Muster . . . . . . . . . . . . . . . . . . . . . . . 678
   I. Bewerberauswahl . . . . . . . . . . . . . . . . . . . . . . . . . . . . . 678
      1. Muster: Bewerberbeurteilung . . . . . . . . . . . . . . . . . . . 678
      2. Muster: Fragebogen an Bewerber . . . . . . . . . . . . . . . . . 680
      3. Muster: Personalfragebogen . . . . . . . . . . . . . . . . . . . 681
      4. Muster: Fragenkatalog zum Bewerbungsgespräch . . . . . . . . . . 683
      5. Muster: Zwischennachricht . . . . . . . . . . . . . . . . . . . . 684
      6. Muster: Einladung zum Vorstellungsgespräch . . . . . . . . . . . 684
      7. Muster: Zusage . . . . . . . . . . . . . . . . . . . . . . . . . . 685
      8. Muster: Absage . . . . . . . . . . . . . . . . . . . . . . . . . . 685
      9. Muster: Anfechtung des Arbeitsvertrags wegen verschwiegener Schwerbehinderteneigenschaft . . . . . . . . . . . . . . . . . . 686
   II. Stellenbeschreibung . . . . . . . . . . . . . . . . . . . . . . . . . . . 686
      1. Muster: Einfache Stellenbeschreibung . . . . . . . . . . . . . . . 686
      2. Muster: Interne Stellenauschreibung (Aushang) . . . . . . . . . . 687
      3. Muster: Fragebogen zur Erarbeitung einer Stellenbeschreibung . . . . . . 687
   III. Mitbestimmung des Betriebsrats bei Einstellung . . . . . . . . . . . . . . 689
      1. Muster: Antrag auf Zustimmung zur Einstellung mit Antwortformular für den Betriebsrat . . . . . . . . . . . . . . . . . . . . . . . . . . 689
      2. Muster: Bekanntgabe der Einstellung eines leitenden Angestellten an den Betriebsrat . . . . . . . . . . . . . . . . . . . . . . . . . . . . . 690
      3. Muster: Guideline für Betriebsräte zur Prüfung der Voraussetzungen einer Zustimmungserteilung . . . . . . . . . . . . . . . . . . . . . . . . 690
   IV. Kündigungsschreiben . . . . . . . . . . . . . . . . . . . . . . . . . . 691
      1. Ordentliche Kündigung allgemein . . . . . . . . . . . . . . . . . 691
         a) Muster: Mindestinhalt eines Kündigungsschreibens . . . . . . . 691
         b) Muster: Muster 2106 in englischer Sprache/Sample for Dismissal . . . 692
         c) Muster: Ausführliches Kündigungsschreiben ohne Begründung . . . 692
      2. Betriebsbedingte Kündigung . . . . . . . . . . . . . . . . . . . . 693
         a) Muster: Betriebsbedingte Kündigung wegen Auftragsrückgangs . . . 693
         b) Muster: Betriebsbedingte Kündigung wegen Leistungsverdichtung . . . 693
         c) Muster: Betriebsbedingte Kündigung wegen Produktionsrückgangs . . 694
         d) Muster: Betriebsbedingte Kündigung wegen Betriebsteilstillegung . . . 694
         e) Muster: Betriebsbedingte Kündigung mit Angebot eines Abwicklungsvertrages . . . . . . . . . . . . . . . . . . . . . . . . . . . . . 695
      3. Muster: Verhaltensbedingte Kündigung . . . . . . . . . . . . . . . 695
      4. Muster: Personenbedingte Kündigung wegen langanhaltender Krankheit . . 696
      5. Muster: Außerordentliche Kündigung . . . . . . . . . . . . . . . . 697
      6. Ordentliche Änderungskündigung . . . . . . . . . . . . . . . . . 697
         a) Muster: Ordentliche Änderungskündigung . . . . . . . . . . . 697
         b) Muster: Ordentliche Änderungskündigung wegen Organisationsänderung im öffentlichen Dienst . . . . . . . . . . . . . . . . . . . . . . 698
      7. Muster: Außerordentliche Änderungskündigung . . . . . . . . . . . 698
      8. Arbeitnehmerreaktionen . . . . . . . . . . . . . . . . . . . . . . 699
         a) Muster: Aufforderung, die Gründe der Sozialauswahl mitzuteilen . . . 699
         b) Muster: Aufforderung, die Gründe einer außerordentlichen Kündigung mitzuteilen . . . . . . . . . . . . . . . . . . . . . . . . . . . . 699

# Inhaltsverzeichnis

      c) Muster: Außerordentliche Kündigung durch den Arbeitnehmer wegen Gehaltsrückstand ... 700
   V. Kommunikation bei der Kündigung mit Betriebsrat, Sprecherausschuß und Hauptfürsorgestelle ... 700
      1. Muster: Einholung der Zustimmung der Hauptfürsorgestelle ... 700
      2. Muster: Anhörung des Betriebsrats vor ordentlicher Kündigung ... 701
      3. Muster: Anhörung des Betriebsrats vor außerordentlicher Kündigung ... 702
      4. Muster: Anhörung des Betriebsrats vor einer ordentlichen Änderungskündigung ... 702
      5. Muster: Anhörung des Sprecherausschusses ... 703
   VI. Muster: Ausgleichsquittung ... 704

**Kapitel 2: Administration bestehender Arbeitsverhältnisse** ... 705

A. Erläuterungen ... 705
   1. Leistungsbeurteilung ... 705
   2. Änderung von Arbeitsbedingungen ... 706
   3. Urlaub ... 707
   4. Abmahnung ... 708
      a) Wesen der Abmahnung ... 708
      b) Pflichtverletzungen im Leistungsbereich ... 709
      c) Form der Abmahnung ... 710
B. Schriftsätze, Formulare, Muster ... 711
   I. Mitarbeiterbeurteilung ... 711
      1. Muster: Leistungsbeurteilungsbogen ... 711
      2. Muster: Mitarbeiterbeurteilung ... 712
   II. Änderung von Arbeitsbedingungen ... 713
      1. Muster: Versetzung ... 713
      2. Muster: Weiterbeschäftigungsangebot zu geänderten Arbeitsbedingungen ... 714
      3. Muster: Guideline für Betriebsräte zur Prüfung der Zustimmungsvoraussetzungen bei Versetzungen und Umgruppierungen ... 714
      4. Muster: Erteilung einer Handlungsvollmacht ... 716
      5. Muster: Erteilung einer Prokura ... 716
      6. Muster: Nachträgliche Freistellungsvereinbarung ... 717
      7. Muster: Wiedereingliederungsvertrag ... 717
      8. Muster: Vereinbarung über alternierende Telearbeit ... 719
   III. Dienstreisen ... 721
      1. Muster: Dienstreiseantrag ... 721
      2. Muster: Reisekostenabrechnung ... 721
   IV. Urlaub ... 723
      1. Muster: Urlaubsantrag ... 723
      2. Muster: Genehmigung bezahlten Urlaubs ... 723
      3. Muster: Genehmigung unbezahlten Urlaubs/Sabbatical ... 724
      4. Muster: Anwesenheitsprämie durch bezahlten Urlaub ... 724
      5. Muster: Urlaubsbescheinigung gem. § 6 Abs. 2 BUrlG ... 725
   V. Mutterschaft ... 725
      1. Muster: Schreiben des Arbeitgebers einige Wochen vor der Niederkunft ... 725
      2. Muster: Mitteilung der Schwangerschaft an das Gewerbeaufsichtsamt ... 726
      3. Muster: Antrag auf Erziehungsurlaub ... 726

    4. Muster: Schreiben des Arbeitgebers nach der Geltendmachung des Erziehungsurlaubs ............................................. 727
    5. Muster: Checkliste: Erziehungsurlaub ......................... 727
  VI. Datenschutz .................................................. 729
    1. Muster: Verpflichtungserklärung auf das Datengeheimnis ....... 729
    2. Muster: Verpflichtung zur Wahrung von Betriebsgeheimnissen ... 730
    3. Muster: Merkblatt zum Datengeheimnis ........................ 730
    4. Muster: Benutzerrichtlinien für das Internet ................. 731
  VII. Bescheinigungen für den Arbeitgeber und Erklärungen des Arbeitnehmers ... 733
    1. Muster: Einwilligung in eine werks- oder vertrauensärztliche Untersuchung 733
    2. Muster: Abstraktes Schuldversprechen ........................ 734
    3. Muster: Erklärung/Protokoll über Einsichtnahme .............. 734
    4. Muster: Antrag auf Gleichstellung mit einem Schwerbehinderten 735
    5. Muster: Mankovereinbarung ................................... 735
    6. Muster: Meldung einer Diensterfindung ....................... 736
    7. Muster: Trinkgeldanzeige des Arbeitnehmers .................. 737
  VIII. Abmahnung und Konfliktbewältigung ........................... 738
    1. Muster: Abmahnungsformular .................................. 738
    2. Muster: Rahmentext eines Abmahnungsschreibens ............... 738
    3. Muster: Abmahnung wegen Verstoß gegen Alkoholverbot ......... 739
    4. Muster: Abmahnung wegen unentschuldigten Fehlens ............ 739
    5. Muster: Letztmalige Abmahnung wegen Verspätung .............. 740
    6. Muster: Abmahnung wegen Übertretung des Rauchverbots ........ 740
    7. Muster: Ermahnung wegen Umgangs mit offenem Feuer ........... 741
    8. Muster: Abmahnung des Arbeitgebers durch den Arbeitnehmer wegen Gehaltsrückstand ............................................. 741
    9. Muster: Checkliste zur Konfliktanalyse ...................... 742

**Kapitel 3: Zeugnistexte** ........................................... 743
A. Erläuterungen .................................................... 743
  1. Rechtsgrundlagen und Begriffe ................................. 743
  2. Rechtsnatur ................................................... 743
  3. Anspruchsberechtigte .......................................... 744
  4. Anspruchsverpflichteter ....................................... 744
  5. Fälligkeit des Zeugnisanspruchs ............................... 745
  6. Zwischenzeugnis ............................................... 745
  7. Funktion des Zeugnisses ....................................... 746
  8. Form des Zeugnisses ........................................... 746
  9. Inhalt des Zeugnisses ......................................... 747
    a) Einfaches Zeugnis ......................................... 747
    b) Qualifiziertes Zeugnis .................................... 747
  10. Haftung des Arbeitgebers ..................................... 750
  11. Änderung und Neuerteilung des Zeugnisses ..................... 751
  12. Darlegungs- und Beweislast ................................... 751
  13. Prozessuales ................................................. 751
B. Muster ........................................................... 752
  1. Muster: Beurteilung bei sehr guten Leistungen ................. 752
  2. Muster: Beurteilung guter Leistungen .......................... 753

3. Muster: Beurteilung einer befriedigenden Leistung . . . . . . . . . . . . . 753
4. Muster: Beurteilung bei ausreichenden Leistungen . . . . . . . . . . . . . 753
5. Muster: Beurteilung bei mangelhaften Leistungen . . . . . . . . . . . . . 754
6. Muster: Beurteilungscodes nach LAG Hamm . . . . . . . . . . . . . . . . 754
7. Muster: Sozialverhalten leitender Angestellter gegenüber Internen . . . . . 754
8. Muster: Dankes-Bedauern-Formel für alle Arbeitnehmergruppen . . . . . . 755

## § 4 Beendigung von Arbeitsverhältnissen . . . . . . . . . . . . . . . . . . . . 757

**Kapitel 1: Kündigung von Arbeitsverhältnissen** . . . . . . . . . . . . . . . 757
1. Alphabet der betriebsbedingten Kündigungssachverhalte . . . . . . . . . . 758
2. Alphabet der personenbedingten Kündigungssachverhalte . . . . . . . . . 772
3. Alphabet der verhaltensbedingten Kündigungssachverhalte . . . . . . . . . 791

**Kapitel 2: Abwicklungs- und Aufhebungsverträge** . . . . . . . . . . . . . 825
A. Erläuterungen . . . . . . . . . . . . . . . . . . . . . . . . . . . . . . . . . 826
   1. Die Vorteile des Abwicklungsvertrags . . . . . . . . . . . . . . . . . . 828
   2. Arbeitsvertragliches Umfeld . . . . . . . . . . . . . . . . . . . . . . . 832
      a) Form von Abwicklungs- und Aufhebungsvertrag . . . . . . . . . . . 832
      b) Bedingte Aufhebungsverträge . . . . . . . . . . . . . . . . . . . . 834
      c) Nichtige Aufhebungsverträge . . . . . . . . . . . . . . . . . . . . 834
      d) Voraussetzungen eines Wiedereinstellungsanspruches . . . . . . . . 840
      e) Aufklärungspflichten des Arbeitgebers . . . . . . . . . . . . . . . 841
      f) Rücktritts- und Widerrufsrecht . . . . . . . . . . . . . . . . . . . 845
   3. Steuerrechtliches Umfeld . . . . . . . . . . . . . . . . . . . . . . . . . 847
      a) Steuerfreie Abfindungen gemäß § 3 Ziff. 9 EStG . . . . . . . . . . . 847
      b) Steuerermäßigte Abfindungen, §§ 34, 24 EStG . . . . . . . . . . . . 850
      c) Zusammenballung von Einkünften im Sinne der BFH-Rechtsprechung . . . 854
      d) Lohnsteueranrufungsauskunft . . . . . . . . . . . . . . . . . . . . 856
   4. Arbeitslosenversicherungsrechtliches Umfeld . . . . . . . . . . . . . . . 856
      a) Kurzer Abriß der jüngsten Entwicklung . . . . . . . . . . . . . . . 856
      b) Verstecktes Arbeitsentgelt . . . . . . . . . . . . . . . . . . . . . . 857
      c) Anspruch auf Arbeitslosengeld . . . . . . . . . . . . . . . . . . . 857
      d) Ruhen des Anspruchs auf Arbeitslosengeld . . . . . . . . . . . . . 859
      e) Abfindungsanrechnung auf Arbeitslosengeld . . . . . . . . . . . . . 862
      f) Anrechnung von Nebenverdienst . . . . . . . . . . . . . . . . . . 864
      g) Anspruchsübergang auf die Bundesanstalt für Arbeit . . . . . . . . . 864
      h) Erstattung von Arbeitslosengeld durch den Arbeitgeber . . . . . . . . 865
      i) Beschäftigungszeit . . . . . . . . . . . . . . . . . . . . . . . . . 865
      j) Kleinunternehmen . . . . . . . . . . . . . . . . . . . . . . . . . 866
      k) Eigenkündigung . . . . . . . . . . . . . . . . . . . . . . . . . . 866
      l) Sozial gerechtfertigte Kündigung . . . . . . . . . . . . . . . . . . 867
      m) Übergangsbestimmungen . . . . . . . . . . . . . . . . . . . . . . 867
      n) Weitere Befreiungstatbestände . . . . . . . . . . . . . . . . . . . 868
      o) Fortfall der Erstattungspflicht wegen Bezug von Sozialleistungen . . . . 868
      p) Erstattung des Arbeitslosengelds nach § 148 SGB III . . . . . . . . . 869
   5. Rentenversicherungsrechtliches Umfeld . . . . . . . . . . . . . . . . . . 870
   6. Aufhebungsverträge bei streitiger Arbeitnehmereigenschaft . . . . . . . . 876

7. Aufhebungs- und Abwicklungsverträge mit GmbH-Geschäftsführern und AG-Vorständen . . . . . . . . . . . . . . . . . . . . . . . . . . . . . 879
8. Klauselalphabet . . . . . . . . . . . . . . . . . . . . . . . . . . 882

B. Vertragstexte . . . . . . . . . . . . . . . . . . . . . . . . . . . . . . . . 904
1. Muster: Aufhebungsvertrag (Ausführliche Fassung) . . . . . . . . . . . 904
2. Muster: Aufhebungsvertrag mit einem Ingenieur in leitender Stellung . . . . . 907
3. Muster: Aufhebungsvertrag (Kurzfassung) . . . . . . . . . . . . . . . 910
4. Muster: Aufhebungsvertrag unter Mitwirkung der Hauptfürsorgestelle . . . . 911
5. Muster: Aufhebungsvertrag mit einer Arbeitnehmerin für die Zeit nach Ablauf des Erziehungsurlaubs . . . . . . . . . . . . . . . . . . . . . . . . . . 913
6. Muster: Aufhebungs- und Abfindungsvereinbarung mit freigestelltem Vorstandsvorsitzenden . . . . . . . . . . . . . . . . . . . . . . . . 914
7. Muster: Aufhebungsvereinbarung mit Vorstand einer konzernverbundenen AG . 917
8. Muster: Aufhebungsvertrag mit Vorstandsvorsitzendem einer Bank . . . . . 919
9. Muster: Aufhebungsvertrag mit AG-Vorstand . . . . . . . . . . . . . 920
10. Muster: Aufhebungsvertrag mit GmbH-Geschäftsführer . . . . . . . . . 922
11. Muster: Aufhebungsvertrag mit einem freien Mitarbeiter . . . . . . . . . 924
12. Muster: Abwicklungsvertrag nach Erhebung einer Kündigungsschutzklage . . . 925
13. Muster: Abwicklungsvertrag vor Erhebung einer Kündigungsschutzklage . . . . 926
14. Muster: Abwicklungsvertrag Kurzfassung . . . . . . . . . . . . . . . 927
15. Muster: Abwicklungsvertrag (Kurzfassung) in englischer Sprache . . . . . . 928
16. Muster: Abwicklungsvertrag mit leitendem Angestellten . . . . . . . . . 929
17. Muster: Abwicklungsvertrag bei Betriebsstättenverlegung . . . . . . . . . 931
18. Muster: Abwicklungsvertrag bei Betriebsstättenverlegung in italienischer Sprache (Übersetzung von Muster 2277) . . . . . . . . . . . . . . . . . . . 932
19. Muster: Abwicklungsvertrag bei Frühpensionierung . . . . . . . . . . . 933
20. Muster: Abwicklungsvertrag als 58er-Regelung . . . . . . . . . . . . . 935
21. Muster: Lohnsteueranrufungsauskunft . . . . . . . . . . . . . . . . 937

**Kapitel 3: Altersteilzeitverträge** . . . . . . . . . . . . . . . . . . . . . . . 939
A. Erläuterungen . . . . . . . . . . . . . . . . . . . . . . . . . . . . . . . . 939
B. Vertragstexte . . . . . . . . . . . . . . . . . . . . . . . . . . . . . . . . 942
1. Muster: Altersteilzeitvertrag . . . . . . . . . . . . . . . . . . . . . 942
2. Muster: Altersteilzeitvereinbarung . . . . . . . . . . . . . . . . . . 944
3. Muster: Altersteilzeitvereinbarung mit geblockter Arbeitszeit . . . . . . . . 946
4. Muster: Altersteilzeitvereinbarung mit geblockter Arbeitszeit im öffentlichen Dienst . . . . . . . . . . . . . . . . . . . . . . . . . . . . . . 948

**§ 5 Betriebsvereinbarungen** . . . . . . . . . . . . . . . . . . . . . . . . . 951

**Kapitel 1: Freiwillige Betriebsvereinbarungen** . . . . . . . . . . . . . . . . . 951
A. Erläuterungen . . . . . . . . . . . . . . . . . . . . . . . . . . . . . . . . 951
1. Allgemeines zu Betriebsvereinbarungen . . . . . . . . . . . . . . . . 951
   a) Rechtsnatur der Betriebsvereinbarung . . . . . . . . . . . . . . . 955
   b) Inhalt von Betriebsvereinbarungen . . . . . . . . . . . . . . . . 955
   c) Zustandekommen und Form . . . . . . . . . . . . . . . . . . 956
   d) Abschlußmängel bei Betriebsvereinbarungen . . . . . . . . . . . . 957
   e) Geltungsbereich . . . . . . . . . . . . . . . . . . . . . . . 958

| | | |
|---|---|---|
| | f) Schranken der Regelungsmacht der Betriebspartner . . . . . . . . . . | 958 |
| | g) Wirkung einer Betriebsvereinbarung . . . . . . . . . . . . . . | 962 |
| 2. | Gegenstand freiwilliger Betriebsvereinbarungen . . . . . . . . . . . . | 964 |
| 3. | Geltungsumfang freiwilliger Betriebsvereinbarungen . . . . . . . . . . | 965 |

B. Vertragstexte . . . . . . . . . . . . . . . . . . . . . . . . . . . . . . 966
 1. Muster: Betriebsvereinbarung über einen einheitlichen Betrieb . . . . 966
 2. Muster: Betriebsvereinbarung über die Behandlung von Mitarbeiter-
    beschwerden . . . . . . . . . . . . . . . . . . . . . . . . . . . . 966
 3. Muster: Betriebsvereinbarung über betriebliche Einigungsstelle . . . . . 967
 4. Muster: Betriebsvereinbarung über die Durchführung von Betriebs-
    versammlungen . . . . . . . . . . . . . . . . . . . . . . . . . . 969
 5. Muster: Betriebsvereinbarung über einen Europäischen Betriebsrat . . . 970
 6. Muster: Betriebsvereinbarung über Personalplanung . . . . . . . . . . 973
 7. Muster: Betriebsvereinbarung zur Frauenförderung . . . . . . . . . . 974
 8. Muster: Betriebsvereinbarung zum Schutz ausländischer Arbeitnehmer . . 975
 9. Muster: Betriebsvereinbarung über Gruppenarbeit . . . . . . . . . . . 977
 10. Muster: Betriebsvereinbarung über Betriebsjubiläen . . . . . . . . . . 980
 11. Muster: Betriebsvereinbarung über Zahlung einer freiwilligen Gratifikation . . . 980
 12. Muster: Betriebsvereinbarung über innerbetriebliche Stellenausschreibung . . . 981
 13. Muster: Betriebsvereinbarung über Werksparkplatz . . . . . . . . . . 983
 14. Muster: Betriebsvereinbarung zur Arbeit an Bildschirmgeräten . . . . . 985
 15. Muster: Betriebsvereinbarung zu E-Mail und Internet . . . . . . . . . 988
 16. Muster: Betriebsvereinbarung zu Suchtproblemen . . . . . . . . . . . 992
 17. Muster: Betriebsvereinbarung zum Umweltschutz . . . . . . . . . . . 995
 18. Muster: Richtlinie des Sprecherausschusses über die Gewährung von
    Aktienoptionen . . . . . . . . . . . . . . . . . . . . . . . . . . 996
 19. Muster: Betriebsvereinbarung über die Gewährung einer Betriebsrente . . . 1002
 20. Muster: Gesamtbetriebsvereinbarung über Altersteilzeit (Bereich Chemie) . . . 1004

**Kapitel 2: Erzwingbare Betriebsvereinbarungen** . . . . . . . . . . . . . . . 1009
A. Erläuterungen . . . . . . . . . . . . . . . . . . . . . . . . . . . . . . 1009
 1. Gegenstand erzwingbarer Betriebsvereinbarungen . . . . . . . . . . . 1009
 2. Nachwirkungen erzwingbarer Betriebsvereinbarungen . . . . . . . . . 1010
B. Muster . . . . . . . . . . . . . . . . . . . . . . . . . . . . . . . . . 1010
 1. Muster: Rahmenrichtlinien für gewerbliche Arbeitnehmer und Angestellte . . . 1010
 2. Muster: Allgemeine Arbeitsordnung . . . . . . . . . . . . . . . . . 1019
 3. Muster: Betriebsordnung für die gewerblichen Arbeitnehmer und die
    Angestellten einer Unternehmensgruppe (Pkw-Verkauf, Tankstellen,
    Baustoffhandel, Steinbrüche, Kiesgruben) . . . . . . . . . . . . . . 1027
 4. Muster: Betriebsordnung . . . . . . . . . . . . . . . . . . . . . . 1041
 5. Muster: Betriebsvereinbarung über Alkoholmißbrauch . . . . . . . . . 1042
 6. Muster: Betriebsvereinbarung über übertarifliche Zulagen . . . . . . . 1043
 7. Muster: Betriebsvereinbarung über ein Prämiensystem für Mitarbeiter im Verkauf 1044
 8. Muster: Betriebsvereinbarung über die Flexibilisierung der Arbeitszeit . . . . 1045
 9. Muster: Betriebsvereinbarung über Arbeitszeitregelung . . . . . . . . . 1046
 10. Muster: Betriebsvereinbarung über die Durchführung von Arbeiten an Wochenen-
    den und Feiertagen . . . . . . . . . . . . . . . . . . . . . . . . 1050
 11. Muster: Betriebsvereinbarung zur gleitenden Arbeitszeit . . . . . . . . 1055

12. Muster: Betriebsvereinbarung zur elektronische Zeiterfassung (Ergänzung zu Muster 2362) . . . . . . . . . . . . . . . . . . . . . . . . . . . . . 1058
13. Muster: Ausführungsbestimmungen zur variablen Arbeitszeit . . . . . . . . . 1060
14. Muster: Betriebsvereinbarung Arbeitszeit (KAPOVAZ) . . . . . . . . . . . 1063
15. Muster: Betriebsvereinbarung zur gleitenden Arbeitszeit . . . . . . . . . 1066
16. Muster: Betriebsvereinbarung über die Beteiligung des Betriebsrats vor Einführung neuer DV-Systeme (mit Anlagen) . . . . . . . . . . . . . . . . . . 1069
17. Muster: Betriebsvereinbarung PAISY . . . . . . . . . . . . . . . . . . . 1071
18. Muster: Betriebsvereinbarung über ein Personalinformationssystem . . . . . . 1074
19. Muster: Betriebsvereinbarung über den Einsatz einer Telefonanlage . . . . . . 1076
20. Muster: Betriebsvereinbarung über Auswahlrichtlinien . . . . . . . . . . . 1078
21. Muster: Auswahlrichtlinien bei Kündigungen . . . . . . . . . . . . . . . 1081
22. Muster: Betriebsvereinbarung über das Vorschlagswesen . . . . . . . . . . 1081
23. Muster: Betriebsvereinbarung für das betriebliche Vorschlagswesen . . . . . . 1086
24. Muster: Betriebsvereinbarung über die Einführung von Kurzarbeit . . . . . . 1090
25. Muster: Betriebsvereinbarung zur Förderung von Teilzeitarbeit . . . . . . . 1091
26. Muster: Betriebsvereinbarung über Urlaubsgewährung . . . . . . . . . . 1091
27. Muster: Betriebsvereinbarung zum Unfallschutz . . . . . . . . . . . . . 1092
28. Muster: Betriebsvereinbarung über den Einsatz von SAP-HR-TIM . . . . . . 1094
29. Muster: Betriebsvereinbarung zur alternierenden Telearbeit . . . . . . . . . 1096
30. Muster: Betriebsvereinbarung Telearbeit . . . . . . . . . . . . . . . . 1100
31. Muster: Betriebsvereinbarung Video- und Kameraüberwachung . . . . . . . 1103

**Kapitel 3: Interessenausgleichsvereinbarungen und Sozialpläne** . . . . . . . . . 1107
A. Erläuterungen . . . . . . . . . . . . . . . . . . . . . . . . . . . . . 1107
  1. Der Interessenausgleich . . . . . . . . . . . . . . . . . . . . . . . 1107
    a) Der Begriff der Betriebsänderung . . . . . . . . . . . . . . . . . 1108
    b) Der Interessenausgleich im taktischen Umfeld . . . . . . . . . . . . 1111
    c) Unterlassungsverfügung . . . . . . . . . . . . . . . . . . . . . 1114
    d) Inhalt eines Interessenausgleichs . . . . . . . . . . . . . . . . . 1114
  2. Der Sozialplan . . . . . . . . . . . . . . . . . . . . . . . . . . 1115
    a) Grundsätze . . . . . . . . . . . . . . . . . . . . . . . . . . 1115
    b) Inhalt eines Sozialplans . . . . . . . . . . . . . . . . . . . . . 1118
    c) Gestaltungsmöglichkeiten der Einigungsstelle . . . . . . . . . . . . 1122
B. Muster . . . . . . . . . . . . . . . . . . . . . . . . . . . . . . . 1124
  1. Muster: Interessenausgleich über die Einführung einer verflachten Hierarchie, Verbesserung des Leistungsmanagements, Einführung von TQM . . . . . . 1124
  2. Muster: Spruch einer Einigungsstelle nach Insolvenz eines Tiefbauunternehmens . . . . . . . . . . . . . . . . . . . . . . . . . . . 1138
  3. Muster: Sozialplan über die Verlagerung eines Tendenzbetriebs . . . . . . 1140
  4. Muster: Sozialplan eines konzerngebundenen Betriebes wegen Betriebsstillegung, Vereinbarung in der Einigungsstelle (Bereich Chemie) . . . . . . 1149
  5. Muster: Rahmenbetriebsvereinbarung über einen Interessenausgleich/ Sozialplan wegen eines Rechenzentrums . . . . . . . . . . . . . . . 1159
  6. Muster: Kombinierter Interessenausgleich und Sozialplan einer Möbelhauskette mit neuem Vertriebskonzept und Änderung von Arbeitszeiten . . . . . . . 1169
  7. Muster: Kombinierter Interessenausgleich/Sozialplan zu den Umsetzungsmaßnahmen einer betrieblichen Restrukturierung . . . . . . . . . . . . . . . . . 1176

## Inhaltsverzeichnis

8. Muster: Interessenausgleich und Sozialplan wegen Umsetzung von DV- und Orga-Projekten sowie Rationalisierungsvorhaben ........... 1189
9. Muster: Interessenausgleich Personalabbau ................. 1197
10. Muster: Sozialplan Personalabbau ..................... 1200
11. Muster: Interessenausgleich – Fusion und Zusammenführung verschiedener Betriebsteile ................................. 1204
12. Muster: Sozialplan – Fusion und Zusammenführung verschiedener Betriebsteile . 1206
13. Muster: Interessenausgleich wegen Betriebsverlagerung ........... 1215
14. Muster: Sozialplan wegen Betriebsverlagerung ............... 1217
15. Muster: Interessenausgleich bei Teilbetriebsveräußerung, Verschmelzung und Betriebsstättenverlagerung .......................... 1223
16. Muster: Ergänzende Auswahlrichtlinien gem. § 95 BetrVG (Sozialauswahl zum Interessenausgleich) ............................. 1225
17. Muster: Soziale Auswahl nach den gesetzlichen Kriterien .......... 1226
18. Muster: Sozialplan bei Teilbetriebsveräußerung, Verschmelzung und Betriebsstättenverlegung ............................... 1226
19. Muster: Interessenausgleich bei Zusammenführung zweier Betriebsteile (Bankgewerbe) ................................. 1230
20. Muster: Sozialplan bei Zusammenführung zweier Betriebsteile (Bankgewerbe) . 1231
21. Muster: Interessenausgleich bei Umwandlung von Vertriebsbüros in Technische Büros ................................ 1237
22. Muster: Sozialplan zur Umwandlung von Betriebsbüros in Technische Büros . . 1238
23. Muster: Interessenausgleich bzgl. Outsourcing von Handwerkern einer Wohnungsbaugesellschaft ............................ 1245
24. Muster: Sozialplan bzgl. Outsourcing von Handwerkern einer Wohnungsbaugesellschaft ................................. 1249
25. Muster: Interessenausgleich bei Betriebsauflösung im Konzern (Bereich Chemie) 1250
26. Muster: Sozialplan bei Betriebsauflösung im Konzern (Bereich Chemie) .... 1251
27. Muster: Interessenausgleich über Zusammenführung mehrerer Betriebsteile in einem Kompetenzzentrum ......................... 1260
28. Muster: Sozialplan über Zusammenführung mehrerer Betriebsteile in einem Kompetenzzentrum ............................. 1261
29. Muster: Kombinierter Interessenausgleich und Sozialplan wegen Kostendrucks und Vertriebsumstrukturierung ......................... 1267
30. Muster: Interessenausgleich wegen Fusionierung zweier Getränkehersteller . . . 1277
31. Muster: Sozialplan wegen Fusionierung zweier Getränkehersteller ....... 1279
32. Muster: Interessenausgleich wegen Betriebsübergang und Sitzverlegung einer Versicherungsgesellschaft ........................... 1290
33. Muster: Sozialplan wegen Betriebsübergang und Sitzverlegung einer Versicherungsgesellschaft ........................... 1291
34. Muster: Steuerliche Rahmenbedingungen – Anlage zu einem Sozialplan .... 1294
35. Muster: Anzeige einer Massenentlassung an Arbeitsamt, § 17 KSchG ..... 1298
36. Muster: Kombinierter Interessenausgleich und Sozialplan anläßlich der Verlagerung eines Verbandes ........................... 1300
37. Muster: Transferinteressenausgleich .................... 1302
38. Muster: Vertrag mit Unternehmensberatung zur Erfüllung des Transferinteressenausgleichs ............................ 1306

39. Muster: Antrag an das Landesarbeitsamt zur Erfüllung eines Transferinteressenausgleichs . . . . . . . . . . . . . . . . . . . . . . . . . . 1308
40. Muster: Transfersozialplan . . . . . . . . . . . . . . . . . . . . . . 1309

## § 6 Anwaltsgebühren . . . . . . . . . . . . . . . . . . . . . . . . . . . 1315

### Kapitel 1: Honorarvereinbarungen . . . . . . . . . . . . . . . . . . . . 1315
A. Erläuterungen . . . . . . . . . . . . . . . . . . . . . . . . . . . . . 1315
   1. Höhere als die gesetzliche Vergütung . . . . . . . . . . . . . . . 1315
   2. Niedrigere als die gesetzliche Vergütung . . . . . . . . . . . . . 1316
   3. Abweichende Vereinbarungen . . . . . . . . . . . . . . . . . . . 1316
      a) Vereinbarungszeitpunkt . . . . . . . . . . . . . . . . . . . 1317
      b) Unzulässigkeit des Erfolgshonorars . . . . . . . . . . . . . 1318
      c) Pauschalhonorar . . . . . . . . . . . . . . . . . . . . . . . 1318
      d) Zeithonorar . . . . . . . . . . . . . . . . . . . . . . . . . 1319
      e) Mischformen . . . . . . . . . . . . . . . . . . . . . . . . 1320
   4. Angemessen und unangemessen hohes Honorar . . . . . . . . . 1320
B. Vertragsmuster . . . . . . . . . . . . . . . . . . . . . . . . . . . . 1321
   1. Muster: Allgemeine arbeitsrechtliche Honorarvereinbarung 1 . . . 1321
   2. Muster: Allgemeine arbeitsrechtliche Honorarvereinbarung 2 . . . 1322
   3. Muster: Honorarvereinbarung arbeitsrechtliches Outplacement . . 1323
   4. Muster: Zusatzhonorar neben Gebührenübernahme durch Rechtsschutzversicherung . . . . . . . . . . . . . . . . . . . . . . . . . . . . 1324
   5. Muster: Honorarvereinbarung bei Betriebsänderung oder Betriebsstillegung . . . 1325
   6. Muster: Honorarvereinbarung bei Teilbetriebsstillegung/Betriebsauflösung/Betriebsübergang . . . . . . . . . . . . . . . . . . . . . . . . . . . 1327
   7. Muster: Kostenvoranschlag bei Betriebsänderung . . . . . . . . . 1328

### Kapitel 2: Gegenstandswerte im Arbeitsrecht . . . . . . . . . . . . . . 1331
A. Erläuterungen . . . . . . . . . . . . . . . . . . . . . . . . . . . . . 1331
B. Schriftsätze . . . . . . . . . . . . . . . . . . . . . . . . . . . . . . 1333
   I. Außergerichtliches und gerichtliches Erkenntnisverfahren – Rechtsprechung aufbereitet nach Stichwörtern in alphabetischer Reihenfolge . . . . . . . . 1333
      1. Muster: Abfindung . . . . . . . . . . . . . . . . . . . . . . 1333
      2. Muster: Abfindung aus Sozialplan neben Kündigungsschutz . . 1334
      3. Muster: Abfindung als eigenständig geltend gemachter Anspruch . . 1334
      4. Muster: Abmahnung . . . . . . . . . . . . . . . . . . . . . 1334
      5. Muster: Abmahnungen, mehrere . . . . . . . . . . . . . . . 1335
      6. Muster: Akteneinsicht . . . . . . . . . . . . . . . . . . . . 1335
      7. Muster: Altersversorgung . . . . . . . . . . . . . . . . . . 1335
      8. Muster: Altersversorgung vertretungsberechtigter Organmitglieder . . . . 1336
      9. Muster: Änderungskündigung . . . . . . . . . . . . . . . . 1336
     10. Muster: Anstellungsverträge von GmbH-Geschäftsführern und Vorständen . 1337
     11. Muster: Arbeitsvertrag, Beratung vor Abschluß . . . . . . . . 1337
     12. Muster: Anfechtung eines Arbeitsverhältnisses . . . . . . . . 1338
     13. Muster: Ansprüche auf wiederkehrende Leistungen . . . . . . 1339
     14. Muster: Arbeitsbescheinigung . . . . . . . . . . . . . . . . 1339
     15. Muster: Arbeitspapiere . . . . . . . . . . . . . . . . . . . . 1339
     16. Muster: Aufhebung des Arbeitsverhältnisses . . . . . . . . . 1339

17. Muster: Auflösungsantrag . . . . . . . . . . . . . . . . . . . . . . . 1340
18. Muster: Aufrechnung . . . . . . . . . . . . . . . . . . . . . . . . . 1340
19. Muster: Ausgleichsanspruch des Handelsvertreters . . . . . . . . . . 1340
20. Muster: Auskunft . . . . . . . . . . . . . . . . . . . . . . . . . . . 1341
21. Muster: Berufsausbildungsverhältnis . . . . . . . . . . . . . . . . . 1341
22. Muster: Beschäftigung . . . . . . . . . . . . . . . . . . . . . . . . 1342
23. Muster: Berechnung des Monatsentgelts . . . . . . . . . . . . . . . 1342
24. Muster: Berechnung des Vierteljahresbezugs . . . . . . . . . . . . . 1343
25. Muster: Darlehen . . . . . . . . . . . . . . . . . . . . . . . . . . . 1344
26. Muster: Direktionsrecht . . . . . . . . . . . . . . . . . . . . . . . 1344
27. Muster: Ehrverletzung . . . . . . . . . . . . . . . . . . . . . . . . 1344
28. Muster: Eingruppierung . . . . . . . . . . . . . . . . . . . . . . . 1345
29. Muster: Einstweilige Verfügung . . . . . . . . . . . . . . . . . . . 1346
30. Muster: Entfristungsklage . . . . . . . . . . . . . . . . . . . . . . 1346
31. Muster: Feststellungsklage . . . . . . . . . . . . . . . . . . . . . . 1346
32. Muster: Freistellung . . . . . . . . . . . . . . . . . . . . . . . . . 1347
33. Muster: Gehaltsansprüche . . . . . . . . . . . . . . . . . . . . . . 1347
34. Muster: Herausgabeansprüche . . . . . . . . . . . . . . . . . . . . 1348
35. Muster: Kündigung, ordentliche . . . . . . . . . . . . . . . . . . . 1348
36. Muster: Kündigung, außerordentliche . . . . . . . . . . . . . . . . 1349
37. Muster: Kündigungen, mehrere . . . . . . . . . . . . . . . . . . . 1349
38. Muster: Kündigung, Mehrheit von Arbeitgebern . . . . . . . . . . . 1350
39. Muster: Kündigungsschutzklage und Feststellungsantrag . . . . . . . 1350
40. Muster: Kündigungsschutzklage und Weiterbeschäftigungsanspruch . . . . 1351
41. Muster: Kündigungsschutzklage mit Weiterbeschäftigungsantrag als Eventual-Hilfsantrag und Antrag auf Zwischenzeugnis (Muster 3300) . . . 1351
42. Muster: Kündigungsschutz- und Zahlungsklage . . . . . . . . . . . . 1352
43. Muster: Leistungsklage . . . . . . . . . . . . . . . . . . . . . . . . 1352
44. Muster: Nichtzulassungsbeschwerde . . . . . . . . . . . . . . . . . 1352
45. Muster: Rechtsweg . . . . . . . . . . . . . . . . . . . . . . . . . . 1353
46. Muster: Sexuelle Belästigung einer Arbeitnehmerin . . . . . . . . . 1353
47. Muster: Statusklage . . . . . . . . . . . . . . . . . . . . . . . . . 1354
48. Muster: Vergleich . . . . . . . . . . . . . . . . . . . . . . . . . . . 1355
49. Muster: Wettbewerbsverbot . . . . . . . . . . . . . . . . . . . . . . 1356
50. Muster: Zeugnis . . . . . . . . . . . . . . . . . . . . . . . . . . . 1356
51. Muster: Zustimmungsverfahren vor der Hauptfürsorgestelle . . . . . 1357
II. Beschlußverfahren . . . . . . . . . . . . . . . . . . . . . . . . . . . . 1358
52. Muster: Tabellarische Übersicht über die Streitwerte im arbeitsgerichtlichen Beschlußverfahren . . . . . . . . . . . . . . . . . . . . . . . . . . 1358

# Kapitel 3: Korrespondenz mit Rechtsschutzversicherungen . . . . . . . . 1401
A. Erläuterungen . . . . . . . . . . . . . . . . . . . . . . . . . . . . . . . . 1401
  I. Rechtspflichtenverstöße . . . . . . . . . . . . . . . . . . . . . . . . . 1401
    1. Einwand der Vorvertraglichkeit . . . . . . . . . . . . . . . . . . . 1401
    2. Risikoausschluß . . . . . . . . . . . . . . . . . . . . . . . . . . 1402
    3. Umfang des Deckungsschutzes . . . . . . . . . . . . . . . . . . . 1402
  II. Höhe des Gegenstandswertes . . . . . . . . . . . . . . . . . . . . . . 1403
  III. Informationspflicht gegenüber Rechtsschutzversicherung . . . . . . . . 1403

|     |      | IV. Situation des beratenden Rechtsanwalts | 1404 |
| --- | ---- | ------------------------------------------ | ---- |

B. Schriftsätze ... 1405
- I. Deckungsschutz ... 1405
    1. Muster: Deckungsantrag bei eiliger Kündigungsschutzklage ... 1405
    2. Muster: Deckungsantrag für gerichtliche Tätigkeit nach erfolglosem außergerichtlichem Verhandeln ... 1405
    3. Muster: Deckungsantrag bei außergerichtlicher Interessenwahrnehmung durch Schriftsatzbezug ... 1405
    4. Muster: Deckungsantrag bei außergerichtlicher Interessenwahrnehmung durch Sachverhaltsschilderung ... 1406
    5. Muster: Deckungsantrag bei außergerichtlicher Interessenwahrnehmung und Beschränkung auf Gegenstandswert gemäß § 12 Abs. 7 Satz 1 ArbGG ... 1406
    6. Muster: Deckungsantrag bei außergerichtlicher Interessenwahrnehmung wegen Schikanen ... 1406
    7. Muster: Deckungsantrag wegen Kündigung ... 1407
    8. Muster: Deckungsantrag wegen angedrohter Kündigung ... 1408
    9. Muster: Deckungsantrag bei Entfristungsklage ... 1409
    10. Muster: Keine Obliegenheitsverletzung beim Weiterbeschäftigungsantrag ... 1409
    11. Muster: Keine Obliegenheitsverletzung beim Weiterbeschäftigungsantrag als Eventual-Hilfsantrag ... 1410
    12. Muster: Zusage, Weiterbeschäftigungsantrag erst im Kammertermin zu stellen ... 1410
    13. Muster: Deckungsantrag bei Betriebsstillegung ... 1411
    14. Muster: Rechtspflichtenverstoß wegen fehlenden Zwischenzeugnisses ... 1411
    15. Muster: Anforderungen an einen vorvertraglichen Pflichtenverstoß bei fristloser Kündigung ... 1412
    16. Muster: Zahlungsklage neben Kündigungsschutzklage ... 1413
    17. Muster: Keine Erläuterung des gerichtlichen Streitwertbeschlusses ... 1413
    18. Muster: Kein Deckungsausschluß bei Kündigung wegen vorsätzlicher Herbeiführung des Versicherungsfalls ... 1414
    19. Muster: Kein Deckungsausschluß bei Verfahren vor der Hauptfürsorgestelle ... 1414
- II. Gebühren bei außergerichtlicher Interessenwahrnehmung ... 1415
    1. Muster: Verdeckte Geschäftsbesorgung ... 1415
    2. Muster: Besprechungsgebühr ... 1415
    3. Muster: Besprechungsgebühr durch Telefonat ... 1415
    4. Muster: Vergleichsgebühr ... 1416
    5. Muster: Vergleichswortlaut mit Gegner ausgehandelt ... 1416
    6. Muster: Vergleichsgebühr bei Ursächlichkeit für Vergleichsabschluß ... 1416
    7. Muster: Vergleichsgebühr und Deckungsschutz bei globaler Bereinigung der Rechtsbeziehung ... 1416
    8. Muster: Streitwertaddition bei Vergleich ... 1417
    9. Muster: Streitwerterhöhende Einbeziehung von Regelungen über Altersversorgung und Zeugnis im Vergleich ... 1418
- III. Gebühren bei gerichtlicher Interessenwahrnehmung ... 1420
    1. Muster: Beweisgebühr bei informatorischer Befragung ... 1420
    2. Muster: Erörterungsgebühr für Gütetermin ... 1420
    3. Muster: Vergleichsgebühr bei protokollierter Rücknahme einer Kündigung im Gütetermin ... 1421

4. Muster: Vergleichsgebühr im Prozeßkostenhilfeverfahren auch bei Mitwirkung des Rechtsanwalts an einem außergerichtlichen Vergleich ...... 1421
5. Muster: Gebührenentstehung bei Prozeßvertretung durch Rechtsreferendar . 1421
6. Muster: Vollstreckungskosten im arbeitsgerichtlichen Verfahren ..... 1423
7. Muster: Rechtsanwalt im Einigungsstellenverfahren und anschließende Prozeßvertretung ............... 1424

### § 7 Schriftsätze im arbeitsgerichtlichen Urteilsverfahren . ........... 1425

**Kapitel 1: Vertretung von Arbeitnehmern** ............ 1425
A. Erläuterungen ............... 1425
  I. Kündigungsschutzklage bei ordentlicher Kündigung ......... 1426
  II. Kündigungsschutzklage bei außerordentlicher Kündigung ....... 1427
  III. Zahlungsklage ............. 1427
  IV. Einstweilige Verfügungen ........... 1429
B. Schriftsätze ................ 1429
  I. Ordentliche Kündigungen ........... 1429
    1. Muster: Kündigungsschutzklage bei ordentlicher Kündigung ...... 1429
    2. Muster: Widerspruch des Betriebsrats ......... 1432
    3. Muster: Betriebsrat nicht gehört .......... 1432
    4. Muster: Betriebsrat unvollständig angehört ........ 1432
    5. Muster: Keine Zurechnung eines Fristversäumnisses eines Rechtsanwalts im Verfahren nach § 5 KSchG zu Lasten des Arbeitnehmers ...... 1435
    6. Muster: Klage wegen sittenwidriger Kündigung ....... 1435
    7. Muster: Klage wegen treuwidriger Kündigung ....... 1437
    8. Muster: Öffentliche Zustellung einer Kündigungsschutzklage gegen ausländische Vertretung in Deutschland ........ 1439
  II. Betriebsbedingte Kündigung, Betriebsübergang ........ 1442
    1. Muster: Replik – mangelhafte soziale Auswahl ....... 1442
    2. Muster: Replik – willkürliche betriebsbedingte Kündigung und mangelhafte soziale Auswahl ............ 1442
    3. Muster: Replik – mangelhafte soziale Auswahl wegen Verstoßes gegen den Grundsatz „Änderungskündigung vor Beendigungskündigung" ...... 1444
    4. Muster: Arbeitsplätze von Leiharbeitnehmern als freie Stellen ..... 1444
    5. Muster: Kündigungsschutzklage wegen betriebsbedingter Kündigung bei verdeckter Betriebsübernahme .......... 1445
    6. Muster: Klage wegen Betriebsübernahme ........ 1449
    7. Muster: Unwirksame Änderungs- und Aufhebungsverträge bei Betriebsübergang ............... 1452
    8. Muster: Anwendbarkeit von § 613 a BGB in der Insolvenz ..... 1453
  III. Verhaltensbedingte Kündigungen .......... 1453
    1. Muster: Abmahnung vor verhaltensbedingter Kündigung ..... 1453
    2. Muster: Verwertungsverbot von Informationen aus versteckt angebrachter Videokamera ............. 1454
    3. Muster: Replik – Kündigungsverzicht durch Abmahnung des gleichen Sachverhalts ............. 1455
    4. Muster: Replik – Arbeitsverweigerung aus Gewissensgründen ..... 1457

5. Muster: Replik – Täuschung bei Ausfüllen des Personalfragebogens kein Kündigungsgrund .................................................. 1458
IV. Personenbedingte Kündigungen ........................................ 1459
    1. Muster: Replik – sozialwidrige Kündigung bei Krankheit ............ 1459
    2. Muster: Replik – Alkoholismus .................................... 1461
    3. Muster: Replik – Interessenabwägung bei Alkoholismus (Ausnahmefall) . 1462
    4. Muster: Replik – Beweiswert ärztlicher Arbeitsunfähigkeitsbescheinigungen 1462
V. Außerordentliche Kündigungen ......................................... 1463
    1. Muster: Kündigungsschutzklage bei außerordentlicher Kündigung .... 1463
    2. Muster: Replik – Verfristete außerordentliche Kündigung .......... 1466
    3. Muster: Replik – Anforderungen an das Ermittlungsverhalten des Kündigenden zur Wahrung der Zwei-Wochen-Frist .................. 1466
    4. Muster: Verfristete außerordentliche Kündigung bei Anhörung des Betriebsrats ...................................................... 1467
    5. Muster: Widerspruch des Betriebsrats ............................. 1467
    6. Muster: Unterbliebene Anhörung bei Verdachtskündigung ........... 1467
    7. Muster: Replik – Haschischkonsum, kein Grund zur außerordentlichen Kündigung ....................................................... 1468
    8. Muster: Replik – Selbstbeurlaubung ausnahmsweise kein Kündigungsgrund 1468
    9. Muster: Replik – Abmahnung bei außerordentlicher Kündigung im Vertrauensbereich ................................................. 1469
   10. Muster: Replik – Keine außerordentliche Kündigung eines Betriebsratsmitglieds wegen häufiger Krankheit .................................. 1469
VI. Änderungskündigungen ................................................. 1470
    1. Muster: Änderungskündigungsschutzklage ......................... 1470
    2. Muster: Annahmeerklärung der Änderungskündigung unter Vorbehalt . 1472
    3. Muster: Einwand der fehlenden Zustimmung des Betriebsrats nach § 99 BetrVG ...................................................... 1472
    4. Muster: Keine Änderungskündigung zur Vergütungsminderung ...... 1473
    5. Muster: Wirkung einer fehlenden Zustimmung nach § 99 BetrVG bei Änderungskündigungen ........................................... 1474
VII. Auflösung, Abfindung, Nachteilsausgleich ............................. 1475
    1. Muster: Berechnung des Monatsverdienstes, § 10 KSchG ............ 1475
    2. Muster: Auflösungsantrag ......................................... 1476
    3. Muster: Auflösungsgründe für Arbeitnehmer, § 9 KSchG ........... 1476
    4. Muster: Beiderseitiger Auflösungsantrag ........................... 1478
    5. Muster: Fälligkeit der Abfindung – Vertragsende .................. 1478
    6. Muster: Fälligkeit der Abfindung – sofort ........................ 1478
    7. Muster: Abfindung bei Eigenkündigung vor vereinbartem Sozialplan . 1479
    8. Muster: Nachteilsausgleich bei nicht ausgeschöpften Einigungsbemühungen des Arbeitgebers .................................................. 1480
VIII. Aufhebungsverträge – Abwicklungsverträge ........................... 1482
    1. Muster: Aufforderungsschreiben im Rahmen von Verhandlungen über Auflösung und Abfindung des Arbeitsverhältnisses 1 ............... 1482
    2. Muster: Ältere Arbeitnehmer ..................................... 1483
    3. Muster: Aufforderungsschreiben im Rahmen von Verhandlungen über Auflösung und Abfindung des Arbeitsverhältnisses 2 ............... 1483

| | | |
|---|---|---|
| | 4. Muster: Aufforderungsschreiben im Rahmen von Verhandlungen über Auflösung und Abfindung des Arbeitsverhältnisses 3 | 1484 |
| | 5. Muster: Klage wegen Anfechtung eines Aufhebungsvertrages und Abfindungsantrag | 1485 |
| | 6. Muster: Anfechtung eines Aufhebungsvertrages | 1489 |
| | 7. Muster: Klage wegen Anfechtung eines Aufhebungsvertrages wegen Überrumpelung, LAG Hamburg | 1490 |
| | 8. Muster: Androhung einer Kündigung als widerrechtliche Drohung | 1492 |
| | 9. Muster: Hinweispflicht des Arbeitgebers bei Auflösung des Arbeitsverhältnisses | 1493 |
| IX. | Allgemeine Schriftsätze bei der Beendigung von Arbeitsverhältnissen | 1494 |
| | 1. Muster: Klage auf Schadensersatz wegen vertragswidrigen, schuldhaften Arbeitgeberverhaltens, das zur Kündigung geführt hat | 1494 |
| | 2. Muster: Mitteilung über Schwerbehinderteneigenschaft nach Kündigung | 1496 |
| | 3. Muster: Annahmeverzug des Arbeitgebers nach unwirksamer Arbeitgeberkündigung | 1497 |
| | 4. Muster: Annahmeverzug des Arbeitgebers bei unwirksamer Kündigung und Arbeitsunfähigkeit des Arbeitnehmers | 1498 |
| | 5. Muster: Zahlungsklage wegen Annahmeverzug nach unwirksamer Arbeitgeber-Kündigung | 1499 |
| | 6. Muster: Kein Kleinstbetrieb wegen zusammenzurechnender Beschäftigtenzahl, § 23 KSchG | 1500 |
| | 7. Muster: Rücknahme einer Kündigung kein Beendigungstatbestand im Kündigungsschutzprozeß | 1501 |
| | 8. Muster: Vertragliche Weihnachtsgratifikation – Rückzahlungsklausel | 1502 |
| | 9. Muster: Einstweilige Verfügung wegen Herausgabe der Arbeitspapiere | 1502 |
| | 10. Muster: Eidesstattliche Versicherung zu Muster 3600 | 1504 |
| | 11. Muster: Klage des Jugend- und Auszubildendenvertreters auf Weiterbeschäftigung nach dem Ende des Ausbildungsverhältnisses | 1505 |
| | 12. Muster: Zahlungsklage wegen unzureichender Karenzentschädigung | 1506 |
| | 13. Muster: Klage wegen Unwirksamkeit eines Wettbewerbsverbots mit Mindestkarenzentschädigung | 1508 |
| | 14. Muster: Antrag auf Erlaß einer Weiterbeschäftigungsverfügung gem. § 102 Abs. 5 BetrVG | 1510 |
| | 15. Muster: Antrag auf Erlaß einer Weiterbeschäftigungsverfügung aus allgemeinem Weiterbeschäftigungsanspruch | 1512 |
| | 16. Muster: Beschäftigungsantrag eines freigestellten Wahlvorstandes | 1514 |
| | 17. Muster: Klage auf Wiederaufleben des ruhenden Arbeitsverhältnisses bei Kündigung des Dienstvertrages mit Geschäftsführer | 1516 |
| | 18. Muster: Klage auf Feststellung des Bestehens eines Arbeitsverhältnisses mit Muttergesellschaft bei Kündigung des Geschäftsführer-Dienstvertrages mit Tochtergesellschaft | 1518 |
| X. | Bestehendes Arbeitsverhältnis | 1519 |
| | 1. Muster: Klage auf Arbeitsvergütung (Bruttoklage) | 1519 |
| | 2. Muster: Arbeitsvergütung nicht gezahlt | 1521 |
| | 3. Muster: Überstunden ausdrücklich angeordnet | 1522 |
| | 4. Muster: Zahlungsklage wegen stillschweigend geduldeter Überstunden | 1522 |
| | 5. Muster: Klage auf Arbeitsvergütung (Nettoklage) | 1523 |

| | | |
|---|---|---|
| 6. | Muster: Zahlungsansprüche im Wege einstweiliger Verfügung | 1524 |
| 7. | Muster: Einwand der Entreicherung bei Rückzahlungsklage des Arbeitgebers | 1526 |
| 8. | Muster: Klage auf Auskunft und Provision | 1527 |
| 9. | Muster: Befristung von Provisionsregelungen | 1528 |
| 10. | Muster: Klage auf tabakrauchfreien Arbeitsplatz | 1528 |
| 11. | Muster: Klage auf Urlaub | 1530 |
| 12. | Muster: Klage wegen Abmahnung und Entfernung eines Schreibens aus der Personalakte | 1531 |
| 13. | Muster: Fehlende Anhörung, § 13 BAT | 1533 |
| 14. | Muster: Teilweise unrichtige Abmahnung | 1535 |
| 15. | Muster: Vollstreckung des Anspruchs auf Entfernung von Abmahnungen aus der Personalakte | 1536 |
| 16. | Muster: Höhergruppierungsklage im öffentlichen Dienst | 1536 |
| 17. | Muster: Keine Herausgabe eines Dienstfahrzeugs durch einstweilige Verfügung | 1537 |
| 18. | Muster: Klage auf Gleichbehandlung eines Teilzeitbeschäftigten | 1538 |
| 19. | Muster: Klage auf Schadensersatz wegen Entzug eines Dienstfahrzeugs | 1540 |
| 20. | Muster: Einstweilige Verfügung wegen Versetzung/Umsetzung | 1542 |
| 21. | Muster: Klage auf unveränderte Beschäftigung nach rechtswidriger Versetzung | 1544 |
| 22. | Muster: Feststellungsklage zu den Grenzen des Direktionsrecht | 1547 |
| 23. | Muster: Keine Rückzahlungspflicht von Gehalt bei irrtümlich gutgeschriebenem Zeitguthaben | 1549 |
| 24. | Muster: Zurückbehaltungsrecht an Arbeitskraft bei Umweltgiften am Arbeitsplatz | 1549 |
| 25. | Muster: Unzulässigkeit der Ungleichbehandlung von Arbeitern und Angestellten bei der Kürzung eines 13. Monatsgehalts wegen Fehlzeiten | 1549 |
| 26. | Muster: Haftung des Arbeitnehmers | 1550 |
| 27. | Muster: Mankohaftung und Beweislast | 1551 |
| XI. | Befristete Arbeitsverhältnisse und freie Mitarbeit | 1552 |
| 1. | Muster: Festanstellungsklage | 1552 |
| 2. | Muster: Entfristungsklage | 1554 |
| 3. | Muster: Befristung im öffentlichen Dienst | 1560 |
| 4. | Muster: Zweckbefristung von Arbeitsverträgen | 1561 |
| 5. | Muster: Zweckbefristung im öffentlichen Dienst | 1561 |
| 6. | Muster: Vertragsanpassung nach erfolgreichem Statusprozeß eines freien Mitarbeiters | 1561 |
| XII. | Arbeitsverhältnis in der Anbahnung | 1562 |
| 1. | Muster: Kündigung vor Arbeitsantritt und Zurückweisung von Schadensersatzansprüchen wegen nicht angetretener Stelle | 1562 |
| 2. | Muster: Zahlungsklage wegen Vorstellungskosten | 1563 |
| 3. | Muster: Schadensersatz wegen eines Verstoßes gegen das Benachteiligungsverbot | 1564 |
| XIII. | Schriftsätze im Zusammenhang mit betrieblicher Altersversorgung | 1565 |
| 1. | Muster: Klage auf Feststellung einer Ruhegeldverpflichtung | 1565 |
| 2. | Muster: Feststellungsklage gegen Unterstützungskasse wegen Anrechnung von Vordienstzeiten | 1567 |
| 3. | Muster: Klage auf Anpassung des Ruhegeldes | 1568 |

## Inhaltsverzeichnis

    4. Muster: Klage auf Auskunft über unverfallbare Anwartschaften ..... 1569
    5. Muster: Feststellungsklage nach Widerruf einer Versorgungszusage durch den Arbeitgeber .... 1570
  XIV. Kindeserkrankung und Kindesbetreuung ..... 1576
    1. Muster: Pflichtenkollision einer Arbeitnehmerin wegen Kindesbetreuung . 1576
    2. Muster: Entgeltfortzahlungsansprüche bei Erkrankung eines Kindes .... 1577
    3. Muster: Abdingbarkeit von Entgeltfortzahlungsansprüchen durch Tarifvertrag 1578
    4. Muster: Sonderregelung des BAT ..... 1579
    5. Muster: Krankengeld für Betreuung eines erkrankten Kindes ..... 1579
  XV. Sonstige Schriftsätze ..... 1580
    1. Muster: PKH-Antrag ..... 1580
    2. Muster: Zahlungsklage wegen Urlaubsabgeltung ..... 1581
    3. Muster: Klage auf Zeugnis (mit Zusatz Zeugniserstellungsverpflichtung wegen Insolvenz) ..... 1582
    4. Muster: Klage auf Berichtigung eines Zeugnisses ..... 1585
    5. Muster: Vollstreckung eines Zeugnisanspruchs ..... 1589
    6. Muster: Weihnachtsgeld, Sonderzuwendung, 13. Monatsgehalt ..... 1589
    7. Muster: Klage auf Wiedereinstellung ..... 1590
    8. Muster: Kirchliche Arbeitsverhältnisse ..... 1591
    9. Muster: Wiedereingliederung und Gehaltsfortzahlung ..... 1593
    10. Muster: Vollstreckung des Bruttolohnurteils ..... 1594
    11. Muster: Örtliche Zuständigkeit des Arbeitsgerichts bei Außendienstmitarbeitern – Wohnsitz des Mitarbeiters ..... 1595

**Kapitel 2: Vertretung von Arbeitgebern** ..... 1597
A. Erläuterungen ..... 1597
B. Schriftsätze ..... 1597
  I. Ordentliche Kündigungen ..... 1597
    1. Muster: Bestellungsschreiben ..... 1597
    2. Muster: Bestellungsschreiben mit Ankündigung der Vergleichsbereitschaft . 1598
    3. Muster: Bestellungsschreiben mit Klageabweisungsantrag ..... 1598
    4. Muster: Anhörung des Betriebsrats ordnungsgemäß ..... 1599
    5. Muster: Keine erneute Anhörung bei wiederholter Zustellung ..... 1600
    6. Muster: Vorzeitiger Abschluß des Anhörungsverfahrens ..... 1601
    7. Muster: Erwiderungsschriftsatz auf eine beantragte, nachträgliche Zulassung der Kündigungsschutzklage ..... 1601
    8. Muster: Umdeutung einer außerordentlichen in eine ordentliche Kündigung 1602
    9. Muster: Kündigung mit unzureichender Frist ..... 1603
  II. Betriebsbedingte Kündigungen ..... 1603
    1. Muster: Klageerwiderung bei ordentlicher Kündigung aus betriebsbedingten Gründen ..... 1603
    2. Muster: Betriebsbedingte Kündigung zur Leistungsverdichtung ..... 1604
    3. Muster: Darlegungslast bei innerbetrieblichen Gründen ..... 1605
    4. Muster: Arbeitsmangel nach Umorganisation ..... 1608
    5. Muster: Wirksame Beendigungskündigung bei Betriebsverlagerung .... 1608
    6. Muster: Wirksame Beendigungskündigung bei Betriebsstillegung ..... 1610
    7. Muster: Keine Verpflichtung zur Weiterbeschäftigung zu verschlechterten Arbeitsbedingungen ..... 1610

8. Muster: Kein Wiedereinstellungsanspruch bei Wegfall der Kündigungsgründe nach Ablauf der Kündigungsfrist . . . . . . . . . . . . . . . . . . . . 1612
III. Verhaltensbedingte Kündigungen . . . . . . . . . . . . . . . . . . . . . . . . . 1612
  1. Muster: Klageerwiderung bei verhaltensbedingter Kündigung . . . . . . 1612
  2. Muster: Verspätete Krankmeldung des Arbeitnehmers . . . . . . . . . . 1614
  3. Muster: Wiederholtes unentschuldigtes Fehlen (Kurzfassung) . . . . . . 1615
  4. Muster: Wiederholtes unentschuldigtes Fehlen (Langfassung) . . . . . . 1616
  5. Muster: Betriebsablaufstörung bei wiederholtem unentschuldigtem Fehlen nicht erforderlich . . . . . . . . . . . . . . . . . . . . . . . . . . . . . . 1617
  6. Muster: Abgrenzung Verdachtskündigung – Tatkündigung . . . . . . . 1617
  7. Muster: Betriebsablaufstörung bei Verstoß gegen Meldepflicht nicht erforderlich . . . . . . . . . . . . . . . . . . . . . . . . . . . . . . . . . . . 1618
  8. Muster: Nachschieben von Abmahnungsgründen . . . . . . . . . . . . 1619
  9. Muster: Abmahnung gleichartiger Pflichtverletzungen . . . . . . . . . . 1619
  10. Muster: Warnfunktion einer formal unwirksamen Abmahnung . . . . . 1619
  11. Muster: Kündigung einer Personalleiterin wegen Begünstigung von Arbeitnehmern . . . . . . . . . . . . . . . . . . . . . . . . . . . . . . . . 1620
  12. Muster: Schadensersatzklage wegen Detektivkosten . . . . . . . . . . . 1620
IV. Personenbedingte Kündigungen . . . . . . . . . . . . . . . . . . . . . . . . . 1621
  1. Muster: Klageerwiderung bei ordentlicher Kündigung aus personenbedingten Gründen . . . . . . . . . . . . . . . . . . . . . . . . . . . . . . . . . . . . 1621
  2. Muster: Personenbedingte Kündigung wegen erheblicher Fehlzeiten innerhalb der letzten Jahre bei negativer Gesundheitsprognose . . . . . . . . . 1622
  3. Muster: Personenbedingte Kündigung wegen häufiger Kurzerkrankungen . 1626
  4. Muster: Personenbedingte Kündigung bei Krankheit . . . . . . . . . . . 1628
  5. Muster: Beweiswert ärztlicher Arbeitsunfähigkeitsbescheinigungen (LAG München) . . . . . . . . . . . . . . . . . . . . . . . . . . . . . . . . . 1628
  6. Muster: Überprüfungskompetenz der Hauptfürsorgestelle bei krankheitsbedingter Kündigung . . . . . . . . . . . . . . . . . . . . . . . . . . . . . 1630
V. Außerordentliche Kündigungen . . . . . . . . . . . . . . . . . . . . . . . . . . 1630
  1. Muster: Replik bei außerordentlicher Kündigung . . . . . . . . . . . . . 1630
  2. Muster: Außerordentliche Kündigung wegen Wettbewerbstätigkeit einer Krankenschwester . . . . . . . . . . . . . . . . . . . . . . . . . . . . . . 1632
  3. Muster: Außerordentliche Kündigung eines Außendienstmitarbeiters aus Gründen der Generalprävention . . . . . . . . . . . . . . . . . . . . . . . 1632
  4. Muster: Annahme von Schmiergeld als außerordentlicher Kündigungsgrund 1632
  5. Muster: „Androhung" einer künftigen Erkrankung durch den Arbeitnehmer 1633
  6. Muster: Eigenmächtiger Urlaubsantritt . . . . . . . . . . . . . . . . . . . 1633
  7. Muster: Tätlichkeiten am Arbeitsplatz als Grund zur fristlosen Kündigung . 1634
  8. Muster: Überprüfungskompetenz der Hauptfürsorgestelle bei außerordentlicher Kündigung . . . . . . . . . . . . . . . . . . . . . . . . . . . . . . . . 1634
  9. Muster: Entbehrlichkeit der Abmahnung . . . . . . . . . . . . . . . . . 1635
  10. Muster: Nebentätigkeit während angeblicher Arbeitsunfähigkeit 1 . . . . 1635
  11. Muster: Nebentätigkeit während angeblicher Arbeitsunfähigkeit 2 . . . . 1635
  12. Muster: Arbeitsunfähigkeitsbescheinigung ohne Beweiswert bei fehlender Auseinandersetzung des Arztes mit der Tätigkeit des Arbeitnehmers . . . 1636
  13. Muster: Beharrliche Arbeitsverweigerung als außerordentlicher Kündigungsgrund . . . . . . . . . . . . . . . . . . . . . . . . . . . . . . . . . . . 1636

## Inhaltsverzeichnis

- VI. Änderungskündigungen . . . . . . . . . . . . . . . . . . . . . . . 1637
    - 1. Muster: Änderungskündigung und Umgruppierung . . . . . . . . . . 1637
    - 2. Muster: Betriebsbedingte Änderung zur Kostensenkung . . . . . . . . 1639
- VII. Auflösung und Abfindung . . . . . . . . . . . . . . . . . . . . . 1639
    - 1. Muster: Auflösungsantrag des Arbeitgebers . . . . . . . . . . . . . 1639
    - 2. Muster: Auflösungsantrag bei leitendem Angestellten . . . . . . . . . 1640
    - 3. Muster: Auflösungsgründe für den Arbeitgeber . . . . . . . . . . . 1640
    - 4. Muster: Fälligkeit der Abfindung – Vertragsende . . . . . . . . . . . 1642
    - 5. Muster: Fälligkeit der Abfindung – sofort . . . . . . . . . . . . . . 1642
- VIII. Aufhebungsverträge – Abwicklungsverträge (einschl. außergerichtlicher Korrespondenz) . . . . . . . . . . . . . . . . . . . . . . . . . . 1643
    - 1. Muster: Klageerwiderung bei Anfechtung eines Aufhebungsvertrages . . . 1643
    - 2. Muster: Ablehnung der „Überrumpelungsentscheidung" des LAG Hamburg 1646
    - 3. Muster: Keine Anfechtungsmöglichkeit wegen Zeitdrucks . . . . . . . 1647
    - 4. Muster: Keine Anfechtung des Aufhebungsvertrages, wenn sich der Arbeitgeber hinsichtlich Arbeitsunfähigkeit des Arbeitnehmers als getäuscht betrachtet . . . . . . . . . . . . . . . . . . . . . . . . . . . 1647
    - 5. Muster: Ausschluß betriebsbedingt gekündigter Arbeitnehmer von freiwilliger Sonderzahlung . . . . . . . . . . . . . . . . . . . . . . . 1648
- IX. Allgemeine Schriftsätze bei der Beendigung von Arbeitsverhältnissen . . . . 1649
    - 1. Muster: Längere Kündigungsfristen für ältere Arbeitnehmer im Tarifvertrag 1649
    - 2. Muster: Anrechnung anderweitigen Verdienstes während Freistellung . . 1649
    - 3. Muster: Fristlose Kündigung eines Auszubildenden . . . . . . . . . . 1650
    - 4. Muster: Informationsschreiben an Arbeitgeber-Mandant wegen Kündigung zahlreicher Arbeitnehmer . . . . . . . . . . . . . . . . . . . . . 1651
    - 5. Muster: Informationsschreiben an Arbeitgeber-Mandant wegen Mutterschutz und Kündigungsmöglichkeiten . . . . . . . . . . . . . . . . . . 1653
    - 6. Muster: Erwiderungsschriftsatz wegen Freistellung im einstweilgen Rechtsschutz . . . . . . . . . . . . . . . . . . . . . . . . . . 1656
- X. Bestehendes Arbeitsverhältnis . . . . . . . . . . . . . . . . . . . . 1658
    - 1. Muster: Einstweilige Verfügung wegen Heraugabe eines Dienstfahrzeugs . 1658
    - 2. Muster: Anforderungen an eine Klage wegen Überstundenvergütung . . . 1659
    - 3. Muster: Kein einstweiliger Rechtsschutz wegen Versetzung . . . . . . 1659
    - 4. Muster: Kürzung von Jahressonderzahlungen wegen Fehlzeiten bei Arbeitsunfall . . . . . . . . . . . . . . . . . . . . . . . . . . 1660
    - 5. Muster: Keine Einschränkung des Direktionsrechts selbst nach langjähriger Tätigkeit . . . . . . . . . . . . . . . . . . . . . . . . . . . 1660
    - 6. Muster: Kein ruhendes Arbeitsverhältnis eines GmbH-Geschäftsführers, wenn das Arbeitsverhältnis zu Erprobungszwecken bestand . . . . . . . 1661
    - 7. Muster: Klage auf Vertragsstrafe . . . . . . . . . . . . . . . . . 1661
    - 8. Muster: Einstweilige Verfügung auf Unterlassung von Wettbewerb im bestehenden Arbeitsverhältnis . . . . . . . . . . . . . . . . . . 1662
    - 9. Muster: Klage auf Schadensersatz wegen Schlechtleistung . . . . . . . 1664
    - 10. Muster: Klage auf Schadensersatz des Arbeitgebers wegen Verkehrsunfalls des Arbeitnehmers . . . . . . . . . . . . . . . . . . . . . . . 1665
    - 11. Muster: Klage auf Rückzahlung überzahlten Arbeitsentgelts . . . . . . 1666
    - 12. Muster: Darlegungslast des BR-Mitglieds bei vom Arbeitgeber bestrittener BR-Tätigkeit . . . . . . . . . . . . . . . . . . . . . . . . . . 1668

13. Muster: Ersatzansprüche gegen geringfügig Beschäftigte wegen nachträglich festgestellter Versicherungspflicht . . . . . . . . . . . . . . . . . . . . . 1669
14. Muster: Kein Zurückbehaltungsanspruch des Arbeitnehmers an Betriebsgegenständen des Arbeitgebers wegen Lohnforderungen . . . . . . . . . . 1669

XI. Befristete Arbeitsverhältnisse und freie Mitarbeit . . . . . . . . . . . . . 1670
    1. Muster: Klageerwiderung wegen fehlender Arbeitnehmereigenschaft . . . 1670
    2. Muster: Arbeitnehmerähnliche Person – Begriffsbestimmung am Beispiel eines Rundfunkmitarbeiters . . . . . . . . . . . . . . . . . . . . . . . 1672

XII. Arbeitsverhältnis in der Anbahnung . . . . . . . . . . . . . . . . . . . . 1683
    Muster: Schadensersatzanspruch wegen Vertragsbruchs bei nicht angetretener Stelle . . . . . . . . . . . . . . . . . . . . . . . . . . . . . . . . . . . . . 1683

XIII. Sonstige Schriftsätze . . . . . . . . . . . . . . . . . . . . . . . . . . . . . 1685
    1. Muster: Klageerwiderung bei Zeugnisklage . . . . . . . . . . . . . . 1685
    2. Muster: Haftungsbeschränkung des Betriebserwerbers in der Insolvenz . . 1685
    3. Muster: Klage auf Unterlassung nachvertraglichen Wettbewerbs . . . . . 1686
    4. Muster: Zugang einer Kündigung im Urlaub . . . . . . . . . . . . . . 1687
    5. Muster: Annahmeverweigerung einer Kündigung durch Empfangsboten . . 1689
    6. Muster: Kein Wiedereinstellungsanspruch bei Wegfall des Kündigungsgrundes nach Ablauf der Kündigungsfrist . . . . . . . . . . . . . . . . . . . 1690
    7. Muster: Anrechnung anderweitigen Arbeitseinkommens auf Karenzentschädigung . . . . . . . . . . . . . . . . . . . . . . . . . . . . . . . . . . 1690
    8. Muster: Rückzahlungsklausel für Ausbildungskosten im Arbeitsvertrag . . 1691
    9. Muster: Klage auf verschleiertes Arbeitseinkommen nach vorangegangenen vergeblichen Vollstreckungsversuchen . . . . . . . . . . . . . . . . . . 1692
    10. Muster: Klageerwiderung wegen Wiedereinstellungsverlangen bei Verdachtskündigung . . . . . . . . . . . . . . . . . . . . . . . . . . . . . . . 1695
    11. Muster: Örtliche Zuständigkeit des Arbeitsgerichts bei Außendienstmitarbeitern – Sitz des Arbeitgebers . . . . . . . . . . . . . . . . . . . . . . . . 1696
    12. Muster: Zugang eines Kündigungsschreibens . . . . . . . . . . . . . . 1697

**Kapitel 3: Statusneutrale Schriftsätze im Urteilsverfahren** . . . . . . . . . . . 1699
A. Erläuterungen . . . . . . . . . . . . . . . . . . . . . . . . . . . . . . . . . 1699
B. Schriftsätze . . . . . . . . . . . . . . . . . . . . . . . . . . . . . . . . . . 1699
    I. Erstinstanzliche und für sonstige Verfahrenszüge geeignete Schriftsätze . . . . 1699
        1. Muster: Maske für arbeitsgerichtliche Klage . . . . . . . . . . . . . . 1699
        2. Muster: Maske für arbeitsgerichtliche Klageerwiderung . . . . . . . . 1700
        3. Muster: Maske für Antrag auf Erlaß einer einstweiligen Verfügung . . . . 1700
        4. Muster: Maske für Abweisung eines Antrags auf Erlaß einer einstweiligen Verfügung . . . . . . . . . . . . . . . . . . . . . . . . . . . . . . . . 1701
        5. Muster: Antrag auf Vertagung eines Gerichtstermins . . . . . . . . . 1702
        6. Muster: Vertagung und Antrag auf Frist zur Rückäußerung . . . . . . 1702
        7. Muster: Einspruch gegen Versäumnisurteil . . . . . . . . . . . . . . 1703
        8. Muster: Fristen im Urteilsverfahren . . . . . . . . . . . . . . . . . . 1704
        9. Muster: Mittelbare Beweisführung im Arbeitsgerichtsprozeß . . . . . . 1705
        10. Muster: Im Urteil festgesetzter Streitwert nicht mit Beschwerde anfechtbar 1706
        11. Muster: Verspätete Urteilsabsetzung . . . . . . . . . . . . . . . . . . 1706
        12. Muster: Befangenheitsgesuch . . . . . . . . . . . . . . . . . . . . . . 1707

13. Muster: Befangenheitsgesuch bei Hinweis des Richters auf Einreden oder Gegenrechte ... 1708
14. Muster: Erforderlichkeit der Vollziehung einer einstweiligen Verfügung ... 1709
15. Muster: Eidesstattliche Versicherung ... 1709
II. Zweitinstanzliche Schriftsätze ... 1710
  1. Muster: Berufung des Klägers ... 1710
  2. Muster: Berufung des Beklagten ... 1711
  3. Muster: Bestellungsschreiben für Berufungsbeklagten ... 1711
  4. Muster: Anschlußberufung des Berufungsbeklagten ... 1712
  5. Muster: Keine Erstattungspflicht der Prozeßgebühr des Rechtsmittelbeklagten vor Begründung des nur zur Fristwahrung eingelegten Rechtsmittels ... 1712
  6. Muster: Vertrauensschutz des Anwalts auf Verlängerung der Berufungsbegründungsfrist ... 1713
  7. Muster: Wiedereinsetzung in den vorigen Stand wegen zu Unrecht abgelehnter Verlängerung der Berufungsbegründungsfrist ... 1714
  8. Muster: Verlängerungsantrag am letzten Tag der Berufungsbegründungsfrist ... 1714
  9. Muster: Beschwerde gegen einen Beschluß des Arbeitsgerichts ... 1715
  10. Muster: Sofortige Beschwerde gegen einen Beschluß des Arbeitsgerichts ... 1715
  11. Muster: Bestellungsschreiben gegen Nichtzulassungsbeschwerde ... 1716
III. Drittinstanzliche Schriftsätze ... 1717
  1. Muster: Nichtzulassungsbeschwerde wegen grundsätzlicher Bedeutung ... 1717
  2. Muster: Nichtzulassungsbeschwerde wegen Divergenz ... 1718
  3. Muster: Erwiderung auf unzulässige Nichtzulassungsbeschwerde ... 1719
  4. Muster: Erläuterung negativer Prozeßchancen bei Nichtzulassungsbeschwerde für Mandanten ... 1720
  5. Muster: Revision des Klägers ... 1721
  6. Muster: Revision des Beklagten ... 1721
  7. Muster: Bestellungsschreiben für Revisionsbeklagten ... 1722
  8. Muster: Rechtsbeschwerde ... 1722
  9. Muster: Bestellungsschriftsatz des Rechtsbeschwerdegegners ... 1723

## § 8 Schriftsätze im arbeitsgerichtlichen Beschlußverfahren ... 1725

### Kapitel 1: Vertretung von Betriebsräten im Beschlußverfahren ... 1725
A. Erläuterungen ... 1725
  1. Abgrenzung zwischen Einigungsstellen- und Beschlußverfahren ... 1725
  2. Einzelbeispiele für Streitigkeiten in Beschlußverfahren ... 1727
  3. Besonderheiten des Beschlußverfahrens ... 1729
  4. Bestimmtheit des Antrags ... 1731
B. Schriftsätze ... 1733
  1. Muster: Feststellung von Arbeitnehmereigenschaft ... 1733
  2. Muster: Antrag auf Bestellung eines Wahlvorstandes zur Betriebsratswahl ... 1734
  3. Muster: Unterlassen der Anordnung von Überstunden durch einstweilige Verfügung ... 1735
  4. Muster: Unterlassen einer personellen Maßnahme ... 1737
  5. Muster: Unterlassen der Beschäftigung eines eingestellten Mitarbeiters ohne Zustimmung des Betriebsrats ... 1738

6. Muster: Antrag auf Festsetzung von Zwangsgeld wegen Nichtaufhebung einer personellen Maßnahme .................................................. 1740
7. Muster: Unterlassen einer Eingruppierung ohne Zustimmung des Betriebsrats .. 1741
8. Muster: Replik bei Zustimmungsverweigerung wegen zu hoher Eingruppierung ............................................................... 1743
9. Muster: Freistellung von notwendigen Kosten ................................. 1744
10. Muster: Erstattung von Anwaltsgebühren ...................................... 1746
11. Muster: Anwaltliche Vertretung des Betriebsrates – erforderliche Kosten .... 1748
12. Muster: Antrag des Betriebsrats auf moderne Kommunikationsmittel ........ 1749
13. Muster: Erstattung von Schulungskosten ...................................... 1752
14. Muster: Hinzuziehung eines Sachverständigen durch einstweilige Verfügung .. 1754
15. Muster: Unterrichtung über geplante Betriebsänderung durch einstweilige Verfügung ........................................................... 1755
16. Muster: Unterlassen betrieblicher Bildungsmaßnahmen ohne Information des Betriebsrats mit Ordnungsgeldandrohung .................................. 1757
17. Muster: Unterlassen von Kündigungen vor Abschluß des Interessenausgleichsversuchs durch einstweilige Verfügung .................................. 1759
18. Muster: Information des Betriebsrats über Konzernstruktur ................. 1761
19. Muster: Unterlassen des arbeitgeberseitigen Angebots von Aufhebungsverträgen vor Abschluß eines Interessenausgleichsversuchs durch einstweilige Verfügung ......................................................... 1762
20. Muster: Unterlassen der Durchführung einer geplanten Betriebsänderung durch einstweilige Verfügung ....................................................... 1766
21. Muster: Feststellung der Zustimmungspflichtigkeit einer Maßnahme ........ 1768
22. Muster: Gegenantrag bei vorläufiger personeller Maßnahme nach §§ 99, 100 BetrVG .................................................. 1768
23. Muster: Aufhebung einer personellen Maßnahme ............................. 1770
24. Muster: Abgeltung und Freizeitausgleich für Betriebsratstätigkeit ........... 1771
25. Muster: Mitbestimmung bei Anrechnung von Tariflohnerhöhungen auf Zulagen . 1773
26. Muster: Antrag auf Errichtung einer Einigungsstelle wegen Mitarbeiterbeschwerden .............................................................. 1775
27. Muster: Ordnungsgeldantrag aus Vergleich ................................... 1776

**Kapitel 2: Vertretung von Arbeitgebern** .......................................... 1779
A. Erläuterungen ............................................................... 1779
B. Schriftsätze ................................................................. 1780
1. Muster: Ersetzung der Zustimmung bei personeller Maßnahme gemäß § 99 Abs. 4 BetrVG .................................................. 1780
2. Muster: Zustimmungsersetzung bei eiliger personeller Maßnahme gemäß §§ 99 Abs. 4, 100 BetrVG .................................................. 1781
3. Muster: Ausschluß eines Betriebsratsmitglieds gemäß § 23 Abs. 1 BetrVG ... 1782
4. Muster: Antrag auf Entbindung von der Pflicht zur Weiterbeschäftigung eines Auszubildenden ............................................................. 1783
5. Muster: Antrag im Beschlußverfahren auf Ersetzung der Zustimmung des Betriebsrats zur Kündigung ................................................. 1785
6. Muster: Kein allgemeiner Unterlassensanspruch des Betriebsrats bei Verstoß gegen Unterrichtungspflicht bei Bildungsmaßnahmen ............... 1786
7. Muster: Unterlassungsverfügung gegen Betriebsratswahl ................... 1788

8. Muster: Zurückweisung eines Globalantrags ............... 1789
9. Muster: PC-Schulung von Betriebsräten bedeutet keine notwendigen Kosten bei fehlendem aktuellem Anlaß ........................ 1790

**Kapitel 3: Statusneutrale Schriftsätze** ............... 1791
A. Erläuterungen ........................................ 1791
B. Schriftsätze ......................................... 1791
   1. Muster: Bestellung eines Einigungsstellenvorsitzenden und der Beisitzer durch Arbeitgeber – Antrag wegen Versuchs eines Interessenausgleichs ....... 1791
   2. Muster: Bestellung eines Einigungsstellenvorsitzenden durch Betriebsratantrag wegen Mitarbeiter-Beschwerden ................... 1792
   3. Muster: Bestellung eines Einigungsstellenvorsitzenden durch Betriebsrat – Antrag wegen mitbestimmungspflichtiger Maßnahmen .......... 1794
   4. Muster: Anfechtung einer Betriebsratswahl ................. 1795
   5. Muster: Ermessensfehler bei undifferenzierter Festsetzung von Abfindungen im Sozialplan durch Spruch einer Einigungsstelle ................ 1795
   6. Muster: Beschwerde ............................... 1796
   7. Muster: Bestellungsschriftsatz im Beschwerdeverfahren ......... 1797
   8. Muster: Rechtsbeschwerde .......................... 1798
   9. Muster: Bestellungsschreiben im Verfahren der Rechtsbeschwerde ..... 1799
   10. Muster: Zwangsvollsteckung wegen einer unvertretbaren Handlung .... 1799

Stichwortverzeichnis ..................................... 1801

Benutzerhinweise zur CD-ROM .............................. 1831

# § 1 Verträge mit Arbeitnehmern, Gesellschaftsorganen und Selbständigen

## Kapitel 1: Arbeitsverträge

### Literatur

**Böckel**, Die neuen Teilzeitarbeitsverträge, 3. Aufl. 1988; **ders.**, Moderne Arbeitsverträge, 2. Aufl. 1987; **Boemke/Kaufmann**, Der Telearbeitsvertrag, 2000; **Butz**, Der Arbeitsvertrag in seiner zweckmäßigsten Form, 3. Aufl. 1974; **Collardin**, Aktuelle Rechtsfragen der Telearbeit, 1995; **Dach**, Befristung von Arbeitsverträgen mit Fraktionsmitarbeitern, NZA 1999, 627; **Eich**, Arbeitshilfen, Formulare, Muster, Vordrucke, in: Handbuch „Betrieb und Personal", Fach 28, Sept. 1988; **Frey**, Arbeitshilfen, in: Arbeitsrechtslexikon, 1988; **Frikell/Ortlopp**, Arbeitsrecht in Formularen, 1985; **Grüll**, Personalpraxis in Formularen, 2. Aufl. 1964; **Grüll/Janert**, Der Anstellungsvertrag mit leitenden Angestellten und anderen Führungskräften, 14. Aufl. 1996; **Gumpert**, Arbeitsverträge zweckmäßig gestalten, 1963; **ders.**, Dauerarbeitsverträge mit Arbeitern, 9. Aufl. 1996; **Hanau/Preis**, Der Arbeitsvertrag, Loseblatt, Stand Juni 1997; **Hänlein**, Ende des Streits um die befristeten Arbeitsverträge von Fremdsprachenlektoren – zur Änderung des § 57 b III HRG, NZA 1999, 513; **Hohn**, Arbeits- und Dienstverträge für Geschäftsführer und leitende Angestellte, 6. Aufl. 1994; **Hohn/Romanovszky**, Vorteilhafte Arbeitsverträge, 5. Aufl. 1994; **Hümmerich**, Gestaltung eines Arbeitsvertrags, AnwBl. 1999, 9; **Hümmerich/Rech**, Antizipierte Einwilligung in Überstunden durch arbeitsvertragliche Mehrarbeitsabgeltungsklauseln?, NZA 1999, 1132; **Hunold**, Musterarbeitsverträge und Zeugnisse für die betriebliche Praxis, Stand 1991; **Huber**, Arbeitsrechtliche Aspekte der Telearbeit, FA 1999, 109; **Kador**, Instrumente der Personalarbeit: praktische Arbeitshilfe für Klein- und Mittelbetriebe, 6. Aufl. 1990; **Kopp**, Arbeitsvertrag für Führungskräfte, 3. Aufl. 1996; **Küttner**, Arbeitsrecht und Vertragsgestaltung, RdA 1999, 59; **Marienhagen**, Dauerarbeitsverträge mit Angestellten, 14. Aufl. 1996; **Marienhagen/Pulte**, Arbeitsverträge bei Auslandseinsatz, 2. Aufl. 1993; **Müller/Schön**, Zweckmäßige und rechtlich abgesicherte Arbeitsverträge, 1986; Münchener Vertragshandbuch, Band 4: Bürgerliches Recht, 1. Halbband, 3. Aufl. 1992; **Nath/Schilling/Fingerhut**, Formularbuch für Verträge, 8. Aufl. 1995; **Pfarr/Drücke**, Rechtsprobleme der Telearbeit, 1989; **Postler**, Rechtsfragen der Neuregelung der Arbeitnehmerüberlassung, insbesondere zur Zulässigkeit der Kettenbefristung, NZA 1999, 179; **Schachner**, Rechtsformularbuch für das Unternehmen, 3. Aufl. 1995; **Schaub**, Arbeitsrechtliche Formularsammlung, 7. Aufl. 1999; **Wank**, Telearbeit, 1997; **Weber/Burmeister**, Der Anstellungsvertrag des Managers, 2. Aufl. 1996; **Wedde**, Telearbeit – Handbuch für Arbeitnehmer, Betriebsräte und Anwender, 1994; **Wetter**, Der richtige Arbeitsvertrag, 1994; **Zumschlinge**, Perfekte Arbeitsverträge, 1983.

## A. Erläuterungen und Klauselalphabet

### I. Beachtenswertes zur Vertragsgestaltung

In den nachfolgenden Mustern finden sich unterschiedliche Vertragstypen. Die Regelungen im Arbeitsvertrag werden zunächst einmal davon beeinflußt, ob ein Tarifvertrag für ein Arbeitsverhältnis gilt oder ob durch globale Inbezugnahme ein Manteltarifvertrag oder mehrere Tarifverträge individualarbeitsrechtlich vereinbart werden. Bei der Auswahl der für einen Anwender in Frage kommenden nachfolgenden Arbeitsverträge ist auch darauf abzustellen, welchen Tätigkeitsbereich der Arbeitnehmer ausüben soll. Eine Reihe von Arbeitsverträgen ist für bestimmte Berufe (Programmierer, LKW-Fahrer, etc.) geeignet, weil in ihnen die gewollten Rechtsfolgen häufig wiederkehrender spezifischer Sachverhalte vorkommen. Man wird bei der Auswahl unter den nachfolgenden Verträgen auch darauf achten müssen, in welcher Hierarchiestufe sich der Mitarbeiter bewegt. Je einfacher die auszuführenden Tätigkeiten sind, desto geringer ist erfahrungsgemäß der Regelungsbedarf. Bei einfach gelagerten Arbeiten wird die vom Arbeitnehmer geschuldete Arbeitsleistung überwiegend durch Weisungen konkretisiert. Bei Arbeitsverträgen für Führungskräfte kann man weniger den inhaltlichen Teil der Arbeit verbindlich definieren. Bei Führungskräften kommt es für die Vorgesetzten

1

darauf an, daß in die Selbstorganisation des Mitarbeiters hineingreifende Weisungsbefugnisse des Vorgesetzten vereinbart sind. Beispiel: § 2 Abs. 3 im Muster 1020.[1]

## II. Methodische Fragen der Vertragsgestaltung

2 Im Arbeitsvertragsrecht besteht vielfach Unsicherheit über die Grenzen und Möglichkeiten der Vertragsgestaltung. *Hanau/Preis*[2] weisen auf die unzureichenden **dispositiven Leitlinien** im Gesetzesrecht bei gleichzeitiger Unsicherheit über bestehendes Richterrecht und die fehlende Klarheit über Umfang und Grenzen der Inhalts- bzw. Angemessenheitskontrolle hin. Zwingendes Recht wird sowohl über- als auch unterschätzt. *Hanau/Preis*[3] demonstrieren die Unterschätzung des nichtdispositiven Rechts am Beispiel der Gestaltung von **Urlaubsregelungen**. Das Bundesurlaubsgesetz in seiner jetzigen Fassung sehe einen jährlichen Mindesturlaub von 24 Werktagen vor. In den meisten Arbeitsverträgen sei ein weit darüber hinausgehender Urlaub von ca. 30 Werktagen, manchmal sogar von 30 Arbeitstagen vereinbart. In kaum einem Arbeitsvertrag aber würden die über den Mindesturlaub hinaus gewährten Urlaubstage an Bedingungen wie mangelnde Fehlzeiten oder ähnliches geknüpft, obwohl derartige Regelungen nach der BAG-Rechtsprechung möglich seien.[4] Vorübergehend stellte sich nach Inkrafttreten des Arbeitsrechtlichen Beschäftigungsförderungsgesetzes die Frage, ob die Ansicht von *Hanau/Preis* noch aufrecht erhalten werden kann. Arbeitsvertragliche Klauseln, die eine Nichtausübung des Anrechnungsrechts nach § 4 a Abs. 1 EFZG konstituieren, waren auch nach Auffassung von *Hanau/Preis*[5] unwirksam. Das Urteil des BAG vom 31.05.1990 stammt aus der Zeit vor Inkrafttreten des Arbeitsrechtlichen Beschäftigungsförderungsgesetzes. Wenn die über den Mindesturlaub hinausgehenden Urlaubstage an das Fehlen von Fehlzeiten geknüpft wurden, waren Konstellationen denkbar, in denen der Arbeitnehmer von seinem Anrechnungsrecht nach § 4 a Abs. 1 EFZG Gebrauch machen wollte, hieran aber gehindert war, weil er entweder bereits Urlaub im Umfang des Mindesturlaubs genommen hatte oder Bedingungen, an die die restliche Urlaubsgewährung geknüpft war, beispielsweise wegen Krankheit nicht erfüllen konnte.

Seit dem 01.01.1999 ist das Arbeitsrechtliche Beschäftigungsförderungsgesetz in wesentlichen Teilen aufgehoben, so gilt auch § 4 a EFZG nicht mehr (der jetzige § 4 a ist der frühere § 4 b EFZG) und das Beispiel von *Hanau/Preis* hat seinen Charme nicht verloren bzw. wiedergewonnen.

3 Unterschätzt wird das dispositive Recht, wenn Arbeitgeber den Versuch unternehmen, bestimmte, in besonderer Weise das Vertrauen zum Arbeitnehmer erschütternde Sachverhalte schon im Arbeitsvertrag als zwischen beiden Parteien verbindliche **Kündigungsgründe** zu formulieren. Nach der Rechtsprechung des BAG[6] kann die Wirksamkeit einer Kündigung nur im Wege einer Einzelfallabwägung und einer abschließenden Interessenabwägung festgestellt werden, wobei es die Rechtsprechung versäumt hat, festzulegen, welche Interessen berücksichtigungsfähig sind und welche Interessen überwiegen.[7] Die Parteien können im Arbeitsvertrag daher nur eine Wertung in dem Sinne vornehmen, daß sie es beiderseits für einen schwerwiegenden Vertrauensbruch halten würden, wenn

---

1 § 1 Kap. 1 M 378.
2 *Hanau/Preis*, Der Arbeitsvertrag, I A, Rn 7.
3 *Hanau/Preis*, Der Arbeitsvertrag, I A, Rn 9.
4 BAG, Urt. v. 31.05.1990, AP Nr. 13 zu § 13 BUrlG = EzA, § 13 BUrlG, Nr. 49.
5 Der Arbeitsvertrag, II E 20, Rn 24.
6 Urt. v. 20.05.1978, EzA, § 626 n.F. BGB, Nr. 66.
7 Dazu kritisch *Hümmerich*, NZA 1996, 1299.

ein bestimmter Sachverhalt eintritt. In diesem Sinne konkretisiert Muster 1061,[8] § 7 Abs. 3 Arbeitsvertragspflichten des Arbeitnehmers, ohne eine verbindliche Wertung im Sinne eines vereinbarten, unabänderlichen Kündigungsgrundes vorzunehmen. Interessant erscheint die Frage, ob die Bestimmung von Kündigungsgründen in Arbeitsverträgen zur Folge hat, daß jedenfalls das Erfordernis vorheriger Abmahnung entfällt.[9] Die Rechtsprechung hat sich hierzu noch nicht geäußert.

4   Aus Gründen der Gleichbehandlung, aber auch aus Gründen einer rationellen Personalarbeit ist der individuell ausgehandelte Arbeitsvertrag die Ausnahme, der in weiten Bereichen **vorformulierte Arbeitsvertrag** die Regel. Dadurch daß sich der Arbeitgeber, wie auch bei den nachfolgenden Verträgen, der Textverarbeitung bedienen kann, springen individuelle Abreden im Rahmen vorformulierter Arbeitsverträge nicht mehr in gleicher Weise ins Auge wie in der Vergangenheit, als noch Formulare überwiegend als Arbeitsvertragstexte verwendet wurden. *Hanau/Preis* haben im Rahmen eines Forschungsprojekts festgestellt, daß selbst bei Führungskräften der Trend zur vorformulierten, einheitlichen Vertragsgestaltung ausgeprägt ist.[10] Verhandlungsspielräume bei gewöhnlichen Angestellten bestehen kaum, bei Führungskräften zumeist nur im Bereich einmaliger Sonderleistungen, wenn sie zur Gewinnung eines Mitarbeiters erforderlich sind oder die Gleichordnung auf der betrieblichen Ebene nicht nachhaltig stören.

5   Von geringen Ausnahmefällen abgesehen, bedarf der Arbeitsvertrag zu seiner Wirksamkeit nicht der Schriftform. Bei **Ausbildungsverhältnissen** muß der Vertrag nach § 4 BBiG spätestens vor Beginn der Berufsausbildung schriftlich niedergelegt werden. Als Muster enthält die Textsammlung nur einen Ausbildungsvertrag (Muster 1004),[11] da die meisten Ausbildungsverträge branchenspezifisch und unter Mitwirkung der Industrie- und Handelskammern sowie der Handwerkskammern oder der Kammern freier Berufe (Apotheker, Ärzte, Anwälte, Architekten) entwickelt wurden und dort als Formulartexte angefordert werden können. Auch Befristungen bedürfen neuerdings nach § 623 BGB der Schriftform.

6   Soweit **Schriftformerfordernisse** in Tarifverträgen enthalten sind, haben diese lediglich beweissichernde, keinesfalls konstitutive Bedeutung.[12] Mit dem Nachweisgesetz,[13] das die Arbeitgeber innerhalb der Europäischen Union einheitlich verpflichtet, die vereinbarten wesentlichen Vertragsbedingungen spätestens einen Monat nach Arbeitsaufnahme und Vertragsänderungen spätestens einen Monat nach der Änderung schriftlich mitzuteilen,[14] ist ein beweissicherndes Schriftlichkeitserfordernis begründet worden. An dem Umstand, daß ein Arbeitsverhältnis auch durch mündliche Vereinbarung entstehen kann, ändert das Nachweisgesetz nichts. Besteht zwischen Arbeitnehmer und Arbeitgeber kein schriftlicher Arbeitsvertrag und auch kein die vereinbarten Arbeitsbedingungen bestätigendes Anschreiben oder ein Anschreiben, das auf die maßgeblichen tariflichen oder betriebskollektiven Rechtsquellen verweist, kann das Gericht diesen Vorgang als Beweisvereitelung durch den Arbeitgeber werten, da der Arbeitgeber zwingend durch das Nachweisgesetz zur Erteilung des Nachweises über die wesentlichen Vertragsbestimmungen verpflichtet ist.[15] Das Muster eines Textes,

---

8   § 1 Kap. 1 M 395.
9   *Hanau/Preis*, Der Arbeitsvertrag, I B, Rn 48.
10  *Hanau/Preis*, Der Arbeitsvertrag, I B, Rn 5.
11  § 1 Kap. 1 M 340.
12  Vgl. *Richardi*, BetrVG, § 77, Rn 43.
13  BGBl I, 1995, S. 946.
14  § 3 Satz 1 NachwG.
15  Vgl. *Preis*, NZA 1997, 10.

## § 1 Kapitel 1: Arbeitsverträge

der den Mindestanforderungen aus dem Nachweisgesetz genügt, ist als Muster 1000[16] nachfolgend abgedruckt.

### III. Grenzen der Vertragsgestaltung

7 Zunächst einmal wird angeregt, nicht sklavisch die nachfolgenden Texte nur nach einem der Auswahlkriterien

- Status des Mitarbeiters
- mit oder ohne Tarifbezug
- Mitarbeitertypus/Branche oder
- Ausführlichkeit des Vertrages

auszuwählen. Die Qualität der Vertragsgestaltung wird maßgeblich durch die Fixierung auf die konkreten Interessenlagen der Parteien, aber auch durch die hinreichende Berücksichtigung von typischen Sachverhaltskonstellationen, wie sie in der konkreten Arbeitgeber-/Arbeitnehmerbeziehung zu erwarten sind, bestimmt. Typisierte Sachverhaltskonstellationen können aus dem Aufgabengebiet des Mitarbeiters herrühren (Beispiel: Mankohaftung bei einer Kassiererin, Muster 1105,[17] § 21), aber auch aus betrieblichen Gepflogenheiten wie Verzicht auf eine Überstundenvergütungsregelung, weil im Betrieb eine Betriebsvereinbarung hierüber in Verbindung mit einer Gleitzeitregelung existiert.

8 Andererseits wird davor gewarnt, Rechtspositionen der Arbeitsrechtsbeziehungen auf einer zu hohen Konkretisierungsstufe anzusiedeln, weil sich der Arbeitgeber damit der Ausgestaltungsmöglichkeiten im Zuge seines Weisungsrechts teilweise begibt und andererseits nicht unberücksichtigt gelassen werden darf, daß sich die Aufgaben eines Mitarbeiters im Zuge eines Arbeitsverhältnisses verändern können und damit jede, nicht notwendige, einengende Konkretisierung den Arbeitgeber zur Änderung von Arbeitsbedingungen durch Änderungskündigung veranlassen muß. Hier gilt es für absehbare Konfliktfälle im Arbeitsleben das rechtlich Zulässige im Anbahnungsverhältnis zu erörtern und im Arbeitsvertrag mit den gewünschten, rechtlichen Inhalten auszugestalten und für die Tätigkeitsbeschreibung eine solche Abstraktionsstufe zu wählen, die dem Arbeitgeber eine ausreichende Flexibilität beläßt, gleichermaßen auf die Anforderungen des Wettbewerbs wie die Wechselfälle des Lebens angemessen zu reagieren.

9 In den großen Industriezweigen (Beispiel: Metall, Chemie, Bau, Medien), in denen die Mitarbeiter weitgehend gewerkschaftlich organisiert und die Arbeitgeber in Arbeitgeberverbänden zusammengeschlossen sind, haben die Tarifvertragsparteien mit einer deutlichen Regelungstiefe die Rechte und Pflichten der Parteien festgelegt. Die verbliebene Restmenge ist in betriebskollektiven Vereinbarungen, insbesondere Betriebsordnungen, bestimmt, so daß in den **Flächentarifvertrags-Branchen** die Bedeutung des Arbeitsvertrages gering ist. Beispiel hierfür sind die Muster 1015, 1159 oder 1162.[18] Von den Entgeltstufen über Nacht- und Feiertagszuschläge, von der Urlaubsregelung bis zum Weihnachtsgeld sind in diesen Branchen das Leistungsspektrum der Arbeitgeber und die Grenzen ihrer Verpflichtungen geregelt. In derartigen Branchen werden weitgehend inhaltsleere Arbeitsverträge benutzt. Wer auf die nachfolgenden Texte zurückgreift, bewegt sich meist außerhalb der Flächentarifvertrags-Branchen und kann deshalb in größerem Maße Individualarbeitsrecht gestalten als in der Industrie.

---

16 § 1 Kap. 1 M 333.
17 § 1 Kap. 1 M 441 ff.
18 § 1 Kap. 1 M 368, M 487 und M 492.

### § 1 Verträge mit Arbeitnehmern, Gesellschaftsorganen und Selbständigen

Gestaltungsfreiräume bestehen nicht grenzenlos. Bei standardisierten Vertragsgestaltungen drängt sich die Frage auf, inwieweit überraschende und nicht interessengerecht erscheinende Klauseln in Formulararbeitsverträgen und allgemeinen Arbeitsbedingungen Vertragsbestandteil werden. § 23 Abs. 1 AGBG bestimmt ausdrücklich, daß das **AGB-Gesetz** auf dem Gebiet des Arbeitsrechts keine Anwendung findet. Angesichts eines bedenklichen, speziell dem Arbeitsrecht eigenen Methodenlehrebegriffs werden dennoch die Vorschriften des AGB-Gesetzes teilweise analog,[19] teilweise unter Bezugnahme auf § 242 BGB und die bereits vor Erlaß des Gesetzes über die Allgemeinen Geschäftsbedingungen bestehende BAG-Rechtsprechung angewendet.[20] *Zirnbauer*[21] beklagt, daß sich das BAG bislang nicht festgelegt habe, ob es bei überraschenden Klauseln zu seinen Ergebnissen über § 3 AGBG oder über § 242 BGB gelange. *Pauly*[22] hat die hierzu ergangenen, in Rechtsprechung und in verschiedenen Publikationen geäußerten Meinungen zusammengestellt. Die §§ 2, 3, 4, 5 und 6 AGBG, aber auch die Klauselverbote der §§ 10, 11 AGBG sowie einzelne Inhaltskontrollvorschriften[23] dürfen nach überwiegender Auffassung bei Formulararbeitsverträgen, somit auch bei den nachfolgenden Mustern, analog angewendet werden. Die nachfolgenden Muster sind **Formularverträge** im Sinne des AGB-Rechts.[24] Die Rechtsprechung des Bundesarbeitsgerichts benutzt den Begriff des Formularvertrages im allgemeinen nicht. Selbst wenn sie die Übertragung von Grundsätzen des Gesetzes über die allgemeinen Geschäftsbedingungen in Erwägung zieht, spricht sie meist von „Einzelvertrag", „Einzelarbeitsvertrag" oder auch nur von „Arbeitsvertrag".[25]

Es fällt schwer, neben der von *Pauly*[26] sorgfältig zusammengestellten Rechtsprechung und den Schrifttumsnachweisen dem Benutzer der nachfolgenden Muster deutlich zu machen, in welchen Fällen das Bundesarbeitsgericht Arbeitsvertragsbestimmungen passieren läßt und in welchen Fällen es unter Hinweis auf allgemeine Rechtsgrundsätze oder in analoger Anwendung des Gesetzes über die Allgemeinen Geschäftsbedingungen die Wirksamkeit arbeitsvertraglicher Klauseln verwirft. *Hanau/Preis*[27] weisen darauf hin, daß das BAG vorformulierten Vereinbarungen eine geringere rechtliche Bestandskraft einräumt, während es die von den dispositiven Grundsätzen der §§ 615, 293 BGB abweichenden Parteivereinbarungen offenbar immer dann billigen will, wenn der Regelungsgegenstand „zwischen den Parteien des Arbeitsverhältnisses klar und deutlich besprochen und ausgehandelt" worden ist.[28] Bei der Ausgleichsquittung habe das BAG immer seine eigenen Ziele verfolgt, wenn es bereits vor und nach Inkrafttreten des Gesetzes über die Allgemeinen Geschäftsbedingungen den Weg einer restriktiven Auslegung der vorformulierten Verzichtserklärungen gesucht habe.[29]

Abweichend von der Systematisierung nach dem Gesetz über die Allgemeinen Geschäftsbedingungen zwischen Formular- und Individualvertrag wählt das BAG zusätzlich einen abweichenden Querschnitt. **Nichttypische Vertragsklauseln**, damit also weitgehend individuell vereinbarte Klauseln,[30]

---

19 Mutmaßlich für eine analoge Anwendung von § 3 AGBG: BAG, Urt. v. 11.01.1995 – 10 AZR 5/94 (unveröffentlicht); klarer: ArbG Berlin, Urt. vom 01.09.1980, NJW 1981, 479.
20 BAG, Urt. v. 29.11.1995, NZA 1996, 702, wonach überraschende Klauseln im Arbeitsvertrag nicht Vertragsbestandteil werden; BAG, Urt. v. 16.03.1994, AP Nr. 18 zu § 611 BGB, Ausbildungsbeihilfe.
21 FA Arbeitsrecht 1998, 40 (41), unter Hinweis auf BAG, Urt. v. 29.11.1995, AD Nr. 136 zu § 4 TVG Ausschlußfristen.
22 NZA 1997, 1030.
23 §§ 9 Abs. 2 Nr. 2, 10 Nr. 6, 11 Nr. 5 und 11 Nr. 15 AGBG.
24 Zur Definition: *Ulmer/Brandner/Hensen*, AGBG, § 1, Rn 66.
25 Vgl. BAG, Urt. v. 23.03.1988, AP Nr. 1 zu § 241 BGB; *Preis*, ZIP 1989, 885.
26 NZA 1997, 1030; siehe außerdem *Preis*, Aktuelle Fragen der inhaltlichen Gestaltung von Arbeitsverträgen in *Hanau/Schaub*, Arbeitsrecht 1997, RWS-Forum 11, Köln 1998, 21 ff.
27 *Hanau/Preis*, Der Arbeitsvertrag, I A, Rn 49 f.
28 BAG, Urt. v. 30.06.1976, AP Nr. 3 zu § 7 BUrlG, Betriebsferien m.Anm. *Moritz*.
29 Beispiel: BAG, Urt. v. 20.08.1980, EzA, § 9 LohnFG, Nr. 7 = NJW 1981, 1285.
30 Die sich allerdings auch in Formularverträgen mit Sonderabreden befinden können.

prüft das Revisionsgericht nur daraufhin, ob das Berufungsgericht gegen die gesetzlichen Auslegungsregeln der §§ 133, 157 BGB, gegen die Denkgesetze oder gegen allgemeine Erfahrungssätze verstoßen hat.[31]

Der typische Arbeitsvertrag, meist als Formulararbeitsvertrag oder aus Mustern zusammengesetzt, unterliegt nach der Rechtsprechung des BAG der vollen Nachprüfung durch das Revisionsgericht. Das BAG begründet diese Auffassung damit, daß der typische Arbeitsvertrag Vertragsbedingungen enthalte, die in gleicher Weise für eine Vielzahl von Arbeitsverhältnissen bestimmt seien.[32]

**13** Die **Wirksamkeitsrechtsprechung** zu in Arbeitsverträgen vereinbarten Regelungssachverhalten bezieht sich aufgrund der zweifelhaften methodischen Einbeziehung der Rechtsgedanken des Gesetzes über die Allgemeinen Geschäftsbedingungen, aber auch aufgrund der historisch gewachsenen unsystematischen Aussagen zu Einzelfragestellungen im Arbeitsverhältnis nicht auf Rechtsgrundsätze, die auf alle nachfolgenden Muster einheitlich übertragen werden können. Vielmehr muß sich der Gestalter formularmäßiger Arbeitsbedingungen in Musterverträgen mit einer auf typisierte Vertragsklauseln und Vertragstypen ausgerichteten Rechtsprechung auseinandersetzen. Aus diesem Grunde fasse ich die von der Rechtsprechung zu einzelnen Vertragstypen und Vertragsklauseln entwickelten Grenzen und Freiräume für Sachverhaltsgestaltungen ohne Anspruch auf Vollständigkeit in Stichworten zusammen. Der Benutzer und Anwender der in diesem Buch enthaltenen Muster wird nachhaltig gebeten, die Vertragstexte in die Parameter der Rechtsprechung einzustellen und vor allem für den einzelnen Anwendungsfall abzuwägen, ob die vorgeschlagenen, denkbaren Regelungen einer kritischen und kreativen Rechtsprechung des Bundesarbeitsgerichts standhalten.

**14** Gefestigt sind die gesetzlichen Schranken, die sich aus **§ 134 BGB** ergeben. Bei dem Verstoß gegen Arbeitsschutznormen (Jugendarbeitsschutzgesetz, Arbeitszeitgesetz etc.) liegt immer eine Nichtigkeit der Vertragsklausel vor. Gleiches gilt bei der Umgehung von Gesetzesbestimmungen in Arbeitsverträgen, wie beispielsweise bei der Umgehung des Kündigungsschutzes im Rahmen unzulässig befristeter Arbeitsverträge.[33] Ebenfalls einen Umgehungstatbestand bilden **auflösende Bedingungen** in Arbeitsverträgen, durch die das Unternehmensrisiko auf den Arbeitnehmer abgewälzt wird.[34]

**15** Als gesicherte Erkenntnis kann durchgehend vermittelt werden, daß das BAG **Widerrufsvorbehalte** nach § 134 BGB für unwirksam erklärt, wenn sie zur Umgehung des Kündigungsschutzes führen. Von einer Umgehung des Kündigungsschutzes müsse immer dann gesprochen werden, wenn wesentliche Elemente des Arbeitsvertrages einer einseitigen Änderung unterliegen und dadurch das Gleichgewicht zwischen Leistung und Gegenleistung grundlegend gestört wird.[35] Ein Beispiel für einen solchen Widerrufsvorbehalt, der nach § 134 BGB unwirksam ist, enthält das Urteil des BAG vom 12.12.1984.[36] In dem vom 7. Senat entschiedenen Fall hatte sich ein Arbeitgeber bei arbeitszeitabhängiger Vergütung das Recht eingeräumt, die zunächst festgelegte Arbeitszeit später einseitig

---

31 BAG, Urt. v. 17.02.1966, AP Nr. 30 zu § 133 BGB; Urt. v. 27.06.1963, AP Nr. 5 zu § 276 BGB, Verschulden bei Vertragsschluß; Urt. v. 18.06.1980, AP Nr. 68 zu § 4 TVG, Ausschlußfristen.
32 BAG, Urt. v. 11.10.1976, AP Nr. 1 zu § 1 TVG, Rundfunk; Urt. v. 13.08.1986, AP Nr. 77 zu § 242 BGB, Gleichbehandlung; Urt. v. 03.12.1985, AP Nr. 2 zu § 74 BAT.
33 Beispiel: BAG, AP Nr. 63, § 620 BGB „Befristeter Arbeitsvertrag"; siehe hierzu auch Klagebeispiele in Muster 3805, in diesem Buch § 7 Kap. 1 M 148, oder 3815, in diesem Buch § 7 Kap. 1 M 155, oder bei aufschiebenden Bedingungen in Aufhebungsverträgen, wenn das Arbeitsverhältnis enden soll, sofern der Arbeitnehmer nicht nach dem Ende seines Urlaubs an dem vereinbarten Tage seine Arbeit wieder aufnimmt, LAG Düsseldorf, Urt. v. 24.06.1974, EzA, § 305 BGB, Nr. 4; LAG Schleswig-Holstein, Urt. v. 11.04.1974, EzA § 305 BGB, Nr. 5.
34 BAG, Urt. v. 09.07.1981, EzA, § 620 BGB Bedingung, Nr. 1; Urt. v. 20.12.1984, EzA, § 620 BGB, Bedingung, Nr. 4.
35 BAG, Urt. v. 13.05.1987, EzA, § 315 BGB Nr. 34; BAGE 40, 199 = EzA, § 315 BGB, Nr. 28.
36 AP Nr. 6 zu § 2 KSchG, 1969 = EzA, § 315 BGB, Nr. 39.

zu reduzieren. Auch die Vereinbarung eines Kündigungsrechts im Arbeitsvertrag für den Fall eines Betriebsübergangs wäre gemäß § 613 a Abs. 4 BGB ein Verstoß im Sinne von § 134 BGB.

Stets **unwirksam** sind solche vertraglichen Vereinbarungen, die mit dem rechtsethischen Minimum der Privatrechtsordnung nicht zu vereinbaren sind, also gegen **§ 138 BGB** verstoßen. Einen solchen Verstoß hat das BAG angenommen, wenn die Vergütungsabrede in einem Arbeitsvertrag eine Verlustbeteiligung des Arbeitnehmers vorsieht, durch die er uU seine Weiterbeschäftigung selbst finanzieren muß. Eine derartige Vereinbarung hielt das BAG nach Inhalt, Beweggrund und Zweck für sittenwidrig.[37] Auch die Anstellung eines Rechtsanwalts zu einem monatlichen Bruttoeinkommen von 610 DM bzw. 1300 DM wurde als sittenwidrig angesehen, wenn das Arbeitsverhältnis vier Jahre dauert.[38] Verstöße gegen § 612 a BGB führen ebenfalls zur Unwirksamkeit der vertraglich fixierten Abrede. § 612 a BGB ist ein Sonderfall der Sittenwidrigkeit nach § 138 BGB.[39] Obwohl § 612 a BGB ursprünglich Bedeutung für sittenwidrige Kündigungen erlangt hat, kann er nach zutreffender Auffassung auch auf den Spezialfall maßregelnder Vereinbarungen in Arbeitsverträgen übertragen werden.[40] Die vor Inkrafttreten des § 612 a BGB bereits vom Bundesarbeitsgericht für unwirksam erklärte **Zölibatsklausel** in Arbeitsverträgen[41] ist heute als unzulässige, maßregelnde Vereinbarung im Sinne von § 612 a BGB zu beurteilen.[42] Gleiches gilt für die Vereinbarung oder Gewährung von **Streikprämien an Nichtstreikende**.[43]

16

Bei **Arbeitsverträgen mit Ehegatten** könnte zweifelhaft sein, ob die Aufhebung oder Kündigung des Arbeitsvertrages mit einem Ehegatten zugleich die Beendigung des Arbeitsverhältnisses mit dem anderen Ehepartner zur Folge haben kann. § 3 in Muster 1008[44] enthält eine derartige Junktimklausel.

17

**Unklarheit über die Person des Arbeitgebers** tritt in der Praxis vermehrt auf, wenn mehrere Betriebe existieren und eine Zuordnung der Arbeitstätigkeit des Arbeitnehmers zu den Betrieben nicht zweifelsfrei möglich ist. Die Unklarheit darüber, welche von mehreren in Betriebsgemeinschaft und teilweise in Personalunion geführten Gesellschaften mit gleichen oder sich ergänzenden Unternehmenszwecken Vertragspartner und damit Arbeitgeber des unstreitig eingestellten Arbeitnehmers ist, hat überwiegend der Arbeitgeber verschuldet, wenn der monatelang für die Unternehmensgruppe tätig gewordene Arbeitnehmer weder einen schriftlichen Arbeitsvertrag noch die Niederschrift gem. § 2 NachwG erhalten hat.

18

In konsequenter **Anwendung des Nachweisgesetzes** wird der dadurch verschuldeten Beweisnot des Arbeitnehmers durch erleichterte Anforderungen an seine Darlegungs- und Beweislast zur Frage der Passivlegitimation Rechnung getragen. Das LAG Köln hat entschieden, daß unter Umständen schon der Hinweis auf den Verfasser der ersten Lohnabrechnung zur Klarstellung des Arbeitgebersstatus genügt.[45] Die Indizwirkung eines solchen Umstandes werde nicht allein dadurch gemindert, daß spätere Monate von anderen Gesellschaften abgerechnet worden seien. Die Erleichterungen gelten auch für andere Vertragsbedingungen, die in dem NachwG nicht niedergelegt worden seien. So könne z. B. der Hinweis auf den Inhalt eines letztendlich nicht zustandegekommenen Vertragsentwurfs ebenfalls

---

37 BAG, AP Nr. 1 zu § 138 BGB.
38 ArbG Bad Hersfeld, Urt. v. 04.11.1998, NZA-RR 1999, 629.
39 BAG, Urt. v. 02.04.1987, AP Nr. 1 zu § 612 a BGB; BAG, Urt. v. 21.07.1988, NZA 1989, 559.
40 *Hanau/Preis*, Der Arbeitsvertrag, I c, Rn 27, *Erman/Hanau*, BGB, § 612a, Rn 4.
41 BAG, Urt. v. 10.05.1957, AP Nr. 1 zu Art. 6 Abs. 1 GG, Ehe und Familie.
42 *Hanau/Preis*, Der Arbeitsvertrag, I c, Rn 27.
43 BAG, Urt. v. 04.08.1987, NZA 1988, 61.
44 § 1 Kap. 1 M 355.
45 LAG Köln, Urt. v. 09.01.1998, LAGE § 2 NachwG Nr. 4.

genügen, um den Arbeitnehmer unter Übergang der Beweislast auf den Arbeitgeber behaupten zu lassen, die als Gegenseite im Vertragsentwurf aufgeführte Partei sei der Arbeitgeber.[46]

19 Die Rechtsprechung geht zunehmend dazu über, dem wegen seines fehlenden Sanktionsmechanismus verschiedentlich kritisierten Nachweisgesetz[47] extensiv auf der Beweislastebene Geltung zu verschaffen. Selbst Mitteilungen des Arbeitgebers über einzelne Arbeitsbedingungen, etwa über die Eingruppierung, aus der Zeit vor Inkrafttreten des Nachweisgesetzes kommt der gleiche Beweiswert zu wie Mitteilungen nach der Umsetzung der Nachweisrichtlinie.[48]

20 Im Vormarsch ist die arbeitsvertragliche Vereinbarung von **Telearbeit**. Die Deutsche Postgewerkschaft und die Telekom AG haben eigens einen Tarifvertrag über Telearbeit vereinbart.[49] In diesem Buch sind zwei Muster-Betriebsvereinbarungen zur Telearbeit abgedruckt.[50] *Huber*[51] weist auf den Virtualisierungseffekt in Arbeitsbeziehungen durch Telearbeit hin. Der herkömmliche Betriebs- und Arbeitnehmerbegriff werde dadurch aufgelöst. Zur Zeit seien zwar nur 0,4 % der Arbeitsplätze offiziell als Telearbeitsplätze ausgewiesen. Telearbeit sei aber das Organisationskonzept der Zukunft. Der Telearbeiter sei regelmäßig kein Heimarbeiter, weil es dem Auftraggeber/Arbeitgeber nicht darauf ankomme, daß auch die Familienangehörigen des Telearbeiters mitarbeiten dürften.[52] Der in diesem Buch vorgelegte Arbeitsvertrag über Telearbeit ist allerdings als Heimarbeitsverhältnis ausgestaltet.[53] Eine nachträgliche Vereinbarung über alternierende Telearbeit ist in § 3 Kap. 2[54] abgedruckt. Dort ist die Beibehaltung des Arbeitnehmerstatus ausdrücklich festgelegt. Bei der Telekom ist die Rechtsbeziehung zwischen ihr und den Telearbeitern als Arbeitsverhältnis ausgebildet, wie sich schon aus der Existenz eines hierüber geschlossenen Tarifvertrages ergibt. *Hohmeister/Küper*[55] legen dar, daß auch für den häuslichen Arbeitszeitanteil bei Telearbeitern die zwingenden arbeitsschutzrechtlichen Vorschriften gelten.

### IV. Die Rechtsprechung zu den Vertragsklauseln – Klauselalphabet

#### 1. Abrufklauseln

21 Wenn Arbeitgeber und Arbeitnehmer vereinbaren, daß der Arbeitnehmer **bei Bedarf eingesetzt** wird, soll der Arbeitnehmer also sog. **Abrufarbeit** erledigen, stellt sich die Frage nach der rechtlichen Einordnung des Arbeitsverhältnisses. Eine solche Klausel zu formulieren, die einerseits mit der Rechtsprechung zu befristeten Arbeitsverhältnissen, andererseits mit den Anforderungen des § 4 BeschFG in Einklang steht und gleichzeitig den praktischen Bedürfnissen des Arbeitgebers, Aushilfskräfte je nach Arbeitsanfall zu beschäftigen, gerecht wird, ist eine rechte Gestaltungsherausforderung an den Arbeitsrechtler. Die in Frage kommenden Rechtskonstruktionen sind zum einen das **befristete Eintagesarbeitsverhältnis** und zum anderen das **Dauerteilzeitarbeitsverhältnis auf Abruf** (§ 4 BeschFG). Der Nachteil des Dauerteilzeitarbeitsverhältnisses auf Abruf liegt darin, daß den Flexibilisierungsanforderungen eines solchen Arbeitsverhältnisses häufig nicht in gesetzeskonformer Weise

---

46 LAG Köln, Urt. v. 09.01.1998, LAGE § 2 NachwG Nr. 4.
47 Siehe ErfK/*Preis*, NachwG, Einf. Rn 9 m. w. N.
48 LAG Hamm, Urt. v. 02.07.1998, ArbuR 1998, 331.
49 NZA 1998, 1214.
50 § 5 Kap. 2 M 144 und M 145.
51 Arbeitsrechtliche Aspekte der Telearbeit, FA 1999, 109.
52 *Huber*, FA 1999, 111.
53 Muster 1011, in diesem Buch § 1 Kap. 1 M 361.
54 Muster 2163, § 3 Kap. 2 M 101.
55 NZA 1998, 1206.

Rechnung getragen werden kann. § 4 Abs. 3 BeschFG verlangt eine Mindestbeschäftigung von drei Stunden täglich. Wird die Mindestarbeitszeit unterschritten, bleibt der Anspruch des Arbeitnehmers auf Vergütung von drei Stunden erhalten. Der Arbeitnehmer ist zur Arbeitsleistung nur verpflichtet, wenn ihm der Arbeitgeber die Lage der Arbeitszeit mindestens vier Tage im voraus mitteilt. Bei Kaufhäusern beispielsweise, bei denen sich der Bedarf je nach Witterungsverhältnissen, teilweise erst innerhalb von Stunden entscheidet, geht eine viertätige Ankündigungsfrist am Bedarf vorbei. Fehlt es an einer festen Absprache zwischen Arbeitgeber und Abrufarbeitnehmer, gilt eine wöchentliche Arbeitszeit von 10 Stunden als vereinbart, die auch ohne jeden Einsatz des Arbeitnehmers zu vergüten ist.[56]

Das **BAG** läßt **Befristungen** zu, soweit sie **für bestimmte Berufsgruppen üblich** sind. Üblich ist die Befristung von Arbeitsverhältnissen mit Studenten, die neben ihrem Studium einen „Job" suchen.[57] Ein **Sachgrund** für die Befristung besteht nur, soweit die Befristung erforderlich ist, um die Erwerbstätigkeit den wechselnden Erfordernisses des Studiums anzupassen. Dieser Sachgrund entfällt bei entsprechend flexibler Gestaltung des Arbeitsverhältnisses,[58] auf die es dem Arbeitgeber aber gerade ankommt. Wird ein Student über mehrere Jahre regelmäßig im Umfang von ca. 80 Stunden monatlich in einem Krankenhaus als Sitzwache/Nachtwache auf der Grundlage von jeweils auf den einzelnen Einsatz befristeten Arbeitsverträgen beschäftigt, ist der Hinweis des Arbeitgebers auf das typische Interesse der Studenten an der Erhaltung ihrer Dispositionsfreiheit nicht hinreichend, um einen sachlichen Grund für die Befristungen darzulegen. Vielmehr muß sich der Student selbst im konkreten Fall aufgrund eines entsprechenden Interesses für den Abschluß nur befristeter Arbeitsverträge entschieden haben. Bei mehrjähriger regelmäßiger Beschäftigung geht man von dieser Voraussetzung nur dann aus, wenn dem Studenten alternativ zum Abschluß des befristeten Arbeitsverhältnisses der Abschluß eines unbefristeten Teilzeitarbeitsverhältnisses angeboten worden ist und er sich trotzdem für eine Beschäftigung aufgrund eines befristeten Arbeitsvertrages entschieden hat.[59] Da es an derartigen Alternativvertragsangeboten regelmäßig fehlt, sind länger andauernde, auch als Einzeltagesarbeitsverhältnisse ausgestaltete, befristete Arbeitsverhältnisse hinsichtlich des Befristungselements unwirksam. Die in einer Rahmenvereinbarung vorgesehene Vertragskonstruktion, wonach der flexible Einsatz studentischer Arbeitnehmer für ein Call-Center immer nur zu befristeten, einsatzbezogenen Tagesarbeitsverhältnissen führt und kein **Bedarfsarbeitsverhältnis** im Sinne von § 4 BeschFG entstehen läßt, stellt eine objektive Umgehung des gesetzlichen Kündigungsschutzes dar und bedarf deshalb eines sachlichen Grundes im Sinne der bekannten richterlichen Befristungskontrolle. Das LAG Berlin[60] fingiert in einem solchen Falle ein Bedarfsarbeitsverhältnis, wonach der studentische Arbeitnehmer mit mindestens 10 Stunden pro Woche eingesetzt werden muß, zumindest aber in diesem Umfang zu vergüten ist.

Auflösen im Sinne des Bedürfnisses weiter Wirtschaftskreise, insbesondere der Gastronomie und des Einzelhandels läßt sich der durch die Rechtsprechung verstärkte Grundkonflikt nur in der Weise, daß man **studentische Mitarbeiter** als Interessenten für Arbeitsplätze in eine Liste aufnimmt. Bei Bedarf schließen die Parteien dann einen befristeten Arbeitsvertrag, mal über Stunden, mal als Tagesarbeitsverhältnis in einer Rahmenvereinbarung.[61]

---

56 LAG München, Urt. v. 20.09.1985, BB 1986, 1577.
57 BAG, Urt. v. 04.04.1990, DB 1990, 1874.
58 BAG, Urt. v. 10.08.1994, DB 1994, 2504.
59 LAG Hamburg, Urt. v. 24.02.1998, LAGE § 620 BGB Nr. 54 (nicht rechtskräftig).
60 LAG Berlin, Urt. v. 12.01.1999, ZTR 1999, 327.
61 Muster 1002, in diesem Buch § 1 Kap. 1 M 335, Muster 1013, in diesem Buch § 1 Kap. 1 M 364.

**24** Der Begriff der „**Rufbereitschaft**" setzt voraus, daß sich der Arbeitnehmer bereit halten muß, wegen besonderer Umstände seine Freizeit zu unterbrechen und vorübergehend eine eilbedürftige Arbeit zu erledigen. Keine Rufbereitschaft liegt nach der Rechtsprechung[62] vor, wenn der Arbeitnehmer keine Pflicht hat, die Arbeitsstelle während der Zeit der Erreichbarkeit aufzusuchen, er dem Arbeitgeber den Ort, an dem er sich befindet, nicht nennen muß, und er im Falle der Nichterreichbarkeit (Flugzeug, Bahnfahrt usw.) die Pflicht zur Erreichbarkeit auf andere Mitarbeiter übertragen darf.

## 2. Abtretungsverbote

**25** Die Abtretbarkeit von **Lohn- und Gehaltsansprüchen** kann bekanntlich nach § 399 BGB ausgeschlossen werden. Der Ausschluß kann durch Betriebsvereinbarung mit Wirkung für alle Arbeitnehmer,[63] aber auch gemäß § 399 2. Alt. BGB einzelvertraglich und damit im Arbeitsvertrag festgelegt werden. Ein stillschweigender Ausschluß der Abtretbarkeit von Lohnforderungen aus dem Arbeitsverhältnis kann selbst bei Großbetrieben nicht unterstellt werden.[64]

**26** Eine entgegen einem arbeitsvertraglichen oder durch Betriebsvereinbarung begründeten Abtretungsverbot vorgenommene Abtretung ist absolut unwirksam. Die Unwirksamkeit kann von jedem Betroffenen geltend gemacht werden.[65] Soweit in Einzelfällen die Rechtsprechung die Wirksamkeit eines Abtretungsverbots in einem Arbeitsvertrag als Verstoß gegen die Entfaltungsfreiheit gemäß Art. 2 Abs. 1 GG[66] ansieht, muß bei der Vertragsgestaltung hierauf keine Rücksicht genommen werden. Die höchstrichterliche Rechtsprechung hat sich dieser Einzelauffassung nicht angeschlossen.[67] Klauseln, die ab einer gewissen Anzahl von Abtretungen, Lohnpfändungen oder Verstößen gegen das arbeitsvertraglich vereinbarte Abtretungsverbot ein **Kündigungsrecht** des Arbeitgebers wegen der anfallenden Mehrarbeit zur Entstehung kommen lassen wollen, sind unwirksam, da sich absolute Kündigungsgründe im Arbeitsvertrag nicht vereinbaren lassen.[68]

**27** Die Rechtsprechung über die Folgen verbotswidriger Abtretung oder Lohnpfändung ist unbefriedigend. Eine starke **Verschuldung des Arbeitnehmers** wie auch das **Vorliegen mehrerer Lohnpfändungen** oder Lohnabtretungen allein ist noch kein Kündigungsgrund nach § 1 Abs. 2 KSchG.[69] Im Einzelfall kann etwas anderes gelten, wenn aufgrund besonderer Umstände dem Arbeitgeber eine Fortsetzung des Arbeitsverhältnisses nicht zugemutet werden kann.[70] Das BAG läßt in bekannt unbefriedigender Weise offen, welche weiteren Umstände hinzutreten müssen, damit der Arbeitgeber zu einer ordentlichen oder gar außerordentlichen Kündigung greifen kann. Das BAG meint, daß häufige Lohnpfändungen oder Abtretungen einen derartigen Arbeitsaufwand des Arbeitgebers verursachen können, daß sie bei objektiver Beurteilung wesentliche Störungen im Arbeitsablauf, in der Lohnbuchhaltung oder Rechtsabteilung oder in der betrieblichen Organisation zur Folge haben. Aber auch dann bedürfe es einer Interessenabwägung im Einzelfall.[71]

---

62 LAG Schleswig-Holstein, Urt. v. 15.10.1998 – 4 Sa 318/98, ARST 1999, 25.
63 BAG, Urt. v. 21.12.1957, DB 1958, 489; Urt. v. 05.09.1960, DB 1969, 1309.
64 BGH, Urt. v. 20.12.1956, AP Nr. 1 zu § 398 BGB; MünchArb/*Hanau*, § 71, Rn 6.
65 BGH, Urt. v. 03.12.1987, BGHZ 102, 293; Urt. v. 18.06.1980, BGHZ 77, 274.
66 Beispielsweise ArbG Hamburg, Urt. v. 06.11.1977–12 Ca 203/79 (unveröffentlicht).
67 Vgl. *Hanau/Preis*, Der Arbeitsvertrag, II A 10, Rn 7.
68 BAG, Urt. v. 28.11.1968, EzA § 1 KSchG, Nr. 12; BAG, Urt. v. 20.05.1978, EzA, § 626 n.F. BGB, Nr. 66; BAG, Urt. v. 15.11.1984, EzA, § 399 BGB, Nr. 3.
69 BAG, Urt. v. 04.11.1981, EzA, § 1 KSchG, Verhaltensbedingte Kündigung, Nr. 9; LAG Rheinland-Pfalz, Urt. v. 18.12.1978, EzA, § 1 KSchG, Verhaltensbedingte Kündigung, Nr. 5; LAG Hamm, Urt. v. 21.09.1977, DB 1977, 2237.
70 Vgl. *Brill*, DB 1976, 1816 mit einer Übersicht über die Rechtsprechung.
71 BAG, Urt. v. 04.11.1981, EzA, § 1 KschG, Verhaltensbedingte Kündigung, Nr. 9.

### Verträge mit Arbeitnehmern, Gesellschaftsorganen und Selbständigen § 1

In einer Reihe von Entscheidungen gelten besondere Vertrauensstellungen als solche weiteren Umstände, die eine verhaltensbedingte Kündigung rechtfertigen, so beim Bankkassierer, der übermäßig verschuldet ist.[72]

**Pfändungsverbote** lassen sich im Arbeitsvertrag nicht vereinbaren. Die gesetzlichen Pfändungsverbote der §§ 850 a bis 850 i ZPO knüpfen entweder an die Art oder Höhe der Bezüge an. Urlaubsvergütung, vermögenswirksame Leistungen, Überstundenvergütungen (bis zur Hälfte), Aufwandsentschädigungen, Reisespesen, Gefahren-, Schmutz- und Erschwerniszulagen sind absolut unpfändbar. Im übrigen sind Lohn und Gehalt gemäß der ZPO-Pfändungstabelle, abhängig von Unterhaltspflichten, nur begrenzt pfändbar. Bei der Vertragsgestaltung spielen Pfändungsfragen keine Rolle.  28

Abtretungsverbote lassen sich auf unterschiedliche Weise gestalten. Typische arbeitsvertragliche Abtretungsverbote mit dinglicher Wirkung, wie sie beispielsweise in den Mustern 1020, 1161 oder 1140[73] vorkommen, lauten: „Die Abtretung und Verpfändung von Lohn und sonstigen Ansprüchen auf Vergütung ist ausgeschlossen" oder „Die Abtretung von Gehaltsforderungen ist unwirksam" oder „Lohnabtretungen sind unzulässig". Dieser Typus eines Abtretungsverbots ist uneingeschränkt wirksam.  29

Auch **abgeschwächte Formen des Abtretungsverbots** sind wirksam wie „Lohnabtretungen, außer an unterhaltsberechtigte Personen, sind dem Arbeitnehmer nicht gestattet".[74] Gleiches gilt für **abgeschwächte Abtretungsverbote** wie „Abtretungen oder Verpfändungen der Arbeitsvergütung sind ohne vorherige Zustimmung der Firma unzulässig" oder „Der Arbeitnehmer hat die Verpfändung oder Abtretung seiner Vergütungsansprüche der Firma unverzüglich schriftlich anzuzeigen". Von derartigen Vereinbarungen wird allerdings abgeraten, auch wenn sie wirksam sind.[75] Solche Klauseln werden schnell verwechselt mit allein schuldrechtlich wirkenden arbeitsvertraglichen Abtretungsverboten, die Mißverständnisse auslösen können.

Abzuraten ist auch – und vor allem – von Formulierungen wie „Der Mitarbeiter verpflichtet sich, den Gehaltsanspruch ohne vorherige Zustimmung der Gesellschaft nicht abzutreten" oder „Sie werden Ihre Ansprüche weder abtreten noch verpfänden". Solche Texte beinhalten eine lediglich schuldrechtlich wirkende Verpflichtung.[76] Diese ist zwar zulässig.[77] Eine unter Verstoß gegen das schuldrechtliche Abtretungsverbot vorgenommene Zession stellt jedoch lediglich eine Vertragsverletzung dar, die uU zwar eine Kündigung[78] oder Schadensersatzansprüche des Arbeitgebers begründen kann, die Wirksamkeit der vom Arbeitnehmer vorgenommenen Abtretung jedoch unberührt läßt.  30

Eine letzte Gruppe von Abtretungs- und Lohnpfändungsregelungen in Arbeitsverträgen enthält neben dem Abtretungsverbot individuelle oder pauschale (Festpauschale oder Prozentpauschale) **Kostenerstattungsregelungen** für die **Bearbeitung von Pfändungen**.  31

**Wortlautbeispiele**:
„Zur Deckung der Kosten für die Bearbeitung von Entgeltpfändungen wird für jede eingehende Pfändung eine Verwaltungsgebühr in Höhe von 10,00 DM erhoben. Sollte sich die Abwicklung der

---

72 Vgl. BAG, Urt. v. 29.08.1980– 7 AZR 726/77 (unveröffentlicht); LAG Rheinland-Pfalz, Urt. v. 18.12.1978, EzA, § 1 KSchG Verhaltensbedingte Kündigung, Nr. 5; ArbG Köln, Urt. v. 12.12.1981, BB 1981, 977.
73 § 1 Kap. 1 M 378, M 490 und M 467.
74 *Hohn/Romanovszky*, Vorteilhafte Arbeitsverträge, S. 92.
75 BGH, Urt. v. 11.05.1989, NJW-RR 1989, 1104; LAG Baden-Württemberg, Urt. v. 18.04.1967, BB 1967, 1289.
76 *Hanau/Preis*, Der Arbeitsvertrag, II A 10, Rn 23.
77 BGH, Urt. v. 13.05.1982, NJW 1982, 2769.
78 BAG, Urt. v. 04.11.1981, EzA, § 1 KSchG Verhaltensbedingte Kündigung, Nr. 9; LAG Hamm, Urt. v. 21.09.1977, DB 1977, 2237.

Pfändung über den Eingangsmonat hinaus erstrecken, wird diese Verwaltungsgebühr für jeden weiteren Monat, in dem eine Bearbeitung notwendig ist, abermals fällig. Die Gebühr wird im jeweiligen Monat vom Arbeitsentgelt einbehalten".[79]

„Zur Deckung der Unkosten für die Bearbeitung von Lohn- oder Gehaltspfändungen werden 1 % der gepfändeten Summe berechnet; geht die gepfändete Summe über 500,00 DM hinaus, werden von dem 500,00 DM übersteigenden Teil der Summe nur 0,5 % berechnet".

Bei der zuletzt erwähnten Kostenerstattungsregelung handelt es sich um eine Prozentpauschale, die ab einer nicht näher bekannten Höhe einer Rechtskontrolle nicht stand hält. Die Übertragung des Rechtsgedanken der §§ 11, Nr. 5 a, 10 Nr. 7 AGBG führt zur Unwirksamkeit einer solchen Regelung. Im Anwendungsbereich des Gesetzes über die Allgemeinen Geschäftsbedingungen ist die Vereinbarung pauschalierter Schadensersatzansprüche unwirksam, wenn die Pauschale den in den geregelten Fällen nach dem gewöhnlichen Lauf der Dinge zu erwartenden Schaden übersteigt. Außerdem hängt der Umfang der bei Pfändungen anfallenden Lohnbuchhaltungsarbeiten nicht von der Höhe der gepfändeten Forderung, sondern von der Anzahl der Pfändungen und von der Dauer der Gehaltsbezugszeiträume ab, in die die Pfändungen fallen.

**32** Risikoloser sind deshalb **Festbetragspauschalen**, wobei mir der Betrag von 10,00 DM zu niedrig erscheint und es auch sinnvoll ist, einen Zusatz aufzunehmen, etwa mit der Formulierung: „Die Firma ist berechtigt, bei Nachweis der höheren tatsächlichen Kosten diese in Ansatz zu bringen".

Ein adäquater Formulierungsvorschlag befindet sich in einer Reihe von Mustern.[80] Derartige Formulierungen kann man nur in Verträgen unterbringen, die für Arbeiter und Angestellte in den unteren bis allenfalls mittleren Hierarchieebenen angewendet werden. Bei Führungskräften sollte man von einer solchen Gestaltung der Arbeitsbedingungen absehen. Von einer Führungskraft, die durch unzulässige Abtretungen und durch häufige Pfändungen hervortritt, wird sich das Unternehmen erfahrungsgemäß über kurz oder lang ohnehin trennen.

**33** Das seit dem 1. 1. 1999 in Kraft getretene Insolvenzrecht bringt mit seinem neuen Rechtsinstitut der **Restschuldbefreiung** (§§ 286 ff. InsO) eine Besonderheit für die vereinbarten Abtretungsverbote des Arbeitseinkommens mit sich:

§ 287 Abs. 3 InsO bestimmt, daß jedes **Abtretungsverbot von Arbeitseinkommen unwirksam** ist, soweit es die Möglichkeit zur Durchführung der Restschuldbefreiung vereitelt. Demnach können „Bezüge aus einem Dienstvertrag oder an deren Stelle tretene laufende Bezüge" für einen Zeitraum von sieben Jahren nach Beendigung des Insolvenzverfahrens wirksam an den Treuhänder abgetreten werden, § 287 Abs. 2 S. 1 InsO. Zu den Bezügen im Sinne dieser Vorschrift gehören nach der Gesetzesbegründung „nicht nur jede Art von Arbeitseinkommen i. S. des § 850 ZPO, sondern insbesondere auch Renten und die sonstigen Geldleistungen der Träger der Sozialversicherung und der Bundesanstalt für Arbeit im Fall des Ruhestandes, der Erwerbsunfähigkeit oder der Arbeitslosigkeit".[81] Arbeitgeber müssen diese Abtretung ungeachtet eines kollektivrechtlich oder individualrechtlich vereinbarten Arbeitsverbots gegen sich gelten lassen.[82] § 287 Abs. 3 InsO stellt also – systematisch gesehen – genauso wie § 354 a HGB eine gesetzliche Schranke für das wirksam vereinbarte Abtretungsverbot nach § 399 2. Alt. BGB dar.

---

[79] *Hanau/Preis*, Der Arbeitsvertrag, II A 10, Rn 25.
[80] Muster 1020, § 7 Abs. 3, in diesem Buch § 1 Kap. 1 M 378, Muster 1190, Anhang XIX, in diesem Buch § 1 Kap. 1 M 506, oder Muster 1100, § 9 Abs. 2, in diesem Buch § 1 Kap. 1 M 427.
[81] BR.-Drucks. 1/92 S. 136 zu §9 RE, jetzt § 81 InsO.
[82] *Balz/Landfermann*, Die neuen Insolvenzgesetze, S. 405 f; *Berger-Delhey*, ZTR 1998, 501; *Scholz*, DB 1996, 767.

## 3. Altersgrenzenklauseln

Bis zum 31.12.1991 stand die Wirksamkeit der Vereinbarung einer Altersgrenze, insbesondere der Altersgrenze von 65 Jahren für Männer, nicht in Zweifel. Ausnahmefälle bildeten die Altersregelungen für Cockpit-Personal von Flugzeugen. Hier hatte das BAG tarifliche Begrenzungen des Arbeitsverhältnisses auf das 55. bzw. 60. Lebensjahr mehrfach als zulässig erachtet, wenn die Tarifregelung bei weiterer Eignung des Mitarbeiters Verlängerungsverträge vorsah.[83] Ansonsten galten bis 1991 tarifliche, betriebliche und individualarbeitsrechtliche Altersgrenzenregelungen als unbedenklich.

34

Mit dem am 01.01.1992 in Kraft getretenen § 41 Abs. 4 Satz 3 SGB VI aF wurde die gesetzliche Altersgrenze unterhöhlt. Die Altersgrenze von 65 Jahren galt nach dem Gesetzeswortlaut nur noch, wenn der Arbeitnehmer in den letzten drei Jahren vor Erreichen der Altersgrenze eine Bestätigungserklärung abgab. Dem Arbeitnehmer wurde damit die Möglichkeit geschaffen, trotz vertraglich vereinbarter Altersgrenze im Arbeitsverhältnis zu verbleiben, wenn er die Bestätigung nicht erklärte.

Das BAG hat daraufhin im Urteil vom 20.10.1993[84] diese Vorschrift so ausgelegt, daß **kollektivrechtliche Altersgrenzen** generell unwirksam seien. Damit wurde die altersbedingte Beendigung des Arbeitsverhältnisses erschwert. Außerdem nutzten viele Arbeitnehmer die gesetzliche Regelung dazu, keine Bestätigungserklärung abzugeben und auf diese Weise den Arbeitgeber zur Vereinbarung von Abfindungszahlungen am Ende des Arbeitsverhältnisses zu bringen. Außerdem konnte der mißbräuchliche Fall des Doppelbezuges von Arbeitsentgelt und Altersrente eintreten, so daß der Gesetzgeber die Vorschrift zum 31.07.1994 wieder abschaffte und der neu gefaßte § 41 Abs. 4 Satz 3 SGB VI die Rückkehr zu der vor 1992 geltenden Rechtslage bedeutet. Die Vereinbarung der Altersgrenze von 65 Jahren ist nach der gesetzlichen Regelung jetzt wieder möglich.[85]

35

Auch vorübergehend schwebend unwirksame Altersgrenzenklauseln in Arbeitsverträgen wurden wieder wirksam.[86] Die Neuregelung in § 41 Abs. 4 Satz 3 SGB VI lautet nunmehr: „Eine Vereinbarung, die die Beendigung des Arbeitsverhältnisses eines Arbeitnehmers ohne Kündigung zu einem Zeitpunkt vorsieht, in dem der Arbeitnehmer vor Vollendung des 65. Lebensjahres eine Rente wegen Alters beantragen kann, gilt dem Arbeitnehmer gegenüber als auf die Vollendung des 65. Lebensjahres abgeschlossen, es sei denn, daß die Vereinbarung innerhalb der letzten drei Jahre vor diesem Zeitpunkt abgeschlossen oder von dem Arbeitnehmer bestätigt worden ist".

Das Gesetz macht heute keinen Unterschied zwischen Männern und Frauen. Nach § 35 SGB VI haben Männer und Frauen gleichermaßen Anspruch auf die **Regelaltersrente**, wenn sie das **65. Lebensjahr vollendet** und die allgemeine **Wartezeit erfüllt** haben. Von Versuchen, den Anspruch auf Altersrente als Beendigungsgrund im Arbeitsvertrag zu vereinbaren, wird abgeraten. Solche Formulierungen lauten meist: „Für Mitarbeiter, die das 65. Lebensjahr, und für Mitarbeiterinnen, die das 60. Lebensjahr erreichen, endet das Arbeitsverhältnis ohne Kündigung mit Ablauf des Monats, in dem der Mitarbeiter/die Mitarbeiterin das 65. bzw. 60. Lebensjahr vollendet hat" oder „Dieser Vertrag endet mit Ablauf des Monats, in dem der Mitarbeiter/die Mitarbeiterin das 63./62. Lebensjahr vollendet, wenn er/sie in diesem Zeitpunkt einen Anspruch auf vorgezogene Altersrente hat". Eine solche Vereinbarung kann einen wirtschaftlichen Nachteil für den Arbeitnehmer bedeuten, da die

36

---

83 BAG, Urt. v. 13.12.1984, EzA, § 630 BGB, Bedingung, Nr. 3.
84 DB 1994, 46.
85 Vgl. *Ehrich*, BB 1994, 1633.
86 *Baeck/Diller*, NZA 1995, 360; inzwischen hat sich dieser Auffassung auch das BAG angeschlossen: BAG, Urt. v. 11.06.1997, NZA 1997, 1290.

vorzeitige Inanspruchnahme von Altersrente einen prozentualen Abschlag bei der Rente zur Folge hat.[87]

37 Unzulässig sind Altersgrenzenklauseln, die die Beendigung des Arbeitsverhältnisses ohne Rücksicht auf Rentenansprüche des Arbeitnehmers vorsehen.[88] Die Rechtswidrigkeit ergibt sich aus der Rechtsprechung des BAG zur Befristung von Arbeitsverhältnissen und aus Art. 12 GG.

38 Wird im Vertrag eines nicht tarifgebundenen Arbeitnehmers **auf einen Tarifvertrag Bezug genommen**, der ein Ausscheiden des Arbeitnehmers mit Vollendung des 65. Lebensjahres vorsieht, so wird teilweise vertreten, diese Abrede unterliege nunmehr auch dem Schriftformerfordernis nach § 623 BGB, das durch eine solche Bezugnahmeklausel nicht gewahrt sei.[89] Dies kann aber nur dann gelten, wenn die Altersgrenze in einem Arbeitsvertrag als Befristung angesehen wird.[90] Wird sie dagegen als auflösende Bedingung verstanden, so gilt das Schriftformerfordernis nicht. Das BAG hat die Altersgrenze in seiner früheren Rechtsprechung[91] als auflösende Bedingung angesehen. In den neueren Urteilen[92] zur Altersgrenze läßt es die Frage, ob es sich dabei um eine Befristung oder eine Bedingung handelt, aber ausdrücklich offen. Um Unsicherheiten in dieser Hinsicht aus dem Weg zu gehen, ist es daher jedenfalls ratsam, das Ausscheiden des Arbeitnehmers mit dem 65. Lebensjahr im Arbeitsvertrag selbst schriftlich zu vereinbaren und sich nicht auf die Bezugnahme auf einen Tarifvertrag zu beschränken.

39 Einen wirksamen Anknüpfungspunkt für die Beendigung von Arbeitsverhältnissen neben der Altersgrenze von 65 Jahren bildet der **Eintritt der Erwerbs- oder Berufsunfähigkeit**. Bei derartigen Klauseln ist aber Vorsicht geboten. Eine Formulierung wie „Das auf unbestimmte Zeit geschlossene Arbeitsverhältnis endet mit Eintritt der Erwerbsunfähigkeit des Mitarbeiters" ist von der Rechtsprechung wegen unzureichender Bestimmtheit des Auflösungszeitpunkts für unwirksam erklärt worden.[93] Für teilweise unwirksam hat das BAG auch eine gleichartige Regelung in kollektiv-rechtlichen Vereinbarungen, konkret in § 59 BAT, erklärt.[94] Das BAG hält derartige Klauseln in seiner neueren Rechtsprechung für unwirksame auflösende Bedingungen.[95]

Die nachfolgenden Muster[96] enthalten deshalb vielfach eine Altersgrenzenklausel, die sowohl auf das 65. Lebensjahr, als auch auf den Bescheid eines Rentenversicherungsträgers im Falle der Erwerbsunfähigkeit abhebt und auch eine Regelung für ruhende Arbeitsverhältnisse bei befristeter Erwerbsunfähigkeitsrente vorsieht.

---

[87] § 77 Abs. 2 SGB VI – *Hanau/Preis*, Der Arbeitsvertrag, II A 20, Rn 29.
[88] Beispiele bei *Hanau/Preis*, Der Arbeitsvertrag, II A 20, Rn 22.
[89] Preis, FAZ v. 03.03.2000, S. 22.
[90] So ErfK/*Müller-Glöge*, § 620 BGB Rn 97; MünchArb/*Richardi*, § 42 Rn 49; *Staudinger/Preis*, § 620 Rn 139.
[91] Urt. v. 20.12.1984, AP § 620 BGB Altersgrenze Nr. 9; Urt. v. 06.03.1986, AP § 620 Altersgrenze Nr. 1; Urt. v. 20.11.1987, AP § 620 BGB Altersgrenze Nr. 2.
[92] Urt. des GS v. 7.11.1989, NZA 1990, 816, 819; Urt. v. 12.02.1992, AP § 620 BGB Altersgrenze Nr. 5.
[93] BAG, Urt. v. 27.10.1988, AP Nr. 16 zu § 620 BGB Bedingung.
[94] BAG, Urt. v. 28.06.1996, AP Nr. 6 zu § 59 BAT.
[95] BAG, Urt. vom 27.10.1988, AP Nr. 16 zu § 620 BGB Bedingung; vgl. *Bruse-Schmalz*, PK-BAT, § 59 Rn 1 ff.
[96] Beispiel: Muster 1020, dort § 14 Abs. 1, in diesem Buch § 1 Kap. 1 M 378.

## 4. Anrechnungsklauseln bei Tariflohnerhöhungen

Es hängt von der Ausgestaltung des Arbeitsvertrages und von der Regelung einer Zulagenzusage ab, ob eine Tariflohnerhöhung mit einer übertariflichen Zulage verrechnet werden darf. Nach einer Grundsatzentscheidung des Großen Senats des BAG[97] wurden in einer Reihe weiterer Entscheidungen Grundsätze aufgestellt, die sich wie folgt zusammenfassen lassen:[98] In individualrechtlicher Hinsicht gilt seit dem Beschluß des Großen Senats vom 03.02.1991, daß ein Arbeitgeber auch ohne ausdrücklichen Widerrufs- oder Anrechnungsvorbehalt allgemeine Leistungszulagen mit Tariflohnerhöhungen im Zeitpunkt der Anhebung des Tariflohns verrechnen darf, wenn in dem Arbeitsvertrag oder in der Zusage der Zulage keine gegenteilige Regelung getroffen worden ist.[99] Nur dann, wenn sich ausnahmsweise aus den Umständen, wie beispielsweise einem besonderen Zweck der Zulage, etwas anderes ergibt, ist von einer **Tariffestigkeit der Zulage** auszugehen, ihre Anrechnung mithin unzulässig. An die betriebliche Übung stellt das Bundesarbeitsgericht strenge Anforderungen. Es reicht nicht aus, daß eine Zulage über mehrere Jahre anrechnungsfrei gezahlt worden ist.[100] Wenn dagegen der Arbeitgeber die Zulage dem Arbeitnehmer als selbständigen, nicht anrechenbaren Entgeltbestandteil **neben** dem Tariflohn ausdrücklich zugesagt hat, ist die Anrechnung ausgeschlossen.[101]

40

Die Muster bei Arbeitsverträgen mit Tarifbezug sehen deshalb verschiedentlich vor, daß ein Anrechnungsvorbehalt ausgesprochen wird.[102] Eine umfängliche Anrechnungsklausel ist im Einzelhandel gebräuchlich.[103] Sobald ein **Anrechnungs- oder Widerrufsvorbehalt** fehlt, riskiert der Arbeitgeber durch die Vertragsgestaltung, später eine Verrechnung mit Tariflohnerhöhungen nicht mehr vornehmen zu können.

Es wird auch davon abgeraten, soweit vermeidbar, die Funktion einer Zulage bei der Arbeitsvertragsgestaltung zu benennen. Die Anrechnung von Tariflohnerhöhungen auf eine Erschwerniszulage ist nach der BAG-Rechtsprechung ausgeschlossen.[104] Wird die gleiche Zulage als eine allgemeine Leistungszulage bezeichnet,[105] ist eine Anrechnung der Tariflohnerhöhung möglich.

41

Ist eine übertarifliche Zulage mit einem Anrechnungsvorbehalt verbunden, der sich generell auf Tariflohnerhöhungen bezieht, erfaßt dieser Vorbehalt im Zweifel nicht den Lohnausgleich für eine tarifliche Arbeitszeitverkürzung.[106] Anders stellt sich die Rechtslage dar, wenn die Arbeitsvertragsparteien ausdrücklich eine umfassende Anrechnungsmöglichkeit vereinbart haben;[107] deshalb wird aus Arbeitgebersicht die Anrechnungsklausel im Muster 1159,[108] Ziff. 3 empfohlen.

Es wird darauf verwiesen, daß im übrigen bei der Anrechnung von Tariflohnerhöhungen die Mitbestimmungsrechte des Betriebsrats gegebenenfalls zu beachten sind.[109]

---

97  Beschl. v. 03.12.1991, NZA 1992, 749.
98  Siehe auch: *Hoß*, NZA 1997, 1129.
99  BAG, Urt. v. 22.09.1992, NZA 1993, 232.
100 BAG, Urt. v. 22.09.1992, NZA 1993, 232.
101 BAG, Urt. v. 07.02.1996, NZA 1996, 832; BAG, Urt. v. 31.10.1995, NZA 1996, 613.
102 Siehe Muster 1118, dort § 4 c, in diesem Buch § 1 Kap. 1 M 448, Muster 1161, dort § 5, in diesem Buch § 1 Kap. 1 M 490.
103 Muster 1105, § 5 Abs. 4 Satz 2, in diesem Buch § 1 Kap. 1 M 441.
104 BAG, Urt. v. 07.02.1996, NZA 1996, 832.
105 So Muster 1018, § 4 Abs. 2, in diesem Buch § 1 Kap. 1 M 373.
106 BAG, Urt. v. 07.02.1996 NZA 1996, 832; Urt. v. 03.06.1998 – 5 AZR 616/97, ARST 1999, 39.
107 LAG Köln, Urt. v. 20.11.1997, LAGE § 4 TVG Tariferhöhung Nr. 11.
108 § 1 Kap. 1 M 487.
109 § 87 Abs. 1 Nr. 10 BetrVG; wegen Einzelheiten: *Hoß*, NZA 1997, 1129.

## 5. Anwesenheitsprämien

**42** Die Rechtslage um Anwesenheitsprämien, mit denen ein Anreiz zur Verringerung der persönlichen Fehlzeiten[110] geschaffen werden soll, ist verwirrend. Zwischen 1992 und 1994 wechselte die Rechtsprechung zu den Bedingungen, unter denen Gratifikationen erbracht werden können, mehrfach inhaltlich und zwischen den Senaten des BAG.[111]

**Unzulässig** sind Kürzungen laufender Prämien, die monatlich oder in kürzeren Abständen gezahlt werden, sofern Fehlzeiten durch Krankheit verursacht werden.[112] Auch die Kürzung für schwangerschaftbedingte Fehlzeiten ist unzulässig.[113]

Die heutige Rechtsprechung des 10. Senats kann man wie folgt zusammenfassen: Jahressonderzahlungen sind kein Arbeitsentgelt, das kraft Gesetzes für Zeiten der Arbeitsunfähigkeit fortgezahlt werden muß. Das Versprechen eines finanziellen Anreizes zur Verringerung der persönlichen Fehlzeiten des Arbeitnehmers ist grundsätzlich zu billigen, solange dem Arbeitnehmer vor Beginn des Bezugszeitraums bekannt ist, mit welcher Kürzungsrate Fehlzeiten belegt sind.[114] Selbst diese Rechtsprechung hat der Senat in einer neueren Entscheidung wieder erweitert, wenn er ausführt, daß Jahressonderzahlungen auch im laufenden Bezugszeitraum gekürzt oder vom Arbeitgeber in Fortfall gebracht werden können.[115]

**43** **Zulässig** ist danach die Regelung einer Anwesenheitsprämie mit folgendem Wortlaut: „Sie erhalten mit dem Dezembergehalt zusätzlich eine Prämie in Höhe von      DM. Die Prämie wird erst nach einer Betriebszugehörigkeit von mindestens einem Jahr gezahlt. Bei Fehlzeiten innerhalb des Kalenderjahres wird die Prämie für jeden Fehltag um 1/60 gekürzt." Diesen Text einer jährlichen Anwesenheitsprämie enthält der Arbeitsvertrag Muster 1030,[116] Ziff. 2.

**44** Durch das Arbeitsrechtliche Beschäftigungsförderungsgesetz (ArbgBeschFG) wurde zu der bisherigen Gratifikationsrechtsprechung des BAG eine gesetzliche Grundlage für die Kürzung bei krankheitsbedingten Fehltagen geschaffen. In § 4 b EFZG wurde nunmehr geregelt, daß eine Vereinbarung über die Kürzung von Leistungen, die der Arbeitgeber zusätzlich zum laufenden Arbeitsentgelt erbringt (Sondervergütungen), auch für Zeiten der Arbeitsunfähigkeit infolge Krankheit zulässig ist. Die Kürzung darf für jeden Tag der Arbeitsunfähigkeit infolge Krankheit ein Viertel des Arbeitsentgelts, das im Jahresdurchschnitt auf einen Arbeitstag entfällt, nicht überschreiten.

**45** Wird eine Anwesenheitsprämie vereinbart, kann die Prämie unter den **Vorbehalt des Widerrufs** gestellt werden. Während in der früheren Rechtsprechung der Widerruf nicht ohne weiteres, sondern nur nach billigem Ermessen unter Angabe sachlicher Gründe erfolgen konnte,[117] kann der Arbeitgeber nach heutiger Rechtsprechung des BAG eine Sonderzahlung ohne Angabe von Gründen widerrufen.[118]

Aus den dargestellten Gründen wird angeregt, Anwesenheitsprämien mit einem jederzeitigen Widerrufsvorbehalt zu kombinieren und von den Kürzungsmöglichkeiten nach § 4 b EFZG und der bisheri-

---

110 BAG, Urt. v. 26.10.1994, EzA, § 611 BGB, Anwesenheitsprämie, Nr. 10.
111 Zum Überblick: *Hanau/Preis*, Der Arbeitsvertrag, II A 40, Rn 15 ff.
112 Seit BAG, Urt. v. 11.02.1976, EzA, § 2 LohnFG, Nr. 8.
113 BAG, Urt. v. 30.04.1970, AP Nr. 1 zu § 611 BGB, Anwesenheitsprämie.
114 BAG, Urt. v. 26.10.1994, EzA, § 611 BGB, Anwesenheitsprämie, Nr. 10.
115 BAG, Urt. v. 05.06.1996, NZA 1996, 1028.
116 § 1 Kap. 1 M 384.
117 BAG, Urt. v. 13.05.1987, SAE 1988, 165.
118 BAG, Urt. v. 05.06.1996, NZA 1996, 1028; Urt. v. 02.09.1992, EzA, § 611 BGB, Gratifikationen, Prämie, Nr. 95.

gen Rechtsprechung des 10. und 6. Senats Gebrauch zu machen. Diesen Anforderungen wird die von *Hanau/Preis*[119] vorgeschlagene Klausel für Anwesenheitsprämien gerecht, die sich in den Mustern 1016,[120] Ziff. 3.1 und 1140,[121] § 4 Abs. 2 befindet.

Bei einer Änderung bestehender Vereinbarungen über Anwesenheitsprämien ist in Betrieben mit Betriebsrat darauf zu achten, daß mehrere Arbeitnehmer betreffende Regelungen oder Änderungen der Regelungen über die Zahlung von Anwesenheitsprämien der **Mitbestimmung** nach § 87 Abs. 1 Nr. 10 BetrVG bedürfen. Durch § 4 b Satz 1 EFZG wird den Betriebspartnern ein Spielraum für eine eigene Regelung eröffnet, so daß die Umsetzung der gesetzlichen Neuregelung allein noch nicht zur Mitbestimmungsfreiheit führt.[122]

## 6. Arbeitsort

Diskutiert man Gestaltungsfragen zum Arbeitsort im Arbeitsvertrag, sind regelmäßig drei Fragen von Bedeutung: Wie weit geht das **Direktionsrecht** im Hinblick auf den Arbeitsort? In welchem Umfang kann durch Verzicht auf die Erwähnung des Arbeitsortes das Direktionsrecht erweitert werden? Und schließlich: In welchem Umfang sind Konzernversetzungsklauseln wirksam? 46

Die ersten beiden Fragen beantworten sich aus einer einheitlichen Rechtsquelle. Unabhängig davon, wie eng oder wie weit der Arbeitsort im Arbeitsvertrag umrissen ist, muß die Leistungsbestimmung durch den Arbeitgeber gemäß § 315 BGB **billigem Ermessen** entsprechen, dh es bedarf immer im Einzelfall einer Abwägung der Interessenlage beider Vertragsparteien.[123] Zugunsten des Arbeitnehmers sind insbesondere soziale Belange zu berücksichtigen. Selbst bei Montagearbeitern ist, wenn kein entsprechender Vorbehalt im Arbeitsvertrag enthalten ist, der Einsatz im Ausland kraft Weisung in der Regel nicht zulässig.[124] 47

Ist der Arbeitsort bestimmt, beispielsweise unter Nennung einer Stadt,[125] so bedarf jede Zuweisung von Arbeit an einem anderen Arbeitsort einer **Vertragsänderung** oder einer **Änderungskündigung**. Mit der Bestimmung des Arbeitsortes bindet sich allein der Arbeitgeber. Versetzungsvorbehaltsklauseln, die ausschließlich den Arbeitsort, meist damit aber auch die Tätigkeit betreffen,[126] unterliegen bei einer Wirksamkeitsprüfung den Interessenabwägungsgrundsätzen nach § 315 BGB, so wenig befriedigend diese Aussage auch sein mag.

Die arbeitsgerichtliche Praxis prüft selten die Wirksamkeit von Betriebs- und Unternehmensversetzungsklauseln, sie hält sie meist selbstverständlich für wirksam.[127] Zulässig sind auch Klauseln, die nur eine vorübergehende, vertretungsweise Verpflichtung des Arbeitnehmers zur Übernahme einer gleichartigen Tätigkeit an einem anderen Ort vorsehen. Wegen der Einzelfallabwägung der Rechtsprechung läßt sich weder eine zeitliche, noch eine räumliche Grenze, die stets eingehalten werden sollte, bestimmen. 48

---

119 Der Arbeitsvertrag, II A 40.
120 § 1 Kap. 1 M 369.
121 § 1 Kap. 1 M 467.
122 Ebenso: *Hanau/Preis*, Der Arbeitsvertrag, II A 40, Rn 68.
123 BAG, Urt. v. 19.06.1985, EzA, § 315 BGB, Nr. 32; LAG Berlin, Urt. v. 24.05.1988, DB 1988, 1228.
124 LAG Hamm, Urt. v. 22.03.1974, DB 1974, 877.
125 Siehe Muster 1002, § 1 Abs. 1 in diesem Buch § 1 Kap. 1 M 335, oder Muster 1020, § 2 Abs. 4, in diesem Buch § 1 Kap. 1 M 378.
126 Siehe Muster 1014, § 2 Abs. 1 in diesem Buch § 1 Kap. 1 M 365; Muster 1101, § 2 Abs. 2 in diesem Buch § 1 Kap. 1 M 432, oder Muster 1104, § 1 in diesem Buch § 1 Kap. 1 M 439.
127 Siehe auch BAG, Urt. v. 22.05.1985, AP Nr. 6 zu § 1 TVG, Tarifverträge: Bundesbahn.

**49** Auch ist die Art des Arbeitsverhältnisses zu berücksichtigen. Der Arbeitsort muß nicht nur eine Stadt, er kann auch ein größeres Gebiet, ein Bundesland oder sogar die Bundesrepublik Deutschland umfassen, so bei Montagearbeitern, Außendienstmitarbeitern, Zirkusartisten etc. Bei derartigen Mitarbeitern ist der Arbeitgeber berechtigt, den Arbeitsort notfalls täglich neu festzulegen.[128]

**50** Arbeitnehmer, die auf Weisung des Arbeitgebers einen anderen als den in dem Vertrag vereinbarten Arbeitsort aufsuchen, haben stets Anspruch auf **Kostenersatz**, so daß entsprechende Kostentragungsregelungen weder die Wirksamkeit von Vorbehaltsklauseln erhöhen, noch ihr Fehlen die Wirksamkeit beeinträchtigt. Umzugskosten und die durch den Wechsel des Arbeitsorts auf arbeitgeberseitige Veranlassung entstandenen Kosten kann der Arbeitnehmer generell als Aufwendungsersatz geltend machen.[129]

**51** **Konzernversetzungsklauseln**, wie sie die Muster 1030,[130] Ziff. 1 und 1163,[131] Ziff. I, 3 enthalten, sind in ihrer Wirksamkeit rechtlich zweifelhaft. So wird die Auffassung vertreten, daß eine bei Vertragsschluß erteilte, antizipierte Einwilligung in einen etwaigen späteren konzerninternen Arbeitgeberwechsel eine Umgehung kündigungsschutzrechtlicher Vorschriften bedeute und schon deshalb unzulässig sei.[132] Schwierigkeiten ergeben sich auch dadurch, daß bloße Konzernversetzungsklauseln dem Bedürfnis des Konzerns dann nicht hinreichend Rechnung tragen können, wenn nicht alle potentiellen Arbeitgeber von vornherein als Arbeitgeber im Rahmen des Arbeitsvertrages aufgeführt werden. Anderenfalls ist der förmliche Arbeitgeber auf unechte Arbeitnehmerüberlassung angewiesen, die schon zeitlich auf ein Jahr begrenzt ist und generell auch nicht ohne den Willen des Arbeitnehmers erfolgen kann. *Hanau/Preis*[133] raten wegen mangelnder tatsächlicher und rechtlicher Effizienz von der Verwendung von Konzernversetzungsklauseln ab.

### 7. Arbeitszeitregelungen

**52** Arbeitszeitregelungen sind unbedenklich, wenn eine **wöchentliche Stundenzahl** im Arbeitsvertragstext definiert wird, die sich in den Grenzen des Arbeitszeitgesetzes bewegt. In eine Wirksamkeitsprüfung muß man bei solchen Arbeitszeitregelungen eintreten, die dem Arbeitgeber eine höhere Flexibilität bei der Arbeitszeitgestaltung ermöglichen. Arbeitszeitflexibilität ist heute zunehmend ein Bedürfnis der Wirtschaft.[134] Gleichwohl sträuben sich BAG und Gesetzgeber, die individualarbeitsrechtlichen Instrumentarien für eine Flexibilisierung der Arbeitszeit bereitzuhalten.

**53** Unzulässig sind Klauseltypen, die dem Arbeitgeber jegliche Bestimmung der Arbeitszeit überlassen, wie „Der Arbeitgeber legt die Dauer der Arbeitszeit im Einzelfall fest" oder „Arbeitszeit und Arbeitseinsatz des Arbeitnehmers erfolgen nach den betrieblichen Notwendigkeiten". Mit seiner Bandbreitenentscheidung für Musikschullehrer hat das BAG[135] Regelungen für unwirksam erklärt, wonach die Verwaltung einer Musikschule die Arbeitszeit der angestellten Musiklehrer innerhalb einer Bandbreite zwischen 0 und 6 Stunden bzw. 6 und 13,5 Stunden einseitig festlegen konnte. Das Bundesarbeitsgericht sah in dieser Vertragsregelung eine unzulässige Umgehung des gesetzlichen Schutzes für Änderungskündigungen. Vertragliche Änderungsvorbehalte, die sich auf die Arbeitspflicht

---

128 LAG Berlin, Urt. v. 25.04.1988, DB 1988, 1228.
129 BAG, Urt. v. 18.03.1992, DB 1992, 1891; Urt. v. 21.03.1973, BB 1973, 983.
130 § 1 Kap. 1 M 384.
131 § 1 Kap. 1 M 493.
132 Vgl. KR/*Becker*, § 1 KSchG, Rn 12.
133 Der Arbeitsvertrag, II D 20, Rn 16 ff.
134 Vgl. *Hümmerich*, DB 1996, 1182; ders., NZA 1996, 1295.
135 Urt. v. 12.12.1984, EzA, § 315 BGB, Nr. 29.

beziehen, stellten einen Eingriff in den Kernbereich des Arbeitsverhältnisses dar. Auch eine zeitliche Bandbreite von nur wenigen Stunden stehe nicht zur Disposition des Arbeitgebers. Für den Bereich der **Teilzeitarbeit** enthält zwischenzeitlich § 4 Abs. 1 Satz 1 BeschFG eine gesetzliche Regelung, die die Wirksamkeit von Arbeitsvertragsklauseln ausschließt, in denen ein bestimmtes Stundendeputat durch den Arbeitgeber einseitig festgelegt werden kann. Inzwischen wird § 4 BeschFG auch auf Vollzeitarbeitsverhältnisse entsprechend angewendet.[136] Eine Flexibilisierung der Arbeitszeit kann deshalb in Arbeitsverträgen nur noch wirksam durch Arbeits- und Rufbereitschaft, extensive Überstundenklauseln sowie Bandbreitenregelungen im Rahmen von Arbeitszeitkonten geregelt werden.

Ein Beispiel für eine Bandbreitenregelung mit Arbeitszeitausgleich innerhalb eines Monats ist Muster 1002,[137] dort § 2. Eine derartige Klausel ist zulässig[138]

Bestimmte Berufe bringen es traditionell mit sich, daß in **Arbeitszeitblöcken** gearbeitet werden muß, wie beispielsweise der Beruf des Kochs. Morgens bis zur Mittagszeit werden Vorbereitungen getroffen und es wird das Mittagessen gekocht. Nach der Mittagszeit hat das Küchenpersonal frei, muß aber zum Abendessen wieder an den Arbeitsplatz zurückkehren. Hier besteht Einigkeit, daß dem Arbeitgeber ein Bestimmungsrecht für eine unzusammenhängende Arbeitszeit nicht eingeräumt werden kann, wenn die festgelegte tägliche Arbeitszeit sechs Stunden insgesamt unterschreitet.[139] Eine Bandbreitenregelung durch **Kombination von Höchst- und Mindestdauer** ist dann mit § 4 Abs. 3 BeschFG vereinbar, wenn die vereinbarte Mindestdauer der Arbeitszeit jeweils wenigstens drei Stunden beträgt.[140] 54

Zulässig ist die Vereinbarung einer Rufbereitschaft, einer Arbeitsbereitschaft oder eines Bereitschaftsdienstes. Zwischen diesen Begriffen unterscheidet man wie folgt: **Rufbereitschaft** nennt man eine Arbeitsvertragsverpflichtung des Arbeitnehmers, wenn nicht voraussehbare, aber erfahrungsgemäß eintretende Stör- oder Notfälle zwar keine ständige Anwesenheit am Arbeitsplatz, jedoch die Möglichkeit einer alsbaldigen Arbeitsaufnahme erfordern und es dem Arbeitnehmer aufgrund dessen gestattet ist, sich an einem selbstbestimmten, aber dem Arbeitgeber anzugebenden Ort auf Abruf zur Arbeit bereitzuhalten.[141] **Arbeitsbereitschaft** nennt man die wache Achtsamkeit des Arbeitnehmers im Zustand der Entspannung, wobei der Mitarbeiter an der Arbeitsstelle anwesend und jederzeit bereit sein muß, in den Arbeitsprozeß einzugreifen.[142] **Bereitschaftsdienst** nennt man die Verpflichtung des Mitarbeiters, sich an einer vom Arbeitgeber bestimmten Stelle innerhalb oder außerhalb des Betriebes aufzuhalten, um, sobald erforderlich, seine Arbeit aufnehmen zu können, ohne sich im Zustand wacher Achtsamkeit zu befinden.[143] Werden Ruf- oder Arbeitsbereitschaft, angemessen vergütet, wie im Muster 1002[144] vorgesehen, so bestehen gegen ihre Vereinbarung keine Bedenken. § 4 BeschFG wird generell bei Ruf- und Arbeitsbereitschaft für anwendbar gehalten.[145] 55

Größeren Freiraum als bei der einseitigen Bestimmung der Arbeitszeitmenge beläßt das Arbeitsrecht dem Arbeitgeber bei der **Bestimmung der zeitlichen Lage**. § 4 Abs. 2 BeschFG bestimmt für Teil- 56

---

136 *Hanau*, RdA 1987, 25; *Wlotzke*, NZA 1984, 217; *Löwisch*, BB 1985, 1200; LAG Frankfurt/M., Urt. v. 23.01.1987, DB 1987, 1741.
137 § 1 Kap. 1 M 335.
138 Vgl. *Hanau/Preis*, Der Arbeitsvertrag, II A 100, Rn 37 ff.
139 GK-TzA/*Mikosch*, Art. 1 § 4 BeschFG, Rn 29.
140 *Hanau/Preis*, Der Arbeitsvertrag, II A 100, Rn 91.
141 BAG, Urt. v. 26.02.1958, AP Nr. 3 zu § 7 AZO.
142 BAG, Urt. v. 10.01.1991, AP Nr. 4 zu MTB II.
143 BAG, Urt. v. 09.08.1978, AP Nr. 5 zu § 17 BAT.
144 § 1 Kap. 1 M 335.
145 *Löwisch*, BB 1985, 1200.

zeitarbeitsverhältnisse, daß der Arbeitgeber dem Arbeitnehmer mindestens vier Tage im voraus die zeitliche Lage mitgeteilt haben muß. Eine vertragliche Vereinbarung, mit der die 4-Tages-Frist unterschritten wird, ist gemäß § 4 Abs. 2 BeschFG iVm § 134 BGB unwirksam. Die Ankündigungsfrist des § 4 Abs. 2 BeschFG wird man wohl auch auf Vollzeitarbeitsverhältnisse übertragen müssen, so daß Vertragsklauseln, wonach der Beginn und das Ende der täglichen Arbeitszeit täglich im voraus durch Aushang am schwarzen Brett mitgeteilt wird, unwirksam sein dürften. *Hanau/Preis*[146] halten Klauseln, die eine telefonische Erkundigungspflicht des Arbeitnehmers über die zeitliche Lage der Arbeitszeit beinhalten, für rechtlich möglich.

Die Vereinbarung von Klauseln über **Überstunden** werden unter einem eigenen Stichwort[147] behandelt. Darauf aufmerksam gemacht werden soll noch, daß Rechtsfolge unwirksamer Bandbreitenregelungen die Vereinbarung von mindestens 10 Arbeitsstunden pro Woche bei Teilzeitarbeitsverhältnissen ist, § 4 Abs. 2 BeschFG.

### 8. Auslandsarbeitsverträge[148]

#### a) Arbeitsrechtliche Aspekte

57 Wird ein in Deutschland ansässiger Arbeitnehmer eines deutschen Arbeitgebers ins Ausland entsandt, muß zunächst entschieden werden, was mit dem **Inlands-Arbeitsverhältnis** geschehen soll. In diesem Falle kann man das Arbeitsverhältnis entweder zum Ruhen bringen oder auflösen und nach Rückkehr des Arbeitnehmers aus dem Ausland neu begründen. Löst man das Arbeitsverhältnis für die Dauer des Auslandsaufenthalts auf, hat dies sozialversicherungsrechtliche Konsequenzen.

Ein zweites Modell besteht im Abschluß einer **Ergänzungsvereinbarung** zum Arbeitsvertrag. Dieses Modell empfiehlt sich, wenn der deutsche Arbeitgeber eine Abordnung eines Mitarbeiters zu einer ausländischen Tochtergesellschaft vornimmt, die Eingliederung dieses Mitarbeiters in die ausländische Betriebsorganisation aber nicht vorgesehen ist.

Bei beiden Modellen bleibt der entsandte Mitarbeiter Arbeitnehmer des deutschen Arbeitgebers mit allen Rechten und Pflichten. Soweit ein Betriebsrat existiert, sind betriebsverfassungsrechtliche Auswirkungen zu berücksichtigen. Bei ständigem Auslandsaufenthalt entfällt das aktive und passive Wahlrecht bei der Wahl des Betriebsrats.[149]

58 Ein drittes Modell ist das Modell des **eigenständigen Auslandsarbeitsvertrages**. Wird ein Mitarbeiter eigens für eine Tätigkeit im Ausland eingestellt oder vom deutschen Unternehmen an die Tochtergesellschaft ins Ausland befristet oder unbefristet versetzt, empfiehlt sich der Abschluß eines besonderen Auslandsarbeitsvertrages. Im Interesse einer einheitlichen Unternehmenskultur, aber auch, um sich vor differierenden Ansprüchen einzelner Arbeitnehmer zu schützen, kann man die Auslandsarbeitsverträge eines Unternehmens grundsätzlich deutschem Arbeitsstatut unterstellen.

Die deutsche Rechtspraxis räumt auch im Arbeitsrecht der Privatautonomie einen solchen Vorrang ein, daß für Arbeitsverhältnisse mit ausländischen Mitarbeitern ausländischer Firmen, die in

---

146 Der Arbeitsvertrag, II A 100, Rn 103.
147 § 1 Kap. 1 Rn 305 ff. in diesem Buch.
148 Siehe aus dem neueren Schrifttum: *Pohl*, Grenzüberschreitender Einsatz von Personal und Führungskräften, NZA 1998, 735 ff.
149 BAG, Urt. v. 25.04.1978, AP Nr. 16 zu Internat. Privatrecht, Arbeitsrecht; Urt. v. 07.12.1989, AP Nr. 27 zu Internat. Privatrecht, Arbeitsrecht.

Deutschland vollzogen werden, das **ausländische Recht vereinbart** werden kann. Dies ist in anderen Ländern nicht in gleicher Weise geregelt, insbesondere der wesentliche Inhalt des Vertrages, die Regelungen über Vertragsdauer und Kündigung, müssen auf ihre Vereinbarkeit mit dem jeweiligen Landesrecht überprüft werden. Außerhalb Deutschlands wird trotz grundsätzlicher Anerkennung der Privatautonomie einigen Arbeitsrechtsnormen, beispielsweise über Kündigungsschutz, zwingender Rechtscharakter beigemessen, so daß auch für Arbeitsverhältnisse deutscher Mitarbeiter, die bei deutschen Tochterunternehmen im Ausland tätig sind, die zwingenden Kündigungsschutzbestimmungen des Territoriallandes gelten.

Auch enthalten die ausländischen Staaten zum Teil grundlegend andere Vertragsformen, wie beispielsweise für den GmbH-Geschäftsführer in Frankreich, die wegen grundlegend anderer gesellschaftsrechtlicher Verhältnisse nicht beim Auslandseinsatz verwendet werden können.

Wird der Arbeitnehmer in einen **EU-Staat** entsandt, so ist hinsichtlich der Rechtswahl das Römische EWG-Übereinkommen über das auf vertragliche Schuldverhältnisse anzuwendende Recht vom 19. Juni 1980 (EVÜ) zu beachten, das mittlerweile in den meisten Mitgliedstaaten völkerrechtlich in Kraft getreten ist.[150] Gemäß Art. 3 EVÜ können die Parteien entweder für den ganzen Vertrag oder auch nur einen Teil das materielle Recht ihrer Wahl vereinbaren. Es ist jedoch darauf hinzuweisen, daß nach Art. 6 Abs. 1 EVÜ durch die Rechtswahl der Parteien der Arbeitnehmerschutz nicht unterlaufen werden darf. Demnach darf die Rechtswahl nicht dazu führen, daß dem Arbeitnehmer der Schutz entzogen wird, der ihm durch die zwingenden Bestimmungen des Rechts gewährt wird, das mangels einer Rechtswahl anzuwenden wäre. Dies ist grundsätzlich das Recht des Staats, in dem der Arbeitnehmer in Erfüllung des Vertrages gewöhnlich seine Arbeit verrichtet, selbst wenn er vorübergehend in einen anderen Staat entsand ist. In Deutschland sind diese Regelungen in den Art. 27, 28, 30 EGBGB normiert.

Die **Vereinbarung der Anwendbarkeit deutschen Rechts** bei Auslandsentsendungen in einen anderen EU-Staat ist demnach zwar grundsätzlich möglich; ist der Arbeitnehmerschutz jedoch im Entsendungsstaat weitergehender als nach deutschem Recht, so ist die Rechtswahl insoweit unwirksam. Umgekehrt führt die Rechtswahl dazu, daß Normen des Vertragsstaates mit größerem Schutzumfang gegenüber dem Ortsrecht ebenfalls Anwendung finden. Es kommt mithin zu einem Günstigkeitsvergleich, bei dem es nicht auf eine Gesamtbetrachtung, sondern auf den Vergleich solcher Regelungen ankommt, die im Sachzusammenhang stehen.[151] Findet das EVÜ im Entsendungsstaat Anwendung, so führt die Rechtswahl also nicht zu der intendierten Rechtssicherheit, sondern zu einem Nebeneinander von gewähltem Recht und Ortsrecht zum Vorteil des Arbeitnehmers. Diese Rechtsfolge ergibt sich im übrigen vielfach auch bei der Entsendung in solche Staaten, in denen das EVÜ keine Bedeutung hat.[152]

Die Regelungen der Art. 27, 28, 30 EGBGB finden auch auf länderübergreifende Telearbeit Anwendung, soweit das Telearbeitsverhältnis ein Arbeitsverhältnis darstellt.[153]

---

150 ABl. vom 19.10.1980, L 266/1.
151 Vgl. *Gnann*, Arbeitsvertrag bei Auslandsentsendung, München 1993, S. 141 m.w.N.
152 Für die Schweiz vgl. *Keller/Kren Kostkiewicz*, Kommentar zum Bundesgesetz über das Internationale Privatrecht (IPRG) vom 01.01.1989, Zürich 1993, Art. 121, Rn 31f.
153 *Fenski*, FA 2000, 41.

### b) Sozialversicherungsrechtliche Aspekte bei Entsendung und Abordnung

60 Nach dem im Sozialversicherungsrecht geltenden **Territorialprinzip** umfaßt die Versicherungspflicht bzw. die Versicherungsberechtigung grundsätzlich nur Beschäftigungen bzw. Tätigkeiten, die aufgrund eines im Inland bestehenden Beschäftigungsverhältnisses im Inland ausgeübt werden. Ausnahmsweise gelten die entsprechenden Vorschriften aufgrund der Ausstrahlung auch für Personen, die im Rahmen eines inländischen Beschäftigungsverhältnisses ins Ausland entsandt werden, „wenn die Entsendung infolge der Eigenart der Beschäftigung oder vertraglich im voraus zeitlich begrenzt ist" (§ 4 Abs. 1 SGB IV). Dabei ist zu beachten, daß nach § 6 SGB IV überstaatliches Recht (die EWG-Verordnungen über Soziale Sicherheit) und zwischenstaatliches Recht (die bilateralen Abkommen über Soziale Sicherheit) vorrangig sind. Vor einer uneingeschränkten Anwendung der in § 4 Abs. 1 SGB IV gesetzlich geregelten sog. „Ausstrahlungstheorie" ist bei jedem vorgesehenen Auslandseinsatz deshalb zunächst zu prüfen, ob eine Entsendung im sozialversicherungsrechtlichen Sinne vorliegt.

61 Sozialversicherungsrechtlich liegt eine **Entsendung** vor, wenn sich ein Beschäftigter auf Weisung seines inländischen Arbeitgebers vom Inland in das Ausland begibt, um dort eine Beschäftigung für diesen Arbeitgeber auszuüben, oder wenn er, ohne bereits im Inland beschäftigt gewesen zu sein, eigens für eine Arbeit im Ausland von einem inländischen Arbeitgeber eingestellt worden ist.[154] Sind diese Voraussetzungen nach den tatsächlichen Umständen gegeben, so ist zu unterscheiden, ob der Mitarbeiter in einen Mitgliedstaat der Europäischen Union, also in einen sog. „Vertragsstaat" (d. h. ein Land, mit dem ein zwischenstaatliches Abkommen über Soziale Sicherheit besteht) oder in ein anderes Land entsandt wird.

62 Bei Entsendungen in einen **EU-Mitgliedstaat** ist maßgebende Rechtsgrundlage Titel II[155] der[156] „Verordnung Nr. 1408/71 des Rates vom 14.06.1971 zur Anwendung der Systeme der Sozialen Sicherheit auf Arbeitnehmer und deren Familien, die innerhalb der Gemeinschaft zu- und abwandern".[157] Grundsätzlich besteht hiernach Versicherungspflicht nur im Beschäftigungsstaat, auch wenn der Arbeitnehmer seinen Wohnsitz und der Arbeitgeber seinen Betriebssitz in einem EG-Staat haben.[158]

Ausnahmsweise bleibt, wenn ein Arbeitnehmer zur Arbeitsleistung in einen EG-Staat entsandt wird, die Versicherungspflicht im Wohnsitz- bzw. Betriebssitzstaat erhalten, sofern die voraussichtliche Dauer dieser Arbeit 12 Monate nicht überschreitet und der entsandte Arbeitnehmer nicht einen anderen Arbeitnehmer ablöst, für den die Entsendungszeit abgelaufen ist.[159] Darüber hinaus können, etwa wenn die Entsendung von vornherein über 12 Monate hinausgeht oder nach späterer Erkenntnis länger dauert, auf Antrag zweiseitige Ausnahmevereinbarungen zwischen Wohnsitz- und Beschäftigungsstaat getroffen werden.[160] Die zwischenstaatliche Ausnahme-Praxis wird großzügig gehandhabt.

63 Besteht zwischen der Bundesrepublik Deutschland und dem Entsendungsstaat ein **bilaterales Abkommen über Soziale Sicherheit**, richtet sich die Frage, ob im Beschäftigungs- oder im Wohnsitz-/

---

154 Vgl. Nr. 3 der „Richtlinien zur versicherungsrechtlichen Beurteilung von Arbeitnehmern bei Ausstrahlung" vom 17.01.1979, nachzulesen bei *Aichberger* AVG-Textsammlung, Nr. 116.
155 Art. 13 bis 17.
156 Damals noch EWG.
157 VO Nr. 1408/71.
158 Art. 13 Abs. 2 lit. aVO Nr. 1408/71.
159 Art. 14 Abs. 1 lit. aVO Nr. 1408/71.
160 Art. 17 VO Nr. 1408/71.

Betriebssitzstaat Versicherungspflicht besteht, nach den jeweils im allgemeinen Teil dieser Abkommen zur Zuständigkeitsabgrenzung getroffenen Regelungen. Bilaterale Abkommen bestehen derzeit für die Bundesrepublik Deutschland mit Griechenland, Israel (keine Arbeitslosenversicherung), Jugoslawien, Österreich, Polen, Portugal (keine Arbeitslosenversicherung), Rumänien, Schweden, Schweiz (keine Kranken- und keine Arbeitslosenversicherung), Spanien, Türkei (keine Arbeitslosenversicherung) und USA (nur Rentenversicherung).

Bei einer Entsendungsdauer bis zu zwei Jahren bleibt nach den meisten bilateralen Vereinbarungen über Soziale Sicherheit die Versicherungspflicht im Wohnsitz-/Betriebssitzstaat erhalten, mit der Möglichkeit einer in der Regel einmaligen Verlängerung für den gleichen Zeitraum durch Absprache zwischen den jeweiligen Behörden beider Staaten. Einzelne dieser Abkommen enthalten keine zeitliche Begrenzung für die Entsendungs- bzw. Abordnungsdauer, so das Abkommen mit den USA.[161]

Bei Entsendung in Gebiete außerhalb der EU und der Vertragsstaaten bleibt der entsandte Mitarbeiter aufgrund des in diesen Fällen jetzt geltenden § 4 Abs. 1 SGB IV in der deutschen Sozialversicherung und der Arbeitslosenversicherung.[162] Das kann allerdings zu doppelter Beitragspflicht führen, falls auch im Entsendungsland ein System sozialer Sicherheit mit Zwangsmitgliedschaft und Versicherungspflicht besteht. Hier muß man dann im Einzelfall für jedes einzelne Land eine genaue Prüfung vornehmen. 64

### c) Sozialversicherungsrechtliche Aspekte beim Auslandsarbeitsvertrag

Keine Entsendung liegt vor, wenn ein inländischer Arbeitnehmer von einem ausländischen Arbeitgeber, also beispielsweise der Tochtergesellschaft eines deutschen Unternehmens, zur Arbeitsleistung im Ausland eingestellt wird oder wenn ein dort bereits lebender Arbeitnehmer im Ausland eine Beschäftigung für einen inländischen Arbeitgeber aufnimmt. In diesen Fällen besteht unter den Voraussetzungen des § 4 Abs. 1, S. 1 Nr. 2 SGB VI die Möglichkeit der **Pflichtversicherung** auf Antrag in der deutschen Rentenversicherung. 65

Ein solcher Antrag kann nur von einem inländischen Unternehmen für deutsche Arbeitnehmer gestellt werden, die im Ausland für eine begrenzte Zeit beschäftigt bzw. dort oder im Inland für eine solche Beschäftigung vorbereitet werden. Zuständig für die Entgegennahme des formularmäßigen Antrags ist bei Arbeitnehmern, die der Krankenversicherungspflicht unterliegen, die deutsche Verbindungsstelle, Krankenversicherung Ausland, beim Bundesverband der Ortskrankenkassen in Bonn-Bad Godesberg, in den übrigen Fällen die Bundesversicherungsanstalt für Angestellte. Bei dieser besonderen Versicherungsform werden die Pflichtbeiträge aufgrund einer nach den Vorschriften des § 166 Nr. 4 SGB VI ermäßigten Berechnungsgrundlage entrichtet. Im übrigen müssen Kranken- und Unfallversicherungen auf freiwilliger (privater) Basis geregelt werden (freiwillige Auslandsunfallversicherung nach § 140 Abs. 2, 3 SGB VII, Auslandskrankenversicherungsschutz der privaten Assekuranz). 66

Hinsichtlich der **Arbeitslosenversicherung** gelten aufgrund des Territorialprinzips die Vorschriften des Einsatzlandes. Dies ergibt sich aus § 1 Abs. 1, S. 2 SGB IV.

Unabhängig hiervon besteht in den Fällen, in denen eine Pflichtversicherung nach deutschen Vorschriften nicht möglich und nach der betreffenden ausländischen Rechtsordnung nicht gegeben, unzureichend oder unzweckmäßig ist, grundsätzlich die Möglichkeit der freiwilligen Weiterversicherung in der deutschen Rentenversicherung.

---

161 Art. 6 Abs. 2 des Sozialversicherungs-Abkommens vom 07.01.1976/01.12.1979.
162 § 1 Abs. 1, S. 2 SGB IV.

### d) Steuerrechtliche Aspekte bei Entsendung und Abordnung

67 Jeder Staat besteuert grundsätzlich das Arbeitseinkommen seiner gebietsansässigen Arbeitnehmer ohne Rücksicht darauf, wo das Arbeitseinkommen erzielt wurde. Man spricht hier vom Grundsatz der unbeschränkten Steuerpflicht für Welteinkommen bei Wohnsitz bzw. dauerndem Aufenthalt im Inland. Die dabei drohende Doppelbesteuerung im Wohnsitzstaat und im Quellenstaat wird in der deutschen Steuerordnung teils durch einseitige Maßnahmen wie Anrechnung ausländischer Einkommensteuer auf anteilige deutsche Einkommensteuer oder Verzicht auf Steuererhebung nach § 34 c EStG, teils durch den Abschluß zweiseitiger Abkommen vermieden. Dabei kommen die Möglichkeiten des § 34 c EStG grundsätzlich nur zum Tragen, soweit kein solches Abkommen eingreift, § 34 c Abs. 6 S. 1 EStG. Angesichts dessen ist in steuerrechtlicher Hinsicht für jeden Auslandseinsatz zu fragen, wo der zu entsendende (abzuordnende) Arbeitnehmer welche Tätigkeit wie lange ausüben soll. Allgemein kann man davon ausgehen, daß bei **kurzfristigen Auslandseinsätzen** bis zu 183 Tagen vom inländischen Firmensitz aus und unter Umständen unter der Voraussetzung, daß die Arbeit im Ausland nicht im Zusammenhang mit einer dort befindlichen Betriebsstätte geleistet wird, die Einkommens- bzw. Lohnsteuerpflicht im Inland erhalten bleibt und steuerliche Probleme nicht anfallen, allenfalls bei den Mehraufwendungen für Verpflegung. Bei **längeren Einsätzen** und/oder Vorhandensein einer **ausländischen Betriebsstätte** ist dagegen immer mit Steuererhebungen durch den Entsendungsstaat, dh dem Staat, in den der Arbeitnehmer entsandt worden ist, zu rechnen und demzufolge zu prüfen, ob insoweit ein zweiseitiges Abkommen zur Vermeidung der Doppelbesteuerung Anwendung findet. Mit sämtlichen wichtigen Industriestaaten hat Deutschland ein Doppelbesteuerungsabkommen geschlossen.

68 Soweit nach einem Doppelbesteuerungsabkommen das Besteuerungsrecht ausschließlich dem Entsendungsstaat zusteht, wird der deutsche Arbeitgeber, der auch bei Auslandsabordnung eines Arbeitnehmers zur Führung des Lohnkontos verpflichtet bleibt, auf Antrag vom zuständigen Betriebsstättenfinanzamt von der Pflicht zur Abführung der Lohnsteuer freigestellt.[163] Das gleiche gilt bei Abordnungen in Länder, mit denen kein Doppelbesteuerungsabkommen geschlossen wurde, wenn und soweit der Entsendungsstaat eine der deutschen Einkommensteuer vergleichbare Steuer erhebt.

### e) Steuerrechtliche Aspekte bei Auslandsarbeitsverträgen

69 Beim Abschluß eines Auslandsarbeitsvertrages muß man unterscheiden: Stellt man eine „Ortskraft" im Ausland ein, so gilt grundsätzlich das Recht ihres Heimatlandes. Schließt man einen Auslandsarbeitsvertrag mit einem inländischen (deutschen) Arbeitnehmer, der nunmehr seinen gewöhnlichen Aufenthaltsort im Ausland hat, unterliegt dieser Mitarbeiter trotz seiner Auslandstätigkeit vom ersten Tag an mit seiner Vergütung weiterhin der Steuergesetzgebung der Bundesrepublik Deutschland. Soweit er nun als „Gebietsfremder" in der Bundesrepublik Deutschland Einkünfte erzielt, ist er mit diesen beschränkt steuerpflichtig[164] und zu den beschränkt steuerpflichtigen Einkünften gehören auch solche Einkünfte aus nichtselbständiger Arbeit, die im Inland verwertet worden ist, also z.B. anteilige Jahresabschlußvergütungen eines deutschen Unternehmens, die nach der Versetzung ins Ausland fällig und gezahlt werden.

---

163 Siehe § 39 b Abs. 6 EStG iVm Abschn. 123 LStR.
164 §§ 1 Abs. 3, 49 EStG.

## 9. Ausschlußfristen

Es wird angeregt, in jedem Arbeitsvertrag Ausschlußfristen vorzusehen, sofern nicht eine Tarifbindung besteht, aus der sich bereits eine Ausschlußfrist ergibt.

70

Die Vereinbarung von Ausschlußfristen in Arbeitsverträgen ist im Rahmen der Vertragsfreiheit zulässig.[165] Die Rechtsprechung hat die Frage der **Auslegung** und **Inhaltskontrolle** einzelvertraglicher Ausschlußfristen nach den gleichen Kriterien vorgenommen wie bei tariflichen Ausschlußfristen.[166] Das BAG begründet die Übertragung seiner Rechtsprechung zu tariflichen Ausschlußklauseln damit, daß Ausschlußklauseln in Arbeitsverträgen die gleiche Ordnungsfunktion zukomme, wie Ausschlußklauseln in Tarifverträgen.[167]

*Hanau/Preis*[168] weisen darauf hin, daß zwischen den für Tarifverträge von der BAG-Rechtsprechung anerkannten kurzen Ausschlußfristen, die bis zu einem Monat reichen, und den durch Inhaltskontrolle von Verjährungs- und Ausschlußfristen vom BGH aufgestellten Grundsätzen eine deutliche Wertungsdiskrepanz liege. Dreimonatige Verjährungsfristen habe der BGH als unangemessene Benachteiligung eines Vertragspartners bereits verworfen.[169] Die vertragliche Verkürzung einer Verjährungsfrist auf 6 Monate zu Lasten eines Handelsvertreters habe der BGH unter Hinweis auf das dispositive Leitbild des § 88 HGB ebenfalls für unwirksam erklärt.[170] Insofern weisen *Hanau/Preis* zutreffend auf deutliche Differenzen in der Rechtsprechung von BAG und BGH hin.[171] Auch wenn die derzeitige BAG-Rechtsprechung damit wohl noch in der Gefahr steht, im Zuge einer Vereinheitlichung der Rechtsprechung der obersten Gerichtshöfe des Bundes an die BGH-Rechtsprechung angepaßt zu werden, sind jedenfalls derzeit solche Ausschlußfristen zulässig, wie sie in vom BAG als wirksam erachteten Klauseln der unterschiedlichen Tarifverträge enthalten sind.

71

Bei den Ausschlußfristen unterscheidet man zwischen **einstufigen** und **zweistufigen** Ausschlußfristen. In den Tarifverträgen sind beide Fristtypen enthalten. Die Verfallfristen reichen von einem Monat bis zu 6 Monaten. In den hier vorgelegten Arbeitsverträgen wird generell die zweistufige Ausschlußfrist aus den Tarifverträgen der Metallbranche gewählt, die auch vom Bundesarbeitsgericht als wirksam anerkannt wurde.[172]

72

Zweistufige Ausschlußfristen sind nach Auffassung des Arbeitsgerichts Freiburg[173] dann unausgewogen, wenn die erste Stufe für die Geltendmachung keine Frist vorsieht, für die gerichtliche Geltendmachung aber eine Frist von einem Monat vorgegeben wurde.

Tarifliche Ausschlußfristen müssen nach der jüngeren Rechtsprechung des BAG nicht für Arbeitgeber und Arbeitnehmer jeweils gleiche Fristen enthalten. **Einseitige tarifliche Ausschlußfristen**, nach denen nur Ansprüche des Arbeitnehmers, nicht jedoch Ansprüche des Arbeitgebers dem tariflichen Verfall unterliegen, verstoßen nicht gegen Art. 3 Abs. 1 GG.[174] Dies gilt selbst dann, wenn

73

---

165 LAG Frankfurt, Urt. v. 23.11.1978, AR-*Blattei*, Ausschlußfrist, E 87; LAG Düsseldorf, Urt. v. 12.09.1980, DB 1981, 590; *Bauer*, NZA 1987, 440.
166 BAG, Urt. v. 24.03.1988, DB 1989, 182; LAG Düsseldorf, Urt. v. 12.09.1980, DB 1981, 590.
167 BAG, Urt. v. 25.07.1984–5 AZR 219/82 (unveröffentlicht).
168 Der Arbeitsvertrag, II A 51, Rn 6 ff.
169 BGH, Urt. 14.04.1975, BGHZ 64, 238.
170 BGH, Urt. v. 12.10.1979, BGHZ 75, 218.
171 *Hanau/Preis*, Der Arbeitsvertrag, II A 150, Rn 150 ff., 17 f.
172 BAG, Urt. v. 22.10.1980, AP Nr. 69 zu § 4 TVG, Ausschlußfrist.
173 Urt. v. 10.10.1988, EzA, § 4 TVG, Ausschlußfristen Nr. 80; noch weitergehender (zweimonatige Ausschlußfrist nichtig) ArbG Hamburg, DB 1998, 1523.
174 BAG, Urt. v. 04.12.1997, NZA 1998, 431.

die tarifliche Verfallklausel nicht nur tarifliche Ansprüche, sondern darüber hinaus alle Ansprüche des Arbeitnehmer aus dem Arbeitsverhältnis erfaßt. Der Gleichheitssatz des Art. 3 Abs. 1 GG ist auch nicht allein dadurch verletzt, daß die Tarifvertragsparteien die Ausschlußfristen in den Tarifverträgen für gewerbliche Arbeitnehmer bzw. für Angestellte eines bestimmten Wirtschaftszweiges unterschiedlich geregelt haben.

Da das BAG bislang keinen Unterschied macht zwischen tariflichen und arbeitsvertraglichen Ausschlußfristen, bedeutet dies für die Gestaltung von Ausschlußfristen in Arbeitsverträgen, daß es auch möglich ist, arbeitsvertraglich nur Ausschlußfristen für Arbeitnehmer vorzusehen. Von dieser Möglichkeit wird im Muster 1016[175] Gebrauch gemacht.

Welche **Ansprüche** unter Ausschlußfristen fallen und welche Ansprüche von Ausschlußfristen unberührt bleiben, ist bei *Hanau/Preis*[176] und bei *Weyand*[177] übersichtlich dargestellt.

74  Ob Ausschlußfristen allein für Arbeitnehmeransprüche vorgesehen werden dürfen, während es für die Arbeitgeberansprüche bei den Verjährungsvorschriften des BGB verbleibt, wird nicht einheitlich beurteilt. Für Tarifverträge hat das Bundesarbeitsgericht einseitige Ausschlußfristen zugelassen,[178] da es einen beachtlichen Unterschied darstelle, ob eine Vielzahl von Arbeitnehmern ihre Ansprüche gegen den Arbeitgeber rechtzeitig geltend machen müsse oder ob der Arbeitgeber gegenüber einer Vielzahl von einzelnen Arbeitnehmern kurzfristig Ansprüche anzumelden habe. Mag diese Rechtsprechung auch schwer nachvollziehbar sein, für arbeitsvertragliche Verfallklauseln dürfte der Grundsatz des Bundesarbeitsgerichts[179] maßgebend sein, daß Ausschlußfristen gleichermaßen auf beide Parteien des Arbeitsverhältnisses Anwendung finden; Ausschlußfristen müßten inhaltlich ausgewogen sein und dürften nicht die Rechte des Arbeitnehmers einseitig beschneiden. **Zweiseitige**, d. h. für die Ansprüche von Arbeitgeber und Arbeitnehmer geltende tarifliche **Ausschlußfristen** können von Tarifgebundenen nicht verlängert werden, auch wenn dies für den Arbeitnehmer bei der Geltendmachung von eigenen Ansprüchen günstiger wäre.[180]

75  Ansprüche aus der **Altersversorgung** werden in Ausschlußklauseln nur erfaßt, wenn sich dies eindeutig und unmißverständlich aus dem Wortlaut ergibt.[181] Außerdem haftet der Arbeitgeber, falls er seiner Hinweispflicht über die Folgen der Vereinbarung einer Ausschlußklausel und der Einbeziehung von Versorgungsansprüchen in Aufhebungs- und Abwicklungsverträge nicht nachkommt, für den sich hieraus ergebenden Schaden, eine sicherlich bedenkliche Rechtsprechung.[182]

76  **Verletzt der Arbeitgeber die Verpflichtung**, gemäß § 2 Abs. 1 Sätze 1, 2 Nr. 10 NachwG dem Arbeitnehmer einen schriftlichen Nachweis der auf das Arbeitsverhältnis anzuwendenden Tarifverträge zu übergeben, **haftet er gemäß den Grundsätzen der positiven Forderungsverletzung und nach § 823 Abs. 2 BGB** dem Arbeitnehmer gegenüber für Ansprüche, die deshalb verfallen sind, weil der Arbeitnehmer aufgrund der Verletzung vom § 2 Abs. 1 Sätze 1, 2 Nr. 10 NachwG die rechtzeitige Geltendmachung innerhalb einer sich aus einem auf das Arbeitsverhältnis anwendbaren Tarifvertrag ergebenden Anschlussfrist versäumte. Ein Verstoß gegen die Nachweispflicht ist **vom Arbeitgeber**

---

175 § 14, in diesem Buch § 1 Kap. 1 M 369.
176 Der Arbeitsvertrag, II A 150, Rn 14 f.
177 Die billigen Ausschlußfristen in Arbeitsrechtsstreitigkeiten, 1992.
178 BAG, Urt. v. 28.06.1967, EzA, § 4 TVG, Nr. 15; zuletzt bestätigt durch BAG, Urt. v. 4.12.1997 – 2 AZR 809/96 (unveröffentlicht).
179 Urt. v. 24.03.1988, AP Nr. 1 zu § 241 BGB.
180 LAG Frankfurt, Urt. v. 11.10.1979 AP Nr. 70 zu § 4 TVG.
181 BAG, Urt. v. 27.02.1990, EzA, § 4 TVG, Ausschlußfristen, Nr. 83; LAG Hamm, Urt.v.15.06.1999, NZA-RR 1999, 600.
182 BAG, Urt. v. 18.09.1984, NZA 1985, 712; Urt. v. 10.03.1988, NZA 1988, 837.

regelmäßig **als Verschulden zu vertreten**. Da § 2 Abs. 1 Satz 2 Nr. 10 NachwG lediglich einen allgemeinen Hinweis auf die geltenden Tarifverträge und nicht eine konkrete Belehrung über anwendbare tarifliche Ausschlussfristen verlangt, indiziert ein Verstoß gegen diese Verpflicht nicht dessen **Ursächlichkeit für den Eintritt des Schadens**. Zur Geltendmachung des sekundären Haftungsanspruchs muß der Arbeitnehmer plausibel darlegen und ggf. beweisen, welche Maßnahmen er bzw. ein ihn vertretender Bevollmächtigter im Fall ordnungsgemäßer Nachweiserteilung zur Prüfung der Rechtslage und zur Wahrung der Ausschlußfrist ergriffen hätten.[183]

Rechtsanwälte haben bei Mandatsbeginn zu prüfen, ob **einzelvertraglich**, durch **Betriebsvereinbarung** oder durch **Tarifvertrag** Ausschlußfristen vereinbart sind.[184] Bei der Prüfung, ob ein Tarifvertrag Anwendung findet, darf sich der Rechtsanwalt nicht auf die Auskunft des Arbeitnehmers verlassen, sondern muß umfassende eigene Aufklärungsarbeit betreiben.[185] Der Anwalt hat auch zu prüfen, ob Ausschlußfristen analog § 3 AGBG wegen Einordnung unter falscher oder mißverständlicher Überschrift ohne besonderen Hinweis unwirksam sind.[186] Ausschlußfristen sind im Arbeitsgerichtsprozeß keine bloßen Einreden, sondern **von Amts wegen** zu beachten, die Anwendung eines Tarifvertrages auf das in Streit stehende Arbeitsverhältnis muß allerdings die sich hierauf berufende Partei selbst vortragen.[187] 77

Wenn noch keine Gewißheit, sondern nur die Möglichkeit besteht, daß der Tarifvertrag Anwendung findet, muß der Rechtsanwalt aus Sicherheitsgründen die entsprechenden Ausschlußfristen beachten. Es reicht also nicht nur die Einreichung einer Kündigungsschutzklage aus, wenn Lohnansprüche bestehen. Sofern nicht die Lohnansprüche vom Arbeitgeber streitlos gestellt werden, also beispielsweise in einer Lohnabrechnung ausgewiesen werden, müssen Ansprüche, die einer Ausschlußfrist unterliegen, mit eingeklagt werden.[188]

Eine häufige Streitfrage ist es, in welchem Umfang den Arbeitgeber die Pflicht trifft, dem Arbeitnehmer einen **Tarifvertrag zur Kenntnis zu bringen**, wenn er sich späterhin auf eine tarifliche Ausschlußfrist berufen möchte. Nach früherer Rechtsprechung galt, daß der Arbeitgeber dem Arbeitnehmer den Tarifvertrag nur zugänglich machen mußte, um die Anforderungen des § 8 TVG zu erfüllen.[189] In einer neueren Entscheidung hat der Senat offengelassen, ob er an dieser Auffassung festhalten will. Er hat außerdem entschieden, daß der Arbeitgeber dem Arbeitnehmer den Tarifvertrag dann nicht zugänglich gemacht hat, wenn er den Tarifvertrag zusammen mit Arbeitsanweisungen in einem allgemein zugänglichen, mit „Info" beschrifteten Ordner ablegt.[190] 78

Eine tarifliche Ausschlußfrist, die die gerichtliche Geltendmachung eines Anspruches verlangt, wird auch durch den Antrag auf Bewilligung von Prozeßkostenhilfe unter gleichzeitiger Einreichung eines Entwurfs der Klageschrift und vollständiger Unterlagen über die persönlichen und wirtschaftlichen Verhältnisse des Antragstellers gewahrt, wenn unverzüglich nach positiver oder negativer rechtskräftiger Entscheidung über den Antrag auf Bewilligung von Prozeßkostenhilfe die Klage zugestellt wird.[191] 79

---

183 ArbG Frankfurt, Urt v. 25.08.1999, DB 1999, 2316.
184 *Jungk*, AnwBl 1997, 37.
185 BGH, Urt. v. 29.03.1983, NJW 1983, 1665; *Schlee*, AnwBl 1984, 45.
186 BAG, Urt. v. 29.11.1995, AP Nr. 136 zu § 4 TVG, Ausschlußfristen.
187 BAG, Urt. v. 15.06.1993, EzA § 4 TVG, Ausschlußfristen, Nr. 104.
188 BAG, Urt. v. 21.04.1993, MDR 1993, 1090.
189 BAG, Urt. v. 05.11.1963, AP Nr. 1 zu § 1 TVG Bezugnahme auf Tarifvertrag.
190 BAG, Urt. v. 11.11.1998, NZA 1999, 605.
191 LAG Niedersachsen, Beschl. vom 25.03.1999, AnwBl 2000, 59.

Da der Betriebsrat nicht das Mandat hat, individualrechtliche Ansprüche geltend zu machen, reicht die Unterschrift eines Betriebsratsmitglieds unter einem an den Arbeitgeber gerichteten Schreiben, in dem der Betriebsrat für mehrere Arbeitnehmer eine Erschwerniszulage geltend macht, nicht aus, um den Individualanspruch des Betriebsratsmitglieds auf die Zulage geltend zu machen.[192]

## 10. Ärztliche Untersuchungen

80 Arbeitsverträge sehen mit verschiedenen Klauseltypen die vom Mitarbeiter übernommene Verpflichtung vor, sich ärztlich untersuchen zu lassen.

Soweit sich **Zweifel an der Arbeitsunfähigkeit** eines Mitarbeiters ergeben, der sich hat krankschreiben lassen, kann der Arbeitgeber bekanntlich nach § 275 Abs. 1 Ziff. 3 b SGB V von der Krankenkasse eine Begutachtung der Arbeitsunfähigkeit durch den Medizinischen Dienst verlangen. Die Neuerungen, auch nach §§ 5a, 7 Abs. 1 Nr. 1 EFZG, sind bei *Kramer*[193] anschaulich dargestellt. Die gesetzlichen Kontrollmechanismen, mögen sie auch unzureichend sein,[194] bedürfen nicht der arbeitsvertraglichen Regelung und können deshalb unbeschadet jeglicher arbeitsvertraglicher Gestaltung in Anspruch genommen werden.

Für die Vertragsgestaltung von Interesse sind solche Klauseln, über die sich der Arbeitgeber **zusätzliche** Rechte einräumen läßt, insbesondere im Zusammenhang mit der Einstellung eines Arbeitnehmers, aber auch im Zuge der Dauer eines Arbeitsverhältnisses.

81 Wenn die Einstellung unter der Voraussetzung fachlicher und gesundheitlicher Eignung für die vorgesehene Aufgabe erfolgt,[195] ist eine solche Klausel in den Grenzen des Fragerechts des Arbeitgebers zulässig.[196] In diesen Fällen hat der Arbeitgeber die Wahl, ob die Untersuchung durch einen Amtsarzt, einen Betriebsarzt oder einen sonstigen, vom Arbeitgeber bestimmten Arzt erfolgen soll. Ebenso hat der Arbeitgeber das Recht, von dem Bewerber die Erklärung zu verlangen, daß er den Arzt gegenüber dem Arbeitgeber von der Schweigepflicht entbindet.[197] Grenzen des **Überprüfungsrechts des Arbeitgebers** ergeben sich hinsichtlich des Untersuchungsgegenstandes und hinsichtlich der Informationen, die der Arbeitgeber erlangen darf. Die ärztliche Untersuchung hat stellenbezogen zu erfolgen, der Arbeitgeber darf also nur feststellen lassen, ob der Mitarbeiter für die vorgesehene Stelle geeignet ist.[198] Außerdem dürfen dem Arbeitgeber aus persönlichkeitsrechtlichen Gründen die Informationen nur im Umfang eines Bescheidbogens mitgeteilt werden, der Befundbogen, der die Basisdaten der Untersuchung enthält, verbleibt in der Kartei des Arztes.[199] Soweit eine ärztliche Untersuchung auf gesetzlicher Grundlage vorgesehen ist, bedarf es keiner Aufnahme einer Klausel in den Arbeitsvertrag. Solche gesetzlichen Regelungen finden sich für Jugendliche;[200] Untersuchungen vor Aufnahme eines Arbeitsverhältnisses haben auch Beschäftigte im Lebensmittelgewerbe kraft

---

192 LAG Schleswig-Holstein, Urt. v. 29.06.1999, NZA-RR 587.
193 BB 1996, 1662.
194 *Meisel*, Arbeitsrecht für die betriebliche Praxis, 6. Aufl., Köln 1991, Rn 477.
195 Siehe Muster 1020, § 2 Abs. 5, in diesem Buch § 1 Kap. 1 M 378.
196 *Notz*, Zulässigkeit und Grenzen ärztlicher Untersuchungen von Arbeitnehmern, Diss., Frankfurt/Main 1991, 47; *Hümmerich*, BB 1979, 428.
197 LAG Berlin, Urt. v. 06.07.1973, BB 1974, 510.
198 BAG, Urt. v. 07.06.1984, AP Nr. 26 zu § 123 BGB.
199 *Hümmerich*, DB 1975, 1893.
200 § 32 Abs. 1 JArbSchG.

Gesetzes über sich ergehen zu lassen.²⁰¹ Auch derjenige, der Fahrgäste befördern will, muß sich vor Begründung des Arbeitsverhältnisses ärztlich untersuchen lassen.²⁰²

Interessant ist der Klauseltyp im Muster 1190 Anhang Ziff. V Abs. 4, über den der Mitarbeiter verpflichtet wird, sich zwei Wochen nach Beginn der Arbeitsunfähigkeit infolge Krankheit durch einen Vertrauensarzt der Firma untersuchen zu lassen.

Einigkeit besteht darüber, daß der Entgeltfortzahlungsanspruch nach § 12 EFZG unabdingbar ist und somit auch nicht durch Vertrag an weitere Bedingungen geknüpft werden kann.²⁰³   82

Die Frage, ob die im Muster 1190²⁰⁴ Anhang Ziff. IV Abs. 4 vorgesehene Klausel rechtswirksam ist, ist noch nicht entschieden. Das BAG²⁰⁵ hat diese Frage ausdrücklich offen gelassen. Soweit Zweifel an der Wirksamkeit einer solchen Regelung geäußert werden, weil die in § 76 Abs. 1 Satz 1 SGB V statuierte **freie Arztwahl** beeinträchtigt wird,²⁰⁶ muß man diese Auffassung nicht teilen. Bei der freien Arztwahl handelt es sich nicht um zwingendes Recht, das generell keiner Einschränkung durch Arbeitsvertragsrecht fähig wäre. Anderenfalls gäbe es keine Betriebsärzte nach dem Gesetz über Betriebsärzte, Sicherheitsingenieure und andere Fachkräfte für Arbeitssicherheit vom 12.12.1973. Der Wert einer solchen Klausel besteht darin, daß der Beweiswert der Arbeitsunfähigkeitsbescheinigung, falls der vom Arbeitgeber beauftragte Arzt keine Krankheit feststellt, erschüttert ist.

### 11. Befristung von Arbeitsverhältnissen

Im Spannungsfeld zwischen dem Interesse der Rechtsordnung an der Einhaltung zwingender Kündigungsvorschriften einerseits und dem in § 620 BGB zum Ausdruck kommenden Grundsatz der Vertragsfreiheit bewegt sich die Wirksamkeitsrechtsprechung zum **befristeten Arbeitsvertrag**. Mit seiner Grundsatzentscheidung vom 12.10.1966²⁰⁷ hat das BAG die Wirksamkeit befristeter Arbeitsverträge an das Erfordernis eines **sachlichen Grundes** angebunden und seither einen Katalog von Gründen entwickelt, die als sachlicher Grund im Sinne seiner Rechtsprechung anzusehen sind. Der Abschluß wirksam befristeter Arbeitsverträge erfordert daher einen sachlichen Grund im Sinne der BAG-Rechtsprechung. Daneben sind eine Reihe gesetzlicher Gründe getreten wie die befristete Einstellung nach § 1 BeschFG, § 21 BErzGG, § 51 a ff. HRG und § 8 Abs. 3 ATG.   83

Keines sachlichen Grundes bedürfen befristete Arbeitsverhältnisse beurlaubter Beamter.²⁰⁸

Trägt der Formulartext eines Arbeitsvertrages nicht den von der Rechtsprechung geforderten Befristungsgrund, führt dies nicht zur Unwirksamkeit des Arbeitsvertrages nach § 139 BGB, sondern lediglich zur Unwirksamkeit der Befristungsabrede. Zwischen den Vertragsparteien besteht in einem solchen Fall ein unbefristetes Arbeitsverhältnis.²⁰⁹   84

---

201 §§ 5, 17, 18 BSeuchG.
202 § 15 e Abs. 1 Satz 1 Nr. 3 lit. a StVZO.
203 BAG, Urt. v. 04.10.1978, AP Nr. 3 LohnFG; BAG, Urt. v. 07.11.1984, AP Nr. 38 zu § 63 HGB.
204 § 1 Kap. 1 M 506.
205 Urt. v. 04.10.1978, AP Nr. 3 zu § 3 LohnFG.
206 *Hanau/Preis*, Der Arbeitsvertrag, II G 30, Rn 5.
207 BAG, Urt. v. 23.06.1983, AP Nr. 16 zu § 620 BGB, Befristeter Arbeitsvertrag.
208 LAG Köln, Urt. v. 25.08.1999 – 7 Sa 342/99 (unveröffentlicht); LAG Niedersachsen, Urt. v. 05.12.1996 – 16a (16) Sa 1161/96 (unveröffentlicht).
209 BAG, Urt. v. 26.04.1979, AP Nr. 47 zu § 620 BGB, Befristeter Arbeitsvertrag.

**§ 1  Kapitel 1: Arbeitsverträge**

85  Unbedenklich sind **einmalige Befristungen** von Arbeitsverhältnissen **bis zur Dauer von 6 Monaten**, da die Unwirksamkeitsfolge in der BAG-Rechtsprechung auf der Umgehungstheorie zum Kündigungsschutzgesetz aufbaut und der Kündigungsschutz gemäß § 1 Abs. 1 KSchG erst nach Ablauf von sechs Monaten einsetzt.[210] Auch bei Schwangeren ist die Rechtslage nicht anders, wenn die Mitarbeiterin im Verlaufe des auf sechs Monate befristeten Arbeitsverhältnisses schwanger wird.[211]

86  **Kündigungsklauseln** sind in befristeten Arbeitsverträgen, wenn die Befristungsdauer als reine Höchstdauer ausgestaltet ist, für beide Parteien vorzusehen; dementsprechend ist Muster 1005,[212] § 3 formuliert. Nur im Hochschulbereich ist kraft Gesetzes der Wegfall von Drittmitteln bei drittmittelfinanzierten Arbeitsverträgen ein Kündigungsgrund, auch wenn der befristete Arbeitsvertrag keine Kündigung vorsah, § 57 d HRG.[213]

Auch die Vorschaltung einer Probezeit ist im Rahmen eines befristeten Arbeitsverhältnisses möglich;[214] entsprechendes sieht das Muster 1005,[215] § 2 Abs. 3 vor.

87  Außer bei befristeten Arbeitsverhältnissen im **öffentlichen Dienst**[216] muß entgegen einer verbreiteten Annahme bei **Zeitbefristungen** der Befristungsgrund im Arbeitsvertragstext nicht genannt werden.[217]

88  Bei **Zweckbefristungen** muß der Zweck, mit dessen Erreichung der Arbeitsvertrag enden soll, im Arbeitsvertrag so genau bezeichnet sein, daß die Formulierung das Ereignis, das die Beendigung des Arbeitsverhältnisses eintreten lassen soll, zweifelsfrei feststellbar macht.[218] Sicherheitshalber empfiehlt es sich deshalb immer, den Befristungsgrund in jeden Text eines befristeten Arbeitsvertrages aufzunehmen.

89  Vereinbaren die Parteien die **nachträgliche Befristung** eines vormals unbefristeten Arbeitsverhältnisses, bedürfen sie auch dann eines sachlichen Grundes, wenn der Arbeitnehmer im Zeitpunkt der Befristungsvereinbarung schon den allgemeinen Kündigungsschutz erworben hatte.[219] Dieser Grundsatz gilt nach Auffassung des BAG auch dann, wenn die Befristungsvereinbarung im Rahmen einer vom Arbeitgeber erklärten Änderungskündigung getroffen worden ist.[220]

90  Bei aller Strenge, die die Arbeitsrechtsprechung walten läßt, wenn es um die Ermittlung des sachlichen Grundes geht, ist jene Strenge zu vermissen, wenn die Befristung eines Arbeitsverhältnisses **im Rahmen eines gerichtlichen Vergleichs** vereinbart wurde. In ständiger Rechtsprechung vertritt das BAG die Auffassung, daß eine im Rahmen eines gerichtlichen Vergleichs vereinbarte Befristung des Arbeitsverhältnisses regelmäßig eine objektive Umgehung des Kündigungsschutzes zu Lasten des Arbeitnehmers ausschließe.[221] In Verbindung mit jener Rechtsprechung des BAG, wonach es bei

---

210  BAG, Urt. v. 11.11.1982, AP Nr. 71 zu § 620 BGB, Befristeter Arbeitsvertrag.
211  LAG Hamm, Urt. v. 13.03.1992, LAGE, § 620 BGB, Nr. 29; *Erman/Hanau*, § 620 BGB, Rn 58; *Staudinger/Preis*, § 620 BGB, Rn 93.
212  § 1 Kap. 1 M 345.
213  *Staudinger/Preis*, § 620 BGB, Rn 217.
214  BAG, Urt. v. 10.06.1988, AP Nr. 5 zu § 1 BeschFG 1985.
215  § 1 Kap. 1 M 345.
216  Siehe die Anlage SR II y, Nr. 2 zu § 4.
217  BAG, Urt. v. 08.12.1988, AP Nr. 6 zu § 1 BeschFG 1985; Urt. v. 31.01.1990, AP Nr. 1 zu § 57 b HRG; Urt. v. 24.04.1996, AP Nr. 9 zu § 57 b HRG; LAG Frankfurt/M., Urt. v. 25.10.1988, LAGE § 622 BGB, Nr. 11.
218  BAG, Urt. v. 17.02.1983, AP Nr. 14 zu § 15 KSchG 1969; Urt. v. 23.11.1988, RzK I 9e, Nr. 6.
219  BAG, Urt. v. 08.07.1998, NZA 1999, 81.
220  So bereits BAG, Urt. v. 25.04.1996, NZA, 1996, 1197 = NJW 1997, 1524.
221  BAG, Urt. v. 09.02.1984, DB 1984, 2710; BAG, Urt. v. 24.01.1996, DB 1996, 1779; BAG, Urt. v. 02.12.1998, FA 1999, 156.

mehreren befristeten Arbeitsverhältnissen auf den rechtfertigenden Grund des zuletzt abgeschlossenen Vertrages ankomme,[222] tritt somit häufig die fatale Folge ein, daß der gerichtliche Vergleich, der in Unkenntnis dieser Rechtsprechung geschlossen wurde, als sachlicher Grund eine Überprüfung einer möglicherweise größeren Zahl vorangegangener, unwirksamer befristeter Arbeitsverträge ausschließt.

Auch die Wirksamkeit der Vereinbarung einer **auflösenden Bedingung** bestimmt sich grundsätzlich nach denselben Kriterien, die an Befristungen zu stellen sind.[223]

91

Als **Befristungsgründe** kommen in Betracht:

### a) Arbeitnehmerüberlassung

Art. 1 § 9 Nr. 2 des Arbeitnehmerüberlassungsgesetzes bestimmt, daß wiederholte Befristungen des Arbeitsverhältnisses zwischen Verleiher und Leiharbeitnehmer unwirksam sind, wenn für die Befristung kein in der Person des Arbeitnehmers liegender **sachlicher Grund** besteht oder die Befristung für einen Arbeitsvertrag vorgesehen ist, der unmittelbar an einen mit demselben Verleiher geschlossenen Arbeitsvertrag anschließt. Beim erstmaligen Abschluß eines Leiharbeitsvertrages ist dagegen nach der Neufassung des Arbeitnehmerüberlassungsgesetzes[224] eine Befristung zulässig, wenn diese die allgemeinen, auch an gewöhnliche Arbeitsverträge zu stellenden Anforderungen erfüllt. Möglich ist also sowohl eine Befristung aus sachlichem Grund als auch auf der Basis der gesetzlichen Sonderbefristungstatbestände, also auch nach § 1 BeschFG. Im Gegensatz zur früheren Rechtsprechung[225] kann daher eine Befristung auch zur Erprobung eines Leiharbeitnehmers vereinbart werden.[226]

92

### b) Aufenthaltserlaubnis

Die Befristung eines Arbeitsvertrages kann mit einer befristeten Aufenthaltserlaubnis nur dann gerechtfertigt werden, wenn im Zeitpunkt der Befristungsvereinbarung eine **hinreichend zuverlässige Prognose** erstellt werden kann, daß eine Verlängerung der Aufenthaltserlaubnis des Arbeitnehmers nicht erfolgen werde.[227]

93

### c) Ausbildung, Fortbildung und Weiterbildung

Die Rechtsprechung hat sich mit befristeten Arbeitsverträgen im Bereich der Hochschul- und wissenschaftlichen Forschungseinrichtungen umfänglich befaßt.[228] Diese Grundsätze können auch auf befristete Arbeitsverträge zum Zweck der Ausbildung, Fortbildung und Weiterbildung auf den privatwirtschaftlichen Bereich weitgehend übertragen werden.[229] Die der Rechtsprechung zugrunde liegende gesetzliche Regelung enthält § 57 a HRG. Dessen persönlicher und sachlicher Anwendungsbereich gemäß § 57 a HRG läßt sich wie folgt zusammenfassen: Ein **sachlicher Grund** für eine Befristung liegt vor, wenn die Beschäftigung des Mitarbeiters auch seiner Weiterbildung als wissenschaftlicher oder künstlerischer Nachwuchs oder seiner beruflichen Aus-, Fort- oder Weiterbildung

94

---

222 BAG, Urt. v. 30.10.1987, NZA 1988, 734.
223 LAG Köln, Urt. v. 22.06.1998, NZA-RR 1999, 512 (nicht rechtskräftig).
224 Zum Überblick: *Groeger*, DB 1998, 470.
225 LAG Hamm, Urt. v. 08.08.1991, LAGE § 9 AÜG, Nr. 4.
226 Amtliche Begründung zu Art. 63 Nr. 8 AFRG, BT-Drs. 13/4941, 249 – im Entwurf trug Art. 63 Nr. 8 AFRG die Bezeichnung „Art. 64 Nr. 6".
227 BAG, Urt. v. 12.01.2000 – 7 AZR 863/98, SPA 3/2000, 8.
228 Vgl. BAG, Urt. v. 19.08.1981, AP Nr. 60 zu § 620 BGB, Befristeter Arbeitsvertrag; Urt. v. 07.03.1980, AP Nr. 54 zu § 620 BGB, Befristeter Arbeitsvertrag; Urt. v. 02.08.1978, AP Nr. 46 zu § 620 BGB, Befristeter Arbeitsvertrag; Urt. v. 31.10.1974, AP Nr. 39 zu § 620 BGB, Befristeter Arbeitsvertrag.
229 BAG, Urt. v. 29.09.1982, AP Nr. 70 zu § 620 BGB, Befristeter Arbeitsvertrag.

dient.[230] Diese Voraussetzung wird regelmäßig durch die Gelegenheit zur Promotion oder Habilitation erfüllt. Sie kann aber auch, beispielsweise bei Ärzten im Rahmen der Facharztausbildung, außerhalb der eigentlichen wissenschaftlichen Tätigkeit angesiedelt sein. Derartige Verträge dürfen nur auf eine Höchstzeit von fünf Jahren befristet werden.[231]

Weiterer Zulässigkeitsgrund für Befristungen bildet der Sachverhalt, daß ein Mitarbeiter aus **Haushaltsmitteln** vergütet wird, die haushaltsrechtlich für eine befristete Beschäftigung bestimmt sind.[232] Mit dieser gesetzlichen Regelung wurde die gesamte Rechtsprechung des BAG hinfällig, wonach haushaltsrechtliche Erwägungen im öffentlichen Dienst regelmäßig kein Befristungsgrund sein dürfen.[233]

Die gesetzlichen Voraussetzungen nach dem HRG sind erfüllt, wenn der Haushaltsgesetzgeber eine Mittelverwendung für bestimmte Arbeitsverhältnisse anordnet und mit einer konkreten Sachregelung verbindet.[234] Auch beim Befristungsgrund der haushaltsrechtlichen Befristungsbeschäftigung beträgt die Befristungshöchstdauer fünf Jahre. Denkbar ist, daß sich an den Befristungsgrund der beruflichen Aus-, Fort- oder Weiterbildung der Befristungsgrund der Haushaltsmittelzuweisung anschließt. Bei der Berechnung der Befristungshöchstdauer werden Arbeitsverhältnisse aus unterschiedlichen Befristungsgründen nicht addiert.[235]

95 Ein dritter Befristungsgrund besteht aus der **Einbringung besonderer Kenntnisse und Erfahrungen** in der Forschungsarbeit oder in der künstlerischen Betätigung.[236] Der Erwerb besonderer Kenntnisse ist im Rahmen derartiger befristeter Arbeitsverhältnisse von untergeordneter Bedeutung; das HRG erfaßt insofern auch Mitarbeiter, die bereits beruflich qualifiziert sind.[237] Auch bei diesem Typus eines Befristungsgrundes beträgt die Höchstdauer fünf Jahre.

96 Ein vierter Befristungsgrund besteht in der **Drittmittelfinanzierung**.[238] Drittmittelfinanzierung kann auch vorliegen, wenn die Forschungsmittel von dem Unterhaltsträger der Hochschule selbst stammen, sofern sie nur nicht zu den der Hochschule zur Verfügung gestellten laufenden Haushaltsmitteln gehören.[239] Auch hier gilt eine Befristungshöchstdauer von fünf Jahren. Bei derartigen drittmittelfinanzierten Arbeitsverträgen sei daran erinnert, daß selbst dann, wenn im Vertrag keine Kündigungsregelung für die Dauer der Laufzeit vereinbart wurde, bei Fortfall der Drittmittel die Kündigung ausgesprochen werden darf, wenn der Wegfall der Drittmittel dem Mitarbeiter unverzüglich mitgeteilt wurde und die Kündigung unter Einhaltung der Kündigungsfrist frühestens zum Zeitpunkt des Wegfalls der Drittmittel erfolgt.[240]

97 Ein fünfter Befristungsgrund besteht in der erstmaligen Einstellung eines **wissenschaftlichen und künstlerischen Mitarbeiters**,[241] wobei hier die Befristung für nicht länger als zwei Jahre zulässig ist.

---

230 § 57 b Abs. 2 Nr. 1 HRG.
231 § 57 b Abs. 2 Nr. 1 bis 4 und Abs. 3 HRG.
232 § 57 b Abs. 2 Nr. 2 HRG.
233 BAG, Urt. v. 29.08.1979, AP Nr. 50 zu § 620 BGB, Befristeter Arbeitsvertrag; Urt. v. 16.01.1987, AP Nr. 111 zu § 620 BGB, Befristeter Arbeitsvertrag; Urt. v. 27.01.1988, AP Nr. 116 zu § 620 BGB, Befristeter Arbeitsvertrag.
234 BAG, Urt. v. 24.01.1996, AP Nr. 7 zu § 57 b HRG.
235 Vgl. *Hanau/Preis*, Der Arbeitsvertrag, II B 5, Rn 129.
236 § 57 b Abs. 2 Nr. 3 HRG.
237 LAG Köln, Urt. v. 11.08.1993, LAGE § 620 BGB, Nr. 30.
238 § 57 b Abs. 2 Nr. 4 HRG.
239 BAG, Urt. v. 31.01.1990, AP Nr. 1 zu § 57 b HRG.
240 § 57 d HRG.
241 § 57 b Abs. 2 Nr. 5 HRG.

Schließlich ist eine bis zu fünfjährige Befristung auch für Fremdsprachenlektoren zulässig.[242] Diese Regelung hat das BAG[243] eingeschränkt im Hinblick auf eine Entscheidung des EuGH.[244] Die europarechtskonforme Auslegung ergibt, daß bei Fremdsprachenlektoren die Befristung eines Arbeitsvertrages nur dann zulässig ist, wenn die Stelle für einen tatsächlich praktizierten kulturellen Austausch von Hochschulabsolventen vorgesehen und hier auch gesondert ausgewiesen ist.

Von diesen fünf Befristungsgründen lassen sich der Typus Nr. 1, die berufliche Aus-, Fort- oder Weiterbildung zu einem wissenschaftlichen oder künstlerischen Beruf, nicht auf die **Privatwirtschaft** übertragen. Unternehmen dienen schlicht den Zwecken des § 57 b Abs. 2 Nr 1 HRG nicht.

Für übertragbar wird man den Sachgrund der Befristung wegen befristeter Haushaltsmittel halten dürfen. Hier müßte dann im Jahreswirtschaftsplan eines Unternehmens eine entsprechende Vorgabe enthalten sein. Der Befristungsgrund Nr. 3, Personalaustausch zwischen der Hochschulforschung und der Forschung außerhalb der Hochschule, scheint mir nicht übertragbar, es sei denn, die Befristung erfolgt gerade zu dem Zweck, daß Industrie- und Wirtschaftsforschung von dem Mitarbeiter betrieben wird, der anschließend wieder in den Hochschulbereich wechselt.

Ebenso wie der Befristungsgrund Nr. 2 erscheint mir auch der Befristungsgrund Nr. 4, nämlich eine Drittmittelfinanzierung, wenn sie in einem Ertrags- und Aufwandsrahmenplan eines Unternehmens ausgewiesen ist, in der Privatwirtschaft denkbar. Dadurch, daß Drittmittel auch solche Mittel sein können, die der Unterhaltsträger der Hochschule selbst befristet zur Verfügung stellt, ist hier eine Deckungsgleichheit mit dem Befristungsgrund Nr. 2 möglich. Der Befristungsgrund „Einstellung fremdsprachiger Lektoren" dürfte hochschulspezifischer Art sein. Allenfalls innerhalb konzernverbundener, europa- oder weltweit organisierter Unternehmen könnte eine Übertragbarkeit dieses Befristungsgrundes in Frage kommen.

Die **Befristung des Arbeitsverhältnisses eines Studenten** ist unzulässig, wenn bereits die Kündigungsmöglichkeiten in einem unbefristeten Arbeitsverhältnis sowie Umfang und Lage der Arbeitszeit dem Interesse des Studenten, die Anforderungen des Studiums mit der Arbeitsverpflichtung in Einklang zu bringen, ausreichend Rechnung tragen.[245] Eine Befristung auf die gesamte Dauer des Studiums soll nach dem LAG Köln[246] aber zulässig sein.

### d) Aushilfsarbeitsverhältnisse

Aushilfsarbeitsverhältnisse können befristet vereinbart werden, wenn der Arbeitgeber sie von vornherein nicht auf Dauer eingeht, sondern nur zu dem Zweck, einen vorübergehenden Bedarf an Arbeitskräften abzudecken, der nicht durch den normalen Betriebsablauf, sondern durch den Ausfall von Arbeitskräften oder einen zeitlich begrenzten, zusätzlichen Arbeitsanfall begründet ist.[247]

Im Muster 1005,[248] § 1 Abs. 2 ist stets darauf zu achten, daß dieser Zweck des Aushilfsarbeitsverhältnisses erwähnt wird oder nach Maßgabe des unter diese Kriterien einzuordnenden Sachverhalts beschrieben wird.

---

242 § 57 b Abs. 3 HRG.
243 Urt. v. 20.09.1995, AP Nr. 4 zu § 57 b HRG; Urt. v. 24.04.1996, AP Nr. 9 zu § 57 b HRG.
244 Urt. v. 20.10.1993, EAS EG-Vertrag, Art. 48 Nr 69.
245 BAG, Urt. v. 29.10.1998, ARST 1999, 145.
246 Urt. v. 28.01.1999 – 10(9) Sa 463/98, SPA 3/2000, 2.
247 BAG, Urt. v. 25.11.1992, AP Nr. 150 zu § 620 BGB, Befristeter Arbeitsvertrag; Urt. v. 22.05.1986, AP Nr. 23 zu § 620 BGB.
248 § 1 Kap. 1 M 345.

**102** Der **zeitweise Personalbedarf** kann auf einem zeitweisen Ausfall von Mitarbeitern beruhen. Zulässig sind Befristungen in Aushilfsarbeitsverträgen wegen Krankheit,[249] wegen Erholungsurlaub,[250] wegen Mutterschutz,[251] wegen Einberufung eines Mitarbeiters zum Wehrdienst[252] oder aus vergleichbaren Gründen.[253] Zum gesetzlichen Befristungsgrund der Aushilfstätigkeit im Erziehungsurlaub einer Mitarbeiterin oder eines Mitarbeiters wird Näheres an anderer Stelle ausgeführt.[254] Aushilfsarbeitsverhältnisse dürfen auch vereinbart werden, wenn Eilaufträge eingehen, eine Inventur oder anderer **temporärer Personalmehrbedarf** wie bei Messen oder während des Weihnachtsverkaufs entsteht. Die Befristung von Aushilfsarbeitsverhältnissen darf dem Arbeitgeber nicht mit dem Argument abgeschnitten werden, er hätte die Arbeitsaufgaben auch ohne Aushilfsarbeitskräfte bewältigen können, wenn er eine Personalreserve gebildet hätte.[255] Ein **schultypenübergreifender Gesamtvertretungsbedarf** an Lehrkräften kann die Befristung der Arbeitsverträge der Vertretungskräfte sachlich rechtfertigen. Voraussetzung dafür ist, daß das beklagte Land die planmäßigen Lehrkräfte ungeachtet ihrer Lehrbefähigung und ihres Status zur Abdeckung vorübergehender Bedarfslagen an allen Schulen einsetzen kann.[256]

Der befristete Einsatz beurlaubter beamteter Lehrer als Angestellte im Auslandsschulwesen der Bundesrepublik Deutschland bedarf hinsichtlich der Dauer keiner sachlichen Rechtfertigung.[257]

Auch wenn sich ein Auszubildender noch in der Berufsausbildung befindet und später in ein Arbeitsverhältnis übernommen werden soll, kann dessen Tätigkeit vorübergehend von einem befristet einzustellenden Mitarbeiter übernommen werden, ohne daß vollständige Deckungsgleichheit zwischen den Tätigkeiten des Aushilfsmitarbeiters und des künftig zu beschäftigenden, bisherigen Auszubildenden bestehen muß.[258]

### e) Auslauftatbestände

**103** Befristungsgrund dürfen auch Auslauftatbestände sein, die im betrieblichen Interesse die Befristung rechtfertigen, wenn beispielsweise in einem befristeten oder gekündigten Arbeitsverhältnis begonnene Aufgaben sinnvoll abgeschlossen werden sollen.[259] Ein solcher Auslauftatbestand kann auch aus sozialen Motiven gerechtfertigt sein. Vereinbaren Arbeitgeber und Arbeitnehmer die Beendigung eines Arbeitsverhältnisses unter Wahrung der Kündigungsfrist, so stellt die Beendigung aus sozialen Gründen einen berechtigten Befristungsgrund dar, wenn beispielsweise dem Arbeitnehmer in einem befristeten Anschlußarbeitsverhältnis ausreichend Zeit gelassen werden soll, sich einen neuen Arbeitsplatz zu suchen.[260]

---

[249] BAG, Urt. v. 13.10.1984, AP Nr. 87 zu § 620 BGB, Befristeter Arbeitsvertrag.
[250] BAG, Urt. v. 11.12.1991, AP Nr. 141 zu § 620 BGB, Befristeter Arbeitsvertrag.
[251] BAG, Urt. v. 17.02.1983, AP Nr. 14 zu § 15 KSchG 1969.
[252] BAG, Urt. v. 06.06.1984, AP Nr. 83 zu § 620 BGB, Befristeter Arbeitsvertrag.
[253] BAG, Urt. v. 08.05.1985, AP Nr. 97 zu § 620 BGB, Befristeter Arbeitsvertrag.
[254] § 1 Kap. 1 Rn 107 ff. in diesem Buch.
[255] BAG, Urt. v. 08.09.1983, AP Nr. 77 zu § 620 BGB, Befristeter Arbeitsvertrag.
[256] BAG, Urt. v. 20.01.1999, BB 2000, 1000.
[257] LAG Köln, 25.8.1999, NZA-RR 2000, 69.
[258] BAG, Urt. v. 21.03.1993, AP Nr. 148 zu § 620 BGB, Befristeter Arbeitsvertrag; Urt. v. 06.06.1984, AP Nr. 83 zu § 620 BGB, Befristeter Arbeitsvertrag.
[259] BAG, Urt. v. 29.09.1982, AP Nr. 70 zu § 620 BGB, Befristeter Arbeitsvertrag.
[260] BAG, Urt. v. 26.04.1985, DB 1985, 2566; Urt. 31.08.1994, AP Nr. 163 zu § 620 BGB, Befristeter Arbeitsvertrag.

### f) Bedarfsschwankungen

Kein berechtigter sachlicher Grund für eine Befristung sind Bedarfsschwankungen. Der Arbeitgeber darf das Risiko von Bedarfsschwankungen, die zum Teil seines unternehmerischen Risikos gehören, nicht durch den Abschluß befristeter Arbeitsverträge auf seine Arbeitnehmer abwälzen.[261] Anders ist die Rechtsprechung bei **projektbedingtem personellem Mehrbedarf**. Arbeitgeber, die Mitarbeiter projektbezogen beschäftigen und einen nur vorübergehenden Arbeitskräftemehrbedarf haben, dürfen Arbeitsverträge sachlich befristen.[262]

104

### g) Befristung nach dem BeschFG

Ohne Vorliegen eines sachlichen Grundes kann zur Bekämpfung der anhaltenden Massenarbeitslosigkeit ein befristetes Arbeitsverhältnis ohne weiteres bis zur Dauer von zwei Jahren begründet werden.[263] Innerhalb dieser **Zweijahresfrist** ist eine **dreimalige Verlängerung** eines befristeten Arbeitsvertrages zulässig.

105

§ 1 BeschFG ist eine tarifdispositive Norm, kann also durch die Tarifvertragsparteien abbedungen werden.[264] Die kalendermäßige Befristung nach § 1 BeschFG gilt nur bei Neueinstellungen, wobei für einen Arbeitnehmer, der bereits früher einmal im Unternehmen tätig war, von einer Neueinstellung gesprochen wird, wenn zwischen beiden Verträgen ein Zeitraum von mindestens vier Monaten liegt.

In der Literatur werden verschiedene Denkmodelle entwickelt, die auf eine Aneinanderreihung verschiedener Arten befristeter Arbeitsverhältnisse ausgerichtet sind.[265] Derartige Gedankenspiele erscheinen ohne praktische Relevanz, da sich ein kompetenter Arbeitnehmer an derartigen Konstruktionen erfahrungsgemäß nicht beteiligen wird.

106

### h) Aushilfstätigkeit bei Vertretung von Mitarbeiterinnen in Mutterschutz und Erziehungsurlaub

Die **Schwangerschaftsvertretung** bildete seit jeher einen Befristungsgrund.[266] Mit der in § 21 BErzGG enthaltenen Regelung hat der Gesetzgeber ausdrücklich einen Befristungsgrund akzeptiert, wenn eine Vertretung für Zeiten eines Beschäftigungsverbots nach dem Mutterschutzgesetz, eines Erziehungsurlaubs oder einer auf Tarifvertrag, Betriebsvereinbarung oder einzelvertraglicher Vereinbarung beruhenden Arbeitsfreistellung zur Betreuung eines Kindes vorgenommen wird. Auch wenn sich für den Arbeitgeber immer in gewissem Umfange ein Vertretungsbedarf aus den vorgenannten Gründen ergibt, ist er nicht verpflichtet, von der Befristung von Arbeitsverträgen abzusehen.[267]

107

Es ist zulässig, den Arbeitsvertrag mit der Vertretungskraft kalendermäßig zu befristen. Die vorübergehende Rechtsprechung des BAG, wonach eine **Zweckbefristung** für Vertretungsfälle während des

---

261 BAG, Urt. v. 11.12.1991, AP Nr. 145 zu § 620 BGB, Befristeter Arbeitsvertrag.
262 BAG, Urt. v. 15.11.1989, RzK I 9a, Nr. 51; Urt. v. 11.12.1991, AP Nr. 145 zu § 620 BGB, Befristeter Arbeitsvertrag; Urt. v. 28.05.1986, AP Nr. 102 zu § 620 BGB, Befristeter Arbeitsvertrag.
263 Zum Überblick: *Wisskirchen*, Erleichterte Zulassung befristeter Arbeitsverträge nach dem Beschäftigungsförderungsgesetz 1996, DB 1998, 722.
264 BAG, Urt. v. 25.09.1987, AP Nr. 1 zu § 1 BeschFG 1985.
265 Befristeter Arbeitsvertrag nach § 57 b HRG, anschließend Unterbrechung des Arbeitsverhältnisses von vier Monaten, anschließend Neueinstellung nach § 1 BeschFG.
266 BAG, Urt. v. 17.02.1983, AP Nr. 14 zu § 15 KSchG.
267 LAG Köln, Urt. v. 13.09.1985, NZA-RR 1996, 125.

Erziehungsurlaubs unzulässig sei,[268] ist inzwischen durch das Arbeitsrechtliche Beschäftigungsförderungsgesetz in § 21 Abs. 3 BErzGG beseitigt worden. Diese Vorschrift ist durch das Korrekturgesetz nicht angetastet worden. Es genügt nunmehr, wenn sich die Befristungsdauer für die Ersatzkraft aus den Zwecken entnehmen läßt, wie sie in § 21 Abs. 1 und 2 BErzGG aufgeführt sind. Eine gewisse Auslauffrist wird man dem Mitarbeiter vermutlich zubilligen müssen, wenn die Rückkehr einer Mitarbeiterin überraschend erfolgt.[269]

108 Vereinbart der Arbeitgeber mit einem zur Vertretung eingestellten Arbeitnehmer, daß das **Arbeitsverhältnis mit der Wiederaufnahme durch den vertretenen Mitarbeiter enden soll**, liegt hierin nach Auffassung des BAG[270] in der Regel nicht zugleich die Vereinbarung, daß das Arbeitsverhältnis auch dann enden soll, wenn der vertretende Mitarbeiter vor Wiederaufnahme seiner Tätigkeit aus dem Arbeitsverhältnis ausscheidet. Eine Klausel, die nur darauf abstellt, daß das Arbeitsverhältnis endet, wenn der vertretende Mitarbeiter wieder an seinen Arbeitsplatz zurückkehrt, führt mithin in dem Fall, daß der Vertretende wegen Rentenbezugs ausscheidet, nicht zu einem Ende des Arbeitsverhältnisses. Anderer Auffassung ist das LAG Saarland.[271] Stellt der Beendigungsgrund auf den Wegfall des Verhinderungsgrundes, beispielsweise mit der Formulierung „für die Dauer der Erkrankung des Arbeitnehmers X" ab, so endet das Arbeitsverhältnis nach vorheriger rechtzeitiger Nichtverlängerungsanzeige auch dann, wenn der vertretende Arbeitnehmer seinen Dienst nicht wieder antritt, sondern aus dem Arbeitsverhältnis ausscheidet und Altersrente in Anspruch nimmt.

109 Es kann bei dieser Sachlage aus Vorsichtsgründen deshalb nur dazu geraten werden, eine **kombinierte Zweck- und Zeitbefristung** in den Vertrag aufzunehmen, so wie sie das Muster 1005[272] enthält. In diesem Vertragsmuster sind einige Befristungssachverhalte ausdrücklich als Zweckbefristungen ausgewiesen.[273] Davor gefeit, daß die Rechtsprechung eine kombinierte Zweck- und Zeitbefristung nicht als ausreichend ansieht, ist der Verwender einer derartigen Vertragsklausel nicht. Mit Urteil vom 24.09.1997[274] hat das BAG nämlich entschieden, daß der Sachgrund der Vertretung für sich allein in aller Regel nicht die Befristung des Arbeitsvertrags mit dem Vertreter bis zum Ausscheiden des Vertretenen aus seinem Beschäftigungsverhältnis rechtfertigt. Schließlich soll sich der Arbeitgeber bei der Vereinbarung einer Zweckbefristung daran messen lassen, ob er eine ordnungsgemäße Prognose darüber angestellt hat, wann die Mitarbeiterin ihren Dienst wieder antreten wird. Nach Auffassung des ArbG Hamburg[275] ist diese Prognoseentscheidung gerichtlich überprüfbar.

### i) Wiederholter Abschluß befristeter Verträge

110 Der wiederholte Abschluß befristeter Verträge ist unbedenklich, wenn eine Umgehung des allgemeinen oder besonderen Kündigungsschutzes nicht zu besorgen ist. **Kettenbefristungen** sind demnach in Betrieben mit in der Regel nicht mehr als zehn Mitarbeitern zulässig, soweit nicht gegen § 9 MuSchG, § 15 SchwbG, § 18 BErzGG oder gegen § 15 KSchG verstoßen wird.

---

268 BAG, Urt. 09.11.1994, AP Nr. 1 zu § 21 BErzGG.
269 BAG, Urt. v. 12.06.1987, AP Nr. 113 zu 620 BGB, Befristeter Arbeitsvertrag; LAG Berlin, Urt. v. 13.07.1990, DB 1990, 1828; *Hanau/Preis*, Der Arbeitsvertrag, II B 5, Rn 118.
270 BAG, Urt. v. 26.06.1996, DB 1996, 2289.
271 LAG Saarland, Urt. v. 26.02.1997 – 2 Sa 262/96, SPA 15/1997, 3.
272 § 1 Kap. 1 M 345.
273 Muster 1005, § 1 Abs. 1 Satz 3 i. V. m. § 1 Abs. 2 d) bis f), in diesem Buch § 1 Kap. 1 M 345.
274 BAG, Urt. v. 24.09.1997, DB 1998, 679.
275 Urt. v. 15.01.1998, ArbuR 1998, 168.

### Verträge mit Arbeitnehmern, Gesellschaftsorganen und Selbständigen § 1

Überprüft die Rechtsprechung die Wirksamkeit von Kettenarbeitsverträgen, so orientiert sie sich ausschließlich an der Wirksamkeit der Befristung des **zuletzt geschlossenen Arbeitsvertrages**.[276] Eine Ausnahme hat das Bundesarbeitsgericht neuerdings angenommen, wenn sich der letzte Vertrag als unselbständiger Annex zu dem vorangegangenen befristeten Arbeitsvertrag darstellt.[277] Nur ausnahmsweise ist in diesem Falle die Wirksamkeit der Befristung anhand des vorangegangenen Vertrages zu überprüfen. Ob diese Rechtsprechung des BAG nach dem Inkrafttreten des Arbeitsrechtlichen Beschäftigungsförderungsgesetzes noch Bestand hat, wird in der Literatur mit gutem Grund angezweifelt.[278]

#### k) Eingliederung im Rahmen einer Arbeitsbeschaffungsmaßnahme

Das AFG sieht zur Wiedereingliederung Langzeitarbeitsloser in das Arbeitsleben Arbeitsbeschaffungsmaßnahmen (ABM) vor. Wird ein Arbeitsloser einem Unternehmen zugewiesen, das mit diesem dann einen Arbeitsvertrag abschließt und für eine bestimmte Dauer zwischen 50 % und 75 % des Arbeitsentgelts vom Arbeitsamt erstattet erhält,[279] ist die Befristung zulässig, wenn sie mit der Dauer der Zuweisung übereinstimmt und der Arbeitgeber die Einstellung des ihm von der Arbeitsverwaltung zugewiesenen Arbeitnehmers im Vertrauen auf die zeitlich begrenzte Förderungszusage vorgenommen hat.[280]

111

Wird dagegen ein Einarbeitungszuschuß gezahlt, der nach längerer Krankheit eines Mitarbeiters für eine vorübergehende Dauer in der Höhe von meist 30 % gewährt wird, darf hierauf die Befristung eines Arbeitsverhältnisses nicht gestützt werden.[281]

#### l) Mitarbeiter der Presse und des Rundfunks

Aufgrund einer Entscheidung des Bundesverfassungsgerichts[282] muß es der Presse und den Rundfunkanstalten gestattet werden, auf einen breit gestreuten Kreis geeigneter Mitarbeiter zurückzugreifen, was voraussetzen kann, daß die Mitarbeiter nicht auf Dauer, sondern nur in der Zeit beschäftigt werden, für die man sie benötigt. Das BAG hat dementsprechend anerkannt, daß die Befristung des Arbeitsvertrages mit einem programmgestaltenden Mitarbeiter gerechtfertigt sein kann, ohne daß weitere Gründe für die Befristung erforderlich sind.[283] Die Belange des Presseunternehmens oder der Rundfunkanstalt seien allerdings mit den Belangen des betroffenen Arbeitnehmers gegeneinander abzuwägen.

112

#### m) Personalrotation

Das Bundesarbeitsgericht sieht im Rotationsprinzip nur in ganz seltenen Ausnahmefällen einen Sachgrund für die Befristung von Arbeitsverträgen. In wenigen Entscheidungen hat es sich hierzu geäußert.

113

---

276 BAG, Urt. v. 08.05.1985, AP Nr. 97 zu § 620 BGB, Befristeter Arbeitsvertrag; LAG Köln, Urt. v. 23.04.1999 – 11 Sa 1428/98, SPA 1/2000, 5 (nicht rechtskräftig).
277 BAG, Urt. v. 24.06.1996, AP Nr. 180 zu § 620 BGB, Befristeter Arbeitsvertrag.
278 *Hanau/Preis*, Der Arbeitsvertrag, II B 5, Rn 197.
279 Wegen Einzelheiten siehe *Knigge/Ketelsen/Marschall/Wissing*, AFG, § 94, Rn 3 ff.
280 BAG, Urt. v. 03.12.1982, AP Nr. 72 zu § 620 BGB, Befristeter Arbeitsvertrag; Urt. v. 11.12.1991, AP Nr. 145 zu § 620 BGB, Befristeter Arbeitsvertrag; Urt. v. 26.04.1995, AP Nr. 4 zu § 91 AFG.
281 BAG, Urt. v. 11.12.1991, AP Nr. 145 zu § 620 BGB, Befristeter Arbeitsvertrag.
282 Urt. v. 13.01.1982, BVerfGE 59, 231 ff.
283 Urt. v. 11.12.1991, AP Nr. 144 zu § 620 BGB, Befristeter Arbeitsvertrag; Urt. v. 24.04.1996, AP Nr. 180 zu § 620 BGB, Befristeter Arbeitsvertrag.

Bei einer **Lektorenstelle** sei die Befristung des Arbeitsvertrages im Anwendungsbereich des § 57 b HRG unter dem Gesichtspunkt eines kulturellen Austausches nur dann rechtswirksam, wenn die Lektorenstelle für einen tatsächlich praktizierten Austausch von Hochschulabsolventen vorgesehen und hierfür auch gesondert ausgewiesen sei. Es sei kein Grund ersichtlich, Lektoren zwingend nur befristet zu beschäftigen. Die Vermittlung von Fremdsprachen sei eine Dauertätigkeit der Hochschulen, für die ein ständiger Bedarf an Lehrkräften bestehe. Das HRG räume den Hochschulen aus Gründen der wissenschaftlichen Nachwuchsförderung und zur Sicherung der Funktionsfähigkeit der Forschung die Möglichkeit ein, Arbeitsverhältnisse zu befristen. Diese Gründe träfen auf Dienstleistungen, wie sie Lektoren erbrächten, nicht zu. Das ermögliche es, Lektoren, obwohl es sich bei ihnen um wissenschaftliches Personal handele, auch unbefristet zu beschäftigen. Es komme entscheidend darauf an, daß die konkrete Lektorenstelle für einen internationalen Austausch vorgesehen und entsprechend bei Vertragsabschluß ausgewiesen sei.[284]

In dieser Entscheidung, die voraussetzt, daß § 57 b HRG überhaupt anwendbar ist, stellt das Bundesarbeitsgericht ausdrücklich fest, daß das **Fluktuationsprinzip** nur dann die Befristung eines Arbeitsvertrages rechtfertigen kann, wenn die Fluktuation dringend erforderlich ist, um die Verfolgung des der konkreten Stelle innewohnenden Zweckes sicherzustellen. Mit anderen Worten: Inhalt und Natur der zu besetzenden Stelle müssen einen turnusmäßigen Austausch der Arbeitsplatzinhaber zwingend erfordern.

114 In einer weiteren Entscheidung zu § 57 b HRG hat das Bundesarbeitsgericht klargestellt, daß eine Befristung unter dem Gesichtspunkt des **kulturellen Austausches** sachlich nur gerechtfertigt sei, wenn die konkrete Lektorenstelle dem internationalen Austausch von Hochschulabsolventen diene. Durch das Rotationsprinzip solle einem möglichst großen Personenkreis Gelegenheit gegeben werden, das deutsche Universitätssystem kennenzulernen und sich weiterzubilden. Durch häufigen Wechsel in der Besetzung von Stellen solle einer Vielzahl ausländischer Hochschulabsolventen das Erlernen der deutschen Sprache ermöglicht und gleichzeitig der Austausch zwischen deutschen und ausländischen Akademikern erleichtert werden. Die dem Rotationsprinzip innewohnende Weiterbildungsfunktion sei als sachlicher Grund für die Befristung aber nur dann anzuerkennen und sinnvoll, wenn nach verhältnismäßig kurzer Zeit auch tatsächlich ein Austausch stattfinde. Dies setze voraus, daß die konkrete Lektorenstelle dem internationalen Austausch auch tatsächlich diene und entsprechend ausgewiesen sei.[285]

115 Für bestimmte Fälle außerhalb des Anwendungsbereichs des HRG hat das Bundesarbeitsgericht das Fehlen eines aktuellen Bezuges eines im Ausland lebenden Arbeitnehmers zu den Verhältnissen seines Heimatlandes als Befristungsgrund anerkannt, soweit solche Kenntnisse für die Erbringung der Arbeitsleistung erforderlich waren.[286] Dieser Sachgrund beruhe auf der Annahme, daß nach einer bestimmten Abwesenheitsdauer das aktuelle Sprach- und Kulturwissen verloren gehe und der Arbeitnehmer nicht wie bisher in der Lage sei, die geschuldete Leistung zu erbringen.

116 In einem weiteren Fall außerhalb des Anwendungsbereichs des HRG, in dem die Parteien um die Wirksamkeit einer Befristung eines Arbeitsverhältnisses einer amerikanischen Lehrkraft an einer **deutsch-amerikanischen Gemeinschaftsschule** mit besonderer pädagogischer Prägung stritten, hat das Bundesarbeitsgericht die Berufung auf das Fluktuationsprinzip nur wegen der besonderen Umstände des Einzelfalles zugelassen.[287] Aus dem besonderen gesetzlichen Bildungsauftrag der Schule

---
284 BAG, Urt. v. 20.09.1995, AP Nr. 4 zu § 57 b HRG.
285 BAG, Urt. v. 24.04.1996, AP Nr. 9 zu § 57 b HRG.
286 BAG, Urt. v. 25.01.1973, AP Nr. 37 zu § 620 BGB, Befristeter Arbeitsvertrag; BAG, Urt. v. 13.05.1982, AP Nr. 68 zu § 620 BGB, Befristeter Arbeitsvertrag.
287 BAG, Urt. v. 12.09.1996, NZA 1997, 378.

und einem daraus resultierenden berechtigten Interesse des beklagten Landes folge, daß das beklagte Land mit amerikanischen Lehrkräften befristete Arbeitsverträge abschließen dürfe. Eine Fluktuation sei nur deshalb erforderlich, um den notwendigen Einfluß aktueller amerikanischer Pädagogik auf den Bildungsauftrag der Schule zu gewährleisten. Der besondere Bildungs- und Erziehungsauftrag der Schule begründe die Notwendigkeit, Unterrichtsinhalte und Unterrichtsgestaltung auch an den jeweils aktuellen Erkenntnissen des amerikanischen Schul- und Erziehungswesens auszurichten. Das beklagte Land könne sich jedoch demgegenüber nicht darauf berufen, daß ein Lehrer durch einen längeren Deutschland-Aufenthalt den Kontakt zu seiner Muttersprache und seinem Heimatland verliere und deswegen ein ständiger Wechsel des amerikanischen Lehrpersonals unumgänglich sei. Diese Annahme sei angesichts des Verbreitungsgrades des amerikanischen Englisch und des ohnehin prägenden Einflusses der amerikanischen Sprache und Kultur auf Westeuropa gerade wegen einer zeitnahen Verbreitung durch Medien und sonstigen Kommunikationsmittel nicht zu rechtfertigen. Das gelte aber, so das Bundesarbeitsgericht, nicht hinsichtlich des von dem beklagten Land befürchteten Verlustes eines aktualitätsbezogenen Wissens amerikanischer Pädagogik. Im Gegensatz zu Sprach- und Kulturwissen könnten allgemeine Kommunikationsmittel und regelmäßige Besuche des Heimatlandes die Aufrechterhaltung aktualitätsbezogenen Pädagogikwissens nicht gewährleisten. Hinzu komme, daß Pädagogik auf praktischen, im jeweiligen Schulalltag vermittelten Erfahrungen angewiesen sei und ein entsprechendes Erfahrungsdefizit weder durch den Bezug von Fachliteratur noch durch den Besuch von Fortbildungsveranstaltungen in den USA ausgeglichen werden könne.[288]

### n) Probearbeitsverhältnisse

Die Vereinbarung eines befristeten Probearbeitsverhältnisses innerhalb eines Arbeitsvertrages ist als sachlicher Grund im Sinne von § 620 BGB von der Rechtsprechung anerkannt.[289]  **117**

Sie verlangt nur, daß bei der Festlegung der Probezeit klar, eindeutig und zweifelsfrei erkennbar werden muß, daß das Arbeitsverhältnis hierdurch befristet ist.

Die meisten Muster dieses Handbuchs wählen für die Probezeit ein befristetes Arbeitsverhältnis.[290]  **118**
Wird eine Mitarbeiterin in der Probezeit schwanger, begründet die Schwangerschaft keine Fortgeltung des Arbeitsverhältnisses über die Probezeit hinaus als unbefristetes Arbeitsverhältnis.[291] Erprobungszweck und Erprobungsdauer müssen in einem angemessenen Verhältnis zueinander stehen. Die im Kündigungsschutzgesetz vorgesehene Wartezeit von sechs Monaten als Probezeit stellt naturgemäß keine Umgehung des Kündigungsschutzes dar und ist deshalb immer rechtlich zulässig.[292] Eine längere Probezeit kann nur zulässig sein, wenn die Art der zu leistenden Arbeit, wie bei wissenschaftlichen oder künstlerischen Tätigkeiten, oder die Person des Arbeitnehmers, beispielsweise nach Wiederaufnahme eines erlernten Berufes und langer vorangegangener Unterbrechung, dies rechtfertigt.[293]

Wird in der Erprobungsphase zunächst nur ein **Anlernling-Verhältnis** vereinbart und sieht der Vertrag vor, daß ein Entgelt für die Tätigkeit des Anlernlings in der Probezeit nur dann entsteht, wenn  **119**

---

[288] BAG, Urt. v. 12.09.1996, NZA 1997, 378, 380.
[289] BAG, Urt. v. 10.12.1994, AP Nr. 165 zu § 620 BGB, Befristeter Arbeitsvertrag; Urt. v. 02.08.1978, AP Nr. 1 zu § 55 MTL II; Urt. v. 31.08.1994, AP Nr. 163 zu § 620 BGB, Befristeter Arbeitsvertrag.
[290] Vgl. Muster 1020, § 1 Abs. 2, in diesem Buch § 1 Kap. 1 M 378; 1100, § 1 Abs. 3, in diesem Buch § 1 Kap. 1 M 427; 1161, § 3 Abs. 1, in diesem Buch § 1 Kap. 1 M 490.
[291] BAG, Urt. v. 16.03.1989, NZA 1989, 3171 = AP Nr. 8 zu § 1 BeschFG; BAG, Urt. v. 28.11.1963, NJW 1964, 567.
[292] BAG, Urt. 15.03.1978, AP Nr. 45 zu § 620 BGB, Befristeter Arbeitsvertrag.
[293] BAG, Urt. v. 13.12.1962, AP Nr. 24 zu § 620 BGB, Befristeter Arbeitsvertrag; Urt. v. 15.03.1978, AP Nr. 45 zu § 620 BGB, Befristeter Arbeitsvertrag.

anschließend ein festes Arbeitsverhältnis eingegangen wird, so ist eine solche Vereinbarung sittenwidrig.[294] Grundsätzlich ist die Vereinbarung eines sog. Einfühlungsverhältnisses möglich. In einem solchen Vertragsverhältnis bleibt der potentielle neue Mitarbeiter ohne Vergütungsanspruch und ohne Arbeitspflicht. Die Vereinbarung eines solchen Einfühlungsverhältnisses ist nach Auffassung auch des LAG Hamm[295] zwar grundsätzlich zulässig. Wenn aber, wie in dem vom LAG Köln entschiedenen Fall, der erprobte Mitarbeiter 14 Tage mit einem Kollegen im Lkw mitgefahren ist, voll eingesetzt wurde und das Fahrzeug zum Teil auch auf Ferntouren ins Ausland selbst gesteuert hat, übernimmt der Erprobte Pflichten und unterliegt auch dem Weisungsrecht des Arbeitgebers. In einem solchen Fall ist die Vereinbarung, nach der eine Vergütungspflicht für eine 14tägige Probezeit nur für den Fall des Abschlusses eines endgültigen Arbeitsvertrages entstehen soll, sittenwidrig.

120 Die Befristung eines Arbeitsvertrages mit einem ehemaligen Mitarbeiter, der alkoholkrank war, eine Entziehungskur durchgeführt hat und nunmehr **nach abgeschlossener Entziehungskur** auf eine etwaige Rückfallgefahr erprobt werden soll, ist für einen Zeitraum bis zu zwei Jahren sachlich gerechtfertigt.[296] Unzulässig ist dagegen, einen Arbeitsvertrag mit einem ehemals alkoholabhängigen Arbeitnehmer unbefristet zu schließen und im Arbeitsvertrag eine auflösende Bedingung vorzusehen.[297] Die Vereinbarung mit einem alkoholgefährdeten Arbeitnehmer, das Arbeitsverhältnis ende, wenn dieser wieder Alkohol zu sich nehme, ist nach Auffassung des LAG München ein unzulässiger Verzicht des Arbeitnehmers auf seinen künftigen Kündigungsschutz und daher nichtig. An dieser Bewertung ändert nach Auffassung des LAG München nichts, wenn der Arbeitnehmer vom Arbeitgeber aus sozialen Motiven und in seinem Interesse eingestellt worden sei und andernfalls der Arbeitsvertrag nach dem Willen des Arbeitgebers nicht zustande gekommen sei.

### o) Saisonarbeit

121 Es entspricht ständiger Rechtsprechung des Bundesarbeitsgerichts,[298] daß Saisonarbeit ein sachlicher Grund ist. Saisonarbeit fällt beispielsweise in Betrieben des Fremdenverkehrs oder der Landwirtschaft an. Hier liegt der sachliche Grund in der **besonderen Betriebsstruktur** eines Saisonbetriebes, der aufgrund jahreszeitlich unterschiedlicher Betriebstätigkeit neben einer vergleichsweise kleinen Stammbelegschaft in bestimmtem Umfang Mitarbeiter für die Saison benötigt. Auch in Kampagnebetrieben, deren Betriebstätigkeit außerhalb der Kampagnezeit vollständig ruht, ist die Befristung von Arbeitsverträgen generell zulässig.[299]

### p) Sozialer Überbrückungszweck

Der befristete Arbeitsvertrag mit einem vormaligen Beamten auf Widerruf nach Abschluß seiner Ausbildung kann sachlich gerechtfertigt sein, wenn dem Arbeitnehmer damit Gelegenheit gegeben werden soll, **berufliche Erfahrungen zu sammeln**, um seine Vermittlungschancen auf dem Arbeitsmarkt zu erhöhen. Der öffentliche Arbeitgeber kann sich auf diesen Sachgrund nur berufen, wenn die sozialen Belange des Arbeitnehmers und nicht die Interessen der Dienststelle für den Abschluß des Zeitvertrages maßgebend waren.[300]

---

[294] LAG Köln, Urt. v. 18.02.1998, LAGE § 138 BGB Nr. 10.
[295] LAG Hamm, Urt. v. 24.05.1989, DB 1989, 1974.
[296] LAG Köln, Urt. v. 05.03.1998, NZA 1999, 321.
[297] LAG München, Urt. v. 22.10.1987, NZA 1988, 586.
[298] BAG, Urt. v. 29.01.1987, AP Nr. 1 zu § 620 BGB, Saisonarbeit; Urt. v. 20.10.1967, AP Nr. 30 zu § 620 BGB, Befristeter Arbeitsvertrag.
[299] MünchArbR/*Wank*, § 113, Rn 70; *Staudinger/Preis*, § 620 BGB, Rn 179.
[300] BAG, Urt. v. 07.07.1999, DB 2000, 50.

## q) Wunsch des Arbeitnehmers

Auch der Wunsch des Arbeitnehmers kann die Befristung eines Arbeitsverhältnisses rechtfertigen, sofern der Mitarbeiter bei Vertragsschluß nicht in seiner **Entscheidungsfreiheit** beeinträchtigt gewesen ist. Es müssen objektive Gründe vorliegen, aus denen gefolgert werden kann, daß der Arbeitnehmer gerade an einer Befristung des Vertrages interessiert war.[301] Für derartige Fälle wird ausdrücklich angeregt, den Befristungsgrund in den Vertrag aufzunehmen.

## r) Sonstiges zu befristeten Arbeitsverhältnissen

Eine wichtige Neuerung in formaler Hinsicht hat sich durch das **Arbeitsgerichtsbeschleunigungsgesetz**,[302] das zum 01.05.2000 in Kraft getreten ist, ergeben. Danach **bedarf** gemäß § 623 BGB **jede Befristung eines Arbeitsvertrages der Schriftform**. Das Schriftformerfordernis erstreckt sich dabei aber grundsätzlich nur auf die Befristungsabrede selbst, nicht auch auf die Angabe des sachlichen Grundes für die Befristung. Eine Ausnahme kann nur bei Zweckbefristungen bestehen, wo sich die Dauer der Befristung inzident aus dem Zweck des Vertrages ergibt. Zu beachten ist, daß auch jede befristete Verlängerung eines befristeten Arbeitsvertrages der Schriftform bedarf. Wird das Formerfordernis mißachtet, so ist die neuerliche Befristung unwirksam und es entsteht ein unbefristetes Arbeitsverhältnis.

Wird im Vertrag eines nicht tarifgebundenen Arbeitnehmers **auf einen Tarifvertrag Bezug genommen**, der ein Ausscheiden des Arbeitnehmers mit Vollendung des 65. Lebensjahres vorsieht, so wird teilweise vertreten, diese Abrede unterliege nunmehr auch dem Schriftformerfordernis nach § 623 BGB, das durch eine solche Bezugnahmeklausel nicht gewahrt sei.[303] Dies kann aber nur dann gelten, wenn die Altersgrenze in einem Arbeitsvertrag als Befristung angesehen wird.[304] Wird sie dagegen als auflösende Bedingung verstanden, so gilt das Schriftformerfordernis nicht. Das BAG hat die Altersgrenze in seiner früheren Rechtsprechung[305] als auflösende Bedingung angesehen. In den neueren Urteilen[306] zur Altersgrenze läßt es die Frage, ob es sich dabei um eine Befristung oder eine Bedingung handelt, aber ausdrücklich offen. Um Unsicherheiten in dieser Hinsicht aus dem Weg zu gehen, ist es daher jedenfalls ratsam, das Ausscheiden des Arbeitnehmers mit dem 65. Lebensjahr im Arbeitsvertrag selbst schriftlich zu vereinbaren und sich nicht auf die Bezugnahme auf einen Tarifvertrag zu beschränken.

Durch die neue gesetzliche Regelung in § 1 Abs. 5 BeschFG besteht bei **Klagen** vor den Arbeitsgerichten, in denen die Unwirksamkeit einer Befristungsabrede geltend gemacht werden soll, nunmehr auch eine **3-Wochen-Frist** wie bei Kündigungsschutzklagen. Diese Frist gilt nicht nur für die befristeten Arbeitsverhältnisse nach dem BeschFG, sondern für alle Arten befristeter Arbeitsverhältnisse.[307] Sie gilt aber nicht, wenn sich der Arbeitnehmer gegen die Beendigung des Arbeitsverhältnisses durch auflösende Bedingung wendet.[308]

---

301 BAG, Urt. v. 26.04.1985, AP Nr. 91 zu § 620 BGB, Befristeter Arbeitsvertrag; Urt. v. 13.05.1982, AP Nr. 68 zu § 620 BGB, Befristeter Arbeitsvertrag.
302 Gesetz zur Vereinfachung und Beschleunigung des arbeitsgerichtlichen Verfahrens (Arbeitsgerichtsbeschleunigungsgesetz), BGBl. I 2000, 333; siehe dazu auch *Düwell*, FA 1999, 219.
303 *Preis*, FAZ v. 03.03.2000, S. 22.
304 So ErfK/*Müller-Glöge*, § 620 BGB Rn 97; MünchArb/*Richardi*, § 42 Rn 49; *Staudinger/Preis*, § 620 Rn 139.
305 Urt. v. 20.12.1984, AP § 620 BGB Altersgrenze Nr. 9; Urt. v. 06.03.1986, AP § 620 Altersgrenze Nr. 1; Urt. v. 20.11.1987, AP § 620 BGB Altersgrenze Nr. 2.
306 Urt. des GS v. 7.11.1989, NZA 1990, 816, 819; Urt. v. 12.02.1992, AP § 620 BGB Altersgrenze Nr. 5.
307 *Hanau/Preis*, Der Arbeitsvertrag, II B 5, Rn 85; BAG, Urt.v.20.01.1999 – 7AZR 715/97, ARST 1999, 210.
308 BAG, Urt.v.23.02.2000 – 7AZR 906/98, noch unveröff.

Häufig wird dem Mitarbeiter die Beendigung des befristeten Arbeitsverhältnisses durch eine **Nichtverlängerungsanzeige** mitgeteilt. Es wird abgeraten, eine Verpflichtung zur Nichtverlängerungsanzeige bei Beendigung eines befristeten Arbeitsverhältnisses im Arbeitsvertrag zu vereinbaren. Die Befristung nach dem Altersteilzeitgesetz wird an anderer Stelle[309] behandelt.

126 Möglich und zweckmäßig können Zweckbefristungen verbunden mit einer kalendermäßig bestimmten oder bestimmbaren Höchstdauer sein. Derartige **Doppelbefristungen** sind nach dem Grundsatz der Vertragsfreiheit zulässig.[310]

Auch Mindestbefristungen sind zulässig, sie dürfen aber zu Lasten des Arbeitnehmers eine Gesamtbindungsdauer von fünfeinhalb Jahren nicht überschreiten. § 624 BGB stellt eine verfassungsmäßige Konkretisierung der Berufswahlfreiheit des Arbeitnehmers dar, Art. 12 Abs. 1 GG.

127 Eine ordnungsgemäße Befristung wird nicht dadurch rechtsunwirksam, daß eine Arbeitnehmerin bei der Prüfung der unbefristeten Weiterbeschäftigung möglicherweise wegen ihrer **Körperfülle** und ihres Übergewichts benachteiligt wurde.[311]

### 12. Betriebsvereinbarungsöffnungsklauseln

128 Gemäß § 77 Abs. 4 BetrVG gelten Betriebsvereinbarungen unmittelbar und zwingend. Enthält der Arbeitsvertrag vom Inhalt einer Betriebsvereinbarung abweichende Arbeitsbedingungen, so wird die Kollision zwischen den beiden unterschiedlichen Rechtsquellen „Betriebsvereinbarung" und „Arbeitsvertrag" in der Weise gelöst, daß das sog. **Günstigkeitsprinzip** angewendet wird.[312] Treten Regelungen im Arbeitsvertrag mit Regelungen in einer Betriebsvereinbarung in Konkurrenz, gilt jeweils die für den Arbeitnehmer günstigere Regelung und verdrängt die für den Arbeitnehmer ungünstigere Bestimmung. Damit kann bei abweichend geregelten Konkurrenztatbeständen mal die arbeitsvertragliche Regelung vor der Betriebsvereinbarung Wirksamkeit erlangen, mal ersetzt die Betriebsvereinbarung die im Arbeitsvertrag enthaltene Regelung.

Durch den bereits erwähnten Beschluß des Großen Senats ist eine zentrale Streitfrage jedenfalls teilweise entschieden worden, nämlich die Frage, ob durch verschlechternde Betriebsvereinbarungen bestehende allgemeine Arbeitsbedingungen, beispielsweise in Arbeitsverträgen, zum Nachteil des Arbeitnehmers abgelöst werden können. Verschiedene Senate des BAG haben sich mit dieser Frage bis 1981 mit wechselnden Begründungen für die Ablösbarkeit ausgesprochen.[313]

129 Am 16.09.1986 hat der Große Senat des BAG über einen Vorlagebeschluß des 5. Senats zu entscheiden gehabt und unter Aufgabe aller bisherigen Rechtsprechungen der BAG-Senate folgendes beschlossen: Bei der Beurteilung ablösender, verschlechternder Betriebsvereinbarungen muß zunächst nicht ein individueller, sondern ein **kollektiver Günstigkeitsvergleich** vorgenommen werden, bei dem die Gesamtheit der Sozialleistungen des Arbeitgebers, die aus einem bestimmten Anlaß oder Zweck gewährt werden, vor und nach Abschluß einer Betriebsvereinbarung vergleichsweise gegenüber zu stellen sind. Je nach dem Ergebnis des kollektiven Günstigkeitsvergleichs unterscheidet das

---

309 § 4 Kap. 3 Rn 455 ff. in diesem Buch.
310 BAG, Urt. v. 03.10.1984, AP Nr. 87 zu § 620 BGB, Befristeter Arbeitsvertrag; Urt. v. 08.05.1985, AP Nr. 97 zu § 620 BGB, Befristeter Arbeitsvertrag.
311 ArbG Marburg, Urt. v. 13.02.1998 – 2 Ca 482/97, ARST 1999, 163.
312 BAG GS, Beschl. v. 16.09.1986, AP Nr. 17 zu § 77 BetrVG 1972.
313 BAG, Urt. v. 26.10.1962, AP Nr. 87, § 242 BGB, Ruhegehalt; BAG, Urt. v. 30.10.1970, AP Nr. 142 zu § 242 BGB, Ruhegehalt; BAG, Urt. v. 08.12.1981, AP Nr. 1 zu § 1 BetrAVG, Ablösung.

BAG nunmehr zwischen der Betriebsvereinbarung, die insbesondere aus Kostengründen Sozialleistungsansprüche der Belegschaft kürzt oder streicht (verschlechternde Betriebsvereinbarung) und der bloß **umstrukturierenden** (umverteilenden) **Betriebsvereinbarung**, bei der unter Änderung der Verteilungsgrundsätze die wirtschaftliche Gesamtlast für den Arbeitgeber gleich bleibt oder sich gar erhöht. Nur bei umstrukturierenden Betriebsvereinbarungen soll das Günstigkeitsprinzip der Neuregelung nicht entgegenstehen, selbst wenn einzelne Arbeitnehmer dadurch schlechter gestellt werden. Eingriffe in die Besitzstände der Arbeitnehmer müssen nach Ansicht des Großen Senats den Grundsatz der Verhältnismäßigkeit wahren. Bei der **verschlechternden Betriebsvereinbarung** werden dagegen alle individuellen Besitzstände durch das Günstigkeitsprinzip gesichert. Insoweit muß sich der Arbeitgeber vertragsrechtlicher Gestaltungsmöglichkeiten[314] bedienen. Dieses Grundraster nach dem die Rechtsprechung nunmehr Verschlechterungen in den Arbeitsbedingungen, insbesondere Abweichungen vom Günstigkeitsprinzip zuläßt, gilt zwar nach der Entscheidung des Großen Senats unmittelbar nur für Sozialleistungen.[315] Zwischenzeitlich wird diese Entscheidung jedoch allgemein als Methode der Beurteilung der Wirksamkeit von Betriebsvereinbarungen, die den Mitarbeiter in seinen Arbeitsbedingungen einschränken, angesehen.[316]

Im Beschluß des Großen Senats ist ausgeführt, daß der Arbeitgeber auf individualrechtliche Lösungsmöglichkeiten verwiesen wird, wenn „ein Vorbehalt der Ablösung allgemeiner Arbeitsbedingungen durch verschlechternde Betriebsvereinbarung (Betriebsvereinbarungsoffenheit) nicht besteht". Das bedeutet, daß in Arbeitsverträgen sog. Betriebsvereinbarungsöffnungsklauseln formuliert werden dürfen. Beispiele finden sich in den Mustern 1020, § 19; 1014, § 14 und 1102, Ziff. 15.[317] Bei Betriebsvereinbarungsoffenheit löst die verschlechternde Betriebsvereinbarung die allgemeinen Arbeitsbedingungen ab.[318]

130

Betriebsvereinbarungsöffnungsklauseln, wie sie hier in den erwähnten Mustern enthalten sind, bilden für den aus Arbeitgebersicht einen Arbeitsvertrag gestaltenden Anwalt ein Muß. Da nicht in jedem Betrieb auch ein Betriebsrat existiert, wurde darauf verzichtet, eine solche Klausel in alle Arbeitsverträge aufzunehmen.

### 13. Beweislastvereinbarungen

Beweislastvereinbarungen wie zum Gesundheitszustand, zum Erklärungszugang oder zu anderen Tatsachen, lassen sich im Arbeitsvertrag nur schwerlich zu Lasten des Arbeitnehmers treffen. Ob man § 11 Nr. 15 AGBG analog auf arbeitsvertragliche Muster überträgt oder ob man über § 242 BGB auf die Besonderheiten des Arbeitsrechts abstellt, in jedem Falle dürften **Beweislaständerungen** zum Nachteil eines anderen Vertragsteils, die vom Leitbild der gerichtlichen Beweislast abweichen, unzulässig sein. *Hanau/Preis*[319] weisen darauf hin, daß in der Bestätigung von Tatsachen in formularmäßigen Arbeitsverträgen, soweit dies zu Lasten des Arbeitnehmers vom Arbeitgeber vorgesehen sei, eine faktische Verschiebung der Beweislast zu Ungunsten des Arbeitnehmers liege, die in gleicher Weise mit den Geboten materieller Gerechtigkeit nicht in Einklang stehe wie die Beispielsfälle in § 11 Nr. 15 a und b AGBG.

131

---

314 Abänderungsvertrag, Änderungskündigung, Vertragsanpassung nach den Grundsätzen des Wegfalls der Geschäftsgrundlage, siehe hierzu *Otto*, Anm. in EzA, § 77, BetrVG 1972, Nr. 17, 120 ff.
315 Gratifikationen, Jubiläumszuwendungen, betriebliche Altersversorgung uä.
316 BAG, Beschl. v. 16.09.1986, DB 1987, 383.
317 § 1 Kap. 1 M 383, M 367 und M 436.
318 Siehe auch BAG, Urt. v. 21.09.1989, EzA, § 77 BetrVG 1972, Nr. 33.
319 Der Arbeitsvertrag, II B 20, Rn 3 f.

**132** Meines Erachtens sollte angesichts des klaren Wortlauts von § 23 AGBG nicht im Umweg über die Analogie der Versuch gemacht werden, das AGBG auf Arbeitsverträge anzuwenden. Dessen ungeachtet stellt sich aber die Frage, ob es mit dem von der Rechtsprechung im arbeitsgerichtlichen Verfahren begründeten Grundsatz der gestuften Darlegungs- und Beweislast[320] in Einklang zu bringen ist, wenn außergerichtlich die Beweislast zum Nachteil des Mitarbeiters geregelt wird. Denn die gestufte Darlegungs- und Beweislast[321] wurde für das arbeitsgerichtliche Verfahren geschaffen, um den Mitarbeiter von der Faktenbeibringung teilweise zu entlasten, weil ihm nur geringere Informationsbeschaffungsmöglichkeiten zur Seite stehen als dem Arbeitgeber. Besteht für das gerichtliche Verfahren ein Beweislastverschiebungsbedürfnis zugunsten des Arbeitnehmers, ist schwer vorstellbar, daß Beweislastverschiebungen zu seinen Lasten im außergerichtlichen Bereich zusätzlich wirksam sein sollen. Deshalb wird, von den nachfolgend dargestellten Sachverhalten abgesehen, zum vorsichtigen Umgang mit Beweislastverschiebungen in Arbeitsvertragstexten angeraten.

**133** Nicht zu beanstanden sind **Vollständigkeitsklauseln**, wie sie in den meisten Arbeitsverträgen enthalten sind, beispielsweise durch Formulierungen wie „Mündliche Nebenabreden bestehen nicht"[322] oder „Die Parteien sind sich einig, daß keine über den Wortlaut dieses Vertrages hinausgehenden mündlichen Vereinbarungen getroffen wurden".[323] Da die Vermutung der Richtigkeit und Vollständigkeit einer Vertragsurkunde ohnehin ein anerkannter Rechtssatz ist, beinhaltet eine solche Klausel keine verbotene Beweislaständerung im Sinne des § 11 Nr. 15 b AGBG.[324]

Derartige Vollständigkeitsklauseln, die oft auch mit dem Schriftformerfordernis verbunden werden,[325] sind grundsätzlich nicht zu beanstanden. *Hanau/Preis*[326] regen an, um Wirksamkeitsbedenken im Hinblick auf § 9 AGBG vorzubeugen, die im Muster 1020[327] vorgesehene Formulierung zu wählen.

**134** Im Zusammenhang mit Mankoabreden werden manchmal Beweisvereinbarungen getroffen. Die **Mankovereinbarung** wird an anderer Stelle behandelt. Unzulässig sind Beweislastklauseln etwa mit dem Inhalt „Auf die Unrichtigkeit von in seiner Gegenwart durchgeführten Inventuren kann sich der Arbeitnehmer nicht berufen". Mit einer solchen Formulierung wird ein Arbeitnehmer mit der Behauptung bestimmter Tatsachen ausgeschlossen.[328]

Bei der Verrechnung von **Provisionsvorschüssen** werden Beweislastregelungen empfohlen, die eine Verrechnung zwischen noch nicht verrechneten Vorschüssen und zum Ende des Arbeitsverhältnisses fällig werdenden Ansprüchen des Arbeitnehmers mit der Beweispflicht des Arbeitgebers dafür verbinden, daß solche Ansprüche bestehen. Eine derartige Regelung, wie sie sich in den Mustern 1100, § 16 Abs. 4 und 1101, § 18 Abs. 2[329] wiederfindet, empfiehlt sich im Hinblick auf die Rechtsprechung des BAG.[330]

---

320 Hierzu kritisch: *Hümmerich*, NZA 1996, 1301.
321 Zum Überblick: *Baumgärtel/v. Altrock*, § 611, Anh. Kündigungsschutzprozeß, Rn 61 ff; DB 1987, 433 ff.
322 Siehe Muster 1019 Ziff. 15, in diesem Buch § 1 Kap. 1 M 377.
323 Siehe Muster 1163, XIV, Ziff. 2, in diesem Buch § 1 Kap. 1 M 494.
324 OLG Düsseldorf, Urt. v. 15.11.1990, DB 1991, 222; BGH, Urt. v. 26.11.1984, BGHZ 1993, 29; BGH Urt. v. 1985, NJW 1985, 2329.
325 „Änderungen des Vertrages und Nebenabreden bedürfen zu ihrer Wirksamkeit der Schriftform", siehe Muster 1020, in diesem Buch § 1 Kap. 1 M 378.
326 Der Arbeitsvertrag, II V 90, Rn 8.
327 § 1 Kap. 1 M 378.
328 *Hanau/Preis*, Der Arbeitsvertrag, II B 20, Rn 11.
329 § 1 Kap. 1 M 431 und M 434.
330 Urt. v. 28.06.1965, DB 1966, 787; abweichend LAG Berlin, Urt. v. 16.02.1971, BB 1971, 1413.

## Verträge mit Arbeitnehmern, Gesellschaftsorganen und Selbständigen § 1

Von Beweislastvereinbarungen im Zusammenhang mit **vom Arbeitnehmer verursachten Schäden** wird abgeraten. Nach der Entscheidung des Großen Senats des Bundesarbeitsgerichts vom 12.06.1992[331] haftet der Arbeitnehmer nun grundsätzlich nur noch für Vorsatz und grobe Fahrlässigkeit für den gesamten Schaden, seine Haftung bei leichtester Fahrlässigkeit ist ausgeschlossen. Bei leichter und mittlerer Fahrlässigkeit ist der Schaden regelmäßig nach Quoten zu verteilen.[332] Die Beweislast für den Grad des Verschuldens trägt grundsätzlich der Arbeitgeber. § 282 BGB findet keine Anwendung.[333] Zwar können sich Beweiserleichterungen für den Arbeitgeber nach den Grundsätzen des Prima-Facie-Beweises ergeben, aus dem Anscheinsbeweis folgt jedoch keine Vermutung für grobe Fahrlässigkeit, sondern allenfalls für „normale" Fahrlässigkeit.[334]

135

Deshalb beinhaltet eine Klausel, die dem Arbeitnehmer die Beweislast für seinen Verschuldensgrad anlastet, eine Abweichung von der normalerweise geltenden Beweislastverteilung und es steht zu vermuten, daß eine solche Vertragsklausel keinen Bestand haben wird.

Abweichende Vereinbarungen von der allgemeinen Beweislastregelung bei Klagen auf **Unterlassen von Wettbewerb** sind nach *Hanau/Preis*[335] unwirksam. Beweisschwierigkeiten können insbesondere dann auftreten, wenn ein tätigkeitsbezogenes Wettbewerbsverbot vereinbart wurde. Anders als beim unternehmensbezogenen Wettbewerbsverbot, bei dem sich die Konkurrenzunternehmen meist aus einer Liste im Wettbewerbsverbot ergeben, stellt sich bei einem tätigkeitsbezogenen Wettbewerbsverbot oft die Frage, ob der Mitarbeiter innerhalb des neuen Unternehmens eine so abgegrenzte und organisatorisch nicht in die dort bestehende Konkurrenztätigkeit hineinreichende Arbeit verrichtet, daß keine Konkurrenztätigkeit entsteht. Hier muß der Arbeitgeber den Beweis für die Gefahr einer Vermischung zwischen der bisher ausgeübten und der künftig beabsichtigten Tätigkeit darlegen, wobei ihm gewisse Erleichterungen nach der Rechtsprechung des BAG[336] entgegenkommen. Darüber hinausgehende Beweiserleichterungen in arbeitsvertraglichen Beweislastvereinbarungen dürften nicht wirksam sein.

136

Auch dürften **Sprachklauseln**, mit denen der ausländische Mitarbeiter versichert, den deutschsprachigen Arbeitsvertrag verstanden zu haben, unwirksam sein. Nach dem Recht der Willenserklärungen kommt es immer auf den Empfängerhorizont an. Hat ein Arbeitnehmer einen in deutscher Sprache verfaßten Text nicht verstanden, ist ihm der Erklärungsinhalt auch nicht zugegangen. Eine Beweislastklausel zur Abwendung des zu Lasten des Arbeitgebers bestehenden Sprachrisikos ist nach der Rechtsgeschäftslehre nicht möglich.[337]

Beweislastvereinbarungen zur **Aushändigung von Vertragsurkunden** sollten, unabhängig von der Zweifelhaftigkeit Ihrer Wirksamkeit (schließlich beziehen sie sich auf Tatsachen), nicht geschlossen werden. Statt dessen sollte man sich für das Vorliegen von Tatsachen in einer Urkunde unterzeichnete Erklärungen des Mitarbeiters geben lassen. Hierzu gehört beispielsweise der Fall der Vereinbarung eines **Wettbewerbsverbotes**. Die Voraussetzungen des § 74 Abs. 1 HGB, wonach der Handlungsgehilfe bzw. der Arbeitnehmer ein vom Arbeitgeber unterzeichnetes, das Wettbewerbsverbot enthaltendes Vertragsexemplar ausgehändigt erhalten hat, kann mit einer schlichten Urkunde, in der der

137

---

331 NZA 1993, 547; *Hümmerich*, der arbeitgeber 1996, 212.
332 BAG, Urt. v. 12.10.1989, EzA, § 611 BGB, Arbeitnehmerhaftung, Nr. 53; Urt. v. 12.10.1989, NJW 1990, 468.
333 BAG, Urt. v. 30.08.1966, AP Nr. 5 zu § 282 BGB; Urt. v. 13.03.1968, AP Nr. 42 zu § 611 BGB, Haftung des Arbeitnehmers.
334 BAG, Urt. v. 30.08.1966, AP Nr. 5 zu § 282 BGB.
335 Der Arbeitsvertrag, II B 20, Rn 15.
336 Urt. v. 16.06.1976, AP Nr. 8 zu § 611 BGB, Treuepflicht; vgl. auch BAG, Urt. v. 30.01.1970, BB 1970, 801.
337 *Gola/Hümmerich*, BlStSozArbR 1976, 273.

Empfang einer Vertragsausfertigung vom Mitarbeiter quittiert wird, bewiesen werden. Hierzu dient beispielsweise Muster 1065,[338] § 18.

**138** Enthält der Arbeitsvertrag eine vorformulierte Erklärung, wonach der Mitarbeiter an keiner ansteckenden Krankheit leidet, keine körperlichen oder gesundheitlichen Mängel verschwiegen hat, die der Verrichtung der geschuldeten Arbeitsleistung entgegenstehen etc.,[339] mag eine solche Beweislastregelung nach § 11 Nr. 15 b AGBG unwirksam sein, weil bestimmte rechtlich relevante Umstände formularmäßig bestätigt werden. Hieraus wird man aber nicht zwingend den Schluß ziehen können, eine derartige Beweislastregelung zur **Gesundheit des Mitarbeiters** sei unwirksam.[340] Nach § 23 AGBG ist das Gesetz über die Allgemeinen Geschäftsbedingungen auf Arbeitsverträge nicht übertragbar. Formularmäßige Erklärungen zum Gesundheitszustand im Arbeitsvertrag, die letztendlich eine Beweislastverschiebung bei später auftretender Erkrankung zur Folge haben können, haben im Arbeitsvertragsrecht eine jahrzehntelange, unbestrittene Tradition. Der Verwender einer solchen Erklärung in einem Arbeitsvertrag sollte um die nach neuerer Literaturmeinung bestehende Unwirksamkeit einer solchen Erklärung wissen.

**139** Eine formularmäßige Erklärung, mit der eine Mitarbeiterin im Arbeitsvertrag äußert, nicht schwanger zu sein, dürfte seit der Rechtsprechung des EuGH[341] und des BAG[342] nicht wirksam sein, da das bestehende Frageverbot nach der Schwangerschaft anderenfalls über die Bestätigungsklausel im Arbeitsvertrag umgangen werden könnte.

Zugangsfiktionen wie bei fehlender Anschriftenänderung durch den Mitarbeiter[343] dürften dagegen wirksam sein.

### 14. Direktversicherung

Hat ein Arbeitgeber jahrelang die Pauschallohnsteuer zu einer Direktversicherung des Arbeitnehmers (§ 40 b EstG) im Innenverhältnis zwischen den Arbeitsvertragsparteien übernommen, so kann er sich hiervon nicht wegen der zum 01.01.1996 erfolgten Erhöhung des Pauschalsteuersatzes auf 20 % ganz oder teilweise wegen Wegfalls bzw. Änderung der Geschäftsgrundlage durch einseitige Erklärung lösen.[344]

### 15. Entgeltfortzahlung

**140** Spielräume für vertragliche Vereinbarungen im Bereich der Entgeltfortzahlung bestehen ausschließlich im Günstigkeitsbereich.

Das Entgeltfortzahlungsgesetz hat für alle Arbeitnehmergruppen die Gehaltsfortzahlung vereinheitlicht. Außerdem wurden durch § 5 EFZG Instrumentarien der Mißbrauchsbekämpfung geschaffen.[345] Die Rechtsvereinheitlichung führt zu unmittelbaren Auswirkungen auf die Vertragsgestaltung. Während vor Inkrafttreten des Entgeltfortzahlungsgesetzes bei einer zu Arbeitsunfähigkeit führenden

---

338 § 1 Kap. 1 M 397.
339 Siehe Muster 1020, § 9 Abs. 1 in diesem Buch § 1 Kap. 1 M 378.; 1150, § 13 Abs. 2 in diesem Buch § 1 Kap. 1 M 480.
340 Anders: *Hanau/Preis*, Der Arbeitsvertrag, II B 20, Rn 28.
341 Urt. v. 08.11.1990, BB 1991, 692.
342 EzA Nr. 37 zu § 123 BGB; Urt. v. 01.07.1993 NZA 1993, 933.
343 Siehe Muster 1014, § 13, in diesem Buch § 1 Kap. 1 M 367.
344 LAG Hessen, Urt. v. 06.07.1998 – 16 Sa 2267/97, ARST 1999, 59.
345 *Hanau/Kramer*, DB 1995, 94.

Schädigung durch Dritte, typischerweise beim **Verkehrsunfall**, der Arbeitgeber eines Arbeiters den bei ihm durch die Arbeitsunfähigkeit des Mitarbeiters entstandenen Schaden gegenüber dem Dritten kraft Gesetzes geltend machen konnte,[346] fehlte für Angestellte in § 616 Abs. 2 BGB eine entsprechende Regelung. Diesem Umstand wurde in der Vorauflage in den Arbeitsvertragsmustern durch Vereinbarung einer Abtretung von Schadensersatzansprüchen in Verträgen mit Angestellten Rechnung getragen.[347] Durch die gesetzliche Neuregelung in § 6 EFZG, wonach für alle durch Dritte ausgelösten Schadensfälle nunmehr eine **cessio legis** besteht, sind derartige Abtretungsvereinbarungen in Arbeitsverträgen überflüssig geworden.

Mit dem Arbeitsrechtlichen Beschäftigungsförderungsgesetz sind eine Reihe von Neuerungen in das Entgeltfortzahlungsgesetz aufgenommen worden, die auch nicht zum 01.01.1999 mit dem Korrekturgesetz[348] wieder aufgehoben wurden. Der Fortzahlungsanspruch entsteht gemäß § 3 Abs. 3 EFZG nunmehr erst nach einer **Wartefrist** von **vier Wochen**. Die Neuregelung hat zusätzliche Möglichkeiten der **Überprüfung von Arbeitsunfähigkeit** des Arbeitnehmers[349] sowie **Kürzungsmöglichkeiten von Jahressonderleistungen** bei krankheitsbedingten Fehlzeiten[350] geschaffen. Die vorübergehende Reduzierung des Entgeltfortzahlungsanspruchs von 100 % auf 80 % für die Dauer von 6 Wochen wurde mit dem Korrekturgesetz zum 01.01.1999 rückgängig gemacht.

141

Eine einfache Gestaltungsmöglichkeit der Entgeltfortzahlung in Arbeitsverträgen bietet eine **Jeweiligkeitsklausel**, wie sie sich z.B. in Muster 1020,[351] § 10 oder 1138,[352] § 7 wiederfindet. In einer solchen Verweisung auf die gesetzlichen Bestimmungen soll zum Ausdruck kommen, daß das Gesetz in seiner jeweils aktuellen Fassung anzuwenden ist, weil die Auslegung anderenfalls eine statische und keine dynamische Verweisung ergibt.[353]

142

Bei den Arbeitsverträgen wurde generell eine dynamische Jeweiligkeitsklausel gewählt, einmal, weil man davon ausgehen darf, daß gesetzliche Regelungen generell ausgewogen und interessengerecht sind. Zum anderen bieten solche Bezugnahmen auf gesetzliche Regelungen eine hohe Plausibilität. Die Verhandlungsgeneigtheit eines Mitarbeiters ist erfahrungsgemäß gering, wenn der Arbeitgeber die Anwendung gesetzlicher Bestimmungen vorsieht. Eine **Zuschußvereinbarung**, wie sie Muster 1540,[354] § 4 Abs. 4 enthält, kann weiterhin, vor allem bei leitenden Angestellten, GmbH-Geschäftsführern oder Vorständen, auch nach der Neuregelung des Entgeltfortzahlungsrechts, getroffen werden. Das Entgeltfortzahlungsgesetz enthält Mindestanforderungen an die vom Arbeitgeber zu erfüllende Entgeltfortzahlungsverpflichtung, die tarifvertraglich und einzelvertraglich zugunsten des Arbeitnehmers verbessert werden können.[355]

Zulässig sind Klauseln, die eine **erhöhte** Entgeltfortzahlung im Krankheitsfalle vorsehen,[356] zulässig ist es auch, auf die Wartezeit von vier Wochen, die bei neueingestellten Mitarbeitern virulent wird,

143

---

346 § 4 LFZG.
347 Vgl. in der Vorauflage Muster 4020, § 9 Abs. 2, in diesem Buch § 7 Kap. 2 M 207.
348 Vom 19.12.1998, BGBl I, 3843.
349 §§ 5a, 7 Abs. 1 Nr. 1 EFZG.
350 Siehe hierzu § 1 Kap. 1 M 378 in diesem Buch.
351 § 1 Kap. 1 M 381.
352 § 1 Kap. 1 M 464.
353 BAG, Urt. v. 16.08.1988, DB 1989, 180.
354 § 1 Kap. 1 M 777.
355 *Hanau/Preis*, Der Arbeitsvertrag, II E 20, Rn 15.
356 Beispielsweise statt 80 % die Zahlung von 90 %.

zu verzichten. Unzulässig dürfte es aber sein, arbeitsvertraglich die Nichtausübung der Anrechnungsmöglichkeit nach § 4 Abs. 1 a EFZG (volle Entgeltfortzahlung unter Anrechnung auf Urlaubstage) zu vereinbaren.

Bei der Vertragsgestaltung wird allgemein wenig Wert auf die **Mitteilungs- und Anzeigepflichten** gelegt. Gerade bei gewerblichen Mitarbeitern sollte man für diesen Bereich präzise Regelungen vorsehen, wie beispielsweise für den Einzelhandel im Muster 1070,[357] § 8 Abs. 1. In diesem Bereich sollte stets individuell, entsprechend den Bedürfnissen des Betriebes, formuliert werden. Außer bei besonders schweren Erkrankungen oder akuten Unfallsituationen kann die Anzeige- und Mitteilungspflicht auch als höchstpersönliche, gegebenenfalls telefonische Pflicht des Mitarbeiters ausgestaltet werden. Psychologisch bewirkt die eindeutige Regelung dieser Verpflichtung im Arbeitsvertrag, daß eine Schwelle geschaffen wird, über die der Mitarbeiter veranlaßt wird, möglichst nur in Fällen tatsächlicher Arbeitsunfähigkeit die Anzeige voraussichtlicher Arbeitsunfähigkeit zu erklären.

Außerdem hat das BAG erst kürzlich noch einmal ausdrücklich entschieden, daß es zulässig ist, im Arbeitsvertrag zu vereinbaren, daß eine ärztliche Arbeitsunfähigkeitsbescheinigung bereits für den ersten Tag krankheitsbedingter Arbeitsunfähigkeit beigebracht werden muß.[358] Gehört ein Mitarbeiter dem öffentlichen Dienst an und bestehen begründete Zweifel, ob der Mitarbeiter nur vorübergehend durch Krankheit an der Arbeitsleistung verhindert oder auf Dauer berufs- oder erwerbsunfähig ist und unterzieht er sich einer vorgeschriebenen amtsärztlichen Untersuchung trotz Aufforderung nicht, kann dies einen wichtigen Grund zur Kündigung des Arbeitsverhältnisses darstellen.[359]

**144** Da das Entgeltfortzahlungsrecht **zwingenden Charakter** hat, sind Entgeltfortzahlungsleistungen nicht dispositiv und können deshalb auch nicht eingeschränkt werden. Unzulässig soll es auch sein, solche Sachverhalte in den Arbeitsvertrag aufzunehmen, die zu einer vom Arbeitnehmer selbst verschuldeten Arbeitsunfähigkeit führen wie beispielsweise Trunkenheit am Steuer bei mehr als 0,5 Promille oder Unfallverletzung infolge Nichtanlegens eines Sicherheitsgurtes.

Während eines **Wiedereingliederungsverhältnisses** gemäß dem Gesetz zur Strukturreform im Gesundheitswesen vom 20.12.1988 (§ 74 SGB V) ist der Arbeitgeber nicht verpflichtet, den Arbeitnehmer auf einem geringere Anforderungen stellenden Arbeitsplatz oder auch nur als teilweise Arbeitsunfähigen zu beschäftigen.[360] Dementsprechend sind Vertragsklauseln, die einen Arbeitgeber bei Teilarbeitsunfähigkeit des Arbeitnehmers verpflichten, dem Arbeitnehmer eine medizinisch und arbeitsvertraglich zumutbare Tätigkeit zuzuweisen, nicht wirksam.[361] Davon unabhängig kann natürlich der Arbeitgeber für das Einarbeitungsrechtsverhältnis einen eigenständigen Vertrag schließen (siehe Muster 1006).

**145** Während der Dauer des Arbeitsverhältnisses bis zur Beendigung ist der Anspruch auf Entgeltfortzahlung unverzichtbar.[362] Auch **tariflich abgesicherte Entgeltfortzahlungsansprüche** sind wegen § 4 Abs. 4 TVG unverzichtbar.[363] Ausgeschlossen ist ebenfalls der Verzicht auf den Entgeltfortzahlungsanspruch, wenn dieser nach § 115 Abs. 1 SGB X auf die Krankenkasse übergegangen ist.[364] Ebenfalls

---

357 § 1 Kap. 1 M 404.
358 Urt. v. 1.10.1997, NZA 1998, 369.
359 BAG, Urt. v. 6.11.1997, BB 1998, 592.
360 BAG, Urt. v. 29.01.1992, EzA Nr. 1 zu § 74 SGB V.
361 *Hanau/Preis*, Der Arbeitsvertrag, II E 20, Rn 36 f.
362 *Dorndorf*, SAE 1974, 116; *Schulte*, DB 1981, 937.
363 *Frohner*, AuR 1975, 108.
364 *Schmatz/Fischwasser*, § 9 Rn 28.

unverzichtbar sind nach Beendigung des Arbeitsverhältnisses noch nicht fällige Entgeltfortzahlungsansprüche aufgrund der Unabdingbarkeit nach § 12 EFZG.[365]

Weitgehend Einigkeit besteht darin, daß im Arbeitsvertrag über ein **negatives Schuldanerkenntnis** mit konstitutiver Wirkung im Sinne von § 397 Abs. 2 BGB auf bereits fällige, nicht aber auf noch nicht fällige Entgeltfortzahlungsansprüche wirksam **verzichtet** werden kann.[366] Das BAG reduziert Klauseln, mit denen auf Entgeltfortzahlungsansprüche verzichtet wird, geltungserhaltend auf bereits **fällige Ansprüche**.[367] Das BAG fordert neben der Eindeutigkeit des Wortlauts das Hinzutreten von Begleitumständen, aus denen erkennbar wird, daß der Arbeitgeber den Arbeitnehmer darauf aufmerksam gemacht hat, daß dieser mit seiner Unterschrift auch auf einen möglicherweise bestehenden Entgeltfortzahlungsanspruch verzichtet. Nicht nur für vorformulierte Ausgleichsquittungen, sondern auch für Ausschlußklauseln gilt damit, daß eindeutig auf die Folge des möglichen Verzicht auf Entgeltfortzahlungsansprüche hingewiesen worden sein muß, wenn der Verzicht wirksam sein soll.

### 16. Euroklausel

Die Einführung des Euro wird durch zwei EU-Verordnungen geregelt, die in den Teilnehmerstaaten der Europäischen Währungsunion unmittelbare Wirkung entfalten, ohne daß sie einer Transformation durch den nationalen Gesetzgeber bedürften, vgl. Art. 249 Abs. 2 EGV. Daher haben sie auch für das deutsche Arbeitsrecht unmittelbare und zwingende Wirkung.

Die erste Verordnung enthält Bestimmungen über die Einführung des Euro (VorbereitungsVO). Sie regelt u. a. die Grundsätze der Währungsumstellung und deren Auswirkungen auf bestehende Rechtsverhältnisse. Die zweite Verordnung legt währungsrechtliche Verfahrensmechanismen und technische Modalitäten der Umstellung fest (UmstellungsVO). Sie gibt auch den Zeitplan vor, nach dem die Währungsumstellung und die Einführung von Banknoten und Münzen erfolgen soll. Danach befinden sich die Teilnehmerstaaten der Europäischen Währungsunion in der sog. **Übergangsphase** (01.01.1999 bis 31.12.2001). Die nationalen Währungen und der Euro können in dieser Phase als gleichberechtigte Zahlungsmittel im bargeldlosen Zahlungsverkehr verwendet werden. Die DM hat also bereits ihre Eigenständigkeit als nationales Zahlungsmittel verloren. Zum 01.01.2002 soll die Währungsumstellung in die Endphase eintreten. Höchstens bis zu einem Zeitraum von sechs Monaten können dann im Bargeldverkehr mehrere Währungen nebeneinander im Umlauf sein, bis die nationalen Währungen bis spätestens zum 01.07.2002 endgültig ihre Gültigkeit verlieren.

Die Auswirkungen des Euro auf das Individualrecht während der sog. Übergangsphase sind im Ergebnis gering und lassen sich wie folgt zusammenfassen:

In Art. 3 der VorbereitungsVO ist der Grundsatz der Rechtskontinuität enthalten. Der Grundsatz besagt, daß für alle Verpflichtungsbestände, in denen auf die DM Bezug genommen wird, keine Veränderungen infolge der Einführung des Euro eintreten. Folglich können in der Zeit **vom 01.01.1999 bis 31.12.2001** die **DM-Werte in den Arbeitsverträgen unverändert fortbestehen**. Die Grundsätze zum Rechtsinstitut des Wegfalls der Geschäftsgrundlage kommen nicht zur Anwendung. Arbeitsverträge oder sonstige Dauerschuldverhältnisse müssen daher nicht gekündigt oder neu abgeschlossen werden.[368]

---

365 BAG, Urt. v. 26.10.1971, DB 1972, 343; *Trieschmann*, RdA 1976, 68.
366 *Hanau/Preis*, Der Arbeitsvertrag, II E 20, Rn 41.
367 BAG, Urt. v. 20.08.1980, AP Nr. 11 zu § 6 LFZG = DB 1981, 221.
368 *Natzel*, DB 1998, 366.

## § 1 Kapitel 1: Arbeitsverträge

Für die zwischen 01.01.1999 bis 31.12.2001 zu schließenden Arbeitsverträge gilt darüber hinaus der Grundsatz der **Verwendungsfreiheit**, Art. 8 Abs. 1 der EinführungsVO. Dieser Grundsatz besagt, daß die Parteien des Arbeitsvertrages als Währungseinheit sowohl den Euro als auch die DM verwenden können. Um Unklarheiten zu vermeiden, sollte für die neu abzuschließenden Verträge eine klarstellende Regelung in dem Arbeitsvertrag aufgenommen werden, wonach die geschuldete Geldleistung für die Dauer der Übergangsphase wahlweise in Euro oder DM erfolgen kann.[369]

149 In Art. 8 Abs. 3 der EinführungsVO ist der Grundsatz der Wahlfreiheit festgeschrieben. Danach besitzt der Arbeitgeber ein Wahlrecht, ob er die Löhne und Gehälter bereits in Euro oder noch in DM zahlen will. Der Betrag wird dem Konto des Arbeitnehmers jedoch in der Währungseinheit seines Kontos (also Euro oder DM) gutgeschrieben, wobei Umrechnungen zu dem jeweiligen festgeschriebenen Umrechnungskurs stattfinden.[370] Hieraus ergibt sich: Denominiert der Arbeitgeber den Zahlungsbetrag in Euro, so wird die Gutschrift ungeachtet dessen in DM erfolgen, wenn das Konto des Arbeitnehmers noch in DM geführt wird. Überweist der Arbeitgeber weiterhin in DM und hat der Arbeitnehmer sein Konto auf Euro umgestellt, so gilt entsprechendes. Die Kreditwirtschaft hat für diese Fallkonstellationen Vorsorge getroffen. Sie führt im bargeldlosen Zahlungsverkehr der Banken untereinander ab 01.01.1999 die Überweisungen auf Eurobasis durch. Gutgeschrieben wird jedoch nur noch in der Währung des Empfängers. Sollten aus Umstellungsgründen zusätzliche Kontoführungsgebühren anfallen, so muß der Arbeitnehmer diese Mehrkosten tragen.[371] Denn bei der arbeitsvertraglichen Schuld zur bargeldlosen Entgeltung handelt es sich um eine Schickschuld i. S. des § 270 Abs. 1 BGB, die mit der Überweisung des geschuldeten Betrages erfüllt ist.

150 Umgekehrt stellt sich die Frage, ob der Arbeitnehmer ein dem Arbeitgeber vergleichbares Wahlrecht besitzt und somit verlangen kann, daß sein Arbeitsentgelt in der Währung seiner Wahl auf sein Konto überwiesen werden soll. Für den Arbeitnehmer besteht zwar ohne weiteres die Möglichkeit, sein Konto auf Euro umstellen zu lassen. Daraus erwächst ihm jedoch noch kein entsprechendes Klagerecht, in welcher Währung der Arbeitgeber die Überweisungen tätigen soll.[372] Diese Entscheidung steht allein dem Arbeitgeber zu.

151 Dem Arbeitnehmer bleibt es selbstverständlich unbenommen, auf Euro lautende **Gehaltsansprüche auch in Euro einzuklagen** und notfalls auch aufgrund eines auf Euro lautenden Titels zu vollstrecken.[373] Außerdem ist zu beachten, daß dem Arbeitnehmer ein individualrechtlicher Erläuterungsanspruch hinsichtlich der auf den Euro lautenden Entgeltabrechnung zustehen kann.[374] So kann der Arbeitnehmer nach § 82 Abs. 2 BetrVG verlangen, daß ihm die Berechnung und die Zusammensetzung seines Gehaltes erläutert wird. Der Arbeitgeber kann diesem Informationsanspruch zuvorkommen, indem er auf den Lohnabrechnungen den Brutto- und Nettobetrag sowie die Abzüge auch in Euro ausdrucken läßt. Die dadurch entstehenden Mehrkosten in der Buchhaltung hat der Arbeitgeber zu tragen.

152 Folge der in Art. 8 Abs. 3 der EinführungsVO statuierten Wahlfreiheit ist auch, daß der Arbeitgeber gegen eine auf Euro lautende Gehaltsforderung mit einer alten auf DM lautenden Forderung aufrechnen kann. Darin liegt kein Verstoß gegen § 387 BGB, demzufolge eine Aufrechnung nur mit

---

[369] *Natzel*, DB 1998, 368.
[370] Der Umrechnungskurs von 1 Euro in DM ist auf 1,95583 festgeschrieben worden; demnach kostet 1 DM in Euro 0,51129.
[371] *Natzel*, DB 1998, 368; *Schaub*, BB 1998, 1475.
[372] *Schaub*, BB 1998, 1475.
[373] *Bauer/Diller*, NZA 1997, 739.
[374] *Schaub*, BB 1998, 1475 f.

gleichartigen Forderungen möglich ist. Denn in Art. 8 Abs. 6 der EinführungsVO wird klargestellt, daß Forderungen, die auf Euro oder eine nationale Währung lauten, als gleichartig anzusehen sind.

Nach dem **Ende der Übergangsphase (01.01.2002)** ist die DM nicht mehr die gesetzliche Währung. Alleiniges Zahlungsmittel ist dann der Euro. Altverträge, die noch auf DM lauten, sind ab diesem Zeitpunkt nach den in der EinführungsVO aufgestellten Grundsätzen in Euro umzurechnen. Wird nunmehr ein Vertrag noch in DM geschlossen, so liegt an für sich ein Fall von rechtlicher anfänglicher Unmöglichkeit gem. § 306 BGB vor, da die DM als Zahlungsmittel zum 01.07.2002 ihre Gültigkeit verloren haben wird.[375] Allerdings wird dieses „Versehen" der beiden Vertragsparteien durch Auslegung des mutmaßlichen Parteiwillens behoben werden können, so daß die geschuldete Geldleistung in Euro umzurechnen ist.

153

Alle Arbeitsverträge in diesem Buch enthalten einen Vergütungsausweis in Euro. Eine **Euroumrechnungsklausel**, die ab dem 01.07.2002 ihre Gültigkeit verliert, befindet sich in einer Reihe von Mustern.[376]

154

## 17. Freistellung

Nach dem Grundsatzurteil des Großen Senats des Bundesarbeitsgerichts vom 27.02.1985[377] läßt sich die grobe Regel aufstellen, daß während des bestehenden Arbeitsverhältnisses grundsätzlich der Beschäftigungsanspruch des Arbeitnehmers, nach Beendigung eines im Kündigungsrechtsstreit stehenden Arbeitsverhältnisses der Nichtbeschäftigungsanspruch des Arbeitgebers überwiegt. Eine **Suspendierung** des Arbeitnehmers ohne vertragliche Vereinbarung während eines bestehenden Arbeitsverhältnisses ist nur dann möglich, wenn überwiegende schutzwerte Interessen des Arbeitgebers bestehen.[378] Beispiele für derartige überwiegende Interessen nennt das Bundesarbeitsgericht: Wegfall der Vertrauensgrundlage, fehlende Einsatzmöglichkeit (Auftragsmangel; Betriebsstillegung), Gefahr des Geheimnisverrats, unzumutbare wirtschaftliche Belastung, jegliche Gründe, die eine fristlose Kündigung rechtfertigen würden. Während der Dauer der Suspendierung behält der Arbeitnehmer den Vergütungsanspruch.[379] Während eines bestehenden Arbeitsverhältnisses kann die **Freistellung** einschränkungslos vereinbart werden, wenn sie daran geknüpft ist, daß das Arbeitsverhältnis arbeitgeberseitig gekündigt wurde.[380] Nur unter den Voraussetzungen einer offensichtlichen Unwirksamkeit der Kündigung bzw. nach gewonnener erster Instanz gesteht der Große Senat einen vorläufigen Weiterbeschäftigungsanspruch zu. Diesem Umstand tragen die Freistellungsklauseln in den Mustern 1020, § 14 Abs. 4; 1088 Ziff. 12; 1100, § 16 Abs. 5[381] Rechnung.

155

Ist im Arbeitsvertrag eine bestimmte Stelle als vertragsmäßige Tätigkeit des Arbeitnehmers bezeichnet, richtet sich im Fall einer **ungerechtfertigten Freistellung** durch den Arbeitgeber der Beschäftigungsanspruch des Arbeitnehmers auch dann auf eine Beschäftigung auf dieser konkreten Stelle, wenn der Arbeitgeber sich vertraglich die Zuweisung anderer zumutbarer Tätigkeit vorbehalten hatte. Eine Beschäftigung auf der bezeichneten Stelle kann der Arbeitnehmer erst nach einer

---

375 *Bauer/Diller*, NZA 1997, 740.
376 Z.B. Muster 1000, § 5; Muster 1002, § 4 Abs. 3; Muster 1003, § 4; Muster 1005, § 4 Abs. 4; Muster 1061, § 3 Abs. 5; Muster 1065, § 3 Abs. 3; in diesem Buch § 1 Kap. 1 M 333 ff.
377 AP Nr. 14 zu § 611 BGB, Beschäftigungspflicht = NJW 1985, 2968.
378 LAG München, Urt.v.19.08.1992, DB 1993, 2292.
379 BAG, Urt. v. 04.06.1964, EzA, § 626 BGB, Nr. 5 = BB 1964, 1045; siehe hierzu auch *Nägele*, DB 1998, 518.
380 ArbG Düsseldorf, Urt. v. 03.06.1993, NZA 1994, 559.
381 § 1 Kap. 1 M 382, M 412, M 431.

Ausübung des Direktionsrechts, d. h. nach Zuweisung einer anderen zumutbaren Stelle nicht mehr verlangen.[382]

Der Beschäftigungsanspruch des Mitarbeiters überwiegt auch nach Beendigung des Arbeitsverhältnisses in den Fällen, in denen der Betriebsrat der Kündigung widersprochen hat.[383] Außerdem besteht eine gesetzliche Beschäftigungspflicht bei Arbeitsverhältnissen mit Auszubildenden[384] und bei Arbeitsverhältnissen mit Schwerbehinderten.[385]

156 In welchem Umfang vorformulierte, antizipierte **Freistellungsbefugnisse** des Arbeitgebers über die schutzwerten Interessen im Einzelfall oder über den Fall des gekündigten Arbeitsverhältnisses hinausgehen können, ist umstritten.[386]

*Hanau/Preis*[387] empfehlen für den Fall der Suspendierung eine Formulierung, die das Muster 1163, IX, Ziff. 4[388] enthält. Der Nachteil dieser Formulierung besteht darin, daß unter Umständen über die Freistellungsvoraussetzungen gerichtlich gestritten werden muß. Mit dem Beschäftigungsrecht des Arbeitnehmers nicht in Einklang stehen Regelungen in Arbeitsverträgen, die während des ungekündigten Arbeitsverhältnisses dem Arbeitgeber ein jederzeitiges Freistellungsrecht einräumen.[389]

### 18. Gehaltsanpassungsklauseln

157 Selbst aus einer mehrjährigen Praxis der Gehaltsanpassung bei außertariflichen Angestellten folgt für den Arbeitgeber keine Verpflichtung, die bisherige Praxis der Gehaltsanpassung auch in Zukunft beizubehalten.[390] Deshalb müssen Mitarbeiter, deren Gehaltshöhe sich nicht aus tariflichen Veränderungen ergibt, eine Dynamik in ihren Arbeitsvertrag mitaufnehmen lassen, wobei sich erfahrungsgemäß kein Arbeitgeber darauf einläßt, eine prozentuale Dynamisierung zu vereinbaren. Überdies bedürfte eine derartige Wertsicherungsklausel der Genehmigung durch die Landeszentralbank, wenn bis zur Beendigung des Arbeitsverhältnisses durch den Bezug von Altersrente noch ein Zeitraum von zehn Jahren verbleibt[391] und die Genehmigungspflicht mit Einführung des Euro nicht auf Dauer entfällt.

158 Verschiedene Arbeitsverträge sehen aus diesem Grunde stattdessen eine **Überprüfungsklausel** vor, wie sie die Muster 1070, § 2 Abs. 7 und 1088, Ziff. 2 letzter Absatz[392] enthalten. Die Überprüfungsklausel gibt dem Arbeitnehmer keinen Anspruch auf eine jährliche Erhöhung seiner Bezüge. Vielmehr gerät der Arbeitgeber in Argumentationszwang, wenn der Mitarbeiter jährlich die Überprüfung seines Gehalts anmahnt. Ermöglicht eine Überprüfungsklausel, das Gehalt zu Ungunsten des Mitarbeiters nach unten abzuändern, steht ihre Wirksamkeit nach der Rechtsprechung des BAG[393] in Zweifel. Gehaltskürzungen seien in einem Arbeitsverhältnis die Ausnahme, für die es besonderer Voraussetzungen bedürfe und die nicht in jedem Falle rechtsgültig vereinbart werden könnten.

---

382 ArbG Frankfurt a.M, Urt.v.08.10.1998 – 2 Ga214/98, ARST 1999, 43.
383 § 102 Abs. 5 BetrVG.
384 §§ 18, 6 Abs. 2 BBiG.
385 § 14 Abs. 2 SchwbG.
386 *Buchner*, Beschäftigungspflicht, 1989, S. 22 f.; *Hanau/Preis*, Der Arbeitsvertrag, II F 10, Rn 9; *Leßmann*, RdA 1988, 149.
387 Der Arbeitsvertrag, II F 10, Rn 22.
388 § 1 Kap. 1 M 494.
389 Beispiel: Muster 1141, § 10, in diesem Buch § 1 Kap. 1 M 470.
390 BAG, Urt. v. 04.09.1985, DB 1986, 1627.
391 Siehe § 3 WährG.
392 § 1 Kap. 1 M 404 und M 410.
393 Urt. v. 12.12.1984, AP Nr. 6 zu § 2 KSchG.

Überprüfungsklauseln wie „Bei allgemeinen Änderungen der Gehälter der Bundesbeamten können die Beträge im gleichen Verhältnis geändert werden" ermöglichen keine Anpassung, die im freien Belieben des Arbeitgebers steht. Vielmehr kommt bei einer solchen Klausel § 315 BGB zur Anwendung.[394] In Ausnahmefällen kann sich ein leitender Angestellter, wenn er als einziger unter der betroffenen Gruppe der höheren Angestellten nicht mit einer Gehaltserhöhung bedacht wurde, auf den Gleichbehandlungsgrundsatz berufen.[395]

Für den Arbeitnehmer erfolgversprechender sind generell sog. **Anpassungsklauseln**, wie „Das Jahresgehalt wird im zeitlichen Rahmen der jährlichen Tarifverhandlungen neu festgesetzt. Hierbei ist der Steigerungsbetrag der höchsten Tarifgruppe des Gehaltstarifvertrages für den entsprechenden Bereich zugrunde zu legen". 159

Solche Anpassungsklauseln, die man auch als Spannungsklauseln[396] bezeichnet, sollen den Abstand des außertariflich bezahlten Mitarbeiters zur höchsten Tarifgruppe erhalten. Gegen derartige Anpassungsklauseln bestehen nach *Hanau/Preis*[397] keine Bedenken, sie sind bei GmbH-Geschäftsführern verbreitet.[398]

Führungskräften mutet die Rechtsprechung in Gehaltsanpassungsklauseln eine größere Opferbereitschaft zu als Angestellten mit durchschnittlichen Einkommen. So hielt das BAG neuerdings bei einem Chefarzt mit weit überdurchschnittlichem Einkommen Gehaltskürzungen von 30 % durch die Einschränkung seiner Aufgaben für hinnehmbar.[399]

Ist der Arbeitgeber aufgrund einer Betriebsvereinbarung zu jährlichen Gehaltsüberprüfungen verpflichtet, so lassen auch mehrfache Gehaltserhöhungen nach denselben Kriterien regelmäßig keine betriebliche Übung entstehen, die den Arbeitgeber zu weiteren Gehaltserhöhungen verpflichtet.[400]

### 19. Gerichtsstandsklauseln

Die Rechtslage bei Gerichtsstandsvereinbarungen im Arbeitsvertrag ist klar. Gerichtsstandsvereinbarungen in Arbeitsverträgen sind **grundsätzlich unzulässig**.[401] Die örtliche Zuständigkeit des angerufenen Gerichts ergibt sich aus den §§ 12 bis 40 ZPO. Ausnahmsweise sind Gerichtsstandsvereinbarungen für Arbeitsverhältnisse nach § 38 Abs. 2 und 3 ZPO zulässig, wenn eine der Vertragsparteien keinen allgemeinen Gerichtsstand im Inland hat oder der Gerichtsstand erst nach der Entstehung der Streitigkeit in Schriftform vereinbart wurde. 160

Eine weitere Ausnahme ist dann gegeben, sofern die Gerichtsstandsvereinbarung geschlossen wird, weil eine der Vertragsparteien ihren Wohnsitz oder ihren gewöhnlichen Aufenthalt aus dem Gebiet der Bundesrepublik Deutschland verlegt hat oder der Wohnsitz und gewöhnliche Aufenthalt im Zeitpunkt der Klageerhebung unbekannt ist.[402] 161

---

394 BGH, Urt. v. 08.03.1973, BB 1973, 723.
395 BGH, Urt. v. 14.05.1990, WM 1990, 1461.
396 *Hanau/Preis*, Der Arbeitsvertrag, II G10, Rn 8.
397 Der Arbeitsvertrag, II G 10, Rn 10.
398 Siehe § 1 Kap. 3 Rn 703.
399 BAG, Urt. v. 28.05.1997, NZA 1997, 1160.
400 BAG, Urt. v. 16.09.1998, ARST 1999, 68.
401 *Gaul*, Arbeitsrecht, P II Rn 13 f.; *Schaub*, Formularsammlung, § 81 IV.1; *Grunsky*, ArbGG, § 2 Rn 43; *Hanau/Preis*, Der Arbeitsvertrag, II G 20, Rn 3.
402 § 38 Abs. 3 Nr. 2 ZPO.

**162** Eine dritte Ausnahme ergibt sich aus § 48 Abs. 2 ArbGG. Die Tarifvertragsparteien können in bestimmten Fällen im **Tarifvertrag** die entweder ausschließliche oder aber nur zusätzliche Zuständigkeit eines an sich örtlich unzuständigen Arbeitsgerichtes begründen. Hier spricht man von **kollektiver Prorogation**, die für einen Arbeitsvertrag auch dann gelten kann, wenn sie über eine einzelvertragliche Bezugnahmeklausel in die Rechtsbeziehungen zwischen Arbeitgeber und Arbeitnehmer Eingang gefunden hat. Ansonsten wird die kollektive Prorogation nur über eine bestehende Tarifbindung der Arbeitsvertragsparteien oder im Falle der Allgemeinverbindlichkeitserklärung nach § 5 TVG verbindlich.

**163** Bei individuellen Arbeitsverträgen mit Auslandsbezug innerhalb der EU ist ferner Art. 17 Abs. 5 des Übereinkommens der Europäischen Gemeinschaft über die gerichtliche Zuständigkeit und die Vollstreckung gerichtlicher Entscheidungen in **Zivil- und Handelssachen**[403] zu beachten, wonach Gerichtsstandsvereinbarungen nur dann rechtliche Wirkung haben, wenn sie nach der Entstehung der Streitigkeit getroffen werden **oder** wenn der Arbeitnehmer sie geltend macht, um ein anderes Gericht als das am Wohnsitz des Beklagten oder das Gericht des Ortes, an dem der Arbeitnehmer gewöhnlich seine Arbeit verrichtet bzw. das Gericht des Ortes der Niederlassung, sofern der Arbeitnehmer seine Arbeit gewöhnlich nicht in ein und derselben Stadt verrichtet, anzurufen.

Im Verhältnis zu den Mitgliedstaaten des Übereinkommens vom 16. September 1988 über die gerichtliche Zuständigkeit und die Vollstreckung gerichtlicher Entscheidungen in Zivil- und Handelssachen[404] ist auf Art. 17 Abs. 5 hinzuweisen, der – insoweit abweichend von Art. 17 Abs. 5 EuGVÜ – eine Ausnahme vom Prorogationsverbot für individuelle Arbeitsverträge nur vorsieht, wenn sie nach der Entstehung der Streitigkeit getroffen werden.

**164** Nicht mit Gerichtsstandsvereinbarungen zu verwechseln ist die Wahl deutschen materiellen Rechts in Arbeitsverträgen mit Auslandsbezug. Deutsches Arbeitsrecht kann, im Gegensatz zu deutschem Prozeßrecht und damit deutscher, arbeitsgerichtlicher Zuständigkeit, in Verträgen mit Auslandsbezug grundsätzlich vereinbart werden.[405]

Für einen Arbeitsvertrag mit Auslandsbezug wird eine Klausel im Muster 1375,[406] § 20 Abs. 3 angeboten.

### 20. Geringfügig Beschäftigte[407]

**165** Die gesetzliche Neuregelung unterscheidet zwischen **drei Kategorien** von geringfügig Beschäftigten:[408]

- kurzfristige Beschäftigungen oder Saisonbeschäftigungen von längstens zwei Monaten oder höchstens 50 Arbeitstagen im Jahr;
- geringfügige Nebenbeschäftigungen mit einem Entgelt bis zu 630,00 DM im Monat neben einem sozialversicherungspflichtigen Haupterwerb;
- auf Dauer angelegte Beschäftigungen als Arbeitnehmer mit einem Monatsentgelt von insgesamt regelmäßig nicht mehr als 630,00 DM.

---

403 Sog. EuGVÜ.
404 Sog. Lugano-Übereinkommen, dh die EFTA-Staaten, Island, Norwegen und die Schweiz.
405 Art. 30 EGBG.
406 § 1 Kap. 1 M 541.
407 Literatur: *Boecken*, NZA 1999, 393; *Bömer/Schuster*, DB 1999, 689; *Glock/Danko*, NZA 1999, 402.
408 Zur Ermittlung der Voraussetzungen wird die Verwendung des Fragebogens Muster 1397, in diesem Buch § 1 Kap. 1 M 571, empfohlen.

Bei den **kurzfristigen Beschäftigungen** oder **Saisonbeschäftigungen** bleibt es beim bisherigen Recht. Für diese Arbeitnehmer müssen, unabhängig vom Entgelt, **keine Sozialversicherungsbeiträge** abgeführt werden, wenn das Beschäftigungsverhältnis auf längstens zwei Monate oder 50 Arbeitstage im Jahr begrenzt ist. Ein Arbeitnehmer kann als Saisonarbeitskraft mithin bis zu zwei Monate/50 Arbeitstage innerhalb eines Jahres sozialversicherungsfrei beschäftigt werden. Dabei muß die Beschäftigung aber entweder vertraglich oder nach Art des Beschäftigungsverhältnisses begrenzt angelegt sein und darf nicht berufsmäßig ausgeübt werden, § 8 Abs. 1 Ziff. 2 SGB IV. Auch steuerlich bleibt es bei dieser Gruppe geringfügig Beschäftigter beim bisherigen Recht. Für die mögliche pauschale Lohnsteuererhebung darf der Arbeitslohn jedoch 22,00 DM je Arbeitsstunde (bisher 22,05 DM) nicht übersteigen. **166**

Bei der zweiten Gruppe, den **geringfügigen Nebenbeschäftigungen** mit einem Entgelt bis zu 630,00 DM im Monat neben einem sozialversicherungspflichtigen Haupterwerb oder mehreren geringfügigen Beschäftigungen, ist folgendes zu beachten: **167**

Mehrere Arbeitnehmer-Tätigkeiten werden bei der Berechnung der Sozialversicherungsbeiträge zusammengefaßt, § 7 Satz 2 SGB V. Die neuen steuer- und sozialversicherungsrechtlichen Regelungen gelten daher nur, sofern gem. § 8 Abs. 1 Ziff. 1 SGB IV die 630,00 DM-Grenze bei weniger als 15 Arbeitsstunden pro Woche nicht überschritten wird.

Wenn der Arbeitnehmer **mehrere geringfügige Beschäftigungen** ausübt und das Arbeitsentgelt insgesamt die **630,00 DM-Grenze** überschreitet, unterliegt das **gesamte Arbeitsentgelt der gewöhnlichen Beitragspflicht**. Arbeitnehmer und Arbeitgeber müssen dann für jede geringfügige Beschäftigung die üblichen Kranken-, Pflege- und Rentenversicherungsbeiträge sowie auch Beiträge zur Arbeitsversicherung je zur Hälfte tragen. Ist der Arbeitnehmer im Hauptberuf sozialversicherungspflichtig beschäftigt, wird auch Arbeitsentgelt aus einer geringfügigen Nebenbeschäftigung in die Beitragspflicht vollständig einbezogen. Ein Arbeitnehmer, der im Hauptberuf 5.000,00 DM monatlich brutto verdient und in einem Nebenjob zusätzlich 630,00 DM, ist für das gesamte Arbeitseinkommen von 5.630,00 DM sozialversicherungsbeitragspflichtig. Der Arbeitnehmer, der bei zwei Arbeitgebern arbeitet, wird juristisch so behandelt, als sei er mit einem Gehalt von 5.630,00 DM bei nur einem Arbeitgeber beschäftigt. Der Arbeitgeber der geringfügigen Nebenbeschäftigung muß in diesem Fall von dem Entgelt von 630,00 DM den Arbeitgeber-Anteil, der Beschäftigte den Arbeitnehmer-Anteil für die einzelnen Zweige der Sozialversicherung (mit Ausnahme der Arbeitslosenversicherung) tragen. **168**

Diese Regelung gilt nur für Nebenbeschäftigte, die **im Hauptberuf sozialversicherungspflichtig** sind. Sie gilt nicht für Beamte, Selbständige, Pensionäre oder Rentner, die einer geringfügigen Nebenbeschäftigung nachgehen. Diese Personengruppe wird wie Arbeitnehmer behandelt, die eine geringfügige Alleinbeschäftigung ausüben.

Die dritte Gruppe ist die Gruppe der **geringfügigen Alleinbeschäftigungen**.

### a) Sozialversicherungspflicht

Für Beschäftigte, deren Arbeitsentgelt insgesamt regelmäßig **630,00 DM im Monat nicht übersteigt**, muß der Arbeitgeber gemäß der bekannten Neuregelung pauschale Sozialversicherungsbeiträge in Höhe von 12 % an die gesetzliche Rentenversicherung und grundsätzlich 10 % an die gesetzliche Krankenversicherung zahlen, § 249 b SGB V, § 76 b Abs. 2 SGB VI. **169**

Eine Ausnahme gilt bei der Krankenversicherung für geringfügig beschäftigte Arbeitnehmer, die **nicht Mitglied einer gesetzlichen Krankenversicherung** sind und auch nicht als Familienmitglied **170** in einer Krankenkasse mitversichert sind. Dies gilt besonders für Beamte, privat krankenversicherte Selbständige oder Arbeitnehmer sowie deren Familienangehörige, wenn sie nicht selbst Mitglied einer gesetzlichen Krankenkasse oder familienversichert sind. Für diese Personengruppe muß der Arbeitgeber den pauschalen Rentenversicherungsbeitrag von 12 % zahlen, jedoch keine Krankenversicherungsbeiträge.

171 Durch die Beiträge des Arbeitgebers in Höhe von 12 % des Entgelts erwirbt der Arbeitnehmer[409] **keinen eigenen Anspruch auf Sozialversicherungsleistungen**. Der Arbeitgeberanteil erhöht lediglich die Entgeltpunkte bei der Berechnung der Rente.[410] Der geringfügig Beschäftigte erlangt durch den 12 %igen Arbeitgeberanteil also keine Ansprüche auf Rehabilitationsleistungen[411] oder auf Berufsunfähigkeits- oder Erwerbsunfähigkeitsrente.[412] Der Versicherte erwirbt allenfalls, bei einem Verdienst von 630,00 DM ein ganzes Jahr lang, einen monatlichen Rentenanspruch von 4,17 DM. Zusätzlich werden 1,4 Monate bei der Wartezeit berücksichtigt.

172 Der geringfügig Beschäftigte hat jedoch die Möglichkeit, den Arbeitgeberanteil zur Rentenversicherung durch einen **eigenen Beitragsanteil** auf den jeweils geltenden Beitragssatz (im Jahr 2000: 19,3 %) aufzustocken und damit eigene Leistungsansprüche in der gesetzlichen Rentenversicherung zu erwerben. Das Gesetz gewährt ihm hierzu ein Recht, das – ein wenig umständlich formuliert – beinhaltet, auf die Versicherungsfreiheit zu verzichten.[413] Auf diese sog. **Aufstockungsoption** muß der Arbeitgeber einen geringfügig entlohnten Beschäftigten nach § 2 Abs. 1 Satz 3 NachwG n. F. seit dem 01.04.1999 **schriftlich hinweisen**. *Leuchten/Zimmer*[414] weisen darauf hin, daß der unterlassene Hinweis des Arbeitgebers auf die Aufstockungsoption zu einer Haftung des Arbeitgebers gem. § 2 Abs. 1 Satz 3 NachwG i. V. m. pVV führen kann. Das Muster 1001[415] sieht die beiden Alternativen, nämlich mit und ohne Aufstockung, im Vertragsvordruck vor. Weitergehende Hinweise erscheinen nicht erforderlich.

*Glock/Danko*[416] weisen darauf hin, daß, wer von der Aufstockungsmöglichkeit Gebrauch mache, nicht zu einer beitragsäquivalenten Höhe des Rentenversicherungsanspruchs komme. Die Attraktivität der Optionsmöglichkeit bestehe allenfalls darin, daß durch die Zahlung des Arbeitnehmerbeitrags sowohl ein Anspruch auf Erwerbsunfähigkeitsrente als auch auf vorgezogenes Altersruhegeld erzeugt und schließlich die Erfüllung der Anspruchsvoraussetzungen für Rehabilitationsmaßnahmen erworben würden. Berücksichtigt man, daß sich im Rahmen des Schadensersatzanspruches keine Kausalitätsvermutung ergeben wird, weil diese nur für sog. aufklärungsrichtiges Verhalten gilt,[417] wird der geringfügig Beschäftigte im Prozeß wohl kaum darlegen und beweisen können, daß er tatsächlich auf die Versicherungsfreiheit verzichtet und somit den Arbeitgeberbeitrag freiwillig aufgestockt hätte, wenn er gem. § 3 Abs. 1 Satz 3 NachwG auf die Aufstockungsmöglichkeit hingewiesen worden wäre.

---

409 Im sozialversicherungsrechtlichen Sinne handelt es sich um den „Beschäftigten", zu den beiden Begriffen siehe *Leuchten/Zimmer*, DB 1999, 381.
410 § 76 b SGB VI n. F; vgl. *Löwisch*, BB 1999, 740.
411 Siehe *Löwisch*, BB 1999, 740.
412 Siehe *Bauer/Schuster*, DB 1999, 691.
413 § 5 Abs. 2 Satz 2 SGB VI; wegen Einzelheiten siehe *Böcken*, NZA 1999, 399; *Bauer/Schuster*, DB 1999, 691; *Löwisch*, BB 1999, 739.
414 NZA 1999, 969.
415 § 1 Kap. 1 M 334.
416 NZA 1999, 402.
417 Siehe *Leuchten/Zimmer*, NZA 1999, 971, Fn. 23.

Alle geringfügigen Beschäftigten sind sowohl der Sozialversicherung gegenüber zu melden als auch auf der Lohnsteuerkarte zu vermerken. Zusätzlich hat der Gesetzgeber die Verpflichtung der Einzugsstellen und der Träger der Rentenversicherung begründet, die Finanzämter zu informieren, wenn sie feststellen, daß mehrere geringfügige Beschäftigungsverhältnisse einer Person gemeldet worden sind und die Zusammenrechnung eine versicherungspflichtige Beschäftigung (§ 28 h Abs. 6 SGB IV).

**b) Besteuerung**

Vielfach übersehen wird, daß die gesetzliche Neuregelung der geringfügigen Beschäftigungsverhältnisse nicht dazu geführt hat, daß geringfügige Beschäftigungsverhältnisse generell steuerfrei sind. Vielmehr gilt der Grundsatz, daß geringfügige Beschäftigungen, für die vom Arbeitgeber pauschale Beiträge zur Rentenversicherung bezahlt werden, nur steuerfrei sind, wenn die Summe der anderen Einkünfte des Arbeitnehmers nicht positiv ist. Zu den anderen Einkünften gehören alle **positiven und negativen Einkünfte im Sinne des § 2 EStG.**

Hierzu zählen das Arbeitsentgelt aus einem anderen Arbeitsverhältnis, der Ertragsanteil einer Rente, Zinseinnahmen nach Abzug des Werbungskostenpauschbetrags und des Sparerfreibetrags, Einkünfte aus selbständiger Tätigkeit, aus Gewerbebetrieb und aus Vermietung und Verpachtung. Steuerfreie Einnahmen werden nicht berücksichtigt. Zu den Einkünften gehören auch die Unterhaltszahlungen eines geschiedenen Ehegatten, sofern er hierfür den Sonderausgabenabzug in Anspruch nimmt. Einkünfte des Ehegatten werden nicht berücksichtigt. Pauschal besteuertes Arbeitsentgelt wird ebenfalls nicht einbezogen.

**Zinseinnahmen oberhalb von 6.100,00 DM** sind damit Einkünfte, gleiches gilt für Renten aus der gesetzlichen Rentenversicherung, wenn der Ertragsanteil den Werbungskostenpauschbetrag von 200,00 DM übersteigt, Pensionen oberhalb von 3.333,00 DM jährlich führen zu Einkünften, von denen allerdings 40 % als sog. Versorgungs-Freibetrag sowie der Arbeitnehmerpauschbetrag von 2.000,00 DM abzuziehen sind.

Bei der Besteuerung von Einkünften aus geringfügiger Beschäftigung ist zwischen drei Möglichkeiten zu unterscheiden:[418]

- der Steuerfreiheit im Steuerabzugsverfahren in Verbindung mit einer Freistellungsbescheinigung;
- Besteuerung nach der Lohnsteuerkarte und
- Pauschalbesteuerung durch den Arbeitgeber.

Ist die geringfügige Beschäftigung nicht steuerfrei oder wird dem Arbeitgeber keine Freistellungsbescheinigung vom Arbeitnehmer vorgelegt, obwohl Steuerfreiheit in Betracht käme, sind die bisherigen Regelungen des Lohnsteuerabzugs einschließlich der Möglichkeit einer Pauschalierung anzuwenden.

Die Steuerfreiheit setzt voraus, daß für das Arbeitsentgelt aus der geringfügigen Beschäftigung im jeweiligen Lohnzahlungszeitraum die pauschalen Rentenversicherungsbeiträge von 12 % zu entrichten sind und die Summe der anderen Einkünfte des Arbeitnehmers im laufenden Kalenderjahr nicht positiv ist, § 3 Nr. 39 EStG. Der Arbeitgeber darf das Arbeitsentgelt aus geringfügiger Beschäftigung nur dann steuerfrei auszahlen, wenn ihm eine **Freistellungsbescheinigung** des Finanzamts vorliegt. Diese Freistellungsbescheinigung beantragt der geringfügig Beschäftigte bei seinem Wohnsitzfinanzamt. Die Finanzämter haben hierfür ein Muster entwickelt, das bei jedem Finanzamt erhältlich

---

418 Zur Ermittlung der Voraussetzungen beim geringfügig Beschäftigten wird die Verwendung des Fragebogens Muster 1397 (§ 1 Kap. 1 M 571) empfohlen.

ist.[419] Wird dem Arbeitgeber eine Freistellungsbescheinigung vorgelegt, hat er im Lohnkonto dieses Arbeitnehmers das Datum der Bescheinigung, die Steuernummer und das ausstellende Finanzamt sowie das steuerfrei ausgezahlte Arbeitsentgelt einzutragen.

**179** Die zweite Besteuerungsmöglichkeit besteht in der **Besteuerung nach Lohnsteuerkarte**. Das Arbeitsentgelt aus geringfügiger Beschäftigung kann auch nach Maßgabe einer vorgelegten Lohnsteuerkarte versteuert werden. Die Höhe des Steuerabzugs hängt dann von der Klasse, auf die die Lohnsteuerkarte ausgestellt ist, ab. Es bietet sich an, daß der verheiratete, allein erwerbstätige Arbeitnehmer, eingruppiert in Lohnsteuerklasse III, für das Entgelt aus einer geringfügigen Beschäftigung dem Arbeitgeber die Lohnsteuerkarte mit der Klasse V vorlegt. Auch wenn die Voraussetzungen für die Steuerfreiheit nicht gegeben sind, weil das 630,00-DM-Arbeitsverhältnis mit anderen Einkünften zusammentrifft, bedeutet dies keineswegs, daß das 630,00-DM-Arbeitsverhältnis in jedem Fall mit Steuern belastet wird. Ob eine Belastung mit Steuern stattfindet, hängt von der Höhe des zu versteuernden jährlichen Einkommens ab. Erst wenn der Grundfreibetrag überschritten ist, fallen Steuern an.

**180** Als dritte Möglichkeit bietet der Gesetzgeber weiterhin die **Pauschalbesteuerung für Teilzeitbeschäftigte** an. Danach kann der Arbeitgeber unter Verzicht auf die Vorlage einer Lohnsteuerkarte bei Arbeitnehmern, die nur in geringem Umfang beschäftigt werden, die Lohnsteuer mit einem pauschalen Steuersatz von 20 % des Arbeitslohns erheben. Hinzu kommen die pauschalierte Kirchensteuer (meist 7 % der Lohnsteuer) und der Solidaritätszuschlag (5,5 %). Die Pauschalierung der Lohnsteuer ist zulässig, wenn der Arbeitslohn bei monatlicher Zahlung von 630,00 DM oder bei kürzeren Lohnzahlungszeiträumen wöchentlich 147,00 DM nicht übersteigt. Unzulässig ist die Pauschalierung, wenn der Stundenlohn eines geringfügig Beschäftigten den Betrag von 22,00 DM je Arbeitsstunde übersteigt.

**181** Ob die Neuregelung verfassungsrechtlichen Anforderungen gerecht wird, erscheint zweifelhaft. So ist fraglich, ob Sozialbeiträge von den Unternehmen erhoben werden dürfen, ohne daß es dafür eine Äquivalenz zu Gunsten des Beschäftigten gibt. Der Neuregelung wurde auch entgegengehalten, daß das Prinzip „Schnelligkeit vor Genauigkeit" gegolten habe.[420] Andererseits hat das BVerfG einen Antrag auf Erlaß einer einstweiligen Anordnung wegen der Neuregelung des Rechts der geringfügig Beschäftigten abgelehnt.[421]

Auch dürfte nicht bedacht worden sein, daß nach der bisherigen Regelung gem. §§ 40 Abs. 3, 40 a Abs. 2 EStG a. F. zwar der Arbeitgeber steuerlich die pauschale Lohnsteuer übernahm, daß die Übernahme der Steuerschuld im Verhältnis zum Finanzamt aber nicht bedeutete, daß der Arbeitgeber auch im Innenverhältnis die Lohnsteuer tragen mußte. Die Lohnsteuer war im Zweifel vom Arbeitnehmer selbst zu entrichten.[422] Anders als die Steuerschuld darf der Arbeitgeber die nunmehr pauschal abzuführenden Sozialversicherungsbeiträge im Innenverhältnis – und damit vertraglich – nicht mehr auf den Arbeitnehmer übertragen. § 32 SGB I steht dagegen.

**182** Der Gesetzgeber hat in § 23 Abs. 1 den **Schwellenwert** in der Weise geändert, daß eine Differenzierung zwischen 10 Stunden und 20 Stunden wöchentlich nicht mehr stattfindet. Das bedeutet, daß die erste Schwelle bei 20 Wochenstunden liegt und alle Beschäftigungsverhältnisse bis zu 20 Wochenstunden mit 0,5 in Ansatz gebracht werden. Alle geringfügigen Beschäftigungsverhältnisse werden

---

[419] In diesem Buch abgedruckt als Muster 1396 in § 1 Kap. 1 M 570.
[420] Siehe *Merten*, Die Ausweitung der Sozialversicherungspflicht und die Grenzen der Verfassung, NZW 1998, 545.
[421] Beschl. v. 20.04.1999, NZA 1999, 583.
[422] BAG, Urt. v. 22.06.1978, EzA § 611 BGB Nettolohn, Lohnsteuer Nr. 4; BAG, Urt. v. 05.08.1987, EzA § 611 BGB Nettolohn, Lohnsteuer Nr. 7.

also bei der Schwellenwertregelung in § 23 künftig wie ein 50 % der regulären Arbeitszeit umfassendes, mit dem Faktor 0,5 zu bewertendes Arbeitsverhältnis berücksichtigt.

### c) Weitere arbeitsrechtliche Änderungen

Auf einige weitreichende arbeitsrechtliche Änderungen durch die Neuregelung des Rechts der geringfügig Beschäftigten ist aufmerksam zu machen: Zunächst einmal hat der Gesetzgeber einen **neuen Widerspruchsgrund in § 99 Abs. 2** geschaffen. Der Arbeitgeber kann gem. § 99 Abs. 2 Nr. 3 BetrVG nunmehr seine Zustimmung zur Einstellung eines geringfügig Beschäftigten mit der Begründung verweigern, es bestehe kein ausgewogenes Verhältnis von Arbeitsverhältnissen mit einer geringfügigen Beschäftigung und sonstigen Arbeitsverhältnissen. Vorläufige personelle Maßnahmen, also die vorläufige Einstellung eines geringfügig Beschäftigten, weil dies aus sachlichen Gründen dringend erforderlich ist, können nach der Neuregelung in § 100 Abs. 1 BetrVG nicht ergriffen werden. Außerdem hat der Gesetzgeber den Betriebsräten einen weiteren Widerspruchsgrund bei Kündigungen gem. § 102 Abs. 3 Ziff. 3 BetrVG n. F. an die Seite gestellt: Führt die Kündigung dazu, daß ein vorhandener Arbeitsplatz ganz oder teilweise auf mehrere Arbeitsverhältnisse mit einer geringfügigen Beschäftigung aufgeteilt wird und das Arbeitsvolumen insgesamt sich nicht reduziert, kann der Betriebsrat einer ordentlichen Kündigung widersprechen.

183

Auch ist zu beachten, daß **das Nachweisgesetz** geändert wurde und in § 2 Abs. 1 die Verpflichtung von Arbeitgebern begründet wurde, in Arbeitsverträgen gem. dem Nachweisgesetz geringfügig Beschäftigte darauf hinzuweisen, daß sie durch Erklärung gegenüber dem Arbeitgeber die Stellung eines versicherungspflichtigen Arbeitnehmers erwerben können.

184

Arbeitsrechtliche Besonderheiten bei geringfügig Beschäftigten, die bis 1991 meist keine Gehaltsfortzahlung erhielten, wurden durch die Rechtsprechung an die Regelungen bei Vollarbeitsverhältnissen angepaßt[423] und haben zwischenzeitlich in gesetzliche Neuregelungen Eingang gefunden.[424] Die **sechswöchige Entgeltfortzahlung** im Krankheitsfall ist für geringfügig Beschäftigte zwischenzeitlich in § 3 EFZG enthalten.

185

Das Kernproblem bei geringfügig Beschäftigten ergab sich in der Vergangenheit aus einem Delta von Mißbrauchssachverhalten, gesetzlichen Ersatzansprüchen der Sozialleistungsträger an den Arbeitgeber und schadensersatzrechtlichen Grenzen. Übte ein Mitarbeiter mehr als ein geringfügiges Beschäftigungsverhältnis aus, wurden seine geringfügigen Beschäftigungsverhältnisse nach § 8 Abs. 2 SGB IV zusammengerechnet.[425] Der Arbeitgeber wurde im **Mißbrauchsfall** zur Nachentrichtung unterbliebener Sozialversicherungsbeiträge herangezogen. Zwar gewährte § 28 g SGB IV dem Arbeitgeber als alleinigem Beitragsschuldner einen Erstattungsanspruch gegen den Mitarbeiter auf Zahlung des von diesem zu tragenden Teils der Beiträge. Der Arbeitgeber konnte diesen Anspruch aber nur durch Abzug vom Arbeitsentgelt geltend machen.[426] Zu einem solchen Abzug kam es nicht, wenn der Arbeitgeber irrig von der Versicherungsfreiheit ausgegangen war. Ein unterbliebener Abzug konnte nur bei den nächsten drei Entgeltzahlungen nachgeholt werden.[427] Sofern der Arbeitnehmer überhaupt noch, nachdem sein Mißbrauch aufgefallen war, beim Arbeitgeber beschäftigt war, konnte der Arbeitgeber im übrigen nur die Erstattung des Arbeitnehmeranteils verlangen.

186

---

423 BAG, Urt. v. 09.10.1991, DB 1992, 330.
424 Siehe die Darstellung zum Thema „Teilzeitarbeitsverhältnisse", § 1 Kap. 1 Rn 299 ff.
425 Geringfügige Beschäftigung nach Abs. 1 Nr. 1 und Abs. 1 Nr. 2 werden nicht zusammengerechnet, nur Mehrfachbeschäftigungen nach Nr. 1.
426 § 28 g Satz 2 SGB IV.
427 § 28 g Satz 2 SGB IV.

187 Ob der Arbeitgeber davon ausgegangen war, daß der Arbeitnehmer berechtigt war, sozialversicherungsfrei als geringfügig Beschäftigter tätig zu werden, war nach der BAG-Rechtsprechung selbst dann irrelevant, wenn der Arbeitnehmer auf ausdrückliches Befragen erklärt hatte, er übe keine weitere geringfügige Beschäftigung aus.[428]

188 Diese, aus Arbeitgebersicht unbefriedigende Verteilung der Schadenslast, entfällt teilweise mit der Neuregelung zum 01.04.1999. Da der Arbeitgeber für geringfügig Beschäftigte die Arbeitgeber- und teilweise auch Arbeitnehmeranteile an der Rentenversicherung und Krankenversicherung abführt, erstrecken sich bei mehreren geringfügigen Beschäftigungsverhältnissen, von denen der Arbeitgeber keine Kenntnis hatte, die Nachforderungen der Sozialversicherungsträger allein auf das Arbeitslosengeld, auf 7,5 % der Rentenversicherung, auf den Beitrag zur Berufsgenossenschaft und es kommen hinzu Lohnsteueransprüche des Finanzamts, wobei gegenüber dem Finanzamt Arbeitgeber und Arbeitnehmer Gesamtschuldner sind (§ 42 d EStG). Lassen sich die Lohnsteuernachzahlungen ebenso schnell und einfach beim Arbeitnehmer erheben, ist die Inanspruchnahme des Unternehmens ermessensfehlerhaft.[429]

189 Weiterhin richtig erscheint es deshalb, der Anregung von *Hanau/Preis*[430] zu folgen und eine Vereinbarung im Arbeitsvertrag zu treffen, die eine **Anzeigepflicht bei Mehrfachbeschäftigung** begründet und im Falle des Verstoßes zur Schadensersatzpflicht führt.[431] Ein effizienterer Schutz ist derzeit nicht denkbar.

Nimmt der Arbeitgeber geringfügig Beschäftigte im Sinne von § 8 SGB IV von einer betrieblichen Altersversorgung aus, deren Zweck es ist, zeitgleich erworbene gesetzliche Grundversorgung aufzubessern, so verstößt dies nicht gegen den arbeitsrechtlichen Gleichbehandlungsgrundsatz.[432]

### 21. Gratifikationsvereinbarungen

190 Neben der arbeitsvertraglich vereinbarten Vergütung werden eine Reihe von Leistungen je nach Inhalt des Arbeitsvertrages, teilweise auch ohne vertragliche Grundlage, vom Arbeitgeber im Verlaufe eines Kalenderjahres erbracht. Solche Zahlungen haben unterschiedliche Bezeichnungen, mal ist von Weihnachtsgeld, mal von Sondervergütung, mal von Jahresabschlußvergütung, mal von 13. Monatsgehalt, mal von Erfolgsbeteiligung, von Jahressonderzahlung oder Gratifikation die Rede.

Derartige **freiwillige Sondervergütungen** werden hier unter der Bezeichnung Gratifikation dargestellt, auch wenn als Gratifikationen im Rechtssinne nur solche Sonderzuwendungen gelten, die der Arbeitgeber aus bestimmten Anlässen neben der Arbeitsvergütung gewährt. Die Gratifikationsrechtsprechung des BAG hat vielfach gewechselt, ist facettenreich und in ihren Konturen bis heute nicht von der für Rechtsanwender wünschenswerten Trennschärfe. Die Folge ist, daß Formulierungen in Arbeitsverträgen häufig der **Auslegung** durch die Rechtsprechung bedürfen.

Die Problematik besteht dabei u. a. darin, daß die Richter Begrifflichkeiten entwickelt haben, diese mit Definitionen und Inhalten füllen und bei der Auslegung von Vertragsklauseln diese Definitionen

---

428 BAG, Urt. v. 18.11.1988, BB 1989, 847 = NJW 1989, 1693; ArbG Bonn, Urt. v. 08.01.1993, BB 1993, 794.
429 BFH, Urt. v. 12.01.1968, BStBl. II 1968, 324; Urt. v. 30.11.1966, BStBl. II 1967, 331.
430 Der Arbeitsvertrag, II B 10, Rn 14.
431 Siehe § 1 Kap. 1 M 334, vorletzter Absatz von Muster 1001.
432 BAG, Urt. v. 27.02.1996, BB 1996, 1561; LAG Düsseldorf, Urt. v. 10.02.1999, BB 1999, 1983.

anwenden. Vertragsgestalter, denen die Gratifikations-Rechtsprechung unbekannt ist oder Arbeitgeber, die in Anschreiben, Aushängen oder Verträgen möglicherweise anderes gemeint haben, müssen sich an den **Definitionen des BAG** festhalten lassen.

Zu Jahressonderzahlungen in der Form sog. freiwilliger Sondervergütungen ist der Arbeitgeber **nicht verpflichtet**, es sei denn, Arbeits- oder Tarifvertrag, betriebliche Übung oder der Gleichbehandlungsgrundsatz führen zu einem Anspruch. Jahressonderleistungen sind freiwillige Leistungen, sie haben ihren Rechtsgrund in der Arbeitsleistung oder der Betriebstreue des Arbeitnehmers und haben damit, trotz ihrer Freiwilligkeit, Entgeltfunktion.[433] Sie können Entgelt für die geleistete Arbeit sein oder die Zugehörigkeit des Arbeitnehmers zum Betrieb belohnen und damit einen Anreiz geben, auch zukünftig betriebstreu zu sein. Denkbar sind auch Verbindungen dieser Zwecke. Bedeutsam ist der Zweck der Leistung für die Beurteilung der tatsächlichen und rechtlichen Voraussetzungen der Zahlung sowie die Auschluß- und Kürzungstatbestände, etwa die Frage, ob sie für berechtigte oder unberechtigte Fehlzeiten des Arbeitnehmers gekürzt werden kann.[434] Sonderzahlungen, die zumindest auch die Betriebstreue des Arbeitnehmers belohnen sollen, sind daran zu erkennen, daß die zugrunde liegenden Regelungen die Erfüllung einer Wartezeit oder ein ungekündigtes Arbeitsverhältnis zu einem bestimmten Stichtag voraussetzen. Oftmals ist auch eine Rückzahlungsverpflichtung für bestimmte Fälle vorgesehen.

191

Umstritten ist häufig die Wirksamkeit solcher Stichtagsregelungen, Wartezeitklauseln oder Rückzahlungsklauseln.

Enthält eine **Jahressonderleistungsklausel** hingegen lediglich die Höhe der Jahreszahlung und den Termin der Auszahlung und werden ansonsten keine weiteren Voraussetzungen festgelegt, auch keine Stichtagsregelung, so handelt es sich nach der Rechtsprechung des BAG um eine Jahressonderleistung mit reinem Entgeltcharakter.[435] Bei derartigen Klauseln handelt es sich um ein 13. Gehalt, das zusätzlich für die im Laufe eines Jahres geleistete Arbeit vom Arbeitgeber erbracht wird. Das BAG geht davon aus, daß es sich im Zweifel immer dann um eine Jahresleistung handelt, wenn die Zusage an keine besonderen Voraussetzungen geknüpft ist.[436] Dementsprechend entsteht ein Anspruch auf ein 13. Monatsgehalt, das als Teil der im Austauschverhältnis zur Arbeitsleistung stehenden Vergütung vereinbart ist, auch für die Zeiten, in denen aufgrund der Beschäftigungsverbote nach §§ 3 Abs. 2, 6 Abs. 1 keine Arbeitsleistung erbracht wird.[437]

192

Eine solche Klausel enthält Muster 1190,[438] Abschnitt XX, Ziff. 1. Zudem gilt die Auslegungsregel, daß durch eine Sondervergütung im Zweifel auch die im Bezugjahr geleistete Arbeit zusätzlich vergütet werden soll.[439] Ein Indiz für den Zweck der Leistung stellt auch ihre Bezeichnung dar.[440] Bezeichnungen wie Gewinnbeteiligung, Anwesenheitsprämie, Leistungsprämie oder 13. Monatsgehalt deuten auf eine leistungsbezogene Zuwendung hin.

---

433 BAG, Urt. v. 05.08.1992, AP Nr. 143 zu § 611 BGB, Gratifikation.
434 Siehe hierzu Näheres unter Anwesenheitsprämien.
435 BAG, Urt. v. 26.06.1975, AP Nr. 86 zu § 611 BGB, Gratifikation; Urt. v. 20.09.1972, AP Nr. 76 zu § 611 BGB, Gratifikation.
436 BAG, Urt. v. 08.11.1978, EzA, § 611 BGB, Gratifikation, Prämie, Nr. 60; Urt. v. 24.10.1990, EzA, § 611 BGB, Gratifikation, Prämie, Nr. 81.
437 BAG, Urt. v. 25.11.1998, NZA 1999, 766.
438 § 1 Kap. 1 M 506.
439 BAG, Urt. v. 07.09.1989, NZA 1990, 497.
440 BAG, Urt. v. 25.04.1991, NZA 1991, 765; Urt. v. 13.06.1991, NZA 1992, 436.

**193** Die Auszahlung einer Jahressonderleistung, die alleine Entgelt für geleistete Arbeit ist, kann nicht deshalb verweigert werden, weil der Arbeitnehmer an einem bestimmten Termin nicht mehr zum Betrieb gehört oder sich in gekündigter Stellung befindet. Eine **Stichtagsklausel**, die in derartigen Fällen Arbeitnehmer vom Erhalt der Jahressonderleistung ausschließen soll, wie beispielsweise „Das 13. Monatsgehalt wird nur an die Arbeitnehmer ausgezahlt, deren Arbeitsverhältnis am Auszahlungstage noch besteht", ist nach der Rechtsprechung wegen Verstoßes gegen die guten Sitten unwirksam.[441] Die Sittenwidrigkeit, ein Verstoß gegen den Gleichbehandlungsgrundsatz sowie gegen § 134 BGB wegen unzulässiger Kündigungserschwerung werden aus dem Umstand hergeleitet, daß der Arbeitnehmer bis zu dem Stichtag bereits die Arbeitsleistung möglicherweise ein gesamtes Jahr lang erbracht hat, die mit dem 13. Monatsgehalt vergütet werden sollte. Ihm würde somit die zugesicherte Gegenleistung durch eine Stichtagsregelung wieder entzogen. In diesem Sinne hat das BAG auch im Hinblick auf eine zusätzlich zum Gehalt gewährte **prozentuale Umsatzbeteiligung** entschieden.[442] Eine solche Umsatzbeteiligung sei keine widerrufbare Sonderleistung, sondern **Teil des Entgelts** für die vertraglich geschuldete Leistung. Die Vereinbarung, daß diese Umsatzbeteiligung im Folgejahr in monatlichen gleichen Raten ausgezahlt werde, bewirke nicht, daß der Anspruch untergehe, wenn das Arbeitsverhältnis im folgenden Jahr nicht mehr bestehe. Was zu geschehen hat, wenn der Arbeitnehmer im Jahr der prozentualen Umsatzbeteiligung nicht gearbeitet hat und zu diesem Sachverhalt im Arbeitsvertrag keine Regelungen getroffen sind, hat das BAG noch nicht entschieden. Insoweit besteht bislang nur eine Entscheidung zu einer zugesagten Beteiligung am Jahresgewinn durch Tantieme. War der Arbeitnehmer während des gesamten Geschäftsjahres arbeitsunfähig erkrankt und konnte er keine Entgeltfortzahlung beanspruchen, muß die Tantieme nicht gezahlt werden.[443] Mit Rücksicht auf diese Rechtsprechung enthalten die vorliegenden Texte keine Stichtagsklauseln bei Jahressonderleistungen.

**194** Aus der Verknüpfung einer Sonderzahlung, die allein als Entgelt für erbrachte Arbeitsleistung dient, mit der Erbringung der Arbeitsleistung folgt ebenfalls, daß die Vergütung auch ohne eine entsprechende Kürzungsvereinbarung anteilig um Zeiten gemindert werden kann, in denen das Arbeitsverhältnis nicht bestanden hat oder Fehlzeiten ohne Anspruch auf Entgeltfortzahlung vorliegen.[444] Darüber hinaus ist, soweit die Sonderzuwendung zwar auch oder ausschließlich die Arbeitsleistung vergüten soll, aber nicht im Synallagma zu ihr steht,[445] eine Vereinbarung zulässig, die im einzelnen bestimmt, welche Zeiten ohne tatsächliche Arbeitsleistung sich anspruchsmindernd oder anspruchsausschließend auf die Sonderzahlung auswirken sollen.[446] Insoweit wird auf die Darstellung unter dem Stichwort **Anwesenheitsprämie**, oben Rn 42 verwiesen.

**195 Proportionale Kürzungen** sind bei Fehlzeiten infolge Arbeitsunfähigkeit, Fehlzeiten wegen Streik oder Kurzarbeit,[447] Fehlzeiten aufgrund unentschuldigten Fernbleibens von der Arbeit[448] sowie Fehlzeiten aufgrund eines ruhenden Arbeitsverhältnisses, z.B. bei Erziehungsurlaub, unbezahltem Son-

---

441 BAG, Urt. v. 07.11.1984 – 5 AZR 278/83 (unveröffentlicht); Urt. v. 12.01.1973, AP Nr. 4 zu § 87a HGB; Urt .v. 13.09.1974, AP Nr. 84 zu § 611 BGB, Gratifikation.
442 BAG, Urt. v. 25.11.1998, NZA 1999, 766.
443 BAG, Urt. v. 08.09.1998, NZA 1999, 824.
444 *Hanau/Preis*, Der Arbeitsvertrag, II J 10, Rn 14; BAG, Urt. v. 19.04.1995, EzA Nr. 126 zu § 611 BGB, Gratifikation, Prämie; Urt. v. 10.05.1995, EzA Nr. 125 zu § 611 BGB, Gratifikation, Prämie.
445 Sog. „arbeitsleistungsbezogene" Sonderzahlung, vgl. BAG, Urt. v. 10.05.1995, EzA Nr. 125 zu § 611 BGB, Gratifikation, Prämie: Diese liegt nur vor, wenn der Arbeitnehmer nach der Regelung einen unwiderruflichen Rechtsanspruch erwirbt, also nicht, wenn kein Rechtsanspruch besteht und es sich um eine freiwillige, stets widerrufbare Leistung handelt.
446 BAG, Urt. v. 05.08.1992, EzA Nr. 90 zu § 611 BGB, Gratifikation, Prämie; Urt. v. 16.03.1994, EzA Nr. 111 zu § 611 BGB, Gratifikation, Prämie.
447 BAG, Urt. v. 10.05.1995, EzA, § 611 BGB, Gratifikation, Prämie, Nr. 128.
448 BAG, Urt. v. 19.04.1995, EzA, § 611 BGB, Gratifikation, Prämie, Nr. 121.

derurlaub etc.[449] zulässig. Neuerdings muß ein Beschluß des BVerfG[450] bei der Gestaltung von Vereinbarungen über ein 13. Monatsgehalt berücksichtigt werden. Solange nicht ausgeschlossen werden könne, daß ein unterschiedlich hoher Krankenstand von Angestellten und Arbeitern auf gesundheitlichen Arbeitsbedingungen beruhe, für die der Arbeitgeber allein verantwortlich sei, sei es ungerechtfertigt, einer Gruppe wegen dieser Arbeitsbedingungen beim 13. Monatsgehalt Nachteile aufzuerlegen. Diese Rechtsprechung ist auch bei der Gestaltung von Anwesenheitsprämien[451] zu berücksichtigen.

Die im Muster 1016,[452] § 3 Ziff. 4, vorgesehene **Kürzungsklausel** erfaßt neben der Kürzung bei Fehlzeiten wegen durch Arbeitsunfähigkeitsbescheinigung nachgewiesener Krankheit auch die vorerwähnten Fehlzeiten.

Noch nicht endgültig geklärt ist, ob Kürzungen auch für Fehlzeiten mit gesetzlicher Entgeltfortzahlung etwa gemäß den §§ 11, 14 MuSchG vorgenommen werden können.[453] Da das Arbeitsverhältnis während der Mutterschutzfristen nach ständiger Rechtsprechung des BAG nicht ruht, müssen für die Fälle des Mutterschutzes gesonderte Kürzungsvereinbarungen getroffen werden.[454] Eine Kürzungsvereinbarung für den Fall des Ruhens des Arbeitsverhältnisses infolge Einberufung zum Grundwehr- oder Ersatzdienst ist wirksam, kann aber nach der Rechtsprechung des BAG nicht auf die Fälle des Erziehungsurlaubs entsprechend angewendet werden.[455] Der EuGH hat in einem neueren Urteil entschieden, daß einer Frau im Erziehungsurlaub die Gewährung einer Gratifikation verweigert werden kann, wenn die Gewährung dieser Zuwendung nur von der Voraussetzung abhängt, daß sich der Arbeitnehmer zum Zeitpunkt der Gewährung in einem aktiven Beschäftigungsverhältnis befindet.[456] Die umfängliche Rechtsprechung zu Klauseln über überproportionale Kürzungen bei Fehlzeiten[457] dürfte sich durch die Regelung in § 4 b EFZG weitgehend erübrigt haben. Die Kürzung darf nunmehr, jedenfalls für den Fall der Entgeltfortzahlung, für jeden Tag der Abwesenheit nur 1/4 des Arbeitsentgelts, das im Jahresdurchschnitt auf einen Arbeitstag entfällt, betragen.

**196**

Bei **Weihnachtsgeld** oder -gratifikationen ist die Zweckrichtung meist nicht die gleiche wie bei den oben behandelten Jahressonderzahlungen. Beim klassischen Weihnachtsgeld und bei Gratifikationen soll auch die künftige oder bisherige Betriebstreue des Arbeitnehmers abgegolten werden. Daraus ergibt sich auch das Interesse des Arbeitgebers, die Jahresleistung nur an diejenigen Arbeitnehmer zu zahlen, deren Arbeitsverhältnis bis zum Jahresende besteht. In der Rechtsprechung werden derartige Jahresleistungen im Zweifel als Entgelt für Betriebstreue und geleistete Arbeit angesehen.[458] Dennoch ist auch hier eine Regelung zulässig, wonach selbst wenn während Fehlzeiten das Entgelt fortzuzahlen ist, die Abwesenheitszeiten anspruchsmindernd berücksichtigt werden können.[459] § 4 b EFZG ist zu beachten.

**197**

---

449 BAG, Urt. v. 24.05.1995, EzA, § 611 BGB, Gratifikation, Prämie, Nr. 124; Urt. v. 28.09.1994, EzA, § 611 BGB, Gratifikation, Prämie, Nr. 114; Urt. v. 24.11.1993, EzA, § 15 BErzGG, Nr. 5.
450 Beschl. v. 01.09.1997, NZA 1997, 1339.
451 § 1 Kap. 1 Rn 42 ff. in diesem Buch.
452 § 1 Kap. 1 M 369.
453 *Hanau/Preis*, Der Arbeitsvertrag, II J 10, Rn 55 mwN; dagegen EUGH, Urt. v. 21.10.1999 – C333/97, FA 1999, 398.
454 *Hanau/Vossen*, DB 1992, 218.
455 BAG, Urt. v. 23.08.1980, EzA, § 4 TVG, Feinkeramische Industrie, Nr. 1; Urt. v. 06.10.1993, 10 AZR 547/93, (unveröffentlicht).
456 EuGH, Urt. v. 21.10.1999 – C 333/97, FA 1999, 398.
457 Siehe die Nachweise bei *Hanau/Preis*, Der Arbeitsvertrag, II J 10, Rn 64 ff.
458 BAG, Urt. v. 18.01.1978, EzA, § 611 BGB, Gratifikation, Prämie, Nr. 53; Urt. v. 05.08.1992, EzA, § 611 BGB, Gratifikation, Prämie, Nr. 90.
459 BAG, Urt. v. 15.02.1990, NZA 1990, 601.

**198** Die Rechtsprechung des BAG zu **Stichtagsregelungen** ist nicht einheitlich. Anerkannt ist, daß der Arbeitnehmer im Falle einer Stichtagsregelung keinen Anspruch auf die u. a. die Betriebstreue belohnende Sondervergütung hat, wenn sein Arbeitsverhältnis vor dem Stichtag endet. Die Sondervergütung entfällt im ganzen, unabhängig von der bereits erbrachten Arbeitsleistung des Arbeitnehmers.[460] So blieb einer Mitarbeiterin, die ausgeschieden war, kurz bevor am Schwarzen Brett ein Aushang zum Weihnachtsgeld erfolgte, eine Weihnachtsgratifikation versagt, obwohl der Arbeitgeber die Weihnachtsgratifikation als Anerkennung für die Leistung während des zurückliegenden Jahres verstanden wissen wollte.[461] Das BAG sah in der Versagung des Anspruchs keine Verletzung des Gleichbehandlungsgrundsatzes, da die von der Regelung beabsichtigte motivierende Wirkung für die Zukunft nur bei Arbeitnehmern eintreten könne, die am Stichtag noch zur Belegschaft des Betriebes gehörten.

Aus dem gleichen Grund hat das BAG, abweichend von seiner früheren Rechtsprechung,[462] auch Stichtagsregelungen zugelassen, nach denen der Arbeitnehmer auch dann keinen Anspruch auf die Sonderzahlung erwirbt, wenn er die Nichterfüllung des Stichtagserfordernisses nicht zu vertreten hat.

Sieht die Stichtagsklausel etwa vor, daß die Jahressonderzahlung entfällt, wenn der Mitarbeiter am Stichtag aus betriebsbedingten oder anderen Gründen aus dem Betrieb ausgeschieden ist, verfällt nach der neueren Rechtsprechung die Jahresleistung auch bei Beendigung des Arbeitsverhältnisses aufgrund betriebsbedingter Kündigung,[463] oder Kündigung innerhalb der Probezeit.[464]

**199** Ist am Stichtag das Arbeitsverhältnis zwar noch nicht beendet, aber bereits ein **Aufhebungsvertrag** geschlossen, verbleibt es trotzdem bei dem Anspruch auf die Jahressonderleistung.[465] Sieht eine einzelvertragliche Rückzahlungsklausel die **Rückzahlung einer Gratifikation** bei vorzeitigem **Ausscheiden aufgrund einer eigenen Kündigung** des Arbeitnehmers oder einer Kündigung des Arbeitgebers vor, die durch einen in der Person des Mitarbeiters liegenden Grund ausgesprochen wurde, entsteht eine Rückzahlungsverpflichtung nicht beim Abschluß eines Aufhebungsvertrages, auch wenn dieser auf Veranlassung des Arbeitnehmers abgeschlossen worden ist.[466] Wenn der Arbeitgeber vor dem Stichtag auf die weitere Inanspruchnahme der Dienste des Arbeitnehmers verzichtet, ohne zu kündigen, etwa deshalb, weil der Arbeitnehmer seit längerer Zeit arbeitsunfähig krank ist oder sich gem. § 16 Ziff. 3 SGB III arbeitslos gemeldet hat, weil das Beschäftigungsverhältnis (nicht das Arbeitsverhältnis) beendet ist, rechtfertigt die dadurch ausgelöste Lockerung der arbeitsrechtlichen Bindungen nach Ansicht des BAG, daß ein in der tariflichen Zusage für die Leistung vorausgesetztes Arbeitsverhältnis als nicht mehr bestehend angesehen wird.[467]

**200** Scheitert der Anspruch des Arbeitnehmers auf eine Gratifikation nur daran, daß die Stichtagsregelung infolge einer vom Arbeitgeber ausgesprochenen Kündigung die Entstehung des Anspruchs ver-

---

460 BAG, Urt. v. 20.04.1989, NZA 1989, 642.
461 BAG, Urt. v. 26.10.1994, AP Nr. 167 zu § 611 BGB, Gratifikation.
462 BAG, Urt. v. 13.09.1974, AP Nr. 84 zu § 611 BGB, Gratifikation.
463 BAG, Urt. v. 19.11.1992, AP Nr. 147 zu § 611 BGB, Gratifikation; Urt. v. 04.09.1985, AP Nr. 123 zu § 611 BGB, Gratifikation; Urt. v. 25.04.1991, AP Nr. 37 zu § 611 BGB, Gratifikation; ArbG Frankfurt, Urt.v.31.03.1999, NZA-RR 2000, 22.
464 LAG Hamm, Urt. v. 30.07.1999 – 10 Sa 744/99, S 9 PA 2000, 7.
465 BAG, Urt. v. 07.10.1992, EzA § 611 BGB, Gratifikation, Prämie, Nr. 92.
466 LAG Hamm, Urt. v. 12.02.1999, NZA-RR 1999, 514.
467 BAG, Urt. v. 28.09.1994, EzA, § 611 BGB, Gratifikation, Prämie, Nr. 117; Urt. v. 10.04.1996, EzA, § 611 BGB, Gratifikation, Prämie, Nr. 142.

## Verträge mit Arbeitnehmern, Gesellschaftsorganen und Selbständigen § 1

hindert, ist die Gratifikation nachzuzahlen, wenn der Arbeitnehmer im Kündigungsschutzprozeß obsiegt.[468]

Stichtagsregelungen können uneingeschränkt in Jahressonderzahlungsklauseln aufgenommen werden, solange der Stichtag innerhalb des Bezugszeitraums liegt und die Auszahlung auch nicht zu weit außerhalb des Bezugszeitraums liegt.[469]

Grundsätzlich sollten bei Gratifikationsklauseln und bei Sondervergütungen jedweder Art **Freiwilligkeits- und Widerrufsvorbehalte** nicht fehlen. In den Arbeitsvertrag sollten Klauseln, wie sie auch die Muster vielfach enthalten, aufgenommen werden, die unmißverständlich zum Ausdruck bringen, daß die Zahlung freiwillig erfolgt und keinen Rechtsanspruch begründet. Auf diese Weise wird verhindert, daß die dreimalige vorbehaltlose Gewährung zu einem Anspruch aufgrund betrieblicher Übung führt.[470] Noch nicht gerichtlich überprüft wurde die im Muster 1014,[471] § 3 Abs. 3 enthaltene Klausel, in der vertraglich festgelegt wird, daß selbst bei fehlendem Freiwilligkeitsvorbehalt eine Gratifikation nicht einen Rechtsanspruch auslöst. Aus der neueren Rechtsprechung des BAG ergibt sich jetzt, daß der Widerruf auch während des laufenden Bezugszeitraums einer Gratifikation oder sonstigen Sonderleistung ausgesprochen werden kann.[472] Es ist allerdings umstritten, ob der Widerruf jederzeit und ohne Begründung wirksam erklärt werden oder nur nach billigem Ermessen erfolgen kann.[473] Sicher ist, daß ein vorbehaltener Widerruf nicht zu einer Umgehung des Kündigungsschutzes führen darf. Die Rechtsprechung geht von einer Umgehung des Kündigungsschutzes aus, wenn die Kürzung einer Zulage mehr als ca. 15 % beträgt.[474]

201

Bei der **Wortwahl einer vereinbarten Sonderzahlung** ist Vorsicht geboten. Der bloße Satz, „außerdem erhält der Arbeitnehmer folgende freiwillige Leistungen ..", der einer Aufzählung von Urlaubs- und Weihnachtsgeld vorangestellt ist, wird vom LAG Köln[475] im Zweifel nicht als Freiwilligkeitsvorbehalt ausgelegt, mit der Folge, daß hinsichtlich der als freiwillig bezeichneten Leistungen ein Rechtsanspruch begründet wird. Hilfreicher ist der Satz, „die Zahlung aller Gratifikationen erfolgt immer als freiwillige Leistung".[476] Wählt man die Formulierung, „die Zahlung erfolgt freiwillig und ohne Anspruch, auch bei wiederholter Gewährung", entsteht ein Anspruch auf die Gratifikation für ein bestimmtes Jahr entweder mit einer vorbehaltlosen Zusage, auch in diesem Jahr eine Gratifikation zahlen zu wollen oder erst mit der tatsächlichen Zahlung der Gratifikation. Bis zu diesem Zeitpunkt entsteht auch kein im Laufe des Jahres anwachsender Anspruch auf eine ggf. anteilige Gratifikation. Der erklärte Freiwilligkeitsvorbehalt hindert in diesem Falle das Entstehen eines solchen Anspruchs und läßt dem Arbeitgeber die Freiheit in jedem Jahr neu zu entscheiden, ob und ggf. unter welchen Voraussetzungen er in diesem Jahr eine Gratifikation zahlen will.[477]

202

---

468 BAG, Urt. v. 07.12.1989, EzA, § 4 TVG, Bekleidungsindustrie, Nr. 4.
469 BAG, Urt. v. 18.01.1978, AP Nr. 92, EzA, § 611 BGB, Gratifikation, Prämie, Nr. 53; Urt. v. 08.11.1978, AP Nr. 100 zu § 611 BGB, Gratifikation; Urt. v. 21.02.1974, AP Nr. 81 zu § 611 BGB, Gratifikation.
470 BAG, Urt. v. 02.09.1992, EzA, § 611 BGB, Gratifikation, Prämie, Nr. 95; Urt. v. 10.05.1995, EzA, § 611 BGB, Gratifikation, Prämie, Nr. 125.
471 § 1 Kap. 1 M 365.
472 BAG, Urt. v. 05.06.1996, EzA, § 611 BGB, Gratifikation, Prämie, Nr. 141.
473 BAG, Urt. v. 13.05.1987, NZA 1988, 95; Urt. v. 09.06.1967, AP Nr. 5 zu § 611 BGB, Lohnzuschläge; Urt. v. 30.08.1972, AP Nr. 6 zu § 611 BGB, Lohnzuschläge; Urt. v. 07.01.1971, AP Nr. 12 zu § 315 BGB; Urt. v. 26.05.1992, DB 1993, 642; Urt. v. 14.09.1983 – 5 AZR 284/81 (unveröffentlicht).
474 BAG, Urt. v. 15.11.1995, NZA 1996, 603.
475 Urt. v. 07.08.1998, NZA-RR 1998, 529.
476 Muster 1060, § 7 Abs. 4, in diesem Buch § 1 Kap. 1 M 392.
477 BAG, Urt. v. 06.12.1995, NZA 1996, 1027; LAG Baden-Württemberg, Urt. v. 03.06.1998 – 20 Sa 92/97 (unveröffentlicht).

**203** Es ist empfehlenswert, bei der Formulierung des Freiwilligkeits- und Widerrufsvorbehalts Sorgfalt walten zu lassen. Ausgeschlossen ist es nach der Rechtsprechung nicht, in eine freiwillig und unter Widerrufsvorbehalt stehende Sonderzahlung auch Leistungsgesichtspunkte einfließen zu lassen. Eine derartige Differenzierung verstößt nicht gegen den Gleichbehandlungsgrundsatz, wenn der Arbeitgeber die Anspruchsvoraussetzungen rechtzeitig offenlegt.[478]

Die Anwendung des **Gleichbehandlungsgrundsatzes** ist nicht auf den einzelnen Betrieb beschränkt. Nach neuerer Rechtsprechung ist er **betriebsübergreifend** auf das gesamte Unternehmen zu erstrecken.[479] Unter Gleichbehandlungsgesichtspunkten können Urlaubs- und Weihnachtsgeldregelungen unwirksam sein, jedenfalls dann, wenn Urlaubs- und Weihnachtsgeld einen erhöhten saisonalen Bedarf der Belegschaft abdecken soll und es vor diesem Hintergrund nicht zu rechtfertigen ist, eine einzelne Gruppe von Arbeitern, im konkreten Fall gering qualifizierte Obstsortiererinnen, von diesen Sonderzahlungen auszuschließen.[480]

**204** Sind die in den Außenstellen einer Dienststelle beschäftigten Bediensteten nur zu einem geringen Teil bereit, sich an den Kosten eines Job-Tickets zu beteiligen, ist es nicht sachfremd, das Job-Ticket nur an Beschäftigte in der Hauptstelle auszugeben, wenn sich dort eine bedeutend größere Zahl beteiligt als in den Außenstellen.[481]

**205** Der **Widerruf einer übertariflichen Leistung** kann allerdings auch dann auf die wirtschaftlich schlechte Lage des Betriebs gestützt werden, wenn es dem Gesamtunternehmen gut geht und es nach vorangegangenen Verlusten einen deutlichen Gewinn erwirtschaftet.[482]

**206** In der Vergangenheit unterschied man hinsichtlich des Zeitpunkts, zu dem ein in der Vorbehaltsklausel ausgesprochener Widerruf ausgesprochen werden konnte. Bei Gratifikationen und vergleichbaren Sonderleistungen, die vom Arbeitgeber für Betriebstreue geleistet werden, kam es für die Entstehung auf den Stichtag an. Vor dem Stichtag konnte die Gratifikation bzw. Sonderleistung wirksam widerrufen werden. Beim 13. Monatsgehalt, das Gegenleistungscharakter im Hinblick auf die geleistete Arbeit hat, war dies in dem Bezugszeitraum nicht möglich. Diese Differenzierung dürfte sich durch die erwähnte Entscheidung des BAG[483] erübrigt haben. Der Arbeitgeber ist nicht berechtigt, gegen Bruttogehaltsansprüche des Arbeitnehmers mit Rückforderungsansprüchen wegen Rückforderung der Weihnachtsgratifikation dergestalt aufzurechnen, daß er die Bruttobeträge „brutto gegen brutto" voneinander abzieht. Er kann vielmehr Bruttorückforderungen nur gegen späteres Nettoentgelt verrechnen.[484]

**207** Zur **Rückzahlungsklausel** hat das BAG einschränkende Voraussetzungen unter dem Gesichtspunkt der freien Arbeitsplatzwahl aufgestellt, die an zwei Kriterien anknüpfen, nämlich die **Höhe der empfangenen Leistung** im Verhältnis zum Gehalt des Arbeitnehmers und den **Zeitpunkt**, ab dem die Bindung beginnt. Man kann die Regel aufstellen, daß Sonderzahlungen bis zu einem Betrag von ca. 200,00 DM keine Bindung auslösen.[485] Liegt die Höhe des empfangenen Betrages zwischen

---

478 LAG Hamm, Urt. v. 05.11.1997, NZA-RR 1998, 293.
479 BAG, Urt. v. 17.11.1998, NZA 1999, 606 = ARST 1999, 101.
480 BAG, Urt. v. 27.10.1998, NZA 1999, 700.
481 BAG, Urt. v. 11.08.1998, ARST 1999, 98.
482 LAG Hamm, Urt. v. 19.04.1999, NZA-RR 569.
483 Urt. v. 05.06.1996, EzA, § 611 BGB, Gratifikation, Prämie, Nr. 141.
484 LAG Nürnberg, Urt. v. 02.03.1999 – 6 Sa 1137/96, ARST 1999, 223.
485 BAG, Urt. v. 17.03.1982, DB 1982, 1881.

200,00 DM und einem Monatsgehalt, beträgt die zulässige Bindungsfrist maximal drei Monate.[486] Bei einem Betrag zwischen einem und zwei Monatsgehältern liegt die zulässige Bindungsfrist bei sechs Monaten.[487] Entspricht der Betrag zwei Monatsgehältern und mehr, so ist auch eine Bindung von über sechs Monaten zulässig, beispielsweise eine Klausel mit einer abgestuften Rückzahlungspflicht bis zum Ende des neunten Monats nach der Auszahlung.[488]

Unzulässige Rückzahlungsklauseln führen nicht zum Verlust des gesamten Anspruchs des Arbeitnehmers auf Jahressonderzahlung bzw. Gratifikation, sondern werden im Wege der geltungserhaltenden Reduktion um die unzulässigen Rückzahlungsbestimmungen bereinigt.[489]

Die dreimalige vorbehaltlose Gewährung von Gratifikationen und Sonderzahlungen führt bekanntlich zu einer betrieblichen Übung.[490] Seit dem Urteil vom 26.03.1997 kann die **Nichtausführung** einer vertraglichen Zusage zu Gratifikation und Weihnachtsgeld, wenn diese über einen Zeitraum von drei Jahren praktiziert worden ist und von der vertraglichen Regelungen oder von einer betrieblichen Übung abweicht, **zu einer neuen betrieblichen Übung führen**, über die die alte betriebliche Übung oder eine entsprechende vertragliche Regelung abgeändert wird.[491]

208

Voraussetzung ist ferner, daß der Arbeitgeber zu erkennen gegeben hat, daß er eine bisherige betriebliche Übung anders zu handhaben gedenkt und die Arbeitnehmer über einen Zeitraum von drei Jahren hinweg nicht widersprochen haben. Konkret hat das BAG[492] über einen Fall zu befinden gehabt, in dem der Arbeitgeber bislang vorbehaltslos geleistete Sonderzahlungen drei Jahre lang ohne Widerspruch der Mitarbeiter und mit einem gesonderten Schreiben erläutert, unter einen Freiwilligkeitsvorbehalt gestellt hatte. Diese Rechtsprechung zur negativen betrieblichen Übung hat das BAG zwischenzeitlich verfestigt.[493] Im Urteil vom 04.05.1999 hat der 10. Senat allerdings ausdrücklich darauf hingewiesen, daß die Annahme einer geänderten betrieblichen Übung in Bezug auf die Zahlung eines Weihnachtsgelds „nur noch unter dem Vorbehalt der Freiwilligkeit der Leistung" erfordere, daß der Arbeitgeber klar und unmißverständlich erkläre, die bisherige betriebliche Übung einer vorbehaltlosen Zahlung solle beendet und durch eine Leistung ersetzt werden, auf die in Zukunft kein Rechtsanspruch mehr bestehe.

## 22. Haftungsregelungen

Bei den Haftungsregelungen in Arbeitsverträgen müssen wir zwischen drei Lebensbereichen unterscheiden:

209

- Haftungsbegrenzungsklauseln zugunsten des Arbeitgebers
- Haftungsregelungen für Arbeitnehmer und
- Arbeitnehmerhaftung bei Kfz-Schäden.

---

486 BAG, Urt. v. 09.06.1993, EzA, § 611 BGB, Gratifikation, Prämie, Nr. 103; Urt. v. 10.05.1962, AP Nr. 22 zu § 611 BGB, Gratifikation.
487 BAG, Urt. v. 27.10.1978, EzA, § 611 BGB, Gratifikation, Prämie, Nr. 61; LAG Köln, Urt. v. 14.05.1993, LAGE, § 611 BGB, Gratifikation, Prämie, Nr. 19.
488 BAG, Urt. v. 13.11.1969, AP Nr. 69 zu § 611 BGB, Gratifikation.
489 BAG, Urt. v. 03.10.1963, AP Nr. 1 zu § 611 BGB, Urlaub und Gratifikation; Urt. v. 03.10.1993, EzA § 611 BGB, Gratifikation, Prämie, Nr. 5.
490 BAG, Urt. v. 02.09.1992, EzA, § 611 BGB, Gratifikation, Prämie Nr. 95; Urt. v. 10.05.1995, EzA § 611 BGB Gratifikation, Prämie Nr. 125.
491 BAG, Urt. v. 26.03.1997, NZA 1997, 1007.
492 Urt. v. 26.03.1997, NZA 1997, 1007.
493 BAG, Urt. v. 04.05.1999, DB 1999, 1907; siehe auch *Tappe/Koplin*, DB 1998, 2114.

### a) Haftungsbegrenzungsklauseln zugunsten des Arbeitgebers

210 Haftungsbegrenzungsregelungen für den Arbeitgeber beziehen sich allein auf **Sachschäden**, da der Arbeitgeber für Personenschäden des Arbeitnehmers, selbst wenn der Arbeitnehmer bei einem Arbeitsunfall verletzt oder getötet wird, nach § 104 SGB VII nicht haftet. Auch den Angehörigen gegenüber ist der Arbeitgeber von jeder Haftung aus Personenschäden des Arbeitnehmers freigestellt, nicht hingegen uU im Verhältnis zum Sozialversicherungsträger.[494] Die Haftungsfreistellung nach § 104 SGB VII setzt neben dem Vorliegen eines Versicherungsfalles in der gesetzlichen Unfallversicherung[495] voraus, daß der Versicherungsfall vom Arbeitgeber nicht vorsätzlich herbeigeführt worden ist.[496]

Die Rechtsprechung hat die unter betriebswirtschaftlichen Gesichtspunkten kaum zwingende Regel aufgestellt, der Arbeitgeber sei gehalten, versicherbare Risiken für eingebrachte Sachen des Arbeitnehmers zu versichern.[497] Aus diesem Grunde sind alle Klauseltypen in Arbeitsverträgen, bei denen der Arbeitgeber keine Haftung für die Beschädigung oder den Verlust von Gegenständen des Mitarbeiters übernimmt, unwirksam.

211 Außerdem hat das Bundesarbeitsgericht mit einer Entscheidung des Großen Senats vom 10.11.1961[498] den Grundsatz aufgestellt, der Arbeitgeber hafte für Sachschäden des Arbeitnehmers, die in Vollzug einer **gefährlichen Arbeit** entstehen und durchaus außergewöhnlich seien, analog § 670 BGB verschuldensunabhängig. Mit Urteil vom 08.05.1980[499] hat das Bundesarbeitsgericht seine Rechtsprechung dauerhaft modifiziert. Es unterscheidet jetzt zwischen Schäden im **persönlichen Lebensbereich** des Arbeitnehmers und solchen im **Betätigungsbereich des Arbeitgebers**. Nur im letztgenannten Bereich kommt eine Haftung des Arbeitgebers analog § 670 BGB in Betracht. Schäden an Sachen, deren Einsatz ausschließlich im Interesse des Arbeitnehmers, also z.B. zur persönlichen Erleichterung erfolgt, sind nicht zu ersetzen. Diese Rechtsprechung wurde mit dem Urteil vom 20.04.1989[500] fortgesetzt.

212 Ob man von der Haftungsregelung, nach der der Arbeitgeber verschuldensunabhängig für Sachschäden haftet, wenn es sich um arbeitstypische Sachschäden handelt,[501] abweichen darf, ist noch nicht entschieden. Soweit der Arbeitsvertrag keine Regelungen enthält, haftet der Arbeitgeber für Schäden in dem von ihm vorgegebenen Betätigungsbereich, so auch gegenüber einem Pfleger, dessen Brille von einem Patienten zerstört wurde.[502] Muster 1155,[503] § 9 enthält eine Regelung, die die verschuldensunabhängige Haftung ausschließt. Ob eine solche Klausel richterlicher Überprüfung in jedem Falle standhält, kann nicht gesagt werden.

Es erscheint sinnvoll, auch eine Haftungsregelung für **eingebrachte Gegenstände** vorzusehen. Stellt der Arbeitgeber Verwahrungsmöglichkeiten zur Verfügung und macht der Arbeitnehmer hiervon keinen Gebrauch oder sichert er beispielsweise seinen Spind nicht ausreichend, muß er sich im Falle

---

494 § 110 SGB VII.
495 § 7 SGB VII.
496 *Rolfs*, AR-*Blattei* SD 860.2.
497 BAG, Urt. v. 24.11.1987, EzA Nr. 16 zu § 611 BGB, Gefahrgeneigte Arbeit; LAG Hamm, Urt. v. 02.01.1956, AP Nr. 5 zu § 618 BGB; ArbG Berlin, Urt. v. 17.08.1971, DB 1971, 1772; ArbG Karlsruhe, Urt. v. 16.08.1984, BB 1985, 1070; a.A. LAG Düsseldorf, Urt. v. 19.10.1989, DB 1990, 1468.
498 AP Nr. 2 zu § 611 BGB, Gefährdungshaftung des Arbeitgebers, sog. Ameisensäurefall.
499 EzA Nr. 14 zu § 670 BGB.
500 EzA Nr. 20 zu § 670 BGB.
501 Beispiel: Beschädigung von Privatkleidung durch entweichende Säure.
502 BAG, Urt. v. 20.04.1989, EzA Nr. 20 zu § 670 BGB.
503 § 1 Kap. 1 M 484.

des Verlustes oder der Beschädigung seiner Sachen ein mitwirkendes Verschulden anrechnen lassen, das bis zum Haftungsausschluß des Arbeitgebers führt.[504] Als interessengerecht werden die Muster 1015,[505] Ziff. 8 und 1017, Ziff. 5 empfohlen.

Bei der **Benutzung von Kraftfahrzeugen** kommt eine Haftung des Arbeitgebers dann in Betracht, wenn der Arbeitnehmer sein eigenes Kfz mit Billigung des Arbeitgebers oder auf dessen Anordnung ohne besondere Vergütung in seinem Betätigungsbereich eingesetzt hat.[506] Ein verschuldensunabhängiger Aufwendungsersatzanspruch analog § 670 BGB ergibt sich zu Lasten des Arbeitgebers nicht, wenn der Mitarbeiter aus Gründen der persönlichen Erleichterung oder Bequemlichkeit sein Kfz eingesetzt hat.[507] Ein **Mitverschulden des Arbeitnehmers** beim Zustandekommen des Verkehrsunfalls schließt nach Ansicht des BAG den Ersatzanspruch nicht von vornherein aus, ist aber in entsprechender Anwendung des § 254 BGB zu berücksichtigen. Im Rahmen der nach § 254 BGB vorzunehmenden umfassenden Interessen- und Schadensabwägung zieht das BAG ergänzend die Grundsätze der priviligierten Arbeitnehmerhaftung heran, so daß nur bei leicht fahrlässiger Unfallverursachung eine Minderung des Ersatzanspruchs nicht eintritt.[508]  213

Die dargelegten Grundsätze gelten auch bei Mitgliedern des Betriebsrats, die im Zusammenhang mit ihrer Amtsausübung einen Schaden an ihrem Kfz erleiden.[509]

Eine völlige Haftungsfreizeichnung zugunsten des Arbeitgebers ist angesichts dieser Rechtsprechung zum innerbetrieblichen Schadensausgleich ausgeschlossen.[510]

Aus diesem Grunde wird eine differenzierende Haftungsregelung für angemessen gehalten.[511]

### b) Haftungsregelungen für Arbeitnehmer

Seit sich der sechste Zivilsenat des BGH der Rechtsauffassung des Großen Senats des BAG im Jahre 1993 angeschlossen hat,[512] gelten bei Pflichtverletzungen des Arbeitnehmers im Arbeitsverhältnis, **unabhängig von der ausgeübten Tätigkeit** folgende Haftungsgrundsätze:  214

Bei leichtester Fahrlässigkeit haftet der Arbeitnehmer nicht. Schäden, die ein Arbeitnehmer nicht grob fahrlässig verursacht hat, also **normaler Schuld** entsprechen, sind zwischen Arbeitgeber und Arbeitnehmer zu teilen, wobei die Gesamtumstände von Schadensanlaß und Schadensfolgen nach Billigkeitsgrundsätzen und Zumutbarkeitsgesichtspunkten gegeneinander abzuwägen sind.[513]

Bei **Vorsatz** haftet der Arbeitnehmer stets und bei **grober Fahrlässigkeit** in der Regel in vollem Umfang. Die Anforderungen für die Feststellung von Vorsatz oder grober Fahrlässigkeit sind hoch. Der Vorsatz muß sich auf den schädigenden Erfolg und nicht bloß auf den Pflichtenverstoß beziehen.[514]  215

---

504 Urt. v. 17.12.1968, AP Nr. 2 zu § 324 BGB; LAG Hamm, Urt. v. 06.12.1989, LAGE Nr. 19 zu § 611 BGB, Fürsorgepflicht.
505 § 1 Kap. 1 M 368.
506 BAG, Urt. v. 08.05.1980, EzA Nr. 14 zu § 670 BGB; AP Nr. 6 zu § 611 BGB, Gefährdungshaftung des Arbeitgebers; LAG Baden Württemberg, NZA 1992, 458.
507 BAG AP Nr. 6 zu § 611 BGB; Gefährdungshaftung des Arbeitgebers.
508 BAG, Urt. v. 11.08.1988, AP Nr. 7 zu § 611 BGB Gefährdungshaftung des Arbeitgebers; Urt. v. 20.04.1989, NZA 1990, 27.
509 BAG, Urt. v. 03.03.1983, AP Nr. 8 zu § 20 BetrVG.
510 *Hanau/Preis*, Der Arbeitsvertrag, II H 30, Rn 28.
511 Beispiel: Muster 1130, § 2 Abs. 2, in diesem Buch § 1 Kap. 1 M 456.
512 BGH, Beschl. v. 23.09.1993, DB 1994, 428; siehe auch *Hümmerich*, der Arbeitgeber, 1996, 212.
513 BAG, Urt. v. 24.11.1987, AP Nr. 93 zu § 611 BGB, Haftung des Arbeitnehmers.
514 BAG, Urt. v. 09.11.1967, AP Nr. 11 zu § 67 VVG; Urt. v. 18.06.1970, AP Nr. 57 zu § 611 BGB, Haftung des Arbeitnehmers.

Deklaratorische Klauseln, die die dargestellte Rechtslage wiederholen, erübrigen sich, wenngleich sie sich in zahlreichen Arbeitsverträgen wiederfinden.

**216** Die jetzige Rechtsprechung des BAG zur Haftung des Arbeitnehmers ist grundsätzlich nicht dispositiv, auch wenn sich in diesem Sinne bislang nur die Literatur[515] geäußert hat. Eine Verschiebung des Haftungsrisikos zu Lasten des Arbeitnehmers dürfte allerdings zulässig sein, wenn dem Arbeitnehmer im Gegenzug ein entsprechender und als solcher klar ausgewiesener **Risikoausgleich** neben dem Arbeitsentgelt gewährt wird.[516] Wirksam dürften deshalb haftungsverschärfende Klauseln wie im Muster 1168,[517] § 2 sein, die eine Prämie als Zuschlag auf das monatliche Bruttogehalt wegen der Übernahme eines Haftungsrisikos vorsehen.

Das LAG Düsseldorf[518] eröffnet bei der Vertragsgestaltung auch insoweit einen Regelungsspielraum, als es gestattet, die Haftungssumme von vornherein unabhängig vom Verschuldensgrad der Höhe nach zu begrenzen.

**217** Zulässig sind auch **Haftungshöchstsummen** in Arbeitsverträgen. Psychologisch hilfreich sind derartige Klauseln im Verhältnis zu Arbeitnehmern, die im Rahmen ihrer betrieblichen Tätigkeit mit erheblichen Werten zu tun haben und sich damit ständig dem Risiko existenzbedrohender Schadensersatzforderungen ausgesetzt sehen.

Die teilweise erwogene[519] Herausnahme der leitenden Angestellten aus dem Kreis derer, denen die Haftungserleichterungen der Arbeitsrechtsprechung zu Gute kommen, wird vom BAG nicht mitgetragen.[520] Sonderregelungen zur Haftung leitender Angestellter in Arbeitsverträgen können daher nicht empfohlen werden.

**218** Unbefriedigend ist, daß das Arbeitsrecht keine Gewährleistungsregelungen wie das Kauf- oder Werkvertragsrecht enthält.[521] Die qualitative **Schlechtleistung** des Arbeitnehmers ist daher gesetzlich ohne Sanktionsregelung. Die Schlechterfüllung der Arbeitspflicht erweist sich damit nicht als ausgewogener Haftungstatbestand für Arbeitnehmer. Zwar ist der Arbeitnehmer nach der Rechtsprechung verpflichtet, die Arbeit unter Anspannung der ihm möglichen Fähigkeiten ordnungsgemäß zu verrichten und dabei konzentriert und sorgfältig zu arbeiten.[522] Die schuldhafte Schlechtleistung berechtigt den Arbeitgeber aber grundsätzlich nicht zur Minderung des Vergütungsanspruchs.[523] Immerhin läßt das Bundesarbeitsgericht in der vorerwähnten Entscheidung eine arbeitsvertragliche Regelung, mit der ein Lohnminderungsrecht des Arbeitgebers begründet wird, zu. Aus diesem Grunde kann eine Klausel, wie sie in den Mustern 1016, § 1 Ziff. 3 oder 1018, § 4 Abs. 2[524] als Lohnminderungsvereinbarung vorgesehen ist, wirksam in den Vertragstext eingearbeitet werden.

Auch die arbeitsvertragliche Verpflichtung zur Nacharbeit angesichts von Schlechtleistungen wird vom Bundesarbeitsgericht ausdrücklich gebilligt.[525]

---

515 MünchKomm/*Söllner*, Vor § 329 BGB, Rn 9; *Schwerdtner*, Festschrift für Hilger/Stumpf, S. 644.
516 LAG Frankfurt, Urt. v. 05.09.1969, DB 1970, 888; ArbG Marburg, Urt. v. 01.07.1969, AuR 1970, 158.
517 § 1 Kap. 1 M 500.
518 Urt. v. 24.11.1965, BB 1966, 80.
519 BGH, Urt. v. 25.02.1969, VersR 1969, 474; Urt. v. 07.10.1969, AP Nr. 51 zu § 611 BGB, Haftung des Arbeitnehmers.
520 Urt. v. 11.11.1976, AP Nr. 80 zu § 611 BGB, Haftung des Arbeitnehmers.
521 *Hümmerich*, NJW 1998, 2625 ff.
522 *Erman/Hanau*, § 611 BGB, Rn 283.
523 BAG, Urt. v. 17.07.1970, AP Nr. 3 zu § 11 MuSchG 1968; Urt. v. 06.06.1972, AP Nr. 71 zu § 611 BGB, Haftung des Arbeitnehmers.
524 § 1 Kap. 1 M 369 und M 373.
525 Urt. v. 15.03.1960, AP Nr. 13 zu § 611 BGB, Akkordlohn.

### Verträge mit Arbeitnehmern, Gesellschaftsorganen und Selbständigen § 1

Eine Grauzone des Arbeitnehmer-Haftungsrechts bilden die Fälle der **Nichtleistung**, die Fälle des 219 Arbeitsvertragsbruchs. Eine diesbezügliche Regelung enthält Muster 1019,[526] Ziff. 14, das von *Hanau/Preis*[527] entwickelt wurde.

Auch an der Haftung für Schäden, die dem Arbeitgeber dadurch entstehen, daß der Mitarbeiter infolge **unentschuldigten Fehlens** vorübergehend nicht zur Arbeit erscheint, kann der Arbeitgeber ein Interesse haben. Zur zeitweiligen Nichterfüllung der Arbeitspflicht fehlt es allerdings derzeit noch an einer höchstrichterlichen Rechtsprechung über den Umfang der Haftung. Zu beachten ist ferner, daß der Arbeitgeber bei Arbeitsvertragsbruch unter Berücksichtigung der Umstände des Einzelfalls ein Recht zur außerordentlichen Kündigung haben kann, dessen Ausübung sich nicht einschränkend auf etwaige Schadensersatzansprüche gemäß § 628 Abs. 2 BGB auswirkt.

Den vollen Schadensersatz kann der Arbeitgeber bei geringfügig Beschäftigten nicht auf dem Umweg über eine vertraglich vereinbarte Haftungsabrede für den Fall der Nichtanzeige einer Nebentätigkeit erreichen.[528]

Mit der Klausel im Muster 1020,[529] § 16 Abs. 4 wird versucht, eine interessengerechte Haftungsregelung für Schlechtleistung, verbunden mit einer Haftungsbegrenzung auf die Anzahl von drei Monatsgehältern zu erreichen.

Die **Mankohaftung** nimmt im Zusammenhang mit der Haftung des Arbeitnehmers seit jeher einen 220 breiten Raum in Rechtsprechung und Schrifttum ein. Bei Banken und im Einzelhandel, immer dann, wenn Arbeitnehmer über Bargeld verfügen, ist die Mankoabrede von tragender Bedeutung. Verschiedene Wege sind in der Praxis der Vertragsgestaltung gewählt worden. So sind in Verträgen monatliche Geldbeträge oder prozentuale Zuschläge zum Arbeitsentgelt vereinbart worden, über die ein Risikoausgleich für den Fall der Eintrittspflicht begründet wird. Zum Teil wird zwischen verschuldensunabhängiger und verschuldensabhängiger Einstandspflicht noch eine Unterscheidungslinie gezogen. In anderen Fällen hat man versucht, über Beweislastvereinbarungen bei verschuldensabhängiger Haftung einen Interessensausgleich herbeizuführen. Auch wird zum Teil eine gemeinschaftliche Haftung mehrerer Mitarbeiter als Vertragsgestaltungsmittel gewählt. Die hierzu ergangene Rechtsprechung[530] ist unübersichtlich. Ebenso unklar war bis heute, in welchem Verhältnis die Grundsätze der Mankohaftung zu den **Grundsätzen der privilegierten Arbeitnehmerhaftung** stehen.[531]

In einem **Urteil vom 17.09.1998**[532] hat das **BAG** unter teilweiser Änderung seiner bisherigen Recht- 221 sprechung **wichtige Grundsätze zur Mankohaftung des Arbeitnehmers** aufgestellt: Danach darf eine Mankovereinbarung nur für Bereiche getroffen werden, bei denen der Arbeitnehmer alleinigen Zugang zu der Sache hat, die er selbständig verwaltet. Dazu soll gehören, daß der Arbeitnehmer wirtschaftliche Überlegungen anzustellen und Entscheidungen über die Verwendung der Sache zu treffen hat. Damit dürften Vereinbarungen über die Haftung für andere sowie Gruppenvereinbarungen regelmäßig unzulässig sein. Außerdem darf nach der neuen Rechtsprechung die Haftung aufgrund

---

526 § 1 Kap. 1 M 375 ff.
527 Der Arbeitsvertrag, II H 20, Rn 41.
528 Siehe Geringfügig Beschäftigte, § 1 Kap. 1 Rn 187 in diesem Buch; BAG, Urt. v. 18.11.1988, BB 1989, 847.
529 § 1 Kap. 1 M 378 ff.
530 BAG, Urt. v. 13.02.1974, EzA Nr. 21 zu § 611 BGB, Arbeitnehmerhaftung; BAG, Urt. v. 22.11.1973, EzA Nr. 133 zu § 626 n.F. BGB; BAG, Urt. v. 06.06.1984, EzA Nr. 8 zu § 282 BGB; Urt. v. 27.02.1970, EzA Nr. 23 zu § 276 BGB; Urt. v. 09.04.1957, AP Nr. 4 zu § 611 BGB, Haftung des Arbeinehmers.
531 BAG, Urt. v. 13.03.1964, AP Nr. 32 zu § 611 BGB, Haftung des Arbeitnehmers; Urt. v. 03.08.1971, AP Nr. 66 zu § 611 BGB, Haftung des Arbeitnehmers; LAG Bremen, Urt. v. 05.01.1955, AP Nr. 3 zu 611 BGB, Haftung des Arbeitnehmers; Urt. v. 29.01.1985, EzA Nr. 41 zu § 611 BGB, Haftung des Arbeitnehmers.
532 DB 1998, 2610.

einer Mankoabrede die Summe der gezahlten Mankogelder nicht übersteigen, wobei die Vereinbarung mittel- oder langfristiger Ausgleichzeiträume von z. B. einem Kalenderjahr aber zulässig sein soll. Zudem ist es nach Ansicht des BAG zulässig, Haftungsfälle wegen vorsätzlichen Verhaltens des Arbeitnehmers von der Anwendung der Mankoabrede auszunehmen.

In seiner Entscheidung vom 17.09.1998 hat das BAG darüber hinaus klargestellt, daß die Grundsätze über die Beschränkung der Arbeitnehmerhaftung auch gelten, wenn der Arbeitnehmer wegen einer im Zusammenhang mit der Verwahrung und Verwaltung eines ihm überlassenen Waren- oder Kassenbestandes begangenen positiven Vertragsverletzung in Anspruch genommen wird. § 282 BGB soll dann allerdings keine entsprechende Anwendung finden.

Interessengerecht und vertretbar ist die auch von *Hanau/Preis*[533] favorisierte **Mankohaftungsabrede**, die sich im Muster 1105, § 21 wiederfindet.

Dabei steht die Ausschlußklausel unter der Prämisse, daß eine Ausschlußregelung nicht nur für den Fall von Vorsatz zulässig ist (wie vom BAG ausdrücklich anerkannt) sondern auch für den Fall der groben Fahrlässigkeit.

### c) Arbeitnehmerhaftung bei Kfz-Schäden

222 Das BAG hat die Tätigkeit eines Kraftfahrers im allgemeinen als **gefahrengeneigt** angesehen[534] und die somit nunmehr für alle Haftungsfälle bei Arbeitnehmern gültigen Grundsätze bereits in der Vergangenheit uneingeschränkt angewendet.

Für die Höhe der Haftung kommt es nach der Rechtsprechung des BAG auf den Grad des Schuldvorwurfs an. Bei Vorsatz und grober Fahrlässigkeit hat der Arbeitnehmer in der Regel den vollen Schaden zu ersetzen.[535]

Da die herrschende Meinung die Haftungsrechtsprechung bei Schäden durch vom Arbeitnehmer mit Fahrzeugen des Arbeitgebers verursachte Verkehrsunfälle für nicht dispositiv hält,[536] bleibt für eine Gestaltung durch Arbeitsvertragsklauseln wenig Raum.

223 Nach der Rechtsprechung des BAG ist der Arbeitgeber gegenüber einem Arbeitnehmer, der ein **betriebseigenes Kfz** zu führen hat, sofern keine abweichenden arbeits- oder tarifvertraglichen Vereinbarungen gelten, grundsätzlich nicht verpflichtet, eine Kfz-Kaskoversicherung abzuschließen.[537] Der Arbeitgeber kann den Arbeitnehmer aber hierzu verpflichten.[538] Die Kfz-Haftpflichtversicherung ist bereits kraft Gesetzes abzuschließen.[539]

---

533 Der Arbeitsvertrag, II M 10, Rn 23.
534 Urt. v. 13.03.1968, 07.07.1970 und 18.12.1970, AP Nrn. 42, 59, 62 zu § 611 BGB, Haftung des Arbeitnehmers.
535 BAG, Urt. v. 12.10.1989, AP Nr. 27 zu § 611 BGB, Haftung des Arbeitnehmers; Urt. v. 13.03.1961, AP Nr. 24 zu § 611 BGB, Haftung des Arbeitnehmers; Urt. v. 13.03.1968, AP Nr. 42 zu § 611 BGB, Haftung des Arbeitnehmers; Urt. v. 30.10.1963, AP Nr. 30 zu § 611 BGB, Haftung des Arbeitnehmers.
536 Siehe die Nachweise bei *Hanau/Preis*, Der Arbeitsvertrag, II H 30, Rn 10; siehe ferner in diesem Buch das Muster 2190 (§ 3 Kap. 2 M 122).
537 BAG, Urt. v. 24.11.1987, AP Nr. 92 zu § 611 BGB, Haftung des Arbeitnehmers; Urt. v. 18.02.1966; AP Nr. 1 zu § 67 VVG.
538 Beispiel: Muster 1130, § 2 Abs. 2, in diesem Buch § 1 Kap. 1 M 456.
539 § 1 PflVG.

Gesonderte Haftungsklauseln bei Kfz-Schäden sind, wenngleich verschiedentlich in der Literatur vorgeschlagen,[540] ohne praktische Bedeutung und sollten allenfalls deklaratorisch in Kfz-Nutzungsverträge oder in Dienstverträge[541] zu Illustrationszwecken aufgenommen werden.

Verursacht der Arbeitnehmer einen Verkehrsunfall, so hat ihm der Arbeitgeber nach neuerer Rechtsprechung die Kosten der zweckentsprechenden Rechtsverteidigung auf der Basis der gesetzlichen Gebühren eines Rechtsanwalts zu erstatten, soweit er nicht die Kosten einer hierfür geeigneten Rechtsschutzversicherung übernommen hat.[542]

## 23. Herausgaberegelungen

**Arbeitsmittel**, die dem Mitarbeiter im Zuge des Arbeitsverhältnisses überlassen werden wie Dienstwagen, Werkzeuge, Taschenrechner, Computer, Drucker, Fax oder Handy, bleiben nach der Übergabe im Eigentum des Arbeitgebers.

224

Der Arbeitnehmer ist hinsichtlich derartiger, ihm zur Verfügung gestellter Arbeitsmittel **Besitzdiener**, übt die tatsächliche Gewalt über Sachen aus, hat die Sachherrschaft aber nach den Weisungen des Arbeitnehmers vorzunehmen.[543] Verweigert der Arbeitnehmer die Herausgabe, so liegt hierin ein Besitzentzug durch verbotene Eigenmacht, § 858 BGB. In diesem Fall besteht ein Herausgabeanspruch des Arbeitgebers gegen den Arbeitnehmer aus §§ 861, 862 BGB und ggfs. aus § 985 BGB.[544]

Selbst wenn sich ein Chefarzt Aufzeichnungen in seinen ärztlichen Karteien, in Akten, im Computer oder in sonstigen Dokumenten, die auch noch wissenschaftlich ausgewertet werden sollen, gefertigt hat, handelt es sich um Unterlagen des Arbeitgebers, die nach den erwähnten Ansprüchen aus dem Eigentümer-Besitzer-Verhältnis an den Arbeitgeber zurückzugeben sind, sobald das Arbeitsverhältnis beendet ist.[545] Insofern bedarf es keiner gesonderten Regelung im Arbeitsvertrag.

225

Sogar eine Klausel, wonach Zurückbehaltungsrechte des Arbeitnehmers ausgeschlossen sind, ist überflüssig, weil der Arbeitnehmer an den Sachen des Arbeitgebers keine Zurückbehaltungsrechte ausüben kann.[546] Herausgaberegelungen sollten im Arbeitsvertrag allein im Hinblick auf Gegenstände, bei denen späterhin die Eigentumsrechte unklar sein könnten oder im Hinblick auf Dienstwagen, die auch zur privaten Nutzung überlassen sind, getroffen werden.

## 24. Incentiv-Klauseln

Durch eine Incentiv-Klausel, wie im Muster 1101[547] will der Arbeitgeber besondere Verkaufserfolge bei Vertriebsmitarbeitern oder sonstige besondere Leistungen einzelner Arbeitnehmer oder Arbeitnehmergruppen belohnen.[548] An die einmal ausgelobten oder angebotenen Leistungsvoraussetzun-

226

---

540 Siehe *Hanau/Preis*, Der Arbeitsvertrag, II H 30, Rn 5 ff.
541 Siehe unten § 2 Kap. 2.
542 BAG, Urt. v. 16.03.1995, NZA 1995, 836.
543 BGH, Urt. v. 24.04.1952, LM Nr. 2 zu § 1006 BGB; *Schaub*, § 114 I 1.
544 LAG Berlin, Urt. v. 26.05.1986, DB 1987, 542; ArbG Marburg, Urt. v. 05.02.1969, DB 1969, 2041.
545 *Schaub*, § 114 II, 2; MünchKomm-*Quack*, § 950, Rn 34.
546 *Hanau/Preis*, Der Arbeitsvertrag, II H 40, Rn 12.
547 § 4 Abs. 5, in diesem Buch § 1 Kap. 1 M 433.
548 Siehe LAG Düsseldorf, Urt. v. 07.02.1990, DB 1990, 844.

gen ist der Arbeitgeber gem. § 657 BGB **gebunden**. Derjenige Arbeitnehmer, der die Leistungsvoraussetzungen erfüllt, erwirbt einen Rechtsanspruch auf die Incentiv-Reise.

227  Hat der Arbeitgeber in einem Begleitschreiben dem Mitarbeiter mitgeteilt, daß die gesamte Reise auf Firmenkosten gehe, übernimmt er die Verpflichtung, die auf den Arbeitnehmer entfallende Lohn- und Kirchensteuer zu übernehmen, wenn sich später herausstellt, daß die Reisekosten vom Finanzamt nicht als Betriebsausgaben anerkannt werden.[549] Dementsprechend enthält das Muster 1101 in § 4 Abs. 5 Satz 3 von vornherein klarstellend eine Verpflichtung der Firma, etwaig anfallende Lohn- und Kirchensteuer zu tragen. Nimmt ein Arbeitnehmer selbst, beispielsweise bei einem Lieferanten, an Incentiv-Wettbewerben teil, steht die Incentiv-Reise dem Arbeitgeber und nicht etwa seinem für die Sachbearbeitung zuständigen Mitarbeiter zu.[550] Die Auslobung einer Incentiv-Reise ist Teil der betrieblichen Lohngestaltung und deshalb mitbestimmungspflichtig nach § 87 Abs. 1 Nr. 10 BetrVG.[551]

### 25. Kollektivrechtlicher Bezug

228  In **Flächen-** oder **Haustarifvertrags-Branchen**, in denen die Rechte und Pflichten zwischen den Arbeitsvertragsparteien mit hoher Dichte durch Tarifvertrag geregelt sind, bleibt für die individualarbeitsrechtliche Ebene des Arbeitsvertrages nur wenig Raum. Der Gestaltungsspielraum reduziert sich auf seltene Sonderfragen. Die Vereinbarung weitgehend inhaltsleerer Arbeitsverträge ist die Folge der Regulierungstiefe durch Tarifverträge. Mit dem Nachweisgesetz steht diese Ausnahme in Einklang, § 2 Abs. 2 NachwG. Auf die Formvorschriften des Nachweisgesetzes kann verzichtet werden, wenn auf die einschlägigen Tarifverträge, Betriebs- oder Dienstvereinbarungen hingewiesen wird.

229  Wer den Wortlaut eines Arbeitsvertrages in einem Betrieb mit Betriebsrat gestaltet, stellt sich die Frage, in welchem Umfang der Betriebsrat am Wortlaut oder am Inhalt des Arbeitsvertrages mitbestimmen oder mitwirken kann. Das Betriebsverfassungsgesetz enthält grundsätzlich **keine Mitbestimmungs- oder Mitwirkungsrechte des Betriebsrats**, die sich auf den Wortlaut des Arbeitsvertrages beziehen. Eine Ausnahme bilden die **persönlichen Angaben** in schriftlichen Arbeitsverträgen. Gem. § 94 Abs. 2 BetrVG erstreckt sich das Mitbestimmungsrecht zum Inhalt von Personalfragebögen auch auf die persönlichen Angaben des Arbeitnehmers in schriftlichen Arbeitsverträgen.[552] Das Mitbestimmungsrecht des Betriebsrats besteht nur für persönliche Angaben des Arbeitnehmers in Formularverträgen, also lediglich insoweit, als es sich um einen Personalfragebogen im Gewand eines Formlarvertrages handelt. Es gibt dem Betriebsrat kein Recht zur Mitgestaltung der Arbeitsverträge, d. h. der Gestaltung der Arbeitsbedingungen, auch soweit es sich um sog. Allgemeine Arbeitsbedingungen handelt, die vertragseinheitlich für alle Arbeitnehmer festgelegt werden.[553] Im Rahmen des Zustimmungsverfahrens nach § 99 BetrVG ist der Arbeitgeber auch nicht verpflichtet, dem Betriebsrat Auskunft über den Inhalt des Arbeitsvertrages zu geben, den er mit dem Bewerber abschließen will oder bereits abgeschlossen hat.[554] Der Überwachungsauftrag des Betriebsrat in § 80 Abs. 1 Nr. 1 BetrVG begründet keinen Anspruch des Betriebsrats auf Feststellung der Unvereinbarkeit von Vertragsklauseln in Formulararbeitsverträgen mit gesetzlichen Normen.[555]

---

549 LAG Düsseldorf, Urt. v. 07.02.1990, DB 1990, 844.
550 BAG, Urt. v. 12.03.1997, NJW 1997, 2903.
551 Siehe auch BAG, Urt. v. 10.07.1979, DB 1979, 2497; BAG, Urt. v. 30.03.1982, DB 1982, 1519.
552 Siehe hierzu *Hümmerich*, RdA 1979, 143; *ders.*, DB 1978, 1932.
553 *Fitting/Kaiser/Heither/Engels*, § 94 BetrVG Rn 27; *MünchArb/Matthes* § 339 Rn 6; *Richardi*, BetrVG, § 94 Rn 48.
554 BAG, Urt. v. 18.10.1988, AP Nr. 57 zu § 99 BetrVG 1972; *Richardi*, BetrVG, § 99 Rn 146; *Preis*, Grundfragen der Vertragsgestaltung im Arbeitsrecht, 141.
555 BAG, Urt. v. 10.06.1986, EzA § 80 BetrVG 1992, Nr. 26.

Auch besteht kein Anspruch des Betriebsrats auf Vorlage der ausgefüllten Arbeitsverträge, um die Einhaltung des Nachweisgesetzes kontrollieren zu können,[556] jedenfalls wenn er das Muster des im Betrieb verwendeten Vertragsformulartextes kennt. Inwieweit der Beschluß vom 29.10.1999 in Wahrheit den Überwachungsrahmen des Betriebsrats erweitert, weil auf die Kenntnis des Betriebsrates von den im Betrieb verwendeten Formulartexten abgestellt würde, bleibt abzuwarten. Die Beschlußbegründung liegt noch nicht vor.

Zwischen den Mitbestimmungsrechten des Betriebsrats und der individualarbeitsrechtlichen Wirkung des Arbeitsvertrages gibt es keine Verbindungslinien. Der Arbeitsvertrag ist auch dann wirksam, wenn bei der Einstellung das Mitbestimmungsrecht des Betriebsrats nach § 99 BetrVG verletzt wurde und der Arbeitnehmer nicht beschäftigt werden darf.[557]

### 26. Kündigung vor Dienstantritt

In den meisten Arbeitsverträgen, so auch in den Mustern 1100,[558] § 1 Abs. 1 Satz 2 oder 1107,[559] § 1 Satz 2 ist der Satz „Vor Beginn des Arbeitsverhältnisses ist die ordentliche Kündigung ausgeschlossen" enthalten.

230

Diese Klausel hat heute oft die Funktion eines Bluffs. Schadensersatz im Falle des Nichtantritts der Stelle kann vom Arbeitnehmer meist deshalb nicht begehrt werden, da der Arbeitnehmer den Arbeitgeber auf ein **rechtmäßiges Alternativverhalten** verweisen kann[560]: Der Arbeitgeber muß nachweisen, daß beispielsweise die erneuten Zeitungsinseratskosten nicht entstanden wären, wenn der Arbeitnehmer während der Probezeit gekündigt hätte. Dieser Beweis kann kaum gelingen. Das vorvertragliche Verbot ordentlicher Kündigung ist deshalb im Ergebnis wirkungslos, wenn nicht die Kosten einer Ersatzkraft in den ersten 14 Tagen des Arbeitsverhältnisses geltend gemacht werden, die tatsächlich (beispielsweise über ein Zeitarbeitsunternehmen) beschäftigt wurde. Außerordentliche Kündigungen können vorvertraglich nicht ausgeschlossen werden.

Geltend machen kann der Arbeitgeber solche Schäden, die durch den Arbeitsvertragsbruch des Mitarbeiters entstanden sind.[561] Als Schadensposten kommen der **entgangene Gewinn**[562] und **Mehrkosten für eine Ersatzkraft**[563] in Betracht, wobei der Zeitraum bis zur frühestmöglichen Beendigung des Arbeitsverhältnisses in der Probezeit, mithin meist vierzehn Tage, zugrunde zu legen sind. Die Schadensberechnung ist aber derart kompliziert und in vielen Fällen aufgrund der in der Probezeit vorgesehenen Anlernphase kaum darstellbar, ebensowenig wie für diesen Zeitraum eine Ersatzkraft beschafft werden kann, so daß auch insoweit der Schadensersatzanspruch meist ins Leere läuft.

231

Im übrigen ist es aus personalwirtschaftlichen Gründen wenig sinnvoll, einen Mitarbeiter oder eine Mitarbeiterin, die vor Beginn des Arbeitsverhältnisses gekündigt hat, tätig werden zu lassen. Die Motivation eines solchen Mitarbeiters ist gering, der Schaden kann beträchtlich sein. Aufwand und Unruhe im Betrieb sprechen für einen Verzicht auf die Beschäftigung.

232

---

556 BAG, Beschl. v. 19.10.1999 – 1 ABR 75/98 (noch unveröffentlicht).
557 BAG, Urt. v. 02.07.1980, AP Nr. 5 zu § 101 BetrVG 1972; GK-*Kraft*, § 99 BetrVG Rn 123; *Richardi*, § 99 BetrVG Rn 282; *Raab*, ZfA 1995, 479; a. A.: *Fitting/Kaiser/Heither/Engels*, § 99 BetrVG Rn 64 a; *Boewer*, RdA 1974, 72; *Hanau*, RdA 1973, 281 (289).
558 § 1 Kap. 1 M 427 ff.
559 § 1 Kap. 1 M 446 ff.
560 BAG, Urt. v. 26.03.1981, NJW 1981, 2430.
561 *Berger-Delhey*, DB 1989, 380.
562 *Küttner/Griese*, Personalbuch 1997, Vertragsbruch, Rn 5.
563 BAG, Urt. v. 29.05.1975, AP Nr. 8 zu § 628 BGB.

Zwar läßt sich die vorvertragliche Kündigungsvereinbarung über ein **Vertragsstrafeversprechen**[564] verstärken. In solchen Fällen, in denen die Vertragsstrafe den Mitarbeiter von der Nichtaufnahme der Tätigkeit abhalten könnte, ist allerdings damit zu rechnen, daß der Mitarbeiter zunächst die Arbeit aufnimmt, die Kündigung ausspricht und danach das Arbeitsverhältnis fristgerecht während der Probezeit beendet. Ein Gesamtvorsatz läßt sich nicht nachweisen, ist aber auch rechtlich unerheblich.

## 27. Kündigungsgründe

233 Bei *Hanau/Preis*[565] werden vier Texte für die Vereinbarung eines **außerordentlichen Kündigungsrechts** diskutiert. Diese Texte, von denen die Formulierung a) der Schrift von *Schaub*[566] und die Formulierung b) dem Buch von *Hohn* (S. 29) entstammen, haben folgenden Wortlaut:

a) „Ein Bruch der Verschwiegenheit gilt als eine erhebliche Vertragsverletzung, die zur außerordentlichen Kündigung berechtigt."

b) „Ist der Arbeitnehmer für längere Zeit als sechs Monate nicht in der Lage, seinen vertraglichen Pflichten nachzukommen, liegt ein Grund zur außerordentlichen Beendigung des Vertragsverhältnisses vor."

c) „Als wichtige Gründe zur außerordentlichen Kündigung werden insbesondere folgende Verstöße vereinbart:

(1) Jeglicher Genuß alkoholischer Getränke während der Arbeitszeit (einschließlich der Pausen) in den Betriebsräumen bzw. auf dem Betriebsgelände. Dem steht der Dienstantritt unter Einfluß von Alkohol gleich,

(2) jede Entwendung, auch kleinster Mengen von den in unserem Besitze befindlichen Gütern,

(3) das Unterlassen der entsprechenden Mitteilung an uns, wenn Sie davon Kenntnis haben, daß ein(e) andere(r) Angestellte(r) Ware oder Geld entwendet hat."

d) „Ein wichtiger Grund zur fristlosen Entlassung ist insbesondere gegeben:

(1) bei groben Verstößen anderen Belegschaftsmitgliedern gegenüber,

(2) bei falschen Angaben über die eigenen Personalien,

(3) bei wiederholten Verstößen gegen die Arbeitsordnung und betrieblichen Bestimmungen trotz Verwarnung oder Verweis,

(4) bei einem Verstoß gegen Ziffer 10 Abs. 4 der Arbeitsordnung,

(5) bei wiederholtem oder längerem unentschuldigten Fehlen,

(6) bei groben Verstößen gegen Unfallverhütungsvorschriften sowie bei vorsätzlicher oder grob fahrlässiger Gefährdung von Menschen, Material oder Anlagen,

(7) bei Hereinbringen oder Genuß alkoholischer Getränke innerhalb des Werkes,

---

564 Siehe hierzu Vertragsstrafen, § 1 Kap. 1 Rn 318 ff.
565 Der Arbeitsvertrag, II K 40, Rn 6.
566 Formularsammlung, S. 22.

(8) bei Weigerung, sich der Kontrolle über etwaiges Vorhandensein von Werkseigentum oder sonstiger unrechtmäßig mitgeführter Gegenstände zu unterwerfen,

(9) bei unbefugter Mitteilung oder Aushändigung von Patenten, Geschäftsgeheimnissen, sonstigen Geschäftsunterlagen und ähnlichem an Dritte."

Grundsätzlich gilt, daß sich Kündigungsgründe im Arbeitsvertrag nicht vereinbaren lassen, weil ansonsten die in § 622 BGB festgelegten Mindestkündigungsfristen umgangen werden könnten.[567] Außerdem könnte die wirksame Vereinbarung außerordentlicher Kündigungsgründe zur Folge haben, daß es auf die abschließende Interessenabwägung in der zweiten Stufe der Rechtsprüfung durch das Bundesarbeitsgericht nicht mehr ankommen würde, weshalb die absolute Vereinbarung außerordentlicher Kündigungsgründe für ausgeschlossen gehalten wird.[568] Selbst die grundlegende Leistungsstörung der Inhaftierung eines Mitarbeiters läßt sich nicht als Kündigungsgrund vereinbaren.[569]

234

Andererseits läßt eine hinreichend bestimmte Umschreibung von Sachverhalten, die von den Parteien als in hohem Maße kündigungsrelevant angesehen werden, die Erkenntnis zu, daß jedenfalls zwischen den Parteien arbeitsvertraglich Einigkeit besteht, daß diese Sachverhalte bei der Eigenart des Arbeitsverhältnisses als Gründe für eine sofortige Lösung des Arbeitsverhältnisses angesehen werden.[570] Da die vereinbarten Kündigungsgründe **Verhaltensgebote** enthalten, ist die Androhungs- und Warnfunktion arbeitsvertraglich bereits erfüllt und es bedarf nach von *Hanau/Preis*[571] unter Hinweis auf die Rechtsprechung[572] vertretener Auffassung in diesen Fällen keiner **Abmahnung** mehr. Die Ansicht der Autoren ist insoweit nicht ganz stringent, weil gleichzeitig geäußert wird, die aufgeführten Klauseln enthielten keine antizipierten Abmahnungen.

235

Für effizienter wird gehalten, im Arbeitsvertrag konkrete Vertragspflichten sorgfältig und genau zu umschreiben und die damit erfüllte Hinweisfunktion im Falle einer Pflichtverletzung zur Begründung einer uU außerordentlichen oder ordentlichen Kündigung heranzuziehen.[573] Im übrigen sei auf die Schrift von *Kramer*[574] verwiesen.

### 28. Kündigungsfristen

Aufgrund des Urteils des BVerfG vom 30.05.1990[575] hat der Gesetzgeber die Kündigungsfristen von Angestellten und Arbeitern vereinheitlicht und gleichzeitig in § 622 BGB neu geregelt. Das Gesetz sieht für beide Arbeitnehmergruppen eine einheitliche **Grundkündigungsfrist** von vier Wochen zum 15. oder zum Ende eines Kalendermonats vor. Von dieser Grundkündigungsfrist gibt es Ausnahmen. Zunächst einmal erhöht sich die Grundkündigungsfrist für den Arbeitgeber ab dem dritten Beschäftigungsjahr. § 13 in Muster 1020[576] enthält die wörtliche Übernahme der gesetzlichen Verlängerungs-

236

---

567 BAG, Urt. v. 22.11.1973, EzA Nr. 33 zu § 622 BGB; KR/*Hillebrecht*, § 622 BGB, Rn 43.
568 Siehe hierzu bereits oben Rn 3.
569 BAG, Urt. v. 20.11.1997 – 2 AZR 805/96 (unveröffentlicht).
570 LAG Düsseldorf, Urt. v. 22.12.1970, DB 1971, 150.
571 Der Arbeitsvertrag, II K 40, Rn 9.
572 BAG, Urt. v. 10.11.1988, NZA 1989, 633.
573 Beispiel: Muster 1128, Ziffern 7 und 22, in diesem Buch § 1 Kap. 1 M 452 ff.; Muster 1157, § 2 oder 1169, Ziff. 9.3, § 1 Kap. 1 M 486, 501 ff.
574 Kündigungsvereinbarungen im Arbeitsvertrag, 1994, S. 57 ff.
575 DB 1990, 1565.
576 In der ersten Auflage: Muster 4020.

regelung für Kündigungsfristen. Durch Bezugnahme mit Hilfe einer Jeweiligkeitsklausel auf die gesetzliche Regelung wird in zahlreichen Mustern § 622 BGB ebenfalls vereinbart.[577]

**237** Die gesetzliche Grundkündigungsfrist läßt sich zunächst einmal einzelvertraglich nur in zwei Fällen **verkürzen**, nämlich nach § 622 Abs. 5 BGB dann, wenn es sich um eine vorübergehende **Aushilfstätigkeit** handelt, oder dann, wenn der Arbeitgeber nicht mehr als zwanzig Arbeitnehmer beschäftigt. In solchen **Kleinunternehmen** empfiehlt es sich, um eine Verlängerung der Kündigungsfristen zu verhindern, der Satz „Die Kündigungsfrist beträgt vier Wochen", dann jedenfalls, wenn man kein Interesse an einer längerfristigen Bindung von Mitarbeitern hat.

Für **Aushilfsarbeitsverhältnisse** wird eine Kündigungsfrist von fünf Tagen vorgeschlagen,[578] wenngleich § 622 Abs. 5 Nr. 1 BGB auch eine fristlose ordentliche Kündigung ermöglichen dürfte.[579]

Nicht mehr um Aushilfsarbeitsverhältnisse handelt es sich, wenn der Zeitraum von drei Monaten überschritten ist. Wird ein Aushilfsarbeitsverhältnis über die Dauer von drei Monaten fortgesetzt, werden Vereinbarungen über Kündigungsfristen unwirksam, wenn sie den gesetzlichen Kündigungsfristen widersprechen.[580] In einem solchen Falle tritt nach Ablauf von drei Monaten die gesetzliche Kündigungsfrist in Kraft.[581]

**238** Von der gesetzlichen Grundkündigungsfrist kann, auch zu Ungunsten des Arbeitnehmers, abgewichen werden, wenn der **Tarifvertrag** eine anderweitige Regelung enthält, die den Anforderungen der Rechtsprechung genügt.[582] Zu einer solchen Abweichung kann es auch kommen, wenn im Arbeitsvertrag auf den Tarifvertrag Bezug genommen wurde. Nach Auffassung von Bauer[583] umfaßt die Tarifdispositivität sowohl die Verlängerung als auch die Verkürzung der gesetzlichen Grundkündigungsfrist.

**239** Die Kündigungsfrist in der **Probezeit** beträgt nach § 622 Abs. 3 BGB vierzehn Tage. Entsprechendes findet sich in zahlreichen Arbeitsvertragsmustern. Längere Kündigungsfristen als die gesetzliche Grundkündigungsfrist oder die verlängerten gesetzlichen Kündigungsfristen können zwischen Arbeitgeber und Arbeitnehmer weiterhin vereinbart werden.[584]

Insbesondere bei **Führungskräften** empfehlen sich Verlängerungen. Musterverträge für leitende Angestellte sehen deshalb eine entsprechende Verlängerung vor.[585] Eine kleine Variante zum Regelfall bilden Probezeitverlängerungsklauseln, die sich an der Anzahl der Fehltage in der Probezeit anlehnen.[586]

Die Verlängerung der gesetzlichen Kündigungsfrist ist, soweit sich der Arbeitgeber bindet, unbeschränkt, während für den Arbeitnehmer nur eine Bindung von maximal fünfeinhalb Jahren zulässig ist. Der Zeitraum von fünfeinhalb Jahren ergibt sich aus einer Zusammenschau des § 624 BGB

---

577 Vgl. Muster 1014, § 6 Abs. 3, in diesem Buch § 1 Kap. 1 M 366 oder 1138, § 7, in diesem Buch § 1 Kap. 1 M 464.
578 Siehe Muster 1107, § 7 Abs. 4, in diesem Buch § 1 Kap. 1 M 446.
579 BAG, Urt. v. 22.05.1986, DB 1986, 2548; *Erman/Hanau*, § 622 BGB, Rn 40; MünchKomm/*Schwerdtner*, § 622 BGB, Rn 56.
580 KR/*Hillebrecht*, § 622 BGB, Rn 177.
581 *Erman/Hanau*, § 622 BGB, Rn 38.
582 § 622 Abs. 4 Satz 1 BGB.
583 NZA 1993, 495.
584 § 622 Abs. 5 Satz 3 BGB.
585 Siehe Muster 1069, § 14 a, in diesem Buch § 1 Kap. 1 M 401 ff. oder 1077, § 8, in diesem Buch § 1 Kap. 1 M 408 f.
586 Muster 1141, § 1 Abs. 2 – Arbeitsvertrag eines Verbandsgeschäftsführers, § 1 Kap. 1 M 469 ff.

Sätze 1 und 2.[587] Gaul[588] hält nur eine Bindung von bis zu einem Jahr für mit § 138 Abs. 1 BGB, Art. 12 Abs. 1 GG vereinbar.

Die Rechtsprechung ist in dieser Frage noch nicht zu einer abschließenden Entscheidung gekommen.[589] Es wird geraten, maximal eine Kündigungsfrist von einem Jahr vorzusehen – auch bei Führungskräften,[590] wenn man diese Frist dann noch verlängern will, als Kündigungszeitpunkt jeweils den 31.12. und den 30.06. eines Jahres zu wählen.

Beim Wechsel innerhalb eines Konzerns kann es sich empfehlen, frühere Beschäftigungszeiten des Arbeitnehmers anrechnen zu lassen und einen entsprechenden Zusatz in den Arbeitsvertrag aufzunehmen. Die verlängerten Kündigungsfristen gelten generell nur für den Arbeitgeber. Der Arbeitgeber ist jedoch befugt, vertraglich vereinbarte verlängerte Kündigungsfristen für den Arbeitnehmer vorzusehen. Dementsprechend sind verschiedene Arbeitsverträge für leitende Angestellte formuliert. Eine einzelvertragliche Anpassung der arbeitnehmerseitigen Kündigungsfrist an die grundsätzlich nur für den Arbeitgeber geltenden verlängerten Kündigungsfristen des § 622 Abs. 2 BGB verstößt nicht gegen § 622 Abs. 5 BGB.[591] Es gibt allein ein Verbot ungünstigerer Regelungen zu Lasten des Arbeitnehmers.

240

### 29. Kurzarbeitsklauseln

Tarifverträge, Betriebsvereinbarungen oder Regelungsabrede schaffen im allgemeinen die arbeitsrechtliche Grundlage für die Einführung von Kurzarbeit. Die §§ 169 ff. SGB III[592] einschließlich der Kurzarbeitergeld-Anordnung des Verwaltungsrats der Bundesanstalt für Arbeit regeln die Voraussetzungen und den Umfang von Kurzarbeitergeld, das das Arbeitsamt an den Arbeitgeber zahlt und der Arbeitgeber im Verhältnis zum Arbeitnehmer leistet, meist bereits als Vorschußleistung wegen der Bearbeitungszeit bei den Arbeitsämtern. Die im Verhältnis zum Arbeitsamt notwendigen **Vorausetzungen**,[593] unter denen Kurzarbeitergeld gewährt wird, beinhalten nicht zugleich die individualarbeitsrechtliche Befugnis des Arbeitgebers, Kurzarbeit einzuführen. Besteht im Betrieb kein Betriebsrat und fehlt es auch an einer Tarifnorm, die den Arbeitgeber zur Einführung von Kurzarbeit generell oder im Einzelfall ermächtigt, bedarf es einer einzelvertraglichen Vereinbarung zur Einführung von Kurzarbeit oder einer Änderungskündigung.[594] Es ist zulässig, einzelvertraglich aus konkretem Anlaß oder bereits bei Abschluß des Arbeitsvertrages eine Kurzarbeitsklausel zu vereinbaren.[595] Selbst in **konkludenter Weise** können Kurzarbeitsklauseln mit Arbeitnehmern vereinbart werden.[596] In jedem Fall zu empfehlen ist deshalb eine Kurzarbeitsklausel in den Arbeitsverträgen mit gewerblichen Mitarbeitern etwa in der Weise, daß der Arbeitnehmer sich damit einverstanden erklärt, entsprechend den Weisungen des Arbeitgebers tatsächlich Kurzarbeit zu leisten, wenn und soweit das zuständige Arbeitsamt Kurzarbeitergeld zahlt.[597]

241

---

587 *Hanau/Preis*, Der Arbeitsvertrag, II K 30, Rn 22.
588 BB 1980, 1542.
589 BAG, Urt. v. 17.10.1969, AP Nr. 7 zu § 611 BGB, Treuepflicht.
590 Siehe Muster 1089, § 2b, in diesem Buch § 1 Kap. 1 M 413.
591 *Hanau/Preis*, Der Arbeitsvertrag, II K 30, Rn 63.
592 Früher: 63 ff. AFG.
593 Siehe §§ 169 ff. SGB III.
594 *Säcker/Oetker*, ZfA 1991, 131.
595 *Schaub*, § 47 I, 5.
596 LAG Düsseldorf, Urt. v. 14.10.1994, DB 1995, 682.
597 Siehe Muster 1060, § 4, Abs. 4, in diesem Buch § 1 Kap. 1 M 391; 1160, § 4, in diesem Buch § 1 Kap. 1 M 488.

## 30. Leiharbeitsverhältnisse

**242** Es mag selten vorkommen, daß in den Verträgen zwischen Verleiher und Leiharbeitnehmer[598] die Beschäftigung von **Bauarbeitern aus dem Ausland** zu berücksichtigen ist. In dem seltenen Fall, daß ausländische Leiharbeitnehmer nach Maßgabe der Entsenderichtlinie 96/71/EG von einem deutschen Verleiher an einer in Deutschland bestehenden Baustelle eines deutschen Bauträgers entliehen werden, ist zu beachten, daß das **Arbeitnehmerentsendegesetz** ab 01.01.1999 durch das Korrekturgesetz als unbefristete Regelung ausgestaltet wurde und ausdrücklich entgegen OLG Düsseldorf[599] die Anwendung auf inländische Arbeitgeber ermöglicht.[600] Durch das Entsendegesetz sollen die illegale Beschäftigung und das Lohndumping bekämpft werden. Die Bußgelder bei illegaler Beschäftigung und Verstößen gegen das Arbeitnehmerentsendegesetz (AEntG) wurden drastisch erhöht und die rechtlichen Rahmenbedingungen für die Kontrolltätigkeit der Behörden erweitert. Einzelheiten ergeben sich aus Art. 10 des Korrekturgesetzes.[601] Bei der Anwendung der Muster ist, falls der Entleihsachverhalt unter das Entsendegesetz fällt, zu berücksichtigen, daß die Mindestentgeltsätze einschließlich der Überstundensätze und die Dauer des Erholungsurlaubs, das Urlaubsentgelt und ein zusätzliches Urlaubsgeld nach Maßgabe der für allgemeinverbindlich erklärten Tarifverträge gelten.

Es spielt keine Rolle, ob die ausländischen Arbeitnehmer aus einem Mitgliedstaat der EU oder aus einem anderen Land stammen. Gleiches gilt für die Einbindung dieser Arbeitnehmer in die Urlaubskasse der Bauwirtschaft.[602]

**243** Bei der Vertragsgestaltung sollte bedacht werden, daß durch die Neuregelung des § 1a AEntG den Bauträger bzw. die Arbeitsgemeinschaft eine **weitgehende Haftung** für die Verpflichtungen des Generalunternehmers, des Bauunternehmers und des Verleihers trifft. Der Auftraggeber haftet künftig wie ein Bürge, der auf die Einrede der Vorausklage verzichtet hat.[603]

Es erscheint hilfreich, wenngleich nicht erforderlich, in den Mustern über die Verleihung ausländischer Arbeitnehmer im Baugewerbe ausdrücklich auf die Haftung hinzuweisen. Ausgeschlossen dürfte sein, sich durch Vertragsgestaltung von der Haftung gemäß § 1a AEntG zu entziehen.

## 31. Nebentätigkeit

**244** Die Arbeitsvertragstexte machen meistens die Übernahme einer Nebentätigkeit von der vorherigen, **schriftlichen Zustimmung der Firma** abhängig. So auch verschiedentlich in der Vorauflage.[604]

Nunmehr wird als Nebentätigkeitsklausel generell die Formel von *Hanau/Preis*[605] favorisiert. In der Praxis erfreuen sich weiterhin absolute und eingeschränkte Nebentätigkeitsverbote großer Beliebtheit. Der Arbeitgeber hat ein Interesse daran, daß der Mitarbeiter in ausreichendem Maße Zeit für ein vollschichtiges Arbeitsverhältnis und im übrigen auch in ausreichendem Umfang Ruhe- und Regenerationsphasen zur Verfügung hat. Zeit-, Leistungs- und Wettbewerbsinteressen führen dazu, daß der Arbeitgeber Nebentätigkeiten bevorzugt nur in geringem Umfang gestattet. Insofern bauen absolute

---

598 Muster 1355, in diesem Buch § 1 Kap. 1 M 528 f., und 1356, in diesem Buch § 1 Kap. 1 M 530 ff.
599 NZA 1998, 1286; siehe auch *Hanau*, NZA 1998, 1249.
600 § 1 Abs. 2a AEntG n. F.
601 Gesetz zu Korrekturen in der Sozialversicherung und zur Sicherung der Arbeitnehmerrechte, BGBl. I 1998, 3843, 3850 ff.
602 So bereits kritisch vor in Kraft treten des Gesetzes *Gaul*, DB 1998, 2472.
603 § 1a Abs. 1 S. 1 AEntG n.F.
604 Beispielsweise Muster 4020, § 12, in diesem Buch § 7 Kap. 2 M 207.
605 Der Arbeitsvertrag, II N 10, Rn 49.

**Verträge mit Arbeitnehmern, Gesellschaftsorganen und Selbständigen** § 1

Nebentätigkeitsverbote, die jede Nebentätigkeit von der **Zustimmung des Arbeitgebers** abhängig machen, psychologische Hürden für den Arbeitnehmer auf, selbst für solche Nebentätigkeiten nicht beim Arbeitgeber nachzufragen, die er nach der Rechtsprechung ausüben darf.

Die Rechtsprechung hat allerdings unter dem Gesichtspunkt der Berufsfreiheit des Arbeitnehmers **absolute Nebentätigkeitsverbote** nicht für zulässig gehalten.[606] Sie geht vielmehr folgenden Weg: Nur dann, wenn der Arbeitgeber ein berechtigtes Interesse an einer Einschränkung von Nebentätigkeiten hat, darf er die Erlaubnis zur Ausübung von Nebentätigkeiten untersagen, insbesondere, wenn die Arbeitsleistung des Arbeitnehmers durch die Nebentätigkeit in irgendeiner Weise beeinträchtigt werden kann.[607] Die Nebentätigkeit kann auch versagt werden, wenn die beabsichtigte Beschäftigung dem Arbeitgeber oder dem Betrieb abträglich ist oder Arbeitgeberinteressen beeinträchtigt.[608] In diesem Sinne unbedenklich ist die Nebentätigkeitsklausel in Muster 1020, § 13; 1070, § 8 Abs. 1 und 2; 1143, § 1 Abs. 4.[609] Variationen zu diesem Klauselmuster enthalten die Muster 1100, § 13; 1140, § 12 und (vielleicht bereits zu weitgehend) 1088, Ziff. 9.[610]

245

Der Vorteil eingeschränkter und absoluter Nebentätigkeitsverbote besteht, worauf *Löwisch*[611] hingewiesen hat, darin, daß die von der Rechtsprechung vorgenommene Eingrenzung vertraglicher Nebentätigkeitsklauseln unter dem Gesichtspunkt der Wahrung der beruflichen Entfaltungsfreiheit des Arbeitnehmers nur den Genehmigungsvorbehalt betrifft, nicht aber die Pflicht des Arbeitnehmers, eine solche Nebentätigkeit zunächst einmal anzuzeigen und den Arbeitgeber zur Genehmigung aufzufordern. Damit der Arbeitgeber beurteilen kann, ob eine genehmigungspflichtige Nebentätigkeit vorliegt, kann er den Arbeitnehmer zur **Anzeige** verpflichten. In jeder eingeschränkten und absoluten Nebentätigkeitsklausel ist eine solche, den Umfang der Genehmigungspflicht unberührt lassende Anzeigepflicht enthalten. Der Mitarbeiter begeht demgemäß eine Pflichtverletzung, die zumindest zur Abmahnung berechtigt, wenn er seiner Anzeigepflicht nicht nachgekommen ist, unbeschadet der Tatsache, ob die Nebentätigkeitsklausel wirksam ist oder nicht.

### 31. Raucherklausel

Seit dem **Beschluß des 1. Senats vom 19.01.1999**[612] sind Arbeitgeber und Betriebsrat eines Unternehmens grundsätzlich berechtigt, ein **Rauchverbot für alle Betriebsräume** zu erlassen, sofern bei der Anordnung die gem. § 75 Abs. 2 BetrVG i. V. m. Art. 2 GG garantierte freie Entfaltung der Persönlichkeit aller im Betrieb beschäftigten Arbeitnehmer, also sowohl der Raucher als auch der Nichtraucher beachtet werde. Nicht die Erziehung des Rauchers zum Nichtraucher falle in den Zuständigkeitsbereich des Betriebsrats, sondern der Schutz der nichtrauchenden Arbeitnehmer vor gesundheitlichen Gefährdungen und Belästigungen durch Passivrauchen.

246

Das BAG hat ein Recht des Rauchers, im Betrieb seiner Leidenschaft nachzugehen, ausdrücklich anerkannt. In dem vom BAG entschiedenen Fall bestand auf dem Freigelände des Betriebes eine Rauchmöglichkeit.

---

606 *Hanau/Preis*, Der Arbeitsvertrag, II N C.
607 BAG, Urt. v. 06.09.1990, AP Nr. 47 zu § 615 BGB.
608 BAG, Urt. v. 26.08.1976, AP Nr. 68 zu § 626 BGB; Urt. v. 20.05.1988, WM 1988, 1524.
609 § 1 Kap. 1 M 381, M 405 und M 472.
610 § 1 Kap. 1 M 430, M 468 und M 412.
611 Anm. zu BAG, AP Nr. 68 zu § 626.
612 BAG, Beschl. v. 19.01.1999, NZA 1999, 546.

**247** Auch wenn hierzu noch keine höchstrichterliche Rechtsprechung besteht, so kann angesichts des Beschlusses des BAG vom 19.01.1999[613] individualrechtlich geregelt werden, was insoweit auch den Betriebspartnern möglich ist.[614] Zu beachten ist deshalb, daß es nicht ausreichend wäre, zwischen Arbeitgeber und Arbeitnehmer ein vollständiges Rauchverbot auf dem gesamten Betriebsgelände zu vereinbaren. In diesem Falle dürfte die freie Entfaltung der Persönlichkeit gem. Art. 2 Abs. 1 GG tangiert sein. Die Muster Raucherklausel[615] regelt deshalb das Raucherverhalten nach Maßgabe des Beschlusses des BAG vom 19.01.1999.

### 32. Salvatorische Klauseln

**248** In den Arbeitsverträgen der Vorauflage wurde weitgehend auf salvatorische Klauseln verzichtet. Nach der Rechtsprechung des BAG führen arbeitsvertragliche Verstöße gegen Schutzbestimmungen zugunsten des Arbeitnehmers grundsätzlich nicht über § 139 BGB zur Unwirksamkeit des Vertrages.[616] **Teilnichtigkeit** führt mithin bei mangelhaften oder rechtswidrigen Arbeitsvertragsklauseln nicht zur Gesamtnichtigkeit; vielmehr bedient sich die Rechtsprechung des § 139 2. Halbsatz BGB, wonach die Unwirksamkeitsvermutung entfällt, wenn das Rechtsgeschäft auch ungeachtet des nichtigen Teils so abgeschlossen worden wäre.

Teilnichtigkeitsklauseln, die besagen, daß die etwaige Unwirksamkeit einzelner Bestimmungen des Vertrages die Wirksamkeit der übrigen Vertragsbestimmungen unberührt läßt, wie sie verschiedene Arbeitsvertragsmuster[617] enthalten, sind daher rechtlich unbedenklich. Sie sind darüberhinaus gleichzeitig weitgehend überflüssig, weil die Rechtsprechung ohnehin die Teilnichtigkeitsregel des § 139 1. Halbsatz BGB nicht anwendet.

**249** Inwieweit die beiden anderen im Arbeitsrecht gebräuchlichen salvatorischen Klauseln, nämlich die **Ersetzungsklausel** und die **Reduktionsklausel**, wirksam sind oder sein können, ist umstritten. Bei der Ersetzungsklausel werden die Vertragsparteien verpflichtet, rechtsunwirksame Bestimmungen durch solche Regelungen zu ersetzen, die dem von den Parteien ursprünglich verfolgten, wirtschaftlichen Zweck am nächsten kommen. Bei der Reduktionsklausel wird die geltungserhaltende Reduktion zur Regel gemacht. Beispiel: Wenn eine Frist als unangemessen lang angesehen wird, tritt an ihre Stelle eine angemessene Frist.[618]

Beiden Klauseltypen wird, unter Hinweis auf die Vorschriften des AGBG, Unwirksamkeit auch in Arbeitsverträgen nachgesagt.[619] Allerdings wird weder ein spezifisch arbeitsrechtliches Schrifttum erwähnt, noch scheint eine spezifische Arbeitsrechtsprechung zu existieren, die sich mit Ersetzungs- und Reduktionsklauseln bislang befaßt hat. Bei der Formulierung nachvertraglicher Wettbewerbsverbote bezeichnen es *Bauer/Diller*[620] unter Hinweis auf einzelne Rechtsprechung[621] als „Kunstfehler", wenn der gestaltende Rechtsanwalt das Risiko einer unverbindlichen Wettbewerbsklausel nicht über

---

613 BAG, Beschl. v. 19.01.1999, NZA 1999, 546.
614 Ebenso SPA 14/1999, 2.
615 Muster 1138, § 18, in diesem Buch § 1 Kap. 1 M 465.
616 BAG, Urt. v. 23.01.1990, EzA, § 1 BetrAVG, Gleichberechtigung, Nr. 6; BAG, Urt. v. 28.03.1963, AP Nr. 24 zu § 1 HausarbeitstagsG NRW; BAG, Urt. v. 09.09.1981 AP Nr. 170 zu Art. 3 GG.
617 Siehe Muster 1014, § 16, in diesem Buch § 1 Kap. 1 M 367.
618 Beispiel bei *Hanau/Preis*, Der Arbeitsvertrag, II S 10, Rn 27.
619 Vgl. *Hanau/Preis*, Der Arbeitsvertrag, II S 10, Rn 16, Rn 28.
620 Wettbewerbsverbote, 1995, Rz. 737.
621 OLG Celle, Urt. v. 21.09.1979, GmbHR 1980, 35; OLG Zweibrücken, Urt. v. 21.09.1989, NJW-RR 1990, 482.

## 33. Schriftformklauseln

Die meisten Arbeitsverträge enthalten eine Schriftformklausel, etwa in dem Sinne, daß Änderungen und Ergänzungen der Schriftform bedürfen. Verschiedentlich wird die Schriftformklausel mit der Beweisregel verknüpft, wonach mündliche Nebenabreden nicht bestehen.[623]

250

Über § 127 BGB finden die §§ 126, 125 BGB Anwendung. Der Zweck der gesetzlichen Formvorschrift, nämlich den Erklärenden vor einer übereilten Bindung bei riskanten Geschäften zu schützen (Warnfunktion) und den Rechtsgeschäftsinhalt zuverlässig beweisbar zu machen (Beweisfunktion), erfüllt die Schriftformklauseln in Arbeitsverträgen regelmäßig nicht. Während der Verbraucher vor Bürgschaftserklärungen oder Grundstückskauf durch den Formzwang geschützt wird, wirkt sich die Schriftformklausel im Arbeitsvertrag verschiedentlich zum **Nachteil des Arbeitnehmers** aus. Das Arbeitsverhältnis als ein lebendiges Austauschverhältnis ist im Berufsalltag von wechselseitigem Vertrauen und von zahlreichen mündlichen Abreden geprägt. Der Arbeitnehmer stellt häufig erst im Konfliktfall fest, daß mündliche Zusagen wegen Formmangels nicht zu einem Rechtsanspruch führen.

Unterschieden werden muß bei **gewillkürter Schriftform**, ob nach dem Willen der Parteien die Einhaltung der Schriftform Gültigkeitsvoraussetzung für das Geschäft (konstitutive Schriftform) sein sollte oder ob der Inhalt des Geschäfts lediglich zu Beweiszwecken noch schriftlich niedergelegt (deklaratorische Schriftform) werden soll.[624]

251

Die **Aufhebung** des vereinbarten Formzwangs kann durch die Parteien jederzeit erfolgen.[625] Besteht, wie bei der Schriftformklausel im Arbeitsvertrag, eine gewillkürte Schriftform, ist die Aufhebung der Schriftformklausel formfrei möglich, da die Einigung über die Schriftform ebenfalls nicht formbedürftig ist.[626] Streitig ist nur, ob die Schriftformvereinbarung mit dem ausdrücklichen Willen, die mündlich getroffene Abrede solle ungeachtet dieser Vereinbarung gelten, außer Kraft gesetzt werden muß[627] oder ob es genügt, daß die Parteien die Maßgeblichkeit der mündlichen Vereinbarung übereinstimmend gewollt haben, auch wenn Sie dabei an die Schriftformklausel gar nicht gedacht haben.[628]

252

Aus dem Umstand, daß Schriftform bedeutet, daß ein Dokument generell von beiden Vertragspartnern unterzeichnet sein muß, folgt auch, daß **Anlagen**, allgemeine Arbeitsanweisungen, Betriebsordnungen (soweit sie nicht als Betriebsvereinbarung mit einem Betriebsrat geschlossen wurden) nur dann das im Arbeitsvertrag vereinbarte Schriftformerfordernis erfüllen, wenn sie von beiden Parteien unterzeichnet wurden. Es ist ein Irrtum, wenn mancher Arbeitgeber glaubt, er könne durch das Anheften einer Anlage zum Arbeitsvertrag erreichen, daß das Papier Inhalt des Vertrages werde.

---

622 Beispiel: Muster 2007, § 7, in diesem Buch § 2 Kap. 1 M 42.
623 Siehe hierzu Rn 133.
624 BAG, Urt. v. 20.09.1979, NJW 1980, 1304; BAG, Urt. v. 10.01.1989, NJW 1989, 2149.
625 BAG, Urt. v. 04.06.1963, AP Nr. 1 zu § 127 BGB.
626 *Schmidt-Salzer*, NJW 1968, 1257.
627 OLG Köln, Urt. v. 29.10.1975, WM 1976, 362.
628 BAG, Urt. v. 10.01.1989, NJW 1989, 2149; BGH, Urt. v. 20.06.1962, NJW 1962, 1908.

In diesem Sinne bedürfen die Muster 1030[629] (Organisations-Handbuch), 1101[630] (Anlage Provisionsregelung), 1138[631] (hinter § 18) oder auch 1190[632] hinsichtlich ihres Anhangs ausdrücklich einer Unterschrift durch beide Vertragsparteien. Es reicht nicht aus, wenn der die Schriftform vorsehende Arbeitsvertrag von beiden Parteien unterzeichnet wird.

253 Verpflichtet sich der Arbeitgeber im Arbeitsvertrag, im **Kündigungsschreiben** die Kündigungsgründe anzugeben, so ist durch Auslegung zu ermitteln, ob ein qualifiziertes Schriftformerfordernis mit konstitutiver Wirkung vorliegt. Soll die Kündigungsbegründung konstitutive Bedeutung haben, ist die Kündigung bei fehlender Angabe von Kündigungsgründen formnichtig, § 125 BGB.[633]

Ist eine Schriftformklausel dagegen so auszulegen, daß die Angabe der Kündigungsgründe nur der Klarstellung dienen soll oder zur Beweissicherung in den Arbeitsvertrag aufgenommen wurde, führt der Verstoß nicht zur Formnichtigkeit. Ist im Arbeitsvertrag die Versendung der Kündigung durch eingeschriebenen Brief vereinbart, liegt hierin regelmäßig eine konstitutive Schriftformklausel.[634]

254 Die Berufung des Arbeitnehmers auf die Formnichtigkeit einer Kündigung kann gegen Treu und Glauben verstoßen und zwar in der Erscheinungsform des Rechtsmißbrauchs[635] oder des widersprüchlichen Verhaltens.[636] Nimmt der Arbeitnehmer eine Abschrift entgegen, ohne zu diesem Zeitpunkt oder spätestens bei Klageerhebung den fehlenden Zugang des Originalschreibens zu rügen, so ist darin nach Auffassung des BAG ein wirksamer Verzicht auf die Übersendung des Originalschreibens zu sehen, so daß die Kündigung als zugegangen gilt.[637] Die Kündigung durch Telefax entspricht der Form des § 126 BGB,[638] auch eine Kündigung, die über Telekopierer an eine ausländische Niederlassung des Arbeitgebers überspielt wurde und von dort dem Empfänger überbracht wurde, erfüllt das Schriftformerfordernis.[639]

Soweit es um den Schutz des **Auszubildenden** geht, vertritt das Bundesarbeitsgericht die Auffassung, daß keine Formnichtigkeit des Berufsausbildungsvertrags nach § 4 Abs. 1 Satz 1 BBiG vorliege, wenn der Ausbildungsvertrag nicht unterschrieben sei. Hieran habe auch die Nachweisrichtlinie[640] nichts geändert.[641]

---

629 § 1 Kap. 1 M 384 ff.
630 § 1 Kap. 1 M 432 ff.
631 § 1 Kap. 1 M 463 ff.
632 § 1 Kap. 1 M 506 ff.
633 KR/*Etzel*, § 1, Rn 240.
634 BAG, Urt. v. 20.09.1979, EzA, § 125 BGB, Nr. 5.
635 BAG, Urt. v. 27.03.1981 – 7 AZR 1005/78 (unveröffentlicht).
636 BAG, Urt. v. 27.03.1981 – 7 AZR 1005/78 (unveröffentlicht).
637 BAG, Urt. v. 30.06.1983, EzA, § 12 SchwbG, Nr. 13.
638 OLG Düsseldorf, Urt. v. 30.01.1992, NJW 1992, 1050.
639 LAG Bremen, Urt. v. 17.02.1988, AR-*Blattei*, D, Kündigung II, Entsch. 38.
640 Richtlinie 91/533/EWG.
641 Urt. v. 21.08.1997, NZA 1998, 37.

## 34. Stock Options[642]

In diesem Buch sind vier Muster enthalten, die Aktienoptionspläne vorsehen.  255

[642] *Aha*, Ausgewählte Gestaltungsmöglichkeiten bei Aktiensoptionsplänen, BB 1997, 2225; *Baeck/Diller*, Arbeitsrechtliche Probleme bei Aktienoptionen und Belegschaftsaktien, DB 1998, 1405; *Baums*, Aktienoptionen für Vorstandsmitglieder, Arbeitspapiere des Instituts für Handels- und Wirtschaftrecht der Universität Osnabrück, 1996; *Bernhardt/Witt*, Stock Options und Shareholder Value, ZfB 1997, 85; *Braunschweig*, Steuergünstige Gestaltung von Mitarbeiterbeteiligungen in Management-Buy-Out-Strukturen, DB 1998, 1831; *Bredow*, Steuergünstige Gestaltung von Aktienoptionen für leitende Angestellte („stock options"), DStR 1996, 2033; *Bühner*, Möglichkeiten der unternehmerischen Gestaltungsvereinbarung für das Top-Management, DB 1989, 2181; *Claussen*, Aktienoptionen – eine Bereicherung des Kapitalmarktrechts, WM 1997, 1825; *Feddersen*, Aktienoptionsprogramme für Führungskräfte aus kapitalmarktrechtlicher und steuerlicher Sicht, ZHR 161 (1997), 269; *Fuchs*, Aktienoptionen für Führungskräfte und bedingte Kapitalerhöhung, DB 1997, 661; *Fürhoff*, Insiderrechtliche Behandlungvon Aktienoptionsprogrammen und Management Buy-Outs, AG 1998, 83; *Haas/Pölschan*, Ausgabe von Aktienoptionen an Arbeitnehmer und deren lohnsteuerliche Behandlung, DB 1998, 2138; *Harrer*, Mitarbeiterbeteiligung und Stock-Option-Pläne, 2000; *Hillier/Marshal*, The Timing of Directors' Trades in the United Kingdom and the Model Code, J.B.L. 1998, 454; *Hopt*, Europäisches und deutsches Insiderrecht, ZGR 1991, 17; *Hüffer*, Aktienbezugsrechte als Bestandteil der Vergütung von Vorstandsmitgliedern und Mitarbeitern – gesellschaftsrechtliche Analyse, ZHR 161 (1997), 214; *Isensee*, Mitarbeiteraktienoptionen – Mehr als eine steuerliche Gewinnchance?, DStR 1999, 143; *Joussen*, Der Erwerb von selbständigen Optionsscheinen als Börsentermingeschäft, BB 1997, 2117; *Kalisch*, Stock Options: Will the Upcoming Amendment of the German Stock Corporation Act Facilitate Their Introduction by German Stock Corporations?, I.C.C.L.R. 1998, 111; *Kau/Leverenz*, Mitarbeiterbeteiligung und leistungsgerechte Vergütung durch Aktien-Optionspläne, BB 1998, 2269; *Kleindiek*, Stock Options und Erwerb eigener Aktien; *Klöckner*, Fünftes Vermögensbildungsgesetz: Änderungen durch das Dritte Vermögensbeteiligungsgesetz, DB 1998, 1631; *Knepper*, Die Belegschaftsaktie in Theorie und Praxis, ZGR 1985, 419; *Knoll*, Der Wert von Bezugsrechten und die materielle Rechtfertigung des Bezugsausschlusses bei Wandelschuldverschreibungen, ZIP 1998, 413; *ders.*, Vorzeitige Ausübung von Manager-Optionen – Steuerliche Verzerrung oder schlechtes Vorzeichen?; DB 1997, 2138; *Kohler*, Stock Options für Führungskräfte aus der Sicht der Praxis, ZHR 161 (1997), 246; *Kondring*, Zur Anwendung deutschen Insiderstrafrechts auf Sachverhalte mit Auslandsberührung, WM 1998, 1369; *Kröner/Hadzic*, Der Erwerb eigener Anteile nach § 71 Abs. 1 Nr. 8 AktG unter Berücksichtigung von § 50c EStG, DB 1998, 2133; *Kümpel*, Zur Neugestaltung des Termin-, Differenz- und Spieleinwandes für den Bereich der Derivate, WM 1997, 49; *Lange*, Neue Entwicklung im US-amerikanischen Insiderrecht – Supreme Court bestätigt misappropriaton theory, WM 1998, 525; *Legerlotz/Laber*, Arbeitsrechtliche Grundlagen bei betrieblichen Arbeitnehmerbeteiligungen durch Aktienoptionen und Belegschaftsaktien, DStR 1999, 1658; *Lenebach/Lohrmann*, „Jahrhundertentscheidung" zum amerikanischen Insiderrecht, RIW 1998, 115; *Lingemann/Wasmann*, Mehr Kontrolle und Transparenz im Aktienrecht: Das KonTraG tritt in Kraft, BB 1998, 583; *Lutter*, Aktienoptionen für Führungskräfte, de lege lata und de lege ferenda, ZIP 1997, 1; *Mankowski*, Optionsanleihen ausländischer Gesellschaften als Objekt von Börsenaußengeschäften, Qualifikation und internationales Privatrecht, AG 1998, 11; *Martens*, Erwerb und Veräußerungen eigener Aktien im Börsenhandel, AG 1996, 337; *Menichetti*, Aktien-Optionsprogramme für das Top-Management, DB 1996, 1688; *Mülbert*, Shareholder Value aus rechtlicher Sicht, ZGR 1997, 129; *Naumann/Pellens/Crasselt*, Zur Bilanzierung von Stock Options, DB 1998, 1428; *Palmer*, Trading by Insiders: The SEC's Rules under Section 16 of the Securities Exchange Act of 1934, in: Understanding the Securities Law 1997, Volume Two, Hrsg. v. Jeffry S. Hoffman, Larry D. Soderquist, James R. Doty, New York 1997; *Pellens/Crasselt*, Zur Bilanzierung von Stock Options, DB 1998, 217; *Peltzer*, Die neue Insiderregelung im Entwurf des Zweiten Finanzmarktförderungsgesetzes, ZIP 1994, 746; *Peltzer*, Steuer- und Rechtsfragen bei der Mitarbeiterbeteiligung und der Einräumung von Aktienoptionen (Stock Options), AG 1996, 307; *Portner/Bödefeld*, Besteuerung von Arbeitnehmer-Aktien-Optionen, DStR 1995, 629; *Portner*, Lohnsteuerliche Behandlung der Gewährung von Stock Options durch die ausländische Muttergesellschaft, DStR 1997, 1876; *Portner*, Mitarbeiter-Optionen (Stock Options): Gesellschaftsrechtliche Grundlagen und Besteuerung, DStR 1997, 786; *Portner*, Stock Options – (Weitere) lohnsteuerliche Fragen, insbesondere bei Expatriates, DStR 1998, 1535; *Rosen*, Aktienoptionen für Führungskräfte und Insiderrecht, WM 1998, 1810; *Rosen/Helm*, Der Erwerb eigener Aktien durch die Gesellschaft, AG 1996, 434; *Rottnauer*, Stock-options für Manager, BB 1998, 2022; *Schaub*, Arbeitsrechtshandbuch, 8. Auflage, München 1996; *Schneider*, Aktienoptionen als Bestandteil der Vergütung von Vorstandsmitgliedern, ZIP 1996, 1769; *Schrödermeier/Wallach*, Die Insider-Richtlinie der Europäischen Gemeinschaft, EuZW 1990, 122; *Schwarz/Michel*, Aktienoptionspläne: Reformvorhaben in Deutschland – Erfahrungsvorsprung in Frankreich, BB 1998, 489; *Sherman/Bastian*, Section 16 Short-Swing Trading: Selected Issues and Practical Pitfalls, in: Understanding the Securities Laws 1997, Volume Two, hrsg. v. Jeffry S. Hoffman, Larry D. Soderquist, James R. Doty, New York 1997; *Spickhoff*, Der verbotswidrige Rückerwerb eigener Aktien: Internationales Privatrecht und europäische Rechtsangleichung, BB 1997, 2593; *Steiner*, Zulässigkeit der Begebung von Optionsrechten auf Aktien ohne Optionsschuldverschreibung (naked warrants), WM 1990, 1776;

- Im Arbeitsvertragsmuster für Financial Consultants einer international agierenden Asset Management AG[643] enthält Anlage 2 zu diesem Arbeitsvertrag in deutscher und englischer Sprache ein „Stock Option Agreement".
- Im Muster 1392[644] bildet die Vereinbarung von Aktienoptionen eine arbeitsrechtliche Vertragsergänzung.
- In der Form einer Gesamtzusage enthält das Muster 1394[645] einen Aktienoption-Plan.
- Die umfangreichste Vereinbarung von Aktienoptionen über Wandelschuldverschreibungen enthält eine Richtlinie gem. § 28 SprAuG.[646]

Diese vier Texte zeigen zum einen beispielhaft die möglichen, unterschiedlichen **Ausgestaltungen von Aktienoptionsplänen**, zum anderen aber auch die unterschiedlichen Gestaltungswege, derer man sich im Arbeitsrecht bedienen kann, um **Aktien für Mitarbeiter** als Verdichtung der Shareholder Value Philosophie für die Mitarbeiter oder für Gruppen von Mitarbeitern einzusetzen. Soweit Vorständen im Anstellungsvertrag oder in Ergänzungsvereinbarungen Ansprüche auf Aktienoptionen eingeräumt werden sollen, kann dies unter Verwendung der Texte oder von Teilen der vorgenannten Texte geschehen. Im Rahmen der Anstellungsverträge von Vorständen[647] werden die Rechtsfragen zu Aktienoptionen nicht noch einmal dargestellt.

256  Die Rechtsfragen bei Aktienoptionen stammen aus unterschiedlichen Rechtsquellen nationaler und internationaler Art. Während Bonuszahlungen, wie sie bei Führungskräften üblich sind, zu einem nicht unerheblichen Liquiditätsabfluß führen,[648] handelt es sich bei Stock-Option-Plänen um **liquiditätsschonende Vergütungen**. Der deutsche Gesetzgeber hat dem Verlangen nach diesem in den letzten Jahren zunehmend geforderten Anreizsystem mit dem KonTraG[649] durch Änderung des § 192 AktG Rechnung getragen. Damit hat er die Möglichkeit geschaffen, eine bedingte Kapitalerhöhung zur Ausgabe isolierter Optionsrechte („naked warrants") durchzuführen, und damit die Realisierung von Aktienoptionsplänen erheblich vereinfacht.

257  Zu aktienrechtlichen Fragen gesellen sich **steuerrechtliche** und **arbeitsrechtliche** Fragen hinzu. Vieles ist noch ungeklärt, wie beispielsweise die Frage, ob ein Aktienoptionsplan für deutsche Arbeitnehmer **dem US-amerikanischen Recht unterstellt** werden kann.[650] Nicht nur US-amerikanische, sondern auch eine ganze Reihe deutscher Unternehmen hat, teilweise nur den Führungskräften, teilweise allen Mitarbeitern Stock Options angeboten, wie beispielsweise die BHF-Bank,[651]

---

*Süßmann*, Insiderhandel – Erfahrungen aus der Sicht des Bundesaufsichtsamts für den Wertpapierhandel, AG 1997, 63; *Tofaute*, Arbeitnehmerbeteiligung am Produktivkapital – Fortschreibung einer unendlichen Geschichte, WSI Mitteilungen 6/1998, 372; *Wagner*, Rechtliche Fragen, des Investivlohns, BB 1998, Beilage 11 zu Heft 41; *Wagner*, Renaissance der Mitarbeiterbeteiligung, BB 1995, Beilage 7; *Wagner*, Führungskräftemodelle: Bausteine unternehmerischer Führung auch außerhalb von Shareholder Value, NZG 1998, 127.

643 Muster 1387, in diesem Buch § 1 Kap. M 556 ff.
644 § 1 Kap. 1 M 564.
645 § 1 Kap. 1 M 566 ff.
646 Muster 2322, in diesem Buch § 5 Kap. 1 M 65.
647 § 1 Kap. 2, Erläuterungen.
648 *Schaefer*, NZG 1999, 531; *Zeidler*, NZG 1998, 789.
649 Gesetz zur Kontrolle und Transparenz im Unternehmensbereich (KonTraG) vom 27.04.1998, BBGl. I. 786.
650 So beispielsweise die Gesamtzusage über Aktienbezugsrechte, Muster 1394, Ziff. 13, in diesem Buch § 1 Kap. 1 M 569.
651 BAnz. 1987, 4063.

Continental,[652] die Deutsche Bank,[653] Nixdorf Computer,[654] die Metallgesellschaft,[655] Puma,[656] SAP,[657] Henkel[658] oder Volkswagen.[659] Da die von den Hauptversammlungen zu beschließende, meist mit einer Kapitalerhöhung verbundene **Herausgabe von Aktienoptionen im Bundesanzeiger abgedruckt** wird, sind die zum Teil unterschiedlichen, zum überwiegenden Teil ähnlichen Modelle der Ausgabe von Stock Options transparent. Drei Grundvarianten der Ausgabe von Aktienoptionen sind in jüngster Zeit gebräuchlich.

258  Erste Methode ist die traditionelle Methode von **Belegschaftsaktien**. Das Unternehmen erwirbt eigene Aktien über die Börse oder im Freiverkehr, wobei die Grenzen des § 72 AktG zu beachten sind, und überträgt sie nach meist in Tarifverträgen oder Betriebsvereinbarungen festgelegten Regeln auf die Mitarbeiter. Der Erwerb von Belegschaftsaktien ist **in § 19 a Abs. 1 EStG subventioniert**. Erst wenn der Arbeitgeber mit den übertragenen Belegschaftsaktien pro Mitarbeiter jährlich über einen Betrag von 300,00 DM hinausgeht, muß der Mitarbeiter die ihm zugewandten Aktien als geldwerten Vorteil versteuern. Der Gesetzgeber hat weiterhin die Anlage in Belegschaftsaktien als vermögenswirksame Leistungen über Sparprämien gefördert.[660]

259  Das zweite Modell setzt mit der **Schaffung genehmigten Kapitals** oder einer **bedingten Kapitalerhöhung** ein. Den Mitarbeitern werden dann Aktien des Unternehmens nach einem bestimmten Schlüssel zu besonders günstigen Kursen **zum Kauf angeboten**.[661]

260  Als drittes Modell ist die **Ausgabe von Aktienoptionen** geläufig. Optionen sind für Arbeitnehmer risikolos, man verliert nichts, man kann allenfalls etwas hinzugewinnen. Der Motivationseffekt ist deshalb erheblich. Als Optionspreis, zu dem nach Ablauf der Optionsfrist Aktien erworben werden können, wird regelmäßig der **Tageskurs** festgesetzt, der bei Ausgabe der Option gilt. Liegt der Kurs der Aktie nach Ablauf der Optionsfrist höher als der Kurswert bei Ausgabe der Option, kann der Optionsbegünstigte die Option ausüben, die Aktie also zu einem Preis unter dem aktuellen Kurswert kaufen. Die Differenz zwischen dem Kaufpreis und dem aktuellen Kurswert kann er durch sofortigen Weiterverkauf der Aktien realisieren, sofern nicht eine bestimmte Bindungsfrist vorgesehen ist oder der Arbeitnehmer aus steuerlichen Gründen die 12monatige Spekulationsfrist gem. § 23 Abs. 1 Nr. 2 EStG abwarten will. Ist der Kurs der Aktie nach Ablauf der Optionsfrist unter den Kurs am Ausgabetag gefallen und steigt er auch später nicht, wird der Arbeitnehmer auf die Ausübung des Optionsrechts verzichten und seine Option verfallen lassen. Dieses Modell wird zwischenzeitlich in mehreren Variationen verfolgt.

---

652 BAnz. 1995, 4843.
653 BAnz. 1996, 4036.
654 BAnz. 1989, 2176.
655 BAnz. 1991, 2130.
656 BAnz. 1996, 2188.
657 BAnz. 1994, 4484.
658 BAnz. 1997, 3356.
659 BAnz. 1997, 4782.
660 Siehe *Peltzer*, AG 1996, 307, 308, 311.
661 Ein solches Modell gibt die Richtlinie des Sprecherausschusses, Muster 2322 (in diesem Buch § 5 Kap. 1 M 65) dar, die als günstigen Kurs zum Kauf den sog. „Basispreis" definiert (siehe 2322, N. Basispreis).

### a) Nicht handelbare Optionen

**261** Überwiegend werden nicht handelbare Optionen von der AG unmittelbar oder **über eine Bank** an die Mitarbeiter ausgegeben. Die Mitarbeiter werden berechtigt, zu einem im voraus festgelegten Optionspreis nach Ablauf bestimmter Fristen Aktien der Gesellschaft zu erwerben.[662] Eine verbreitete Variante besteht darin, daß der Vorstand aufgrund einer Ermächtigung der Hauptversammlung zunächst eine **Wandelanleihe mit marktüblicher Verzinsung** begibt. Diese Anleihe wird dann von einer Bank übernommen und sodann den Optionsberechtigten zum Erwerb angeboten. Die Teilschuldverschreibungen sind nicht übertragbar. Sie gehen nur im Todesfall auf die Erben über.

**262** Steuerlich hat die Einräumung von nicht handelbaren Optionen die Konsequenz, daß im Zeitpunkt der Erwerbes der Option auf **diese keine Steuer** anfällt. Die Finanzverwaltungen[663] und der BFH[664] sind nämlich der Ansicht, daß eine Option in der Regel lediglich eine wertlose Chance auf einen künftigen ungewissen Vermögensvorteil in Höhe der Differenz zwischen dem zu zahlenden Ausübungspreis und dem Wert der Aktie im Zeitpunkt der Ausübung der Option darstellt. Die Steuerpflicht tritt danach erst im Zeitpunkt der Ausübung der Option ein, da erst in diesem Zeitpunkt der Vermögensvorteil dem Mitarbeiter tatsächlich zufließt.

**263** Die Ausgabe nicht handelbarer Optionen ermöglicht es somit den Aktiengesellschaften, ihren Mitarbeitern kostenlose Aktienoptionen einzuräumen, ohne daß es zunächst zu einem zu versteuernden geldwerten Vorteil kommt. Allerdings ist der Mitarbeiter dann gezwungen, die von dem Unternehmen ausgegebenen Aktien in dem Zeitpunkt, wo sie uneingeschränkt in sein Vermögen übergehen, **als geldwerten Vorteil aus dem Arbeitsvertrag zu versteuern**.

Wertsteigerungen der Aktien im Zeitpunkt der Ausübung der Option können so zu einer erheblichen steuerlichen Belastung des Mitarbeiters führen, denn die Steuerpflicht tritt unabhängig davon ein, ob der Arbeitnehmer die Aktien veräußert oder nicht. Aus Liquiditätsgründen kann der Mitarbeiter in vielen Fällen gezwungen sein, ab dem Zeitpunkt seiner Vollverfügungsbefugnis einen größeren Teil der Aktien zu veräußern, um die Steuern zum Zeitpunkt des Vollrechtserwerbs zahlen zu können. Sackt der Wert der Aktie im Jahr nach dem Vollrechtserwerb ab, so könnte im ungünstigsten Fall der Wert der Aktie im Zeitpunkt der Abgabe der Steuererklärung niedriger sein als die zu zahlenden Steuern, für deren Berechnung der Zeitpunkt des Ablaufs der Optionseinschränkung (Vollverfügbarkeit) maßgeblich wäre.

### b) Voll handelbare Optionen

**264** Eine andere Möglichkeit ist die Ausgabe von voll handelbaren Optionen. Dies könnte zur Folge haben, daß zwar ein in der Gewährung der Option liegender geldwerter Vorteil unmittelbar zu versteuern ist, spätere Wertsteigerungen des Optionsrechts aber steuerfrei bleiben, sofern das Optionsrecht bzw. die aufgrund des Optionsrechts erworbenen Aktien erst nach Ablauf von zwölf Monaten (vgl. § 23 Abs. 1 Nr. 2 EStG) veräußert werden.[665]

**265** Allerdings hat der BFH die Frage, ob handelbare Optionen im Ausgabezeitpunkt zu versteuern sind, bislang ausdrücklich offengelassen.[666] Zudem taucht bei der Ausgabe von handelbaren Optionen

---

662 Siehe *Kohler*, ZHR 1997, 247.
663 Vgl. dazu OFD Berlin, Verf. v. 25.03.1999, DB 1999, 1241.
664 Beschl. v. 23.07.1999, NZA-RR 2000, 37.
665 In diese Richtung OFD Berlin, Verf. v. 25.03.1999, DB 1999, 1241.
666 Beschl. v. 23.07.1999, DStR 1999, 1524, 1526; dafür *Isensee*, DStR 1999, 143, 145 und *Kau/Leverenz*, BB 1998, 2269, 2270 f.

regelmäßig das Problem auf, daß das Unternehmen gleichzeitig auch sicherstellen will, daß der begünstigte Arbeitnehmer, falls er **innerhalb von drei Jahren das Unternehmen verläßt**, die Aktie wieder an das Unternehmen zurückgibt. Hier stellt sich die Frage, wie man gegenüber dem Finanzamt zu einer überzeugenden Argumentation kommt, daß der endgültige Erwerb bereits bei Ausgabe der Aktie zum Nominalwert gelangt sei. Engt man die Verfügungsbefugnis des Arbeitnehmers über die zu Beginn des Arbeitsverhältnisses erworbenen Aktien ein, vereinbart man beispielsweise bei Ausscheiden des Arbeitnehmers vor Ablauf von drei Jahren eine Rückveräußerungsverpflichtung, vertreten die Finanzämter[667] den Standpunkt, der Vollrechtserwerb würde erst eintreten, wenn der Arbeitnehmer frei über die Aktie verfügen kann.

Soweit Subvarianten überlegt werden, die Besteuerung zum Zeitpunkt der Aktienausgabe sicherzustellen, den Vollrechtserwerb nur in der Weise einzuschränken, daß sie einem **Treuhänder für die Dauer von drei Jahren übergeben** werden, ist nicht auszuschließen, daß einzelne Finanzämter § 42 AO anwenden. Wenn die Optionen gewährt werden, die ein verkehrsfähiges Wirtschaftsgut darstellen, das über eine Marktgängigkeit und Bewertbarkeit verfügt, und keinen wesentlichen Übertragungsbeschränkungen unterliegen, erfolgt die Besteuerung grundsätzlich im Zeitpunkt der Einräumung. In diesem Sinne könnte man sich auf den Standpunkt stellen, daß der Wert der Option zum Zeitpunkt der Gewährung zu besteuern wäre. Die Frage bleibt, ob die Bindungs- und Anreizfunktion der Option für die Dauer von drei Jahren nicht bereits eine wesentliche Übertragungsbeschränkung zum Zeitpunkt des Erwerbs der Option bedeutet.

266

Die in diesem Buch verwendeten Aktienoptions-Modelle sehen eine **Besteuerung zum Zeitpunkt des Vollrechtserwerbs** vor. Im Muster 1394[668] übernimmt die Gesellschaft die in den USA anfallenden Steuern, die dann der Optionsbegünstigte erstatten muß, wobei ihm die Möglichkeit eingeräumt wird, durch Verringerung der Anzahl der an ihn ausgegebenen Stammaktien seiner Erstattungspflicht in Natura nachzukommen. Noch nicht geklärt scheint, ob in solchen Fällen nicht auch zusätzlich Lohnsteuer nach deutschem Recht zu Lasten des Optionsbegünstigten anfallen kann.[669]

267

Für die Ausübung der Optionen sind in den meisten Options-Plans **Mindestwartezeiten** von mehreren Jahren, meist drei Jahren, festgelegt. Außerdem läßt man aus Insider-rechtlichen Gründen die Ausübung der Optionen meist **zu bestimmten Stichtagen** zu. Selbst nach Ausübung der Option sind die begünstigten Mitarbeiter in einer Reihe von Fällen, zumindest schuldrechtlich, verpflichtet, die Aktien für eine gewisse Mindestfrist zu halten. Scheiden die Mitarbeiter vor Ablauf der Wartezeit aus dem Unternehmen aus, verfallen regelmäßig die Optionen ersatzlos.

268

**c) Virtuelle Optionsprogramme**

Eine dritte Möglichkeit ist die Durchführung eines virtuellen Optionsprogramms.[670] Dabei wird der Mitarbeiter so gestellt, als wäre er Inhaber einer bestimmten Zahl von Aktien des Unternehmens. Zu einem vorher bestimmten Zeitpunkt erhält er von dem Unternehmen die **positive Differenz zwischen dem dann geltenden Börsenkurs und dem fiktiven Ausübungspreis** in bar ausbezahlt, ohne daß es zur effektiven Transaktion der Aktien kommt. Ein solches Programm eignet sich allerdings nicht für finanzschwache Unternehmen, da der Vorteil von Aktienoptionen, die Liquidität des Unternehmens nicht zu belasten, dabei nicht gegeben ist.

269

---

667 Wohl mit Ausnahme des Geschäftsbereichs der OFG München, siehe Mitteilung im manager magazin 10/99, S. 296.
668 Ziff. 10, in diesem Buch § 1 Kap. 1 M 569.
669 Zur Steuerpflicht des Optionsbegünstigten siehe auch in Muster 2322 Q. Steuern, in diesem Buch § 5 Kap. 1 M 65.
670 *Kau/Leverenz*, BB 1998, 2269, 2271; vgl. auch *Küttner/Bauer*, Personalbuch 1999, Aktienoptionen, Rn 3 unter der Bezeichnung „bargeldlose Optionsausübung".

### d) Arbeitsrechtliche Gestaltung von Aktienoptionsplänen

270 Nicht nur aktienrechtliche und die Vorverlegung des Besteuerungszeitpunkts betreffende steuerrechtliche Fragen sind bei der Gestaltung von Stock Options zu berücksichtigen, auch eine nennenswerte Zahl von zum Teil noch ungelösten und erst in der Literatur diskutierten, vor allem von *Baeck/Diller*[671] aufgeworfenen und von *Legerlotz/Laber*[672] fortgeführten Überlegungen stellen sich heute aus der Sicht des Arbeitsrechts.

271 Die arbeitsrechtliche Konstruktion der Beteiligung von Arbeitnehmern am Unternehmenswert durch Stock Options kann auf kollektiv-rechtlicher wie auf individual-arbeitsrechtlicher Ebene geschehen. Individual-rechtlich kann der Weg der **Gesamtzusage**,[673] aber auch der Weg des **Arbeitsvertrags**[674] oder der Weg der **Vertragsergänzung**[675] gewählt werden. Aber auch **tarifvertragliche Grundlagen** der Aktienoption sind möglich.[676] Einigkeit besteht, daß eine zwangsweise Beteiligung der Arbeitnehmer an der Gesellschaft unzulässig wäre.[677]

272 Auch die **betriebskollektive Vereinbarung** von Stock Options ist gem. § 88 Nr. 3 BetrVG unumstritten möglich.[678] Der Nachteil der Betriebsvereinbarung ist, daß er die leitenden Angestellten und die Vorstandsmitglieder nicht erfaßt.[679] Außerdem darf eine Betriebsvereinbarung die Mitarbeiter nicht zwingen, Aktionär zu werden.[680] Da die Aktienoptionen Vergütungsbestandteil sind, stellt sich schließlich die Frage, ob derartige Regelungen in Betriebsvereinbarungen nicht als **unzulässige Lohnverwendungsabreden**[681] angesehen werden müssen. Da die negative Koalitionsfreiheit beinhaltet, daß niemand gegen seinen Willen gezwungen werden darf, Mitglied eines Verbands oder einer Gesellschaft zu werden,[682] eine Betriebsvereinbarung aber gem. § 77 Abs. 4 BetrVG unmittelbar und zwingend gilt, haben *Baeck/Diller* Zweifel, dem Arbeitnehmer über eine Betriebsvereinbarung die Shareholder-Stellung aufoktruieren zu dürfen. Die gleiche Problematik stellt sich im Grunde bei der im Muster 2322[683] gewählten Richtlinie des Sprecherausschusses gem. § 28 SprAuG. Dadurch, daß dem einzelnen leitenden Angestellten durch Erklärung gegenüber dem Vorstand freigestellt wird, am Aktienoptionsplan teilzunehmen,[684] dürften solche Wirksamkeitsbedenken aber umgangen werden.

273 Gegen den Gleichbehandlungsgrundsatz dürfte es nicht verstoßen, wenn man **geringfügig Beschäftigte**, wie in allen Optionsplänen vorgesehen, **von der Bezugsberechtigung ausschließt**, jedenfalls dann, wenn bei ratierlicher Kürzung der Wert der Ansprüche in keinem Verhältnis mehr zum

---

671 Arbeitsrechtliche Probleme bei Aktienoptionen und Belegschaftsaktien, DB 1998, 1405.
672 Arbeitsrechtliche Grundlagen bei betrieblichen Arbeitnehmerbeteiligungen durch Aktienoptionen und Belegschaftsaktien, DStR 1999, 1658.
673 So Muster 1394, in diesem Buch § 1 Kap. 1 M 566 ff.
674 So Muster 1387, in diesem Buch § 1 Kap. 1 M 556 ff.
675 So Muster 1392, in diesem Buch § 1 Kap. 1 M 564.
676 *Baeck/Diller*, DB 1998, 1405 (1406); *Legerlotz/Laber*, DStR 1999, 1658.
677 *Löwisch/Riebele*, TVG, 1992, § 1 Rn 644; *Loritz*, DB 1985, 535.
678 *Baeck/Diller*, DB 1998, 1406; *Legerlotz/Laber*, DStR 1999, 1659.
679 *Baeck/Diller*, DB 1998, 1406.
680 *Staudinger/Richardi*, BGB, 12. Aufl. 1989, § 611 Rn 758 m. w. N.
681 *Baeck/Diller*, DB 1998, 1406; BAG, Urt. v. 20.12.1957, DB 1958, 489.
682 Siehe hierzu *Hanau*, Arbeitsrechtliche Probleme der Vermögensbeteiligung der Arbeitnehmer, ZGR-Sonderheft 1985, 120.
683 § 5 Kap. 1 M 65.
684 Siehe Muster 2322 K Ziff 3, in diesem Buch § 5 Kap. 1 M 65.

### Verträge mit Arbeitnehmern, Gesellschaftsorganen und Selbständigen § 1

Verwaltungs- und Kostenaufwand steht, der sich für den Betrieb ergibt.[685] Der Ausschluß teilzeitbeschäftigter Mitarbeiter ist angesichts des absoluten Diskriminierungsverbots gem. § 2 BeschFG dagegen nicht möglich.

Der Gestalter von Aktienoptionsvereinbarungen sollte dafür Sorge tragen, daß durch wiederholte, gleichartige Leistungen keine **betriebliche Übung erwächst**. Durch bloße Formulierung in der Stock-Options-Vergütungsabrede kann diese Wirkung vermieden werden.[686] **Veräußerungssperren** bei Aktienoptionen, die bekanntlich einer stärkeren Bindung des Mitarbeiters an das Unternehmen dienen, sind aktienrechtlich[687] mangels einer entsprechenden Regelung im Aktiengesetz unzulässig.[688] In der Arbeitsrechtsbeziehung, mithin schuldrechtlich, sind derartige Veräußerungsbeschränkungen jedoch möglich.[689]

274

**Befristete und gekündigte Arbeitsverhältnisse** können bei Aktienoptionsmodellen von der Bezugsberechtigung ausgenommen werden, weil bei der Aktienoption die Honorierung von Betriebstreue im Vordergrund steht.[690] Bei befristet Beschäftigten und im Rahmen gekündigter Arbeitsverhältnisse fehlt der Honorierungsanlaß. Mitarbeiter in Mutterschutz und Erziehungsurlaub oder infolge dauernder Erkrankung langfristig abwesende Mitarbeiter können ebenfalls vom Bezug von Aktienoptionen ausgeschlossen werden. Schließlich spielt auch der Gesichtspunkt der Leistung neben der Betriebstreue, die über Optionspläne vergütet werden soll, eine nicht unerhebliche Rolle.[691]

275

Die Einführung und Ausgestaltung von Belegschaftsaktien und Aktienoptionen unterliegt grundsätzlich **der Mitbestimmung des Betriebsrats** nach § 87 Abs. 1 Nr. 10 BetrVG, wenn nicht der Kreis der Begünstigten auf leitende Angestellte und den Vorstand begrenzt ist.[692] Wesentlicher Inhalt des Mitbestimmungsrechts des Betriebsrats gem. § 87 Abs. 1 Nr. 10 BetrVG ist die **Verteilung der vom Unternehmen zur Verfügung gestellten Gesamtdotierung** auf die begünstigten Mitarbeiter bzw. bei getrennten Beteiligungsmodellen auf die Nicht-Leitenden-Mitarbeiter. Das Mitbestimmungsrecht soll angemessen eine Durchsichtigkeit des innerbetrieblichen Lohngefüges und die Wahrung der innerbetrieblichen Lohngerechtigkeit, also letztlich die Verteilungsgerechtigkeit sichern.[693] Der Betriebsrat hat demnach die Möglichkeit, im Rahmen des § 87 Abs. 1 Nr. 10 BetrVG über die Maßgaben mitzubestimmen, nach denen oder in welchem Umfang die vom Arbeitgeber zur Verfügung gestellten Belegschaftsaktien bzw. Aktienoptionen auf die begünstigten Mitarbeiter, ggf. nach Mitarbeitergruppen getrennt, verteilt werden. Dem erzwingbaren Mitbestimmungsrecht unterliegt auch die Vereinbarung von Verfallklauseln und/oder Ausübungs- oder Verfallfristen.[694]

276

Höchstrichterliche Rechtsprechung zu den arbeitsrechtlichen Problemfeldern bei der Gestaltung von Aktienoptionen (anders als bei Belegschaftsaktien) besteht noch nicht. Bislang ist vom LAG Düsseldorf[695] allein entschieden worden, daß die Ansprüche auf Optionen dann nicht Bestandteil des

277

---

685 *Baeck/Diller*, DB 1998, 1405 (1408); zustimmend *Legerlotz/Laber*, DStR 1999, 1661.
686 Siehe Muster 1392, Ziff. 5, in diesem Buch § 1 Kap. 1 M 564.
687 Vom Sonderfall vinkulierter Namensaktien abgesehen.
688 BayOLG, Urt. v. 24.11.1988, DB 1989, 214.
689 Siehe *Baeck/Diller* (DB 1998, 1407), die auf § 399 BGB verweisen, wonach gegen den Ausschluß der Übertragbarkeit von Rechten keine grundlegenden Bedenken bestehen.
690 Siehe hierzu BAG, Urt. v. 13.12.1994, DB 1995, 931 (für eine betriebliche Altersversorgung).
691 *Baeck/Diller*, DB 1998, 1409.
692 *Baeck/Diller*, DB 1998, 1410 m. w. N.
693 BAG, Urt. v. 03.12.1991, AP Nr. 51 zu § 87 BetrVG 1972 Lohngestaltung.
694 *Baeck/Diller*, DB 1998, 1411; *Legerlotz/Laber*, DStR 1999, 1666.
695 Urt. v. 03.03.1998, NZA 1999, 981.

### Kapitel 1: Arbeitsverträge

Arbeitsverhältnisses mit einer deutschen Tochtergesellschaft werden, wenn ein amerikanisches Mutterunternehmen den Mitarbeitern seiner deutschen Tochtergesellschaft Aktienoptionen zusagt. Der Arbeitnehmer müsse seine Ansprüche aus dem Stock-Option-Plan unmittelbar gegenüber der ausländischen Muttergesellschaft geltend machen. Dies gelte selbst dann, wenn anläßlich des Ausscheidens des Mitarbeiters aus der deutschen Tochtergesellschaft mit dieser ein Aufhebungsvertrag geschlossen werde, nachdem die Ansprüche auf die Stock Options in vollem Umfang auch nach Beendigung des Arbeitsverhältnisses bestehen bleiben.

Für die Muster 1387 und 1394 bedeutet dies, daß Ansprüche der Mitarbeiter auf Aktien aus dem Stock-Option-Plan nur gegenüber der amerikanischen Muttergesellschaft, ggf. durch Einschaltung eines Anwalts in dem jeweiligen Bundesstaat und nicht vor einem deutschen Arbeitsgericht geltend gemacht werden können.

### 35. Tätigkeitsbeschreibung

278  Bei der Gestaltung der Tätigkeitsbeschreibung in einem Arbeitsvertrag müssen gleichzeitig eine Reihe von in der Rechtsprechung aufgeworfenen Aspekten berücksichtigt werden.

Zum einen gilt es, die Grenzen des **Direktionsrechts** zu erkennen und gleichzeitig den Blick auf den sachlichen und örtlichen Tätigkeitsbereich zu werfen. Zum anderen ist stets zu überlegen, wie durch einen **Versetzungsvorbehalt**, durch **Verweisung** auf Stellenbeschreibungen in ihrer jeweiligen Fassung und durch **direktionsrechtserweiternde Klauseln** Flexibilität für die Vertragsparteien – vorwiegend allerdings aus der Interessenlage des Arbeitgebers – erhalten werden kann. Klare, eindeutige Aussagen, wann und unter welchen Voraussetzungen Vertragsklauseln zur Tätigkeitsbeschreibung wirksam sind, können redlicherweise nicht getroffen werden. Die Gründe liegen in der Einzelfallorientiertheit der Rechtsprechung.

279  Die Grundzüge der Argumentation des BAG lassen sich wie folgt zusammenfassen: Der Umfang der Arbeitspflicht richtet sich zunächst einmal nach dem **Wortlaut des Arbeitsvertrages**. Das Direktionsrecht des Arbeitgebers ist um so weitergehender, je generalisierender der Tätigkeitsumfang im Arbeitsvertrag beschrieben worden ist.

280  Die **Grenzen der Abstraktion** ergeben sich aus der Neufassung des § 2 Abs. 1 S. 2 Nr. 5 NachwG. Ist der Arbeitnehmer als Schlosser eingestellt, ist kraft Direktionsrecht die Zuweisung einer Hilfsarbeitertätigkeit unzulässig.[696] Ist der Mitarbeiter als Nichthandwerker eingestellt, kann ihm jede Tätigkeit im Rahmen der Verwendungsmöglichkeiten eines Nichthandwerkers vom Arbeitgeber zugewiesen werden.[697] Wird jemand im öffentlichen Dienst, wie es die Musterverträge vorsehen, als Sachgebietsleiter oder Verwaltungsangestellter eingestellt, kann ihm nach ständiger Rechtsprechung[698] jedwede Tätigkeit zugewiesen werden, die den Merkmalen seiner Vergütungsgruppe entspricht, soweit Spezialkenntnisse nicht zwingend erforderlich sind; diese Rechtsprechung erscheint allerdings auf dem Hintergrund der Kampelmann-Entscheidung des EuGH[699] und der daraufhin ergangenen Neufassung des § 2 Abs. 1 S. 2 Nr. 5 NachwG[700] korrekturbedürftig: Arbeitsverträge und Arbeitsvertragsänderungen müssen nunmehr stets „eine kurze Charakterisierung oder Beschreibung der Tätigkeit der vom Arbeitnehmer zu leistenden Tätigkeit enthalten". Sammelbezeichnungen wie „An-

---

[696] LAG Hamm, Urt. v. 02.11.1954, BB 1955, 867.
[697] BAG, Urt. 11.06.1958, AP Nr. 2 zu § 611 BGB, Direktionsrecht.
[698] BAG, Urt. v. 30.08.1995, NZA 1996, 440.
[699] Urt. v. 04.12.1997, NZA 1998, 137.
[700] ÄndG. v. 29.06.1998, BGBl I S. 1692.

gesteller" oder selbst Umschreibungen wie „kaufmännischer Angestellter" genügen danach künftig nicht mehr den gesetzlichen Anforderungen.[701]

Die Empfehlung lautet daher aus Arbeitgebersicht, die Tätigkeit so weit wie möglich im Arbeitsvertrag zu umschreiben, um die Rechte aus § 315 BGB noch soeben ausschöpfen zu können. Dabei muß, wenn ein Ausbildungsberuf als Tätigkeitsbeschreibung gewählt wird, auch die Abteilung mit angegeben werden, soweit der Einsatz innerhalb einer Abteilung vorgesehen ist. Die gleiche Präzisierung muß künftig auch bei allgemeinen Versetzungsvorbehalten vorgenommen werden.

Unabhängig von der Formulierung der Tätigkeitsbeschreibung im Arbeitsvertrag können durch die **praktische Handhabung eines Arbeitsverhältnisses** Konkretisierungen eintreten, die es dem Arbeitgeber nicht mehr ohne weiteres gestatten, dem Arbeitnehmer eine andere Tätigkeit als die beispielsweise in den vergangenen fünfzehn Jahren verrichtete Arbeitsaufgabe zuzuweisen. Nach der Rechtsprechung tritt eine solche Konkretisierung indessen nur dann ein, wenn weitere besondere Umstände neben dem Zeitablauf hinzugetreten sind, aus denen sich ergibt, daß der Arbeitnehmer künftig nur noch eine ganz bestimmte Arbeit verrichten soll.[702] Solche Umstände können sich aus der Ausbildung, einer Beförderung, der Gewöhnung an einen Rechtszustand oder aus der konkreten Übertragung von Führungsaufgaben ergeben.[703] Entscheidend ist, ob der Arbeitnehmer darauf vertrauen kann, eine einseitige Einwirkung des Arbeitgebers auf seinen Arbeitsbereich werde es nicht mehr geben.[704] Ein solch schutzwürdiges Vertrauen liegt insbesondere dann vor, wenn der Arbeitnehmer mit höher qualifizierten Arbeiten beschäftigt worden ist, so daß die Zuweisung einer Arbeit mit anderen, geringeren Anforderungen als Zurücksetzung erscheinen würde.[705] Die Tendenz der Rechtsprechung dürfte im öffentlichen Dienst dahin gehen, eine Konkretisierung durch Zeitablauf nur noch ganz ausnahmsweise anzunehmen, wie der Fall der Stationsschwester zeigt, die 25 Jahre lang einer Station vorgestanden hat und die Zuweisung der Leitung einer anderen Station zumindest als Versetzung ansah. Das BAG lehnte die Annahme einer Konkretisierung ab.[706] Außerhalb des öffentlichen Dienstes hat das LAG Nürnberg[707] schon eine Konkretisierung nach einer 4 1/2 jährigen Beschäftigung auf ein und derselben Position im Abend-, Wochenend- und Feiertagsdienst angenommen.

281

Die drei Inhalte des Direktionsrechts,

282

- die Arbeitspflicht inhaltlich zu präzisieren,
- die Arbeitszeit auszugestalten und
- den Arbeitsort festzulegen,

berühren stets die arbeitsvertragliche Gestaltung. Dem Gestalter von Arbeitsverträgen ist es überlassen, im Einzelfall zu entscheiden, ob er eine Arbeitspflicht in den Arbeitsvertrag aufnimmt oder bei der Formulierung des Tätigkeitsbereichs eine Abstraktionsstufe wählt, die ihm gewünschte Weisungsmöglichkeiten zubilligt.

---

701 Siehe auch Interview mit dem Vors. Richter am LAG Hamm *Berscheid* in: SPA 24/1998, S. 1 ff.
702 BAG, Urt. v. 12.04.1973, AP Nr. 24 zu § 611 BGB, Direktionsrecht; BAG, Urt. v. 27.03.1980, AP Nr. 26 zu § 611 BGB, Direktionsrecht; LAG Köln, Urt. v. 26.01.1994 – 2 Sa 170/93 (unveröffentlicht); LAG Rheinland-Pfalz, Urt. v. 13.10.1987, NZA 1988, 471; LAG Köln, Urt. v. 23.02.1987 – 6 Sa 957/86 (unveröffentlicht).
703 BAG, Urt. v. 14.12.1961, AP Nr. 17 zu § 611 BGB, Direktionsrecht; LAG Köln, Urt. v. 26.10.1984, NZA 1985, 258; BAG, Urt. v. 07.09.1972, AP Nr. 2 zu § 767 ZPO.
704 BAG, AP Nr. 17 und 24 zu § 611 BGB, Direktionsrecht.
705 BAG, Urt. v. 15.10.1960, AP Nr. 73 zu § 3 TOA; Urt. v. 14.12.1961, AP Nr. 17 zu § 611 BGB, Direktionsrecht.
706 BAG, Urt. v. 24.04.1996, DB 1996, 1931; Urt. v. 27.03.1980, AP Nr. 26 zu § 611 BGB, Direktionsrecht; LAG Köln, Urt. v. 29.01.1991, LAGE, § 611 BGB, Direktionsrecht.
707 Urt. v. 5.11.1997, AiB 1998, 711.

Das Risiko des Arbeitsvertragsgestalters besteht darin, daß Weisungen im Einzelfall aus Sicht einzelner Arbeitsgerichte nicht durch die gewählte Formulierung zur Arbeitspflicht, Arbeitszeit oder Arbeitsort gedeckt ist. Wer als Arbeitgeber sich nicht erst nach zwei oder drei Instanzen bestätigt fühlen möchte, daß er sein Weisungsrecht ordnungsgemäß ausgeübt hat, sollte veranlassen, daß Betriebsübliches bei der Arbeitsausführung in den Vertragswortlaut aufgenommen wird.

283 **Beispiele für Weisungen innerhalb der Grenzen des Weisungsrechts** sind beispielsweise: Der Arbeitgeber darf einem Arbeitnehmer, der als Verkaufssachbearbeiter in einem Möbelhaus der gehobenen Kategorie tätig ist, untersagen, in Gegenwart von Kunden mit Jeans und Turnschuhen aufzutreten und er darf den Mitarbeiter anweisen, Sakko und Krawatte zu tragen.[708] Das Direktionsrecht erlaubt es, einen Arbeitnehmer anzuweisen, eine Dienstfahrt mit einem hierfür zur Verfügung gestellten Dienstwagen auszuführen und hierbei Arbeitskollegen mitzunehmen.[709] Auch ist es erlaubt, wenn der Arbeitgeber alle Mitarbeiter anweist, einander mit dem Vornamen anzusprechen und zu duzen.[710]

Die vorgenannten gerichtlichen Entscheidungen können, selbst wenn die Sachverhalte deutlich einander entsprechen, von anderen Spruchkörpern mit einem anderen Inhalt gefällt werden. Wann hat man es mit einem „Möbelhaus der gehobenen Kategorie" zu tun, welchen Arbeitnehmern gegenüber ist die Anweisung, eine Dienstfahrt mit Dienstwagen und Kollegen zu unternehmen, noch eine der Arbeitspflicht entsprechende Tätigkeit? Formuliert man im Arbeitsvertrag aus, welche Kleidung ein Verkäufer zu tragen hat,[711] vermeidet man Meinungsunterschiede, Streit und spätere gerichtliche Auseinandersetzungen. Ein Unternehmen, das das Duzen zur Firmenphilosophie erhebt, sollte die Bedeutung seiner Kommunikationsvorstellungen in die arbeitsvertraglichen Pflichten aufnehmen. Gleiches gilt für ein Unternehmen, das in allen seinen Niederlassungen weltweit eine spezifische Sicherheitsphilosophie vertritt. Die Aufnahme in den Arbeitsvertrag[712] gewährleistet, daß das Weisungsrecht nicht bemüht werden muß und führt auch bei Verstößen zu Kündigungsrelevanz (verhaltensbedingte Kündigung). Fragen zu den Grenzen des Direktionsrechts, die durch Ausformulieren überflüssig werden, gehören ohnehin zu den größten Anforderungen in der anwaltlichen Beratung.[713]

284 Das Direktionsrecht wird **durch gesetzliche Regelungen begrenzt**. So ist eine Weisung rechtswidrig und unbeachtlich, die dem Arbeitnehmer auferlegt, ein verkehrsunsicheres Fahrzeug zu benutzen oder ohne Fahrerlaubnis zu fahren.[714] Grenzen ergeben sich weiterhin aus **Tarifvertrag** und **Betriebsverfassungsgesetz**. Insbesondere bei Weisungen mit betriebskollektivem Inhalt greifen eine Reihe von Mitbestimmungsrechten des Betriebsrats. Ein Rauchverbot im Betrieb kann nur mit Zustimmung des Betriebsrats angeordnet werden.[715] Gleiches gilt für ein Alkoholverbot.[716] Die Weisung, am Arbeitsplatz nicht Radio zu hören, ist nach § 87 Abs. 1 Nr. 1 BetrVG mitbestimmungspflichtig.[717] Auch Kleiderordnung und Bekleidungsvorschriften unterliegen Mitbestimmungsnor-

---

708 LAG Hamm, Urt. v. 22.10.1991, LAGE Nr. 11 zu § 611 BGB Direktionsrecht.
709 BAG, Urt. v. 29.08.1992, DB 1992, 147.
710 BAG, Urt. v. 29.06.1989, NZA 1990, 63.
711 Siehe Muster 1105, § 1 Abs. 6, in diesem Buch § 1 Kap. 1 M 441 ff. sowie die in diesem Muster über § 22 vereinbarte Arbeitsordnung.
712 So in Muster 1157, § 2, in diesem Buch § 1 Kap. 1 M 486.
713 *Hümmerich/Kallweit/Spirolke*, Das arbeitsrechtliche Mandat, § 3 Rn 1 ff.
714 BAG, Urt. v. 23.06.1988, DB 1989, 280.
715 BAG, Beschl. v. 19.01.1999, NZA 1999, 546.
716 BAG, Urt. v. 23.09.1986, DB 1987, 337.
717 BAG, Urt. v. 14.01.1986, DB 1986, 1025.

men, die Benutzungsregeln für einen Firmenparkplatz[718] oder Regeln zur Benutzung des Telefons[719] oder Weisungen zur Torkontrolle[720] oder generelle Weisungen zur Benutzung eines Werksausweises.[721] Der Mitbestimmung des Betriebsrats unterliegt es nicht, wenn der Arbeitgeber eine generelle Weisung erteilt, daß in Geschäftsbriefen einheitlich unter den Betreff die jeweiligen Bearbeiter mit Vor- und Nachnamen sowie mit dem betrieblichen Telefonanschluß angegeben werden.[722] Begrenzt wird das Weisungsrecht weiterhin über die **Grundsätze des billigen Ermessens** gem. § 315 BGB. Für Weisungen zur Arbeitszeit, zum Inhalt und der Art der Tätigkeit sowie des Arbeitsortes muß der Arbeitgeber berechtigte betriebliche Interessen ins Feld führen können.[723] Begrenzt wird das Weisungsrecht schließlich durch die zu personen- und betriebsbedingten Kündigungen entwickelten Grundsätze gem. § 1 KSchG, insbesondere zu den Grundsätzen der Änderungskündigung.[724] Schwierig ist die Abgrenzung oftmals zwischen vertragsausfüllenden Weisungen und Änderung von Arbeitsbedingungen.

Das Direktionsrecht hat hier eine Einschränkung durch die **Gleichwertigkeitsrechtsprechung** erfahren. Nur durch **ausdrückliche Vereinbarung**[725] kann der Arbeitgeber dem Mitarbeiter eine geringerwertige Tätigkeit zuweisen. Das Direktionsrecht gestattet eine solche Zuweisung nur für einen untermonatigen Zeitraum (wegen § 99 BetrVG) oder in Notfällen bzw. außergewöhnlichen Fällen, die durch rechtzeitige Personalplanung nicht ohne weiteres behebbar waren.[726] Die Notfälle sind katalogmäßig in § 14 AZG aufgeführt. Die Verpflichtung des Arbeitnehmers zur Arbeitsleistung außerhalb des vertraglich vereinbarten Tätigkeitsbereichs ergibt sich in diesen Fällen aus der Treuepflicht.[727]

285

**Statusklauseln** leitender Angestellter in Arbeitsverträgen, in denen es beispielsweise heißt, es bestehe Übereinstimmung, daß der Mitarbeiter nach den ihm übertragenen Aufgaben zu den leitenden Angestellten gemäß § 5 Abs. 3 BetrVG zähle,[728] sind rechtlich ohne Bedeutung. Wenn auch psychologisch hilfreich, binden sie rechtlich weder die Gerichte noch die Parteien. Nicht die Ausgestaltung im Arbeitsvertrag oder die Anschauung der Vertragsparteien ist nach der Rechtsprechung entscheidend, sondern daß der Arbeitnehmer die Funktionen, die die Eigenschaft als leitender Angestellter ausmachen, nämlich spezifische unternehmerische Teilaufgaben von Erheblichkeit für das Gesamtunternehmen, auch tatsächlich ausübt.[729]

286

Kerndiskussionsthema in der Rechtsprechung ist das Spannungsverhältnis zwischen Direktionsrecht einerseits, Gleichwertigkeit von Aufgaben andererseits und den Sachverhalten, bei denen vom Arbeitgeber eine Änderungskündigung ausgesprochen werden muß, um den Tätigkeitsbereich des Mitarbeiters wirksam zu verändern, sofern sich die Parteien nicht zum jeweiligen Zeitpunkt einvernehmlich über eine Änderung der Arbeitsaufgabe verständigen. Die Diskussion um die Gleichwer-

---

718 BAG, Urt. v. 16.03.1966, AP Nr. 1 zu § 611 BGB Parkplatz; zur inhaltlichen Ausgestaltung siehe Muster 2317, in diesem Buch § 5 Kap. 1 M 58.
719 LAG Nürnberg, Urt. v. 29.01.1987, NZA 1987, 572.
720 BAG, Urt. v. 17.08.1982, DB 1982, 2578.
721 BAG, Urt. v. 16.12.1986, DB 1987, 791.
722 BAG, Beschl. v. 08.06.1999 – 1 ABR 67/98 (unveröffentlicht).
723 BAG, Urt. v. 19.06.1985, DB 1986, 132; BAG, Urt. v. 22.12.1984, BB 1985, 1853.
724 Siehe hierzu *Hümmerich/Kallweit/Spirolke*, Das arbeitsrechtliche Mandat, § 4 Rn 561 ff.
725 Siehe Muster 1089, § 1 h, in diesem Buch § 1 Kap. 1 M 413, oder (nicht ganz offen formuliert) Muster 1030, Ziff. 1, in diesem Buch § 1 Kap. 1 M 384.
726 BAG, Urt. v. 28.02.1958, AP Nr. 1 zu 14 AZO.
727 BAG, Urt. v. 29.01.1960, AP Nr. 12 zu § 123 GewO; Urt. vom 14.12.1961, AP Nr. 17 zu § 611 BGB, Direktionsrecht.
728 Beispiel: Muster 1088, Ziff. 1 Abs. 4, in diesem Buch § 1 Kap. 1 M 410.
729 BAG, Urt. v. 09.12.1975, EzA, § 5 BetrVG 1972 Nr. 22.

tigkeit von Tätigkeiten und um das Direktionsrecht bzw. direktionsrechtserweiternde Befugnisse im Arbeitsvertrag kreist damit gleichzeitig um das rechtliche Interesse des Arbeitnehmers, sich durch Arbeitsvertragsgestaltung nicht des sozialen Schutzes aus § 4 KSchG zu begeben.

287 Die **Zuweisung eines geringerwertigen Arbeitsplatzes** wird nach der BAG-Rechtsprechung vom Direktionsrecht nicht gedeckt, sofern nicht ein entsprechender Vorbehalt im Arbeitsvertrag enthalten ist, selbst dann, wenn die bisherige Vergütung weitergezahlt wird.[730]

Wann eine gleichwertige Tätigkeit vorliegt, bestimmt sich nach der Sozialanschauung.[731] Bei Hanau/Preis[732] findet sich eine übersichtliche Zusammenstellung von gleichwertigen und ungleichwertigen Tätigkeiten unter Bezugnahme auf eine ausführliche Rechtsprechung der Instanzgerichte. Diese Übersicht sei hier wiedergegeben:

288 **Gleichwertige** Tätigkeiten:

- Abteilungsleiter Boutique/Abteilungsleiter Damenhüte
- Badeabteilung/Aufnahmedienst in Klinik
- Buffetkraft/Verkäuferin
- Buffetkraft/Kuchenverkaufsstand
- Hilfsarbeiten sind grundsätzlich gleichwertig
- Hilfsarbeiter/Botengänge
- Hilfsarbeiter/Fensterputzer
- Kreditsachbearbeiter Außendienst/Kreditsachbearbeiter Innendienst
- Pförtner/Nachtwächter
- Pressesprecher mit Vertrauensposition/Vorstandsreferent
- Schreibkraft Schreibmaschine/Computerschreibkraft
- Verkäuferin Kinderabteilung/Verkäuferin Herrenabteilung

289 Als **ungleichwertig** wurden bislang angesehen:

- Angestellter/Arbeiter
- Angestellter/Hilfstätigkeit
- Ankerwickler/Hilfstätigkeit
- Außendienst mit Abschluß/Innendienst
- Einkäuferin/Verkäuferin
- Kanzleivorsteherin/Stenotypistin
- Kraftfahrer/Eisenbieger
- Krankenpfleger/Bürotätigkeit in Röntgenabteilung
- Kundenbesucher/Mahnbuchhalter
- Lohnbuchhalter/Überwacher von Schichtenbüchern
- Orchestermusiker/Bühnenmusiker im Kostüm
- Pianist/Tonsteuerer
- Schlosser/Hilfsarbeiter
- Stenotypistin/Korrektorin in Kalkulation/Betriebsabrechnung

---

[730] BAG, Urt. v. 26.02.1976, EzA, § 242 BGB, Ruhegeld, Nr. 50; Urt. v. 28.02.1968, AP Nr. 22 zu § 611 BGB, Direktionsrecht.
[731] *Birk*, AR-*Blattei*, D, Direktionsrecht I, C, I 2.
[732] Der Arbeitsvertrag, II D 30, Rn 14 f.

**Verträge mit Arbeitnehmern, Gesellschaftsorganen und Selbständigen** § 1

Sofern dem Mitarbeiter die bisherige Vergütung weitergezahlt wird, gelten nach allgemeiner Auffassung in der Literatur[733] **Vorbehaltsklauseln** in Arbeits- und Tarifverträgen, die eine geringerwertige Tätigkeit vorsehen, als unbedenklich. Umstritten ist, ob – gegebenfalls mit einer gewissen zeitlichen Verzögerung – **vergütungsmindernde Regelungen** im Arbeitsvertrag bei Zuweisung eines geringerwertigen Arbeitsplatzes wirksam sind. 290

Mit einer vergütungserhaltenden Klausel[734] ist man auf der sicheren Seite. Unklar ist die Rechtsprechung zu vergütungsmindernden Regelungen, weshalb die Passage im Muster 1016,[735] § 1b, letzter Satz empfohlen wird.

Die traditionelle BAG-Rechsprechung hat eine Direktionsrechtserweiterung im Arbeitsvertrag oder Tarifvertrag für wirksam erachtet, auch wenn sie eine Vergütungsminderung einbeziehe.[736] 291

Der 7. Senat hat späterhin die Auffassung vertreten, ein Weisungsrecht zum Umfang von Vergütungs- oder Arbeitspflicht könne auch nicht im Wege einzelvertraglicher Regelung begründet werden. Derartige Klauseln stellten eine objektive Umgehung des zwingenden Kündigungsschutzes dar.[737]

In Kenntnis dieser Rechtsprechung hat sich ein halbes Jahr später der 4. Senat zur traditionellen BAG-Rechtsprechung bekannt, wonach Weisungen keine Umgehung des Kündigungsschutzes darstellten, weil sie die bestehende Arbeitspflicht nur konkretisierten.[738]

Es kann also nicht mit Gewißheit gesagt werden, daß vergütungsmindernde **Direktionsrechtserweiterungsklauseln** wirksam sind. Gleichwohl ist die Verwendung der Muster 1017, § 1 Ziff. 1 oder 1030,[739] Ziff. 1, letzter Satz vertretbar, da derzeit nur der 7. Senat, unterstützt durch die Literatur,[740] bei derartigen Klauseln die Wirksamkeit in Zweifel zieht. Die in den meisten Arbeitsverträgen dieser Textsammlung enthaltene Vorbehaltsklausel[741] ist unbedenklich. Die Rechtsprechung hält die Erweiterung der Versetzungsbefugnis unter Berücksichtigung der Fähigkeiten und Kenntnisse des Mitarbeiters stets für zulässigerweise gestaltbar.[742] 292

**Dynamische Verweise** auf Stellenbeschreibungen, wie sie die Muster 1020, § 1 Abs. 1 und 1069,[743] § 1 Abs. 2 vorsehen, sind, soweit bekannt, von der Rechtsprechung noch nicht abschließend beurteilt worden.[744] Ausgehend von dem Grundsatz, daß, was nicht ausdrücklich verboten, erlaubt ist, wird man eine derartige Klausel verwenden können, die der Organisationshoheit des Unternehmens in besonderer Weise Rechnung trägt. Allerdings besteht die offenkundige Mißbrauchsgefahr bei einschneidenden Änderungen des Aufgabengebiets, also des sachlichen Tätigkeitsbereichs. Hier könnte die Notwendigkeit einer Änderungskündigung bei gravierenden Änderungen in der Stellenbeschreibung gegeben sein. 293

---

[733] KR/*Rost*, § 2 KschG, Rn 42.
[734] Muster 1020, § 2 Abs. 2 Satz 2, in diesem Buch § 1 Kap. 1 M 378.
[735] § 1 Kap. 1 M 369 f.
[736] BAG, Urt. v. 19.06.1958, AP Nr. 2 zu § 611 BGB, Direktionsrecht; Urt. 08.10.1962, AP Nr. 18 zu § 611 BGB, Direktionsrecht; Urt. v. 14.07.1965, AP Nr. 19 zu § 611 BGB, Direktionsrecht.
[737] BAG, Urt. v. 12.12.1984, EzA, § 315 BGB, Nr. 29.
[738] BAG, Urt. v. 22.05.1985, AP Nr. 7 zu § 1 TVG, Tarifverträge Bundesbahn.
[739] § 1 Kap. 1 M 371 und M 384.
[740] *Hanau/Preis*, Der Arbeitsvertrag, II D 30, Rn 36 f.
[741] Siehe Muster 4010, § 2 Abs. 2 Satz 1, in diesem Buch § 7 Kap. 2 M 199.
[742] BAG, Urt. v. 12.04.1973, EzA, § 611 BGB, Nr. 12; Urt. v. 11.06.1958, AP Nr. 2 zu § 611 BGB, Direktionsrecht.
[743] § 1 Kap. 1 M 378 und 401.
[744] *Hanau/Preis*, Der Arbeitsvertrag, II T 10, Rn 47 ff.

**294** Umstritten und einzelfallabhängig ist die Rechtsprechung zur **Konkretisierung** der Arbeitstätigkeit und damit zur Einengung des Direktionsrechts des Arbeitgebers. Außerhalb des öffentlichen Dienstes kann schon eine 4 1/2-jährige Beschäftigung auf ein und derselben Position im Abend-, Wochenend- und Feiertagsdienst zur Konkretisierung der Arbeitstätigkeit führen, so daß eine Änderung dieser Arbeitsbedingungen einer Änderungskündigung bedarf.[745]

**295** **Im öffentlichen Dienst** erstreckt sich das Direktionsrecht des Arbeitgebers auf alle Tätigkeiten, deren Merkmale in der Vergütungsgruppe aufgeführt sind, in die der Angestellte eingestuft ist. Dem Arbeitnehmer kann danach grundsätzlich jede Tätigkeit zugewiesen werden, die den Merkmalen seiner Vergütungsgruppe entspricht, sofern nicht ausnahmsweise Billigkeitsgesichtspunkte entgegenstehen.[746] Eine lang andauernde Beschäftigung auf einem bestimmten Arbeitsplatz bzw. mit einer fest umrissenen Tätigkeit oder auch nur die langjährige Forderung und Entgegennahme von Überstunden konkretisieren das Arbeitsverhältnis nicht.[747] Zum reinen Zeitablauf müssen vielmehr besondere Umstände hinzutreten, die erkennen lassen, daß der Arbeitnehmer nur noch verpflichtet sein soll, seine Arbeit ohne Änderung so wie bisher zu erbringen.[748]

**296** Der Arbeitsort kann vom Arbeitgeber in einem von der Rechtsprechung nicht näher definierten Umfang, soweit nicht eine negative **Versetzungsklausel**[749] vereinbart wurde, verändert werden, wenn der Arbeitsplatz weiterhin ohne größere Schwierigkeiten erreicht werden kann.[750] Bei Bau-, Montage-, Außendienstmitarbeitern, Propagandisten, Vermessern oder sog. Springern, ergibt sich aus der Natur des sachlichen Tätigkeitsbereichs, daß der Arbeitgeber den Einsatzort täglich neu bestimmen kann und bestimmen muß.[751] In welchem Umfang der Arbeitgeber bei der Bestimmung des Arbeitsorts das Direktionsrecht ausüben kann, ist nach § 315 BGB zu beurteilen.[752] Die Unzumutbarkeit bestimmt sich nicht nach einer imaginären Kilometergrenze,[753] sondern nach der individuell vertretbaren Entfernung. Auch in welchem Umfang öffentliche Verkehrsmittel benutzt werden können und in welchem Zeitraum mit solchen Verkehrsmitteln die Strecke zwischen Wohn- und Arbeitsort bewältigt werden kann, kann von Bedeutung sein, wenn der Mitarbeiter kein Fahrzeug zur Verfügung hat.

**297** Von **Konzernversetzungsklauseln**[754] wird abgeraten. Bei Konzernversetzungsklauseln sind die Nebenabreden über Umzugskosten, Wohnungsersatzkosten etc. für beide Vertragspartner wesentlich. Die in diesem Zusammenhang zu beachtenden Sachverhalte lassen sich oft nicht mit der nötigen Bestimmtheit vorhersehen und demgemäß interessengerecht regeln. Für den Arbeitgeber bieten Konzernversetzungsklauseln den Nachteil, daß sich die an sich betriebsbezogene **Sozialauswahl** bei betriebsbedingten Kündigungen auf das Unternehmen erweitert.[755] Für den Mitarbeiter beinhaltet eine solche Klausel den Nachteil, daß er sich auf eine ungewisse Anzahl von Sachverhalten einläßt

---

745 LAG Nürnberg, Urt. v. 05.11.1997, AiB 1998, 711.
746 LAG Hessen, Urt. v. 13.10.1998 – 9 Sa 1325/98 (unveröffentlicht).
747 LAG Schleswig-Holstein, Urt. v. 11.04.1996 – 4 (3) Sa 568/95 (unveröffentlicht).
748 BAG, Urt. v. 11.02.1998, NZA 1998, 647.
749 LAG Rheinland-Pfalz, Urt. v. 15.01.1990, EzA, § 8 BAT, Direktionsrecht Nr. 11.
750 LAG Kiel, Urt. v. 23.11.1964, BB 1965, 419; ArbG Bremen, Urt. v. 21.02.1961, DB 1961, 847.
751 LAG Berlin, Urt. v. 25.04.1988, DB 1988, 1228.
752 BAG, Urt. v. 19.06.1985, EzA § 315 BGB Nr. 32.
753 Häufig wird von einer 50 km-Grenze bei der Gestaltung von Interessenausgleich und Sozialplan gesprochen; *Oetter* in Recht und Kommunikation, Bd. 16, S. 59, spricht von einer zumutbaren Wegezeit von 30–60 Minuten, was etwa einer Entfernung von 50 km entsprechen dürfte.
754 Beispiel: Muster 1163 Nr. I, Ziff. 3, in diesem Buch § 1 Kap. 1 M 493 oder 1094, Ziff. 1, in diesem Buch § 1 Kap. 1 M 420; *Hanau/Preis*, Der Arbeitsvertrag, II D 20, Rn 12.
755 BAG, Urt. v. 27.11.1991, EzA § 1 KSchG 1969, Betriebsbedingte Kündigungen, Nr. 72.

(unklar bleibt beispielsweise, wann und ob eine betriebliche Altersversorgung weiterhin besteht). Außerdem sind Konzernversetzungsklauseln für den Mitarbeiter von Nachteil, wenn er für das Ausscheiden aus einem Betrieb eine Abfindung erhalten soll; in diesem Falle ist die Abfindung weder steuerfrei, noch unterliegt sie dem ermäßigten Steuersatz.[756] Bei Weltkonzernen, bei denen sich der Mitarbeiter mit Eintritt in die Firma verpflichtet, sich an jeden Arbeitsplatz der Welt versetzen zu lassen, zählen Konzernversetzungsklauseln zur Unternehmenskultur (Beispiel IBM) und verwirklichen damit ein Unternehmensziel. Hier bestehen regelmäßig umfängliche Betriebsvereinbarungen zur Regelung von Vergütungsfragen.

## 36. Tantieme

Eine Tantieme wird als **Gewinnbeteiligung** regelmäßig einzelnen Arbeitnehmern, insbesondere leitenden Angestellten, zugesagt, um sie zu motivieren. Sie ist eine Erfolgsvergütung, mit der die besondere Leistung des Arbeitnehmers für das Geschäftsergebnis, also den wirtschaftlichen Erfolg des Arbeitgebers honoriert wird und die als zusätzliches Entgelt zu den sonstigen Bezügen hinzutritt. Wie das BAG[757] klargestellt hat, gilt die Rechtsprechung zur Gratifikation für solche arbeitsleistungsbezogenen Sonderzahlungen nicht. Wenn der Angestellte während des gesamten Geschäftsjahres arbeitsunfähig erkrankt ist und keine Entgeltfortzahlung beanspruchen kann, dann erlischt der Anspruch auf die Tantieme gemäß §§ 275 Abs. 1, 323 Abs. 1 BGB.[758]

298

## 37. Teilzeitarbeitsverhältnisse

Bereits an anderer Stelle wurden die bei der Vertragsgestaltung zu beachtenden Rechte und Pflichten der geringfügig Beschäftigten behandelt.[759] Auch wurde bereits dargestellt, welche Möglichkeiten der Flexibilisierung von Arbeitszeit bestehen, insbesondere, daß Abrufarbeit und eine zu hohe Variabilität der Arbeitszeit kraft Weisungsrechts des Arbeitgebers nicht wirksam vereinbart werden können.[760] Unter dem Thema **Teilzeitarbeitsverhältnisse** sind hier noch folgende Problemkreise zu behandeln:

299

- Die Rechtsprechung zur Gleichbehandlung nach § 2 Abs. 1 BeschFG,
- Die Vereinbarung von Arbeitszeitkonten,
- Mehrarbeitsklauseln,
- Nebentätigkeitsregelungen.

Nach § 2 Abs. 1 BeschFG darf ein Teilzeitbeschäftigter gegenüber einem Vollzeitbeschäftigten nicht unterschiedlich behandelt werden, es sei denn, sachliche Gründe rechtfertigen dies. Eine umfangreiche Rechtsprechung, die sich mit der im **Verhältnis zu einem Vollzeitbeschäftigten** prozentual gleichhohen Vergütung beschäftigt, wird ergänzt durch Urteile über Sonderzuwendungen.[761] Die hierzu ergangene Rechtsprechung ist noch nicht abgeschlossen.

300

Für die Arbeitsvertragsgestaltung gilt zu beachten, daß bei Teilzeitbeschäftigten § 2 Abs. 1 BeschFG immer Anwendung findet, also durch ausdrückliche Klauseln im Vertragstext nicht abdingbar ist.

---

756 BFH, Urt. v. 16.07.1997, DB 1997, 2007; Urt. v. 21.06.1990, DB 1990, 2567.
757 Urt. v. 16.03.1994, AP Nr. 162 zu § 611 BGB, Gratifikation.
758 BAG, Urt. v. 08.09.1998 – 9 AZR 273/97, ARST 1999, 97.
759 Siehe § 1, Kap. 1 Rn 165 ff. in diesem Buch.
760 Siehe § 1, Kap. 1 Rn 52 ff. in diesem Buch.
761 Jubiläumszuwendungen, Wechselschichtzulagen, Beihilfen.

**§ 1** Kapitel 1: Arbeitsverträge

**301** Unwirksam sind Klauseln, in denen Zeiten eines Teilzeitarbeitsverhältnisses nicht voll auf die Dauer des Beschäftigungsverhältnisses, beispielsweise zur Berechnung der Kündigungsfrist oder bei Gewährung einer betrieblichen Altersversorgung, angerechnet werden.[762]

Selbst die kurzen **Ausschlußklauseln** in Arbeitsverträgen[763] führen nach einem neueren Urteil des 5. Senats vom 12.06.1997[764] nicht zur Beseitigung von Gleichbehandlungsansprüchen. Der Senat vertritt die Auffassung, eine zu niedrige Bezahlung, die gegen den Gleichbehandlungsgrundsatz nach § 2 Abs. 1 BeschFG verstoße, stelle zugleich eine unerlaubte Handlung dar, die von tariflichen wie einzelvertraglichen Ausschlußfristen nicht erfaßt werde.

**302** Um zu einer höheren Flexibilität bei der Arbeitszeit des Teilzeitbeschäftigten zu gelangen, wählen Arbeitgeber vermehrt eine **Arbeitszeitkonten-Regelung**, wie sie in den Mustern 1002, § 2 und 1106,[765] Ziff. 1 enthalten ist. Wenn die regelmäßige wöchentliche Arbeitszeit festgelegt ist,[766] wenn die Gehaltsauszahlung trotz etwaiger Blockbildung kontinuierlich erfolgt und wenn außerdem die sich aus § 4 BeschFG ergebende Verpflichtung, den Arbeitseinsatz mindestens vier Tage im voraus mitzuteilen, erfüllt ist, sind Teilzeitvereinbarungen unter Verwendung von Arbeitszeitkonten, auch in Form eines Jahresarbeitszeitvertrages, möglich.

**303** Eine Verpflichtung zur Leistung von **Überstunden**, wie im Muster 1106,[767] Ziff. 1, letzter Satz, kann vereinbart werden. Die Bedenken, der Arbeitnehmer wähle gerade die Teilzeitarbeit, um nur in einem bestimmten Umfange zur Leistung von Arbeitszeit verpflichtet zu sein,[768] überzeugt nicht. Auch ist keine Rechtsquelle bekannt, aus der sich zwingend ergibt, die Befugnis zur Überstundenanordnung müsse begrenzt werden. Der Gleichbehandlungsgrundsatz nach § 2 Abs. 1 BeschFG ist nicht teilbar. Auch bei vorübergehender Verlängerung der Arbeitszeit von Teilzeitbeschäftigten hat der Betriebsrat ein Mitbestimmungsrecht.[769] Soweit gefordert wird, zur wirksamen Anordnung von Überstunden bei einem Teilzeitbeschäftigten gehöre, daß die Anordnung ebenfalls vier Tage vor dem Arbeitseinsatz zu erfolgen habe, bedeutet dies eine Ungleichbehandlung im Verhältnis zum Vollzeitbeschäftigten. Wenn mit einem Vollzeitbeschäftigten die Überstundenanordnungsmöglichkeit vertraglich vereinbart ist, bedarf es keiner Ankündigungsfrist. Die Ankündigung kann noch am Tag des Arbeitseinsatzes erfolgen.[770]

**304** Zu klären ist schließlich, ob in Arbeitsverträgen mit Teilzeitbeschäftigten ein Nebentätigkeitsverbot bzw. eine **Nebentätigkeitsklausel** aufgenommen werden kann. Hierzu wird auf Muster 1106,[771] Ziff. 6 verwiesen. Strengere Anforderungen (vorherige schriftliche Genehmigung) stellt Muster 1002,[772] § 9. Zunächst verlangt die Rechtsprechung, daß die Summe der Arbeitszeiten aus allen Teilzeitarbeitsverhältnissen die Höchstgrenze der gesetzlich zugelassenen Arbeitszeit nicht überschreitet. Das BAG erklärt bei erheblicher Überschreitung der gesetzlich zulässigen Arbeitszeit das zweite Arbeitsverhältnis in vollem Umfang für unwirksam, § 134 BGB.[773] Es entspricht deshalb

---

762 BAG, Urt. v. 15.05.1997 – 6 AZR 220/96 (unveröffentlicht).
763 Siehe § 1, Kap. 1 Rn 70 ff.
764 AP Nr. 4 zu § 611 BGB, Werkstudent.
765 § 1 Kap. 1 M 335 und 445.
766 BAG, Urt. v. 23.06.1992, EzA, § 611 BGB, Direktionsrecht, Nr. 12.
767 § 1 Kap. 1 M 445.
768 *Schaub*, § 44 III 3.
769 BAG, Urt. v. 16.07.1991, EzA, § 87 BetrVG 1972, Arbeitszeit, Nr. 48.
770 Siehe § 1, Kap. 1 Rn 305 in diesem Buch.
771 § 1 Kap. 1 M 445.
772 § 1 Kap. 1 M 335.
773 Urt. v. 18.11.1988, AP Nr. 1 zu § 611 BGB, Doppelarbeitsverhältnis.

der allgemeinen Auffassung in der Literatur, daß im Sinne der im Muster 1106, Ziff. 6 gewählten Anzeigepflicht vom Teilzeitbeschäftigten verlangt werden kann, dem Arbeitgeber alle weiteren Beschäftigungsverhältnisse mitzuteilen.[774] Eine gesteigerte Auskunfts- und Anzeigepflicht hat das BAG deshalb bereits unabhängig von einer vertraglichen Gestaltung anerkannt.[775]

### 38. Überstundenregelungen

Bei der Gestaltung von Überstundenvereinbarungen in Arbeitsverträgen ist zunächst zu beachten, daß nach heute verbreiteter Auffassung eine Verpflichtung des Arbeitnehmers, Überstunden zu leisten, nicht mehr besteht.[776] Überstunden sind nur in außergewöhnlichen Fällen[777] und in Notfällen zu leisten. Darüber hinaus braucht der Arbeitnehmer einer Anordnung von Überstunden nur Folge zu leisten, wenn der Arbeitsvertrag eine entsprechende Verpflichtung vorsieht. Besteht eine solche Verpflichtung, kann der Arbeitgeber die Überstunden jederzeit und ohne Einhaltung einer Ankündigungsfrist anordnen.

305

Zwei Problemkreise ergeben sich für die Gestaltung von Überstundenklauseln: Beim Grundtyp Überstunden gegen **vereinbartes Zusatzentgelt** muß darauf geachtet werden, daß die Überstunde angeordnet ist und auch die betrieblichen Notwendigkeiten bestehen. Zu diesem Zweck sind die Muster 1015, Ziff. 3 und 1016,[778] § 4 Abs. 3 so formuliert, daß der Mitarbeiter nicht durch eigene ökonomische Interessen in einer Weise Überstunden leisten kann, die von den betrieblichen Interessen nicht gedeckt ist.

306

Ein zweiter Problemkreis bei der Vertragsgestaltung – und dieser ist weitaus schwieriger in wirksame und vertretbare Klauseln zu kleiden – eröffnet sich bei der Gestaltung **pauschaler Überstundenvergütungsregelungen**. Die Rechtsprechung ist in dieser Frage in der Vergangenheit unerwartet großzügig verfahren. Es besteht kein allgemeiner Rechtsgrundsatz dahin, daß jede Mehrarbeitszeit oder jede dienstliche Anwesenheit eines Angestellten über die vereinbarten oder betriebsüblichen Wochenarbeitszeiten hinaus zu vergüten ist.[779]

307

Die Vereinbarung von Pauschalklauseln, in der Literatur vielfach kritisiert,[780] hält das BAG für einen Ausfluß aus dem Grundsatz der Vertragsfreiheit. Es sei nicht ausgeschlossen, daß nach dem Inhalt des Arbeitsvertrages für Mehrarbeit überhaupt keine Grundvergütung zu zahlen sei.[781] Aus der getroffenen Abrede müsse sich nur klar ergeben, daß die vereinbarte Vergütung Äquivalent für die gesamte Arbeitsleistung sei.[782]

Außerdem vertritt das BAG die Auffassung, daß von einem hochbezahlten Angestellten ein besonderes Maß an Arbeitsleistung verlangt werden könne, auch wenn dadurch die im Betrieb übliche

---

[774] GK TzA-*Lipke*, Art. 1 § 2 BeschFG, Rn 119; *Schaub*, § 44 II 3 b.
[775] Urt. v. 18.11.1988, DB 1989, 781.
[776] *Küttner/Reinecke*, Personalbuch 1997, Überstunden, Rn 3; MüHaArbR-*Blomeier*, § 46, Rn 119.
[777] § 14 AZG.
[778] § 1 Kap. 1 M 368 und M 369.
[779] LAG Köln, Urt. v. 07.09.1989, NZA 1990, 349.
[780] *Herschel*, Anm. zu BAG AP Nr. 1 zu § 15, AZO; *Kerger*, RdA 1971, 275.
[781] BAG, Urt. v. 24.02.1960, AP Nr. 11 zu § 611 BGB, Dienstordnung-Angestellte.
[782] BAG, Urt. v. 06.11.1961, AP Nr. 5 zu § 611 BGB, Mehrarbeitsvergütung; Urt. v. 16.01.1965, AP Nr. 1 zu § 1 AZO; ArbG Regensburg, Urt. v. 07.03.1990, EzA, § 15 AZO, Nr. 13.

Arbeitszeit überschritten werde.[783] **Leitende Angestellte** i. S.d. AZG können eine zusätzliche Vergütung aus § 612 BGB nur fordern, wenn dies besonders vereinbart ist oder mit der Vergütung lediglich eine zeitlich oder sachlich genau bestimmte Leistung abgegolten werden sollte.[784]

**308** Die Rechtsprechung des BAG unterscheidet zwischen Arbeitsverträgen, in denen eine bestimmte zeitliche Normalleistung zu erbringen ist, und solchen, die eine starre Arbeitszeit nicht erkennen lassen. Ihre Grenzen finden **Pauschalierungsabreden** nach der bisherigen Rechtsprechung in § 138 BGB. Dann, wenn ein Vergleich zwischen pauschalierter Lohnabrede und der dafür zu erbringenden Mehrarbeit ein erhebliches Mißverhältnis erkennen lasse, sei die Vereinbarung einer Pauschalabgeltung unwirksam.[785]

Die Vertragsgestaltung wird vor diesem Rechtsprechungshintergrund erschwert, weil das vereinbarte Gehalt zwischen Arbeitnehmer und Arbeitgeber immer auch das Ergebnis von Angebot und Nachfrage, Qualifikation des Mitarbeiters und wirtschaftlichen Möglichkeiten des Unternehmens ist.

Unproblematisch dürften die in den Mustern 1069, § 5 Abs. 2 und 1089, § 6 Abs. a) verwendeten Klauseln sein. Sicherer fährt man mit der von *Hanau/Preis*[786] entwickelten und im Muster 1151, § 5 Abs. 3 in etwa wiederkehrenden Klausel, die einen bestimmten Überstundenumfang in die Arbeitsvergütung einrechnet und darüber hinausgehende Überstunden zum Gegenstand von Verhandlungen zwischen den Parteien macht.

**309** Aus Arbeitnehmersicht haben Pauschalvereinbarungen einen gewichtigen Nachteil, der darin besteht, daß der Arbeitgeber nicht mehr den Arbeitnehmer bitten muß, Überstunden zu leisten. Durch arbeitsvertragliche Pauschalierungsabreden muß sich der Arbeitnehmer an den Arbeitgeber wenden, wenn er Überstunden nicht leisten möchte. Ob die Rechtsprechung des BAG, wonach pauschale Überstundenabreden ohne Bezifferung der Anzahl der zu leistenden Überstunden, soweit sie nicht gegen § 138 BGB verstoßen, getroffen werden können, auf Dauer Bestand haben kann, erscheint fraglich. Deshalb wird der Klauselvorschlag im Muster 1159, § 5 Abs. 3 favorisiert.

Die frühere Problematik, wonach ab der zehnten Überstunde ein Zuschlag von 25 % nach § 15 AZO zu zahlen war, ist mit der Neuregelung des Arbeitszeitgesetzes entfallen. **Zuschläge** können generell vereinbart werden, wenn sie nicht unbillig sind. Auch sollte bei der Vertragsgestaltung von Überstundenklauseln peinlichst darauf geachtet werden, in welchem Umfange tarifvertragliche Regelungen oder Betriebsvereinbarungen bestehen. Überstunden- und Überstundenzuschlagsregelungen finden sich häufig in Tarifverträgen oder Betriebsvereinbarungen.

### 39. Urlaubsabreden

**310** Das Urlaubsrecht ist im **Bundesurlaubsgesetz** als einem Mindestgesetz geregelt. Der Gesetzgeber umschreibt urlaubsrechtliche Mindestpositionen, von denen weder im Tarifvertrag noch in Arbeitsverträgen zu Lasten des Arbeitnehmers abgewichen werden darf.[787] Soweit einzelne Vertragsbestimmungen im Arbeitsvertrag Verbesserungen, andere wiederum Verschlechterungen verglichen mit den

---

[783] BAG, Urt. v. 13.03.1967, AP Nr. 15 zu § 618 BGB.
[784] BAG, Urt. v. 17.11.1966, AP Nr. 1 zu § 611 BGB, Leitende Angestellte; Urt. v. 16.01.1965, AP Nr. 1 zu § 1 AZO.
[785] BAG, Urt. v. 26.01.1956, AP Nr. 1 zu § 15 AZO; ArbG Berlin, Urt. v. 31.10.1988, DB 1989, 1423; LAG Frankfurt, Urt. v. 11.01.1963, AuR 1964, 283.
[786] Der Arbeitsvertrag, II M 30, Rn 25.
[787] § 13 Abs. 1 Satz 3 BUrlG; BAG, Urt. v. 10.02.1987, EzA Nr. 31 zu § 13 BUrlG.

korrespondierenden Vorschriften des BUrlG enthalten, ist die generelle Aussage, ob eine Verschlechterung oder eine gleichwertige Regelung vereinbart wurde, durch einen Einzelvergleich festzustellen, also bezogen auf einzelne Tatbestände wie Wartezeit, Teilurlaub, Übertragbarkeit und Abgeltung des Urlaubs etc.[788]

In Arbeitsverträgen finden sich regelmäßig nur wenige Bestimmungen über die Urlaubsgewährung. Von der Koppelung des über den Mindesturlaub hinausgehenden, im Arbeitsvertrag vereinbarten Urlaubs an Anwesenheitszeiten wird aus den bereits dargestellten Gründen[789] abgeraten.

Auch von Regelungen zur Rückzahlung von Vergütung im Falle urlaubszweckwidriger Erwerbstätigkeit wird abgeraten, weil das BAG einen solchen Anspruch verneint.[790]

311
Einen wirksamen **Verzicht auf Urlaubsabgeltungsansprüche**, wie er verschiedentlich in Arbeitsverträgen anzutreffen ist, kann man gemäß §§ 13 Abs. 1 Satz 3, 7 Abs. 4 BUrlG nicht erfolgreich vereinbaren.[791] Klauseln, die besagen, daß Urlaubsabgeltungsansprüche vom Arbeitnehmer nicht geltend gemacht werden, sind daher unwirksam. Dies gilt auch für arbeitsvertragliche Vereinbarungen, mit denen auf tariflich abgesicherte Urlaubsabgeltungsansprüche verzichtet wird.[792]

Soweit nach Beendigung eines Arbeitsverhältnisses auf Urlaubsabgeltungsansprüche verzichtet werden soll, unterscheidet man zwischen dem gesetzlichen Mindesturlaubsanspruch und dem darüber hinausgehenden Mehrurlaubsanspruch. Auf den Mehrurlaubsabgeltungsanspruch kann verzichtet werden.[793] Derartige Klauseln können aber nicht bereits in den Arbeitsvertrag aufgenommen werden, sondern müssen mit Beendigung des Arbeitsverhältnisses in einen Aufhebungs- oder Abwicklungsvertrag aufgenommen werden.[794]

312
Die **Rückforderungsproblematik** bei bereits in der ersten Hälfte eines Jahres gewährtem Urlaub für ein Kalenderjahr, läßt sich, wenn der Mitarbeiter vor dem 01.07. eines Jahres ausscheidet, nur schwerlich über eine Klausel des Arbeitsvertrages interessengerecht regeln. Es besteht zum einen das Rückforderungsverbot nach § 5 Abs. 3 BUrlG, zum anderen kann sich die Rückforderung allenfalls auf den über den Mindesturlaub hinausgehenden Urlaub erstrecken. Hierbei handelt es sich aber, angesichts von 24 Werktagen Mindesturlaub, nur noch um wenige Tage, die mit einer zweifelhaften Klausel für eine seltene Fallgestaltung eingefangen werden könnten.

Allein für den Fall einer bereits ausgesprochenen **Kündigung** wird empfohlen, eine Klausel in den Arbeitsvertrag aufzunehmen, die den Mitarbeiter verpflichtet, während der Kündigungsfrist seinen restlichen Urlaub zu nehmen. Dementsprechend sind die Muster 1100, § 16 Abs. 5, 1088[795] Ziff. 12 formuliert. War der Urlaub für den Arbeitnehmer nach Ablauf der Kündigungsfrist festgelegt, verliert diese Festsetzung mit der Kündigung ihre Wirksamkeit.[796] Nach dem Grundsatz des Vorrangs der Urlaubsgewährung in natura vor der Urlaubsabgeltung ist der Arbeitgeber befugt, den

---

788 BAG, Urt. v. 25.11.1958, AP Nr. 1 zu § 10 UrlaubsG Hamburg; Urt. v. 10.02.1966, AP Nr. 1 zu § 13 BUrlG Unabdingbarkeit.
789 § 1 Kap. 1 Rn 2 in diesem Buch.
790 BAG, Urt. v. 25.02.1988, EzA Nr. 2 zu § 8 BUrlG.
791 BAG, Urt. v. 27.07.1967, DB 1967, 1859.
792 § 4 Abs. 4 TVG; *Frohner*, AuR 1975, 108.
793 BAG, Urt. v. 21.07.1978, EzA Nr. 20 zu § 7 BUrlG; Urt. v. 27.07.1967, DB 1967, 1859.
794 Siehe § 4 Kap. 2 Rn 411 in diesem Buch.
795 § 1 Kap. 1 M 431 und M 412.
796 BAG, Urt. v. 10.01.1974, EzA Nr. 16 zu § 7 BUrlG.

Urlaub gemäß §§ 7 Abs. 1 BUrlG, 315 Abs. 1 BGB neu festzusetzen, so daß sich aus Arbeitgebersicht vermeiden läßt, einen nicht mehr hinreichend motivierten Mitarbeiter nicht in Urlaub schicken zu dürfen und statt dessen anschließend zusätzlich eine Urlaubsabgeltung vornehmen zu müssen.

Wird ein Formulararbeitsvertrag mit der Klausel „Der Jahresurlaub richtet sich nach den Bestimmungen des (einschlägigen) Tarifvertrages" abgeschlossen, so ist dies regelmäßig als eine Verweisung auf den gesamten tariflichen Regelungskomplex „Urlaub" zu verstehen.[797]

## 40. Vergütung

Eine Regelung über die Höhe des Gehalts im Tarifvertrag erfordert nur, daß der monatliche Bruttobetrag des Arbeitsentgelts nicht unter dem tariflichen Gehalt liegt. Dieser Betrag kann sich neben dem Grundgehalt und festen Zulagen auch aus Umsatzprovisionen in wechselnder Höhe zusammensetzen.[798]

## 41. Verschwiegenheitspflicht

313 Man unterscheidet arbeitsrechtlich zwischen der **vertraglichen** und der **nachvertraglichen** Verschwiegenheitspflicht. Die vertragliche Verschwiegenheitspflicht ergibt sich aus der **Treuepflicht** des Arbeitnehmers.[799] Sie ergibt sich außerdem aus § 17 Abs. 1 UWG sowie einer Reihe sonstiger Spezialnormen wie § 9 Nr. 6 BBiG, § 24 Abs. 2 ArbNErfG, § 5 Satz 2 BDSG, § 823 Abs. 2 BGB. Die nachvertragliche Verschwiegenheitsverpflichtung ist angesiedelt im Spannungsfeld zwischen Unternehmensgeheimnisschutz und Berufsausübungsfreiheit des ausgeschiedenen Arbeitnehmers und steht, sofern nicht ein ausdrückliches Wettbewerbsverbot vereinbart wurde, in der Gefahr eines unverbindlichen nachvertraglichen Wettbewerbsverbots.

314 Während der Geheimnisschutz im Wirtschafts- und Arbeitsleben von großer praktischer Relevanz ist, haben die Arbeitsgerichte bislang noch keine umfassenden und klaren Aussagen zum Gestaltungsrahmen vertraglicher und nachvertraglicher Verschwiegenheitsklauseln getroffen. Kundenliste, Kundenadressen, Geheimverfahren, kaufmännische Kalkulationsunterlagen, Computersoftware und eine Vielzahl von Informationen, die den Erfolg eines Unternehmens am Markt bedeuten, bedürfen der Geheimhaltung während eines Arbeitsverhältnisses, aber auch nach seiner Beendigung. Es wird angeregt, bei allen vertraglichen Vereinbarungen, mit Mitarbeitern ab der Sachbearbeiterebene präzise die Umstände und Tatsachen zu benennen, auf die sich die Verschwiegenheitsklausel erstrecken soll. Dementsprechend enthält die im Muster 1140, § 10 vorgesehene und an die Musterklausel bei *Hanau/Preis*[800] angelehnte Textfassung Leerzeilen, die nach Rücksprache zwischen Anwalt und Arbeitgeber ausformuliert werden sollten.

315 Geheimhaltungs- und Informationsbegrenzungsinteressen des Arbeitgebers finden bei den Arbeitsgerichten, auch bei Rechtsstreitigkeiten mit wettbewerbsrechtlichem Einschlag, wenig Beachtung. Die Abwägung zwischen dem **Geheimhaltungsinteresse** des Arbeitgebers und dem **Freiheitsrecht der Berufsausübung** auf Seiten des Arbeitnehmers fällt rasch zugunsten des Arbeitnehmers aus.

---

797 BAG, Urt. v. 17.11.1998, ARST 1999, 230.
798 BAG, Urt. v. 19.01.2000 – 4 AZR 814/98 (unveröffentlicht).
799 BAG, Urt. v. 25.08.1966, AP Nr. 1 zu § 611 BGB, Schweigepflicht.
800 Der Arbeitsvertrag, II V 30, Rn 28.

Während des Arbeitsverhältnisses halten die Arbeitsgerichte bestehende Geschäfts- und Betriebsgeheimnisse für geschützt, selbst dann, wenn keine Verschwiegenheitsklausel im Arbeitsvertrag enthalten ist.[801] Zwar kann im Rahmen der Vertragsfreiheit auch über Betriebs- und Geschäftsgeheimnisse hinaus eine Verpflichtung des Arbeitnehmers zur Verschwiegenheit über weitere Umstände begründet werden,[802] eine Verschwiegenheitsvereinbarung zu über Betriebs- und Geschäftsgeheimnisse hinausgehenden Tatsachen ist nach Auffassung des LAG Hamm nur zulässig, wenn die Geheimhaltung durch berechtigte betriebliche Interessen gerechtfertigt ist.[803] Die Vereinbarung von All-Klauseln, wonach sämtliche während der Tätigkeit bei einer Firma bekannt werdenden Geschäftsvorgänge geheim zu halten sind, ist nach Auffassung von *Hanau/Preis*[804] unwirksam. In die Verpflichtung zur Verschwiegenheit kann auch die Höhe des vereinbarten Gehalts einbezogen werden.[805]

Inwieweit gegen die Verschwiegenheitsverpflichtung verstoßen werden kann, indem sich ein Mitarbeiter zur Behebung von Mißständen oder Straftatbeständen an die Staatsanwaltschaft oder an die Öffentlichkeit wendet, ist umstritten.[806]

316

Auch bei der **nachvertraglichen Verschwiegenheitspflicht** bestehen eine Reihe von Unsicherheiten, denen mit der Klauselformulierung nur bedingt begegnet werden kann. Grundsätzlich erkennt das BAG an, daß der Arbeitnehmer verpflichtet ist, Verschwiegenheit über das Ende des Arbeitsverhältnisses hinaus zu wahren.[807] Selbst dann, wenn eine ausdrückliche Geheimhaltungsvereinbarung fehlt, kann sich eine Schweigepflicht im Einzelfall aus dem Gesichtspunkt der Nachwirkung des Arbeitsvertrages ergeben.[808]

In der Praxis werden vielfach, wie im Vertriebsbereich, **Kundenschutzklauseln** in Arbeitsverträge aufgenommen, über die sich der Mitarbeiter verpflichtet, bei Austritt aus der Firma keine Unterlagen aus dem Betrieb mitzunehmen, weder Lieferanten- noch Kundenadressen zu notieren. Das BAG[809] sah einmal in einer solchen Formulierung eine Konkurrenzklausel, also eine unverbindliche Wettbewerbsabrede. Dieser recht weitgehenden Tendenz entspricht auch das Urteil des BAG vom 15.12.1987.[810] Von der Aufnahme von Kundenschutzabreden, die erfahrungsgemäß vom Bundesarbeitsgericht sehr weitgehend als Wettbewerbsabreden behandelt werden, wird deshalb abgesehen.

317

## 42. Vertragsstrafen

Das BAG vertritt in ständiger Rechtsprechung die Auffassung, daß es keine grundsätzlichen Bedenken gegen Vertragsstrafen in Arbeitsverträgen habe, mit denen der Arbeitgeber die Einhaltung vertraglicher Vereinbarungen durch den Arbeitnehmer sichern wolle.[811] Dabei unterscheidet das BAG zwischen verschiedenen Klauseltypen und Sachverhalten. Zulässig ist eine Vertragsstrafe im Falle

318

---

801 *Wochner*, BB 1975, 1541.
802 *Gaul*, NZA 1988, 215.
803 LAG, Urt. v. 05.10.1988, DB 1989, 783.
804 Der Arbeitsvertrag, II V 20, Rn 24.
805 LAG Düsseldorf, Urt. v. 09.07.1975, DB 1976, 1112; BAG, Urt. v. 26.02.1987, DB 1987, 2526.
806 LAG Düsseldorf, Urt. 21.02.1974, DB 1974, 2164; LAG Frankfurt, Urt. v. 12.12.1987, LAGE Nr. 28 zu § 626 BGB; LAG Baden Württemberg, Urt. v. 12.12.1987, NZA 1987, 756; BAG, Urt. v. 05.02.1959, AP Nr. 9 zu § 70 HGB.
807 BAG, Urt. v. 15.12.1987, DB 1988, 1020; Urt. v. 16.03.1982, AP Nr. 1 zu § 611 BGB Betriebsgeheimnis.
808 BAG, Urt. v. 16.03.1982, DB 1982, 1792.
809 Urt. v. 19.02.1999, AP Nr. 10 zu § 74 HGB.
810 DB 1988, 1020.
811 Urt. v. 05.02.1986, EzA Nr. 2 zu § 339 BGB; Urt. v. 13.06.1990 – 5 AZR 304/89, unveröff.; Urt. v. 27.05.1992, EzA Nr. 8 zu § 339 BGB.

des **Vertragsbruchs** durch den Arbeitnehmer, wobei das BAG als Vertragsbruch folgende Sachverhalte definiert: Schuldhafte und rechtswidrige Nichtaufnahme der Arbeit, Kündigung des Arbeitsverhältnisses vor Ablauf einer vereinbarten Vertragszeit oder vor Ablauf einer Kündigungsfrist ohne wichtigen Grund.[812] Vertragsbruch ist auch bei Verletzung der Verschwiegenheitspflichten anzunehmen.[813] Unzulässig sind allerdings Vertragsstrafenvereinbarungen, die das Kündigungsrecht des Arbeitnehmers einseitig beeinträchtigen.[814] Die fristgerechte Kündigung eines Arbeitsverhältnisses durch den Arbeitnehmer kann nicht mit einer Vertragsstrafe verbunden werden.[815] Eine Vertragsstrafe dagegen, die mit 2 Bruttomonatsgehältern die Einhaltung tariflicher Kündigungsfristen sichern soll, ist wirksam.[816]

Eine Klausel, die eine Vertragsstrafe bei **Nichtantritt der Stelle** beinhaltet, ist wirksam, in ihr liegt keine unzulässige Beeinträchtigung des Rechts zur Kündigung des Arbeitsverhältnisses vor Dienstantritt.[817] Eine solche Vertragsstrafenvereinbarung bedeutet zugleich für Arbeitgeber und Arbeitnehmer, daß eine ordentliche Kündigung vor Arbeitsbeginn ausgeschlossen ist.

319 Vertragsstrafen müssen eindeutig und klar formuliert sein. Hieran fehlt es, wenn zwar in der Klausel von Vertragsbruch die Rede ist, die sich anschließenden Regelbeispiele aber nichts mit dem Inhalt des Begriffes „Vertragsbruch" zu tun haben.[818] Erscheint der Rechtsprechung die **Höhe der Vertragsstrafe** nicht angemessen, besteht die Reduktionsmöglichkeit nach § 343 BGB. Deshalb führt die Vereinbarung einer unverhältnismäßig hohen Vertragsstrafe nicht ohne weiteres zur Nichtigkeit der gesamten Abrede.[819] Erwähnt, wenngleich auch beklagt werden muß, daß eine Angemessenheitskontrolle bei formularmäßig vereinbarten Vertragsstrafen durch die Rechtsprechung im Einzelfalle vorgenommen und vom Schrifttum vielfach gefordert wird. Eine Übertragung des Rechtsgedankens aus § 11 Nr. 6 AGBG hat das Bundesarbeitsgericht abgelehnt.[820] Andererseits wird vertreten, daß bei formularmäßigen Strafabreden ein gesteigertes Bedürfnis nach einer generellen Obergrenze bestehe, deren Überschreitung im Regelfall die Unwirksamkeit der Klausel zur Folge haben solle.[821] Erfahrungsgemäß akzeptieren die Gerichte – meist als Höchstgrenze – den Betrag eines Monatsgehalts.[822]

320 Unwirksam sein dürften Klauseln, in denen **Schlechtleistungen** des Arbeitnehmers mit einer Vertragsstrafe belegt werden.[823] Wirksam sind dagegen Vertragsstrafen in Verbindung mit Rückzahlungsklauseln bei vorzeitigem Ausscheiden nach einer vom Arbeitgeber finanzierten Aus- oder Fortbildung, wenn die Höhe des Vertragsstrafeversprechens noch als angemessen bezeichnet werden kann. Hierzu sei auf das Urteil des BAG vom 27.07.1977[824] verwiesen.

812 BAG, Urt. v. 18.09.1991, EzA Nr. 7 zu § 339 BGB.
813 Siehe Muster 1141, § 8 Abs. 4, in diesem Buch § 1 Kap. 1 M 470.
814 BAG, Urt. v. 11.05.1981, AP Nr. 15 zu § 611 BGB, Gratifikation; Urt. v. 09.03.1972, EzA Nr. 6 zu § 622 BGB n.F.; LAG Hamm, Urt. v. 15.03.1989, DB 1989, 1191.
815 BAG, Urt. v. 09.03.1972, EzA Nr. 6 zu § 622 BGB n.F.; Urt. v. 11.03.1971, EzA Nr. 2 zu § 622 BGB n.F.
816 ArbG Frankfurt a. M., Urteil vom 20.4.1999, 4 Ca 8495/97, SPA 17/1999, 4 f.
817 BAG, Urt. v. 01.10.1963, AP Nr. 2 zu § 67 HGB; Urt. v. 17.07.1985–5 AZR 104/84 (unveröffentlicht).
818 ArbG Rheine, Urt. v. 20.03.1991, BB 1991, 1125; LAG Frankfurt, Urt. v. 08.10.1990, LAGE Nr. 7 zu § 339 BGB.
819 LAG Baden Württemberg, Urt. v. 14.05.1963, AP Nr. 2 zu § 339 BGB; LAG Düsseldorf, Urt. v. 15.11.1972, DB 1973, 85.
820 BAG, Urt. v. 23.05.1984, AP Nr. 9 zu § 339 BGB; Urt. v. 27.05.1992, EzA Nr. 8 zu § 339 BGB; LAG Berlin, Urt. v. 19.05.1980, AP Nr. 8 zu § 339 BGB.
821 LAG Köln, Urt. v. 26.09.1989, LAGE, Nr. 4 zu 339 BGB.
822 LAG Düsseldorf, Urt. v. 05.11.1972, DB 1973, 85; Urt. v. 19.05.1980, AP Nr. 8 zu § 339 BGB; LAG Baden-Württemberg, Urt. v. 30.07.1985, LAGE, Nr. 1 zu § 339 BGB.
823 LAG Frankfurt, Urt. v. 05.09.1967, DB 1968, 987.
824 AP Nr. 2 zu § 611 BGB, Entwicklungshelfer.

Vertragsstrafen in Verbindung mit **Unpünktlichkeit** werden von *Hanau/Preis*[825] für unwirksam gehalten. Wird in einer Vertragsstrafe dagegen das zeitweise Fernbleiben von der Arbeit tatbestandlich erfaßt, umgangssprachlich „Blaumachen" genannt, kann sich ein berechtigtes Interesse des Arbeitgebers an der Vereinbarung einer Vertragsstrafe ergeben.[826] Dementsprechend ist im Vertrag mit einem Arbeiter eine solche Vertragsstrafe vorgesehen.[827]

Vertragsstrafen zur Sanktionierung von **Wettbewerbsverstößen** werden im Zusammenhang mit den Wettbewerbsabreden behandelt. Die in den vorliegenden Arbeitsverträgen verschiedentlich verwendeten Vertragsstrafenklauseln[828] erstrecken sich auf die Fälle der Nichtaufnahme von Arbeit, Beendigung des Arbeitsverhältnisses ohne Einhaltung der Kündigungsfrist, auf Arbeitsverweigerung und auf die Fälle des Verstoßes gegen die Verschwiegenheitsverpflichtung. 321

### 43. Vertriebsmitarbeiterverträge

Vertriebsmitarbeiter gehören zu den häufigen Mandanten des im Arbeitsrecht tätigen Rechtsanwalts. Sie haben erfahrungsgemäß weniger Hemmungen, die gerichtliche Auseinandersetzung bei Beendigung, aber auch während eines Arbeitsverhältnisses zu suchen. Ihre Arbeitsverhältnisse sind gefährdet, wenn die Umsätze nicht mehr den vereinbarten Zielen oder den Erwartungen der Vorgesetzten entsprechen. 322

Streitpunkte zwischen Arbeitgeber und Vertriebsmitarbeiter bilden meist die **Provision**, der Zuschnitt oder die Veränderung eines **Vertriebsgebiets** sowie die **Vertriebsprodukte**. Schließlich streiten die Parteien häufig über den Umfang der **Weisungsrechte des Arbeitgebers**. Die Kenntnis dieser spezifischen Konfliktthemen zwischen Arbeitgeber und Vertriebsmitarbeiter erlaubt es, durch sorgfältige Vertragsgestaltung die Streitpunkte zu minimieren. Vertriebs- und Marketingfachleute unterstellen häufig, was sie sich in ihrer Kreativität haben einfallen lassen oder was bisherige Praxis sei, könne mühelos mit den üblichen Moderationstechniken und in gruppendynamischen Prozessen umgesetzt werden. Hier muß der beratende Anwalt deutlich darauf hinweisen, daß nur in den Grenzen des vertraglich Vereinbarten unabweisbare Durchsetzungsmöglichkeiten bestehen. Solange sich Vertriebsmitarbeiter aus Angst vor Sanktionen in Meetings entwickelten Leistungsanforderungen unterwerfen, geht die Rechnung ihrer Vorgesetzten auf. Sobald sich das Arbeitsverhältnis in der Krise befindet, wird arbeitsgerichtlich aber das etwaige Fehlverhalten des Vertriebsmitarbeiters nicht mehr an Besprechungsergebnissen in Meetings, sondern an den im Arbeitsvertrag vereinbarten Weisungsbefugnissen gemessen.

Die **vertriebsüblichen Praktiken** sollte der Anwalt mit dem Arbeitgeber oder dem Vorgesetzten des Vertriebsmitarbeiters durchsprechen, erfassen und in Rechtsregeln zur Aufgaben- und Tätigkeitsbeschreibung aufnehmen. So sollten Ziffer 3 im Muster 1102[829] und § 1 in Muster 1104[830] stets um die Gesichtspunkte 323

- rechtliche Gebundenheit an Ziel-, besondere Absatzplanung der Firma
- Vorgabe von Tourenplänen

---

825 Der Arbeitsvertrag, II V 50, Rn 39.
826 *Engel*, Konventionalstrafen, S. 232; *Hanau/Preis*, Der Arbeitsvertrag, II V 50, Rn 39.
827 Siehe Muster 1015, Ziff. 6, in diesem Buch § 1 Kap. 1 M 368.
828 Siehe Muster 1015, Ziff. 6, in diesem Buch § 1 Kap. 1 M 368; 1017, § 7, in diesem Buch § 1 Kap. 1 M 372; 1019, Ziff. 14, in diesem Buch § 1 Kap. 1 M 377.
829 § 1 Kap. 1 M 436.
830 § 1 Kap. 1 M 439.

- Vorgabe der Anzahl der Kundenbesuche
- Verpflichtung zur regelmäßigen Teilnahme an Meetings
- Verpflichtung zum Schulungsbesuch
- Verpflichtung zur regelmäßigen Berichterstattung über Kundenbesuche

ergänzt werden.

324 Ist der Vertriebsmitarbeiter erfolgreich, wird man als Arbeitgeber im Laufe der Zeit seinen Vertriebsbezirk verkleinern wollen, um den provisionsabhängigen Verdienst des Mitarbeiters wieder auf ein niedrigeres Niveau abzusenken, gleichzeitig einen zusätzlichen Verdienst für einen Mitarbeiter in dem herausgenommenen Vertriebsbezirksteil zu schaffen und die Anreizsituation für beide Mitarbeiter zu setzen, die Umsätze zu steigern. Deshalb ist es aus Arbeitgebersicht wichtig, daß dem Mitarbeiter kein bestimmter Verkaufsbezirk verbindlich und unabänderlich übertragen wird, sondern in jedem Falle, wie im Muster 1100,[831] § 2 Abs. 1b, der Hinweis aufgenommen wird, daß der Verkaufsbezirk aus betrieblichen Gründen geändert werden kann, ohne daß dadurch der Gesamtvertrag gekündigt wird. Auch beim Vertriebsmitarbeiter darf das Weisungsrecht nur nach billigem Ermessen ausgeübt werden.[832] Dementsprechend ist Muster 1099,[833] § 8 formuliert.

325 Hat sich der Arbeitgeber die einseitige Verkleinerung eines Vertriebsgebiets vorbehalten, so handelt es sich um den **Vorbehalt eines Widerrufs**. Seine Ausübung hat nach billigem Ermessen zu erfolgen. Wenn das Einkommen des Mitarbeiters lediglich zu 20 % aus Provisionen besteht und sich das Einkommen durch die Verkleinerung des Verkaufsbezirks nur geringfügig verändert, führt die Verkleinerung des Verkaufsbezirks nicht zu einer Umgehung des Kündigungsschutzgesetzes und ist daher wirksam.[834] Auch für den Vertriebsmitarbeiter gilt, wie bereits beim Tätigkeitsbereich für Arbeitnehmer generell ausgeführt,[835] daß, wer als kaufmännischer Angestellter ohne nähere Festlegung eines Aufgabengebietes eingestellt worden ist, im Rahmen jeglicher Verwendungsmöglichkeit als kaufmännischer Angestellter beschäftigt werden kann.[836]

326 Der Betriebsrat hat bei der Ein- und Zuteilung der Bearbeitungsgebiete von Außendienstmitarbeitern kein Mitbestimmungsrecht nach § 87 Abs. 1 Ziff. 10 BetrVG.[837] Die Zuweisung eines völlig neuen Verkaufsgebiets bei einem Angestellten im Außendienst kann allerdings nach den Umständen des Einzelfalles eine mitbestimmungspflichtige Versetzung darstellen.[838]

Bei **Provisionen** kann im Streit stehen, ob ein ursächlicher Zusammenhang zwischen der Tätigkeit des Mitarbeiters und dem Geschäftsablauf besteht. Wie beim Handelsvertreter[839] genügt schon die Mitverursachung des Außendienstmitarbeiters, um einen Provisionsanspruch entstehen zu lassen.[840] Ein Provisionsanspruch bei Mitverursachung kann daher vertraglich nicht ausgeschlossen werden. Auch der angestellte Vertriebsmitarbeiter hat einen Anspruch auf Buchauszug, wenn er sich über die Richtigkeit von Provisionsabrechnungen informieren will. Eine vertragliche Regelung, wonach

---

831 § 1 Kap. 1 M 427.
832 BAG, Urt. v. 27.03.1980, DB 1980, 1603.
833 § 1 Kap. 1 M 426.
834 BAG, Urt. v. 07.10.1982, DB 1983, 1368.
835 § 1, Kap. 1 Rn 280 in diesem Buch.
836 BAG, Urt. v. 27.03.1980, DB 1980, 1603.
837 BAG, Urt. v. 10.06.1986, DB 1986, 2340.
838 LAG Köln, Urt. v. 24.10.1989, LAGE § 95 BetrVG, Nr. 9.
839 Siehe hierzu § 1 Kap. 2 Rn 589 in diesem Buch.
840 BAG, Urt. v. 14.10.1957, BB 1957, 1086.

die widerspruchslose Hinnahme von Provisionsabrechnungen zur Folge hat, daß der angestellte Vertriebsmitarbeiter sich mit der Provisionsabrechnung einverstanden erklärt habe und deshalb der Anspruch auf Buchauszug entfalle, ist nach § 87 c Abs. 5 HGB unwirksam.[841] Auskunftsansprüche des Handlungsgehilfen, also auch der Auskunftsanspruch durch einen Buchauszug, unterliegen tariflichen Verfallklauseln, wie das BAG im Hinblick auf § 13 Abs. 2 des Manteltarifvertrages für den Groß- und Außenhandel in Niedersachen entschieden hat.[842]

Erhält der Mitarbeiter im **Einzelhandel**, was namentlich in der Möbel- und in der Bekleidungsbranche häufig vorkommt, ein Gehalt, das sich aus Fixum und Provision zusammensetzt, so müssen im Geltungsbereich eines allgemeinverbindlichen Tarifvertrages wie des Manteltarifvertrages Einzelhandel NW Fixum und Provision mindestens zusammen die Höhe des Tarifgehalts ergeben. Anderweitige, diesen Umstand nicht berücksichtigende Vertragsklauseln sind unwirksam.[843] 327

Bei sogenannten **Aufbauversicherungen**, bei denen sich die Versicherungsumme in regelmäßigen Zeitabständen erhöht, wenn der Versicherungsnehmer nicht widerspricht, sind alle Erhöhungen nach § 87 Abs. 1 Satz 1 HGB provisionspflichtig, weil sie durch die ursprüngliche Tätigkeit des Versicherungsmitarbeiters verursacht wurden.[844] In einer Vertragsklausel kann allerdings zur Bedingung gemacht werden, daß die Provisionspflicht nur dann entsteht, wenn der Mitarbeiter weiterhin in dem Gebiet tätig ist und deshalb die Versicherungsverträge in dem gebotenen Umfang nacharbeiten kann.[845]

**Provisionsvorschüsse** muß der Verkaufsmitarbeiter auch dann zurückzahlen, wenn der Arbeitgeber von der Befugnis zur Anpassung der Vorschüsse an die verdienten Provisionen zunächst keinen Gebrauch macht und hierfür sachliche Gründe bestanden.[846] *Hunold*[847] empfiehlt deshalb, eine ganz detaillierte Verrechnungsvereinbarung zwischen Arbeitgeber und Vertriebsmitarbeiter zu treffen, insbesondere die Regeln aufzustellen, wie überzahlte Provisionsvorschüsse ausgeglichen werden sollen. Hier ist die enge Zusammenarbeit zwischen Arbeitgeber und seinem den Vertrag entwerfenden Anwalt gefragt. 328

Gewährt der Arbeitgeber monatlich einen feststehenden Betrag als Vergütung mit der Maßgabe, daß dieser Betrag durch noch zu verdienende Provisionen abgedeckt werden soll, so liegt nur ein Provisionsvorschuß bzw. eine Verrechnungsgarantie, jedoch keine Garantieprovision vor. Ist dagegen ein bestimmter monatlicher Betrag garantiert, ist im Zweifel ausgeschlossen, daß Minderverdienste in einem Monat mit den über die Garantiebeträge hinausgehenden Verdienstspitzen in anderen Monaten verrechnet werden.[848]

Bei der eingangs angesprochenen Anbindung der Leistungspflichten des Arbeitnehmers an Ziel- und Absatzplanung des Unternehmens sollte darauf geachtet werden, möglichst nur in geringem Umfang wirtschaftliche Auswirkungen aus der Nichterfüllung vereinbarter Zielvorgaben eintreten zu lassen. Wird im Arbeitsvertrag die Vereinbarung von **Umsatzzielen als Leistungspflicht** gekoppelt mit einer reinen **Erfolgsvergütung**, die sich bei Nichterfüllung der Umsatzziele deutlich ermäßigt bzw. 329

---

841 Vgl. *Hunold*, München 1993, S. 48.
842 BAG, Urt. v. 23.02.1982, DB 1982, 2249.
843 BAG, Urt. v. 19.10.1986, DB 1987, 1257.
844 Vgl. *Hunold*, München 1993, S. 49.
845 BAG, Urt. v. 18.02.1984, DB 1985, 50.
846 BAG, Urt. v. 20.06.1989, BB 1989, 2333.
847 München 1993, S. 50.
848 BAG, Urt. v. 22.09.1975, DB 1976, 932.

in Fortfall kommt, liegt nach der Rechtsprechung ein Verstoß gegen das Leitbild des Arbeitsvertrages wegen Überwälzung des unternehmerischen Marktrisikos auf den Arbeitnehmer vor.[849] Werden **jährlich Umsatzziele** vereinbart und ergeben sich aus diesen Umsatzzielen Provisionsansprüche oder werden hieran Prämien geknüpft, kann die Rechtswirksamkeit solcher Vertragsklauseln zweifelhaft sein. Der Arbeitnehmer schuldet, wie schon das LAG Düsseldorf festgestellt hat,[850] keinen bestimmten Umsatzerfolg auf der Basis von Sollzahlen. Könnte der Arbeitgeber die Sollzahlen so hoch ansetzen, daß sie vom Arbeitnehmer überhaupt nicht oder nur unter besonderen Anstrengungen erreichbar wären, könnte er ihn rechtsmißbräuchlich zur Erbringung eines bestimmten Umsatzerfolges verpflichten. Dementsprechend ist die Vereinbarung von Umsatzvorgaben nach § 134 BGB iVm § 1 Abs. 2 KSchG unwirksam.[851] Wird dagegen im Arbeitsvertrag vereinbart, daß der Außendienstmitarbeiter im allgemeinen denjenigen Umsatz zu erbringen hat, zu dem er jährlich schriftlich sein Einverständnis erteilt hat, dürften rechtliche Bedenken ausgeräumt sein. Der Arbeitnehmer hat es selbst in der Hand, die Höhe des Umsatzes zu bestimmen, da ohne seine ausdrückliche Erklärung die Leistungspflichten nicht entstehen bzw. präzisiert werden können.

Unterschreitet der angestellte Außendienstmitarbeiter in einem solchen Falle seine Umsatzziele in nennenswertem Umfang, stellt sein Verhalten eine Schlechtleistung dar, die nach Abmahnung eine verhaltensbedingte Kündigung rechtfertigt.

### 44. Verweisungsklauseln

330 Verweisungsklauseln sind generell zulässig.[852] Überprüft werden muß im Einzelfall, welche Wirksamkeitsvoraussetzungen erfüllt sein müssen, damit das mit der Verweisungsklausel in Bezug Genommene auch Vertragsbestandteil wird.

Mit teilweise großer Leichtfertigkeit gehen Arbeitgeber manchmal davon aus, daß von ihnen zusätzlich zum Arbeitsvertrag, zum Teil aber ohne jede Bezugnahme ausgehändigte „Arbeitsanweisungen", „Dienstordnungen" oder „Verhaltensgrundsätze der Firma" mit der Aushändigung für die Arbeitsvertragsparteien verbindlich seien. In diesen Fällen fehlt es regelmäßig an einer Vereinbarung, dh nur über die genaue Bezeichnung im Arbeitsvertrag, über eine Verweisungsklausel oder die gemeinsame Unterschrift unter die Anlage zum Arbeitsvertrag, können derartige, generalisierende Regelungen zu vertraglichen Abreden werden.[853]

331 Bei den Verweisungsklauseln unterscheidet man zwischen statischen und dynamischen Verweisungen. **Statische** Verweisungen nehmen auf einen feststehenden Text (meist Manteltarifvertrag oder Betriebsvereinbarung) Bezug, während in **dynamischen** Klauseln die allgemeine Norm einbezogen wird und zwar in ihrer jeweils gültigen Fassung.[854]

Bei nicht tarifgebundenen Mitarbeitern und Arbeitgebern kann durch Bezugnahme der **Tarifvertrag** als Vertragsbestandteil in das Rechte- und Pflichtengefüge zwischen den Vertragsparteien einbezogen werden.

---

849 Vgl. LAG Hamm, Urt. v. 16.10.1989, LAGE § 138 BGB Nr. 4.
850 Urt. v. 17.02.1989, AiB 1990, 85.
851 LAG Düsseldorf, Urt. v. 17.02.1989, AiB 1990, 85.
852 BAG, Urt. v. 05.11.1963, AP Nr. 1 zu § 1 TVG, Bezugnahme.
853 Siehe hierzu Muster 1190 mit Anhang, in diesem Buch § 1 Kap. 1 M 506 ff. oder Muster 1030 mit Guideline, in diesem Buch § 1 Kap. 1 M 384 ff.
854 Beispiel: Entgeltfortzahlungsgesetz in seiner jeweils gültigen Fassung, Muster 1020, § 10, in diesem Buch § 1 Kap. 1 M 381.

## Verträge mit Arbeitnehmern, Gesellschaftsorganen und Selbständigen § 1

Dementsprechend enthält Muster 1105,[855] § 1 Abs. 3 und § 22 Abs. 1 eine Verweisung auf einschlägige Tarifverträge und die Arbeitsordnung des Betriebes. Eine Erkundigungslast bzw. eine Aushändigungspflicht des Arbeitgebers für die in Bezug genommenen Tarifverträge und Betriebsvereinbarungen besteht nach Auffassung des BAG nicht.[856]

In der Rechtsprechung des BAG findet auch keine differenzierte Rechtskontrolle bezüglich des Umfangs der Verweisung statt.[857]

Eine Formulierung, nach der für das Arbeitsverhältnis die betrieblich und fachlich einschlägigen Tarifverträge in der jeweils gültigen Fassung gelten, soweit im Arbeitsvertrag nichts anderes vereinbart ist,[858] ist nach der Rechtsprechung wirksam,[859] auch dann, wenn auf einen fremden, für den Betrieb nicht einschlägigen Tarifvertrag Bezug genommen wird.[860] Die Klausel, in der auf den jeweiligen Tarifvertrag der Betriebsstätte Bezug genommen wird, verliert allerdings ihre Wirkung dann, wenn ein Betriebsübergang nach § 613 a BGB stattfindet und der neue Arbeitgeber nicht tarifgebunden ist. Das BAG[861] legt eine solche Verweisungsklausel dahingehend aus, daß der in Bezug genommene „jeweilige Tarifvertrag der Betriebsstätte" nicht unabhängig von der Tarifbindung des Arbeitgebers zum Vertragsinhalt geworden ist, sondern daß die Parteien des Arbeitsvertrages eine sogenannte Gleichstellungsabrede getroffen haben. Danach soll die vertragliche Bezugnahme eine Gleichstellung der nicht organisierten mit den tarifgebundenen Arbeitnehmern bewirken. Ohne die Mitgliedschaft in der Gewerkschaft überprüfen zu müssen, soll der Arbeitgeber jeweils den Tarifvertrag anwenden können, an den er im Sinne des Tarifvertragsrechts gebunden ist. Sobald der neue Arbeitgeber nicht tarifgebunden ist, bleibt die Bezugnahmeklausel daher ohne materiell-rechtliche Bedeutung.

332

Neben der Bezugnahme durch Globalverweisung, sind auch **Teilverweisungen** wie im Muster 1102,[862] Ziff. 12 zulässig.[863] Statische Verweisungen, wonach ein bestimmter Tarifvertrag in einer bestimmten Fassung vereinbart wird, müssen nicht immer auch die Funktion einer statischen Verweisung erfüllen. So hat das BAG bei einer statischen Verweisung für den Zeitraum nach Beendigung eines Tarifvertages, der dadurch gekennzeichnet war, daß ein neuer Manteltarifvertrag geschlossen worden war, angenommen, der Arbeitsvertragstext müsse so gelesen werden, als hätten die Parteien eine dynamische Klausel vereinbart.[864] Werde in einem Arbeitsvertrag ohne Datumsangabe auf einen im übrigen genau bezeichneten Tarifvertrag verwiesen, sei im Zweifel anzunehmen, dieser Tarifvertrag solle in seiner jeweiligen Fassung Anwendung finden. Ob diese Auslegung zutreffend ist, mag dahingestellt bleiben. Es wird angesichts dieser Rechtsprechung nicht empfohlen, statische Klauseln in den Arbeitsvertragstexten zu verwenden.

Zweifel an Umfang und Inhalt arbeitsvertraglicher Bezugnahmeklauseln löst die Arbeitsrechtsprechung häufig zugunsten des Arbeitnehmers. Bei Verbandsaustritt des Arbeitgebers schließt das LAG

---

855 § 1 Kap. 1 M 441 ff.
856 Urt. v. 05.11.1963, AP Nr. 1 zu § 1 TVG, Bezugnahme auf Tarifvertrag.
857 BAG, Urt. v. 06.03.1985, AP Nr. 1 zu § 1 TVG, Tarifverträge Süßwarenindustrie; Urt. v. 12.08.1959, AP Nr. 1 zu § 305 BGB; Urt. v. 28.03.1973, AP Nr. 2 zu § 319 BGB; Urt. v. 01.06.1970, AP Nr. 143 zu § 242 BGB, Ruhegehalt.
858 Siehe Muster 1017, Ziff. 3, in diesem Buch § 1 Kap. 1 M 371.
859 BAG, Urt. v. 20.10.1977, AP Nr. 5 zu § 242 BGB, Ruhegehalt, Beamtenversorgung.
860 BAG, Urt. v. 10.06.1965, AP Nr. 13 zu § 9 TVG aF; Urt. v. 06.12.1990, EzA, § 3 TVG, Bezugnahme auf Tarifvertrag, Nr. 5.
861 Urt. v. 04.08.1999, FA 1999, 406; in diese Richtung im Ergebnis auch *Annuß*, BB 1999, 2558, 2560.
862 § 1 Kap. 1 M 436.
863 BAG, Urt. v. 05.11.1963, AP Nr. 1 zu § 1 TVG, Bezugnahme auf Tarifvertrag.
864 BAG, Urt. v. 20.03.1991, EzA, § 4 TVG, Tarifkonkurrenz, Nr. 7.

## Kapitel 1: Arbeitsverträge

Berlin[865] bei einer Formulierung in einem Arbeitsvertrag, „im übrigen gelten die tariflichen Bestimmungen der Textilindustrie", daß es sich, falls der Arbeitgeber seine Mitgliedschaft im zuständigen Arbeitgeberverband beendet hat, um eine statische Verweisung handele. Hat der Arbeitgeber in den Arbeitsvertrag eine Bezugnahmeklausel auf den Tarifvertrag der Branche aufgenommen, führt der Verbandsaustritt des Arbeitgebers schon nach § 3 Abs. 3 TVG nicht zum Erlöschen der Tarifbindung, über eine arbeitsvertragliche Bezugnahmeklausel bleibt der Tarifvertrag Bestandteil des Rechte- und Pflichtengefüges zwischen Arbeitgeber und Arbeitnehmer.[866] Die Mitarbeiter, mit denen eine Bezugnahmeklausel einzelvertraglich vereinbart ist, behalten einen vertraglichen Anspruch auf Tarifanwendung, und zwar unabhängig von tarifrechtlichen Voraussetzungen, also auch unabhängig von der Verbandszugehörigkeit des Arbeitgebers. Nur durch eine Vertragsänderung oder durch Änderungskündigung, die unter erschwerten Voraussetzungen steht, kann die Tarifbindung beseitigt werden. Eine arbeitsvertragliche Bezugnahme auf die für einen tarifgebundenen Arbeitgeber einschlägigen Tarifverträge mit Jeweiligkeitsklausel wirkt auch dann schuldrechtlich weiter, wenn die bisherige Tarifgebundenheit des Arbeitgebers durch seinen Verbandsaustritt endet.

Um einerseits einschlägige Tarifverträge anwenden zu können, andererseits hierdurch aber nicht individualarbeitsrechtliche Tarifbindung auf Dauer eingehen zu müssen, empfiehlt sich bei der Gestaltung von Arbeitsverträgen die Einfügung eines Freiwilligkeitsvorbehalts.[867]

Es ist wichtig, selbst bei tariflichen Einzelverweisungen in Arbeitsverträgen sorgfältig zu formulieren. In einem Arbeitsvertrag hieß es in § 6: „Der Jahresurlaub richtet sich nach den Bestimmungen der bayerischen Metallindustrie und beträgt 30 Tage." In § 7 dieses Vertrages hieß es u. a.: „Ein Rechtsanspruch auf alle Sonderleistungen, gleich welcher Art, ist ausdrücklich ausgeschlossen." Bis 1992 zahlte die Firma entsprechend dem Manteltarifvertrag für die Angestellten der Metallindustrie Bayerns einen Betrag, der in den Gehaltsabrechnungen als „Urlaubsgeld 50 %" ausgewiesen wurde. Im Juli 1993 teilte die Firma allen Mitarbeitern mit, aus wirtschaftlichen Gründen könne sie in diesem Jahr kein Urlaubsgeld zahlen. Ein Mitarbeiter, der späterhin Klage auf Zahlung des Urlaubsgelds einreichte, hatte vor dem BAG Erfolg. Wird in einem Arbeitsvertrag für den Urlaub des Arbeitnehmers auf die einschlägigen tariflichen Bestimmungen verwiesen, wird aufgrund dieser Verweisung regelmäßig der gesamte tarifliche Regelungskomplex „Urlaub" einschließlich des tariflich zu zahlenden Urlaubsentgelts Inhalt der arbeitsvertraglichen Vereinbarungen.[868] Sollen demgegenüber die tariflichen Vorschriften nur teilweise angewendet werden, müßte dies hinreichend klar im Vertragstext formuliert werden. Auch in einem Urteil vom 19.01.1999[869] bestätigte das BAG diese Rechtsprechung. Die vertragliche Bezugnahme auf tarifvertragliche Regelungen seien nicht an eine Form gebunden. Sie könne sich auch aus einer betrieblichen Übung oder aus konkludentem Verhalten der Arbeitsvertragsparteien ergeben. Sei der Arbeitgeber tarifgebunden, sei die Gewährung tariflicher Leistungen im Zweifel so zu verstehen, daß alle einschlägigen Tarifbestimmungen gelten sollten, also auch tarifliche Ausschlußfristen.

---

865 Urt. v. 21.12.1998, NZA-RR 1999, 424.
866 So auch LAG Hessen, Urt. v. 23.3.1999, NZA-RR 2000, 93.
867 So in Muster 1170, Vorspann, in diesem Buch § 1 Kap. 1 M 504.
868 BAG, Urt. v. 17.11.1998, DB 1998, 2421.
869 BAG, Urt. v. 19.01.1999, FA 1999, 326.

## 45. Zulagen

Ein vertraglich vorbehaltener Widerruf einer Zulage zur Arbeitnehmervergütung darf nicht zu einer Umgehung des Kündigungsschutzes führen. Das BAG geht davon aus, daß keine Umgehung des Kündigungsschutzes vorliegt, wenn eine Zulage widerrufen wird, die bis zu ca. 15 % der Gesamtvergütung des Arbeitnehmers ausmacht.[870]

Bei der Gewährung von Zulagen muß stets darauf geachtet werden, ob durch vorbehaltlose, wiederholte Gewährung ein Anspruch des Arbeitnehmers aus betrieblicher Übung entsteht. Das Entstehen einer betrieblichen Übung droht immer, wenn in drei aufeinanderfolgenden Jahren gleichartige Leistungen vorbehaltlos gewährt werden.[871] Nach der neueren Rechtsprechung gilt dieser Grundsatz jedoch nur, wenn die gewährten Leistungen in allen Jahren gleich hoch waren und deshalb eine Erwartung der Arbeitnehmer entstehen konnte, das Unternehmen werde auch in Zukunft gleichartig verfahren.[872]

Übertarifliche Zulagen können in tarifgebundenen Betrieben nicht durch Betriebsvereinbarung eingeführt werden. Hingegen kann eine Anrechnung – einzelvertraglich zugesagter – übertariflicher Zulagen auf Tariferhöhungen durch Betriebsvereinbarung erfolgen.[873]

## B. Vertragstexte

### I. Sondertexte

#### 1. Muster: Niederschrift gemäß Nachweisgesetz

▼

**1. Vertragsparteien**
Zwischen
und Herrn
besteht ein Arbeitsverhältnis. Folgende wesentlichen Vertragsbedingungen gelten:

**2. Beginn des Arbeitsverhältnisses**
Das Arbeitsverhältnis ist unbefristet und besteht seit dem

**3. Arbeitsort**
Der Arbeitnehmer wird in            beschäftigt.

**4. Beschreibung der Tätigkeit**
Herr         wird eingestellt als         und erledigt die nachfolgenden, mit ihm vereinbarten Tätigkeiten:         .

**5. Arbeitsentgelt**
Herr         erhält für seine Tätigkeit folgende Vergütung         DM (         EUR)
Zuschläge/Zulagen         DM (         EUR)
Sonderzahlungen         DM (         EUR)

---

[870] BAG, Urt. v. 15.11.1995, NZA 1996, 603.
[871] BAG, Urt. v. 06.03.1956, AP Nr. 3 zu § 611 BGB, Gratifikation; BAG, Urt. v. 04.10.1956, AP Nr. 4 zu § 611 BGB, Gratifikation; BAG, Urt. v. 17.04.1957, AP Nr. 5 zu § 611 BGB, Gratifikation; BAG, Urt. v. 23.04.1963, AP Nr. 26 zu § 611 BGB, Gratifikation = DB 1963, 1191.
[872] BAG, Urt. v. 12.01.1994, DB 1994, 2034.
[873] BAG, Urt. v. 09.12.1997, SPA 1999, 3.

# § 1 Kapitel 1: Arbeitsverträge

Sonstige Entgelte        DM (        EUR)
Die Bezüge werden jeweils am        überwiesen.

Der Arbeitgeber behält sich vor, die Vergütung jederzeit und ohne daß es einer weiteren Ankündigung bedarf, gemäß dem festgelegten Umrechnungskurs von 1,95583 in EURO abzurechnen.

### 6. Arbeitszeit
Die regelmäßige Arbeitszeit beträgt wöchentlich/täglich        Std.

### 7. Urlaub
Herr        erhält Erholungsurlaub von jährlich        Werktagen/Arbeitstagen.

### 8. Kündigung des Arbeitsverhältnisses
Maßgeblich sind die gesetzlichen Mindestkündigungsfristen des § 622 BGB.

### 9. Anzuwendende Tarif-, Betriebs- oder Dienstvereinbarungen
Auf das Arbeitsverhältnis finden folgende Tarifverträge, Betriebsvereinbarungen oder Dienstvereinbarungen Anwendung:        .
Die Vereinbarungen können im Personalbüro, Zimmer        , eingesehen werden.

### 10. Zusatz bei einer Tätigkeit im Ausland über einen Monat hinaus
Die Dauer der im Ausland zu verrichtenden Tätigkeit beträgt        . Das Entgelt wird in folgender Währung ausgezahlt:        . Zusätzlich erhält Herr        ein Entgelt in folgender Höhe:        . Außerdem werden folgende Sachleistungen gewährt:        . Für die Rückkehr werden folgende Bedingungen vereinbart:        .

### 11. Zusatz bei Tätigkeit eines geringfügig Beschäftigten
Der Arbeitnehmer wird vom Arbeitgeber darauf hingewiesen, daß er die Stellung eines versicherungspflichtigen Arbeitnehmers erwerben kann, wenn er auf die Versicherungsfreiheit durch Erklärung gegenüber dem Arbeitgeber verzichtet. Erklärt der Arbeitnehmer diesen Verzicht, hat er monatlich 7,5 % seines Arbeitsentgelts an den Rentenversicherungsträger zu zahlen. Der Arbeitnehmer erklärt, was folgt        

### 12. Sonstiges
Es gelten weiterhin folgende Vereinbarungen:        .

## 2. Muster: Vertrag für geringfügig Beschäftigte

| | |
|---|---|
| Name: | Geburtsdatum: |
| Anschrift: | Geburtsort: |
| Versicherungsnummer: | |
| Bank: | BLZ: |
| | Kto.Nr.: |

teilzeitbeschäftigt als:

vom:        bis:

| | |
|---|---|
| Monatliche Beschäftigungsdauer | Std. |
| Wöchentliche Beschäftigungsdauer | Std. |
| Monatlicher Arbeitslohn |        DM (        EUR) |
| Wöchentlicher Arbeitslohn |        DM (        EUR) |
| Arbeitslohn/Stunde |        DM (        EUR) |

## Verträge mit Arbeitnehmern, Gesellschaftsorganen und Selbständigen § 1

Erklärung des Beschäftigten für die sozialversicherungsrechtliche Beurteilung (Bitte zutreffendes ankreuzen).

Arbeitslos
Beamter
Hausfrau
Pensionär
Rentner
    Normales Altersruhegeld
    Flexibles Altersruhegeld
    vorgezogenes Altersruhegeld
    Erwerbsunfähigkeitsrente
    Berufsunfähigkeitsrente
    Hinterbliebenenrente
Schüler
Selbständiger im Hauptberuf
Student
Zwei- bzw. Mehrfachbeschäftigter

Alternative 1:
Der geringfügig Beschäftigte verzichtet nicht auf die Versicherungsfreiheit gemäß § 8 Abs. 1 SGB IV. Er erklärt, daß er den Beitrag zur Rentenversicherung nicht aus eigenen Mitteln aufstocken möchte.

Alternative 2:
Der geringfügig Beschäftigte erklärt gegenüber dem Arbeitgeber, daß er auf die Versicherungsfreiheit nach § 5 Abs. 2 Satz 2 SGB VI verzichtet. Er wünscht, auf eigene Kosten die Rentenversicherungsbeiträge auf den vollen Beitragssatz aufzustocken. Der geringfügig Beschäftigte erklärt sich damit einverstanden, daß der Arbeitgeber derzeit 7,3 % des periodisch vereinbarten Arbeitslohns vom Arbeitsentgelt einbehält und an den Rentenversicherungsträger abführt.

Der Arbeitgeber erklärt, daß er 10 % des periodisch vereinbarten Arbeitsentgelts an die Krankenversicherung und 12 % an den Rentenversicherungsträger abführt.

Der Arbeitgeber macht den geringfügig Beschäftigten darauf aufmerksam, daß die steuer- und sozialversicherungsrechtlichen Neuregelungen nur dann gelten, wenn die 630,00 DM-Grenze nicht überschritten wird. Auch gelten die steuer- und sozialversicherungsrechtlichen Regelungen nicht für Nebenbeschäftigungen beim gleichen Arbeitgeber, mit dem das Hauptarbeitsverhältnis unterhalten wird.

Der geringfügig Beschäftigte verpflichtet sich, dem Arbeitgeber vorübergehend seine Lohnsteuerkarte zur Verfügung zu stellen, damit die Ausübung der geringfügigen Beschäftigung auf der Lohnsteuerkarte vermerkt werden kann.

Die Aufnahme einer weiteren geringfügigen Beschäftigung – sei es einer geringfügig entlohnten Beschäftigung (§ 8 Abs. 1 Nr. 1 SGB IV) oder einer kurzfristigen Beschäftigung (§ 8 Abs. 1 Nr. 2 SGB IV) hat der Arbeitnehmer unverzüglich schriftlich mitzuteilen. Bei Verletzung der Anzeigepflicht ist er dem Arbeitgeber zum Schadensersatz verpflichtet. Der Schadensersatz umfaßt die Arbeitnehmeranteile der Beiträge zur gesetzlichen Kranken- und Rentenversicherung. Überdies ist die unterlassene Anzeige zugleich eine Verletzung des Arbeitsvertrages und kann den Arbeitgeber zur Kündigung berechtigen.

Der geringfügig Beschäftigte verpflichtet sich, Gehaltsüberzahlungen ohne Rücksicht auf eine noch vorhandene Bereicherung zurückzuzahlen.

# § 1 Kapitel 1: Arbeitsverträge

Ich bestätige, daß die Angaben der Wahrheit entsprechen, und werde jede Veränderung umgehend mitteilen.

Ort Datum					Unterschrift AN

## 3. Muster: Rahmenvereinbarung über Arbeit auf Abruf, flexible Arbeitszeit

### § 1 Tätigkeit

(1) Der Arbeitnehmer ist einverstanden, auf Abruf des Arbeitgebers als          in          zu arbeiten.

(2) Eine Verpflichtung zur jeweiligen Arbeitsaufnahme besteht nur, wenn der Arbeitnehmer spätestens vier Tage vor dem Bedarfsfall verständigt wird.

(3) Bei Anforderung unter dieser Frist ist die Arbeitsaufnahme freiwillig.

### § 2 Arbeitszeitvolumen

(1) Die halbjährliche Arbeitszeit beträgt mindestens          Stunden. Wird das Arbeitsdeputat innerhalb des Abrechnungszeitraumes nicht vollständig abgerufen, so wird der unverbrauchte Teil dem nächsten Abrechnungszeitraum zugeschlagen. Ein solcher Übertrag darf höchstens 10 % des Arbeitszeitvolumens betragen.

(2) Der Arbeitnehmer ist zur Leistung von Mehrarbeit in Höhe von 10 % des Arbeitsvolumens verpflichtet.

(3) Die tägliche Arbeitszeit beträgt an den Einsatztagen jeweils mindestens          Stunden.

(4) Die Festlegung der zeitlichen Lage der Tätigkeit erfolgt durch den Arbeitgeber nach Bedarf von Fall zu Fall.

### § 3 Beginn des Arbeitsverhältnisses, Probezeit

(1) Das Arbeitsverhältnis beginnt am          . Vor seinem Beginn ist die ordentliche Kündigung ausgeschlossen.

(2) Die ersten sechs Monate gelten als Probezeit. Während dieser Zeit können die Vertragsparteien das Arbeitsverhältnis mit einer Frist von zwei Wochen zum Monatsschluß kündigen.

### § 4 Vergütung

(1) Die monatliche Vergütung beträgt          DM (          EUR). Dies entspricht einer Stundenvergütung von          DM (          EUR).

(2) Mit dem Gehalt des Monats Dezember werden sämtliche Zuschläge für Nachtarbeit, Überstunden usw. für das laufende Jahr ausgezahlt.

(3) Der Arbeitgeber behält sich vor, die Vergütung jederzeit und ohne daß es einer weiteren Ankündigung bedarf, gemäß dem festgelegten Umrechnungskurs von 1,95583 in EURO abzurechnen.

(4) Der Arbeitnehmer verpflichtet sich, Gehaltsüberzahlungen ohne Rücksicht auf eine noch vorhandene Bereicherung zurückzuzahlen.

### § 5 Urlaub, Feiertage

(1) Urlaub wird anteilig zur Vollarbeitszeit gewährt. Bei Vollarbeitszeit beträgt der Urlaub jährlich          Arbeitstage.

(2) Für jeden Arbeitstag Urlaub wird das Arbeitsdeputat des Arbeitnehmers um          Stunden gekürzt.

## Verträge mit Arbeitnehmern, Gesellschaftsorganen und Selbständigen § 1

(3) Als Ausgleich für den Nichtabruf von Arbeit an Feiertagen wird das Arbeitsdeputat des Arbeitnehmers unter Fortzahlung der Vergütung um ____ Stunden gekürzt.

### § 6 Arbeitsunfähigkeit
Im Falle der Erkrankung ist der Arbeitnehmer verpflichtet, vor Ablauf des 1. Kalendertages nach Beginn der Arbeitsunfähigkeit eine ärztliche Bescheinigung über die Arbeitsunfähigkeit sowie deren voraussichtliche Dauer vorzulegen.

### § 7 Entgeltfortzahlung im Krankheitsfall
(1) Im Krankheitsfall wird Entgeltfortzahlung nach den gesetzlichen Bestimmungen in ihrer jeweiligen Fassung gewährt.

(2) Soweit Krankheitszeiten über den letzten vom Arbeitgeber abgerufenen Arbeitseinsatz hinausgehen, kürzt sich das Arbeitsdeputat des Arbeitnehmers für jeden Arbeitstag, an dem er erkrankt ist, um die Stundenzahl, die sich bei gleichmäßiger Verteilung des Deputats auf alle Arbeitstage des Halbjahres ergeben würde ( ____ Stunden montags bis freitags).

(3) Ist bei Eintritt der Krankheit bereits ein Abruf erfolgt, so vermindert sich das Arbeitsdeputat um die Zahl der im Abruf enthaltenen Stunden.

### § 8 Nebenbeschäftigungen
Der Arbeitnehmer darf eine Nebenbeschäftigung, die das Arbeitsverhältnis beeinträchtigt, nur mit vorheriger schriftlicher Genehmigung des Arbeitgebers übernehmen.

### § 9 Beendigung des Arbeitsverhältnisses
(1) Das Arbeitsverhältnis endet mit Ablauf des Monats, in dem der Arbeitnehmer das 65. Lebensjahr vollendet, oder in dem seine dauernde Berufs- oder Erwerbsunfähigkeit durch Rentenbescheid festgestellt wird.

(2) Die Kündigung bedarf der Schriftform. Die Kündigungsfrist beträgt vier Wochen zum Fünfzehnten oder zum Ende eines Kalendermonats.

(3) Unberührt bleibt das Recht zur außerordentlichen Kündigung.

### § 10 Personalfragebogen
Die Angaben im Personalfragebogen sind wesentlicher Bestandteil dieses Arbeitsvertrages. Unrichtige Angaben können zur Anfechtung des Arbeitsvertrages führen.

### § 11 Vertragsänderungen
(1) Nebenabreden und Änderungen des Vertrages bedürfen zu ihrer Rechtswirksamkeit der Schriftform.

(2) Sind einzelne Bestimmungen dieses Vertrages unwirksam, so wird hierdurch die Wirksamkeit des übrigen Vertrages nicht berührt. Die Vertragsschließenden verpflichten sich vielmehr, den Vertrag insoweit umgehend durch eine der nichtigen Vereinbarung möglichst nahekommende gültige Bestimmung zu ergänzen.

### § 12 Verfallfristen
Alle Ansprüche, die sich aus dem Arbeitsverhältnis ergeben, sind von den Vertragsschließenden binnen einer Frist von 6 (sechs) Monaten seit ihrer Fälligkeit schriftlich geltend zu machen und im Falle der Ablehnung durch die Gegenpartei binnen einer Frist von 2 (zwei) Monaten einzuklagen.

# § 1 Kapitel 1: Arbeitsverträge

## 4. Muster: Volontariatsvertrag mit einer Agentur

▼

Zwischen

– Agentur –

und

Herrn

– Mitarbeiter –

wird folgender Vertrag geschlossen:

### § 1 Gegenstand des Vertrages und Art der Beschäftigung

Der Mitarbeiter absolviert in der Firma ein einjähriges Volontariat.

Seine Tätigkeit umfaßt alle Arbeiten, die sich im Rahmen des Unternehmensgegenstandes des Arbeitgebers ergeben, zu dem gehören.

Die Agentur behält es sich vor, den Mitarbeiter – falls betrieblich notwendig – auch anderweitig als ursprünglich vorgesehen einzusetzen.

Der Mitarbeiter verpflichtet sich, alle ihm übertragenen Arbeiten sorgfältig und gewissenhaft auszuführen.

Der Mitarbeiter verpflichtet sich, sowohl bei seiner betriebsinternen Tätigkeit als auch bei auswärtigen Einsätzen alle gesetzlichen Vorschriften zu beachten.

### § 2 Vertragsdauer und Probezeit

Der Vertrag ist befristet auf ein Jahr. Er beginnt am 01. und endet am . Eine Übernahme in ein unbefristetes Arbeitsverhältnis bedarf eines neuen Vertrages. Die ersten sechs Monate gelten als Probezeit. Während dieser Zeit kann das Vertragsverhältnis von jedem Vertragspartner mit einer Frist von vier Wochen jeweils zum Monatsende gekündigt werden.

### § 3 Arbeitszeit

Die regelmäßige Arbeitszeit beträgt fünf Tage in der Woche mit mindestens 40 Wochenstunden; (Mo.-Fr. von 8.30 Uhr bis 17.00 Uhr). Die Regelarbeitszeit beinhaltet eine halbe Stunde Mittagspause. Bei der Pausenregelung besteht die Möglichkeit, nach Absprache mit der Agenturleitung diese auf eine Stunde auszuweiten. Die Regelarbeitszeit erstreckt sich in diesem Fall von Mo.-Fr. von 8.30 Uhr bis 17.30 Uhr.

### § 4 Vergütung

Der Mitarbeiter erhält als Gehalt eine monatlich nachträglich zu zahlende Vergütung von brutto DM ( EUR), das nach Einbehalt der Abzüge auf ein zu benennendes Konto gezahlt wird. Der Mitarbeiter verpflichtet sich, sowohl über das monatliche Gehalt als auch über alle übrigen Vergünstigungen, Prämien und Sonderleistungen strengstes Stillschweigen zu bewahren. Ganz besonders gilt dies gegenüber Arbeitskollegen.

Sonderzahlungen und Prämien, die der Arbeitgeber aus Anlaß von Jahresabschlüssen, Feiertagen oder als Anerkennung besonderer Leistungen in Sachwerten oder durch Barzahlungen vornimmt, sind freiwillige Vergütungen, die in keinem Fall einen rechtlichen Anspruch auf spätere Zahlungen entstehen lassen können.

Der Mitarbeiter verpflichtet sich, Gehaltsüberzahlungen ohne Rücksicht auf eine noch vorhandene Bereicherung zurückzuzahlen.

Die Agentur behält sich vor, die Vergütung jederzeit und ohne daß es einer weiteren Ankündigung bedarf, gemäß dem festgelegten Umrechnungskurs von 1,95583 in EURO abzurechnen.

### § 5 Urlaub

Nach Beendigung der Probezeit besteht Anspruch auf einen Jahres-Erholungsurlaub in Höhe von 23 Tagen. Der Urlaub muß spätestens zum 31. März des darauffolgenden Jahres genommen werden. Ausnahmen bedürfen einer anderweitigen Vereinbarung mit der Agentur.

Mit jedem Jahr der Zugehörigkeit zur Agentur erhöht sich der Urlaubsanspruch um einen Tag, bis auf eine maximale Urlaubszeit von 30 Tagen im Jahr.

Urlaubstage bedürfen einer Genehmigung seitens der Agenturleitung. Die Agentur versucht den Wünschen des Mitarbeiters bezüglich der zeitlichen Planung des Urlaubs soweit wie möglich entgegenzukommen. Von der Agenturleitung festgelegte Betriebsferien müssen als Urlaubstage genommen werden.

### § 6 Krankheit

Der Mitarbeiter verpflichtet sich im Fall einer Krankheit, den Arbeitgeber unverzüglich, noch am Tag der Erkrankung zu benachrichtigen und ihm spätestens nach drei Tagen ein ärztliches Attest zukommen zu lassen.

Die Entgeltfortzahlung im Krankheitsfall richtet sich nach dem Entgeltfortzahlungsgesetz in seiner jeweils geltenden Fassung.

### § 7 Nebenbeschäftigung und Wettbewerbsverbot

Während der Dauer des Vertrages darf der Mitarbeiter ohne Genehmigung der Firma weder ein Handelsgewerbe betreiben noch in dem Handelszweig der Firma Geschäfte auf eigene oder fremde Rechnung machen.

Jede Nebentätigkeit, gleichgültig, ob sie entgeltlich oder unentgeltlich ausgeübt wird, bedarf der vorherigen Zustimmung der Agentur. Die Zustimmung ist zu erteilen, wenn die Nebentätigkeit die Wahrnehmung der dienstlichen Aufgaben zeitlich nicht oder allenfalls unwesentlich behindert und sonstige berechtigte Interessen der Agentur nicht beeinträchtigt werden.

Die Agentur hat die Entscheidung über den Antrag des Mitarbeiters auf Zustimmung zur Nebentätigkeit innerhalb von vier Wochen nach Eingang des Antrages zu treffen. Wird innerhalb dieser Frist eine Entscheidung nicht gefällt, gilt die Zustimmung als erteilt.

### § 8 Geheimhaltung

Der Mitarbeiter verpflichtet sich, alle betrieblichen Beobachtungen, Erfahrungen sowie ihm anvertraute oder sonst zugänglich gewordene Geschäfts- und Betriebsangelegenheiten – der bestehenden und prospektiven Agenturkunden – streng geheimzuhalten und dafür zu sorgen, daß die Geheimhaltung auch gegenüber anderen Betriebsangehörigen gewahrt wird, soweit nicht betriebliche Belange entgegenstehen. Dies gilt uneingeschränkt auch nach Beendigung des Vertragsverhältnisses.

Für den Fall des Verstoßes gegen diese Vereinbarung ist der Mitarbeiter verpflichtet, Schadensersatz in Höhe des entstehenden Agenturschadens zu leisten. Die Mißachtung der Geheimhaltung kann darüberhinaus – unbeschadet rechtlicher Schritte durch die Agentur – eine fristlose Kündigung nach sich ziehen.

### § 9 Eigentumsvorbehalt und Copyrights

Der Mitarbeiter darf ohne ausdrückliche Zustimmung der Agenturleitung keine betrieblichen Unterlagen aus den Büroräumen entfernen. Alle während der Betriebszugehörigkeit im Hinblick auf die berufliche Tätigkeit entworfenen Unterlagen, Computer-Dateien, Adressenverzeichnissse, Presseverteiler, Datenbestände uä sind bzw. werden Eigentum der Agentur. Der Mitarbeiter ist verpflichtet, den Arbeitgeber spätestens am Tag der Beendigung des Arbeitsverhältnisses über ihre Existenz in Kenntnis zu setzen bzw. über ihren Verbleib aufzuklären sowie sie an den Arbeitgeber herauszugeben.

Der Mitarbeiter überträgt der Agenturleitung das uneingeschränkte Recht an allen Werken, Ideen, Gegenständen, unabhängig davon, ob sie urheberrechtlich geschützt sind oder nicht (z.B. Musik-

# § 1 Kapitel 1: Arbeitsverträge

stücke, Manuskripte, Themen, Slogans, Geschichten, Gestalten, Titel, Konzepte etc.) oder im Rahmen der Neukundenakquisition benutzt worden sind oder werden und deren Urheber der Mitarbeiter ist bzw. während seiner Tätigkeit beim Arbeitgeber wird.

Der Mitarbeiter verpflichtet sich, diese Werke, Ideen, Gegenstände und Nachahmungen weder während noch nach seiner Tätigkeit bei dem Arbeitgeber anderweitig zu verwerten. Die Vergütung für diese Übertragung der Nutzungsrechte wird durch das vertraglich vereinbarte Gehalt des Mitarbeiters abgegolten.

### § 10 Kündigung

Die Kündigungsfrist beträgt sechs Wochen zum Ende des darauffolgenden Monats. Hierbei wird der Monat mitgerechnet, in dem die Kündigung erfolgt. Der Arbeitgeber behält es sich vor, den Mitarbeiter unmittelbar bei Kündigung von seiner Tätigkeit freizustellen. In einem solchen Fall bleibt der Anspruch des Mitarbeiters auf Lohnfortzahlung für die noch verbleibende Zeit bestehen, außer, wenn es sich um eine fristlose Kündigung handelt.

Während der Probezeit beträgt die Kündigungsfrist einen Monat. Sie ist jederzeit unter Einbehaltung dieser Frist möglich.

### § 11 Telekommunikation und Erteilung von Fremdaufträgen

Der Mitarbeiter verpflichtet sich im Rahmen der Sorgfaltspflicht gegenüber der Agentur, private Telefonate – innerstädtisch – möglichst gering zu halten. Private Außerortsgespräche werden der Agentur von dem Mitarbeiter erstattet.

Jeder Auftrag, dem eine Zahlungsverpflichtung der Agentur folgt, kann nur in Abstimmung mit der Agenturleitung oder Asssistenz der Agenturleitung erteilt werden.

### § 12 Allgemeines

Der Mitarbeiter erklärt sich ausdrücklich damit einverstanden, daß seine persönlichen Daten, bzw. sich ergebende Veränderungen in der EDV für Agenturzwecke (Gehaltsabrechnung etc.) gespeichert werden können.

Änderungen des Vertrages sind nur gültig, wenn sie vom Arbeitgeber schriftlich bestätigt werden.

Gerichtsstand ist              . Es gilt deutsches Recht.

              , den

Agentur                          Mitarbeiter

**Nachtrag:**

339  Nach Ablauf einer erfolgreichen Probezeit wird das Gehalt des Mitarbeiters für den Rest der Volontariatszeit um              DM (              EUR) erhöht.

Die Agentur behält es sich vor, ohne daß ein Rechtsanspruch hieraus ableitbar ist, dem Mitarbeiter nach Ablauf seines Volontariats eine Übernahme als PR-/Werbeassistent anzubieten.

## 5. Muster: Ausbildungsvertrag mit einem Auszubildenden

340                          *Ausbildungsvertrag*

Zwischen dem Ausbildenden

a)

b)

## Verträge mit Arbeitnehmern, Gesellschaftsorganen und Selbständigen § 1

und dem Auszubildenden

Name
Straße
in
schulische Vorbildung
geb. am          in
gesetzlich vertreten durch
Straße
in

wird dieser Vertrag zur Ausbildung im Ausbildungsberuf          geschlossen.

### § 1 Ausbildungsdauer

**(1) Vorgeschriebene Ausbildungsdauer**

Die Ausbildungsdauer beträgt gemäß § 3 der Ausbildungsverordnung drei Jahre.
Hierauf wird angerechnet:

a) eine vorangegangene Ausbildung (§ 29 Abs. 2 BBiG) mit          Monaten;
b) die Berufsausbildung im Ausbildungsberuf bei          mit          Monaten.

Das Berufsausbildungsverhältnis beginnt am          und endet am          .

**(2) Probezeit**

Die Probezeit beträgt 3 Monate. Wird die Ausbildung während der Probezeit für mehr als ein Drittel der Zeit unterbrochen, so verlängert sich die Probezeit um den Zeitraum der Unterbrechung.

**(3) Vorzeitige Beendigung des Ausbildungsverhältnisses**

Besteht der Auszubildende vor Ablauf der unter Nr. 1 vereinbarten Ausbildungszeit die Abschlußprüfung, so endet das Berufsausbildungsverhältnis mit dem Tage der Feststellung des Prüfungsergebnisses.

**(4) Gesetzliche Verlängerung des Ausbildungsverhältnisses**

Besteht der Auszubildende die Abschlußprüfung nicht, so verlängert sich das Berufsausbildungsverhältnis auf sein Verlangen bis zur nächstmöglichen Wiederholungsprüfung, im Falle des Nichtbestehens der Wiederholungsprüfung bis zu einer eventuell zulässigen erneuten Wiederholungsprüfung, höchstens jedoch um insgesamt ein Jahr. Das Verlangen ist innerhalb angemessener Frist nach der Mitteilung über das Nichtbestehen der Abschlußprüfung gegenüber dem Ausbildenden zu stellen.

### § 2 Ausbildungsstätte

Die Ausbildung findet vorbehaltlich der Regelungen in § 3 Nr. 12 und § 10 in der Firma des Ausbildenden statt.

### § 3 Pflichten des Ausbildenden

Der Ausbildende verpflichtet sich,

**(1) (Ausbildungsziel)**

dafür zu sorgen, daß dem Auszubildenden die Fertigkeiten und Kenntnisse vermittelt werden, die zum Erreichen des Ausbildungszieles nach der Ausbildungsordnung erforderlich sind, und die Berufsausbildung nach den beigefügten Angaben zur sachlichen und zeitlichen Gliederung des Ausbildungsablaufes so durchzuführen, daß das Ausbildungsziel in der vorgesehenen Ausbildungszeit erreicht werden kann;

**(2) (Ausbilder)**

selbst auszubilden oder einen persönlich und fachlich geeigneten Ausbilder ausdrücklich damit zu beauftragen und diesen dem Auszubildenden jeweils schriftlich bekanntzugeben;

### (3) (Ausbildungsordnung)
dem Auszubildenden vor Beginn der Ausbildung die Ausbildungsordnung kostenlos auszuhändigen;

### (4) (Ausbildungsmittel)
dem Auszubildenden kostenlos die Ausbildungsmittel zur Verfügung zu stellen, die zur Berufsausbildung und zum Ablegen von Zwischen- und Abschlußprüfungen, auch soweit solche nach Beendigung des Berufsausbildungsverhältnisses in zeitlichem Zusammenhang damit stattfinden, erforderlich sind;

### (5) (Berufsschule, sonstige Ausbildungsmaßnahmen)
a) den Auszubildenden zum Besuch der Berufsschule anzuhalten und dafür freizustellen. Das gleiche gilt, wenn Ausbildungsmaßnahmen außerhalb der Ausbildungsstätte vorgeschrieben oder nach Nr. 12 durchzuführen sind;

b) Kopien der Berufsschulzeugnisse, die er im Einverständnis des Auszubildenden aufbewahrt, nach Beendigung des Ausbildungsverhältnisses zu vernichten.

### (6) (Berichtsheftführung)
dem Auszubildenden vor Ausbildungsbeginn und später vorgeschriebene Berichtshefte für die Berufsausbildung kostenfrei auszuhändigen, die ordnungsgemäße Führung während der Ausbildungszeit zu gestatten und durch regelmäßige Abzeichnung zu überwachen;

### (7) (Ausbildungsbezogene Tätigkeiten)
dem Auszubildenden nur Verrichtungen zu übertragen, die dem Ausbildungszweck dienen und seinen körperlichen Kräften angemessen sind;

### (8) (Sorgepflicht)
dafür zu sorgen, daß der Auszubildende charakterlich gefördert sowie sittlich und körperlich nicht gefährdet wird;

### (9) (Ärztliche Untersuchungen)
den jugendlichen Auszubildenden für ärztliche Untersuchungen nach dem Jugendarbeitsschutzgesetz freizustellen und sich von ihm gemäß §§ 32, 33 Jugendarbeitsschutzgesetz Bescheinigungen darüber vorlegen zu lassen, daß er

a) vor der Aufnahme der Ausbildung untersucht und

b) vor Ablauf des ersten Ausbildungsjahres nachuntersucht worden ist;

### (10) (Eintragungsantrag)
unverzüglich nach Abschluß des Berufsausbildungsvertrages die Eintragung in das Verzeichnis der Berufsausbildungsverhältnisse und unter Beifügung der Vertragsniederschriften und – bei Auszubildenden unter 18 Jahren – einer Kopie der ärztlichen Bescheinigung über die Erstuntersuchung gemäß § 32 Jugendarbeitsschutzgesetz zu beantragen; entsprechendes gilt bei späteren Änderungen des wesentlichen Vertragsinhaltes;

### (11) (Anmeldung zu Prüfungen)
den Auszubildenden rechtzeitig zu den angesetzten Zwischen- und Abschlußprüfungen anzumelden, ihn für die Teilnahme daran und für den Tag vor der schriftlichen Abschlußprüfung freizustellen, die Prüfungsgebühr und etwaige Reisekosten zu zahlen sowie der Anmeldung zur Zwischenprüfung bei Auszubildenden unter 18 Jahren eine Kopie der ärztlichen Bescheinigung über die erste Nachuntersuchung gemäß § 33 Jugendarbeitsschutzgesetz beizufügen;

### § 4 Pflichten des Auszubildenden

342 Der Auszubildende hat sich zu bemühen, die Fertigkeiten und Kenntnisse zu erwerben, die erforderlich sind, um das Ausbildungsziel zu erreichen. Er verpflichtet sich insbesondere,

## Verträge mit Arbeitnehmern, Gesellschaftsorganen und Selbständigen § 1

**(1) (Lernpflicht)**
die ihm im Rahmen seiner Berufsausbildung übertragenen Verrichtungen und Aufgaben sorgfältig auszuführen und die ihm aufgetragenen Nebenleistungen zu erbringen, sofern sie mit der Ausbildung vereinbar sind;

**(2) (Berufsschule, Prüfungen, sonstige Maßnahmen)**
am Berufsschulunterricht und an Prüfungen sowie an Ausbildungsmaßnahmen außerhalb der Ausbildungsstätte teilzunehmen, für die er gemäß § 3 Nr. 5 freigestellt wird oder die angeordnet sind;

**(3) (Weisungsgebundenheit)**
den Weisungen zu folgen, die ihm im Rahmen der Berufsausbildung vom Ausbildenden, vom Ausbilder oder von anderen weisungsberechtigten Personen, soweit sie als weisungsberechtigt bekanntgemacht worden sind, erteilt werden;

**(4) (Betriebliche Ordnung)**
die für die Ausbildungsstätte geltende Ordnung zu beachten;

**(5) (Sorgfaltspflicht)**
Maschinen und das sonstige Inventar der Ausbildungsstätte pfleglich zu behandeln und das Büromaterial nur zu den ihm übertragenen Arbeiten zu verwenden;

**(6) (Verschwiegenheitspflicht)**
über Betriebs- und Geschäftsgeheimnisse Stillschweigen zu bewahren;

**(7) (Berichtsheftführung)**
ein vorgeschriebenes Berichtsheft ordnungsgemäß zu führen und regelmäßig vorzulegen;

**(8) (Benachrichtigung bei Fernbleiben)**
bei Fernbleiben von der Ausbildungsstätte, vom Berufsschulunterricht oder von sonstigen Ausbildungsveranstaltungen dem Ausbildenden unter Angabe von Gründen unverzüglich Nachricht zu geben und ihm bei Krankheit und Unfall innerhalb von 3 Tagen eine ärztliche Bescheinigung zuzuleiten;

**(9) (Ärztliche Untersuchungen)**
wenn er zu dem jeweiligen Zeitpunkt noch nicht 18 Jahre alt ist, sich gemäß §§ 32, 33 Jugendarbeitsschutzgesetz ärztlich

a) vor Beginn der Ausbildung untersuchen zu lassen

b) vor Ablauf des ersten Ausbildungsjahres nachuntersuchen zu lassen und die Bescheinigungen darüber dem Ausbildenden vorzulegen;

**(10) (Vorlage von Berufsschulzeugnissen)**
die Berufsschulzeugnisse den Ausbilder unverzüglich nach Erhalt einsehen zu lassen oder vorzulegen; er erklärt sich damit einverstanden, daß Berufsschule und Ausbilder sich über seine Leistungen unterrichten.

### § 5 Vergütung und sonstige Leistungen

**(1) Höhe und Fälligkeit der Vergütung**
Die Vergütung beträgt monatlich

    DM (      EUR) brutto im 1. Ausbildungsjahr,
    DM (      EUR) brutto im 2. Ausbildungstahr,
    DM (      EUR) brutto im 3. Ausbildungsjahr.

Eine über die vereinbarte regelmäßige tägliche Ausbildungszeit hinausgehende Beschäftigung wird besonders vergütet.

# § 1 Kapitel 1: Arbeitsverträge

Die Vergütung ist spätestens am letzten Ausbildungstag des Monats zu zahlen. Der Ausbildende behält sich vor, die Vergütung jederzeit und ohne daß es einer weiteren Ankündigung bedarf, gemäß dem festgelegten Umrechnungskurs von 1,95583 in EURO abzurechnen.

Die auf die Urlaubszeit entfallende Vergütung wird vor Antritt des Urlaubs ausgezahlt.

Die Beiträge für die Sozialversicherung tragen die Vertragschließenden nach Maßgabe der gesetzlichen Bestimmungen.

### (2) Kosten für Maßnahmen außerhalb der Ausbildungsstätte

Für Maßnahmen außerhalb der Ausbildungsstätte, die vom Ausbildenden angeordnet oder die in § 3 Nr. 12 vereinbart sind, trägt der Ausbildende die notwendigen Kosten, soweit der Auszubildende nicht einen anderweitigen Anspruch auf Übernahme der Kosten hat.

### (3) Berufskleidung

Wird vom Ausbildenden eine Berufskleidung vorgeschrieben, so wird sie von ihm zur Verfügung gestellt.

### (4) Fortzahlung der Vergütung

Dem Auszubildenden wird die regelmäßige monatliche Vergütung auch gezahlt

a) für die Zeit der Freistellung nach § 3 Nr. 5, 9 und 11,
b) bis zur Dauer von 6 Wochen, wenn er
   aa) sich für die Berufsausbildung bereit hält, diese aber ausfällt,
   bb) infolge unverschuldeter Krankheit nicht an der Berufsausbildung teilnehmen kann oder
   cc) aus einem sonstigen in seiner Person liegenden Grund unverschuldet gehindert ist, seine Pflichten aus dem Berufsausbildungsverhältnis zu erfüllen.

## § 6 Tägliche Ausbildungszeit und Urlaub

### (1) Tägliche Ausbildungszeit

Die regelmäßige tägliche Ausbildungszeit beträgt            Stunden.

### (2) Dauer des Erholungsurlaubs

Die Dauer des Urlaubs (je Kalenderjahr) beträgt (§§ 2 BUrlG, 19 Abs. 2 JArbSchG sind zu beachten!)

            Werktage im Jahre
            Werktage im Jahre
            Werktage im Jahre
            Werktage im Jahre

### (3) Lage des Urlaubs, Erwerbsarbeit

Der Urlaub soll zusammenhängend und in der Zeit der Berufsschulferien erteilt und genommen werden. Während der Urlaubszeit darf der Auszubildende keine dem Urlaubszweck widersprechende Erwerbsarbeit leisten.

## § 7 Kündigung

### (1) Kündigung während der Probezeit

Während der Probezeit kann das Berufsausbildungsverhältnis ohne Einhaltung einer Kündigungsfrist und ohne Angabe von Gründen gekündigt werden.

### (2) Kündigung nach der Probezeit

Nach der Probezeit kann das Berufsausbildungsverhältnis nur gekündigt werden

a) aus einem wichtigen Grund ohne Einhaltung einer Kündigungsfrist,
b) vom Auszubildenden mit einer Kündigungsfrist von 4 Wochen, wenn er die Berufsausbildung aufgeben oder sich für eine andere Berufstätigkeit ausbilden lassen will.

## Verträge mit Arbeitnehmern, Gesellschaftsorganen und Selbständigen § 1

**(3) Form der Kündigung**
Die Kündigung muß schriftlich und im Falle der Nr. 2 unter Angabe des Kündigungsgrundes erfolgen.

**(4) Frist für Kündigung aus wichtigem Grund**
Eine Kündigung aus einem wichtigen Grund ist unwirksam, wenn die ihr zugrunde liegenden Tatsachen dem zur Kündigung Berechtigten länger als 2 Wochen bekannt sind. Ist ein Schlichtungsverfahren gemäß § 9 eingeleitet, so wird bis zu dessen Beendigung der Lauf dieser Frist gehemmt.

**(5) Schadensersatz bei vorzeitiger Vertragslösung**
Wird das Berufsausbildungsverhältnis nach Ablauf der Probezeit vorzeitig gelöst, so kann der Ausbildende oder Auszubildende Ersatz des Schadens verlangen, wenn der andere den Grund für die Auflösung zu vertreten hat. Das gilt nicht bei Kündigung wegen Aufgabe oder Wechsels der Berufsausbildung (Nr. 2 b). Der Anspruch erlischt, wenn er nicht innerhalb von 3 Monaten nach Beendigung des Berufsausbildungsverhältnisses geltend gemacht wird.

**(6) Betriebsaufgabe, Wegfall der Ausbildungseignung**
Bei Kündigung des Berufsausbildungsverhältnisses wegen Betriebsaufgabe oder wegen Wegfalls der Ausbildungseignung verpflichtet sich der Ausbildende, sich mit Hilfe der Berufsberatung des zuständigen Arbeitsamtes rechtzeitig um eine weitere Ausbildung des Auszubildenden im bisherigen Ausbildungsberuf in einer anderen geeigneten Ausbildungsstätte zu bemühen.

### § 8 Zeugnis
Der Ausbildende stellt dem Auszubildenden bei Beendigung des Berufsausbildungsverhältnisses ein Zeugnis aus. Hat der Ausbildende die Berufsausbildung nicht selbst durchgeführt, so soll auch der Ausbilder das Zeugnis unterschreiben. Es muß Angaben enthalten über Art, Dauer und Ziel der Berufsausbildung sowie über die erworbenen Fertigkeiten und Kenntnisse des Auszubildenden, auf Verlangen des Auszubildenden auch Angaben über Führung, Leistung und besondere fachliche Fähigkeiten.

### § 9 Beilegung von Streitigkeiten
Ist bei der Industrie- und Handelskammer (Handwerkskammer) zur Beilegung von Streitigkeiten aus einem bestehenden Berufsausbildungsverhältnis ein Ausschuß gemäß § 111 Abs. 2 des Arbeitsgerichtsgesetzes gebildet, so ist vor Inanspruchnahme des Arbeitsgerichts dieser Ausschuß anzurufen.

Dieser Vertrag ist in 3 (bei Mündeln 4) gleichlautenden Ausfertigungen ausgestellt und von den Vertragschließenden eigenhändig unterschrieben worden.

, den

Der Ausbildende:

(Stempel und Unterschrift)

Der Auszubildende:

(Voller Vor- und Zuname)

Die gesetzlichen Vertreter des Auszubildenden: (Falls ein Elternteil verstorben, bitte vermerken)
Vater:
und
Mutter:
oder
Vormund:
(Volle Vor- und Zunamen)

### § 1 Kapitel 1: Arbeitsverträge

#### 6. Muster: Einfacher befristeter Arbeitsvertrag

▼

345

Zwischen
der Firma         , vertreten durch         ,

– nachstehend Arbeitgeber genannt –

und

Herrn

– nachstehend Arbeitnehmer genannt –

wird folgender Arbeitsvertrag geschlossen:

**§ 1 Befristung**

(1) Der Arbeitnehmer wird von         bis         als         eingestellt. Das Arbeitsverhältnis endet nach Ablauf der Frist, ohne daß es einer Kündigung bedarf. In den Fällen des § 1 Abs. 2 d) bis f) ist das Arbeitsverhältnis vorrangig zweckbefristet und endet spätestens zu dem in § 1 Abs. 1 Satz vereinbarten Beendigungszeitpunkt.

(2) Das Arbeitsverhältnis wird befristet

    a) nach § 1 Abs. 1 BeschFG ohne jeden Grund.

    b) nach § 1 Abs. 2 BeschFG, da der Arbeitnehmer das 60. Lebensjahr vollendet hat.

    c) zur Aushilfe in Abteilung

    d) zur Vertretung der schwangeren Kollegin         für die Dauer der Mutterschutzfrist vom         bis         .

    e) zur Vertretung der Kollegin         für die Dauer des Erziehungsurlaubs vom         bis         .

    f) zur Vertretung des erkrankten Kollegen         . Das Arbeitsverhältnis endet 4 Wochen, nachdem der Vertretene an seinen Arbeitsplatz zurückgekehrt ist, soweit dieser Zeitpunkt vor dem Fristende gem. Abs. 1 liegt. Das Arbeitsverhältnis endet ferner 4 Wochen nach dem Ausscheiden des Vertretenen aus seinem Arbeitsverhältnis aus Altersgründen oder wegen des Bezugs von EU-Rente.

Der Arbeitgeber verpflichtet sich, den Arbeitnehmer so frühzeitig wie möglich über den Endtermin des Arbeitsverhältnisses zu informieren.

**§ 2 Tätigkeit**

(1) Der Arbeitnehmer ist zu folgenden Tätigkeiten verpflichtet:         .

(2) Der Arbeitgeber behält sich vor, dem Arbeitnehmer andere zumutbare Arbeit im Betrieb zuzuweisen, die seinen Vorkenntnissen entspricht. Macht er hiervon Gebrauch, so ist er verpflichtet, die bisherige Vergütung weiterzuzahlen.

(3) Die ersten 6 Monate gelten als Probezeit.

**§ 3 Kündigung**

Während der Dauer der Befristung kann das Arbeitsverhältnis von beiden Seiten mit einer Frist von         gekündigt werden.

**§ 4 Bezüge**

(1) Der Arbeitnehmer erhält eine Arbeitsvergütung in Höhe von         DM (         EUR) monatlich.

(2) Die Abtretung oder Verpfändung der Arbeitsvergütung ist unzulässig. Für die Bearbeitung einer Lohnpfändung berechnet der Arbeitgeber         DM.

(3) Der Arbeitnehmer erhält für jede Über- bzw. Mehrarbeitsstunde die Stundenvergütung zzgl. eines Zuschlages von         %.

(4) Der Arbeitgeber behält sich vor, die Vergütung jederzeit und ohne daß es einer weiteren Ankündigung bedarf, gemäß dem festgelegten Umrechnungskurs von 1,95583 in EURO abzurechnen.

(5) Der Arbeitnehmer verpflichtet sich, Gehaltsüberzahlungen ohne Rücksicht auf eine noch vorhandene Bereicherung zurückzuzahlen.

## § 5 Arbeitsverhinderung
Der Arbeitnehmer ist verpflichtet, dem Arbeitgeber jede Dienstverhinderung und ihre voraussichtliche Dauer unverzüglich anzuzeigen. Dauert eine Erkrankung länger als drei Kalendertage, hat der Arbeitnehmer eine ärztliche Bescheinigung über das Bestehen der Arbeitsunfähigkeit sowie deren voraussichtliche Dauer spätestens am darauffolgenden Arbeitstag vorzulegen. Dauert die Arbeitsunfähigkeit länger als in der Bescheinigung angegeben, so ist der Arbeitnehmer verpflichtet, unverzüglich eine neue ärztliche Bescheinigung einzureichen.

## § 6 Entgeltfortzahlung im Krankheitsfalle
Ist der Arbeitnehmer infolge auf Krankheit beruhender Arbeitsunfähigkeit an der Arbeitsleistung gehindert, ohne daß ihn ein Verschulden trifft, so erhält er Entgeltfortzahlung für die Höchstdauer von 6 Wochen nach Maßgabe des Entgeltfortzahlungsgesetzes in seiner jeweiligen Fassung.

## § 7 Urlaub
(1) Der Arbeitnehmer erhält anteilig Erholungsurlaub, soweit er mindestens einen Beschäftigungsmonat gearbeitet hat.

Bei Vollbeschäftigung beträgt der Urlaub _____ Arbeitstage im Jahr.

(2) Im übrigen gelten die gesetzlichen Bestimmungen.

## § 8 Nebenbeschäftigungen
Der Arbeitnehmer darf eine Nebenbeschäftigung, die das Arbeitsverhältnis beeinträchtigt, nur mit vorheriger schriftlicher Genehmigung des Arbeitgebers übernehmen.

## § 9 Vertragsänderungen, Vertragsverlängerung
Änderungen, Ergänzungen oder die Verlängerung dieses Vertrages bedürfen zu ihrer Wirksamkeit der Schriftform.

## 7. Muster: Einarbeitungsvertrag nach längerer Krankheit

Herr _____ wird am _____ probeweise und befristet zur Einarbeitung eingestellt. Der Personalbogen vom _____ ist Gegenstand dieses Vertrages. Die Vertragspartner wünschen, daß Herr _____ sich in der Abteilung _____ als _____ soweit einarbeiten wird, daß ein Arbeitsverhältnis begründet werden kann.

### 1. Beginn und Ende der Einarbeitung
Die Zeit der Einarbeitung wird auf sechs Monate beschränkt. Sie endet mit Fristablauf. Stellt sich bereits vor Fristablauf heraus, daß es nach Auffassung eines Vertragspartners zweckmäßig ist, auf die Einarbeitung zu verzichten, kann jeder Vertragspartner mit einer Frist von _____ Wochen zum _____ kündigen.

Die Einarbeitung kann verlängert oder durch einen Arbeitsvertrag in ein Arbeitsverhältnis übergeleitet werden. Während der Einarbeitungszeit bleibt das ruhende Arbeitsverhältnis suspendiert.

## 2. Einarbeitungsvergütung

Die Einarbeitungszeit gliedert sich in zwei Abschnitte. Für den ersten Abschnitt der Einarbeitung wird die Stundenvergütung auf ein Drittel des bisherigen Gehalts festgesetzt. Nach Abschluß des ersten Abschnitts der Einarbeitung wird das Arbeitsentgelt des ersten Abschnitts um _____ Prozent erhöht.

Wird die Einarbeitung erfolgreich abgeschlossen, ist Herr _____ gemäß bisheriger Vergütung einzustufen. Der durchschnittlichen Leistungserwartung entsprechend wird die bisherige Vergütung um _____ Prozent gesenkt. Die Vertretbarkeit der Senkung wird monatlich geprüft.

## 3. Einarbeitungsabschnitte

Der erste Einarbeitungsabschnitt soll nach _____ Wochen abgeschlossen werden. Während dieser Zeit wird in Abständen von zwei Wochen mit Herrn _____ der bis dahin erzielte Einarbeitungserfolg besprochen. Auf Wunsch von Herrn _____ wird die betriebliche Kontaktperson _____ hinzugezogen. Bei diesem Gespräch sollen auch die weiteren Abschnitte der Einarbeitung vorgesehen werden, die eine phasenweise Steigerung der Anforderungen am Arbeitsplatz anstreben, um das Ziel einer weiteren Gewöhnung und eine Steigerung der bisherigen Leistung und Vergütung zu erreichen.

Vor Abschluß der Einarbeitungszeit findet ein Gespräch statt, zu dem die Kontaktperson _____ hinzugezogen wird.

Die betriebliche Kontaktperson für Herrn _____ sind die Mitarbeiterin _____ und der Abteilungsmeister _____.

Der Vertrauensmann der Schwerbehinderten ist Herr _____ ; sein Stellvertreter ist Herr _____.

## 4. Jahresurlaub

Der Jahresurlaub nach dem Bundesurlaubsgesetz und der Zusatzurlaub für Schwerbehinderte werden unter Berücksichtigung des persönlichen Erholungsbedarfs in zwei Teile aufgeteilt und für die Monate _____ vorgesehen.

## 5. Arbeitnehmervertretung

Der Betriebsrat erhält absprachegemäß eine Durchschrift dieses Vertrages.

## 8. Muster: Mietvertrag über Werkswohnung

Zwischen

im folgenden Vermieter genannt,

und

im folgenden Arbeitnehmer genannt,

wird im Hinblick auf das zwischen den Vertragsparteien bestehende Arbeitsverhältnis der folgende Mietvertrag geschlossen:

### § 1 Miträume

1. Der Vermieter vermietet dem Arbeitnehmer zu Wohnzwecken folgende Wohnung:

_____ qm.
(genaue Bezeichnung der Wohnung)
Die qm-Angabe stellt keine Zusicherung im Sinne des Gesetzes dar.

Verträge mit Arbeitnehmern, Gesellschaftsorganen und Selbständigen §1

2. Die Parteien sind sich darüber einig, daß nur der Arbeitnehmer mit seiner Familie, dies sind gegenwärtig         Personen, in die Miträume einzieht. Eine eventuelle Änderung der Personenzahl wird der Arbeitnehmer dem Vermieter unverzüglich anzeigen.

Dem Arbeitnehmer werden die folgenden Schlüssel ausgehändigt:

Verlust und Beschaffung von Schlüsseln durch den Arbeitnehmer sind in jedem Fall sofort dem Vermieter anzuzeigen.

Die ausgehändigten Schlüssel sind bei Beendigung des Mietverhältnisses zurückzugeben. Der Arbeitnehmer hat darüber hinaus Schlüssel, die er zusätzlich auf seine Kosten hat anfertigen lassen, kostenlos an den Vermieter auszuliefern oder ihre Vernichtung nachzuweisen.

Der Vermieter ist aus Gründen der Sicherheit des Gesamtobjekts berechtigt, bei verschuldetem Verlust ausgehändigter oder durch den Arbeitnehmer selbst beschaffter Schlüssel auf Kosten des Arbeitnehmers die erforderliche Zahl von Schlüsseln und neue Schlösser anfertigen zu lassen; diese Regelung gilt entsprechend für eine zentrale Schließanlage des Anwesens.

Der Arbeitnehmer ist zum Ersatz der Kosten nicht verpflichtet, soweit er nachweist, daß es an einer Sicherheitsgefährdung fehlt.

## § 2 Mietzeit

Das Mietverhältnis beginnt am         . Es läuft auf unbestimmte Zeit und kann von jedem Teil mit der gesetzlichen Kündigungsfrist gekündigt werden.

Nach Beendigung des Mietverhältnisses, gleichgültig aus welchem Grund, kommt eine Vertragsverlängerung gem. § 568 BGB nicht in Betracht.

## § 3 Miete und Nebenkosten

1. Die Miete beträgt monatlich         DM (         EUR) (in Worten         DM,         EUR). Mieterhöhungen erfolgen nach den gesetzlichen Bestimmungen.

2. Neben der Miete zahlt der Arbeitnehmer in der jeweils anfallenden Höhe folgende Betriebskosten im Sinne der Anlage 3 zu § 27 Abs. 1 der Zweiten Berechnungsverordnung (Nebenkosten):
   a) die Grundsteuer
   b) die Kosten der Wasserversorgung
   c) die Kosten der Entwässerung (Oberflächen- und Schmutzwasser)
   d) die Kosten des Betriebs der zentralen Heizungsanlage
   e) die Kosten des Betriebs der zentralen Warmwasserversorgungsanlage
   f) die Kosten des Betriebs des maschinellen Personenaufzugs
   g) die Kosten der Straßenreinigung und Müllabfuhr
   h) die Kosten der Hausreinigung und Ungezieferbekämpfung
   i) die Kosten der Gartenpflege
   k) die Kosten der Beleuchtung
   l) die Kosten der Schornsteinfegerreinigung
   m) die Kosten der Sach- und Haftpflichtversicherung
   n) die Kosten für den Hauswart
   o) die Kosten des Betriebs der Gemeinschaftsantennenanlage einschließlich der mit einem Breitbandkabelnetz verbundenen privaten Verteilanlagen
   p) die Kosten des Betriebs der maschinellen Wascheinrichtung
   q) sonstige Betriebskosten (z. B. Feuerlöscher)

3. Für die nach Ziffer 2 vom Arbeitnehmer zu tragenden Betriebskosten vereinbaren die Parteien eine monatliche Vorauszahlung für

- die Kosten des Betriebs der zentralen Heizungsanlage und der zentralen Warmwasserversorgungsanlage in Höhe von zur Zeit ........ DM ( ........ EUR)
- die übrigen Betriebskosten von zur Zeit ........ DM ( ........ EUR).

Der Gesamtbetrag der zusätzlich zur Miete nach Ziffer 1. zu zahlenden Betriebskostenvorauszahlungen beträgt damit gegenwärtig ........ DM ( ........ EUR).

4. Der Vermieter ist berechtigt, Umlagemaßstäbe für die Betriebskosten nach billigem Ermessen unter Berücksichtigung gesetzlicher Vorschriften zu bestimmen. Soweit Meßeinrichtungen vorhanden sind, ist der tatsächlichen Verbrauch mit zu berücksichtigen. Der Vermieter ist berechtigt, die Umlagemaßstäbe nach billigem Ermessen zu ändern, wenn dringende Gründe einer ordnungsgemäßen Bewirtschaftung dies erfordern.

5. Über die Vorauszahlungen nach Ziffer 3 wird jährlich abgerechnet. Der Vermieter ist berechtigt, den Abrechnungszeitraum aus Zweckmäßigkeitsgründen zu ändern. Soweit sich aufgrund der Abrechnung ein Guthaben zugunsten einer der Parteien ergibt, ist der Differenzbetrag innerhalb eines Monats nach Zugang der Abrechnung an die jeweils andere Partei zu zahlen.

6. Der Vermieter ist berechtigt eine Anhebung der Vorauszahlung zu fordern, wenn die Jahresabrechnung eine Nachzahlungsverpflichtung für den Arbeitnehmer ergibt. Er ist verpflichtet, einer Senkung der Vorauszahlung auf Anforderung zuzustimmen, wenn die Jahresabrechnung eine erhebliche Rückzahlung zugunsten des Arbeitnehmers ergibt.

Entstehen Betriebskosten neu, so kann der Vermieter ab dem Zeitpunkt der Kenntnisnahme angemessene Vorauszahlungen festsetzen. Fallen Betriebskosten weg, ist der Vermieter verpflichtet, die Vorauszahlung ab dem Zeitpunkt der Kenntnisnahme zu senken.

### § 4 Sicherheitsleistung (Kaution)

1. Der Arbeitnehmer leistet zur Erfüllung sämtlicher Forderungen des Vermieters eine Sicherheitsleistung in Höhe von ........ DM ( ........ EUR) an den Vermieter.
2. Die Sicherheit ist auf einem Sparkonto getrennt vom Vermögen des Vermieters anzulegen.
3. Der Vermieter ist berechtigt, sich jederzeit wegen Forderungen gegen den Mieter aus dem Mietverhältnis aus der Sicherheitsleistung zu befriedigen. Sollte die Sicherheitsleistung ganz oder zum Teil verwertet worden sein, so ist der Arbeitnehmer verpflichtet, die Sicherheitsleistung unverzüglich wieder aufzufüllen.

### § 5 Zahlung der Miete und Betriebskosten

1. Die Miete ist einschließlich der Betriebskostenvorauszahlung monatlich im voraus, spätestens bis zum dritten Werktag des Monats, an den Vermieter auf dessen folgendes Konto zu zahlen:

   Konto Nr.:
   bei:
   BLZ: .

   Der Vermieter ist berechtigt, die Mietzinszahlung und die Nebenkostenvorauszahlung vom Arbeitslohn abzuziehen. Sollte der Vermieter von diesem Recht nicht Gebrauch machen, ist der Arbeitnehmer verpflichtet, dem Vermieter auf dessen Verlangen hin eine Abbuchungsermächtigung zu erteilen. Das Widerrufsrecht des Arbeitnehmers bleibt unberührt.

   Zahlt der Arbeitnehmer mehrfach nicht terminsgerecht, kann er daraus kein Recht auf verspätete Mietzahlung herleiten. Verspätete Zahlungen berechtigen den Vermieter neben seinen sonstigen Rechten 10,00 DM (5,11 EUR) Mahngebühren zu erheben.

2. Der Vermieter kann alle Zahlungen des Arbeitnehmers nach seiner Wahl auf Betriebskosten, Kosten etwaiger Rechtsverfolgung einschließlich Mahnkosten und Prozeßzinsen, Mietrückstände und laufende Miete anrechnen, wenn nicht der Arbeitnehmer im Einzelfall eine wirksame Zweckbestimmung trifft.

## Verträge mit Arbeitnehmern, Gesellschaftsorganen und Selbständigen § 1

### § 6 Aufrechnung mit Gegenforderungen, Minderung der Miete

1. Der Arbeitnehmer kann gegen die Miete weder aufrechnen noch ein Zurückbehaltungsrecht ausüben. Hiervon ausgenommen sind Forderungen des Arbeitnehmers wegen Schadenersatz für Nichterfüllung oder Aufwendungsersatz infolge eines anfänglichen oder nachträglichen Mangels der Mietsache, den der Vermieter zu vertreten hat, und andere Forderungen aus dem Mietverhältnis, soweit sie unbestritten oder rechtskräftig festgestellt worden sind. Soweit der Arbeitnehmer zu einer Aufrechnung befugt ist, ist diese nur zulässig, wenn der Arbeitnehmer die Aufrechnung zumindest einen Monat zuvor schriftlich angezeigt hat.

   350

   Eine Aufrechnung gegen Betriebskostenvorauszahlungen oder eine Minderung der Betriebskostenvorauszahlungen ist nicht zulässig.

2. Die Erstattung etwaiger im Wege der Aufrechnung geltend gemachter Gegenforderungen des Arbeitnehmers aus dem Mietverhältnis erfolgt in monatlichen Teilbeträgen, welche 39 % der jeweiligen Monatsmiete nicht übersteigen dürfen.

3. Der Arbeitnehmer einer Neubauwohnung ist nicht berechtigt, bei auftretender Baufeuchtigkeit Schadenersatz zu verlangen.

### § 7 Untervermietung, Nutzung des Mietobjektes etc.

1. Zu anderen als den vertraglich vorgesehenen Zwecken dürfen die Miеträume nur mit vorheriger schriftlicher Zustimmung des Vermieters benutzt werden. Der Arbeitnehmer darf nichts in Gebrauch nehmen, was nicht durch diesen Vertrag oder einen Zusatzvertrag schriftlich vermietet worden ist.

2. Untervermietung, Gebrauchsüberlassung oder Nutzungsänderung der gesamten Mieträume oder eines Teils der Mieträume sowie Wohnungstausch sind ohne vorherige schriftliche Zustimmung des Vermieters untersagt.

3. Der Vermieter kann die Zustimmung bei Untervermietung oder Gebrauchsüberlassung aus wichtigem Grund widerrufen.

4. Bei unbefugter Untervermietung kann der Vermieter verlangen, daß der Arbeitnehmer sobald wie möglich, spätestens jedoch binnen Monatsfrist, das Untermietverhältnis kündigt. Geschieht das nicht, so kann der Vermieter das Hauptmietverhältnis ohne Einhaltung einer Kündigungsfrist kündigen.

5. Im Falle der Untervermietung hat der Arbeitnehmer einen angemessenen Zuschlag zu zahlen. Der Arbeitnehmer ist verpflichtet, dem Vermieter innerhalb von acht Tagen die An- bzw. Abmeldebescheinigung des Untermieters beim zuständigen Einwohnermeldeamt vorzulegen.

6. Im Falle der Untervermietung, der Gebrauchsüberlassung oder der Nutzungsänderung – auch bei Genehmigung seitens des Vermieters – haftet der Arbeitnehmer für alle Handlungen und Unterlassungen des Untermieters oder desjenigen, dem er den Gebrauch der Mieträume überlassen hat. Auf Verlangen ist der Arbeitnehmer verpflichtet, dem Vermieter seine ihm gegen den Untermieter zustehenden Ansprüche abzutreten.

7. Soweit Gartenland mitvermietet ist, ist der Arbeitnehmer verpflichtet, den Garten auf eigene Kosten im üblichen Rahmen zu pflegen, insbesondere während der Wachstumszeit regelmäßig den Rasen zu mähen. Zur Gartenpflege gehört auch die Erneuerung von Pflanzen und Gehölzen sowie das sachgerechte Beschneiden von Bäumen und Sträuchern. Der Arbeitnehmer hat die für die Gartenpflege erforderlichen Gerätschaften, Düngemittel usw. auf eigene Kosten zu stellen.

8. Waschen von Wäsche für nicht zum Haushalt des Arbeitnehmers gehörende Personen ist nicht gestattet. Wasser darf grundsätzlich nur zum Eigenbedarf entnommen werden.

   Die Wasserentnahme zum Zwecke der Wagenwäsche ist nur mit vorheriger Zustimmung des Vermieters gestattet. Der Arbeitnehmer ist zum Kostenersatz des Mehrverbrauchs an Wasser verpflichtet.

Diesen Mehrverbrauch hat er auch zu erstatten, wenn er Schäden an den wasserführenden Leitungen nicht mitteilt oder gegen Satz eins der Ziffer 8 verstößt.

9. Der Fahrstuhl dient nur zur Personenbeförderung. Kindern ist nur in Begleitung Erwachsener die Benutzung gestattet. Das Befördern von Kisten und größeren Gegenständen ist untersagt.

10. Motorfahrzeuge jeder Art dürfen nur mit Zustimmung des Vermieters auf dem Grundstück abgestellt werden. Im übrigen dürfen Krafträder, Motorroller, Fahrräder mit Hilfsmotor (Mopeds) und ähnliche Fahrzeuge nur in der Garage untergestellt werden; in anderen Räumen und gemeinschaftlichen Anlagen dürfen sie mit Zustimmung des Vermieters nur dann untergestellt werden, wenn diese Räume bzw. Anlagen den ordnungsbehördlichen Vorschriften entsprechen.

Fahrräder und Kinderwagen dürfen nicht im Treppenhaus und auch nicht im Kellerflur abgestellt werden.

11. Tiere dürfen nur mit vorheriger schriftlicher Einwilligung des Vermieters gehalten werden. Die Einwilligung kann, wenn Unzuträglichkeiten auftreten, jederzeit widerrufen werden.

Ziervögel und Zierfische darf der Arbeitnehmer ohne Erlaubnis des Vermieters im haushaltsüblichen Umfang halten.

### § 8 Zustand, Instandhaltung und Instandsetzung der Miträume

1. Der Arbeitnehmer übernimmt die Miträume in dem vorhandenen Zustand. Er hat folgende Mängel festgestellt:

2. Die Instandhaltung der Miträume einschließlich der mitvermieteten Anlagen und Einrichtungen obliegt dem Arbeitnehmer im nachstehenden Umfang:

Der Arbeitnehmer trägt die Kosten, welche durch die jährliche Wartung von Elektro- und Gasgeräten (insbesondere Geräte zur Warmwasserbereitung), die Zubehör der Wohnung sind, durch einen Fachmann bzw. eine Fachfirma entstehen.

Der Arbeitnehmer trägt außerdem die Kosten kleinerer Instandsetzungsarbeiten (Reparaturen) an den Installationsgegenstände für Elektrizität, Wasser und Gas, den Heiz- und Kocheinrichtungen, den Fenster- und Türverschlüssen sowie den Verschlußvorrichtungen von Fensterläden und von Rolläden.

Die Kosten der Reparaturen oder Wartungen sind vom Arbeitnehmer nur zu tragen, wenn sie im Einzelfall 150,00 DM und in der Jahressumme 6 % der Bruttojahresmiete nicht überschreiten.

3. Etwaiges Ungeziefer hat der Arbeitnehmer bei Verschulden auf eigene Kosten durch einen Fachmann beseitigen zu lassen.

4. Soweit die Wohnung ganz oder teilweise vom Vermieter mit Teppichboden ausgelegt ist, hat der Arbeitnehmer diesen regelmäßig und darüber hinaus beim Auszug sach- und fachgerecht zu reinigen bzw. reinigen zu lassen.

5. Schäden in den Miträumen aber auch an wasserführenden Leitungen und sonstigen Anlagen, die zum Haus gehören, in dem sich die Wohnung befindet, hat der Arbeitnehmer, sobald er sie bemerkt, dem Vermieter unverzüglich anzuzeigen. Schuldhafte Unterlassung verpflichtet den Arbeitnehmer zum Ersatz des daraus entstehenden Schadens.

### § 9 Schönheitsreparaturen

1. Der Arbeitnehmer verpflichtet sich, die laufenden (turnusmäßig wiederkehrenden) Schönheitsreparaturen auf eigene Kosten durchzuführen.

2. Die Schönheitsreparaturen umfassen das Tapezieren, das Anstreichen der Wände und

## Verträge mit Arbeitnehmern, Gesellschaftsorganen und Selbständigen § 1

Decken, das Streichen der Fußböden einschließlich Leisten, Heizkörper und Heizrohre, das Streichen der Innentüren, Fenster und Außentüren von innen.

3. Der Arbeitnehmer ist verpflichtet, die Ausführung der Schönheitsreparaturen für Küchen, Baderäume und Duschen in einem Zeitraum von drei Jahren, in Wohn- und Schlafräumen, Fluren, Dielen und Toiletten in einem solchen von fünf Jahren und in anderen Nebenräumen von sieben Jahren durchzuführen, soweit nicht nach dem Grad der Abnutzung eine frühere Ausführung erforderlich ist. Die maßgeblichen Fristen beginnen mit dem Anfang des Mietverhältnisses zu laufen.

4. Die Schönheitsreparaturen müssen fachgerecht ausgeführt werden. Im Falle einer erforderlichen Neutapezierung kann der Vermieter verlangen, daß die alten Tapeten entfernt werden.

5. Endet das Mietverhältnis vor Ablauf des Fristenplans, beteiligt sich der Arbeitnehmer bei seinem Auszug entsprechend seiner Wohndauer (zeitanteilig) an den erforderlichen Renovierungskosten. Der Vermieter ist berechtigt, den Umfang dieses Kostenaufwands durch den Kostenvoranschlag eines Malerfachgeschäfts ermitteln zu lassen. Dem Arbeitnehmer bleibt der Nachweis offen, daß der Kostenvoranschlag überhöht ist.

### § 10 Reinhaltungs- und Reinigungspflicht

1. Der Arbeitnehmer übernimmt nach näherer Anweisung des Vermieters abwechselnd die Reinigung der gemeinsam benutzten Räume, Treppen, Höfe und Flurfenster sowie der Zuwege des Hauses.

Der Arbeitnehmer ist verpflichtet, den zu seiner Wohnung führenden Teil des Flures und der Treppe wenigstens zweimal wöchentlich (mittwochs und samstags) feucht zu reinigen und auch an den übrigen Tagen sauberzuhalten.

Bei Verhinderung hat der Arbeitnehmer auf eigene Kosten für eine Vertretung zu sorgen. Ferner hat er die für die Reinigung erforderlichen Gerätschaften und Reinigungsmittel auf eigene Kosten zu stellen. Bei nicht ordnungsgemäßer Reinigung kann der Vermieter nach Abmahnung die erforderlichen Arbeiten auf Kosten des Arbeitnehmers durch einen Dritten ausführen lassen.

2. Der Arbeitnehmer übernimmt abwechselnd die Reinigung des Bürgersteiges. Hierzu hat er sich der zuständigen Behörde (Ordnungsamt) gegenüber zu verpflichten. Er hat sich außerdem das Reinigungs- und Streumaterial auf eigene Kosten zu beschaffen.

Bei Glätte ist mit abstumpfenden Mitteln – falls notwendig wiederholt – zu streuen. Tausalz und tausalzhaltige Mittel dürfen nicht verwendet werden. Schnee ist unverzüglich nach Beendigung des Schneefalls zu räumen. Bei Glatteisbildung ist sofort zu streuen; Eisbildungen, denen nicht ausreichend durch Streuen entgegengewirkt werden kann, sind zu beseitigen.

Bei persönlicher Verhinderung (z. B. Urlaub, Krankheit, usw.) hat der Arbeitnehmer auf seine Kosten für eine zuverlässige Ersatzkraft zu sorgen.

### § 11 Modernisierung und bauliche Veränderungen

1. Der Vermieter darf bauliche Veränderungen, die zur Erhaltung des Hauses oder der Mieträume oder zur Abwendung drohender Gefahren oder zur Beseitigung von Schäden notwendig sind, auch ohne Zustimmung des Arbeitnehmers vornehmen.

2. Zur Instandsetzung jeglicher Art, baulichen oder sonstigen Änderungen und neuen Einrichtungen bedarf der Arbeitnehmer der vorherigen schriftlichen Zustimmung des Vermieters. Eigenmächtiges Handeln des Arbeitnehmers verpflichtet den Vermieter aus keinem rechtlichen Gesichtspunkt zur Übernahme der Kosten und berechtigt den Arbeitnehmer nicht zur Aufrechnung oder Zurückbehaltung.

3. Bauliche oder sonstige Änderungen und Einrichtungen, die der Arbeitnehmer ohne Zustimmung des Vermieters vorgenommen hat, sind, wenn der Vermieter dies verlangt, vom Arbeitnehmer auf eigene Kosten und unter Wiederherstellung des früheren Zustandes unverzüglich zu beseitigen.

Falls dies auf Aufforderung des Vermieters hin nicht geschieht, ist der Vermieter berechtigt, die Beseitigung auf Kosten des Arbeitnehmers vornehmen zu lassen.

Bei baulichen Änderungen seitens des Arbeitnehmers, die mit Zustimmung des Vermieters erfolgen, behält sich der Vermieter das Recht vor, beim Auszug des Arbeitnehmers die Wiederherstellung des früheren Zustandes auf dessen Kosten zu verlangen.

4. Der Arbeitnehmer darf Einrichtungen und Anlagen jeglicher Art, insbesondere auch Außenantennen nur nach vorheriger schriftlicher Zustimmung des Vermieters anbringen. Soweit behördliche Genehmigungen erforderlich sind, hat sie der Mieter auf eigene Kosten einzuholen. Die angebrachten Einrichtungen und Anlagen müssen sich dem allgemeinen Rahmen des Hauses anpassen. Der Arbeitnehmer haftet für alle Schäden, die im Zusammenhang mit Einrichtungen und Anlagen dieser Art entstehen. Er verpflichtet sich, auf Verlangen des Vermieters bei Beendigung des Mietverhältnisses oder im Falle des Widerrufs der Erlaubnis den früheren Zustand wiederherzustellen.

Der Vermieter kann jederzeit verlangen, daß der Arbeitnehmer für die von ihm angebrachten Einrichtungen und Anlagen eine Haftpflichtversicherung abschließt und für die Dauer des Mietverhältnisses unterhält; entfernt er die von ihm angebrachten Einrichtungen und Anlagen vor Ablauf des Mietverhältnisses wieder, endet die Versicherungspflicht des Arbeitnehmers zu diesem Zeitpunkt.

5. Die Anbringung und Entfernung von Türschildern erfolgt einheitlich durch den Vermieter auf Kosten des Arbeitnehmers.

6. Der Arbeitnehmer kann Schadenersatz nur fordern und ein Zurückbehaltungsrecht nur ausüben, wenn die Maßnahmen des Vermieters den Gebrauch der Mieträume ganz ausschließen, erheblich beeinträchtigen oder zu besonderer Belästigung des Arbeitnehmers führen. Auf die Absprachen in § 6 wird Bezug genommen.

### § 12 Haftung des Vermieters
Schadenersatzansprüche des Arbeitnehmers wegen anfänglicher oder nachträglicher Mängel der Mietsache sind ausgeschlossen, es sei denn, daß der Vermieter Vorsatz oder grobe Fahrlässigkeit zu vertreten hat. Auch im übrigen haftet der Vermieter nur für Vorsatz oder grobe Fahrlässigkeit, einschließlich des Verhaltens seines Vertreters oder Erfüllungsgehilfen. Hiervon unberührt bleiben die Erfüllungsansprüche des Arbeitnehmers sowie sein gesetzliches Recht zur fristlosen Kündigung.

### § 13 Außenantennen und Breitbandkabelnetz
1. Falls eine Gemeinschaftsantenne vorhanden ist oder neu angelegt wird, ist der Arbeitnehmer verpflichtet, sich an diese anzuschließen. Beabsichtigt der Vermieter, die Wohnung an das Breitbandkabelnetz anzuschließen, duldet der Arbeitnehmer die Bau- und sonstigen Anschlußmaßnahmen. Er ist ferner damit einverstanden, daß der Anschluß der Mietwohnung an eine vertraglich zur Verfügung gestellte Gemeinschaftsantenne beseitigt wird.

2. Bei der Anlage einer Gemeinschaftsantenne kann der Vermieter vom Arbeitnehmer verlangen, daß dieser die vorhandene Einzelantenne auf eigene Kosten entfernt, soweit nicht im Einzelfall Rechte des Arbeitnehmers dem entgegenstehen. Die Anlage von Einzelantennen außerhalb der gemieteten Räume ist nur nach Abschluß eines Antennenvertrages gestattet. Der Arbeitnehmer ist nicht befugt, eine Funkantenne zu errichten.

### § 14 Pfandrecht des Vermieters an eingebrachten Sachen
1. Der Arbeitnehmer erklärt, daß die beim Einzug in die Mieträume eingebrachten Sachen sein Eigentum und nicht verpfändet, gepfändet oder zur Sicherheit übereignet sind, mit Ausnahme folgender Gegenstände:

## Verträge mit Arbeitnehmern, Gesellschaftsorganen und Selbständigen § 1

2. Der Arbeitnehmer verpflichtet sich, von einer etwaigen Pfändung eingebrachter Sachen dem Vermieter sofort Kenntnis zu geben.
3. Ein Verstoß gegen diese Bestimmungen berechtigt den Vermieter zur sofortigen (fristlosen) Kündigung des Mietverhältnisses.

### § 15 Betreten der Mieträume durch den Vermieter
1. Der Vermieter und/oder sein Beauftragter dürfen die Mieträume einmal jährlich zur Überprüfung des ordnungsgemäßen Zustandes der Mieträume nach vorheriger Anmeldung betreten. Auf eine persönliche Verhinderung des Arbeitnehmers ist Rücksicht zu nehmen.
2. Will der Vermieter und/oder sein Beauftragter das Grundstück verkaufen oder ist das Mietverhältnis gekündigt, so darf der Vermieter und/oder sein Beauftragter die Mieträume zusammen mit dem Kaufinteressenten oder dem Wohnungsbewerber nach rechtzeitiger Ankündigung an Wochentagen zu angemessenen Zeiten besichtigen.
3. Bei längerer Abwesenheit hat der Arbeitnehmer sicherzustellen, daß die Rechte des Vermieters nach den vorhergehenden Absätzen ausgeübt werden können, z. B. durch Hinterlegung der Schlüssel bei einer Vertrauensperson. Wenn die Schlüssel dem Vermieter nicht zur Verfügung stehen, ist der Vermieter bei Gefahr im Verzug berechtigt, die Mieträume auf Kosten des Arbeitnehmers öffnen zu lassen.
4. Der Arbeitnehmer ist im Falle der Kündigung des Mietverhältnisses verpflichtet, die Anbringung von Vermietungsschildern an deutlich sichtbaren Stellen der Fenster straßenwärts zu dulden.

### § 16 Beendigung des Mietverhältnisses
1. Der Vermieter kann das Mietverhältnis zum Zeitpunkt der Beendigung des Arbeitsverhältnisses kündigen. Eine stillschweigende Verlängerung gem. § 568 BGB ist ausgeschlossen.
2. Der Vermieter kann das Mietverhältnis zum Zeitpunkt des Bezugs des Arbeitnehmers von Altersruhegeld oder Rente wegen Erwerbsunfähigkeit kündigen.
3. Unabhängig vom Bestand des Arbeitsverhältnisses, kann der Vermieter das Mietverhältnis aus den in § 565 c BGB genannten Gründen kündigen.
4. Der Arbeitnehmer ist berechtigt, das Mietverhältnis auch während des Bestehens des Arbeitsverhältnisses unter Einhaltung der gesetzlichen Frist zu kündigen (§ 565 BGB).
5. Die Mieträume sind beim Auszug vollständig gereinigt an den Vermieter zurückzugeben.
6. Der Arbeitnehmer hat Schönheitsreparaturen nach den Bestimmungen des § 9 durchzuführen. Er hat dem Vermieter den Zeitpunkt und den Umfang der letztmaligen Schönheitsreparaturen nachzuweisen.
7. Einrichtungen, mit denen der Arbeitnehmer die Räume versehen hat, kann er wegnehmen, doch hat er den früheren Zustand auf seine Kosten wiederherzustellen. Der Vermieter kann aber verlangen, daß die Einrichtungen gegen Ersatz des im Zeitpunkt der Rückgabe der Mieträume angemessenen Wertes zurückgelassen werden, wenn der Arbeitnehmer kein berechtigtes Interesse daran hat, sie mitzunehmen.

   Für bauliche Veränderungen und Einbauten kann der Arbeitnehmer keinen Kostenersatz beanspruchen.
8. Gibt der Arbeitnehmer die Mietsache zur Unzeit zurück, hat er die Entschädigung für den vollen Monat zu leisten. Die Geltendmachung eines weiteren Schadens ist nicht ausgeschlossen, wenn die Rückgabe infolge von Umständen unterbleibt, die der Arbeitnehmer zu vertreten hat.
9. Sind nach Beendigung des Mietverhältnisses Instandsetzungsmaßnahmen auszuführen, die der Arbeitnehmer zu vertreten hat, oder führt der Arbeitnehmer nach Beendigung des Mietverhältnisses solche Arbeiten noch durch, so haftet er für den Mietausfall, die Betriebskosten und alle weiter anfallenden Schäden, die hieraus dem Vermieter entstehen.

# § 1 Kapitel 1: Arbeitsverträge

10. Bei einer vom Arbeitnehmer zu vertretenden vorzeitigen Beendigung des Mietverhältnisses haftet der Arbeitnehmer für den Ausfall an Miete, Betriebskosten und sonstigen Leistungen sowie für allen weiteren Schaden, welchen der Vermieter durch ein Leerstehen der Miträume während der vertragsmäßigen Dauer des Mietverhältnisses erleidet.
11. Nach der Beendigung des Mietverhältnisses, gleich aus welchem Grund, kommt eine Verlängerung (§ 568 BGB) nicht in Betracht.

### § 17 Änderung und Ergänzung dieses Mietvertrages
Nachträgliche Änderungen und Ergänzungen dieses Mietvertrages bedürfen der schriftlichen Vertragsform.

### § 18 Rechtsnachfolger des Vermieters
Ein etwaiger Rechtsnachfolger des Vermieters tritt in die Rechte und Pflichten des Vermieters ein. Der bisherige Vermieter scheidet zu diesem Zeitpunkt aus dem Vertrag aus und ist von jeder Haftung befreit.

### § 19 Hausordnung
Die Parteien vereinbaren, daß die in Anlage beigefügte Hausordnung Bestandteil dieses Vertrages ist. Der Arbeitnehmer verpflichtet sich, daß er und seine Familien- bzw. Haushaltsangehörigen und ggf. Untermieter die Bestimmungen einhalten. Zur Änderung der Hausordnung ist der Vermieter jederzeit berechtigt, soweit dadurch keine zusätzliche Belastung für den Arbeitnehmer eintritt.

### § 20 Wirksamkeit der Vertragsbestimmungen
Durch etwaige Ungültigkeit einer Bestimmung dieses Vertrages wird die Gültigkeit der übrigen Bestimmungen nicht berührt.

An die Stelle einer unwirksamen Bestimmung tritt eine solche Bestimmung, die dem Sinn und Zweck der unwirksamen Norm am nächsten kommt.

## 9. Muster: Arbeitsvertrag mit Eheleuten (Hausmeister und Wirtschafterin einer betrieblichen Schulungsstätte)

*Arbeitsvertrag*

Zwischen

– nachfolgend kurz Firma genannt –

und

Herrn , geb. am

– nachfolgend Hausmeister genannt –

und

Frau , geb. am

– nachfolgend Wirtschafterin genannt –
– beide gemeinsam im Vertrag „Ehepaar" genannt –

wird folgender Arbeitsvertrag geschlossen:

## Verträge mit Arbeitnehmern, Gesellschaftsorganen und Selbständigen § 1

### § 1 Dienststellung und Dienstverhältnis
Das Ehepaar ............ wird mit Wirkung vom ............ als Hausmeister und Wirtschafterin eingestellt und mit der Führung und Verwaltung der firmeneigenen Schulungsstätte beauftragt.

### § 2 Probezeit und Vertragsdauer
(1) Die ersten 6 Monate des Dienstverhältnisses gelten als Probezeit. Bei Vorliegen triftiger Gründe kann die Probezeit im Einvernehmen mit dem Ehepaar von der Firma durch schriftliche Mitteilung unter Einhaltung einer Frist von 8 Wochen vor Ablauf der Probezeit bis zur Dauer weiterer 6 Monate verlängert werden.

(2) Während der ersten 6 Monate der Probezeit kann das Dienstverhältnis beiderseits unter Einhaltung einer Kündigungsfrist von 1 Monat zum Monatsende gekündigt werden. Für die weitere Dauer der Probezeit beträgt die Kündigungsfrist 6 Wochen zum Quartalsende. Danach beträgt sie 3 Monate zum Quartalsende. Darüber hinaus gelten die gesetzlichen Vorschriften.

(3) Bis zum Ablauf der Probezeit können die Miete und die Mietnebenkosten für die Werkdienstwohnung von der Firma übernommen werden, sofern die bisherige Wohnung beibehalten wird.

(4) Bei Vorliegen eines wichtigen Grundes kann das Dienstverhältnis bei einem Ehepartner mit Wirkung auch für den anderen Ehepartner gemäß § 626 BGB fristlos gekündigt werden.

(5) Im übrigen wird das Dienstverhältnis auf unbestimmte Zeit abgeschlossen. Es endet mit Beginn des Monats, von dem an Altersruhegeld aus der Sozialversicherung gewährt wird, in der Regel spätestens mit Vollendung des 65. Lebensjahres des Hausmeisters.

### § 3 Vertragsgültigkeit
(1) Dieser Vertrag soll nur so lange Gültigkeit haben, wie er von beiden Ehepartnern erfüllt werden kann. Dieser Zusammenhang folgt aus der Art des besonderen Arbeitsverhältnisses, das in der Leitung einer Bildungsstätte durch beide Ehepartner gemeinsam mit zugleich unterschiedlichen Tätigkeiten besteht. Der Vertrag muß aufgelöst werden, wenn der Hausmeister oder die Wirtschafterin ausscheidet.

(2) Nach Auflösung dieses Vertrages kann auf Wunsch des Hausmeisters oder der Wirtschafterin ein neuer Vertrag geschlossen werden, es sei denn, daß wichtige Hinderungsgründe entgegenstehen.

### § 4 Vergütungsdienstalter
(1) Das Vergütungsdienstalter des Hausmeisters beginnt am ............ .
(2) Das Vergütungsdienstalter der Wirtschafterin beginnt am ............ .

### § 5 Weisungsrecht
Weisungsberechtigt gegenüber dem Hausmeister und der Wirtschafterin sind:
a) ............
b) ............

### § 6 Pflichten des Ehepaars
(1) Das Ehepaar hat die Schulungsstätte nach den Bestimmungen und Grundsätzen der Firma zu führen, zu verwalten und die ihnen übertragenen Dienstobliegenheiten gewissenhaft zu erfüllen. In gleicher Weise sind allgemein bekannte oder dem Ehepaar mitgeteilte Rechtsvorschriften zu beachten.

(2) Dem Ehepaar obliegen insbesondere alle Arbeiten und Aufgaben, um
  a) die Gäste zu betreuen,
  b) die Schulungsstätte zu bewirtschaften,
  c) Grundstück, Haus und Einrichtungen zu verwalten und zu pflegen.

## § 1 Kapitel 1: Arbeitsverträge

(3) Die Firma kann den Hausmeister mit seiner Einwilligung und die Wirtschafterin mit ihrer Einwilligung gelegentlich mit anderen vergleichbaren Aufgaben außerhalb der Schulungsstätte beschäftigen. Mehraufwendungen werden von der Firma ersetzt.

(4) Das Ehepaar ist verpflichtet, sich nach Aufforderung und auf Kosten der Firma amtsärztlich untersuchen zu lassen.

(5) Die gesamte Wirtschaftsführung, etwaige Tierhaltung und Gartenbenutzung geschieht auf Rechnung und Gefahr der Firma. Das Halten und Unterbringen von Vieh und Haustieren bedarf der vorherigen schriftlichen Zustimmung der Firma.

(6) Das Ehepaar ist verpflichtet, die Bestimmungen der Berufsgenossenschaften für sich und ihr Personal gewissenhaft und dauernd zu beachten und das Personal entsprechend anzuleiten.

(7) Verschwiegenheit ist von dem Ehepaar in allen ihrer Natur nach vertraulichen Angelegenheiten zu bewahren, soweit ihnen solche Informationen in dienstlichem Zusammenhang anvertraut oder bekanntgeworden sind, und zwar auch nach Beendigung des Dienstverhältnisses.

### § 7 Mitarbeiter der Schulungsstätte
Die für den Betrieb der Schulungsstätte nötigen Mitarbeiter können von dem Ehepaar im Rahmen der Richtlinien eingestellt, beschäftigt und entlassen werden. Fristlose Kündigungen können nur mit Zustimmung der Firma ausgesprochen werden. Das Ehepaar vertritt die Firma als Arbeitgeber der Mitarbeiter diesen gegenüber und nimmt alle sich daraus ergebenden Rechte und Pflichten wahr. Die Vertretung vor den Gerichten behält sich die Firma vor. Die Mitarbeiter werden nach den Richtlinien der Firma und nach Anweisung im Einzelfall entlohnt.

### § 8 Vergütung
Dienste und Leistungen des Ehepaars werden wie folgt vergütet:

Der Hausmeister erhält eine monatliche Bruttovergütung von           DM (          EUR).
Die Wirtschafterin erhält eine monatliche Bruttovergütung von           DM (          EUR).

Der Hausmeister und die Wirtschafterin verpflichten sich, Gehaltsüberzahlungen ohne Rücksicht auf eine noch vorhandene Bereicherung zurückzuzahlen.

### § 9 Werkdienstwohnung
(1) Die Firma stellt dem Ehepaar eine Werkdienstwohnung zur Verfügung. Das Ehepaar ist verpflichtet, die ihm zugewiesene Werkdienstwohnung für die Dauer dieses Vertrages zu beziehen.

(2) Für die Überlassung der Werkdienstwohnung gelten die gesetzlichen Bestimmungen.

(3) Über die Berechnung der Miete sowie der mit ihr zusammenhängenden Nebenleistungen, z. B Heizung, Strom und sonstige Nebenleistungen, erhält das Ehepaar eine besondere Mitteilung mit näherer Angabe der Wohnräume und ihrer Größe, desgleichen bei allen späteren Änderungen. Die Bewertung der Werkdienstwohnung wird in den Vergütungsrichtlinien geregelt.

(4) Die Untervermietung (mit oder ohne Entgelt) ist nicht gestattet.

(5) Während der letzten 6 Dienstmonate vor Beginn des Rentenfalles verzichtet die Firma auf Antrag des Ehepaars auf die Berechnung der Miete für die Werkdienstwohnung. Voraussetzung ist der Nachweis, daß dem Ehepaar während dieser 6 Monate bereits Mietkosten bzw. Mietausfall für eine zukünftige eigene Wohnung entstehen.

### § 10 Verpflegung
Das Ehepaar und die in seinem Haushalt lebenden Familienangehörigen haben die Pflicht, an der Gemeinschaftsverpflegung teilzunehmen, wenn keine andere Regelung vereinbart ist. Die Höhe der Einzahlungen für die Verpflegung beträgt monatlich           DM (          EUR) je Person und wird von dem Gehalt des Hausmeisters einbehalten.

## § 11 Freiwillige soziale Leistungen

(1) Die Firma kann auf Antrag folgende sozialen Leistungen gewähren: Beihilfen und Unterstützungen bei Krankheit, Kur und Tod in Anlehnung an das Beihilferecht des jeweiligen Bundeslandes.

(2) Die Firma gewährt:

a) Geburtsbeihilfe je Kind in Höhe von 300,00 DM (153,39 EUR) nach mindestens einjähriger Dienstzeit.

b) Fortzahlung der Bezüge für den Sterbemonat und den darauffolgenden Monat an den hinterbliebenen Ehegatten oder an die unterhaltsberechtigten Kinder, wenn der Hausmeister oder die Wirtschafterin nach mindestens einjähriger Beschäftigungszeit stirbt.

Nach fünfjähriger Beschäftigungszeit erhöht sich die Dauer der Fortzahlung der Hinterbliebenen-Bezüge um weitere zwei Monate.

c) Umzugskosten (Speditionskosten) bei Einstellung des Ehepaars. Wer während der ersten beiden Beschäftigungsjahre aus Gründen, die die Firma zu vertreten hat, ausscheidet, von dem kann die Rückzahlung der ihm gewährten Umzugskosten anteilig gefordert werden.

d) Übergangsgeld in Anlehnung an die Bestimmungen des BAT, §§ 62 bis 64.

(3) Jubiläumszuwendungen werden gemäß BAT gewährt.

## § 12 Urlaub

(1) Urlaubsjahr ist das Kalenderjahr. Das Ehepaar erhält nach mindestens sechsmonatiger Tätigkeit einen Jahresurlaub von 5 Wochen.

(2) Beginnt oder endet das Arbeitsverhältnis im Laufe des Urlaubsjahres, so beträgt der Urlaubsanspruch 1/12 für jeden vollen Beschäftigungsmonat.

(3) Die Zeit des Urlaubs wird einvernehmlich zwischen dem Ehepaar und der Firma geregelt. Die Urlaubsvertretung muß jeweils zwischen der Firma und dem Ehepaar vereinbart werden.

(4) Der Urlaubsanspruch kann nicht abgegolten werden. Der Urlaub ist im Laufe des Kalenderjahres, spätestens bis zum 31.03. des folgenden Jahres anzutreten, andernfalls ist er verfallen, es sei denn, daß das Ehepaar wegen anhaltender Krankheit oder aus anderen von ihm nicht zu vertretenden Gründen nicht in der Lage war, Urlaub zu nehmen. Ist es nicht möglich, den Urlaub bis zum 30.06. anzutreten, so kann der Urlaubsanspruch von der Firma verlängert werden, erlischt aber mit Ablauf des Übertragungsjahres.

(5) Während des Urlaubs darf das Ehepaar keine dem Urlaubszweck widersprechende Erwerbsarbeit leisten. Im übrigen gelten die Bestimmungen des Bundesurlaubsgesetzes.

(6) Für Sonderurlaub ist auch in zwingenden Fällen bei der Firma frühzeitig die Genehmigung einzuholen.

## § 13 Arbeitszeit

(1) Infolge der Eigenart der Schulungsstätte, die eine 24-Stunden-Betreuung erfordert, kann für das Ehepaar keine bestimmte Stundenzahl als Arbeitszeit festgesetzt werden. Dementsprechend entscheidet das Ehepaar nach sorgfältiger Prüfung der betrieblichen Gegebenheiten selbst über seine Freizeit.

(2) Ein Ausgleich zeitweiser Mehrbeanspruchung ergibt sich in der Regel in den betriebsschwachen Zeiten.

(3) Nur mit vorheriger Unterrichtung der Firma, die in Eilfällen telefonisch erfolgen kann, darf das Ehepaar länger als 48 Stunden von der Schulungsstätte abwesend sein. Kann die Unterrichtung den Umständen nach ausnahmsweise nicht vorher erfolgen, so ist sie spätestens unverzüglich nach Rückkehr nachzuholen.

In jedem Fall hat das Ehepaar sicherzustellen, daß die ordnungsgemäße Sicherung, die Wartung und der laufende Betrieb des Hauses gewährleistet sind.

### § 14 Arbeitsbefreiung und Arbeitsunfähigkeit

(1) Arbeitsbefreiung kann das Ehepaar in den nachstehenden Fällen in Anspruch nehmen, soweit die Angelegenheit nicht außerhalb der Arbeitszeit erledigt werden kann, und zwar unter Fortzahlung der Vergütung für die Dauer der unumgänglich notwendigen Abwesenheit von der Arbeit:

   a) zur Erfüllung allgemeiner staatsbürgerlicher Pflichten
   b) zur Ablegung von beruflichen oder der Fortbildung dienenden Prüfungen.

(2) Arbeitsunfähigkeit ist unverzüglich der Firma (Personalabteilung) anzuzeigen. Die ärztliche Arbeitsunfähigkeitsbescheinigung ist spätestens am dritten Krankheitstage an die Firma einzureichen.

### § 15 Haftung

Das Ehepaar haftet gegenüber der Firma für die Erfüllung seiner Verpflichtungen aus dem Dienstvertrag, insbesondere die ihm gemeinsam obliegende ordnungsgemäße Führung und Verwaltung der Schulungsstätte. Verletzen Hausmeister oder Wirtschafterin vorsätzlich oder grob fahrlässig ihre Pflichten aus dem Dienstvertrag, so haften sie für den daraus entstandenen Schaden. Wird durch das Ehepaar in Ausführung der ihm übertragenen Tätigkeit ein Dritter geschädigt und wird die Firma hierfür in Anspruch genommen, so haftet das Ehepaar der Firma gegenüber bis zur Höhe des entstandenen Schadens, sofern das Ehepaar vorsätzlich oder grob fahrlässig gehandelt hat. Das Ehepaar haftet als Gesamtschuldner.

### § 16 Nebentätigkeiten

Nebentätigkeiten gegen Entgelt bedürfen der Zustimmung der Firma, die zu erteilen ist, wenn berechtigte Interessen der Firma nicht beeinträchtigt werden.

### § 17 Schlußbestimmungen

(1) Alle vor Abschluß dieses Dienstvertrages getroffenen mündlichen oder schriftlichen Vereinbarungen, die sich inhaltlich auf diesen Vertrag beziehen, sind hiermit aufgehoben.

(2) Alle Ansprüche aus diesem Vertrag verfallen spätestens 6 Monate nach Fälligkeit, es sei denn, daß sie vor Ablauf von 6 Monaten nach Fälligkeit schriftlich geltend gemacht werden.

(3) Änderungen, Ergänzungen und Kündigung dieses Vertrages bedürfen zu ihrer Wirksamkeit der Schriftform.

## 10. Muster: Arbeitsvertragliche Gratifikationsvereinbarung mit Freiwilligkeitsvorbehalt

Die Firma zahlt eine jährliche Weihnachtsgratifikation auf freiwilliger Basis.

Die Höhe der Gratifikation ergibt sich aus dem Monatsverdienst und aus der ununterbrochenen Betriebszugehörigkeit des Mitarbeiters im Laufe des Jahres. Voraussetzung für die Zahlung einer Weihnachtsgratifikation ist in jedem Falle, daß der Mitarbeiter am Tag der Auszahlung, am 01.12., in einem ungekündigten Arbeitsverhältnis mit der Firma steht. Besteht das Arbeitsverhältnis 24 Monate, werden 60 %, bei 36 Monaten 80 %, bei 48 Monaten 100 % eines Monatsgehalts gezahlt. Das für die Berechnung maßgebliche Monatsgehalt ist das Oktober-Gehalt.

Mitarbeiter, die im laufenden Kalenderjahr infolge Erreichens der Altersgrenze oder wegen Berufs- oder Erwerbsunfähigkeit ausgeschieden sind, erhalten die volle Gratifikation, die sie bei Betriebszugehörigkeit bis zum Jahresende erhalten hätten, auf der Grundlage ihrer letzten drei Monatsvergütungen, aus denen der Mittelwert gebildet wird.

Die Zahlung jeglicher Gratifikation am 01.12. erfolgt freiwillig und steht unter dem Vorbehalt des jederzeitigen Widerrufs.

## 11. Muster: Job-Sharing-Vertrag

Zwischen

der          GmbH

– Arbeitgeber –

und

Herrn

– Arbeitnehmer –

wird folgender

*Job-Sharing-Vertrag*

geschlossen:

1. Der Arbeitnehmer wird ab          als          im Job-Sharing-System eingestellt.
2. Der Arbeitnehmer ist verpflichtet, andere ihm zumutbare Tätigkeiten zu übernehmen.
3. Der Arbeitnehmer ist verpflichtet, während der betriebsüblichen Arbeitszeit den zugewiesenen Arbeitsplatz in Abstimmung mit dem anderen am gleichen Arbeitsplatz Beschäftigten (Job-Sharing-Partner) ständig zu besetzen. Eine gleichzeitige Beschäftigung mehrerer Job-Sharing-Partner ist nicht zulässig.
4. Der Arbeitgeber ist verpflichtet, eine Vertretung zu stellen, wenn ein Job-Sharing-Partner wegen Urlaub, Krankheit oder aus sonstigen Gründen verhindert ist, die vertraglich geschuldete Arbeitsleistung zu erbringen. Im Einzelfall können die Job-Sharing-Partner die Vertretung untereinander regeln. Es bedarf einer für jeden Vertretungsfall gesonderten Vereinbarung. Zeiten, in denen ein Job-Sharing-Partner den anderen vertritt, werden auf die vertraglich vereinbarte Arbeitszeit nicht angerechnet. Diese Zeiten werden gesondert vergütet.
5. Herr          verpflichtet sich, Mehrarbeit zu leisten. Der Ausgleich erfolgt grundsätzlich durch Gewährung von Freizeit innerhalb des auf die Mehrarbeit folgenden Kalenderjahres oder, wenn dies aus betrieblichen oder krankheitsbedingten Gründen nicht möglich ist, durch Abgeltung. Ein Anspruch auf Ausgleich von Mehrarbeit besteht nur, wenn die Mehrarbeitsstunden angeordnet oder vereinbart werden oder soweit dies nicht möglich ist, wenn sie aufgrund von dringenden betrieblichen Interessen erforderlich werden und der Arbeitnehmer Beginn und Ende der Mehrarbeit spätestens am folgenden Tage der Geschäftsleitung schriftlich anzeigt.
6. Die vertragliche vereinbarte Arbeitszeit beträgt          Stunden je Woche.
7. Der Arbeitnehmer erhält eine Vergütung in Höhe von          DM (          EUR) monatlich. Die Arbeitszeit, die er in Vertretung eines anderen Job-Sharing-Partners nach Ziff. 4 erbracht hat, wird zusätzlich mit          DM (          EUR) je Stunde vergütet.
Der Arbeitnehmer verpflichtet sich, Gehaltsüberzahlungen ohne Rücksicht auf eine noch vorhandene Bereicherung zurückzuzahlen.
8. Die Vergütung wird am Schluß eines jeden Kalendermonats ausgezahlt.
9. Vertretungszeiten sind bis zum 10. des Folgemonats abzurechnen und auszuzahlen.

10. Scheidet ein Job-Sharing-Partner aus dem Job-Sharing-System aus, darf den übrigen Job-Sharing-Partnern aus diesem Grunde nicht gekündigt werden. Das Recht des Arbeitgebers, eine Änderungskündigung auszusprechen, bleibt hiervon unberührt. Der Arbeitgeber und die Job-Sharing-Partner werden sich bemühen, eine Ersatzkraft für den ausgeschiedenen Job-Sharing-Partner zu finden. Der Arbeitgeber darf diesen Vorschlag nur aus wichtigen Gründen ablehnen.

11. Die Job-Sharing-Partner sind verpflichtet, sich über die Aufteilung der Arbeitszeit im Rahmen der betriebsüblichen Arbeitszeit untereinander abzustimmen. Einigen die Job-Sharing-Partner sich nicht über die Aufteilung der Arbeitszeit, kann der Arbeitgeber die Aufteilung verbindlich regeln.

12. Die Arbeitszeit ist so aufzuteilen, daß jeder Job-Sharing-Partner im Laufe eines Zeitraumes von 3 Monaten (Abrechnungszeitraum) seinen vertraglich vereinbarten Zeitanteil erreicht. Arbeitszeitguthaben oder Arbeitszeitschulden bis zu 10 Stunden können in den nächsten Abrechnungszeitraum übertragen werden. Die Übertragung größerer Arbeitszeitguthaben/Arbeitszeitschulden ist nur mit vorheriger Zustimmung des Arbeitgebers zulässig.

(Unterschriften)

## 12. Muster: Telearbeit im Heimarbeitsverhältnis

Zwischen

– nachfolgend Auftraggeber genannt –

und

Herrn

– nachfolgend Heimarbeiter genannt –

wird der nachfolgende

*Tele-Heimarbeitsvertrag*

geschlossen.

### § 1 Dauer des Heimarbeitsverhältnisses, maßgebliche Vorschriften

(1) Für das Tele-Heimarbeitsverhältnis gelten die gesetzlichen Bestimmungen, soweit der nachfolgende Vertrag keine anderweitigen Regelungen enthält. Insbesondere gelten das Heimarbeitsgesetz und die für die Herstellung von Produkten einschlägigen Festsetzungen.

(2) Das Vertragsverhältnis beginnt am           und wird unbefristet vereinbart. Die erste Auftragserteilung erfolgt nach Vorlage der Arbeitspapiere beim Auftraggeber.

(3) Jeder Vertragspartner kann das Tele-Heimarbeitsverhältnis durch Kündigung beenden. Innerhalb der ersten vier Wochen kann die Kündigung an jedem Tag für den Ablauf des folgenden Tages, daran anschließend nur im Rahmen der gesetzlichen Fristen gekündigt werden. Der besondere gesetzliche Kündigungsschutz für langjährig betriebszugehörige Heimarbeiter wie auch die Möglichkeit, das Heimarbeitsverhältnis aus wichtigem Grunde außerordentlich zu kündigen, bleiben unberührt.

### § 2 Aufgabenbereich

(1) Der Heimarbeiter versichert, daß er über die zur Arbeitserledigung und zur Erstellung guter Arbeitsergebnisse notwendigen technischen Einrichtungen, insbesondere einen 286er-Rechner mit einem leistungsfähigen Tintenstrahldrucker verfügt. Er hat Vorsorge getroffen, daß seine

## Verträge mit Arbeitnehmern, Gesellschaftsorganen und Selbständigen § 1

Hilfsmittel bei Beschädigung oder Ausfall kurzfristig ersetzt oder repariert werden. Der Heimarbeiter hält alle technischen Einrichtungen auf seine Kosten jederzeit einsatzbereit.

(2) Der Auftraggeber überträgt dem Heimarbeiter Tätigkeiten als Texterfasser. Der Heimarbeiter verpflichtet sich, die vereinbarten Arbeiten gemäß den ihm erteilten Aufträgen und Auflagen auszuführen. Der Auftraggeber verpflichtet sich zur regelmäßigen Ausgabe etwa folgender Mindestarbeitsmengen:

(3) Der Heimarbeiter versichert, die Lieferfristen pünktlich einzuhalten. Versäumt der Heimarbeiter eine vereinbarte Frist und hat der Heimarbeiter das Fristversäumnis zu vertreten, kann der Auftraggeber Schadensersatz geltend machen bis zur Höhe des für die verspätet geleisteten Arbeiten vereinbarten Arbeitsentgelts.

### § 3 Abnahme der Arbeiten
Die Heimarbeit wird auf Kosten des Auftraggebers zu den vereinbarten Terminen zum Heimarbeiter gebracht und dort jeweils zwei Tage später wieder abgeholt.

### § 4 Gewährleistung
(1) Der Heimarbeiter verpflichtet sich zur Lieferung mangelfreier Ware. Sofern die gelieferten Texte Mängel oder Fehler aufweisen, ist der Auftraggeber berechtigt, die Beseitigung des Mangels zu fordern. Kommt der Heimarbeiter der Aufforderung des Auftraggebers innerhalb einer angemessenen Frist nicht nach, kann der Auftraggeber die Vergütung verweigern. Weitergehender Schaden bei grob fahrlässigem Verhalten des Heimarbeiters ist damit nicht ausgeschlossen.

(2) Der Heimarbeiter verpflichtet sich, die vom Auftraggeber unentgeltlich gelieferten, in seinem Eigentum verbleibenden Gegenstände und Materialien pfleglich zu behandeln und Vorkehrungen zu treffen, daß kein Unbefugter Zugriff nehmen kann. Sämtliches Material ist nach Beendigung des Heimarbeitsverhältnisses dem Auftraggeber zurückzugeben.

### § 5 Arbeitsschutz und Datenschutz
(1) Der Heimarbeiter verpflichtet sich, die Bildschirmarbeitsverordnung zu beachten. Zur Sicherstellung der gesetzlichen Anforderungen der Bildschirmarbeitsverordnung verpflichtet sich der Heimarbeiter, dem Arbeitgeber während des Tages (zwischen 08.00 Uhr und 21.00 Uhr) Zutritt zu seiner Wohnung zu gewähren, um die Anforderungen des gesetzlichen Arbeitsschutzes überprüfen zu können.

(2) Der Heimarbeiter verpflichtet sich, die Bestimmungen des Bundesdatenschutzgesetzes sowie die Bestimmungen des Informations- und Kommunikationsdienste-Gesetzes, des Teledienstgesetzes und des Teledienstdatenschutzgesetzes einzuhalten.

### § 6 Vergütung
(1) Der Heimarbeiter erhält als Arbeitsentgelt die im Entgeltverzeichnis aufgeführten Stückentgelte. Die Stückentgelte sind so zu bemessen, daß der Heimarbeiter in einer Arbeitsstunde mindestens ein Entgelt von           DM (          EUR) erreicht.

(2) Stück im Sinne des Abs. 1 sind Texte im Umfang von ca.           Wörtern und           Zeilen.

(3) Der Heimarbeiter verpflichtet sich, Gehaltsüberzahlungen ohne Rücksicht auf eine noch vorhandene Bereicherung zurückzuzahlen.

### § 7 Zuwendungen zum Arbeitsentgelt
Zusätzlich zum Arbeitsentgelt erhält der Heimarbeiter folgende Leistungen:
– Als Urlaubsentgelt stehen ihm 6,75 v. H. nach § 12 Nr. 1 des Bundesurlaubsgesetzes zu;
– ein Feiertagsgeld je Wochenfeiertag, die mit Zustimmung des Heimarbeiters als Pauschale in Höhe von           DM (          EUR) monatlich zum Arbeitsentgelt gezahlt wird;
– als Krankenlohnausgleich einen Zuschlag von 3,45 v. H. zur wirtschaftlichen Sicherung im Krankheitsfall;

- einen Heimarbeitszuschlag in Höhe von _____ v. H. Mit dem Heimarbeitszuschlag sind alle Kosten aus der Heimarbeit, insbesondere für die Bereitstellung, Beleuchtung, Heizung, Reinigung des Arbeitsraumes, für Reparatur, Abschreibung von Arbeitsgeräten und Arbeitskleidung abgegolten.
- Vermögenswirksame Leistungen werden nicht erbracht.

### § 8 Entgeltbuch
(1) Beim Auftraggeber wird für den Heimarbeiter ein Entgeltbuch geführt. In das Entgeltbuch werden mit jeder Ausgabe und Abnahme von Heimarbeit Umfang und Art der Entgelte sowie die Tage der Ausgabe und der Lieferung eingetragen.

(2) Die Abrechnung erfolgt bei jeder Lieferung. Das nach Abzug der Steuer und der Sozialversicherungsbeiträge verbleibende Entgelt wird monatlich auf das Konto _____ überwiesen.

(3) Der Heimarbeiter verpflichtet sich, das Entgeltbuch bis zum Ablauf des 3. Kalenderjahres, das auf das Jahr der letzten Eintragung folgt, aufzubewahren.

### § 9 Krankheit
Ist der Heimarbeiter durch Krankheit oder ähnliche Umstände an der Ausführung ihm übertragener Arbeiten gehindert, ist dies dem Auftraggeber unverzüglich mitzuteilen und zugleich die voraussichtliche Dauer der Arbeitsverhinderung bekanntzugeben.

### § 10 Sonstige Vereinbarungen
(1) Die Rechte der Entgeltprüfer bei den Gewerbeaufsichtsämtern auf Überwachung der Allgemeinen Schutzvorschriften des Heimarbeitsgesetzes sowie der Entgelte oder sonstigen Vertragsbedingungen bleiben durch diesen Vertrag unberührt.

(2) Änderungen und Ergänzungen dieses Heimarbeitsvertrages oder zusätzlichen Nebenabreden bedürfen zu ihrer Wirksamkeit der Schriftform.

## 13. Muster: Rahmenvereinbarung für befristete Arbeitsverhältnisse

*Rahmenvereinbarung*

Die Firma erklärt sich bereit, Herrn _____ in die Liste der Interessenten für Arbeitseinsätze aufzunehmen. Im Bedarfsfalle wird der Leiter der Abteilung _____ sich daher an Herrn _____ mit der Frage wenden, ob dieser in der Lage und bereit ist, für einen näher bestimmten Zeitraum Arbeiten in der Firma zu erledigen. Für den Fall, daß im Einzelfall ein befristetes Arbeitsverhältnis zustande kommt, wird eine Stundenvergütung von

_____ DM brutto ( _____ EUR)

vereinbart.

Die Firma und Herr _____ sind sich einig, daß
- die Firma nicht verpflichtet ist, Herrn _____ Beschäftigungsangebote zu machen,
- Herr _____ nicht verpflichtet ist, Beschäftigungsangebote der Firma anzunehmen,
- demzufolge durch den Abschluß dieser Rahmenvereinbarung und die in Einzelfällen erfolgende Beschäftigung ein Dauerteilzeitarbeitsverhältnis – auch in Form eines sog. Abrufarbeitsverhältnis (§ 4 BeschFG) – nicht begründet werden soll.

Ort/Datum          Unterschriften

# Verträge mit Arbeitnehmern, Gesellschaftsorganen und Selbständigen § 1

## II. Verträge mit gewerblichen Arbeitnehmern

### 1. Muster: Arbeitsvertrag eines Arbeiters ohne Tarifbezug mit Einbeziehung einer Betriebsvereinbarung

▼

*Einstellungsvereinbarung für gewerbliche Arbeitnehmer*

Zwischen

der Firma

– nachstehend Firma –

und

Herrn

– nachstehend Arbeitnehmer –

wird folgende Einstellungsvereinbarung getroffen:

#### § 1 Probezeit und Anstellung

(1) Der Arbeitnehmer wird ab dem             unbefristet eingestellt.

(2) Die ersten sechs Monate gelten als Probezeit. Während der Probezeit kann das Arbeitsverhältnis beiderseits ohne Angabe von Gründen mit einer Frist von 3 Tagen gekündigt werden.

(3) Nach Beendigung der Probezeit gelten die Kündigungsfristen gemäß Betriebsvereinbarung.

(4) Für die fristlose Kündigung gilt § 626 BGB.

(5) Ohne Kündigung endet ein befristetes Arbeitsverhältnis zum vereinbarten Endzeitpunkt.

(6) Die Beantragung einer Rente ist dem Arbeitgeber unverzüglich anzuzeigen.

(7) Die Übernahme nach Beendigung der Probezeit in ein festes Arbeitsverhältnis hat in jedem Fall in Schriftform zu erfolgen.

#### § 2 Tätigkeit

Der Arbeitnehmer wird als             eingestellt und mit einschlägigen Arbeiten nach näherer Anweisung durch die Betriebsleitung und die einzelnen Vorgesetzten beschäftigt. Er ist verpflichtet, auch andere zumutbare Arbeiten zu verrichten und sich gegebenenfalls in eine andere Abteilung oder Betriebsstätte des Arbeitgebers versetzen zu lassen.

Der Arbeitnehmer verpflichtet sich, alle ihm übertragenen Arbeiten sorgfältig und gewissenhaft auszuführen. Er verpflichtet sich weiterhin, Verschwiegenheit über die geschäftlichen und betrieblichen Angelegenheiten zu wahren. Diese Verpflichtung erstreckt sich auch auf die Zeit nach Beendigung des Arbeitsverhältnisses.

#### § 3 Vergütung

(1) Der Arbeitnehmer erhält als Grundlohn die nach Lohngruppe             in der Betriebsvereinbarung festgelegte monatliche Vergütung. Darüber hinaus wird gemäß             der Betriebsvereinbarung eine individuell auf die Leistung abgestellte Prämie gezahlt.

(2) Die Zahlung des Lohnes ist bis jeweils zum 15. Kalendertag des Folgemonats fällig und erfolgt bargeldlos.

(3) Die Zahlung von Gratifikationen, Tantiemen, Prämien und sonstigen Leistungen liegt im freien Ermessen der Firma und begründet keinen Rechtsanspruch, auch wenn die Zahlung wiederholt ohne ausdrücklichen Vorbehalt der Freiwilligkeit erfolgte.

(4) Der Arbeitnehmer verpflichtet sich, Gehaltsüberzahlungen ohne Rücksicht auf eine noch vorhandene Bereicherung zurückzuzahlen.

## § 4 Arbeitszeit

(1) Die wöchentliche Arbeitszeit ist in der Betriebsvereinbarung festgelegt.

(2) Der Arbeitnehmer hat seine Arbeitsleistung entsprechend dem Arbeitsanfall zu erbringen. Der Arbeitseinsatz erfolgt in Wechselschicht. Des weiteren behält sich die Firma alle Möglichkeiten der Differenzierung von Dauer, Lage und Verteilung der Arbeitszeit im Rahmen einer flexiblen Regelung zur besseren Ausnutzung der Betriebszeit vor. Die regelmäßige Arbeitszeit beträgt 40 Stunden pro Woche. Sie kann aus betrieblichen Gründen mehrere Wochen ungleichmäßig verteilt werden, jedoch nur so, daß in vier zusammenhängenden Wochen der Ausgleich erreicht wird. Die Firma wird dem Arbeitnehmer die Veränderung der Lage seiner Arbeitszeit jeweils eine Woche im voraus mitteilen.

## § 5 Abtretung und Verpfändung von Vergütungsansprüchen

Die Abtretung sowie die Verpfändung von Vergütungsansprüchen ist ausgeschlossen. Bei Pfändung oder seitens der Firma erlaubter Abtretung oder Verpfändung der Vergütungsansprüche ist die Firma berechtigt, für jede zu berechnende Pfändung, Abtretung oder Verpfändung 20,00 DM pauschal als Ersatz der entstehenden Kosten einzubehalten.

## § 6 Arbeitsverhinderung und Vergütungsfortzahlung im Krankheitsfall

(1) Der Arbeitnehmer ist verpflichtet, jede Arbeitsverhinderung und ihre voraussichtliche Dauer vor Beginn der Arbeit der Firma mitzuteilen.

(2) Im Falle der Arbeitsunfähigkeit infolge Krankheit ist der Arbeitnehmer verpflichtet, unverzüglich, spätestens jedoch vor Ablauf des dritten Kalendertages nach Beginn der Arbeitsunfähigkeit eine ärztliche Bescheinigung darüber sowie über deren voraussichtliche Dauer vorzulegen. Bei über den angegebenen Zeitraum hinausgehender Erkrankung ist eine Folgebescheinigung innerhalb weiterer drei Tage seit Ablauf der vorangegangenen Bescheinigung einzureichen. Eine Mitteilung über die Folgeerkrankung ist spätestens am letzten Tage der Arbeitsunfähigkeit der Firma mitzuteilen.

(3) Ist der Arbeitnehmer an der Arbeitsleistung infolge auf unverschuldeter Krankheit beruhender Arbeitsunfähigkeit verhindert, so leistet die Firma Vergütungsfortzahlung für die Dauer von 6 Wochen nach den Bestimmungen des Entgeltfortzahlungsgesetzes in seiner jeweils gültigen Fassung. Die Firma ist berechtigt, die Entgeltfortzahlung zurückzubehalten, bis die Arbeitsunfähigkeitsbescheinigung eingeht.

(4) Stellt der Arbeitnehmer einen Antrag auf Kur oder Heilungsverfahren, so hat er dem Arbeitgeber unverzüglich davon Kenntnis zu geben. Werden Kur oder Heilungsverfahren bewilligt, ist dem Arbeitgeber unverzüglich eine entsprechende Bescheinigung vorzulegen und der Zeitpunkt des Kurantritts mitzuteilen.

(5) Vor Wiederaufnahme der Arbeit nach längerer Arbeitsunfähigkeit soll spätestens einen Tag vorher der Firma Mitteilung gemacht werden.

## § 7 Urlaub

(1) Jeder Arbeitnehmer hat Anspruch auf Jahresurlaub gemäß dem Bundesurlaubsgesetz und der Betriebsvereinbarung. Kann aus betrieblichen Gründen der Urlaub nicht bis zum Ende des Kalenderjahres gewährt werden, so muß der Urlaub in den ersten drei Monaten des folgenden Kalenderjahres gewährt und genommen werden.

(2) Der Urlaub dient der Erholung. Arbeitsleistungen gegen Entgelt während des Urlaubs sind unzulässig.

(3) Der Zeitpunkt des Urlaubs ist nach Möglichkeit unter Berücksichtigung der Wünsche des Arbeitnehmers zu vereinbaren, jedoch ist die geregelte Durchführung des Betriebes sicherzustellen.

## § 8 Bezahlte Freistellung
Jeder Arbeitnehmer hat bei bestimmten Anlässen Anspruch auf Freistellung unter Fortzahlung des Entgeltes entsprechend den Regelungen in der Betriebsvereinbarung.

## § 9 Ausschlußfristen
(1) Der Arbeitnehmer ist zur sofortigen Nachprüfung der Lohnabrechnung und des ausgezahlten Lohnbetrages verpflichtet. Stimmt der überwiesene Betrag mit dem der Lohnabrechnung nicht überein, so ist dies unverzüglich dem Arbeitgeber zu melden.

(2) Gegenseitige Ansprüche aller Art aus diesem Arbeitsverhältnis können nur innerhalb einer Ausschlußfrist von 2 Monaten seit Fälligkeit des Anspruchs schriftlich geltend gemacht werden.

## § 10 Nebenbeschäftigung
Während der Dauer des Arbeitsverhältnisses ist jede entgeltliche oder das Arbeitsverhältnis beeinträchtigende Nebenbeschäftigung nur mit schriftlicher Zustimmung der Firma zulässig.

## § 11 Personalfragebogen
Unrichtige Angaben in dem zu diesem Arbeitsvertrag gehörenden Personalfragebogen berechtigen den Arbeitgeber zur Anfechtung oder fristlosen Kündigung des Vertrages.

## § 12 Rückgabe des Arbeitsmaterials
Der Arbeitnehmer hat beim Ausscheiden sämtliche betrieblichen Arbeitsmittel und Unterlagen zurückzugeben, die ihm während seiner Tätigkeit ausgehändigt wurden oder auf andere Weise zugänglich geworden sind. Dazu gehören auch selbst angefertigte Aufzeichnungen.

## § 13 Änderungen der persönlichen Verhältnisse
Alle Änderungen der persönlichen Verhältnissen, soweit sie für das Arbeitsverhältnis von Bedeutung sind, insbesondere Wechsel der Anschrift, im Urlaub die Urlaubsanschrift, sind der Personalabteilung ohne besondere Aufforderung unverzüglich mitzuteilen. Ist eine Änderung der Anschrift oder die Urlaubsanschrift nicht ordnungsgemäß gemeldet, so gelten die Mitteilungen der Firma in dem Zeitraum als zugegangen, in dem sie den Arbeitnehmer unter der zuletzt angegebenen Anschrift erreicht hätten.

## § 14 Betriebsvereinbarung und sonstige Bestimmungen
Soweit sich aus diesem Vertrag nichts anderes ergibt, finden die Betriebsvereinbarungen und sonstigen Bestimmungen in ihrer zuletzt gültigen Fassung Anwendung. Der Arbeitnehmer erklärt, daß er von diesen Bestimmungen Kenntnis genommen hat. Sämtliche Vertragsvereinbarungen stehen unter dem Vorbehalt ablösender Betriebsvereinbarungen.

Der Arbeitnehmer erkennt die Werksordnung und Sicherheitsrichtlinien in der jeweils gültigen Fassung an, folgt ggf. den Anordnungen des Werkschutzes und duldet die vorbeugende Nachschau und Kontrolle von Taschen, Behältnissen und Fahrzeugen.

## § 15 Ergänzungen und Änderungen
Ergänzungen und Änderungen des Vertrages, insbesondere die Vereinbarung über die Übernahme nach Ende des Probearbeitsverhältnisses, bedürfen der Schriftform.

## § 16 Teilnichtigkeit
Sollten einzelne Bestimmungen dieses Vertrages rechtsunwirksam sein oder werden, so berührt dieses nicht die Wirksamkeit der übrigen Regelungen des Vertrages. Dasselbe gilt bei Lücken des Vertrages. Anstelle der unwirksamen oder fehlenden Bestimmungen soll eine Regelung gelten, die dem Willen der Parteien wirtschaftlich am besten entspricht.

## 2. Muster: Einfacher Arbeitsvertrag eines Arbeiters mit Tarifbezug

Zwischen

Arbeitgeber:

und

Arbeitnehmer:                    , geb.

wird folgender Arbeitsvertrag geschlossen:

### 1. Tarifvertragsbezug
Für das Arbeitsverhältnis gelten die betrieblich und fachlich einschlägigen Tarifverträge in der jeweils gültigen Fassung, soweit in diesem Vertrag nichts anderes vereinbart ist.

### 2. Beginn der Tätigkeit:

### 3. Arbeitsentgelt und Arbeitszeit
Der Arbeitnehmer erhält einen Stundensatz von          DM (          EUR). Die wöchentliche Arbeitszeit beträgt          Stunden. Die Abtretung und Verpfändung von Lohn- und sonstigen Ansprüchen auf Vergütung ist ausgeschlossen.

Täglich können vom Arbeitgeber bis zu 3 Überstunden angeordnet werden, außerdem kann der Arbeitgeber Überstunden an bis zu 2 Samstagen im Monat anordnen. Eine Überstundenvergütung erfolgt nur aufgrund vorgelegter oder bestätigter Stundenzettel. Die Stundenzettel sind zum Monatsende vorzulegen. Die Vergütung erfolgt zusammen mit der Vergütung des Folgemonats. Auf Überstunden wird ein Zuschlag von 25 % auf die übliche Vergütung gezahlt.

Der Arbeitnehmer verpflichtet sich, Gehaltsüberzahlungen ohne Rücksicht auf eine noch vorhandene Bereicherung zurückzuzahlen.

### 4. Urlaub
Der Arbeitnehmer erhält          Tage Urlaub pro Jahr.

### 5. Weihnachtsgeld
Es wird alljährlich mit dem Dezembergehalt eine Jahresleistung in Höhe eines Monatsgehalts gezahlt. Anspruchsberechtigt ist, wer am 01.12. des Kalenderjahres dem Betrieb ununterbrochen 12 Monate angehört. Aus dem Beschäftigungsverhältnis ausscheidende Mitarbeiter haben nach Erfüllung der Wartezeit Anspruch auf so viele Zwölftel der Jahresleistung wie sie im Kalenderjahr volle Monate beschäftigt waren.

### 6. Fehlzeiten
Fehlt der Arbeitnehmer an einzelnen Tagen oder zusammenhängend unentschuldigt, fällt eine Vertragsstrafe in Höhe von 100,00 DM (51,13 EUR) für jeden unentschuldigt versäumten Arbeitstag an. Für einzelne Stunden errechnet sich ein entsprechender anteiliger Geldbetrag. Die Vertragsstrafe ist sofort fällig und wird mit der nächsten Lohnabrechnung verrechnet. Bei unentschuldigter Arbeitsabwesenheit von bis zu 5 Arbeitstagen gilt das Doppelte der entgangenen Bruttovergütung als Vertragsstrafe vereinbart.

### 7. Arbeitgeberzuschuß
Der Arbeitgeber zahlt den Zuschuß zu vermögenswirksamen Leistungen. Der Anspruch auf diese Leistung entsteht erst nach erfolgreichem Ablauf der Probezeit.

Der Arbeitnehmer bestätigt, diesen Arbeitsvertrag gelesen und in einer kompletten Ausfertigung erhalten zu haben.

## 8. Wichtige Hinweise

Privatgegenstände wie Taschen und Sturzhelme nehmen Sie bitte mit an den Arbeitsplatz. Sie müssen aber dort so deponiert werden, daß Beschädigungen durch Arbeitsgeräte, Stapler etc. ausgeschlossen sind. Eine Haftung für eventuelle Schäden kann nicht übernommen werden!

Außerdem sollte jeder persönliche Wertgegenstände wie Geldbörse, Uhr, Ring etc. immer bei sich tragen. Für den Verlust eines dieser Gegenstände kann ebenfalls keine Haftung übernommen werden.

## 3. Muster: Arbeitsvertrag eines Arbeiters ohne Tarifbindung mit Sechs-Tage-Woche

Zwischen

der Firma , vertreten durch ,

und

Herrn

wird der nachfolgende Arbeitsvertrag geschlossen:

### § 1 Tätigkeit

(1) Der Arbeitnehmer wird ab als eingestellt. Der Arbeitsvertrag steht unter der Bedingung, daß der Betriebsarzt nach Durchführung der Eignungsuntersuchung gegen die Beschäftigung keine Bedenken erhebt. Der Betriebsarzt hat den Arbeitnehmer darauf zu untersuchen, ob er den Leistungsanforderungen des für ihn vorgesehenen Arbeitsplatzes in körperlicher Hinsicht entspricht. Vor Dienstantritt darf der Arbeitsvertrag von keinem Vertragspartner gekündigt werden.

(2) Der Arbeitsplatz umfaßt folgende Tätigkeiten: . Der Arbeitnehmer verpflichtet sich, im Bedarfsfall auch eine andere ihm zumutbare Arbeit im Betrieb zu übernehmen. Der Arbeitgeber behält sich vor,
 – das Arbeitsgebiet zu ergänzen oder dem Arbeitnehmer eine andere Tätigkeit im Betrieb zuzuweisen, die seinen Kenntnissen und Fähigkeiten entspricht;
 – die Dauer der einzelnen Einsatzschichten sowie die Schichteinteilung innerhalb des Kalendertages, der Woche oder der Monatsarbeitszeit entsprechend dem betrieblichen Bedarf festzulegen; dabei ist das Arbeitszeitgesetz zu beachten.

Zu einer Entgeltminderung ist der Arbeitgeber nur dann befugt, wenn sie einvernehmlich erfolgt. Wird der Arbeitnehmer auf einem geringer vergüteten Arbeitsplatz beschäftigt, ist ihm mindestens zwei Jahre das bisherige Entgelt weiterzuzahlen.

(3) Der Arbeitnehmer verpflichtet sich, mangelfreie fachgerechte Arbeitsleistungen zu erbringen. Mangelhafte Arbeitsleistung, die auf einem schuldhaften Verhalten des Arbeitnehmers beruht, führt zu einem Leistungsverweigerungsrecht des Arbeitgebers. Der Arbeitgeber behält sich außerdem die Geltendmachung von Ersatzansprüchen vor.

### § 2 Beendigung des Arbeitsverhältnisses

(1) Die ersten 3 Monate gelten als Probezeit. Während der Probezeit kann das Arbeitsverhältnis beiderseits und jederzeit unter Einhaltung einer Frist von 14 Tagen gekündigt werden.

(2) Nach Ablauf der Probezeit beträgt die Kündigungsfrist beiderseits vier Wochen; die Kündigung kann in den ersten drei Monaten zum Fünfzehnten oder zum Ende eines Kalendermonats, danach zum Ende eines Kalendermonats erklärt werden.

(3) Die Firma ist berechtigt, den Arbeitnehmer ab dem Zeitpunkt des Ausspruchs einer Kündigung bis zum Ablauf der Kündigungsfrist unter Fortzahlung der Vergütung von der Arbeit freizustellen. Mit der Freistellung ist der noch offene Urlaub abgegolten.

(4) Ohne Kündigung endet das Arbeitsverhältnis spätestens mit dem 65. Lebensjahr, sobald der Arbeitnehmer Anspruch auf Altersrente hat.

### § 3 Arbeitsentgelt

(1) Der Arbeitnehmer erhält einen Stundenlohn von          DM (          EUR). Außerdem zahlt der Arbeitgeber eine Leistungsprämie.

Die Überweisung des Entgelts erfolgt monatlich bargeldlos auf ein vom Arbeitnehmer zu benennendes Konto am 1. Arbeitstag des Folgemonats.

Leistungsprämien und Sonderleistungen wie Gratifikationen sind stets freiwillige Zahlungen, die jederzeit widerruflich sind.

(2) Mit dem Dezembergehalt erhält der Arbeitnehmer eine Anwesenheitsprämie in Höhe von          DM (          EUR). Die Prämie wird erst nach einer Betriebszugehörigkeit von mindestens einem Jahr fällig, sofern das Arbeitsverhältnis am Auszahlungstag ungekündigt fortbesteht.

(3) Auch die Anwesenheitsprämie ist eine freiwillige Zahlung, auf die selbst bei wiederholter Auszahlung kein Anspruch besteht.

(4) Bei krankheitsbedingten und sonstigen berechtigten Fehlzeiten ohne Entgeltfortzahlung innerhalb eines Kalenderjahres wird die Prämie für jeden Fehltag um 20 % eines Tagearbeitsentgelts gekürzt.

(5) Bei pflichtwidrigen Fehlzeiten wird die Prämie für jeden Fehltag um ein Tagesarbeitsentgelt gekürzt.

(6) Das Tagesarbeitsentgelt (= durchschnittliches Arbeitsentgelt je Arbeitstag gemäß § 4 a EFZG) wird aus der Summe der letzten 12 Gehaltsabrechnungen ermittelt, abzüglich der Jahresleistung, der dem Arbeitnehmer geleisteten Entgeltfortzahlung und des Urlaubsentgeltes, geteilt durch die Zahl der Arbeitstage, an denen der Arbeitnehmer anwesend war. Betrachtungszeitraum bilden die der Zahlung vorausgegangenen 12 Monate.

(7) Fehlzeiten durch Wehr- oder Ersatzdienst oder Wehrübungen oder Tätigkeit bei einer freiwilligen Feuerwehr werden wie Anwesenheitszeiten behandelt.

(8) Das Arbeitsentgelt darf weder abgetreten noch verpfändet werden. Betriebliche Bearbeitungskosten gehen zu Lasten des Arbeitnehmers. Je Bearbeitungsvorgang werden 20,00 DM (10,23 EUR) vom Arbeitsentgelt einbehalten und spätestens mit der nächsten Lohnabrechnung verrechnet.

(9) Neben dem Grundlohn werden für Nachtarbeit, Feiertags- und Sonntagsarbeit Zuschläge gezahlt. Die Höhe der Zuschläge beträgt bei Nachtarbeit          Prozent. Als Nachtarbeit gilt die in der Zeit zwischen 23.00 Uhr und 06.00 Uhr geleistete Arbeit.

An Sonntagen und gesetzlichen Feiertagen geleistete Arbeit wird durch einen Ersatzruhetag ausgeglichen oder durch einen angemessenen Zuschlag abgegolten. Der Zuschlag beträgt          Prozent des Grundlohnes.

(10) Treffen mehrere Zuschläge zusammen, wird nur der höchste Zuschlag gezahlt.

(11) Der Arbeitnehmer verpflichtet sich, Gehaltsüberzahlungen ohne Rücksicht auf eine noch vorhandene Bereicherung zurückzuzahlen.

### § 4 Arbeitszeit

(1) Die Dauer der Arbeitszeit richtet sich nach der betrieblichen Schichteinteilung und beträgt derzeit wöchentlich ohne Pausen          Stunden. Der Beginn der ersten Schicht der Arbeitswoche ist

auf _____ Uhr, der Beginn der letzten Schicht der Arbeitswoche auf _____ Uhr festgelegt. In jeder Schicht beträgt die Pausenzeit _____ Minuten.

Die Firma behält sich vor, aus dringenden betrieblichen Gründen eine Änderung der Arbeitszeiteinteilung vorzunehmen. Dabei kann eine Verteilung der durchschnittlichen Wochenarbeitszeit unter Einbeziehung des Samstags auf sechs Werktage vom Arbeitgeber vorgenommen werden. Der Arbeitnehmer wird sich dem geänderten Schichtrhythmus und Schichtwechsel (beispielsweise in Früh-, Spät-, Nachtschicht) anpassen.

(2) Der Arbeitnehmer leistet bei Bedarf auf Weisung des Arbeitgebers an einzelnen Tagen zusätzliche Arbeit im Rahmen der gesetzlich zulässigen Dauer. Die verlängerte Arbeitszeit darf jedoch werktäglich die Dauer von zehn Stunden nicht überschreiten. Auch an Samstagen muß gearbeitet werden, wenn
– die Arbeit auf dringenden betrieblichen Gründen beruht und
– der Arbeitnehmer keine schwerwiegenden persönlichen Verhinderungsgründe hat und
– spätestens vier Tage vor dem Termin die Samstagsarbeit bekanntgegeben wurde.

(3) Zusätzlich zur regelmäßigen täglichen Arbeitszeit anfallende Arbeitsstunden, die tatsächlich geleistet worden sind, werden durch bezahlte Freizeit abgegolten.

(4) Jeder Mitarbeiter ist verpflichtet, die Arbeit zur festgesetzten Uhrzeit an seinem Arbeitsplatz aufzunehmen und die Arbeitszeit einzuhalten. Das Umkleiden, Duschen und Baden ist nicht Teil der bezahlten Arbeitszeit.

Die bezahlte Arbeitszeit ergibt sich aus der Stempeluhr. Bei Arbeitsbeginn sind die Stempeluhren nach dem Umkleiden zu bedienen, bei Arbeitsende nach Verlassen des Arbeitsplatzes.

### § 5 Urlaub
Urlaubsjahr ist das Kalenderjahr. Der Arbeitnehmer erhält erstmalig nach sechsmonatiger Tätigkeit bei der Firma einen Anspruch auf Jahresurlaub. Während des Urlaubs darf der Arbeitnehmer keiner Tätigkeit in einem Arbeitsverhältnis nachgehen. Die persönlichen Wünsche des Arbeitnehmers bei der zeitlichen Lage des Urlaubs werden im Rahmen des Belegschaftsinteresses und der Produktionsbedürfnisse beachtet.

### § 6 Nebentätigkeit
Die Übernahme einer Nebentätigkeit bedarf der Zustimmung der Firma. Die Zustimmung ist zu erteilen, wenn keine berechtigten betrieblichen Interessen entgegenstehen. Die beabsichtigte Gründung eines eigenen Unternehmens ist vom Arbeitnehmer anzuzeigen.

### § 7 Krankheit
Der Arbeitnehmer zeigt jede Arbeitsunfähigkeit unverzüglich der Geschäftsleitung an und weist sie binnen zwei Tagen durch ärztliches Attest nach. Er hält den Arbeitgeber auch über den Verlauf seiner Krankheit auf dem laufenden, insbesondere durch unverzügliche Einreichung ärztlicher Arbeitsunfähigkeitsbescheinigungen. Kann der Arbeitnehmer während einer Krankheitszeit eine andere als die von ihm üblicherweise verrichtete Arbeit ausüben, und handelt es sich hierbei in der Sozialanschauung nicht um eine nach seinen Vorkenntnissen und seiner Berufserfahrung völlig unzumutbare Tätigkeit, darf der Arbeitgeber ihm diese Tätigkeit zuweisen.

Auf Verlangen und auf Kosten des Arbeitgebers läßt sich der Arbeitnehmer bei einer mehr als zwei Wochen andauernden Arbeitsunfähigkeit unverzüglich von einem Facharzt auf Wunsch der Firma untersuchen; der Arbeitgeber stellt für eine solche Untersuchung dem Arbeitnehmer zwei Fachärzte zur Wahl. Lehnt der Arbeitnehmer die genannten Ärzte ab, stellt der Arbeitgeber den Antrag, einen anderen geeigneten Arzt vom Medizinischen Dienst der Krankenkasse, in deren Bezirk der Betrieb gelegen ist, zu benennen.

Der Arbeitnehmer entbindet den Facharzt bei Erkrankungen im Fortsetzungszusammenhang oder bei einer längeren als dreimonatigen Erkrankung von der ärztlichen Schweigepflicht. Die Entbindung bezieht sich nicht auf den medizinischen Befund, sondern auf die Mitteilung zum Umfang der Arbeitsunfähigkeit und ihre voraussichtliche Dauer.

### § 8 Freistellung aus besonderem Anlaß
Bei verschiedenen Anlässen stellt die Firma unter Fortzahlung des Arbeitsentgelts den Arbeitnehmer in dem nachfolgend benannten Rahmen von der Arbeit frei:
- bei eigener Eheschließung: zwei Tage,
- bei Niederkunft der Ehefrau: ein Tag,
- beim Tod des Ehegatten: drei Tage,
- bei Erstbezug der Wohnung oder Wohnungswechsel: ein Tag.

Der Anspruch auf Freizeit entfällt, wenn das Ereignis in einen Zeitraum fällt, in dem der Arbeitnehmer infolge bezahlten oder unbezahlten Urlaubs oder infolge Krankheit keine Arbeit leistet.

### § 9 Verbilligte Mahlzeiten
Die Bewertung von Mahlzeiten, die die Firma arbeitstäglich verbilligt im Betrieb abgibt, unterliegt den Sachbezugswerten zur Berechnung des geldwerten Vorteils bei verbilligten Kantinenmahlzeiten.

### § 10 Eingebrachte Sachen
Für Schäden an eingebrachten Sachen des Arbeitnehmers oder für den Verlust von Sachen haftet der Arbeitgeber nur dann, wenn diese auf Vorsatz oder grober Fahrlässigkeit des Arbeitgebers beruhten.

### § 11 Betriebsfrieden
Politische Tätigkeiten im Betrieb sind zu unterlassen. Mündliche Aufrufe und das Verteilen von Flugblättern sind nicht gestattet.

### § 12 Betriebsvereinbarungen, Allgemeine Betriebsordnung
Die geltenden Betriebsvereinbarungen können im Lohnbüro eingesehen werden.

Der Arbeitnehmer erhält mit der Unterzeichnung seines Arbeitsvertrags ein Exemplar der Allgemeinen Betriebsordnung.

### § 13 Verschwiegenheitspflicht
Der Arbeitnehmer verpflichtet sich, über alle betrieblichen und geschäftlichen Angelegenheiten dritten Personen gegenüber Stillschweigen zu bewahren.

Die Schweigepflicht gilt auch für die Zeit nach der Beendigung des Arbeitsverhältnisses.

### § 14 Ausschlußklausel
Ansprüche aus dem Arbeitsverhältnis müssen vom Arbeitnehmer binnen Monatsfrist nach Ablauf des Abrechnungszeitraums, in dem sie entstanden sind, spätestens nach Zugang der letzten Abrechnung des Arbeitsentgelts, geltend gemacht werden; andernfalls sind sie verwirkt. Anläßlich der Beendigung des Arbeitsverhältnisses beträgt die Ausschlußfrist einen Monat nach dem tatsächlichen Ausscheiden des Arbeitnehmers.

### § 15 Vertragsänderungen
Änderungen und Ergänzungen dieses Vertrages bedürfen der Schriftform. Dieses Formerfordernis gilt auch für die Aufhebung der Schriftformklausel.

### § 16 Zusatz für ausländische Arbeitnehmer
Der ausländische Arbeitnehmer versichert, den deutschsprachigen Einstellungsvertrag verstanden zu haben.

Der deutschsprachige Einstellungsvertrag ist dem Arbeitnehmer von einer Person seines Vertrauens (Name, Anschrift, Ausweisnummer             ) übersetzt worden.

Bei der Übersetzung war als Zeuge auf Seiten der Firma zugegen:

▲

## 4. Muster: Arbeitsvertrag eines Arbeiters mit teilweiser Übernahme tariflicher Bestimmungen

▼

*Arbeitsvertrag*

Zwischen der Firma

– nachfolgend „Arbeitgeber" genannt –

und

Herrn

– nachfolgend „Mitarbeiter" genannt –

### § 1 Entstehung des Arbeitsverhältnisses, Tätigkeit

(1) Herr        wird zum        als        im Arbeitsbereich        eingestellt. Die Firma darf dem Mitarbeiter auch eine anderweitige Arbeit zuweisen. Macht der Arbeitgeber von seinem Recht der Zuweisung einer anderen Arbeit Gebrauch, so richtet sich nach Ablauf eines Monats die Vergütung nach der neu zugewiesenen Tätigkeit.

(2) Die Vertragspartner gehen nach den Angaben des Mitarbeiters davon aus, daß der Mitarbeiter die persönlichen Voraussetzungen für die Ausübung seiner Tätigkeit besitzt und ohne gesundheitliche Einschränkungen in seinem Arbeitsbereich tätig werden kann.

(3) Das Arbeitsverhältnis endet mit Ablauf der Probezeit, ohne daß es einer Kündigung bedarf. Wollen die Parteien das Arbeitsverhältnis über die Probezeit hinaus als unbefristetes Arbeitsverhältnis fortsetzen, bedarf es einer schriftlichen Erklärung beider Vertragsteile über die gewünschte Vertragsfortsetzung. Wird die Erklärung von beiden Parteien abgegeben, wird das Arbeitsverhältnis zu den im übrigen unveränderten vertraglichen Konditionen dieses Arbeitsvertrages als unbefristetes Arbeitsverhältnis fortgesetzt.

### § 2 Vertragspflichten

Der Mitarbeiter verpflichtet sich, die ihm übertragenen Arbeiten sorgfältig auszuführen, Maschinen und Werkzeuge in Ordnung zu halten und die Arbeitsanweisungen der vorgesetzten Mitarbeiter zu befolgen. Er erklärt sich bereit, wahlweise im Zeit- oder Leistungslohn zu arbeiten und über betriebliche Vorgänge, insbesondere in der Produktion, Verschwiegenheit zu wahren.

Der Mitarbeiter wird darauf hingewiesen, daß es strengstens verboten ist, während der Arbeitszeit alkoholische Getränke zu sich zu nehmen sowie im Betrieb Gegenstände für den eigenen Bedarf oder den Bedarf Dritter herzustellen.

### § 3 Vergütung

(1) Das Entgelt beträgt        DM (        EUR) brutto je Arbeitsstunde. Die Zuschläge für Nacht-, Mehr-, Feiertags- und Sonntagsarbeit werden von der Geschäftsleitung betriebseinheitlich nach billigem Ermessen festgelegt.

(2) Die Verpfändung und Abtretung von Vergütungsansprüchen bedarf der vorherigen Zustimmung der Firma. Bei Lohnpfändungen kann die Firma zur Deckung des Aufwands für jeden Bearbeitungsvorgang 4 % des jeweils an den Gläubiger überwiesenen Betrages, mindestens aber die Höhe eines durchschnittlichen Stundenlohnes einbehalten. Der Anspruch auf Kostenersatz gilt als jeweils vor der Lohnforderung des Mitarbeiters entstanden.

(3) Der Mitarbeiter verpflichtet sich, Gehaltsüberzahlungen ohne Rücksicht auf eine noch vorhandene Bereicherung zurückzuzahlen.

### § 4 Arbeitszeit

Die Verteilung der regelmäßigen Arbeitszeit richtet sich nach der betrieblichen Regelung. Dem Manteltarifvertrag        entsprechend kann die individuelle regelmäßige wöchentliche Arbeitszeit von derzeit        Stunden ungleichmäßig auf mehrere Wochen verteilt werden. Sie muß innerhalb eines Ausgleichszeitraums von        Monaten im Durchschnitt die regelmäßige gesetzliche Tagesarbeitszeit erreichen. Der Mitarbeiter ist damit einverstanden, daß der Arbeitgeber die Bestimmungen des Manteltarifvertrags zur Arbeitszeit anwendet, ohne daß der Manteltarifvertrag oder Teile des Manteltarifvertrags in ihrer jeweiligen Fassung Vertragsbestandteil werden.

### § 5 Arbeitsunfähigkeit
Der Mitarbeiter zeigt seine Arbeitsunfähigkeit unverzüglich der Geschäftsleitung an und weist sie binnen drei Tagen durch ein ärztliches Attest nach. Bei begründeten Zweifeln des Arbeitgebers an der Arbeitsunfähigkeit oder auf Veranlassung des Werksarztes hat sich der Mitarbeiter einer vertrauensärztlichen oder fachärztlichen Untersuchung zu unterziehen. Etwaige Kosten der Untersuchung trägt der Arbeitgeber.

### § 6 Eingebrachte Sachen
Soweit Mitarbeitern zur Verwahrung ihrer Privatsachen ein Spind zur Verfügung gestellt wird, haben sie ihre bei der Arbeit nicht benötigten Privatsachen verschlossen im Spind aufzubewahren. Uhren, Geld und andere Wertsachen dürfen nicht in den abgelegten Kleidern in der offenen Kleiderablage verbleiben. Der Betrieb übernimmt für Privateigentum keinerlei Haftung.

### § 7 Vertragsstrafe
(1) Für jeden Fall, daß der Mitarbeiter schuldhaft die Arbeit nicht oder zu einem späteren als dem vertraglich vereinbarten Zeitpunkt aufnimmt oder das Arbeitsverhältnis vor Ablauf der vereinbarten Dauer oder vor Ablauf der Kündigungsfrist ohne wichtigen Grund beendet, wird eine Vertragsstrafe in Höhe eines durchschnittlichen Bruttowochenlohnes vereinbart.

(2) Der Anspruch auf Erfüllung, die Geltendmachung eines Schadensersatzanspruches und das Recht des Arbeitgebers zur fristgemäßen oder fristlosen Kündigung bleiben von dem Vertragstrafeversprechen gemäß Abs. 1 unberührt. Eine Aufrechnung mit etwaigen Forderungen des Mitarbeiters gegen die Geltendmachung der Vertragsstrafe oder von Schadensersatzansprüchen ist ausgeschlossen.

### § 8 Betriebliche Regelungen
Hinsichtlich der Dauer des Urlaubs, der Höhe des Urlaubsgeldes und der Höhe der vermögenswirksamen Leistungen gelten, soweit im Arbeitsvertrag nichts Abweichendes bestimmt ist, die einschlägigen Tarifverträge , die beim Lohnbuchhalter eingesehen werden können.

### § 9 Ausschlußfrist/Verfallsfrist
Ansprüche aus dem Arbeitsverhältnis müssen vom Mitarbeiter binnen eines Monats nach der letzten Lohnabrechnung geltend gemacht werden, andernfalls sind sie erloschen.

### § 10 Schlußbestimmungen
(1) Vertragliche Nebenabreden bestehen nicht. Änderungen und Ergänzungen des Arbeitsvertrages haben nur Gültigkeit, wenn sie schriftlich vereinbart werden.

(2) Die Firma ist berechtigt, den Mitarbeiter nach Ausspruch einer Kündigung bis zum Ablauf der Kündigungsfrist und darüber hinaus bis zum rechtskräftigen Abschluß eines Kündigungsschutzverfahrens unter Fortzahlung der Vergütung von der Arbeit freizustellen. Mit der Freistellung ist der noch offene Urlaub abgegolten.

(3) Der Mitarbeiter hat ein gleichlautendes Vertragsexemplar erhalten.

## 5. Muster: Arbeitsvertrag eines Arbeiters unter Einschluß möglicher Tarifbindung

▼

*Arbeitsvertrag*

zwischen

– nachstehend Firma genannt –

und

Herrn

– nachstehend Mitarbeiter genannt –

### § 1 Inhalt und Beginn des Arbeitsverhältnisses

(1) Der Mitarbeiter tritt ab         auf unbestimmte Zeit in die Dienste der Firma.

(2) Die ersten sechs Monate des Arbeitsverhältnisses gelten als Probezeit, während der das Arbeitsverhältnis mit Frist von 14 Tagen gekündigt werden kann.

(3) Die Firma behält sich vor, dem Mitarbeiter eine andere Tätigkeit innerhalb der Firmengruppe zuzuweisen, die den Vorkenntnissen und Erfahrungen des Mitarbeiters entspricht. Macht die Firma hiervon Gebrauch, ist sie verpflichtet, die bisherige Vergütung weiterzuzahlen. Etwaige unzumutbare Mehraufwendungen des Mitarbeiters trägt im Einzelfall die Firma.

### § 2 Arbeitszeit

(1) Die Arbeitszeit richtet sich nach den für den Betrieb geltenden tariflichen und betrieblichen Bestimmungen. Findet keine tarifliche Regelung zwingend Anwendung, so gelten die gesetzlichen Bestimmungen und die zwischen Firma und Betriebsrat geschlossenen Betriebsvereinbarungen. Den Ort der Arbeitsleistung regelt die Firma. Der Mitarbeiter nimmt am Mehrschichtbetrieb in dem jeweils angeordneten Umfang teil.

(2) Beginn und Ende der täglichen Arbeitszeit sowie die Pausen werden von der Firmenleitung festgelegt und gelten für alle Mitarbeiter.

(3) Der Mitarbeiter leistet auf Anforderungen Mehr- und Überarbeit, soweit dies gesetzlich zulässig ist und er nicht aufgrund besonderer Umstände hieran gehindert ist.

### § 3 Urlaub

(1) Der Urlaub des Mitarbeiters beträgt jährlich         Tage und ist mit der Firmenleitung abzustimmen.

(2) Der Mitarbeiter erklärt sich damit einverstanden, daß bei seinem Ausscheiden der bis dahin eventuell zuviel gewährte Urlaub oder das bis dahin zuviel gezahlte Urlaubsgeld als Lohnvorschuß behandelt wird. Dieser Vorschuß wird von der Firma bei der Endabrechnung verrechnet, bzw. einbehalten. Soweit eine Überzahlung erfolgt ist, behält sich die Firma eine Rückforderung vor. Der Anspruch der Firma auf Rückforderung entfällt auch nicht dadurch, daß der Arbeitgeber selbst die Kündigung ausgesprochen hat.

### § 4 Arbeitsvergütung

(1) Der Mitarbeiter erhält eine monatliche Arbeitsvergütung.

(2) Der derzeitige Stundenlohn des Mitarbeiters setzt sich wie folgt zusammen:

| | | |
|---|---|---|
| Stundenlohn Brutto | DM ( | EUR) |
| Tariflohn Lohngruppe | DM ( | EUR) |
| Allgemeine Leistungszulage | DM ( | EUR) |
| Freiwillige, jederzeit widerrufliche Zulage | DM ( | EUR) |
| Gesamtbruttolohn | DM ( | EUR). |

Eine Bezahlung der Arbeiten erfolgt nur für fach-, lot- und fluchtgerechte, abnahmefähige Arbeiten. Regelwidrige Arbeit ist durch einwandfreie Nacharbeit auf Kosten des Mitarbeiters bzw. der Kolonne zu beheben.

(3) Einzelheiten der Lohnzahlung können einer gesonderten Betriebsvereinbarung vorbehalten bleiben.

(4) Der Mitarbeiter darf seine Vergütungsansprüche weder verpfänden noch abtreten. Er hat die durch die Verpfändung oder Abtretung erwachsenden Kosten zu tragen. Die zu ersetzenden Kosten sind pauschaliert und betragen je zu berechnender Pfändung, Verpfändung oder Abtretung monatlich 10,00 DM (5,11 EUR). Der Anspruch gilt als jeweils vor der Lohnforderung des Mitarbeiters entstanden. Die Firma ist berechtigt, bei Nachweis der höheren tatsächlichen Kosten diese in Ansatz zu bringen. Wiederholte Pfändungen berechtigen die Firma zur ordentlichen Kündigung des Arbeitsverhältnisses.

(5) Der Mitarbeiter verpflichtet sich, Gehaltsüberzahlungen ohne Rücksicht auf eine noch vorhandene Bereicherung zurückzuzahlen.

### § 5 Entgeltfortzahlung im Krankheitsfall

(1) Der Mitarbeiter erklärt, daß er arbeitsfähig ist, an keiner ansteckenden Krankheit leidet und keine sonstigen Umstände vorliegen, die ihm die vertraglich zu leistende Arbeit jetzt oder in naher Zukunft wesentlich erschweren oder unmöglich machen. Der Mitarbeiter erklärt weiter, daß er zum Zeitpunkt des Vertragsschlusses den Bestimmungen des Schwerbehindertengesetzes nicht unterliegt. Sofern etwa die Voraussetzungen dafür später eintreten, wird er die Firma hiervon binnen eines Monats in Kenntnis setzen.

(2) Ist der Mitarbeiter infolge auf Krankheit beruhender Arbeitsunfähigkeit an der Arbeitsleistung verhindert, so erhält er Gehaltsfortzahlung für die Dauer von 6 Wochen nach Maßgabe des Entgeltfortzahlungsgesetzes. Spätestens am 3. Tag einer Erkrankung hat der Firma ein Arbeitsunfähigkeitsattest eines Arztes vorzuliegen. Hiervon unabhängig ist spätestens kurz vor Arbeitsbeginn die Firma telefonisch, mündlich oder schriftlich über die voraussichtliche Arbeitsunfähigkeit, den Grund und die Dauer zu benachrichtigen.

### § 6 Verschwiegenheitspflicht

Der Mitarbeiter verpflichtet sich, über alle Betriebs- und Geschäftsgeheimnisse sowie über alle betriebsinternen vertraulichen Angelegenheiten während und nach Beendigung des Arbeitsverhältnisses Stillschweigen zu bewahren.

### § 7 Nebentätigkeit

(1) Der Mitarbeiter darf nur nach vorheriger Zustimmung des Arbeitgebers eine Nebentätigkeit aufnehmen.

(2) Der Mitarbeiter ist verpflichtet, die Vorbereitung eines eigenen Unternehmens der Firma unverzüglich anzuzeigen.

### § 8 Beendigung des Arbeitsverhältnisses

(1) Das Arbeitsverhältnis endet mit Ablauf des Monats, in dem der Mitarbeiter das gesetzliche Rentenalter erreicht hat oder durch Kündigung.

(2) Die Kündigung bedarf der Schriftform. Die Kündigungsfrist beträgt vier Wochen zum 15. oder zum Ende eines Kalendermonats. Für die verlängerten Kündigungsfristen nach zweijähriger Betriebszugehörigkeit gelten die gesetzlichen Bestimmungen.

(3) Durch die Kündigungserklärung wird die Befugnis der Firma begründet, den Mitarbeiter unter Fortzahlung seiner Bezüge von der Arbeitsleistung freizustellen.

### § 9 Vertragsänderungen
Änderungen des Vertrages und Nebenabreden bedürfen zu ihrer Wirksamkeit der Schriftform.

### § 10 Personaldatenerfassung
(1) Die Angaben des Mitarbeiters im Personalfragebogen/Einstellungsfragebogen bilden Bestandteil des Arbeitsvertrages. Wahrheitswidrige Angaben berechtigen die Firma zur ordentlichen, in schwerwiegenden Fällen zur außerordentlichen Kündigung.

(2) Der Mitarbeiter verpflichtet sich, an der betrieblichen Datenerfassung einschließlich der Erfassung von Produktionsscheinen oder der Benutzung eines Werksausweises über Kommt-/Gehzeiten nach Weisung der Firmenleitung teilzunehmen. Einzelheiten bestimmt die Anweisung der Firma. Der Mitarbeiter verpflichtet sich insbesondere, einen maschinenlesbaren Werksausweis zu benutzen.

### § 11 Verfallfristen
(1) Alle beiderseitigen Ansprüche aus dem Arbeitsverhältnis und solche, die mit dem Arbeitsverhältnis in Verbindung stehen, verfallen, wenn sie nicht innerhalb von 2 Monaten nach der Fälligkeit gegenüber der anderen Vertragspartei schriftlich erhoben werden.

(2) Lehnt die Gegenpartei den Anspruch ab oder erklärt sie sich nicht innerhalb von 2 Wochen nach der Geltendmachung des Anspruches, so verfällt dieser, wenn er nicht innerhalb von 2 Monaten nach der Ablehnung oder Fristablauf gerichtlich geltend gemacht wird.

### § 12 Besondere Vereinbarungen
Ein Entgeltfortzahlungsanspruch gegen die Firma in den Fällen der Freistellung nach § 45 SGB V (Beaufsichtigung und Betreuung oder Pflege eines erkrankten Kindes unter 12 Jahren) wird ausgeschlossen.

## 6. Muster: Befristeter Arbeitsvertrag mit Rufbereitschaft und Tarifbindung

*Befristeter Arbeitsvertrag*

zwischen

– nachstehend Firma genannt –

und

Herrn

– nachstehend Arbeitnehmer genannt –

wird folgender Arbeitsvertrag geschlossen:

### 1. Tätigkeit
Der Arbeitnehmer wird als           eingestellt und mit einschlägigen Arbeiten nach näherer Anweisung der Betriebsleitung und der einzelnen Vorgesetzten beschäftigt. Die Firma behält sich vor, dem Arbeitnehmer auch eine andere zumutbare Tätigkeit zuzuweisen. Macht sie hiervon Gebrauch, so richtet sich nach Ablauf eines Monats die Vergütung nach der neuzugewiesenen Tätigkeit. Das Recht der Firma, dem Arbeitnehmer eine andere Tätigkeit zu übertragen, wird auch durch eine längerwährende Verwendung auf demselben Arbeitsplatz nicht beschränkt.

## § 1 Kapitel 1: Arbeitsverträge

### 2. Ort der geschuldeten Arbeitsleistung
Ort der geschuldeten Arbeitsleistung ist ........ .

### 3. Tarifvertragsbezug
Die Arbeitsbedingungen richten sich nach dem die Firma bindenden Bundesmanteltarifvertrag ........ sowie ersatzweise nach den gesetzlichen Bestimmungen.

### 4. Beginn/Laufzeit/Kündigungsfrist
Das Arbeitsverhältnis beginnt am ........ . Es endet, ohne daß es einer Kündigung bedarf, spätestens zum ........ .

Während der Beschäftigungszeit kann das Arbeitsverhältnis von beiden Vertragspartnern zusätzlich und jederzeit innerhalb des ersten Beschäftigungsmonats, der als Probezeit gilt, mit einer Frist von einem Tag zum Ende des folgenden Tages und danach mit einer Frist von 4 Wochen zum 15. oder zum Monatsschluß gekündigt werden.

Das Recht zur fristlosen Kündigung bleibt unberührt.

Eine Kündigung vor Dienstantritt ist ausgeschlossen.

### 5. Lohn
Der tarifliche Stundenlohn in der Lohngruppe ........ beträgt ........ DM ( ........ EUR) brutto pro Stunde.

Je Anwesenheitstag erhält der Arbeitnehmer eine Auslösung in Höhe von 8,00 DM (4,09 EUR) steuerfrei, die freiwillig übertariflich gezahlt wird.

### 6. Arbeitszeit
Die regelmäßige Arbeitszeit beträgt ausschließlich der Pausen 38 Stunden in der Woche.

Die Firma ist berechtigt, die tarifliche Arbeitszeit so zu legen, daß der Arbeitnehmer bei betrieblicher Notwendigkeit unregelmäßig an einzelnen Wochentagen eingesetzt werden kann.

Die Pausen sind so zu nehmen, daß der Betriebsablauf nicht gestört wird. Beginn und Ende der Arbeitszeit richten sich nach den mit dem Betriebsrat geschlossenen Vereinbarungen, bzw. werden von der Firma aufgrund der betrieblichen Bedürfnisse innerhalb der gesetzlichen Bestimmungen festgelegt.

Der Arbeitnehmer ist im Rahmen der gesetzlichen Bestimmungen und der betrieblichen Notwendigkeit verpflichtet, auf Anordnung Mehr-, Sonn-, Feiertags-, Schicht- und Nachtarbeit zu leisten.

Der Arbeitnehmer ist verpflichtet, sich im Rahmen des Betriebsplans für Rufbereitschaft an 6 Tagen monatlich auf Abruf für dringende betriebliche Einsätze in seiner Freizeit bereitzuhalten und hierbei je bis zu 4 Stunden seine vertragliche Tätigkeit auszuüben. Falls er sich in der Rufbereitschaft aus seiner Wohnung entfernt, wird er hinterlassen, wo er zu erreichen ist. Zur pauschalen Abgeltung der Zeit der Rufbereitschaft erhält der Arbeitnehmer ........ DM ( ........ EUR).

### 7. Gratifikationen, sonstige Zuwendungen
Der Arbeitnehmer erhält eine jährliche Gratifikation in Höhe eines monatlichen Tariflohnes. Besteht das Arbeitsverhältnis zum Stichtag 01.10. noch kein Jahr, wird die Gratifikation anteilig gekürzt. Die Auszahlung der Gratifikation erfolgt einmal jährlich mit dem Lohn für den Monat Oktober.

Die Gratifikation wird nur gewährt, wenn das Arbeitsverhältnis am Auszahlungstag weder gekündigt noch beendet ist.

Gratifikationen, Prämien und ähnliche Zuwendungen, die über den durch Betriebsvereinbarungen oder tarifvertragliche Regelungen vorgegebenen Rahmen hinausgehen, liegen im freien Ermessen der Firma und begründen, auch wenn die Zahlung wiederholt erfolgt, keinen Rechtsanspruch.

### 8. Urlaub
Der Jahresurlaubsanspruch beträgt zur Zeit _____ Tage. Berechtigte Wünsche bezüglich des Urlaubszeitpunktes werden nach Möglichkeit berücksichtigt. Sie sind bis zum 31. Januar jeden Kalenderjahres bei der Firma anzumelden.

### 9. Lohnpfändung und Abtretung
Der Arbeitnehmer darf seine Vergütungsansprüche weder verpfänden noch abtreten. Der Arbeitnehmer hat die durch die Pfändung, Verpfändung oder Abtretung erwachsenen Kosten zu tragen. Die Firma ist berechtigt, einen rechtlich zulässigen und üblichen Pauschalbetrag von 10,00 DM (5,11 EUR) je Pfändung oder Abtretung zu berechnen; bei Nachweis tatsächlich höherer Kosten können diese in Abzug gebracht werden.

### 10. Arbeitsverhinderung
Bei Arbeitsverhinderung ist der Arbeitnehmer verpflichtet, die Firma unverzüglich über den Grund des Fernbleibens zu verständigen. Im Falle der Arbeitsunfähigkeit muß ohne besondere Aufforderung spätestens am 2. Tag der Erkrankung ein ärztliches Attest vorgelegt werden, aus dem die Arbeitsunfähigkeit und die voraussichtliche Dauer der Erkrankung ersichtlich wird.

Dauert die Arbeitsunfähigkeit länger als in der Bescheinigung angegeben, so ist der Arbeitnehmer verpflichtet, innerhalb von drei Kalendertagen eine neue ärztliche Bescheinigung einzureichen.

Auf Verlangen der Firma hat der Arbeitnehmer ein ärztliches Attest über seine Arbeits- und Einsatzmöglichkeit vorzulegen. Die Kosten hierfür werden von der Firma übernommen.

### 11. Nebentätigkeit/Verschwiegenheitspflicht
Der Arbeitnehmer darf eine Nebentätigkeit während des Bestandes des Arbeitsverhältnisses nur mit vorheriger schriftlicher Zustimmung der Firma übernehmen. Der Arbeitnehmer ist verpflichtet, über die Geschäfts- und Betriebsgeheimnisse der Firma auch nach Beendigung des Arbeitsverhältnisses Stillschweigen zu bewahren.

### 12. Arbeitsmittel und Berufskleidung
Die dem Arbeitnehmer zur Verfügung gestellten Arbeitsmittel bleiben Eigentum der Firma. Für ordnungsgemäße Handhabung der Arbeitsmittel ist der Arbeitnehmer verantwortlich.

Neue Arbeitsmittel erhält der Arbeitnehmer, nachdem er die beschädigten bzw. unbrauchbaren Arbeitsmittel zurückgegeben hat. Der Verlust und Schaden von Arbeitsmitteln ist der Firma unverzüglich anzuzeigen. Die Firma behält sich vor, die durch Fahrlässigkeit des Arbeitnehmers entstandenen Kosten von diesem zurückzuverlangen.

Sollte der Arbeitnehmer ausscheiden, hat er alle Arbeitskleidung und -mittel unaufgefordert zurückzugeben. Mit der 1. Lohnabrechnung wird ein Pfand in Höhe von 50,00 DM (25,56 EUR) für die Arbeitskleidung einbehalten. Nach Rückgabe der Arbeitskleidung erhält der Arbeitnehmer diesen Pfand mit der letzten Lohnabrechnung zurück.

Die Firma kann ihre Forderung gegen rückständige oder nach der Kündigung fällig werdende Vergütungsansprüche aufrechnen.

### 13. Allgemeine Vertragsbedingungen
Die zwischen Betriebsrat und Geschäftsleitung getroffenen Betriebsvereinbarungen und Arbeitsordnungen sind Bestandteil dieses Vertrages.

Der Arbeitnehmer verpflichtet sich, die am schwarzen Brett aushängenden Unfallverhütungsvorschriften strengstens zu beachten und die ihm ausgehändigte Arbeitskleidung zu tragen.

### 14. Vertragsbruch
Das Verlassen oder Nichtantreten der Arbeit ohne Einhaltung der vereinbarten Kündigungsfrist oder ohne wichtigen Grund verpflichtet zum Ersatz des durch den Arbeitsvertragsbruch entstandenen Schadens.

Anstelle des vollen Schadensersatzes kann der Arbeitgeber ohne Nachweis eines konkreten Schadens eine Entschädigung in Höhe von 25 % der Bruttomonatsbezüge verlangen. Weitergehende Ansprüche sind dann ausgeschlossen.

**15. Gerichtsstand**
Gerichtsstand für alle Streitigkeiten aus diesem Vertrag, auch über seine Gültigkeit, ist das für die jeweilige Betriebsstätte zuständige Arbeitsgericht.

**16. Sonstiges**
Mündliche Absprachen bestehen nicht. Änderungen und Ergänzungen des Vertrages bedürfen der Schriftform. Sollten einzelne Bestandteile dieses Vertrages unwirksam oder unvollständig sein, so wird von der Unwirksamkeit der einzelnen Vereinbarungen die Wirksamkeit des übrigen Vertrages nicht berührt.

**17. Rückvergütung, Arbeitnehmer**
Irrtümlich gezahlte Geldbeträge hat der Arbeitnehmer in jedem Falle zu erstatten.

Der Arbeitnehmer erklärt, daß keine Behinderung im Sinne des Schwerbehindertengesetzes vorliegt. Änderungen und Ergänzungen zu diesem Vertrag bedürfen zu ihrer Wirksamkeit der Schriftform.

..........., den ...........

...........        ...........

(Firma)           (Arbeitnehmer)

## III. Verträge mit Angestellten

### 1. Muster: Musterarbeitsvertrag eines Angestellten ohne Tarifvertragsbezug

*Arbeitsvertrag*

zwischen

– nachstehend Firma genannt –

und

Herrn ...........

– nachstehend Mitarbeiter genannt –

**§ 1 Beginn des Arbeitsverhältnisses**
(1) Der Mitarbeiter tritt mit Wirkung vom ........... in die Dienste der Firma. Vor Beginn des Arbeitsverhältnisses ist die Kündigung ausgeschlossen.

(2) Das Arbeitsverhältnis wird zunächst als Probearbeitsverhältnis vereinbart. Es beginnt am ........... und endet nach sechs Monaten am ..........., ohne daß es einer Kündigung bedarf, falls nicht vorher die Fortsetzung des Arbeitsverhältnisses vereinbart wird.

**§ 2 Tätigkeit**
(1) Der Mitarbeiter wird angestellt als ..........., er ist weisungsgebunden gegenüber ........... Im einzelnen richtet sich die Tätigkeit nach der diesem Vertrag beigefügten Stellenbeschreibung, deren Änderung und Ergänzung sich die Firma nach betriebsorganisatorischen Erfordernissen vorbehält.

## Verträge mit Arbeitnehmern, Gesellschaftsorganen und Selbständigen § 1

(2) Die Firma behält sich vor, dem Mitarbeiter eine andere zumutbare Tätigkeit, auch innerhalb der Firmengruppe, zuzuweisen, die seinen Vorkenntnissen und Fähigkeiten entspricht. Macht sie hiervon Gebrauch, so ist die bisherige Vergütung weiter zu zahlen.

(3) Obwohl das Aufgabengebiet des Mitarbeiters ein generell selbständiges und innovatives Arbeiten erfordert, gehört es zu den Obliegenheiten des Mitarbeiters, die Bestimmung der Dringlichkeit von Arbeiten nicht ohne Zustimmung seiner Vorgesetzten vorzunehmen und die Vorgesetzten über beabsichtigte Vorhaben und den Stand von Arbeiten zu unterrichten.

(4) Arbeitsort ist           .

(5) Die Einstellung erfolgt unter der Voraussetzung fachlicher und gesundheitlicher Eignung für die vorgesehene Aufgabe. Der Mitarbeiter erklärt sich mit einer für ihn unentgeltlichen fallweisen Untersuchung durch einen Vertrauensarzt, der von der Firma benannt wird, einverstanden. Der Mitarbeiter entbindet den Arzt von der ärztlichen Schweigepflicht, allerdings nur, soweit es zur Beurteilung der Arbeitsfähigkeit des Mitarbeiters notwendig ist.

### § 3 Arbeitszeit

(1) Die regelmäßige Arbeitszeit beträgt           Stunden wöchentlich.

(2) Beginn und Ende der täglichen Arbeitszeit sowie die Pausen werden von der Geschäftsleitung festgelegt und gelten für alle Mitarbeiter oder für bestimmte Mitarbeitergruppen einheitlich.

(3) Die Firma behält sich vor, auch Mehrarbeit über den Rahmen der Normalarbeitszeit hinaus anzuordnen. Bei entsprechendem betrieblichem Bedarf ist der Mitarbeiter verpflichtet, in zumutbarem Maß zusätzliche Stunden über die vereinbarte Arbeitszeit hinaus zu leisten.

(4) Zur Abgeltung etwaiger Überstunden erhält der Mitarbeiter zusätzlich eine Pauschale von           DM (           EUR), die ausgehend vom Grundgehalt monatlich bis zu           Überstunden abgelten soll. Diese Pauschalvereinbarung kann von beiden Parteien mit einer Kündigungsfrist von einem Monat zum Monatsende gekündigt und es kann der Übergang zur Einzelabrechnung verlangt werden.

### § 4 Vergütung

(1) Der Mitarbeiter erhält für seine vertragliche Tätigkeit ein monatliches Grundgehalt von           DM (           EUR) brutto. Die Vergütung ist jeweils zum 3. des Folgemonats bargeldlos zu zahlen. Der Mitarbeiter ist verpflichtet, ein Konto zu unterhalten und der Firma seine Kontodaten mitzuteilen.

(2) Die Firma zahlt eine jederzeit widerrufliche Zulage in Höhe von           DM (           EUR) monatlich.

(3) Zusätzlich zahlt die Firma dem Mitarbeiter ab dem 7. Beschäftigungsmonat einen Anteil zu vermögenswirksamen Leistungen von zur Zeit monatlich 78,00 DM (39,88 EUR), jeweils nach den geltenden steuerlichen Voraussetzungen.

(4) Der Mitarbeiter verpflichtet sich, Gehaltsüberzahlungen ohne Rücksicht auf eine noch vorhandene Bereicherung zurückzuzahlen.

### § 5 Jahresleistung

(1) Mitarbeiter, die am 01.12. in einem ungekündigten und unbefristeten Arbeitsverhältnis stehen, erhalten eine Weihnachtssonderzahlung in Höhe von           DM (           EUR). Die Auszahlung erfolgt mit dem Dezembergehalt.

(2) Die Zahlung erfolgt freiwillig und begründet keinen Rechtsanspruch.

(3) Sämtliche Fehlzeiten während des Kalenderjahres mindern die Jahressonderzahlung um 1/60 je Fehltag. Als Fehlzeiten gelten auch Zeiten, in denen das Arbeitsverhältnis ruht.

(4) Der Mitarbeiter ist verpflichtet, die Jahresleistung zurückzuzahlen, wenn er bis zum 31.03. des auf die Auszahlung folgenden Kalenderjahres ausscheidet. Die Rückzahlungspflicht gilt entsprechend, wenn das Arbeitsverhältnis durch Aufhebungsvertrag beendet wird und Anlaß hierfür ein Verhalten des Mitarbeiters ist, das der Firma ein Recht zur Kündigung gegeben hätte.

### § 6 Urlaub

(1) Der Urlaubsanspruch des Mitarbeiters richtet sich grundsätzlich nach dem Bundesurlaubsgesetz. Mit dem Mitarbeiter werden zur Zeit _____ Arbeitstage als Urlaub vereinbart. Der Zeitpunkt des Urlaubsantritts ist unter Berücksichtigung der Geschäftsinteressen festzulegen.

(2) Ist im Zeitpunkt der Kündigung des Arbeitsverhältnisses der Urlaubsanspruch noch nicht erfüllt, ist der Urlaub, soweit dies unter Berücksichtigung betrieblicher Interessen möglich ist, während der Kündigungsfrist zu gewähren und zu nehmen. Soweit der Urlaub nicht gewährt werden kann oder die Kündigungsfrist nicht ausreicht, ist der Urlaub abzugelten.

(3) Hat der Mitarbeiter im Zeitpunkt seines Ausscheidens aus der Firma mehr Urlaub erhalten, als ihm zusteht, so hat er den Mehrbetrag zurückzuzahlen. Dies gilt nicht hinsichtlich des gesetzlichen Mindesturlaubs, wenn die Überzahlung darauf beruht, daß der Mitarbeiter nach erfüllter Wartezeit in der ersten Hälfte des Kalenderjahres ausscheidet.

(4) Die Urlaubsabgeltung entfällt ausnahmsweise, wenn der Mitarbeiter durch eigenes, schwerwiegendes Verschulden aus einem Grund entlassen wurde, der eine fristlose Kündigung rechtfertigt, oder das Arbeitsverhältnis vorzeitig gelöst hat und in diesen Fällen eine grobe Verletzung der Treuepflicht aus dem Arbeitsverhältnis vorliegt.

### § 7 Gehaltsverpfändung und Gehaltsabtretung

(1) Der Mitarbeiter darf seine Vergütungsansprüche weder verpfänden noch abtreten.

(2) Die Firma behält sich vor, nachträglich vertragswidrig vorgenommene Abtretungen oder Verpfändungen zu genehmigen.

(3) Die Kosten, die der Firma durch die Bearbeitung von Pfändungen, Verpfändungen und Abtretungen der Vergütungsansprüche des Mitarbeiters entstehen, trägt der Mitarbeiter. Diese Kosten werden pauschaliert mit 20,00 DM (10,23 EUR) pro Pfändung, Abtretung und Verpfändung sowie gegebenenfalls zusätzlich 15,00 DM (7,67 EUR) für jedes Schreiben sowie 2,00 DM (1,02 EUR) pro Überweisung. Bei Nachweis höherer tatsächlicher Kosten ist die Firma berechtigt, diese in Ansatz zu bringen.

### § 8 Nebenleistungen, Fahrtkosten

(1) Für Dienstreisen werden von der Geschäftsleitung Fahrtkosten im Einzelfall erstattet. Ihre Höhe bestimmt die Firma nach billigem Ermessen. Die Erstattung hat kostendeckend zu sein.

(2) Der Mitarbeiter ist verpflichtet, auf Weisung der Geschäftsleitung Dienstreisen durchzuführen.

### § 9 Arbeitsverhinderung

(1) Der Mitarbeiter erklärt, daß er arbeitsfähig ist, an keiner ansteckenden Krankheit leidet und keine sonstigen Umstände vorliegen, die ihm die vertraglich zu leistende Arbeit jetzt oder in naher Zukunft wesentlich erschweren oder unmöglich machen. Der Mitarbeiter erklärt weiter, daß er zum Zeitpunkt des Vertragsschlusses den Bestimmungen des Schwerbehindertengesetzes nicht unterliegt. Sofern etwa die Voraussetzungen dafür später eintreten, wird er die Firma hiervon unverzüglich in Kenntnis setzen.

(2) Der Mitarbeiter ist verpflichtet, der Firma jede Dienstverhinderung spätestens zwei Stunden vor Arbeitsbeginn sowie die voraussichtliche Dauer anzuzeigen. Auf Verlangen sind die Gründe der Dienstverhinderung mitzuteilen.

(3) Im Falle der Erkrankung ist der Mitarbeiter verpflichtet, vor Ablauf des dritten Kalendertages nach Beginn der Arbeitsunfähigkeit eine ärztliche Bescheinigung über Arbeitsunfähigkeit sowie deren voraussichtliche Dauer vorzulegen. Dauert die Arbeitsunfähigkeit länger als in der Bescheinigung angegeben, so ist der Mitarbeiter verpflichtet, innerhalb von drei Tagen eine neue ärztliche Bescheinigung einzureichen.

### § 10 Gehaltsfortzahlung im Krankheitsfall

Ist der Mitarbeiter infolge auf Krankheit beruhender Arbeitsunfähigkeit an der Arbeitsleistung verhindert, ohne daß ihn ein Verschulden trifft, so erhält er Gehaltsfortzahlung für die Dauer von sechs Wochen nach Maßgabe des Entgeltfortzahlungsgesetzes in seiner jeweiligen Fassung.

### § 11 Verschwiegenheitsverpflichtung

(1) Der Mitarbeiter verpflichtet sich, über alle Betriebs- und Geschäftsgeheimnisse, insbesondere Herstellungsverfahren, Vertriebswege, Kundenlisten, Kalkulationsgrundlagen, Firmensoftware und vergleichbare Informationen sowohl während der Dauer des Arbeitsverhältnisses als auch nach seiner Beendigung Stillschweigen zu bewahren. Die Geheimhaltungspflicht erstreckt sich nicht auf solche Kenntnisse, die jedermann zugänglich sind oder deren Weitergabe für die Firma ersichtlich ohne Nachteil ist. Im Zweifelsfalle sind jedoch technische, kaufmännische und persönliche Vorgänge und Verhältnisse, die dem Mitarbeiter im Zusammenhang mit seiner Tätigkeit bekannt werden, als Unternehmensgeheimnisse zu behandeln. In solchen Fällen ist der Mitarbeiter vor der Offenbarung gegenüber Dritten verpflichtet, eine Weisung der Geschäftsleitung einzuholen, ob eine bestimmte Tatsache vertraulich zu behandeln ist oder nicht.

(2) Die Schweigepflicht erstreckt sich auch auf Angelegenheiten anderer Firmen, mit denen das Unternehmen wirtschaftlich oder organisatorisch verbunden ist.

(3) Sollte die nachvertragliche Verschwiegenheitspflicht den Mitarbeiter in seinem beruflichen Fortkommen hindern, hat der Mitarbeiter gegen die Firma einen Anspruch auf Freistellung von dieser Pflicht.

(4) Über seine Vergütung hat der Mitarbeiter dritten Personen gegenüber Stillschweigen zu bewahren. Dies gilt nicht für die Fälle, in denen er gesetzlich berechtigt oder verpflichtet ist, Angaben über sein Einkommen zu machen, wie beispielsweise dem Finanzamt, dem Arbeitsamt oder einer sonstigen staatlichen Stelle.

(5) Die betrieblichen Sicherheitsbestimmungen sind zu beachten. Vertrauliche und geheim zu haltende Schriftstücke, Zeichnungen, Modelle und ähnliche Unterlagen sind unter Verschluß zu halten.

### § 12 Diensterfindungen

(1) Für die Behandlung von Diensterfindungen gelten die Vorschriften des Gesetzes über Arbeitnehmererfindungen vom 25.07.1957 (BGBl I, S. 756 ff. einschließlich späterer Änderungen) in seiner jeweiligen Fassung sowie die hierzu ergangenen Richtlinien für die Vergütung von Arbeitnehmererfindungen im privaten Dienst.

(2) Verbesserungsvorschläge werden von der Geschäftsleitung nach individueller Vereinbarung vergütet.

### § 13 Nebentätigkeit

(1) Jede Nebentätigkeit, gleichgültig, ob sie entgeltlich oder unentgeltlich ausgeübt wird, bedarf der vorherigen Zustimmung der Firma. Die Zustimmung ist zu erteilen, wenn die Nebentätigkeit die Wahrnehmung der dienstlichen Aufgaben zeitlich nicht oder allenfalls unwesentlich behindert und sonstige berechtigte Interessen der Firma nicht beeinträchtigt werden.

(2) Die Firma hat die Entscheidung über den Antrag des Mitarbeiters auf Zustimmung zur Nebentätigkeit innerhalb von vier Wochen nach Eingang des Antrags zu treffen. Wird innerhalb dieser Frist eine Entscheidung nicht gefällt, gilt die Zustimmung als erteilt.

### § 14 Beendigung des Arbeitsverhältnisses

(1) Das Arbeitsverhältnis endet mit Ablauf des Monats, in dem der Mitarbeiter das 65. Lebensjahr vollendet, durch Erwerbsunfähigkeit oder durch Kündigung.

(2) Wird durch den Bescheid eines Rentenversicherungsträgers festgestellt, daß der Mitarbeiter auf Dauer erwerbsunfähig ist, so endet das Arbeitsverhältnis mit Ablauf des Monats, in dem der Bescheid zugestellt wird. Beginnt die Rente wegen Erwerbsunfähigkeit erst nach der Zustellung des

Rentenbescheids, endet das Arbeitsverhältnis mit Ablauf des dem Rentenbeginn vorangehenden Tages. Das Arbeitsverhältnis endet nicht, wenn nach dem Bescheid des Rentenversicherungsträgers eine Rente auf Zeit (§ 102 Abs. 2 SGB VI) gewährt wird. In diesem Falle ruht das Arbeitsverhältnis mit allen Rechten und Pflichten von dem Tage an, der auf den nach Satz 1 oder 2 maßgeblichen Zeitpunkt folgt, bis zum Ablauf des Tages, bis zu dem die Zeitrente bewilligt, längstens jedoch bis zum Ablauf des Tages, an dem das Arbeitsverhältnis endet.

(3) Die Kündigung bedarf der Schriftform. Die Kündigungsfrist beträgt vier Wochen zum 15. oder zum Ende eines Kalendermonats. Die Anwendung der verlängerten Kündigungsfristen und Kündigungstermine gemäß § 622 Abs. 2 BGB wird für beide Vertragsteile vereinbart.

(4) Falls es im betrieblichen Geheimhaltungsinteresse oder aus sonstigen Gründen unabweislich notwendig ist, ist die Firma berechtigt, den Mitarbeiter im Falle einer Kündigung dieses Vertrages, gleichviel, durch wen sie erfolgt ist, bis zu seiner Beendigung mit anderen Arbeiten zu beschäftigen, oder, wenn zumutbare Arbeiten nicht vorliegen, ihn unter Fortzahlung seiner Bezüge zu beurlauben. Der Mitarbeiter ist dann, sofern nicht schriftlich ausdrücklich etwas anderes vereinbart ist, berechtigt, frei über seine Arbeitskraft zu verfügen, muß aber selbstverständlich seine Verpflichtungen aus § 11 dieses Vertrages (insbesondere Geheimhaltung) beachten. Durch die Freistellung erledigen sich etwaige Resturlaubsansprüche des Mitarbeiters. Die Firma verzichtet in diesem Fall auf die Anrechnung etwaiger Nebenverdienste des Mitarbeiters in der Zeit der Freistellung.

(5) Das Recht zur fristlosen Kündigung aus wichtigem Grund bleibt unberührt.

### § 15 Nebenabreden und Vertragsänderungen
Nebenabreden wurden nicht getroffen. Änderungen des Vertrages und Nebenabreden bedürfen zu ihrer Wirksamkeit der Schriftform.

### § 16 Haftung
(1) Für Schäden an Privateigentum der Mitarbeiter haftet die Firma im Rahmen der gesetzlichen Bestimmungen nur dann, wenn sie ein Verschulden trifft.

(2) Der Mitarbeiter ist gehalten, zur Sicherung seines Eigentums mit größtmöglicher Sorgfalt beizutragen und insbesondere die dafür vorgesehenen Sicherungseinrichtungen zu benutzen. Für den Verlust oder die Beschädigung von Privatgegenständen leistet die Firma Schadensersatz bis zu einem Betrag von 400,00 DM (204,52 EUR), sofern der Geschädigte die erforderlichen und zumutbaren Sicherheitsvorkehrungen getroffen hat. Eine Haftung des Arbeitgebers besteht nur, soweit für den Schadensfall Versicherungsschutz besteht.

(3) Der Mitarbeiter verpflichtet sich zur korrekten Ausführung seiner ihm aufgetragenen Arbeiten. Bei Nichteinhaltung bzw. bei fahrlässigem Verhalten, ist die Firma berechtigt, den ihr durch das Arbeitsverhalten begründeten Schaden dem Mitarbeiter in Rechnung zu stellen und in der darauf folgenden Gehaltsabrechnung in Abzug zu bringen. Beispiele für Nichteinhaltung und Fahrlässigkeit sind: .

(4) Verursacht der Mitarbeiter durch eine schuldhafte Pflichtverletzung einen Schaden, so hat er im Falle einfacher Fahrlässigkeit den Schaden zur Hälfte, höchstens jedoch bis zum Betrag einer gewöhnlichen Monatsnettovergütung zu ersetzen. Bei grober Fahrlässigkeit hat der Mitarbeiter den Schaden voll zu tragen, jedoch der Höhe nach beschränkt auf den dreifachen Betrag der gewöhnlichen Monatsnettovergütung. Diese Grundsätze geltend entsprechend bei Schadensersatzansprüchen Dritter. Bei Vorsatz haftet der Mitarbeiter unbeschränkt.

### § 17 Vertragsstrafe
(1) Nimmt der Mitarbeiter die Arbeit nicht oder verspätet auf, löst er das Arbeitsverhältnis ohne Einhaltung der maßgeblichen Kündigungsfrist auf, verweigert er vorübergehend die Arbeit oder wird die Firma durch vertragswidriges Verhalten des Mitarbeiters zur außerordentlichen Kündigung veranlaßt, so hat der Mitarbeiter an die Firma eine Vertragsstrafe zu zahlen.

## Verträge mit Arbeitnehmern, Gesellschaftsorganen und Selbständigen § 1

(2) Als Vertragsstrafe wird für den Fall der verspäteten Aufnahme der Arbeit sowie der vorübergehenden Arbeitsverweigerung ein Bruttoentgelt für jeden Tag der Zuwiderhandlung vereinbart, insbesondere jedoch nicht mehr als das in der gesetzlichen Mindestkündigungsfrist ansonsten erhaltene Arbeitsentgelt. Im übrigen beträgt die Vertragsstrafe ein Bruttomonatsgehalt.

(3) Verstößt der Mitarbeiter gegen die Verschwiegenheitsverpflichtung aus § 11, so gilt für jeden Fall der Zuwiderhandlung eine Vertragsstrafe in Höhe von          DM (          EUR) als vereinbart.

(4) Die Geltendmachung eines weitergehenden Schadens bleibt vorbehalten.

### § 18 Besondere Vereinbarungen

(1) Alle beiderseitigen Ansprüche aus dem Arbeitsverhältnis und solche, die mit dem Arbeitsverhältnis in Verbindung stehen, verfallen, wenn sie nicht innerhalb von 2 Monaten nach der Fälligkeit gegenüber der anderen Vertragspartei schriftlich erhoben werden.

(2) Lehnt die Gegenpartei den Anspruch ab oder erklärt sie sich nicht innerhalb von 2 Wochen nach der Geltendmachung des Anspruches, so verfällt dieser, wenn er nicht innerhalb von 2 Monaten nach der Ablehnung oder dem Fristablauf gerichtlich geltend gemacht wird.

(3) Der Mitarbeiter erklärt sich damit einverstanden, daß seine personenbezogenen Daten automatisiert gespeichert und verarbeitet werden. Er erklärt, daß er sich die anliegende Belehrung über das Datengeheimnis durchgelesen hat und die ebenfalls anliegende Verpflichtungserklärung nach § 5 BDSG unterzeichnen wird.

(4) Der Mitarbeiter verpflichtet sich, an der betrieblichen Datenerfassung einschließlich der Erfassung von Produktionsscheinen oder der Benutzung eines Werksausweises über Komm-/Gehzeiten nach Weisung der Geschäftsleitung teilzunehmen. Einzelheiten bestimmt die Anweisung der Firma. Der Mitarbeiter verpflichtet sich insbesondere, einen maschinenlesbaren Ausweis zu benutzen.

### § 19 Sonstige Vereinbarungen
Alle Regelungen dieses Arbeitsvertrages stehen unter dem Vorbehalt ablösender Betriebsvereinbarungen.

### § 20 Salvatorische Klausel
Sollte eine Bestimmung dieser Vereinbarung unwirksam sein, wird die Wirksamkeit der übrigen Bestimmungen hiervon nicht berührt. Die Parteien verpflichten sich, die unwirksame Bestimmung durch eine dieser in Interessenlage und Bedeutung möglichst nahe kommende, wirksame Vereinbarung zu ersetzen.

          , den

(Firma)                              (Mitarbeiter)

### 2. Muster: Arbeitsvertrag als Anschreiben mit Organisationsanweisungen (guideline)

Sehr geehrter Herr          ,

wir beziehen uns auf die mit Ihnen geführten Gespräche und schließen mit Ihnen folgenden Anstellungsvertrag:

1. Sie treten am          als Mitarbeiter          unserer Geschäftsstelle          in die Hauptabteilung          in unsere Gesellschaft ein.

# § 1 Kapitel 1: Arbeitsverträge

Wir behalten uns vor, Sie innerhalb unseres Gesamtunternehmens, dh auch bei angeschlossenen Gesellschaften und Werken innerhalb der Bundesrepublik Deutschland, in einer anderen Ihrer Vorbildung und Ihren Fähigkeiten entsprechenden Stellung mit gleichen Bezügen und Vertragsbedingungen zu beschäftigen und Sie in eine Abteilung, in ein anderes Werk oder ein anderes mit uns verbundenes Unternehmen zu versetzen. Außer bei dringenden betrieblichen Notwendigkeiten werden wir hierbei eine Ankündigungsfrist beachten, die Ihrer vertraglichen Kündigungsfrist entspricht.

Ist eine dauernde Beschäftigung mit Arbeiten beabsichtigt, für die ein niedrigeres Entgelt vorgesehen ist, so können Sie erst nach Ablauf der Änderungskündigungsfrist in die niedrigere Lohn- und Gehaltsgruppe eingestuft werden, sofern nicht eine anderweitige Vereinbarung zustande kommt.

2. Als Vergütung für Ihre Tätigkeit erhalten Sie ein Bruttomonatsgehalt von
Grundgehalt                                       DM (        EUR)
Schichtdienst und Überstundenpauschale            DM (        EUR)
insgesamt                                         DM (        EUR)
(in Worten:        DM,        EUR)
das monatlich nachträglich gezahlt wird.

Sie erhalten ferner ein 13. Monatsgehalt in Höhe eines Bruttomonatsgehaltes, zahlbar Ende November eines jeden Jahres. Bei Eintritt im Laufe des Geschäftsjahres erfolgt die Zahlung zeitanteilig (Zwölftelung).

Voraussetzung für die Zahlung des 13. Gehaltes ist, daß Sie zum Zeitpunkt der Auszahlung in einem ungekündigten Arbeitsverhältnis stehen.

Sie erhalten mit dem Dezembergehalt zusätzlich eine Prämie in Höhe von        DM (        EUR). Die Prämie wird erst nach einer Betriebszugehörigkeit von mindestens einem Jahr gezahlt. Bei Fehlzeiten innerhalb eines Kalenderjahres wird die Prämie für jeden Fehltag um 1/30 gekürzt.

Die Überweisung der Bezüge erfolgt auf ein von Ihnen zu benennendes Konto.

3. Angeordnete und genehmigte Mehrarbeit kann einschließlich der gesetzlichen Zuschlagssätze durch Freizeit ausgeglichen werden.

4. Ihre Einstellung ist davon abhängig, daß Ihr befriedigender Gesundheitszustand durch eine entsprechende ärztliche Untersuchung bestätigt wird. Den Sie untersuchenden Arzt stellen Sie insoweit uns gegenüber von seiner Schweigepflicht frei. Diese Bescheinigung über Ihren Gesundheitszustand legen Sie bitte in unserer Personalabteilung vor.

5. Die ersten sechs Monate gelten als Probezeit. Während dieser Frist kann das Arbeitsverhältnis von beiden Seiten mit einer Frist von einem Monat zum Monatsende und danach mit einer Frist von drei Monaten zum Monatsende gekündigt werden. Im übrigen ist vereinbart, daß jegliche gesetzliche Veränderung der Kündigungsfrist zugunsten des Mitarbeiters in gleicher Weise auch für den Arbeitgeber gilt. Die Kündigung hat beiderseits schriftlich zu erfolgen.

Nach Ausspruch einer Kündigung, gleichgültig von welcher Seite sie erfolgt, sind wir berechtigt, Sie unter Fortzahlung Ihrer Bezüge und unter Anrechnung etwaiger Urlaubsansprüche von Ihrer Arbeitsleistung freizustellen.

Das Arbeitsverhältnis endet, ohne daß es der Einhaltung einer Kündigungsfrist bedarf, mit Ablauf des Monats, in dem Sie das 65. Lebensjahr vollenden, bzw. in dem Ihnen der Rentenversicherungsträger vor Vollendung des 65. Lebensjahres eine Alters- oder befristete Erwerbsunfähigkeitsrente zuerkennt.

6. Sie erhalten einen jährlichen Erholungsurlaub von 30 Arbeitstagen. Urlaubsjahr ist das Kalenderjahr mit der Maßgabe, daß der Urlaub aus dem Vorjahr bis zum 31. März genommen und beendet sein muß. Danach verfällt der Urlaubsanspruch.

## Verträge mit Arbeitnehmern, Gesellschaftsorganen und Selbständigen § 1

Beginn und Ende des Urlaubs sind schriftlich zu beantragen und bedürfen der vorherigen Zustimmung des Vorgesetzten.

Im Jahre Ihres Ausscheidens nach dem 30. April infolge Erreichens der Altersgrenze bzw. Gewährung einer Rente gemäß 5. wird Ihnen der volle Jahresurlaub gewährt.

7. Wir werden für Sie eine Direktversicherung abschließen. Die jährliche Einzahlung wird Ende Dezember eines jeden Jahres durch uns vorgenommen. Die darauf entfallenden Steuern und ggf. Sozialversicherungsbeiträge gehen zu Ihren Lasten.

Die Höhe der o.g. Einzahlung ergibt sich aus einer Tabelle, die Bestandteil der Funktionsrichtlinie ist.

Die Einzahlung erfolgt maximal bis zur Höhe des zur Zeit steuerlich zulässigen Pauschalisierungsgrenzwertes von zur Zeit            DM (           EUR).

8. Wir behalten uns das Recht vor, Ihnen jederzeit innerhalb unseres Unternehmens auch eine andere, Ihrer Vorbildung, Vergütung und Ihren Fähigkeiten entsprechende Tätigkeit ggf. unter Versetzung an einen anderen Ort zu übertragen.

9. Die Annahme von Zuwendungen, Vergünstigungen und sonstigen Vorteilen durch Unternehmen, mit denen wir in Geschäftsbeziehungen stehen, ist unzulässig. Dies gilt nicht, wenn diese Zuwendungen etc. geringfügig und für den Gewährenden steuerlich abzugsfähig (§ 4 Abs. 5 EStG) sind und sich im Rahmen des allgemein Üblichen halten.

10. Nebentätigkeiten, durch die Ihre vertraglich geschuldeten Leistungen oder unsere Interessen beeinträchtigt werden können sowie jede Wettbewerbstätigkeit während der Dauer dieses Anstellungsvertrages, sind Ihnen untersagt. Sie sind verpflichtet, Nebentätigkeiten, soweit sie nach dieser Vertragsbestimmung zulässig sind, uns vorab schriftlich mitzuteilen.

11. Sie verpflichten sich, Geschäfts- und Betriebsangelegenheiten, die Ihnen anvertraut oder sonst zugänglich gemacht werden, nicht unbefugt zu verwerten oder unbefugt anderen mitzuteilen oder zugänglich zu machen.

Diese Verschwiegenheitspflicht erstreckt sich ebenfalls auf Angehörige und unsere Gesellschaft, soweit die Betreffenden nicht durch ihre Tätigkeit zur Entgegennahme derartiger Mitteilungen berufen sind.

12. Bei Arbeitsunfähigkeit infolge Krankheit, Unfall und bei einer von den Sozialversicherungsträgern verordneten Heilbehandlung wird Ihr Entgelt fortgezahlt. Die Höhe und Dauer der Entgeltzahlung richtet sich nach den jeweils geltenden gesetzlichen Bestimmungen.

Das Arbeitsentgelt wird nicht fortgezahlt für den Zeitraum, für den Sie von einem Sozialleistungsträger Übergangsgeld erhalten.

13. Die Abtretung von Gehaltsansprüchen an Dritte ist Ihnen nur mit unserer vorherigen Einwilligung gestattet. Die entsprechenden Kosten für die Bearbeitung von Gehaltspfändungen gehen zu Ihren Lasten.

14. Änderungen Ihrer persönlichen Daten sowie Änderungen in bezug auf die Eigenschaft als Schwerbehinderter/Gleichgestellter haben Sie uns unverzüglich unter Vorlage entsprechender Unterlagen bekanntzugeben.

Sie verpflichten sich, Urlaubsanschriften vor Antritt des Urlaubs mitzuteilen; anderenfalls müssen Sie Zustellungen an eine uns bekannte Adresse gegen sich gelten lassen.

15. Die jeweils gültige Funktionsrichtlinie ist Bestandteil dieses Vertrages.

16. Soweit in diesem Vertrag nicht ausdrücklich anders festgelegt, gelten die jeweiligen gesetzlichen Regelungen. Änderungen und Ergänzungen dieses Vertrages bedürfen zu ihrer Wirksamkeit der Schriftform.

17. Sonstiges:

Nach erfolgreich beendeter Probezeit werden wir eine Überprüfung Ihrer Bezüge vornehmen.

**§ 1  Kapitel 1: Arbeitsverträge**

In Ergänzung zu Punkt 8 des Arbeitsvertrages:

Wir behalten uns vor, die bestehenden Schichtpläne (bisher ohne Nachtschichten und regelmäßiger Wochenarbeit) zu verändern bzw. an die Bedürfnisse unserer Kundenstruktur anzupassen. In diesem Falle verpflichten Sie sich, Nachtschichten bzw. Wochenenddienste zu leisten.

Mit freundlichen Grüßen

Einverstanden:

**Anlage: Organisations-Handbuch**

| Funktionsrichtlinie | Kapitel/Seite |
|---|---|
| Guideline | Bearbeitungsstand |

**Zielsetzungen**

Diese Guideline erfüllt die Funktion einer Zusatzvereinbarung zu den Anstellungsverträgen der Mitarbeiter im Bereich .

**Geltungsbereich**

Diese Guideline gilt für alle unbefristet beschäftigten Mitarbeiter. Sie tritt hinter Vereinbarungen des Arbeitgebers mit einzelnen Arbeitnehmern zurück, soweit diese Vereinbarungen für den Arbeitnehmer günstiger sind.

**Anweisungen**

**Arbeitszeit**

- Arbeitstage
  - Arbeitstage sind die Wochentage von Montag bis Freitag mit Ausnahme der gesetzlichen Feiertage.
  - Bei regional unterschiedlicher Festsetzung von gesetzlichen Feiertagen gilt für jeden Mitarbeiter die Regelung an seiner regelmäßigen Arbeitsstätte.
- Arbeitszeit
  - Die regelmäßige Arbeitszeit beträgt 40 Stunden je Woche.
  - Die tägliche Arbeitszeit beträgt 8 Stunden plus einer halben Stunde Pause.
  - Der Arbeitsbeginn kann von jedem Mitarbeiter nach Abstimmung mit dem jeweiligen disziplinarischen Vorgesetzten individuell zwischen 7.30 Uhr und 9.00 Uhr gewählt werden. Für Teilzeitkräfte und Mitarbeiter, die im Schichtdienst arbeiten, gelten die einzelvertraglich vereinbarten Regelungen.
- Arbeitsnachweis
  - Die tägliche Kontrolle der Arbeitszeit der Mitarbeiter obliegt dem jeweiligen disziplinarischen Vorgesetzten.
  - Abwesenheiten (z.B. Urlaub und Krankheit der Mitarbeiter) sind der jeweiligen Abteilungssekretärin zu melden und werden von dieser monatlich erfaßt und an die Personalabteilung weitergemeldet.

## Verträge mit Arbeitnehmern, Gesellschaftsorganen und Selbständigen — § 1

- Arbeitsverhinderung/Freistellung von der Arbeit
  - In den folgenden Fällen von Arbeitsverhinderung wird die ausfallende Arbeitszeit ohne Urlaubsanrechnung bezahlt.
  - Die zeitliche Länge der Freistellung beträgt, soweit gesetzlich nichts günstigeres geregelt ist,
    - bei Tod des Ehegatten — 3 Arbeitstage
    - bei eigener Eheschließung — 2 Arbeitstage
    - bei Tod eines Familienangehörigen — 1 Arbeitstag
      (Kinder, Eltern, Geschwister, Schwiegereltern)
    - bei Umzug mit eigenem Hausstand — 1 Arbeitstag
    - bei Niederkunft der Ehefrau — 1 Arbeitstag
    - bei Teilnahme an der Eheschließung der
      eigenen Kinder oder eines der Elternteile — 1 Arbeitstag
    - bei eigener Silberhochzeit — 1 Arbeitstag

**Arbeitsentgelt**
- Brutto  387
  - Im Arbeitsvertrag ist die Bruttovergütung vereinbart.
  - Von diesem Betrag werden die steuerlichen und sonstigen gesetzlichen Abzüge einbehalten.
- Netto
  - Die entsprechende Nettovergütung wird dem Mitarbeiter auf ein von ihm anzugebenes inländisches Bankkonto überwiesen.
- Direktversicherung
  - Die Firma wird für jeden nicht leitenden Mitarbeiter eine Direktversicherung abschliessen. Diese Direktversicherung wird als Gruppenversicherungsvertrag bei der          -Versicherung geführt. Die Versicherung beginnt an dem auf den Eintritt des Mitarbeiters folgenden 1. Dezember.
  - Die Einstufung in die zu gewährende Direktversicherung ist abhängig von der jeweiligen monatlichen Einkommenshöhe. Mit Wirkung vom          sieht die Gehaltsstaffel folgendermaßen aus:
    - Bei einem monatlichen Gehalt bis          DM (          EUR) beträgt der jährliche Versicherungsbeitrag          DM (          EUR).
    - Bei einem monatlichen Gehalt zwischen          DM (          EUR) und          DM (          EUR) beträgt der jährliche Versicherungsbeitrag          DM (          EUR).
    - Bei einem monatlichen Gehalt von          DM (          EUR) und größer beträgt der jährliche Versicherungsbeitrag          DM (          EUR).
  - Zahlungstermin: Dezember eines jeden Jahres.
  - Diese Gehaltsstufen werden einmal jährlich entsprechend der Inflationsrate (Index für einen 4-Personen-Arbeitnehmerhaushalt) angepaßt. Die auf diese Direktversicherung zu entrichtende Pauschalsteuer und eventuelle Sozialversicherungsbeiträge werden – solange sich keine gravierende Änderung der derzeitigen Gesetzeslage ergibt – vom Arbeitgeber getragen.
  - Bei Austritt des Mitarbeiters mit mindestens zwölfmonatiger Betriebszugehörigkeit wird die Direktversicherung mit den bis zum Austritt entrichteten Beiträgen auf den Arbeitnehmer übertragen. Ist ein Mitarbeiter zum Zeitpunkt der Prämienzahlung (Dezember) in einem gekündigten Anstellungsverhältnis, so wird für dieses Jahr kein Versicherungsbeitrag mehr entrichtet.

## § 1 Kapitel 1: Arbeitsverträge

**Vermögenswirksame Leistungen**
- Tarifmitarbeiter erhalten nach einer Betriebszugehörigkeit von 6 Monaten eine vermögenswirksame Leistung in Höhe von 52,00 DM (26,59 EUR) brutto pro Monat, sofern ein entsprechender Sparvertrag vorgelegt wird. Teilzeitbeschäftigte erhalten entsprechend anteilige Leistungen.
- Außertarifliche Angestellte (AT, Abteilungsleiter, Netzbetriebsleiter und Hauptabteilungsleiter) sind von dieser Leistung ausgenommen.

**Urlaub**
- Der Jahresurlaub für jeden Mitarbeiter beträgt 30 Tage pro Kalenderjahr.
- Der Urlaub ist grundsätzlich mit dem zuständigen disziplinarischen Vorgesetzten abzustimmen und von diesem zu genehmigen.

**Allgemeine Ordnung**
- Parkplätze
  - Für Mitarbeiter steht eine begrenzte Anzahl von Parkplätzen zur Verfügung. Die Vergabe regelt die Hauptabteilung  .

### 3. Muster: Arbeitsvertrag mit Einrichtung der kath. Kirche unter Einbeziehung der AVR

Vertrag

zwischen

als Rechtsträger des          in

und

Herrn
geboren am

      ist eine der Lebens- und Wesensäußerungen der Katholischen Kirche. Seine Einrichtung dient der Verwirklichung des gemeinsamen Werkes christlicher Nächstenliebe. Alle Mitarbeiter dieser Einrichtung leisten deshalb ihren Dienst in Anerkennung dieser Zielsetzung und bilden ohne Rücksicht auf ihre Tätigkeit und Stellung eine Dienstgemeinschaft.

Auf dieser Grundlage wird der folgende Vertrag geschlossen.

**§ 1**
Herr        wird ab        als        eingestellt.
Der Mitarbeiter gehört zur Dienstgemeinschaft der oben genannten Einrichtung. Er verspricht, die ihm übertragenen Aufgaben in Beachtung der Haus- bzw. Heimordnung und der Anordnung des Dienstgebers treu und gewissenhaft zu erfüllen.

**§ 2**
Für das Dienstverhältnis gelten die „Richtlinien für Arbeitsverträge in den Einrichtungen des        -Verbandes (AVR) in der zur Zeit des Vertragsabschlusses in der „Korrespondenz" veröffentlichten und im Amtsblatt des Ortsbistums in Kraft gesetzten Fassung.

Die AVR sind Bestandteil des Dienstvertrages und haben dem Mitarbeiter zur Kenntnisnahme zur Verfügung gestanden.

**Verträge mit Arbeitnehmern, Gesellschaftsorganen und Selbständigen § 1**

Bei Änderungen der AVR gilt jeweils die in der „Korrespondenz" veröffentlichte und im Amtsblatt des Ortsbistums in Kraft gesetzte Fassung, ohne daß es einer weiteren Vereinbarung bedarf. Auch insoweit ist dem Mitarbeiter Gelegenheit zur Kenntnisnahme gegeben.

**§ 3**

Der Dienstvertrag wird auf unbestimmte Zeit abgeschlossen.

Die Zeit bis zum          gilt gemäß § 7 Abs. (4) ARV als Probezeit.

**§ 4**

a) Der Mitarbeiter wird in die Vergütungsgruppe         , Ziffer         , Stufe         eingestuft. Bis zur Erreichung des Eingangsalters finden die Bestimmungen der Abschnitte IV und VI der Anlage 1 zu den AVR Anwendung.

Die nächsthöhere Stufe der Grundvergütung seiner Vergütungsgruppe erhält der Mitarbeiter ab          19         .

b) Der Ortszuschlag wird nach Tarifklasse         , Stufe         gewährt.

c) Der Mitarbeiter erhält gemäß Abschnitt IX der Anlage 1 zu den AVR in der Anstalt die folgenden Sachbezüge:

**§ 5**

Der Mitarbeiter nimmt unter Beachtung der Bestimmungen der Anlage 8 zu den AVR in der ab 01.01.1976 gültigen Fassung der Zusatzversorgung (VersO) ab         teil.

**§ 6**

Die Parteien stimmen darin überein, daß ein grober äußerer Verstoß gegen kirchliche Grundsätze ein wichtiger Grund für eine außerordentliche Kündigung ist (§ 16 AVR).

**§ 7**

Zwischen den Vertragsschließenden sind noch folgende Sondervereinbarungen getroffen worden:

**§ 8**

Weitere Sondervereinbarungen bestehen nicht. Spätere Vereinbarungen bedürfen zu ihrer Gültigkeit der schriftlichen Festlegung unter Bezugnahme auf diesen Vertrag und der kirchenaufsichtlichen Genehmigung.

Dienstsiegel
*(notwendig zur Wirksamkeit)*

## 4. Muster: Arbeitsvertrag mit einer Einrichtung der evangelischen Kirche unter Einbeziehung der Dienstvertragsordnung in Deutschland

*Dienstvertrag*

zwischen

– Dienstgeber –

und

Herrn

– Dienstnehmer –

### § 1 Kapitel 1: Arbeitsverträge

Diakonie ist Wesens- und Lebensäußerung der Evangelischen Kirche. Die Evangelische Kirche nimmt ihre diakonischen Aufgaben durch das Diakonische Werk wahr. Der Dienstgeber ist dem Diakonischen Werk angeschlossen. Die Einrichtung des Dienstgebers dient der Verwirklichung des gemeinsamen Werkes christlicher Nächstenliebe. Alle Mitarbeiterinnen und Mitarbeiter dieser Einrichtung leisten deshalb ihren Dienst in Anerkennung dieser Zielsetzung und bilden ohne Rücksicht auf ihre Tätigkeit und Stellung eine Dienstgemeinschaft.

Auf dieser Grundlage wird der nachstehende Vertrag geschlossen:

**§ 1**
Herr _____ tritt ab dem _____ in den Dienst der Dienststelle. Die Zuweisung eines anderen Aufgabenbereiches in vergleichbarer Funktion ist aus dienstlichen Gründen zur Aufgabenerfüllung des Dienstgebers möglich.

Die Zeit bis zum _____ gilt als Probezeit. Während der Probezeit kann das Beschäftigungsverhältnis jederzeit mit einer Frist von einem Monat zum Schluß eines Kalendermonats gekündigt werden.

Nach Ablauf der Probezeit ist beabsichtigt, Herrn _____ die Aufgaben des stellvertretenden Geschäftsführers zu übertragen.

**§ 2**
Das Dienstverhältnis und die Vergütung richten sich nach der Dienstvertragsordnung der Evangelischen Kirche in Deutschland (BAT/DVO.EKD; AB1. EKD 1990 Nr. 72) und nach den diese ergänzenden oder ändernden Bestimmungen in der jeweils gültigen Fassung.

**§ 3**
Der Dienstnehmer wird in die Berufsgruppe _____, Vergütungsgruppe _____ des Einzelgruppenplanes _____ des Vergütungsgruppenplanes für die Mitarbeiter im kirchlichen und diakonischen Dienst eingruppiert zuzüglich einer freiwilligen, jederzeit widerruflichen Stellenzulage von zur Zeit 252,00 DM. Diese Zulage ist nicht gesamtversorgungsfähig, dh sie unterliegt nicht der Versicherungspflicht in der Zusatzversorgungskasse und wird bei der Berechnung der Weihnachtszuwendung nicht miteinbezogen.

Vorbehaltlich des Nachweises des Besoldungsdienstalters ist bei der Einstellung am _____ die Lebensaltersstufe _____ maßgebend. Die Beschäftigungszeit beginnt am _____.

**§ 4**
Entsprechend § 13 DVO.EKD richtet sich die zusätzliche Alters- und Hinterbliebenenversorgung nach der Satzung der Kirchlichen Zusatzversorgungskasse Rheinland-Westfalen, der die Dienststelle beigetreten ist.

**§ 5**
Herr _____ hat über dienstliche Angelegenheiten Verschwiegenheit zu wahren, und zwar auch nach Beendigung des Dienstverhältnisses.

**§ 6**
Änderungen und Ergänzungen dieses Vertrages bedürfen der Schriftform.

▲

Verträge mit Arbeitnehmern, Gesellschaftsorganen und Selbständigen § 1

## 5. Muster: BAT-Arbeitsvertrag

▼

*Arbeitsvertrag*

Zwischen

und

Herr

wird folgender Arbeitsvertrag geschlossen:

**§ 1**
Herr ........, geb. am ........, wird ab dem ........ auf unbestimmte Zeit bei der ........ als ........ unter Eingruppierung in die Vergütungsgruppe ........ eingestellt.

**§ 2**
Das Arbeitsverhältnis bestimmt sich mit Ausnahme von § 53 Abs. 3 nach dem Bundesangestellten-Tarifvertrag (BAT) vom 23. Februar 1961 und den diesen ergänzenden oder ändernden Tarifverträgen.

**§ 3**
Die Probezeit beträgt ........ Monate.

**§ 4**
Nebenabreden: ........

........, den ........

........

Unterschriften

▲

## 6. Muster: Arbeitsvertrag im mittelständischen Unternehmen mit Betriebsrat, ohne Tarifbezug

▼

*Arbeitsvertrag*

Zwischen

der Firma ........

– nachfolgend Firma genannt –

und

Herr ........

– nachfolgend Mitarbeiter genannt –

wird folgender Arbeitsvertrag geschlossen:

### § 1 Beginn des Arbeitsverhältnisses
(1) Der Mitarbeiter tritt am ........ in die Dienste der Firma.
(2) Die Kündigung des Arbeitsverhältnisses vor Arbeitsaufnahme ist ausgeschlossen.
(3) Ergibt eine bis spätestens zum Ablauf der Probezeit vorzunehmende ärztliche Untersuchung durch den Werksarzt, daß der Mitarbeiter für die in Aussicht genommene Stelle gesundheitlich

nicht geeignet ist, endet das Arbeitsverhältnis mit dem auf die ärztliche Feststellung folgenden Monatsende, ohne daß es einer Kündigung bedarf.

### § 2 Probezeit

(1) Dieser Vertrag wird auf die Dauer von sechs Monaten zur Probe geschlossen und endet mit dem letzten Tag der Probezeit, wenn er nicht zuvor verlängert wurde.

(2) Soll nach Ablauf der vereinbarten Probezeit ein unbefristetes Arbeitsverhältnis nicht eingegangen werden, müssen die Parteien ihren diesbezüglichen Willen mit einer Frist von zwei Wochen vor dem Ende der Probezeit schriftlich äußern. Gibt keine Partei eine Nichtverlängerungserklärung ab, geht das Probearbeitsverhältnis in ein Arbeitsverhältnis auf unbestimmte Zeit über.

### § 3 Aufgaben des Mitarbeiters, Betriebsvereinbarungen

(1) Der Mitarbeiter wird eingestellt als _____. Er wird mit allen für diese Tätigkeit üblichen sowie vergleichbaren einschlägigen Arbeiten beschäftigt entsprechend näherer Anweisung der Betriebsleitung und seiner Vorgesetzten.

(2) Die Firma ist berechtigt, dem Mitarbeiter anderweitige, seinen Fähigkeiten entsprechende Aufgaben zu übertragen. Eine Veränderung der Vergütung ist mit einer nachhaltigen Änderung der Aufgaben des Mitarbeiters nicht verbunden. Bei höherwertiger Tätigkeit wird nach Ablauf von 3 Monaten die Vergütung nach § 315 BGB angepaßt.

(3) Der Mitarbeiter ist jederzeit verpflichtet, auf Verlangen der Firma aus dringenden betrieblichen Gründen vorübergehend außerhalb des vereinbarten Aufgabenbereichs zumutbare Arbeiten, auch an einem anderen Ort oder für einen anderen Arbeitgeber, zu leisten. Als „vorübergehend" gilt nach dem Willen der Parteien nur ein Zeitraum unter einem Monat.

(4) Für dieses Arbeitsverhältnis gelten die mit dem Betriebsrat geschlossenen Betriebsvereinbarungen, insbesondere die Allgemeine Betriebsordnung, aus der sich wesentliche Regelungen über den täglichen Arbeitsablauf ergeben.

### § 4 Betriebliche Arbeitszeit

(1) Die regelmäßige Arbeitszeit entspricht der für Vollzeitarbeitnehmer im Betrieb üblichen Arbeitszeit. Sie beträgt zur Zeit _____ Stunden wöchentlich.

(2) Beginn und Ende der täglichen Arbeitszeit und der Pausen richten sich nach den mit dem Betriebsrat abgeschlossenen Vereinbarungen oder der betrieblichen Übung.

(3) Der Mitarbeiter ist verpflichtet, aus dringenden betrieblichen Gründen im Rahmen der gesetzlichen Bestimmungen, insbesondere der Mitbestimmung des Betriebsrats gemäß § 87 Abs. 1 BetrVG, vorübergehend Nacht-/Wechselschicht-/Sonntags-/Mehr- und Überarbeit zu leisten.

(4) Unbeschadet der Regelung des § 87 BetrVG darf die Firma Kurzarbeit anordnen, wenn die Voraussetzungen für die Gewährung von Kurzarbeitergeld erfüllt sind; dabei ist eine Ankündigungsfrist von zwei Wochen einzuhalten.

### § 5 Gehalt

(1) Der Mitarbeiter erhält ein monatliches Bruttogehalt von _____ DM ( _____ EUR). Die Vergütung ist jeweils am Letzten eines Monats fällig.

(2) Es werden ferner folgende Zulagen zum Gehalt gezahlt:
   a) _____ DM ( _____ EUR)
   b) _____ DM ( _____ EUR)

Zulagen können von der Firma nach billigem Ermessen bei Wahrung einer Ankündigungsfrist von 2 Monaten widerrufen werden.

(3) Die Firma gewährt dem Mitarbeiter vermögenswirksame Leistungen nach dem 5. Vermögensbildungsgesetz in der Fassung vom 19.01.1989 (BGBl. I S. 137) in Höhe von monatlich _____ DM ( _____ EUR).

(4) Die Zahlung der Vergütung erfolgt bargeldlos. Der Mitarbeiter gibt der Firma innerhalb von 3 Tagen nach Beginn des Arbeitsverhältnisses seine Kontonummer bekannt.

(5) Der Mitarbeiter verpflichtet sich, Gehaltsüberzahlungen ohne Rücksicht auf eine noch vorhandene Bereicherung zurückzuzahlen.

### § 6 Mehrarbeitspauschale

(1) Zur Abgeltung etwaiger über die regelmäßige Arbeitszeit hinausgehender Arbeit (Mehrarbeit) erhält der Mitarbeiter eine monatliche Mehrarbeitspauschale in Höhe von _____ DM ( _____ EUR). Mit dieser Pauschale werden bis zu _____ Überstunden im Monat abgegolten. Diese Abgeltungsvereinbarung kann von beiden Parteien mit einmonatiger Kündigungsfrist gekündigt werden. Beide Parteien können nach Kündigung und Fristablauf die Ablösung der Pauschalabgeltung durch Einzelabrechnung verlangen.

(2) Ansprüche auf Zuschläge für Mehrarbeit bestehen nur, wenn hierüber mit der Firma eine gesonderte Vereinbarung getroffen worden ist.

### § 7 Weihnachtsgratifikation

(1) Der Mitarbeiter, dessen Arbeitsverhältnis bis zum Jahresende besteht, erhält eine Weihnachtsgratifikation in Höhe eines Monatsgehalts, die mit der Gehaltsabrechnung für November abzurechnen und auszuzahlen ist.

(2) Tritt der Mitarbeiter im Laufe eines Kalenderjahres in die Firma ein, wird die Gratifikation anteilig gewährt, wenn nicht das Arbeitsverhältnis in einem Kalenderjahr weniger als sechs Monate bestanden hat. Ruht das Arbeitsverhältnis mehr als sechs Monate, wird die Gratifikation nicht gewährt. Sie entfällt ebenfalls, wenn mehr als zwei Monate im Jahr kein Gehalt oder Entgeltfortzahlung infolge Krankheit geleistet wurde. Die Entgeltfortzahlungszeiten eines Kalenderjahres werden zusammengerechnet.

(3) Der Anspruch auf Gratifikation ist ausgeschlossen, wenn das Arbeitsverhältnis im Zeitpunkt der Auszahlung oder bis zum 31.12. von einem der Vertragsteile gekündigt wurde oder infolge Befristung oder Aufhebungs- oder Abwicklungsvertrages endet. Der Ausschluß der Gratifikationsleistung greift nicht, wenn die Kündigung aus betriebsbedingten oder aus personenbedingten, vom Mitarbeiter nicht zu vertretenden Gründen erfolgt. Er ist ebenfalls nicht bei Aufhebungs- und Abwicklungsverträgen aus betriebsbedingtem Anlaß anzuwenden.

(4) Die Zahlung aller Gratifikationen erfolgt immer als freiwillige Leistung der Firma. Sie kann jederzeit eingestellt werden, wenn die jährlich neu von der Geschäftsleitung etwaig zu fassende Entscheidung über eine Nichtgewährung der Gratifikation 4 Monate vor Fälligkeit im Betrieb bekannt gegeben wird.

### § 8 Überzahlungen

Zuviel gezahltes Gehalt oder sonstige Geldleistungen kann die Firma nach den Grundsätzen über die Herausgabe einer ungerechtfertigten Bereicherung zurückverlangen. Der Mitarbeiter kann sich auf den Wegfall der Bereicherung nicht berufen, wenn die rechtsgrundlose Überzahlung so offensichtlich war, daß er die überhöhten Beträge hätte erkennen müssen, oder wenn die Überzahlung auf Umständen beruhte, die der Mitarbeiter zu vertreten hat.

### § 9 Abtretung und Verpfändung

(1) Der Mitarbeiter darf seine Vergütungsansprüche an Dritte nur nach vorheriger schriftlicher Zustimmung der Firma verpfänden oder abtreten.

(2) Die Kosten, die der Firma durch die Bearbeitung von Pfändungen, Verpfändungen und Abtretungen der Vergütungsansprüche des Mitarbeiters entstehen, trägt der Mitarbeiter. Sie werden pauschaliert mit 20,00 DM (10,23 EUR) pro Pfändung, Abtretung und Verpfändung sowie ggf. zusätzlich 5,00 DM (2,56 EUR) für jedes Schreiben sowie 3,00 DM (1,53 EUR) pro Überweisung. Bei Nachweis höherer tatsächlicher Kosten ist die Firma berechtigt, die nachgewiesenen Kosten geltend zu machen.

### § 10 Arbeitsverhinderung

(1) Der Mitarbeiter ist verpflichtet, jede Arbeitsverhinderung und ihre voraussichtliche Dauer unverzüglich der Firma anzuzeigen und dabei gleichzeitig auf etwaige dringliche Arbeiten hinzuweisen.

(2) Im Falle der Arbeitsunfähigkeit infolge Krankheit ist der Mitarbeiter verpflichtet, spätestens am dritten Arbeitstag eine ärztliche Bescheinigung über die Arbeitsunfähigkeit und deren voraussichtliche Dauer vorzulegen. Dauert die Arbeitsunfähigkeit länger als in der Bescheinigung angegeben, ist er verpflichtet, unverzüglich eine neue ärztliche Bescheinigung einzureichen. Die Firma ist berechtigt, die Vorlage der ärztlichen Bescheinigung zu einem früheren Zeitpunkt zu verlangen.

(3) Ist der Mitarbeiter unverschuldet arbeitsunfähig erkrankt, leistet die Firma für die Dauer von sechs Wochen Entgeltfortzahlung. Im übrigen richten sich die Rechte und Pflichten der Parteien nach den jeweiligen gesetzlichen Bestimmungen des Entgeltfortzahlungsgesetzes.

### § 11 Urlaub

Der Mitarbeiter erhält kalenderjährlich einen Erholungsurlaub von ......... Arbeitstagen. Der Urlaub wird in Abstimmung mit dem Mitarbeiter von der Firmenleitung unter Berücksichtigung seiner persönlichen und familiären Belange festgelegt. Im übrigen gelten die gesetzlichen Bestimmungen.

### § 12 Vorübergehende Übertragung anderweitiger Aufgaben

Das Arbeitsverhältnis bezieht sich auf eine Tätigkeit in ......... . Die Firma behält sich vor, den Mitarbeiter innerhalb des gesamten Unternehmens – auch an einen anderen Ort – zu versetzen, wenn es nach Abwägung der betrieblichen und den persönlichen Belangen des Mitarbeiters diesem zuzumuten ist. Außer in Notfällen hat die Firma eine Ankündigungsfrist zu beachten, die der vertraglichen oder gesetzlichen Kündigungsfrist des Mitarbeiters entspricht. Kosten eines von der Firma angeordneten Wohnsitzwechsels werden dem Mitarbeiter erstattet.

### § 13 Nebentätigkeit

Jede entgeltliche und unentgeltliche Nebentätigkeit bedarf der vorherigen Zustimmung der Firma. Die Zustimmung ist stets zu erteilen, wenn die Nebentätigkeit ihn in seinen Aufgaben zeitlich nicht behindert und berechtigte Interessen der Firma einer Nebentätigkeitsgenehmigung nicht entgegenstehen. Die Firma verpflichtet sich, die Entscheidung über den Nebentätigkeitsantrag des Mitarbeiters innerhalb von zwei Wochen nach Antragseingang zu treffen. Erhält der Mitarbeiter innerhalb dieser Frist keine Nachricht, gilt die Zustimmung als erteilt.

### § 14 Verschwiegenheitspflicht

(1) Der Mitarbeiter wird über alle Betriebs- und Geschäftsgeheimnisse, insbesondere Herstellungsverfahren, Vertriebswege und dergleichen sowohl während der Dauer des Arbeitsverhältnisses als auch nach seiner Beendigung Stillschweigen bewahren. Die Geheimhaltungspflicht umfaßt nicht solche Kenntnisse, die jedermann zugänglich sind oder deren Weitergabe für die Firma ersichtlich ohne Nachteil ist. Im Zweifelsfalle sind technische, kaufmännische und persönliche Informationen und Zusammenhänge, die dem Mitarbeiter im Rahmen mit seiner Tätigkeit bekannt werden, von ihm als Geschäftsgeheimnisse zu behandeln. Bei etwaigen Zweifeln ist der Mitarbeiter immer vor der Offenbarung verpflichtet, eine Weisung der Geschäftsleitung einzuholen, ob eine bestimmte Tatsache vertraulich zu behandeln ist oder nicht.

(2) Die Schweigepflicht erstreckt sich auch auf Angelegenheiten anderer Firmen, mit denen das Unternehmen wirtschaftlich, organisatorisch oder in der Produktion verbunden ist, insbesondere durch Lohnfertigungsarbeiten.

(3) Über seine Vergütung hat der Mitarbeiter dritten Personen gegenüber Stillschweigen zu bewahren. Dies gilt nicht für die Fälle, in denen er gesetzlich berechtigt oder verpflichtet ist, Angaben über sein Einkommen zu machen.

(4) Die betrieblichen Sicherheitsbestimmungen sind zu beachten. Vertrauliche und geheimzuhaltende Schriftstücke, Zeichnungen, Modelle usw. sind stets unter Verschluß zu halten. Etwaige Verluste sind stets unverzüglich der Geschäftsleitung mitzuteilen.

## § 15 Haftung

Verursacht der Mitarbeiter durch eine schuldhafte Pflichtverletzung einen Schaden, trägt er im Falle einfacher Fahrlässigkeit den Schaden zur Hälfte, höchstens jedoch bis zum Betrag einer Monatsnettovergütung. Bei grober Fahrlässigkeit hat der Mitarbeiter den Schaden vollständig zu ersetzen, jedoch der Höhe nach beschränkt auf den dreifachen Betrag der üblichen Monatsnettovergütung. Die vorgenannten Grundsätze gelten entsprechend bei vom Mitarbeiter verursachten Schäden gegenüber Dritten. Bei Vorsatz haftet der Mitarbeiter unbeschränkt.

## § 16 Vertragsstrafe

(1) Nimmt der Mitarbeiter die Arbeit nicht oder verspätet auf, beendet er das Arbeitsverhältnis ohne Einhaltung der maßgeblichen Kündigungsfrist, ohne einen Grund zur außerordentlichen Kündigung zu haben, verweigert er vorübergehend die Arbeit oder wird die Firma durch vertragswidriges Verhalten des Mitarbeiters zur außerordentlichen Kündigung veranlaßt, schuldet der Mitarbeiter der Firma eine Vertragsstrafe. Die Vertragsstrafe entsteht nur, wenn der Mitarbeiter grob fahrlässig oder vorsätzlich gehandelt hat.

(2) Als Vertragsstrafe wird für den Fall der verspäteten Aufnahme der Arbeit sowie der vorübergehenden Arbeitsverweigerung ein Bruttotagesentgelt für jeden Tag der Zuwiderhandlung vereinbart, insgesamt jedoch nicht mehr als das in der gesetzlichen Mindestkündigungsfrist ansonsten erhaltene Arbeitsentgelt. Im übrigen beträgt die Vertragsstrafe ein Bruttomonatsentgelt.

(3) Verstößt der Mitarbeiter gegen die Verschwiegenheitsverpflichtung gemäß § 15, beträgt die Vertragsstrafe für jeden Fall der Zuwiderhandlung 15.000,00 DM (7669,38 EUR).

(4) Die Geltendmachung weitergehender Schadensersatzansprüche durch die Firma ist nicht ausgeschlossen.

## § 17 Kündigung, Rentenbezug

(1) Die Kündigung des Arbeitsverhältnisses bedarf der Schriftform. Die Firma ist berechtigt, den Mitarbeiter im Falle einer Kündigung unter Fortzahlung der Bezüge und unter Anrechnung restlicher Urlaubsansprüche von der Arbeitsleistung freizustellen, wenn Umstände vorliegen, die die Vertrauensgrundlage beeinträchtigt haben (z.B. Geheimnisverrat, Konkurrenztätigkeit, langsames Arbeiten, abfällige Bemerkungen). Nicht erfüllte Urlaubsansprüche sind abgegolten, soweit nicht aufgrund von Arbeitsunfähigkeit des Mitarbeiters oder aus sonstigen gesetzlichen Gründen eine Abgeltung ausgeschlossen ist.

(2) Für beide Vertragsparteien besteht eine Kündigungsfrist von vier Wochen zum 15. oder zum Ende eines Kalendermonats. Die Verlängerung der Kündigungsfristen nach Alter und Beschäftigungsjahr richtet sich nach den gesetzlichen Vorschriften in ihrer jeweiligen Fassung.

(3) Das Arbeitsverhältnis endet mit Ablauf des Monats, in dem der Mitarbeiter das 65. Lebensjahr vollendet. Es endet in jedem Falle mit Ablauf des Monats, in dem der Mitarbeiter eine Rente wegen Alters nach Maßgabe der §§ 35–42 SGB VI bezieht.

(4) Wird durch den Bescheid eines Rentenversicherungsträgers dauernde Berufs- oder Erwerbsunfähigkeit festgestellt, endet das Arbeitsverhältnis mit Ablauf des Monats, in dem der Bescheid zugestellt wird. Beginnt die Rente wegen Berufs- oder Erwerbsunfähigkeit erst nach der Zustellung des Rentenbescheides, endet das Arbeitsverhältnis mit Ablauf des dem Rentenbeginn vorangegangenen Tages. Das Arbeitsverhältnis endet nicht, wenn nach dem Bescheid des Rentenversicherungsträgers eine Rente auf Zeit (§ 102 Abs. 2 SGB VI) gewährt wird. In diesem Falle ruht das Arbeitsverhältnis mit allen Rechten und Pflichten von dem Tage an, der auf den nach Satz 1 oder 2 maßgeblichen Zeitpunkt folgt, bis zum Ablauf des Tages, bis zu dem die Zeitrente bewilligt ist, längstens jedoch bis zum Ablauf des Tages, an dem das Arbeitsverhältnis endet.

### § 18 Ausschlußfristen
(1) Alle Ansprüche aus dem bestehenden Arbeitsverhältnis müssen innerhalb von 2 Monaten nach Fälligkeit schriftlich geltend gemacht werden.

(2) Lehnt die Gegenseite den Anspruch ab oder erklärt sie sich nicht innerhalb eines Monats nach Geltendmachung des Anspruches, so verfällt dieser, wenn er nicht innerhalb von zwei Monaten nach der Ablehnung gerichtlich geltend gemacht wird. Die Ausschlußfrist gilt nicht für Zahlungsansprüche des Mitarbeiters, die während eines Kündigungsprozesses fällig werden und vom Verfahrensausgang abhängig sind. Bei derartigen Ansprüchen beginnt die Verfallfrist von zwei Monaten nach rechtskräftiger Beendigung des Kündigungsschutzverfahrens.

, den

Unterschriften

## IV. Verträge mit leitenden Angestellten

### 1. Muster: Anstellungsvertrag mit Prokurist

*Anstellungsvertrag*

zwischen

der

– nachstehend „AG" genannt –

und

Herrn

– nachstehend „Angestellter" genannt –

#### § 1 Aufgabenbereich
(1) Der Angestellte ist seit dem             als Leiter und Prokurist der Abteilung             tätig. In seiner Funktion ist der Angestellte dem Vorstand unmittelbar unterstellt.

(2) Der Angestellte verpflichtet sich, im Bedarfsfall auch andere gleichwertige Arbeiten zu übernehmen. Insbesondere sind die Parteien darüber einig, daß der Aufgaben- und Tätigkeitsbereich durch die AG nach billigem Ermessen insgesamt geändert werden kann und daß dieses Recht auch durch eine längere Tätigkeit des Angestellten in einem bestimmten Aufgabenbereich nicht eingeschränkt wird.

Der Angestellte ist verpflichtet, die ihm übertragenen Aufgaben gewissenhaft und nach bestem Können und Wissen zu erledigen.

(3) Der Angestellte hat mit Wirkung vom             Prokura. Der Umfang der Prokura richtet sich nach den Regelungen des Handelsgesetzbuches sowie den Entscheidungen der AG. Die Prokura kann nach Maßgabe der gesetzlichen Vorschriften jederzeit widerrufen werden.

(4) Aufgrund der ihm übertragenen Aufgaben und seiner Stellung im Unternehmen handelt es sich bei dem Angestellten um einen leitenden Angestellten im Sinne des § 5 Abs. 3, 4 BetrVG.

#### § 2 Arbeitszeit
(1) Der Angestellte verpflichtet sich, der AG seine Arbeitskraft zur Verfügung zu stellen und auch im Falle der Erforderlichkeit über betriebsübliche Arbeitszeiten hinaus tätig zu werden.

(2) Die bei der AG bestehende Regelung zur gleitenden Arbeitszeit gilt für den Angestellten nicht.

## § 3 Vergütung

(1) Der Angestellte erhält ab dem            ein festes Jahresgehalt von brutto            DM
(        EUR).
Dieser Betrag wird in 12 jeweils am Monatsende zahlbare Gehälter aufgeteilt.

(2) Der Angestellte hat Anspruch auf Zahlung einer variablen Zusatzvergütung, deren Höhe von der Erreichung individuell vereinbarter Zielvorgaben durch den Angestellten abhängt. Die jeweiligen Zielvorgaben sowie die Methode zur Berechnung der variablen Zusatzvergütung wird von der AG festgelegt. Die Zusatzvergütung beträgt mindestens 10 % und höchstens 35 % des sich gemäß Abs. 1 berechnenden Jahresgehaltes. Im Mai und November eines jeden Jahres erhält der Angestellte eine Abschlagszahlung auf die Zusatzvergütung in Höhe von jeweils 5 % des sich gemäß Abs. 1 errechnenden Jahresgehaltes. Die endgültige Abrechnung für das abgelaufene Kalenderjahr erfolgt jeweils im Mai des Folgejahres, erstmals im Mai            für            .

(3) Bei den Zahlungen gemäß Abs. 2 handelt es sich um Sonderzahlungen, auf die auch durch wiederholte Zahlung ein Rechtsanspruch für die Zukunft nicht begründet wird. Der Anspruch auf die Sonderzahlung gemäß Abs. 2 steht dem Angestellten auch zu, wenn er in einem gekündigten Arbeitsverhältnis zu der AG steht. Falls das Arbeitsverhältnis des Angestellten im Laufe eines Kalenderjahres sein Ende findet, hat er für jeden vollen Monat seiner Tätigkeit in diesem Kalenderjahr einen Anspruch in Höhe von 1/12 der Zusatzvergütung gem. Abs. 2.

(4) Die vereinbarte Vergütung deckt die gesamte Arbeitsleistung des Angestellten ab. Insbesondere wird eine besondere Vergütung für etwaige aus betrieblichen Gründen erforderliche Mehr- oder Überarbeit, Feiertags-, Sonntags- oder Nachtarbeit nicht gezahlt.

(5) Die AG behält sich vor, die Vergütung jederzeit und ohne daß es einer weiteren Ankündigung bedarf, gemäß dem festgelegten Umrechnungskurs von 1,95583 in EURO abzurechnen.

(6) Der Angestellte verpflichtet sich, Gehaltsüberzahlungen ohne Rücksicht auf eine noch vorhandene Bereicherung zurückzuzahlen.

## § 4 Gehaltsfortzahlung im Krankheits- oder Sterbefall

(1) Im Falle der Arbeitsunfähigkeit erhält der Angestellte für einen Zeitraum von sechs Wochen die volle Vergütung und für weitere maximal 72 Wochen eine Krankenzulage. Die Krankenzulage wird so berechnet, daß sie zusammen mit den Krankengeldsätzen der gesetzlichen Pflichtversicherung bis zum Ablauf der 26. Woche ab Beginn der Arbeitsunfähigkeit 100 % und bis zum Ablauf der 78. Woche ab Beginn der Arbeitsunfähigkeit 90 % der Nettovergütung erreicht. Maßgeblich ist die Nettovergütung, die sich aus der Fortzahlung der Monatsgehälter gemäß § 3 Abs. 1 für den genannten Krankheitszeitraum errechnen würde. Sonderzahlungen gemäß. § 3 Abs. 2 bleiben bei der Errechnung der Nettovergütung außer Ansatz.

(2) Im Falle des Todes des Angestellten erhalten die versorgungsberechtigten Hinterbliebenen (Ehepartner/minderjährige Kinder) die volle Monatsvergütung gemäß § 3 Abs. 1 für die Dauer von drei Monaten über den Sterbemonat hinaus.

## § 5 Urlaub

(1) Der Angestellte erhält einen Erholungsurlaub von            Arbeitstagen (5-Tage-Woche) im Kalenderjahr. Im übrigen gelten die Vorschriften des Bundesurlaubsgesetzes.

(2) Die Lage des Erholungsurlaubs ist zu Beginn eines jeden Kalenderjahres mit dem Vorstand unter Berücksichtigung der betrieblichen Belange der AG abzustimmen.

## § 6 Nebentätigkeit

(1) Zur Übernahme einer Nebentätigkeit bedarf der Angestellte der ausdrücklichen schriftlichen vorherigen Zustimmung der AG. Nebentätigkeiten können entgeltlicher wie unentgeltlicher Art sein. Der Angestellte wird auch Ehrenämter nur nach vorheriger Zustimmung der AG übernehmen.

(2) Wenn und soweit Veröffentlichungen oder Vorträge des Angestellten Angelegenheiten der AG betreffen oder die Interessen der AG berühren, so ist dazu ebenfalls die ausdrückliche vorherige Zustimmung der AG erforderlich.

### § 7 Geheimhaltung

(1) Der Angestellte wird über alle Betriebs- und Geschäftsgeheimnisse sowie alle sonstigen ihm im Rahmen seiner Tätigkeit zur Kenntnis gelangenden Angelegenheiten und Vorgänge der AG Stillschweigen bewahren. Der Angestellte wird dafür Sorge tragen, daß Dritte nicht unbefugt Kenntnis erlangen.

(2) Die Verpflichtung zur Geheimhaltung besteht über die Beendigung des Arbeitsverhältnisses hinaus.

(3) Ein Verstoß gegen die Geheimhaltungspflicht ist ein wichtiger Grund, der die AG bei Abwägung aller Umstände zur außerordentlichen Kündigung des Arbeitsverhältnisses berechtigen kann. Einer vorherigen Abmahnung bedarf es nicht.

### § 8 Arbeits- und Geschäftsunterlagen

Die Anfertigung von Aufzeichnungen und Unterlagen aller Art erfolgt ausschließlich zu dienstlichen Zwecken und für den dienstlichen Gebrauch. Der Angestellte wird alle Aufzeichnungen, Entwürfe, Korrespondenzen, Materialien, Muster, Notizen, Personalunterlagen, Pläne und Unterlagen jeder Art sowie davon etwa gefertigte Abschriften oder Kopien oder Mehrstücke ordnungsgemäß aufbewahren und dafür Sorge tragen, daß Dritte nicht Einsicht nehmen können. Jede Anfertigung von Abschriften von Kopien oder Mehrstücken für andere als dienstliche Zwecke ist unzulässig. Die genannten Gegenstände sind bei Beendigung unverzüglich und unaufgefordert sowie vollständig an die AG herauszugeben. Ein Zurückbehaltungsrecht ist ausgeschlossen. Auf Wunsch der AG wird der Angestellte ausdrücklich versichern, die genannten Gegenstände vollständig herauszugeben und insbesondere keine Abschriften oder Kopien oder Mehrstücke behalten zu haben, sofern dies auch tatsächlich der Fall ist.

### § 9 Abtretung und Verpfändung

Abtretung und Verpfändung von Ansprüchen aus dem Arbeitsverhältnis sind ausgeschlossen.

### § 10 Verhinderung

(1) Der Angestellte ist verpflichtet, jede Verhinderung an der Arbeitsleistung und deren Gründe der AG unverzüglich mitzuteilen. Entsprechendes gilt für Anträge auf Kur, Bewilligung einer Kur sowie Einberufung zur Kur.

(2) Für eine Verhinderung von mehr als drei Tagen hat der Angestellte die Art der Verhinderung nachzuweisen. Im Falle der Arbeitsunfähigkeit ist ein ärztliches Attest vorzulegen. Der AG bleibt vorbehalten, einen Nachweis der Verhinderung bereits ab dem ersten Fehltag zu verlangen.

### § 11 Vertragsdauer

(1) Das zwischen den Vertragspartnern bestehende Arbeitsverhältnis ist unbefristet. Es endet in jedem Fall mit demjenigen Monat, in dem der Angestellte Altersruhegeld in Anspruch nimmt. Wird durch Bescheid des Rentenversicherungsträgers festgestellt, daß der Angestellte berufs- oder erwerbsunfähig ist, so endet das Arbeitsverhältnis mit Ablauf desjenigen Monats, in dem der Bescheid zugestellt wird. Der Angestellte hat die AG von der Zustellung eines Bescheides unverzüglich zu unterrichten. Beginnt die Rente wegen Berufs- oder Erwerbsunfähigkeit erst nach Zustellung des Bescheides, so endet das Arbeitsverhältnis mit Ablauf des dem Rentenbeginn vorangehenden Monats.

(2) Das Arbeitsverhältnis kann während der ersten sechs Monate seines Bestandes von beiden Parteien mit einer Frist von einem Monat zum Monatsende gekündigt werden. Danach ist die Kündigung für beide Parteien mit einer Frist von sechs Monaten zum 30.06. und zum 31.12. eines Jahres möglich. Das Recht zur fristlosen Kündigung aus wichtigem Grund bleibt unberührt. Eine fristlose Kündigung gilt im Falle ihrer Unwirksamkeit zugleich als fristgemäße Kündigung zum nächstzulässigen Termin. Kündigungen bedürfen zu ihrer Wirksamkeit der Schriftform.

(3) Die AG ist berechtigt, nach Ausspruch einer ordentlichen Kündigung den Angestellten unter Fortzahlung der Bezüge bis zur Beendigung des Arbeitsverhältnisses von der Arbeitsleistung freizustellen. Etwaige dem Angestellten bis zum Ende des Arbeitsverhältnisses noch zustehende Urlaubsansprüche werden mit dem Freistellungszeitraum verrechnet. Spricht die AG eine ordentliche oder außerordentliche Kündigung aus, steht dem Angestellten ein Anspruch auf tatsächliche Beschäftigung in der Zeit vom Zugang der Kündigung bis zum rechtskräftigen Abschluß eines etwaigen gerichtlichen Verfahrens nicht zu.

### § 12 Vorteilsannahme
Es ist dem Angestellten untersagt, Geschenke oder Vergünstigungen zu eigenem oder fremden Vorteil von solchen Personen oder Unternehmen zu fordern oder sich versprechen zu lassen oder anzunehmen, die mit der AG Geschäftsbeziehungen anstreben oder unterhalten. Als Annahme von Vergünstigungen werden jedoch nicht angesehen Einladungen oder Gepflogenheiten anderer Art, die sich im normalen Geschäftsverkehr ergeben.

### § 13 Verfallklausel
Alle Ansprüche aus oder im Zusammenhang mit dem vorliegenden Arbeitsverhältnis sind von den Vertragspartnern innerhalb von drei Monaten nach Fälligkeit, im Falle der Beendigung des Arbeitsverhältnisses jedoch innerhalb von einem Monat nach der Beendigung schriftlich geltend zu machen; anderenfalls sind sie erloschen. Bleibt die Geltendmachung erfolglos, erlöschen Ansprüche, wenn sie nicht innerhalb einer Frist von zwei Monaten nach der schriftlichen Geltendmachung gerichtlich anhängig gemacht werden.

### § 14 Sonstiges
(1) Nebenabreden außerhalb dieses Vertrages bestehen nicht. Änderungen und Ergänzungen bedürfen zu ihrer Wirksamkeit der Schriftform. Dies gilt auch für die Aufhebung des Schriftformerfordernisses.

(2) Sollten einzelne Bestimmungen dieses Vertrages ganz oder teilweise unwirksam sein oder werden, so berührt dies die Wirksamkeit der übrigen Bestimmungen nicht. Lückenhafte oder unwirksame Regelungen sind so zu ergänzen, daß eine andere angemessene Regelung gefunden wird, die wirtschaftlich dem am nächsten kommt, was die Parteien unter Berücksichtigung der mit dem Arbeitsverhältnis verfolgten Zwecke gewollt hätten, wenn sie die Lückenhaftigkeit oder Unwirksamkeit bedacht hätten.

, den

Unterschriften

## 2. Muster: Arbeitsvertrag mit einem Leiter der Finanzabteilung

*Arbeitsvertrag*

– nachfolgend Gesellschaft genannt –

und

Herr

schließen folgenden Arbeitsvertrag:

## § 1 Kapitel 1: Arbeitsverträge

### § 1 Beginn des Arbeitsverhältnisses

(1) Das Arbeitsverhältnis beginnt am ........ .

(2) Die Probezeit beträgt sechs Monate. Während dieser Zeit können die Vertragspartner das Arbeitsverhältnis mit einmonatiger Frist zum Monatsschluß kündigen.

(3) Nach erfolgreicher Probezeit soll das Arbeitsverhältnis unbefristet fortgesetzt werden. Die Bestimmungen des § 13 werden davon nicht betroffen oder eingeschränkt.

### § 2 Tätigkeit

(1) Herr ........ wird eingestellt als Referent. Zu seinem Aufgabengebiet gehören insbesondere nachfolgende Tätigkeiten:

Leiter des Aufgabenbereichs Finanzen, mit den Schwerpunkten:
– Finanzbuchführung
– Jahresabschluß
– Steuern
– Liquiditätssteuerung

(2) Das Arbeitsverhältnis bezieht sich auf eine Tätigkeit in ........ . Die Gesellschaft behält sich vor, Herrn ........ im Rahmen der Gesellschaft auch eine andere oder zusätzliche, der Vorbildung und den Fähigkeiten entsprechende Tätigkeit, vorübergehend auch an einem anderen Ort, zu übertragen.

Macht sie hiervon Gebrauch, so richtet sich nach Ablauf eines Monats die Vergütung nach der neu zugewiesenen Tätigkeit, wenn diese höherwertig ist.

Im übrigen bleibt das Recht der Änderungskündigung unbeschadet dieser Regelung.

### § 3 Vergütung

(1) Herr ........ erhält für seine vertragliche Tätigkeit ein jährliches Bruttogehalt von ........ DM ( ........ EUR). Das Gehalt wird nach Abzug der gesetzlichen Abgaben in zwölf gleichen Monatsraten entsprechend den Terminen der zahlenden Stelle ausgezahlt.

Über eine Anpassung der vereinbarten Vergütung kann jährlich verhandelt werden.

Über eine lineare Erhöhung entscheidet der Gesellschafterausschuß jährlich vor dem Hintergrund der Ertragslage des Unternehmens, der Preisentwicklung und der Lohn- und Gehaltsentwicklung.

(2) Herr ........ darf seine Vergütungsansprüche an Dritte nur nach vorheriger schriftlicher Zustimmung der Gesellschaft abtreten.

Herr ........ hat durch Pfändung, Verpfändung oder Abtretung erwachsende Kosten zu tragen. Die zu ersetzenden Kosten sind pauschaliert und betragen je zu berechnende Pfändung, Verpfändung oder Abtretung mindestens 1 % der gepfändeten Summe. Die Gesellschaft ist berechtigt, bei Nachweis der höheren tatsächlichen Kosten diese in Ansatz zu bringen.

(3) Die Gesellschaft behält sich vor, die Vergütung jederzeit und ohne daß es einer weiteren Ankündigung bedarf, gemäß dem festgelegten Umrechnungskurs von 1,95583 in EURO abzurechnen.

(4) Herr ........ verpflichtet sich, Gehaltsüberzahlungen ohne Rücksicht auf eine noch vorhandene Bereicherung zurückzuzahlen.

### § 4 Arbeitszeit

(1) Es gilt die Arbeitszeit und Überstunden-Richtlinie der Gesellschaft in der jeweils gültigen Form als vereinbart.

(2) Zum Zeitpunkt des Vertragsabschlusses gilt eine Arbeitszeit von ........ Stunden je Woche gemäß den Bestimmungen der Arbeitszeit und Überstunden-Richtlinie.

## § 5 Reisekosten

Aufwendungen für genehmigte und durchgeführte Dienstreisen werden nach der jeweils gültigen Reisekosten-Richtlinie der Gesellschaft erstattet.

## § 6 Arbeitsverhinderung

(1) Herr ░░░░░░ ist verpflichtet, der Gesellschaft jede Arbeitsverhinderung und ihre voraussichtliche Dauer unverzüglich anzuzeigen. Auf Verlangen sind die Gründe der Arbeitsverhinderung mitzuteilen.

(2) Im Falle der Erkrankung ist Herr ░░░░░░ verpflichtet, vor Ablauf des 3. Kalendertages nach Beginn der Arbeitsunfähigkeit eine ärztliche Bescheinigung über die Arbeitsunfähigkeit sowie deren voraussichtliche Dauer vorzulegen. Dauert die Arbeitsunfähigkeit länger als in der Bescheinigung angegeben, so ist Herr ░░░░░░ verpflichtet, innerhalb von 3 Tagen eine neue ärztliche Bescheinigung einzureichen.

## § 7 Gehaltsfortzahlung im Krankheitsfall

(1) Ist Herr ░░░░░░ infolge auf Krankheit beruhender Arbeitsunfähigkeit an der Arbeit verhindert, ohne daß ihn ein Verschulden trifft, so erhält er Gehaltsfortzahlung für die Dauer von 6 Wochen.

(2) Während einer ärztlich verordneten Kurmaßnahme wird längstens für 6 Wochen Gehaltsfortzahlung gewährt.

## § 8 Urlaub

Herr ░░░░░░ erhält kalenderjährlich einen Erholungsurlaub von ░░░░░░ Arbeitstagen. Der Urlaub wird in Abstimmung mit der Geschäftsführung festgelegt.

## § 9 Verschwiegenheitspflicht

Herr ░░░░░░ verpflichtet sich, über alle Angelegenheiten und Vorgänge, die ihm im Rahmen der Tätigkeit zur Kenntnis gelangen, auch nach Ausscheiden aus dem Arbeitsverhältnis Stillschweigen zu bewahren. Die Verschwiegenheitspflicht bezieht sich auch auf die Konditionen dieses Vertrages.

## § 10 Wettbewerbsklausel

(1) Während der Dauer dieses Vertrages sowie des auf seine Beendigung folgenden Jahres ist es Herrn ░░░░░░ nicht gestattet, für eigene oder fremde Rechnung selbständig oder unselbständig in einem Betrieb tätig zu sein, der gleichartig mit dem der Gesellschaft ist oder mit ihm im Bundesgebiet in Wettbewerb treten könnte. Die Wettbewerbsklausel gilt nicht für Töchter und Beteiligungsgesellschaften der Gesellschaft.

(2) Wird von dem Wettbewerbsverbot Gebrauch gemacht, hat Herr ░░░░░░ einen Anspruch auf die Hälfte eines Jahresgehalts.

## § 11 Nebenbeschäftigung

Die Übernahme einer Nebentätigkeit ist unzulässig, wenn sie die Interessen der Gesellschaft beeinträchtigen. Nebenbeschäftigungen sind unverzüglich anzuzeigen.

## § 12 Erfindungen

(1) Herr ░░░░░░ verpflichtet sich, alle in den Rahmen der wirtschaftlichen Betätigung der Gesellschaft fallenden oder deren Tätigkeitsbereich berührenden Ideen, Systeme, Methoden, Beobachtungen, Erkenntnisse, Erfahrungen und gegebenenfalls Erfindungen der Gesellschaft mitzuteilen und ihr zur freien und ausschließlichen Verfügung zu überlassen.

(2) Herr ░░░░░░ überträgt hiermit der Gesellschaft das Recht an allen Werken, Ideen, Systemen und Methoden, unabhängig davon, ob sie urheberrechtlich geschützt sind, die zu irgendeiner Zeit für die Auftraggeber der Gesellschaft benutzt worden sind oder benutzt werden können und deren Urheber er ist bzw. während seiner Tätigkeit bei der Gesellschaft wird.

(3) Herr ░░░░░░ verpflichtet sich, diese Werke, Ideen, Systeme und Methoden weder während noch nach seiner Tätigkeit bei der Gesellschaft anderweitig zu verwerten. Er verpflichtet sich weiter,

alle für eine eventuelle Registrierung dieser Rechte im Namen der Gesellschaft (z.B. Copyrights) erforderlichen Erklärungen abzugeben und Rechtshandlungen vorzunehmen.

(4) Eine besondere Vergütung für die Überlassung der Rechte erfolgt in den Fällen, in denen sie gesetzlich vorgeschrieben ist.

### § 13 Beendigung des Arbeitsverhältnisses

(1) Das Arbeitsverhältnis endet mit Ablauf des Monats, in dem Herrn ein Bescheid der gesetzlichen Rentenversicherung zum Bezug einer Rente wegen Alters, wegen Berufs- oder Erwerbsunfähigkeit als Vollrente oder ein Bescheid der gesetzlichen Unfallversicherung zum Bezug einer Unfallrente als Vollrente zugestellt wird.

Herr ist verpflichtet, der Gesellschaft unverzüglich den Zugang des Rentenbescheides mitzuteilen.

(2) Das Arbeitsverhältnis kann mit einer Frist von 3 Monaten zum Ende eines Quartals gekündigt werden.

Nach Ablauf von 3 Jahren seit Beginn des Arbeitsverhältnisses beträgt die Kündigungsfrist 6 Monate zum Ende eines Quartals.

(3) Kündigungen bedürfen der Schriftform.

(4) Unberührt bleibt das Recht zur außerordentlichen Kündigung.

### § 14 Ärztliche Untersuchung

Die Vertragsparteien sind sich darüber einig, daß dieser Vertrag erst dann rechtswirksam wird, wenn die gesundheitliche Eignung von Herrn durch einen Arzt, auf den sich beide Parteien einigen, festgestellt worden ist.

### § 15 Abtretung von Schadensersatzforderungen

Herr tritt seine Schadensersatzforderung insoweit ab, als er durch einen Dritten verletzt wird und die Gesellschaft Vergütungsfortzahlung im Krankheitsfall leistet.

### § 16 Verfallfristen

Alle Ansprüche, die sich aus dem Arbeitsverhältnis ergeben, sind von den Vertragsschließenden binnen einer Frist von 6 Monaten seit ihrer Fälligkeit schriftlich geltend zu machen und im Falle der Ablehnung durch die Gegenpartei binnen einer Frist von 2 Monaten einzuklagen.

### § 17 Nebenabreden und Vertragsänderungen

(1) Änderungen des Vertrages und Nebenabreden bedürfen zu ihrer Rechtswirksamkeit der Schriftform.

(2) Sind einzelne Bestimmungen dieses Vertrages unwirksam, so wird hierdurch die Wirksamkeit des übrigen Vertrages nicht berührt.

### § 18 Vertragsaushändigung

Beide Parteien bestätigen, eine Ausfertigung dieses Vertrages erhalten zu haben.

, den

Unterschriften

Verträge mit Arbeitnehmern, Gesellschaftsorganen und Selbständigen §1

## 3. Muster: Arbeitsvertrag mit dem Leiter eines Warenhauses

▼

*Anstellungsvertrag*

Zwischen

– nachstehend „die Firma" genannt –

und

Herrn

– nachstehend „der Mitarbeiter" genannt –

wird nachfolgender Vertrag zur Regelung der für das Arbeitsverhältnis maßgeblichen Arbeitsbedingungen geschlossen:

### § 1 Vertragsbeginn, Aufgabenstellung, Arbeitsort und Arbeitszeit

Der Mitarbeiter wird ab         als SB-Warenhausleiter weiterbeschäftigt. Der Mitarbeiter ist Angestellter im Sinne der gesetzlichen Regelungen.

Die Dauer und die Lage der Arbeitszeit richten sich nach den gesetzlichen Regelungen und den besonderen Erfordernissen der Aufgabenstellung.

### § 2 Vertragsdauer

**(1) Befristung**
Das Arbeitsverhältnis ist unbefristet.

**(2) Probezeit**
Die Probezeit entfällt.

**(3) Kündigung**
Kündigungsfrist beträgt 6 Monate zum Halbjahresende. Verlängerungen der Kündigungsfrist aufgrund gesetzlicher Regelungen werden für beide Vertragsparteien wirksam. Die Möglichkeit der Kündigung aus wichtigem Grund (§ 626 BGB) bleibt hiervon unberührt.

### § 3 Vergütung

**(1) Monatliche Gehaltszahlungen**
Der Mitarbeiter erhält ein außertarifliches monatliches Gesamtbruttoentgelt:         DM (         EUR) (in Worten:         DM,         EUR). Die Auszahlung erfolgt bargeldlos am Monatsende.

Im Gesamtbruttoentgelt sind mit Ausnahme der nachstehend ausdrücklich geregelten Vergütungsbestandteile alle Vergütungsansprüche, unabhängig davon, aus welchem Rechtsgrund diese hergeleitet werden können, enthalten.

**(2) Gehaltsfortzahlung bei krankheitsbedingter Arbeitsunfähigkeit**
Der Mitarbeiter erhält in vertraglicher Ergänzung der gesetzlichen Regelung zur Entgeltfortzahlung im Falle krankheitsbedingter Arbeitsunfähigkeit ab dem 43. Tag der Krankheit den Unterschiedsbetrag zwischen dem aus dem monatlichen Gesamtbruttoentgelt folgenden regelmäßigen monatlichen Nettogehalt und dem durch die Betriebskrankenkasse gezahlten Nettokrankengeld für die Dauer von 6 Monaten. Wird er innerhalb von 12 Monaten infolge derselben Krankheit wiederholt arbeitsunfähig, entsteht der Anspruch auf Zahlung des Unterschiedsbetrages nur, wenn der Mitarbeiter vor der erneuten Arbeitsunfähigkeit mindestens 6 Monate nicht infolge derselben Krankheit arbeitsunfähig war.

Der Anspruch auf Zahlung des Unterschiedsbetrages entfällt in dem Zeitpunkt, in dem für den Mitarbeiter nach Maßgabe der gesetzlichen Regelungen der Anspruch auf Rente wegen Alters oder verminderter Erwerbsfähigkeit entsteht.

## Kapitel 1: Arbeitsverträge

**(3) Jährliche Einmalzahlungen**

Der Anspruch und die Höhe evtl. jährlicher Einmalzahlungen (Sonderzahlungen/-zuwendungen und/oder Urlaubsgeld) bestimmen sich in entsprechender Anwendung des sachlich einschlägigen Tarifvertrages und/oder nach den geltenden betrieblichen Regelungen. Grundlage für die Berechnung betrieblicher Einmalzahlungen ist das Gesamtbruttoentgelt gemäß § 3 (1).

**(4) Sonstige Zahlungen**

Soweit über die vorstehenden Zahlungen hinaus sonstige Zahlungen gewährt werden, handelt es sich um freiwillige Zahlungen, die keinen Anspruch auf vergleichbare Zahlungen für die Zukunft begründen. Dies gilt auch, wenn sonstige Zahlungen im Einzelfall wiederholt ohne nochmaligen ausdrücklichen Vorbehalt der Freiwilligkeit gewährt wurden.

**(5) Besondere Vereinbarungen**

Als Eintrittsdatum gilt der _____.

Der Mitarbeiter verpflichtet sich, Gehaltsüberzahlungen ohne Rücksicht auf eine noch vorhandene Bereicherung zurückzuzahlen.

### § 4 Beendigung/Änderung von Aufgabenstellung und Arbeitsort

**(1) Kündigung**

Die Kündigung muß schriftlich erfolgen. Eine Kündigung vor Arbeitsaufnahme ist ausgeschlossen.

Im Falle der Kündigung des Arbeitsverhältnisses ist die Firma berechtigt, den Mitarbeiter unter Fortzahlung der Vergütung unter Anrechnung von Urlaubs- und Freizeitansprüchen freizustellen.

Für den Fall der rechtswidrigen und schuldhaften Nichtaufnahme der Arbeit oder der vertragswidrigen Beendigung des Arbeitsverhältnisses verpflichtet sich der Mitarbeiter als pauschalierten Schadensersatz und Vertragsstrafe einen Betrag in Höhe von 50% des durchschnittlichen monatlichen Bruttogehaltes für diejenige Zeit zu zahlen, in der die Arbeitsleistung nicht vertragsgerecht erbracht wird, mindestens jedoch ein Bruttomonatsgehalt. Die Geltendmachung des darüber hinausgehenden tatsächlichen Schadens bleibt hiervon unberührt.

**(2) Erreichen der Altersgrenze**

Das Arbeitsverhältnis endet unter Beachtung der geltenden gesetzlichen, tarifvertraglichen oder betrieblichen Regelungen mit Ablauf des Monats, in dem der Mitarbeiter eine der Renten wegen Alters oder wegen verhinderter Erwerbsunfähigkeit erhält, spätestens jedoch mit Vollendung des 65. Lebensjahres.

**(3) Änderung von Aufgabenstellung und Arbeitsort**

Der Mitarbeiter verpflichtet sich, auf Weisung der Firma die in § 1 ausgewiesene oder eine seiner Bildung und/oder Berufserfahrung angemessene anderweitige Tätigkeit auch in einem verbundenen Unternehmen an einem anderen Arbeitsort wahrzunehmen, ohne daß es einer Änderung des Arbeitsvertrages bzw. einer Änderungskündigung bedarf.

Soweit die Änderung des Arbeitsortes einen Wechsel des Wohnortes erforderlich macht, verpflichtet sich die Firma zum Ersatz der notwendigen Aufwendungen nach Maßgabe der geltenden betrieblichen Regelungen.

**(4) Dienstreisen**

Der Mitarbeiter ist bereit, die im Rahmen seiner Tätigkeit erforderlichen Dienstgänge und -reisen nach Maßgabe der in der Firma geltenden Richtlinien für Geschäftsreisen durchzuführen.

### § 5 Urlaub, Arbeitsverhinderung

**(1) Dauer und Lage des Urlaubs**

Der Mitarbeiter erhält im Kalenderjahr auf der Grundlage von 6 Arbeitstagen pro Woche Urlaub in Höhe von 36 Arbeitstagen. Im Rahmen der Verteilung des Urlaubs ist den betrieblichen Erfordernissen Rechnung zu tragen.

Der Mitarbeiter ist verpflichtet, auf Weisung der Firma den Urlaub zu unterbrechen oder zu verschieben. Den daraus entstehenden Schaden trägt die Firma.

**(2) Arbeitsverhinderung**
Der Mitarbeiter ist verpflichtet, jede Arbeitsverhinderung, sei es aufgrund Arbeitsunfähigkeit oder aus sonstigem Anlaß, unter Angabe der Gründe und der voraussichtlichen Dauer der Firma unverzüglich anzuzeigen. Im Falle der Arbeitsverhinderung aufgrund Arbeitsunfähigkeit ist er darüber hinaus verpflichtet, nach Maßgabe des Entgeltfortzahlungsgesetzes eine ärztliche Bescheinigung über die Arbeitsunfähigkeit sowie deren voraussichtliche Dauer vorzulegen. Entsprechendes gilt bei Kur oder Heilverfahren.

**(3) Ansprüche aufgrund Arbeitsverhinderung**
Ansprüche des Mitarbeiters gegenüber Dritten auf Schadens- oder Aufwendungsersatz, insbesondere wegen Arbeitsverhinderung aus Anlaß von Unfall, Krankheit usw., werden hiermit an die Firma bis zur Höhe der Beträge abgetreten, die die Firma aufgrund gesetzlicher, tariflicher oder vertraglicher Bestimmungen gewährt. Der Mitarbeiter verpflichtet sich, der Firma die zur Geltendmachung der abgetretenen Ansprüche erforderlichen Angaben und Nachweise zur Verfügung zu stellen.

### § 6 Allgemeine Nebenpflichten

**(1) Verschwiegenheit**
Der Mitarbeiter verpflichtet sich, über alle aufgrund der Firmenzugehörigkeit zugänglichen Informationen Stillschweigen zu wahren. Dies gilt insbesondere im Hinblick auf die Vertraulichkeit der aufgrund der Tätigkeit und Stellung im Unternehmen bekannten gruppen-, konzern-, unternehmens- und betriebsbezogenen geschäftlichen und personellen Angelegenheiten, einschließlich der hiermit in Zusammenhang stehenden Zahlen und Daten.

**(2) Nebentätigkeit/-erwerb**
Der Mitarbeiter verpflichtet sich, jedwede Nebentätigkeit, auch die Ausübung von Ehrenämtern, der Firma anzuzeigen. Die Firma ist berechtigt, die Zustimmung zur Ausübung einer Nebentätigkeit zu verweigern bzw. zu widerrufen, wenn Anhaltspunkte vorliegen, daß durch die Nebentätigkeit die Erfüllung der arbeitsvertraglichen Aufgabenstellung beeinträchtigt und/oder eine sonstige gesetzliche oder arbeitsvertragliche Verpflichtung verletzt wird.

Der Nachweis, daß die Ausübung einer Nebentätigkeit keine Beeinträchtigung bzw. Verletzung des Arbeitsvertrages zur Folge hat, ist durch den Mitarbeiter zu führen. Zur Sicherung der berechtigten Interessen kann die Firma die Zustimmung von der Erfüllung von Auflagen abhängig machen.

Die Anzeigepflicht erstreckt sich auch auf Tätigkeiten von Personen, die in häuslicher Gemeinschaft mit dem Mitarbeiter leben, soweit diese Tätigkeiten in Unternehmen ausgeübt werden, mit denen der Mitarbeiter aufgrund seiner Aufgabenstellung der Firma in Geschäftsbeziehung steht.

**(3) Vorschußzahlungen**
Zahlungen, die der Mitarbeiter vor Fälligkeit der Vergütung, dh außerhalb des regelmäßigen Auszahlungszeitpunktes erhält, sind Vorschußzahlungen auf künftige Vergütungsansprüche. Der Anspruch auf Rückzahlung eines Vorschusses wird im Wege der Aufrechnung gegen Vergütungsansprüche im Zeitpunkt der Fälligkeit (Auszahlung) geltend gemacht.

**(4) Zahlung an Dritte**
Der Mitarbeiter darf Ansprüche auf Zahlungen durch die Firma nur mit vorheriger schriftlicher Zustimmung der Firma an Dritte verpfänden oder abtreten. Er hat die durch Pfändung, Verpfändung oder Abtretung entstehenden Aufwendungen der Firma zu erstatten. Die Firma ist berechtigt, als pauschalierten Aufwendungsersatz für jede Änderung des Zahlungsempfängers 25,00 DM (12,78 EUR) und für jede Überweisung an einen Pfändungs- bzw. sonstigen Gläubiger 10,00 DM (5,11 EUR) vom Nettogehalt in Abzug zu bringen. Die Geltendmachung der darüber hinausgehenden tatsächlichen Aufwendungen bleibt hiervon berührt.

### § 7 Besondere Nebenpflichten aufgrund Aufgabenstellung

**(1) Wahrung des Datengeheimnisses gemäß Bundesdatenschutzgesetz (BDSG)**
Dem Mitarbeiter ist untersagt, personenbezogene Daten unbefugt zu verarbeiten oder zu nutzen. Er verpflichtet sich, eine Verpflichtungserklärung gemäß § 5 BDSG nach Weisung der Firma zur Kenntnis zu nehmen und die darin enthaltenen Verpflichtungen zu erfüllen. Die Firma verpflichtet sich, personenbezogene Daten des Mitarbeiters ausschließlich im Rahmen der Zweckbestimmung des Arbeitsverhältnisses, insbesondere zum Zwecke der ordnungsgemäßen Vergütungsabrechnung, zu verarbeiten oder zu nutzen.

**(2) Mitteilung der Änderung persönlicher Daten**
Der Mitarbeiter ist verpflichtet, der Firma Änderungen der Anschrift unverzüglich und unaufgefordert mitzuteilen, wenn er wegen Änderung der Wohnung (Haupt- oder Nebenwohnung), Urlaub, Krankenhaus- oder Kuraufenthalt dauerhaft oder vorübergehend unter der der Firma bisher angegebenen Anschrift nicht erreichbar ist.

**(3) Verpflichtung zur Einhaltung von Arbeitsschutzvorschriften**
Der Mitarbeiter ist verpflichtet, die aufgrund seiner Aufgabenstellung maßgeblichen Arbeitsschutzvorschriften und betrieblichen Richtlinien nach Weisung der Firma zur Kenntnis zu nehmen und die darin enthaltenen Verpflichtungen zu erfüllen.

### § 8 Schlußvorschriften

**(1) Änderungen des Arbeitsvertrages**
Der Mitarbeiter und die Firma vereinbaren, daß Änderungen und Ergänzungen des Arbeitsvertrages zu ihrer Rechtswirksamkeit der Schriftform bedürfen. Dies gilt nicht für Veränderungen der Vergütung oder der Gewährung sonstiger Zahlungen, mit Ausnahme der aufgrund besonderer Vereinbarungen erfolgenden Zahlungen.

**(2) Anpassung des Arbeitsvertrages**
Sollte eine Bestimmung dieses Anstellungsvertrages unwirksam sein oder werden, so wird die Wirksamkeit des Arbeitsvertrages im übrigen nicht berührt. Die Vertragsparteien verpflichten sich, in diesem Fall die unwirksame Regelung unverzüglich der geltenden Rechtsordnung anzupassen und durch eine wirksame Regelung zu ersetzen, die den Interessen beider Vertragsteile Rechnung trägt.

**(3) Ansprüche aus dem Arbeitsvertrag**
Sämtliche gegenseitigen Ansprüche aus dem Arbeitsvertrag und solche, die mit dem Arbeitsverhältnis in Zusammenhang stehen, verfallen, wenn sie nicht innerhalb von drei Monaten nach Fälligkeit gegenüber der anderen Vertragspartei schriftlich geltend gemacht worden sind. Dies gilt auch für Ansprüche auf Rückabwicklung von Zahlungen, die der Mitarbeiter ohne Rechtsgrund erhalten hat; während des Arbeitsverhältnisses sowie innerhalb der Ausschlußfrist verzichtet er auf die Einrede, nicht mehr bereichert zu sein.

# 4. Muster: Arbeitsvertrag mit dem Leiter Konstruktion (mit Regelung über Wohnortwechsel, Pensionszusage und Wettbewerbsverbot)

▼

*Anstellungsvertrag*

Zwischen

– im nachfolgenden kurz die „Firma" genannt –

und

Herrn

ist folgendes vereinbart:

### § 1 Aufgabengebiet

(1) Die Firma überträgt Herrn           ab           die Leitung der Abteilung Konstruktion. Vor Beginn des Arbeitsverhältnisses ist die Kündigung ausgeschlossen.

(2) Einzelheiten des Aufgabengebiets ergeben sich aus der beigefügten Stellenbeschreibung, die Bestandteil des Vertrages ist und bei veränderten Organisationsbedürfnissen von der Geschäftsleitung nach billigem Ermessen angepaßt werden kann.

(3) Herr           berichtet an          .

(4) Die Firma behält sich vor, Herrn           innerhalb des Unternehmens auch eine andere, seiner Vorbildung und seinen Fähigkeiten entsprechende Tätigkeit zu übertragen. Soweit es sich nicht um eine höherwertige Tätigkeit handelt, bleibt eine Änderung des vereinbarten Aufgabenbereichs ohne Einfluß auf die Vergütung. Bei höherwertiger Tätigkeit hat nach 3 Monaten eine Anpassung des Gehalts gemäß § 315 BGB zu erfolgen.

(5) Herr           verpflichtet sich, auch an einem anderen Ort und für einen anderen Arbeitgeber zumutbare Arbeit zu verrichten. Als „vorübergehend" gilt nach dem Willen der Parteien ein Zeitraum unter einem Monat.

(6) Die Herrn           übertragene Stellung ist mit Handlungsvollmacht im Sinne des § 54 HGB ausgestattet.

(7) Lage und Dauer der täglichen Arbeitszeit richten sich nach den betrieblichen Erfordernissen, insbesondere nach den Anforderungen von Produktion und Arbeitsvorbereitung.

### § 2 Geheimhaltung

Herr      verpflichtet sich, über alle ihm im Rahmen seiner Tätigkeit bekannt gewordenen geschäftlichen Angelegenheiten und Vorgänge, insbesondere Geschäfts- und Betriebsgeheimnisse, Stillschweigen zu bewahren. Das gilt auch für die Zeit nach Vertragsbeendigung.

### § 3 Qualitätsmanagement

(1) Die Firma erwartet, daß Herr           im Rahmen des betriebsinternen Quality Management geeignete Seminare zur beruflichen Weiterbildung besucht und sich persönlich um Kenntnisse bemüht, die stets dem aktuellen technischen Standard entsprechen.

(2) Von Herrn           wird erwartet, daß er an den von der Firma angebotenen Veranstaltungen zur beruflichen Weiterbildung teilnimmt und auch selbst als Vortragender derartige Seminare unter Fortzahlung der vertraglichen Bezüge firmenintern durchführt.

### § 4 Diensterfindungen

Bei Diensterfindungen gelten die Vorschriften des Gesetzes über Arbeitnehmererfindungen vom 25.07.1957 sowie die hierzu ergangenen „Richtlinien für die Vergütung von Arbeitnehmererfindungen im privaten Dienst" vom 20.07.1959.

## § 5 Vergütung

(1) Herr _____ erhält ein monatliches Bruttogehalt von _____ DM ( _____ EUR), zahlbar jeweils am Ende des Monats.

Die Firma wird das Gehalt des Herrn _____ jeweils zu Beginn eines Kalenderjahres auf seine Angemessenheit hin überprüfen und unter Berücksichtigung der Gesichtspunkte Ertragslage der Firma, gestiegene Lebenshaltungskosten und Zufriedenheit mit den Leistungen von Herrn _____ gegebenenfalls neu festsetzen.

(2) Herr _____ nimmt an der Ausschüttung einer Tantieme teil, die spätestens innerhalb eines Zeitraumes von _____ Monaten nach Vorlage des Jahresergebnisses fällig wird. Die Höhe der Tantieme beträgt _____ Prozent des ausgewiesenen Gewinns.

(3) Die Firma gewährt Herrn _____ ein 13. Monatsgehalt, das am 1. Dezember gezahlt wird.

(4) Mit der Zahlung der vereinbarten Bezüge ist etwaige, über die betriebliche Arbeitszeit hinausgehende Mehrarbeit im Umfang von bis zu 30 Stunden pro Monat abgegolten. Die Parteien können diese Abgeltungsvereinbarung isoliert mit einer Frist von 3 Monaten zum Monatsende kündigen. Nach Ablauf der Kündigungsfrist reduziert sich das Gehalt um _____ %, solange keine neue Vereinbarung zwischen den Parteien getroffen wurde.

(5) Die Firma behält sich vor, die Vergütung jederzeit und ohne daß es einer weiteren Ankündigung bedarf, gemäß dem festgelegten Umrechnungskurs von 1,95583 in EURO abzurechnen.

(6) Herr _____ verpflichtet sich, Gehaltsüberzahlungen ohne Rücksicht auf eine noch vorhandene Bereicherung zurückzuzahlen.

## § 6 Dienstwagen

(1) Herr _____ erhält für die Dauer des Anstellungsvertrages einen Dienstwagen, der von Herrn _____ persönlich auch zu Privatfahrten benutzt werden kann. Die Kraftstoffkosten für längere Privatfahrten, insbesondere für Urlaubsfahrten, sind von Herrn _____ zu tragen. Der geldwerte Vorteil für die private Nutzung wird in Höhe von 1 % des Listen-Neupreises von Herrn _____ versteuert. Diese Regelung wird bei der monatlichen Gehaltszahlung berücksichtigt. Die Fahrten zwischen Wohnung und Arbeitsstätte sind zusätzlich zu versteuern.

(2) Im Falle einer Freistellung (Beurlaubung) bei Kündigung des Arbeitsverhältnisses oder aus sonstigem Grund ist Herr _____ verpflichtet, den Wagen zurückzugeben, wenn die Firma erklärt, daß sie das Fahrzeug für den eigenen Geschäftsbetrieb benötigt. Eine Entschädigung findet in diesem Falle nicht statt.

## § 7 Reisekostenvergütung

Für die Erstattung der Kosten anläßlich von Dienstreisen gelten die Richtlinien der Firma über die Vergütung von Reisekosten, die in ihrer jeweils aktuellen Fassung Bestandteil dieses Vertrages sind.

## § 8 Urlaub

Herr _____ hat nach einer Beschäftigungsdauer von sechs Monaten Anspruch auf einen Jahresurlaub von _____ Arbeitstagen. Der Urlaub ist im Einvernehmen mit der Geschäftsleitung zu nehmen. Insbesondere ist zu beachten, daß der zusammenhängende Jahreserholungsurlaub während der jährlichen Werksferien genommen werden muß.

## § 9 Arbeitsunfähigkeit

(1) Im Falle der Arbeitsunfähigkeit infolge Krankheit ist Herr _____ verpflichtet, spätestens am dritten Arbeitstag eine ärztliche Bescheinigung über die Arbeitsunfähigkeit und deren voraussichtliche Dauer vorzulegen.

(2) Im Falle von Arbeitsunfähigkeit infolge Krankheit zahlt die Firma Herrn _____ die in § 2 festgelegten Bezüge nach Maßgabe folgender Regelung weiter: Während der ersten sieben Jahre der Tätigkeit auf die Dauer von drei Monaten, nach siebenjähriger Tätigkeit auf die Dauer von fünf Monaten.

## § 10 Nebentätigkeit

Die Übernahme einer auf Erwerb gerichteten Nebentätigkeit durch Herrn ▩ bedarf der vorherigen Zustimmung der Geschäftsleitung. Die Zustimmung ist zu erteilen, sofern nicht Interessen der Firma durch die Ausübung der Nebentätigkeit beeinträchtigt werden können.

## § 11 Wettbewerbsverbot

(1) Herr ▩ verpflichtet sich, für die Dauer von zwei Jahren nach Beendigung des Arbeitsverhältnisses nicht für ein Unternehmen tätig zu sein, das auf folgenden Gebieten in Produktion, Vertrieb oder Zwischenhandel tätig ist: ▩.

(2) Innerhalb der vorstehenden Grenzen ist es Herrn ▩ demnach auch verwehrt, ein Arbeitsverhältnis oder ein Beratungs- oder Vertretungsverhältnis zu einem solchen Unternehmen einzugehen, ein solches Unternehmen selbst zu errichten oder zu erwerben, sich an einem solchen Unternehmen – ganz gleich in welcher Rechtsform – zu beteiligen.

(3) Der örtliche Geltungsbereich des Wettbewerbsverbots erstreckt sich auf ▩.

(4) Für die Dauer des Wettbewerbsverbots zahlt die Firma Herrn ▩ als Karenzentschädigung die Hälfte der zuletzt gewährten Bezüge.

(5) Im übrigen gelten die gesetzlichen Bestimmungen der §§ 74–75 c des Handelsgesetzbuches.

## § 12 Beendigung des Vertragsverhältnisses

(1) Die ersten sechs Monate des Anstellungsverhältnisses gelten als Probezeit. In dieser Zeit kann das Arbeitsverhältnis von beiden Seiten mit einer Frist von einem Monat zum Monatsende gekündigt werden. Danach kann das Arbeitsverhältnis von beiden Seiten mit einer Frist von 6 Monaten zum Vierteljahresende gekündigt werden. Im übrigen verlängern sich die Kündigungsfristen gemäß § 622 BGB. Jede Kündigung bedarf der Schriftform.

(2) Die Firma ist berechtigt, Herrn ▩ nach Ausspruch einer Kündigung bis zum Ablauf der Kündigungsfrist unter Fortzahlung der vertraglichen Bezüge von der Dienstleistung freizustellen.

## § 13 Vertragsstrafe

(1) Wird das Anstellungsverhältnis vor oder nach Dienstantritt vertragswidrig vorzeitig beendet oder verstößt Herr ▩ gegen die vertragliche Verschwiegenheitspflicht, ist für jeden einzelnen Fall pflichtwidrigen Handelns eine Vertragsstrafe in Höhe von 3 Monatsgehältern zu zahlen.

(2) Weitergehende Schadensersatzansprüche oder vertragliche Ansprüche bleiben hiervon unberührt.

## § 14 Wohnortwechsel

(1) Herr ▩ verpflichtet sich, spätestens ein Jahr nach Vertragsbeginn seinen Hauptwohnsitz nach ▩ zu verlegen. Die Firma wird Herrn ▩ bei der Suche nach einer geeigneten Wohnung oder einem Haus behilflich sein.

Bis zum Umzug innerhalb des vertraglich festgelegten Zeitraums übernimmt die Firma die Kosten für eine angemessene Zweitwohnung und erstattet Herrn ▩ die Kosten für 2 Familienheimfahrten monatlich.

(2) Für die Dauer der Trennung von seiner Familie, längstens jedoch für die Dauer von ▩, erhält Herr ▩ eine monatliche Trennungsentschädigung von ▩ DM ( ▩ EUR), die jeweils zusammen mit dem Gehalt am Ende des Monats ausgezahlt wird.

(3) Die Kosten des Umzugs von ▩ nach ▩ werden von der Firma in der durch Vorlage der Speditionsrechnung nachgewiesenen Höhe übernommen.

(4) Herr ▩ hat die Umzugskostenerstattung zeitanteilig zurückzuzahlen, wenn er innerhalb von ▩ Jahren auf eigenen Wunsch oder aus von ihm zu vertretenden Gründen die Firma verläßt.

# Kapitel 1: Arbeitsverträge

### § 15 Leistungen im Todesfall und bei Invalidität

(1) Die Firma hat Herrn _____ in einer Unfallversicherung mit folgenden Deckungssummen versichert:

| | | |
|---|---|---|
| für den Todesfall | _____ DM ( | _____ EUR) |
| für den Fall der Invalidität | _____ DM ( | _____ EUR) |
| Tagegeld von dem 43. Tag einer durch Unfall verursachten Arbeitsunfähigkeit an | _____ DM ( | _____ EUR) |
| Heilkosten | _____ DM ( | _____ EUR) |

Mit dem Tage des Ausscheidens des Herrn _____ aus den Diensten der Firma wird die Versicherung beendet.

(2) Im Falle des Ablebens des Herrn _____ erhalten seine Hinterbliebenen (Witwe und unterhaltsberechtigte Kinder) die vollen Bezüge noch für die Dauer von drei Monaten, beginnend mit dem Ablauf des Sterbemonats, weiter. Für diese Zeit entfallen Leistungen an die Hinterbliebenen aus einer für den Todesfall des Herrn _____ bestehenden betrieblichen Altersversorgung.

### § 16 Altersversorgung

Beim Ausscheiden des Herrn _____ nach Vollendung seines 65. Lebensjahres oder bei vorzeitiger Arbeitsunfähigkeit des Herrn _____ nach mindestens zehnjähriger Tätigkeit im Dienste der Firma wird Herrn _____ eine Altersversorgung auf folgender Grundlage gewährt:

Die Firma zahlt Herrn  eine monatliche Pension, die sich aus einem Grundbetrag von 15 v.H. der letzten Monatsbezüge sowie einem Steigerungsbetrag von je 1 v.H. der letzten Monatsbezüge für jedes nach dem 10. Dienstjahr in der Firma zurückgelegte Dienstjahr zusammensetzt, und zwar bis zum Höchstbetrag von 75 v.H. der zuletzt gezahlten Bezüge.

Im Falle des Ablebens des Herrn  während des Dienstverhältnisses erhält seine Witwe 50 v.H. der Pension nach Abs. 1, beginnend mit dem Ablauf der Gehaltsbezüge nach § 7, zuzüglich weiterer 15 v.H. für jedes noch in der Berufsausbildung stehende Kind unter 25 Jahren. Im Falle des Ablebens des Herrn _____ während des Ruhestandes erhalten seine Versorgungsberechtigten die entsprechenden Versorgungsbezüge nach Satz 1. Der Anspruch auf Witwenpension entfällt mit dem Ende des Monats, in dem sich die Witwe wiederverheiratet.

Im übrigen gelten die Bestimmungen des „Gesetzes zur Verbesserung der betrieblichen Altersversorgung" vom 19.12.1974 in seiner jeweils aktuellen Fassung.

### § 17 Nebenabreden

Vereinbarungen außerhalb dieses Vertrages wurden zwischen den Parteien nicht getroffen. Änderungen und Ergänzungen des Vertrages bedürfen zu ihrer Wirksamkeit der schriftlichen Bestätigung. Gleiches gilt für die Aufhebung der Schriftform.

---

## 5. Muster: Arbeitsvertrag eines Leiters Gesamtvertrieb mit Gesamtprokura

Zwischen

_____

– im folgenden KG genannt –

und

Herrn _____

wird folgender

*Anstellungsvertrag*

abgeschlossen:

Verträge mit Arbeitnehmern, Gesellschaftsorganen und Selbständigen § 1

## § 1 Dienststellung und Aufgabenbereich

(1) Die KG überträgt Ihnen mit Wirkung vom         , nach Möglichkeit früher, die Gesamtleitung des Vertriebs Deutschland.

(2) Ihre genauen Aufgabenstellungen und Zielsetzungen werden gemeinsam verbindlich erarbeitet.

(3) Sie sind dem Komplementär und der Geschäftsleitung unterstellt.

(4) Die Position ist mit Gesamtprokura ausgestattet.

(5) Sie erklären sich bereit, auf Verlangen der Geschäftsleitung auch andere zumutbare Aufgaben zu übernehmen. Eine Änderung der Aufgabenstellung kann nur durch die Geschäftsleitung erfolgen.

(6) Sie sind Mitglied des engeren Führungskreises (FK).

## § 2 Bezüge

(1) Sie erhalten ab dem Monat Ihres Eintritts als Vergütung für Ihre Tätigkeit ein Gehalt von jährlich         DM (        EUR) brutto, das in 12 gleichen Monatsbeträgen von         DM (        EUR) zur Auszahlung kommt.

(2) Urlaubs- und Weihnachtsgeld sind mit obiger Summe abgegolten.

(3) Darüber hinaus steht ein leistungsabhängiger Bonus von         DM (        EUR) jährlich zur Verfügung, dessen Auszahlung im Ermessen Ihres Vorgesetzten liegt und der sich an Ihrer Leistung und der Erreichung der mit Ihnen vereinbarten qualitativen und quantitativen Ziele orientiert. Bis zum         wird der Bonus garantiert. Die Zahlung für         erfolgt pro rata temporis.

Die vereinbarten Ziele sollen sich aufteilen im Verhältnis:
– 1/3 qualitative Ziele
– 2/3 quantitative Ziele

Die quantitativen Ziele wiederum teilen sich auf in:
– 50 % am geplanten Umsatz
– 50 % an der geplanten Bruttomarge

Die jeweiligen Basiszahlen (100 %-Plan) sowie die Werte für Über- oder Unterschreitung der Planzahlen werden während der Planungsperiode für das Geschäftsjahr         im Herbst         gemeinsam festgelegt. Die Bandbreite für Unter- bzw. Überschreitung der Planzahlen wird zwischen 80 % – 120 % definiert. Zwischen 95 % und 105 % wird eine Progressionszone festgeschrieben.

(4) Die Vereinbarungen nach Absatz (3) sollen so gestaltet werden, daß bei Erreichung der Planzahlen für Umsatz und Bruttomarge folgende Gesamtbezüge p.a. erreicht werden:
19    :        DM (        EUR)
19    :        DM (        EUR)
Eventuelle Anpassungen des Fixgehaltes werden dabei verrechnet.

(5) Ferner haben Sie Anspruch auf Leistungen im Rahmen des Gewinnbeteiligungsmodells der KG gemäß dem jeweils gültigen Reglement.

(6) Sie erhalten außerdem vermögenswirksame Leistungen in gleicher Weise wie Tarifangestellte auf Grund der entsprechenden Tarifverträge.

(7) Ihr Gehalt wird einmal jährlich überprüft. Bei der Überprüfung werden wir darauf achten, daß sich die Bezüge aller außertariflich bezahlten Angestellten im Durchschnitt im gleichen Maße entwickeln wie die unserer übrigen Beschäftigten.

(8) Die KG behält sich vor, die Vergütung jederzeit und ohne daß es einer weiteren Ankündigung bedarf, gemäß dem festgelegten Umrechnungskurs von 1,95583 in EURO abzurechnen.

### § 1 Kapitel 1: Arbeitsverträge

(9) Sie verpflichten sich, Gehaltsüberzahlungen ohne Rücksicht auf eine noch vorhandene Bereicherung zurückzuzahlen.

#### § 3 Reisekosten/Spesenregelung

(1) Für die Erstattung von Reisekosten und Spesen anläßlich von Dienstreisen gilt die für die KG verbindliche Reisekostenordnung in ihrer jeweiligen Fassung.

(2) Sie haben Anspruch auf einen Dienstwagen der Marke , der auch zur privaten Nutzung zur Verfügung steht. Der entsprechende geldwerte Vorteil wird Ihren Bezügen hinzugerechnet und versteuert.

#### § 4 Gehaltszahlung bei Krankheit und Tod

(1) Im Falle der Erkrankung zahlt die KG Ihnen die in § 2 Abs. 1 aufgeführten Beträge für die Dauer von drei Monaten.

(2) Im Falle Ihres Ablebens erhalten die Hinterbliebenen noch die vollen Bezüge gemäß Ziffer 1 für drei Monate, beginnend mit dem Ablauf des Sterbemonats.

#### § 5 Urlaub

(1) Ihr Urlaub beträgt derzeit 30 Arbeitstage jährlich und richtet sich nach den Bestimmungen des MTV Metall in seiner jeweils gültigen Fassung. Er ist jeweils mit dem Vorgesetzten abzustimmen.

#### § 6 Versicherungen

(1) Ihnen wird der Arbeitgeberanteil zur gesetzlichen Rentenversicherung auch für den Fall gewährt, daß Sie eine befreiende Lebensversicherung gewählt haben. Entsprechendes gilt für den Arbeitgeberanteil zur gesetzlichen Krankenversicherung. Maximal wird jedoch in beiden Fällen nur die Hälfte des nachgewiesenen Beitrages gezahlt.

(2) Die KG versichert Sie neben der bei der zuständigen Berufsgenossenschaft geführten gesetzlichen Unfallversicherung in einer Gruppen-Unfallversicherung, die auch außerdienstliche Unfälle versichert, und zwar in Höhe von
300.000,00 DM (153.387,56 EUR) bei Tod,
600.000,00 DM (306.775,13 EUR) bei Invalidität,
3.000,00 DM (1.533,88 EUR) bei anfallenden Bergungskosten,
50,00 DM (25,56 EUR) Krankenhaustagegeld mit Genesungsgeld.

Die Leistungen aus dieser Versicherung sollen Ihnen, Ihrem Ehepartner oder den ehelichen Abkömmlingen zukommen.

(3) Im Falle des Abschlusses einer Verdienstausfallversicherung im Rahmen der von der KG ausgehandelten Gruppenversicherung mit der Deutschen Krankenversicherungs-AG beteiligt sich das Unternehmen mit 20 % an der monatlichen Prämie. Die Versicherung umfaßt Krankentagegeld ab dem Zeitpunkt, zu dem der Gehaltsanspruch gegenüber dem Unternehmen endet.

#### § 7 Nebenabreden

(1) Sie haben den Wunsch geäußert, zunächst in wohnen zu bleiben. Dies wird unter der Voraussetzung akzeptiert, daß Sie mindestens 50 % der monatlichen Arbeitszeit am Dienstsitz in verbringen. Die Reisedisposition ist so zu organisieren, daß wenigstens 2 volle Tage pro Woche in anfallen.

(2) Die KG übernimmt für die Dauer von 6 Monaten die Kosten für die Anmietung eines Appartements im Bereich der Stadt . Die KG bezahlt auch eventuell anfallende Kosten für Makler und Inserate.

(3) Sollten Sie das Appartement nach 6 Monaten weiter mieten, besteht die Möglichkeit, daß die KG die Miete bei entsprechender Reduzierung des Gehaltes im Zuge einer Gehaltsumwandlung weiterzahlt.

(4) Für den Fall eines späteren Umzuges übernimmt die KG die vollen Umzugskosten (Spedition). Darüber hinaus zahlt die KG in Anwendung der Bestimmungen des Bundesumzugskostengesetzes 10.000,00 DM (5112,92 EUR) für Umzugsnebenkosten.

### § 8 Nebentätigkeit

(1) Jede Nebentätigkeit, gleichgültig, ob sie entgeltlich oder unentgeltlich ausgeübt wird, bedarf der vorherigen Zustimmung der KG. Die Zustimmung ist zu erteilen, wenn die Nebentätigkeit die Wahrnehmung der dienstlichen Aufgaben zeitlich nicht oder allenfalls unwesentlich behindert und sonstige berechtigte Interessen der KG nicht beeinträchtigt werden.

(2) Die KG hat die Entscheidung über den Antrag auf Zustimmung der Nebentätigkeit innerhalb von vier Wochen nach Eingang des Antrags zu treffen. Wird innerhalb dieser Frist eine Entscheidung nicht gefällt, gilt die Zustimmung als erteilt.

(3) Private Veröffentlichungen und Vorträge aller Art und die Übernahme von Ehrenämtern sind Ihrem Vorgesetzten zu melden, soweit dadurch die Interessen der KG berührt werden. Hierfür ist das schriftliche Einverständnis erforderlich.

### § 9 Schweigepflicht

(1) Alle während der Tätigkeit bekannt gewordenen betriebsinternen Angelegenheiten unterliegen der Geheimhaltungspflicht; das gilt auch für die Zeit nach Beendigung des Anstellungsverhältnisses.

(2) Die Schweigepflicht erstreckt sich auch auf die Bedingungen dieses Vertrages.

### § 10 Vertragsdauer und Kündigung

(1) Der Vertrag beginnt spätestens am             und wird auf die Dauer von zunächst 3 Jahren fest abgeschlossen.

Der Vertrag verlängert sich jeweils um weitere zwei Jahre, wenn er nicht spätestens 12 Monate vor Ablauf der jeweiligen Vertragsdauer von einer Partei gekündigt wird. Die Kündigung bedarf der Schriftform. Im Falle einer Kündigung ist die KG berechtigt, Sie unter Anrechnung etwaiger Urlaubsansprüche bis zum Ablauf der Vertragsdauer von der Verpflichtung zur Dienstleistung freizustellen. Während der Freistellung werden die vereinbarten Bezüge weiter gezahlt.

(2) Das Recht zur außerordentlichen Kündigung wird durch Absatz 1 nicht berührt.

(3) Der Vertrag endet, ohne daß eine Kündigung ausgesprochen werden muß, spätestens am Tag der Vollendung des 65. Lebensjahres.

(4) Mit Beendigung des Arbeitsverhältnisses sind alle Arbeitsunterlagen an die KG zurückzugeben.

### § 11 Schlußbestimmungen

(1) Für das Arbeitsverhältnis gelten außer den Bestimmungen dieses Vertrages das Gesetz und die Betriebsvereinbarungen. Mündliche Nebenabreden haben keine Wirksamkeit.

(2) Änderungen und Ergänzungen dieses Vertrages bedürfen zu ihrer Wirksamkeit der Schriftform.

(3) Mit Abschluß dieses Vertrages sind alle in der Vergangenheit eventuell getroffenen vertraglichen Vereinbarungen gegenstandslos geworden.

(4) Die für die Erstellung der Gehaltsabrechnung benötigten Daten werden gespeichert. Dies gilt ebenso für Daten, die zur Abführung der Beiträge und Steuern an die Sozialversicherungsträger, Finanzämter, Berufsgenossenschaften und ähnliche Institutionen erforderlich sind.

## 6. Muster: Arbeitsvertrag mit Niederlassungsleiter eines Bauunternehmens

*Anstellungsvertrag*

Zwischen            Aktiengesellschaft mit Sitz in          , im nachstehenden kurz AG genannt, einerseits

und

Herrn           andererseits

wird heute folgender Anstellungsvertrag geschlossen:

### § 1

Als Eintrittsdatum für Herrn           wird der           festgelegt.

Einstellungsort und Gerichtsstand ist          .

Herr           ist leitender Angestellter.

Herr           verpflichtet sich:

a) während der Dauer des Vertrages der AG nach bestem Können zu dienen, seine ganze Tätigkeit ausschließlich in deren Dienst zu stellen, ihren geschäftlichen Erfolg und ihr Ansehen in jeder möglichen Weise zu vertreten und alles zu unterlassen, was dem Gedeihen der AG Abbruch tun könnte,

b) ohne schriftliche Einwilligung der AG weder ein Handelsgewerbe zu betreiben, noch in dem Handelszweig der AG für eigene oder fremde Rechnung Geschäfte zu machen oder sich an einer anderen Handelsgesellschaft in irgendeiner Form zu beteiligen oder für ein solches Unternehmen tätig zu sein,

c) die Betriebsordnung, die QM-Verfahrensanweisungen, Arbeitsanweisungen etc. zu beachten. Es gilt der jeweils gültige Geschäftsverteilungsplan.

### § 2

Herr           verpflichtet sich, über alle betrieblichen Angelegenheiten und Vorgänge, insbesondere Geschäftsgeheimnisse, die ihm im Rahmen seiner Tätigkeit zur Kenntnis gelangen, jederzeit Stillschweigen zu bewahren.

### § 3

Als Vergütung für seine Tätigkeit erhält Herr           ab           ein monatliches Bruttogehalt in Höhe von           DM (          EUR), zahlbar unter Abzug der gesetzlichen Einbehalte jeweils am Ende des Monats. Es gilt folgende Gehaltsgleitklausel:

Unabhängig von der Tatsache, daß Herr           leitender Angestellter ist und insofern der Rahmentarifvertrag für die technischen und kaufmännischen Angestellten des Baugewerbes nicht gilt, erhöht sich sein Gehalt im April eines jeden Jahres um den 1,25fachen Betrag, um den sich die Tarifgruppe T 7/3 erhöht.

Verursacht Herr           durch eine schuldhafte Pflichtverletzung einen Schaden, so hat er im Falle einfacher Fahrlässigkeit den Schaden zur Hälfte, höchstens jedoch bis zu einem Betrag einer gewöhnlichen Monatsnettovergütung zu ersetzen. Bei grober Fahrlässigkeit hat er den Schaden voll zu tragen, jedoch der Höhe nach beschränkt auf den dreifachen Betrag der gewöhnlichen Monatsvergütung. Diese Grundsätze gelten entsprechend bei Schadensersatzansprüchen Dritter. Bei Vorsatz haftet Herr           unbeschränkt.

Die AG behält sich vor, die Vergütung jederzeit und ohne daß es einer weiteren Ankündigung bedarf, gemäß dem festgelegten Umrechnungskurs von 1,95583 in EURO abzurechnen.

Herr           verpflichtet sich, Gehaltsüberzahlungen ohne Rücksicht auf eine noch vorhandene Bereicherung zurückzuzahlen.

## Verträge mit Arbeitnehmern, Gesellschaftsorganen und Selbständigen § 1

**§ 4**

Herr _____ erhält im Krankheitsfall für die ersten sechs Wochen sein Bruttogehalt, ab Beginn der 7. Kalenderwoche bis zur Dauer von fünf Monaten einen Zuschuß zum Krankengeld bis zur Höhe seines Nettogehaltes.

Im Falle seines Ablebens während des bestehenden Dienstverhältnisses werden die bisherigen Bezüge für einen Zeitraum von drei Monaten weitergezahlt.

**§ 5**

Bei Dienstreisen vergütet die AG die Eisenbahnkosten 1. Klasse. Bei Flugreisen in Europa oder nach Übersee werden die Kosten der „business-class" vergütet. Bei erforderlichen Inlandsflügen werden die Kosten der Touristenklasse erstattet. Es gelten die Richtlinien für Reisekostenabrechnungen der AG.

Bewirtungsspesen für Geschäftsfreunde werden auf Vertrauensbasis unter Beachtung der steuerlichen Vorschriften erstattet.

**§ 6**

Es gilt gegenseitig eine Kündigungsfrist von sechs Monaten jeweils zum Halbjahresende. Die Kündigung muß schriftlich erfolgen. Das Arbeitsverhältnis endet ohne Kündigung am Letzten des Monats, in dem der Arbeitnehmer das 65. Lebensjahr vollendet.

Dieser Anstellungsvertrag ist für unbestimmte Zeit abgeschlossen und von beiden Vertragsparteien nur kündbar mit der vereinbarten Frist.

**§ 7**

Herr _____ hat Anspruch auf eine jährliche Ermessenstantieme in Höhe von 2 % des Betriebsergebnisses nach der Baubetriebsabrechnung der AG, zahlbar im Juli des folgenden Geschäftsjahres.

**§ 8**

Herrn _____ steht ein Jahresurlaub von sechs Wochen zu, der indes so zu nehmen ist, daß die Geschäfte der Gesellschaft dadurch nicht beeinträchtigt werden, und der vorher mit dem zuständigen Vorgesetzten abzustimmen ist.

**§ 9**

Herr _____ hat im November eines jeden Jahres Anspruch auf ein 13. Netto-Monatsgehalt.

**§ 10**

Die AG übernimmt die zu Gunsten von Herrn _____ bestehende Direktversicherung.

**§ 11**

Die AG stellt Herrn _____ einen Dienstwagen zur Verfügung, der von diesem in angemessenem Rahmen auch für Privatfahrten genutzt werden kann. Gemäß Lohnsteuerrichtlinien wird die Stellung eins Dienstwagens als geldwerter Vorteil betrachtet und versteuert. Die in diesem Zusammenhang entsprechend den Richtlinien anfallenden Steuern sind von Herrn _____ zu tragen und werden bei der Gehaltsabrechnung in Abzug gebracht.

Herr _____ verzichtet hiermit ausdrücklich auf alle Ansprüche, die ihm und seiner Familie im Zusammenhang mit der privaten Nutzung des Wagens entstehen könnten und wird die AG von allen Ansprüchen seiner Familie oder dritter Personen freistellen, soweit solche Ansprüche von dem Versicherungsschutz der AG nicht abgedeckt sind.

Herrn _____ steht es frei, seinen Privatwagen zu nutzen.

**§ 12**

Herr _____ ist von der AG in einer bei der Versicherung abgeschlossenen Kollektiv-Unfallversicherung angemeldet, und zwar mit folgenden Sätzen:

_____ DM ( _____ EUR) bei Tod
_____ DM ( _____ EUR) bei Invalidität

239

# § 1 Kapitel 1: Arbeitsverträge

und
_____ DM ( _____ EUR) Tagegeld.
Diese Kollektiv-Unfallversicherung läuft neben der gesetzlichen Unfallversicherung bei der Bau-Berufsgenossenschaft.

### § 13
Ehrenämter dürfen nur nach Zustimmung durch den Vorstand übernommen werden.

### § 14
Herr _____ hat im Falle seines Ausscheidens aus den Diensten der AG alle Drucksachen, Urkunden, Aufzeichnungen, Entwürfe und Akten über Angelegenheiten der AG, die sich in seinem Besitz befinden, der AG zu übergeben. Diese Verpflichtung bezieht sich auch auf Schriftstücke, die an ihn persönlich in seiner Eigenschaft als Angestellter der AG gerichtet worden sind. Ein Zurückbehaltungsrecht auf diese Unterlagen darf Herr _____ nicht ausüben.

### § 15
Durch die Unterzeichnung dieses Anstellungsvertrages werden sämtliche bisherigen mündlichen oder schriftlichen Vereinbarungen aufgehoben.

### § 16
Die Aufhebung, Änderung und Ergänzung dieses Vertrages bedürfen der Schriftform. Mündliche Vereinbarungen einschließlich einer Vereinbarung über die Aufhebung der Schriftform sind nichtig.

## 7. Muster: Arbeitsvertrag mit einem Leiter Produktionsmanagement (als Anschreiben)

*AT-Dienstvertrag*

Sehr geehrter Herr _____,
zwischen der Firma _____
– im folgenden Gesellschaft genannt –
und Ihnen wird folgende Vereinbarung geschlossen:

### 1. Vertragsbeginn und Tätigkeit
Sie sind seit dem _____ als Leiter im Produktionsmanagement, Geschäftsbereich _____ in unserem Unternehmen beschäftigt. Ab dem _____ werden Sie als AT-Angestellter geführt. Die Gesellschaft behält sich das Recht vor, bei gleichbleibender Grundtätigkeit das Aufgabengebiet nach den Bedürfnissen der Gesellschaft zu erweitern oder einzuschränken und Sie dort einzusetzen, wo Ihre Dienstleistung nach dem Ermessen der Gesellschaft jeweils benötigt wird.

### 2. Gehaltsvereinbarung
Als Vergütung für Ihre Tätigkeit erhalten Sie ein Monatsgehalt von
_____ DM ( _____ EUR)
brutto. Das Gehalt wird einmal im Jahr, regelmäßig mit der Planung für das Folgejahr, auf seine Aktualität überprüft. Die Änderung bedarf der Schriftform. Alle übrigen Beihilfen bemessen sich nach der allgemeinen betrieblichen Regelung. Die Weihnachtsgratifikation beträgt zur Zeit _____ % eines Monatsgehaltes. Das Urlaubsgeld beträgt zur Zeit _____ DM ( _____ EUR) je Urlaubstag.

Sie erhalten eine Ergebnisprämie nach folgenden Grundsätzen: Die Ergebnisprämie wird einmal jährlich gezahlt. Bindende Ausgangsbasis ist die Erfolgsrendite in %. Für jedes 1/10 %, das über einer Basisrendite von 3 % liegt, erhalten Sie 2,5 % vom letzten Dezember-Monatsgehalt. Im ersten Beschäftigungsjahr wird Ihr derzeitiges Gehalt von _____ DM ( _____ EUR) zugrunde gelegt.

## Verträge mit Arbeitnehmern, Gesellschaftsorganen und Selbständigen § 1

Endet das Dienstverhältnis eines Prämienberechtigten, so ist er bis zum Zeitpunkt der schriftlichen oder mündlichen Kündigung prämienberechtigt. Fällt dieser Zeitpunkt nicht auf das Ende eines Kalendermonats, so ist der Arbeitnehmer bis zum Ende des letzten vollen Monats vor Kündigung prämienberechtigt. Diese Vereinbarung kann mit einer Frist von drei Monaten zum Ende eines Berechnungszeitraumes gekündigt werden.

Sie verpflichten sich, Gehaltsüberzahlungen ohne Rücksicht auf eine noch vorhandene Bereicherung zurückzuzahlen.

### 3. Arbeitszeit
Die tarifliche Arbeitszeit beträgt _____ Stunden pro Woche. Sollten betriebliche Erfordernisse kurzfristige Mehrarbeit erforderlich machen, so sind Sie hierzu verpflichtet. Mehrarbeit gilt mit dem Grundgehalt als abgegolten.

### 4. Urlaub
Sie haben Anspruch auf einen jährlichen zusammenhängenden Erholungsurlaub. Dieser beträgt 30 Arbeitstage. Der Zeitpunkt des Urlaubs richtet sich nach den betrieblichen Möglichkeiten unter Berücksichtigung Ihrer Wünsche. Der Jahresurlaub ist bis spätestens 15. April des Jahres anzumelden und bis spätestens 31.3. des folgenden Jahres anzutreten, es sei denn, daß das Dienstverhältnis fristlos aus gesetzlich zulässigem Grund seitens der Gesellschaft gelöst wird. Ist Ihnen mehr Urlaub gewährt worden, als Ihnen für das betreffende Jahr zusteht, so wird die betreffende Anzahl der Tage entweder
a) bei der Gehaltszahlung in Abzug gebracht oder
b) mit dem Jahresurlaub des kommenden Jahres verrechnet.

Die übrigen Freistellungstage richten sich nach der im Hause üblichen Regelung (zur Zeit nach dem Manteltarifvertrag _____ ).

### 5. Arbeitsverhinderung
Für selbstverschuldete Dienstversäumnisse haben Sie keinen Anspruch auf Gehalt, es sei denn, daß diese von der Gesellschaft ausdrücklich genehmigt worden sind. Bei unverschuldeten Dienstversäumnissen infolge Krankheit, Betriebsunfall usw. haben Sie Anspruch auf Gehalt, jedoch nicht über die Dauer von sechs Wochen hinaus. Im Falle einer Krankheit über sechs Wochen hinaus zahlen wir Ihnen die Differenz zwischen dem erhöhten Krankengeld und Ihrem Nettogehalt bis zu einer Gesamtdauer der Krankheit von sechs Monaten. Sie sind gehalten, ohne besondere Aufforderung unverzüglich die Gesellschaft zu verständigen und spätestens am dritten Tag der Erkrankung ein ärztliches Attest vorzulegen, aus dem die Arbeitsunfähigkeit und die voraussichtliche Dauer der Erkrankung ersichtlich sind.

### 6. Vergütung bei Dienstreisen
Die Gesellschaft vergütet Aufwendungen für Dienstreisen, die auf Veranlassung der Gesellschaft erfolgen, entsprechend der jeweils gültigen Reisekostenordnung, diese richtet sich in der Regel nach den steuerlich maximal zulässigen Sätzen.

### 7. Nebentätigkeit und Verschwiegenheit
Nebenbeschäftigung für Wettbewerbsunternehmungen ist Ihnen untersagt. Sonstige nebenberufliche Tätigkeiten außerhalb der Dienstzeit darf Ihre der Firma zu widmende Arbeitskraft nicht beeinträchtigen. Die Übernahme einer Nebenbeschäftigung ist vor Aufnahme der Gesellschaft schriftlich anzuzeigen. Veröffentlichungen und Vorträge, die Ihr Arbeitsgebiet oder den Geschäftszweck der Gesellschaft betreffen, bedürfen ihrer ausdrücklichen Genehmigung.

Die Gesellschaft macht Sie ausdrücklich auf die Bestimmungen des Gesetzes gegen den unlauteren Wettbewerb aufmerksam, wonach Sie sich strafbar machen, wenn Sie die Ihnen aufgrund des Dienstverhältnisses anvertrauten oder sonst zugänglich gewordenen Geschäfts- und Betriebsgeheimnisse während der Geltungsdauer des Dienstverhältnisses unbefugt an andere zu Zwecken des Wettbewerbs oder in der Absicht, dem Inhaber des Geschäftsbetriebes Schaden zuzufügen, mitteilen. Sie erkennen hiermit auch Ihre zivilrechtliche Haftung wegen Vorsatz oder Fahrlässigkeit für

# § 1 Kapitel 1: Arbeitsverträge

diese Geheimhaltungsverpflichtung gegenüber der Firma an und verpflichten sich weiter, die Ihnen anvertrauten oder sonst zugänglich gewordenen Geschäfts- und Betriebsgeheimnisse auch nach dem Ausscheiden aus den Diensten der Firma streng geheimzuhalten.

Urheberrechtsfähige Gedanken gehören ohne besondere Vergütung der Gesellschaft, wenn sie im Rahmen der betrieblichen Tätigkeit entwickelt wurden und auf maßgeblicher Betriebserfahrung beruhen.

### 8. Kündigung
Das Arbeitsverhältnis kann von beiden Seiten nur mit einer Frist von drei Monaten zum Quartalsende gekündigt werden. Unbeschadet hiervon bleibt das Recht zur fristlosen Kündigung aus gesetzlich zulässigem Grund.

### 9. Gehaltsabtretungen
Die Abtretung oder Verpfändung von Forderungen, die Ihnen aufgrund dieses Vertrages gegen die Firma zustehen, bedarf der vorherigen schriftlichen Zustimmung.

### 10. Gerichtsstand
Für Streitigkeiten aus dem Vertrag ist das Arbeitsgericht           zuständig.

### 11. Vertragsänderungen
Änderungen und Ergänzungen des Vertrages sind nur in Schriftform gültig. Sollte eine Bestimmung dieses Vertrages, aus welchem Grund auch immer, unwirksam sein oder durch Rechtsentwicklung unwirksam werden, wollen beide Partner sich bemühen, eine der erkennbaren Interessenlage der Partner entsprechende Regelung zu finden und zu vereinbaren, die gesetzlich statthaft ist.

▲

## 8. Muster: Arbeitsvertrag mit Leiter der Forschung und Entwicklung (mit Trennnungsentschädigungs- und Umzugskostenregelung)

▼

*Anstellungsvertrag*

zwischen

– im folgenden kurz Firma genannt –

und

Herrn

### 1. Vertragsbeginn und Aufgabenstellung
Herr           nimmt die Tätigkeit bei der Firma zum frühestmöglichen Zeitpunkt, spätestens aber zum           auf.

Die Firma überträgt Herrn           die Funktion als Leiter Forschung und Entwicklung.

Herr           erhält Handlungsvollmacht. Der Umfang der Vollmacht ergibt sich aus dem Bevollmächtigungsschreiben, das Herrn           bei Dienstbeginn ausgehändigt wird.

Nach Aufgabenstellung und Befugnis ist Herr           leitender Angestellter im Sinne von § 5 Abs. 3 des Betriebsverfassungsgesetzes.

Die Firma kann Herrn           auch andere Aufgaben und Tätigkeiten innerhalb des Unternehmens übertragen, die seiner Vorbildung und seinen Fähigkeiten entsprechen. Bei einer Versetzung an einen anderen Ort werden jedoch die persönlichen Belange nach Möglichkeit berücksichtigt.

## Verträge mit Arbeitnehmern, Gesellschaftsorganen und Selbständigen § 1

### 2. Bezüge

Für seine Tätigkeit erhält Herr _____ ein Jahresgehalt von
   _____ DM ( _____ EUR) brutto
(in Worten: _____ DM, _____ EUR).

Die Zahlung erfolgt in zwölf gleichen Teilbeträgen jeweils am Monatsende.

Darüber hinaus erhält Herr _____ eine variable Vergütung, die von der Erreichung persönlicher und objektiver Einflußkriterien abhängig ist.

Die Auszahlung der variablen Vergütung erfolgt nach Verabschiedung des Jahresabschlusses durch die Hauptversammlung.

Im Jahr des Beginns beträgt die variable Vergütung
   _____ DM ( _____ EUR) brutto
(in Worten: _____ DM, ( _____ EUR),
welche entsprechend dem Eintrittsdatum zeitanteilig gezahlt wird.

Im Jahr der Beendigung dieses Vertrages wird eine anteilige variable Vergütung gezahlt.

Mit dem Jahresgehalt und der variablen Vergütung sind alle dienstvertraglichen Leistungen abgegolten, auch Mehrarbeit in angemessenem Umfang.

Das Gehalt wird mindestens einmal jährlich überprüft; wesentliches Kriterium für eine Neufestsetzung ist die persönliche Leistung des Mitarbeiters, daneben sind bestimmend die allgemeine wirtschaftliche Lage, die Situation des Unternehmens und das Einkommensniveau im Wirtschaftszweig der Firma.

Herr _____ verpflichtet sich, Gehaltsüberzahlungen ohne Rücksicht auf eine noch vorhandene Bereicherung zurückzuzahlen.

### 3. Gehaltsfortzahlung bei Arbeitsunfähigkeit und im Todesfall

Im Krankheitsfall und bei Heilverfahren erhält Herr _____ für sechs Monate seine bisherigen Monatsbezüge weiter. Nach sechs Wochen der Erkrankung wird ein Zuschuß zum Krankengeld bis zur Höhe des bisherigen Nettoentgeltes gezahlt.

Unabhängig davon, ob Leistungen einer Krankenkasse erfolgen, wird für die Errechnung des Zuschusses der Höchstbetrag des gesetzlichen Krankengeldes zugrunde gelegt.

Im Todesfall zahlt die Firma an die unterhaltsberechtigten Angehörigen des Herrn _____ das Gehalt für den Todesmonat und die folgenden vier Monate weiter.

### 4. Reisekosten

Für die Erstattung der Kosten anläßlich von Dienstreisen gelten die Richtlinien der Firma in ihrer jeweils gültigen Fassung.

### 5. Umzug/Trennungsentschädigung/Maklergebühren

Herr _____ wird seinen Wohnsitz innerhalb eines zumutbaren Zeitraumes, spätestens nach 15 Monaten, in die Nähe seines Dienstsitzes verlegen.

Für die Zeit der doppelten Haushaltsführung, längstens jedoch für 15 Monate, erhält Herr _____ für jeden Tag der Anwesenheit am Dienstsitz eine Trennungsentschädigung von 16,00 DM (8,18 EUR). Außerdem wird die Miete für eine Unterkunft am Dienstsitz erstattet, höchstens jedoch 700,00 DM (357,90 EUR), monatlich. Während dieser Zeit übernimmt die Firma die Kosten für zwei Familienheimfahrten pro Monat.

Die Firma übernimmt die durch den Umzug entstehenden Speditionskosten sowie die insoweit entstehenden Reisekosten für Herrn _____ und seine Familie. Sofern bei der Anmietung einer Wohnung Maklergebühren entstehen, werden diese bis zur Höhe von zwei Monatsmieten von der Firma übernommen.

## § 1 Kapitel 1: Arbeitsverträge

Die von der Firma übernommenen Umzugskosten, Maklergebühren und umzugsbedingten Reisekosten sind bei Beendigung des Anstellungsvertrages
- vor Ablauf eines Jahres voll,
- vor Ablauf von zwei Jahren zu zwei Dritteln,
- vor Ablauf von drei Jahren zu einem Drittel

zurückzuzahlen, wenn der Anstellungsvertrag durch Herrn _____ gekündigt wird oder die Firma aus wichtigen personenbedingten Gründen kündigt.

### 6. Unfallversicherung
Die Firma wird für Herrn _____ mit Dienstbeginn eine Unfallversicherung mit folgenden Leistungen abschließen:
- 300.000,00 DM (153.387,56 EUR) für den Todesfall,
- 450.000,00 DM (230.081,35 EUR) für den Invaliditätsfall.

Diese Unfallversicherung gilt sowohl für den beruflichen als auch für den privaten Bereich.

### 7. Urlaub
Herr _____ hat einen Urlaubsanspruch von 30 Arbeitstagen je Kalenderjahr.

Der Urlaub wird unter Berücksichtigung der Wünsche von Herrn _____ und der betrieblichen Belange im Einvernehmen mit dem Vorgesetzten festgelegt.

Scheidet Herr _____ aus Alters- oder Invaliditätsgründen aus, so erhält er seinen vollen Jahresurlaub, sofern er dem Unternehmen zehn Jahre ununterbrochen angehört hat. Es können jedoch nicht mehr Urlaubstage beansprucht werden, als Anwesenheitstage im Jahr des Ausscheidens vorhanden sind.

### 8. Altersversorgung
Herr _____ erhält eine Zusage auf Alters-, Dienstunfähigkeits- und Hinterbliebenenversorgung gemäß der jeweils gültigen Versorgungsordnung der Firma.

Die Wartezeit beträgt zehn Jahre.

Zur Abkürzung der Wartezeit und für die Berechnung der Rentenhöhe werden Herrn _____ von seiner früheren beruflichen Tätigkeit 4 Jahre als Dienstzeit angerechnet, so daß die Wartezeit nach 6 Jahren erfüllt ist. Die Anrechnung dieser Dienstjahre gilt jedoch nicht für die Unverfallbarkeit von Anwartschaften und für Dienstjubiläen; in diesen Fällen sind nur die tatsächlich bei der Firma abgeleisteten Dienstjahre maßgebend.

Für die Dauer der Wartezeit schließt die Firma für Herrn _____ eine Risiko-Lebensversicherung über 100.000,00 DM (51.129,19 EUR) ab.

### 9. Nebentätigkeit / Veröffentlichungen
Herr _____ stellt seine ganze Arbeitskraft in den Dienst der Firma.

Die Übernahme jeder auf Erwerb gerichteten Nebentätigkeit bedarf der vorherigen schriftlichen Zustimmung der Firma. Das gleiche gilt für die Beteiligung an einer anderen Firma sowie für die Mitwirkung in Aufsichtsorganen einer anderen Gesellschaft. Die Zustimmung wird erteilt, sofern nicht berechtigte betriebliche Interessen entgegenstehen.

Für Veröffentlichungen und Vorträge, die das Arbeitsgebiet der Firma oder einer ihrer Beteiligungsgesellschaften betreffen, ist vorher die Zustimmung des Vorstandes einzuholen.

### 10. Geheimhaltung
Während der Dauer und, soweit rechtlich zulässig, auch nach Beendigung dieses Vertrages verpflichtet sich Herr _____, über alle ihm zur Kenntnis gelangenden vertraulichen geschäftlichen Angelegenheiten der Firma und ihrer Beteiligungsgesellschaften, insbesondere Geschäftsgeheimnisse und Forschungsergebnisse, sowohl Außenstehenden als auch Betriebsangehörigen gegenüber Stillschweigen zu bewahren, soweit nicht eine Weitergabe an Dritte zur ordnungsgemäßen Erfüllung seiner Aufgaben gehört.

Herr ▓▓▓ wird bei seinem Ausscheiden alle in seinem Besitz befindlichen Unterlagen, die im Zusammenhang mit seiner Tätigkeit stehen, an die Firma zurückgeben.

### 11. Erfindungen
Für die Behandlung von Diensterfindungen, freien Erfindungen und Verbesserungsvorschlägen gilt das Gesetz über Arbeitnehmererfindungen. Insbesondere hat Herr ▓▓▓ die Firma unverzüglich über Erfindungen und technische Verbesserungen jedweder Art zu unterrichten.

### 12. Beendigung des Anstellungsverhältnisses
Während des ersten Jahres der Tätigkeit kann der Anstellungsvertrag mit einer Frist von drei Monaten zum Monatsende gekündigt werden.

Danach ist der Anstellungsvertrag mit einer Frist von zwölf Monaten zum Quartalsende kündbar.

Die Kündigung bedarf der Schriftform.

Die Firma ist berechtigt, Herrn ▓▓▓ nach Kündigung dieses Vertrages unter Fortzahlung der Bezüge und unter Anrechnung auf bestehende Urlaubsansprüche zu beurlauben.

Der Anstellungsvertrag endet, ohne daß es einer besonderen Kündigung bedarf, mit Ablauf des Monats, in dem Herr ▓▓▓ das 65. Lebensjahr vollendet.

### 13. Schlußbestimmungen
Soweit eine besondere Vereinbarung in diesem Vertrag nicht getroffen worden ist, gelten ergänzend die einschlägigen gesetzlichen Bestimmungen sowie die jeweils gültigen betrieblichen Regelungen.

Mündliche Nebenabreden haben keine Gültigkeit. Änderungen und Ergänzungen dieses Vertrages bedürfen der Schriftform.

▲

## 9. Muster: Arbeitsvertrag mit einem technischen Leiter

▼

Zwischen

– im folgenden „Arbeitgeber" genannt –

und

▓▓▓

– im folgenden „Leitender Angestellter" –

wird folgender Dienstvertrag geschlossen:

### § 1 Beginn des Anstellungsverhältnisses und Tätigkeit
a) Der Dienstvertrag wird auf unbestimmte Zeit abgeschlossen.

b) Der leitende Angestellte wird ab ▓▓▓ für die Tätigkeit als Technischer Leiter eingestellt.

c) Für die Dauer des sich aus diesem Vertrag ergebenden Dienstverhältnisses ist der leitende Angestellte ausschließlich dem Vorstand unterstellt und hat direktes Vortragsrecht.

d) Sein Aufgabengebiet ergibt sich wie folgt aus dem internen und externen Kommunikationsnetzwerk des Arbeitgebers:
   – Projektleitung, Planung, Budgetierung, Aufbau, Realisierung, Management und Erweiterung.
   – Technisches Training sowie Unterstützungsmaßnahmen für alle Partner des Auftraggebers.
   – Auswahl und Evaluierung neuer Produkte für ▓▓▓.

## § 1 Kapitel 1: Arbeitsverträge

- Verantwortlicher Ansprechpartner der Zulieferanten im Bereich _____ .
- Unterstützung der Kunden bei Übernahme unserer Produkte (jedoch nur im Ausnahmefall vor Ort).

e) Der Arbeitgeber garantiert die Erprobungsmöglichkeiten für alle Projekte und in diesem Zusammenhang erforderlichen Produkte und stellt dem leitenden Angestellten je nach Bedarf und Absprache alle finanziellen, sachlichen und personellen Mittel zur Verfügung, soweit sie zur Erfüllung seiner Aufgabe erforderlich sind.

f) Der leitende Angestellte ist Fachvorgesetzter; seine Weisungsrechte sind beschränkt auf die Herbeiführung des Erfolgs. Er übernimmt die Führung der ausgewählten zugeordneten Fachkräfte und ist berichtspflichtig, wenn durch mangelnde persönliche Eignung im Mitarbeiterstab eine Gefahr für die Durchführung oder die Termineinhaltung gegeben sein könnte.

g) Bei Bedarf gliedert der Arbeitgeber andere Mitarbeiter in ein Projekt ein, die dem leitenden Angestellten unterstellt sind. Bezüglich der fachlichen personellen Auswahl wird dem leitenden Angestellten hier das Mitbestimmungsrecht eingeräumt.

h) Weitere Aufgaben, die sich durch neue Geschäftsaktivitäten oder durch Veränderungen aus dem Kreis des leitenden Angestellten ergeben oder die aufgrund erweiterter beruflicher Kenntnisse dem leitenden Angestellten übertragen werden können, sind nach vorheriger Information und Stellungnahme ihm in Schriftform darzustellen und von ihm gegenzuzeichnen. Sie gelten als Inhalt dieses Vertrags.

### § 2 Beendigung des Dienstvertrages

a) Vor Beginn des Dienstverhältnisses ist eine ordentliche Kündigung ausgeschlossen. Das Recht auf außerordentliche Kündigung bleibt unberührt.

b) Für beide Seiten gilt eine Kündigungsfrist von einem Jahr. Eine gesetzliche Verlängerung der Kündigungsfrist zugunsten des leitenden Angestellten wirkt gleichermaßen zugunsten des Arbeitgebers.

c) Der Arbeitgeber ist nur unter Fortzahlung des Gehalts berechtigt, den leitenden Angestellten nach Ausspruch einer Kündigung bis zum Ablauf der Kündigungsfrist und darüber hinaus bis zum rechtskräftigen Abschluß eines Kündigungsschutzverfahrens von der Arbeit freizustellen. Auf die Freistellung wird der noch nicht gewährte Urlaub angerechnet.

d) Ohne Kündigung endet das Angestelltenverhältnis mit dem Ablauf des 65. Lebensjahres.

e) Die Kündigung bedarf der Schriftform.

### § 3 Gehalt

a) Der leitende Angestellte erhält für seine vertragliche Tätigkeit ein monatliches Bruttogehalt von _____ DM (_____ EUR).

b) Das monatliche Gehalt hat dem leitenden Angestellten am jeweils letzten Arbeitstag des laufenden Monats zur Verfügung zu stehen. Die Zahlung des Gehalts erfolgt bargeldlos auf ein von dem leitenden Angestellten angegebenes Bank-, Sparkassen- oder Postgirokonto.

c) Das Gehalt wird nach folgendem Zahlungsplan 13mal im Kalenderjahr ausgezahlt:
- 1 x je Kalendermonat zuzüglich
- 0,5 x mit der Gehaltszahlung für den Monat Juni
- 0,5 x mit der Gehaltszahlung für den Monat November.

d) Wird das Arbeitsverhältnis vor dem 31.12. eines Jahres beendet, so erfolgt eine anteilige Zahlung des 13. Gehaltes.

e) Weiterhin erhält der leitende Angestellte folgende Zulagen:
- Einen Firmenwagen gehobener Mittelklasse (Ford Mondeo, BMW 316, Audi 80), auch zur privaten Nutzung.

## Verträge mit Arbeitnehmern, Gesellschaftsorganen und Selbständigen § 1

- Die Besteuerung der Privatfahrten erfolgt zu Lasten des leitenden Angestellten. Die Fahrten zwischen Wohnung und Arbeitsstätte werden im steuerlich zulässigen Rahmen pauschaliert. Die pauschale Lohnsteuer übernimmt der Arbeitgeber.
- Die Betriebs- und Unterhaltungskosten des Firmenwagens werden vom Arbeitgeber getragen.

f) Auch wenn der leitende Angestellte privat krankenversichert ist, zahlt der Arbeitgeber anteilig 50 % der Beiträge zur Krankenversicherung, Pflege- und Arbeitslosenversicherung. Die aktuelle Beitragsrechnung zur Kranken- und Pflegeversicherung wird dem Arbeitgeber regelmäßig und bei Beginn des Arbeitsverhältnisses vorgelegt.

g) Ist der leitende Angestellte nicht von der Rentenversicherungspflicht befreit, werden vom Arbeitgeber anteilig 50 % des jeweiligen Beitragssatzes an die zugehörige Rentenversicherungsanstalt des leitenden Angestellten entrichtet.

h) Das Gehalt wird jährlich den persönlichen Leistungen, mindestens jedoch entsprechend der jeweiligen Inflationsrate angeglichen.

i) Die Gehaltsforderungen des leitenden Angestellten dürfen, außer an Unterhaltsberechtigte, nicht abgetreten werden. Der leitende Angestellte hat die durch Pfändung, Verpfändung oder Abtretung entstehenden Kosten zu tragen. Der Arbeitgeber kann zur Deckung der Kosten für die Bearbeitung für jeden einzelnen zu bearbeitenden Vorgang einen Betrag von 15,00 DM (7,67 EUR) einbehalten. Der Anspruch gilt als jeweils vor der Gehaltsforderung entstanden.

k) Der Arbeitgeber behält sich vor, die Vergütung jederzeit und ohne daß es einer weiteren Ankündigung bedarf, gemäß dem festgelegten Umrechnungskurs von 1,95583 in EURO abzurechnen.

l) Der leitende Angestellte verpflichtet sich, Gehaltsüberzahlungen ohne Rücksicht auf eine noch vorhandene Bereicherung zurückzuzahlen.

### § 4 Sondervergütung (Erfolgsprämie)

Nach positivem Geschäftsverlauf steht dem leitenden Angestellten jährlich eine zusätzliche Sondervergütung (Erfolgsprämie) zu, über deren Höhe (entsprechend dem Geschäftserfolg) und Auszahlung die Geschäftsführung in Absprache (Verhandlung) mit dem leitenden Angestellten bis zum 31. März des jeweiligen Folgejahres entscheidet.

### § 5 Spesenregelung/Dienstreisen

a) Bei Dienstreisen werden vom Arbeitgeber folgende Spesen ersetzt:
  - Hotelkosten inklusive Übernachtung und Frühstück
  - Flugkosten
  - Mietwagen der gehobenen Mittelklasse (Ford Mondeo, BMW 316, Audi A4)
  - Tankquittungen, die im unmittelbaren Zusammenhang mit den Dienstreisen stehen.
  - Telefonkosten
  - Sonstige Bewirtungskosten, sofern sie dem Geschäftszweck dienen

b) Weiterhin erhält der leitende Angestellte ohne Verwendungsnachweis den zum Zeitpunkt der Dienstreise gesetzlich zugelassenen maximalen Tagesspesensatz.

c) Dem leitenden Angestellten wird ein Spesenvorschuß in voller Höhe der voraussichtlich anfallenden Kosten gewährt, die er nach Beendigung der Dienstreise basierend auf einer ordentlichen Spesenabrechnung mit dem Arbeitgeber abrechnet.

### § 6 Arbeitszeit

a) Die regelmäßige Mindestarbeitszeit beträgt 40 Stunden wöchentlich. Die Arbeitszeit bestimmt der leitende Angestellte nach pflichtgemäßem Ermessen und unter Berücksichtigung der betrieblichen Verhältnisse. Überstunden in betriebsüblichem Umfang sind bei der Festlegung der vereinbarten Bezüge berücksichtigt.

## § 1 Kapitel 1: Arbeitsverträge

b) Zeiten bei Dienstreisen gelten auch dann außerhalb der betrieblichen Arbeitszeit als vergütungspflichtige Arbeitszeit, wenn die An- oder Abreise nicht innerhalb der betrieblichen Arbeitszeit möglich ist oder als unzumutbar erscheint.

### § 7 Urlaub

a) Der Urlaubsanspruch beträgt 30 Arbeitstage und entsteht mit Wirksamkeit dieses Vertrages.

b) Im Kalenderjahr des Beginns und des Endes des Dienstverhältnisses wird für jeden Monat, in dem das Dienstverhältnis mindestens 15 Kalendertage bestand, 1/12 des Jahresurlaubs gewährt. Eine Übertragbarkeit in ein neues Urlaubsjahr ist im Interesse des leitenden Angestellten und einer geordneten Urlaubsplanung nur im Übertragungszeitraum (01. Januar – 31. März eines Folgejahres) zulässig.

c) Wird der geplante Urlaub nicht angetreten, weil die Vertretung eines erkrankten Kollegen oder ein betrieblicher Notfall dies erfordert, dann ist ausnahmsweise die Übertragung in das gesamte folgende Jahr möglich.

d) Nicht genommener Urlaub kann auch durch eine Sonderzahlung abgegolten werden.

e) Die Urlaubszeit wird von beiden Parteien unter Berücksichtigung der betrieblichen Verhältnisse festgelegt.

### § 8 Arbeitsbefreiung in besonderen Fällen

Dem leitenden Angestellten wird in folgenden Fällen ohne Anrechnung auf den Jahresurlaub und unter Fortzahlung des Gehalts Arbeitsbefreiung gewährt:
- 3 Tage bei eigener Eheschließung
- 1 Tag bei Eheschließung oder beim Tode naher Angehöriger
- 2 Tage bei Umzug in eine andere Familienwohnung

### § 9 Arbeitsverhinderung/Krankheit/Kur

a) Über eine Arbeitsverhinderung durch Arbeitsunfähigkeit oder bedingt durch die Erledigung unabwendbarer persönlicher Angelegenheiten ist der Firma so rechtzeitig wie möglich Bericht zu geben, damit eine Vertretung schnellstmöglichst sichergestellt werden kann.

b) Bei Arbeitsunfähigkeit, die den Zeitraum von drei Tagen übersteigt, ist ein Arzt aufzusuchen und eine ärztliche Bescheinigung einzureichen. Dauert die Arbeitsunfähigkeit länger als in der Bescheinigung angegeben, ist eine neue Bescheinigung vorzulegen.

c) Im Falle von Arbeitsunfähigkeit wird das Gehalt für die Dauer von sechs Wochen fortgezahlt.

d) Eine Kur ist langfristig zu planen, der Termin mit der Firma abzustimmen und Rücksicht auf Urlaubstermine anderer Mitarbeiter zu nehmen. Bei unaufschiebbarer Projektarbeit darf die Kur nur angetreten werden, wenn eine ernsthafte Erkrankung vorausgegangen ist oder der Eintritt einer solchen verhindert werden soll.

### § 10 Weiterbildung

Der leitende Angestellte hat das Recht, auf Firmenkosten und nach vorheriger Absprache an Fortbildungsveranstaltungen teilzunehmen, wenn diese Bildungsmaßnahme im Interesse der Beherrschung des übertragenen Aufgabengebietes liegt.

### § 11 Zusätzliche Leistungsmerkmale

Zwecks Überwachung technischer Anlagen während der Sonn- und Feiertage wird dem leitenden Angestellten von seiner Privatwohnung ausgehend auf Kosten des Arbeitgebers freier Zugang zum Netzwerk ermöglicht sowie eine Telefon- und eine Faxleitung mit entsprechenden Geräten eingerichtet. Die hierfür zusätzlichen Anschlüsse und das erforderliche Equipment werden ausschließlich vom Arbeitgeber bezahlt.

## § 12 Nebentätigkeiten

Selbständige oder unselbständige Nebentätigkeiten, die das Angestelltenverhältnis beeinträchtigen können, dürfen nur mit vorheriger schriftlicher Zustimmung des Arbeitgebers ausgeführt werden. Dies gilt besonders, wenn die Tätigkeit in einem Konkurrenzunternehmen ausgeübt werden soll oder wenn sie die nach diesem Vertrag geschuldete Arbeitsleistung beeinträchtigt.

## § 13 Vertrags-/Leistungsschutz

a) Findet eine Übernahme oder Mehrheitsbeteiligung der Firma durch eine juristische oder Privatperson statt, bleiben alle Rechte und Pflichten aus diesem Vertrag unberührt.

b) Ist die Kündigung oder Auflösung dieses Vertrages durch den Arbeitgeber oder dessen Rechtsnachfolger unumgänglich, verpflichtet sich die Firma gegenüber dem leitenden Angestellten zu einer Abfindungszahlung in Höhe eines zu diesem Zeitpunkt gültigen Jahres-Bruttogehalts inklusive aller sonstigen in diesem Vertrag oder zusätzlichen schriftlichen Vereinbarungen festgelegten Bezüge.

## § 14 Darlehen und Vorschüsse

Darlehen und Vorschüsse werden im Falle der Beendigung des Dienstverhältnisses wegen des Betrages, der zur Rückzahlung noch offensteht, mit Rücksicht auf die bei Abschluß getroffenen Vereinbarungen fällig.

## § 15 Forderungsübergang bei Dritthaftung

a) Kann der leitende Angestellte aufgrund gesetzlicher Vorschriften von einem Dritten Schadensersatz wegen des Verdienstausfalls beanspruchen, der ihm durch die Arbeitsunfähigkeit entstanden ist, so geht dieser Anspruch insoweit auf den Arbeitgeber über, als dieser Arbeitsentgelt fortgezahlt hat.

b) Der leitende Angestellte hat dem Arbeitgeber unverzüglich die zur Geltendmachung des Schadensersatzanspruches erforderlichen Angaben zu machen.

## § 16 Schlußbestimmungen

a) Der leitende Angestellte verpflichtet sich, über alle geschäftlichen Angelegenheiten, die ihm im Rahmen seiner Tätigkeit zur Kenntnis gelangen, jederzeit – auch nach Beendigung des Anstellungsverhältnisses – Stillschweigen zu bewahren.

b) Alle Ansprüche, die sich aus diesem Vertrag ergeben, sind von den Vertragschließenden innerhalb von sechs Monaten nach ihrer Entstehung geltend zu machen, es sei denn, daß im vorliegenden Arbeitsvertrag kürzere Fristen vereinbart wurden. Alle gegenseitigen Ansprüche sind nach diesem Zeitpunkt verfallen.

c) Nebenabreden und Änderungen des Vertrags bedürfen zu ihrer Rechtswirksamkeit der Schriftform.

d) Der leitende Angestellte ist verpflichtet, dem Arbeitgeber sämtliche Änderungen seiner Anschrift umgehend mitzuteilen.

e) Für alle arbeitsrechtlichen Streitigkeiten ist das Arbeitsgericht am Wohnsitz des leitenden Angestellten zuständig.

# § 1 Kapitel 1: Arbeitsverträge

## 10. Muster: Arbeitsvertrag mit einem Chefredakteur

*Anstellungsvertrag*

zwischen

und

Herrn

### 1. Beginn des Arbeitsverhältnisses
Das Arbeitsverhältnis beginnt am           .

### 2. Aufgabengebiet
Herr           übernimmt mit Wirkung vom           als Chefredakteur die Leitung der Redaktion           und ist gleichzeitig verantwortlich für alle weiteren Publikationen dieser Redaktion. In dieser Funktion ist er leitender Angestellter im Sinne des § 5 Absatz 3 Ziffer 3 BetrVG.

Die Aufgabe von Herrn           ist es, die Zeitschrift           in Zusammenarbeit mit der Leitung des Bereichs Fachzeitschriften bzw. der Objektleitung           weiter zu entwickeln.

Herr           bestimmt als Chefredakteur entsprechend der im Einvernehmen mit der Verlags-/Objektleitung festgelegten Gesamtkonzeption die redaktionellen und gestalterischen Grundsätze und die redaktionelle Tagesarbeit. Er wirkt aktiv an der Beratung und Festsetzung des Redaktionsbudgets sowie im Rahmen des bestehenden Stellenplans bei Entscheidungen über Einstellungen und Kündigungen von Redakteuren und Korrespondenten mit. Herr           ist verantwortlich für die Einhaltung des verabschiedeten Redaktionsbudgets und die Einhaltung der vorgegebenen Produktionskosten, soweit sie durch die redaktionelle Gestaltung bestimmt werden.

### 3. Änderungen
Bei einer Änderung seines Aufgabengebietes kann Herr           auch für andere seinen Fähigkeiten entsprechende Tätigkeiten eingesetzt werden, ohne daß eine Kürzung der Bezüge erfolgen darf.

### 4. Bezüge
Das frei vereinbarte Jahresgehalt beträgt ab           brutto           DM (           EUR) und ist fest vereinbart bis           .

Jeweils 1/12 wird nach Berücksichtigung der gesetzlichen und sonstigen Abzüge zum Ende eines jeden Monats auf ein von Herrn           anzugebendes Konto überwiesen. Die Bezüge dürfen weder abgetreten noch verpfändet werden.

Herr           verpflichtet sich, Gehaltsüberzahlungen ohne Rücksicht auf eine noch vorhandene Bereicherung zurückzuzahlen.

### 5. Auslagenersatz
Reisekosten für Dienstreisen und andere ausschließlich im Interesse des Verlages gemachte Aufwendungen werden gegen Vorlage der Belege nach den Richtlinien des Verlages im Rahmen der steuerlich zulässigen Sätze erstattet.

### 6. Urlaub
Der Urlaub richtet sich nach den Bestimmungen der Urlaubsregelung des Verlages in ihrer jeweils gültigen Fassung. Der Urlaubstermin ist mit der Verlags-/Objektleitung abzustimmen.

### 7. Versicherungen
Herr           ist in die verlagsübliche Gruppenunfallversicherung aufgenommen und wird nach den Bestimmungen des Tarifvertrages über die Altersversorgung für Redakteure an Zeitschriften beim Versorgungswerk der Presse GmbH versichert.

Verträge mit Arbeitnehmern, Gesellschaftsorganen und Selbständigen  **§ 1**

### 8. Erkrankung
Im Falle der Arbeitsverhinderung ist Herr ........ verpflichtet, die Verlags-/Objektleitung unverzüglich (auch telefonisch) zu unterrichten. Bei Krankheit ist zusätzlich innerhalb von drei Tagen eine ärztliche Arbeitsunfähigkeitsbescheinigung einzureichen. Im übrigen gilt das Entgeltfortzahlungsgesetz in seiner jeweils gültigen Fassung.

### 9. Redaktionsgeheimnis, Wahrheitspflicht
Herr ........ ist verpflichtet, das Redaktionsgeheimnis und Geschäftsgeheimnis des Verlages auch nach seinem Ausscheiden aus dem Verlag zu wahren.

Herr ........ ist verpflichtet, alles in seiner Kraft Stehende zu tun, seine Beiträge bzw. die von ihm zu verantwortenden Beiträge so abzufassen bzw. abfassen zu lassen, daß sie Tatsachen und Vorgänge wahrheitsgemäß wiedergeben.

Er wird darauf achten, daß Rechte Dritter nicht verletzt werden und daß der Inhalt der Beiträge nicht gegen das Gesetz verstößt. Wird eine Rechtsverletzung gegen den Verlag geltend gemacht oder angekündigt, so wird Herr ........ den Verlag unverzüglich und umfassend informieren. Der Verlag gibt Herrn ........ im Rahmen seiner Fürsorgepflicht Rechtsschutz in allen Rechtsstreitigkeiten, die aus seiner Tätigkeit für den Verlag entstehen. Diese Verpflichtungen beider Parteien gelten auch noch nach Auslaufen seines Vertrages.

### 10. Übertragung von Nutzungsrechten
(1) Herr ........ räumt dem Verlag das ausschließliche, zeitlich, räumlich und inhaltlich unbeschränkte Recht ein, sämtliche Urheberrechte und verwandte Schutzrechte im Sinne des Urheberrechtsgesetzes (UrhG), die er durch seine Tätigkeit im Rahmen des Arbeitsverhältnisses erworben hat, vom Zeitpunkt der Rechtsentstehung an umfassend zu nutzen und zwar insbesondere in Printmedien, anderen Druckwerken aller Art, Film, Video, Fernsehen, Rundfunk, in und aus eigenen und fremden Datenbanken, Telekommunikations- und Datennetzen (z. B. Online-Dienste) sowie auf und von Datenträgern (z. B. magnetische, optische, magneto-optische und elektronische Trägermedien wie CD-Rom, CD-i und andere CD-Derivate, Disketten, Festplatten, Arbeitsspeicher, Microfilm), ungeachtet der Übertragungs-, Träger- und Speichertechniken. Die Einräumung erstreckt sich auf alle Rechte, die der Verlag für seine betrieblichen und unternehmerischen Zwecke benötigt, insbesondere auf

a) das Vervielfältigungsrecht gem. § 16 UrhG, einschließlich des Rechts zur Digitalisierung, das Verbreitungsrecht und das Vermietungsrecht gem. § 17 UrhG, das Verleihrecht, jeweils einschließlich des Rechts zur Nutzung in eigenen und fremden Datenbanken, das Vorführrecht gem. § 19 Abs. 4 UrhG, das Senderecht gem. § 20 UrhG, das Recht zur Wiedergabe von Funksendungen gem. § 22 UrhG,

b) das Recht zur Bearbeitung und Umgestaltung gem. § 23 UrhG, das Recht zur Verfilmung gem. §§ 88, 94, 95 UrhG,

c) diese Rechte an Lichtbildern gem. § 72 UrhG.

Die Einräumung von vorstehenden Rechten umfaßt auch die Nutzung in analoger und digitaler Form. Gleichfalls umfaßt sind Rechte, die zukünftig im Hinblick auf die vorstehend umschriebenen Nutzungsarten gesetzlich geschaffen werden.

Die Einräumung gilt auch für die Nutzung zu Zwecken der Werbung und Öffentlichkeitsarbeit. Das Recht an Manuskripten, Daten/Datenträgern und Bildern einschließlich der Negative steht dem Verlag zu.

Der Verlag darf Werke von Herrn ........ – soweit diesem zumutbar – ganz oder in Teilen in körperlicher und unkörperlicher Form in allen Publikationen des Verlages, einschließlich eventueller Lizenzausgaben, Sonderausgaben sowie Sonderdrucken und aller Auslandsausgaben im In- und Ausland auf die oben genannte Form nutzen.

### § 1  Kapitel 1: Arbeitsverträge

(2) Der Verlag ist berechtigt, sämtliche vorstehend geregelten Rechte ganz oder teilweise auch außerhalb der eigenen Publikationen im In- und Ausland auswerten zu lassen, insbesondere auf Dritte im In- und Ausland zu übertragen und/oder Dritten diese Rechte einzuräumen.

(3) Mit den Bezügen nach Ziff. 4 ist die Nutzung der Werke nach Maßgabe der Absätze 1 und 2 in sämtlichen Publikationen der Zeitschrift ............ einschließlich der Nutzung in Linzenzausgaben und in der Werbung und Öffentlichkeitsarbeit für die Publikationen abgegolten, und zwar unabhängig davon, ob die Nutzung durch den Verlag selbst oder durch verbundene Unternehmen i. S. des § 15 AktG erfolgt.

Nutzt der Verlag die Werke darüber hinaus, so wird Herr ............ zusammen mit den weiteren Urhebern an den Nettoerlösen mit insgesamt 40 % beteiligt.

Bei den Veröffentlichungen in anderen Zeitschriften oder Publikationen des Verlages gilt als Erlös der Beitrag, der von Dritten für diese Auswertung üblicherweise gezahlt worden wäre. Hat der veröffentlichte Beitrag mehrere Urheber, so wird die Urheberbeteiligung nach den Anteilen der Urheber geteilt.

Die Entscheidung liegt bei der Chefredaktion. Dies gilt auch bei Pauschalauswertungen. Die daraus dem Verlag zufließenden Urheberrechtsnettoerlöse werden unabhängig davon verteilt, ob und welche Beiträge tatsächlich ausgewertet wurden.

(4) Herr ............ verzichtet gegenüber dem Verlag auf alle gegenwärtigen und zukünftigen Ansprüche auf Vergütung für das Vermieten und Verleihen von Druck- und sonstigen Erzeugnissen, in denen sein Werk enthalten ist. Der Verlag wird aus diesem Verzicht keinen Nutzen ziehen.

(5) Die Ausübung des Rechts von Herrn ............, das Nutzungswerk an seinen Werken zurückzurufen, wenn der Verlag keinen Gebrauch von den Werken gemacht hat (§ 41 UrhG), wird – soweit es sich um das Recht handelt, Rechte an Dritte zu übertragen – für die Dauer von zwölf Monaten, im übrigen für die Dauer von zwei Jahren ausgeschlossen. Dem Verlag verbleibt im Falle des Rückrufs stets ein einfaches Nutzungsrecht.

(6) Herr ............ versichert, daß er über die Rechte, die er dem Verlag einräumt, nicht bereits anderweitig – zu eigenem oder fremden Nutzen – verfügt hat und auch nicht verfügen wird.

(7) Der Verlag ist zur Auswertung der übertragenen Rechte nicht verpflichtet.

(8) Sämtliche Erlöse, die von Herrn ............ nach Freigabe durch den Verlag oder nach wirksamer Ausübung des Rückrufrechts aus der Vergabe von Nutzungsrechten an seinen Werken zufließen, werden zwischen Herrn ............ und dem Verlag im Verhältnis 40: 60 geteilt, wenn das Werk in Erfüllung der Verpflichtungen von Herrn ............ aus seinem Arbeitsverhältnis geschaffen wurde.

Herr ............ wird den Verlag unverzüglich über die Vergabe der Rechte und die Person des Erwerbers informieren. Er tritt bereits jetzt 60 % seiner Vergütungsansprüche gegenüber dem Erwerber an den Verlag ab.

### 11. Bücher

Selbstverfaßte Manuskripte, die sich für eine Veröffentlichung als Buch eignen, oder für eine solche Buchveröffentlichung verfaßte Manuskripte, sind zuerst dem Verlag anzubieten, der sie zu den üblichen Konditionen selbst auswerten oder an einen Buchverlag seiner Wahl weitergeben kann. Wird von dieser Option nicht binnen einer angemessenen, auf die Autoreninteressen von Herrn ............ abgestellten Frist Gebrauch gemacht und kommt es nicht zu einem Verlagsvertrag, so ist Herr ............ in der Verlagsvergabe solcher Veröffentlichungen oder Manuskripte frei.

Buchmanuskripte, die auf Kosten und/oder mit dem Apparat des Verlages entstanden sind, sind dem Verlag zu einem Autorenhonorar von 4 % auf den Ladenverkaufspreis anzubieten. Der Verlag ist in der Annahme frei.

### 12. Nebentätigkeit und Verhaltensweise

419  Während der Dauer des Arbeitsverhältnisses setzt der verantwortliche Chefredakteur seine volle Arbeitskraft für das Unternehmen ein. Eine Nebentätigkeit bedarf der Genehmigung des Verlages. Der

### Verträge mit Arbeitnehmern, Gesellschaftsorganen und Selbständigen § 1

verantwortliche Chefredakteur hat sich jederzeit so zu verhalten, daß die berechtigten Interessen des Verlages nicht beeinträchtigt werden.

### 13. Datenschutz

Herrn ▨ ist es untersagt, geschützte personenbezogene Daten unbefugt zu einem anderen als zu dem zur jeweiligen rechtmäßigen Aufgabenerfüllung gehörenden Zweck zu verarbeiten, bekanntzugeben, zugänglich zu machen oder sonst zu nutzen. Diese Verpflichtung besteht auch nach der Beendigung der Tätigkeit beim Verlag.

Herr ▨ ist damit einverstanden, daß der Verlag die ihm aufgrund des Anstellungsverhältnisses zur Kenntnis gelangten personenbezogenen Daten verarbeitet und zur rechtmäßigen Aufgabenerfüllung an Dritte weitergibt.

### 14. Kündigung

Die Kündigungsfrist beträgt sechs Monate jeweils zum Halbjahresende. Die Kündigung bedarf der Schriftform. Im Falle einer Kündigung ist der Verlag berechtigt, Herrn ▨ unter Fortzahlung der Bezüge von der Arbeit freizustellen. Das Anstellungsverhältnis endet, ohne daß es einer Kündigung bedarf, mit Ablauf des Quartals, in dem Herr ▨ das 65. Lebensjahr vollendet.

## 11. Muster: Anstellungsvertrag oberer Führungskreis

*Anstellungsvertrag*

zwischen

der ▨

– nachfolgend Gesellschaft genannt –

und

Herrn ▨

### 1. Beginn und Art der Tätigkeit

Dieser Vertrag gilt rückwirkend ab ▨.

Sie nehmen weiterhin die Tätigkeit als ▨ wahr.

Die Gesellschaft ist berechtigt, Ihnen in der Gesellschaft oder im Konzern auch andere Ihren Fähigkeiten und Kenntnissen entsprechenden Aufgaben zu übertragen oder Sie an einen anderen zumutbaren Arbeitsplatz oder Tätigkeitsort zu versetzen.

### 2. Arbeitszeit

Ihre Arbeitszeit richtet sich nach den Erfordernissen Ihrer Aufgabe.

### 3. Vergütung

Als Vergütung für Ihre Tätigkeit erhalten Sie ein Ziel-Jahreseinkommen für ein volles Geschäftsjahr von ▨ DM (▨ EUR) brutto (in Worten: ▨ DM, ▨ EUR).

Dieses setzt sich zusammen aus:

a) einer monatlichen Vergütung (monatliche Vergütung x 12 = Jahresgehalt), die zum Monatsende überwiesen wird, von ▨ DM (▨ EUR) brutto (in Worten: ▨ DM, ▨ EUR) sowie

b) einer variablen Vergütung für das abgelaufene Geschäftsjahr, die im Folgejahr (spätestens im Juli) zur Auszahlung kommt.

Diese beträgt insgesamt für das erste volle Geschäftsjahr ▨ DM (▨ EUR) brutto (in Worten: ▨ DM, ▨ EUR) bei Erreichen der geplanten Ziele.

Die variable Vergütung setzt sich zusammen aus Tantieme und Erfolgsbeteiligung:

a) Die Tantieme beträgt bei Erreichen der geplanten und mit der Gesellschaft vereinbarten Jahresziele insgesamt          DM (          EUR) brutto für ein volles Geschäftsjahr. Werden die vereinbarten Ziele über- oder unterschritten, erhöht oder vermindert sich die Tantieme um max. 50 %.

b) Die Erfolgsbeteiligung richtet sich nach dem Konzernbetriebsergebnis sowie dem Profitcenter und beträgt brutto bei Erreichen der geplanten Jahresziele insgesamt          DM (          EUR) für ein volles Geschäftsjahr. Wird das geplante Ziel über- oder unterschritten, erhöht oder vermindert sich die Erfolgsbeteiligung um max. 100 %.

Die zugrundeliegenden Ziele werden jährlich neu festgelegt.

Das Ziel-Jahreseinkommen wird jährlich neu festgelegt, auch hinsichtlich der Aufteilung in Gehalt, Tantieme und Erfolgsbeteiligung. Eine Kürzung der monatlichen Vergütung (Monatsgehalt) ist ausgeschlossen.

Soweit das Anstellungsverhältnis im Laufe des Geschäftsjahres beginnt oder endet, wird die variable Vergütung anteilig für jeden vollendeten Kalendermonat gezahlt. Das gilt nicht bei außerordentlicher Kündigung durch die Gesellschaft; in diesem Fall besteht kein Anspruch auf die Zahlung einer anteiligen variablen Vergütung.

### 4. Vergütungen aus Aufsichtsratsmandaten und ähnlichen Ämtern

Sie erklären sich bereit, Aufsichtsratsmandate und ähnliche Ämter des Konzerns im In- und Ausland oder in Gesellschaften, an denen eine der Konzerngesellschaften beteiligt ist, im Interesse des Konzerns zu übernehmen.

Sie verpflichten sich, die Übernahme solcher Mandate und Ämter und die daraus resultierende Vergütung in jedem Einzelfall der für Sie zuständigen Personalabteilung mitzuteilen.

Vergütungen, die Sie aus diesen Aufsichtsratsmandaten oder ähnlichen Ämtern (ausgenommen als Arbeitnehmervertreter) beziehen, werden auf Ihre jeweils nächste variable Vergütung (brutto gegen brutto) angerechnet. Sollte die variable Vergütung für eine Anrechnung nicht ausreichen, wird im Einzelfall eine Anrechnung auf Ihre anderen Bruttobezüge vereinbart.

### 5. Vergütung im Krankheits- und Sterbefall

Bei Arbeitsunfähigkeit durch Krankheit oder Unfall wird Ihr Monatsgehalt gemäß Ziff. 3 a) über die gesetzliche Gehaltsfortzahlung hinaus unter Anrechnung des Krankengeldes der gesetzlichen Krankenversicherung bis zur Dauer von 12 Monaten ab Beginn der Arbeitsunfähigkeit fortgezahlt. Falls Sie nicht Mitglied einer gesetzlichen Krankenversicherung sind, werden die Leistungen der jeweils örtlichen BKK/AOK zugrundegelegt.

Für die Dauer der ersten 6 Monate einer Arbeitsunfähigkeit bleibt auch der Anspruch auf die variable Vergütung (Tantieme/Erfolgsbeteiligung) gemäß Ziff. 3 b) erhalten. Dabei wird für die Bemessung der Tantieme ein hundertprozentiger Zielerreichungsgrad der vereinbarten Ziele für die Dauer der vorliegenden Arbeitsunfähigkeit herangezogen. Die Erfolgsbeteiligung wird auf Basis der effektiven Zielerreichung ermittelt. Bei längerer Abwesenheit als 6 Monate vermindert sich der variable Vergütungsanspruch pro rata temporis. Dabei wird die Vergütung längstens bis zum Ende des Vertragsverhältnisses gewährt.

Im Falle Ihres Todes erhält Ihre Ehefrau das Monatsgehalt für die auf den Sterbemonat folgenden 6 Monate weitergezahlt. Ist Ihre Ehefrau zu diesem Zeitpunkt bereits verstorben, so steht der Anspruch Ihren unterhaltsberechtigten Kindern zu gleichen Teilen zu.

Im Einzelfall prüft die Gesellschaft weitergehende Sicherung auf freiwilliger Basis.

### 6. Altersversorgung

Sie erhalten eine Altersversorgung nach Maßgabe der Ihnen gegebenen Ruhegehaltszusage und den jeweils gültigen Ruhegehaltsbestimmungen für obere Führungskräfte im Konzern (z. Z. Stand          ).

## 7. Unfallversicherung
Die Gesellschaft versichert Sie im Rahmen einer Gruppenunfallversicherung nach Maßgabe ihrer jeweiligen Bestimmungen gegen Unfallfolgen im dienstlichen und privaten Bereich.

## 8. Vorsorgeuntersuchung
Ihnen steht nach Maßgabe der jeweils geltenden Regelungen eine ärztliche Vorsorgeuntersuchung zu.

## 9. Urlaub
Ihr jährlicher Urlaub beträgt 30 Arbeitstage, soweit nicht gesetzliche Bestimmungen einen höheren Urlaubsanspruch vorsehen. Sie bestimmen die zeitliche Lage Ihres Urlaubs unter Berücksichtigung der betrieblichen Belange.

## 10. Dienstwagen
Die Gesellschaft stellt Ihnen nach Maßgabe der jeweiligen Bestimmungen einen Pkw auch für die private Nutzung zur Verfügung.

## 11. Spesenerstattung
Die Erstattung von Aufwendungen, die Ihnen in Ausübung Ihrer Tätigkeit entstehen, einschließlich Reise- und Bewirtungskosten, richtet sich nach der jeweils geltenden Reiseordnung der Gesellschaft.

## 12. Nebenberufliche Erwerbstätigkeit
Beabsichtigen Sie, eine nebenberufliche Erwerbstätigkeit auszuüben, so haben Sie dies rechtzeitig der für Sie zuständigen Personalabteilung mitzuteilen. Die Gesellschaft kann die nebenberufliche Erwerbstätigkeit untersagen, wenn ihr berechtigte Interessen entgegenstehen.

## 13. Erfindungen und Verbesserungen
Sie sind damit einverstanden, daß alle Rechte aus Erfindungen, Verbesserungen, Konstruktionen, DV-Programmen usw., die Sie während der Dauer dieses Vertrages auf einem den Geschäftszweig der Gesellschaft oder den Konzern berührenden Gebiet machen, der Gesellschaft unabhängig von ihrer Schutzfähigkeit zustehen. Sie wirken dabei mit, die erforderlichen Schutzrechte im In- und Ausland für die Gesellschaft zu erwerben.

Erfindungen, die Sie vor Beginn des Vertrages gemacht haben, haben Sie der Gesellschaft spätestens vier Wochen nach Arbeitsbeginn schriftlich bekanntzugeben, soweit diese Erfindungen der Gesellschaft nicht bereits aus einem früheren Arbeitsverhältnis bekannt sind.

Im übrigen gelten die betrieblichen und gesetzlichen Bestimmungen, insbesondere die des Gesetzes über Arbeitnehmererfindungen.

## 14. Veröffentlichungen
Ihre Veröffentlichungen, die den Tätigkeitsbereich der Gesellschaft betreffen (z.B. über Konstruktionen, Erzeugnisse, Herstellungsweisen, Geschäftsverhältnisse, DV-Programme), bedürfen der Zustimmung der Gesellschaft.

## 15. Interessen der Gesellschaft
Geschäftliche Verbindungen mit Lieferanten, Kunden und sonstigen Geschäftspartnern dürfen nicht zum persönlichen Vorteil genutzt werden.

Informationen aus dem geschäftlichen Bereich dürfen nicht privat genutzt, Aufzeichnungen und Vervielfältigungen nicht zum privaten Gebrauch angefertigt werden.

Im Tätigkeitsbereich der Gesellschaft dürfen Privatgeschäfte nicht vorgenommen werden.

## 16. Verschwiegenheit
Sie sind wie die Gesellschaft verpflichtet, das Datengeheimnis gemäß dem Bundesdatenschutzgesetz zu wahren.

Sie haben über alle Betriebs- und Geschäftsgeheimnisse sowohl während der Dauer des Anstellungsverhältnisses als auch nach dessen Beendigung Stillschweigen zu wahren.

Geschäftliche Aufzeichnungen jeder Art, insbesondere Berechnungen, Skizzen, Zeichnungen, Schriftstücke und Drucksachen, Ton- und Datenträger – auch wenn sie von Ihnen selbst angefertigt sind – sind Eigentum der Gesellschaft. Sie haben sie auf Verlangen, bei Beendigung des Anstellungsverhältnisses auch ohne Aufforderung, auszuhändigen. Ein Zurückbehaltungsrecht ist ausgeschlossen.

### 17. Datenweitergabe
Sie sind damit einverstanden, daß Ihre Personaldaten und -akten zu Zwecken der Gesellschaft sowie zu Ihrer persönlichen Einsatz- und Entwicklungsplanung an andere Gesellschaften des Konzerns weitergegeben werden können.

### 18. Beendigung des Anstellungsverhältnisses
Dieser Vertrag ist auf unbestimmte Zeit geschlossen.

Die beiderseitige Kündigungsfrist beträgt sechs Monate zum Halbjahresende. Sie verlängert sich ab Vollendung Ihres 50. Lebensjahres auf 7 Monate zum Jahresende.

Die Kündigung bedarf der Schriftform.

Die Gesellschaft ist berechtigt, Sie nach der Kündigung des Anstellungsvertrages bis zum Vertragsende ganz oder teilweise von der Pflicht zur Arbeitsleistung bei Fortzahlung der Bezüge unter Anrechnung des zustehenden Jahresurlaubs freizustellen.

Das Anstellungsverhältnis endet spätestens mit Ablauf des Monats, in dem Sie das 65. Lebensjahr vollenden.

Es endet ohne Kündigung mit Ende des Monats, in dem Ihre Berufs- oder Erwerbsunfähigkeit durch Zustellung des Rentenbescheides an Sie festgestellt wird.

### 19. Weitere Bestimmungen
Bei Beendigung des Anstellungsverhältnisses sind alle Ansprüche aus dem Anstellungsverhältnis innerhalb von 6 Monaten nach ihrer Fälligkeit schriftlich geltend zu machen. Dies gilt nicht im Todesfall.

### 20. Vertragsänderungen
Änderungen und Ergänzungen dieses Vertrages bedürfen der Schriftform.

### 21. Eintrittsstichtag
Als Eintrittsstichtag gilt der           .

### 22. Frühere Anstellungsverträge im Konzern
Dieser Vertrag tritt an die Stelle des Anstellungsvertrages vom           mit           .

## 12. Muster: Arbeitsvertrag eines Generalbevollmächtigten (Anschreiben)

Sehr geehrter Herr ,

### 1. Tätigkeit und Aufgabengebiet
Mit Wirkung vom           wird Ihnen die Leitung der Vorstandsstäbe als Generalbevollmächtigter übertragen. Sie nehmen diese Aufgabe in unmittelbarer Unterstellung unter den Vorstandsvorsitzenden wahr.

Ihre allgemeine vertragliche Verpflichtung, Aufgaben wahrzunehmen, die wir Ihnen im Unternehmensinteresse übertragen möchten, wird von der Zuweisung des vorgenannten Aufgabengebietes nicht berührt. Falls dieses erforderlich ist, werden Sie auch außerhalb des oben genannten Unternehmensbereiches für das Unternehmen tätig und Aufgaben und Mandate im Unternehmen sowie in sonstigen Institutionen übernehmen. Vorbehaltlich der Zustimmung des Aufsichtsrates der Gesell-

## Verträge mit Arbeitnehmern, Gesellschaftsorganen und Selbständigen § 1

schaft wird Ihnen als Generalbevollmächtigtem Gesamtprokura erteilt, die von den Einschränkungen des § 49 Abs. 2 HGB befreit ist.

**2. Nebentätigkeit**

2.1. Sie werden Ihre volle Arbeitskraft für die Gesellschaft einsetzen.

2.2. Die Übernahme oder Ausübung einer anderweitigen Tätigkeit oder Nebentätigkeit, von Aufsichtsratsmandaten oder Ehrenämtern im Bereich der gewerblichen Wirtschaft erfordert die vorherige Zustimmung des Vorstandes.

2.3. Veröffentlichungen oder Vorträge jeder Art werden Sie mit dem Vorstand des Unternehmens abstimmen.

2.4. An einem Unternehmen, das mit der Gesellschaft in Konkurrenz oder in wesentlichem Umfang im Geschäftsverkehr steht, dürfen Sie ohne vorherige schriftliche Zustimmung des Vorstandes weder unmittelbar noch mittelbar finanziell oder anderweitig beteiligt sein. Hiervon ausgenommen ist der Besitz von Aktien, der keine Einflußnahme auf die Organe der betreffenden Gesellschaft ermöglicht.

**3.**

3.1 a) Sie erhalten für die Ihnen obliegende Tätigkeit mit Wirkung vom            folgende Bezüge:

Ein festes Gehalt von jährlich            .

3.1 b) Eine Jahrestantieme, deren Höhe innerhalb eines Tantiemerahmens von            DM (            EUR) festgesetzt wird.

3.2. Die Jahrestantieme ist erfolgsabhängig nach Maßgabe folgender Faktoren:
– Erreichung des vereinbarten Jahresergebnisses der Gesellschaft.
– Persönliche Leistungen.

Bei Festsetzung der Tantieme nach Ablauf des Geschäftsjahres wird der Tantiemerahmen voll gezahlt, wenn die vereinbarten Ziele voll erfüllt wurden; eine Übererfüllung wird angemessen berücksichtigt.

Die vorstehende Tantiemeregelung wird erstmalig für das Jahr            angewendet.

Der Anspruch auf die Jahrestantieme wird 4 Wochen nach Feststellung des Jahresabschlusses des Unternehmens zur Zahlung fällig.

**4. Reisekosten und Aufwendungen**

Reisekosten und sonstige Aufwendungen, die im Interesse der Gesellschaft erforderlich und angemessen sind, erstattet die Gesellschaft, ggf. im Rahmen der vom Weisungsorgan erlassenen Richtlinien, bei entsprechendem Nachweis.

**5. Firmenwagen**

Die Gesellschaft stellt Ihnen zur dienstlichen und privaten Nutzung einen Pkw nach Maßgabe unserer Nutzungsvereinbarung zur Verfügung. Die durch die private Nutzung entstehenden Aufwendungen sind als geldwerter Vorteil von Ihnen zu versteuern.

**6. Urlaub**

Sie haben Anspruch auf einen Jahresurlaub von 30 Arbeitstagen, der unter Beachtung der Erfordernisse des Verantwortungsbereiches in Abstimmung mit dem Vorstandsvorsitzenden zu nehmen ist. Der Jahresurlaub ist im jeweiligen Geschäftsjahr zu nehmen. Er kann nur mit schriftlicher Einwilligung in das nächstfolgende Geschäftsjahr übertragen werden; in diesem Fall hat die Urlaubnahme im ersten Quartal dieses Geschäftsjahres zu erfolgen.

**7. Fortzahlung der Vergütung bei Krankheit und Tod**

Bei Arbeitsverhinderung infolge Krankheit oder Unfall zahlen wir Ihnen das Gehalt gemäß 3.1.a) bis zur Gesamtdauer von 12 Monaten weiter, aber nicht über das Ende des Anstellungsvertrages hinaus. Auf diese Vergütung haben Sie sich Leistungen, die sie infolge der Arbeitsverhinderung von gesetzlichen Kranken- und/oder Unfallversicherungen oder aus Versicherungsverträgen, die die Gesellschaft für Sie abgeschlossen hat, erhalten, anrechnen zu lassen. Schadensersatzansprüche gegen Dritte wegen nicht erbrachter Dienstleistung treten Sie an die Gesellschaft ab.

Bei länger als 12 Monate dauernder Arbeitsverhinderung infolge Krankheit oder Unfall besteht hinsichtlich der Bezüge gemäß 3.1.a) keine Vergütungspflicht. In diesem Falle gilt das Entgeltfortzahlungsgesetz in seiner jeweils gültigen Fassung.

Im Todesfall wird das Gehalt gemäß 3.1. a) für die Dauer von 3 Monaten, beginnend mit dem Monat nach dem Sterbefall, an den Ehegatten und/oder die unterhaltsberechtigten Kinder weitergezahlt.

### 8. Diensterfindungen

Bei Erfindungen, die Sie während der Dauer dieses Anstellungsvertrages machen, gelten die Vorschriften des Gesetzes über Arbeitnehmererfindungen entsprechend. Die Verwertung von technischen und organisatorischen Verbesserungsvorschlägen steht ohne besondere Vergütung ausschließlich der Gesellschaft zu.

### 9. Geheimhaltungspflicht, Rückgabe von Unterlagen

9.1. Sie sind verpflichtet, sowohl für die Zeit Ihrer Tätigkeit als auch nach Ihrem eventuellen Ausscheiden gegenüber jedem Dritten Stillschweigen über alle Betriebs- und Geschäftsgeheimnisse und alle sonstigen, nicht für Dritte bestimmte Angelegenheiten der Gesellschaft zu bewahren.

9.2. Die gleiche Verpflichtung gilt auch bezüglich der Ihnen während Ihrer Tätigkeit anvertrauten und bekanntgewordenen Betriebs- und Geschäftsgeheimnisse der Gesellschaft sowie deren Tochtergesellschaften.

9.3. Alle Firmenunterlagen, Gegenstände der Gesellschaft, Schriftstücke, Abschriften usw., welche die Tätigkeit der Gesellschaft betreffen, sind sorgfältig aufzubewahren, vor jeder unbefugten Einsichtnahme zu schützen und auf Verlangen jederzeit, bei Beendigung des Vertrages ohne Aufforderung, der Gesellschaft herauszugeben. Das gleiche gilt für eigene Aufzeichnungen, welche die betriebliche Tätigkeit betreffen. Ein Zurückbehaltungsrecht an solchen Unterlagen, Schriftstücken, Abschriften und Ablichtungen ist ausgeschlossen.

### 10. Unfallversicherung

Die Gesellschaft versichert Sie während der Dauer des Vertrages gegen Unfall, und zwar mit den für die nachstehend aufgeführten Risiken vorgesehenen Deckungssummen:

500.000,00 DM (255.645,94 EUR) im Todesfall
1.000.000,00 DM (511.291,88 EUR) bei Vollinvalidität
300,00 DM (159,39 EUR) Tagegeld.

Die hierfür aufgewendeten Prämien sind steuerpflichtiger Sachbezug.

### 11. Vertragsdauer

Dieser Vertrag hat eine Laufzeit vom               bis zum              . Ist zwölf Monate vor seinem Ablauf eine Kündigung nicht erfolgt, läuft dieser Vertrag auf unbefristete Zeit weiter und kann dann mit einer Frist von 12 Monaten zum              eines jeden Jahres gekündigt werden.

Im Falle der Kündigung kann die Gesellschaft Sie für die Dauer der Kündigungsfrist von Aufgaben freistellen.

Das Recht zur Kündigung aus wichtigem Grund bleibt unberührt.

Mit freundlichen Grüßen

▲

## V. Arbeitsverträge mit besonderen Berufsgruppen

### 1. Muster: Arbeitsvertrag mit einem unselbständigen Reisevertreter

▼

*Anstellungsvertrag*

zwischen

der Firma

– nachstehend Unternehmen genannt –

und

Herrn

– nachstehend Angestellter genannt –

Zwischen dem Unternehmen und dem Angestellten werden folgende Vereinbarungen getroffen:

**§ 1**

Der Angestellte wird ab            , jedoch nicht vor Aufnahme der Arbeit, vom Unternehmen als unselbständiger Reisevertreter für das Gebiet          eingestellt.
Gebietsumfang siehe Anlage           .

Es gilt eine beiderseitige Kündigungsfrist von drei Monaten zum Vierteljahresschluß bis zum Erreichen des 65. Lebensjahres als vereinbart. Die Kündigungsfrist erhöht sich entsprechend den gesetzlichen Bestimmungen.

Die Zeit vom Eintritt bis zum           gilt als Probezeit mit beiderseitiger Möglichkeit zur Kündigung von vierzehn Tagen, letztmals am           ohne Angabe eines Grundes.

Das Angestelltenverhältnis kann von beiden Seiten (Arbeitgeber und Arbeitnehmer) mit dem Erreichen des 65. Lebensjahres des Arbeitnehmers beendet werden, ohne daß es dazu einer Kündigung bedarf.

Der Angestellte ist im Rahmen seiner Tätigkeit an die Weisungen der Verkaufsleitung des Unternehmens gebunden und hat seine Dienste in Person zu leisten.

**§ 2**

Dem Angestellten ist es nicht gestattet, gleichzeitig für eine andere Firma tätig zu sein.

**§ 3**

Der Angestellte verpflichtet sich ausdrücklich, sämtliche Geschäftsvorfälle, die ihm im Rahmen seiner Tätigkeit zur Kenntnis gelangen, gegenüber jedermann geheimzuhalten. Er ist im Falle des Ausscheidens verpflichtet, sämtliche Geschäftsunterlagen und Arbeitsmittel zurückzulassen bzw. zurückzugeben. Darüber hinaus verpflichtet er sich, auch in der Zeit nach seinem Ausscheiden über alle speziellen Kenntnisse um die Geschäfte der Firma Stillschweigen zu bewahren. Unter die Schweigepflicht fallen auch die Bedingungen dieses Schreibens.

**§ 4**

Als monatliche Vergütung für die Tätigkeit ab           gelten folgende Regelungen:
1. Der Angestellte erhält ein Grundgehalt in Höhe von brutto           DM (          EUR)
   + vermögenswirksame Leistungen                                              DM (          EUR)
   + km-Pauschale (siehe Anlage 2)                                              DM (          EUR)
   + eine Provision auf Gebiet           von           %

   Das Grundgehalt ist ein Festgehalt und erhöht sich nicht automatisch durch tarifliche Gehaltserhöhungen.

   Das Unternehmen kann bei überregionalen Aufträgen auf Antrag eine Provisionsteilung mit einem anderen Verkaufsgebiet durchführen.

2. Als jährliche Sonderzahlung erhält der Angestellte 70 % des vereinbarten Brutto-Grundgehaltes laut Ziffer 1, zahlbar spätestens am 30. November eines jeden Jahres.
3. Der Angestellte erhält einen Betrag in Höhe der jeweiligen höchsten Arbeitgeberanteile zur gesetzlichen Rentenversicherung und zur Krankenversicherung der zuständigen AOK, wenn keine Versicherungspflicht besteht.
4. Im Krankheitsfalle zahlt das Unternehmen das vereinbarte Grundgehalt für die Dauer von 6 Wochen, im übrigen nach den Bestimmungen des Entgeltfortzahlungsgesetzes in seiner jeweiligen Fassung zzgl. der in diesem Zeitraum anfallenden Provisionen. Jede Erkrankung hat der Angestellte der Geschäftsleitung spätestens binnen 2 Tagen mit Angabe der voraussichtlichen Dauer mitzuteilen. Bei Arbeitsunfähigkeit von über 3 Kalendertagen Dauer ist vom Angestellten eine Arbeitsunfälligkeitsbescheinigung vorzulegegen.
5. Das Unternehmen behält sich vor, die Vergütung jederzeit und ohne daß es einer weiteren Ankündigung bedarf, gemäß dem festgelegten Umrechnungskurs von 1,95583 in EURO abzurechnen.
6. Der Angestellte verpflichtet sich, Gehaltsüberzahlungen ohne Rücksicht auf eine noch vorhandene Bereicherung zurückzuzahlen.

§ 5
Der Angestellte erhält einen jährlichen Erholungsurlaub gemäß dem tariflichen Höchstanspruch. Für den Urlaub erhält der Angestellte ein zusätzliches Urlaubsgeld in Höhe von 50 % des vereinbarten Brutto-Grundgehaltes pro Urlaubstag. Der Zeitpunkt des Urlaubs ist im Einvernehmen mit der Verkaufsleitung und unter Berücksichtigung der geschäftlichen Belange des Unternehmens festzulegen.

§ 6
Für Dienstreisen erhält der Angestellte die Ausgaben nach der im Unternehmen geltenden Reisekostenordnung ersetzt. Übersteigen die aufgewendeten Auslagen die in der Reisekostenordnung festgesetzten Pauschalbeträge, so sind sie zu belegen.

§ 7
Der Angestellte hat der Firma über seine Tätigkeit einen ausführlichen Bericht wöchentlich einzusenden. Entgegengenommene Aufträge hat er unverzüglich an die Firma weiterzuleiten.

§ 8
Die Zuteilung eines anderen Verkaufsgebietes oder die Änderung des Gebietes bleibt dem Unternehmen vorbehalten. Die Durchführung einer solchen Maßnahme bedarf jedoch einer vorhergehenden Ankündigung, muß billigem Ermessen entsprechen und dem Angestellten eine Frist zur Einstellung auf die veränderten Verhältnisse von mindestens drei Monaten ermöglichen.

§ 9
Das Inkasso ist ausschließlich dem Unternehmen vorbehalten. Das Unternehmen ist jedoch berechtigt, in besonderen Fällen die Hilfe des Angestellten in Anspruch zu nehmen, ohne eine besondere Vergütung zu leisten.

§ 10
Die Provisionsabrechnung wird nach dem tatsächlichen Nettoverkaufspreis ausschließlich Nebenkosten berechnet. Der Anspruch auf Provision entfällt, falls feststeht, daß der Dritte nicht zahlt. Bereits empfangene Beträge sind zurückzuerstatten.

§ 11
Das Unternehmen schließt für die Dauer des Angestelltenverhältnisses eine Unfallversicherung ab.

## Verträge mit Arbeitnehmern, Gesellschaftsorganen und Selbständigen § 1

Die Versicherungssumme lautet zur Zeit:
300.000,00 DM (153.387,56 EUR) für den Invaliditätsfall,
100.000,00 DM (51.129,19 EUR) für den Todesfall.

### § 12
Abänderungen und Ergänzungen dieses Vertrages bedürfen zu ihrer Gültigkeit der Schriftform.
Erfüllungsort ist für beide Vertragsteile der Sitz des Unternehmens.

### 2. Muster: Arbeitsvertrag mit einem Außendienstmitarbeiter

Zwischen

der Firma

– nachfolgend „Firma" genannt –

und

Herrn

– nachfolgend „Mitarbeiter" genannt –

wird folgender

*Arbeitsvertrag*

geschlossen:

### § 1 Beginn des Arbeitsverhältnisses
(1) Das Arbeitsverhältnis beginnt am         . Die vorherige ordentliche Kündigung ist ausgeschlossen.
(2) Das Arbeitsverhältnis steht unter dem Vorbehalt der gesundheitlichen Eignung des Mitarbeiters für die vertraglich vorgesehene Arbeitsaufgabe. Sollte eine spätestens bis zum Ablauf der Probezeit durchgeführte amtsärztliche Untersuchung die Nichteignung des Mitarbeiters ergeben, so endet das Arbeitsverhältnis automatisch mit dieser Feststellung, ohne daß es einer Kündigung bedarf.
(3) Dieser Vertrag wird zunächst befristet auf die Dauer von drei Monaten auf Probe abgeschlossen und endet mit Ablauf der Probezeit, wenn er nicht vorher einverständlich auf unbestimmte Zeit verlängert wird. Innerhalb der Probezeit kann das Arbeitsverhältnis mit einer Frist von einem Monat zum Monatsende gekündigt werden, unbeschadet des Rechts zur fristlosen Kündigung.

### § 2 Tätigkeit
(1) Die Firma überträgt dem Mitarbeiter die gesamte anwendungstechnische Kundenbetreuung:
  a) für das Verkaufsprogramm der Firma, insbesondere für folgende Produkte:

  b) für folgende Gebiete: (Postleitgebiete, Regierungsbezirke, Landkreise, Städte)

Der dem Mitarbeiter zugewiesene regionale Tätigkeitsbereich sowie die von ihm zu vertretenden Produkte können durch die Firma entsprechend den geschäftlichen Erfordernissen unter Berücksichtigung der berechtigten Interessen des Mitarbeiters neu eingeteilt werden.
(2) Der Mitarbeiter verpflichtet sich, seinen derzeitigen Wohnsitz innerhalb des Postleitzahlbereichs         beizubehalten.
(3) Nach Aufkündigung des Vertrages kann der Mitarbeiter für die Dauer der Kündigungsfrist mit einer anderen kaufmännischen Tätigkeit im Innendienst beschäftigt werden. Er erhält dann für diese Zeit anteilig mindestens die Durchschnittsbezüge der letzten 12 Monate im Außendienst (ohne Aufwendungsersatz). Muß der Mitarbeiter während dieser Zeit vorübergehend einen

Zweitsitz am Sitz der Firma begründen, so zahlt die Firma für diese Zeit die steuerlich zulässige Trennungsentschädigung.

Wird der Mitarbeiter auf Dauer ganz in den Innendienst übernommen, so werden seine Bezüge und die tarifliche Eingruppierung neu vereinbart.

(4) Der Verkaufsbezirk kann aus betrieblichen Gründen geändert werden, ohne daß dadurch der Gesamtvertrag gekündigt wird. Der Mitarbeiter erklärt sich bereit, je nach den Erfordernissen vorübergehend oder ggf. auch dauernd im kaufmännischen Innendienst eingesetzt zu werden. Ist mit einer solchen Änderung ein Wohnsitzwechsel verbunden, ist das Einverständnis des Mitarbeiters nötig.

(5) Alle Kundenaufträge bedürfen zu ihrer Wirksamkeit der Bestätigung durch die Firma.

### § 3 Beobachtungs- und Mitteilungspflichten, Lagerhaltung

(1) Der Mitarbeiter ist verpflichtet, seinen Verkaufsbezirk intensiv zu bearbeiten, die Abnehmer und Interessenten regelmäßig zu besuchen und neue Kunden zu werben, sich ihrer Bonität zu vergewissern und ihre Kreditwürdigkeit laufend zu überwachen, Hinweise über etwaige Zahlungsschwierigkeiten eines Kunden und sonstige für die Kreditwürdigkeit und die Geschäftsbeziehungen wesentliche, ihm bekanntgewordene Umstände der Firma unverzüglich mitzuteilen.

(2) Der Mitarbeiter hat der Firma wöchentlich über seine Tätigkeit und die Marktlage ausführlich schriftlich zu berichten und sich dabei des für diesen Zweck vorgesehenen Wochenberichtsformulars zu bedienen.

(3) Der Mitarbeiter erklärt sich ferner bereit, in seiner Privatwohnung laufend folgende Gegenstände auf Lager zu halten:
– Waren:

– Muster:

– Werbematerial:


### § 4 Unterlagen, Informationspflicht der Firma

(1) Die Firma wird ihrerseits dem Mitarbeiter die zur Ausübung seiner Tätigkeit erforderlichen Informationen und Unterlagen stets rechtzeitig zur Verfügung stellen. Sämtliche dem Mitarbeiter übergebenen Unterlagen, wie z.B. Muster, Kataloge, Preislisten, Zeichnungen und Karten, verbleiben im Eigentum der Firma; sie sind während der Dauer des Anstellungsvertrages auf Anforderung der Firma und nach Beendigung des Anstellungsvertrages unaufgefordert an die Firma zurückzugeben. Der Mitarbeiter verzichtet darauf, irgendwelche Zurückbehaltungsrechte oder Aufrechnungsrechte geltend zu machen.

(2) Die Firma verpflichtet sich, den Mitarbeiter zu informieren, wenn sie Kaufverträge über bestimmte Gegenstände in absehbarer Zeit nicht oder nur in vermindertem Umfang abzuschließen gedenkt. Im übrigen wird sie die Ablehnung oder Annahme eines Vertrages dem Mitarbeiter unverzüglich mitteilen.

### § 5 Vergütung

(1) Der Mitarbeiter erhält für seine vertragliche Tätigkeit ein monatliches Festgehalt, das in den ersten 6 Monaten des Arbeitsverhältnisses           DM (          EUR) brutto beträgt. Dieses Gehalt ist jeweils am letzten Arbeitstag eines Monats fällig. Die Zahlung erfolgt bargeldlos. Der Mitarbeiter wird daher innerhalb von 14 Tagen nach Beginn des Arbeitsverhältnisses ein Konto einrichten und dessen Nummer sowie das kontoführende Institut der Firma mitteilen.

(2) Ab Beginn des 7. Monats des Arbeitsverhältnisses soll der Mitarbeiter seine Beratungstätigkeit im Außendienst aufnehmen. Ab diesem Zeitpunkt reduziert sich das Festgehalt auf           DM (          EUR) brutto im Monat.

# Verträge mit Arbeitnehmern, Gesellschaftsorganen und Selbständigen § 1

(3) Hinzu tritt dann für jeden von der Firma bestätigten Auftrag aus dem Betreuungsgebiet des Mitarbeiters eine Bruttoprovision die am Ende des der Auslieferung folgenden Monats fällig wird.

a) Die Provisionssätze werden wie folgt festgelegt:
   - ......% aus allen Aufträgen mit einem Auftragsvolumen von weniger als ......DM ( ...... EUR)
   - ......% aus allen Aufträgen mit einem Auftragsvolumen von mehr als ...... DM ( ...... EUR)

b) Sonderprovisionen zur Forcierung einzelner Artikel werden zusätzlich gezahlt.

c) Als Mindesteinkommen aus der Provision wird ein Betrag von monatlich ...... DM ( ...... EUR) garantiert.

d) Die Provision errechnet sich aus dem in Rechnung gestellten Waren-Nettowert (Warenwert ohne Mehrwertsteuer). Skontoabzüge mindern den Provisionsanspruch nicht. Nicht provisionspflichtig sind Nebenkosten, namentlich für Fracht, Verpackung, Zoll, Steuern, sofern diese Nebenkosten dem Kunden besonders in Rechnung gestellt werden.

e) Die Provisionssätze können, wenn es die wirtschaftlichen Verhältnisse angezeigt erscheinen lassen, durch die Firma geändert werden. Geplante Änderungen müssen dem Mitarbeiter drei Monate im voraus schriftlich mitgeteilt werden. Die bisherigen durchschnittlichen Provisionseinkünfte des Mitarbeiters (letzte 12 Monate) dürfen dabei nicht unterschritten werden.

f) Ein Provisionsanspruch besteht nicht,
   - wenn die Ausführung des bestätigten Auftrages unmöglich geworden ist, ohne daß die Firma die Unmöglichkeit zu vertreten hat, oder wenn der Firma die Ausführung unzumutbar ist,
   - wenn feststeht, daß der Kunde nicht zahlt,
   - wenn der Kunde zahlungsunfähig wird.

   Die Provision ist unabhängig vom Zahlungseingang zahlbar. Bei Nichteingang von Zahlungen aus den oben genannten Gründen wird das Provisionskonto des Mitarbeiters entsprechend rückbelastet.

g) Die Firma hat die Provision, auf die der Mitarbeiter Anspruch hat, monatlich jeweils bis zum letzten Arbeitstag des der Auslieferung folgenden Monats abzurechnen.

(4) Für die Lagerhaltung gemäß § 3 Absatz 3 dieses Vertrages und die darin liegende Überlassung von Raum erhält der Mitarbeiter eine monatliche Pauschale in Höhe von ...... DM ( ...... EUR) brutto.
Die Zahlung dieser Pauschale entfällt, wenn der Mitarbeiter zur Lagerhaltung nicht mehr verpflichtet ist.

(5) Der Mitarbeiter erhält ferner eine Urlaubsvergütung von ...... DM ( ...... EUR) brutto für ein volles Dienstjahr, zahlbar jeweils am 30.06. Bei unterjähriger Beschäftigung entsteht der Anspruch anteilig.

(6) Durch die vorgenannte Vergütung ist die gesamte vertragsgemäße Tätigkeit des Mitarbeiters einschließlich etwaiger Mehrarbeit, Reisezeit usw. abgegolten.

(7) Die Firma behält sich vor, die Vergütung jederzeit und ohne daß es einer weiteren Ankündigung bedarf, gemäß dem festgelegten Umrechnungskurs von 1,95583 in EURO abzurechnen.

(8) Der Mitarbeiter verpflichtet sich, Gehaltsüberzahlungen ohne Rücksicht auf eine noch vorhandene Bereicherung zurückzuzahlen.

## § 6 Jahresabschlußvergütung

(1) Soweit die Firma allgemein eine Jahresabschlußvergütung gewährt, erhält der Mitarbeiter diese ebenfalls.

(2) Der Mitarbeiter erkennt an, daß die Jahresabschlußvergütung freiwillig gezahlt wird und hierauf auch nach wiederholter Zahlung kein Rechtsanspruch entsteht.

(3) Die Zahlung der Jahresabschlußvergütung entfällt, wenn das Arbeitsverhältnis in dem jeweils durch Aushang bekanntgegebenen Zahlungszeitpunkt durch den Mitarbeiter oder aus personen- oder verhaltensbedingten Gründen durch die Firma gekündigt ist.

### § 7 Nebenkosten

(1) Die Kosten der notwendigen Hotelübernachtungen werden gegen Nachweis der Auslagen bis zu einer Höhe von          DM (          EUR) erstattet.

Hotelrechnungen müssen auf den Namen der Firma mit dem Zusatz „betrifft Herrn          " ausgestellt sein; der Aussteller muß darauf angeben, ob darin das Frühstück enthalten ist. In diesem Falle erfolgt eine Kürzung des Tagessatzes um 15 %.

(2) Soweit eine Abrechnung gegen Beleg erfolgt, ist darauf zu achten, daß der Beleg auf die Firma ausgestellt ist und einen ordnungsgemäßen Mehrwertsteuer-Ausweis enthält (bis 200,00 DM/ 102,26 EUR MwSt.-Prozentsatz, über 200,00 DM/102,26 EUR MwSt.-Betrag).

Schäden, die aus der Nichtbeachtung dieser Anweisung der Firma entstehen, können dem Mitarbeiter belastet werden.

(3) Der Mitarbeiter hat alle Aufwendungen und Auslagen gemäß Ziff. 4 und 5 wöchentlich auf dem Wochenberichtsformular (§ 3 Ziff. 2) abzurechnen. Die Abrechnung durch die Firma erfolgt spätestens zum Schluß des darauffolgenden Monats.

### § 8 Firmenfahrzeug

(1) Der Mitarbeiter verpflichtet sich, im Rahmen der Erfüllung seiner Aufgaben gemäß § 2 und § 3 dieses Vertrages notwendig werdende Fahrten im Pkw durchzuführen.

(2) Die Firma behält sich vor, in Einzelfällen, wenn dies aus geschäftlichen Gründen notwendig erscheint, eine Bahn- oder Flugreise anzusetzen. Der Mitarbeiter ist berechtigt, von sich aus mit der Bahn zu fahren, wenn die Witterung es erfordert und die Tourenplanung es erlaubt.

In diesen Fällen ist von dem bei der Firma bestehenden Großkundenabonnement Gebrauch zu machen.

(3) Die Firma überläßt ab          das Fahrzeug          mit dem polizeilichen Kennzeichen          dem Mitarbeiter zur dienstlichen und privaten Nutzung (auch durch Familienangehörige).

(4) Für die Fahrzeugstellung einschließlich der Privatnutzung gelten die folgenden Bedingungen:

a) Die lohnsteuerrechtliche Behandlung der Privatnutzung richtet sich nach den jeweiligen maßgeblichen Vorschriften. Demnach ist zur Zeit zu versteuern:
   – monatlich 1 % vom Brutto-Listenpreis =          DM (          EUR).

   Sofern steuerpflichtige Fahrten zwischen Wohnung und Arbeitsstätte (Abschnitt 24 Abs. 7 LStR) oder Familienheimfahrten bei doppelter Haushaltsführung anfallen sollten, erhöht sich das steuerpflichtige Einkommen entsprechend.

b) Die Firma übernimmt die Kosten des Fahrzeugbetriebes. Die Betriebskosten für Öl, Benzin usw. bei Urlaubsfahrten und sonstigen Privatfahrten über 50 km übernimmt jedoch der Mitarbeiter.

   Vor Auslandsfahrten ist eine ADAC-Auslandsschutzbrief-Versicherung abzuschließen.

   Zum Monatsende ist der Firma der jeweilige Kilometerstand unaufgefordert auf der monatlichen Tankrechnung mitzuteilen.

c) Der Mitarbeiter hat der Firma seinen Führerschein vor Übernahme des Wagens und danach jeweils in halbjährlichem Abstand unaufgefordert vorzulegen. Sollte zu einem späteren Zeitpunkt ein Führerscheinentzug erfolgen, ist dies der Firma sofort mitzuteilen.

d) Der Kraftfahrzeugschein ist neben der Fahrerlaubnis ständig mitzuführen und sorgfältig zu verwahren. Das gleiche gilt für die von der Firma zur Verfügung gestellte grüne Versicherungskarte.

e) Der Wagen ist möglichst in einer Garage einzustellen. Der Mietpreis ist vom Mitarbeiter zu tragen.

f) Es ist selbstverständlich, daß das Fahrzeug jederzeit einer ordnungsgemäßen Pflege und Wartung unterzogen und in betriebssicherem Zustand gehalten wird. Die notwendigen Maßnahmen ergeben sich aus dem beigefügten Kundendienstscheckheft des Kfz-Herstellers.

Sämtliche Kundendienstarbeiten und Reparaturen müssen in autorisierten Werkstätten der gefahrenen Automarke durchgeführt werden. Zuwiderhandlungen gehen zu Lasten des Mitarbeiters. Notwendig erscheinende Reparaturen sind der Geschäftsleitung unverzüglich anzuzeigen. Reparaturen bedürfen der vorherigen Zustimmung der Geschäftsleitung. Unfälle sind dieser sofort zu melden.

g) Der Mitarbeiter haftet für Schäden am Kraftfahrzeug, die durch unsachgemäße Behandlung entstehen und als sog. Betriebsschäden von der Kaskoversicherung grundsätzlich ausgenommen sind, z.B. einen Motorschaden wegen ungenügenden Ölstandes.

Ferner hat der Mitarbeiter die Firma von allen Haftpflichtansprüchen Dritter freizustellen, die wegen seines Verhaltens durch die Kraftfahrzeug-Haftpflichtversicherung nicht gedeckt sind. Dies kommt u. a. in Betracht, wenn ein Unfall auf abgefahrene Reifen zurückzuführen ist; ferner, wenn eine Obliegenheit verletzt wird, die bei Eintritt des Versicherungsfalles vom Lenker des Fahrzeuges zu erfüllen gewesen wäre. Zu den Obliegenheitsverletzungen gehören z.B. Fahrerflucht, ungenügende Aufklärung des Versicherers über den Unfallhergang, keine oder unwahre Angaben über Alkoholgenuß, wenn hiernach gefragt ist.

h) Zur Ausstattung gehören 2 Sätze Schlüssel, 1 Warndreieck, 1 vorschriftsmäßiger Verbandskasten, 1 Warnweste. Das Fahrzeug ist mit Stahl-Gürtelreifen ausgerüstet (für Sommer und Winterbetrieb). Die Reifen inkl. Ersatzreifen müssen nach einer gewissen Zeit umgesetzt werden, damit alle Reifen gleichmäßig abgefahren werden. Bei Ersatzbeschaffung von Reifen müssen Gürtelreifen angeschafft werden. Die Rechnung geht auch in diesem Fall an die Firma. Der Mitarbeiter teilt der Firma den km-Stand und die Ersatzbeschaffung mit.

i) Falls sich im Kraftfahrzeug eine Kontrolleinrichtung befindet, hat der Mitarbeiter diese zu benutzen und die Kontrollbelege auf Anforderung vorzulegen. Darüber hinaus ist er verpflichtet, ein Fahrtenbuch zu führen.

j) Der Mitarbeiter verpflichtet sich, auf allen Dienstfahrten stets den Sicherheitsgurt anzulegen und darauf hinzuwirken, daß auch mitgenommene Dritte dies tun.

Der Mitarbeiter verpflichtet sich weiter, bei allen Arbeiten am Fahrzeug im Gefahrenbereich des fließenden Verkehrs stets die mitgeführte Warnweste zu tragen (§ 50 Abs. 5 UVV 12).

k) Die Gebrauchsüberlassung ist an das bestehende Arbeitsverhältnis gebunden und endet automatisch mit dem Ende des Arbeitsverhältnisses. Die Firma behält sich vor, nach Kündigung des Arbeitsverhältnisses, insbesondere im Falle einer Freistellung des Mitarbeiters von seinen Außendienstaufgaben, das Fahrzeug vorzeitig herauszuverlangen. In diesem Fall erhält der Mitarbeiter als Ersatz für den entgehenden geldwerten Vorteil monatlich einen Betrag in Höhe von           DM (          EUR). Auch bei einer Versetzung in den Innendienst ist der Dienstwagen zurückzugeben. In diesem Fall erhält der Mitarbeiter für die Dauer von           Monaten als Ersatz für den entgehenden geldwerten Vorteil monatlich einen Betrag in Höhe von           DM (          EUR).

(5) Im übrigen ist die Firma berechtigt, das Fahrzeug alle zwei Jahre gegen ein fabrikneues Fahrzeug der gleichen Klasse auszutauschen.

## § 9 Gehaltsabtretung, -verpfändung oder -pfändung

(1) Der Mitarbeiter darf seine Vergütungsansprüche weder abtreten noch verpfänden.

(2) Jede Pfändung der Arbeitsvergütung ist der Firma unverzüglich schriftlich anzuzeigen. Der Mitarbeiter verpflichtet sich, die durch die Pfändung (sowie durch eine vertragswidrig vorgenommene Abtretung oder Verpfändung) der Firma entstehenden Kosten zu tragen. Die Pauschale je zu bearbeitender Pfändung, Abtretung oder Verpfändung beträgt monatlich DM 7,50 (3,83 EUR). Die Firma ist jedoch berechtigt, bei Nachweis der höheren tatsächlichen Kosten diese in Ansatz zu bringen. Die sich danach ergebenden Beträge werden monatlich vom Gehalt einbehalten.

### § 10 Arbeitsverhinderung

(1) Der Mitarbeiter verpflichtet sich, jede Arbeitsverhinderung unter Angabe des Grundes und der voraussichtlichen Dauer der Geschäftsleitung unverzüglich mitzuteilen.

(2) Der Mitarbeiter verpflichtet sich weiter, im Falle der Erkrankung vor Ablauf des 3. Kalendertages der Firma (Personalabteilung) eine ärztliche Bescheinigung über die Arbeitsunfähigkeit und ihre voraussichtliche Dauer vorzulegen. Dauert die Arbeitsunfähigkeit über den letzten bescheinigten Tag hinaus fort, so ist der Mitarbeiter unabhängig von der Gesamtdauer der Arbeitsunfähigkeit verpflichtet, jeweils innerhalb von 3 Tagen eine neue ärztliche Bescheinigung einzureichen. In diesem Falle ist die fortdauernde Arbeitsunfähigkeit erneut anzuzeigen (Ziff. 1).

(3) Der Mitarbeiter ist verpflichtet, der Firma unverzüglich eine Bescheinigung über die Bewilligung einer Kur oder eines Heilverfahrens vorzulegen und den Zeitpunkt des Kurantritts mitzuteilen. Die Bescheinigung über die Bewilligung muß Angaben über die voraussichtliche Dauer der Kur enthalten. Dauert die Kur länger als in der Bescheinigung angegeben, so ist der Mitarbeiter verpflichtet, der Firma unverzüglich eine weitere entsprechende Bescheinigung vorzulegen.

### § 11 Gehaltsfortzahlung im Krankheitsfalle

(1) Bei Arbeitsverhinderung infolge ärztlich bescheinigter Arbeitsunfähigkeit erhält der Mitarbeiter entsprechend den gesetzlichen Bestimmungen für die Dauer von 6 Wochen das Gehalt fortgezahlt. Gehalt in diesem Sinne ist die sich aus § 4 Ziff. 1 bis 3 dieses Vertrages ergebende Vergütung.

(2) Im Anschluß daran zahlt die Firma für die Dauer von _____ Wochen einen Zuschuß in Höhe des Unterschiedes zwischen dem Nettoeinkommen und dem Krankengeld der (gesetzlichen) Krankenversicherung.

### § 12 Urlaub

(1) Der Mitarbeiter erhält kalenderjährlich einen Erholungsurlaub von 30 Arbeitstagen.

(2) Erholungsurlaub kann erstmals nach 6monatiger ununterbrochener Firmenzugehörigkeit beansprucht werden und ist mindestens 14 Tage vorher bei der Geschäftsleitung schriftlich zu beantragen.

(3) Im übrigen gelten die gesetzlichen Bestimmungen.

### § 13 Nebentätigkeit

(1) Der Mitarbeiter verpflichtet sich, jede beabsichtigte entgeltliche oder unentgeltliche Nebenbeschäftigung der Firma mindestens 1 Monat vorher schriftlich anzuzeigen.

(2) Die Firma ist berechtigt, die Aufnahme einer beabsichtigten Nebenbeschäftigung oder ihre Fortsetzung zu untersagen, wenn dadurch die ordnungsgemäße Erfüllung der Verpflichtungen aus diesem Arbeitsvertrag durch den Mitarbeiter beeinträchtigt werden kann.

(3) Eine Nebentätigkeit bei einem Konkurrenzunternehmen ist ausgeschlossen (§ 60 HGB).

### § 14 Geheimhaltungspflicht

(1) In seiner Eigenschaft als _____ verpflichtet sich der Mitarbeiter zu absoluter Verschwiegenheit gegenüber jedermann in bezug auf alle geheimhaltungsbedürftigen Vorgänge.

(2) Die Geheimhaltungspflicht erstreckt sich auf alle Angelegenheiten und Vorgänge, die im Rahmen der Tätigkeit in der Abteilung _____ bekanntgeworden sind und bekannt werden, aber auch auf sonstige sachliche und persönliche Umstände in der Abteilung _____ und im Betrieb, die nicht zu den formellen Geschäfts- und Betriebsgeheimnissen zählen. Die Geheimhaltungspflicht besteht nicht nur gegenüber Dritten, sondern auch gegenüber den Mitarbeitern der Firma, sofern nicht die Wahrnehmung der betrieblichen Aufgaben und die reibungslose Zusammenarbeit eine Mitteilung erforderlich machen.

(3) Auf Verlangen des Vorgesetzten sind alle Unterlagen (z.B. Aufzeichnungen, Notizen, Gesprächsunterlagen), Arbeitsgerätschaften (z.B. Taschenrechner) und Waren jederzeit auszuhändigen. Am letzten Arbeitstag im Betrieb sind alle vorgenannten Gegenstände, die unmittelbar oder mit-

## Verträge mit Arbeitnehmern, Gesellschaftsorganen und Selbständigen § 1

telbar mit der Arbeitsverrichtung oder dem Betrieb zusammenhängen, der Geschäftsleitung zu übergeben.

(4) Für jeden Einzelfall des Verstoßes gegen die Pflichten aus dieser Geheimhaltungsvereinbarung ist der Mitarbeiter zur Zahlung einer Vertragsstrafe in Höhe eines durchschnittlichen Monatseinkommens der letzten 12 abgerechneten Monate an die Firma verpflichtet. Diese Vertragsstrafe wird mit der Geltendmachung fällig. Dadurch wird die Geltendmachung weitergehender Schadensersatzansprüche nicht ausgeschlossen.

### § 15 Vertragsstrafe
(1) Für den Fall, daß der Mitarbeiter schuldhaft die vertragsgemäße Tätigkeit nicht oder verspätet aufnimmt oder das Vertragsverhältnis unberechtigt vorzeitig beendet, wird eine Vertragsstrafe in Höhe eines Gesamtmonatseinkommens vereinbart.

(2) Das Gesamtmonatseinkommen bemißt sich gemäß §§ 5 und 6 dieses Vertrages, und zwar nach dem Durchschnitt der letzten 12 Monate, im Falle einer kürzeren Beschäftigungsdauer nach dem Durchschnitt während dieser Zeit, im Falle der Nichtaufnahme oder verspäteten Aufnahme der Tätigkeit nach den durchschnittlichen Bezügen eines vergleichbaren Außendienstmitarbeiters.

### § 16 Beendigung des Arbeitsverhältnisses
(1) Wird nach Ablauf des befristeten Probearbeitsverhältnisses das Arbeitsverhältnis einverständlich fortgesetzt, so gilt rückwirkend vom Zeitpunkt der Einstellung an das Arbeitsverhältnis als Dauerarbeitsverhältnis.

(2) Die Kündigung bedarf der Schriftform. Die Kündigungsfrist beträgt 3 Monate zum Quartalsende. Kraft Gesetzes eintretende Verlängerungen der Kündigungsfrist nach längerer Beschäftigungsdauer gelten für beide Seiten.

(3) Firma und Mitarbeiter stimmen darin überein, daß das Arbeitsverhältnis mit Ablauf des Monats, in dem der Mitarbeiter das 65. Lebensjahr vollendet, enden soll, ohne daß es einer Kündigung bedarf. Im Hinblick auf die Notwendigkeit einer rechtzeitigen Nachfolgeplanung durch die Firma verpflichtet sich der Mitarbeiter, der Firma innerhalb von 6 Monaten nach Vollendung seines 62. Lebensjahres verbindlich mitzuteilen, ob er sich an diese Absprache gebunden fühlt.

(4) Mit der Beendigung des Arbeitsverhältnisses sind noch nicht verrechnete Vorschüsse, gleichgültig auf welche Vergütungsbestandteile sie gewährt wurden, zurückzuzahlen. Die Verrechnung mit Ansprüchen, die bei Beendigung des Arbeitsverhältnisses fällig werden, ist zulässig; die Firma ist beweispflichtig dafür, daß solche Ansprüche bestehen.

(5) Im Falle der Kündigung ist die Firma berechtigt, den Mitarbeiter während der Kündigungsfrist unter Anrechnung auf bestehende Urlaubsansprüche von der Arbeit freizustellen, wenn sie dem Mitarbeiter die Bezüge weiterzahlt. Die monatlichen Bezüge während einer Freistellung bestehen aus der Gesamtvergütung (Fixum und durchschnittliche Provision der letzten abgerechneten Monate). Durch die Freistellung werden eventuell bestehende Urlaubsansprüche in entsprechendem Umfang abgegolten. Für die Zeit der Freistellung entfällt der Anspruch des Mitarbeiters auf pauschalen Aufwandsersatz.

(6) Das Recht zur fristlosen Kündigung bleibt unberührt. Eine fristlose Kündigung gilt gleichzeitig vorsorglich als fristgemäße Kündigung zum nächstzulässigen Zeitpunkt. Im Falle fristloser Kündigung sind dem anderen Vertragspartner die wesentlichen Kündigungsgründe im Kündigungsschreiben schriftlich mitzuteilen.

### § 17 Schlußbestimmungen
(1) Mündliche Nebenabreden bestehen nicht.

(2) Alle Änderungen dieses Vertrages bedürfen zu ihrer Rechtswirksamkeit der Schriftform. Das gilt auch für die Aufhebung dieses Schriftformerfordernisses.

(3) Soweit vorstehend nichts anderes vereinbart worden ist, gelten für das Arbeitsverhältnis die gesetzlichen Bestimmungen sowie die betriebliche Übung. Tarifliche Regelungen gelten nicht.

# § 1 Kapitel 1: Arbeitsverträge

(4) Die allgemeinen Arbeitsbedingungen und Vergütungsregelungen unterliegen den gesetzlichen Bestimmungen sowie Betriebsvereinbarungen.

(5) Alle Ansprüche aus dem Arbeitsverhältnis sind beiderseits binnen einer Frist von drei Monaten seit Fälligkeit schriftlich geltend zu machen und im Falle der Ablehnung innerhalb einer Frist von einem Monat einzuklagen.

(6) Der Mitarbeiter versichert ausdrücklich, daß irgendwelche Umstände, die bei ihm demnächst einen Arbeitsausfall verursachen könnten, nicht vorliegen.

(7) Die etwaige Unwirksamkeit einzelner Bestimmungen dieses Vertrages läßt die Wirksamkeit der übrigen Vertragsbestimmungen unberührt.

(8) Die Firma hält sich an dieses Vertragsangebot bis längstens gebunden. Das Angebot erlischt, wenn bis dahin nicht die vom Mitarbeiter gegengezeichnete Zweitschrift des Vertrages eingegangen ist.

▲

## 3. Muster: Arbeitsvertrag mit einem Vertriebsmitarbeiter für EDV-Produkte und EDV-Dienstleistungen (mit Anlage Provisionsregelung)

▼

*Arbeitsvertrag*

zwischen

der Firma

– nachfolgend „Firma" genannt –

und

Herrn

– nachfolgend „Mitarbeiter" genannt –

### § 1 Beginn des Arbeitsverhältnisses

(1) Der Mitarbeiter tritt mit Wirkung vom in die Dienste der Firma. Vor Beginn des Arbeitsverhältnisses ist die Kündigung ausgeschlossen.

(2) Die ersten sechs Monate gelten als Probezeit. Während dieser Zeit können die Vertragspartner das Arbeitsverhältnis mit gesetzlicher Frist kündigen.

### § 2 Tätigkeit

(1) Der Mitarbeiter wird als Vertriebsmitarbeiter angestellt. Er übt seine Tätigkeit insbesondere in der Geschäftsstelle aus. Zu seinen Aufgaben gehören insbesondere der Vertrieb der Dienstleistungen und Produkte der Firma in den Geschäftsfeldern:
- Multimedia
- Softwareentwicklung
- EDV-Schulungen
- Anwender-Support
- Netzwerkadministration
- Installationen
- Personaltraining
- Managementcoaching
- Projektmanagement
- SAP/R3

Der Tätigkeitsbereich des Mitarbeiters erstreckt sich auf die in Anlage aufgeführten Kundenbeziehungen der Firma.

## Verträge mit Arbeitnehmern, Gesellschaftsorganen und Selbständigen § 1

Darüber hinaus kann der Mitarbeiter bundesweit bei Kunden der Gesellschaft und innerbetrieblich zu allen Aufgaben berufen werden, die seinen Vorkenntnissen und Fähigkeiten entsprechen.

Insbesondere kann der Mitarbeiter im Bedarfsfall zu innerbetrieblichen organisatorischen Aufgaben herangezogen werden. Macht die Firma hiervon Gebrauch, so ist die bisherige Vergütung weiterzuzahlen.

(2) Es besteht Einvernehmen darüber, daß die Firma den weiteren Ausbau des Vertriebsnetzes plant. Daher unterliegt die Definition der Aufgaben des Mitarbeiters im Falle der Einstellung weiterer Vertriebsmitarbeiter, unbeschadet der getroffenen Vergütungsvereinbarung, der Änderung durch die Geschäftsleitung nach billigem Ermessen.

(3) Der Mitarbeiter ist weisungsgebunden gegenüber dem Gesamtvertriebsleiter und den Geschäftsführern. Ohne besondere schriftliche Ermächtigung ist der Mitarbeiter weder zur rechtsgeschäftlichen Vertretung noch zum Inkasso ermächtigt.

(4) Obwohl das Aufgabenfeld des Mitarbeiters ein generell selbständiges und innovatives Arbeiten erfordert, gehört es zu den Obliegenheiten des Mitarbeiters, die Bestimmung der Dringlichkeiten von Arbeiten nicht ohne Zustimmung seiner Vorgesetzten vorzunehmen und die Vorgesetzten über beabsichtigte Vorhaben und den Stand von Arbeiten zu unterrichten.

Wöchentlich sind Projektberichte zu erstellen, darüber hinaus ist ein monatlicher umfassender Statusbericht vorzulegen.

(5) Der Mitarbeiter hat insbesondere die Bestimmungen des Gesetzes gegen den unlauteren Wettbewerb (UWG), des Rabattgesetzes und der Zugabeverordnung zu beachten und alles zu unterlassen, was gegen die Regeln des lauteren Wettbewerbs verstößt. Insbesondere ist er verpflichtet, sowohl Interessenten als auch Kunden über alle Punkte eines abzuschließenden Vertrages umfassend und sachlich zu unterrichten.

(6) Der Mitarbeiter ist an die Preise und Kalkulationsgrundlagen gebunden, die die Firma allgemein oder von Fall zu Fall festsetzt. Die Gewährung von Preisnachlässen und Sonderkonditionen bedarf der ausdrücklichen schriftlichen Zustimmung der Firma. Die Annahme oder Ablehnung eines Auftrages steht der Firma frei.

### § 3 Arbeitszeit
(1) Die regelmäßige Wochenarbeitszeit beträgt 40 Stunden.

(2) Beginn und Ende der täglichen Arbeitszeit sowie die Pausen werden von der Firmenleitung festgelegt.

### § 4 Vergütung
(1) Der Mitarbeiter erhält für seine vertragliche Tätigkeit ein festes Jahresbruttogehalt von ........ DM ( ........ EUR). Die Vergütung ist in zwölf Teilbeträgen jeweils am Letzten eines Monates fällig.

(2) Für die Erreichung der ihm nach Maßgabe der Zusatzvereinbarung gesetzten Vertriebsziele erhält er darüber hinaus ein variables Gehalt in Form von Provisionen bis maximal zur Höhe von 35.000,00 DM (17.895,21 EUR) p.a.

(3) Die Firma zahlt auf die zu erwartende Provision einen monatlichen Vorschuß in Höhe von ........ DM ( ........ EUR).

Der Anspruch auf die Jahresprovisionen entsteht mit Erreichung der jeweiligen Teilumsatzziele nach Eingang der Zahlungen der Kunden bei der Firma. Der Anspruch wird fällig mit Abrechnung. Die Abrechnung und Auszahlung erfolgt in dem Monat, der auf die Entstehung des Provisionsanspruches folgt, spätestens mit Bilanzfeststellung.

(4) Der Anspruch auf Provision entfällt insoweit, als sich Forderungen der Firma gegenüber Kunden aus Gründen, die die Firma nicht zu vertreten hat, als uneinbringlich erweisen. Bereits gezahlte Provisionsvorschüsse werden zurückgerechnet. Es obliegt der Firma, glaubhaft zu machen, daß der Käufer nicht leisten wird. Der Nachweis gilt als geführt, wenn eine Auskunftei

## § 1 Kapitel 1: Arbeitsverträge

oder eine Gläubigerschutzorganisation bescheinigt, daß nach ihrem Ermessen eine Zwangsvollstreckung nicht zum Ziele führen wird.

(5) Die Firma schreibt jährlich für Vertriebsmitarbeiter eine Incentivreise aus. Der Mitarbeiter kann sich an dieser Ausschreibung beteiligen. Etwaige auf die Incentivreise entfallende Lohn- oder Kirchensteuer trägt die Firma.

(6) Die durch die als Anlage Nr. angefügte Zusatzvereinbarung ist Bestandteil dieses Vertrages.

(7) Die Zahlung erfolgt bargeldlos. Der Mitarbeiter ist verpflichtet, ein Konto zu unterhalten und der Firma seine jeweiligen Kontodaten mitzuteilen.

(8) Der Mitarbeiter verpflichtet sich, Gehaltsüberzahlungen ohne Rücksicht auf eine noch vorhandene Bereicherung zurückzuzahlen.

### § 5 Urlaub

(1) Der Urlaubsanspruch des Mitarbeiters richtet sich nach dem Bundesurlaubsgesetz. Mit dem Mitarbeiter werden zur Zeit 27 Arbeitstage jährlich als Urlaub vereinbart. Der Zeitpunkt des Urlaubsantrittes ist unter Berücksichtigung der Geschäftsinteressen der Firma festzulegen.

Der Urlaubsanspruch besteht erst nach einer dreimonatigen Beschäftigung bei der Firma. Der volle Urlaubsanspruch wird erstmalig nach sechs Monaten nach Beginn des Anstellungsverhältnisses erworben.

### § 6 Gehaltsverpfändung und Gehaltsabtretung

(1) Der Mitarbeiter darf seine Vergütungsansprüche weder verpfänden noch abtreten.

(2) Der Mitarbeiter hat die durch die Pfändung, Verpfändung oder Abtretung erwachsenden Kosten zu tragen. Die zu ersetzenden Kosten sind pauschaliert und betragen je zu berechnender Pfändung, Verpfändung oder Abtretung 100,00 DM (51,13 EUR). Die Firma ist berechtigt, bei Nachweis der höheren tatsächlichen Kosten diese in Ansatz zu bringen.

### § 7 Dienstreisen, Fahrtkosten

(1) Der Mitarbeiter ist verpflichtet, auf Weisung der Firmenleitung Dienstreisen durchzuführen.

(2) Fahrtkosten, die im Rahmen von Dienstreisen anfallen, werden nach Maßgabe der Firmenrichtlinien im Einzelfall nach Vorlage von Einzelnachweisen erstattet.

### § 8 Arbeitsverhinderung

(1) Der Mitarbeiter ist verpflichtet, dem Arbeitgeber jede Dienstverhinderung und seine voraussichtliche Dauer anzuzeigen. Auf Verlangen sind die Gründe der Dienstverhinderung mitzuteilen.

(2) Im Falle der Erkrankung ist der Mitarbeiter verpflichtet, vor Ablauf des zweiten Kalendertages nach Beginn der Arbeitsunfähigkeit eine ärztliche Bescheinigung über Arbeitsunfähigkeit sowie deren voraussichtliche Dauer vorzulegen. Dauert die Arbeitsunfähigkeit länger als in der Bescheinigung angegeben, ist der Mitarbeiter verpflichtet, innerhalb von drei Tagen eine neue ärztliche Bescheinigung einzureichen.

### § 9 Gehaltsfortzahlung im Krankheitsfalle

Ist der Mitarbeiter infolge auf Krankheit beruhender Arbeitsunfähigkeit an der Arbeitsleistung verhindert, ohne daß ihn ein Verschulden trifft, so erhält er Gehaltsfortzahlung für die Dauer von 6 Wochen nach Maßgabe des Entgeltfortzahlungsgesetzes in seiner jeweils gültigen Fassung.

### § 10 Verschwiegenheitspflicht

Der Mitarbeiter verpflichtet sich, über alle ihm in der Firma bekanntgewordenen Angelegenheiten und Vorgänge auch nach dem Ausscheiden aus dem Arbeitsverhältnis Stillschweigen zu bewahren.

Verträge mit Arbeitnehmern, Gesellschaftsorganen und Selbständigen | § 1

### § 11 Nebenbeschäftigung
Der Mitarbeiter darf eine Nebenbeschäftigung, solange er bei der Firma beschäftigt ist, nur mit vorheriger schriftlicher Zustimmung der Firma übernehmen. Für Veröffentlichungen und Vorträge, die den Tätigkeitsbereich der Firma berühren, ist ebenfalls die vorherige Zustimmung erforderlich.

### § 12 Beendigung des Arbeitsverhältnisses
(1) Das Arbeitsverhältnis endet entweder mit Ablauf des Monats, in dem der Mitarbeiter das gesetzliche Rentenalter erreicht hat, oder durch Kündigung.

(2) Die Kündigung bedarf der Schriftform. Die Kündigungsfrist beträgt 3 Monate zum Quartalsende. Sie erhöht sich im übrigen nach den Bestimmungen des § 622 BGB.

### § 13 Wettbewerbsvereinbarung
(1) Der Mitarbeiter verpflichtet sich, für die Dauer von _____ (bis zu 2 Jahren) nach Beendigung des Arbeitsverhältnisses für keines der in Anlage _____ aufgeführten Unternehmen selbständig oder unselbständig tätig zu werden.

(2) Die Firma verpflichtet sich, dem Mitarbeiter für die Dauer des Wettbewerbsverbotes eine Entschädigung zu zahlen, die für jedes Jahr des Verbotes die Hälfte der vom Mitarbeiter zuletzt bezogenen vertragsmäßigen Leistungen erreicht. Die Karenzentschädigung ist fällig am Ende eines jeden Monats.

(3) Auf die Karenzentschädigung wird alles angerechnet, was der Mitarbeiter durch anderweitige Verwertung seiner Arbeitskraft erwirbt oder zu erwerben böswillig unterläßt, soweit die Entschädigung unter Hinzurechnung dieses Betrages den Betrag der zuletzt von ihm bezogenen Leistungen um mehr als 1/10 übersteigen würde. Ist der Mitarbeiter durch das Wettbewerbsverbot gezwungen worden, seinen Wohnsitz zu verlegen, so tritt an die Stelle des Betrages von einem Zehntel, der Betrag von einem Viertel.

(4) Der Mitarbeiter verpflichtet sich, während der Dauer des Wettbewerbsverbotes auf Verlangen Auskunft über die Höhe seiner Bezüge zu geben und die Anschrift seines jeweiligen Arbeitgebers mitzuteilen. Am Schluß eines Kalenderjahres ist er verpflichtet, seine Lohnsteuerkarte vorzulegen.

(5) Der Mitarbeiter hat für jeden Fall der Zuwiderhandlung gegen das Wettbewerbsverbot eine Vertragsstrafe von _____ DM ( _____ EUR) zu zahlen. Im Fall eines Dauerverstoßes (Tätigkeit für ein Konkurrenzunternehmen von länger als 1 Monat) ist die Vertragsstrafe für jeden angefangenen Monat neu verwirkt, in ihrer Höhe aber auf _____ DM ( _____ EUR) begrenzt.

### § 14 Nutzung von Programmen und Konzepten
(1) Der Mitarbeiter überträgt der Firma an den von ihm mit Betriebsmitteln und während der Arbeitszeit erstellten Computerprogrammen, Konzepten und den gefertigten Dokumentationen und Beschreibungen das ausschließliche Recht zur zeitlich unbegrenzten Nutzung einschließlich der Marktverwertung. Gleiches gilt für das Ergebnis von Umarbeitungen oder Erweiterungen von vorhandenen Programmen, Dokumentationen und Beschreitungen.

Mitumfaßt von dieser Nutzungseinräumung und zu übergeben sind die dazugehörigen Vorstudien, der Quellcode und sonstige Begleitmaterialien zu den jeweiligen Programmen.

Die Firma wird seitens des Mitarbeiters ermächtigt, an den von ihm erstellten Werken und deren Titeln Änderungen vorzunehmen. Der Mitarbeiter verzichtet insofern auf seine Rechte, die Firma nimmt diesen Verzicht an.

(2) Die Nutzungseinräumung und die damit verbundene Leistung erfolgt vergütungsfrei.

(3) Der Mitarbeiter verzichtet gegenüber der Firma und deren Vertragspartnern entsprechend der Gepflogenheiten in der Firma auf die Nennung seines Namens als Autor. Dies gilt auch für die Zeit nach seinem Ausscheiden aus der Firma. Die Firma nimmt diesen Verzicht an.

### § 15 Kopie eines entwickelten Programmes
(1) Mit Zustimmung der Firma kann der Mitarbeiter eine Autorenkopie des von ihm erstellten Programms erhalten, deren Inhalt er jedoch ohne besondere Vereinbarung mit der Firma Dritten nicht zugänglich machen darf.

(2) Nach Ausscheiden aus dem Arbeitsverhältnis hat der Mitarbeiter kein Zugangsrecht zu von ihm entwickelten Programmen und ist außerdem verpflichtet, ihm übergebene Programmkopien der Firma zurückzugeben.

### § 16 Schutzrechte Dritter
(1) Der Mitarbeiter verpflichtet sich, die Firma im Rahmen der Nutzung an dem vertragsgegenständlichen Programm von der Haftung aus der behaupteten Verletzung von Schutzrechten Dritter freizustellen.

(2) Die Firma verpflichtet sich, im Rahmen ihrer vertraglichen Nutzungsberechtigungen an dem Programm bestehende Schutzrechte auf eigenen Kopien gegen rechtliche Angriffe Dritter zu verteidigen.

### § 17 Besondere nachvertragliche Rechte und Pflichten
(1) Der Mitarbeiter arbeitet im Rahmen der vertraglichen Arbeitsverpflichtungen einen Mitarbeiter oder eine Mitarbeiterin als Nachfolger/-in ein. Besondere, hieraus der Firma entstehende Kosten, werden nach Vereinbarung und Vorlage von Einzelnachweisen von der Firma erstattet.

(2) Mit der Beendigung des Arbeitsverhältnisses sind noch nicht verrechnete Vorschüsse, gleichgültig auf welche Vergütungsbestandteile sie gewährt wurden, zurückzuzahlen. Die Verrechnung mit Ansprüchen, die bei Beendigung des Arbeitsverhältnisses fällig werden, ist zulässig; die Firma ist beweispflichtig dafür, daß solche Ansprüche bestehen.

(3) Soweit der Mitarbeiter im Besitz des Quellcodes zu einem zur Nutzung überlassenen Programmes ist, hat er diesen rechtzeitig vor Beendigung des Arbeitsverhältnisses der Firma zu übergeben. Gleiches gilt für übrige Materialen und Informationen.

### § 18 Besondere Vereinbarungen
(1) Der Mitarbeiter erklärt, daß er an keiner ansteckenden Krankheit leidet, keine körperlichen oder gesundheitlichen Mängel verschwiegen hat, die der Verrichtung der geschuldeten Arbeitsleistung entgegenstehen, und zum Zeitpunkt des Abschlusses des Arbeitsvertrages nicht den Bestimmungen des Schwerbehindertengesetzes unterliegt.

(2) Alle beiderseitigen Ansprüche aus dem Arbeitsverhältnis und solche, die mit dem Arbeitsverhältnis in Verbindung stehen, verfallen, wenn sie nicht innerhalb von 2 Monaten nach der Fälligkeit gegenüber der anderen Vertragspartei schriftlich erhoben werden.

(3) Lehnt die Gegenpartei den Anspruch ab oder erklärt sie sich nicht innerhalb von zwei Wochen nach der Geltendmachung des Anspruches, so verfällt dieser, wenn er nicht innerhalb von 2 Monaten nach der Ablehnung oder dem Fristablauf gerichtlich geltend gemacht wird.

(4) Der Mitarbeiter erklärt sich damit einverstanden, daß seine personenbezogenen Daten automatisiert gespeichert und verarbeitet werden. In seiner Eigenschaft als Mitarbeiter erklärt er, daß er sich die anliegende Belehrung über das Datengeheimnis durchgelesen hat und die ebenfalls anliegende Verpflichtungserklärung nach § 5 BDSG unterzeichnen wird.

### § 19 Nebenabreden und Vertragsänderungen
(1) Änderungen des Vertrages und Nebenabreden bedürfen zu ihrer Wirksamkeit der Schriftform.

(2) Sind einzelne Bestimmungen dieses Vertrages unwirksam, so wird dadurch die Wirksamkeit des Vertrages im übrigen nicht berührt. Vielmehr wird die unwirksame Bestimmung durch eine wirksame Regelung ersetzt, die in ihrer Auswirkung der unwirksamen Bestimmung nahe kommt.

Verträge mit Arbeitnehmern, Gesellschaftsorganen und Selbständigen § 1

Anlagen
- Kundenliste
- Verpflichtungserklärung nach § 5 BDSG
- Zusatzvereinbarung

**Anlage zum Arbeitsvertrag**

**§ 1 Zielvereinbarung/Berechnung des Provisionsanspruches**

(1) Der Mitarbeiter erhält für die Erzielung folgender Jahresumsätze in den einzelnen Produktsegmenten folgende Jahresprovisionen:

(a) Schulung: Bei einer Kapazität von 360 Manntagen wird ab einem provisionsfreien Sockel von 100 Manntagen die Akquisition eines Umsatzes von mindestens 112.000,00 DM (57.264,69 EUR) (Auslastung von 80 Manntagen) mit 9 % verprovisioniert.

(b) Softwareentwicklung: Bei einer Kapazität von 400 Manntagen wird ab einem provisionsfreien Sockel von 100 Manntagen die Akquisition eines Umsatzes von 140.000,00 DM (71.580,86 EUR) (Auslastung von 100 Manntagen) mit 7 % verprovisioniert.

(c) Support: Bei einer Kapazität von 360 Manntagen wird ab einem provisionsfreien Sockel von 100 Manntagen die Akquisition eines Umsatzes von 96.000,00 DM (49.084,02 EUR) (Auslastung von 80 Manntagen) mit 5 % verprovisioniert.

(d) Beratung: Bei einer Kapazität von 180 Manntagen wird ab einem provisionsfreien Sockel von 65 Manntagen die Akquisition eines Umsatzes von 35.000,00 DM (17.895,22 EUR) (Auslastung von 25 Manntagen) mit 14 % verprovisioniert.

(e) Netzwerkadministration: Bei einer Kapazität von 360 Manntagen wird ab einem provisionsfreien Sockel von 100 Manntagen die Akquisition eines Umsatzes von 96.000,00 DM (49.084,02 EUR) (Auslastung von 160 Manntagen) mit 7 % verprovisioniert.

(2) Für die Erreichung des provisionsfähigen Umsatzes sind nur Geschäfte maßgeblich, die allein auf die Tätigkeit des Mitarbeiters zurückzuführen sind.

(3) Die Akquisition von Projekten, die eine Auslastung von 20 Manntagen nicht erreichen, bedarf der vorherigen Zustimmung der Geschäftsleitung.

Wird diese Zustimmung nicht erteilt, so bleiben Projekte, die die Größenordnung von 20 Manntagen nicht erreichen, für die Berechnung der Erreichung der Zielvorgaben und des Provisionsanspruches außer Betracht.

(4) Die Mehrwertsteuer wird bei der Ermittlung des Barwertes und der Errechnung der Provision nicht einbezogen.

(5) Steht ein Geschäft nicht in Einklang mit der gültigen, durch Betriebsanweisung festgelegten Rabattregelung, steht der Firma das Recht zu, den für die Provisionsberechnung maßgeblichen Umsatz in angemessenem Verhältnis in Abzug zu bringen. Zur Umsatzkürzung ist die Firma nicht befugt, wenn die Abweichung von der Rabattregelung von der Geschäftsleitung schriftlich genehmigt wurde.

**§ 2 Vorschuß/Abrechnung des Provisionsanspruches**

(1) Der Provisionsanspruch entsteht gesondert für die Erreichung jedes Teilzieles mit der Erzielung des vereinbarten Mindestumsatzes nach Eingang der Kundenzahlungen bei der Firma. Zu diesem Zwecke erstellt die Firma zum Ende jedes Kalendermonates eine Übersicht über den Stand der jeweiligen Umsatzziele und Zahlungseingänge.

(2) Die Jahresprovisionen werden mit der Abrechnung fällig. Die Abrechnung und Auszahlung erfolgt in dem Monat, der auf die Entstehung des Provisionsanspruches folgt, spätestens mit Bilanzfeststellung.

(3) Die Firma zahlt auf die zu erwartenden Provisionen einen monatlichen Vorschuß in Höhe von          DM (          EUR). Sind die erzielten Provisionen geringer als der gezahlte Provisions-

# § 1 Kapitel 1: Arbeitsverträge

vorschuß, so werden die später fällig werdenden Provisionen erst dann ausgezahlt, wenn der Debetsaldo des Arbeitnehmers ausgeglichen ist.

(4) Der Anspruch auf Provision entfällt insoweit, als sich Forderungen der Firma gegenüber Kunden aus Gründen, die die Firma nicht zu vertreten hat, als uneinbringlich erweisen. Bereits gezahlte Provisionsvorschüsse werden zurückgerechnet. Es obliegt der Firma, glauthaft zu machen, daß der Käufer nicht leisten wird. Der Nachweis gilt als geführt, wenn eine Auskunftei oder eine Gläubigerschutzorganisation bescheinigt, daß nach ihrem Ermessen eine Zwangsvollstreckung nicht zum Ziele führen wird.

(5) Reduzieren sich die durch den Mitarbeiter erzielten Umsätze durch Stornierung von Kundenaufträgen nach Provisionsabrechnung, so werden etwaige Überzahlungen durch Zurückbehaltung des Provisionsvorschusses ausgeglichen.

### § 3 Änderung der Zielvereinbarung

(1) Diese Zusatzvereinbarung ist befristet bis zum              (Ende des Geschäftsjahres). Die Parteien verhandeln zu Beginn jedes Geschäftsjahres über die vom Mitarbeiter zu erreichenden qualitativen und quantitativen Umsatzziele.

(2) Die Geschäftsführung ist berechtigt, auch im laufenden Geschäftsjahr Anpassungen an diese Provisionsregelung nach billigem Ermessen vorzunehmen.

## 4. Muster: Einfacher Arbeitsvertrag für Außendienstmitarbeiter mit Tarifbezug und pauschaler Dienstwagenregelung

*Arbeitsvertrag*

Zwischen

der Firma

und

Herrn

wird folgender Arbeitsvertrag geschlossen und von beiden Vertragsteilnehmern durch Unterzeichnung als rechtsverbindlich anerkannt.

1. Herr           wird ab           als Außendienstmitarbeiter der Firma           im Außenbüro           eingestellt.
2. Er untersteht Herrn           im Außenbüro          .
3. Die Tätigkeit des Herrn           umfaßt:
   a) Die Abwicklung von allen Geschäften im Namen der Firma über das Außenbüro in
   b) Die Lagerverwaltung obliegt ihm gemeinsam mit Herrn
4. Es wird ein Gehalt von           DM (           EUR) brutto gezahlt.

   Herr           erhält für die Probezeit von sechs Monaten einen festen Provisionsbetrag in Höhe von           DM (           EUR) monatlich.

   Nach der Probezeit wird über die Provisionszahlung eine Vereinbarung getroffen.

   Herr           verpflichtet sich, Gehaltsüberzahlungen ohne Rücksicht auf eine noch vorhandene Bereicherung zurückzuzahlen.

5. Herr           erhält für den Besuch der Kunden einen firmeneigenen Pkw. Sämtliche Wagenkosten wie Steuern, Versicherung, Inspektionen und nötige Reparaturen gehen zu Lasten der Firma. Herr           darf das Fahrzeug auch für private Zwecke benutzen. Benzinkosten gehen in diesem Fall zu eigenen Lasten. Ebenso Reparaturkosten für das Fahrzeug, sofern ein Schaden auf einer Privatfahrt durch eigenes Verschulden entsteht und keine Versicherung für den Sachschaden aufkommt.

## Verträge mit Arbeitnehmern, Gesellschaftsorganen und Selbständigen § 1

6. Der einkommensteuerliche Nutzen aus dieser Vereinbarung beträgt 1 % des Anschaffungswertes des Fahrzeuges und wird monatlich dem Lohnsteuerabzug unterworfen.
7. Für Herrn _____ wird eine Zusatz-Altersversorgung, die durch die _____-Versicherung rückversichert ist, abgeschlossen. Bei Erreichen des 65. Lebensjahres wird hieraus eine zusätzliche Altersrente von _____ DM ( _____ EUR) gezahlt. Im Todesfall kann die Versicherungssumme von _____ DM ( _____ EUR) über die Firma der Familie des Versicherten ausbezahlt, oder in eine Rente umgewandelt werden. Beim Tod durch Unfall erhöht sich der Betrag auf _____ DM ( _____ EUR). Die Firma behält sich vor, diese Zusatz-Versicherung zu kündigen oder anderweitig zu verwenden, sofern Herr _____ die Firma vor Ablauf von 10 Jahren verläßt.
8. Herr _____ erhält pro Reisetag einen Unkostenbeitrag von _____ DM ( _____ EUR). Übernachtungskosten einschließlich Frühstück gehen zu Lasten der Firma, falls solche erforderlich werden sollten.
9. Für Herrn _____ wird eine Reisegepäckversicherung in Höhe von _____ DM ( _____ EUR) abgeschlossen.
10. Herr _____ ist verpflichtet, an den von der Firma festgesetzten Ausbildungskursen und Übungsarbeiten zur fachlichen und kaufmännischen Weiterbildung, sowohl am Hauptsitz der Firma als auch an anderen Orten, teilzunehmen. Provisionsansprüche bestehen in dieser Zeit fort.
11. Eine entgeltliche Nebenbeschäftigung bedarf in jedem Fall der vorherigen schriftlichen Zustimmung der Firma. Unentgeltliche Nebentätigkeiten bzw. Beteiligungen auch durch Familienangehörige an Firmen, welche in ihrem Liefer- und Dienstleistungsprogramm mit der ausgeübten Tätigkeit in direktem und indirektem Zusammenhang stehen, bedürfen ebenfalls der schriftlichen Zustimmung. Ein Verstoß hiergegen kann nach Abwägung aller Umstände von der Firma als Grund zur fristlosen Kündigung des Beschäftigungsverhältnisses herangezogen werden.
12. Wenn und soweit die jeweils gültigen Tarifverträge der Eisen-, Metall- und Elektroindustrie in _____ in ihrer jeweiligen Fassung auf das Arbeitsverhältnis angewendet werden, geschieht dies freiwillig und unter Vorbehalt jederzeitigen Widerrufs. Gleiches gilt für tarifvertragliche Regelungen über Urlaub, Urlaubsgeld, Vermögensbildung und Weihnachtsgeld.
13. Es gelten die gesetzlichen Kündigungsfristen für Angestellte.
14. Die Firma ist berechtigt, nach einer Kündigung bei Fortzahlung des Gehaltes auf die Arbeitsleistung des Angestellten zu verzichten.
15. Diese vertraglichen Vereinbarungen sind vertraulich zu behandeln. Weitere Sonder- oder Zusatzvereinbarungen können wirksam nur mit der Geschäftsleitung der Firma getroffen werden und bedürfen der Schriftform. Alle vertraglichen Vereinbarungen stehen unter dem Vorbehalt ablösender Betriebsvereinbarungen.
16. Ansprüche aus dem Arbeitsverhältnis gelten als erloschen, wenn sie nicht innerhalb von drei Monaten, nachdem die wesentlichen Tatsachen bekannt geworden sind, schriftlich geltend gemacht werden.
17. Das Effektivgehalt ist vertraulich zu behandeln und keinem anderen Mitarbeiter der Firma bekannt zu geben.
18. Herr _____ wird im Werk eine Ausbildung absolvieren, um mit den hergestellten Geräten technisch vertraut zu werden und sich kaufmännisch auf die zu erwartende Tätigkeit vorzubereiten. Hotel- bzw. Übernachtungskosten sowie Frühstück gehen zu Lasten der Firma. Außerdem erhält Herr _____ einen täglichen Spesenzuschuß von _____ DM ( _____ EUR) für die Ausbildungszeit im Werk.

Mit dem Inhalt dieser Vertragsvereinbarungen erklären sich die Unterzeichnenden einverstanden.

Unterschriften

### § 1 Kapitel 1: Arbeitsverträge

## 5. Muster: Außertariflicher Anstellungsvertrag mit Leiter Merchandising/ Verkaufsförderung

▼

437

*Außertariflicher Anstellungsvertrag*

Zwischen

der Firma

– im folgenden Firma genannt –

und

Herrn

ist folgendes vereinbart:

### § 1 Tätigkeit und Aufgabengebiet

(1) Herr        wird ab        Leiter Koordination Merchandising/Verkaufsförderung im Verkauf Außendienst für die Firma tätig. Das konkrete Aufgabengebiet ergibt sich aus der Stellenbeschreibung, die nach Aushändigung Bestandteil dieses außertariflichen Anstellungsvertrages ist.

(2) Die vorherige Beschäftigungszeit vom        bis zum        bei der Firma wird in vollem Umfang auf die Betriebszugehörigkeit angerechnet.

(3) Der Dienstsitz ist        .

(4) Die Firma ist berechtigt, Herrn        auch eine andere zumutbare Tätigkeit innerhalb des Betriebes oder an einem anderen Ort der Firma zuzuweisen, die den Kenntnissen und Fähigkeiten von Herrn        entspricht.

### § 2 Bezüge, Arbeitsverhinderung

(1) Als Vergütung für seine Tätigkeit erhält Herr        einen Betrag von        DM (        EUR; in Worten:        Deutsche Mark,        EURO) als monatliches Bruttogehalt für eine durchschnittliche monatliche Arbeitszeit von 173 Stunden, zahlbar jeweils am Ende des Monats bargeldlos. Mit dieser Vergütung ist evtl. anfallende Mehr-, Sonn- und Feiertags- sowie Nachtarbeit abgegolten.

(2) Im Falle von Tariferhöhungen oder -ermäßigungen erhöht oder ermäßigt sich die Bruttovergütung in der Regel um den Prozentsatz, um den sich das höchste Tarifgehalt für Angestellte des Gehaltstarifvertrages für die Beschäftigten des Einzelhandels im Lande        verändert.

(3) Das zusätzliche jährliche Urlaubsgeld beträgt        DM (        EUR) brutto. Die Zahlung erfolgt jeweils zum 30. Juni.

(4) Herr        erhält darüber hinaus eine per 30. November eines jeden Jahres fällige Weihnachtsgratifikation von        DM (        EUR) brutto.

(5) Im Ein- bzw. Austrittsjahr werden die Bezüge nach § 2 Ziff. 3 bis 4 jeweils pro rata temporis gezahlt.

(6) Herr        erhält einen Vermögensbildungszuschuß von 52,00 DM (26,59 EUR) brutto monatlich.

(7) Die Abtretung oder Verpfändung der Vergütungsansprüche ist ausgeschlossen.

(8) Es erfolgt die Einbindung in das jeweils gültige Prämiensystem. Die Prämien sind freiwillige Leistungen, jederzeit widerruflich und werden nach Maßgabe der entsprechenden Richtlinie beziehungsweise Systembeschreibung gewährt.

(9) Falls Herr        durch das Unternehmen die volle Telefongrundgebühr erstattet wird, ist die Erstattung an die derzeitige Funktion gebunden und entfällt bei Ausscheiden aus dem Unter-

## § 1 Verträge mit Arbeitnehmern, Gesellschaftsorganen und Selbständigen

nehmen, bei Versetzung in eine andere, nicht anspruchsberechtigte Position innerhalb des Unternehmens oder wenn die Erstattung für alle Außendienstmitarbeiter aufgehoben wird.

Eventuell auf die Erstattung entfallende Abgaben (z.B. Lohn-/Kirchensteuer, Sozialabgaben) gehen zu Lasten von Herrn          .

(10) Soweit Herr          die Umwandlung von Teilen der Bruttobezüge für Versorgungslohn zur Verwendung für eine Direktversicherung (Kapitalversicherung) wünscht, ist die Firma bereit, im Rahmen der fiskalischen Bestimmungen die darauf entfallende Pauschalsteuer zu übernehmen. Die Übernahme der Pauschalsteuer durch die Firma ist eine freiwillige Leistung, die jederzeit und ohne Angabe von Gründen widerrufen werden kann. Dies gilt insbesondere bei Veränderungen der gesetzlichen/steuerlichen Lage gegenüber dem heutigen Stand.

(11) Die Firma übernimmt 50 % der von Herrn          für eine Krankentagegeldversicherung aufgewendeten Prämie. Evtl. darauf entfallende Lohn-/Kirchensteuer geht zu Lasten von Herrn          .

(12) Im Falle des Todes erhalten die Hinterbliebenen (Witwe und unterhaltsberechtigte Kinder) von Herrn          das letzte monatliche Bruttogehalt nach § 2 Ziffer 1 für den Sterbemonat und drei weitere Monate fortgezahlt.

(13) Herr          ist verpflichtet, der Firma jedwede Arbeitsverhinderung und deren voraussichtliche Dauer unverzüglich mitzuteilen. Arbeitsunfähigkeit infolge Krankheit ist spätestens am dritten Arbeitstag durch eine ärztliche Bescheinigung nachzuweisen. Im Krankheitsfalle wird Gehalt nach Maßgabe des Entgeltfortzahlungsgesetzes in seiner jeweils gültigen Fassung geleistet.

Soweit die Arbeitsverhinderung auf einem Ereignis beruht, aus dem Herr          Schadensersatzansprüche gegen Dritte geltend machen kann, werden diese Ansprüche in Höhe der Vergütungsfortzahlung an die Firma abgetreten. Herr          ist verpflichtet, eine entsprechende Abtretungserklärung zu unterzeichnen.

(14) Herr          verpflichtet sich, Gehaltsüberzahlungen ohne Rücksicht auf eine noch vorhandene Bereicherung zurückzuzahlen.

## § 3 Urlaub
Die Firma gewährt Herrn          einen Jahres-Erholungsurlaub von 30 Arbeitstagen. Der Jahresurlaub soll im Regelfall auf Abschnitte von nicht mehr als 3 Wochen im Zusammenhang verteilt werden. Der Urlaubstermin ist mit dem direkten Vorgesetzten abzustimmen.

## § 4 Reisekostenvergütung/Dienstfahrzeug
(1) Für die Erstattung von Kosten anläßlich von Dienstreisen gilt die jeweils gültige allgemeine Reisekosten-Richtlinie.

(2) Zur Ausübung der Funktion sind Dienstreisen in erheblichem Umfang erforderlich. Dazu stellt die Firma Herrn          einen Dienstwagen (z. Z. Audi A4) zur Verfügung. Die Einzelheiten der Benutzung richten sich nach der Dienstanweisung für Pkw-Fahrer.

Die Nutzung des Dienstfahrzeuges endet automatisch mit der Beendigung des Arbeitsverhältnisses bzw. bei einer Versetzung auf eine nicht dienstwagenberechtigte Funktion. Die Firma behält sich vor, nach der ausgesprochenen Kündigung des Arbeitsvertrages – insbesondere bei Freistellung von Herrn          – den Dienstwagen vorzeitig entschädigungslos herauszuverlangen. Ein Zurückbehaltungsrecht von Herrn          ist ausdrücklich ausgeschlossen.

Wenn Herr          in eine Funktion wechselt, für die ein anderes als das überlassene Dienstfahrzeug vorgesehen ist, so gilt der Fahrzeugwechsel erst mit Ablauf der Vertragsdauer des gefahrenen Fahrzeugs.

## § 5 Unfallversicherung
Sofern für die Mitarbeitergruppe, der Herr          angehört, eine Gruppenunfallversicherung vorgesehen ist, teilt die Personalverwaltung Herrn          die aktuellen Deckungssummen mit.

# § 1 Kapitel 1: Arbeitsverträge

Diese Unfallversicherung erstreckt sich nicht nur auf die tägliche Arbeitszeit, sondern stellt eine Versicherung dar, die Herrn ▆▆▆▆ gegen alle Eventualitäten, also auch bei etwaigen Unfällen in seinem privaten Bereich absichert. Bei Beendigung des Vertragsverhältnisses (oder Aufgabe der Reisetätigkeit) erlischt die Versicherung.

### § 6 Geheimhaltung

(1) Herr ▆▆▆▆ verpflichtet sich, über alle Bestandteile dieses Vertrages Stillschweigen zu bewahren.

(2) Die Geheimhaltungsverpflichtung erstreckt sich auch auf alle Herrn ▆▆▆▆ während der Vertragsdauer bekannt gewordenen betrieblichen Vorgänge, insbesondere auf technische, kaufmännische und persönliche Einzelheiten im Unternehmen und dauert auch über die Beendigung des Arbeitsverhältnisses hinaus fort. Vertrauliche Informationen und Unterlagen dürfen nur an Unternehmensangehörige offenbart werden, die zur Kenntnisnahme befugt sind.

(3) Alle Schriftstücke und Arbeitsunterlagen, auch Abschriften und Durchschläge, einschließlich der Aufzeichnungen, die seine dienstliche Tätigkeit betreffen, hat Herr ▆▆▆▆ als anvertrautes Firmeneigentum sorgfältig aufzubewahren, vor jeder Einsichtnahme Unbefugter zu schützen und auf Verlangen jederzeit – spätestens bei Beendigung des Arbeitsverhältnisses – an die Firma zurückzugeben. Darüber hinaus ist von Herrn ▆▆▆▆ gegenüber der Firma zu versichern, daß sich weitere firmeneigene Unterlagen nicht mehr im persönlichen Besitz befinden. Ein Zurückbehaltungsrecht steht Herrn ▆▆▆▆ nicht zu.

### § 7 Verpflichtung des Mitarbeiters auf das Datengeheimnis

(1) Verpflichtung auf das Datengeheimnis gemäß § 5 BDSG

Herrn ▆▆▆▆ ist bekannt, daß es nach § 5 BDSG untersagt ist, geschützte personenbezogene Daten unbefugt zu einem anderen als dem zur rechtmäßigen Aufgabenerfüllung gehörenden Zweck zu verarbeiten, bekanntzugeben, zugänglich zu machen oder sonst zu nutzen. Diese Verpflichtung auf das Datengeheimnis besteht auch nach Beendigung der Tätigkeit fort.

(2) Verpflichtung zum Datenschutz

Sofern Herr ▆▆▆▆ zur Erfüllung seiner Aufgaben Zugriff auf betriebliche und geschäftliche Daten erhält, ist er verpflichtet, diese Zugriffsberechtigung vor der unbefugten Verwendung durch Dritte zu schützen.

Herrn ▆▆▆▆ ist bekannt, daß hierbei von ihm vergebene Kennwörter, die nach den intern festgelegten Regeln vergeben und geändert werden, absolut vertraulich zu behandeln sind und weder intern noch extern an Dritte weitergegeben werden dürfen.

### § 8 Nebentätigkeit

(1) Herr ▆▆▆▆ ist verpflichtet, seine ganze Arbeitskraft in den Dienst der Firma zu stellen. Jede anderweitige entgeltliche oder unentgeltliche Tätigkeit (Nebentätigkeit) darf nur mit vorheriger schriftlicher Zustimmung der Firma ausgeübt werden. Vorträge, Veröffentlichungen sowie die Übernahme öffentlicher Ehrenämter sind anzeigepflichtig.

(2) Geschenke oder sonstige Leistungen Dritter, insbesondere von Geschäftspartnern der Firma, die im Zusammenhang mit der dienstlichen Tätigkeit stehen oder stehen können, dürfen nicht angenommen werden. Im übrigen hat Herr ▆▆▆▆ die Firma über jedes Angebot unverzüglich zu unterrichten. Dies gilt nicht für übliche Gelegenheitsgeschenke von geringem Wert.

### § 9 Vertragsdauer, Kündigung

(1) Der Vertrag ist unbefristet. Es gilt beidseitig eine Kündigungsfrist von 6 Monaten zum Quartalsende. Jede gesetzliche Verlängerung der Kündigungsfrist zugunsten des Herrn ▆▆▆▆ gilt auch zugunsten der Firma.

(2) Die Kündigung aus wichtigem Grund bleibt für beide Teile jederzeit vorbehalten. Sie bedarf der Schriftform und ist an die jeweils letztbekannte Anschrift des Empfängers zu richten.

(3) Die Firma ist im Falle einer außerordentlichen Kündigung jederzeit berechtigt, Herrn          bei Weitergewährung seiner Bezüge und unter Anrechnung auf restliche Urlaubsansprüche zu beurlauben.

(4) Bei Vollendung des 65. Lebensjahres von Herrn          endet das Anstellungsverhältnis zum Ende des Monats, in dem das 65. Lebensjahr vollendet wird, unbeschadet der Regelung nach § 9 Ziffer 1, ohne daß es einer besonderen hierauf gerichteten Erklärung eines der Vertragspartner bedarf.

(5) Bei vertragswidriger Beendigung des Arbeitsverhältnisses oder fristloser Kündigung durch die Firma ist Herr          verpflichtet, der Firma eine Vertragsstrafe in Höhe eines Monatsgehaltes zu zahlen. Die Geltendmachung eines weiteren Schadens bleibt hiervon unberührt.

## § 10 Schlußbestimmungen, Gerichtsstand

(1) Nebenabreden, die in diesem Vertrag nicht wiederholt sind, haben keine Gültigkeit.

(2) Es besteht Einigkeit, daß Vereinbarungen außerhalb dieses Vertrages zwischen den Parteien nicht getroffen sind. Änderungen, Ergänzungen und Zusatzvereinbarungen des Vertrages bedürfen zu ihrer Rechtswirksamkeit der schriftlichen Bestätigung.

(3) Gerichtsstand für etwaige sich aus dem Anstellungsvertrag ergebende Streitigkeiten ist          .

## § 11 Rechtswirksamkeit

Sollte eine Bestimmung dieses Vertrages unwirksam sein, so bleibt die Gültigkeit der übrigen Regelungen dieses Vertrages hiervon unberührt. Anstelle der unwirksamen Regelung soll eine Regelung getroffen werden, die in gesetzlich zulässiger Weise dem wirtschaftlichen Ergebnis entspricht.

## 6. Muster: Arbeitsvertrag mit einem Fachberater mit Zusatzvereinbarung ohne Tarifbezug

*Arbeitsvertrag*

Zwischen

der Firma

– nachfolgend „Firma" genannt –

und

Herrn

– nachfolgend „Mitarbeiter" genannt –

wird mit Wirkung vom          folgendes vereinbart:

### § 1

Der Mitarbeiter ist als Fachberater im Vertrieb eingesetzt und untersteht dem Vertriebsbeauftragten der Firma.

Der Mitarbeiter ist berechtigt und verpflichtet zur selbständigen Verhandlung von Verträgen bis zur Abschlußreife im Alt- und Neugeschäft von          . Zu seinen Aufgaben gehört es, Geschäftsmöglichkeiten zu ermitteln und anzubahnen, verantwortlich und umfassend Interessenten und Kunden zu beraten sowie im Rahmen der übertragenen Abschlußberechtigung selbständig Verträge in Einzelheiten mit dem Kunden zu verhandeln und mit der Kundenunterschrift dem Vertriebsbeauftragten zur Annahme vorzulegen. Die Berechtigung zur Unterschriftsleistung und zum Vertragsschluß im Namen von          ist damit nicht verbunden.

## § 1 Kapitel 1: Arbeitsverträge

Zu den Aufgaben des Mitarbeiters gehört es ferner, in dem ihm zugewiesenen Postleitzahlbezirk ein Händlernetz aufzubauen und zu pflegen, ferner freie Handelsvertreter zu gewinnen und neben dem Verkauf auch den Endverbraucher zu betreuen.

Die Bildung von Unterbezirken, die Auswahl der Händler und die Schulung fallen in den Aufgabenbereich des Vertriebsbeauftragten.

Dem Mitarbeiter ist der Postleitzahlbezirk _____ zugewiesen. In diesem Bezirk hat er sich von Montag bis Donnerstag aufzuhalten und seinen Aufgaben nachzugehen. Änderungen des dem Mitarbeiter zugewiesenen Bezirks bleiben vorbehalten.

Der Außendienstmitarbeiter hat über laufende Ermittlungen, Beratungen und Geschäftsanbahnungen aus seinem Bezirk Bericht zu erstatten.

Die Annahme der Aufträge erfolgt durch den Vertriebsbeauftragten bzw. die Geschäftsleitung.

Der Geschäftsleitung bleibt es vorbehalten, dem Mitarbeiter auch eine andere, seinen Fähigkeiten gerecht werdende Aufgabe zu übertragen und, falls aus Sicht des Vertriebsbeauftragten wünschenswert, den jetzigen Arbeitsbereich zu erweitern oder aufzuteilen. Sollte sich dabei eine Änderung des Dienstsitzes ergeben, soll die Änderung nach billigem Ermessen getroffen werden.

Wesentliche Änderungen von § 1 werden zwischen den Parteien ausschließlich schriftlich vereinbart, Nebenabreden haben keine Gültigkeit.

### § 2
Entsprechend der Zusatzvereinbarung und den Betriebsanweisungen in ihrer jeweils gültigen Fassung, die Bestandteil dieses Arbeitsvertrages sind, erhält der Mitarbeiter als Vergütung für seine Tätigkeit

a) ein außertarifliches Grundgehalt von _____ DM ( _____ EUR) brutto.

b) Provision nach Maßgabe der Zusatzvereinbarung und der Betriebsanweisung in ihrer jeweils geltenden Fassung.

Die umsatzabhängige Provision beträgt 1 % vom Nettoumsatz = Zahlungseingang. Auf die Provision werden monatliche Abschläge in Höhe von 0,5 % von dem bis zum 15. des Monats erreichten Netto-Umsatzes gezahlt, halbjährlich wird die Provision abgerechnet.

Die Firma behält sich vor, die Vergütung jederzeit und ohne daß es einer weiteren Ankündigung bedarf, gemäß dem festgelegten Umrechnungskurs von 1,95583 in EURO abzurechnen.

Der Mitarbeiter verpflichtet sich, Gehaltsüberzahlungen ohne Rücksicht auf eine noch vorhandene Bereicherung zurückzuzahlen.

### § 3
Für den Jahresurlaub gilt die betriebliche Urlaubsregelung, dem Mitarbeiter stehen aber mindestens 24 Tage Jahresurlaub zu. Die zeitliche Lage des Urlaubs ist mit dem zuständigen Vorgesetzten abzustimmen.

### § 4
Grundsätzlich wird dem Mitarbeiter ein Kraftfahrzeug zur Nutzung überlassen. Spesen und Übernachtungskosten sind in den Betriebsanweisungen und der Zusatzvereinbarung geregelt.

Soweit einem Mitarbeiter ausnahmsweise kein Fahrzeug zur Verfügung gestellt werden kann, trifft die Firma mit ihm eine gesonderte Vereinbarung über Fahrtkosten und Reisekostenerstattung.

### § 5
Der Arbeitsvertrag wird auf unbestimmte Zeit geschlossen. Die Kündigungsfrist beträgt vier Wochen zum 15. oder zum Ende eines Kalendermonats. Für eine Kündigung durch die Firma beträgt die Kündigungsfrist, wenn das Arbeitsverhältnis zwei Jahre bestanden hat, einen Monat zum Ende eines Kalendermonats, fünf Jahre bestanden hat, zwei Monate zum Ende eines Kalendermonats, acht Jahre bestanden hat, drei Monate zum Ende eines Kalendermonats, zehn Jahre bestanden hat, vier Monate zum Ende eines Kalendermonats, zwölf Jahre bestanden hat, fünf Monate zum Ende eines

Kalendermonats, fünfzehn Jahre bestanden hat, sechs Monate zum Ende eines Kalendermonats, zwanzig Jahre bestanden hat, sieben Monate zum Ende eines Kalendermonats. Beschäftigungszeiten vor Vollendung des 25. Lebensjahres werden nicht mitgezählt.

Es wird zwischen den Parteien vereinbart, daß ab einem Bestand des Arbeitsverhältnisses von acht Jahren die vorgenannten verlängerten Kündigungsfristen ebenfalls für den Mitarbeiter gelten.

Durch die Kündigungserklärung wird die Befugnis der Firma begründet, den Mitarbeiter unter Fortzahlung seiner Bezüge von der Arbeitsleistung freizustellen.

## § 6

Dieser Vertrag ist ein Individualvertrag, tarifliche Bestimmungen finden deshalb keine Anwendung.

Änderungen und Ergänzungen dieses Arbeitsvertrages bedürfen der schriftlichen Bestätigung, auch die Aufhebung des Schriftformerfordernisses kann nur in schriftlicher Form erfolgen.

Im Falle eines Rechtsstreits zwischen der Firma und dem Mitarbeiter über die Höhe von Provisionsansprüchen besteht kein Anspruch auf Einsichtnahme in die geschäftlichen Unterlagen von der Firma. In Zweifelsfällen ist das Gutachten eines unparteiischen Sachverständigen maßgebend. Können sich die Parteien nicht über die Person des Sachverständigen einigen, so wird dieser von der Industrie- und Handelskammer benannt. Die Firma verpflichtet sich, diesem Sachverständigen alle erforderlichen Auskünfte zu erteilen und ihm die erforderlichen Unterlagen vorzulegen.

## § 7

Der Mitarbeiter erklärt, daß er an keiner ansteckenden Krankheit leidet, keine persönlichen oder gesundheitlichen Mängel verschwiegen hat, die der Verrichtung der geschuldeten Arbeitsleistung entgegenstehen und zum Zeitpunkt des Abschlusses des Arbeitsvertrages nicht den Bestimmungen des Schwerbehindertengesetzes unterliegen.

Alle beiderseitigen Ansprüche aus dem Arbeitsverhältnis und solche, die mit dem Arbeitsverhältnis in Verbindung stehen, verfallen, wenn sie nicht innerhalb von 2 Monaten nach der Fälligkeit gegenüber der anderen Vertragspartei schriftlich erhoben werden.

Lehnt die Gegenpartei den Anspruch ab oder erklärt sie sich nicht innerhalb von 2 Wochen nach der Geltendmachung des Anspruchs, so verfällt dieser, wenn er nicht innerhalb von 2 Monaten nach der Ablehnung unter dem Fristablauf gerichtlich geltend gemacht wird.

Der Mitarbeiter erklärt sich damit einverstanden, daß seine personenbezogenen Daten automatisiert gespeichert und verarbeitet werden.

*Zusatzvereinbarung*
*zum Vertrag zwischen*

der Firma

– nachstehend „Firma" genannt –

und

Herrn

– nachstehend „Mitarbeiter" genannt –

### I. Voraussetzungen für die Provisionsgewährung

(a) Die Firma behält sich ausdrücklich die Annahme oder Ablehnung der vom Fachberater vorgeschlagenen Geschäfte in jedem Einzelfall vor, wobei die Geschäfte allein auf die Tätigkeit des Fachberaters zurückzuführen sein müssen.

(b) Die Firma ist berechtigt, bestimmte Projekte aus dem Arbeitsgebiet des Fachberaters herauszunehmen oder durch Dritte bearbeiten zu lassen. Wird der Fachberater in diesem Fall zur Mitarbeit herangezogen, so erhält er bei Zustandekommen des Auftrags eine nach dem Ermessen des Vertriebsbeauftragten festzusetzende Anerkennungsprovision.

(c) Die Mehrwertsteuer wird bei der Ermittlung des Barwertes und der Errechnung der Provision nicht einbezogen.

### § 1 Kapitel 1: Arbeitsverträge

(d) Ein durch den Fachberater durchgeführtes Umänderungsgeschäft führt bei der Provisionsermittlung dazu, daß sich aus dem Umänderungszugang ein positiver Provisionsbetrag und aus dem Umänderungsabgang ein negativer Provisionsbetrag ergibt. Für die Provisionsermittlung bedeutet das, daß jeweils bezogen auf den Barwert und den Endkaufpreis die Differenz der Provision zwischen Umänderungszugang und Umänderungsabgang getrennt ermittelt und saldiert wird. Ergibt sich dabei ein negativer Provisionssaldo, so wird dieser nicht in Abzug gebracht.

Diese Regelung gilt auch für einen Änderungsauftrag, der verschiedene Kostenträger/Verrechnungsarten betrifft. In diesem Fall werden sowohl der Umänderungszugang als auch der Umänderungsabgang mit dem Provisionsprozentsatz des Umänderungszugangs verprovisioniert.

(e) Geht ein Vertrag auf einen neuen Vertragspartner aufgrund einer Gesamtrechtsnachfolge (z.B. Erbschaft, Vermögensübernahme oder Firmenübernahme) über oder übernimmt ein neuer Vertragspartner alle Rechte und Pflichten aus einem bestehenden Vertrag ohne Mitwirkung des Fachberaters, entsteht kein Provisionsanspruch.

(f) Enthält ein vom Mitarbeiter vorgeschlagenes Geschäft weitere hier nicht genannte Einschränkungen der Rechte der Firma oder weicht es insbesondere von den jeweils gültigen Vertragsbedingungen ab oder steht das Geschäft nicht im Einklang mit der gültigen durch Betriebsanweisung festgelegten Rabattregelung, dann steht der Firma das Recht zu, die Provision in angemessenem Verhältnis zu kürzen. Zur Provisionskürzung ist die Firma nicht befugt, wenn die Abweichung von der Rabattregelung vom Vertriebsbeauftragten schriftlich genehmigt wurde.

(g) Betreffen Abschlüsse nicht nur den dem Mitarbeiter zugewiesenen Bezirk, sondern zwei oder mehrere Bezirke (grenzüberschreitendes Geschäft), regelt der Vertriebsbeauftragte die unter mehreren Fachberatern zu verteilende Provision nach billigem Ermessen.

### II. Fortzahlung der Vergütung

Für die Dauer einer Arbeitsunfähigkeit von bis zu 6 Wochen sowie für Urlaubs- und Feiertage wird der durchschnittliche Arbeitsverdienst des Fachberaters weitergezahlt. Für die Ermittlung der Höhe des maßgeblichen Arbeitsverdienstes ist § 4 Abs. 1 EFZG in seiner jeweils geltenden Fassung maßgeblich.

### III. Verhalten im Außendienst

(a) Der Fachberater hat insbesondere die Bestimmungen des Gesetzes gegen den unlauteren Wettbewerb (UWG), des Rabattgesetzes und der Zugabeverordnung zu beachten und alles zu unterlassen, was gegen die Regeln des lauteren Wettbewerbs verstößt.

(b) Eine Schädigung des Ansehens der Mitbewerber ist untersagt. Abfällige Äußerungen über Konkurrenten oder deren Produkte und Leistungen sind unzulässig. Fragt ein Interessent nach wirtschaftlichen oder technischen Vorzügen der Firma – Produkten im Vergleich zu Produkten eines bestimmten Mitbewerbers – dann sind nur sachliche Argumente, die den Gegebenheiten entsprechen, anzuführen.

(c) Der Fachberater ist verpflichtet, sowohl Interessenten als auch Kunden über alle Punkte eines abzuschließenden Vertrages umfassend zu unterrichten. Er ist nicht berechtigt, für die Firma verpflichtende, mündliche oder schriftliche Erklärungen gegenüber Interessenten oder Kunden abzugeben, die nicht durch eine entsprechende Ermächtigung von der Firma ausdrücklich abgedeckt sind. Der Mitarbeiter ist an die Vorschriften und Preise gebunden, die die Firma allgemein oder von Fall zu Fall festsetzt.

### IV. Inkasso

Ohne besonderen schriftlichen Auftrag ist der Fachberater nicht zum Inkasso ermächtigt.

### V. Nebentätigkeit und Vorträge

Die Aufnahme von Nebengeschäften oder Nebenbeschäftigungen ist der Firma vorher mitzuteilen. Beeinträchtigen die Nebengeschäfte oder Nebenbeschäftigungen das Vertragsverhältnis, bedarf es der vorherigen schriftlichen Zustimmung der Firma. Für Veröffentlichungen und Vorträge, die den Tätigkeitsbereich der Firma berühren, ist ebenfalls die vorherige Zustimmung erforderlich.

## VI. Anpassungen

Der Vertriebsbeauftragte beobachtet sorgfältig den Markt. Hält er es für erforderlich, Anpassungen der Bezirke, der Provisionsregelung oder der Anweisungen an die Fachberater an geänderte Verhältnisse anzupassen, so werden diese Bestandteil des Arbeitsvertrages. Die Nichterreichung von Umsatzzielen gestattet den Vertriebsbeauftragten, angemessene Provisionsabzüge vorzunehmen. Auch ist die Firma berechtigt, den Abrechnungszeitraum der Provision (derzeit halbjährlich) zu verlängern oder zu verkürzen.

## VII. Verschwiegenheit

Über Geschäftsvorgänge, Geschäftspolitik, Kundenkreis, Technik und System-/Branchenlösungen der Firma ist gegenüber Außenstehenden Verschwiegenheit zu wahren. Im Falle des Ausscheidens aus dem Unternehmen sind sämtliche Unterlagen, auch die vom Mitarbeiter selbst angefertigten Papiere, wie beispielsweise Kunden- oder Interessentenlisten, vor Ausscheiden an den Vertriebsbeauftragten herauszugeben.

## VIII. Mitwirkung bei der Aus- und Weiterbildung

Es gehört zu den Aufgaben, bei der Aus- und Weiterbildung von Mitarbeitern der Firma mitzuwirken, soweit dies erforderlich ist, aber auch selbst an Schulungsveranstaltungen der Firma bei Bedarf teilzunehmen.

Freitag soll der Tag sein, an dem die Kommunikation zwischen dem Mitarbeiter und seinen Vorgesetzten in den Geschäftsräumen der Firma stattfindet. An solchen Tagen soll der Mitarbeiter auch etwaigen Fortbildungsbedarf anmelden.

## 7. Muster: Arbeitsvertrag im Einzelhandel NW

*Arbeitsvertrag – Einzelhandel*

zwischen

– nachstehend Arbeitgeber genannt –

und

– nachstehend Arbeitnehmer genannt –

### § 1 Anstellung

(1) Der Arbeitnehmer wird ab             als             eingestellt.

(2) Der Arbeitnehmer wird mit             Std. wöchentlich eingestellt. Die Arbeitszeiteinteilung erfolgt durch den Arbeitgeber.

(3) Die Tarifverträge für die Beschäftigten im Einzelhandel des Landes Nordrhein-Westfalen in ihrer jeweils geltenden Fassung und deren Nachfolgeverträge sind Bestandteil dieses Vertrages. Besteht eine Betriebs- oder Sozialordnung, so sind diese Bestandteil des Vertrages in ihrer jeweils geltenden Fassung.

(4) Der Arbeitnehmer verpflichtet sich, alle ihm übertragenen Arbeiten gewissenhaft und sorgfältig auszuführen und auf Anordnung der Betriebsleitung auch andere Arbeiten zu übernehmen sowie sich in andere Abteilungen des Betriebes oder andere Niederlassungen des Arbeitgebers versetzen zu lassen.

(5) Der Arbeitnehmer verpflichtet sich, dem Arbeitgeber unaufgefordert Mitteilung zu machen und die jeweilige Adresse anzugeben, wenn er wegen Urlaub, Krankheit, Umzug oder Ähnlichem vor-

## § 1 Kapitel 1: Arbeitsverträge

übergehend oder für dauernd an der bisher dem Arbeitgeber bekannten Anschrift nicht erreichbar ist.

(6) Der Arbeitnehmer hat sein äußeres Erscheinungsbild dem Charakter des Betriebes anzupassen, insbesondere die berufs- und betriebsübliche Kleidung zu tragen.

### § 2 Probezeit

Das Arbeitsverhältnis wird zunächst für die Zeit vom _____ bis _____ (höchstens drei Monate) zur Probe eingegangen und endet mit Ablauf dieser Probezeit, ohne daß es einer Kündigung bedarf. Während der Probezeit kann das Arbeitsverhältnis beiderseits mit einmonatiger Frist zum Monatsende gekündigt werden. Wird das Arbeitsverhältnis über die Probezeit hinaus fortgesetzt, so geht es in ein festes Arbeitsverhältnis über.

### § 3 Berufsjahre

Der Arbeitnehmer versichert, daß er im _____ Berufsjahr steht; Ausbildungsjahre sind dabei nicht mitgezählt.

### § 4 Gehaltszahlung

(1) Gemäß der in § 1 Absatz 1 genannten Tätigkeit wird der Arbeitnehmer in die Gehaltsgruppe _____ des derzeit geltenden Gehaltstarifvertrages für den Einzelhandel eingestuft.

(2) Das vereinbarte Gehalt beträgt _____ DM ( _____ EUR). Außerdem wird vereinbart, _____.

(3) Vor Fälligkeit der Vergütung geleistete Zahlungen sind Vorschüsse, auch wenn für die Rückzahlung Raten vereinbart werden. Bei Beendigung des Arbeitsverhältnisses ist ein zuviel gezahlter Vorschuß sofort zurückzuzahlen. Der Gegenwert aus unbezahlten Warenbezügen des Arbeitnehmers gilt als Vorschuß. Irrtümlich erfolgte Überzahlungen sind zurückzuerstatten bzw. können verrechnet werden. Der Arbeitnehmer verzichtet auf die Einrede, nicht mehr bereichert zu sein.

(4) Die über das Tarifgehalt hinausgehenden Gehaltsteile sowie eine gewährte Provision können jederzeit unter Einhaltung einer Frist von einem Monat gekürzt oder widerrufen werden. Sie können bei einer Erhöhung der Gehaltstarife, beim Aufrücken in eine höhere Gehaltsgruppe oder Gehaltsstufe und bei Höhergruppierungen angerechnet werden.

(5) Der Arbeitgeber behält sich vor, die Vergütung jederzeit und ohne daß es einer weiteren Ankündigung bedarf, gemäß dem festgelegten Umrechnungskurs von 1,95583 in EURO abzurechnen.

(6) Der Arbeitnehmer verpflichtet sich, Gehaltsüberzahlungen ohne Rücksicht auf eine noch vorhandene Bereicherung zurückzuzahlen.

### § 5 Mehrarbeit (Überstunden), Nachtarbeit, Sonn- und Feiertagsarbeit, Wechselschichtarbeit

(1) Ansprüche aus der Leistung von Mehrarbeit bestehen nur, wenn die Mehrarbeit von der Geschäftsleitung angeordnet oder genehmigt worden ist.

(2) Über Beginn und Ende der Mehrarbeit hat der Arbeitnehmer täglich Aufzeichnungen zu machen und diese spätestens am folgenden Tage vom Arbeitgeber oder dessen Beauftragten gegenzeichnen zu lassen.

(3) Ein Anspruch auf Abgeltung von geleisteter Mehrarbeit (einschließlich Mehrarbeitszuschlägen) besteht nur insoweit, als er nicht durch übertarifliche Zahlungen gedeckt ist.

(4) Die Bestimmungen der Ziffern 1–3 gelten entsprechend für die tariflichen Zuschläge bei Nacht-, Sonn- und Feiertags- und Wechselschichtarbeit.

### § 6 Sonderleistungen

Gratifikationen, Jahrestantiemen oder sonstige Sonderleistungen sind, auch wenn sie wiederholt gezahlt werden, jederzeit widerrufliche Leistungen des Arbeitgebers, soweit sie tarifvertragliche Ansprüche übersteigen; ein Anspruch des Arbeitnehmers auf solche Leistungen oder auf eine bestimmte Höhe dieser Leistungen besteht nicht.

## Verträge mit Arbeitnehmern, Gesellschaftsorganen und Selbständigen § 1

Die Zahlung erfolgt unter der Bedingung, daß das Arbeitsverhältnis nicht aus einem im Verhalten des Arbeitnehmers liegenden Grund gekündigt ist.

Mit der Entgegennahme verpflichtet sich der Arbeitnehmer, die Gratifikation als Vorschuß zurückzuzahlen für den Fall, daß er bei einer Gratifikation von über 200,00 DM (102,26 DM), jedoch weniger als einem Monatsgehalt, infolge einer eigenen Kündigung vor dem 31. März des Folgejahres aus den Diensten der Firma ausscheidet oder daß ihm aus wichtigem Grund fristlos gekündigt oder das Arbeitsverhältnis aus von ihm zu vertretenden Gründen oder auf seinen Wunsch in beiderseitigem Einvernehmen vorzeitig beendet wird.

Erhält der Arbeitnehmer eine Weihnachtsgratifikation in Höhe eines Monatsgehalts oder mehr, so ist der Arbeitnehmer unter den gleichen Voraussetzungen zur Rückzahlung als Vorschuß auch dann noch verpflichtet, wenn er zum 31. März oder vor dem ersten zulässigen Kündigungstermin nach dem 31. März des Folgejahres ausscheidet.

### § 7 Urlaub und Urlaubsgeld
(1) Jeglicher Urlaubsanspruch entsteht erstmalig nach mehr als dreimonatiger ununterbrochener Betriebszugehörigkeit. Die Dauer des Urlaubs richtet sich nach den tariflichen Bestimmungen.
(2) Der Urlaub beträgt demnach zur Zeit          Werktage im Kalenderjahr.
(3) Der Arbeitnehmer erhält ein Urlaubsgeld entsprechend den tarifvertraglichen Bestimmungen.
Das Urlaubsgeld beträgt demnach zur Zeit          DM (          EUR).

### § 8 Arbeitsversäumnis
(1) Arbeitsverhinderung ist dem Arbeitgeber unverzüglich, möglichst telefonisch am Vormittag des ersten Tages des Arbeitsausfalls, unter Angabe der Gründe mitzuteilen; ist die Arbeitsverhinderung vorher bekannt, so ist sie rechtzeitig dem Arbeitgeber mitzuteilen.
(2) Im Falle einer Erkrankung hat der Arbeitnehmer darüber hinaus unverzüglich, spätestens innerhalb von drei Tagen, eine ärztliche Bescheinigung nachzureichen, aus der die Arbeitsunfähigkeit sowie deren Beginn und voraussichtliche Dauer ersichtlich sind. Dauert die Arbeitsunfähigkeit länger als in dieser Bescheinigung angegeben, so ist der Arbeitnehmer verpflichtet, den Arbeitgeber hiervon unverzüglich zu unterrichten und ebenfalls unverzüglich eine neue ärztliche Bescheinigung vorzulegen, auch wenn der Zeitraum der Entgeltfortzahlung bereits überschritten ist. Der Arbeitnehmer ist verpflichtet, sich auf Verlangen und Kosten des Arbeitgebers von einem vom Arbeitgeber zu benennenden Arzt untersuchen zu lassen.
(3) Stellt der Arbeitnehmer einen Antrag auf ein Kur- oder Heilverfahren, so hat er dem Arbeitgeber unverzüglich davon Kenntnis zu geben. Wird das Kur- oder Heilverfahren bewilligt, ist dem Arbeitgeber unverzüglich eine entsprechende Bescheinigung vorzulegen und der Zeitpunkt des Kurantritts mitzuteilen.

### § 9 Verschwiegenheits- und Treuepflicht
(1) Der Arbeitnehmer hat über alle geschäftlichen und betrieblichen Angelegenheiten – auch nach Beendigung des Anstellungsverhältnisses – Verschwiegenheit zu wahren.
(2) Es ist unzulässig, von Personen, die mit dem Arbeitgeber in geschäftlichen Beziehungen stehen, Geschenke, Darlehen oder sonstige Zuwendungen entgegenzunehmen oder bei diesen für eigenen oder fremden Bedarf ohne ausdrückliche Genehmigung des Arbeitgebers einzukaufen.

### § 10 Abtretung von Ansprüchen
Gehaltsansprüche darf der Arbeitnehmer nur mit schriftlicher Zustimmung des Arbeitgebers abtreten oder verpfänden.

### § 11 Gehaltspfändungen
Bei Gehaltspfändungen steht dem Arbeitgeber als Aufwendungsersatz neben einer einmaligen Pauschale in Höhe von 5,00 DM (2,56 EUR) für jede durchgeführte Überweisung ebenfalls ein Betrag von 5,00 DM (2,56 EUR) zu.

### § 12 Vertragsstrafe, Schadensersatz

Tritt der Arbeitnehmer das Arbeitsverhältnis nicht an, löst er das Arbeitsverhältnis unter Vertragsbruch oder wird der Arbeitgeber durch schuldhaft vertragswidriges Verhalten des Arbeitnehmers zur fristlosen Kündigung des Arbeitsverhältnisses veranlaßt, so hat der Arbeitnehmer an den Arbeitgeber eine Vertragsstrafe in Höhe von einem Bruttomonatsgehalt zu zahlen. Der Arbeitgeber kann einen weitergehenden Schaden geltend machen.

### § 13 Abstellen von Fahrzeugen

Das Abstellen von Fahrzeugen des Arbeitnehmers auf dem Gelände des Arbeitgebers ist nur mit besonderer Erlaubnis des Arbeitgebers gestattet und geschieht ausschließlich auf Gefahr des Arbeitnehmers.

### § 14 Kündigung

(1) Unbefristete Arbeitsverhältnisse enden, sofern nicht etwas anderes vereinbart ist, mit dem Ende des Kalendermonats, in dem der Arbeitnehmer das 65. Lebensjahr vollendet hat oder in welchem dem Arbeitnehmer der Rentenbescheid über die Gewährung einer Rente wegen zeitlich nicht befristeter Erwerbsfähigkeit oder vorgezogenem Altersruhegeld zugegangen ist.

(2) Für die Kündigung von Angestellten und gewerblichen Arbeitnehmern beträgt die Mindestkündigungsfrist einen Monat zum Ende eines Kalendermonats. Beide Parteien können eine schriftliche Bestätigung des Empfangs der Kündigung verlangen.

(3) Nach einer ununterbrochenen Beschäftigung im Unternehmen von mehr als fünf Jahren verlängern sich die Kündigungsfristen für den Arbeitgeber wie folgt:

| | |
|---|---|
| über 5 Jahre | 3 Monate |
| über 8 Jahre | 4 Monate |
| über 10 Jahre | 5 Monate |
| über 12 Jahre | 6 Monate |

jeweils zum Ende eines Kalendermonats.

Bei der Berechnung der Beschäftigungsdauer werden Jahre der Unternehmenszugehörigkeit, die vor Vollendung des 25. Lebensjahres liegen, nicht berücksichtigt.

(4) Für Kündigungen von Arbeitsverhältnissen, die vor dem 01.09.1993 begründet worden sind, sind die bis zu diesem Stichtag geltenden einzelvertraglichen, die bis 1992 geltenden tariflichen und gesetzlichen Regelungen anzuwenden; es sei denn, die vorstehenden Regelungen sind für den Arbeitnehmer günstiger.

(5) Einem Arbeitnehmer, der das 53., aber noch nicht das 65. Lebensjahr vollendet hat und dem Unternehmen mit mehr als 50 vollbeschäftigten Arbeitnehmern mindestens 15 Jahren angehört, kann nur noch aus wichtigem Grund oder mit Zustimmung des Betriebsrates gekündigt werden. Verweigert der Betriebsrat seine Zustimmung, so kann der Arbeitgeber die Einigungsstelle anrufen (§ 76 BetrVG).

Dieser Kündigungsschutz gilt nicht, wenn
a) Betriebsvereinbarungen gemäß § 111, 112 BetrVG oder sozialplanähnliche Regelungen abgeschlossen werden, die eine Absicherung der mindestens 59 Jahre alten Arbeitnehmer dergestalt enthalten, daß für die Dauer der eintretenden Arbeitslosigkeit der Differenzbetrag zwischen Arbeitslosengeld und dem zuletzt bezogenen bzw. dem Nettoentgelt, welches der Arbeitnehmer bezogen hätte, wenn er weiterhin beschäftigt worden wäre, vom Arbeitgeber bezahlt wird, und der Arbeitnehmer eine Abfindung wegen des Verlustes des Arbeitsplatzes erhält;
b) Ansprüche auf vorgezogenes Altersruhegeld aus der gesetzlichen Rentenversicherung oder Rente wegen Erwerbsunfähigkeit bestehen.

(6) Auflösungsverträge bedürfen der Schriftform. Jede der Parteien kann eine Bedenkzeit von drei Werktagen in Anspruch nehmen. Ein Verzicht hierauf ist schriftlich zu erklären.

## § 15 Rückgabe des Arbeitsmaterials
Der Arbeitnehmer hat beim Ausscheiden sämtliche betriebliche Arbeitsmittel, Unterlagen oder sonstige Gegenstände zurückzugeben, die ihm während seiner Tätigkeit ausgehändigt wurden oder auf andere Weise in seinen Besitz gelangt sind. Dazu gehören auch selbstangefertigte Aufzeichnungen.

## § 16 Personalfragebogen
Ein zu diesem Arbeitsvertrag gehörender Personalfragebogen ist wesentliche Grundlage des Vertrages. Unrichtige Angaben berechtigen den Arbeitgeber zur Anfechtung oder Kündigung des Vertrages.

## § 17 Ergänzungen
Ergänzungen und Änderungen dieses Vertrages bedürfen zu ihrer Wirksamkeit der Schriftform.

## § 18 Datenschutz
Der Arbeitnehmer willigt ein, daß seine persönlichen, dem Arbeitgeber bekannten oder bekanntgewordenen Daten in eine bei dem Arbeitgeber oder dessen Beauftragten geführte Kartei aufgenommen und verarbeitet werden dürfen.

## § 19 Teilnichtigkeit
Die etwaige Nichtigkeit von Bestimmungen des Vertrages soll nicht die Unwirksamkeit des gesamten Vertrages zur Folge haben.

## § 20 Minderjährige
Ist der Arbeitnehmer minderjährig, erteilen ihm hiermit die mitunterzeichneten Vertreter unwiderruflich die Ermächtigung zur Entgegennahme und Abgabe aller das Arbeitsverhältnis betreffenden Erklärungen sowie zur Entgegennahme der ihm zustehenden Bezüge. Sofern der Minderjährige allein unterzeichnet, erklärt er, daß seine Eltern ihm diese Ermächtigung vorher erteilt haben.

## § 21 Mankohaftung
Der Arbeitnehmer ist in seiner Abteilung für die alleinige Kassenführung verantwortlich, ohne daß andere Personen Zugriff auf die Kasse haben. Der Kassenbestand wird betriebsüblich regelmäßig in Anwesenheit des Arbeitnehmers festgestellt. Ergibt sich hierbei eine Fehlmenge oder ein Fehlbetrag, so hat der Arbeitnehmer hierfür einzustehen.

Zum Ausgleich für die Haftung zahlt der Arbeitgeber dem Arbeitnehmer zusätzlich eine Vergütung in Höhe von            DM (           EUR) monatlich. Die Haftung ist pro Jahr begrenzt auf das Zwölffache des dem Arbeitnehmer monatlich gezahlten Mankogeldes von            DM (           EUR). Bei nachgewiesenem Vorsatz oder grober Fahrlässigkeit gilt die vorstehende Haftungsbegrenzung nicht.

## § 22 Sonstige Vereinbarungen
(1) Die allgemeine Arbeitsordnung bildet Bestandteil des Arbeitsvertrages.

(2)

Für den Betrieb gilt folgende Arbeitsordnung:

444

1. Wer im Verkauf tätig ist, hat unbedingt auf saubere Kleidung und ein stets gepflegtes Äußeres zu achten. Das Verhalten gegenüber den Kunden hat stets von Zuvorkommenheit, Korrektheit und Freundlichkeit geprägt zu sein.

2. Während der Arbeitszeit besteht in allen Geschäftsräumen ein Rauchverbot. Der Genuß von Alkohol ist nicht gestattet. Es dürfen keine privaten Gespräche mit oder vor Kunden geführt werden, auch ist es nicht gestattet, Gespräche mit Kunden über Mitarbeiter zu führen. Vor Kunden dürfen keine Diskussionen oder Auseinandersetzungen ausgetragen werden.

3. Der Arbeitsplatz und alle Räumlichkeiten des Geschäfts sind stets sauber zu halten. Soweit Unordnung entstanden ist, ist diese umgehend zu beseitigen.

**§ 1** Kapitel 1: Arbeitsverträge

4. Die Arbeitszeit endet erst dann, wenn die Kasse abgerechnet ist. Geschäftsräume sind ordnungsgemäß zu verschließen, soweit vorhanden, Rollgitter- oder Rolladensicherung vorzunehmen.
5. Privatkäufe sind wie folgt abzuwickeln: .
6. Der Mitarbeiter haftet für von ihm verursachte Schäden im Rahmen der vom Bundesarbeitsgericht begründeten Rechtsprechung zur Haftung des Arbeitnehmers.
7. Bei Übernahme oder Übergabe der Kasse ist der Kassenbestand zu prüfen. Etwaige Fehlbeträge sind von dem Mitarbeiter zu ersetzen.

    Ware, die Kunden zurückbringen, wird generell nicht zurückgenommen, auch erfolgt grundsätzlich keine Geldrückgabe. Nur der Geschäftsinhaber ist befugt, von dieser Regel abweichende Entscheidungen zu treffen. Reklamationen sind entgegenzunehmen, wobei die Entscheidung über die Berechtigung jeweils vom Geschäftsinhaber oder dessen Vertreter getroffen wird.

    Im Geld-, Scheck- und Warenverkehr ist folgendes zu beachten: Entgegengenommen werden grundsätzlich nur Euro-Schecks, bei denen die Kartennummer des Schecks auf der Rückseite vermerkt sein muß. Die Nummer muß mit der Nummer auf der Scheckkarte identisch sein. Der Mitarbeiter muß eine entsprechende Überprüfung vorgenommen haben. Andere Schecks als Euro-Schecks werden nicht entgegengenommen.

    Soweit Kunden nur teilweise in der Lage sind, den Kaufpreis zu zahlen, darf die Ware erst herausgegeben werden, wenn der Kaufpreis vollständig entrichtet wurde.
8. Private Telefongespräche werden vom Mitarbeiter selbst bezahlt. Private Telefonate sind während der Geschäftszeiten nur auf ganz dringende Ausnahmefälle beschränkt.
9. Es ist stets auf die Einhaltung der notwendigen Vorschriften im Umgang mit technischem Gerät zu achten. Jeder Mitarbeiter ist darauf hingewiesen worden, daß ein nicht ordnungsgemäßer Umgang mit technischem Gerät zur Folge haben kann, daß etwa bestehende Versicherungen Deckungsschutz verweigern könnten.

    Von der vorstehenden allgemeinen Arbeitsordnung habe ich Kenntnis erhalten:

## 8. Muster: Teilzeit-Arbeitsvertrag im Einzelhandel

1106

445

Zwischen

der Firma ,
vertreten durch den Leiter der Verkaufsstelle

– im folgenden: „AG" –

und

Herrn

– im folgenden: „AN" –

auf dessen Angaben auf dem nebenseitigen Personalbogen Bezug genommen wird und die zum Gegenstand des vorliegenden Vertrages gemacht werden, wird auf Grundlage der jeweils gültigen Bestimmungen der Tarifverträge des Einzelhandels – soweit nicht im folgenden Abweichendes vereinbart – folgender Arbeitsvertrag geschlossen:

1. Unter Berücksichtigung des nicht abzuschätzenden Arbeitsanfalls pro Kalendermonat sind sich die Parteien darüber einig, daß der AN zunächst in der Filiale jährlich eine Arbeitsleistung von 1.000 Stunden zu erbringen hat. Die Lage der Arbeitszeit wird vorläufig in einem Jahresplan festgelegt, wobei die wöchentliche Arbeitszeit 40 Stunden nicht überschreiten darf. Die konkrete

## Verträge mit Arbeitnehmern, Gesellschaftsorganen und Selbständigen § 1

Lage der Arbeitszeit wird nach den betrieblichen Erfordernissen durch den AG mit einer Ankündigungsfrist von 14 Tagen quartalsweise unter Berücksichtigung der Wünsche des Mitarbeiters festgelegt. Abweichungen hiervon aus dringenden betrieblichen Erfordernissen unter Wahrung der gesetzlichen Ankündigungsfrist nach § 4 BeschFG sind möglich. Ruft der AG die Arbeit in planmäßig beschäftigungsfreien Zeiten ab, kann der Mitarbeiter sie verweigern, wenn wichtige persönliche Belange entgegenstehen.

Bei entsprechendem betrieblichen Bedarf ist der Arbeitnehmer verpflichtet, in zumutbarem Maß zusätzliche Stunden über die vereinbarte Arbeitszeit hinaus zu leisten.

2. Die Gehaltsgruppe lautet _____ .

   Die Tätigkeitsbezeichnung lautet _____ .

   Der AN verpflichtet sich, alle ihm übertragenen Aufgaben sorgfältig auszuführen und auch andere der Ausbildung entsprechende zumutbare Aufgaben zu übernehmen, ggf. auf Anforderung des AG ohne Einhaltung einer Frist im Rahmen dieses Vertrages aufgrund besonderer betrieblicher Notwendigkeit in allen übrigen Filialen des AG zu arbeiten.

3. Zur Lage der wöchentlichen und täglichen Arbeitszeit erstellt der AG mindestens 4 Tage vor der jeweiligen Kalenderwoche einen Wochendienstplan. Sofern der AN nach diesem Wochendienstplan eingesetzt ist, erfolgt seine tägliche Beschäftigung nicht unter _____ Stunden. Der jeweilige Wochendienstplan ist bindend.

4. Die monatliche Vergütung (brutto) setzt sich wie folgt zusammen:
   - tarifliches Grundgehalt _____ DM ( _____ EUR)
   - übertariflicher Gehaltsbestandteil
     insgesamt _____ DM ( _____ EUR)
   - variable Verkaufsprämie gemäß dem
     gültigen Prämienplan _____ DM ( _____ EUR)

   Bei einer Höhergruppierung von der Gehaltsgruppe 1 in die Gehaltsgruppe 2 entfällt die Verkaufsprämie bei den Abteilungsaufsichten. Der AN erhält dann neben dem Tarifgrundgehalt einen monatlichen übertariflichen Gehaltsbestandteil.

   Der übertarifliche Gehaltsbestandteil wird für die Anwerbung und Erhaltung beruflich qualifizierter AN gewahrt. Bei diesem übertariflichen Gehaltsbestandteil handelt es sich um eine freiwillige, jederzeit nach freiem Ermessen widerrufliche Leistung, auf die auch bei wiederholter Gewährung kein Rechtsanspruch für die Zukunft besteht. Er kann auch jederzeit ganz oder teilweise bei tariflichen Gehaltserhöhungen, anderen tariflichen Umgruppierungen sowie bei tariflichen Höhergruppierungen angerechnet werden.

5. Die Zahlung der Vergütung erfolgt bargeldlos. Der AN wird umgehend nach Beginn des Arbeitsverhältnisses ein Konto errichten, den Namen des Kontoinhabers, der Bank, sowie die Bankleitzahl und die Kontonummer mitteilen.

   Der AG behält sich vor, die Vergütung jederzeit und ohne daß es einer weiteren Ankündigung bedarf, gemäß dem festgelegten Umrechnungskurs von 1,95583 in EURO abzurechnen.

   Der AN verpflichtet sich, Gehaltsüberzahlungen ohne Rücksicht auf eine noch vorhandene Bereicherung zurückzuzahlen.

6. Der AN verpflichtet sich, den AG über jedes weitere Arbeitsverhältnis zu unterrichten. Er hat die Aufnahme eines zusätzlichen Arbeitsverhältnisses zu unterlassen, wenn dadurch seine Verpflichtung, die Arbeitsleistung entsprechend dem Arbeitsanfall zu erbringen, beeinträchtigt wird.

7. Der AN tritt die Schadensersatzansprüche für den Fall und insoweit an den AG ab, als eine Verletzung durch einen Dritten vorliegt und trotz Arbeitsunfähigkeit die Bezüge ganz oder teilweise vom AG weitergezahlt werden. Der AN ist verpflichtet, die für die Verfolgung der Schadensersatzansprüche notwendigen Auskünfte zu erteilen.

# § 1 Kapitel 1: Arbeitsverträge

8. Die ersten drei Monate gelten als Probezeit. Die Kündigungsfrist während der Probezeit und danach beträgt für AG und AN 1 Monat zum Monatsende.

9. Der Arbeitnehmer erhält ein Mankogeld in Höhe von ............ DM ( ............ EUR) monatlich. Er haftet für jeden im Rahmen seiner Inkassotätigkeit entstandenen Fehlbetrag.

............, den

AG                    AN

## 9. Muster: Arbeitsvertrag für Aushilfskräfte im Einzelhandel NW mit allgemeiner Arbeitsanweisung für Verkäufer

*Arbeitsvertrag*

zwischen

der Firma

– nachstehend Firma genannt

und

Herrn

– nachstehend Mitarbeiter genannt –.

Die Parteien schließen den nachfolgenden Arbeitsvertrag:

### § 1 Beginn des Arbeitsverhältnisses
Der Mitarbeiter wird vom ............ bis zum ............ als Aushilfskraft zur Abdeckung eines vorübergehenden Arbeitsanfalls beschäftigt. Vor Beginn des Arbeitsverhältnisses ist die Kündigung ausgeschlossen.

### § 2 Tätigkeit
Der Mitarbeiter wird als Verkäufer angestellt. Er ist weisungsgebunden gegenüber dem Abteilungsleiter und dessen Vorgesetzten.

### § 3 Arbeitszeit
Die Arbeitszeit des Mitarbeiters ist bedarfsabhängig, sie richtet sich nach dem jeweiligen Arbeitsanfall. Nach 3 Monaten beträgt die Mindestarbeitszeit ............ Stunden wöchentlich. Lage und Dauer der Arbeitszeit bestimmt die Firma durch Abruf. Dem Mitarbeiter ist der Arbeitsbedarf in angemessener Frist anzukündigen, grundsätzlich mindestens vier Tage vor der Bedarfssituation. Bei kürzerer Bedarfsanmeldung kann der Mitarbeiter die Arbeit ablehnen.

### § 4 Vergütung
(1) Der Mitarbeiter erhält für seine vertragliche Tätigkeit einen Stundenlohn in Höhe von brutto ............ DM ( ............ EUR). Die Vergütung ist jeweils am letzten des Monats fällig. Die Zahlung erfolgt bargeldlos. Der Mitarbeiter ist verpflichtet, ein Konto zu unterhalten und der Firma seine Kontonummer mitzuteilen.

(2) Der Mitarbeiter erhält für alle Verkäufe, die er veranlaßt, neben dem Stundenlohn ab einem Verkaufsvolumen von ............ DM ( ............ EUR) monatlich eine Provision in Höhe von 1 % des bereinigten Umsatzes (Umsatz abzgl. Retouren und Mehrwertsteuer).

## § 5 Urlaub

Ein Urlaubsanspruch während des Aushilfsarbeitsverhältnisses (maximal drei Monate) besteht nicht. Nach Ablauf von drei Monaten kann Urlaub nach Maßgabe von § 14 des Tarifvertrages für den Einzelhandel NW anteilig gewährt werden.

## § 6 Arbeitsverhinderung

Der Mitarbeiter ist verpflichtet, dem Arbeitgeber jede Dienstverhinderung und ihre voraussichtliche Dauer anzuzeigen. Auf Verlangen sind die Gründe der Dienstverhinderung mitzuteilen.

Die Entgeltfortzahlung im Krankheitsfalle richtet sich nach dem Entgeltfortzahlungsgesetz in seiner jeweiligen Fassung.

## § 7 Dauer des Arbeitsverhältnisses

(1) Das Arbeitsverhältnis endet in den ersten drei Monaten mit Abdeckung des Arbeitsanfalls, spätestens zum vereinbarten Zeitpunkt, ohne daß es einer Kündigung bedarf.

(2) Wird der Mitarbeiter über die in § 1 bestimmte Frist hinaus beschäftigt, geht das Aushilfsarbeitsverhältnis in ein Teilzeitarbeitsverhältnis auf unbestimmte Zeit über.

(3) Das Arbeitsverhältnis kann durch ordentliche, fristgerechte Kündigung oder durch fristlose, außerordentliche Kündigung beendet werden. Die Kündigung bedarf der Schriftform.

(4) Die Kündigungsfrist beträgt in den ersten drei Monaten gemäß § 13 Abs. 1 MTV Einzelhandel NW 5 Kalendertage, sie berechnet sich bei einem unbefristeten Teilzeitarbeitsverhältnis nach § 10 MTV Einzelhandel NW.

## § 8 Nebenabreden und Vertragsänderungen

(1) Änderungen des Vertrages und Nebenabreden bedürfen zu ihrer Wirksamkeit der Schriftform.

(2) Die vereinbarte Arbeitszeit erfolgt auf Wunsch des Mitarbeiters und unter Berücksichtigung der betrieblichen Belange.

(3) Die allgemeine Arbeitsanweisung für Verkäufer der Firma, die als Anlage zu diesem Vertrag genommen wird, ist Bestandteil der zwischen den Parteien vereinbarten Rechte und Pflichten.

(4) Der Mitarbeiter verpflichtet sich, Gehaltsüberzahlungen ohne Rücksicht auf eine noch vorhandene Bereicherung zurückzuzahlen.

, den

(Firma) (Mitarbeiter)

Für meinen Betrieb gelten folgende, stets zu beachtende Grundsätze:

1. Wer im Verkauf tätig ist, hat unbedingt auf saubere Kleidung und ein stets gepflegtes Äußeres zu achten. Das Verhalten gegenüber den Kunden hat stets von Zuvorkommenheit, Korrektheit und Freundlichkeit geprägt zu sein.

2. Während der Arbeitszeit besteht in allen Geschäftsräumen ein Rauchverbot. Der Genuß von Alkohol ist nicht gestattet. Es dürfen keine privaten Gespräche mit oder vor Kunden geführt werden, auch ist es nicht gestattet, Gespräche mit Kunden über Mitarbeiter zu führen. Vor Kunden dürfen keine Diskussionen oder Auseinandersetzungen ausgetragen werden.

3. Der Arbeitsplatz und alle Räumlichkeiten des Geschäfts sind stets sauber zu halten. Soweit Unordnung entstanden ist, ist diese umgehend zu beseitigen.

4. Die Arbeitszeit endet erst dann, wenn die Kasse abgerechnet ist. Geschäftsräume sind ordnungsgemäß zu verschließen, soweit vorhanden, Rollgitter- oder Rolladensicherung vorzunehmen.

5. Privatkäufe sind wie folgt abzuwickeln:

### § 1  Kapitel 1: Arbeitsverträge

6. Der Mitarbeiter haftet für von ihm verursachte Schäden im Rahmen der vom Bundesarbeitsgericht begründeten Rechtsprechung zur Haftung des Arbeitnehmers.
7. Bei Übernahme oder Übergabe der Kasse ist der Kassenbestand zu prüfen. Etwaige Fehlbeträge sind von dem Mitarbeiter zu ersetzen.

   Ware, die Kunden zurückbringen, wird generell nicht zurückgenommen, auch erfolgt grundsätzlich keine Geldrückgabe. Nur der Geschäftsinhaber ist befugt, von dieser Regel abweichende Entscheidungen zu treffen. Reklamationen sind entgegenzunehmen, wobei die Entscheidung über die Berechtigung jeweils vom Geschäftsinhaber oder dessen Vertreter getroffen wird.

   Im Geld-, Scheck- und Warenverkehr ist folgendes zu beachten: Entgegengenommen werden grundsätzlich nur Euro-Schecks, bei denen die Kartennummer des Schecks auf der Rückseite vermerkt sein muß. Die Nummer muß mit der Nummer auf der Scheckkarte identisch sein. Der Mitarbeiter muß eine entsprechende Überprüfung vorgenommen haben. Andere Schecks als Euro-Schecks werden nicht entgegengenommen.

   Soweit Kunden nur teilweise in der Lage sind, den Kaufpreis zu zahlen, darf die Ware erst herausgegeben werden, wenn der Kaufpreis vollständig entrichtet wurde.
8. Private Telefongespräche werden vom Mitarbeiter selbst bezahlt. Private Telefonate sind während der Geschäftszeiten nur auf ganz dringende Ausnahmefälle beschränkt.
9. Es ist stets auf die Einhaltung der notwendigen Vorschriften im Umgang mit technischem Gerät zu achten. Jeder Mitarbeiter ist darauf hingewiesen worden, daß ein nicht ordnungsgemäßer Umgang mit technischem Gerät zur Folge haben kann, daß etwa bestehende Versicherungen Deckungsschutz verweigern könnten.

Von der vorstehenden allgemeinen Arbeitsanordnung habe ich Kenntnis erhalten:

, den

Mitarbeiter

▲

### 10. Muster: Arbeitsvertrag mit Kellnerin (mit Tarifbindung Gaststättenverband NW)

▼

*Arbeitsvertrag*

Zwischen

– Arbeitgeber –

und

Frau

– Arbeitnehmerin –

wird gemäß dem jeweils geltenden bzw. zuletzt abgeschlossenen Manteltarifvertrag für das Hotel- und Gaststättengewerbe (MTV), abgeschlossen vom Hotel- und Gaststättenverband NW mit der Gewerkschaft Nahrung, Genuß, Gaststätten sofern nachstehend nicht anders vereinbart ist, folgender Arbeitsvertrag geschlossen:

## Verträge mit Arbeitnehmern, Gesellschaftsorganen und Selbständigen § 1

### 1. Tätigkeit und Aufgabengebiet
Frau ........ wird eingestellt als Kellnerin. Der Arbeitgeber ist hierbei berechtigt, der Arbeitnehmerin auch eine andere, ihren Fähigkeiten entsprechende Tätigkeit zu übertragen, gegebenenfalls im Rahmen betrieblicher Notwendigkeiten und einer zeitlich zumutbaren Begrenzung auch in einem anderen Betrieb der Firmengruppe.

### 2. Beginn der Probezeit
Das Arbeitsverhältnis beginnt am ........ .

Es wird als befristetes Probearbeitsverhältnis bis ........ abgeschlossen und endet automatisch durch Ablauf, wobei dieses um maximal drei Monate verlängert werden kann, sofern hierfür sachliche Gründe vorliegen und die Vertragsparteien mindestens zwei Wochen vor Ablauf sich über die Verlängerung des befristeten Probearbeitsverhältnisses einig sind.

Auch während einer Befristung kann das Arbeitsverhältnis mit tariflicher Frist ordentlich gekündigt werden.

Wird das Arbeitsverhältnis danach fortgesetzt, so gilt es als auf unbestimmte Zeit abgeschlossen.

Die Übernahme der Arbeitnehmerin in ein endgültiges Arbeitsverhältnis auf unbestimmte Zeit ist vom Arbeitgeber spätestens zwei Wochen vor Ablauf des Probearbeitsverhältnisses der Arbeitnehmerin ausdrücklich schriftlich mitzuteilen. Für das Anschlußarbeitsverhältnis gelten im übrigen die Regelungen dieses Vertrages als vereinbart.

### 3. Arbeitszeit
Die Arbeitszeit beträgt wöchentlich ........ Stunden.

Der Arbeitgeber ist befugt, Überstunden innerhalb der Grenzen des MTV anzuordnen.

### 4. Vergütung
a) Das Gehalt bzw. der Lohn beträgt monatlich ........ DM ( ........ EUR) brutto.

b) An jedem Lohnzahlungstermin ist die Arbeitnehmerin verpflichtet, eine schriftliche Erklärung über die Höhe der von ihr vereinnahmten Trinkgelder abzugeben und die Richtigkeit dieser Angaben durch Unterschrift zu bestätigen.

c) Auf übertarifliche Zahlungen können Tariferhöhungen angerechnet werden.

Etwaige Gratifikationen oder besondere Zuwendungen des Arbeitgebers stellen rein freiwillige Leistungen dar, auf welche die Arbeitnehmerin, auch im Wiederholungsfall, keinen Rechtsanspruch hat.

d) Die Arbeitnehmerin verpflichtet sich, Gehaltsüberzahlungen ohne Rücksicht auf eine noch vorhandene Bereicherung zurückzuzahlen.

### 5. Mehrarbeit
Mehrarbeit wird nur dann vergütet oder mit Freizeit abgegolten, wenn sie vom Arbeitgeber oder dessen Beauftragten ausdrücklich angeordnet oder genehmigt worden ist. Sie ist innerhalb von drei Tagen dem Arbeitgeber zur Aufzeichnung zu melden.

### 6. Urlaub
Die Arbeitnehmerin hat Anspruch auf Urlaub gemäß den tariflichen Bestimmungen.

Die Urlaubszeit hat sich möglichst nach den betrieblichen Belangen zu richten. Übertragungen ins Folgejahr sind zu vermeiden; solche über den 31. März eines Folgejahres hinaus bedürfen der ausdrücklichen Zustimmung des Arbeitgebers, ansonsten verfallen diese übertragenen Urlaubsansprüche automatisch.

### 7. Kündigung/Vertragsende
Die Kündigung muß schriftlich erfolgen. Eine verspätet erfolgte Kündigung gilt als Kündigung für den nächstzulässigen Termin.

# § 1 Kapitel 1: Arbeitsverträge

Wenn ein wichtiger Grund vorliegt, können sowohl das befristete Probearbeitsverhältnis, das befristete Arbeitsverhältnis als auch das unbefristete Arbeitsverhältnis fristlos gekündigt werden. Ist die fristlose Kündigung unwirksam, so gilt sie als fristgerechte Kündigung zum nächstzulässigen Termin. Im übrigen gelten die tarifvertraglichen Kündigungsfristen.

### 8. Erklärungen der Arbeitnehmerin

Die Arbeitnehmerin versichert ausdrücklich und wahrheitsgemäß,
- zur Zeit voll arbeitsfähig zu sein und
- für sämtliche anfallenden Arbeiten im Rahmen dieses Arbeitsvertrages körperlich und geistig geeignet zu sein;
- nicht an akuten oder ansteckenden Krankheiten zu leiden;
- mit Datum des Arbeitsvertrages keinen Antrag auf Schwerbehinderten- und/oder Gleichstellteneigenschaft gestellt zu haben;
- nicht vorbestraft zu sein (andernfalls ist eine schriftliche Erklärung nötig).

Es wird ausdrücklich darauf hingewiesen, daß keine, nur teilweise oder unwahre Angaben zur fristlosen oder ersatzweise ordentlichen Kündigung führen können.

### 9. Arbeitspapiere

Die Arbeitnehmerin hat bei Arbeitsantritt alle Arbeitspapiere, gegebenenfalls einschließlich Gesundheitszeugnis, gültiger Arbeitserlaubnis, beim Arbeitgeber abzugeben.

### 10. Dienstwohnung

Vom Arbeitgeber zur Verfügung gestellter Wohnraum ist spätestens am letzten Tag des Arbeitsverhältnisses zu räumen und an den Arbeitgeber in ordnungsgemäßem Zustand zu übergeben.

### 11. Zusätzliche Vereinbarungen

Es wird Anwesenheitskost gewährt und nach den amtlichen Sachbezugswerten versteuert.

## 11. Muster: Teilzeitarbeitsverhältnis in der Systemgastronomie

Zwischen

– im folgenden Arbeitgeber genannt –

und

Herrn

– im folgenden Arbeitnehmer genannt –

wird unter Bezugnahme auf den Personalbogen, der Inhalt des Arbeitsvertrages ist, folgendes vereinbart:

### § 1 Beginn des Arbeitsverhältnisses

(1) Der Arbeitnehmer nimmt seine Tätigkeit am           um           Uhr im Restaurant           des Arbeitgebers auf.

Damit beginnt sein Arbeitsverhältnis. Vor seinem Beginn ist die ordentliche Kündigung ausgeschlossen.

(2) Es liegt ein unbefristetes Arbeitsverhältnis vor.

(3) Die Probezeit beträgt 6 Monate.

## § 2 Arbeitszeit

**(1.1) Vollzeit**

Die Arbeitszeit beträgt wöchentlich an 5 Arbeitstagen 40 Stunden.

**(1.2) Teilzeit**

Die Arbeitszeit beträgt durchschnittlich mindestens 20 Stunden pro Arbeitswoche.

Eine Erhöhung der durchschnittlich vereinbarten Arbeitszeit kann bei Teilzeit maximal bis zu 40 Stunden wöchentlich nach Bedarf und ausdrücklicher Anforderung durch den Arbeitgeber erfolgen.

(2) Die Verteilung der Arbeitszeit auf einzelne Wochentage sowie Beginn und Ende der vertraglichen Arbeitszeit richten sich nach den betrieblichen Bestimmungen. Der Dienstplan ist bindend. Im beiderseitigen Einvernehmen, das nicht der Schriftform bedarf, kann die vertraglich vereinbarte Arbeitszeit kurzfristig unter- oder überschritten werden. Das Einvernehmen ist spätestens am Tag der Unter- bzw. Überschreitung herzustellen. Widerspruchslose Entgegennahme des Dienstplanes gilt als Zustimmung. Nach Abstimmung mit dem Arbeitnehmer kann der Arbeitgeber eine Unterschreitung der Arbeitszeit auf den Arbeitszeitausgleich anrechnen.

Jeder Arbeitnehmer ist verpflichtet, sich rechtzeitig selbst über seinen Dienstplan zu informieren.

(3) Der Arbeitnehmer ist verpflichtet, auch regelmäßig in Wechselschicht zu arbeiten sowie seine Arbeitsleistung auch an Samstagen, Sonn- und Feiertagen sowie nachts, entsprechend der betrieblichen Einteilung, zu erbringen sowie auf Anforderung zulässige Über- oder Mehrarbeit zu leisten. Bei Vorliegen eines wichtigen Grundes können im Einzelfall Ausnahmen zugelassen werden. Bei Erstellung des Dienstplanes wird der Arbeitgeber die im Folgenden mit dem Arbeitnehmer vereinbarten Arbeitszeiträume berücksichtigen.

|     | Mo. | Di. | Mi. | Do. | Fr. | Sa. | So. |
|-----|-----|-----|-----|-----|-----|-----|-----|
| von |     |     |     |     |     |     |     |
| bis |     |     |     |     |     |     |     |

(4) Die Arbeitszeit beginnt nach dem Umziehen (Dienstkleidung) mit Aufnahme der Tätigkeit am Arbeitsplatz und endet vor dem Umziehen (Privatkleidung). Zur Arbeitszeit gehören nicht Pausen, vorausgesetzt diese betragen im einzelnen mindestens 15 Minuten.

## § 3 Vergütung

(1) Die Vergütung des Arbeitnehmers erfolgt nach den geleisteten und angeordneten Arbeitsstunden. Das Arbeitsentgelt wird monatlich spätestens bis zum zehnten Tag des auf den Abrechnungsmonat folgenden Monats abgerechnet und ausgezahlt. Die Zahlung erfolgt unbar.

(2) Der Arbeitnehmer übt eine Tätigkeit als _____ aus.

Das Brutto-Entgelt setzt sich wie folgt zusammen:

| | | |
|---|---|---|
| Stundenlohn | _____ DM ( | _____ EUR) |
| zuzüglich freiwillige Zulage | _____ DM ( | _____ EUR) |
| Brutto-Entgelt | _____ DM ( | _____ EUR) |

Die Zulage wird freiwillig gewährt und steht unter dem Vorbehalt eines jederzeitigen freien Widerrufs.

(3) Die monatlichen Entgeltabrechnungen werden im Restaurant ausgehändigt oder können im Falle einer Arbeitsbeendigung dort zur Übersendung angefordert werden.

(4) Mehrarbeit bedarf der schriftlichen Genehmigung des Betriebsleiters bzw. Bevollmächtigten. Nicht ausdrücklich angeordnete Nebenarbeit oder Überstunden werden nicht bezahlt.

(5) Im Falle einer vorgeschriebenen Tariflohn-Eingruppierung erfolgt bei Arbeitnehmern nach § 8 SGB IV zur Vereinfachung die Netto-Stundenlohnfestsetzung unter Abzug der jeweils gültigen

### § 1 Kapitel 1: Arbeitsverträge

Pauschalsteuersätze. Es bleibt dem Arbeitnehmer vorbehalten, zur individuellen Lohnsteuerberechnung seine Lohnsteuerkarte vorzulegen (Brutto-Stundenlohnfestsetzung).

Mit Vertragsunterzeichnung bestätigt der Arbeitnehmer, daß er keine weiteren Einkünfte aus anderen Nebenbeschäftigungen bezieht. Sofern eine solche aufgenommen wird, ist der Arbeitgeber unverzüglich schriftlich zu verständigen.

(6) Der Arbeitnehmer verpflichtet sich, Gehaltsüberzahlungen ohne Rücksicht auf eine noch vorhandene Bereicherung zurückzuzahlen.

### § 4 Feiertagszuschlag

Bezogen auf die Anordnung betreffend Freizeit für Arbeitnehmer in Gastwirtschaften (Gesetz vom 21. 03. 1952 BGBL. I S. 146) wird vereinbart, daß im Falle der Nichtgewährung des Feiertagszuschlages in Form von Freizeit dieser ersatzweise als steuerfreier Netto-Zuschlag von 100 vom Hundert gemäß § 3 b EStG ausbezahlt wird, und zwar im nächstmöglichen Abrechnungszeitraum. Die Nichtgewährung des Feiertagszuschlages in Form von Freizeit muß dabei aus betrieblichen oder in der Person des Arbeitnehmers liegenden Gründen veranlaßt sein.

### § 5 Jahressonderzuwendung und Urlaubsgeld

Sobald die Jahressonderzuwendung und das Urlaubsgeld gewährt werden, besteht für den Arbeitgeber ein Zurückbehaltungsanspruch gegenüber der Bruttovergütung des Arbeitnehmers, falls dieser innerhalb der darauffolgenden zwei Kalendermonate sein Arbeitsverhältnis kündigt. Die jeweilige Zahlung kann mit den folgenden beiden Monatsvergütungen verrechnet werden.

Übertarifliche Teile der Jahressonderzuwendung und des Urlaubsgeldes können einseitig vom Arbeitgeber mit tatsächlich geleisteter Mehrarbeit und deren Zuschlägen verrechnet werden.

### § 6 Abreden

Für Jahressonderzuwendungen und Urlaubsgeld gelten für das Arbeitsverhältnis der jeweilige Manteltarifvertrag und Entgelttarifvertrag für den Bereich der Systemgastronomie, der zwischen dem Bundesverband der Systemgastronomie e. V. und der Gewerkschaft NGG abgeschlossen ist.

Mit Inkrafttreten dieses Arbeitsvertrages treten alle anderweitigen Vertragsregelungen, gleich welcher Art, außer Kraft, insbesondere der bisherige Arbeitsvertrag. Die Betriebszugehörigkeit bleibt bei ununterbrochener Beschäftigung erhalten.

Es bestehen keine mündlichen Nebenabreden. Änderungen und Ergänzungen dieses Vertrages bedürfen der Schriftform, soweit in diesem Vertrag nichts anderes bestimmt ist.

### § 7 Sonstiges

**(1) Weisungsrecht**
Der Arbeitnehmer ist verpflichtet, die für seine Tätigkeit notwendigen Einweisungen und Schulungen, die während der Arbeitszeit angeordnet werden, zu besuchen und in allen Betriebsstätten des Arbeitgebers (einschließlich angeschlossener systemgastronomischer Unternehmen), soweit die örtliche Zumutbarkeit gegeben ist, zu arbeiten.

**(2) Informationspflicht**
Im übrigen gelten für das Arbeitsverhältnis die betriebsüblichen Anweisungen und Richtlinien, die Betriebsordnung sowie die am Aushang (Schwarzes Brett) angebrachten allgemeinen Informationen und Anordnungen. Der Arbeitnehmer ist verpflichtet, regelmäßig die Aushänge und Mitteilungen des Arbeitgebers am Schwarzen Brett zur Kenntnis zu nehmen. Bei ordnungsgemäßem Aushang und betrieblicher Anwesenheit verzichtet er auf die Einrede der Unkenntnis.

**(3) Abtretung/Verpfändung**
Entgeltabtretungen sind unzulässig. Verpfändungen sollen vermieden werden. Für die Bearbeitung einer Entgeltpfändung werden 30,00 DM (15,34 EUR) und für jede Überweisung 5,00 DM (2,56 EUR) vom Entgelt einbehalten.

## Verträge mit Arbeitnehmern, Gesellschaftsorganen und Selbständigen § 1

**(4) Vertraulichkeit**
Der Arbeitnehmer verpflichtet sich, Unbefugten gegenüber absolutes Stillschweigen über alle ihm während der Vertragsdauer bekannt werdenden Betriebs- und Geschäftsgeheimnisse zu wahren. Das gilt auch nach Beendigung des Arbeitsverhältnisses. Vertrauliche Unterlagen dürfen niemand anderem als den Personen, für die sie bestimmt sind, zugänglich gemacht werden.

**(5) Anderweitige Erwerbstätigkeiten**
Der Arbeitnehmer verpflichtet sich im übrigen, den Arbeitgeber über Beginn und Ende anderweitiger Erwerbstätigkeiten unverzüglich schriftlich zu unterrichten, ohne daß es einer besonderen Aufforderung bedarf.

**(6) Schadensersatzansprüche**
Der Arbeitnehmer tritt bereits jetzt seine Schadensersatzansprüche für den Fall und insoweit an den Arbeitgeber ab, als er durch einen Dritten verletzt wird und infolge Arbeitsunfähigkeit seine Bezüge ganz oder teilweise vom Arbeitgeber weiter erhält.

**(7) Freistellung**
Der Arbeitgeber ist berechtigt, den Arbeitnehmer, sobald das Arbeitsverhältnis gekündigt ist, gegen Weiterzahlung des letzten monatlichen Brutto-Entgeltes von der Arbeit freizustellen.

**(8) Datenverarbeitung**
Mit Vertragsunterzeichnung gibt der Arbeitnehmer die Einwilligung, daß seine Daten maschinell verarbeitet und gespeichert werden dürfen. Soweit betrieblich erforderlich, kann die Datenverarbeitung durch eine beauftragte externe Stelle (z.B. Steuerberater-Büro) und auch konzernbezogen erfolgen. Diese Stelle wird gesondert auf das Datenschutzgeheimnis verpflichtet. Der Arbeitgeber sorgt für die Einhaltung der Datenschutzbestimmungen.

**(9) Vertragsbeendigung**
Das Arbeitsverhältnis endet spätestens am Ende des folgenden Monats, in welchem der Arbeitnehmer das 65. Lebensjahr vollendet hat.

**(10) Gerichtsstand**
Für Streitigkeiten aus diesem Arbeitsverhältnis und über sein Bestehen ist, soweit nichts anderes bestimmt ist, das Arbeitsgericht des Ortes zuständig, an dem die streitige Verpflichtung zu erfüllen ist.

**(11) Haftung**
Der Arbeitnehmer haftet für die von ihm (mit-)verursachten Schäden und Verluste im Rahmen der gesetzlichen Bestimmungen.

**(12) Arbeitspapiere**
Der Arbeitnehmer ist verpflichtet, dem Arbeitgeber vor Aufnahme seiner Tätigkeit alle erforderlichen Arbeitspapiere (einschließlich Gesundheitszeugnis) vorzulegen. Er erhält diese spätestens bei Vertragsbeendigung, d.h. 10 Tage nach der letzten Abrechnung, zurück.

Soweit Kosten für die Erstellung der Arbeitspapiere entstehen, hat der Arbeitnehmer diese selbst zu tragen.

**(13) Inkrafttreten**
Dieser Vertrag tritt mit seiner Unterzeichnung durch die Vertragsparteien in Kraft.

Der Arbeitnehmer bestätigt hiermit ausdrücklich, daß er den o. g. Vertragstext zur Kenntnis genommen hat. Mögliche Fragen sind ihm beantwortet worden. Mit seiner Unterschrift bestätigt er des weiteren, eine Vertragsausfertigung erhalten zu haben.

## 12. Muster: Arbeitsvertrag für Bewachungspersonal (mit Tarifbezug)

Zwischen

– nachstehend Firma genannt –

und

Herrn

– nachstehend Arbeitnehmer genannt –

wird folgender Arbeitsvertrag geschlossen:

### 1. Mitteilungspflicht
Der Arbeitnehmer hat bei seinem Eintritt seine Anschrift und spätere Änderungen unverzüglich schriftlich der Firma mitzuteilen; die zuletzt gemeldete Anschrift ist für alle erforderlichen Mitteilungen der Firma maßgebend. Alle Schriftstücke an diese Anschrift gelten als ordnungsgemäß zugegangen.

### 2. Arbeitszeit
Es gilt folgende Arbeitszeit ausschließlich Pausen als vereinbart:
täglich                 wöchentlich                                        monatlich

Die Lage der Arbeitszeit wird nach den Kundenerfordernissen von der Firma festgelegt. Mehrarbeit darf nur mit Zustimmung des Vorgesetzten geleistet werden. Der Arbeitnehmer verpflichtet sich, die Dienstantrittszeiten genauestens einzuhalten. Ist dem Arbeitnehmer dies – aus welchen Gründen auch immer – nicht möglich, so hat er die Firma unverzüglich telefonisch zu benachrichtigen.

### 3. Arbeitsentgelt
Das Arbeitsentgelt beträgt je Stunde/Tag/Woche/Monat

nach Tarifgruppe             Grundlohn

Leistungszuschlag            Lohnzuschlag

AT-Zuschlag                  Sonstiges

Das Entgelt richtet sich nach den am Beschäftigungsort mit den Gewerkschaften abgeschlossenen, geltenden Lohn- und Manteltarifverträgen für das Bewachungsgewerbe. Der das Arbeitsentgelt etwa übersteigende Teil des Entgelts ist keine Leistungszulage und wird ohne Rechtspflicht unter Vorbehalt des jederzeitigen Widerrufs und unter Anrechnung bei Lohntariferhöhungen gewährt. Eine teilweise oder vollständige Kürzung der übertariflichen Zulage behält sich die Firma u. a. auch dann vor, wenn das Betriebsergebnis sich um mehr als 10 % verringert. Der Arbeitnehmer erkennt an, daß Weihnachts- oder sonstige Gratifikationen freiwillig gezahlt werden und hierauf auch nach wiederholter Zahlung kein Rechtsanspruch besteht. Das Entgelt wird auf ein vom Arbeitnehmer einzurichtendes Konto ca. Mitte des auf die Leistung folgenden Monats überwiesen. Evtl. übertarifliche Zulagen können auf Erhöhungen des tariflichen Entgelts angerechnet werden. Die Kosten für Schulungen werden vom Arbeitslohn einbehalten, wenn der Arbeitnehmer vor Ablauf von 12 Wochen nach durchgeführter Schulung das Arbeitsverhältnis beendet bzw. wenn das Arbeitsverhältnis aus Gründen, die im Verhalten des Arbeitnehmers liegen, beendet wird.

Der Arbeitnehmer verpflichtet sich, Gehaltsüberzahlungen ohne Rücksicht auf eine noch vorhandene Bereicherung zurückzuzahlen.

### 4. Zweitbeschäftigung und sonstige Bezüge
Der Arbeitnehmer erklärt ausdrücklich, daß er die Firma bei seiner Einstellung über seine zusätzlichen Bezüge aus Renten- und Pensionsansprüchen, Übergangsbezügen und weitere Beschäftigungen unterrichtet hat, insbesondere auch über auferlegte Dienstbeschränkungen bei der Aufnahme einer lohnabhängigen Tätigkeit. Der Arbeitnehmer verpflichtet sich, während der Tätigkeit die Firma sofort zu informieren, wenn er eine Zweitbeschäftigung aufnehmen will. Die Aufnahme von Nebentätigkeiten bedarf der vorherigen Zustimmung der Firma. Zwischen den Vertragspartnern besteht Einigkeit darüber, daß bei Erkrankungen und Unfällen, die in einer Nebentätigkeit entstanden sind, die Firma nicht für die Entgeltfortzahlung im Krankheitsfall in Anspruch genommen werden kann.

### 5. Einsatzort und Einsatzzeit
Der Arbeitnehmer hat keinen Anspruch auf einen bestimmten Dienstposten. Die Firma kann den Arbeitnehmer jederzeit zeitweise oder auf Dauer auf einer anderen Dienststelle innerhalb oder außerhalb des dem Arbeitnehmer jetzt zugewiesenen Beschäftigungsortes versetzen. Tritt infolge der Versetzung eine Tätigkeitsveränderung ein, ist ab dem Tag der Versetzung der nach dem Lohntarif gültige Stundenlohn für den betreffenden neuen Posten oder Einsatzort maßgebend. Der Arbeitnehmer ist verpflichtet, seine Tätigkeit in Wechselschicht, auch nachts, an Sonntagen, kirchlichen und gesetzlichen Feiertagen auszuführen.

### 6. Anerkennung von Tarifverträgen
Die Mantel- und Lohntarifverträge, die zwischen den Sozialpartnern, Bundesverband Deutscher Wach- und Sicherheitsunternehmen e.V. und der Gewerkschaft Öffentliche Dienste, Transport und Verkehr, abgeschlossen und gültig sind, werden ohne Einschränkung anerkannt.

### 7. Übernahme/Kündigungsfristen
Das Arbeitsverhältnis wird auf unbestimmte Zeit geschlossen. Es wird eine Probezeit von 6 Wochen vereinbart. Innerhalb dieses Zeitraumes kann das Arbeitsverhältnis ohne Angabe von Gründen mit eintägiger Kündigungsfrist gelöst werden, in begründeten Fällen kann die Probezeit verlängert werden. Die Probezeit verlängert sich automatisch bis zu dem Zeitpunkt, zu dem die Einstellungsgenehmigung durch die Aufsichtsbehörde des Bewachungsgewerbes bzw. die Beschäftigungserlaubnis vorliegt. Nach der Probezeit gelten die im jeweils gültigen Mantel- bzw. Lohntarifvertrag festgelegten Kündigungsfristen. Jede Kündigung hat schriftlich zu erfolgen. Unberührt bleibt das Recht zur fristlosen Kündigung. Eine fristlose Kündigung gilt für den Fall ihrer Unwirksamkeit zugleich als fristgerechte Kündigung zum nächstzulässigen Termin. Im Falle einer Kündigung ist die Firma berechtigt, den Arbeitnehmer sofort von jeder Tätigkeit freizustellen. Eine Kündigung des Arbeitsvertrages vor Arbeitsbeginn wird ausgeschlossen.

Das Arbeitsverhältnis kann darüber hinaus unter Berücksichtigung der Interessen aller Beteiligten jederzeit aus wichtigem Grunde fristlos gelöst werden, wenn u. a.
a) die zuständigen Überwachungsbehörden für das Wach- und Sicherheitsgewerbe die Weiterbeschäftigung des Arbeitnehmers untersagen,
b) bei Einsatz in Bundeswehrobjekten die militärischen Stellen die Entfernung des Arbeitnehmers verlangen, auch ohne Angabe von Gründen oder bei Nichtbestehen der Prüfung „Diensthundeführer" und/oder Prüfung nach UZwgBw,
c) das Verhalten des Arbeitnehmers eine Weiterbeschäftigung nicht mehr tragbar erscheinen läßt, wie beispielsweise: Alkoholgenuß (vergleiche Ziff. 22 dieses Vertrages), grobe Vernachlässigung von Dienstpflichten, wobei eine vorherige Abmahnung erforderlich ist, unrichtige Angaben im Bewerbungsbogen, Straftaten, ohne daß es einer Verurteilung bedarf.

In den Fällen a) und b) ist die fristlose Kündigung mit einer sozialen Auslauffrist im Umfang der ordentlichen Kündigungsfrist zu versehen.[874]

Sofern dieser Vertrag nicht vorher gekündigt oder in beiderseitigem Einvernehmen gelöst wird, endet das Vertragsverhältnis mit dem Zeitpunkt, für den dem Arbeitnehmer die Berufs-, Erwerbs-

---

[874] BAG, Urt.v. 25.08.1999 – 7 AZR 75/98 (unveröffentlicht).

oder Altersrente des gesetzlichen Versicherungsträgers erstmals gewährt wird. Der Arbeitnehmer verpflichtet sich, die Firma unverzüglich zu unterrichten, sobald er einen diesbezüglichen Antrag gestellt hat.

### 8. Ausbildung

Der Arbeitnehmer hat am allgemeinen Unterricht zur Aus- und Fortbildung im Bewachungsgewerbe teilzunehmen. Unterrichtsgeld wird gezahlt. Bei einer speziellen Ausbildung einschl. der von der Firma finanzierten Ausbildung durch Fremdkräfte gelten besondere Bestimmungen, die durch Zusatzvereinbarungen festgelegt werden. Der Arbeitnehmer kann die Teilnahme am Unterricht nicht verweigern. Der Arbeitnehmer erklärt sich einverstanden, daß Einweisungsstunden, die zur eigenständigen Dienstverrichtung notwendig sind, nicht zur Auszahlung kommen, wenn die Dienstverrichtung im Einweisungsobjekt aus persönlichen Gründen weniger als drei Monate dauert.

### 9. Vertragsstrafe/Betriebsbuße

Falls die Stelle nicht angetreten wird, besteht die Verpflichtung, unter Verzicht auf Schadensnachweis eine Entschädigungssumme in Höhe des zweifachen jeweiligen Monatsentgelts an die Firma zu zahlen; die Firma ist außerdem berechtigt, einen weitergehenden Schaden geltend zu machen.

Der Arbeitnehmer verpflichtet sich, bei vertragswidriger Arbeitsniederlegung oder widerrechtlicher Auflösung des Arbeitsverhältnisses an die Firma je Tag eine Entschädigung in Höhe eines Schichtlohnes bis zum Tage des Ablaufes der fristgerechten Kündigung zu zahlen. Die Firma ist unwiderruflich berechtigt, diese Forderung im Rahmen der gesetzlichen Bestimmungen gegen den Lohn aufzurechnen. Der für den Bereich der Firma gültige Katalog für Betriebsbußen wurde ausgehändigt und wird vom Arbeitnehmer ausdrücklich anerkannt.

### 10. Urlaub

Der Urlaubsanspruch bei Vollzeitbeschäftigten beträgt z. Zt. _____ Tage, der Urlaub bei Teilzeitbeschäftigten bemißt sich nach der jeweiligen verringerten Arbeitszeit. Der Anspruch auf Jahresurlaub kann erst nach 6-monatiger Betriebszugehörigkeit geltend gemacht werden. Freie Schichten und Urlaubswünsche sind rechtzeitig anzumelden; dabei ist auf betriebliche Erfordernisse Rücksicht zu nehmen. Urlaubsjahr ist das Kalenderjahr. Urlaub muß im lfd. Kalenderjahr beantragt und genommen werden – Ausnahme Satz 2 –.

### 11. Krankheit

In Krankheitsfällen wird das Gehalt nach Maßgabe des Entgeltfortzahlungsgesetzes in seiner jeweils gültigen Fassung nur bis zur Dauer von 6 Wochen gezahlt. Im Krankheitsfall hat der Arbeitnehmer möglichst am ersten Krankheitstag bis 12:00 Uhr die Firma zu benachrichtigen und die Arbeitsunfähigkeit durch ärztliche Bescheinigung unverzüglich, spätestens nach drei Tagen zugehend, nachzuweisen. Sollte die Erkrankung länger dauern, so ist spätestens nach zwei Wochen eine Zwischennachricht an die Firma zu geben; auf Verlangen der Firma hat der Arbeitnehmer sich einer ärztlichen Untersuchung zu unterziehen. Wenn der Arbeitnehmer wiederholt, schuldhaft verspätet und trotz Mahnung die Mitteilung der Erkrankung, auch Kurzerkrankung, und/oder die Vorlage eines ärztlichen Zeugnisses unterläßt, ist die Firma berechtigt, das Vertragsverhältnis ohne Einhaltung einer Kündigungsfrist zu kündigen.

### 12. Obliegenheiten/Wettbewerbsverbot

Der Arbeitnehmer hat seine Arbeitskraft unter Ausschluß jeder nicht von der Firma gestatteten Nebentätigkeit allein der Firma zu widmen, die Arbeitszeit pünktlich einzuhalten und an der Verbesserung und Verbilligung aller Dienstleistungen, der Arbeits- und Vertriebsverfahren mitzuarbeiten. Die ausgehändigte, vom Bundesverband erstellte „Dienstanweisung für den Wachmann des Bewachungsgewerbes", ist Bestandteil dieses Vertrages. Der Arbeitnehmer hat über die ihm bekannt gewordenen oder anvertrauten Geschäftsvorgänge sowohl während der Dauer des Dienstverhältnisses, als auch nach dessen Beendigung, Dritten gegenüber Stillschweigen zu bewahren und darf sie auch persönlich nicht auf unlautere Art verwenden. Dies gilt insbesondere für Kunden und Lieferantenlisten, Umsatzziffern, Bilanzen und Angaben über die finanzielle Lage der Firma. Während

### Verträge mit Arbeitnehmern, Gesellschaftsorganen und Selbständigen § 1

der Laufzeit dieses Vertrages darf der Arbeitnehmer auch keine Geschäfte auf eigene oder fremde Rechnung im Geschäftskreis der Firma tätigen. Ein gesondertes nachvertragliches Wettbewerbsverbot mit evtl. Entschädigungsregelungen kann vereinbart werden. Die Annahme irgendwelcher Geschenke, Vergünstigungen in offener oder versteckter Form von Lieferanten oder Kunden ist dem Arbeitnehmer verboten; er ist verpflichtet, die Firma unverzüglich jeden solchen ihm gegenüber gemachten Versuch mitzuteilen.

### 13. Bewerbungsbogen
Die im Fragebogen „Bewerbungen" gemachten Angaben werden im Fall der Einstellung wesentlicher Bestandteil dieses Vertrages; unrichtige Angaben können zur Anfechtung oder fristlosen Kündigung dieses Vertrages führen.

### 14. Gesundheitszeugnis/Schufa-Auskunft/Polizeiliches Führungszeugnis/Auszug Verkehrszentralregister
Der Arbeitnehmer verpflichtet sich, bei Arbeitsaufnahme ein Gesundheitszeugnis (nicht älter als 15 Tage), eine Schufa-Auskunft und ein polizeiliches Führungszeugnis – Kraftfahrer zusätzlich einen Auszug aus dem Verkehrszentralregister – auf eigene Kosten vorzulegen. Auf Anforderung der Firma sind diese Unterlagen jährlich erneut beizubringen. Negative Aussagen in den genannten Bescheinigungen können zur Anfechtung bzw. fristlosen Kündigung dieses Vertrages führen.

### 15. Vorschüsse/Darlehen
Zurückzuzahlende Vorschüsse und Darlehen werden bei Beendigung des Arbeitsverhältnisses mit dem Restbetrag ohne Rücksicht auf die bei Hingabe getroffenen Vereinbarungen fällig. Dies gilt nicht, wenn die Firma das Arbeitsverhältnis aus betriebsbedingten Gründen gekündigt hat oder der Arbeitnehmer aus einem zur außerordentlichen Kündigung berechtigenden Grund gekündigt hat.

### 16. Wirtschaftliche Verhältnisse/Abtretungen/Pfändungen
Der Arbeitnehmer erkennt an, daß die besonderen betrieblichen Belange der Firma es erfordern, daß die wirtschaftlichen Verhältnisse des Arbeitnehmers geordnet sind, was der Arbeitnehmer hiermit versichert. Er versichert weiterhin, daß gegen ihn keine unerledigten rechtskräftigen Vollstreckungstitel vorliegen und daß er keine Abtretungen oder Pfändungen seiner Lohnansprüche vorgenommen hat. Während der Dauer des Vertragsverhältnisses darf der Arbeitnehmer Lohnabtretungen nicht ohne schriftliche Zustimmung der Firma vornehmen. Im Falle einer von der Firma als Drittschuldner zu beachtenden Pfändung des Arbeitslohnes werden je Lohnabrechnung 50,00 DM berechnet und von der Firma mit dem abzurechnenden Lohn verrechnet.

Es ist dem Arbeitnehmer auch insbesondere untersagt, von anderen Arbeitnehmern der Firma oder von Kunden Geldbeträge, gleich in welcher Höhe, oder andere Wertgegenstände, sei es auch nur für kurze Zeit, auszuleihen (ausgenommen hiervon sind Bank- oder Sparkassenkredite, sofern sie im Rahmen der wirtschaftlichen Verhältnisse des Arbeitnehmers liegen).

### 17. Sicherheitsvorschriften/Dienstanweisungen
Die bei der Firma geltenden Sicherheitsvorschriften und sonstige den Betriebsablauf und dergleichen betreffenden Anordnungen sind in Dienstanweisungen festgelegt. Der Arbeitnehmer wird ein Exemplar sämtlicher jeweils gültigen Dienstanweisungen beim Eintritt erhalten und den Empfang sowie das Verständnis derselben schriftlich bestätigen. Der Arbeitnehmer ist verpflichtet, die Bestimmungen der Dienstanweisungen, die Dienstanweisung für das Wachgewerbe sowie die Dienstanweisung für seine Wachstelle genauestens zu befolgen. Nichtbefolgung der Dienstvorschriften und Weisungen macht den Arbeitnehmer ersatzpflichtig für alle durch nachweisbares Verschulden entstandenen Schäden. Der Arbeitnehmer hat die genannten Dienstanweisungen/Arbeitsanweisungen, sowie alle ihm von der Firma überlassenen Gegenstände, als ein ihm anvertrautes Eigentum der Firma vor jeglicher Einsichtnahme und vor jeglichem Gebrauch Unbefugter zu schützen (Einsichtnahme durch Dritte, Weitergabe von Kopien, Auskunft über Anzahl, Lage, Beschaffenheit usw. der Wachobjekte sind untersagt) und auf Verlangen jederzeit, spätestens jedoch unaufgefordert bei Beendigung des Vertragsverhältnisses, an die Firma herauszugeben. Verstöße gegen

das Verschwiegenheitsgebot können fristlose oder fristgerechte Kündigungen nach sich ziehen. Die Schweigepflicht gilt auch gegenüber Familienangehörigen.

Der Arbeitnehmer ist nicht befugt, ohne Wissen und Zustimmung der Firma irgendwelche Abmachungen mit Kunden oder Dritten zu treffen.

Der von der Firma ausgehändigte Dienstausweis sowie ein evtl. ausgehändigter Waffenschein bzw. eine Waffentrageerlaubnis ist aufgrund gesetzlicher Vorschriften ständig im Dienst mitzuführen und auf Verlangen der Polizei bzw. den Beauftragten von Aufsichtsbehörden vorzuzeigen.

### 18. Fahrzeugbenutzung im Dienst

Mit dem für die dienstliche Nutzung eines eigenen Fahrrads im Mantel- bzw. Lohntarifvertrag im einzelnen festgelegten Entgelts sind seitens der Firma sämtliche notwendig werdende Reparaturen und Instandsetzungskosten abgegolten. Kraftfahrzeuge, Motorräder und Mopeds dürfen dienstlich nur mit ausdrücklicher Zustimmung der Firma benutzt werden.

Mit einem etwaig gezahlten Entgelt für die Benutzung eines eigenen Fahrzeugs sind sämtliche Reparatur- und Instandsetzungskosten abgegolten.

Die Firma ist frei von allen Schadensersatzansprüchen, die durch Unfallschäden am eigenen Fahrzeug des Arbeitnehmers bzw. an Fremdfahrzeugen entstehen. Ist dem Arbeitnehmer ein Dienstfahrzeug zur Verfügung gestellt worden, so haftet er nach der einschlägigen Rechtsprechung anteilig bei mittelbarer Fahrlässigkeit und vollständig bei Vorsatz.

### 19. Rechtsbefugnisse

Der Arbeitnehmer ist ausdrücklich dahingehend belehrt worden, daß er nicht die Befugnisse eines Polizeibeamten, eines Hilfspolizeibeamten oder sonstiger Bediensteter von Behörden besitzt; Mißachtung dieser Vorschrift ist strafbare Amtsanmaßung! Tragen von Schußwaffen jeder Art ist nur auf Wunsch und mit Erlaubnis des Auftraggebers und der Firma gestattet. Die gesetzlichen Bestimmungen über das Tragen und den Besitz von Waffen sind in jedem Fall maßgebend und für den Arbeitnehmer rechtsverbindlich.

### 20. Erscheinungsbild/Bekleidung

Das äußere Erscheinungsbild hat dem Wachauftrag zu entsprechen; Haartracht in maximaler Länge bis zum Hemdkragen. Die dem Arbeitnehmer zur Verfügung gestellten nachstehend bezeichneten Bekleidungsgegenstände sind pfleglich zu behandeln und vor Beschädigung zu schützen; sie sind nur während der Dienstzeit und dann uneingeschränkt zu tragen. Sie sind beim Ausscheiden aus dem Vertragsverhältnis in sauberem, gebrauchsfähigen Zustand zurückzugeben. Verloren gegangene Gegenstände sind vom Arbeitnehmer zu ersetzen; die Kosten können vom Lohn abgezogen werden. Bei Ausscheiden hat der Arbeitnehmer die Möglichkeit, die Bekleidungsgegenstände zu einem mit der Firma abzustimmenden Preis zu erwerben.

Parka   Lederjacke   Stoffjacke   Hosen   Pullover   Kravatte

Hemden lang  Hemden kurz  Taschenlampe  Größe Oberbekleidung

Größe Hemden  Sonstiges

### 21. Rückgabe von Gesellschaftseigentum

Der Arbeitnehmer hat seinen Dienstausweis, Waffenschein und andere Gegenstände der Firma bei Beendigung des Vertragsverhältnisses unaufgefordert zurückzugeben. Geschieht dies nicht, macht die Firma ein Zurückbehaltungsrecht gegenüber Lohnforderungen geltend (§ 273 BGB).

### 22. Alkoholgenuß

Der Arbeitnehmer wird ausdrücklich auf die Folgen von Alkohol hingewiesen:
a) Alkoholische Getränke dürfen nicht zum Einsatzort mitgebracht werden.
b) Der Genuß von alkoholischen Getränken ist wegen der davon ausgehenden schweren Gefahren für Leben und Gesundheit während der Arbeitszeit und Pausen ausnahmslos untersagt.
c) Zur Gewährung eines ordnungsgemäßen Arbeitsablaufs und zum Schutz von Mitarbeitern und Objekten werden Arbeitnehmer, die unter Alkoholeinfluß stehen, vom Arbeitsplatz entfernt.

## Verträge mit Arbeitnehmern, Gesellschaftsorganen und Selbständigen § 1

d) Unter Einfluß von Alkohol stehenden Arbeitnehmern kann wegen Verletzung ihrer arbeitsvertraglichen Pflichten außerdem eine Abmahnung erteilt und/oder Betriebsbuße auferlegt werden. Bei Wiederholung kann das Vertragsverhältnis gekündigt werden, in besonders schweren Fällen ist auch eine fristlose Kündigung möglich.

e) Für die Zeit des alkoholbedingten Arbeitsausfalls zahlt die Firma keinen Lohn.

f) Erleidet der Arbeitnehmer innerhalb oder außerhalb der Arbeitsstelle einen Unfall, der auf Alkoholgenuß zurückzuführen ist, so hat er bei Arbeitsunfähigkeit keinen Anspruch auf Lohnzahlung. Außerdem ist in solchen Fällen auch der Schutz der gesetzlichen Unfallversicherung in Frage gestellt.

### 23. Schriftformklausel
Mündliche Abreden wurden nicht getroffen; Ergänzungen und Änderungen dieses Vertrages bedürfen der Schriftform; dies gilt auch für den Verzicht auf diese Schrifformklausel.

### 24. Ausschlußfrist
Alle Ansprüche aus dem Arbeitsverhältnis können rückwirkend nur für einen Zeitraum von drei Monaten nach Fälligkeit schriftlich geltend gemacht werden. Nach Beendigung des Arbeitsverhältnisses können die beiderseitigen Ansprüche nur noch bis spätestens 6 Wochen nach dem Ausscheiden bzw. spätestens einen Monat nach Erhalt der Arbeitspapiere schriftlich geltend gemacht werden.

### 25. Sonstiges
Der Arbeitnehmer ist damit einverstanden, daß seine persönlichen, der Firma bekanntgewordenen Daten, soweit sie für das Vertragsverhältnis von Bedeutung sind, durch die Firma gesammelt, gespeichert und verarbeitet werden dürfen, auch soweit dies auftragsgemäß durch Dritte geschieht. Die Aufbewahrungsfristen werden nach dem Bundesdatenschutzgesetz berücksichtigt. Mit seiner Unterschrift erkennt der Arbeitnehmer an:

a) Die Dienstanweisung für das Deutsche Bewachungsgewerbe für die Dauer der Beschäftigung erhalten zu haben.

b) Über die geltenden tariflichen Bestimmungen informiert worden zu sein.

c) Den Inhalt dieses Vertrages vollständig verstanden zu haben und als für beide Vertragspartner verbindlich anzusehen.

d) Daß Einweisungen, die zur eigenständigen Dienstverrichtung notwendig sind, nicht zur Auszahlung kommen, wenn die Dienstverrichtung im Einweisungsobjekt aus persönlichen Gründen weniger als drei Monate dauert.

e) Sollten einzelne Regelungen dieses Vertrages im Widerspruch stehen zu Regelungen, so haben die einzelvertraglichen Regelungen Vorrang.

Sollten einzelne Bestimmungen dieses Vertrages unwirksam sein, so werden sie sinngemäß ersetzt, im übrigen bleibt der Vertrag gleichwohl wirksam.

Dieser Vertrag ist in zwei Ausfertigungen beiderseitig unterschrieben und eine davon dem Arbeitnehmer ausgehändigt worden.

# § 1 Kapitel 1: Arbeitsverträge

## 13. Muster: Arbeitsvertrag mit Detektiv (mit Tarifbindung Bewachungsgewerbe NW)

▼

Zwischen

der Firma ......... als Arbeitgeber

– nachfolgend Firma genannt –

und

Herrn ......... als Arbeitnehmer

– nachfolgend Mitarbeiter genannt –

wird folgender Arbeitsvertrag geschlossen:

### § 1 Beginn und Art der Tätigkeit

(1) Der Mitarbeiter wird ab ......... als Detektiv eingestellt.

(2) Im Rahmen der betrieblichen Notwendigkeit erklärt der Mitarbeiter seine Bereitschaft, auch auf anderen Dienststellen zu den dort geltenden tariflichen Konditionen zu arbeiten.

(3) Mit der Beendigung des Auftrages an die Firma endet gemäß MTV 9.1. auch das Arbeitsverhältnis.

### § 2 Stundenlohn/Arbeitszeit

(1) Die Firma zahlt an den Mitarbeiter einen Stundenlohn von brutto ......... DM ( ......... EUR) zuzüglich ......... DM ( ......... EUR) Leistungszulage = ......... DM ( ......... EUR). Die Leistungszulage wird einer Rücklage zugeführt, die jeweils im Mai und im November ausgezahlt wird.

(2) Der Mitarbeiter benutzt für Fahrten im Rahmen seiner vertraglichen Tätigkeit seinen eigenen Pkw. Für jeden gefahrenen Kilometer gemäß Nachweis im Fahrtenbuch im Rahmen der arbeitsvertraglichen Tätigkeit wird eine Vergütung in Höhe von 0,42 DM (0,21 EUR) gewährt. Hierunter fallen nicht die Fahrten von und zur Arbeit.

Der Mitarbeiter verpflichtet sich, für sein Fahrzeug eine Vollkaskoversicherung mit einer Selbstbeteiligung von maximal 650,00 DM (332,34 EUR) abzuschließen. Im Falle eines Verkehrsunfalles wird die Beteiligung des Arbeitgebers auf einen vom Mitarbeiter zu tragenden Schaden auf ......... DM ( ......... EUR) begrenzt. Hat der Mitarbeiter einen Verkehrsunfall vorsätzlich oder grob fahrlässig verursacht, entfällt die Beteiligung.

(3) Die regelmäßige wöchentliche Arbeitszeit richtet sich nach dem Tarifvertrag Bewachungsgewerbe in NRW.

(4) a) Der Mitarbeiter ist im Rahmen der gesetzlichen und tariflichen Bestimmungen zur Leistung von Mehrarbeit, Nachtarbeit, Sonn- und Feiertagsarbeit verpflichtet.

b) Zuschläge für Sonn- und Feiertage richten sich nach dem jeweils gültigen Tarifvertrag.

(5) Beträgt die wöchentliche Arbeitszeit des Mitarbeiters aus von ihm zu vertretenden Gründen weniger als in 2.3 angegeben, verringert sich der Lohn anteilig.

(6) Der Lohn wird nach Abzug der gesetzlichen Beiträge monatlich nachträglich auf ein vom Mitarbeiter angegebenes Konto gezahlt.

(7) Der Mitarbeiter verpflichtet sich, Gehaltsüberzahlungen ohne Rücksicht auf eine noch vorhandene Bereicherung zurückzuzahlen.

### § 3 Kündigung und Vertragsdauer

(1) Die ersten ......... Wochen des Arbeitsverhältnisses gelten als Probezeit. Die Kündigung des Arbeitsverhältnisses vor Aufnahme der Tätigkeit ist ausgeschlossen. In diesem Fall und bei Nichtantritt ist der Arbeitgeber zur Einziehung einer Konventionalstrafe in Höhe von ......... DM ( ......... EUR) berechtigt. Während der Probezeit ist das Arbeitsverhältnis von beiden Seiten mit

einer Frist von 1 Tag zum Schichtende kündbar. Nach der Probezeit kann das Arbeitsverhältnis von beiden Seiten unter Einhaltung einer Frist von zwei Wochen zu jedem Termin gekündigt werden.

(4) Eine außerordentliche (fristlose) Kündigung gemäß § 626 BGB, bleibt hiervon unbenommen und kann erfolgen:

a) wenn die zuständigen Behörden ihre Zustimmung zum Einsatz versagen, auch zu einem späteren Zeitpunkt,

b) wenn Gründe vorliegen, die eine fristlose Kündigung rechtfertigen können (z.B. Trunkenheit im Dienst, Einnahme von Rauschgiften, unentschuldigtes Fernbleiben vom Dienst, fahrlässige oder nachlässige Dienstausübung, Verstöße gegen die Wach- und Dienstvorschritten, Nichteinhaltung der Schweigepflicht, der Sicherheitsbestimmungen und Verstöße gegen dieses Beschäftigungsabkommen, insbesondere im Hinblick auf das Wettbewerbsrecht, sowie bei Fällen von Sabotage, Spionage etc.),

c) wenn der Mitarbeiter wiederholt oder trotz Mahnung die Mitteilung der Erkrankung oder die Vorlage eines ärztlichen Zeugnisses unterläßt.

In den Fällen a) und b) wird die fristlose Kündigung mit einer sozialen Auslauffrist im Umfang der ordentlichen Kündigungsfrist versehen.

(5) Die Kündigung des Arbeitsverhältnisses hat jeweils schriftlich zu erfolgen. Soweit seitens des Arbeitgebers eine fristlose Kündigung mündlich erfolgen muß, hat diese sofortige Wirkung und wird nachträglich schriftlich bestätigt.

(6) Hat der Mitarbeiter die Arbeit rechtswidrig und schuldhaft verlassen oder rechtswidrig und schuldhaft nicht aufgenommen oder verstößt er schwerwiegend gegen Wachanweisungen, kann die Firma als Entschädigung für jeden Tag des Vertragsbruches und jeden folgenden Tag der vertrags- oder gesetzmäßigen Arbeitszeit, höchstens jedoch eine Woche, einen Betrag in Höhe von 100,00 DM (51,13 EUR) fordern (§§ 119 a, 124 b, 134 GewO). Die Forderung ist nicht an den Nachweis des Schadens gebunden. Die Geltendmachung weiterer Ansprüche, insbesondere wegen Schadensersatzes, ist nicht ausgeschlossen.

(7) Ansprüche erlöschen, wenn sie nicht innerhalb von einem Monat nach der Abrechnung schriftlich geltend gemacht und nicht innerhalb von weiteren vierzehn Tagen gerichtlich eingeklagt werden. Es sind nur Ansprüche für einen Zeitraum von drei Monaten nach Fälligkeit anfechtbar.

### § 4 Urlaub

(1) Die Dauer des Urlaubs richtet sich nach den tarifvertraglichen Bestimmungen. Berechtigte Wünsche bezüglich des Urlaubszeitpunktes werden nach Möglichkeit berücksichtigt und sind bis zum 31.1. jeden Kalenderjahres bei der Firma anzumelden.

(2) Der Mitarbeiter erhält für jeden vollen Monat des Bestehens des Arbeitsverhältnisses 1/12 des Jahresurlaubs. Der Urlaub ist bis spätestens zum Ende des Arbeitsverhältnisses zu gewähren.

(3) Kann der Urlaub ganz oder teilweise bis zur Beendigung des Arbeitsverhältnisses nicht mehr gewährt werden, so wird aus dem anteiligen Urlaubsanspruch ein auf Geldzahlung gerichteter Abgeltungsanspruch nach Maßgabe des Bundesurlaubsgesetzes.

(4) Der Mitarbeiter ist verpflichtet, bei Arbeitsantritt eine Urlaubsbescheinigung des letzten Arbeitgebers vorzulegen. Die Firma kann die Gewährung solange verweigern, bis diese Bescheinigung vorliegt. Vom letzten Arbeitgeber gewährter Urlaub wird gemäß § 6 Abs. 1 Bundesurlaubsgesetz angerechnet.

### § 5 Rechte und Pflichten

(1) Der Mitarbeiter hat die Interessen der Firma wahrzunehmen und seine Aufgaben gewissenhaft zu erfüllen. Er ist zur absoluten Geheimhaltung aller Geschäftsangelegenheiten, insbesondere über Art und Weise der Wachdurchführung, sowie über die Höhe seines Arbeitsgeldes, verpflichtet.

### Kapitel 1: Arbeitsverträge

Bei einem Verstoß gegen die Schweigepflicht ist die Firma berechtigt, das Arbeitsverhältnis zu lösen.

(2) Die Firma kann den Mitarbeiter unter Wahrung der gesetzlichen Bestimmungen und entsprechend den betrieblichen Erfordernissen jederzeit von seinem Einsatzort abberufen und ihn anderweitig einsetzen.

(3) Der Mitarbeiter erhält mit Abschluß dieses Vertrages einen Stundennachweisblock. Er ist verpflichtet, die geleisteten Stunden täglich einzutragen. Außerdem werden die geleisteten Stunden im Wachbuch aufgeführt und von einem Vertreter des Unternehmens abgezeichnet. Geschieht dies nicht, wird die Firma die nicht anerkannten Stunden nicht vergüten.

(4) Bei Arbeitsverhinderung, gleich aus welchem Grund, ist der Mitarbeiter verpflichtet, die Firma sofort, möglichst fernmündlich, zu unterrichten.

Bei schuldhafter Verletzung der Mitteilungspflicht ist der Mitarbeiter zum Ersatz des daraus entstehenden Schadens verpflichtet. Das Recht der Firma, das Arbeitsverhältnis bei Vorliegen besonderer Umstände aus wichtigem Grund fristlos zu kündigen, bleibt unbenommen. Für den Fall der schuldhaften Verletzung der Mitteilungspflicht ist die Firma berechtigt, eine Vertragsstrafe bis zu 600,00 DM (306,78 EUR) einzubehalten.

Der Mitarbeiter wird die Firma unverzüglich bei Führerscheinentzug sowie bei gegen ihn gerichteten Zwangsvollstreckungsmaßnahmen benachrichtigen.

### § 6 Gehaltsfortzahlung im Krankheitsfall

(1) Der Mitarbeiter hat im Krankheitsfall Anspruch auf Entgeltfortzahlung gemäß Entgeltfortzahlungsgesetz in seiner jeweils gültigen Fassung. Bei krankheitsbedingter Arbeitsverhinderung hat der Mitarbeiter unverzüglich die Firma zu informieren. Dabei ist die voraussichtliche Dauer der Krankheit mitzuteilen. Im übrigen gilt 5.4 dieses Vertrages.

(2) Bei Erkrankungen ist vom Mitarbeiter ohne Aufforderung für jeden Krankheitstag innerhalb von 3 Tagen eine ärztliche Bescheinigung über die Arbeitsunfähigkeit vorzulegen.

(3) Der Mitarbeiter tritt seine Schadensersatzforderungen insoweit ab, als er durch einen Dritten verletzt wird und die Firma Vergütungsfortzahlung im Krankheitsfalle leistet.

### § 7 Abtretungsverbot/Lohnpfändung

Die Abtretung und Verpfändung von Lohnforderungen durch den Mitarbeiter sind ausgeschlossen. Bei Lohnpfändungen kann die Firma zur Deckung ihrer Bearbeitungskosten bei gepfändeten Beträgen bis 500,00 DM (255,65 EUR) 3 %, bei Beträgen über 500,00 DM (255,65 EUR) 2 % von dem über 500,00 DM (255,65 EUR) hinausgehenden Betrag vom Lohn einbehalten.

### § 8 Dienstanweisung und Tätigkeit

Dem Mitarbeiter ist die allgemeine Dienstanweisung für das Bewachungsgewerbe ausgehändigt bzw. zur Kenntnis gegeben worden. Er wurde ferner über Art und Umfang seiner Tätigkeit eingehend belehrt und ausdrücklich darauf hingewiesen, daß er weder polizeiliche noch amtliche Gewalt, Rechte oder Eigenschaften besitzt und sich niemals als amtliche oder polizeiliche Person bezeichnen oder betätigen darf. Der Mitarbeiter erkennt überdies hiermit an, daß er außerdem an die speziellen Wach- oder Dienstanweisunsen gebunden ist, welche in bzw. für die einzelnen Einsatzstellen Geltung haben.

### § 9 Dienstbekleidung und Ausrüstung

Die zur Verfügung gestellte Dienstbekleidung und Ausrüstung ist pfleglich zu behandeln und darf nur während der Dienstzeit benutzt werden. Wird dem Mitarbeiter zur Dienstausübung eine Waffe ausgehändigt, so darf diese nur während der Dienstzeit getragen werden. Nach Dienstende verbleibt die Waffe auf der Dienststelle und darf keinesfalls mitgenommen werden. Der Empfang und die Weitergabe der Waffe ist jeweils im Wachbuch zu quittieren.

## § 10 Nebentätigkeit
Der Mitarbeiter darf eine Nebentätigkeit während des Bestehens des Arbeitsverhältnisses nur mit vorheriger schriftlicher Zustimmung der Firma übernehmen. Die Firma ist berechtigt, die Nebentätigkeit zu untersagen, wenn berechtigte Interessen der Firma gegen die Ausübung der Nebentätigkeit sprechen.

## § 11 Allgemeines
(1) Der Mitarbeiter ist damit einverstanden, daß seine personenbezogenen Daten im Rahmen dieses Vertrages EDV-mäßig erfaßt werden. Eine Weitergabe durch die Firma an unbefugte Dritte ist unzulässig.

(2) Der Mitarbeiter ist gehalten, der Firma bei einem Wechsel seines ständigen Wohnsitzes unverzüglich die neue Anschrift mitzuteilen. Mitteilungen der Firma an den Mitarbeiter gelten einen Werktag nach Absendung dem Mitarbeiter als zugegangen, wenn diese Mitteilungen an die letzte der Firma bekannte Anschrift des Mitarbeiters versandt worden sind.

(3) Im Falle des § 45 SGB V (Arbeitsfreistellungsanspruch zur Pflege eines erkrankten Kindes) wird ein Vergütungsanspruch des Mitarbeiters gegenüber der Firma ausgeschlossen.

(4) Für das Arbeitsverhältnis gelten ergänzend die Vorschriften des Tarifvertrages des Bewachungsgewerbes und der Arbeitszeitordnung in ihrer jeweils gültigen Fassung.

(5) Mündliche Nebenabreden sowie Änderungen und Ergänzungen dieses Vertrages bedürfen zu ihrer Gültigkeit der schriftlichen Bestätigung durch die Firma.

(6) Sollten einzelne Bestimmungen dieses Vertrages unwirksam sein, so bleibt der Vertrag im übrigen gleichwohl wirksam.

Der Mitarbeiter bestätigt hiermit, eine von der Firma unterzeichnete gleichlautende Ausfertigung dieses vom Mitarbeiter unterzeichneten Arbeitsvertrages erhalten zu haben. Weiterhin bestätigt er, daß er als wesentlichen Bestandteil des Vertrages eine Kurzfassung des Bundesdatenschutzgesetzes erhalten hat und den zugehörigen Personalfragebogen wahrheitsgemäß ausgefüllt hat. Der Mitarbeiter erklärt, daß er diesen Vertrag genau gelesen hat und hiermit in allen Teilen einverstanden ist.

## 14. Muster: Arbeitsvertrag mit einem Lkw-Fahrer

*Arbeitsvertrag*

Zwischen

der Firma

– nachstehend „Firma" genannt –

und

Herrn

– nachstehend kurz „Mitarbeiter" genannt –

wird folgender Vertrag geschlossen:

### § 1 Tätigkeitsbereich
Der Mitarbeiter wird eingestellt als Kraftfahrer. Bei Vorliegen von betrieblichen Erfordernissen kann der Mitarbeiter auch zu allen anderen Arbeiten herangezogen werden.

## § 2 Vertragsgrundlage

Falls hier sowie in schriftlichen Nachträgen und Anlagen zu diesem Arbeitsvertrag nichts anderes vereinbart wurde, liegen diesem Arbeitsverhältnis die jeweils gültigen Lohntarifverträge für die gewerblichen Arbeitnehmer im privaten Güterverkehrsgewerbe Nordrhein-Westfalen zugrunde.

## § 3 Arbeitszeit

Die regelmäßige wöchentliche Arbeitszeit beträgt – ausschließlich der Pausen – 40 Stunden. Diese Arbeitszeit kann in den Grenzen des Arbeitsgesetzes verlängert werden.

Für dieses Arbeitsverhältnis gilt zur Zeit eine regelmäßige wöchentliche Arbeitszeit von durchschnittlich 42,5 Wochenstunden. Diese errechnet sich nach dem jeweils gültigen Schichtplan.

## § 4 Einkommensregelung

Für seine Tätigkeit im Rahmen der vorgenannten Arbeitszeitregelung erhält der Mitarbeiter ab dem _____ folgende Bezüge:

(a) Monatslohn in Höhe von _____ DM (_____ EUR) für den 1. – 6. Monat, _____ DM (_____ EUR) für den 7. – 12. Monat, ab dem 13. Monat _____ DM (_____ EUR), Arbeitszeit pro Woche 42,5 Stunden.

(b) Berufskraftfahrer-Spesen für jeden Tag der Abwesenheit über 6 Stunden vom Firmensitz in Höhe von 8,00 DM (4,09 EUR).

(c) Arbeitgeberanteil zur Vermögensbildung monatlich in Höhe von 26,00 DM (13,29 EUR).

(d) Urlaubsgeld für jeden Urlaubstag in Höhe von 18,00 DM (9,20 EUR).

(e) Jahressonderzahlung im Rahmen der tariflichen Vorschriften. Die Zahlung erfolgt gebunden an die Voraussetzungen, daß der Mitarbeiter mindestens bis zum 31. März des nach der Zahlung folgenden Jahres bei der „Firma" im ungekündigten Beschäftigungsverhältnis steht. Sollte dies nicht der Fall sein, so ist der Mitarbeiter zur umgehenden Rückzahlung dieses Betrages verpflichtet. Die „Firma" ist in diesem Fall berechtigt, den ihr zustehenden Betrag bei der letzten Lohnzahlung in Abzug zu bringen.

(f) Der Mitarbeiter wird an einer zusätzlichen betrieblichen Altersversorgung in Form einer Kapitalversicherung beteiligt, die auf ihn persönlich abgeschlossen wird. Hierbei besteht folgende Regelung:

(aa) Ab dem dritten Beschäftigungsjahr (Stichtag 31.12.) erfolgt eine jährliche Prämienzahlung in Höhe von 312,00 DM (159,52 EUR).

(bb) Ab dem sechsten Beschäftigungsjahr (Stichtag 31.12.) erfolgt eine jährliche Prämienzahlung in Höhe von 624,00 DM (319,05 EUR).

(cc) Ab dem fünfzehnten Beschäftigungsjahr (Stichtag 31.12.) erfolgt eine jährliche Prämienzahlung in Höhe von 1.248,00 DM (638,09 EUR).

Bei Austritt aus der „Firma" – gleichgültig aus welchem Grund und gleichgültig von welcher Seite die Kündigung ausgesprochen wird – fallen alle bis dahin aus dem jeweiligen Vertrag entstandenen Versorgungsansprüche an den Betrieb zurück, es sei denn,

(aaa) das 35. Lebensjahr ist vollendet und die Anwartschaft aus dem Vertrag hat mindestens 10 Jahre bestanden oder

(bbb) das 35. Lebensjahr ist vollendet, das Arbeitsverhältnis besteht mindestens 12 Jahre und die Anwartschaft aus diesem Vertrag mindestens 8 Jahre.

In den Fällen nach (aaa) und (bbb) erhält der Mitarbeiter seinen Vertrag bei Betriebsaustritt ausgehändigt. Er kann dann selbst entscheiden, ob er die bis dahin vom Betrieb übernommene Beitragsverpflichtung selbst weiter übernehmen will oder aber, ob er den Vertrag bis zum Ablauf ruhen läßt. Im zweiten Fall verringert sich die Versicherungsleistung entsprechend.

(g) Die Firma behält sich vor, die Vergütung jederzeit und ohne daß es einer weiteren Ankündigung bedarf, gemäß dem festgelegten Umrechnungskurs von 1,95583 in EURO abzurechnen.

## Verträge mit Arbeitnehmern, Gesellschaftsorganen und Selbständigen § 1

(h) Der Mitarbeiter verpflichtet sich, Gehaltsüberzahlungen ohne Rücksicht auf eine noch vorhandene Bereicherung zurückzuzahlen.

### § 5 Vergütung für Mehrarbeit
Die in der vorstehend vereinbarten wöchentlichen Arbeitszeit enthaltenen Überstunden (= Woche mit mehr als 40 Stunden) sind im vereinbarten Monatslohn mit einem Überstundenzuschlag in Höhe von 25 % auf den tariflichen Monatslohn berücksichtigt. Darüber hinaus werden Überstunden nur nach ausdrücklicher Anordnung des jeweiligen Vorgesetzten vergütet. Hierzu ist es notwendig, daß von diesem ein entsprechend unterzeichneter Beleg für die Lohnbuchhaltung ausgestellt wird. Die so angeordneten Überstunden werden mit dem jeweils gültigen tariflichen Stundenlohn, zuzüglich 25 % Überstundenzuschlag abgerechnet. Minderarbeitsstunden werden entsprechend in Abzug gebracht.

### § 6 Pausen
An Pausen stehen dem Mitarbeiter werktäglich 1,5 Stunden, samstags 0,5 Stunden zur Verfügung. Hiervon soll die Frühstückspause 0,25 Stunden, die Mittagspause 1,0 Stunden und die Kaffeepause 0,25 Stunden betragen. Der Mitarbeiter hat seine Pausen so einzuteilen, daß der betriebliche Ablauf nicht gestört wird. Die Pausen sind – auch unter Berücksichtigung der EG-Fahrtzeitverordnung – unbedingt einzuhalten. Eine Vergütung für nicht in Anspruch genommene Pausen ist generell nicht möglich.

### § 7 Urlaub
Der Mitarbeiter hat Anspruch auf Urlaub nach den jeweils gültigen Bestimmungen. Für das Urlaubsjahr          sind anteilig          Urlaubstage zu gewähren. Die Urlaubswünsche des Mitarbeiters sind der „Firma" bis spätestens 15. Januar des beginnenden Urlaubsjahres anzumelden. Alle bis zu diesem Termin nicht angemeldeten Urlaubswünsche werden von der „Firma" nach billigem Ermessen ohne Möglichkeit der Mitsprache des Mitarbeiter eingeteilt. Die rechtzeitig angemeldeten Urlaubswünsche des Mitarbeiters sind nach Möglichkeit – dh, wenn der betriebliche Ablauf nicht wesentlich gestört wird – zu genehmigen. Hierbei ist für die „Firma" die Reihenfolge der eingehenden Anmeldungen einziges Entscheidungskriterium. Z.Zt. ist es der „Firma" nicht möglich, mehr als zwei Urlaubswünsche arbeitstäglich zu berücksichtigen. Die Genehmigung der Urlaubswünsche durch die „Firma" erfolgt bis jeweils spätestens zum 15. Februar, und zwar ausschließlich in schriftlicher Form. Nur in dieser Form gilt der Urlaub als verbindlich genehmigt. Bei Nichteinhaltung der vereinbarten Kündigungsfrist durch den Mitarbeiter entfällt der zu diesem Zeitpunkt bestehende Urlaubsanspruch ohne jeden Ersatz. Das Urlaubsjahr endet grundsätzlich am 31. März des Folgejahres. Alle bis zu diesem Zeitpunkt nicht genommenen Urlaubstage aus dem Vorjahr entfallen zu diesem Termin ohne jeden Ersatz, es sei denn, die Resttage sind ausschließlich aus Gründen entstanden, die die „Firma" zu vertreten hat.

### § 8 Probezeit/Kündigungsfrist
Nach der Einstellung gelten die ersten sechs Monate als Probezeit. Während dieser Frist kann das Arbeitsverhältnis mit zweiwöchiger Kündigungsfrist – auch im Krankheitsfalle – gelöst werden. Wird das Arbeitsverhältnis über die Probezeit hinaus fortgesetzt, ergeben sich die Kündigungsfristen aus den gesetzlichen Bestimmungen.

Durch die Kündigungserklärung wird die Befugnis der Firma begründet, den Mitarbeiter unter Fortzahlung seiner Bezüge von der Arbeitsleistung freizustellen.

### § 9 Fristlose Auflösung des Arbeitsverhältnisses
Ein Grund zur fristlosen Auflösung des Arbeitsverhältnisses ist insbesondere dann gegeben, wenn der Mitarbeiter

(a) Privatfahrten mit Firmenfahrzeugen ohne Genehmigung der „Firma" durchführt,

(b) unter Alkoholeinfluß ein Kraftfahrzeug führt, auch wenn dies zu keiner behördlichen Feststellung führt,

(c) während der Arbeitszeit alkoholische Getränke konsumiert,

(d) Sach- und Personenschäden vorsätzlich oder grob fahrlässig verursacht,
(e) sich einer strafbaren Handlung durch Eigentums- oder Vermögensverletzung schuldig macht,
(f) auf eigene Rechnung Firmenleistungen ausführt (Schwarzarbeit),
(g) Kundenwünsche, soweit diese sich nicht als unsinnig oder undurchführbar herausstellen, nicht befolgt oder Kunden unsachlich und unhöflich behandelt,
(h) Unfälle, Schäden etc. nicht unverzüglich meldet,
(i) Veränderungen irgendeiner Art am EG-Kontrollgerät oder an den Schaublättern vornimmt,
(j) trotz Ermahnung die Anordnungen der „Firma" nicht befolgt,
(k) trotz Ermahnung der Arbeit unentschuldigt fernbleibt,
(l) durch behördliche oder gerichtliche Anordnung einstweilen oder endgültig die Fahrerlaubnis verliert oder gegen ihn ein Fahrverbot verhängt wird,
(m) sonstwie seine Pflichten gegenüber der „Firma", insbesondere die Pflichten aus diesem Arbeitsvertrag, grob verletzt.

Im übrigen gelten die gesetzlichen Bestimmungen.

### § 10 Entgeltfortzahlung im Krankheitsfall
Die Entgeltfortzahlung im Krankheitsfall richtet sich – falls nichts anderes vereinbart wurde – nach dem Entgeltfortzahlungsgesetz in seiner jeweils gültigen Fassung. Ist der Mitarbeiter infolge Erkrankung an der Arbeitsleistung verhindert, so ist die „Firma" unverzüglich, spätestens jedoch bis vor dem vorgesehenen Dienstbeginn, zu verständigen. Die Arbeitsunfähigkeitsbescheinigung des Arztes ist der „Firma" spätestens am dritten Kalendertag vorzulegen. Ohne Vorlage dieser Bescheinigung zahlt die „Firma" auch bei kurzzeitiger Erkrankung generell keine Lohnfortzahlung. Bei einer eventuellen Verlängerung einer bescheinigten Arbeitsunfähigkeit durch den behandelnden Arzt muß der Mitarbeiter spätestens am letzten Tag der vorher bescheinigten Arbeitsunfähigkeit die Firma über den Fortbestand der Arbeitsunfähigkeit unterrichten. Bei Arztbesuchen des Mitarbeiters wird der Lohn für die Dauer des Arztbesuches, höchstens jedoch für einen halben Arbeitstag, fortgezahlt. Diese Lohnfortzahlung bei Arztbesuchen erfolgt allerdings nur dann, wenn der behandelnde Arzt Sprechstunden außerhalb der Arbeitszeit nicht anbietet. Die „Firma" ist berechtigt, durch einen von ihr bestimmten Arzt auf ihre Kosten eine Untersuchung vornehmen zu lassen oder Atteste einzuholen. Der Mitarbeiter erklärt hiermit, daß die Ärzte in einem solchen Fall von ihrer Schweigepflicht gegenüber der „Firma" entbunden sind.

### § 11 Auszahlung der Bezüge
Die Bezüge werden einmal monatlich, spätestens bis zum zwölften des auf den jeweiligen Lohnabrechnungszeitraum fallenden Monats, auf ein Giro-Konto des Mitarbeiters überwiesen.

### § 12 Mitarbeiter-Haftung im Schadensfall
Bei Schäden, die der Mitarbeiter selbst verschuldet hat und die einen Anspruch Dritter gegenüber der „Firma" auslösen oder die das Eigentum des Arbeitgebers selbst betreffen, wird der Mitarbeiter gegenüber der „Firma" schadensersatzpflichtig in Höhe von 50 % des Schadens, maximal jedoch 300,00 DM (153,39 EUR) je Schadensfall. Der Mitarbeiter erklärt sich damit einverstanden, daß die Forderung aus der Schadensersatzpflicht bei der folgenden Lohnabrechnung in voller Höhe in Abzug gebracht wird.

### § 13 Weisungen
Der Mitarbeiter ist verpflichtet, alle Anordnungen, die ihm von verantwortlichen Personen der „Firma" erteilt werden, einzuhalten und durchzuführen. Über alle betrieblichen Einrichtungen und Vorgänge hat er, auch nach seinem Ausscheiden aus der „Firma", strengstes Stillschweigen zu bewahren. Eine Verletzung dieser Geheimhaltungspflicht gibt der „Firma" das Recht, das Arbeitsverhältnis fristlos zu kündigen. Außerdem setzt sich der Mitarbeiter nach den Vorschriften des Gesetzes gegen den unlauteren Wettbewerb der Strafverfolgung aus. Außerdem ist er der „Firma" gegenüber zum

## Verträge mit Arbeitnehmern, Gesellschaftsorganen und Selbständigen § 1

Schadensersatz verpflichtet. Bei Nichtbeachtung folgender verbindlicher Anweisungen ist der Mitarbeiter der „Firma" gegenüber in jedem durch diese Nichtbeachtung verursachten Schaden voll schadensersatzpflichtig:

(a) Es dürfen generell keine Sendungen ohne Empfangsquittung des Empfängers ausgeliefert werden. Sollte keine Möglichkeit bestehen, unmittelbar bei der Auslieferung eine Unterschrift des Empfängers zu erhalten, so ist die Sendung in jedem Fall wieder zurückzubringen. Dem Mitarbeiter ist es strengstens untersagt, selbst in eigenem Namen den Empfang von Gütern zu unterschreiben. Es wird darauf hingewiesen, daß Unterschriftsfälschungen strafrechtlich verfolgt werden.

(b) Sendungen sind grundsätzlich nur gegen Barzahlung der auf der Sendung lastenden Frachten, Nachnahmen und Gebühren auszuliefern. Als Barzahlungsmittel gilt auch der Euroscheck in Höhe von zur Zeit höchstens 400,00 DM (204,52 EUR) und zwar nur gegen Vorlage der gültigen Scheckkarte. Um höhere Summen auszugleichen, können auch mehrere Euroschecks in Empfang genommen werden. Es ist in jedem Fall zu überprüfen, ob die Jahresangabe auf der Scheckkarte noch gültig ist und ob die Kontonummer der Scheckkarte mit der Kontonummer des ausgestellten Schecks übereinstimmt. Auf der Rückseite des oder der ausgestellten Schecks ist die Nummer der Scheckkarte einzutragen und vom Scheckaussteller unterschreiben zu lassen. Ebenfalls ist die Scheckkartenunterschrift mit der Scheckunterschrift zu vergleichen. Alle anderen Schecks dürfen nur mit ausdrücklicher Genehmigung der Firmenleitung angenommen werden. In diesem Fall ist es erforderlich, den Namen desjenigen auf der Scheckrückseite zu vermerken, der die Genehmigung erteilt hat. Von Rechnungskunden sind bei der Sendungsauslieferung keine Beträge zu kassieren. Rechnungskunden gehen eindeutig aus den mitgeführten Rollkarten hervor. Der Mitarbeiter hat niemals selbst zu entscheiden, ob Beträge in Rechnung gestellt werden. In Zweifelsfällen ist immer im Büro eine Entscheidung einzuholen. Der Name des Verantwortlichen ist in diesem Fall auf der Rollkarte einzutragen. Den Rechnungskunden dürfen die Frachtbriefe bei der Sendungsauslieferung nicht zur Verfügung gestellt werden. Der Empfang muß auf der Rollkarte quittiert werden. Die Rollkarte wird mit dem Frachtbrief im Büro abgegeben. Rechnungserstellung ohne zurückgebrachte Frachtbriefe ist bei Abrechnung nicht möglich. Beträge werden dann als bar bezahlt abgerechnet. Mit allen Mankogeldern wird der Mitarbeiter unmittelbar belastet, gleichgültig, ob diese durch falsche Abrechnung beim Kunden oder durch Nichteinhaltung der vorstehenden Bestimmungen entstanden sind.

(c) Beschädigte Sendungen dürfen nicht mit auf Tour genommen werden, solange der Schaden nicht bundesbahnseitig aufgenommen wurde. In Zweifelsfällen sind unsere verantwortlichen Disponenten zu befragen. Der Mitarbeiter darf grundsätzlich eine eventuelle Beschädigung des Gutes nicht auf dem Frachtbrief bescheinigen. Die Schadensabwicklung ist ausschließlich Angelegenheit der Deutschen Bundesbahn. Wir melden in solchen Fällen die Schäden dort an, wo im Anschluß daran unmittelbar die Abwicklung erfolgt. In Zweifelsfällen ist über Funk oder telefonisch in unserem Büro nachzufragen.

### § 14 Fahrerlaubnis

Der Mitarbeiter erklärt, im Besitz der erforderlichen Fahrerlaubnis (=Führerscheinklasse II) zu sein, und er verpflichtet sich, der „Firma" unverzüglich mitzuteilen, wenn

(a) ihm die bestehende Fahrerlaubnis ganz, teilweise oder auch nur vorläufig entzogen wurde,

(b) gegen ihn ein zeitlich begrenztes Fahrverbot erlassen wurde,

(c) sein Führerschein eingezogen wurde.

Der Mitarbeiter erklärt, daß er die volle alleinige Haftung für alle Schäden übernehmen wird, die durch die Nichtbefolgung der vorgenannten Verpflichtung entstehen.

**§ 1  Kapitel 1: Arbeitsverträge**

### § 15 Straßenverkehrsordnung und Straßenverkehrszulassungsordnung
Der Mitarbeiter hat die Bestimmungen der Straßenverkehrsordnung und der Straßenverkehrszulassungsordnung grundsätzlich zu beachten.
- Insbesondere hat er vor Fahrtbeginn die Verkehrssicherheit des firmeneigenen Kraftfahrzeugs zu überprüfen.
- Er hat die Geschwindigkeitsbeschränkungen einzuhalten.
- Die Überladung der Kraftfahrzeuge ist untersagt. Der Fahrer ist für Ladung, Be- und Entladung selbst verantwortlich. In Zweifelsfällen muß die Ladung in mehreren Touren gefahren werden.
- Bei unterwegs auftretenden technischen Mängeln, die die Verkehrssicherheit erheblich beeinträchtigen (z.B. Mängel an Bremsen, Bereifung, Lenkung, Beleuchtung etc.) ist die Fahrt sofort abzubrechen und die „Firma" zu verständigen.

### § 16 EWG-Verordnung: EG-Kontrollgerät
462  Folgenden gesetzlichen Vorschriften ist unbedingt Folge zu leisten. Für jeden Verstoß haftet der Mitarbeiter persönlich.

(a) Das Tachoschaublatt ist Arbeitszeitnachweis des Mitarbeiters.

(b) Vor Beginn jeder Arbeitsschicht ist ein neues Schaublatt in das EG-Kontrollgerät einzulegen.

(c) Der Mitarbeiter hat ausreichend Ersatzschaublätter mitzuführen.

(d) Das Innenfeld des Schaublattes ist vor Beginn der Fahrt vom Fahrer vollständig auszufüllen.

(e) Während seiner Arbeitsschicht hat der Mitarbeiter den Zeitgruppenschalter des EG-Kontrollgeräts entsprechend seiner Tätigkeit richtig einzustellen.

(f) Der Mitarbeiter hat darauf zu achten, daß das Schaublatt für den Typ des EG-Kontrollgeräts zugelassen ist.

(g) Die vorgeschriebenen Lenkzeitunterbrechungen (Pausen) sind vom Fahrer einzuhalten, dh nach einer reinen Lenkzeit von 4,5 Stunden sind mindestens 45 Minuten Pause oder innerhalb von 4,5 Stunden Lenkzeit sind 3 Pausen von mindestens 15 Minuten einzuhalten.

(h) Die Höchstdauer der täglichen Lenkzeit von 9 Stunden reiner Lenkzeit bzw. zweimal wöchentlich 10 Stunden sind einzuhalten. Die höchstzulässige Lenkzeit pro Doppelwoche beträgt 90 Stunden.

(i) Innerhalb eines Zeitraumes von 24 Stunden muß jeder Fahrer 11 Stunden Tagesruhezeit einhalten. Diese Tagesruhezeit kann dreimal wöchentlich auf 9 Stunden verkürzt werden, wenn der Ausgleich bis zum Ende der nächsten Woche erfolgt. Die Tagesruhezeit kann auch in 3 Abschnitte aufgeteilt werden, wovon der längste mindestens 8 Stunden betragen und die Gesamtruhezeit 12 Stunden ergeben muß.

(j) Die Höchstdauer der täglichen Arbeitsschicht beträgt für den Einzelfahrer 12 Stunden. Bei zwei und mehr Fahrern beträgt die Höchstdauer der täglichen Arbeitsschicht 22 Stunden.

(k) Das Schaublatt ist personenbezogen und muß als Arbeitszeitnachweis bei einem Fahrzeugwechsel mitgenommen werden. Für den Fall, daß das Schaublatt in das EG-Kontrollgerät des anderen LKW paßt, ist das gleiche Schaublatt weiter zu verwenden. Die Uhrzeit des Fahrzeugwechsels, der Kilometerstand und das amtliche Kennzeichen sind dann auf dem Innenfeld der Rückseite des Schaublattes einzutragen. In einer Arbeitsschicht darf nur ein Schaublatt als Arbeitszeitnachweis benutzt werden.

(l) Sollte das EG-Kontrollgerät defekt sein, so sind die Arbeitszeiten vom Fahrer handschriftlich auf der Rückseite des Schaublattes zu vermerken.

(m) Nach Beendigung der Fahrt ist das Innenfeld des Schaublattes vollständig auszufüllen.

(n) Die Aufzeichnungen des EG-Kontrollgerätes auf dem Schaublatt dürfen nicht überschrieben werden. Deshalb darf das Schaublatt nicht länger als 24 Stunden im EG-Kontrollgerät eingelegt sein.

(o) Der Fahrer ist verpflichtet, die beschriebenen Schaublätter (Arbeitszeitnachweise) der laufenden Kalenderwoche, sowie das Schaublatt vom letzten Arbeitstag der Vorwoche mitzuführen und bei Kontrollen vorzuzeigen.

(p) Alle anderen Schaublätter sind jeweils montags in der „Firma" abzugeben und dürfen nicht im Führerhaus mitgeführt werden.

(q) Das Schaublatt ist eine Urkunde. Manipulationen daran oder am EG-Kontrollgerät sind eine Straftat gemäß § 268 StGB. Verfälschungen technischer Aufzeichnungen und Manipulationen jeglicher Art sind strengstens untersagt.

(r) Bei Verkehrskontrollen durch die Polizei, durch das Gewerbeaufsichtsamt oder durch die Bundesanstalt für den Güterverkehr sind durch den Mitarbeiter keine Äußerungen zu machen, die die „Firma" als Halter oder Arbeitgeber betreffen.

### § 17 Haftungsfreistellung bei fehlerhafter Tachoscheibe
Der Mitarbeiter haftet für alle Folgen, die sich aus der fehlerhaften Handhabung der Tachoscheibe ergeben. Insbesondere stellt er die „Firma" von der Haftung frei.

### § 18 Arbeitskleidung
Die „Firma" stellt dem Mitarbeiter im Rahmen einer Sondervereinbarung kostenlose Arbeitskleidung mit dem Namenszug und Logo der Firma zur Verfügung. Der Mitarbeiter ist verpflichtet, diese Arbeitskleidung während der gesamten Arbeitszeit in angemessenem, sauberem Zustand zu tragen. Sollte der Mitarbeiter dieser Verpflichtung nicht nachkommen, kann dies als grobe Pflichtverletzung ausgelegt werden.

### § 19 Arbeitssicherheit
Der Mitarbeiter ist verpflichtet, während der gesamten Arbeitszeit Sicherheitsschuhe mit Stahlkappe zu tragen. Sollte er dieser Verpflichtung nicht nachkommen und führt diese Pflichtverletzung zur Arbeitsunfähigkeit infolge Verletzung, verliert der Mitarbeiter seinen Anspruch auf Lohnfortzahlung durch die „Firma" im Rahmen des Lohnfortzahlungsgesetzes.

### § 20 Nebentätigkeit
Die „Firma" erwartet vom Mitarbeiter den Einsatz seiner gesamten Arbeitskraft, wobei Leistungen zu erbringen sind, die den Zielen der „Firma" gerecht werden. Jegliche Nebentätigkeit gegen Entgelt ist unbedingt an die Erlaubnis der „Firma" gebunden.

### § 21 Vertragsstrafen
Die „Firma" kann bei vorzeitigem Bruch des Vertragsverhältnisses seitens des Mitarbeiters Vertragsstrafe – ohne Nachweis – in Höhe von 500,00 DM (255,65 EUR) verlangen. Diese Vertragsstrafe kann bei der letzten Lohnabrechnung in Abzug gebracht werden. Ebenfalls kann eine Vertragsstrafe bei Nichtantritt des Dienstes nach Vertragsabschluß bis zu einem Monatslohn erhoben werden.

### § 22 Schlußbestimmungen
Wir behalten uns vor, die einzelnen Vertragspunkte, insbesondere die Einkommensregelung, zu ändern, ohne daß der Vertrag in seiner Gesamtheit hierdurch berührt wird. Wir machen ausdrücklich darauf aufmerksam, daß alle in den Einkommensregelungen enthaltenen übertariflichen Leistungen freiwillig von der „Firma" gezahlt werden und jederzeit widerrufen werden können. Vertragsergänzungen und -änderungen bedürfen zu ihrer Wirksamkeit der Schriftform. Mündliche Nebenabreden wurden nicht getroffen. Für Streitigkeiten aus diesem Vertrag wird das Arbeitsgericht als ausschließlich zuständig vereinbart.

# § 1 Kapitel 1: Arbeitsverträge

## 15. Muster: Arbeitsvertrag mit einer Sekretärin

*Vertrag über die Mitarbeit*

in der Firma

zwischen

Frau

und der Firma:

Inhaltsübersicht                                                                 Seite

§ 1  Tätigkeit
§ 2  Beginn und Ende des Vertrages
§ 3  Arbeitszeit
§ 4  Vergütung
§ 5  Abtretung und Verpfändung der Gehaltsansprüche
§ 6  Arbeitsverhinderung
§ 7  Gehaltsfortzahlung im Krankheitsfall
§ 8  Abtretung von Schadensersatzansprüchen
§ 9  Erholungsurlaub
§ 10 Sonderurlaub, Freistellung von der Arbeit
§ 11 Nebenbeschäftigung
§ 12 Verschwiegenheitspflicht, Veröffentlichungen
§ 13 Diensterfindungen
§ 14 Todesfall
§ 15 Personaldaten
§ 16 Zuwendungen und Geschenke
§ 17 Verfallfristen
§ 18 Raucherklausel
§ 19 Vertragsänderungen, Vertragswirksamkeit

### § 1 Tätigkeit

(1) Sie sind als Sekretärin in der Abteilung                in                tätig.

(2) Die Firma behält sich vor, Ihnen im Rahmen des Unternehmens – auch an einem anderen Ort – eine andere oder zusätzliche, Ihrer Eignung und Ihren Fähigkeiten entsprechende Tätigkeit zu übertragen.

### § 2 Beginn und Ende des Vertrages

(1) Das Vertragsverhältnis beginnt am            und ist unbefristet.

(2) Die ersten sechs Monate gelten als Probezeit, innerhalb derer der Vertrag von beiden Seiten mit einer Frist von vier Wochen zum Monatsende gekündigt werden kann. Einer Begründung bedarf es hierzu nicht.

(3) Nach der Probezeit ist der Arbeitsvertrag mit einer Frist von 6 Wochen zum Ende des Kalendervierteljahres kündbar.

(4) Eine ordentliche Kündigung vor Vertragsbeginn ist ausgeschlossen.

(5) Die Kündigung bedarf der Schiftform.

(6) Der Arbeitsvertrag endet spätestens mit Ablauf des 65. Lebensjahres, ohne daß es einer Kündigung bedarf.

## § 3 Arbeitszeit

(1) Die regelmäßige Wochenarbeitszeit richtet sich nach der am jeweiligen Dienstort gültigen betrieblichen Regelung.

(2) Beginn und Ende der täglichen Arbeitszeit und der Pausen richten sich nach den jeweils geltenden betrieblichen Regelungen.

(3) Sie verpflichten sich, auf Verlangen der Firma in angemessenem Umfang Überstunden zu leisten.

## § 4 Vergütung

(1) Sie erhalten für Ihre Tätigkeit eine monatliche Bruttovergütung von ........ DM ( ........ EUR), zahlbar zum 15. eines jeden Monats. Besteht nicht für alle Tage eines Kalendermonats Anspruch auf Vergütung, wird für jeden Fehltag 1/30 der Monatsvergütung abgezogen.

(2) Die Firma zahlt je Kalenderjahr eine Sonderzuwendung in Höhe der Vergütung nach Absatz (1) jeweils im Monat November. Die Sonderzuwendung vermindert sich um 1/12 für jeden Monat, für den keine Vergütung gezahlt worden ist. Voraussetzung für die Zahlung ist ein zum Stichtag 1. Dezember ungekündigtes Arbeitsverhältnis.

(3) Die Firma zahlt kalenderjährlich ein Urlaubsgeld in Höhe von 500,00 DM (255,65 EUR) mit dem Juli-Gehalt.

(4) Die Firma zahlt Ihnen vermögenswirksame Leistungen in Höhe von 13,00 DM (6,65 EUR) monatlich.

(5) Die Firma zahlt folgende Zuschläge zum Gehalt.
    1. Nachtarbeit                                                                      15 %
    2. Überstunden                                                                    25 %
    3. Sonntagsarbeit                                                         30 %
    4. Arbeiten am 24. und 31.12. nach 13.00 Uhr           50 %
    5. Arbeiten an Werktagen, an denen aufgrund gesetz-     135 %
        licher Bestimmungen der Arbeitsausfall zu vergüten ist.

berechnet aus dem in Absatz (1) genannten Bruttogehalt dividiert durch 167,4. Für geleistete Überstunden wird eine Stundenvergütung gemäß vorstehender Berechnungsart gezahlt. Treffen mehrere Zuschläge zusammen, wird nur der höhere gewährt.

(6) Die Firma leistet alle Zahlungen aus diesem Vertrag bargeldlos auf ein von Ihnen zu benennendes Konto.

(7) Liegt das vereinbarte Bruttogehalt über dem in einem später in Kraft tretenden Tarifvertrag festgelegten Tarifgehalt, wird die Differenz zu einer außertariflichen Zusage, die auf zukünftige Tariferhöhungen angerechnet wird.

(8) Die Firma behält sich vor, die Vergütung jederzeit und ohne daß es einer weiteren Ankündigung bedarf, gemäß dem festgelegten Umrechnungskurs von 1,95583 in EURO abzurechnen.

(9) Sie verpflichten sich, Gehaltsüberzahlungen ohne Rücksicht auf eine noch vorhandene Bereicherung zurückzuzahlen.

## § 5 Abtretung und Verpfändung der Gehaltsansprüche

Sie werden die Abtretung Ihrer Gehaltsansprüche der Firma anzeigen.

## § 6 Arbeitsverhinderung

(1) Sie verpflichten sich, der Firma jede Arbeitsverhinderung und ihre voraussichtliche Dauer unverzüglich anzuzeigen. Auf Velangen sind die Gründe der Dienstverhinderung mitzuteilen.

(2) Im Falle der Erkrankung sind Sie verpflichtet, spätestens vor Ablauf des 4. Kalendertages nach Beginn der Arbeitsunfähigkeit eine ärztliche Bescheinigung über die Arbeitsunfähigkeit sowie deren voraussichtliche Dauer vorzulegen und ggf. innerhalb gleicher Frist eine Anschlußbescheini-

gung beizubringen. Die Firma kann den Nachweis der Erkrankung bereits für den ersten Kalendertag fordern.

(3) Unentschuldigtes Fernbleiben führt zum Entgeltabzug.

### § 7 Gehaltsfortzahlung im Krankheitsfall

Werden Sie durch Krankheit oder Unfall an der Arbeitsleistung gehindert, ohne daß Sie ein Verschulden trifft, so erhalten Sie Gehaltsfortzahlung für die Dauer von 6 Wochen nach dem Entgeltfortzahlungsgesetz in seiner jeweiligen Fassung.

### § 8 Abtretung von Schadensersatzansprüchen

(1) Sie treten Ihre Schadensersatzansprüche wegen der Verletzung durch einen Dritten insoweit ab, als die Firma Vergütungsfortzahlung im Krankheitsfall leistet.

(2) Sie verpflichten sich, der Firma die zur Durchsetzung der Ansprüche erforderlichen Auskünfte zu erteilen.

### § 9 Erholungsurlaub

465 Sie haben Anspruch auf einen Jahresurlaub nach der jeweils geltenden Regelung. Ihr Urlaubsanspruch beträgt gegenwärtig 30 Arbeitstage.

Ihren Urlaub werden Sie unter Berücksichtigung der betrieblichen Belange und in Absprache mit Ihrem Vorgesetzten nehmen. Ihren persönlichen Wünschen werden wir nach Möglichkeit Rechnung tragen.

### § 10 Sonderurlaub, Freistellung von der Arbeit

Ihnen ist ohne Anrechnung auf Ihren Urlaub und ohne Entgeltminderung Freistellung von der Arbeit zu gewähren

| | |
|---|---|
| bei Ihrer Eheschließung | 2 Tage |
| bei Niederkunft der Ehefrau | 2 Tage |
| bei Tod des Ehegatten/der mit Ihnen in häuslicher Gemeinschaft lebenden Kinder | 3 Tage |
| bei Tod des Ehegatten/der Kinder, falls diese nicht mit Ihnen in häuslicher Gemeinschaft leben | 1 Tag |
| bei Eheschließung Ihrer Kinder | 1 Tag |
| bei Ihrer silbernen Hochzeit | 1 Tag |
| bei Umzug mit eigenem Hausstand, sofern Sie nicht im gekündigten Arbeitsverhältnis stehen | 1 Tag. |

### § 11 Nebenbeschäftigung

(1) Soweit Sie einer erwerbsmäßigen Nebentätigkeit nachgehen, verpflichten Sie sich, diese der Firma unverzüglich anzuzeigen.

(2) Die Firma kann die Nebentätigkeit untersagen, wenn hierdurch die geschuldete Arbeitsleistung beeinträchtigt wird oder Gründe des Wettbewerbs dagegen sprechen.

### § 12 Verschwiegenheitspflicht, Veröffentlichungen

(1) Sie verpflichten sich, über alle vertraulichen Angelegenheiten und Vorgänge, die Ihnen im Rahmen Ihrer Tätigkeit zur Kenntnis gelangen, auch nach Ihrem Ausscheiden aus dem Arbeitsverhältnis Stillschweigen zu bewahren.

(2) Die Verschwiegenheitspflicht erstreckt sich auch auf die in § 4 getroffene Vergütungsvereinbarung.

(3) Veröffentlichungen/Interviews über das Geschäft der Firma oder die Tätigkeit ihrer Mitarbeiter bedürfen der vorherigen ausdrücklichen Zustimmung der Geschäftsleitung der Firma, das gilt auch nach Ihrem Ausscheiden aus diesem Arbeitsverhältnis.

## § 13 Diensterfindungen

Die Firma behandelt Diensterfindungen nach dem Gesetz über Arbeitnehmererfindungen vom 30.07.1957 in der jeweils gültigen Fassung sowie der hierzu ergangenen Richtlinien für die Vergütung von Arbeitnehmererfindungen im privaten Dienst.

## § 14 Todesfall

(1) Für den Fall des Todes während der Vertragszeit wird das volle Gehalt gemäß § 4 Absatz (1) im Sterbemonat und in den beiden folgenden Monaten an die unterhaltsberechtigten Hinterbliebenen gezahlt. Die Zahlung an einen Berechtigten befreit die Firma von der Leistungsverpflichtung.

(2) Versorgungsleistungen sind bei der Gehaltszahlung nach Absatz (1) abzuziehen.

## § 15 Personaldaten

Ihre persönlichen Daten werden für Zwecke der Personaladministration entsprechend den Vorschriften des Bundesdatenschutzgesetzes erfaßt, gespeichert und verarbeitet.

## § 16 Zuwendungen und Geschenke

Von Dritten angebotene Zuwendungen und Geschenke, die in unmittelbarem oder mittelbarem Zusammenhang mit der dienstlichen Tätigkeit stehen, dürfen nicht angenommen werden. Gebräuchliche Gelegenheitsgeschenke von geringem Wert (z.B. Kugelschreiber, Taschenkalender etc.) sind davon ausgenommen.

## § 17 Verfallfristen

(1) Alle beiderseitigen Ansprüche aus dem Arbeitsverhältnis und solche, die mit dem Arbeitsverhältnis in Verbindung stehen verfallen, wenn sie nicht innerhalb von sechs Monaten nach der Fälligkeit gegenüber der anderen Vertragspartei schriftlich erhoben werden.

(2) Lehnt die Gegenpartei den Anspruch ab oder erklärt sie sich nicht innerhalb von zwei Wochen nach der Geltendmachung des Anspruchs, so verfällt dieser, wenn er nicht innerhalb von zwei Monaten nach der Ablehnung oder dem Fristablauf gerichtlich geltend gemacht wird.

## § 18 Rauchverbot

(1) Wir vereinbaren mit Ihnen, daß an Ihrem Arbeitsplatz ein absolutes Rauchverbot besteht.

(2) Das Rauchen ist Ihnen nur in hierzu eigens gekennzeichneten Räumen oder auf dem Freigelände gestattet.

(3) Entfernen Sie sich von Ihrem Arbeitsplatz, um eine Zigarette zu rauchen, erhöht sich ihre tägliche Arbeitszeit um die durch Rauchen ausfallende Arbeitszeit.

## § 19 Vertragsänderungen, Vertragswirksamkeit

(1) Änderungen dieses Vertrages und Nebenabreden bedürfen zu ihrer Rechtswirksamkeit der Schriftform; das gilt auch für diesen Absatz.

(2) Die Unwirksamkeit einzelner Bestimmungen dieses Vertrages läßt die Wirksamkeit des übrigen Vertrages unberührt.

# § 1 Kapitel 1: Arbeitsverträge

## 16. Muster: Arbeitsvertrag mit einer kaufmännischen Angestellten (mit Dienstwagen)

▼

*Arbeitsvertrag*

Zwischen

– nachfolgend Firma genannt –

und

Frau

– nachfolgend Angestellte genannt –

wird folgender Anstellungsvertrag geschlossen:

### § 1 Beginn und Art der Tätigkeit

Die Angestellte wird am         als         eingestellt.

Die ersten 6 Monate gelten als Probezeit. Während der Probezeit können die Vertragspartner das Arbeitsverhältnis mit einer Frist von einem Monat kündigen. Die ordentliche Kündigung des Arbeitsverhältnisses vor Aufnahme der Tätigkeit ist beiderseits ausgeschlossen

### § 2 Entgelt

Die Firma zahlt an die Angestellte monatlich         DM (         EUR) brutto. Das Gehalt wird nach der Probezeit neu vereinbart.

Die Angestellte verpflichtet sich, Gehaltsüberzahlungen ohne Rücksicht auf eine noch vorhandene Bereicherung zurückzuzahlen.

### § 3 Firmenwagen

Der geldwerte Vorteil wird mit 1 % vom Neupreis pauschal abgerechnet.

### § 4 Urlaub

Der Urlaub entspricht 30 Arbeitstagen. Urlaubsjahr ist gleich Kalenderjahr. Wenn die Angestellte nicht das gesamte Kalenderjahr im Unternehmen beschäftigt war, wird der Urlaub anteilig gewährt (je Beschäftigungsmonat 1/12). Berechtigte Wünsche der Angestellten bezüglich des Urlaubszeitpunktes werden im Rahmen betrieblicher Möglichkeiten und berechtigter Belange anderer Mitarbeiter berücksichtigt. Sie sind bis zum 01.02. jeden Kalenderjahres bei der Firma anzumelden.

### § 5 Arbeitsverhinderung

Bei Arbeitsverhinderung gleich aus welchem Grunde ist die Firma unverzüglich über den Grund des Fernbleibens zu verständigen. Im Krankheitsfalle ist die Angestellte verpflichtet, unverzüglich nach Beginn der Erkrankung ein ärztliches Attest vorzulegen, aus dem sich die Arbeitsverhinderung sowie deren voraussichtliche Dauer ergibt. Im Krankheitsfall wird das Gehalt nach Maßgabe des Entgeltfortzahlungsgesetzes in seiner jeweils gültigen Fassung gezahlt.

### § 6 Nebentätigkeiten/Verschwiegenheit

Die Angestellte wird ihre volle Arbeitskraft in den Dienst der Firma stellen. Die Übernahme von Nebenbeschäftigungen, die in Konkurrenz zur übernommenen Arbeitsleistung stehen, sind nicht gestattet. Soweit berechtigte Interessen der Firma nicht entgegenstehen, bedürfen Nebentätigkeiten der vorherigen schriftlichen Einwilligung der Firma.

Geschäfts- und Betriebsgeheimnisse, die der Angestellten anvertraut oder durch ihre Tätigkeit bekannt geworden sind, dürfen auch nach dem Ausscheiden weder verwertet noch Dritten mitgeteilt werden.

## § 7 Vertragsstrafe
Im Falle der Nichtaufnahme der Arbeit oder der vertragswidrigen Beendigung der Tätigkeit verpflichtet sich der Arbeitnehmer zur Zahlung einer Vertragsstrafe in Höhe eines Monatsgehalts. Weitergehende Schadensersatzansprüche der Firma werden durch diese Vertragsstrafe nicht berührt.

## § 8 Kündigungsfrist
Das Vertragsverhältnis kann von beiden Seiten unbeschadet des Rechts zur fristlosen Kündigung nach den geltenden gesetzlichen Kündigungsfristen gekündigt werden.

Das Arbeitsverhältnis endet, ohne daß es einer Kündigung bedarf, mit Ablauf des Monats, in dem die Angestellte das 65. Lebensjahr vollendet.

## § 9 Gratifikation
Soweit der Arbeitgeber eine Gratifikation (Weihnachts- oder Urlaubsgratifikation) gewährt, erfolgt diese freiwillig und ohne jeden zukünftigen Rechtsanspruch. Auch aus wiederholter Zahlung kann ein Rechtsanspruch nicht abgeleitet werden. Ist das Arbeitsverhältnis im Zeitpunkt der Auszahlung gekündigt, besteht in keinem Falle ein Anspruch auf die Gratifikation. Rückzahlungsvereinbarungen gelten in der Form, die bei der Gewährung allgemein festgelegt wurden.

## § 10 Ergänzende Vereinbarung
Nebenabreden, Ergänzungen und Änderungen dieses Vertrages werden nur wirksam, wenn sie schriftlich niedergelegt sind.

## § 11 Sonstige Vereinbarungen
Die Angestellte verpflichtet sich, daß sie auf Wunsch der Firma auch andere Aufgabenbereiche übernimmt bzw. in anderen Arbeitsbereichen einsetzbar ist.

## § 12 Dienstsitz
Dienstsitz ist            .

## 17. Muster: Arbeitsvertrag mit einem Programmierer

*Arbeitsvertrag*

zwischen

– nachstehend Firma genannt –

und

Herrn

– nachfolgend Mitarbeiter genannt –

### § 1 Beginn des Arbeitsverhältnisses
(1) Der Mitarbeiter tritt mit Wirkung vom            in die Dienste der Firma. Vor Beginn des Arbeitsverhältnisses ist die Kündigung ausgeschlossen.

(2) Die ersten sechs Monate gelten als Probezeit. Während dieser Zeit können die Vertragspartner das Arbeitsverhältnis mit zweiwöchiger Frist zum Monatsschluß kündigen.

### § 2 Tätigkeit
(1) Der Mitarbeiter wird angestellt als            . Er ist weisungsgebunden gegenüber            .

(2) Die Firma behält sich vor, dem Mitarbeiter eine andere zumutbare Tätigkeit zuzuweisen, die seinen Vorkenntnissen entspricht. Macht sie hiervon Gebrauch, so ist die bisherige Vergütung weiter zu zahlen.

## § 3 Arbeitszeit

(1) Die regelmäßige Arbeitszeit beträgt _____ Stunden wöchentlich.

(2) Beginn und Ende der täglichen Arbeitszeit sowie die Pausen werden von der Firmenleitung festgelegt und gelten für alle Mitarbeiter.

(3) Der Mitarbeiter ist verpflichtet, Mehr- und Überarbeit zu leisten, soweit dies gesetzlich zulässig ist.

## § 4 Vergütung

(1) Der Mitarbeiter erhält für seine vertragliche Tätigkeit ein monatliches Bruttogehalt von _____ DM (_____ EUR). Die Vergütung ist jeweils am Letzten des Monats fällig. Die Zahlung erfolgt bargeldlos. Der Mitarbeiter ist verpflichtet, ein Konto zu unterhalten und der Firma seine Kontonummer mitzuteilen.

(2) Die Firma behält sich vor, die Vergütung jederzeit und ohne daß es einer weiteren Ankündigung bedarf, gemäß dem festgelegten Umrechnungskurs von 1,95583 in EURO abzurechnen.

(3) Mit dem Dezembergehalt wird zusätzlich eine Anwesenheitsprämie in Höhe von _____ DM (_____ EURO) gezahlt. Die Prämie wird erst nach einer Betriebszugehörigkeit von mindestens einem Jahr gezahlt und nur, wenn das Arbeitsverhältnis am Auszahlungstag noch ungekündigt fortbesteht.

Die Anwesenheitsprämie ist eine freiwillige Zahlung, auf die auch durch wiederholte Auszahlung ein Anspruch nicht entsteht.

Bei krankheitsbedingten sowie allen rechtmäßigen Fehlzeiten ohne Entgeltfortzahlung innerhalb des Kalenderjahres wird die Prämie für jeden Fehltag um 1/4 eines Tagesarbeitsentgelts gekürzt.

Bei allen rechtswidrigen Fehlzeiten wird die Prämie für jeden Fehltag um ein Tagesarbeitsentgelt gekürzt.

Das Tagesarbeitsentgelt (= durchschnittliches Arbeitsentgelt je Arbeitstag iSd § 4 b EFZG) errechnet sich aus der Summe der letzten 12 Gehaltsabrechnungen abzüglich der Jahresleistungen des dem Arbeitnehmer gezahlten Aufwendungsersatzes sowie geleisteter Entgeltfortzahlung und des Urlaubsentgelts, geteilt durch die Zahl der tatsächlich geleisteten Arbeitstage in den der Zahlung vorausgegangenen 12 Monaten.

Bei Fehlzeiten, die durch Wehr- oder Ersatzdienst oder Wehrübungen bedingt sind, beschränkt sich die Kürzung auf den der Fehlzeit entsprechenden Teil der Jahresleistung.

(4) Die wiederholte Gewährung freiwilliger sozialer Leistungen führt zu keinem Rechtsanspruch auf seiten des Mitarbeiters.

(5) Der Mitarbeiter verpflichtet sich, Gehaltsüberzahlungen ohne Rücksicht auf eine noch vorhandene Bereicherung zurückzuzahlen.

## § 5 Urlaub

Der Urlaubsanspruch des Mitarbeiters richtet sich nach dem Bundesurlaubsgesetz. Mit dem Mitarbeiter werden zur Zeit _____ Arbeitstage jährlich als Urlaub vereinbart. Der Zeitpunkt des Urlaubsantritts ist unter Berücksichtigung der Geschäftsinteressen der Firma festzulegen.

## § 6 Gehaltsverpfändung und Gehaltsabtretung

(1) Der Mitarbeiter darf seine Vergütungsansprüche weder verpfänden noch abtreten.

(2) Der Mitarbeiter hat die durch die Pfändung, Verpfändung oder Abtretung erwachsenden Kosten zu tragen. Die zu ersetzenden Kosten sind pauschaliert und betragen je zu berechnender Pfändung, Verpfändung oder Abtretung 100,00 DM (51,13 EUR). Die Firma ist berechtigt, bei Nachweis der höheren tatsächlichen Kosten diese in Ansatz zu bringen.

## § 7 Nebenleistungen, Fahrtkosten

(1) Für Dienstreisen werden von der Firmenleitung Fahrtkosten im Einzelfall erstattet. Ihre Höhe bestimmt die Firma.

(2) Der Mitarbeiter ist verpflichtet, auf Weisung der Firmenleitung Dienstreisen durchzuführen.

## § 8 Arbeitsverhinderung

(1) Der Mitarbeiter ist verpflichtet, dem Arbeitgeber jede Dienstverhinderung und ihre voraussichtliche Dauer anzuzeigen. Auf Verlangen sind die Gründe der Dienstverhinderung mitzuteilen.

(2) Im Falle der Erkrankung ist der Mitarbeiter verpflichtet, vor Ablauf des dritten Kalendertages nach Beginn der Arbeitsunfähigkeit eine ärztliche Bescheinigung über Arbeitsunfähigkeit sowie deren voraussichtliche Dauer vorzulegen. Dauert die Arbeitsunfähigkeit länger als in der Bescheinigung angegeben, so ist der Mitarbeiter verpflichtet, innerhalb von drei Tagen eine neue ärztliche Bescheinigung einzureichen.

## § 9 Gehaltsfortzahlung im Krankheitsfalle

Ist der Mitarbeiter infolge auf Krankheit beruhender Arbeitsunfähigkeit an der Arbeitsleistung verhindert, ohne daß ihn ein Verschulden trifft, so erhält er Gehaltsfortzahlung nach Maßgabe des Entgeltfortzahlungsgesetzes in seiner jeweils gültigen Fassung.

## § 10 Verschwiegenheitspflicht

(1) Der Mitarbeiter verpflichtet sich, über alle Betriebs- und Geschäftsgeheimnisse, insbesondere Herstellungsverfahren, Vertriebswege und        sowohl während der Dauer des Arbeitsverhältnisses als auch nach seiner Beendigung Stillschweigen zu bewahren. Die Geheimhaltungspflicht erstreckt sich nicht auf solche Kenntnisse, die jedermann zugänglich sind oder deren Weitergabe für die Firma ersichtlich ohne Nachteil ist. Im Zweifelsfalle sind jedoch technische, kaufmännische und persönliche Vorgänge und Verhältnisse, die dem Mitarbeiter in Zusammenhang mit seiner Tätigkeit bekannt werden, als Unternehmensgeheimnisse zu behandeln. In solchen Fällen ist der Mitarbeiter vor der Offenbarung verpflichtet, eine Weisung der Geschäftsleitung einzuholen, ob eine bestimmte Tatsache vertraulich zu behandeln ist.

(2) Die Schweigepflicht erstreckt sich auf Angelegenheiten anderer Firmen, mit denen das Unternehmen wirtschaftlich oder organisatorisch verbunden ist.

(3) Sollte die nachvertragliche Schweigepflicht den Mitarbeiter in seinem beruflichen Fortkommen hindern, hat der Mitarbeiter gegen die Firma einen Anspruch auf Freistellung von dieser Pflicht.

(4) Über seine Vergütung hat der Mitarbeiter Dritten gegenüber Stillschweigen zu bewahren. Dies gilt nicht für Fälle, in denen er gesetzlich berechtigt oder vepflichtet ist, Angaben über sein Einkommen zu machen.

(5) Die betrieblichen Sicherheitsbestimmungen sind zu beachten. Vertrauliche und geheimzuhaltende Schriftstücke, Zeichnungen, Modelle usw. sind unter Verschluß zu halten.

## § 11 Diensterfindungen

(1) Für die Behandlung von Diensterfindungen gelten die Vorschriften des Gesetzes über Arbeitnehmererfindungen vom 25.07.1957 (BGBl. I 756 einschließlich späterer Änderungen) sowie die hierzu ergangenen Richtlinien für die Vergütung von Arbeitnehmererfindungen im privaten Dienst, soweit in den §§ 15 ff. keine hiervon abweichenden Vereinbarungen getroffen wurden.

(2) Verbesserungsvorschläge werden von der Firmenleitung nach individueller Vereinbarung vergütet.

## § 12 Nebenbeschäftigung

Der Mitarbeiter darf eine Nebenbeschäftigung, solange er bei der Firma beschäftigt ist, nur mit vorheriger schriftlicher Zustimmung der Firma übernehmen. Die Zustimmung ist zu erteilen, wenn keine berechtigten Interessen der Firma entgegenstehen.

### § 13 Beendigung des Arbeitsverhältnisses

(1) Das Arbeitsverhältnis endet entweder mit Ablauf des Monats, in dem der Mitarbeiter das gesetzliche Rentenalter erreicht hat, oder durch Kündigung.

(2) Die Kündigung bedarf der Schriftform. Die Kündigungsfrist richtet sich nach den gesetzlichen Vorschriften.

Es wird zwischen den Parteien vereinbart, daß ab dem Bestand des Arbeitsverhältnisses innerhalb von acht Jahren die vorgenannten verlängerten Kündigungsfristen ebenfalls für den Mitarbeiter gelten.

(3) Durch die Kündigungserklärung wird die Befugnis der Firma begründet, den Mitarbeiter unter Fortzahlung seiner Bezüge von der Arbeitsleistung freizustellen.

### § 14 Nebenabreden und Vertragsänderungen

Änderungen des Vertrages und Nebenabreden bedürfen zu ihrer Wirksamkeit der Schriftform.

### § 15 Nutzung von Programmen

(1) Der Mitarbeiter überträgt der Firma an den vom Mitarbeiter erstellten Computerprogrammen das ausschließliche Recht zur zeitlich und räumlich unbegrenzten Nutzung.

Mitumfaßt von dieser Nutzungseinräumung und zu übergeben sind die dazugehörigen Vorstudien, der Quellcode, eine erstellte Dokumentation und sonstige Begleitmaterialien zu den jeweiligen Programmen.

(2) Diese Nutzungseinräumung erfolgt vergütungsfrei.

### § 16 Kopie eines entwickelten Programms

(1) Mit Zustimmung der Firma kann der Mitarbeiter eine Autorenkopie des von ihm erstellten Programms erhalten, deren Inhalt er jedoch ohne besondere Vereinbarung mit der Firma Dritten nicht zugänglich machen darf.

(2) Nach Ausscheiden aus dem Arbeitsverhältnis hat der Mitarbeiter kein Zugangsrecht zu von ihm entwickelten Programmen und ist außerdem verpflichtet, ihm übergebene Programmkopien der Firma zurückzugeben.

### § 17 Schutzrechte Dritter

(1) Der Mitarbeiter verpflichtet sich, die Firma im Rahmen der Nutzung an dem vertragsgegenständlichen Programm von der Haftung aus der behaupteten Verletzung von Schutzrechten Dritter freizustellen.

(2) Die Firma verpflichtet sich im Rahmen ihrer vertraglichen Nutzungsberechtigung, an dem Programm bestehende Schutzrechte auf eigene Kosten gegen rechtliche Angriffe Dritter zu verteidigen.

### § 18 Besondere nachvertragliche Rechte und Pflichten

(1) Der Mitarbeiter arbeitet im Rahmen der vertraglichen Arbeitsverpflichtungen einen Mitarbeiter oder eine Mitarbeiterin als Nachfolger bzw. Nachfolgerin ein. Besondere, hieraus der Firma entstehende Kosten werden nach Vereinbarung und Einzelnachweis von der Firma erstattet.

(2) Soweit der Mitarbeiter in Besitz des Quellcodes zu einem zur Nutzung überlassenen Programm ist, hat er diesen rechtzeitig vor Beendigung des Arbeitsverhältnisses der Firma zu übergeben.

(3) Die Firma verpflichtet sich für den Zeitraum nach Beendigung des Arbeitsverhältnisses, den Namen des Mitarbeiters in allen im Rahmen der vertraglichen Nutzung verwendeten Programmkopien und dem dazugehörigen Begleitmaterial anzuführen bzw. nicht zu entfernen. Dies gilt auch für den Fall der berechtigten Nutzungseinräumung durch die Firma an Dritte.

## § 19 Besondere Vereinbarungen

(1) Ein Entgeltfortzahlungsanspruch in den Fällen der Freistellung nach § 45 SGB V (Beaufsichtigung und Betreuung oder Pflege eines erkrankten Kindes unter 12 Jahren) wird ausgeschlossen.

(2) Der Mitarbeiter erklärt, daß er an keiner ansteckenden Krankheit leidet, keine körperlichen oder gesundheitlichen Mängel verschwiegen hat, die der Verrichtung der geschuldeten Arbeitsleistung entgegenstehen, und zum Zeitpunkt des Abschlusses des Arbeitsvertrages nicht den Bestimmungen des Schwerbehindertengesetzes unterliegt.

(3) Alle beiderseitigen Ansprüche aus dem Arbeitsverhältnis und solche, die mit dem Arbeitsverhältnis in Verbindung stehen, verfallen, wenn sie nicht innerhalb von 2 Monaten nach der Fälligkeit gegenüber der anderen Vertragspartei schriftlich erhoben werden.

(4) Lehnt die Gegenpartei den Anspruch ab oder erklärt sie sich nicht innerhalb von zwei Wochen nach der Geltendmachung des Anspruches, so verfällt dieser, wenn er nicht innerhalb von zwei Monaten nach der Ablehnung oder dem Fristablauf gerichtlich geltend gemacht wird.

(5) Der Mitarbeiter erklärt sich damit einverstanden, daß seine personenbezogenen Daten automatisiert gespeichert und verarbeitet werden. In seiner Eigenschaft als Mitarbeiter erklärt er, daß er sich die anliegende Belehrung über das Datengeheimnis durchgelesen hat und die ebenfalls anliegende Verpflichtungserklärung nach § 5 BDSG unterzeichnen wird.

## 18. Muster: Arbeitsvertrag eines Verbandsgeschäftsführers

*Arbeitsvertrag*

Zwischen

dem Verband          , vertreten durch den Bundesvorstand,

– nachfolgend: Arbeitgeber –

und

Herrn

– nachfolgend: Mitarbeiter –

wird nachstehender Arbeitsvertrag geschlossen.

### § 1 Beginn des Arbeitsverhältnisses

(1) Das Arbeitsverhältnis beginnt am          . Vor seinem Beginn ist die ordentliche Kündigung ausgeschlossen.

(2) Die ersten 6 Monate des Arbeitsverhältnisses gelten als Probezeit. Hat der Mitarbeiter in der Probezeit an mehr als 10 Arbeitstagen nicht gearbeitet, verlängert sich die Probezeit um die Zahl von Arbeitstagen, die der Zahl der über 10 hinausgehenden Fehltage entspricht. Während der Probezeit kann das Arbeitsverhältnis mit einer Frist von 1 Monat gekündigt werden, unbeschadet des Rechts zur fristlosen Kündigung aus wichtigem Grund.

### § 2 Tätigkeit

(1) Der Mitarbeiter wird als Verbandsgeschäftsführer und damit als Koordinator der Aktivitäten der übrigen Organe des Arbeitgebers sowie als Bürovorsteher der Bundesgeschäftsstelle eingestellt. Dem Mitarbeiter ist bekannt, daß beabsichtigt ist, die Satzungsbestimmungen, die den Geschäftsführer des Arbeitgebers betreffen, demnächst zu ändern.

(2) Zu den Aufgaben und Pflichten des Mitarbeiters gehören insbesondere die organisatorische, betriebliche und personelle Leitung der Geschäftsstelle, die Gewährleistung einer reibungslosen

### § 1 Kapitel 1: Arbeitsverträge

Kommunikation zwischen den Organen des Arbeitgebers, insbesondere zwischen dem Bundesvorstand, der Versammlung der Landesleiter, der Delegiertenversammlung, der Mitgliederversammlung und des Ältestenrates und ihren Angehörigen, die Pflege des Kontakts zu den Landesgeschäftsstellen sowie die organisatorische Vorbereitung und Durchführung von Tagungen, Veranstaltungen, Konferenzen und Versammlungen des Verbandes in genauer Absprache mit dem Bundesvorstand. Der Mitarbeiter ist nicht befugt, Personal einzustellen oder zu entlassen.

(3) Der Bundesvorstand ist berechtigt, dem Mitarbeiter anderweitige, seinen Fähigkeiten entsprechende Aufgaben zu übertragen. Der Mitarbeiter verpflichtet sich, diese gemäß den Weisungen des Bundesvorstandes auszuführen. Auch wenn der Mitarbeiter längere Zeit an einem bestimmten Arbeitsplatz eingesetzt ist, tritt damit kein Verbrauch des Direktionsrechts ein.

#### § 3 Vergütung

(1) Der Mitarbeiter erhält für seine vertragliche Tätigkeit eine monatliche Brutto-Vergütung von         DM (         EUR).

(2) Zusätzlich erhält der Mitarbeiter ein 13. Monatsgehalt in Höhe einer monatlichen Brutto-Vergütung. Bei einer Beschäftigung nicht während des gesamten Jahres wird das 13. Monatsgehalt pro rata temporis gezahlt. Das 13. Monatsgehalt wird jeweils zur Hälfte mit der monatlichen Brutto-Vergütung für die Monate Juni und Dezember ausgezahlt.

Die Vergütung ist jeweils am Letzten eines Monats fällig. Die Zahlung erfolgt bargeldlos auf ein vom Mitarbeiter anzugebendes Konto.

(3) Der Mitarbeiter verpflichtet sich, Gehaltsüberzahlungen ohne Rücksicht auf eine noch vorhandene Bereicherung zurückzuzahlen.

#### § 4 Gehaltspfändung oder -abtretung

(1) Der Mitarbeiter darf seine Vergütungsansprüche an Dritte nur nach vorheriger schriftlicher Zustimmung des Arbeitgebers verpfänden oder abtreten.

(2) Der Mitarbeiter hat die durch Pfändung, Verpfändung oder Abtretung erwachsenden Kosten zu tragen. Die Kosten werden pauschaliert und betragen je zu berechnender Pfändung, Verpfändung oder Abtretung 50,00 DM (25,56 EUR). Der Arbeitgeber ist berechtigt, bei Nachweis höherer tatsächlicher Kosten diese in Ansatz zu bringen.

#### § 5 Arbeitszeit

(1) Die regelmäßige Arbeitszeit beträgt 40 Stunden wöchentlich. Eine andere wöchentliche Arbeitszeit sowie die Verteilung der Arbeitszeit auf die einzelnen Wochentage, einschließlich Sonn- und Feiertage, bleibt einer Weisung durch den Bundesvorstand vorbehalten.

(2) Der Mitarbeiter und der Arbeitgeber legen in einer Aktennotiz, die als Anlage zu diesem Vertrag genommen wird, die Präsenzzeit des Mitarbeiters in der Bundesgeschäftsstelle fest. Der Mitarbeiter erkennt an, daß der Bundesvorstand berechtigt ist, die Präsenzzeiten unter Berücksichtigung der betrieblichen Erfordernisse nach billigem Ermessen festzulegen.

(3) Dem Mitarbeiter ist bekannt, daß inbesondere seine Anwesenheit bei Vorstandssitzungen, Versammlungen der Landesleiter und anderen Konferenzen sowie bei der Wahrnehmung von Terminen im Auftrag des Verbandes Nacht-, Mehr-, Sonn- und Feiertagsarbeit erfordern kann. Der Mitarbeiter ist hierzu im Rahmen der gesetzlichen Vorschriften verpflichtet, soweit dies vom Arbeitgeber für erforderlich gehalten wird.

(4) Der Ausgleich von Mehr- und/oder Überarbeit soll in erster Linie nach Absprache mit dem Vorstand durch Gewährung entsprechender Freizeit erfolgen. Kommt der Ausgleich in Form der Gewährung freier Stunden nicht in Betracht, wird erhöhter Arbeitsaufwand zusätzlich vergütet. Hierbei wird ein Zuschlag von 2 % gewährt.

(5) Eine Bezahlung von Überstunden erfordert die vorherige gemeinsame Feststellung des Mitarbeiters und des Arbeitgebers, daß ein Ausgleich in Form der Gewährung von Freizeit nicht möglich ist. Der Mitarbeiter hat über geleistete Mehr- und Überarbeit selbst Buch zu führen und dem Vor-

stand spätestens bis zum Ablauf einer Woche nach Ablauf des vorangegangenen Monats eine Aufstellung über geleistete Mehrarbeit für den jeweils vorangegangenen Monat vorzulegen. Auf Anforderung hat er die Notwendigkeit der geleisteten Mehr- und Überarbeit zu begründen.

### § 6 Arbeitsverhinderung

(1) Der Mitarbeiter ist verpflichtet, dem Vorstand jede Dienstverhinderung und ihre voraussichtliche Dauer unverzüglich, ggf. durch Dritte, unter Angabe der Gründe anzuzeigen.

(2) Im Falle der Erkrankung ist der Mitarbeiter verpflichtet, vor Ablauf des 3. Kalendertages nach Beginn der Arbeitsunfähigkeit eine ärztliche Bescheinigung über die Arbeitsunfähigkeit sowie deren voraussichtliche Dauer vorzulegen. Dauert die Arbeitsunfähigkeit länger als in der Bescheinigung angegeben, so ist der Mitarbeiter verpflichtet, dies unverzüglich dem Vorstand mitzuteilen und innerhalb von 3 Tagen nach Beginn der noch nicht belegten Zeit der Arbeitsunfähigkeit eine neue ärztliche Bescheinigung einzureichen.

(3) Bei einer mehr als 4 Wochen andauernden Erkrankung erklärt sich der Mitarbeiter einverstanden, daß ein vertrauensärztliches Gutachten über seinen Gesundheitszustand eingeholt wird. Die Kosten dieses Gutachtens trägt der Arbeitgeber.

### § 7 Urlaub

(1) Der Mitarbeiter erhält im Kalenderjahr einen Erholungsurlaub von 30 Arbeitstagen.

(2) Die Lage des Urlaubs wird auf Antrag des Mitarbeiters vom Vorstand festgelegt.

(3) Der Mitarbeiter ist verpflichtet, dem Vorstand seine Urlaubsanschrift rechtzeitig vor seinem Urlaubsantritt mitzuteilen und bei dringenden Erfordernissen den Urlaub auf Verlangen des Vorstandes zu unter- bzw. abzubrechen. In diesem besonderen Fall übernimmt der Arbeitgeber die Reisekosten und die Zahlung einer angemessenen Entschädigung.

(4) Der Urlaub soll der Erholung des Mitarbeiters dienen. Er darf während der Urlaubszeit keine dem Urlaubszweck widersprechende Erwerbstätigkeit übernehmen.

### § 8 Veschwiegenheitspflicht

(1) Der Mitarbeiter verpflichtet sich, über alle betrieblichen Angelegenheiten und Vorgänge, die ihm im Rahmen seiner Tätigkeit zur Kenntnis gelangen, auch nach seinem Ausscheiden Stillschweigen zu bewahren.

(2) Die Verschwiegenheitspflicht erstreckt sich auch auf den Inhalt dieses Vertrages.

(3) Alle Schriftstücke, auch Abschriften und Durchschläge einschließlich eigener Aufzeichnungen, die die dienstliche Tätigkeit betreffen, hat der Mitarbeiter als ihm anvertrautes Eigentum des Arbeitgebers sorgfältig aufzubewahren, vor jeder Einsichtnahme Unbefugter zu schützen und auf Verlangen jederzeit – spätestens aber bei Beendigung des Anstellungsverhältnisses – herauszugeben. Dabei hat er zu versichern, daß er weitere Unterlagen nicht mehr besitzt. Ein Zurückbehaltungsrecht steht dem Mitarbeiter nicht zu.

(4) Ungeachtet der Möglichkeit, weitergehende Schadensersatzansprüche geltend zu machen, verpflichtet sich der Mitarbeiter gegenüber dem Arbeitgeber, bei Verletzung seiner Verschwiegenheitspflichten aus diesem Paragraphen eine Vertragsstrafe in Höhe eines monatlichen Brutto-Gehalts zu zahlen.

### § 9 Nebenbeschäftigung

(1) Der Mitarbeiter ist verpflichtet, seine ganze Arbeitskraft zum Nutzen des Verbandes einzusetzen.

(2) Jede Nebentätigkeit, die die Erfüllung der Verpflichtung des Mitarbeiters nach Absatz 1 dieses Paragraphen berühren könnte oder entgeltlich ausgeübt wird, bedarf der vorherigen schriftlichen Zustimmung des Vorstandes.

### § 10 Freistellung

Der Arbeitgeber ist jederzeit berechtigt, den Mitarbeiter unter Fortzahlung der Bezüge von der Arbeit freizustellen. In diesem Fall hat der Mitarbeiter dem Vorstand seinen Aufenthaltsort während der üblichen Arbeitszeit mitzuteilen und sich für Rückfragen zur Verfügung zu halten. Die Freistellung durch den Arbeitgeber ist widerrufbar.

### § 11 Annahme von Geschenken

Der Mitarbeiter darf Belohnungen oder Geschenke in bezug auf seine dienstliche Tätigkeit nur mit Zustimmung des Arbeitgebers annehmen. Hiermit wird die Zustimmung für die Annahme von geringfügigen Zuwendungen mit einem Wert von weniger als 150,00 DM (76,69 EUR) pro Sachverhalt erteilt.

### § 12 Beendigung des Arbeitsverhältnisses

(1) Unbeschadet der Regelung während der Probezeit kann das Arbeitsverhältnis mit einer Frist von 1 Monat zum Ende eines Kalendervierteljahres gekündigt werden. Eine Verlängerung der Kündigungsfrist aufgrund Gesetzes oder sonstiger Vorschriften zugunsten einer Partei gilt in gleicher Weise auch für die andere Partei.

(2) Eine Kündigung bedarf in jedem Fall der Schriftform.

(3) Das Arbeitsverhältnis endet in jedem Fall, sofern es nicht zuvor gekündigt oder einvernehmlich beendet wird, spätestens mit Ablauf des Monats, in dem der Mitarbeiter das 65. Lebensjahr vollendet. Sollte das gesetzliche Rentenalter vorverlegt sein oder werden, so gilt für die Regelung in Satz 1 die Vollendung des entsprechenden Lebensjahres, zu dem der Mitarbeiter auf eigenen Antrag ein vorgezogenes Altersruhegeld beantragen kann. Dabei kommt es nicht darauf an, ob der Mitarbeiter von dieser Möglichkeit tatsächlich Gebrauch macht.

### § 13 Verfallfristen

(1) Alle Ansprüche, die sich aus dem Anstellungsverhältnis ergeben, sind von den Vertragsschließenden binnen einer Frist von 2 Monaten nach ihrer Fälligkeit schriftlich geltend zu machen.

(2) Lehnt die Gegenseite die Ansprüche ab, so ist innerhalb von 1 Monat nach Ablehnung der Anspruch einzuklagen.

### § 14 Sonstige Regelungen

(1) Der Mitarbeiter ist gehalten, auf eine harmonische Zusammenarbeit zwischen dem Bundesvorstand und den Landesleitern des Verbandes hinzuwirken.

(2) Der Mitarbeiter erklärt sich bereit, in seiner Wohnung neben einem Fernsprechanschluß ein Faxgerät zu installieren, um für die Geschäftsstelle, den Vorstand und die Landesleiter auch außerhalb der Präsenzzeit erreichbar zu sein. Die Kosten für das Faxgerät und die Faxleitung einschließlich der monatlichen Gebühren übernimmt der Arbeitgeber. Eine öffentliche Bekanntgabe der Faxnummer über den zuvor genannten Personenkreis hinaus ist nicht erwünscht.

(3) Der derzeitige Sitz der Geschäftsstelle des Arbeitgebers ist ........ . Der Mitarbeiter ist darüber unterrichtet, daß es den satzungsgemäß zuständigen Organen des Arbeitgebers jederzeit freisteht, durch satzungsändernden Beschluß einen anderen Sitz der Geschäftsstelle zu bestimmen. Für diesen Fall erklärt sich der Mitarbeiter bereit, seine Tätigkeit auch an diesem anderen Ort auszuüben. Bei der Wahrnehmung auswärtiger Termine und der Teilnahme an Tagungen, Kongressen etc. außerhalb der Räumlichkeiten der Geschäftsstelle ist der Mitarbeiter ebenfalls verpflichtet, seine Tätigkeit an diesen Orten zu erbringen. Der Arbeitgeber übernimmt die dem Mitarbeiter insoweit entstehenden Reisekosten. Bei einer Verlegung der Geschäftsstelle an einen anderen Ort wird über eine etwaige Erstattung von Umzugskosten ggf. eine gesonderte Vereinbarung abgeschlossen.

## § 15 Schlußbestimmungen

(1) Der Mitarbeiter versichert, daß alle im Rahmen seiner Bewerbung von ihm gemachten Angaben der Wahrheit entsprechen.

Falsche Angaben berechtigen den Arbeitgeber zur Kündigung des Arbeitsverhältnisses.

(2) Dieser Vertrag darf unter Einhaltung der gebührenden Vertraulichkeit in Personalfragen von allen Landesverbandsvorsitzenden des Verbandes eingesehen werden.

(3) Änderungen und Ergänzungen dieses Vertrages bedürfen zu ihrer Rechtswirksamkeit der Schriftform. Dies gilt auch für diese Klausel. Nebenabreden sind nicht getroffen.

(4) Eine Kopie dieses Arbeitsvertrages erhalten die Vorstandsmitglieder des Verbandes – Bundesverband – sowie der mitunterzeichnende Landesleiter für die Versammlung der Landesverbandsvorsitzenden. Zu den Unterzeichnern dieses Arbeitsvertrages gehören der Mitarbeiter sowie für den Arbeitgeber die Mitglieder des Vorstandes und ein von der Landesleiterversammlung zu bestimmender Landesleiter, um die Zustimmung der Landesleiterversammlung zur Einstellung des Mitarbeiters zu dokumentieren. Es besteht Einvernehmen darüber, daß für eine Kündigung dieses Anstellungsvertrages durch den Arbeitgeber nur die nach der Satzung erforderlichen Voraussetzungen erfüllt sein müssen.

(5) Sollte eine Bestimmung dieses Vertrages nicht wirksam sein oder werden, so wird dadurch die Wirksamkeit der übrigen Bestimmungen nicht berührt. Die Vertragsparteien sind in einem solchen Fall verpflichtet, anstelle der unwirksamen Bestimmungen eine Regelung zu treffen, die der ursprünglich gewollten Bestimmung in ihrer rechtlichen und wirtschaftlichen Bedeutung unter Berücksichtigung der beiderseitigen Parteiinteressen am nächsten kommt.

## 19. Muster: Arbeitsvertrag mit Niederlassungsleiter eines Beratungsunternehmens

*Arbeitsvertrag*

zwischen

– nachfolgend „Gesellschaft" genannt –

und

Herrn

### § 1 Aufgaben und und Pflichten

(1) Herr            wird zum            als Niederlassungsleiter der            eingestellt. Dienstort ist            . Herr            erhält Gesamtprokura, die nach Übernahme in das Festanstellungsverhältnis in Einzelprokura umgewandelt wird.

(2) In den ersten sechs Monaten (Probezeit) wird Herr            in der Zentrale in            sowie in der Gesellschaft in            eingearbeitet. Die damit in Zusammenhang stehenden Kosten in            gehen zu Lasten der Gesellschaft.

(3) Spätestens nach Übernahme in das Festanstellungsverhältnis erhält Herr            die disziplinarische Verantwortung für alle Mitarbeiter der Niederlassung.

Herr            führt die Geschäfte nach Maßgabe der Gesetze, des Gesellschaftsvertrages, der Geschäftsordnung und dieses Anstellungsvertrages. Er stellt seine ganze Arbeitskraft und alle seine fachlichen Kenntnisse und Erfahrungen in den Dienst der Gesellschaft.

(4) Jede Nebentätigkeit, gleichgültig, ob sie entgeltlich oder unentgeltlich ausgeübt wird, bedarf der vorherigen Zustimmung der Gesellschaft. Die Zustimmung ist zu erteilen, wenn die Nebentätigkeit die Wahrnehmung der dienstlichen Aufgaben zeitlich nicht oder allenfalls unwesentlich behindert oder sonstige berechtigte Interessen der Gesellschaft nicht beeinträchtigt werden.

Die Gesellschaft hat die Entscheidung über den Antrag auf Zustimmung zu der Nebentätigkeit innerhalb von vier Wochen nach Eingang des Antrags zu treffen. Wird innerhalb dieser Frist eine Entscheidung nicht gefällt, gilt die Zustimmung als erteilt.

### § 2 Vergütung

(1) Als Vergütung für seine Tätigkeit erhält Herr           :
   a) ein Jahresgehalt in Höhe von           DM (           EUR; in Worten:           Deutsche Mark,           EURO) brutto;
   b) eine Tantieme, die sich am Geschäftsergebnis der Gesellschaft und anderer Erfolgskriterien orientiert. Bemessungsgrundlage und Höhe werden jeweils in ergänzenden Vereinbarungen fixiert. Für           wird eine Tantieme in Höhe von           vereinbart und garantiert.

(2) Das Jahresgehalt wird nach Abzug der gesetzlichen Abgaben in 12 gleichen Monatsraten jeweils am Ende eines Kalendermonats ausgezahlt. Mit Zahlung der Tätigkeitsvergütung sind sämtliche sonstigen Leistungen abgegolten. Die Tantieme/Prämie wird nach Vorliegen des Jahresergebnisses mit dem Gehalt des Folgemonats ausgezahlt.

(3) Herr           verpflichtet sich, Gehaltsüberzahlungen ohne Rücksicht auf eine noch vorhandene Bereicherung zurückzuzahlen.

### § 3 Nebenleistungen

(1) Nach Beendigung der Probezeit stellt die Gesellschaft Herrn           einen seiner Stellung angemessenen Pkw für dienstliche und private Nutzung – inklusive aller Betriebskosten – zur Verfügung. Die Ausstattung des Pkw ist mit der Geschäftsleitung abzustimmen. Herr           hat den Wert der privaten Nutzung als Sachbezug zu versteuern.

Die Zurverfügungstellung des Dienstwagens ist unabhängig von der Laufzeit des Anstellungsvertrages auf die aktive Tätigkeit des Herrn           für die Gesellschaft beschränkt. Im Falle einer Beurlaubung, vorzeitiger Aufhebung des Vertrages, Freistellung uä ist der Dienstwagen mit allen vorgenommenen Einbauten an dem auf den letzten aktiven Arbeitstag folgenden Werktag zurückzugeben.

Einen geldwerten Ausgleich bei Nichtinanspruchnahme eines Dienstwagens erhält Herr           nicht.

(2) Herr           erhält einen monatlichen Zuschuß in Höhe der Hälfte der Beiträge zu einer Krankenversicherung, maximal von 50 % des Beitragssatzes der gesetzlichen Krankenversicherung.

(3) Herr           erhält gegen Nachweis Ersatz für die im Gesellschaftsinteresse erforderlichen, angemessenen Aufwendungen. Erforderliche Reisekosten werden gegen Einzelnachweis erstattet. Bei Reisekosten können wahlweise auch die steuerlichen Pauschbeträge abgerechnet werden.

### § 4 Bezüge bei Krankheit, Unfall, Tod

(1) Bei einer vorübergehenden Arbeitsunfähigkeit, die durch Krankheit oder aus einem anderen von Herrn           nicht zu vertretenden Grund eintritt, werden die Bezüge gemäß § 2 (1) lit. a) während der Zeit der Arbeitsunfähigkeit für sechs Monate weitergezahlt.

(2) Die Gesellschaft schließt zugunsten des Herrn           eine Unfallversicherung mit folgenden Deckungssummen ab
für den Invaliditätsfall           DM (           EUR)
für den Todesfall           DM (           EUR).

(3) Stirbt Herr           während der Dauer dieses Vertrages, so wird die feste Tätigkeitsvergütung gemäß § 2 (1) lit. a) für die Dauer von sechs Monaten weitergezahlt.

## § 5 Urlaub
(1) Herr ......... hat Anspruch auf einen bezahlten Jahresurlaub von ......... Arbeitstagen.
(2) Die Inanspruchnahme des Urlaubs erfolgt unter angemessener Berücksichtigung der Belange der Gesellschaft und in rechtzeitiger Abstimmung mit der Gesellschaft.

## § 6 Wettbewerbsverbot
(1) Während der Dauer des Vertrages wird sich Herr ......... an Unternehmen, die mit der Gesellschaft in Wettbewerb stehen oder mit denen die Gesellschaft Geschäftsverbindungen unterhält, weder unmittelbar noch mittelbar beteiligen.
(2) Herr ......... darf für die Dauer des Vertrages Geschäfte im Geschäftszweig der Gesellschaft oder auf artverwandten Gebieten weder für fremde noch für eigene Rechnung tätigen. Es ist ihm untersagt, sich an einem anderen Unternehmen, das sich unmittelbar oder mittelbar auf diesen oder ähnlichen Gebieten betätigt, zu beteiligen oder für ein solches tätig zu werden.

## § 7 Geheimhaltung
Herr ......... ist verpflichtet, gegenüber Dritten über alle Angelegenheiten der Gesellschaft strengstes Stillschweigen zu bewahren. Diese Verpflichtung besteht auch nach seinem Ausscheiden aus den Diensten der Gesellschaft.

## § 8 Aufzeichnungen
Bei seinem Ausscheiden aus den Diensten der Gesellschaft ist Herr ......... verpflichtet, sämtliche Schriftstücke, Korrespondenz, Aufzeichnungen, Entwürfe und dergleichen, die die Angelegenheiten der Gesellschaft betreffen und die sich noch in seinem Besitz befinden, unverzüglich an die Gesellschaft zu übergeben. Er ist nicht berechtigt, an derartigen Unterlagen ein Zurückbehaltungsrecht auszuüben.

## § 9 Vertragsdauer und Kündigung
(1) Der Vertrag beginnt am ......... und wird auf unbestimmte Zeit geschlossen.
(2) Es wird eine Probezeit von 6 Monaten vereinbart. Während dieser Zeit kann das Anstellungsverhältnis beiderseits unter Einhaltung einer einmonatigen Frist zum Ende eines Kalendermonats gekündigt werden.
(3) Nach der Probezeit kann das Anstellungsverhältnis von beiden Parteien mit einer Frist von sechs Monaten jeweils zum Schluß eines Kalendervierteljahres gekündigt werden.
(4) Das Recht zur Kündigung aus wichtigem Grund wird hierdurch nicht berührt.

## § 10 Schlußbestimmungen
(1) Änderungen und Ergänzungen des Vertrages bedürfen zu ihrer Wirksamkeit der Schriftform. Das gilt auch für die Änderung der Bestimmung des vorstehenden Satzes.
(2) Sollten einzelne Bestimmungen des Vertrages unwirksam sein oder werden, so berührt dies nicht die Gültigkeit der übrigen Bestimmungen. Anstelle der unwirksamen Bestimmung oder zur Ausfüllung eventueller Lücken des Vertrages soll eine angemessene Regelung getroffen werden, die dem am nächsten kommt, was die Parteien nach ihrer wirtschaftlichen Zielsetzung gewollt haben.

# § 1 Kapitel 1: Arbeitsverträge

## 20. Muster: Arbeitsvertrag mit einer Lehrkraft an einer Privatschule in NW

▼

*Vertrag*

Zwischen

– nachfolgend Lehranstalt genannt –

und

– nachfolgend Lehrkraft genannt –,

wird folgender Vertrag geschlossen:

1. Die Lehrkraft unterrichtet ab         an der Lehranstalt in dem Fach         mit insgesamt         Unterrichtsstunden zu 45 Minuten im Schuljahr        .

   Der Einsatz richtet sich nach dem Arbeitsanfall. Dieser ergibt sich aus einem von der Lehranstalt aufzustellenden Unterrichtsstundenplan, der der Lehrkraft jeweils mindestens 4 Tage im voraus zur Kenntnis gegeben wird.

   Als Arbeitszeit werden pro Einsatztag         Stunden zu 45 Minuten vereinbart. Sollten sich aus dem jeweiligen Unterrichtsstundenplan an einem Einsatztag höhere Stundenzahlen ergeben, so gelten diese jeweils als vereinbart.

2. Die Lehrkraft verpflichtet sich zur Teilnahme an Prüfungen und Konferenzen, die ihr Unterrichtsfach betreffen, sofern die Teilnahme aus zwingenden Gründen erforderlich ist. Dies gilt auch für den Fall, daß die Unterrichtstätigkeit bereits beendet ist.

3. Die für jede Unterrichtsstunde zu zahlende Vergütung entspricht dem Vergütungssatz für eine Mehrarbeitsunterrichtsstunde für Lehrer im Angestelltenverhältnis an berufsbildenden Schulen (Nr. 3.6 des Runderlasses des Kultusministers Nordrhein-Westfalen vom 22.08.1980, GMBl. NW 1980, S. 319, in der jeweils geltenden Fassung). Dieselbe Vergütung wird bei der Teilnahme an Prüfungen und Konferenzen für volle 45 Minuten Teilnahme gezahlt; es ist jedoch mindestens die Vergütung für 45 Minuten zu zahlen.

4. Die Vergütungsabrechnung erfolgt jeweils nachträglich zum 15. eines Monats, und zwar für die bis zum 15. des Vormonats geleisteten Stunden.

   Die Lehranstalt behält sich vor, die Vergütung jederzeit und ohne daß es einer weiteren Ankündigung bedarf, gemäß dem festgelegten Umrechnungskurs von 1,95583 in EURO abzurechnen.

   Die Lehrkraft verpflichtet sich, Gehaltsüberzahlungen ohne Rücksicht auf eine noch vorhandene Bereicherung zurückzuzahlen.

5. Das Vertragsverhältnis kann von jedem Vertragspartner unter Einhaltung einer Kündigungsfrist von einem Monat zum Monatsende gekündigt werden.

   Es endet ohne besondere Kündigung mit Ablauf des Schuljahres, in dem die Lehrkraft das 65. Lebensjahr vollendet. Ferner endet es ohne besondere Kündigung mit Ablauf des Monats, in dem die Lehrkraft einen Bescheid des Rentenversicherungsträgers über die Bewilligung einer Berufs- oder Erwerbsunfähigkeitsrente erhält.

6. In entsprechender Anwendung des § 70 BAT verfallen Ansprüche auf Leistungen aus diesem Vertrag, wenn sie nicht innerhalb einer Ausschlußfrist von 6 Monaten nach Entstehung des Anspruches schriftlich geltend gemacht werden.

Verträge mit Arbeitnehmern, Gesellschaftsorganen und Selbständigen § 1

7. Änderungen und Ergänzungen dieses Vertrages sind nur wirksam, wenn sie schriftlich vereinbart sind.
8. Dieser Vertrag wird zweifach ausgefertigt; jede Vertragspartei erhält eine Ausfertigung.

            , den

Unterschriften

▲

### 21. Muster: Arbeitsvertrag mit einer Krankenschwester in einer Privatklinik mit Gewinnbeteiligung

▼

*Arbeitsvertrag*

Zwischen

der

– nachfolgend Gesellschaft genannt –

und

– nachfolgend Beschäftigte genannt –

wird folgender Anstellungsvertrag geschlossen:

**§ 1 Vertragsbeginn, Probezeit, Kündigung vor Vertragsbeginn**
(1) Das Dienstverhältnis beginnt am            .
(2) Das Dienstverhältnis besteht auf unbestimmte Zeit; die ersten 6 Monate gelten als Probezeit.

Innerhalb der Probezeit kann jeder Vertragspartner das Dienstverhältnis mit einer Kündigungsfrist von 2 Wochen kündigen.

Das Recht auf fristlose Kündigung wird davon nicht berührt.
(3) Eine ordentliche Kündigung vor Vertragsbeginn ist für beide Vertragspartner ausgeschlossen.

**§ 2 Tätigkeit**
Die Beschäftigte wird als exam. Krankenschwester eingestellt.

**§ 3 Arbeitszeit, Überstunden**
(1) Die regelmäßige Arbeitszeit beträgt ausschließlich der Pausen durchschnittlich 37,5 Stunden wöchentlich.

Der Beschäftigten ist bekannt, daß im Krankenhausbereich eine Versorgung der Patienten rund um die Uhr erforderlich und üblich ist, so daß außer Früh- und Spätschicht auch Nachtschichten sowie Sonn- und Feiertagsarbeit zu leisten ist. Die Gesellschaft behält sich vor, entsprechend den jeweiligen Erfordernissen für die Beschäftigte verbindliche Arbeitseinsatzpläne zu erstellen.
(2) Beginn, Ende und Dauer sowie Lage der Pausen richten sich nach der Betriebsordnung.

**§ 4 Vergütung**
(1) Die Beschäftigte erhält monatlich eine Vergütung in Höhe von brutto

    DM (        EUR)
+ Allgemeine Zulage                    DM (        EUR)
                                        DM (        EUR)
                                       =========

# § 1 Kapitel 1: Arbeitsverträge

Diese Vergütung erhöht sich zum ▉▉▉ und zum ▉▉▉ um je 3 % der Anfangsvergütung.

(2) Für Nachtarbeit wird ein Zuschlag von ▉▉▉ % gezahlt. Das Entgelt für Sonn- und Feiertagsarbeit wird durch eine Pauschale gedeckt.

(3) Besteht das Dienstverhältnis mindestens vom 01.01. bis zum 31.12. eines Jahres, so erhält die Beschäftigte ein Urlaubsgeld, das mit dem Junigehalt ausgezahlt wird. Das Urlaubsgeld beträgt 650,00 DM (332,34 EUR), ab einer Gehaltshöhe von ▉▉▉ DM ( ▉▉▉ EUR) einschließlich allgemeiner Zulage: ▉▉▉.

(4) Die Beschäftigte verpflichtet sich, Gehaltsüberzahlungen ohne Rücksicht auf eine noch vorhandene Bereicherung zurückzuzahlen.

### § 5 Gewinnbeteiligung

476  (1) Über die in § 4 geregelte Vergütung hinaus zahlt die Gesellschaft der Beschäftigen eine Gewinnbeteiligung. Die Höhe der Gewinnbeteiligung ist abhängig vom Belegungsgrad der Klinik im Jahresdurchschnitt und errechnet sich wie folgt:

- Belegung 120 bis 124 Zimmer:     3,0 Monatsgehälter zusätzlich
- Belegung 115 bis 119 Zimmer:     2,5 Monatsgehälter zusätzlich
- Belegung 110 bis 114 Zimmer:     2,0 Monatsgehälter zusätzlich
- Belegung 105 bis 109 Zimmer:     1,5 Monatsgehälter zusätzlich
- Belegung 100 bis 104 Zimmer:     1,0 Monatsgehälter zusätzlich
- Belegung unter 100 Zimmer:       0,5 Monatsgehälter zusätzlich

Diese Gewinnbeteiligung wird für ▉▉▉ im Januar ▉▉▉ ausgezahlt und für ▉▉▉ im Januar ▉▉▉. Für das Geschäftsjahr ▉▉▉ wird unabhängig vom Belegungsgrad ein zusätzliches Monatsgehalt als Gewinnbeteiligung zum Ende des Jahres ▉▉▉ gezahlt.

(2) Beginnt die Beschäftigung während eines Kalenderjahres, so wird die Gewinnbeteiligung zeitanteilig für jeden vollen Monat der Beschäftigung gezahlt. Ein Anspruch auf Gewinnbeteiligung besteht nicht, wenn die Beschäftigte sich am 31. Dezember noch in der Probezeit befindet bzw. das Dienstverhältnis gekündigt ist.

(3) Bei Erziehungsurlaub oder Krankheit wird die Gewinnbeteiligung zeitanteilig für den Zeitraum gezahlt, in dem die Beschäftigte Bezüge von der Gesellschaft erhalten hat.

(4) Die Gewinnbeteiligung ist von der Beschäftigten zurückzuzahlen, sofern das Dienstverhältnis vor dem 01. April des Folgejahres endet.

### § 6 Reisekosten

(1) Reisekosten für von der Gesellschaft angeordneten Reisen werden gegen Nachweis im Rahmen der von den Finanzbehörden festgelegten Höchstsätze erstattet, alternativ in Höhe der Bahnkosten 2. Klasse. Das gleiche gilt für Tagesspesen. Für Übernachtungen werden im Rahmen der Angemessenheit die tatsächlich aufgewendeten Kosten gegen Nachweis vergütet. Benutzt die Beschäftigte ihren Privatwagen für dienstlich angeordnete Fahrten, so werden die jeweils gültigen steuerlichen Höchstsätze vergütet.

### § 7 Sorgfaltspflicht, Verschwiegenheitsverpflichtung

(1) Die Beschäftigte hat die ihr übertragenen Arbeiten oder Tätigkeiten gewissenhaft und ordnungsgemäß auszuführen.

(2) Die Beschäftigte hat über Angelegenheiten, deren Geheimhaltung durch gesetzliche Vorschriften vorgesehen oder auf Weisung der Gesellschaft angeordnet ist, auch nach Beendigung des Dienstverhältnisses Stillschweigen zu bewahren.

### § 8 Arbeitsverhinderung

(1) Die Beschäftigte verpflichtet sich, jede Arbeitsverhinderung unverzüglich der Gesellschaft unter Benennung der voraussichtlichen Dauer mitzuteilen.

(2) Im Krankheitsfall hat die Beschäftigte unverzüglich – spätestens jedoch vor Ablauf des dritten Werktags – der Gesellschaft eine ärztlich erstellte Arbeitsunfähigkeitsbescheinigung mit Angabe

der voraussichtlichen Dauer vorzulegen. Entsprechendes gilt, wenn die bescheinigte voraussichtliche Arbeitsunfähigkeit die Krankheitsdauer übersteigt.

### § 9 Urlaub

(1) Die Beschäftigte erhält in jedem Kalenderjahr Erholungsurlaub unter Fortzahlung ihrer Bezüge. Der Erholungsurlaub beträgt
- bis zur Vollendung des 30. Lebensjahres    28 Tage,
- bis zur Vollendung des 40. Lebensjahres    31 Tage,
- und danach                                 32 Tage.

(2) Dauert das Arbeitsverhältnis weniger als 12 Monate, verkürzt sich die Urlaubsdauer zeitanteilig.

(3) Eine Abgeltung der Urlaubsansprüche wird nur in Ausnahmefällen gewährt, und zwar dann, wenn der Urlaub aus dienstlichen Gründen nicht genommen werden konnte.

### § 10 Änderung und Beendigung des Arbeitsverhältnisses

(1) Die von der Gesellschaft betriebene Fachklinik nimmt ihre Tätigkeit am            erstmalig auf. Die Gesellschaft verfügt derzeit über keine Erfahrung, wie sich die von ihr erarbeitete Organisationsstruktur in der Praxis bewährt; auch die Auswirkungen des völlig neuen Vergütungssystems sind nicht vorauszusehen, dessen wesentliche Komponente eine Gewinnbeteiligung der Mitarbeiter darstellt. Wegen der sich hieraus ergebenden Unwägbarkeiten werden die derzeitigen organisatorischen Strukturen und das Vergütungssystem bis zum            befristet.

Die Gesellschaft geht davon aus, daß nach dreijähriger Tätigkeit ausreichend Erfahrungen vorliegen werden, um einen eventuell notwendigen Reorganisationsprozeß und die sich daraus ergebenden Arbeitsplatzveränderungen im Rahmen des Zumutbaren vornehmen zu können; dies schließt möglicherweise eine grundsätzliche Veränderung der gesamten Vergütungsstruktur nach billigem Ermessen ein.

(2) Nach Beendigung der Probezeit ist das unbefristet abgeschlossene Dienstverhältnis bis zum Ablauf von 2 Jahren Betriebszugehörigkeit mit einer Kündigungsfrist von 6 Wochen zum Quartalsende kündbar. Übersteigt die Dauer der Betriebszugehörigkeit zwei Jahre, so gelten die gesetzlichen Kündigungsfristen, und zwar für beide Vertragspartner.

Das Recht zur außerordentlichen Kündigung bleibt unberührt.

Die Kündigung bedarf der Schriftform. Sie hat entweder durch eingeschriebenen Brief oder durch schriftliche Empfangsbestätigung zu erfolgen.

### § 11 Allgemeine Bestimmungen

(1) Änderungen oder Ergänzungen dieses Vertrages bedürfen der Schriftform. Nebenabreden werden nicht getroffen.

(2) Sofern einzelne Vertragsbestimmungen unwirksam sind oder werden, wird dadurch die Wirksamkeit des Vertrages im übrigen nicht berührt. Die Vertragsparteien werden anstelle der unwirksamen Vertragsbestimmung eine gültige vereinbaren, die dem Zweck des Vertrages entspricht.

(3) Die jeweils geltende Betriebsordnung ist Inhalt dieses Vertrages.

           , den

Unterschriften

# § 1 Kapitel 1: Arbeitsverträge

## 22. Muster: Arbeitsvertrag mit einer Altenpflegerin in einer Privatklinik

*Arbeitsvertrag*

Zwischen

der

– nachfolgend Arbeitgeber genannt –

und

– nachfolgend Arbeitnehmerin genannt –

wird folgender Arbeitsvertrag geschlossen:

### § 1 Einstellung

Frau:                             Vorname:
Geburtsname:                      Geburtsland:
Staatsangehörigkeit:
wohnhaft:
wird ab           als
für die Betriebsstätte      tätig sein.
Die Probezeit beginnt am         und endet am        .

### § 2 Arbeitszeit

Die regelmäßige Arbeitszeit beträgt wöchentlich 20 Stunden, ausschließlich der Pausen. Die Verteilung der Arbeitszeit auf einzelne Wochentage richtet sich nach den betrieblichen Bedürfnissen. Im Krankheitsfalle ist ohne Aufforderung, spätestens am 3. Tage der Erkrankung, ein ärztliches Attest vorzulegen. Bei Arbeitsverhinderung ist die Betriebsstätte unverzüglich vor Dienstbeginn zu verständigen. Der Arbeitgeber ist berechtigt, die Arbeitnehmerin bei gleichem Lohn oder Gehalt ggf. mit anderen zumutbaren Arbeiten und in anderen Betrieben oder Betriebsabteilungen zu beschäftigen.

Die Arbeitnehmerin verpflichtet sich, bei Bedarf auch ganztägig zu arbeiten und Mehrarbeit zu leisten, außerdem im Früh-, Spät- und Nachtdienst eingesetzt zu werden.

Für die Beschaffung und Reinigung der Arbeitskleidung ist die Arbeitnehmerin selbst verantwortlich.

### § 3 Vergütung

(1) Die Arbeitnehmerin erhält eine Vergütung pro Monat in Höhe von         DM (         EUR) brutto, die sich wie folgt zusammensetzt:

Bruttogrundvergütung                    DM (       EUR)
Zulage                                  DM (       EUR)
persönliche Zulage                      DM (       EUR)
*Bruttogehalt gesamt*                   *DM (      EUR).*

Nach erfolgreich beendeter Probezeit erfolgt eine Erhöhung der persönlichen Zulage.

Das Gehalt setzt sich demnach ab dem        wie folgt zusammen:

Bruttogrundvergütung                    DM (       EUR)
Zulage                                  DM (       EUR)
persönliche Zulage                      DM (       EUR)
*Bruttogehalt gesamt*                   *DM (      EUR).*

(2) Die Lohnzahlung erfolgt bargeldlos auf ein von der Arbeitnehmerin einzurichtendes Konto.

(3) Der Zuschuß zur Kranken-, Pflege-, Renten- und Arbeitslosenversicherung wird in Höhe des der Arbeitnehmerin gesetzlich zustehenden steuerfreien Betrages gezahlt.

## Verträge mit Arbeitnehmern, Gesellschaftsorganen und Selbständigen §1

(4) Der Arbeitgeber behält sich vor, die Vergütung jederzeit und ohne daß es einer weiteren Ankündigung bedarf, gemäß dem festgelegten Umrechnungskurs von 1,95583 in EURO abzurechnen.

(5) Die Arbeitnehmerin verpflichtet sich, Gehaltsüberzahlungen ohne Rücksicht auf eine noch vorhandene Bereicherung zurückzuzahlen.

### § 4 Gratifikation

Soweit es die wirtschaftliche Lage und Entwicklung der Klinik zuläßt und das Arbeitsverhältnis mehr als sechs Monate ununterbrochen bestanden hat, erhält die Arbeitnehmerin eine Weihnachtsgratifikation. Die Auszahlung erfolgt mit der Novembervergütung. Der Arbeitgeber hat in Ausübung seines billigen Ermessens vorrangig die Wirtschaftsdaten der Klinik zugrunde zu legen.

Die Arbeitnehmerin erkennt an, daß diese Gratifikation freiwillig gezahlt wird und hierauf auch nach wiederholter Zahlung kein Rechtsanspruch generell oder hinsichtlich Höhe, Zeitpunkt der Auszahlung, etc. besteht.

Die Gratifikation ist:
1. Anerkennung für die tatsächlich erbrachte Arbeitsleistung im Zeitraum 01.01. bis 31.12. des Auszahlungsjahres als auch
2. Zugehörigkeitsprämie dafür, daß das Arbeitsverhältnis über den 31.03. des der Auszahlung folgenden Jahres hinaus besteht. Wird nach den vorstehenden Regelungen eine Gratifikation gezahlt, richtet sich deren Höhe nach der tatsächlich erbrachten Arbeitsleistung im Zeitraum vom 01.01. bis 31.12. des Jahres.

Der Anspruch auf die Gratifikation ist ausgeschlossen, wenn das Arbeitsverhältnis sich bis zum 31. Dezember in einem gekündigten Zustand befindet oder infolge eines Aufhebungsvertrags enden soll. Die Arbeitnehmerin ist verpflichtet, die Gratifikation zurückzuzahlen, wenn sie bis zum 31. März des auf die Auszahlung folgenden Kalenderjahres beim Arbeitgeber ausscheidet.

Der Arbeitgeber ist berechtigt, mit seiner Rückzahlungsforderung gegen die rückständigen oder nach der Kündigung fällig werdenden Vergütungsansprüche unter Beachtung der Pfändungsschutzbestimmungen aufzurechnen.

### § 5 Erklärung der Arbeitnehmerin

Die Arbeitnehmerin versichert, daß zur Zeit keine gesundheitlichen Gründe einer Aufnahme der Tätigkeit entgegenstehen. Sie versichert ferner, weder anerkannte Schwerbehinderte noch einer Schwerbehinderten Gleichgestellte zu sein bzw. entsprechende Anerkennungsanträge bei dem Versorgungsamt oder dem Arbeitsamt gestellt zu haben. Der Grad einer etwaig dennoch vorhandenen Schwerbehinderung beträgt          %. Die Arbeitnehmerin versichert schließlich, kein Heilverfahren laufen zu haben. Die Arbeitnehmerin verpflichtet sich, von einer etwaig später eintretenden Schwerbehinderung den Arbeitgeber unverzüglich zu unterrichten.

### § 6 Kündigung

Unabhängig von einer etwaig vereinbarten Befristung kann das Vertragsverhältnis unter Einhaltung der gesetzlichen Fristen gekündigt werden. Verlängern sich die Kündigungsfristen für die arbeitgeberseitige Kündigung, so verlängern sie sich im gleichen Maße auch für die Kündigung der Arbeitnehmerin. Für die außerordentliche Kündigung gelten die gesetzlichen Bestimmungen. Die Kündigung bedarf der Schriftform.

### § 7 Urlaub

(1) Die Arbeitnehmerin erhält 30 Arbeitstage Urlaub, Urlaubsjahr ist das Kalenderjahr. Der Urlaub ist bis zum 31.12. des Urlaubsjahres zu nehmen.

(2) Die Arbeitnehmerin erhält ein Urlaubsgeld, wenn sie
    a) am 01. Juli im ungekündigten Arbeitsverhältnis steht und
    b) seit dem 01. Januar des laufenden Jahres ununterbrochen als Arbeitnehmerin beim Arbeitgeber beschäftigt war oder in einem Ausbildungsverhältnis gestanden hat und
    c) mindestens für einen Teil des Monats Juli Anspruch auf Vergütung, Mutterschaftsgeld oder Krankenbezüge hat.

### § 1 Kapitel 1: Arbeitsverträge

Das Urlaubsgeld beträgt 500,00 DM (255,65 EUR).

Das Urlaubsgeld beträgt für die am 01. Juli nicht vollbeschäftigte Arbeitnehmerin den Teil des Urlaubsgeldes, der dem Maß der mit ihr vereinbarten, am 01. Juli geltenden durchschnittlichen Arbeitszeit entspricht.

Das Urlaubsgeld wird mit den Bezügen für den Monat Juli ausgezahlt. Ist das Urlaubsgeld gezahlt worden, obwohl es der Arbeitnehmerin nicht zustand, ist es in voller Höhe zurückzuzahlen.

### § 8 Vertragsbruch
Tritt die Arbeitnehmerin das Arbeitsverhältnis nicht zum vereinbarten Termin an oder löst sie es fristlos ohne wichtigen Grund auf, so hat die Arbeitnehmerin dem Arbeitgeber die hierdurch entstandenen Kosten zu erstatten. Ohne Nachweis eines Schadens hat sie in den genannten Fällen einen Monatslohn als Konventionalstrafe zu entrichten.

Die Geltendmachung darüber hinausgehender Schäden durch den Arbeitgeber wird hierdurch nicht ausgeschlossen.

### § 9 Alkoholverbot/Rauchverbot
Unabhängig von den Regelungen für die Patienten der Klinik gilt für die Arbeitnehmerin im Bereich des gesamten Klinikgeländes grundsätzlich ein absolutes Alkohol- und Rauchverbot.

### § 10 Freiwillige Leistungen
Soweit der Arbeitgeber Prämien und soziale Vergünstigungen gewährt, auf die nach diesem Vertrag nicht ausdrücklich ein Rechtsanspruch besteht, kann die Arbeitnehmerin hieraus keinen Rechtsanspruch auf diese Leistungen herleiten, auch wenn sie wiederholt und ohne ausdrücklichen Hinweis auf die Freiwilligkeit erfolgen.

### § 11 Sonstiges
(1) Mündliche Abmachungen wurden nicht getroffen.

(2) Änderungen des Vertrages bedürfen der schriftlichen Bestätigung von seiten des Arbeitgebers.

(3) Die Arbeitnehmerin verpflichtet sich, über alle Angelegenheiten und Vorkommnisse, die ihr im Rahmen ihrer Tätigkeit zur Kenntnis gelangen, Stillschweigen zu bewahren. Dies gilt auch nach Beendigung der Tätigkeit.

(4) Über den Inhalt dieses Vertrages ist Stillschweigen zu bewahren.

(5) Durch Betriebsvereinbarung kann auch zu Lasten der Arbeitnehmerin von den Bestimmungen dieses Vertrages abgewichen werden.

(6) Jedwede Nebentätigkeit unentgeltlicher und entgeltlicher Art ist dem Arbeitgeber schriftlich anzuzeigen.

(7) Der Anspruch auf Gehaltsfortzahlung bei Verhinderung wegen Pflege eines erkrankten Kindes oder nahen Angehörigen wird ausgeschlossen.

### § 12 Ausschlußfristen
(1) Sämtliche beiderseitigen Ansprüche aus diesem Anstellungsvertrag sind nach Fälligkeit innerhalb einer dreimonatigen Ausschlußfrist schriftlich geltend zu machen. Geschieht das nicht, verfallen etwaige Ansprüche nach diesem Zeitraum.

(2) Werden Ansprüche rechtzeitig geltend gemacht, und erfüllt der jeweils andere Teil die geltend gemachten Ansprüche nicht binnen Wochenfrist, sind die Ansprüche binnen einer weiteren Frist von einem Monat gerichtlich geltend zu machen. Geschieht das nicht, gilt Abs. 1 Satz 2.

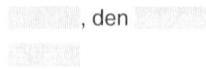, den

Unterschriften

# Verträge mit Arbeitnehmern, Gesellschaftsorganen und Selbständigen § 1

## 23. Muster: Arbeitsvertrag mit einer Arzthelferin

*Arbeitsvertrag*

zwischen

— nachstehend Praxis genannt —

und

— nachstehend Mitarbeiterin genannt —

### § 1 Beginn des Arbeitsverhältnisses
(1) Die Mitarbeiterin tritt mit Wirkung vom           in die Dienste der Praxis. Vor Beginn des Arbeitsverhältnisses ist die Kündigung ausgeschlossen.

(2) Die ersten sechs Monate gelten als Probezeit. Während dieser Zeit können die Vertragspartner das Arbeitsverhältnis mit zweiwöchiger Frist kündigen.

### § 2 Tätigkeit
Die Mitarbeiterin wird angestellt als Arzthelferin.

### § 3 Arbeitszeit
(1) Die regelmäßige Arbeitszeit beträgt          Stunden wöchentlich. Diese Arbeitszeit erhöht sich um Notfalldienste sowie gemäß Abs. 3.

(2) Beginn und Ende der täglichen Arbeitszeit sowie die Pausen werden von der Praxis festgelegt und gelten für alle Mitarbeiter. Sie werden mit Rücksicht auf die Sprechstunde festgelegt.

(3) Die Mitarbeiterin ist verpflichtet, Mehr- und Überarbeit zu leisten, soweit dies gesetzlich zulässig ist.

### § 4 Vergütung
(1) Die Mitarbeiterin erhält für ihre vertragliche Tätigkeit ein monatliches Bruttogehalt von           DM. Die Vergütung ist jeweils am Letzten des Monats fällig. Die Zahlung erfolgt bargeldlos. Die Mitarbeiterin ist verpflichtet, ein Konto zu unterhalten und der Praxis ihre jeweiligen Kontodaten mitzuteilen.

(2) Zusätzlich zahlt die Praxis der Mitarbeiterin ab dem 7. Beschäftigungsmonat einen Anteil zu vermögenswirksamen Leistungen von zur Zeit monatlich           DM (          EUR), jeweils nach den geltenden steuerlichen Voraussetzungen.

(3) Die Praxis zahlt Weihnachtsgeld. Die wiederholte Gewährung freiwilliger sozialer Leistungen führt zu keinem Rechtsanspruch auf seiten der Mitarbeiterin.

(4) Die Praxis behält sich vor, die Vergütung jederzeit und ohne daß es einer weiteren Ankündigung bedarf, gemäß dem festgelegten Umrechnungskurs von 1,95583 in EURO abzurechnen.

(5) Die Mitarbeiterin verpflichtet sich, Gehaltsüberzahlungen ohne Rücksicht auf eine noch vorhandene Bereicherung zurückzuzahlen.

### § 5 Urlaub
Der Urlaubsanspruch der Mitarbeiterin richtet sich nach dem Bundesurlaubsgesetz. Mit der Mitarbeiterin werden zur Zeit 25 Arbeitstage jährlich als Urlaub vereinbart. Der Zeitpunkt des Urlaubsantritts ist unter Berücksichtigung der Interessen der Praxis festzulegen.

### § 6 Gehaltsverpfändung und Gehaltsabtretung

(1) Die Mitarbeiterin darf ihre Vergütungsansprüche weder verpfänden noch abtreten.

(2) Die Mitarbeiterin hat die durch die Pfändung, Verpfändung oder Abtretung erwachsenden Kosten zu tragen. Die zu ersetzenden Kosten sind pauschaliert und betragen je zu berechnender Pfändung, Verpfändung oder Abtretung 10,00 DM (5,11 EUR). Die Praxis ist berechtigt, bei Nachweis der höheren tatsächlichen Kosten diese in Ansatz zu bringen.

### § 7 Arbeitsverhinderung

(1) Die Mitarbeiterin ist verpflichtet, der Praxis jede Dienstverhinderung und ihre voraussichtliche Dauer anzuzeigen. Auf Verlangen sind die Gründe der Dienstverhinderung mitzuteilen.

(2) Die Mitarbeiterin ist verpflichtet, der Praxis jede Dienstverhinderung spätestens 2 Stunden vor Arbeitsbeginn sowie die voraussichtliche Dauer anzuzeigen. Auf Verlangen sind die Gründe der Dienstverhinderung mitzuteilen.

(3) Im Falle der Erkrankung ist die Mitarbeiterin verpflichtet, vor Ablauf des dritten Kalendertages nach Beginn der Arbeitsunfähigkeit eine ärztliche Bescheinigung über die Arbeitsunfähigkeit sowie deren voraussichtliche Dauer vorzulegen. Dauert die Arbeitsunfähigkeit länger als in der Bescheinigung angegeben, so ist die Mitarbeiterin verpflichtet, innerhalb von drei Tagen eine neue ärztliche Bescheinigung einzureichen.

### § 8 Gehaltsfortzahlung im Krankheitsfall

Ist die Mitarbeiterin infolge auf Krankheit beruhender Arbeitsunfähigkeit an der Arbeitsleistung verhindert, ohne daß sie ein Verschulden trifft, so erhält sie Gehaltsfortzahlung nach Maßgabe des Entgeltfortzahlungsgesetzes in seiner jeweils gültigen Fassung.

### § 9 Verschwiegenheitspflicht

(1) Die Mitarbeiterin verpflichtet sich, über alle ihr in der Praxis bekanntgewordenen Angelegenheiten und Vorgänge auch nach dem Ausscheiden aus dem Arbeitsverhältnis Stillschweigen zu bewahren. Hierzu gehört auch der Personenkreis der Patienten.

(2) Die Mitarbeiterin ist auf das Dienstgeheimnis verpflichtet. Die Verpflichtungserklärung bildet einen Bestandteil des Arbeitsverhältnisses. Die Praxis hat der Mitarbeiterin vor Unterzeichnung der Verpflichtungserklärung ein Merkblatt zum Datengeheimnis ausgehändigt.

### § 10 Nebenbeschäftigung

Die Mitarbeiterin darf eine Nebenbeschäftigung, solange sie bei der Praxis beschäftigt ist, nur mit vorheriger schriftlicher Zustimmung der Praxis übernehmen.

### § 11 Beendigung des Arbeitsverhältnisses

(1) Das Arbeitsverhältnis endet entweder mit Ablauf des Monats, in dem die Mitarbeiterin das gesetzliche Rentenalter erreicht hat, oder durch Kündigung. Im übrigen gelten die gesetzlichen Bestimmungen.

(2) Die Kündigung bedarf der Schriftform. Die Kündigungsfrist beträgt vier Wochen zum 15. oder zum Ende eines Kalendermonats. Beschäftigungszeiten vor Vollendung des 25. Lebensjahres werden nicht mitgezählt.

(3) Durch die Kündigungserklärung wird die Befugnis der Praxis begründet, die Mitarbeiterin unter Fortzahlung ihrer Bezüge von der Arbeitsleistung freizustellen.

(4) Das Recht zur fristlosen Kündigung aus wichtigem Grund bleibt hiervon unberührt. Entgeltliche, von der Praxis nicht schriftlich genehmigte Nebentätigkeiten sollen den Stellenwert eines wichtigen Grundes haben.

### § 12 Nebenabreden und Vertragsänderungen

Änderungen des Vertrages und Nebenabreden bedürfen zu ihrer Wirksamkeit der Schriftform.

### § 13 Besondere Vereinbarungen

(1) Ein Entgeltfortzahlungsanspruch in den Fällen der Freistellung nach 45 SGB V (Beaufsichtigung und Betreuung oder Pflege eines erkrankten Kindes unter 12 Jahren) wird ausgeschlossen.

(2) Die Mitarbeiterin erklärt, daß sie an keiner ansteckenden Krankheit leidet, keine körperlichen oder gesundheitlichen Mängel verschwiegen hat, die der Verrichtung der geschuldeten Arbeitsleistung entgegenstehen, und zum Zeitpunkt des Abschlusses des Arbeitsvertrages nicht den Bestimmungen des Schwerbehindertengesetzes unterliegt.

(3) Alle beiderseitigen Ansprüche aus dem Arbeitsverhältnis und solche, die mit dem Arbeitsverhältnis in Verbindung stehen, verfallen, wenn sie nicht innerhalb von 2 Monaten nach der Fälligkeit gegenüber der anderen Vertragspartei schriftlich erhoben werden.

(4) Lehnt die Gegenpartei den Anspruch ab oder erklärt sie sich nicht innerhalb von zwei Wochen nach der Geltendmachung des Anspruches, so verfällt dieser, wenn er nicht innerhalb von zwei Monaten nach der Ablehnung oder dem Fristablauf gerichtlich geltend gemacht wird.

(5) Die Mitarbeiterin erklärt sich damit einverstanden, daß ihre personenbezogenen Daten automatisiert gespeichert und verarbeitet werden. Sie erklärt, daß sie sich die anliegende Belehrung über das Datengeheimnis durchgelesen hat und die ebenfalls anliegende Verpflichtungserklärung nach § 5 BDSG unterzeichnen wird.

(6) Die Mitarbeiterin hat stets auf Sauberkeit und Hygiene zu achten.

## 24. Muster: Arbeitsvertrag mit einem Assistenten zur Vorbereitung auf die kassenärztliche Tätigkeit

Zwischen

– im folgenden Praxisinhaber genannt –

und

Herrn

– im folgenden Assistent genannt –

wird folgendes vereinbart:

### § 1 Begründung des Assistentenverhältnisses

(1) Herr         wird ab         als Assistent in der Praxis eingestellt. Die Einstellung erfolgt zum Zwecke der Vorbereitung auf die kassenärztliche Tätigkeit (§ 3 Abs. 3 ZOÄ).

(2) Die erforderliche Weiterbildungsermächtigung der Ärztekammer liegt vor. Ebenso hat die zuständige Kassenärztliche Vereinigung der Beschäftigung zugestimmt. Die Approbationsurkunde bzw. die Erlaubnis gemäß § 10 BuÄO hat der Assistent vorgelegt.

(3) Der Assistent verpflichtet sich, für den Fall der rechtswidrigen und schuldhaften Nichtaufnahme der Arbeit oder der vertragswidrigen Beendigung seiner Tätigkeit eine Vertragsstrafe in Höhe von         DM (        EUR) zu zahlen. Der Praxisinhaber ist berechtigt, einen weitergehenden Schaden geltend zu machen.

### § 2 Anzuwendende Vorschriften

(1) Auf das Anstellungsverhältnis finden die arbeitsrechtlichen Vorschriften Anwendung, soweit nichts anderes im folgenden vereinbart wurde.

(2) Das Angestelltenverhältnis wird für die Dauer eines halben Jahres bis zum         vereinbart.

(3) Für die ersten drei Monate vereinbaren die Parteien eine Probezeit. Bis zur Beendigung der Probezeit kann das Assistentenverhältnis mit einer Frist von 4 Wochen gekündigt werden.

### § 3 Pflichten des Praxisinhabers

(1) Das Assistentenverhältnis basiert, auch in arbeitsrechtlicher Hinsicht, auf Kollegialität und Partnerschaftlichkeit.

(2) Der Praxisinhaber ist dem Assistenten gegenüber weisungsberechtigt. Er hat jedoch neben der Verpflichtung zur Vermittlung ausreichender Kenntnisse die Bestimmungen der Berufsordnung zu beachten und dem Assistenten eine seinem Weiterbildungsstand entsprechende Selbständigkeit einzuräumen.

(3) Der Praxisinhaber verpflichtet sich außerdem, den Assistenten zur gesetzlichen Unfallversicherung – und wenn erforderlich – auch zur gesetzlichen Krankenversicherung anzumelden.

### § 4 Pflichten des Assistenten

(1) Der Assistent ist verpflichtet, den Weisungen des Praxisinhabers oder seines Vertreters zu entsprechen. Die Weisungsbefugnis des Praxisinhabers erstreckt sich auf den ärztlichen und organisatorischen Bereich der Praxis.

(2) Der Assistent verpflichtet sich zur Einhaltung der kassenarztrechtlichen Vorschriften einschließlich der von der zuständigen Kassenärztlichen Vereinigung abgeschlossenen Verträge. Im Falle etwaiger Verstöße gegen kassenarztrechtliche Vorschriften, insbesondere bei vorsätzlichem oder grob fahrlässigem Verstoß gegen das Wirtschaftlichkeitsgebot der Behandlungs- und Verordnungsweise, haftet der Assistent dem Praxisinhaber für alle daraus sich ergebenden rechtskräftig festgesetzten Behandlungsabstriche und Arzneimittelregresse.

(3) Die Übernahme einer Nebentätigkeit durch den Assistenten bedarf der ausdrücklichen Zustimmung des Praxisinhabers.

### § 5 Arbeitszeit

(1) Die regelmäßige wöchentliche Arbeitszeit ist wie folgt geregelt:

(2) Der Assistent hat die besonderen Erfordernisse der Praxis zu beachten.

(3) Zur Abgeltung etwaiger Überstunden erhält der Assistent zusätzlich eine Pauschale von          DM (          EUR), die ausgehend vom Grundgehalt monatlich bis zu          Überstunden abgelten soll. Diese Pauschalvereinbarung kann von beiden Parteien mit einer Kündigungsfrist von einem Monat zum Monatsende gekündigt und der Übergang zur Einzelabrechnung verlangt werden.

(4) Im Krankheitsfalle des Praxisinhabers übt der Assistent zur Aufrechterhaltung des Praxisbetriebes die ärztlichen Tätigkeiten im Rahmen der üblichen Praxiszeiten vertretungsweise aus.

### § 6 Vergütung

(1) Der Assistent erhält eine monatliche Vergütung in Höhe von          DM (          EUR) zuzüglich des Arbeitgeberanteils zur gesetzlichen Rentenversicherung oder zur Ärzteversorgung sowie zur gesetzlichen Krankenversicherung und zur Arbeitslosenversicherung.

(2) Überstunden des Assistenten werden entweder in Geld oder durch Freizeit abgegolten.

(3) Der Assistent erhält in Anlehnung an die tarifvertragliche Regelung im BAT, unter den gleichen Voraussetzungen der BAT-Regelung, eine Weihnachtsgratifikation in Höhe von          DM (          EUR). Die einschränkenden Bestimmungen nach dem BAT für die Gewährung der Weihnachtsgratifikation gelten als vereinbart.

(4) Im Erkrankungsfalle wird dem Assistenten bis zum Ende der 6. Woche der Arbeitsunfähigkeit, längstens jedoch bis zur Beendigung des Angestelltenverhältnisses, das Entgelt nach Maßgabe des Entgeltfortzahlungsgesetzes gezahlt.

(5) Etwaige Leistungen der gesetzlichen Unfallversicherung werden auf die Krankenbezüge angerechnet.

(6) Der Assistent verpflichtet sich, Gehaltsüberzahlungen ohne Rücksicht auf eine noch vorhandene Bereicherung zurückzuzahlen.

### § 7 Urlaub
(1) Der Assistent erhält einen jährlichen Urlaub von ........ Arbeitstagen (Montag-Freitag). Urlaubsjahr ist das Kalenderjahr. Bei Ausscheiden des Assistenten vor Ablauf eines vollen Jahres ist der Urlaub anteilig zu berechnen.

(2) Der Urlaub ist unter Berücksichtigung der Praxisverhältnisse in beiderseitigem Einvernehmen festzulegen.

### § 8 Haftpflicht
Der Praxisinhaber versichert, daß seine eigene Berufshaftpflichtversicherung die Mitbeschäftigung eines Assistenten in der Praxis deckt. Der Assistent versichert, daß er für seine persönliche Haftung eine ausreichende Haftpflichtversicherung abgeschlossen hat.

### § 9 Wettbewerbsverbot
(1) Der Assistent verpflichtet sich, für die Dauer von ........ Jahr/en nach Beendigung seiner Assistententätigkeit in einer Entfernung von ........ m Luftlinie zur Praxis des Praxisinhabers nicht als ........ tätig zu werden.

(2) Für die Dauer des Wettbewerbsverbots verpflichtet sich der Praxisinhaber, eine Karenzentschädigung in Höhe der Hälfte der zuletzt erhaltenen Bezüge ( ........ DM/ ........ EUR) zu zahlen.

(3) Im übrigen gelten die Vorschriften der §§ 74 ff. HGB.

### § 10 Anrufung der Ärztekammer vor Beschreitung des ordentlichen Rechtsweges
Beide Vertragsparteien verpflichten sich, bei Streitigkeiten aus diesem Vertrag vor Anrufung des Gerichts eine Schlichtung durch die zuständige Ärztekammer durchzuführen.

### § 11 Schlußbestimmungen
(1) Änderungen und Ergänzungen dieses Vertrages sind nur wirksam, wenn sie schriftlich vereinbart wurden.

(2) Die Unwirksamkeit einer Vertragsbestimmung berührt die Gültigkeit der anderen Vertragsbestimmungen nicht.

▲

## 25. Muster: Arbeitsvertrag mit einem Bankangestellten (Tarifbindung privates und öffentliches Bankgewerbe)

▼

*Vertrag*

Zwischen

– nachfolgend Bank genannt –

und

Herrn

– nachfolgend Mitarbeiter genannt –

wird folgendes vereinbart:

## § 1 Kapitel 1: Arbeitsverträge

### § 1 Vertragsbeginn/Tätigkeit

Der Mitarbeiter wird mit Wirkung vom            als Bankangestellter beschäftigt.

Er ist verpflichtet, seine volle Arbeitskraft in den Dienst der Bank zu stellen. Zur Ausübung einer Nebenbeschäftigung bedarf es der schriftlichen Zustimmung der Bank.

Der jeweilige Tätigkeitsbereich des Mitarbeiters wird von der Bank bestimmt. Dabei wird die Bank die persönlichen Belange des Mitarbeiters sowie seine Fähigkeiten und Kenntnisse berücksichtigen.

Die Bank ist berechtigt, dem Mitarbeiter jeden zumutbaren Arbeitsplatz in ihren Filialen oder auch an einen anderen Ort zuzuweisen.

### § 2 Bezüge

Der Mitarbeiter erhält folgende Bezüge, durch die zugleich eventuelle Mehrarbeitsvergütungen abgegolten sind:

a) Gehalt

Ein Bruttomonatsgehalt von derzeit            DM (            EUR)
(in Worten:            Deutsche Mark,            EURO)

Es wird jeweils Mitte eines Monats bargeldlos gezahlt.

b) Gratifikation

Eine jährliche Abschlußgratifikation, die aus einem garantierten Betrag in Höhe eines Monatsgehaltes (Basis Dezember) und einer zusätzlichen Vergütung besteht, die unter Berücksichtigung der Ertragslage der Bank individuell nach Leistungsgesichtspunkten jährlich neu festgesetzt wird. Die Abrechnung erfolgt nach der ordentlichen Hauptversammlung der Bank und setzt voraus, daß der Mitarbeiter zum Zeitpunkt der Zahlung in ungekündigtem Dienstverhältnis steht.

Eine Sonderzahlung, die Ende November ausgezahlt wird, sofern der Mitarbeiter im Zeitpunkt der Zahlung in ungekündigtem Vertragsverhältnis steht. Sie beträgt zur Zeit ein Monatsgehalt.

Bei einer Tätigkeitsdauer auf der Grundlage dieses Vertrages von weniger als 12 Monaten in einem Kalenderjahr werden die Gratifikationen zeitanteilig vergütet.

c) Vermögensbildende Leistung

Eine vermögensbildende Leistung, die in ihrer Höhe den vermögenswirksamen Leistungen des für das private Bankgewerbe geltenden Tarifvertrages entspricht.

Der Mitarbeiter verpflichtet sich, Gehaltsüberzahlungen ohne Rücksicht auf eine noch vorhandene Bereicherung zurückzuzahlen.

### § 3 Sozialversicherung/Zusatzversicherung

Die Sozialversicherungsbeiträge sind nach den gesetzlichen Bestimmungen zu tragen.

Die Bank versichert den Mitarbeiter während dessen Betriebszugehörigkeit aufgrund einer Verpflichtung aus der Mitgliedschaft der Bank bei dem Beamtenversicherungsverein des Deutschen Bank- und Bankiergewerbes V.a.G. (BVV) gemäß dessen Satzung und Versicherungsbedingungen; von den Beiträgen trägt der Mitarbeiter z.Zt. 1/3 und die Bank z.Zt. 2/3.

### § 4 Sonstige Vertragsbestandteile

Die Betriebsordnung und die Versorgungsordnung der Bank in ihren jeweils geltenden Fassungen sind Bestandteile dieses Vertrages. Ferner finden die Bestimmungen der Tarifverträge für das private Bankgewerbe und die öffentlichen Banken über Urlaub und Fortzahlung des Gehaltes im Krankheitsfall entsprechende Anwendung.

### § 5 Probezeit/Kündigungsfristen

Die ersten            Monate des Arbeitsverhältnisses gelten als Probezeit, während der dieser Vertrag beiderseits mit einer Frist von einem Monat zum Ende eines Kalendermonats gelöst werden kann. Nach Ablauf der Probezeit gilt dann eine Kündigungsfrist von sechs Monaten zum Quartalsende.

Verträge mit Arbeitnehmern, Gesellschaftsorganen und Selbständigen §1

Das Beschäftigungsverhältnis endet, ohne daß es einer Kündigung bedarf, mit Ablauf der Probezeit, wenn die Bank nicht bis spätestens vier Wochen vor Ablauf der Probezeit eine Weiterbeschäftigung mit dem Mitarbeiter ausdrücklich vereinbart.

Das Arbeitsverhältnis endet ohne Kündigung mit Ablauf des Monats, in dem der Mitarbeiter sein 65. Lebensjahr vollendet. Unabhängig hiervon hat die Bank das Recht, den Mitarbeiter nach Maßgabe der Versorgungsordnung in den Ruhestand zu versetzen.

### § 6 Bankgeheimnis/Verschwiegenheitspflicht/Datenschutz
Wegen des besonderen Vertrauensverhältnisses zwischen Kunden und Bank ist der Mitarbeiter verpflichtet, absolute Verschwiegenheit über alle ihm zur Kenntnis gelangenden Tatsachen und Vorgänge zu wahren, auch nach seinem Ausscheiden.

485

Bei Beendigung des Vertragsverhältnisses hat der Mitarbeiter alle Geschäftspapiere oder etwa gefertigte Abschriften, Fotokopien, Notizen und sonstige Unterlagen, welche die Bank betreffen, zurückzugeben.

Dem Mitarbeiter ist untersagt, durch das Bundesdatenschutzgesetz geschützte personenbezogene Daten unbefugt zu einem anderen als dem zur jeweiligen rechtmäßigen Aufgabenerfüllung gehörenden Zweck in Dateien zu erfassen, aufzunehmen oder aufzubewahren, zu verändern oder zu löschen, diese Daten dritten Personen bekanntzugeben oder zugänglich zu machen oder sie sonst zu nutzen. Diese Verpflichtung zur Wahrung des Datengeheimnisses besteht auch nach dem Ausscheiden des Mitarbeiters. Über den Inhalt des Bundesdatenschutzgesetzes ist der Mitarbeiter durch ein Merkblatt unterrichtet.

### § 7 Nutzungsrechte an Arbeitsergebnissen
Arbeitsergebnisse, die der Mitarbeiter in Erfüllung oder anläßlich der Erfüllung seiner dienstlichen Verpflichtungen erzielt, stehen ausschließlich der Bank zu, soweit nicht das Arbeitnehmererfindungsgesetz etwas anderes bestimmt oder dem Mitarbeiter eine Veröffentlichung unter eigenem Namen gestattet wird. Insbesondere erhält die Bank die uneingeschränkten ausschließlichen Nutzungsrechte an Arbeitsergebnissen jeder Art für alle bekannten, auch nicht bankbetrieblichen Zwecke mit der Befugnis zur Rechtsübertragung oder sonstigen Rechtseinräumung an Dritte, ohne daß es einer weiteren Zustimmung oder Information des Mitarbeiters bedarf. Mit dem vereinbarten Gehalt werden alle Ansprüche des Mitarbeiters auf Vergütung von Arbeitsergebnissen, die der Bank zustehen, abgegolten. Soweit dies keine unbillige Härte für den Mitarbeiter bedeutet, hat der Mitarbeiter auch kein Recht darauf, im Zusammenhang mit den Arbeitsergebnissen als derjenige benannt zu werden, der diese Arbeitsergebnisse geschaffen hat.

### § 8 Vorbehalt
Dieser Vertrag wird unter der Voraussetzung geschlossen, daß das Ergebnis der noch vorzunehmenden vertrauensärztlichen Untersuchung, die über den Mitarbeiter einzuholenden Auskünfte sowie das behördliche Führungszeugnis die Bank zufriedenstellen.

### § 9 Nebenabreden/Vertragsänderungen/Gehaltskonto
Maßgebend für das Arbeitsverhältnis ist allein dieser Vertrag. Nebenabreden sind nicht getroffen.

Änderungen und Ergänzungen bedürfen der Schriftform.

Bei künftigen Veränderungen der Bezüge bedarf es keiner formalen Änderung des Vertrages; an die Stelle der vorstehend unter 2. aufgeführten Beträge treten sodann die in der entsprechenden Mitteilung der Bank genannten Bezüge.

Die Erstellung der Gehaltsabrechnung erfolgt bei der Muttergesellschaft der Bank, daher ist es erforderlich, das Gehaltskonto bei einer Geschäftsstelle der Bank zu führen.

Für Schäden am Privateigentum der Mitarbeiter haftet der Betrieb im Rahmen der gesetzlichen Bestimmungen nur dann, wenn ihn ein Verschulden trifft.

# § 1 Kapitel 1: Arbeitsverträge

§ 10 Sonstige Vereinbarungen

, den

Bank                              Mitarbeiter

## 26. Muster: Arbeitsvertrag mit Elektromeister mit besonderer Sicherheitsphilosophie eines Weltunternehmens

*Arbeitsvertrag*

Zwischen

– nachstehend Firma genannt –

und

Herrn

– nachstehend Mitarbeiter genannt –

wird nachfolgender Arbeitsvertrag geschlossen:

**§ 1 Beginn des Arbeitsverhältnisses**

(1) Der Mitarbeiter ist seit dem       bei der Firma beschäftigt. Mit der Unterzeichnung dieses Vertrages wird das seit dem       bestehende Arbeitsverhältnis fortgesetzt.

(2) Eine Probezeit wird nicht vereinbart. Die bisherige Beschäftigungszeit wird voll angerechnet.

**§ 2 Spezifische Sicherheitspflichten für die Mitarbeiter und Firma**

(1) Für unsere Mitarbeiter gilt weltweit eine Sicherheitsphilosophie, die Bestandteil der arbeitsvertraglichen Pflichten des Mitarbeiters ist. Die Verletzung von Sicherheitsbestimmungen wird zwischen den Parteien wechselseitig als Grund zur ordentlichen und in schwerwiegenden Fällen zur außerordentlichen Kündigung vereinbart. Die abschließende Interessenabwägung bleibt stets vorbehalten.

(2) Zu den grundlegenden Sicherheitspflichten des Mitarbeiters gehört es, Unordnung im Werk zu vermeiden, und daß alkoholische Getränke oder illegale Drogen auf dem Werksgelände weder verkauft noch besessen noch gebraucht werden. Ebenfalls ist grober Unfug verboten. Körperliche Auseinandersetzungen oder die Bedrohung der Sicherheit eines Kollegen auf dem Werksgelände sind verboten. Verboten ist ebenfalls der Besitz gefährlicher Waffen auf dem Werksgelände. Die Sicherheitsausrüstung muß immer getragen werden.

(3) Das Rauchverbot in den gekennzeichneten Bereichen ist zu beachten. Die Zerstörung oder der Mißbrauch von fremdem Eigentum ist verboten, gleiches gilt für das unerlaubte Entfernen von Verbotsschildern, Schlössern, Abdeckungen uä. Gabelstapler sind vorsichtig zu fahren. Nicht erlaubt ist das vorsätzliche Umgehen von Sicherheitseinrichtungen.

(4) Die Firma verpflichtet sich, die zur Sicherheit erforderlichen Schutzausrüstungen wie Schutzbrille mit Seitenteilen, Sicherheitsschuhe und nach Erfordernis sonstige Körperschutzmittel zur Verfügung zu stellen. Der Mitarbeiter verpflichtet sich, die entsprechenden Körperschutzmittel zu tragen.

(5) Der Mitarbeiter verpflichtet sich, auf Dienstfahrten die Straßenverkehrsbestimmungen des jeweiligen Landes sorgsam einzuhalten.

## § 3 Tätigkeit

(1) Der Mitarbeiter wird als Elektromeister beschäftigt.

(2) Die Firma behält sich vor, dem Mitarbeiter im Bedarfsfall auch andere ihm zumutbare Tätigkeiten innerhalb der Firma zuzuweisen, die den Vorkenntnissen und Erfahrungen des Mitarbeiters entsprechen. Macht die Firma hiervon Gebrauch, so ist die bisherige Vorgütung weiterzuzahlen.

## § 4 Arbeitszeit, -ort

(1) Die Arbeitszeit richtet sich nach den gesetzlichen Bestimmungen. Sie beträgt _____ Stunden pro Woche ohne Berücksichtigung der Pausen.

(2) Der Beginn und das Ende der täglichen Arbeitszeit, der Arbeitsort sowie die Pausen werden von der Firmenleitung festgesetzt.

(3) Der Mitarbeiter ist verpflichtet, Mehr- und Überarbeit zu leisten, soweit dies aufgrund gesetzlicher Bestimmungen zulässig ist.

## § 5 Gehalt

(1) Das monatliche Bruttogehalt beträgt _____ DM ( _____ EUR).

(2) Die Vergütung wird jeweils am Letzten eines Monats fällig. Die Zahlung erfolgt bargeldlos durch Überweisung auf ein der Firma bekanntzugebendes Konto.

(3) Die Zahlung von etwaigen Sondervergütungen (Gratifikation, Prämien etc.) erfolgt in jedem Einzelfall freiwillig und begründet keinen Rechtsanspruch für die Zukunft. Ein etwaig gezahltes Weihnachtsgeld ist zurückzuzahlen, wenn der Mitarbeiter am 31.03. des folgenden Jahres aus personenbedingten Gründen nicht mehr bei der Firma beschäftigt ist.

(4) Der Mitarbeiter erhält Urlaubsgeld. Das Urlaubsgeld wird aus dem Durchschnitt der letzten drei abgerechneten Monate und nach der Formel Tage x Durchschnittsverdienst x 2,40 : 100 berechnet. Es ist vor Antritt des Urlaubs auszuzahlen, sofern der Urlaub mindestens zwei Wochen beträgt.

(5) Mehrarbeit und Überstunden werden mit einem Zuschlag von 25 % entlohnt.

(6) Die Firma behält sich vor, die Vergütung jederzeit und ohne daß es einer weiteren Ankündigung bedarf, gemäß dem festgelegten Umrechnungskurs von 1,95583 in EURO abzurechnen.

(7) Der Mitarbeiter verpflichtet sich, Gehaltsüberzahlungen ohne Rücksicht auf eine noch vorhandene Bereicherung zurückzuzahlen.

## § 6 Gehaltspfändung und Gehaltsabtretung

Der Mitarbeiter darf seine Vergütungsansprüche weder teilweise noch vollständig verpfänden oder abtreten. Er hat die durch die Pfändung, Verpfändung oder Abtretung entstandenen Kosten zu tragen. Die zu ersetzenden Kosten sind pauschaliert und betragen je zu berechnender Pfändung, Verpfändung oder Abtretung 10,00 DM. Die Firma ist berechtigt, bei Nachweis der höheren tatsächlichen Kosten diese in Ansatz zu bringen.

## § 7 Urlaub

Der Urlaubsanspruch des Mitarbeiters richtet sich nach dem Bundesurlaubsgesetz. Der Mitarbeiter erhält zur Zeit 30 Arbeitstage Urlaub im Jahr. Urlaubsjahr ist das Kalenderjahr. Berechtigte Wünsche bezüglich des Urlaubszeitpunktes werden im Rahmen der betrieblichen Möglichkeiten und berechtigten Belange anderer Mitarbeiter berücksichtigt. Sie sind bis zum 31. Januar eines jeden Kalenderjahres bei der Firma anzumelden.

Eine Übertragung des Urlaubs auf das nächste Kalenderjahr ist nur bis zum 31.03. des Folgejahres und auch nur dann statthaft, wenn dringende Gründe dies rechtfertigen. Ein Resturlaub aus dem Vorjahr verfällt nach dem 31.03. des Folgejahres ohne Abgeltung. Amtlich anerkannte Schwerbehinderte erhalten den gesetzlichen Zusatzurlaub. Während des Urlaubs ist jede auf Erwerb gerichtete Tätigkeit untersagt.

### § 8 Arbeitsverhinderung

(1) Der Mitarbeiter erklärt, daß er zum Zeitpunkt des Vertragsschlusses nicht den Bestimmungen des Schwerbehindertengesetzes unterliegt.

(2) Der Mitarbeiter verpflichtet sich ferner, für den Fall des Eintritts einer Arbeitsverhinderung den Vorgesetzten oder das Personalbüro unverzüglich, dh spätestens zum Arbeitsbeginn, darüber zu informieren und die voraussichtliche Dauer anzuzeigen. Die formlose Mitteilung kann sowohl telefonisch als auch durch Benachrichtigung Dritter erfolgen.

(3) Im Falle der Arbeitsunfähigkeit infolge Erkrankung ist der Mitarbeiter verpflichtet, vor Ablauf des zweiten Kalendertages nach Beginn der Arbeitsunfähigkeit eine ärztliche Bescheinigung über die Arbeitsunfähigkeit und deren voraussichtliche Dauer vorzulegen. Hiervon unabhängig ist spätestens kurz vor Arbeitsbeginn die Firma telefonisch, mündlich oder schriftlich über die voraussichtliche Arbeitsunfähigkeit und deren Dauer zu benachrichtigen.

(4) Ist der Mitarbeiter infolge auf Krankheit beruhender Arbeitsunfähigkeit an der Arbeitsleistung gehindert, ohne daß ihn ein Verschulden trifft, erhält er Gehalts- bzw. Lohnfortzahlung für die Dauer von 6 Wochen nach Maßgabe des Entgeltfortzahlungsgesetzes in seiner jeweils gültigen Fassung.

### § 9 Verschwiegenheitspflicht

(1) Der Mitarbeiter verpflichtet sich, über alle ihm in der Firma bekanntgewordenen betrieblichen Angelegenheiten und Vorgänge auch nach Ausscheiden aus der Firma Stillschweigen zu bewahren.

(2) Beim Ausscheiden aus dem Dienst der Firma hat der Mitarbeiter alle betrieblichen Unterlagen sowie etwa angefertigte Abschriften oder Kopien an die Firma herauszugeben.

(3) Der Mitarbeiter haftet der Firma für jeden Schaden, der ihr durch eine Zuwiderhandlung gegen die vorgenannten Verpflichtungen entsteht.

### § 10 Nebentätigkeit

Der Mitarbeiter darf eine Nebenbeschäftigung, solange er bei der Firma beschäftigt ist, nur nach vorheriger schriftlicher Zustimmung der Firma übernehmen.

### § 11 Diensterfindungen

Für die Behandlung von Diensterfindungen, freien Erfindungen und Verbesserungsvorschlägen gelten die Vorschriften des Gesetzes über Arbeitnehmererfindungen vom 25.07.1957 (BGBl. I, 756 einschließlich späterer Änderungen) sowie die hierzu ergänzenden „Richtlinien für die Vergütung von Arbeitserfindungen im privaten Dienst" vom 20.07.1959.

### § 12 Beendigung des Arbeitsverhältnisses

(1) Das Arbeitsverhältnis endet entweder mit Ablauf des Monats, in dem der Mitarbeiter das gesetzliche Rentenalter erreicht hat oder durch Kündigung.

(2) Das Arbeitsverhältnis ist mit gesetzlicher Frist kündbar. Verlängern sich die Kündigungsfristen nach § 622 Abs. 2 BGB infolge Betriebszugehörigkeit für die Firma, verlängern sie sich im gleichen Umfang auch für den Mitarbeiter.

(3) Mit der Kündigungserklärung ist die Firma befugt, den Mitarbeiter unter Fortzahlung seiner Bezüge von der Arbeitsleistung freizustellen.

(4) Das Recht zur fristlosen Kündigung aus wichtigem Grund bleibt hiervon unberührt.

### § 13 Verfallfristen

(1) Alle beiderseitigen Ansprüche aus dem Arbeitsverhältnis und solche, die mit dem Arbeitsverhältnis in Verbindung stehen, verfallen, wenn sie nicht innerhalb von zwei Monaten nach Fälligkeit gegenüber der anderen Vertragspartei erhoben werden.

(2) Lehnt die Gegenpartei den Anspruch ab oder erklärt sie sich nicht innerhalb von zwei Monaten nach der Geltendmachung des Anspruchs, so verfällt dieser, wenn er nicht innerhalb von zwei Monaten nach Ablehnung oder Fristablauf gerichtlich geltend gemacht wird.

### § 14 Nebenabreden und Vertragsänderungen
Nebenabreden und Vertragsänderungen bedürfen zu ihrer Wirksamkeit der Schriftform. Eine etwaige Unwirksamkeit einzelner Vertragsbestimmungen berührt die Wirksamkeit der übrigen Bestimmungen nicht.

### § 15 Sonstige Vereinbarungen
Der bisheriger Arbeitsvertrag vom          wird hiermit einvernehmlich aufgehoben. An seine Stelle treten die vorstehenden Vereinbarungen.

            , den

Unterschriften

▲

## 27. Muster: Arbeitsvertrag in der chemischen Industrie (mit Tarifbindung) als Anschreiben

▼

Bezug nehmend auf die mit Ihnen geführten Gespräche bestätigen wir folgende Vereinbarung:

1. Sie sind ab          als kaufmännische Angestellte im Bereich          tätig.
2. Für das Arbeitsverhältnis gelten die mit der IG Chemie-Papier-Keramik abgeschlossenen Tarifverträge sowie unsere Betriebsvereinbarungen in den jeweils gültigen Fassungen.
3. Ihr monatliches Bruttoentgelt beträgt

   | Tarifentgelt | DM (         EUR) |
   | + freiwillige, widerrufliche und anrechenbare übertarifliche Zulage | DM (         EUR) |
   | *Gesamt-Brutto* | *DM (         EUR)* |

   Die Zulage wird freiwillig gezahlt. Wir behalten uns daher den Widerruf der Zulage sowie die Anrechnung von Tariferhöhungen auf die Zulage vor. Unter Tariferhöhung verstehen wir nicht nur die üblichen jährlichen prozentualen Erhöhungen, sondern auch
   – Erhöhungen durch Aufrücken in eine höhere Lebensalters- oder Dienstjahresstufe,
   – Erhöhungen zum Ausgleich einer tariflichen Arbeitszeitverkürzung.
   Der Anrechnungsvorbehalt wird nicht dadurch gegenstandslos, daß wir – ggf. mehrere Jahre lang – von ihm keinen Gebrauch machen.

   Ihre Bezüge werden nachträglich monatlich bargeldlos auf das uns bekannte Bankkonto überwiesen.
4. Es gelten die gesetzlichen bzw. tariflichen Kündigungsfristen. Das Arbeitsverhältnis endet ohne Kündigung mit Ablauf des Monats, in dem Ihnen wegen Erreichens der Altersgrenze oder wegen einer Erwerbs- oder Berufsunfähigkeit eine Rente bewilligt wird.
5. Für die Berechnung der Betriebszugehörigkeit gilt als Eintrittsdatum der          .

Mit freundlichem Gruß

▲

# § 1 Kapitel 1: Arbeitsverträge

## 28. Muster: Arbeitsvertrag mit Angestelltem in der chemischen Industrie (mit Tarifbindung)

▼

Arbeitsvertrag

Zwischen

– im nachfolgenden „Firma" genannt –

und

Herrn

– im nachfolgenden „der Angestellte" genannt –

wird heute auf der Grundlage des Lohn- und Manteltarifvertrages der Chemischen Industrie nachstehender Anstellungsvertrag abgeschlossen:

### § 1

Herr            wird mit Wirkung vom            als            in der Firma tätig.

Es steht der Firma frei, im Rahmen der gesetzlichen Bestimmungen die Art und den Ort der Tätigkeit des Angestellten zu ändern.

Übt ein Angestellter vorübergehend eine Tätigkeit aus, die einer höheren Gehaltsgruppe zugeordnet ist, so erwirbt er hierfür einen Anspruch auf das Tarifgehalt der höheren Gehaltsgruppe, sofern diese Tätigkeit länger als sechs Wochen dauert.

Wird der Angestellte zum Zwecke seiner beruflichen Weiterbildung für eine begrenzte Zeit mit Arbeiten einer höheren Gruppe beschäftigt, so entsteht kein Anspruch auf Bezahlung nach der höheren Gruppe.

Bei vorübergehender Tätigkeit unter 6 Wochen, insbesondere bei Vertretung von Angestellten während des Urlaubs und im Krankheitsfalle, entsteht kein Anspruch auf ein höheres Gehalt.

### § 2

Der Angestellte wird seine ganze Arbeitskraft für die Aufgaben der Firma einsetzen. Die Ausübung einer Nebentätigkeit gegen Entgelt ist nur mit ausdrücklicher, schriftlicher Genehmigung der Geschäftsleitung gestattet.

Den von seinen Vorgesetzten erlassenen oder noch zu erlassenden allgemeinen Dienst- und Sicherheitsvorschriften mit allen ihren Anordnungen hat der Angestellte unbedingt Folge zu leisten.

Alle geschäftlichen und betrieblichen Angelegenheiten, die dem Angestellten während des Dienstverhältnisses anvertraut oder sonstwie bekannt werden, hat er geheim zu halten und anderen nicht mitzuteilen, soweit diese nicht durch ihre dienstliche Tätigkeit zur Empfangnahme derartiger Mitteilungen berufen sind. Als solche geschäftlichen und betrieblichen Angelegenheiten sind namentlich zu betrachten: Geschäftsergebnisse, Fabrikations- und Ausführungsmethoden, Versuche und Projekte, Abnehmer, Bezugsquellen für Rohstoffe und Produkte, Preisberechnungen, die eigenen und sonstigen Anstellungs- und Lohnbedingungen sowie sonstige Geschäftsvorgänge jeder Art.

Diese Verpflichtung erstreckt sich auch auf die Zeit nach Auflösung des Dienstverhältnisses. Für alle Fälle der Weitergabe von geschäftlichen und betrieblichen Angelegenheiten behält sich die Firma die Geltendmachung eines Schadensersatzanspruches vor.

### § 3

Die Dauer der Arbeitszeit richtet sich grundsätzlich nach den gesetzlichen, tariflichen oder betrieblichen Bestimmungen. Bezahlt wird nur die tatsächlich geleistete Arbeitszeit, soweit nicht Gesetz oder Tarif Ausnahmen vorsehen.

## Verträge mit Arbeitnehmern, Gesellschaftsorganen und Selbständigen § 1

### § 4
Kurzarbeit kann von der Firma unter Beachtung der tariflichen Bestimmungen jederzeit eingeführt werden.

### § 5
Während der ersten 6 Monate (Probezeit) kann das Beschäftigungsverhältnis von jedem Vertragsteil mit Monatsfrist zum Monatsende gekündigt werden.

Nach Ablauf der Probezeit kann der Vertrag von jedem Vertragsteil zum Schluß eines Kalendervierteljahres unter Einhaltung einer Kündigungsfrist von ............ gekündigt werden. Im übrigen ist vereinbart, daß jede gesetzliche Verlängerung der Kündigungsfrist zugunsten des Angestellten auch in gleicher Weise zugunsten der Firma gilt.

Das Arbeitsverhältnis endet spätestens mit Ablauf des Monats in dem männliche Arbeitnehmer das 65. und weibliche Arbeitnehmer das 60. Lebensjahr vollendet haben. Wird der Arbeitnehmer ausnahmsweise weiterbeschäftigt, so ist ein neuer schriftlicher Anstellungsvertrag zu schließen.

### § 6
Ohne Einhaltung einer Kündigungsfrist kann das Arbeitsverhältnis außer in den gesetzlich vorgesehenen Fällen auch aus folgenden Gründen gekündigt werden:

1. Bei unerlaubter Aneignung von Materialien, Zeichnungen, Skizzen oder Aufzeichnungen irgendwelcher Art,
2. bei Gefährdung bzw. Störung des Arbeitsfriedens durch parteipolitische Tätigkeit,
3. bei unbefugter Mitteilung von Betriebs- und Geschäftsgeheimnissen an Dritte.

### § 7
Dem Gehalt liegt eine Einstufung in die Gruppe ............ des Tarifvertrages für die Chemische Industrie zugrunde.

Es beträgt z. Z. ............ DM ( ............ EUR).
Darüber hinaus erhält der Angestellte eine Zulage von ............ DM ( ............ EUR).
Die Gesamtbezüge betragen demnach ............ DM ( ............ EUR).

Die Zulage ist eine freiwillige, übertarifliche, jederzeit widerrufliche Leistung, die mit einer Ansagefrist von 4 Wochen zum Monatsende widerrufen werden kann, ohne daß es der Kündigung des Gesamtanstellungsvertrages bedarf. Die Zulage ist mit nachfolgenden Tarifveränderungen verrechenbar.

Mehrarbeit wird grundsätzlich nur dann bezahlt, wenn sie von der Betriebsleitung oder in deren Auftrag von dem zuständigen Vorgesetzten ausdrücklich angeordnet ist.

Änderungen der Bezüge werden schriftlich mitgeteilt.

Die Gehaltszahlung erfolgt am Monatsletzten.

Ist der Monatsletzte kein Arbeitstag, erfolgt die Überweisung entsprechend früher.

Der Angestellte verpflichtet sich, Gehaltsüberzahlungen ohne Rücksicht auf eine noch vorhandene Bereicherung zurückzuzahlen.

### § 8
Der Angestellte erhält anläßlich des Weihnachtsfestes, sofern er seit dem 1. Januar des Auszahlungsjahres der Firma angehört, eine Zuwendung in Höhe eines Monatsgrundgehalts.

Bei einer kürzeren Betriebszugehörigkeit errechnet sich die Sonderzuwendung anteilmäßig nach den Beschäftigungsmonaten bei der Firma. Basis ist das Gehalt für den Monat November ohne Mehrarbeitsvergütung.

Wird das Arbeitsverhältnis bis zum 31. März des Folgejahres gekündigt, ist der Betrag, der über den tariflichen Zusagen liegt, zurückzuzahlen.

## § 1 Kapitel 1: Arbeitsverträge

**§ 9**
Zuwendungen, Vergünstigungen oder Gratifikationen, die die Firma über die tariflichen Bezüge hinaus an den Angestellten einmalig oder wiederholt gewährt oder gewähren sollte, sind in jedem Falle freiwillige Zuwendungen. Ein Rechtsanspruch des Angestellten darauf besteht und entsteht nicht.

**§ 10**
Für die Erstattung der Kosten anläßlich etwaiger Dienstreisen gelten die allgemeinen Richtlinien für die Reisekostenvergütung der Firma, die insoweit Bestandteil des Vertrages sind.

**§ 11**
Der Urlaub richtet sich grundsätzlich nach den tariflichen Bestimmungen. Er beträgt z. Zt. _____ Arbeitstage.

**§ 12**
Der Angestellte muß eine etwaige Arbeitsunfähigkeit unverzüglich – spätestens innerhalb von drei Tagen – der Personalabteilung oder seinem Vorgesetzten unter Angabe der Gründe melden. Krankmeldung an die Krankenkasse genügt nicht.

Wird die Erkrankung voraussichtlich länger als zwei Tage dauern, so ist spätestens am dritten Tage eine ärztliche Bescheinigung über die Arbeitsunfähigkeit an die Firma einzusenden.

**§ 13**
Ansprüche der Parteien aus diesem Vertrag, ausgenommen Ansprüche der Firma gegen den Angestellten auf Rückzahlung etwaiger dem Angestellten gewährter Darlehen, Kedite, Warenkredite usw., verjähren in drei Monaten nach ihrer Entstehung.

**§ 14**
Der Angestellte erklärt sich bereit, eine Wettbewerbsvereinbarung abzuschließen, sofern dies der Firma aufgrund der Tätigkeit des Angestellten als notwendig erscheint. Grundlage der Wettbewerbsvereinbarung sind die gesetzlichen bzw. tariflichen Vorschriften.

**§ 16**
Jede Änderung des Personenstandes oder der Anschrift des Angestellten ist unverzüglich und unaufgefordert der Personalabteilung anzuzeigen.

Vor Antritt des Urlaubs ist die Urlaubsanschrift bekanntzugeben. Geschieht dies nicht, so gilt eine Zustellung an die der Firma zuletzt bekannte Anschrift als erfolgt.

Ergänzungen, Änderungen und Nebenabreden bedürfen der Schriftform. Mündliche Abreden entbehren der Rechtsgültigkeit.

Von diesem Vertrag erhält jeder der Vertragschließenden eine Ausfertigung.

## 29. Muster: Arbeitsvertrag im Bereich Groß- und Außenhandel (mit Tarifbindung)

*Arbeitsvertrag*

zwischen

– im folgenden Firma genannt –

und

Herrn

– im folgenden Arbeitnehmer genannt –

## Verträge mit Arbeitnehmern, Gesellschaftsorganen und Selbständigen § 1

### § 1 Einstellung und Aufgabenbereich
Der Arbeitnehmer wird zum ....... in ....... als ....... eingestellt.

Der dem Arbeitnehmer zugewiesene Aufgabenbereich kann durch die Firma je nach den geschäftlichen Erfordernissen geändert werden.

Der Arbeitnehmer ist verpflichtet, andere zumutbare, vorübergehend auch auswärts anfallende Arbeiten zu verrichten. Notwendige Mehrausgaben (z.B. Fahrtkosten) werden erstattet.

Der Arbeitnehmer hat die übertragenen Arbeiten gewissenhaft auszuführen und ist im Rahmen seines Arbeitsverhältnisses zur Verschwiegenheit verpflichtet. Auch über die Höhe und Zusammensetzung seines Lohnes hat er Stillschweigen zu bewahren. Geschäfts- und Betriebsgeheimnisse, die anvertraut oder durch die Tätigkeit bekannt geworden sind, dürfen auch nach Ausscheiden weder verwertet noch Dritten mitgeteilt werden.

Der Arbeitnehmer hat für schuldhaft verursachte Schäden einzustehen.

Der Arbeitnehmer versichert, daß die bei seiner Einstellung gemachten Angaben, auch solche im Personalbogen, der Wahrheit entsprechen. Er verpflichtet sich, Veränderungen in bezug auf diese Angaben der Firma unverzüglich bekanntzugeben (auch den Entzug des Führerscheins).

### § 2 Arbeitszeit
Die regelmäßige Arbeitszeit beträgt ....... Stunden wöchentlich. Der Arbeitnehmer ....... wird an folgenden Wochentagen ....... bis ....... von ....... bis ....... Uhr beschäftigt.

Der Arbeitnehmer erklärt sich insbesondere bei der Einführung von flexibler Arbeitszeit mit einer anderen, variablen Verteilung der Arbeitszeit einverstanden.

### § 3 Probezeit
Der Arbeitsvertrag wird auf die Dauer von ....... Monaten auf Probe abgeschlossen. Er endet spätestens mit Ablauf der Probezeit, ohne daß es einer Kündigung bedarf.

Während der Probezeit kann das Arbeitsverhältnis von beiden Vertragspartnern zusätzlich und jederzeit innerhalb der ersten 14 Kalendertage mit einer Frist von einem Tag zum Ende des folgenden Tages und danach mit einer Frist von mindestens zwei Wochen gekündigt werden. Das Recht zur fristlosen Kündigung bleibt unberührt.

Eine Kündigung vor Dienstantritt ist ausgeschlossen.

### § 4 Kündigung
Die Bestimmungen dieses Vertrages gelten auch für das im beiderseitigen Einverständnis über die befristete Probezeit hinaus fortgesetzte bzw. sofort auf bestimmte oder unbestimmte Zeit eingegangene Arbeitsverhältnis. Der Vertrag kann dann – im zweiten Fall erstmals nach Arbeitsaufnahme – von beiden Seiten unbeschadet des Rechts zur fristlosen Kündigung jederzeit mit einer Kündigungsfrist von mindestens zwei Wochen gekündigt werden.

Eine fristlose Kündigung gilt gleichzeitig vorsorglich als ordentliche Kündigung für den nächstzulässigen Termin.

Verlängerte Kündigungsfristen auf Grund gesetzlicher oder tarifvertraglicher Bestimmungen gelten für beide Vertragspartner.

Eine verspätet ausgesprochene bzw. zugegangene Kündigung gilt als Kündigung zum nächstzulässigen Termin.

Der Arbeitnehmer erklärt sich damit einverstanden, von der Firma im Falle einer Kündigung (auch Eigenkündigung) von der Arbeitsleistung unter Anrechnung etwaiger Urlaubsansprüche freigestellt werden zu können.

Sofern dem Arbeitnehmer während der Dauer seiner Beschäftigung ein Fahrzeug zur Verfügung gestellt wurde, ist dieses mit Ausspruch der Kündigung zurückzugeben.

# § 1 Kapitel 1: Arbeitsverträge

Das Arbeitsverhältnis endet ohne Kündigung mit Ablauf des Monats, in dem der Arbeitnehmer das 65. Lebensjahr vollendet hat oder mit der Bewilligung von Altersruhegeld oder einer Erwerbs- bzw. Berufsunfähigkeitsrente.

### § 5 Einstufung und Vergütung
Die Firma zahlt dem Arbeitnehmer:

(1) Tariflohn nach Lohngruppe _____ des Lohnrahmens und Lohnabkommens für gewerbliche Arbeitnehmer im Groß- und Außenhandel _____ DM ( _____ EUR)

(2) Eine freiwillige übertarifliche Zulage zugleich als Pauschale für gelegentlich (geschätzter Umfang 10/_____ Stunden) geleistete Überstunden einschließlich Zulagen in Höhe von _____ DM ( _____ EUR)

(3) _____ DM ( _____ EUR)
Gesamtstunden-/-monatslohn (Brutto) _____ DM ( _____ EUR)

Die nach Ziffer 2 gewährte Zulage ist keine Leistungszulage und wird auf künftige Tariferhöhungen sowie auf Lohnerhöhungen infolge von Steigerungen durch Übernahme in eine andere Tarifgruppe angerechnet. Sie wird darüber hinaus unter dem Vorbehalt des jederzeitigen Widerrufs nach freiem Ermessen gewährt. Der Widerruf ist mit einer Ankündigungsfrist von 14 Tagen auszusprechen, im übrigen wird der Arbeitsvertrag hiervon nicht berührt.

Die Pauschale nach Ziffer 2 kann mit sofortiger Wirkung widerrufen werden, sobald die Voraussetzungen hierzu länger als zwei Kalenderwochen nicht mehr gegeben sind.

Reisezeiten und Übernachtungen bei Dienstreisen werden, wenn sie außerhalb der regelmäßigen Arbeitszeit anfallen, nicht besonders vergütet. Auslagen und Spesen werden nach betriebsüblicher Regelung oder vorheriger Genehmigung erstattet.

Bei Vereinbarung eines 13. Monatsgehaltes oder einer Gewinnbeteiligung uä hat der Arbeitnehmer im Ein- und Austrittsjahr einen anteiligen Anspruch, sofern das Arbeitsverhältnis am betriebsüblichen Auszahlungstermin nicht bereits beendet war.

Die Abrechnung und Auszahlung bzw. Abschlagszahlung des Entgelts erfolgen an dem betriebsüblichen Zahltag für die vorausgegangene Lohnperiode.

Die Firma behält sich vor, die Vergütung jederzeit und ohne daß es einer weiteren Ankündigung bedarf, gemäß dem festgelegten Umrechnungskurs von 1,95583 in EURO abzurechnen.

Der Arbeitnehmer verpflichtet sich, Gehaltsüberzahlungen ohne Rücksicht auf eine noch vorhandene Bereicherung zurückzuzahlen.

### § 6 Freiwillige Zuwendungen
491 Freiwillige Zuwendungen (Weihnachts- und andere Gratifikationen sowie ein übertarifliches Urlaubsgeld uä) sind Leistungen, auf die ein Rechtsanspruch weder dem Grunde noch der Höhe nach besteht. Die Firma behält sich ausdrücklich vor, diese Leistungen nach eigenem Ermessen festzulegen. Bei Eintritt während des Jahres werden sie nur anteilig gewährt. Von derartigen freiwilligen Zuwendungen ist der Arbeitnehmer u. a. ausgeschlossen:

a) wenn er durch sein Verhalten zu ernstlichen Beanstandungen im Verlaufe des Jahres Anlaß gegeben hat,

b) wenn er sich im gekündigten Arbeitsverhältnis (ausgenommen betriebsbedingte Kündigung) befindet oder

c) wenn ein Probearbeitsverhältnis besteht.

Die freiwilligen Zuwendungen sind nicht nur eine Belohnung für treue Dienste in der Vergangenheit, sondern auch ein Ansporn für zukünftig zu leistende Dienste. Scheidet der Arbeitnehmer nach

Gewährung einer Weihnachtsgratifikation aus, so ist die Gratifikation in voller Höhe zurückzuzahlen. Die Rückzahlungspflicht entfällt jedoch,

a) wenn die Zuwendung bis zu 200,00 DM (102,26 EUR) beträgt,

b) bei einem höheren Betrag, der jedoch die Höhe eines Monatsbezuges nicht erreicht, wenn die Firma nicht vor dem 31.03. des nachfolgenden Jahres verlassen wird,

c) bei einem Monatsbezug oder mehr, wenn die Firma erst nach dem 31.03. des nachfolgenden Jahres zum nächstmöglichen Kündigungstermin verlassen wird.

Eine Rückzahlungspflicht besteht (aus den gleichen Gründen) bei anderen freiwilligen Zuwendungen mit entsprechenden Fristen, dh bei einem Ausscheiden zum jeweils folgenden Quartal nach Auszahlung.

### § 7 Konkurrenzverbot und Nebentätigkeit
Die Übernahme einer entgeltlichen Tätigkeit ist vorher der Firma schriftlich mitzuteilen.

### § 8 Arbeitsverhinderung
Ist der Arbeitnehmer durch Krankheit oder sonstige unvorhergesehene Ereignisse an der Arbeitsleistung verhindert, so ist er verpflichtet, dies der Geschäftsleitung der Firma unter Angabe der Gründe unverzüglich mitzuteilen. Ist die Arbeitsverhinderung durch Krankheit verursacht und dauert sie länger als 3 Tage, so hat der Arbeitnehmer der Geschäftsleitung für jeden Werktag vor Ablauf des 4. Werktages nach Beginn der Arbeitsunfähigkeit ein ärztliches Attest bzw. eine Bescheinigung der Krankenkasse oder eines Krankenhauses vorzulegen, woraus sich Arbeitsunfähigkeit und deren voraussichtliche Dauer ergeben. Der Arbeitnehmer ist ferner verpflichtet, sich auf Verlangen der Firma und auf deren Kosten durch einen Facharzt seiner Wahl nachuntersuchen zu lassen. Auf Wunsch des Arbeitgebers ist auch bei einer Erkrankung bis zu 3 Werktagen eine ärztliche Bescheinigung ab dem 1. Tag beizubringen.

Soweit die Arbeitsunfähigkeit von Dritten verschuldet ist, gehen die Schadensersatzansprüche des Arbeitnehmers gegen den Schädiger wegen Verdienstausfalls in Höhe des vom Arbeitgeber weiterzuzahlenden Entgelts einschließlich der Arbeitgeberanteile zur Sozialversicherung und des anteiligen Urlaubs sowie Urlaubsgeldes auf die Firma über.

### § 9 Unterlagen
Muster, Kataloge, Preislisten, Rechnungskopien sowie sonstige dem Arbeitnehmer übergebene Geschäftsunterlagen sowie Dienst- und Schutzbekleidung und Arbeitsgeräte verbleiben im Eigentum der Firma. Von dem Arbeitnehmer in der Firma erstellte, betrieblichen Zwecken dienende Schriftstücke und Arbeitsanweisungen sind ebenfalls Eigentum der Firma. Unterlagen und Arbeitsgeräte, soweit sie nicht außerhalb des Betriebes benötigt werden, dürfen nur mit ausdrücklicher Zustimmung der Geschäftsleitung aus dem Betrieb mitgenommen werden. Unterlagen und Arbeitsgeräte sowie Dienst- und Schutzbekleidung sind auf Anforderung und bei Beendigung des Arbeitsverhältnisses unaufgefordert zurückzugeben. Ein Zurückbehaltungsrecht besteht nicht. Kommt der Arbeitnehmer dieser Verpflichtung trotz Aufforderung nicht nach oder hat er das Unvermögen oder die Unmöglichkeit der Herausgabe zu vertreten, so findet § 10 Ziffer 2 sinngemäß Anwendung.

### § 10 Vertragsstrafe
Im Falle der schuldhaften Nichtaufnahme oder der vertragswidrigen Beendigung der Tätigkeit ist der Arbeitnehmer verpflichtet,

1. bis zur ordnungsgemäßen Beendigung des Vertragsverhältnisses jegliche Arbeitsleistung für eine andere Firma zu unterlassen und

2. der Firma eine Vertragsstrafe in Höhe des vereinbarten bzw. zuletzt gezahlten Bruttolohnes von zwei Wochenlöhnen bzw. eines halben Monatslohnes zu zahlen, vorbehaltlich weitergehender Schadensersatzansprüche.

### § 11 Vorschüsse, Darlehen und Pfändungen

Zur Sicherung von Darlehen tritt der Arbeitnehmer den pfändbaren Teil seiner Bezüge an die Firma ab. Darüber hinaus sind Vorschüsse und Darlehen bei Vertragsende hinsichtlich des noch offenen Restbetrages ohne Rücksicht auf die bei der Hingabe getroffenen Vereinbarungen sofort fällig und können mit noch zu zahlenden Bezügen aufgerechnet werden.

Die Abtretung sowie die Verpfändung von Lohnansprüchen an Dritte sind ausgeschlossen.

Bei Pfändung des Arbeitseinkommens werden dem Arbeitnehmer die der Firma hierdurch entstehenden Kosten in Höhe von 1 v. H. der gepfändeten Summe, mindestens jedoch 20,00 DM (10,23 EUR) einbehalten. Insoweit gilt Abs. 1 Satz 1 entsprechend.

### § 12 Anwendung tarifvertraglicher und gesetzlicher Bestimmungen

In Ergänzung der vorstehenden Vertragsvereinbarungen gelten insbesondere hinsichtlich des Urlaubs, des Urlaubsgeldes, der vermögenswirksamen Leistungen, der Leistung von Überstunden, der Fälligkeit und des Erlöschens von Ansprüchen aus dem Arbeitsverhältnis die Bestimmungen des jeweils gültigen Manteltarifvertrages, Lohnrahmenabkommens, Lohn- und Urlaubsgeldabkommens sowie des Tarifvertrages über vermögenswirksame Leistungen im Groß- und Außenhandel des Arbeitgeberverbandes des Groß- und Außenhandels am Sitz der vertragschließenden Firma.

Ist einer der Tarifverträge z. Z. des Abschlusses des Arbeitsvertrages abgelaufen, so finden bis zum Inkrafttreten eines neuen Tarifvertrages die Bestimmungen des beendeten Tarifvertrages Anwendung. Im übrigen gelten die gesetzlichen Bestimmungen, etwaige Betriebsvereinbarungen und Arbeitsordnungen.

### § 13 Sonstige Bestimmungen

Änderungen und Ergänzungen dieses Vertrages sind, auch wenn sie bereits mündlich getroffen wurden, nur wirksam, wenn sie schriftlich festgelegt und von beiden Vertragspartnern unterschrieben worden sind. Der Arbeitnehmer erhält eine Ausfertigung dieses Vertrages.

Weiter wird vereinbart:

Die etwaige Unwirksamkeit einzelner Vertragsbestimmungen berührt nicht die Wirksamkeit der übrigen Abmachungen.

### 30. Muster: Arbeitsvertrag im Bereich Groß- und Außenhandel als Anschreiben (für Arbeiter)

Sehr geehrter Herr              ,

ab dem              werden Sie als              eingestellt.

1. Als Vergütung erhalten Sie unter Eingruppierung in die tarifliche Lohngruppe              des Groß- und Außenhandelstarifs

   folgenden Monatslohn              DM (              EUR)

   Zulage              DM (              EUR)

   insgesamt              DM (              EUR)

1.1 Bei übertariflichen Verdienstbestandteilen handelt es sich um freiwillige, jederzeit nach freiem Ermessen widerrufliche Leistungen, auf die auch bei wiederholter Gewährung kein Rechtsanspruch für die Zukunft besteht. Die Leistungen können auch jederzeit ganz oder teilweise auf tarifliche Veränderungen und tarifliche Umgruppierungen angerechnet werden.

**Verträge mit Arbeitnehmern, Gesellschaftsorganen und Selbständigen** § 1

2. Lohnregelungen sind gegenüber Dritten vertraulich zu behandeln.

   Sie verpflichten sich, Gehaltsüberzahlungen ohne Rücksicht auf eine noch vorhandene Bereicherung zurückzuzahlen.

3. Ihre Bezüge sind jeweils am Letzten eines jeden Monats fällig. Der Nettobetrag wird von uns auf Ihr Girokonto überwiesen.

4. Während der Probezeit, die 3 Monate beträgt, kann der Arbeitsvertrag beiderseits mit einer Frist von einem Monat zum Monatsende gekündigt werden.

5. Für Ihr Arbeitsverhältnis gelten in ihrer jeweiligen Fassung die tariflichen Bestimmungen für Arbeiter des Groß- und Außenhandelstarifs in Nordrhein-Westfalen sowie die sonstigen Betriebsvereinbarungen und betrieblichen Regelungen.

6. Ihre wöchentliche Arbeitszeit beträgt          Stunden, Ihr Jahresurlaub          Arbeitstage.

7. Sie sind verpflichtet, uns jede Arbeitsverhinderung unter Angabe des Grundes und der voraussichtlichen Dauer unverzüglich anzuzeigen. Bei Arbeitsverhinderung infolge Krankheit von mehr als drei Tagen müssen Sie uns vom vierten Tag an eine ärztliche Bescheinigung über die Arbeitsunfähigkeit sowie die voraussichtliche Dauer vorlegen. Dauert die Arbeitsunfähigkeit länger als in der Bescheinigung angegeben, ist unverzüglich eine neue Bescheinigung vorzulegen.

8. Eine auf Erwerb gerichtete Nebentätigkeit dürfen Sie während der Dauer des Arbeitsverhältnisses nur nach vorheriger schriftlicher Genehmigung durch uns ausüben.

9. Nebenabreden, die in diesem Schreiben nicht wiederholt sind, haben keine Gültigkeit. Vertragsänderungen bzw. -ergänzungen bedürfen der Schriftform.

10. Die Kenntnisnahme und Verbindlichkeit der tariflichen Bestimmungen erkennen Sie durch Ihre Unterschrift an.

11. Das Arbeitsverhältnis endet spätestens einen Monat nach Ablauf des Monats, in dem Sie das 65. Lebensjahr vollenden.

12. Gerichtsstand für etwaige sich aus dem Arbeitsverhältnis ergebende Streitigkeiten ist          .

Wir bitten Sie, Ihr Einverständnis durch Ihre Unterschrift auf der Kopie dieses Vertrages zu erklären und uns zurückzugeben.

Mit vorstehendem Vertragsinhalt erkläre ich mich einverstanden.


## 31. Muster: Arbeitsvertrag mit einem Projektmanager unter Einbeziehung der Tarifverträge Groß- und Außenhandel mit Merkblättern zu Datenschutz (deutsch/englisch) und zu Diensterfindungen

*Anstellungsvertrag*

Zwischen

– nachstehend „Firma" genannt –

und

Herrn

– nachstehend „Mitarbeiter" genannt –

wird folgender Anstellungsvertrag geschlossen:

## § 1 Kapitel 1: Arbeitsverträge

### I. Position
1. Der Mitarbeiter wird ab 1. November 1997 als Project Manager tätig.
2. Bei Bedarf sind auch andere zumutbare Tätigkeiten zu übernehmen, die der Fortbildung und den Fachkenntnissen des Mitarbeiters entsprechen.
3. Der Mitarbeiter ist damit einverstanden, eine vergleichbare Tätigkeit zu denselben Vertragsbedingungen auch im Dienste eine anderen zur ▬-Gruppe gehörenden Gesellschaft auszuüben.

Für die Dauer der Tätigkeit bei ▬ tritt er in ein unmittelbares Dienstverhältnis zur Firma ▬.

### II. Arbeitszeit
Die regelmäßige wöchentliche Arbeitszeit beträgt z. Zt. ▬ Stunden, gemäß dem derzeit gültigen Tarifvertrag.

### III. Vergütung
1. Der Mitarbeiter erhält ein Jahresbruttogehalt in Höhe von ▬ DM. Damit ist das dem Mitarbeiter aufgrund Tarifvertrag zustehende Weihnachtsgeld (13. Monatsgehalt) und Urlaubsgeld (50 % eines Monatsgehaltes) abgegolten. Im Ein- und Austrittsjahr werden das nach Tarifvertrag geschuldete Weihnachts- und Urlaubsgeld zeitanteilig bezahlt; insoweit ist das Jahres-Bruttogehalt im Ein- und Austrittsjahr geringer als eingangs geregelt.
2. Mit dem Gehalt sind alle Überstunden und sonstigen außerordentlichen Leistungen, insbesondere auch alle etwaigen aufgrund Gesetz, Tarifvertrag oder Betriebsvereinbarung dem Mitarbeiter zustehenden Ansprüche auf Überstunden- und/oder Mehrarbeitsvergütung abgegolten.

### IV. Urlaub
Der Mitarbeiter hat einen Jahresurlaub von ▬ Arbeitstagen. Im Eintrittsjahr beträgt der Urlaubsanspruch ▬ Arbeitstage pro vollendetem Beschäftigungsmonat.

### V. Betriebliche Altersversorgung
Der Mitarbeiter nimmt an der betrieblichen Altersversorgung der Firma in der jeweils gültigen Fassung teil.

### VI. Reisekostenerstattung
Dem Mitarbeiter werden eventuelle Auslagen gemäß der jeweils gültigen Reisekostenordnung der Firma erstattet.

### VII. Gesundheitliche Eignung
Der Mitarbeiter wird sich zur Feststellung seiner gesundheitlichen Eignung für seine Tätigkeit auf Wunsch der Firma und auf deren Kosten ärztlich untersuchen lassen.

### VIII. Schadensersatzansprüche bei Arbeitsunfähigkeit
Der Mitarbeiter tritt bereits jetzt seine Schadensersatzansprüche für den Fall und insoweit ab, als er durch schadensersatzpflichtiges Handeln eines Dritten arbeitsunfähig wird und während der Arbeitsunfähigkeit seine Bezüge ganz oder teilweise von der Firma weitererhält.

### IX. Beendigung
1. Die ersten sechs Monate gelten als Probezeit. Während der Probezeit kann das Arbeitsverhältnis beiderseits mit einer Frist von einem Monat zum Monatsende gekündigt werden. Nach Ablauf der Probezeit gilt beiderseits eine Kündigungsfrist von sechs Wochen zum Quartalsende.
2. Bei einer über fünf Jahre hinausgehende Betriebszugehörigkeit sind die von der Firma einzuhaltenden gesetzlichen Kündigungsfristen auch für den Mitarbeiter gültig, wenn dieser selbst kündigt.
3. Eine Kündigung vor Arbeitsantritt ist ausgeschlossen.

**Verträge mit Arbeitnehmern, Gesellschaftsorganen und Selbständigen** § 1

4. Die Firma ist berechtigt, den Mitarbeiter unter Fortzahlung der Bezüge vorübergehend von der Arbeit freizustellen, wenn ein wichtiger Grund, insbesondere ein grober Vertragsverstoß, der die Vertrauensgrundlage beeinträchtigt (z.B. Geheimnisverrat, Konkurrenztätigkeit) gegeben ist.

5. Eine fristlose Kündigung gilt gleichzeitig vorsorglich als fristgemäße Kündigung zum nächstzulässigen Zeitpunkt.

6. Das Arbeitsverhältnis endet automatisch, ohne daß es einer Kündigung bedarf, spätestens mit Ablauf des Monats, in dem der Mitarbeiter das rentenversicherungsfähige Alter erreicht hat oder Berufs- oder Erwerbsunfähigkeitsrente dem Grund nach erhält.

7. Jede Kündigung bedarf für ihre Wirksamkeit der Schriftform.

### X. Besondere Vereinbarungen

Folgende Anlagen, die wesentlicher Bestandteil des Anstellungsvertrages sind, werden beigefügt:
Anlage I (Nebentätigkeit und Geheimhaltung)
Anlage II (Datenschutz und Merkblatt)
Anlage III (Erfindungen und Urheberrechte)

Der Mitarbeiter bestätigt mit seiner Unterschrift unter diesen Anstellungsvertrag, daß er diese Anlagen erhalten hat und auf deren Einhaltung achten wird.

### XI. Sonstige Vereinbarungen

Der Mitarbeiter wird im Rahmen der von der Firma abgeschlossenen Gruppenunfallversicherung versichert.

Nach erfolgreicher Probezeit erhöht sich das Jahresbruttogehalt auf ▬▬▬ DM (▬▬▬ EUR).

### XII. Tarifvertrag

Auf das Anstellungsverhältnis finden, soweit in diesem Vertrag keine abweichenden Regelungen getroffen werden, die jeweils gültigen Tarifverträge für Mitarbeiter im Groß- und Außenhandel ▬▬▬ sowie die jeweils geltenden betrieblichen Regelungen Anwendung.

### XIII. Ausschluß von Ansprüchen

Differenzen in der Gehaltsabrechnung sind spätestens mit Ablauf des Folgemonats geltend zu machen. Alle anderen Ansprüche verfallen binnen 3 Monaten ab Fälligkeit. Im Falle des Ausscheidens müssen alle Ansprüche spätestens 4 Wochen nach Beendigung des Arbeitsverhältnisses schriftlich geltend gemacht werden.

### XIV. Schlußbestimmungen

1. Die etwaige Unwirksamkeit einzelner Vertragsbestimmungen oder von Teilen hiervon berührt nicht die Wirksamkeit der übrigen Vereinbarungen.

2. Die Parteien sind sich einig, daß keine über den Wortlaut dieses Vertrages hinausgehenden mündlichen Vereinbarungen getroffen wurden.

3. Änderungen oder Ergänzungen dieses Vertrages, einschließlich dieser Klausel, bedürfen zu ihrer Rechtswirksamkeit der Schriftform.

### Anlage I zum Anstellungsvertrag
*Nebentätigkeit und Geheimhaltung*

#### 1. Nebentätigkeit

1.1 Der Mitarbeiter wird seine volle Arbeitskraft in den Dienst der Firma stellen. Die Ausübung einer anderweitigen, auf Erwerb ausgerichteten oder nach Art und Umfang üblicherweise entgeltlichen Tätigkeit sowie die mittelbare oder unmittelbare Beteiligung an einem Unternehmen gleichen oder ähnlichen Geschäftszweckes oder die Mitwirkung in den Aufsichtsorganen eines solchen Unternehmens oder die Beteiligung als persönlich haftender Gesellschafter an einer Handelsgesellschaft ohne Rücksicht auf deren Geschäftszweck ist dem Mitarbeiter nur mit der ausdrücklichen Zustimmung der Firma gestattet. Die Bestimmung findet auch auf Tätigkeiten in

495

## § 1 Kapitel 1: Arbeitsverträge

Verbänden und Berufsvereinigungen Anwendung und gilt ferner für Nebentätigkeiten und Nebengeschäfte.

1.2 Wissenschaftliche und literarische Tätigkeiten sind zulässig, sofern sie weder die Arbeitskraft des Mitarbeiters beeinträchtigen noch vertrauliche Dinge der Allgemeinheit zugänglich machen.

1.3 Für Veröffentlichungen und Vorträge, die die Interessen der Firma oder einer Mutter-/Schwestergesellschaft berühren, ist die vorherige Zustimmung der Firma einzuholen.

1.4 Bei der Übernahme obligatorischer Ämter und Ehrenämter ist die Firma zu unterrichten.

**2. Geheimhaltung**

2.1 Der Mitarbeiter ist verpflichtet, während der Dauer seines Arbeitsverhältnisses und nach dessen Beendigung über alle ihm anvertrauten, zugänglich gemachten oder sonst bekannt gewordenen Geschäftsgeheimnisse der Firma oder eines mit der Firma verbundenen Unternehmens strenges Stillschweigen gegenüber Dritten zu bewahren und solche Betriebs- und Geschäftsgeheimnisse auch nicht selbst auszuwerten. Der Ausdruck „Betriebs- und Geschäftsgeheimnisse" umfaßt alle geschäftlichen, betrieblichen, organisatorischen und technischen Kenntnisse, Vorgänge und Informationen, die nur einem beschränkten Personenkreis zugänglich sind und nach dem Willen von          nicht der Allgemeinheit bekannt werden sollen.

2.2 Geschäftliche Unterlagen aller Art, einschließlich der sich auf dienstliche Angelegenheiten und Tätigkeiten beziehende persönlichen Aufzeichnungen, dürfen nur zu geschäftlichen Zwecken verwendet werden.

2.3 Geschäftliche und betriebliche Unterlagen, die der Mitarbeiter im Rahmen seines Arbeitsverhältnisses in Besitz hat, sind sorgfältig aufzubewahren und jederzeit auf Verlangen, spätestens jedoch bei der Beendigung des Arbeitsverhältnisses der Firma auszuhändigen. Das gleiche gilt für alle anderen im Eigentum oder unmittelbaren Besitz der Firma befindlichen Gegenstände. Die Geltendmachung jeglichen Zurückbehaltungsrechts ist ausgeschlossen.

2.4 Der Mitarbeiter erklärt ausdrücklich, daß er über das hinaus, was er der Firma schriftlich bekannt gegeben hat, keinen weiteren vertraglichen Verpflichtungen mit früheren Arbeitgebern oder Dritten unterliegt, aufgrund derer er gehindert wäre, während seines Anstellungsverhältnisses mit der Firma Geschäftsgeheimnisse oder vertrauliche Informationen zu benutzen oder bekannt zu machen und daß er keinem Verbot unterliegt, mit einem ehemaligen Arbeitgeber oder einem Dritten direkt oder indirekt in Wettbewerb zu treten. Der Mitarbeiter versichert darüber hinaus, daß die Erfüllung seiner Aufgaben aus diesem Vertrag keine Pflicht zur Geheimhaltung von Geschäftsgeheimnissen oder anderen vertraulichen Informationen, die ihm aus der Zeit vor Beginn dieses Anstellungsverhältnisses obliegt, verletzt oder verletzen wird, und daß er der Firma keine derartigen vertraulichen Informationen bekanntgeben oder die Firma veranlassen wird, solche vertraulichen Informationen, die von einem früheren Arbeitgeber oder Dritten stammen, zu benutzen.

2.5 Die Anlage zum Anstellungsvertrag ist Bestandteil des Anstellungsvertrages.

**Anlage II zum Anstellungsvertrag**

*Datenschutz/Datengeheimnis*

496   1. Gemäß § 5 Bundesdatenschutzgesetz BDSG ist es mir untersagt, personenbezogene Daten unbefugt zu verarbeiten oder zu nutzen. Dieses Datengeheimnis besteht auch nach Beendigung meiner Tätigkeit bei der Firma fort; gemäß § 43 BDSG ist der widerrechtliche Umgang mit personenbezogenen Daten unter Strafe gestellt.

Ich habe das Merkblatt Datenschutz-Datensicherheit erhalten und werde die darin enthaltenen Hinweise und Weisungen befolgen.

Wenn die Aufforderung zu einer Datenschutz-Schulung erfolgt, werde ich daran teilnehmen.

**Verträge mit Arbeitnehmern, Gesellschaftsorganen und Selbständigen** § 1

In Datenschutzfragen kann ich mich jederzeit an den Datenschutz-Koordinator oder den Datenschutzbeauftragten wenden.

2. Die Anlage zum Anstellungsvertrag ist Bestandteil des Anstellungsvertrages.

### Summary of the Federal Data Protection Act 1977/1991

„Privacy and freedom" (Westin) was 1967 the first literary activity in this century in the United States, to see the modern problems of new informationbehaviour, technics and data processing with regard to confidentiality/privacy/data protection: In 1974 the „Privacy Act" was born (already 90 years ago the „Keyright of Privacy" was constituted).

In the following years politicians in some states belong with this ideas, also in Europe. The Federal Republic of Germany belongs to the leading states of Europe having a Federal Data Protection Act = Bundesdatenschutzgesetz – BDSG – since 1977.

The purpose of this act is to protect the individual against his right to privacy being impaired through the handling of his personal data by administrative organs and by economy.

Therefore all persons employed in data processing shall not obtain, process or use data without authorisation by law or if the concerned person („Betroffener") has consented.

All personal data processing shall take the technical and organisational necessary to ensure the implementation of the provisions of this act.

The data protection commissioner („Datenschutzbeauftragter") in every company shall be responsible for ensuring, that the BDSG and other provisions concerning data protection are strictly observed.

Since 01.06.1991 the BDSG is in operation in a total new version, which has made stronger the functions of the authorities of state and also has made drastic liability of data processor. Now the burden of proof shall rest with the controller of the data file: He has to proof by qualified measures and extensive documentation, that all data processing „was and is and will be forever regular and lawful".

### Anlage III zum Anstellungsvertrag

*Erfindungen und Urheberrechte*

1. *Erfindungen*

    Erfindungen und technische Verbesserungsvorschläge des Mitarbeiters unterliegen den Bestimmungen des Arbeitnehmererfindungsgesetzes.

2. *Urheberrechte*

    Der Mitarbeiter überträgt der Firma das ausschließliche, zeitlich, räumlich und inhaltlich unbeschränkte Nutzungs- und Verwertungsrecht für alle etwaigen urheberrechtsfähigen Arbeitsergebnisse, insbesondere Computer-Software, die der Mitarbeiter während der Dauer seines Anstellungsverhältnisses, im Rahmen oder außerhalb seiner anstellungsvertraglichen Aufgaben sowie während und außerhalb seiner Arbeitszeit erstellt. Die Übertragung und Abtretung des Nutzungs- und Verwertungsrechts umfaßt die Erlaubnis zur Bearbeitung und Lizenzvergabe an Dritte und ist vollumfänglich mit dem Gehalt abgegolten. Der Mitarbeiter verzichtet ausdrücklich auf alle sonstigen ihm etwa als Urheber/Schöpfer zustehenden Rechte an dem Arbeitsergebnis, insbesondere auf das Namenrecht als Urheber/Schöpfer und auf Zugänglichmachung des Werkes. Der Mitarbeiter hat eine angemessene Dokumentation seiner urheberrechtsfähigen Arbeitsergebnisse sicherzustellen und auf dem laufenden zu halten und diese der Firma jederzeit zugänglich zu machen und ihr das Eigentum daran zu übertragen.

    Unabhängig von den Mitwirkungspflichten gemäß Arbeitnehmererfindungsgesetz hat der Mitarbeiter auf Verlangen der Firma bei der Erlangung und Durchsetzung von Urheberrechten und anderen gewerblichen Schutzrechten für seine Arbeitsergebnisse in anderen Ländern zu unterstützen. Der Mitarbeiter wird zu diesem Zweck alle Anträge, Abtretungserklärungen und sonstigen rechtsgeschäftlichen Erklärungen ausfüllen und abgeben, alle Dokumente unterzeichnen und

## § 1 Kapitel 1: Arbeitsverträge

sonstige Rechtshandlungen wahrnehmen, die erforderlich sind oder von der Firma gewünscht werden, um alle seine Rechte als Urheber/Schöpfer vollständig auf die Firma zu übertragen und der Firma, ihren Nachfolgern und Abtretungsempfängern zu ermöglichen, sich den vollen und ausschließlichen Nutzen und die Vorteile dieser Arbeitsergebnisse zu sichern und zu verwerten.

Für die Erfüllung dieser Mitwirkungspflichten erhält der Mitarbeiter während der Dauer des Anstellungsverhältnisses keine weitere Vergütung außer der Erstattung von Kosten, die ihm durch das Verlangen der Firma entstanden sind. Soweit der Mitarbeiter die Mitwirkungspflichten nach Beendigung des Anstellungsverhältnisses erfüllt, wird er hierfür einen angemessenen Tagessatz sowie die Erstattung aller Kosten, die ihm durch das Verlangen der Firma entstanden sind, erhalten.

3. Die Anlage zum Anstellungsvertrag ist Bestandteil des Anstellungsvertrages.

## 32. Muster: Arbeitsvertrag im Bereich Touristik (mit Tarifbindung)

*Arbeitsvertrag*

Zwischen

– in Zukunft „Firma" genannt –

und

Herrn

– in Zukunft „Mitarbeiter" genannt –

wird folgender Arbeitsvertrag geschlossen:

### § 1 Tätigkeitsbereich und Tätigkeitsvoraussetzungen
(1) Der Mitarbeiter wird von der Firma als          beschäftigt. Sein Einsatz erfolgt in dem Betrieb          und umfaßt Arbeiten laut besonderer Anweisung.
(2) Der Mitarbeiter ist verpflichtet, auch andere, seiner Vorbildung und seinen Fähigkeiten entsprechende Tätigkeiten in der Firma auszuüben.
(3) Der Mitarbeiter ist zur Verschwiegenheit bzgl. aller betrieblichen Angelegenheiten auch für die Zeit nach dem Ausscheiden aus der Firma verpflichtet.

### § 2 Nebentätigkeit
Jede Tätigkeit in anderen Verkehrs- und Touristikbetrieben ist untersagt.

### § 3 Tätigkeitsbeginn
Das Arbeitsverhältnis beginnt am          .

### § 4 Tätigkeitsdauer
Die Einstellung erfolgt als unbefristetes Arbeitsverhältnis mit einer Probezeit von 3 Monaten. Innerhalb der Probezeit beträgt die Kündigungsfrist 14 Tage.

### § 5 Tätigkeitsende
(1) Nach Beendigung der Probezeit ergibt sich die Kündigungsfrist für die Firma und den Mitarbeiter aus den gesetzlichen Bestimmungen. Die Kündigung muß schriftlich erfolgen.
(2) Gesetzliche längere Kündigungsfristen gelten beiderseits.

## § 6 Tätigkeitsvergütung

(1) Der Monatslohn beträgt brutto         DM (         EUR).
    Der Wochenlohn beträgt brutto         DM (         EUR).
    Der Stundenlohn beträgt brutto         DM (         EUR).

Im Monats-, Wochen- oder Stundenlohn sind enthalten:
Tariflohn:                sonstige Zulagen:           insgesamt:
tarifliche Einmanndienst-
zulage:                   sonstige Zulagen:           insgesamt:
übertarifliche Zulage:    sonstige Zulagen:           insgesamt:

(2) Durch den Tariflohn wird eine regelmäßige Arbeitszeit von         Stunden abgegolten.

(3) Die Firma behält sich vor, die Vergütung jederzeit und ohne daß es einer weiteren Ankündigung bedarf, gemäß dem festgelegten Umrechnungskurs von 1,95583 in EURO abzurechnen.

(4) Der Mitarbeiter verpflichtet sich, Gehaltsüberzahlungen ohne Rücksicht auf eine noch vorhandene Bereicherung zurückzuzahlen.

## § 7 Weihnachtsgratifikation

Die Weihnachtsgratifikation ist eine freiwillige Leistung der Firma. Ihre Zahlung steht in deren freiem Ermessen. Ein Rechtsanspruch ist auch bei wiederholter Zahlung weder dem Grunde noch der Höhe nach gegeben. Der Mitarbeiter ist verpflichtet, die Weihnachtsgratifikation zurückzuzahlen, wenn er aufgrund eigener Kündigung oder aufgrund einer von ihm zu vertretenden Kündigung der Firma bis zum 31.03. des auf die Auszahlung erfolgenden Kalenderjahres ausscheidet.

## § 8 Fortbildungskosten

Die Firma kann die Teilnahme des Mitarbeiters an Fortbildungslehrgängen und -kursen usw. verlangen, wenn dies sowohl im Interesse der Firma als auch im Interesse des Mitarbeiters liegt. Die Firma übernimmt für diese Fortbildung neben dem vollen Lohnausgleich auch noch die Teilnahmekosten der Fortbildung (z.B. Lehrgangsgebühren) sowie nachgewiesene Nebenkosten für die Reise und Unterkunft, so daß dem Mitarbeiter durch die Teilnahme keine besonderen Kosten entstehen. Die insgesamt von der Firma aufgewendeten Kosten (Lohn-, Teilnahme-, Nebenkosten) werden gleichmäßig auf 36 Monate verteilt, beginnend mit dem Monat nach Beendigung der Fortbildungsmaßnahme. Beim Ausscheiden des Mitarbeiters vor Ablauf der 36 Monate ist die Firma berechtigt, für jeden Folgemonat 1/36 der Gesamtkosten zu fordern oder vom Restlohn einzubehalten.

## § 9 Sonstige Vereinbarungen

Die Abtretung oder Verpfändung von Lohnansprüchen an Dritte ist ausgeschlossen.

Bei Pfändung von Lohnansprüchen wird zu Lasten des Mitarbeiters als Pauschalabgeltung für die der Firma entstehenden zusätzlichen Unkosten 1 % des jeweils einzubehaltenden Betrages berechnet.

## § 10 Besondere Vereinbarungen

(1) Private Telefonate sind nur auf 1 Ortsgespräch pro Person und Tag beschränkt. Alle weiteren Gespräche sind laut Monatsaufstellung der Telekom voll erstattungspflichtig.

(2) Überstunden werden durch Freizeit abgegolten.

(3) Urlaub nach Manteltarifvertrag.

(4) Arbeitszeit: Montag bis Freitag zzgl. 2 Samstage monatlich. Eine andere Einteilung erfolgt gemäß Absprache.

(5) Spesen/Übernachtungsabrechnung gemäß den steuerlichen Richtlinien, mindestens jedoch 24,00 DM (12,27 EUR) täglich bei mehrtägiger Abwesenheit.

# § 1 Kapitel 1: Arbeitsverträge

### § 11 Kollektivregelung
Das Arbeitsverhältnis unterliegt im übrigen – soweit vorstehend nichts abweichendes vereinbart – dem für die Firma geltenden Tarifvertrag in seiner jeweils letzten – auch nachwirkenden – Fassung. Die Tarifverträge können im Lohn-Büro eingesehen werden.

### § 12 Änderungen
Änderungen und Ergänzungen des Vertrages bedürfen der Schriftform. Der Mitarbeiter bestätigt, daß ihm ein von beiden Vertragspartnern unterzeichnetes Exemplar dieses Vertrages ausgehändigt worden ist.

### 33. Muster: Angestelltenarbeitsvertrag (mit Tarifbindung Elektro- und Metallindustrie NW)

500

*Anstellungsvertrag*

Zwischen

– nachfolgend Firma genannt –

und

Herrn

– nachfolgend Beschäftigter genannt –.

### § 1 Tätigkeit
Herr              tritt am              als              in die Dienste der Firma. Sein Aufgabengebiet umfaßt im wesentlichen              in der Abteilung              .

Herr              ist Herrn              unterstellt.

Die Firma behält sich vor, dem Beschäftigten auch eine andere seiner Vorbildung und seinen Fähigkeiten entsprechende Tätigkeit zu übertragen und ihn an einen anderen Ort zu versetzen.

Die Firma hat das Recht, im Rahmen des gesetzlich bzw. tarifvertraglich oder kraft Betriebsvereinbarung zulässigen Höchstrahmens Überstunden anzuordnen. Der Beschäftigte verpflichtet sich, die angeordnete Mehrarbeit zu leisten. Mangelnde Zumutbarkeit muß der Beschäftigte unverzüglich geltend machen.

Es gelten die Tarifbestimmungen der Elektro- und Metallindustrie NW.

Der Beschäftigte wird seine ganze Arbeitskraft dem Unternehmen widmen. In diesem Sinne bedarf die Übernahme jedweder auf den Erwerb gerichteter Nebentätigkeit der vorherigen Zustimmung der Geschäftsleitung. Desgleichen ist für eventuelle Vorträge und Veröffentlichungen, soweit sie das Arbeitsgebiet betreffen bzw. das Interessengebiet der Firma berühren, das Einverständnis der Geschäftsleitung einzuholen.

### § 2 Bezüge
Als Vergütung für seine Tätigkeit erhält der Beschäftigte ein monatliches Bruttogehalt von              DM, zahlbar jeweils am Ende eines Monats (Tarifgruppe              ).

Der Beschäftigte haftet für alle von ihm schuldhaft verursachten Schäden. Für die Übernahme dieses Risikos wird eine monatliche Prämie von              % des durchschnittlichen Bruttomonatslohnes der letzten 3 Monate gewährt, die mit dem Gehalt zur Auszahlung kommt.

Die Firma behält sich vor, die Vergütung jederzeit und ohne daß es einer weiteren Ankündigung bedarf, gemäß dem festgelegten Umrechnungskurs von 1,95583 in EURO abzurechnen.

## Verträge mit Arbeitnehmern, Gesellschaftsorganen und Selbständigen § 1

Der Beschäftigte verpflichtet sich, Gehaltsüberzahlungen ohne Rücksicht auf eine noch vorhandene Bereicherung zurückzuzahlen.

### § 3 Urlaub

Der Beschäftigte hat Anspruch auf einen Jahresurlaub von 30 Arbeitstagen.

Der Zeitpunkt des Urlaubsantrittes wird im Einvernehmen mit den vorgesetzten Stellen festgelegt.

Die Geschäftsleitung ist berechtigt, den Beschäftigten jederzeit unter Fortzahlung der ihm nach § 2 zustehenden Bezüge von seiner Tätigkeit zu beurlauben, sofern arbeitgeberseitig eine Kündigung ausgesprochen wurde.

### § 4 Altersversorgung

Nach fünfjähriger ununterbrochener Tätigkeit im Dienste der Firma erwirbt der Beschäftigte einen Anspruch auf Altersversorgung und Invaliditätsversorgung, soweit die übrigen in der Versorgungsordnung festgelegten Voraussetzungen des Betriebs erfüllt sind. Die Bestimmungen über das Versorgungswerk sind aus der ausgehändigten Versorgungsordnung in der Fassung vom              zu entnehmen.

Soweit besondere Vereinbarungen bezüglich der Alters- und Invaliditätsversorgung gelten sollen, müssen sie schriftlich getroffen werden.

### § 5 Verschwiegenheitspflicht

Der Beschäftigte verpflichtet sich, während und auch nach Beendigung des Arbeitsverhältnisses über alle internen Angelegenheiten und Vorgänge, insbesondere über alle Geschäfts- und Fabrikationsgeheimnisse, die ihm im Rahmen seiner Tätigkeit bei der Firma bekannt werden, Stillschweigen zu bewahren.

### § 6 Diensterfindungen

Für die Behandlung von Diensterfindungen gelten die Vorschriften des Gesetzes über die Arbeitnehmererfindungen vom 25. Juli 1957.

### § 7 Dienstreisen

Bei Dienstreisen vergütet die Firma die entstandenen Aufwendungen sowie ein Tagegeld in der betrieblich allgemein üblichen Höhe.

Wenn der Wohnort außerhalb der Gemeindegrenzen des Betriebsortes in einer Entfernung von mindestens 10 km (Luftlinie) liegt, sich aber noch im Einzugsgebiet befindet, werden für Fahrten zwischen Wohnung und Arbeitsstätte die anfallenden Fahrtkosten (Bundesbahntarif) bis iHv 200,00 DM (102,26 EUR) monatlich erstattet.

### § 8 Vertragsdauer

Die Anstellung erfolgt zunächst auf Probe. Die Probezeit beträgt sechs Monate. Während der Probezeit kann jeder Vertragspartner das Dienstverhältnis mit einer Kündigungsfrist von einem Monat auflösen. Nach Ablauf der Probezeit gilt das Dienstverhältnis als für unbestimmte Zeit eingegangen. Es gelten die gesetzlichen/tariflichen Kündigungsfristen.

Das Arbeitsverhältnis endet spätestens mit dem Ende des Monats, in dem der Beschäftigte das 65. Lebensjahr vollendet hat.

### § 9 Sonstige Vereinbarungen

                , den

Firma                                 Beschäftigter

## 34. Muster: Arbeitsvertrag eines angestellten Unternehmensberaters mit Zeit- und Spesenregelung sowie Vergütungsvereinbarung

*Anstellungsvertrag*

Zwischen

– nachfolgend Firma genannt –

und

Herrn

– nachfolgend Mitarbeiter genannt –

wird folgender Vertrag geschlossen:

### 1. Tätigkeit und Aufgabenbereich

1.1 Der Mitarbeiter tritt ab dem            als Unternehmensberater in die Dienste des Fachteams der Firma. Die Hauptaufgabe des Mitarbeiters besteht in der Beratung von Klienten sowie in der Akquisition und in der Leitung von Beratungsprojekten. Einzelheiten hinsichtlich der Art der Tätigkeit und des Einsatzortes des Mitarbeiters werden durch die Firma nach pflichtgemäßem Ermessen bestimmt.

1.2 Der Mitarbeiter verpflichtet sich, alle ihm übertragenen Aufgaben sorgfältig und gewissenhaft auszuführen und innerhalb des unter Punkt 1.1 genannte Geschäftsbereiches oder innerhalb interner Aufgaben, nach Bedarf auch andere im Rahmen seiner Vorbildung zumutbare Tätigkeiten zu übernehmen.

1.3 Der Mitarbeiter ist verpflichtet, der Firma sein ganzes Wissen und Können und seine volle Arbeitskraft zur Verfügung zu stellen. Die ihm übertragenen Aufgaben wird er in eigener Verantwortung bei voller Wahrung der Interessen der Firma nach innen und nach außen wahrnehmen. Der Mitarbeiter hat bestrebt zu sein, die Belange der Firma, auch durch hohen persönlichen Einsatz, zu fördern.

### 2. Vergütung

2.1 Der Mitarbeiter erhält eine fixe und eine erfolgsabhängige variable Vergütung. Einzelheiten sind in der als Anlage beigefügten Vergütungsvereinbarung geregelt.

2.2 Zukünftige Änderungen der Vergütung (fix und variabel) werden in Ergänzung bzw. als Ersatz der Anlage zu diesem Vertrag verfaßt und von beiden Vertragsparteien unterzeichnet.

2.3 Über die Vergütungsregelung ist strengstes Stillschweigen zu wahren.

2.4 Die Vergütung wird nachträglich am Ende jeden Monats bargeldlos gezahlt. Eventuell zuviel bzw. zuwenig gezahlte Bezüge werden mit der nächsten Zahlung verrechnet.

2.5 Vorschüsse und Abschlagszahlungen sind zum Geschäftsjahresende oder zum Zeitpunkt des Ausscheidens des Mitarbeiters unter Berücksichtigung der Ziffern 2.2 und 2.6 der Vergütungsvereinbarung (Anlage 1) abzurechnen und werden ausdrücklich unter dem Vorbehalt der Rückforderung gewährt.

2.6 Der Mitarbeiter verpflichtet sich, Gehaltsüberzahlungen ohne Rücksicht auf eine noch vorhandene Bereicherung zurückzuzahlen.

### 3. Nebenleistungen

Für die Erstattung von Reisekosten und sonstigen Auslagen gelten die Richtlinien für Zeit- und Spesenregelungen der Firma in ihrer jeweils gültigen Fassung.

Die derzeit gültigen Richtlinien sind als Anlage 2 beigefügt.

**Verträge mit Arbeitnehmern, Gesellschaftsorganen und Selbständigen § 1**

### 4. Arbeitszeit

4.1 Die regelmäßige Arbeitszeit beträgt wöchentlich 40 Stunden. Der Mitarbeiter ist innerhalb seines Fachteams im Rahmen der Erfordernisse zur Leistung von Mehrarbeit verpflichtet.

Ergänzend gelten die Zeit- und Spesenregelungen der Firma in ihrer jeweils gültigen Fassung.

4.2 Die Firma ist berechtigt, den Mitarbeiter bei Vorliegen einer Kündigung von seiner dienstlichen Tätigkeit freizustellen. Die Freistellung kann widerruflich oder unwiderruflich erfolgen. Falls eine Freistellung erfolgt, wird mit jedem Tag der Freistellung, der auf einen Arbeitstag fällt, ein Urlaubstag abgegolten.

### 5. Urlaub

Der Mitarbeiter erhält einen Jahresurlaub von 25 Arbeitstagen.

Der Urlaub ist grundsätzlich zusammenhängend und nach vorheriger Abstimmung zu gewähren. Eine Übertragung auf die ersten drei Monate des nächsten Kalenderjahres ist nur statthaft, wenn projektbedingte oder in der Person des Mitarbeiters liegende Gründe dies rechtfertigen und dies von der Firma ausdrücklich angeordnet worden ist.

### 6. Krankheit

6.1 Arbeitsverhinderung ist der Firma unverzüglich am 1. Tage des Arbeitsausfalls unter Angabe der Gründe mitzuteilen. Ist die Arbeitsverhinderung voraussehbar, so ist sie rechtzeitig mitzuteilen. Innerhalb von drei Werktagen ist der Firma eine ärztliche Bescheinigung einzureichen, aus der die Arbeitsunfähigkeit sowie deren Beginn und voraussichtliche Dauer ersichtlich sind. Die Firma ist unverzüglich über etwaige Veränderungen der voraussichtlichen Arbeitsverhinderung zu unterrichten.

6.2 In Krankheitsfällen und während eines ärztlich verordneten Heilverfahrens wird das unter Punkt 2. vereinbarte feste Monatsgehalt bis zu einer Dauer von sechs Wochen (entsprechend 45 Kalendertage) fortgezahlt.

### 7. Vertragsdauer und Kündigung

7.1 Dieser Anstellungsvertrag wird auf unbestimmte Zeit abgeschlossen. Eine Probezeit wird für die Dauer von sechs Monaten vereinbart.

7.2 Es gelten folgende Kündigungsfristen:
– während der Probezeit: ein Monat zum Monatsende.
– nach Ablauf der Probezeit: drei Monate zum Quartalsende.

Das Arbeitsverhältnis endet ohne Kündigung am letzten Tag des Monats, in dem der Mitarbeiter die gesetzliche Altersgrenze erreicht hat.

Für die Zeit vom Abschluß dieses Vertrages bis zum Arbeitsantritt ist für beide Parteien das Recht zur ordentlichen Kündigung ausgeschlossen.

7.3 Im Falle einer Kündigung ist der Mitarbeiter weiterhin verpflichtet, sämtliche Kontakte zu den bislang von ihm betreuten Klienten zu unterlassen. Hierunter fallen sowohl mündliche, fernmündliche als auch schriftliche und persönliche Kontakte, die in irgendeiner Weise mit der geschäftlichen Beziehung des Klienten mit der Firma zu tun haben.

7.4 Das Recht zur außerordentlichen Kündigung bleibt unberührt.

7.5 Die Kündigung bedarf zu ihrer Rechtswirksamkeit der Schriftform.

### 8. Rechte am Arbeitsergebnis

Die Ergebnisse der Arbeit des Mitarbeiters, die gegebenenfalls auch unter das Urheberrecht fallen, werden zur ausschließlichen und alleinigen Verwertung, auch mit dem Recht zur Veränderung und Übertragung auf Dritte, auf die Firma übertragen. Dabei ist es ohne Bedeutung, ob diese Arbeiten während der Arbeitszeit im Büro oder an anderen Orten ausgeführt werden und ob und in welcher Form eine gesonderte Abgeltung für diese Arbeiten erfolgt.

## 9. Geheimhaltung

9.1 Die Tätigkeit der Firma erfordert eine streng vertrauliche Behandlung sämtlicher Geschäftsvorfälle. Der Mitarbeiter verpflichtet sich daher, über alle geschäftlichen und betrieblichen Angelegenheiten auch nach Beendigung des Arbeitsverhältnisses absolute Verschwiegenheit gegenüber jedermann zu wahren. Er darf weder unmittelbar noch mittelbar für sich oder Dritte von Informationen Gebrauch machen, die er durch seine Tätigkeit bei der Firma erlangt hat. Dieses gilt insbesondere für Informationen und Daten, die dem Mitarbeiter durch die Arbeit in einem Klientenprojekt zugänglich gemacht werden.

Sämtliche betrieblichen und kundenbezogenen Unterlagen sind ständig so unter Verschluß zu halten, daß Dritten kein Zugang möglich ist.

9.2 Bei Beendigung des Arbeitsverhältnisses sind sämtliche betrieblichen Unterlagen, persönliche Aufzeichnungen, die mit der Tätigkeit bei der Firma in Zusammenhang stehen, und sonstige Gegenstände ohne Aufforderung an die Firma zurückzugeben.

9.3 Ein Verstoß gegen die unter Punkt 9.1 oder Punkt 9.2 aufgeführten Regelungen kann die Firma im Einzelfall je nach Bedeutung des Verstoßes und unter Berücksichtigung aller maßgeblichen Interessen zur fristlosen oder fristgemäßen Kündigung des Vertrages berechtigen.

## 10. Wettbewerbs- und Sperrklausel

10.1 Während der Dauer des Beschäftigungsverhältnisses ist eine entgeltliche oder unentgeltliche Nebenbeschäftigung des Mitarbeiters nur mit schriftlicher Genehmigung der Firma zulässig. Eine Tätigkeit für andere Unternehmensberatungsgesellschaften ist grundsätzlich nicht zulässig.

10.2 Zur Beteiligung an Firmen, die gleiche oder ähnliche Geschäfte wie die Firma betreiben, ausgenommen der Erwerb von Aktien börsennotierter Unternehmen, bedarf der Mitarbeiter der vorherigen Zustimmung der Firma.

## 11. Schlußbestimmungen

11.1 Es besteht Einigkeit, daß mündliche Vereinbarungen außerhalb dieses Vertrages zwischen den Parteien nicht getroffen sind.

Änderungen und Ergänzungen dieses Vertrages bedürfen zu ihrer Wirksamkeit der Schriftform. Dies gilt auch für die Aufhebung der Schriftformklausel.

11.2. Die Angaben im Personalfragebogen sind wesentlicher Bestandteil dieses Anstellungsvertrages. Bewußt unvollständige oder unrichtige Auskünfte berechtigen die Firma zur Anfechtung des Anstellungsvertrages.

Der Mitarbeiter verpflichtet sich, alle Änderungen über die Angaben zur Person, soweit sie für das Anstellungsverhältnis von Bedeutung sind, unverzüglich mitzuteilen.

11.3 Wesentlicher Bestandteil dieses Vertrages sind:
– Die Zusatzvereinbarung über Vergütung (Anlage 1),
– die Richtlinien zur Zeit und Spesenregelung (Anlage 2).

11.4 Sollte ein Teil dieses Vertrages nichtig sein, so berührt dies nicht die Gültigkeit der übrigen Vertragsbestimmungen. Unwirksame Bestimmungen sind einvernehmlich durch solche zu ersetzen, die unter Berücksichtigung der Interessenlage den gewünschten Zweck des Vertrages zu erreichen geeignet sind.

11.5 Die Parteien vereinbaren, daß alle beiderseitigen Ansprüche aus dem Arbeitsverhältnis binnen 3 Monaten nach Fälligkeit verfallen. Der Verfall tritt nicht ein, wenn solche Ansprüche innerhalb dieses Zeitraums schriftlich gegenüber der anderen Vertragspartei geltend gemacht werden.

**Verträge mit Arbeitnehmern, Gesellschaftsorganen und Selbständigen** § 1

11.6 Beide Vertragsparteien bestätigen, daß sie je ein von der Gegenpartei unterschriebenes Exemplar dieses Vertrages erhalten haben.

, den

Unterschriften

**Vereinbarung über Vergütung**

*Anlage 1 zum Anstellungsvertrag zwischen der Firma und Herrn vom* 502

### 1. Fixe Vergütung

1.1 Der Mitarbeiter erhält eine monatliche fixe Bruttovergütung in Höhe von
DM ( EUR; in Worten: Deutsche Mark, EURO).

1.2 Nach einer Betriebszugehörigkeit von 6 Monaten hat der Mitarbeiter Anspruch auf Zahlung einer 13. Bruttofixvergütung, die zu 50 % mit dem Juli-Gehalt und zu weiteren 50 % mit dem November-Gehalt zur Zahlung fällig wird. Soweit der Mitarbeiter noch kein volles Jahr beschäftigt ist oder aber vorzeitig aus dem Arbeitsverhältnis ausscheidet, wird die zusätzliche Vergütung zeitanteilig gewährt (1/12 pro Monat).

1.3 Durch die monatliche Fixvergütung sind alle Entgeltansprüche für Mehrarbeit und Überstunden abgegolten.

### 2. Erfolgsabhängige variable Vergütung

2.1 Die erfolgsabhängige variable Vergütung wird bei Vorliegen der nachstehenden Voraussetzungen zusätzlich gewährt und umfaßt zwei Bestandteile: Die Individuelle Variable Vergütung (IVV) zur Honorierung des Erfolgs bei individuell vereinbarten Zielen und die Team-Variable Vergütung (TVV) für die Honorierung der Zielereichung der vereinbarten Ziele des jeweiligen Fachteams, dem der Mitarbeiter zugeordnet ist. IVV und TVV zusammengenommen ermöglichen eine spürbare Überschreitung des gemeinsam festgelegten Zieleinkommens des Mitarbeiters im Falle der Gesamtzielerreichung und können in diesem Fall ca. 30 % der dann eintretenden Gesamtvergütung des Mitarbeiters ausmachen.

2.2 Sowohl IVV als auch TVV werden zu Beginn eines Geschäftsjahrs im Rahmen des Planungsprozesses erarbeitet und vereinbart. Der Betrachtungszeitraum für die Erfolgsmessung zur abschließenden Ermittlung der IVV und der TVV ist das jeweilige Geschäftsjahr. Die Bewertung anhand der Zielkriterien erfolgt am Ende des Geschäftsjahres, wenn die entsprechenden Zahlenwerte verprobt vorliegen.

2.3 Die IVV stellt ca. 10 % der bei Gesamtzielerreichung (individuelle Ziele) erreichbaren Gesamtvergütung des Mitarbeiters dar. Für die Erreichung bestimmter individueller Ziele wird die IVV als DM/EUR-Betrag (ggf. in Form einer Staffel) zwischen dem Mitarbeiter und dem jeweiligen Fachteam vereinbart. Die Leistungsbewertung erfolgt dann anhand der vereinbarten Zielkriterien. Der entsprechende DM/EUR-Betrag wird alsdann als IVV ausgezahlt.

2.4 Die TVV stellt ca. 20 % der bei Gesamtzielerreichung des Fachteams erreichbaren Gesamtvergütung des Mitarbeiters dar. Für die Erreichung bestimmter Ergebnis- und Qualitätsziele des jeweiligen Fachteams wird die TVV als DM/EUR-Betrag (bzw. die Handhabung bei Zielunter- und Zielüberschreitung) zwischen der Firma und dem jeweiligen Fachteam vereinbart. Die Leistungsbewertung erfolgt dann anhand der vereinbarten Zielkriterien. Der sich ergebende DM/EUR-Betrag wird alsdann in der vereinbarten Weise im Fachteam verteilt und alsdann ausgezahlt.

2.5 Auf die erfolgsabhängige variable Vergütung werden monatliche Abschlagszahlungen geleistet, die grundsätzlich 10 % des Fixums betragen. Dieser Abschlag wird als Vorschuß gewährt und zum Zeitpunkt der Endermittlung der IVV und der TVV abgerechnet (1/3 des Abschlags für IVV, 2/3 für TVV).

# § 1 Kapitel 1: Arbeitsverträge

Ergibt das monatliche Berichtswesen ein vorläufiges Ergebnis der erfolgsabhängigen variablen Vergütung, das oberhalb oder unterhalb des geleisteten Vorschusses liegt, so kann der Vorschuß durch die Firma entsprechend angepaßt werden bzw. gänzlich entfallen.

2.6 Im Falle des Ausscheidens des Mitarbeiters vor dem Ende des Geschäftsjahres bleibt der ausbezahlte Vorschuß des Mitarbeiters erhalten. Die Zielerreichung bzgl. der IVV wird umgehend ermittelt; wenn dieser Betrag die Höhe des bis dato gezahlten Vorschusses (=1/3 des Abschlags für IVV) übersteigt, wird der Differenzbetrag mit der letzten Monatsabrechnung ausgezahlt. Eine Teilnahme an der TVV über das Maß des ausbezahlten Vorschusses (=2/3 des Abschlags) hinaus unterbleibt.

2.7 Die variable Vergütung ist fällig mit der auf die Feststellung gemäß Ziffer 2.3 und 2.4 folgenden Gehaltsabrechnung.

**3. Firmenfahrzeug**

3.1 Der Mitarbeiter hat nach Ablauf der Probezeit (im Falle der Neubeschaffung: Termin der Bestellung) Anspruch auf einen Firmenwagen im letztendlichen Gesamt-Nettoanschaffungswert von 40.000,00 DM (20.451,68 EUR) (inkl. Anschaffungsnebenkosten). Als Firmenwagen wird in Absprache mit der Geschäftsführung ein _____ mit guter Sicherheitsausstattung (ABS, Airbag) ausgewählt bzw. aus dem Fahrzeugpool zugeordnet. Anspruch auf ein bestimmtes Firmenfahrzeug besteht nicht.

3.2 Die Firma trägt sämtliche Unterhalts- und Finanzierungskosten für das Fahrzeug. Der Mitarbeiter hat das Recht, den Firmenwagen auch für private Fahrten zu nutzen. Während einer Urlaubsreise ins Ausland entstehende laufende Fahrtkosten trägt der Mitarbeiter selbst. Verursacht der Mitarbeiter während einer privaten Fahrt einen selbstverschuldeten Unfall, so trägt er die nicht von der Versicherung gedeckten Kosten bis zu einer Höhe von 1.000,00 DM (511,29 EUR).

3.3 Der Mitarbeiter muß sich für die private Nutzung des Firmenwagens einen geldwerten Vorteil nach den jeweils gültigen steuerlichen Pauschalvorschriften anrechnen lassen. Derzeit beträgt der geldwerte Vorteil 1 % des Listenanschaffungswertes des Fahrzeugs.

_____ , den _____

Unterschriften

**Zeit- und Spesenregelung**

503 Anlage 2 zum Anstellungsvertrag vom _____ zwischen der Firma _____ und Herrn _____ .

1. Grundsätzlich erstattet die Firma die dem Mitarbeiter entstehende Mehraufwendungen für Dienstreisen und Dienstgänge.

    Eine Dienstreise liegt vor, wenn der Mitarbeiter aus dienstlichen Gründen in einer Entfernung von mindestens 20 km von seiner Wohnung und von seiner regelmäßigen Arbeitsstätte vorübergehend tätig wird.

    Die regelmäßige Arbeitsstätte des Mitarbeiters ist das Büro der Firma in _____ .

    Ein Dienstgang liegt vor, wenn der Mitarbeiter aus dienstlichen Gründen außerhalb der regelmäßigen Arbeitsstätte und seiner Wohnung in einer Entfernung von weniger als 20 km tätig wird.

    Dabei ist es sowohl im Falle der Dienstreise als auch im Falle des Dienstgangs unerheblich, ob sie von der regelmäßigen Arbeitsstätte oder von der Wohnung des Mitarbeiters aus angetreten werden.

2. Die Spesen werden (anhand der von dem Mitarbeiter geführten Zeit- und Spesenerfassung) auf dem von der Firma für diesen Zweck bereitgestellten Formular geführt. Das ausgefüllte Formular wird jeweils zur Monatsmitte und zum Monatsende beim zuständigen Mitarbeiter

des Innendienstes abgegeben. Am Monatsende sind dem Formular sämtliche Quittungen und Belege beizufügen.

Die Zeit und Spesenerfassung dient neben der Ermittlung der Spesen und Auslagen des Mitarbeiters auch als Grundlage zur Fakturierung der Leistungen an die Klienten. Das Formular ist daher genau zu führen und pünktlich an den internen Service abzugeben. Ein Verstoß gegen die Genauigkeit und Wahrheitstreue der Zeit- und Spesenregelung berechtigt grundsätzlich ohne vorangegangene Abmahnung zur fristlosen Kündigung des Mitarbeiters durch die Firma.

3. Die Firma erstattet dem Mitarbeiter Fahrt- und Tagesspesen in Höhe der jeweiligen steuerfreien Höchstsätze. Auslagen für Übernachtungen werden nach Beleg abgerechnet. Der Mitarbeiter ist gehalten, die Kosten für Hotelunterkünfte auf einem akzeptablen Niveau zu halten. Als Richtwert gelten 100,00 DM (51,15 EUR) pro Übernachtung eines Mitarbeiters. Der Richtwert darf nur in begründeten Ausnahmefällen, z.B. wenn keine Übernachtung zu diesen Kosten an einem Ort möglich ist, überschritten werden.

Die Firma zahlt die Spesen jeweils für einen Monat in einer Summe zu Beginn des folgenden Monats bargeldlos an den Mitarbeiter. Vorschüsse können in Ausnahmefällen nach Absprache mit der Geschäftsleitung gewährt werden.

## 35. Muster: Arbeitsvertrag für eine Verwaltungskraft mit Leistungszulage und Erfolgsbeteiligung (ohne Tarifbindung)

*Arbeitsvertrag*

zwischen

– nachfolgend Arbeitgeber genannt –

und

Frau

– nachfolgend Arbeitnehmerin genannt –

Frau          wird ab dem          im Sekretariat und in der Buchhaltung des Arbeitgebers eingesetzt.

Arbeitsplatzbeschreibung:
- Schreibarbeiten
- Erstellen von Vortragsfolien usw.
- Telefonzentrale
- Posteingang und -ausgang
- Verwalten der Ablage
- Terminverfolgung
- Kassenführung
- Durchführen von Bestellungen
- Vorbereiten der Buchungsunterlagen für den Steuerberater
- Gehalts-, Provisions- und Reisekostenabrechnungen
- Fakturierung und Rechnungsverfolgung
- Führen von Projektkonten
- Kundenbewirtung

# § 1 Kapitel 1: Arbeitsverträge

Der Arbeitgeber ist nicht tarifgebunden. Er ist jedoch bestrebt, seinen Mitarbeitern marktgerechte Arbeitsbedingungen zu bieten. Wenn und soweit ausdrücklich oder stillschweigend tarifliche Regelungen angewendet werden, erfolgt dies rein freiwillig unter dem Vorbehalt des Widerrufs. Auch durch mehrjährige Tarifanwendung wird dieser Vorbehalt nicht gegenstandslos.

## 1. Gehalt
Das Gehalt setzt sich zusammen aus:
- Grundgehalt
- Leistungszulage
- Erfolgsbeteiligung
- Vermögenswirksamen Leistungen

### 1.1 Grundgehalt
Das Grundgehalt beträgt _____ DM ( _____ EUR) pro Monat und wird jeweils am Monatsende ausgezahlt.

### 1.2 Leistungszulage
Zusätzlich zum Grundgehalt wird eine freiwillige, widerrufbare Leistungszulage gezahlt. Die Zahlung erfolgt mit dem Grundgehalt.

Die Höhe der Zulage errechnet sich aus dem Grundgehalt und aus Leistungspunkten, die die Arbeitnehmerin in einer Beurteilung erhält. Die Arbeitnehmerin hat Anspruch auf eine jährliche Beurteilung jeweils im Einstellungsmonat, weitere Beurteilungen sind möglich.

Die Berechnung geschieht nach der Formel:
Leistungszulage = Grundgehalt x Punkte /600

Die Basispunktzahl am Einstellungstermin beträgt 30 Punkte, die Leistungszulage damit _____ DM ( _____ EUR).

### 1.3 Erfolgsbeteiligung
Übersteigt der Jahresgewinn des Arbeitgebers einen Mindestbetrag, wird mit dem Märzgehalt des Folgejahres eine freiwillige Erfolgsbeteiligung gezahlt.

Der Mindestbetrag wird vom Arbeitgeber jährlich in angemessener Höhe neu festgesetzt.

Basis der Erfolgsbeteiligung (EB) ist eine Gewinnausschüttung (GA) von 5 % des Gewinns pro Arbeitnehmer, der dieser Regelung unterliegt, maximal jedoch von 15 % an alle Mitarbeiter, die dieser Regelung unterliegen. Die Erfolgsbeteiligung beträgt maximal das 2,0-fache des durchschnittlichen Monatsgehalts (Grundgehalt + Leistungszulage) im abgelaufenen Geschäftsjahr.

Die Aufteilung der GA erfolgt in Abhängigkeit von verschiedenen Bewertungsfaktoren:

30 % der GA wird im Verhältnis der vertraglichen Jahresarbeitszeit der Arbeitnehmerin (AZ) zur Summe der Jahresarbeitszeiten aller Arbeitnehmer (GAZ) verteilt. Bei Arbeitnehmern, die nicht das ganze Jahr beschäftigt waren, wird die anteilmäßige Jahresarbeitszeit angenommen.

Für die restlichen 70 % erhält die Arbeitnehmerin Anteile im Verhältnis der im Geschäftsjahr erhaltenen Leistungszulagen (LZ) zur Summe aller beim Arbeitgeber gezahlten Leistungszulagen (GLZ). Die gesamte Erfolgsbeteiligung der Arbeitnehmerin beträgt dann:
EB = GA x (0,3 x AZ/GAZ + 0,7 x LZ/GLZ)

Die Erfolgsbeteiligung wird erstmalig im März _____ für das Geschäftsjahr _____ gezahlt. Als Gewinn wird der Überschuß aus der betriebswirtschaftlichen Auswertung des Monats Dezember abzüglich der Abschreibungen betrachtet.

### 1.4 Vermögenswirksame Leistungen
Der Arbeitgeber trägt einen monatlichen Anteil von 52,00 DM (26,59 EUR) an vermögenswirksamen Leistungen.

## Verträge mit Arbeitnehmern, Gesellschaftsorganen und Selbständigen §1

### 1.5 Sonstige Leistungen
Weitere Leistungen werden nicht vereinbart, können aber später in Zusatzvereinbarungen aufgenommen werden. Es ist möglich, vertragliche Vereinbarungen mit den Zusatzvereinbarungen zu verrechnen.

### 1.6
Die Arbeitnehmerin verpflichtet sich, Gehaltsüberzahlungen ohne Rücksicht auf eine noch vorhandene Bereicherung zurückzuzahlen.

### 2. Arbeitszeit
Die Arbeitszeit beträgt 40 Stunden pro Woche im Rahmen der beim Arbeitgeber gültigen Gleitzeitregelung. Überstunden werden im Rahmen der Gleitzeit ausgeglichen.

Arbeiten an Wochenenden und Feiertagen können ausnahmsweise in folgenden Fällen vom Arbeitgeber angeordnet werden:
- Messestanddienst
- Weiterbildungsveranstaltungen

Reisezeiten am Wochenende oder an Feiertagen fallen nicht unter diese Ausnahmen sondern sind im Rahmen der Gleitzeit geregelt.

### 3. Urlaub
Der Jahresurlaub beträgt 30 Arbeitstage. Einzelheiten über die Gewährung von Urlaub sind den jährlichen Vereinbarungen zu entnehmen.

Zusätzlich wird bei Todesfällen bezahlter Sonderurlaub gewährt (Ehepartner 3 Tage, Kinder, Eltern und Schwiegereltern je 1 Tag).

### 4. Vertragsdauer
Der Vertrag wird unbefristet abgeschlossen. Beiden Vertragsparteien steht die Möglichkeit der Kündigung innerhalb der gesetzlichen Kündigungsfrist von 4 Wochen zum Monatsende zu. Nach Ablauf von zwei Jahren verlängern sich die Kündigungsfristen nach Maßgabe der gesetzlichen Regelungen.

Im Falle einer Kündigung wird das Grundgehalt bis Vertragsende weitergezahlt.

Der Anspruch an der Erfolgsbeteiligung gemäß 1.3 entsteht anteilmäßig der im laufenden Geschäftsjahr erbrachten Arbeitszeit. Die Auszahlung erfolgt gemäß 1.3 im März des folgenden Jahres.

Der Anspruch auf die Entstehung sonstiger Beteiligungen endet bei Kündigung durch den Arbeitnehmer mit Aussprache der Kündigung, bei Kündigung durch den Arbeitgeber mit Beendigung des Arbeitsverhältnisses.

Eine Kündigung des Arbeitsvertrages vor Beginn der Tätigkeit wird ausgeschlossen.

### 5. Geheimhaltung
Die Arbeitnehmerin verpflichtet sich, ihr anvertraute Betriebsgeheimnisse Dritten nicht zugänglich zu machen. Soweit der Arbeitgeber Dritten gegenüber Verpflichtungen zum Schutz von Produkten und Leistungen übernommen hat, gelten diese entsprechend.

### 6. Probezeit
Es wird eine Probezeit von 3 Monaten nach Beginn des Arbeitsverhältnisses vereinbart. Während dieser Zeit ist eine Kündigung innerhalb von 2 Wochen zum Monatsende für beide Seiten möglich.

..........., den ...........

Unterschriften

# § 1 Kapitel 1: Arbeitsverträge

### 36. Muster: Arbeitsvertrag mit einer Sachbearbeiterin (mit Tarifbindung private Versicherungswirtschaft)

▼

*Anstellungsvertrag*

*Zwischen*

– nachfolgend Arbeitgeber genannt –

und

Frau

– nachfolgend Mitarbeiterin genannt –

wird folgendes vereinbart:

#### § 1 Beginn des Arbeitsverhältnisses
(1) Das Arbeitsverhältnis beginnt am          und wird auf die Dauer von 6 Monaten zur Probe abgeschlossen.

(2) Während der Probezeit kann das Arbeitsverhältnis von beiden Seiten nur mit einer Frist von 1 Monat zum Monatsende gekündigt werden.

#### § 2 Endgültiges Arbeitsverhältnis
(1) Nach Ablauf der Probezeit kann das Arbeitsverhältnis von beiden Seiten nur mit einer Frist von 6 Wochen zum Quartalsende gekündigt werden.

Tritt aufgrund gesetzlicher oder tariflicher Vorschriften oder besonderer Vereinbarung eine Verlängerung der Kündigungsfrist ein, so gilt die verlängerte Kündigungsfrist.

(2) Die Mitarbeiterin hat die ihr überlassenen Arbeitsmittel sorgsam zu behandeln. Bei ihrem Ausscheiden hat die Mitarbeiterin alles geschäftliche Material, das sie während ihrer Tätigkeit bei dem Arbeitgeber gesammelt hat, zurückzugeben. Jedes Zurückbehaltungsrecht ist ausgeschlossen.

#### § 3 Arbeitsbereich
(1) Die Mitarbeiterin wird als Sachbearbeiterin in der Sachabteilung          angestellt und mit folgenden Arbeiten beschäftigt:

Das Tätigkeitsgebiet wird durch den zuständigen Ressortleiter festgelegt.

(2) Der Arbeitgeber behält sich vor, das Aufgabengebiet innerhalb des vereinbarten Tätigkeitsbereichs zu ändern sowie die Mitarbeiterin in Notfällen auch kurzfristig für Arbeiten außerhalb ihres Tätigkeitsbereichs heranzuziehen. Die Mitarbeiterin verpflichtet sich, falls dies geschäftlich notwendig wird, entsprechende Aufgaben zu übernehmen sowie Mitarbeiter und Mitarbeiterinnen in gleicher Stellung zu vertreten.

#### § 4 Arbeitsentgelt
Die Mitarbeiterin erhält folgende Vergütung:

(1) Gehaltsgruppe          , z.Zt.          DM (          EUR),          Berufsjahr, des Tarifvertrages für das private Versicherungsgewerbe.

(2) Außertarifliche Einstufung                              DM (          EUR)

(3) Folgende Zulagen                              DM (          EUR)

(4) Erhöhung vorgesehen ab

(5) Bei ganzjähriger Tätigkeit werden 14 Bruttomonatsgehälter vergütet.

(6) Der Arbeitgeber behält sich vor, die Vergütung jederzeit und ohne daß es einer weiteren Ankündigung bedarf, gemäß dem festgelegten Umrechnungskurs von 1,95583 in EURO abzurechnen.

## Verträge mit Arbeitnehmern, Gesellschaftsorganen und Selbständigen § 1

(7) Die Mitarbeiterin verpflichtet sich, Gehaltsüberzahlungen ohne Rücksicht auf eine noch vorhandene Bereicherung zurückzuzahlen.

### § 5 Überstunden
Überstunden werden nur vergütet, wenn sie von der Geschäftsleitung oder vom zuständigen Vorgesetzten ausdrücklich angeordnet worden sind.

### § 6 Jahresurlaub
Der Jahresurlaub richtet sich nach § 13 Ziff. 6 MTV und beträgt zur Zeit 30 Tage.

### § 7 Dienstverhinderung bei unverschuldeter Krankheit
(1) Ist die Mitarbeiterin durch Krankheit oder andere Umstände an der Arbeit verhindert, so hat sie dies dem Arbeitgeber sofort, gegebenenfalls telefonisch, anzuzeigen. Dauert die Krankheit länger als drei Tage, so ist sie durch die Vorlage eines ärztlichen Attests nachzuweisen.

(2) Wird die Mitarbeiterin durch Handlungen Dritter arbeitsunfähig, so tritt sie bereits jetzt die ihr gegen Dritte zustehenden Schadensersatzansprüche wegen Verdienstausfalls insoweit an den Arbeitgeber ab, als ihr während der Zeit der Arbeitsunfähigkeit Arbeitsentgelt gezahlt wird. Dazu gehört auch die Abgeltung von Urlaub. Die Abtretung hat die Mitarbeiterin auf Verlangen des Arbeitgebers dem Schädiger im einzelnen Fall in der entsprechenden Höhe mitzuteilen.

### § 8 Nebentätigkeit
(1) Die Mitarbeiterin verpflichtet sich, ihre Arbeitskraft und ihre Fähigkeiten uneingeschränkt für den Arbeitgeber einzusetzen. Jede auf Erwerb gerichtete Nebentätigkeit ist nur mit vorheriger Genehmigung des Arbeitgebers gestattet.

(2) Versicherungsverträge, die die Mitarbeiterin für die Versicherung oder ihre Abkommensgesellschaften außerhalb ihrer Dienstobliegenheiten vermittelt, fallen nicht unter das Arbeitsverhältnis. Sie unterliegen einem besonders zu vereinbarenden Vertretungsvertrag.

### § 9 Verschwiegenheit
Die Mitarbeiterin ist verpflichtet, über alle ihr bekanntgewordenen Angelegenheiten des Betriebes gegenüber jedermann Verschwiegenheit zu bewahren.

### § 10 Zeugnis und Auskunftserteilung
(1) Der Mitarbeiterin ist bei der Beendigung des Arbeitsverhältnisses und auf Verlangen bereits nach Ausspruch der Kündigung ein Zeugnis zu erteilen, das sich auf Wunsch der Mitarbeiterin auch auf Führung und Leistung zu erstrecken hat.

(2) Der Arbeitgeber ist berechtigt und auf Wunsch der Mitarbeiterin – und zwar auch nach deren Ausscheiden – verpflichtet, Dritten gegenüber, bei denen sich die Mitarbeiterin bewirbt, Auskünfte über sie zu erteilen. Diese Auskünfte müssen der Wahrheit entsprechen.

### § 11 Schlußbestimmungen
(1) Für das Arbeitsverhältnis der Mitarbeiterin gelten:
a) dieser Vertrag
b) innerbetriebliche Regelungen
c) die allgemeinen gesetzlichen Bestimmungen
d) die Tarifverträge für die private Versicherungswirtschaft in ihrer jeweils aktuellen Fassung.

(2) Vertragsänderungen erfolgen schriftlich.

, den

Arbeitgeber                    Mitarbeiterin

▲

## 37. Muster: Umfangreicher Arbeitsvertrag mit Angestelltem aus dem Bereich Paketabfertigung

*Arbeitsvertrag*

Herr

wird zum

angestellt als

Ort der ausgeübten Tätigkeit:

Ab dem

Eingruppierung in Gruppe

Der nachfolgende Anhang ist Bestandteil des vereinbarten Arbeitsvertrages.

Arbeitgeber                    Arbeitnehmer

Anlage: Anhang zum Arbeitsvertrag

**Anhang zum Arbeitsvertrag**

**I. Arbeitsvertrag**

1. Der Arbeitsvertrag ist schriftlich abzuschließen. Dem Arbeitnehmer ist eine Ausfertigung auszuhändigen.
2. Der Arbeitsvertrag tritt erst nach positiv erfolgter Sicherheitsüberprüfung durch die zuständigen Behörden in Kraft.
3. Nebenabreden und Änderungen des Vertrages bedürfen zu ihrer Rechtswirksamkeit der Schriftform. Dies gilt auch für eine Aufhebung oder Änderung des Schriftformerfordernisses.

**II. Einstellung und Probezeit**

Die ersten 6 Monate der Beschäftigung gelten als Probezeit, sofern keine anderen schriftlichen Vereinbarungen getroffen worden sind. Während der Probezeit gilt beiderseits eine sofortige Kündigung (von einem Tag auf den anderen). Die Probezeit kann verlängert werden, wenn eine im gegenseitigen Interesse liegende Notwendigkeit hierzu gegeben ist.

**III. Allgemeine Rechte und Pflichten**

Arbeits- und Verhaltenspflicht sowie Beurteilung

1. Der Arbeitnehmer hat die ihm übertragenen Arbeiten gewissenhaft und ordnungsgemäß auszuführen. Für einen vorübergehenden Zeitraum hat er auch andere zumutbare Aufgaben zu übernehmen als diejenigen, für die er eingestellt ist.
2. Der Arbeitnehmer darf eine Nebenbeschäftigung gegen Entgelt, die das Arbeitsverhältnis beeinträchtigt, nur mit vorheriger schriftlicher Genehmigung durch die Personalabteilung übernehmen. Insbesondere darf der Arbeitnehmer nicht für einen Spediteur tätig werden. Alle anderen Nebenbeschäftigungen müssen dem Arbeitgeber mitgeteilt werden.
3. Der Arbeitnehmer hat seine Arbeitszeit pünktlich einzuhalten. Ein vorzeitiges Verlassen des Arbeitsplatzes ist nur mit Erlaubnis des Vorgesetzten zulässig.

**IV. Arbeitsverhinderung**

1. Der Arbeitnehmer ist verpflichtet, dem Arbeitgeber jede Dienstverhinderung und ihre voraussichtliche Dauer unverzüglich anzuzeigen.
2. Dauert eine Erkrankung länger als drei Kalendertage, hat der Arbeitnehmer eine ärztliche Bescheinigung über das Bestehen der Arbeitsunfähigkeit sowie deren voraussichtliche Dauer spätestens am darauffolgenden Arbeitstag vorzulegen. Dauert die Arbeitsunfähigkeit länger als in

## Verträge mit Arbeitnehmern, Gesellschaftsorganen und Selbständigen §1

der Bescheinigung angegeben, so ist der Arbeitnehmer verpflichtet, unverzüglich eine neue ärztliche Bescheinigung einzureichen. Über den Fortbestand der Arbeitsunfähigkeit ist der Arbeitgeber unverzüglich zu benachrichtigen.

3. In begründeten Einzelfällen kann mit Genehmigung des Betriebsrates von dieser Regelung abgewichen werden.
4. Der Arbeitnehmer hat sich zwei Wochen nach Beginn von Arbeitsunfähigkeit infolge Krankheit nach Aufforderung durch den Arbeitgeber durch einen Vertrauensarzt der Firma untersuchen zu lassen.

### V. Entgeltfortzahlung im Krankheitsfalle
1. Ist der Arbeitnehmer infolge auf Krankheit beruhender Arbeitsunfähigkeit an der Arbeitsleistung verhindert, ohne daß ihn ein Verschulden trifft, so erhält er Entgeltfortzahlung für die Dauer von bis zu sechs Wochen.
2. Für den krankenkassenversicherten Arbeitnehmer besteht der Anspruch nur einmal, wenn eine wiederholte Erkrankung auf dasselbe Grundleiden zurückzuführen ist und der Arbeitnehmer in der Zwischenzeit nur kurzfristig (weniger als 6 Monate) gearbeitet hat.

### VI. Rechte und Pflichten
1. Der Arbeitnehmer hat sich stets so zu verhalten, daß das Ansehen des Arbeitgebers nicht geschädigt wird.
2. Der Arbeitnehmer verpflichtet sich, über alle vom Arbeitgeber als vertraulich bezeichneten Angelegenheiten und Vorgänge, die ihm im Rahmen der Tätigkeit zur Kenntnis gelangen, auch nach dem Ausscheiden aus dem Arbeitsverhältnis Stillschweigen zu bewahren.

   Der Arbeitnehmer hat alle betrieblichen Arbeitsmittel sowie Schriftstücke nebst Abschriften, Kopien und Durchschläge, die seine dienstliche Tätigkeit betreffen, als ihm anvertrautes Eigentum des Arbeitgebers sorgfältig aufzubewahren und vor jeder Einsichtnahme Unbefugter zu schützen und auf Verlangen jederzeit, spätestens aber unaufgefordert bei Beendigung des Dienstverhältnisses, dem Arbeitgeber oder dessen Beauftragten zu übergeben.
3. Vor Veröffentlichungen zu Themen, die Interessen des Arbeitgebers berühren, ist der Arbeitnehmer verpflichtet, die Erlaubnis der Geschäftsleitung einzuholen.
4. Der Arbeitgeber hat das Recht zu bestimmen, ob der Arbeitnehmer seine Tätigkeit in der von der Gesellschaft vorgeschriebenen kostenlosen Dienstkleidung oder Uniform auszuüben hat. Der Arbeitnehmer ist in diesem Fall verpflichtet, seine Dienstkleidung bzw. Uniform zu tragen und zu pflegen.
5. Der Arbeitnehmer ist verpflichtet, alle vom Arbeitgeber gestellten Werkzeuge, Apparate, Maschinen und sonstigen Einrichtungen sachgemäß und pfleglich zu behandeln, unabhängig davon, aus welchem Grund sie ihm überlassen wurden und bei Beendigung des Arbeitsverhältnisses unverzüglich zurückzugeben. Verlust oder Beschädigung sind dem Vorgesetzten sofort zu melden.

   Ist die Rückgabe unmöglich, ist der Arbeitnehmer verpflichtet, Schadensersatz zu leisten (maximal den Zeitwert). Der Arbeitnehmer ist im allgemeinen nicht haftbar für Beschädigungen. Wer rechtswidrig Eigentum des Arbeitgebers beschädigt, vernichtet oder sonst abhandenkommen läßt oder die unverzügliche Meldung dieser Tatbestände unterläßt, kann zum Schadensersatz herangezogen werden.
6. Gegen die Treuepflicht des Arbeitnehmers verstößt es, Geschenke oder andere Vorteile von Personen oder Firmen, die zu der Gesellschaft eine Geschäftsverbindung anstreben oder unterhalten, zu fordern, sich versprechen zu lassen oder anzunehmen. Hiervon ausgenommen sind übliche Gelegenheits- oder Werbegeschenke.
7. Der Arbeitnehmer ist verpflichtet, die von der Berufsgenossenschaft und dem Arbeitgeber herausgegebenen Vorschriften über Sicherheit und Hygiene genau zu beachten. Alle Unfälle, auch

Wegeunfälle, müssen von dem verletzten Arbeitnehmer unverzüglich dem zuständigen Supervisor oder Stellvertreter gemeldet werden.

8. Der Arbeitnehmer ist verpflichtet, den ihm vom Arbeitgeber ausgehändigten Ausweis auf Aufforderung den dazu bestimmten Personen vorzulegen. Der Ausweis bleibt Eigentum des Arbeitgebers. Der Arbeitnehmer hat den Verlust des Ausweises umgehend anzuzeigen. Bei Beendigung des Arbeitsverhältnisses ist der Ausweis zurückzugeben.

9. Wird ein Arbeitnehmer deutscher Staatsangehörigkeit zum Wehrdienst einberufen, so ist er gehalten, den Einberufungsbescheid unverzüglich dem Arbeitgeber vorzulegen. Während der Dauer des Wehrdienstes ruht das Arbeitsverhältnis, dh der Arbeitnehmer ist zu keinerlei Dienstleistung, der Arbeitgeber nicht zur Lohn- und Gehaltszahlung verpflichtet. Nach der Entlassung aus dem Wehrdienst steht dem Arbeitnehmer ein Recht auf seinen früheren Arbeitsplatz zu, die beiderseitigen Rechte aus dem Arbeitsverhältnis leben wieder auf.

510
10. In begründeten Einzelfällen ist der Arbeitgeber unter Hinzuziehung des Betriebsrates berechtigt, eine Durchsuchung des mitgeführten Eigentums des in Verdacht stehenden Arbeitnehmers zu veranlassen.

Der Arbeitgeber verpflichtet sich, den von ihm hierzu bestimmten Personen Anweisung zu geben, das Anstands- und Ehrgefühl des Arbeitnehmers dabei nicht zu verletzen. Für die in den Betrieb eingebrachten Sachen des Arbeitnehmers übernimmt der Arbeitgeber nur die bedingte Obhutspflicht.

Die vom Arbeitgeber hierfür zur Verfügung gestellten Kleiderschränke und Garderobenzimmer sind abzuschließen. Das gilt auch für die Schreibtische bei Verlassen des Arbeitsplatzes.

Es besteht keine Obhutspflicht des Arbeitgebers für Gegenstände, die über den persönlichen Mindestbedarf hinausgehen (z.B. Schmuck, Wertgegenstände, größere Geldbeträge, Fotoapparate, Radioapparate, Sportsachen und -gegenstände usw.). Derartige Gegenstände können notfalls vorübergehend während der Dienststunden gegen Quittung zur Aufbewahrung in einen vorhandenen Stahl- oder Panzerschrank gegeben werden.

**VII. Dienstzeit**

511 Die Dienstzeit beginnt mit dem Tage der Einstellung.

1. Art und Ort der Tätigkeit
Normalerweise wird die Tätigkeit des Arbeitnehmers an seinem Dienstsitz ausgeübt. Der Arbeitnehmer ist aber gehalten, wenn es der Arbeitgeber für notwendig ansieht, seine Tätigkeit gegebenenfalls auch an anderen Orten innerhalb der Bundesrepublik Deutschland und der EG auszuüben. Ernstlich begründete Einwände des Betreffenden werden nach Möglichkeit berücksichtigt. Das Mitbestimmungsrecht des Betriebsrates ist hierbei zu beachten.

2. Arbeitspapiere/Veränderungsmeldungen
Bei der Einstellung, spätestens bei Dienstaufnahme, sind die Arbeitspapiere (Versicherungsnachweisheft der Angestellten- oder Arbeiterrentenversicherung, Lohnsteuerkarte, letztes Dienstzeugnis, Urlaubsbescheinigung, Bescheid über Mitgliedschaft bei einer Ersatzkrankenkasse) vorzulegen.

Bei nicht rechtzeitiger Vorlage der Lohnsteuerkarte ist der Arbeitgeber verpflichtet, für die Berechnung der Lohnsteuerkarte die für diesen Fall von der Finanzbehörde vorgesehenen Bestimmungen zu befolgen. Das gleiche gilt auch für die Vorlage der Lohnsteuerkarte zu Beginn eines jeden weiteren Beschäftigungsjahres.

Der Angestellte ist auch in seinem eigenen Interesse verpflichtet, Veränderungen der persönlichen Verhältnisse (Anschriftenänderung, Familienstandsänderungen usw.) unverzüglich dem Vorgesetzten seiner Dienststelle mitzuteilen. Wer diese Mitteilung schuldhaft unterläßt, trägt daraus entstehende Nachteile selbst. Insbesondere gelten Mitteilungen jeder Art, die an die zuletzt gemeldete Wohnung gerichtet sind, auch dann als zugegangen, wenn sie als unzustellbar zurückkommen.

Verträge mit Arbeitnehmern, Gesellschaftsorganen und Selbständigen §1

3. Sonderrechte
Wer gesetzliche Sonderrechte (z.B. nach dem Schwerbeschädigtengesetz oder dem Mutterschutzgesetz) genießt oder beansprucht, muß dieses vor der Einstellung bzw. zum Zeitpunkt, zu dem die Voraussetzungen hierfür eintreten, unaufgefordert mitteilen und nachweisen.

Die vorsätzliche Falschbeantwortung einer hierauf an den Arbeitnehmer gerichteten Frage berechtigt den Arbeitgeber zur Anfechtung des Arbeitsvertrages.

**VIII. Arbeitszeit**

1. Wöchentliche Arbeitszeit
a) Die regelmäßige wöchentliche Grundarbeitszeit beträgt 40 Stunden ausschließlich der Pausen. Es wird an 5 Tagen in der Woche gearbeitet.
b) Eine Verlängerung der 40stündigen Grundarbeitszeit ist zulässig, wenn die Arbeitszeit einer anderen Woche innerhalb von vier Wochen entsprechend verkürzt wird. Im Schichtdienst ist der Ausgleich in zumutbaren Zeiträumen vorzunehmen.

2. Tägliche Grundarbeitszeit
Die infolge der Verteilung der wöchentlichen Grundarbeitszeit auf jeden einzelnen Tag der Woche entfallende Arbeitszeit stellt die tägliche Grundarbeitszeit dar. Sie darf 10 Stunden nicht überschreiten.

3. Verteilung der täglichen Grundarbeitszeit
a) Die Lage der täglichen Grundarbeitszeit (Beginn und Ende) wird im allgemeinen gleichmäßig und einheitlich für einzelne Betriebsteile oder bestimmte Tätigkeiten durch Dienstpläne festgelegt (Normaldienst).
b) Die Lage der täglichen Arbeitszeit wird durch Schichtpläne geregelt, wenn die betrieblichen Verhältnisse erfordern, daß die während einer sich über einen bestimmten Zeitraum erstreckende Schichtperiode zu leistende Arbeit in Schichten verrichtet wird, deren Beginn sich in jedem neuen Schichtabschnitt derselben Schichtperiode ändert (Schichtdienst). Soweit die betrieblichen Verhältnisse es erfordern, ist im Einzelfall eine Verlegung der schichtplanmäßigen Arbeitszeit zulässig. Erforderlich werdende Dienst- bzw. Schichtplanänderungen (wegen Krankheit, Urlaub, Vertretung, Planstellenunterbesetzung etc.) sind in Zusammenarbeit mit dem Betriebsrat durchzuführen.
c) Vorhersehbare Änderungen der Dienstpläne, die aus dringenden betrieblichen Gründen erforderlich werden, sind den betreffenden Arbeitnehmern unverzüglich im voraus bekannt zu geben. Bei Verlegung der Arbeitszeit auf einen freien Tag infolge einer Dienstplanänderung aus dringenden betrieblichen Gründen, die weniger als 5 Tage im voraus bekanntgegeben wird, gilt die geleistete Arbeit als Überarbeit.

4. Überarbeit und Mehrarbeit
Der Arbeitnehmer ist verpflichtet – falls der Arbeitgeber es für erforderlich hält – im gesetzlich gegebenen Umfang über die für ihn gemäß Dienst- bzw. Schichtplan geltende Arbeitszeit hinaus zu arbeiten und Überstunden zu leisten.
a) Überstunden sind die am jeweiligen Arbeitstag über die planmäßige Arbeitszeit an diesem Tag erbrachten Stunden.
b) Überstunden sind nur dann besonders zu vergüten, wenn sie vom Supervisor oder dessen stellvertretenden Schichtleiter angeordnet werden.
c) Arbeitsstunden, die zu dem Zweck geleistet werden, normale Arbeitszeit vorwegzunehmen oder nachzuholen (sog. Arbeitszeitverlängerung), stellen keine Überstunden dar.
d) Grundsätzlich sollen geleistete Überstunden durch Freizeitgewährung abgegolten werden. In diesem Fall werden nur die Zuschläge ausbezahlt. Der Arbeitnehmer verpflichtet sich, den Freizeitausgleich mit dem Supervisor abzustimmen. Als Ausgleich für Überstunden gewährte be-

zahlte Freizeit darf nur im Anschluß an den Jahresurlaub genommen werden, wenn die betrieblichen Erfordernisse es zulassen. Ist eine Abgeltung durch Freizeitgewährung innerhalb von sechs Wochen nicht möglich, erfolgt die Abgeltung dieser Überstunden nach dem Gehaltsvertrag.

### IX. Pausen und Ruhezeiten

513  1. Überschreitet die tägliche Arbeitszeit die Dauer von 4,5 Stunden, so ist eine Pause von mindestens 20 Minuten, überschreitet sie die Dauer von 6 Stunden, so ist eine Pause von mindestens 0,5 Stunden einzulegen.

2. Wird im Anschluß an die regelmäßige Arbeitszeit mehr als eine Überstunde geleistet, so wird eine bezahlte Pause von 15 Minuten gewährt.

3. Die Mindestruhezeit von 11 Stunden zwischen Dienstende und erneutem Dienstbeginn darf durch zu leistende Überstunden nicht verkürzt werden.

### X. Arbeit an Sonn- und Feiertagen sowie an besonderen Vorfesttagen

1. Die „allgemein anerkannten", d.h. die in dem betreffenden Bundesland gesetzlich festgelegten Feiertage sind dienstfrei. Diese Tage werden nicht auf den Erholungsurlaub angerechnet. Falls der Arbeitnehmer an einem oben genannten Feiertag arbeiten bzw. Mehrarbeit leisten muß, hat er Anspruch auf zusätzliche Vergütung (siehe § 17).

2. Die Arbeitnehmer sollen, soweit nicht dringende betriebliche Gründe eine abweichende Regelung erfordern, nicht an mehr als zwei Sonntagen oder Feiertagen eines Monats zur Arbeit eingeteilt werden.

3. Am Heiligabend und zu Silvester werden je vier Stunden Arbeitsbefreiung unter Fortzahlung des Entgelts gewährt, sofern die betrieblichen Verhältnisse dies zulassen. Den Arbeitnehmern, denen aus betrieblichen Gründen an diesem Vorfesttag der Frühschluß nicht gewährt werden kann, wird an einem anderen Tage entsprechende Freizeit gewährt. Wird an diesen Vorfesttagen Urlaub genommen, so ist dieser mit einem halben Tag auf den Erholungsurlaub anzurechnen.

Arbeitnehmer, die an diesen Vorfesttagen frei haben, erhalten keine extra Freizeitgewährung.

4. Arbeitnehmer, die an gesetzlichen oder behördlich festgesetzten Feiertagen sowie am Oster- und Pfingstsonntag zu arbeiten haben, erhalten an einem anderen Tage einen der an diesem Feiertag abgeleisteten Grundarbeitszeit entsprechenden Freizeitausgleich.

Arbeitnehmer, die an gesetzlichen oder behördlich festgesetzten Feiertagen sowie am Oster- und Pfingstsonntag weniger als vier Stunden dienstplanmäßig Arbeitszeit zu leisten haben, erhalten für vier Stunden Freizeitausgleich.

Ist die Abgeltung dieser geleisteten Grundarbeitsstunden durch Freizeitgewährung innerhalb von 8 Wochen in Sonderfällen nicht möglich, erfolgt die Abgeltung dieser Stunden mit 100 % der Stundensätze.

### XI. Sonderurlaub und zeitweilige Arbeitsbefreiung aus besonderen Anlaß

Aus dringenden persönlichen Gründen wird Sonderurlaub in folgenden Fällen gewährt:

| | |
|---|---|
| Eheschließung des Arbeitnehmers | 2 Tage |
| Niederkunft der Ehefrau | 3 Tage |
| Erkrankung eines Familienmitgliedes | 1 Tag |
| Eheschließung der Kinder, Eltern | 1 Tag |
| Dienstjubiläum des Arbeitnehmers | |
| bei 10jährigem | 1 Tag |
| bei 25jährigem | 2 Tage |
| 25- und 40jähriger Hochzeitstag | 1 Tag |
| Tod eines engen Familienmitgliedes | bis 3 Tage |
| (nur 1. Grades oder bei eheähnlichen Verhältnissen) | |

| | |
|---|---|
| Umzug | 2 Tage |
| Umzug aus elterlichem Haushalt | 1 Tag |
| Musterung | 1 Tag |

Alle nicht aufgeführten Anlässe, die gegebenenfalls die Gewährung eines Sonderurlaubs rechtfertigen, sind der Direktion zur Genehmigung vorzulegen. Sonderurlaub ist zweckgebunden, er darf nicht auf einen späteren Zeitpunkt verschoben werden.

### XII. Vergütung

a) Der Arbeitnehmer hat für die von ihm geleistete Arbeit Anspruch auf die vertraglich vereinbarte Vergütung. 514

b) Als Vergütung werden ein Grundgehalt und, sofern die Voraussetzungen vorliegen, folgende Zulagen und Zuschläge gezahlt:

Zulagen:
– Kindergeld
– Kontoführungsgebühr
– VWL

Zuschläge:
– Mehrarbeitszuschläge (Überstunden)
– Zuschläge für Sonntags-, Feiertags- und Nachtarbeit

Bei der Bezahlung der Über- und Mehrarbeit sowie der Zuschläge wird ein aus dem Grundgehalt errechneter Stundenlohn zugrundegelegt.

### XIII. Grundgehalt

1. Das Grundgehalt wird nach der Art der Tätigkeit und nach dem Wert der Leistung bemessen, wobei jeder Arbeitnehmer nach seiner überwiegenden Tätigkeit (Tätigkeitsmerkmale laut Gehaltsvertrag) in die entsprechende Gehaltsgruppe eingereiht wird.

2. Das Grundgehalt wird mit Vollendung jeden Dienstjahres um den aus dem Gehaltsvertrag ersichtlichen Steigerungsbetrag steigen. Das Dienstjahr gilt als vollendet mit dem Beginn des Monats, in den der Tag der Dienstaufnahme fällt.

### XIV. Kinderzulage

1. Kinderzulage wird auf Antrag für das 1. und 2. Kind gewährt und beträgt pro Kind 50,00 DM (25,56 EUR) monatlich ab 01.10.1995. Sie steht zu vom Ersten des Monats, in den die Geburt fällt bzw. die Voraussetzungen gegeben sind, bis zum Ablauf des Monats, in dem das Kind das 18. Lebensjahr vollendet hat.

2. Die Kinderzulage bleibt für die Errechnung der Weihnachtsgratifikation und der Überstundenvergütung etc. außer Ansatz.

3. Kinderzulage wird gewährt

   I. männlichen Antragstellern für

      a) eheliche oder ehelich erklärte Kinder (für geschiedene Antragsteller nur, wenn das Kind im Haushalt lebt);

      b) Adoptiv-, Stief- und Pflegekinder, wenn der Antragsteller für sie Sorge- und Unterhaltspflicht übernommen hat und nicht von anderer Seite Unterhalt gewährt wird;

      c) uneheliche Kinder, wenn die Vaterschaft festgestellt ist und das Kind im Haushalt aufgenommen ist; das gleiche gilt für weibliche Mitarbeiter.

   II. weiblichen Antragstellern für

      a) eheliche oder ehelich erklärte Kinder, für die die Antragstellerin einzige Ernährerin ist und die ebenfalls ständig im Haushalt leben;

      b) Kinder von Witwen und Kinder aus geschiedener Ehe, die mit im Haushalt leben;

      c) uneheliche Kinder, die mit im Haushalt leben.

4. Anträge auf Gewährung der Kinderzulage sind in doppelter Ausfertigung über den Personalchef an die Geschäftsleitung einzureichen. Bei nicht rechtzeitiger Beantragung der Kinderzulage ist eine Nachgewährung derselben nur innerhalb der gesetzlichen Dreimonatsfrist möglich.

5. Der Arbeitnehmer ist verpflichtet, Änderungen der für die Gewährung der Kinderzulage maßgeblichen Verhältnisse dem Arbeitgeber unverzüglich anzuzeigen. Zu Unrecht empfangene Beträge sind in vollem Umfange zurückzuzahlen.

### XV. Schichtzulage

Die im Schichtdienst beschäftigten Arbeitnehmer erhalten eine Schichtzulage, wenn sie nach einem Schichtplan arbeiten, der mindestens 20 % volle Schichten aufweist, die nicht vor 20.00 Uhr enden oder zwischen 20.00 Uhr und 6.00 Uhr beginnen. Die Zulage beträgt generell 4 % auf das monatliche Grundgehalt. Mit der pauschalen Schichtzulage sind die Zuschläge für die nach Dienstplan zu leistenden Nacht- bzw. Sonntagsstunden abgegolten.

### XVI. Zuschläge

1. Für die an Sonntagen geleistete Arbeitszeit werden Sonntagszuschläge gezahlt (50 %).

2. Für die an gesetzlichen Feiertagen geleistete Arbeitszeit werden Feiertagszuschläge gezahlt (100 %).

    Für die Berechnung der Sonn- und Feiertagszuschläge gilt der Zeitraum von 0.00 Uhr des betreffenden Tages bis 24.00 Uhr des folgenden Tages.

3. Fallen Arbeitsstunden in die Nachtzeit (20.00 Uhr bis 6.Uhr), so werden Nachtzuschläge gezahlt.
    20.00 bis 24.00 = 25 %
    00.00 bis 04.00 = 40 %
    04.00 bis 06.00 = 25 %

4. Für auf Anordnung geleistete Überarbeit werden Überstundenzuschläge gezahlt. Schließt sich die Überarbeit nicht an die tägliche Grundarbeitszeit an, sondern wird der Arbeitnehmer nach einer Zwischenzeit von mehr als einer Stunde zum Arbeitsplatz zur Leistung von Überarbeit zurückgerufen, so sind für mindestens vier Stunden Überstundenzuschläge zu bezahlen.

5. Gehaltszuschläge werden aus abrechnungstechnischen Gründen erst mit dem Folgemonat ausgezahlt.

6. Als Grundlage für die Berechnung der Gehaltszuschläge gilt die Stundenliste, die jeder Arbeitnehmer selbst auszufüllen hat und vom Supervisor oder dessen Stellvertreter gegenzuzeichnen ist. Die Stundenliste muß bis zum 5. des Folgemonats in der Personalbuchhaltung vorliegen, da sonst eine Auszahlung der Zuschläge nicht möglich ist.

### XVII. Voraussetzungen und Höhe der vermögenswirksamen Leistungen

1. Jeder Arbeitnehmer, der unter den Geltungsbereich des Gehaltsvertrages in seiner jeweils gültigen Fassung fällt, erhält eine vermögenswirksame Leistung im Sinne des 3. Vermögensbildungsgesetzes.

2. Die vermögenswirksame Leistung beträgt monatlich 13,00 DM (6,65 EUR) und wird nur gezahlt, wenn der Arbeitnehmer einen gültigen Vertrag vorlegt.

3. Die vermögenswirksame Leistung wird nur für volle Kalendermonate gewährt, für die dem Arbeitnehmer Lohn oder Gehalt, Krankenbezüge, Urlaubsgeld oder Mutterschaftsgeld nach § 13 Mutterschutzgesetz zusteht.

### XVIII. Auszahlung der Vergütung

1. Die Vergütung der Arbeitnehmer wird jeden Monat nachträglich bargeldlos auf Risiko des Arbeitgebers gezahlt.

    Der Arbeitnehmer ist daher gehalten, unverzüglich nach Dienstaufnahme sich gegebenenfalls ein Bank- oder ähnliches Konto eröffnen zu lassen und dieses der Gehaltsbuchhaltung bekannt-

**Verträge mit Arbeitnehmern, Gesellschaftsorganen und Selbständigen** § 1

zugeben. Der Arbeitgeber übernimmt eine Kontoführungsgebühr in Höhe von monatlich 2,50 DM (1,28 EUR). Bei Beendigung des Arbeitsverhältnisses wird die Überweisung am Tage des Ausscheidens vorgenommen.

2. Zur Kontrolle des an ihn überwiesenen Betrages wird dem Arbeitnehmer eine Abrechnung ausgehändigt. Einsprüche sachlicher und rechnerischer Art gegen dieselbe sind unverzüglich geltend zu machen.

Diese Abrechnung, die auch kumulativ geführt wird, gilt gleichzeitig als Beleg für die Finanzbehörde.

3. Der Arbeitgeber behält sich vor, die Vergütung jederzeit und ohne daß es einer weiteren Ankündigung bedarf, gemäß dem festgelegten Umrechnungskurs von 1,95583 in EURO abzurechnen.

4. Der Arbeitnehmer verpflichtet sich, Gehaltsüberzahlungen ohne Rücksicht auf eine noch vorhandene Bereicherung zurückzuzahlen.

5. Gehaltspfändungen

Der Arbeitnehmer hat die durch eine Pfändung, Verpfändung oder Abtretung erwachsenden Kosten zu tragen. Die Kosten sind pauschaliert und betragen für jede Pfändung, Verpfändung oder Abtretung monatlich 5,00 DM (2,56 EUR). Der Arbeitgeber ist berechtigt, höhere tatsächliche Kosten, soweit diese nachgewiesen sind, in Ansatz zu bringen.

**XIX. Weihnachtsgratifikation**

1. Der Arbeitgeber zahlt eine Jahressonderleistung in Höhe eines Monatsgrundgehalts. Die Berechnung richtet sich nach dem im Monat Dezember des betreffenden Jahres zustehenden Gehalt.

Falls der Arbeitnehmer im Monat Dezember Krankengeld bezieht, wird zur Berechnung der Jahressonderleistung das Grundgehalt des letzten voll bezahlten Monats angewandt.

2. Arbeitnehmer, deren monatliche Grundarbeitszeit sich im Laufe eines Kalenderjahres verändert, erhalten anteilige Jahressonderleistung. Zur Errechnung wird die vertragliche Grundarbeitszeit zur Vollarbeitszeit ins Verhältnis gesetzt und die Grundvergütung für den Monat Dezember des betreffenden Jahres mit dem sich hieraus ergebenden Faktor multipliziert.

3. Arbeitnehmer, die im Laufe eines Kalenderjahres in den Dienst des Arbeitgebers eintreten, erhalten so viele Zwölftel, wie sie volle Kalendermonate vor Jahresende beschäftigt sind.

4. Bei einer Kündigung während der Probezeit, ganz gleich aus welchen Gründen, entfällt die Zahlung der anteiligen Jahressonderleistung; desgleichen, wenn dem Arbeitnehmer aus einem wichtigen Grund gekündigt wird. Gezahlte Jahressonderleistung ist in diesen Fällen zurückzuzahlen.

5. Bei gesetzlichem oder vertraglichem Ruhen des Arbeitsverhältnisses wird die anteilige Jahressonderleistung nicht für diejenigen Kalendermonate gewährt, in denen das Arbeitsverhältnis geruht hat.

6. Der Anspruch nach Abs. 1, 2 und 3 entfällt, wenn für keinen Kalendertag des entsprechenden Zeitraums Anspruch auf Gehalt oder Krankenbezüge besteht.

7. Der Arbeitnehmer erkennt an, daß die Jahressonderleistung als jederzeit widerrufliche Leistung freiwillig gezahlt wird, solange es die wirtschaftliche Situation des Arbeitgebers zuläßt und hierauf auch nach wiederholter Zahlung kein Rechtsanspruch erwächst.

8. Der Anspruch auf Jahressonderleistung ist ausgeschlossen, wenn das Arbeitsverhältnis im Zeitpunkt der Auszahlung oder bis zum 31.12. von einem der Vertragsteile gekündigt wird oder infolge eines Aufhebungsvertrages endet. Dies gilt jedoch nicht, wenn die Kündigung oder der Aufhebungsvertrag aus betrieblichen oder personenbedingten, vom Arbeitnehmer nicht zu vertretenden Gründen, erfolgt.

9. Der Arbeitnehmer ist verpflichtet, die Gratifikation zurückzuzahlen, wenn er aufgrund eigener Kündigung bis zum 31.03 des auf die Auszahlung folgenden Kalenderjahres ausscheidet. Glei-

ches gilt bei berechtigter außerordentlicher oder vertragsbedingter Kündigung seitens des Arbeitgebers.

10. Zurückzuzahlende Jahressonderleistung gilt als Entgeltvorschuß.

### XX. Bezüge nach Arbeitsunfall und Berufskrankheit

1. Ist der Arbeitnehmer infolge eines Unfalls, den er nach Einstellung beim Arbeitgeber in Ausübung oder infolge seiner Arbeit ohne Vorsatz oder grobe Fahrlässigkeit erlitten hat, in seiner bisherigen Gehaltsgruppe nicht mehr voll leistungsfähig und wird deshalb in einer niedrigeren Gehaltsgruppe weiterbeschäftigt, so erhält er eine Ausgleichszulage in Höhe des Unterschiedsbetrages zwischen der ihm in der neuen Gehaltsgruppe jeweils zustehenden Grundvergütung und der Grundvergütung, die er in der vorigen Gehaltsgruppe zuletzt bezogen hat.

2. Das gleiche gilt bei einer Berufskrankheit im Sinne der RVO nach mindestens mehrjähriger ununterbrochener Beschäftigung beim Arbeitgeber.

3. Die Ausgleichszulage wird um den Betrag, welchen der Arbeitnehmer als Rente aus der Berufsgenossenschaft erhält, gekürzt.

### XXI. Zusätzliche Altersversorgung

Nach Beendigung der sechsmonatigen Probezeit wird für den Arbeitnehmer eine Direktversicherung abgeschlossen, die sich zur Zeit nach den mit der           -Versicherung ausgearbeiteten Bestimmungen richtet.

Für den Arbeitnehmer entstehen dadurch keine zusätzlichen Kosten.

### XXII. Erholungsurlaub

1. Jeder Arbeitnehmer hat in jedem Urlaubsjahr Anspruch auf Erholungsurlaub unter Fortzahlung der Vergütung.

2. Das Urlaubsjahr dauert vom 1. Januar bis einschließlich 31. Dezember. Die in einem Jahr – wie vorstehend ausgeführt – erworbenen Urlaubsansprüche können vom 1. Januar ab geltend gemacht werden.

   Die Zahl der Urlaubstage beträgt für jeden Arbeitnehmer im
   1.–2. Jahr 25 Tage Urlaub
   3.–4. Jahr 26 Tage Urlaub
   5.–6. Jahr 27 Tage Urlaub
   7.–8. Jahr 28 Tage Urlaub
   nach 8 Jahren 30 Tage Urlaub

   Schwerbehinderte im Sinne des Gesetzes, die zu 50 % und mehr erwerbsgemindert sind und eine amtliche Bescheinigung hierüber vorlegen können, haben Anspruch auf einen Zusatzurlaub von sechs Arbeitstagen.

3. Anspruch auf ein Zwölftel des Jahresurlaubes für jeden vollen Monat des Arbeitsverhältnisses besteht im Eintritts- und im Austrittsjahr. Im Eintrittsjahr entsteht der Urlaubsanspruch jedoch insoweit nicht, als für das Urlaubsjahr von anderen Arbeitgebern bereits voller oder anteiliger Urlaub oder Urlaubsabgeltung gewährt wurde. Der Arbeitnehmer ist verpflichtet, bei Dienstaufnahme diesbezügliche Bescheinigungen der Vorarbeitgeber vorzulegen.

4. Teile von Urlaubstagen sind aufzurunden und als halbe Tage zu zählen. Bruchteile von Urlaubstagen, die mindestens einen halben ergeben, sind auf volle Kalendertage aufzurunden.

5. Bei Beendigung des Arbeitsverhältnisses hat der Arbeitnehmer vor Verlassen des Dienstes noch zu beanspruchende Urlaubstage zu nehmen. Nur wenn der Urlaub infolge Erkrankung des Arbeitnehmers oder aus ganz dringenden dienstlichen Gründen (worüber vom Vorgesetzten ein schriftlicher Antrag an die Direktion einzureichen ist) nicht mehr genommen bzw. gegeben werden kann, ist der Anspruch abzugelten. Dem Arbeitnehmer ist eine Bescheinigung über den im laufenden Kalenderjahr zustehenden und gewährten oder abgegoltenen Urlaub auszuhändigen.

6. Der Zeitpunkt des Urlaubsantritts soll auf Wunsch des Arbeitnehmers gewährt werden, sofern dem nicht betriebliche Belange widersprechen.

7. Der Jahresurlaub kann geteilt werden, jedoch sollen dabei grundsätzlich einmal mindestens zwei Wochen zusammenhängend gewährt und genommen werden.

8. Höchstens sechs Urlaubstage können auf das nächste Jahr übertragen werden. Kann der Betreffende durch den zuständigen Abteilungsleiter nachweisen, daß er in einem Jahr ohne eigenes Verschulden (z.B. im Interesse des Betriebes) mehr als sechs Tage eines Urlaubs nicht nehmen konnte, so dürfen auch diese Tage auf das nächste Jahr übertragen werden.

    Resturlaubstage müssen vor dem 1. April des nächsten Jahres genommen werden, sonst verfallen sie.

9. Erkrankt ein Arbeitnehmer während des Urlaubs, so werden die durch ärztliches Zeugnis nachgewiesenen Krankheitstage nicht auf den Urlaub angerechnet. Die Urlaubsdauer wird durch die nachgewiesene Erkrankung nicht verlängert.

    Kur- und Heilverfahren, die dem Arbeitnehmer von der Bundesversicherungsanstalt für Angestellte oder einer anderen Versorgungsbehörde gewährt werden, sowie ein von einer Krankenkasse verordneter Kuraufenthalt, für den die Krankenkasse die gesamten Kosten übernimmt und nicht nur Zuschüsse leistet, dürfen nicht auf den Urlaub angerechnet werden.

10. Dem Arbeitnehmer, der zum Grundwehrdienst einrückt, wird auf Verlangen der ihm zustehende Urlaub unter Kürzung je eines Zwölftels für jeden vollen Kalendermonat, in dem der Arbeitnehmer Wehrdienst im Urlaubsjahr leistet, vor Beginn des Wehrdienstes gewährt. Zu wenig gewährter Urlaub wird nach dem Wehrdienst nachgewährt. Hat der Arbeitnehmer im Jahr seiner Einberufung zum Wehrdienst bereits mehr Urlaub genommen als ihm zustand, wird der Urlaub im Jahr nach dem Wehrdienst entsprechend gekürzt. Im Falle einer Wehrübung steht dem Arbeitnehmer ein ungekürzter Urlaubsanspruch zu.

    Endet das Arbeitsverhältnis während oder nach Beendigung der Wehrdienstzeit, so ist ein noch bestehender Urlaubsanspruch abzugelten.

## XXIII. Urlaubsgeld

Es wird ein Urlaubsgeld in Höhe von 500,00 DM (255,65 EUR) mit dem Junigehalt gezahlt.

Im Jahr des Betriebseintritts und des Betriebsaustritts erhält der Arbeitnehmer für jeden vollen Monat der Beschäftigung des laufenden Jahres 1/12 von 500,00 DM (255,65 EUR) als Urlaubsgeld.

## XXIV. Beendigung des Arbeitsverhältnisses

1. Erreichen der Altersgrenze

Ohne daß es einer Kündigung bedarf, endet das Arbeitsverhältnis mit Ablauf des Monats, in dem der Arbeitnehmer das 65. Lebensjahr vollendet.

Bei weiblichen Arbeitnehmern, die im 60. Lebensjahr noch keinen Anspruch auf die gesetzliche Altersrente haben, endet das Arbeitsverhältnis mit dem Anspruch auf die gesetzliche Altersrente, spätestens jedoch mit Ablauf des Monats, in dem das 65. Lebensjahr erreicht wird.

2. Beendigung des Arbeitsverhältnisses durch Arbeitsunfähigkeit
   a) Das Arbeitsverhältnis endet, ohne daß es einer Kündigung bedarf, wenn der Arbeitnehmer berufs- oder erwerbsunfähig wird und beim Ausscheiden Rente aus der Sozialversicherung oder durch eine Versorgungseinrichtung erhält, zu der der Arbeitgeber Beiträge beigesteuert hat.
   b) Das Arbeitsverhältnis endet in diesem Fall mit dem Ablauf des Monats, in dem der Bescheid des Versicherungsträgers zugestellt wird.

3. Beendigung infolge Kündigung

Die Kündigung hat schriftlich zu erfolgen.

Die Kündigungsfrist beträgt sechs Wochen zum Schluß eines Kalendervierteljahres.

## § 1  Kapitel 1: Arbeitsverträge

Bei der Kündigung seitens des Arbeitgebers gelten für Arbeitnehmer, die fünf Jahre und länger im Arbeitsverhältnis zum Arbeitgeber stehen, folgende Kündigungsfristen:

Nach einer Beschäftigungsdauer
- von 5 Jahren     3 Monate
- von 8 Jahren     4 Monate
- von 10 Jahren     5 Monate
- von 12–17 Jahren     6 Monate

jeweils zum Quartalsende

Für Arbeitnehmer, die unter einem gesonderten gesetzlichen Schutz stehen (z.B. Schwerbehinderte, Mutterschutz etc.), gelten die für diese erlassenen Sonderbestimmungen, sofern diese günstiger sind.

Nach der Kündigung ist der Arbeitgeber mit Zustimmung des Betriebsrates jederzeit berechtigt, unter Fortzahlung der Bezüge auf die weiteren Dienste des Arbeitnehmers ganz oder teilweise zu verzichten.

Ab dem 17. Beschäftigungsjahr ist eine ordentliche Kündigung mit Ausnahme der Änderungskündigung unter folgenden Vorraussetzungen ausgeschlossen:

a) Der Besitzstand muß gewahrt werden.

b) Der Arbeitnehmer wird innerhalb der neuen Gehaltsgruppe, die in Übereinstimmung mit der neuen Tätigkeit sein muß, in die höchstmögliche Stufe gebracht.

c) Die Differenz zwischen Besitzstand (altes Gehalt) und neuem Gehalt (Gruppe, Stufe) wird als Überbrückungszulage gezahlt.

d) Stufenerhöhung in der neuen Gehaltsgruppe werden gegen die Überbrückungszulage aufgerechnet.

e) Bei vertraglich vereinbarten allgemeinen Gehaltserhöhungen bleibt die Überbrückungszulage unverändert. Vertraglich vereinbarte Erhöhungen finden jedoch Anwendung auf das neue Tabellengehalt.

f) Beschäftigungszeit im Sinne des Abs. 2 und 3 ist die Zeit der ununterbrochenen Beschäftigung im Dienste des Arbeitgebers.

g) Die Zeit des Wehrdienstes (Grundwehrdienst oder Wehrübung) wird voll auf die Betriebszugehörigkeit angerechnet. Bei Neubegründung eines Arbeitsverhältnisses zum Arbeitgeber in unmittelbarem Anschluß an den abgeleisteten Wehrdienst wird die Wehrdienstzeit erst nach 6 Monaten Betriebszugehörigkeit angerechnet. In diesem Falle hat der Arbeitnehmer alle Voraussetzungen einer Anrechnung zu beweisen.

4. Außerordentliche Kündigung

Arbeitgeber und Arbeitnehmer sind berechtigt, das Arbeitsverhältnis aus einem wichtigen Grund fristlos zu kündigen.

5. Zeugnis und Arbeitsbescheinigung

a) Bei Beendigung des Arbeitsverhältnisses ist dem Arbeitnehmer ein Zeugnis über Art und Dauer der Beschäftigung auszustellen. Das Zeugnis hat sich auf Kenntnisse, Leistung, Verhalten und Führung zu erstrecken.

b) Dem Arbeitnehmer kann auf Verlangen innerhalb von vier Wochen ein Zwischenzeugnis ausgestellt werden. Eine Ablehnung ist nur mit Zustimmung des Betriebsrates möglich.

6. Aufenthaltsgenehmigung und Arbeitserlaubnis

a) Die Kosten für die Aufenthaltsgenehmigung örtlich eingestellter Arbeitnehmer ausländischer Staatsangehörigkeit sind vom Arbeitnehmer zu tragen.

b) Wird die Arbeitserlaubnis nicht erteilt, muß der Arbeitgeber den Arbeitnehmer ohne Einhaltung einer Kündigungsfrist entlassen.

### 7. Erstattung von Ausbildungskosten

Scheidet ein Angestellter, der mit seiner Einwilligung an einem oder mehreren vom Arbeitgeber durchgeführten oder bezahlten Kursen teilgenommen hat, die sich über mehr als 10 Unterrichtstage erstreckten (nur Unterrichtstage zählen) aufgrund eigener oder durch ihn veranlaßte arbeitgeberseitige Kündigung aus, im Zeitraum von 1 Jahr nach Absolvierung der Kurse, so ist der Arbeitgeber berechtigt, je Unterrichtstag 50,00 DM (25,56 EUR) als Teilerstattung für die ihr während der Dauer der Kurse entstandenen Kosten zurückzufordern.

Der Rückerstattungsanspruch beträgt vor Ablauf eines halben Jahres nach Kursbeendigung 50,00 DM (25,56 EUR) täglich, danach 25,00 DM (12,78 EUR) täglich.

## 38. Muster: Arbeitsvertrag eines Vermögensmanagers/Anlageberaters

*Arbeitsvertrag*

Zwischen

der Vermögensberatungsgesellschaft

– nachstehend „Gesellschaft" genannt –

und

Frau/Herrn

– nachstehend „Vermögensberater" genannt –

wird folgender Anstellungsvertrag geschlossen:

### § 1 Aufgabengebiet

(1) Der Vermögensberater wird als Financial Consultant für die Repräsentanz der Gesellschaft in eingestellt. Die Hauptaufgabe des Vermögensberaters besteht in der Beratung/Betreuung von Kunden. Einzelheiten der Art der Tätigkeit des Vermögensberaters bestimmt die Gesellschaft. Die Gesellschaft behält sich vor, dem Vermögensberater anderweitige zumutbare Tätigkeiten zu übertragen, die seinen Vorkenntnissen entsprechen. Macht sie von dieser Befugnis Gebrauch, ist sie verpflichtet, die bisherige Vergütung weiter zu zahlen.

(2) Der Vermögensberater ist verpflichtet, der Gesellschaft sein gesamtes Wissen und Können und seine volle Arbeitskraft zur Verfügung zu stellen. Die ihm übertragenen Aufgaben wird er in eigener Verantwortung bei voller Wahrung der Interessen der Gesellschaft nach innen und außen wahrnehmen.

### § 2 Beginn und Beendigung des Anstellungsverhältnisses, Probezeit

(1) Das Arbeitsverhältnis beginnt am              .

(2) Die ersten sechs Monate des Arbeitsverhältnisses gelten als Probezeit. Während der Probezeit kann das Arbeitsverhältnis beiderseits ohne Angabe von Gründen mit einer Frist von einem Monat zum Monatsende gekündigt werden. Die Kündigung kann bis zum Ablauf der Probezeit erfolgen. Nach der Probezeit gilt eine Kündigungsfrist von 3 Monaten zum Monatsende. Eine etwaige Verlängerung der Kündigungsfrist richtet sich nach den gesetzlichen Bestimmungen. Verlängert sich die Kündigungsfrist kraft Gesetzes für eine Vertragspartei, gilt die verlängerte Frist auch für die andere Vertragspartei.

(3) Das Recht zur außerordentlichen Kündigung bleibt unberührt. Eine unwirksame außerordentliche Kündigung gilt als ordentliche Kündigung zum nächstmöglichen Kündigungstermin.

(4) Die Kündigung bedarf der Schriftform.

# § 1 Kapitel 1: Arbeitsverträge

(5) Das Arbeitsverhältnis spätestens mit Ablauf des Monats, in dem der Mitarbeiter das 65. Lebensjahr vollendet hat. Der Mitarbeiter ist verpflichtet, spätestens mit Vollendung des 60. Lebensjahres gegenüber der Gesellschaft schriftlich und verbindlich zu erklären, wann er in den Ruhestand treten und wann er Altersruhegeld beziehen will.

(6) Eine Kündigung vor Tätigkeitsbeginn ist ausgeschlossen.

## § 3 Vergütung

(1) Die Vergütung des Vermögensberaters setzt sich aus einem fixen Grundgehalt und einer erfolgsbezogenen, variablen, jährlich wechselnden Vergütung zusammen.

(2) Das jährliche, fixe Grundgehalt beträgt

    _____ DM brutto ( _____ EUR brutto)

und wird in zwölf gleichen monatlichen Raten jeweils zum Monatsende nach Abzug der gesetzlichen Steuer- und Sozialversicherungsbeiträge auf ein von dem Vermögensberater anzugebendes Konto überwiesen. Mit dem Grundgehalt sind sämtliche, etwaige Zusatzleistungen wie Weihnachts- und Urlaubsgeld einbezogen und abgegolten.

(3) Einzelheiten der erfolgsbezogenen, variablen Vergütungsbestandteile werden durch Beschluß des Vorstands jährlich neu im Rahmen des erfolgsorientierten Vergütungssystems geregelt.

(4) Über die Vergütungsregelung ist strengstes Stillschweigen zu wahren.

(5) Der Vermögensberater hat die Pfändung, Verpfändung oder Abtretung von Vergütungsansprüchen der Gesellschaft unverzüglich mitzuteilen. Die Kosten, die durch die Pfändung, Verpfändung oder Abtretung entstehen, sind vom Vermögensberater zu tragen.

(6) Vorschüsse und Darlehen werden spätestens mit Beendigung des Arbeitsverhältnisses in Höhe des noch offenen Restbetrages ohne Rücksicht auf die bei der Hingabe getroffenen Vereinbarungen fällig.

(7) Der Vermögensberater verpflichtet sich, Gehaltsüberzahlungen ohne Rücksicht auf eine noch vorhandene Bereicherung zurückzuzahlen.

## § 4 Nebenleistungen

Die Gesellschaft schließt zugunsten des Vermögensberaters für die Dauer des Arbeitsvertrages eine Unfallversicherung im Rahmen der Gruppenversicherung mit folgenden Deckungssummen ab:

100.000,00 DM (195.583,00 EUR) für den Todesfall
200.000,00 DM (391.166,00 EUR) für den Invaliditätsfall

## § 5 Arbeitszeit

(1) Beginn und Ende der täglichen Arbeitszeit werden in der Gesellschaft flexibel gehandhabt und richten sich nach den Belangen der Gesellschaft. Sie können durch die Gesellschaft allgemein oder im Einzelfall festgelegt werden.

(2) Sofern aufgrund betrieblicher Erfordernisse Über- und/oder Mehrarbeit notwendig ist, ist diese mit der Vergütung gem. § 3 abgegolten.

(3) Der Vermögensberater ist verpflichtet, auf Verlangen der Gesellschaft ohne zusätzliche Vergütung an solchen deutschen gesetzlichen Feiertagen zum Dienst zu erscheinen, die mit amerikanischen gesetzlichen Feiertagen nicht identisch sind und für die von der zuständigen Aufsichtsbehörde eine Ausnahmegenehmigung zur Aufrechterhaltung des Geschäftsbetriebes erteilt wird. Die an deutschen gesetzlichen Feiertagen nach Maßgabe des Satzes 1 geleistete Tätigkeit wird in Freizeit dadurch ausgeglichen, daß der Vermögensmanager für jeden geleisteten Feiertag einen Arbeitstag Freizeit erhält.

## § 6 Arbeitsverhinderung

(1) Der Vermögensberater ist verpflichtet, der Gesellschaft jede Arbeitsverhinderung und ihre voraussichtliche Dauer unverzüglich, möglichst am ersten Tag des Arbeitsausfalls, unter Angabe der

Gründe anzuzeigen. Ist die Arbeitsverhinderung vorher bekannt, so ist sie möglichst frühzeitig der Gesellschaft mitzuteilen.

(2) Bei Erkrankung hat der Vermögensberater unverzüglich, spätestens vor Ablauf des 3. Kalendertages nach Beginn der Arbeitsverhinderung, eine ärztliche Bescheinigung nachzureichen, aus der die Arbeitsunfähigkeit sowie deren Beginn und voraussichtliche Dauer ersichtlich sind. Dauert die Arbeitsunfähigkeit länger als in der Bescheinigung angegeben, so ist der Vermögensberater verpflichtet, unverzüglich spätestens innerhalb von drei Kalendertagen, eine neue ärztliche Bescheinigung vorzulegen, auch wenn der Zeitraum der Gehaltsfortzahlung gem. § 3 Abs. 3 überschritten wird.

(3) Ist der Vermögensberater durch krankheitsbedingte Arbeitsunfähigkeit an der Arbeitsleistung verhindert, so erhält er Gehaltsfortzahlung unter den Voraussetzungen des § 3 für die Dauer von sechs Wochen.

### § 7 Urlaub, Freistellung

(1) Der Jahresurlaub des Vermögensberaters beträgt 25 Werktage.

(2) Die zeitliche Lage des Urlaubs ist einvernehmlich mit der Gesellschaft unter Berücksichtigung der betrieblichen Belange rechtzeitig festzulegen. Falls eine rechtzeitige Abstimmung nicht erfolgt ist, kann die Gesellschaft die Urlaubswünsche des Vermögensberaters ablehnen.

(3) Dem Vermögensberater ist bekannt, daß der erstmalige Anspruch auf den vollen Jahresanspruch nach sechsmonatiger Tätigkeit bei der Gesellschaft entsteht. Dem Vermögensberater ist weiter bekannt, daß das jeweilige Kalenderjahr das Urlaubsjahr ist, so daß ein Resturlaub aus dem Vorjahr bis zum 31.03. des darauffolgenden Kalenderjahres genommen sein muß, da der Urlaubsanspruch ansonsten verfällt.

(4) Die Gesellschaft ist berechtigt, den Vermögensberater ab Ausspruch einer Kündigung von seiner dienstlichen Tätigkeit freizustellen. Die Freistellung kann widerruflich oder unwiderruflich erfolgen. Während der Freistellung erhält der Vermögensberater seinen ihm noch zustehenden Resturlaub.

### § 8 Betriebsgeheimnis, Schweigepflicht

(1) Die Tätigkeit der Gesellschaft erfordert eine streng vertrauliche Behandlung sämtlicher Geschäftsvorfälle. Der Vermögensberater ist daher verpflichtet, sämtliche Geschäfts- und Betriebsgeheimnisse streng geheim zu halten. Er darf weder unmittelbar noch mittelbar für sich oder Dritte von Informationen Gebrauch machen, die er durch seine Tätigkeit bei der Gesellschaft erlangt hat. Das gleiche gilt für Geschäfts- und Betriebsgeheimnisse oder sonstige Informationen, die der Gesellschaft anvertraut worden sind.

(2) Die Verpflichtung des Vermögensberaters gem. Ziff. 1 gilt auch nach einem etwaigen Ausscheiden aus den Diensten der Gesellschaft.

(3) Ein Verstoß gegen die Verpflichten gem. § 8 Abs. 1 kann im Einzelfall, je nach Bedeutung des Verstoßes, zur fristlosen oder fristgemäßen Kündigung des Arbeitsvertrages berechtigen.

(4) Falls der Vermögensberater oder die Gesellschaft das Arbeitsverhältnis gekündigt haben, ist der Vermögensberater verpflichtet, sämtliche Briefe, sämtliche Kopien von Briefen oder sonstigen schriftlichen Unterlagen, Dokumenten, Vermerken, E-Mails u. ä. über Geschäftsvorfälle herauszugeben, wobei dem Vermögensberater ein Zurückbehaltungsrecht nicht zusteht. Im Falle einer Kündigung ist der Vermögensberater weiterhin verpflichtet, sämtliche Kontakte zu den bislang von ihm betreuten Kunden zu unterlassen. Dem Vermögensberater ist bekannt, daß ein Verstoß hiergegen zu Schadensersatzansprüchen der Gesellschaft führen kann.

(5) Vorbehaltlich weitergehender Schadensersatzansprüche hat der Vermögensberater eine Vertragsstrafe in Höhe eines Zwölftel des jährlichen Grundgehaltes zu zahlen, falls er bei Vorliegen einer Kündigung entgegen der Verpflichtung gem. Ziff. 4 Kontakte, gleich welcher Art, zu den bislang von ihm betreuten Kunden unterhält. Als Kontakte in diesem Sinne gelten sowohl mündliche, fern-

mündliche als auch schriftliche oder persönliche Kontakte, die in irgendeiner Weise mit der geschäftlichen Beziehung des Kunden zur Gesellschaft zu tun haben.

### § 9 Haftung des Vermögensberaters

**521** (1) Der Vermögensberater ist verpflichtet, seine Tätigkeit mit der höchsten Sorgfalt gemäß den Richtlinien der Gesellschaft und den Weisungen seiner Vorgesetzten auszuführen. Falls durch eine fehlerhafte Tätigkeit des Vermögensberaters ein Schaden entsteht, für den die Gesellschaft gegenüber Dritten einzutreten hat und der auf fahrlässiges oder vorsätzliches Verhalten des Vermögensberaters zurückzuführen ist, behält sich die Gesellschaft das Recht vor, von dem Vermögensberater Regreß zu fordern. Einzelheiten ergeben sich aus einer Error-Policy.

(2) Der Vermögensberater haftet im Schadensfall bis zu einem Betrag von 10.000 DM (5.112,92 EUR) pro Schaden.

(3) Einen etwaigen Schadensbetrag kann die Gesellschaft mit den Vergütungsansprüchen des Vermögensberaters unter Beachtung der gesetzlichen Pfändungsbestimmungen verrechnen, nicht jedoch mit dem Grundgehalt.

### § 10 Allgemeine Pflichten, Schlußbestimmungen

(1) Die Angaben im Personalfragebogen sind wesentlicher Bestandteil des Arbeitsvertrages. Bewußt unvollständige und/oder unrichtige Auskünfte berechtigen die Gesellschaft zur Anfechtung des Arbeitsvertrages.

(2) Der Vermögensberater ist verpflichtet, alle Änderungen über die Angaben zur Person, soweit sie für das Anstellungsverhältnis von Bedeutung sind, unverzüglich mitzuteilen.

(3) Der Vermögensberater verpflichtet sich, alle ihm übertragenen Arbeiten sorgfältig und gewissenhaft auszuführen. Alle Anordnungen der Gesellschaft sowie derjenigen Person, die ihm als Vorgesetzte benannt werden, hat er genauestens zu befolgen. Er ist insbesondere verpflichtet, in allen Fällen von besonderer Bedeutung sowie in allen Zweifelsfragen vor Ausführung irgendwelcher Handlungen Rücksprache mit dem zuständigen Vorgesetzten zu nehmen.

(4) Nebenbeschäftigungen darf der Vermögensberater nur mit Zustimmung der Gesellschaft ausüben, soweit hierdurch Interessen der Gesellschaft berührt werden. Insbesondere für solche Nebentätigkeiten, aus den sich Interessenkonflikte mit der Gesellschaft ergeben können, wie bei der Nutzung von Kundenkontakten für nicht auf die Gesellschaft bezogene Aktivitäten, Verwaltung von Kundengeldern außerhalb der kontoführenden Stellen etc. und für Nebenbeschäftigungen, die die Arbeitskraft des Vermögensberaters beeinträchtigen, ist die vorherige, ausdrückliche schriftliche Genehmigung der Gesellschaft einzuholen.

(5) Der Vermögensberater bedarf der vorherigen Zustimmung der Gesellschaft
- zu Vorträgen und Veröffentlichungen, soweit dadurch die Interessen der Gesellschaft berührt werden,
- zur Übernahme von Aufsichtsratssitzen oder ähnlichen Ämtern,
- zur Beteiligung an Firmen, die gleiche oder ähnliche Geschäfte wie die Gesellschaft betreiben, ausgenommen der Erwerb von Aktienbörsen notierter Unternehmen.

(6) Mit Abschluß dieses Arbeitsvertrages verlieren alle etwaigen früheren zwischen der Gesellschaft und dem Vermögensberater zustande gekommenen Verträge und/oder Vereinbarungen ihre Wirksamkeit. Mündliche Nebenabreden bestehen nicht. Änderungen und Ergänzungen des vorliegenden Vertrages bedürfen der Schriftform. Dies gilt auch für eine etwaige Abbedingung der vorstehenden Schriftformklausel.

(7) Sind oder werden einzelne Bestimmungen dieses Vertrages unwirksam, so wird hierdurch die Wirksamkeit der restlichen Vertragsbestandteile nicht berührt. Unwirksame Bestimmungen sind einvernehmlich durch solche zu ersetzen, die unter Berücksichtigung der Interessenlage den gewünschten Zweck des Vertrages zu erreichen geeignet sind.

(8) Ergänzend zu den Bestimmungen dieses Vertrages finden die jeweils gültigen und von der Gesellschaft in Ausübung ihres Leistungsbestimmungsrechts (Direktionsrecht) getroffenen Regelungen über Art, Ort und Zeit der Arbeitsleistung des Vermögensberaters Anwendung. Im übrigen gelten ergänzend die gesetzlichen Bestimmungen.

(9) Alle Ansprüche, die sich aus dem Arbeitsvertrag ergeben, sind von den Vertragsparteien binnen einer Frist von sechs Monaten seit ihrer Fälligkeit schriftlich geltend zu machen und im Falle der Ablehnung durch die Gegenpartei binnen einer Frist von zwei Monaten einzuklagen.

(10) Mit ihrer Unterschrift bestätigt der Vermögensberater zugleich, eine von der Gesellschaft unterzeichnete Ausfertigung des Arbeitsvertrages erhalten zu haben.

Gesellschaft                    Vermögensberater

### 39. Muster: Arbeitsvertrag eines Call-Centers mit einem Telefonakquisiteur

*Arbeitsvertrag*

Zwischen

der Call-Center GmbH

– nachfolgend CC genannt –

und

Herrn

– nachfolgend Mitarbeiter genannt –

wird folgender Anstellungsvertrag geschlossen:

### § 1 Beginn des Arbeitsverhältnisses/Probezeit
Der Mitarbeiter beginnt seine Tätigkeit als Telefonakquisiteur des CC am          .

### § 2 Tätigkeit
(1) Der Mitarbeiter verpflichtet sich, auf Weisung des CC auch andere/zusätzliche Tätigkeiten auszuüben, die seinen Vorkenntnissen entsprechen. Dem Mitarbeiter ist bekannt, daß seine Tätigkeit projektbezogen im Einzelfalle auch an anderen Arbeitsorten zu leisten ist.

(2) Der Mitarbeiter wird ausschließlich für das CC tätig. Jede entgeltliche oder unentgeltliche Nebentätigkeit, die die Arbeitsleistung des Mitarbeiters oder Wettbewerbsinteressen der CC berühren könnte, bedarf der vorherigen schriftlichen Zustimmung der Geschäftsführung.

### § 3 Arbeitszeit
Die Arbeitszeit beträgt wöchentlich 40 Stunden.

### § 4 Vergütung
(1) Der Mitarbeiter erhält ein monatliches Bruttogehalt in Höhe von DM 1.500,00, fällig jeweils am Ende eines Monats.

(2) Bei der Festlegung des Monatsgehalts wird davon ausgegangen, daß der Mitarbeiter monatlich 6 stornofreie Beratungstermine (A-Termine) vereinbart.

(3) Vergütung für die Mehrleistungen sind in der Prämienvereinbarung geregelt. Die Prämienvereinbarung ist Bestandteil dieses Vertrages.

(4) Die Bewertung von Terminen und Zusatzvereinbarungen ist in der Anlage 2 geregelt. Die Anlage 2 ist Bestandteil dieses Vertrages.

# § 1 Kapitel 1: Arbeitsverträge

(5) Die Zahlung von Gratifikationen oder sonstigen Leistungen liegt im freien Ermessen des CC und begründet keinen Rechtsanspruch, auch wenn die Zahlung wiederholt ohne ausdrücklichen Vorbehalt der Freiwilligkeit erfolgt.

(6) Die Zahlung erfolgt bargeldlos. Es werden zwölf Monatsgehälter gezahlt.

(7) Der Mitarbeiter verpflichtet sich, Gehaltsüberzahlungen ohne Rücksicht auf eine noch vorhandene Bereicherung zurückzuzahlen.

## § 5 Arbeitsverhinderung und Lohnfortzahlung

(1) Der Mitarbeiter versichert, arbeitsfähig zu sein und nicht an chronischen Krankheiten zu leiden.

(2) Der Mitarbeiter ist verpflichtet, dem CC jede Dienstverhinderung und ihre voraussichtliche Dauer unverzüglich anzuzeigen. Spätestens am 3. Werktag hat er Nachweise über die Dienstverhinderung und ihre voraussichtliche Dauer vorzulegen. Dauert die Krankheit länger als in der Arbeitsunfähigkeitsbescheinigung angegeben, ist der Mitarbeiter verpflichtet, innerhalb von drei Tagen eine neue Bescheinigung vorzulegen.

(3) Die Lohnfortzahlung im Krankheitsfall regelt sich nach den gesetzlichen Bestimmungen. Bemessungsgrundlage ist der Durchschnittsverdienst der letzten 3 Monate vor Eintritt der Krankheit.

## § 6 Urlaub

(1) Der Mitarbeiter erhält kalenderjährlich einen Erholungsurlaub von 30 Werktagen. Als Urlaubsjahr gilt das Kalenderjahr. Der Urlaub wird in Abstimmung mit der Geschäftsleitung festgelegt. Bemessungsgrundlage ist auch hier der Durchschnittsverdienst der letzten 3 Monate vor Urlaubsbeginn.

(2) Der volle Urlaubsanspruch wird erstmals nach 6monatigem Bestehen des Arbeitsverhältnisses erworben. Urlaub, der nicht bis spätestens zum 31.03. des folgenden Kalenderjahres genommen wird, verfällt.

## § 7 Beendigung des Arbeitsverhältnisses

(1) Das Arbeitsverhältnis endet, sofern es nicht zuvor gekündigt oder einvernehmlich beendet wurde, mit Ablauf des Monats, in dem der Mitarbeiter das 65. Lebensjahr vollendet.

(2) Während der Probezeit kann das Arbeitsverhältnis beiderseits mit einer Frist von 2 Wochen zum Monatsende gekündigt werden.

(3) Nach Ablauf der Probezeit ist eine ordentliche Kündigung nur unter Einhaltung einer Frist von 6 Wochen zum Quartalsende möglich, unbeschadet des Rechts zur außerordentlichen Kündigung.

(4) Die Kündigung soll schriftlich erfolgen und wird erst mit Empfang beim Kündigungsempfänger wirksam.

## § 8 Verschwiegenheitpflicht

(1) Der Mitarbeiter ist während der Dauer des Vertragsverhältnisses und auch nach Beendigung des Vertragsverhältnisses zur Verschwiegenheit über betriebsinterne Angelegenheiten sowie über Kunden- und Kundenbeziehungen verpflichtet.

(2) Der Mitarbeiter ist während der Dauer dieses Dienstverhältnisses auch verpflichtet, über den Inhalt dieses Vertrages Stillschweigen zu bewahren.

## § 9 Schlußbestimmungen

(1) Der Mitarbeiter ist nach § 5 Bundesdatenschutzgesetz zur Wahrung des Datengeheimnisses verpflichtet. Die Verpflichtung besteht auch nach Beendigung seiner Tätigkeit für das CC. Das CC wird die Daten des Mitarbeiters nur im Rahmen seines Personalwesens speichern und verarbeiten.

(2) Der Mitarbeiter hat alle Ansprüche aus dem Arbeitsverhältnis innerhalb von zwei Monaten seit ihrer Fälligkeit schriftlich geltend zu machen und – falls das CC diesen Anspruch ablehnt – diesen

innerhalb einer Frist von weiteren zwei Monaten seit der Ablehnung einzuklagen. Läuft eine der beiden Fristen ungenutzt ab, verfällt der Anspruch.

(3) Mündliche Nebenabreden bestehen nicht. Änderungen und Ergänzungen des Vertrages bedürfen der Schriftform.

(4) Sollten einzelne Bestimmungen des vorliegenden Vertrages unwirksam sein, so wird hierdurch die Wirksamkeit des Vertrages im übrigen nicht berührt.

Ort, Datum                    Ort, Datum

CC                            Mitarbeiter

**Anlage 1**

*Prämienvereinbarung*

zum Anstellungsvertrag vom

zwischen

der CC Call Center GmbH

– nachfolgend CC genannt –

und

Herrn

– nachfolgend Mitarbeiter genannt –

**1. Zusatzvergütung und Werttermine**

1. Ab dem 6. vereinbarten, stornofreien A-Termin erhält der Mitarbeiter eine Prämie von 250,00 DM je weiterem A-Termin.
2. In die Wertung werden auch sog. Grundlagentermine (G-Termine), STB-Termine und Service Termine aufgenommen.
3. G-Termine und STB-Termine werden mit je DM 100,00, Service Termine werden mit DM 50,00 bewertet.

**Anlage 2**

zum Anstellungsvertrag vom

zwischen

CC Call Center GmbH,

– nachfolgend CC genannt –

und

Herrn

– nachfolgend Mitarbeiter genannt –

**1. Terminarten und deren Qualifikationskriterien**

*A-Termin:*   ist ein Termin, der mit dem Ziel vereinbart wird, mit einem potentiellen Kunden (PK) ein Beratungsgespräch über        zu führen.

*Qualifikationskriterien für eine OK-Bewertung:*

1. Der PK ist anwesend.
2. Der PK ist bereit, ein mind. 25 Min. dauerndes Gespräch zum Thema zu führen.

*G-Termin:*   ist ein Termin, der mit dem Ziel vereinbart wird, mit einem potentiellen Kunden (PK) ein Beratungsgespräch über        zu führen.

# § 1 Kapitel 1: Arbeitsverträge

*Qualifikation für eine OK-Bewertung:*

1. Der PK ist anwesend.
2. Der PK ist geschäftsfähig und erzielt ein geregeltes Einkommen.
3. Der PK ist bereit, ein mind. 30 Min. dauerndes Gespräch zum Thema zu führen.

*STB-Termin:* ist ein Termin, der mit dem Ziel vereinbart wird, mit einem interessierten Steuerberater ein Informationsgespräch über          zu führen.

*Qualifikation für eine OK-Bewertung:*

1. Der STB ist anwesend.
2. Der STB ist bereit, ein mind. 30 Min. dauerndes Gespräch zum Thema zu führen.

*Service-Termine:* sind Wiederholungstermine mit
geschützten und übernommenen Kunden
geschützten und übernommenen Steuerberatern
geschützten Interessenten
eingeladene Kunden zu Kundenveranstaltungen
eingeladene Interessenten zu Interessentenveranstaltungen
eingeladene Steuerberater zu Steuerberaterveranstaltungen

*Qualifikation für eine OK-Bewertung:*

1. Der Termin hat stattgefunden bzw. der Kunde/Interessent/Steuerberater hat an der entsprechenden Veranstaltung teilgenommen.

*Ein Termin wird als Storno gewertet, wenn eines der oben genannten Kriterien nicht erfüllt ist*

**2. Terminvorlauf**

Termine werden mit einem Vorlauf von mindestens 2 Werktagen vereinbart. Termine mit einer Vorlaufzeit von weniger als 2 Tagen sind mit dem für die Terminkoordinierung verantwortliche Mitarbeiter abzustimmen. Erst nach Bestätigung durch diesen Mitarbeiter kann der Termin angenommen werden.

**3. Terminrevision**

Zur Verbesserung der Erfolgschancen wird vereinbart, daß jeder Termin („Bruttotermin") frühestens 48 Stunden und spätestens 5 Stunden vor dem vereinbarten Zeitpunkt revisioniert wird. Das heißt, der Mitarbeiter ruft den PK in dieser Zeitspanne an und überprüft die Gültigkeit der terminlichen Vereinbarung und der inhaltlichen Qualifikation. Erst nach erfolgreich verlaufener Revision wird der Termin als vereinbart angenommen.

Ist der Mitarbeiter zum Zeitpunkt der Revision verhindert, wird diese Revision in Verantwortlichkeit des zuständigen Teamleiters organisiert.

**4. Terminort**

Zur Erhöhung der Erfolgschancen und der Bedeutung und Seriosität des Gesprächs Rechnung tragend, werden Termine entweder am Arbeitsort des PK oder bei dessen Privatanschrift vereinbart. Weiterhin können an den Standorten der Büros der Niederlassungen diese als Treffpunkt vereinbart werden. Wichtig ist, daß das Gespräch in einer weitgehend individuellen Atmosphäre und von außen ungestört stattfinden kann. Gaststätten sind eher ungeeignet für die zu vereinbarenden Gespräche. Keinesfalls sind Schnellrestaurants, Bahnhofsrestaurants o.ä. als Treffpunkte zu vereinbaren.

**5. Doppelläufer**

Stellt der Mitarbeiter im Akquisitionsgespräch fest, daß der vorgesehene Gesprächspartner nicht mehr erreichbar ist, so ist das CC an einer Terminsvereinbarung mit dem Nachfolger oder einer anderen qualifizierten Person interessiert. Zur Vermeidung von Doppelterminierungen versichert sich der Mitarbeiter während des Gesprächs mit dem Nachfolger darüber, daß mit diesem oder der anderen qualifizierten Person noch keine Geschäftskontakte zu dem projektspezifischen Auftraggeber bestehen.

## VI. Verträge aus dem Bereich der Zeitarbeit

### 1. Muster: Arbeitnehmerüberlassungsvertrag

Zwischen

der Firma

– Verleiher –

und

der Firma

– Entleiher –

wird folgender Arbeitnehmerüberlassungsvertrag geschlossen.

1. Der Vertrag wird in Kenntnis der Tatsache geschlossen, daß für den Verleiher eine Erlaubnis gemäß § 11 AÜG besteht. Der Verleiher verpflichtet sich, jegliche Änderungen seiner Erlaubnis oder ihren etwaigen Wegfall dem Entleiher unaufgefordert sofort mitzuteilen.
2. Der Verleiher verpflichtet sich, dem Entleiher für die Zeit vom           bis           die nachfolgend aufgeführten Arbeitnehmer zu überlassen:
Vorname/Name:          , geb. am:          , Staatsangehörigkeit:          , vorgesehene Tätigkeit:          .
Die Überlassungszeit dauert in jedem Fall höchstens ein Jahr. Die beiderseitige Kündigungsfrist dieses Vertrages beträgt 1 Monat.
3. Der Entleiher hat das Recht, binnen 24 Stunden den Einsatz eines anderen Zeitarbeitnehmers zu verlangen, so daß dieser schon möglichst am nächsten Tag ausgetauscht wird. Kommt der Verleiher dieser Verpflichtung nicht nach, kann der Entleiher Schadensersatz verlangen oder vom gesamten Vertrag zurücktreten.
4. Der Entleiher verpflichtet sich, die Zeitarbeitnehmer nur mit Arbeiten zu beschäftigen, für die sie vorgesehen waren, oder die der Ausbildung der Zeitarbeitnehmer entsprechen.
5. Der Zeitarbeitnehmer unterliegt dem Weisungs- und Direktionsrecht des Entleihers, worauf der Arbeitnehmer ausdrücklich hinzuweisen ist.
6. Der Entleiher verpflichtet sich, die in der Preisliste (Anlage          ) genannten Vergütungssätze einschließlich Mehrwertsteuer zu zahlen. Die Rechnungsstellung erfolgt monatlich, der Verleiher kann angemessene, wöchentliche Abschlagszahlungen verlangen.
7. Der Entleiher ist verpflichtet, die gesetzlichen Bestimmungen des Arbeitsschutzes und die Unfallverhütungsvorschriften zu erfüllen sowie im Verhältnis zum Zeitarbeitnehmer seinen etwaigen betriebsverfassungsrechtlichen Pflichten nachzukommen.
8. Der Verleiher sichert zu, daß die in Ziff. 2 aufgeführten Leiharbeitnehmer für die vorgesehenen Tätigkeiten geeignet sind und die erforderlichen Nachweise, Berechtigungen und Zeugnisse besitzen. Über die Auswahl der Arbeitnehmer hinaus übernimmt der Verleiher keine Haftung.
9. Änderungen und Ergänzungen dieses Vertrages bedürfen der Schriftform.

## 2. Muster: Vertrag zwischen Verleiher und Leiharbeitnehmer

Zwischen

,

vertreten durch

– Verleiher –

und

Herrn ,
geb. am in ,
wohnhaft in

– Leiharbeitnehmer –

wird folgendes vereinbart:

**1. Geschäftsgrundlage**

Der Verleiher erklärt, Inhaber einer gültigen Erlaubnis zur Arbeitnehmerüberlassung zu sein. Mit Ausnahme der gesetzlichen Arbeitnehmeranteile stellt der Verleiher den Arbeitnehmer von etwaigen Forderungen sämtlicher Leistungsträger im Sinne des SGB frei.

Da der Arbeitnehmer die Staatsangehörigkeit hat, hat der Verleiher die Aufenthalts- und Arbeitserlaubnis des Arbeitnehmers eingesehen. Der Arbeitnehmer versichert, daß er den Verleiher unverzüglich unterrichten wird, falls seine Erlaubnis vorzeitig endet.

**2. Arbeitsumfang**

Herr stellt sich dem Verleiher als Arbeitnehmer zur Verfügung. Er versichert, daß er keine ansteckende Krankheit hat und für die in Aussicht genommenen Tätigkeiten die gesundheitlichen Voraussetzungen mitbringt.

Der Arbeitnehmer hat bisher als gearbeitet und ist in der Lage, auch Arbeiten zu verrichten.

Der Arbeitnehmer wird vom Verleiher an folgende unterschiedliche Betriebe entliehen: . Bei jeder Arbeitsaufgabe nimmt er Tätigkeiten an, die maximal bis zur Dauer von elf Monaten befristet sind. Die Arbeitsrechtsbeziehung zwischen Verleiher und Arbeitnehmer bleibt hiervon unberührt und ist unbefristet.

Der Arbeitnehmer ist verpflichtet, den Weisungen des Überlassers und des Entleihers zu folgen, sich in den jeweiligen Betrieb und die Belegschaft zu integrieren und die übertragenen Arbeiten ordnungsgemäß zu erfüllen.

**3. Arbeitszeit**

(a) Die regelmäßige Arbeitszeit beträgt Stunden wöchentlich.

(b) Beginn und Ende der täglichen Arbeitszeit und der Pausen richten sich nach den im Entleiherbetrieb gültigen Regelungen.

(c) Der Arbeitnehmer ist verpflichtet, Nacht-/Wechselschicht-/Sonntags-/Mehr- und Überarbeit zu leisten, soweit dies gesetzlich zulässig ist.

**4. Arbeitsort**

Der Arbeitnehmer kommt in Betrieben zum Einsatz, die nicht weiter als km vom Sitz des Verleihers entfernt liegen. Der Entleiher darf den Arbeitnehmer nicht an Arbeitsorten zum Einsatz bringen, die vom Sitz des Verleihers weiter entfernt liegen als km.

Die täglichen Fahrtkosten zum Sitz des Entleihers trägt der Verleiher. Für jeden gefahrenen km erhält der Arbeitnehmer DM ( EUR). Muß der Arbeitnehmer von seinem Wohnort täglich mehr als 30 km zurücklegen, erhält er zusätzlich Spesen in Höhe von DM ( EUR) täglich.

## Verträge mit Arbeitnehmern, Gesellschaftsorganen und Selbständigen § 1

Muß der Arbeitnehmer aufgrund der Entfernung des auswärtigen Arbeitsorts oder wegen der Arbeitszeiten im Entleiherbetrieb eine Zweitwohnung nehmen, erhält er die Kosten der Wohnung und Familienheimfahrten vom Entleiher erstattet.

Nach Ablauf der Überlassungsfrist steht der Arbeitnehmer dem Verleiher wieder zur Verfügung. Kommt der Verleiher seiner Pflicht, neue Arbeitseinsätze anzuweisen, nicht nach, hat er das Arbeitsentgelt fortzuzahlen.

### 5. Arbeitsbedingungen
Der Arbeitnehmer verpflichtet sich, als           beim jeweiligen Entleiher im Rahmen seiner beruflichen Qualifikation tätig zu werden. Der Weisungsrahmen des Entleihers ist ihm eröffnet worden.

### 6. Urlaub
(a) Der Jahresurlaub des Arbeitnehmers beträgt           Tage im Kalenderjahr. Bei kürzerer Dauer des Überlassungsvertrages besteht ein entsprechender Teilanspruch auf Jahresurlaub.

(b) Der Urlaub kann in mehreren Abschnitten genommen werden. Der Verleiher ist berechtigt, den Urlaub in Zeiten verdünnter Beschäftigungsmöglichkeiten zu gewähren.

(c) Der Verleiher hat den Urlaub wenigstens           Wochen vor Urlaubsantritt dem Arbeitnehmer bekanntzugeben. Die Verlängerung während einer Zeit verdünnter Beschäftigungsmöglichkeiten um eine weitere Urlaubsphase muß vom Verleiher mit der Bekanntgabe der die Freizeit auslösenden Urlaubsphase mitgeteilt werden.

### 7. Vergütung
(a) Der Arbeitnehmer erhält ein monatliches Bruttogehalt von           DM (           EUR). Die Vergütung ist jeweils am letzten eines Monats fällig.

(b) Die Firma gewährt dem Arbeitnehmer vermögenswirksame Leistungen in Höhe von monatlich           DM (           EUR).

(c) Ferner werden folgende, jederzeit widerrufliche, freiwillige Zulagen gezahlt für:
   1. Nachtarbeit
   2. Wechselschicht
   3. Sonn- und Feiertagsarbeit
   4. Arbeit an Sonnabenden
   5. Sonstiges

(d) Die Gehaltszahlungen erfolgen bargeldlos. Der Arbeitnehmer gibt seine Kontonummer und Bankverbindung bekannt.

(e) Die Firma behält sich vor, die Vergütung jederzeit und ohne daß es einer weiteren Ankündigung bedarf, gemäß dem festgelegten Umrechnungskurs von 1,95583 in EURO abzurechnen.

(f) Der Arbeitnehmer verpflichtet sich, Gehaltsüberzahlungen ohne Rücksicht auf eine noch vorhandene Bereicherung zurückzuzahlen.

### 8. Gehaltsverpfändung oder Abtretung
(a) Die Abtretung und Verpfändung von Lohn und sonstigen Ansprüchen auf Vergütung ist ausgeschlossen.

(b) Zur Deckung der Kosten für die Bearbeitung von Entgeltpfändungen wird für jede eingehende Pfändung eine Verwaltungsgebühr von 10,00 DM (5,11 EUR) erhoben. Sollte sich die Abwicklung der Pfändung über den Eingangsmonat hinaus erstrecken, wird diese Verwaltungsgebühr für jeden weiteren Monat, in dem eine Bearbeitung notwendig ist, abermals fällig. Die Gebühr wird im jeweiligen Monat vom Verleiher einbehalten.

### 9. Arbeitsverhinderung
(a) Der Arbeitnehmer ist verpflichtet, dem Verleiher und dem Entleiher jede Arbeitsverhinderung und ihre voraussichtliche Dauer unverzüglich anzuzeigen. Auf Verlangen sind die Gründe mitzuteilen.

529

Bei anstehenden Terminsachen hat der Arbeitnehmer auf vordringlich zu erledigende Arbeiten hinzuweisen.

(b) Im Falle der Erkrankung ist der Arbeitnehmer verpflichtet, vor Ablauf des 1. Kalendertages nach Beginn der Arbeitsunfähigkeit eine ärztliche Bescheinigung über die Arbeitsunfähigkeit sowie deren voraussichtliche Dauer vorzulegen. Dauert die Arbeitsunfähigkeit länger als in der Bescheinigung angegeben, so ist der Arbeitnehmer verpflichtet, innerhalb eines Tages eine neue ärztliche Bescheinigung einzureichen.

(c) Der Arbeitnehmer ist verpflichtet, dem Arbeitgeber unverzüglich eine Bescheinigung über die Bewilligung einer Kur oder eines Heilverfahrens vorzulegen und den Zeitpunkt des Kurantritts mitzuteilen. Die Bescheinigung über die Bewilligung muß Angaben über die voraussichtliche Dauer der Kur enthalten. Dauert die Kur länger als in der Bescheinigung angegeben, so ist der Arbeitnehmer verpflichtet, dem Arbeitgeber unverzüglich eine weitere entsprechende Bescheinigung vorzulegen.

### 10. Entgeltfortzahlung
Ist der Arbeitnehmer infolge auf Krankheit beruhender Arbeitsunfähigkeit an der Arbeitsleistung verhindert, ohne daß ihn ein Verschulden trifft, so erhält er Entgeltfortzahlung für die Dauer von 6 Wochen nach Maßgabe des Entgeltfortzahlungsgesetzes in seiner jeweils gültigen Fassung.

### 11. Geheimhaltung
(a) Der Arbeitnehmer verpflichtet sich, über alle vertraulichen Angelegenheiten und Vorgänge, die ihm im Rahmen der Tätigkeit zur Kenntnis gelangen, auch nach dem Ausscheiden aus dem Arbeitsverhältnis Stillschweigen zu bewahren.

(b) Alle das Entleiher-Unternehmen und seine Interessen berührenden Unterlagen, Kopien oder Briefe sind ohne Rücksicht auf den Adressaten ebenso wie alle sonstigen Geschäftsstücke, Zeichnungen, Notizen, Bücher, Muster, Modelle, Werkzeuge, Materialien usw. sind dessen alleiniges Eigentum und nach Beendigung des Arbeitsverhältnisses unaufgefordert zurückzugeben. Dem Arbeitnehmer stehen keine Zurückbehaltungsrechte zu.

### 12. Vertragsänderungen
(a) Nebenabreden und Änderungen des Vertrages bedürfen zu ihrer Rechtswirksamkeit der Schriftform.

(b) Sind einzelne Bestimmungen dieses Vertrages unwirksam, so wird hierdurch die Wirksamkeit des übrigen Vertrages nicht berührt.

### 13. Verfallfristen
Alle Ansprüche, die sich aus dem Arbeitsverhältnis ergeben, sind von den Vertragsschließenden binnen einer Frist von vier Monaten seit ihrer Fälligkeit schriftlich geltend zu machen und im Falle der Ablehnung durch die Gegenpartei binnen einer weiteren Frist von zwei Monaten einzuklagen.

### 14. Sprachliche Verständlichkeit
Der Arbeitnehmer erklärt, den Wortlaut dieses Vertrages verstanden zu haben. Sollten ihm Einzelheiten unklar geblieben sein oder sollte er generell die deutsche Sprache nicht genügend beherrschen, wird ihm angeboten, den Vertrag ganz oder teilweise übersetzen zu lassen.

Verträge mit Arbeitnehmern, Gesellschaftsorganen und Selbständigen § 1

## 3. Muster: Umfangreicher Arbeitsvertrag zwischen Verleiher und Arbeitnehmer mit Merkblatt der Bundesanstalt für Arbeit für Leiharbeitnehmer

*Mitarbeitervertrag*

zwischen

– nachstehend Zeitarbeitunternehmen genannt –

und

Herrn

– nachstehend Mitarbeiter genannt –

### § 1 Allgemeines
(1) Der Mitarbeiter wird seinen fachlichen Fähigkeiten entsprechend eingesetzt. Wird ihm vorübergehend eine Tätigkeit übertragen, die einer niedrigeren Vergütungsgruppe zuzuordnen ist, erhält er gleichwohl die vertraglich zugesicherte Vergütung.

(2) Das Zeitarbeitsunternehmen unterliegt der Kontrolle der Arbeitsverwaltung und ist aufgrund der Erlaubnis gemäß Artikel 1 § 1 AÜG des Landesarbeitsamtes

vom

berechtigt, Arbeitnehmerüberlassung zu betreiben.

Mit Abschluß dieses Vertrages wird der Mitarbeiter für das Zeitarbeitsunternehmen tätig. Der Mitarbeiter hat die Interessen des Zeitarbeitsunternehmens wahrzunehmen und verpflichtet sich, seine Aufgaben beim jeweiligen Kunden gewissenhaft zu erfüllen. Er ist zur absoluten Geheimhaltung über die Höhe seiner Bezüge sowie aller Geschäftsangelegenheiten des Zeitarbeitsunternehmens und seiner Kunden verpflichtet.

### § 2 Kündigungsfristen/Probezeit
(1) Das Arbeitsverhältnis kann mit einer Frist von 4 Wochen zum 15. oder zum Ende eines Kalendermonats gekündigt werden.

(2) Für die Kündigungsfristen bei längerer Beschäftigungsdauer gilt § 622 Abs. 2 BGB.

(3) Eine Probezeit von 6 Monaten gilt als vereinbart. Innerhalb der Probezeit kann das Arbeitsverhältnis mit einer Frist von 2 Wochen gekündigt werden.

### § 3 Arbeitszeit und Arbeitsentgelt
(1) Die regelmäßige Arbeitszeit beträgt wöchentlich 37 Stunden. Davon abweichende Arbeitszeitregelungen sind unter § 20 (Sonstiges) zu vereinbaren.

(2) Die wöchentliche Arbeitszeit kann im beiderseitigen Einvernehmen verkürzt werden. Der Mitarbeiter ist hierüber 8 Wochen vor Beginn der beabsichtigten Verkürzung zu informieren.

(3) Eine Verlängerung der Arbeitszeit kann durch das Zeitarbeitsunternehmen unter Berücksichtigung des Arbeitszeitgesetzes erfolgen.

(4) Der Mitarbeiter verpflichtet sich, auf Anweisung auch in Schichten zu arbeiten.

(5) Das monatliche Arbeitsentgelt (Grundvergütung) beträgt        DM (        EUR) und wird nach Maßgabe dieses Vertrages gezahlt.

(6) Der Mitarbeiter verpflichtet sich, Gehaltsüberzahlungen ohne Rücksicht auf eine noch vorhandene Bereicherung zurückzuzahlen.

### § 4 Mehrarbeits-, Wochenend- und Feiertagsvergütung

(1) Dem Mitarbeiter werden von der 41. bis zur 46. Wochenarbeitsstunde Zuschläge von 25 % und ab der 47. Wochenarbeitsstunde in Höhe von 50 % gezahlt. Die Zuschläge müssen nicht als Arbeitsentgelt geleistet werden, sondern können auch durch die Gewährung von Freizeit erfüllt werden. Der Zeitausgleich ist innerhalb des jeweiligen Abrechnungsmonats vorzunehmen. Nach Ablauf des Abrechnungsmonats wandelt sich der Anspruch auf Freizeitausgleich in den Mehrarbeitsvergütungsanspruch.

(2) Für die erste und zweite Stunde an einem Samstag wird ein Zuschlag in Höhe von 25 %, ab der 3. Stunde in Höhe von 50 % gezahlt. Die Zuschläge für Sonntagsarbeit betragen 50 %, für Feiertage, die auf einen sonst freien Wochentag fallen, 100 %. Fällt ein Feiertag auf einen Sonntag, so werden 150 % Zuschlag auf den Stundenlohn gezahlt. Nachtarbeitszuschläge werden in der Zeit von 20.00 bis 6.00 Uhr mit 25 % gewährt. Fallen verschiedene Zuschläge zusammen, so wird jeweils nur der höchste der anfallenden Zuschläge gezahlt. Ausgenommen sind Nachtarbeitszuschläge.

### § 5 Stundennachweis

Die geleisteten Arbeitsstunden müssen von dem Mitarbeiter täglich auf dem ausgehändigten Stundennachweis notiert werden. Entsprechend den Anweisungen des Zeitarbeitunternehmens läßt der Mitarbeiter den Stundennachweis regelmäßig, mindestens einmal pro Woche, vom Kunden mit Stempel und Unterschrift bestätigen. Die bestätigten Stundennachweise sind dem Zeitarbeitunternehmen jeweils nach Beendigung der Tätigkeit, spätestens aber zum Wochenende unverzüglich vorzulegen oder einzusenden. Nach Unterschrift durch den Kunden dürfen Änderungen auf den Stundennachweisen nicht mehr vorgenommen werden.

### § 6 Arbeitsverhinderung

(1) Kann der Mitarbeiter seine Tätigkeit bei einem Kunden nicht aufnehmen oder sollte seine Tätigkeit bei einem Kunden vorzeitig beendet werden, unabhängig von den Gründen, so ist der Mitarbeiter verpflichtet, umgehend das Büro des Zeitarbeitunternehmens aufzusuchen, um sich dort zurückzumelden. Liegt der jeweilige Einsatzort weiter als 15 km von dem Zeitarbeitunternehmen entfernt, so muß diese Rückmeldung unverzüglich telefonisch bei dem Zeitarbeitunternehmen erfolgen.

(2) Im Krankheits- oder sonstigen Verhinderungsfalle ist das Zeitarbeitunternehmen am ersten Krankheits- oder sonstigen Verhinderungstag bis spätestens 9.00 Uhr zu benachrichtigen.

(3) Arbeitsunfähigkeit ist innerhalb von drei Tagen durch Vorlage einer ärztlichen Bescheinigung bzw. bei sonstiger Arbeitsverhinderung durch Vorlage einer gleichwertigen Bescheinigung nachzuweisen.

(4) Der Beginn der Wiederaufnahme der Tätigkeit ist dem Zeitarbeitunternehmen unverzüglich mitzuteilen.

### § 7 Streik

Bei Streik oder Aussperrung des Kundenbetriebes hat der Mitarbeiter seine Arbeitskraft dem Zeitarbeitunternehmen unverzüglich anzubieten, damit er an einer anderen Einsatzstelle eingesetzt werden kann.

### § 8 Entgeltfortzahlung/Sozialversicherungsausweis

(1) Der Mitarbeiter hat Anspruch auf Entgeltfortzahlung bis zu 6 Wochen nach den Bestimmungen des Entgeltfortzahlungsgesetzes. Der Anspruch auf Entgeltfortzahlung beginnt am Tage der Arbeitsunfähigkeit.

(2) Der Mitarbeiter hat Anspruch auf Fortzahlung des Stundenlohnes/Gehalts, falls er seine Arbeitskraft anbietet, das Zeitarbeitunternehmen ihn jedoch nicht mit der Verrichtung von Arbeiten beauftragt.

(3) Der Mitarbeiter verpflichtet sich, seinen Sozialversicherungsausweis bei allen Kundeneinsätzen ständig bei sich zu führen. Etwaige Fehlzeiten, die aufgrund des „Nicht-bei-sich-Führens"

des Sozialversicherungsausweises entstehen (Mitnahme durch Baupolizei oder Gewerbeaufsichtsamt), werden von dem Zeitarbeitunternehmen zum einen als Verstoß gegen die arbeitsvertraglichen Pflichten behandelt, zum anderen nicht entlohnt.

(4) Während etwaiger Arbeitsunfähigkeit ist der Mitarbeiter verpflichtet, den Sozialversicherungsausweis spätestens am dritten Tage seiner Arbeitsunfähigkeit beim Zeitarbeitunternehmen abzugeben.

Solange die Hinterlegung des Ausweises nicht erfolgt, kann im Einzelfall Lohnfortzahlung verweigert werden.

### § 9 Vermögenswirksame Leistungen
Das Zeitarbeitsunternehmen gewährt auf Antrag des Mitarbeiters vermögenswirksame Leistungen nach Maßgabe des Vermögensgesetzes. Der Anspruch auf vermögenswirksame Leistungen entsteht erstmals mit dem Beginn des 7. Kalendermonats einer ununterbrochenen Betriebszugehörigkeit und beträgt für Vollzeitbeschäftigte monatlich 26,00 DM (13,29 EUR). Teilzeitbeschäftigte ab 20 Wochenstunden haben Anspruch auf eine anteilige vermögenswirksame Leistung im Verhältnis ihrer vertraglichen Arbeitszeit.

### § 10 Urlaub
Dem Mitarbeiter stehen pro Kalenderjahr 20 Arbeitstage bezahlter Erholungsurlaub zu.

### § 11 Freiwillige Leistung
Als freiwillige Leistung können dem Mitarbeiter vom Zeitarbeitunternehmen nach
 6-monatiger Tätigkeit bis zu 4 freie bezahlte Tage,
 12-monatiger Tätigkeit bis zu 6 freie bezahlte Tage,
 24-monatiger Tätigkeit bis zu 10 freie bezahlte Tage

zusätzlich zum Erholungsurlaub gewährt werden.

Bezüglich dieser Tage finden die Vorschriften des Bundesurlaubsgesetzes keine Anwendung.

### § 12 Aufwandsentschädigungen
(1) Fahr- oder Wegegelder, Verpflegungsmehraufwendungen, Zimmergeldzuschüsse und Übernachtungspauschalen werden in Höhe des vorher für jeden Einsatzort neu vereinbarten Betrages bei Vorlage einer Reisekostenabrechnung erstattet. Es gelten die Bestimmungen der Finanzbehörde.

(2) Es wird ausdrücklich mit dem Mitarbeiter vereinbart, daß Fahr- oder Wegegelder, Verpflegungsmehraufwendungen, Zimmergeldzuschüsse und Übernachtungspauschalen keine Lohnbestandteile darstellen.

(3) Die Parteien sind sich darüber einig, daß ein erforderlicher Einsatzstellenwechsel eine Änderung der vereinbarten Reisekosten zur Folge haben kann.

(4) Sollte ein Mitarbeiter aufgrund von falschen Angaben unberechtigterweise Reisekosten erhalten haben, so können bereits bewilligte oder gewährte Reisekostengelder teilweise oder ganz wieder in Abzug gebracht oder widerrufen werden. Unberechtigt erhaltene Gelder können voll vom Lohn/Gehalt in Abzug gebracht werden und unterliegen nicht der Bestimmung über pfändungsfreie Beträge.

(5) Die Erstattung von Reisekosten ist davon abhängig, daß eine Arbeitsaufnahme vor Ort erfolgt ist. Sofern Reisekosten kalendertäglich gewährt werden, sind sie daran gebunden, daß der Mitarbeiter mindestens eine wöchentliche Stundenzahl von 37 Stunden erreicht und daß an dem Arbeitstag jeweils vor und nach einem freien Wochenende oder Wochentag mindestens je 7 Stunden gearbeitet werden. Sollten die Zeiten nicht erfüllt werden, entfallen die Reisekosten für die arbeitsfreien Tage.

### § 13 Einsatzgebiet/Wegzeiten

(1) Das übliche Einsatzgebiet ist grundsätzlich durch eine Entfernung von bis zu 150 km vom Einstellungsort definiert.

(2) Der Mitarbeiter erklärt sich einverstanden, auch an Einsatzorten außerhalb des für ihn üblichen Einsatzgebietes im gesamten Bundesgebiet die ihm zugewiesenen Arbeiten aufzunehmen.

(3) Liegt ein Einsatzort außerhalb des üblichen Einsatzgebietes der einstellenden Geschäftsstelle des Zeitarbeitunternehmens, so erhält der Mitarbeiter die bei Benutzung von Bahn oder Bus über zwei Stunden hinausgehende Wegezeit je Hin-und Rückweg mit der vereinbarten Stundenvergütung (ohne Zuschläge jedweder Art) bezahlt, sofern er tatsächlich mindestens diese Wegezeit aufgewandt hat.

### § 14 Lohn-/Gehaltsabrechnung

(1) Als Lohn-/Gehaltsabrechnungszeitraum gilt der Kalendermonat. Die Endabrechnung wird bis zum 15., spätestens jedoch zum 30. des folgenden Monats erstellt und, sofern der Mitarbeiter keine Kontonummer zur bargeldlosen Zahlung nachweist, bar zur Auszahlung gebracht.

(2) Auf Wunsch können wöchentliche Abschlagszahlungen erfolgen. Die Höhe der Abschlagszahlung richtet sich nach den geleisteten Arbeitsstunden pro gearbeitete Woche. Der Abschlag beträgt bei 37 Stunden maximal 300,00 DM (153,39 EUR) pro Lohnwoche.

(3) Als Grundlage der Abschlagszahlung dienen die von unseren Kunden unterschriebenen Stundennachweise.

(4) Mitarbeiter, die außerordentlich kündigen oder zur außerordentlichen Kündigung Anlaß geben, haben keinen Anspruch auf eine Abschlagszahlung.

(5) Pro bearbeiteter Lohn-/Gehaltsabtretung oder -pfändung erhebt das Zeitarbeitunternehmen je Kalendermonat eine Bearbeitungsgebühr von 10,00 DM (5,11 EUR). Diese Gebühr gilt hiermit an das Zeitarbeitunternehmen aus den Lohn-/Gehaltsforderungen als abgetreten.

(6) Zwischen dem Zeitarbeitunternehmen und dem Mitarbeiter besteht Einigkeit darüber, daß etwaige Schadensersatzansprüche des Mitarbeiters gegen einen Dritten aus einem zur Arbeitsunfähigkeit führenden Ereignis an das Zeitarbeitunternehmen in Höhe der zu zahlenden Lohn-/Gehaltsfortzahlung im voraus abgetreten sind.

(7) Lohn-/Gehaltsvorschüsse werden unter der Bedingung gezahlt, daß der Gesamtbetrag mit der Lohn-/Gehaltsabrechnung des Monats einbehalten wird, für den der Vorschuß gezahlt worden ist.

(9) Etwaige Lohn-/Gehaltsüberzahlungen hat der Mitarbeiter zurückzuerstatten. Sofern das Zeitarbeitunternehmen sie verschuldet hat, hat der Mitarbeiter, sie zurückzuerstatten, wenn er noch bereichert ist oder er seine Prüfungspflicht bei Durchsicht der Lohnabrechnung schuldhaft verletzt hat. Sollte bei Beendigung des Arbeitsverhältnisses eine Lohn-/Gehaltsüberzahlung vorhanden sein, verpflichtet sich der Mitarbeiter, diesen Betrag sofort zurückzuzahlen. Zur Sicherung dieser Schuld tritt er den pfändbaren Teil seiner Lohn-/Gehaltsforderungen gegen künftige Arbeitgeber an das Zeitarbeitunternehmen in Höhe der Restschuld ab. Außerdem verpflichtet er sich, Name und Anschrift des künftigen Arbeitgebers mitzuteilen, solange noch eine Restschuld besteht.

(10) Unrichtigkeiten bei laufenden Abrechnungen oder bei Endabrechnungen sind innerhalb von 2 Monaten nach Zustellung der Lohn-/Gehaltsabrechnung geltend zu machen. Nach Ablauf der vorgenannten Frist sind alle Ansprüche ausgeschlossen.

(11) Der Arbeitgeber behält sich vor, die Vergütung jederzeit und ohne daß es einer weiteren Ankündigung bedarf, gemäß dem festgelegten Umrechnungskurs von 1,95583 in EURO abzurechnen.

## § 15 Unfallverhütungsvorschriften

(1) Der Mitarbeiter verpflichtet sich, die jeweils geltenden Unfallverhütungsvorschriften und arbeitssicherheitstechnischen Anweisungen einzuhalten und sich vor dem jeweiligen Arbeitseinsatz über deren Inhalt zu informieren. Desweiteren verpflichtet sich der Mitarbeiter, zur Verfügung gestellte Arbeitskleidung, sofern diese Schutzkleidung darstellt, sowie Arbeitsschutzkleidung und Arbeitsschutzausrüstungen zu tragen

(2) Der Mitarbeiter verpflichtet sich zur Teilnahme an regelmäßigen ärztlichen Vorsorgeuntersuchungen.

(3) Die allgemeinen und speziellen Unfallverhütungsvorschriften liegen in den Geschäftsräumen des Zeitarbeitunternehmens sowie des Kunden zur Einsichtnahme aus.

## § 16 Werkzeuge und Betriebsausweis

(1) Das vom Zeitarbeitunternehmen an den Mitarbeiter ausgehändigte Werkzeug hat der Mitarbeiter bei Übergabe zu quittieren.

(2) Der Mitarbeiter haftet für das Werkzeug und hat das ausgehändigte Werkzeug bei Beendigung des Mitarbeitervertrages unaufgefordert zurückzugeben.

(3) Der Mitarbeiter erhält von dem Zeitarbeitunternehmen einen Betriebsausweis. Der Betriebsausweis bleibt Eigentum des Zeitarbeitunternehmen und ist von dem Mitarbeiter bei Beendigung des Arbeitsverhältnisses unaufgefordert zurückzugeben. Bei Verlust des Betriebsausweises erhebt das Zeitarbeitunternehmen eine Verwaltungsgebühr von 50,00 DM (25,56 EUR).

## § 17 BZA-ABS-Richtlinien

Dieser Vertrag wird ergänzt durch die „Arbeitsbedingungen und Sozialleistungen" des Bundesverbands für Zeitarbeit e.V.(BZA).

## § 18 Vertragsstrafe

Fügt der Mitarbeiter dem Zeitarbeitunternehmen einen Schaden zu, insbesondere durch rechtswidrige und schuldhafte Nichtaufnahme der ihm zugewiesenen Arbeit, durch rechtswidriges und schuldhaftes Verlassen des Arbeitsplatzes oder aus allen sonstigen Gründen, die das Zeitarbeitunternehmen zur außerordentlichen Kündigung berechtigen, so kann das Zeitarbeitunternehmen von dem Mitarbeiter als Entschädigung eine Vertragsstrafe in Höhe eines Bruttotageslohnes bis zur maximalen Höhe eines Bruttowochenlohnes unbeschadet aller sonstigen Rechte verlangen. Die Vertragsstrafe ist nicht an den Nachweis eines Schadens gebunden. Bei Verhängung einer Vertragsstrafe sind die jeweiligen Pfändungsfreigrenzen zu beachten.

## § 19 Schlußbestimmungen

(1) Der Mitarbeiter versichert, daß die von ihm im Personalfragebogen des Zeitarbeitunternehmens gemachten Angaben der Wahrheit entsprechen. Falsche Angaben berechtigen das Zeitarbeitunternehmen zur Anfechtung bzw. fristlosen Kündigung des Mitarbeitervertrages.

(2) Ist das Arbeitsverhältnis durch Kündigung beendet, ist das Zeitarbeitunternehmen berechtigt, von dem Mitarbeiter die Inanspruchnahme des Resturlaubs zu verlangen und den Mitarbeiter für die dann noch verbleibende Restzeit bei Fortzahlung der Vergütung von der Arbeitsleistung zu befreien

(3) Mündliche Nebenabreden bestehen nicht. Änderungen, Ergänzungen oder die Kündigung des Mitarbeitervertrages werden nur mit Schriftform wirksam. Dies gilt auch für einen Verzicht auf das Schriftformerfordernis selbst.

(4) Sollte eine Bestimmung dieses Mitarbeitervertrages ganz oder teilweise nichtig sein, so berührt dies nicht die Wirksamkeit der übrigen Bestimmungen bzw. Teile der übrigen Bestimmungen.

(5) Erfüllungsort und Gerichtsstand für Rechtsstreitigkeiten aus diesem Mitarbeitervertrag ist der jeweilige Einstellungsort des Zeitarbeitunternehmens.

(6) Zuständige Berufsgenossenschaft ist die Verwaltungsberufsgenossenschaft in              .

## § 20 Sonstiges

(1) Abweichung zu § 3a:

Die regelmäßige wöchentliche Arbeitszeit beträgt _____ Stunden.

(2)



Erklärung des Mitarbeiters:

Mit den vorstehenden Arbeits- und Vertragsbedingungen bin ich einverstanden. Eine Ausfertigung dieses Vertrages sowie ein Merkblatt der Bundesanstalt für Arbeit habe ich erhalten.

_____, den



**Bundesanstalt für Arbeit**

**Merkblatt für Leiharbeitnehmer**

533 (Leiharbeitnehmer i. S. des „Gesetzes zur Regelung der gewerbsmäßigen Arbeitnehmerüberlassung" (AÜG) vom 7. August 1972 – BGBl. I S. 1393 – ist ein Arbeitnehmer, der zu einem Verleiher in einem Arbeitsverhältnis steht und Dritten (Entleihern) gewerbsmäßig zur Arbeitsleistung überlassen wird.)

Wenn Sie als Leiharbeitnehmer tätig werden wollen, sind für Sie folgende Informationen von Bedeutung:

### A. Arbeitsverhältnis

1. Grundlage der Tätigkeit eines Leiharbeitnehmers ist der Abschluß eines Arbeitsvertrages mit einem Verleiher, der eine Erlaubnis des Landesarbeitsamtes zur gewerbsmäßigen Überlassung von Arbeitnehmern hat.

    Ein Arbeitsvertrag zwischen Ihnen und dem Verleiher ist unwirksam, wenn der Verleiher diese Erlaubnis nicht besitzt. In diesem Falle kommt ein Arbeitsverhältnis zwischen Ihnen und dem Entleiher zustande, und zwar zu dem zwischen Verleiher und Entleiher für den Beginn der Tätigkeit vorgesehenen Zeitpunkt. Für dieses Arbeitsverhältnis gilt die zwischen dem Verleiher und dem Entleiher vorgesehene tägliche Arbeitszeit. Außerdem haben Sie mindestens Anspruch auf das mit dem Verleiher vereinbarte Arbeitsentgelt. Dieses Arbeitsverhältnis besteht jedoch nur für den zwischen Verleiher und Entleiher vereinbarten Zeitraum der Überlassung. Im übrigen gelten für dieses Arbeitsverhältnis die für den Betrieb des Entleihers maßgebenden sonstigen Vorschriften und Regelungen, sind solche nicht vorhanden, gelten diejenigen vergleichbarer Betriebe.

    Soweit Ihnen dadurch, daß Sie auf die Gültigkeit des Vertrages zum Verleiher vertraut haben, ein Schaden entstanden ist, können Sie von dem Verleiher Ersatz des Schadens verlangen.

    Die Ersatzpflicht tritt nicht ein, wenn Sie den Grund der Unwirksamkeit kannten.

    Der Verleiher hat Sie unverzüglich über den Zeitpunkt des Wegfalls der Erlaubnis zu unterrichten und Sie auf das voraussichtliche Ende der Abwicklung hinzuweisen. Die Abwicklungsfrist beträgt höchstens sechs Monate.

2. Der Verleiher ist verpflichtet, den wesentlichen Inhalt des Arbeitsverhältnisses in eine von ihm zu unterzeichnende Urkunde aufzunehmen und Ihnen diese auszuhändigen. In der Urkunde sind in jedem Falle anzugeben:

    a) Firma und Anschrift des Verleihers, die Erlaubnisbehörde sowie Ort und Datum der Erteilung der Erlaubnis,

    b) Vor- und Familienname, Wohnort und Wohnung, Tag und Ort der Geburt des Leiharbeitnehmers,

    c) Art der von dem Leiharbeitnehmer zu leistenden Tätigkeit und etwaige Pflicht zur auswärtigen Leistung,

d) Beginn und Dauer des Arbeitsverhältnisses, Gründe für eine Befristung,

e) Fristen für die Kündigung des Arbeitsverhältnisses,

f) Höhe des Arbeitsentgeltes und Zahlungsweise,

g) Leistungen bei Krankheit, Urlaub und vorübergehender Nichtbeschäftigung,

h) Zeitpunkt und Ort der Begründung des Arbeitsverhältnisses.

3. Das Arbeitsverhältnis zwischen dem Verleiher und Ihnen darf nur befristet werden, wenn dafür in Ihrer Person ein sachlicher Grund vorliegt. Sachliche Gründe sind z.B. familiäre Verpflichtungen, Ferienarbeit, Überbrücken eines Zeitraumes bis zur Aufnahme eines neuen Dauerarbeitsplatzes. Der sachliche Grund muß näher bezeichnet werden.

Befristungen im Interesse des Verleihers sind unwirksam. Der Anspruch auf Arbeitsentgelt bleibt Ihnen bei einer unwirksamen Befristung auch dann erhalten, wenn Sie Ihre Arbeitsleistung nicht anbieten.

4. Wenn der Verleiher das Arbeitsverhältnis kündigt und Sie innerhalb von drei Monaten erneut einstellt, ist die Kündigung unwirksam. Sie haben dann auch Anspruch auf Arbeitsentgelt für den Zeitraum zwischen Kündigung und erneuter Einstellung. Der Anspruch hängt nicht davon ab, daß Sie dem Verleiher Ihre Arbeitsleistung angeboten haben.

Das Arbeitsverhältnis kann mit einer Frist von vier Wochen zum 15. oder zum Ende eines Kalendermonats gekündigt werden (§ 622 Abs. 1 BGB).

Bei einer Kündigung durch den Arbeitgeber beträgt die Kündigungsfrist, wenn das Arbeitsverhältnis in dem Betrieb oder Unternehmen zwei Jahre bestanden hat, einen Monat zum Ende des Kalendermonats. Die Kündigungsfristen verlängern sich gestaffelt nach der Dauer des Arbeitsverhältnisses bis zu einer Kündigungsfrist von sieben Monaten zum Ende eines Kalendermonats, wenn das Arbeitsverhältnis 20 Jahre bestanden hat.

Bei der Berechnung der Beschäftigungsdauer werden Zeiten, die vor der Vollendung des 25. Lebensjahres des Arbeitnehmers liegen, nicht berücksichtigt (§ 622 Abs. 2 BGB).

Während einer vereinbarten Probezeit, längstens für die Dauer von sechs Monaten, kann das Arbeitsverhältnis mit einer Frist von zwei Wochen gekündigt werden (§ 622 Abs. 3 BGB).

Kürzere als die in § 622 Abs. 1 und 2 BGB genannten Kündigungsfristen können durch Tarifvertrag vereinbart werden. Die einzelvertragliche Vereinbarung kürzerer Kündigungsfristen ist ausgeschlossen.

5. Das Arbeitsverhältnis zwischen Ihnen und dem Verleiher muß den ersten Einsatz bei einem Entleiher überdauern. Das ist nur dann der Fall, wenn die Zeit, für die das Leiharbeitsverhältnis fortgesetzt wird, in einem angemessenen Verhältnis zur Dauer des ersten Einsatzes steht.

6. Der Verleiher darf Sie (zur Zeit) nicht länger als neun aufeinanderfolgende Monate einem Entleiher überlassen. Der Zeitraum einer unmittelbar vorangehenden Überlassung durch einen anderen Verleiher an denselben Entleiher wird angerechnet.

7. Bei der Wahl der Arbeitnehmervertretungen im Entleiherbetrieb sind Sie weder wahlberechtigt noch wählbar. Sie sind jedoch berechtigt, die Sprechstunde dieser Arbeitnehmervertretungen aufzusuchen und an den Betriebs- und Jugendversammlungen im Entleiherbetrieb teilzunehmen. Die §§ 81, 82 Abs. 1 und §§ 84 bis 86 des Betriebsverfassungsgesetzes (Mitwirkungs- und Beschwerderecht des Arbeitnehmers) gelten im Entleiherbetrieb auch für Sie.

Vor dem Einsatz eines Leiharbeitnehmers ist der Betriebsrat des Entleiherbetriebes nach § 99 des Betriebsverfassungsgesetzes einzuschalten.

Die vorstehenden Regelungen gelten sinngemäß für die Anwendung des Bundespersonalvertretungsgesetzes.

8. Der Verleiher darf Ihnen nicht untersagen, nach Beendigung Ihres Leiharbeitsverhältnisses ein Arbeitsverhältnis mit dem Entleiher einzugehen. Entsprechende Vereinbarungen sowie ähnliche Vereinbarungen zwischen Entleiher und Verleiher sind unwirksam.

9. Der Verleiher hat Ihnen das vereinbarte Arbeitsentgeld auch dann zu zahlen, wenn er Sie nicht bei einem Entleiher beschäftigen kann.

10. Sie sind nicht verpflichtet, bei einem Entleiher tätig zu werden, soweit dieser durch einen Arbeitskampf unmittelbar betroffen ist. Bei einem solchen Arbeitskampf muß der Verleiher Sie auf Ihr Leistungsverweigerungsrecht hinweisen.

11. Sie dürfen nicht an Betriebe des Baugewerbes für Arbeiten überlassen werden, die üblicherweise von Arbeitern verrichtet werden. Dieses Verbot gilt nicht zwischen Betrieben des Baugewerbes, wenn diese Betriebe von denselben Rahmen- und Sozialkassentarifverträgen oder von deren Allgemeinverbindlichkeit erfaßt werden.

12. Arbeitnehmer, die nicht Deutsche im Sinne des Artikels 116 des Grundgesetzes sind, bedürfen grundsätzlich zur Ausübung einer Beschäftigung einer Arbeitserlaubnis der Bundesanstalt für Arbeit, soweit sie nicht Staatsangehörige eines Mitgliedstaates der Europäischen Union bzw. eines Vertragsstaates des Abkommens über den Europäischen Wirtschaftsraum sind.

### B. Sozialversicherung

Dem Verleiher als Ihrem Arbeitgeber obliegt die Abführung der Beiträge zur gesetzlichen Kranken-, Unfall-, Renten- und Arbeitslosenversicherung.

Kommt er seiner Beitragszahlungspflicht nicht nach, haftet dafür der Entleiher.

Träger der Sozialversicherung sind:

| | |
|---|---|
| Krankenversicherung | Krankenkassen |
| Unfallversicherung | Berufsgenossenschaften |
| Rentenversicherung | Landesversicherungsanstalten (Arbeiter) Bundesversicherungsanstalt für Angestellte, Berlin |
| Arbeitslosenversicherung | Bundesanstalt für Arbeit (Arbeitsämter) |

### C. Arbeitsschutz und Unfallverhütung

Ihre Tätigkeit bei dem Entleiher unterliegt den für den Betrieb des Entleihers geltenden öffentlich-rechtlichen Vorschriften des Arbeitsschutzrechts. Für die Einhaltung dieser Vorschriften sind Verleiher und Entleiher verantwortlich. Der Entleiher hat auch die im Rahmen der gesetzlichen Unfallverhütung notwendigen Unfallverhütungsmaßnahmen zu treffen. Sie sind verpflichtet, die entsprechenden Vorschriften zu verfolgen.

### D. Zuständigkeitsfrage

Zur Entscheidung von Streitigkeiten aus dem Leiharbeitsverhältnis zwischen Ihnen und dem Verleiher sind die Arbeitsgerichte zuständig. Nähere Auskünfte in diesem Bereich erteilen Arbeitnehmer und Arbeitgeberverbände sowie Rechtsanwälte.

Bei Zweifeln, ob der Verleiher die erforderliche Erlaubnis der Bundesanstalt für Arbeit besitzt, können Sie sich an das zuständige Landesarbeitsamt wenden.

## 4. Muster: Checkliste für Arbeitnehmerüberlassung

▼

Jeder Arbeitgeber, der Leiharbeitnehmer beschäftigt, sollte folgende zehn Punkte beachten:

### 1. Auskünfte, Referenzen
Der Arbeitgeber sollte sich beim Landesarbeitsamt nach seriösen Leiharbeitsfirmen erkundigen und mehrere Angebote einholen. Er sollte auch bei Referenzunternehmen Auskünfte über die betreffenden Firmen einholen.

### 2. Mitgliedschaft im Verband
Ein Indiz für Seriosität des Verleihers kann dessen Mitgliedschaft im Bundesverband Zeitarbeit und Personaldienstleistungen sein.

### 3. Erlaubnis des Verleihers
Der Arbeitgeber sollte sich die Erlaubnis des Verleihers vorlegen lassen. Nimmt eine Verleihfirma ihr Geschäft erstmalig auf, wird eine Erlaubnis vom Landesarbeitsamt immer nur befristet erteilt. Wenn die Frist in weniger als drei Monaten abläuft, sollte der Arbeitgeber beim Landesarbeitsamt nachfragen, ob der Verleiher die Verlängerung der Erlaubnis beantragt hat und ob sie erteilt wurde. Nach drei Jahren kann eine unbefristete Erlaubnis erteilt werden. Eine Verleihfirma, die schon länger als drei Jahre tätig ist, sollte also eine unbefristete Erlaubnis haben. Ist dies nicht der Fall, ist Vorsicht angebracht.

### 4. Unbedenklichkeitsbescheinigungen
Der Arbeitgeber sollte sich neben der Erlaubnis des Verleihers auch Unbedenklichkeitsbescheinigungen von Krankenkassen, Finanzamt und Berufsgenossenschaft vorlegen lassen. Der Verleiher sollte hierzu ohne Zögern bereit sein.

### 5. Vorbereitung des Einsatzes der Arbeitnehmer durch den Verleiher
Seriöse Zeitarbeitsfirmen informieren sich vor Ort über den Arbeitsplatz und die Anforderungen an den Arbeitnehmer. Der Arbeitgeber sollte darauf achten, daß der Verleiher die Qualifikation der Arbeitnehmer vor der Einstellung prüft und – wo nötig – Schulungen der Arbeitnehmer durchführt.

### 6. Schriftlicher Überlassungsvertrag
Der Verleiher ist verpflichtet, mit dem Entleiher einen schriftlichen Vertrag abzuschließen, in dem Leistung und Gegenleistung, insbesondere Zahl und berufliche Qualifikation der zu überlassenden Arbeitnehmer, Überlassungszeitraum und Stundenverrechnung geregelt sind. Der Arbeitgeber sollte sich die Möglichkeit zum Austausch ungeeigneter Arbeitskräfte in der Anfangszeit und ein kurzfristiges Alternativangebot für den Fall, daß ein Leiharbeitnehmer ausfällt, vertraglich zusichern lassen.

### 7. Schutz vor Subsidiärhaftung
Sollte der Verleiher keine Sozialversicherungsbeiträge und Lohnsteuer für den Leiharbeitnehmer entrichten, so besteht grundsätzlich eine subsidiäre Haftung des Entleihers. Manche Leiharbeitsfirmen verfügen allerdings über eine HERMRS-Bürgschaft. Ist dies nicht der Fall, dann sollte der Arbeitgeber mit dem Verleiher einen Sicherheitseinbehalt in Höhe von ca. 15 % des Überlassungsentgeltes bis zum Vorliegen des entsprechenden Prüfungsbescheids des Sozialversicherungsträgers vereinbaren.

### 8. Betreuung der Leiharbeitnehmer durch den Verleiher
Die Verleihfirma sollte die Leiharbeitnehmer während ihres Einsatzes beim Entleiher durch einen Personaldisponenten betreuen. Sie sollte auch kostenlos Arbeitskleidung und Schutzausrüstungen für die Arbeitnehmer zur Verfügung stellen.

## 9. Kontrollmeldungen

Der Arbeitgeber sollte rechtzeitig Kontrollmeldungen an die AOK mit den Personalien der überlassenen Leiharbeitnehmer erstatten. Gute Leiharbeitsfirmen leiten dem Entleiher die vorbereitete Kontrollmeldung bereits zu. Vordrucke können aber auch bei jeder AOK angefordert werden. Die AOK kann dann überprüfen, ob der Verleiher ordnungsgemäß Sozialversicherungsbeiträge für die Leiharbeitnehmer abgeführt hat.

## 10. Ausländische Arbeitnehmer

Beim Einsatz ausländischer Arbeitnehmer sollte der Entleiher auf notwendige Arbeits- und Aufenthaltserlaubnisse achten.

## VII. Verträge mit Auslandsbezug

### 1. Muster: Auslandsarbeitsvertrag mit einer Stiftung

Zwischen

der

– nachstehend „Stiftung" genannt –

und

Herrn

– nachstehend „Mitarbeiter" genannt –

wird folgender Auslandsdienstvertrag geschlossen:

**§ 1 Position und Vertragsbeginn**

(1) Der Mitarbeiter wird für ein nach § 7 befristetes Arbeitsverhältnis im Ausland als Projektleiter eingestellt.

(2) Als Vertragsbeginn gilt das Datum der Aufnahme des Vorbereitungslehrgangs.

(3) Vor der Ausreise wird der Mitarbeiter einen Lehrgang absolvieren, der der Vorbereitung auf die Aufgaben im Projekt dient. Einzelheiten zum Vorbereitungslehrgang sind in Anlage 1 dieses Vertrages festgelegt.

**§ 2 Tätigkeitsbereich**

(1) Der Mitarbeiter übernimmt im Auftrag der Stiftung die mit ihm in der Anlage vereinbarten Tätigkeiten. Die Tätigkeitsbeschreibung ist die Basis für die spätere Leistungsbewertung des Mitarbeiters und für eventuelle Projektevaluierungen.

(2) Hindernisse bei der Aufnahme sowie bei der Durchführung der Tätigkeit sind der Stiftung unverzüglich zu melden.

(3) Der Mitarbeiter erklärt sich ausdrücklich damit einverstanden, unter Berücksichtigung seiner Qualifikation im Rahmen des Zumutbaren auch andere oder weitergehende Aufgaben im Einsatzland oder einem anderen Land zu übernehmen.

**§ 3 Einsatzland/Dienstort**

(1) Als Dienstort ist vorgesehen.

(2) Die Stiftung behält sich vor, einen anderen Ort im Einsatzland zu bestimmen, sofern ihr dies erforderlich scheint.

(3) Die Stiftung bestimmt den Zeitpunkt der Aufnahme und der Beendigung der Tätigkeit im Einsatzland.

## § 4 Versetzung

(1) Vor der Versetzung in ein anderes Land ist der Mitarbeiter anzuhören. Für die Anhörung genügt die Schriftform.

(2) Ein Inlandseinsatz des Mitarbeiters im Rahmen dieses Vertrages wird ausdrücklich ausgeschlossen.

## § 5 Rechte und Pflichten

(1) Die Rechte und Pflichten des Mitarbeiters ergeben sich aus der Satzung der Stiftung, dem Tarifvertrag für Auslandsmitarbeiter, der Tätigkeitsbeschreibung, den Finanzrichtlinien und den Dienstanweisungen der Stiftung in den jeweils gültigen Fassungen.

(2) Zur Durchführung und Abwicklung des Projektes wird jährlich ein Projektbudget erstellt. Im Rahmen der Kostenstellenverantwortung für das Projekt ist der Mitarbeiter für die Verwaltung der Projektmittel und der ihm anvertrauten Güter im Einsatzland gegenüber der Stiftung verantwortlich. Insbesondere ist er dafür verantwortlich, daß bei der Verfügung über diese Güter und Mittel alle geltenden Bestimmungen beachtet werden. Durch seine Unterschrift unter die entsprechenden Abrechnungsunterlagen versichert er der Stiftung verbindlich, daß diese Vorschriften befolgt worden sind.

(3) Der Mitarbeiter ist verpflichtet, seine Aufgaben im Rahmen des Partnerschaftsverhältnisses wahrzunehmen und hat insbesondere auf die Erfüllung der Partnerleistungen zu achten.

## § 6 Vergütung

Die Vergütung des Mitarbeiters berechnet sich nach der Vergütungsgruppe ▬ des Vergütungstarifvertrages für Auslandsmitarbeiter.

Die Stiftung behält sich vor, die Vergütung jederzeit und ohne daß es einer weiteren Ankündigung bedarf, gemäß dem festgelegten Umrechnungskurs von 1,95583 in EURO abzurechnen.

Der Mitarbeiter verpflichtet sich, Gehaltsüberzahlungen ohne Rücksicht auf eine noch vorhandene Bereicherung zurückzuzahlen.

## § 7 Vertragsdauer

(1) Das Arbeitsverhältnis ist auf jeden Fall befristet. Der sachliche Grund für die Befristung ergibt sich aus dem Tarifvertrag, der zeitlichen Dauer des Auslandsprojektes im Rahmen des Partnerschaftsverhältnisses und dem Projektverlauf sowie dem zeitlich begrenzten Beraterbedarf im Projekt.

(2) Dieser Vertrag beginnt am ▬ und endet am ▬.

## § 8 Probezeit

Die ersten sechs Monate gelten als Probezeit. In der Probezeit kann das Arbeitsverhältnis mit einer Frist von 14 Tagen gekündigt werden.

## § 9 Kündigung

(1) Nach Ablauf der Probezeit kann der Vertrag mit einer Frist von 6 Wochen zum Quartalsende ordentlich gekündigt werden, wenn ein wichtiger Grund vorliegt.

(2) Ein wichtiger Kündigungsgrund kann gegeben sein, wenn:

1. in der Person oder im Verhalten des Mitarbeiters oder seiner Familienangehörigen liegende Gründe einen Aufenthalt im Einsatzland nicht mehr erlauben,

2. das Verhalten des Mitarbeiters oder seiner Familienangehörigen im Einsatzland den Interessen der Bundesrepublik Deutschland oder der Stiftung abträglich ist; dies ist insbesondere der Fall bei:

   a) einem Verhalten des Mitarbeiters, das den Anweisungen der Stiftung widerspricht und eine unzulässige Einmischung in die Politik des Einsatzlandes darstellt,

   b) vorsätzlichem oder grob fahrlässigem Verstoß gegen das Strafrecht des Einsatzlandes, der mit Geldstrafen von umgerechnet mehr als 1.000,00 DM (511,29 EUR) oder mit Freiheitsentzug bedroht ist und bei Abwägung der Umstände und aller gegenseitigen Interessen eine Fortsetzung des Arbeitsverhältnisses unzumutbar macht,

c) erheblichem oder trotz Abmahnung wiederholtem Verstoß gegen vertragliche Pflichten und dienstliche Anweisungen.

(3) Eine fristlose Kündigung im Sinne des § 626 BGB bleibt von den Absätzen (1) und (2) unberührt.

### § 10 Vorbehalt der gesundheitlichen Eignung
Der Vertrag wird vorbehaltlich der Bestätigung der Tropentauglichkeit des Mitarbeiters abgeschlossen.

### § 11 Anwendbares Recht und Gerichtsstand
(1) Im Verhältnis der Stiftung zum Mitarbeiter gilt das Recht der Bundesrepublik Deutschland.

(2) Für Streitigkeiten aus diesem Vertrag sind die Gerichte am Sitz der Stiftung zuständig.

### § 12 Bestandteile des Vertrages
Soweit in diesem Vertrag keine abweichenden Regelungen getroffen sind, bestimmt sich der Inhalt des Vertrages nach folgenden Bestimmungen in ihrer jeweils geltenden Fassung:
- Tarifvertrag für Auslandsmitarbeiter
- Vergütungstarifvertrag für Auslandsmitarbeiter
- Tarifvertrag über die betriebliche Alters- und Hinterbliebenenversorgung für Auslandsmitarbeiter.

### § 13 Form
Änderungen und Ergänzungen dieses Vertrages bedürfen der Schriftform.

## 2. Muster: Auslandsentsendungsvertrag

*Auslandsentsendungsvertrag*

Zwischen

, vertr. durch

– nachstehend Gesellschaft genannt –

und

Herrn

– nachstehend Mitarbeiter genannt –

wird in Ergänzung des Anstellungsvertrages vom            folgender Vertrag geschlossen:

### § 1 Vertragsdauer
(1) Der Mitarbeiter wird ab            vorübergehend zeitlich begrenzt nach            entsandt. Dieser Entsendungsvertrag tritt mit dem Zeitpunkt der Entsendung des Mitarbeiters in Kraft.

(2) Der Entsendungsvertrag ist zunächst bis zum            befristet. Spätestens sechs Monate vor Ablauf des Vertrages wird über seine Verlängerung entschieden. Soweit im Falle der Verlängerung nicht ausdrücklich anderes vereinbart wird, gelten die in diesem Vertrag festgelegten Bestimmungen weiter. Die Befristung des Vertrages ist bedingt durch die Aufgabenstellung.

(3) Die Gesellschaft behält sich vor, den Mitarbeiter vorzeitig aus            abzuberufen und die Entsendung damit zu beenden. Die Gesellschaft behält sich ferner vor, dem Mitarbeiter unter angemessener Berücksichtigung seiner persönlichen Verhältnisse eine andere gleichwertige Tätigkeit

## Verträge mit Arbeitnehmern, Gesellschaftsorganen und Selbständigen § 1

zu übertragen, auch wenn dies mit einem Ortswechsel im Entsendungsland oder in ein anderes Land verbunden ist.

### § 2 Aufgabenbereich

(1) Der Mitarbeiter wird nach _____ entsandt. Mit Wirkung vom _____ wird ihm die Position des _____ übertragen.

(2) Der Mitarbeiter wird seine ganze Arbeitskraft und alle seine fachlichen Kenntnisse und Erfahrungen ausschließlich in die Tätigkeit für die Gesellschaft einbringen.

(3) Die gegebenenfalls notwendige Aufenthalts- und Arbeitsgenehmigung besorgt der Mitarbeiter. Soweit dies nach den jeweiligen landesrechtlichen Bestimmungen erforderlich ist, hat die Gesellschaft hierbei mitzuwirken und insbesondere auf die Gesellschaft, zu der der Mitarbeiter entsandt wird, bzgl. etwaig erforderlicher Antragstellungen etc. einzuwirken. Die hierbei entstehenden Kosten trägt die Gesellschaft.

### § 3 Nebentätigkeiten und Wettbewerbsverbot

(1) Jede Nebentätigkeit, gleichgültig, ob sie entgeltlich oder unentgeltlich ausgeübt wird, bedarf der vorherigen Zustimmung der Gesellschaft. Die Zustimmung ist zu erteilen, wenn die Nebentätigkeit die Wahrnehmung der dienstlichen Aufgaben zeitlich nicht oder allenfalls unwesentlich behindert und sonstige berechtigte Interessen der Gesellschaft nicht beeinträchtigt werden. Die Gesellschaft hat die Entscheidung über den Antrag des Mitarbeiters auf Zustimmung zur Nebentätigkeit innerhalb von sechs Wochen nach Eingang des Antrages zu treffen. Wird innerhalb dieser Frist eine Entscheidung nicht gefällt, gilt die Zustimmung als erteilt.

(2) Der Mitarbeiter wird sich während der Dauer dieses Vertrages weder in _____ noch in der Bundesrepublik Deutschland an einem Unternehmen beteiligen, das mit der Gesellschaft in Konkurrenz steht oder in wesentlichem Umfang Geschäftsbeziehungen mit der Gesellschaft unterhält.

### § 4 Bezüge/Vergütung

(1) Für die Dauer der Entsendung erhält der Mitarbeiter das ihm aufgrund seines Anstellungsvertrages vom _____ zustehende Grundgehalt in Höhe von _____ DM ( _____ EUR) brutto jährlich (in Worten: _____ Deutsche Mark, _____ EURO).

(2) Aufgrund des geänderten Aufgabengebietes erhält der Mitarbeiter eine Zulage zum Grundgehalt in Höhe von _____ DM ( _____ EUR) brutto jährlich, welche für die Dauer der Entsendung befristet ist.

(3) Die Vergütung gemäß der Absätze 1 und 2 ist in zwölf gleichen Teilbeträgen zum Ende eines jeden Monats an einem von dem Mitarbeiter zu bestimmenden Ort auf ein Konto des Mitarbeiters zu überweisen.

(4) Dem Mitarbeiter wird unter Berücksichtigung quantitativer und qualitativer Zielsetzungen eine variable Tantieme gezahlt, deren Höhe maximal _____ DM ( _____ EUR) pro Geschäftsjahr beträgt.

(5) Die Tantieme wird von der Gesellschaft auf der Grundlage des erreichten Zielerreichungsgrades gemäß der mit dem Mitarbeiter getroffenen Zielvereinbarung festgelegt.

(6) Die Tantieme ist zu dem Zeitpunkt fällig, den der Aufsichtsrat der Gesellschaft für den gesamten Konzern festgelegt hat. Scheidet der Mitarbeiter während eines Geschäftsjahres – ausgenommen aufgrund von ihm verschuldeter Kündigung, Abberufung oder anderweitiger Auflösung des Anstellungsvertrages – aus, gebührt ihm die Tantieme anteilig. Für das Eintrittsjahr steht dem Mitarbeiter die Tantieme ebenfalls pro rata temporis zu. Der Tantiemeanspruch vermindert sich pro rata temporis, wenn die Arbeitsunfähigkeit ununterbrochen länger als 6 Monate dauert.

(7) Mit diesen Bezügen sind auch Leistungen des Mitarbeiters abgegolten, die über die für für Angestellte oder die Gesellschaft geltende Normalarbeitszeit hinaus erbracht werden. Der Mitarbeiter ist bei Bedarf verpflichtet, derartige Mehrleistungen zu erbringen.

## § 5 Steuern

Aufgrund des mit ████ bestehenden Doppelbesteuerungsabkommens beantragt die Gesellschaft für den Mitarbeiter bei der zuständigen Finanzbehörde die Befreiung von der Lohnsteuer in Deutschland. Der Mitarbeiter ist für die einkommensteuerliche Behandlung seiner Bezüge selbst verantwortlich. Er behält einen Wohnsitz in Deutschland bei.

## § 6 Sozialversicherung

(1) Während der Entsendung des Mitarbeiters gelten die gesetzlichen Bestimmungen der deutschen Sozialversicherung fort.

(2) Die Gesellschaft wird für den Mitarbeiter auf der Berechnungsgrundlage der jeweiligen Höchstbeträge den Arbeitgeberanteil zu Renten-, Kranken- und Arbeitslosenversicherung abführen.

(3) Der Arbeitnehmeranteil wird von der dem Mitarbeiter auszuzahlenden Vergütung in Abzug gebracht.

(4) Die Gesellschaft wird für den Mitarbeiter die Beiträge zur Berufsgenossenschaft abführen und für Versicherungsschutz in ████ sorgen.

## § 7 Erkrankung und Unfall am Arbeitsort

(1) Der Mitarbeiter versichert, daß ihm keine besonderen Umstände bekannt sind, die seinen allgemeinen Gesundheitszustand in besonderer Weise in Frage stellen könnten. Chronische Erkrankungen hat der Mitarbeiter der Gesellschaft zu melden.

(2) Der Mitarbeiter ist verpflichtet, die Gesellschaft, zu der er entsandt ist, von einer Arbeitsverhinderung unverzüglich zu benachrichtigen und, wenn die Erkrankung länger als drei Tage dauert, darüber ein ärztliches Attest vorzulegen. Droht die Arbeitsverhinderung länger als 6 Wochen anzudauern, hat der Mitarbeiter die Gesellschaft spätestens bis zum Ablauf der 6 Wochen davon zu unterrichten.

(3) Falls der Mitarbeiter an der Leistung seiner Dienste infolge Krankheit bzw. Arbeitsunfähigkeit verhindert ist, behält er für die Dauer von sechs Monaten den Anspruch auf Fortzahlung seiner vollen Bezüge, wobei als erster Monat der auf den Beginn der Verhinderung folgende Monat gilt. Bei der Gehaltsfortzahlung werden Leistungen Dritter – beispielsweise aufgrund von Haftpflichtansprüchen oder aus Versicherungsverträgen – angerechnet, soweit sie dem Unterhalt des Mitarbeiters zu dienen bestimmt sind und auf Leistungen oder Teilleistungen der Gesellschaft beruhen. Zahlungen, die der Mitarbeiter aufgrund eigener Versicherung oder Höherversicherung erhält, bleiben anrechnungsfrei.

(4) Erfolgt aufgrund einer Anordnung des behandelnden Arztes eine Rückkehr nach Deutschland, so wird für den Zeitraum des Aufenthaltes in Deutschland nur noch das feste Grundgehalt gezahlt.

(5) Im Falle des Todes des Mitarbeiters werden für die unterhaltsberechtigten Angehörigen nach dem Sterbemonat die vollen Bezüge gemäß § 4 Abs. 1 und 2 für weitere drei Monate fortgezahlt.

## § 8 Firmenwagen

(1) Die Gesellschaft stellt dem Mitarbeiter für die Dauer der Geltung dieses Vertrages in ████ einen Pkw als angemessenen Dienstwagen gemäß der Firmenwagenregelung der Gesellschaft zur Verfügung, der dem Mitarbeiter auch zur uneingeschränkten privaten Nutzung zur Verfügung steht. Die gesamten Fahrzeugkosten gehen zu Lasten der Gesellschaft.

(2) Die auf den für Privatnutzung anzusetzenden Sachbezugswerte entfallenden Steuern sind von dem Mitarbeiter zu tragen.

## § 9 Reisekosten

(1) Dem Mitarbeiter werden die Reisekosten erstattet, die im Rahmen der Ausübung seiner Aufgaben für die Gesellschaft im Rahmen dieses Vertrages entstehen.

**Verträge mit Arbeitnehmern, Gesellschaftsorganen und Selbständigen** § 1

(2) Insbesondere übernimmt die Gesellschaft die tatsächlichen Reisekosten bis zur Höhe der Flugpassage „Business Class" für die Hinreise bei der Entsendung und für die Rückreise bei der Beendigung der Entsendung.

(3) Für die Erstattung von Reisekosten im Zusammenhang von Geschäftsreisen findet die Richtlinie der Gesellschaft Anwendung.

### § 10 Unfallversicherung

(1) Die Gesellschaft wird den Mitarbeiter für die Dauer dieses Vertrages gegen Unfall versichern, und zwar mit 125.000,00 DM (63.911,49 EUR) für den Todesfall, 250.000,00 DM (127.822,97 EUR) für den Invaliditätsfall und 500,00 DM (255,65 EUR) Krankenhaustagegeld ab dem ersten Krankheitstag. Bei einer Teilinvalidität wird ein Teilbetrag entsprechend dem Grad der Minderung der Erwerbstätigkeit bezahlt.

(2) Die Versicherung umfaßt Arbeits- sowie private Unfälle und steht dem Mitarbeiter, seinem Ehepartner sowie im Fall des Todes seinen gesetzlichen Erben zu. Sie endet mit dem Zeitpunkt der Beendigung dieses Vertrages.

(3) Soweit der Ehepartner des Mitarbeiters den Mitarbeiter bei berufsbedingten Reisen begleitet, ist er in vollem Umfange in die Unfallversicherung, die die Gesellschaft für den Mitarbeiter abzuschließen hat, einzubeziehen.

### § 11 Umzug

(1) Wird anläßlich dieses Vertrages ein Wohnungswechsel binnen drei Jahren seit Beginn der Tätigkeit durchgeführt, bezahlt die Gesellschaft die tatsächlichen Umzugskosten gemäß der Richtlinie der Gesellschaft einschließlich ortsüblicher Maklergebühren. Dies gilt auch bei Errichtung eines 2. Wohnsitzes in ▓▓▓▓▓▓. Die Gesellschaft zahlt ebenfalls die Kosten des Rückumzugs nach Deutschland, falls dieser betrieblich veranlaßt ist. Die Eigenkündigung des Mitarbeiters stellt keine betriebliche Veranlassung dar.

(2) Der Mitarbeiter ist verantwortlich für die ordnungsgemäße Abwicklung des Umzugs und für die Einhaltung der Zollgesetze und Vorschriften des Bestimmungslandes.

### § 12 Mitnahme von Familienangehörigen

(1) Familienangehörige im Sinne dieses Entsendungsvertrages sind die Ehefrau und die minderjährigen Kinder, soweit sie dauernd im Haushalt des entsandten Mitarbeiters leben.

(2) Die Gesellschaft übernimmt folgende Kosten für den Umzug der Familienangehörigen:
   a) Flugreise („Business Class"), wahlweise Kosten einer einfachen Bahnfahrt 1. Klasse
   b) Kosten für Übergepäck bis max. 30 kg für alle Familenangehörigen

### § 13 Verhalten des Arbeitnehmers im Ausland

Der Mitarbeiter versichert, die Gesetze und Bestimmungen des Entsendungslandes zu beachten und die dort herrschenden Sitten und Gebräuche zu respektieren.

### § 14 Heimreise in Notfällen

(1) Sollte der Mitarbeiter während der Entsendung ernsthaft erkranken, dh aufgrund eines Unfalls oder einer Erkrankung voraussichtlich länger als drei Wochen arbeitsunfähig krank sein oder lebensbedrohlich erkranken, so übernimmt die Gesellschaft die Kosten eines Rücktransports, ggf. Krankentransports nach Deutschland. Gleiches gilt für sonstige Notfälle. Ein Notfall, in dem die sofortige Rückkehr des Mitarbeiters ins Inland notwendig wird, ist neben schwerer eigener Erkrankung die schwere Erkrankung oder ein Todesfall in der unmittelbaren Familie (Eltern, Geschwister, Ehefrau, Kinder).

(2) Im Falle eines sonstigen Notfalls (politische Unruhen, Erdbeben, Seuchengefahr, Gefahr der Internierung) ist die Reise zum nächstgelegenen sicheren Ort (Land) anzutreten. Die Gesellschaft hat die hierbei entstehenden Kosten zu tragen.

540

### § 15 Arbeitsbedingungen
Während der Entsendung des Mitarbeiters nach         gelten für den Mitarbeiter die dortigen Arbeitszeit- und Feiertagsregelungen.

### § 16 Jahresurlaub
(1) Der dem Mitarbeiter gemäß seinem Anstellungsvertrag vom         zustehende Anspruch auf einen Jahresurlaub von         Arbeitstagen gilt auch während der Entsendung.

(2) Der Urlaub ist möglichst zusammenhängend zu nehmen. Urlaubstermin, -dauer und -heimreise sind im Einvernehmen mit der Gesellschaft festzulegen.

### § 17 Fortzahlung der Vergütung bei Freiheitsberaubung
Wird der Mitarbeiter aus Gründen, die er im Verhältnis zur Gesellschaft nicht zu vertreten hat, im Ausland seiner Freiheit beraubt, so wird seine Vergütung in voller Höhe fortgezahlt. Die Gesellschaft kann jedoch die Abtretung der Dritten gegenüber bestehenden Schadensersatzansprüche verlangen.

### § 18 Geheimhaltungsvereinbarung
Der Mitarbeiter ist verpflichtet, über alle geheimhaltungsbedürftigen Angelegenheiten, die ihm im Rahmen seiner Tätigkeit für die Gesellschaft in         zur Kenntnis gelangen, strengstes Stillschweigen zu bewahren. Diese Verpflichtung besteht auch nach seinem Ausscheiden aus den Diensten der Gesellschaft.

### § 19 Gesellschaftsunterlagen
Bei seinem Ausscheiden aus den Diensten der Gesellschaft ist der Mitarbeiter verpflichtet, sämtliche geschäftlich bedeutsamen Schriftstücke, Korrespondenz, Aufzeichnungen und dergleichen, die Angelegenheiten der Gesellschaft betreffen und die sich noch in seinem Besitz befinden, unverzüglich an die Gesellschaft zu übergeben.

### § 20 Beendigung des Vertrages
(1) Die Gesellschaft wird den Mitarbeiter nach ordnungsgemäßer Beendigung seiner Tätigkeit im Ausland eine seinen bisherigen Funktionen in Deutschland vergleichbare Position anbieten, die hinsichtlich Verantwortungsbereich, Einkommen und Anforderung den im In- und Ausland gesammelten Erfahrungen und Leistungen des Mitarbeiters möglichst entspricht. Der Mitarbeiter erklärt sich bereit, vorübergehend auch eine andere Position zu übernehmen.

(2) Dieser Entsendungsvertrag ist in gleicher Weise kündbar wie der Anstellungsvertrag des Mitarbeiters vom         .

(3) Durch die fristlose Kündigung dieses Vertrages wird zugleich die fristlose Kündigung des Anstellungsvertrages vom         bewirkt.

(4) Die Kündigung dieses Entsendungsvertrages bedarf der Schriftform.

### § 21 Ausschlußklausel
Es besteht Einigkeit darüber, daß alle Ansprüche aus diesem Vertragsverhältnis spätestens innerhalb von zwei Monaten nach Fälligkeit schriftlich geltend zu machen sind. Werden Ansprüche vom anderen Teil abgelehnt oder erklärt sich dieser innerhalb von zwei Wochen nicht, so verfällt der Anspruch, wenn nicht innerhalb einer weiteren Frist von zwei Monaten nach Ablehnung oder Fristablauf die gerichtliche Geltendmachung erfolgt.

### § 22 Schlußbestimmungen
(1) Mündliche Nebenabreden bestehen nicht. Jede Änderung, Ergänzung oder Kündigung dieses Vertrages bedarf zu ihrer Wirksamkeit der Schriftform. Dieses Formerfordernis kann nicht durch mündliche Vereinbarung außer Kraft gesetzt werden.

(2) Soweit im vorliegenden Auslandsentsendungsvertrag nichts Abweichendes vereinbart ist, gelten die Bestimmungen des Anstellungsvertrages vom         unverändert fort.

(3) Dieser Vertrag sowie der Anstellungsvertrag vom         unterliegen deutschem Recht.

## Verträge mit Arbeitnehmern, Gesellschaftsorganen und Selbständigen § 1

(4) Es besteht Einvernehmen zwischen der Gesellschaft und dem Mitarbeiter, daß Ansprüche aus ausländischem Recht nicht geltend gemacht werden können.

(5) Die Parteien vereinbaren die Zuständigkeit des Arbeitsgerichtes in         für den Fall, daß der Mitarbeiter keinen Wohnsitz in der Bundesrepublik Deutschland hat. Gleiches gilt, wenn der Mitarbeiter seinen Wohnsitz oder gewöhnlichen Aufenthaltsort ins Ausland verlegt oder sein Wohnsitz oder gewöhnlicher Aufenthalt zum Zeitpunkt der Klageerhebung unbekannt ist.

(6) Der Mitarbeiter bestätigt mit seiner Unterschrift, ein Exemplar dieses Vertrages erhalten zu haben.

### § 23 Salvatorische Klausel

(1) Sollten einzelne Bestimmungen dieses Vertrages unwirksam sein oder ihre Rechtswirksamkeit später verlieren, so wird die Wirksamkeit der übrigen Bestimmungen hiervon nicht berührt.

(2) Die Parteien sind verpflichtet, rechtsunwirksame Bestimmungen durch solche rechtswirksamen Bestimmungen zu ersetzen, die dem mit den rechtsunwirksamen Bestimmungen angestrebten wirtschaftlich verfolgten Zweck am nächsten kommen.

             , den

(Gesellschaft)                              (Mitarbeiter)


### 3. Muster: Anstellungsvertrag mit ausländischer Tochter

Zwischen

         , vertreten durch den Geschäftsführer,

– nachstehend Gesellschaft genannt –

und

Herrn

– nachstehend Mitarbeiter genannt –

wird folgender Vertrag geschlossen:

#### § 1 Aufgabengebiet

(1) Der Mitarbeiter wird ab         als         der Gesellschaft eingestellt. Die Gesellschaft ist eine ausländische Tochter der         . Der Mitarbeiter wird am Sitz der Gesellschaft in         tätig sein.

(2) Der Mitarbeiter ist für sämtliche anfallenden Aufgaben gegenüber der Geschäftsführung alleine verantwortlich. Im Außenverhältnis wirkt er mit einem Geschäftsführer zusammen. Bei der Erfüllung seiner Aufgaben hat der Mitarbeiter die Bestimmungen des Gastlandes, Weisungen des Vorstands und die Beschlüsse des Beirats der Muttergesellschaft zu beachten.

(3) Der Mitarbeiter wird seine ganze Arbeitskraft und alle seine fachlichen Erkenntnisse und Erfahrungen ausschließlich in seine Tätigkeit für die Gesellschaft einbringen.

(4) Die Gesellschaft behält sich vor, dem Mitarbeiter unter angemessener Berücksichtigung seiner persönlichen Verhältnisse eine andere gleichwertige Tätigkeit zu übertragen, auch wenn dies mit einem Ortswechsel verbunden ist.

## § 2 Vertragsdauer, Kündigung

(1) Dieser Vertrag tritt mit Wirkung vom          in Kraft. Er wird unbefristet geschlossen.

(2) Der Anstellungsvertrag ist für beide Vertragsparteien mit einer Frist von drei Monaten zum Monatsende ordentlich kündbar. Die Kündigung hat schriftlich zu erfolgen.

(3) Das Recht zur außerordentlichen Kündigung bleibt unberührt.

(4) Die Gesellschaft ist berechtigt, den Mitarbeiter mit Ausspruch der Kündigung gemäß Abs. 2 oder/und Abs. 3 unter Anrechnung auf seine Urlaubsansprüche von der Arbeitsleistung freizustellen.

## § 3 Bezüge

(1) Der Mitarbeiter erhält für seine vertragliche Tätigkeit ein festes Jahres-Brutto-Gehalt in Höhe von          DM (          EUR). Die Vergütung erfolgt in dreizehn Teilbeträgen. Zwölf Teilbeträge werden am Ende eines jeden Kalendermonats und das dreizehnte Monatsgehalt im Monat          eines jeden Jahres ausgezahlt. Die Zahlung erfolgt bargeldlos. Der Mitarbeiter ist verpflichtet, ein Konto zu unterhalten und der Gesellschaft seine jeweiligen Kontodaten mitzuteilen.

(2) Dem Mitarbeiter wird unter Berücksichtigung quantitativer und qualitativer Zielsetzungen jährlich eine variable Tantieme gezahlt, deren Höhe maximal          DM (          EUR) pro Geschäftsjahr beträgt.

(3) Die Tantieme wird von der Gesellschaft auf der Grundlage des erreichten Zielerreichungsgrades gemäß der mit dem Mitarbeiter getroffenen Zielvereinbarung festgelegt.

(4) Die Tantieme ist zu dem Zeitpunkt fällig, den der Aufsichtsrat des Konzerns für den gesamten Konzern festgelegt hat. Scheidet der Mitarbeiter während eines Geschäftsjahres – ausgenommen aufgrund von verschuldeter Kündigung, Abberufung oder anderweitiger Auflösung des Anstellungsvertrages – aus, gebührt ihm die Tantieme anteilig. Für das Eintrittsjahr steht dem Mitarbeiter die Tantieme ebenfalls pro rata temporis zu. Der Tantiemeanspruch vermindert sich pro rata temporis, wenn die Arbeitsunfähigkeit ununterbrochen länger als 6 Monate dauert.

(5) Mit diesen Bezügen sind auch Leistungen des Mitarbeiters abgegolten, die über die für Angestellte oder die Gesellschaft geltende Normalarbeitszeit hinaus erbracht werden. Der Mitarbeiter ist bei Bedarf verpflichtet, derartige Mehrleistungen zu erbringen.

(6) Sofern tarifvertragliche oder andere kollektivvertragliche Regelungen ein Mindestgehalt vorsehen, werden Erhöhungen des Mindestgehaltes auf die vereinbarte Vergütung angerechnet.

(7) Das Gehalt sowie die Tantieme können frühestens nach einer Vertragslaufzeit von einem Jahr neu verhandelt werden.

(8) Findet der Mitarbeiter im Einsatzland keine seinem bisherigen Standard entsprechende Wohnung, die nach Größe und Ausstattung deutschen Wohnverhältnissen entspricht, übernimmt die Gesellschaft als Mietzuschuß den Betrag, der über eine Miete von          DM (          EUR) hinausgeht.

(9) Soweit der Mitarbeiter schulpflichtige Kinder hat, übernimmt die Gesellschaft pro Kind und Monat ein Schulgeld in Höhe von          DM. Sollten Kinder des Mitarbeiters ein Internat in Deutschland besuchen, erhöht sich der Zuschuß pro Kind und Monat auf          DM (          EUR).

(10) Der Mitarbeiter verpflichtet sich, Gehaltsüberzahlungen ohne Rücksicht auf eine noch vorhandene Bereicherung zurückzuzahlen.

## § 4 Firmenwagen

(1) Die Gesellschaft stellt dem Mitarbeiter für die Dauer der Geltung dieses Vertrages in          einen Mittelklasse-Pkw als Firmenwagen zur Verfügung, den er gemäß der jeweils geltenden Firmenwagenregelung für geschäftliche und private Belange benutzen kann. Die gesamten Fahrzeugkosten gehen zu Lasten der Gesellschaft.

(2) Die auf den für Privatnutzung anzusetzenden Sachbezugswert entfallenden Steuern sind vom Mitarbeiter zu tragen.

(3) Nach Beendigung des Arbeitsverhältnisses mit der Gesellschaft ist der Mitarbeiter verpflichtet, den Firmenwagen unverzüglich an die Gesellschaft zurückzugeben.

### § 5 Reisekosten
Für die Erstattung von Reisekosten für notwendige Geschäftsreisen findet die Richtlinie der Gesellschaft Anwendung. Sofern es bei der Gesellschaft keine solche Richtlinie gibt, erfolgt die Erstattung nach den _____ Vorschriften über die Erstattung von Reisekosten.

### § 6 Arbeitsbedingungen
Die regelmäßige wöchentliche Arbeitszeit beträgt 40 Stunden, verteilt auf 5 Werktage. Der Mitarbeiter hat Anspruch auf bezahlte Freistellung für die in _____ geltenden gesetzlichen Feiertage.

### § 7 Jahresurlaub
Der Mitarbeiter hat Anspruch auf einen Jahresurlaub von _____ Werktagen pro Kalenderjahr. Der Urlaub ist im Einvernehmen mit der Gesellschaft zu nehmen.

### § 8 Nebentätigkeiten und Wettbewerbsverbot
(1) Jede Nebentätigkeit, gleichgültig, ob sie entgeltlich oder unentgeltlich ausgeübt wird, bedarf der vorherigen Zustimmung der Gesellschaft. Die Zustimmung ist zu erteilen, wenn die Nebentätigkeit die Wahrnehmung der dienstlichen Aufgaben zeitlich nicht oder allenfalls unwesentlich behindert und sonstige berechtigte Interessen der Gesellschaft nicht beeinträchtigt werden. Die Gesellschaft hat die Entscheidung über den Antrag des Mitarbeiters auf Zustimmung zur Nebentätigkeit innerhalb von sechs Wochen nach Eingang des Antrages zu treffen. Wird innerhalb dieser Frist eine Entscheidung nicht gefällt, gilt die Zustimmung als erteilt.

(2) Der Mitarbeiter wird sich während der Dauer dieses Vertrages weder in _____ noch in Deutschland an einem Unternehmen beteiligen, das mit der Gesellschaft in Konkurrenz steht oder in wesentlichem Umfang Geschäftsbeziehungen mit der Gesellschaft unterhält.

### § 9 Sozialversicherung
Es gelten die in _____ gültigen gesetzlichen Bestimmungen.

### § 10 Unfallversicherung
Die Gesellschaft schließt zugunsten des Mitarbeiters eine zusätzliche Unfallversicherung für den Fall von Invalidität oder Tod des Mitarbeiters ab.

### § 11 Arbeitsverhinderung
(1) Der Mitarbeiter versichert, daß ihm keine besonderen Umstände darüber bekannt sind, die seinen allgemeinen Gesundheitszustand in besonderer Weise in Frage stellen könnten. Chronische Erkrankungen hat der Mitarbeiter der Gesellschaft zu melden.

(2) Der Mitarbeiter ist verpflichtet, die Gesellschaft von einer Arbeitsverhinderung unverzüglich zu benachrichtigen und, wenn die Erkrankung länger als drei Tage dauert, darüber ein ärztliches Attest vorzulegen.

(3) Es gelten die in _____ geltenden gesetzlichen Regelungen zur Entgeltfortzahlung im Krankheitsfall.

### § 12 Geheimhaltungsvereinbarung
Der Mitarbeiter ist verpflichtet, über alle geheimhaltungsbedürftigen Angelegenheiten, die ihm im Rahmen seiner Tätigkeit für die Gesellschaft zur Kenntnis gelangen, strengstes Stillschweigen zu bewahren. Diese Verpflichtung besteht auch nach seinem Ausscheiden aus den Diensten der Gesellschaft.

### § 13 Gesellschaftsunterlagen
Bei seinem Ausscheiden aus den Diensten der Gesellschaft ist der Mitarbeiter verpflichtet, sämtliche geschäftlich bedeutsamen Schriftstücke, Korrespondenz, Aufzeichnungen und dergleichen, die Angelegenheiten der Gesellschaft betreffen und die sich noch in seinem Besitz befinden, unverzüglich an die Gesellschaft zu übergeben. Dem Mitarbeiter steht ein Zurückbehaltungsrecht an den genannten Unterlagen nicht zu.

### § 14 Rechtswahl
Soweit in diesem Vertrag nicht Abweichendes vereinbart ist, unterliegt das Vertragsverhältnis _____ Recht.

### § 15 Ausschlußklausel
Es besteht Einigkeit darüber, daß alle Ansprüche aus diesem Vertragsverhältnis spätestens innerhalb von zwei Monaten nach Fälligkeit schriftlich geltend zu machen sind. Werden Ansprüche vom anderen Teil abgelehnt oder erklärt sich dieser innerhalb von zwei Wochen nicht, so verfällt der Anspruch, wenn nicht innerhalb einer weiteren Frist von zwei Monaten nach Ablehnung oder Fristablauf die gerichtliche Geltendmachung erfolgt.

### § 16 Schlußbestimmungen
(1) Mündliche Nebenabreden bestehen nicht. Jede Änderung, Ergänzung oder Kündigung dieses Vertrages bedarf zu ihrer Wirksamkeit der Schriftform. Dieses Formerfordernis kann nicht durch mündliche Vereinbarung außer Kraft gesetzt werden.

(2) Der Mitarbeiter bestätigt mit seiner Unterschrift, ein Exemplar dieses Vertrages erhalten zu haben.

### § 17 Salvatorische Klausel
(1) Sollten einzelne Bestimmungen dieses Vertrages unwirksam sein oder ihre Rechtswirksamkeit später verlieren, so wird die Wirksamkeit der übrigen Bestimmungen hiervon nicht berührt.

(2) Die Parteien sind verpflichtet, rechtsunwirksame Bestimmungen durch solche rechtswirksamen Bestimmungen zu ersetzen, die dem mit den rechtsunwirksamen Bestimmungen angestrebten wirtschaftlich verfolgten Zweck am nächsten kommen.

_____, den _____

(Mitarbeiter)               (Gesellschaft)


## 4. Muster: Arbeitsvertrag mit ausländischem Arbeiter mit Tarifbindung

*Arbeitsvertrag*

zwischen

der Firma _____

– im folgenden „Arbeitgeber" genannt –

und

Herrn _____

– im folgenden „Arbeitnehmer" genannt –

## Verträge mit Arbeitnehmern, Gesellschaftsorganen und Selbständigen § 1

### § 1 Arbeitserlaubnis, Aufenthaltserlaubnis, Gesundheitsprüfung

(1) Der Arbeitnehmer hat jeweils rechtzeitig eine Aufenthaltsbewilligung und Arbeitserlaubnis zu beantragen und sie dem Arbeitgeber stets unaufgefordert vorzulegen. Der Arbeitnehmer hat den Arbeitgeber über den Stand der jeweiligen Bewilligungsverfahren zeitnah zu unterrichten.

(2) Sofern Arbeits- und Aufenthaltserlaubnis vorliegen und der Werksarzt die gesundheitliche Eignung für den in Aussicht genommenen Arbeitsplatz feststellt, wird der Arbeitnehmer ab _____ als _____ eingestellt. Das Arbeitsverhältnis endet spätestens mit Ablauf der jeweiligen Aufenthalts- oder Arbeitserlaubnis, ohne daß es einer Kündigung bedarf.

Die Möglichkeit einer ordentlichen oder außerordentlichen Kündigung im Verlaufe des Arbeitsverhältnisses durch jeden Vertragspartner bleibt unabhängig von der vorstehenden Regelung erhalten.

### § 2 Vergütung

(1) Der Stundenlohn beträgt zur Zeit _____ DM ( _____ EUR) brutto. Bei Beschäftigung im Akkord besteht ein Anspruch, daß der Arbeitnehmer unter den betriebsüblichen Bedingungen bei üblichem Arbeitstempo mindestens _____ DM ( _____ EUR) brutto in der Stunde verdient.

(2) Bei Mehrarbeit, Nachtarbeit sowie Sonntags- und Feiertagsarbeit bestehen tarifliche Zuschläge mit folgendem Inhalt:
   a) bei Mehrarbeit (Überstunden) _____ % des Stundenlohnes
   b) bei Nachtarbeit _____ % des Stundenlohnes
   c) bei Sonntagsarbeit _____ % des Stundenlohnes
   d) bei Feiertagsarbeit _____ % des Stundenlohnes.

Die Entgeltzahlung erfolgt jeweils zum _____ .

Der Arbeitgeber behält sich vor, die Vergütung jederzeit und ohne daß es einer weiteren Ankündigung bedarf, gemäß dem festgelegten Umrechnungskurs von 1,95583 in EURO abzurechnen.

### § 3 Arbeitszeit

(1) Die Dauer der Arbeitszeit richtet sich nach dem in Bezug genommenen Tarifvertrag und beträgt derzeit werktäglich ohne Pausen _____ Stunden. Der Arbeitsbeginn ist auf _____ Uhr, das Arbeitsende auf _____ Uhr festgelegt. Die Mittagspause ist von _____ Uhr bis _____ Uhr.

(2) In Notfällen und aus dringenden betrieblichen Gründen kann der Arbeitgeber eine Änderung der Arbeitszeit vorübergehend anordnen. Außerdem bleibt ihm vorbehalten, im tarifvertraglich zulässigen Rahmen Mehrarbeit zu verlangen, insbesondere bei Auftragsüberhang.

### § 4 Abtretungen und Pfändungen

(1) Der Arbeitnehmer darf seine Vergütungsansprüche an Dritte nur nach vorheriger schriftlicher Zustimmung der Firma verpfänden oder abtreten.

(2) Die Kosten, die der Firma durch die Bearbeitung von Pfändungen, Verpfändungen und Abtretungen der Vergütungsansprüche entstehen, trägt der Arbeitnehmer. Dabei werden pauschal 20,00 DM (10,23 EUR) pro Pfändung, Abtretung und Verpfändung, sowie 5,00 DM (2,56 EUR) für jedes Schreiben und 3,00 DM (1,53 EUR) pro Überweisung in Ansatz gebracht. Bei Nachweis höherer Kosten ist die Firma berechtigt, die nachgewiesenen höheren Kosten zu berechnen.

### § 5 Arbeitsverhinderung

(1) Der Arbeitnehmer hat seine Arbeitsunfähigkeit spätestens zwei Stunden vor dem Verhinderungszeitpunkt dem Vorgesetzten mitzuteilen und noch am gleichen Tag durch ärztliches Attest nachzuweisen.

(2) Bei häufiger Arbeitsverhinderung, insbesondere dann, wenn der Arbeitnehmer innerhalb eines Kalenderjahres mehr als 6 Wochen gefehlt hat, läßt er sich auf Verlangen und auf Kosten des Arbeitgebers unverzüglich von einem Arzt, der nicht der private Haus- oder Vertrauensarzt des Arbeitnehmers oder Arbeitgebers sein soll, untersuchen.

## § 1 Kapitel 1: Arbeitsverträge

(3) Der Arbeitgeber kann nach eigener Wahl verlangen, daß der Arbeitnehmer den Werksarzt oder einen Facharzt aufsucht. Der Arbeitnehmer entbindet den Arzt in jedem Einzelfall von der ärztlichen Schweigepflicht gegenüber dem Arbeitgeber und ermächtigt den Arzt, unter Wahrung der Persönlichkeitssphäre des Arbeitnehmers dem Arbeitgeber die erforderlichen Auskünfte zu erteilen.

### § 6 Reisekosten
Der Arbeitgeber erstattet dem Arbeitnehmer die Kosten seiner Anreise in Höhe von _____ DM ( _____ EUR). Nach mindestens _____ monatiger Dauer der Beschäftigung im Betrieb des Arbeitgebers übernimmt er auch die Kosten der Rückreise des Arbeitnehmers vom Beschäftigungsort bis _____.

### § 7 Unterkunft im Mitarbeiterheim
(1) Der Arbeitgeber stellt dem Arbeitnehmer eine angemessene Unterkunft und Verpflegung – bestehend aus Frühstück, Mittag- und Abendessen – zur Verfügung. Für die Unterkunft werden täglich _____ DM ( _____ EUR), für die Verpflegung täglich _____ DM ( _____ EUR) berechnet und vom Arbeitsentgelt einbehalten.

(2) Der Arbeitnehmer verpflichtet sich, die in der Unterkunft geltende Hausordnung zu beachten und zu befolgen.

### § 8 Urlaub
(1) Der Arbeitnehmer erhält einen bezahlten Erholungsurlaub nach den für den Betrieb geltenden Bestimmungen. Ein Urlaubsanspruch besteht erst nach ununterbrochener sechsmonatiger Beschäftigungsdauer im Betrieb des Arbeitgebers.

(2) Der Arbeitgeber verpflichtet sich, dem Arbeitnehmer möglichst zusammenhängend den gesamten Jahresurlaub zu gewähren, damit der Arbeitnehmer seinen Jahresurlaub in der Heimat verbringen kann. Sollte der Arbeitnehmer nach Beendigung des Urlaubs in der Heimat dem Arbeitgeber Mitteilung machen, er sei in der Heimat erkrankt und sollte beim Arbeitgeber der Verdacht entstehen, die Mitteilung der Erkrankung habe dem Ziel eines verlängerten Aufenthalts in der Heimat gedient, ist die Verpflichtung zur möglichst zusammenhängenden Urlaubsgewährung isoliert mit der für das Arbeitsverhältnis maßgeblichen Kündigungsfrist kündbar.

### § 9 Vertragsstrafe
(1) Bei Vertragsbruch hat der Arbeitnehmer an den Arbeitgeber eine Vertragsstrafe in Höhe von _____ DM ( _____ EUR) zu zahlen. Etwaige weitere Schadensersatzansprüche des Arbeitgebers sind nicht ausgeschlossen. Neben der Vertragsstrafe kann der Arbeitgeber fordern, daß ihm die für den Arbeitnehmer gezahlten Anreisekosten erstattet werden.

(2) Als Vertragsbruch gilt insbesondere das unentschuldigte Fernbleiben von der Arbeit.

(3) Zur Sicherung seiner Forderungen behält der Arbeitgeber von jedem Wochenlohn des Arbeitnehmers einen Betrag von _____ DM ( _____ EUR) ein, bis sich eine Kaution von _____ DM ( _____ EUR) angesammelt hat. Die Kaution wird mit 3 % verzinst. Der Arbeitnehmer erhält die Kaution nach ordnungsgemäßer Beendigung des Arbeitsverhältnisses mit Zinsen zurück.

### § 10 Tarifverträge, Betriebsvereinbarungen
(1) Auf das Arbeitsverhältnis finden der Manteltarifvertrag _____ vom _____ in seiner jeweils gültigen Fassung und die Tarifverträge _____ Anwendung.

(2) Der Arbeitnehmer hat die bestehenden Betriebsvereinbarungen, insbesondere die Allgemeine Betriebsordnung, zu beachten. Sollte er einzelne Regelungen aufgrund von Sprachschwierigkeiten nicht verstehen, verpflichtet er sich, den Arbeitgeber _____ hierauf aufmerksam zu machen.

## § 11 Nebentätigkeit
Jede entgeltliche Nebentätigkeit bedarf der Zustimmung des Arbeitgebers. Die Zustimmung ist zu erteilen, wenn die Nebentätigkeit ohne nachteilige Auswirkung auf das Arbeitsverhältnis ist und berechtigte Interessen des Arbeitgebers nicht entgegenstehen.

## § 12 Schlußbestimmungen
Der Arbeitsvertrag ist in deutscher und _____ Sprache ausgefertigt. Der Arbeitnehmer erklärt, den Inhalt des Vertrages in seiner Landessprache verstanden zu haben. Für das Arbeitsverhältnis gilt das deutsche Recht. Sollte der Arbeitnehmer nach Abschluß dieses Vertrages seinen Wohnsitz oder gewöhnlichen Aufenthaltsort ins Ausland verlegen, sind für Klagen des Arbeitgebers die deutschen Gerichte zuständig, in deren Bezirk der Betrieb des Arbeitgebers seinen Sitz hat.

## 5. Muster: Arbeitsvertrag in englischer Sprache einschl. deutscher Übersetzung

*Arbeitsvertrag*

Zwischen

– die Gesellschaft –

und

Frau

– Arbeitnehmerin –

wird folgender Vertrag geschlossen:

### 1. Stellung/Arbeitsplatzbeschreibung
(1) Die Arbeitnehmerin wird mit Wirkung vom _____ als _____ angestellt. Zunächst ist sie Frau _____ unterstellt.

(2) Die Gesellschaft behält sich das Recht vor, der Arbeitnehmerin eine andere zumutbare Tätigkeit zuzuweisen, die ihren Fähigkeiten und Kenntnissen entspricht. Ungeachtet abweichender Zuweisungen seitens der Gesellschaft sowie Dienstreisen ist der Tätigkeitsort der Arbeitnehmerin _____ . Die Gesellschaft behält sich das Recht vor, nach eigenem Ermessen die Arbeitnehmerin anzuweisen, an einem anderen Ort in _____ zu arbeiten.

(3) Das Arbeitsverhältnis endet automatisch mit dem Tag, an dem die Arbeitnehmerin das 65. Lebensjahr erreicht.

### 2. Arbeitszeit
Die Arbeitnehmerin übt eine Vollzeittätigkeit gemäß den in der Gesellschaft üblichen Arbeitszeiten aus. Ferner ist die Arbeitnehmerin verpflichtet, Mehrarbeit und Überstunden zu leisten, sofern dies gesetzlich zulässig ist.

### 3. Vergütung
(1) Die Arbeitnehmerin erhält ein monatliches Bruttogehalt von _____ DM ( _____ EUR), welches den gesetzlichen Steuern und Sozialabgaben unterliegt. Das Bruttogehalt der Arbeitnehmerin beträgt _____ DM ( _____ EUR) pro Jahr, welches in zwölf (12) Raten jeweils am Monatsende ausgezahlt wird.

(2) Das Gehalt der Arbeitnehmerin unterliegt für jedes weitere Jahr der Fortdauer des Arbeitsverhältnisses der Nachprüfung und Neuregelung seitens der Gesellschaft; diese Nachprüfung richtet sich nach den Leistungen der Arbeitnehmerin und nach der jeweils aktuellen und zu erwartenden Geschäftsentwicklung der Gesellschaft.

(3) Die Arbeitnehmerin soll über ihre Vergütung gegenüber Dritten Stillschweigen bewahren, einschließlich der übrigen Arbeitnehmer der Gesellschaft.

(4) Mit dem Gehalt der Arbeitnehmerin gemäß 3. (1) sind Überstunden und Mehrarbeit abgegolten.

(5) Der Arbeitnehmerin ist untersagt, ohne vorherige schriftliche Genehmigung seitens der Gesellschaft (welche nicht grundlos verweigert werden darf) ihr Gehalt ganz oder teilweise abzutreten oder zu verpfänden.

### 4. Zusätzliche Leistungen

Die Gesellschaft hat das Recht, der Arbeitnehmerin am Ende eines Geschäftsjahres nach eigenem Ermessen eine Zusatzvergütung auszuzahlen, abhängig von den vergangenen und erwarteten jeweiligen Leistungen der Arbeitnehmerin und der Gesellschaft. Das Arbeitsverhältnis muß zum Zeitpunkt der Zahlung der Zusatzvergütung noch bestehen.

### 5. Umzugskosten

Die Gesellschaft erstattet der Arbeitnehmerin jegliche nachgewiesenen Transport-/Verschiffungskosten, die durch den Umzug von _____ nach _____ entstanden sind, bis zu einer Höchstsumme von _____ DM ( _____ EUR).

Die Gesellschaft erstattet der Arbeitnehmerin jegliche nachgewiesenen Maklerprovisionen, die durch die Suche nach einer passenden Bleibe in _____ entstanden sind bis zu einer Höchstsumme von _____ DM ( _____ EUR).

Falls die Arbeitnehmerin innerhalb der nächsten zwei Jahre ab dem heutigen Datum das Arbeitsverhältnis ohne wichtigen Grund oder die Gesellschaft der Arbeitnehmerin aus wichtigem Grund wegen eines Verschuldens der Arbeitnehmerin kündigt, zahlt die Arbeitnehmerin alle Zahlungen unter 5., die sie in diesem Zusammenhang von der Gesellschaft erhalten hat, zurück. Die Ansprüche der Gesellschaft reduzieren sich jedoch mit jedem zweiten Monat, den das Arbeitsverhältnis andauert, um jeweils 1/12. Soweit es gesetzlich zulässig ist, hat die Gesellschaft das Recht, jegliche hieraus resultierenden Ansprüche auf Rückzahlung mit ausstehenden Vergütungsansprüchen der Arbeitnehmerin zu verrechnen.

### 6. Fort-/Weiterbildung

(1) Die Arbeitnehmerin ist berechtigt, alle zwei Jahre während der Dauer des Arbeitsverhältnisses, an von der Gesellschaft genehmigten Kursen / Seminaren bis zu zehn (10) Arbeitstagen unter Fortzahlung des Gehaltes teilzunehmen, sofern die Arbeitnehmerin und die Gesellschaft sich einvernehmlich auf eine angemessene Dauer der Teilnahme an solchen Kursen / Seminaren geeinigt haben. In jedem 2-Jahres-Zeitraum, in dem die Arbeitnehmerin gemäß anwendbaren Rechts an von der Regierung anerkannten Weiterbildungskursen /-seminaren teilnimmt, die nicht von der Gesellschaft anerkannt sind, verfällt das Recht der Arbeitnehmerin auf Teilnahme an von der Gesellschaft anerkannten Kursen / Seminaren im Sinne von 6.(1).

(2) Ungeachtet dessen kann die Gesellschaft von der Arbeitnehmerin nach eigenem Ermessen verlangen, an von der Gesellschaft anerkannten Kursen / Seminaren teilzunehmen. Die Gesellschaft erstattet der Arbeitnehmerin jegliche nachgewiesenen Teilnahme-, Reise- und Unterkunftskosten, die im Zusammenhang mit den von der Gesellschaft gebilligten Kursen / Seminaren, an denen die Arbeitnehmerin gemäß 6. (1) teilgenommen hat, entstanden sind.

(3) Falls die Arbeitnehmerin an von der Gesellschaft gebilligten, beglaubigten und arbeitsbezogenen Kursen/Seminaren teilnimmt, die außerhalb der Arbeitszeit liegen, so erstattet die Gesellschaft der Arbeitnehmerin 75 % der Teilnahmegebühren für solch einen Kurs / Seminar, vorausgesetzt, daß diese Zahlungen der Gesellschaft nicht einen Gegenwert von _____ DM ( _____ EUR) pro Jahr übersteigen. Die Arbeitnehmerin hat keinen Anspruch auf ein zusätzliches Gehalt oder eine Vergütung für die Teilnahme an solchen Kursen / Seminaren.

(4) Die Gesellschaft ist zu den Zahlungen unter 6. nicht verpflichtet (eingeschlossen der Gehaltsfortzahlung unter 6 (1)), sofern das Gehalt und / oder die Kosten von einer staatlichen Einrichtung oder von sonstigen Dritten getragen werden.

(5) Falls die Arbeitnehmerin innerhalb von zwei Jahren, nachdem sie an einem Kurs/Seminar teilgenommen hat, das Arbeitsverhältnis ohne wichtigen Grund oder die Gesellschaft das Arbeitsverhältnis aus einem wichtigen Grund aufgrund eines Verschuldens der Arbeitnehmerin kündigt, so hat die Arbeitnehmerin der Gesellschaft die Zahlungen, welche sie im Zusammenhang mit den Kursen/Seminaren erhalten hat, zurückzuzahlen. Der Anspruch auf Rückzahlung, den die Gesellschaft geltend machen kann, verringert sich jedoch mit jedem zweiten Monat, den das Arbeitsverhältnis andauert, um jeweils 1/12. Innerhalb der Grenzen des anwendbaren Rechts ist die Gesellschaft berechtigt, jegliche Ansprüche auf Rückzahlung mit offenstehenden Vergütungsansprüchen der Arbeitnehmerin zu verrechnen.

### 7. Krankheit

(1) Im Krankheitsfalle, der die Arbeitnehmerin hindert, ihren vertraglichen Verpflichtungen nachzukommen, der – nach allgemeiner Rechtsprechung – aber nicht auf ein Verschulden der Arbeitnehmerin zurückzuführen ist, erhält die Arbeitnehmerin ihr unter 3. (1) bezeichnetes Gehalt für eine Dauer von sechs (6) Wochen bzw. für einen längeren oder kürzeren Zeitraum, basierend auf der jeweils gültigen Rechtsprechung.

Die Arbeitnehmerin tritt sämtliche Ansprüche gegen Dritte aufgrund von Schäden wegen Krankheit oder Verletzung der Arbeitnehmerin bis zu der Summe der Entgeltfortzahlung im Krankheitsfall an die Gesellschaft ab.

(2) Die Arbeitnehmerin hat die Gesellschaft sobald als möglich über ihre Krankheit und über die vermutliche Dauer zu informieren. Spätestens am 4. Tag des krankheitsbedingten Fehlens hat die Arbeitnehmerin ein ärztliches Attest einzureichen, welches den 1. Tag der Krankheit und das vermutliche Datum der Rückkehr ausweist. Falls die Arbeitnehmerin über das angegebene Datum hinaus krankheitsbedingt fehlt, so hat sie innerhalb von drei (3) Tagen ein neues ärztliches Attest einzureichen.

### 8. Reisekosten

Gemäß den Richtlinien der Gesellschaft und den jeweils gültigen Steuervorschriften erstattet die Gesellschaft der Arbeitnehmerin ihre Reisekosten, sofern sie ordnungsgemäß nachgewiesen sind und die Reise vorher von der Gesellschaft genehmigt worden ist. Die Vergütung unter 3. dieses Vertrages beinhaltet die Entschädigung für diese Reisezeiten.

### 9. Ferien

(1) Die Arbeitnehmerin hat ein Anrecht auf vierundzwanzig (24) Werktage als Jahresurlaub. Werktage sind alle Kalendertage außer Sonntage, Samstage oder gesetzliche Feiertage in            . Die Arbeitnehmerin soll sich mindestens fünfzehn (15) Werktage vor Antritt eines jeden Urlaubs, der länger als vier (4) Arbeitstage andauert, mit dem Leiter der Personalabteilung abstimmen. Die Arbeitnehmerin hat zum ersten Mal einen Urlaubsanspruch nach sechsmonatigem Bestehen dieses Arbeitsverhältnisses in Übereinstimmung mit dem geltenden Recht hinsichtlich des Mindesturlaubs; die Arbeitnehmerin ist berechtigt, einen angemessenen Teil ihres Urlaubes während der ersten sechs (6) Monate zu nehmen, wenn die Gesellschaft diesem vorher schriftlich zustimmt. Die Arbeitnehmerin hat Anspruch auf einen anteiligen Urlaub auf pro-rata-Basis, soweit dies gesetzlich zulässig ist.

(2) Resturlaub soll nicht ins Folgejahr übertragen werden, es sei denn, daß die Parteien dies von Fall zu Fall wegen wichtiger Arbeiten oder aus persönlichen Gründen so entschieden haben. In diesem Fall kann der Resturlaub in den ersten drei (3) Monaten des Folgejahres genommen werden. Die Arbeitnehmerin hat keinen anderen Anspruch auf Entschädigung für nicht genommenen Urlaub gemäß diesem Paragraphen.

## § 1 Kapitel 1: Arbeitsverträge

### 10. Exklusivität der Dienstleistung, Publikationen und Geschenke

549 (1) Die Arbeitnehmerin soll ihre gesamte Arbeitskraft ausschließlich der Gesellschaft und deren Förderung widmen. Für jegliches Engagement in zusätzlichen entgeltlichen Aktivitäten oder jegliche direkte oder indirekte Teilnahme an anderen Firmen jeglicher Art benötigt die Arbeitnehmerin die vorherige schriftliche Genehmigung der Gesellschaft, die nicht verweigert werden darf. Für den Erwerb gewöhnlicher Aktien oder anderer Investmentbeteiligungen ist die Genehmigung seitens der Gesellschaft nicht erforderlich. Die Mitgliedschaft im Vorstand oder Aufsichtsrat anderer Firmen muß vorher schriftlich von der Gesellschaft genehmigt worden sein.

(2) Jegliche Publikationen und Vorträge der Arbeitnehmerin bezüglich Themen, die die Arbeit oder die Interessen der Gesellschaft betreffen, müssen vorher von der Gesellschaft schriftlich genehmigt werden.

(3) Die Arbeitnehmerin ist damit einverstanden, daß sie ohne vorherige schriftliche Zustimmung der Gesellschaft weder Kredite aufnimmt noch vergibt, noch Geschenke oder andere Vorteile oder Versprechungen dieser Art den Kunden der Gesellschaft oder anderen Personen, mit denen die Arbeitnehmerin beruflich in Kontakt steht, für die Gesellschaft gewährt.

### 11. Vertraulichkeit/Dokumentenrückgabe

(1) Während der Dauer des Arbeitsvehältnisses und für jede Zeit danach, ist es der Arbeitnehmerin untersagt, vertrauliche Informationen bekanntzugeben oder zu benutzen, es sei denn im Namen der Gesellschaft. Eingeschlossen sind Berufsgeheimnisse bezüglich der Tätigkeiten, vertraglichen Beziehungen, Handel, Transaktionen oder Geschäfte der Gesellschaft und deren Tochtergesellschaften. Diese vertraulichen Informationen betreffen insbesondere, aber nicht ausschließlich, den Schutz geistigen Eigentums der Gesellschaft und deren Tochtergesellschaften, den Kundenkreis, Preislisten, Preisfestsetzungsmethoden, Gehaltsdaten, die taktische Vorgehensweise in verschiedenen Arbeitsgebieten, strategische Arbeitsentscheidungen und jegliche andere Vorkommnisse in der Gesellschaft, die als vertraulich oder als im Eigentum der Gesellschaft befindlich angesehen werden könnten.

(2) Mit Beendigung dieses Arbeitsverhältnisses hat die Arbeitnehmerin der Gesellschaft sämtliches Eigentum der Gesellschaft, das sich in ihrem Besitz befindet, zurückzugeben sowie Akten und andere Dokumente, die die Geschäfte der Gesellschaft und deren Tochtergesellschaften betreffen – eingeschlossen aller Muster, Kunden- und Preislisten, Gedrucktes, Broschüren, Mitteilungen, Entwürfe – sowie Kopien davon, sowohl in schriftlicher, elektronischer oder jeglicher anderer Form und ungeachtet dessen, ob diese von ihr oder für sie (die Arbeitnehmerin) von der Gesellschaft oder deren Tochtergesellschaften gefertigt wurden. Hiermit verzichtet die Arbeitnehmerin auf jegliches Zurückbehaltungsrecht.

### 12. Schutz geistigen Eigentums/Erfindungen

Jeglicher Schutz geistigen Eigentums oder Rechte, die aus Erfindungen der Arbeitnehmerin unter diesem Vertrag resultieren (Eigentumsrechte und diesbezügliche Nutzungsrechte), sind gemäß anwendbaren Rechts auf die Gesellschaft zu übertragen. Die Vergütung unter 3. schließt alle Entschädigungen für eine solche Rechtsübertragung ein. Falls zwingendes Recht eine zusätzliche Entschädigung für eine solche Rechtsübertragung fordert, hat die Gesellschaft das Recht, die Rechtsübertragung zu fordern oder davon Abstand zu nehmen.

### 13. Probezeit, Vertragsdauer, Beendigung, Vertragsstrafe

550 (1) Die ersten drei (3) Monate dieses Arbeitsverhältnisses werden als Probezeit angesehen. Während dieser Zeit haben beide Vertragsparteien das Recht, das Arbeitsverhältnis mit einer Frist von vierzehn (14) Tagen zu kündigen.

(2) Unter Berücksichtigung von 13. (1) soll das Arbeitsverhältnis unbefristet sein. Nach der Probezeit und während der ersten zwei Jahre des Arbeitsverhältnisses kann das Arbeitsverhältnis von beiden Parteien mit einer Kündigungsfrist von vier (4) Wochen zum Monatsende beendet werden. Eventuell anwendbare gesetzliche Fristen für eine Kündigung durch den Arbeitgeber gelten für eine Beendigung für beide Vertragsparteien.

(3) Die Kündigung muß in Schriftform erfolgen und soll mit Zugang bei der anderen Partei Gültigkeit erlangen.

(4) Die Gesellschaft hat jederzeit das Recht, die Arbeitnehmerin vom weiteren Dienst unter der Voraussetzung zu suspendieren bzw. freizustellen, daß das Gehalt während der Zeit der Suspendierung bzw. Freistellung fortgezahlt wird. Der Urlaubsanspruch der Arbeitnehmerin kann mit der Suspendierungs- bzw. Freistellungsdauer verrechnet werden.

(5) Falls die Arbeitnehmerin die Beendigungsvorschriften unter 13. verletzt, hat sie eine Strafe in Höhe eines monatlichen Bruttogehalts zu zahlen. Weitere Ansprüche der Gesellschaft gegen die Arbeitnehmerin wegen zusätzlicher Schäden bleiben unberührt.

**14. Ansprüche der Arbeitnehmerin**
Jegliche Ansprüche der Arbeitnehmerin verfallen, sofern sie nicht innerhalb von drei (3) Monaten nach Auftreten schriftlich geltend gemacht werden.

**15 Verschiedenes**
(1) Dieser Vertrag umfaßt sämtliche Vereinbarungen zwischen den Parteien und hebt alle vorherigen schriftlichen sowie mündlichen Übereinkünfte und Vereinbarungen der Parteien auf.

(2) Ohne Beeinträchtigung von 14. bedürfen sämtliche Vertragszusätze oder -aufhebungen zu ihrer Wirksamkeit der Schriftform.

(3) Falls eine Bestimmung dieses Vertrages für unwirksam erklärt wird, so bleiben alle anderen Bestimmungen davon unberührt. Die Parteien vereinbaren – soweit möglich – jede für unwirksam erklärte Bestimmung durch eine neue zu ersetzen, die den ursprünglichen wirtschaftlichen Interessen beider Parteien am nächsten kommt.

(4) Dieser Vertrag sowie die Auslegung desselben unterliegt deutschem Recht.

(5) Die Arbeitnehmerin bestätigt hiermit den Erhalt einer Kopie dieses Vertrages, die von beiden Parteien unterzeichnet wurde.

(Datum)

Für die Gesellschaft        Die Arbeitnehmerin


EMPLOYMENT AGREEMENT

between

– the Company –

and

Ms.

– Employee –

IT HAS BEEN AGREED AS FOLLOWS:

**1. Position**

(1) The Employee shall be employed with effect from            as            reporting initially to Ms.            .

(2) The Company reserves the right to assign the Employee to another activity in accordance with the Employee's abilities and knowledge. Subject to other assignment by the Company and business travels, the Employee's place of work will be in            . The Company reserves the right to transfer the Employee at its own discretion to move to work at any location in            .

(3) This agreement will automatically terminate upon the day on which the Employee reaches the age of 65.

## 2. Working Hours

The Employee shall exert full-time efforts to the employment hereunder in accordance with the Company guidelines on working hours and shall, as necessary, perform overtime and extra work in accordance with applicable law.

## 3. Remuneration

(1) The Employee shall receive a monthly gross salary of _____ DM (_____ EUR), subject to required tax and social security withholdings. The Employee's gross salary is _____ DM (_____ EUR) per annum payable in arrears in 12 equal monthly installments at the end of each month.

(2) The Employee's salary shall be subject to review and revision by the Company for each new year of employment hereunder; such review shall be consistent with the Employee's individual performance and the then current business of the Company and the business developments reasonably expected by the Company.

(3) The Employee shall not disclose the terms of the Employee's remuneration to third parties including other Employees of the Company.

(4) The Employee's remuneration under this section 3 includes compensation for any overtime („Überstunden") and extra work („Mehrarbeit").

(5) The Employee shall not, without the Company's prior written consent (which shall not be unreasonably withheld), assign or pledge, or create or permit the creation of any lien against, the whole or any part of the Employee's claims for remuneration under this Agreement.

## 4. Bonus

The Company may, at its discretion, grant the Employee a bonus at the end of each fiscal year of the Company depending on the Employee's and the Company's past and expected performance. The Employee must be employed on the date any such bonus is granted in order to receive the bonus.

## 5. Relocation Expenses

(1) The Company shall reimburse the Employee for properly documented transportation/shipping expenses incurred for moving from _____ to _____, up to a maximum amount of _____ DM (_____ EUR).

(2) The Company shall reimburse the Employee for any properly documented broker's commission incurred for identifying and finding suitable apartment housing in _____, up to a maximum amount of _____ DM (_____ EUR).

(3) If, within two years of the date hereof, the Employee terminates employment without serious cause, or the Company terminates the employment for serious cause attributable to the Employee, the Employee shall repay to the Company any payments received from the Company pursuant to this section 5, provided that each two month period of employment reduces the Company's claim for repayment by 1/12. Within the limits of applicable law, the Company may set off its claim for repayment hereunder against any outstanding Employee claims for remuneration.

## 6. Continuing Education

(1) During any two-year period of employment, the Employee may participate in Company approved courses or seminars for up to ten (10) working days during which the Employee's salary shall continue to be paid, provided that the Employee and the Company shall mutually agree upon an appropriate time for participation in such courses or seminars. However, in any given two-year period in which the Employee pursuant to applicable law pursues continuing education through government approved courses or seminars other than Company approved courses or seminars, the Employee's right to participation in Company approved courses or seminars pursuant to this section 6.(1) shall be extinguished.

(2) Notwithstanding the above, the Company may require the Employee to participate in Company approved courses or seminars as appropriate. The Company shall reimburse the Employee

for any properly documented attendance fee, travel and accommodation expenses incurred by the Employee in relation to Company approved courses or seminars in which the Employee participates pursuant to this section 6.(1).

(3) If the Employee participates in any Company approved, accredited and work related course or seminar outside working hours, the Company shall reimburse the Employee for seventy-five percent (75 %) of properly documented attendance fee expenses for such course or seminar, provided that the Company's payments pursuant to this paragraph shall not exceed the equivalent of           DM (          EUR) per year. For the avoidance of doubt, the Employee shall not be entitled to any additional salary or remuneration for participation in courses or seminars pursuant to this paragraph.

(4) The Company shall not be obliged to make any payments under this section 6 (including salary payments in the case of section 6.(1)), if and to the extent the Employee's salary and/or expenses are being borne by any government authority or any other third party.

(5) If, within two years after any participation in a course or seminar, the Employee terminates employment without serious cause, or the Company terminates the employment for serious cause attributable to the Employee, the Employee shall repay to the Company any payments received from the Company in relation to such course or seminar, provided that each two month period of employment reduces the Company's claim for repayment by 1/12. Within the limits of applicable law, the Company may set off its claim for repayment hereunder against any outstanding Employee claims for remuneration.

## 7. Sickness/Illness

(1) In case of sickness preventing the Employee from performing duties hereunder, without such sickness being due to the Employee's fault pursuant to applicable jurisprudence, the Employee's salary under section 3 (1), hereof shall continue to be paid for a period of six weeks or any shorter or longer period as required by the law applicable. The Employee hereby assigns to the Company any claims of the Employee against third parties for damages due to any sickness of or injury to the Employee up to the amount of the sick leave payments made by the Company.

(2) The Employee shall inform the Company of any sickness and its expected duration as soon as possible. The Employee shall provide the Company no later than the fourth day of absence from work with a medical certificate confirming such sickness from the first day of sickness and indicating the expected date of return to work. If the Employee is absent beyond the indicated expected date of return, the Employee shall provide to the Company a new medical certificate within three days.

## 8. Travel Expenses

In accordance with the current Company guidelines and German tax regulations, the Company shall reimburse the Employee for travel expenses that are properly documented, provided that the trip has been approved by the Company. The remuneration according to section 3 hereof includes compensation for any travel time spent on behalf of the Company.

## 9. Vacation

(1) The Employee shall be entitled to an annual vacation of 24 working days. Working days are all calendar days which are neither Saturdays, Sundays or legal holidays in          . The Employee shall agree with the Employee's supervisor at least 15 working days in advance on the time of any vacation period exceeding 4 working days. The Employee shall be entitled to vacation for the first time after six months of employment hereunder in accordance with applicable law regarding minimum vacation entitlements; the Employee may take an appropriate part of vacation during the initial six month period if the Company agrees in writing in advance. The Employee shall be entitled to partial vacation on a pro rata basis as provided and allowed by applicable law.

(2) Vacation time shall not be transferable to the following year, unless the parties have agreed on a case-by-case basis in view of significant business or personal reasons that any outstanding

vacation may be taken during the first three months of the following year. The Employee shall not be entitled to compensation for any vacation not taken in accordance with this paragraph.

### 10. Exclusivity of Services, Publications, Gifts

(1) The Employee shall devote all work efforts exclusively to the Company and the furtherance of its interests. Any engagement in additional activities for remuneration or any direct or indirect participation in other enterprises of any kind requires the prior written consent of the Company, which shall not be unreasonably withheld. The Company's consent shall not be required for ordinary acquisitions of shares or other participation for investment purposes. Membership in the board of directors or supervisory board of other enterprises shall be subject to the Company's prior written consent.

(2) Any publications and lectures by the Employee on topics relating to the Company's business or interests shall be subject to the Company's prior written consent.

(3) The Employee agrees, without the Company's prior written consent, not to accept or demand loans, gifts, other benefits, of promises thereof, from the Company's clients or other persons with whom the Employee has official or business contacts in the context of the Employee's activities for the Company.

### 11. Confidential Return of Documents

(1) During the term of this Employment Agreement and at any time thereafter, the Employee shall not disclose or use other than on behalf of the Company any confidential information, including trade or business secrets, concerning the business, contractual relations, dealings, transactions or affairs of the Company or its affiliates. Such confidential information specifically includes, but is not limited to the Company's or its affiliates' intellectual property, clientele, price lists, pricing methods, salary data, procedural/tactical approaches to areas of the business, strategic business decisions, and any other items which may be considered as confidential or proprietary to the Company.

(2) Upon termination of employment hereunder, the Employee shall return to the Company all property of the Company in the Employee's possession as well as all files and other documents concerning the business of the Company and its affiliates in the Employee's possession – including without limitation all designs, customer and price lists, printed material, brochures, sketches, notes, drafts – as well as copies thereof, whether in written, electronic or any other form, and regardless of whether they were prepared by him or furnished to him by the Company or its affiliates. The Employee hereby waives any right of retention in this respect.

### 12. Intellectual Property Rights, Inventions

Any intellectual property rights and rights to employee inventions arising from the Employee's activities hereunder, or, if ownership rights cannot be transferred under applicable law, any exploitation rights relating thereto, shall be transferred to the Company in accordance with applicable law. The remuneration pursuant to section 3 hereof includes any and all compensation for such transfer of rights. If additional compensation for such transfer of rights is required by applicable law of a mandatory nature which cannot be derogated from by contract, the Company shall have the option to request or not to request the transfer of the rights concerned.

### 13. Trial Period, Term, Termination, Penalty

(1) The first three months of employment are considered a trial period during which the employment may be terminated by either party upon providing two weeks' notice to the other party.

(2) Subject to section 13.(1) hereof, the employment shall last for an indefinite term. After the trial period and during the first two years of service, the employment may be terminated by either party by observing a notice period of four weeks to the end of a calendar month. Any applicable longer statutory minimum notice period for termination by the employer shall apply to the termination by both parties hereto.

(3) Any notice of termination must be in writing and shall be considered to have been given effectively upon its receipt by the other party.

(4) The Company shall always be entitled to suspend or release the Employee from rendering further services, provided that the Employee's remuneration shall continue to be paid during such period of suspension or release. The Employee's entitlements to vacation shall be set off against any period of suspension or release.

(5) If the Employee violates the provisions on termination contained in this section 13, the Employee shall be obliged to pay a penalty equal to one month's gross salary. This provision shall not affect the Company's right to claim any additional damages.

**14. Employee Claims**
Any claim not pursued by the Employee in writing within three (3) months after such claim has become due shall be deemed waived by the Employee and forfeited.

**15. Miscellaneous**
(1) This Agreement contains the complete agreement between the Parties with respect to the subject matter hereof and supersedes any prior understandings, agreements or representations by or between the Parties, written or oral, which may have related to the subject matter hereof in any way.

(2) Without prejudice to section 14 hereof, the terms of this Agreement may not be amended or waived except in writing executed by the party against which such amendment or waiver is sought to be enforced.

(3) If any provision of this Agreement is determined to be invalid, the validity of the remainder of this Agreement shall remain unaffected. The parties agree to replace, to the extent possible, any invalid Provision with a valid Provision that comes as close as possible to the parties' original economic intent.

(4) This Agreement shall be governed by and interpreted in accordance with the laws of Germany.

(5) The Employee herewith confirms the receipt of a copy of this Agreement executed by both parties.

date

The Company					The Employee

## 6. Muster: Arbeitsvertrag in französischer Sprache einschl. deutscher Übersetzung

### I. Französische Fassung

CONTRAT DE TRAVAIL

Les soussignés
– La Société            , société anonyme au capital de            Francs, dont le siège social est á            , immatriculée au Registre du Commerce de            sous le numéro            , représentée par Monsieur            , Président du conseil d'Administration/Président du Directoire, ci-après dénomée – d'une part –, et Monsieur            , demeurant à            , – d'autre part –, ont convenu et arrêté ce qui suit:

## § 1 Kapitel 1: Arbeitsverträge

**Article 1 – Engagement**

La société engage par les présentes, Monsieur          en qualité de Directeur          , aux conditions générales prévues par la Loi et la Convention Nationale des          et aux conditions particulières prévues ci-après.

Monsieur          déclare expressément n'être lié, directement ou indirectement, à aucune entreprise de quelque nature que ce soit, et avoir quitté son précédent employeur libre de tout engagement notamment n'être soumis a aucune obligation de non concurrence. Toute fausse déclaration de la part de Monsieur          sur les points susvisés permettra à la société résilier le présent contrat sans préavis ni indemnité et ce, sans préjudice de son droit à demander des dommages-intérêts.

Monsier          s'engage à consacrer de façon exclusive et constante son activité professionelle au service de la société. En conséquence, sans l'autorisation écrite et préalable de la société Monsieur          ne pourra exercer aucune autre activité professionelle de quelque nature que ce soit ou posséder une participation quelconque, directement ou par personne interposée dans une entreprise concurrente.

**Article 2 – Qualification – Coefficient**

Monsieur          est engagé par la société en qualité de Directeur du          correspondant au coefficient „positions supérieures" prévu par la Convention Collective sus-désignée.

**Article 3 – Attributions**

Dans le cadre des fonctions de Directeur du          qui viennent de lui être conférées, Monsieur          participera:

**Article 4 – Durée du Contrat**

Le présent contrat est conclu sans période d'essai pour une durée indéterminée à compter du jour de la signature des présentes.

Sous réserve du respect des dispositions prévues par la Loi et la Convention Collective sus-visée chaque partie pourra y mettre fin, à tout moment moyennant un préavis de six mois, donné à l'autre partie par lettre recommandée avec accusé de réception.

**Article 5 – Lieu d'Activité**

Monsieur          exercera son activité au siège social de la société fixé actuellement à          , lequel pourra être transféré en tout autre endroit suivant décision des organes compétents de la Société.

**Article 6 – Rémunération**

Monsieur          percevra une rémunération forfaitaire annuelle et brute de FF          (          EUR), payable par 1/12 au terme de chaque mois.

**Article 7 – Frais Professionels**

Monsieur          sera remboursé par la société de tous les frais nécessaires à l'exercice normal de son activité professionelle.

Ce remboursement se fera conformément aux dispositions arrêtées par la société pour l'ensemble de ses cadres et dont Monsieur          déclare avoir pris connaissance.

Il est expressément convenu entre les soussignés que la modification par la société desdites régles de remboursement de frais ne pourra être considérée comme une modification d'une clause essentielle du présent contrat de travail.

**Article 8 – Voiture de fonction**

Monsieur          disposera d'une voiture de fonction qu'il pourra utiliser pour son usage personnel sous réserve de se conformer aux dispositions arrêtées en la matière par la société.

Tous les frais d'entretien et d'utilisation seront supportés par la société.

Il est précisé qu'en aucun cas, les parties considèrent cet avantage comme une clause essentielle du contrat.

## Article 9 – Avantages sociaux

Monsieur bénéficiera de tous les avantages sociaux prévus par la Loi et la Convention Collective sus-visée en faveur des cadres.

## Article 10 – Congés

Chaque année Monsieur aura droit à quatre semaines de congé payés à une époque fixée d'un commun accord entre les parties.

## Article 11 – Secret Professionels

Monsieur s'oblige tant pendant la durée du présent contrat qu'aprés la cessation de celui-ci, à conserver le secret relativement à toutes les affaires de la société, notamment à ne communiquer à quiconque, sauf autorisation écrite et préalable de la société ou nécessité due à l'exercice de ses fonctions ou à utiliser à son usage personnel, des renseignements, notes, rapports, dessins, plans et/ou toutes autres données ou documents de quelque nature qu'ils soint concernant les procédés de fabricaton et/ou les méthodes commerciales de la Société ainsi que toutes les informations acquises par lui directement ou indirectement dans l'exercice de ses fonctions.

Monsieur s'oblige en outre à l'expiration du présent contrat à remettre à la société sans en avoir conserver des notes ou des copies, tous documents et pièces concernant la société.

## Article 12 – Indemnités

Au cas de résiliation du présent contrat par la société non-motivée par une faute grave de Monsieur , ce dernier recevra une indemnité fixée de la manière suivante:

1. Moins d'un an de présence dans la société: aucune indemnité.

2. Indemnité forfaitaire: Aprés un an, une indemnité forfaitaire de six mois de rémunération viendrait s'ajouter aux indemnités prévues par la Convention Collective Nationale des .

3. Indemnités complémentaires: Pour les deux années suivantes, Monsieur bénéficera d'une indemnité complémentaire a celle stipulée au n. 2 ci-dessus, correspondat à trois mois de salaire par année de présence dans l'enterprise.

Cette indemnité complémentaire sera plafonée à six mois de rémunération.

4. La rémuneration qui serait prise en compte pour le calcul des indemnités forfaitaires et complémentaires ci-dessus prévues sera celle du dernier mois de salaire de base.

## Article 13 – Litige

En cas de litige concernant l'interprétation du présent contrat, le texte français fera foi.

Le présent contrat de travail est soumis du Droit français.

## II. Deutsche Übersetzung

ARBEITSVERTRAG

Die Unterzeichneten – die Firma , Aktiengesellschaft mit einem Kapital von FF ( EUR), mit Sitz in , im Handelsregister von eingetragen unter der Nr. , vertreten durch Herrn , Vorsitzender des Verwaltungsrates/Vorsitzender des Vorstandes, nachstehend kurz die „Firma" genannt,
– einerseits –
und Herr , wohnhaft in ,
– andererseits –
schließen folgenden Anstellungsvertrag:

## § 1 Kapitel 1: Arbeitsverträge

### Art. 1 – Aufgabengebiet
Die Firma verpflichtet Herrn          als Direktor [für]          zu den allgemeinen, vom Gesetz und dem Tarifvertrag für          vorgesehenen und zu den nachstehend aufgeführten besonderen Bedingungen.

Herr          erklärt ausdrücklich, daß er weder direkt noch indirekt an irgendein Geschäftsunternehmen gebunden ist. Ferner erklärt er, daß er seinen vorhergehenden Arbeitgeber frei von jeder Verpflichtung verlassen hat, und daß er keinem Wettbewerbsverbot unterliegt. Sollte Herr          über die vorgenannten Punkte eine falsche Erklärung abgeben, dann ist die Firma zur sofortigen Lösung des vorliegenden Vertrages berechtigt, ohne daß Schadensersatzansprüche gestellt werden können.

Herr          verpflichtet sich, seine beruflichen Aktivitäten voll und ganz in den Dienst von der Firma zu stellen. Hieraus ergibt sich, daß Herr          ohne vorherige schriftliche Genehmigung von der Firma keinerlei anderweitige Berufstätigkeit ausüben oder sich an einem Konkurrenzunternehmen weder direkt noch indirekt beteiligen darf.

### Art. 2 – Tätigkeitsmerkmal
Herr          wird von der Firma als          eingestellt. Diese Position entspricht dem Tätigkeitsmerkmal „höhere Positionen" im Sinne des vorgenannten Tarifvertrages.

### Art. 3 – Tätigkeit
Im Rahmen der Tätigkeiten als          obliegen Herrn          folgende Aufgaben:          .

### Art. 4 – Vertragsdauer
Dieser Vertrag wird ohne Probezeit und auf unbestimmte Dauer geschlossen. Er tritt nach Unterzeichnung durch beide Parteien in Kraft.

Unter Beachtung der gesetzlichen und tariflichen Bestimmungen kann jede Partei den Vertrag mit einer Frist von sechs Monaten kündigen.

### Art. 5 – Einsatzort
Herr          übt seine Tätigkeit im Hauptsitz der Firma aus, der sich derzeit in          befindet. Dieser Hauptsitz kann nach Entscheidung der zuständigen Organe der Gesellschaft an jeden anderen Ort verlegt werden.

### Art. 6 – Vergütung
Herr          erhält eine jährliche pauschale Bruttovergütung in Höhe von          FF (          EUR), zahlbar in zwölf Monatsraten.

### Art. 7 – Geschäftsunkosten
Herr          erhält von der Firma alle in Ausübung seiner beruflichen Tätigkeit entstandenen Aufwendungen erstattet. Diese Erstattung richtet sich nach den von der Firma für die gesamte Führungsschicht festgelegten Bedingungen. Herr          bestätigt, davon Kenntnis genommen zu haben.

Es wurde ausdrücklich zwischen den Unterzeichneten festgehalten, daß die Änderung der besagten Bedingungen zur Kostenerstattung durch die Firma nicht als Änderung einer wesentlichen Bestimmung des vorliegenden Anstellungsvertrages betrachtet werden kann.

### Art. 8 – Firmenwagen
Herr          erhält einen Firmenwagen, der ihm auch zu seiner persönlichen Benutzung zur Verfügung steht. Er muß jedoch die Autoordnung der Firma beachten.

Alle Wartungs- und Betriebskosten werden von der Firma getragen.

Es wird darauf hingewiesen, daß beide Parteien diesen Punkt nicht als wesentlichen Vertragsinhalt betrachten.

### Art. 9 – Sonstige Vorteile
Herr          genießt sämtliche vom Gesetz und dem vorgenannten Tarifvertrag zugunsten der Führungskräfte vorgesehenen sozialen Vorteile.

### Art. 10 – Urlaub
Herr          erhält jedes Jahr vier Wochen bezahlten Urlaub, der zu einem zwischen den Parteien abgesprochenen Zeitpunkt zu nehmen ist.

### Art. 11 – Geheimhaltungspflicht
Herr          verpflichtet sich, während der Vertragsdauer sowie nach Auflösung des Vertrages über die Geschäfte der Firma völlige Verschwiegenheit zu bewahren, an niemanden Auskünfte, Notizen, Zeichnungen, Berichte, Pläne oder sonstige Schriftstücke herauszugeben, noch Angaben über Verfahren oder Betriebsgeheimnisse zu machen, von welchen er durch die Ausübung seiner Tätigkeit mittelbar oder unmittelbar Kenntnis erhalten hat, es sei denn mit Genehmigung von der Firma oder in Wahrnehmung seiner Aufgaben.

Herr          verpflichtet sich ferner, nach Auslaufen des Anstellungsvertrages alle Unterlagen und Schriftstücke, die das Unternehmen betreffen, an die Firma zurückzugeben, ohne davon Berichte oder Kopien zurückzubehalten.

### Art. 12 – Schadensersatz
Sollte der Anstellungsvertrag durch die Firma aufgekündigt werden, ohne daß ein schwerwiegender Fehler des Herrn          vorliegt, so erhält dieser Schadensersatz, der wie folgt festgelegt wird:

1. Weniger als ein Jahr Firmenzugehörigkeit: kein Schadensersatz.

2. Pauschalierter Schadensersatz: Nach einem Jahr Betriebszugehörigkeit in Höhe von sechs Monatsgehältern zuzüglich zu dem Schadensersatz, der in dem nationalen Tarifvertrag für          vorgesehen ist.

3. Zusätzlicher Schadensersatz: Für die weiteren zwei Jahre erhält Herr          einen zusätzlichen Schadensersatz, der drei Monatsgehältern pro Jahr der Betriebszugehörigkeit entspricht. Dieser Schadensersatz ist auf sechs Monatsgehälter begrenzt.

4. Die pauschalen und zusätzlichen Schadensersatzleistungen werden auf der Grundlage des letzten monatlichen Grundgehaltes errechnet.

### Art. 13 – Streitigkeiten
Sollten bei der Auslegung des vorliegenden Anstellungsvertrages Streitigkeiten entstehen, so gelten allein der französische Text und das französische Recht.

## 7. Muster: Arbeitsvertrag in flämischer Sprache einschl. deutscher Übersetzung

Tussen:          , hierbij vertegenwoordigd door          , hieronder vermeld als de werkgever, en de Heer          , wonende te          , hieronder vermeld als de bediende,
werd het volgende overeengekomen:

### 1. [Functies en werksektor]
De bediende is door de werkgever aangeworven in hoedanigheid van          . De werkgever heeft het recht de bediende andere taken op tee dragen dan deze voor dewelke hij werd aangeworven. Deze eenzijdige beslissing zal nochtans geen wijziging mogen brengen aan het salaris van de bediende (zoals dit hierbij is overeengekomen) noch dit kontrakt mogen wijzigen in een kontrakt van een andere aard.

### § 1 Kapitel 1: Arbeitsverträge

De functies zullen worden uitgeoefend in de exploitatiezetel te ▇▇▇▇. Er ist echter uitdrukkelijk overeengekomen dat de overbrenging van de exploitatiezetel naar een andere plaats niet kan worden beschouwd als zijnde een fundamentele wijziging van de arbeidsvoorwaarden.

#### 2. [Duur van het verdrag – Proefperiode]
Dit kontrakt treedt in voege op ▇▇▇▇, het is afgesloten voor een onbepaalde duur mits een proefperiode van zes maanden beginnend op ▇▇▇▇ en eindigend op ▇▇▇▇. Gedurende de proeftijd en na verloop van de eerste maand hiervan, in overeenkomst met de in voege zijnde wettelijke bepalingen hebben de partijen het recht een einde te maken aan de verbintenis, zonder deze beslissing te moeten verrechtvaardigen, mits een opzeggingstermijn van zeven dagen. In dit geval, zal het salaris berekend worden op een dagelijkse basis vanaf de eerste dag van in dienst treding tot het einde van de proefperiode, zoals deze door de werkgever zal vastgesteld worden.

Deze dagelijkse basis zal gelijk zijn aan een dertigste van het maandelijks salaris en zal vermenigvuldigd worden met het aantal kalenderdagen van de proefperiode. Bij gebrek aan opzegging door één der partijen, zal deze verbindtenis definitief worden na het verstrijken van de zesde maand van de proefperiode zonder dat het voor de belanghebbenden nodig is elkaar hiervan in kennis te stellen.

#### 3. [Bezoldiging]
Het bruto maandelijkse salaris van de bediende ist vastgesteld op Fr. ▇▇▇▇ ( ▇▇▇▇ EUR). Dit salaris zal betaalbaar zijn op de bankrekening van de bediende, op het einde van de maand, mits afhouding van de rijksmaatschappelijke zekerheidsbijdragen en de beroepsvoorheffing.

Alle belastingen en afhoudingen die door de wet bepaald zijn als te zijner laste zullen door de bediende gedragen worden; dit laat de werkgever toe de nodige afhoudingen te verrichten voor de uitbetaling van het salaris, indien dit een wettelijke verplichting is of een algemeen gebruik.

Er wordt uitdrukkelijk overeengekomen dat ieder bedrag uitbetaald buiten het hierboven vermelde salaris aanzien moet worden als gratificatie, welke dan ook de veelvuldigheid of de regelmatigheid van zulke betalingen moge zijn; deze bedragen zullen in geen geval een kontraktueel salaris uitmaken en de bediende heeft geen recht de betaling ervan op te eisen, of te verlangen dat zij in aanmerking zouden genomen worden voor het berekenen van een opzeggingsvergoeding en dergelijke.

#### 4. [Melding van arbeidsongeschiktheid]
In geval van arbeidsongeschiktheid van de bediende, ingevolge ziekte of ongeval, van meer dan één dag, zal de bediende verplicht zijn, zijn arbeidsongeschiktheid te rechtvaardigen door en doktersgetuigschrift aan de werkgever voor te leggen ten laatste of de tweede dag van zijn afwezigheid. De werkgever behoudt het recht een tegenbezoek te laten verrichten door een dokter naar zijn keuze.

#### 5. [Geheimhouding]
Het werk dat aan de bediende wordt opgedragen heeft een strikt vertrouwelijk karakter en wordt op de meest absolute wijze door het beroepsgeheim gedekt. De bediende verbiedt zichzelf hierbij, zelfs mondeling, de opdrachten welke hem toevertrouwd zijn, aan derden te doen kennen.

#### 6. [Opzegging]
Het kontrakt kan door ieder der partijen ontbonden worden mits opzegging, in overeenkomst met de wettelijke bepalingen van artikels van de wet van ▇▇▇▇.

#### 7. [Slotbepalingen]
De voorgaande bepalingen blijven in voege niettegenstaande alle wijzigingen die later aan de functies, aan het vastgestelde salaris of aan de manier van betaling gebracht zouden worden.

De bediende verklaart kennis genomen te hebben van het bij de werkgever in voege zijnde reglement; er wordt uitdrukkelijk overeengekomen dat dit reglement voor de bediende verplichtend is, niettegenstaande éénzijdige wijzigingen welke door de werkgever aangebracht zouden worden naargelang de vereisten van de onderneming.

## § 1 Verträge mit Arbeitnehmern, Gesellschaftsorganen und Selbständigen

Dit akkoord vernietigt en vervangt alle voorgaande akkoorden die de partijen afgesloten zuoden hebben.

Voor alle geschillen die uit dit kontrakt zouden ontstaan zijn alleen de gerechtshoven van ▓▓▓ bevoegd.

Dit kontrakt is in twee originele exemplaren opgemaat waarvan er één in het bezit blijft van de bediende en het andere in het bezit van de werkgever.

Aldus in tweevoud opgemaakt te ▓▓▓ op ▓▓▓.

### Übersetzung:

Zwischen ▓▓▓, hierbei vertreten durch ▓▓▓, nachfolgend als Arbeitgeber bezeichnet, und Herrn ▓▓▓, wohnhaft in ▓▓▓, nachfolgend als Angestellter bezeichnet, wird folgendes vereinbart:

#### 1. [Tätigkeit und Aufgabengebiet]

Der Angestellte ist vom Arbeitgeber angestellt worden als ▓▓▓. Der Arbeitgeber hat das Recht, dem Angestellten auch andere Aufgaben als die zuzuteilen, für welche er angestellt worden ist. Dieser einseitige Beschluß ändert jedoch nichts am Gehalt des Angestellten (wie es hiermit vereinbart wurde) oder an der Art des Vertrages.

Die Aufgaben sind im Zweigbetrieb ▓▓▓ auszuführen. Es wird jedoch ausdrücklich vereinbart, daß ein Ortswechsel des Zweigbetriebes nicht als grundlegende Änderung der Arbeitsbedingungen anzusehen ist.

#### 2. [Vertragsdauer, Probezeit]

Diese Vereinbarung tritt am ▓▓▓ in Kraft. Sie gilt für unbestimmte Dauer einschließlich der Probezeit von sechs Monaten ab ▓▓▓ bis ▓▓▓. Während der Probezeit und nach Ablauf eines Monats nach Beginn der Probezeit haben die Vertragspartner nach den geltenden gesetzlichen Bestimmungen das Recht, das Vertragsverhältnis innerhalb von sieben Tagen ohne Rechtfertigung zu lösen. In diesem Falle wird das Gehalt auf Grund eines Tagessatzes vom ersten Tag des Dienstantritts an bis zum Ablauf der vom Arbeitgeber festgesetzten Probezeit berechnet.

Dieser Tagessatz entspricht einem Dreißigstel des Monatsgehalts und wird mit der Anzahl von Kalendertagen der Probezeit multipliziert. Hat ein Vertragspartner nicht gekündigt, so bleibt der Vertrag nach Ablauf des sechsten Monats der Probezeit gültig, wobei es für die Beteiligten nicht erforderlich ist, einander davon in Kenntnis zu setzen.

#### 3. [Vergütung]

Das Brutto-Monatsgehalt des Angestellten beträgt ▓▓▓ Fr (▓▓▓ EUR). Dieses Gehalt ist jeweils am Ende des Monats unter Abzug der Sozialversicherungs- und Berufsbeiträge auf das Bankkonto des Angestellten zahlbar.

Alle Belastungen und Abzüge, die nach dem Gesetz zu Lasten des Angestellten gehen, sind von diesem selbst zu tragen; der Angestellte ermächtigt den Arbeitgeber, die erforderlichen Abzüge von der Gehaltsauszahlung vorzunehmen, falls dies gesetzlich vorgeschrieben oder allgemeiner Brauch ist.

Es wird ausdrücklich vereinbart, daß jeder zusätzliche Betrag zum obigen Gehalt als Gratifikation gezahlt wird, die auch das Vielfache oder die Regel dieser Zahlungen sein kann. Solche Beträge gehören in keinem Falle zum vertragsmäßigen Gehalt, und der Angestellte ist nicht berechtigt, die Zahlung derselben zu fordern oder zu verlangen, daß sie bei der Berechnung der Kündigungsentschädigung oder anderer Abfindungen mitberücksichtigt werden.

## 4. [Anzeige- und Nachweispflicht bei Arbeitsverhinderung]

Falls der Angestellte infolge Krankheit oder Unfall länger als einen Tag arbeitsunfähig ist, so ist er verpflichtet, seine Arbeitsunfähigkeit spätestens am zweiten Tag seiner Abwesenheit dem Arbeitgeber durch Vorlage einer ärztlichen Bestätigung bekanntzugeben. Der Arbeitgeber ist berechtigt, die Arbeitsunfähigkeit durch Einschaltung eines Arztes seiner Wahl nachprüfen zu lassen.

## 5. [Verschwiegenheitspflicht]

Die Arbeit, die dem Angestellten zugewiesen wird, ist streng vertraulich und gehört unbedingt zum Berufsgeheimnis. Der Angestellte darf die ihm anvertrauten Aufgaben einer dritten Person mündlich nicht zur Kenntnis geben.

## 6. [Kündigung]

Dieser Vertrag kann beiderseits nach den Bestimmungen des Gesetzes vom ▭ gekündigt werden.

## 7. [Schlußbestimmungen]

Die vorgenannten Bestimmungen bleiben in Kraft, ungeachtet aller Änderungen, die hinsichtlich der Aufgaben, des festgesetzten Gehalts oder der Zahlungsbedingungen vorgenommen werden sollten.

Der Angestellte erklärt, die Dienstvorschriften des Arbeitgebers zur Kenntnis genommen zu haben. Es wird ausdrücklich vereinbart, daß diese Dienstvorschriften für den Angestellten bindend sind, ungeachtet einseitiger Änderungen, die der Arbeitgeber je nach den Erfordernissen des Unternehmens vornehmen muß.

Dieser Vertrag löst und ersetzt alle von den Parteien früher abgeschlossenen Vereinbarungen.

Für alle aus diesem Vertrag entstehenden Streitfragen sind nur die Gerichtbehörden von ▭ zuständig.

Dieser Vertrag liegt in zwei Originalausfertigungen vor, die für den Angestellten und den Arbeitgeber als Beleg bestimmt sind.

Zweifach ausgefertigt in ▭ am ▭ .

### 8. Muster: Arbeitsvertrag für Financial Consultant einer internationalen Gesellschaft (mit Stock Options)

Arbeitsvertrag

zwischen

International Asset Management AG, vertreten durch den Vorstand

– nachfolgend Company genannt –

und

– nachfolgend Mitarbeiter genannt –

wird folgender Arbeitsvertrag geschlossen:

#### § 1 Beginn des Arbeitsverhältnisses

(1) Das Arbeitsverhältnis beginnt am ▭ oder früher. Es wird zunächst für die Dauer von sechs Monaten zur Probe vereinbart. Während dieser Zeit kann es beiderseits mit einer Frist von einem Monat zum Monatsende gekündigt werden. Eine Kündigung vor Tätigkeitsbeginn ist ausgeschlossen.

## Verträge mit Arbeitnehmern, Gesellschaftsorganen und Selbständigen § 1

(2) Das Arbeitsverhältnis endet mit Ablauf der Probezeit, ohne daß es einer Kündigung bedarf, sofern es nicht vor deren Ablauf schriftlich durch die Company als auf unbestimmte Zeit geschlossen bestätigt wird. Nach Ablauf der Probezeit beträgt die Kündigungsfrist drei Monate zum Monatsende. Ab Ausspruch einer Kündigungserklärung ist die Company berechtigt, den Mitarbeiter jederzeit ganz oder teilweise von der Arbeitsleistung freizustellen.

(3) Das Arbeitsverhältnis endet spätestens mit Ablauf des Monats, in dem der Mitarbeiter das 65. Lebensjahr vollendet hat. Der Mitarbeiter ist verpflichtet, spätestens mit Vollendung des 60. Lebensjahres gegenüber der Company schriftlich und verbindlich zu erklären, wann er in den Ruhestand treten und wann er Altersruhegeld beziehen will.

### § 2 Aufgaben- und Verantwortungsbereich

(1) Der Mitarbeiter wird als Financial Consultant eingestellt.

Die Company behält sich vor, dem Mitarbeiter auch eine andere oder zusätzliche, der Vorbildung und den Fähigkeiten entsprechende Tätigkeit, vorübergehend auch an einem anderen Ort, zu übertragen. Macht die Company von dieser Befugnis Gebrauch, so ist die bisherige Vergütung weiter zu zahlen.

(2) Obwohl das Aufgabengebiet des Mitarbeiters ein generell selbständiges und innovatives Arbeiten erfordert, gehört es zu den Obliegenheiten des Mitarbeiters, die Bestimmung der Dringlichkeit von Arbeiten nicht ohne Zustimmung seiner Vorgesetzten vorzunehmen und die Vorgesetzten über beabsichtigte Vorhaben und den Stand von Arbeiten vollständig zu unterrichten.

### § 3 Bezüge

(1) Die Bezüge setzen sich aus einem Fixum, einer variablen Vergütung und Stock Options zusammen.

(2) Das Fixum beträgt           DM jährlich (           EUR) und wird auf eine diesen Betrag übersteigende, kalenderjährliche variable Vergütung angerechnet. In den Bezügen ist eine regelmäßige Mehrarbeit berücksichtigt.

(3) Der Mitarbeiter erhält eine variable Vergütung nach Maßgabe des erfolgsorientierten Vergütungssystems der Company (Company-Vision). Als Erlös gilt der Nettoerlös aus jedem vermittelten und/oder bearbeiteten Geschäft ohne Mehrwertsteuer, abzüglich der zur Durchführung dieses Geschäfts an Dritte gezahlten Leistungen. Haben mehrere Mitarbeiter am Zustandekommen oder der Durchführung eines Geschäfts mitgewirkt, nimmt die Company eine Aufteilung der Erlösprovision zwischen den Mitarbeitern nach billigem Ermessen vor. Maßgeblich für die Verteilung der Erlösprovision ist der Umfang der Mitwirkung jedes Mitarbeiters am Zustandekommen und an der Abwicklung des Geschäfts. Einzelheiten ergeben sich aus der Company-Vision, die als die Erfolgsentwicklung gestaltende und anpassungsfähige Leitlinie Bestandteil des Arbeitsvertrages ist und als Anlage 1 zum Arbeitsvertrag genommen wird.

(4) Der Mitarbeiter erhält die Möglichkeit, Stock Options nach Maßgabe des Stock-Options-Plans der Muttergesellschaft in Atlanta (Georgia/USA) von der Muttergesellschaft zu erwerben. Der Erwerb erfolgt über das als Anlage 2 zwischen der Muttergesellschaft und dem Mitarbeiter vereinbarte „Stock-Options-Agreement", wobei Schuldner bezüglich der Stock Options nicht die Company, sondern die Muttergesellschaft ist.

(5) Die Company behält sich vor, die Vergütung jederzeit und ohne daß es einer weiteren Ankündigung bedarf, gemäß dem festgelegten Umrechnungskurs von 1,95583 in EURO abzurechnen.

(6) Der Mitarbeiter verpflichtet sich, Gehaltsüberzahlungen ohne Rücksicht auf eine noch vorhandene Bereicherung zurückzuzahlen.

### § 4 Gehaltsumwandlung

Mit Zustimmung des Mitarbeiters können Teile der Vergütung steuerbegünstigt in eine Gruppen-Lebensversicherung umgewandelt werden. Einzelheiten können auf Wunsch des Mitarbeiters mit DICTUM vereinbart werden.

### § 5 Arbeitszeit
(1) Die regelmäßige Arbeitszeit beträgt 40 Stunden wöchentlich.

(2) Beginn und Ende der täglichen Arbeitszeit und der Pausen werden von dem Vorstand festgelegt.

(3) Die Verpflichtung zur Leistung von Mehrarbeit bleibt unberührt. Angesichts der hohen Anforderungen der Kundschaft und dem erwarteten Engagement eines Financial Consultant sehen die Parteien Mehrarbeit im Bedarfsfalle als selbstverständlich an.

### § 6 Abtretung und Verpfändung
(1) Der Mitarbeiter darf seine Vergütungsansprüche an Dritte nur nach vorheriger schriftlicher Zustimmung der Company verpfänden oder abtreten.

(2) Die Kosten, die die Company durch die Bearbeitung von Pfändungen, Verpfändungen und Abtretungen der Vergütungsansprüche des Mitarbeiters entstehen, trägt der Mitarbeiter.

### § 7 Gehaltsfortzahlung im Krankheitsfall
(1) Im Falle unverschuldeter krankheitsbedingter Arbeitsunfähigkeit erhält der Mitarbeiter Entgeltfortzahlung nach Maßgabe des Entgeltfortzahlungsgesetzes.

(2) Ab dem Zeitpunkt des Bezugs einer Rente wegen Erwerbsminderung im Sinne der gesetzlichen Rentenversicherung entfällt die Gehaltsfortzahlung.

(3) Der Mitarbeiter hat sich zwei Wochen nach Beginn von Arbeitsunfähigkeit infolge Krankheit im Einzelfalle nach Aufforderung durch einen Vertrauensarzt der Company untersuchen zu lassen.

### § 8 Urlaub
Der Mitarbeiter erhält einen Jahresurlaub von 24 Werktagen. Die Festlegung der Urlaubszeit erfolgt unter Berücksichtigung der Interessen der Company in Abstimmung mit dem zuständigen Vorgesetzten. Eine Abgeltung des Urlaubsanspruches in bar ist grundsätzlich ausgeschlossen.

### § 9 Nebentätigkeiten
Der Arbeitnehmer ist verpflichtet, seine volle Arbeitskraft der Company zu widmen. Eine Nebentätigkeit, auch soweit sie nicht auf Erwerb gerichtet ist, die die betriebliche Tätigkeit oder die beruflichen Leistungen beeinträchtigt, die die Aufgabengebiete der Company berührt, betriebliche Einrichtungen beansprucht oder besondere betriebliche Erfahrungen verwertet, ist nur mit vorheriger schriftlicher Einwilligung des zuständigen Vorstands erlaubt. Diese Grundsätze gelten auch für Veröffentlichungen in der Fachpresse und in der Allgemeinpresse, für Referate und Vorträge.

### § 10 Verschwiegenheit
Der Mitarbeiter verpflichtet sich, über alle ihm im Rahmen seiner Tätigkeit bei der Company zur Kenntnis gelangenden betrieblichen, geschäftlichen Angelegenheiten und Vorgänge Stillschweigen zu bewahren. Der Inhalt dieses Vertrages unterliegt ebenfalls der Verschwiegenheitspflicht. Diese Verpflichtung gilt auch nach dem Ausscheiden fort.

### § 11 Herausgabe von Schriftstücken
Der Mitarbeiter verpflichtet sich, jederzeit auf Verlangen der Company, spätestens bei seinem Ausscheiden sämtliche Schriftstücke (Bücher, Akten, Verfügungen, Berichte, Formulare, Rundschreiben, Pläne, Protokolle, Rechnungen etc.), die der Mitarbeiter im Zusammenhang mit seiner Tätigkeit bei der Company erhalten oder selbst angefertigt hat oder hat anfertigen lassen, an die Company unaufgefordert herauszugeben. Das gleiche gilt für Auszüge, Abschriften und Kopien der vorgenannten Unterlagen.

### § 12 Bundesdatenschutzgesetz/Bankgeheimnis
Der Mitarbeiter ist verpflichtet, die gesetzlichen Bestimmungen zum Schutze des Datengeheimnisses gemäß § 5 BDSG einzuhalten. Der Mitarbeiter erkennt durch seine Unterschrift auf der als Anlage 3 beigefügten Verpflichtungserklärung die dortigen Regelungen zum Datenschutz und zum Bankgeheimnis an.

### § 13 Nutzungsrechte an Arbeitsergebnissen

(1) Jedes Arbeitsergebnis, das der Mitarbeiter in Erfüllung oder im Zusammenhang mit der Erfüllung seiner Dienstverpflichtung erzielt, steht ausschließlich der Company zu und wird durch das vereinbarte Gehalt abgegolten, soweit dem nicht die Vorschriften des Arbeitnehmererfindungsgesetzes entgegenstehen. Der Mitarbeiter überträgt der Company das ausschließliche, zeitlich, örtlich und räumlich uneingeschränkte Nutzungsrecht an Arbeitsergebnissen jeder Art. Die vorstehende Vereinbarung behält auch nach Beendigung des Arbeitsverhältnisses Gültigkeit.

(2) Für sämtliche im Rahmen des Arbeitsverhältnisses erstellten urheberrechtsfähigen Computerprogramme räumt der Mitarbeiter der Company das ausschließliche Recht zur räumlich und zeitlich unbegrenzten Nutzung ein. Gleichzeitig verzichtet er darauf, als Urheber genannt zu werden. Das Nutzungsrecht erstreckt sich auch auf sämtliche zum Programm gehörenden Vorstudien, Quell-Codes, Dokumentationen und sonstige Materialien und bezieht sich auf alle Verwertungsformen. Die Company ist berechtigt, das Nutzungsrecht auf Dritte zu übertragen und einfache Nutzungsrechte zu vergeben. Die Einräumung des Nutzungsrechts ist mit dem in diesem Vertrag vereinbarten Arbeitsentgelt abgegolten. Dies gilt unabhängig davon, ob die von Company in Auftrag gegebenen Programme innerhalb oder außerhalb der betrieblichen Arbeitszeit entwickelt wurden.

(3) Änderungen, Erweiterungen oder Anpassungen der Programme können von der Company oder von einem von der Company bestimmten Dritten vorgenommen werden. In solchen Fällen gelten die Rechte der Company uneingeschränkt auch für die geänderten Programmversionen. Ein Anspruch des Mitarbeiters auf Herausgabe oder Zugang zum Zwecke der Herstellung von Kopien oder sonstigen Vervielfältigungen der Programme besteht nicht. Für den Fall, daß die vom Mitarbeiter im Auftrag der Company entwickelten Programme die Schutzrechte Dritter verletzen, stellt die Company den Mitarbeiter von den Ansprüchen Dritter frei, es sei denn, diese Schutzrechte waren dem Mitarbeiter bekannt oder aufgrund grober Fahrlässigkeit unbekannt. Diese Vereinbarung gilt nach dem Ausscheiden des Mitarbeiters weiter.

### § 14 Nebenabreden, Vertragsänderungen
Nebenabreden bestehen nicht. Änderungen und Ergänzungen der Vereinbarungen der in diesem Vertrag getroffenen Vereinbarungen bedürfen der Schriftform. Auch die Aufhebung der Formabrede bedarf der Schriftform.

### § 15 Ärztliche Untersuchung
Als Voraussetzung einer Einstellung gilt, daß der Mitarbeiter voll arbeitsfähig ist. Der Mitarbeiter erklärt sich zu einer ärztlichen Untersuchung durch einen von der Company ausgewählten Arzt bereit und entbindet diesen im Umfang der Bescheiddaten von seiner Schweigepflicht gegenüber der Personalabteilung der Company.

### § 16 Führungszeugnis
Voraussetzung des Vertragsschlusses ist die Vorlage eines Führungszeugnisses, das nicht älter als drei Monate sein darf. Der Mitarbeiter erklärt, daß gegen ihn kein staatsanwaltliches Ermittlungsverfahren läuft oder eine strafrechtliche Verurteilung erfolgt ist, die das Führungszeugnis noch nicht enthält.

### § 17 Teilnichtigkeit
Sollten einzelne Bestimmungen dieses Vertrages rechtsunwirksam sein oder werden, so berührt dies nicht die Wirksamkeit der übrigen Regelungen des Vertrages. Dasselbe gilt bei Lücken des Vertrages. Anstelle der unwirksamen oder fehlenden Bestimmungen soll eine Regelung gelten, die dem Willen der Parteien wirtschaftlich am ehesten entspricht.

den

(Vorstand International Asset Agreement)     (Mitarbeiter)

# § 1 Kapitel 1: Arbeitsverträge

### Anlage 1: Die Company-Vision

560 Die Company wird als virtuelles Beratungshaus eine unübertroffene Betreuungsqualität im Hinblick auf innovative Produkt- und Dienstleistungsangebote bieten und durch die konsequente Einbringung von kompetenten Partnern ihre Unabhängigkeit und Objektivität belegen.

Perfekte Kundenorientierung, Qualität der Dienstleistung, ein qualifiziertes Team sowie die Integration verschiedener Vertriebswege werden die Company zu einem führenden Anbieter von Finanzdienstleistungen für vermögende Privatkunden machen.

561 **Das erfolgsorientierte Vergütungssystem der Company**

(Stand:         )

Es setzt sich zusammen aus:

**1. Grundgehalt (Fixum)**
– Erlöse bis           DM (           EUR) p.a. ≙           DM (           EUR)
– Erlöse über           DM (           EUR) p. a. ≙           DM (           EUR)
(Ausnahmen bilden lediglich Mitarbeiter mit Sonderaufgaben)

**2. Variable Vergütung (Payout)**
– Erlöse bis           DM (           EUR) p.a. ≙ 30 %
– Erlöse bis           DM (           EUR) p. a. ≙ 33 %
(Die variable Vergütung wird voll auf das Grundgehalt angerechnet)

Die variable Vergütung (= der Payout) wird aus den der Company zufließenden Nettoerlösen errechnet (d. h. nach Abzug der im Rahmen der Leistungsabwicklung gemäß den jeweils gültigen Verrechnungspreisvereinbarungen anfallenden Kosten, die die Company an ihre Kooperationspartner erstatten muß, sowie nach Abzug aller fremden, durchlaufenden Kosten); hierbei behält sich die Company das Recht vor, zur verwaltungstechnischen Vereinfachung bei der Ermittlung der Nettoerlöse für die Payoutabrechnung vereinfachte, interne Verrechnungssätze zu verwenden. Eine solche Vereinfachung darf jedoch zu keiner einseitigen Benachteiligung des Mitarbeiters führen und wird daher immer Company-neutral ausgerichtet.

Die Payoutansprüche entstehen dann, wenn die zugrundeliegenden Umsätze auf den jeweiligen Kundenkonten bei den depotführenden Kooperationsbanken verbucht sind und somit eine entsprechende Company-Forderung gegen den jeweiligen Kooperationspartner vorhanden ist.

Bei Umsätzen außerhalb der depotführenden Kooperationsbanken (z. B. Vermittlergeschäfte etc.) entsteht der Payoutanspruch mit Zahlungseingang der Nettoerlöse bei der Company.

**3. Schlußbemerkung**
Die Company ist befugt, die erfolgsbezogenen Vergütungsbestandteile jederzeit – mit Wirkung für das folgende Kalenderjahr – zu ändern, wobei etwaige Änderungen nach billigem Ermessen zu erfolgen haben und nicht den Mitarbeiter nur einseitig belasten sollen.

Die Company behält sich diese Änderung auch einseitig ohne erforderliche Zustimmung vor, wobei vorgenommene Änderungen dem Mitarbeiter schriftlich mitgeteilt werden müssen.

Oberstes Ziel ist eine kontinuierliche Vergütungsregelung, die dem Mitarbeiter eine möglichst sichere Vergütungsgrundlage bietet. Etwaige Änderungen berühren die restlichen vertraglichen Vereinbarungen nicht.

### Anlage 2: Stock Option Vereinbarung

562 Die           Company (die Muttergesellschaft) bewilligt dem unten genannten Optionsberechtigten eine Option, die unten genannte Zahl von Anteilen an der Summe der Stammaktien der Muttergesellschaft zu dem dort genannten Preis zu erwerben. Sie bewilligt dies gemäß den Bedingungen und Beschränkungen, die in dieser Vereinbarung und in den Bestimmungen des Stock-Option-Plans der Muttergesellschaft von 1991 in der Fassung vom 15. Februar 1995 („Plan"), der durch Verweisung in diese Vereinbarung integriert ist, enthalten sind.

## Verträge mit Arbeitnehmern, Gesellschaftsorganen und Selbständigen § 1

Name des Optionsberechtigten:
Anzahl an Anteilen, für die eine Option bewilligt ist:
Options-Preis pro Anteil:
Datum der Bewilligung der Option:
Zeitraum, in dem die Ausübung der Option beschränkt ist:

1. Die Option kann unter den folgenden Voraussetzungen im Zeitraum von der Gewährung bis zum Außerkrafttreten der Option jederzeit ganz oder in Teilen ausgeübt werden:

   (a) Die Ausübung der Option ist unzulässig in den ersten zwölf (12) Monaten seit dem Tag, an dem die Option bewilligt wurde, außer im Falle eines „Change of control" (wie definiert in § 8 des Plans), des Todes, der Geschäftsunfähigkeit (wie definiert in dem „Long Term Disability Income Plan" der Muttergesellschaft) oder des Ausscheidens in den Ruhestand. „Ruhestand" bedeutet in diesem Zusammenhang die Beendigung des Arbeitsverhältnisses eines Mitarbeiters zu einem Zeitpunkt, an dem der Mitarbeiter Anspruch hätte auf eine sofort zahlbare Leistung gemäß
   
   (i) dem ergänzenden Ruhestandsplan der Muttergesellschaft (jetzt der „Key Executive Retirement Plan") für die Mitarbeiter, die in den Geltungsbereich dieses Plans fallen, und
   
   (ii) gemäß der Bedingungen des Mitarbeiter-Ruhestandsplans („ERP") für alle anderen Mitarbeiter, die in den Geltungsbereich dieses Plans fallen.

   (b) Das Verhältnis der Anzahl der Anteile bezüglich derer die Option zu jedem beliebigen Datum ausgeübt werden kann, zu der gesamten Zahl von Anteilen, auf die sich die Option bezieht, darf das Verhältnis der Anzahl der Monate seit dem Datum, an dem die Option bewilligt wurde zu einem Zeitraum von sechsunddreißig (36) Monaten (oder einem kleineren Zeitraum, wenn er von dem Komitee (wie in dem Plan definiert) nach seinem Ermessen bestimmt wurde) nicht übersteigen.

   Jedenfalls soll die Option als Ganzes ausgeübt werden können im Falle eines „Change of control", des Todes oder der Geschäftsunfähigkeit, während der Mitarbeiter bei der Muttergesellschaft und/oder jeder Zweiggesellschaft beschäftigt ist, oder des Ausscheidens in den Ruhestand.

   (c) In dem Fall, daß das Arbeitsverhältnis des Optionsberechtigten bei der Muttergesellschaft und/oder einer Zweiggesellschaft außer durch Tod, Geschäftsunfähigkeit oder Ausscheiden in den Ruhestand von einem „Change of control" beendet wird, entsteht das Recht, die Option auszuüben, in dem Umfang gemäß § 1 (b) zu dem Datum der Beendigung des Arbeitsverhältnisses.

   Das Recht des Optionsberechtigten, die Option auszuüben, endet an dem früheren der beiden folgenden Zeitpunkte:
   (i) nach Ablauf von sechs (6) Monaten nach der Beendigung des Arbeitsverhältnisses oder
   (ii) am Datum des Außerkrafttretens der Option.

   (d) Das Recht, die Option auszuüben, geht auf den Testamentsvollstrecker oder den Erwerber der Option gem. § 7 des Plans über, wenn der Optionsberechtigte stirbt, während er Mitarbeiter der Muttergesellschaft oder einer Zweiggesellschaft ist, oder wenn er innerhalb von sechs (6) Monaten ab dem Zeitpunkt der Beendigung des Arbeitsverhältnisses aber vor dem Außerkrafttreten der Option stirbt.

   Das Recht, die Option auszuüben, endet nach dem Ablauf von zwölf (12) Monaten ab
   (i) dem Zeitpunkt des Todes oder der Geschäftsunfähigkeit des Optionsberechtigten oder
   (ii) dem Zeitpunkt der Beendigung der Geschäftsunfähigkeit oder
   (iii) einem anderen Zeitpunkt, wenn ein solcher in der Option bestimmt ist.

   Maßgeblich ist dabei der früheste der drei genannten Zeitpunkte.

(e) Wenn der Optionsberechtigte in den Ruhestand geht, soll er das Recht haben, die Option auszuüben. Dieses Recht endet an dem früheren der beiden folgenden Zeitpunkte:
(i) nach Ablauf von zwölf (12) Monaten nach dem Ausscheiden in dem Ruhestand oder
(ii) an einem anderen Zeitpunkt, wenn ein solcher in der Option bestimmt ist.

(f) In dem Fall, daß sich vor dem Ausscheiden des Optionsberechtigten in den Ruhestand oder dem Tod bzw. der Geschäftsunfähigkeit während der Anstellung bei der Muttergesellschaft oder einer Zweiggesellschaft ein „Change in control" ereignen sollte, hat der Optionsberechtigte das Recht, die Option als Ganzes auszuüben zu dem Zeitpunkt, an dem der „Change in control" als geschehen betrachtet wird. Das Ereignis eines „Change in control" an sich soll keine Auswirkung auf die Dauer des Ausübungszeitraumes der Option haben.

2. Zu Lebzeiten des Optionsberechtigten ist die Option nicht übertragbar und kann nur durch den Optionsberechtigten oder seinen Rechtsvertreter ausgeübt werden. Diese Option ist nicht anders übertragbar als durch Testament oder gesetzliche Erbfolge oder eine familienrechtliche Regelung.

3. Diese Option ist nicht beabsichtigt als und soll nicht behandelt werden wie eine Incentive Stock Option, wie sie definiert ist in § 422a des als Anlage beigefügten Internal Revenue Code von 1986.

4. Jede Mitteilung betreffend die Option, einschließlich ihrer Ausübung, soll in Schriftform stattfinden. Alle Mitteilungen an die Muttergesellschaft sollen adressiert werden an Manager, Executive Compensation          . Alle Mitteilungen an den Optionsberechtigten sollen adressiert sein an die Hauptadresse des Optionsberechtigten, die sich in den Akten der Muttergesellschaft befindet. Entweder die Muttergesellschaft oder der Optionsberechtigte können durch schriftliche Mitteilung an den anderen eine andere Adresse bestimmen. Schriftliche Mitteilungen an die genannten Adressen binden die Muttergesellschaft, den Optionsberechtigten und dessen Rechtsnachfolger.

5. Der Optionsberechtigte stimmt hiermit zu, daß
(a) jede Regelung, Vorschrift und Bestimmung bezüglich des Plans, einschließlich der Interpretation des Plans durch das Komitee des Board of Directors der Muttergesellschaft, das von Zeit zu Zeit berufen wird, um den Plan zu verwalten (das „comitee"), die bewilligte Option und die Ausübung der Option für alle Zwecke und bezüglich aller Personen, einschließlich der Muttergesellschaft und des Optionsberechtigten endgültig und unwiderlegbar sein soll,
(b) die Bewilligung der Option nicht das Recht der Muttergesellschaft oder einer Zweiggesellschaft der Muttergesellschaft, das Arbeitsverhältnis des Optionsberechtigten zu beenden, beeinflussen soll.

6. Für den Fall, daß die Ausgabe oder die Übertragung der Aktien, auf die sich die Option bezieht, nach der Ansicht der Muttergesellschaft in Konflikt tritt oder unvereinbar ist mit irgendeinem anwendbaren Gesetz oder einer Vorschrift einer zuständigen Behörde, behält sich die Muttergesellschaft das Recht vor, die Ausgabe oder Übertragung besagter Aktien zu verweigern.

7. Diese Vereinbarung wurde abgeschlossen in und soll verfaßt sein unter und in Übereinstimmung mit dem Recht des Staates Georgia.

Die          Muttergesellschaft
Durch: Das Compensation Committe


Unterschrift

**Verträge mit Arbeitnehmern, Gesellschaftsorganen und Selbständigen** § 1

Ich habe die obige Vereinbarung gelesen und ich nehme die oben erwähnte Option, Anteile an der Summe der Stammaktien der Muttergesellschaft gemäß den Bedingungen dieser Vereinbarung und des Plans, den ich zur Kenntnis genommen habe, zu erwerben, an und ich erkenne an, dadurch und durch die Handlungen des Komitees gebunden zu sein.

Datum                                      Optionsberechtigter

**Anlage 3**

Das am 01.01.1978 in Kraft getretene Bundesdatenschutzgesetz (BDSG) gilt nunmehr in der Fassung vom 20.12.1990 (BGBl. 1990, S. 2954). In § 5 dieses Gesetzes wird bestimmt, daß allen in der Datenverarbeitung beschäftigten Personen untersagt ist, geschützte personenbezogene Daten zu einem anderen als dem zur jeweiligen rechtmäßigen Aufgabenerfüllung gehörenden Zweck zu verarbeiten, bekanntzugeben, zugänglich zu machen oder sonst zu nutzen. Da zur Datenverarbeitung hierbei das Erfassen, Aufnehmen, Aufbewahren, Übermitteln, Verändern, Löschen, Nutzen, Erheben und Sperren von personenbezogenen Daten zählt, und Sie hiermit beruflich zu tun haben, machen wir Sie auf die Bestimmungen über die Einhaltung des Datengeheimnisses aufmerksam.

Sie sind zum verschwiegenen Umgang mit personenbezogenen Daten verpflichtet. Auf diese Verschwiegenheit weisen wir Sie hiermit gemäß § 5 BDSG noch einmal gesondert hin. Ihre Verpflichtung auf das Datengeheimnis besteht auch nach Beendigung des Arbeitsverhältnisses fort.

Das Merkblatt zum Datengeheimnis haben wir Ihnen zur Verfügung gestellt. Mit Ihrer Unterschrift unter das vorliegende Schreiben erklären Sie, daß Sie das Merkblatt über das Datengeheimnis zur Kenntnis genommen haben.

Mit freundlichen Grüßen

Den Empfang der vorliegenden Mitteilung bestätige ich hiermit.

Datum                                      Name

                                           Unterschrift

## 9. Muster: Auslandsentsendung eines Monteurs

Herrn              , geb. am              , wohnhaft:

Bereich/Abteilung:            Personalnummer:

1. Sie werden zur Ausübung einer vorübergehenden Tätigkeit als            in            abgeordnet. Abreisetag:

2. Ihre Auslösung beträgt pro Kalendertag vom            bis            DM (            EUR) für Verpflegung und            DM (            EUR) für Übernachtung,
   ab            DM (            EUR) für Verpflegung und            DM (            EUR) für Übernachtung.

   Anteil in Landeswährung, zahlbar am Montageort/auf der Baustelle:            DM (            EUR).

   Die Auslösung wird zu dem jeweils am            eines Monats gültigen offiziellen Bankkurs für den Notenverkauf im Einsatzland abgerechnet. Bei Abrechnung der Auslösung vor diesem Stichtag gilt der offizielle Bankkurs vom            des Vormonats. Fällt am Montageort der            des Kalendermonats auf einen Sonn- oder Feiertag, so wird als Stichtag für den Bankkurs der nächstfolgende Werktag zugrunde gelegt.

3. Sie erhalten

a) eine Ausrüstungsbeihilfe in Höhe von _____ DM (_____ EUR).

b) bei einer Abordnungsdauer von mindestens _____ Monaten einen Montagezusatzurlaub von _____ Arbeitstagen pro Monat Montagetätigkeit.

c) Reisekostenerstattung für Hin- und Rückreise sowie angeordnete Geschäftsreisen nach folgenden Grundsätzen:

d) nach jeweils _____ Monat/en Montagetätigkeit eine bezahlte Familienheimfahrt.

e) Kostenerstattung für Reisegepäckbeförderung nach den geltenden Reisekostenrichtlinien.

4. Für die Dauer Ihrer Montagetätigkeit bestehen zu Ihren Gunsten folgende Versicherungen:

a) gegen Unfalltod: _____ DM (_____ EUR),

b) gegen Unfallinvalidität: _____ DM (_____ EUR),

c) für Heilkosten: _____ DM (_____ EUR),

d) für Reisegepäck: _____ DM (_____ EUR).

5. Etwaige steuerliche Verpflichtungen im Einsatzland müssen Sie selbst erfüllen. Im übrigen gelten in Ergänzung zu Ihrem Arbeitsvertrag die Montagerichtlinien der _____ in ihrer jeweiligen Fassung.

Wir bitten, den Empfang dieses Schreibens auf der Beilage zu bestätigen und uns diese zurückzugeben.

## VIII. Sonderregelungen

### 1. Muster: Vertragsergänzung Aktienoptionen (über Wandelschuldverschreibungen)

Sehr geehrte(r) Frau/Herr _____,

als Mitglied der Führungsstufe 2 unserer Gesellschaft können Sie über Wandelschuldverschreibungen Aktienoptionen unserer Gesellschaft nach Maßgabe des Mitarbeiterbeteiligungsprogramms erwerben. Die Hauptversammlung hat am _____ den Beschluß gefaßt, den Vorstand zu ermächtigen, mit Zustimmung des Aufsichtsrats zum _____ einmalig oder mehrmals verzinsliche Wandelschuldverschreibungen bis zum Gesamtnennbetrag von DM _____ mit einer Laufzeit von längstens 5 Jahren auszugeben und die jeweiligen Teilschuldverschreibungen mit Wandlungsrechten auszustatten, die den Erwerber nach Maßgabe der Wandlungsbedingungen berechtigen, Aktien der Gesellschaft zu beziehen. Das gesetzliche Bezugsrecht der Aktionäre wurde dabei ausgeschlossen.

1. Die Wandelschuldverschreibungen sollen ausschließlich von einem Kreis von Führungskräften erworben werden können. Dabei sollen die Wandelschuldverschreibungen jährlich bis zu einem Betrag von nominal _____ DM (_____ EUR) an die Mitglieder des Führungskreises 2 ausgegeben werden.

2. Die Wandelschuldverschreibungen sind von der Deutschen Bank AG übernommen worden mit der Maßgabe, daß sie nach Weisung unserer Gesellschaft ausschließlich von berechtigten Führungskräften erworben werden können, die allein zur Ausübung des Wandlungsrechts berechtigt sind. Der Kreis der Berechtigten und der Umfang des jeweiligen Rechts auf Erwerb der Wandelschuldverschreibungen einschließlich der zugehörigen Wandlungsrechte werden jeweils für die Mitglieder des Führungskreises 2 durch den Vorstand festgelegt.

3. Die Wandelschuldverschreibungen werden Ihnen mehrmals – jeweils während eines Zeitraums von vier Wochen, der auf die ordentliche Hauptversammlung der Gesellschaft folgt – mit folgender Maßgabe zur Zeichnung angeboten: Sie erhalten das Recht, die Wandelschuldverschreibungen ganz oder in Teilbeträgen in Aktien unserer Gesellschaft umzutauschen. Je DM 5,00 (2,56 EUR) Nennbetrag der Wandelschuldverschreibungen berechtigen zum Umtausch in einer auf den Inhaber lautende Stammaktie unserer Gesellschaft im Nennbetrag von DM 5,00 (2,56 EUR). Die jeweils eingeräumten Rechte sind nicht übertragbar.

4. Das Wandlungsrecht kann jeweils erstmalig im dritten Geschäftsjahr seit Ausgabe der Wandelschuldverschreibungen von Ihnen ausgeübt werden. Für die Ausübung des Wandlungsrechts wird das Verhältnis zwischen dem durchschnittlichen Ergebnis pro Aktie in den drei der Wandlung vorausgegangenen Geschäftsjahren und dem durchschnittlichen Ergebnis pro Aktien in den drei der Ausgabe der Wandelschuldverschreibung vorausgegangenen Monaten zugrundegelegt.

5. Wir weisen darauf hin, daß sich unsere Gesellschaft nicht für die Zukunft bedingungslos zur erneuten Gewährung gleichartiger Leistungen verpflichtet. Insbesondere weisen wir darauf hin, daß nach unserem Gewinn auch durch wiederholte Gewährung gleichartiger Leistungen keine betriebliche Übung entstehen soll.

6. Wir weisen darauf hin, daß für den Fall, daß Ihr Arbeitsverhältnis, gleich aus welchem Rechtsgrund, sei es veranlaßt durch Sie oder durch uns, zum             durch Kündigung oder Vereinbarung aufgelöst ist, die stichtagsabhängigen Ansprüche auf Aktienoptionen entfallen.

7. Der Anspruch auf die zugesagten Leistungen mindert sich außerdem pro angefangenem Monat Ihrer Arbeitsunfähigkeit in dem Zeitraum von drei Jahren um je 1/36.

Unterzeichnen Sie uns bitte zum Zeichen Ihres Einverständnisses und zum Beleg der Tatsache, daß Sie das Mitarbeiterbeteiligungsmodell zustimmend zur Kenntnis genommen haben, ein Exemplar dieser Vereinbarung und senden Sie es umgehend an die Personalabteilung zurück.

          , den

Ich bin mit den vorstehenden Regelungen sowie mit dem Mitarbeiterbeteiligungsmodell einverstanden.

Der Vorstand                    Führungskraft

## 2. Muster: Ruhensvereinbarung

*Vereinbarung*

zwischen

der Firma

– nachfolgend „Gesellschaft" genannt –

und

Herrn

– nachfolgend „Geschäftsführer" genannt –

**Präambel**

Der Geschäftsführer steht seit dem           in einem Arbeitsverhältnis mit verschiedenen Gesellschaften des Konzerns. Grundlage der gegenwärtigen Beschäftigung ist der „Anstellungsvertrag Oberer Führungskreis" mit der Gesellschaft vom          . Im Rahmen dieses Arbeitsverhältnis-

**§ 1  Kapitel 1: Arbeitsverträge**

ses nimmt der Geschäftsführer die Aufgaben des Vorsitzenden der Geschäftsführung einer GmbH (Tochtergesellschaft) wahr.

Seit          führt die Gesellschaft mit der Firma          und anderen Unternehmen Gespräche über den Verkauf (von Aktivitäten) der Tochtergesellschaft. Um einerseits diesen Verkauf zu fördern, andererseits die angestammten Rechte des Geschäftsführers zu erhalten, sichert die Gesellschaft dem Geschäftsführer im Fall des Zustandekommens eines Verkaufs (von Aktivitäten) der Tochtergesellschaft auf dessen Verlangen ein Recht auf Weiterbeschäftigung auf einem seinen Kenntnissen und Fähigkeiten entsprechenden, freien Arbeitsplatz in der Gesellschaft oder im Konzern zu. Die Weiterbeschäftigung, der u. a. die Bestimmungen der Konzernbetriebsvereinbarungen (wie z. B. über die Anerkennung von Vordienstzeiten in Unternehmen des Konzerns) zugrunde liegen, erfolgt nach Maßgabe der folgenden Bestimmungen:

1. Für die Zeit, während der zwischen dem Geschäftsführer und einem Erwerber (von Aktivitäten) der Tochtergesellschaft ein Dienstverhältnis als Geschäftsführer zustande kommt, ruhen die Rechte und Pflichten aus dem zwischen den Parteien bestehenden Arbeitsverhältnis.

2. Der Geschäftsführer erhält das Recht, durch einseitige Erklärung gegenüber der Gesellschaft unter Einhaltung einer Ankündigungsfrist von drei Monaten das ruhend gestellte Arbeitsverhältnis (Anstellungsvertrag vom          ) zu aktivieren. Das Recht zur Aktivierung des Arbeitsverhältnis besteht nicht, wenn der Geschäftsführeranstellungsvertrag des Geschäftsführers mit dem Erwerber (von Aktivitäten) der Tochtergesellschaft wegen des Versuchs oder der Vollendung der strafbaren Handlung arbeitgeberseits außerordentlich beendet und der Kündigungsgrund rechtskräftig festgestellt wurde.

3. Für den Fall, daß die Gesellschaft bis zum Ablauf der in Ziff. 2 Satz 1 genannten Ankündigungsfrist feststellt, daß eine den Kenntnissen und Fähigkeiten des Geschäftsführers entsprechende, vergleichbare, freie Stelle innerhalb der Gesellschaft oder des Konzerns nicht vorhanden ist, entfällt die Verpflichtung der Gesellschaft zur Weiterbeschäftigung des Geschäftsführers. Das zwischen den Parteien ruhende Arbeitsverhältnis wird in diesem Falle mit Ablauf der Ankündigungsfrist beendet. Vergleichbar im Sinne von Satz 1 sind Stellen einer der von dem Geschäftsführer zuletzt vor Ruhensbeginn ausgeübten Tätigkeit entsprechenden Stellenwertgruppe.

   Für den damit verbundenen Verlust des Arbeitsplatzes des Geschäftsführers auf Veranlassung des Arbeitgebers aus betriebsbedingten Gründen zahlt die Gesellschaft eine Abfindung gem. §§ 9, 10 KschG i. V. m. § 3 Ziff. 9 EStG in Höhe eines halben Bruttomonatsgehalts pro Jahr des Bestehens des Arbeitsverhältnisses im Konzern (seit          ) sowie darüber hinaus von sechs weiteren Bruttomonatsgehältern. Die Berechnung der Abfindung erfolgt auf Basis des vom Geschäftsführer zuletzt vor seinem Ausscheiden beim Erwerber (von Aktivitäten) der Tochtergesellschaft bezogenen und durch Verdienstbescheinigung gegenüber der Gesellschaft nachgewiesenen Monatsverdienstes. Das Monatsverdienst entspricht 1/12 des regelmäßigen Jahresverdienstes unter ausschließlicher Zugrundelegung des Fixgehaltes sowie der leistungsabhängigen und unternehmenserfolgsabhängigen, variablen Vergütungsbestandteile, jedoch ohne Einmalzahlugen oder sonstige (vergütungsähnliche) Arbeitgeberleistungen (wie z. B. Stock-Options). Die Auszahlung der Abfindung ist am Ende des dem Ablauf der Ankündigungsfrist folgenden Monats fällig.

4. Die Ansprüche des Geschäftsführers aus dem Pensionsvertrag vom          bleiben für die Zeit des Ruhens des Arbeitsverhältnisses unberührt. Als Dienstzeit im Sinne von § 2 des Pensionsvertrages gilt zusätzlich die Zeit des Ruhens des Arbeitsverhältnisses.

          , den

▲

## 3. Muster: Gesamtzusage über Aktienoptionen

▼

Der Vorstand der ▬▬▬▬, nachfolgend „Gesellschaft" genannt, erteilt allen Mitarbeitern, die nicht dem Vorstand angehören, zu den nachfolgenden Bedingungen eine

*Gesamtzusage*

über den Bezug von Aktienoptionen. Es werden die zum Zeitpunkt der Einräumung geltenden, allgemeinen Bedingungen für Aktiensbezugsrechte zwischen der Gesellschaft, einer nach den Gesetzen des US-Bundesstaats Delaware gegründet Corporation, und dem Optionsbegünstigten („Optionsbegünstigter") erläutert.

**Präambel**
Die Gesellschaft beabsichtigt, im Rahmen ihres internationalen Aktien-Options-Plans („Plan"), dem Optionsbegünstigten das Recht einzuräumen, Stammaktien der Gesellschaft im Nennwert von ▬▬▬▬ US-Dollar pro Aktie („Stammaktien") zu den im folgenden näher erläuterten Bedingungen zu erwerben. Die Gesellschaft hat dem Optionsbegünstigten bereits ein solches Bezugsrecht eingeräumt. Angesichts eines Vertrages vom ▬▬▬▬ über die beabsichtigte Fusion zwischen der Gesellschaft und der Firma ▬▬▬▬ hat sich die Gesellschaft verpflichtet, zum ▬▬▬▬ den Optionsplan zu den dann geltenden Bedingungen weiterzuführen. Weiterhin ist die Gesellschaft gemäß dem Plan berechtigt, anstelle der im Plan näher erläuterten Bedingungen neue Ersatz-Aktienbezugsrechte einzuräumen. So räumt die Gesellschaft nun dem Optionsbegünstigten anstelle der bisherigen Option das folgende Ersatz-Aktienbezugsrecht zu den im folgenden näher erläuterten Bedingungen ein („Aktienbezugsrecht").

**1. Ersatz**
Das Aktienbezugsrecht für ▬▬▬▬ Stammaktien ersetzt die bisherige Option und der Optionsbegünstigte verzichtet hiermit endgültig und unwiderruflich auf alle Rechte und Bezugsrechte für Wertpapiere im Rahmen der bisherigen Option sowie sämtliche Forderungen des Optionsbegünstigten unter der ▬▬▬▬-Option. Das Aktienbezugsrecht ist von der Gesellschaft nicht als leistungsbezogener Lohn im Sinne von Art. 422 A des US-Steuergesetzes von 1986 in der jeweils aktuellen Fassung (Internal Revenue Code, „Das Gesetz") zu bewerten.

**2. Basispreis**
Der Basispreis für die Stammaktie, die dem Aktienbezugsrecht unterliegt ist der Bezugspreis von ▬▬▬▬, der gemäß Plan errechnet wurde und mindestens 50 % des Marktwertes einer Stammaktie zum Zeitpunkt der Einräumung des Bezugsrechts entspricht.

**3. Laufzeit des Bezugsrechts**
(a) Vorbehaltlich der Bestimmungen aus den Abs. 5 (a), 5 (b) und 6 (b) kann das Aktienbezugsrecht für die im Bezugsplan auf dem Deckblatt näher erläuterten Aktienmengen und zu den dort genannten Terminen ausgeübt werden. Dieser Bezugsplan ist kumulativ. Der Optionsbegünstigte kann also jederzeit, sofern das Aktienbezugsrecht noch nicht ausgeübt wurde und weder verfallen oder abgelaufen ist noch widerrufen wurde, nach Belieben die laut Bezugsplan zulässigen Stammaktien ganz oder teilweise erwerben. Das Aktienbezugsrecht wird unbeschadet obiger Bestimmungen und sonstiger, anderslautender Klauseln der vorliegenden Gesamtzusage sofort fällig wenn,

  (1) der Optionsbegünstigte stirbt oder gem. Art. 22 (e) (3) des Gesetzes behindert wird (weitere Einzelheiten siehe unter Abs. 5 (a), 5 (b) und 6 (a) des vorliegenden Vertrages) oder wenn

  (2) der Plan-Ausschuß („der Ausschuß") gem. Abs. 6 (b) des vorliegenden Vertrages das Aktiensbezugsrecht widerruft, weil ein Ereignis laut Abs. 6 (b) eingetreten ist oder unmittelbar bevorsteht.

b) Das Aktienbezugsrecht und alle sonstigen Bezugsrechte für Aktien unter vorliegendem Vertrag laufen ab, sobald eines der im folgenden beschriebenen Ereignisse eintritt:

(1) das Ablaufdatum der ▬▬▬ (das spätestens 10 Jahre nach Inkrafttreten dieser Gesamtzusage liegt);

(2) Ablauf der im Plan näher bezeichneten Frist nach Beendigung des Arbeitsverhältnisses des Optionsbegünstigten, während derer das Aktienbezugsrecht ausgeübt werden kann, gem. Abs. 5 (a) bzw. 5 (b) oder

(3) ggf. bei Erreichen des gem. Abs. 6 (b) der vorliegenden Gesamtzusage vorgesehenen Ablaufdatums.

Unbeschadet der sonstigen Bestimmungen der vorliegenden Gesamtzusage über Aktienbezugsrechte ist niemand berechtigt, das Aktienbezugsrecht ganz oder teilweise nach dem Ablaufdatum auszuüben.

### 4. Ausübung des Bezugsrechts

567 (a) Vorbehaltlich der Bestimmungen der vorliegenden Gesamtzusage über Aktienbezugsrechte kann das Aktienbezugsrecht durch schriftliche Benachrichtigung der Gesellschaft an ihrem Hauptsitz und zu Händen ihres Präsidenten ausgeübt werden. In der schriftlichen Benachrichtigung ist die Absicht zu nennen, das Aktienbezugsrecht auszuüben sowie die Menge der Stammaktien, die gem. dem Aktienbezugsrecht erworben werden sollen. Der Ausübende hat die Benachrichtigung zu unterzeichnen. Wenn das Aktienbezugsrecht durch eine Person ausgeübt wird, bei der es sich um den Optionsbegünstigten handelt, so muß sie/er zusammen mit der Benachrichtigung auch den Nachweis ihrer/seiner Ausübungsberechtigung erbringen. Der Benachrichtung ist folgendes beizufügen:

(1) der Gegenwert des kompletten Basispreises für die zu erwerbenden Stammaktien (per Scheck, Bankscheck oder Zahlungsanweisung, ausgestellt auf die Gesellschaft) oder

(2) Zertifikate für unbelastete Stammaktien im Gesamtmarktwert des kompletten Basispreises für die zu erwerbenden Stammaktien zum Zeitpunkt der Bezugsrechtsausübung oder

(3) eine Kombination aus Barmitteln und unbelasteten Stammaktien.

Der Optionsbegünstigte indossiert alle der Gesellschaft laut vorstehenden Absätzen überreichten Aktienzertifikate blanko und erklärt der Gesellschaft gegenüber schriftlich, daß sie/er der Inhaber/die Inhaberin dieser Stammaktien ist und daß sie frei von Pfandrechten, Sicherungsrechten oder sonstigen Belastungen sind.

(b) Die Gesellschaft stellt dem Ausübenden des Aktienbezugsrechts im Namen des Optionsbegünstigsten bzw. seinen/ihren Erben sobald wie möglich nach Eingang des Geldes ein oder mehrere Zertifikate für die im Rahmen des Aktiensbezugsrechts erworbenen Stammaktien aus. Die Gesellschaft trägt alle ggf. anfallenden Steuern für Ausgabe oder Übertragung der Stammaktien an den Ausübenden des Aktienbezugsrecht sowie alle auf die Gesellschaft in diesem Zusammenhang notwendigerweise entfallenden Gebühren und Aufwendungen. Alle in dieser Form ausgegebenen Stammaktien gelten als voll eingezahlt und nicht nachschußpflichtig. Unbeschadet anderslautender Bestimmungen der vorliegenden Gesamtzusage über Aktienbezugsrechte ist die Gesellschaft nicht verpflichtet, nach Ausübung dieser Option bzw. nach ihrer teilweisen Ausübung Stammaktien auszugeben oder auszuliefern, bevor die für diese Stammaktien per Gesetz oder laut den von der Gesellschaft für notwendig erachteten Vorschriften vorgesehenen Eintragungs- und anderen Formalitäten erledigt wurden.

### 5. Ausübung nach Beendigung des Arbeitsverhältnisses

(a) Solange der Optionsbegünstigte lebt, darf das Aktienbezugsrecht nur ausgeübt werden, solange der Optionsbegünstigte in den Diensten der Gesellschaft, ihrer Muttergesellschaft oder einer ihrer Tochtergesellschaften steht, und auch nur dann, wenn der Optionsbegünstigte seit Inkrafttreten dieses Vertrages über Aktiensbezugsrechte ununterbrochen in den Diensten der Gesellschaft gestanden hat mit folgenden Ausnahmen

(1) das Aktienbezugsrecht bleibt bis zum Ablauf von drei Monaten nach Beendigung des Arbeitsverhältnisses des Optionsbegünstigten ausübbar, jedoch nur unter der Voraussetzung,

daß das Aktienbezugsrecht unmittelbar vor Beendigung des Arbeitsverhältnisses des Optionsbegünstigten fällig war;

(2) falls der Optionsbegünstigte behindert wird (wie in Art. 22 (e) (3) des Gesetzes näher erläutert) während er in den Diensten der Gesellschaft steht, so ist der gesetzliche Vertreter des Optionsbegünstigten berechtigt, das Aktienbezugsrecht bis zum Ablauf eines Jahres nach Beendigung des Arbeitsverhältnisses des Optionsbegünstigten auszuüben und

(3) wenn das Arbeitsverhältnis des Optionsbegünstigten nach einer Erklärung gem. Abs. 6 (b) dieses Vertrages über Aktiensbezugsrechte beendet wird, so ist der Optionsbegünstigte berechtigt, das Aktienbezugsrecht solange auszuüben wie in dieser Erklärung vorgesehen ist.

(b) Falls der Optionsbegünstigte stirbt, während er in den Diensten der Gesellschaft, ihrer Muttergesellschaft oder einer ihrer Tochtergesellschaften steht, wenn zum Zeitpunkt seines Todes weniger als drei Monate seit der Beendigung seines/ihres Arbeitsverhältnisses vergangen sind, so sind der gesetzliche Vertreter bzw. die Testamentserben und Vermächtnisnehmer des Optionsbegünstigten oder die Person, auf die das Recht zur Ausübung des Aktienbezugsrechts übergegangen ist, bis zu einem Jahr nach dem Tod des Optionsbegünstigten berechtigt, das Aktienbezugsrecht auszuüben.

(c) Die Versetzung des Optionsbegünstigten durch die Gesellschaft, ihre Muttergesellschaft oder eine ihrer Tochtergesellschaften zu einer anderen Konzerngesellschaft sowie eine vom Ausschuß genehmigte Beurlaubung des Optionsbegünstigten gelten nicht als Beendigung des Arbeitsverhältnisses. Die Begriffe „Muttergesellschaft" und „Tochtergesellschaft" erhalten für die Zwecke der vorliegenden Gesamtzusage die gleiche Bedeutung, wie sie in Art. 425 (e) und (f) des Gesetzes enthalten ist.

**6. Vorzeitige Fälligkeit des Bezugsrechts**

(a) Behinderung oder Tod. Falls Abs. 5 (a) (2) oder 5 (b) der vorliegenden Gesamtzusage über Aktienbezugsrechte Anwendung finden, wird das Aktienbezugsrecht – ob bereits ausgeübt oder nicht – sofort und in vollem Umfang fällig, sofern der Optionsbegünstigte seit dem Tag der Erteilung des Aktienbezugsrechts und bis zum Zeitpunkt des Eintritts der Behinderung bzw. bis maximal drei Monate vor Eintritt des Todes ununterbrochen in den Diensten der Gesellschaft, ihrer Muttergesellschaft oder einer ihrer Tochtergesellschaften stand.

(b) Auflösung, Liquidation, Zusammenschluß. Für den Fall, daß die Gesellschaft eine Fusion oder Konsolidierung mit einer anderen Gesellschaft oder Corporation plant oder falls die Gesellschaft aufgelöst oder liquidiert werden soll (wobei diese Fusion, Konsolidierung, Auflösung oder Liquidation im folgenden als „Ereignis" bezeichnet wird), hat der Ausschuß mindestens 10 Tage vor Inkrafttreten eines Ereignisses zu erklären und den Optionsbegünstigten schriftlich von dieser Erklärung in Kenntnis zu setzen, daß das Aktienbezugsrecht, ob fällig oder nicht, bei Eintreten des Ereignisses oder unmittelbar zuvor widerrufen wird (außer es ist vor Eintreten des Ereignisses ausgeübt worden). Weiterhin hat er den Optionsbegünstigten schriftlich davon in Kenntnis zu setzen, daß an ihn innerhalb von 10 Tagen nach Eintreten des Ereignisses für jede Stammaktie, die dem widerrufenen Aktienbezugsrecht unterlegen hatte, der Gegenwert (sofern zutreffend) desjenigen Betrages ausgeschüttet wird, um den der ereignisbedingte Erlös je Stammaktie (wie weiter unten ausgeführt) den Bezugspreis je Stammaktie laut Aktienbezugsrecht überschreitet. Zum Zeitpunkt einer Erklärung laut unmittelbar vorangehendem Satz wird das Aktienbezugsrecht sofort in vollem Umfang fällig, und der Optionsbegünstigte ist berechtigt, bis zum Zeitpunkt des angekündigten Widerrufs des Aktienbezugsrechts sein Bezugsrecht für Stammaktien ganz oder teilweise auszuüben. Der Teil des Aktienbezugsrechts, der bei Eintreten des Ereignisses nicht ausgeübt wurde, wird bei Eintreten des Ereignisses bzw. unmittelbar davor sofort fällig, und dieser Plan endet zum Zeitpunkt des Widerrufs vorbehaltlich der Zahlung von den in diesem Abs. 6 (b) näher erläuterten Zahlungsverpflichtungen der Gesellschaft. Für die Zwecke des vorliegenden Absatzes bezeichnet „ereignisbedingter Erlös je Stammaktie" den Barwert zzgl. des Marktwerts der je Stammaktie durch Aktionäre der Gesellschaft bei Eintreten des Ereignisses anfallenden Sachwerte, so wie er im guten Glauben durch den Ausschuß festgelegt wird.

Diese Regelung gilt unabhängig davon, ob es sich bei der Gesellschaft, mit der die Fusion oder Konsolidierung geplant ist, um die übernehmende Gesellschaft handelt. Sie gilt allerdings nur, sofern nicht in angemessener Form dafür gesorgt wurde, daß das Aktienbezugsrecht durch Einräumung eines Ersatzbezugsrechts für entsprechende stimmberechtigte Stammaktien („Aktien der übernehmenden Gesellschaft") der übernehmenden Gesellschaft bzw. ggf. der Muttergesellschaft der Gesellschaft oder der übernehmenden Gesellschaft oder andernfalls durch Ausgabe einer entsprechenden Zahl Aktien der übernehmenden Gesellschaft mit einem Marktwert zum Zeitpunkt des Inkrafttretens der Fusion oder Konsolidierung, der dem Produkt von (A) dem Betrag, um den (x) der ereignisbedingte Erlös je Stammaktie (wie weiter unten ausgeführt) unter dem Aktienbezugsrecht zum Zeitpunkt des Inkrafttretens (y) den Bezugspreis für die Stammaktien unter dem Aktienbezugsrecht überschreitet multipliziert mit (B) der Anzahl Stammaktien unter dem Aktienbezugsrecht entspricht, gewahrt bleibt.

### 7. Übertragungseinschränkungen
Solange der Optionsbegünstigte lebt, darf nur der Optionsbegünstigte, sein Vormund oder gesetzlicher Vertreter das Aktienbezugsrecht ausüben. Der Optionsbegünstigte ist nicht berechtigt, das Aktienbezugsrecht abzutreten oder zu übertragen, außer durch testamentarische Verfügung, gesetzliche Erbfolge oder Erbschaftsteilung; das Aktienbezugsrecht darf auch nicht im Wege der Zwangsvollstreckung, der Beschlagnahme oder pfandrechtlich oder hypothekarisch belastet werden. Jeglicher Versuch, das Aktienbezugsrecht abzutreten, zu übertragen, zu verpfänden oder hypothekarisch oder in anderer Form zu belasten, sowie eine eventuelle Beschlagnahme o. ä. des Aktienbezugsrechts sind nichtig.

### 8. Aktionärsrechte vor der Ausübung
Der Optionsbegünstigte erhält bezüglich seiner dem Aktienbezugsrecht unterliegenden Aktien erst die einem Aktionär der Gesellschaft zustehenden Rechte, wenn durch Ausübung des Aktienbezugsrechts die Aktien an ihn ausgegeben werden.

### 9. Anpassungsermessen
Der Ausschuß ist in eigenem Ermessen berechtigt, die Anzahl der dem Aktienbezugsrecht unterliegenden Aktien sowie den Bezugspreis pro Aktie anzupassen oder an die Anzahl ausgegebener Stammaktien der Gesellschaft infolge einer Fusion, eines Zusammenschlusses, einer Rekapitalisierung, einer Umstrukturierung, der Neuordnung der Aktiengattungen sowie Dividenden sowie Aktiensplitting oder einer sonstigen wesentlichen Veränderung anzugleichen. Dabei werden Aktienbruchteile auf die nächste ganze Aktie auf- oder abgerundet.

### 10. Steuerabzug
Die Parteien des vorliegenden Vertrages anerkennen, daß die Gesellschaft, ihre Muttergesellschaft oder eine ihrer Tochtergesellschaft zu gegebener Zeit verpflichtet sein kann, in den USA anfallende Bundes- oder Landessteuern und ggf. Sozial- und andere Abgaben einzubehalten, die auf den Optionsbegünstigten aufgrund der Ausübung seines Aktienbezugsrecht entfallen. Der Optionsbegünstigte verpflichtet sich, der Gesellschaft, ihrer Muttergesellschaft bzw. der betreffenden Tochtergesellschaft für den Fall, daß die Gesellschaft, ihre Muttergesellschaft oder eine ihrer Tochtergesellschaften solche Steuern einbehalten muß, unverzüglich und auf Anforderung in bar den Betrag zu ersetzen, der aufgrund dieser Verpflichtung zum Zeitpunkt seiner Ausübung des Aktienbezugsrechts anfällt. Es wird jedoch vereinbart, daß der Ausschuß berechtigt, aber nicht verpflichtet ist, dem Optionsbegünstigten zu gestatten (bzw. Optionsbegünstigten, die nach dem Plan als Mitglieder des Verwaltungsrats gelten, in jedem Fall zu gestatten), wahlweise diese Abzüge und weitere Einbehaltungen für eventuell anfallende US-Einkommenssteuern und Bundesversicherungsbeiträge auf die Ausübung des Aktienbezugsrechts ganz oder teilweise durch die Verringerung der Anzahl der an den Optionsbegünstigten ausgegebenen Stammaktien bzw. durch eine spätere Rückgabe von bereits an den Optionsbegünstigten ausgegebenen Aktien an die Gesellschaft zu begleichen.

### 11. Auslegung des Vertrags über Aktienbezugsrechte
Alle vom Ausschuß im Zusammenhang mit dem vorliegenden Vertrag oder dem Plan getroffenen Entscheidungen und erfolgten Auslegungen sind sowohl für die Gesellschaft als auch für den Optionsbegünstigten endgültig und verbindlich. Falls es Unstimmigkeiten zwischen den Bedingungen der vorliegenden Gesamtzusage über Aktiensbezugsrechte und dem Plan geben sollte, so gibt der Plan den Ausschlag.

### 12. Beendigung des Arbeitsverhältnisses
Diese Gesamtzusage über Aktienbezugsrechte stellt für den Optionsbegünstigten kein Anrecht auf Weiterbeschäftigung durch die Gesellschaft, ihre Muttergesellschaft oder eine ihrer Tochtergesellschaften dar, und die Gesellschaft, ihre Muttergesellschaft und ihre Tochtergesellschaften sind berechtigt, ein bestehendes Arbeitsverhältnis mit dem Optionsbegünstigten zu beenden und sich auch sonst ihm gegenüber ohne Berücksichtigung eventueller Auswirkungen auf seine Rechte aus dieser Gesamtzusage über Aktienbezugsrechte zu verhalten.

### 13. Allgemeine Bestimmungen
Die Gesellschaft wird während der Laufzeit dieses Aktienbezugsrechts dafür sorgen, daß jederzeit ausreichend Stammaktien vorhanden sind, um die Bedingungen der vorliegenden Gesamtzusage über Aktienbezugsrechte zu erfüllen. Diese Gesamtzusage über Aktienbezugsrechte ist in jeder Hinsicht für die Erben, Rechtsnachfolger, Vertreter und Zessionare des Optionsbegünstigten verbindlich. Diese Gesamtzusage über Aktienbezugsrechte unterliegt dem Recht und Gesetz des US-Bundesstaats Minnesota und ist entsprechend auszulegen. Ansprüche aus diesem Plan können nur im US-Bundesstaat Minnesota und nicht vor einem deutschen Gericht geltend gemacht werden.

# Kapitel 1: Arbeitsverträge

## 4. Muster: Antrag auf Erteilung einer Bescheinigung zur Steuerfreistellung des Arbeitslohnes für ein geringfügiges Beschäftigungsverhältnis (630-DM-Arbeitsverhältnis)

▼

570

Weiße Felder bitte ausfüllen oder **X** ankreuzen.

**Hinweise:**

Eine Bescheinigung zur Steuerfreistellung des Arbeitslohns für ein geringfügiges Beschäftigungsverhältnis kann nur erteilt werden, wenn die Summe Ihrer anderen Einkünfte im Kalenderjahr nicht positiv ist. Zu den anderen Einkünften gehören alle positiven und negativen Einkünfte im Sinne des § 2 des Einkommensteuergesetzes (EStG). Hierzu zählen insbesondere der Arbeitslohn aus einem anderen Dienstverhältnis, der Ertragsanteil einer Rente, Zinseinnahmen nach Abzug des Werbungskostenpauschbetrags und des Sparerfreibetrags, Einkünfte aus selbständiger Tätigkeit, aus Gewerbebetrieb und aus Vermietung und Verpachtung. Zu den Einkünften gehören auch die Unterhaltszahlungen des geschiedenen Ehegatten, sofern er hierfür den Sonderausgabenabzug in Anspruch nimmt. Einkünfte Ihres Ehegatten werden nicht berücksichtigt und brauchen deshalb nicht angegeben zu werden.

Der Arbeitslohn für ein geringfügiges Beschäftigungsverhältnis kann zudem vom Arbeitgeber nur dann steuerfrei gezahlt werden, wenn er im jeweiligen Lohnzahlungszeitraum für den Arbeitslohn den pauschalen Arbeitgeberbeitrag zur Rentenversicherung in Höhe von 12 % zu entrichten hat.

Wird Ihnen aufgrund dieses Antrags eine Bescheinigung zur Steuerfreistellung des Arbeitslohns aus dem geringfügigen Beschäftigungsverhältnis ausgestellt und stellt sich nach Ablauf des Kalenderjahrs heraus, daß die Summe Ihrer anderen Einkünfte positiv ist, sind Sie nach § 46 Abs. 2a EStG verpflichtet, eine Einkommensteuererklärung abzugeben.

Nach den Vorschriften der Datenschutzgesetze wird darauf hingewiesen, daß die Angabe der Telefonnummer freiwillig im Sinne dieser Gesetze ist und im übrigen die mit der Steuererklärung angeforderten Daten aufgrund der §§ 149 ff. der Abgabenordnung und des § 39a Abs. 6 EStG erhoben werden.

### A. Angaben zur Person

Familienname, Vorname | Geburtsdatum | Tag Monat Jahr

Anschrift (Straße, Hausnummer, Postleitzahl, Ort)

Ausgeübter Beruf

Verheiratet seit | Verwitwet seit | Geschieden seit | Dauernd getrennt lebend seit | Telefonische Rückfragen unter Nr.

Ich werde (ggf. zusammen mit meinem Ehegatten) zur Einkommensteuer veranlagt: Nein | Ja, beim Finanzamt | Steuernummer

Ich habe für das Kalenderjahr 1999 bereits eine Bescheinigung zur Steuerfreistellung des Arbeitslohns für ein geringfügiges Beschäftigungsverhältnis erhalten: Nein | Ja, beim Finanzamt | Steuernummer

### B. Angaben zu den Einkünften

Der Arbeitslohn für dieses geringfügige Beschäftigungsverhältnis beträgt | DM monatlich.

☐ Ich habe außer dem Arbeitslohn für dieses geringfügige Beschäftigungsverhältnis voraussichtlich keine anderen Einkünfte.

☐ Ich beziehe aus weiteren Beschäftigungsverhältnissen Arbeitslohn in Höhe von | DM monatlich.

☐ Ich habe im Kalenderjahr 1999 voraussichtlich folgende andere Einkünfte:

positive Einkünfte | DM, | negative Einkünfte | DM

### Versicherung

Ich versichere, daß ich die Angaben in diesem Antrag wahrheitsgemäß nach bestem Wissen und Gewissen gemacht habe.

_____  _____
Datum                     (Unterschrift des Antragstellers)

## Verträge mit Arbeitnehmern, Gesellschaftsorganen und Selbständigen § 1

**Lohnsteuerbescheinigung des Arbeitgebers für**

| Familienname, Vorname ① | Geburtsdatum | Tag | Mon. | Jahr |
|---|---|---|---|---|
| Anschrift (Straße, Hausnummer, Postleitzahl, Ort) | | | | |

| Dauer des Dienstverhältnisses | vom - bis | | vom - bis | | vom - bis | |
|---|---|---|---|---|---|---|
| | DM | Pf | DM | Pf | DM | Pf |
| Steuerfreier Arbeitslohn aus geringfügiger Beschäftigung, für den pauschale Arbeitgeberbeiträge zur Rentenversicherung von 12 % entrichtet wurden | | | | | | |
| Steuerfreie Arbeitgeberleistungen für Fahrten zwischen Wohnung und Arbeitsstätte | | | | | | |
| Pauschalbesteuerte Arbeitgeberleistungen für Fahrten zwischen Wohnung und Arbeitsstätte | | | | | | |
| Anschrift des Arbeitgebers (lohnsteuerliche Betriebsstätte) Firmenstempel, Unterschrift | | | | | | |

① Die beiden ersten Zeilen der Lohnsteuerbescheinigung des Arbeitgebers sind nur auszufüllen, wenn sie als gesonderte Bescheinigung maschinell erstellt wird. Die maschinell erstellte Lohnsteuerbescheinigung muß vom Arbeitgeber mit der Freistellungsbescheinigung so fest verbunden werden, daß die Verbindung ohne Beschädigung der Freistellungsbescheinigung oder der Lohnsteuerbescheinigung nicht wieder gelöst werden kann. Maschinell erstellte Lohnsteuerbescheinigungen brauchen nicht unterschrieben zu werden. Die Lohnsteuerbescheinigung kann auch in einem abweichenden Format erstellt werden.

**Hinweis für den Arbeitnehmer**: Stellt sich nach Ablauf des Kalenderjahrs heraus, daß die Summe Ihrer anderen Einkünfte positiv ist, sind Sie nach § 46 Abs. 2a EStG verpflichtet, eine Einkommensteuererklärung abzugeben.

# § 1 Kapitel 1: Arbeitsverträge

## 5. Muster: Fragebogen für geringfügig Beschäftigte

**Persönliche Daten**

Name .................................................. Vorname ..................................................
Straße .................................................. PLZ, Ort ..................................................
Sozialversicherungs-Nr. ..................................................
Wenn keine deutsche Sozialversicherungs-Nr. vorhanden ist:
Geburtsdatum .................................................. Geburtsname ..................................................
Geburtsort .................................................. Staatsangehörigkeit ..................................................

**Steuerrechtliche Beurteilung**

Eine Freistellungsbescheinigung des Finanzamtes füge ich in der Anlage bei
      ○ Ja       ○ Nein

Hinweis:
Nur wenn eine durch den Arbeitnehmer bei dem für ihn zuständigen Finanzamt zu beantragende Freistellungsbescheinigung vorliegt, kann der Arbeitgeber den Arbeitslohn aus der geringfügigen Beschäftigung steuerfrei auszahlen.
Eine Freistellungsbescheinigung wird nur erteilt, wenn die Summe der anderen Einkünfte des Arbeitnehmers nicht positiv ist.
    Wenn nein:
      ○ Eine Lohnsteuerkarte füge ich in der Anlage bei
      ○ Eine Lohnsteuerkarte habe ich nicht beigefügt
        Hinweis:
        Wird keine Lohnsteuerkarte vorgelegt, ist der Arbeitgeber verpflichtet, den Lohnsteuerabzug nach Steuerklasse 6 vorzunehmen.

**Sozialversicherungsrechtliche Beurteilung**

○ Ich übe neben diesem Beschäftigungsverhältnis keine weiteren Beschäftigungen gegen Arbeitsentgelt aus
○ Ich beziehe folgende Rente   ..................................................
○ Ich übe weitere Beschäftigungen gegen Arbeitsentgelt aus
    ○ Es handelt sich hierbei um sozialversicherungspflichtige Arbeitsverhältnisse
    ○ Es handelt sich hierbei um geringfügige Beschäftigungsverhältnisse
      Wenn ja:
      ○ Die Arbeitsentgelte sämtlicher Beschäftigungsverhältnisse betragen monatlich nicht mehr als 630 DM
      ○ Die Arbeitsentgelte sämtlicher Beschäftigungsverhältnisse betragen monatlich mehr als 630 DM

Hinweis:
Wenn die Arbeitsentgelte aus mehreren Beschäftigungsverhältnissen insgesamt mehr als 630 DM im Monat betragen, sind die Arbeitsentgelte aus allen Beschäftigungsverhältnissen sozialversicherungspflichtig.
Der Arbeitnehmer trägt in diesem Fall den hälftigen Anteil zur Sozialversicherung.

○ Ich bin nicht Mitglied der gesetzlichen Krankenversicherung
    Begründung (z.B. Beamter, selbständig tätig):   ..................................................
○ Ich bin nicht als Ehegatte oder Kind in der gesetzlichen Sozialversicherung familienversichert
○ Ich bin bei folgender Krankenkasse versichert   ..................................................

Soweit pauschale Beiträge für die Rentenversicherung durch meinen Arbeitgeber geleistet werden, bin ich daran interessiert, die Beitragsleistung zur Rentenversicherung durch eigene Beiträge aufzustocken und somit das volle Leistungsspektrum der Rentenversicherung (Anspruch auf Rehabilitation, Rente wegen Berufs- und Erwerbsunfähigkeit, vorgezogene Altersrenten und Rentenberechnung nach Mindesteinkommen) in Anspruch nehmen zu können.
      ○ Ja       ○ Nein

Ich wurde über die Möglichkeiten der Aufstockung der Rentenversicherungsbeiträge durch den Arbeitgeber hinreichend informiert

Ich versichere, alle Angaben wahrheitsgemäß und vollständig gemacht zu haben. Änderungen der Verhältnisse werde ich dem Arbeitgeber unverzüglich schriftlich mitteilen.

Datum .................................................. Unterschrift des Arbeitnehmers ..................................................

## 6. Muster: Vergütungsvereinbarung für Arbeitnehmererfindung

Zwischen

– nachfolgend Firma genannt –

und

– nachfolgend Mitarbeiter genannt –

wird folgende

*Vergütungsvereinbarung für Arbeitnehmererfindungen*

geschlossen:

### § 1 Vertragsgegenstand
Die Diensterfindung des Mitarbeiters            , die die Firma im Schreiben vom            unbeschränkt in Anspruch genommen hat, bildet Gegenstand des nachfolgenden Vertrages.

### § 2 Ermittlung der Erfindervergütung
(1) Die Parteien vereinbaren, die Erfindervergütung nach den Amtlichen Vergütungsrichtlichen für Arbeitnehmererfindungen im privaten Dienst (RL) zu ermitteln. Der Ermittlung zugrundegelegt wird die Methode der Lizenzanalogie.

(2) Die Lizenzgebühr beträgt            %, bezogen auf den von der Firma im Vergütungszeitraum erlangten Werksabgabepreis.

(3) Bei der Ermittlung der Lizenzgebühr bleiben Umsatzsteuer, Kosten für Verpackung, Versicherungen, sonstige Steuern oder Fracht außer Ansatz. Erstattungsleistungen des Unternehmens aufgrund der Stornierung von Aufträgen werden in Abzug gebracht.

(4) Der während der Schutzrechtsdauer erlangte vergütungspflichtige Gesamtumsatz gemäß der Tabelle RL Nr. 11 wird abgestaffelt.

### § 3 Miterfinderanteile
Zwischen den Parteien besteht Einigkeit, daß folgende Miterfinderanteile zu berücksichtigen sind:

(1) Bei Herrn            :            %

(2) Bei Frau            :            %

### § 4 Anteilsfaktor
Der Anteilsfaktor errechnet sich wie folgt:

(1) Für Herrn            % (Wertzahl a =            , Wertzahl b =            , Wertzahl b =            )

(2) Für Frau            % (Wertzahl a =            , Wertzahl b =            , Wertzahl b =            )

### § 5 Risikoabschlag
(1) Mangels Bestandskräftigkeit des Schutzrechts vereinbaren die Parteien einen Risikoabschlag in Höhe von            %. Die Erfindervergütung wird um diesen Abschlag solange gemindert, bis das europäische Schutzrechtserteilungsverfahren bestandskräftig abgeschlossen ist. Wird das Schutzrecht in dem beantragten Schutzumfang erteilt, wird der Risikoabschlag mit Bestandskraft nachentrichtet, im anderen Falle erfolgt eine eingeschränkte Nachzahlung.

(2) Sofern das Schutzrecht rechtskräftig versagt wird, entfällt eine Nachzahlung.

(3) Die vorläufige Vergütung endet mit der endgültigen Versagung des Schutzrechts.

(4) Das Unternehmen behält sich das Recht vor, den Risikoabschlag bei Veränderungen im Erteilungsverfahren nach billigem Ermessen anzupassen.

### § 6 Außerbetriebliche Verwertung
Wird die Erfindung außerbetrieblich durch Lizenzvergabe oder Austauschvertrag verwertet, können die Parteien eine gesonderte Vereinbarung treffen. Die festgelegten Miterfinderanteile und die Anteilsfaktoren behalten ihre Gültigkeit. Bei Lizenzeinnahmen wird die auf die Diensterfindung entfallende Bruttolizenzeinnahme nach Abzug eines etwaigen Know-How-Anteils zur Ermittlung des Erfindungswertes mit einem Umrechnungsfaktor von        % multipliziert.

### § 7 Vergütungsbeiträge
Für den Nutzungszeitraum vom        bis zum        errechnen sich die nachfolgenden Vergütungsbeiträge:

(1) Für Herrn        DM
(2) Für Frau        DM.

### § 8 Fälligkeit
Die Vergütungsbeiträge werden innerhalb einer Frist von 10 Tagen nach Unterzeichnung dieser Vereinbarung durch sämtliche Miterfinder fällig, spätestens jedoch eine Woche Ablauf der in § 10 vereinbarten Widerrufsfrist.

### § 9 Abrechnungszeitraum
Die Vergütungsbeiträge sind, soweit zwischen den Parteien keine anderweitige Vereinbarung getroffen wird, neben den laufenden Verwertungshandlungen auch gültig für zukünftige Verwertungshandlungen. Zwischen den Parteien besteht Einigkeit, daß die Vergütung für ein Geschäftsjahr jeweils zum 30. Juli des Folgejahres abzurechnen und nach Rechnungslegung innerhalb der Frist des § 8 fällig ist.

### § 10 Widerrufsrecht
(1) Alle Beteiligten behalten sich ein Widerrufsrecht vor, sofern nicht sämtliche Miterfinder bis zum        diese Vereinbarung unterzeichnet haben. Das Widerrufsrecht ist durch eingeschriebenen Brief gegenüber allen anderen Vertragspartnern bis zum        auszuüben.

(2) Der Widerruf eines Beteiligten führt zur Aufhebung dieser Vereinbarung im ganzen. Er erfaßt auch die Vereinbarung zwischen solchen Beteiligten, die von ihrem Widerrufsrecht nicht Gebrauch gemacht haben.

(3) Im Falle des Widerrufs ist der Arbeitgeber berechtigt und verpflichtet, eine Festsetzung der Vergütung gemäß § 12 Abs. 3 ArbnErfG vorzunehmen.

# Kapitel 2: Handelsvertreterverträge und Verträge mit freien Mitarbeitern

## Literatur

**Baeck**, Anmerkung zur Pressemitteilung des BMA zur Scheinselbständigkeit, DB 1999, 1065; **Bauer/Diller/Lorenzen**, Das neue Gesetz zur „Scheinselbständigkeit", NZA 1999, 169; **Bauer/Diller/Schuster**, Das Korrekturgesetz zur „Scheinselbständigkeit", NZA 1999, 1297; **Brand**, Das Gesetz zur Bekämpfung der Scheinselbständigkeit, DB 1999, 1162; **Buchner**, Gelöstes und Ungelöstes zu Scheinselbständigen und arbeitnehmerähnlichen Selbständigen, DB 1999, 146; **ders.**, Von Scheinselbständigen und Scheinlösungen, DB 1999, 2514; **ders.**, Versicherungs-, Beitrags- und Melderecht für scheinselbständige Arbeitnehmer, DB 1999, 533; **Däubler**, Arbeitnehmerbegriff und Arbeitsrecht, NZA 1997, 1249; **ders.**, Das Gesetz zu Korrekturen in der Sozialversicherung und zur Sicherung der Arbeitnehmerrechte, NJW 1999, 601; **ders.**, Scheinselbständige und arbeitnehmerähnliche Selbständige in der Sozialversicherung, NZA 1999, 337; **ders.**, Schluß mit dem Mißbrauch der Scheinselbständigkeit, BB 199, 366; **Fischer/Harth**, Die Behandlung des sogenannten „Scheinselbständigen" in arbeitsrechtlicher und steuerrechtlicher Hinsicht, AuR 1999, 126; **Gaul/Wisskirchen**, Das letzte Gesetz zur „Förderung der Scheinselbständigkeit"?, DB 1999, 2466; **Hanau**, Rundschreiben der Spitzenverbände zur Scheinselbständigkeit, ZIP 1999, 252; **Heinze**, Wege aus der Krise des Arbeisrechts – der Beitrag der Wissenschaft, NZA 1997, 1; **Hohmeister**, Anwendbarkeit arbeits- und sozialversicherungsrechtlicher Vorschriften auf Mitarbeiterverhältnisse seit dem 1.1.1999 durch das sog. Korrekturgesetz, NZS 1999, 179; **Hromdaka**, Arbeitnehmerähnliche Personen, NZA 1997, 1249; **Hümmerich**, Arbeitsverhältnis als Wettbewerbsgemeinschaft, NJW 1998, 2625; **Hunold**, Die Rechtsprechung zu Statusfragen, NZA 1999, 505; **Kilger**, Freie Mitarbeiter 1999 und Scheinselbständigkeit, AnwBl. 1999, 39; **Kollmer**, Das neue „Gesetz zu Korrekturen in der Sozialversicherung und zur Sicherung der Arbeitnehmerrechte", NJW 1999, 608; **Krebs**, Die vermutete Scheinselbständigkeit nach § 7 Abs. 4 Satz 1 SGB IV, DB 1999, 1602; **Kunz/Kunz**, Freie Mitarbeiter als Freiberufler im Fokus der Sozialversicherungsträger?, DB 1999, 846; **Leuchten/Zimmer**, Das neue Gesetz zur „Scheinselbständigkeit" – Probleme in der Praxis, DB 1999, 381; **Löwisch**, Der arbeitsrechtliche Teil des sogenannten Korrekturgesetzes, BB 1999, 102; **Reinecke**, Der Kampf um die Arbeitnehmereigenschaft – prozessuale, materielle und taktische Probleme, NZA 1999, 729; **Reiserer**, Scheinselbständigkeit – Strategien zur Vermeidung, BB 1999, 1006; **Richardi**, „Scheinselbständigkeit" und arbeitsrechtlicher Arbeitnehmerbegriff, DB 1999, 958; **Rohlfing**, Zum arbeitsrechtlichen Status von (Honorar)lehrkräften, NZA 1999, 1027; **Schiefer**, Gesetz zu Korrekturen in der Sozialversicherung und zur Sicherung der Arbeitnehmerrechte, DB 1999, 48; **Schmidt**, Das Gesetz zur Förderung der Selbständigkeit und seine Folgen für die Praxis, NZS 2000, 57; **Söhnlein/Mocellin**, Die Neuregelung der Sozialversicherungspflicht von Scheinselbständigen nach dem Rentenkorrekturgesetz – materiellrechtliche und verfahrensrechtliche Aspekte, NZS 1999, 217; **Weimar/Goebel**, Neue Grundsatzfragen um Scheinselbständigkeit und arbeitnehmerähnliche Selbständige, ZIP 1999, 217; **Westphal**, Handelsvertretervertrag, 1997; **Wrede**, Bestand und Bestandsschutz von Arbeitsverhältnissen in Rundfunk, Fernsehen und Presse, NZA 1999, 1019.

## A. Erläuterungen

### 1. Gemeinsame Elemente beider Vertragstypen

Die Gestaltung von Handelsvertreterverträgen und Verträgen mit freien Mitarbeitern folgt einem vergleichbaren rechtssystematischen Ansatz. Nach Auffassung des BAG enthält § 84 Abs. 1 Satz 2 HGB das typische Abgrenzungsmerkmal, anhand dessen sich zwischen Arbeitnehmern einerseits und Selbständigen andererseits, wozu auch freie Mitarbeiter und Handelsvertreter zählen, unterscheiden läßt.[875]

Kein Arbeitnehmer ist danach, wer im wesentlichen frei seine Tätigkeit gestalten und seine Arbeitszeit bestimmen kann. Unterliegt der Beschäftigte hinsichtlich Zeit, Dauer und Ort der Ausführung

---

[875] BAG, Urt. v.25.08.1982, AP Nr. 32 zu § 611 BGB, Lehrer, Dozenten; Urt. v. 09.05.1984, AP Nr. 45 zu § 611 BGB, Abhängigkeit.

der versprochenen Dienste einem umfassenden **Weisungsrecht**, liegt nach gängigem Arbeitnehmerbegriff ein Arbeitsverhältnis vor.[876] Kann der Mitarbeiter im wesentlichen seine Arbeit frei gestalten, ist er freier Mitarbeiter, Handelsvertreter oder Subunternehmer. Aus diesen Unterscheidungsmerkmalen leitet sich ab, worauf bei der Gestaltung von Verträgen mit freien Mitarbeitern und Handelsvertretern zu achten ist: Dem Handelsvertreter wie dem freien Mitarbeiter muß vertraglich das Recht vorbehalten sein, über Zeit, Dauer und Ort der Ausführung seiner Tätigkeit möglichst frei zu entscheiden **und** die tatsächliche Handhabung muß den weiten **Selbstorganisationsbefugnissen** eines freien Mitarbeiters entsprechen.[877] Der freie Mitarbeiter ist nicht in eine Betriebsorganisation eingebunden. Wie das Vertragsverhältnis zwischen Arbeitgeber und Arbeitnehmer bezeichnet wird, ist nicht entscheidend. Selbst der Abschluß eines Franchisevertrages kann, je nach praktischer Durchführung, ein Arbeitsverhältnis begründen.[878] Der Handelsvertreter hat allerdings eine **Interessenwahrnehmungsverantwortung**, die die Verpflichtung beinhaltet, den Weisungen des Unternehmers Folge zu leisten.[879] Wenn der Status als freier Handelsvertreter erhalten bleiben soll, wird von der Vereinbarung eines Weisungsrechts zu Tätigkeit und Arbeitszeit des Handelsvertreters abgeraten.[880]

574 Der Unternehmer wird als berechtigt angesehen, dem Handelsvertreter vorzugeben, wie er den Schwerpunkt seiner Tätigkeit bei bestimmten Erzeugnissen oder Kundenkreisen zu setzen hat.[881] Auch darf der Unternehmer, ohne die Selbständigkeit des Handelsvertreters zu gefährden, Weisungen zum Zustandekommen von Geschäften und deren Abwicklung erteilen. Der Handelsvertreter kann angewiesen werden, bestimmte Geschäftsbedingungen, Zahlungsbedingungen, Preisvorgaben oder allgemeine Vertragskonditionen zu beachten.[882] § 15 GWB findet bei einem Handelsvertreterverhältnis keine Anwendung[883]

Das Bundesarbeitsgericht kennt, neben den **arbeitnehmerähnlichen Personen**,[884] die in den Tarifverträgen der Presse und des Rundfunks mit verschiedenen Sonderrechten ausgestattet sind (vgl. nur den Tarifvertrag für arbeitnehmerähnliche freie Journalisten und Journalistinnen an Tageszeitungen), grundsätzlich keine Zwischenstadien zwischen Arbeitnehmern einerseits und Selbständigen andererseits.[885] Die gegenwärtige Rechtslage wird vom „Alles-oder-Nichts"-Prinzip beherrscht.

### 2. Klauselinhalte bei Handelsvertreterverträgen

575 Der einen Handelsvertretervertrag entwerfende Rechtsanwalt muß sich zunächst fragen, ob der Handelsvertreter sein Geschäft als Minder- oder Vollkaufmann führt. **Gerichtsstandsvereinbarungen** in Handelsvertreterverträgen können nur wirksam getroffen werden, wenn der Handelsvertreter über die Vollkaufmannseigenschaft verfügt. Vollkaufmannseigenschaft wird beim Handelsvertreter vermutet, wenn er im Handelsregister eingetragen ist.[886]

---

876 *Hromadka*, NZA 1997, 1249 ff.; ders., DB 1998, 195 f.
877 BAG, Urt. v. 03.10.1975, AP Nr. 17 zu § 611 BGB, Abhängigkeit; LAG Berlin, Urt. v. 16.08.1983, AP Nr. 44 zu § 611 BGB, Abhängigkeit.
878 BAG, Urt. v. 16.07.1997, NZA 1997, 1126.
879 BGH, Urt. v. 13.01.1966, NJW 1966, 882.
880 BGH, Urt. v. 13.01.1966, DB 1966, 375.
881 *Westphal*, Handelsvertretervertrag, Rn 25.
882 BGH, Urt. v. 14.03.1960, BB 1960, 574.
883 BGH, Beschl. v. 15.04.1986, NJW 1986, 2954.
884 Ausführlich *Hromadka*, NZA 1997, 1249 ff.
885 Hierzu kritisch: *Hümmerich*, NJW 1998, 2625.
886 OLG Celle, Urt. v. 09.10.1992 – 11 U 140/92 (unveröffentlicht).

## Verträge mit Arbeitnehmern, Gesellschaftsorganen und Selbständigen § 1

**Selbständigkeit** wird durch Weisungsgebundenheit eingeschränkt. Alle vertraglichen Gestaltungen, 576
über die dem Handelsvertreter durch den Auftraggeber die Reiseroute, die Häufigkeit der Kundenbesuche oder die Arbeitszeit vorgeschrieben werden kann, entfalten indizielle Wirkung für die Annahme unselbständiger Arbeitsleistung. Zunehmend Bedeutung erlangt weiterhin der Umstand, ob dem Handelsvertreter das Recht vorbehalten ist, ein eigenes Unternehmen mit Angestellten aufzubauen.[887] Die Vertragsgestaltung darf nicht durch überzogene Pflichten des Handelsvertreters dessen selbständige Stellung aushöhlen.[888] Neben der Weisungsgebundenheit ist bei der Vertragsgestaltung darauf zu achten, daß das **Unternehmerrisiko** beim freien Mitarbeiter und nicht etwa bei seinem Auftraggeber liegt.

Der Handelsvertretervertrag ist ein **Dauerschuldverhältnis**. Der Handelsvertreter muß vom Unternehmer nach § 84 Abs. 1 HGB mit der Vermittlungstätigkeit „ständig betraut" sein. Der Handelsvertretervertrag kann auch als befristetes Rechtsverhältnis ausgestaltet sein, beispielsweise für die Dauer einer Messe. Maßgeblich ist nur, daß sich der Handelsvertreter während der Vertragszeit ständig um die Vermittlung von Geschäften zu bemühen hat.[889] 577

Für eine **Handelsvertretertätigkeit** nicht ausreichend ist die bloße Benennung potentieller Kunden 578
oder die bloße Betreuung von Geschäftsverbindungen.[890] Der Vertragsgegenstand darf deshalb **nicht** auf die vorerwähnten Ziele ausgerichtet sein; vielmehr sollten die Warengeschäfte, Dienstleistungen oder immateriellen Wirtschaftsgüter, die der Handelsvertreter vermitteln soll, möglichst konkret im Handelsvertretervertrag benannt werden. Die Tätigkeit von Propagandisten, die sich an Ärzte wenden, um diese zum Verschreiben bestimmter Arzneimittel zu bewegen, stellt keine Vermittlung von Geschäften im Sinne von § 84 Abs. 1 HGB dar.[891]

Bei der Bestimmung des Vertragsgegenstandes im Handelsvertretervertrag[892] ist darauf zu achten, daß der **Wiederholungscharakter** der Vermittlung von Geschäften deutlich zum Ausdruck kommt. Anderenfalls besteht die Gefahr, daß von einer Maklertätigkeit ausgegangen wird. Der Unterschied zwischen dem Handelsvertreter und dem Makler besteht darin, daß der Makler bei einzelnen Objekten für einen Auftraggeber tätig wird, während der Handelsvertreter für den Unternehmer immer wieder neu zu produzierende Objekte zu vermitteln hat.[893]

Der Handelsvertretervertrag ist **grundsätzlich formfrei**. Das Gesetz macht zwei Ausnahmen. Eine 579
Delkredere-Vereinbarung, mit der sich der Handelsvertreter verpflichtet, für die Erfüllung der Verbindlichkeit des Kunden einzustehen, bedarf nach § 86 b, Abs. 1 Satz 3 HGB der Schriftform. Ferner muß eine nachvertragliche Wettbewerbsabrede nach § 90 a Abs. 1 Satz 1 HGB, soll sie wirksam sein, schriftlich geschlossen werden. Ähnlich dem Nachweisgesetz hat jeder Vertragspartner nach § 85 HGB das Recht, zur Klarstellung des Vertragsinhalts dessen Niederlegung in einer Urkunde zu verlangen.

Das Handelsvertreterrecht kennt eine Reihe **zwingender Vorschriften**, von denen nicht abgewichen werden kann. Vertragsvereinbarungen, durch die gegen eine zwingende Vorschrift des HGB verstoßen wird, sind zwar nichtig, führen aber nicht zur Nichtigkeit des gesamten Vertrages. Vielmehr

---

887 Siehe hierzu die Zeitungszustellerentscheidungen, BAG, Urt. v. 16.07.1997, EzA SD 1997, Nr. 20, 8–9 = DB 1997, 2437; ArbG Oldenburg, NZA-RR 1997, 162; ArbG Nürnberg, Urt. v. 31.07.1996, DB 1996, 2032.
888 *Westphal*, Handelsvertretervertrag, Rn 11.
889 BGH, Beschl. v. 01.04.1992, NJW 1992, 2818.
890 OLG Düsseldorf, Urt. 07.12.1990, DB 1991, 1664.
891 *Westphal*, Handelsvertretervertrag, Rn 13.
892 Siehe hierzu Muster 1404, § 2 in diesem Buch § 1 Kap. 2 M 620.
893 BGH, Beschl. 01.04.1992, NJW 1992, 2818.

arbeitet der BGH hier, wie auch das BAG in vergleichbaren Fällen bei Arbeitsverträgen, mit dem Mittel der geltungserhaltenden Reduktion: An die Stelle der nichtigen Vereinbarung tritt die gesetzliche Regelung.[894]

580 *Westphal* hat übersichtlich die zwingenden Reglungen des HGB für einen Handelsvertretervertrag tabellarisch dargestellt[895]:

| | | |
|---|---|---|
| § 85 Satz 1 | Urkundsanspruch | keine Abweichung möglich |
| § 86 Abs. 1 | Interessenwahrnehmungspflicht des Handelsvertreters | keine Abweichung möglich |
| § 86 Abs. 2 | Benachrichtigungspflicht des Handelsvertreters | keine Abweichung möglich |
| § 86 a Abs. 1 | Überlassungspflicht des Unternehmers | keine Abweichung möglich |
| § 86 a Abs. 2 | Unterrichtungspflicht des Unternehmers | keine Abweichung möglich |
| § 86 b Abs. 1 | Delkredereprovision | keine Abweichung möglich |
| § 87 a Abs. 1 | Vorschußanspruch | keine Abweichung möglich |
| § 87 a Abs. 2 | Nichtleistung des Kunden | keine Abweichung zum Nachteil des Handelsvertreters möglich |
| § 87 a Abs. 3 | Nichtausführung des Geschäfts | keine Abweichung zum Nachteil des Handelsvertreters möglich |
| § 87 a Abs. 4 | Fälligkeit Provisionsanspruch | keine Abweichung möglich |
| § 87 c Abs. 1–4 | Kontrollrechte des Handelsvertreters | keine Abweichung möglich |
| § 88 a Abs. 1 | Zurückbehaltungsrecht des Handelsvertreters | keine Abweichung möglich |
| § 89 Abs. 1 | Mindestkündigungsfristen | keine Abweichung zum Nachteil des Handelsvertreters möglich |
| § 89 a Abs. 1 | Außerordentliche Kündigung | keine Abweichung möglich |
| § 89 b Abs. 1–3 | Ausgleichsanspruch | keine Abweichung zum Nachteil des Handelsvertreters möglich |
| § 90 a Abs. 14 | Nachvertragliche Wettbewerbsabrede | keine Abweichung zum Nachteil des Handelsvertreters möglich |
| § 92a | Mindestentgelt | keine Abweichung zum Nachteil des Handelsvertreters möglich |

581 Anders als Arbeitsverträge sind Handelsvertreterverträge nicht kraft Gesetzes von der Anwendbarkeit des Gesetzes zur Regelung des Rechts der Allgemeinen Geschäftsbedingungen (AGBG) ausgenommen. Die Rechtsprechung wendet das **AGBG** bei Handelsvertreterverträgen an, wenn diese formularmäßig abgeschlossen wurden, nicht hingegen, wenn die Vertragsbedingungen zwischen den Parteien im einzelnen ausgehandelt worden sind.[896]

Beim Vertragsgegenstand muß sich der Unternehmer entscheiden, ob er dem Handelsvertreter ein **Alleinvertretungsrecht**, beispielsweise für einen bestimmten Bezirk, zubilligen will oder ob er sich

---

[894] BGH, Urt. v. 16.11.1972, NJW 1973, 144.
[895] Handelsvertretervertrag, Rn 27.
[896] BGH, Urt. v. 27.03.1991, NJW 1991, 1678.

daneben das Recht auf eigene Vertriebsaktivitäten erhalten will. Vereinbaren die Parteien eine Alleinvertreterstellung, ist es dem Unternehmer untersagt, im Gebiet des Alleinvertreters selbst oder durch andere Mitarbeiter irgendwelchen Vertriebsaktivitäten nachzugehen.[897]

Auch die Vereinbarung eines bloßen **Bezirksrechts**, also des Rechts des Handelsvertreters, in einem bestimmten Bezirk tätig zu werden, bedeutet eine weitreichende Bindung des Unternehmers. Die einseitige Änderung der Bezirksgrenzen ist nur dann möglich, wenn sich dies der Unternehmer im Handelsvertretervertrag ausdrücklich vorbehält.[898] Das vorliegende Muster geht von einem solchen Vorbehalt aus.[899] 582

Der Handelsvertreter kann vertraglich verpflichtet werden, eine **Bonitätsprüfung des Kunden** vorzunehmen. Auch ohne eine solche Vereinbarung ist er verpflichtet, auf eigene Kosten Kreditauskünfte über Kunden einzuholen.[900] Erfährt der Handelsvertreter aus zuverlässiger Quelle von der Kreditunwürdigkeit eines Kunden, ist er verpflichtet, dem Unternehmer hierüber Mitteilung zu machen.[901] 583

*Westphal*[902] regt an, die ungeklärte Frage, ob der Handelsvertreter verpflichtet ist, Musterkollektionen und sonstige **anvertraute Gegenstände** des Unternehmers gegen Diebstahl zu versichern, vertraglich zu regeln. Dieser Anregung folgt das Muster 1404, § 6 Abs. 5. Wenn der Handelsvertreter die ihm überlassenen Gegenstände nicht mehr benötigt, muß er sie herausgeben. Es kann vertraglich nicht wirksam geregelt werden, daß der Handelsvertreter auch die Kundenanschriften nach Vertragsende herauszugeben hat. Ein formularmäßig im Handelsvertretervertrag festgelegtes Verbot jedweder Nutzung von Kundenanschriften ist unwirksam.[903] 584

Die **Mitteilungspflicht** des Handelsvertreters, wie sie im Muster 1404, § 3 Abs. 7 vorgesehen ist, ergibt sich aus § 86 Abs. 2 HGB. Die Mitteilungspflicht des Handelsvertreters korrespondiert mit der Berichtspflicht über die Marktsituation im Gebiet, über Wettbewerberangebote, die Absatzlage oder die Wünsche der Kunden. Unwirksam sind Klauseln in Handelsvertreterverträgen, die feste, kurz hintereinander liegende Berichtstermine vorschreiben. Grundsätzlich überläßt es das Gesetz dem Handelsvertreter, selbst zu entscheiden, ob er einen Bericht für notwendig erachtet oder nicht.[904] Zu kurzen Berichtsintervallen kann der Handelsvertreter nur bei Vorliegen besonderer Umstände verpflichtet werden, wenn beispielsweise die Umsätze in dem Gebiet des betreffenden Handelsvertreters im Vergleich mit denen anderer Handelsvertreter gerade erheblich zurückgegangen sind und der Unternehmer ein besonderes Interesse nachweisen kann, die Ursachen des Umsatzrückgangs kennenzulernen.[905] 585

Soweit in einem Handelsvertretervertrag ein **Konkurrenzverbot** vereinbart wird, ist zunächst zwischen dem Einfirmen- und dem Mehrfirmenvertreter zu unterscheiden. Dem Einfirmenvertreter ist es untersagt, für andere Firmen tätig zu werden. Deshalb rückt seine Rechtsstellung, je nach praktischer Ausgestaltung, rasch in die Position eines Arbeitnehmers.[906] Soweit der Handelsvertreter mehrere 586

---

897 BGH, Urt. v. 12.01.1994, NJW 1994, 1060.
898 OLG Stuttgart, Urt. v. 22.06.1965, BB 1995, 926.
899 Siehe § 1 Abs. 2 im Muster 1404, in diesem Buch § 1 Kap. 2 M 620.
900 AG Coburg, Urt. v. 30.06.1955, HVR Nr. 95, zitiert nach *Westphal*, Rn 66.
901 BGH, Urt. v. 19.06.1969, DB 1969, 1787.
902 Handelsvertretervertrag, Rn 69.
903 BGH, Urt. v. 28.01.1993, DB 1993, 1282.
904 *Westphal*, Handelsvertretervertrag, Rn 80 mit Nachweisen aus der Rspr.
905 BGH, Urt. v. 17.09.1987, DB 1988, 41.
906 Vgl. *Hümmerich*, NJW 1998, 2625.

Firmen vertritt, hat er ein Konkurrenzverbot während des laufenden Handelsvertreterverhältnisses zu beachten.[907] Eine Konkurrenzsituation ist ausgeschlossen, wenn sich die Produkte der verschiedenen Unternehmen, für die der Handelsvertreter tätig ist, zwar überschneiden, der Handelsvertreter mit der neuen Vertretung aber einen Kundenkreis anspricht, den der bisher vertretene Unternehmer nicht bedient.[908] Besteht ein wirksames Konkurrenzverbot, sind selbst Beteiligungen des Handelsvertreters an Konkurrenzunternehmen untersagt.[909] Streitfragen zu den Grenzen des Konkurrenzverbots entgeht man durch eine möglichst präzise Formulierung, hierfür hält § 4 des Musters 1404 eine Leerzeile bereit.

587 Der Handelsvertreter ist, anders als der Arbeitnehmer, befugt, zur Erfüllung seiner vertraglichen Leistungen **Angestellte** oder andere Handelsvertreter zu beschäftigen. Die Geschäftsvermittlungstätigkeit muß also nicht persönlich erbracht werden.

Für den Unternehmer ergibt sich aus § 86 a Abs. 1 HGB eine **Überlassungspflicht**, so daß Muster, Zeichnungen, Preislisten, Werbedrucksachen, Geschäftsbedingungen sowie sonstige erforderliche Unterlagen zur Verfügung zu stellen sind. Die Aufzählung in § 86 a Abs. 1 HGB ist nur beispielhaft und keinesfalls abschließend.[910]

588 Kernregelung jedes Handelsvertretervertrages ist die **Provision**. Ist das Vertriebsgebiet neu und fehlt es damit noch an einem entsprechenden Kundenstamm, können auch erfolgsunabhängige Garantieprovisionen oder ein Fixum vereinbart werden. Unwirksam ist eine Klausel, wonach der Handelsvertreter zur Rückzahlung nichtverdienter Garantieprovisionen verpflichtet ist, wenn er das Vertragsverhältnis kündigt.[911]

Fragen der Provision sind im wesentlichen in den §§ 87 ff. HGB geregelt. Grundsätzlich steht dem Handelsvertreter nur ein **Provisionsanspruch** für solche Geschäfte zu, die während des bestehenden Handelsvertreterverhältnisses abgeschlossen werden. Nachvertragliche Provisionsansprüche entstehen nur unter den Voraussetzungen des § 87 Abs. 3 Satz 1 Nr. 1 HGB, wenn der Handelsvertreter das Geschäft entweder vermittelt, eingeleitet oder so vorbereitet hat, daß der Abschluß überwiegend auf seine Tätigkeit zurückzuführen ist.

Bei Nichtausführung eines Geschäfts entfällt der Provsionsanspruch gemäß § 87 a Abs. 2 HGB, wenn feststeht, daß der Kunde nicht leistet, oder nach § 87 a Abs. 3 HGB, wenn das Geschäft nicht ausgeführt wird und dies vom Unternehmer nicht zu vertreten ist. Die Nichtleistung des Kunden muß nach objektiven Maßstäben beurteilt werden.[912] Der Unternehmer wird grundsätzlich für verpflichtet angesehen, den Kunden gerichtlich auf Zahlung in Anspruch zu nehmen. Nur dann, wenn die Klage aufgrund der finanziellen Situation eines Kunden mit hoher Wahrscheinlichkeit erfolglos sein wird, darf er hiervon absehen.[913] Vertraglich kann daher zur Feststellung von Nichtleistung kein anderweitiger Maßstab vereinbart werden. Stornierungen führen nicht zum Fortfall des Provisionsanspruchs des Handelsvertreters.[914]

---

907 BGH, Beschl. v. 25.09.1990, NJW 1991, 490.
908 OLG München, Urt. v. 16.11.1990, – 23 U 3703/90 (unveröffentlicht).
909 BGH, Urt. v. 14.11.1974 – VII ZR 34/73, HVR Nr. 485, zitiert nach *Westphal*, Rn 89.
910 OLG Düsseldorf, Urt. v. 02.02.1990, BB 1990, 1086.
911 LG Frankfurt, Urt. v. 05.03.1975, HVR Nr. 489.
912 OLG Celle, Urt. v. 29.02.1972, BB 1972, 594.
913 BGH, Urt. v. 27.09.1956, HVR, Nr. 119.
914 OLG Düsseldorf, Urt. v. 24.05.1991, HVR Nr. 707.

Geregelt werden müssen **Provisionskollisionen**,[915] weil sich der Unternehmer nur so vor mehrfacher Provisionszahlung schützen kann, wenn mehrere Handelsvertreter am Zustandekommen eines Geschäftsabschlusses mitgewirkt haben. Provisionskollisionsregelungen machen nur dann Sinn, wenn sie sich in **allen** Handelsvertreterverträgen, die betroffen sind, wiederfinden. 589

Die **Provisionshöhe**, insbesondere der Abzug von Nebenkosten und Nachlässen, führt in der Praxis häufig zu Streit. Es wird angeregt,[916] hinreichend konkrete Regelungen zu wählen und auch keinen Zweifel daran lassen, daß sich die Provision vom Nettoverkaufspreis (ohne Mehrwertsteuer) berechnet. Übernimmt der Handelsvertreter, wie in § 17 des Musters 1404[917] vorgesehen, das Delkredere, also die Einstandspflicht für die Zahlung des Kaufpreises durch den Kunden, steht dem Handelsvertreter hierfür zwingend eine gesonderte Provision zu.

Schließen zwei Verkäufergruppen zum Ausgleich ihrer unterschiedlich hohen individuellen Provisionseinkünfte auf Veranlassung des Arbeitgebers eine sogenannte **Topfvereinbarung** und wird diese später gekündigt, so kann sich für diejenigen Verkäufer, die ohne Topfvereinbarung erheblich geringere Provisionseinkünfte haben, ein Anspruch auf Anhebung ihrer Vergütung aus einer ergänzenden Vertragsauslegung ergeben.[918] 590

Nach § 87 c HGB hat der Handelsvertreter Anspruch auf Erteilung einer **Provisionsabrechnung** sowie eines Buchauszugs, auf Auskunft und auf Bucheinsicht. Die Durchsetzung derartiger Ansprüche macht in der Praxis aus Sicht des Handelsvertreters häufig Schwierigkeiten, insbesondere wenn eine gerichtliche Geltendmachung notwendig geworden ist. Zwischen den Zeiträumen, über die Auskunft begehrt wird, und dem Zeitpunkt einer richterlichen Entscheidung verstreichen viele Monate, oft Jahre. Manche Einzelpositionen einschließlich des Umfangs geleisteter Vorschüsse geraten verschiedentlich in Streit. Echte oder vermeintliche Erklärungen für Verzögerungen werden in EDV-Problemen gesucht. Unter solchen Umständen entspricht es der Interessenlage des Handelsvertreters, möglichst kurze, periodische Abrechnungszeiträume zu vereinbaren. Die Muster 1404 und 1405[919] sehen deshalb eine monatliche Abrechnungsverpflichtung des Unternehmers vor, wenngleich auch vierteljährliche Zeiträume vereinbart werden können.[920] 591

Der Handelsvertretervertrag kann vom Unternehmer nach § 89 a Abs. 1 HGB außerordentlich aus wichtigem Grund gekündigt werden. Nachgeschobene Gründe rechtfertigen die **außerordentliche Kündigung**, ohne daß diese erneut ausgesprochen werden müßte.[921] 592

Die Verletzung des Konkurrenzverbots durch den Handelsvertreter rechtfertigt eine außerordentliche Kündigung.[922] Gleiches gilt für fingierte Bestellungen des Handelsvertreters[923] oder erhebliche, mit Bedacht geäußerte Beleidigungen.[924] Ein Umsatzrückgang rechtfertigt die außerordentliche Kündigung nur, soweit er auf einer Pflichtverletzung des Handelsvertreters beruht.[925] Vernachläßigt der Handelsvertreter seine Tätigkeit anhaltend und schwerwiegend, kann der Unternehmer in der Regel

---

915 Muster 1404, § 10, in diesem Buch § 1 Kap. 2 M 623.
916 Siehe Muster 1404, § 12, i diesem Buch § 1 Kap. 2 M 624.
917 § 1 Kap. 2 M 625.
918 BAG, Urt. v. 03.06.1998 – 5 AZR 552/97, ARST 1999, 37.
919 § 1 Kap. 2 M 620 und M 626.
920 *Westphal*, Handelsvertretervertrag, Rn 189.
921 BAG, Urt. v. 12.06.1963, DB 1963, 1149.
922 BGH, Urt. v. 27.02.1976 – I ZR 16/75 (unveröffentlicht).
923 BGH, Urt. v. 21.01.1980, VersR 1981, 190.
924 BGH, Urt. v. 09.07.1959, VersR 1959, 887.
925 OLG Karlsruhe, Urt. v. 01.12.1970, BB 1971, 572.

§ 1 Kapitel 2: Handelsvertreterverträge und Verträge mit freien Mitarbeitern

außerordentlich kündigen. Mißtrauen in die Zuverlässigkeit des Handelsvertreters rechtfertigt unter solchen Umständen die fristlose Kündigung.[926]

Versuchen die Parteien, im Handelsvertretervertrag die wichtigen Gründe zu vereinbaren, steht dem, anders als im Arbeitsvertragsrecht,[927] nichts im Wege. Der BGH verlangt in diesem Falle allerdings, ähnlich dem BAG mit seiner Forderung nach abschließender Interessenabwägung, daß die Ausübung des Kündigungsrechts mit den Geboten von Treu und Glauben vereinbar ist.[928]

593   Für **nachvertragliche Wettbewerbsverbote** beim Handelsvertreter gilt das gleiche wie bei den nachvertraglichen Wettbewerbsverboten mit Arbeitnehmern, GmbH-Geschäftsführern oder Vorständen. Das gesamte nachvertragliche Wettbewerbsrecht entstammt dem Handelsvertreterrecht, § 90 a HGB, und wird bei Verträgen mit Arbeitnehmern, freien Mitarbeitern und sonstigen Anstellungsverhältnissen analog angewendet. Weitgehende Einigkeit besteht über die Unverbindlichkeit nachvertraglicher Wettbewerbsvereinbarungen ohne Karenzentschädigung bei Vorständen und GmbH-Geschäftsführern.[929]

594   Eine Besonderheit des Handelsvertreterrechts bildet der **Ausgleichsanspruch nach § 89 b HGB** unter den dort genannten Voraussetzungen, der durch die Vorgaben der Handelsvertreterrichtlinie vom 18.12.1986[930] innerhalb der Mitgliedsstaaten der Europäischen Union europaweit umgesetzt wurde. Bei internationalen Handelsvertreterverträgen legen die Parteien mit der Rechtswahl auch fest, nach welchem Recht eines Mitgliedsstaates der Entschädigungsanspruch berechnet werden soll. Einzelheiten zu Inhalt, Voraussetzungen und Methoden der Berechnung des Ausgleichsanspruchs werden übersichtlich dargestellt bei *Westphal*.[931] Die im Muster 1404, § 18 Abs. 4[932] vorgesehene **Freistellungsregelung** muß mit einer Entschädigungsvereinbarung korrespondieren.[933]

595   Bei der Vertragsgestaltung sollte eine neuere Entscheidung des LAG Hessen[934] beachtet werden: Bei dem in einem Arbeitsverhältnis stehenden Außendienstmitarbeiter, der zu Hause einen PC, Muster und Werbematerialien lagern muß, besteht ein Anspruch auf Erstattung der Kosten eines Arbeitszimmers gem. §§ 670, 675 BGB (Aufwendungsersatz). Beim Handelsvertreter besteht dieser Anspruch nicht.

Die Palette der hier vorgestellten Handelsvertreterverträge reicht vom einfachen Vertrag ohne Gebietsschutz[935] bis zum internationalen Handelsvertretervertrag.[936] Handelsvertreter fragen manchmal den Anwalt, ob sie sich einem im Vertrag vereinbarten Konkurrenzverbot dadurch entziehen können, daß sie ihre Ehefrau eine Vertretung gründen lassen. In diesen Fällen muß der Anwalt unmißverständlich darauf hinweisen, daß eine Umgehung des Wettbewerbsverbots durch Vorschieben der Ehefrau einem Verstoß gegen das Wettbewerbsverbot gleichkommt.[937]

---

926 OLG Nürnberg, Urt. v. 15.03.1960, BB 1960, 956.
927 Siehe § 1 Kap. 1 Rn 233 in diesem Buch.
928 BGH, Urt. v. 07.07.1988, DB 1988, 2403.
929 Siehe hierzu ausführlich § 2 Kap. 1 Rn 19.
930 ABl Nr. L 382/17 ff.
931 Handelsvertretervertrag, Rn 300 ff.
932 § 1 Kap. 2 M 625.
933 BGH, Urt. v. 29.03.1995, NJW 1995, 1552.
934 LAG Hessen, Urt. v. 16.06.1998, AiB 1999, 417.
935 Muster 1400, in diesem Buch § 1 Kap. 2 M 618.
936 Muster 1420, in diesem Buch § 1 Kap. 2 M 634.
937 BGH, Urt. v. 23.01.1964, BB 1964, 409 f.

## 3. Vertragskonzepte bei freien Mitarbeitern

Keine Arbeitsverhältnisse sind solche Rechtsbeziehungen, die rechtlich und tatsächlich als freie Mitarbeiterverhältnisse, als Beraterverträge oder Werkverträge ausgestaltet sind. Das Bundesarbeitsgericht unterscheidet in seiner Rechtsprechung grundlegend zwischen Arbeitnehmern und Selbständigen. Arbeitnehmer ist seit der Definition des Reichsversicherungsamtes aus dem Jahre 1891, wer in persönlicher Abhängigkeit fremdbestimmte Arbeit leistet.[938] Freie Mitarbeiter verrichten ihre Arbeit dagegen **selbständig**. Dabei kommt es nicht darauf an, wie die Parteien das Vertragsverhältnis bezeichnen. Der Status des Beschäftigten richtet sich nicht nach den Wünschen und Vorstellungen der Vertragspartner, sondern danach, wie die Vertragsbeziehung nach ihrem Geschäftsinhalt objektiv einzuordnen ist. Durch Parteivereinbarung kann die Bewertung einer Rechtsbeziehung als Arbeitsverhältnis nicht abbedungen und der Geltungsbereich des Arbeitnehmerschutzrechts nicht eingeschränkt werden. Der wirkliche Geschäftsinhalt ist den ausdrücklich getroffenen Vereinbarungen und der praktischen Durchführung eines Vertrags mit einem Mitarbeiter zu entnehmen. Wird der Vertrag abweichend von den ausdrücklichen Vereinbarungen vollzogen, ist die tatsächliche Durchführung maßgebend.[939]

596

Insofern hat § 3 Abs. 4 im Muster 1430[940] über den Programmierer als freien Mitarbeiter keine konstitutive Bedeutung. Auch wenn es dort heißt, „der freie Mitarbeiter wird nicht in die Arbeitsorganisation des Auftraggebers eingegliedert", kommt es darauf an, ob er nicht evtl. tatsächlich eingegliedert ist, beispielsweise ein eigenes Büro mit einem Namensschild an der Tür benutzt, ob er an den Vorteilen einer Kantinenbenutzung teilnimmt, ob er einen firmeneigenen Parkplatz benutzen darf, ob er über einen Werksausweis verfügt etc. Derartige Maßnahmen werden in der betrieblichen Praxis ergriffen, ohne daß die Beteiligten ein Bewußtsein dafür haben, daß die Rechtsprechung hierauf mit indizieller Bedeutung abstellt.

Nach der Rechtsprechung des Bundesarbeitsgerichts unterscheiden sich das Arbeitsverhältnis und das Rechtsverhältnis eines freien Mitarbeiters durch den **Grad der persönlichen Abhängigkeit**, in der sich der zur Dienstleistung Verpflichtete jeweils befindet.[941] Eine wirtschaftliche Abhängigkeit ist weder erforderlich noch ausreichend. Arbeitnehmer ist danach derjenige Mitarbeiter, der seine Dienstleistung im Rahmen einer vom Arbeitgeber bestimmten Arbeitsorganisation erbringt. Hier wird einheitlich das Abgrenzungsmerkmal des Handelsvertreterrechts, § 84 Abs. 1 Satz 2 HGB, zur Begründung herangezogen. Die Eingliederung in eine fremde Arbeitsorganisation zeigt sich insbesondere darin, daß der Beschäftigte einem **Weisungsrecht** des Arbeitgebers unterliegt.[942] Dieses Weisungsrecht kann Inhalt, Durchführung, Zeit, Dauer und Ort der Tätigkeit betreffen. Die fachliche Weisungsgebundenheit ist für Dienste höherer Art nicht immer typisch. Die Art der Tätigkeit kann es mit sich bringen, daß dem Dienstverpflichteten ein hohes Maß an Gestaltungsfreiheit, Eigeninitiative und fachlicher Selbständigkeit verbleibt.[943] Für die Abgrenzung sind demnach immer in erster Linie die Umstände entscheidend, unter denen die Dienstleistung tatsächlich erbracht wird.

597

---

938 BAG, Urt. v. 20.07.1994, NZA 1995, 161; BSG, Urt. v. 01.12.1997, BB 1978, 966; zum Arbeitnehmerbegriff: *Hümmerich*, NJW 1998, 2625.
939 BAG, Urt. v. 28.06.1973, DB 1973, 1804; Urt. v. 13.01.1983, NJW 1984, 1985; Urt. v. 27.03.1991, NZA 1991, 933; Urt. v. 30.10.1991, NZA 1992, 407; Urt. v. 20.07.1994, NZA 1995, 161; Urt. v. 09.05.1996, NZA 1996, 1145.
940 § 1 Kap. 2 M 643.
941 Siehe die ausführliche Darstellung in *Hümmerich/Kallweit/Spirolke*, Das arbeitsrechtliche Mandat, § 7 Rn 43 ff.
942 LAG Köln, Urt. v. 03.07.1998 – 11 Ta 94/98, ARST 1999, 17.
943 BAG, Urt. v. 13.01.1983, NJW 1984, 1985; BAG, Urt. v. 13.11.1991, NZA 1992, 1125; BAG, Urt. v. 20.07.1994, NZA 1995, 161.

**Kapitel 2: Handelsvertreterverträge und Verträge mit freien Mitarbeitern**

598 Bei der Vertragsgestaltung ist zu beachten, daß nicht schon allein der Umstand für ein Arbeitsverhältnis spricht, daß es sich bei dem konkreten freien Mitarbeiterverhältnis um ein auf Dauer angelegtes Vertragsverhältnis handelt. Arbeitsverhältnisse und freie Mitarbeiterverhältnisse sind stets **mit und ohne Dauerverpflichtung** denkbar. Typischerweise werden Dauerrechtsbeziehungen mit Unternehmensberatern, Ärzten oder Rechtsanwälten unterhalten, ohne daß aus der Dauer der Rechtsbeziehung auf ein Arbeitsverhältnis geschlossen würde.[944]

Abstrakte, für alle Arbeitsverhältnisse geltende Kriterien, aus denen sich persönliche Abhängigkeit definiert, lassen sich nicht aufstellen. Eine Anzahl von **Tätigkeiten** kann sowohl im Rahmen eines Arbeitsverhältnisses als auch im Rahmen eines freien Mitarbeiterverhältnisses erbracht werden.[945] Dies hat das BAG namentlich für den Fall der freien Mitarbeiter in Rundfunkanstalten entschieden.

599 Umgekehrt gibt es Tätigkeiten, die regelmäßig nur im Rahmen eines Arbeitsverhältnisses ausgeübt werden können. Das Bestehen eines Arbeitsverhältnisses kann aus der Art oder der Organisation der zu verrichtenden Tätigkeit folgen.[946] Bei bestimmten Berufen unterstellt das BAG regelmäßig, daß die Art der Tätigkeit keine Ausgestaltung als freies Mitarbeiterverhältnis erlaube, so etwa bei Orchestermusikern,[947] für Lehrkräfte, die an allgemeinbildenden Schulen in schulischen Lehrgängen unterrichten,[948] für Hilfspfleger im Krankenhaus[949] und für die Tätigkeit von Mitarbeitern fremdsprachlicher Dienste von Rundfunkanstalten mit routinemäßig anfallender Tätigkeit als Sprecher, Aufnahmeleiter oder Übersetzer.[950]

600 **Programmgestaltende Mitarbeiter einer Rundfunkanstalt** können sowohl als freie Mitarbeiter als auch als Arbeitnehmer tätig werden.[951] Aus der Rundfunkfreiheit folgt nach Auffassung des Bundesverfassungsgerichts,[952] daß den Anstalten die für die Erfüllung ihres Programmauftrags notwendige Freiheit und Flexibilität genommen würde, wenn sie verpflichtet wären, die für andere Bereiche geltenden arbeitsrechtlichen Maßstäbe uneingeschränkt zu übernehmen. Dieses Sonderrecht der Rundfunkanstalten bezieht sich allerdings nur auf programmgestaltende Mitarbeiter, nicht auf Mitarbeiter, deren Tätigkeit sich in der technischen Realisierung des Programms und ohne inhaltlichen Einfluß auf das Programm erschöpft.[953] Bei programmgestaltenden Mitarbeitern liegt ein Arbeitsverhältnis vor, wenn der Sender innerhalb eines bestimmten zeitlichen Rahmens über die Arbeitsleistung verfügen kann.[954] Das ist beispielsweise dann der Fall, wenn ständige Dienstbereitschaft erwartet wird.[955] Gegen ein freies Mitarbeiterverhältnis spricht, wenn die Dienstpläne einseitig aufgestellt werden.[956] Für ein freies Mitarbeiterverhältnis spricht dagegen, wenn der Sender ausdrücklich erklärt

---

944 BAG,Urt. v. 27.03.1991, NZA 1991, 933; Urt. v. 30.10.1991, NZA 1992, 407; Urt. v. 30.11.1994, NZA 1995, 622.
945 BAG, Urt. v. 30.10.1991, NZA 1992, 407; Urt. 09.05.1996; NZA 1996, 1145, 1148.
946 BAG, Urt. v. 20.07.1994, NZA 1995, 161.
947 BAG, Urt. v. 14.02.1974, AP Nr. 12 zu § 611 BGB, Abhängigkeit; Urt. v. 29.07.1976, AP Nr. 41 zu § 620 BGB, Befristeter Arbeitsvertrag.
948 BAG, Urt. v. 24.06.1992, NZA 1993, 174.
949 BAG, Urt. v. 13.02.1985, 7 AZR 345/82 (unveröffentlicht).
950 BAG, Urt. v. 03.10.1975., AP Nr. 15 zu § 611 BGB, Abhängigkeit; Urt. v. 16.02.1994, NZA 1995, 21; Urt. v. 09.03.1977, NJW 1977, 2287.
951 BAG, Urt. v. 20.07.1994, NZA 1995, 161, 162; siehe *Hümmerich/Kallweit/Spirolke*, Das arbeitsrechtliche Mandat, § 7 Rn 60 ff.
952 Beschl. v. 13.01.1982, BVerfG 59, 231.
953 BVerfGE 59, 261.
954 BAG, Urt. v. 09.06.1993, NZA 1994, 169.
955 BAG, Urt. v. 07.05.1980 AP Nr. 35 zu § 611 BGB, Abhängigkeit.
956 BAG, Urt. v. 16.02.1994, NZA 1995, 21.

## Verträge mit Arbeitnehmern, Gesellschaftsorganen und Selbständigen § 1

und es auch so handhabt, daß die Dienstpläne unverbindlich sind oder erst in Kraft treten, wenn ihnen der eingesetzte Mitarbeiter nicht widersprochen hat.[957] Demgemäß ist das Muster 1445[958] formuliert. Gleiches gilt, wenn die Aufnahme in den Dienstplan für die Produktion eines Radioprogramms nicht ohne vorherige Zustimmung des Mitarbeiters erfolgt.[959]

Diese Grundsätze sind auch bei der Gestaltung sonstiger Verträge von freien Mitarbeitern zu beachten. Letztlich kommt es immer darauf an, wieviel **Freiheit** dem Mitarbeiter **in der Selbstorganisation** seiner Tätigkeit verbleibt. Je mehr der Arbeitgeber über Weisungen in diese Selbstorganisation des Mitarbeiters eingreifen kann, um so eher ist ein Arbeitsverhältnis anzunehmen.[960] Während der 5. Senat des BAG in der Vergangenheit die Freiheit der Selbstorganisation stärker unter dem Aspekt der Arbeitszeitsouveränität gewichtet hat, wirft er in neuerer Zeit vermehrt sein Augenmerk auf die Art und Organisation der Arbeit. Auch bei freien Mitarbeitern hat der Unternehmer ein Interesse, zahlreiche Vorgaben zu formulieren und durchzusetzen, damit die Leistung den benötigten Anforderungen entspricht. In Verträge mit freien Mitarbeitern können deshalb Vertragsbestimmungen aufgenommen werden, die die geforderten Qualitätsanforderungen umschreiben, nicht hingegen solche Anforderungen, die in das Recht der Selbstorganisation des Mitarbeiters eingreifen. Die Grenzen sind fließend, weshalb neuerdings ein „hydraulischer" Arbeitnehmerbegriff gefordert wird.[961] 601

Je mehr der Mitarbeiter **Eigenverantwortung** bei der **Arbeitsorganisation** und **Arbeitsdurchführung** trägt, desto wahrscheinlicher ist die Anerkennung seines Status als freier Mitarbeiter. Ein Zeitungszusteller, der weitere Zusteller, die in seinem Auftrag arbeiten, beschäftigt, ist ein freier Mitarbeiter.[962] Kundenberaterinnen, die selbständig bei Weight-Watchers Trainingsprogramme durchführen und in der Einteilung der Kurse, Übernahme von Aufgaben in selbst bestimmtem Umfang entscheiden können, sind freie Mitarbeiter und keine Arbeitnehmer.[963] Ein Verkaufsfahrer als Franchise-Nehmer dagegen, den ein Bündel von Arbeitsvorgaben einengt, ist Arbeitnehmer.[964] Gleiches gilt für einen Transporteur mit eigenem Fahrzeug im Güterverkehr, wenn das eigene eingesetzte Transportfahrzeug die Farben und das Logo der beauftragenden Firma trägt, alle Transporteure zu einem bestimmten Zeitpunkt zur Übernahme der Transportaufträge und der Transportgüter zu erscheinen haben und die Routen der Transporteure von dem beauftragenden Unternehmen selbst festgelegt werden.[965] In der Eismann-Entscheidung[966] hat das BAG ebenfalls auf Arbeitnehmereigenschaft von Franchise-Nehmern im Verkaufsfahrerstatus erkannt. Die Kundenschulungsbeauftragten bei Rank Xerox sind keine freien Mitarbeiter, sondern Arbeitnehmer.[967] Ob die als freie Mitarbeiter behandelten Versicherungsvertreter der Hamburg-Mannheimer Arbeitnehmer sind, wie das LAG Nürnberg in der Vorinstanz angenommen hatte, hat das BAG zunächst offengelassen.[968] Die beiden Verfahren wurden zwecks weitergehender Aufklärung in tatsächlicher Hinsicht an das LAG Nürnberg zurückverwiesen, das zwischenzeitlich entschieden hat, die Versicherungsvertreter 602

---

957 BAG, Urt. v. 16.02.1994, NZA 1995, 21.
958 § 1 Kap. 2 M 665.
959 ArbG Hannover, Beschl. v. 11.01.1995, AfP 1996, 190.
960 Vgl. *Hümmerich*, NJW 1998, 2625.
961 *Hümmerich*, NJW 1998, 2625.
962 BAG, Urt. v. 16.07.1997, NZA 1998, 368.
963 BAG, Urt. v. 09.05.1996, NZA 1996, 1145.
964 BAG, Urt. v. 16.07.1997, NJW 1997, 2973.
965 BAG, Urt. v. 19.11.1997, DB 1998, 624.
966 BAG, Urt. v. 16.07.1997 – 5 AZB 29/90, SPA 17/1997, 4.
967 BAG, Urt. v. 06.05.1998, NZA 1999, 205.
968 BAG, Urt. v. 16.06.1998, NZA 1998, 1079.

der Hamburg-Mannheimer Versicherung seien keine Arbeitnehmer.[969] Außerdem hat das BAG in den nicht zurückverwiesenen Fällen ebenfalls abschließend entschieden, daß den Einfirmenvertretern der Hamburg-Mannheimer kein Arbeitnehmerstatus zukomme.[970]

603 Schwierigkeiten können sich auch bei der **Einordnung von Telearbeit**[971] ergeben. Kennzeichnend für Telearbeit ist nach allgemeiner Auffassung, daß Tätigkeiten mit Hilfe von Einrichtungen der dezentralen Informationsverarbeitungs- und Kommunikationstechnik zwar außerhalb der Betriebsstätte erbracht werden, aber gleichwohl eine telekommunikative Anbindung dorthin besteht. Ob dem Telearbeitsvertrag ein Arbeitsverhältnis oder aber ein selbständiges Dienstverhältnis oder ein Werkvertrag zugrunde liegt, muß jeweils anhand der konkreten Umstände des Einzelfalls auf der Grundlage der vertraglichen Vereinbarungen und der praktischen Handhabung entschieden werden.[972] Von einer Weisungsabhängigkeit und damit einem Arbeitsverhältnis kann regelmäßig dann ausgegangen werden, wenn zwischen dem Telearbeiter und seinem Auftraggeber eine ständige On-line-Verbindung besteht. Aber auch ohne eine solche dauerhafte Telekommunikationsverbindung zum Arbeitgeber kann bei einer bloßen Off-line-Verbindung die Arbeitnehmereigenschaft gegeben sein. Kriterien sind zum Beispiel eine vorgeschriebene Arbeits- und Bereitschaftszeit, die Pflicht zur Anmeldung von Urlaub, die Zuweisung eines Arbeitsvolumens, das die Tätigkeit für einen anderen Arbeitgeber unmöglich macht und das Verbot, bei der Arbeitsverrichtung eigene Erfüllungsgehilfen einzusetzen.

Die in diesem Buch abgedruckte Vereinbarung über **alternierende Telearbeit**[973] stellt die Beibehaltung des Arbeitnehmerstatus sicher, indem sie neben Zeiten der häuslichen Arbeit auch Zeiten der betrieblichen Arbeit vorschreibt und diese genau festlegt.

604 Am **01.01.1999** trat das **Gesetz zu Korrekturen in der Sozialversicherung und zur Sicherung der Arbeitnehmerrechte (Korrekturgesetz)** in Kraft.[974] Mit dem Korrekturgesetz wurden die § 7 Abs. 4 SGB IV und § 2 Nr. 9 SGB VI geschaffen. Durch diese Vorschriften wurde der sozialversicherungsrechtliche Beschäftigungsbegriff ergänzt und eine **widerlegbare Vermutungsregel** aufgestellt. Bei Personen, die erwerbstätig sind und zwei von vier der in der Vorschrift genannten Kriterien erfüllen, wurde vermutet, daß sie in einem Arbeitsverhältnis stehen und damit nach § 7 Abs. 1 SGB IV Beschäftigte im sozialversicherungsrechtlichen Sinne sind. Gleichsam als Rückfalloption[975] wurde mit § 2 Nr. 9 SGB VI die Rechtsfigur des arbeitnehmerähnlichen Selbständigen geschaffen und es wurde der Kreis der rentenversicherungsrechtlichen Selbständigen erheblich erweitert. Ist ein Scheinselbständiger „Beschäftigter" nach § 7 Abs. 4 SGB IV, wird er in allen Zweigen der Sozialversicherung versicherungspflichtig und Arbeitgeber und Scheinselbständiger haben die Sozialversicherungsbeiträge mit Ausnahme der Beiträge zur Unfallversicherung je zur Hälfte zu tragen. Kann die Vermutung, daß jemand Beschäftigter im Sinne von § 7 Abs. 4 SGB IV ist, widerlegt werden, muß geprüft werden, ob ein freier Mitarbeiter zumindest arbeitnehmerähnlicher Selbständiger nach § 2 Nr. 9 SGB VI ist und dann ausschließlich zur Rentenversicherung versicherungspflichtig ist, wenn er die Merkmale Nr. 1 und 2 in § 7 Abs. 4 SGB IV erfüllt. In diesem Fall muß der freie Mitarbeiter die Beiträge zu 100 % selbst aufbringen.

---

969 LAG Nürnberg, Urt. v. 26.01.1999, BB 1999, 793.
970 BAG, Urt. v. 15.12.1999 – 5 AZR 169/99, 5 AZR 168/99, 5 AZR 3/99, 5 AZR 770/98, 5 AZR 566/98 und 5 AZR 457/98 (unveröffentlicht).
971 Vgl. hierzu den Aufsatz von *Boecken*, BB 2000, 147.
972 BAG, Urt. v. 26.07.1995, BB 1996, 60.
973 Muster 2163 § 3 Kap. 2 M 101.
974 Gesetz vom 19.12.1998, BGBl. I, 3843.
975 *Hümmerich/Kallweit/Spirolke*, Das arbeitsrechtliche Mandat, § 7 Rn 99.

## Verträge mit Arbeitnehmern, Gesellschaftsorganen und Selbständigen § 1

Ziemlich genau ein Jahr nach Inkrafttreten des Korrekturgesetzes beschloß der Bundestag am 12.11.1999 das **„Gesetz zur Förderung der Selbständigkeit"**, mit dem Korrekturen am Korrekturgesetz angebracht wurden. Das Korrekturgesetz vom 19.12.1998 war auf heftige Kritik in der Literatur gestoßen.[976] Der Neuregelung liegt die Arbeit der sog. Dieterich-Kommission zugrunde.[977] Die Neufassung des § 7 Abs. 4 SGB IV enthält in ihrem Obersatz neue Voraussetzungen für die Anwendung der Vermutensregel und besteht im übrigen nicht mehr aus nur vier, sondern aus fünf zum Teil abgeändert formulierten Merkmalen:

605

| neue Fassung | alte Fassung |
|---|---|
| Bei einer erwerbsmäßig tätigen Person, die ihre **Mitwirkungspflichten nach § 206 SGB V oder § 196 Abs. 1 SGB VI nicht erfüllt**, wird vermutet, daß sie beschäftigt ist, wenn mindestens **3 der folgenden 5 Merkmale** vorliegen: | Bei Personen, die erwerbstätig sind und ... wird vermutet, daß sie gegen Arbeitsentgelt beschäftigt sind, wenn mindestens zwei der genannten Merkmale vorliegen: |
| 1. Die Person beschäftigt ... regelmäßig keinen versicherungspflichtigen Arbeitnehmer, dessen Arbeitsentgelt aus diesem Beschäftigungsverhältnis regelmäßig im Monat 630,00 Deutsche Mark übersteigt. | 1. Sie beschäftigen im Zusammenhang mit ihrer Tätigkeit mit Ausnahme von Familienangehörigen keine versicherungspflichtigen Arbeitnehmer. |
| 2. Sie ist auf Dauer und im wesentlichen nur für einen Auftraggeber tätig. | 2. Sie sind regelmäßig und im wesentlichen nur für einen Auftraggeber tätig. |
| 3. Ihr Auftraggeber oder ein vergleichbarer Auftraggeber läßt entsprechende Tätigkeiten regelmäßig durch von ihm beschäftigte Arbeitnehmer verrichten. | 3. Sie erbringen für Beschäftigte typische Arbeitsleistungen, unterliegen insbesondere Weisungen des Auftraggebers. |
| 4. Ihre Tätigkeit läßt typische Merkmale unternehmerischen Handelns nicht erkennen. | 4. Sie treten nicht aufgrund unternehmerischer Tätigkeit am Markt auf. |
| 5. Ihre Tätigkeit entspricht dem äußeren Erscheinungsbild nach der Tätigkeit, die sie für denselben Auftraggeber zuvor aufgrund eines Beschäftigungsverhältnisses ausgeübt hatte. | 5. – |

---

[976] Ohne Anspruch auf Vollständigkeit sei auf folgende Beiträge verwiesen: *Baeck*, DB 1999, 1065 ff; *Bauer/Diller/Lorenzen*, NZA 1999, 169 ff; *Bengelsdorf*, DB 1999, 1162 ff.; *Brand*, DB 1999, 1162; *Buchner*, DB 1999, 146 ff., 533 ff. und 1502 ff.; *Däubler*, NJW 1999, 601 f.; *Fischer/Harth*, AuR 1999, 126 ff.; *Goretzki/Hohmeister*, BB 1999, 635 ff.; *Hanau*, ZIP 1999, 252; *Hohmeister*, NZA 1999, 337 ff., ders. NZS 1999, 179 ff.; *Kerschbaumer/Tiefenbacher*, AuR 1999, 121 ff.; *Kilger*, AnwBl 1999, 39 ff.; *Kollmer*, NJW 1999, 608 ff.; *Krebs*, DB 1999, 1602 ff., *Kunz/Kunz*, DB 1999, 583 ff. und 846 ff; *Leuchten/Zimmer*, DB 1999, 381 ff.; *Löwisch*, BB 1999, 102; *Reiserer* BB 1999, 366 ff.; *Reiserer*, BB 1999, BB 1999, 1006; *Richardi*, DB 1999, 958 ff.; *Schiefer*, DB 1999, 48 ff.; *Söhnlein/Mocellin*, NZS 1999, NZS 1999, 280; *Weimar/Goebel*, ZIP 1999, 217.

[977] Siehe den Abschlußbericht der Dieterich-Kommission, NZA 1999, 1260; Zwischenbericht, NZA 1999, 1145.

Die Auswirkungen der gesetzlichen Neuregelung sind zahlreich und in einer Reihe von Beiträgen erörtert worden.[978] Die Auswirkungen der gesetzlichen Neuregelung lassen sich wie folgt umschreiben.

606 Die Abgrenzung zwischen abhängiger Beschäftigung und Selbständigkeit richtet sich weiterhin nach den von den Sozial- und Arbeitsgerichten bisher entwickelten Abgrenzungskriterien.[979] Eine Verschiebung dieser **klassischen Abgrenzungsmerkmale** zu Lasten der Selbständigkeit ist nicht vorgesehen.[980]

607 Daß die klassischen Abgrenzungskriterien der „janusköpfigen Rechtsprechung"[981] unverändert fortgelten sollen, ist eine Klarstellung des neuerlichen Gesetzes, die sich aus § 7 Abs. 1 Satz 2 SGB IV ergibt. Mit der Formulierung „Anhaltspunkte für eine Beschäftigung sind eine Tätigkeit nach Weisungen und eine Eingliederung in die Arbeitsorganisation des Weisungsgebers" sind die beiden Grundmerkmale der klassischen Abgrenzung zwischen Arbeitnehmer und Selbständigem in den Gesetzestext aufgenommen worden.

608 Eine weitere wichtige Klarstellung enthält das Gesetz in § 7 Abs. 4 SGB IV durch die in der Neufassung vorgenommene Ergänzung, daß die **Vermutungsregel greift**, wenn die betroffene Person „ihre **Mitwirkungspflichten nach § 206 SGB V oder § 196 SGB VI nicht erfüllt**". Nach der Vorläuferfassung des Gesetzes kam es auf diese Einschränkung nicht an, so daß auch im ersten Rundschreiben der Spitzenverbände vom 19.01.1999[982] die Vermutungsregel griff, wenn zwei der vier Kriterien vorlagen, unabhängig von der Frage, ob die betreffende Person auf die Anfragen des Rentenversicherungsträgers geantwortet hatte oder nicht. Schon mit dem Rundschreiben der Spitzenverbände vom 16.06.1999[983] hatten die Träger der Renten- und Krankenversicherung erklärt, daß sie die Vermutungsregel nur auf diejenigen Fälle anwenden wollten, in denen die betroffenen Personen nicht an der Sachverhaltsaufklärung mitgewirkt hatten. Bemängelt wird an der gegenwärtigen Gesetzesfassung, daß weder dem Wortlaut noch der Begründung des Gesetzes entnommen werden kann, ob die Mitwirkung im Rahmen der Amtsermittlung auch von dem Auftraggeber und nicht von dem beschäftigten freien Mitarbeiter vorgenommen werden kann.[984]

609 Der neue Kriterienkatalog stellt unter Ziff. 1 klar, daß ein geringfügiges Beschäftigungsverhältnis nicht bereits eine Beschäftigung „versicherungspflichtiger Arbeitnehmer" bedeutet, andererseits hat das Gesetz nunmehr unter Ziff. 1 die Ausgrenzung versicherungspflichtiger Familienangehöriger beseitigt, so daß versicherungspflichtige Familienangehörige nunmehr als Arbeitnehmer mitgezählt werden.

610 Beim Merkmal „**auf Dauer und im wesentlichen nur für einen Auftraggeber**" hat der Gesetzgeber den bisherigen Wortlaut ebenfalls korrigiert. Der Gesetzgeber hat einen wichtigen Kritikpunkt aufgegriffen, der gegen die bisherige Gesetzesregelung sprach und der vor allem projektbezogene Tätigkeiten betraf. Die Regierungskoalition geht in der Begründung des Gesetzesentwurfs davon aus, daß auch nacheinanderliegende Tätigkeiten für verschiedene Auftraggeber ausreichend sind.

---

978 *Bauer/Diller/Schuster*, NZA 1999, 1297; *Buchner*, DB 1999, 2514; *Gaul/Wisskirchen*, DB 1999, 2466; *Reiserer*, BB 2000, 94; *Schmidt*, NZS 2000, 57 ff.

979 Zum Überblick: *Hümmerich/Kallweit/Spirolke*, Das arbeitsrechtliche Mandat, § 7 Rn 54 ff.; *Hunold*, Die Rechtsprechung zu Statusfragen, NZA-RR 1999, 505 ff.

980 *Reiserer*, BB 2000, 94.

981 *Hümmerich*, NJW 1998, 2625.

982 NZA 1999, 365 ff.; *Hümmerich aktuell*, 1999, 29 ff.

983 NZS 1999, 384.

984 *Bauer/Diller/Schuster*, NZA 1999, 1297; *Reiserer*, BB 2000, 94.

*Reiserer* spricht im übrigen das Problem an, daß es Existenzgründer, die zunächst über einen Auftrag bzw. einen Auftraggeber verfügen, schwer haben, den beabsichtigten späteren Wechsel von Auftraggebern darzulegen.[985] Existenzgründer haben allerdings die Möglichkeit, sich nach § 6 SGB VI für einen Zeitraum von drei Jahren nach erstmaliger Aufnahme einer selbständigen Tätigkeit von der Versicherungspflicht befreien zu lassen, § 231 Abs. 5 SGB VI. In Ziff. 3 ist das Vermutungskriterium „arbeitnehmertypische Tätigkeiten" konkretisiert worden. Die Problematik dieser Gesetzesformulierung ist anschaulich bei *Dörner/Baeck*[986] beschrieben, die an einer Reihe von Beispielen aufzeigen, daß gleiche Arten von Tätigkeiten entsprechend der bekannten Rechtsprechung des BAG mal als freies Mitarbeiterverhältnis, mal als Arbeitsverhältnis ausgestaltet werden können.

An Ziff. 4 wird kritisiert, daß der Gesetzgeber es bedauerlicherweise unterlassen habe, den Begriff **„unternehmerische Tätigkeiten"** im Gesetz zu konkretisieren. In der Begründung des Gesetzesentwurfs heißt es, daß die Spitzenverbände der Sozialversicherungsträger zur Durchführung dieser Vorschrift branchenspezifische Kataloge erarbeiten würden. Es ist davon auszugehen, daß die Spitzenverbände ihre Kataloge noch publizieren werden. 611

Das Kriterium **Nr. 5** will den Wechsel von Arbeitsverhältnissen in Berater- oder Werkverträge verhindern. Das Kriterium Nr. 5 ist neu aufgenommen worden. Es sollen Umgehungsversuche wirksamer erfaßbar werden, wenn nach einem Wechsel von bisher abhängiger Tätigkeit zu behaupteter Selbständigkeit das äußere Erscheinungsbild der Tätigkeit unverändert geblieben ist. 612

Insgesamt hat der Gesetzgeber die Vermutungsanforderungen nicht nur durch die Präzisierung der Vermutungsregelung, sondern auch durch die Zahl der zu erfüllenden Merkmale (von zwei auf drei) im Einleitungssatz von § 7 Abs. 4 SGB IV erhöht. 613

Die Ausnahmeregelung, wonach § 7 Abs. 4 SGB IV für Handelsvertreter nicht gilt, ist geblieben, obwohl verfassungsrechtliche Bedenken erhoben werden.[987] Die Verfahrensvorschriften sind insgesamt erleichtert worden, sowohl der Auftraggeber als auch der Auftragnehmer können schriftlich eine Entscheidung beantragen, ob ein Arbeitsverhältnis vorliegt oder eine selbständige Tätigkeit. Über diesen Antrag entscheidet abweichend von § 28 h Abs. 2 SGB IV nicht die einzelne Krankenkasse des Betroffenen, sondern die Bundesversicherungsanstalt für Angestellte, § 7 a SGB IV. Diese Zuweisung der alleinigen Zuständigkeit der BfA vermeidet künftig divergierende Statusentscheidungen unterschiedlicher Träger der Sozialversicherung.

*Schmidt*[988] hat für die arbeitsrechtliche und sozialversicherungsrechtliche Praxis eine Reihe interessanter Schlußfolgerungen zur Vertragsgestaltung auf dem Hintergrund der gesetzlichen Neuregelung entwickelt. Diese Vorschläge haben in die Mustertexte Eingang gefunden. So enthalten die Mustertexte nunmehr Vereinbarungen zwischen dem freien Mitarbeiter und seinem Auftraggeber, in denen er sich verpflichtet, dem Auftraggeber sämtliche Angaben zu machen, die für eine Auskunftserteilung gegenüber dem Träger der Rentenversicherung nach § 7 a SGB IV erforderlich sind. Der Fall der wahrheitswidrigen Angaben und die sich hieraus ergebenden Schadensersatzansprüche werden 614

---

985 *Reiserer*, BB 2000, 95.
986 NZA 1999, 1139.
987 *Bauer/Diller/Lorenzen*, NZA 1999, 169 (173); *Buchner*, DB 1999, 148; *Hohmeister*, NZA 1999, 337; *Dörner/Baeck*, NZA 1999, 136.
988 NZS 2000, 57 ff.

ebenfalls in den Musterverträgen geregelt.[989] Auch verpflichtet sich nach den Musterverträgen der freie Mitarbeiter, Unterlagen im Bedarfsfalle vorzulegen.[990]

615 Aufgenommen wurde ferner der Vorschlag von *Schmidt*,[991] wonach sich der Auftraggeber bei der Auftragsvergabe an einen freien Mitarbeiter vergewissern sollte, ob eine ausreichende Absicherung durch Kranken- und Rentenversicherung besteht, um nicht das Risiko von Beitragsnachzahlungen einzugehen. Damit wird den Möglichkeiten des § 7 b SGB IV Rechnung getragen.

Beachtet werden sollte, daß der Betriebsrat nach § 80 Abs. 2 BetrVG Anspruch auf Unterrichtung auch hinsichtlich der Beschäftigung freier Mitarbeiter hat. Er kann sogar eine Gesamtübersicht verlangen, ohne bei einer größeren Zahl Beschäftigter in seinem Auskunftsbegehren differenzieren zu müssen.[992]

616 Es sollte grundsätzlich vorgesehen werden, daß das Honorar nach **Nettobetrag** und jeweils gültiger **Mehrwertsteuer** vereinbart wird. Anderenfalls besteht die Gefahr, daß eine als Nettovereinbarung gedachte Vertragspassage von der Rechtsprechung als Bruttovereinbarung behandelt wird.[993] Aus der bloßen Zahlung der Honorare für freie Mitarbeit ist nicht zu schließen, daß diese Honorarvergütung auch für den Fall vereinbart ist, daß der Mitarbeiter eine rechtskräftige gerichtliche Feststellung erreicht, derzufolge er nicht freier Mitarbeiter, sondern Arbeitnehmer ist.[994]

**Gerichtsstandsvereinbarungen** in Verträgen mit freien Mitarbeitern sind nach Maßgabe der Regeln der §§ 12 ff. ZPO wirksam. Eine Gerichtsstandsvereinbarung findet sich beispielsweise in § 11 von Muster 1450[995] (Subunternehmervertrag). Gerichtsstandsvereinbarungen können nur wirksam geschlossen werden, wenn beide Parteien Vollkaufleute sind. Ist der freie Mitarbeiter ein Minderkaufmann, was häufig der Fall sein dürfte, ist die Gerichtsstandsklausel unwirksam.

Bei Mitarbeitern im **Außendienst**, die in einem Arbeitsverhältnis stehen, zeigt sich zunehmend die Tendenz der Rechtsprechung, als **Erfüllungsort** nicht (mehr) den Wohnsitz des Vertreters, an dem administrative Angelegenheiten erfahrungsgemäß erledigt werden, sondern den Sitz des Arbeitgebers anzusehen.[996]

617 Grundsätzlich ist ein freier Mitarbeiter in der Wahl mehrerer gleichzeitiger Auftraggeber frei. Nach der Rechtsprechung des BAG kann diese Freiheit durch ein **Wettbewerbsverbot** beschränkt werden.[997]

Soweit das Wettbewerbsverbot jedoch unternehmensbezogen ausgestaltet wird, erfaßt es auch nur die in ihm benannten Unternehmensarten. Daher hindert ein Verbot, für ein Unternehmen tätig zu sein,

---

989 Z. B. Muster 1423, § 7 Abs. 2, in diesem Buch § 1 Kap. 2 M 638; Muster 1433, § 8 Abs. 2, in diesem Buch § 1 Kap 2 M 647.
990 Z. B. Muster 1423, § 7 Abs. 1, in diesem Buch § 1 Kap. 2 M 638, Muster 1433 , § 8 Abs. 1, in diesem Buch § 1 Kap. 2 M 647.
991 NZS 2000, 59.
992 BAG, Beschl. v. 15.12.1998, FA 1999, 164.
993 Vgl. BGH, Urt. v. 24.02.1988, BGHZ 103, 284.
994 BAG, Urt. v. 21.1.1998 – 5 AZR 50/97 (unveröffentlicht).
995 § 1 Kap. 2 M 672.
996 ArbG Regensburg, Urt. v. 16.03.1994, NZA 1995, 96; LAG Saarbrücken, Urt. v. 02.04.1975 – 2 Sa 169/74 (unveröffentlicht); ArbG Leipzig, Urt. v. 23.10.1997 – 16 Ca 10.086/97; AE 1997, 99; ArbG Nürnberg, Urt. v. 17.09.1997 – 11 Ca 755/97, AE 1997, 99.
997 BAG, Urt. v. 21.01.1997, NJW 1998, 99.

das mit dem Auftraggeber im Wettbewerb steht, den freien Mitarbeiter nicht daran, seine bislang ausgeübte Tätigkeit für einen bisherigen Kunden des Auftraggebers auszuüben, der nicht im Wettbewerb zu letztgenanntem steht.[998]

## B. Vertragstexte

### 1. Muster: Einfacher Handelsvertretervertrag ohne Gebietsschutz

*Handelsvertretervertrag*

zwischen

Herrn

– im folgenden Unternehmer genannt –

und

Herrn

– im folgenden Handelsvertreter genannt –

#### § 1 Umfang der Vertretung
(1) Der Unternehmer bestellt den Handelsvertreter für die nachfolgenden Postleitzahlengebiete:

(2) Der Unternehmer darf selbst Geschäfte in diesem Gebiet tätigen.

(3) Die Handelsvertretung erstreckt sich auf alle Produkte des Unternehmens.

#### § 2 Pflichten des Handelsvertreters
(1) Der Handelsvertreter hat seine Dienste persönlich zu leisten.

(2) Der Handelsvertreter hat für den Unternehmer Geschäfte zu vermitteln. Er hat keine Vollmacht zum Abschluß des Vertrages, es sei denn, diese ist gesondert erteilt.

(3) Der Handelsvertreter hat die Geschäftsbeziehungen mit den potentiellen Kunden des Unternehmers zu pflegen. Er ist verpflichtet, die Interessen des Unternehmers wahrzunehmen.

(4) Der Handelsvertreter hat die in seinem Gebiet vorhandenen potentiellen Kunden des Unternehmers regelmäßig zu besuchen.

(5) Der Handelsvertreter hat dem Unternehmer laufend Nachricht zu geben über alle in den Geschäftsbeziehungen interessierenden Umstände, insbesondere über seine Abschlüsse und Vermittlungen, Beobachtungen über die Bonität der Kunden und eventuelle Veränderungen im Kundenkreis.

(6) Der Handelsvertreter darf die Interessen solcher Firmen, die mit dem Unternehmer in Wettbewerb stehen, nicht wahrnehmen.

(7) Der Handelsvertreter hat über alle Geschäftsgeheimnisse des Unternehmers während der Dauer des Vertrages und nach Beendigung des Vertrages Stillschweigen zu bewahren.

#### § 3 Pflichten des Unternehmers
(1) Der Unternehmer hat den Handelsvertreter bei dessen Tätigkeit nach Kräften zu unterstützen. Er hat ihn insbesondere mit Werbeunterlagen im jeweils benötigten Umfange kostenlos zu versehen.

(2) Der Unternehmer hat den Handelsvertreter mit allen sich auf die möglichen Geschäfte beziehenden Informationen zu versehen. Er hat ihm jeweils unverzüglich mitzuteilen, ob er ein vermitteltes Geschäft annehmen oder ablehnen will.

---

998 BAG, Urt. v. 21.01.1997, NJW 1998, 99.

(3) Der Unternehmer hat den Vertreter zu unterrichten, wenn er Geschäfte voraussichtlich nur in erheblich geringerem Umfange abschließen kann oder will, als nach den Umständen zu erwarten ist.

### § 4 Provision

(1) Der Handelsvertreter erhält als Entgelt für seine Tätigkeit für alle Geschäfte, die er in seinem Gebiet abschließt oder vermittelt, eine Provision.

(2) Der Handelsvertreter hat keinen Anspruch auf Provision, wenn und soweit feststeht, daß der Kunde des Unternehmers keine Zahlung leistet. Bereits gezahlte Provision ist zurückzuzahlen.

(3) Die Provision für den Abschluß oder die Vermittlung beträgt            DM (            EUR) abzüglich aller vom Unternehmer gewährten oder vom Kunden in Anspruch genommenen Nachlässe.

(4) Übernimmt der Handelsvertreter für ein bestimmtes Geschäft das Delkredere, so erhält er eine besondere zusätzliche Delkredere-Provision, deren Höhe mit dem Unternehmer im Einzelfall zu vereinbaren ist. Die Delkredere-Provision wird ebenso berechnet wie die Provision.

(5) Der Handelsvertreter verpflichtet sich, Vergütungsüberzahlungen ohne Rücksicht auf eine noch vorhandene Bereicherung zurückzuzahlen.

(6) Die Provision wird vierteljährlich abgerechnet und bezahlt. Der Handelsvertreter erhält auf seinen Provisionsanspruch eine monatliche Vorschußzahlung in Höhe von            DM (            EUR).

(7) Der Handelsvertreter hat keinen Anspruch auf Erstattung von Auslagen wie Fahrtkosten, Porto, Fernsprech- oder Telexgebühren.

(8) Der Unternehmer behält sich vor, die Provision jederzeit und ohne daß es einer weiteren Ankündigung bedarf, gemäß dem festgelegten Umrechnungskurs von 1,95583 in EURO abzurechnen.

### § 5 Dauer des Vertrages

(1) Der Vertrag wird auf unbestimmte Zeit geschlossen. Er kann in den ersten drei Jahren der Vertragsdauer mit einer Frist von 6 Wochen zum Schluß eines Kalendervierteljahres gekündigt werden. Danach beträgt die Kündigungsfrist 3 Monate zum Schluß eines Kalendervierteljahres.

(2) Das Vertragsverhältnis kann von jedem Teil aus wichtigem Grund ohne Einhaltung einer Kündigungsfrist gekündigt werden.

### § 6 Teilunwirksamkeit

Sollte eine Bestimmung dieses Vertrages unwirksam sein oder werden, so wird die Gültigkeit des Vertrages im übrigen nicht berührt. Die Vertragsschließenden verpflichten sich, die unwirksame Regelung durch eine solche zu ersetzen, die dem Vertragszweck wirtschaftlich entspricht.

### § 7 Vertragsänderungen

Änderungen und Ergänzungen dieses Vertrages bedürfen der Schriftform.

Unternehmer                                   Handelsvertreter

## 2. Muster: Handelsvertretervertrag – Vertriebsgebiet eines Mehrfirmenvertreters

▼

Zwischen

der Firma

– Unternehmen –

und

der Firma

– Handelsvertreter –

wird folgender Vertrag geschlossen:

### § 1 Stellung des Handelsvertreters

(1) Der Handelsvertreter wird zum          als selbständiger Handelsvertreter im Sinne der §§ 84 ff., 87 Abs. 1 HGB mit der Alleinvertretung des Unternehmens im Vertragsgebiet          betraut. Das Vertragsgebiet erstreckt sich auf die Postleitzahlbezirke          und umfaßt das Gebiet der Landkreise          . Eine Änderung des Vertragsgebietes bedarf der Anhörung des Handelsvertreters.

(2) Das Unternehmen ist berechtigt, im Bezirk des Handelsvertreters selbst oder durch andere Beauftragte tätig zu werden.

(3) Der Handelsvertreter übernimmt den im Vertragsgebiet vorhandenen Kundenstamm. Folgende Kunden können ohne Mitwirkung des Handelsvertreters vom Unternehmen direkt bearbeitet werden:          .

### § 2 Aufgabenbereich

(1) Die Tätigkeit des Handelsvertreters bezieht sich auf sämtliche von dem Unternehmen vertriebenen Erzeugnisse sowie alle sonstigen vom Unternehmen angebotenen Leistungen.

(2) Neue Erzeugnisse können nur einvernehmlich von den Parteien in das Vertragsverhältnis einbezogen werden.

(3) Das Unternehmen übergibt dem Handelsvertreter eine Liste aller Kunden, mit denen er vor Beginn des Vertragsverhältnisses in Geschäftsbeziehung gestanden hat. Bei dieser Liste handelt es sich um eine Aufstellung des Vorgängers. In die Liste sind von dem Handelsvertreter die mit jedem Kunden in den letzten zwölf Monaten vor Vertragsbeginn erzielten Umsätze einzutragen.

### § 3 Pflichten des Handelsvertreters

(1) Dem Handelsvertreter obliegt die Betreuung der Kunden, die den Kundenstamm gemäß § 2 Abs. 3 bilden. Er vermittelt Geschäfte im Namen und auf Rechnung des Unternehmens. Er hat sich laufend zu bemühen, Geschäftsbeziehungen mit neuen Kunden herzustellen und den Umsatz mit den vorhandenen Kunden zu steigern.

(2) Er hat dem Unternehmen, soweit erforderlich, über die Marktlage in seinem Gebiet, insbesondere über die Wünsche der Kunden und die Konkurrenzangebote, zu berichten. Der Handelsvertreter hat über die Verhältnisse der einzelnen Kunden und Interessenten einschließlich besonderer Entwicklungen in deren Verhältnissen laufend zu unterrichten.

(3) Im Rahmen seiner Möglichkeiten hat der Handelsvertreter die Bonität der Kunden zu prüfen und bei Bedenken dem Unternehmen unverzüglich Mitteilung zu machen.

(4) Der Handelsvertreter ist an Weisungen des Unternehmens gebunden, soweit diese das Produkt, seine Plazierung am Markt sowie einheitliche Vertriebs- und Marketingaktivitäten betreffen. Bei Weisungen des Unternehmens an den Handelsvertreter ist die Stellung des Handelsvertreters als selbständiger Gewerbetreibender zu berücksichtigen.

(5) Sämtliche Unterlagen wie Liefer- und Leistungsprogramm, Preislisten und Geschäftsbedingungen, Werbe- und Demonstrationsmaterial, die der Handelsvertreter zur Ausübung seiner Tätig-

keit erhält, hat er nach Vertragsbeendigung herauszugeben, soweit sie nicht bereits verbraucht sind.

(6) Geschäfts- und Betriebsgeheimnisse hat der Handelsvertreter auch für die Zeit nach Vertragsbeendigung wie ein ordentlicher Kaufmann zu wahren.

(7) Der Handelsvertreter wird dem Unternehmen alle erforderlichen Nachrichten geben, insbesondere ihn von jeder Geschäftsvermittlung und von jedem Geschäftsabschluß unverzüglich unterrichten.

### § 4 Konkurrenzverbot

(1) Das Unternehmen hat keine Einwände, daß der Handelsvertreter zu Beginn des Vertrages bereits die folgenden Firmen vertritt: .

(2) Weitere Vertretungen wird der Handelsvertreter nur mit Zustimmung des Unternehmens übernehmen. Zwischen den Parteien besteht Einigkeit, daß das Unternehmen während des Vertragsverhältnisses keine Zustimmung zur Vertretung eines Unternehmens geben wird, das Wettbewerbsprodukte vertreibt. Der Handelsvertreter sichert außerdem zu, daß er sich an keinem Wettbewerbsunternehmen beteiligen oder ein solches Unternehmen in sonstiger Weise unterstützen wird.

### § 5 Haftung

(1) Alle Ansprüche, die gegen den Handelsvertreter erhoben werden wegen Verletzung von Patent, Musterschutz, Warenzeichen und Urheberrechten oder sonstigen Vorschriften, soweit sie zum Schutz des Endabnehmers eingreifen, richten sich ausschließlich gegen das Unternehmen.

(2) Das Unternehmen übernimmt für den Handelsvertreter die erforderlichen Prozeßkostenvorschüsse. Es unterrichtet außerdem den Handelsvertreter und/oder seinen anwaltlichen Bevollmächtigten, soweit entsprechende Informationen für die Prozeßführung notwendig sind.

### § 6 Pflichten des Unternehmens

(1) Das Unternehmen hat den Handelsvertreter bei dessen Tätigkeit zu unterstützen, insbesondere ihm die erforderlichen Nachrichten zu geben. Insbesondere wird es den Handelsvertreter unverzüglich über die Annahme oder Ablehnung eines von diesem vermittelten oder ohne Vertretungsmacht abgeschlossenen Geschäfts sowie über die Nichtausführung eines Geschäfts benachrichtigen. Über Verhandlungen sowie geplante und abgeschlossene Geschäfte mit Kunden oder Interessenten aus dem Vertragsgebiet des Handelsvertreters, die ohne seine Mitwirkung stattfinden, wird das Unternehmen ihn in angemessener Weise unterrichten.

(2) Das Unternehmen wird dem Handelsvertreter ferner unverzüglich mitteilen, wenn er Geschäfte in Zukunft voraussichtlich nur in erheblich geringerem Umfang abschließen kann oder will, als der Handelsvertreter unter gewöhnlichen Umständen erwarten konnte.

(3) Das Unternehmen hat die dem Handelsvertreter überlassenen Unterlagen auf ihre Kosten an dessen Sitz zu überlassen. Die Unterlagen bleiben Eigentum des Unternehmens.

(4) Das Unternehmen schuldet sämtliche Informationen über vollzogene Änderungen der Preise und des Liefer- und Leistungsprogramms sowie geplante Kooperationen und Zusammenschlüsse mit anderen Unternehmen. Auch eine beabsichtigte Veräußerung des Unternehmens ist dem Handelsvertreter rechtzeitig zur Kenntnis zu bringen.

(5) Der Handelsvertreter ist verpflichtet, die Musterkollektion zu versichern.

### § 7 Dienstleistung in Person

(1) Der Handelsvertreter hat seine Dienste in Person zu leisten. Er darf Hilfspersonen heranziehen und Untervertreter oder Reisende einsetzen. Vertragliche Beziehungen zwischen diesen und dem Unternehmen werden nicht begründet.

(2) Beabsichtigt der Handelsvertreter, die Rechtsform seiner Firma zu ändern, Gesellschafter aufzunehmen oder Änderungen in der Geschäftsführung seiner Firma vorzunehmen, hat er vorher die Zustimmung des Unternehmens einzuholen.

## § 8 Inkasso

(1) Der Handelsvertreter ist berechtigt und auf Verlangen des Unternehmens verpflichtet, Gelder von Kunden einzuziehen. Teilzahlungsziele und Raten darf er nur gewähren, wenn er dies vorher mit dem Unternehmen abgesprochen hat.

(2) Für seine Inkassotätigkeit erhält der Handelsvertreter eine Provision von _____ % der entgegengenommen Beträge. Er ist nicht berechtigt, entgegengenommene Gelder zurückzuhalten oder mit ihnen aufzurechnen.

## § 9 Provisionsanspruch

(1) Dem Handelsvertreter steht ein Provisionsanspruch für alle von ihm an Kunden seines Bezirks vermittelten Geschäfte zu. Der Anspruch auf Provision entsteht, sobald und soweit das Geschäft von dem Unternehmen ausgeführt worden ist oder hätte ausgeführt werden müssen.

(2) Führt das Unternehmen das Geschäft nicht aus, entfällt der Provisionsanspruch, wenn und soweit die Nichtausführung auf Umständen beruht, die das Unternehmen nicht zu vertreten hat.

(3) Außerdem entfällt der Provisionsanspruch, wenn und soweit feststeht, daß der Kunde seinen Zahlungsverpflichtungen nicht nachkommt. Das Unternehmen ist nicht verpflichtet, ausstehende Kundenforderungen gerichtlich geltend zu machen, wenn angesichts einer schlechten Vermögenslage des Kunden die gerichtliche Durchsetzung von Ansprüchen nur geringe Aussicht auf wirtschaftlichen Erfolg hat.

## § 10 Provisionskollisionen

(1) Sind mehrere Handelsvertreter provisionsberechtigt, ist die Provision unter ihnen aufzuteilen. Das Unternehmen ist nur zur einmaligen Zahlung der Provision in ihrer gesamten Höhe, wie sie bei einem solchen Geschäft üblicherweise anfällt, verpflichtet.

(2) Die Aufteilung der Provision zwischen mehreren Handelsvertretern wird vom Unternehmen nach billigem Ermessen vorgenommen. Maßgeblich für die Provisionsverteilung ist der Umfang der Mitwirkung jedes Handelsvertreters am Zustandekommen und an der Abwicklung des Geschäfts.

(3) Bei Geschäftsabschlüssen mit Einkaufszentralen wird die Provision ebenfalls geteilt. Der Provisionsanspruch jedes Handelsvertreters berechnet sich nach den Warenmengen, die an Filialen in seinem Gebiet geliefert werden. Der Handelsvertreter, der sein Gebiet am Sitz der Zentrale hat, erhält _____ % der Provisionsansprüche der einzelnen Handelsvertreter. Sind die Lieferungen an die Zentralen nicht bekannt, befindet das Unternehmen über den Aufteilungsschlüssel nach billigem Ermessen.

## § 11 Nachvertraglicher Provisionsanspruch

(1) Für ein Geschäft, das erst nach Beendigung des Vertragsverhältnisses zustande kommt, steht dem Handelsvertreter ein Provisionsanspruch zu, wenn der Geschäftsabschluß überwiegend auf seine Tätigkeit zurückzuführen ist und das Geschäft innerhalb einer Frist von _____ Monaten nach Beendigung des Vertragsverhältnisses geschlossen wurde.

(2) Der nachvertragliche Provisionsanspruch besteht nicht, wenn ein Nachfolger des Handelsvertreters für das Geschäft einen Provisionsanspruch erworben hat, es sei denn, daß eine Teilung der Provision der Billigkeit entsprechen würde. Der Provisionsanspruch entfällt, wenn der Geschäftsabschluß auch maßgeblich auf die Tätigkeit des Nachfolgers zurückzuführen ist oder der Nachfolger an der Abwicklung des Geschäfts nicht unerheblich mitgewirkt hat.

## § 12 Abrechnung und Fälligkeit der Provision

(1) Der Provisionsanspruch des Handelsvertreters entsteht unbedingt, sobald und soweit das Entgelt für das provisionspflichtige Geschäft entrichtet ist. Der Handelsvertreter kann einen Provisionsvorschuß in Höhe von _____ % der gesamten Provision für ein Geschäft mit einem geschützten Kunden verlangen, sobald das Geschäft ausgeführt ist.

§ 1  Kapitel 2: Handelsvertreterverträge und Verträge mit freien Mitarbeitern

(2) Der Handelsvertreter hat auch dann einen Anspruch auf Provision, wenn das Unternehmen das Geschäft mit dem geschützten Kunden ganz oder teilweise nicht oder nicht so ausgeführt hat, wie es abgeschlossen worden ist. Der Provisionsanspruch entfällt, wenn und soweit die Ausführungen des Geschäfts unmöglich geworden sind, ohne daß das Unternehmen die Unmöglichkeit zu vertreten hat oder die Ausführung ihr nicht zuzumuten ist. Nachträgliche Änderungen des Entgelts aus Gründen, die das Unternehmen nicht zu vertreten hat, muß der Handelsvertreter gegen sich gelten lassen. Entsprechendes gilt, wenn ein Kunde seine Verpflichtung zur Entgeltleistung ganz oder teilweise nicht erfüllt.

(3) Die Provision berechnet sich nach dem dem Kunden in Rechnung gestellten Betrag ausschließlich Umsatzsteuer. Soweit der Handelsvertreter umsatzsteuerpflichtig ist, erhält er auf die Provision oder sonstige Vergütungen die Umsatzsteuer.

(4) Nicht bei der Berechnung der Provisionshöhe in Abzug zu bringen sind Nebenkosten, namentlich Kosten für Fracht, Zoll, Verpackung, es sei denn, diese Kosten wurden dem Kunden gesondert in Rechnung gestellt.

(5) Entfällt der Provisionsanspruch nachträglich, hat der Handelsvertreter bereits empfangene Provisionen an das Unternehmen zurückzuzahlen.

(6) Nachlässe wegen Barzahlung sind vom Rechnungsbetrag nicht abzuziehen. Andere Rabatte mindern den Provisionsanspruch nur, wenn sie mit dem Kunden von vornherein vereinbart wurden.

(7) Das Unternehmen hat bis spätestens zum _____ eines jeden Monats dem Handelsvertreter eine Abrechnung über die im Vormonat unbedingt entstandenen Ansprüche auf Provision und Provisionsvorschuß zu erteilen. Mit der Abrechnung werden die Ansprüche fällig.

(8) Folgende Aufwendungen werden dem Handelsvertreter zusätzlich erstattet: _____ .

(9) Der Unternehmer behält sich vor, die Provision jederzeit und ohne daß es einer weiteren Ankündigung bedarf, gemäß dem festgelegten Umrechnungskurs von 1,95583 in EURO abzurechnen.

(10) Der Handelsvertreter verpflichtet sich, Vergütungsüberzahlungen ohne Rücksicht auf eine noch vorhandene Bereicherung zurückzuzahlen.

### § 13 Wettbewerbsabrede

(1) Der Handelsvertreter wird nach Beendigung dieses Vertrages für die Dauer von zwei Jahren jede unmittelbare oder mittelbare Tätigkeit für ein Konkurrenzunternehmen in dem ihm gemäß § 1 zugewiesenen Bezirk oder Kundenkreis sowie hinsichtlich der Vertragsgegenstände, um deren Vermittlung er sich gemäß § 1 zu bemühen hat, unterlassen. Von dieser Wettbewerbsabrede nicht erfaßt sind die in § 4 Abs. 1 aufgeführten Firmen.

(2) Für die Geltungsdauer des Wettbewerbsverbots nach Abs. 1 zahlt das Unternehmen dem Handelsvertreter eine Wettbewerbsentschädigung, die monatlich nachträglich zahlbar ist. Die Entschädigung beträgt 50 % der nach dem Durchschnitt der letzten drei Jahre bei kürzerer Vertragsdauer während dieser zugunsten des Handelsvertreters entstandenen Monatsvergütung. Während der Dauer des Wettbewerbsverbots vom Handelsvertreter anderweitig erzielter Erwerb ist gemäß § 74 c HGB auf die Entschädigung anzurechnen.

### § 14 Schiedsgericht

(1) Alle Streitigkeiten, die sich aus diesem Vertragsverhältnis einschließlich seiner Beendigung ergeben, werden unter Ausschluß des ordentlichen Rechtswegs durch ein Schiedsgericht für beide Teile bindend entschieden.

(2) Das Schiedsgericht besteht aus einem Vorsitzenden und zwei Schiedsrichtern. Die klagende Partei hat mit der Zustellung der Schiedsklage an die beklagte Partei einen Schiedsrichter zu benennen. Die beklagte Partei wird innerhalb von weiteren 14 Tagen ebenfalls einen Schiedsrichter benennen. Unterläßt die Schiedsbeklagte die Benennung, ist die klagende Partei berechtigt, den

zweiten Schiedsrichter durch den Deutschen Industrie und Handelstag (DIHT) in Bonn benennen zu lassen.

(3) Die beiden Schiedsrichter benennen einen Vorsitzenden. Kommt eine Einigung zwischen ihnen nicht zustande, kann jede Partei den Vorsitzenden durch den Deutschen Industrie und Handelstag (DIHT) bestimmen lassen.

(4) Das Schiedsgericht bestimmt über den Ort, die Verfahrensordnung, den Streitwert und die Kosten des Schiedsverfahrens nach freiem Ermessen.

### § 15 Verjährung

Alle Ansprüche aus dem Vertragsverhältnis verjähren innerhalb von sechs Monaten nach Fälligkeit des Anspruchs, nicht jedoch vor Ablauf von sechs Monaten nach Kenntniserlangung des Berechtigten von seinem Anspruch.

### § 16 Krankheitsfolgen, Urlaub

(1) Stellt der Handelsvertreter seine Tätigkeit wegen Erkrankung für mehr als fünf Werktage ein, hat er die Pflicht, seine Arbeitsunfähigkeit dem Unternehmen unverzüglich mitzuteilen.

(2) Besonders im Falle längerer Erkrankung des Handelsvertreters ist das Unternehmen berechtigt, selbst oder durch andere Beauftragte im Vertragsgebiet des Handelsvertreters tätig zu werden.

(3) Während der Erkrankung erhält der Handelsvertreter keine Entgeltfortzahlung.

(4) Der Handelsvertreter hat Anspruch auf Erholungsurlaub. Der Urlaubsumfang beträgt 30 Arbeitstage. Der Handelsvertreter legt seinen Urlaub, wenn irgend möglich, in erfahrungsgemäß geschäftsarme Zeiten und hat die geplanten Urlaubstermine dem Unternehmen spätestens bis Ende Februar eines jeden Jahres mitzuteilen. Der Handelsvertreter trägt möglichst Sorge dafür, daß die Kunden während seines Urlaubs betreut werden können.

### § 17 Delkredere

(1) Der Handelsvertreter verpflichtet sich, für die Erfüllung der Verbindlichkeiten von Kunden aus solchen Geschäften einzustehen, die er vermittelt hat, soweit das Geschäft mit folgenden Kunden abgeschlossen wird: .

(2) Dem Handelsvertreter steht für die Übernahme des Delkredere eine Provision von % der zugrundeliegenden Forderung zu. Der Anspruch auf die Delkredereprovision entsteht mit Abschluß des Geschäfts.

### § 18 Beginn und Dauer des Vertragsverhältnisses

(1) Das Vertragsverhältnis beginnt am und wird auf unbestimmte Zeit geschlossen.

(2) Bei Vorliegen eines wichtigen Grundes ist jede Partei befugt, das Vertragsverhältnis außerordentlich ohne Einhaltung einer Kündigungsfrist zu kündigen.

(3) Außerdem kann das Vertragsverhältnis ordentlich gekündigt werden durch eingeschriebenen Brief mit einer Frist von Monaten zum Ende eines Kalendermonats.

(4) Das Unternehmen ist berechtigt, den Handelsvertreter während des Laufs der Kündigungsfrist von seiner Tätigkeit freizustellen. In diesem Fall hat der Handelsvertreter Anspruch auf die durchschnittliche Provision bis zur Beendigung des Vertragsverhältnisses. Die Durchschnittsprovision berechnet sich aus der Tätigkeit des Handelsvertreters in den letzten zwölf Monaten vor der Freistellung.

(5) Der Handelsvertreter ist verpflichtet, während der Kündigungsfrist einen Nachfolger einzuarbeiten und bei den Kunden einzuführen. Für sämtliche Geschäfte, die der Nachfolger mit Kunden seines Bezirks abschließt, gebührt dem Handelsvertreter der volle Provisionsanspruch.

### § 19 Schlußbestimmungen

(1) Ausschließlicher Gerichtsstand für alle Streitigkeiten aus diesem Vertrag ist der Sitz des Unternehmens. § 689 Abs. 2 ZPO bleibt unberührt. Beide Vertragsparteien erklären hiermit ausdrücklich, Vollkaufleute im Sinne des HGB zu sein.

(2) Nebenabreden zu diesem Vertrag sind nicht getroffen. Änderungen oder Ergänzungen bedürfen zu ihrer Wirksamkeit der Schriftform. Auf dieses Formerfordernis kann nur durch eine Vereinbarung, die ihrerseits der Schriftform bedarf, verzichtet werden.

(3) Die Ungültigkeit einer oder mehrerer Bestimmungen dieses Vertrages beeinträchtigt die Wirksamkeit des Vertrages im übrigen nicht. Im Falle der Unwirksamkeit einer oder mehrerer Bestimmungen werden die Parteien eine der unwirksamen Regelung wirtschaftlich möglichst nahekommende, rechtswirksame Ersatzregelung treffen.

(4) Beide Parteien verzichten für Gegenwart und Zukunft verbindlich auf etwaige ihnen zustehende Zurückbehaltungsrechte aus diesem Vertragsverhältnis.

## 3. Muster: Handelsvertretervertrag eines Einfirmenvertreters mit Vertriebsgebiet

Vertrag

zwischen

– nachstehend Unternehmen genannt –

und

Herrn

– nachstehend Handelsvertreter genannt –

### § 1 Gegenstand der Tätigkeit

(1) Die Vertretung für das Unternehmen erstreckt sich auf sämtliche in der Anlage 1 aufgeführten Erzeugnisse (Vertragserzeugnisse).

(2) Der Umfang und Gegenstand der Vertragserzeugnisse kann nach beiderseitiger Übereinkunft durch Aufnahme in Anlage 1 und deren Abzeichnung durch die Parteien jederzeit geändert werden.

(3) Der Handelsvertreter ist ferner berechtigt, neben den Vertragserzeugnissen im Rahmen der Projektbearbeitung auf Wunsch von Kunden sonstige Leistungen oder Gegenstände in eigenem Namen zu vermitteln und hierfür Entgelte anzunehmen, soweit er in eigenem Namen tätig wird und diese Tätigkeit im Zusammenhang mit den für das Unternehmen zu vermittelnden Projekten steht.

(4) Der Handelsvertreter ist berechtigt, im Namen des Unternehmens auf den zur Verfügung gestellten Formularen und Geschäftspapieren die einzelnen Geschäfte bezüglich der Vertragserzeugnisse mit den Kunden abzuschließen. Diese Vertretungsbefugnis gilt nur im Rahmen der Aufgabenerfüllung. Zur weitergehenden rechtsgeschäftlichen Vertretung ist der Handelsvertreter nicht berechtigt. Eigengeschäfte mit den Erzeugnissen vom Unternehmen darf der Handelsvertreter nicht ohne vorherige schriftliche Zustimmung des Unternehmens tätigen.

(5) Die Preise für Leistungen des Unternehmens werden allein vom Unternehmen bestimmt. Der Handelsvertreter hat sich im Rahmen seiner Vertretung insofern nach den vom Unternehmen zu erstellenden Vorkalkulationen und Angebotsausarbeitungen zu richten.

(6) Der Handelsvertreter kann sich Hilfspersonen bedienen. Diese sind jedoch zum Abschluß im Namen des Unternehmens nur nach vorheriger Zustimmung durch das Unternehmen berechtigt.

## § 2 Wettbewerb, Alleinvertretung

(1) Zur Übernahme von ständigen anderweitigen Vertretungen, auch soweit sie nicht in Konkurrenz zum Unternehmen stehen, ist der Handelsvertreter nicht berechtigt. Insoweit ist die Übernahme weiterer Vertretungen nur zulässig, wenn das Unternehmen hierzu die vorherige Zustimmung erteilt hat.

(2) Eine Ausnahme gilt hinsichtlich der vom Handelsvertreter bislang vertretenen folgenden Firmen mit den nachfolgend beschriebenen Produkten: .

(3) Im übrigen darf der Handelsvertreter nicht ohne vorherige Zustimmung für einen Wettbewerber des Unternehmers tätig werden oder sich an einem Konkurrenzunternehmen direkt oder indirekt beteiligen oder es sonst unterstützen. Die Vertragsprodukte sind ausschließlich beim Unternehmen zu beziehen und dürfen auch nicht selbst hergestellt werden. Anderweitige Abläufe und Aufgabenverteilungen für eine Projektbearbeitung bedürfen der vorherigen Zustimmung des Unternehmens.

## § 3 Vertriebsgebiet, Gebietsschutz

(1) Das Unternehmen überträgt auf den Handelsvertreter ab dem Zeitpunkt des Abschlusses dieses Vertrages zum Vertrieb der Vertragsprodukte das in Anlage 2 beschriebene Gebiet (Vertriebsgebiet).

(2) Der Handelsvertreter erhält grundsätzlich Gebietsschutz im Vertragsgebiet. Dies bedeutet, daß andere Arbeitnehmer oder weitere Handelsvertreter des Unternehmens grundsätzlich nicht berechtigt sind, in dem dem Handelsvertreter zugewiesenen Gebiet Aufträge abzuschließen. Das Unternehmen ist jedoch in Sonderfällen (z.B. Einzelhandelsketten etc.) berechtigt, bestimmte Aufträge im Vertriebsgebiet des Handelsvertreters einem anderen Mitarbeiter allein zuzuweisen oder eine gemeinsame Bearbeitung des Handelsvertreters mit einen anderen Mitarbeiter des Unternehmens zu verlangen. In diesen Fällen wird das Unternehmen nach billigem Ermessen verbindlich entscheiden, wie Provisionen zu verteilen sind bzw. wem sie zugewiesen werden.

(3) Nur im Rahmen der Entscheidung des Unternehmens ist der Handelsvertreter berechtigt, außerhalb seiner Gebietsgrenzen Aufträge anzunehmen. Denkbare Konfliktfälle sind dem Unternehmen frühstmöglichst anzuzeigen, damit eine interessengerechte Lösung gefunden werden kann.

(4) Der Handelsvertreter hat seine Dienste persönlich zu leisten. Ist es dem Handelsvertreter nicht möglich, sein Vertriebsgebiet aufgrund längerer Abwesenheiten (Krankheiten, Urlaube, sonstige Abwesenheiten von mehr als drei Wochen) zu bearbeiten, so ist das Unternehmen berechtigt, entweder einen anderen Mitarbeiter oder einen anderen Handelsvertreter im Vertriebsgebiet einzusetzen. Dauert die Verhinderung des Handelsvertreters länger als drei Monate an, so sind beide Vertragsparteien berechtigt, das Vertragsverhältnis mit einer Frist von vier Wochen zu kündigen.

## § 4 Pflichten und Verantwortlichkeiten des Handelsvertreters

(1) Der Handelsvertreter ist verpflichtet, seinen Wirkungskreis intensiv zu bearbeiten, die potentiellen Abnehmer und Interessenten zu besuchen, neue Kunden zu werben und diese zu betreuen.

(2) Der Handelsvertreter erstellt die für den Auftragseingang erforderlichen Entwurfspläne.

(3) Er ist für die telefonische Aufklärung von Interessenten-Anfragen zuständig.

(4) Er nimmt ihm zugewiesene oder selbst vereinbarte Termine mit den Interessenten, Kunden, Handwerkern wahr und koordiniert diese.

(5) Nach Besprechungen mit den Kunden erstellt er eindeutige schriftliche Vorgaben für die Angebotserstellung durch das Unternehmen. Er erstellt ferner eindeutige schriftliche Vorgaben für die Erstellung von Werksplänen.

**§ 1** Kapitel 2: Handelsvertreterverträge und Verträge mit freien Mitarbeitern

(6) Der Handelsvertreter ist zuständig für die Abnahme von Montagen, der Reklamationsbearbeitung und die Veranlassung weiterer interner Bearbeitungen in Zusammenhang mit diesen Anlässen.

(7) Der Handelsvertreter hat Referenzen zu initiieren.

(8) Der Handelsvertreter ist verpflichtet, an Verkaufstagungen, Messen und Informationsveranstaltungen nach Aufforderung durch das Unternehmen teilzunehmen.

(9) Das Unternehmen wird nach eigener Maßgabe ein Vertriebsinformationssystem einrichten und ausbauen. Der Handelsvertreter wird in diesem Zusammenhang die Weisung des Unternehmens bezüglich Form und zeitlicher Reihenfolge der Berichtsleistungen einhalten. Das Unternehmen wird zu diesem Zweck ein EDV-Programm zur Verfügung stellen, welches es ermöglicht, die nötigen Informationen per Datenfernübertragung an die Zentrale des Unternehmens regelmäßig und zeitnah zu übermitteln. Der Handelsvertreter wird seinerseits die entsprechenden Telekommunikationseinrichtungen zur Verfügung stellen (Modem bzw. ISDN-Anschluß) und entsprechend ausgestattete Hardware (Computer) bereithalten. Die Nutzungsverpflichtung umfaßt insbesondere auch etwaige zur Verfügung gestellte gruppenfähige Terminkalender und Kontakt- und Projektverwaltungsmodule.

(10) Der Handelsvertreter verpflichtet sich, einen Mindestumsatz in Höhe von _____ DM (_____ EUR) auf Basis des § 6 innerhalb der Zeit von Beginn dieses Vertrages bis zum Ende des Kalenderjahres zu erzielen. Im Folgejahr soll dieser Mindestumsatz _____ DM (_____ EUR) betragen. Der Handelsvertreter wird sodann zusammen mit dem Unternehmen ehrgeizige Umsatzziele für das jeweilige Kalenderjahr festlegen.

### § 5 Pflichten des Unternehmens

(1) Das Unternehmen stellt dem Handelsvertreter alle für die Ausübung seiner Tätigkeit erforderlichen Unterlagen zur Verfügung (Geschäftspapiere, Honorarabrechnungsunterlagen etc.).

(2) Das Unternehmen wird den Handelsvertreter insbesondere durch Überlassung von Werbematerial in Form von Prospekten sowie durch Anzeigen, Telefonmarketing und Direktwerbung in angemessenem Umfang unterstützen.

(3) Das Unternehmen wird dem Handelsvertreter ferner die zur Ausübung seiner Tätigkeit erforderlichen Muster, Zeichnungen, Preislisten, Werbedrucksachen, Geschäftsbedingungen usw. zur Verfügung stellen.

(4) Sämtliche dem Handelsvertreter überlassenen Unterlagen verbleiben im Eigentum des Unternehmens. Soweit diese nicht bestimmungsgemäß verbraucht worden sind, hat der Handelsvertreter sie nach Vertragsende wieder herauszugeben.

(5) Das Unternehmen wird den Handelsvertreter ferner über die Produktionsverhältnisse unterrichtet halten und ihn insbesondere über Preis- und Produktionsänderungen informieren.

### § 6 Vergütungsregelungen

(1) Der Handelsvertreter erhält eine Provision ansonsten nur für seine während der Vertragsdauer mit Kunden in seinem Bezirk abgeschlossenen Geschäfte, soweit das Unternehmen nichts anderes im Einzelfall bestimmt hat. Der Provisionssatz beträgt _____ % des Nettoumsatzes abzüglich etwaiger Erlösschmälerungen (Skonto, Rabatte, sonstige Nachlässe etc.).

(2) Sieht sich das Unternehmen namentlich aus Wettbewerbsgründen veranlaßt, in Einzelfällen einen ungewöhnlich niedrigen Preis zu akzeptieren, so kann die dem Handelsvertreter für diese Geschäfte zustehende Provision vom Unternehmen angemessen gekürzt werden, höchstens jedoch auf die Hälfte.

(3) Bei Zahlungsunfähigkeit der Kunden kann die Provision zurückbelastet werden. Eine Zahlungsunfähigkeit ist dann gegeben, wenn die von dem Kunden eingegangene Finanzierung notleidend ist, Mahnbescheid erlassen wurde, Klage erhoben worden ist oder aus anderen Gründen die Rechnung an den Kunden storniert wurde.

(4) Der Anspruch auf Zahlung der Provision entsteht, sobald und soweit der Kunde das Entgelt für das provisionspflichtige Geschäft entrichtet hat. Bei Scheck- oder Wechselzahlung gilt das Entgelt in dem Zeitpunkt als entrichtet, in dem das Unternehmen über den Zahlbetrag endgültig frei verfügen kann.

(5) Das Unternehmen hat für jeden Kalendermonat, spätestens bis zum letzten Tag des Folgemonats, Abrechnungen über die in diesem Zeitpunkt fällig gewordenen Ansprüche auf Zahlung der Provision zu erteilen. Über Provisionsvorschüsse ist monatlich abzurechnen. Der Handelsvertreter hat die Abrechnung unverzüglich zu überprüfen und etwaige Einwände spätestens innerhalb eines Monats nach Erhalt der Abrechnung schriftlich gegenüber dem Unternehmen geltend zu machen.

(6) Die Provision ist mit der Abrechnung fällig.

(7) Das Unternehmen behält sich vor, die Provision jederzeit und ohne daß es einer weiteren Ankündigung bedarf, gemäß dem festgelegten Umrechnungskurs von 1,95583 in EURO abzurechnen.

(8) Der Handelsvertreter verpflichtet sich, Vergütungsüberzahlungen ohne Rücksicht auf eine noch vorhandene Bereicherung zurückzuzahlen.

### § 7 Dauer des Vertrages, Beendigung

(1) Dieser Vertrag wird auf unbestimmte Zeit abgeschlossen. Er beginnt mit der Unterzeichnung dieser Vereinbarung, frühestens jedoch mit der Wirksamkeit der Beendigung des bisherigen Arbeitsverhältnisses. Der Vertrag endet durch Kündigung. Für die Kündigung gelten die gesetzlichen Fristen des § 89 HGB. Der Vertrag endet ferner durch Tod des Handelsvertreters oder mit dem Erreichen des 65. Lebensjahres.

(2) Das Recht zur fristlosen Kündigung bzw. Kündigung aus wichtigem Grund nach § 89a HGB bleibt unberührt. Als wichtiger Grund gelten die Eröffnung des Konkursverfahrens bei einer der Vertragsparteien. Gleiches gilt für ein Vergleichsverfahren. Zeitweilige Lieferschwierigkeiten des Unternehmens berechtigen nicht zur außerordentlichen Kündigung. Ferner gilt als wichtiger Grund auch eine nachhaltige Minderung der im Bezirk des Handelsvertreters erzielbaren Umsätze.

(3) Die Erklärung, mit der eine der Vertragsparteien der anderen mitteilt, daß sie den Vertrag nicht fortzusetzen beabsichtige, und die Kündigung bedürfen der Schriftform. Werden sie durch Einschreiben übermittelt, so gelten sie auch dann als zugegangen, wenn ein Zustellversuch fruchtlos verlaufen ist und dem Empfänger eine Zustellungsnachricht hinterlassen worden ist.

### § 8 Verjährung, Abtretung von Ansprüchen

(1) Alle Ansprüche aus diesem Vertrag verjähren nach 12 Monaten. Die Frist beginnt mit dem Ende des Monats, in dem der Anspruch fällig geworden ist.

(2) Der Handelsvertreter kann Rechte und Forderungen aus diesem Vertragsverhältnis nur mit schriftlicher Zustimmung durch das Unternehmen abtreten.

### § 9 Schriftform, Recht, Gerichtsstand, Nebenabreden, unwirksame Regelungen

(1) Das gesamte Rechtsverhältnis der Vertragspartner, auch soweit es die unter diesem Vertrag erfolgenden Einzelgeschäfte betrifft, unterliegt deutschem Recht.

(2) Gerichtsstand für alle Streitigkeiten im Zusammenhang mit diesem Vertrag ist der Sitz des Unternehmens. Jeder Vertragspartner ist auch berechtigt, den anderen an dem für diesen allgemein geltenden Gerichtsstand zu verklagen.

(3) Nebenabreden zu diesem Vertrag sind nicht getroffen. Änderungen oder Ergänzungen bedürfen zu ihrer Rechtswirksamkeit der Schriftform. Das gleiche gilt für den Verzicht auf das Schriftformerfordernis.

(4) Im Falle der Unwirksamkeit einer oder mehrerer Bestimmungen dieses Vertrags oder im Falle von Lücken werden die Vertragsparteien eine der unwirksamen Regelungen bzw. der Gesamtre-

gelung wirtschaftlich möglichst nahekommende rechtswirksame Ersatz- bzw. Ergänzungsregelung treffen.

## 4. Muster: Handelsvertretervertrag eines Einfirmenvertreters ohne Vertriebsgebiet mit Fixum und Vertragsstrafe

Vertrag

zwischen

der Firma

– nachfolgend Firma genannt –

und

Herrn

– nachfolgend Vertreter genannt –

### I. Vorbemerkung
1. Die Firma ist Herstellerin von         und besitzt auf diesem Gebiet Produktions- und Vertriebsknow-how.
2. Bei dem Vertreter handelt es sich um einen Vertriebsfachmann, der seine Erfahrungen während seiner Tätigkeit         sammeln konnte.

### II. Ziele
Ziel der nachfolgenden Vereinbarung ist es, die Produktpalette der Firma im Bereich         im Vertragsgebiet über den Vertreter zu vertreiben und durch ihn neue Geschäftsfelder zu erschließen. Kundenakquisition und Werbung, sowie der Vertragsschluß mit Kunden liegen im Verantwortungsbereich des Vertreters. Der Vertreter trägt seine Auslagen selber und bezieht für Abschlüsse neben einem Fixum umsatzabhängige Provisionen. Die Firma wird den Vertreter im Bereich der Werbung unterstützen.

Zu diesem Zweck vereinbaren die Parteien die nachfolgenden Regelungen:

### III. Regelungen

#### § 1 Gegenstand der Vertretung
(1) Die Firma überträgt an den Vertreter ab dem Zeitpunkt des Abschlusses dieses Vertrages den Alleinvertrieb an die in der Anlage beschriebenen Kunden.

(2) Der Vertreter vermittelt Aufträge im Namen der Firma und kauft und verkauft im eigenen Namen und auf eigene Rechnung. Zur rechtsgeschäftlichen Vertretung der Firma ist er nicht berechtigt.

(3) Das Recht der Firma, im Vertragsgebiet selbst oder durch Dritte tätig zu werden, ist ausgeschlossen, es sei denn, es liegt ein wichtiger Grund vor.

Als wichtiger Grund gilt hierbei insbesondere:
– das Unterschreiten der Mindestumsatzvereinbarung
– eine mehr als sechs Monate andauernde Verhinderung der persönlichen Tätigkeit des Vertreters

(4) Liegen Tatsachen vor, die den Entschluß rechtfertigen, daß durch eine Veränderung, auch Verkleinerung des Vertragsgebiets eine erhebliche Verbesserung der Absatzchancen der Firma erreicht werden kann, so kann die Firma alternativ nach Anhörung des Vertreters und unter Berücksichtigung von ihm etwa eingebrachter Vorschläge den zugewiesenen Kundenkreis neu festle-

gen. Als Tatsachen im Sinne dieser Regelung gelten insbesondere die Unterschreitung der Mindestumsätze.

### § 2 Aufgaben und Befugnisse

(1) Der Vertreter hat die Aufgabe, die Vertragsprodukte aktiv an bestehende und zukünftige Kunden nach besten Kräften zu vermitteln. Er ist nicht zum Inkasso berechtigt und darf die Firma nicht rechtsgeschäftlich vertreten. Eigengeschäfte mit den Erzeugnissen der Firma darf der Vertreter nicht ohne vorherige schriftliche Zustimmung durch die Firma tätigen.

(2) Der Vertreter wird der Firma monatlich über seine Tätigkeit und die allgemeine Marktentwicklung berichten, insbesondere über die Konkurrenzsituation sowie bei Bedarf über die besonderen Verhältnisse der einzelnen Abnehmer und Interessenten, namentlich über deren Anforderungen und Kreditwürdigkeit. Er wird dabei die Weisungen der Firma bezüglich Form und zeitlicher Folge dieser Berichte einhalten.

### § 3 Persönliche Leistung

(1) Der Vertreter hat seine Dienste persönlich zu leisten. Er darf keine Hilfspersonen heranziehen.

(2) Ist der Vertreter durch Unfall oder Erkrankung oder vergleichbare Ereignisse voraussichtlich länger als eine Woche an der Ausübung seiner Tätigkeit gehindert, so hat er die Firma davon unverzüglich zu unterrichten. Entschließt sich die Firma aus diesem Grund selbst oder durch einen anderen Beauftragten im Vertragsgebiet tätig zu werden, so gehen die dadurch entstehenden Kosten ab der 5. Woche der Verhinderung zu Lasten des Vertreters, maximal jedoch in Höhe seines jeweiligen Fixums.

(3) Sollte die Verhinderung des Vertreters sechs Monate überschreiten, so können beide Seiten diesen Vertrag kündigen oder die Firma von den Möglichkeiten des § 1 Abs. 3 und 4 Gebrauch machen.

### § 4 Wettbewerb, andere Vertretungen

(1) Der Vertreter darf nicht ohne schriftliche Einwilligung der Firma für einen Wettbewerber der Firma tätig werden oder sich an einem Konkurrenzunternehmen direkt oder indirekt beteiligen oder es sonst unterstützen. Die Vertragsprodukte sind ausschließlich bei der Firma zu beziehen und dürfen auch nicht selbst hergestellt werden. Für jeden Fall einer etwaigen Zuwiderhandlung wird eine Vertragsstrafe in Höhe von

    50.000,00 DM (in Worten: fünfzigtausend Deutsche Mark) (25.564,59 EUR)

vereinbart.

(2) Der Vertreter vertritt gegenwärtig die in der Anlage bezeichneten Firmen. Die Übernahme weiterer Vertretungen ist nur zulässig, wenn die Firma hierzu ihre Einwilligung erklärt hat.

(3) Der Vertreter wird außerhalb des Vertragsgebietes für die Vertragserzeugnisse keine Kunden werben oder Niederlassungen oder Auslieferungslager in Bezug auf die Vertragsprodukte unterhalten. Ausnahmen bedürfen der schriftlichen Einwilligung der Firma.

### § 5 Unterstützung und Information

(1) Die Firma unterstützt den Vertreter auch, indem sie ihn über die Verhältnisse unterrichtet hält, ihm namentlich bevorstehende Preis- oder Produktionsänderungen mitteilt.

(2) Die Firma wird die von dem Vertreter durchzuführende Tätigkeit durch Überlassung von Werbematerial in Form von Prospekten sowie von Anzeigen, Telefonmarketing und Direktwerbung unterstützen. Die Bestimmung des Umfangs dieser Unterstützung obliegt der Firma nach billigem Ermessen.

(3) Werbematerial und sonstige Gegenstände, die die Firma an den Vertreter zur Unterstützung seiner Tätigkeit aushändigt, bleiben im Eigentum der Firma. Sie sind nach Beendigung des Vertragsverhältnisses unverzüglich zurückzugeben, soweit sie nicht bestimmungsgemäß verbraucht wurden.

**Kapitel 2: Handelsvertreterverträge und Verträge mit freien Mitarbeitern**

### § 6 Mindestumsatz

(1) Der Vertreter verpflichtet sich zu Abschlüssen in Bezug auf die Vertragsprodukte im Rahmen des folgenden Umsatzvolumens:

a) bis zum Ablauf des ersten Kalenderjahres nach Vertragsschluß in Höhe von ▓▓▓▓ DM (▓▓▓▓ EUR) (reine Netto-Auftragssummen, ohne Transport, Verpackung, Versicherung, Kosten des Geldverkehrs)

b) im folgenden Kalenderjahr: ▓▓▓▓ DM (▓▓▓▓ EUR)

Für die Folgezeit werden die Vertragspartner die Mindestumsätze einvernehmlich festlegen, wobei sie jährliche Steigerungsraten von ▓▓▓▓ % erwarten.

(2) Werden die Ziele nicht erreicht, so ist die Firma wahlweise berechtigt,
– den Vertrag mit sofortiger Wirkung zu kündigen
– das Vertragsgebiet oder den Kundenkreis neu zu bestimmen
– die Kalkulation neu zu bemessen
– und/oder selbst oder durch Dritte die Vertragsprodukte im Vertragsgebiet zu vertreiben.

(3) Wird der Vertrag mit den vorgenannten Einschränkungen fortgesetzt, so verständigen sich die Parteien über neue angemessene Mindestabnahmen.

(4) Kommt eine Einigung nicht bis Anfang Februar eines jeden Kalenderjahres zustande, so sind beide Parteien berechtigt, das Vertragsverhältnis mit einer Frist von 3 Monaten zu kündigen.

### § 7 Provisionspflichtige Geschäfte

(1) Der Vertreter erhält Provision nur für während der Vertragsdauer mit Kunden in seinem Bezirk abgeschlossenen Geschäfte. Ein Anspruch auf Überhangprovision besteht nicht. Der Provisionssatz beträgt bei Umsätzen bis zu ▓▓▓▓ DM (▓▓▓▓ EUR) netto des Einzelgeschäfts ▓▓▓▓ %, bei Umsätzen bis zu ▓▓▓▓ DM (▓▓▓▓ EUR) netto des Einzelgeschäfts ▓▓▓▓ % aus dem Nettorechnungsbetrag. Nachlässe bei Barzahlung sind abzuziehen.

(2) Sieht sich die Firma namentlich aus Wettbewerbsgründen veranlaßt, in Einzelfällen einen ungewöhnlich niedrigen Preis zu akzeptieren, so kann sie die dem Vertreter für diese Geschäfte zustehende Provision angemessen kürzen, höchstens jedoch auf die Hälfte.

### § 8 Provision, Entstehung, Vorschuß, Abrechnung Fälligkeit

(1) Der Anspruch auf Zahlung der Provision entsteht, sobald und soweit der Kunde das Entgelt für das provisionspflichtige Geschäft entrichtet hat. Bei Scheck- oder Wechselzahlungen gilt das Entgelt in dem Zeitpunkt als entrichtet, in welchem die Firma über den Zahlbetrag endgültig frei verfügen kann. Der Vertreter hat Anspruch auf Zahlung eines Provisionsvorschusses, wenn die Firma das Geschäft ausgeführt hat. Der Provisionsvorschuß beträgt 50 % der Provision, die dem Vertreter aus diesem Geschäft voraussichtlich insgesamt zusteht.

(2) Die Firma hat für jedes Kalenderquartal, spätestens bis zum letzten Tag des Folgemonats, Abrechnung über die in diesem Zeitraum fällig gewordenen Ansprüche auf Zahlung einer Provision zu erteilen. Über Provisionsvorschüsse ist monatlich abzurechnen. Der Vertreter hat die Abrechnung unverzüglich zu überprüfen und etwaige Einwände spätestens innerhalb eines Monats nach Erhalt der Abrechnung schriftlich gegenüber der Firma geltend zu machen.

(3) Die Provision ist mit der Abrechnung fällig.

(4) Ungeachtet der vorstehenden Regelungen erhält der Vertreter ein nicht zu verrechnendes Fixum iHv. 3.000,00 DM (1.533,88 EUR) monatlich, zahlbar am Ende eines jeden Kalendermonats.

(5) Die Firma behält sich vor, die Provision jederzeit und ohne daß es einer weiteren Ankündigung bedarf, gemäß dem festgelegten Umrechnungskurs von 1,95583 in EURO abzurechnen.

(6) Der Vertreter verpflichtet sich, Vergütungsüberzahlungen ohne Rücksicht auf eine noch vorhandene Bereicherung zurückzuzahlen.

## § 9 Dauer des Vertrages, Beendigung

(1) Dieser Vertrag wird zunächst auf ein Jahr abgeschlossen. Er verlängert sich um jeweils ein Jahr, wenn nicht einer der Vertragspartner dem anderen spätestens drei Monate vor Ablauf des Vertrages erklärt hat, daß er den Vertrag nicht fortzusetzen beabsichtige. Der Vertrag endet ferner durch Tod des Vertreters. Die Regelungen zu § 3 Ziff. 3 und § 6 Ziff. 2 und 4 bleiben unberührt.

(2) Das Recht zur Kündigung dieses Vertrages aus wichtigem Grund bleibt unberührt. Zeitweilige Lieferschwierigkeiten der Firma stellen keinen wichtigen Grund für eine außerordentliche Kündigung dar.

(3) Die Erklärung, mit der einer der Vertragspartner dem anderen mitteilt, daß er den Vertrag nicht fortzusetzen beabsichtige, und die Kündigung bedürfen der Schriftform. Werden sie durch Einschreiben übermittelt, so gelten sie auch dann als zugegangen, wenn ein Zustellungsversuch fruchtlos verlaufen ist und dem Empfänger eine Zustellungsnachricht hinterlassen worden ist.

## § 10 Verjährung, Abtretung von Ansprüchen

(1) Alle Ansprüche aus diesem Vertrag verjähren nach 12 Monaten. Die Frist beginnt mit dem Ende des Monats, in dem der Anspruch fällig geworden ist.

(2) Der Vertreter kann Rechte aus diesem Vertragsverhältnis nur mit schriftlicher Zustimmung der Firma abtreten.

## § 11 Recht, Gerichtsstand, Nebenabreden, Unwirksame Regelungen

(1) Das gesamte Rechtsverhältnis der Vertragspartner, auch soweit es die unter diesem Vertrag erfolgenden Einzelgeschäfte betrifft, unterliegt deutschem Recht.

(2) Gerichtsstand für alle Streitigkeiten im Zusammenhang mit diesem Vertrag ist der Sitz der Firma. Jeder Vertragspartner ist auch berechtigt, den anderen an dem für diesen allgemein geltenden Gerichtsstand zu verklagen.

(3) Nebenabreden zu diesem Vertrag sind nicht getroffen. Änderungen oder Ergänzungen bedürfen zu ihrer Rechtswirksamkeit der Schriftform. Das gleiche gilt für den Verzicht auf das Schriftformerfordernis.

(4) Im Falle der Unwirksamkeit einer oder mehrerer Bestimmungen dieses Vertrages oder im Fall von Lücken werden die Vertragsparteien eine der unwirksamen Regelung bzw. der Gesamtregelung wirtschaftlich möglichst nahekommende rechtswirksame Ersatz- bzw. Ergänzungsregelung treffen.

▲


5. **Muster: Handelsvertretervertrag eines Vermittlungsagenten für Anzeigen und Adreßverzeichnisse**

1415

▼

*Vertrag*

Zwischen

– „Verlag" genannt –

und

Herrn

– „Handelsvertreter" genannt –

wird folgender Vertrag geschlossen:

## § 1 Kapitel 2: Handelsvertreterverträge und Verträge mit freien Mitarbeitern

**§ 1**

Der Verlag überträgt dem Handelsvertreter als freiem Vermittlungsagenten im Sinne des § 84 HGB die Vermittlung von kostenpflichtigen Eintragungen, ein- und mehrspaltigen Anzeigen sowie den Buchverkauf in dem ihm vom Verlag zugewiesenen Tätigkeitsbereich für die im Verlag erscheinenden .

Der Handelsvertreter erklärt, daß er den erforderlichen Gewerbeschein besitzt und seinen steuerlichen Verpflichtungen selbst nachkommt und sich auch gemäß § 19 Abs. 4 UStG n.F. der Umsatz-Besteuerung nach den allgemeinen Vorschriften dieses Gesetzes unterwirft.

Ist der Handelsvertreter an der Ausübung seiner Tätigkeit infolge Krankheit oder aus anderen Umständen daran gehindert, die vom Verlag gesetzten Termine einzuhalten, so hat der Verlag das Recht, dafür zu sorgen, daß die Werbung in dem zuständigen Arbeitsbereich durch einen anderen Handelsvertreter weitergeführt wird. Das gleiche gilt, wenn der Handelsvertreter mit der Bearbeitung seines Tätigkeitsbereiches nicht rechtzeitig fertig wird. Die Zuordnung der Tätigkeitsbereiche des Handelsvertreters ist in das Ermessen des Verlages gestellt.

**§ 2**

Die genaue Abgrenzung des für die Bearbeitung durch den Handelsvertreter bestimmten Arbeitsbereiches ergibt sich aus der Verkaufskartei, den Straßenlisten, oder besonderen Unterlagen, die dem Handelsvertreter für die Werbung ausgehändigt werden.

Die Bearbeitung erfolgt anhand des ausgehändigten Adressenmaterials. Dieses Material bleibt Eigentum des Verlages und ist auf Anforderung des Verlages, spätestens bei Lösung des Vertragsverhältnisses, an den Verlag zurückzugeben. Firmen, die vom Handelsvertreter nicht zu besuchen sind, werden ihm bei Aushändigung des Adressenmaterials bekanntgegeben.

Der Handelsvertreter ist zu einer kontinuierlichen Arbeitsweise verpflichtet. Er hat in geschlossenen zugewiesenen Ortsnetzen und Orten bis zur Mitte der Bearbeitungszeit 60 % der abzuschließenden Auftragsanzahl zu übermitteln. In Einzel-Verkaufstouren wird dem Handelsvertreter neues Adressenmaterial erst dann zugewiesen, wenn 80 % der abzuschließenden Auftragsanzahl getätigt worden ist.

Der Verlag hat jederzeit das Recht der Nachbearbeitung des an den Handelsvertreter ausgegebenen Materials. Der Verlag kann die Aushändigung von Adressenmaterial solange aufschieben, bis der Vertreter die Sollvorgabe gemäß § 2 erreicht hat, es sei denn, daß zwingende Gründe das Erreichen der Sollvorgabe unmöglich machen, und wenn der Auftragsrückstand 20 % der abzuschließenden Auftragsanzahl übersteigt.

**§ 3**

Der Handelsvertreter ist verpflichtet, in seinem Arbeitsbereich die Interessen des Verlages mit der Sorgfalt eines ordentlichen Kaufmanns zu wahren und zu fördern, insbesondere die in Frage kommenden Interessenten dieses Bereiches ohne Ausnahme persönlich zu besuchen, Änderungen der redaktionellen Angaben festzustellen und dem Verlag zu vermitteln. Er ist verpflichtet, die Verkaufs-Richtlinien und Geschäftsbedingungen des Verlages genau zu befolgen und die Bonität des Kunden im Hinblick auf den Auftrag zu berücksichtigen. Ordnungsgemäß vermittelt sind vom Verlag angenommene Aufträge erst dann, wenn der Auftrag vom Auftraggeber durch Unterschrift eines Zeichnungsberechtigten akzeptiert wurde und die zur Ausführung erforderlichen Texte, Druckstöcke usw. vom Auftraggeber beschafft sind. Die Beschaffung obliegt dem Vertreter. Für telefonisch abgeschlossene Aufträge haftet der Vertreter.

Der Verlag hat das Recht, den Vertreter mit den Kosten zu belasten, die durch nicht ordnungsgemäße oder unleserliche Ausfüllung des Auftrages anfallen. Verletzt der Vertreter schuldhaft seine Vertragspflicht, so kann ihn der Verlag mit dem ihm entstandenen Schaden belasten.

Von allen besonderen Vorfällen, evtl. unkorrekter Werbung seitens fremder Verlage, verpflichtet sich der Handelsvertreter, dem Verlag sofort, möglichst schriftlich unter Beifügung von Vorlagen, Mitteilung zu machen.

## § 4

Nur für die vom Handelsvertreter vermittelten und vom Verlag angenommenen Aufträge aus dem ihm übertragenen Arbeitsbereich erhält er folgende Provisionen: .

Die Provisionssätze errechnen sich aus den Anzeigenrechnungs-Nettobeträgen. Für die Bestandsübernahme vermindert sich die Provisions-Gutschrift im ersten Vertragsjahr um 1 %. Die mit der Werbung verbundenen Kosten hat der Handelsvertreter zu tragen.

Der Vertreter ist gehalten, sich den Kunden als Beauftragter des Verlages vorzustellen.

## § 5

Der Handelsvertreter hat Anspruch auf Provision erst mit dem Eingang der Zahlung des Bestellers und nur nach dem Verhältnis des eingetragenen Betrages. Der Handelsvertreter kann jedoch von den von ihm ordnungsgemäß vermittelten und vom Vertrag angenommen Aufträgen bis zu 90 % (90 vom Hundert) des Provisionsbetrages als Vorschuß verlangen. Dieser ist an den Verlag zurückzuzahlen, sobald der Provisionsanspruch entfällt, spätestens nach erfolgloser Durchführung des Mahnverfahrens. Der Verlag ist nicht verpflichtet, seine Rechungsforderungen gegen die Auftraggeber gerichtlich geltend zu machen. Werden im gerichtlichen Beitreibungsverfahren Forderungen und Verfahrenskosten beglichen, so erhält der Handelsvertreter nachträglich Provisonsgutschrift.

Der Handelsvertreter verpflichtet sich, Vergütungsüberzahlungen ohne Rücksicht auf eine noch vorhandene Bereicherung zurückzuzahlen.

## § 6

Der Handelsvertreter verpflichtet sich, während der Dauer dieses Vertrages nicht für Konkurrenzverlage tätig zu sein. Er bedarf zur Ausübung einer anderen gewerblichen Tätigkeit – insbesondere zur Übernahme der Vertretung eines anderen Unternehmens – vorher der schriftlichen Einwilligung des Verlages.

Der Handelsvertreter ist nicht berechtigt, Untervertreter einzustellen. Er ist nicht berechtigt, neben den vom Verlag zur Verfügung gestellten Unterlagen Drucksachen mit dem Namen des Verlages herstellen zu lassen und/oder zu verwenden.

## § 7

Das Vertragsverhältnis beginnt mit dem Datum des Vertragsabschlusses für unbestimmte Zeit. Die Kündigungsfrist beträgt für beide Vertragspartner mindestens drei Monate zum Schluß eines Kalendervierteljahres. Aus wichtigem Grunde kann jeder Teil das Vertragsverhältnis jederzeit mit sofortiger Wirkung kündigen.

## § 8

Erfüllungsort und Gerichtsstand ist für beide Teile .

## § 9

Jeder Vertragspartner erhält ein unterzeichnetes Exemplar dieses Vertrages. Mit der Unterzeichnung dieses Vertrages werden alle früheren mündlichen und schriftlichen Abmachungen aufgehoben.

Alle Vertragsänderungen oder mündliche Nebenabreden sind unwirksam, sofern sie nicht durch den Verlag schriftlich bestätigt werden.

Änderungen einzelner Vereinbarungen heben nicht den Gesamtvertrag auf; sie bedürfen jedoch der Schriftform unter Einhaltung einer Kündigungsfrist von vier Wochen.

# § 1 Kapitel 2: Handelsvertreterverträge und Verträge mit freien Mitarbeitern

## 6. Muster: Internationaler Handelsvertretervertrag

*Vertretervertrag*

– im folgenden „Firma" genannt –

und

– im folgenden „A" genannt –

vereinbaren folgendes:

### 1. Vertragsgegenstand und Funktion
Die Firma überträgt A die Vertretung für das Programm der Firma.

### 2. Vertragsgebiet

### 3. Ziel
A sieht es als vornehmliches Ziel an, für die Firma das Maximum des erreichbaren Marktvolumens zu erreichen und zu sichern, die Geschäfte mit der Sorgfalt eines ordentlichen Kaufmannes zu führen und alles zu tun, um die angestrebten Ziele zu erreichen, sowie den guten Namen der Firma zu wahren.

### 4. Aufgaben von A
a) A verpflichtet sich zu einer intensiven Marktbearbeitung.
b) A strebt Geschäftsanbahnungen mit neuen Kunden an sowie Pflege und Betreuung bestehender Kontakte.
c) A wird die Geschäftspolitik der Firma nach besten Kräften unterstützen, um den größtmöglichen Marktanteil zu erreichen.
d) A wird die Firma regelmäßig über das Marktgeschehen unterrichten. Dieses bezieht sich insbesondere auf
   – die wirtschaftliche und politische Situation der Vertragsgebiete
   – Aktivitäten, Entwicklung und Bonität der Kunden bzw. Handelskontakte
   – Aktivitäten des Wettbewerbs

### 5. Aufgaben der Firma
a) Die Firma verpflichtet sich, A's Bemühungen nach besten Kräften zu unterstützen, indem die Basis durch eine marktgerechte Preis- und Produktpolitik verbunden mit einem zügigen Service für einen gemeinsamen Erfolg gelegt wird.
b) Zur-Verfügung-Stellung von
   – Katalogen
   – Preislisten
   – technischen Informationen
c) Rechtzeitige Vorplanung und Informationen für Preiskorrekturen oder über Änderungen, Neuerungen der Produktpalette.

### 6. Provision
a) Der jeweilige Provisionssatz wird von den Vertragsparteien einvernehmlich vor der Realisierung eines Geschäftes individuell vereinbart. Im Regelfall soll der Provisionssatz 6 % (sechs Prozent) betragen.
b) Die Provision errechnet sich aus dem jeweiligen Nettofakturenwert.

## Verträge mit Arbeitnehmern, Gesellschaftsorganen und Selbständigen § 1

c) Zwischen A und der Firma gilt als vereinbart, daß die Provision grundsätzlich erst nach unwiderruflichem Geldeingang aller Forderungen, dh Warenwert, vereinbarte Nebenkosten wie Fracht, Versicherungen etc. und Zinsen, fällig wird.

d) Für uneinbringbare Forderungen wird keine Provision fällig bzw. wird diese zurückbelastet.

e) Über die Provision hinaus besteht kein Vergütungsanspruch für A als eigenständiges Unternehmen gegenüber der Firma als auch gegenüber den Kunden, A trägt somit seine Geschäftskosten – gleich welcher Art – selbst.

f) Die Firma behält sich vor, die Provision jederzeit und ohne daß es einer weiteren Ankündigung bedarf gemäß dem festgelegten Umrechnungskurs von 1,95583 in EURO abzurechnen.

g) A verpflichtet sich, Vergütungsüberzahlungen ohne Rücksicht auf eine noch vorhandene Bereicherung zurückzuzahlen.

### 7. Vollmachten

a) Keine der Vertragsparteien wird im Rahmen dieses Vertrages Zusagen machen, Vereinbarungen eingehen oder sonstige Rechtshandlungen vornehmen, durch die die andere Partei rechtlich gebunden wird.

b) A erklärt ausdrücklich, daß bei allen Geschäften im Rahmen dieses Vertrages die allgemeinen Geschäfts-, Zahlungs- und Lieferbedingungen der Firma in der jeweiligen gültigen Fassung gelten. Abweichungen hiervon sind nicht zulässig. Die allgemeinen Geschäftsbedingungen liegen diesem Vertrag bei.

c) Im Tagesgeschäft gilt insbesondere als vereinbart, daß bei
 – Abweichen von Preisen und Konditionen
 – Annahme oder Abwicklung von Reklamationen
 – Entgegennahme von Geldbeträgen
das vorherige schriftliche Einverständnis der Firma vorliegen muß.

### 8. Inkrafttreten, Dauer, Kündigung

a) Dieser Vertrag tritt mit Wirkung vom ▓▓▓▓▓▓ und der Unterzeichnung durch beide Vertragsparteien in Kraft und wird auf unbestimmte Zeit geschlossen.

b) Jede Partei ist berechtigt, diesen Vertrag mit einer Frist von 6 Monaten zum Ende eines jeden Kalenderjahres zu kündigen.

c) Ungeachtet des Vorgenannten kann der Vertrag aus wichtigem Grund – mit sofortiger Wirkung per Einschreiben – gekündigt werden, wenn:
 – eine Partei Vertragsbruch begeht
 – eine Partei aus wesentlichen Gründen davon abgehalten wird, den Vertrag zu erfüllen (z.B. höhere Gewalt wie Krieg, Aufruhr, Gesetzgebung und ähnliches)
 – eine Partei ihre Zahlungen einstellt
 – eine Partei eine etwa erforderliche Genehmigung des Handels- und Geschäftsbetriebes verliert
 – eine Partei die Eröffnung des Vergleichs oder Konkursverfahren beantragt oder in Vermögensverfall gerät.

### 9. Recht

Dieser Vertrag regelt sich ausschließlich nach deutschem Recht. Beide Parteien vereinbaren ausdrücklich, keine weiteren Rechtsansprüche zu stellen als solche, die dieser Vertrag vorsieht.

Somit vereinbaren A und die Firma, daß die Bestimmungen aus dem Handelsvertreterrecht, insbesondere § 89 b HGB, ausgeschlossen sind.

## 10. Gerichtsstand
Gerichtsstand ist für beide Parteien          .

## 11. Verschwiegenheit
Beide Parteien vereinbaren strenge Verschwiegenheit – gleich, wie davon Kenntnis erlangt wird – über
- alle Einzelheiten dieses Vertrages
- alle Vorgänge aus der Vergangenheit und Zukunft, die aus dieser Kooperation entstehen
- Akten, Korrespondenz, Angebote und alle sonstigen Unterlagen

Diese Vereinbarung gilt auch nach Beendigung dieses Vertrages.

## 12. Allgemeine Bestimmungen
Mit der Unterzeichnung dieses Vertrages verlieren alle früheren schriftlichen oder mündlichen Vereinbarungen der Vertragsparteien ihre Rechtswirksamkeit.

Änderungen und/oder Ergänzungen dieses Vertrages bedürfen ohne Ausnahme der Schriftform.

Die Übertragung von Rechten und Pflichten von A auf andere natürliche oder juristische Personen aus diesem Vertragsverhältnis sind nur mit vorherigem schriftlichen Einverständnis der Firma rechtswirksam.

## 13. Abschlußbestimmungen
Sollten einzelne Bestimmungen dieses Vertrages unwirksam, nichtig oder nicht durchführbar sein, so bleiben die übrigen Bestimmungen hiervon unberührt.

Die unwirksame, nichtige oder nicht durchführbare Bestimmung wird so ergänzt oder ersetzt, daß der ursprünglich gewollte wirtschaftliche und rechtliche Zweck erreicht wird.

## 7. Muster: Beratervertrag 1

*Beratervertrag*

Zwischen

– im folgenden: Gesellschaft –

und

Herrn

– im folgenden: Berater –

wird folgendes vereinbart:

### § 1 Tätigkeit
(1) Der Berater verpflichtet sich, die Gesellschaft auf folgenden Gebieten zu beraten:          . Zur Beratung gehört die Fertigung von Schreiben, Vermerken, Gutachten sowie die Ausarbeitung von Erhebungen (Interviews); ferner rechnen folgende Leistungen zur Beratung:          .

(2) Der Berater verpflichtet sich, der Gesellschaft über seine Tätigkeit monatlich Bericht zu erstatten. Der Bericht soll auch Ausführungen über angefallene und noch anfallende Honorare enthalten sowie über          Auskunft geben.

(3) Der Berater ist in der Bestimmung seines Arbeitsortes und seiner Arbeitszeit frei, die von der Gesellschaft vorgegebenen Termine sind taggenau einzuhalten. Fristüberschreitungen führen zu Ersatzansprüchen oder Honorarminderung nach Wahl der Gesellschaft. Läßt sich eine Aufgabe

## Verträge mit Arbeitnehmern, Gesellschaftsorganen und Selbständigen § 1

nicht innerhalb der vorgegebenen Frist erledigen, hat der Berater diesen Umstand frühzeitig der Gesellschaft mitzuteilen.

(4) Die Gesellschaft hat dem Berater alle zur Ausübung seiner Tätigkeit erforderlichen Informationen und Unterlagen zur Verfügung zu stellen. Es bleibt der Gesellschaft vorbehalten, die Verpflichtung zur Informationsübermittlung durch Einsicht in Unterlagen zu erfüllen.

(5) Der freie Mitarbeiter ist befugt, zur Erfüllung seines Beratungsauftrages versicherungspflichtige Arbeitnehmer zu beschäftigen. Er ist weiterhin befugt, für zusätzliche Auftraggeber national und international tätig zu sein und am Markt aufzutreten.

### § 2 Loyalitätspflichten

(1) Der freie Mitarbeiter verpflichtet sich, während der Dauer des Vertragsverhältnisses keine selbständige oder unselbständige, direkte oder indirekte Tätigkeit für ein Unternehmen zu entfalten, das mit der Gesellschaft oder einer oder mehrerer ihrer Tochterfirmen in Wettbewerb steht.

(2) Der freie Mitarbeiter verpflichtet sich, der Gesellschaft jeden möglichen Interessenkonflikt, der sich aus dem Umstand ergibt, daß er als Berater mehrerer Unternehmen am Markt präsent ist, anzuzeigen und Tätigkeiten, die auch nur den Anschein eines Interessenkonflikts erwecken könnten, nur nach Zustimmung durch die Gesellschaft aufzunehmen. Die Gesellschaft darf die Zustimmung nur bei Bestehen einer Konkurrenzlage oder eines Interessenkonflikts verweigern.

### § 3 Geheimhaltungsverpflichtung

(1) Der freie Mitarbeiter wird alle ihm während seiner Tätigkeit für die Gesellschaft bekannt gewordenen Informationen, seien sie personen-, seien sie sachbezogen, seien es Geschäfts- oder Betriebsgeheimnisse, seien es ihm bekannt gewordene Verfahren oder sonstige geschäftliche bzw. betriebliche Tatsachen nur im Rahmen der freien Mitarbeit für die Gesellschaft verwenden. Zur Weitergabe oder Offenbarung derartiger Informationen bedarf der freie Mitarbeiter der vorherigen Zustimmung der Gesellschaft. Der freie Mitarbeiter verpflichtet sich, über diese Informationen auch nach Beendigung des Vertragsverhältnisses so lange Stillschweigen zu bewahren, solange sie nicht schriftlich von der Geschäftsleitung zur Weitergabe freigegeben worden sind.

(2) Der freie Mitarbeiter verpflichtet sich, alle ihm im Rahmen seiner freien Mitarbeit zur Verfügung gestellten Geschäfts- und Betriebsunterlagen ordnungsgemäß aufzubewahren und sicherzustellen, daß Dritte keine Einsicht nehmen können. Er hat persönlich dafür Sorge zu tragen, daß sämtliche Schriftstücke sowie jedes Material, das Angelegenheiten der Gesellschaft betrifft und sich im Besitz des freien Mitarbeiters befindet, unter Verschluß gehalten werden.

(3) Vor Beendigung des Beratungsverhältnisses hat der freie Mitarbeiter sämtliche Schriftstücke und Materialien, zu deren ordnungsgemäße Aufbewahrung er verpflichtet ist, an die Gesellschaft herauszugeben. Der freie Mitarbeiter ist nicht berechtigt, an Unterlagen der Gesellschaft ein Zurückbehaltungsrecht auszuüben.

### § 4 Beraterhonorar

(1) Der Berater erhält für seine Tätigkeit ein vierteljährliches Honorar von           DM (           EUR).   638
Das Honorar ist nicht fällig, wenn der Berater seinen Verpflichtungen aus § 1 Abs. 2 dieses Vertrages nicht nachgekommen ist. Das Honorar versteht sich ohne Mehrwertsteuer. Steuern hat der Berater selbst abzuführen.

(2) Besondere Leistungen, die über die übliche Beratungstätigkeit hinausgehen, werden, sofern eine gesonderte schriftliche Vereinbarung zuvor getroffen wurde, zusätzlich honoriert. Als besondere Leistungen gelten nach dem Willen der Parteien:
a) Studien oder Analysen,
b)           .

(3) Die Gesellschaft behält sich vor, das Honorar jederzeit und ohne daß es einer weiteren Ankündigung bedarf gemäß dem festgelegten Umrechnungskurs von 1,95583 in EURO abzurechnen.

### § 5 Aufwendungsersatz

(1) Der freie Mitarbeiter hat Anspruch auf Ersatz der erforderlichen und nach Abs. 2 abgerechneten und nachgewiesenen Aufwendungen, die ihm im Rahmen dieses Vertrages in Ausübung seiner Tätigkeit entstehen. Reisen sowie sonstiger Aufwand wird dem freien Mitarbeiter nur insoweit ersetzt, als er vor Reiseantritt bzw. vor Veranlassung des Aufwands die Zustimmung der Gesellschaft eingeholt hat.

(2) Der freie Mitarbeiter ist zu vierteljährlicher Rechnungslegung unter genauer Angabe sämtlicher ausgeführter Tätigkeiten verpflichtet. Außerdem sind die Nachweise für Aufwand beizufügen.

### § 6 Vertragsdauer

(1) Der freie Mitarbeiter nimmt seine Tätigkeit am _____ auf.

(2) Das Vertragsverhältnis endet mit Ablauf des _____. Das Recht zur außerordentlichen Kündigung aus wichtigem Grund, das nicht zur Unzeit ausgeübt werden darf, bleibt unberührt. Kündigungserklärungen bedürfen der Schriftform.

### § 7 Besondere Vereinbarungen mit dem freien Mitarbeiter

(1) Der Mitarbeiter verpflichtet sich, der Gesellschaft Kenntnis von sämtlichen anderweitigen Beschäftigungen und Aufträgen zu verschaffen und ihr hierüber im Falle der Durchführung eines Prüfverfahrens durch die Träger der Kranken- und Rentenversicherung Unterlagen und Belege zur Verfügung zu stellen. Änderungen in den Verhältnissen des Mitarbeiters sind der Gesellschaft unverzüglich und unaufgefordert schriftlich anzuzeigen.

(2) Verstößt der Mitarbeiter gegen seine Verpflichtungen gem. Abs. 1, kann die Gesellschaft die Arbeitnehmer-Anteile zur Sozialversicherung rückerstattet und künftig erstattet verlangen, falls ein Träger der Kranken- oder Rentenversicherung nach der Vermutungswirkung des § 7 Abs. 4 SGB IV ein sozialversicherungspflichtiges Beschäftigungsverhältnis feststellt.

(3) Der freie Mitarbeiter teilt der Gesellschaft spätestens bis zum Tag der Aufnahme seiner Tätigkeit mit, ob und in welchem Umfang eine private Rentenversicherung zur Absicherung bei Alter und Invalidität sowie eine Krankenversicherung bestehen. Die Gesellschaft kann die Vorlage geeigneter Nachweise verlangen sowie sich schriftlich versichern lassen, daß eine ausreichende soziale Absicherung besteht. Die freiwillige Versicherung in einer gesetzlichen Krankenversicherung gilt auch als ausreichende Krankenversicherung.

(4) Der freie Mitarbeiter willigt ein, daß die Gesellschaft einen Antrag nach § 7a SGB IV beim Rentenversicherungsträger stellt, um feststellen zu lassen, daß von dem freien Mitarbeiter keine versicherungspflichtige Tätigkeit ausgeübt wird.

### § 8 Nebenabreden und Vertragsänderungen

(1) Der Berater ist befugt, zur Erfüllung seines Beratungsauftrages versicherungspflichtige Arbeitnehmer zu beschäftigen. Er ist weiterhin befugt, für zusätzliche Auftraggeber national und international tätig zu sein und am Markt aufzutreten.

(2) Mündliche Nebenabreden wurden nicht getroffen. Änderungen oder Ergänzungen dieses Vertrages bedürfen zu ihrer Wirksamkeit der Schriftform. Gleiches gilt für die Aufhebung des Schriftformerfordernisses.

(3) Der Berater verpflichtet sich, Vergütungsüberzahlungen ohne Rücksicht auf eine noch vorhandene Bereicherung zurückzuzahlen.

### § 9 Gerichtsstand

(1) Für alle Streitigkeiten im Zusammenhang mit dieser Vereinbarung ist das Gericht zuständig, an dessen Ort die streitige Verpflichtung zu erfüllen ist.

(2) Sofern der freie Mitarbeiter keinen Wohnsitz im Inland begründet oder aber diesen aufgegeben hat, gilt als Gerichtsstand der Sitz der Gesellschaft.

## 8. Muster: Beratervertrag 2

*Beratervertrag*

Zwischen

der ▒▒▒▒

– im folgenden: Gesellschaft –

und

Herrn/Frau ▒▒▒▒

– im folgenden: Berater –

wird folgender Beratervertrag geschlossen:

### 1. Gegenstand des Beratervertrags

Der Berater wird die Gesellschaft in Angelegenheiten von ▒▒▒▒ der Gesellschaft beraten, insbesondere in Fragen ▒▒▒▒. Der Berater legt der Gesellschaft in die Praxis umsetzbare Konzepte vor, die mit den betroffenen Fachabteilungen vor ihrer Erörterung mit dem Vorstand diskutiert sein müssen. Die Gesellschaft stellt dem Berater alle erforderlichen Informationen zur Verfügung.

### 2. Zeit und Ort der Tätigkeit

Der Berater kann über seinen Arbeitsort und seine Arbeitszeit frei verfügen. Ist seine Anwesenheit in der Gesellschaft zur Datenerhebung oder zur Besprechung mit Mitarbeitern erforderlich, wird ihm ein Besprechungstermin nach Wahl zur Verfügung gestellt.

Der Berater beschäftigt zur Erfüllung seines Beratungsauftrags versicherungspflichtige Arbeitnehmer. Er ist befugt, für weitere Auftraggeber national und international tätig zu sein und am Markt aufzutreten, soweit er hieran nicht durch ein Wettbewerbsverbot mit ▒▒▒▒ gehindert ist.

### 3. Honorar

Der Berater erhält für die Laufzeit des Vertrages ein Honorar von ▒▒▒▒ DM (▒▒▒▒ EUR) zuzüglich Mehrwertsteuer.

Reisekosten für die Erledigung von Beratungsaufträgen werden nach Aufwand und im Einvernehmen mit der Gesellschaft erstattet.

Der Berater verpflichtet sich, Vergütungsüberzahlungen ohne Rücksicht auf eine noch vorhandene Bereicherung zurückzuzahlen.

### 4. Pflicht zur Verschwiegenheit

Der Berater verpflichtet sich, über Geschäfts- und Betriebsgeheimnisse auch nach Beendigung der Beratungsbeziehung gegenüber jedermann Stillschweigen zu wahren.

### 5. Dauer des Beratungsverhältnisses

Der Beratervertrag wird befristet für die Zeit vom ▒▒▒▒ bis zum ▒▒▒▒ geschlossen. Das in Ziff. 3 vereinbarte Beratungshonorar bildet die Gegenleistung für die Beratung durch den Berater im Vertragszeitraum.

Das Beratungsverhältnis kann über den ▒▒▒▒ fortgesetzt werden. Die Konditionen eines Folgeberatungsverhältnisses sind zwischen den Parteien einvernehmlich zu regeln.

Die Parteien sind befugt, das Beratungsverhältnis aus wichtigem Grund unter den Voraussetzungen des § 626 BGB zu kündigen. Die Kündigung bedarf der Schriftform.

## 6. Rechtsform, Abgaben

Der Berater ist befugt, den vorliegenden Vertrag auch in einer anderen Rechtsform, beispielsweise als Geschäftsführer und Gesellschafter einer GmbH, zu erfüllen und die sich aus dem Vertragsverhältnis ergebenden Rechte und Pflichten in einer anderen Rechtsform als der einer Einzelperson zu erfüllen.

Der Berater oder die Gesellschaft, durch die das Beratungsverhältnis erfüllt ist, ist allein verantwortlich für die Abführung gesetzlicher Abgaben wie Steuern etc.

## 7. Besondere Vereinbarungen mit dem Berater

Der Berater verpflichtet sich, der Gesellschaft Kenntnis von sämtlichen anderweitigen Beschäftigungen und Aufträgen zu verschaffen und ihr hierüber im Falle der Durchführung eines Prüfverfahrens durch die Träger der Kranken- und Rentenversicherung Unterlagen und Belege zur Verfügung zu stellen. Änderungen in den Verhältnissen des Beraters sind der Gesellschaft unverzüglich und unaufgefordert schriftlich anzuzeigen.

Verstößt der Berater gegen seine Verpflichtungen gem. Abs. 1, kann die Gesellschaft die Arbeitnehmer-Anteile zur Sozialversicherung rückerstattet und künftig erstattet verlangen, falls ein Träger der Kranken- oder Rentenversicherung nach der Vermutungswirkung des § 7 Abs. 4 SGB IV ein sozialversicherungspflichtiges Beschäftigungsverhältnis feststellt.

Der Berater teilt der Gesellschaft spätestens bis zum Tag der Aufnahme seiner Tätigkeit mit, ob und in welchem Umfang eine private Rentenversicherung zur Absicherung bei Alter und Invalidität sowie eine Krankenversicherung bestehen. Die Gesellschaft kann die Vorlage geeigneter Nachweise verlangen sowie sich schriftlich versichern lassen, daß eine ausreichende soziale Absicherung besteht. Die freiwillige Versicherung in einer gesetzlichen Krankenversicherung gilt auch als ausreichende Krankenversicherung.

Der Berater willigt ein, daß die Firma einen Antrag nach § 7 a SGB IV beim Rentenversicherungsträger stellt, um feststellen zu lassen, daß von dem Berater keine versicherungspflichtige Tätigkeit ausgeübt wird.

, den

(Gesellschaft)   Berater


## 9. Muster: Beratervertrag (personalwirtschaftliche Beratung)

**1425**

**640**

*Beratervertrag*

Zwischen

der Firma

und

Herrn

wird folgendes vereinbart:

### 1. Gegenstand des Beratervertrags

Herr wird die Firma in personalwirtschaftlichen Fragen beraten, insbesondere in Fragen des Führens durch Zielvereinbarung, der Einführung von Stellenbeschreibungen, der Einführung von Gruppenarbeit, des Outsourcing und des Management by out. Der Berater legt dem Unternehmen in die Praxis umsetzbare Konzepte vor, die mit den betroffenen Fachabteilungen vor ihrer Erörterung

## Verträge mit Arbeitnehmern, Gesellschaftsorganen und Selbständigen § 1

mit der Geschäftsleitung diskutiert worden sein müssen. Die Firma stellt dem Berater alle erforderlichen Informationen zur Verfügung.

**2. Zeit und Ort der Tätigkeit**
Der Berater kann über seinen Arbeitsort und seine Arbeitszeit frei verfügen. Ist seine Anwesenheit in der Firma zur Datenerhebung oder zu Besprechung mit Mitarbeitern erforderlich, wird ihm ein Arbeitsraum oder ein Besprechungszimmer nach Wahl zur Verfügung gestellt.

**3. Honorar**
Der Berater erhält ein Stundenhonorar von          DM (          EUR) zuzüglich Mehrwertsteuer.

Reisekosten werden nach Aufwand und nur nach vorheriger schriftlicher Zustimmung der Firma erstattet.

Der Berater verpflichtet sich, Vergütungsüberzahlungen ohne Rücksicht auf eine noch vorhandene Bereicherung zurückzuzahlen.

**4. Pflicht zur Verschwiegenheit**
Der Berater verpflichtet sich, über Geschäfts- und Betriebsgeheimnisse auch nach Beendigung der Beratung gegenüber jedermann Stillschweigen zu wahren.

**5. Kündigung**
Der Beratervertrag kann monatlich zum Monatsende von beiden Seiten gekündigt werden. Die Kündigung bedarf der Schriftform.

**6. Gesetzliche Abgaben**
Der Berater ist allein verantwortlich für die Abführung gesetzlicher Abgaben wie Steuern etc.

**7. Besondere Vereinbarungen mit dem Berater**
Der Berater verpflichtet sich, der Firma Kenntnis von sämtlichen anderweitigen Beschäftigungen und Aufträgen zu verschaffen und ihr hierüber im Falle der Durchführung eines Prüfverfahrens durch die Träger der Kranken- und Rentenversicherung Unterlagen und Belege zur Verfügung zu stellen. Änderungen in den Verhältnissen des Beraters sind der Firma unverzüglich und unaufgefordert schriftlich anzuzeigen.

Verstößt der Berater gegen seine Verpflichtungen gem. Abs. 1, kann die Firma die Arbeitnehmer-Anteile zur Sozialversicherung rückerstattet und künftig erstattet verlangen, falls ein Träger der Kranken- und Rentenversicherung nach der Vermutungswirkung des § 7 Abs. 4 SGB IV ein sozialversicherungspflichtiges Beschäftigungsverhältnis feststellt.

Der Berater teilt der Firma spätestens bis zum Tag der Aufnahme seiner Tätigkeit mit, ob und in welchem Umfang eine private Rentenversicherung zur Absicherung bei Alter und Invalidität sowie eine Krankenversicherung bestehen. Die Firma kann die Vorlage geeigneter Nachweise verlangen sowie sich schriftlich versichern lassen, daß eine ausreichende soziale Absicherung besteht. Die freiwillige Versicherung in einer gesetzlichen Krankenversicherung gilt auch als ausreichende Krankenversicherung.

Der Berater willigt ein, daß die Firma einen Antrag nach § 7 a SGB IV beim Rentenversicherungsträger stellt, um feststellen zu lassen, daß von dem Berater keine versicherungspflichtige Tätigkeit ausgeübt wird.

## 10. Muster: Vertrag über freie Mitarbeit

▼

*Vertrag über freie Mitarbeit*

zwischen

– nachfolgend Auftraggeber –

und

– nachfolgend Auftragnehmer –

### § 1 Vertragsgegenstand
Herr/Frau ▬ wird für den Auftraggeber als freier Mitarbeiter/freie Mitarbeiterin tätig. Durch ein jeweiliges Auftragsschreiben werden die anfallenden Aufgaben vereinbart.

### § 2 Vertragsbeginn und Vertragsbeendigung
Das Vertragsverhältnis beginnt am ▬ und ist erstmals zum ▬ kündbar. Wird es nicht ▬ Wochen vor Ablauf des ▬ gekündigt, verlängert es sich jeweils um weitere ▬ Monate. Eine Kündigung aus wichtigem Grund ist jederzeit möglich.

### § 3 Keine Höchstpersönlichkeit
Der Auftragnehmer ist nicht verpflichtet, die Aufträge in Person auszuführen. Er kann sich auch der Hilfe von Erfüllungsgehilfen bedienen.

### § 4 Ablehnungsrecht des Auftragnehmers
Der Auftragnehmer hat das Recht, einzelne Aufträge des Auftraggebers ohne Angabe von Gründen abzulehnen.

### § 5 Verhältnis des Auftragnehmers zu Dritten
Der Auftragnehmer hat das Recht, auch für dritte Auftraggeber tätig zu sein. Einer vorherigen Zustimmung des Auftraggebers bedarf es hierfür nicht, es sei denn, daß der Auftragnehmer zugleich auch für einen Wettbewerber des Auftraggebers tätig werden will.

### § 6 Tätigkeitsort
Der jeweilige Ort der Auftragserledigung ergibt sich aus dem jeweiligen Einzelauftrag.

### § 7 Vergütung
Der Auftragnehmer erhält für seine nach § 1 des Vertrages erbrachte Tätigkeit ein Stundenhonorar von ▬ DM ( ▬ EUR) zzgl. der gesetzlichen Mehrwertsteuer.

Der Auftraggeber behält sich vor, die Vergütung jederzeit und ohne daß es einer weiteren Ankündigung bedarf, gemäß dem festgelegten Umrechnungskurs von 1,95583 in EURO abzurechnen.

Der Auftragnehmer verpflichtet sich, Vergütungsüberzahlungen ohne Rücksicht auf eine noch vorhandene Bereicherung zurückzuzahlen.

Sofern durch die Tätigkeit des Auftragnehmers an seinen Arbeitsergebnissen Urheberrechte begründet werden, steht die ausschließliche Nutzung und jedwede Vergütung dem Auftraggeber zu. Mit der in diesem Vertrag vereinbarten Vergütung sind alle Urheberrechte abgegolten.

### § 8 Kosten und Aufwendungen des Auftragnehmers
Soweit Kosten für den Bürobetrieb, technische Vorrichtungen und sonstiges im Rahmen der Auftragstätigkeit anfallen, sind diese vom Auftragnehmer zu tragen.

Davon ausgenommen sind ▬ .

## § 9 Verschwiegenheitsklausel

Der Auftragnehmer verpflichtet sich, über ihm bekanntgewordene Geschäfts- und Betriebsgeheimnisse des Auftraggebers auch über die Vertragslaufzeit hinaus Stillschweigen zu bewahren. Für jeden Fall des Verstoßes gegen diese Verschwiegenheitspflicht wird eine Vertragsstrafe von DM ( EUR) sofort zur Zahlung fällig; die Geltendmachung eines darüber hinausgehenden Schadens bleibt vorbehalten.

Sämtliche Unterlagen, die dem Auftragnehmer im Zusammenhang mit seiner Tätigkeit übergeben werden, sind nach Beendigung des Vertrages unverzüglich zurückzugeben. Dem Auftragnehmer steht hieran kein Zurückbehaltungsrecht zu.

## § 10 Haftung

Der Auftragnehmer haftet dem Auftraggeber in vollem Umfang für Schäden, die er im Rahmen der Auftragstätigkeit zu Lasten des Auftraggebers verursacht.

## § 11 Besondere Vereinbarungen mit dem freien Auftragnehmer

Der Auftragnehmer verpflichtet sich, dem Auftraggeber Kenntnis von sämtlichen anderweitigen Beschäftigungen und Aufträgen zu verschaffen und ihm hierüber im Falle der Durchführung eines Prüfverfahrens durch die Träger der Kranken- und Rentenversicherung Unterlagen und Belege zur Verfügung zu stellen. Änderungen in den Verhältnissen des Mitarbeiters sind dem Auftraggeber unverzüglich und unaufgefordert schriftlich anzuzeigen.

Verstößt der Auftragnehmer gegen seine Verpflichtungen gem. Abs. 1, kann der Auftraggeber die Arbeitnehmer-Anteile zur Sozialversicherung rückerstattet und künftig erstattet verlangen, falls ein Träger der Kranken- oder Rentenversicherung nach der Vermutungswirkung des § 7 Abs. 4 SGB IV ein sozialversicherungspflichtiges Beschäftigungsverhältnis feststellt.

Der Auftragnehmer teilt dem Auftraggeber spätestens bis zum Tag der Aufnahme seiner Tätigkeit mit, ob und in welchem Umfang eine private Rentenversicherung zur Absicherung bei Alter und Invalidität sowie eine Krankenversicherung bestehen. Der Auftraggeber kann die Vorlage geeigneter Nachweise verlangen sowie sich schriftlich versichern lassen, daß eine ausreichende soziale Absicherung besteht. Die freiwillige Versicherung in einer gesetzlichen Krankenversicherung gilt auch als ausreichende Krankenversicherung.

Der Auftragnehmer willigt ein, daß der Auftraggeber einen Antrag nach § 7 a SGB IV beim Rentenversicherungsträger stellt, um feststellen zu lassen, daß von dem Auftragnehmer keine versicherungspflichtige Tätigkeit ausgeübt wird.

## § 12 Weitere Bestimmungen

Nebenabreden zu diesem Vertrag bestehen nicht. Änderungen und/oder Ergänzungen bedürfen der Schriftform. Dies gilt auch für einen Verzicht auf das Schriftformerfordernis.

Sollten einzelne Bestimmungen dieses Vertrages unwirksam sein oder werden, dann wird dadurch die Wirksamkeit der übrigen Bestimmungen nicht berührt. An die Stelle der unwirksamen Bestimmung tritt eine rechtlich zulässige, die Sinn und Zweck der unwirksamen Bestimmung so nahe wie möglich kommt.

(Auftraggeber)　　　　　　　　　(Auftragnehmer)

## 11. Muster: Programmierer als freier Mitarbeiter

*Vertrag*

Zwischen

Herrn

– nachfolgend Auftraggeber genannt –

und

Herrn

– nachfolgend freier Mitarbeiter genannt –

wird folgender Werkvertrag geschlossen:

**§ 1 Gegenstand des Vertrages**

(1) Der freie Mitarbeiter verpflichtet sich, für den Auftraggeber in dem jeweils im Einzelfalle zu vereinbarenden Umfang Werkleistungen auf folgendem Gebiet zu erbringen:            .

(2) Der Auftraggeber verpflichtet sich, dem freien Mitarbeiter Aufträge in dem von beiden Parteien erwarteten Umfange zu erteilen und diese Aufträge wie folgt zu vergüten:            .

(3) Der freie Mitarbeiter stellt die von ihm nach Maßgabe der vorstehenden Bestimmungen erbrachten Werkleistungen dem Auftraggeber in Rechnung.

(4) Der freie Mitarbeiter verpflichtet sich, Vergütungsüberzahlungen ohne Rücksicht auf eine noch vorhandene Bereicherung zurückzuzahlen.

**§ 2 Vertragsbeginn und Vertragsbeendigung**

(1) Das freie Mitarbeiterverhältnis beginnt am            und endet am            . Es kann von den Parteien nach Maßgabe folgender Regelung verlängert werden:            .

(2) Der Auftraggeber behält sich vor, wenn er mit den Werkleistungen des freien Mitarbeiters nicht zufrieden ist, in den ersten drei Monaten des Vertragsverhältnisses unter Einhaltung einer Frist von einer Woche von dem Vertrag zurückzutreten.

**§ 3 Pflichten des freien Mitarbeiters**

(1) Die von dem freien Mitarbeiter erbrachten Werkleistungen haben dem anerkannten Stand von Technik und Wissenschaft zu entsprechen. Dabei sind die spezifischen Bestimmungen, Methoden und Anwendungspraktiken des Auftraggebers von dem freien Mitarbeiter zu beachten. Der Auftraggeber verpflichtet sich, den freien Mitarbeiter insoweit in die maßgeblichen Besonderheiten beim Auftraggeber einzuweisen.

(2) Der freie Mitarbeiter hat die Werkleistungen nach Maßgabe der konkreten Anforderungen, gegebenenfalls Leistungsbeschreibungen, des Auftraggebers zu erbringen. Dabei sind die zeitlichen Vorgaben des Auftraggebers zu beachten. Nur solcher Zeitaufwand, der der Üblichkeit entspricht, kann von dem freien Mitarbeiter berechnet werden. Abweichungen vom üblichen zeitlichen Umfang können in begründeten Ausnahmefällen geltend gemacht werden, wenn eine aussagefähige, schriftliche Begründung und eine Genehmigung des Auftraggebers vorliegt.

(3) Der freie Mitarbeiter ist an keine festen täglichen Zeiten der Erledigung seiner Arbeit gebunden, er hat keine Rechtspflicht zum regelmäßigen Erscheinen, auch der Ort der Erledigung der Tätigkeit unterliegt der gesonderten Vereinbarung mit dem Auftraggeber. Nur sofern Betriebsmittel des Auftraggebers, insbesondere Arbeitsgeräte, in Anspruch genommen werden müssen, stehen diese nur während der im Betrieb bestehenden regelmäßigen Arbeitszeiten zur Verfügung.

(4) Weisungen hinsichtlich der Art und Weise der Arbeitsausführung unterliegt der freie Mitarbeiter nicht. Auch wird der freie Mitarbeiter in die Arbeitsorganisation des Auftraggebers nicht eingegliedert.

## § 4 Pflichten des Auftraggebers

(1) Der Auftraggeber ist verpflichtet, dem freien Mitarbeiter die Anforderungen zu erläutern, unter denen die Erledigung der Werkleistungen stehen soll.

(2) Der Auftraggeber ist ferner verpflichtet, binnen 14 Tagen nach Rechnungslegung durch den freien Mitarbeiter die Werkleistungen zu vergüten. Steuern, Sozialversicherungsbeiträge etc. werden, da kein Arbeitsverhältnis vereinbart ist, vom Auftraggeber nicht abgeführt. Die Erfüllung von Abgaben und Versicherungsleistungen ist Sache des freien Mitarbeiters.

(3) Sollten Tätigkeiten im Rahmen des freien Mitarbeiterverhältnisses auf Bitten des Auftraggebers an einem anderen Ort als dem Sitz der Firma erledigt werden, ist der freie Mitarbeiter gemäß einer im Einzelfalle zu treffenden schriftlichen Abrede befugt, Reisekosten und Spesen gesondert in Rechnung zu stellen.

## § 5 Rechtserwerb des Auftraggebers

(1) Die Parteien sind sich darüber einig, daß der Auftraggeber mit dem Ausgleich der Rechnungen des freien Mitarbeiters sämtliche Rechte an den erbrachten Werkleistungen erwirbt.

(2) Insbesondere wird folgendes vereinbart: Der freie Mitarbeiter überträgt dem Auftraggeber an den von ihm erstellten Computerprogrammen und den gefertigten Dokumentationen und Beschreibungen das ausschließliche Recht zur zeitlich und räumlich unbegrenzten Nutzung einschließlich der Marktverwertung. Gleiches gilt für das Ergebnis von Umarbeitungen oder Erweiterungen von vorhandenen Programmen, Dokumentationen und Beschreibungen.

(3) Mitumfaßt von dieser Nutzungseinräumung und zu übergeben sind die dazugehörenden Vorstudien, der Quellcode und sonstige Begleitmaterialien zu den jeweiligen Programmen.

(4) Der Auftraggeber wird seitens des freien Mitarbeiters ermächtigt, an den von ihm erstellten Werken und deren Titeln Änderungen vorzunehmen. Der freie Mitarbeiter verzichtet insoweit auf seine Rechte. Der Auftraggeber nimmt diesen Verzicht an.

(5) Die Nutzungseinräumung und die damit verbundene Leistung ist Bestandteil des zwischen den Parteien unter § 1 vereinbarten Werklohns.

(6) Der freie Mitarbeiter verzichtet gegenüber dem Auftraggeber und dessen Vertragspartnern entsprechend der Gepflogenheit bei dem Auftraggeber auf die Nennung seines Namens als Autor. Dies gilt auch für die Zeit nach Beendigung des Vertrages über ein freies Mitarbeiterverhältnis. Der Auftraggeber nimmt diesen Verzicht an.

## § 6 Schutzrechte Dritter

(1) Der freie Mitarbeiter verpflichtet sich, den Auftraggeber im Rahmen der Nutzung an dem vertragsgegenständlichen Programm von der Haftung aus der behaupteten Verletzung von Schutzrechten Dritter freizustellen.

(2) Der Auftraggeber verpflichtet sich, im Rahmen seiner vertraglichen Nutzungsberechtigung an dem Programm bestehende Schutzrechte auf eigene Kosten gegen rechtliche Angriffe Dritter zu verteidigen.

## § 7 Datenschutz und Datensicherung

(1) Der freie Mitarbeiter verpflichtet sich, über sämtliche ihm im Zusammenhang mit der Tätigkeit für den Auftraggeber bekanntgewordenen Informationen einschließlich personenbezogener Daten Stillschweigen zu bewahren.

(2) Der freie Mitarbeiter ist darüber hinaus verpflichtet, das Datengeheimnis zu wahren. Zu diesem Zweck wurde er belehrt. Er wird darüber hinaus auf das Datengeheimnis gemäß § 5 BDSG verpflichtet.

### § 8 Besondere Vereinbarungen mit dem freien Mitarbeiter

(1) Der Mitarbeiter verpflichtet sich, dem Auftraggeber Kenntnis von sämtlichen anderweitigen Beschäftigungen und Aufträgen zu verschaffen und ihm hierüber im Falle der Durchführung eines Prüfverfahrens durch die Träger der Kranken- und Rentenversicherung Unterlagen und Belege zur Verfügung zu stellen. Änderungen in den Verhältnissen des Mitarbeiters sind dem Auftraggeber unverzüglich und unaufgefordert schriftlich anzuzeigen.

(2) Verstößt der Mitarbeiter gegen seine Verpflichtungen gem. Abs. 1, kann der Auftraggeber die Arbeitnehmer-Anteile zur Sozialversicherung rückerstattet und künftig erstattet verlangen, falls ein Träger der Kranken- oder Rentenversicherung nach der Vermutungswirkung des § 7 Abs. 4 SGB IV ein sozialversicherungspflichtiges Beschäftigungsverhältnis feststellt.

(3) Der freie Mitarbeiter teilt dem Auftraggeber spätestens bis zum Tag der Aufnahme seiner Tätigkeit mit, ob und in welchem Umfang eine private Rentenversicherung zur Absicherung bei Alter und Invalidität sowie eine Krankenversicherung bestehen. Der Auftraggeber kann die Vorlage geeigneter Nachweise verlangen sowie sich schriftlich versichern lassen, daß eine ausreichende soziale Absicherung besteht. Die freiwillige Versicherung in einer gesetzlichen Krankenversicherung gilt auch als ausreichende Krankenversicherung.

(4) Der freie Mitarbeiter willigt ein, daß der Auftraggeber einen Antrag nach § 7 a SGB IV beim Rentenversicherungsträger stellt, um feststellen zu lassen, daß von dem freien Mitarbeiter keine versicherungspflichtige Tätigkeit ausgeübt wird.

### § 9 Sonstige Vereinbarungen

(1) Änderungen des Vertrages und Nebenabreden bedürfen zu ihrer Wirksamkeit der Schriftform.

(2) Der freie Mitarbeiter erklärt, daß er an keiner ansteckenden Krankheit leidet, keine körperlichen oder gesundheitlichen Mängel verschwiegen hat, die der Erbringung der geschuldeten Werkleistung entgegenstehen, insbesondere bei Nutzung von Betriebsmitteln des Auftraggebers.

(3) Alle beiderseitigen Ansprüche der Parteien aus diesem Vertragsverhältnis und solche, die mit diesem Werkvertrag in Verbindung stehen, verfallen, wenn sie nicht innerhalb von zwei Monaten nach Fälligkeit gegenüber der anderen Vertragspartei schriftlich erhoben werden.

(4) Lehnt die Gegenpartei den Anspruch ab oder erklärt sie sich nicht innerhalb von zwei Wochen nach der Geltendmachung des Anspruchs, so verfällt dieser, wenn er nicht innerhalb von zwei Monaten nach der Ablehnung oder dem Fristablauf gerichtlich geltend gemacht wird.

(5) Der freie Mitarbeiter erklärt sich damit einverstanden, daß seine personenbezogenen Daten automatisiert gespeichert und verarbeitet werden. Der freie Mitarbeiter erklärt, daß er die anliegende Belehrung über das Datengeheimnis durchgelesen hat.

### § 10 Salvatorische Klausel

Sollten Bestimmungen dieses Vertrages ganz oder teilweise nicht rechtswirksam oder nicht durchführbar sein oder ihre Rechtswirksamkeit oder Durchführbarkeit später verlieren, so soll hierdurch die Gültigkeit der übrigen Bestimmungen des Vertrages nicht berührt werden. Das gleiche gilt, soweit sich herausstellen sollte, daß der Vertrag eine Regelungslücke enthält. Anstelle der unwirksamen oder undurchführbaren Bestimmungen oder zur Ausfüllung der Lücke soll eine angemessene Regelung gelten, die, soweit rechtlich möglich, dem am nächsten kommt, was von den Parteien des vorliegenden Vertrages gewollt wurde oder was sie nach dem Sinn und Zweck des Vertrages gewollt haben würden, sofern sie bei Abschluß dieses Vertrages oder bei der späteren Aufnahme einer Bestimmung den Punkt bedacht hätten.

_____, den _____

Auftraggeber                    freier Mitarbeiter

## 12. Muster: Softwareentwickler als freier Mitarbeiter

▼

*Werkvertrag*

Zwischen

Herrn

– im folgenden Auftraggeber genannt –

und

Herrn

– im folgenden freier Mitarbeiter genannt –

wird folgender Werkvertrag geschlossen:

### § 1 Gegenstand des Vertrages

(1) Der freie Mitarbeiter verpflichtet sich, für den Auftraggeber in dem jeweils im Einzelfalle zu vereinbarenden Umfang Werkleistungen im Bereich der Software-Entwicklung zu erbringen.

(2) Der Auftraggeber verpflichtet sich, dem freien Mitarbeiter die vereinbarten Aufträge mit einem Betrag von          DM (          EUR) je Arbeitsstunde, maximal jedoch          DM (          EUR) je Kalendermonat, zu vergüten, sofern nicht für einzelne Projekte ein Pauschalhonorar vereinbart wird.

(3) Der freie Mitarbeiter stellt die von ihm nach Maßgabe der vorstehenden Bestimmungen erbrachten Werkleistungen dem Auftraggeber in Rechnung.

(4) Der freie Mitarbeiter verpflichtet sich, Vergütungsüberzahlungen ohne Rücksicht auf eine noch vorhandene Bereicherung zurückzuzahlen.

### § 2 Vertragsbeginn und Vertragsbeendigung

(1) Das freie Mitarbeiterverhältnis beginnt am          .

(2) Der Auftraggeber behält sich vor, wenn er mit den Werkleistungen des freien Mitarbeiters nicht zufrieden ist, in den ersten drei Monaten des Vertragsverhältnisses unter Einhaltung einer Frist von einer Woche von dem Vertrag zurückzutreten.

### § 3 Pflichten des freien Mitarbeiters

(1) Die von dem freien Mitarbeiter erbrachten Werkleistungen haben dem anerkannten Stand von Technik und Wissenschaft zu entsprechen. Dabei sind die spezifischen Bestimmungen, Methoden und Anwendungspraktiken des Auftraggebers von dem freien Mitarbeiter zu beachten. Der Auftraggeber verpflichtet sich, den freien Mitarbeiter insoweit in die maßgeblichen Besonderheiten beim Auftraggeber einzuweisen.

(2) Der freie Mitarbeiter hat die Werkleistungen nach Maßgabe der konkreten Forderungen, gegebenenfalls Leistungsbeschreibungen, des Auftraggebers zu beachten. Nur solcher Zeitaufwand, der der Üblichkeit entspricht, kann vom freien Mitarbeiter berechnet werden. Abweichungen vom üblichen zeitlichen Umfang können in begründeten Ausnahmefällen geltend gemacht werden, wenn eine aussagefähige schriftliche Begründung und eine Genehmigung des Auftraggebers vorliegt.

(3) Der freie Mitarbeiter ist an keine festen täglichen Zeiten der Erledigung seiner Arbeit gebunden, er hat keine Rechtspflicht zum regelmäßigen Erscheinen, auch der Ort der Erledigung der Tätigkeit unterliegt der gesonderten Vereinbarung mit dem Auftraggeber. Nur sofern Betriebsmittel des Auftraggebers, insbesondere Arbeitsgeräte, in Anspruch genommen werden müssen, stehen diese nur während der im Betrieb bestehenden regelmäßigen Arbeitszeiten zur Verfügung.

(4) Weisungen hinsichtlich der Art und Weise der Arbeitsausführung unterliegt der freie Mitarbeiter nicht. Auch wird der freie Mitarbeiter in die Arbeitsorganisation des Auftraggebers nicht eingegliedert.

### § 4 Pflichten des Auftraggebers

(1) Der Auftraggeber ist verpflichtet, dem freien Mitarbeiter die Anforderungen zu erläutern, unter denen die Erledigung der Werkleistungen stehen soll.

(2) Der Auftraggeber ist ferner verpflichtet, binnen 14 Tagen nach Rechnungslegung durch den freien Mitarbeiter die Werkleistungen zu vergüten. Steuern, Sozialversicherungsbeiträge etc. werden, da kein Arbeitsverhältnis vereinbart ist, vom Auftraggeber nicht abgeführt. Die Erfüllung von Abgaben und Versicherungsleistungen ist Sache des freien Mitarbeiters.

(3) Sollten Tätigkeiten im Rahmen des freien Mitarbeiterverhältnisses auf Bitten des Auftraggebers an einem anderen Ort als dem Sitz der Firma erledigt werden, ist der freie Mitarbeiter gemäß einer im Einzelfalle zu treffenden schriftlichen Abrede befugt, Reisekosten und Spesen gesondert in Rechnung zu stellen.

### § 5 Rechtserwerb des Auftraggebers

(1) Die Parteien sind sich darüber einig, daß der Auftraggeber mit dem Ausgleich der Rechnungen des freien Mitarbeiters sämtliche Rechte an den erbrachten Werkleistungen erwirbt.

(2) Insbesondere wird folgendes vereinbart: Der freie Mitarbeiter überträgt dem Auftraggeber an den von ihm erstellten Computerprogrammen und den gefertigten Dokumentationen und Beschreibungen das ausschließliche Recht zur zeitlich und räumlich unbegrenzten Nutzung einschließlich der Marktverwertung. Gleiches gilt für das Ergebnis von Umarbeitungen oder Erweiterungen von vorhandenen Programmen, Dokumentationen und Beschreibungen.

(3) Mitumfaßt von dieser Nutzungseinräumung und zu übergeben sind die dazugehörenden Vorstufen, der Quellcode und sonstige Begleitmaterialien zu den jeweiligen Programmen.

(4) Der Auftraggeber wird seitens des freien Mitarbeiters ermächtigt, an den von ihm erstellten Werken und deren Titeln Änderungen vorzunehmen. Der freie Mitarbeiter verzichtet insoweit auf seine Rechte. Der Auftraggeber nimmt diesen Verzicht an.

(5) Die Nutzungseinräumung und die damit verbundene Leistung ist Bestandteil des zwischen den Parteien unter § 1 vereinbarten Werklohns.

(6) Der freie Mitarbeiter verzichtet gegenüber dem Auftraggeber und dessen Vertragspartnern entsprechend der Gepflogenheit bei dem Auftraggeber auf die Nennung seines Namens als Autor. Dies gilt auch für die Zeit nach Beendigung des Vertrages über ein freies Mitarbeiterverhältnis. Der Auftraggeber nimmt diesen Verzicht an.

### § 6 Schutzrechte Dritter

(1) Der freie Mitarbeiter verpflichtet sich, den Auftraggeber im Rahmen der Nutzung an dem vertragsgegenständlichen Programm von der Haftung aus der behaupteten Verletzung von Schutzrechten Dritter freizustellen.

(2) Der Auftraggeber verpflichtet sich, im Rahmen seiner vertraglichen Nutzungsberechtigung an dem Programm bestehende Schutzrechte auf eigene Kosten gegen rechtliche Angriffe Dritter zu verteidigen.

### § 7 Datenschutz und Datensicherung

(1) Der freie Mitarbeiter verpflichtet sich, über sämtliche ihm im Zusammenhang mit der Tätigkeit für den Auftraggeber bekanntgewordenen Informationen einschließlich personenbezogener Daten Stillschweigen zu bewahren.

(2) Der freie Mitarbeiter ist darüber hinaus verpflichtet, das Datengeheimnis zu wahren. Zu diesem Zweck wurde er belehrt. Er wird darüber hinaus auf das Datengeheimnis gemäß § 5 BDSG verpflichtet.

## § 8 Besondere Vereinbarungen mit dem freien Mitarbeiter

(1) Der Mitarbeiter verpflichtet sich, dem Auftraggeber Kenntnis von sämtlichen anderweitigen Beschäftigungen und Aufträgen zu verschaffen und ihm hierüber im Falle der Durchführung eines Prüfverfahrens durch die Träger der Kranken- und Rentenversicherung Unterlagen und Belege zur Verfügung zu stellen. Änderungen in den Verhältnissen des Mitarbeiters sind dem Auftraggeber unverzüglich und unaufgefordert schriftlich anzuzeigen.

(2) Verstößt der Mitarbeiter gegen seine Verpflichtungen gem. Abs. 1, kann der Auftraggeber die Arbeitnehmer-Anteile zur Sozialversicherung rückerstattet und künftig erstattet verlangen, falls ein Träger der Kranken- oder Rentenversicherung nach der Vermutungswirkung des § 7 Abs. 4 SGB IV ein sozialversicherungspflichtiges Beschäftigungsverhältnis feststellt.

(3) Der freie Mitarbeiter teilt dem Auftraggeber spätestens bis zum Tag der Aufnahme seiner Tätigkeit mit, ob und in welchem Umfang eine private Rentenversicherung zur Absicherung bei Alter und Invalidität sowie eine Krankenversicherung bestehen. Der Auftraggeber kann die Vorlage geeigneter Nachweise verlangen sowie sich schriftlich versichern lassen, daß eine ausreichende soziale Absicherung besteht. Die freiwillige Versicherung in einer gesetzlichen Krankenversicherung gilt auch als ausreichende Krankenversicherung.

(4) Der freie Mitarbeiter willigt ein, daß der Auftraggeber einen Antrag nach § 7 a SGB IV beim Rentenversicherungsträger stellt, um feststellen zu lassen, daß von dem freien Mitarbeiter keine versicherungspflichtige Tätigkeit ausgeübt wird.

## § 9 Sonstige Vereinbarungen

(1) Änderungen des Vertrages und Nebenabreden bedürfen zu ihrer Wirksamkeit der Schriftform.

(2) Der freie Mitarbeiter erklärt, daß er an keiner ansteckenden Krankheit leidet, keine körperlichen oder gesundheitlichen Mängel verschwiegen hat, die der Erbringung der geschuldeten Werkleistung entgegenstehen, insbesondere bei Nutzung von Betriebsmitteln des Auftraggebers.

(3) Alle beiderseitigen Ansprüche der Parteien aus diesem Vertragsverhältnis und solche, die mit diesem Werkvertrag in Verbindung stehen, verfallen, wenn sie nicht innerhalb von zwei Monaten nach Fälligkeit gegenüber der anderen Vertragspartei schriftlich erhoben werden.

(4) Lehnt die Gegenpartei den Anspruch ab oder erklärt sie sich nicht innerhalb von zwei Wochen nach der Geltendmachung des Anspruchs, so verfällt dieser, wenn er nicht innerhalb von zwei Monaten nach der Ablehnung oder dem Fristablauf gerichtlich geltend gemacht wird.

(5) Der freie Mitarbeiter erklärt sich damit einverstanden, daß seine personenbezogenen Daten automatisiert gespeichert und verarbeitet werden. Der freie Mitarbeiter erklärt, daß er die anliegende Belehrung über das Datengeheimnis gelesen hat.

## § 10 Salvatorische Klausel

Sollten Bestimmungen dieses Vertrages ganz oder teilweise nicht rechtswirksam oder nicht durchführbar sein, oder ihre Rechtswirksamkeit oder Durchführbarkeit später verlieren, so soll hierdurch die Gültigkeit der übrigen Bestimmungen des Vertrages nicht berührt werden. Das gleiche gilt, soweit sich herausstellen sollte, daß der Vertrag eine Regelungslücke enthält. Anstelle der unwirksamen oder undurchführbaren Bestimmungen oder zur Ausfüllung der Lücke soll eine angemessene Regelung gelten, die, soweit rechtlich möglich, dem am nächsten kommt, was von den Parteien des vorliegenden Vertrages gewollt wurde oder was sie nach dem Sinn und Zweck des Vertrages gewollt haben würden, sofern sie bei Abschluß dieses Vertrages oder bei der späteren Aufnahme einer Bestimmung den Punkt bedacht hätten.

_____, den _____

(Auftraggeber)                 (freier Mitarbeiter)

### 13. Muster: Vertraulichkeitsvereinbarung für freie Mitarbeiter und Subunternehmer (mit wortgleicher Übersetzung ins Englische)

Meine Herren:

Es ist vorhersehbar, daß bei einer zukünftigen Beteiligung Ihrerseits an Projekten im Auftrag unserer Gesellschaft, auf die man sich möglicherweise einigen wird, es nötig sein wird, bestimmte Geschäfts- und vertrauliche Informationen, die im Eigentum unserer Gesellschaft und den Tochterunternehmen sind, einer begrenzten Anzahl ihrer leitenden Angestellten und Angestellten im Ingenieursbereich offenzulegen. Darüber hinaus ist es möglich, daß Sie Informationen geschäftsbezogener oder vertraulicher Art unserer Gesellschaft erwerben oder für unsere Gesellschaft entwickeln werden. All diese Informationen, seien sie von Ihnen für unsere Gesellschaft entwickelt, seien sie Ihnen von Seiten unserer Gesellschaft von Zeit zu Zeit offengelegt oder von Ihnen von unserer Gesellschaft erworben worden (diese Informationen werden im folgenden zusammenfassend als „vorgenannte Informationen" bezeichnet), während Sie für unsere Gesellschaft an einem Projekt arbeiten, sind strengstens vertraulich.

Um die Interessen unserer Gesellschaft in diesem Punkt zu wahren und im Zusammenhang mit der Entscheidung darüber, Sie mit der Wahrnehmung von Aufgaben für unsere Gesellschaft bei zu vereinbarenden Projekten zu beschäftigen, vereinbaren unsere Gesellschaft und Sie, daß dieser Brief als Geheimhaltungsvereinbarung dienen soll und daß unsere Gesellschaft und Sie durch dessen Regelungen gebunden sein sollen. Darüber hinaus erklären Sie sich damit einverstanden, Ihre Angestellten und Subunternehmer, soweit sie vorgenannte Informationen erhalten, erwerben oder entwickeln, zu verpflichten, an Vereinbarungen ähnlich denen, die in dieser Vereinbarung enthalten sind, zu binden. Die Regelungen am Ende dieses Briefes, die sich auf Angestellte und Subunternehmer beziehen, sind allein zu Ihrer Entlastung bezüglich der Durchführung der letztgenannten Bedingung aufgenommen worden. Demnach wird vereinbart, daß die nachfolgenden Bestimmungen auf Projekte anwendbar sind, die durch Sie für unsere Gesellschaft wahrgenommen werden, es sei denn, eine anderslautende Vereinbarung liegt vor.

1. Sie werden alles Ihnen Mögliche veranlassen, um sicherzustellen, daß vorgenannte Informationen vertraulich gehalten werden und Sie werden vorgenannte Informationen nicht anders als zum Nutzen unserer Gesellschaft gebrauchen oder vorgenannte Informationen irgendeiner Person oder Personen, die nicht bei Ihnen angestellt sind, ohne die ausdrückliche schriftliche Erlaubnis unserer Gesellschaft offenlegen; diese Verpflichtung soll nicht im Hinblick auf irgendwelche vorgenannte Informationen bestehen, die 1.) sich in Ihrem Besitz befanden, bevor unsere Gesellschaft Ihnen dieselben weitergab oder eröffnete; oder 2.) durch Sie von anderen, die ihrerseits weder direkt noch indirekt eine Vertraulichkeitsverpflichtung gegenüber unserer Gesellschaft im Hinblick auf vorgenannte Informationen haben, erworben wurden; oder 3.) die z.Zt. oder später ohne Ihr Verschulden der Öffentlichkeit allgemein zugänglich werden.

2. Sie sind damit einverstanden, daß Sie nach Fertigstellung eines Projektes alle Zeichnungen, Erläuterungen, allgemeine Bedingungen und andere Dokumente, die in Ihrem Besitz verbleiben und als Resultat des beendeten Projektes entwickelt worden sind, an unsere Gesellschaft zurückzugeben haben und darüber hinaus, daß Sie jederzeit alle vorgenannten Informationen als privat und vertraulich ansehen werden, mit Ausnahme der Informationen, die unter die Ausnahmen 1.), 2.) oder 3.) des vorstehenden Abschnitts 1. fällt.

3. Alle vorgenannten Informationen sollen Eigentum unserer Gesellschaft sein und bleiben und in keinem Fall anderen Personen als denjenigen, die direkt bei Ihnen oder unserer Gesellschaft angestellt sind und verantwortlich für die Arbeit sind, die von dieser Vereinbarung erfaßt wird, weder mittels Fotografien noch in einer anderen Weise offengelegt werden.

4. Alle Zeichnungen, Teile, Entdeckungen und Erfindungen, die in Erfüllung von Arbeit gemacht werden, die unter diese Vereinbarung fällt, soll das Eigentum unserer Gesellschaft sein. Darüber hinaus wird vereinbart, daß jegliche Arbeit von Autorenschaft, die Ihrer Arbeit für Projekte unse-

## Verträge mit Arbeitnehmern, Gesellschaftsorganen und Selbständigen § 1

rer Gesellschaft entspringt, ein Auftragswerk ist und daß das Urheberrecht dafür zuerkannt werden soll, wenn unsere Gesellschaft nicht als Autor angesehen wird.

5. Diese Vereinbarung soll Sie in keiner Weise in Bezug darauf beschränken, daß Sie Arbeit für andere Gesellschaften wahrnehmen, außer insoweit als Sie verpflichtet sind, besagte vorgenannte Informationen vertraulich zu bewahren, wie es vorstehend ausgeführt wurde.

Wenn diese Vereinbarung für Sie zufriedenstellend ist, lassen Sie bitte eine rechtmäßig autorisierte Person beide Kopien dieses Briefes unterzeichnen und senden Sie eine Kopie an unsere Gesellschaft zurück.

Mit freundlichen Grüßen

– Gesellschaft

durch:

Datum:

Angenommen:

durch:

Datum:

**Angestellten-Klausel**
Der unterzeichnende Angestellte bestätigt hiermit, daß er/sie die vorstehende Vereinbarung gelesen hat und erklärt sich damit einverstanden, alle deren Regelungen sowohl in seinem/ihrem derzeitigen und jedem nachfolgenden Angestelltenverhältnis zu befolgen.

Datum: Unterschrift

**Subunternehmer-Klausel**
Im Hinblick auf den Erhalt von Subunternehmer-Arbeit in Projekten der Gesellschaft erklärt sich der Unterzeichner hiermit einverstanden, die Regelungen der vorstehenden Vereinbarung zu beachten und von ihnen gebunden zu sein.

Datum:

(Name des Subunternehmers)

durch

Gentlemen:

It is anticipated that in retaining you to do work for our Company on certain projects which may be agreed upon, it will be necessary to reveal to a limited number of your supervisory and engineering employees, certain proprietary and confidential information owned by our Company (hereinafter jointly referred to with its subsidiary companies). It is also possible that you may acquire from our Company or develop for our Company information of a proprietary and confidential nature. All of such information, whether developed by you for our Company, disclosed to you by our Company from time to time, or acquired by you from our Company during the work done for our Company on a project is highly confidential.

To protect our Company's interest in this matter and as part of the consideration of retaining you to do work for our Company on agreed projects, our Company and you agree that this letter shall serve as a secrecy agreement and that our Company and you shall be bound by the provisions hereof. Further, you agree to require your employees and subcontractors who shall receive, acquire or develop Said Information to be bound by terms similar to those contained in this agreement. The employee and subcontractor clauses at the end of this letter are included merely for your convenience in administering this latter requirement. Accordingly, it is agreed that the following provisions will be applicable to projects undertaken by you for our Company unless otherwise agreed.

## § 1 Kapitel 2: Handelsvertreterverträge und Verträge mit freien Mitarbeitern

1. You shall exert your best efforts to see that Said Information is held confidential and you shall not use Said Information, except for the benefit of our Company, or reveal Said Information to any person or persons not employed by you without the specific written permission of our Company; provided that you shall have no such obligation with respect to any of Said Information which (i) was in your possession prior to our Company furnishing or disclosing the same to you; or (ii) is acquired by you from others who have no confidential commitment, directly or indirectly to our Company with respect to Said Information; or (iii) is now, or hereafter becomes through no fault of yours, generally available to the public.
2. You agree that you will return to our Company, upon completion of a project, all drawings, specifications, general conditions and other documents remaining in your possession pertaining to and developed as a result of the completed project, and further, that you will regard at all times, as private and confidential, all of Said Information except that information falling within exception (i), (ii) or (iii) of paragraph 1 above.
3. All of Said Information shall be and remain the property of our Company and shall not be disclosed in any way, whether by means of photographs or otherwise, to persons other than those employed directly by you or our Company and who are responsible for the work being done under this agreement.
4. All drawings, parts ideas, discoveries and inventions made in the performance of work done under this agreement shall be the property of our company. It is agreed, moreover, that any work of authorship which flows from your work on projects of our Company if our Company is not considered the author.
5. This agreement shall in no way restrict you from performing work for other companies, except insofar as you are obligated to maintain Said Information in confidence, as set forth above.

If this agreement is satisfactory, please have a duly authorised person sign both copies of this letter and return one copy to our Company.

Very truly yours,

THE             COMPANY

By:

Manager

Accepted:

By:

Title:

Date:

**EMPLOYEE CLAUSE**

651  The undersigned employee hereby certifies that he/she has read the above agreement and agrees to abide by all provisions thereof, in both his/her current and any subsequent employment.

Date             Signature

**SUBCONTRACTOR CLAUSE**

In consideration of the ward of subcontracting work in projects of our Company, the undersigned hereby agrees to observe and be bound by the provisions of the foregoing agreement.

Date

Subcontractor Name

By

## Verträge mit Arbeitnehmern, Gesellschaftsorganen und Selbständigen § 1

### 14. Muster: Freier Mitarbeitervertrag eines Grafik- und Layout-Mitarbeiters in einer Werbeagentur

▼

Vertrag

Zwischen

– nachfolgend Werbeagentur genannt –

und

Herrn

– nachfolgend Mitarbeiter genannt –

#### 1. Vorbemerkung
Die Parteien arbeiten auf dem Gebiet der Werbung zusammen. Der Mitarbeiter betreibt ein eigenes Gewerbe, in dessen Rahmen er Grafiken erstellt und Layoutarbeiten durchführt. Diese bislang erbrachten Werkleistungen soll der Mitarbeiter auch zukünftig nach den Rahmenbedingungen dieses Vertrages erbringen. Die Parteien möchten ihre Rechtsbeziehungen derart gestalten, daß jede Partei grundsätzlich rechtlich selbständig bleibt und die einzelnen Aufträge auf der Basis eines Austauschverhältnisses ausgeführt werden, für das der Mitarbeiter jeweils den Erfolg schuldet.

#### 2. Aufgabengebiet

##### 2.1 Einzelaufträge
Der Mitarbeiter übernimmt von der Werbeagentur nach jeweils gesonderten Aufträgen die Erstellung von Grafiken und Layoutarbeiten, die zu Werbezwecken in der üblichen Form zu erstellen und abzugeben sind. Die Werbeagentur wird in jedem Fall das Ablieferungsdatum, sowie Einzelheiten zur Aufgabenstellung, Form der Ablieferung (Druckfilme, Dateien) etc. festlegen.

##### 2.2 Ausführung
Der Mitarbeiter ist in der Ausführung seiner Aufträge frei. Insbesondere Arbeitsort und Arbeitszeit unterliegen seiner eigenen Bestimmung. Er wird allerdings die vereinbarten Ablieferungszeitpunkte einhalten und verpflichtet sich, auf Anforderung der Werbeagentur in deren Räumlichkeiten notwendige Besprechungen durchzuführen. Der Mitarbeiter verpflichtet sich ferner, in eigener Person zu leisten. Die Vergabe von Unteraufträgen oder die Hinzuziehung eigener Mitarbeiter bedarf der Zustimmung der Werbeagentur.

#### 3. Vergütung
Die Leistungen des Mitarbeiters werden nach Stundenaufwand abgerechnet. Der Vergütungssatz pro abrechnungsfähige Stunde beträgt          DM (          EUR) zuzüglich der gesetzlichen Mehrwertsteuer.

Abrechnungsfähig sind reine Arbeitsstunden, nicht jedoch Anfahrt- oder Abfahrt- oder Besprechungszeiten.

Der Mitarbeiter führt jeweils einen aktuellen schriftlichen Zeitnachweis während seiner Arbeiten. Nach Abschluß und Abnahme der Arbeiten erfolgt die Rechnungstellung unter Beifügung des Zeitnachweises. Während laufender Projekte kann die Werbeagentur die Mitteilung bislang angefallener Stunden verlangen.

Vereinbaren die Parteien eine Höchstanzahl von Stunden für ein bestimmtes Projekt, so darf diese Grenze um höchstens 10 % überschritten werden. Gleiches gilt für den Fall, daß der Mitarbeiter auf Anforderung den benötigten Zeitaufwand mitteilt.

Mit der oben genannten Vergütung sind sämtliche Ansprüche des Mitarbeiters abgegolten. Dies gilt auch abschließend für die Nutzungsrechtsübertragungen sowie für Auslagen oder Fahrtkosten.

**Kapitel 2: Handelsvertreterverträge und Verträge mit freien Mitarbeitern**

Die Werbeagentur behält sich vor, die Vergütung jederzeit und ohne daß es einer weiteren Ankündigung bedarf, gemäß dem festgelegten Umrechnungskurs von 1,95583 in EURO abzurechnen.

Der Mitarbeiter verpflichtet sich, Vergütungsüberzahlungen ohne Rücksicht auf eine noch vorhandene Bereicherung zurückzuzahlen.

### 4. Auftragsverpflichtung

Die Werbeagentur verpflichtet sich zu einem Mindestauftragsvolumen. Sie wird wöchentlich/monatlich Aufträge mit mindestens abrechenbaren Stunden vergeben. Erfüllt die Werbeagentur diese Verpflichtung nicht, so hat sie die Differenz zu dem sich ergebenden Mindestbetrag nach Abzug ersparter Aufendungen des Mitarbeiters, die hiermit mit 50 % festgelegt werden, in bar auszugleichen. Dies gilt nicht für die Zeiträume, in denen der Mitarbeiter urlaubs-, krankheits- oder schwangerschaftsbedingt nicht in der Lage ist, seine Leistungen zu erbringen.

In diesem Fall gilt folgende Regelung .

Ansprüchen der Werbeagentur gegen den Mitarbeiter kann die Mindestabnahmeverpflichtung nicht entgegengehalten werden. Ergibt sich also beispielsweise ein Minderungsanspruch der Werbeagentur, so kann dieser dazu führen, daß der angedachte Mindestumsatzbetrag nach der Berücksichtigung nicht erreicht wird.

### 5. Nutzungsrechtsübertragung

#### 5.1 Übertragung als ausschließliche Nutzungsrechte

653 Der Mitarbeiter überträgt der Werbeagentur räumlich unbeschränkt für die Dauer der gesetzlichen Schutzfrist sämtliche Nutzungsrechte an Werken, die im Rahmen der Projekte geschaffen werden, als ausschließliche Nutzungsrechte. Für den Fall, daß der Mitarbeiter mit Zustimmung der Werbeagentur andere Personen oder Firmen zur Aufgabenerfüllung hinzuzieht, wird er sicherstellen, daß entsprechende Rechtserklärungen abgegeben werden. Mit der Nutzungsrechtsübertragung soll die Werbeagentur in den Stand versetzt werden, die Werke auch für eigene Zwecke, insbesondere zu Werbezwecken, unbeschränkt zu nutzen, bzw. diese Rechte ihren Kunden als ausschließliche Rechte einzuräumen.

#### 5.2 Zusicherung

Ansonsten sichert der Mitarbeiter zu, daß sämtliche Arbeitsergebnisse, die im Rahmen der Aufträge erstellt werden, frei von Rechten Dritter sind und die ungehinderte ausschließliche Nutzungsrechtsausübung einschließlich der Weiterübertragung durch die Werbeagentur nicht tangiert wird.

#### 5.3 Einzelheiten

##### 5.3.1

Die Rechtsübertragung umfaßt insbesondere das ausschließliche Recht zur Vervielfältigung und Verbreitung (Verlagsrecht) von entsprechenden Werken für alle Ausgaben und Auflagen ohne Stückzahlbegrenzung und für alle Sprachen, sowie auch für andere Formen (Buch statt Zeitschrift), als ursprünglich gedacht. Sollte in irgendeinem Land der Welt die gesetzliche Schutzfrist in Zukunft verlängert werden, so gilt dieser Vertrag in jenem Land auch für den Veränderungszeitraum.

##### 5.3.2

Ferner erhält die Werbeagentur für die Dauer des Hauptrechts gemäß Absatz 1 außerdem folgende ausschließliche Nebenrechte:

a) Das Recht des – auch teilweisen – Vorabdrucks und Nachdrucks in Zeitungen und Zeitschriften;

b) das Recht, Übersetzungen in andere Sprachen oder Mundarten zu erlauben;

c) das Recht zur Veranstaltung von Taschenbuch-, Volks-, Sonder-, Reprint-, Schul- oder Buchgemeinschaftsausgaben oder zur Aufnahme des Werkes in Sammlungen aller Art;

d) das Recht zur Veranstaltung von Mikrokopieausgaben;

e) das Recht zur sonstigen Vervielfältigung, insbesondere durch fotomechanische oder ähnliche Verfahren (zum Beispiel Fotokopie);

f) das Recht zur Aufnahme auf Vorrichtungen zur wiederholbaren Wiedergabe mittels Bild- oder Tonträger sowie das Recht zu deren Vervielfältigung, Verbreitung und Wiedergabe; jeweils in digitalen und analogen Formen in Bild und/oder Ton und/oder Daten.

g) das Recht zum Vortrag des Werkes durch Dritte;

h) die am Werk oder seiner Bild- oder Tonträgerfixierung oder durch Lautsprecherübertragung oder Sendung entstehenden Wiedergabe- und Überspielungsrechte;

i) das Recht zur Einspeicherung des Werkes in eine Datenbank und deren Verwertung (CD-ROM, Online-Datenbanken im Internet);

j) das Recht zur Vergabe von Lizenzen zur Ausübung der Nebenrechte a) – i).

**5.3.3.**
Darüber hinaus werden der Werbeagentur für die Dauer des Hauptrechts gemäß Abs. 1 ff. weitere ausschließliche Nebenrechte eingeräumt:

a) das Recht zur Bearbeitung oder sonstigen Umgestaltung der Werke;

b) das Recht zur Bearbeitung und Verwertung der Werke im Rundfunk, zum Beispiel als Hörspiel oder in ähnlicher Form (auch zum Beispiel als Feature);

c) das Recht zur Verfilmung zum Zwecke der Vervielfältigung und Verbreitung (zum Beispiel als Schmalfilm oder Cassettenfilm oder CD-ROM oder Video on demand);

d) das Recht zur Verfilmung zum Zwecke der Vorführung und Funksendung;

e) das Vortrags-, Aufführungs-, Vorführungs- und Senderecht;

f) die an den Werken oder ihrer Bild- oder Tonbandfixierung oder durch Lautsprecherübertragung der Sendung entstehenden Wiedergabe- und Überspielungsrechte;

g) das Recht, Vorträge des Werkes mittels Bild- und/oder Tonträger öffentlich wahrnehmbar zu machen;

h) das Recht zum gewerblichen oder nichtgewerblichen Ausleihen oder Vermieten von Vervielfältigungsstücken gleich welcher Art;

i) alle sonstigen jetzt oder in Zukunft durch die Verwertungsgesellschaft wahrgenommenen Rechte.

**5.3.4**
Die Werbeagentur kann sämtliche der ihr in diesem Vertrag eingeräumten Rechte auf Dritte übertragen (auch als ausschließliche Rechtsübertragung) oder zusammen mit Dritten (beispielsweise mit einem Verlag oder weiteren Werbeagentur in Kooperation) ausüben.

**5.3.5**
Sämtliche Rechtseinräumungen erfolgen ohne Beschränkungen, soweit sie nicht die Persönlichkeitsrechte der Urheber beeinträchtigen.

**5.3.6**
Das Recht zur Ausübung über Vergabe von Nebenrechten nach den Absätzen 2–4 endet mit dem Erlöschen des Hauptrechts gemäß Ansatz 1. Der Bestand bereits abgeschlossener Lizenzverträge bleibt – auch im Fall der fristlosen Kündigung des gesamten Vertrages – unberührt.

## 6. Geheimhaltungsverpflichtung

### 6.1 Gegenstand
Der Mitarbeiter verpflichtet sich, sämtliche Geschäfts- und Betriebsgeheimnisse sowie sonstige geschäftlichen oder betrieblichen Tatsachen der Werbeagentur vertraulich zu behandeln. Hierzu gehören insbesondere die Kundenbeziehungen sowie die Lieferantenbeziehungen und vertragliche Ab-

reden mit beiden Gruppen. Die Geheimhaltungsverpflichtung erstreckt sich auch über die Laufzeit dieses Vertrages hinaus.

### 6.2 Vertragsstrafe

Der Mitarbeiter verpflichtet sich gegenüber der Werbeagentur, für jeden Fall der Verletzung der Geheimhaltungsverpflichtung eine Vertragsstrafe in Höhe von

20.000,00 DM (in Worten: zwanzigtausend Deutsche Mark) (10.225,84 EUR)

unter Ausschluß des Fortsetzungszusammenhangs zu zahlen.

## 7. Wettbewerbsabrede

### 7.1 Wettbewerbsverbot

Der Mitarbeiter verpflichtet sich, für die Dauer dieses Vertrages keine Leistungen an Kunden der Werbeagentur im Bereich des Gegenstandes der Zusammenarbeit dieses Vertrages unmittelbar oder mittelbar zu erbringen, Kunden sonst abzuwerben oder Dritte hierbei zu unterstützen. Ferner wird er nicht für Unternehmen tätig sein, die mit der Werbeagentur im Wettbewerb stehen. Er wird sich jeder selbständigen – direkten oder indirekten – oder unselbständigen Tätigkeit für ein solches Unternehmen enthalten.

Ggf. ausgenommen ist eine Tätigkeit für                .

### 7.2 Vertragsstrafeversprechen

Der Mitarbeiter verpflichtet sich, für jeden Fall der Zuwiderhandlung unter Ausschluß des Fortsetzungszusammenhangs eine Vertragsstrafe in Höhe von

DM 30.000,00 DM (in Worten: dreißigtausend Deutsche Mark) (15.338,76 EUR)

an die Werbeagentur zu zahlen.

## 8. Haftung/Freistellung

Soweit die Werbeagentur aufgrund von Leistungen, die der Mitarbeiter erbracht hat, in Haftung genommen wird, verpflichtet sich der Mitarbeiter gegenüber der Werbeagentur, diese von solchen Haftungen freizustellen.

## 9. Allgemeine Regelungen

Der Mitarbeiter wird Rechte aus diesem Vertrag nicht ohne Zustimmung der Werbeagentur übertragen.

## 10. Vertragslaufzeit/Kündigung

### 10.1 Vertragsbeginn

Dieser Vertrag beginnt mit dem Datum seiner Unterzeichnung.

### 10.2 Vertragslaufzeit

Der Vertrag ist für unbestimmte Dauer geschlossen. Er ist mit einer Frist von vier Wochen zum Monatsende kündbar. Das Recht zur ordentlichen Kündigung dieses Vertrages ist jedoch bis zum 01.01.1998 ausgeschlossen.

### 10.3 Sonderkündigungsrecht

Das Recht, aus wichtigem Grund zu kündigen, bleibt unberührt. Der Werbeagentur steht ein Sonderkündigungsrecht zu,
- wenn der Mitarbeiter die geschuldeten Leistungen nicht mehr in eigener Person erbringen kann, unabhängig davon, aus welchem Grund dies der Fall ist. Eine zeitweilige Urlaubs- oder krankheitsbedingte Unterbrechung der Leistung ist hiervon unberührt, sofern sie einen Zeitraum von fünf Wochen nicht überschreitet. Im Fall der Überschreitung dieses Zeitraumes kann sich die Werbeagentur auch dann auf das Sonderkündigungsrecht berufen, wenn nicht unverzüglich nach Fristüberschreitung gekündigt wurde.
- ferner falls der Mitarbeiter den Sitz seines Unternehmens bzw. den Ort seiner Tätigkeit weiter als 100 km vom jetzigen Sitz verlegt. Auch hier kann sich die Werbeagentur auch dann noch

auf dieses Kündigungsrecht berufen, wenn sich erst nach einem Testzeitraum ergibt, daß die Werbeagentur nach der Sitzverlegung nicht länger am Vertrag festhalten will.

### 10.4 Laufende Projekte bei Kündigung
Der Mitarbeiter ist verpflichtet, jedoch nicht berechtigt, laufende Projekte im Fall der Kündigung bis zu seinen Abschluß zu betreuen. Die Werbeagentur kann diese Verpflichtung auf einzelne Teilleistungen beschränken.

## 11. Allgemeine Regelungen

### 11.1 Besondere Vereinbarungen mit dem freien Mitarbeiter
Der Mitarbeiter verpflichtet sich, der Werbeagentur Kenntnis von sämtlichen anderweitigen Beschäftigungen und Aufträgen zu verschaffen und ihr hierüber im Falle der Durchführung eines Prüfverfahrens durch die Träger der Kranken- und Rentenversicherung Unterlagen und Belege zur Verfügung zu stellen. Änderungen in den Verhältnissen des Mitarbeiters sind der Werbeagentur unverzüglich und unaufgefordert schriftlich anzuzeigen.

Verstößt der Mitarbeiter gegen seine Verpflichtungen gem. Abs. 1, kann die Werbeagentur die Arbeitnehmer-Anteile zur Sozialversicherung rückerstattet und künftig erstattet verlangen, falls ein Träger der Kranken- oder Rentenversicherung nach der Vermutungswirkung des § 7 Abs. 4 SGB IV ein sozialversicherungspflichtiges Beschäftigungsverhältnis feststellt.

Der freie Mitarbeiter teilt der Werbeagentur spätestens bis zum Tag der Aufnahme seiner Tätigkeit mit, ob und in welchem Umfang eine private Rentenversicherung zur Absicherung bei Alter und Invalidität sowie eine Krankenversicherung bestehen. Die Werbeagentur kann die Vorlage geeigneter Nachweise verlangen sowie sich schriftlich versichern lassen, daß eine ausreichende soziale Absicherung besteht. Die freiwillige Versicherung in einer gesetzlichen Krankenversicherung gilt auch als ausreichende Krankenversicherung.

Der freie Mitarbeiter willigt ein, daß die Werbeagentur einen Antrag nach § 7 a SGB IV beim Rentenversicherungsträger stellt, um feststellen zu lassen, daß von dem freien Mitarbeiter keine versicherungspflichtige Tätigkeit ausgeübt wird.

### 11.2 Nebenabreden, Schriftform
Nebenabreden zu diesem Vertrag sind nicht getroffen. Änderungen oder Ergänzungen bedürfen zu ihrer Rechtswirksamkeit der Schriftform. Das gleiche gilt für den Verzicht auf das Schriftformerfordernis.

### 11.3 Salvatorische Klausel
Im Falle der Unwirksamkeit einer oder mehrerer Bestimmungen dieses Vertrages oder im Fall von Lücken werden die Vertragsparteien eine der unwirksamen Regelung bzw. der Gesamtregelung wirtschaftlich möglichst nahekommende rechtswirksame Ersatz- bzw. Ergänzungsregelung treffen.

, den

Mitarbeiter	Werbeagentur

## 15. Muster: Freier Mitarbeitervertrag eines Creativ-Consultant in der Werbebranche

▼

Zwischen

der Firma

— im folgenden „Agentur" genannt —

und

dem Auftragnehmer

— im folgenden „Auftragnehmer" genannt —

wird folgender Werkvertrag geschlossen:

1. Der Auftragnehmer übernimmt als selbständiger Auftragnehmer konzeptionelle und grafische Arbeiten nach Maßgabe von Ziffer 3. Der Auftragnehmer darf sich eigener Mitarbeiter als Erfüllungsgehilfen bedienen. Seine Aufträge muß er nicht in Person erbringen, es sei denn, die Agentur legt in Einzelfällen ausdrücklich auf eine Leistungserbringung durch den Auftragnehmer Wert.

2. Der Auftragnehmer ist in der Erfüllung seiner Aufträge als Creativ-Consultant für die Agentur freiberuflich tätig und bei der Gestaltung seiner Arbeitszeit nicht an Weisungen der Agentur gebunden.

3. Zu den Aufgaben eines Creativ-Consultant unserer Agentur zählen:
   - Konzeptionelle/kreative Entwicklungen
   - Teilnahme an Fotoreisen, auch ins Ausland, einschl. Diaauswahl
   - Teilnahme an Vormusterungen und Musterungen
   - Computergraphische Arbeiten
   - Fotoregie
   - Briefing externer Mitarbeiter oder Agenturen

   Als Auftraggeber und Kontaktstelle für die zu erteilenden Einzelaufträge ist die Werbeabteilung der Agentur verantwortlich. Der Auftragnehmer ist nicht zu selbständigen Vertragsabschlüssen berechtigt, die die Firma im Außenverhältnis binden oder verpflichten könnten.

4. Sollten sich bei der Erfüllung von Einzelaufträgen Verzögerungen ergeben, so verpflichtet sich der Auftragnehmer, den jeweiligen Projektleiter unverzüglich zu unterrichten. Die vorstehende Verpflichtung trifft den Auftragnehmer, sobald Verzögerungen in der Auftragserfüllung zu befürchten sind.

5. Die urheberrechtlich geschützten Arbeitsergebnisse stehen der Agentur in jedem Stadium der Materialerstellung zu. Die Agentur kann die Herausgabe von Arbeiten, Skizzen und Unterlagen in jeder Phase des Herstellungsvorganges verlangen, ohne daß dem Auftraggeber ein Zurückbehaltungsrecht zusteht. Mit der Erledigung des jeweiligen Auftrages geht das ausschließliche Nutzungsrecht (Arbeitsergebnisse, Katalogkonzeptionen uä) ohne zeitliche und räumliche Begrenzung auf die Agentur über.

6. Die Nutzungsrechte sind mit dem vereinbarten Werklohn abgegolten. Der Werklohn schließt sämtliche sonstigen Leistungen, Sachaufwendungen und sonstige Kosten einschließlich eventuell anfallender Ansprüche Dritter ein. Die Firma stellt keine zur Erstellung der Werke und Leistungen erforderlichen Materialien zur Verfügung.
   Sofern solche Arbeitsmittel vom Auftragnehmer benötigt werden, können sie ggfls. mietweise überlassen werden.

7. Es wird ein Mindestgesamthonorar für die nächsten zwölf Monate in Höhe von                DM (            EUR) vereinbart. Für die einzelnen Leistungen ergeben sich folgende Honorarsätze:

Das Honorar ist fällig nach Rechnungslegung. Die Mehrwertsteuer wird zusätzlich berechnet und ausgewiesen. Die Firma zahlt jeweils nach erbrachter Leistung.

Notwendige Reisekosten werden gemäß gesonderter Vereinbarung durch die Agentur erstattet. Erstattungsfähig sind nur solche Reisen, die die Agentur dem Grunde und der Höhe nach genehmigt hat.

8. Der Auftragnehmer verpflichtet sich, über die Informationen und Arbeitsergebnisse, die sich aus seiner Tätigkeit für die Firma ergeben, Stillschweigen zu bewahren. Er haftet für jeden daraus entstandenen Schaden.

9. Der Auftragnehmer arbeitet im Rahmen der vereinbarten Aufgaben exklusiv für die Agentur. Die Exklusivität bezieht sich nur auf Aufträge für Firmen, die auf dem Marktsegment         tätig sind.

10. Die Vertragspartner sind sich einig, daß durch die übernommenen Aufträge kein sozialversicherungspflichtiges Arbeitsverhältnis begründet wird. Der Auftragnehmer muß seine Einkünfte aus diesem Vertrag selbst versteuern und auch für seine eigenen Versicherungen und ggf. auch die seiner Mitarbeiter Sorge tragen.

Der Auftragnehmer verpflichtet sich, der Agentur Kenntnis von sämtlichen anderweitigen Beschäftigungen und Aufträgen zu verschaffen und ihr hierüber im Falle der Durchführung eines Prüfverfahrens durch die Träger der Kranken- und Rentenversicherung Unterlagen und Belege zur Verfügung zu stellen. Änderungen in den Verhältnissen des Auftragnehmers sind der Agentur unverzüglich und unaufgefordert schriftlich anzuzeigen.

Verstößt der Auftragnehmer gegen seine Verpflichtungen gem. Abs. 2, kann die Agentur die Arbeitnehmer-Anteile zur Sozialversicherung rückerstattet und künftig erstattet verlangen, falls ein Träger der Kranken- oder Rentenversicherung nach der Vermutungswirkung des § 7 Abs. 4 SGB IV ein sozialversicherungspflichtiges Beschäftigungsverhältnis feststellt.

Der Auftragnehmer teilt der Agentur spätestens bis zum Tag der Aufnahme seiner Tätigkeit mit, ob und in welchem Umfang eine private Rentenversicherung zur Absicherung bei Alter und Invalidität sowie eine Krankenversicherung bestehen. Die Agentur kann die Vorlage geeigneter Nachweise verlangen sowie sich schriftlich versichern lassen, daß eine ausreichende soziale Absicherung besteht. Die freiwillige Versicherung in einer gesetzlichen Krankenversicherung gilt auch als ausreichende Krankenversicherung.

Der Auftragnehmer willigt ein, daß die Agentur einen Antrag nach § 7 a SGB IV beim Rentenversicherungsträger stellt, um feststellen zu lassen, daß von dem Auftragnehmer keine versicherungspflichtige Tätigkeit ausgeübt wird.

11. Die Vereinbarung tritt am         in Kraft und gilt für die Dauer von zwölf Monaten. Der Vertrag kann mit einer Frist von drei Monaten zum Monatsende gekündigt werden.

### 16. Muster: Vertrag mit einem Wirtschaftsprüfer

Zwischen

der Firma

– nachfolgend Firma genannt –

und

Herrn Wirtschaftsprüfer

– nachfolgend Auftragnehmer genannt –

wird die nachfolgende Prüfungs- und Beratungsvereinbarung geschlossen:

## Kapitel 2: Handelsvertreterverträge und Verträge mit freien Mitarbeitern

### § 1 Vertragsleistung

657 (1) Vertragsleistung des Auftragnehmers ist die betriebswirtschaftliche Prüfung der Firma sowie die Beratung der Firma im Hinblick auf folgende Fragestellungen: _____ .

(2) Vertragsgegenstand bildet weiterhin die Frage, ob die Vorschriften des Steuerrechts oder Sondervorschriften wie _____ beachtet sind. Dem Auftragnehmer obliegt es ferner festzustellen, ob Subventionen, Forschungsmittel oder anderweitige Vergünstigungen von der Firma in Anspruch genommen werden können. Vertragsgegenstand bildet die Prüfung, ob Unkorrektheiten in der Buchhaltung oder an anderen Stellen in der Firma vorliegen.

(3) Der Auftrag ist nach den Grundsätzen ordnungsgemäßer Berufsausübung für Wirtschaftsprüfer auszuführen.

(4) Der Auftragnehmer ist berechtigt, sich zur Erfüllung des übernommenen Auftrags Erfüllungsgehilfen und sachverständiger Dritter zu bedienen. Die bei der Inanspruchnahme sachverständiger Dritter anfallenden Kosten sind vorab mit der Firma abzustimmen.

### § 2 Pauschalhonorar

(1) Die Parteien vereinbaren ein Jahres-Pauschalhonorar in Höhe von _____ DM ( _____ EUR), zahlbar in zwölf gleichen Raten à _____ DM ( _____ EUR), erstmals zahlbar am _____ . Die gesetzliche Mehrwertsteuer wird zusätzlich berechnet. Mit dem Pauschalhonorar sind die Vertragsleistungen gem. § 1 abgegolten mit Ausnahme von Leistungen von § 1 Abs. 4, soweit sich der Wirtschaftsprüfer sachverständiger Dritter bedient.

(2) Der Auftragnehmer hat Anspruch auf Erstattung seiner Auslagen. Die Abrechnung der Auslagen erfolgt monatlich. Zu den Auslagen zählen die Kosten, die dem Auftragnehmer für die Anfertigung von Kopien, Telefon, Telefax, E-mail, Beförderung von Schriftstücken und Reisekosten, die bei in jedem Einzelfall vorher abzustimmenden Geschäftsreisen entstehen.

### § 3 Berichtspflicht

Der Auftragnehmer ist verpflichtet, über die Ergebnisse seiner Tätigkeit in einem monatlichen Report schriftlich zu berichten. Die Parteien vereinbaren, daß ausschließlich die schriftlichen Mitteilungen zwischen den Parteien maßgeblich sind. Mündliche Erklärungen und Auskünfte von Mitarbeitern des Auftragnehmers gelten als unverbindlich.

### § 4 Verschwiegenheitspflicht

Die Weitergabe von Informationen, die der Auftragnehmer während seiner Tätigkeit für die Firma erlangt hat, bedarf in jedem Falle der schriftlichen Zustimmung des Auftragnehmers.

### § 5 Verwendungsverbot

Die Firma verpflichtet sich, die vom Auftragnehmer gefertigten Gutachten, Organisationspläne, Zeichnungen, Entwürfe, Berechnungen und Aufstellungen, Maßen- und Kostenberechnungen sowie Anmerkungen zu Software-Entwicklungen ausschließlich für eigene Zwecke zu verwenden und Dritten nicht zugänglich zu machen.

### § 6 Obliegenheiten der Firma

658 (1) Die Firma hat dafür zu sorgen, daß dem Auftragnehmer alle für die Ausführung des Auftrags notwendigen Unterlagen stets rechtzeitig vorgelegt werden und ihm von allen Vorgängen und Umständen Kenntnis gegeben wird, die für die Erledigung des Vertragsgegenstands von Bedeutung sein können. Diese Verpflichtung trifft die Firma auch dann, wenn Unterlagen, Vorgänge oder Umstände erst nach der Beauftragung im Verlaufe des Prüfverfahrens bekannt werden.

(2) Die Firma hat auf Verlangen des Auftragnehmers die Vollständigkeit der vorgelegten Unterlagen und der gegebenen Auskünfte und Erklärungen in einer vom Auftragnehmer formulierten Erklärung schriftlich zu bestätigen.

### § 7 Gewährleistung

(1) Die Firma hat Anspruch auf Beseitigung etwaiger Mängel durch den Auftragnehmer (Nachbesserungsanspruch). Mißlingt eine Nachbesserung, kann die Firma auch Herabsetzung der Vergütung oder Rückgängigmachung des Vertrages verlangen.

(2) Die Firma kann die Rückgängigmachung des Vertrages (Wandelung) auch verlangen, wenn die vom Auftragnehmer erbrachte Leistung wegen des Fehlschlagens der Nachbesserung ohne Interesse geworden ist.

(3) Dem Auftragnehmer sind Mängel unverzüglich anzuzeigen. Der Anspruch auf Beseitigung von Mängeln muß von der Firma unverzüglich schriftlich geltend gemacht werden. Ansprüche auf Nachbesserung verjähren mit Ablauf von 12 Monaten, nachdem der Auftragnehmer die berufliche Leistung erbracht hat.

(4) Offenbare Unrichtigkeiten wie Schreibfehler, Rechenfehler etc., die in einem Bericht oder einem Gutachten des Auftragnehmers enthalten sind, können jederzeit vom Auftragnehmer auch Dritten gegenüber berichtigt werden. Unrichtigkeiten, die geeignet sind, in der beruflichen Äußerung des Auftragnehmers enthaltene Ergebnisse in Frage zu stellen, berechtigen den Auftragnehmer, die Äußerung auch Dritten gegenüber zurückzunehmen. In diesen Fällen der Berichtigung bzw. Rücknahme hat der Auftragnehmer die Firma vorher zu informieren.

### § 8 Verschwiegenheitspflicht

(1) Der Auftragnehmer ist verpflichtet, über alle Tatsachen, die ihm im Zusammenhang mit seiner Tätigkeit für die Firma bekannt werden, Stillschweigen zu wahren, gleichviel, ob es sich dabei um die Firma selbst oder deren Geschäftsverbindungen (Abnehmer, Lieferanten etc.) handelt, es sei denn, die Firma hat den Auftragnehmer von seiner Schweigepflicht im Einzelfall entbunden.

(2) Der Auftragnehmer ist befugt, ihm anvertraute personenbezogene Daten im Rahmen der Zweckbestimmung der Firma zu verarbeiten oder durch gesondert vom Auftragnehmer zur Verschwiegenheit zu verpflichtende Dritte verarbeiten zu lassen.

### § 9 Aufbewahrung und Herausgabe von Unterlagen

(1) Gemäß handelsrechtlichen Bestimmungen hat der Auftragnehmer die im Zusammenhang mit der Erledigung der unter diesem Vertrag übernommenen Aufgaben ihm übergebenen und von ihm selbst angefertigten Unterlagen sowie den unter Geltung dieses Vertrages geführten Schriftwechsel sieben Jahre aufzubewahren. Die Frist beginnt mit dem Ende des jeweiligen Auftrags.

(2) Der Auftragnehmer hat auf Verlangen der Firma die von ihm aufbewahrten Unterlagen jederzeit an die Firma herauszugeben.

### § 10 Vertragsdauer, Kündigung

(1) Das Vertragsverhältnis beginnt am ............ und ist zunächst für eine Dauer von zwölf Kalendermonaten befristet geschlossen. Die Verlängerung des Vertrages bedarf einer erneuten, ausdrücklichen Vereinbarung, für die Schriftformerfordernis gilt.

(2) Das Recht zur Kündigung aus wichtigem Grund bleibt von der vereinbarten befristeten Vertragslaufzeit unberührt.

(3) Der Auftragnehmer ist zur außerordentlichen Kündigung dieses Vertrages insbesondere berechtigt, wenn die Firma mit der Annahme der von ihm angebotenen Leistung in Verzug gerät oder die Firma eine ihr obliegende Mitwirkung unterläßt. Der Auftragnehmer ist ferner zur fristlosen Kündigung des Vertrages berechtigt, wenn die Firma berufliche Äußerungen des Auftragnehmers zu Werbezwecken verwendet. Unberührt bleibt der Anspruch des Auftragnehmers auf Ersatz der ihm durch Verzug oder unterlassene Mitwirkung der Firma entstandenen Mehraufwendungen sowie des verursachten Schadens, und zwar auch dann, wenn der Auftragnehmer vom außerordentlichen Kündigungsrecht keinen Gebrauch macht.

### § 11 Besondere Vereinbarungen mit dem Auftragnehmer

(1) Der Auftragnehmer verpflichtet sich, der Firma Kenntnis von sämtlichen anderweitigen Beschäftigungen und Aufträgen zu verschaffen und ihr hierüber im Falle der Durchführung eines Prüfverfahrens durch die Träger der Kranken- und Rentenversicherung Unterlagen und Belege zur Verfügung zu stellen. Änderungen in den Verhältnissen des Auftragnehmers sind der Firma unverzüglich und unaufgefordert schriftlich anzuzeigen.

(2) Verstößt der Auftragnehmer gegen seine Verpflichtungen gem. Abs. 1, kann die Firma die Arbeitnehmer-Anteile zur Sozialversicherung rückerstattet und künftig erstattet verlangen, falls ein Träger der Kranken- oder Rentenversicherung nach der Vermutungswirkung des § 7 Abs. 4 SGB IV ein sozialversicherungspflichtiges Beschäftigungsverhältnis feststellt.

(3) Der Auftragnehmer teilt der Firma spätestens bis zum Tag der Aufnahme seiner Tätigkeit mit, ob und in welchem Umfang eine private Rentenversicherung zur Absicherung bei Alter und Invalidität sowie eine Krankenversicherung bestehen. Die Firma kann die Vorlage geeigneter Nachweise verlangen sowie sich schriftlich versichern lassen, daß eine ausreichende soziale Absicherung besteht. Die freiwillige Versicherung in einer gesetzlichen Krankenversicherung gilt auch als ausreichende Krankenversicherung.

(4) Der Auftragnehmer willigt ein, daß die Firma einen Antrag nach § 7a SGB IV beim Rentenversicherungsträger stellt, um feststellen zu lassen, daß von dem Auftragnehmer keine versicherungspflichtige Tätigkeit ausgeübt wird.

### § 12 Schlußbestimmungen

(1) Änderungen und Ergänzungen dieses Vertrages bedürfen der Schriftform.

(2) Sollten eine oder mehrere Bestimmungen dieses Vertrages unwirksam sein oder werden oder sollte der Vertrag Lücken enthalten, bleiben die übrigen Vertragsbestimmungen wirksam. An die Stelle der unwirksamen Bestimmung tritt eine rechtlich zulässige, die Sinn und Zweck der unwirksamen Bestimmung so nahe wie möglich kommt.

(Firma)        (Auftragnehmer)

## 17. Muster: Vertrag mit einem Steuerberater

Zwischen

der Firma

– nachfolgend Firma genannt –

und

Herrn Steuerberater

– nachfolgend Auftragnehmer genannt –

wird die nachfolgende Prüfungs- und Beratungsvereinbarung geschlossen:

### § 1 Vertragsgegenstand

(1) Vertragsgegenstand bildet die Hilfeleistung des Auftragnehmers in Steuersachen gegen Pauschalvergütung nach § 14 StBGebV.

(2) Vertragsgegenstand bilden, sofern nichts anderes schriftlich vereinbart wird, während der Vertragslaufzeit folgende Tätigkeiten:

    a) Buchführung nach nichtkontierten und übergebenen Belegen gem § 33 Abs. 1 StBGebV sowie Hilfeleistung im Bereich der Buchführung gem. § 33 Abs. StBGebV;

## Verträge mit Arbeitnehmern, Gesellschaftsorganen und Selbständigen § 1

b) Erstellung der Jahresabschlüsse, erstmals zum 31.12._____ ;

c) Ausarbeitung der Jahressteuererklärungen für Einkommensteuer, Körperschaftssteuer und Gewerbesteuer sowie Vermögenssteuer, und zwar aufgrund der von der Firma vorzulegenden Jahresabschlüsse und sonstiger für die Besteuerung erforderlicher Aufstellungen und Nachweise;

d) Lohnbuchhaltung gem. § 34 Abs. 2 StBGebV sowie Hilfeleistung bei der Lohnbuchführung gem. § 35 Abs. 5 StBGebV;

e) Nachprüfung von Steuerbescheiden;

f) Verhandlungen mit Finanzbehörden im Zusammenhang mit den von der Firma abgegebenen Erklärungen und gegen sie ergangenen Bescheiden;

g) laufende Beratung in steuerlichen Angelegenheiten in einem Umfang von _____ Stunden jährlich.

### § 2 Sonderleistungen

(1) Eines besonderen Auftrags bedürfen die folgenden Sonderleistungen:

a) Die Mitwirkung bei Betriebsprüfungen und Auswertung der Ergebnisse von Betriebsprüfern;

b) die zur Wahrung von Fristen erforderlichen Handlungen, es sei denn, daß der Auftragnehmer hierzu ausdrücklich den Auftrag übernommen hat. In diesem Falle hat die Firma dem Auftragnehmer alle für die Wahrung von Fristen wesentlichen Unterlagen, insbesondere Steuerbescheide, so rechtzeitig vorzulegen, daß dem Auftragnehmer eine angemessene Bearbeitungszeit zur Verfügung steht;

c) die Mitwirkung in Einspruchs- und Beschwerdeverfahren;

d) die Beratung und Vertretung in außerordentlichen Rechtsbehelfsverfahren, Verwaltungsvollstreckungsverfahren sowie in Verfahren vor Gerichten der Finanz- und der Verwaltungsgerichtsbarkeit sowie in Steuerstrafsachen;

e) die Bearbeitung besonderer Einzelfragen der Einkommensteuer, Körperschaftssteuer, Gewerbesteuer, Einheitsbewertung und Vermögenssteuer sowie aller Fragen der Umsatzsteuer, Lohnsteuer, sonstiger Steuern und Abgaben, wie Erbschaftssteuer, Kapitalverkehrssteuer oder Grundsteuer;

f) die Erstattung schriftlicher Gutachten gem. § 22 StBGebV;

g) die Beratung unter betriebswirtschaftlichen Gesichtspunkten.

(2) Der Auftrag ist nach den Grundsätzen ordnungsgemäßer Berufsausübung für Steuerberater auszuführen. Der Auftragnehmer berücksichtigt bei der Ausführung die wesentliche veröffentlichte Rechtsprechung und Verwaltungsauffassung der Finanzämter. Ändert sich die Rechtslage nach Abgabe der abschließenden beruflichen Äußerung, ist der Auftragnehmer während der Dauer dieses Vertrages verpflichtet, die Firma auf Änderungen oder sich daraus ergebende Folgerungen hinzuweisen.

(3) Der Auftragnehmer ist berechtigt, sich zur Erfüllung des übernommenen Auftrags Erfüllungsgehilfen und sachverständiger Dritter zu bedienen. Die bei der Inanspruchnahme sachverständiger Dritter anfallenden Kosten sind vorab mit der Firma abzustimmen.

### § 3 Honorar

(1) Als Pauschalhonorar ist zwischen den Parteien für die Vertragsleistungen gem. § 1 ein jährliches Honorar in Höhe von _____ DM ( _____ EUR) vereinbart. Das Jahreshonorar ist in zwölf gleichen monatlichen Raten à _____ DM ( _____ EUR) zahlbar und zu Beginn eines jeden Kalendermonats, erstmalig zum _____ fällig. Die Mehrwertsteuer wird bei Fälligkeit einer Rate in gesetzlicher Höhe zusätzlich berechnet.

(2) Das Pauschalhonorar ist für einen Zeitraum von zwölf Kalendermonaten vereinbart. Für Folgezeiträume von jeweils zwölf Kalendermonaten wird das Honorar unter Berücksichtigung des Zeit-

662

**§ 1** Kapitel 2: Handelsvertreterverträge und Verträge mit freien Mitarbeitern

aufwands des Auftragnehmers im vergangenen Zwölf-Monats-Zeitraum und unter Berücksichtigung eines etwaig erweiterten Leistungsumfangs jeweils neu vereinbart.

(3) Die Tätigkeiten gem. § 2 dieses Vertrages, die eines gesonderten Auftrags bedürfen, werden vom Pauschalhonorar nicht erfaßt.

(4) Neben dem Pauschalhonorar hat der Auftragnehmer Anspruch auf Erstattung seiner Auslagen, die durch Kommunikation (§ 15 StBerG), Herstellung von Abschriften und Ablichtungen (§ 17 StBerG) und Geschäftsreisen (§§ 18, 19 StBerG) entstehen. Geschäftsreisen, soweit sie erstattungspflichtig sein sollen, bedürfen in jedem Einzelfall vor Antritt der Zustimmung der Firma.

### § 4 Berichtspflicht
Der Auftragnehmer ist verpflichtet, über die Ergebnisse seiner Tätigkeit in einem monatlichen Report schriftlich zu berichten. Die Parteien vereinbaren, daß ausschließlich die schriftlichen Mitteilungen zwischen den Parteien maßgeblich sind. Mündliche Erklärungen und Auskünfte von Mitarbeitern des Auftragnehmers gelten als unverbindlich.

### § 5 Verschwiegenheitspflicht
Die Weitergabe von Informationen, die der Auftragnehmer während seiner Tätigkeit für die Firma erlangt hat, bedarf in jedem Falle der schriftlichen Zustimmung des Auftragnehmers.

### § 6 Verwendungsverbot
Die Firma verpflichtet sich, die vom Auftragnehmer gefertigten Gutachten, Organisationspläne, Zeichnungen, Entwürfe, Berechnungen und Aufstellungen, Maßen- und Kostenberechnungen sowie Anmerkungen zu Software-Entwicklungen ausschließlich für eigene Zwecke zu verwenden und Dritten nicht zugänglich zu machen.

### § 7 Obliegenheiten der Firma
(1) Die Firma hat dafür zu sorgen, daß dem Auftragnehmer alle für die Ausführung des Auftrags notwendigen Unterlagen stets rechtzeitig vorgelegt werden und ihm von allen Vorgängen und Umständen Kenntnis gegeben wird, die für die Erledigung des Vertragsgegenstands von Bedeutung sein können. Diese Verpflichtung trifft die Firma auch dann, wenn Unterlagen, Vorgänge oder Umstände erst nach der Beauftragung im Verlaufe des Prüfverfahrens bekannt werden.

(2) Die Firma hat auf Verlangen des Auftragnehmers die Vollständigkeit der vorgelegten Unterlagen und der gegebenen Auskünfte und Erklärungen in einer vom Auftragnehmer formulierten Erklärungen schriftlich zu bestätigen.

### § 8 Gewährleistung
(1) Die Firma hat Anspruch auf Beseitigung etwaiger Mängel durch den Auftragnehmer (Nachbesserungsanspruch). Mißlingt eine Nachbesserung, kann die Firma auch Herabsetzung der Vergütung oder Rückgängigmachung des Vertrages verlangen.

(2) Die Firma kann die Rückgängigmachung des Vertrages (Wandelung) auch verlangen, wenn die vom Auftragnehmer erbrachte Leistung wegen des Fehlschlagens der Nachbesserung ohne Interesse geworden ist.

(3) Dem Auftragnehmer sind Mängel unverzüglich anzuzeigen. Der Anspruch auf Beseitigung von Mängeln muß von der Firma unverzüglich schriftlich geltend gemacht werden. Ansprüche auf Nachbesserung verjähren mit Ablauf von 12 Monaten, nachdem der Auftragnehmer die berufliche Leistung erbracht hat.

(4) Offenbare Unrichtigkeiten wie Schreibfehler, Rechenfehler etc., die in einem Bericht oder einem Gutachten des Auftragnehmers enthalten sind, können jederzeit vom Auftragnehmer auch Dritten gegenüber berichtigt werden. Unrichtigkeiten, die geeignet sind, in der beruflichen Äußerung des Auftragnehmers enthaltene Ergebnisse in Frage zu stellen, berechtigen den Auftragnehmer, die Äußerung auch Dritten gegenüber zurückzunehmen. In diesen Fällen der Berichtigung bzw. Rücknahme hat der Auftragnehmer die Firma vorher zu informieren.

## § 9 Verschwiegenheitspflicht

(1) Der Auftragnehmer ist verpflichtet, über alle Tatsachen, die ihm im Zusammenhang mit seiner Tätigkeit für die Firma bekannt werden, Stillschweigen zu wahren, gleichviel, ob es sich dabei um die Firma selbst oder deren Geschäftsverbindungen (Abnehmer, Lieferanten etc.) handelt, es sei denn, die Firma hat den Auftragnehmer von seiner Schweigepflicht im Einzelfall entbunden.

(2) Der Auftragnehmer ist befugt, ihm anvertraute personenbezogene Daten im Rahmen der Zweckbestimmung der Firma zu verarbeiten oder durch gesondert vom Auftragnehmer zur Verschwiegenheit zu verpflichtende Dritte verarbeiten zu lassen.

## § 10 Aufbewahrung und Herausgabe von Unterlagen

(1) Gemäß handelsrechtlichen Bestimmungen hat der Auftragnehmer die im Zusammenhang mit der Erledigung der unter diesem Vertrag übernommenen Aufgaben ihm übergebenen und von ihm selbst angefertigten Unterlagen sowie den unter Geltung dieses Vertrages geführten Schriftwechsel sieben Jahre aufzubewahren. Die Frist beginnt mit Ende des jeweiligen Auftrags.

(2) Der Auftragnehmer hat auf Verlangen der Firma die von ihm aufbewahrten Unterlagen jederzeit an die Firma herauszugeben.

## § 11 Besondere Vereinbarungen mit dem Auftragnehmer

(1) Der Auftragnehmer verpflichtet sich, der Firma Kenntnis von sämtlichen anderweitigen Beschäftigungen und Aufträgen zu verschaffen und ihr hierüber im Falle der Durchführung eines Prüfverfahrens durch die Träger der Kranken- und Rentenversicherung Unterlagen und Belege zur Verfügung zu stellen. Änderungen in den Verhältnissen des Auftragnehmers sind der Firma unverzüglich und unaufgefordert schriftlich anzuzeigen.

(2) Verstößt der Auftragnehmer gegen seine Verpflichtungen gem. Abs. 1, kann die Firma die Arbeitnehmer-Anteile zur Sozialversicherung rückerstattet und künftig erstattet verlangen, falls ein Träger der Kranken- oder Rentenversicherung nach der Vermutungswirkung des § 7 Abs. 4 SGB IV ein sozialversicherungspflichtiges Beschäftigungsverhältnis feststellt.

(3) Der Auftragnehmer teilt der Firma spätestens bis zum Tag der Aufnahme seiner Tätigkeit mit, ob und in welchem Umfang eine private Rentenversicherung zur Absicherung bei Alter und Invalidität sowie eine Krankenversicherung bestehen. Die Firma kann die Vorlage geeigneter Nachweise verlangen sowie sich schriftlich versichern lassen, daß eine ausreichende soziale Absicherung besteht. Die freiwillige Versicherung in einer gesetzlichen Krankenversicherung gilt auch als ausreichende Krankenversicherung.

(4) Der Auftragnehmer willigt ein, daß die Firma einen Antrag nach § 7 a SGB IV beim Rentenversicherungsträger stellt, um feststellen zu lassen, daß von dem Auftragnehmer keine versicherungspflichtige Tätigkeit ausgeübt wird.

## § 12 Vertragsdauer, Kündigung

(1) Das Vertragsverhältnis beginnt am           und ist zunächst für eine Dauer von zwölf Kalendermonaten befristet geschlossen. Die Verlängerung des Vertrages bedarf einer erneuten, ausdrücklichen Vereinbarung, für die Schriftformerfordernis gilt.

(2) Das Recht zur Kündigung aus wichtigem Grund bleibt von der vereinbarten befristeten Vertragslaufzeit unberührt.

(3) Der Auftragnehmer ist zur außerordentlichen Kündigung dieses Vertrages insbesondere berechtigt, wenn die Firma mit der Annahme der von ihm angebotenen Leistung in Verzug gerät oder die Firma eine ihr obliegende Mitwirkung unterläßt. Der Auftragnehmer ist ferner zur fristlosen Kündigung des Vertrages berechtigt, wenn die Firma berufliche Äußerungen des Auftragnehmers zu Werbezwecken verwendet. Unberührt bleibt der Anspruch des Auftragnehmers auf Ersatz der ihm durch Verzug oder unterlassene Mitwirkung der Firma entstandenen Mehraufwendungen sowie des verursachten Schadens, und zwar auch dann, wenn der Auftragnehmer vom außerordentlichen Kündigungsrecht keinen Gebrauch macht.

§ 1 Kapitel 2: Handelsvertreterverträge und Verträge mit freien Mitarbeitern

### § 13 Schlußbestimmungen

(1) Änderungen und Ergänzungen dieses Vertrages bedürfen der Schriftform.

(2) Sollten eine oder mehrere Bestimmungen dieses Vertrages unwirksam sein oder werden oder sollte der Vertrag Lücken enthalten, bleiben die übrigen Vertragsbestimmungen wirksam. An die Stelle der unwirksamen Bestimmung tritt eine rechtlich zulässige, die Sinn und Zweck der unwirksamen Bestimmung so nahe wie möglich kommt.

(Firma) (Auftragnehmer)

## 18. Muster: Freier-Mitarbeitervertrag eines programmgestaltenden Mitarbeiters (Moderators) einer Rundfunkanstalt

665

*Moderatorenvertrag*

zwischen

Herrn

und

der Rundfunkanstalt

– Anstalt –

### § 1 Gegenstand des Vertrages

(1) Die Rundfunkanstalt beschäftigt Herrn            nach Bedarf als Moderator für Hörfunk und Fernsehen, soweit Herr            zeitlich zur Verfügung steht und Bedarf besteht.

(2) Mit dem Abschluß des jeweiligen Einzelvertrages räumt Herr            der Anstalt die ausschließlichen, zeitlich, räumlich und inhaltlich unbeschränkten, in Erfüllung seiner vertraglichen Pflichten aus dem Beschäftigungsverhältnis erworbenen Urheberrechte und verwandten Schutzrechte im Sinne des Urheberrechtsgesetzes zu Zwecken des Rundfunks ganz oder teilweise im In- und Ausland unbeschränkt zu nutzen und die unter Benutzung seiner Leistung erfolgte Sendung oder hergestellte Produktion ganz oder teilweise im In- und Ausland unbeschränkt zu verwerten.

(3) Herr            trägt sich in ausgelegte Dienstpläne ein oder gibt der Redaktion mit einem Vorlauf von sechs Wochen bekannt, an welchen Tagen oder zu welchen Zeiten er keine Sendung machen möchte. Herr            kann durch eine Eintragung in Dienstpläne nicht verpflichtet werden, eine Sendung zu übernehmen. Erst dann, wenn er eine Eintragung in Dienstpläne mit seiner Unterschrift als erwünscht bestätigt hat, wird der Einzelauftrag für beide Parteien verbindlich.

### § 2 Umfang der eingeräumten Rechte

(1) Die Anstalt erhält zu den Zwecken gemäß § 1 Abs. 2 durch Herrn            folgende Nutzungsrechte:

– Das Senderecht. Als Senderecht definieren die Parteien das Recht, die Sendung durch Ton- und Fernsehrundfunk einschließlich Kabelhörfunk und -fernsehen sowie der Übertragung durch Satelliten, Drahtfunk, Videotext oder auf digitalem Wege der Öffentlichkeit zugänglich zu machen.

– Das Aufführungs-, Vortrags- und Vorführungsrecht einschließlich des Rechts, das Werk durch Ton und/oder Bildträger oder durch Funksendungen, insbesondere im Zusammenhang mit Messen, Ausstellungen, Festivals, Wettbewerben und sonstigen Werbemaßnahmen für den Rundfunk öffentlich wahrnehmbar zu machen.

Verträge mit Arbeitnehmern, Gesellschaftsorganen und Selbständigen § 1

- Das Recht, Abdrucke des Sendemanuskriptes im Rahmen von Transkriptionsdiensten nach Ausstrahlung des Werkes an Interessenten zum persönlichen Gebrauch unentgeltlich abzugeben.
- Das Vervielfältigungsrecht einschließlich des Rechts der Übertragung auf Bild und/oder Tonträger sowie des Rechts, diese Vervielfältigungsstücke zu verbreiten, einschließlich des Rechts zur Vermietung, zum Verkauf oder zum Verleih.
- Das Recht zur Herstellung, Vervielfältigung und Verbreitung von Werbe- und Informationsmaterial einschließlich der bildlichen Darstellung von Herrn sowie von schriftlichem Begleitmaterial oder Begleittexten, soweit dies nach der Art der Sendung typisch ist oder einzelvertraglich vereinbart wird.

(2) Mit dem Abschluß des jeweiligen Einzelvertrages überträgt Herr der Anstalt die in § 1 Abs. 2 und § 2 Abs. 1 genannten zeitlich, räumlich und inhaltlich unbeschränkten Rechte zur Verwertung der Produktion auch zu Zwecken der Bildungs- oder Kulturarbeit sowie zu Zwecken der Tonträgerverwertung. Herr räumt der Anstalt außerdem das Recht ein, von der Rundfunkproduktion Tonträger aller Art herzustellen und diese zur gewerblichen oder nichtgewerblichen öffentlichen wie nichtöffentlichen Wiedergabe durch Wiedergabegeräte aller Art zu verkaufen. Die Herstellung umfaßt dabei auch die Aufnahme von Funksendungen auf Tonträger einschließlich der Vervielfältigung und Verbreitung (Mitschnitt).

## § 3 Eigene Nutzungsrechte des Moderators
Von §§ 1 und 2 nicht erfaßt und Herrn vorbehalten bleiben dessen von urheberrechtlichen Verwertungsgesellschaften wahrgenommenen Zweitwiedergaberechte und Vergütungsansprüche gemäß §§ 21, 22, 27, 54 sowie §§ 76 Abs. 2 und 77 UrhG mit Ausnahme aller der Anstalt eingeräumten Rechte zum Mitschnitt von Funksendungen.

## § 4 Freiheit von Rechten Dritter
(1) Mit Abschluß dieses Vertrages versichert Herr , daß die der Anstalt eingeräumten Rechte weder ganz noch teilweise einem Dritten übertragen, eingeräumt oder mit den Rechten eines Dritten belastet sind und kein Dritter mit ihrer Wahrnehmung beauftragt ist.

(2) Herr verpflichtet sich, die Anstalt oder Drittberechtigte von allen Ansprüchen freizustellen, die von Dritten aufgrund einer Verletzung von Pflichten nach Abs. 1 geltend gemacht werden.

(3) Herr ermächtigt die Anstalt bei Rechtsverletzungen durch Dritte auch von ihm nicht gemäß § 2 Abs. 1 bis 7 der Anstalt eingeräumte Rechte an seiner Vertragsleistung im In- und Ausland geltend zu machen.

## § 5 Namensnennung
Die Namensnennung von Herrn (Urheber oder Mitwirkender) erfolgt im Zusammenhang mit der Sendung, soweit die Nennung rundfunküblich ist. Bei der Weiterübertragung von Rechten sowie der Weitergabe von Produktionen der Anstalt an Dritte wird eine entsprechende Urhebernennung sichergestellt.

## § 6 Rechteübertragung an Dritte
(1) Die Anstalt ist berechtigt, die ihr von Herrn eingeräumten Rechte ganz oder teilweise auf Dritte zu übertragen oder Dritten Nutzungsrechte einzuräumen. Sie ist ferner berechtigt, diese Rechte in Auftrags- oder Gemeinschaftsproduktionen einzubringen und die Rechte zur Auswertung auch dieser Produktionen auf Dritte zu übertragen.

(2) Im Falle einer kommerziellen Verwertung durch Dritte aufgrund einer Weiterübertragung von Rechten im Sinne von Abs. 1 wird die Anstalt vorbehaltlich anderweitiger Vereinbarungen den Dritten verpflichten, die Rechte von Herrn angemessen abzugelten und hierüber mit ihm eine der Anstalt nachzuweisende Vereinbarung zu treffen, sofern die kommerzielle Verwertung durch Dritte nicht schon mit der ursprünglichen Vergütung abgegolten ist.

### § 7 Umfang der Weisungs- und Änderungsrechte

667 (1) Die Anstalt kann hinsichtlich der inhaltlichen, künstlerischen und technischen Gestaltung der Darbietung, des Tonträgers oder der Sendung Anweisungen geben.

(2) Bei Auftragswerken hat Herr ....... die Wünsche der Anstalt zum Sendeformat und zum Inhalt des Werkes zu berücksichtigen. Die Entscheidung über die Abnahme als sendefertige Fassung trifft die Anstalt nach billigem Ermessen. Nimmt die Anstalt das Werk nicht ab, ist Herr ....... berechtigt, das Werk innerhalb einer von der Anstalt festzusetzenden angemessenen Frist zu ändern. Weigert sich Herr ......., eine Änderung vorzunehmen, ist er zu einer Änderung nicht imstande oder wird auch die geänderte Fassung nicht abgenommen, so hat die Anstalt das Recht, unter Verwendung der bisher erarbeiteten Vorlage ein Werk herzustellen oder durch Dritte herstellen zu lassen.

(3) Die Anstalt ist berechtigt, ein Exposé oder ein ähnliches zur weiteren Bearbeitung bestimmtes Werk von Herrn ....... ganz oder teilweise selbst für die Verfilmung oder Sendung auszuarbeiten oder durch Dritte ausarbeiten zu lassen.

(4) Herr ....... erteilt der Anstalt seine Einwilligung zur Bearbeitung, Umgestaltung, Änderung, Synchronisation, Übersetzung, Untertitelung, Vertonung seiner erbrachten Vertragsleistung und zu deren ausschließlicher Nutzung auch in Ausschnitten sowie dazu, das Werk mit Titeln zu versehen. Gegen Entstellungen oder andere aus dem Urheberrecht resultierende Beeinträchtigungen bleibt Herr ....... geschützt. Insbesondere kann ein nur für das Fernsehen bestimmtes Werk für den Hörfunk oder ein nur für den Hörfunk bestimmtes Werk für das Fernsehen bearbeitet oder umgestaltet werden, sofern eine Entstellung oder andere Beeinträchtigung damit nicht verbunden ist.

### § 8 Quellunterlagen

(1) Herr ....... ist verpflichtet, der Anstalt ein vollständiges Exemplar der Quellunterlagen abzuliefern, soweit das Werk nicht in bloßer Moderation von Zwischentexten besteht. Das Eigentum an den von Herrn ....... hergestellten Quellunterlagen geht mit der Herstellung auf die Anstalt mit der Maßgabe über, daß das Eigentum an Originalen grafischer Werke sowie anderer Werke der bildenden Kunst nach vertraglicher Auswertung des Werkes durch die Anstalt auf den Hersteller zurückzuübertragen ist.

(2) Sofern Herr ....... die Produktion nach Umfang und eigenpersönlicher Gestaltung entscheidend geprägt hat, kann er mit Zustimmung der Anstalt und der anderen Berechtigten nach der Erstsendung der Produktion Ton- und/oder Bildträgerkopien auf eigene Kosten zum eigenen persönlichen Gebrauch verlangen. Die Anstalt kann ihre Zustimmung hierzu nur aus wichtigem Grund, insbesondere bei unzumutbarem Aufwand versagen.

(3) Das Herrn ....... von der Anstalt zur Verfügung gestellte Material hat er nach Beendigung der Benutzung aufgrund dieses Vertrages zurückzugeben.

(4) Bei der Benutzung von Aufführungsmaterial, das die Anstalt nicht zur Verfügung stellt, ist Herr ....... verpflichtet, die für die Abrechnung mit Autoren, Komponisten und Verlegern notwendigen Angaben spätestens bei Vertragsschluß der Anstalt einzureichen. In diesem Fall übernimmt die Anstalt die Abgeltung der auf der Verwendung des Aufführungsmaterials beruhenden Ansprüche. Unterbleibt die rechtzeitige Mitteilung, so ist Herr ....... verpflichtet, diese Ansprüche selbst zu befriedigen und die Anstalt von etwaigen nachträglich erhobenen Forderungen Dritter freizustellen.

(5) Die Hinzuziehung von Hilfskräften durch Herrn ....... bedarf der vorherigen schriftlichen Vereinbarung mit der Anstalt.

### § 9 Nutzungsbemühungen

668 (1) Eine Verpflichtung, das Werk für die vereinbarten Zwecke zu nutzen, besteht für die Anstalt aufgrund dieses Vertrages nicht. Die Anstalt wird sich nach Maßgabe ihrer betrieblichen Gegeben-

## Verträge mit Arbeitnehmern, Gesellschaftsorganen und Selbständigen § 1

heiten bemühen, die ihr eingeräumten Rechte zu nutzen. Dabei wird sie insbesondere von Herrn ▓▓▓▓ nachgewiesene Möglichkeiten prüfen.

(2) Findet innerhalb der Fristen des § 41 UrhG eine Sendung oder die Herstellung von Bild- und/oder Tonträgern des Werkes nicht statt, so ist Herr ▓▓▓▓ berechtigt, die der Anstalt eingeräumten Rechte gegen Erstattung des bisher empfangenen Honorars zurückzurufen. Dabei beträgt die Frist nach § 41 Abs. 2 Satz 1 UrhG 5 Jahre. Die Frist beginnt mit Beendigung der Beschäftigung von Herrn ▓▓▓▓. Im übrigen ist die Anstalt bereit, mit Herrn ▓▓▓▓ über eine vorzeitige Freigabe nicht genutzter Rechte zu verhandeln.

### § 10 Sonstige Pflichten des Moderators

(1) Herr ▓▓▓▓ ist verpflichtet, Stillschweigen über den Inhalt einer Produktion oder Sendung zu bewahren, für die er beschäftigt wird, sofern deren Inhalt der Öffentlichkeit auf schriftlichen Hinweis der Anstalt vor der Sendung nicht bekannt werden soll oder wenn sich dies aus den Umständen ergibt.

(2) Herr ▓▓▓▓ ist verpflichtet, sich im Zusammenhang mit seiner produktionsbedingten Anwesenheit unentgeltlich im üblichen Umfang für Öffentlichkeitsarbeit der Anstalt (Interviews, Pressekonferenzen und Fotoaufnahmen) zur Verfügung zu stehen.

(3) Ankündigungen und bildliche Darstellungen, die auf die Tätigkeit von Herrn ▓▓▓▓ im Rahmen eines Einzelvertrages mit der Anstalt Bezug nehmen, darf nur die Anstalt verbreiten oder verbreiten lassen.

### § 11 Vergütung

(1) Die Einräumung der Rechte nach § 2 Abs. 2 bis 7 ist durch das vereinbarte Honorar abgegolten, soweit die Einzelvereinbarung nicht besonders gekennzeichnet ist.

(2) Ist die Vertragsleistung des Einzelvertrages gesondert gekennzeichnet, so erhält Herr ▓▓▓▓ zusätzliche Vergütungen.

(3) Für Wiederholungen in einem seiner eigenen Hörfunk-/Fernsehprogramme zahlt die Anstalt an Herrn ▓▓▓▓ eine Wiederholungsvergütung in Höhe von ▓▓▓▓ % der Erstvergütung.

(4) Wird eine Sendung der Anstalt von einem anderen Sendeunternehmen des In- oder Auslandes übernommen bzw. ein Tonträger der Anstalt für Hörfunkzwecke verwendet, muß die Anstalt das betreffende Sendeunternehmen verpflichten, an Herrn ▓▓▓▓ eine Übernahmevergütung in Höhe von ▓▓▓▓ % zu zahlen.

(5) Bei Verwendung nur eines Teiles der Produktion ermäßigt sich die Wiederholungs-/Übernahmevergütung anteilmäßig.

(6) Die Vergütung im Sinne von § 10 Abs. 1 teilt sich in ein Ausarbeitungs- und ein Sendehonorar. Das Ausarbeitungshonorar ist nach Abnahme des Werkes, das Sendehonorar nach der Sendung fällig. Sieht die Anstalt von der Sendung des Werkes oder der Herstellung eines Bild- und/oder Tonträgers ab, so entfällt der Anspruch auf das Sendehonorar. Das Ausarbeitungshonorar verbleibt Herrn ▓▓▓▓. Kommt es gemäß § 7 Abs. 2 nicht zu einer Abnahme des Werkes, so zahlt die Anstalt anstelle des Gesamthonorars eine angemessene Vergütung nach ihrem Ermessen. Dabei sind der Umfang der aufgrund des Vertrages bereits geleisteten Arbeiten einschließlich der notwendigen Aufwendungen von Herrn ▓▓▓▓ und der Verwendbarkeit der bislang vorliegenden Fassung für die vertraglichen Zwecke zu berücksichtigen.

(7) Sendungen oder sonstige öffentliche Wiedergaben auf oder anläßlich von Messen, Ausstellungen, Festivals oder Wettbewerben, die Verwendung zu Prüf-, Lehr- oder Forschungszwecken, in Programmvorschauen und Inhaltsangaben für Presse und Rundfunk und für sonstiges Werbematerial sind durch die in der Einzelvereinbarung vereinbarte Erstvergütung abgegolten.

(8) Alle Zahlungsverpflichtungen aus der Einzelvereinbarung enden mit Ablauf der gesetzlichen Schutzfristen.

(9) Herr            verpflichtet sich, Vergütungsüberzahlungen ohne Rücksicht auf eine noch vorhandene Bereicherung zurückzuzahlen.

### § 12 Sonstige Bestimmungen

(1) Alle vereinbarten Vergütungen und zu erstattenden Kosten sind Nettobeträge. Mehrwertsteuer sowie alle sonstigen Abgaben werden zusätzlich berücksichtigt.

(2) Zwischen Herrn            und der Anstalt besteht Einverständnis, daß Herr            im Rahmen seiner Vertragserfüllung als freier Mitarbeiter und nicht als Arbeitnehmer tätig wird.

(3) Herr            verpflichtet sich, der Anstalt Kenntnis von sämtlichen anderweitigen Beschäftigungen und Aufträgen zu verschaffen und ihr hierüber im Falle der Durchführung eines Prüfverfahrens durch die Träger der Kranken- und Rentenversicherung Unterlagen und Belege zur Verfügung zu stellen. Änderungen in den Verhältnissen des Mitarbeiters sind der Anstalt unverzüglich und unaufgefordert schriftlich anzuzeigen.

(4) Verstößt Herr            gegen seine Verpflichtungen gem. Abs. 3, kann die Anstalt die Arbeitnehmer-Anteile zur Sozialversicherung rückerstattet und künftig erstattet verlangen, falls ein Träger der Kranken- oder Rentenversicherung nach der Vermutungswirkung des § 7 Abs. 4 SGB IV ein sozialversicherungspflichtiges Beschäftigungsverhältnis feststellt.

(5) Herr            teilt der Anstalt spätestens bis zum Tag der Aufnahme seiner Tätigkeit mit, ob und in welchem Umfang eine private Rentenversicherung zur Absicherung bei Alter und Invalidität sowie eine Krankenversicherung bestehen. Die Anstalt kann die Vorlage geeigneter Nachweise verlangen sowie sich schriftlich versichern lassen, daß eine ausreichende soziale Absicherung besteht. Die freiwillige Versicherung in einer gesetzlichen Krankenversicherung gilt auch als ausreichende Krankenversicherung.

(6) Herr            willigt ein, daß die Anstalt einen Antrag nach § 7 a SGB IV beim Rentenversicherungsträger stellt, um feststellen zu lassen, daß von Herrn            keine versicherungspflichtige Tätigkeit ausgeübt wird.

(7) Mündliche Nebenabreden sind nicht getroffen worden. Änderungen und Ergänzungen bedürfen stets zu ihrer Wirksamkeit der Schriftform.

(8) Die etwaige Unwirksamkeit einzelner Bestimmungen dieser Einzelvereinbarung berührt deren Wirksamkeit nicht.

(9) Sofern nichts anderes vereinbart ist, ist Erfüllungsort der Sitz der Anstalt bzw. der Ort der Betriebsstelle, für die Herr            die vereinbarte Leistung erbringt.

(10) Für die Auslegung dieses Vertrages gilt das Recht der Bundesrepublik Deutschland.

## 19. Muster: Subunternehmervertrag 1

*Subunternehmervertrag*

– nachfolgend Auftraggeber genannt –

und

Herr

– nachfolgend Auftragnehmer genannt –

schließen nachfolgenden Subunternehmervertrag:

## Verträge mit Arbeitnehmern, Gesellschaftsorganen und Selbständigen § 1

**Präambel:**
Der Auftraggeber erbringt auf dem Gebiet _____ Dienstleistungen. Gegenstand dieses Vertrages ist die Regelung der Beauftragung des Auftragnehmers als Subunternehmer des Auftraggebers bei Ausführung dieser Dienstleistungen. Der Auftragnehmer verpflichtet sich zur selbständigen Erledigung der ihm durch den Auftraggeber übertragenen Einzelaufträge nach Maßgabe der nachfolgenden Konditionen.

**§ 1**
Der Auftragnehmer erbringt die Dienstleistung gegenüber dem Kunden des Auftraggebers selbständig im Auftrag des Auftraggebers. Die selbständige Erledigung des Auftrags erfordert die Anmeldung eines Gewerbes. Die Gewerbeanmeldung ist dem Auftraggeber schriftlich nachzuweisen. Die Ausführung der Einzelaufträge erfolgt durch den Auftragnehmer selbst oder durch selbständige oder unselbständige Dritte. In jedem Fall hat der Auftragnehmer zu gewährleisten, daß die Auftragsausführung nach den gesetzlichen sowie sonstigen sicherheitstechnischen Vorschriften erfolgt.

**§ 2**
Der Auftraggeber unterbreitet dem Auftragnehmer jeweils ein Angebot über die einzelnen Aufträge. Die Erklärung der Annahme oder Ablehnung des einzelnen Auftrags ist durch den Auftragnehmer gegenüber der Firma jeweils innerhalb einer Frist von maximal _____ Tagen zu erklären.

**§ 3**
Läßt der Auftragnehmer die einzelnen Aufträge durch Dritte ausführen, so gilt nachfolgende Regelung: Der Auftragnehmer hat dem Auftraggeber seinerseits die Selbständigkeit und Qualifikation des von ihm beauftragten selbständigen oder unselbständigen Dritten nachzuweisen. Soweit der Dritte seinerseits selbständig ist, hat er dem Auftragnehmer seine Selbständigkeit und Qualifikation zur Ausführung des Auftrages nachzuweisen. Im Hinblick auf die Selbständigkeit gilt die gleiche Verpflichtung zur Anmeldung und zum Nachweis eines selbständigen Gewerbes wie für den Auftragnehmer selbst. Der Auftragnehmer haftet dem Auftraggeber für die Qualifikation und Selbständigkeit des Dritten sowie sämtliche Ansprüche, die von anderen natürlichen oder juristischen Personen des privaten oder öffentlichen Rechts gegenüber dem Auftraggeber diesbezüglich geltend gemacht werden. Dies gilt unabhängig vom Rechtsgrund solcher Forderungen und von einem schuldhaften Verhalten des Auftragnehmers. Ist der Dritte unselbständig, so verpflichtet sich der Auftragnehmer, den Dritten ordnungsgemäß zu vergüten sowie die öffentlich-rechtlichen Abgaben (Lohnsteuer sowie Gesamtsozialversicherungsbeiträge) ordnungsgemäß abzuführen. Der Auftragnehmer ist verpflichtet, die jeweilige Abführung der vorgenannten Beiträge dem Auftraggeber nachzuweisen.

**§ 4**
Die zur Ausführung des Auftrags notwendigen Werkzeuge und Gerätschaften werden nicht vom Auftraggeber gestellt. Der Auftragnehmer ist jedoch berechtigt, diese – soweit vorrätig – beim Auftraggeber anzumieten. Die Überlassung der einzelnen Mietgegenstände sowie der Mietzins werden in einer gesonderten Vereinbarung geregelt.

**§ 5**
Ein zur Ausführung des Auftrags notwendiges Fahrzeug wird vom Auftraggeber ebenfalls nicht gestellt. Es kann jedoch durch den Auftragnehmer vom Auftraggeber gemietet werden. Gleich, ob ein eigenes oder ein vom Auftraggeber überlassenes Fahrzeug benutzt wird, trägt dieses grundsätzlich keine Bezeichnung des Auftraggebers. Eine Werbung des Auftraggebers auf den benutzten Fahrzeugen kann zwischen den Parteien dieses Vertrages vereinbart werden. Für den Fall, daß eine Werbung auf dem Fahrzeug vereinbart wird, zahlt der Auftraggeber hierfür je Quadratmeter und Monat der Nutzung der Werbefläche auf dem Kfz ein Entgelt von _____ DM ( _____ EUR) zzgl. Mehrwertsteuer.

### § 6
Der Auftragnehmer verpflichtet sich zum Abschluß und Nachweis einer separaten Betriebshaftpflichtversicherung, die gegenüber dem Auftraggeber nachzuweisen ist. Diese muß sich mindestens auf          DM (         EUR) der Höhe nach belaufen.

### § 7
Die erbrachten Leistungen und Lieferungen werden gemäß der Anlage 1 zu diesem Vertrag vergütet. Die Vergütung für den Auftragnehmer ist zzgl. der gesetzlichen Mehrwertsteuer vom Auftragnehmer in Rechnung zu stellen und vom Auftraggeber zu zahlen. Die Vergütung wird fällig nach Erbringung der Leistung und Fakturierung an den Kunden. Vom Kunden berechtigterweise geltend gemachte Schadensersatzansprüche oder berechtigte sonstige Leistungsminderungen gehen zu Lasten des Auftragnehmers, es sei denn, daß diese Minderungen oder Ersatzforderungen des Kunden aufgrund Verschuldens des Auftraggebers entstanden sind. Die Beweislast trägt der Auftragnehmer. Die jeweilige Abrechnung erfolgt zum Monatsende durch Vorlage der Unterlagen über die Erbringung der Leistung und Lieferung durch den Auftragnehmer gegenüber dem Kunden.

### § 8
Verstößt der Auftragnehmer gegen die Verpflichtungen aus den §§ 1, 3 und 6 über die Nachweispflicht des eigenen Gewerbes, des Gewerbes eines eventuell den Auftrag ausführenden Dritten, über den Nachweis der Abführung eventueller Lohnsteuer und Gesamtsozialversicherungsbeiträge dieses Dritten sowie über den Nachweis der Haftpflichtversicherung, so zahlt der Auftragnehmer für jeden Fall des Verstoßes eine Vertragsstrafe in Höhe von 10.000,00 DM (5.112,92 EUR) an den Auftraggeber. Gleiches gilt für einen schuldhaften Verstoß des Auftragnehmers im Hinblick auf die Qualifikation zur Durchführung des Auftrags durch den Auftragnehmer selbst oder durch von ihm beauftragte oder angestellte Dritte.

Eine fortdauernde Unterlassung der oben genannten Anzeigepflichten gilt nach jeder Abmahnung durch den Arbeitgeber als Einzelverstoß, maximal jedoch als ein Verstoß pro Kalendermonat.

Dem Auftraggeber bleibt es vorbehalten, einen darüber hinausgehenden Schaden geltend zu machen.

### § 9
Betriebs- und Geschäftsgeheimnisse des Auftraggebers, die dem Auftragnehmer bekanntgeworden sind, sind auch über die Beendigung des Vertragsverhältnisses hinaus als Geheimnis zu behandeln und dürfen Dritten nicht zugänglich gemacht werden.

### § 10
Dieser Vertrag läuft auf unbestimmte Zeit. Er kann beiderseits mit einer Frist von sechs Wochen zum Quartalsende gekündigt werden. Im Fall der Vertragsbeendigung sind sämtliche der im Laufe der Geschäftsbeziehung erhaltenen Gegenstände, Unterlagen und sonstigen zur Ausführung des Auftrags erforderlichen Objekte unaufgefordert und unversehrt an den Auftraggeber zurückzugeben. Ein Zurückbehaltungsrecht besteht nicht.

### § 11 Besondere Vereinbarungen mit dem Auftragnehmer
Der Auftragnehmer verpflichtet sich, dem Auftraggeber Kenntnis von sämtlichen anderweitigen Beschäftigungen und Aufträgen zu verschaffen und ihm hierüber im Falle der Durchführung eines Prüfverfahrens durch die Träger der Kranken- und Rentenversicherung Unterlagen und Belege zur Verfügung zu stellen. Änderungen in den Verhältnissen des Auftragnehmers sind dem Auftraggeber unverzüglich und unaufgefordert schriftlich anzuzeigen.

Verstößt der Auftragnehmer gegen seine Verpflichtungen gem. Abs. 1, kann der Auftraggeber die Arbeitnehmer-Anteile zur Sozialversicherung rückerstattet und künftig erstattet verlangen, falls ein Träger der Kranken- oder Rentenversicherung nach der Vermutungswirkung des § 7 Abs. 4 SGB IV ein sozialversicherungspflichtiges Beschäftigungsverhältnis feststellt.

Der Auftragnehmer teilt dem Auftraggeber spätestens bis zum Tag der Aufnahme seiner Tätigkeit mit, ob und in welchem Umfang eine private Rentenversicherung zur Absicherung bei Alter und Invalidität sowie eine Krankenversicherung bestehen. Der Auftraggeber kann die Vorlage geeigneter Nachweise verlangen sowie sich schriftlich versichern lassen, daß eine ausreichende soziale Absicherung besteht. Die freiwillige Versicherung in einer gesetzlichen Krankenversicherung gilt auch als ausreichende Krankenversicherung.

Der Auftragnehmer willigt ein, daß der Auftraggeber einen Antrag nach § 7 a SGB IV beim Rentenversicherungsträger stellt, um feststellen zu lassen, daß von dem freien Mitarbeiter keine versicherungspflichtige Tätigkeit ausgeübt wird.

### § 12
Gerichtsstand für alle Auseinandersetzungen, die im Zusammenhang mit diesem Vertrag stehen, ist .

### § 13
Sollte eine Bestimmung dieses Vertrages unwirksam oder undurchführbar sein, so werden die übrigen Bestimmungen des Vertrages davon nicht betroffen. Die Vertragspartner verpflichten sich, die unwirksame Bestimmung durch eine Bestimmung zu ersetzen, durch welche der beabsichtigte Vertragszweck soweit wie möglich in rechtlich zulässiger Weise erreicht werden kann. Entsprechendes gilt für Regelungslücken, die dieser Vertrag enthält.

, den

(Auftraggeber) (Auftragnehmer)

## 20. Muster: Subunternehmervertrag 2

Zwischen

– nachstehend „Auftraggeber" genannt –

und

Herrn

– nachstehend „Auftragnehmer" genannt –

wird folgender

*Subunternehmervertrag*

geschlossen:

### § 1 Auftrag
(1) Der Auftragnehmer verpflichtet sich gegenüber dem Auftraggeber, der mit einer Drittfirma eine entsprechende Vereinbarung getroffen hat, folgende Arbeiten in den Räumen der Drittfirma auszuführen: .
(2) Am ist ein Abnahmeprotokoll zu erstellen.

### § 2 Werklohn
(1) Der Werklohn für die in § 1 Abs. 1 vereinbarten Leistungen beträgt DM ( EUR) zzgl. der gesetzlichen MwSt.
(2) Eine Erhöhung des Werklohns aufgrund erhöhter Personalkosten (wegen Tariflohnerhöhungen), Änderungen der Materialpreise oder sonstiger Kostensteigerung ist ausdrücklich ausgeschlossen.

(3) Die in § 1 Abs. 1 vereinbarte Vergütung ist wie folgt fällig:
- Mit Abschluß des Vertrages           DM (          EUR);
- bei Arbeitsbeginn           DM (          EUR);
- nach endgültiger Fertigstellung und Unterzeichnung des Abnahmeprotokolls durch beide Parteien           DM (          EUR).

Befindet sich der Auftraggeber angesichts der vereinbarten Zahlungstermine in Verzug, schuldet er dem Auftragnehmer bis zur Erfüllung neben dem vereinbarten Werklohn Zinsen hierauf in Höhe von           % über dem jeweiligen Diskontsatz der Deutschen Bundesbank.

### § 3 Fälligkeit der Leistungen

(1) Der Auftragnehmer hat mit den vereinbarten Leistungen am           zu beginnen. Spätestens am           muß der Gesamtauftrag erledigt sein.

(2) Werden vereinbarte Zwischentermine oder wird der vereinbarte Endtermin nicht eingehalten, ist der Auftraggeber berechtigt, dem Auftragnehmer eine Nachfrist zu setzen, die mindestens zwei Wochen betragen muß. Erfolgt die Fertigstellung der Arbeiten auch innerhalb der Nachfrist nicht, hat der Auftraggeber das Recht, vom Vertrag zurückzutreten oder wahlweise Schadensersatz wegen Nichterfüllung zu verlangen. Der Auftraggeber ist beweispflichtig für den Zugang einer etwaigen Rücktrittserklärung bei dem Auftragnehmer.

### § 4 Mitwirkungspflichten des Auftraggebers

(1) Einweisung, Beaufsichtigung und Anleitung seiner Erfüllungsgehilfen ist ausschließlich Sache des Auftragnehmers.

(2) Die Mitarbeiter des Auftraggebers stellen den Mitarbeitern des Auftragnehmers vor Ort die erforderlichen Informationen über die Gegebenheiten bei der Drittfirma und über Besonderheiten, die bei der Auftragsdurchführung zu beachten sind, zur Verfügung.

### § 5 Haftung

(1) Der Auftragnehmer haftet dafür, daß nach Abschluß der Arbeiten die folgenden Leistungsdaten erfüllt sind:           .

(2) Der Auftragnehmer hat sein Haftpflichtrisiko durch Abschluß einer sich auf Personen- und Sachschäden beziehenden Haftpflichtversicherung gegenüber dem Auftraggeber nachzuweisen.

### § 6 Sonstiges

(1) Der Auftragnehmer verpflichtet sich zur Geheimhaltung aller Informationen, die ihm über den Auftraggeber oder in den Räumen der Drittfirma bekannt werden. Alle übernommenen Aufträge sind nach Maßgabe der anerkannten Regeln der Technik und unter Beachtung der maßgeblichen gesetzlichen Bestimmungen auszuführen.

(2) Auf den vorliegenden Vertrag sind die Vorschriften des Bürgerlichen Gesetzbuches über den Werkvertrag anzuwenden.

### § 7 Besondere Vereinbarungen mit dem Auftragnehmer

(1) Der Auftragnehmer verpflichtet sich, dem Auftraggeber Kenntnis von sämtlichen anderweitigen Beschäftigungen und Aufträgen zu verschaffen und ihm hierüber im Falle der Durchführung eines Prüfverfahrens durch die Träger der Kranken- und Rentenversicherung Unterlagen und Belege zur Verfügung zu stellen. Änderungen in den Verhältnissen des Auftragnehmers sind dem Auftraggeber unverzüglich und unaufgefordert schriftlich anzuzeigen.

(2) Verstößt der Auftragnehmer gegen seine Verpflichtungen gem. Abs. 1, kann der Auftraggeber die Arbeitnehmer-Anteile zur Sozialversicherung rückerstattet und künftig erstattet verlangen, falls ein Träger der Kranken- oder Rentenversicherung nach der Vermutungswirkung des § 7 Abs. 4 SGB IV ein sozialversicherungspflichtiges Beschäftigungsverhältnis feststellt.

(3) Der freie Auftragnehmer teilt dem Auftraggeber spätestens bis zum Tag der Aufnahme seiner Tätigkeit mit, ob und in welchem Umfang eine private Rentenversicherung zur Absicherung bei Alter und Invalidität sowie eine Krankenversicherung bestehen. Der Auftraggeber kann die Vorlage

## Verträge mit Arbeitnehmern, Gesellschaftsorganen und Selbständigen § 1

geeigneter Nachweise verlangen sowie sich schriftlich versichern lassen, daß eine ausreichende soziale Absicherung besteht. Die freiwillige Versicherung in einer gesetzlichen Krankenversicherung gilt auch als ausreichende Krankenversicherung.

(4) Der Auftragnehmer willigt ein, daß der Auftraggeber einen Antrag nach § 7 a SGB IV beim Rentenversicherungsträger stellt, um feststellen zu lassen, daß von dem Auftragnehmer keine versicherungspflichtige Tätigkeit ausgeübt wird.

### 21. Muster: Geschäftsbesorgungsvertrag zur Bestellung eines externen Datenschutzbeauftragten

Zwischen

der Firma

und

Herrn

wird zwecks Tätigkeit als betrieblicher Datenschutzbeauftragter folgender Vertrag geschlossen:

#### § 1 Aufgaben und Tätigkeit

(1) Herr wird ab als betrieblicher Beauftragter für den Datenschutz gemäß § 28 BDSG in der Firma bestellt. Seine Aufgaben ergeben sich aus § 29 BDSG.

(2) Weitere Einzelheiten der Aufgaben regelt die Stellenbeschreibung des betrieblichen DSB vom , die Bestandteil dieses Vertrages ist. Die Firma ist befugt, die Stellenbeschreibung in einer mit dem Bundesdatenschutzgesetz verträglichen Weise zu ändern, ohne daß es einer Kündigung dieses Vertrages bedarf.

(3) Herr verpflichtet sich, die ihm zufallenden Aufgaben fachkundig und zuverlässig wahrzunehmen. Bei der Anwendung seiner Fachkunde ist er weisungsfrei. Herr wird einen von der Firma zu benennenden Mitarbeiter so in die Aufgaben des Datenschutzes einführen, daß ihn dieser bei der Wahrnehmung der Datenschutzaufgaben vertreten kann.

#### § 2 Arbeitsaufwand

(1) Herr wird Arbeitstage zur Wahrnehmung seiner Aufgaben aufwenden. Hinsichtlich der Festlegung seiner Arbeitszeiten ist Herr frei, er hat jedoch den betrieblichen Erfordernissen hierbei Rechnung zu tragen. Es wird davon ausgegangen, daß zur Wahrnehmung seiner Aufgaben regelmäßig Anwesenheit in der Firma erforderlich ist.

(2) Die Tätigkeit von Herrn kann während eines oder zweier zusammenhängender Zeitabschnitte von insgesamt 30 Kalendertagen nach Rücksprache mit der Firma unterbrochen werden.

#### § 3 Vergütung/Aufwand

(1) Herr erhält für seine Tätigkeit ein Honorar von , das jeweils nach Ablauf eines Kalendermonats abzurechnen ist.

(2) Die Firma behält sich vor, die Vergütung jederzeit und ohne daß es einer weiteren Ankündigung bedarf, gemäß dem festgelegten Umrechnungskurs von 1,95583 in EURO abzurechnen.

(3) Die Firma stellt Herrn das zur Wahrnehmung seiner Aufgaben erforderliche Personal, die benötigten Büroräume und sonstigen Hilfsmittel zur Verfügung. Zur Wahrnehmung seiner Tätigkeit entstehende sonstige Kosten (z.B. Dienstreisen) werden nach den in der Firma allgemein geltenden Sätzen und Voraussetzungen erstattet.

(4) Herr ▓▓▓▓ verpflichtet sich, Vergütungsüberzahlungen ohne Rücksicht auf eine noch vorhandene Bereicherung zurückzuzahlen.

### § 4 Geheimhaltung

(1) Herr ▓▓▓▓ verpflichtet sich, alle ihm im Rahmen seiner Tätigkeit zur Kenntnis gelangten geschäftlichen Angelegenheiten mit dem gebotenen Stillschweigen zu behandeln. Auf die Verpflichtung zur Wahrung des Datengeheimnisses gemäß § 5 BDSG wird er besonders hingewiesen.

(2) Diese Verpflichtung gilt auch nach Beendigung des Vertrages fort.

### § 5 Vertragliche Stellung

(1) Herr ▓▓▓▓ übt seine Tätigkeit als betrieblicher Datenschutzbeauftragter als freier Mitarbeiter der Firma aus. Durch den Abschluß dieses Vertrages wird kein Anstellungsverhältnis begründet. Leistungen wie z.B. die Gewährung von bezahltem Urlaub, die Zahlung von Sozialversicherungsbeiträgen und sonstigen üblichen Abgaben und Leistungen werden, soweit dieser Vertrag nichts anderes bestimmt, nicht gewährt. Herr ▓▓▓▓ ist insbesondere für die Versteuerung des aus diesem Vertrag geschuldeten Honorars selbst verantwortlich.

(2) Herr ▓▓▓▓ verpflichtet sich, der Firma Kenntnis von sämtlichen anderweitigen Beschäftigungen und Aufträgen zu verschaffen und ihr hierüber im Falle der Durchführung eines Prüfverfahrens durch die Träger der Kranken- und Rentenversicherung Unterlagen und Belege zur Verfügung zu stellen. Änderungen in seinen Verhältnissen sind der Firma unverzüglich und unaufgefordert schriftlich anzuzeigen.

(3) Verstößt Herr ▓▓▓▓ gegen seine Verpflichtungen gem. Abs. 2, kann die Firma die Arbeitnehmer-Anteile zur Sozialversicherung rückerstattet und künftig erstattet verlangen, falls ein Träger der Kranken- oder Rentenversicherung nach der Vermutungswirkung des § 7 Abs. 4 SGB IV ein sozialversicherungspflichtiges Beschäftigungsverhältnis feststellt.

(4) Herr ▓▓▓▓ teilt der Firma spätestens bis zum Tag der Aufnahme seiner Tätigkeit mit, ob und in welchem Umfang eine private Rentenversicherung zur Absicherung bei Alter und Invalidität sowie eine Krankenversicherung bestehen. Die Firma kann die Vorlage geeigneter Nachweise verlangen sowie sich schriftlich versichern lassen, daß eine ausreichende soziale Absicherung besteht. Die freiwillige Versicherung in einer gesetzlichen Krankenversicherung gilt auch als ausreichende Krankenversicherung.

(5) Herr ▓▓▓▓ willigt ein, daß die Firma einen Antrag nach § 7 a SGB IV beim Rentenversicherungsträger stellt, um feststellen zu lassen, daß von Herrn ▓▓▓▓ keine versicherungspflichtige Tätigkeit ausgeübt wird.

### § 6 Änderungen/Kündigung des Vertrages

(1) Jeweils zum Ablauf eines Kalenderjahres sollen die Bestimmungen dieses Vertrages, insbesondere auch eine evtl. notwendige Änderung der Arbeitszeit von den Vertragsparteien überprüft werden. Änderungen können nur mit Einverständnis beider Vertragsparteien vorgenommen werden, wobei die Vertragsparteien ihre Bereitschaft erklären, den Erfordernissen des Datenschutzes in der Firma bei der Vertragsgestaltung Rechnung zu tragen.

(2) Der Vertrag ist für jeden der Vertragsparteien mit einer Kündigungsfrist von 6 Monaten zum Quartalsende kündbar. Im Falle einer Kündigung des Vertrages kann die Firma unter Fortzahlung des Honorars auf die Leistungen von Herrn ▓▓▓▓ verzichten.

▓▓▓▓, den ▓▓▓▓

Unterschrift                    Unterschrift

## 22. Muster: Vertrag mit einer verselbständigten Monteursgruppe

▼

Vertrag

zwischen

– im folgenden Firma genannt –

und

– im folgenden GmbH genannt –.

**Vorbemerkung:**
Die Parteien arbeiten auf dem Gebiet der Montage des Programms der Firma zusammen. Die Monteure waren bislang bei der Firma als Arbeitnehmer beschäftigt. Im Rahmen einer betrieblichen Reorganisation hat sich die Firma von den Arbeitnehmern getrennt. Daraufhin haben die Monteure eine GmbH gegründet. Vor diesem Hintergrund betreibt die GmbH nun ihr eigenes, selbständiges Gewerbe.

Dieser Vertrag regelt die Rahmenbedingungen der künftigen Zusammenarbeit der Parteien. Weitere Einzelheiten der zu erteilenden Aufträge werden in den jeweiligen Aufträgen festgelegt.

Die Parteien gestalten ihre Rechtsbeziehungen vor dem Hintergrund der rechtlichen Selbständigkeit jeder Partei.

### 1. Aufgabengebiet

#### 1.1. Auftragsgegenstand und Fertigstellung
Die GrnbH übernimmt für die Firma nach jeweils gesondert erteilten Aufträgen die Montage des Programms der Firma vor Ort. Die Anlieferung des Firmen-Programms ist nicht Bestandteil dieses Vertrages und wird durch die Firma sichergestellt. Die Transportgefahr trägt die Firma. Die GmbH übernimmt mit der Montage auch die Entladearbeiten vor Ort. Die Firma stellt die GmbH bei den Entladearbeiten von der Haftung frei, soweit die von der GmbH eingesetzten Personen nicht grob fahrlässig oder vorsätzlich handeln.

Die Firma wird für jeden Auftrag ein unverbindliches Fertigstellungsdatum festlegen. Die Parteien vereinbaren bei Beauftragung ein verbindliches Fertigstellungsdatum. Sollte die GmbH bei Eintreffen vor Ort Umstände feststellen, die der Einhaltung des Fertigstellungstermins entgegenstehen und von den Parteien bei dessen Festlegung nicht bedacht worden sind, wird die GmbH unverzüglich mit der Firma Kontakt aufnehmen, um die weitere Vorgehensweise zu vereinbaren.

#### 1.2. Auftragsausführung
Die GmbH ist in der Ausführung ihrer Aufträge frei. Insbesondere wird sie jedoch angenommene Aufträge entsprechend der vereinbarten Fertigstellungszeitpunkte und der durch die tatsächlichen Verhältnisse vor Ort vorgegebenen zeitlichen Möglichkeiten, auf der Baustelle zu arbeiten, wahrnehmen.

### 2. Vergütung

#### 2.1. Art der Abrechnung
Es besteht grundsätzlich die Möglichkeit, die Aufträge auf Stundenbasis abzurechnen oder eine Fixpreis-Montage zu vereinbaren. Im Rahmen der Fixpreis-Montage sind alle Aufwendungen (Zeit, Material, Reisen, Spesen) im Preis enthalten. Voraussetzung für die Vereinbarung der Fixpreis-Montage ist jedoch, daß der GmbH die Möglichkeit gegeben wird, die Kalkulationslisten mindestens eine Woche vor Beginn des Auftrages einzusehen, um den Fixpreis berechnen zu können und gegebenenfalls über diesen mit der Firma verhandeln zu können. Sollte bezüglich des Fixpreises

keine Übereinstimmung erzielt werden können, so sind sich die Parteien darüber einig, daß dann auf Stundenbasis abgerechnet werden soll.

Im Rahmen der Abrechnung auf Stundenbasis erfolgt die Abrechnung nach Maßgabe von Ziffer 2.2. bis 2.4.

### 2.2. Verfahren bei Abrechnung auf Stundenbasis

Der voraussichtliche Aufwand wird von der Firma bei Auftragsvergabe geschätzt und nach Vorlage der Kalkulation mit der GmbH im jeweiligen Auftrag vereinbart. Der voraussichtliche Aufwand darf um höchstens 10 % überschritten werden. Im Falle einer Überschreitung der vereinbarten Höchststundenzahl ist eine nachvollziehbare Begründung anzugeben.

Die Firma ist berechtigt, regelmäßig Mitteilung über die bislang angefallenen Stunden zu verlangen.

Im Streitfall erfolgt eine Einigung über den Aufwand binnen 24 Stunden. Wird eine Einigung nicht erzielt, kann die Firma von dem Auftrag zurücktreten. Die bis dahin von der GmbH geleisteten Stunden werden abgerechnet. Die Firma ist in diesem Fall berechtigt, die Fertigstellung dieses Auftrags anderen Unternehmen zu übertragen. Kosten entstehen der GmbH durch eine solche Maßnahme seitens der Firma nicht, die Abnahmeverpflichtung gemäß Ziffer 3.1. wird jedoch um die von der Firma in den Verhandlungen veranschlagten Stunden gekürzt.

Die von der GmbH eingesetzten Monteure führen Zeitnachweise, die von dem jeweiligen Kunden abgezeichnet werden.

Die Abnahme erfolgt regelmäßig bei Abschluß der Arbeiten, spätestens jedoch zwei Arbeitstage nach Fertigstellung, im Beisein des jeweiligen Monteurs der GmbH. Sofern der Monteur für die Abnahme nochmals anreisen muß, trägt die Firma die Spesen.

Nach Abnahme der Arbeiten erfolgt die Rechnungsstellung unter Beifügung der Zeitnachweise. Der Werklohn wird 14 Tage nach Rechnungseingang zur Zahlung fällig.

### 2.3. Stundensatz

Als Stundensatz werden 75,00 DM (38,35 EUR) zusätzlich der jeweils gültigen gesetzlichen Mehrwertsteuer vereinbart. Mit diesem Satz werden reine Arbeitsstunden abgerechnet. Reise- und Wartezeiten werden pauschal mit 0,53 DM (0,27 EUR) pro Entfernungskilometer zwischen dem Sitz der GmbH und dem Montageort bzw. zwischen den Orten zweier aufeinanderfolgender Montage, berechnet nach dem Computerprogramm Map-Guide, abgegolten.

### 2.4. Spesen

Übernachtungskosten werden pauschal mit 130,00 DM (66,47 EUR) je erforderlicher Übernachtung abgegolten.

Fahrzeugkosten werden mit 1,00 DM (0,51 EUR) pro Entfernungskilometer, zwischen dem Sitz der GmbH und dem Montageort bzw. zwischen den Orten zweier aufeinanderfolgender Montage, berechnet nach dem Computerprogramm Map-Guide, und Fahrzeug abgegolten.

### 3. Auftragsverpflichtung

### 3.1. Monatliche/Jährliche Auftragsverpflichtung

Die Firma verpflichtet sich zu einem Mindestauftragsvolumen von monatlich 1.720 Stunden im ersten und zweiten Jahr der Vertragsbeziehung und 1.440 Stunden im dritten Jahr der Vertragsbeziehung (bezogen auf 12 Monteure). Auf die Abnahmeverpflichtung werden Fixpreis-Montagen zu 80 % des Auftragswertes zu einem Stundensatz von 75,00 DM (38,35 EUR) angerechnet. Auf die Abnahmeverpflichtung werden ebenfalls Zeiten nach Ziffer 2.2. letzter Satz sowie das Stundenvolumen solcher Aufträge angerechnet, die die GmbH beispielsweise wegen Terminkollisionen oder weil sie ihrerseits wegen Krankheit und Urlaub keine ausreichende Anzahl von Monteuren zur Verfügung hat, abgelehnt hat. Reise- und Wartezeiten nach Ziffer 2.3. werden mit 1/70 Stunde pro Entfernungskilometer entsprechend Ziffer 2.3. angerechnet.

## 3.2. Berechnung und Ausgleich von Unterschreitungen

Das Auftragsvolumen wird jährlich auf Basis des gesamten in diesem Zeitraum angefallenen Auftragsvolumens nach Ziffer 3.1. berechnet. Monate mit überschießendem Volumen werden mit anderen Monaten, in denen das Volumen unterschritten wird, verrechnet.

Wird das Volumen nicht erreicht, so ist die Firma verpflichtet, die Differenz wie folgt auszugleichen:
- im ersten Jahr mit 80 % (60,00 DM; 30,68 EUR) je Differenzstunde,
- im zweiten Jahr mit 60 % (45,00 DM; 23,01 EUR) je Differenzstunde
- im dritten Jahr mit 50 % (37,50 DM; 19,17 EUR) je Differenzstunde.

Eine Zwischenberechnung erfolgt zum 31.03., 30.06., 30.09. und 31.12. Wird das durchschnittliche monatliche Auftragsvolumen zu diesen Stichtagen jeweils nicht erreicht, wird die Unterschreitung gemäß den vereinbarten Richtsätzen abgegolten (Abschlagszahlung). Die Abschlagszahlung erfolgt zum 10. des dem jeweiligen Quartalsende folgenden Monats. Ergeben sich zu einem Stichtag Überzahlungen, so ist die Firma berechtigt, diese mit der nächsten Forderung der GmbH zu verrechnen.

## 3.3. Verrechnung von Forderungen

Mit Ausnahme von Ziffer 3.2. letzter Satz ist eine Verrechnung von Forderungen mit Aufträgen beider Parteien nur im gegenseitigen Einvernehmen gestattet.

## 4. Gewährleistung, Qualitätssicherung, Montagefahrzeuge

### 4.1. Nachbesserung

Im Interesse der Kundenzufriedenheit vereinbaren die Parteien, daß die Gewährleistung durch Nachbesserung erfolgt. Nach Meldung des Mangels durch die Firma muß die Nachbesserung innerhalb von einer Woche durch die GmbH begonnen werden. Voraussetzung für den Lauf der Wochenfrist ist, daß die Firma in dieser Zeit auch die zur Nachbesserung nötigen Materialien zur Verfügung stellt. Nach Ablauf dieser Frist ist die Firma berechtigt, einen Dritten zu Lasten der GmbH mit der Nachbesserung zu beauftragen. Gleiches gilt, wenn durch die Nachbesserung der Mangel nicht beseitigt wird.

### 4.2. Qualitätssicherung

Zur Sicherstellung des Qualitätsstandards der Firma verpflichtet sich die GmbH, entsprechend professionelles Werkzeug zu benutzen. Eine Verpflichtung, bestimmtes Werkzeug zu benutzen oder zu erwerben, besteht nicht.

### 4.3. Montagefahrzeuge

Die Montagefahrzeuge werden von der GmbH gestellt. Nach gesonderter Vereinbarung kann die GmbH ein komplett ausgestattetes Fahrzeug von der Firma übernehmen.

## 5. Geheimhaltungsverpflichtung

Die GmbH und alle bei ihr tätigen Monteure verpflichten sich, sämtliche Geschäfts- und Betriebsgeheimnisse sowie sonstige geschäftliche oder betriebliche Tatsachen von der Firma vertraulich zu behandeln.

Hierzu gehören insbesondere Kundenbeziehungen sowie Lieferantenbeziehungen und vertragliche Abreden mit beiden Gruppen. Die Geheimhaltungsverpflichtung erstreckt sich auch über die Laufzeit dieses Vertrages hinaus.

Sofern eine Wettbewerbsbeschränkung getroffen wird, ist hierzu eine gesonderte Vereinbarung erforderlich, in der unter anderem die Höhe der durch die Firma zu zahlenden Entschädigung geregelt ist.

Sofern der Vertrag durch die Firma gekündigt wird, besteht seitens der GmbH keine Verpflichtung, bisherige Kundenbeziehungen abzubrechen. Dies gilt nicht, wenn der Vertrag z.B. wegen grober Vertragsverletzung aus wichtigem Grund seitens der Firma gekündigt wird.

### 6. Haftung/Freistellung

Soweit die Firma aufgrund von Leistungen, die die GmbH erbracht hat, in Haftung genommen wird, verpflichtet sich die GmbH gegenüber der Firma, die Firma von solchen Haftungen freizustellen.

### 7. Abtretung/Übertragung von Rechten

Die Parteien werden Rechte und Forderungen aus diesem Vertrag nicht ohne Zustimmung der anderen Partei übertragen.

### 8. Vertragslaufzeit/Kündigung

#### 8.1. Vertragsbeginn

679 Dieser Vertrag beginnt zum              .

#### 8.2. Vertragslaufzeit

Der Vertrag ist für unbestimmte Dauer geschlossen, mindestens aber für die Dauer von drei Jahren. Danach ist der Vertrag mit einer Frist von 3 Monaten zum Monatsende kündbar. Das Recht zur ordentlichen Kündigung dieses Vertrages von seiten der Firma ist während der Bindungsfrist ausgeschlossen.

#### 8.3. Sonderkündigungsrecht

Das Recht, aus wichtigem Grund zu kündigen, bleibt unberührt.

#### 8.4. Laufende Aufträge bei Kündigung

Im Fall der Kündigung werden die laufenden Aufträge abgewickelt. Dies gilt nicht im Fall der Kündigung aus wichtigem Grund.

### 9. Allgemeine Regelungen

#### 9.1. Nebenabreden, Schriftform

Nebenabreden zu diesem Vertrag sind nicht getroffen. Änderungen oder Ergänzungen bedürfen zu ihrer Rechtswirksamkeit der Schriftform. Das gleiche gilt für den Verzicht auf das Schriftformerfordernis.

#### 9.2. Salvatorische Klausel

Im Fall der Unwirksamkeit einer oder mehrerer Bestimmungen dieses Vertrages oder im Fall von Lücken werden die Vertragsparteien eine der unwirksamen Regelungen bzw. der Gesamtregelung wirtschaftlich möglichst nahe kommende rechtswirksame Ersatz- bzw. Ergänzungsregelung treffen.

              , den

Firma                           GmbH

## 23. Muster: Freier-Mitarbeitervertrag mit einem Ausbeiner

680 *Vertrag*

(1) Aufgabe des Auftragnehmers ist es, für den Auftraggeber selbständig Zerlegearbeiten nach vorgegebener Spezifikation auszuführen. Je Kilogramm netto ausgelösten Fleisches erhält der Auftragnehmer              DM (              EUR) zzgl. gesetzlicher MwSt.

(2) Der Auftragnehmer hat als Gewerbetreibender die Pflicht, den geltenden gesetzlichen Bestimmungen nachzukommen, insbesondere eine eigene Buchführung vorzunehmen, Mehrwertsteuer, Einkommenssteuer, Gewerbesteuer und andere obligatorische Leistungen an den Staat bzw. Dritte abzuführen.

## Verträge mit Arbeitnehmern, Gesellschaftsorganen und Selbständigen § 1

(3) Der Auftragnehmer sichert zu, daß er jederzeit über einen Gewerbeschein verfügt. Sein derzeitiger Gewerbeschein wird in Kopie als Anlage zu diesem Vertrag genommen.

(4) Das Auftragsverhältnis zwischen den Parteien ist befristet für die Zeit vom ▊▊▊▊ bis zum ▊▊▊▊. Nimmt keine der Parteien bis zu drei Monaten vor Ablauf dieser Frist eine Nichtverlängerungsanzeige vor, verlängert sich das Auftragsverhältnis um zwei Jahre.

(5) Die Abrechnung des Werklohns erfolgt wöchentlich nach Rechnungslegung durch den Auftragnehmer. Die Rechnungsbeträge sind binnen 14 Tage zahlbar.

(6) Der Auftragnehmer verpflichtet sich, vorgegebene Fristen des Auftraggebers einzuhalten. Jede Fristüberschreitung führt zu einer Haftung des Aufragnehmers für eventuell entstandene Schäden.

(7) Der Auftragnehmer verpflichtet sich, dem Auftraggeber Kenntnis von sämtlichen anderweitigen Beschäftigungen und Aufträgen zu verschaffen und ihm hierüber im Falle der Durchführung eines Prüfverfahrens durch die Träger der Kranken- und Rentenversicherung Unterlagen und Belege zur Verfügung zu stellen. Änderungen in den Verhältnissen des Auftragnehmers sind dem Auftraggeber unverzüglich und unaufgefordert schriftlich anzuzeigen.

(8) Verstößt der Auftragnehmer gegen seine Verpflichtungen gem. Abs. 1, kann der Auftraggeber die Arbeitnehmer-Anteile zur Sozialversicherung rückerstattet und künftig erstattet verlangen, falls ein Träger der Kranken- oder Rentenversicherung nach der Vermutungswirkung des § 7 Abs. 4 SGB IV ein sozialversicherungspflichtiges Beschäftigungsverhältnis feststellt.

(9) Der Auftragnehmer teilt dem Auftraggeber spätestens bis zum Tag der Aufnahme seiner Tätigkeit mit, ob und in welchem Umfang eine private Rentenversicherung zur Absicherung bei Alter und Invalidität sowie eine Krankenversicherung bestehen. Der Auftraggeber kann die Vorlage geeigneter Nachweise verlangen sowie sich schriftlich versichern lassen, daß eine ausreichende soziale Absicherung besteht. Die freiwillige Versicherung in einer gesetzlichen Krankenversicherung gilt auch als ausreichende Krankenversicherung.

(10) Der Auftragnehmer willigt ein, daß der Auftraggeber einen Antrag nach § 7a SGB IV beim Rentenversicherungsträger stellt, um feststellen zu lassen, daß von dem Auftragnehmer keine versicherungspflichtige Tätigkeit ausgeübt wird.

(11) Der Auftragnehmer verpflichtet sich, Vergütungsüberzahlungen ohne Rücksicht auf eine noch vorhandene Bereicherung zurückzuzahlen.

▲

# Kapitel 3: Anstellungsverträge mit GmbH-Geschäftsführern und AG-Vorständen

## Literatur

**Bauer/Grägert**, Der GmbH-Geschäftsführer zwischen Himmel und Hölle, ZIP 1997, 2177; **Baumbach/Hueck**, GmbH-Gesetz, 16. Aufl. 1996; **Baums**, Der Geschäftsleitervertrag, 1987; **Diller**, Gesellschafter und Gesellschaftsorgane als Arbeitnehmer, 1994; **Fleck**, Das Organmitglied – Unternehmer oder Arbeitnehmer?, FS für Hilger/Stumpf, 1983, 197; **Geßler/Hefermehl/Eckart/Kropf**, Aktiengesetz, 1973; **Henssler**, Das Anstellungsverhältnis der Organmitglieder, RdA 1992, 289; **Hueck**, Bemerkungen zum Anstellungsverhältnis von Organmitgliedern juristischer Personen, FS für Hilger/Stumpf 1983, S. 365; **Hueck**, Zur arbeitsrechtlichen Stellung des GmbH-Geschäftsführers, ZfA 1985, 25; **Hüffer**, Aktiengesetz, 4. Aufl. 1999; **Hümmerich**, Grenzfall des Arbeitsrechts: Kündigung des GmbH-Geschäftsführers, NJW 1995, 1177; **Jaeger**, Der Anstellungsvertrag des GmbH-Geschäftsführers, 3. Aufl. 1994; **Kölner Kommentar zum Aktiengesetz**, 2. Aufl. 1986; **Lammers**, Verhaltenspflichten von Verwaltungsorganen in Übernahmeauseinandersetzungen, 1994; **Loritz**, Mitarbeit im Rahmen von Gesellschaftsverträgen anstelle von Arbeitsverträgen, RdA 1992, 310; **Münchener Handbuch des Gesellschaftsrechts**, Band 4 Aktiengesellschaft, 1. Aufl. 1988; **Münchener Kommentar zum Aktiengesetz**, München 1999; **Münchener Vertragshandbuch**, Band I Gesellschaftsrecht, 4. Aufl. 1996; **Reiserer**, Der GmbH-Geschäftsführer im Arbeits- und Sozialversicherungsrecht, NZA 1996, 469; **Reiserer/Schulte**, Der GmbH-Geschäftsführer im Sozialversicherungsrecht, BB 1995, 262; **Scholz**, Kommentar zum GmbH-Gesetz, 8. Aufl. Band I 1993, Band II 1995; **Sina**, Zum nachvertraglichen Wettbewerbsverbot für Vorstandsmitglieder und GmbH-Geschäftsführer, DB 1985, 902; **Staab**, Der Arbeitnehmer-Gesellschafter der GmbH im Spannungsfeld zwischen Arbeitnehmerschutz und gesellschaftsrechtlichem Gläubigerschutz, RdA 1995, 60; **Straub**, Die Sozialversicherung des GmbH-Geschäftsführers, DB 1992, 1089; **Weber/Burmeister**, Der Anstellungsvertrag des Managers, 2. Aufl. 1996.

## A. Erläuterungen

### 1. Vergleichbare Rechtspositionen

GmbH-Geschäftsführer wie Vorstände von Aktiengesellschaften stehen zur Gesellschaft in einer Doppelrechtsbeziehung. Die satzungsmäßigen Rechte und Pflichten erwerben sie durch ihre **Organstellung**, die beim GmbH-Geschäftsführer durch einen **Beschluß** der Gesellschafterversammlung[999] und beim Vorstand durch einen Beschluß des Aufsichtsrats nach § 112 AktG begründet wird.

Daneben stehen beide Organe zu ihren Gesellschaften in einem **Anstellungsverhältnis**, in beiden Fällen ein Dienstvertrag mit Geschäftsbesorgungscharakter, gerichtet auf den grundsätzlich den §§ 323 ff. BGB unterliegenden Austausch von Leistung und Gegenleistung.[1000]

Wer GmbH-Geschäftsführer ist, kann nach derzeitiger Auffassung des Bundesarbeitsgerichts[1001] **nicht gleichzeitig Arbeitnehmer** sein. Dies ist auch die herrschende Meinung in der Literatur.[1002] Zwischenzeitlich hat sich allerdings eine beachtliche Literaturmeinung herausgebildet, wonach zumindest der Fremdgeschäftsführer Arbeitnehmerstatus genießen soll[1003] oder zumindest arbeitsrechtliche Normen teilweise beim Fremdgeschäftsführer anzuwenden seien.[1004] Außerdem haben sich Instanzgerichte der neueren Literaturmeinung vereinzelt angeschlossen.[1005]

---

999 § 46 Nr. 5 GmbHG.
1000 BGH, Urt. v. 07.12.1987, WM 1988, 298; BGH, Urt.v.11.07.1983, BGHZ 10, 187.
1001 Urt. v. 28.11.1990, AP Nr. 137 zu § 1 TVG, Tarifverträge: Bau; ebenso: BGH, Urt. v. 24.11.1980, BGHZ 79, 38.
1002 Vgl. *Henssler*, Das Anstellungsverhältnis der Organmitglieder, RdA 1992, 289 ff. mit zahlreichen Nachweisen in Fn 28.
1003 Siehe *Diller*, Gesellschafter und Gesellschaftsorgane, Köln 1994.
1004 *Scholz/Schneider*, § 35, Rn 161 ff.
1005 LAG Köln, Urt. v. 30.06.1995, AuR 1996, 413; ArbG Nürnberg, Urt. v. 31.07.1996, NZA 1997, 37.

**§ 1** Kapitel 3: Anstellungsverträge mit GmbH-Geschäftsführern und AG-Vorständen

Beim GmbH-Geschäftsführer wird angenommen, daß sein bisheriges Arbeitsverhältnis mit der Gesellschaft ruht, falls er vor seiner Bestellung Arbeitnehmer war und nichts Abweichendes vereinbart wurde.[1006] Aufgrund einer neueren Entscheidung des BAG[1007] könnte man mutmaßen, daß die Aufgabe dieser Rechtsprechung bevorsteht.[1008] Jedenfalls macht die derzeit noch bestehende BAG-Rechtsprechung erforderlich, in den Vertrag des GmbH-Geschäftsführers oder in einen gesonderten Text eine ausdrückliche Vereinbarung aufzunehmen, wonach ein etwaiges früheres Arbeitsverhältnis ausdrücklich aufgehoben ist, sofern diese Rechtsfolge angestrebt wird. Eine entsprechende Formulierung findet sich in § 14 Ziff. 3 des Musters 1500.[1009]

683 Bei **Vorstandsmitgliedern einer Aktiengesellschaft** ist es, sofern keine Konkurrenztätigkeit besteht, angesichts der Unabhängigkeit des Vorstands aufgrund der ihm in § 76 Abs. 1 AktG garantierten eigenverantwortlichen Leitungsmacht grundsätzlich keine Frage, daß kein Arbeitnehmerstatus besteht. Auch können arbeitsrechtliche Vorschriften nicht analog angewendet werden.[1010]

Anstellungsverträge mit GmbH-Geschäftsführern können unbefristet und befristet geschlossen werden. Der Anstellungsvertrag mit einem Vorstand kann dagegen nur befristet und zwar maximal bis zur Dauer von 5 Jahren vereinbart werden.[1011] Sowohl beim Geschäftsführer als auch beim AG-Vorstand kann das Erlöschen der körperschaftlichen Organstellung an die Beendigung des Dienstverhältnisses vertraglich gekoppelt werden.[1012] Weder der Anstellungsvertrag mit dem GmbH-Geschäftsführer,[1013] noch der Dienstvertrag mit dem AG-Vorstand bedarf einer **Form**.[1014] In der Praxis kommen mündliche Anstellungsverträge mit Organmitgliedern nahezu nicht vor.

684 Nach der Konzeption des Gesetzes sind die **Stellung** des GmbH-Geschäftsführers und die des AG-Vorstands unterschiedlich stark ausgeprägt. Anders als das Mitglied der Geschäftsführung einer GmbH kann das Mitglied des Vorstands einer Aktiengesellschaft nur aus wichtigem Grund abberufen werden.[1015] Damit ist die Position eines Vorstandsmitglieds einer Aktiengesellschaft weitaus stärker ausgestaltet als die eines GmbH-Geschäftsführers, der, ohne daß es eines Grundes bedarf, jederzeit abberufen werden kann.[1016] Dessen freie Abrufbarkeit kann jedoch in der Satzung beschränkt und die Abberufung an einen wichtigen Grund geknüpft werden.[1017]

685 Der aus seiner Organstellung als AG-Vorstand Abberufene kann gehalten sein, sich mit dem Angebot einer angemessenen anderen Beschäftigung zufrieden zu geben, wenn er eine sofortige Kündigung auch des Anstellungsvertrages vermeiden will.[1018] Auch der GmbH-Geschäftsführer kann aus einem von der GmbH zu vertretenden Grund sein Amt niederlegen, ohne zugleich das Anstellungsverhältnis fristlos kündigen zu müssen.[1019] Aus beiden vorerwähnten Entscheidungen wird der Schluß gezogen, daß nach Abberufung des Vorstands bzw. des GmbH-Geschäftsführers für die Restdauer des

---

1006 BAG, Urt. v. 12.03.1987, DB 1987, 2659; BAG, Urt. v. 09.05.1986, DB 1986, 1474.
1007 Urt. v. 07.10.1993, NZA 1994, 212.
1008 Siehe hierzu: *Hümmerich*, NJW 1995, 1177.
1009 § 1 Kap. 3 M 739.
1010 BGH, Urt. v. 11.07.1953, BGHZ 10, 187; Urt. v. 07.12.1961, BGHZ 36, 142; Urt. v. 09.11.1967, BGHZ 49, 30; Urt. v. 24.11.1980, BGHZ 79, 38.
1011 § 84 Abs. 1 Satz 1 iVm § 5 AktG.
1012 BGH, Urt. v. 29.05.1989, WM 1989, 1246; Urt. v. 09.07.1990, BGHZ 112, 103 = WM 1990, 1457.
1013 *Scholz/Schneider*, § 35, Rn 178; MünchGesR, 3. Band, 1996, § 43, Rn 16.
1014 MünchGesR, 4. Band, § 21, Rn 18.
1015 § 84 Abs. 3 Sätze 1 und 2 AktG.
1016 § 38 Abs. 1 GmbHG.
1017 § 38 Abs. 2 Satz 1 GmbHG.
1018 BGH, Urt. v. 14.07.1966, WM 1966, 968.
1019 BGH, Urt. v. 09.02.1978, WM 1978, 319.

Anstellungsvertrages ein **Anspruch der Organe auf Weiterbeschäftigung** in einer vergleichbaren Führungsposition bestehe. Will sich eine Gesellschaft dieser Verpflichtung entziehen, so sollte eine entsprechende Vertragspassage in den Anstellungsvertrag des Geschäftsführers aufgenommen werden.[1020]

Gegen einen rechtswidrigen **Abberufungsbeschluß eines Vorstandsmitglieds** besteht kein einstweiliger Rechtsschutz, der die Sofortwirkung nach § 84 Abs. 3 Satz 4 AktG überwinden könnte. Die einstweilige Verfügung zur vorläufigen Aufhebung der Abberufung eines Vorstandsmitglieds ist unzulässig,[1021] es sei denn, es fehlt überhaupt an jeglichem Aufsichtsratsbeschluß oder dieser ist wegen eines Verstoßes gegen formelle Voraussetzungen wie eine nicht ordnungsgemäße Einberufung der Aufsichtsratssitzung o.ä. nichtig.[1022] Im Ergebnis läuft damit die Stellung von GmbH-Geschäftsführer und AG-Vorstand, sofern Gesellschafterversammlung, Aufsichtsrat oder Hauptaktionär eine sofortige Beendigung der Tätigkeit des Vorstands wünschen, gleichermaßen auf eine nur unzulänglich ausgeprägte Rechtsposition hinaus.

686 Problematisch sind die vorläufigen Maßnahmen, insbesondere die **Freistellung von GmbH-Geschäftsführer und Vorstandsmitglied**. Eine vorläufige Amtsenthebung von GmbH-Geschäftsführern mit der Folge der Suspension von Geschäftsführungs- und Vertretungsbefugnissen hält die herrschende Meinung[1023] für unzulässig. Für zulässig wird dagegen eine Vereinbarung mit dem Geschäftsführer gehalten, daß der Geschäftsführer bei einer ordentlichen Kündigung des Anstellungsvertrages von seiner Tätigkeit als Geschäftsführer freigestellt wird. Auch unabhängig von einer solchen Vereinbarung können die Gesellschafter nach der herrschenden Meinung dem Geschäftsführer die Weisung erteilen, er habe sich bis auf weiteres jeder Tätigkeit für die Gesellschaft zu enthalten. Die Möglichkeit einer solchen Freistellung folge aus dem allgemeinen Weisungsrecht der Gesellschafter. Die vertragliche Vereinbarung bzw. die Weisung entbinden den Geschäftsführer aber nur von seiner Geschäftsführungsbefugnis. Ihm obliegen weiterhin alle gesetzlichen Pflichten, und er hat weiterhin die organschaftliche Vertretungsbefugnis.

687 Für das Vorstandsmitglied gilt grundsätzlich, daß eine Freistellung nicht möglich ist.[1024] Der Aufsichtsrat sollte deshalb entweder den Weg einer Vereinbarung über die Freistellung des Vorstandsmitglieds[1025] oder den Weg eines fernmündlich vom Aufsichtsratsvorsitzenden eingeholten Beschlusses des Aufsichtsrats wählen, wobei das Protokoll dann vom Aufsichtsratsvorsitzenden unterzeichnet wird. Die letztgenannte Möglichkeit dürfte zwar rechtswidrig sein, entspricht aber einer verbreiteten Praxis, die im Falle einer anschließenden Kündigung aus wichtigem Grund und Abberufung im Ergebnis unschädlich bleibt, wie auch in dem Fall, in dem die Freistellung rückgängig gemacht wird. Rechtsschutz ist in der Kürze der verbleibenden Zeit nicht zu erlangen. Über anschließende Rechtsstreitigkeiten vor den Kammern für Handelssachen wegen der Abberufung und der Kündigung, aber auch im Falle der anderen Alternative, der einvernehmlichen Beendigung des Anstellungsverhältnisses durch Aufhebungsvertrag, tritt eine überholende Kausalität ein.

688 Enden Organschaft und Vertragslaufzeit, kann durch neue Bestellung und Abschluß eines neuen Anstellungsvertrages das Vorstandsmandat verlängert werden. Für derartige Fälle wird allerdings – aus Sicht des Organmitglieds – empfohlen, eine Anti-Verböserungsklausel in den Anstellungsvertrag

---

1020 Siehe Muster 1500, § 13 Abs. 6, in diesem Buch § 1 Kap. 3 M 784.
1021 KölnKomm/*Mertens*, § 84, Rn 97.
1022 OLG Stuttgart, Urt. v. 15.04.1985, AG 1985, 193.
1023 *Rohwedder/Koppensteiner*, § 38 GmbHG Rn 24; *Scholz/Schneider*, § 38 Rn 88 m. w. N.
1024 *Hüffer*, § 84 AktG Rn 95.
1025 Muster 1550, § 1 Kap. 3 M 784.

## § 1 Kapitel 3: Anstellungsverträge mit GmbH-Geschäftsführern und AG-Vorständen

aufzunehmen, wie im Muster 1536, § 13 Abs. 2 Satz 3 vorgesehen. Ungeklärt ist nämlich noch, ob der Aufsichtsrat eine **Verlängerung der Vertragslaufzeit** im Zusammenhang mit einer Wiederberufung anbieten, dabei aber eine Verschlechterung von Rechtspositionen (geringeres Gehalt etc.) vorsehen kann. Einer solchen Fallkonstellation sollte man im Interesse des Vorstandsmitglieds vorbeugen, insbesondere im Hinblick auf erworbene Ansprüche auf Altersversorgung, die beispielsweise im Muster 1534[1026] § 2, Abs. 1d davon abhängig sind, daß das Vorstandsmitglied erklärt hat, daß es eine Neubestellung wünscht. Durch die Koppelung gerät bei Bleibeverhandlungen das Vorstandsmitglied in Zugzwang, wenn der Aufsichtsrat eine Verschlechterung der Vertragskonditionen für die nächste Amtsperiode in Erwägung zieht. Das Muster 1534, das keine Anti-Verböserungsklausel vorsieht, ist also insoweit günstig für die Aktiengesellschaft.

689 Rechtstheorie und Praxis der **Stellung** eines Vorstands und eines GmbH-Geschäftsführers **im Rahmen konzernabhängiger Gesellschaften** klaffen auseinander. Der Vorstand der beherrschten Gesellschaft im Vertragskonzern oder bei vollzogener Eingliederung nach § 319 ff. AktG ist nach § 76 Abs. 1 AktG nicht weisungsabhängig, besteht aber ein Beherrschungsvertrag oder eine gesellschaftsrechtliche Eingliederung nach §§ 323, 308, AktG, bleibt die weisungsunabhängige Rechtstellung des Vorstands nach § 76 Abs. 1 AktG lediglich formaljuristisch bestehen. Vielfach wird behauptet, in konzernabhängigen Unternehmen komme die Stellung des Vorstands der eines Arbeitnehmers gleich.[1027]

690 Wird ein Arbeitnehmer der Konzernmutter in den Vorstand einer Konzerntochter oder als Geschäftsführer einer zum Konzern gehörigen GmbH abgeordnet, sein **Arbeitsverhältnis mit der Konzernmutter** jedoch beibehalten, stellt sich nach *Henssler*[1028] die Rechtsbeziehung als Arbeitsverhältnis dar, unabhängig davon, ob der Mitarbeiter formal AG-Vorstand oder GmbH-Geschäftsführer ist. Beim Geschäftsführer der GmbH ist im übrigen ein derartiges Auseinanderfallen von Anstellungsverhältnis bei der einen Gesellschaft und Bestellungsorgan bei einem anderen Unternehmen gesellschaftsrechtlich zulässig.[1029] Bei Vorständen und GmbH-Geschäftsführern, die noch in einem Arbeitsverhältnis zur Konzernobergesellschaft stehen, hält *Henssler*[1030] die Rechtsprechung über den Arbeitnehmerstatus von Geschäftsführern der Komplementär-GmbH einer GmbH & Co KG[1031] für übertragbar.

691 Schwierig ist es, Vorstandsmitglieder und GmbH-Geschäftsführer vor den **Änderungen ihrer Rechtsstellung** auf der Organ- und Vertragsebene abzusichern, die sich **aus Fusion, Verschmelzung, Spaltung und Firmenkauf** ergeben. Werden Gesellschaften verschmolzen, muß regelmäßig ein Geschäftsführer oder ein Vorstandsmitglied weichen. Haben die Organmitglieder jedoch einen langfristigen Dienstvertrag und kann man sich über eine vorzeitige Beendigung nicht einigen, besteht der Dienstvertrag ungeachtet des Verlustes der Organstellung fort. Damit stellt sich aber die Frage, zur Ausführung welcher Tätigkeit das ehemalige Organmitglied verpflichtet werden kann und welchen rechtlichen Status es nach der Fusion genießt.

Grundsätzlich erzeugt ein Vertrag Rechte und Pflichten nur zwischen den Vertragsparteien. Über § 613 a BGB geht als Ausnahme von diesem Grundsatz ein Arbeitsverhältnis mit einer Betriebsveräußerung auf einen Betriebsnachfolger über. Organmitglieder sind jedoch im allgemeinen keine Arbeitnehmer, für sie gilt daher § 613 a BGB nicht.

---

1026 § 1 Kap. 3 M 770.
1027 Vgl. *Hueck*, ZfA 1985, 25; *Henssler*, RdA 1992, 301.
1028 RdA 1992, 301.
1029 BGH, Urt. v. 05.06.1975, WM 1975, 793.
1030 RdA 1992, 301.
1031 Siehe unten § 1 Kap. 3 Rn 695.

Bei einer Verschmelzung findet ein Vertragsübergang statt, weil es sich bei der Verschmelzung um eine gesellschaftsrechtliche Gesamtrechtsnachfolge handelt.[1032] Die gesellschaftsrechtliche Gesamtrechtsnachfolge hat zwar das Erlöschen der Organstellung zur Folge. Das Erlöschen der Organstellung hat aber weder Auswirkungen auf den Inhalt des Anstellungsvertrages noch auf seinen Rechtscharakter als „Nicht-"Arbeitsverhältnis.

Wenn nach einer Verschmelzung die im Anstellungsvertrag vereinbarten Tätigkeiten ohne die organrechtliche Vertretungsbefugnis nicht mehr ausgeübt werden können, entfällt die Leistungspflicht des früheren Organmitglieds. Die künftige Vergütung richtet sich nach § 615 BGB. Bietet die Rechtsnachfolgegesellschaft dem ehemaligen Organmitglied eine zumutbare leitende Tätigkeit an, muß das ehemalige Organmitglied zur Vermeidung des Vergütungsverlustes dieses Angebot annehmen. Allerdings wandelt sich ein Dienstnehmer nicht allein durch das Unterbleiben der Bestellung zum Geschäftsführer zum Arbeitnehmer.[1033] Wenn jedoch der ehemalige Geschäftsführer nach dem **Ende seiner Organstellung** tatsächlich für die GmbH weiter tätig ist, haben sich die Parteien regelmäßig schlüssig auf eine Änderung des bisherigen Vertrages geeinigt und für die Zukunft eine weitere Tätigkeit im Rahmen eines Arbeitsverhältnisses vorgesehen.[1034] Für den Fall einer solchen **Tätigkeitsveränderung** ist eine eindeutige Vereinbarung über das Fortbestehen oder den Wechsel der Rechtsnatur des Vertragsverhältnisses sinnvoll. Im Muster 1498[1035] ist für diesen Fall vorgesehen, daß sich die Vertragsrechtsbeziehung nicht ändert, sondern der selbständige Dienstvertrag aufrecht erhalten bleibt. Werden nach einer Verschmelzung Betriebsteile auf eine andere Gesellschaft übertragen, ohne daß das Umwandlungsgesetz zur Anwendung kommt, und übernimmt das ehemalige Organmitglied bei der dritten Gesellschaft eine Tätigkeit, läßt sich die Fiktion, es liege weiterhin kein Arbeitsverhältnis vor, nicht mehr aufrecht erhalten. Die Parteien sind in einem solchen Fall nicht durch unmittelbare Rechtsnachfolge, sondern durch freie Willensbildung zusammengekommen.

692

In einem solchen Fall greift das Schutzsystem des Arbeitsrechts. Der Rechtscharakter der Vertragsbeziehung ist nicht frei bestimmbar, sondern richtet sich nach den bekannten Kriterien zum Status, also ob jemand Arbeitnehmer oder Dienstnehmer ist. Das BAG hat in diesem Zusammenhang entschieden, daß die Organtätigkeit für den Rechtscharakter eines Dienstvertrages nur dann bestimmend sei, wenn sie für den Vertragspartner ausgeübt werde.[1036] Eine Organfunktion bei einer dritten Gesellschaft im Rahmen einer Vertragstätigkeit hindert die Annahme der Eigenschaft als Arbeitnehmer oder als arbeitnehmerähnliche Person nicht.[1037] Scheidet dagegen das Organmitglied aus der bisherigen Gesellschaft aus und wird in einer dritten Gesellschaft, die zum Konzern gehört, tätig, ohne dort Organ zu werden, wobei er dort typische Arbeitnehmeraufgaben wahrnimmt, so steht er in einem Arbeitsverhältnis. War sein Dienstvertrag befristet, ist das Arbeitsverhältnis, soweit keine abweichende Regelung besteht, die den Anforderungen der Befristungsrechtsprechung genügt, unbefristet.

693

---

1032 BAG, Urt. v. 21.09.1994, NJW 1995, 675.
1033 BAG, Urt. v. 25.06.1997, DB 1997, 2029.
1034 So *Küttner/Kania*, Personalhandbuch 1999, Geschäftsführer, Rn 33.
1035 § 1 Kap. 3 M 735.
1036 BAG, Urt. v. 29.12.1997, NZA 1998, 668.
1037 BAG, Urt. v. 08.09.1997, NZA 1997, 1302.

## 2. Vertragsklauseln im Geschäftsführervertrag

**694** Zuständig für die **Bestellung** des GmbH-Geschäftsführers ist die Gesellschafterversammlung,[1038] mit der auch der Anstellungsvertrag geschlossen wird.[1039] Handelt es sich um eine größere Gesellschaft mit in der Regel mehr als 2.000 Arbeitnehmern, findet das Mitbestimmungsgesetz Anwendung. Im Geltungsbereich des Mitbestimmungsgesetzes ist nicht die Gesellschafterversammlung, sondern der Aufsichtsrat nach § 31 Abs. 1 MitbestG für die Bestellung des Geschäftsführers zuständig.

**695** Bei einer **GmbH & Co. KG**, bei der die persönlich haftende Komplementärin der KG eine GmbH ist, kann der Anstellungsvertrag sowohl mit der Komplementär-GmbH als auch mit der GmbH & Co. KG geschlossen werden.[1040]

Beim Geschäftsführer einer GmbH & Co. KG ist immer darauf zu achten, daß er eine Janusfunktion besitzt. Im Verhältnis zur Komplementär-GmbH hat er eine Organstellung, die Anwendung des Arbeitsrechts und die Zuständigkeit der Arbeitsgerichte ist bei dieser Rechtsstellung ausgeschlossen.[1041] Im Verhältnis zur KG hat der Geschäftsführer der Komplementär-GmbH keine Organstellung, damit hat er den Status eines Arbeitnehmers. Ähnlich ist der Fall zu beurteilen, wenn einem Fremdgeschäftsführer im Dienstvertrag auferlegt wird, auf Weisung des Gesellschafters auch weitere Aufgaben innerhalb der Firmengruppe wahrzunehmen.[1042]

**696** Für Streitigkeiten aus dem mit der GmbH & Co. KG geschlossenen Anstellungsvertrag des Geschäftsführers sind grundsätzlich die Arbeitsgerichte zuständig. Dem Geschäftsführer steht im Falle einer **Kündigung** des Anstellungsverhältnisses durch die GmbH & Co. KG grundsätzlich der Kündigungsschutz nach dem Kündigungsschutzgesetz offen.[1043] Die Rechtsprechung des Bundesarbeitsgerichts verallgemeinert diesen Grundsatz allerdings nicht, sondern prüft stets den spezifischen Grad der persönlichen Abhängigkeit eines Geschäftsführers gegenüber der KG. Maßgeblich ist, ob – gemäß der allgemeinen Arbeitnehmer-Definition – der Geschäftsführer in den Betrieb eingegliedert ist, dh regelmäßig einem Zeit, Dauer, Ort und Art der Aufgabenwahrnehmung umfassenden Direktionsrecht der Gesellschafter unterliegt. Ein umsichtiger anwaltlicher Berater erhebt deshalb im Falle der Kündigung des Anstellungsvertrages mit einem GmbH-Geschäftsführer einer GmbH & Co. KG zunächst eine **Kündigungsschutzklage** beim Arbeitsgericht. Kommt das Arbeitsgericht zu dem Ergebnis, daß der Geschäftsführer keinen Arbeitnehmerstatus im Verhältnis zur KG hat, kann der Rechtsstreit mit bindender Wirkung an die Kammer für Handelssachen beim zuständigen Landgericht verwiesen werden. Bejaht das Arbeitsgericht im Rahmen der Zulässigkeitsprüfung den Arbeitnehmerstatus, hat der Geschäftsführer der Komplementär-GmbH jedenfalls nicht eine Fristversäumnis nach § 4 KSchG zu befürchten, der er sich ausgesetzt sieht, wenn er zunächst vor den Zivilgerichten klagt und ggf. auch erst nach erfolglosen, außergerichtlichen Verhandlungen unter Überschreitung der Drei-Wochen-Frist eine Klage einreicht.

---

1038 § 46 Ziff. 5 GmbHG.
1039 BGH, Urt. v. 24.01.1975, WM 1975, 249 ff.
1040 LG Köln, Urt. v. 16.03.1981, 48; LG Braunschweig, Urt. v. 07.02.1983, DB 1983, 706; BGH, Urt. v. 25.06.1979, NJW 1980, 595; BAG; Urt. v. 15.04.1982, AP Nr. 1 zu § 14 KSchG.
1041 §§ 5, Abs. 1 Satz 3 ArbGG, 14 Abs. 1 Nr. 1 KSchG.
1042 Siehe Muster 1498, § 2 Abs. 1, in diesem Buch § 1 Kap. 3 M 735.
1043 BAG, Urt. v. 10.07.1980, NJW 1981, 302; BAG, Urt. v. 15.04.1982, NJW 1983, 2405.

Eine „stellvertretene" GmbH-Geschäftsführerin, die als GmbH-Geschäftsführerin berufen war, ist nicht generell eine Arbeitnehmerin, sondern nur dann, wenn sie einem arbeitsrechtlichen Weisungsrecht unterliegt.[1044]

Die Eintragung des GmbH-Geschäftsführers in das **Handelsregister** hat nur deklaratorische Wirkung. Sie ist keine Voraussetzung für die Rechtswirksamkeit der Bestellung – oder auch der Abberufung – des Geschäftsführers.[1045]

697

In der Praxis entstehen verschiedentlich Probleme bei der Herstellung des Anstellungsvertragstextes und beim Austausch der Urkunden zwischen den Beteiligten. Die Bestellung zum Geschäftsführer wird erst wirksam mit der **Annahmeerklärung des Geschäftsführers**. Diese Erklärung gibt der GmbH-Geschäftsführer erfahrungsgemäß ungern ab, bevor nicht der Wortlaut seines Vertrages ausgehandelt und schriftlich fixiert ist. Der in der Gesellschafterversammlung durch Beschluß bestimmte Abschlußvertreter[1046] kann seine Unterschrift, jedenfalls bei größeren Gesellschaften, nicht bereits unter den Vertragstext setzen, bevor nicht ein Bestellungsbeschluß in der **Gesellschafterversammlung** gefaßt wurde. Um diese wechselseitigen Abhängigkeiten in eine vernünftige **Ablauffolge** zu bringen, wird angeregt, vor einem Bestellungsbeschluß den Text des Anstellungsvertrages auszuhandeln, schriftlich zu fixieren und zwei Urkunden herzustellen, auf denen der künftige Geschäftsführer und der Vorsitzende der Gesellschafterversammlung (ggf. ein GmbH-Geschäftsführer) ihre Paraphe auf jeder Seite anbringen. Die Gesellschaft und der künftige Geschäftsführer erhalten jeweils ein Vertragsexemplar. Unterschrieben wird der Vertrag nicht. Der vertretungsberechtigte Abschlußvertreter, also der bereits vorhandene GmbH-Geschäftsführer, oder ein durch Beschluß der Gesellschafterversammlung bestimmter Abschlußvertreter erklärt im Rahmen der bei ihm bestehenden Vertretungsbefugnis gegenüber dem künftigen Geschäftsführer, bei Bestellung zum Geschäftsführer werde der Anstellungsvertrag nur in der bereits fixierten Form abgeschlossen. Ist dann die Bestellung erfolgt, kann der Verhandlungsführer der Gesellschafterversammlung den Vertragsentwurf der Gesellschafterversammlung vorlegen bzw. über den wesentlichen Inhalt des Anstellungsvertrages einen Beschluß fassen lassen. Die Annahme der Bestellung als Organ und die rechtsgültige Unterzeichnung des Anstellungsvertrages mit vollständigem Namenszug durch den bestellten Geschäftsführer und den Abschlußvertreter der Gesellschafterversammlung können dann zeitgleich erfolgen.

Der Geschäftsführer einer GmbH unterliegt hohen Anforderungen an die **Sorgfaltspflicht**. Die in GmbH-Geschäftsführer-Verträgen übliche Formulierung lautet, daß die Geschäfte mit der Sorgfalt eines ordentlichen Kaufmanns zu führen sind.[1047] Sie entspricht der gesetzlichen Regelung.[1048] Der Geschäftsführer hat bei seiner Tätigkeit den Sorgfaltsanforderungen zu genügen, die ein ordentlicher Geschäftsmann in verantwortlich leitender Stellung bei der selbständigen Verwaltung fremden Vermögens einzuhalten hat.[1049] So ist er insbesondere kraft des zwingend geltenden § 41 GmbHG verpflichtet, für eine **ordnungsgemäße Buchführung** zu sorgen. Soll die Buchführung im Wege der Geschäftsverteilung an einen Mitgeschäftsführer delegiert werden, müssen die übrigen Geschäftsführer den zuständigen Geschäftsführer sachgerecht auswählen und kontinuierlich und angemessen überwachen. Dazu haben sie sich, auch im Hinblick auf § 64 GmbHG, über die Buchführung zu informieren.

698

---

1044 BAG, Urt. v. 26.05.1999, 5 AZR 664/98 (noch unveröffentlicht).
1045 Siehe § 15 Abs. 1 HGB; *Jaeger*, Der Anstellungsvertrag des GmbH-Geschäftsführers, 2. Aufl., S. 22.
1046 Seine Notwendigkeit ergibt sich aus BGH, Urt. v. 01.02.1968, WM 1968, 570.
1047 Siehe beispielsweise Muster 1498, § 1 I, in diesem Buch § 1 Kap. 3 M 735.
1048 § 43 Abs. 1 GmbHG.
1049 OLG Bremen, Urt. v. 28.02.1963, GmbHR 1964, 8.

Wird einem Mitgeschäftsführer diese Information systematisch vorenthalten, darf dieser sowohl sein Geschäftsführeramt niederlegen als auch seinen Anstellungsvertrag außerordentlich kündigen, da unter diesen Umständen ihm ein gedeihliches gesetzestreues Arbeiten unmöglich ist.[1050] Es führt nicht zu einer generell erhöhten Haftung des Geschäftsführers, wenn dieser Risikogeschäfte tätigt.[1051] Aber schon bei Geschäften mit erheblichem wirtschaftlichem Gewicht gelten erhöhte Sorgfaltsanforderungen, so beispielsweise eine Überprüfungspflicht des Geschäftsführers im Hinblick auf eine vom Leiter der Finanzabteilung vorgelegte Kalkulation.[1052]

Bei der Gewährung von Warenkrediten ist der Geschäftsführer verpflichtet, sich zuvor über die finanziellen Verhältnisse des Geschäftspartners zu vergewissern und sich ausreichend Sicherheiten geben zu lassen.[1053] Für die ordnungsgemäße Buchführung haftet der Geschäftsführer bereits kraft Gesetzes.[1054]

699 Die **Haftung** des Geschäftsführers gegenüber der GmbH bei Nichteinhaltung dieser Sorgfaltsanforderungen läßt sich durch Vertragsgestaltung kaum reduzieren, es sei denn, vertraglich werden bestimmte Geschäftspraktiken, die ein Risiko auslösen, als von den Gesellschaftern gebilligtes Verhalten benannt. Die Haftung des Geschäftsführers entfällt, soweit er eine haftungsrelevante Maßnahme aufgrund einer Weisung der Gesellschafterversammlung oder eines weisungsberechtigten Organs der Gesellschaft vorgenommen hat.[1055]

Die Haftung des GmbH-Geschäftsführers, wenn er seinen vorvertraglichen Schutz- und Aufklärungspflichten nicht ausreichend nachgekommen ist, besteht nicht nur im Verhältnis zur Gesellschaft, sondern auch **im Verhältnis zu Vertragspartnern** der Gesellschaft, also zu Dritten.[1056] Gleiches gilt, wenn der Geschäftsführer dem Vertragspartner der Gesellschaft in zurechenbarer Weise den Eindruck vermittelt hat, er werde persönlich die ordnungsgemäße Abwicklung des Geschäfts gewährleisten,[1057] oder wenn ein starkes wirtschaftliches Eigeninteresse des GmbH-Geschäftsführers bestand.[1058] Durch Vertragsgestaltung lassen sich solche Haftungssachverhalte in der Außenbeziehung zur Gesellschaft schwerlich auf die Gesellschaft übertragen.

700 Auch die **steuerrechtliche Haftung** nach §§ 34 Abs. 1, 93, 140, 149 AO läßt sich durch Vertragsgestaltung nicht eingrenzen. Der Geschäftsführer haftet gemäß § 69 AO persönlich für die Abführung der Lohnsteuer. Um im Falle von Liquiditätsschwierigkeiten nicht einerseits eine persönliche Haftung im Verhältnis zum Finanzamt entstehen zu lassen, andererseits aber auch vor Ansprüchen der Gesellschaft und der Arbeitnehmer geschützt zu sein, wird empfohlen, die Formulierung aufzunehmen, daß für den Fall, daß die zur Verfügung stehenden finanziellen Mittel nicht mehr zur Zahlung der vollen Löhne einschließlich der Lohnsteuer ausreichen, die Löhne gekürzt und als Teilbetrag gezahlt werden dürfen und der hierauf entfallende Anteil der Lohnsteuer an das Finanzamt abzuführen ist. Diese Formulierung wählt ein vom Bundesfinanzhof gebilligtes Verfahren,[1059] wonach der

---

1050 BGH, Urt. v. 26.06.1995, NJW 1995, 2580.
1051 Vgl. BGH, Urt. v 04.07.1977, NJW 1977, 2311.
1052 BGH, Urt. v. 28.10.1971, WM 1971, 1548; diese Entscheidung wird in der Literatur auch auf den GmbH-Geschäftsführer übertragen, siehe *Jaeger*, 2. Auflage, S. 151, Fn 56.
1053 BGH, Urt. v. 16.02.1981, WM 1981, 440.
1054 § 41 Abs. 1 GmbHG.
1055 *Baumbach/Huck/Zöllner*, GmbHG, Rn 22.
1056 BGH, Urt. v. 02.03.1988, ZIP 1998, 505.
1057 BGH, Urt. v. 03.10.1989, NJW 1990, 389; BGH, Urt. v. 19.12.1990, DB 1990, 1811.
1058 BGH, Urt. v. 01.07.1991, NJW-RR 1991, 1312; BGH, Urt. v. 16.03.1992, DB 1992, 982.
1059 BFH, Urt. v. 26.07.1988, DB 1988, 2238; BFH, Urt. v. 11.12.1990, GmbHR 1991, 383.

Grundsatz der gleichrangigen Befriedigung der Arbeitnehmer und der Finanzverwaltung bei Liquiditätsschwierigkeiten zu beachten ist.

Eine Durchgriffshaftung des Gesellschaftergeschäftsführers im Insolvenzfall, beispielsweise für Insolvenz- bzw. Konkursausfallgeld, das vom Arbeitsamt gezahlt wurde, lehnt das BAG auch im Falle der Unterkapitalisierung ab, wenn nicht besondere Umstände hinzukommen.[1060]

**Vergütungsregelungen** in Geschäftsführerverträgen sind unter mehreren Blickwinkeln zu gestalten. Aus Anreizgründen wählt man gängigerweise die Aufteilung der Geschäftsführervergütung in ein Festgehalt und eine erfolgsabhängige Tantieme. Anders als beim Vorstand einer Aktiengesellschaft gibt es für den GmbH-Geschäftsführer keine Beschränkung hinsichtlich der **Höhe der Vergütung**. § 87 Abs. 1 AktG, wonach eine Begrenzung der Vergütung auf ein angemessenes Verhältnis zu den übertragenen Aufgaben und der Lage der Gesellschaft vorzunehmen ist, findet beim Geschäftsführer der GmbH keine Anwendung, auch nicht analog.[1061] Die Angemessenheit der Bezüge eines GmbH-Geschäftsführers ist jedoch nicht nur aus personalwirtschaftlichen und betriebswirtschaftlichen Gründen, sondern auch aus steuerlichen Gründen geboten. Bei der Gesellschaft sind die Bezüge des Geschäftsführers als Betriebsausgaben abzugsfähig. Wird einem Gesellschafter-Geschäftsführer ein unangemessen hohes Gehalt gezahlt, so sieht der Bundesfinanzhof hierin steuerrechtlich eine verdeckte Gewinnausschüttung, da Gehaltsbestandteile dem körperschaftsteuerpflichtigen Gewinn der Gesellschaft entzogen werden.[1062] Eine steuerrechtliche Unangemessenheit des Gehalts wird angenommen, wenn ein krasses Mißverhältnis zwischen der Dienstleistung und dem hierfür vereinbarten Gehalt besteht. Die Angemessenheit des Gehalts wird zum einen am Marktwert der Dienstleistung, zum anderen an der Leistungsfähigkeit der Gesellschaft gemessen.

701

Auch bei einer kombinierten Vergütung aus Festgehalt und erfolgsabhängiger Tantieme muß bei einem Gesellschafter-Geschäftsführer stets die steuerliche Angemessenheit der vorgesehenen Gesamtvergütung geprüft werden, um das Vorliegen einer verdeckten Gewinnausschüttung zu vermeiden. Für die erfolgsabhängige Tantieme ist eine klare Vereinbarung erforderlich, die den Umfang der Gewinnbeteiligung im voraus eindeutig festlegt, so daß für die Gesellschafterversammlung kein Spielraum für eine Ermessensausübung verbleibt.[1063] Gemäß Abschnitt 33 Abs. 2 Satz 1 der Körperschaftssteuer-Richtlinien sind bei der Tantiemegewährung an beherrschende Gesellschafter-Geschäftsführer (mehr als 50 % Gesellschafteranteil oder Sperrminorität) folgende Grundsätze zu beachten: Die Summe der Tantiemen gegenüber mehreren Gesellschafter-Geschäftsführern darf insgesamt den Satz von 50 % des Jahresüberschusses nicht übersteigen. Die Jahresgesamtbezüge der Gesellschafter-Geschäftsführer müssen zu wenigstens 75 % aus festen und zu höchstens 25 % aus erfolgsabhängigen Bestandteilen bestehen.[1064] In der Praxis hat sich deshalb generell eine Relation zwischen Festgehalt und Tantieme von ca. 3/4-Festgehalt zu ca. 1/4 Tantieme etabliert.[1065]

Die **Berechnung der Tantieme** sollte im Geschäftsführervertrag genauestens geregelt werden.[1066] Umsatztantiemen sollte man vermeiden, weil anderenfalls der Geschäftsführer in der Gefahr steht, zur Erzielung von Umsatz Geschäfte zu tätigen, die nicht dem Wohl der Gesellschaft dienen, oder

702

---

[1060] BAG, Urt. v. 10.2.1999, NZA 1999, 653; Urt. v. 03.09.1998 – 8 AZR 189/99, ARST 1999, 3.
[1061] *Scholz/Schneider*, § 35, Rn 180; *Luther/Hommelhoff*, Rn 31 im Anhang zu § 6 GmbH; *Baumbach/Huck/Zöllner*, § 35, Rn 100.
[1062] BFH, Urt. v. 27.03.1963, BB 1963, 965; BFH, Urt. v. 05.10.1994, BFHE 176, 523, 549.
[1063] BFH, Urt. v. 30.01.1985, DB 1985, 1216.
[1064] Dementsprechende Hinweis enthält das Muster 1505, § 6 Abs. 2 Sätze 2 und 3, in diesem Buch § 1 Kap. 3 M 747.
[1065] *Näser*, GmbHR 1985, 253.
[1066] Siehe Muster 1498, § 9 Abs. 3, in diesem Buch § 1 Kap. 3 M 735.

## Kapitel 3: Anstellungsverträge mit GmbH-Geschäftsführern und AG-Vorständen

sein Augenmerk nicht mehr ausreichend auf den mit dem Umsatz verbundenen Aufwand lenkt. Die Muster sehen deshalb nur Gewinntantiemen vor.

Man kann die Tantieme mit Blick auf den **körperschaftssteuerpflichtigen Gewinn** formulieren. In jedem Falle sollte klargestellt sein, ob sich die Tantieme auf einen Prozentsatz vom Handelsbilanz- oder vom Steuerbilanzgewinn berechnet. Wird an den körperschaftssteuerpflichtigen Gewinn der Gesellschaft angeknüpft, sollte außerdem auf jeden Fall im Anstellungsvertrag geregelt werden, ob die Berechnung auf der Grundlage des körperschaftssteuerpflichtigen Gewinns vor oder nach Abzug der Tantieme erfolgt. Die Tantieme des Geschäftsführers ist ihrerseits eine abzugsfähige Betriebsausgabe und mindert den körperschaftssteuerpflichtigen Gewinn. In der Literatur wird außerdem empfohlen, den Gewinn beeinflussende Rückstellungen aus Fairneßgründen aus der Berechnungsgrundlage der Tantieme herauszunehmen.[1067] Entsprechend wurde im Muster 1498,[1068] § 9, Abs. 3 verfahren. Riskant ist es, die Höhe der Tantieme prozentual an den sog. Deckungsbeitrag III anzubinden. Durch sehr hohe Rückstellungen in einem Jahr kann das Betriebsergebnis verzerrt werden und die Tantieme deutlich zu niedrig ausfallen, während der Geschäftsführer im Folgejahr, dem Jahr der Auflösung von Rückstellungen, längst ausgeschieden ist.

703 **Gehaltsanpassungsklauseln** sollte man im Geschäftsführervertrag nicht vergessen. Man kann eine Anpassungsklausel wählen, die das Geschäftsführer-Festgehalt entsprechend der Steigerung der Tarifgehälter einer Branche anwachsen läßt. Es empfiehlt sich in diesem Fall, den im Unternehmen einschlägigen Gehaltstarifvertrag als Bezugsgröße zu wählen.[1069] Gehaltserhöhungsklauseln, die am Lebenshaltungsindex anknüpfen, bedürfen nach § 3 WährG zu ihrer Wirksamkeit einer Genehmigung durch die Bundesbank[1070] und sind bis zur Erteilung der Genehmigung schwebend unwirksam. Fehlt eine Gehaltsanpassungsklausel im Anstellungsvertrag, entsteht kaum jemals ein Erhöhungsanspruch des Geschäftsführers, sofern sein Vertrag nicht befristet ist, die Gesellschafterversammlung eine Wiederbestellung wünscht oder sofern nicht der Geschäftsführer zugleich Mehrheitsgesellschafter ist.

704 Eine **Gehaltserhöhung** kann der Geschäftsführer, fehlt eine Anpassungsklausel, nur verlangen, wenn sich die wirtschaftlichen Verhältnisse seit Vertragsschluß in einem solchen Maße geändert haben, daß seine Vergütung auf ein offensichtlich unangemessenes Verhältnis zu den Aufgaben und der Lage der Gesellschaft abgesunken ist.[1071] Diese Voraussetzung ist allerdings bei einem bloßen Zurückbleiben des Geschäftsführer-Gehalts gegenüber der Entwicklung der Tarifgehälter oder vergleichbarer Bezugsgrößen nicht erfüllt. Ohne eine vertraglich vereinbarte Anpassungsklausel lassen sich daher aus Rechtsgründen Erhöhungen für den Geschäftsführer nur schwerlich durchsetzen.

Für jede Gehaltserhöhung bedarf es auch beim Gesellschafter-Geschäftsführer einer klaren vertraglichen Regelung vor Durchführung der Erhöhungsmaßnahme. Wird einem Gesellschafter-Geschäftsführer das Gehalt erhöht, ohne daß eine entsprechende Regelung eindeutig bereits im voraus getroffen war, sind die erhöhten Gehaltsbestandteile nicht als Betriebsausgaben absetzbar. Der Bundesfinanzhof nimmt beim beherrschenden Gesellschafter-Geschäftsführer an, daß zwar nicht zwingend

---

1067 *Hachenburg/Mertens*, § 35, Rn 134; *Jaeger*, 2. Aufl., S. 86.
1068 § 1 Kap. 3 M 735.
1069 Sog. Spannungsklauseln; zu den Wirksamkeitsvoraussetzungen siehe BGH, Urt. v. 17.09.1954, BGHZ 14, 310 f.; BGH, Urt. v. 01.04.1968, WM 1968, 830; OLG München, Urt. v. 29.01.1987, GmbHR 1987, 478 f.
1070 Siehe die Genehmigungsrichtlinien v. 09.06.1978, NJW 1978, 2381.
1071 *Baumbach/Hueck/Zöllner*, § 35, Rn 101.

## Verträge mit Arbeitnehmern, Gesellschaftsorganen und Selbständigen § 1

im ursprünglich geschlossenen Anstellungsvertrag, aber in jedem Falle im Rahmen einer Vertragsergänzung zeitlich vor Durchführung der Gehaltserhöhung eine klare Vereinbarung über Inhalt und Umfang der Gehaltserhöhung getroffen worden sein muß.[1072]

Eine **Gehaltsreduzierung** muß der Geschäftsführer gleichgültig, ob er Fremdgeschäftsführer oder Gesellschafter-Geschäftsführer ist, bei wesentlicher Verschlechterung der wirtschaftlichen Lage der Gesellschaft hinnehmen; einem entsprechenden Beschluß der Gesellschafterversammlung hat der Geschäftsführer zuzustimmen.[1073] Der BGH wendet § 87 Abs. 2 AktG analog an. 705

Eine Vertragsklausel über Urlaub[1074] sollte formuliert werden, da der GmbH-Geschäftsführer nicht unter den persönlichen Geltungsbereich des Bundesurlaubsgesetzes (BUrlG) fällt.[1075] Der BGH erkennt zwar dem Geschäftsführer aufgrund der Fürsorgepflicht der Gesellschaft einen Urlaubsanspruch zu.[1076] Die Anzahl der Urlaubstage ist damit aber noch nicht geklärt, so daß jeglicher Rechtsunsicherheit mit der Bestimmung des Urlaubsumfangs im Geschäftsführer-Vertrag vorgebeugt wird.

Aus der Treuepflicht folgt, daß der GmbH-Geschäftsführer während der Dauer des Anstellungsvertrages einem umfangreichen **Wettbewerbsverbot** unterliegt. Selbst wenn der Geschäftsführer außerhalb seiner Arbeitszeit in privatem Kontakt von einem kostengünstigeren Herstellungsverfahren erfährt, daraufhin aus der Gesellschaft ausscheidet und eine eigene Firma gründet, ist er zum Schadensersatz gegenüber der Gesellschaft verpflichtet.[1077] 706

Verletzt der Geschäftsführer das während der Dauer des Anstellungsvertrages bestehende Wettbewerbsverbot, eröffnet sich regelmäßig ein Grund zur wichtigen Kündigung im Sinne von § 626 Abs. 1 BGB.[1078] Außerdem kann die Gesellschaft neben Schadensersatz verlangen, daß ihr der aus den wettbewerbswidrigen Geschäften erzielte Erlös herausgegeben wird.[1079] Unterläßt die Gesellschaft die Geltendmachung von Schadensersatzansprüchen aus unerlaubter Wettbewerbstätigkeit im Verhältnis zu einem beherrschenden Gesellschafter-Geschäftsführer, liegt nach der Rechtsprechung des BFH hierin sogar eine verdeckte Gewinnausschüttung.[1080]

**Umfang und Wirksamkeit nachvertraglicher Wettbewerbsverbote** richten sich nach den heute einheitlichen Kriterien der Rechtsprechung des BGH und des BAG.[1081] In dem Muster 1503, § 6, Abs. 3–5 ist ein nachvertragliches Wettbewerbsverbot für einen GmbH-Geschäftsführer eingearbeitet. Wegen der Einzelheiten zu Wettbewerbsverboten wird auf die Darstellung unter § 2 Kap. 1 Rn 19 verwiesen. Die §§ 74 ff. HGB werden heute weitgehend einheitlich in allen Rechtsbereichen bei nachvertraglichen Wettbewerbsverboten angewendet. 707

Der Geschäftsführer ist, obwohl kein Arbeitnehmer, grundsätzlich sozialversicherungspflichtig, er unterliegt also der Renten-, Kranken-, Unfall- und Arbeitslosenversicherung.[1082] Nur dann, wenn der 708

---

1072 BFH, Urt. v. 11.12.1991, GmbHR 1992, 386.
1073 BGH, Urt. v. 15.06.1992, BB 1992, 1583.
1074 Beispiel: Muster 1498, § 11, in diesem Buch § 1 Kap. 3 M 735.
1075 *Dersch/Neumann*, § 2, Rn 34.
1076 Urt. v. 20.02.1975, WM 1975, 763.
1077 BGH, Urt. v. 23.09.1985, NJW 1986, 585.
1078 BGH, Urt. v. 05.12.1974, WM 1975, 177.
1079 §§ 88 Abs. 1 Satz 2 AktG, 113 HGB analog; siehe *Scholz/Schneider*, § 43, Rn 131.
1080 BFH, Urt. v. 28.02.1990, BStBl II 1990, 595; BFH, Urt. v. 26.04.1989, BStBl II 1989, 673.
1081 BGH, Urt. v. 26.03.1984, NJW 1984, 2366.
1082 *Reiserer/Schulte*, BB 1995, 2162.

Geschäftsführer maßgeblichen Einfluß auf die Gesellschaft ausüben kann, gilt er als nicht schutzbedürftig und deshalb von der **Sozialversicherungspflicht** befreit.[1083] Maßgeblichen Einfluß hat ein Geschäftsführer, der seine Organstellung und sein Anstellungsverhältnis selbst bestimmen kann. Dies ist immer der Fall, wenn der Gesellschafter-Geschäftsführer mindestens 50 % der Anteile an der Gesellschaft hält.[1084] Auch bei einer Beteiligung von unter 50 % hat ein Gesellschafter-Geschäftsführer maßgeblichen Einfluß, wenn er im Einzelfall aus rechtlichen oder tatsächlichen Gründen von den anderen Geschäftsführern und Mitgesellschaftern unabhängig ist.[1085] Hat der Geschäftsführer einer GmbH & Co KG seinen Anstellungsvertrag mit der Komplementär-GmbH geschlossen, kommt es allein auf die Verhältnisse in der GmbH an. Ist der Geschäftsführer an der Komplementär-GmbH nicht maßgeblich beteiligt und hat er auch keinen erheblichen Einfluß, beispielsweise über eine Sperrminorität,[1086] ist er sozialversicherungspflichtig.[1087]

**709** Das Entgeltfortzahlungsgesetz ist beim Geschäftsführer nicht anwendbar. Deshalb sind Vertragsklauseln für den Fall der Erkrankung des Geschäftsführers notwendig, um eine **Entgeltfortzahlung im Krankheitsfalle** auszulösen. Ansonsten beschränkt sich der Gehaltsfortzahlungsanspruch auf § 616 BGB. Entgeltfortzahlungsregelungen können kleinherzig durch analoge Anwendung des Entgeltfortzahlungsgesetzes[1088] oder großzügig durch vollständige Fortzahlungsansprüche mit Zuschlägen, die die Differenz zwischen Krankengeld und Geschäftsführervergütung ausgleichen,[1089] vertraglich vereinbart werden.

**Ruhegeldvereinbarungen** bei GmbH-Geschäftsführern, so beispielsweise im Muster 1522,[1090] enthalten für Gesellschafter-Geschäftsführer eine steuerrechtliche Problematik. Nach der Rechtsprechung des BFH setzen Pensionszahlungen regelmäßig eine längere Tätigkeit im Betrieb voraus. Eine betrieblich veranlaßte Zusage liegt dann nicht vor, wenn sich die Dienstleistung nur auf wenige Jahre erstreckt. Die **Erdienbarkeitsfrist** beträgt **mindestens 10 Jahre**.[1091] Bei Neugründung einer Gesellschaft ist eine Pensionszusage kurz nach Neugründung eine verdeckte Gewinnausschüttung, da ein ordentlicher und gewissenhafter Geschäftsleiter sich zunächst angemessene Zeit nehmen würde, um die Eignung und Befähigung des Geschäftsführers sowie die Ertragsentwicklung der GmbH beurteilen zu können. Die erforderliche Wartezeit, bevor eine Pensionszusage überhaupt getroffen werden sollte, beträgt zwei bis drei Jahre.[1092]

Eine gesellschaftsrechtlich veranlaßte Überversorgung und damit verdeckte Gewinnausschüttung liegt vor, wenn die zugesagten Pensionsleistungen 75 % des letzten steuerlich anzuerkennenden, tatsächlichen Arbeitslohnes des Gesellschafter-Geschäftsführers übersteigen.[1093]

**710** **Vertragsänderungen und die Aufhebung des Anstellungsvertrages** eines GmbH-Geschäftsführers fallen nicht, wie es in einer lange gültigen Rechtsprechung hieß,[1094] in die Zuständigkeit eines

---

1083 BSG, Urt. v. 23.06.1994, NJW 1994, 2974; BSG, Urt. v. 29.10.1986, GmbHR 1987, 351; BSG, Urt. v. 08.08.1990, ZIP 1990, 1566.
1084 BSG, Urt. v. 08.12.1994, WiB 1995, 753 f.
1085 BSG, Urt. v. 31.07.1974, GmbHR 1975, 36; BSG, Urt. v. 18.04.1991, GmbHR 1992, 172.
1086 *Plagemann*, WiB 1994, 225.
1087 *Straub*, DB 1992, 1089.
1088 Muster 1498, § 11, in diesem Buch § 1 Kap. 3 M 735.
1089 Muster 1500, § 7, in diesem Buch § 1 Kap. 3 M 739.
1090 § 1 Kap. 3 M 759.
1091 BFH, Urt. v. 24.01.1996, BStBl. 1997 II, 440 ff..
1092 Siehe Abschnitt 32 Abs. 1 Satz 5 der Körperschaftsteuerrichtlinien.
1093 BFH, Urt. v. 17.05.1995, BB 1995, 2053.
1094 BGH, Urt. v. 17.04.1958, WM 1958, 675; Urt. v. 01.12.1969, WM 1970, 249.

alleinvertretungsberechtigten Mitgeschäftsführers. Nach der erwähnten Rechtsprechung konnten Gehaltserhöhungen, Ruhegehaltszusagen oder Verlängerungen des Dienstvertrages ohne Anhörung der Gesellschafter einseitig auf der Geschäftsführerebene geregelt und verändert werden. Um gegenseitige Begünstigungen der Geschäftsführer zu unterbinden, hat der Bundesgerichtshof seine bisherige Rechtsprechung aufgegeben. Die Kompetenz nicht nur für den Anstellungsvertrag, sondern auch für jedwede Vertragsänderung fällt nunmehr in die Zuständigkeit der Gesellschafterversammlung.[1095]

### 3. Vertragsklauseln im Vorstandsvertrag

711 Für den Anstellungsvertrag eines Vorstands gelten gemäß 84 Abs. 1 Satz 5 AktG die Regelungen über die Bestellung in § 84 Abs. 1 Satz 1 bis 4 AktG sinngemäß. Für die **Entscheidung über den Abschluß und den Inhalt des Anstellungsvertrages** ist damit grundsätzlich der Aufsichtsrat zuständig, der die Gesellschaft nach § 112 AktG auch beim Abschluß des Anstellungsvertrages vertritt. Zustimmungsvorbehalte oder Weisungsrechte der Hauptversammlung bei der Anstellung eines Vorstandsmitglieds sind ausgeschlossen.[1096]

Zu den Aufgaben des Aufsichtsrats gehört ausdrücklich, für die Angemessenheit der Bezüge der Vorstandsmitglieder zu sorgen.[1097] Die Angemessenheit von Vorstandsgehältern wird jährlich, nach Branchen und Unternehmen differierend, in der sog. Kienbaum-Tabelle erfaßt. Der Aufsichtsrat ist ausschließlich zuständig für die Vereinbarung der Bezüge im Anstellungsvertrag, wenn diese Aufgabe nicht auf den Personalausschuß übertragen wurde.

Die Entscheidung über Abschluß und Inhalt des Anstellungsvertrages kann der Aufsichtsrat delegieren. § 107 Abs. 3 Satz 2 AktG nennt unter Verweis auf § 84 Abs. 1 Satz 1 und 3 AktG nur die Bestellung und Wiederbestellung als Aufgabe des Aufsichtsrats. Dadurch hat der Aufsichtsrat die Möglichkeit, die Regelung des Anstellungsverhältnisses auf einen Ausschuß zu übertragen, den man gemeinhin als Personalausschuß bezeichnet.[1098] Der Personalausschuß darf nicht durch den vorzeitigen Abschluß eines Anstellungsvertrages der ihm nicht zustehenden Entscheidung über die Bestellung des Vorstandsmitglieds vorgreifen.[1099]

712 Beim **Timing der Bestellung und des Vertragsschlusses** eines Vorstandsmitglieds haben sich zwei Grundmuster bewährt: Sobald das Aufsichtsratsplenum zusammengetreten ist und die Bestellung des Kandidaten zum Vorstandsmitglied beschlossen hat, tritt der Personalausschuß zusammen und beschließt über die Konditionen des Anstellungsvertrages. Um dem Kandidaten ausreichende Gewißheit zu geben, welchen Inhalt der Anstellungsvertrag haben wird, kommen einige Zeit vor der Aufsichtsratsitzung der Aufsichtsratsvorsitzende, der Personalausschuß oder eine vom Aufsichtsratsvorsitzenden beauftragte Vertrauensperson zusammen, um den wesentlichen Inhalt des Vertrages mit dem Kandidaten auszuhandeln. Dieser Vertragstext wird dann mit der handschriftlichen Paraphe vom Aufsichtsratsvorsitzenden und vom künftigen Vorstandsmitglied unterzeichnet. Aufsichtsratsvorsitzender und künftiges Vorstandsmitglied vermerken handschriftlich unter dem Vertragstext, daß dieser Vertrag geschlossen werden soll, wenn der Aufsichtsrat die Bestellung vorgenommen und der Personalausschuß den Aufsichtsratsvorsitzenden ermächtigt hat, den Anstellungsvertrag zu unterzeichnen.

---

[1095] BGH, Urt. v. 25.03.1991, LM Nr. 24 zu § 35 GmbHG; OLG Hamm, Urt. v. 18.06.1990, GmbHR 1991, 466.
[1096] BGH, Urt. v. 06.04.1964, BGHZ 41, 282.
[1097] § 87 Abs. 1 AktG.
[1098] BGH, Urt. v. 23.10.1975, BGHZ 65, 190.
[1099] BGH, Urt. v. 14.11.1983, BGHZ 89, 48/56; BGH, Urt. v. 25.02.1982, BGHZ 83, 144.

**§ 1** Kapitel 3: Anstellungsverträge mit GmbH-Geschäftsführern und AG-Vorständen

Die Kompetenz zum Abschluß des Anstellungsvertrages kann nicht auf ein einzelnes Aufsichtsratsmitglied, insbesondere den Aufsichtsratsvorsitzenden übertragen werden. Der Aufsichtsratsvorsitzende kann aber ermächtigt werden, den vom Ausschuß oder vom Plenum beschlossenen Anstellungsvertrag mit dem neuen Vorstandsmitglied zu unterzeichnen.[1100] Es geschieht gelegentlich, daß dem Aufsichtsratsvorsitzenden vom Aufsichtsrat oder vom Personalausschuß durch Beschluß eingeräumt wird, nach Festlegung des wesentlichen Vertragsinhalts die Formulierung der Einzelheiten mit dem künftigen Vorstandsmitglied auszuhandeln.[1101]

713 Ein zweites, abhängig von der jeweiligen Konstellation zu empfehlendes Verfahren besteht darin, daß der Aufsichtsratsvorsitzende zunächst den Anstellungsvertrag mit dem künftigen Vorstandsmitglied aushandelt, diesen Vertrag dem Personalausschuß vorlegt, der den endgültigen Wortlaut des Anstellungsvertrages unter der aufschiebenden Bedingung einer nachfolgenden Bestellung beschließt und abschließt. Das künftige Vorstandsmitglied kann sich dann entscheiden, ob es mit dem Inhalt des Vertrages einverstanden ist oder nicht. Zum Zeitpunkt der Annahme des Bestellungsbeschlusses kennt das Vorstandsmitglied bei diesem Verfahrensablauf seinen künftigen Anstellungsvertrag.

714 Der Anstellungsvertrag bedarf zwar nicht der **Schriftform**, mündliche Verträge mit Vorständen von Aktiengesellschaften kommen in der Praxis aber nicht vor. Anstellungsverträge mit Vorstandsmitgliedern sind befristet zu schließen, wobei die **Befristung** nicht der Dauer der Bestellung von 5 Jahren entsprechen muß. Der Anstellungsvertrag kann jedoch nicht über einen längeren Zeitraum als 5 Jahre geschlossen werden.[1102] Ist der Anstellungsvertrag auf unbestimmte Zeit oder länger als 5 Jahre geschlossen, endet er mit Ablauf der gesetzlichen 5-Jahres-Frist. Verlängerungsklauseln über die 5-Jahres-Frist hinaus, wonach sich der Anstellungsvertrag entsprechend verlängert, wenn die erneute Bestellung ausgesprochen wurde,[1103] sind zulässig.[1104] Eine Mindestdauer des Anstellungsvertrages ist gesetzlich nicht festgelegt. Der Aufsichtsrat würde allerdings bei einer zu kurz gewählten Dauer des Anstellungsvertrages seine Pflicht verletzen.[1105] Eine vernünftige und eigenverantwortliche Leitung der Gesellschaft setzt eine gewisse Mindestdauer von Bestellung und Anstellung voraus.[1106] Die Mindestdauer dürfte 1 Jahr betragen.

Der Anstellungsvertrag eines Vorstandsmitglied kann nicht mit einer Probezeit verknüpft werden.[1107] Zulässig ist allerdings, dem Vorstandsmitglied, nicht der Gesellschaft, im Anstellungsvertrag ein **ordentliches Kündigungsrecht** vor Ablauf der Bestellung einzuräumen.[1108]

715 Durch den **Widerruf der Bestellung** oder die **Niederlegung des Vorstandsamtes** ohne gleichzeitige Kündigung des Anstellungsverhältnisses wandelt sich der Anstellungsvertrag nicht automatisch in ein „gewöhnliches Anstellungsverhältnis".[1109] Aus Paritätsgründen wird dem Vorstandsmitglied unter den gleichen Voraussetzungen wie dem Aufsichtsrat gem. § 84 Abs. 3 Satz 1 AktG die sofortige Amtsniederlegung zugestanden.[1110] Dabei ist die Amtsniederlegung auch dann wirksam, wenn sie

---

1100 BGH, Urt. v. 17.04.1967, BGHZ 47, 341.
1101 *Baums*, Der Geschäftsleitervertrag, 1987, 79.
1102 § 84 Abs. 1 Satz 1 und 5 AktG.
1103 Siehe Muster 1536, § 13, Abs 2, in diesem Buch § 1 Kap. 3 M 773.
1104 *Geßler/Hefermehl*, AktG, § 84, Rn 42; MünchGesR/*Wiesner*, 4. Bd., 1. Aufl. 1988, § 21, Rn 19.
1105 Münch GesR/*Wiesner*, 4. Bd., 1. Aufl. 1988, § 21, Rn 20.
1106 OLG Karlsruhe, Urt. v. 10.07.1973, BB 1973, 1088.
1107 OLG Karlsruhe, Urt. v. 10.07.1973, , BB 1973, 1088.
1108 MünchGesR/*Wiesner*, 4. Bd., 1. Aufl. 1988, § 21, Rn 20.
1109 BGH, Urt. v. 13.02.1984, WM 1984, 532; Urt. v. 04.10.1973, WM 1973, 1320.
1110 BGH, Urt. v. 14.07.1980, BGHZ 78, 82, 84; *Bauer*, DB 1992, 1413, 1421 f.

nicht auf einen wichtigen Grund gestützt ist.[1111] Die Amtsniederlegung führt nicht automatisch zur Beendigung des Dienstverhältnisses.[1112] Das Vorstandsmitglied kann durchaus am Vertrag festhalten, wenn es deswegen das Amt niedergelegt hat, weil von ihm gesetzwidriges Verhalten verlangt wurde.[1113]

Eine **drohende feindliche Übernahme** ist kein Grund, der das Vorstandsmitglied zur fristlosen Kündigung berechtigt.[1114] Dabei besteht in Deutschland auch nicht, wie in den den Vereinigten Staaten, die Möglichkeit, sich vor einer feindlichen Übernahme nach der Taktik der „Golden Parashute" zu schützen. Häufig bereits im Anstellungsvertrag vorhanden, werden amerikanischen Managern Sonderkonditionen für den Fall einer feindlichen Übernahme eingeräumt. Diese Konditionen nehmen solch erhebliche wirtschaftliche Dimensionen ein, daß sie geeignet sind, den Deal betriebswirtschaftlich zu entwerten und den feindlichen Übernehmer von der Übernahme abzuhalten.

716

Nach deutschem Recht sind solche „Golden Parashute"-Regelungen für Organmitglieder einer Aktiengesellschaft im Falle einer vorzeitigen Kündigung bzw. Abberufung ausgeschlossen. Aus § 87 AktG folgt die Verpflichtung des Aufsichtsrats, nur **angemessene Bezüge** für Vorstandsmitglieder festzusetzen und ihre Angemessenheit zu überwachen.[1115] Gem. § 87 AktG hat der Aufsichtsrat die Verpflichtung, die Bezüge der Vorstandsmitglieder festzusetzen und deren Angemessenheit zu überwachen. Genehmigt er dem Vorstand unangemessene Bezüge, dies wäre hier für den Fall einer feindlichen Übernahme anzunehmen, macht er sich sogar schadensersatzpflichtig.[1116] Zusätzlich kann sich ein Vorstandsmitglied auch nach § 93 Abs. 2 AktG schadensersatzpflichtig machen, wenn es sich solche unangemessenen Bezüge zahlen läßt.[1117]

717

Wenn die Gesellschaft und das ehemalige Vorstandsmitglied kraft ausdrücklicher oder konkludenter Vereinbarung den Vertrag unter den geänderten Bedingungen fortsetzen, unterliegt das ehemalige Vorstandsmitglied künftig den für Arbeitnehmer geltenden Bestimmungen. Hat das Vorstandsmitglied den Widerruf seiner Bestellung verschuldet, kann es uU verpflichtet sein, sich mit einer seinen Fähigkeiten angemessenen anderweitigen Tätigkeit innerhalb der Gesellschaft zufrieden zu geben, wenn es eine fristlose Kündigung des Anstellungsvertrages vermeiden will.[1118]

Mit der bindenden Zuweisung der neuen leitenden Tätigkeit wandelt sich der Anstellungsvertrag endgültig in einen gewöhnlichen Anstellungsvertrag um, das Vorstandsmitglied wird zum Arbeitnehmer.[1119]

**Mängel des Anstellungsvertrages** können daher resultieren, daß der Beschluß des Aufsichtsrats über die Bestellung und/oder über den Anstellungsvertrag nichtig ist. In diesem Falle fehlt es an einer rechtsverbindlichen Willenserklärung der Gesellschaft. Die für das fehlerhafte Arbeitsverhältnis entwickelten Grundsätze zum faktischen Arbeitsverhältnis werden bei fehlerhaften Anstellungsverträgen eines Vorstandsmitglieds entsprechend angewendet.[1120] Ist der Anstellungsvertrag tatsächlich

718

---

1111 BGH, Urt. v. 08.02.1993, BGHZ 121, 257.
1112 Statt aller *Weber/Burmester*, Der Anstellungsvertrag des Managers, 2. Aufl. 1996, 90.
1113 BGH, Urt. v. 09.02.1978, DB 1978, 878.
1114 *Herrrmann*, Zivilrechtliche Abwehrmaßnahmen gegen unfreundliche Übernahmeangebote in Deutschland und Großbritannien, Heidelberg 1993, 85; KölnKomm/*Mertens*, § 84 Rn 109.
1115 *Hauschka/Roth*, AG 1988, 181, 192; *Lammers*, Verhaltenspflichten von Verwaltungsorganen in Übernahmeauseinandersetzungen, Frankfurt 1994, 191.
1116 §§ 116, 93 AktG.
1117 *Geßler/Hefermehl*, § 87 Rn 10; *Hauschka/Roth*, AG 1988, 181, 192.
1118 BGH, Urt. v. 14.07.1966, LM § 75 AktG, 1937 Nr. 17.
1119 MünchGesR/*Wiesner*, 4. Bd., 1. Aufl. 1988, § 21, Rn 22.
1120 BGH, Urt. v. 06.04.1964, BGHZ 41, 282; Urt. v. 23.10.1975, BGHZ 65, 190.

vollzogen, kann er nicht mehr rückwirkend beseitigt werden. Beide Vertragsparteien können sich aber für die Zukunft unter Berufung auf den Mangel jederzeit vom Anstellungsvertrag lösen.[1121] Befindet sich das Vorstandsmitglied bereits im Ruhestand, ehe die Fehlerhaftigkeit des Anstellungsvertrages bemerkt wird, stehen ihm, unabhängig von der Anwendung des BetrAVG, die Ruhegeldbezüge weiterhin zu.[1122]

Sind nur einzelne Vertragsbestimmungen des Anstellungsvertrages nichtig oder anfechtbar, bleiben entgegen der Regel des § 139 BGB, selbst wenn keine entsprechende Regelung im Anstellungsvertrag enthalten ist, die übrigen Vertragsbestimmungen im Zweifel wirksam.[1123]

719 In Fragen der **Vergütung** hat der Aufsichtsrat dafür zu sorgen, daß die Gesamtbezüge des Vorstandsmitglieds in einem angemessenen Verhältnis zu seinen Aufgaben und zur Lage der Gesellschaft stehen. Dies gilt auch für Ruhegehalt, Hinterbliebenenbezüge und Leistungen verwandter Art.

720 § 87 Abs. 1 AktG enthält ein Gebot der **Angemessenheit der Bezüge von Vorstandsmitgliedern**. Die Pflicht des Aufsichtsrats, darauf zu achten, daß die Gesamtbezüge der einzelnen Vorstandsmitglieder in einem angemessenen Verhältnis zu den Aufgaben des Mitglieds und zur Lage des Gesellschaft stehen, ist auf den Zeitpunkt der Festsetzung der Bezüge beschränkt. Selbst unangemessene Bezüge im Sinne von § 87 AktG sind für die Parteien zunächst bindend und führen nicht zur Nichtigkeit der Vergütungsabrede. Der Aufsichtsrat kann, wenn eine Verständigung mit den betroffenen Vorstandsmitgliedern nicht möglich ist, nicht von sich aus eine Rechtsänderung herbeiführen. Er kann auch nicht aus wichtigem Grund in diesem Falle den Anstellungsvertrag kündigen, sondern hat nur unter den engen Voraussetzungen des § 87 Abs. 2 AktG die Möglichkeit, die Bezüge herabzusetzen.[1124] Eine Herabsetzung kommt nicht in Betracht, wenn sich ergibt, daß die Leistungen eines Vorstandsmitglieds sein Gehalt nicht wert sind oder wenn dem Aufsichtsrat nachträglich klar wird, daß die finanzielle Lage der Gesellschaft Bezüge in der vereinbarten Höhe nicht zuläßt. Nach § 87 Abs. 2 AktG muß die Weitergewährung der vereinbarten Bezüge infolge der Verschlechterung der Lage der Gesellschaft eine schwere Unbilligkeit für diese bedeuten.[1125]

721 Bei Versorgungsbezügen ist eine einseitige Herabsetzung nach § 87 Abs. 2 AktG unter den dort genannten Voraussetzungen für den Aufsichtsrat ausgeschlossen. Nur bei einer wirtschaftlichen Notlage, die den Bestand des Unternehmens ernsthaft gefährdet, wird der Gesellschaft unter bestimmten Voraussetzungen nach Treu und Glauben das Recht zugebilligt, Ruhegehaltszahlungen herabzusetzen.[1126] Dabei sind in Vorstandsverträgen vereinbarte **Übergangsgelder** juristisch wie Versorgungsregelungen zu behandeln.[1127] Gleichwohl sind Übergangsgelder auf betriebliche Altersversorgung grundsätzlich nicht anrechenbar.[1128]

Regelmäßig setzt sich die Vergütung von Vorstandsmitgliedern aus Barbezügen (Festgehalt und Tantieme), Sachbezügen wie Dienstfahrzeug etc. sowie einer Alters- und Hinterbliebenenversorgung zu-

---

[1121] BGH, Urt. v. 06.04.1964, BGHZ 41, 282.
[1122] *Hengeler*, FS-Barz, 1974, 129; *Säcker*, FS G. Müller, 1981, 745; ähnlich: BGH, Urt. v. 06.04.1964, BGHZ 41, 282, 291.
[1123] MünchKomm/*Söllner*, § 611 BGB, Rn 296; MünchGesR/*Wiesner*, 4. Bd., 1. Aufl. 1988, § 21, Rn 24.
[1124] *Geßler/Hefermehl*, AktG, Band 2, § 87 Rn 9.
[1125] KölnKomm/*Mertens*, AktG, § 87 Rn 6.
[1126] *Geßler/Hefermehl*, AktG, Band 2, § 87 Rn 25; BGH, Urt. v. 08.12.1960, WM 1961, 299, 300.
[1127] Siehe hierzu BGH, Urt. v. 10.12.1979, WM 1980, 247.
[1128] Siehe hierzu § 1 Kap. 3 Rn 734.

sammen. Eine solche Versorgungsregelung ist schon deshalb notwendig, weil das Vorstandsmitglied nicht sozialversicherungspflichtig ist, und zwar in allen Zweigen der Sozialversicherung.[1129]

Abweichend von § 323 BGB verliert das Vorstandsmitglied nach § 616 Abs. 1 BGB seinen Vergütungsanspruch nicht dadurch, daß es für eine verhältnismäßig nicht erhebliche Zeit durch einen in seiner Person liegenden Grund ohne sein Verschulden (also durch Krankheit) an der Dienstleistung verhindert ist. Welcher Zeitraum als verhältnismäßig nicht erheblich anzusehen ist, ist unter Berücksichtigung der besonderen Umstände jedes Einzelfalles zu entscheiden. Zu dieser Frage besteht nur ältere Rechtsprechung.[1130] Allgemein ist man der Auffassung, daß auch ohne vertragliche Regelung die 6-Wochen-Frist des Entgeltfortzahlungsgesetzes als verhältnismäßig nicht erhebliche Zeit anzusehen ist.[1131]

Befindet sich die Gesellschaft in **Annahmeverzug** oder hat sie die **Unmöglichkeit der Dienstleistung** zu vertreten, behält das Vorstandsmitglied seinen Anspruch auf die vertraglich vereinbarten Bezüge.[1132] **722**

Vereinbarte Vergütung im Sinne von § 615 Satz 1 BGB ist das gesamte Entgelt einschließlich aller Nebenleistungen, also einschließlich Tantieme und Dienstwagen, das für die versprochenen Dienste vereinbart worden ist.[1133]

Bei unberechtigter **Kündigung durch die Gesellschaft** genügt ein deutlicher Widerspruch des Vorstandsmitglieds gegen die Kündigung, um die Gesellschaft in Annahmeverzug zu setzen. Das gleiche gilt im Falle einer einseitigen Freistellung oder Beurlaubung des Vorstandsmitglieds durch die Gesellschaft.

Im Arbeitsrecht sind Klauseln im Vertrag, die dem Arbeitgeber einseitig eine Freistellung ab dem Zeitpunkt des Ausspruchs einer Kündigung gestatten, zulässig.[1134] Angesichts der eigenständigen Leitungsbefugnis eines Vorstandsmitglieds nach § 76 AktG sind m.E. einseitige Freistellungserklärungen durch den Aufsichtsrat nicht wirksam. Nur dann, wenn sich das Vorstandsmitglied mit einer solchen Entscheidung einverstanden erklärt,[1135] dürfte eine vorübergehende Freistellung bzw. Suspendierung greifen. Vertragsklauseln, die im Anstellungsvertrag der Gesellschaft einseitig das Recht einräumen, das Vorstandsmitglied während der Vertragslaufzeit von seinen dienstlichen Pflichten gegen seinen Willen zu entbinden, dürften unwirksam sein und sind deshalb in den nachfolgenden Mustern nicht enthalten. **723**

Nach § 88 AktG unterliegt jedes Vorstandsmitglied für die Dauer seiner Bestellung einem **Wettbewerbsverbot**. Anstellungsvertragliche und statuarische Erweiterungen sind in den Grenzen des §§ 88 Abs. 1 Satz 3 AktG zulässig.[1136] Gleiches gilt für Beschränkungen. **724**

Nach § 88 Abs. 1 AktG dürfen Vorstandsmitglieder kein Handelsgewerbe betreiben, auch wenn dadurch der Gesellschaft keine Konkurrenz gemacht würde. Vorstände dürfen weiterhin im Geschäftszweig der Gesellschaft weder für eigene noch für fremde Rechnung Geschäfte betreiben. Nach § 88

---

1129 Vgl. BSG, Urt. v. 11.04.1984, DB 1985, 448; Urt. v. 04.09.1979, DB 1980, 166; Urt. v. 27.03.1980, BB 1980, 1473; SG Dortmund, Urt. v. 15.12.1969, BB 1970, 582.
1130 BGH, Urt. v. 11.07.1953, BGHZ 10, 187.
1131 MünchGesR/*Wiesner*, 4. Bd., 1. Aufl. 1988, § 21, Rn 32.
1132 BGH, Urt. v. 08.12.1977, AG 1978, 162; OLG Düsseldorf, Urt. v. 05.04.1984, ZIP 1984, 705.
1133 BGH, Urt. v. 08.12.1977, AG 1978, 162.
1134 Siehe oben § 1, Kap. 1 Rn 155.
1135 Siehe beispielsweise Muster 1530, § 9a, in diesem Buch § 1 Kap. 3 M 762.
1136 MünchGesR/*Wiesner*, 4. Bd., 1. Aufl. 1988, § 21, Rn 59.

Abs. 1 Satz 2 AktG dürfen sie außerdem nicht Mitglied des Vorstands oder Geschäftsführer oder persönlich haftender Gesellschafter einer anderen Handelsgesellschaft sein, auch wenn es sich dabei nicht um ein Konzernunternehmen, sondern um ein konzernverbundenes Unternehmen handelt. Nicht verboten ist einem Vorstandsmitglied die Zugehörigkeit zum Aufsichtsrat eines anderen Unternehmens sowie die Beteiligung an einer anderen Gesellschaft als stiller Gesellschafter, Kommanditist und als lediglich kapitalmäßig beteiligter Aktionär oder GmbH-Gesellschafter.[1137] Im Konzern sind Aufsichtsratmandate von Mitgliedern des Holdingvorstands die Regel.

Der Verstoß gegen das während der Vertragslaufzeit bestehende Wettbewerbsverbot nach § 88 Abs. 1 AktG gibt der Gesellschaft einen Schadensersatzanspruch.[1138] Die Gesellschaft kann anstelle von Schadensersatz in das vom Vorstandsmitglied getätigte Geschäft eintreten und verlangen, daß ein für Rechnung des Vorstandsmitglieds gemachtes Geschäft als für ihre Rechnung vereinbart gilt und das Vorstandsmitglied den aus dem Geschäft erzielten Gewinn herausgibt oder seinen Anspruch auf Gewinn an die Gesellschaft abtritt.[1139] Für die Ansprüche der Gesellschaft bei Verstoß gegen das gesetzliche Wettbewerbsverbot besteht nach § 88 Abs. 3 AktG eine doppelte Verjährungsfrist. Die Ansprüche verjähren nach 3 Monaten seit dem Zeitpunkt, in dem die übrigen Vorstandsmitglieder und die Aufsichtsratsmitglieder von der zum Schadensersatz verpflichtenden Handlung Kenntnis erlangen. Ohne Rücksicht auf die Kenntnis aller Vorstands- und Aufsichtsratsmitglieder verjähren die Ansprüche der Gesellschaft spätestens in 5 Jahren seit der Entstehung des Anspruchs.[1140] Da die vorgenannten Regelungen bindend sind, lassen sich keine Abweichungen im Vorstandsvertrag zugunsten der Aktiengesellschaft oder des Vorstandsmitglieds vereinbaren.

725 Klare Aussagen zum **nachvertraglichen Wettbewerbsverbot** eines Vorstands fallen schwer. Einerseits gelten nach der Rechtsprechung die Schutzvorschriften der §§ 74 ff. HGB als nicht übertragbar.[1141] In einem neueren Urteil[1142] hält der BGH zwar noch daran fest, daß die §§ 74 ff. HGB auf Organmitglieder nicht schlechthin anwendbar seien. Daraus folge jedoch nicht, daß diese Vorschriften generell unanwendbar seien. Vielmehr differenziert der Bundesgerichtshof hinsichtlich der Anwendbarkeit der §§ 74 ff. HGB wie folgt: Soweit die Vorschriften dem Schutz des Handlungsgehilfen dienen, sollen sie nicht unmittelbar für ein Vorstandsmitglied gelten, sondern können nur zur Ausfüllung der Generalklausel des § 138 BGB herangezogen werden. Soweit die §§ 74 ff. HGB dagegen dem Schutz des Unternehmens dienen, seien sie entsprechend auch auf Wettbewerbsverbote mit Organmitgliedern anzuwenden. Die in der Vergangenheit herrschende Meinung, wonach das Fehlen einer Karenzentschädigung auch bei einem Vorstandsmitglied regelmäßig zur Unwirksamkeit des nachvertraglichen Wettbewerbsverbots führe,[1143] kann man trotzdem weiterhin aufrecht erhalten.[1144]

Das nachvertragliche Wettbewerbsverbot gilt im Zweifel auch für die Zeit nach Erreichen der Altersgrenze. Dabei kann eine Ruhegeldzusage vorsehen, daß die Karenzentschädigung auf das Ruhegeld anzurechnen ist. Dies muß jedoch klar zum Ausdruck gebracht werden.[1145]

---

1137 *Baumbach/Hueck*, AktG, § 88, Rn 3; *Geßler/Hefermehl*, AktG, § 88, Rn 14 f.
1138 § 88 Abs. 2 Satz 1 AktG.
1139 § 88 Abs. 2 Satz 2 AktG.
1140 § 88 Abs. 3 Satz 2 AktG.
1141 BGH, Urt. v. 26.03.1984, BGHZ 91, 1.
1142 BGH, Urt. v. 17.02.1992, DB 1992, 936.
1143 OLG Frankfurt, Urt. v. 06.12.1972, DB 1973, 139; *Geßler/Hefermehl*, AktG, § 88, Rn 34; KölnKomm AktG/*Mertens*, § 88, Rn 25.
1144 Zu den Gründen siehe § 2 Kap.1 Rn 19, ferner *Sina*, DB 1985, 902 ff.
1145 BAG, Urt. v. 26.02.1985, DB 1985, 2053; siehe auch Muster 1534, Ziff. 14, in diesem Buch § 1 Kap. 3 M 770.

Eine Wettbewerbsabrede über einen Zeitraum von drei Jahren ist regelmäßig unwirksam.[1146] Gegebenenfalls kann auch eine unmittelbar im Anschluß an die aktiven Vorstandsbezüge geleistete Pensionszahlung eine Gegenleistung für die Wettbewerbsenthaltsamkeit darstellen. Zwar hat das BAG mehrfach entschieden, in Versorgungsleistungen des Arbeitgebers sei grundsätzlich keine Karenzentschädigung zu sehen.[1147] Diese Rechtsprechung gilt aber nur im Verhältnis zwischen Arbeitgeber und Arbeitnehmer und schließt deshalb im Einzelfall eine Auslegung in der dargestellten Weise nicht aus.

Die **Kreditgewährung an Vorstandsmitglieder** bedarf nach § 112 AktG eines Beschlusses des Aufsichtsrats. Dabei sind die Kriterien des § 89 Abs. 1 Satz 2 bis 5 AktG zu beachten. Aus diesem Grunde bedarf die Vertragsklausel im Muster 1536,[1148] § 8 Abs. 2, soweit sie nicht – wie hier – in einem Anstellungsvertrag mit einem Bankvorstand enthalten ist, eines ausdrücklichen Beschlusses des Aufsichtsrats. Bei Banken im Sinne von § 1 Abs. 1 KWG findet § 89 Abs. 1 bis Abs. 6 AktG keine Anwendung. Hier gelten spezielle Regelungen über Organkredite nach § 15 KWG. Nach § 285 Nr. 9 c HGB sind die Kredite an Vorstandsmitglieder einschließlich der eingeräumten Konditionen im Anhang des Jahresabschlusses anzugeben.

726

Ein vertraglich vereinbarter **Formzwang für Änderungen oder Ergänzungen** des Anstellungsvertrages kann durch eine formlos vereinbarte Vertragsänderung außer Kraft gesetzt werden,[1149] selbst dann, wenn der Vertrag für die Aufhebung der Formabrede ausdrücklich Formzwang vorsieht.[1150] Allerdings bedürfen derartige Vertragsänderungen eines Beschlusses des Aufsichtsrats bzw. des Personalausschusses. Liegt kein schriftlicher Text vor, aus dem sich die Vertragsänderung ergibt, ist kaum anzunehmen, daß es zu einem Änderungsbeschluß gekommen ist.

727

Enthält der Anstellungsvertrag eine Abfindungsregelung für den Fall der Nicht-Wiederbestellung,[1151] ist nicht gewiß, daß die vereinbarte Abfindungszahlung als Abfindung im steuerrechtlichen Sinne gemäß §§ 34, 24 EStG angesehen wird. Nach der ständigen Rechtsprechung des BFH muß der Rechtsgrund einer Abfindungszahlung als Entschädigung für den Verlust des Arbeitsplatzes außerhalb des eigentlichen Anstellungsvertrages liegen.[1152] Außerdem ist bei befristeten Dienstverhältnissen, wie sie bei Vorstandsmitgliedern ausschließlich vereinbart werden, eine Abfindung für den „Verlust des Arbeitsplatzes" ausgeschlossen. Schon kraft Vertragsgestaltung findet der „Verlust des Arbeitsplatzes" nicht aufgrund eines Aufhebungsvertrages, sondern aufgrund des befristeten Anstellungsvertrags statt. Die Gestaltung vertraglicher Abfindungsregelungen, die zugleich den Steuervorteil einer Entschädigungsleistung nach §§ 3 Ziff. 9, 34, 24 EStG zur Folge haben, dürfte daher schwer fallen.[1153]

---

1146 BGH, Urt. v. 09.05.1968, NJW 1968, 1717.
1147 BAG, Urt. v. 26.02.1985, AP Nr. 30 zu § 611 BGB, Konkurrenzklausel; BAG, Urt. v. 15.06.1993, DB 1994, 887.
1148 § 1 Kap. 3 M 773.
1149 BGH, Urt. v. 11.10.1967, NJW 1968, 32; Urt. v. 22.04.1982, WM 1982, 902; OLG Frankfurt, Urt. v. 14.07.1981, WM 1982, 723.
1150 *Palandt/Heinrichs*, 57. Aufl., § 125 BGB, Rn 14 mwN.
1151 Siehe Muster 1540, § 14, in diesem Buch § 1 Kap. 3 M 777 und Muster 1534, Ziff. 5c, in diesem Buch § 1 Kap. 3 M 770.
1152 BFH, Urt. v. 20.03.1987, BFH/NV 1987, 498.
1153 Näheres siehe § 4 Kap. 2 Rn 256.

### 4. Besonderheiten bei Altersversorgungsregelungen

728 Altersversorgungsregelungen für Vorstände, aber auch für GmbH-Geschäftsführer, bilden eine Kompensation für den **Mangel der Rentenversicherungspflicht**, wobei sich die Versorgungsansprüche regelmäßig ihrer Höhe nach kaum mit dem Altersruhegeld einer Angestelltenversorgung vergleichen lassen. Die Zusage der Versorgung erfolgt beim Vorstandsmitglied oder Geschäftsführer entweder im Anstellungsvertrag oder in einer Pensionsvereinbarung. Sie kann sich unmittelbar gegen die Gesellschaft richten, kann aber auch über eine Pensions- oder Unterstützungskasse sowie über eine Lebensversicherung gegen eine andere Gesellschaft gerichtet sein. Die Versorgungszusage kann zwar formlos erteilt werden,[1154] üblich ist allein die schriftliche Versorgungszusage. Aus einer betriebsüblichen Gewährung von Versorgungszusagen gegenüber leitenden Angestellten folgt grundsätzlich kein Anspruch des GmbH-Geschäftsführers auf Ruhegeld.[1155] Auch bei Vorstandsmitgliedern entsteht ein Versorgungsanspruch nur auf der Grundlage einer besonderen Zusage im Anstellungsvertrag. Allein aus einer umfassenden betrieblichen Versorgung der Arbeitnehmer eines Unternehmens läßt sich nicht konkludent ein Ruhegeldanspruch der Vorstandsmitglieder herleiten.[1156]

Nach dem **Gesetz über die betriebliche Altersversorgung** (BetrAVG) werden Ansprüche auf eine betriebliche Alters-, Invaliditäts- oder Hinterbliebenenversorgung unverfallbar, sobald der Arbeitnehmer das 35. Lebensjahr vollendet und die Versorgungszusage für ihn mindestens 10 Jahre oder bei einer mindestens 12jährigen Betriebszugehörigkeit mindestens 3 Jahre bestanden hat.[1157] Das Gesetz enthält eine Reihe von Schutzbestimmungen, ferner Vorschriften zur **Insolvenzsicherung betrieblicher Versorgungsansprüche**,[1158] aber auch **Anpassungsvorschriften**.[1159] Nach § 17 Abs. 1 Satz 2 BetrAVG gelten die Bestimmungen des BetrAVG entsprechend auch für Personen, die keine Arbeitnehmer sind, sofern ihnen Leistungen der betrieblichen Altersversorgung aus Anlaß ihrer Tätigkeit für ein Unternehmen zugesagt worden sind. Diese Voraussetzungen sind in der GmbH bei einem Fremdgeschäftsführer und einem Geschäftsführer, der an der GmbH nur unbedeutend beteiligt ist, regelmäßig erfüllt.[1160]

729 Ein Geschäftsführer, der eine Mehrheitsbeteiligung hält, wird dagegen in erster Linie für sich als Unternehmer tätig, so daß das BetrAVG für ihn nicht gilt.[1161] Für Vorstandsmitglieder gelten die gleichen Grundsätze. Die §§ 1 bis 16 BetrAVG gelten nach § 17 Abs. 1 Satz 2 BetrAVG, soweit die Vorstandsmitglieder mit dem Unternehmen, für das sie tätig sind, nicht so stark verbunden sind, daß sie es als ihr eigenes betrachten können[1162] Keine Anwendung findet das BetrAVG auf Vorstände, die zugleich **Mehrheitsaktionäre** sind oder über nicht ganz unbedeutende Aktienmengen verfügen, so daß sie zusammen mit einem oder mehreren anderen Aktionären über eine institutionell verfestigte Mehrheitsmacht verfügen.[1163]

Soweit in der Ruhegehaltsvereinbarung keine abweichenden Regelungen enthalten sind, gelten damit unter den vorgenannten Voraussetzungen für GmbH-Geschäftsführer wie Vorstände von Aktiengesellschaften die Vorschriften des BetrAVG. Ruhegehalts-, Witwen- und Waisengeldregelungen

---

1154 BGH, Urt. v. 20.12.1993, GmbHR 1994, 112.
1155 BGH, Urt. v. 17.02.1969, WM 1969, 686.
1156 BGH, Urt. v. 26.03.1984, WM 1984, 1313; Urt. v. 28.09.1981, WM 1981, 1344; Urt. v. 14.04.1969, DB 1969, 1057.
1157 § 1 Abs. 1 BetrAVG.
1158 §§ 7 ff. BetrAVG.
1159 § 16 BetrAVG.
1160 BGH, Urt. v. 25.01.1993, WM 1993, 605.
1161 BGH, Urt. v. 09.03.1981, AP Nr. 6 zu § 17 BetrAVG; *Luther/Hommelhoff*, Anhang § 6, Rn 37.
1162 BGH, Urt. v. 28.04.1980, BGHZ 77, 94; *Blomeyer/Otto*, BetrAVG 1984, § 17, Rn 96 u. 106 ff.
1163 BGH, Urt. v. 14.07.1980, WM 1980, 1114.

werden grundsätzlich als Anwartschaftsrechte vereinbart.[1164] Man muß zunächst einmal deutlich zwischen Wartezeit, die vereinbart werden kann, und der gesetzlichen Unverfallbarkeit, die erst die Anwartschaft erzeugt, unterscheiden.[1165]

**730** Haben die Parteien keine anderweitige Regelung in der Pensionsvereinbarung getroffen, gilt die Regel, daß der Berechtigte im Zeitpunkt des Versorgungsfalls noch in den Diensten der Gesellschaft stehen muß.[1166] Hat der Anspruchsteller nach seinem Ausscheiden die Anwartschaftszeit erfüllt, besteht im Versorgungsfall ein Versorgungsanspruch.

Möglich und keineswegs unüblich, insbesondere für Vorstandsmitglieder, ist eine Zusage ohne besondere Wartezeit und ohne Anwartschaftszeit.[1167] In Muster 1536[1168] beginnt der Anspruch auf Versorgung im Versorgungsfall ab dem 1. Tag der Vertragslaufzeit. Im übrigen entstehen die Versorgungsbezüge erst mit Erreichen der im Pensionsvertrag vereinbarten Altersgrenze.

**731** Aus der in den meisten Fällen bestehenden Anwendbarkeit des BetrAVG bei GmbH-Geschäftsführer-Pensionsvereinbarungen und Ruhegehaltsregelungen in Anstellungsverträgen von Vorständen folgt, daß mangels anderweitiger Regelung der Pensionsanspruch nicht nahtlos mit der Beendigung des Anstellungsverhältnisses und auch nicht schon dann eintritt, wenn die 10jährige **Anwartschaftszeit** erfüllt ist. In Rechtsfragen nicht ausreichend erfahrene Geschäftsführer und Vorstände meinen manchmal, daß ihre Verträge einen nahtlosen Übergang vom Anstellungsvertrag in den Zeitraum der Pensionsberechtigung enthalten.[1169] Tatsache ist, daß bei den Mustern 1522 und 1540[1170] zunächst die 10jährige Anwartschaftszeit erfüllt sein muß und im Muster 1534-Pensionsvertrag, § 4 erst ab dem 63. Lebensjahr ein Pensionsanspruch besteht, sofern eine volle Amtszeit von 5 Jahren als Vorstand erreicht ist.

Meinungsunterschiede entstehen verschiedentlich zwischen den Gesellschaften und ihren ausgeschiedenen, versorgungsberechtigten Geschäftsführern oder Vorstandsmitgliedern, wie die Anpassung des Ruhegehalts nach § 16 BetrAVG im jeweiligen 3-Jahres-Rythmus berechnet werden soll. Enthalten die Pensionsvereinbarungen keine Regelungen, so ist es nach der Rechtsprechung des BAG[1171] nicht unbillig, wenn der Preisindex für die Lebenshaltung eines 4-Personen-Arbeitnehmer-Haushalts mit mittlerem Einkommen angesetzt wird. Allerdings ist diese Anpassung durch den Reallohn der Arbeitnehmer des Betriebes begrenzt. Der Teuerungsausgleich kann unterbleiben, soweit er über den prozentualen Anstieg der Nettoeinkommen der Mitarbeiter des Unternehmens hinausgeht. Umstritten ist, auf welche Durchschnittsverdienste innerhalb eines Unternehmens bzw. auf welche Gruppen der Belegschaft abzustellen ist.

**732** Nach der BAG-Rechtsprechung kommt es nicht auf die Einkommensverhältnisse einzelner Arbeitnehmer an. Maßgeblich ist daher nicht der individuelle Lohnanstieg eines vergleichbaren Arbeitnehmers, sondern ein **statistischer Wert**.[1172] Ausgeschiedene GmbH-Geschäftsführer und Vorstände

---

1164 Vgl. BGH, Urt. v. 28.01.1953, BGHZ 8, 365; Urt. v. 18.12.1954, BGHZ 16, 50.
1165 BGH, Urt .v. 25.01.1993, AktG 1993, 234.
1166 BGH, Urt. v. 25.01.1993, AktG 1993, 234.
1167 Siehe hierzu Muster 1536 – Anhang, § 2 Abs. 3, in diesem Buch § 1 Kap. 3 M 773.
1168 § 1 Kap. 3 M 773.
1169 So beispielsweise die Muster 1531 oder 1540, in diesem Buch § 1 Kap. 3 M 769 und M 777.
1170 § 1 Kap. 3 M 759 und M 777.
1171 Urt. v. 16.12.1976, AP Nr. 4 zu § 16 BetrAVG; Urt. v. 11.08.1981, AP Nr. 11 zu § 16 BetrAVG; Urt. v. 14.02.1989, AP Nr. 23 zu § 16 BetrAVG.
1172 BAG, Urt. v. 11.08.1981, AP Nr. 11 zu § 16 BetrAVG; Urt .v. 14.02.1989, AP Nr. 23 zu § 16 BetrAVG.

ziehen gerne den Vergleich zur Gruppe der verbliebenen aktiven Vorstandsmitglieder bzw. Geschäftsführer, deren Gehaltssteigerungen im 3-Jahres-Zeitraum sie als Vergleichsmaßstab herangezogen wissen wollen. Die Gesellschaften neigen dazu, den statistischen Durchschnittswert der Steigerung in den Arbeitnehmer-Gehältern als Maßstab zu wählen.

Die Rechtslage ist bislang nicht höchstrichterlich entschieden und deshalb ungeklärt. Um Auseinandersetzungen über diese Frage aus dem Weg zu gehen, wird angeregt, wie im Muster 1536-Anhang, § 5 vorgesehen, für den 3jährigen Anpassungszeitraum nach § 16 BetrAVG als Bezugsgröße die Tarifgehälter einer bestimmten Branche zu wählen oder gegebenenfalls ausdrücklich die Durchschnittswerte der Gehaltssteigerungen der verbliebenen aktiven Mitglieder der Geschäftsführung heranzuziehen.

Aus der Anwendbarkeit des BetrAVG bei den meisten Anstellungsverträgen für Geschäftsführer und Vorstandsmitglieder folgt zugleich, daß die Versorgungsansprüche insolvenzgesichert sind. Es steht einer Gesellschaft grundsätzlich frei, ob und welchem Umfang sie Versorgungsleistungen erbringen will. Deshalb sind auch Spätehenklauseln, wie sie das Muster 1536-Anhang, § 4 Abs. 4 enthält, grundsätzlich wirksam.[1173]

**733** Enthält ein **Pensionsvertrag** eine **Wartezeit**, wie im Muster 1534[1174], § 2 Ziff. 1d, in dem die Entstehung des Pensionsanspruchs an eine 5jährige Amtszeit geknüpft ist, stellt sich die Frage, ob durch eine **vorzeitige Abberufung** die Gesellschaft den Pensionsanspruch (die Erfüllung der Wartezeit) vereiteln kann. An einen wichtigen Grund für eine Abberufung im Sinne von § 84 Abs. 3 Satz 1 AktG werden von der Rechtsprechung hohe Anforderungen gestellt. § 84 Abs. 3 Satz 2 AktG nennt eine Reihe grober Pflichtverletzungen, die Unfähigkeit zur ordnungsgemäßen Geschäftsführung und den Vertrauensentzug durch die Hauptversammlung, soweit der Entzug nicht aus offenbar unsachlichen Gründen vorgenommen wurde. Als konkrete Beispiele für die Abberufung nach § 84 Abs. 3 AktG sind aus der Rechtsprechung der **Mißbrauch von Gesellschaftsvermögen** für eigene Zwecke, dauernder Unfriede zwischen den Vorstandsmitgliedern, der ein gedeihliches Zusammenarbeiten gefährdet[1175] oder die Verweigerung der Berichterstattung nach § 90 AktG sowie eine nach fruchtloser vorhergehender Abmahnung falsche oder unvollständige Berichterstattung bekannt. Die vorsätzliche Täuschung der Vorstandskollegen über erhebliche Tatsachen[1176] oder die Ausnutzung des Vorstandsamtes für private Geschäfte[1177] rechnen hierzu. Auch sind an einen Widerruf oder die Minderung von Ruhegeldansprüchen äußerst hohe Anforderungen in der Rechtsprechung entwickelt worden. Die Altersversorgung ist eine Gegenleistung dafür, daß der Ruhegeldempfänger seine Arbeitskraft für lange Zeit dem Unternehmen zur Verfügung gestellt hat.[1178] Selbst jede Schlechterfüllung erlaubt nach der BGH-Rechtsprechung keinen Widerruf oder eine Kürzung der Versorgungszusage. Nur schwerste Verfehlungen, insbesondere wenn sie die wirtschaftliche Grundlage des Unternehmens gefährden, wie ruinöser Wettbewerb, die Annahme hoher Schmiergelder für riskante Geldanlagen u.ä. berechtigen ausnahmsweise zur Kürzung eines Pensionsanspruchs. Selbst bei schweren Verfehlungen wie Straftatbeständen kommt kaum ein Widerruf, allenfalls eine Kürzung des Ruhegehalts nach § 242 BGB in Betracht.[1179]

---

[1173] Vgl. BAG, Urt. v. 09.11.1978, WM 1979, 503.
[1174] § 1 Kap. 3 M 772.
[1175] BGH, Urt. v. 17.10.1983, WM 1984, 29.
[1176] OLG Düsseldorf, Urt. v. 13.05.1982, AG 1982, 225.
[1177] BGH, Urt. v. 25.01.1956, WM 1956, 865.
[1178] BGH, Urt. v. 19.12.1983, NJW 1984, 1529.
[1179] Vgl. OLG Hamburg, AG 1980, 275; BAG, Urt. v. 08.05.1990, NZA 1990, 807.

### Verträge mit Arbeitnehmern, Gesellschaftsorganen und Selbständigen § 1

Bei unangemessen hohen **Übergangsgeldern** stellt sich die Frage, ob diese Versorgungsbezüge gem. § 3 BetrAVG angerechnet werden dürfen, soweit sie zur Hälfte auf Beträgen oder Zuschüssen des „Arbeitgebers" beruhen oder wenn eine Anrechnung oder Berücksichtigung anderweitiger Versorgungsbezüge vertraglich vereinbart ist[1180] oder wenn es sich um Renten aus der gesetzlichen Rentenversicherung handelt. Zu anrechenbaren Bezügen gehören vor allem Renten aus befreienden Lebensversicherungen[1181] sowie Hinterbliebenenrenten aus der gesetzlichen Unfallversicherung in vollem Umfang.[1182] Auch besteht die Möglichkeit der Anrechnung eines Übergangsgeldes zur betrieblichen Altersversorgung.[1183]

734

Ein Übergangsgeld dient in der Regel der Überbrückung der Zeit zwischen dem vorzeitigen Ausscheiden des Arbeitnehmers bzw. Dienstverpflichteten und dem Eintritt in die betriebliche Altersversorgung. Der Betroffene, der regelmäßig aufgrund seines fortgeschrittenen Alters Schwierigkeiten hat, eine angemessene und zumutbare Anstellung zu finden, soll abgesichert werden. Bei Übergangsgeldern soll ebenso wie bei „Gnadengehältern" der Eintritt in den Ruhestand erleichtert werden. Eine nachhaltige **Altersversorgung** soll hiermit jedoch **nicht bezweckt** werden.[1184] Übergangsgelder gehören in der Regel nicht zur betrieblichen Altersversorgung. Das Bundesarbeitsgericht stellt bei Abgrenzung zwischen dem Übergangsgeld und einer betrieblichen Altersversorgung, die nach § 5 BetrAVG anrechenbar ist, auf den Charakter des Übergangsgeldes ab.[1185] Zum Begriff der betrieblichen Altersversorgung gehört das Versprechen einer Leistung zum Zweck der Versorgung, ein den Versorgungsanspruch auslösendes Ereignis wie Alter, Invalidität oder Tod sowie die Zusage an den Arbeitnehmer aus Anlaß des Arbeitsverhältnisses.[1186] Das Übergangsgeld als Überbrückungsleistung bei Arbeitslosigkeit oder der Erleichterung eines Arbeitsplatzwechsels ist demnach keine betriebliche Altersversorgung und damit nicht anrechenbar.[1187]

## B. Vertragstexte

### 1. Muster: Dienstvertrag eines Fremdgeschäftsführers (ausführlich) mit Tantieme

▼

*Dienstvertrag*

Zwischen

– im folgenden Gesellschafter genannt –

und

Herrn

– im folgenden Geschäftsführer genannt –

wird unter Bezugnahme auf den Gesellschafterbeschluß vom          der nachfolgende Dienstvertrag eines Geschäftsführers geschlossen:

735

---

1180 Siehe BAG, Urt. v. 10.08.1982, DB 1982, 2627.
1181 BAG, Urt. v. 03.07.1990, NZA 1991, 66.
1182 BAG, Urt. v. 06.08.1985, DB 1986, 1181.
1183 BAG, Urt. v. 10.08.1993, NZA 1994, 757.
1184 Siehe *Höfer/Abt*, Altersversorgung, Rn 62.
1185 BAG, Urt. v. 10.08.1993, NZA 1994, 757.
1186 BAG, Urt. v. 26.06.1990, BAGE 65, 215.
1187 Siehe BAG, Urt. v. 10.05.1978, DB 1978, 1988.

### § 1

**§ 1**
(1) Der Geschäftsführer führt selbständig, verantwortlich und mit der Sorgfalt eines ordentlichen Kaufmanns die Geschäfte der Gesellschaft im Rahmen von Satzung und Recht nach Maßgabe der Beschlüsse der Gesellschafter und der geschlossenen Verträge.
(2) Der Geschäftsführer verpflichtet sich zur Geheimhaltung aller Vorgänge, die ihm während seiner Tätigkeit für die Gesellschaft bekannt werden. Diese Verpflichtung dauert auch über ein Ausscheiden aus der Geschäftsführung hinaus fort.

**§ 2**
(1) Der Gesellschafter ist berechtigt, dem Geschäftsführer weitere oder andere Aufgaben im Unternehmensbereich, aber auch innerhalb der Firmengruppe zuzuweisen, und ihn zum Geschäftsführer anderer Gesellschaften des Unternehmensbereiches zu bestellen, wenn der Geschäftsbereich der anderen Gesellschaft und die weiteren oder anderen Aufgaben nicht wesentlich vom bisherigen Tätigkeitsbild des Geschäftsführers abweichen und die Übernahme solcher Funktionen unter den Bedingungen dieses Vertrages zumutbar ist.
(2) Dieser Vertrag regelt über die Geschäftsführertätigkeit gemäß § 1 hinaus grundsätzlich auch alle weiteren oder anderen Tätigkeiten im Sinne von § 2 Ziff. 1.

**§ 3**
(1) Gegenüber dem Geschäftsführer wird die Gesellschaft durch ▬▬▬ vertreten.
(2) Der Geschäftsführer beteiligt sich während der Dauer des Dienstvertrages nicht an einem Unternehmen, das mit der Gesellschaft in Konkurrenz steht oder in wesentlichem Umfang Geschäftsbeziehungen mit der Gesellschaft oder einer Gesellschaft der Gesellschafter ▬▬▬ unterhält.

**§ 4**
(1) Der Geschäftsführer verpflichtet sich, seine ganze Arbeitskraft ausschließlich für die Gesellschaft einzusetzen. Die Übernahme anderweitiger entgeltlicher oder unentgeltlicher Tätigkeiten, die regelmäßig auszuüben sind oder für die gelegentlich nicht ganz unerheblicher Zeiteinsatz erforderlich ist, oder eine direkte oder indirekte Beteiligung an anderen Unternehmen, bedürfen der vorherigen schriftlichen Zustimmung der Gesellschafter.
(2) Die Zustimmung zur Ausübung von Nebentätigkeiten kann mit der Auflage verbunden werden, darauf fließende Entgelte, Entschädigungen und Nebenleistungen abzuführen oder auf die Zahlungen gemäß § 9 anzurechnen.
(3) Wird die Gesellschaft von einer anderen Gesellschaft übernommen, mit ihr verschmolzen, erwirbt sie eine andere Gesellschaft oder wird eine Spaltung der Gesellschaft vorgenommen, setzen die Parteien ihre Vertragsbeziehungen ungeachtet der Änderung der Tätigkeit als selbständigen Dienstvertrag und nicht als Arbeitsverhältnis fort.

**§ 5**
Inhalt und Umfang der Vertretungsbefugnis und der Zeichnungsberechtigung des Geschäftsführers ergeben sich aus den Gesellschafterbeschlüssen in Verbindung mit der Satzung der Gesellschaft.
Soweit ein Geschäftsverteilungsplan besteht, der in einer Gesellschafterversammlung beschlossen wurde, ist dieser Bestandteil des Anstellungsvertrages.

**§ 6**
(1) Der Geschäftsführer unterrichtet den oder die Gesellschafter zeitnah, umfassend und kontinuierlich oder auf Ersuchen über Geschäftsverlauf, Planung und einzelne Vorgänge von besonderem Interesse.
(2) Soweit keine besonderen satzungsmäßigen Bestimmungen oder Anweisungen der Gesellschafter bestehen, gelten die folgenden Regelungen:
   a) Der Geschäftsführer berichtet den Gesellschaftern regelmäßig monatlich und im Halbjahresrhythmus zum 30. Juni und 31. Dezember eines jeden Jahres über den Gang der Geschäfte

und die Lage der Gesellschaft; nach besonderer Absprache erfolgt die Unterrichtung nur vierteljährlich zum Quartalsende und in Einzelfällen auf besondere Anforderung des Gesellschafters. Form und Inhalt der Berichte werden in einer besonderen Vereinbarung festgehalten. Der turnusmäßige Bericht vom 30. Juni eines jeden Jahres kann mit der Vorlage und Erläuterung zum Jahresabschluß des vorangegangenen Jahres verbunden werden, wenn zwischen der Vorlage des Jahresabschlusses und dem 30. Juni weniger als 2 Monate liegen.

b) Im letzten Viertel eines jeden Jahres legt der Geschäftsführer den Gesellschaftern den Jahres-Finanzplan für das folgende Jahr zur Genehmigung vor. Dieser Plan enthält eine detaillierte Kosten- und Erlösvorschau und einen Investitions- und Zahlungsplan. Aus ihm sind alle wesentlichen vorgesehenen oder zu erwartenden Geschäftsvorgänge und Veränderungen unter Einschluß möglicher Alternativen ersichtlich.

c) Im Falle einer Ablehnung des Finanzplans als Ganzes oder in Teilen hat der Geschäftsführer in angemessener Frist einen aufgrund der Vorschläge der Gesellschafter überarbeiteten Finanzplan vorlegen. Beginnt das Geschäftsjahr ohne genehmigten Finanzplan, so führt der Geschäftsführer die Geschäfte im bisher üblichen Rahmen.

## § 7

(1) Innerhalb des genehmigten Finanzplans und ohne Änderung seines grundsätzlichen Rahmens entscheidet der Geschäftsführer frei.

(2) Erfolgen Entscheidungen der Gesellschafter aus irgendwelchen Gründen nicht, nicht rechtzeitig oder ist Gefahr im Verzuge, so entscheidet der Geschäftsführer nach den Grundsätzen eines ordentlichen Kaufmanns unter Berücksichtigung der Interessen der Gesellschafter.

## § 8

(1) Der Geschäftsführer hat – unbeschadet weitergehender Bestimmungen des Gesellschaftervertrages – für folgende Geschäfte die vorherige Zustimmung der Gesellschafter einzuholen:

a) die Bestellung von Prokuristen und den Widerruf von Prokuren;

b) die Zustimmung zum Abschluß oder zur Änderung von Anstellungsverträgen, wenn sie ein Jahresgehalt von mehr als        DM (        EUR) brutto einschließlich der üblichen Nebenleistungen beinhalten; Abmachungen über eine Gewinn- oder Umsatzbeteiligung;

c) den Erwerb, die Veräußerung oder die Belastung von Grundstücken oder grundstücksgleichen Rechten;

d) den Erwerb und die Veräußerung von Beteiligungen und sonstige Verfügungen darüber;

e) den Erwerb oder die Veräußerung von Gegenständen des Anlagevermögens, wenn der Wert des einzelnen Geschäftsvorfalles        DM (        EUR) übersteigt;

f) den Abschluß oder die Änderung von Dauerschuldverhältnissen, wie z.B. Lizenz-, Know-how-, Beratungs-, Management-, oder Mietverträgen, wenn die der Gesellschaft daraus erwachsende Belastung        DM (        EUR) pro Monat oder        DM (        EUR) pro Jahr übersteigt;

g) die Erklärung von Bürgschaften, Garantieerklärungen oder Schuldübernahmen oder -beitritten oder ähnlicher Haftungen, wenn diese im Einzelfall        DM übersteigen;

h) die Ausstellung und Annahme von Wechseln sowie Aufnahme von kurzfristigen Krediten, wenn diese das jährlich zu genehmigende kurzfristige Kreditlimit übersteigen; die Aufnahme von langfristigen Krediten, wie Hypotheken und Maschinenkredite;

i) Rechtsgeschäfte zwischen der Gesellschaft und
   – einem Gesellschafter oder
   – dem Geschäftsführer oder
   – einer anderen Gesellschaft, die der Geschäftsführer ebenfalls vertritt.

**§ 1** Kapitel 3: Anstellungsverträge mit GmbH-Geschäftsführern und AG-Vorständen

Soweit der Geschäftsführer generell oder für bestimmte Geschäftsvorfälle von den Vorschriften des § 181 BGB befreit ist, wird er den Gesellschaftern jeweils unaufgefordert darüber Nachricht geben, wenn er von dieser Befreiung Gebrauch macht.

(2) Darüber hinaus ist die Zustimmung des Geschäftsführers bei allen sonstigen über den gewöhnlichen Geschäftsbetrieb hinausgehenden Entscheidungen einzuholen.

**§ 9**

(1) Der Geschäftsführer erhält für seine Tätigkeit ab dem _____ ein Jahresgehalt von _____ DM ( _____ EUR) brutto, das in 12 Teilraten von monatlich _____ DM ( _____ EUR) brutto ausgezahlt wird.

(2) Der Geschäftsführer erhält eine Gewinntantieme in Höhe von _____ %, berechnet nach den in Abs. 3 niedergelegten Grundsätzen. Mit diesen Leistungen gemäß Abs. 1 und Abs. 2 ist die gesamte Tätigkeit im Sinne der §§ 1 und 2 abgegolten. Bei unvermeidbarer Mehrarbeit, die über das zumutbare Maß hinausgeht, oder bei angeordneter Sonderarbeit können besondere Vergütungen vereinbart werden.

(3) Für die Berechnung der Tantieme ist der körperschaftssteuerpflichtige Gewinn, der sich vor Abzug der Tantieme für den (oder die) Geschäftsführer und nach Verrechnung mit Verlustvorträgen ergibt, zugrunde zu legen. Gewinnabhängige Rückstellungen sowie steuerliche Sonderabschreibungen oder andere steuerliche Vergünstigungen, die den Gewinn unmittelbar beeinflussen und betriebswirtschaftlich nicht geboten sind, mindern die Bemessungsgrundlage nicht. Ausgenommen hiervon sind Gewinnminderungen infolge der Bewertungsfreiheit für geringwertige Wirtschaftsgüter. Andererseits ist die spätere gewinnerhöhende Auflösung von Rückstellungen oder anderen Bilanzpositionen, deren Bildung auf die Bemessungsgrundlage keinen Einfluß hatte, für die Berechnung der Tantieme unberücksichtigt zu lassen.

Eine nachträgliche Erhöhung oder Verminderung des körperschaftssteuerpflichtigen Gewinns durch das Finanzamt ändert die Bemessungsgrundlage nicht.

(4) Die Gewinntantieme ist mit Feststellung des Jahresabschlusses durch die Gesellschafterversammlung fällig. Dies gilt auch dann, wenn ein wirksamer Feststellungsbeschluß nicht zustande kommt.

(5) Wird dem Geschäftsführer aus wichtigem Grunde gekündigt, so entfällt für das Geschäftsjahr, in welchem es zum Ausspruch der Kündigung kommt, die Gewinntantieme.

(6) Das Recht zur Nutzung eines Firmenfahrzeugs ergibt sich aus einem gesonderten Kfz-Überlassungsvertrag.

(7) Im Rahmen eines Gruppenversicherungsvertrages übernimmt die Gesellschaft die Beiträge für eine Direktversicherung betreffend eine betriebliche Altersversorgung in Höhe von _____ DM ( _____ EUR) jährlich.

**§ 10**

(1) Dem Geschäftsführer werden die von ihm bei dienstlichen Reisen und für Repräsentationszwecke im Interesse der Gesellschaft gemachten tatsächlichen Aufwendungen ersetzt. Die Abrechnung erfolgt monatlich oder nach Anfall aufgrund solcher Belege, wie sie von den Steuerbehörden als ordnungsgemäß für die Abzugsfähigkeit von Auslagen anerkannt werden.

(2) Dienstreisen in das Ausland wird der Geschäftsführer nur im Einvernehmen mit den Gesellschaftern unternehmen.

(3) Zum Zwecke der Begleichung von Spesen und Ausgaben, die die Gesellschaft betreffen, einschließlich der Bewirtung von Geschäftsfreunden und Kunden, erhält der Geschäftsführer die widerrufliche Befugnis, eine Kredit-Karte zu benutzen.

## § 11

Der Geschäftsführer erhält einen Jahresurlaub von            Arbeitstagen, den er im Interesse der Erhaltung seiner Arbeitskraft verwenden wird. Der Geschäftsführer ist daher verpflichtet, mindestens die Hälfte des Jahresurlaubs zusammenhängend zu nehmen. Jahresurlaub von 15 Tagen oder mehr ist im Einvernehmen mit den Gesellschaftern unter Berücksichtigung der betrieblichen Belange festzulegen. Kürzere Urlaubszeiten wird der Geschäftsführer den Gesellschaftern anzeigen. Im Falle der Entlassung des Geschäftsführer werden die Vorschriften des Entgeltfortzahlungsgesetzes in seiner jeweils gültigen Fassung angewendet.

## § 12

(1) Dieser Vertrag ist bis zum            befristet. Er verlängert sich jeweils um ein Jahr, wenn er nicht drei Monate vor Vertragsende schriftlich gekündigt wird. Die Kündigung durch den Geschäftsführer ist gegenüber einem Gesellschafter zu erklären.

(2) Außer durch Ablauf des Vertragszeitraumes endet das Anstellungsverhältnis

    a) frühestens mit Ablauf des Monats, in dem der Geschäftsführer das Lebensjahr vollendet, das Voraussetzung für den Bezug der vorgezogenen Altersrente ist; das ist derzeit das 63. Lebensjahr (Alterskündigung);

    b) spätestens mit Erreichen der Altersgrenze; das ist derzeit der Ablauf des Monats, in dem das 65. Lebensjahr vollendet wird (Pensionierung);

    c) wenn der Geschäftsführer zur Ausübung seiner Tätigkeit dauernd unfähig ist (Erwerbsunfähigkeit im Sinne des § 43 Abs. 2 SGB VI) mit Ablauf des Monats, in dem die Erwerbsunfähigkeit durch Gutachten festgestellt wird. Die Gesellschaft kann auf eigene Kosten den Grad der Arbeitsunfähigkeit durch Einholung eines vertrauensärztlichen Gutachtens ermitteln lassen, das für beide Vertragspartner verbindlich ist.

(3) Die Bestellung des Geschäftsführers kann durch Beschluß der Gesellschafterversammlung jederzeit widerrufen werden, unbeschadet seiner Ansprüche nach diesem Vertrag. Der Widerruf gilt als Kündigung des Dienstvertrages zum nächstzulässigen Zeitpunkt.

(4) Im Falle der Umwandlung der Gesellschaft in eine OHG oder andere Gesellschaftsform, erhält der Geschäftsführer bei im übrigen unveränderter Fortgeltung dieses Vertrages die Rechtsstellung eines Prokuristen.

## § 13

(1) Änderungen und Ergänzungen dieses Vertrages bedürfen der Schriftform, wozu auch die Aufhebung dieser Schriftformklausel gehört.

(2) Für den Fall, daß einzelne Bestimmungen dieses Vertrages unwirksam sein sollten, bleiben die übrigen Bestimmungen bestehen. Die unwirksame Bestimmung ist durch eine wirksame zu ersetzen, die dem ursprünglich gewollten Sinn am nächsten kommt.

## § 14

Das frühere Arbeitsverhältnis gemäß Vertrag vom            wird einvernehmlich und ausdrücklich aufgehoben; es besteht auch nicht als ruhendes Arbeitsverhältnis fort.

          , den

Unterschriften

# § 1 Kapitel 3: Anstellungsverträge mit GmbH-Geschäftsführern und AG-Vorständen

## 2. Muster: Dienstvertrag eines GmbH-Geschäftsführers (Fremdgeschäftsführers) bei GmbH mit Aufsichtsrat

**739**

*Dienstvertrag*

Zwischen

der Firma

— im folgenden Gesellschaft genannt —

und

Herrn

— im folgenden Geschäftsführer genannt —

wird unter Bezugnahme auf den Gesellschafterbeschluß vom          folgender Dienstvertrag eines Geschäftsführers geschlossen.

### § 1 Aufgaben, Geschäftsführung, Vertretung

(1) Der Geschäftsführer ist durch Beschluß der Gesellschafterversammlung vom          mit Wirkung zum          als Geschäftsführer der Gesellschaft bestellt worden. Mit der Bestellung tritt dieser Vertrag in Kraft.

(2) Der Geschäftsführer führt die Geschäfte nach Maßgabe der Gesetze, dieses Vertrages, des Gesellschaftsvertrages sowie der von der Gesellschafterversammlung festgelegten geschäftspolitischen Richtlinien mit der Sorgfalt eines ordentlichen Kaufmanns. Er hat hierbei den von der Gesellschafterversammlung erteilten Weisungen zu folgen.

(3) Soweit der Geschäftsführer Alleingeschäftsführer ist, fallen alle Angelegenheiten der Gesellschaft in seinen Aufgabenbereich. Die Gesellschaft kann die Rahmenbedingungen in einer Stellenbeschreibung konkretisieren und anpassen. Soweit mehrere Geschäftsführer bestellt sind, richtet sich die Zuständigkeit des Geschäftsführers nach den von der Gesellschafterversammlung jeweils festgelegten Aufgaben im Rahmen eines Geschäftsverteilungsplans. Änderungen des Geschäftsverteilungsplanes und/oder der Stellenbeschreibung werden mit Übergabe der jeweiligen Fassung an den Geschäftsführer verbindlich und als Anlagen wesentlicher Bestandteil dieses Dienstvertrages.

(4) Inhalt und Umfang der Vertretungsbefugnis und der Zeichnungsberechtigung des Geschäftsführers ergeben sich aus entsprechenden Gesellschafterbeschlüssen sowie der Satzung der Gesellschaft.

(5) Gegenüber dem Geschäftsführer wird die Gesellschaft durch einen durch die Gesellschafterversammlung bestimmten Vertreter vertreten.

### § 2 Zustimmung der Gesellschafter

(1) Der Geschäftsführer hat unbeschadet weitergehender Bestimmungen des Gesellschaftsvertrages für folgende Geschäfte die vorherige Zustimmung der Gesellschafter einzuholen:

 a) die Bestellung von Prokuristen und den Widerruf von Prokuren;

 b) die Zustimmung zum Abschluß oder zur Änderung von Anstellungsverträgen, wenn sie ein Jahresgehalt von mehr als 200.000,00 DM (102.258,38 EUR) brutto einschließlich der üblichen Nebenleistungen beinhalten; Abmachungen über eine Gewinn- oder Umsatzbeteiligung;

 c) den Erwerb, die Veräußerung oder die Belastung von Grundstücken oder grundstücksgleichen Rechten;

 d) den Erwerb und die Veräußerung von Beteiligungen und sonstige Verfügungen darüber;

 e) den Erwerb oder die Veräußerung von Gegenständen des Anlagevermögens, wenn der Wert des einzelnen Geschäftsvorfalles 250.000,00 DM (127.822,97 EUR) übersteigt;

f) den Abschluß oder die Änderung von Dauerschuldverhältnissen, wie z.B. Beratungs-, Management- oder Mietverträgen, wenn die der Gesellschaft daraus erwachsende Belastung 16.500,00 DM (8.436,32 EUR) pro Monat oder 200.000,00 DM (102.258,38 EUR) pro Jahr übersteigt;

g) den Abschluß oder die Änderung von Verträgen, die bestehende oder zukünftig zustehende Schutzrechte oder Vertriebsstrukturen der Gesellschaft betreffen (z.B. Lizenz- oder auch Know-How-Verträge), auch und gerade, wenn mit der Gesellschaft oder den Gesellschaftern verbundene Unternehmen betroffen sind (Konzernkoordination);

h) die Erklärung von Bürgschaften, Garantieerklärungen oder Schuldübernahmen oder -beitritten oder ähnlicher Haftungen, wenn diese im Einzelfall 50.000,00 DM (25.564,59 EUR) übersteigen;

i) Ausstellung und Annahme von Wechseln sowie Aufnahme von kurzfristigen Krediten, wenn diese das jährlich zu genehmigende kurzfristige Kreditlimit übersteigen; die Aufnahme von langfristigen Krediten, wie Hypotheken und Maschinenkredite;

j) Rechtsgeschäfte zwischen der Gesellschaft und
 – einem Gesellschafter oder
 – dem Geschäftsführer oder
 – einer anderen Gesellschaft oder sonstigen Institution, die der Geschäftsführer ebenfalls vertritt.

(2) Darüber hinaus ist die Zustimmung der Gesellschafterversammlung bei allen sonstigen über den gewöhnlichen Geschäftsbetrieb hinausgehenden Entscheidungen einzuholen.

(3) Es besteht Einigkeit, daß der Katalog der zustimmungsbedürftigen Geschäfte jederzeit von der Gesellschaft verändert werden kann. Dies kann auch in Form von hierzu besonders bestimmten Planungen (Kreditplanung, Liquiditätsplanung, etc.) geschehen. Änderungen des Kataloges werden mit der Übergabe des Kataloges oder der genehmigten Planung an den Geschäftsführer wirksam und damit Bestandteil dieses Dienstvertrages.

### § 3 Berichtspflichten, Finanzplan

(1) Der Geschäftsführer unterrichtet die Gesellschafterversammlung und den Aufsichtsrat zeitnah, umfassend und kontinuierlich über Geschäftsverlauf, Planung und einzelne Vorgänge von besonderem Interesse.

(2) Soweit keine besonderen satzungsmäßigen Bestimmungen oder Anweisungen des Gesellschafters bestehen oder der Geschäftsverteilungsplan bzw. die Stellenbeschreibung andere Regelungen enthält, gelten die folgenden Pflichten:

a) Der Geschäftsführer berichtet der Gesellschafterversammlung und dem Aufsichtsrat über den Gang der Geschäfte und die Lage der Gesellschaft.

b) Auf Anforderung der Gesellschafterversammlung legt der Geschäftsführer der Gesellschafterversammlung und dem Aufsichtsrat den Jahres-Finanzplan für das folgende Jahr zur Genehmigung vor. Wenn keine spezielle Anforderung ausgesprochen wird, ist der Plan im letzten Viertel des Jahres vorzulegen. Diese Planung enthält eine detaillierte Kosten- und Erlösvorschau und einen Investitions- und Zahlungsplan. Aus ihm sind alle wesentlichen vorgesehenen oder zu erwartenden Geschäftsvorgänge und Veränderungen unter Einschluß möglicher Alternativen ersichtlich.

c) Im Falle einer Ablehnung des Finanzplans als Ganzes oder in Teilen hat der Geschäftsführer in angemessener Frist einen aufgrund der Vorschläge der Gesellschafterversammlung überarbeiteten Finanzplan vorzulegen. Beginnt das Geschäftsjahr ohne genehmigten Finanzplan, so führt der Geschäftsführer die Geschäfte im bisher üblichen Rahmen.

(3) Erfolgen Entscheidungen der Gesellschafterversammlung aus irgendwelchen Gründen nicht, nicht rechtzeitig oder ist Gefahr im Verzuge, so entscheidet der Geschäftsführer nach den Grund-

**§ 1** Kapitel 3: Anstellungsverträge mit GmbH-Geschäftsführern und AG-Vorständen

sätzen eines ordentlichen Kaufmanns unter Berücksichtigung der Interessen der Gesellschafter.

### § 4 Verschwiegenheit

(1) Der Geschäftsführer verpflichtet sich zur Geheimhaltung aller Vorgänge, betrieblichen Angelegenheiten, insbesondere Geschäfts- und Betriebsgeheimnissen (über Firma, Produkte, Verfahren, Pläne und Zahlen), die ihm während und im Rahmen seiner Tätigkeit für die Gesellschaft bekannt werden. Dieser Verschwiegenheit unterliegt auch der Inhalt dieses Vertrages und alle Absprachen dieses Vertragsverhältnisses betreffend, sowie seine Beendigung und die Gründe seiner Beendigung. Bei einer Beendigung sind öffentliche Erklärungen (z.B. Presseerklärungen) nur in einem mit der Gesellschaft abgestimmten Inhalt und Form abzugeben.

(2) Der Geschäftsführer hat insbesondere davon Kenntnis, daß im Prinzip alles, was er von und um die Firma weiß, als vertraulich zu behandeln ist, wenn es nicht ausdrücklich zur Veröffentlichung freigegeben wurde. Vorbehalten bleiben nur die gesetzlichen Auskunftspflichten. Die Gesellschaft behält sich in jedem einzelnen Fall der Verletzung das Recht vor, den entstandenen Schaden und eventuelle weitere Ansprüche gerichtlich einzufordern.

(3) Diese Verpflichtung dauert auch über ein Ausscheiden aus der Geschäftsführung und der Beendigung dieses Vertrages hinaus fort. Der Geschäftsführer verpflichtet sich ferner, bei seinem Ausscheiden alle in seinem Besitz befindlichen Unterlagen (Schriftstücke und sonstige Daten, ungeachtet der technischen Form ihrer Verfügbarkeit), die im Zusammenhang mit seiner Tätigkeit stehen, an die Gesellschaft zurückzugeben. Erforderlichenfalls hat er eine eidesstattliche Versicherung abzugeben, daß er alle diesbezüglichen Unterlagen so vernichtet hat, daß kein Dritter hieraus irgendwelche Kenntnisse erlangen kann. Ein Zurückbehaltungsrecht ist ausgeschlossen.

### § 5 Arbeitszeit und Nebentätigkeit

(1) Der Geschäftsführer hat seine volle Arbeitskraft der Gesellschaft zur Verfügung zu stellen.

(2) Nebentätigkeiten bedürfen der vorherigen schriftlichen Zustimmung der Gesellschafterversammlung. Gleiches gilt für die Übernahme öffentlicher Ämter oder zeitlich beanspruchender sonstiger Funktionen.

### § 6 Bezüge

741 (1) Der Geschäftsführer erhält für seine Tätigkeit ab dem _____ ein Jahresgehalt von _____ DM (_____ EUR) brutto, das in 13 monatsanteiligen bargeldlosen Beträgen von _____ DM (_____ EUR) brutto unter Abzug aller gesetzlichen und sonstigen einzubehaltenden bzw. abzuführenden Abgaben wie folgt ausgezahlt wird:

12 Monatsanteile jeweils am Monatsende, den 13. Anteil mit dem Novembergehalt.

(2) Neben dem in § 6 Abs. 1 genannten Gehalt erhält der Geschäftsführer eine Jahresprämie, die im April des Folgejahres für das vorangegangene Jahr ausbezahlt wird. Die Höhe der Prämie richtet sich nach der persönlichen Leistung des Geschäftsführers sowie nach dem Grad der Erreichung der Unternehmensziele der Gesellschaft.

(3) Mit dem vereinbarten Einkommen nach Abs. 1 sind die Leistungen eventueller Mehrarbeit und die Übernahme weiterer Verantwortung sowie auf betriebliche Regelungen und Übung beruhende Leistungen mitabgegolten.

(4) Die Gesellschaft behält sich vor, die Bezüge jederzeit und ohne daß es einer weiteren Ankündigung bedarf, gemäß dem festgelegten Umrechnungskurs von 1,95583 in EURO abzurechnen.

### § 7 Bezüge bei Krankheit, Unfall, Tod

(1) Bei einer vorübergehenden Verhinderung der Tätigkeit des Geschäftsführers durch Krankheit, Dienstunfähigkeit oder andere durch ihn nicht verschuldete Umstände, behält der Geschäftsführer Anspruch auf die Differenz zwischen Nettobezügen und Zahlungen seiner gesetzlichen und/oder privaten Krankenversicherung für die Dauer von zwei Monaten.

## Verträge mit Arbeitnehmern, Gesellschaftsorganen und Selbständigen § 1

(2) Stirbt der Geschäftsführer während der Dauer des Anstellungsvertrages, so haben seine Unterhaltsberechtigten zusammen Anspruch auf Fortzahlung seines fixen Gehalts für den Sterbemonat und den darauffolgenden Monat. Die Unterhaltsberechtigten haben untereinander Einigung darüber zu erzielen, welcher prozentuale Anteil ihnen an dem Monatsgehalt des Geschäftsführers gebührt. Wird der Gesellschaft nicht übereinstimmend von allen Unterhaltsberechtigten mitgeteilt, zu wessen Händen die maximal 2 Monatsgehälter zugunsten aller Unterhaltsberechtigten zu zahlen sind, ist die Gesellschaft berechtigt, die Zahlungen bei der Hinterlegungsstelle des zuständigen Amtsgerichts einzuzahlen oder auf das Anderkonto eines Rechtsanwaltes oder eines Notars mit befreiender Wirkung einzuzahlen. Eventuell bestehende Ansprüche aus der betrieblichen Altersversorgung ruhen während dieser Zeit.

(3) Eine Prämie, sofern sie nicht bereits schriftlich zugesagt wurde, oder sonstige Leistungen finden keine Berücksichtigung.

(4) Die Gesellschaft wird den Geschäftsführer im üblichen Rahmen gegen Unfall versichern, mindestens jedoch in Höhe von DM 500.000,00 (255.645,94 EUR) bei Invalidität und DM 300.000,00 (153.387,56 EUR) bei Unfalltod. Bezugsberechtigt aus der Versicherung sind im Invaliditätsfall der Geschäftsführer, im Todesfall die von ihm benannten Personen, bei Fehlen einer solchen Bestimmung oder falls die benannten Personen verstorben sind, die Erben des Geschäftsführers. Die Versicherung erlischt mit dem Tage der Beendigung dieses Vertrages.

(5) Die Gesellschaft gewährt dem Geschäftsführer für die Dauer dieses Vertrages einen Zuschuß zur Krankenversicherung in Höhe des Arbeitgeberanteils, wie er bei Krankenversicherungspflicht des Geschäftsführers bestünde, höchstens jedoch in Höhe der Hälfte des Betrages, welchen der Geschäftsführer für seine Krankenversicherung aufzuwenden hat.

### § 8 Urlaub
(1) Der Geschäftsführer erhält einen Jahresurlaub von 30 Arbeitstagen, den er im Interesse der Erhaltung seiner Arbeitskraft verwenden wird. Urlaubsjahr ist das Kalenderjahr.

(2) Die zeitliche Lage des Urlaubs ist unter Berücksichtigung der geschäftlichen Belange sowie ggf. mit weiteren Geschäftsführern festzulegen. Kann der Geschäftsführer aus geschäftlichen oder in seiner Person liegenden Gründen den Urlaub nicht oder nicht vollständig bis zum Jahresende nehmen, so bleibt ihm der Anspruch auf Urlaub insoweit bis zum 31.03. des Folgejahres erhalten. Eine Abgeltung findet nicht statt.

(3) Kann der Urlaub wegen Beendigung des Anstellungsverhältnisses nicht oder nicht vollständig gewährt werden, so ist er dem Geschäftsführer abzugelten, sofern keine Freistellung unter Anrechnung der Urlaubsansprüche erfolgt. Die jeweilige Abgeltungsvereinbarung hat schriftlich zu erfolgen.

### § 9 Repräsentationsaufwendungen, Spesen, Dienstfahrzeug
(1) Der Geschäftsführer hat bei Geschäftsreisen Anspruch auf Ersatz seiner angemessenen Reisekosten, die detailliert zu belegen sind. Er ist berechtigt, bei Verwendung von Massenverkehrsmitteln, einschließlich Flug- und Schiffsreisen, „Economy" oder „Business Class" in Anspruch zu nehmen.

(2) Im Fall von Geschäftsreisen ist der Geschäftsführer auch zum Ersatz seiner Spesen im Zusammenhang mit solchen Reisen gemäß dem jeweils gültigen Spesenreglement der Gesellschaft berechtigt. Die Spesen werden von der Gesellschaft lediglich aufgrund vorgelegter detaillierter Belege ersetzt.

(3) Ferner stellt die Gesellschaft dem Geschäftsführer nach Maßgabe der Dienstwagenordnung in ihrer jeweils gültigen Fassung einen Dienstwagen mit Autotelefon zur Verfügung, der auch privat genutzt werden kann. Der Anspruch auf das Dienstfahrzeug zur dienstlichen und privaten Nutzung erlischt mit dem Ausspruch einer Kündigung (auch im Falle der Abberufung als Geschäftsführer) – auch für die Dauer der Kündigungsfrist – und im Falle einer Freistellung ab dem Datum der Freistellung. Ein Zurückbehaltungsrecht am Fahrzeug, Schlüssel, Papieren etc. in diesem

Zusammenhang ist ausgeschlossen. Sie sind auf entsprechende Anforderung der Gesellschaft unverzüglich zurückzugewähren.

### § 10 Altersversorgung

743 (1) Die Gesellschaft räumt dem Geschäftsführer eine Altersversorgung ein, die die bisherige Altersversorgung der Gesellschaft gemäß Pensionsvertrag vom ▬▬▬▬ gleichwertig ersetzt oder fortführt. Einzelheiten sind noch zu prüfen. Eventuelle Karenzentschädigungszahlungen und fortgesetzte Bezüge sind anzurechnen, auch soweit sie vor dem Eintritt der Altersversorgung gezahlt worden sind. Die durch die Zusatzversorgung entstehenden Ansprüche dürfen weder verpfändet noch abgetreten werden.

(2) Einzelheiten werden in einem gesonderten Vertrag geregelt.

### § 11 Vertragliche und nachvertragliche Wettbewerbsbeschränkung

(1) Dem Geschäftsführer ist es untersagt, während der Dauer dieses Vertrages in selbständiger, unselbständiger oder sonstiger Weise für ein anderes Unternehmen tätig zu werden, insbesondere sofern es mit der Gesellschaft in direktem Wettbewerb steht. In gleicher Weise ist es dem Geschäftsführer untersagt, während der Dauer dieses Vertrages ein Unternehmen zu errichten, zu erwerben oder sich hieran unmittelbar zu beteiligen. Ausgenommen ist der übliche Erwerb von Aktien für persönliche Zwecke der Geldanlage.

(2) Für die Zeit nach Beendigung der Tätigkeit gilt nach Maßgabe einer gesonderten Wettbewerbsverbotsvereinbarung, die als Anlage zu diesem Vertrag genommen wird, ein nachvertragliches Wettbewerbsverbot.

(3) Eine eventuelle Abfindungszahlung ist auf die Karenzentschädigung anzurechnen.

### § 12 Sonstige Regelungen

744 (1) Die Abtretung und Verpfändung von Ansprüchen aus diesem Vertrag sind ausgeschlossen. Gleiches gilt für eine Aufrechnung oder die Ausübung eines Zurückbehaltungsrechtes durch den Geschäftsführer.

(2) Bei Diensterfindungen im Sinne des Gesetzes über Arbeitnehmererfindungen, die der Geschäftsführer während der Dauer des Anstellungsvertrages macht, gelten die Vorschriften dieses Gesetzes in der zur Zeit der Inanspruchnahme geltenden Fassung.

(3) Der Dienstsitz ist der jeweilige Hauptsitz der Gesellschaft; derzeit ▬▬▬▬ .

(4) Im Zusammenhang mit dem Umzug des Geschäftsführers werden folgende Aufwendungen ersetzt:

Die Gesellschaft übernimmt alle Auslagen in direktem Zusammenhang mit dem Umzug des Geschäftsführers und seiner Familie sowie dem Transport der Möbel und des gesamten Haushaltes. Diese Kosten werden gegen Vorlage eines detaillierten Kostennachweises von der Gesellschaft bis zu einer Höhe von 25.000,– DM (12.782,30 EUR) unverzüglich beglichen. Die Erstattungsfähigkeit umfaßt insbesondere Auslagen des Geschäftsführers für eine temporäre Unterkunft und für Reisekosten, die direkt mit der Übersiedlung zusammenhängen oder entstehen, wenn der Geschäftsführer seine Familie erst zu einem späteren Zeitpunkt nachkommen läßt (Wochenendbesuche etc.), nicht jedoch Nachteile im Zusammenhang mit der Veräußerung seines bisherigen Domizils.

(5) Der Dienstantritt erfolgt am ▬▬▬▬ .

### § 13 Vertragsdauer, Kündigung

745 (1) Das Vertragsverhältnis zwischen dem Geschäftsführer und der Firma wird auf unbestimmte Zeit geschlossen.

(2) Eine Abberufung als Geschäftsführer gilt als zulässige Kündigung dieses Dienstvertrages mit einer Frist von 3 Monaten zum Ende eines Monats und ist dem Geschäftsführer schriftlich mitzuteilen.

(3) Die ordentliche Kündigung des Vertragsverhältnisses ist für beide Parteien jederzeit mit einer Frist von 3 Monaten zum Ende eines Monats möglich. Die Kündigung durch den Geschäftsführer ist gegenüber einem Gesellschafter zu erklären. Die Kündigung durch die Gesellschaft kann durch die Gesellschafterversammlung erfolgen, die sich hierzu eines besonders bestellten Vertreters bedienen kann.

(4) Eine Kündigung des Vertragsverhältnisses durch die Gesellschaft aus Anlaß eines Betriebsüberganges ist ausgeschlossen.

(5) Das Recht auf außerordentliche Kündigung unter den gesetzlichen Voraussetzungen (§ 626 BGB) bleibt unberührt. Als wichtiger Grund gelten insbesondere
   – die Vornahme von Geschäften ohne die vorgesehene Zustimmung,
   – der Verstoß gegen das Nebentätigkeits- und/oder Wettbewerbsverbot,
   – schwere Verstöße gegen die Weisungen der Gesellschafterversammlung,
   – die Abgabe der eidesstattlichen Versicherung durch den Geschäftsführer.

(6) Außer durch Kündigung endet das Anstellungsverhältnis mit Ablauf des Monats, in dem der Geschäftsführer das 60. Lebensjahr vollendet, sowie wenn der Geschäftsführer zur Ausübung seiner Tätigkeit dauernd unfähig ist (Invalidität im Sinne des deutschen Angestellten-Versicherungsgesetzes) mit Ablauf des Monats, in dem dies durch Gutachten festgestellt wird. Die Gesellschaft kann auf eigene Kosten den Grad der Arbeitsunfähigkeit zum jeweiligen Zeitpunkt durch Einholung eines vertrauensärztlichen Gutachtens ermitteln lassen, das für beide Vertragspartner verbindlich ist.

(7) Im Falle der Umwandlung der Gesellschaft steht dem Geschäftsführer ein Sonderkündigungsrecht zu, falls er in der nach der Umwandlung geschaffenen Gesellschaft nicht zum Organ bestellt werden sollte. Über das Sonderkündigungsrecht ist der Vorstand/Geschäftsführer befugt mit einer Ankündigungsfrist von zwei Monaten aus der Gesellschaft auszuscheiden. Angesichts des in diesem Falle gesellschafterseitig veranlaßten Ausscheidens erhält der Vorstand/Geschäftsführer eine Abfindung die sich aus einer Kapitalisierung der voraussichtlichen Gesamtbezüge für die Restvertragslaufzeit und einen weiteren Betrag errechnet, der nach folgender Formel ermittelt wird: .

(8) Die Gesellschaft ist in jedem Fall der Kündigung berechtigt, den Geschäftsführer unter Anrechnung auf etwaigen noch offenstehenden Urlaub bis zum Ablauf der Kündigungsfrist von der Verpflichtung zur Dienstleistung freizustellen. Ein Anspruch auf Beschäftigung in einer anderweitigen Führungsposition besteht nicht.

(9) Jede Kündigung bedarf der Schriftform. Empfangszuständig für eine Kündigung durch den Geschäftsführer ist jeder weitere Geschäftsführer der Gesellschaft oder für den Fall, daß ein solcher nicht im Amt ist, derjenige Gesellschafter, der über die höchste Kapitalbeteiligung der Gesellschaft verfügt.

### § 14 Schlußbestimmungen

(1) Für alle Rechtsstreitigkeiten aus und im Zusammenhang mit diesem Vertrag gilt deutsches Recht.

(2) Änderungen oder Ergänzungen dieses Vertrages, wozu auch die Aufhebung dieser Schriftformklausel gehört, bedürfen der Schriftform und eines Beschlusses durch die Gesellschafterversammlung.

(3) Etwaige frühere Arbeitsverhältnisse sind hiermit ausdrücklich aufgehoben, auch soweit sie zu einer der Firma geschäftlich oder durch die Person der Gesellschafter nahestehenden anderen Firma bestanden haben sollten. Sie bestehen auch nicht als ruhende Arbeitsverhältnisse fort. Nachvertragliche Verschwiegenheitsverpflichtungen und Wettbewerbsbeschränkungen bleiben jedoch bestehen.

(4) Für den Fall, daß einzelne Bestimmungen dieses Vertrages unwirksam sein sollten, bleiben die übrigen Bestimmungen gültig. Anstelle der unwirksamen Bestimmung oder zur Ausfüllung

eventueller Lücken des Vertrages soll eine angemessene wirksame Regelung treten, die die Parteien gewollt hätten, wenn ihnen die Unwirksamkeit oder Regelungslücke bekannt gewesen wäre.

(5) Alle in diesem Vertrag erwähnten Anlagen sind wesentlicher Bestandteil dieses Vertrages.

, den

Gesellschaft                    Geschäftsführer

## 3. Muster: Dienstvertrag eines GmbH-Geschäftsführers (Gesellschafter-Geschäftsführer) ohne Aufsichtsrat

*Dienstvertrag*

Zwischen

– im folgendenen Gesellschaft genannt –

und

Herrn

– im folgenden Geschäftsführer genannt –

wird unter Bezugnahme auf den Gesellschafterbeschluß vom         folgender Dienstvertrag eines Geschäftsführers geschlossen.

### § 1 Aufgaben und Pflichten

(1) Herr         ist durch Beschluß der Gesellschafterversammlung vom         mit Wirkung zum         zum Geschäftsführer der Gesellschaft bestellt worden. Er vertritt die Gesellschaft im Rahmen seiner ihm durch den Gesellschaftsvertrag eingeräumten Befugnisse neben dem weiteren Geschäftsführer gerichtlich und außergerichtlich. Ihm steht Einzelvertretungsbefugnis zu.

(2) Der Geschäftsführer führt die Geschäfte nach Maßgabe der Gesetze, dieses Vertrages, des Gesellschaftsvertrages sowie den von der Gesellschafterversammlung festgelegten geschäftspolitischen Richtlinien mit der Sorgfalt eines ordentlichen Kaufmanns. Er hat hierbei den von der Gesellschafterversammlung erteilten Weisungen zu folgen. Soweit der Geschäftsführer Alleingeschäftsführer ist, fallen alle Angelegenheiten der Gesellschaft in seinen Aufgabenbereich, soweit mehrere Geschäftsführer bestellt sind, richtet sich seine Zuständigkeit nach den von den Gesellschaftern jeweils festgelegten Aufgaben im Rahmen eines Geschäftsverteilungsplans, der wesentlicher Bestandteil dieses Dienstvertrages ist.

(3) Inhalt und Umfang der Vertretungsbefugnis und der Zeichnungsberechtigung des Geschäftsführers ergeben sich aus den Gesellschafterbeschlüssen in Verbindung mit der Satzung der Gesellschaft.

(4) Bei Diensterfindungen im Sinne des Gesetzes über Arbeitnehmererfindungen, die der Geschäftsführer während der Dauer des Anstellungsvertrages macht, gelten die Vorschriften dieses Gesetzes in der zur Zeit der Inanspruchnahme geltenden Fassung.

(5) Der Geschäftsführer verpflichtet sich zur Geheimhaltung aller Vorgänge, die ihm während seiner Tätigkeit für die Gesellschaft bekannt werden. Diese Verpflichtung dauert auch über ein Ausscheiden aus der Geschäftsführung hinaus fort.

(6) Gegenüber dem Geschäftsführer wird die Gesellschaft durch einen durch die Gesellschafterversammlung bestimmten Vertreter vertreten.

**Verträge mit Arbeitnehmern, Gesellschaftsorganen und Selbständigen** § 1

**§ 2 Berichtspflichten, Finanzplan**

(1) Der Geschäftsführer unterrichtet den oder die Gesellschafter zeitnah, umfassend und kontinuierlich oder auf Ersuchen über Geschäftsverlauf, Planung und einzelne Vorgänge von besonderem Interesse.

(2) Soweit keine besonderen satzungsmäßigen Bestimmungen oder Anweisungen der Gesellschafter bestehen, gelten die folgenden Regelungen:

a) Der Geschäftsführer berichtet den Gesellschaftern auf Ersuchen über den Gang der Geschäfte und die Lage der Gesellschaft.

b) Im letzten Viertel eines jeden Jahres legt der Geschäftsführer den Gesellschaftern den Jahres-Finanzplan für das folgende Jahr zur Genehmigung vor. Dieser Plan enthält eine detaillierte Kosten- und Erlösvorschau und einen Investitions- und Zahlungsplan. Aus ihm sind alle wesentlichen vorgesehenen oder zu erwartenden Geschäftsvorgänge und Veränderungen unter Einschluß möglicher Alternativen ersichtlich.

c) Im Falle einer Ablehnung des Finanzplans als Ganzes oder in Teilen hat der Geschäftsführer in angemessener Frist einen aufgrund der Vorschläge der Gesellschafter überarbeiteten Finanzplan vorlegen. Beginnt das Geschäftsjahr ohne genehmigten Finanzplan, so führt der Geschäftsführer die Geschäfte im bisher üblichen Rahmen.

(3) Innerhalb des genehmigten Finanzplans entscheidet der Geschäftsführer frei.

(4) Erfolgen Entscheidungen der Gesellschafter aus irgendwelchen Gründen nicht, nicht rechtzeitig oder ist Gefahr im Verzuge, so entscheidet der Geschäftsführer nach den Grundsätzen eines ordentlichen Kaufmanns unter Berücksichtigung der Interessen der Gesellschafter.

**§ 3 Zustimmung der Gesellschafter**

(1) Der Geschäftsführer hat – unbeschadet weitergehender Bestimmungen des Gesellschaftsvertrages – für folgende Geschäfte die vorherige Zustimmung der Gesellschafter einzuholen, sofern sie nicht im genehmigten Finanzplan vorgesehen sind:

a) die Bestellung von Prokuristen und den Widerruf von Prokuren;

b) die Zustimmung zum Abschluß oder zur Änderung von Anstellungsverträgen, wenn sie ein Jahresgehalt von mehr als 80.000,00 DM (40.903,35 EUR) brutto einschließlich der üblichen Nebenleistungen beinhalten; Abmachungen über eine Gewinn- oder Umsatzbeteiligung;

c) den Erwerb, die Veräußerung oder die Belastung von Grundstücken oder grundstücksgleichen Rechten;

d) den Erwerb und die Veräußerung von Beteiligungen und sonstige Verfügungen darüber;

e) den Erwerb oder die Veräußerung von Gegenständen des Anlagevermögens, wenn der Wert des einzelnen Geschäftsvorfalles 30.000,00 DM (15.338,76 EUR) übersteigt;

f) den Abschluß oder die Änderung von Dauerschuldverhältnissen, wie z.B. Beratungs-, Management-, oder Mietverträgen, wenn die der Gesellschaft daraus erwachsende Belastung 3.000,00 DM (1.533,88 EUR) pro Monat oder 36.000,00 DM (18.406,51 EUR) pro Jahr übersteigt;

g) den Abschluß oder die Änderung von Verträgen, die bestehende oder zukünftig zustehende Schutzrechte der Gesellschaft betreffen (z.B. Lizenz- oder auch Know-How-Verträge);

h) die Erklärung von Bürgschaften, Garantieerklärungen oder Schuldübernahmen oder -beitritten oder ähnlicher Haftungen, wenn diese im Einzelfall 30.000,00 DM (15.338,76 EUR) übersteigen;

i) die Ausstellung und Annahme von Wechseln sowie Aufnahme von kurzfristigen Krediten, wenn diese das jährlich zu genehmigende kurzfristige Kreditlimit übersteigen; die Aufnahme von langfristigen Krediten wie Hypotheken und Maschinenkredite;

j) Rechtsgeschäfte zwischen der Gesellschaft und
   - einem Gesellschafter oder
   - dem Geschäftsführer oder
   - einer anderen Gesellschaft oder sonstigen Institution, die der Geschäftsführer ebenfalls vertritt.

Soweit der Geschäftsführer generell oder für bestimmte Geschäftsvorfälle von den Vorschriften des § 181 BGB befreit ist, wird er den Gesellschaftern jeweils unaufgefordert darüber Nachricht geben, wenn er von dieser Befreiung Gebrauch macht.

(2) Darüber hinaus ist die Zustimmung der Gesellschafterversammlung bei allen sonstigen über den gewöhnlichen Geschäftsbetrieb hinausgehenden Entscheidungen einzuholen.

### § 4 Arbeitszeit und Nebentätigkeit

Der Gesellschaft ist bekannt, daß der Geschäftsführer eine weitere Tätigkeit als ausübt. Diese Tätigkeit wird er fortsetzen. In diesem Zusammenhang steht es ihm nach wie vor frei, Ämter in leitenden Funktionen, Aufsichtsgremien anderer Unternehmen und Ehrenämter in Organisationen anzunehmen. In der Bestimmung seiner Arbeitszeit ist der Geschäftsführer daher frei, wird jedoch im Rahmen seiner übrigen Tätigkeit jederzeit, soweit dies das Wohl der Gesellschaft erfordert, zu ihrer Verfügung stehen und ihre Interessen wahrnehmen.

### § 5 Wettbewerbsbeschränkung

Dem Geschäftsführer ist untersagt, während der Dauer dieses Vertrages in selbständiger, unselbständiger oder sonstiger Weise für ein Unternehmen tätig zu werden, welches mit der Gesellschaft in direktem Wettbewerb steht. In gleicher Weise ist es dem Geschäftsführer untersagt, während der Dauer dieses Vertrages ein solches Unternehmen zu errichten, zu erwerben oder sich hieran unmittelbar zu beteiligen.

Dieses Verbot läßt ausdrücklich seine Tätigkeit als unberührt. Kommt es durch diese Tätigkeit zu Interessenkollisionen, so wird der Geschäftsführer unverzüglich die Gesellschaft informieren. Sodann ist eine Lösung zu suchen, die den Interessen beider Parteien gerecht wird. Im Sinne dieser Interessenlagen ist der Begriff des „direkten Wettbewerbs" eng auszulegen.

### § 6 Bezüge

(1) Der Geschäftsführer erhält für seine Tätigkeit ab dem ein Jahresgehalt von DM ( EUR) brutto, das in 12 Teilraten monatlich iHv DM ( EUR) brutto ausgezahlt wird.

(2) Der Geschäftsführer erhält eine Gewinntantieme in Höhe von 12 %, berechnet nach den in Abs. 3 niedergelegten Grundsätzen. Die Gewinntantieme ist auf maximal 25 % des festen Jahresgehalts des Geschäftsführers begrenzt. Tantiemezahlungen an sämtliche Geschäftsführer dürfen 50 % des Jahresüberschusses nicht übersteigen. Mit diesen Leistungen gemäß Abs. 1 und Abs. 2 ist die gesamte Tätigkeit im Sinne der §§ 1 und 2 abgegolten. Bei unvermeidbarer Mehrarbeit, die über das zumutbare Maß hinausgeht, oder bei angeordneter Sonderarbeit können besondere Vergütungen vereinbart werden.

(3) Für die Berechnung der Tantieme ist der körperschaftsteuerpflichtige Gewinn, der sich vor Abzug der Tantieme für den (oder die) Geschäftsführer und nach Verrechnung mit Verlustvorträgen ergibt, zugrunde zu legen.

Eine nachträgliche Erhöhung oder Verminderung des körschaftssteuerpflichtigen Gewinns durch das Finanzamt ändert die Bemessungsgrundlage nicht.

(4) Die Gewinntantieme ist mit Feststellung des Jahresabschlusses durch die Gesellschafterversammlung fällig. Dies gilt auch dann, wenn ein wirksamer Feststellungsbeschluß nicht zustande kommt.

(5) Wird dem Geschäftsführer aus wichtigem Grunde gekündigt, so entfällt für das Geschäftsjahr, in welchem es zum Ausspruch der Kündigung kommt, die Gewinntantieme.

(6) Das Recht zur Nutzung eines Firmenfahrzeugs bzw. die Erstattung für die Aufwendungen bei der betrieblichen Nutzung des eigenen Fahrzeugs ergibt sich aus einem gesonderten Kfz-Nutzungsvertrag, der als Anlage 2 Bestandteil dieses Vertrages ist.

(7) Der Geschäftsführer hat Anspruch auf eine angemessene betriebliche Altersversorgung, die in einer gesonderten Vereinbarung geregelt wird. Diese gesonderte Vereinbarung ist als Anlage wesentlicher Bestandteil dieses Vertrages.

### § 7 Repräsentationsaufwendungen, Spesen

(1) Dem Geschäftsführer werden die von ihm bei dienstlichen Reisen und für Repräsentationszwecke im Interesse der Gesellschaft getätigten tatsächlichen Aufwendungen ersetzt. Die Abrechnung erfolgt monatlich oder nach Anfall aufgrund solcher Belege, wie sie von den Steuerbehörden als ordnungsgemäß für die Abzugsfähigkeit von Auslagen anerkannt werden.

(2) Zum Zwecke der Begleichung von Spesen und Ausgaben, die die Gesellschaft betreffen, einschließlich der Bewirtung von Geschäftsfreunden und Kunden, erhält der Geschäftsführer die widerrufliche Befugnis, eine Kredit-Karte zu benutzen und/oder die Möglichkeit, diese Kosten über ein separates Konto zu Lasten der Gesellschaft abzurechnen.

### § 8 Bezüge bei Krankheit, Unfall, Tod

(1) Bei einer vorübergehenden Arbeitsunfähigkeit, die durch Krankheit oder aus einem anderen von dem Geschäftsführer nicht zu vertretenden Grund eintritt, behält der Geschäftsführer Anspruch auf die Bezüge gemäß § 6 für die Zeit der Arbeitsunfähigkeit bis zu einer ununterbrochenen Dauer von 6 Monaten.

(2) Stirbt der Geschäftsführer während der Dauer des Anstellungsvertrages, so haben seine Unterhaltsberechtigten zusammen Anspruch auf Fortzahlung seines Gehalts im Sinne von § 6 Abs. 1 für den Sterbemonat und die 3 darauffolgenden Monate. Die Unterhaltsberechtigten haben untereinander Einigung darüber zu erzielen, welcher prozentuale Anteil ihnen an dem Monatsgehalt des Geschäftsführers gebührt. Wird der Firma nicht übereinstimmend von allen Unterhaltsberechtigten mitgeteilt, zu wessen Händen die maximal 4 Monatsgehälter zugunsten aller Unterhaltsberechtigten zu zahlen sind, ist die Firma berechtigt, die Zahlungen bei der Hinterlegungsstelle des zuständigen Amtsgerichts oder auf das Anderkonto eines Rechtsanwaltes oder eines Notars mit befreiender Wirkung einzuzahlen.

(3) Die Firma wird den Geschäftsführer in dem für Geschäftsführer der Gesellschaft üblichen Rahmen gegen Unfall versichern, mindestens jedoch in Höhe von 500.000,00 DM (255.645,94 EUR) bei Invalidität und 300.000,00 DM (153.387,56 EUR) bei Unfalltod. Bezugsberechtigt aus der Versicherung sind im Invaliditätsfall der Geschäftsführer, im Todesfall die von ihm benannten Personen, bei Fehlen einer solchen Bestimmung oder falls die benannten Personen verstorben sind, die Erben des Geschäftsführers.

### § 9 Urlaub

Der Geschäftsführer erhält einen Jahresurlaub von 40 Arbeitstagen, den er im Interesse der Erhaltung seiner Arbeitskraft verwenden wird.

Kann der Geschäftsführer aus geschäftlichen oder in seiner Person liegenden Gründen den Urlaub nicht oder nicht vollständig bis zum Jahresende nehmen, so bleibt ihm der Anspruch auf Urlaub insoweit bis zum 30.06. des Folgejahres erhalten. Kann aus geschäftlichen Gründen auch bis zu diesem Zeitpunkt der Urlaub nicht oder nicht vollständig genommen werden, so ist er dem Geschäftsführer abzugelten.

Die jeweilige Abgeltungsvereinbarung hat schriftlich zu erfolgen.

### § 10 Vertragsdauer, Kündigung

(1) Das Vertragsverhältnis zwischen dem Geschäftsführer und der Gesellschaft wird auf unbestimmte Zeit geschlossen. Das Recht auf ordentliche Kündigung ist seitens der Gesellschaft für den Zeitraum ausgeschlossen, in dem der Geschäftsführer Inhaber von Geschäftsanteilen der Gesellschaft ist, auch wenn die Beteiligung den bisherigen Umfang unterschreitet.

(2) Eine Abberufung als Geschäftsführer gilt nur dann als Kündigung dieses Dienstvertrages mit Wirkung zum Ende des auf die Abberufung nächstfolgenden Quartals, wenn der Gesellschaftsbeschluss mit Zustimmung des betroffenen Geschäftsführers erfolgt ist.

(3) Die ordentliche Kündigung des Vertragsverhältnisses ist für den Geschäftsführer jederzeit mit einer Frist von 6 Monaten möglich. Die gleiche Frist gilt, soweit der Gesellschaft das Recht zur ordentlichen Kündigung zusteht. Die Kündigung durch den Geschäftsführer ist gegenüber einem Gesellschafter zu erklären. Kündigungserklärungen haben schriftlich zu erfolgen.

(4) Das Recht auf außerordentliche Kündigung unter den gesetzlichen Voraussetzungen (§ 626 BGB) bleibt unberührt.

(5) Der Geschäftsführer wird bei Spaltung oder Teilübertragung der Gesellschaft einem Arbeitnehmer gemäß § 323 Abs. 1 UmwG gleichgestellt.

(6) Außer durch Kündigung endet das Anstellungsverhältnis wenn der Geschäftsführer zur Ausübung seiner Tätigkeit dauernd unfähig ist (Invalidität im Sinne des Angestellten-Versicherungsgesetzes) mit Ablauf des Monats, in dem dies durch Gutachten festgestellt wird. Die Gesellschaft kann auf eigene Kosten den Grad der Arbeitsunfähigkeit durch Einholung eines vertrauensärztlichen Gutachtens ermitteln lassen, das für beide Vertragspartner verbindlich ist.

## § 11 Schlußbestimmungen

(1) Änderungen oder Ergänzungen dieses Vertrages, wozu auch die Aufhebung dieser Schriftformklausel gehört, bedürfen der Schriftform und eines Beschlusses durch die Gesellschafterversammlung.

(2) Etwaige frühere Arbeitsverhältnisse sind hiermit ausdrücklich aufgehoben, auch soweit sie zu einer der Firma geschäftlich oder durch die Person der Gesellschafter nahestehenden anderen Firma bestanden haben sollte. Sie bestehen auch nicht als ruhende Arbeitsverhältnisse fort. Der Geschäftsführer wird darauf hingewiesen, daß andere Arbeitsverhältnisse, auch in der Form eines ruhenden Arbeitsverhältnisses, ausdrücklich nicht mehr bestehen.

(3) Für den Fall, daß einzelne Bestimmungen dieses Vertrages unwirksam sein sollten, bleiben die übrigen Bestimmungen bestehen. Die unwirksame Bestimmung ist durch eine wirksame zu ersetzen, die dem ursprünglich gewollten Sinn am nächsten kommt.

(4) Alle in diesem Vertrag erwähnten Anlagen sind wesentlicher Bestandteil dieses Vertrages und bedürfen zu ihrer Abänderung oder Aufhebung der Abzeichnung beider Parteien.

, den

Unterschriften

▲

# 4. Muster: Dienstvertrag eines Steuerberaters als GmbH-Geschäftsführer (Gesellschafter-Geschäftsführer) ohne Aufsichtsrat

*Anstellungsvertrag*

zwischen

– nachfolgend auch Gesellschaft genannt –

und

Frau

– nachfolgend auch Geschäftsführerin genannt –

Zwischen den v. g. Parteien wird nachstehender Anstellungsvertrag geschlossen:

### § 1 Aufgabenbereich

1. Die Geschäftsführerin tritt am          in die Dienste der Gesellschaft ein. Sie übt ihre Tätigkeit als Angestellte im Sinne des § 58 StBerG aus.

2. Frau          ist von der Gesellschafterversammlung der          am          zur alleinvertretungsberechtigten Geschäftsführerin der          bestellt worden.

3. Sie übt ihre Tätigkeit gemäß § 57 StBerG eigenverantwortlich aus. Im einzelnen umfaßt ihr Aufgabengebiet u. a. folgende Tätigkeiten:

3.1 Leitung des Büros          in organisatorischer und personeller Sicht, Akquisition und Repräsentation

3.2 Erstellung von Jahresabschlüssen und die dazugehörigen Arbeiten sowie laufende Steuererklärungen

3.3 Laufende Mandatsberatung, Beistand bei Betriebsprüfungen, Verhandlungen mit Behörden und Gerichten

3.4 Tatbestandsprüfungen nach steuerrechtlichen, handelsrechtlichen und sonstigen gesetzlichen Vorschriften, aufgrund dieser Prüfungen sind die entsprechenden Problemklärungen herbeizuführen

3.5 Betriebswirtschaftliche Unternehmensberatung

4. Als Geschäftsführerin vertritt Frau          die Gesellschaft gemäß §          der Satzung.

   Die Vertretung regelt sich nach §          der Satzung der Gesellschaft.

5. Im beruflichen Verkehr sind die besonderen Vorschriften des Steuerberatungsgesetzes und der Standesrichtlinien der Steuerberater über die Vertretung der Gesellschaft zu beachten.

6. Genehmigungspflichtige Geschäfte

   Die Geschäftsführung erstreckt sich nur auf Handlungen, die der gewöhnliche Betrieb der Gesellschaft mit sich bringt. Für außerordentliche Geschäfte bedarf es der gemeinsamen Entschließung aller Geschäftsführer und der vorherigen Zustimmung aller Gesellschafter.

7. Als außerordentliche Geschäfte gelten insbesondere:

7.1 Erwerb, Veräußerung und Belastung von Grundstücken; dasselbe gilt für entsprechende Verpflichtungsgeschäfte

7.2 Vornahme von baulichen Maßnahmen

7.3 Abschluß, Ausübung oder Änderung von Leasing-, Pacht- oder Mietverträgen für die Dauer von mehr als 1 Jahr oder mit einer monatlichen Verpflichtung von mehr als          DM (          EUR)

**§ 1** Kapitel 3: Anstellungsverträge mit GmbH-Geschäftsführern und AG-Vorständen

7.4 Anstellung und Entlassung von Arbeitnehmern mit monatlichen Bezügen von mehr als ▇▇▇ DM (▇▇▇ EUR)

7.5 Beteiligung von Arbeitnehmern am Gewinn, Umsatz oder Vermögen der Gesellschaft sowie Versorgungszusagen jeder Art

7.6 Errichtung von Zweigniederlassungen, Gewerbe von anderen Unternehmen sowie Beteiligungen an solchen

7.7 Veräußerungen von Unternehmen

7.8 Widerruf von Prokura oder Handlungsvollmacht

7.9 Alle in § 6 der Satzung aufgeführten Rechtsgeschäfte

### § 2 Vergütung

753  1. Es werden folgende Vergütungen gezahlt:

Festgehalt als bestellte Steuerberaterin
Jahresgehalt ▇▇▇ DM (▇▇▇ EUR)
(in Worten: ▇▇▇ Deutsche Mark; ▇▇▇ EURO)

Das Festgehalt wird in zwölf gleichen Monatsraten von jeweils ▇▇▇ DM gezahlt.

2. Nach Ablauf der in § 7 des Vertrages vereinbarten Integrationszeit treten folgende Regelungen in Kraft:

2.1 Altersversorgung im Rahmen der bestehenden Gruppendirektversicherung iHv. jährlich ▇▇▇ DM (▇▇▇ EUR) für das 1. Jahr und sodann Aufstockung nach dem 2. Jahr auf ▇▇▇ DM und nach dem 3. Jahr auf ▇▇▇ jährliche Prämien.

2.2 Tantieme

Die Gesellschaft zahlt an ihre Geschäftsführerin eine Tantieme iHv. 15 % der Bemessungsgrundlage, max. 33 1/3 % des jährlichen Festgehaltes einschl. sonstiger vertraglicher Festbezüge. Der Höchstbetrag der Tantieme wird auf max. ▇▇▇ DM (▇▇▇ EUR) p. a. begrenzt.

Bemessungsgrundlage für die Tantieme ist der Jahresüberschuß der Gesellschaft vor Körperschaftsteuer, Solidaritätszuschlag, Gewerbesteuer und der Tantieme selbst, nach Verrechnung mit einem evtl. Verlustvortrag, ausgenommen eines in der Bilanz zum ▇▇▇ ausgewiesenen Verlustvortrages.

2.3 Das unter Ziffer 1 genannte Gehalt wird im Krankheitsfall für den Zeitraum von sechs Wochen fortgezahlt.

3. Bei Geschäftsreisen hat die Geschäftsführerin Anspruch auf Ersatz aller Kosten. Hinsichtlich des bei Geschäftsreisen entstehenden Verpflegungsmehraufwandes hat die Geschäftsführerin Anspruch auf Ersatz in Höhe der jeweils geltenden steuerlich zulässigen Pauschalbeträge. Die Kosten sind im einzelnen zu belegen.

4. Der Geschäftsführerin wird seitens des Arbeitgebers ein Kraftfahrzeug für ihre betrieblichen Fahrten zur Verfügung gestellt. Das Kraftfahrzeug kann in vertretbarem Rahmen auch für private Zwecke genutzt werden. Bezüglich der privaten Nutzung wird der Geschäftsführerin im Rahmen der Lohnsteuerrichtlinien ein geldwerter Vorteil zugerechnet.

5. Die Gesellschaft behält sich vor, die Vergütung jederzeit und ohne daß es einer weiteren Ankündigung bedarf, gemäß dem festgelegten Umrechnungskurs von 1,95583 in EURO abzurechnen.

### § 3 Arbeitszeit

Die Arbeitszeit richtet sich nach dem Arbeitsanfall und entspricht der einer leitenden Angestellten. Sie ist nicht identisch mit der des allgemeinen Bürobetriebs.

Überstunden sind mit den Bezügen in § 2 abgegolten.

## § 4 Urlaub

Die Geschäftsführerin erhält einen Jahresurlaub von 30 Arbeitstagen, dessen zeitliche Anberaumung jeweils mit den bestellten Geschäftsführern und Prokuristen abgestimmt und abgesprochen wird.

Zur Stückelung des jährlichen Urlaubs in mehr als zwei Teile ist eine besondere Absprache notwendig.

## § 5 Nebentätigkeit und Wettbewerbsverbot

1. Die Geschäftsführerin wird ihre gesamte Arbeitskraft, Erfahrung und Kenntnis der Gesellschaft zur Verfügung stellen.

   Sie ist gehalten, jederzeit, wenn und soweit das Wohl der Gesellschaft es erfordert zur Dienstleistung zur Verfügung zu stehen.

2. Die Geschäftsführerin ist nicht berechtigt, nach Ablauf der in § 7 des Vertrages genannten Probezeit auf eigene Rechnung und in eigenem Namen in steuerlichen, rechtlichen und betriebswirtschaftlichen sowie wirtschaftlichen Angelegenheiten Dritte zu beraten.

3. Jegliche, auch nur gelegentliche Lehrtätigkeit ist nur in Abstimmung mit den Gesellschaftern statthaft.

4. Die Geschäftsführerin unterliegt auch nach einer evtl. Beendigung des Anstellungsvertrages insoweit einem Wettbewerbsverbot, als sie Mandate der Gesellschaft anschließend nur mit Zustimmung der Gesellschaft selbständig, als Angestellte oder Mitgesellschafterin einer anderen Gesellschaft betreuen darf. Für diese Zustimmung hat sie betreffend den einzelnen Mandanten an die Gesellschaft einen Betrag iHv. 60 % des mit dem betreffenden Mandanten jeweils in den letzten zwei Jahren getätigten Durchschnittsumsatzes zu entrichten.

   Übernimmt sie Mandate ohne Zustimmung der Gesellschaft, so ist sie hierfür verpflichtet, Schadensersatz iHv. ebenfalls 60 % der gleichen Bemessungsgrundlage wie vorstehend zu zahlen. Die v. g. Regelung gilt längstens für einen Zeitraum von zwei Jahren nach Ausscheiden aus dem Anstellungsvertrag.

## § 6 Berufsgrundsätze

Die Geschäftsführerin ist nach den Berufsgrundsätzen der Steuerberater zu einer besonderen Verschwiegenheit verpflichtet. Sie hat vom Inhalt der beigefügten Verschwiegenheitsverpflichtungserklärung Kenntnis erlangt und diese durch Unterschrift bestätigt.

Die Verpflichtungserklärung ist Bestandteil dieses Vertrages. Eine Verletzung dieser Verpflichtung berechtigt die Gesellschaft zur Kündigung aus wichtigem Grund.

Anschriften und Ablichtungen von Arbeitsunterlagen dürfen nicht angefertigt werden. Bei Beendigung des Arbeitsverhältnisses sind sämtliche Unterlagen, Bücher etc. zurückzugeben.

## § 7 Dauer des Vertrages

1. Der Vertrag wird auf unbestimmte Dauer geschlossen. Er endet mit der Abberufung der Geschäftsführerin, ohne daß es einer Kündigung bedarf.

2. Die Zeit vom          bis zum          gilt als Integrationszeit. In dieser Zeit ist der Vertrag jeweils mit einer Frist von einem Monat kündbar.

3. Der Vertrag ist jederzeit aus wichtigem Grund fristlos kündbar.

4. Im Fall der ordentlichen Kündigung des Vertrages kann die Geschäftsführerin unter Fortzahlung des Gehaltes von der Arbeit freigestellt werden.

5. Ergänzungen bzw. Änderungen der Vereinbarungen des § 2 berühren im übrigen das Gesamtvertragswerk nicht.

6. Die Geschäftsführerin wird bei Spaltung oder Teilübertragung der Gesellschaft einem Arbeitnehmer gemäß § 323 Abs. 1 UmwG gleichgestellt.

### § 8 Vertragsänderungen
Vertragsänderungen bedürfen in jedem Fall der Schriftform sowie der ausdrücklichen Zustimmung der Organe der Gesellschaft.

### § 9 Salvatorische Klausel
Sollten einzelne Bestimmungen dieses Vertrages ungültig sein oder werden, so berührt dieses die Wirksamkeit der übrigen Bestimmungen nicht.

Anstelle der unwirksamen Vorschrift ist eine Regelung zu vereinbaren, die der wirtschaftlichen Zwecksetzung der Parteien am nächsten kommt.

### § 10 Sonstiges
Die Gesellschafter sind daran interessiert, nach einer Übergangszeit von etwa 24 Monaten die Geschäftsführerin als Gesellschafterin in die Gesellschaft aufzunehmen.

## 5. Muster: Dienstvertrag eines Holding-Vorstands, zugleich Vorstandsvorsitzender einer Tochter

Zwischen

der A. AG

und

Herrn

wird folgender Dienstvertrag geschlossen.

### § 1
(1) Durch Beschluß des Aufsichtsrats der Gesellschaft (A AG) ist Herr             zum ordentlichen Mitglied des Vorstands für die Zeit vom             bis zum             bestellt worden.

(2) Herr             ist in Gemeinschaft mit den anderen Vorstandsmitgliedern für die Gesamtleitung der Gesellschaft verantwortlich. Seine Rechte und Pflichten als Vorstandsmitglied ergeben sich aus dem Gesetz, der Satzung, der Geschäftsordnung einschließlich Geschäftsverteilungsplan, diesem Vertrag und den Beschlüssen des Aufsichtsrats.

(3) Herr             nimmt seine Aufgaben als Vorstandsmitglied der A AG neben seiner Funktion als Vorstandsvorsitzender der B AG wahr. Seine Bestellung erfolgt im Hinblick auf seine Funktion bei der B AG. Die Regelungen dieses Dienstvertrages treten ergänzend neben die Regelungen des Dienstvertrages mit der B AG.

### § 2
(1) Herr             hat die Interessen und Belange der Gesellschaft unter Beachtung größter Sorgfalt jederzeit zu wahren und zu fördern.

(2) Aufgrund seiner Stellung in der Gesellschaft übernommene Aufsichtsratsmandate, ähnliche Funktionen und Ehrenämter hat Herr             bei seinem Ausscheiden der Gesellschaft zur Verfügung zu stellen. Auf ihren Wunsch hat er sich dafür einzusetzen, daß eine andere, von der Gesellschaft benannte Person an seine Stelle tritt. Zur Niederlegung eines aufgrund seiner Stellung in der Gesellschaft übernommenen Aufsichtsmandats und sonstiger Ämter (wie z. B. Geschäftsführung, Beirat u. ä.) ist Herr             jederzeit verpflichtet, wenn er durch Beschluß des Personalausschusses des Aufsichtsrats hierzu aufgefordert wird. Dabei ist jedoch auf etwaige gesetzlich oder behördlich vorgegebene Fristen Rücksicht zu nehmen. Ob es sich bei einem Aufsichtsratsmandat oder einem ähnlichen Posten um eine aufgrund der Stellung in der Gesellschaft

übernommene Tätigkeit im Sinne dieser Bestimmung handelt, wird jeweils vor der Übernahme des Mandats im Einvernehmen mit dem Vorsitzenden des Aufsichtsrats festgestellt.

**§ 3**

(1) Herr ▓▓▓▓ ist verpflichtet, alle ihm durch seine Tätigkeit bei der Gesellschaft vermittelten Einblicke und Kenntnisse geheim zu halten, soweit deren Bekanntgabe für die Gesellschaft nachteilig sein könnte, es sei denn, daß im Rahmen pflichtgemäßer Tätigkeit eine Offenlegung zu erfolgen hat. Die Geheimhaltungspflicht besteht nach dem Ausscheiden aus der Gesellschaft fort.

(2) Herr ▓▓▓▓ ist verpflichtet, alle seine dienstliche Tätigkeit betreffenden Schriftstücke einschließlich seiner eigenen Aufzeichnungen geschäftlicher Art als anvertrautes Eigentum der Gesellschaft zu behandeln, sorgfältig unter Verschluß aufzubewahren und bei Beendigung des Dienstverhältnisses unaufgefordert vollzählig der Gesellschaft auszuhändigen.

(3) Für Veröffentlichungen, durch die die Interessen der Gesellschaft beeinträchtigt werden können, hat Herr ▓▓▓▓ die vorherige schriftliche Zustimmung des Vorsitzenden des Aufsichtsrats einzuholen.

**§ 4**

(1) Als Vergütung für seine Tätigkeit erhält Herr ▓▓▓▓ zusätzlich zu seinen Bezügen bei der B AG mit Wirkung ab ▓▓▓▓ jährlich und brutto eine Tantieme in Höhe von ▓▓▓▓ % des Konzernjahresüberschusses der Gesellschaft zzgl. der ergebnisabhängigen Steuern. Die Tantieme ist jeweils am ersten Werktag nach dem Tag fällig, an dem die Hauptversammlung der Gesellschaft über die Verwendung des Bilanzgewinns des betreffenden Geschäftsjahres beschließt.

(2) Erstreckt sich die Tätigkeit des Herrn ▓▓▓▓ nicht auf ein volles Geschäftsjahr, so erhält er für jeden Monat des Geschäftsjahres, in dem er für die Gesellschaft tätig war, 1/12 der Vergütung nach Abs. 1. Bei Krankheit endet der Vergütungsanspruch nach sechs Monaten ab dem ersten vollen Monat der Erkrankung. Alle übrigen Nebenansprüche wie Urlaub etc. sind im Dienstvertrag mit der B AG geregelt.

**§ 5**

Herr ▓▓▓▓ erhält Ersatz seiner Aufwendungen, die ihm in Ausübung seiner Aufgaben im Rahmen dieses Vertrages entstehen, einschließlich Reise- und Bewirtungskosten, soweit diese nicht – dem Regelfall entsprechend – von der B AG getragen werden. Übersteigen diese Aufwendungen nach den steuerlichen Vorschriften zulässige Pauschbeträge, so sind sie im einzelnen zu belegen.

**§ 6**

(1) Dieser Dienstvertrag wird mit Wirkung vom ▓▓▓▓ geschlossen und endet am ▓▓▓▓.

(2) Nach Ablauf der Frist des § 6 Abs. 1 kann der Dienstvertrag in beiderseitigem Einvernehmen im Rahmen der gesetzlich zulässigen Zeitdauer fortgesetzt werden. Hierzu bedarf es eines Aufsichtsratsbeschlusses über die Verlängerung der Bestellung zum Vorstandsmitglied. Soweit im Falle der Verlängerung nicht ausdrücklich anderes vereinbart wird, gelten die bisherigen dienstvertraglichen Regelungen weiter.

(3) Sollte während der Laufzeit dieses Vertrages die Bestellung von Herrn ▓▓▓▓ zum Vorstandsmitglied der B AG enden, endet in jedem Falle damit auch seine Tätigkeit für die Gesellschaft, gleichgültig aus welchen Gründen die Bestellung zum Vorstandsmitglied der B AG endet. Dabei sind sich die Vertragsparteien einig, daß das Ende der Bestellung zum Vorstandsmitglied der B AG als wichtiger Grund für den Widerruf der Bestellung zum Vorstandsmitglied der A AG gilt. Im übrigen wird Herr ▓▓▓▓ nach dem Ausscheiden aus dem Vorstand der B AG auf erste Anforderung des Aufsichtsrats unverzüglich die Niederlegung seines Amtes als Vorstandsmitglied der A AG erklären.

(4) Zwischen den Vertragsparteien wird vereinbart, daß eine Kündigung durch die A AG aus Anlaß eines Betriebsübergangs unzulässig ist. Im Falle der Umwandlung der Gesellschaft steht Herrn ▓▓▓▓ ein Sonderkündigungsrecht zu, falls er in der nach der Umwandlung geschaffe-

## §1 Kapitel 3: Anstellungsverträge mit GmbH-Geschäftsführern und AG-Vorständen

nen Gesellschaft nicht zum Organ bestellt werden sollte. Über das Sonderkündigungsrecht ist Herr ..... befugt, mit einer Ankündigungsfrist von zwei Monaten aus der Gesellschaft auszuscheiden. Angesichts des in diesem Falle gesellschafterseitig veranlaßten Ausscheidens erhält Herr ..... eine Abfindung, die sich aus einer Kapitalisierung der voraussichtlichen Gesamtbezüge für die Restvertragslaufzeit und einen weiteren Betrag errechnet, der nach folgender Formel ermittelt wird: ..... .

### § 7

(1) Die Unwirksamkeit einer Vertragsbestimmung läßt die Wirksamkeit der übrigen Bestimmungen unberührt. Die Parteien sind in diesem Falle verpflichtet, die rechtsunwirksame Bestimmung durch eine rechtlich zulässige und mit den Bestimmungen dieses Vertrag in Einklang stehende Regelung zu ersetzen, die dem wirtschaftlich verfolgten Zweck der ungültigen Bestimmung am nächsten kommt.

(2) Für Rechtsstreitigkeiten im Zusammenhang mit diesem Dienstvertrag befindet sich der Gerichtsstand am Sitz der A AG.

(3) Änderungen und Ergänzungen dieses Vertrages bedürfen der Schriftform.

Dieses Exemplar ist doppelt ausgefertigt. Beide Vertragsparteien erhalten je ein unterschriebenes Exemplar.

....., den .....

(Der Vorsitzende des Aufsichtsrats)     (Mitglied des Vorstands)

### 6. Muster: Beschluß der Gesellschafterversammlung über die Geschäftsverteilung

Wir, die unterzeichnenden Gesellschafter der ..... GmbH, sind die alleinigen Gesellschafter dieser Gesellschaft. Unter Verzicht auf alle Formen und Fristen der Ankündigung und Einberufung halten wir eine außerordentliche Gesellschafterversammlung der ..... GmbH ab und erlassen die nachfolgende Geschäftsordnung für die Geschäftsführung der Gesellschaft, welche die vorherige Regelung gemäß Beschluß vom ..... aufhebt und ersetzt.

#### § 1 Geschäftsführung

Die Geschäftsführung besteht aus den Geschäftsführern

.....

und

.....

#### § 2 Geschäftsverteilungsplan

Die Aufgaben- und Verantwortungsbereiche beider Geschäftsführer sollen intern geteilt werden. Der nachfolgende Geschäftsverteilungsplan legt den Geschäftsbereich eines jeden Geschäftsführers fest.

Die Aufgabenverteilung ergibt sich wie folgt:

1) Herr/Frau ..... ist zuständig für
   - Berichtswesen gegenüber den Gesellschaftern
   - Unternehmensstrategie und Unternehmensführung
   - Verwaltung (Rechtswesen, Personalangelegenheiten)
   - Finanzwesen und Controlling (Buchhaltung, Kostenrechnung)

- Marketing, Preisfindung
- Unterstützung, Vertrieb und Versand (Verkaufsplanung)
- Materialwirtschaft (Einkauf, Bestellwesen und Lagerverwaltung)
- Produktionsplanung und Produktionssteuerung (Organisation der Gruppenfertigung, Qualitätsmanagement)
- Produktentwicklung
- Aufrechterhaltung der gewerblichen Schutzrechte
- Investitionsplanung

2) Herr/Frau ist zuständig für
- Vertriebsleitung und Vertriebsplanung
- Unterstützung Marketing
- Berichtswesen gegenüber den Gesellschaftern hinsichtlich des gesamten Vertriebswesens
- Messeplanung und verantwortliche Koordination
- Vorgabe für Werbemaßnahmen
- Vorgaben für die technische Umsetzung im Bereich Großgeräte
- Unterstützung in der Materialwirtschaft
- Unterstützung in der Produktentwicklung, Unterstützung des technischen Kundendienstes und Service

3) In der vorbenannten Aufteilung soll die grundsätzliche Aufgabenteilung zwischen der Führung des Vertriebs und der kaufmännischen sowie der Produktentwicklungs- und Fertigungsseite zum Ausdruck kommen. Aufgaben, die nicht erwähnt sind, sollen vom jeweils Bereichsverantwortlichen wahrgenommen werden.

4) Dieser Beschluß ist den Geschäftsführern durch Herrn/Frau zu übermitteln und bildet Anlage und Bestandteil der jeweiligen Geschäftsführerdienstverträge. Die Geschäftsführer sind hierauf hinzuweisen.

, den

## 7. Muster: Ruhegeldvereinbarung eines GmbH-Geschäftsführers[1188]

*Ruhegeldvereinbarung*

Zwischen

– nachstehend Gesellschaft genannt –

und

Herrn

– nachstehend Geschäftsführer genannt –

wird in Ergänzung des Anstellungsvertrages eine Pensionszusage über eine Alters-, Invaliden- und Hinterbliebenenversorgung nach Maßgabe der folgenden Bestimmungen vereinbart:

### § 1 Leistungsarten
Der Geschäftsführer hat gegenüber der Gesellschaft einen Rechtsanspruch auf
1. Ruhegeld,
2. Witwengeld.

---

[1188] Bei Abschluß einer Ruhegeldvereinbarung sind die nach der Rechtsprechung zu erfüllenden Voraussetzungen zu beachten, siehe § 1 Kapitel 3 Rn 728 ff.

### § 2 Ruhegeld

(1) Das Ruhegeld wird dem Geschäftsführer gezahlt, wenn

a) er dienstunfähig wird oder

b) er das 65. Lebensjahr (Altersgrenze) vollendet oder

c) er Altersrente aus der gesetzlichen Rentenversicherung vor Vollendung des 65. Lebensjahres in Anspruch nimmt oder, wenn kein Anspruch aus der gesetzlichen Rentenversicherung entstehen kann, er die altersmäßigen Voraussetzungen für den Bezug des vorzeitigen Altersruhegeldes gemäß §§ 36–38, 43, 44 SGB VI erfüllt oder

d) das Dienstverhältnis durch die Gesellschaft oder im gegenseitigen Einvernehmen beendet wird.

(2) Dienstunfähigkeit liegt vor, wenn der Geschäftsführer aus gesundheitlichen Gründen nicht nur vorübergehend außerstande ist, seine Tätigkeit als Geschäftsführer der Gesellschaft auszuüben. Sie gilt als nachgewiesen, wenn ein Berufs- oder Erwerbsunfähigkeitsbescheid des Trägers der gesetzlichen Rentenversicherung oder das entsprechende Gutachten eines von der Gesellschaft zu benennenden Facharztes vorliegt. Dienstunfähigkeit, die vorsätzlich herbeigeführt worden ist, löst keinen Anspruch auf Ruhegeld aus.

### § 3 Höhe des Ruhegeldes

760 (1) Die Höhe des Ruhegeldes wird wie folgt berechnet:

a) Der Anspruch auf ein lebenslanges Ruhegeld entsteht, sobald das Anstellungsverhältnis 5 Jahre bestanden hat.

b) Das jährliche Ruhegeld beträgt ........ % des zuletzt geltenden Jahresgehalts. Dieser Prozentsatz erhöht sich in jedem weiteren Jahr des Anstellungsverhältnisses um ........ % bis zu einer maximalen Höhe von ........ %.

c) Anrechenbar sind die Dienstjahre, die der Geschäftsführer bis zur Vollendung des 65. Lebensjahres ohne Unterbrechung des Anstellungsverhältnisses in den Diensten der Gesellschaft verbracht hat. Die Dienstzeit bei ........ gilt als anrechenbare Dienstzeit (Vordienstzeit) wie auch für die Unverfallbarkeit dem Grunde nach.

(2) Die auf volle Jahre gerundete anrechenbare Dienstzeit ergibt die ruhegeldfähigen Dienstjahre, die der Ermittlung des Ruhegeldes zugrunde zu legen sind. Bei der Rundung gilt ein angefangenes Dienstjahr als vollendet, wenn es mindestens zur Hälfte abgeleistet ist.

(3) Ruhegehaltsfähiges Einkommen ist das Festgehalt gemäß dem Dienstvertrag, das der Geschäftsführer im Durchschnitt der letzten 12 vollen Beschäftigungsmonate vor Eintritt des Versorgungsfalles bzw. vor seinem vorzeitigen Ausscheiden bezogen hat. Über das Festgehalt hinaus gewährte Zahlungen wie Gratifikationen, Jubiläumsgaben und sonstige außerordentliche Zuwendungen gehören nicht zum rentenfähigen Einkommen.

### § 4 Hinterbliebenenbezüge

(1) Verstirbt der Geschäftsführer, während er sich noch im Dienst der Gesellschaft befindet oder während er Ruhegehalt bezieht, verpflichtet sich die Gesellschaft, seiner Ehefrau auf Lebenszeit, längstens jedoch bis zu einer etwaigen Wiederverheiratung, eine Witwenrente zu zahlen. Die Witwenrente beträgt 60 % des Ruhegehalts.

(2) War der Mitarbeiter bei der Eheschließung 60 oder mehr Jahre alt oder mehr als 25 Jahre älter als seine Ehefrau, wird kein Witwengeld gewährt.

(3) Witwengeld wird in gleichen monatlichen Teilbeträgen jeweils am Monatsende gezahlt und zwar letztmalig für den Monat, in dem die Anspruchsvoraussetzungen entfallen sind. Anspruch auf Witwengeld besteht solange nicht, wie das Gehalt oder das volle Ruhegeld gezahlt werden.

## § 5 Unverfallbarkeit
Scheidet der Geschäftsführer vor Eintritt des Versorgungsfalls aus den Diensten der Gesellschaft aus, so bleibt seine Anwartschaft auf Versorgungsleistungen nach Maßgabe der entsprechenden Vorschriften des Gesetzes zur Verbesserung der betrieblichen Altersversorgung bestehen.

## § 6 Fälligkeit und Zahlungen der Leistungen
(1) Die Renten werden nach Abzug der von der Gesellschaft einzubehaltenden Steuern 12 x im Jahr jeweils zum Ende eines Monats gezahlt. Erfüllungsort und Gerichtsstand für alle Ansprüche aus dieser Zusage ist der Sitz der Gesellschaft.

(2) Die erste Rente wird für den Monat gezahlt, der auf die Entstehung des Anspruchs folgt. Der Anspruch ruht jedoch bis zum Ende des Monats, für den die Gesellschaft noch Gehalt an den Geschäftsführer zahlt.

(3) Im Falle der Beendigung des Dienstverhältnisses gemäß § 1 Abs. 1 d) kann die Ruhegeldzahlung im gegenseitigen Einvernehmen ganz oder teilweise abgefunden werden.

## § 7 Erlöschen des Anspruchs
(1) Der Anspruch auf eine Versorgungsleistung erlischt mit dem Tode des Rentenempfängers.

(2) Stirbt der Geschäftsführer nach Eintritt des Pensionsfalles, so hat seine Witwe Anspruch auf Fortzahlung des Ruhegeldes für den Sterbemonat und die drei folgenden Monate.

## § 8 Anpassung laufender Leistungen
Nach Eintritt des Versorgungsfalls hat die Gesellschaft alle drei Jahre eine Anpassung der laufenden Leistungen zu prüfen und hierüber nach billigem Ermessen eine Anpassung an veränderte Umstände im Sinne des § 16 BetrAVG vorzunehmen.

## § 9 Pflichten des Versorgungsberechtigten
(1) Für die Dauer der Rentenzahlung ist der Gesellschaft die Lohnsteuerkarte des Leistungsempfängers vorzulegen. Die Gesellschaft ist über alles zu unterrichten, was für den Versorgungsanspruch oder die Höhe der Leistungen von Bedeutung ist.

(2) Schadensersatzansprüche gegen einen Dritten, der durch sein schuldhaftes Verhalten den Eintritt des Versorgungsfalles ausgelöst hat, müssen bis zur Höhe der Leistungen an die Gesellschaft abgetreten werden.

(3) Ansprüche aus dieser Versorgungszusage dürfen nicht abgetreten, verpfändet oder beliehen werden.

## § 10 Vorbehalt und Entzug der Leistungen, Inkrafttreten
(1) Die Gesellschaft behält sich vor, die Leistungen zu kürzen oder einzustellen, wenn die bei Erteilung der Pensionszusage maßgebenden Verhältnisse sich nachhaltig so wesentlich geändert haben, daß ihr die Aufrechterhaltung der zugesagten Leistungen auch unter objektiver Beachtung der Belange des Versorgungsberechtigten nicht mehr zugemutet werden kann.

(2) Die Gesellschaft behält sich vor, die Renten jederzeit und ohne daß es einer weiteren Ankündigung bedarf, gemäß dem festgelegten Umrechnungskurs von 1,95583 in EURO abzurechnen.

(3) Diese Ruhegeldzusage tritt am Tage ihrer Unterzeichnung in Kraft, sie tritt an die Stelle der bisherigen Ruhegeldzusage im Vertrag mit der Gesellschaft.

, den

Gesellschaft                          Geschäftsführer

## 8. Muster: Vorstandsvertrag mit Erläuterungen und Geschäftsordnung des Vorstands im konzernverbundenen Unternehmen

▼

Zwischen

der

– nachfolgend Gesellschaft genannt –

und

Herrn

wird hiermit, nachdem Herr durch Beschluß des Aufsichtsrates vom mit sofortiger Wirkung bis zum zum ordentlichen Vorstandsmitglied der Gesellschaft bestellt worden ist, folgender

*Anstellungsvertrag*

geschlossen:

### § 1 Aufgabenbereich

(1) Herr leitet gemeinsam mit den übrigen Mitgliedern des Vorstandes die Aktiengesellschaft unter Beachtung des jeweils gültigen Geschäftsverteilungsplanes für den Vorstand der Gesellschaft.

Vorrangig ist er verantwortlich für .

Er übt seine Tätigkeit nach Maßgabe der Gesetze, der Satzung und der Geschäftsordnung aus.

(2) Dienstort ist .

### § 2 Bezüge

(1) Als Vergütung für seine Tätigkeit erhält Herr ab dem ein garantiertes Jahresgrundgehalt in Höhe von

DM ( EUR) brutto

(in Worten: ), das in gleichen monatlichen Teilbeträgen jeweils am Ende eines Kalendermonats fällig wird.

(2) Herr erhält außerdem eine erfolgs- und leistungsabhängige variable Vergütung (Jahresbonus).

Die Höhe der variablen Vergütung ist abhängig von der Erreichung der für das jeweilige Geschäftsjahr festgelegten Ziele.

Die schriftliche Zielvereinbarung ist Bestandteil dieses Vertrages.

Bei vollständiger Zielerreichung beträgt der Jahresbonus 50 % des Jahresgrundgehaltes.

Der Jahresbonus wird fällig nach der Sitzung des Aufsichtsrates, in der der Jahresabschluß genehmigt wird.

### § 3 Fortzahlung der Bezüge bei Krankheit und Tod

(1) Im Falle einer Arbeitsunfähigkeit durch Krankheit oder Unfall erhält Herr für die Dauer von neun Monaten seine garantierten Bezüge gemäß § 2 Absatz 1 weiter, beginnend mit dem auf den Eintritt der Arbeitsunfähigkeit folgenden Kalendermonat, jedoch nicht über die Dauer des Anstellungsverhältnisses hinaus.

(2) Stirbt Herr während der Laufzeit dieses Vertrages, erhalten seine Ehefrau oder, nach deren Ableben, seine unterhaltsberechtigten Kinder die garantierten Bezüge noch für die Dauer von drei Monaten, beginnend mit dem Ablauf des Sterbemonats, weiter.

Für diesen Zeitraum entfallen die Leistungen an die Hinterbliebenen aus der für Herrn ▨ bestehenden betrieblichen Altersversorgung.

### § 4 Versicherungsschutz
(1) Herr ▨ wird durch die Gesellschaft für die Dauer des Anstellungsvertrages zusätzlich gegen dienstliche und private Unfälle versichert, und zwar mit
500.000,00 DM (255.645,94 EUR) für den Todesfall,
1.000.000,00 DM (511.291,88 EUR) für den Invaliditätsfall.

Die Ansprüche aus der Versicherung stehen unmittelbar Herrn ▨ oder den von ihm benannten Anspruchsberechtigten zu.

(2) Darüber hinaus wird Herr ▨ durch die Gesellschaft im Rahmen der Betriebshaftpflichtversicherung gegen Schäden, die er in Ausführung seiner dienstlichen Verrichtungen für die Gesellschaft verursacht, versichert.

### § 5 Dienstwagen
Die Gesellschaft stellt Herrn ▨ für die im dienstlichen Interesse notwendigen Fahrten einen Dienstwagen zur Verfügung, der auch zu Privatfahrten genutzt werden kann.

Für die Beschaffung, Ausstattung und Nutzung des Dienstwagens gelten die entsprechenden Richtlinien der ▨ Aktiengesellschaft. Die Versteuerung dieser Sachleistung erfolgt nach den gesetzlichen Bestimmungen.

### § 6 Kostenerstattung
(1) Bei Dienstreisen und bei der Bewirtung von Geschäftspartnern und Gästen erstattet die Gesellschaft Herrn ▨ als Vertrauensspesen die tatsächlichen Kosten, die in der notwendigen Wahrnehmung der Interessen der Gesellschaft entstehen.

(2) Für die Erstattung der Reisekosten bei Flugreisen und bei Reisen ins Ausland gelten die Reisekostenrichtlinien der Gesellschaft.

(3) Für dienstlich veranlaßte Telefongespräche von seinem Privatanschluß erstattet die Gesellschaft Herrn ▨ 50 % der monatlichen Gesprächsgebühren.

(4) Bei allen Kostenerstattungen sind die steuerlichen Vorschriften entsprechend zu berücksichtigen.

### § 7 Urlaub
Herr ▨ hat Anspruch auf einen jährlichen Erholungsurlaub von zweiunddreißig Arbeitstagen, der in Abstimmung mit den übrigen Vorstandsmitgliedern und mit dem Aufsichtsratsvorsitzenden zeitlich so festzulegen ist, daß die Belange der Gesellschaft nicht beeinträchtigt werden.

### § 8 Betriebliche Altersversorgung
(1) Die Gesellschaft erteilt Herrn ▨ eine Einzelzusage auf betriebliche Pensionsleistungen entsprechend einer gesonderten Vereinbarung, die Bestandteil dieses Vertrages ist.

(2) Herr ▨ wird Mitglied der ▨ Pensionskasse VVaG.

Der von ihm und der Gesellschaft zu zahlende Beitrag beträgt jeweils ▨ DM ( ▨ EUR) monatlich. Die Leistungen der Pesionskasse werden auf die Pension nicht angerechnet.

Die Versteuerung des Anteils der Gesellschaft erfolgt unter Berücksichtigung der gesetzlichen Bestimmungen.

### § 9 Nebentätigkeit
(1) Herr ▨ verpflichtet sich, seine ganze Arbeitskraft in den Dienst der Gesellschaft zu stellen.

Die Übernahme oder Fortsetzung jeder Nebentätigkeit bedarf der vorherigen Zustimmung des Aufsichtsratsvorsitzenden. Das gleiche gilt für die Beteiligung an einem anderen Unternehmen sowie für die Mitwirkung in Aufsichtsorganen anderer Unternehmen.

Die Zustimmung kann erteilt werden, wenn keine Interessen der Gesellschaft entgegenstehen.

Neben- und Ehrenämter, die Herr ▇▇▇ aufgrund dieses Anstellungsverhältnisses übernimmt, wird er auf Verlangen der Gesellschaft jederzeit, spätestens bei Beendigung des Anstellungsverhältnisses, niederlegen.

(2) Bei Veröffentlichungen und Vorträgen hat Herr ▇▇▇ die Belange der Gesellschaft zu berücksichtigen.

### § 10 Diensterfindungen
Für die Behandlung von Diensterfindungen finden die gesetzlichen Bestimmungen entsprechende Anwendung.

### § 11 Verschwiegenheit
(1) Herr ▇▇▇ verpflichtet sich, über alle ihm im Rahmen seiner Tätigkeit zur Kenntnis gelangenden oder ihm anvertrauten geschäftlichen und betrieblichen Angelegenheiten, insbesondere Geschäfts- und Betriebsgeheimnisse, über technische, organisatorische, wirtschaftliche und personelle Fragen Stillschweigen zu bewahren.

Diese Verpflichtung erstreckt sich in zulässigem Maße auch auf die Zeit nach der Beendigung des Anstellungsverhältnisses.

(2) Bei Beendigung des Anstellungsverhältnisses verpflichtet sich Herr ▇▇▇, sämtliche in seinem Besitz befindlichen Unterlagen, die im Zusammenhang mit seiner Tätigkeit standen, an die Gesellschaft zurückzugeben.

### § 12 Vertragslaufzeit
(1) Dieser Vertrag tritt am ▇▇▇ in Kraft und endet mit Ablauf der Bestellung zum Vorstandsmitglied am ▇▇▇.

(2) Herr ▇▇▇ hat Anspruch darauf, daß ihm spätestens neun Monate vor Ablauf des Vertrages verbindlich erklärt wird, ob und unter welchen Bedingungen eine Vertragsverlängerung angeboten wird. Herr ▇▇▇ ist verpflichtet, innerhalb von vier Wochen nach dem Angebot über eine Vertragsverlängerung zu erklären, ob er es annimmt.

(3) Für jeden Monat, den die Unterrichtung gemäß Absatz 2 Satz 1 verspätet erfolgt, erhält Herr ▇▇▇, falls der Vertrag nicht verlängert wird, eine Entschädigung in Höhe des zuletzt bezogenen monatlichen Teilbetrages gemäß § 2 Absatz 1.

Die Zahlung erfolgt nach Vertragsablauf monatsweise, gegebenenfalls unter Anrechnung etwaiger Versorgungsbezüge der Gesellschaft. Weitergehende Ansprüche aus Absatz 2 sind ausgeschlossen.

(4) Für eine vorzeitige Beendigung des Anstellungsverhältnisses aus wichtigem Grund gilt § 626 BGB.

Die Kündigung hat schriftlich unter Angabe der Gründe zu erfolgen.

### § 13 Schlußbestimmungen
(1) Dieser Vertrag tritt an die Stelle des bisherigen Anstellungsvertrages vom ▇▇▇.

Änderungen und Ergänzungen dieses Vertrages bedürfen zu ihrer Wirksamkeit der Schriftform.

(2) Im übrigen gelten die Richtlinien zum Anstellungsvertrag eines Vorstandsmitgliedes in ihrer jeweiligen Fassung.

(3) Bestandteil dieses Vertrages sind die jeweils geltenden Insider-Regeln.

(4) Erfüllungsort ist ▇▇▇.

Verträge mit Arbeitnehmern, Gesellschaftsorganen und Selbständigen § 1

**Erläuterungen und Regelungen zum Anstellungsvertrag für Vorstandsmitglieder**

**1. Rahmenbedingungen nach Gesetz und Satzung**

a) Für die Bestellung und Anstellung (einschl. Abberufung) eines Vorstandsmitgliedes einer Aktiengesellschaft ist zwingend der Aufsichtsrat zuständig.

764

Die Bestellung zum Vorstandsmitglied kann nur auf höchstens fünf Jahre erfolgen.

Eine wiederholte Bestellung, jeweils auch für höchstens fünf Jahre, ist möglich.

Sie bedarf jedesmal eines erneuten Aufsichtsratsbeschlusses, der frühestens ein Jahr vor Ablauf der bisherigen Amtszeit gefaßt werden kann.

b) Die Bestellung zum Vorstandsmitglied und der Abschluß des Anstellungsvertrages sind zu unterscheiden.

Der Anstellungsvertrag regelt die Rechte und Pflichten des Vorstandsmitgliedes im Innenverhältnis zur Aktiengesellschaft.

Mit der Bestellung wird das Vorstandsmitglied zum gesetzlichen Vertretungsorgan der Aktiengesellschaft bestimmt.

Die Bestimmungen für die Bestellung gelten sinngemäß auch für die Dauer des Anstellungsvertrages.

Der Aufsichtsrat kann den Abschluß des Anstellungsvertrages dem Personalausschuß des Aufsichtsrates übertragen.

c) Der Aufsichtsrat kann die Bestellung eines Vorstandsmitglieds vor Ablauf der regulären Amtszeit nur aus wichtigem Grund widerrufen. Ein solcher Grund liegt beispielsweise bei grober Pflichtverletzung, Unfähigkeit zur ordnungsgemäßen Geschäftsführung und Vertrauensentzug durch die Hauptversammlung oder den Aufsichtsrat vor.

Von der Abberufung bleiben die Rechte und Pflichten aus dem Anstellungsvertrag unberührt.

d) Das Vorstandsmitglied ist als Organ der Gesellschaft nicht Arbeitnehmer.

Für ihn gelten nicht:
- Arbeitsgerichtsgesetz
- Arbeitnehmererfindungsgesetz
- Arbeitszeitordnung
- Betriebsverfassungsgesetz
- Bundesurlaubsgesetz
- Kündigungsschutzgesetz
- Mutterschutzgesetz
- Schwerbehindertengesetz

Der Anstellungsvertrag ist rechtlich als Dienstvertrag im Sinne der §§ 611 ff. BGB zu qualifizieren.

e) Der Vorstand kann aus einem oder mehreren Vorstandsmitgliedern bestehen. Bei einer Aktiengesellschaft mit einem Grundkapital von mehr als drei Mio. DM hat der Vorstand aus mindestens zwei Personen zu bestehen.

In einer mitbestimmten (MitbestG 1976) Aktiengesellschaft ist ein Arbeitsdirektor als gleichberechtigtes Mitglied des Vorstandes zu bestellen.

f) Bei einem Mehr-Personen-Vorstand erfolgt die Festlegung des Aufgabengebietes der einzelnen Vorstandsmitglieder und die Abgrenzung ihrer Tätigkeiten im Rahmen eines Geschäftsverteilungsplanes, der Bestandteil der Geschäftsordnung für den Vorstand ist.

Der Vorstand gibt sich eine Geschäftsordnung, sofern eine Geschäftsordnung vom Aufsichtsrat nicht beschlossen oder gemäß Satzung vom Aufsichtsrat nicht zu erlassen ist. Die Satzung kann Einzelfragen der Geschäftsordnung bindend regeln.

g) Der Umfang der Geschäftsführungsbefugnis wird durch die Geschäftsordnung des Vorstandes bestimmt.

Der Katalog der zustimmungspflichtigen Geschäfte umfaßt diejenigen außergewöhnlichen Geschäfte und Rechtshandlungen, die im Interesse des Unternehmens der ausdrücklichen Zustimmung des Aufsichtsrates bedürfen.

h) Die Vertretungsberechtigung des Vorstandsmitgliedes im Außenverhältnis geht von der Befugnis zur Gesamtvertretung aus.

Sie ist Dritten gegenüber nicht einschränkbar.

Sind mehrere Vorstandsmitglieder bestellt, kann das einzelne Vorstandsmitglied gemäß Satzung die Gesellschaft nur mit einem weiteren Vorstandsmitglied vertreten. In begründeten Fällen kann einem Vorstandsmitglied Einzelvertretungsbefugnis erteilt werden.

i) Die Hauptversammlung ist oberstes Beschlußorgan der Aktiengesellschaft.

Der Vorstand ist verpflichtet, die vom Aufsichtsrat bzw. von der Hauptversammlung im Rahmen ihrer jeweiligen Zuständigkeit beschlossenen Maßnahmen auszuführen.

j) Die für die Vorstandsmitglieder gegebenen Vorschriften gelten auch für stellvertretende Vorstandsmitglieder.

k) Der Aufsichtsrat kann bei Bedarf einen der Vorstandsmitglieder zum Vorsitzenden des Vorstandes ernennen.

Der Vorstandsvorsitzende ist primus inter pares. Bei Stimmengleichheit kann seine Stimme den Ausgleich geben. Eine Alleinentscheidungsbefugnis oder ein Vetorecht kann dem Vorstandsvorsitzenden nicht erteilt werden.

**2. Aufgabenbereich und Tätigkeit**

a) Das Vorstandsmitglied hat seine Tätigkeit mit der Sorgfalt eines ordentlichen und gewissenhaften Geschäftsleiters auszuüben.

Die Rechte und Pflichten des Vorstandsmitgliedes bestimmen sich nach Maßgabe der Satzung, der Geschäftsordnung, des Anstellungsvertrages sowie den ergänzenden gesetzlichen Vorschriften.

b) Im Rahmen seiner Berichtspflicht berichtet das Vorstandsmitglied unaufgefordert – ggf. über den Vorsitzenden des Vorstandes – dem Vorsitzenden des Aufsichtsrates der Gesellschaft.

c) Das Vorstandsmitglied erklärt sich bereit, nicht nur die ihm übertragenen Aufgaben, sondern auf Wunsch und nach vorheriger Absprache auch weitere seinen Fähigkeiten und Kenntnissen entsprechende Tätigkeiten auszuüben.

d) Eine Änderung des Aufgabenbereichs oder eine Versetzung während der Laufzeit des Anstellungsvertrages erfolgt im Einvernehmen mit dem Vorstandsmitglied.

**3. Bezüge**

a) Das Jahresgrundgehalt ist die für die Aufgabe und Tätigkeit festgelegte garantierte Vergütung.

Sie wird mit Vertragsabschluß festgelegt und gilt grundsätzlich für die Laufzeit des Vertrages.

Eine Anpassung des Grundgehaltes während der Vertragslaufzeit liegt im Ermessen des Personalausschusses des Aufsichtsrates. Eine Gehaltsüberprüfung kann zur Mitte der Vertragslaufzeit vorgenommen werden.

b) Die erfolgs- und leistungsabhängige variable Vergütung (Jahresbonus) ist abhängig vom Erreichen vereinbarter Ziele.

Die Vereinbarung der Ziele erfolgt in der Regel vor Beginn der Leistungsperiode bzw. des Geschäftsjahres. Sie erfolgt schriftlich und gilt als Vertragsergänzung im Sinne von § 13 des Anstellungsvertrages.

## Verträge mit Arbeitnehmern, Gesellschaftsorganen und Selbständigen § 1

Am Ende der Leistungsperiode bzw. des Geschäftsjahres erfolgt die gemeinsam durchzuführende Ergebnisbewertung, auf deren Basis der jeweilige Zielerreichungsgrad bestimmt und dann der Jahresbonus festgelegt wird.

c) Die Bezüge werden grundsätzlich bargeldlos gezahlt. Kosten, die aufgrund der Führung eines Gehaltskontos entstehen, gehen zu Lasten des Vorstandsmitgliedes.

d) Alle Bezüge werden als Bruttobezüge gewährt.

Die Auszahlung erfolgt unter Abzug der gesetzlichen Abgaben.

e) Die Gesellschaft zahlt dem Vorstandsmitglied für seine private Zukunftssicherung einen Zuschuß in Höhe von 50 % der Lebensversicherungsprämie, jedoch nicht mehr als die Hälfte des Höchstbetrages zur gesetzlichen Angestellten-Rentenversicherung.

f) Die Gesellschaft beteiligt sich ferner an den Kosten zur privaten Krankenversicherung entsprechend den gesetzlichen Vorschriften bis zur Höhe des jeweiligen Arbeitgeberzuschusses zur Krankenversicherung, höchstens jedoch den Arbeitgeberanteil zur Pflichtkrankenkasse.

Die entsprechenden Aufwendungen sind jeweils nachzuweisen.

g) Die Gesellschaft behält sich vor, die Bezüge jederzeit und ohne daß es einer weiteren Ankündigung bedarf, gemäß dem festgelegten Umrechnungskurs von 1,95583 in EURO abzurechnen.

### 4. Fortzahlung der Bezüge bei Krankheit und Tod

a) Bei einer über neun Monate andauernden Arbeitsunfähigkeit kann die Gesellschaft in begründeten Fällen eine ab dem zehnten Monat zu gewährende, weitere Beihilfe festlegen.

b) Mit den im Todesfall des Vorstandsmitgliedes fortgezahlten Bezügen wird eine Minderung der auf die Angehörigen möglicherweise zukommenden finanziellen Belastungen angestrebt.

Die Zahlung erfolgt an die im Anstellungsvertrag genannten anspruchsberechtigten Angehörigen.

### 5. Versicherungsschutz

a) Die Versicherungsprämie für die zusätzliche Unfallversicherung wird von der Gesellschaft getragen. Sie ist als geldwerter Vorteil vom Vorstandsmitglied zu versteuern.

Dem Vorstandsmitglied bleibt es überlassen, im Rahmen einer freiwilligen Zusatzversicherung zu seinen Lasten höhere Versicherungssummen zu vereinbaren.

b) Im Versicherungsfall werden die Leistungen des Versicherers an das Vorstandsmitglied bzw. an die von ihm benannten anspruchsberechtigten Angehörigen weitergeleitet.

Die Zahlung erfolgt nur einmal und in nachstehender Reihenfolge, sofern das Vorstandsmitglied nicht Rangfolge und/oder Personen aus diesem Kreis selbst bestimmt hat:

aa) an seinen Ehegatten
bb) an sein/seine unterhaltsberechtigtes/ten Kinder
cc) an seine Eltern
dd) an andere vom Vorstandsmitglied benannte Personen.

Gibt es bei den genannten Personen bb) bis dd) mehrere Anspruchsberechtigte, wird die Versicherungssumme auf sie zu gleichen Teilen aufgeteilt.

c) Es gelten die Versicherungsbedingungen des Versicherungsvertrages.

### 6. Kostenerstattung

#### a) Umzugskosten

Die Kosten für einen dienstlich notwendigen Umzug werden bei Neueinstellung und aus Anlaß einer Versetzung an einen anderen Dienstort von der Gesellschaft in angemessenem Rahmen übernommen.

Zu den im einzelnen nachzuweisenden Kosten zählen die reinen Speditionskosten, die Kosten für Versicherung und ggf. Übersiedlung der Familie (Fahrt und Hotelkosten).

Darüber hinaus wird für sonstige, im einzelnen nicht nachzuweisende Kosten des Umzuges eine Pauschale in Höhe von max. ▓▓▓ DM (▓▓▓ EUR) brutto gezahlt.

**b) Trennungsentschädigung**

Für die dienstlich notwendige Dauer der getrennten Haushaltsführung im Zusammenhang mit einem Umzug oder einer Versetzung, längstens für die Dauer von sechs Monaten, erhält das Vorstandsmitglied eine monatliche Trennungsentschädigung entsprechend den steuerlichen Möglichkeiten oder pauschal in Höhe von monatlich ▓▓▓ DM (▓▓▓ EUR) brutto.

Die Trennungsentschädigung wird zusammen mit den monatlichen Bezügen ausgezahlt.

**c) Maklergebühren**

Bei der Wohnungsbeschaffung ist die Gesellschaft im Rahmen ihrer Möglichkeiten behilflich.

Sofern für die Wohnungsbeschaffung ein Makler eingeschaltet werden muß, übernimmt die Gesellschaft die Maklerkosten bei Wohnungsmiete bis zu zwei Monatsmieten. Bei Haus- oder Wohnungskauf wird ein Betrag bis zu zwei Monatsmieten vergleichbarer Miethäuser bzw. Mietwohnungen unter Berücksichtigung der steuerlichen Vorschriften erstattet.

**d) Telefonkosten**

Anstelle der pauschalen Kostenerstattung in Höhe von 50 % der monatlichen Gesprächsgebühren erstattet die Gesellschaft die monatlich nachgewiesenen Einzelkosten für dienstlich veranlaßte Telefongespräche. Alle übrigen Telefonkosten hat das Vorstandsmitglied selbst zu tragen.

Die Kostenerstattung erfolgt unter Berücksichtigung der jeweils geltenden steuerlichen Vorschriften.

**e) Reisekosten**

Die Reise-, Übernachtungs- und Verpflegungskosten sowie die Kosten der Bewirtung von Geschäftsfreunden haben sich dem Anlaß entsprechend in einem angemessenen Rahmen zu halten.

Für die Erstattung sind grundsätzlich entsprechende Belege vorzulegen, die den steuerlichen Vorschriften genügen.

Die für die Reise- und Bewirtungskosten anfallenden Steuern werden von der Gesellschaft übernommen.

**7. Urlaub**

Es liegt im Interesse der Gesellschaft, daß das Vorstandsmitglied den ihm im Jahr zustehenden Erholungsurlaub nimmt.

Kann das Vorstandsmitglied seinen Jahresurlaub nur teilweise nehmen, weil die Interessen der Gesellschaft entgegenstehen, ist eine Übertragung des Resturlaubs auf das folgende Kalenderjahr möglich. Der Resturlaub muß bis zum 30. Juni genommen werden, danach verfällt er ersatzlos.

Eine Urlaubsabgeltung erfolgt nicht.

**8. Nebentätigkeit, Wettbewerbsverbot**

a) Auf Wunsch der Gesellschaft wird das Vorstandsmitglied für andere Unternehmen, an denen Beteiligungen oder ähnliche Interessen der Gesellschaft bestehen, in im einzelnen zu vereinbarender Weise tätig werden.

In allen anderen Fällen, insbesondere bei Unternehmensbeteiligungen und Mitwirkungen auf eigenen Wunsch ist die vorherige Zustimmung einzuholen.

Der Erwerb von Aktien und/oder Geschäftsanteilen, die keinen Einfluß auf die Organe der betreffenden Gesellschaften ermöglichen, fallen nicht unter die genannte Zustimmungspflicht.

b) Eine Wettbewerbstätigkeit während der Anstellung verbietet sich für das Vorstandsmitglied aufgrund seiner allgemeinen vertraglichen Treuepflicht.

**Verträge mit Arbeitnehmern, Gesellschaftsorganen und Selbständigen** § 1

Ein nachvertraglich wirkendes Wettbewerbsverbot wird nur dann in den Anstellungsvertrag aufgenommen, wenn eine der beiden vertragschließenden Parteien dies ausdrücklich wünscht.

**9. Vertragslaufzeit, Kündigung**

a) Der Anstellungsvertrag eines Vorstandsmitgliedes wird als zeitlich befristeter Vertrag abgeschlossen.

Die Vertragslaufzeit für Vorstandsmitglieder beträgt höchstens fünf Jahre. Das Anstellungsverhältnis endet daher mit Zeitablauf.

b) Für eine vorzeitige Kündigung „aus wichtigem Grund" gelten die gesetzlichen Bestimmungen.

c) Die Gesellschaft ist berechtigt, das Vorstandsmitglied unter Weiterzahlung seiner Bezüge für den Zeitraum zwischen der Erklärung über die Nichtverlängerung bzw. Kündigung seines Vertrages und der rechtlichen Beendigung des Anstellungsvertrages jederzeit zu beurlauben.

Ein Anspruch auf Weiterbeschäftigung während dieser Zeit besteht nicht.

d) Das Vorstandsmitglied hat Anspruch auf Erteilung eines Zeugnisses.

*Geschäftsordnung*
*für den Vorstand der Gesellschaft*

**1. Allgemeines**

1.1   Der Vorstand führt die Geschäfte der Gesellschaft nach Maßgabe der Gesetze, der Satzung und dieser Geschäftsordnung.

1.2   Die Verteilung der Geschäftsbereiche auf die einzelnen Mitglieder des Vorstands ergibt sich aus dem als Anlage beigefügten Geschäftsverteilungsplan, der Bestandteil dieser Geschäftsordnung ist.

Änderungen der Geschäftsordnung bzw. des Geschäftsverteilungsplans können jederzeit vom Aufsichtsrat vorgenommen werden.

**2. Gesamt- und Einzelgeschäftsführung**

2.1   Im Rahmen der Gesamtverantwortung jedes Vorstandsmitglieds für die Geschicke des Unternehmens hat jedes dem Vorstand angehörende Mitglied unter Wahrung größtmöglicher Selbständigkeit in dem ihm zugeordneten Bereich mit den übrigen Vorstandsmitgliedern kollegial zusammenzuarbeiten. Die Mitglieder des Vorstands unterrichten sich laufend über wichtige Maßnahmen in ihrem Bereich. Jedes Mitglied ist verpflichtet, bei schwerwiegenden Bedenken im Zusammenhang mit einer Angelegenheit eines anderen Bereichs eine Beschlußfassung des Vorstands herbeizuführen, wenn die Bedenken nicht durch eine Aussprache mit dem anderen Mitglied des Vorstands behoben werden können.

Bei Meinungsverschiedenheiten des Gesamtvorstands sowie darüber hinaus bei Anlässen, die von einem der Vorstandsmitglieder für wichtig gehalten werden, hat jedes Vorstandsmitglied das Recht, eine Beratung des Gesamtvorstands über diesen Gegenstand zu verlangen und, falls eine solche Beratung nicht zu einer Übereinstimmung führt, nach Unterrichtung des Vorsitzenden des Vorstands den Gegenstand an den Vorsitzenden des Aufsichtsrats heranzutragen. Der Vorsitzende des Aufsichtsrats entscheidet in diesem Fall über eine Behandlung im Aufsichtsrat und gegebenenfalls über Art und Zeitpunkt der Behandlung, falls die Angelegenheit nicht auf andere Weise geklärt werden kann.

2.2   Der gesamte Vorstand entscheidet

2.2.1 in allen Angelegenheiten, in denen nach dem Gesetz, der Satzung oder dieser Geschäftsordnung eine Beschlußfassung durch den gesamten Vorstand vorgeschrieben ist, insbesondere über
- die Aufstellung des Jahresabschlusses und den Geschäftsbericht,
- die Einberufung der Hauptversammlung und die Vorschläge zur Beschlußfassung der Hauptversammlung,

- die periodische Berichterstattung an den Aufsichtsrat, die Geschäfte, die der Zustimmung des Aufsichtsrats bedürfen,
- die Geschäfte, die der Zustimmung des Aufsichtsrats der Beteiligungsgesellschaften bedürfen;

2.2.2 in allen Angelegenheiten, die dem Vorstand durch den Vorsitzenden oder ein Mitglied zur Beschlußfassung vorgelegt werden;

2.2.3 über die Richtlinien und Planungen (strategische Planung, operative Planung, Budgetplanung);

2.2.4 über alle Angelegenheiten, die nicht durch die Geschäftsverteilung einem Geschäftsbereich zugewiesen sind;

2.2.5 einstimmig über Vorschläge an den Aufsichtsrat bezüglich Änderungen der Geschäftsordnung und des Geschäftsverteilungsplans;

2.2.6 Regelungen der Geschäftsordnung, soweit sie in die Kompetenz des Vorstands fallen.

2.3 Vorstandsbeschlüsse führt jedes Mitglied des Vorstands im Rahmen des ihm zugewiesenen Geschäftsbereichs eigenständig durch, unbeschadet der gemeinsamen Verantwortung des Gesamtvorstands für die Geschäftsführung.

2.4 Soweit Maßnahmen und Geschäfte eines Geschäftsbereichs zugleich einen oder mehrere andere Geschäftsbereiche betreffen, muß sich das Mitglied des Vorstands zuvor mit den anderen beteiligten Mitgliedern abstimmen. Wenn eine Einigung nicht zustande kommt, ist eine Beschlußfassung des Vorstands herbeizuführen.

2.5 Maßnahmen und Geschäfte eines Geschäftsbereichs, die für die Gesellschaft von außergewöhnlicher Bedeutung sind oder mit denen ein außergewöhnliches wirtschaftliches Risiko verbunden ist, bedürfen der vorherigen Zustimmung des Vorstands. Dasselbe gilt für solche Maßnahmen und Geschäfte, bei denen der Vorsitzende des Vorstands die vorherige Beschlußfassung des Vorstands verlangt.

2.6 Maßnahmen und Geschäfte der in Absatz 2.4 Satz 2 und Absatz 2.5 bezeichneten Art darf das Mitglied des Vorstands ohne vorherige Zustimmung des Vorstands oder im Fall von Absatz 2.4 ohne vorherige Abstimmung mit den anderen beteiligten Mitgliedern vornehmen, wenn dies nach seinem pflichtgemäßen Ermessen zur Vermeidung unmittelbar drohender schwerer Nachteile für die Gesellschaft erforderlich ist.

**3. Vorsitzender des Vorstands**

3.1 Dem Vorsitzenden obliegt die Wahrung der Interessen der Gesellschaft im faktischen Konzern der AG. Er hat dafür zu sorgen, daß die im Rahmen der einheitlichen Leitung vom Konzern verabschiedeten strategischen Planungen sowie Beschlüsse auf den Gebieten der Finanz-, Investitions-, Produktions-, Absatz- und Personalpolitik den Interessen der Gesellschaft dienen und in der Gesellschaft und ihren Beteiligungen umgesetzt werden.

3.2 Dem Vorsitzenden des Vorstands obliegt ferner die Koordination aller Geschäftsbereiche des Vorstands. Er hat auf eine einheitliche Ausrichtung der Geschäftsführung auf die durch die Beschlüsse des Vorstands festgelegten Ziele hinzuwirken sowie sicherzustellen, daß die auf der Hauptversammlung und vom Aufsichtsrat gefaßten Beschlüsse ordnungsgemäß ausgeführt werden. Von den Mitgliedern des Vorstands kann er jederzeit Auskünfte über einzelne Angelegenheiten ihrer Geschäftsbereiche verlangen und bestimmen, daß er über bestimmte Arten von Geschäften im vorhinein zu unterrichten ist.

3.3 Der Vorsitzende des Vorstands repräsentiert den Vorstand und die Gesellschaft gegenüber der Öffentlichkeit, insbesondere gegenüber Behörden, Verbänden, Wirtschaftsorganisationen und Publikationsorganen.

Er kann diese Aufgaben für bestimmte Arten von Angelegenheiten oder im Einzelfall auf ein anderes Mitglied des Vorstands übertragen.

3.4 Dem Vorsitzenden des Vorstands obliegt die Federführung im mündlichen und schriftlichen Verkehr mit dem Aufsichtsrat und dessen Mitgliedern. Er unterrichtet den Vorsitzenden des Aufsichtsrats regelmäßig über den Gang der Geschäfte und die Lage des Unternehmens.

Bei wichtigen Anlässen und bei geschäftlichen Angelegenheiten, die auf die Lage der Gesellschaft von erheblichem Einfluß sein können, hat er dem Vorsitzenden des Aufsichtsrats unverzüglich zu berichten.

3.5 Bei Verhinderung des Vorsitzenden des Vorstands nimmt der stellvertretende Vorsitzende oder ein vom Vorsitzenden zu benennendes Mitglied die Rechte und Pflichten des Vorsitzenden wahr.

### 4. Sitzungen und Beschlüsse

4.1 Der Vorstand beschließt in der Regel in Sitzungen, die mindestens einmal im Monat stattfinden sollen und durch den Vorsitzenden des Vorstands einberufen werden.

Jedes Mitglied kann die Einberufung einer Sitzung verlangen.

Die Einberufung soll, soweit möglich, drei Tage vor der Sitzung unter Mitteilung der Tagesordnung und der Beschlußvorlagen erfolgen.

4.2 Der Vorstand ist nur beschlußfähig, wenn die Mehrheit seiner Mitglieder anwesend ist.

4.3 Der Vorsitzende des Vorstands leitet die Sitzungen. Er bestimmt die Reihenfolge der Tagesordnung. Er ist berechtigt, die Tagesordnung abzuändern, zu ergänzen und einzelne Punkte vor der Beschlußfassung von der Tagesordnung abzusetzen, wenn er dies für eine sachgerechte Entscheidungsfindung für erforderlich hält.

4.4 Der Vorstand entscheidet durch Mehrheitsbeschluß. Bei Stimmengleichheit entscheidet die Stimme des Vorsitzenden.

Die Beschlußfassung für ein einzelnes Ressort soll in der Regel in Anwesenheit des verantwortlichen Vorstandsmitglieds erfolgen.

Bei bedeutenden Vorstandsbeschlüssen ist der Aufsichtsratsvorsitzende zu informieren.

4.5 Über die Sitzungen des Vorstands ist eine Niederschrift anzufertigen, aus der sich Ort und Tag der Sitzung, Teilnehmer, Tagesordnung und Wortlaut der Beschlüsse ergeben. Die Niederschrift wird von dem Vorsitzenden der Sitzung unterzeichnet und allen Mitgliedern des Vorstands in Abschrift übermittelt. Die Niederschrift gilt als genehmigt, wenn kein Mitglied des Vorstands in der nächsten dem Zugang der Niederschrift folgenden Sitzung widerspricht.

Entscheidungen des Vorstands, die außerhalb von Sitzungen gefaßt worden sind, sind in der Niederschrift über die nächste Sitzung des Vorstands aufzunehmen.

### 5. Zustimmungspflichtige Geschäfte

Der Vorstand bedarf in folgenden Fällen der vorherigen Zustimmung des Aufsichtsrats:

5.1 zur Erteilung von Generalvollmachten;

5.2 zum Erwerb und zur Veräußerung von Grundstücken, wenn der Preis im Einzelfall 1.000.000,00 DM (511.291,88 EUR) übersteigt;

5.3 zur Errichtung und Auflösung von inländischen Zweigniederlassungen, wenn diese im Handelsregister einzutragen sind;

5.4 zur Übernahme und Veräußerung von Beteiligungen an anderen Unternehmen sowie zur Errichtung, zum Erwerb und zur Veräußerung anderer Unternehmen;

5.5 zur Ausübung von Gesellschafterrechten aus Beteiligungen bei der Beschlußfassung über Kapitalmaßnahmen, insbesondere über Kapitalerhöhungen und Kapitalherabsetzungen sowie über Unternehmensverträge;

5.6 zur Aufnahme von Anleihen;

**§ 1** Kapitel 3: Anstellungsverträge mit GmbH-Geschäftsführern und AG-Vorständen

5.7 zur Vornahme von Investitionen, die im Einzelfall 1.000.000,00 DM (511.291,88 EUR) überschreiten;

5.8 zum Erlaß und zur Änderung einer Geschäftsordnung für den Vorstand;

5.9 zur Übernahme von Bürgschaften oder ähnlichen Haftungen zugunsten Dritter, ausgenommen für laufende Geschäfte von Tochtergesellschaften;

5.10 zur Einleitung von Aktivprozessen mit einem Streitwert von mehr als 500.000,00 DM (255.645,94 EUR).

Sofern die vorherige Zustimmung des Aufsichtsrats nicht ohne Nachteil für die Gesellschaft abgewartet werden kann, ist die Einwilligung des Aufsichtsratsvorsitzenden einzuholen, der in der nächsten Sitzung die Zustimmung des Aufsichtsrats einholen wird.

Der Aufsichtsrat kann durch Beschluß die Vornahme weiterer Arten von Geschäften von seiner Zustimmung abhängig machen.

Der Aufsichtsrat kann dem Vorstand widerruflich die Einwilligung für bestimmte Arten von Geschäften auch im voraus erteilen bzw. einen Ausschuß hierzu ermächtigen.

**6. Inkrafttreten**

Die Geschäftsordnung ist vom Aufsichtsrat in der Sitzung vom             beschlossen worden und tritt mit Wirkung vom gleichen Tag in Kraft.

### 9. Muster: Betriebliche Altersversorgung – Pensionszusage eines Vorstands im Konzern

769 Die Aktiengesellschaft erteilt Herrn           entsprechend §           des Anstellungsvertrages vom           folgende Pensionszusage:

a) Scheidet Herr           nach Vollendung des 65. Lebensjahres oder wegen dauernder Dienstunfähigkeit vor diesem Zeitpunkt aus den Diensten der Gesellschaft aus, so steht ihm eine Pension zu.

Bestehen über das Vorliegen der Dienstunfähigkeit Zweifel, so kann eine Untersuchung durch einen vom Vorsitzenden des Aufsichtsrates zu benennenden Vertrauensarzt auf Kosten der Gesellschaft erfolgen. Bei Wiederherstellung der Dienstfähigkeit kann die Zahlung der Pension eingestellt werden.

Die Jahrespension beträgt bei Ausscheiden nach Vollendung des 65. Lebensjahres brutto           DM (           EUR in Worten:           Deutsche Mark,           EURO); bei Ausscheiden wegen dauernder Dienstunfähigkeit vor diesem Zeitpunkt verringert sich der Pensionsanspruch um 1/40 für jedes volle Jahr, das zwischen dem Zeitpunkt des Ausscheidens und der Vollendung des 65. Lebensjahres liegt.

In jedem Fall beträgt sein Anspruch bei Ausscheiden aus dem Unternehmen wegen Dienstunfähigkeit brutto           DM (           EUR in Worten:           Deutsche Mark,           EURO).

b) Die Pension wird bereits vor Vollendung des 65. Lebensjahres gezahlt, wenn Herr           ein vorgezogenes Altersruhegeld aus der gesetzlichen Rentenversicherung erhält.

Herr           ist verpflichtet, die Aufnahme oder Ausübung einer Beschäftigung oder Erwerbstätigkeit, die zu einem Fortfall des Altersruhegeldes aus der gesetzlichen Rentenversicherung führt bzw. führen würde, der Gesellschaft unverzüglich anzuzeigen. In diesem Fall ruht die Pension.

Die unter Punkt a) Abs. 3 vorgesehene Kürzung findet entsprechende Anwendung.

## Verträge mit Arbeitnehmern, Gesellschaftsorganen und Selbständigen — § 1

c) Bei Ausscheiden wegen dauernder Dienstunfähigkeit vor Vollendung des 65. Lebensjahres werden etwaige anderweitige Arbeitseinkünfte bis zur Vollendung des 65. Lebensjahres zur Hälfte auf die Pension angerechnet.

d) Unverfallbare Pensionsansprüche, die Herr         durch seine Tätigkeit bei vorherigen Arbeitgebern erworben hat, werden auf die Pension angerechnet. Er verpflichtet sich, diese Pensionsansprüche offenzulegen.

Die bisher im Konzern erworbenen Pensionsansprüche sind durch diese Zusage abgegolten.

e) Stirbt Herr         nach seiner Versetzung in den Ruhestand, so erhält seine Ehefrau         , geborene         , 50 % der Pension, die er zuletzt bezog. Stirbt er vor seiner Versetzung in den Ruhestand, so erhält Frau         50 % der Pension, die Herr         bezogen haben würde, wenn er im Zeitpunkt seines Todes in den Ruhestand versetzt worden wäre.

Stirbt Herr         nach seiner Pensionierung, so wird die Witwenpension vom 1. des Monats an gezahlt, der dem Sterbemonat folgt.

f) Der Anspruch auf Witwenpension erlischt mit Ablauf des Monats, in dem Frau         wieder heiratet.

Die Zusage der Witwenversorgung entfällt bei einer Ehescheidung.

g) Hinterläßt Herr         im Todesfall außer der Witwe Kinder, so zahlt die Gesellschaft für jedes Kind bis zur Vollendung des 18. Lebensjahres – falls es noch in der Ausbildung steht, längstens bis zur Vollendung des 25. Lebensjahres – einen Ausbildungsbeitrag in Höhe von 10 % der Pension, die Herr         im Zeitpunkt seines Todes bezogen hat bzw. haben würde, mindestens         DM (         EUR in Worten:         Deutsche Mark,         EURO) monatlich.

Doppelwaisen zahlt die Gesellschaft bis zur Vollendung des 18. Lebensjahres – falls sie noch in der Ausbildung stehen, längstens bis zur Vollendung des 25. Lebensjahres – einen Ausbildungsbeitrag in Höhe von jeweils 20 % der Pension, die Herr         im Zeitpunkt seines Todes bezogen hat bzw. haben würde, mindestens         DM (         EUR in Worten:         Deutsche Mark,         EURO) monatlich.

h) Witwenpension und Ausbildungsbeiträge für Waisen dürfen zusammen nicht die Pension übersteigen, auf die Herr         nach Vollendung seines 65. Lebensjahres einen Anspruch hat bzw. haben würde. Liegt unter Zusammenrechnung der Witwenpension und der Ausbildungsbeiträge eine Überschreitung dieses Betrages vor, so werden alle Zahlungen gleichmäßig gekürzt.

i) Die Zahlung der Pension und der Ausbildungsbeiträge erfolgt entsprechend den allgemein gültigen Zahlungsterminen der Gesellschaft.

j) Bei einer Beendigung des Dienstverhältnisses vor Erreichen des Pensionierungsalters, die nicht auf einer dauernden Dienstunfähigkeit beruht, bleibt der Pensionsanspruch entsprechend dem Gesetz zur Verbesserung der betrieblichen Altersversorgung vom 19.12.1974 bestehen.

Die Pension wird jedoch erst vom Eintritt des Versorgungsfalles an gezahlt. Die Höhe des Pensionsanspruches entspricht dem Verhältnis der Dauer seiner Betriebszugehörigkeit zum Zeitraum beginnend mit seiner Betriebszugehörigkeit bis zur Vollendung des 65. Lebensjahres. Der Höchstanspruch auf Leistungen wegen Invalidität oder Tod vor Erreichen der Altersgrenze ist jedoch nicht höher als der Betrag, den Herr         oder seine Hinterbliebenen erhalten hätten, wenn im Zeitpunkt des Ausscheidens der Versorgungsfall eingetreten wäre und die sonstigen Leistungsvoraussetzungen erfüllt gewesen wären.

Tritt Herr         bereits vor Vollendung des 65. Lebensjahres in den Ruhestand, ohne daß ein Versorgungsfall vorliegt, so wird außer der in Punkt b) vorgesehenen Kürzung ein versicherungsmathematischer Abschlag berechnet und an der Pension gekürzt zum Ausgleich für die entsprechend längere Laufzeit der Pension.

Im übrigen finden die Bestimmungen des Gesetzes zur Verbesserung der berieblichen Altersversorgung vom 19.12.1974 sowie die Ergänzungen Anwendung.

k) Die Gesellschaft behält sich vor, die zugesagte Leistung zu kürzen oder einzustellen, wenn

1) die wirtschaftliche Lage der Gesellschaft sich nachhaltig so wesentlich verschlechtert hat, daß ihr eine Aufrechterhaltung der zugesagten Leistung nicht mehr zugemutet werden kann, oder

2) der Personenkreis, die Beiträge, die Leistungen oder das Pensionierungsalter bei der gesetzlichen Sozialversicherung oder anderen Versorgungseinrichtungen mit Rechtsanspruch sich wesentlich ändern oder

3) der Pensionsberechtigte Handlungen begeht, die gegen das Interesse der Gesellschaft oder gegen Treu und Glauben verstoßen und zu einer fristlosen Entlassung berechtigen würden.

l) Die Gesellschaft behält sich vor, die Leistung jederzeit und ohne daß es einer weiteren Ankündigung bedarf, gemäß dem festgelegten Umrechnungskurs von 1,95583 in EURO abzurechnen.

## 10. Muster: Vorstandsvertrag mit Pensionsvertrag

*Vorstandsvertrag*

Zwischen

– nachstehend „AG" genannt –

und

Herrn

wird folgendes vereinbart:

1) Herr          ist mit Wirkung vom          zum Vorstandsmitglied bestellt worden.

   Die Vorstandsbestellung läuft vom          bis          .

   Herr          hat in Gemeinschaft mit anderen Vorstandsmitgliedern die Geschäfte der Gesellschaft nach Maßgabe der Gesetze, der Satzung und einer Geschäftsordnung zu führen. Über die Verteilung der Arbeitsgebiete sowie über den Erlaß der Geschäftsordnung haben sich die Vorstandsmitglieder nach Aussprache mit dem Vorsitzenden des Aufsichtsrates untereinander zu verständigen. Im Nichteinigungsfalle erfolgen die Verteilung der Arbeitsgebiete und der Erlaß der Geschäftsordnung durch den Vorsitzenden des Aufsichtsrates.

2) Herr          hat der AG sein ganzes Wissen und Können und seine volle Arbeitskraft zur Verfügung zu stellen.

   Die Übernahme einer entgeltlichen oder unentgeltlichen nebenamtlichen Tätigkeit bedarf der Zustimmung des Vorsitzenden des Aufsichtsrates. Dies gilt insbesondere für die Übernahme von Aufsichtsrats- oder ähnlichen Mandaten bei nicht zum Interessenkreis der AG gehörenden Gesellschaften.

3) Herr          hat in allen Angelegenheiten der Gesellschaft Außenstehenden gegenüber strengste Verschwiegenheit zu wahren. Er ist insbesondere verpflichtet, alles, was er von der AG oder von den zu deren Interessenkreis gehörenden Gesellschaften oder Werken über deren geschäftliche Tätigkeit, über Verfahren, Apparate, Maschinen oder sonstige technische und geschäftliche Angelegenheiten kennenlernt, streng geheimzuhalten, nichts darüber zu veröffentlichen und keinem Dritten gegenüber etwas mitzuteilen, weder mittelbar noch unmittelbar für sich oder Dritte davon Gebrauch zu machen, soweit sich derartige Mitteilungen nicht aus dem Geschäftsgang selbst ergeben. Diese Verpflichtung besteht auch für die Zeit nach Beendigung des Dienstvertrages.

## Verträge mit Arbeitnehmern, Gesellschaftsorganen und Selbständigen § 1

Geschäfts- und Betriebsgeheimnisse sind solche Angelegenheiten, die ihrer Natur nach geheimzuhalten sind und deren unbefugte Benutzung oder unbefugte Bekanntgabe an Dritte einen geschäftlichen Nachteil für die AG oder für in deren Interessenkreis gehörende Gesellschaften zur Folge haben kann.

4) Macht Herr _____ Erfindungen, so gehen die Rechte daraus jeweils sofort auf die AG über, ohne daß es eines weiteren Rechtsaktes bedarf. Herr _____ ist verpflichtet, etwa erforderliche Formalitäten zu erfüllen, um der AG oder ihren Beauftragten das uneingeschränkte Verfügungsrecht über solche Erfindungen zu verschaffen. Das Recht, bei etwaigen Patentanmeldungen als Erfinder genannt zu werden, bleibt unberührt. Die AG kann solche Erfindungen nach freiem Ermessen verwerten, ohne daß Herrn _____ ein Anspruch auf Vergütung zusteht. Der etwaige Anspruch auf Erfindervergütung gilt vielmehr als durch seine Bezüge (Ziffer 5) mit abgegolten.

5) Herr _____ erhält als Gegenleistung für die der AG gegenüber übernommenen Verpflichtungen:

   a) ein festes Gehalt (Fixum) von _____ DM ( _____ EUR) jährlich, zahlbar in monatlichen Raten jeweils am Monatsende.

   Etwaige andere Bezüge, die Herr _____ von der Gesellschaft oder von anderen Gesellschaften bezieht, welche mit der Gesellschaft durch ein Beteiligungsverhältnis oder in sonstiger Weise verbunden sind, werden auf das Fixum angerechnet.

   b) eine Tantieme, welche jährlich vom Aufsichtsrat nach pflichtgemäßem Ermessen festgelegt wird und am Tage der Hauptversammlung, die über das abgelaufene Geschäftsjahr Beschluß faßt, fällig ist. Diese Tantieme ist mit 50 % der Festbezüge (Fixum) garantiert.

   c) Sollte der Aufsichtsrat die Wiederbestellung des Herrn _____ nach Ablauf von 4 Jahren nicht vornehmen, erhält dieser nach Beendigung des Bestellungszeitraumes für ein weiteres Jahr die vollen Bezüge als Abfindung, auf die eventuelle Pensionsansprüche anzurechnen sind. Diese Regelung gilt nur so lange, bis Herr _____ das 60. Lebensjahr erreicht hat. Vor Ablauf des 4. Jahres der Bestellung soll die Frage der Wiederbestellung diskutiert werden.

   d) Die Vorstandsbezüge werden vom Aufsichtsrat in der Regel alle 2 Jahre überprüft.

6) Herr _____ hat Anspruch auf 32 Arbeitstage Urlaub. Die Daten werden im Vorstand untereinander abgestimmt.

7) Im Falle von Arbeitsunfähigkeit infolge eines Unfalles oder einer Erkrankung sowie im Falle eines ärztlich verordneten Kuraufenthaltes, der nicht auf den Jahresurlaub angerechnet wird, wird das volle Gehalt bis Vertragsende weitergezahlt.

8) Hinsichtlich der Alters-, Invaliden- und Hinterbliebenenrente wird auf den Pensionsvertrag vom heutigen Tage verwiesen.

   Etwaige Pensionsbezüge, die Herr _____ von anderen Gesellschaften bezieht, welche mit der Gesellschaft durch ein Beteiligungsverhältnis oder in sonstiger Weise verbunden sind, werden auf die Pension angerechnet, falls nicht ausdrücklich unter Bezugnahme auf diese Bestimmung etwas anderes schriftlich vereinbart wird.

9) Reisekosten werden entsprechend den jeweils geltenden Richtlinien für Dienstreisen erstattet.

10) Bei Pensionierung aus Invaliditätsgründen – Berufsunfähigkeit – wird das Gehalt für die Dauer von 12 Monaten weitergezahlt. Erst danach werden die Pensionsbezüge fällig.

    Wird der Vertrag durch Tod beendet, so erhalten nahe Angehörige (Ehegatten, Eltern, Kinder) das volle Gehalt für 6 Monate.

11) Herr _____ wird für die Dauer seiner Beschäftigung bei der AG in die bestehende Gruppenunfallversicherung aufgenommen. Die Deckungssummen betragen 500.000,00 DM (255.645,94 EUR) für den Todesfall und 1 Mio. DM (511.291,88 EUR) für den Invaliditätsfall.

**§ 1** Kapitel 3: Anstellungsverträge mit GmbH-Geschäftsführern und AG-Vorständen

Versicherungsschutz wird gewährt auf Unfälle sowohl innerhalb als auch außerhalb der beruflichen Tätigkeit. Der Versicherungsschutz erlischt spätestens mit Beendigung des Dienstverhältnisses bei der AG.

12) Herr _____ hat bei seinem Ausscheiden alle noch in seinem Besitz befindlichen Drucksachen, Urkunden, Aufzeichnungen, Notizen, Entwürfe und dergleichen über Angelegenheiten der AG oder der zu ihrem Interessenkreis gehörigen Gesellschaften vollständig zu übergeben. Diese Verpflichtung bezieht sich auch auf Schriftstücke, die an ihn persönlich, jedoch in seiner Eigenschaft als Vorstandsmitglied gerichtet worden sind, und auf Durchschriften von Schriftstücken, die er persönlich, jedoch in seiner Eigenschaft als Vorstandsmitglied dritten Personen hat zugehen lassen. Ein Zurückbehaltungsrecht darf an solchen Schriftstücken nicht ausgeübt werden.

13) Herr _____ hat bei seinem Ausscheiden Aufsichtsrats- und ähnliche Mandate aus dem Interessenkreis der AG niederzulegen, es sei denn, der Aufsichtsrat trifft eine abweichende Regelung.

14) Sobald Herr _____ von der AG gemäß dem unter Ziffer 8 des Vertrages erwähnten Pensionsvertrag Pension bezieht, darf er nicht in ein Konkurrenzunternehmen eintreten oder sich anderweitig in Konkurrenz zur AG oder der zu ihrem Interessenkreis gehörenden Gesellschaften betätigen. Er darf Geschäfts- und Betriebsgeheimnisse nicht unbefugterweise Dritten zur Kenntnis bringen.

Werden die AG oder die zu ihrem Interessenkreis gehörigen Gesellschaften durch vorsätzliche Zuwiderhandlungen gegen diese Verpflichtungen empfindlich geschädigt, so kann die Pension nach dem Ermessen der AG gekürzt werden, ohne daß die Karenzverpflichtung entfällt oder weitergehende Schadensersatzansprüche ausgeschlossen sind.

Die Verpflichtungen aus Ziffer 14 können Herrn _____ auf die Dauer von 18 Monaten auch dann auferlegt werden, wenn er noch keine Pension bezieht. Macht die AG von diesem Recht Gebrauch, so zahlt sie Herrn _____ während dieser Zeit die vollen Bezüge (festes Gehalt und Tantiemen), wie sie im Durchschnitt in den letzten 12 Monaten vor Vertragsende ausbezahlt wurden.

Im übrigen gelten die Bestimmungen der §§ 74 und 75 c des Handelsgesetzbuches entsprechend.

*Pensionsvertrag*

772

zwischen

– nachstehend „AG" genannt –

und

Herrn _____

**§ 1**

Dieser Vertrag ist Teil des am gleichen Tage abgeschlossenen Vorstandsvertrages der AG und Herrn _____.

**§ 2**

1. Scheidet Herr _____ bei der AG aus,
   a) nachdem er das 63. Lebensjahr vollendet hat, oder
   b) weil er infolge Schwächung seiner körperlichen oder geistigen Leistungsfähigkeit zur Erfüllung seiner Dienstpflichten dauernd unfähig geworden ist, oder
   c) weil ihm die Firma aus wichtigem Grunde gekündigt hat, es sei denn, daß diese Kündigung der AG zu einem Widerruf der Pensionszusage berechtigte, oder

## Verträge mit Arbeitnehmern, Gesellschaftsorganen und Selbständigen § 1

d) weil die Laufzeit der aktienrechtlichen Bestellung beendet ist, und der Aufsichtsrat eine Neubestellung nicht vornimmt, obwohl Herr ▬▬▬ eine solche wünscht,

so erhält er von der AG eine lebenslängliche Pension.

2. Mit Vollendung des 60. Lebensjahres kann Herr ▬▬▬ nach einem Voravis von 12 Monaten den Eintritt in den Ruhestand verlangen. Das gleiche Recht steht dem Aufsichtsrat gegenüber Herrn ▬▬▬ zu.

### § 3

Die jährlich in monatlichen Raten zu zahlende Pension beträgt bei Vertragsbeginn 25 % des jährlichen Fixums, das Herr ▬▬▬ im letzten Jahr vor der Pensionierung erhalten hat: Der Prozentsatz von 25 % erhöht sich pro Dienstjahr um jeweils 3 % und erreicht damit nach 15 Dienstjahren, wenn Herr ▬▬▬ das 63. Lebensjahr vollenden wird, 70 % des jährlichen Fixum. Wird Herr ▬▬▬ nach Ablauf dieses Zeitpunktes für weitere Jahre vom Aufsichtsrat bestellt, erhöht sich der Prozentsatz nicht mehr.

Die AG behält sich vor, die Pension jederzeit und ohne daß es einer weiteren Ankündigung bedarf, gemäß dem festgelegten Umrechnungskurs von 1,95583 in EURO abzurechnen.

Tritt der in § 2 Nr. 2 bezeichnete Fall dergestalt ein, daß der Aufsichtsrat trotz Bereitschaft des Herrn ▬▬▬ zur weiteren Vorstandstätigkeit seinen Eintritt in den Ruhestand verlangt, erhält Herr ▬▬▬ eine Pension von 65 % des Fixums.

### § 4

Die Pensionszahlung beginnt grundsätzlich mit dem Schluß des Zeitraumes, für den Herr ▬▬▬ sein letztes Gehalt bezogen hat; im Falle von § 2 Nr. 1 c und Nr. 1 d mit Vollendung des 63. Lebensjahres.

### § 5

Stirbt Herr ▬▬▬ vor Erreichung des Pensionierungsalters, so erhält seine Witwe eine lebenslängliche Pension in Höhe von 60 % desjenigen Betrages, auf den Herr ▬▬▬ Anspruch gehabt hätte, wenn er zum Zeitpunkt seines Todes pensioniert worden wäre.

Stirbt Herr ▬▬▬ nach seiner Pensionierung, so erhält seine Witwe eine lebenslängliche Pension von 60 % der an Herrn ▬▬▬ zuletzt gezahlten Pension.

Die gemeinsamen ehelichen Kinder erhalten bis zur Erreichung des 21. Lebensjahres und, soweit sie noch in der Berufsausbildung stehen, bis zum 27. Lebensjahr je 8 %, und nach dem Tode der Witwe je 16 % der Herrn ▬▬▬ zustehenden Pension (§ 5 Nr. 1 kommt entsprechend zur Anwendung).

Bei einer etwaigen Wiederverheiratung der Witwe entfällt die Witwenpension.

Im Falle einer Wiederverheiratung von Herrn ▬▬▬ entfällt der Anspruch auf eine Witwenpension, falls die Ehefrau 15 Jahre jünger als ihr Ehemann ist.

### § 6

Die Hinterbliebenen-Pension beginnt mit dem Schluß des Zeitraumes, für den Herr ▬▬▬ zuletzt Gehalt oder Pension bezogen hat bzw. für den Gehaltsfortzahlung gewährt wurde.

### § 7

Pensionen an die Hinterbliebenen werden nicht gezahlt, soweit diese aus einer Ehe stammen, die erst nach Eintritt des Pensionsfalles geschlossen worden ist.

Neben den Ansprüchen aus diesem Pensionsvertrag können keine Ansprüche aus der Versorgungsordnung für Angestellte an die AG gestellt werden.

Neben der Versorgung aus diesem Pensionsvertrag erhält Herr ▬▬▬ keine weiteren Pensionszahlungen von Firmen aus dem Beteiligungs- und Interessenbereich der AG.

Der unverfallbare Anteil der Altersversorgung, auf die Herr ▬▬▬ aus bisherigen Tätigkeiten Anspruch hat, wird auf die Zahlungen aus diesem Vertrag angerechnet.

### § 8
Abweichend vom Gesetz zur Verbesserung der betrieblichen Altersversorgung (Betriebsrentengesetz) gilt:

Die Pensionsanwartschaft beginnt mit dem Zustandekommen des Pensionsvertrages und bleibt fortan unbedingter unverfallbarer Anspruch.

Das Verhältnis der Betriebszugehörigkeitsdauer zum Zeitraum zwischen Einstellung und Erreichen des Pensionsalters bleibt bei der Festlegung des Pensionsanspruchs unberücksichtigt.

Bei einem vorzeitigen Ausscheiden nach „n" Jahren wird der Pensionsanspruch durch folgende Formel bestimmt:

25 % + (n x 3 %) = Pensionsanspruch in % der Berechnungsbasis.

### 11. Muster: Anstellungsvertrag eines Vorstandsvorsitzenden einer Bank mit Pensions- und Darlehensvertrag

*Anstellungsvertrag*

Zwischen

der                AG mit Sitz in             ,
vertreten durch ihren Aufsichtsrat,
dieser vertreten durch seinen Vorsitzenden,

– nachstehend Bank genannt –

und

Herrn

– nachstehend Vorstandsmitglied genannt –

wird folgender Anstellungsvertrag geschlossen:

#### § 1 Bestellung
Der Aufsichtsrat hat Herrn            in seiner Sitzung am            mit Wirkung vom            für die Dauer von fünf Jahren zum Vorsitzenden des Vorstands der Bank im Sinne des § 84 AktG bestellt.

#### § 2 Sorgfaltspflicht und Verantwortlichkeit
(1) Das Vorstandsmitglied hat seine volle Arbeitskraft in den Dienst der Bank zu stellen und die ihm obliegenden Pflichten treu und gewissenhaft zu erfüllen.

(2) Sorgfaltspflicht und Verantwortlichkeit richten sich nach den für Vorstandsmitglieder von Aktiengesellschaften geltenden Vorschriften.

#### § 3 Verschwiegenheit und Vertraulichkeit
(1) Das Vorstandsmitglied verpflichtet sich zu strengster Verschwiegenheit gegenüber sämtlichen dritten Personen über alle Geschäftsvorfälle sowie über alle sonstigen, auch personellen Vorgänge in der Bank, insbesondere über die mit der Bank zusammenarbeitenden Institute und Kunden sowie alle sonstigen geschäftlichen Beziehungen der Bank, Kredite, Kreditbedingungen und Kreditverhandlungen, Ertrags- und Kostenverhältnisse der Bank etc. Die Verschwiegenheitspflicht erstreckt sich auch auf die Bedingungen dieses Vertrages. Sie gilt auch gegenüber den Beschäftigten der Bank, soweit sie aus der Natur der Sache heraus geboten ist.

(2) Dem Vorstandsmitglied ist bekannt, daß es nicht gestattet ist, irgendwelche Aktenstücke, Formulare, Schreiben oder Abschriften davon aus den Bankräumen zu entfernen, es sei denn, daß eine vorübergehende Entfernung aus dienstlichen Gründen geboten ist.

## Verträge mit Arbeitnehmern, Gesellschaftsorganen und Selbständigen § 1

(3) Das Vorstandsmitglied verpflichtet sich hiermit auch nach Beendigung des Dienstverhältnisses zur Einhaltung der vorbezeichneten Pflichten sowie zur Wahrung der Loyalität gegenüber der Bank. Es wird alle Maßnahmen und Handlungen unterlassen, die geeignet sind oder geeignet sein können, das Ansehen oder die Geschäftstätigkeit der Bank zu schädigen, insbesondere keine Abwerbung der mit der Bank zusammenarbeitenden Institute und Kunden oder Mitarbeiter der Bank zu betreiben.

(4) Das Vorstandsmitglied verpflichtet sich, nach Beendigung des Dienstverhältnisses alle Aktenstücke, Schreiben und sonstigen Unterlagen, die die Bank betreffen und die sich in seinem Gewahrsam befinden, herauszugeben.

### § 4 Gesamtbezüge

(1) Die Bezüge des Vorstands setzen sich aus Grundgehalt und Abschlußvergütung zusammen.

(2) Das Grundgehalt beträgt _____ DM (_____ EUR) (in Worten: _____ Deutsche Mark, _____ EURO) jährlich. Es ist in gleichen monatlichen Raten am 01. jeden Monats fällig.

(3) Das Vorstandsmitglied erhält vorbehaltlich der Beschlußfassung des Aufsichtsrats eine besondere Abschlußvergütung. Die Höhe wird jeweils bei Billigung des Jahresabschlusses vom Aufsichtsrat festgesetzt. Die Abschlußvergütung ist 14 Tage nach Feststellung des Jahresabschlusses fällig. Für die ersten drei Jahre des Anstellungsverhältnisses wird eine Abschlußvergütung in Höhe von mindestens jährlich _____ DM (_____ EUR) vereinbart.

(4) Beginnt oder endet der Anstellungsvertrag während eines laufenden Geschäftsjahres, so werden das Grundgehalt und die Abschlußvergütung anteilig gezahlt.

(5) Das Grundgehalt erhöht sich zum jeweiligen Zeitpunkt und jeweils um den Prozentsatz, um den die Tarifgehälter der höchsten Tarifgruppe des Verbandes _____ angehoben werden.

(6) Ist das Vorstandsmitglied infolge Krankheit oder Unfall dienstunfähig, werden die Gesamtbezüge bis zur Wiederherstellung der Dienstfähigkeit, höchstens jedoch bis zum Eintritt in den Ruhestand wegen dauernder Dienstunfähigkeit oder bis zur Beendigung des Anstellungsverhältnisses weitergezahlt. Auf Veranlassung der Bank wird die Feststellung dauernder Dienstunfähigkeit durch einen ärztlichen Gutachter getroffen, auf den sich beide Seiten verständigen.

### § 5 Nebentätigkeiten und Mitteilungspflichten

(1) Das Vorstandsmitglied bedarf zur Übernahme von Nebentätigkeiten, zu denen auch die im Interesse der Bank ausgeübten Aufsichtsratsmandate und ähnliche Mandate zählen, der Zustimmung des Vorsitzenden des Aufsichtsrats.

Bei der Zustimmung ist im Falle von Konzernmandaten zu entscheiden, ob die Nebentätigkeitsvergütung an die Bank abzuführen ist.

(2) Das Vorstandsmitglied wird die im Interesse der Bank ausgeübten Mandate mit dem Ausscheiden aus dem Vorstand niederlegen.

### § 6 Urlaub

Der Jahresurlaub beträgt 30 Arbeitstage. Er ist mit den anderen Vorstandsmitgliedern abzustimmen und dem Vorsitzenden des Aufsichtsrats anzuzeigen. Kann der Jahresurlaub aus betrieblichen Gründen nicht im Urlaubsjahr angetreten werden, muß er spätestens im folgenden Jahr genommen werden. Urlaubsabgeltung wird nicht gewährt.

### § 7 Reisekosten

Bei Dienstreisen des Vorstandsmitglieds werden Reisekosten im Rahmen der geltenden steuerlichen Richtlinien vergütet.

### § 8 Nebenleistungen

(1) Die Bank schließt für die Dauer des Vertrages auf ihre Kosten eine Unfallversicherung ab, die das Vorstandsmitglied mit 1.000.000,00 DM (511.291,88 EUR) bei Invalidität und mit 500.000,00 DM (255.645,94 EUR) bei Unfalltod versichert.

(2) Zur Finanzierung eines eigengenutzten Wohnobjekts in der Nähe des Dienstortes gewährt die Bank ein Darlehen bis zu 500.000,00 DM zu den Konditionen der Bank-Baufinanzierung für alle Mitarbeiter. Für den Zinssatz gilt, daß er 3%-Punkte günstiger ist als der vergleichbare Bank-Kundenzinssatz (nominal), mindestens 6 % p.a. nominal. Der Auszahlungskurs beträgt 100%, die Zinsfestschreibung beträgt 10 Jahre. Die Tilgung beträgt mindestens 1 % p.a. zuzüglich ersparter Zinsen. Die Rückzahlung hat in gleichbleibenden vierteljährlichen Raten mit Zins- und Tilgungsanteil und direkter Tilgungsverrechnung zu erfolgen. Die Fälligkeit besteht vierteljährlich nachträglich. Die Mitarbeiterkonditionen entfallen bei Aufgabe der Eigennutzung oder beim Ausscheiden aus der Bank oder einem Tochterunternehmen. Sie entfallen nicht bei Pensionierung oder Rentenbezug.

(3) Das Vorstandsmitglied wird darauf hingewiesen, daß die Vereinbarung in § 8 Abs. 2 des Anstellungsvertrages unter der Bedingung steht, daß die Voraussetzungen für Organkredite (§§ 16, 15 KWG) erfüllt werden.

### § 9 Dienstwagen
Dem Vorstandsmitglied steht für die Dauer seiner Vorstandstätigkeit, auch außerhalb seiner dienstlichen Tätigkeit, ein Dienstwagen mit Fahrer zur Verfügung. Das Vorstandsmitglied ist berechtigt, den Pkw uneingeschränkt zu Privatfahrten allein oder mit Fahrer zu benutzen. Der Dienstwagen soll ein repräsentatives Fahrzeug der gehobenen Klasse sein.

### § 10 Übernahme von Telefonkosten
Das Vorstandsmitglied hat Anspruch auf Ersatz der im Interesse der Bank aufgewendeten Telefonkosten. Darüber ist eine Vereinbarung mit dem Vorsitzenden des Aufsichtsrats zu treffen.

### § 11 Steuern für geldwerte Vorteile
Steuern für geldwerte Vorteile aus diesem Anstellungsvertrag trägt das Vorstandsmitglied.

### § 12 Versorgung
Das Vorstandsmitglied hat Anspruch auf Versorgung für sich und seine Hinterbliebenen nach Maßgabe der Vereinbarungen im Anhang, der Bestandteil dieses Vertrages ist.

### § 13 Geltungsdauer dieses Anstellungsvertrages
(1) Dieser Vertrag gilt für die Zeit vom           bis zum           .

(2) Dieser Anstellungsvertrag verlängert sich nach Maßgabe der Wiederbestellung des Vorstandsmitglieds. Der Vorsitzende des Aufsichtsrats wird dem Vorstandsmitglied spätestens acht Monate vor Ablauf des Anstellungsvertrags mitteilen, ob der Anstellungsvertrag verlängert werden soll. Eine Veränderung des Anstellungsvertrags zum Nachteil des Vorstandsmitglieds scheidet im Falle einer Vertragsverlängerung aus. Bei Nichteinhaltung der Frist von acht Monaten stehen dem Vorstandsmitglied die bisherigen Bezüge bis zur Beendigung des Anstellungsvertrags zzgl. der Zeit der Verzögerung zu. Weitergehende Ansprüche wegen der verspäteten Mitteilung bestehen nicht.

### § 14 Vertragsänderung und -ergänzung
Vertragsänderungen und -ergänzungen bedürfen der Schriftform.

*Anhang zum Anstellungsvertrag zwischen der Bank und Herrn*

### § 1
Die Bank verpflichtet sich zur Zahlung von Ruhegehalt und Hinterbliebenenversorgung nach Maßgabe der nachfolgenden Bestimmungen.

### § 2 Ruhegehaltsansprüche
(1) Der Vorstandsvorsitzende hat Anspruch auf Ruhegehalt, wenn er
   a) auf eigenen Wunsch nach vorheriger sechsmonatiger Ankündigung frühestens mit Ablauf des 62. Lebensjahres oder später oder

b) wegen festgestellter dauernder Dienstunfähigkeit, wobei dauernde Dienstunfähigkeit als festgestellt gilt, wenn die Dienstunfähigkeit länger als ein Jahr andauert, oder
c) wegen Beendigung des Anstellungsverhältnisses

aus den Diensten der Bank ausscheidet.

(2) Scheidet das Vorstandsmitglied aus dem Anstellungsverhältnis aus, weil
- das Vorstandsmitglied die Verlängerung des Anstellungsvertrages nach einer oder weiteren Amtszeiten ablehnt,
- das Vorstandsmitglied oder die Bank den Anstellungsvertrag nach § 626 BGB aus wichtigem Grund kündigt,

beginnen die Ruhegehaltszahlungen mit der Vollendung des 62. Lebensjahres oder mit Eintritt dauernder Dienstunfähigkeit.

Wird der Anstellungsvertrag wegen eines Verhaltens des Vorstandsmitglieds nach § 626 BGB aus wichtigem Grund gekündigt oder deshalb nicht verlängert, entfallen die Ruhegehaltsansprüche nach den von der Rechtsprechung zum Dienstvertrag entwickelten Grundsätzen.

(3) Die Versorgungsanwartschaft besteht ab Vertragsbeginn und ist mit Beginn des Anstellungsverhältnisses unverfallbar im Sinne von § 1 Abs. 1 Gesetz über die betriebliche Altersversorgung. Die Zahlung von Versorgungsleistungen beginnt nach Eintritt des Versorgungsfalls, jedoch nicht vor Ablauf der Zeit, für die durch die Bank Gehalt gezahlt wird.

(4) Wird der Anstellungsvertrag unter den Voraussetzungen des Abs. 2 letzter Satz beendet, richten sich die unverfallbaren Versorgungsanwartschaften nach dem Gesetz über die betriebliche Altersversorgung. Bemessungsgrundlage der Ruhegehaltsansprüche sind für die nach § 18 Abs. 6 des Gesetzes über die betriebliche Altersversorgung einzubeziehenden Beschäftigungszeiten neben der Zeit als Vorstandsvorsitzender der Bank AG sämtliche bei einem verbundenen Arbeitgeber verbrachten Dienstzeiten. Das Ruhegehalt kann in diesem Fall mit Vollendung des 62. Lebensjahres in Anspruch genommen werden.

(5) Der Ruhegehaltsanspruch kann nach Eintritt des Versorgungsfalles bei Verletzung der Treuepflicht gekürzt oder entzogen werden.

**§ 3 Höhe des Ruhegehalts**

(1) Das jährliche Ruhegehalt beträgt ab Vertragsbeginn 45 % des zuletzt bezogenen Grundgehalts gemäß § 4 des Anstellungsvertrags. Es erhöht sich zum Ende des ersten Vertragsjahrs um 1 % sowie für alle folgenden Jahre für die Dauer der Vertragszeit ebenfalls jeweils um 1 % jährlich. Am Ende der Vertragslaufzeit beträgt das jährliche Ruhegehalt 50 % des zuletzt bezogenen Grundgehalts gemäß § 4 des Anstellungsvertrages. Es soll im Falle einer Verlängerung der Vertragszeit auf 50 % des zuletzt bezogenen Grundgehalts nach § 4 des Anstellungsvertrages beschränkt bleiben.

(2) Das Ruhegehalt wird in gleichen monatlichen Raten am 15. jeden Monats gezahlt.

**§ 4 Hinterbliebenenversorgung**

(1) Im Falle des Todes des Vorstandsmitglieds wird der ruhegehaltsfähige Teil der Gesamtbezüge bzw. das Ruhegehalt für weitere 3 Monate nach Ablauf des Sterbemonats anstelle der Hinterbliebenenversorgung gezahlt.

(2) Hinterbliebenenversorgung wird ohne Rücksicht auf die Dauer der Amtszeit des Vorstandsmitglieds gewährt.

(3) Das Witwengeld beträgt 60 % des Ruhegehalts. Für den Fall, daß das Vorstandsmitglied während des aktiven Dienstes verstirbt, beträgt das Witwengeld 60 % des Ruhegehalts, das dem Vorstandsmitglied zugestanden hätte, wenn es zum Zeitpunkt des Todes wegen dauernder Dienstunfähigkeit ausgeschieden wäre und Ruhegehalt wegen Dienstunfähigkeit bezogen hätte. Das Witwengeld entfällt mit der Wiederverheiratung. Im Falle der Wiederverheiratung erhält die Witwe eine Abfindung in Höhe des 24-fachen des Monatswitwengeldes. Bei Auflösung

der neuen Ehe lebt das Witwengeld wieder auf. Die Abfindung wird anteilig angerechnet, soweit die Zahlung des Witwengeldes vor Ablauf von 24 Monaten wieder aufgenommen wird. Die durch die neue Ehe erworbenen Versorgungsleistungen werden auf das Witwengeld angerechnet.

(4) Ist die Ehe innerhalb von zehn Jahren vor dem Ausscheiden des Vorstandsmitglieds aus dem Anstellungsverhältnis geschlossen worden, so ermäßigt sich, wenn die Ehefrau mehr als 20 Jahre jünger ist als das Vorstandsmitglied, das Witwengeld auf 50 % und, wenn die Ehefrau bei dessen Ableben das 42. Lebensjahr noch nicht vollendet hat, auf 40 %.

(5) Witwengeld wird nicht gewährt, wenn die Ehe erst nach dem Ausscheiden des Vorstandsmitgliedes aus dem Anstellungsverhältnis geschlossen worden ist.

(6) Ist ein Witwengeld nach Abs. (5) nicht zu gewähren, wird der Aufsichtsrat unter Berücksichtigung der Dauer der Ehe und des Altersunterschiedes der Ehepartner einen Unterhaltsbeitrag festsetzen. Für dessen Anpassung gelten die Bestimmungen des § 5 dieses Anhangs.

(7) Das Waisengeld beträgt für jede Halbwaise 10 % und für jede Vollwaise 20 % des Ruhegehalts. Für den Fall, daß das Vorstandsmitglied während des aktiven Dienstes verstirbt, gelten die Regelungen für das Witwengeld entsprechend. Waisen sind die Kinder des Vorstandsmitglieds. Kein Waisengeld erhalten Kinder, wenn das Kindschaftsverhältnis durch die Annahme als Kind begründet wurde und das Vorstandsmitglied in diesem Zeitpunkt das 60. Lebensjahr vollendet hatte. Das Waisengeld wird bis zur Vollendung des 18. Lebensjahres gezahlt. Es wird bis zur Vollendung des 27. Lebensjahres gewährt, solange sich das Kind in Schul- und Berufsausbildung befindet oder wegen körperlicher oder geistiger Gebrechen dauernd erwerbsunfähig ist.

(8) Waisengeld entfällt für Kinder, die aus einer Ehe nach Abs. (5) hervorgehen. In sinngemäßer Anwendung des Abs. (6) wird der Aufsichtsrat jedoch einen Unterhaltsbeitrag gewähren.

(9) Witwengeld und Waisengeld dürfen zusammen den Ruhegehaltsanspruch nicht übersteigen; sie werden ggf. im gleichen prozentualen Verhältnis gekürzt.

(10) Die Hinterbliebenenversorgung ist am 01. jeden Monats zu zahlen.

## § 5 Anpassung der Versorgungsleistungen
Ruhegehalt und Hinterbliebenenversorgung werden entsprechend der prozentualen Entwicklung der höchsten Tarifgruppe des Tarifvertrags  der Banken angepaßt. Damit sind zugleich etwaige gesetzliche Anpassungsansprüche erfüllt.

## § 6 Übergangsgeld
Scheidet das Vorstandsmitglied wegen Erreichens der Altersgrenze von 62 Jahren oder wegen dauernder Dienstunfähigkeit aus dem Anstellungsverhältnis aus, so wird zusätzlich zu dem Ruhegehalt ein Übergangsgeld für die ersten vierundzwanzig Monate nach dem Ausscheiden aus dem Anstellungsverhältnis gewährt. Das Übergangsgeld beträgt für die ersten zwölf Monate zwei Drittel und für die zweiten zwölf Monate ein Drittel der letzten vollen Abschlußvergütung.

## 12. Muster: Anstellungsvertrag eines Vorstands bei Bestellungsverlängerung mit teilthesaurierter Tantieme, Pensionsvereinbarung und vertraglicher Abfindung

▼

Zwischen

– im folgenden kurz „AG" genannt –

und

dem Vorstandsmitglied
Herrn

wird folgender Anstellungsvertrag geschlossen:

### § 1
Herr         ist durch Beschluß des Aufsichtsrats am         für die Zeit vom         bis zum         zum Vorstandsmitglied der AG bestellt worden. Durch weiteren Beschluß des Aufsichtsrates ist die Vertragslaufzeit für die Zeit vom         bis zum         verlängert worden. Er hat die Befugnis, die AG gemeinsam mit einem anderen Vorstandsmitglied oder gemeinsam mit einem Prokuristen zu vertreten.

Die Rechte und Pflichten des Herrn         als Vorstandsmitglied der AG ergeben sich aus dem Gesetz, der Satzung, der Geschäftsordnung für den Vorstand, den Aufsichtsratsbeschlüssen und diesem Anstellungsvertrag.

Herrn         obliegen insbesondere die Aufgaben, die im Sinne des Geschäftsverteilungsplanes in der Fassung vom         zu seinem Geschäftsbereich gehören.

### § 2
Herr         hat der AG sein ganzes Wissen und Können und seine volle Arbeitskraft zur Verfügung zu stellen.

Eine entgeltliche Nebentätigkeit und/oder Aufsichtsratsmandate darf Herr         nur nach schriftlicher Einwilligung des Aufsichtsrats übernehmen oder ausüben.

### § 3
In Ergänzung der in § 88 AktG enthaltenen Bestimmungen wird vereinbart, daß Herr         ohne schriftliche Einwilligung des Aufsichtsrats weder unmittelbar noch mittelbar sich finanziell an einem Unternehmen beteiligen oder durch persönliche Arbeit für ein Unternehmen tätig werden darf, das mit der AG im Wettbewerb steht und in wesentlichem Umfang Geschäftsverkehr mit der AG und deren Tochtergesellschaften unterhält.

### § 4
(1) Als Vergütung für seine Tätigkeit erhält Herr         ein festes Jahresgrundgehalt in Höhe von         DM (         EUR) brutto.

Das Grundgehalt wird in zwölf gleichen Raten jeweils am Ende eines Kalendermonats ausgezahlt.

(2) Das Grundgehalt wird vom Aufsichtsrat jährlich überprüft. Die wirtschaftliche Entwicklung des Unternehmens. die persönliche Leistung des Herrn         sowie die Steigerung der Lebenshaltungskosten sind dabei angemessen zu berücksichtigen.

(3) Außerdem erhält Herr         eine jährliche erfolgsabhängige Gewinnbeteiligung (Tantieme), die         % des Jahresüberschusses der Gesellschaft zuzüglich 3 % auf den Mehrbetrag zum Jahresüberschuß des Vorjahres beträgt.

    a) Der tantiemepflichtige Jahresgewinn wird gemäß § 86 Abs. 2 AktG berechnet vom Jahresüberschuß (vor Abzug von Vorstands- und Aufsichtsratstantiemen), vermindert um einen Ver-

## § 1 Kapitel 3: Anstellungsverträge mit GmbH-Geschäftsführern und AG-Vorständen

lustvortrag aus dem Vorjahr und um die Beträge, die nach Gesetz oder Satzung aus dem Jahresüberschuß in Gewinnrücklagen einzustellen sind.

b) Die Gewinnbeteiligung entfällt, wenn der so errechnete Jahresüberschuß _____ % des Konzernumsatzes nicht erreicht.

c) Die Gewinnbeteiligung für das Jahr _____ wird der Höhe nach begrenzt auf ein Jahresgrundgehalt; ab dem Jahr _____ entfällt die Begrenzung der Tantieme.

d) 50 % der Gewinnbeteiligung nach Steuern, mindestens jedoch 4 durchschnittliche Monatsgrundgehälter netto der letzten 12 Monate, werden ausgezahlt.

Der Anspruch auf die Tantieme wird am Ende des Monats, in welchem der Jahresabschluß festgestellt wird, fällig und zahlbar.

Der nicht zur Auszahlung gelangende Restbetrag wird in der AG als Darlehen auf ein Privatkonto thesauriert, das mit jeweils 2 % über dem Bundesbank-Diskontsatz verzinst wird.

e) Das Privatdarlehenskonto aus Gewinnbeteiligung bzw. Tantieme ist ein Festkonto, das bei Ausscheiden durch Erreichung der Altersgrenze, Invalidität oder Tod zur Auszahlung fällig wird.

Bei einem vorzeitigen Ausscheiden aus sonstigen Gründen kann das Guthaben nach Austritt mit einer Frist von 12 Monaten gekündigt werden.

f) Die Verzinsung des Guthabens beginnt mit der Zuführung, spätestens jedoch ab 01.07. des dem Berechnungszeitraum folgenden Jahres.

Die Zinsen werden jährlich bis zum 15.01. des folgenden Jahres ausgezahlt.

(4) Ist Herr _____ unverschuldet an der Ausübung seines Dienstes verhindert, behält er während der Verhinderung für den Kalendermonat, in dem die Verhinderung eingetreten ist, und im Anschluß daran für weitere 6 Monate seine Ansprüche auf die gemäß § 4 Abs. 1–3 geschuldeten Bezüge.

(5) Im Falle des Todes des Herrn _____ erhalten seine Hinterbliebenen (Witwe und unterhaltsberechtigte Kinder) das Grundgehalt gemäß § 4 Abs. 1 für den Todesmonat und dann noch für die Dauer von drei Monaten.

Die Tantieme ist an die Hinterbliebenen anteilig für die Zeit bis zum Ablauf des Todesmonats zu entrichten.

(6) Tritt eine so wesentliche Verschlechterung in den Verhältnissen der AG ein, daß die Weitergewährung der in § 4 Abs. 1–3 aufgeführten Bezüge eine schwere Unbilligkeit für die AG bedeuten würde, so ist der Aufsichtsrat zu einer angemessenen Herabsetzung berechtigt.

Durch eine Herabsetzung wird der Anstellungsvertrag im übrigen nicht berührt.

Im Falle der Herabsetzung kann Herr _____ auch den Vertrag für den Schluß des nächsten Kalendervierteljahres mit einer Frist von sechs Wochen kündigen.

(7) Die AG behält sich vor, die Vergütung jederzeit und ohne daß es einer weiteren Ankündigung bedarf, gemäß dem festgelegten Umrechnungskurs von 1,95583 in EURO abzurechnen.

### § 5

(1) Die AG stellt Herrn _____ für die Dauer des Dienstvertrages einen seiner Stellung angemessenen Pkw der Oberklasse nach seiner Wahl incl. Autotelefon als Dienstwagen zur Verfügung. Der Pkw kann zu Privatfahrten kostenlos genutzt werden.

(2) Die Versteuerung des geldwerten Vorteils für die private Nutzung übernimmt Herr _____.

(3) Scheidet Herr _____ als Vorstandsmitglied aus, ohne daß ihn daran ein Verschulden trifft, so ist er nach seiner Wahl berechtigt, den Dienstwagen entweder an die AG zurückzugeben oder privat zum jeweiligen Buchwert zu übernehmen.

## § 6

Herrn ▓▓▓▓ steht ein Urlaub von 36 Werktagen im Jahr zu. Der Antritt des Urlaubs ist im Einvernehmen mit den Vorstandsmitgliedern festzulegen und dem Vorsitzenden des Aufsichtsrats rechtzeitig mitzuteilen.

Das Urlaubsjahr ist das Kalenderjahr. Eine Abfindung von Urlaubsansprüchen in Geld ist ausgeschlossen. Die Übertragung von Urlaub auf das folgende Kalenderjahr ist nur im Einvernehmen mit dem Aufsichtsrat zulässig.

## § 7

(1) Herr ▓▓▓▓ ist auf Kosten der AG bei einer Versicherungsgesellschaft gegen Unfall zu versichern, und zwar:

    a) für den Fall des Todes mit 350.000,00 DM (178.952,16 EUR),

    b) für den Fall der dauernden Vollinvalidität mit 700.000,00 DM (357.904,32 EUR),

    c) für den Fall der dauernden Teilinvalidität mit einem entsprechenden Prozentsatz dieser Summe,

    d) für die Zeit der vorübergehenden gänzlichen Arbeitsunfähigkeit mit einem Tagegeld von 200,00 DM (102,26 EUR),

    e) für die Zeit der vorübergehenden teilweisen Arbeitsunfähigkeit mit einem entsprechenden Prozentsatz dieses Betrages.

(2) Die Leistungen der Unfallversicherung sind Herrn ▓▓▓▓ oder den aufgrund des Versicherungsverhältnisses anspruchsberechtigten Hinterbliebenen im Versicherungsfalle ungekürzt und unbeschadet aller sonstigen Ansprüche aus diesem Vertrag auszuzahlen.

(3) Scheidet Herr ▓▓▓▓ aus den Diensten der AG aus, so erlischt die gemäß Abs. 1 bestehende Verpflichtung der AG ohne Rücksicht auf das Erlöschen des Dienstverhältnisses mit der tatsächlichen Beendigung der Beschäftigung.

## § 8

(1) Herr ▓▓▓▓ ist bei der Pensionskasse der ▓▓▓▓ nach den „Allgemeinen Versicherungsbedingungen" und den einschlägigen „Besonderen Versicherungsbedingungen" zu versichern. Die Aufbringung der Beiträge erfolgt in betriebsüblicher Weise.

(2) Besteht keine Pflichtversicherung in der gesetzlichen Rentenversicherung, aber die Möglichkeit einer freiwilligen Weiterversicherung, so ist das Unternehmen bereit, sich an dieser Weiterversicherung mit einem Beitragsaufwand in Höhe der Hälfte des für diese Versicherung aufgewendeten jährlichen Gesamtbeitrages, höchstens jedoch der Hälfte des für eine Pflichtversicherung jeweils bestehenden Gesamtbetrages zu beteiligen.

## § 9

(1) Ein Anspruch auf Rentenzuschuß besteht gegenüber dem Unternehmen, wenn der Versorgungsfall (Abs. 2) eingetreten ist.

Der Rentenzuschuß wird gewährt, um bei Eintritt des Versorgungsfalles im Sinne des § 9 Abs. 2 möglicherweise entstehende Versorgungslücken zu schließen.

Durch den Rentenzuschuß soll im Versorgungsfalle des Herrn ▓▓▓▓ eine angemessene Sicherung seines aufgrund der letzten Bezüge erreichten Lebensstandards gewährleistet werden.

Der jährliche Rentenzuschuß beträgt jedoch maximal 75 % des zuletzt bezogenen Jahresgrundgehaltes.

(2) Der Versorgungsfall ist gegeben, wenn Invalidität vorliegt oder wenn das Pensionsalter (§ 14) vollendet ist.

Invalidität liegt vor, wenn und solange Invaliditätsrenten aus der gesetzlichen Rentenversicherung oder der Pensionskasse gezahlt werden.

(3) Der Rentenzuschuß wird in monatlichen Teilbeträgen nachträglich gewährt. Die erste Zahlung erfolgt für den Monat, der auf den Eintritt des Versorgungsfalles folgt. Der Rentenzuschuß wird nicht geschuldet für die Zeit, in der noch Bezüge aus dem Dienstverhältnis gewährt werden.

(4) Der Anspruch auf Rentenzuschuß entfällt, wenn Umstände vorliegen, die das Unternehmen zur fristlosen Auflösung des Dienstverhältnisses berechtigen, oder solche Umstände bekannt werden, die zur fristlosen Kündigung zu einem früheren Zeitpunkt berechtigt hätten.

(5) Sind die Voraussetzungen für den Eintritt der gesetzlichen Unverfallbarkeit erfüllt, so gelten ergänzend die Bestimmungen des „Gesetzes zur Verbesserung der betrieblichen Altersversorgung" in der jeweils geltenden Fassung.

(6) Die Höhe des monatlichen Rentenzuschusses betrug am                    % des zu diesem Zeitpunkt maßgeblichen monatlichen Grundgehaltes. Der Prozentsatz steigt für jedes weitere von da an in dem Unternehmen einschließlich der Tochtergesellschaften des Konzerns zurückgelegte Dienstjahr um 1 % bis zu einem Höchstsatz von 75 %. Bei Eintritt des Versorgungsfalles bemißt sich der Rentenzuschuß dann nach den bis zur Beendigung des Dienstverhältnis erreichten Prozentsatz (max. 75 %) des im Monat zuvor gültigen Grundgehaltes.

(7) Bei der Ermittlung der Höhe des Rentenzuschusses (§ 9 Abs. 1) werden folgende anderweitige Versorgungsleistungen angerechnet:

a) Alters- bzw. Invaliditätsrenten aus der in § 8 genannten Pensionskasse in Höhe des tatsächlich gezahlten Betrages, ab dem Tage der Zuteilung durch die Pensionskasse;

b) Alters- bzw. Invaliditätsrenten aus der gesetzlichen Rentenversicherung ab dem Zeitpunkt ihrer Zahlung in Höhe des tatsächlich zur Auszahlung gelangenden Betrages;

c) Ruhegeldleistungen, die aufgrund früherer Versorgungszusagen anderer Arbeitgeber bezogen werden.

## § 10

(1) Beim Ableben des Herrn             haben die Hinterbliebenen (Witwe und unterhaltsberechtigte Kinder) Anspruch auf den Rentenzuschuß.

(2) Der Rentenzuschuß für eine Witwe wird nur geschuldet, wenn eine aus der Pensionskasse der             VVaG gezahlt wird. Der Rentenzuschuß beträgt 60 % des Betrages, den der Berechtigte unmittelbar vor seinem Tode als Rentenzuschuß erhalten hat bzw. erhalten hätte, wenn er zu diesem Zeitpunkt Invalide geworden wäre.

Bei Wiederverheiratung fällt der Rentenzuschuß fort. Im übrigen gelten die in den „Allgemeinen Versicherungsbedingungen" der Pensionskasse festgelegten Bestimmungen über etwaige Kürzungen der Witwenrente im gleichen Umfange auch für den Witwenzuschuß.

(3) Rentenzuschüse für Waisen werden nur geschuldet, wenn Waisenrenten aus der Pensionskasse gezahlt werden.

Der Rentenzuschuß beträgt 1/6 des Betrages, den der Berechtigte unmittelbar vor seinem Tode als Rentenzuschuß erhalten hat bzw. erhalten hätte, wenn er zu diesem Zeitpunkt Invalide geworden wäre. Für Vollwaisen verdoppelt sich der Zuschuß. Der Rentenzuschuß ist solange zahlbar, wie die Pensionskasse Waisenrenten gewährt.

(4) Für Rentenzuschüsse an Witwen und Waisen gilt § 9 Abs. 4 entsprechend.

## § 11

(1) Ändert sich nach Eintritt des Versorgungsfalles der vom Statistischen Bundesamt festgestellte Preisindex für die Gesamtlebenshaltung eines 4-Personen-Arbeitnehmerhaushaltes (1988 = 100) gegenüber dem bei Beginn der Zuschußzahlung maßgeblichen Index um 5 % oder mehr, so kann Herr             die Neufestsetzung des Rentenzuschusses mit Wirkung vom nächsten des auf die Erhöhung folgenden Monats an beanspruchen.

Bei der Neufestsetzung ist der prozentuale Anstieg der Lebenshaltungskosten entsprechend zu berücksichtigen.

Sofern die Parteien keine Einigung über die Anpassung erzielen können, wird dessen Höhe durch einen Schiedsgutachter bindend festgesetzt.

(2) Wenn aufgrund der vorstehenden Vereinbarung eine Anpassung des Rentenzuschusses durchgeführt worden ist, wird die Klausel gemäß den vorstehenden Bestimmungen erneut anwendbar, sobald sich der Index gegenüber dem Stand im Zeitpunkt der vorangegangen Anpassung erneut um 5 % oder mehr verändert.

(3) Der Anspruch auf Neufestsetzung gemäß § 11 Abs. 1 u. 2 gilt auch für die Hinterbliebenen (§ 10).

## § 12

(1) Wird das Dienstverhältnis nach Erreichung des 55. Lebensjahres aus Gründen beendet, die das Unternehmen nicht zur fristlosen Kündigung im Sinne des § 626 BGB berechtigen, oder wird das Vertragsverhältnis nach Fristablauf nicht verlängert und war das Vorstandsmitglied in den letzten 10 Jahren ununterbrochen in der AG und/oder deren Tochtergesellschaften des Konzerns tätig, so ist ihm vom Erlöschen des Vertragsverhältnisses an bis zum Eintritt des Versorgungsfalles (§ 9 Abs. 2) oder bis zur Erlangung einer zumutbaren anderweitigen Beschäftigung, längstens jedoch auf die Dauer von 5 Jahren, ein monatlich nachträglich zu zahlendes Übergangsgeld zu gewähren.

(2) Die Höhe des Übergangsgeldes bemißt sich nach dem im Zeitpunkt der Beendigung des Dienstverhältnisses gemäß § 9 Abs. 5 erreichten Prozentsatz auf der Grundlage des in den letzten 12 Monaten vorher bezogenen durchschnittlichen Grundgehaltes.

(3) Der Anspruch auf das Übergangsgeld besteht nur, solange sich der Berechtigte nachhaltig um eine anderweitige zumutbare Beschäftigung bemüht. Als zumutbar gilt jede Beschäftigung, deren Entgelt die Höhe des Übergangsgeldes erreicht. Sind die Voraussetzungen für einen Fortfall des Übergangsgeldes nicht gegeben, so werden Einkommen aus selbständiger und nichtselbständiger Tätigkeit auf das Übergangsgeld angerechnet.

(4) Die Zahlung des Übergangsgeldes begründet keine Verlängerung des Vertragsverhältnisses. Insbesondere sind keinerlei Ansprüche aus §§ 8, 9, 10 und 11 gegeben, soweit sich nicht aus § 13 etwas Abweichendes ergibt.

## § 13

(1) Der Vorsitzende des Aufsichtsrats hat Herrn ▮▮▮▮ frühestens 12 Monate vor Ablauf des Vertrages schriftlich mitzuteilen, ob der Aufsichtsrat ihn erneut zum Vorstandsmitglied bestellt oder seine Amtszeit verlängert hat.

In gleicher Weise hat Herr ▮▮▮▮ daraufhin unverzüglich zu erklären, ob er die erneute Bestellung oder Verlängerung der Bestellung annimmt.

(2) Abweichend von dem in § 1 genannten Zeitpunkt endet das Dienstverhältnis

a) bei Vorliegen von Gründen, die zur Kündigung auch ohne Einhaltung einer Frist berechtigen, mit dem Zugang der Kündigung,

b) bei Erreichung des 60. Lebensjahres mit Ablauf des Quartals, in dem Herr ▮▮▮▮ 60 Jahre alt geworden ist.

## § 14

(1) Wird Herr ▮▮▮▮ von seiner Vorstandstätigkeit suspendiert, ohne daß in seiner Person ein Grund gegeben ist, der eine fristlose Kündigung im Sinne des § 626 BGB durch die Gesellschaft rechtfertigen würde, so erhält er unabhängig von der Dauer seiner Tätigkeit als Vorstandsmitglied eine Abfindung in Höhe des 3fachen Jahresbetrages seiner in § 4 geregelten Gesamtbezüge.

(2) Das gleiche gilt, wenn Herr ▮▮▮▮ durch fristlose Kündigung des Anstellungsvertrages oder durch vorzeitigen Widerruf seiner Bestellung von der Tätigkeit und Position als Vorstandsmitglied entbunden würde, ohne daß im Falle der Kündigung ein wichtiger Grund im Sinne des § 626 BGB

**§ 1** Kapitel 3: Anstellungsverträge mit GmbH-Geschäftsführern und AG-Vorständen

bzw. im Falle des Widerrufes der Bestellung ein wichtiger Grund gemäß § 84 Abs. 3 Satz 2 AktG gegeben war.

(3) Wird der Anstellungsvertrag nach normalem Ablauf nicht verlängert, dann hat Herr ▧ Anspruch auf eine Übergangsentschädigung in Höhe eines dreifachen Jahresgrundgehaltes.

(4) Erfüllungsansprüche aus dem Anstellungsvertrag bleiben daneben unberührt.

### § 15

(1) Vereinbarungen außerhalb dieses Vertrages wurden nicht getroffen. Änderungen und Ergänzungen des Vertrages bedürfen zu ihrer Wirksamkeit der Schriftform.

(2) Sollten einzelne Bestimmungen des Vertrages unwirksam sein oder werden, so berührt dies nicht die Gültigkeit der übrigen Bestimmungen. Anstelle der unwirksamen Bestimmung oder zur Ausfüllung eventueller Lücken des Vertrages soll eine angemessene Regelung treten, die dem am nächsten kommt, was die Parteien nach ihrer wirtschaftlichen Zwecksetzung gewollt haben.

(3) Dieser Vertrag wurde doppelt ausgefertigt.

(4) Der bisherige Vertrag vom ▧ in der letzten Fassung vom ▧ verliert mit dem ▧ seine Gültigkeit.

## 13. Muster: Protokoll einer Gesellschafterversammlung über Abberufung und außerordentliche Kündigung des Geschäftsführers

*Niederschrift*

über die außerordentliche
Gesellschafterversammlung der ▧ GmbH
vom ▧

Wir, die unterzeichnenden Gesellschafter der ▧ GmbH, sind die alleinigen Gesellschafter dieser Gesellschaft. Unter Verzicht auf alle Formen und Fristen der Ankündigung und Einberufung halten wir eine außerordentliche Gesellschafterversammlung ab. Gegenstand dieser Versammlung ist folgender Sachverhalt, der Anlaß für die nachfolgende Beschlußfassung ist:

1. Am ▧ wurde festgestellt, daß der Geschäftsführer ▧ .
2. Am ▧ wurde festgestellt, daß der Geschäftsführer ▧ .

Die Gesellschafter sind übereinstimmend der Ansicht, daß der Geschäftsführer ▧ durch sein Verhalten seine Befugnisse als Geschäftsführer in so erheblichem Maße überschritten hat, daß nur eine fristlose Kündigung des bestehenden Dienstvertrags aus wichtigem Grunde (§ 626 BGB) in Betracht kommt. Die Gesellschafter beschließen daher einstimmig was folgt:

1. Der Geschäftsführer ▧ wird mit unmittelbarer Wirkung als Geschäftsführer der ▧ GmbH abberufen.

2. Dem Geschäftsführer der ▧ GmbH wird aus wichtigem Grund die fristlose Kündigung des Dienstvertrages ausgesprochen und hilfsweise auch höchst vorsorglich gem. § ▧ seines Dienstvertrages die fristgerechte Kündigung mit Wirkung zum ▧ erklärt.

3. Zum besonderen Vertreter der Gesellschaft, der die Beschlüsse zu 1. und zu 2. Herrn Geschäftsführer ▧ mitzuteilen und das schriftliche Kündigungsschreiben gem. Ziff. 2 an den Geschäftsführer mit dem Vorsitzenden der Gesellschafterversammlung zu unterzeichnen hat

und etwaige Verhandlungen über die Modalitäten der Beendigung des Dienstverhältnisses zu führen hat, wird der Geschäftsführer/Gesellschafter ▓▓▓ bestellt.

▓▓▓, den ▓▓▓

▓▓▓

(Gesellschafter)

▓▓▓

(Gesellschafter)

▓▓▓

(Gesellschafter)

▓▓▓

(Gesellschafter)

▲

## 14. Muster: Abberufungs- und Kündigungsbeschluß wegen eines Vorstandsmitglieds

▼

*Protokoll*

über einen Beschluß des Aufsichtsrats der

▓▓▓ AG

am ▓▓▓

Ort: ▓▓▓

Der Aufsichtsrat beschließt:

1. Die Bestellung von Herrn ▓▓▓ zum Vorstandsmitglied der ▓▓▓ AG wird mit sofortiger Wirkung widerrufen.
2. Der Anstellungsvertrag zwischen Herrn ▓▓▓ und der ▓▓▓ AG wird fristlos gekündigt.

Der Aufsichtsrat behält sich vor, den Anstellungsvertrag wegen arglistiger Täuschung anzufechten.

3. Der Vorsitzende des Aufsichtsrats wird bevollmächtigt,
   - die Abberufungserklärung und
   - die Kündigungserklärung

gegenüber Herrn ▓▓▓ auszusprechen und Schadensersatzansprüche geltend zu machen.

Außerdem wird der Aufsichtsratsvorsitzende bevollmächtigt, alle sonstigen Abwicklungshandlungen mit Herrn ▓▓▓ vorzunehmen, wie Hausverbot auszusprechen, Herausgabe von Unterlagen und Schlüssel der Gesellschaft zu fordern, einen etwaigen Rechtsstreit zu führen.

▓▓▓, den ▓▓▓.

▓▓▓

(Mitglieder des Aufsichtsrats)

▓▓▓

(Mitglieder des Aufsichtsrats)

▓▓▓

(Mitglieder des Aufsichtsrats)

▲

## 15. Muster: Freistellung eines Vorstandsmitglieds

*Vereinbarung*

zwischen

der          AG
vertreten durch ihren Aufsichtsrat, dieser vertreten durch den Vorsitzenden des Aufsichtsrats, Herrn

– im folgenden Gesellschaft genannt –

und

Herrn

– im folgenden Mitglied des Vorstands genannt –

**Präambel**

Die Bestellung von Herrn          zum Mitglied des Vorstands der Gesellschaft ist durch Beschluß des Aufsichtsrats der Gesellschaft vom          (im Einvernehmen mit Herrn          ) zum          beendet worden. Es besteht Einverständnis, daß der zwischen der Gesellschaft und dem Mitglied des Vorstands geschlossene Dienstvertrag vom          bis zum ursprünglichen Vertragsende, d. h. bis zum          weiterbesteht.

**§ 1 Freistellung**

Das Mitglied des Vorstands wird mit Wirkung vom          bis zum Beendigungszeitpunkt des Anstellungsvertrages unter Fortzahlung seiner vertragsgemäßen Bezüge unwiderruflich freigestellt. Durch die Freistellung sind sämtliche Urlaubsansprüche abgegolten. In der Zeit der Freistellung sind die dem Mitglied des Vorstands vertraglich vereinbarten Bezüge (Grundvergütung, Tantieme,          ) ungeschmälert fortzuzahlen.

**§ 2 Anderweitige Tätigkeit**

Das Mitglied des Vorstands ist bis zur Beendigung des Anstellungsvertrages in der Verwertung seiner Arbeitskraft frei. Die Beteiligung an einem oder Tätigkeit für ein Konkurrenzunternehmen ist jedoch unverändert ausgeschlossen. Während der Zeit der Freistellung findet § 615 Satz 2 BGB Anwendung. Einkommen aus einer anderweitigen Tätigkeit, freiberuflich oder im Rahmen eines Anstellungsvertrages, ist anzurechnen. Die Anrechnung erfolgt jedoch nur im Umfang von          % des anderweitigen Einkommens.

**§ 3 Sonstige Leistungen**

Die sonstigen Leistungen nach dem Dienstvertrag vom          , insbesondere Dienstwagen          , bleiben bis zur Beendigung des Dienstvertrages dem Mitglied des Vorstands erhalten.

         , den          .

(Der Vorsitzende des Aufsichtsrats)     (Mitglied des Vorstands)

# § 2 Zusatzvereinbarungen zu Arbeits- und Anstellungsverträgen

## Kapitel 1: Nachvertragliche Wettbewerbsverbote

### Literatur

**Bauer**, Wettbewerbsverbote und Kündigung von Arbeitsverhältnissen, DB 1979, 500; **Bauer/Diller**, Indirekte Wettbewerbsverbote, DB 1995, 426; **dies.**, Karenzentschädigung und bedingte Wettbewerbsverbote bei Organmitgliedern, BB 1995, 1134; **dies.**, Wettbewerbsverbote, 2. Aufl. 1999; **Bauer/Hahn**, Anrechnung und Erstattung von Arbeitslosengeld bei nachvertraglichem Wettbewerbsverbot, DB 1991, 2591; **Bengelsdorf**, Das örtlich zuständige Gericht bei Streitigkeiten aus einem nachvertraglichen Wettbewerbsverbot, DB 1992, 1340; **Buchner**, Das Wettbewerbsverbot nach Beendigung des Arbeitsverhältnisses, Schriften zur AR-Blattei, Bd. 10, S. 72; **Deutsches Anwaltsinstitut**, Grundzüge des nachvertraglichen Wettbewerbsverbots des Arbeitnehmers, BRAK-Mitt. 1994, 228; **Diller/Dannecker**, Erstattungspflicht für Arbeitslosengeld bei Wettbewerbsverbot verfassungswidrig – Rückzahlungsanspruch auch in Altfällen?, NJW 1999, 897; **Dombrowski/Zettelmeier**, Die Wertermittlung der Nutzungsvorteile von Firmenwagen im Rahmen der Karenzentschädigung nach § 74 II HGB, NZA 1995, 155; **Ebert**, Nachvertragliches Wettbewerbsverbot – Berechnung der Karenzentschädigung, FA 1999, 346; **Gaul**, Neues zum nachvertraglichen Wettbewerbsverbot, DB 1995, 874; **Grüll/Janert**, Die Konkurrenzklausel, 5. Aufl. 1993; **Grunsky**, Das nachvertragliche Wettbewerbsverbot (§§ 74 ff. HGB) als gegenseitiger Vertrag, FS Söllner 1990, 41; **Grunsky**, Voraussetzungen einer Entschädigungszusage nach § 74 Abs. 2 HGB, NZA 1988, 713; **Gutbrod**, Zulässigkeit des nachvertraglichen Wettbewerbsverbotes ohne Karenzentschädigung, DB 1990, 1806; **Kempen/Kreuder**, Nebentätigkeit und arbeitsrechtliches Wettbewerbsverbot bei verkürzter Arbeitszeit, AuR 1994, 214; **Küttner**, Personalbuch 1999, 6. Aufl. 1999, Stichwort Wettbewerbsverbot; **Reinfeld**, Das nachvertragliche Konkurrenzverbot, AuA 1993, 142; **Reinfeld**, Das nachvertragliche Wettbewerbsverbot im Arbeits- und Wirtschaftsrecht, Diss. 1993; **Röhsler/Borrmann**, Wettbewerbsbeschränkungen für Arbeitnehmer und Handelsvertreter, 1981.

## A. Erläuterungen

### 1. Geltungsumfang

Gesetzlich geregelt sind nachvertragliche Wettbewerbsverbote für kaufmännische Angestellte[1] und für Handelsvertreter.[2] Das Bundesarbeitsgericht hat den personellen Anwendungsbereich der §§ 74 ff. HGB auf sämtliche Arbeitnehmer und auch auf arbeitnehmerähnliche Personen[3] ausgedehnt. Heute gelten die §§ 74 ff. HGB auch für solche Arbeitnehmer, die keine kaufmännischen Angestellten (Handlungsgehilfen) sind.[4]

1

Der BGH lehnt die analoge Anwendung der §§ 74 ff. HGB auf Organmitglieder[5] einschließlich der Fremdorgane[6] ab. Gleichwohl sind die Grundsätze über § 138 BGB übertragbar.

Dem Unternehmen, das eine Wettbewerbsklausel formuliert, sollte es immer darauf ankommen, daß die Klausel eine möglichst genaue Beschreibung derjenigen Betätigungen enthält, die dem Ar-

---

1 § 74 ff. HGB.
2 § 90 a HGB.
3 BAG, Urt. v. 02.06.1999, NZA-RR 2000, 19.
4 BAG, Urt. v. 13.09.1969, AP Nr. 24 zu § 611 BGB Konkurrenzklausel.
5 Urt. v. 07.01.1965, WM 1965, 310.
6 Urt. v. 26.03.1984, BGHZ 91, 1, 5.

beitnehmer aufgrund der Konkurrenzklausel verwehrt sein sollen. Hier ist die enge Zusammenarbeit zwischen dem Berater und dem Unternehmen gefragt.

2  Zunächst einmal unterscheidet man zwischen **unternehmensbezogenen** und **tätigkeitsbezogenen** Konkurrenzverboten. Unternehmensbezogene Klauseln knüpfen an die Unternehmen an, für die der Arbeitnehmer nach seinem Ausscheiden gesperrt sein soll. Zwar kann man bei Wettbewerbsverboten nicht immer begrifflich zwischen unternehmens- und tätigkeitsbezogenen Verboten trennen. Nach der BAG-Rechtsprechung kommt es auf die tatsächlichen Gegebenheiten bei der Auslegung eines vertraglichen Wettbewerbsverbots neben dem Wortlaut der Klausel entscheidend an.[7] Die Empfehlung geht dahin, unternehmensbezogenen Wettbewerbsverboten den Vorzug zu geben gegenüber tätigkeitsbezogenen Verboten. Je größer ein Unternehmen ist, desto vielfältiger die Produkte und der Bedarf an Wettbewerbsschutz. Bei einem unternehmensbezogenen Wettbewerbsverbot reicht es aus, daß die Fertigungsprogramme beider Unternehmen sich „in einem nicht ganz unerheblichen Teil" überschneiden.[8] Schon bei einer Überschneidung von 10 % im Bereich der Fertigungsprogramme geht das Bundesarbeitsgericht[9] davon aus, daß ein Konkurrenzunternehmen vorliegt.

3  Der Vorteil des **unternehmensbezogenen Wettbewerbsverbots** besteht darin, daß Mißbrauchsversuche des ausscheidenden Arbeitnehmers müheloser ausgeschaltet werden können. Je nach Größe eines Unternehmens, das auf zahlreichen Arbeitsfeldern tätig ist, beispielsweise bei einem weltweit operierenden Chemiekonzern auf zahlreichen Produktfeldern, kann der Arbeitgeber in Beweisschwierigkeiten geraten, wenn sein ihn verlassender Arbeitnehmer in ein anderes größeres Unternehmen wechselt, dort aber gemäß Arbeitsvertrag in einem Arbeitsfeld tätig werden soll, auf dem der frühere Arbeitgeber nicht engagiert ist. In diesem Falle kann der Arbeitgeber nicht den Nachweis führen, daß der ausscheidende Mitarbeiter anschließend tatsächlich in einem in Konkurrenz stehenden Geschäftsbereich tätig ist. Außerdem ist denkbar, daß kurze Zeit nach Arbeitsaufnahme der Mitarbeiter dort in dem neuen Unternehmen in einen anderen als den ursprünglich vorgesehenen Bereich versetzt wird. Hierbei kann es sich dann um eine konkurrierende Tätigkeit handeln, ohne daß der Arbeitgeber des ausgeschiedenen Arbeitnehmers den Beweis hierüber führen kann.

4  Ihm kommt zwar auch beim **tätigkeitsbezogenen Wettbewerbsverbot** eine Beweiserleichterung zu Gute.[10] Selbst wenn lediglich ein tätigkeitsbezogenes Wettbewerbsverbot vereinbart werde, könne es grundsätzlich einem Wechsel zu einem Konkurrenzunternehmen entgegenstehen und zwar selbst dann, wenn der Nachweis nicht geführt werden könne, daß der Arbeitnehmer in der gleichen Produktionssparte wie bei seinem früheren Arbeitgeber tätig werde. Jedenfalls sei dann, wenn die Betriebsanlagen des neuen Arbeitgebers nicht räumlich nach Sparten getrennt seien, die Überwachung eines rein tätigkeitsbezogenen Wettbewerbsverbots für den alten Arbeitgeber unmöglich. Deshalb komme nur eine ergänzende Auslegung des Wettbewerbsverbots dahingehend in Betracht, daß dem Arbeitnehmer schlechthin jede Tätigkeit für das Konkurrenzunternehmen verboten sei.

5  Der Vorteil des tätigkeitsbezogenen Wettbewerbsverbots besteht darin, daß meist keine Begrenzung auf bestimmte Unternehmen vorgenommen wird, so daß auch aktuell nicht konkurrierende Unternehmen erfaßt werden können. Der Nachteil, eine bloße Verpflichtung zu formulieren, sich in bestimmten **Arbeits- oder Fertigungsbereichen**, sei es auf kaufmännischem oder technischem Gebiet, nicht zu betätigen, bleibt, weil den Arbeitgeber eine zusätzliche Darlegungslast trifft. Selbst die Beweiserleichterung, daß bereits ein sich im Umfang von 10 % überschneidendes Fertigungsprogramm

---

7  BAG, Urt. v. 30.01.1970, AP Nr. 24 zu § 133 GewO.
8  BAG, Urt. v. 16.12.1968, AP Nr. 21 zu § 133 GewO.
9  Urt. v. 16.02.1968, DB 1969, 973.
10  BAG, Urt. v. 30.01.1970, AP Nr. 24 zu § 133 GewO.

bei einem Konkurrenzunternehmen vorliegt, macht es notwendig, daß der (alte) Arbeitgeber über ausreichende Informationen verfügt, den Umfang der sich überschneidenden Fertigungsprogramme darzulegen.

Bei der Gestaltung von Wettbewerbsverboten wird deshalb dem unternehmensbezogenen Wettbewerbsverbot der Vorzug gegeben. Wird zusätzlich die Tätigkeit des Mitarbeiters im bisherigen Unternehmen zum Maßstab für spätere Konkurrenz gemacht, werden auf diese Weise alle eventuell im Wettbewerbsverbot vergessenen Wettbewerbsunternehmen und auch die im Laufe eines langjährigen Arbeitsverhältnisses auf dem Markt hinzutretenden Konkurrenzunternehmen miterfaßt.

Will man ein Wettbewerbsverbot **umfänglich** formulieren, ist weiterhin darauf zu achten, daß möglichst in jeder rechtlichen Organisationsform dem Ausgeschiedenen untersagt ist, Konkurrenz zu betreiben. Dem Arbeitnehmer darf eine selbständige Tätigkeit,[11] aber auch eine abhängige gewerbliche Tätigkeit,[12] schließlich auch beides gleichzeitig untersagt werden. Vergißt man bei der Formulierung der Wettbewerbsklausel, daß sie sich auch auf die freiberufliche Tätigkeit erstrecken soll, schließt sie dieses Verbot nicht ein.[13] Die Rechtsprechung legt die Formulierungen in einzelnen Klauseln stark am Wortlaut orientiert aus. Ist dem Mitarbeiter eine selbständige und abhängige gewerbliche Tätigkeit untersagt, so läßt das OLG Frankfurt bei einem früheren GmbH-Geschäftsführer gelegentliche, einzelne Konkurrenzgeschäfte zu.[14]

6

Ist ein Arbeitnehmer nicht durch ein den §§ 74 ff. HGB entsprechendes Wettbewerbsverbot gebunden, darf er nach Beendigung des Arbeitsverhältnisses zu seinem Arbeitgeber in Wettbewerb treten. Eine nachvertragliche Verschwiegenheits- und Treuepflicht begründet für den Arbeitgeber regelmäßig keine Ansprüche auf Unterlassung von Wettbewerbshandlungen gegen den ausgeschiedenen Arbeitnehmer.[15]

## 2. Nachvertragliche Wettbewerbsverbote für freie Mitarbeiter und Selbständige

Es lassen sich Wettbewerbsklauseln so gestalten, daß auch die Tätigkeit eines ausgeschiedenen Arbeitnehmers als freier Mitarbeiter oder Selbständiger erfaßt wird, man kann ebenfalls die Tätigkeit als stiller Gesellschafter eines Konkurrenzunternehmens in das Wettbewerbsverbot einbeziehen.[16] Nicht vom Wettbewerbsverbot erfaßt ist eine Beteiligung, die allein der Kapitalanlage dient, wie etwa der Erwerb weniger Aktien einer Aktiengesellschaft.[17]

7

## 3. Die Einbeziehung von Konkurrenzunternehmen des Konzerns

Die Einbeziehung von Konkurrenzunternehmen in nachvertragliche Wettbewerbsverbote wirft eine Reihe von Fragen auf, die erst teilweise gelöst sind. Eine ausdrückliche Regelung, wonach das Wettbewerbsverbot nicht nur auf Konkurrenten des Arbeitgebers, sondern auch auf Konkurrenten anderer mit dem Arbeitgeber verbundener Unternehmen bezogen ist, dürfte wirksam sein.

8

---

11 BAG, Urt. v. 30.10.1970, AP Nr. 24 zu § 133 GewO.
12 LAG Hamburg, Urt. v. 20.09.1968, BB 1969, 362.
13 LAG Hamburg, Urt. v. 20.09.1968, BB 1969, 362; a.A. LAG Hamm, Urt. v. 16.06.1959, BB 1959, 1064.
14 OLG Frankfurt, Urt. v. 06.12.1972, DB 1973, 139; siehe hierzu kritisch: *Bauer/Diller*, Wettbewerbsverbote, Rn 144.
15 BAG, Urt. v. 19.05.1998, ARSt. 1/99, 14.
16 BAG, Urt. v. 15.02.1962, AP Nr. 1 zu § 61 HGB.
17 *Grüll/Janert*, Die Konkurrenzklausel, S. 41; *Schlegelberger/Schröder*, Handelsgesetzbuch, Band 2, § 74 Rn 46.

**9** Derartige Zusätze sind erforderlich angesichts einer im folgenden dargelegten **Entscheidung des BAG**.[18] Der Arbeitnehmer war zunächst im Unternehmen des Arbeitgebers als Leiter des Produktionsbereichs Speiseeisherstellung tätig. Die Parteien hatten ein unternehmensbezogenes Wettbewerbsverbot vereinbart. Die Speiseeisherstellung wurde später in eine rechtlich selbständige Tochtergesellschaft ausgegliedert. Der Arbeitnehmer wurde als Geschäftsführer dieser Tochtergesellschaft tätig. Sein ursprüngliches Anstellungsverhältnis wurde nicht beendet. Nach seinem Ausscheiden wechselte der Mitarbeiter zu einem konkurrierenden Speiseeishersteller und das BAG wies die Klage des Arbeitgebers auf Unterlassung der Wettbewerbstätigkeit mit der formalen Begründung ab, untersagt sei dem Arbeitnehmer nur eine Tätigkeit bei einem Konkurrenten der Muttergesellschaft.[19]

**10** Höchstrichterliche Rechtsprechung hat noch nicht abschließend darüber befunden, in welchem Umfang Wettbewerbsverbote wirksam sind, die mit den **Konzerngesellschaften** in ihrer Gesamtheit vereinbart werden. Unter Hinweis auf *Martens*[20] wird in der Literatur der konzerndimensionierte Wettbewerbsschutz für zweifelhaft gehalten, es sei denn, der Mitarbeiter hat bereits in verschiedenen Konzerngesellschaften gearbeitet und besitzt daher Kenntnisse über Interna der einzelnen Konzerngesellschaften. Ungeklärt ist auch die Frage, inwieweit ein Beschäftigungsverhältnis mit einer Holding-Konzernspitze, die keinen eigenen Geschäftsbetrieb hat, die zu den einzelnen Gesellschaften in Konkurrenz tretenden Wettbewerber erfaßt. Hier wird häufig, wie auch in allen anderen Zweifelsfällen, mit den Mitteln der ergänzenden Vertragsauslegung gearbeitet. Hilfreich ist es, wenn Unternehmen, die zwar nicht selbst mit dem früheren Arbeitgeber in Wettbewerb stehen, aber immehin mit Wettbewerbsunternehmen verbunden sind, in das Wettbewerbsverbot einbezogen werden.

### 4. Örtlicher Geltungsbereich

**11** Üblicherweise formuliert man in der Klausel eines Wettbewerbsverbots die Regelung, auf welches **räumliche Gebiet** sich das Verbot erstrecken soll. Ein vor 1990 für die Bundesrepublik Deutschland einschließlich West-Berlin vereinbartes Wettbewerbsverbot erstreckt sich nach dem staatsrechtlichen Untergang der ehemaligen DDR auf das gesamte heutige Bundesgebiet.[21] Fehlt in einem Wettbewerbsverbot eine Beschränkung des räumlichen Geltungsbereich, gilt das Verbot unbeschränkt, also auch im Ausland.[22]

**12** Ist ein Wettbewerbsverbot **regional begrenzt**, bezieht sich diese Begrenzung auf den Ort, an dem tatsächlich die untersagte Tätigkeit entfaltet wird. Das Wettbewerbsverbot kann also nicht dadurch umgangen werden, daß der Arbeitnehmer zwar für einen ausländischen Arbeitgeber tätig wird, die Tätigkeit sich jedoch im Inland abspielt.[23] Bei freien Mitarbeitern hat das OLG Karlsruhe allerdings anders entschieden. Die von Schülerinnen einer Mannequin-Schule übernommene Verpflichtung hat das OLG Karlsruhe[24] dahingehend ausgelegt, daß sich das Verbot lediglich auf das Einzugsgebiet der Schule beschränken soll.[25]

**13** Die räumliche Reichweite des Wettbewerbsverbots kann zu einer unbilligen Erschwerung des Fortkommens des Arbeitnehmers führen. Der Gestalter eines Wettbewerbsverbots sollte sich bewußt

---

18 Urt. v. 24.06.1966, AP Nr. 2 zu § 74 a HGB Speiseeisfall.
19 Kritisch zu dieser Entscheidung: *Martens*, Festschrift *Herschel*, S. 245; *Winbichler*, Arbeitsrecht im Konzern, S. 130.
20 Festschrift für *Herschel*, S. 237 (244).
21 LAG Berlin, Urt. v. 26.03.1991, NZA 1991, 674.
22 *Bauer/Diller*, Wettbewerbsverbote, Rn 135.
23 *Grüll/Janert*, Die Konkurrenzklausel, S. 46 f.
24 Urt. v. 26.04.1974, MDR 1975, 314.
25 BGH, Urt. v. 19.11.1973, WM 1974, 74, 76.

sein, daß unter Umständen die Höhe der zu leistenden Karenzentschädigung vom räumlichen Geltungsbereich des Wettbewerbsverbots abhängig sein kann. § 74 a Abs. 1 S. 2 HGB stellt auf die **Wechselwirkung** zwischen den Faktoren **Höhe der Entschädigung**, **Ort, Zeit und Gegenstand des Wettbewerbsverbots** ab. Die Wechselwirkung dieser Kriterien ist von der Rechtsprechung nicht definiert worden, es ist nicht möglich, allgemeine Grundsätze aufzustellen, aus denen sich ergibt, wann die Mindestkarenzentschädigung von 50 % wegen der weitreichenden räumlichen Wirkung eines Wettbewerbsverbots aufzustocken ist.[26] Nach *Buchner*[27] soll ein Wettbewerbsverbot unbillig sein, das die Berufsausübung in Deutschland schlechthin vereitelt; nach *Schaub*[28] soll bei Spitzenkräften der Zwang zur Auswanderung in andere deutschsprachige Länder noch hinnehmbar sein.

### 5. Nichtige und unverbindliche Wettbewerbsvereinbarungen

§ 74 Abs. 2 HGB enthält den Grundsatz der bezahlten Karenz.[29] Der **Karenzgrundsatz** gilt für sämtliche Arbeitnehmer, nicht allein für kaufmännische Angestellte.[30] Der Gesetzeswortlaut enthält mehrere Ausnahmen vom Karenzgrundsatz für Arbeitnehmer. Von rechtlicher Bedeutung ist allein § 74 c Abs. 1 S. 3 HGB, wonach ein Arbeitnehmer während der Verbüßung einer Freiheitsstrafe keine Entschädigung verlangen kann.[31] 14

Der Arbeitnehmer verliert seinen Anspruch auf Karenzentschädigung selbst dann nicht, wenn er, etwa aus Alters- oder Gesundheitsgründen, nicht in der Lage ist, Konkurrenz zu betreiben.[32] Die Auszahlung der Karenzentschädigung kann deshalb auch nicht an eine solche zusätzliche Bedingung geknüpft werden. Häufig wird übersehen, bei mit 65 Jahren ausscheidenden Mitarbeitern mit Wettbewerbsverbot die Wettbewerbsabrede einvernehmlich spätestens ein Jahr vor dem Ausscheiden aus dem Arbeitsverhältnis aufzuheben. Dieses Versäumnis kann bis zu zwei Jahren Karenzentschädigung an einen ausgeschiedenen Mitarbeiter im Rentenalter kosten. 15

Die **Ausnahmen** vom Karenzgrundsatz in § 75 b HGB sind durch die Rechtsprechung des Bundesarbeitsgerichts gegenstandslos geworden. So ist eine Wettbewerbsklausel, die keine Karenzentschädigung für deutsche Arbeitnehmer im außereuropäischen Ausland vorsieht, unwirksam.[33] Konkurrenzverbote mit den sog. Hochbesoldeten im Sinne von § 75 b S. 2 HGB, die keine Karenzentschädigung vorsehen, sind ebenfalls unwirksam.[34] Beim Arbeitnehmer ist nach heutiger Rechtsprechung, unabhängig von der Verdiensthöhe, eine Entschädigungszusage erforderlich.[35] 16

Auch der **Verlust des Entschädigungsanspruchs** bei außerordentlicher Kündigung des Arbeitgebers wegen vertragswidrigen Verhaltens des Arbeitnehmers[36] stellt heute keine Ausnahme von der Karenzentschädigungspflicht dar. Das BAG hat § 75 Abs. 3 HGB für verfassungswidrig erklärt.[37] Das BAG hat die durch den Wegfall von § 75 Abs. 3 HGB entstandene Lücke durch entsprechende 17

---

26 *Bauer/Diller*, Wettbewerbsverbote, Rn 227.
27 Wettbewerbsverbot, Schriften zur AR-Blattei, Band 10, S. 72.
28 Arbeitsrechts-Handbuch, § 58 III 10.
29 Beispiel für Karenzvereinbarung: Muster 2007, § 3, in diesem Buch § 2 Kap. 1 M 42.
30 BAG, Urt. v. 13.09.1969, AP Nr. 24 zu 611 BGB Konkurrenzklausel.
31 Vgl. BAG, Urt. v. 09.08.1974, BB 1974, 1486; LAG Baden-Württemberg, Urt. v. 07.09.1965, BB 1965, 1456.
32 BAG, Urt. v. 18.10.1976, AP Nr. 1 zu § 74 b HGB.
33 BAG, Urt. v. 16.10.1980, AP Nr. 15 zu § 75 b HGB.
34 BAG, Urt. v. 05.12.1969, AP Nr. 10 zu § 75 b HGB.
35 BAG, Urt. v. 02.10.1975, AP Nr. 14 zu § 75 b HGB.
36 § 75 Abs. 3 HGB.
37 Urt. v. 23.02.1977, AP Nr. 6 zu § 75 HGB mit Anmerkung *Beitzke*.

Anwendung von § 75 Abs. 1 HGB geschlossen. Der Arbeitgeber könne sich bis zum Ablauf eines Monats nach der Kündigung vom Wettbewerbsverbot lossagen. Ansonsten bleibe er zur Karenzentschädigung, der Arbeitnehmer zur Wettbewerbsenthaltung verpflichtet. Die Lossagung soll allerdings entbehrlich sein, wenn der außerordentlichen Kündigung eine ordentliche mit gleichzeitigem Verzicht auf das Wettbewerbsverbot nach § 75 a HGB vorausgegangen ist.[38]

18 Der Anspruch auf Karenzentschädigung kann nicht Gegenstand eines Kündigungsschutzprozesses sein, da er die Beendigung des Arbeitsverhältnisses voraussetzt.[39] Karenzentschädigung kommt deshalb nur in Betracht, wenn der Arbeitnehmer im Kündigungsschutzprozeß unterliegt. Der Arbeitnehmer kann hinsichtlich der Karenzentschädigung Eventualklage erheben und die Karenzentschädigung für den Fall verlangen, daß im Kündigungsschutzprozeß die Beendigung des Arbeitsverhältnisses festgestellt werden sollte.

Außerhalb des Geltungsbereichs der §§ 74 Abs. 2, 90 a Abs. 1 S. 3 HGB bedarf die Anwendung des **Grundsatzes der bezahlten Karenz** stets einer besonderen Begründung.

19 Der Streit um die Entschädigungspflichtigkeit nachvertraglicher Wettbewerbsverbote für GmbH-Geschäftsführer und Vorstände ist bis heute nicht endgültig ausgeräumt. Auch das Urteil des BGH vom 26.03.1984[40] hat nicht zu einer für die Praxis mühelos handhabbaren Erkenntnis geführt, unter welchen Umständen **Wettbewerbsklauseln** mit Organmitgliedern entschädigungsfrei vereinbart werden können. Der BGH mißt die Entschädigungspflicht an den Grundsätzen des § 138 BGB. Je nachdem, welche Bedeutung man dem Grundsatz der bezahlten Karenz bei der Gesamtbewertung im Sinne von § 138 BGB beimesse, könne sich das Fehlen einer Entschädigungszusage entscheidend auf die Sittenwidrigkeitsprüfung des Konkurrenzverbots auswirken.[41] *Martens*[42] vertritt deshalb die Auffassung, daß ein Konkurrenzverbot mit einem AG-Vorstandsmitglied nur in besonderen Ausnahmefällen ohne Entgelt als rechtmäßig anerkannt werden könne. In die gleiche Richtung wird in der Literatur argumentiert im Hinblick auf **GmbH-Geschäftsführer**. Vieles spreche dafür, die Arbeitnehmerschutzvorschrift des § 74 Abs. 2 HGB partiell auch auf solche Nicht-Arbeitnehmer anzuwenden, deren Rechtsbeziehungen zum Unternehmen dienstvertraglich geregelt sind, vornehmlich also auf Konkurrenzklauseln mit GmbH-Geschäftsführern und Vorstandsmitgliedern einer Aktiengesellschaft.[43] Hieraus folgt für den Klauselverwender, daß er bei der Gestaltung von Wettbewerbsverboten mit Organmitgliedern juristischer Personen regelmäßig eine Karenzentschädigung vorsehen sollte, weil er andernfalls im Rahmen einer Überprüfung der von ihm formulierten Klausel durch die Rechtsprechung Gefahr läuft, ein nichtiges Wettbewerbsverbot formuliert zu haben. Das Fehlen jeglicher Entschädigungszusage führt zur Nichtigkeit.[44]

20 Versäumt es der Verwender eines Wettbewerbsverbots, die ausdrückliche Übernahme einer Entschädigung zu formulieren und verweist er nur auf die Bestimmungen des HGB über das Wettbewerbsverbot,[45] läuft der Verwender Gefahr, nur eine neutrale Verweisung und gerade nicht ausdrücklich

---

38 BAG, Urt. v. 17.02.1987, NZA 1987, 453.
39 BAG, Urt. v. 18.12.1984, DB 1984, 658.
40 BGHZ 91, 1.
41 Siehe auch die Darstellung bei *Bauer*, DB 1979, 2178 und *Bauer/Diller*, BB 1995, 1134.
42 KölnKommArbG, § 88 Rn 27.
43 *Reinfeld*, Wettbewerbsverbote, S. 126 f.; *Gaul*, GmbH-Recht 1991, 144; *Groß*, Das Anstellungsverhältnis des GmbH-Geschäftsführers, S. 362 f.
44 BAG, Urt. v. 03.05.1994, DB 1995, 50.
45 §§ 74 und 74 c HGB.

eine Entschädigungspflicht vereinbart zu haben.[46] Erschöpft sich die Erwähnung einer Entschädigung in einer bloß generellen Verweisung auf die Gesetzeslage, ohne daß die Kernvorschriften über die Entschädigungspflicht hervorgehoben werden, fehlt im Regelfalle eine hinreichende Entschädigungszusage. Eine derartige Klausel macht ein ansonsten nicht zu beanstandendes Wettbewerbsverbot unverbindlich.[47]

Generell ist zu unterscheiden zwischen nichtigen und unverbindlichen Wettbewerbsverboten. **Nichtig** ist ein Wettbewerbsverbot, wenn keine der vom Dienstherrn unterzeichneten Urkunde an den Arbeitnehmer ausgehändigt wurde, §§ 74 Abs. 1 HGB, 126 BGB. Nichtig sind Wettbewerbsverbote mit Arbeitnehmern, die nur ein vergleichsweise geringes Einkommen beziehen, § 74 a Abs. 2 Satz 1 HGB. Umstritten ist, ob angesichts der schwierigen Umrechnung der Geringverdienstgrenze unter Inflationsgesichtspunkten diese Bestimmung heute noch anwendbar ist.[48] Ist der Arbeitnehmer zum Zeitpunkt der Wettbewerbsabrede minderjährig, ist ein mit ihm vereinbartes Wettbewerbsverbot nichtig, § 74 a Abs. 2 Satz 2 HGB. Auch die Vereinbarung von Wettbewerbsverboten mit Auszubildenden, Volontären und Praktikanten ist nach § 5 Abs. 1 Satz 1 BBiG nichtig, wenn sie nicht in den letzten sechs Monaten der Ausbildung vereinbart werden. Nichtig sind ferner Wettbewerbsabreden, die unter Einbeziehung von Dritten gestaltet werden.[49]   21

Nichtig sind schließlich, jedenfalls nach der älteren Rechtsprechung,[50] Wettbewerbsabreden, in denen jegliche **Vereinbarung einer Karenzentschädigung** fehlt. Nach der neueren Rechtsprechung des Bundesarbeitsgerichts[51] ist fraglich geworden, ob man nicht künftig davon ausgehen muß, daß auch Wettbewerbsverbote ohne Karenzentschädigung unverbindlich sein sollen. Hintergrund bildet folgende Überlegung:   22

In der Vergangenheit vertrat das BAG die Ansicht, bei einem wegen zu niedriger Karenzentschädigung unverbindlichen Wettbewerbsverbot könne der Arbeitnehmer die Karenzentschädigung allenfalls in der zugesagten Höhe, nicht aber in der gesetzlichen vorgeschriebenen Höhe verlangen.[52] Bei völligem Fehlen war es für den Arbeitnehmer gleichgültig, ob das Wettbewerbsverbot dadurch unverbindlich oder nichtig wurde. Denn aus der Unverbindlichkeit erwuchsen ihm daraus keine Ansprüche. Nachdem das BAG aber in seiner Entscheidung vom 09.01.1990[53] offengelassen hat, ob der Arbeitnehmer bei einer zu niedrigen Karenzentschädigung nicht doch eine Karenzentschädigung in der gesetzlichen Höhe verlangen könne, kann die Rechtsfolge bei völligem Fehlen einer Entschädigungszusage nicht mehr offen gelassen werden.[54] Folgt man der Auffassung, bei Unverbindlichkeit bestehe ein Anspruch in gesetzlicher Höhe, muß mit *Bauer/Diller*[55] ein entsprechender Anspruch auch demjenigen Arbeitnehmer zugebilligt werden, dessen Wettbewerbsverbot überhaupt keine Entschädigung enthielt.   23

**Unverbindliche Wettbewerbsverbote** entstehen, wenn dem Arbeitnehmer eine Karenzentschädigung in zu niedriger Höhe zugesagt wird, § 74 Abs. 2 HGB. In jedem Fall macht eine vereinbarte   24

---

46 Vgl. BAG, Urt. v. 14.08.1975, AP Nr. 35 zu § 74 HGB.
47 LAG Bremen, Urt. v. 04.05.1966, DB 1966, 1440.
48 *Bauer/Diller*, Wettbewerbsverbote Rn 359 ff.
49 Näheres bei *Bauer/Diller*, Wettbewerbsverbote, Rn 183 ff.
50 BAG, Urt. v. 13.09.1969, AP Nr. 24 zu § 611 BGB Konkurrenzklausel; OLG Karlsruhe, Urt. v. 30.09.1986, BB 1986, 2365.
51 BAG, Urt. v. 09.01.1990, AP Nr. 59 zu § 74 HGB.
52 BAG, Urt. v. 19.02.1959, AP Nr. 10 zu § 74 HGB; BAG, Urt. v. 05.08.1966, AP Nr. 19 zu § 74 HGB.
53 BAG, Urt. v. 09.01.1990, AP Nr. 59 zu § 74 HGB.
54 *Bauer/Diller*, Wettbewerbsverbote, Rn 313.
55 Rn 78.

Karenzentschädigung von weniger als 50 % das Wettbewerbsverbot unverbindlich. Unverbindlich sind weiterhin sog. **bedingte Wettbewerbsverbote**[56] sowie Wettbewerbsverbote, die die Wahlrechte des Arbeitnehmers beschränken. Hierzu gehört die Vereinbarung, wonach das Wettbewerbsverbot nicht gelten soll, wenn es unverbindlich geworden ist oder der Arbeitnehmer ein Lösungsrecht nach § 75 Abs. 1 Satz 2 HGB hat.[57]

25 Ein Wettbewerbsverbot ist nach § 74 a Abs. 1 Satz 2 HGB unverbindlich, soweit es unter Berücksichtigung der gewährten Entschädigung nach Ort, Zeit oder Gegenstand eine unbillige Erschwerung des Fortkommens des Gehilfen enthält. Diese Regelung gilt auch im Arbeitsrecht. Allgemeine Maßstäbe für die Wechselwirkung zwischen den drei Kriterien Ort, Zeit und Gegenstand des Wettbewerbsverbots gibt es nicht. Allgemeine Grundsätze lassen sich nicht aufstellen.[58] Eine örtlich oder sachlich umfassende Bindung des Arbeitnehmers ist für kurze Zeit hinzunehmen.[59] Ob das Wettbewerbsverbot nach Intensität und räumlicher Reichweite eine unbillige Bindung enthält, ist auch nach der Position des Arbeitnehmers, der Mobilität der jeweiligen Berufsgruppe sowie des Alters eines Arbeitnehmers zu beurteilen.[60] Bei **Vertriebsmitarbeitern** ist es regelmäßig nicht unbillig, ihnen eine Vertriebstätigkeit in ihrem bisherigen Produktsegment zu verbieten, da Vertriebsmitarbeiter in der Praxis häufig ihre Branche wechseln können und es für ihren Erfolg am Markt weniger auf spezifische Kenntnisse eines eng begrenzten Produkt- oder Marktbereichs ankommt als auf ihre allgemeinen, verkäuferischen Fähigkeiten.[61] Bei der Beurteilung des „Gegenstands" des Wettbewerbsverbots geht man allgemein davon aus, daß unternehmensbezogene Wettbewerbsverbote bei **Nicht-Führungskräften** grundsätzlich nicht in Betracht kommen.[62] Bei **Führungskräften** soll dagegen ein unternehmensbezogenes Wettbewerbsverbot regelmäßig von § 74 a Abs. 1 HGB gedeckt sein.[63] Schwierigkeiten bereitet naturgemäß die Abgrenzung zwischen Führungskräften und Nicht-Führungskräften. Ergibt sich schließlich die Unverbindlichkeit des Wettbewerbsverbots gem. § 74 a Abs. 1 Satz 2 HGB aus einer Abwägung zwischen der Bindungswirkung und der Höhe der zugesagten Entschädigung, kann der Arbeitgeber das Wettbewerbsverbot nicht dadurch heilen, daß er nachträglich eine höhere Karenzentschädigung anbietet.[64]

26 Vor aus Nachlässigkeit unterlassener Aufhebung des Wettbewerbsverbots schützt eine Klausel im Wettbewerbsverbot, wonach ab dem Bezug von Altersruhegeld keine Karenzentschädigung gezahlt wird.[65] Ein **betriebliches Ruhegeld** beziehender Ruheständler steht zu seinem ehemaligen Arbeitgeber immer noch in einem, wenngleich auch erheblich modifizierten, Abhängigkeitsverhältnis.[66] Der Grad der Abhängigkeit ist sicherlich deutlich geringer als im aktiven Arbeitsverhältnis. Deshalb wird die Auffassung in der Literatur vertreten, der Pensionär könne für die Einhaltung des Wettbewerbsverbots keine Karenzentschädigung erwarten.[67] Eine höchstrichterliche Klarstellung steht allerdings noch aus, so daß beide Alternativen durch die vorgelegten Wettbewerbsklauseln angeboten werden.

---

56 Siehe hierzu § 2 Kap. 1 Rn 30 ff.
57 BAG, Urt. v. 10.12.1985, AP Nr. 31 zu § 611 BGB Konkurrenzklausel; BAG, Urt. v. 14.07.1981, AP Nr. 8 zu § 75 HGB.
58 *Bauer/Diller*, Wettbewerbsverbote, Rn 227.
59 BAG, Urt. v. 04.10.1958, AP Nr. 7 zu § 12 GG.
60 *Röhsler/Borrmann*, 113.
61 *Bauer/Diller*, Wettbewerbsverbote, Rn 227.
62 BAG, Urt. v. 16.12.1968, AP Nr. 21 zu § 133 f GewO; BAG, Urt. v. 30.01.1970, AP Nr. 24 zu § 133 f GewO.
63 *Bauer/Diller*, Rn 228.
64 *Bauer/Diller*, Rn 229.
65 Muster 2005, § 2 Abs. 6, M 41.
66 *Schaub*, Arbeitsrechts-Handbuch, § 81 VIII 3.
67 *Grüll/Janert*, Wettbewerbsverbote, S. 79; *Hanau/Preis*, Der Arbeitsvertrag, II W 20.

Nach Ansicht des BVerfG ist es verfassungsrechtlich nicht zu beanstanden, wenn diejenigen Arbeitgeber an den Kosten der Arbeitslosigkeit beteiligt werden, die durch Wettbewerbsabreden die Wiedereingliederung des Arbeitslosen im Interesse des Arbeitgebers erschweren.[68]

27

Es sei aber mit Art. 12 Abs. 1 GG unvereinbar, daß der Arbeitgeber nach § 128 a AFG (jetzt: § 148 SGB III) für die Dauer einer Vereinbarung über die Unterlassung von Wettbewerb zusätzlich zur arbeitsrechtlichen Entschädigung die gesamten Kosten der Arbeitslosigkeit seines früheren Arbeitnehmers (Arbeitslosengeld und Sozialversicherungsbeiträge) ohne Rücksicht darauf zu tragen hat, ob die Arbeitslosigkeit durch eine Wettbewerbsvereinbarung verursacht worden ist.

### 6. Formelle Wirksamkeitsvoraussetzungen

Die Wettbewerbsabrede bedarf der Schriftform im Sinne von § 126 BGB, d. h. der Unterschriften von Arbeitgeber und Arbeitnehmer. Sie kann in einem Arbeitsvertrag enthalten sein. Eine gesonderte Urkunde für die Wettbewerbsklausel muß nicht erstellt werden. Unzureichend ist die Übersendung von bloßen Bestätigungs- oder Anstellungsschreiben. Eine nicht unterzeichnete Wettbewerbsklausel genügt dem Formerfordernis, wenn sie mit dem Arbeitsvertrag fest verbunden ist als sog. **Gesamturkunde** und im unterschriebenen Arbeitsvertrag auf sie verwiesen wird.[69] Eine Besonderheit bei Wettbewerbsklauseln ist stets zu beachten. Die vom Arbeitgeber unterzeichnete Urkunde muß dem Arbeitnehmer ausgehändigt werden. Der Arbeitnehmer ist zur Annahme verpflichtet. Verweigert er die Annahme, muß er sich in entsprechender Anwendung von § 162 BGB wegen Vereitelung des Bedingungseintritts so behandeln lassen, als sei ihm die Urkunde ausgehändigt worden.[70] Verzögert der Arbeitgeber die Aushändigung, braucht der Arbeitnehmer die Urkunde nicht mehr entgegenzunehmen. Die Annahme allerdings heilt den Formmangel.[71] Es wird zu Beweiszwecken deshalb empfohlen, neben der Unterschrift unter das Wettbewerbsverbot eine Bestätigung aufnehmen zu lassen, wonach der Mitarbeiter eine von der Firma unterschriebene, vollständige Abschrift der Wettbewerbsklausel erhalten hat.

28

### 7. Mandantenschutzklauseln

**Mit Arbeitnehmern in freien Berufen** können Mandantenschutzklauseln vereinbart werden. Mandantenschutzklauseln sind als beschränkte Klauseln entschädigungslos möglich, wenn sie dem Arbeitnehmer (als Steuerberater, Wirtschaftsprüfer oder Rechtsanwalt) die Abwerbung bisheriger Mandanten des Arbeitgebers untersagen.[72] Soll auch die bloße spätere Betreuung von Mandanten untersagt werden, sind die §§ 74 ff. HGB einzuhalten. Dabei ist unschädlich, wenn sich der Arbeitgeber im Einzelfall die Zustimmung zur Mandantenbetreuung vorbehält, sofern er zur Weiterzahlung der Karenzentschädigung verpflichtet bleibt.[73] Nach Meinung des LAG Baden-Württemberg[74] können Mandantenschutzklauseln mit Rechtsanwälten nicht wirksam vereinbart werden.

29

---

68 BVerfG, Urt. v. 10.11.1998 – I BvR 2269/96 und 1081/97, BGBl. I 1999, 61.
69 BAG, Urt. v. 30.10.1984, DB 1985, 709.
70 *Schaub*, Arbeitsrechts-Handbuch, § 58 II 2.
71 Vgl. LAG Nürnberg, Urt. v. 21.07.1994, NZA 1995, 532.
72 BAG, Urt. v. 16.07.1971, DB 1971, 1920.
73 BAG, Urt. v. 27.09.1988, DB 1989, 1089.
74 Urt. v. 14.03.1985, BB 1985, 1534.

## 8. Bedingte Wettbewerbsverbote

**30** Unter dem Oberbegriff „bedingte Wettbewerbsverbote" faßt man solche Abreden zusammen, die darauf abzielen, daß es letztlich der **Entscheidung des Arbeitgebers** überlassen bleibt, ob der Arbeitnehmer Wettbewerb unterlassen muß oder nicht. Zu dieser Gruppe zählen auch solche Klauseln, die den Eintritt des Wettbewerbsverbots von Bedingungen abhängig machen, die gesetzlich nicht oder nicht in dieser Form vorgesehen sind. Derartige bedingte Wettbewerbsverbote sind unverbindlich und müssen also vom Arbeitnehmer nicht beachtet werden.

**31** Wer Wettbewerbsverbote formuliert, sollte darauf achten, daß seine Formulierungen keine bedingten Verbote enthalten. **Unzulässig** ist beispielsweise die Klausel, bei Beendigung des Arbeitsverhältnisses werde der Mitarbeiter verpflichtet, auf Verlangen des Arbeitgeber Karenz zu halten. Gleiches gilt für die Formulierung, ohne vorherige Zustimmung dürfe der Mitarbeiter keine konkurrierende Tätigkeit aufnehmen.[75] Unverbindlich ist eine Klausel, die den Arbeitgeber vor Beendigung des Arbeitsverhältnisses berechtigt, den örtlichen oder sachlichen Umfang des Verbots im einzelnen festzulegen.[76] Unzulässig ist auch die Formulierung, das Unternehmen sei ohne Zustimmung des Mitarbeiters berechtigt, vor oder nach Beendigung des Arbeitsvertrages auf die Wettbewerbsabrede zu verzichten.[77] Auch ein Wettbewerbsverbot, das an den Fall anknüpft, daß der Arbeitnehmer ordentlich kündigt oder eine fristlose Entlassung verschuldet, ist unverbindlich.[78] Auch ein Vorvertrag, in dem sich der Arbeitnehmer verpflichtet, auf Verlangen des Arbeitgebers eine bestimmte Wettbewerbsvereinbarung zu schließen, ist nur dann zulässig, wenn auch der Arbeitnehmer den Abschluß verlangen kann oder der Arbeitgeber zumindest innerhalb einer bestimmten Frist nach Aufnahme des Arbeitsverhältnisses eine verbindliche Erklärung abzugeben hat.[79]

**32** Von bedingten Wettbewerbsverboten sind zu unterscheiden solche Wettbewerbsverbote, bei denen sich der Arbeitgeber mit Beendigung des Arbeitsverhältnisses die **Konkretisierung des sachlichen und örtlichen Umfangs** vorbehält. Solche Konkretisierungen sind möglich. Unklarheiten über Freigabeerklärungen oder Einschränkungen des Wettbewerbsverbots gehen zu Lasten des Arbeitgebers und machen das Wettbewerbsverbot unverbindlich.[80] Es ist riskant, sich spätere Konkretisierungen des Wettbewerbsverbots vorzubehalten, weil schon die Frage der Höhe einer zu leistenden Karenzentschädigung bei nicht zum Zeitpunkt des Abschlusses des Wettbewerbsverbots feststehendem örtlichem und zeitlichem Umfang meist zweifelhaft ist und damit die Unverbindlichkeit des Wettbewerbsverbots vorgegeben ist. Vereinbaren die Parteien in einer Mandantenschutzklausel, der Arbeitnehmer dürfe mit Zustimmung seines Arbeitgebers die Betreuung einzelner Mandanten übernehmen, bedeutet eine solche Regelung kein unzulässiges bedingtes Wettbewerbsverbot, wenn trotz Zustimmung im Einzelfall der volle Karenzentschädigungsanspruch unberührt bleibt.[81]

## 9. Wegfall des Wettbewerbsverbots

**33** Bis zur rechtlichen Beendigung des Arbeitsverhältnisses kann der Arbeitgeber durch **schriftliche Erklärung** auf das Wettbewerbsverbot verzichten. Damit entfällt das Wettbewerbsverbot mit sofortiger Wirkung, der Arbeitnehmer kann also unmittelbar im Anschluß an das beendete Arbeitsverhältnis

---

75 BAG, Urt. v. 16.12.1986, DB 1987, 2047.
76 BAG, Urt. v. 05.09.1995, DB 1996, 784.
77 BAG, Urt. v. 19.01.1978, DB 1978, 543.
78 BAG, Urt. v. 10.12.1985, DB 1986, 1829.
79 Vgl. *Bauer/Diller*, DB 1995, 426 sowie BB 1995, 1134.
80 BAG, Urt. v. 05.09.1995, DB 1996, 784.
81 LAG München, Urt. v. 19.08.1986, DB 1987, 1444.

konkurrierend tätig werden. Erst mit Ablauf eines Jahres ab Zugang der Erklärung wird der Arbeitgeber allerdings von der Verpflichtung zur Zahlung der Karenzentschädigung befreit.[82] Die Verzichtserklärung des Arbeitgebers kann mit der Kündigung verbunden werden. Eine vertragliche Erweiterung des Verzichtsrechts ist dagegen unwirksam.[83]

Die **ordentliche Kündigung** des Arbeigebers löst für den Arbeitnehmer das Recht zur Lossage aus,[84] wenn für die Beendigung des Arbeitsverhältnisses der Arbeitnehmer keinen erheblichen Anlaß gegeben hat, § 75 Abs. 2 HGB. Eine Wettbewerbsklausel, die besagt, daß das Wettbewerbsverbot von vornherein nicht für den Fall der ordentlichen Kündigung des Arbeitgebers gelten soll, ist für den Arbeitnehmer unverbindlich.[85]   34

Kündigt der Arbeitgeber das Arbeitsverhältnis mit einem kaufmännischen Angestellten wegen dessen vertragswidrigem Verhalten aus wichtigem Grund, kann er sich in entsprechender Anwendung des § 75 Abs. 1 HGB von einer nachvertraglichen Wettbewerbsvereinbarung binnen eines Monats nach der Kündigung durch schriftliche Erklärung lösen.[86]

### 10. Verdienstanrechnung

**Einkünfte aus selbständiger oder unselbständiger Tätigkeit**, die der Arbeitnehmer durch die Verwertung seiner Arbeitskraft erzielt, sind während der Realisierung des Wettbewerbsverbots auf die Karenzentschädigung anzurechnen, § 74 c Abs. 1 HGB. **Zinsgewinne** aus Kapitaleinlagen oder bereits während des Arbeitsverhältnisses erzielte Nebeneinnahmen zählen nicht hierzu.[87] Grundsätzlich gilt, daß alle diejenigen Einkommensbestandteile, die die Höhe der Karenzentschädigung bestimmen, auch den Umfang der anrechenbaren Leistungen abgrenzen.[88] Soweit allerdings der Arbeitnehmer beim Arbeitgeber nur in Teilzeit gearbeitet hat und während des Wettbewerbsverbots eine Vollzeitbeschäftigung ausübt, ist der Erwerb aus der Vollzeitbeschäftigung nur zeitanteilig zu berücksichtigen.[89]   35

**Arbeitslosengeld** ist als Lohnersatzleistung wie jeder anderweitiger Verdienst nach § 74 c Abs. 1 HGB zu berücksichtigen. Eine Kürzung der Karenzentschädigung um das Arbeitslosengeld ist dem Arbeitgeber selbst dann versagt, wenn er eine Erstattung des Arbeitslosengeldes an das Arbeitsamt vornehmen muß.[90] Eine Hochrechnung des Arbeitslosengeldes auf ein Bruttoarbeitsentgelt findet nicht statt.[91] **Übergangsgeld** steht dem Arbeitslosengeld nicht gleich.[92] **Renten** aus der gesetzlichen Rentenversicherung unterliegen als im Berufsleben erdiente Versicherungsleistung nicht der Anrechnung.[93] Höchstrichterlich noch nicht entschieden ist, ob sich der Arbeitnehmer Betriebsrenten auf die Karenzentschädigung anrechnen lassen muß.[94]   36

---

82 § 75 a HGB, siehe auch ArbG Stuttgart, Urt. v. 30.11.1995, NZA-RR 1996, 165.
83 BAG, Urt. v. 17.02.1987, DB 1987, 1444.
84 Muster 2031, § 2 Kap. 1 M 48.
85 BAG, Urt. v. 14.7.1981, DB 1982, 906.
86 BAG, Urt. v. 19.05.1998, EzA-SD 1998, Nr. 24, 14.
87 BAG, Urt. v. 20.04.1967, DB 1967, 1415.
88 BAG, Urt. v. 09.01.1990, DB 1990, 941.
89 LAG Köln, Urt. v. 02.10.1986, LAGE Nr. 1 zu § 74 c HGB.
90 BAG, Urt. v. 22.05.1990, DB 1991, 451.
91 BAG, Urt. v. 27.11.1991, DB 1992, 1294.
92 BAG, Urt. v. 07.11.1989, DB 1990, 889.
93 BAG, Urt. v. 30.10.1984, DB 1985, 709.
94 Verneinend *Küttner/Reinecke*, Wettbewerbsverbot, Rn 35.

37 **Böswilliges Unterlassen anderweitigen Erwerbs** steht dem tatsächlichen Erwerb gleich und führt zur fiktiven Anrechnung des anderweitigen Verdienstes (§ 74 c Satz 1 HGB). Böswillig handelt der Arbeitnehmer, der eine ihm mögliche, und den gesamten Umständen nach zumutbare Tätigkeit nicht aufnimmt. Das Verhalten des Arbeitnehmers muß nachvollziehbar sein. Es gilt der Redlichkeitsmaßstab des § 242 BGB.[95] Der Arbeitgeber kann sich seiner Verpflichtung zur Zahlung von Karenzentschädigung nicht dadurch entziehen, daß er einem Ruheständler die Weiterbeschäftigung anbietet.[96]

38 Übersteigt die Gesamtheit der anrechenbaren Leistungen unter Hinzurechnung der Karenzentschädigung den Betrag der zuletzt bezogenen Leistungen um mehr als 10 v. H., wird die Karenzentschädigung entsprechend gekürzt. Die Grenze erhöht sich auf 25 v. H., wenn das Wettbewerbsverbot den Arbeitnehmer zu einer Verlegung seines Wohnsitzes zwingt, § 74 Abs. 1 Satz 2 HGB. Unter dem Gesichtspunkt der Ursächlichkeit des Wettbewerbsverbots für den Wohnsitzwechsel wird vorausgesetzt, daß eine Wettbewerbstätigkeit am früheren Wohnsitz des Arbeitnehmers überhaupt objektiv und subjektiv für ihn in Betracht gekommen wäre.[97] Ein Zwang zum Wohnsitzwechsel wird bereits dann anerkannt, wenn der Arbeitnehmer nur außerhalb seines bisherigen Wohnsitzes eine angemessene neue Beschäftigung findet. Es reicht aus, daß sich der neue Arbeitgeber die örtliche Versetzung des Arbeitnehmers vorbehält und diese dann umgesetzt wird. Der später vollzogene Umzug des Arbeitnehmers wirkt auf die Anrechnungsfreigrenze zurück.[98]

39 Mit der **erhöhten Anrechnungsfreigrenze von 25 v. H.** werden die Mehraufwendungen ausgeglichen, die der Arbeitnehmer durch den Umzug erleidet. Außerdem wird ein Anreiz geschaffen, sich nach einer neuen Arbeit umzusehen.[99] Ein Arbeitnehmer ist durch das Wettbewerbsverbot gezwungen, seinen Wohnsitz zu verlegen, wenn er nur außerhalb seines bisherigen Wohnorts eine Tätigkeit ausüben kann, die nach Art, Vergütung und beruflichen Chancen seiner bisherigen Tätigkeit nahekommt. Ist am bisherigen Wohnsitz ein Unternehmen ansässig, bei dem die Aufnahme einer Tätigkeit dem Arbeitnehmer verboten ist, so muß der Arbeitnehmer nicht nachweisen, daß er, das nachvertragliche Wettbewerbsverbot hinweggedacht, bei diesem auch tatsächlich eine Anstellung gefunden hätte.[100]

## B. Vertragstexte

### 1. Muster: Nachvertragliches Wettbewerbsverbot

40
Zwischen

– im folgenden Firma genannt –

und

Herrn

wird die nachfolgende Wettbewerbsvereinbarung getroffen:

---

95 BAG, Urt. v. 13.11.1975, DB 1976, 439.
96 BAG, Urt. v. 03.07.1990, DB 1991, 1125.
97 BAG, Urt. v. 10.09.1985, NZA 1986, 329.
98 BAG, Urt. v. 08.11.1994, DB 1995, 1569.
99 BAG, Urt. v. 17.05.1988, NZA 1989, 142.
100 BAG, Urt. v. 23.02.1999, NZA 1999, 936.

## Zusatzvereinbarungen zu Arbeits- und Anstellungsverträgen § 2

(1) Herr ▯ verpflichtet sich, für die Dauer von zwei Jahren nach Beendigung des Arbeitsverhältnisses für keine andere Firma, keine Einzelperson (Vertrieb) und für keinen Zusammenschluß von Gesellschaften tätig zu sein, die auf den nachstehend aufgeführten Tätigkeitsgebieten mit der Firma im Wettbewerb stehen.

Tätigkeitsgebiete der Firma in diesem Sinne sind: ▯.

Der räumliche Geltungsbereich der Wettbewerbsvereinbarung umfaßt ▯.

Nicht gestattet ist jede unselbständige und selbständige Konkurrenztätigkeit. Herr ▯ darf für die vom Wettbewerbsverbot betroffenen Firmen weder unmittelbar noch mittelbar, weder in einem freien Mitarbeiterverhältnis, noch in einem Arbeitsverhältnis tätig werden. Er wird ein Konkurrenzunternehmen weder errichten noch erwerben und sich auch nicht an einem zur Firma im Wettbewerb stehenden Unternehmen beteiligen. Das Wettbewerbsverbot gilt gleichermaßen zugunsten aller mit der Firma verbundener Unternehmen.

(2) Während der Laufzeit des Wettbewerbsverbots zahlt die Firma Herrn ▯ eine Entschädigung in Höhe von 50 % seiner zuletzt bei der Firma bezogenen vertragsmäßigen Leistungen. Die Karenzentschädigung wird in monatlichen Beträgen jeweils am Monatsende gezahlt.

Auf die Karenzentschädigung wird angerechnet, was Herr ▯ während der Laufzeit des Wettbewerbsverbots durch anderweitige Verwertung seiner Arbeitskraft erwirbt oder zu erwerben böswillig unterläßt. Eine Anrechnung findet nur in dem Umfang statt, wie die Entschädigung unter Hinzurechnung dieses Betrages die Summe der zuletzt bezogenen vertragsmäßigen Leistungen um mehr als 10 % übersteigt.

Herr ▯ verpflichtet sich, während der Laufzeit des Wettbewerbsverbots auf Verlangen der Firma jederzeit in nachprüfbarer Weise durch Belege Auskunft über die Höhe seiner Einnahmen zu erteilen.

(3) Kündigt die Firma das Arbeitsverhältnis aus wichtigem Grund, so wird das Wettbewerbsverbot unwirksam, wenn die Firma innerhalb eines Monats nach der Kündigung Herrn ▯ schriftlich mitteilt, daß sie sich nicht an die Vereinbarung gebunden halte.

(4) Kündigt die Firma das Arbeitsverhältnis ordentlich, ohne daß ein erheblicher Anlaß in der Person des Herrn ▯ vorliegt, wird das Wettbewerbsverbot unwirksam, wenn Herr ▯ innerhalb eines Monats nach Zugang der Kündigung der Firma schriftlich mitteilt, daß er sich nicht an die Vereinbarung gebunden halte. Das Wettbewerbsverbot bleibt in diesem Fall aber wirksam, wenn sich die Firma bei der Kündigung bereit erklärt, während der vorgesehenen Laufzeit des Verbots die gesamte zuletzt bezogene vertragsmäßige Vergütung an Herrn ▯ zu zahlen.

(5) Die Firma kann bis zur Beendigung des Arbeitsverhältnisses durch schriftliche Erklärung auf das Wettbewerbsverbot verzichten mit der Folge, daß sie nach Ablauf eines Jahres seit Erklärung des Verzichts von der Verpflichtung zur Zahlung der Entschädigung frei wird.

(6) Die Wettbewerbsvereinbarung wird erst wirksam, wenn das Arbeitsverhältnis über die Probezeit hinaus fortgesetzt wird. Das Wettbewerbsverbot wird von den Parteien bereits jetzt einvernehmlich aufgehoben für den Zeitpunkt, an dem Herr ▯ in den Ruhestand tritt.

(7) Handelt Herr ▯ dem Wettbewerbsverbot zuwider, ist die Firma für jeden Fall der Zuwiderhandlung berechtigt, eine Vertragsstrafe in Höhe von ▯ zu beanspruchen, ohne daß es eines Schadensnachweises bedarf. Bei dauernder Verletzung des Verbots entsteht die Vertragsstrafe für jeden angefangenen Monat der Verletzung neu.

Die Geltendmachung eines weitergehenden Schadens bleibt vom Vertragsstrafeversprechen unberührt. Für die Dauer einer Vertragsverletzung entfällt jeglicher Anspruch auf Zahlung der Karenzentschädigung.

(8) Im übrigen gelten die Vorschriften des HGB über Wettbewerbsverbote entsprechend (§§ 74 – 75 c HGB).

## § 2 Kapitel 1: Nachvertragliche Wettbewerbsverbote

(9) Sollte eine Bestimmung dieser Vereinbarung unwirksam sein oder werden, läßt dies die Wirksamkeit der übrigen Bestimmungen unberührt. Anstelle der unwirksamen soll eine dem beabsichtigten Vertragszweck möglichst nahe kommende wirksame Bestimmung treten.

(10) Herr  bestätigt, eine von beiden Parteien unterzeichnete Ausfertigung dieses Zusatzvertrages zum Arbeitsvertrag entgegengenommen zu haben.

### 2. Muster: Nachvertragliches unternehmensbezogenes Wettbewerbsverbot

**41** (1) Dem Mitarbeiter ist nicht gestattet, für die Dauer von zwei Jahren nach dem Ende seines Arbeitsverhältnisses in selbständiger, unselbständiger oder anderer Weise für Dritte tätig zu werden, die mit der Firma in direktem oder indirektem Wettbewerb stehen oder mit einem Wettbewerbsunternehmen verbunden sind. Ebenso ist es dem Mitarbeiter nicht gestattet, während der Laufzeit des Wettbewerbsverbots ein solches Unternehmen zu errichten, zu erwerben oder sich hieran unmittelbar oder mittelbar zu beteiligen. Das Wettbewerbsverbot wirkt auch im Hinblick auf die mit der Firma jetzt und in Zukunft verbundenen Unternehmen.

(2) Das Wettbewerbsverbot gilt auch für und gegen einen Rechtsnachfolger der Firma. Bei einer Veräußerung des Betriebes geht es auf den Erwerber über. Der Mitarbeiter ist mit dem Übergang der Rechte aus dieser Vereinbarung auf einen etwaigen Rechtsnachfolger einverstanden.

(3) Für die Dauer des Wettbewerbsverbots zahlt die Firma eine Karenzentschädigung, die für jedes Jahr des Verbots der Hälfte der von dem Mitarbeiter zuletzt bezogenen vertragsmäßigen Leistungen der Firma entspricht.

(4) Anderweitigen Erwerb muß sich der Mitarbeiter gemäß § 74 c HGB auf die Entschädigung anrechnen lassen. Der Mitarbeiter hat unaufgefordert mitzuteilen, ob und in welcher Höhe er Vergütungen neben der Karenzentschädigung bezieht. Auf Verlangen sind die Angaben durch Vorlage prüfbarer Unterlagen zu belegen.

(5) Für jeden Fall der Zuwiderhandlung gegen das Verbot hat der Mitarbeiter eine Vertragsstrafe in Höhe von 20.000 DM (10.225,84 EUR) zu zahlen. Im Fall eines Dauerverstoßes fällt die Vertragsstrafe an jedem angefangenen Monat neu an. Die Geltendmachung eines weitergehenden Schadens bleibt vorbehalten.

(6) Dieses Wettbewerbsverbot wird nicht wirksam, wenn der Mitarbeiter nach seinem Ausscheiden Altersruhegeld bezieht oder das Arbeitsverhältnis nicht mehr als sechs Monate gedauert hat. Eine Karenzentschädigung ist nicht zu zahlen während der Absolvierung des Wehrdienstes, des Zivildienstes oder der Verbüßung einer Freiheitsstrafe.

(7) Im übrigen geltend die §§ 74 ff. HGB entsprechend.

Firma                              Mitarbeiter

Der Mitarbeiter bestätigt, eine Zweitschrift dieser Vereinbarung erhalten zu haben, die die Unterschrift eines vertretungsberechtigten verantwortlichen Mitarbeiters der Firma trägt.

Mitarbeiter

## 3. Muster: Vertragliches und nachvertragliches, unternehmens- und tätigkeitsbezogenes Wettbewerbsverbot

Zwischen

der Firma

– nachstehend Arbeitgeberin –

und

Herrn

– nachstehend Mitarbeiter –

wird in Ergänzung des Arbeitsvertrags vom folgende Wettbewerbsvereinbarung getroffen:

### § 1 Vertragliches Wettbewerbsverbot

Während der Dauer des Arbeitsverhältnisses ist dem Mitarbeiter als Nebenpflicht aus dem Arbeitsvertrag jeglicher Wettbewerb mit der Arbeitgeberin verboten. Nebenbetätigungen, die die Interessen der Arbeitgeberin beeinträchtigen könnten, darf der Mitarbeiter nur mit Zustimmung der Arbeitgeberin ausüben.

### § 2 Nachvertragliches Wettbewerbverbot

(1) Der Mitarbeiter verpflichtet sich, zwei Jahre lang nach Beendigung seines Arbeitsverhältnisses seine betriebsspezifischen Kenntnisse ohne vorherige Zustimmung der Arbeitgeberin weder unmittelbar noch mittelbar, weder beruflich noch anderweitig auf den Gebieten Vertrieb und Marketing zu verwerten, noch bei einem branchengleichen oder branchenähnlichen Unternehmen auf den Gebieten Vertrieb und Marketing tätig zu werden, noch bei einem solchen Unternehmen mit Rat und Tat oder in anderer Weise auf den Gebieten Vertrieb und Marketing mitzuwirken, sich zu beteiligen oder ein solches Unternehmen mit Rat und Tat zu unterstützen.

(2) Konkurrenzunternehmen im Sinne von Abs. 1 sind u. a. die folgenden Firmen:

(auf dem Gebiet der Neumaschinenherstellung):

(auf dem Gebiet des Gebrauchtmaschinenhandels):

Als Konkurrenzunternehmen gelten auch solche Unternehmen, die unter die Voraussetzungen des § 2 Abs. 1 fallen, ohne in Abs. 2 aufgeführt zu sein.

(3) Das Wettbewerbsverbot wirkt auch im Hinblick auf die mit der Arbeitgeberin jetzt und in Zukunft verbundenen Unternehmen. Es gilt auch für und gegen einen Rechtsnachfolger der Arbeitgeberin. Bei einer Veräußerung des Betriebes geht es auf den Erwerber über. Der Mitarbeiter ist mit dem Übergang der Rechte aus dieser Vereinbarung auf einen etwaigen Rechtsnachfolger einverstanden.

### § 3 Karenzentschädigung

(1) Die Arbeitgeberin verpflichtet sich, dem Mitarbeiter während der Dauer des Wettbewerbsverbots monatlich eine Entschädigung zu zahlen, die 100 % der letzten vertragsmäßigen Leistungen des Mitarbeiters entspricht. Bezieht der Mitarbeiter mit der Verpflichtung zur Wettbewerbsenthaltung Altersruhegeld, erhält er 50 % der letzten vertragsgemäßen Leistungen.

Bei wechselnden Bezügen errechnet sich gem. § 74 b Abs. 2 HGB die Entschädigung unter Berücksichtigung des Durchschnitts der letzten drei Jahre.

(2) Auf die Entschädigung wird alles angerechnet, was der Mitarbeiter durch anderweitige Verwertung seiner Arbeitskraft erwirbt oder zu erwerben böswillig unterläßt, sofern der Verdienst und die Entschädigung zusammen mehr als 10 v. H., bei durch das Wettbewerbsverbot notwendiger Wohnsitzverlegung 25 v. H. der bisherigen Bezüge übersteigen.

### § 4 Auskünfte

(1) Der Mitarbeiter verpflichtet sich, während der Kündigungsfrist und während der Dauer des Wettbewerbsverbots, der Arbeitgeberin unaufgefordert und unverzüglich

   a) einen etwaigen künftigen neuen Arbeitgeber, beabsichtigte freiberufliche Tätigkeiten oder den geplanten künftigen beruflichen Verwendungsbereich und den Einsatzort,
   b) jeden Wechsel seines Wohnsitzes, der nächsten Arbeitgeber oder sonstiger Vertragspartner, seiner beruflichen Aktivitäten und des Einsatzortes sowie
   c) jede Änderung seines Bruttoverdienstes bekanntzugeben und auf Verlangen der Arbeitgeberin glaubhaft zu machen.

(2) Der Arbeitgeberin steht für den Fall, daß der Mitarbeiter seiner Auskunftspflicht nicht oder nicht vollständig nachkommt, bis zur Erfüllung der Auskunft ein Zurückbehaltungsrecht an der Karenzentschädigung zu.

### § 5 Ende des Arbeitsverhältnisses

(1) Wird das Arbeitsverhältnis von einer Vertragspartei aus wichtigem Grund gekündigt, kann sich der Kündigende von der Wettbewerbsabrede dadurch befreien, daß er sich vor Ablauf eines Monats nach Zugang der Kündigung schriftlich vom Wettbewerbsverbot lossagt.

(2) Endet das Arbeitsverhältnis aus anderen Gründen (auch einvernehmlich), bleibt die Wettbewerbsabrede bestehen. Sie entfällt, wenn der Tatbestand des § 75 Abs. 2 HGB erfüllt ist oder die Arbeitgeberin ihre Rechte gem. § 75 a HGB ausübt.

### § 6 Ergänzende Bestimmungen

(1) Es besteht Einigkeit zwischen den Parteien, daß auf das Wettbewerbsverbot die Bestimmungen des HGB über Wettbewerbsverbote für kaufmännische Angestellte einschließlich der ergänzenden Rechtsprechung des Bundesarbeitsgerichts angewendet werden sollen.

(2) Der Mitarbeiter bestätigt, eine von der Arbeitgeberin unterzeichnete, die vorstehenden Vereinbarungen wiedergebende Urkunde ausgehändigt erhalten zu haben.

(3) Abreden außerhalb dieses Vertrages bestehen nicht. Änderungen oder Ergänzungen dieses Vertrages bedürfen der Schriftform.

### § 7 Salvatorische Klausel

Sollten einzelne Bestimmungen dieser Vereinbarung ganz oder teilweise unwirksam sein oder werden, so wird hierdurch die Gültigkeit der übrigen Bestimmungen nicht berührt. Anstelle der unwirksamen Bestimmung gilt diejenige wirksame Bestimmung als vereinbart, die dem Sinn und Zweck der unwirksamen Bestimmung am nächsten kommt. Dies gilt auch dann, wenn die Unwirksamkeit einer Bestimmung auf einem Maß der Leistung oder der Zeit beruht; es gilt dann das rechtlich zulässige Maß.

_____, den

_____                         _____

Firma                           Mitarbeiter

## 4. Muster: Tätigkeits- und gebietsbezogenes Wettbewerbsverbot als Arbeitsvertragsklausel

43   Herr _____ verpflichtet sich, für die Dauer von _____ nach Beendigung des Arbeitsverhältnisses nicht auf folgenden Gebieten in selbständiger oder unselbständiger Form tätig zu werden: _____. Der örtliche Geltungsbereich des Verbots erstreckt sich auf _____.

Für die Dauer des Verbots zahlt die Firma Herrn ▌ als Entschädigung 50 % der zuletzt gewährten vertragsmäßigen Leistungen.

Im übrigen finden auf diese Wettbewerbsklausel die §§ 74–75 c HGB Anwendung.

Herr ▌ bestätigt, eine von beiden Parteien unterzeichnete Ausfertigung dieser Wettbewerbsabrede erhalten zu haben.

## 5. Muster: Unternehmensbezogene Wettbewerbsklausel

a) Herr ▌ verpflichtet sich, für die Dauer von zwei Jahren nach Beendigung des Arbeitsverhältnisses nicht für ein Unternehmen tätig zu sein, das die folgenden Erzeugnisse herstellt oder vertreibt: ▌

b) Innerhalb der vorstehenden Grenzen ist es Herrn ▌ danach auch verwehrt, ein festes Arbeitsverhältnis oder ein freies Beratungs- oder Vertretungsverhältnis zu einem solchen Unternehmen einzugehen, ein solches Unternehmen selbst zu errichten oder zu erwerben, sich an einem solchen Unternehmen – ganz gleich in welcher Rechtsform – finanziell zu beteiligen.

c) Der örtliche Geltungsbereich des Wettbewerbsverbots erstreckt sich auf ▌.

d) Für die Dauer des Wettbewerbsverbots zahlt die Firma Herrn ▌ als Entschädigung die Hälfte der zuletzt bezogenen vertragsmäßigen Leistungen.

e) Im übrigen gelten die gesetzlichen Bestimmungen der §§ 74–75 c des Handelsgesetzbuches.

## 6. Muster: Tätigkeitsbezogene Wettbewerbsklausel

(1) Für die Dauer von zwei Jahren nach Beendigung des Anstellungsverhältnisses verpflichtet sich Herr ▌, im Gebiet von ▌ keine Anstellung bei einem Konkurrenzunternehmen der Firma anzunehmen, für ein solches Unternehmen weder unmittelbar noch mittelbar tätig zu sein und sich auch an einem derartigen Unternehmen – direkt oder indirekt – nicht zu beteiligen.

(2) Für jeden Fall der Zuwiderhandlung gegen dieses Wettbewerbsverbot hat Herr ▌ an die Firma eine Vertragsstrafe von ▌ DM zu zahlen.

(3) Andererseits hat die Firma für die Dauer des Wettbewerbsverbots an Herrn ▌ eine monatliche Entschädigung in Höhe von ▌ DM ( ▌ EUR) zu zahlen.

## 7. Muster: Mandantenschutzklausel

(1) Der Mitarbeiter verpflichtet sich, innerhalb von zwei Jahren nach Beendigung des Anstellungsverhältnisses keine Tätigkeit, freiberuflich oder als Angestellter eines anderen Berufsangehörigen für solche Auftraggeber auszuüben, die in den letzten drei Jahren vor Beendigung des Dienstverhältnisses zum Kundenkreis der Firma gehörten.

## § 2 Kapitel 1: Nachvertragliche Wettbewerbsverbote

(2) Während der Dauer des Wettbewerbsverbots erhält der Mitarbeiter eine Entschädigung, die für jedes Jahr des Verbots die Hälfte der von dem Mitarbeiter zuletzt bezogenen vertragsmäßigen Leistungen beträgt.

(3) Der Mitarbeiter muß sich anderweitigen Erwerb nach Maßgabe von § 74 c HGB anrechnen lassen. Der Mitarbeiter hat jeweils zum Quartalsende unaufgefordert mitzuteilen, ob und in welcher Höhe er anderweitige Einkünfte bezieht. Auf Verlangen sind die Angaben zu belegen.

(4) Für jeden Fall der Zuwiderhandlung gegen das Verbot hat der Mitarbeiter eine Vertragsstrafe in Höhe von            DM (            EUR) zu zahlen. Im Fall eines Dauerverstoßes wird die Vertragsstrafe für jeden angefangenen Monat neu verwirkt. Die Geltendmachung eines darüber hinausgehenden Schadens bleibt vorbehalten.

(5) Das Wettbewerbsverbot gilt auch mit einem Rechtsnachfolger des Betriebs, insbesondere geht es bei einer Veräußerung auf den Erwerber über. Der Mitarbeiter ist mit dem Übergang der Rechte aus dieser Vereinbarung an den Rechtsnachfolger einverstanden.

(6) Das Wettbewerbsverbot tritt nicht in Kraft, wenn der Mitarbeiter bei seinem Ausscheiden das 65. Lebensjahr vollendet oder das Arbeitsverhältnis weniger als ein Jahr bestanden hat.

(7) Im übrigen gelten die Vorschriften der §§ 74 ff. HGB.

Firma

Der Mitarbeiter bestätigt, eine von der Firma unterschriebene vollständige Abschrift dieser Vereinbarung erhalten zu haben.

Mitarbeiter

▲

### 8. Muster: Aufforderung zur Auskunft über anderweitigen Erwerb

▼

Sehr geehrter Herr ,

gemäß dem zwischen Ihnen und uns bestehenden Wettbewerbsverbot sind Sie nach § 74 c Abs. 2 HGB verpflichtet, Auskunft über anderweitigen Erwerb während des Bezugs einer Karenzentschädigung zu geben. Wir machen darauf aufmerksam, daß wir über ein Zurückbehaltungsrecht an der Karenzentschädigung verfügen, wenn Sie Ihre Auskünfte nicht, nicht rechtzeitig oder nicht vollständig erteilen. Für den Eingang Ihrer Auskunft haben wir uns deshalb eine Frist notiert bis zum            .

Mit freundlichen Grüßen

▲

### 9. Muster: Lösungserklärung des Arbeitnehmers gem. § 75 Abs. 1 oder 2 HGB

▼

Sehr geehrter Herr            ,

hiermit erkläre ich gem. § 75 Abs. 1/Abs. 2 HGB, daß ich mich an das Wettbewerbsverbot ab sofort nicht mehr gebunden erachte.

Mit freundlichen Grüßen

▲

## 10. Muster: Verzicht des Arbeitgebers gemäß § 75 a HGB

▼

Sehr geehrter Herr ,

unser Unternehmen verzichtet gemäß § 75 a HGB auf das mit Ihnen vereinbarte nachvertragliche Wettbewerbsverbot. Mit Ablauf eines Jahres nach Zugang unseres heutigen Schreibens sind wir von der Verpflichtung zur Zahlung einer Karenzentschädigung frei.

Mit freundlichen Grüßen

▲

# Kapitel 2: Kfz-Nutzung

## Literatur

**Becker/Schaffner**, Die Nutzung von Firmenfahrzeugen bei Beendigung des Arbeitsverhältnisses, DB 1993, 2078; **Bein**, Gestellung eines Fahrers für Fahrten zwischen Wohnung und Arbeitsstätte mit Dienstwagen, DB 1992, 964; **Dombrowski/Zettelmeier**, Die Wertermittlung der Nutzungsvorteile von Firmenwagen nach § 74 II HGB, NZA 1995, 155; **Gruss**, Nochmals – Rechtsfragen zum Dienstfahrzeug, BB 1994, 71; **Küttner**, Personalhandbuch 1999, 6. Aufl. 1999, Stichwort Dienstwagen; **Nägele**, Schadensersatz für Entzug des privat genutzten Dienstwagens, BB 1994, 2277; **Nägele/Schmidt**, Das Dienstfahrzeug, BB 1993, 1797; **Peter**, AR-Blattei, Naturallohn und Sachbezüge; **Scheidl**, Schadensersatz für Entzug des privat genutzten Dienstwagens, AuA 1995, 381; **Schroeder**, Die Nutzungsentschädigung des Arbeitnehmers wegen Entzuges des Firmenwagens nach unwirksamer Kündigung, NZA 1994, 342; **Zeranski**, Arbeitgeberhaftung für Arbeitnehmerschäden an mietweise überlassenen Nutzfahrzeugen, NJW 1999, 1985.

## A. Erläuterungen

Bei der Gestaltung von Vereinbarungen über Dienstwagen stehen drei Fragen im Vordergrund: **Umfang** der Privatnutzung durch den Arbeitnehmer, **steuerrechtliche Behandlung** der Nutzungsüberlassung und **Haftung** für Schäden am Fahrzeug. Vereinbarungen über Kfz-Nutzung müssen nicht in gesonderten Verträgen getroffen werden, sie können als Inhalt des Arbeitsvertrags geregelt werden, so in den Mustern 1075 (§ 11),[101] 1089 (§ 3 e),[102] 1094 (Ziffer 10),[103] 1098 (Ziffer 5),[104] 1102 (Ziffern 5 und 6)[105] oder 1103 (§ 4).[106] Ein ausführlicher Kfz-Nutzungsvertrag findet sich im Muster 1100 (§ 8),[107] das mit geringfügigen Modifikationen zusätzlich als eigenständiges Muster 2040[108] angeboten wird. Die Modifikationen beziehen sich auf Ziffer 4a, auf die steuerliche Behandlung der Fahrten zwischen Wohnung und Arbeitsstätte.

50

### 1. Vereinbarung des Nutzungsumfangs

Es obliegt den Parteien, zu vereinbaren, ob ein Dienstfahrzeug ausschließlich zu dienstlichen Zwecken oder außerdem auch zu privaten Zwecken genutzt werden darf. Sobald auch die private Nutzung des Fahrzeugs vertraglich geregelt ist, wird sie zum Bestandteil des Vergütungsanspruchs des Arbeitnehmers und zwar in Form der Naturalvergütung.[109]

51

Im Rahmen der dienstlichen Nutzung des Fahrzeugs übt der Arbeitnehmer lediglich im Rahmen des Arbeitsverhältnisses die tatsächliche Gewalt für den Arbeitgeber als **Besitzdiener** nach § 855 BGB aus.[110] Konsequenz ist, daß dem Arbeitnehmer wegen etwaiger Ansprüche aus dem Arbeitsverhältnis kein Zurückbehaltungsrecht am Fahrzeug nach § 273 BGB zusteht. Hier fehlt es an der

---

101 § 1 Kap. 1 M 406.
102 § 1 Kap. 1 M 413.
103 § 1 Kap. 1 M 420.
104 § 1 Kap. 1 M 424.
105 § 1 Kap. 1 M 436.
106 § 1 Kap. 1 M 437.
107 § 1 Kap. 1 M 427.
108 § 1 Kap. 1 M 66.
109 BFH, Urt. v. 20.12.1991, BStBl. II 1992, 308.
110 ArbG Stuttgart, Urt. v. 12.05.1995, – 26 Ca 2051/94 (unveröffentlicht); ArbG Marburg, Urt. v. 02.05.1969, DB 1969, 2041.

Gleichartigkeit der einander geschuldeten Leistungen nach § 387 BGB.[111] Haben die Parteien keine abweichende Regelung getroffen, hat im Falle des Urlaubs und im Falle der Arbeitsunfähigkeit der Arbeitnehmer das Fahrzeug an den Arbeitgeber herauszugeben. Gibt der Arbeitnehmer das Fahrzeug nicht heraus, liegt verbotene Eigenmacht vor. Der Arbeitnehmer schuldet als unrechtmäßiger Fremdbesitzer Schadensersatz.[112]

Der Arbeitgeber ist nicht verpflichtet, für das betriebseigene Kraftfahrzeug eine Kaskoversicherung abzuschließen.[113]

52 Die vertragliche Absprache in einem Kfz-Überlassungsvertrag, wonach der Arbeitnehmer das Fahrzeug auch zu **Privatfahrten** nutzen darf, beinhaltet die Zusage eines geldwerten Vorteils in Form eines Sachbezugs (Naturalvergütung). Hieran knüpfen sich arbeitsrechtliche und steuerrechtliche Folgen. Arbeitsrechtlich kann die Zusage eines Sachbezugs nicht einseitig widerrufen, sondern nur durch Änderungskündigung oder Änderungsvereinbarung beseitigt werden. Die vertragliche Vereinbarung eines Widerrufsrechts ist daran zu messen, ob eine objektive Umgehung des Änderungskündigungsschutzes vorliegt.[114] Das Recht zur privaten Nutzung besteht auch bei Arbeitsabwesenheit weiter, sofern es sich um Zeiträume handelt, für die der Arbeitgeber das Entgelt fortzahlen muß, soweit die Parteien keine abweichende Regelung getroffen haben. In den vorgelegten Vertragstexten behält sich der Arbeitgeber bei einzelnen Sachverhalten ausdrücklich die Herausgabe des Fahrzeugs vor, so beispielsweise in Muster 2040, Ziffer 4k.[115] Zulässig ist eine vertragliche Vereinbarung, die es dem Arbeitgeber gestattet, während solcher Zeiträume, in denen er die Möglichkeit der privaten Nutzung entzieht, die tatsächliche Nutzung durch die **Vergütung des Nutzungswertes** zu ersetzen.[116] Empfehlenswert sind auch Widerrufsbefugnisse für den Arbeitgeber bei Krankheit, Urlaub oder während der Kündigungsfrist des Mitarbeiters.[117] Das Muster 2046[118] enthält unter Ziffer 2 außerdem die Regelung, wonach das Recht der privaten Nutzung jederzeit widerrufen werden kann.

53 Werden für die Nutzung von Dienstwagen zu Privatfahrten keine Nutzungsentgelte zwischen Arbeitgeber und Arbeitnehmer vereinbart, muß der zusätzliche Vergütungsbestandteil sogar bei der Berechnung der betrieblichen Altersversorgung berücksichtigt werden, soweit die Versorgungsordnung dies vorsieht. Wird in der Versorgungsordnung der Begriff des ruhegeldfähigen Einkommens eng gefaßt und sind dort beispielsweise Zuschläge und Urlaubsgeld ausgeklammert, ist auch der Wert der Privatnutzung des Dienstwagens nicht ruhegehaltfähig.[119]

54 Wird dem Arbeitnehmer ein Dienstwagen bereitgestellt, ist der Arbeitgeber auch befugt, den Arbeitnehmer anzuweisen, Arbeitskollegen im Dienstwagen mitzunehmen.[120] Die vorgelegten Muster sehen keine Nutzungsentgelte des Arbeitnehmers für den Gebrauch des Dienstwagens vor. Anders dürfte die Frage eventuell im Hinblick auf das Muster 2046 zu beantworten sein. Dieses Muster enthält die Besonderheit, daß der Arbeitnehmer die monatlichen Leasingkosten selbst trägt. Sie werden nämlich, wie sich aus Ziffer 3 ergibt, bei seiner Tantieme in Abzug gebracht. Ob vor diesem Hintergrund vom Mitarbeiter noch eine Pauschal- oder Einzelnachweisversteuerung, wie dies Ziffer 12 in

---

111 LAG Hamm, Urt. v. 18.10.1957, BB 1958, 117.
112 LAG Düsseldorf, Urt. v. 04.07.1975, DB 1975, 2040; LAG Berlin, Urt. v. 26.05.1986, DB 1987, 542.
113 BAG, Urt. v. 24.11.1987, NZA 1988, 584; BAG, Urt. v. 22.03.1968, NJW 1968, 1846.
114 BAG, Urt. v. 21.03.1993, DB 1994, 2400; Urt. v. 12.12.1984, BB 1985, 731.
115 § 2 Kap. 2 M 66.
116 *Küttner/Thomas*, Dienstwagen, Rn 3.
117 Muster 2045, § 10, in diesem Buch § 2 Kap. 2 M 73 zulässig gem. Urteil des BAG v. 17.9.1998 AuR 1999, 111 (Ls.1).
118 § 2 Kap. 2 M 75.
119 BAG, Urt. v. 14.08.1990, NZA 1991, 104.
120 BAG, Urt. v. 29.08.1991, DB 1992, 147.

Muster 2046 nach Wahl des Mitarbeiters vorsieht, verlangt werden kann, erscheint zweifelhaft. Bei einer Leasingrate von ca. 1.200,00 DM, die dem Arbeitnehmer einbehalten wird, dürfte ein ansehnliches Nutzungsentgelt für die private Nutzung vom Arbeitnehmer geleistet werden.

Stellt das Unternehmen dem Mitarbeiter neben dem Dienstwagen einen **Fahrer** zur Verfügung (wie bei Vorstandsmitgliedern)[121] und ist ihm die private Nutzung des Dienstwagens gestattet, sollte der Mitarbeiter, der den Fahrer nicht für private Fahrten nutzt, einen Vermerk fertigen und zu den Akten nehmen, aus dem sein Verzicht auf die Tätigkeit des Fahrers zu privaten Fahrten hervorgeht. Andernfalls muß er sich einen Anteil des Fahrergehalts als geldwerten Vorteil anrechnen lassen.

### 2. Steuerrechtliche Behandlung der privaten Nutzung

Durch die neue gesetzliche Regelung in § 8 Abs. 2 S. 2 ff. i.V.m. § 6 Abs. 1 Nr. 4 EStG ist eine gesetzliche Regelung erfolgt, die nur noch zwei Methoden im Sinne eines Wahlrechts zur Ermittlung des geldwerten Vorteils für den Arbeitnehmer bei privater Nutzung zur Verfügung stellt, nämlich die **Nutzungspauschale** und den **Einzelnachweis**. Mit diesen beiden Methoden sind die früheren, von der Finanzverwaltung bereitgestellten Ermittlungsmethoden abgelöst. 55

Beim Einzelnachweis, geregelt in Abschnitt 31 Abs. 7 Nr. 2 LStR, wird die gesamte Nutzung des Kfz anhand eines Fahrtenbuches bzw. Fahrtenschreibers festgehalten, wobei besondere Angaben zum Nachweis dienstlicher Fahrten, nicht nur der Privatfahrten,[122] erforderlich sind. Zu den Angaben gehören Datum, Kilometerstände, Reiseziel, Reiseroute, Reisezweck und die Namen der aufgesuchten Geschäftspartner. Auf diese Weise soll sichergestellt werden, daß die Dienstfahrten stets auch im Interesse des Arbeitgebers durchgeführt wurden. Gemäß dem eindeutigen Wortlaut von § 8 Abs. 2 S. 4 EStG kann die Führung des Fahrtenbuches nicht auf einen repräsentativen Zeitraum beschränkt werden. Beim Einzelnachweis werden die Privatfahrten einschließlich derjenigen zwischen Wohnung und Arbeitsstätte mit Kilometerangaben erfaßt. Die Privatfahrten werden dann in der Weise herausgerechnet, daß die Gesamtkosten mit der Gesamtfahrleistung gleichgestellt und hiervon die Privatfahrten in Abzug gebracht werden. Als Nutzungswert setzt man die Kosten aller Privatfahrten an.

Eine Abrechnung nach Einzelnachweis sieht das Muster 2042 vor. Um die lästigen Eintragungen den häufig in Eile befindlichen Dienstwagennutzern zu ersparen, empfehlen manche Steuerberater, im Handschuhfach ein Handdiktiergerät bereitzuhalten und späterhin die Sekretärin die Fahrtanlässe und die Kilometerstände abschreiben zu lassen.

Verbreitet ist zwischenzeitlich die Berechnung gemäß Abschnitt 31 Abs. 7 Nr. 1 LStR, also die **Ermittlung einer Nutzungspauschale**. Als monatlicher Nutzungsvorteil wird für die reinen Privatfahrten 1vH des auf volle Hundert DM abgerundeten Bruttolistenpreises angesetzt. Wer sein Fahrzeug außerdem zwischen Wohnung und Arbeitsstätte benutzt, bei dem werden zusätzlich 0,03 DM je Entfernungskilometer hinzugerechnet. Die Pauschalen von 1vH und von 0,03vH dürfen nur dann zugrunde gelegt werden, wenn das Kfz für beide Arten von Fahrten genutzt werden darf. Ob dies der Fall ist, ergibt sich aus dem Wortlaut der arbeitsrechtlichen Vereinbarung im Kfz-Überlassungsvertrag. Der Monatswert kann gekürzt werden, wenn während vollständiger Kalendermonate das Fahrzeug nicht zur Verfügung gestanden hat. Wegen Krankheit oder Dienstreise kann die Fahrzeugnutzung nicht anteilmäßig gekürzt werden. 56

---

121 Siehe zB Muster 1536, § 9, in diesem Buch § 1 Kap. 3 M 773.
122 FG München, Urt. v. 06.03.1996, EFG 1996, 911.

Grundlage der Berechnung bildet der Neuwagenlistenpreis, nicht der tatsächlich gezahlte Kaufpreis des Fahrzeugs, selbst bei erworbenen Gebrauchtwagen.[123] Rabatte beim Neuwagenkauf werden nicht berücksichtigt.[124]

57 Eine Sonderregelung besteht außerdem für Familienheimfahrten.[125] Wenn mehr als eine Familienheimfahrt wöchentlich vorgenommen wird, ist der Nutzungswert für Familienheimfahrten mit 0,002vH vom Listenpreis pro Entfernungskilometer anzusetzen.

Die meisten der vorgelegten Muster legen steuerrechtlich die Nutzungspauschale zugrunde.[126]

### 3. Haftungsrechtliche Einzelfragen

58 Seit der Entscheidung des Großen Senats[127] entspricht es allgemeiner Rechtsüberzeugung, daß die Arbeitnehmerhaftung bei Arbeiten, die durch den Betrieb veranlaßt sind, nicht unbeschränkt sein darf. In welchem Umfang der Arbeitnehmer an den Schadensfolgen zu beteiligen ist, richtet sich im Rahmen einer Abwägung aller Umstände, insbesondere von Schadensanlaß und Schadensfolgen, nach Billigkeits- und Zumutbarkeitsgesichtspunkten. In diese Billigkeits- und Zumutbarkeitserwägungen sind der Grad des dem Arbeitnehmer zur Last fallenden Verschuldens, die Gefahrengeneigtheit der Arbeit, die Höhe des Schadens, ein vom Arbeitgeber einkalkuliertes oder durch Versicherung abdeckbares Risiko, die Stellung des Arbeitnehmers im Betrieb und die Höhe des Arbeitsentgelts einzustellen. Auch können unter Umständen die persönlichen Verhältnisse des Arbeitnehmers, die Dauer seiner Betriebszugehörigkeit, sein Lebensalter, seine Familienverhältnisse und sein bisheriges Verhalten zu berücksichtigen sein. Diese Rechtsprechung hat das Bundesarbeitsgericht mit den Urteilen vom 16.02.1995[128] und 23.01.1997[129] fortgeführt. Eine lediglich anteilige Haftung des Arbeitnehmers trotz grob fahrlässig verschuldeten Schadens hat das Bundesarbeitsgericht im Urteil vom 23.01.1997 mit der Begründung gerechtfertigt, daß mit zunehmender Technisierung immer mehr komplizierte Arbeitsplätze entstünden und es nicht angehen könne, dem Arbeitnehmer auch bei grob fahrlässiger Schadensverursachung unter Berücksichtigung seines Verdienstes das gesamte Risiko aufzubürden. Das dreigliedrige Haftungssystem ist damit nicht von der klassischen Strenge.[130] Auch bei grob fahrlässiger Schadensverursachung nimmt die Rechtsprechung eine Haftungsbegrenzung nach Abwägung der beiderseitigen Interessen vor.

*Nägele*[131] weist darauf hin, daß die neuere Rechtsprechung des BAG zur Haftung des Arbeitnehmers aus einem von ihm grob fahrlässig verschuldeten Verkehrsunfall zu der kuriosen Situation führen kann, daß der Arbeitgeber selbst ganz oder teilweise haftet, ohne sich beim Kaskoversicherer oder bei dem Arbeitnehmer schadlos halten zu können, der Arbeitnehmer, der den Unfall verursacht hat, dagegen nicht. Nach § 61 VVG ist der Kaskoversicherer bei grober Fahrlässigkeit leistungsfrei. Durch eine Klausel im Dienstvertrag kann dieser Fallkonstellation nicht vorgebeugt werden.

---

123 *Küttner/Thomas*, Dienstwagen, Rn 25.
124 BFH, Urt. v. 25.05.1972, BStBl. II 1992, 700.
125 Vgl. Abschn. 31, Abs. 7 Nr. 1 S. 3 LStR.
126 Siehe Muster 2040, Ziffer 4 a, in diesem Buch § 2 Kap. 2 M 66; 2045, § 5, in diesem Buch § 2 Kap. 2 M 68; 2046, Ziffer 5, in diesem Buch § 2 Kap. 2 M 75.
127 Beschl. v. 27.09.1994, NZA 1994, 1083.
128 NZA 1995, 563.
129 NZA 1997, 352.
130 Keine Haftung des Arbeitnehmers bei fahrlässiger Schadensverursachung, Quotelung bei Schadensverursachung mit mittlerer Fahrlässigkeit und volle Haftung des Arbeitnehmers bei grob fahrlässiger oder vorsätzlicher Schadensverursachung.
131 NZA 1997, 1196.

Bei Schäden, die der Arbeitnehmer durch die Benutzung seines eigenen Kfz zu dienstlichen Zwecken 59
erleidet (Beschädigung seines Fahrzeugs durch einen Unbekannten), besitzt der Arbeitnehmer einen
**Aufwendungsersatzanspruch** nach § 670 BGB, wenn dem Arbeitnehmer für die Übernahme des
mit der Tätigkeit verbundenen Risikos keine besondere Vergütung gezahlt wird.[132] Bei den beiden
hier vorgelegten Mustern 2049 und 2050, bei denen die Fallkonstellation darin besteht, daß Mitarbeiter
ihr privates Fahrzeug zu dienstlichen Zwecken zur Verfügung stellen, wäre generell ein solcher
Aufwendungsersatzanspruch gegeben. Die Kilometerpauschale reicht nicht aus, um die Arbeitgeberhaftung
auszuschließen, da mit der Kilometerpauschale lediglich die Aufwendungen ausgeglichen
werden sollen, die durch den normalen Betrieb des Fahrzeugs entstehen.[133]

Ob der **Rückstufungsschaden** in der Haftpflichtversicherung zu den nach § 670 BGB zu ersetzenden
Aufwendungen rechnet, hat das BAG unentschieden gelassen.[134] Im Fall des Musters 2050[135] kann
der Mitarbeiter, wenn ihm wegen eines Verkehrsunfalls, den er bei einer Dienstfahrt mit seinem
Fahrzeug hatte, das Fahrzeug zeitweilig reparaturbedingt nicht zur Verfügung steht, Nutzungsausfall
verlangen.[136]

Keine Haftung des Arbeitgebers gibt es im Hinblick auf **Personenschäden** der vom Arbeitnehmer 60
zulässigerweise mitgenommenen Arbeitskollegen, die im gleichen Betrieb tätig sind. Die Haftung
des Arbeitgebers ist nach § 104 SGB VII ausgeschlossen. Nimmt der Arbeitnehmer hingegen betriebsfremde
Personen ohne Wissen und Billigung des Arbeitgebers in seinem Pkw auf eine Dienstreise
mit, kann es zu einer Haftung des Arbeitgebers kommen.[137] Gegen diese Haftungslage schützt
sich der Arbeitgeber mit einem Verbot, außer Familienangehörigen bei Privatfahrten, anderweitige
Personen im Fahrzeug mitzunehmen.[138]

Verursacht der Arbeitnehmer in Ausübung seiner betrieblichen Tätigkeit einen Verkehrsunfall und 61
wird wegen dieses Unfalls gegen ihn ein staatsanwaltliches Ermittlungsverfahren eingeleitet, muß der
Arbeitgeber die erforderlichen Kosten der Verteidigung ersetzen. Zu den erforderlichen Kosten gehören
die gesetzlichen Gebühren eines Rechtsanwalts.[139]

### 4. Vorenthaltung des Fahrzeugs

Entzieht der Arbeitgeber dem Arbeitnehmer den Dienstwagen und ist dem Arbeitnehmer im Überlassungsvertrag 62
die private Nutzung eingeräumt, ist der Arbeitgeber zum **Schadensersatz** nach § 325
Abs. 1 S. 1 oder nach § 286 Abs. 1, 284 Abs. 2 S. 1 BGB verpflichtet.[140]

Diese Fallkonstellation tritt verschiedentlich ein, wenn der Arbeitgeber dem Arbeitnehmer kündigt,
die Schlüssel des Fahrzeugs abnimmt und den Arbeitnehmer freistellt. Der Arbeitgeber muß während
der Freistellung das Fahrzeug dem Arbeitnehmer zur weiteren privaten Nutzung belassen.[141] Etwas

---

132 BAG, Urt. v. 07.09.1995, NZA 1996, 32; Urt. v. 14.12.1995, NZA 1996, 417.
133 BAG, Urt. v. 30.04.1992, NJW 1993, 1028; LAG Baden Württemberg, Urt. v. 17.09.1991, BB 1992, 568.
134 Urt. v. 30.04.1992, NJW 1993, 1028.
135 § 2 Kap. 2 M 78.
136 BAG, Urt. v. 07.09.1995, BB 1995, 2429.
137 *Hunold*, DB 1985, Beil. 1; *Nägele/Schmidt*, BB 1993, 1797.
138 Muster 2046, Ziffer 19, in diesem Buch § 2 Kap. 2 M 75; 2045, § 6, in diesem Buch § 2 Kap. 2 M 68; 2042, Ziffer 7, in diesem Buch § 2 Kap. 2 M 67.
139 BAG, Urt. v. 16.05.1995, NZA 1995, 836.
140 BAG, Urt. v. 23.06.1994, NZA 1994, 1128.
141 BAG, Urt. v. 23.06.1994, NZA 1994, 1128.

## § 2  Kapitel 2: Kfz-Nutzung

anderes gilt nur, wenn die Parteien eine Vereinbarung getroffen haben, wonach der Arbeitgeber im Falle einer Freistellung die Herausgabe des Fahrzeugs beanspruchen kann.[142]

**63** Lange Zeit war in der Rechtsprechung streitig, wie der Wertersatz für die Vorenthaltung des Fahrzeugs zu bemessen ist. **Drei Bewertungshilfen** sind in Rechtsprechung und Schrifttum erörtert worden. Teilweise wurde die ADAC-Kostentabelle herangezogen,[143] zum anderen wurde die Tabelle von *Sanden/Danner/Küppersbusch*[144] verwendet und schließlich wurde erwogen, den Nutzungsausfall anhand des Werts des steuerlichen Sachbezugs[145] zu bestimmen. Zum **Umfang des Schadensersatzes**, den der Arbeitgeber bei rechtswidriger Nichtgewährung der Nutzung am Firmenfahrzeug zu leisten hat, schienen zunächst zwei neuere Urteile des BAG Klarheit zu bringen, die mit der Praxis verschiedener Landesarbeitsgerichte, nach Nutzungsentschädigungstabellen abzurechnen, aufgeräumt haben. Zu erwähnen sind die Entscheidungen des BAG vom 23.06.1994[146] und vom 16.11.1995.[147] Seit dem Urteil vom 16.11.1995 schien stets eine **konkrete Schadensberechnung** vonnöten. *Meier*[148] hat sich kritisch mit der Anwendung des Schadensersatzrechts auf die Ermittlung des Sachwerts der Naturalvergütung „Privatnutzung eines Dienst-Pkw" auseinandergesetzt. Anspruchsgrundlage für die willentliche Nichtgewährung von Naturallohnvereinbarungen bildeten die §§ 611, 615 Satz 1 BGB. Anspruchsgrundlage sei somit ein Erfüllungs- und kein Schadensersatzanspruch. Auch bestehe damit keine Schadensminderungspflicht des Arbeitnehmers gem. § 254 BGB. Deshalb sei auch die Fragestellung des BAG verfehlt, ob und welchen Gebrauch der Arbeitnehmer von der in Natur gewährten Leistung gemacht hätte, wenn ihm das Fahrzeug nicht vom Arbeitgeber rechtswidrig entzogen worden wäre. In seinem neusten Urteil[149] hat das BAG die Regelungen der §§ 249 S. 1, 251 Abs. 1 BuB zugrundegelegt. Es hat entschieden, daß es im Rahmen des richterlichen Ermessens liege, den Wert der privaten Nutzung eines Kraftfahrzeugs für jeden Kalendermonat mit 1 % des inländischen Listenpreises im Zeitpunkt der Erstzulassung zuzüglich der Kosten für Sonderausstattungen einschließlich Umsatzsteuer anzusetzen.

**64** Die Auswirkungen des Urteils des BAG vom 27.05.1999 verführen den Arbeitgeber, auch einen unberechtigten Entzug des Dienstfahrzeugs vorzunehmen. Während nach der Tabelle von *Sander/Dannen/Küppersbusch* die Ersatzpflicht bei einem Mittelklassewagen **pro Tag** 80,00 bis 120,00 DM beträgt, beläuft sich der Wert des steuerlichen Sachbezugs auf **monatlich** beim Gehalt einbehaltene 1 % vom Listenpreis, ist also regelmäßig deutlich geringer.

Wirksamen Schutz gegen die Inanspruchnahme des Arbeitgebers bei Entzug des Dienstwagens bietet eine Verzichtsvereinbarung mit dem Arbeitnehmer, die gleichzeitig die nach der Rechtsprechung zulässige Entziehung des Dienstfahrzeugs durch den Arbeitgeber regelt.[150]

---

142 *Schaub,* Arbeitsrechtshandbuch, 8. Aufl., § 73 II 1; so Muster 2040, Ziffer 4 k, in diesem Buch § 2 Kap. 2 M 66; 2042, Ziffern 1b und 4; 2045, § 10, in diesem Buch § 2 Kap. 2 M 67; 2046, Ziffer 2, 2. Absatz, in diesem Buch § 2 Kap. 2 M 75.
143 LAG Köln, Urt. v. 19.05.1998 – 13 Sa 280/98 (unveröffentlicht).
144 LAG Hessen, Urt. v. 19.12.1997, NZA-RR 1998, 487; LAG Berlin, Urt. v. 26.03.1999 – 8 Sa 130/98 (unveröffentlicht); LAG Rheinland-Pfalz, Urt. v. 19.11.1996, NZA 1997, 942.
145 LAG Hamm, Urt. v. 10.04.1991, BB 1991, 1496; nunmehr auch BAG, Urt. v. 27.05.1999, NZA 1999, 1038; ablehnend dagegen bislang BAG, Urt. v. 23.06.1994, NZA 1994, 1128.
146 NZA 1994, 1128.
147 NZA 1996, 415; siehe hierzu *Nägele,* NZA 1997, 1169.
148 NZA 1999, 1083.
149 BAG, Urt. v. 27.05.1999, NZA 1999, 1038.
150 Siehe Muster 2045, § 10, in diesem Buch § 2 Kap. 2 M 73.

Hält der Arbeitnehmer zu Unrecht das Fahrzeug zurück, beispielsweise nachdem er aus dem Arbeitsverhältnis ausgeschieden ist, kann der Arbeitgeber seine Rechte aus § 985 BGB geltendmachen, sofern das Fahrzeug nicht geleast ist. Darüber hinaus ergeben sich Herausgabeansprüche aus dem Kfz-Überlassungsvertrag, wie auch in den vorliegenden Mustern.

## B. Vertragstexte

### 1. Muster: Kfz-Nutzungsvereinbarung mit Nutzungspauschale für Privatfahrten

(1) Der Mitarbeiter verpflichtet sich, im Rahmen der Erfüllung seiner Aufgaben gemäß § 2 und § 3 dieses Vertrages notwendig werdende Fahrten im Pkw durchzuführen.

(2) Die Firma behält sich vor, in Einzelfällen, wenn dies aus geschäftlichen Gründen notwendig erscheint, eine Bahn- oder Flugreise anzusetzen. Der Mitarbeiter ist berechtigt, von sich aus mit der Bahn zu fahren, wenn die Witterung es erfordert.

In diesen Fällen ist von dem bei der Firma bestehenden Großkundenabonnement Gebrauch zu machen.

(3) Die Firma überläßt ab            das Fahrzeug            mit dem polizeilichen Kennzeichen            dem Mitarbeiter zur dienstlichen und privaten Nutzung (auch durch Familienangehörige).

(4) Für die Fahrzeuggestellung einschließlich der Privatnutzung gelten die folgenden Bedingungen:

a) Die lohnsteuerrechtliche Behandlung der Privatnutzung richtet sich nach den jeweiligen maßgeblichen Vorschriften. Demnach ist zur Zeit zu versteuern:
   – monatlich 1 % vom Brutto-Listenpreis =            DM

   Soweit steuerpflichtige Fahrten zwischen Wohnung und Arbeitsstätte (Abschnitt 31 Abs. 7 Nr. 1 LStR) anfallen, werden zusätzlich 0,03 DM/Entfernungskilometer angesetzt.

b) Die Firma übernimmt die Kosten des Fahrzeugbetriebes. Die Betriebskosten für Öl, Benzin usw. bei Urlaubsfahrten und sonstigen Privatfahrten über 50 km übernimmt jedoch der Mitarbeiter.

   Vor Auslandsfahrten ist eine ADAC-Auslandsschutzbrief-Versicherung abzuschließen.

   Zum Monatsende ist der Firma der jeweilige Kilometerstand unaufgefordert auf der monatlichen Tankrechnung mitzuteilen.

c) Der Mitarbeiter hat der Firma seinen Führerschein vor Übernahme des Wagens und danach jeweils in halbjährlichem Abstand unaufgefordert vorzulegen. Sollte zu einem späteren Zeitpunkt ein Führerscheinentzug erfolgen, ist dies der Firma sofort mitzuteilen.

d) Der Kraftfahrzeugschein ist neben der Fahrerlaubnis ständig mitzuführen und sorgfältig zu verwahren. Das gleiche gilt für die von der Firma zur Verfügung gestellte grüne Versicherungskarte.

e) Der Wagen ist möglichst in einer Garage einzustellen. Der Mietpreis ist vom Mitarbeiter zu tragen.

f) Es ist selbstverständlich, daß das Fahrzeug jederzeit einer ordnungsgemäßen Pflege und Wartung unterzogen und in betriebssicherem Zustand gehalten wird. Die notwendigen Maßnahmen ergeben sich aus dem beigefügten Kundendienstscheckheft des Kfz-Herstellers.

   Sämtliche Kundendienstarbeiten und Reparaturen müssen in autorisierten Werkstätten der gefahrenen Automarke durchgeführt werden. Zuwiderhandlungen gehen zu Lasten des Mitarbeiters. Notwendig erscheinende Reparaturen sind der Geschäftsleitung unverzüglich anzu-

## § 2 Kapitel 2: Kfz-Nutzung

zeigen. Reparaturen bedürfen der vorherigen Zustimmung der Geschäftsleitung. Unfälle sind dieser sofort zu melden.

g) Der Mitarbeiter haftet für Schäden am Kraftfahrzeug, die durch unsachgemäße Behandlung entstehen und als sog. Betriebsschäden von der Kaskoversicherung grundsätzlich ausgenommen sind, z.B. einen Motorschaden wegen ungenügenden Ölstandes.

Ferner hat der Mitarbeiter die Firma von allen Haftpflichtansprüchen Dritter freizustellen, die wegen seines Verhaltens durch die Kraftfahrzeug-Haftpflichtversicherung nicht gedeckt sind. Dies kommt u. a. in Betracht, wenn ein Unfall auf abgefahrene Reifen zurückzuführen ist; ferner, wenn eine Obliegenheit verletzt wird, die bei Eintritt des Versicherungsfalles vom Lenker des Fahrzeuges zu erfüllen gewesen wäre. Zu den Obliegenheitsverletzungen gehören z.B. Fahrerflucht, ungenügende Aufklärung des Versicherers über den Unfallhergang, keine oder unwahre Angaben über Alkoholgenuß, wenn hiernach gefragt ist.

h) Zur Ausstattung gehören 2 Sätze Schlüssel, 1 Warndreieck, 1 vorschriftsmäßiger Verbandskasten, 1 Warnweste. Das Fahrzeug ist mit Stahl-Gürtelreifen ausgerüstet (für Sommer und Winterbetrieb). Die Reifen inkl. Ersatzreifen müssen nach einer gewissen Zeit umgesetzt werden, damit alle Reifen gleichmäßig abgefahren werden. Bei Ersatzbeschaffung von Reifen müssen Gürtelreifen angeschafft werden. Die Rechnung geht auch in diesem Fall an die Firma. Der Mitarbeiter teilt der Firma den km-Stand und die Ersatzbeschaffung mit.

i) Falls sich im Kraftfahrzeug eine Kontrolleinrichtung befindet, hat der Mitarbeiter diese zu benutzen und die Kontrollbelege auf Anforderung vorzulegen. Darüber hinaus ist er verpflichtet, ein Fahrtenbuch zu führen.

j) Der Mitarbeiter verpflichtet sich, auf allen Dienstfahrten stets den Sicherheitsgurt anzulegen und darauf hinzuwirken, daß auch mitgenommene Dritte dies tun.

Der Mitarbeiter verpflichtet sich weiter, bei allen Arbeiten am Fahrzeug im Gefahrenbereich des fließenden Verkehrs stets die mitgeführte Warnweste zu tragen (§ 50 Abs. 5 UVV 12).

k) Die Gebrauchsüberlassung ist an das bestehende Arbeitsverhältnis gebunden und endet automatisch mit dem Ende des Arbeitsverhältnisses. Die Firma behält sich vor, nach Kündigung des Arbeitsverhältnisses, insbesondere im Falle einer Freistellung des Mitarbeiters, das Fahrzeug vorzeitig herauszuverlangen. In diesem Fall erhält der Mitarbeiter als Ersatz für den entgehenden geldwerten Vorteil monatlich einen Betrag in Höhe von _____ DM. Auch bei einer Versetzung in den Innendienst ist der Dienstwagen zurückzugeben. In diesem Fall erhält der Mitarbeiter für die Dauer von _____ Monaten als Ersatz für den entgehenden geldwerten Vorteil monatlich einen Betrag in Höhe von _____ DM.

(5) Im übrigen ist die Firma berechtigt, das Fahrzeug alle zwei Jahre gegen ein fabrikneues Fahrzeug der gleichen Klasse auszutauschen.

(6) Die Firma behält sich vor, die vereinbarten DM-Beträge jederzeit und ohne daß es einer weiteren Ankündigung bedarf, gemäß dem festgelegten Umrechnungskurs von 1,95583 in EURO abzurechnen.

## Zusatzvereinbarungen zu Arbeits- und Anstellungsverträgen § 2

## 2. Muster: Überlassung eines Betriebs-Kraftfahrzeugs für Dienst- und Privatfahrten mit Abrechnung nach Einzelnachweis

▼

Zwischen

der Firma

und

Herrn

wird folgender Kfz-Überlassungsvertrag vereinbart:

**(1) Vertragsgegenstand**

**a) Benutzung des Fahrzeugs bei Dienstfahrten**

Für seine berufliche Reisetätigkeit überläßt die Firma dem Mitarbeiter den firmeneigenen Kraftwagen, Typ           , Baujahr           , mit dem polizeilichen Kennzeichen           , zur uneingeschränkten Nutzung. Zum Wagen gehören die vorgeschriebenen Zubehörteile (Warndreieck, Verbandskasten usw.). Außerdem sind vorhanden:           .

**b) Benutzung des Fahrzeugs bei Privatfahrten**

Während der Freizeit sind dem Mitarbeiter Privatfahrten im In- und Ausland gestattet. Die Gestattung der privaten Nutzung ist jederzeit widerruflich, insbesondere im Falle einer Freistellung des Mitarbeiters, siehe (4). Die Abrechnung des privaten Nutzungsanteils erfolgt gemäß Abschn. 31 Abs. 7 Nr. 2 LStR anhand des Fahrtenbuches und der vom Mitarbeiter zu fertigenden Aufzeichnungen. Kraftstoffkosten für längere Urlaubsfahrten trägt der Mitarbeiter unmittelbar.

**(2) Steuer, Haftpflicht- und Vollkaskoversicherung**

Die Kfz-Steuer und die Versicherungsbeiträge trägt die Firma. Es bestehen folgende Versicherungen:

a) Kfz-Haftpflichtversicherung (Deckungssumme           DM/           EUR),

b) Vollkaskoversicherung mit einer Selbstbeteiligung des Arbeitnehmers von           DM (           (EUR)/Teilkaskoversicherung           ,

c) Insassenunfallversicherung,

d) Rechtsschutzversicherung.

**(3) Fahrzeugpapiere**

Der Mitarbeiter bestätigt mit seiner Unterschrift unter diese Vereinbarung, den Fahrzeugschein und ein Fahrtenbuch erhalten zu haben. Das Fahrtenbuch ist lückenlos und genau zu führen. Es ist einmal monatlich der Personalabteilung zur Einsicht vorzulegen.

In das Fahrtenbuch trägt der Mitarbeiter an jedem Abend ein:

a) Kilometerstand des Fahrzeugs, zurückgelegte Strecke (Kilometerzahl und Ortsangaben), getrennt nach beruflichen und privaten Fahrten;

b) Auslagen für Treibstoff, Öl, Reparaturen und Wartungsarbeiten; Belege sind beizufügen;

c) Grund der jeweiligen Fahrt, so daß dienstliche und private Veranlassung gesondert erkennbar sind.

**(4) Widerruf der Überlassung**

Die Firma kann die Überlassung des Fahrzeugs an den Mitarbeiter jederzeit mit einer Ankündigungsfrist von           Kalendertagen ohne Angabe von Gründen widerrufen. Insbesondere behält sie sich vor, das Fahrzeug bei einer Erkrankung, während der Kündigungsfrist, nach einer Freistellung oder während des Urlaubs des Mitarbeiters anderweitig einzusetzen.

Der Mitarbeiter verfügt bei einem Herausgabeverlangen der Firma über kein Zurückbehaltungsrecht.

### (5) Pflicht des Mitarbeiters zur Wartung

Die Firma trägt die Kosten für Wartung und Reparatur. Der Mitarbeiter hat für ordnungsgemäße Pflege, rechtzeitige Wartung und unverzügliche Reparatur des Fahrzeuges zu sorgen. Inspektionen sind rechtzeitig nach Vorschrift des Herstellers auf Kosten der Firma durchzuführen. Die Kosten für Pflege und Garage übernimmt der Mitarbeiter. Der Wagen ist im allgemeinen alle zwei Wochen zu waschen. Der Mitarbeiter ist dafür verantwortlich, daß sich das Fahrzeug immer in betriebs- und verkehrssicherem Zustand befindet. Soweit für ungewöhnliche Reparaturen oder für eine notwendige Ergänzung des Wagenzubehörs und der Wagenausstattung Aufwendungen von mehr als _____ DM (_____ EUR) entstehen, hat der Mitarbeiter vor der Auftragserteilung die Zustimmung der Firma einzuholen, notfalls fernmündlich, durch Telex oder Telefax.

### (6) Meldepflicht

Am Fahrzeug aufgetretene Mängel und Beschädigungen, Unfälle und Diebstähle sind der Firma unverzüglich mündlich oder fernmündlich mitzuteilen. Im Falle eines Verkehrsunfalls ist ein schriftlicher Bericht über das Unfallereignis nachzureichen. Anschrift und Rufnummer des Haftpflichtversicherers und der Unfallbeteiligten sind anzugeben. Die Abgabe eines Schuldanerkenntnisses sollte der Mitarbeiter unterlassen.

### (7) Haftung

a) Bei allen Verkehrsunfällen, auch solchen, die der Mitarbeiter selbst verschuldet hat, ist unverzüglich die Polizei hinzuzuziehen. Über den Unfallablauf hat der Mitarbeiter unverzüglich einen Bericht abzufassen. Rechte, die das Kraftfahrzeug betreffen, kann der Mitarbeiter im Interesse der Firma geltend machen.

b) Bei Dienstfahrten haftet der Mitarbeiter für Schäden, die er vorsätzlich oder grob fahrlässig verursacht, allein. Sind die Schäden durch eine Kaskoversicherung gedeckt, haftet der Mitarbeiter in der Höhe der Selbstbeteiligung. Er hat ebenfalls denjenigen Schaden zu tragen, der der Firma durch Verlust oder durch Herabstufung des Schadensfreiheitsrabatts entsteht. Bei mittlerer Fahrlässigkeit haftet der Mitarbeiter anteilmäßig. Bei Schäden oder Wertminderungen am Fahrzeug, die außerhalb des Fahrzeugbetriebs entstehen (z.B. mangelhafte Pflege oder Wartung, unterlassene Reparatur, nachlässige Beaufsichtigung, unsachgemäße Behandlung), haftet er für jedes Verschulden uneingeschränkt.

c) Bei Privatfahrten haftet der Mitarbeiter uneingeschränkt. Soweit die Kaskoversicherung den Schaden trägt, haftet der Mitarbeiter in Höhe der Selbstbeteiligung und in Höhe des herabgestuften Schadensfreiheitsrabatts.

### (8) Mitfahrer

Auf Dienstfahrten ist dem Mitarbeiter nur gestattet, Repräsentanten von Kunden, Lieferanten und Mitarbeitern der Firma (z.B. Reisevertreter) mitzunehmen. Auf Privatfahrten ist nur die Mitnahme von Familienangehörigen gestattet, von denen ein jeder eine Haftungsausschlußerklärung zugunsten der Firma zu unterzeichnen hat. Die Führung des Kraftfahrzeugs darf keinem anderen Fahrer überlassen werden. Das Vermieten oder Verleihen des Fahrzeugs ist untersagt.

### (9) Sonstiges

Dieser Vertrag endet spätestens mit Ablauf des zwischen den Parteien geschlossenen Arbeitsvertrages. Außerdem kann jede Vertragspartei den Kfz-Nutzungsvertrag mit einer Frist von einem Monat unabhängig vom Bestehen des Arbeitsvertrages kündigen. Änderungen oder Ergänzungen des Vertrages bedürfen zu ihrer Wirksamkeit der Schriftform.

## 3. Muster: Arbeitsvertragsergänzung – Kfz-Nutzung mit Nutzungspauschale für Privatnutzung

Zwischen

der Firma

und

Herrn

wird über die Benutzung eines firmeneigenen Kraftwagens folgendes vereinbart:

### § 1 Kraftfahrzeugüberlassung
Für seine Tätigkeit überläßt die Firma dem Mitarbeiter den firmeneigenen Kraftwagen, Typ
mit dem amtlichen Kennzeichen .

Der Wagen ist mit dem vorgeschriebenen Zubehör (Sicherheitsgurte, Warndreieck, Verbandskasten) ausgestattet; außerdem sind vorhanden: 1 Reservereifen, 4 Winterreifen, 1 Reservekanister, eine Werkzeugtasche mit Inhalt, ein Abschleppseil, 1 Warnweste.

### § 2 Versicherung und Kraftfahrzeugsteuer
Die Kfz-Steuer und die Versicherungsbeiträge werden von der Firma bezahlt. Es bestehen folgende Versicherungen:
a) Kfz-Haftpflichtversicherung, Deckungssumme unbegrenzt, 7,5 Mio DM (3.834.689,10 EUR) bei Personenschäden,
b) Vollkaskoversicherung mit Selbstbeteiligung 650 DM (332,34 EUR),
c) Insassen-Unfallversicherung.

### § 3 Fahrzeugpapiere
Der Mitarbeiter bestätigt, den Fahrzeugschein erhalten zu haben.

### § 4 Wartungspflicht
Der Mitarbeiter hat für ordnungsgemäße Pflege und Wartung des Fahrzeuges zu sorgen.

Ölwechsel und Kundendienst sind nach Fabrikvorschrift durchzuführen. Mindestens zweimal im Monat muß der Wagen gewaschen werden.

Dringende Reparaturen sind unverzüglich vorzunehmen, soweit hierfür oder für eine notwendige Ergänzung des Wagenzubehörs Aufwendungen von über 200,00 DM (102,26 EUR) entstehen, hat der Mitarbeiter vor Auftragserteilung bzw. Beschaffung, notfalls fernmündlich, die Zustimmung der Firma einzuholen.

Der Mitarbeiter ist allein dafür verantwortlich, daß sich das Fahrzeug ständig in einem vorschriftsmäßigen Zustand befindet.

### § 5 Umfang der Benutzung
Für berufliche Fahrten sowie für Fahrten von seiner Wohnung und zurück steht der Wagen dem Mitarbeiter uneingeschränkt zur Verfügung.

Privatfahrten am Abend sowie am Wochenende sind dem Mitarbeiter bis auf Widerruf gestattet. Der geldwerte Vorteil wird durch pauschale Berechnung des Nutzungsvorteils gemäß Abschnitt 31 Abs. 7 Nr. 1 LStR mit 1 Prozent mit 0,03 DM je Entfernungskilometer ermittelt. Benzinkosten gehen im Urlaub zu Lasten des Mitarbeiters.

### § 6 Mitfahrer
Auf beruflichen Fahrten darf der Mitarbeiter nur Kunden, Lieferanten oder andere Mitarbeiter der Firma mitnehmen. Einem anderen Fahrer darf der Wagen nicht überlassen werden. Auch das Verleihen oder Vermieten des Fahrzeuges, selbst wenn dabei der Mitarbeiter fährt, ist untersagt.

## § 2 Kapitel 2: Kfz-Nutzung

Die Firma haftet bei solchen Personenschäden, die mit dem Fahrzeug anläßlich von Dienstfahrten verursacht werden, nur insoweit, als durch die bestehenden Versicherungen Deckungsschutz gewährt wird.

### § 7 Abrechnung

70 Die Firma erstattet dem Mitarbeiter die von ihm für Treibstoff, Öl, Reparaturen, Wartungsarbeiten, notwendige Ergänzungen des Wagenzubehörs, Hauptuntersuchungen, Abgassonderuntersuchungen aufgewandten Beträge, sofern die entsprechenden Belege vorgelegt werden.

Die Abrechnung hat jeweils monatlich zu erfolgen, bei Urlaubsfahrten nach Urlaubsrückkehr.

Die Firma behält sich vor, die vereinbarten DM-Beträge jederzeit und ohne daß es einer weiteren Ankündigung bedarf, gemäß dem festgelegten Umrechnungskurs von 1,95583 in EURO abzurechnen.

### § 8 Meldepflicht

71 Am Fahrzeug aufgetretene Mängel oder Beschädigungen, Unfälle und Diebstähle sind der Firma unverzüglich mitzuteilen, bei mündlicher oder fernmündlicher Meldung ist binnen 24 Stunden ein schriftlicher Bericht nachzureichen.

Anschrift und Rufnummer des Haftpflichtversicherers der anderen Unfallbeteiligten sowie die Nummer des Versicherungsvertrages sind anzugeben. Die Abgabe eines Schuldanerkenntnisses ist dem Mitarbeiter nicht gestattet.

### § 9 Haftung

72 Der Mitarbeiter haftet für Schäden oder Wertminderungen, die am Fahrzeug durch sein Verschulden (auch durch mangelhafte Pflege oder Wartung sowie durch unterlassene Reparatur) entstehen. Dasselbe gilt für Schäden, die der Mitarbeiter bei Benutzung des Wagens Dritten zufügt.

Bei Diebstahl oder Beschädigung des Fahrzeuges, die nicht bei dessen Betrieb entstanden sind, haftet der Mitarbeiter ebenfalls für eigenes Verschulden, insbesondere auch für mangelhafte Beaufsichtigung, nachlässige Abstellung oder unsachgemäße Behandlung.

Die Haftung des Mitarbeiters entfällt, soweit ein Versicherer für den Schaden aufkommt und nicht auf die Firma Rückgriff genommen wird.

### § 10 Widerruf der Überlassung

73 1. Dem Mitarbeiter wird ein Pkw zur dienstlichen Nutzung überlassen und auch zur Privatnutzung. Soweit die Firma eine dienstliche Nutzung des Pkws nicht mehr für erforderlich hält oder durch eine vertraglich zulässige Änderung des Aufgabengebietes oder der Aufgabenstellung die Nutzung eines Dienstfahrzeuges nicht mehr sachlich geboten ist, entfällt auch die Privatnutzung des Dienstfahrzeuges entschädigungslos. Das gleiche gilt für Zeiten, für die kein Vergütungsanspruch besteht.

2. Wird das Arbeitsverhältnis gekündigt, kann der Mitarbeiter von der Arbeitsleistung freigestellt werden. Er hat dann das Dienstfahrzeug auf Verlangen sofort herauszugeben. Ein Anspruch auf Ersatz für die entgehende Privatnutzung besteht nicht.

### § 11 Sonstiges

74 Dieser Vertrag endet spätestens mit Ablauf des am            zwischen den Parteien abgeschlossenen Arbeitsvertrages. Der Mitarbeiter kann die Kfz-Nutzung mit einmonatiger Frist zum Monatsende jederzeit kündigen.

Änderungen oder Ergänzungen des vorstehenden Vertrages bedürfen zu ihrer Rechtswirksamkeit der Schriftform.

▲

## 4. Muster: Jederzeit widerrufliche Kfz-Überlassungsvereinbarung mit Nutzungspauschale für Privatnutzung[151]

*Vereinbarung über die Kraftfahrzeugbenutzung*

Zwischen

– Firma –

und

Herrn

– Arbeitnehmer –

wird nachfolgende Vereinbarung geschlossen:

(1) Die Firma überläßt das Kraftfahrzeug (Marke, polizeiliches Kennzeichen, Fahrgestell-Nr. ) dem Arbeitnehmer zur Benutzung. Der Arbeitnehmer bestätigt, den Kraftfahrzeugschein Nr. , ausgestellt von am erhalten zu haben.

(2) Die Überlassung ist jederzeit ohne Angabe von Gründen widerruflich. Die Freistellung des Arbeitnehmers gilt als Widerruf der Vereinbarung.

Bei Widerruf oder Freistellung hat der Arbeitnehmer das Kraftfahrzeug mit Schlüsseln und Fahrzeugpapieren unverzüglich, spätestens an dem auf den Tag des Zuganges der Mitteilung über den Widerruf bzw. die Freistellung folgenden Werktag an den Geschäftsführer der Firma oder an eine von diesem bevollmächtigte Person am Sitz der Firma herauszugeben. Über den Zustand des Fahrzeuges bei der Übergabe ist ein Protokoll auszufertigen, das von beiden Parteien zu unterschreiben ist.

Mit dem Kraftfahrzeug dürfen Privatfahrten – jederzeit widerruflich – ausgeführt werden. Der Arbeitnehmer erkennt an, daß es sich insoweit um eine freiwillige Leistung der Firma handelt, auf die kein Rechtsanspruch – auch in der Zukunft – besteht oder begründet wird. Diese Gestattung kann von der Firma jederzeit ohne Angabe von Gründen widerrufen werden. Ein Anspruch des Arbeitnehmers auf Ersatz des Nutzungsausfalls besteht in diesem Falle nicht.

(3) Überläßt die Firma dem Arbeitnehmer ein anderes Fahrzeug, so gilt dieser Vertrag entsprechend.

(4) Das Kraftfahrzeug darf grundsätzlich nur für betriebliche oder geschäftliche Zwecke im Zusammenhang mit dem Arbeitsverhältnis benutzt werden.

(5) Die Privatnutzung wird vom Arbeitnehmer durch Nutzungspauschale und für Fahrten zwischen Wohnung und Arbeitsstätte mit 0,03 DM je Entfernungskilometer versteuert. Ein Lohn oder Gehaltsanspruch des Arbeitnehmers gegen die Firma wird durch diese steuerliche Behandlung nicht begründet.

(6) Die Firma trägt die Kosten des Betriebes sowie für Reparaturen und Wartung des Fahrzeuges. Sie unterhält eine Haftpflichtversicherung mit einer Deckungssumme von DM ( EUR) und eine Teilkasko/Vollkaskoversicherung.

(7) Bei Leasingfahrzeugen trägt die Firma die Kosten des Betriebes sowie der Miete des Fahrzeuges. Die Wartungskosten gehen zu Lasten der Leasingfirma. Diese ist im Falle der Beeinträchtigung der Verkehrssicherheit des Fahrzeuges zu verständigen. Reparaturrechnungen werden von ihr erstattet. Sie sind auf ihren Namen auszustellen.

(8) Treibstoffkosten werden nur gegen Vorlage der Belege ersetzt. Treibstoffkosten für Privatfahrten trägt ausschließlich der Arbeitnehmer.

---

151 Muster in Anlehnung an *Pauly/Steinweg*, in *Heidel/Pauly/Amend*, AnwaltFormulare, 2. Auflage 2000, S. 150 ff.

**§ 2** Kapitel 2: Kfz-Nutzung

76 (9) Der Arbeitnehmer verpflichtet sich, am Ende jeden Monats eine Abrechnung über die Betriebskosten vorzulegen. Bei der Abrechnung ist der Anfangs- und Endstand des Tachometers anzugeben. Überschreitet der Arbeitnehmer den Abrechnungszeitraum um 2 Wochen, so ist die Firma nicht mehr zum Ersatz der Kosten verpflichtet.

(10) Der Arbeitnehmer ist verpflichtet,

a) den Kraftfahrzeugschein bei Fahrten mitzuführen und ansonsten sorgfältig zu verwahren;

b) ein Fahrtenbuch zu führen;

c) für rechtzeitige und ordnungsgemäße Pflege und Wartung des Fahrzeuges zu sorgen.

(11) Der Arbeitnehmer wird das Kraftfahrzeug stets sorgfältig fahren. Er verpflichtet sich auch gegenüber der Firma, die Verkehrsvorschriften einzuhalten. Nach Alkoholgenuß ist die Benutzung des Wagens verboten.

(12) Der Arbeitnehmer ist verpflichtet, die Firma unverzüglich zu unterrichten, wenn ihm die Fahrerlaubnis zeitweilig oder auf Dauer entzogen wird. Während des Entzuges der Fahrerlaubnis ist die Benutzung des Kraftfahrzeuges zu unterlassen und dieses auf Verlangen an die Firma herauszugeben.

(13) Unfälle, Verluste, Beschädigungen des Kraftfahrzeuges hat der Arbeitnehmer unverzüglich der Firma zu melden.

(14) Bei Kraftfahrzeugunfällen, bei denen der Schaden voraussichtlich mehr als 100 DM (51,13 EUR) beträgt, sowie bei allen Unfällen mit Personenschäden ist in jedem Fall die Polizei hinzuzuziehen, auch wenn der Unfall von dem Arbeitnehmer selbst verschuldet worden ist.

(15) Der Arbeitnehmer haftet für alle vorsätzlich oder grob fahrlässig verursachten Beschädigungen des Kraftfahrzeuges auf vollen Schadensersatz. Bei anderen fahrlässig verursachten Schäden ist der Arbeitnehmer verpflichtet, sich nach dem Grad seines Verschuldens angemessen am Schaden zu beteiligen.

(16) Bei auf Privatfahrten entstandenen Schäden haftet der Arbeitnehmer in jedem Fall allein und im vollen Umfang. Dies gilt auch für den Fall, daß der Unfall unverschuldet oder aufgrund leichtester Fahrlässigkeit passiert ist.

(17) Der Arbeitnehmer haftet nicht, soweit der Schaden durch eine Versicherung abgedeckt wird. Die Firma ist berechtigt, im Falle des Verlustes des Schadensfreiheitsrabattes diesen von dem Arbeitnehmer ersetzt zu verlangen.

(18) Eine Überlassung des Fahrzeuges an Dritte ist unzulässig. Dies gilt auch für Familienangehörige bei erlaubten Privatfahrten. Der Arbeitnehmer haftet für jeden Schaden, der im Zusammenhang mit der Kraftfahrzeugbenutzung durch Dritte entsteht.

(19) Dritte Personen sollen nur mitgenommen werden, wenn hierfür ein betriebliches oder geschäftliches Interesse besteht. Bei Mitnahme sonstiger Personen – auch Familienangehörigen – ist die Haftung der Firma auszuschließen. Hat der Arbeitnehmer die Haftung nicht ausgeschlossen, hat er die Firma von jeder Haftung freizustellen.

(20) Überläßt der Arbeitnehmer das Fahrzeug an Dritte oder Familienangehörige, so hat er für jeden Schaden einzustehen. Dies gilt selbst dann, wenn der Schaden nicht verschuldet ist. Der Firma steht offen, im Falle einer Überlassung des Fahrzeuges an Dritte, von dem Arbeitnehmer Schadensersatz zu verlangen bzw. diese Vereinbarung mit sofortiger Wirkung zu widerrufen.

(21) Der Arbeitnehmer ist berechtigt, etwaige das Fahrzeug betreffende Rechte im Interesse der Firma geltend zu machen.

(22) Die Firma kann jederzeit ohne Angabe von Gründen mündlich die Rückgabe des Fahrzeuges verlangen. Ein Zurückbehaltungsrecht des Arbeitnehmers ist ausgeschlossen.

(23) Der Arbeitnehmer hat das Fahrtenbuch an dem Tag abzugeben, der als Ende dieser Vereinbarung in dem Widerruf benannt wird. An diesem Tag hat der Arbeitnehmer auch die Abrechnung bzgl. der Betriebskosten gemäß Ziff. 9 dieser Vereinbarung fertigzustellen.

(24) Änderungen oder Ergänzungen dieses Vertrages bedürfen der Schriftform.
(25) Die Firma behält sich vor, die vereinbarten DM-Beträge jederzeit und ohne daß es einer weiteren Ankündigung bedarf, gemäß dem festgelegten Umrechnungskurs von 1,95583 in EURO abzurechnen.
(26) Sind einzelne Bestimmungen des Vertrages unwirksam, so wird hiervon die Wirksamkeit der übrigen Bestimmungen nicht berührt.

## 5. Muster: Dienstwagen-Nutzungsvereinbarung bei Leasingfahrzeug mit Übernahme der Leasingkosten durch Mitarbeiter

Zwischen

– nachstehend Firma genannt –

und

Herrn

– nachstehend Mitarbeiter genannt –

wird folgende Vereinbarung über die Nutzung eines Dienstwagens mit dem amtlichen Kennzeichen und der Spezifikation gemäß dem beigefügten Kfz-Schein vereinbart.
Diese Vereinbarung gilt vom bis spätestens .

### 1. Rechte und Pflichten
Diese Dienstwagen-Nutzungsvereinbarung regelt die Rechte und Pflichten des Mitarbeiters bei Nutzung des von der Firma zur Verfügung gestellten Dienstwagens.

### 2. Privatnutzung
Die Firma stellt dem Mitarbeiter einen Dienstwagen zur Verfügung, der auch privat genutzt werden darf. Das Fahrzeug darf vom Mitarbeiter nicht vermietet, verliehen oder einem Dritten überlassen werden. Erlaubt ist die Nutzung aus dienstlichen Gründen durch Mitarbeiter der Firma und eine Mitbenutzung durch in häuslicher Gemeinschaft lebende Familienangehörige bzw. Lebenspartner.

### 3. Laufzeit und Kilometer
Der Mitarbeiter legt die Laufzeit des Vertrages sowie seine Kilometerleistung fest.

### 4. Leasing-Rate
Für den Pkw übernimmt der Mitarbeiter die entsprechende Leasing-Rate in Höhe von DM ( EUR)/Monat.
Über- oder Unterschreitungen der festgelegten Kilometer gehen zu Lasten bzw. zu Gunsten des Mitarbeiters. Falls der Anteil der freien Tantieme nicht zur Abdeckung der Leasing-Rate reicht, zahlt der Mitarbeiter den Restbetrag aus seinen Netto-Bezügen. Abrechnungszeitraum ist das Jahr, für das die Tantiemezahlung erfolgt.

### 5. Benzinkosten
Die Firma trägt die Treibstoffkosten für den Pkw. Bei privater Nutzung sind die Kosten vom Mitarbeiter zu tragen, ausgenommen Fahrten zwischen Wohnung und Arbeitsstätte sowie Kurzfahrten.

## 6. Versteuerung

Der Mitarbeiter ist über die gültigen steuerlichen Bestimmungen über ein Merkblatt informiert und sorgt über die Personalabteilung für die notwendige Versteuerung.

## 7. Verkehrssicherheit

Der Mitarbeiter trägt Sorge für die rechtzeitige Einhaltung der notwendigen Wartungs-, Inspektions-, TÜV- und ASU-Termine. Der Mitarbeiter veranlaßt notwendige Reparaturen und die Pflege des Fahrzeugs.

## 8. Unfall

Bei Unfällen (ausgenommen Bagatellschäden) unterrichtet der Mitarbeiter ohne Rücksicht auf das Verschulden die Polizei. Er unternimmt alles Erforderliche und Zumutbare, um Beweise über den Unfallhergang zu sichern. Ein Schuldanerkenntnis darf nicht abgegeben werden.

## 9. Versicherung

Der Mitarbeiter kann seinen Schadensfreiheitsrabatt für Haftpflicht- und Kaskoversicherung in den Leasingvertrag einbringen. Anderenfalls schließt die Firma eine Versicherung ab.

Bei einem durch den Mitarbeiter auf einer Privatfahrt (z.B. Urlaub) verschuldeten Unfall trägt dieser den Vollkasko-Selbstbehalt von 1.000, DM (511,29 EUR).

## 10. Technische Veränderungen

Technische Veränderungen am Dienstwagen sind nicht zulässig.

## 11. Nutzungsende

Die Nutzung des Dienstwagens ist an das bestehende Arbeitsverhältnis mit der Firma gebunden und endet automatisch mit Ende des Arbeitsverhältnisses.

Bei Ausscheiden des Mitarbeiters gehen die Rechte und Pflichten aus dem Leasing-Vertrag für die Restlaufzeit auf ihn über.

## 12. Unterlagen

Mit dem Fahrzeug sind dem Mitarbeiter übergeben worden:
- Kfz-Schein
- Technik-Creditcard
- Dienstwagen-Richtlinie
- Nutzungsvereinbarung
- Merkblatt Steuerbestimmungen

## 13. Angaben (vom Mitarbeiter auszufüllen)

Ich wähle     [ ] Pauschalversteuerung  
bzw.     [ ] Einzelnachweisregelung

Die Entfernung von der Wohnung zur Arbeitsstätte beträgt _____ Entfernungskilometer.

## 6. Muster: Erlaubnis der Benutzung eines arbeitnehmereigenen Kraftfahrzeugs für Dienstfahrten

Zwischen

dem Arbeitgeber

und

dem Arbeitnehmer

wird in Ergänzung des Arbeitsvertrages folgende Vereinbarung über die betriebliche Benutzung eines arbeitnehmereigenen Kraftfahrzeugs getroffen:

### § 1 Nutzungsumfang
(1) Dem Arbeitnehmer wird gestattet, zu betriebsbedingten Zwecken sein Kraftfahrzeug, Marke          , polizeiliches Kennzeichen          , gegen Kostenerstattung durch den Arbeitgeber zu benutzen.

(2) Zu dienstlichen Zwecken benutzt der Arbeitnehmer das Fahrzeug, soweit es ihm im Einzelfalle oder global gestattet ist, für dienstliche Anlässe sein Fahrzeug zu benutzen. Fahrten zwischen der Wohnung und dem Arbeitsplatz gelten nicht als betrieblich bedingte Fahrten.

### § 2 Kosten
(1) Für jeden zu betriebsbedingten Zwecken gefahrenen Kilometer erhält der Arbeitnehmer ein Kilometergeld in Höhe von          DM (          EUR). Mit dem erhöhten Kilometergeld sind alle Schäden, die dem Arbeitnehmer an seinem Kraftfahrzeug während der betrieblichen Nutzung entstanden sind, abgegolten.

(2) Der Arbeitgeber beteiligt sich an einer vom Arbeitnehmer zu schließenden Vollkaskoversicherung seines Fahrzeugs mit          %.

(3) Die Abrechnung der Kosten gem. Nr. 1 erfolgt monatlich, sonstige Kosten nach Vorlage der Rechnung.

### § 3 Haftung
(1) Für im Zusammenhang mit der betriebsbedingten Kraftfahrzeugnutzung eintretende Personen- oder Sachschäden haftet der Arbeitgeber, es sei denn, der Arbeitnehmer hat den Schadensfall vorsätzlich oder grob fahrlässig herbeigeführt.

(2) Übernimmt der Arbeitgeber solche Personen- oder Sachschäden, so tritt der Arbeitnehmer seine ihm gegen Dritte aus dem gleichen Schadensereignis zustehenden Schadensersatzansprüche in entsprechender Höhe an den Arbeitgeber ab. Der Arbeitgeber nimmt die Abtretung an.

### § 4 Teilkündigung
Diese Vereinbarung kann, unabhängig vom Bestand des Arbeitsverhältnisses, von beiden Parteien ohne Angabe von Gründen jederzeit mit einer Frist von einem Monat gekündigt werden.

### § 5 Sonstige Bestimmungen
(1) Mündliche Nebenabreden haben die Parteien nicht getroffen. Nebenabreden und Änderungen bedürfen der Schriftform. Dies gilt auch für eine Änderung des Schriftformerfordernisses.

(2) Sind oder werden einzelne Bestimmungen dieses Vertrages ganz oder teilweise unwirksam, berührt dies die Wirksamkeit des Vertrages im übrigen nicht. Lückenhafte oder unwirksame Regelungen sind so zu ergänzen, daß eine andere angemessene Regelung gefunden wird, die wirt-

schaftlich dem am nächsten steht, was die Parteien unter Berücksichtigung der mit dieser Vereinbarung verfolgten Zwecke gewollt hätten, wenn sie die Lückenhaftigkeit oder Unwirksamkeit bedacht hätten.

............, den ............

............ ............

(Arbeitgeber) (Arbeitnehmer)

### 7. Muster: Haftungs-Verzichtserklärung eines Mitfahrers

Hiermit erkläre ich im Verhältnis zu meinem Arbeitgeber und zu dem Fahrer und Halter des Fahrzeugs, Marke ............, amtliches Kennzeichen ............, daß ich aus sämtlichen Schäden, die sich aus meiner Mitfahrt in dem vorgenannten Fahrzeug ergeben können, keine Ersatzansprüche geltend machen werde. Meine Verzichtserklärung erstreckt sich nur auf solche Schadensereignisse, die von dem Fahrer des vorgenannten Fahrzeugs nicht vorsätzlich herbeigeführt wurden. Mit dieser Erklärung binde ich nicht nur mich selbst, sondern auch meine sämtlichen Rechtsnachfolger, insbesondere im Falle meines durch einen Verkehrsunfall herbeigeführten Todes.

............, den ............

............

(Arbeitnehmer)

### 8. Muster: Unfallmeldung

Unfalltag: ............ Ort: ............ Zeit: ............

*Fahrzeug*
Marke: ............ Typ: ............
amtl. Kennzeichen: ............ Fahrgestell-Nr.: ............ nächste HU: ............

*Fahrer*
Name, Vorname: ............ geb. am: ............
wohnhaft in: ............ Straße: ............
Fahrerlaubnis Klasse(n): ............ seit: ............ Abteilung: ............

*Unfallbeteiligte*
Name, Vorname: ............ Anschrift: ............
Kfz-Typ: ............ Amtl. Kennzeichen: ............ Haftpflichtversicherung: ............
Name, Vorname: ............ Anschrift: ............
Kfz-Typ: ............ Amtl. Kennzeichen: ............ Haftpflichtversicherung: ............
Name, Vorname: ............ Anschrift: ............
Kfz-Typ: ............ Amtl. Kennzeichen: ............ Haftpflichtversicherung: ............

*Unfallzeugen*
Name, Vorname: ............ Anschrift: ............
Name, Vorname: ............ Anschrift: ............

# Zusatzvereinbarungen zu Arbeits- und Anstellungsverträgen §2

Name, Vorname:                          Anschrift:
Sachverständiger (von der Polizei       Anschrift:
hinzugezogen/selbst beauftragt):

*Eigener Schaden*                       *Fremdschaden*
Personenschaden:                        Personenschaden:
Sachschaden Fahrer:                     Sachschaden:
Sachschaden Firma:                      Sonstiges:

*Aufnehmende Dienststelle*
Dienststelle:         Name des Beamten:         Tagebuch-Nr. (soweit bekannt):

*Unfallschilderung (Darstellung des Unfallgeschehens auf Beiblatt)*


Ort, Datum                              Unterschrift des Fahrers

# Kapitel 3: Ausbildungsfinanzierung und Arbeitgeberdarlehen

## Literatur

**Becker/Schaffner**, Die Rechtsprechung zur Rückerstattung von Ausbildungskosten, DB 1991, 1016; **Berger-Delhey**, Arbeitsrechtliche Probleme des Arbeitgeberdarlehens, DB 1990, 837; **Blomeyer/Buchner**, Rückzahlungsklauseln im Arbeitsrecht, 1969; **Hanau/Stoffels**, Beteiligung von Arbeitnehmern an den Kosten der Beruflichen Fortbildung, 1992; **Jesse/Schellen**, Arbeitgeberdarlehen und Vorschuß, 1990; **Kania**, Nichtarbeitsrechtliche Beziehungen zwischen Arbeitgeber und Arbeitnehmer, 1989; **Kurz/Schellen**, Zu Rechtsfragen bei der Gewährung von Arbeitgeberdarlehen, FS Gaul 1987, 121; **Küttner**, Personalbuch 1999, 6. Aufl. 1999, Stichworte Arbeitgeberdarlehen und Rückzahlungsklausel; **Mayer**, Rückzahlung von Ausbildungskosten. – Anmerkung zur Entscheidung des BAG vom 16.03.1994, AiB 1994, 662; **Meyer**, AR-Blattei, Darlehen; **Natzel**, Einführung des EURO – ein arbeitsrechtliches Problem?, DB 1998, 366; **Preis**, Grundfragen der Vertragsgestaltung im Arbeitsrecht, 1999; **Schaub**, Arbeitsrechtshandbuch, 8. Aufl. 1996, § 176 Fortbildungsvertrag; **Schirdewahn**, BB 1980, 891; **Voßkuhl**, Lohnsteuerliche Behandlung zinsgünstiger Darlehen und ähnlicher Vorteile an Arbeitnehmer, insbesondere von Kreditinstituten, DStR 1998, 12; **Zeranski**, Rückzahlung von Ausbildungskosten bei Kündigung des Ausbildungsverhältnisses, NJW 2000, 336.

## A. Erläuterungen

### 1. Abgrenzung zu sonstigen finanziellen Leistungen

Das **Arbeitgeberdarlehen** ist ein gewöhnliches Darlehen, für dessen Zustandekommen die Bestimmungen des BGB gelten. Bei der Auszahlung kleinerer Beträge ohne ausführliche Vertragsgestaltung muß geprüft werden, ob überhaupt ein Arbeitgeberdarlehen gewährt werden sollte. In Frage kommen statt dessen ein Vorschuß oder eine Abschlagszahlung. **Abschlagszahlungen** sind Leistungen des Arbeitgebers auf das bereits verdiente, aber noch nicht abgerechnete Entgelt, **Vorschüsse** sind Leistungen auf künftiges Arbeitsentgelt. Aus dieser Abgrenzung ergeben sich eine Reihe von Konsequenzen. Unter anderem kann beim Darlehen eine Aufrechnung mit künftigen Vergütungsansprüchen des Arbeitnehmers nur im Umfang des nicht im Bereich der Pfändungsfreigrenzen angesiedelten Gehalts für wirksam erklärt werden. Der Vorschuß kann nach allgemeiner Auffassung auch auf den unpfändbaren Teil des Arbeitseinkommens angerechnet werden.[152] Soweit darlehenstypische Absprachen zwischen Arbeitgeber und Arbeitnehmer über Verzinsung, Kündigung und Rückzahlung getroffen sind, ist im Zweifel davon auszugehen, daß ein Arbeitgeberdarlehen gewollt war.[153]

Wird im Rahmen einer Notiz oder einer kleinen Vertragsergänzung zum Arbeitsvertrag zwischen den Parteien geregelt, daß der Mitarbeiter einen Betrag von             DM für             Monate erhält und dieser Betrag monatlich zu gleichen Teilen mit dem Arbeitsentgelt verrechnet wird, ist nicht sichergestellt, daß es sich um ein Darlehen handelt.[154]

Abgrenzungsprobleme, wie sie bei Arbeitgeberdarlehen auftreten, bestehen bei der Übernahme von Ausbildungskosten durch den Arbeitgeber im allgemeinen nicht. Aus den Fortbildungsverträgen geht regelmäßig der Zweck der finanziellen Zuwendung bereits hervor. In diesen Verträgen ranken sich die Rechtsfragen überwiegend um die Rückzahlungsproblematik.

---

[152] BAG, Urt. v. 09.02.1956, AP Nr. 1 zu § 394 BGB; BAG, Urt. v. 11.02.1987, AP Nr. 11, zu § 850 ZPO.
[153] LAG Düsseldorf, Urt. v. 14.07.1955, AP Nr. 1 zu § 614, Gehaltsvorschuß.
[154] LAG Bremen, Urt. v. 21.12.1960, DB 1961, 243; LAG Düsseldorf, Urt. v. 14.07.1955, AP Nr. 1 zu § 614 BGB.

## 2. Zu beachtende Bestimmungen bei der Gestaltung von Arbeitgeberdarlehensverträgen

83 Bei der Gestaltung von Arbeitgeberdarlehensverträgen ist zu beachten, daß die Modalitäten der Rückzahlung grundsätzlich im Belieben der Parteien stehen. Allerdings sollten die **Fälligkeit** und die **Höhe von Rückzahlungsraten** im Darlehensvertrag festgelegt werden. Die verschiedenen Muster enthalten hierfür Leerzeilen. Soll die Rückzahlung in der Weise geschehen, daß aus dem laufenden Entgeltanspruch Raten durch Aufrechnung einbehalten werden, sind stets die **Pfändungsgrenzen** nach § 394 BGB, insbesondere die Grenzen gemäß § 850 c ZPO zu beachten. Dem Arbeitnehmer muß unter Berücksichtigung seiner Unterhaltspflichten nach Abzug der Darlehensraten der unpfändbare Teil seines Entgelts verbleiben. Bei einer Verteilung des pfändbaren Betrages gehen Vorpfändungen und zeitlich früher erfolgte Lohnabtretungen vor. Es ist daher zu empfehlen, in den Darlehensvertrag eine Klausel aufzunehmen, die die Rückzahlung durch eine Lohnabtretung in Höhe der monatlichen, unter Beachtung der Pfändungsgrenzen zulässigen Rückzahlungsrate sichert. Diese Empfehlung berücksichtigt das Muster 2060, § 4 Ziffer 3.[155] Einen anderen Weg wählen die Muster 2066[156] (Schuldanerkenntnis) und 2062[157] (Sicherungsübereignung eines Pkw), das Muster 2062[158] wählt unter Ziffer 2 Abs. 2 zudem die Möglichkeit, die konkret festgelegten monatlichen Rückzahlungsraten jeweils am Fälligkeitstag der Lohn- und Gehaltszahlung mit dieser zu verrechnen. Diese Methode ist zulässig.[159]

Der Gestalter von Arbeitgeberdarlehen sollte darauf achten, daß der Arbeitnehmer mit dem Darlehen keine Waren des Arbeitgebers erwirbt. Andernfalls wäre der Darlehensvertrag nichtig nach § 117 GewO, da gemäß § 115 Abs. 2 GewO dem Arbeitgeber untersagt ist, eigene Waren dem Arbeitnehmer zu kreditieren. Gemäß § 118 GewO kann ein Darlehensbetrag, der vom Arbeitnehmer zum Ankauf von Waren des Arbeitgebers verwendet worden ist, nicht eingeklagt werden. Der Darlehensbetrag steht statt dessen der für den Arbeitnehmer zuständigen Krankenkasse zu.[160] Diese Regelung ist vom Bundesverfassungsgericht für rechtmäßig erklärt worden.[161]

84 Auf Darlehensverträge zwischen Arbeitgeber und Arbeitnehmer (im entschiedenen Fall handelte es sich um Darlehen eines Arbeitnehmers an den Arbeitgeber) finden die Vorschriften des **AGBG** Anwendung.[162] § 23 Abs. 1 AGBG gilt nicht.[163] Damit gilt auch § 9 AGBG, wonach die Bestimmungen des Kreditvertrages darauf zu überprüfen sind, ob sie eine unangemessene Benachteiligung des Kreditnehmers enthalten. Eine jederzeitige Kündigungsmöglichkeit des Arbeitgeberdarlehens durch den Arbeitgeber kann im Hinblick auf eine gleichzeitige, langfristige Tilgungsvereinbarung unwirksam sein.[164]

85 Ein **Zinsanspruch des Arbeitgebers** besteht nach § 608 BGB nur, wenn der Darlehensvertrag eine ausdrückliche Vereinbarung enthält. Ohne Zinsvereinbarung wird nicht etwa der gesetzliche Zinssatz geschuldet, in diesem Falle handelt es sich vielmehr um ein zinsloses Darlehen.[165] Werden für eine

---

155 § 2 Kap. 3 M 99.
156 § 2 Kap. 3 M 101.
157 § 2 Kap. 3 M 100.
158 § 2 Kap. 3 M 100.
159 BAG, Urt. v. 10.10.1966, AP Nr. 2 zu § 392 BGB.
160 BAG, Urt. v. 20.03.1974, AP Nr. 1 zu § 115 GewO; Urt. v. 06.12.1978, AP Nr. 4 zu § 115 GewO.
161 BVerfG, Urt. v. 24.02.1992, NJW 1992, 2143.
162 BAG, Urt. v. 23.09.1992, BB 1993, 1438; LAG Hamm, Urt. v. 19.02.1993, DB 1994, 1243.
163 LAG Saarland, Urt. v. 29.04.1987, NZA 1988, 164.
164 LAG Hamm, Urt. v. 29.02.1993, BB 1993, 1517.
165 *Palandt/Putzo*, § 608, Rn 1; *Küttner/Griese*, Arbeitgeberdarlehen, Rn 5.

Mehrzahl von Arbeitnehmern Darlehen durch den Arbeitgeber gewährt und liegen die Zinsen günstiger, als sie auf dem aktuellen Kapitalmarkt zu zahlen sind, handelt es sich um eine Vergünstigung, auf die auch andere Arbeitnehmer unter dem Gesichtspunkt des Gleichbehandlungsgrundsatzes Anspruch erheben können.[166] Auch ist es unzulässig, Teilzeitkräfte vom Bezug zinsgünstiger Darlehen auszuschließen.[167]

Soweit in einem Betrieb generell zinsbegünstigte Darlehen gewährt werden, stellt die Darlehensvergabe eine Frage der betrieblichen Lohngestaltung dar und ist nach § 87 Abs. 1 Nr. 10 BetrVG mitbestimmungspflichtig.[168]

Gewährt der Arbeitgeber das Darlehen zu günstigeren als marktüblichen Konditionen, sind die Zinsvorteile für den Arbeitnehmer Arbeitslohn. Dies gilt auch, wenn der Arbeitgeber zu einem Darlehen einer Bank Zinszuschüsse gewährt.[169] Nach Abschnitt 31 Abs. 8 LStR sind Zinsvorteile als Sachbezug zu erfassen, wenn die Summe der noch nicht getilgten Darlehen am Ende des Lohnzahlungszeitraums 5.000,00 DM übersteigt und soweit der Effektivzins 6 v.H. unterschreitet, wobei mehrere Darlehen hinsichtlich des Zinssatzes, nicht aber hinsichtlich der Geringfügigkeitsgrenze von 5.000,00 DM, auch dann getrennt zu beurteilen sind, wenn sie einem einheitlichen Verwendungszweck dienen. Insofern empfiehlt es sich, auch wenn der Arbeitgeber generell nicht haftet,[170] den Darlehensnehmer auf die Lohnsteuerpflichtigkeit eines Zinsvorteils hinzuweisen.[171]

86

### 3. Rückzahlungsklauseln bei Arbeitgeberdarlehen

Wird das Arbeitsverhältnis beendet, tritt nicht automatisch Fälligkeit des Darlehens ein. Es kann nicht ohne weiteres angenommen werden, daß der weitere Fortbestand des Arbeitsverhältnisses Geschäftsgrundlage des Darlehensvertrages war.[172]

87

Sind Rückzahlungsmodalitäten oder ein Rückzahlungstermin nicht vereinbart, können Arbeitgeber und Arbeitnehmer das Darlehen nach § 609 BGB unter Beachtung der Kündigungsfrist kündigen. Eine vertragliche Bestimmung, die die sofortige Rückzahlung des Darlehens bei Beendigung des Arbeitsverhältnisses vorsieht, ist nicht generell wirksam. Eine solche Klausel kann in den Darlehensvertrag für betriebsbedingte Arbeitgeberkündigungen und für Arbeitnehmerkündigungen aufgenommen werden, soweit der Arbeitgeber einen wichtigen Grund für die Arbeitnehmerkündigung gesetzt hat.[173] Diesen Anforderungen wird Ziffer 3 in Muster 2062 gerecht.[174] Zulässig ist schließlich für den Fall einer ordentlichen Arbeitnehmerkündigung eine Klausel, die Zinsvergünstigungen ab Beendigung des Arbeitsverhältnisses entfallen läßt und die Darlehensbedingungen an den aktuellen Kapitalmarkt anpaßt.[175] Dementsprechend ist § 5 Ziffer 2 in Muster 2060[176] formuliert. Ein rückwirkender Wegfall von Zinsvergünstigungen hält einer gerichtlichen Billigkeitskontrolle nicht stand.[177] Auch

---

166 LAG Hamm, Urt. v. 19.03.1993, BB 1993, 1593.
167 BAG, Urt. v. 27.07.1994, DB 1994, 2348.
168 BAG, Urt. v. 09.12.1980, AP Nr. 5 zu § 87 BetrVG 72, Lohngestaltung.
169 FG Hessen, Urt. v. 05.03.1990, EFG 1990, 523.
170 BFH, Urt. v. 25.10.1985, BStBl. II 1986, 98.
171 So Muster 2060, § 2, Satz 2, in diesem Buch § 2 Kap. 3 M 99.
172 LAG Baden Württemberg, Urt. v. 15.07.1969, AP Nr. 9 zu § 607 BGB.
173 *Schaub*, Arbeitsrechtshandbuch, 8. Auflage, § 71 III 5.
174 § 2 Kap. 3 M 100; ebenso Muster 2066, Ziffer 3, in diesem Buch § 2 Kap. 3 M 101.
175 LAG Saarland, Urt. v. 29.04.1987, NZA 1988, 164; BAG, Urt. v. 23.02.1999, SPA 21/1999, 7.
176 § 2 Kap. 3 M 99.
177 BAG, Urt. v. 16.10.1991, DB 1992, 1000.

### 4. Rückzahlungsklauseln bei Fortbildungsverträgen

88 Im Bereich der Fortbildungsverträge gehören die Rückzahlungsklauseln zu einem umstrittenen Themenbereich. Zunächst einmal besteht im Rahmen von **Berufsausbildungsverhältnissen** ein Verbot vertraglicher Rückzahlungsklauseln, § 5 BBiG. Diese Vorschrift ist jedoch auf Berufsausbildungsverhältnisse beschränkt und einer Verallgemeinerung oder gar analogen Anwendung über § 19 BBiG nicht zugänglich.[179] Nach der Rechtsprechung des BAG steht es den Arbeitsvertragsparteien deshalb grundsätzlich frei, die Übernahme der Aus- oder Fortbildungskosten mit einem Rückzahlungsvorbehalt für den Fall des vorzeitigen Ausscheidens des Arbeitnehmers zu verbinden.[180]

89 Dieses Recht der Arbeitsvertragsparteien gilt nach Auffassung des Bundesarbeitsgerichts **nicht uneingeschränkt**. Die Investition in Human Resources muß in Übereinstimmung gebracht werden mit dem Grundrecht des Arbeitnehmers auf freie Wahl des Arbeitsplatzes nach Art. 12 GG. Stets müsse daher geprüft werden, ob Rückzahlungsverpflichtungen den Arbeitnehmer nach Treu und Glauben nicht in unzumutbarer Weise an den Arbeitgeber binden. Der Arbeitnehmer müsse mit der Ausbildungsmaßnahme eine angemessene Gegenleistung für die Rückzahlungsverpflichtung erhalten. Darüber hinaus komme es auch auf die Dauer der Bindung, den Umfang der Fortbildungsmaßnahme, die Höhe des Rückzahlungsbetrages und dessen Abwicklung an. Das Verhältnis der einzelnen Beurteilungskriterien untereinander ist von der Rechtsprechung nicht abschließend bestimmt worden.

In jedem Falle hat die Prüfung, ob Fortbildungskosten überhaupt mit einer Rückzahlungsklausel versehen werden dürfen, nach mehreren Stufen zu erfolgen. Zunächst muß festgestellt werden, welche Vertragspartei das größere Interesse an der Fortbildung des Arbeitnehmers hat.[181] Sei das Interesse des Arbeitnehmers an der Fortbildung im Vergleich zu dem des Arbeitgebers gering, verbiete sich jede Beteiligung des Arbeitnehmers an den Fortbildungskosten über eine Rückzahlungsabsprache. Im Rahmen dieser **Interessenabwägung** stellt das BAG auf Seiten des Arbeitnehmers entscheidend darauf ab, ob und inwieweit er mit der Fortbildung einen **geldwerten Vorteil** im Sinne einer Verbesserung seiner beruflichen Möglichkeiten erlangt. Der dem Arbeitnehmer infolge der Fortbildung zugeflossene Vorteil müsse eine angemessene Gegenleistung des Arbeitgebers für die durch die Rückzahlungsklausel bewirkte Bindung darstellen.[182] Eine Kostenbeteiligung ist dem Arbeitnehmer danach umso eher zuzumuten, je größer der mit der Fortbildung verbundene berufliche Vorteil für ihn ist.

90 Der aus einer Weiterbildungsmaßnahme resultierende **berufliche Vorteil** kann beispielsweise darin bestehen, daß sich dem Arbeitnehmer bislang verschlossene berufliche Möglichkeiten auf dem Arbeitsmarkt eröffnen, daß er die gewonnenen zusätzlichen Kenntnisse und Fähigkeiten somit in anderweitigen Arbeitsverhältnissen verwerten kann.[183] Es kommt nicht darauf an, ob der Arbeitnehmer die Vorteile aus einer Fortbildung tatsächlich zieht. Ausreichend ist, daß der Arbeitnehmer die

---

178 BAG, Urt. v. 16.10.1991, DB 1992, 1000.
179 BAG, Urt. v. 20.02.1975, EzA Nr. 12 zu Art. 12 GG.
180 Urt. v. 24.07.1991, EzA Nr. 8 zu § 611 BGB Ausbildungsbeihilfe; Urt. v. 15.12.1993, BB 1994, 433.
181 BAG, Urt. v. 24.01.1963, AP Nr. 29 zu Art. 12 GG; Urt. v. 18.08.1976, EzA Nrn. 12 und 13 zu Art. 12 GG.
182 BAG, Urt. v. 18.08.1976, EzA Nr. 13 zu Art. 12 GG.
183 BAG, Urt. v. 18.08.1976, EzA Nr. 13 zu Art. 12 GG.

Möglichkeit einer beruflichen Verbesserung hat. Eine solche Verbesserung kann auch aus einer höher dotierten Stelle beim eigenen Arbeitgeber bestehen.[184] Nur theoretische Aufstiegschancen sind keine angemessene Gegenleistung für die durch die Rückzahlungsklausel eingegangene Betriebsbindung.[185] Ernsthaft in Betracht zu ziehende Chancen stellen dagegen einen beruflichen Vorteil dar.

Um die entscheidende Prüfungsfrage, wann Ausbildungskosten dem Grunde nach einen beruflichen Vorteil für den Arbeitnehmer bedeuten, rankt sich eine detaillierte Rechtsprechung. Einen beruflichen Vorteil bedeutet der Führerschein zum Omnibusfahrer[186] und zum Verkehrspiloten,[187] so daß die vom Arbeitgeber finanzierten Ausbildungskosten mit einer Rückzahlungsklausel verbunden werden können. Gleiches gilt für einen Angestellten des einfachen Sparkassendienstes, der an seinen Arbeitgeber herantritt, um für den Aufstieg in den gehobenen Sparkassendienst zu einem halbjährigen Lehrgang angemeldet zu werden. Erklärt sich der Arbeitgeber hierzu bereit, ist es ihm auch gestattet, auf den weiteren Verbleib des Arbeitnehmers im Sparkassendienst durch Vereinbarung einer bedingten Rückzahlungspflicht hinzuwirken.[188]

91

Die Finanzierung eines Hochschulstudiums rechtfertigt regelmäßig, eine Rückzahlungsvereinbarung zu treffen.[189]

Rückzahlungsklauseln für **betriebsbezogene Fortbildungsmaßnahmen** berechtigen den Arbeitgeber nach der Rechtsprechung häufig nicht zur Vereinbarung eines wirksamen Rückzahlungsvorbehalts.[190]

92

Unwirksam sind Rückzahlungsklauseln bei kurzen Lehrgängen im bisherigen Berufsfeld des Arbeitnehmers, die keinen qualifizierten Abschluß vermitteln.[191] Unwirksam ist ein Rückzahlungsvorbehalt bei einem allgemeinen dreiwöchigen Bankfortbildungsseminar, das lediglich dazu diente, die in der bisherigen Tätigkeit bereits benötigten Kenntnisse zu erweitern, aufzufrischen und zu vertiefen, dem Arbeitnehmer aber keine neue Qualifikation erbrachten.[192]

93

Unwirksam sind Rückzahlungsklauseln mit Mitarbeitern, die in Schulungsveranstaltungen mit den spezifischen Anforderungen ihres neuen Arbeitsplatzes vertraut gemacht werden, die eingewiesen oder eingearbeitet werden.[193] Wird die Finanzierung eines Sprachkurses vom Arbeitgeber in erster Linie im Hinblick auf einen geplanten Einsatz des Mitarbeiters im Ostblock übernommen, geht es nach Auffassung des BAG weniger um eine Aus- oder Weiterbildung, als um eine Einarbeitung für einen bestimmten Arbeitsplatz.[194]

---

184 BAG, Urt. v. 16.03.1994, NZA 94, 937.
185 BAG, Urt. v. 23.03.1983, EzA Nr. 3 zu § 611 BGB Ausbildungsbeihilfe.
186 BAG, Urt. v. 24.01.1983, AP Nr. 29 zu Art. 12 GG.
187 BAG, Urt. v. 24.06.1999, NZA 1999, 1275.
188 BAG, Urt. v. 29.06.1962, AP Nr. 25 zu Art. 12 GG, Urt. v. 06.04.1984, EzA Nr. 4 zu § 611 BGB Ausbildungsbeihilfe, BAG, Urt. v. 05.06.1984, AP Nr. 11 zu § 611 BGB, Ausbildungsbeihilfe; BAG, Urt. v. 23.04.1986, EzA Nr. 5 zu § 611 BGB, Ausbildungsbeihilfe.
189 BAG, Urt. v. 12.12.1979, EzA Nr. 11 zu § 70 BAT.
190 BAG, Urt. v. 20.02.1975, EzA Nr. 12 zu Art. 12 GG; Urt. v. 18.08.1976, EzA Nr. 13 zu Art. 12 GG; Urt. v. 15.01.1989, EzA Nr. 7 zu § 611 BGB, Berufssport; LAG Bremen, Urt. v. 25.01.1984, AP Nr. 7 zu § 611 BGB, Ausbildungsbeihilfe; LAG Frankfurt, Urt. v. 07.09.1988, LAGE Nr. 3 zu § 611 BGB, Ausbildungsbeihilfe.
191 LAG Frankfurt, Urt. v. 20.03.1986, NZA 1986, 753.
192 LAG Rheinland-Pfalz, Urt. v. 23.10.1981, EzA Nr. 18 zu Art. 12 GG.
193 BAG, Urt. v. 03.07.1985 – 5 AZR 573/84 (unveröffentlicht); LAG Bremen, Urt. v. 25.01.1984, AP Nr. 7 zu § 611 BGB, Ausbildungsbeihilfe.
194 Urt. v. 03.07.1985 – 5 AZR 573/84 (unveröffentlicht).

**94** Die in der betrieblichen Praxis verbreitete Übung, wonach die Kosten für das sog. TÜV-Schweißer-Zeugnis an eine Rückzahlungsklausel gebunden werden, ist rechtswidrig. Wer an den Lehrgängen für dieses Zeugnis teilnimmt, verfügt als Arbeitnehmer bereits über die entsprechenden Fertigkeiten als Schweißer. Mit dem TÜV-Schweißer-Zeugnis geht es nur noch um den Nachweis der öffentlich-rechtlichen Gestattung. Dieser Nachweis aber liegt im überwiegenden Interesse des Arbeitgebers. Da die Prüfung außerdem regelmäßig zu wiederholen ist, würde die Anerkennung einer Rückzahlungsklausel im Ergebnis zu einer Dauerbindung des Schweißers an seinen Arbeitgeber führen. Deshalb kann eine Rückzahlungsklausel für Prüfungskosten aus Anlaß von TÜV-Schweißer-Prüfungszeugnissen unwirksam sein, wenn die Ablegung der Prüfung allein im Interesse des Arbeitgebers liegt und dem Arbeitnehmer hierdurch berufliche Vorteile nicht erwachsen.[195]

**95** Kurze, nur wenige Wochen andauernde **Lehrgänge**, die im wesentlichen der Einweisung und Einarbeitung in einen neuen Arbeitsplatz dienen, können auch beim selbständigen Handelsvertreter trotz entsprechender Vereinbarung keinen Anspruch auf Rückzahlung von Ausbildungskosten begründen. Das LAG Hamm[196] hat offengelassen, ob die vom BAG entwickelten Rechtsgrundsätze über die Rückzahlung von Ausbildungskosten auch beim Handelsvertreter anzuwenden sind. Wenn der Handelsvertreter als Einfirmenvertreter arbeitnehmerähnliche Person ist, verstößt nach Auffassung des LAG Hamm eine Rückzahlungsvereinbarung, die nur der Einweisung und Einarbeitung in einen neuen Arbeitsplatz dient, gegen das Verbot der unangemessenen Benachteiligung nach § 9 AGBG.

Erweist sich die Fortbildungsmaßnahme als ein geldwerter Vorteil im Sinne einer Verbesserung der beruflichen Möglichkeiten des Arbeitnehmers, besteht der zweite Prüfungsschritt in der zulässigen **inhaltlichen Ausgestaltung**, also im „Wie" der Bindungsintensität. Die vorliegenden Muster enthalten eine Reihe von Freizeilen oder Regelungen über die Rückzahlungsmodalitäten. Diese sind in sinnentsprechender Anwendung der nachfolgenden Grundsätze der BAG-Rechtsprechung auszufüllen:

**96** Das gesetzliche Höchstmaß der **Bindungsdauer** ergibt sich aus § 624 BGB.[197] Nach der Rechtsprechung ist die Ausschöpfung der Höchstdauer nur in seltenen Ausnahmefällen gerechtfertigt, so beispielsweise dann, wenn der Arbeitnehmer bei bezahlter Freistellung und vollständiger Kostenübernahme eine besonders hohe Qualifikation erworben hat, die mit überdurchschnittlichen Vorteilen für ihn verbunden ist.[198] Das Beispielsurteil betraf ein Hochschulstudium für einen Sozialarbeiter. Wegen der Besonderheiten der Musterberechtigungen zum Führen von Flugzeugen ist unabhängig von der Art und der vom Arbeitgeber aufgewendeten Kosten regelmäßig nur eine Bindungsdauer von einem Jahr zulässig.[199]

**97** Die **Rechtsprechung zur Bindungsdauer** ist einzelfallorientiert. Der Verwender der Rückzahlungsklauseln in den hier abgedruckten Fortbildungsverträgen sollte sich für seinen Anwendungsfall den möglichst vergleichbaren, in der Rechtsprechung bereits entschiedenen Sachverhalt aus den nachfolgenden Beispielen heraussuchen: Eine Lehrgangsdauer mit Arbeitsbefreiung bis zu zwei Monaten kann eine Bindung bis zu einem Jahr, eine darüber hinausgehende Ausbildungszeit von bis zu einem Jahr auch bei gleichzeitiger Freistellung des Arbeitnehmers keine längere Bindung als drei Jahre

---

195 LAG Düsseldorf, Urt. v. 07.01.1990, LAGE Nr. 5 zu § 611 BGB, Ausbildungsbeihilfe.
196 LAG Hamm, Urt. v. 15.05.1998, NZA-RR 1999, 405.
197 Fünf Jahre; außerdem § 42 Abs. 2 Soldatengesetz: doppelte Ausbildungszeit.
198 BAG, Urt. v. 12.12.1979, DB 1980, 1704.
199 BAG, Urt. v. 16.03.1994, DB 1994, 1726.

rechtfertigen.²⁰⁰ Das BAG hat eine Bindung von maximal drei Jahren bei 16 Monaten Fortbildungszeit und 22,2 % Arbeitsleistung für wirksam gehalten.²⁰¹ Die Bindung von drei Jahren bei Kosten von 10.000,00 DM und einer Ausbildungsdauer von 48 Arbeitstagen hat das LAG Düsseldorf für wirksam gehalten.²⁰²

Zur **Darlegungs- und Beweislast** besteht die Grundregel nach der BAG-Rechtsprechung, wonach der Arbeitgeber etwaige Zweifel an der Wirksamkeit der Rückzahlungsabrede auszuräumen hat, also dartun muß, daß der Tatbestand einer rechtshindernden Norm nicht erfüllt ist.²⁰³

Ist der Arbeitnehmer eine unzumutbar lange Bindungsfrist eingegangen, besteht die Rechtsfolge in einer Anpassung an das zulässige Maß. Bei einer Reduzierung von fünf auf drei Jahre ist dann pro Jahr ein Drittel der Fortbildungskosten anzusetzen.²⁰⁴ Es wird im übrigen in der Rechtsprechung nicht beanstandet, wenn für verschiedene, aufeinander aufbauende Lehrgänge mit dem Arbeitnehmer jeweils getrennte, auf die Einzelmaßnahme abstellende Rückzahlungsvereinbarungen getroffen werden, auch wenn hierdurch eine längere Bindung als insgesamt drei Jahre entsteht.²⁰⁵

98

Rückzahlungstatbestände sind nicht nur die Kündigung des Arbeitnehmers, sondern auch ein auf Wunsch des Arbeitnehmers geschlossener **Aufhebungsvertrag**.²⁰⁶ Die Rückzahlungspflicht entfällt, wenn der Arbeitnehmer kündigt, weil der Arbeitgeber einen wichtigen Grund hierfür gesetzt hat.²⁰⁷ Wechselt ein Arbeitnehmer des **öffentlichen Dienstes** zu einem anderen Arbeitgeber des öffentlichen Dienstes, kann er sich wegen einer eingegangenen Rückzahlungspflicht nicht darauf berufen, wegen des Grundsatzes der Einheit des öffentlichen Dienstes sei der Rückzahlungstatbestand nicht erfüllt.²⁰⁸

Unwirksam sind einzelvertragliche Abreden über die Rückzahlung von Ausbildungskosten, soweit sie eine Erstattung vom Arbeitnehmer auch für den Fall einer betriebsbedingten Kündigung durch den Arbeitgeber vorsehen.²⁰⁹ Das BAG hält vertragliche Rückzahlungsklauseln in den Fällen betriebsbedingter Kündigung für einen Verstoß gegen §§ 138 Abs. 2, 242 BGB. Fortbildungsvereinbarungen müssen den vom BAG mit Urteil vom 06.05.1998 entschiedenen Sachverhalt nicht regeln, die Unwirksamkeitsfolge gem. §§ 138, 242 BGB tritt hiervon unabhängig ein. Gleichwohl kann es der Vollständigkeit halber Sinn machen, die Fallkonstellation der betriebsbedingten Kündigung in die Fortbildungsvereinbarung aufzunehmen.²¹⁰

---

200 BAG, Urt. v. 15.12.1993, DB 1994, 1040; hier war eine Verkäuferin zur Substitutin in einem Kaufhaus mit 31 Lehrgangstagen ausgebildet worden, die Kosten beliefen sich auf etwas mehr als zwei Monatsgehälter.
201 Urt. v. 15.05.1985, BB 1986, 65.
202 Urt. v. 23.01.1989, DB 1989, 1295.
203 BAG, Urt. v. 18.08.1976, EzA Nr. 13 zu Art. 12 GG; Urt. v. 11.04.1990, DB 1990, 2222.
204 BAG, Urt. v. 06.09.1995, DB 1996, 532.
205 BAG, Urt. v. 23.04.1986, DB 1986, 2135.
206 LAG Köln, Urt. v. 10.09.1992, BB 1993, 222.
207 LAG Bremen, Urt. v. 25.02.1994, DB 1994, 2630.
208 BAG, Urt. v. 15.05.1985, BB 1986, 65.
209 BAG, Urt. v. 06.05.1998, NJW 1999, 443.
210 So im Muster 2070, Abs. 7, in diesem Buch § 2 Kap. 3 M 103.

## § 2 Kapitel 3: Ausbildungsfinanzierung und Arbeitgeberdarlehen

### B. Vertragstexte

**2060  1. Muster: Arbeitgeberdarlehensvertrag**

▼

99

Zwischen

– nachfolgend: Darlehensgeber –

und

Herrn

– nachfolgend: Darlehensnehmer –

wird folgender Vertrag geschlossen:

#### § 1 Arbeitgeberdarlehen
Der Darlehensgeber gewährt dem Darlehensnehmer im Hinblick auf das bestehende Arbeitsverhältnis ein Darlehen in Höhe von _____ DM (_____ EUR). Das Darlehen ist am _____ zur Auszahlung fällig.

#### § 2 Zinsen
Das Darlehen ist mit _____ % beginnend mit dem _____ jährlich zu verzinsen. Soweit sich hiernach ein lohnsteuerpflichtiger Zinsvorteil ergibt, trägt der Darlehensnehmer die zu zahlende Lohnsteuer.

#### § 3 Tilgung und Zinszahlung
(1) Das Darlehen ist vom Darlehensnehmer in monatlichen Raten beginnend mit dem Monat _____ in Höhe von je _____ DM (_____ EUR) zu tilgen. Die Tilgungsraten werden gleichzeitig mit der jeweiligen Monatsvergütung fällig. Der Darlehensnehmer ist berechtigt, das Darlehen ganz oder teilweise zu tilgen.

(2) Die Zinsen werden kalendervierteljährlich berechnet und sind zusätzlich zu der letzten Tilgungsrate des Kalendervierteljahres beginnend mit dem _____ fällig.

#### § 4 Verrechnung
(1) Die Tilgungsraten und Zinszahlungen werden im Fälligkeitszeitpunkt mit dem auszuzahlenden pfändbaren Arbeitsentgelt verrechnet.

(2) Soweit eine Verrechnung auf diese Weise nicht möglich ist, hat der Darlehensnehmer die nicht verrechneten Beträge an den Darlehensgeber im Fälligkeitszeitpunkt zu zahlen.

(3) Der Darlehensnehmer tritt sein Gehalt in Höhe der monatlichen, unter Beachtung der Pfändungsfreigrenze zulässigen Rückzahlungsrate (Zins und Tilgung) zur Sicherung des Darlehens an den Arbeitgeber ab.

#### § 5 Beendigung des Arbeitsverhältnisses
(1) Im Falle der Beendigung des Arbeitsverhältnisses ist der Darlehensgeber berechtigt, den Darlehensvertrag mit einer Frist von drei Monaten zu kündigen. Dies gilt nicht bei einer fristlosen Eigenkündigung des Arbeitnehmers aus wichtigem Grund.

(2) Soweit eine Kündigung nach Ziffer 1 ausgeschlossen ist oder nicht ausgesprochen wird, ist die zum Zeitpunkt der Beendigung des Arbeitsverhältnisses bestehende Darlehensrestschuld mit 2 % über dem jeweiligen Diskontsatz der Deutschen Bundesbank zu verzinsen und mit monatlichen Raten von _____ DM (_____ EUR) zu tilgen.

(3) Die Tilgungsraten und Zinszahlungen sind jeweils am _____ eines Monats fällig.

▲

## 2. Muster: Darlehensvertrag mit Sicherungsübereignung eines Pkw

▼

Zwischen

der Firma

– nachfolgend Firma genannt –

und

Herrn

– nachfolgend Arbeitnehmer genannt –

wird folgender Darlehensvertrag geschlossen:

### § 1 Darlehensvaluta
Der Arbeitnehmer erhält ein Darlehen über          DM (          EUR) zum          , das mit          % verzinst wird. Die Zinsen werden kalendervierteljährlich nachschüssig berechnet.

### § 2 Rückzahlung
Ab dem          ist das Darlehen in monatlichen Raten zurückzuzahlen. Die monatlichen Raten werden mit den monatlichen Vergütungsansprüchen verrechnet.

### § 3 Fälligkeit bei vorzeitiger Beendigung
Endet das Arbeitsverhältnis durch Aufhebungs-, Abwicklungsvertrag oder Kündigung, wird das Darlehen zum letzten Tag des Arbeitsverhältnisses vollständig fällig gestellt. Die Fälligkeit besteht auch dann, wenn das Arbeitsverhältnis von der Firma betriebsbedingt gekündigt wurde.

### § 4 Stille Zession
Bereits jetzt tritt der Arbeitnehmer für den Fall einer Beendigung des Arbeitsverhältnisses vor Rückzahlung des Gesamtdarlehensbetrages seinen jeweils pfändbaren Vergütungsanspruch gegen etwaige spätere Arbeitgeber an die Firma ab. Die Firma legt die Abtretung nur offen, wenn der Arbeitnehmer am Ausscheidenstage nicht das Darlehen vollständig zurückführen konnte und die Parteien eine Ratenzahlung vereinbart haben. Von dieser Abtretung wird die Firma nur bis zur Höhe des noch nicht getilgten Darlehens Gebrauch machen.

### § 5 Anzeigepflichten des Arbeitnehmers
Der Arbeitnehmer verpflichtet sich, Anschriftenänderungen, Pfändungen, Verpfändungen oder Abtretungen seiner Vergütungsansprüche sowie Namen und Anschriften künftiger Arbeitgeber unverzüglich anzuzeigen.

### § 6 Sicherungsübereignung
Der Arbeitnehmer übereignet der Firma zur Sicherung des in diesem Vertrage vereinbarten Darlehens seinen Pkw, Marke          , Fahrgestellnummer          , mit dem polizeilichen Kennzeichen          und übergibt der Firma zur Sicherung ihrer Forderung den Kfz-Brief.

Nach vollständiger Tilgung des Darlehens gibt die Firma den Kraftfahrzeugbrief an den Arbeitnehmer heraus. Während des Besitzes der Firma am Kfz-Brief übereignet der Arbeitnehmer sicherungshalber das Fahrzeug an die Firma.

### § 7 Freihändiger Verkauf
Kommt der Arbeitnehmer seiner Darlehensverpflichtung mit mehr als zwei Raten nicht nach, ist der Arbeitgeber berechtigt, den Pkw freihändig zu veräußern. Der Kaufpreis darf den von einem vereidigten Sachverständigen zu ermittelnden Schätzwert maximal in Höhe von 20 % unterschreiten. Die Kosten des Sachverständigen sind vom Arbeitnehmer zu tragen. Der Arbeitnehmer ist jederzeit verpflichtet, den Pkw zum Zweck der Schätzung oder unter den vorgenannten Voraussetzungen zur Veräußerung des Fahrzeugs auf Verlangen der Firma herauszugeben.

## § 8 Schriftform
Jede Änderung dieses Vertrages bedarf der Schriftform.

## 3. Muster: Arbeitgeberdarlehen mit Schuldanerkenntnis[211]

*Darlehensvertrag und Schuldanerkenntnis*

Zwischen

– Arbeitgeber –

und

Herrn

– Arbeitnehmer –

wird mit Rücksicht auf das Arbeitsverhältnis nachfolgender Darlehensvertrag mit Schuldanerkenntnis vereinbart:

(1) Der Arbeitgeber gewährt dem Arbeitnehmer ein Darlehen in Höhe von          DM/          EUR (in Worten          Deutsche Mark/          EURO), das mit          % Zinsen pro Jahr zu verzinsen ist. Der effektive Jahreszins beträgt          %. Der Zinsvorteil ist von dem Arbeitnehmer als Sachbezug zu versteuern. Der Arbeitgeber wird die Lohnsteuer für den Sachbezug in Abzug bringen.

(2) Das Darlehen ist in monatlichen Raten von          DM (          EUR), erstmals am          zurückzuzahlen. Die Zinsen werden kalendervierteljährlich berechnet. Sie sind jeweils bis zum          des auf das Abrechnungsquartal folgenden Monates zusätzlich zu der fälligen Rückzahlungsrate zu bezahlen. Die Zahlungsraten und Zinsraten sind gleichzeitig mit der jeweiligen Monatsvergütung fällig.

(3) Endet das Arbeitsverhältnis, so wird der Darlehensbetrag auf einmal fällig, sofern nicht der Arbeitgeber betriebsbedingt oder der Arbeitnehmer gekündigt und der Arbeitgeber hierzu einen wichtigen Grund gesetzt hat. Das Darlehen ist bei der Beendigung des Arbeitsverhältnisses zurückzuzahlen. Der Arbeitgeber ist berechtigt, am Fälligkeitstag bestehende Vergütungsansprüche sowie den Anspruch auf Abfindung gemäß Ziffer          des Aufhebungsvertrages vom          mit den Rückzahlungsverpflichtungen des Arbeitnehmers zu verrechnen.

(4) Der Arbeitnehmer anerkennt, dem Arbeitgeber den Betrag in Höhe von          DM (          EUR) zu schulden.

(5) Zur Sicherung der Forderung aus Darlehensvertrag und Schuldanerkenntnis tritt der Arbeitnehmer den jeweils pfändbaren Teil seiner gegenwärtigen und zukünftigen Gehaltsansprüche gegen seinen jeweiligen Arbeitgeber in Höhe der noch geschuldeten Raten und Zinsen an den Arbeitgeber ab. Der Arbeitnehmer versichert, daß er zur unbeschränkten Verfügung über die Vergütungsforderung berechtigt ist, insbesondere daß sie nicht an Dritte abgetreten oder verpfändet und nicht gepfändet ist.

(6) Der Arbeitnehmer verpflichtet sich, jede Änderung seiner Adresse, eine Pfändung, Verpfändung oder Abtretung seiner Vergütungs- oder Abfindungsansprüche unverzüglich anzuzeigen.

---

[211] Muster in Anlehnung an *Pauly/Steinweg*, in *Heidel/Pauly/Amend*, AnwaltFormulare, 2. Auflage 2000, 152.

## 4. Muster: Fortbildungsvertrag 1

▼

Zwischen

– nachstehend Firma –

und

Herrn

– nachstehend Arbeitnehmer –

wird folgendes vereinbart:

**§ 1**
Der Mitarbeiter nimmt vom         bis zum         an folgender Fortbildungsmaßnahme teil:

**§ 2**
Für diese Zeit wird der Mitarbeiter unter Fortzahlung seiner durchschnittlichen Vergütung in den letzten drei Monaten von der Arbeit freigestellt. Fortbildungszeit, die über die ausfallende Arbeitszeit hinausgeht, wird nicht vergütet. Durch die Fortbildungsmaßnahme wird die Betriebszugehörigkeit iSd § ............ (Betriebsrente) dieses Vertrages nicht unterbrochen. Der Mitarbeiter ist während der Fortbildungszeit in jeder Hinsicht (Urlaub, Vergütungsfortzahlung im Krankheitsfall, Weihnachtsgratifikation etc.) den übrigen Mitarbeitern gleichgestellt.

Die Firma übernimmt sämtliche Kosten der Fortbildungsmaßnahme, soweit sie nicht von einem anderen Leistungsträger übernommen werden.

**§ 3**
Kündigt der Mitarbeiter das Arbeitsverhältnis, ohne hierfür einen wichtigen Grund zu haben, oder wird das Arbeitsverhältnis aus einem vom Mitarbeiter zu vertretenden Grunde von der Firma gekündigt, so ist der Mitarbeiter zur Rückzahlung der für die Dauer der Fortbildungsmaßnahme empfangenen Vergütung und der von der Firma übernommenen Kosten der Fortbildung verpflichtet. Dieselbe Verpflichtung besteht auch bei schuldhafter Nichterreichung des Fortbildungszieles. Für jeden vollen Tätigkeitsmonat nach Beendigung der Fortbildungsmaßnahme vermindert sich der Rückzahlungsbetrag um 1/36.

▲

## 5. Muster: Fortbildungsvertrag 2

▼

Zwischen

– Arbeitgeber –

und

Herrn

– Arbeitnehmer –

wird folgender

*Fortbildungsvertrag*

geschlossen:

(1) Der Arbeitnehmer nimmt von        bis        auf eigenen Wunsch an folgender Fortbildungsmaßnahme teil:

(2) Die Teilnahme des Arbeitnehmers erfolgt im Interesse seiner beruflichen Fort- und Weiterbildung.

(3) Der Arbeitgeber stellt den Arbeitnehmer von der Arbeit frei. Die Freistellung erfolgt unter Fortzahlung der Bezüge. Die Vergütung wird entsprechend dem Durchschnittsverdienst der letzten 3 Monate berechnet.

(4) Der Arbeitgeber trägt die Kosten der Fortbildungsmaßnahme. Diese bestehen aus den Kosten der Schulung, den Kosten für Unterkunft und Verpflegung sowie den An- und Abreisekosten.

(5) Soweit das Arbeitsamt, ein sonstiger Sozialversicherungsträger oder eine andere Stelle Kosten übernimmt bzw. Förderungsmittel gewährt, sind diese in Anspruch zu nehmen und auf die Leistungen des Arbeitgebers anzurechnen mit der Folge, daß insoweit ein Kostenerstattungsanspruch des Arbeitnehmers nicht besteht.

(6) Der Arbeitnehmer ist zur Rückzahlung der für die Dauer der Fortbildungsmaßnahme empfangenen Bezüge und der von dem Arbeitgeber übernommenen Kosten der Fortbildungsmaßnahme verpflichtet, wenn er das Arbeitsverhältnis selbst kündigt oder wenn das Arbeitsverhältnis vom Arbeitgeber aus einem Grund gekündigt wird, den der Arbeitnehmer zu vertreten hat. Für jeden Monat der Beschäftigung nach Beendigung der Fortbildungsmaßnahme werden dem Arbeitnehmer 1/36 des gesamten Rückzahlungsbetrages erlassen.

(7) Eine Rückzahlungsverpflichtung des Arbeitnehmers besteht nicht im Falle einer betriebsbedingten Kündigung des Arbeitsverhältnisses durch den Arbeitgeber.

## 6. Muster: Fortbildungsvertrag mit gestaffelter Rückzahlungsklausel

Zwischen

der Firma

und

dem Arbeitnehmer

wird folgende Rückzahlungsvereinbarung getroffen.

### § 1

(1) Der Arbeitnehmer nimmt vom        bis        an einem Fortbildungskurs für        teil.

(2) Die Parteien sind sich darüber einig, daß die Teilnahme des Arbeitnehmers im Interesse seiner beruflichen Fort- und Weiterbildung erfolgt.

### § 2

(1) Die Firma        wird den Arbeitnehmer        unter Fortzahlung der Bezüge von der Arbeit freistellen. Die Vergütung wird entsprechend dem durchschnittlichen Bruttomonatsverdienst der letzten drei Monate berechnet.

(2) Die Lehrgangskosten, bestehend aus Unterrichtsgebühr, Übernachtungs- und Tagungskosten sowie der Anreise- und Abreisekosten, übernimmt die Firma        ganz. Die Erstattung erfolgt nur gegen Beleg.

(3) Ein Kostenerstattungsanspruch besteht nicht, soweit das Arbeitsamt oder ein sonstiger Sozialversicherungsträger Kosten übernimmt.

# Zusatzvereinbarungen zu Arbeits- und Anstellungsverträgen §2

## § 3

Die von der Firma _____ getragenen Aufwendungen einschließlich der Gehaltszahlungen und der Soziallasten werden endgültig von der Firma _____ übernommen, wenn der Arbeitnehmer _____ noch _____ Jahre im Dienste der Firma _____ verblieben ist. Bei vorzeitiger Kündigung des Arbeitnehmers _____ oder wenn die Firma _____ dem Arbeitnehmer _____ aus wichtigem Grund kündigt, sind die Aufwendungen wie folgt zurückzuzahlen:

- bis zum Ablauf des ersten Jahres zu 100 %,
- bis zum Ablauf des zweiten Jahres zu 66 % (2/3),
- bis zum Ablauf des dritten Jahres zu 33 % (1/3).

## § 4

Die Verminderung des Rückzahlungsbetrages um je _____ DM ( _____ EUR) pro _____ erfolgt nur unter der Voraussetzung, daß das Arbeitsverhältnis in diesem Bindungszeitraum nicht ruht.

# § 3 Mustertexte des Personalwesens

## Kapitel 1: Einstellung und Entlassung

### Literatur

**Ascheid**, Kündigungsschutzrecht – Die Kündigung des Arbeitsverhältnisses, 1993; **Bauer/Baeck/Marten**, Scientology – Fragerecht des Arbeitgebers und Kündigungsmöglichkeiten, DB 1997, 2534; **Buchner**, Freiheit und Bindung des Arbeitgebers bei Einstellungsentscheidungen, NZA 1991, 577; **Ehrich**, Fragerecht des Arbeitgebers bei Einstellungen, DB 1999, 421; **ders.**, Widerspruchsrecht des Betriebsrates bei Neubesetzung der Stelle eines befristet beschäftigten Arbeitnehmers, BB 1992, 1483; **Fischer**, Die Rücknahme der Arbeitgeberkündigung vor und im Kündigungsschutzprozeß – rechtliche und taktische Überlegungen, NZA 1999, 459; **Freis**, NJW 1998, Das Gesetz zur Änderung des Bürgerlichen Gesetzbuchs und des Arbeitsgerichtsgesetzes – Zur Neugestaltung der Haftung des Arbeitgebers bei geschlechtsspezifischer Diskriminierung, NZW 1998, 2779; **Gottwald**, Nochmals: Verhaltensbedingte Kündigung bei krankhaftem Alkoholismus, NZA 1999, 180; **Großmann**, Schwerbehinderte im Konflikt zwischen Statusrecht und Offenbarungspflicht, NZA 1989, 702; **Herbert**, Zugangsverzögerung einer Kündigung per Einschreiben und Lauf der Klagefrist des § 4 KSchG, NJW 1997, 1829; **Hohmeister**, Beweisschwierigkeiten beim Zugang einer Kündigung, BB 1998, 1477; **Hümmerich**, Der Schutz der Beschäftigten vor der Aufnahme ärztlicher Gutachten in Personalakten und Datenbanken, DB 1975, 1893; **ders.**, Erfassungsschutz im arbeitsvertraglichen Anbahnungsverhältnis, Diss. Bonn 1978; **ders.**, Kündigung von Arbeitsverhältnissen, 1999; **ders.**, Rechte des Betriebsrats bei der Erfassung von Bewerber-Daten, RdA 1979, 143; **ders.**, Rechtsschutzlücken im zur Neige gehenden Arbeitsverhältnis, DB 1999, 1264; **ders.**, Wonach darf der Arbeitnehmer bei der Einstellung gefragt werden?, BB 1979, 428; **Hunold**, Aktuelle Rechtsprobleme der Personalauswahl, DB 1993, 228; **Kittner/Trittin**, Kündigungsschutzrecht, 2. Aufl. 1995; **Knorr/Bichlmeier/Kremhelmer**, Handbuch des Kündigungsrechts, 4. Aufl. 1999; **Küttner**, Personalbuch 1999, 9. Aufl. 1999, Stichworte Auskunftspflichten Arbeitnehmer und Bewerbung; **Leipold**, Einstellungsfragebögen und Recht auf Arbeit, ArbuR 1971, 161; **Lichtenberg/Schücking**, Stand der arbeitsrechtlichen Diskussion zur HIV-Infektion und Aids-Erkrankung, NZA 1990, 41; **Linnenkohl**, Arbeitsverhältnis und Vorstrafen-Fragen, ArbuR 1983, 129; **Löwisch**, Arbeitsrechtliche Fragen von AIDS-Erkrankung und AIDS-Infektion, DB 1987, 936; **Moritz**, Fragerecht des Arbeitgebers sowie Auskunfts- und Offenbarungspflicht des Arbeitnehmers bei der Anbahnung von Arbeitsverhältnissen, NZA 1987, 329; **Preis**, Aktuelle Tendenzen im Kündigungsschutzrecht, NZA 1997, 1073; **Raab**, Das Fragerecht des Arbeitgebers nach schwebenden Strafverfahren und die Unschuldsvermutung des Bewerbers, RdA 1995, 36; **Richardi**, Arbeitsrechtliche Probleme bei Einstellung und Entlassung AIDS-infizierter Arbeitnehmer, NZA 1988, 73; **Schönfeld/Gennen**, Mitbestimmung bei Assessment-Centern. Beteiligungsrechte des Betriebsrats und des Sprecherausschusses, NZA 1989, 543; **Stahlhacke/Preis/Vossen**, Kündigung und Kündigungsschutz im Arbeitsverhältnis, 7. Aufl. 1999; **Teske**, Personaldatenverarbeitung und Persönlichkeitsschutz, ZIP 1987, 960; **Wedde**, Fragen privater Arbeitgeber nach MfS-Tätigkeiten, CR 1992, 679; **Wenning-Morgenthaler**, Zustimmungsverweigerungsrecht des Betriebsrats bei befristeten Einstellungen, BB 1989, 156; **Wohlgemuth**, Fragerecht und Erhebungsrecht – Zu den Grenzen des Informationsbeschaffungsrechts des Arbeitgebers, ArbuR 1992, 46; **Zeller**, Die arbeitsrechtlichen Aspekte des Personalfragebogens als Mittel der Personalauswahl, BB 1987, 1522; **ders.**, Die Einstellungsuntersuchung, BB 1987, 2439; **Zirnbauer**, Die Änderungskündigung, NZA 1995, 1975; **Zwanziger**, Die Neuregelung des Verbots der Geschlechterdiskriminierung im Arbeitsrecht.

### A. Erläuterungen

Juristisch haben wir es bei der **Bewerberauswahl** mit der Anbahnung eines Arbeitsverhältnisses zu tun. Die Einstellungsphase reicht von der Stellenausschreibung über die Bewerbung, die Personalauswahl, die Mitbestimmung des Betriebsrats bis hin zum Abschluß des Arbeitsvertrages. Insbesondere die **wechselseitigen Informationspflichten** zwischen Bewerber und Arbeitgeber, das Fragerecht des Arbeitgebers und die Offenbarungspflichten des Arbeitnehmers prägen das Anbahnungsverhältnis.

### § 3   Kapitel 1: Einstellung und Entlassung

#### 1. Fragerecht des Arbeitgebers und Offenbarungspflicht des Arbeitnehmers

2 Die Rechtsprechung differenziert zwischen einem Fragerecht des Arbeitgebers und einer Offenbarungspflicht des Arbeitnehmers. Die Offenbarungspflicht besteht für den Arbeitnehmer unabhängig davon, ob der Arbeitgeber ihn nach einer Information befragt hat. Wann ein Fragerecht und wann eine Offenbarungspflicht besteht, entscheidet die Rechtsprechung danach, ob ein **sachlicher Zusammenhang** zwischen der Information, die der Arbeitnehmer über sich hat, und dem Arbeitsplatz, den ihm der Arbeitgeber anbietet, besteht.[1] Ein Fragerecht gesteht das BAG dem Arbeitgeber immer dann zu, wenn er ein berechtigtes, billigenswertes und schutzwürdiges Interesse an der Beantwortung einer Frage hat, die für das Arbeitsverhältnis von Bedeutung ist.[2] Ohne eine entsprechende Frage des Arbeitgebers besteht eine Offenbarungspflicht für den Arbeitnehmer nur bei solchen Tatsachen, deren Mitteilung der Arbeitgeber nach Treu und Glauben erwarten darf.[3] Diese Grundsätze sind, für sich betrachtet, auslegungsfähig. Dementsprechend hat die Rechtsprechung, ohne ihre Grundsätze aufzugeben, im Laufe der vergangenen Jahre ein Fragerecht des Arbeitgebers hinsichtlich einzelner Daten mal anerkannt, mal verworfen. Ein bekanntes Beispiel stellt die an eine Bewerberin gerichtete Frage nach der Schwangerschaft dar. Früher hielt das BAG diese Frage, wenn sie in angemessener Form gestellt wurde, für einen Ausfluß des Fragerechts des Arbeitgebers,[4] später schränkte das BAG die Zulässigkeit je nachdem, ob sich auf den Arbeitsplatz ausschließlich Frauen oder auch Männer beworben hatten, ein.[5] Schließlich änderte das **BAG** seine Rechtsprechung erneut, indem es nunmehr die **Frage nach der Schwangerschaft** für eine **unzulässige Geschlechtsdiskriminierung** hält.[6]

3 **Personalfragebogen** wie die Muster 2082[7] und 2083[8] dürfen deshalb die Frage nach der Schwangerschaft nicht mehr enthalten, es sei denn, die Mitarbeiterin soll für eine Stelle eingestellt werden, bei der ein Beschäftigungsverbot für Schwangere besteht.[9] Derartige Beschäftigungsverbote bestehen bei Stewardessen ab dem 3. Schwangerschaftsmonat, bei Arzthelferinnen in Praxen für Labormedizin etc. Nur in den Fällen, in denen die ausgeschriebene Stelle **ein Beschäftigungsverbot für schwangere Mitarbeiterinnen** nach sich zieht, ist die Frage nach dem Bestehen einer Schwangerschaft im Personalfragebogen derzeit noch gestattet. Nach Auffassung des EuGH[10] und des LAG Hamm[11] ist allerdings selbst bei solchen Bewerberinnen, die sich auf einem Beschäftigungsverbot unterliegende Stellen beworben haben, die Frage nach der Schwangerschaft nicht mehr zulässig. In seinem **neuesten Urteil**[12] hat der **EuGH** entschieden, daß Arbeitgeber die Einstellung schwangerer Frauen sogar dann nicht ablehnen dürfen, wenn diese wegen des Beschäftigungsverbots erst nach der Geburt des Kindes in der angestrebten Position arbeiten können. Die Weigerung, eine schwangere Bewerberin einzustellen, könne auch nicht damit gerechtfertigt werden, daß der Arbeitgeber einen finanziellen Nachteil erleide, wenn er die Arbeitnehmerin nicht einsetzen könne. Diese Rechtsprechung steht im Widerspruch zu der Rechtsprechung des BAG, wonach eine Offenbarungspflicht des

---

1 *Hümmerich*, Erfassungsschutz im Arbeitsvertraglichen Anbahnungsverhältnis, Dissertation Bonn 1978, S. 131; *ders.*, BB 1979, 428; *Leipold*, ArbuR 1971, 161; *Moritz*, NZA 1987, 329; *Wohlgemuth*, ArbuR 1992, 46.
2 BAG, Urt. v. 07.06.1984, DB 1984, 2706; BAG; Urt. v. 11.11.1993, DB 1994, 939.
3 BAG, Urt. v. 21.02.1991, DB 1991, 1934.
4 BAG, Urt. v. 22.09.1961, DB 1961, 1522.
5 BAG, Urt. v. 20.02.1986, DB 1986, 2287.
6 BAG, Urt. v. 15.10.1992, DB 1993, 435; ebenso zuvor EuGH, Urt. v. 08.11.1990, BB 1991, 692.
7 § 3 Kap. 1 M 40.
8 § 3 Kap. 1 M 41.
9 BAG, Urt. v. 01.07.1993, DB 1993, 1978.
10 Urt. v. 05.05.1994, DB 1994, 1089; EuGH, Urt. v. 14.07.1994, DB 1994, 1522.
11 Urt. v. 01.09.1999 – 19 Sa 2596/98 –, SPA 13/1999, 3.
12 EuGH, Urt. v. 03.02.2000 – C 207/98 –, SPA 5/2000, 1.

Arbeitnehmers besteht, wenn die fraglichen Umstände dem Arbeitnehmer die Erfüllung der arbeitsvertraglichen Leistungspflicht unmöglich machen oder jedenfalls sonst für den in Betracht kommenden Arbeitsplatz von ausschlaggebender Bedeutung sind.[13]

Zur **Offenbarungspflicht des Arbeitnehmers** gelten heute folgende Grundsätze, die stets bei der Gestaltung von Bewerber- oder Personalfragebogen zu beachten sind: 4

Hat der Bewerber demnächst eine **Haftstrafe** anzutreten, muß er dies dem Arbeitgeber offenbaren.[14] Eine Geschlechtsumwandlung muß nicht mitgeteilt werden, wie sich aus dem Schutzzweck des Transsexuellengesetzes ergibt. Eine Anfechtung des Arbeitgebers wegen Irrtums über eine verkehrswesentliche Eigenschaft des Arbeitnehmers gem. § 119 Abs. 2 BGB kommt allerdings in Betracht.[15] Das Bestehen einer **Schwangerschaft** ist nach gegenwärtiger Rechtslage dann zu offenbaren, wenn während der Schwangerschaft die potentielle Mitarbeiterin die geschuldete Tätigkeit nicht oder nach einer gewissen Zeit nicht mehr erbringen kann, so bei einem Mannequin, einer Sportlehrerin oder wenn eine Tätigkeit einem Nachtarbeitsverbot im Sinne von § 8 MuSchG oder einem Beschäftigungsverbot unterliegt.[16] Bei der **Schwerbehinderung** besteht keine Offenbarungspflicht, es sei denn, der Bewerber vermag aufgrund seiner Behinderung die vertraglich geschuldete Tätigkeit nicht zu leisten.[17] Beantwortet der Schwerbehinderte die Frage nach der Schwerbehinderteneigenschaften falsch, kann der Arbeitgeber, wie im Muster 2094 vorgesehen, seine Willenserklärung, die zum Abschluß des Arbeitsvertrages geführt hat, anfechten und zugleich auch die fristlose Kündigung aussprechen.[18] Ficht der Arbeitgeber im Anschluß an eine krankheitsbedingte Arbeitsunfähigkeit des Arbeitnehmers den Arbeitsvertrag wegen arglistiger Täuschung über die Schwerbehinderteneigenschaft an, so wirkt die Anfechtung entgegen der bisherigen Rechtsprechung des BAG gemäß § 142 BGB rückwirkend.[19] Ansonsten besteht keine Offenbarungspflicht, allerdings nach neuester Rechtsprechung des BAG weiterhin ein Fragerecht des Arbeitgebers.[20]

Fragen des Arbeitgebers nach **Vorstrafen** sind zulässig, soweit sie für die Art des zu besetzenden Arbeitsplatzes von Bedeutung sind.[21] So ist die Frage nach Vermögensdelikten bei Kassierern oder Verkehrsdelikten bei Kraftfahrern zulässig. Vorstrafen, die nicht nach § 30 BZRG in ein polizeiliches Führungszeugnis aufzunehmen sind oder für die gem. § 51 BZRG ein Verwertungsverbot besteht, brauchen nicht wahrheitsgemäß beantwortet zu werden.[22] Eine Offenbarungspflicht bei Vorstrafen besteht für den Bewerber grundsätzlich nicht. Selbst die Frage nach einem noch nicht abgeschlossenen Ermittlungs- bzw. Strafverfahren soll wegen der allgemeinen Unschuldsvermutung nach Art. 6 Abs. 2 der Europäischen Menschenrechtskonvention unzulässig sein.[23] Bei der Einstellung in den

---

[13] BAG, Urt. v. 21.02.1991, DB 1991, 1934.
[14] *Küttner/Kreitner*, Personalbuch 1999, Auskunftspflichten Arbeitnehmer, Rn 6.
[15] BAG, Urt. v. 21.02.1991, DB 1991, 1934.
[16] BAG, Urt. v. 08.09.1988, DB 1989, 585; BAG, Urt. v. 15.10.1992, DB 1993, 435; BAG, Urt. v. 01.07.1993, DB 1993, 1978; zu beachten allerdings: EuGH, Urt. v. 14.07.1994, DB 1994, 1522; EuGH, Urt. v. 05.05.1994, DB 1994, 1089.
[17] BAG, Urt. v. 01.08.1985, DB 1986, 2238.
[18] Rechtsprechungsnachweise bei *Schaub*, Arbeitsrechtshandbuch, § 179 II; *Hümmerich*, Erfassungsschutz im arbeitsvertraglichen Anbahnungsverhältnis, Dissertation Bonn, 1978, S. 123.
[19] BAG, Urt. v. 03.12.1998, NZA 1999, 584.
[20] BAG, Urt. v. 03.12.1998 – 2 AZR 754/97 (unveröffentlicht); BAG, Urt. v. 05.10.1995, NZA 1996, 371; BAG, Urt. v. 11.11.1993, DB 1994, 939; BAG, Urt. v. 01.08.1985, DB 1986, 2238; a. A. ArbG Siegburg, Urt. v. 22.03.1994, NZA 1995, 943; *Großmann*, NZA 1989, 702.
[21] BAG, Urt. v. 18.09.1987, BB 1988, 631; BAG, Urt. v. 21.02.1991, DB 1991, 1934; *Hümmerich*, BB 1979, 428; *Linnenkohl*, ArbuR 1983, 129.
[22] BAG, Urt. v. 21.02.1991, DB 1991, 1934.
[23] ArbG Münster, Urt. v. 20.11.1992, NZA 1993, 461; a. A. *Raab*, RdA 1995, 36.

Polizeidienst kann sie aber zulässig sein.[24] Fragen nach Tätigkeiten für das Ministerium für Staatssicherheit, die vor 1970 abgeschlossen sind, sind regelmäßig unzulässig, ohne daß dies im Sinne von einer Stichtagsregelung zu verstehen ist.[25]

5  Eine Offenbarungspflicht besteht dagegen im Hinblick auf **Wettbewerbsverbote**.[26] Eine allgemeine Offenbarungspflicht über ausgeheilte oder akute **Erkrankungen** besteht nicht. Auch eine nur **latente Gesundheitsgefährdung** muß nicht offenbart werden.[27] Zu offenbaren sind dagegen solche Erkrankungen, die den Arbeitnehmer wegen Ansteckungsgefahr oder wegen der Schwere der Erkrankung an der Arbeitsleistung dauerhaft hindern.[28] **Alkoholabhängigkeit** hat ein Berufskraftfahrer im Bewerbungsgespräch zu offenbaren.[29] Bei **Aids-Erkrankung** besteht ein Fragerecht des Arbeitgebers, wenn aufgrund der Schwere der Erkrankung unmittelbare Auswirkungen auf die Leistungsfähigkeit des Arbeitnehmers zu befürchten sind.[30] Bei der Frage nach einer Aids-Infektion richtet sich die Zulässigkeit danach, ob die Gesundheitsbeeinträchtigung Auswirkungen auf die geschuldete Tätigkeit hat. So ist es heutige Auffassung, daß ein Fragerecht bei sämtlichen Heilberufen wegen des Blutkontakts besteht; ebenso bei Floristen, wohl auch bei Piloten und Berufskraftfahrern.[31] Befindet sich der Bewerber zum Zeitpunkt der geplanten Arbeitsaufnahme in Kur, besteht eine Offenbarungspflicht.[32]

6  **Fragen zum beruflichen Werdegang**, wie sie in den Mustern 2082[33] und 2083[34] sowie im Fragenkatalog des Musters 2084[35] enthalten sind, sind unbedenklich zulässig.[36] Selbst dann, wenn ein Mitarbeiter eine frühere Entziehungstherapie verheimlichen möchte, um seine Wiedereingliederung in das Arbeitsleben zu erleichtern, ist er nicht von der Verpflichtung entbunden, vollständige Angaben über Art und Dauer seiner Vorbeschäftigungen zu machen.[37]

7  Die Frage nach der **Gewerkschaftszugehörigkeit** ist grundsätzlich unzulässig, wie auch die Frage nach einer **Religions- oder Parteizugehörigkeit**, es sei denn, der Bewerber will seine Tätigkeit in einem Tendenzunternehmen aufnehmen.[38] Bei einem Arbeitnehmer in Vertrauensstellung soll die Frage nach einer Scientology-Mitgliedschaft zulässig sein.[39] Fragen, die Sicherheitsfragen betreffen, sind sowohl innerhalb als auch außerhalb des öffentlichen Dienstes zulässig, soweit sie in einem sachlichen Zusammenhang mit dem angestrebten Arbeitsverhältnis stehen.[40] Soweit in den Mustern 2082, 2083 und 2084 Fragen zur Berufstätigkeit der Ehefrau und Kinder, insbesondere zur Tätigkeit in Konkurrenzunternehmen, enthalten sind, besteht hierzu noch keine höchstrichterliche Rechtsprechung; die Fragen dürften allerdings unter Sicherheitsgesichtspunkten statthaft sein.

---

24  BAG, Urt. v. 20.05.1999, DB 1999, 1859.
25  BVerfG, Beschl. v. 21.07.1999, NZA 1999, 1095.
26  *Küttner/Kreitner*, Personalbuch 1999, Auskunftspflichten Arbeitnehmer, Rn 12.
27  LAG Berlin, Urt. v. 06.07.1973, BB 1974, 510.
28  BAG, Urt. v. 07.02.1964, DB 1964, 555; LAG Frankfurt, Urt. v. 13.10.1972, DB 1972, 2359.
29  ArbG Kiel, 21.01.1982, BB 1982, 804.
30  *Richardi*, NZA 1988, 73; *Löwisch*, DB 1987, 936; *Heilmann*, BB 1989, 1413.
31  BAG, Urt. v. 16.02.1989, DB 1989, 2382; *Richardi*, NZA 1988, 73; *Lichtenberg/Schücking*, NZA 1990, 41.
32  LAG Berlin, Urt. v. 18.04.1978, BB 1979, 1145.
33  § 3 Kap. 1 M 40.
34  § 3 Kap. 1 M 41.
35  § 3 Kap. 1 M 42.
36  *Richardi*, NZA 1988, 73.
37  LAG Köln, Urt. v. 13.11.1995, NZA-RR 1996, 403.
38  BAG, Urt. v. 28.05.1998, NZA 1998, 1052; *Schaub*, Arbeitsrechtshandbuch, § 26 III 4; *Hümmerich*, BB 1979, 428.
39  *Bauer/Baeck/Marten*, DB 1997, 2534.
40  Siehe *Buchner*, NZA 1991, 577; BAG, Urt. v. 17.05.1983, DB 1984, 139.

Die Muster 2082, 2083 und 2084 enthalten keine Angaben über die **frühere Vergütung** des Bewerbers, wenngleich zahlreiche Personalfragebogen[41] derartige Fragen vorsehen. Nur wenn die bisherige Vergütung für die begehrte Stelle aussagekräftig sei oder der Bewerber sie von sich aus als Mindestvergütung gefordert habe, solle die Frage nach der bisherigen Vergütung berechtigt sein.[42] Im Regelfalle, jedenfalls außerhalb des öffentlichen Dienstes, sind diese Voraussetzungen nicht erfüllt.

8

Personalfragebogen von Bewerbern, die nicht eingestellt wurden, dürfen vom Arbeitgeber grundsätzlich nicht aufbewahrt werden und sind deshalb entweder an den Bewerber zu senden oder zu vernichten.[43]

9

Im Fragenkatalog zum Bewerbungsgespräch[44] sind eine Reihe von Fragen enthalten, die nicht in das starre Schema zulässiger und unzulässiger Fragen passen. Ob jemand Sport treibt, wie er die Betreuung seiner Kinder organisiert oder welches Buch er gerade liest, sind keine Fragen, die der Arbeitnehmer beantworten muß. Aus Sicht des Personalberaters sind Antworten auf diese Fragen von Bedeutung, sie geben Auskunft über die Persönlichkeit des Bewerbers. Aus Sicht des Arbeitsrechts stehen diese Fragen nur in einem mittelbaren Zusammenhang mit den den Bewerber erwartenden Rechten und Pflichten. Der Mitarbeiter muß diese Fragen somit nicht beantworten. Verweigert der Bewerber die Antwort, muß er allerdings damit rechnen, daß sich sein Verhalten nachteilig auf den Gang des weiteren Bewerbungsverfahrens auswirkt. Aus diesem Grund spricht die Rechtsprechung dem Arbeitnehmer ein „Recht auf Lüge" im Hinblick auf solche Fragen zu, bei denen keine Offenbarungspflicht besteht und die auch nicht vom Fragerecht des Arbeitgebers gedeckt sind.[45]

10

## 2. Mitbestimmungsrecht des Betriebsrats beim Personalfragebogen und bei Beurteilungsgrundsätzen

Die Muster 2082, 2083[46] sind Personalfragebogen im Sinne von § 94 BetrVG. Soweit im Unternehmen ein Betriebsrat existiert, ist der **Wortlaut dieser Fragebogen mitbestimmungspflichtig**. Als Personalfragebogen gilt jedes Formular, in dem personenbezogene Fragen nach einem bestimmten Schema zusammengestellt sind, die ein Arbeitnehmer oder ein Bewerber um einen Arbeitsplatz schriftlich beantworten soll, um dem Arbeitgeber Aufschluß über seine Person und Qualifikation zu geben.[47] Das BAG hat darüber hinaus entschieden, daß auch mündliche Befragungen in der Form von Tests oder Interviews, die anhand von Checklisten und einer anschließenden schriftlichen Fixierung der Antworten erfolgen, unter § 94 BetrVG zu subsumieren seien.[48]

11

Der Betriebsrat verfügt bei Personalfragebogen und Beurteilungsgrundsätzen nicht über ein Initiativrecht; nur dann, wenn der Arbeitgeber Fragebogen wie die Muster 2082 oder 2083 verwendet, erwächst das Mitbestimmungsrecht.[49] Nicht der Mitbestimmung unterliege der ärztliche Fragebogen

12

---

41 Siehe nur *Schaub*, Formularsammlung, 7. Aufl., § 1 I, VI. Frage 2.
42 BAG, Urt. v. 19.05.1983, DB 1984, 298.
43 BAG, Urt. v. 06.06.1984, AP Nr. 7 zu § 611 BGB Persönlichkeitsrecht = NJW 1984, 2910.
44 Muster 2084, § 3 Kap. 1 M 42.
45 *Leipold*, ArbuR 1971, 161; *Hümmerich*, Erfassungsschutz im arbeitsvertraglichen Anbahnungsverhältnis, Dissertation Bonn 1978, S. 192 ff.
46 § 3 Kap. 1 M 40 und M 41.
47 BAG, Urt. v. 21.09.1993, AP Nr. 4 zu § 94 BetrVG 1972.
48 BAG, Urt. v. 21.09.1993, AP Nr. 4 zu § 94 BetrVG 1972; so auch *Hanau*, BB 1972, 451; a. A. *Hümmerich*, Rechte des Betriebsrates bei der Erfassung von Bewerber-Daten, RdA 1979, 143.
49 LAG Düsseldorf, Urt. v. 24.07.1984, DB 1985, 134; LAG Frankfurt/M., Urt. v. 08.01.1991, DB 1992, 534.

im Rahmen der Einstellungsuntersuchung, da die Anamnese des Arztes vom Weisungsrecht des Arbeitgebers unabhängig ist und die Beantwortung der Fragen durch den Arbeitnehmer der ärztlichen Schweigepflicht des Arztes unterliegt und auch nur in der Gestalt des Befundbogens[50] Eingang in die Personalakte findet.

13 **Beurteilungsgrundsätze** unterliegen ebenfalls der Mitbestimmung des Betriebsrats. Als Beispiele werden im Schrifttum die Grundsätze über die Effektivität der Arbeit, die Sorgfalt der Ausführung der Arbeit, über Selbständigkeit und Belastbarkeit, Zusammenarbeit und Anpassungsfähigkeit des Arbeitnehmers erwähnt.[51] Daraus folgt, daß auch das Muster 2080 und das Muster 2084 der Mitbestimmung des Betriebsrats unterliegen. Bei der Bewerberbeurteilung werden allgemeine, im Betrieb gültige und bei zahlreichen Bewerbern verwendete Beurteilungsgrundsätze benutzt, beim Fragenkatalog zum Bewerbungsgespräch geschieht das gleiche. Das Muster 2084 ist auch deshalb mitbestimmungspflichtig, weil es sich hierbei um mündliche Fragen handelt, die in Form des Interviews anhand einer Checkliste gestellt und als schriftliche Antworten des Bewerbers niedergelegt werden.[52]

### 3. Personalauswahl

14 Die Auswahlfreiheit des Arbeitgebers in der Bewerbungssituation ist durch verschiedene **gesetzliche und tarifliche Beschäftigungsverbote und -gebote** begrenzt. Einschränkungen enthalten § 5 Abs. 1 SchwbG 1986 mit der Pflicht des Arbeitgebers zur Beschäftigung von mindestens 6 % Schwerbehinderten. Einschränkungen ergeben sich aus dem Mutterschutzgesetz, dem Jugendarbeitsschutzgesetz, dem Arbeitsplatzschutzgesetz etc. Die §§ 611 a, 611 b, 612 Abs. 3 BGB enthalten Auswahleinschränkungen. Für den öffentlichen Dienst gelten zusätzlich Beschränkungen über die Frauenförderungsgesetze der Länder und Art. 33 Abs. 2 GG.

15 **Testverfahren** und **Eignungsuntersuchungen**, wie auch die früher gebräuchlichen graphologischen Gutachten, sind bei der Personalauswahl nur statthaft mit Zustimmung des Bewerbers.[53] Auch die Personalauswahl in den sich zunehmend verbreitenden **Assessment-Centern** oder in **Auswahlseminaren** bedarf der Zustimmung des Bewerbers.[54] Eine derartige Abgrenzung zwischen zulässiger und unzulässiger Personalauswahl dürfte allerdings weitgehend theoretischer Natur sein. Derjenige Bewerber, der der Überprüfung seiner Leistungsfähigkeit im Vergleich mit Mitbewerbern durch mehrere Beobachter nicht zustimmt, hat keine Chance, den in Aussicht genommenen Arbeitsplatz zu erhalten.

16 Der Arbeitgeber hat eine Obhuts- und Sorgfaltspflicht hinsichtlich der vom Bewerber eingereichten Bewerbungsunterlagen. Er muß den Lebenslauf, die eingereichten Zeugnisse, Arbeitsproben, das Lichtbild und dergleichen zurückgeben, wenn das Bewerbungsverfahren erfolglos verlaufen ist.[55] Auch besteht ein Beseitigungsanspruch gem. § 1004 BGB analog hinsichtlich des ausgefüllten Personalfragebogens.

17 Eine Pflicht zur Verwahrung und Rücksendung besteht nicht bei Blindbewerbungen, also unverlangt beim Arbeitgeber eingehenden Bewerbungsunterlagen. Die Bewerbungsunterlagen sind nur in den

---

[50] *Hümmerich*, Der Schutz der Beschäftigten vor Aufnahme ärztlicher Gutachten in Personaldaten und Datenbanken, DB 1975, 1983.
[51] GK-BetrVG/*Kraft*, Rn 28; ErfK/*Hanau/Kania*, § 94 BetrVG, Rn 4.
[52] BAG, Urt. v. 21.09.1993, AP Nr. 4 zu § 94 BetrVG 1972.
[53] BAG, Urt. v. 16.09.1982, DB 1983, 2780; LAG Düsseldorf, Urt. v. 30.09.1971, DB 1971, 2071.
[54] *Hunold*, DB 1993, 228.
[55] BAG, Urt. v. 06.06.1984, DB 1984, 2616.

Fällen zurückzusenden, wenn der Bewerber einen Freiumschlag beigelegt hat.[56] Hat der Arbeitgeber, beispielsweise gemäß dem Muster 2088, zum Vorstellungsgespräch eingeladen, sind die Vorstellungskosten zu ersetzen. Das Muster 2088 enthält einen mit der Rechtsprechung abgestimmten Erstattungsmodus.[57]

### 4. Stellenausschreibung

Gem. § 611 b BGB sind Stellenausschreibungen gem. Art. 7 des 2. Gleichberechtigungsgesetzes vom 24.06.1994 zwingend **geschlechtsneutral zu formulieren**, wenn nicht ein bestimmtes Geschlecht unverzichtbare Voraussetzung für eine bestimmte Tätigkeit ist, §§ 611 a Abs. 1 Satz 2, 611 b BGB. § 611 b BGB enthält auch nach der Neufassung des Gesetzeswortlauts keine Sanktion für den Fall der Zuwiderhandlung. Schadensersatz kann allerdings über § 611 a BGB im Falle unzulässiger Ungleichbehandlung geltend gemacht werden.[58]

**Im öffentlichen Dienst** ist der Bund gem. § 6 Abs. 1 Satz 2 Frauenfördergesetz verpflichtet, Stellenausschreibungen so abzufassen, daß Sie auch Frauen zu einer Bewerbung auffordern. Außerdem sind die Stellen für Vorgesetzten- und Leitungsaufgaben auch in Teilzeitform auszuschreiben, wenn zwingende dienstliche Belange nicht entgegenstehen, § 6 Abs. 2 Frauenfördergesetz.

Der Betriebsrat kann nach § 93 BetrVG vom Arbeitgeber bei neu zu besetzenden Arbeitsplätzen eine vorherige innerbetriebliche Stellenausschreibung verlangen. Außerdem kann er seit dem 01.09.1994 nach § 93 BetrVG anregen, daß die Arbeitsplätze auch als Teilzeitarbeitsplätze ausgeschrieben werden. Unter „Ausschreibung einer Stelle" im Sinne von § 93 BetrVG versteht das Bundesarbeitsgericht eine allgemeine Aufforderung an alle oder an eine bestimmte Gruppe von Arbeitnehmern des Betriebes, sich für einen bestimmten Arbeitsplatz im Betrieb zu bewerben.[59] Im Einzelfall kann der Betriebsrat die innerbetriebliche Ausschreibung verlangen, wenn die Stellen mit freien Mitarbeitern besetzt werden sollen.[60] Ein bestimmter Inhalt bei einer innerbetrieblichen Stellenausschreibung ist nicht zu beachten.[61] Üblicherweise gilt als Mindestinhalt eine detaillierte Beschreibung des zu besetzenden Arbeitsplatzes, Angaben über die geforderte Qualifikation, Hinweise auf die tarifliche Eingruppierung, der Besetzungstermin, die beim Bewerbungsverfahren einzureichenden Unterlagen und die Bezeichnung der Stelle, an die die Bewerbung zu richten ist. Diesen Anforderungen genügt das Muster 2096. Art und Inhalt der Ausschreibung werden nicht vom Betriebsrat bestimmt, sondern vom Arbeitgeber einseitig festgelegt.[62]

Das Initiativrecht des Betriebsrats besteht nicht nur von Fall zu Fall, also im Hinblick auf einzelne Arbeitsplätze; der Betriebsrat kann nur generell verlangen, daß Stellenausschreibungen vor Besetzung durch externe Bewerber zunächst intern zu erfolgen haben.[63] Schließlich richtet sich das Initiativrecht nach § 93 BetrVG allein auf den Betrieb, der Betriebsrat kann nicht verlangen, daß Stellen unternehmens- oder konzernweit ausgeschrieben werden.[64]

---

56 *Küttner/Reinecke*, Personalbuch 1999, Bewerbung, Rn 3.
57 BAG, Urt. v. 14.02.1977, DB 1977, 1193; LAG Nürnberg, Urt. v. 25.07.1995, LAGE § 670 BGB Nr. 12.
58 EuGH, Urt. v. 22.04.1997, DB 1997, 983.
59 BAG, Urt. v. 23.02.1988, DB 1988, 1452.
60 *Hromadka*, SAE 1994, 133.
61 BAG, Urt. v. 23.02.1988, DB 1988, 1452.
62 BAG, Urt. v. 27.10.1992, DB 1993, 885; BAG, Urt. v. 23.02.1988, DB 1988, 1452; BAG, Urt. v. 31.05.1983, DB 1983, 2311.
63 LAG Berlin, Urt. v. 27.09.1982, DB 1983, 776; LAG Köln, Urt. v. 01.04.1993, LAGE Nr. 2 zu § 93 BetrVG 1972.
64 LAG München, Urt. v. 08.11.1988, DB 1989, 1880.

### 5. Zusammenarbeit mit dem Betriebsrat bei Einstellungen

**22** Neben informellen Gesprächen zwischen dem Personalleiter und dem Betriebsratsvorsitzenden oder dem Vorsitzenden des Personalausschusses vollzieht sich in vielen Fällen die Durchführung des Mitbestimmungsrechts **nach § 99 BetrVG in formalisierten Verfahren**. Das Muster 2100[65] enthält alle wesentlichen Informationen, die der Arbeitgeber zu liefern hat, und zugleich die Kontrollüberlegungen (Subsumtionsschema), die der Betriebsrat anzustellen hat. In der Praxis wird von den Betriebsräten häufig mit der Zustimmungsfiktion nach § 99 Abs. 3 Satz 2 BetrVG gearbeitet. Wichtig ist deshalb eine Dokumentation des Zugangs des Formularantrags an den Betriebsrat. Wie hier sinnvollerweise die Dokumentation erfolgt, muß anhand der betrieblichen Gegebenheiten beantwortet werden. Verfügt der Betriebsrat über einen eigenen Briefkasten, so reicht eine Notiz über den Tag und die Uhrzeit des Einwurfs in den Briefkasten aus. Mit dem darauffolgenden Arbeitstag wird die Frist des § 99 Abs. 3 Satz 1 BetrVG in Lauf gesetzt.[66] Eine Verkürzung der Frist des § 99 Abs. 3 BetrVG durch Regelungsabsprache oder Betriebsvereinbarung zwischen Arbeitgeber und Betriebsrat ist unzulässig, eine Verlängerung hingegen möglich.[67]

**23** Bei der Verweigerung der Zustimmung durch den Betriebsrat, wie sie im Antwortteil des Musters 2100[68] formularmäßig vorgesehen ist, reicht eine formelhafte, die bloße Wiederholung des Gesetzeswortlauts darstellende Begründung nicht aus.[69] Das Muster 2100 muß also spezifisch unter Berücksichtigung des einzelnen Falles vom Betriebsrat ausgefüllt werden. Ein Nachschieben neuer Widerspruchsgründe nach Ablauf der Wochenfrist ist nicht zulässig.[70]

**24** Das Formular 2105[71] ist eine **Checkliste für Betriebsräte**. Mit Hilfe dieses Musters können Betriebsräte ausführlich überprüfen, ob Gründe für eine Zustimmungserteilung oder Zustimmungsverweigerung bestehen. Das Muster 2105 kann sowohl intern als Checkliste für Betriebsräte als auch als isoliertes Antwortschreiben in Fällen der vom Arbeitgeber beantragten Zustimmung zu einer Einstellung verwendet werden. Wird das Muster 2105 nicht als Guideline, sondern als Schreiben an den Arbeitgeber verwendet, sind nur geringfügige Änderungen anzubringen.

### 6. Kündigungsschreiben

**25** Bei der Kündigung ist zunächst zu beachten, daß mit dem Inkrafttreten des **Arbeitsgerichtsbeschleunigungsgesetzes**[72] **zum 01.05.2000** gemäß § 623 BGB Kündigungen von Arbeitsverträgen der **Schriftform** bedürfen. Diese Vorschrift ist zwingend und kann nicht im Arbeitsvertrag abbedungen werden.

**26** Sie umfaßt allerdings nur die Kündigung als solche, nicht aber die Angabe des Kündigungsgrundes und des Kündigungstermins. Weiterhin **formfrei** bleibt auch die **Anfechtung des Arbeitsverhältnisses**. In Einzelfällen kann sich daher die Frage stellen, ob eine formbedürftige Kündigung oder eine formfreie Anfechtung erklärt worden ist. Dies muß im Wege der Auslegung geklärt werden.

---

65 § 3 Kap. 1 M 51.
66 ErfK/*Hanau/Kania*, § 99 BetrVG, Rn 37.
67 BAG, Urt. v. 17.05.1983, AP Nr. 18 zu § 99 BetrVG 1972.
68 § 3 Kap. 1 M 51.
69 BAG, Urt. v. 24.07.1979, AP Nr. 11 zu § 99 BetrVG 1972.
70 BAG, Urt. v. 03.07.1984, AP Nr. 20 zu § 99 BetrVG 1972; BAG, Urt. v. 15.04.1986, AP Nr. 36 zu § 99 BetrVG 1972; BAG, Urt. v. 10.08.1993, NZA 1994, 187.
71 § 3 Kap. 1 M 53.
72 Gesetz zur Vereinfachung und Beschleunigung des arbeitsgerichtlichen Verfahrens (Arbeitsgerichtsbeschleunigungsgesetz), BGBl I 2000, 333.

**27** Bei Ausspruch einer Kündigung sollte darauf geachtet werden, daß derjenige, der das Kündigungsschreiben unterzeichnet, auch eine **Kündigungsberechtigung** besitzt. Kündigungsberechtigt sind Personalleiter,[73] im Einzelfall Personalsachbearbeiter[74] und immer solche Personen, die gesetzlicher oder satzungsmäßiger Vertreter des Arbeitgebers sind, also beispielsweise über Prokura oder Handlungsvollmacht verfügen.[75] In Zweifelsfällen sollte derjenige, der die Kündigung ausspricht, eine Originalvollmacht beifügen, um dem Arbeitnehmer oder seinem Anwalt die Möglichkeit zu nehmen, die Kündigung gem. § 174 BGB mangels Vorlage einer Vollmacht unverzüglich zurückzuweisen.

**28** Unternehmen tun sich häufig schwer, **den Zugang** der Kündigungserklärung **sicherzustellen**. Wird das Kündigungsschreiben übergeben, sollte man sich auf einem Doppel den Zugangszeitpunkt quittieren lassen. Denn der Arbeitgeber muß nachweisen, daß die empfangsbedürftige Willenserklärung „Kündigung" zugegangen ist. Wird die Kündigung schriftlich zugesandt, sollte man unter Zeugen das Kündigungsschreiben an der Haustüre übergeben oder in den Hausbriefkasten einwerfen.[76] Ein Einschreibebrief geht dem Arbeitnehmer erst zu, wenn er ihm selbst oder einer empfangsberechtigten Person tatsächlich ausgehändigt wurde. Der Zugang wird nicht dadurch bewirkt, daß der Postbote einen Benachrichtigungsschein in den Briefkasten einwirft.[77] *Bauer* rät von den neuerdings von der Deutschen Post AG angebotenen „Übergabe-Einschreiben" bzw. „Einwurf-Einschreiben" ab.[78] Durch das „Übergabe-Einschreiben" wird nur die Abgabe des Schreibens bei der Post, nicht hingegen der sichere Zugang beim Empfänger nachgewiesen.

**29** In dem meisten Kündigungsschreiben wird zuviel geschrieben, wesentliches nicht ausgeführt. Freilich sollte man ein Kündigungsschreiben nicht nur unter juristischen Aspekten verfassen. Ein Kündigungsschreiben, das möglicherweise einschneidende Bedeutung für den weiteren Lebensweg des Mitarbeiters und ggf. seiner Familie hat, sollte auch unter **korrespondenzpsychologischen Gesichtspunkten** verfaßt werden. Schließlich hat das Unternehmen ein Interesse daran, daß der Mitarbeiter auf das Kündigungsschreiben nicht mit einer Kündigungsschutzklage reagiert. Insofern sollten die Verfasser von Kündigungsschreiben alles unterlassen, was den Briefempfänger reizt, provoziert, emotional berührt.

**30** Die Kündigung eines Arbeitsverhältnisses **bedarf keiner Begründung** im Kündigungsschreiben. Die Muster 2106, 2107 und 2109[79] reduzieren die Kündigungsinformation auf das Wesentliche. Sie sollten nur verwendet werden, wenn dem Mitarbeiter zuvor mündlich die Kündigung ausgesprochen und erläutert wurde. In diesem Falle werden Sie erfahrungsgemäß als reine Formschreiben begriffen.

Die Muster 2111, 2113, 2115 und 2117[80] haben einen einheitlichen Aufbau. Einzelne Kündigungsgründe unter einer Vielzahl weiterer Gründe für betriebsbedingte Kündigungen[81] werden hier in einen Rahmentext eingefügt. Die ausgewählten Beispielssachverhalte wie Auftragsrückgang, Leistungsverdichtung, Produktionsrückgang oder Betriebsteilstillegung sind nicht abschließend. Insbe-

---

73 BAG, Urt. v. 30.05.1972, EzA § 274 BGB Nr. 1.
74 BAG, Urt. v. 29.06.1989, NZA 1990, 63.
75 BAG, Urt. v. 09.10.1975, EzA § 626 BGB n. F. Nr. 43.
76 Wegen weiterer Einzelheiten siehe *Hümmerich*, Kündigung von Arbeitsverhältnissen, § 1 Rn 12 ff.
77 BAG, Urt. v. 25.04.1996, NZA 1996, 1227.
78 NZA 1998, 854; ebenso *Hohmeister*, BB 1998, 1477.
79 § 3 Kap. 1 M 54, M 55 und M 56.
80 § 3 Kap. 1 M 57, M 58, M 59 und M 60.
81 Siehe die Beispiele bei *Hümmerich*, Kündigung von Arbeitsverhältnissen, § 2 Rn 12 bis 33, § 9 Rn 1 bis 54.

sondere Schreiben, die betriebsbedingte Kündigungen zum Inhalt haben, können auch mit dem Angebot eines Abwicklungsvertrages verbunden werden.[82]

31  Bei den Gründen einer verhaltensbedingten Kündigung erscheint es nicht immer angebracht, im Kündigungsschreiben den Sachverhalt detailliert auszuführen, wenngleich das Musterschreiben 2123[83] entsprechenden Raum hierfür läßt. Personalabteilungen müssen bis zur teilweise unter Zeitdruck erfolgenden Kündigungsentscheidung den mit ihren bis zu diesem Zeitpunkt verfügbaren Erkenntnismitteln feststehenden Sachverhalt zur Entscheidungsgrundlage machen, auch wenn sich im Laufe der Zeit zusätzliche Facetten des festgestellten Sachverhalts erweisen. Je mehr Details im Kündigungsschreiben ausgebreitet werden, desto mehr Anlaß zu Streit und ggf. Revision vorgebrachter Kündigungsgründe bietet die Personalabteilung in einem späteren Kündigungsschutzprozeß. Es schadet nicht, **stichwortartig** die wesentlichen Gründe, wie Alkoholmißbrauch, Prügelei im Betrieb, Fälschung einer Arbeitsunfähigkeitsbescheinigung oder Beleidigung des Vorgesetzten zu formulieren. In betriebsabhängigen Unternehmen müssen derartige Ausführungen ohnehin im Rahmen der Anhörung des Betriebsrats nach § 102 BetrVG niedergelegt werden.

32  Aus der Gruppe der personenbedingten Kündigungen ist als Muster eine Kündigung wegen langanhaltender Krankheit[84] gewählt worden. Eine Vielzahl sonstiger Kündigungsgründe ist denkbar, die allerdings sämtlich nach dem im Muster 2125[85] aufgeführten dreistufigen Prüfungsschema darzustellen wären. Zu denken ist an den Fortfall der Arbeitserlaubnis eines ausländischen Arbeitnehmers, an den Entzug der Fahrerlaubnis beim Kraftfahrer oder an häufige Kurzerkrankungen.[86]

33  Für das Muster 2127[87] über eine **außerordentliche Kündigung** gilt, was bereits zu dem Kündigungsschreiben gesagt wurde, mit dem eine verhaltensbedingte Kündigung ausgesprochen wird. Auch bei der außerordentlichen Kündigung gilt der Verhältnismäßigkeitsgrundsatz.[88] Der Hinweis im Textbaustein 2127 auf bereits erfolgte Abmahnungen ist entbehrlich, wenn Pflichtverletzungen im Vertrauensbereich gerügt werden.[89] Diese Rechtsprechung hat trotz eines scheinbaren zwischenzeitlichen Wandels inzwischen wieder Bestand.[90] Entbehrlich ist die Abmahnung auch bei äußerst schweren Pflichtverletzungen, bei denen eine Hinnahme des Verhaltens durch den Arbeitgeber offensichtlich ausgeschlossen ist.[91] Auch bei hartnäckigen oder uneinsichtig begangenen Vertragsverletzungen entfällt die Notwendigkeit einer vorangegangenen Abmahnung.[92]

Bei außerordentlichen Kündigungen ist stets Eile geboten, § 626 Abs. 2 BGB. Daß selbst außerordentliche Kündigungen grundsätzlich keiner Begründung im Kündigungsschreiben bedürfen, folgt bereits aus der Regelung in § 626 Abs. 2 Satz 3 BGB. Ein entsprechendes Aufforderungsschreiben des fristlos gekündigten Arbeitnehmers enthält das Muster 2141.[93]

---

82  So im Muster 2119, § 3 Kap. 1 M 61.
83  § 3 Kap. 1 M 62.
84  Muster 2125, § 3 Kap. 1 M 63.
85  § 3 Kap. 1 M 63.
86  Zur Rechtsprechung siehe *Hümmerich*, Kündigung von Arbeitsverhältnissen, § 10 Rn 41 bis 45.
87  § 3 Kap. 1 M 64.
88  BAG, Urt. v. 13.09.1995, AP Nr. 25 zu § 626 BGB, Verdacht strafbarer Handlung; BAG, Urt. v. 12.02.1994, AP Nr. 116 zu § 626 BGB.
89  BAG, Urt. v. 30.06.1983, EzA § 1 KSchG, Tendenzbetrieb Nr. 14; BAG, Urt. v. 04.04.1974, EzA § 15 KSchG n. F. Nr. 1
90  Siehe hierzu *Hümmerich/Kallweit/Spirolke*, Das arbeitsrechtliche Mandat, § 4 Rn 509.
91  BAG, Urt. v. 31.03.1993, EzA § 626 BGB, Ausschlußfrist Nr. 5; BAG, Urt. v. 26.08.1993, EzA § 626 BGB n. F. 148.
92  BAG, Urt. v. 18.05.1994, EzA § 611 BGB, Abmahnung Nr. 31; BAG, Urt. v. 28.10.1971, EzA § 626 BGB n. F. Nr. 9.
93  § 3 Kap. 1 M 69.

Die Palette der Muster-Kündigungsschreiben wird durch einige Beispiele für **Änderungskündigungen** komplettiert. Die Frist zur Erklärung durch den Arbeitnehmer bei der ordentlichen Änderungskündigung beträgt gemäß dem Wortlaut von § 2 Satz 2 KSchG maximal drei Wochen, sie kann bis zur einer Überlegungsfrist von einer Woche reduziert werden.[94] Bei der außerordentlichen Änderungskündigung ist die Frist zur Vorbehaltsannahme extrem kurz und wird häufig von Parteien, aber auch von Anwälten versäumt. Sie beträgt zwei, höchstens drei Tage.[95] Es gibt **drei zeitliche Abfolgesituationen**, die man für den Ausspruch des Änderungsangebots und der Kündigung wählen kann. Das Kündigungsschutzgesetz enthält insoweit keine verbindlichen Vorschriften. Die Variante 1 der Änderungskündigung besteht darin, daß **zunächst ein Änderungsangebot ausgesprochen** wird. Nimmt der Arbeitnehmer dieses Änderungsangebot nicht an, spricht der Arbeitgeber die Kündigung aus. Man nennt diese Variante auch die **Verhandlungslösung**.[96] Ein Muster der Variante 1 enthält der Textbaustein 2157.[97]

34

Die zweite Variante besteht darin, das **Änderungsangebot und die Kündigung gleichzeitig** auszusprechen. Die Muster 2130, 2132 und 2134[98] sind dieser zweiten Variante zuzurechnen, die das BAG als zulässig erachtet[99] und die in der Literatur empfohlen wird.[100]

Die dritte Alternative, das **Änderungsangebot der Kündigung zeitlich nachfolgen zu lassen**, wird mangels Praktikabilität überwiegend verworfen,[101] zumal sie in die Nähe einer bedingten – und damit unwirksamen – Kündigung rückt.[102]

### 7. Kommunikation bei der Kündigung mit Dritten

Als Dritte, mit denen der Arbeitgeber vor Ausspruch der Kündigung in ein Anhörungs- oder Zustimmungsverfahren eintreten muß, kommen die **Hauptfürsorgestelle**, der **Betriebsrat** und der **Sprecherausschuß** in Frage. Soll einer Mitarbeiterin gekündigt werden, die sich in Mutterschaft oder Schwangerschaft oder Erziehungsurlaub befindet, ist, von Ausnahmefällen abgesehen, die Zustimmung des Regierungspräsidenten einzuholen. Einzelheiten dieser Sachverhaltskonstellationen werden an anderer Stelle in Mustern behandelt.[103]

35

Es wird geraten, Sorgfalt auf die Mitteilungen an Dritte zu verwenden. Die hier vorgelegten Textbausteine sind nur Muster, die einer Individualisierung bedürfen. Insbesondere Fehler bei den Mitteilungen im Rahmen des Anhörungsverfahrens gemäß § 102 BetrVG an den Betriebsrat und nach § 31 SprAuG können zur Folge haben, daß die Kündigung nichtig ist. Eine unvollständige Unterrichtung des Betriebsrats hat das BAG mit einer nicht erfolgten Anhörung des Betriebsrats gem. § 102 Abs. 1 Satz 3 BetrVG gleichgesetzt. Es gilt der Grundsatz der subjektiven Determination.[104] Im Streitfall

36

---

94 BAG, Urt. v. 27.09.1984, AP Nr. 8 zu § 2 KSchG 1969.
95 KR/*Rost*, § 2 KSchG Rn 33; *Zirnbauer*, NZA 1995, 1975; BAG, Urt. v. 19.06.1986, EzA § 2 KSchG Nr. 7; BAG, Urt. v. 27.03.1987, EzA § 2 KSchG Nr. 10.
96 BAG, Urt. v. 27.09.1984, EzA § 2 KSchG Nr. 5; LAG Köln, Urt. v. 28.10.1986, LAGE § 1 KSchG Betriebsbedingte Kündigung Nr. 8.
97 § 3 Kap. 2 M 95.
98 § 3 Kap. 1 M 65, M 66 und M 67.
99 BAG, Urt. v. 10.12.1975, AP Nr. 90 zu §§ 22, 23 BAT.
100 *Schulte*, in: *Tschöpe* (Hrsg.) 3. A. Rn 56; *Hümmerich*, Kündigung von Arbeitsverhältnissen, § 6 Rn 8.
101 LAG Düsseldorf, Urt. v. 22.03.1970, ArbuR 1971, 60; ArbG Siegen, Urt. v. 22.07.1981, DB 1982, 651.
102 KR/*Rost*, § 2 KSchG Rn 21 ff.
103 § 3 Kap. 2 Rn 109 ff.
104 BAG, Urt. v. 18.05.1994, DB 1994, 1984; BAG, Urt. v. 11.07.1991, AP Nr. 57 zu § 102 BetrVG 1972.

muß stets der Arbeitgeber beweisen, daß der Betriebsrat oder zumindest sein Vorsitzender über das zur Urteilsbildung erforderliche Wissen verfügte.[105]

Wird der Textbaustein 2147[106] im Rahmen einer ordentlichen Änderungskündigung verwendet, wird darum gebeten, stets zu prüfen, ob die Maßnahme nicht zugleich auch eine mitbestimmungspflichtige Versetzung im Sinne des § 99 BetrVG darstellt. In diesem Falle ist nämlich zusätzlich das Zustimmungsverfahren nach § 99 BetrVG, das leider verschiedentlich vergessen wird, durchzuführen.

37 Zu beachten ist im Rahmen des Anhörungsverfahrens nach § 102 BetrVG, daß die Mitteilung der Kündigungsfrist an den Betriebsrat nur dann unterbleiben kann, wenn sie dem Betriebsrat bekannt ist.[107] Das BAG verlangt grundsätzlich auch, daß der **Zeitpunkt des Kündigungsausspruchs** angegeben wird.[108] Ausreichend ist, wenn die Mitteilung an den Betriebsrat die Absicht des Arbeitgebers enthält, alsbald nach Abschluß des Anhörungsverfahrens die Kündigung auszusprechen.[109] Eine dementsprechende Formulierung enthalten die Muster 2145, 2146 und 2147.[110]

38 Bei der **Kündigung eines Probearbeitsverhältnisses** sind die Anforderungen nach § 102 BetrVG nicht so streng. Stützt der Arbeitgeber seinen Entschluß von vornherein nur auf subjektives Empfinden, braucht er auch nur dieses Empfinden dem Betriebsrat mitzuteilen.[111]

## B. Schriftsätze, Formulare, Muster

### I. Bewerberauswahl

**2080** 1. Muster: Bewerberbeurteilung

▼

39 Name des Bewerbers:
Vorgesehene Stelle:          extern     innerbetrieblich

**1. Bewerbungsunterlagen**

| | | |
|---|---|---|
| 1.1 Äußere Form | ansprechend | mangelhaft |
| 1.2 Vollständigkeit | vorhanden | nicht vorhanden |
| Bewerbungsschreiben | | |
| Lebenslauf | | |
| Zeugnisse | | |
| Fortbildungsbescheinigungen | | |
| Lichtbild | | |
| 1.3 Bewerbungsschreiben | ja | nein |
| Layout ansprechend | | |
| Umfang bis zwei Seiten | | |
| Anrede persönlich | | |
| Interpunktion fehlerfrei | | |

---

105 Siehe *Hümmerich*, Kündigung von Arbeitsverhältnissen, § 1 Rn 64.
106 § 3 Kap. 1 M 74.
107 BAG, Urt. v. 29.01.1986, EzA § 102 BetrVG 1972 Nr. 64.
108 BAG, Urt. v. 28.02.1974, EzA § 102 BetrVG 1972 Nr. 8.
109 BAG, Urt. v. 29.01.1986, EzA § 102 BetrVG 1972 Nr. 64.
110 § 3 Kap. 1 M 72, M 73 und M 74.
111 BAG, Urt. v. 26.11.1995, EzA § 102 BetrVG 1974 Nr. 87.

Sprache flüssig
Satzbau kurz
Formulierungen positiv

## 2. Beurteilungen
- sehr gut
- gut
- durchschnittlich
- negativ
- vollständig
- unvollständig

## 3. Qualifikationen
- branchenfremd
- stellenbezogene Qualifikation
- durchschnittlich
- mangelhaft
- überqualifiziert

## 4. Gehaltsvorstellungen und Verfügbarkeit
4.1 Gehaltswünsche:

4.2 Möglicher Eintrittstermin:

## 5. Bewerbungsgrund

## 6. Lebenslauf
6.1 Inhaltliche Fragen:

6.2 Offen gebliebene Fragen:

## 7. Beurteilung auf der Grundlage des Bewerbungsgesprächs
7.1 Auftreten

- unsicher
- aufgeregt
- ungezwungen
- selbstbewußt

7.2 Kleidung

- nachlässig
- angemessen
- geschmackvoll
- elegant

7.3 Äußeres Erscheinungsbild

- ungepflegt
- gepflegt
- ansprechend
- unvorteilhaftes Aussehen

7.4 Auftreten

- kontaktfreudig
- zurückhaltend
- entgegenkommend
- höflich

7.5 Sprechweise

- langsam, unbeholfen
- leise, zögernd
- schnell, undeutlich
- klar, gut artikuliert
- ansprechend

7.6 Redegewandtheit

- schweigsam
- gesprächig
- sprachgewandt
- geschwätzig

7.7 Auffassungsgabe

- schnell
- langsam
- besonders schnell

7.8 Typeneignung

- nicht geeignet
- bedingt geeignet
- gut geeignet
- sehr gut geeignet

**§ 3** Kapitel 1: Einstellung und Entlassung

7.9 Fachliche Eignung

- nicht geeignet
- bedingt geeignet
- gut geeignet
- sehr gut geeignet

7.10 Berufserfahrung

- keine
- wenig
- langjährige
- absoluter Profi

7.11 Einstellung zur Position

- Übergangslösung
- unentschlossen
- interessiert
- sehr interessiert und motiviert

**8. Gesamteindruck**
- nicht geeignet
- unter Umständen geeignet
- noch geeignet
- gut geeignet
- sehr gut geeignet

**9. Zusatzbemerkungen:**

**10. Absprachen**

10.1 Bedenkzeit vom Bewerber bis

10.2 Bedenkzeit vom Unternehmen bis

10.3 Anfangsgehalt

10.4 Probezeit

10.5 Besondere Vertragsvereinbarungen

▲

## 2. Muster: Fragebogen an Bewerber

▼

Familienname (ggf. Geburtsname), Vorname:
Geburtsdatum:     Geburtsort:
Wohnanschrift:
Staatsangehörigkeit:
Familienstand:     Zahl der unterhaltsberechtigten Kinder:
Bankverbindung:     Kontonummer:     BLZ:
Gegenwärtige Beschäftigung:
Ist Ihr Ehegatte oder ein Kind in einem Konkurrenzunternehmen tätig?
Schulabschluß:
Berufsausbildung:

Abschlußprüfung als:     am:
Zusätzliche Qualifikationen:
Vorletzte Stelle als:     bei Firma:
Unterliegen Sie einem Wettbewerbsverbot?     Wenn ja, in welchem Umfang?
Sind Sie anerkannter Schwerbehinderter/Gleichgestellter?
Art und Grad der Behinderung:
Haben Sie einen Antrag auf Anerkennung gestellt?     Wenn ja, wann?
Sind Sie arbeitsunfähig erkrankt?     Seit wann?
Leiden Sie an einer ansteckenden oder chronischen Krankheit?

Leiden Sie an einer Krankheit oder an Beschwerden, die Sie bei der Ausübung der vorgesehenen Tätigkeit beeinträchtigen?
Endete das letzte Arbeitsverhältnis aus gesundheitlichen Gründen?
Haben Sie einen Kurantrag gestellt oder wurde bereits eine Kurmaßnahme bewilligt?
Haben Sie Wehr-/Zivildienst abgeleistet?
Besteht gegenwärtig ein Einberufungsbescheid?
Haben Sie Ihren künftigen Arbeitslohn abgetreten oder liegen Lohnpfändungen vor?
Haben Sie die eidesstattliche Versicherung abgeleistet?
Bestehen Vorstrafen, die für die vorgesehene Position von Belang sein könnten?
Müssen Sie aus Ihnen heute bekannten Gründen innerhalb der nächsten zwölf Monate mit längerer Abwesenheit vom Arbeitsplatz (länger als eine Woche) rechnen?

Ich versichere, daß meine vorstehenden Angaben wahrheitsgemäß sind. Ich habe nichts verschwiegen, was den Umständen nach zu offenbaren gewesen wäre. Mir ist bekannt, daß eine bewußt falsche oder unvollständige Beantwortung einzelner Fragen unser Unternehmen zu einer Anfechtung des Arbeitsvertrages wegen arglistiger Täuschung berechtigen würde.

Ort, Datum                                  Unterschrift des Bewerbers

▲

## 3. Muster: Personalfragebogen

▼

### 1. Angaben zur Person

Name:          Vorname:
Geburtsname:
geboren am:          geboren in:
Wohnanschrift:          Telefon:
Staatsangehörigkeit:          Familienstand:
Kontonummer:          bei Bank:          BLZ:

Name des Lebenspartners:
Arbeitgeber des Lebenspartners:
Namen und Geburtsdaten der Kinder:
1.          geboren am
2.          geboren am
3.          geboren am

(bei minderjährigen Arbeitnehmern)
Name und Anschrift des gesetzlichen Vertreters:
Krankenkasse:

### 2. Beruflicher Werdegang

Schulabschluß:
Sonstige Ausbildungen und Prüfungen:          Note:
Führerschein:          Fremdsprachen:
erlernter Beruf:
Ausbildung vom:          bis:
Name und Anschrift des Ausbilders:
bisherige Arbeitsverhältnisse:
vom:          bis:
Name und Anschrift des Arbeitgebers:

ausgeübte Tätigkeit:

vom:          bis:
Name und Anschrift des Arbeitgebers:
ausgeübte Tätigkeit:

vom:          bis:
Name und Anschrift des Arbeitgebers:
ausgeübte Tätigkeit:

letztes Arbeitsverhältnis beendet durch:
Hochschulstudium:
Abschluß als:

### 3. Zivildienst/Wehrdienst

Als wehrtauglich gemustert?
Bereitstellungs- oder Einberufungsbescheid?
Wehrdienst geleistet von:          bis:
Dienstgrad:
Ersatzdienst geleistet von:          bis:

### 4. Gesundheitszustand

Schwerbehinderung?          Schwerbehinderung oder Gleichstellung beantragt?
Bergmannsversorgungsschein?
Chronische oder ansteckende Erkrankungen, die für die Ausübung der angestrebten Tätigkeit von Bedeutung sein könnten?
Ist eine Kur beantragt oder bewilligt?
Sind Sie in den letzten zwölf Monaten ärztlich untersucht worden?
Wollen Sie Mitglied der Betriebskrankenkasse werden?

### 5. Diverses

Beziehen Sie eine Rente?
Haben Sie gegen einen früheren Arbeitgeber einen Anspruch auf eine Betriebsrente?

Besteht eine Anwartschaft?
Haben Sie ein öffentliches Ehrenamt?
Haben Sie im laufenden Urlaubsjahr Urlaub oder Urlaubsabgeltung erhalten?
Wie viele Urlaubstage?
Besteht für Sie ein Wettbewerbsverbot?

Dieser Personalfragebogen ist Bestandteil Ihres Arbeitsvertrages. Unvollständige oder unrichtige Angaben berechtigten das Unternehmen zur Anfechtung des Arbeitsvertrages oder zur fristlosen Kündigung des Arbeitsverhältnisses.

Ort, Datum                    Mitarbeiter

(bei minderjährigen Arbeitnehmern: Unterschrift der
gesetzlichen Vertreter)

## 4. Muster: Fragenkatalog zum Bewerbungsgespräch

Familienname (ggf. Geburtsname), Vorname:
Geburtsdatum:      Geburtsort:
Wohnanschrift:
Staatsangehörigkeit:
Familienstand:      Zahl der unterhaltsberechtigten Kinder:
Interviewer:      Datum des Interviews:

Wodurch sind Sie auf uns/die ausgeschriebene Stelle aufmerksam geworden?

Erzählen Sie uns einmal kurz Ihren beruflichen Werdegang!

Haben Sie die Berufstätigkeit einmal unterbrochen?

Wenn ja: warum?

Warum haben Sie sich für die ausgeschriebene Stelle beworben?

Wie könnte man Ihre derzeitige Stelle, Ihre derzeitige Tätigkeit umschreiben?

Aus welchen Gründen wollen Sie Ihren derzeitigen Arbeitsplatz aufgeben?

Was interessiert Sie an unserem Unternehmen?

Was würde sich mit der ausgeschriebenen Stelle für Sie ändern?

Welche Karriereziele haben Sie?

Wie sähe Ihre Idealposition aus?

Wie haben Sie sich den zeitlichen Rahmen für Ihre Karriere gesteckt?

Was haben Sie zu Ihrer Fortbildung unternommen?

Beschreiben Sie Ihre Stärken und Schwächen!

Nennen Sie uns Ihre größten Erfolge und Ihre größten Mißerfolge!

Wie beurteilt Ihr Lebensgefährte Ihre beruflichen Pläne?

Wie organisieren Sie die Betreuung Ihrer Kinder?

Wofür engagieren Sie sich in Ihrer Freizeit?

Treiben Sie Sport?

Welches Buch lesen Sie gerade?

Nennen Sie uns Ihren künftigen Einkommenswunsch!

Welche Kündigungsfrist müssen Sie beachten?

Üben Sie eine Nebentätigkeit aus?

Unterliegen Sie einem Wettbewerbsverbot?

Da bei uns keine Möglichkeit zum Rauchen besteht: Können Sie während der Arbeitszeit in unseren Betriebsräumen auf Rauchen verzichten?

## 5. Muster: Zwischennachricht

43 Herrn/Frau

Ihre Bewerbung vom als

Sehr geehrte(r) Frau/Herr ,

Ihre Bewerbungsunterlagen haben wir erhalten. Für Ihr Interesse an unserem Unternehmen bedanken wir uns.

Gegenwärtig sichten wir die Vielzahl der eingegangenen Bewerbungsunterlagen. Die Bearbeitung bedarf noch einiger Zeit.

Sobald wir uns entschieden haben, Sie zu einem Bewerbungsgespräch einzuladen, setzen wir uns mit Ihnen zwecks Terminsvereinbarung in Verbindung. Bis dahin bitten wir noch ein wenig um Geduld.

Anliegend übersenden wir Ihnen zur Beschleunigung des Bewerbungsverfahrens einen Bewerberfragebogen und bitten Sie, uns diesen mit eventuell noch fehlenden Unterlagen umgehend zurückzusenden.

Zu Ihrer Information fügen wir eine Broschüre über unser Haus bei, damit Sie erste Informationen über die Entstehung, Entwicklung und Produktpalette unseres Unternehmens sammeln können.

Mit freundlichen Grüßen

## 6. Muster: Einladung zum Vorstellungsgespräch

44 Herrn/Frau

Ihre Bewerbung vom als

Sehr geehrte(r) Frau/Herr ,

zunächst möchten wir uns bei Ihnen für die zügige Rücksendung des ausgefüllten Fragebogens bedanken. Wir haben zwischenzeitlich sämtliche Bewerberunterlagen gesichtet und uns entschlossen, Sie zu einem ersten Gespräch in unserem Hause

am um in

einzuladen. Ihr Gesprächspartner wird sein.

Bitte lassen Sie uns, möglichst schriftlich, wissen, ob Sie Zeit haben, uns zu dem vorgesehenen Termin zu besuchen. Sollten Sie verhindert sein, lassen Sie uns dies bitte umgehend wissen, damit wir einen ggf. telefonisch mit Ihnen abgestimmten Gesprächstermin vereinbaren können.

Die Ihnen entstehenden Reisekosten erstatten wir Ihnen im Umfang von 1,00 DM je gefahrenen Kilometer oder nach Maßgabe der Kosten eines 1. Klasse-Tickets der Deutschen Bahn.

Wir freuen uns auf Ihren Besuch.

Mit freundlichen Grüßen

### 7. Muster: Zusage

Herrn/Frau

Ihre Bewerbung vom          als

Sehr geehrte(r) Frau/Herr          ,

wir können Ihnen die erfreuliche Mitteilung machen, daß sich unser Haus für Sie entschieden hat. Auf diesem Wege möchten wir Sie als künftigen Mitarbeiter unseres Unternehmens begrüßen.

Einzelheiten sollten wir in einem weiteren Gespräch klären.

Ihr Arbeitsvertrag wird gegenwärtig vorbereitet. Wir bitten Sie, einen Termin zur Unterzeichnung des Arbeitsvertrages in unserem Hause sowie weiterer üblicher Einzelheiten zu vereinbaren.

Mit freundlichen Grüßen

### 8. Muster: Absage

Herrn/Frau

Ihre Bewerbung vom          als

Sehr geehrte(r) Frau/Herr          ,

leider müssen wir Ihnen die Mitteilung machen, daß wir Ihre Bewerbung nicht berücksichtigen konnten. Die uns überreichten Bewerbungsunterlagen senden wir anliegend zurück.

Wir können Ihnen sagen, daß es nur Nuancen waren, die für die Auswahlentscheidung maßgeblich waren.

Wir wären Ihnen verbunden, wenn Sie Verständnis für diese Entscheidung aufbringen könnten. Angesichts Ihrer Qualifikation sehen wir keine nennenswerten Schwierigkeiten für Sie, eine andere, Ihren Vorstellungen entsprechende Stelle zu finden.

Mit freundlichen Grüßen

### 9. Muster: Anfechtung des Arbeitsvertrags wegen verschwiegener Schwerbehinderteneigenschaft

Sehr geehrte(r) Frau/Herr _____,

Sie sind aufgrund des Arbeitsvertrages vom _____ in unser Unternehmen ab dem _____ als _____ beschäftigt. Im Einstellungsfragebogen haben Sie angegeben, daß Sie weder Schwerbehinderte(r) noch in sonstiger Weise körperbehindert seien. In Wirklichkeit sind Sie jedoch Schwerbehinderte(r) mit einem Grad der Erwerbsminderung von _____ v. H. Sie haben uns daher bei Abschluß des Arbeitsvertrages getäuscht. Aus diesem Grunde fechten wir unsere Willenserklärung, die zum Abschluß des Arbeitsvertrages geführt hat, nach § 123 BGB an.

Ohne die von Ihnen vorgenommene Täuschungshandlung wären Sie nicht eingestellt worden. Denn angesichts Ihres Arbeitsplatzes _____

Aus Gründen äußerster Vorsicht kündigen wir zusätzlich das Arbeitsverhältnis fristlos. Die Zustimmung der Hauptfürsorgestelle haben wir am _____ beantragt. Die Hauptfürsorgestelle hat sich nicht innerhalb von zwei Wochen geäußert. Gem. § 21 Abs. 3 Satz 2 SchwbG gilt die Zustimmung der Hauptfürsorgestelle als erteilt, wenn sie nicht innerhalb der Frist von zwei Wochen eine Entscheidung getroffen hat.

Der Betriebsrat wurde angehört.

Mit freundlichen Grüßen

## II. Stellenbeschreibung

### 1. Muster: Einfache Stellenbeschreibung

1. Stellenbeschreibung: _____
2. Hierarchiestufe: _____
3. Kurzbeschreibung des Aufgabengebietes: _____
4. Disziplinarvorgesetzter: _____
5. Fachliche(r) Vorgesetzte(r): _____
6. Stelleninhaber(in) ist disziplinarische(r) Vorgesetzte(r) folgender Mitarbeiter: _____
7. Stelleninhaber(in) ist Vorgesetzte(r) folgender Mitarbeiter(innen): _____
8. Stelleninhaber(in) vertritt: _____
9. Stelleninhaber(in) wird vertreten von: _____
10. Spezielle Vollmachten und Berechtigungen: _____
11. Beschreibung der Tätigkeit, die Stelleninhaber(in) selbständig durchzuführen hat: _____

| Datum | Datum | Datum | Datum |
|---|---|---|---|
| Unterschrift Stelleninaber(in) | Unterschrift unmittelbare(r) Vorgesetzte(r) | Unterschrift nächsthöhere(r) Vorgesetzte(r) | Unterschrift einführende Stelle |

Änderungen: _____ Datum: _____

## 2. Muster: Interne Stellenauschreibung (Aushang)

▼

1. Abteilung:
2. Zeitpunkt:
3. Aufgabenbereich:

   Stellenbezeichnung
   Arbeitsplatzbeschreibung
4. Anforderungsprofil:

   Kenntnisse/Fähigkeiten
   Fachliche Voraussetzungen
   Persönliche Voraussetzungen
   Eingruppierung
5. Bewerbung:

   Bewerbung ist zu richten an:
   Bewerbungsfrist/Beizufügende Unterlagen

Personalabteilung

▲

## 3. Muster: Fragebogen zur Erarbeitung einer Stellenbeschreibung

▼

*Fragebogen zur Erarbeitung einer Stellenbeschreibung*

Firma
Angestellte/r

**Allgemeine Angaben zur Stelle**
Nummer im Stellenplan
Bezeichnung der Tätigkeit
Abteilung

**Angaben zum Arbeitsplatz**
I. Regelmäßig durchzuführende Arbeiten (genaue Angaben zu Arbeitsablauf/Zeitraum)

II. Unregelmäßig durchzuführende Arbeiten

III. Umfang der Entscheidungskompetenz
– Entscheidungen, die selbständig ohne Rücksprache mit dem Vorgesetzten getroffen werden können

– Entscheidungen, die nur nach Rücksprache mit dem Vorgesetzten getroffen werden können

IV. Störungen im Arbeitsablauf
– treten nicht auf

## § 3 Kapitel 1: Einstellung und Entlassung

- treten auf
  
  Art der Störung          Ursache              Häufigkeit

**Angaben zu Weisungsfragen/innerbetrieblicher Zusammenarbeit**
I. Direkter Vorgesetzter

II. Sonstige Weisungsberechtigte
   Name/Stelle                Inhalt der Anweisung

III. Erteilen Sie selbst Anweisungen?
   Empfänger der Anweisung    Inhalt der Anweisung

IV. Regelmäßige Zusammenarbeit mit folgenden Stellen
   Stelle/Nr. im Stellenplan   Art der Zusammenarbeit

**Angaben zu Vertretungsfragen**
I. Während Ihres Urlaubs/Ihrer Krankheit übernimmt die Vertretung
   Name/Stelle                Umfang der zu übernehmenden Arbeiten

II. Sie übernehmen die Urlaubs-/Krankheitsvertretung für
   Name/Stelle                Umfang der zu übernehmenden Arbeiten

**Kritik/Verbesserungsvorschläge**
I. Ihre Entscheidungskompetenz könnte erweitert werden
 - nein [ ]
 - ja, um folgende Bereiche

II. Die innerbetriebliche Zusammenarbeit könnte verbessert werden
 - nein [ ]
 - ja – und zwar folgendermaßen

III. Die Regelungen zur Urlaubs-/Krankheitsvertretung könnten verbessert werden
 - nein [ ]
 - ja – und zwar folgendermaßen

IV. Sonstige Verbesserungsvorschläge

Datum, Unterschrift

## III. Mitbestimmung des Betriebsrats bei Einstellung

### 1. Muster: Antrag auf Zustimmung zur Einstellung mit Antwortformular für den Betriebsrat

An: Betriebsrat, z. Hd. des Vorsitzenden/der Vorsitzenden
von: Personalabteilung
Datum:

Betreff: Einstellung eines neuen Mitarbeiters/einer neuen Mitarbeiterin

Wir möchten Sie über die beabsichtigte Einstellung von Frau/Herrn           informieren. Die geplante Einstellung soll ab dem           unbefristet/befristet bis zum           erfolgen.

Angaben zur Person:

Name, Vorname:           Geburtsdatum:
Wohnort:           Straße:
Familienstand:           Zahl der unterhaltsberechtigten Kinder:
Ausbildung:
bisherige Tätigkeiten:
besondere Hinweise:

Vorgesehener Arbeitsplatz:
Tätigkeit:
Abteilung:
Eingruppierung:
in der Probezeit:           nach Probezeit:
außertarifliches Gehalt:

Auswirkungen der Einstellung:

Sonstige Bewerber:

Die Bewerbungsunterlagen sind beigefügt.

Ort, Datum           Unterschrift Personalabteilung

Angaben des Betriebsrats:

Wir geben folgende Stellungnahme ab:

Der Betriebsrat stimmt der beabsichtigten Maßnahme zu.
Der Betriebsrat hat von der beabsichtigten Maßnahme Kenntnis genommen, er will dazu keine Stellungnahme abgeben.
Der Betriebsrat verweigert zu der beabsichtigten Einstellung seine Zustimmung gem. § 99 Abs. 2 Nr.           BetrVG. Die Zustimmungsverweigerung basiert auf folgenden konkreten Gründen:


Ort, Datum           Betriebsratsvorsitzende(r)

### 2. Muster: Bekanntgabe der Einstellung eines leitenden Angestellten an den Betriebsrat

An den Betriebsrat

Betrifft: Einstellung eines leitenden Angestellten (§ 105 BetrVG)

Wir möchten folgende personelle Veränderung bekanntgeben:
Herr/Frau
nimmt am
folgende leitende Tätigkeit in unserer Firma auf:

Aus folgenden Gründen ist die Qualifikation zum leitenden Angestellten gegeben:
- *Alternative 1*: Berechtigung zur selbständigen Einstellung/Entlassung der im Betrieb beschäftigten Arbeitnehmer (§ 5 Abs. 3 Nr. 1)
- *Alternative 2*: Erteilung von Einzelprokura/Gesamtprokura (§ 5 Abs. 3 Nr. 2 BetrVG)
- *Alternative 3*: Erteilung der Handlungsvollmacht und Übernahme der selbständigen Leitung von Einkauf/Verkauf (§ 5 Abs. 3 Nr. 3)

Datum, Unterschrift

### 3. Muster: Guideline für Betriebsräte zur Prüfung der Voraussetzungen einer Zustimmungserteilung

Name des Bewerbers:　　　Vorname:
Geburtsdatum:　　　Zahl der Unterhaltsberechtigten:
Familienstand:
vorgesehene Tätigkeit:　　　vorgesehene Eingruppierung:

Eingang der Mitteilung über beabsichtigte Einstellung:
Letzter Tag zur Stellungnahme des Betriebsrats:
Nächste Betriebsratssitzung:
geplanter Einstellungstermin:

|  | ja | nein |
|---|---|---|
| Neubesetzung einer Stelle? |  |  |
| Neu geschaffene Stelle |  |  |
| – intern ausgeschrieben? |  |  |
| – extern ausgeschrieben? |  |  |
| Stelle im Stellenplan ausgewiesen? |  |  |
| Stellenbeschreibung vorhanden? |  |  |
| Stimmt Eingruppierungsvorschlag mit Tarifgruppe überein? |  |  |
| Liegen Bewerbungsunterlagen aller Bewerber vor? |  |  |
| Besteht ein Verstoß gegen allgemeine Vorschriften |  |  |
| – gegen den Gleichbehandlungsgrundsatz (§ 75 BetrVG)? |  |  |
| – gegen sonstige, gesetzliche, tarifliche oder einzelvertragliche Vorschriften |  |  |

Kann Zustimmung zur Einstellung verweigert werden mit
folgender Begründung:
1. Verstoß gegen geltendes Recht
– gegen Gesetz?
– Verordnung?
– Unfallverhütungsvorschrift?
– Tarifvertrag?
– Betriebsvereinbarung?
– gerichtliche Entscheidung?
– behördliche Anordnung?
2. Verstoß gegen Auswahlrichtlinien?
3. Besorgnis, daß infolge der Einstellung im Betrieb Beschäftigte
– gekündigt werden?
– sonstige Nachteile erleiden?
ohne daß dies aus betrieblichen oder persönlichen Gründen
gerechtfertigt ist.
4. Benachteiligung einer betroffenen Arbeitnehmerin/eines
betroffenen Arbeitnehmers?
5. Unterlassen einer internen Stellenauschreibung?
6. Begründete Besorgnis, daß durch den in Aussicht
   genommenen Bewerber/die in Aussicht genommene
   Bewerberin der Betriebsfrieden gestört wird durch
– gesetzwidriges Verhalten?
– durch grobe Verletzung der in § 75 Abs. 1 BetrVG
  enthaltenen Grundsätze?
7. Vermehrte Einstellung geringfügig Beschäftigter?

Ort, Datum            Betriebsratsvorsitzender

## IV. Kündigungsschreiben

### 1. Ordentliche Kündigung allgemein

#### a) Muster: Mindestinhalt eines Kündigungsschreibens

An
(Adresse)

Sehr geehrte(r) Herr/Frau          ,

hiermit kündige ich den mit Ihnen bestehenden Arbeitsvertrag vom          aus betriebsbedingten Gründen fristgemäß zum          .

Mit freundlichen Grüßen

### §3 Kapitel 1: Einstellung und Entlassung

**b) Muster: Muster 2106 in englischer Sprache/Sample for Dismissal**

▼

55  To
(address)

Dear          :
herewith we have to inform you that wie terminate your employment contract dated          for operational reasons with due notice as of          .
Yours sincerely

▲

**c) Muster: Ausführliches Kündigungsschreiben ohne Begründung**

▼

56  Herrn/Frau

Kündigung des Arbeitsverhältnisses

Sehr geehrte(r) Herr/Frau          ,

hiermit kündigen wir den zwischen uns am          geschlossenen Arbeitsvertrag unter Einhaltung der vertraglichen/tarifvertraglichen/gesetzlichen Frist zum          . Rein vorsorglich kündigen wir zum nächstmöglichen Termin.

Der Betriebsrat ist vor Ausspruch der Kündigung angehört worden. Er hat der Kündigung zugestimmt/widersprochen/sich nicht geäußert.

Bis zum Ablauf der Kündigungsfrist stehen Ihnen für das Urlaubsjahr          noch          Urlaubstage, für das Urlaubsjahr          noch          Urlaubstage zu. Diesen Urlaub erteilen wir Ihnen für die Zeit bis zur Beendigung des Arbeitsverhältnisses.

Sie müssen daher am          zum letzten Mal zur Arbeit erscheinen.

Ihre Arbeitspapiere werden Ihnen am letzten Arbeitstag ausgehändigt. Sollten Sie vorab für evtl. Bewerbungen ein Zwischenzeugnis oder sonstige Unterlagen benötigen, geben Sie bitte kurz in der Personalabteilung Bescheid.

Wir haben Verständnis dafür, daß unsere Entscheidung Sie hart trifft. Aber aus den Ihnen mündlich erläuterten Gründen blieb uns keine andere Wahl.

Mit freundlichen Grüßen


Unterschrift des Arbeitgebers

Das Original habe ich am          erhalten.

Ort, Datum                    Mitarbeiter

▲

## 2. Betriebsbedingte Kündigung

### a) Muster: Betriebsbedingte Kündigung wegen Auftragsrückgangs

▼

Frau/Herrn

Sehr geehrte(r) Frau/Herr          ,

hiermit kündigen wir das mit Ihnen bestehende Arbeitsverhältnis ordentlich aus betriebsbedingten Gründen.

In den letzten Jahren ist der Auftragseingang im Bereich          kontinuierlich zurückgegangen. Im laufenden Wirtschaftsjahr verzeichnen wir einen weiteren Rückgang um          %. Während wir im Jahre          einen Auftragsumfang von          DM mit          Mitarbeitern bewältigt haben, hat sich bis heute ein Arbeitskräfteüberhang entwickelt, wie der unmittelbare Zahlenvergleich ergibt. In diesem Jahr verfügen wir über einen Auftragsumfang von          DM und beschäftigen          Mitarbeiter. Wir waren daher aus Kostengründen und zur Erhaltung unserer Wettbewerbsfähigkeit gehalten,          Mitarbeitern zu kündigen.

Wir haben eine Sozialauswahl zwischen den vergleichbaren Arbeitnehmern entsprechend den gesetzlichen Vorgaben vorgenommen. Die Sozialauswahl hat dazu geführt, daß u. a. Ihnen gekündigt werden mußte.

Die Kündigungsfrist bis zur Beendigung des Arbeitsverhältnisses beträgt          , so daß angesichts unserer mit heutigem Schreiben ausgesprochenen Kündigung das Arbeitsverhältnis zum          endet.

Der Betriebsrat ist vor Ausspruch der Kündigung ordnungsgemäß angehört worden. Er hat sich innerhalb der gesetzlichen Frist nicht geäußert/der Kündigung zugestimmt/der Kündigung widersprochen. Eine Kopie der Stellungnahme des Betriebsrats fügen wir als Anlage bei.

Wir bitten Sie für unsere Entscheidung um Verständnis.

Mit freundlichen Grüßen

▲

### b) Muster: Betriebsbedingte Kündigung wegen Leistungsverdichtung

▼

Frau/Herrn

Sehr geehrte(r) Frau/Herr          ,

hiermit kündigen wir das mit Ihnen bestehende Arbeitsverhältnis ordentlich aus betriebsbedingten Gründen.

Wir haben uns entschlossen, einige organisatorische Änderungen einzuführen und in diesem Zusammenhang die Arbeit mit weniger Personal zu erledigen. Wir halten es für betriebswirtschaftlich notwendig, die Arbeit in dem Bereich          , die bislang von          Mitarbeitern erledigt wurde, durch eine Mitarbeiterzahl von          künftig bewältigen zu lassen. Ferner wollen wir in der Abteilung          künftig statt mit          Mitarbeitern mit          Mitarbeitern die anstehenden Aufgaben erledigen.

Organisatorisch ändert sich dadurch folgendes:

Wir haben nach Maßgabe des Gesetzes eine Sozialauswahl unter den mit Ihnen vergleichbaren Arbeitnehmern vorgenommen. Dabei hat sich ergeben, daß Ihnen zu kündigen war.

Die Kündigungsfrist bis zur Beendigung des Arbeitsverhältnisses beträgt          , so daß angesichts unserer mit heutigem Schreiben ausgesprochenen Kündigung das Arbeitsverhältnis zum          endet.

**§ 3  Kapitel 1: Einstellung und Entlassung**

Der Betriebsrat ist vor Ausspruch der Kündigung ordnungsgemäß angehört worden. Er hat sich innerhalb der gesetzlichen Frist nicht geäußert/der Kündigung zugestimmt/der Kündigung widersprochen. Eine Kopie der Stellungnahme des Betriebsrats fügen wir als Anlage bei.

Wir bitten Sie für unsere Entscheidung um Verständnis.

Mit freundlichen Grüßen

### c) Muster: Betriebsbedingte Kündigung wegen Produktionsrückgangs

59  Frau/Herrn

Sehr geehrte(r) Frau/Herr ,

hiermit kündigen wir das mit Ihnen bestehende Arbeitsverhältnis ordentlich aus betriebsbedingten Gründen.

Wie Sie selbst in den vergangenen Wochen/Monaten beobachtet haben werden, haben wir einen deutlichen Produktionsrückgang zu verzeichnen. Statt, wie bislang üblich,          Teile pro Tag/pro Woche zu produzieren, fertigen wir nunmehr nur noch          Teile pro Tag/pro Woche. Wir müssen deshalb dringend Personal abbauen, um die Existenz des Unternehmens nicht zu gefährden. Wir mußten außerdem in den letzten Jahren mit Rücksicht auf den Wettbewerb Preiskonzessionen machen. So betrug der Preis für          noch bis zum Jahre          DM, während wir heute am Markt einen Preis von          DM erzielen können. Den dadurch eingetretenen Gewinnverfall haben wir nicht länger aufhalten können, wobei wir in den vergangenen Jahren alle organisatorischen Maßnahmen ausgeschöpft haben, um nicht über Personalmaßnahmen reagieren zu müssen. Wir haben, wie Sie wissen,

Wir haben nach Maßgabe des Kündigungsschutzgesetzes eine Sozialauswahl unter den in Frage kommenden Mitarbeiterinnen und Mitarbeitern vorgenommen. Die Sozialauswahl hat im Ergebnis dazu geführt, daß wir Ihnen, zusammen mit anderen betroffenen Mitarbeitern, kündigen müssen.

Die Kündigungsfrist bis zur Beendigung des Arbeitsverhältnisses beträgt          , so daß angesichts unserer mit heutigem Schreiben ausgesprochenen Kündigung das Arbeitsverhältnis zum          endet.

Der Betriebsrat ist vor Ausspruch der Kündigung ordnungsgemäß angehört worden. Er hat sich innerhalb der gesetzlichen Frist nicht geäußert/der Kündigung zugestimmt/der Kündigung widersprochen. Eine Kopie der Stellungnahme des Betriebsrats fügen wir als Anlage bei.

Wir bitten Sie für unsere Entscheidung um Verständnis.

Mit freundlichen Grüßen

### d) Muster: Betriebsbedingte Kündigung wegen Betriebsteilstillegung

60  Frau/Herrn

Sehr geehrte(r) Frau/Herr ,

hiermit kündigen wir das mit Ihnen bestehende Arbeitsverhältnis ordentlich aus betriebsbedingten Gründen.

Die Geschäftsleitung hat sich entschlossen, den Betriebsteil          stillzulegen. Eine über Jahre kontinuierlich zu beobachtende Nachfrageschwäche unserer Artikel, ein aus unserer Sicht ruinöser Preiswettbewerb und der Umstand, daß für die nächsten Jahre keine Trendwende erkennbar ist, haben die Geschäftsleitung zu der Betriebsteilstillegung bewogen. Damit muß allen Mitarbeitern des Betriebsteils gekündigt werden, somit auch Ihnen. In anderen Betriebsteilen sind derzeit leider keine Stellen vakant, die wir Ihnen alternativ hätten zur Verfügung stellen können.

Die Kündigungsfrist bis zur Beendigung des Arbeitsverhältnisses beträgt , so daß angesichts unserer mit heutigem Schreiben ausgesprochenen Kündigung das Arbeitsverhältnis zum endet.

Der Betriebsrat ist vor Ausspruch der Kündigung ordnungsgemäß angehört worden. Er hat sich innerhalb der gesetzlichen Frist nicht geäußert/der Kündigung zugestimmt/der Kündigung widersprochen. Eine Kopie der Stellungnahme des Betriebsrats fügen wir als Anlage bei.

Wir bitten Sie für unsere Entscheidung um Verständnis.

Mit freundlichen Grüßen

### e) Muster: Betriebsbedingte Kündigung mit Angebot eines Abwicklungsvertrages

Frau/Herrn

Sehr geehrte(r) Frau/Herr ,

die betrieblichen Verhältnisse zwingen uns dazu, das mit Ihnen bestehende Arbeitsverhältnis unter Einhaltung der für Sie maßgeblichen Kündigungsfrist von Monaten zum zu kündigen. Sie sind nicht der einzige Mitarbeiter, von dem wir uns aus betriebsbedingten Gründen trennen müssen. Der Betriebsrat ist gem. § 102 Abs. 1 BetrVG gehört worden. Wir hatten eine Sozialauswahl zu treffen, die zum Ergebnis hat, daß Ihnen und anderen Mitarbeitern gekündigt werden mußte.

Sie gehören zu den seit längerem in unserem Unternehmen tätigen Mitarbeitern. Für den Fall, daß Sie unsere Entscheidung akzeptieren, bieten wir Ihnen eine Entlassungsentschädigung in Höhe von DM an. Wir würden dann mit Ihnen einen Abwicklungsvertrag schließen, in dem wir uns zur Zahlung der vorgenannten Abfindung verpflichten.

Bitte teilen Sie uns Ihre Entscheidung bis zum mit.

Mit freundlichen Grüßen

### 3. Muster: Verhaltensbedingte Kündigung

Frau/Herrn

Sehr geehrte(r) Frau/Herr ,

hiermit kündigen wir das mit Ihnen bestehende Arbeitsverhältnis ordentlich aus verhaltensbedingten Gründen.

(Schilderung des Geschehens)

Wegen der gleichen arbeitsvertraglichen Pflichtwidrigkeit sind Sie bereits mehrfach abgemahnt worden, und zwar am und am .

Trotz wiederholter Abmahnungen haben Sie Ihr Verhalten nicht geändert. Damit besteht die Gefahr weiterer Verstöße. Wir sehen uns deshalb gezwungen, das Arbeitsverhältnis durch Kündigung nunmehr zu beenden.

Die Kündigungsfrist beträgt in Ihrem Falle         Monate zum Monatsende. Das Arbeitsverhältnis endet somit am         .

Der Betriebsrat ist vor Ausspruch der Kündigung ordnungsgemäß angehört worden. Er hat der Kündigung zugestimmt/der Kündigung widersprochen/sich nicht innerhalb der gesetzlichen Frist geäußert.

Mit freundlichen Grüßen

## 4. Muster: Personenbedingte Kündigung wegen langanhaltender Krankheit

Frau/Herrn

Sehr geehrte(r) Frau/Herr         ,

hiermit kündigen wir das mit Ihnen bestehende Arbeitsverhältnis ordentlich aus personenbedingten Gründen.

Sie haben in den letzten vier Jahren folgende Arbeitsunfähigkeitszeiten wegen Krankheit aufzuweisen:

Vom         bis zum         haben Sie krankheitsbedingt gefehlt, somit         Tage.
Vom         bis zum         haben Sie krankheitsbedingt gefehlt, somit         Tage.
Vom         bis zum         haben Sie krankheitsbedingt gefehlt, somit         Tage.
Vom         bis zum         haben Sie krankheitsbedingt gefehlt, somit         Tage.
Vom         bis zum         haben Sie krankheitsbedingt gefehlt, somit         Tage.
Vom         bis zum         haben Sie krankheitsbedingt gefehlt, somit         Tage.
Vom         bis zum         haben Sie krankheitsbedingt gefehlt, somit         Tage.
Vom         bis zum         haben Sie krankheitsbedingt gefehlt, somit         Tage.
Vom         bis zum         haben Sie krankheitsbedingt gefehlt, somit         Tage.
Vom         bis zum         haben Sie krankheitsbedingt gefehlt, somit         Tage.

Insgesamt ergeben sich damit innerhalb von         Jahren         Fehltage.

Die Anzahl Ihrer bisherigen Fehltage ergibt eine negative Gesundheitsprognose. Auf unsere Frage im Personalgespräch vom         , aufgrund welcher Umstände wir zu der Annahme kommen sollen, daß sich für Sie in Zukunft eine andere gesundheitliche Entwicklung ergibt, konnten Sie uns keine Tatsachen benennen.

Ihre andauernden Fehlzeiten haben zu erheblichen Störungen im Betriebsablauf und zu erheblichen wirtschaftlichen Belastungen des Unternehmens geführt. Insgesamt sind durch Sie im Zeitraum von         Jahren         DM Entgeltfortzahlungskosten entstanden, die wir, unabhängig von den Betriebsablaufstörungen, nicht länger hinnehmen können.

Wir haben schließlich eine Interessenabwägung durchgeführt, um zwischen Ihrem Interesse am Erhalt des Arbeitsplatzes und unseren Interessen abzuwägen. Wir haben die Ursachen Ihrer Erkrankung, die Dauer Ihrer Betriebszugehörigkeit, Ihren Familienstand u. v. m. berücksichtigt. Wir sind jedoch zu dem Ergebnis gekommen, daß die harten Fakten, nämlich ständige Betriebsablaufstörungen und die hohen Kosten, die unser Unternehmen bislang getragen hat, in der heutigen Wettbewerbssituation zwingend überwiegen.

Die Kündigungsfrist für die Beendigung Ihres Arbeitsverhältnisses beträgt         Monate. Ihr Arbeitsverhältnis endet damit zum         .

Der Betriebsrat ist vor Ausspruch der Kündigung ordnungsgemäß angehört worden. Er hat der Kündigung zugestimmt/der Kündigung widersprochen/sich nicht innerhalb der gesetzlichen Frist geäußert.

Mit freundlichen Grüßen

### 5. Muster: Außerordentliche Kündigung

Frau/Herrn

Sehr geehrte(r) Frau/Herr ,

hiermit erklären wir die außerordentliche, fristlose Kündigung Ihres Arbeitsverhältnisses.

Unsere Kündigungsentscheidung basiert auf folgendem Sachverhalt:

Außerdem kündigen wir das Arbeitsverhältnis aus den vorgenannten Gründen hilfsweise fristgemäß zum .

Der Betriebsrat ist zu der außerordentlichen Kündigung sowie der hilfsweisen ordentlichen Kündigung angehört worden und hat den Kündigungen zugestimmt/widersprochen/sich nicht innerhalb der gesetzlichen Frist geäußert.

Zwecks Abwicklung Ihres Arbeitsverhältnisses setzen Sie sich bitte mit der Personalabteilung in Verbindung.

Mit freundlichen Grüßen

### 6. Ordentliche Änderungskündigung

#### a) Muster: Ordentliche Änderungskündigung

Frau/Herrn

Sehr geehrte(r) Frau/Herr ,

wir sehen uns zu unserem Bedauern gezwungen, Ihr Arbeitsverhältnis aus betriebsbedingten/personenbedingten/verhaltensbedingten Gründen unter Einhaltung der bei Ihnen bestehenden Kündigungsfrist zu kündigen.

Ihr Arbeitsverhältnis endet demzufolge zum .

Die Kündigung erfolgt aus folgenden Gründen:

Wir bieten Ihnen gleichzeitig an, das Arbeitsverhältnis ab dem (Datum identisch mit Ende der Kündigungsfrist) zu folgenden neuen Bedingungen fortzusetzen:

Ihre Tätigkeit umfaßt künftig folgenden Bereich:

Als Vergütung erhalten Sie künftig .

Im übrigen gelten die Bedingungen Ihres Arbeitsvertrages unverändert fort.

Teilen Sie uns innerhalb einer Woche nach Zugang dieses Schreibens mit, ob Sie mit den geänderten Arbeitsbedingungen und mit einer Fortsetzung des Arbeitsverhältnisses einverstanden sind. Andernfalls endet das Arbeitsverhältnis mit Ablauf der Kündigungsfrist.

Der Betriebsrat wurde vor Ausspruch dieser Kündigung ordnungsgemäß gehört, er hat der Änderungskündigung zugestimmt/widersprochen/sich nicht innerhalb der gesetzlichen Frist geäußert.

Mit freundlichen Grüßen

### b) Muster: Ordentliche Änderungskündigung wegen Organisationsänderung im öffentlichen Dienst

Frau/Herrn

Sehr geehrte(r) Frau/Herr ,

aufgrund der mit Ihnen im einzelnen ausführlich besprochenen Notwendigkeit, die Organisationsstruktur der Abteilung zu ändern, ist Ihre Weiterbeschäftigung zu den bisherigen Arbeitsbedingungen nicht möglich.

Aus der Abteilung wird der Bereich ausgegliedert. Im Verantwortungsbereich Ihrer bisherigen Abteilung verbleibt damit nur noch der Bereich . Aufgrund des Wegfalls wesentlicher Aufgaben Ihres Verantwortungsbereichs ist Ihre Position neu bewertet worden.

Daher kündigen wir das mit Ihnen bestehende Arbeitsverhältnis zum . Wir bieten Ihnen jedoch an, das Arbeitsverhältnis ab dem zu geänderten Bedingungen fortzusetzen. Verbunden mit Ihrer neuen Aufgabenstellung sollen Sie ab dem in die Vergütungsgruppe eingruppiert werden.

Bitte teilen Sie uns innerhalb von drei Wochen nach Zustellung dieses Schreibens schriftlich mit, ob Sie dieses Angebot annehmen. Andernfalls endet das Arbeitsverhältnis zum .

Der Personalrat hat der Änderungskündigung und der Herabgruppierung zugestimmt/widersprochen/sich nicht innerhalb der gesetzlichen Frist geäußert.

Mit freundlichen Grüßen

### 7. Muster: Außerordentliche Änderungskündigung

Frau/Herrn

Sehr geehrte(r) Frau/Herr ,

hiermit erklären wir die außerordentliche fristlose Kündigung Ihres Arbeitsverhältnisses.

Unsere Kündigungsentscheidung basiert auf folgendem Sachverhalt:

Außerdem kündigen wir das Arbeitsverhältnis aus den vorgenannten Gründen hilfsweise fristgemäß zum

Wir bieten Ihnen gleichzeitig an, das Arbeitsverhältnis ab sofort zu folgenden neuen Bedingungen fortzusetzen:

Ihre Tätigkeit umfaßt künftig folgenden Bereich:

Als Vergütung erhalten Sie künftig

Im übrigen gelten die Bestimmungen Ihres Arbeitsvertrages unverändert fort.

Teilen Sie uns bitte umgehend mit, ob Sie mit den geänderten Arbeitsbedingungen und mit einer Fortsetzung des Arbeitsverhältnisses einverstanden sind. Anderenfalls endet das Arbeitsverhältnis mit sofortiger Wirkung.

Der Betriebsrat wurde zu der außerordentlichen Kündigung sowie der hilfsweisen ordentlichen Kündigung angehört. Er hat den Kündigungen zugestimmt/widersprochen/sich nicht innerhalb der gesetzlichen Frist geäußert.

Mit freundlichen Grüßen

## 8. Arbeitnehmerreaktionen

### a) Muster: Aufforderung, die Gründe der Sozialauswahl mitzuteilen

An die
Personalabteilung
im Hause

Betr.: Meine betriebsbedingte Kündigung

Sehr geehrte Damen und Herren,

mit Schreiben vom          haben Sie mein Arbeitsverhältnis zum          gekündigt. Sie haben mir mitgeteilt, daß betriebsbedingte Gründe hierfür den Ausschlag gegeben haben.

Gem. § 1 Abs. 3 KSchG fordere ich Sie auf, mir die Gründe mitzuteilen, die im Rahmen der Sozialauswahl dazu geführt haben, daß ich als sozial Stärkerer im Verhältnis zu anderen Arbeitsplatzinhabern gelte.

In der Abteilung          werden meines Wissens mehrere jüngere Kolleginnen und Kollegen beschäftigt, die keine Unterhaltsverpflichtungen haben.

Ich bitte um kurzfristige Beantwortung meiner Anfrage.

Mit freundlichen Grüßen

### b) Muster: Aufforderung, die Gründe einer außerordentlichen Kündigung mitzuteilen

An die
Personalabteilung
im Hause

Betr.: Meine fristlose Kündigung

Sehr geehrte Damen und Herren,

Sie haben mit Schreiben vom          mein Arbeitsverhältnis fristlos gekündigt. Sie haben mir die Gründe Ihrer Entscheidung bislang nicht mitgeteilt. Gem. § 626 Abs. 2 BGB fordere ich Sie hiermit auf, mir unverzüglich die Gründe der außerordentlichen Kündigung mitzuteilen.

Mit freundlichen Grüßen

### c) Muster: Außerordentliche Kündigung durch den Arbeitnehmer wegen Gehaltsrückstand

**70** An die
Personalabteilung
im Hause

Betr.: Außerordentliche Kündigung

Sehr geehrte Damen und Herren,

hiermit erkläre ich die außerordentliche, fristlose Kündigung meines Arbeitsverhältnisses.

Seit           Wochen warte ich auf mein Gehalt für den Monat           . Auch vom           Gehalt fehlen mir noch           DM. Aus diesem Grund habe ich Sie mit Schreiben vom           abgemahnt und für den Fall der weiteren Verzögerung der Zahlung die fristlose Kündigung angedroht. Da seither keinerlei Zahlungen an mich geleistet wurden, sehe ich mich dazu gezwungen, das Arbeitsverhältnis mit sofortiger Wirkung zu kündigen.

Außerdem kündige ich das Arbeitsverhältnis aus den vorgenannten Gründen hilfsweise fristgemäß zum           .

Das noch ausstehende Gehalt bitte ich umgehend auf mein Konto zu überweisen.

Mit freundlichen Grüßen

## V. Kommunikation bei der Kündigung mit Betriebsrat, Sprecherausschuß und Hauptfürsorgestelle

### 1. Muster: Einholung der Zustimmung der Hauptfürsorgestelle[112]

**71** An die
Hauptfürsorgestelle

Betr.: Schwerbehinderter:           (Name, Vorname, Geburtsdatum, falls bekannt: Aktenzeichen des zuständigen Versorgungsamtes)

Sehr geehrte Damen und Herren,

wir beantragen die Zustimmung zur ordentlichen Kündigung des Schwerbehinderten           (Name, Adresse, Geburtsdatum, falls bekannt: Aktenzeichen des Versorgungsamtes).

Der Schwerbehinderte ist ledig/verheiratet/verwitwet/geschieden. Er hat einen Grad der Behinderung von           %. Er hat folgende Unterhaltsverpflichtungen:           Die Schwerbehinderung ist nachgewiesen durch           /nicht nachgewiesen. Ein Antrag auf Feststellung des Grades der Schwerbehinderung ist beim Versorgungsamt           am           gestellt worden.

Der Schwerbehinderte wurde am           eingestellt. Er ist als           tätig. Das letze Bruttomonatsgehalt betrug           DM.

Die Kündigung soll mit einer gesetzlichen Kündigungsfrist von           zum           erfolgen. (alternativ: Wir beabsichtigen dem Schwerbehinderten außerordentlich fristlos zu kündigen).

Die Kündigung ist erforderlich, weil           .

Durch die Kündigung wird Frau/Herr           nicht behindertenspezifisch benachteiligt.

---

112 Muster in Anlehnung an *Pauly/Steinweg*, in: *Heidel/Pauly/Amend*, AnwaltFormulare, 2. Auflage 2000, 179.

Der Antragsteller beschäftigt         Arbeitnehmer. Die Pflichtzahl beträgt         . Zur Zeit werden         Schwerbehinderte beschäftigt. Hiervon sind         älter als 50 Jahre. Bei         Arbeitnehmern/Arbeitnehmerinnen liegen die Voraussetzungen des § 6 Abs. 1 SchwbG vor.

Für weitere Auskünfte steht Ihnen Herr         zur Verfügung.

Wir fügen die Stellungnahme des Betriebsrates der Schwerbehindertenvertretung bei.

Die Fürsorgestelle der Stadt         hat eine Kopie dieses Schreibens unmittelbar erhalten.

Unterschrift

## 2. Muster: Anhörung des Betriebsrats vor ordentlicher Kündigung

An den Betriebsrat

Betrifft: Beabsichtigte ordentliche Kündigung (§ 102 BetrVG)

Die Firma beabsichtigt,
zum
fristgerecht unter Einhaltung der Kündigungsfrist von
zum
folgendem Arbeitnehmer zu kündigen:

Name:
Adresse:
Geburtsdatum:
Familienstand:
Anzahl minderjähriger Kinder:
(laut Steuerkarte)

beschäftigt seit:
Beschäftigungsort:
Tätigkeit/Arbeitsplatz:
Abteilung:

Die Firma hält eine Kündigung aus folgenden Gründen für erforderlich:

Es ist beabsichtigt, unmittelbar nach Abschluß des Anhörungsverfahrens die Kündigung auszusprechen.

Der Betriebsrat wird gebeten, binnen Wochenfrist seine Stellungnahme bzw. etwaige Bedenken/einen beabsichtigten Widerspruch schriftlich darzulegen.

Datum, Unterschrift

# § 3 Kapitel 1: Einstellung und Entlassung

## 3. Muster: Anhörung des Betriebsrats vor außerordentlicher Kündigung

▼

73 An den Betriebsrat

Betrifft: Beabsichtigte außerordentliche Kündigung (§ 102 BetrVG)

Die Firma beabsichtigt,

fristlos, bei Unwirksamkeit der fristlosen Kündigung vorsorglich fristgerecht zum nächstmöglichen Kündigungstermin, folgendem Arbeitnehmer zu kündigen:

Name:
Adresse:
Geburtsdatum:
Familienstand:
Anzahl minderjähriger Kinder:
(laut Steuerkarte)

beschäftigt seit:
Beschäftigungsort:
Tätigkeit/Arbeitsplatz:
Abteilung:

Die Firma hält eine außerordentliche Kündigung aus folgenden Gründen für erforderlich:

Es ist beabsichtigt, unmittelbar nach Abschluß des Anhörungsverfahrens die Kündigung auszusprechen.

Der Betriebsrat wird gebeten, unverzüglich bzw. spätestens innerhalb von drei Tagen seine Stellungnahme/etwaige Bedenken schriftlich darzulegen.

Datum, Unterschrift

▲

## 4. Muster: Anhörung des Betriebsrats vor einer ordentlichen Änderungskündigung

▼

74 An den Betriebsrat

Betrifft: Beabsichtigte ordentliche Änderungskündigung (§§ 99, 102 BetrVG)

Die Firma beabsichtigt,
fristgerecht unter Einhaltung der Kündigungsfrist von
zum
folgendem Arbeitnehmer zu kündigen:

Name:
Adresse:
Geburtsdatum:
Familienstand:
Anzahl minderjähriger Kinder:
(laut Steuerkarte)

beschäftigt seit:
Beschäftigungsort:

Tätigkeit/Arbeitsplatz:
Abteilung:

Die Firma hält eine Kündigung aus folgenden Gründen für erforderlich:

Die Firma beabsichtigt, dem Arbeitnehmer die Forsetzung des Arbeitsverhältnisses zu folgenden geänderten Bedingungen anzubieten:

Es ist beabsichtigt, unmittelbar nach Abschluß des Anhörungsverfahrens die Kündigung auszusprechen.

Der Betriebsrat wird gebeten, binnen Wochenfrist seine Stellungnahme bzw. etwaige Bedenken schriftlich darzulegen.

Datum, Unterschrift

## 5. Muster: Anhörung des Sprecherausschusses

An den
Sprecherausschuß
z. Hd. des Vorsitzenden
im Hause

Sehr geehrter Herr ,

unser Unternehmen erwägt, Frau/Herrn          unter Wahrung einer Frist von          Monaten zu kündigen. Folgende Daten über den Mitarbeiter/die Mitarbeiterin geben wir Ihnen zur Kenntnis:

Name:
Adresse:
Geburtsdatum:
Familienstand:
Anzahl minderjähriger Kinder:
(laut Steuerkarte)

beschäftigt seit:
Beschäftigungsort:
Tätigkeit/Arbeitsplatz:
Abteilung:

Für die Kündigung sind folgende Gründe maßgebend:

Wir sind auch bereit, die Kündigung mit Ihnen in einem vertraulichen Gespräch zu beraten.

Sofern der Sprecherausschuß Bedenken gegen die Kündigung hat, bitten wir um schriftliche Mitteilung gem. § 31 Abs. 2 Satz 4 SprAuG unter Wahrung der gesetzlichen Frist.

Mit freundlichen Grüßen

## VI. Muster: Ausgleichsquittung

▼

Ich bestätige, folgende Unterlagen am _____ ausgefüllt erhalten zu haben:
1. Lohnsteuerkarte für das Jahr
2. Sozialversicherungs-Nachweisheft einschließlich Versicherungskarte und Sozialversicherungsausweis
3. Arbeitsbescheinigung für das Arbeitsamt
4. Zeugnis
5. Urlaub für das Urlaubsjahr _____ bis einschließlich _____
6. Urlaubsbescheinigung
7. Lohn-/Gehaltsabrechnung
8. Urlaubsabgeltung
9. Restlohn/Restgehalt
10. Zwischenbescheinigung
11. Sonstiges

Das in der Abrechnung aufgeführte Gehalt sowie die Urlaubsabgeltung werden auf das Konto _____ überwiesen. Ich bestätige, daß die Abrechnung von Gehalt und Urlaubsabgeltung zutreffend sind.

Darüber hinaus bestätige ich, daß keine weitergehenden Ansprüche aus und in Verbindung mit dem Arbeitsverhältnis und seiner Beendigung gegen die Firma bestehen. Gegen die Kündigung erhebe ich keine Einwendungen.

Ferner bestätige ich, daß ich keine Ansprüche auf betriebliche Altersversorgung habe.

Die vorstehende Ausgleichsquittung habe ich sorgfältig gelesen.

▲

# Kapitel 2: Administration bestehender Arbeitsverhältnisse

## Literatur

**Adam**, Die Abmahnungsberechtigung, DB 1996, 476; **Becker-Schaffner**, Die Abmahnung in der Praxis, BB 1995, 2526; **dies.**, Die Änderungskündigung aus materiell-rechtlicher und prozessualer Sicht, BB 1991, 129; **Belling**, Das Mitbestimmungsrecht des Betriebsrats bei Versetzungen, DB 1985, 335; **Bengelsdorf**, Alkohol im Betrieb – Die Aufgaben des Vorgesetzten, NZA 1999, 1304; **Dersch/Neumann**, Bundesurlaubsgesetz, 8. Aufl. 1997; **Gola/Hümmerich**, Die Personalakte des Arbeitnehmers, BB 1974, 1167; **Hanel**, Personalakte und Abmahnung, 2. Aufl. 1994; **Hohmeister**, Aktuelle Urlaubsrechtsprechung des BAG, BB 1997, 1149; **ders.**, Die Rechtsprechung des Bundesarbeitsgerichts zum Urlaubsrecht im Jahr 1997/98, BB 1998, 1054; **Hromadka**, Änderung von Arbeitsbedingungen, 1990; **ders.**, Änderung von Arbeitsbedingungen, RdA 1992, 234; **ders.**, Das Leistungsbestimmungsrecht des Arbeitgebers, DB 1995, 1609; **ders.**, Möglichkeiten und Grenzen der Änderungskündigung, NZA 1996, 1; **Hümmerich**, Streitfragen um Personalakten in der Privatwirtschaft, DB 1977, 541; **Jedzig**, Einführung standardisierter Verfahren zur Leistungsbeurteilung von Arbeitnehmern, DB 1991, 753; **Kappes**, Zustimmungsverweigerung des Betriebsrats bei Höhergruppierungen, DB 1991, 333; **Klage**, Leistung fordert regelmäßige Bewertung, BB 1994, 1144; **Krasshöfer**, Der Anspruch des Arbeitnehmers auf Urlaub, AuA 1995, 299; **Krause**, Die Änderungskündigung zum Zweck der Entgeltreduzierung, DB 1995, 574; **Küttner**, Personalbuch 1999, 6. Aufl. 1999, Stichworte Änderungskündigung, Leistungsbeurteilung, Versetzung, Urlaubsanspruch; **Leinemann/Linck**, Berechnung der Urlaubsdauer bei regel- und unregelmäßig verteilter Arbeitszeit, DB 1999, 1498; **dies.**, Urlaubsrecht, 1995; **Leisten**, Das Nachschieben von Abmahnungsgründen, ArbuR 1991, 206; **Natzel**, Bundesurlaubsrecht, 4. Aufl. 1988; **Neumann**, Urlaubsrecht mit Erläuterungen, 11. Aufl. 1995; **Pauly**, Der Anspruch auf Entfernung einer Abmahnung aus der Personalakte, MDR 1996, 121; **ders.**, Hauptprobleme der arbeitsrechtlichen Abmahnung, NZA 1995, 449; **Pflaum**, Die Abmahnung im Arbeitsrecht als Vorstufe zur Kündigung, 1992; **Schäfer**, Urlaubsabgeltung bei fortbestehendem Arbeitsverhältnis, NZA 1993, 204; **Schunck**, Gescheiterte Abmahnung – Kündigungsrechtliche Konsequenzen?, NZA 1993, 828; **v. Hoyningen-Huene**, Die Abmahnung im Arbeitsrecht, AuA 1993, 137, 266; **ders.**, Grundlagen und Auswirkungen einer Versetzung, NZA 1993, 145; **v. Hoyningen-Huene/Boemke**, Die Versetzung 1991; **Veit**, Die Sicherung des Mitbestimmungsrechts des Betriebsrats bei Eingruppierungen, RdA 1990, 325; **Walker**, Fehlentwicklungen bei Abmahnung im Arbeitsrecht, NZA 1995, 601; **Weber**, Die Ansprüche auf Urlaub, Urlaubsentgelt und Urlaubsabgeltung, RdA 1995, 229; **Zirnbauer**, Die Änderungskündigung, NZA 1995, 1073; **Zuber**, Das Abmahnungserfordernis vor Ausspruch verhaltensbedingter Kündigungen, NZA 1999, 1142.

## A. Erläuterungen

### 1. Leistungsbeurteilung

Bei den Mustern 2154[113] und 2155[114] handelt es sich um Formulare zur Leistungsbeurteilung, insbesondere zur Messung der Effektivität der Arbeitsleistung des einzelnen Arbeitnehmers.

77

Gem. § 82 Abs. 2 BetrVG kann der Arbeitnehmer selbst in angemessenen Zeitabständen vom Arbeitgeber die **Durchführung eines Beurteilungsgesprächs** verlangen. In einem solchen Mitarbeitergespräch soll der Mitarbeiter eine Einschätzung des Arbeitgebers zu seiner Leistungsfähigkeit erhalten und er soll die Gelegenheit haben, die Möglichkeiten seiner beruflichen Entwicklung mit der Personalabteilung zu erörtern.[115] Regelmäßig werden in den Unternehmen die – weitgehend formalisierten – Beurteilungsgespräche in Betriebsvereinbarungen geregelt.[116] Schriftliche Beurteilungen, wie sie beispielsweise anhand der Muster 2154 und 2155 gefertigt werden, sind gem. § 83 BetrVG zur Personalakte zu nehmen. Enthalten schriftliche Beurteilungen unzutreffende Behauptungen oder

78

---

113 § 3 Kap. 2 M 92.
114 § 3 Kap. 2 M 93.
115 Siehe *Klage*, BB 1994, 1144.
116 Zu den heute üblichen Voraussetzungen siehe *Jedzig*, DB 1991, 859.

grob fehlerhafte Wertungen, kann der Arbeitnehmer die Entfernung aus der Personalakte verlangen.[117] Der Mitarbeiter kann ein Mitglied des Betriebsrats zu seinem Beurteilungsgespräch hinzuziehen, § 82 Abs. 2 Satz 2 BetrVG.

79  **Allgemeine Beurteilungsgrundsätze** unterliegen der Mitbestimmung des Betriebsrats gem. § 94 Abs. 2 BetrVG. Beurteilungsgrundsätze enthalten die Muster 2154 und 2155, weil mit ihrer Hilfe die Bewertung des Verhaltens oder der Leistung von Arbeitnehmern objektiviert und nach einheitlichen Kriterien ausgerichtet wird, so daß Beurteilungserkenntnisse miteinander verglichen werden können.[118] Nicht der Mitbestimmung des Betriebsrats unterliegen reine Arbeitsplatz- oder Stellenbeschreibungen, da sie keine Leistungs- bzw. Verhaltensbeurteilungen enthalten.[119] Auch soweit die Mitarbeiter angewiesen werden, ihre Tätigkeit zur Fertigung einer späteren Stellenbeschreibung in Erfassungsbögen einzutragen, wie im Muster 2098 vorgesehen, ist dies mitbestimmungsfrei.[120]

80  Auch dann, wenn die hier vorgelegten Muster 2154 und 2155[121] nur in einem Einzelfall und nicht generell im Betrieb verwendet werden, besteht kein Mitbestimmungsrecht des Betriebsrats.[122] Hat die Leistungsbeurteilung Auswirkungen auf die Höhe des Entgelts des Arbeitnehmers, beispielsweise im Zusammenhang mit Zulagen, die auf Basis einer Leistungsbeurteilung gewährt werden, steht dem Betriebsrat nach § 80 Abs. 2 BetrVG ein Einblicksrecht in die Leistungsbeurteilung zu.[123]

### 2. Änderung von Arbeitsbedingungen

81  Soweit die Änderung von Arbeitsbedingungen **einvernehmlich** erfolgt, stellt sie in individualarbeitsrechtlicher Hinsicht kein Problem dar. Stets ist zu prüfen, ob ein **Mitbestimmungsrecht des Betriebsrats** besteht. Bei der Versetzung, soweit sie einen Zeitraum von mehr als einem Monat erfaßt, ist stets das Mitbestimmungsrecht des Betriebsrats nach § 99 BetrVG zu beachten. Kein Mitbestimmungsrecht besteht dagegen, wenn ein Weiterbeschäftigungsangebot zu geänderten Arbeitsbedingungen unterbreitet wird, ohne daß – wie im Muster 2157[124] – eine Änderung von Arbeitsbedingungen damit verbunden ist. Das Muster 2157 ist eine gebräuchliche Vorgehensweise der Personalabteilung, die allerdings inhaltlich eine Änderungskündigung darstellt, je nachdem wie sie formuliert wird. Wird das Weiterbeschäftigungsangebot zu geänderten Arbeitsbedingungen ultimativ mit der Kündigungserklärung verknüpft, ist vor Ausspruch des Angebots und Ankündigung der Änderungskündigung der Betriebsrat nach § 102 BetrVG anzuhören.

Bei dem Muster 2158[125] handelt es sich, entsprechend dem Muster 2105[126] bei der Einstellung von Mitarbeitern, um eine Checkliste, die sich insbesondere für Betriebsräte eignet, um die Rechtslage abprüfen zu können.

82  Die **Erteilung einer Prokura** ist für einen Mitarbeiter, auch aus der Innensicht eines Unternehmens, mit einer Beförderung gleichzusetzen. Der Prokurist hat in vielen Betrieben eine angesehene

---

117 LAG Frankfurt, Urt. v. 06.03.1990, DB 1991, 1027.
118 BAG, Urt. v. 23.10.1984, DB 1985, 495.
119 BAG, Urt. v. 14.01.1986, DB 1986, 1286.
120 BAG, Urt. v. 24.11.1981, DB 1982, 1116.
121 § 3 Kap. 2 M 93.
122 Siehe *Küttner/Kreitner*, Personalbuch 1999, Leistungsbeurteilung Rn 11.
123 BAG, Urt. v. 20.12.1988, DB 1989, 1032.
124 § 3 Kap. 2 M 95.
125 § 3 Kap. 2 M 96.
126 § 3 Kap. 1 M 53.

Stellung, ohne daß die rechtsgeschäftliche Vertretungsbefugnis durch Prokura arbeitsrechtlich von Bedeutung wäre, sieht man einmal vom Fall des § 5 Abs. 3 Satz 2 BetrVG ab. Soweit ein Angestellter über die Prokuraerteilung zum leitenden Angestellten wird, entfällt die Zuständigkeit des Betriebsrats. Andernfalls ist die Prokuraerteilung nur mitbestimmungspflichtig, wenn sie mit einer Höhergruppierung oder Umsetzung im Sinne von § 99 BetrVG verbunden ist.

Die Anweisung an Sachbearbeiter, in Geschäftsbriefen auch ihre Vornamen anzugeben, betrifft das Arbeitsverhalten und ist daher nicht nach § 87 Abs. 1 Nr. 1 BetrVG mitbestimmungspflichtig.[127]

## 3. Urlaub

Der Urlaubsanspruch ist ein **Freistellungsanspruch des Arbeitnehmers gegen den Arbeitgeber**, durch den der Arbeitnehmer von seiner Arbeitspflicht befreit wird, ohne daß die übrigen Rechte und Pflichten aus dem Arbeitsverhältnis tangiert werden.[128] Entgegen einem weit verbreiteten Mißverständnis wird der Urlaub vom Arbeitgeber gem. § 7 Abs. 1 Satz 1 BUrlG nach den dort genannten Kriterien gewährt. Der Arbeitgeber hat zwar kein beliebiges Recht zur Urlaubserteilung, insbesondere muß er nach billigem Ermessen entscheiden.[129] Die Festlegung des Urlaubszeitpunkts gehört jedoch zur Konkretisierung der dem Arbeitgeber obliegenden, durch die Regelung des § 7 BUrlG auch im übrigen bestimmten Pflicht.[130] Eines Urlaubsantrags, wie er als Muster 2164 vorgelegt wird, bedarf es daher grundsätzlich nicht. Andererseits entspricht es ständiger Praxis, daß der Arbeitnehmer ein Leistungsverlangen auf Urlaub geltend macht, um den Arbeitgeber zur Erfüllung des Urlaubsanspruchs zu veranlassen.[131] Das Muster 2165[132] entspricht der Konkretisierung des Arbeitgeberrechts auf Urlaubsgewährung gem. § 7 Abs. 1 Satz 1 BUrlG. 83

Im Textbaustein 2166[133] wird dem Arbeitnehmer **unbezahlter Urlaub** gewährt, häufig im Urlaubsrecht auch als Sonderurlaub oder neuerdings als Sabbatical bezeichnet. Unbezahlten Urlaub kann der Arbeitgeber nicht einseitig anordnen. Von einigen gesetzlichen Sonderregelungen abgesehen, wie bei Wahlbewerbern gem. Art. 48 Abs. 1 GG, läßt sich auch ein Anspruch des Arbeitnehmers auf Gewährung unbezahlten Urlaubs kaum aus der Fürsorgepflicht ableiten. Dem Arbeitnehmer kann nur bei schwerwiegenden Gründen gem. § 242 BGB ein Anspruch auf unbezahlten Urlaub erwachsen. Maßgeblich ist eine sorgfältige Interessenabwägung, die einerseits die Dauer der begehrten Freistellung und das Gewicht des geltend gemachten Freistellungsgrundes, andererseits die konkret entgegenstehenden betrieblichen Belange angemessen berücksichtigen muß.[134] 84

Anders ist die Rechtslage im **öffentlichen Dienst**. Hier wurde eine dem Arbeitnehmer günstigere Regelung in § 50 Abs. 2 BAT geschaffen.[135] Klauseln in Sonderurlaubsvereinbarungen, wonach es dem Arbeitgeber freisteht, wann er den Arbeitnehmer wieder zur Arbeitsleistung auffordert, sind nichtig. Die Lücke soll in der Weise durch ergänzende Vertragsauslegung geschlossen werden, daß, notfalls

---

127 BAG, Beschl. v. 08.06.1999, NZA 1999, 1200.
128 BAG, Urt. v. 19.04.1994, BB 1994, 1569; BAG, Urt. v. 07.07.1988, DB 1988, 2315; einen informativen Überblick über die aktuelle Urlaubsrechtsprechung gibt *Hohmeister*, BB 1997, 1149; BB 1998, 1054.
129 BAG, Urt. v. 18.12.1986, DB 1987, 1362
130 BAG, Urt. v. 18.12.1986, DB 1987, 1362; BAG, Urt. v. 31.01.1996 – 2 AZR 282/95.
131 BAG, Urt. v. 28.11.1990, DB 1991, 2671.
132 § 3 Kap. 2 M 103.
133 § 3 Kap. 2 M 104.
134 LAG Hamm, Urt. v. 14.04.1982, DB 1982, 1328.
135 Wegen der Ausgestaltung und des Umfangs der Ansprüche des Arbeitnehmers siehe BAG, Urt. v.12.01.1989, NZA 1989, 848; BAG, Urt. v. 25.01.1994, NZA 1994, 546.

durch ein Arbeitsgericht, eine angemessene Dauer der Beurlaubung festgelegt wird.[136] Nichtig sind außerdem Klauseln, wonach das Arbeitsverhältnis endet, sofern der Arbeitnehmer nicht pünktlich nach Ablauf des Urlaubs einschließlich des Sonderurlaubs an seinen Arbeitsplatz zurückkehrt.[137] Auch ist ein Vorbehalt des Arbeitgebers des öffentlichen Dienstes, nach Gewährung eines bezahlten Sonderurlaubs gem. § 50 Abs. 1 BAT die Freistellung eventuell mit dem tariflichen Erholungsurlaub zu verrechnen, unwirksam.[138]

## 4. Abmahnung

### a) Wesen der Abmahnung

85 Mit der gesetzlich nicht geregelten Abmahnung rügt man konkretes Fehlverhalten und warnt mit einer Kündigungsandrohung vor weiteren Verstößen.[139] Sowohl dem Arbeitnehmer als auch dem Arbeitgeber steht das Abmahnungsrecht zu. Der ungewöhnliche Fall der Abmahnung durch den Arbeitnehmer[140] betrifft meist die Nichtgewährung des Gehalts. Nach ständiger Rechtsprechung darf der Arbeitnehmer das Arbeitsverhältnis wegen **Gehaltsrückstands** nur dann fristlos kündigen, wenn der Arbeitgeber entweder zeitlich oder dem Betrage nach erheblich in Verzug kommt und eine vorangegangene Abmahnung durch den Arbeitnehmer erfolglos geblieben ist.[141] Die Abmahnung ist Wirksamkeitsvoraussetzung für die auf vertragswidriges Verhalten gestützte einseitige Auflösung oder Abänderung von Arbeitsverhältnissen durch Kündigung und Änderungskündigung[142] oder durch Versetzung.[143] Die Abmahnung hat eine **Hinweis- und Warnfunktion**, vor einer einseitigen Beendigung des Arbeitsverhältnisses trifft Arbeitgeber und Arbeitnehmer die Pflicht zur Abmahnung.[144] Für arbeitnehmerseitige, einseitige Beendigungen gilt die Pflicht zur Abmahnung nur bei außerordentlichen Kündigungen, so bei Gehaltsrückstand oder wenn eine Werkswohnung in nicht mehr zumutbarem Zustand ist. Wenn ein Arbeitgeber seinen ausländischen Arbeitnehmern nach einer Beanstandung beim Einzug und der Zusage der Abhilfe keine vertragsgemäße Unterkunft zuweist, bedarf es vor einer von den Arbeitnehmern ausgesprochenen fristlosen Kündigung grundsätzlich der Abmahnung.[145]

Abzugrenzen ist die Abmahnung von Vorstufen wie Ermahnung, Vorhaltungen, Verwarnungen. Derartige Hinweise des Arbeitgebers beinhalten, anders als die Abmahnung, keine Kündigungsandrohung.

86 Ein **objektiver Verstoß gegen arbeitsvertragliche Pflichten** reicht aus, um eine Abmahnung aussprechen zu dürfen.[146] Die Abmahnung ist nicht gerechtfertigt, wenn sie auf einer unzutreffenden rechtlichen Bewertung des Verhaltens des Arbeitnehmers beruht.[147] Anhand dieser beiden Urteile

---

136 BAG, Urt. v. 13.08.1980, AP Nr. 1 zu § 1 BUrlG Unbezahlter Urlaub = BB 1981, 974.
137 BAG, Urt. v. 19.12.1974, AP Nr. 3 zu § 620 BGB Bedingung = NJW 1975, 1531.
138 BAG, Urt. v. 01.10.1991, AP Nr. 12 zu § 7 BUrlG = NZA 1992, 1078.
139 BAG, Urt. v. 17.02.1994, DB 1994, 1477; eine ausführlichere Darstellung findet sich bei *Hümmerich/Kallweit/Spirolke*, Das arbeitsrechtliche Mandat, § 3 Rn 241 ff.
140 Muster 2216, § 3 Kap. 3 M 132.
141 LAG Schleswig-Holstein, Urt. v. 08.02.1955, DB 1955, 484; LAG Düsseldorf, Urt. v. 12.09.1957, DB 1957, 1132; LAG Berlin, Urt. v. 12.05.1986, EWiR § 626 BGB 2/86.
142 BAG, Urt. v. 21.11.1985, DB 1986, 2130.
143 BAG, Urt. v. 30.10.1985, DB 1986, 2188.
144 BAG, Urt. v. 28.10.1971, DB 1972, 489.
145 BAG, Urt. v. 19.06.1967, EzA § 124 GewO Nr. 1.
146 BAG, Urt. v. 07.09.1988, DB 1989, 284.
147 BAG, Urt. v. 30.05.1996, NZA 1997, 145.

kann man eine wesentliche Voraussetzung für eine ordnungsgemäße Abmahnung erkennen: Im Abmahnungsschreiben soll der Sachverhalt möglichst konkret geschildert werden.[148] In einem zweiten Schritt soll dargestellt werden, daß es sich um einen Pflichtenverstoß handelt, also der konkrete Verstoß gegen Arbeitsvertragspflichten benannt wird.[149]

**b) Pflichtverletzungen im Leistungsbereich**

Bei Pflichtverletzungen im **Leistungsbereich** muß vor einer Kündigung grundsätzlich eine vergebliche Abmahnung ausgesprochen worden sein.[150] Zum Leistungsbereich gehören als Hauptpflichten die **Arbeits- und Vergütungspflicht**, der sog. **Betriebsbereich** und die **Treuepflichten**. Ein typischer Pflichtenverstoß aus dem Bereich der Hauptpflichten ist die Arbeitsbummelei.[151] Es sei aber davor gewarnt, in einem Abmahnungsschreiben dem Arbeitnehmer nur „Arbeitsbummelei" vorzuwerfen. Es muß dann schon näher dargelegt werden, an welchen Tagen der Arbeitnehmer langsam gearbeitet hat und auch woraus sich ergibt, daß es sich bei seinem Verhalten um ein besonders langsames Arbeiten handelt. Der häufigste Fehler in Abmahnungsschreiben besteht in bloßen Werturteilen, die nach Ort und Zeit darüber hinaus den Sachverhalt nicht näher aufgreifen, weswegen der Arbeitnehmer abgemahnt werden soll. Zu den Pflichtverletzungen zählt weiterhin die verspätete Arbeitsaufnahme[152] oder das Überziehen von Pausen[153] oder das fehlerhafte Arbeiten[154] und das Nichtbefolgen von Arbeitsanweisungen.[155] Der erste Schritt besteht in der Schilderung des Sachverhalts, der möglichst präzise unter Angabe von Datum, Uhrzeit und sonstigen Merkmalen des Geschehens schriftlich niedergelegt werden sollte. Der zweite Schritt besteht in der Bewertung des sich aus dem Sachverhalt ergebenden Verhaltens als arbeitsvertragliche Pflichtverletzung. In einem dritten Schritt kann man den Mitarbeiter auch auffordern, in Zukunft seine arbeitsvertraglichen Pflichten einzuhalten. Viertes, notwendiges Element einer jeden Abmahnung ist die Warnung, mit der unmißverständlich zum Ausdruck gebracht wird, daß im Wiederholungsfall mit weitergehenden arbeitsrechtlichen Maßnahmen gerechnet werden muß. Zu den Störungen im Bereich der Treuepflichten gehört die ständig verspätete Krankmeldung. Bei den Störungen im Betriebsbereich handelt es sich um Störungen der Betriebsordnung wie Verstoß gegen Rauch- oder Alkoholverbote,[156] der Verstoß gegen feuerpolizeiliche Anweisungen[157] oder Tätlichkeiten gegenüber Mitarbeitern.[158]

87

Im **Vertrauensbereich** angesiedeltes Verhalten, das vom Arbeitgeber als Anlaß zur ordentlichen oder außerordentlichen Kündigung genommen wird, muß nicht zunächst mit einer Abmahnung bedacht werden.[159] Bei Manipulationen an der Stempelkarte,[160] bei der Annahme von Schmiergel-

88

---

148 Bestimmtheitsgebot, BAG, Urt. v. 21.11.1985, AP Nr. 12 zu § 1 KSchG 1969; vgl. *Gola/Hümmerich*, BB 1974, 1167, 1170 f.
149 Siehe Muster 2205 Satz 1 des Anschreibens, in diesem Buch § 3 Kap. 3 M 125, Muster 2216 viertletzter Absatz, in diesem Buch § 3 Kap. 3 M 132.
150 BAG, Urt. v. 17.02.1994, DB 1994, 1477.
151 BAG, Urt. v. 27.01.1988, ZTR 1988, 309.
152 BAG, Urt. v. 17.03.1988, DB 1989, 329.
153 BAG, Urt. v. 07.09.1988, DB 1989, 284.
154 BAG, Urt. v. 07.09.1988, DB 1989, 284.
155 BAG, Urt. v. 15.01.1986, DB 1986, 1075.
156 BAG, Urt. v. 22.07.1982, DB 1983, 180.
157 Muster 2213, § 3 Kap. 3 M 130.
158 BAG, Urt. v. 12.07.1984, DB 1985, 340.
159 BAG, Urt. v. 10.11.1988, DB 1989, 1427.
160 LAG Hamm, Urt. v. 20.02.1986, DB 1986, 1338.

dern,[161] beim Fälschen von Arbeitsunfähigkeitsbescheinigungen,[162] bei Tätlichkeiten gegenüber dem Arbeitgeber[163] oder beim Verrat von Betriebsgeheimnissen[164] bedarf die fristlose wie fristgerechte Kündigung nicht zu ihrer Wirksamkeit einer vorherigen Abmahnung.

Nur bei gleichartigen **Wiederholungsfällen** ist eine erneute Abmahnung vor Ausspruch der Kündigung entbehrlich.[165] Abmahnung und Kündigungsgrund müssen danach in engem Zusammenhang stehen. In der Rechtsprechung spricht man hier vom **„gleichen Pflichtenkreis"**.[166]

### c) Form der Abmahnung

89 Die Abmahnung kann auch **mündlich** ausgesprochen werden,[167] aus Beweisgründen empfiehlt sich jedoch die **Schriftform**. Denjenigen, der die Abmahnung ausgesprochen haben will, trifft die Darlegungs- und Beweislast.[168] Notwendig ist nicht, daß im Abmahnungsschreiben das Wort „Abmahnung" enthalten ist. Die Funktion einer Abmahnung wird durch ein Schreiben erfüllt, das die Hinweis- und Warnfunktion, ausgerichtet an den Maßstäben der Rechtsprechung, erfüllt.[169]

90 **Abmahnungsberechtigt** ist jeder, der dem Betroffenen gegenüber weisungsbefugt ist.[170] Dies kann, bei entsprechender Bevollmächtigung, auch ein Rechtsanwalt sein.[171] Eine Anhörung des Mitarbeiters vor Übernahme einer Abmahnung in seine Personalakte, wie sich aus Muster 2080 ergibt, ist nur im Bereich des öffentlichen Dienstes erforderlich. Die Anhörung des Arbeitnehmers vor Übernahme einer Abmahnung in seine Personalakte ergibt sich aus § 13 Abs. 2 S. 1 BAT. Unterläßt der Arbeitgeber die Anhörung des Mitarbeiters, bevor er die Abmahnung in die Personalakte aufnimmt, ist die Abmahnung formell unwirksam.[172]

Häufig bilden mehrere Sachverhalte Anlaß für eine Abmahnung. Es empfiehlt sich aus Rechtsgründen, in ein Abmahnungsschreiben nur jeweils einen Sachverhalt aufzunehmen. Denn sobald ein weiterer Sachverhalt in einem Abmahnungsschreiben unrichtig wiedergegeben ist, kann der Arbeitnehmer vom Arbeitgeber verlangen, daß das gesamte Abmahnungsschreiben aus der Akte entfernt wird.[173]

91 Der Arbeitnehmer hat nach § 83 Abs. 2 BetrVG das Recht, neben dem Entfernungsanspruch bei einer unrichtigen Abmahnung, eine Gegendarstellung in die Personalakte aufnehmen zu lassen.[174]

---

161 LAG Köln, Urt. v. 04.01.1984, DB 1984, 1101.
162 LAG Bremen, Urt. v. 15.02.1985, BB, 1985, 1129.
163 BAG, Urt. v. 09.01.1986, DB 1986, 1339.
164 LAG Niedersachsen, Urt. v. 19.04.1978, DB 1978, 1011.
165 BAG, Urt. v. 21.05.1987, DB 1987, 2367.
166 BAG, Urt. v. 16.01.1992, NZA 1992, 1023.
167 BAG, Urt. v. 04.03.1981, BAGE 35, 118; LAG Hamm, Urt. v. 01.02.1983, LAGE § 611 BGB, Fürsorgepflichten Nr. 6.
168 BAG, Urt. v. 13.03.1987, DB 1987, 1494; Urt. v. 15.08.1984, BAGE 46, 163.
169 BAG, Urt. v. 18.01.1980, DB 1980, 1351.
170 BAG, Urt. v. 18.01.980, DB 1980, 1351.
171 BAG, Urt. v. 15.07.1992, DB 1993, 438.
172 BAG, Urt. v. 16.11.1989 DB 1990, 841; siehe hierzu im Rahmen eines arbeitsgerichtlichen Schriftsatzes auf Entfernung der Abmahnung aus der Personalakte das Muster 3685, § 7 Kap. 1 M 126.
173 BAG, Urt. v. 13.03.1991, NZA 1991, 768; LAG Köln, Urt. v. 12.03.1966, LAGE Nr. 3 zu § 611 BGB, Abmahnung, LAG Düsseldorf, Urt. v. 18.01.1986, LAGE Nr. 7 zu § 611 BGB, Abmahnung; diesen Aspekt berücksichtigt Muster 3688 für die gerichtliche Geltendmachung eines Entfernungsanspruchs aus der Personalakte.
174 Vgl. *Gola/Hümmerich*, BB 1974, 1170; *Hümmerich*, DB 1977, 541.

Der Betriebsrat muß vor einer Abmahnung nicht angehört werden. Es entspricht ständiger Rechtsprechung des Bundesarbeitsgerichts, daß der Betriebsrat kein Mitbestimmungsrecht hat, wenn ein Mitarbeiter abgemahnt wird.[175]

## B. Schriftsätze, Formulare, Muster

### I. Mitarbeiterbeurteilung

#### 1. Muster: Leistungsbeurteilungsbogen

▼

*Leistungsbeurteilungsbogen*

Name, Vorname:
Personalnummer:
Abteilung:
Tätigkeit:

**Bewertungsskala:**
0 = unterdurchschnittlich   1 = durchschnittlich   2 = gut   3 = sehr gut

*Fachliche/Persönliche Fähigkeiten*   0   1   2   3

| |
|---|
| Arbeitsqualität: |
| Arbeitstempo: |
| Selbständiges Arbeiten: |
| Zuverlässigkeit/Pünktlichkeit: |
| Organisationsfähigkeit: |
| Konzeptionelles Arbeiten: |
| Initiative: |
| Kreativität: |
| Durchsetzungsfähigkeit: |
| Belastbarkeit: |
| Verantwortungsbereitschaft: |
| Verhandlungsgeschick: |
| Lernverhalten: |
| Weiterbildungsinteresse: |

**Soziales Verhalten**

| |
|---|
| Kontaktfähigkeit: |
| Hilfsbereitschaft: |
| Fähigkeit zur Teamarbeit: |

---

175  BAG, Urt. v. 17.10.1989, NZA 1990, 193.

**§ 3** Kapitel 2: Administration bestehender Arbeitsverhältnisse

Verhalten gegenüber Kollegen:

Verhalten gegenüber Vorgesetzten:

**Fachkenntnisse:**

**Gesamtbeurteilung:**
Aus dem Durchschnitt der Einzelbewertungen ergibt sich die Gesamtbeurteilung            .

Unterschrift Vorgesetzte(r)        Unterschrift Beurteilte(r)

### 2. Muster: Mitarbeiterbeurteilung

Name:
Vorname:
Abteilung:

|  | trifft zu | trifft eher zu | trifft eher nicht zu | trifft nicht zu | keine Meinung |
|---|---|---|---|---|---|

**1. Persönlichkeit**

**Selbstorganisation**
- kann Termine und Absprachen einhalten
- kann Aufgaben aus eigenem Antrieb erkennen und lösen
- kann sich selbständig Informationen verschaffen
- organisiert selbst seine Weiterbildung
- kann sich schnell auf neue Situationen einstellen
- behält bei komplexen Situationen den Überblick
- ist bereit, bei Engpässen auszuhelfen
- handelt verantwortungsbewußt und hat die Folgen seines Tuns vor Augen
- nimmt Kritik an und arbeitet an seinen Schwächen

**Außendarstellung**
- sicheres Auftreten
- gute Manieren
- entgegenkommend gegenüber anderen Personen
- fügt sich gut in das Team ein
- redet und schreibt gewandt

## 2. Fachkompetenz

**Qualität der Arbeit**
- arbeitet zügig und konzentriert
- arbeitet i. d. R. ohne größere Fehler
- kann Prioritäten setzen
- hat eine schnelle Auffassungsgabe
- beachtet betriebliche Belange

**Menge der geleisteten Arbeit**
- hält Termine ein
- zeigt Ausdauer und Stetigkeit auch bei unangenehmen Arbeiten

## II. Änderung von Arbeitsbedingungen

### 1. Muster: Versetzung

▼

An
Frau/Herrn
im Hause

*Zuweisung einer anderweitigen Tätigkeit*

Sehr geehrte(r) Frau/Herr ,

in dem mit Ihnen am geschlossenen Arbeitsvertrag haben wir uns in § das Recht vorbehalten, Sie bei dringenden betrieblichen Erfordernissen zu versetzen bzw. Ihnen eine andere Tätigkeit zuzuweisen. Mit Wirkung vom werden Sie in der Abteilung mit den Aufgaben eines/einer betraut.

Eine Gehaltsminderung ist mit dieser Versetzung nicht verbunden.

Die Versetzung erfolgt aus folgenden Gründen:

Zum Zeichen Ihres Einverständnisses mit der geplanten Versetzung bitten wir um Unterzeichnung des beigefügten Doppels dieses Schreibens. Der Betriebsrat ist ordnungsgemäß gehört worden und hat der Versetzung zugestimmt.

Ort, Datum                    für die Firma

**Aushändigungserklärung**
Die Versetzungsmitteilung habe ich am erhalten und zur Kenntnis genommen./Ich bin mit der Versetzung einverstanden.

Ort, Datum                    Unterschrift

## 2. Muster: Weiterbeschäftigungsangebot zu geänderten Arbeitsbedingungen

An
Frau/Herrn
im Hause

Sehr geehrte(r) Frau/Herr           ,

wir müssen Ihnen mitteilen, daß wir beabsichtigen, das Arbeitsverhältnis mit Ihnen durch ordentliche Kündigung zum           zu beenden. Folgende Gründe sind für uns hierbei ausschlaggebend:

Eine Kündigung des Arbeitsverhältnisses läßt sich jedoch vermeiden, wenn Sie damit einverstanden sind, daß Ihr Arbeitsverhältnis zu den nachstehenden Bedingungen in veränderter Form fortgesetzt wird:

– Tätigkeit:
– Vergütung:

Im übrigen würde Ihr Arbeitsvertrag unverändert fortgelten.

Als Zeitpunkt der Aufnahme Ihrer neuen Tätigkeit haben wir uns den           vorgemerkt. Eine Änderung Ihres Arbeitsentgelt soll aber nicht vor Ablauf der für Sie maßgeblichen Kündigungsfrist erfolgen.

Bitte teilen Sie uns innerhalb einer Woche nach Zugang dieses Schreibens mit, ob Sie das vorstehende Angebot annehmen. In diesem Fall bitten wir Sie zugleich, einen Besprechungstermin mit unserer Personalabteilung zu vereinbaren, um weitere Einzelheiten Ihrer neuen Tätigkeit abzuklären.

Der Betriebsrat wurde ordnungsgemäß angehört und hat der Maßnahme zugestimmt/widersprochen/sich nicht innerhalb der gesetzlichen Frist geäußert.

Mit freundlichen Grüßen


## 3. Muster: Guideline für Betriebsräte zur Prüfung der Zustimmungsvoraussetzungen bei Versetzungen und Umgruppierungen

Name des Bewerbers:           Vorname:
Geburtsdatum:           Zahl der Unterhaltsberechtigten:
Familienstand:
vorgesehene Tätigkeit:           vorgesehene Eingruppierung:
Eingang der Mitteilung über die beabsichtigte
Versetzung/Umgruppierung:
Letzter Tag zur Stellungnahme des Betriebsrats:
Nächste Betriebsratssitzung:
Wann soll die Versetzung/Umgruppierung erfolgen?

|  | ja | nein |
|---|---|---|
| Ist Mitarbeiter/in | | |
| – Schwerbehinderte(r)/Gleichgestellte(r)? | | |
| – sonstige schutzbedürftige Person? | | |
| Ist die Umgruppierung mit einer Versetzung verbunden? | | |

# Mustertexte des Personalwesens §3

Ist die/der betroffene Mitarbeiter(in) mit der
- Versetzung einverstanden?
- Höhergruppierung einverstanden?
- Abgruppierung einverstanden?

Liegt ein Verstoß gegen allgemeine Vorschriften vor wie
- den Gleichbehandlungsgrundsatz?
- sonstige gesetzliche, tarifliche oder einzelvertragliche Vorschriften?

Kann Zustimmung zur Versetzung/Höher- oder Abgruppierung verweigert werden wegen

1. Verstoß gegen geltendes Recht, nämlich
- Gesetz?
- Verordnung?
- Unfallverhütungsvorschrift?
- Tarifvertrag?
- Betriebsvereinbarung?
- gerichtliche Entscheidung?
- behördliche Anordnung?

2. Verstoß gegen Regeln in Auswahlrichtlinie zu Versetzung oder Umgruppierung?

3. Besorgnis, daß infolge der Versetzung oder Umgruppierung im Betrieb Beschäftigte
- gekündigt werden?
- sonstige Nachteile erleiden?
  ohne, daß dies aus betrieblichen oder persönlichen Gründen gerechtfertigt ist.

4. Benachteiligung der/des betroffenen Mitarbeiters/Mitarbeiterin

5. Wurde Stelle intern ausgeschrieben?

6. Begründete Besorgnis, daß Mitarbeiter/in bei Übernahme der in Aussicht genommenen Stelle den Betriebsfrieden durch
- gesetzwidriges Verhalten stören wird?
- durch grobe Verletzung der in § 75 Abs. 1 BetrVG enthaltenen Grundsätze stören wird?

Kann der Änderungskündigung widersprochen werden, weil
- weil der Arbeitgeber bei Auswahl des/der von einer etwaigen Kündigung betroffenen Mitarbeiters/Mitarbeiterin soziale Gesichtspunkte nicht oder nicht ausreichend berücksichtigt hat?
- die Kündigung gegen eine Richtlinie nach § 95 BetrVG verstößt?
- die/der zur kündigende Mitarbeiter(in) an einem anderen Arbeitsplatz im selben Betrieb oder in einem anderen Betrieb des Unternehmens weiterbeschäftigt werden kann?
- die Weiterbeschäftigung des Mitarbeiters/der Mitarbeiterin nach zumutbaren Umschulungs- oder Fortbildungsmaßnahmen möglich ist?
- eine Weiterbeschäftigung des Mitarbeiters/der Mitarbeiterin unter geänderten Vertragsbedingungen möglich ist und das Einverständnis des Mitarbeiters/der Mitarbeiterin vorliegt?

Stimmt der Betriebsrat der
- Versetzung zu?
- Höhergruppierung zu?
- Abgruppierung zu?

Erläuterung der Gründe einer Zustimmungsverweigerung:

Ort, Datum          Betriebsratsvorsitzende(r)

## 4. Muster: Erteilung einer Handlungsvollmacht

97

*Handlungsvollmacht*

1. Ergänzend zum Anstellungsvertrag wird Frau/Herrn           gem. § 54 Abs. 1 HGB mit Wirkung ab

Handlungsvollmacht

erteilt.

2. Die Handlungsvollmacht wird als Einzelvollmacht erteilt und umfaßt alle Geschäfte und Rechtshandlungen, die der Betrieb der Firma gewöhnlich mit sich bringt, mit Ausnahme von

- Aufnahme von Darlehen
- Erwerb/Veräußerung von Grundstücken, grundstücksgleichen Rechten oder Verfügung jedweder Art hierüber
- Führung von Prozessen
- Ausstellung und Akzeptierung von Wechseln
- Abgabe von Bürgschafts-, Garantie- und anderen Haftungserklärungen für fremde Schuld
- Vermittlerverträgen.

3. Die Handlungsvollmacht ist durch den Vorstand frei widerruflich und endet in jedem Fall zu dem Zeitpunkt, in dem Frau/Herr           oder die Firma eine Kündigung des Anstellungsvertrages ausgesprochen hat bzw. eine Aufhebung des Arbeitsverhältnisses vereinbart wurde.

Mit seiner Unterschrift bestätigt Frau/Herr           , ein Exemplar dieser Handlungsvollmacht erhalten zu haben und für ihre Einhaltung Sorge zu tragen.

           , den

## 5. Muster: Erteilung einer Prokura

98 Die Firma           , vertreten durch           , erteilt hiermit Frau/Herrn           , wohnhaft in           , Prokura.

Die Prokura ist als Gesamtprokura ausgestattet. Frau/Herr           kann gemeinschaftlich mit einem weiteren Prokuristen oder einem Geschäftsführer die Firma vertreten. Die Prokura gilt für sämtliche Niederlassungen der Firma/nur für die Niederlassung           .

Frau/Herr           ist auch/nicht befugt, Grundstücke zu veräußern und zu belasten.

Frau/Herr           ist von den Beschränkungen des § 181 BGB befreit/nicht befreit.

Ort, Datum          Unterschrift Firma

## 6. Muster: Nachträgliche Freistellungsvereinbarung

Zwischen

▒▒▒ (Firma)

und

▒▒▒ (Arbeitnehmer)

wird folgende

*Freistellungsvereinbarung*

getroffen:

Der Arbeitnehmer wird ab dem ▒▒▒ bis zum ▒▒▒ bezahlt von der Verpflichtung der Arbeitsleistung freigestellt. Er kann in dieser Zeit frei über seine Arbeitskraft verfügen, muß sich jedoch anderweitigen Verdienst im Freistellungszeitraum auf das fortzuzahlende Arbeitsentgelt anrechnen lassen und daher die Aufnahme eines anderen Arbeitsverhältnisses und die Höhe des dort erzielten Arbeitsentgelts der Firma unaufgefordert und unverzüglich mitteilen. Die Firma ist berechtigt, die Entgeltfortzahlung zu verweigern, wenn und solange der Arbeitnehmer seiner Informationsverpflichtung nicht vollständig nachkommt.

(Firma)                    (Arbeitnehmer)


## 7. Muster: Wiedereingliederungsvertrag

*Wiedereingliederungsvertrag*

Zwischen

der Fa. ▒▒▒

und

Herrn/Frau ▒▒▒

wird folgender Wiedereingliederungsvertrag geschlossen:

### 1. Vertragsgegenstand

Herr/Frau ▒▒▒ wird probeweise und befristet zur Wiedereinarbeitung nach längerer Krankheit eingestellt. Der Personalbogen vom ▒▒▒ ist Gegenstand dieses Vertrages.

Die Vertragspartner wünschen, daß Herr/Frau ▒▒▒ sich in der Firma als EDV-Sachbearbeiter/in soweit wieder einarbeiten wird, daß das Arbeitsverhältnis aufgrund des Vertrages vom ▒▒▒ weitergeführt werden kann.

### 2. Beginn und Ende der Wiedereinarbeitung

Das Wiedereingliederungsverhältnis beginnt am ▒▒▒. Die Zeit der Einarbeitung wird auf sechs Monate beschränkt. Sie endet mit Fristablauf.

Bereits vor Fristablauf kann jeder Vertragspartner mit einer Frist von 2 Wochen ohne Angabe von Gründen das Wiedereingliederungsverhältnis kündigen.

Die Wiedereingliederungszeit kann verlängert werden. Es bedarf dazu jedoch einer ausdrücklichen Vereinbarung. Bei einer Tätigkeit über den Fristablauf hinaus gilt das Wiedereingliederungsverhältnis nicht als stillschweigend verlängert. Ein Widerspruch im Sinne des § 625 BGB ist nicht erforderlich.

### 3. Arbeitszeit und -aufgaben
Die Einarbeitungszeit gliedert sich in zwei Abschnitte.

Für die Zeit bis zum ........... wird Herr/Frau ........... pro Tag ........... Stunden mit ........... betraut.

Ab dem ........... bis zum ........... erhöht sich die tägliche Arbeitszeit auf ........... Stunden.

Nach diesem Zeitpunkt kann eine Erhöhung der täglichen Arbeitszeit nur in Übereinstimmung mit und auf Anraten des behandelnden Arztes von Herrn/Frau ........... erfolgen.

Während der gesamten Vertragszeit wird in Abständen von zwei Wochen mit Herrn/Frau ........... der bis dahin erzielte Einarbeitungserfolg besprochen.

Bei diesen Gesprächen sollen auch die weiteren Abschnitte der Einarbeitung miteinbezogen werden, die eine phasenweise Steigerung der Anforderungen am Arbeitsplatz anstreben, um das Ziel einer weiteren Gewöhnung und eine Steigerung der bisherigen Leistung unter Berücksichtigung des gesundheitlichen Zustandes des/r Herrn/Frau ........... zu erreichen.

Vor Abschluß der Wiedereinarbeitungszeit findet ein Gespräch statt, indem abschließend über den weiteren Verlauf des ursprünglichen Arbeitsverhältnisses entschieden werden soll.

### 4. Vergütung
Eine Vergütung wird während der Wiedereingliederung nicht gezahlt.

### 5. Urlaub und Entgeltfortzahlung
Herr/Frau ........... hat während der Zeit der Wiedereingliederung weder einen Anspruch auf Urlaub noch auf Entgeltfortzahlung im Krankheitsfall.

### 6. Auswirkungen auf das ursprüngliche Arbeitsverhältnis
Während der Wiedereingliederung ruht das ursprüngliche Arbeitsverhältnis. Die Pflichten aus dem Arbeitsvertrag vom ........... sind für diese Zeit suspendiert.

Eine eventuelle krankheitsbedingte Kündigung dieses Arbeitsverhältnisses wird durch den Wiedereingliederungsversuch nicht ausgeschlossen. In der Wiedereingliederung ist insbesondere kein Verzicht auf ein solches Kündigungsrecht zu erblicken.

### 7. Pflichten des Herrn/ der Frau ...........
Herr/Frau ........... verpflichtet sich, dem Geschäftsführer der Firma Überforderung durch die ihm/ihr zugewiesenen Tätigkeiten unverzüglich anzuzeigen und nicht über die in diesem Vertrag vereinbarte Arbeitszeit hinaus tätig zu sein.

Des weiteren verpflichtet er/sie sich, bei der Bundesanstalt für Angestellte einen Antrag auf Arbeitgeberzuschuß für berufsfördernde Leistungen gemäß § 17 SGB VI zu stellen

### 8. Salvatorische Klausel
Sollten einzelnen Bestimmungen dieses Vertrages unwirksam sein oder werden, so bleibt die Wirksamkeit der übrigen Bestimmungen davon unberührt.

Regelungslücken sollen soweit wie möglich, durch eine Regelung ersetzt werden, die dem entspricht, was die Parteien wollten oder nach Sinn und Zweck des Vertrages gewollt hätten, am nächsten kommt.

..........., ...........

...........                           ...........

Firma                                 Herr/Frau

## 8. Muster: Vereinbarung über alternierende Telearbeit

▼

*Vereinbarung*

zwischen

der Firma

— nachstehend Arbeitgeber genannt —

und

Herrn/Frau

— nachstehend Arbeitnehmer/in genannt —

wird folgendes vereinbart:

### § 1
(1) Herrn/Frau          wird ab          die Möglichkeit eingeräumt, die ihm/ihr übertragenen Tätigkeit          im Rahmen einer *alternierenden Telearbeit* auch außerhalb der betrieblichen Arbeitsstätte, d. h. an der häuslichen Arbeitsstätte zu erledigen.

Der Status eines/einer Arbeitnehmers/in bleibt durch diese Maßnahme unangetastet.

(2) Die im Arbeitsvertrag vom          getroffenen Vereinbarungen gelten weiterhin.

(3) Die häusliche Arbeitsstätte ist die unter der oben aufgeführten Anschrift bestehende Wohnung des/der Arbeitnehmers/in.

### § 2
(1) Die arbeitsvertraglich vereinbarte regelmäßige wöchentliche Arbeitszeit von          Stunden ist wie folgt zu erbringen:

Erledigung der Arbeiten an der häuslichen Arbeitsstätte:

Erledigung der Arbeiten an der betrieblichen Arbeitsstätte:

Bei einer freien Einteilung der an der häuslichen Arbeitsstätte zu erbringenden Arbeitszeiten hat der/die Arbeitnehmer/in die Bestimmungen des Arbeitszeitgesetzes zu beachten.

(2) Fahrten zwischen der häuslichen und der betrieblichen Arbeitsstätte gelten nicht als Arbeitszeit.

(3) Überstunden müssen vom Arbeitgeber im voraus angeordnet werden; eine nachträgliche Genehmigung ist nicht möglich.

(4) Zuschläge für Arbeitsleistungen zu ungünstigen Zeiten werden nur dann gemäß den tarifvertraglichen Regelungen gezahlt, wenn entsprechende Arbeitsleistungen an den einen solchen Anspruch begründenden Zeiten vom Arbeitgeber verlangt/angeordnet worden sind.

(5) Der/Die Arbeitnehmer/in erfaßt alle geleisteten Arbeitszeiten in einem Arbeitstagebuch, das dem jeweiligen unmittelbaren Vorgesetzten spätestens bis zum 05. des auf den Aufzeichnungsmonat folgenden Monats unaufgefordert vorzulegen ist.

### § 3
(1) Die notwendigen technischen Arbeitsmittel für die häusliche Arbeitsstätte werden vom Arbeitgeber kostenlos zur Verfügung gestellt und bleiben Eigentum des Arbeitgebers. Der Auf- und Abbau sowie die Wartung der bereitgestellten Arbeitsmittel erfolgt durch den Arbeitgeber. Der Arbeitgeber führt über diese Arbeitsmittel eine Inventarliste, die von der/die Arbeitnehmer/in gegenzuzeichnen ist.

(2) Die Nutzung der vom Arbeitgeber zur Verfügung gestellten Arbeitsmittel für private Zwecke ist untersagt.

(3) Der/Die Arbeitnehmer/in ist verpflichtet, die bereitgestellten Arbeitsmittel vor dem Zugriff Dritter zu schützen.

(4) Die Einrichtung der häuslichen Arbeitsstätte mit Büromöbeln unterliegt grundsätzlich dem/der Arbeitnehmer/in. Dabei ist darauf zu achten, daß die Büromöbel den Erfordernissen der Arbeitsergonomie und der Arbeitssicherheit entsprechen.

§ 4

(1) Der/Die Arbeitnehmer/in hat auf den Schutz von Daten und Informationen gegenüber Dritten an der häuslichen Arbeitsstätte besonders zu achten. Er/Sie hat insbesondere dafür Sorge zu tragen, daß Dritte keine Einsicht in vertrauliche Informationen und Paßwörter nehmen können.

(2) Notwendige Arbeitsunterlagen können mit Zustimmung des unmittelbaren Vorgesetzten in der häuslichen Arbeitsstätte benutzt werden. Vertrauliche Unterlagen sind sodann verschlossen aufzubewahren.

§ 5

Vertreter des Arbeitgebers, der Beschäftigtenvertreter sowie Datenschutzbeauftragte haben nach vorheriger Abstimmung mit dem/der Arbeitnehmer/in Zugang zur häuslichen Arbeitsstätte.

§ 6

(1) Für die der häuslichen Arbeitsstätte zuzuordnenden Haftungs- und Versicherungsschutzangelegenheiten gelten die gleichen Regelungen wie in der betrieblichen Arbeitsstätte.

(2) Schadensersatzansprüche Dritter, die berechtigt sind und ursächlich im Zusammenhang mit der häuslichen Arbeitsstätte stehen, übernimmt der Arbeitgeber im Falle der leichten Fahrlässigkeit.

(3) Die zur Verfügung gestellten Arbeitsmittel sind nicht durch die Hausratversicherung der/des Arbeitnehmers/in mitzuversichern, sondern bleiben in die Versicherung des Arbeitgebers einbezogen.

§ 7

(1) Der/Die Arbeitnehmer/in erhält für die ihr/ihm im Zusammenhang mit der häuslichen Arbeitsstätte anfallenden Kosten eine Aufwandsentschädigung in Höhe von _____ DM ( _____ EUR) monatlich. Damit sind alle entstehenden Kosten für Strom, Heizung, Miete, Reinigung etc. abgegolten.

(2) Die zu dienstlichen Zwecken nachweislich angefallenen Telekommunikationskosten werden vom Arbeitgeber erstattet.

§ 8

(1) Diese Vereinbarung kann von beiden Seiten mit einer Frist von 2 Wochen zum Monatsende ohne Angabe von Gründen gekündigt werden.

Gleichwohl kann diese Vereinbarung jederzeit im gegenseitigen Einvernehmen beendet werden. Darüber hinaus bleibt die Möglichkeit einer fristlosen Kündigung aus wichtigem Grund im Sinne des § 626 BGB unberührt.

(2) Der dem Arbeitsverhältnis zugrunde liegende Arbeitsvertrag wird von einer Kündigung bzw. Beendigung dieser Vereinbarung nicht berührt.

(3) Diese Vereinbarung endet – ohne daß es einer Kündigung bedarf – mit Beendigung des zugrunde liegenden Arbeitsverhältnisses oder mit einem Wohnungswechsel des/der Arbeitnehmers/in.

(4) Bei Beendigung der Telearbeit hat der Arbeitnehmer/in die ihm/ihr vom Arbeitgeber zur Verfügung gestellten Arbeitsmittel unverzüglich herauszugeben.

## § 9

(1) Änderungen und Ergänzungen dieser Vereinbarung bedürfen zu ihrer Gültigkeit der Schriftform.

(2) Diese Vereinbarung ist in zwei Exemplaren ausgefertigt. Der/die Arbeitnehmer/in hat eine Ausfertigung erhalten.

..........., der ...........

Arbeitgeber                          Arbeitnehmer/in

## III. Dienstreisen

### 1. Muster: Dienstreiseantrag

Name: ........... Vorname: ...........
Reiseziel ...........
Beginn der Dienstreise    Datum: ........... Uhrzeit: ...........
Ende der Dienstreise      Datum: ........... Uhrzeit: ...........
Fahrt mit:
    a) Bahn ...........
    b) Privat-Pkw ...........
    c) Firmen-Pkw
    wird benötigt
    von Datum: ........... Uhrzeit: ...........
    bis Datum: ........... Uhrzeit: ...........
    d) Flugzeug ...........
    e) Sonstiges ...........

Grund der Reise: ...........

Stellungnahme des Vorgesetzten: ...........

Ort, Datum                           Unterschrift

genehmigt: ...........

### 2. Muster: Reisekostenabrechnung

Name und Adresse
des Abrechnenden: ...........

*Beginn der Reise:* ........... um ........... Uhr; *Ende:* ........... um ........... Uhr
Anlaß/Zielort der Dienst-/Geschäftsreise: ...........

    ☐ Inlandsreise ☐ Auslandsreise

*Reisemittel:* ☐ Dienstwagen ☐ Privat-Pkw ☐ Bahn ☐ Flugzeug

## Kapitel 2: Administration bestehender Arbeitsverhältnisse

|  | Brutto-Ausgaben | USt (Vorsteuer) | Nettoaufwand |
|---|---|---|---|

*Fahrtkosten*

| | | | | |
|---|---|---|---|---|
| Bahnfahrtkarten/Fahrausweise lt. Anlage | | DM | | |
| Flugkarte lt. Anlage | | DM | | |
| Autokosten (Kraftstoff/Öl usw.) lt. Anlage | | DM | | |

Kilometersatz bei Privat-/Arbeitnehmer-Kfz
Zuschlag für ▢ Mitfahrer ▢ x 0,03 DM/km
▢ km x ▢ DM = DM

*Aufwendungen für Unterbringung*
nach beigefügten Belegen ▢ ohne Frühstück  DM
▢ Kürzung Frühstück um 9 DM/Tag
bzw. 20 % bei Auslandsübernachtung  ./. DM
oder Pauschbeträge ▢ Tage x ▢ DM = DM

Pauschbeträge für Verpflegungsmehraufwand
 ▢ Tage (mindestens 24 Std.) zu ▢ DM = DM
 ▢ Tage (mindestens 14 Std.) zu ▢ DM = DM
 ▢ Tage (mindestens 8 Std.) zu ▢ DM = DM
  Summe DM

*Reisekosten*
 DM

*Verrechnung mit geldwertem Vorteil aus Arbeitnehmerbewirtung*
lt. Untenstehender Aufstellung  ./. DM

*Abrechnung erstellt*  Summe
  ./. Vorschüsse
  Restzahlung/Überzahlung

Datum  Unterschrift

Buchungsvermerke:

*Geldwerter Vorteil aus Arbeitnehmerbewirtung:*
Ich habe vom Arbeitgeber unentgeltlich erhalten:

▢ x Frühstück à 2,60 DM  Insgesamt DM
▢ x Mittagessen ▢ x Abendessen je 4,70 DM  Insgesamt DM  DM

▢ Verrechnung mit Reisekosten  ▢ Versteuerung als laufender Arbeitslohn

# IV. Urlaub

## 1. Muster: Urlaubsantrag

Name, Vorname:
geb. am:

| | |
|---|---|
| Resturlaub Vorjahr (Der Urlaub muß bis spätestens 31.03. des laufenden Jahres genommen werden) | Tage |
| Urlaubsanspruch laufendes Jahr | Tage |
| Anspruch zum Zeitpunkt des Antrags | Tage |
| Ich beantrage Urlaub vom           bis | Tage |
| verbleibender Resturlaub | Tage |

während des Urlaubs vertritt mich:            Herr/Frau

Ort, Datum                                    Unterschrift Antragsteller

Der Antrag auf Urlaub

☐ wird befürwortet/genehmigt.                 ☐ wird nicht befürwortet/genehmigt.

Bei Ablehnung bitte Begründung:

Ort, Datum                                    Unterschrift Vorgesetzter

Bearbeitungsvermerk Personalstelle:

Ort, Datum                                    Unterschrift

## 2. Muster: Genehmigung bezahlten Urlaubs

Sehr geehrte(r) Frau/Herr            ,

Ihnen wird gemäß Ihrem Antrag vom            Erholungsurlaub für die Zeit vom            bis            bewilligt.

Erkranken Sie während des Urlaubs, müssen Sie die Erkrankung unverzüglich unter Beifügung einer ärztlichen Bescheinigung der Firma anzeigen. Dauert die Erkrankung länger als in der ärztlichen Bescheinigung vermerkt, ist eine weitere Arbeitsunfähigkeitsbescheinigung zu übersenden. Der Urlaub verlängert sich nicht um die in der ärztlichen Bescheinigung angegebenen Tage. Vielmehr wird der Urlaub durch eine Erkrankung unterbrochen. Resturlaub muß neu beantragt und erteilt werden.

Mit freundlichen Grüßen

## 3. Muster: Genehmigung unbezahlten Urlaubs/Sabbatical

Sehr geehrte(r) Frau/Herr ,

gemäß Ihrem Antrag vom erhalten Sie unbezahlten Urlaub, beginnend mit dem und endend am . Während der Dauer der Beurlaubung ruhen Ihre Rechte und Pflichten aus dem Arbeitsverhältnis, insbesondere die Arbeits- und die Lohnzahlungspflicht. Sie sind deshalb weder kranken-, noch renten-, noch arbeitslosenversichert. Für die Absicherung der vorgenannten Risiken während Ihres unbezahlten Urlaubs müssen Sie daher selbst Sorge tragen.

Mit freundlichen Grüßen

## 4. Muster: Anwesenheitsprämie durch bezahlten Urlaub

Sehr geehrte(r) Frau/Herr ,

Sie erhalten als pauschalen Ausgleich für besondere Leistungen in Zeiten von Personalausfällen in einem Kalenderjahr unabhängig von der Vergütung von Überstunden jeweils im folgenden Kalenderjahr sechs zusätzliche Urlaubstage. Soweit Ihr Arbeitsverhältnis nicht während des gesamten Bezugsjahres bestand, erhalten Sie für jeden vollen Monat der Betriebszugehörigkeit einen halben zusätzlichen Urlaubstag. Bruchteile eines Urlaubstages können weder auf- noch abgerundet werden. Für Bruchteile von weniger als einem halben Tag kann kein zusätzlicher Urlaub, sondern nur eine Urlaubsabgeltung verlangt werden.

Eine Übertragung des als Anwesenheitsprämie gewährten zusätzlichen Urlaubs auf das folgende Jahr ist nicht möglich. Wird der zusätzliche Urlaub, beispielsweise wegen Beendigung des Arbeitsverhältnisses, in dem folgenden Jahr nicht gewährt, so ist er mit der Fälligkeit am 31.12. abzugelten. Wir räumen Ihnen weiterhin die Möglichkeit ein, die vorgezogene Erteilung des für das folgende Jahr zustehenden zusätzlichen Urlaubs im Zeitraum vom 22.12. bis 31.12. des laufenden Jahres in Natura zu verlangen.

Der in diesem Schreiben gewährte, zusätzliche Urlaub ist eine freiwillige und jederzeit widerrufliche Leistung der Firma. Einen Rechtsanspruch wollen wir mit dieser Zusage nicht begründen.

Außerdem knüpfen wir den zusätzlichen Urlaub an folgende Bedingung: Für jeden Tag der Abwesenheit von der Arbeit, gleichgültig aus welchem Grund, kürzen wir den zusätzlichen Urlaub um einen Dritteltag. Die Tage des Erholungsurlaubs, bis zu fünf Tagen Abwesenheit wegen Arbeitsunfähigkeit und bis zu drei Tagen entschuldigter Arbeitsverhinderung im Jahr zählen dabei nicht als Fehltage.

Bitte unterzeichnen Sie zum Zeichen Ihres Einverständnisses ein Doppel dieses Schreibens und senden es an die Personalabteilung zurück.

Mit freundlichen Grüßen

## 5. Muster: Urlaubsbescheinigung gem. § 6 Abs. 2 BUrlG

▼

Herr/Frau          , geboren am          , wohnhaft in
war vom          bis          als
in unserem Werk beschäftigt.

Der volle Urlaubsanspruch beträgt          Tage im Kalenderjahr.

Es sind Herrn/Frau im Jahre          in Natura          Tage Urlaub gewährt worden.

Ferner wurden          Tage abgegolten. Es wurden          Tage Zusatzurlaub für          gewährt.

Der Resturlaubsanspruch beträgt          Tage.

▲

## V. Mutterschaft

### 1. Muster: Schreiben des Arbeitgebers einige Wochen vor der Niederkunft

▼

*persönlich/vertraulich*

Frau
im Hause

**Niederkunft**

Sehr geehrte Frau          ,

wie Sie uns mitgeteilt haben, erwarten Sie ein Baby und haben damit Anspruch auf die Rechte nach dem Mutterschutzgesetz. Für die noch vor Ihnen liegende Zeit der Schwangerschaft wünschen wir Ihnen und Ihrem Baby alles Gute. Lassen Sie uns bitte freundlicherweise wissen, wann die Schwangerschaft voraussichtlich beendet sein wird und Sie Ihr Baby zur Welt gebracht haben werden.

Sie wissen, daß Sie vor dem von Ihrem Frauenarzt errechneten Geburtstermin Anspruch auf Arbeitsbefreiung für die Dauer von sechs Wochen haben. Nach der Geburt beträgt Ihre Schutzfrist acht Wochen, in denen Sie sich unter Fortzahlung Ihrer Bezüge Ihrem Baby widmen können. Bei Früh- oder Mehrlingsgeburten erhöht sich der Mutterschaftsurlaub nach der Geburt auf zwölf Wochen.

Vater und Mutter des neuen Erdenbürgers haben nach dem Bundeserziehungsgeldgesetz das Recht, Erziehungsurlaub im Anschluß an den Mutterschutz zu erhalten bis zu dem Tag, an dem Ihr Kind 19 Monate alt wird. Das Recht auf Erziehungsurlaub steht jeweils einem Elternteil zu. Während des Erziehungsurlaubs können mal der Vater und mal die Mutter das Recht auf Erziehungsurlaub in Anspruch nehmen.

Während des Erziehungsurlaubs erhalten Sie von uns kein Arbeitsentgelt und dürfen nur einer Teilzeittätigkeit von nicht mehr als 19 Wochenstunden gegen Entgelt nachgehen.

Lassen Sie uns bitte vier Wochen vor der beabsichtigten Inanspruchnahme des Erziehungsurlaubs wissen, wann und ob Sie den Erziehungsurlaub antreten und ob Sie ggf. den Erziehungsurlaub im Wechsel mit dem Vater Ihres Kindes wahrnehmen wollen.

Lassen Sie uns bitte ferner wissen, ob Sie beabsichtigen, während des Erziehungsurlaubs einer Teilzeittätigkeit in unserem Hause nachzugehen.

Für unsere Personalplanung ist es wichtig, welche Absichten Sie im Hinblick auf die Entwicklung Ihres Arbeitsverhältnisses nach Beendigung des Erziehungsurlaubs haben. Sie haben sicherlich

Verständnis dafür, daß wir im Interesse Ihrer Kolleginnen und Kollegen, aber auch im Interesse unserer Kunden, die Stellen in unserem Hause optimal besetzen müssen und deshalb entscheiden müssen, ob die Stelle mit einer vorübergehenden Vertretung besetzt werden soll oder damit zu rechnen ist, daß Sie nach dem Erziehungsurlaub gänzlich ausscheiden und deshalb von vornherein eine auf Dauer angelegte Neubesetzung Ihrer Position in Betracht kommt.

Erfahrungsgemäß sehen sich manche Mütter erst in den ersten Wochen nach der Geburt in der Lage, in dieser Frage zu einer endgültigen Entschließung zu kommen. Lassen Sie uns deshalb zu dem frühestmöglichen Zeitpunkt, spätestens aber drei Wochen nach der Niederkunft wissen, ob Sie den Erziehungsurlaub in Anspruch nehmen wollen und ob Sie nach einer Inanspruchnahme des Erziehungsurlaubs das Arbeitsverhältnis fortzusetzen beabsichtigen.

Mit freundlichen Grüßen

### 2. Muster: Mitteilung der Schwangerschaft an das Gewerbeaufsichtsamt

An das Gewerbeaufsichtsamt
in

Einstellung einer werdenden Mutter

Wir kommen der gesetzlichen Auflage nach und teilen Ihnen mit, daß wir Frau , geb. am , eingestellt haben. Frau nimmt Ihre Arbeit am auf/hat ihre Arbeit am aufgenommen. Sie befindet sich im Monat der Schwangerschaft.

### 3. Muster: Antrag auf Erziehungsurlaub

An die Firma

Antrag des Arbeitnehmers auf Erziehungsurlaub gemäß § 16 BErzGG

Sehr geehrte Damen und Herren,

im Anschluß an die Mutterschutzfrist nach dem Mutterschutzgesetz beantrage ich, , die Gewährung von Erziehungsurlaub bis zu dem Tage, an dem mein Kind Monate alt wird. Die voraussichtlichen Daten teile ich mit:

Entbindungstag
Ablauf der Mutterschutzfrist

Ich beabsichtige,

[ ] das Arbeitsverhältnis nach Beendigung des Erziehungsurlaubs fortzusetzen.
[ ] das Arbeitsverhältnis nach Beendigung des Erziehungsurlaubs nicht fortzusetzen und werde rechtzeitig kündigen.

Ort, Datum  Unterschrift

## 4. Muster: Schreiben des Arbeitgebers nach der Geltendmachung des Erziehungsurlaubs

Sehr geehrte Frau ,

herzlichen Glückwunsch zur Geburt Ihres Sohnes /Ihrer Tochter . Sie haben uns inzwischen mitgeteilt, daß Sie im Anschluß an die achtwöchige Schutzfrist nach der Entbindung den gesetzlichen Erziehungsurlaub in Anspruch nehmen werden. Sie haben uns aber bisher nicht darüber unterrichtet, ob Sie beabsichtigen, das Arbeitsverhältnis nach Beendigung des Erziehungsurlaubs fortzusetzen.

Unser Unternehmen muß im Interesse aller Mitarbeiter die Personalplanung ordnungsgemäß und rechtzeitig einleiten. Teilen Sie uns daher alsbald, spätestens bis zum mit, ab wann Sie das Arbeitsverhältnis mit uns fortsetzen wollen.

Ihnen und Ihrem Kind wünschen wir alles Gute.

## 5. Muster: Checkliste: Erziehungsurlaub

### I. Persönliche Angaben des Erziehungsurlaubers
- Name
  Anschrift
  Telefon
- berufliche Tätigkeit
- Arbeitszeit
- Monatliches Bruttoeinkommen
  Urlaubs-/Weihnachtsgeld
  Gratifikationen
  Provisionsvereinbarungen
  Betriebliche Altersversorgung
- Persönliche Verhältnisse zum Kind
- Geburtstag des Kindes

### II. Anspruchsberechtigter (§ 15 Abs. 1 und 2 BErzGG)
- Arbeitnehmer/Auszubildender
  Ja  Nein
- Personensorgeberechtigter
  Mutter/Vater
  Adoptivmutter/Adoptivvater
  Vormund/Pfleger, wenn sie die Personensorge für das Kind haben
- Arbeitnehmer lebt mit dem Kind in einem Haushalt
  Ja  Nein
- Arbeitnehmer betreut und erzieht selbst das Kind
  ja  nein
- Der mit dem Arbeitnehmer in einem Haushalt lebende andere Elternteil ist erwerbstätig und nimmt keinen Erziehungsurlaub in Anspruch
  Ja  Nein

## § 3  Kapitel 2: Administration bestehender Arbeitsverhältnisse

- Ausschluß wegen gleichzeitigem Mutterschutz
  ☐ Ja ☐ Nein

### III. Antragstellung
- Formlos
- Spätestens vier Wochen vor Beginn des Erziehungsurlaubes
  Beginn des Erziehungsurlaubes
  Gleichzeitige Erklärung, für welchen Zeitraum Erziehungsurlaub in Anspruch genommen werden soll
  Voraussichtliches Ende des Erziehungsurlaubes

### IV. Ende des Erziehungsurlaubes
- Grundsätzlich zu dem Zeitpunkt, bis zu dem Erziehungsurlaub beantragt wurde.
  Beantragtes Ende des Erziehungsurlaubes
- Spätestens bei Vollendung des dritten Lebensjahres des Kindes (§ 15 Abs. 1 Satz 1 BErzGG)
  Geburtstag des Kindes
  Spätester Beendigungszeitpunkt
- Spätestens drei Wochen nach dem Tod des Kindes (§ 16 Abs. 3 BErzGG)
  Todestag des Kindes
  Beendigungszeitpunkt
- Keine Beendigung oder Unterbrechung des laufenden Erziehungsurlaubes durch die Geburt eines weiteren Kindes. Demnach auch kein Anspruch auf Mutterschaftsgeld gegen den Arbeitgeber (§ 14 MuSchG).

### V. Verkürzung und Verlängerung des Erziehungsurlaubes, mehrmalige Inanspruchnahme, Wechsel der Berechtigten
- Vorzeitige Beendigung des Erziehungsurlaubes vor dem ursprünglich beantragten Ende nur mit Einwilligung des Arbeitgebers (§ 16 Abs. 3 Satz 1 BErzGG)
  Antrag auf vorzeitige Beendigung ☐ Ja ☐ Nein
  Neuer Endtermin
  Einwilligung des Arbeitgebers ☐ Ja ☐ Nein
- Verlängerung des Erziehungsurlaubes über den ursprünglichen Beendigungszeitpunkt hinaus grundsätzlich nur mit Zustimmung des Arbeitgebers
  Antrag auf Verlängerung ☐ Ja ☐ Nein
  Neuer Endtermin
  Zustimmung des Arbeitgebers ☐ Ja ☐ Nein
- Bis zum dritten Geburtstag des Kindes darf maximal dreimal Erziehungsurlaub in Anspruch genommen werden (§ 16 Abs. 1 Satz 1 BErzGG). Mitteilung der verschiedenen Zeiträume, in denen Erziehungsurlaub in Anspruch genommen werden soll, an den Arbeitgeber bereits vor der erstmaligen Inanspruchnahme.
  Inanspruchnahme des Erziehungsurlaubes vom        bis
                                                    vom        bis
                                                    vom        bis
- Wechsel in der Person des Berechtigten ist maximal dreimal zulässig (§ 16 Abs. 1 Satz 1 BErzGG). Jeder einzelne Arbeitnehmer muß eine Erklärung gegenüber seinem Arbeitgeber abgeben. Dafür genügt jeweils die Einhaltung der Vierwochenfrist vor der jeweils erstmaligen Inanspruchnahme.
  Arbeitnehmer     Erziehungsurlaub      vom        bis
                                         vom        bis
  Arbeitnehmer     Erziehungsurlaub      vom        bis
                                         vom        bis
  Arbeitnehmer     Erziehungsurlaub      vom        bis
                                         vom        bis

## VI. Kündigung des Arbeitsverhältnisses

- Sonderkündigungsschutz (§ 18 BErzGG)
    - Ab Geltendmachung des Erziehungsurlaubes
    - Geltendmachung am
    - Höchstens sechs Wochen vor Beginn des Erziehungsurlaubes
    - Beginn des Erziehungsurlaubes
    - Beginn der Sechswochenfrist
- Kündigung des Arbeitsverhältnisses durch den Arbeitgeber möglich mit Zulässigkeit der obersten Landesbehörde (§ 18 BErzGG). In folgenden Fällen sollen die Voraussetzungen für eine Zulässigkeitserklärung vorliegen (Allgemeine Verwaltungsvorschriften des Bundesministers für Arbeit und Sozialordnung zum Kündigungsschutz bei Erziehungsurlaub vom 02.01.1986):
    - Einstellung des Betriebes
    - Auflösung einer Betriebsabteilung, sofern der Arbeitnehmer nicht in einem anderen Bereich untergebracht werden kann:
    - Beschäftigungsmöglichkeit in einem anderen Betrieb  Ja  Nein
    - Verlegung des Betriebes oder eines Betriebsteils, wenn der Arbeitnehmer eine Weiterbeschäftigung an einem neuen Ort ablehnt.
    - Weiterbeschäftigung  abgelehnt  angenommen
- Weiterhin zulässig bleiben
    - Abschluß einer Aufhebungsvereinbarung
    - Eigenkündigung des Arbeitnehmers
    - Zeitablauf bei einem befristeten Arbeitsvertrag
    - Anfechtung eines Arbeitsvertrages
    - Bedingungseintritt usw.
- Besonderes Kündigungsrecht des Arbeitnehmers (§ 19 BErzGG)
    - Zum Ende des Erziehungsurlaubes
    - Voraussichtlicher Endtermin des Erziehungsurlaubes
    - Kündigungsfrist von drei Monaten eingehalten

## VI. Datenschutz

### 1. Muster: Verpflichtungserklärung auf das Datengeheimnis

Das am 01.01.1978 in Kraft getretene Bundesdatenschutzgesetz (BDSG) gilt nunmehr in der Fassung vom 20.12.1990 (BGBl. 1990, S. 2954). In § 5 dieses Gesetzes wird bestimmt, daß allen in der Datenverarbeitung beschäftigten Personen untersagt ist, geschützte personenbezogene Daten zu einem anderen als dem zur jeweiligen rechtmäßigen Aufgabenerfüllung gehörenden Zweck zu verarbeiten, bekanntzugeben, zugänglich zu machen oder sonst zu nutzen. Da zur Datenverarbeitung hierbei das Erfassen, Aufnehmen, Aufbewahren, Übermitteln, Verändern, Löschen, Nutzen, Erheben und Sperren von personenbezogenen Daten zählt, und Sie hiermit beruflich zu tun haben, machen wir Sie auf die Bestimmungen über die Einhaltung des Datengeheimnisses aufmerksam.

Sie sind zum verschwiegenen Umgang mit personenbezogenen Daten verpflichtet. Auf diese Verschwiegenheit weisen wir Sie hiermit gemäß § 5 BDSG noch einmal gesondert hin. Ihre Verpflichtung auf das Datengeheimnis besteht auch nach Beendigung des Arbeitsverhältnisses fort.

**§ 3** Kapitel 2: Administration bestehender Arbeitsverhältnisse

Das Merkblatt zum Datengeheimnis haben wir Ihnen zur Verfügung gestellt. Mit Ihrer Unterschrift unter das vorliegende Schreiben erklären Sie, daß Sie das Merkblatt über das Datengeheimnis zur Kenntnis genommen haben.

Mit freundlichen Grüßen

Den Empfang der vorliegenden Mitteilung bestätige ich hiermit.

Datum                    Name

                         Unterschrift

▲

## 2179   2. Muster: Verpflichtung zur Wahrung von Betriebsgeheimnissen

▼

115   Herr

ist heute darüber belehrt worden, daß alle in der Firma

bearbeiteten Entwicklungen, Konstruktionen, Produktionsverfahren und Geschäftsvorgänge sowie der Inhalt seines Anstellungsvertrages als Betriebsgeheimnisse gelten.

Der Unterzeichnete verpflichtet sich hiermit ausdrücklich, über die während der Dauer des Arbeitsverhältnisses gewonnenen Kenntnisse und Erfahrungen sowie Tatsachen, Betriebs- und Geschäftsgeheimnisse, die ihm vermöge seiner Stellung im Betrieb bekannt geworden sind, Schweigen zu bewahren, sie in keiner Form Dritten zugänglich zu machen und sie auch nicht für eigene Zwecke auszuwerten.

Alle schriftlichen Unterlagen, wie Zeichnungen, Pausen, Entwicklungsberichte usw., die ihm in dienstlicher Eigenschaft zugänglich sind, müssen entsprechend den dafür erlassenen Bestimmungen behandelt und sicher gegen Kenntnisnahme durch unbefugte Personen aufbewahrt werden.

Der Unterzeichnete verpflichtet sich zum Ersatz des Schadens, der daraus entsteht, daß er ein Betriebs- oder Geschäftsgeheimnis zu Zwecken des Wettbewerbs oder aus Eigennutz oder in der Absicht, der Firma       Schaden zuzufügen oder in sonstigen Fällen einer Treuepflichtverletzung unbefugt verwertet oder jemandem in irgendeiner Form zugänglich macht.

Der Unterzeichnete hat vor Abgabe dieser Verpflichtungserklärung eingehend Kenntnis genommen vom Inhalt der §§ 12 und 17–20 des Gesetzes gegen den unlauteren Wettbewerb – UWG – (s. unten). Er hat sich ausdrücklich bereiterklärt, sich nach diesen Bestimmungen zu verhalten und unverzüglich die Geschäftsleitung zu unterrichten, falls er Kenntnis erhält von Bestrebungen, Versuchen usw., die darauf gerichtet sind, unrechtmäßig in den Besitz von Betriebsgeheimnissen der Firma       zu gelangen.

▲

## 2181   3. Muster: Merkblatt zum Datengeheimnis

▼

116                     *Merkblatt zum Datengeheimnis*

Neben den besonderen Geheimhaltungsvorschriften in unserem Betrieb und sonstigen Geheimhaltungsvorschriften (z.B. § 17 UWG) gilt für Sie aufgrund Ihrer Aufgabenstellung das Datengeheimnis nach § 5 Bundesdatenschutzgesetz (BDSG).

Hiernach ist den bei der Datenverarbeitung beschäftigten Mitarbeitern untersagt, geschützte personenbezogene Daten unbefugt zu einem anderen als dem zur jeweiligen rechtmäßigen Aufgabenerfüllung gehörenden Zweck zu verarbeiten, bekanntzugeben, zugänglich zu machen oder sonst zu nutzen. Die „Befugnis" des Mitarbeiters zur Verarbeitung von Daten ergibt sich zunächst aus den Regelungen des Bundesdatenschutzgesetzes bzw. speziellen Datenschutzvorschriften sowie aus der Aufgabenstellung im Betrieb und den zur Wahrung des Datenschutzes bestehenden betrieblichen Grundsätzen. Eine mißbräuchliche Nutzung der anvertrauten Daten liegt daher auch vor, wenn die im beruflichen Bereich bekanntgewordenen Angaben zu privaten Zwecken verwendet werden.

Gemäß gesetzlicher Bestimmungen muß jeder bei der Verarbeitung personenbezogener Daten beschäftigte Mitarbeiter ausdrücklich formell auf das Datengeheimnis hingewiesen werden. Die Verpflichtung zur Wahrung des Datengeheimnisses besteht auch nach Beendigung der jeweiligen Tätigkeit, d.h. auch nach Ausscheiden aus unserer Firma, weiter. Verstöße gegen das Datengeheimnis können gemäß § 43 BDSG und anderen einschlägigen Rechtsvorschriften mit Freiheits- oder Geldstrafen geahndet werden. Ferner können Schadensersatzverpflichtungen des Mitarbeiters sowie arbeitsrechtliche Konsequenzen entstehen.

Der Schutz personenbezogener Daten nach dem BDSG erstreckt sich auf in Dateien gespeicherte Daten, ungeachtet der bei der Verarbeitung angewandten Verfahren. Das Gesetz schützt grundsätzlich alle Datensammlungen mit personenbezogenen Daten (z.B. Karteien, Erfassungsformulare, Lochkarten, Magnetbänder, Mikrofilmaufzeichnungen etc.). Der Schutz erstreckt sich auch auf die Verfahren, mit denen solche Daten verarbeitet werden. Neben den Vorschriften des BDSG sind spezielle datenschutzrechtliche Vorschriften zu beachten. So sind bei der Verarbeitung von Daten für firmeneigene Zwecke durch die Buchhaltung und das Rechnungswesen die Grundsätze der ordnungsgemäßen Datenverarbeitung im Sinne der ordnungsgemäßen Buchführung einzuhalten. Bei der Verarbeitung von Personaldaten sind neben den Bestimmungen des BDSG die Grundsätze des Personaldatenrechts zu beachten.

Wir sind verpflichtet, die dem Datengeheimnis unterliegenden Mitarbeiter mit diesen Datenschutzvorschriften vertraut zu machen. Auch in Ihrem eigenen Interesse bitten wir Sie, die hierzu zur Verfügung gestellten Unterlagen sowie das vorliegende Merkblatt zu beachten und die angebotenen Informationsmöglichkeiten zu nutzen.

## 4. Muster: Benutzerrichtlinien für das Internet

### 1. Allgemeines

Für einzelne PC im Bereich          ist ein Internetzugang hergestellt worden. Als Mitarbeiter/in, der/die für die Nutzung der Dienste berechtigt ist, sind Sie über diese von außen (mittelbar bzw. unmittelbar) erreichbar. Desgleichen können Sie firmeninterne Informationen über eMail oder das Internet an andere übermitteln bzw. bereitstellen.

Durch die Nutzung der genannten Kommunikationsmöglichkeiten können sich Bedrohungen ergeben, die sich gegen die nachstehend aufgeführten Sicherheitsanforderungen an IT-Systeme und Daten richten:

**Integrität**
Eine Änderung der Informationen ist nur durch Befugte in beabsichtigter Weise möglich. Eine Modifizierung der Informationen durch Unbefugte findet nicht statt.

## § 3 Kapitel 2: Administration bestehender Arbeitsverhältnisse

**Vertraulichkeit**

Die Informationen dürfen nur Befugten zugänglich gemacht werden. Eine unbefugte Informationsgewinnung ist nicht erlaubt.

**Authentizität**

Zweifelsfreie Erkennung von Partnern bei der Herstellung einer Verbindung und Erhaltung dieses Zustandes für die Dauer der Verbindung.

**Verfügbarkeit**

Die Verfügbarkeit eines IT-Systems und seiner Daten muß gewährleistet sein und darf auch nicht vorübergehend beeinträchtigt werden.

Zur Abwehr von Bedrohungen, die sich gegen die vorstehenden Sicherheitsanforderungen richten, ist die konsequente und gewissenhafte Anwendung der Benutzerrichtlinien unverzichtbar.

Die Kenntnis der nachfolgenden Regelungen und deren Einhaltung ist eine wesentliche Voraussetzung zur Gewährleistung und Verbesserung des vorhandenen Sicherheitsniveaus der Firma. Jede Mißachtung und Nichteinhaltung dieser Regelungen gefährdet nicht nur die Sicherheit des eigenen IT-Systems sondern auch die

Die Benutzerrichtlinien ergänzen die sonstigen Regelungen und Vorschriften für die Anwendung von Informationstechniken und den Umfang mit personenbezogenen oder sonstigen schutzwürdigen Daten.

### 2. Verantwortung

Jede/r Berechtigte hat in ihrem/seinem eigenen Zuständigkeitsbereich die vollständige und korrekte Anwendung der geltenden Regelungen, Anweisungen und Vorschriften zur Gewährleistung von Datenschutz und Datensicherheit einzuhalten. Besondere Verantwortung besteht für die in ihrem Zuständigkeitsbereich vorgesehenen und vorhandenen Zugriffssicherungen und -maßnahmen (z. B. Dokumenten- und Paßwortverwaltung, Virenschutz, etc.).

### 3. Nutzung des Internetzugangs

Die Genehmigung zur Nutzung des Internetzugangs wird durch            erteilt. Die Schaffung der technischen Voraussetzungen und die Vergabe der Benutzeridentität erfolgt durch            .

Das Einbringen von Hard- und/oder Software in das lokale Netz sowie das Ausführen von Programmen oder von ausführbaren Progammcodes, die aus dem bzw. über das Internet beschafft wurden, ist ohne vorherige Prüfung durch            untersagt.

Die Einrichtung und der Betrieb eines nicht genehmigten Anschlusses an ein öffentlich zugängliches Netz (mittels selbst beschaffter Datenübertragungseinrichtungen wie MODEM, ISDN-Einbaukarten usw.) ist nicht zulässig, weil dadurch unkontrollierbare und ungesicherte Übergänge in das lokale Netz geschaffen werden.

Die Nutzung von Internetdiensten ist lediglich in dem Umfang gestattet, wie es dienstlich notwendig ist. Die Nutzung aller über die Aufgabenerfüllung hinausgehenden Dienste ist nicht gestattet; insbesondere ist die Nutzung für private Zwecke strikt untersagt.

Internetdienste, besonders aufwendige Recherchen, sind möglichst zu Zeiten durchzuführen, in denen erfahrungsgemäß eine schnelle und damit kostengünstige Abwicklung zu erwarten ist.

Die Recherche, das Ausforschen und die Benutzung fremder Identifikationsmittel (z. B. Benutzerkennungen, Paßwort) und sonstiger Authentifizierungshilfsmittel ist unzulässig.

Die Weitergabe und das Zurverfügungstellen von eigenen Benutzerkennungen und dazugehörigen Authentifizierungshilfsmitteln für eine Benutzung durch Dritte ist unzulässig. Es wird ausdrücklich darauf hingewiesen, daß in einem derartigen Fall aus den Protokolldaten Ihre Identität hervorgeht. Jegliche – auch unzulässige – Aktivität durch diesen Dritten wird Ihnen zugeschrieben.

## 4. Übertragung von sensiblen Daten

Die Übertragung von sensiblen, schutzwürdigen und insbesondere von personenbezogenen Daten (z. B. mittels eMail) über das Internet ist grundsätzlich nicht gestattet. Ausnahmen sind nur nach vorheriger Genehmigung durch die Datenschutzbeauftragte und zur Wahrung der Vertraulichkeit ausschließlich in verschlüsselter Form zulässig. Die Übertragung von als „Nur für den Dienstgebrauch" und höher eingestuften Daten ist untersagt.

## 5. Sicherheitsrelevante Ereignisse

Alle sicherheitsrelevanten Ereignisse (wie z. B. unerklärliches Systemverhalten, Verlust oder Veränderung von Daten und Programmen, Verdacht auf Mißbrauch der eigenen Benutzerkennung usw.) sind sofort an              zu melden. Der Angelegenheit wird von dort aus nachgegangen.

Eigene Aufklärungsversuche sind zu unterlassen, damit eventuelle wertvolle Hinweise und Spuren weder verwischt werden noch verloren gehen.

## 6. Kontrollen

Die Einhaltung dieser Richtlinien kann stichprobenartig und/oder anlaßbezogen kontrolliert werden.

## 7. Sanktionen

Zuwiderhandlungen und Verstöße gegen die Richtlinie werden dienstrechtlich/arbeitsvertraglich verfolgt. Verstöße können strafrechtliche Folgen haben.

Sie – als Benutzer/in –

– bestätigen die Kenntnisnahme der vorstehenden Regelungen,
– verpflichten sich zu deren Einhaltung und
– bestätigen durch die nachfolgende Unterschrift den Erhalt einer Abschrift.

Die zweite Ausfertigung erhält              . Die dritte Ausfertigung wird zur Personalakte genommen.

(Ort, Datum)                (Nutzer/in)

(Ort, Datum)                (Administrator/in)

▲

## VII. Bescheinigungen für den Arbeitgeber und Erklärungen des Arbeitnehmers

### 1. Muster: Einwilligung in eine werks- oder vertrauensärztliche Untersuchung

▼

Hiermit erkläre ich mich mit einer werks- oder vertrauensärztlichen Untersuchung einverstanden. Den untersuchenden Arzt entbinde ich von der ärztlichen Schweigepflicht, soweit Auskünfte für die Frage der Eignung und meine Tätigkeit im Rahmen meines jetzigen bzw. eines künftigen Arbeitsplatzes untersucht wird.

Ort, Datum                Mitarbeiter

▲

§ 3  Kapitel 2: Administration bestehender Arbeitsverhältnisse

## 2. Muster: Abstraktes Schuldversprechen

2184

▼

119  Der Unterzeichner/die Unterzeichnerin, Frau/Herr          , wohnhaft in:          , erkennt an, der Firma          in          einen Betrag von          DM nebst          % Zinsen seit dem          zu schulden.

Der Unterzeichner/die Unterzeichnerin verpflichtet sich, diesen Betrag in Monatsraten von          DM, beginnend mit dem          an die Firma zu zahlen.

Bleibt der Unterzeichner/die Unterzeichnerin mit einer Rate ganz oder teilweise länger als          Tage in Rückstand, wird der noch offenstehende Restbetrag auf einmal fällig.

Ort, Datum                    Unterschrift des Mitarbeiters/
                              der Mitarbeiterin

▲

## 3. Muster: Erklärung/Protokoll über Einsichtnahme

2185

▼

120  Name, Vorname:
Personalnummer:

Ich erkläre hiermit

am:
um:
in:
bei:

Einsicht in meine Personalakte sowie weitere Personalunterlagen genommen zu haben.

Ein Betriebsratsmitglied meines Vertrauens war bei der Einsichtnahme anwesend:

☐ ja                          ☐ nein

wenn ja:

Name des Betriebsratsmitgliedes:

Es wurden Erklärungen zum Inhalt der Personalakte abgegeben.

☐ ja                          ☐ nein

Ort, Datum

Unterschrift des Mitarbeiters    Unterschrift der Personalabteilung

▲

**Mustertexte des Personalwesens** §3

## 4. Muster: Antrag auf Gleichstellung mit einem Schwerbehinderten

▼

An das
Arbeitsamt

Sehr geehrte Damen und Herren,

hiermit beantrage ich, mich einem Schwerbehinderten gem. § 2 SchwbG gleichzustellen. Meinen Antrag begründe ich wie folgt:

Ich bin am          geboren und seit dem          bei der Firma          beschäftigt. Ich bin deutscher/ausländischer Staatsangehöriger (bei Ausländern folgender Zusatz: und halte mich rechtmäßig im Gebiet der Bundesrepublik Deutschland auf. Eine Fotokopie meiner Aufenthaltsgenehmigung füge ich bei.). Das Versorgungsamt hat bei mir einen Grad der Behinderung von          v. H. festgestellt. Eine Fotokopie des Feststellungsbescheides füge ich bei. Meine Gleichstellung mit einem Schwerbehinderten ist erforderlich, weil ich ohne Gleichstellung keinen geeigneten Arbeitsplatz erlangen/behalten kann. Mein Arbeitgeber hat angekündigt, daß er Personalreduzierungen vornehmen muß. Ich arbeite als          .

Wegen meiner Behinderung kann ich jedoch eine Reihe von Arbeiten nicht verrichten          . Es ist daher anzunehmen, daß mein Arbeitgeber versuchen wird, mir aus personenbedingten Gründen zu kündigen. Bin ich dagegen Gleichgestellter, werde ich bei einer Sozialauswahl anders berücksichtigt. Deshalb bitte ich, die Gleichstellung mit Wirkung auf den Antragseingang gem. § 2 Abs. 1 Satz 2 SchwbG zu bescheiden.

Mit freundlichen Grüßen

▲

## 5. Muster: Mankovereinbarung

▼

Zwischen

der Firma

– im folgenden Arbeitgeber genannt –

und

Frau/Herrn

– im folgenden Arbeitnehmer genannt –

wird folgendes vereinbart:

**1. Mankoübernahme**
a) Der Arbeitnehmer übernimmt den in der Inventur vom          gemeinsam mit ihm ermittelten Warenbestand des Lagers in          von DM          (EUR          ). Ergibt sich bei einer späteren, in seiner Anwesenheit durchgeführten Inventur ein Manko, haftet er für das Manko, sofern er sich nicht von jeglichem Verschulden entlasten kann.

b) Auf die Unrichtigkeit von in seiner Gegenwart durchgeführten Inventuren kann sich der Arbeitnehmer nicht berufen.

**2. Mankogeld**
Für die Übernahme der Mankohaftung erhält der Arbeitnehmer ein Mankogeld in Höhe von DM          (EUR          ) monatlich.

### 3. Haftungsbegrenzung

Die Haftung ist pro Jahr begrenzt auf das zwölffache des dem Arbeitnehmer monatlich gezahlten Mankogeldes. Bei nachgewiesenem Vorsatz oder grober Fahrlässigkeit gilt die Haftungsbegrenzung nicht.

### 4. Mankoabzug

a) Ein etwaiges Manko kann im Rahmen der Pfändungsfreigrenzen vom Entgelt des Arbeitnehmers abgezogen werden. Der Arbeitgeber ist berechtigt, als Ersatz den Wareneinkaufspreis einzusetzen.

b) Das tarifliche Entgelt bleibt dem Arbeitnehmer trotz eines zu zahlenden Ersatzes für ein entstandenes Manko in jedem Fall erhalten.

, den .

Unterschrift des Arbeitgebers        Unterschrift des Arbeitnehmers

## 6. Muster: Meldung einer Diensterfindung

*persönlich/vertraulich*

Herrn Geschäftsführer
im Hause

Meldung einer Diensterfindung

Sehr geehrter Herr ,

hiermit melde ich eine Diensterfindung.

Die Erfindung löst folgendes technisches Problem: . Sie baut hinsichtlich des Standes der Technik auf folgende Erfindungen auf: . Gelöst wird durch die Erfindung folgendes, bisher bestehendes Problem:

Meine erfinderische Lösung läßt sich unter Berücksichtigung der nachfolgenden Gestaltungsmerkmale, Verfahrensschritte, Stoffkomponenten und vorteilhaften Wirkungen wie folgt beschreiben: .

Mit dieser Erfindung habe ich versucht, das schon seit längerem in unserem Hause bekannte Problem zu lösen. Andere Personen als der Unterzeichner haben am Zustandekommen dieser Erfindung nicht mitgewirkt. Mir wurden nur Materialien, insbesondere aus der Abteilung , sowie mehrere Berichte über Erfahrungen zur Verfügung gestellt.

Zum besseren Verständnis meiner Erfindung füge ich eine Funktionsbeschreibung der konstruktiven Merkmale, drei Laborberichte, zwei Schaltpläne, fünf Skizzen, zwei Zeichnungen und 32 Versuchsberichte bei.

Ich darf Sie höflichst gemäß § 5 Abs. 1 Satz 3 ArbnErfG um Eingangsbestätigung meines heutigen Schreibens bitten.

Mit freundlichen Grüßen

## 7. Muster: Trinkgeldanzeige des Arbeitnehmers

▼

Arbeitnehmer:                   Arbeitgeber:
Art der Tätigkeit:            Anschrift:
Lohnabrechnungszeitraum/Monat:

| Tag | DM | Tag | DM |
|-----|----|----|----|
| 1.  |    | 16. |    |
| 2.  |    | 17. |    |
| 3.  |    | 18. |    |
| 4.  |    | 19. |    |
| 5.  |    | 20. |    |
| 6.  |    | 21. |    |
| 7.  |    | 22. |    |
| 8.  |    | 23. |    |
| 9.  |    | 24. |    |
| 10. |    | 25. |    |
| 11. |    | 26. |    |
| 12. |    | 27. |    |
| 13. |    | 28. |    |
| 14. |    | 29. |    |
| 15. |    | 30. |    |
|     |    | 31. |    |
| Summe: | | Summe: | |

Monatliche Gesamtsumme Trinkgelder:     DM

Mein Arbeitgeber hat mich darauf hingewiesen, daß freiwillige Trinkgelder, wie sie im Hotel- und Gastronomie-Bereich üblich sind, steuerpflichtiger Arbeitslohn sind, soweit sie den Freibetrag von 2.400,00 DM pro Jahr überschreiten. Mein Arbeitgeber hat mich ferner darauf hingewiesen, daß er über den Betrag von 2.400,00 DM pro Jahr hinaus zum Lohnsteuerabzug verpflichtet ist.

Mir ist weiterhin mitgeteilt worden, daß ich meinem Arbeitgeber die Höhe der monatlichen Trinkgeldeinnahmen anzuzeigen habe, damit dieser den Lohnsteuerabzug vornehmen kann. Über die Anzeigepflicht bin ich hiermit schriftlich unterrichtet worden, um eine spätere Arbeitgeberhaftung gegenüber dem Finanzamt auszuschließen. Meine Trinkgeldanzeige wird als Beleg zum Lohnkonto genommen.

Ich bin darauf hingewiesen worden, daß die täglichen Trinkgeldeinnahmen ohne Abzug von Fehlbeträgen und ohne Kürzung um den Steuerfreibetrag angegeben werden müssen. Mein Arbeitgeber wird die monatliche Gesamtsumme in eine Überwachungsliste eintragen und die Steuerfreiheit prüfen. Der Lohnsteuerabzug hat ab dem Monat zu erfolgen, ab dem die aufgelaufenen Trinkgelder den Freibetrag übersteigen.

Ich bin weiterhin darüber belehrt worden, daß dann, wenn ich regelmäßig den Freibetrag von 2.400,00 DM überschreite, mein Arbeitgeber den Freibetrag auch anteilig auf die jeweiligen Lohnzahlungszeiträume verteilen kann. Bei monatlicher Abrechnung ergibt sich dann das lohnsteuerpflichtige Trinkgeld nach Abzug von 200,00 DM.

Ort, Datum                       Unterschrift

# § 3 Kapitel 2: Administration bestehender Arbeitsverhältnisse

## VIII. Abmahnung und Konfliktbewältigung

### 2205  1. Muster: Abmahnungsformular

▼

125

*Abmahnung*

Anschrift Arbeitnehmer:                    Arbeitgeber:

Personalnummer:
Abteilung:

Sehr geehrte/r Frau/Herr         ,

folgende Pflichten aus Ihrem Arbeitsvertrag haben Sie
am         um         in Betriebsteil/Abteilung         verletzt:

| | | | |
|---|---|---|---|
| unentschuldigtes Fehlen | [ ] | Arbeitsverweigerung | [ ] |
| verspätetes Erscheinen am Arbeitsplatz | [ ] | Vortäuschen von Krankheit/ Arbeitsunfähigkeit | [ ] |
| unbefugtes Verlassen des Arbeitsplatzes | [ ] | Arbeit trotz Krankheit/ Arbeitsunfähigkeit | [ ] |
| Überziehen der Pausenzeit | [ ] | Schlechtleistung | [ ] |
| eigenmächtiger Urlaubsantritt | [ ] | nicht genehmigte Nebentätigkeit | [ ] |

Sonstige Beanstandungen:

Im einzelnen richtet sich die Abmahnung gegen folgenden Verstoß Ihrer arbeitsvertraglichen Pflichten:

Wir fordern Sie auf, Ihren Pflichten aus dem Arbeitsvertrag in Zukunft ordnungsgemäß nachzukommen. Im Wiederholungsfall müssen Sie sonst mit der Auflösung Ihres Arbeitsverhältnisses rechnen.

Datum, Unterschrift Arbeitgeber

Ich bestätige hiermit den Empfang der Abmahnung und versichere, daß ich den Inhalt gelesen und verstanden habe.

Datum, Unterschrift Arbeitnehmer

▲

### 2206  2. Muster: Rahmentext eines Abmahnungsschreibens

▼

126  Sehr geehrte(r) Frau/Herr         ,

zu unserem Bedauern müssen wir feststellen, daß Ihnen folgendes vorzuwerfen ist:         .

Zeugen dieses Vorfalls waren         .

Ihr Verhalten stellt eine Pflichtwidrigkeit dar, denn         .

Wir bitten Sie ganz eindringlich, in Zukunft Ihren arbeitsvertraglichen Pflichten nachzukommen. Im Wiederholungsfall sind wir leider gezwungen, das Arbeitsverhältnis mit Ihnen zu beenden.

Wir bedauern diesen Schritt, sehen jedoch aufgrund Ihres unverständlichen, nicht mehr zu akzeptierenden Verhaltens keinen anderen Weg.

Eine Ausfertigung dieser Abmahnung werden wir zu Ihren Personalunterlagen nehmen. Eine weitere Ausfertigung wird dem Betriebsrat zur Kenntnisnahme zugeleitet.

Mit freundlichen Grüßen

**Erklärung des Mitarbeiters**

Die Abmahnung ist mir am  ausgehändigt worden.

Ich habe den Inhalt zur Kenntnis genommen und erkenne die gegen mich erhobenen Vorwürfe in tatsächlicher Hinsicht als zutreffend an.

Datum, Unterschrift des Empfängers

### 3. Muster: Abmahnung wegen Verstoß gegen Alkoholverbot

*Abmahnung*

Sehr geehrte(r) Frau/Herr ,

am  wurden Sie, offensichtlich alkoholisiert, an Ihrem Arbeitsplatz angetroffen. Deutliche Indizien Ihrer Alkoholisierung waren .

Wie Ihnen bekannt ist, besteht in unserem Betrieb ein allgemeines Verbot von Alkoholgenuß während der Arbeitszeit. Zu unserer Überzeugung steht fest, daß Sie gegen das Alkoholverbot verstoßen haben. Zeuge sind: .

Wir mahnen Sie wegen des festgestellten Pflichtverstoßes hiermit förmlich ab.

Wir weisen darauf hin, daß Sie im Wiederholungsfalle mit weitergehenden arbeitsrechtlichen Schritten rechnen müssen, die bis hin zu einer Kündigung des Arbeitsverhältnisses reichen können.

Diese Abmahnung nehmen wir zu Ihrer Personalakte.

Mit freundlichen Grüßen

### 4. Muster: Abmahnung wegen unentschuldigten Fehlens

*Abmahnung*

Sehr geehrte(r) Frau/Herr ,

am von Uhr bis einschließlich Uhr sind Sie nicht zur Arbeit erschienen. Gründe für Ihr Fernbleiben haben Sie uns trotz entsprechender Nachfrage bis heute nicht mitgeteilt. Damit sind Sie unentschuldigt von der Arbeit ferngeblieben. Dieses Verhalten stellt einen Verstoß gegen Ihre Arbeitsleistungspflicht dar.

Wegen des festgestellten Pflichtverstoßes mahnen wir Sie hiermit ab.

Wir weisen darauf hin, daß Sie im Wiederholungsfalle mit weitergehenden arbeitsrechtlichen Schritten rechnen müssen, die bis hin zu einer Kündigung des Arbeitsverhältnisses reichen können.

Wir werden diese Abmahnung zu Ihrer Personalakte nehmen.

Mit freundlichen Grüßen

### 5. Muster: Letztmalige Abmahnung wegen Verspätung

Sehr geehrte Frau ▒▒▒,

Ihre tägliche Arbeitszeit beginnt, wie Ihnen bekannt ist, um ▒▒▒ Uhr. Tatsächlich sind Sie in den vergangenen drei Wochen insgesamt ▒▒▒ mal zu spät zur Arbeit erschienen. Im einzelnen hat sich folgendes herausgestellt:

Am ▒▒▒ erschienen Sie um ▒▒▒ Uhr.
Am ▒▒▒ erschienen Sie um ▒▒▒ Uhr.
Am ▒▒▒ erschienen Sie um ▒▒▒ Uhr.
Am ▒▒▒ erschienen Sie um ▒▒▒ Uhr.
Am ▒▒▒ erschienen Sie um ▒▒▒ Uhr.

Außerdem haben Sie sich am ▒▒▒ unentschuldigt von Ihrem Arbeitsplatz entfernt, haben das Betriebsgelände verlassen und sind erst um ▒▒▒ Uhr wieder an Ihrer Arbeitsstelle erschienen.

Schließlich wurde festgestellt, daß Sie am ▒▒▒ Ihre Mittagspause um ▒▒▒ Minuten überzogen haben.

Sie sind in der Vergangenheit bereits vor diesen Ereignissen mehrfach ermahnt und einmal mit Schreiben vom ▒▒▒ abgemahnt worden. Ihnen ist damit bekannt, daß Sie durch Ihre Unpünktlichkeit und durch Ihr wiederholtes unentschuldigtes Entfernen vom Arbeitsplatz Pflichtverletzungen begehen.

Heute mahnen wir Sie zum letzten mal förmlich ab. Sollte auch dieses Schreiben nicht zu einem geänderten, pünktlichen Verhalten führen, werden wir ohne weitere Ankündigung nunmehr das Arbeitsverhältnis kündigen.

Wir sind der Meinung, daß Sie die Geduld der Geschäftsleitung und Ihrer Kollegen bereits übermäßig strapaziert haben und daß, wenn auch dieses Schreiben nicht zu einer Verhaltensänderung bei Ihnen führt, weitere Ermahnung und Abmahnung zwecklos sein werden.

### 6. Muster: Abmahnung wegen Übertretung des Rauchverbots

Sehr geehrter Herr ▒▒▒,

Sie sind am ▒▒▒ zum zweiten Mal dabei angetroffen worden, als Sie sich in der Abteilung ▒▒▒ eine Zigarette angezündet und geraucht haben. Zuletzt waren Sie am ▒▒▒ wegen desselben Verstoßes gegen die Betriebsordnung abgemahnt worden und verwarnt worden.

Ihnen ist bekannt, daß das Zünden einer offenen Flamme und das Rauchen in dieser Abteilung streng untersagt sind, weil erhöhte Brandgefahr besteht und durch ein falsches Verhalten die Produktionshalle abbrennen könnte. Unter Bezug auf Ihre arbeitsvertraglichen Pflichten mahnen wir Sie ab. Wir weisen nachdrücklich darauf hin, daß Sie bei einer Wiederholung dieses Vorgangs oder bei einem anderen Verstoß gegen Ihre Pflichten mit der Kündigung Ihres Arbeitsverhältnisses rechnen müssen.

Ort, Datum				Unterschrift

### 7. Muster: Ermahnung wegen Umgangs mit offenem Feuer

Sehr geehrter Herr          ,

Wir müssen Sie ermahnen, weil Sie gestern          an Ihrem Arbeitsplatz in der Abteilung          offenes Feuer gezündet haben. Dadurch haben Sie zahlreiche Belegschaftsmitglieder und Teile des Betriebes erheblich gefährdet. Es ist Ihnen bekannt, daß wegen hoher Feuergefährlichkeit kein offenes Feuer im Betriebsteil          gezündet werden darf.

Der zuständige Abteilungsleiter hat Sie deshalb an Ort und Stelle zur Rede gestellt.

Durch Ihr Verhalten haben Sie leichtfertig gegen das betriebliche Verbot, offenes Feuer zu zünden, das in der Betriebsordnung vom          aufgeführt ist, verstoßen, gleichzeitig haben Sie Ihre arbeitsvertraglichen Pflichten grob schuldhaft verletzt.

Wir sprechen Ihnen gegenüber deshalb eine Ermahnung aus. Wir erwarten von Ihnen, daß Sie sich künftig arbeitsvertragskonform verhalten.

### 8. Muster: Abmahnung des Arbeitgebers durch den Arbeitnehmer wegen Gehaltsrückstand

*Abmahnung*

Sehr geehrter Herr          ,

Seit 14 Tagen warte ich auf mein          -Gehalt. Auch vom          -Gehalt fehlen mir noch 200,00 DM. Ihr Verhalten stellt einen Pflichtenverstoß dar, denn Ihre Hauptleistungspflicht nach dem Arbeitsvertrag besteht darin, mir zum vereinbarten Fälligkeitstag das Gehalt zu zahlen.

Aus diesem Grunde mahne ich Sie hiermit förmlich ab. Sollte die Gehaltszahlung nicht innerhalb einer Woche nachgeholt werden oder sollten erhebliche Gehaltsrückstände wiederholt vorkommen, werde ich weitergehende arbeitsrechtliche Maßnahmen ergreifen, die bis hin zu einer fristlosen Kündigung reichen können.

Mit freundlichen Grüßen

## 9. Muster: Checkliste zur Konfliktanalyse

*1. Beteiligte*

– einzelner Mitarbeiter    – mehrere Mitarbeiter

*2. Anzeichen für den Konflikt*

| Verhalten des Mitarbeiters/der Mitarbeiterin | – beschweren<br>– Streit suchen<br>– Beleidigungen<br>– Körperverletzungen<br>– widersprechen | – Informationen zurückhalten<br>– Arbeit nach Vorschrift<br>– nicht grüßen<br>– Gespräche meiden<br>– häufige Fehlzeiten |
|---|---|---|

*3. Konfliktauslöser: persönliches Verhältnis von Mitarbeitern*

| Beteiligte | Lösungsmöglichkeiten |
|---|---|
| zwei Mitarbeiter | – Konflikt von persönlicher Ebene auf sachliche Ebene zurückführen<br>– Verständnis für den anderen wecken<br>– Aussprache organisieren |
| Gruppenkonflikt | – Ursache für den Konflikt ermitteln<br>– Lösungsmöglichkeiten mit den verschiedenen Gruppen diskutieren<br>– Rivalitäten beseitigen |

*4. Konfliktauslöser: betriebliche Ebene*

| Gründe | Lösungsmöglichkeiten |
|---|---|
| Unterschiedliche Zielvorstellungen zwischen Mitarbeitern | – Klärung über verbindliches Ziel herbeiführen |
| Mitarbeiter haben das gleiche Ziel, aber unterschiedliche Wege | – Klärung über verbindlichen Weg herbeiführen |
| Verteilungskonflikt bei knappen Resourcen | – Regelung für die Verteilung aufstellen |

*5. Konfliktauslöser: Führungsebene*

– Bevorzugung von Mitarbeitern
– Kritik an Mitarbeitern vor Dritten üben
– fehlende Information von Mitarbeitern
– Überlastung von Mitarbeitern
– ungerechte Beurteilung
– Kompetenzen von Mitarbeitern nicht beachten

*6. Lösung des Konflikts*

– Beseitigung der Konfliktursache
– Schaffung von Richtlinien, nach denen der Konflikt ausgetragen werden soll
– Herabholen des Konflikts auf eine „sachliche Ebene"

# Kapitel 3: Zeugnistexte

## Literatur

**Becker**, Zur ökonomischen Perspektive von Leistungsbeurteilungen, ArbuR 1993, 298; **Becker-Schaffner**, Die Rechtsprechung zum Zeugnisrecht, BB 1989, 2105; **Böhme**, Zeugnis für den Arbeitnehmer, AuA 1992, 23; **Brill**, Rund um das Arbeitszeugnis, AuA 1994, 230; **Dachrodt**, Zeugnisse lesen und verstehen, 1984; **ders**., Personalauswahl und Personalbeurteilung mit Arbeitszeugnissen, 1994; **ders**., Praxis vor Logik – Die unvermeidliche „vollste Zufriedenheit", BB 1992, 638; **ders**., Zeugnisgestaltung und Zeugnissprache zwischen Informationsfunktion und Werbefunktion, BB 1992, 58; **Friederich**, Zeugnisse im Beruf richtig schreiben, 2. Aufl. 1983; **Göldner**, Die Problematik der Zeugniserteilung im Arbeitsrecht, ZfA 1991, 225; **Haupt**, Zeugnissprache – Quadratur des Kreises?, FA 1999, 280; **Hohmeister**, Das Arbeitszeugnis, PersR 1992, 399; **Huber**, Das Arbeitszeugnis in Recht und Praxis: Rechtsgrundlagen, Formulierungshilfen, Textbausteine, Musterzeugnisse und Zeugnisanalysen, 5. Aufl. 1997; **Hümmerich/Gola**, Personaldatenrecht im Arbeitsverhältnis, 1975; **Kölsch**, Die Haftung des Arbeitgebers bei nicht ordnungsgemäßer Zeugniserteilung, NZA 1985, 382; **Küttner**, Personalbuch 1999, 6. Aufl. 1999, Stichwort Zeugnis; **Liedke**, Der Anspruch auf ein qualifiziertes Arbeitszeugnis, NZA 1988, 270; **Nowak**, Pflichten des Arbeitgebers beim Erteilen eines Zeugnisses, AuA 1992, 68; **Schleßmann**, Das Arbeitszeugnis, 15. Aufl. 1998; **Schulz**, Alles über Arbeitszeugnisse, 4. Aufl. 1995; **Siewert**, Arbeitszeugnisse, 3. Aufl. 1993; **von Venrooy**, Das Dienstzeugnis, 1984; **Wenster/Scheer**, Arbeitszeugnisse in Textbausteinen, 8. Aufl. 2000; **Weuster**, Arbeitsgerichtliche Zeugnisprozesse, AiB 1995, 701.

## A. Erläuterungen

### 1. Rechtsgrundlagen und Begriffe

Rechtsgrundlagen des Zeugnisrechts bilden die §§ 630 BGB, 73 HGB, 133 GewO, 8 BBiG sowie beispielsweise § 61 BAT. Zu unterscheiden ist zwischen dem **Endzeugnis** und dem **Zwischenzeugnis**. Ferner ist zwischen dem **einfachen** und dem **qualifizierten Zeugnis** zu differenzieren. Während das einfache Zeugnis nur Auskunft gibt über die Art und Dauer der Beschäftigung, erstreckt sich das qualifizierte Zeugnis auch auf die Führung und Leistung im Arbeitsverhältnis. Das qualifizierte Zeugnis kann nur auf Verlangen des Arbeitnehmers erteilt werden. Der Arbeitnehmer hat auch dann einen Anspruch auf Erteilung eines qualifizierten Zeugnisses, wenn ihm zuvor auf sein Verlangen ein einfaches Zeugnis erteilt wurde. Wurde dagegen dem Arbeitnehmer auf sein Verlangen ein qualifiziertes Zeugnis erteilt, kann er nicht mehr die Erteilung eines einfachen Zeugnisses verlangen.

134

### 2. Rechtsnatur

Der **Anspruch auf Zeugniserteilung** ist **unabdingbar** und kann daher nicht für die Zukunft ausgeschlossen oder erlassen werden. Hingegen ist umstritten, ob der Anspruch nach Beendigung des Arbeitsverhältnisses erlassen werden kann.[176] Der Anspruch auf Zeugniserteilung unterliegt wie jeder schuldrechtliche Anspruch der Verwirkung.[177] Ob der Anspruch von einer tariflichen Ausschlußfrist erfaßt wird, ist im Wege der Auslegung zu ermitteln. Die Ausschlußfrist des § 70 BAT erfaßt den Anspruch auf Zeugniserteilung.[178] Allgemein gehaltene Ausgleichsklauseln – etwa in Vergleichen, die einen Kündigungsschutzprozeß beenden – können nicht ohne weiteres dahin ausgelegt werden, daß sie auch den Verzicht auf ein qualifiziertes Zeugnis enthalten.[179]

135

---

[176] Dafür: *Schaub*, § 146 I 7; *Staudinger/Preis* § 630 Rn 7; dagegen: MünchKomm/*Schwerdtner* § 630 Rn 45.
[177] BAG, Urt. v. 17.02.1988, AP Nr. 17 zu § 630 BGB; LAG Hamm, Urt. v. 16.03.1989, BB 1989, 1486; LAG Saarland, Urt. v. 28.02.1990, LAGE § 630 BGB Nr. 9.
[178] BAG, Urt. v. 23.02.1983, AP Nr. 10 zu § 70 BAT.
[179] BAG, Urt. v. 16.09.1974, AP Nr. 9 zu § 630 BGB.

Der Anspruch auf Erteilung des Zeugnisses ist grundsätzlich eine **Holschuld**.[180] Aus Gründen der nachwirkenden Fürsorge kann aus der Holschuld aber eine Schickschuld werden. Dies wird dann angenommen, wenn die Abholung für den Arbeitnehmer mit unverhältnismäßig hohen Kosten oder besonderer Mühe verbunden wäre[181] oder der Arbeitnehmer seinen Wohnort inzwischen an einen weit entfernten Ort verlegt hat.[182] Das gleiche gilt, wenn der Arbeitnehmer die Erteilung des Zeugnisses rechtzeitig vor der Beendigung des Arbeitsverhältnisses verlangt hat, es jedoch bis zur Beendigung des Arbeitsverhältnisses aus Gründen, die in der Sphäre des Arbeitgebers liegen, nicht zur Abholung bereit liegt.[183]

### 3. Anspruchsberechtigte

136  Nach **§ 630 BGB** haben Arbeitnehmer bei Beendigung des Arbeitsverhältnisses Anspruch auf Erteilung eines Zeugnisses. Daneben finden sich in **§ 113 GewO** für gewerbliche Arbeitnehmer, in **§ 73 HGB** für kaufmännische Angestellte und in **§ 8 BBiG** für Auszubildende inhaltlich entsprechende Regelungen. Einen Anspruch auf Zeugniserteilung haben alle Voll- und Teilzeitbeschäftigten, haupt- oder nebenberuflich tätigen Arbeitnehmer einschließlich der leitenden Angestellten,[184] Volontäre, Praktikanten,[185] arbeitnehmerähnliche Personen oder auch Heimarbeiter, Einfirmenvertreter[186] und „kleine" Handelsvertreter.[187] Auch Organvertreter ohne oder mit nur unwesentlichen Geschäftsanteilen haben Anspruch auf ein Zeugnis.[188] Dienstverpflichtete, die selbständige Arbeit verrichten, haben hingegen keinen Anspruch auf Zeugniserteilung.[189]

### 4. Anspruchsverpflichteter

137  Die Pflicht zur Ausstellung des Zeugnisses trifft den **Arbeitgeber**. Der Arbeitgeber kann sich bei der Zeugniserteilung eines Erfüllungsgehilfen bedienen, sofern dieser erkennbar ranghöher als der betreffende Arbeitnehmer ist.[190] Die Zeugniserteilung durch einen Außenstehenden oder einen Rechtsanwalt ist unzulässig.[191]

Der **Insolvenzverwalter** ist zur Zeugniserteilung auch für die Zeit vor der Eröffnung des Insolvenzverfahrens verpflichtet, wenn der Betrieb fortgeführt und der Arbeitnehmer weiterbeschäftigt wird.[192] Ist der Arbeitnehmer bereits vor der Eröffnung des Insolvenzverfahrens ausgeschieden, so hat er den Rechtsstreit gegen den Schuldner zu führen.[193] Auch der Erbe ist zur Erteilung eines

---

180 BAG, Urt. v. 08.03.1995, AP Nr. 21 zu § 630 BGB; LAG Düsseldorf, Urt. v. 18.12.1962, DB 1963, 419; LAG Frankfurt, Urt. v. 01.03.1984, DB 1984, 2200; ArbG Wetzlar, Beschl. v. 21.07.1971, BB 1972, 222.
181 LAG Frankfurt, Urt. v. 01.03.1984, DB 1984, 2200.
182 ArbG Wetzlar, Beschl. v. 21.07.1971, BB 1972, 222.
183 LAG Frankfurt, Urt. v. 01.03.1984, DB 1984, 2200.
184 LAG Hamm, Urt. v. 12.07.1994, LAGE § 630 BGB Nr. 27.
185 BAG, Urt. v. 03.09.1998 – 8 AZR 14/97 (unveröffentlicht).
186 § 92 a HGB.
187 § 84 Abs. 2 HGB.
188 KG Berlin, Urt. v. 06.11.1978, BB 1979, 988.
189 BGH, Urt. v. 09.11.1967, NJW 1968, 396.
190 LAG Düsseldorf, Urt v. 05.03.1968, DB 1969, 534; LAG Köln, Urt. v. 14.07.1994, NZA 1995, 685; ArbG Köln, Beschl. v. 05.01.1968, DB 1968, 534; ArbG Wilhelmshaven, Urt. v. 26.09.1971, DB 1972, 242.
191 LAG Hamm, Urt. v. 02.11.1996, DB 1996, 1815.
192 BAG, Urt. v. 30.01.1991, AP Nr. 18 zu § 630 BGB.
193 BAG, Urt. v. 30.01.1991, AP Nr. 18 zu § 630 BGB.

Zeugnisses verpflichtet, soweit ihm die Informationsbeschaffung möglich ist. Dabei muß sich der Erbe aus den verfügbaren Unterlagen unterrichten.[194] Erlöscht eine GmbH, so trifft die Verpflichtung den Liquidator.[195]

## 5. Fälligkeit des Zeugnisanspruchs

Der Anspruch auf Erteilung des Zeugnisses entsteht bei der **Beendigung des Arbeitsverhältnisses**. 138
Da zwischen § 630 und § 629 BGB ein Zusammenhang besteht und dem Arbeitnehmer die Bewerbung bei einem neuen Arbeitgeber erleichtert werden soll, ist der Anspruch infolge einer an Treu und Glauben orientierten Auslegung anläßlich der Beendigung gegeben, nicht erst mit der rechtlichen Beendigung des Arbeitsverhältnisses.[196] Ein fristgerecht entlassener Arbeitnehmer hat spätestens mit Ablauf der Kündigungsfrist oder bei seinem tatsächlichen Ausscheiden Anspruch auf ein qualifiziertes Zeugnis, nicht lediglich auf ein Zwischenzeugnis, auch wenn die Parteien in einem Kündigungsschutzprozeß über die Wirksamkeit der Kündigung streiten.[197] Darüber hinausgehend wird teilweise vertreten, der Zeugnisanspruch entstünde bereits eine angemessene Zeit vor der Beendigung[198] bzw. dann, wenn aufgrund fristgerechter Kündigung, Ablauf einer Befristung oder aufgrund eines Aufhebungsvertrages die Beendigung absehbar sei.[199] Der Arbeitnehmer habe bereits mit Ausspruch der Kündigung[200] bzw. mit Beginn der Kündigungsfrist einen Anspruch auf Zeugniserteilung, wenn der Arbeitgeber die Kündigung vor Beginn der Kündigungsfrist erklärt.[201]

Bei fristloser Kündigung ist das Zeugnis vom Arbeitgeber unverzüglich im Sinne des § 121 BGB zu erteilen.

## 6. Zwischenzeugnis

Gegebenenfalls kann der Arbeitnehmer bereits zu einem früheren Zeitpunkt ein Zwischenzeugnis 139
verlangen. Einen Anspruch auf Erteilung eines Zwischenzeugnisses hat der Arbeitnehmer dann, wenn **ein berechtigtes Interesse** besteht. Ein derartiges Interesse kann sich aus dem Wechsel eines Vorgesetzten,[202] aus einer Änderung des Konzern- oder Unternehmensgefüges, aus einer vom Arbeitgeber in Aussicht gestellten Kündigung, aus einer Versetzung oder aus einer anstehenden längeren Arbeitsunterbrechung wie Erziehungsurlaub, Wehr- oder Zivildienst ergeben. Auch der Bedarf zur Vorlage bei Gericht, Behörden oder Banken gilt als berechtigtes Interesse. Ein Anspruch besteht auch dann, wenn das Zwischenzeugnis für Fortbildungskurse von Interesse ist. Der Arbeitnehmer muß sein berechtigtes Interesse gegenüber dem Arbeitgeber nicht offenbaren; denn wenn er mitteilen würde, daß er sich beruflich verändern möchte, muß er gegebenenfalls damit rechnen, daß dies für ihn im weiteren Verlauf des Arbeitsverhältnisses nachteilige Konsequenzen haben könnte. Deshalb wird überwiegend die Ansicht vertreten, daß im Zwischenzeugnis auch kein berechtigtes Interesse

---

194 ArbG Münster, Urt. v. 10.04.1990, BB 1990, 2266.
195 BAG, Urt. v. 09.07.1971, AP Nr. 4 zu § 50 ZPO.
196 BAG, Urt. v. 27.02.1987, AP Nr. 16 zu § 630 BGB.
197 BAG, Urt. v. 27.02.1987, AP Nr. 16 zu § 630 BGB.
198 MünchKomm/*Schwerdtner*, § 630 Rn 22; *Staudinger/Preis*, § 630 Rn 12; *Schaub*, § 146 I 4.
199 *Küttner/Reinecke*, Zeugnis Rn 9.
200 *Küttner/Reinecke*, Zeugnis Rn 9.
201 *Schaub*, § 146 I 4.
202 BAG, Urt. v. 01.10.1998, DB 1999, 1120 bzgl. § 61 Abs. 2 BAT-KF.

dargelegt werden muß.²⁰³ Zu Form und Inhalt des Zwischenzeugnisses gilt das gleiche wie beim Schlußzeugnis.

Zu beachten ist, daß die im Schlußzeugnis verwendeten Formulierungen nicht denen des Zwischenzeugnisses entsprechen müssen.²⁰⁴ Der Arbeitgeber kann jedoch bei gleicher Beurteilungsgrundlage seine im Zwischenzeugnis zum Ausdruck gekommenen Beurteilungen im Schlußzeugnis nicht ändern.²⁰⁵

### 7. Funktion des Zeugnisses

**140** Das Zeugnis dient auf der einen Seite dem Arbeitnehmer als **Bewerbungsunterlage**, so daß er durch eine Unterbewertung gefährdet werden kann.²⁰⁶ Auf der anderen Seite dient das Zeugnis dem neuen Arbeitgeber zur **Unterrichtung**, so daß er durch eine Überbewertung der Leistungen des Arbeitnehmers gefährdet werden kann.²⁰⁷ Der Arbeitgeber soll sich anhand des Zeugnisses ein genaues Bild über die Eigenschaften des Arbeitnehmers, seine frühere Beschäftigung und seine Verwendungsmöglichkeiten machen können.²⁰⁸ Die gesamte Rechtsprechung zum Zeugnisrecht bekennt sich einerseits zur Wahrheitspflicht,²⁰⁹ andererseits zur Formel vom verständigen Wohlwollen.²¹⁰ Dem Arbeitnehmer darf das weitere Fortkommen nicht ungerechtfertigt erschwert werden.²¹¹ Weder Schönfärberei noch zynisch negative Bemerkungen finden zwischen beiden Polen Platz. Zeugnisse haben für den Arbeitnehmer auch die Bedeutung, daß sie für ihn Maßstab dafür sind, wie der Arbeitgeber seine Leistung und Führung beurteilt.²¹² Daraus folgt, daß der Arbeitgeber sich mangels entgegenstehender Vorbehalte an der Beurteilung, die er dem Arbeitnehmer hat zukommen lassen, auch diesem gegenüber festhalten lassen muß. Diese Bindung besteht auch bei bewußt unrichtigem Inhalt.²¹³

### 8. Form des Zeugnisses

**141** Nach seiner äußeren Form ist das Zeugnis in verkehrsüblicher Weise, d. h. **maschinenschriftlich** und auf dem **Geschäftspapier** des Arbeitgebers zu erstellen.²¹⁴ Das Zeugnis darf keine Flecken, Radierungen, Verbesserungen oder ähnliches enthalten.²¹⁵ Das Zeugnis darf nicht bereits durch seine äußere Form den Eindruck erwecken als distanziere sich der Aussteller von seinem Inhalt. Schreibfehler sind zu berichtigen, wenn sie negative Folgen für den Arbeitnehmer haben könnten.²¹⁶ Der Arbeitnehmer hat einen Anspruch darauf, daß das Zeugnis auf den letzten Arbeitstag datiert wird,

---

203 *Haupt/Welslau*, in: HzA, Gruppe 1, Rn 2112; *Küttner/Reinecke*, Zeugnis Rn 11; a.A. *Schleßmann*, Das Arbeitszeugnis, 42 ff.
204 LAG Düsseldorf, Urt. v. 02.07.1976, DB 1976, 2310.
205 LAG Köln, Urt. v. 22.08.1997, NZA 1999, 771.
206 BAG, Urt. v. 23.06.1960, AP Nr. 1 zu § 73 HGB.
207 BAG, Urt. v. 23.06.1960, AP Nr. 1 zu § 73 HGB.
208 MünchKomm/*Schwerdtner*, § 630 Rn 9.
209 BAG, Urt. v. 23.06.1960, AP Nr. 1 zu § 73 HGB.
210 BAG, Urt. v. 12.08.1976, AP Nr. 11 zu § 630 BGB m. Anm. *Schleßmann*; siehe ferner *Hümmerich/Gola*, Personaldatenrecht im Arbeitsverhältnis, S. 158 f.; *Schulz*, Alles über Arbeitszeugnisse, S. 80.
211 BAG, Urt. v. 08.02.1972, AP Nr. 7 zu § 630 BGB; BAG, Urt. v. 03.03.1993, AP Nr. 20 zu § 630 BGB.
212 BAG, Urt. v. 03.03.1993, AP Nr. 20 zu § 630 BGB.
213 BAG, Urt. v. 03.03.1993, AP Nr. 20 zu § 630 BGB.
214 BAG, Urt. v. 03.03.1993, AP Nr. 20 zu § 630 BGB.
215 BAG, Urt. v. 03.03.1993, AP Nr. 20 zu § 630 BGB.
216 ArbG Düsseldorf, Urt. v. 19.12.1984, NZA 1985, 812.

selbst wenn sein Wortlaut erst später (beispielsweise infolge eines Arbeitsgerichtsprozesses) festgelegt wurde.[217] Das Zeugnis schließt mit der eigenhändigen Unterschrift des Arbeitgebers oder des für ihn handelnden Vertreters. Facsimile oder kopierte Unterschriften genügen nicht.[218] Bei einem qualifizierten Zeugnis muß der Unterzeichner erkennbar ranghöher sein als der beurteilte Mitarbeiter.[219] Der Arbeitnehmer hat nach einer aktuellen Entscheidung des BAG keinen Anspruch auf ein ungeknicktes Zeugnis.[220] Der Arbeitgeber darf den Zeugnisbogen falten, um ihn in einem Umschlag kleineren Formats unterzubringen. Während das LAG Schleswig-Holstein den Anspruch auf ein ungeknicktes Zeugnis bereits vor dieser BAG-Entscheidung abgelehnt hatte,[221] hatte das LAG Hamburg den Anspruch bejaht.[222]

Das Zeugnis darf keine geheimen Zeichen enthalten, durch die der Arbeitnehmer in positiver oder negativer Hinsicht gekennzeichnet wird.[223]

## 9. Inhalt des Zeugnisses

Hinsichtlich des Inhaltes des Zeugnisses ist zwischen dem Inhalt des einfachen und dem des qualifizierten Zeugnisses zu differenzieren. Soweit für den Inhalt des qualifizierten Zeugnisses keine Besonderheiten gelten, gelten die Ausführungen zum Inhalt des einfachen Zeugnisses auch für den Inhalt des qualifizierten Zeugnisses.

142

### a) Einfaches Zeugnis

Beim einfachen Zeugnis sind **Art und Dauer der Beschäftigung** darzustellen. Aus dem Zeugnis müssen zwingend **Name, Vorname und Beruf** (akademischer Grad) des Arbeitnehmers hervorgehen, während Anschrift und Geburtsdatum nur mit Einverständnis des Arbeitnehmers in das Zeugnis aufzunehmen sind.[224] Das Zeugnis muß die Tätigkeiten, die der Arbeitnehmer im Laufe des Arbeitsverhältnisses ausgeübt hat, so vollständig und genau bezeichnen, daß sich künftige Arbeitgeber ein klares Bild machen können.[225] Unerwähnt dürfen solche Tätigkeiten bleiben, denen bei einer Bewerbung des Arbeitnehmers keine Bedeutung zukommt. Danach muß das Zeugnis eine Beschreibung des Arbeitsplatzes, besondere Leitungsbefugnisse, Sonderaufgaben und durchgeführte Fortbildungsmaßnahmen enthalten. Nimmt der Arbeitnehmer verschiedene Aufgaben nebeneinander oder nacheinander wahr, sind diese Aufgaben insgesamt zu beschreiben, ohne daß ein Anspruch auf getrennte Zeugnisse besteht.[226] Wurde dem Arbeitnehmer nicht für die gesamte Dauer des Arbeitsverhältnisses Prokura erteilt, so können die konkreten Daten angegeben werden.[227]

143

---

217 BAG, Urt. v. 09.09.1992, AP Nr. 19 zu § 630 BGB.
218 LAG Bremen, Urt. v. 23.06.1989, BB 1989, 1825.
219 BAG, Urt. v. 16.11.1995, EzA § 620 BGB Nr. 20; LAG Düsseldorf, Urt v. 05.03.1968, DB 1969, 534; LAG Köln, Urt. v. 14.07.1994, NZA 1995, 685; ArbG Köln, Beschl. v. 05.01.1968, DB 1968, 534; ArbG Wilhelmshaven, Urt. v. 26.09.1971, DB 1972, 242.
220 Urt. v. 21.09.1999–9 AZR 893/98 (unveröffentlicht).
221 Beschl. v. 09.12.1997, BB 1998, 275.
222 Urt. v. 07.09.1993, NZA 1994, 980.
223 BAG, Urt. v. 23.06.1960, AP Nr. 1 zu § 73 HGB; LAG Hamm, Urt. v. 20.02.1976 BB 1976, 603.
224 *Schaub*, § 146 III 1.
225 BAG, Urt. v. 12.08.1976, AP Nr. 11 zu § 630 BGB.
226 *Küttner/Reinecke*, Zeugnis Rn 22.
227 LAG Baden-Württemberg, Urt. v. 19.06.1992, NZA 1993, 127.

**144** Die im Zeugnis anzugebende Dauer des Arbeitsverhältnisses richtet sich nach dem rechtlichen Bestand des Arbeitsverhältnisses. Bei außerordentlichen Kündigungen ist die tatsächliche Dauer anzugeben.[228] Kürzere Unterbrechungen (beispielsweise durch Urlaub, Krankheit, Wehrdienst) sind nicht in das Zeugnis aufzunehmen.[229] Der Grund des Ausscheidens ist nur auf Verlangen des Arbeitnehmers anzugeben.[230] Auch die Tatsache einer erfolgten fristlosen Kündigung ist nicht aufzunehmen, da sich die Beendigung durch fristlose Kündigung schon regelmäßig aus dem Beendigungszeitpunkt ergibt.[231] Die Tätigkeit oder Mitgliedschaft im Betriebsrat ist nur auf Verlangen des Arbeitnehmers anzugeben, da sie mit der Tätigkeit nichts zu tun hat und gegen das Benachteiligungsverbot des § 78 S. 2 BetrVG (§ 8 BPersVG) verstößt.[232] Andernfalls dürfen auch keine mittelbaren Aussagen gemacht werden, die ein derartiges Engagement des Arbeitnehmers nahelegen.

### b) Qualifiziertes Zeugnis

**145** Das qualifizierte Zeugnis erstreckt sich über die Angabe von Art und Dauer der Beschäftigung hinaus auch auf die **Führung und Leistung**. Bei der Beurteilung der Leistung muß sich der Arbeitgeber an der jeweiligen Arbeitsaufgabe und den entsprechenden Anforderungen orientieren. Das Zeugnis muß genaue und zuverlässige Angaben über die vom Arbeitnehmer tatsächlich verrichtete Tätigkeit enthalten und durch eine wahrheitsgemäße, nach sachlichen Maßstäben ausgerichtete und nachprüfbare Gesamtbewertung die Leistung des Arbeitnehmers beschreiben. Die Führung des Arbeitnehmers betrifft neben seinem Sozialverhalten gegenüber Vorgesetzten, Kollegen, Dritten sowie gegenüber nachgeordneten Mitarbeitern auch die Beachtung der betrieblichen Ordnung.[233]

Dem **Arbeitgeber** steht bei der Beurteilung von Leistung und Führung ein **Beurteilungsspielraum** zu.[234] Er ist frei in seiner Entscheidung, welche Leistungen und Eigenschaften er mehr hervorheben oder zurücktreten lassen will.[235] Der Wortlaut des Zeugnisses steht im Ermessen des Arbeitgebers. Der Arbeitnehmer hat keinen Anspruch auf bestimmte Formulierungen.[236] Der Arbeitgeber muß das Zeugnis nach Form und Stil aber objektiv abfassen und dabei auch der Verkehrsauffassung Rechnung tragen. Das Zeugnis muß in sich schlüssig sein. Die einzelnen Abschnitte müssen aufeinander abgestimmt sein und dürfen keine Widersprüche enthalten. Die einzelnen Beurteilungen müssen sich daher mit der Schlußnote decken.[237] Der Arbeitgeber darf dort nicht schweigen, wo allgemein mit einer Aussage gerechnet wird.[238] Wird branchenüblich die Erwähnung einer bestimmten Eigenschaft verlangt, so muß der Arbeitgeber zu dieser Stellung nehmen. Ehrlichkeit ist einem Arbeitnehmer zu bescheinigen, der einer Berufsgruppe angehört, die eine besondere Vertrauensstellung voraussetzt (z. B. einer Kassiererin). Nachteilig zu bewertende Tatsachen müssen nicht verschwiegen werden, wenn sie für die Beurteilung der Leistung des Arbeitnehmers von Bedeutung sind. Läuft gegen einen

---

[228] *Küttner/Reinecke*, Zeugnis Rn 22.
[229] *Schaub*, § 146 III 1.
[230] LAG Baden-Württemberg, Urt. v. 27.10.1966, DB 1967, 48.
[231] LAG Düsseldorf, Urt. v. 22.01.1988, NZA 1988, 399; LAG Köln, Urt. v. 08.11.1989, BB 1990, 856.
[232] BAG, Urt. v. 19.08.1992, AP Nr. 5 zu § 8 BPersVG; LAG Hamm, Urt. v. 12.04.1976, DB 1976, 112; LAG Hamm, Urt. v. 06.03.1991, DB 1991, 1527; ArbG Ludwigshafen, Urt. v. 13.08.1987, DB 1987, 1364.
[233] LAG Hamm, Urt. v. 12.07.1994, LAGE § 630 BGB Nr. 26 und 27.
[234] BAG, Urt. v. 23.02.1983, AP Nr. 10 zu § 70 BAT; BAG, Urt. v. 17.02.1988, AP Nr. 17 zu § 630 BGB; LAG Frankfurt, Urt. v. 06.09.1991, LAGE § 630 BGB Nr. 14.
[235] BAG, Urt. v. 29.07.1971, AP Nr. 6 zu § 630 BGB.
[236] BAG, Urt. v. 29.07.1971, AP Nr. 6 zu § 630 BGB; LAG Hamm, Urt. v. 20.02.1976, BB 1976, 603; LAG Düsseldorf, Urt. v. 02.07.1976, BB 1976, 1562.
[237] BAG, Urt. v. 23.09.1992, EzA § 630 BGB Nr. 16.
[238] BAG, Urt. v. 29.07.1971, AP Nr. 6 zu § 630 BGB.

als Heimerzieher beschäftigten Arbeitnehmer ein Strafverfahren wegen Mißbrauchs der ihm anvertrauten Jugendlichen, kann der Arbeitnehmer nach der Entlassung von seinem bisherigen Arbeitgeber nicht verlangen, daß dieser das Strafverfahren in dem Zeugnis unerwähnt läßt.[239]

Das Zeugnis muß der Wahrheit entsprechen.[240] Gleichzeitig soll es von verständigem Wohlwollen getragen sein,[241] da das Zeugnis das Fortkommen des Arbeitnehmers nicht unnötig erschweren soll.

146

Da das Zeugnis Leistung und Führung während der gesamten Dauer des Arbeitsverhältnisses charakterisieren soll, muß es alle wesentlichen Tatsachen und Bewertungen enthalten, die für die Gesamtbeurteilung von Bedeutung und für den Dritten von Interesse sind.[242] Die Beurteilung darf nicht nur auf bestimmte Zeiträume beschränkt werden. Einmalige Vorfälle oder Umstände sind nur dann in das Zeugnis aufzunehmen, wenn sie für den Arbeitnehmer, seine Leistung oder Führung charakteristisch sind. Auch der Beendigungstatbestand ist ohne Verlangen nur dann im Zeugnis anzugeben, wenn er für den Arbeitnehmer charakteristisch ist.[243] Für die verschiedenen Beendigungstatbestände werden regelmäßig folgende Formulierungen verwendet: Bei einer Kündigung durch den Arbeitgeber findet sich die Formulierung „Das Arbeitsverhältnis endete am             ". Bei Eigenkündigung wird häufig formuliert „Er verläßt unser Unternehmen auf eigenen Wunsch." Eine einvernehmliche Beendigung des Arbeitsverhältnisses kann der Arbeitgeber durch die Formulierung „Das Arbeitsverhältnis endete im besten beiderseitigen Einvernehmen" zum Ausdruck bringen. Erfolgte ein Aufhebungsvertrag auf Initiative des Arbeitgebers, findet sich die Formulierung „Unsere besten Wünsche begleiten ihn."

Außerdienstliches Verhalten darf im Zeugnis nur dann erwähnt werden, wenn es sich dienstlich auswirkt (z. B. unbefugte Nutzung eines Dienstfahrzeuges zu einer Privatfahrt im fahruntüchtigen Zustand).[244] Das Zeugnis darf nur dann Angaben über den Gesundheitszustand enthalten, wenn dadurch das Arbeitsverhältnis grundsätzlich beeinflußt wird.[245]

147

Das Zeugnis muß zwingend eine zusammenfassende Beurteilung der Leistung des Arbeitnehmers enthalten.[246]

**Dankes- und Bedauernformeln** sind nicht notwendiger Bestandteil des Arbeitszeugnisses, ein Anspruch des Arbeitnehmers auf Aufnahme der Formel in das Zeugnis besteht nicht.[247] Entscheidet sich ein Arbeitgeber ungeachtet dessen für die Aufnahme der Formel, so darf diese nicht im Widerspruch zum sonstigen Zeugnisinhalt stehen und diesen nicht relativieren.[248] Zuvor unterlassene negative Wertungen dürfen nicht versteckt mit einer knappen, „lieblosen" Schlußformel nachgeholt werden.

Im übrigen gelten die oben im Rahmen des Inhaltes eines einfachen Zeugnisses dargestellten Grundsätze.

---

239 BAG, Urt. v. 05.08.1976, AP Nr. 10 zu § 630 BGB.
240 BAG, Urt. v. 23.06.1960, AP Nr. 1 zu § 73 HGB.
241 BAG, Urt. v. 23.06.1960, AP Nr. 1 zu § 73 HGB.
242 BAG, Urt. v. 23.06.1960, AP Nr. 1 zu § 73 HGB; BAG, Urt. v. 12.08.1976, AP Nr. 11 zu § 630 BGB.
243 LAG Hamm, Urt. v. 24.09.1985, AR-Blattei, D, Arbeitsvertragsbruch, Entscheidung 25.
244 BAG, Urt. v. 29.01.1986, AP Nr. 2 zu § 48 TVAL II.
245 ArbG Hagen, Urt. v. 17.04.1969, DB 1969, 886.
246 vgl. dazu Muster 2210, § 3 Kap. 3 M 162.
247 LAG Berlin, Urt. v. 10.12.1998, BB 1999, 851; ArbG Bremen, Urt. v. 11.02.1992, NZA 1992, 800; a.A. LAG Köln, Urt. v. 29.11.1990, LAGE § 630 BGB Nr. 11, wonach nachteilige Rückschlüsse durch eine Dankes-Bedauern-Formel vermieden werden könnten.
248 LAG Hamm, Urt. v. 12.07.1994, LAGE § 630 BGB Nr. 26.

**148** Die Muster sind in der Weise aufgebaut, daß keine Muster für die Beschreibung der einzelnen Tätigkeiten, die ein Arbeitnehmer im Verlaufe seines Arbeitsverhältnisses erbracht hat, vorgelegt werden. Die Vielzahl denkbarer Arbeitsplätze läßt es nicht als sinnvoll erscheinen, hier Textvorschläge zu unterbreiten. Formalisierter ist beim Zeugnis dagegen die Vorgehensweise bei der Beurteilung des Mitarbeiters. Aus diesem Grund enthält ein Teil der Muster[249] die formelmäßigen Wendungen zur Beurteilung von Mitarbeiterleistungen. Die Werturteile reichen von „sehr gut" bis „mangelhaft". In diesem Buch ist an anderer Stelle[250] die Bewertungsskala des LAG Hamm wiedergegeben. Die Mustertextbausteine schließen mit verschiedenen „Dankes-Bedauern-Formeln" für alle Arbeitnehmergruppen.[251]

### 10. Haftung des Arbeitgebers

**149** Der Arbeitgeber haftet gegenüber dem Arbeitnehmer für die **schuldhafte Nichterteilung, verspätete Erteilung** oder **Erteilung eines unrichtigen Zeugnisses.**.[252] Der zu ersetzende Schaden kann zum einen in dem Verdienstausfall liegen, den der Arbeitnehmer dadurch erleidet, daß er wegen der aufgrund des Verhaltens des Arbeitgebers gegebenen Unfähigkeit zur Vorlage eines ordnungsgemäßen Zeugnisses keinen Arbeitsplatz findet; zum anderen kann sich der Schaden aus einem Minderverdienst ergeben, den der Arbeitnehmer hinzunehmen hat, weil er aufgrund des fehlenden ordnungsgemäßen Zeugnisses zu schlechteren Arbeitsbedingungen eingestellt wird. Die Darlegungs- und Beweislast dafür, daß die Nichterteilung, verspätete Erteilung oder die Erteilung eines unrichtigen Zeugnisses für den Schaden des Arbeitnehmers ursächlich gewesen ist, liegt beim Arbeitnehmer.[253] Es gibt keinen allgemeinen Erfahrungssatz, wonach das Fehlen eines Zeugnisses für den Mißerfolg bei Bewerbungen um einen anderen Arbeitsplatz ursächlich ist.[254] Der Arbeitnehmer muß darlegen und im Streitfall beweisen, daß ein bestimmter Arbeitgeber bereit gewesen wäre, ihn einzustellen, sich dann aber wegen des fehlenden Zeugnisses davon habe abhalten lassen. Dem Arbeitnehmer kommen aber die Beweiserleichterungen der §§ 252 S. 2 BGB, 287 ZPO zugute, wonach der Nachweis von Tatsachen genügt, die den Schadenseintritt wahrscheinlich machen.[255]

**150** Der Arbeitgeber haftet gegenüber dem neuen Arbeitgeber aus vorsätzlicher, sittenwidriger Schädigung nach § 826 BGB, wenn der Arbeitgeber in dem Zeugnis wissentlich falsche Angaben über einen die Verläßlichkeit des Arbeitnehmers im Kern berührenden Punkt gemacht hat, sich der Möglichkeit schädlicher Folgen bewußt war und diese billigend in Kauf genommen hat.[256] Hat der Arbeitgeber nachträglich erkannt, daß das Zeugnis beispielsweise wegen der Untreue eines Buchhalters grob unrichtig ist und daß ein bestimmter Dritter durch Vertrauen auf dieses Zeugnis Schaden zu nehmen droht, dann haftet er für den durch die Unterlassung der Warnung entstandenen Schaden.[257]

---

249 Muster 2200, § 3 Kap. 3 M 157 bis Muster 2208, § 3 Kap. 3 M 161.
250 Muster 2210, § 3 Kap. 3 M 162.
251 Muster 2225, § 3 Kap. 3 M 164.
252 BAG, Urt. v. 25.10.1967, AP Nr. 6 zu § 73 HBG.
253 BAG, Urt. v. 25.10.1967, AP Nr. 6 zu § 73 HGB; BAG, Urt. v. 26.02.1976, AP Nr. 3 zu § 252 BGB.
254 BAG, Urt. v. 25.10.1967, AP Nr. 6 zu § 73 HGB; BAG, Urt. v. 24.03.1977, DB 1977, 1369.
255 BAG, Urt. v. 25.10.1967, AP Nr. 6 zu § 73 HGB; BAG, Urt. v. 26.02.1976, AP Nr. 3 zu § 252 BGB.
256 BGH, Urt. v. 26.11.1963, AP Nr. 10 zu § 826 BGB; BGH, Urt. v. 22.09.1970, AP Nr. 16 zu § 826 BGB; BGH, Urt. v. 15.05.1979, AP Nr. 13 zu § 630 BGB.
257 BAG, Urt. v. 15.05.1979, AP Nr. 13 zu § 630 BGB.

## 11. Änderung und Neuerteilung des Zeugnisses

Der Arbeitnehmer hat Anspruch auf Berichtigung des Zeugnisses, wenn das Zeugnis nicht den **formalen oder inhaltlichen Anforderungen** entspricht. Der Arbeitgeber muß dem Arbeitnehmer ein neues Zeugnis ausstellen. Dabei muß er das Zeugnis so gestalten, als ob es sich um eine Erstausfertigung handeln würde.[258] Der Arbeitnehmer kann die Berichtigung im Wege der Klage geltend machen.[259]

151

Ein transsexueller Arbeitnehmer kann von einem früheren Arbeitgeber die Neuerteilung des Zeugnisses mit geändertem Vornamen bzw. mit geändertem Geschlecht verlangen.[260] Selbst dann, wenn die Personalakte des Arbeitnehmers infolge Zeitablaufs vernichtet sein sollte, kann der Arbeitgeber die Neuerteilung eines Zeugnisses nicht unter Berufung auf Verwirkung verweigern, da das ursprünglich erteilte Zeugnis zurückzugeben ist und der Arbeitgeber dieses ohne jegliche inhaltliche Überprüfung nur hinsichtlich des geänderten Namens und Geschlechts und der sich daraus ergebenden grammatikalischen Änderungen umformulieren muß.

Der Arbeitgeber kann das Zeugnis **widerrufen** und Herausgabe des Zeugnisses Zug um Zug gegen Neuerteilung verlangen, wenn er sich bei der Erteilung geirrt hat.[261] Hat der Arbeitgeber das Zeugnis dagegen bewußt unrichtig erteilt, kann er das Zeugnis grundsätzlich nicht zurückfordern.[262] Etwas anderes gilt aber dann, wenn der Gebrauch des Zeugnisses gegen die guten Sitten verstößt.[263]

152

## 12. Darlegungs- und Beweislast

Der Arbeitgeber ist für die Tatsachen beweispflichtig, die der Zeugniserteilung und den darin enthaltenen Tatsachen zugrundeliegen.[264] Bei einem Streit über den Umfang der dem Arbeitnehmer übertragenen Aufgaben muß der Arbeitnehmer beweisen, daß ihm die Aufgaben übertragen wurden und er diese auch tatsächlich wahrgenommen hat.

153

Für die Gesamtbeurteilung gilt eine abgestufte Darlegungs- und Beweislast: Der Arbeitnehmer hat einen Anspruch auf eine durchschnittliche Bewertung, wenn der Arbeitgeber Defizite nicht substantiiert darlegt und notfalls beweist.[265] Fordert der Arbeitnehmer die Bescheinigung überdurchschnittlicher Leistungen, trifft ihn die Darlegungs- und Beweislast.[266]

## 13. Prozessuales

Der Anspruch auf Zeugniserteilung und der Anspruch auf Zeugnisberichtigung kann im **Klageweg** geltend gemacht werden. Der Klageantrag richtet sich auf die Erstellung des Zeugnisses, wenn der Arbeitgeber kein Zeugnis erteilt hat. Begehrt der Arbeitnehmer die Berichtigung eines Zeugnisses,

154

---

258 LAG Baden-Württemberg, Urt. v. 27.10.1966, DB 1967, 48.
259 Zu den Voraussetzungen siehe Muster 3896, § 7 Kap. 1 M 180.
260 LAG Hamm, Urt. v. 17.12.1998, NZA-RR 1999, 455.
261 ArbG Passau, Urt. v. 15.10.1990, BB 1991, 350.
262 LAG Berlin, Urt. v. 22.09.1950, BB 1951, 559; ArbG Duisburg, Urt. v. 03.02.1950, BB 1950, 396.
263 LAG Frankfurt, Urt. v. 25.10.1950, DB 1951, 308.
264 BAG, Urt. v. 23.06.1960, AP Nr. 1 zu § 73 HGB.
265 BAG, Urt. v. 24.03.1977, AP Nr. 12 zu § 630 BGB; LAG Düsseldorf, Urt. v. 26.02.1985, DB 1985, 2692; LAG Frankfurt, Urt. v. 09.06.1991, LAGE § 630 BGB Nr. 14; LAG Hamm, Urt. v. 16.03.1989, BB 1989, 1486; LAG Hamm, Urt. v. 13.02.1992, LAGE § 630 BGB Nr. 16; LAG Köln, Urt. v. 26.04.1996, NZA-RR 1997, 84.
266 LAG Düsseldorf, Urt. v. 26.02.1985, DB 1985, 2692; LAG Düsseldorf, Urt. v. 12.03.1986, LAGE § 630 BGB Nr. 2; LAG Frankfurt, Urt. v. 06.09.1991, LAGE § 630 BGB Nr. 14; LAG Köln, Urt. v. 26.04.1996, NZA-RR 1997, 84.

muß im Klageantrag im einzelnen angegeben werden, welchen Wortlaut das prozessual angestrebte Zeugnis haben soll.[267] Da das Zeugnis ein einheitliches Ganzes ist und seine Teile nicht ohne die Gefahr der Sinnentstellung auseinandergerissen werden können, sind die Gerichte befugt, gegebenenfalls das gesamte Zeugnis zu überprüfen und unter Umständen neu zu formulieren.[268] Der Arbeitgeber muß dann das Zeugnis erteilen, ohne auf das Urteil zu verweisen.[269] Das Zeugnis ist auf den Tag der Erstausstellung zurückzudatieren.[270]

155 Bei der Erteilung oder Berichtigung eines qualifizierten Zeugnisses beträgt der **Streitwert** in der Regel ein Bruttomonatseinkommen.[271] Bei einem Streit über die Erteilung eines Zwischenzeugnisses beläuft sich der Streitwert auf ein halbes Bruttomonatseinkommen.[272]

156 Die **Vollstreckung** eines stattgebenden Urteils richtet sich nach § 888 ZPO.[273] Die Zeugniserteilung ist eine unvertretbare Handlung, da daß Zeugnis eigenhändig unterschrieben werden muß.[274]

## B. Muster

### 1. Muster: Beurteilung bei sehr guten Leistungen

157 Herr            war ein äußerst fleißiger Mitarbeiter, der die ungewöhnliche Fülle seiner Aufgaben in bemerkenswert kurzer Zeit erledigte. Mit der Güte seiner Arbeitsergebnisse waren wir jederzeit überaus zufrieden. Seine Aufgaben führte er außerordentlich sorgfältig, zuverlässig und rational aus. Darüber hinaus zeichnete er sich durch seine überdurchschnittliche Auffassungsgabe, Belastbarkeit, Vielseitigkeit und Initiative aus. Herr            war an allen geschäftlichen Vorgängen sehr stark interessiert und arbeitete völlig selbständig. Insgesamt hat er die ihm übertragenen Aufgaben jederzeit zu unserer vollsten Zufriedenheit erledigt.

Aufgrund seines immer freundlichen, hilfsbereiten Wesens und seiner ständigen Bereitschaft zur Zusammenarbeit war er überall besonders beliebt. Seine Führung und sein Verhalten gegenüber Vorgesetzten waren in jeder Beziehung vorbildlich.

Wir bedauern außerordentlich, diesen hervorragenden Mitarbeiter zu verlieren und können ihn jederzeit bestens empfehlen. Für seinen weiteren Berufs- und Lebensweg wünschen wir ihm alles Gute.

---

267 LAG Düsseldorf, Urt. v. 21.08.1973, DB 1973, 1853; LAG Hamm, Urt. v. 13.02.1992, LAGE § 630 BGB Nr. 16.
268 BAG, Urt. v. 23.06.1960, AP Nr. 1 zu § 73 HGB; BAG, Urt. v. 24.03.1977, AP Nr. 12 zu § 630 BGB.
269 LAG Baden-Württemberg, Urt. v. 27.10.1966, BB 1967, 161.
270 BAG, Urt. v. 09.09.1989, AP Nr. 19 zu § 630 BGB; LAG Bremen, Urt. v. 23.06.1989, BB 1989, 1825; ArbG Karlsruhe, Urt. v. 19.09.1985, NZA 1986, 169.
271 BAG, Urt. v. 20.01.1967, AP Nr. 16 zu § 12 ArbGG 1953; LAG Düsseldorf, Urt. v. 26.08.1982, EzA § 12 ArbGG 1979 Streitwert Nr. 18; LAG Frankfurt, Beschl. v. 09.12.1970, BB 1971, 653; LAG Hamm, Beschl. v. 19.06.1986, AnwBl. 1987, 497; LAG Saarbrücken, Beschl. v. 08.02.1977, AnwBl. 1977, 252; LAG Schleswig-Holstein, Beschl. v. 18.03.1986, AnwBl. 1987, 497.
272 LAG Hamm, Beschl. v. 23.02.1989, DB 1989, 1344.
273 BAG, Urt. v. 29.01.1986, AP Nr. 2 zu § 48 TVAL II; LAG Frankfurt, Urt. v. 25.06.1980, DB 1981, 534.
274 Vgl. dazu Muster 3899, § 7 Kap 1, M 185.

Mustertexte des Personalwesens §3

## 2. Muster: Beurteilung guter Leistungen

Frau          war eine sehr fleißige Mitarbeiterin, die die Fülle ihrer Aufgaben stets in kurzer Zeit erledigte. Mit der Güte ihrer Arbeitsergebnisse waren wir jederzeit besonders zufrieden. Sie führte ihre Aufgaben immer sorgfältig, zuverlässig und rationell aus. Besonders zeichnete sie sich durch überdurchschnittliche Auffassungsgabe, Belastbarkeit, Vielseitigkeit und Initiative aus. Frau          war an allen geschäftlichen Vorgängen stark interessiert und arbeitete sehr selbständig. Insgesamt hat sie die ihr übertragenen Aufgaben jederzeit zu unserer vollen Zufriedenheit erledigt.

Aufgrund ihres freundlichen Wesens und ihrer Bereitschaft zur Zusammenarbeit war sie überall beliebt. Ihre Führung und ihr Verhalten gegenüber Vorgesetzten und Mitarbeitern waren stets vorbildlich.

Wir bedauern sehr, diese tüchtige Mitarbeiterin zu verlieren. Für ihren weiteren Berufs- und Lebensweg wünschen wir ihr alles Gute.

## 3. Muster: Beurteilung einer befriedigenden Leistung

Herr          war ein fleißiger Mitarbeiter, der seine Aufgaben stets rechtzeitig erledigte. Mit der Güte seiner Arbeitsergebnisse waren wir jederzeit voll zufrieden. Seine Arbeiten führte er zuverlässig und rationell aus. Herr          bewies gute Auffassungsgabe, Belastbarkeit, Vielseitigkeit und Initiative, war an allen geschäftlichen Vorgängen interessiert und arbeitete selbständig. Insgesamt hat er die ihm übertragenen Aufgaben zu unserer vollen Zufriedenheit erledigt. Aufgrund seines freundlichen Wesens und seiner Bereitschaft zur Zusammenarbeit war er allgemein beliebt. Seine Führung und sein Verhalten gegenüber Vorgesetzten und Mitarbeitern waren einwandfrei.

Wir bedauern es, diesen Mitarbeiter zu verlieren und wünschen ihm für seinen weiteren Berufs- und Lebensweg alles Gute.

## 4. Muster: Beurteilung bei ausreichenden Leistungen

Frau          erledigte ihre Aufgaben rechtzeitig. Die Güte ihrer Arbeitsergebnisse hat uns zufriedengestellt. Sie führte ihre Aufgaben im allgemeinen sorgfältig und zuverlässig aus.

Auffassungsgabe, Belastbarkeit, Vielseitigkeit, Initiative und Selbständigkeit entsprachen im allgemeinen den Anforderungen. Insgesamt hat sie die ihr übertragenen Aufgaben zu unserer Zufriedenheit erledigt.

Ihre Führung und ihr Verhalten gegenüber Vorgesetzten und Mitarbeitern war nicht zu beanstanden.

Wir wünschen ihr für die Zukunft alles Gute.

## § 3 Kapitel 3: Zeugnistexte

### 5. Muster: Beurteilung bei mangelhaften Leistungen

Herr ... war bestrebt, seine Aufgaben rechtzeitig zu erfüllen. Er hat sich auch bemüht, die erforderliche Güte seiner Arbeitsergebnisse zu gewährleisten. Seine Aufgaben versuchte er sorgfältig und zuverlässig auszuführen. Sein Arbeitseinsatz war ausreichend. Die ihm übertragenen Aufgaben hat er im großen und ganzen zu unserer Zufriedenheit erledigt.

Seine Führung und sein Verhalten gegenüber Vorgesetzten und Mitarbeitern waren in der Regel nicht zu beanstanden.

### 6. Muster: Beurteilungscodes nach LAG Hamm[275]

Er hat die ihm übertragenen Aufgaben:

1. stets zu unserer vollsten Zufriedenheit erledigt
   = sehr gute Leistungen
2. stets zu unserer vollen Zufriedenheit erledigt
   = gute Leistungen
3. zu unserer vollen Zufriedenheit erledigt
   = vollbefriedigende Leistungen
4. stets zu unserer Zufriedenheit erledigt
   = befriedigende Leistungen
5. zu unserer Zufriedenheit erledigt
   = ausreichende Leistungen
6. im großen und ganzen zu unserer Zufriedenheit erledigt
   = mangelhafte Leistungen
7. zu unserer Zufriedenheit zu erledigen versucht
   = unzureichende Leistungen

### 7. Muster: Sozialverhalten leitender Angestellter gegenüber Internen[276]

*I. Sehr gute Beurteilung*

*Alternative 1:* Durch seine charakterliche Integrität und sein aktives und kooperatives Wesen war er stets beim Vorstand, im Management und bei den Mitarbeitern gleichermaßen sehr anerkannt und beliebt. Er trug in hohem Maße zu einem effizienten und harmonischen Betriebsklima bei.

*Alternative 2:* Wegen seines Kooperationsvermögens, seiner Vertrauenswürdigkeit und seiner verbindlichen, aber bestimmten Verhaltensweise war er bei Vorgesetzten, Kollegen und

---

275 Urteil vom 13.02.1992, LAGE § 630 BGB Nr. 16.
276 Zitiert nach *Wenster/Scheer*, Arbeitszeugnisse in Textbausteinen, S. 326 ff.

## Mustertexte des Personalwesens § 3

*Alternative 3:* Mitarbeitern gleichermaßen anerkannt und sehr geschätzt. Auch in unseren Zweigwerken wurde er stets gern gesehen.

*Alternative 3:* Sein Verhalten gegenüber Vorgesetzen, Kollegen und Mitarbeitern war stets einwandfrei.

### II. Gute Beurteilung

*Alternative 1:* Durch ihre Integrität und ihr aktives und kooperatives Wesen war sie beim Vorstand, im Management und bei den Mitarbeitern gleichermaßen sehr anerkannt und beliebt. Sie trug wesentlich zu einem effizienten und harmonischen Betriebsklima bei.

*Alternative 2:* Wegen seiner Vertrauenswürdigkeit und seiner verbindlichen, aber bestimmten Verhaltensweise war er bei Vorgesetzten, Kollegen und Mitarbeitern gleichermaßen anerkannt und geschätzt. Auch in unseren Zweigwerken wurde er gern gesehen.

*Alternative 3:* Sein Verhalten gegenüber Vorgesetzten, Kollegen und Mitarbeitern war einwandfrei.

### III. Befriedigende Beurteilung

*Alternative 1:* Durch ihr Wesen war sie beim Vorstand, im Management und bei den Mitarbeiterinnen und Mitarbeitern gleichermaßen anerkannt und beliebt.

*Alternative 2:* Wegen seiner Vertrauenswürdigkeit und seiner verbindlichen, aber bestimmten Verhaltensweise war er bei Mitarbeitern, Kollegen und Vorgesetzten gleichermaßen anerkannt und geschätzt.

*Alternative 3:* Sein Verhalten gegenüber Mitarbeitern, Kollegen und Vorgesetzten war einwandfrei.

### IV. Ausreichende Beurteilung

*Alternative 1:* Aufgrund seines kooperativen Wesens war er allseits anerkannt.

*Alternative 2:* Wegen seiner verbindlichen Verhaltensweise war er bei den Mitarbeitern anerkannt und geschätzt.

*Alternative 3:* Ihr Verhalten gegenüber Vorgesetzten, Kollegen und Mitarbeitern war zufriedenstellend.

### V. Mangelhafte Beurteilung

*Alternative 1:* Durch seine kooperationsgeneigte Art war er bei den Mitarbeitern und auch im Management anerkannt.

*Alternative 2:* Seine verbindliche Verhaltensweise wird allseits anerkannt und geschätzt.

*Alternative 3:* Ihr Verhalten gegenüber Vorgesetzten, Kollegen und Mitarbeitern war insgesamt einwandfrei.

## 8. Muster: Dankes-Bedauern-Formel für alle Arbeitnehmergruppen[277]

*I. Bereich „sehr gut"*

*1. Alternative:* Wir bedauern sehr, eine so exzellente Fach- und Führungskraft zu verlieren. Für die stets vorbildliche Leitung unseres Bereiches ............ sind wir ihm zu großem Dank verpflichtet. Er hat einen entscheidenden Beitrag zur Entwicklung des Unternehmens und des Goodwills geleistet.

---

[277] Zitiert nach *Wenster/Scheer*, Arbeitszeugnisse in Textbausteinen, 370 ff.

*2. Alternative:* Wir danken Herrn ▓▓▓ für die stets sehr gute und produktive Zusammenarbeit und bedauern sehr, ihn zu verlieren. Zugleich haben wir Verständnis dafür, daß er die ihm gebotene (einmalige) Chance nutzt.

*3. Alternative:* Wir danken Frau ▓▓▓ für ihre stets sehr hohen Leistungen und bedauern den Verlust dieser sehr guten Facharbeiterin. (Ihren späteren Wiedereintritt würden wir begrüßen.)

### II. Bereich „gut"

*Alternative 1:* Wir bedauern, eine so gute Fach- und Führungskraft zu verlieren. Für die stets gute Leitung unseres Bereiches ▓▓▓ sind wir ihm zu großem Dank verpflichtet. Er hat einen großen Beitrag zur Unternehmensentwicklung geleistet.

*Alternative 2:* Wir danken Herrn ▓▓▓ für die stets gute Zusammenarbeit und bedauern sehr, ihn zu verlieren. Zugleich haben wir Verständnis dafür, daß er die ihm gebotene (einmalige) Chance nutzt.

*Alternative 3:* Wir danken Frau ▓▓▓ für ihre hohen Leistungen und bedauern den Verlust dieser guten Facharbeiterin.

### III. Bereich „befriedigend"

*Alternative 1:* Wir bedauern, eine so gute Fach- und Führungskraft zu verlieren. Für die gute Leitung unseres Bereiches ▓▓▓ danken wir.

*Alternative 2:* Wir danken Herrn ▓▓▓ für die gute Zusammenarbeit und bedauern, ihn zu verlieren. Zugleich haben wir Verständnis dafür, daß er die ihm gebotene Chance nutzt.

*Alternative 3:* Wir danken Frau ▓▓▓ für die gute Leistung und bedauern den Verlust dieser Facharbeiterin.

### IV. Bereich „ausreichend"

*Alternative 1:* Für die Leitung unseres Bereiches ▓▓▓ bedanken wir uns.

*Alternative 2:* Wir bedanken uns (für die Zusammenarbeit).

*Alternative 3:* Wir bedanken uns für die Zugehörigkeit zu unserem Hause.

### V. Bereich „mangelhaft"

*Alternative 1:* Für das stete Bestreben, unseren Bereich ▓▓▓ gut zu leiten, bedanken wir uns.

*Alternative 2:* Wir bedanken uns für das stete Interesse an einer guten Zusammenarbeit.

*Alternative 3:* Wir können unseren Dank für die stets gegebene Arbeitsbereitschaft nicht versagen.

# § 4 Beendigung von Arbeitsverhältnissen

## Kapitel 1: Kündigung von Arbeitsverhältnissen

### Literatur

**Adam**, Sanktion, Prognoseprinzip und Vertragsstörung bei der verhaltensbedingten Kündigung im Arbeitsrecht, NZA 1998, 284; **Adomeit/Spinti**, Der Kündigungsgrund, AR-Blattei 1010.9; **Adomeit/Thau**, Das Gesetz zur Vereinheitlichung der Kündigungsfristen von Arbeitern und Angestellten, NJW 1994, 11; **Annuß**, Kündigung widersprechender Betriebsratsmitglieder bei Betriebs(teil)übergang, DB 1999, 798; **Baeck/Schuster**, Unwirksame betriebsbedingte Kündigungen bei Anwendung „alter" Auswahlrichtlinien, NZA 1998, 1250; **Basedau**, Abgrenzung der Kündigung wegen Leistungsunfähigkeit zur Kündigung wegen Krankheit, ArbuR 1991, 299; **Bauer**, Kündigung und Kündigungsschutz vertretungsberechtigter Organmitglieder, BB 1994, 855; **Bauer/Baeck**, Scientology – Fragerecht des Arbeitgebers und Kündigungsmöglichkeiten, DB 1997, 2534; **Bauer/Rennpferd**, Kündigungsfristen, AR-Blattei 1010.5; **Bauer/Röder**, Kündigungsfibel mit Checklisten, Mustern und Gesetzesauszügen, 3. Aufl. 1997; **Beck**, Die Erklärung von Kündigung und Abmahnung durch den Arbeitgeber, Diss. 1996; **Becker/Schaffner**, Die Darlegungs- und Beweislast in Kündigungsrechtsstreitigkeiten, BB 1992, 557; **Belling**, Die Kündigung wegen verdachtsbedingten Vertrauenswegfalls, RdA 1996, 223; **ders.**, Die Verdachtskündigung, FS für Kissel, 1994, S. 11; **Berkowsky**, Die personen- und verhaltensbedingte Kündigung, 2. Aufl. 1995; **Bitter/Kiel**, 40 Jahre Rechtsprechung des Bundesarbeitsgerichts zur Sozialwidrigkeit von Kündigungen, RdA 1994, 333 (Teil 1), RdA 1995, 26 (Teil 2); **Busch**, Die Verdachtskündigung im Arbeitsrecht, MDR 1995, 217; **Dütz**, Kirchliche Festlegung arbeitsvertraglicher Kündigungsgründe, NJW 1990, 2025; **Ettwig**, Keine Änderung im Kündigungsschutz durch das neue SGB III, NZA 1997, 1152; **Fischermeier**, Die betriebsbedingte Kündigung nach den Änderungen durch das arbeitsrechtliche Beschäftigungsförderungsgesetz, NZA 1997, 1089; **Fleck/Körkel**, Der Rückfall alkoholabhängiger Arbeitnehmer als Kündigungsgrund – Analyse und Kritik der gegenwärtigen Rechtsprechung, BB 1995, 722; **Frölich**, Beendigung des Arbeitsverhältnisses durch konkludentes Verhalten, NZA 1997, 1273; **Fromm**, Die arbeitnehmerbedingten Kündigungsgründe, 1995; **Glaubitz**, Verhaltensbedingte Kündigung wegen Alkoholgenusses, ArbuR 1995, 206; **Gottwald**, Verhaltensbedingte Kündigung bei krankhaftem Alkoholismus, NZA 1997, 635; **Groeger**, Freie Unternehmerentscheidung und betriebsbedingte Änderungskündigung, FA 1999, 278; **Hilbrandt**, Neue Entwicklungen beim Sonderkündigungsschutz von Mandatsträgern, NZA 1998, 1258; **Hromadka**, Rechtsfragen zum Kündigungsfristengesetz, BB 1993, 2372; **Hümmerich**, Grenzfall des Arbeitsrechts; Kündigung des GmbH-Geschäftsführers, NJW 1995, 1177; **ders.**, Kündigungsschutz in Kleinbetrieben und betriebsbedingte Kündigung, DB 1998, 1134; **Hümmerich/Spirolke**, Die betriebsbedingte Kündigung im Wandel – neue Wege zum rechtssicheren Personalabbau, NZA 1998, 797; **Hunold**, Ist eigenmächtiges Fernbleiben vom Arbeitsplatz kein (außerordentlicher) Kündigungsgrund mehr?, DB 1994, 2497; **Jaeger**, Die Zuständigkeit des Arbeitsgerichts und Geltung des Kündigungsschutzes für Geschäftsführer, NZA 1998, 961; **Kania/Kramer**, Unkündbarkeitsvereinbarungen in Arbeitsverträgen, Betriebsvereinbarungen und Tarifverträgen, RdA 1995, 287; **Kittner**, Neues Kündigungsschutzrecht außerhalb des Kündigungsschutzgesetzes, NZA 1998, 731; **Korinth**, Arbeitsrechtliche Reaktionsmöglichkeiten auf ausländerfeindliches Verhalten, ArbuR 1993, 105; **ders.**, Nochmals – Außerordentliche Kündigung wegen Stasi-Tätigkeit. Eine Erwiderung auf Schroers – AuA 1994, 381, AuA 1995, 148; **Kramer**, Kündigungsvereinbarungen im Arbeitsvertrag, 1994; **Krümmel/Küttner**, Antisemitismus und Ausländerfeindlichkeit im Betrieb, NZA 1996, 67; **Künzl**, Arbeitsvertragliche Nebenpflicht zur Durchführung einer Alkoholtherapie, NZA 1998, 122; **Lakies**, Änderung des Kündigungsschutzgesetzes und allgemeiner Kündigungsschutz nach § 242 BGB – Verfassungsrechtliche Fragen, DB 1997, 1078; **Lakies/Kutscha**, Die Entwicklung der Rechtsprechung zur Kündigung wegen mangelnder Verfassungstreue, NZA 1995, 1079; **Lingemann/Steinau-Steinrück**, Konzernversetzung und Kündigungsschutz, DB 1999, 2161; **Löwisch**, Grenzen der ordentlichen Kündigung in kündigungsschutzfreien Betrieben, BB 1997, 982; **ders.**, Tarifliche Regelung von Arbeitgeberkündigungen, DB 1998, 877; **Mäschle**, Lexikon des Kündigungsschutzes, 1996; **Matthießen**, Die Nichteinbeziehung von Arbeitnehmern in die soziale Auswahl bei betriebsbedingten Kündigungen, NZA 1998, 1152; **Mummenhoff**, Loyalität im kirchlichen Arbeitsverhältnis, NZA 1990, 585; **Oetker**, Arbeitsrechtlicher Bestandsschutz und Grundrechtsordnung, RdA 1997, 9; **ders.**, Gibt es einen Kündigungsschutz außerhalb des Kündigungsschutzgesetzes, ArbuR 1997, 41; **Pflüger**, Die Kündigung wegen betrieblich verursachter Erkrankung, DB 1995, 1761; **Piehler**, Rechtsfolgen einer „Teil-Nahmensliste" nach § 1 V KSchG, NZA 1998, 970; **Preis**, Aktuelle Tendenzen im Kündigungsschutzrecht, NZA 1997, 1073; **ders.**, Betriebsbedingte Kündigung zwischen dringenden betrieblichen Erfordernissen und unternehmerischer Entscheidungsfreiheit, NZA 1997, 625; **ders.**, Das neue Recht der Sozialauswahl, DB 1998, 1761; **ders.**, Der Kündigungsschutz außerhalb des Kündigungsschutzrechts, NZA 1997, 1256; **ders.**, Die Verantwortung des Arbeitgebers und der Vorrang betrieblicher Maßnahmen vor Entlassungen (§ 2 I Nr. 2 SGB III), NZA 1998, 449; **ders.**, Prinzipien des Kündigungsrechts bei Arbeitsverhältnissen, Diss. 1987; **Preis/Kramer**, Das neue Kündigungsfristengesetz, DB 1993, 2125; **Richardi**, Das Mitbestimmungsrecht bei Kündigungen im kirchlichen Arbeitsrecht, NZA 1998, 113; **Röckl/Fahl**, Kündigung nach heimlicher Videoüberwachung, NZA 1998, 1035; **Rumpenhorst**, Wann wird das Inaussichtstellen künftiger Arbeitsverweigerung kündigungsrelevant?, NZA 1995, 111; **Schroers**, Außerordentliche Kündigungen wegen Tätigkeit für das MfS, AuA 1994, 381; **Schwan/Zöller**, Alkohol im Betrieb als Kündigungsgrund, ZTR 1996, 62; **Singer**, Wann ist widersprüchliches Verhalten verboten? – Zu den Rechtsfolgen der form- und grundlosen Eigenkündigung des Arbeitnehmers, NZA 1998, 1309; **v. Hoyningen-Huene**, Alkoholmißbrauch und Kündigung, DB 1995, 142; **ders.**, Belästigungen und Beleidigungen von Arbeitnehmern durch Vorgesetzte, BB 1991, 2215; **ders.**, Neuregelung des Kündigungsrechts und befristeter Arbeitsverhältnisse, DB 1997, 1278; **v. Hoyningen-Huene/Linck**, Neuregelungen des Kündigungsschutzes und befristeter Arbeitsverhältnisse, DB 1997, 41; **Worzalla**, Auswirkungen des Kündigungsfristengesetzes auf Regelungen in Tarif- und Einzelarbeitsverträgen, NZA 1994, 145.

## 1. Alphabet der betriebsbedingten Kündigungssachverhalte

| | Rn | | Rn |
|---|---|---|---|
| Abbau und Umwandlung von Arbeitsplätzen (Vollzeit- oder Teilzeitarbeit) | 1 | Konzernarbeitsverhältnis | 18 |
| | | Kostenreduzierung | 19 |
| | | Kurzarbeit | 20 |
| Abberufung | 2 | Lohneinsparung | 21 |
| Abkehrwille | 3 | Lohnfindungsmethode | 22 |
| Anforderungsprofil | 4 | Öffentlicher Dienst | 23 |
| Arbeitsmangel | 5 | Outsourcing | 28 |
| Auftragsrückgang | 6 | Produktionsmethoden | 29 |
| Austauschkündigung | 7 | Produktionsverlagerung ins Ausland | 30 |
| Betriebseinschränkungen | 8 | Rationalisierungsmaßnahmen | 31 |
| Betriebsstillegung | 9 | Rentabilität | 33 |
| Betriebsübergang | 10 | Sonderzuwendung, Ablösung | 34 |
| Betriebsunterbrechung | 12 | Teilzeitarbeitsplatz | 35 |
| Drittfinanzierte Arbeitsverträge | 13 | Umsatzrückgang | 36 |
| Druckkündigung | 14 | Vollzeitarbeitsplatz | 37 |
| Fehldisposition | 15 | Vorgesetztenwechsel | 38 |
| Gewinnverfall | 16 | Witterungsgründe | 39 |
| Konkursverfahren, Insolvenzverfahren | 17 | | |

■ **Abbau und Umwandlung von Arbeitsplätzen (Vollzeit- oder Teilzeitarbeit)**

1 Der **Abbau und die Umwandlung von Arbeitsplätzen** stellen einen Grund für die betriebsbedingte Kündigung dar, wobei die Entscheidung, Arbeitsplätze auf Dauer abzubauen, grundsätzlich nur auf offenbare Unsachlichkeit, Unvernünftigkeit oder Willkür zu überprüfen ist (BAG, EzA § 2 KSchG Nr. 26; LAG Berlin, LAGE § 1 KSchG Betriebsbedingte Kündigung Nr. 42; LAG Bremen, LAGE § 1 KSchG Soziale Auswahl Nr. 16; LAG Köln, LAGE § 1 KSchG Betriebsbedingte Kündigung Nr. 41; LAG Köln, LAGE § 1 KSchG Betriebsbedingte Kündigung Nr. 50; LAG Köln, AE 1999, 21 Nr. 43; a. A. LAG Düsseldorf, LAGE § 1 KSchG Betriebsbedingte Kündigung Nr. 46, wonach ein Konzept nachvollziehbar darzulegen ist, das den Abbau der Arbeitsplätze tatsächlich ermöglicht). Eine betriebsbedingte Kündigung kann bei der **Umwandlung von Teilzeitarbeitsplätzen in Vollzeitarbeitsplätze** gerechtfertigt sein (LAG Rheinland-Pfalz, NZA 1989, 273). Die Umwandlung einer Teilzeitstelle in eine Vollzeitstelle berechtigt den Arbeitgeber dann zur Kündigung, wenn der Einsatz von Arbeitnehmern mit bestimmten Arbeitszeiten schlichtweg erforderlich ist und vernünftigerweise eine Alternative dazu nicht vorstellbar erscheint (ArbG Hamburg, NZA-RR 1997, 132). Wegen

des Erfordernisses des gleichzeitigen Einsatzes zweier Kräfte kann auch die **Umwandlung eines Vollzeitarbeitsplatzes in zwei Teilzeitarbeitsplätze** gerechtfertigt sein (LAG Hamm, AE 1998, 92 Nr. 274). Hingegen rechtfertigt eine im Jahresdurchschnitt voraussichtlich eintretende Reduzierung des Arbeitsvolumens um 20 % es aus betriebsbedingten Gründen nicht, ein „Normalarbeitsverhältnis" in ein sogenanntes „flexibles Teilzeitarbeitsverhältnis" umzuwandeln, bei dem der Arbeitnehmer ohne vertragliche Bestimmung der monatlichen Durchschnittsleistung monatlich variabel im Umfang von 53 bis zu 169 Stunden je nach Arbeitsanfall eingesetzt werden kann (LAG Brandenburg, NZA-RR 1997, 127). Die Entscheidung des Arbeitgebers, auf Dauer mit weniger Personal zu arbeiten, ist eine Unternehmerentscheidung, die lediglich einer Mißbrauchskontrolle unterliegt; eine damit verbundene, gewisse **Leistungsverdichtung** auf den verbleibenden Arbeitsplätzen ist hinzunehmen (LAG Köln, LAGE § 1 KSchG Betriebsbedingte Kündigung Nr. 50).[1]

- **Abberufung**

Stimmt der Betriebsrat dem vom Arbeitgeber an ihn gerichteten Antrag auf **Abberufung eines Betriebsarztes** gemäß § 9 III ASiG zu, so ist eine vom Arbeitgeber gegenüber dem Betriebsarzt daraufhin ausgesprochene Kündigung aus betriebsbedingten Gründen gerechtfertigt (LAG Bremen, NZA-RR 1998, 250).

2

**Verlangt** ein ausländischer **Auftraggeber die Abberufung** eines auf einer ausländischen Baustelle beschäftigten Arbeitnehmers, kann eine betriebsbedingte Kündigung gerechtfertigt sein; der Arbeitgeber hat aber im Falle eines objektiv nicht berechtigten Abberufungsverlangens seitens des Auftraggebers in geeigneter Form zu versuchen, diesen von seiner Absicht abzubringen, bevor er dem betreffenden Arbeitnehmer kündigt; dies gilt auch dann, wenn der Arbeitgeber sich gegenüber dem Auftraggeber verpflichtet hat, dem Abberufungsverlangen nachzukommen (BAG, EzA § 1 KSchG Betriebsbedingte Kündigung Nr. 39).

- **Abkehrwille**

Eine betriebsbedingte Kündigung kann auch dann gerechtfertigt sein, wenn für einen **abkehrwilligen Arbeitnehmer** eine sonst schwer zu findende Ersatzkraft eingestellt werden muß (BAG, EzA § 1 KSchG Nr. 2; LAG Frankfurt, BB 1986, 65). Der Arbeitgeber muß im Zweifel vor der Kündigung mit dem Arbeitnehmer sprechen, um das Vorliegen eines **ernsthaften Abkehrwillens** festzustellen (LAG München, DB 1975, 1129). Erklärt ein Arbeitnehmer eindeutig und ernsthaft seinen Abkehrwillen, kann dies einer sozialen Auswahl nach § 1 Abs. 3 Satz 2 KSchG entgegenstehen (LAG Baden-Württemberg, AP Nr. 16 zu § 1 KSchG).[2]

3

- **Anforderungsprofil**

Es unterliegt grundsätzlich der freien unternehmerischen Entscheidung, das Anforderungsprofil für einen eingerichteten Arbeitsplatz festzulegen; die Entscheidung des Arbeitgebers, bestimmte Tätigkeiten nur von Arbeitnehmern mit **besonderer Qualifikation** ausführen zu lassen, ist daher grundsätzlich zu respektieren und kann bei fehlender Eignung eines Arbeitnehmers für einen freien Arbeitsplatz eine betriebsbedingte Kündigung rechtfertigen (BAG, AE 1997, 22 Nr. 28).

4

---

1 Vgl. auch „Produktionsverlagerung ins Ausland", „Rationalisierungsmaßnahmen".
2 Vgl. auch Alphabet der verhaltensbedingten Kündigungssachverhalte „Abkehrmaßnahmen".

### Arbeitsmangel

5  Auch **Arbeitsmangel** kann einen Grund für eine betriebsbedingte Kündigung darstellen, wenn die außerbetrieblichen Ursachen oder die innerbetrieblichen Maßnahmen greifbare Formen angenommen haben (BAG, EzA § 1 KSchG Betriebsbedingte Kündigung Nr. 13; BAG, RzK I 5 c Nr. 17; LAG Düsseldorf, DB 1967, 1992; ArbG Essen, DB 1961, 576; ArbG Marburg, DB 1965, 1670). Dem Arbeitgeber muß sich die Lage bei vernünftiger Betrachtungsweise so darstellen, daß die Arbeitskraft des Arbeitnehmers nach Ablauf der Kündigungsfrist nicht mehr benötigt wird (BAG, BAGE 6, 1; BAG, NZA 1987, 700). Eine Kündigung einzelner Arbeitnehmer ist sozial ungerechtfertigt, wenn zwar die Arbeit für eine Gruppe von Arbeitnehmern in absehbarer Zeit ausläuft, jedoch noch Arbeit für sämtliche Arbeitnehmer vorhanden ist (LAG Düsseldorf, AP Nr. 9 zu § 1 KSchG).

Legt ein Arbeitgeber die Richtigkeit des Berechnungsmodus so dar, daß aus der Verringerung der Arbeitsmenge auf die Veränderung der Beschäftigungsmöglichkeit geschlossen werden kann, genügt ein Arbeitnehmer seiner **Darlegungslast**, wenn der Umfang der Tätigkeit einer Gruppe proportional zum Absatz der gefertigten Erzeugnisse ist (BAG, NZA 1990, 65).[3]

### Auftragsrückgang

6  Führt ein **Auftragsrückgang** dazu, daß aufgrund eines **Rückgangs des Arbeitsanfalls** das Bedürfnis zur Weiterbeschäftigung eines Arbeitnehmers entfällt, ist ein betriebsbedingter Kündigungsgrund gegeben (BAG, EzA § 1 KSchG Betriebsbedingte Kündigung Nr. 10; BAG, EzA § 1 KSchG Betriebsbedingte Kündigung Nr. 13; BAG, EzA § 1 KSchG Betriebsbedingte Kündigung Nr. 36). Entscheidend ist, ob durch den Auftragsrückgang ein **Überhang an Arbeitskräften** entstanden ist, durch den unmittelbar oder mittelbar das Bedürfnis zur Weiterbeschäftigung eines oder mehrerer Arbeitnehmer entfallen ist (BAG, EzA § 1 KSchG Betriebsbedingte Kündigung Nr. 36). Gerechtfertigt ist die Kündigung nur dann, wenn bei Ausspruch der Kündigung feststeht, daß zum Zeitpunkt des Kündigungstermins eine Beschäftigungsmöglichkeit für den gekündigten Arbeitnehmer nicht mehr gegeben ist (BAG, SPA 21/1998, 3). **Kurzfristige Auftragslücken** sind nicht geeignet, eine betriebsbedingte Kündigung eines Arbeitnehmerverleihers gegenüber einem Leiharbeitnehmer zu rechtfertigen (LAG Köln, NZA 1999, 991).

Wird aus Rationalisierungsgründen eine **Betriebsabteilung geschlossen**, so kann die Kündigung des in einer anderen Abteilung beschäftigten Arbeitnehmers als betriebsbedingt zu werten sein, wenn in seiner Abteilung ein Arbeitskräfteüberhang dadurch entstanden ist, daß in diese Abteilung einzelne Arbeitnehmer aus der geschlossenen Abteilung versetzt worden sind, um auch in der Zukunft noch anfallende Spezialarbeiten aus der aufgelösten Abteilung verrichten zu können, und wenn außerdem die versetzten Arbeitnehmer die Arbeiten des gekündigten Arbeitnehmers mitverrichten (BAG, EzA § 1 KSchG Betriebsbedingte Kündigung Nr. 4).

Der Arbeitgeber muß im Rahmen seiner **Darlegung einen Größenvergleich zwischen der gegebenen Arbeitskapazität und dem Volumen des Auftragsbestandes** vornehmen und eine **Relation zwischen Auftragsmenge und der zur Verfügung stehenden Arbeitszeit** herstellen (LAG Berlin, LAGE § 1 KSchG Betriebsbedingte Kündigung Nr. 45; LAG Berlin, AE 1998, 104 Nr. 304). Darzulegen sind der Plan und die Durchführung mit den Auswirkungen auf die Arbeitsplätze (BAG, AP Nr. 6 zu § 1 KSchG 1969 Betriebsbedingte Kündigung; BAG, AP Nr. 45 zu § 1 KSchG 1969 Betriebsbedingte Kündigung). Hingegen kann vom Arbeitgeber nicht die Darlegung verlangt werden,

---

[3] Vgl. auch „Kurzarbeit", „Witterungsgründe".

wie sich der Auftragsrückgang speziell auf den konkreten Arbeitsplatz des entlassenen Arbeitnehmers auswirkt (LAG Köln, LAGE § 1 KSchG Betriebsbedingte Kündigung Nr. 41).[4]

- **Austauschkündigung**

Eine betriebsbedingte Kündigung eines Arbeitnehmers allein mit der Begründung, er müsse den **Arbeitsplatz für einen anderen freimachen**, ist nicht gerechtfertigt (BAG, DB 1991, 173). Ein dringendes betriebliches Erfordernis ist auch zu verneinen, wenn der im Betrieb beschäftigte Arbeitnehmer **durch einen ausgeliehenen Arbeitnehmer ersetzt** werden soll, der zur Senkung der Lohnkosten nach ausländischem Recht beschäftigt werden soll (BAG, NZA 1997, 202). Will ein Arbeitgeber Arbeitnehmer entlassen, um an ihrer Stelle **Leiharbeitnehmer** einer Verleihgesellschaft zu beschäftigen, ist er zu einer betriebsbedingten Kündigung nicht berechtigt (LAG Bremen, LAGE § 1 KSchG Betriebsbedingte Kündigung Nr. 47). Ein dringendes betriebliches Erfordernis ist auch dann zu verneinen, wenn nebenberuflich tätige teilzeitbeschäftigte Arbeitnehmer **gegen Arbeitslose ausgetauscht** werden sollen (BAG, DB 1987, 1443).

Eine betriebsbedingte Kündigung kann aber gerechtfertigt sein, wenn nicht die Planstelle des entlassenen Arbeitnehmers infolge des Wegfalls der Drittmittelfinanzierung vom Arbeitgeber gestrichen wird, sondern die eines **sozial schutzwürdigeren Kollegen**, für den der Arbeitgeber einen Arbeitsplatz freimachen will, wenn zwischen beiden eine Sozialauswahl stattzufinden hat (LAG Köln, LAGE § 1 KSchG Betriebsbedingte Kündigung Nr. 33). Der Arbeitgeber muß aber einem sozial schutzwürdigeren Arbeitnehmer nicht durch das Angebot einer Weiterbeschäftigung zu geänderten Bedingungen und durch Kündigung eines sozial weniger schutzwürdigen Arbeitnehmers, mit dem er erst durch die Vertragsänderung vergleichbar wird, eine Beschäftigungsmöglichkeit schaffen (BAG, DB 1991, 173).[5]

- **Betriebseinschränkungen**

Die **Umsetzung einer Betriebseinschränkung** ist geeignet, eine betriebsbedingte Kündigung sozial zu rechtfertigen. Die **Schließung einer Niederlassung** kann eine Betriebseinschränkung darstellen (BAG, RzK I 5 c Nr. 41). Betriebseinschränkungen sind ebenfalls gegeben bei der **Schließung einer technischen Betriebsabteilung** (BAG, EzA § 1 KSchG Betriebsbedingte Kündigung Nr. 4; LAG Berlin, BB 1975, 1438), der **Schließung einer Exportabteilung** (BAG, EzA § 1 KSchG Betriebsbedingte Kündigung Nr. 7), der **Stillegung einer Betriebsabteilung** (BAG, RzK I 5 f Nr. 12), der **Auflösung des Forschungsbereichs** einer privaten Hochschule (BAG, RzK I 5 c Nr. 42), der **Schließung eines Lagers** (LAG Baden-Württemberg, DB 1967, 2036), der **Stillegung einer Maschine** (LAG Düsseldorf, DB 1961, 1264), der **Schließung der Hollerith-Abteilung** (LAG Mannheim, BB 1955, 574).

Gestaltet der Arbeitgeber den Arbeitsablauf um und **verlagert bestimmte Arbeiten in eine andere Betriebsabteilung**, rechtfertigt dies allein nach § 1 Abs. 2 KSchG noch keine betriebsbedingte Kündigung der bisher mit diesen Arbeiten beschäftigten Arbeitnehmer; sind nach wie vor im wesentlichen die gleichen Arbeiten zu verrichten und die bisherigen Arbeitsplatzinhaber zur Erledigung dieser Arbeiten persönlich und fachlich geeignet, so ist eine betriebsbedingte Kündigung selbst dann nicht sozial gerechtfertigt, wenn es sich bei den neu eingerichteten Arbeitsplätzen in der anderen Betriebsabteilung um Beförderungsstellen handelt (BAG, EzA § 1 KSchG Betriebsbedingte Kündigung Nr. 77). Entscheidend ist nicht, ob die Arbeit höher vergütet wird, sondern vielmehr ob die Arbeit

---

[4] Vgl. auch „Arbeitsmangel".
[5] Vgl. auch „Drittfinanzierte Arbeitsverträge".

dieselbe oder überwiegend gleich geblieben ist (BAG, EzA § 1 KSchG Betriebsbedingte Kündigung Nr. 82).[6]

■ **Betriebsstillegung**

9   Die **Stillegung** des gesamten Betriebes ist ein dringendes betriebliches Erfordernis i. S. des § 1 Abs. 2 Satz 1 KSchG (BAG, AP Nr. 60 zu Art. 9 GG Arbeitskampf; BAG, AP Nr. 39 zu § 613 a BGB; BAG, AP Nr. 5 zu § 22 KO; BAG, AP Nr. 1 zu § 1 KSchG 1969 Konzern; BAG, AP Nr. 38 zu § 1 KSchG 1969 Betriebsbedingte Kündigung; BAG, 2 AZR 954/94, n. v.). Voraussetzung einer Betriebsstillegung ist der **ernstliche und endgültige Entschluß** des Unternehmers, die Betriebs- und Produktionsgemeinschaft zwischen Arbeitgeber und Arbeitnehmer für einen seiner Dauer nach unbestimmten, wirtschaftlich nicht unerheblichen Zeitraum aufzuheben (BAG, AP Nr. 39 zu § 613 a BGB; BAG, AP Nr. 4 zu § 22 KO; BAG, AP Nr. 41 zu § 1 KSchG 1969 Betriebsbedingte Kündigung; BAG, AP Nr. 53 zu § 1 KSchG 1969 Betriebsbedingte Kündigung; BAG, AP Nr. 60 zu § 1 KSchG 1969 Betriebsbedingte Kündigung; LAG Köln, EWiR § 1 KSchG 3/94). Dieser Entschluß kann auch von einem **Pächter** getroffen werden, wenn er seine Stillegungsabsicht unmißverständlich äußert, allen Arbeitnehmern kündigt, den Pachtvertrag zum nächstmöglichen Zeitpunkt auflöst, die Betriebsmittel, über die er verfügen kann, veräußert und die Betriebstätigkeit vollständig einstellt (BAG, EzA § 613 a BGB Nr. 587; BAG, EzA § 613 a BGB Nr. 73; BAG, EzA § 613 a BGB Nr. 126). Entsprechend dieser Grundsätze kann auch eine Betriebsstillegung durch einen **Mieter** erfolgen (BAG, RzK I 5 f Nr. 25). Bei einer **juristischen Person** bedarf es für die Betriebsstillegung keines Beschlusses des für die Auflösung einer Gesellschaft zuständigen Organs (BAG, 2 AZR 414/97, n. v.).

Der Entschluß eines Arbeitgebers zur Betriebsstillegung stellt eine nicht auf ihre Zweckmäßigkeit zu überprüfende **Unternehmerentscheidung** dar (BAG, EzA § 1 KSchG Soziale Auswahl Nr. 22). Die soziale Rechtfertigung einer Kündigung wegen beabsichtigter Betriebsstillegung setzt voraus, daß der Unternehmer im Zeitpunkt des Zugangs der Kündigung den ernsthaften und endgültigen Entschluß gefaßt hat, den **Betrieb nicht nur vorübergehend stillzulegen** (BAG, EzA § 1 KSchG Nr. 46). Ein in einem Kündigungsschreiben **variabel gehaltener Zeitraum einer geplanten Betriebsstillegung** bis zu 5 Monaten begründet keine Stillegungsabsicht (LAG Berlin NZA-RR 1997, 471). Voraussetzung der Rechtfertigung der betriebsbedingten Kündigung ist ferner, daß die auf eine Betriebsstillegung gerichtete unternehmerische Entscheidung zum Zeitpunkt des Zugangs der Kündigung bereits **greifbare Formen** angenommen hat und eine vernünftige betriebswirtschaftliche Betrachtung die Prognose rechtfertigt, daß bis zum Auslaufen der Kündigungsfrist der Arbeitnehmer entbehrt werden kann (BAG, EzA § 1 KSchG Betriebsbedingte Kündigung Nr. 79), wobei der Arbeitgeber diesbezüglich substantiiert vortragen muß (BAG, ZIP 1984, 1524). Diese Voraussetzung ist nicht gegeben, wenn der Arbeitgeber **vorsorglich** mit der Begründung kündigt, der Betrieb solle zu einem bestimmten Zeitpunkt stillgelegt werden, **falls eine Veräußerung scheitere** (BAG, EzA § 613 a BGB Nr. 4). Das gleiche gilt, wenn der Arbeitgeber wegen Betriebsstillegung kündigt, obwohl er im Zeitpunkt der Kündigung **noch in Verhandlungen über eine Veräußerung** des Betriebes steht (BAG, EzA § 1 KSchG Betriebsbedingte Kündigung Nr. 87). Der Ernsthaftigkeit und Endgültigkeit eines Stillegungsbeschlusses des Arbeitgebers steht nicht der erkennbare Vorbehalt entgegen, diese Entscheidung nicht zu verwirklichen, falls sich die äußeren **Umstände wider Erwarten günstiger** entwickeln als aufgrund der ursprünglich angestellten Prognose (LAG Köln, EWiR 1994, II 2 I).

Werden bei einer geplanten, aber noch nicht durchgeführten Betriebsstillegung während des Laufs der Kündigungsfristen Teile des Betriebs veräußert, beurteilt sich die Wirksamkeit der Kündigung

---

6   Vgl. auch „Outsourcing".

nach den **objektiven Verhältnissen im Zeitpunkt der Kündigung** (LAG Köln, NZA-RR 1997, 473). Die soziale Rechtfertigung ist zu bejahen, wenn im Zeitpunkt des Zugangs der Kündigung die Betriebsstillegung endgültig geplant und bereits eingeleitet ist, sich der Arbeitgeber aber für den Fall, daß sich eine entsprechende Chance bietet, eine Betriebsveräußerung vorbehält und diese dann später gelingt (BAG, RzK I 5 f Nr. 22). In diesem Fall ist eine Umgehung des § 613 a Abs. 1 BGB zu verneinen (BAG, EzA § 613 a BGB Nr. 80; BAG, EzA § 1 KSchG Betriebsbedingte Kündigung Nr. 79). Bei Fortführung des Betriebes kann sich ein **Wiedereinstellungsanspruch** des Arbeitnehmers ergeben (BAG, NZA 1997, 757). Wenn ein Arbeitgeber den ursprünglich gefaßten Stillegungsentschluß später ändert, muß er im Prozeß **darlegen und beweisen,** daß der Stillegungsbeschluß vor Ausspruch der Kündigung gefaßt war (BAG, AP Nr. 38 zu § 1 KSchG 1969 Betriebsbedingte Kündigung). Wird ein zunächst stillgelegter Betrieb alsbald **wiedereröffnet,** spricht eine tatsächliche Vermutung gegen eine ernsthafte Stillegungsabsicht (BAG, NZA 1985, 493).

Bei einer **schrittweisen Betriebsstillegung** muß der Arbeitgeber die soziale Auswahl beachten (LAG Hamm, NZA 1987, 636). Den Arbeitgeber trifft bei der etappenweise erfolgenden Betriebsstillegung die **Darlegungslast** für die fehlende Weiterbeschäftigungsmöglichkeit des Arbeitnehmers in den verbleibenden Betriebsabteilungen (LAG München, NZA-RR 1997, 472).

**Keine Betriebsstillegung** ist ein **Betriebsübergang** (BAG, RzK I 5 f Nr. 3). Ebenso stellt auch eine **Konkurseröffnung** noch keine Betriebsstillegung dar (BAG, RzK I 5 f Nr. 6). Ist der Konkursverwalter aber zum Zeitpunkt des Ausspruchs der Kündigung ernsthaft entschlossen, den Betrieb der Gemeinschuldnerin endgültig stillzulegen, ist die Kündigung gem. § 11 Abs. 2 Satz 1 KSchG aus dringenden betrieblichen Gründen auch dann sozial gerechtfertigt, wenn es kurze Zeit später noch während der Kündigungsfrist aufgrund von Verhandlungen der Sicherungsgläubigerin zum Übergang eines Betriebsteils kommt (LAG Hamm, Urt. v. 11.11.1998, NZA-RR 1999, 576).

Wird eine Kündigung wegen einer Betriebsstillegung erklärt, handelt es sich um eine **Kündigung aus anderen Gründen i. S. des § 613 a Abs. 4 Satz 2 BGB** (BAG, EzA § 613 a BGB Nr. 40). Die Wirksamkeit der Kündigung ist nach der objektiven Rechtslage zu beurteilen, wenn ein Arbeitgeber die tatsächlich gegebene Betriebsstillegung rechtsirrig als Betriebsübergang beurteilt (BAG, RzK I 5 e Nr. 12).

Ist die ordentliche Kündigung durch Tarifvertrag ausgeschlossen, so ist eine Betriebsstillegung geeignet, eine **außerordentliche Kündigung** zu rechtfertigen (BAG, EzA § 626 BGB Nr. 96). Hierbei ist die gesetzliche oder tarifvertragliche Kündigungsfrist einzuhalten, die gelten würde, wenn die ordentliche Kündigungsfrist nicht ausgeschlossen wäre (BAG, EzA § 626 BGB Nr. 96; a. A. ArbG Freiburg, NZA 1986, 295).[7]

■ **Betriebsübergang**

Die Regelung des § 613 a Abs. 4 Satz 1 BGB, nach der die Kündigung wegen des Übergangs eines Betriebes oder Betriebsteils unwirksam ist, enthält ein **eigenständiges Kündigungsverbot** i. S. von § 13 Abs. 3 KSchG, § 134 BGB und stellt nicht nur die Sozialwidrigkeit einer Kündigung klar, die nach dem Maßstab des § 1 KSchG zu beurteilen ist (BAG, EzA § 613 a BGB Nr. 42; BAG, EzA § 613 a BGB Nr. 50). Das Kündigungsverbot greift dann ein, wenn **einziger Beweggrund** der Kündigung der Betriebsübergang war (BAG, EzA § 613 a BGB Nr. 82). Eine Kündigung wegen des Betriebsübergangs (§ 613 a Abs. 4 Satz 1 BGB) liegt daher nicht vor, wenn sie der **Rationalisierung** (Verkleinerung) des Betriebs zur Verbesserung der Verkaufschancen dient. Ein Rationalisierungsgrund liegt vor, wenn der Betrieb ohne die Rationalisierung stillgelegt werden müßte (BAG, EzA

---

7 Vgl. auch „Betriebsübergang", „Betriebsunterbrechung".

§ 613 a BGB Nr. 142). Eine zum Zweck der **Lohnminderung** ausgesprochene Änderungskündigung kann nach § 613 a Abs. 4 BGB unwirksam sein, wenn die Lohnminderung schon Grundlage der Kalkulation des Betriebsübernehmers bei der Betriebsveräußerung war (LAG Köln, NZA-RR 1996, 327). Die Kündigung ist nicht bereits deshalb gerechtfertigt, weil ein Interessent den **Erwerb des Betriebes von der Kündigung abhängig** macht (BAG, DB 1996, 2288). Hingegen darf ein Betriebsinhaber vor der Veräußerung sein eigenes **Sanierungskonzept** verwirklichen (BAG, DB 1983, 2690). Will die **Treuhand** einen ruhenden Betrieb privatisieren und beschließt einen Strukturplan, der den geäußerten Vorstellungen der möglichen Erwerber entspricht und kündigt für den Fall der Umsetzung dieses Plans nicht mehr benötigten Arbeitnehmern, so sind die betriebsbedingten Kündigungen aufgrund dieses unternehmerischen Konzepts sozial gerechtfertigt, auch wenn dessen Umsetzung noch nicht unmittelbar bevorsteht und es darüber hinaus vielleicht sogar durch ein anderes Konzept ersetzt wird; dies ergibt sich daraus, daß sich andernfalls die Verkaufsverhandlungen immer weiter hinauszögern würden, was aber dem im Treuhandgesetz zum Ausdruck kommenden Privatisierungsgebot zuwiderlaufen würde (LAG Berlin, LAGE § 1 KSchG Betriebsbedingte Kündigung Nr. 23).

11 Auch die **Stillegung** des gesamten Betriebes stellt ein dringendes betriebliches Erfordernis nach § 1 Abs. 2 Satz 1 KSchG dar und kann eine betriebsbedingte Kündigung sozial rechtfertigen, eine hierauf gestützte Kündigung gehört zu den Kündigungen aus anderen Gründen im Sinne des § 613 a Abs. 4 Satz 2 BGB (BAG, EzA § 613 a BGB Nr. 40). Eine soziale Rechtfertigung ist zu bejahen, wenn im Zeitpunkt des Zugangs der Kündigung die Betriebsstillegung endgültig geplant und bereits eingeleitet ist, sich der Arbeitgeber aber für den Fall, daß sich eine entsprechende Chance bietet, eine Betriebsveräußerung vorbehält und diese dann später gelingt (BAG, RzK I 5 f Nr. 22). Wird eine dem KSchG unterliegende Kündigung auf Betriebsstillegung gestützt, liegt dieser Grund aber tatsächlich nicht vor, so ist die Kündigung bereits nach § 1 Abs. 2 Satz 1 KSchG sozial ungerechtfertigt; kommt es im zeitlichen Zusammenhang mit dieser Kündigung zu einem Betriebsübergang nach § 613 a Abs. 1 Satz 1 BGB, bedarf es deshalb keiner Prüfung, ob sie auch deswegen nach § 613 a Abs. 4 Satz 1 BGB oder wegen Umgehung dieser Norm rechtsunwirksam ist (BAG, EzA § 613 a BGB Nr. 40).

Erfolgt der Betriebsübergang erst nach Ablauf der Kündigungsfrist, sind **Kündigungsschutzklagen** gegen zuvor ausgesprochene Kündigungen gegen den bisherigen Arbeitgeber zu richten (BAG, EzA § 102 BetrVG 1972 Nr. 33).

Vor einer außerordentlichen Kündigung gegenüber einem tariflich „unkündbaren" Arbeitnehmer aus betrieblichen Gründen muß der Arbeitgeber auch dann alle zumutbaren, eine Weiterbeschäftigung ermöglichenden Mittel ausschöpfen, wenn der Arbeitnehmer einem Übergang seines Arbeitsverhältnisses auf einen Betriebserwerber widersprochen hat (BAG, ARST 1999, 42).[8]

■ **Betriebsunterbrechung**

12 Die im Zusammenhang mit einer geplanten Betriebsveräußerung stehende **vorübergehende Betriebsunterbrechung** ist kein dringendes betriebliches Erfordernis i. S. von § 1 Abs. 2 Satz 1 KSchG (BAG, EzA § 613 a BGB Nr. 4; BAG, EzA § 1 KSchG Betriebsbedingte Kündigung Nr. 46; LAG Berlin, AuR 1987, 242).

Eine Betriebsunterbrechung (hier: Umbau der Betriebsstätte) von voraussichtlich 6 Monaten kann eine entsprechende Änderungskündigung in Form der Unterbrechung der Arbeitsverhältnisse sozial rechtfertigen (LAG Köln, ARST 1995, 234).

---

8 Vgl. auch „Betriebsstillegung".

### Drittfinanzierte Arbeitsverträge

Die Entscheidung des öffentlichen Dienstgebers, Zuwendungen zu kürzen oder zu streichen, rechtfertigt bei **drittfinanzierten Arbeitsverträgen** allein eine betriebsbedingte Kündigung noch nicht (BAG, EzA § 1 KSchG Betriebsbedingte Kündigung Nr. 37). Entscheidet sich aber der Drittmittelempfänger, den **geförderten Aufgabenbereich nicht fortzuführen** oder zu beschränken, kann dies ein dringendes betriebliches Erfordernis darstellen (BAG, RzK I 5 c Nr. 11; BAG, RzK I 5 c Nr. 25). Ein betriebsbedingter Kündigungsgrund ist – auch wenn in dem Zeitpunkt, in dem eine Prognose möglich ist, der Arbeitnehmer aufgrund inzwischen erreichter Beschäftigungszeiten nicht mehr ordentlich kündbar ist – nur gegeben, wenn im Zeitpunkt des Ausspruchs der Kündigung bei vernünftiger Betrachtung die **Prognose** gerechtfertigt ist, daß mit Ablauf der Kündigungsfrist **keine weiteren Drittmittel** für die Beschäftigung des Arbeitnehmers zur Verfügung stehen (BAG, RzK I 5 c Nr. 32).

13

Die Entscheidung des Drittmittelempfängers kann allein darauf untersucht werden, ob sie **mißbräuchlich oder willkürlich** ist (BAG, EzA § 1 KSchG Betriebsbedingte Kündigung Nr. 10; BAG, EzA § 1 KSchG Betriebsbedingte Kündigung Nr. 13; BAG, RzK I 5 c Nr. 24; BAG, RzK I 5 c Nr. 32). Der Arbeitgeber muß prüfen, ob eine Weiterbeschäftigung der von der Kürzung oder Streichung betroffenen Arbeitnehmer auf anderen freien Arbeitsplätzen möglich ist (BAG, RzK I 5 c Nr. 37). In die **Sozialauswahl** sind auch die vergleichbaren Arbeitnehmer miteinzubeziehen, deren Arbeitsplätze nicht von der Drittmittelkürzung betroffen sind (LAG Köln, LAGE § 1 KSchG Betriebsbedingte Kündigung Nr. 33).[9]

### Druckkündigung

Eine **Druckkündigung** ist nur dann als betriebsbedingte Kündigung gerechtfertigt, wenn sich der Arbeitgeber zunächst schützend vor den betroffenen Arbeitnehmer stellt und alle zumutbaren Mittel einsetzt, um die **Belegschaft** oder diejenigen Personen, von denen der Druck ausgeht, von ihrer Drohung abzubringen (BAG, EzA § 1 KSchG Betriebsbedingte Kündigung Nr. 39). Ferner darf außer der Kündigung kein anderes Mittel in Betracht kommen, um die Schäden abzuwenden (BAG, EzA § 1 KSchG Betriebsbedingte Kündigung Nr. 39). Die Wirksamkeit der Kündigung hängt nicht davon ab, ob der Arbeitnehmer vor Ausspruch der Kündigung angehört wurde (BAG, EzA, § 626 BGB Druckkündigung Nr. 2). Entsprechendes gilt, wenn **Kunden** des Arbeitgebers die Entlassung des Arbeitnehmers verlangen und den Abbruch von Geschäftsbeziehungen androhen (BAG, EzA § 1 KSchG Betriebsbedingte Kündigung Nr. 39; BAG, RzK I 8 d Nr. 8; LAG Berlin, DB 1980, 2195; LAG Düsseldorf, DB 1957, 460; LAG Frankfurt, LAGE § 1 KSchG Betriebsbedingte Kündigung Nr. 11; LAG Köln, AE Jahrbuch 1997, 117 Nr. 526). Eine Druckkündigung kann auch bei einer AIDS-Erkrankung eines Arbeitnehmers gerechtfertigt sein (ArbG Berlin, NZA 1987, 637).[10]

14

### Fehldisposition

Für die soziale Rechtfertigung einer betriebsbedingten Kündigung ist es unerheblich, ob und inwieweit die zur Entlassung führenden betrieblichen Verhältnisse **durch eigene Fehldispositionen des Arbeitgebers verursacht** worden sind (LAG Köln, LAGE § 1 KSchG Betriebsbedingte Kündigung Nr. 27).

15

---

9 Vgl. auch „Austauschkündigung".
10 Vgl. auch Alphabet der personenbedingten und verhaltensbedingten Kündigungssachverhalte „Druckkündigung".

### Gewinnverfall

**16** **Gewinnverfall und Unrentabilität** rechtfertigen mangels unmittelbarer Auswirkung auf die Arbeitsmenge und die Arbeitsplätze allein keine betriebsbedingte Kündigung (BAG, BAGE 31, 157; BAG, NZA 1986, 824; LAG Baden-Württemberg, EzA § 2 KSchG Nr. 18). Jedoch rechtfertigt ein Gewinnverfall dann einen **Personalabbau als Rationalisierungsmaßnahme**, wenn keine anderen geeigneten Maßnahmen zur Kostenminderung zur Verfügung stehen (BAG, DB 1980, 1400).[11]

### Konkursverfahren, Insolvenzverfahren

**17** Zwar stellt die **Eröffnung des Konkursverfahrens** als solche keine die betriebsbedingte Kündigung rechtfertigende Betriebsstillegung dar (BAG, RzK I 5 f Nr. 6; BGH, DB 1980, 151), jedoch kann der Konkursverwalter bei Vorliegen dringender betrieblicher Erfordernisse eine Kündigung aussprechen (BAG, EzA § 1 KSchG Betriebsbedingte Kündigung Nr. 18; BAG, BB 1987, 2304), wobei er eine ordnungsgemäße soziale Auswahl vorzunehmen hat (BAG, EzA § 1 KSchG Betriebsbedingte Kündigung Nr. 18; a. A. LAG Hamm, ZIP 1986, 246). Die Grundsätze der sozialen Auswahl sind auch dann zu berücksichtigen, wenn nur noch einige Arbeitnehmer mit Abwicklungsarbeiten beschäftigt werden sollen (BAG, AP Nr. 4 zu § 22 KO). § 113 InsO enthält für sich alleine keinen neuen Kündigungsgrund. Ein Arbeitsverhältnis, das schon vor Konkurseröffnung wegen unstreitiger Betriebsstilllegung gekündigt wurde, endet trotz einer neuen Kündigung nach § 113 InsO mit der vertraglich bzw. tarifvertraglich geltenden Kündigungsfrist, wenn die vorkonkursliche Kündigung nach § 7 KSchG wirksam geworden ist (ArbG Köln, NZA-RR 1999, 416).

### Konzernarbeitsverhältnis

**18** Eine betriebsbedingte Kündigung ist gerechtfertigt, wenn bei einer **Organisationsänderung innerhalb eines Konzerns** die Konzernmutter bereit ist, den von der Konzerntochter zu kündigenden Arbeitnehmer zu übernehmen (BAG, DB 1977, 404). Eine betriebsbedingte Kündigung eines **von einer Muttergesellschaft zu einem Tochterunternehmen abgeordneten Arbeitnehmers** nach Beendigung der Abordnung mit der Begründung, sein Arbeitsplatz sei besetzt und ein anderer gleichwertiger Arbeitsplatz stehe nicht zur Verfügung, kann ausgeschlossen sein, wenn sich die Muttergesellschaft verpflichtet hat, den abgeordneten Arbeitnehmer nach Beendigung der Abordnung wieder in ihrem Betrieb zu beschäftigen (BAG, EzA § 1 KSchG Nr. 12). Dies gilt dann noch nicht, wenn ein Arbeitnehmer **lediglich bestimmten fachlichen Weisungen durch ein anderes Konzernunternehmen** unterstellt wird (BAG, DB 1992, 1247). Eine betriebsbedingte Kündigung eines **bei verschiedenen Konzernunternehmen beschäftigten Arbeitnehmers** kommt nur dann in Betracht, wenn die Voraussetzungen der betriebsbedingten Kündigung im Verhältnis zu jedem der Beteiligten gegeben sind (BAG, DB 1982, 1569).

### Kostenreduzierung

**19** **Kostenreduzierung** ist für ein Wirtschaftsunternehmen stets ein dringendes betriebliches Erfordernis (LAG Köln, NZA 1995, 128; LAG Köln, LAGE § 1 KSchG Betriebsbedingte Kündigung Nr. 26). Das Streben nach Kosteneinsparung bedingt eine Kündigung, wenn der Arbeitgeber wegen dieses Strebens einen Arbeitsplatz „wegorganisiert" und dadurch ein Überhang an Arbeitskräften entsteht (LAG Köln, LAGE § 1 KSchG Betriebsbedingte Kündigung Nr. 26). Eine betriebsbedingte Kündigung ist aus Gründen der Kostenreduzierung gerechtfertigt, wenn der gekündigte Arbeitnehmer nicht ersetzt werden sollte und auch nicht ersetzt worden ist (LAG Köln, NZA-RR 1996, 48).[12]

---

11 Vgl. auch „Rationalisierungsmaßnahmen", „Rentabilität".
12 Vgl. auch „Lohneinsparung".

### Kurzarbeit

Betriebsbedingte Kündigungen sind grundsätzlich auch während einer **Kurzarbeitsperiode** möglich (BAG, EzA § 1 KSchG Betriebsbedingte Kündigung Nr. 15). Bei Einführung von Kurzarbeit wegen vorübergehenden Arbeitsmangels ist eine betriebsbedingte Kündigung aber nur dann gerechtfertigt, wenn über die Gründe für die Einführung von Kurzarbeit hinaus weitergehende inner- oder außerbetriebliche Gründe vorliegen, aus denen sich ergibt, daß das Bedürfnis für die Weiterbeschäftigung des Arbeitnehmers für unbestimmte Zeit entfallen ist (BAG, EzA § 1 KSchG Betriebsbedingte Kündigung Nr. 93). Bei der diesbezüglich vorzunehmenden Prognose sind objektive Umstände zugrundezulegen (LAG Düsseldorf, DB 1982, 1935).   20

### Lohneinsparung

Ein dringendes betriebliches Erfordernis für eine (Änderungs-)Kündigung kann gegeben sein, wenn durch **Senkung von Lohnkosten** die Stillegung des Betriebes oder die Reduzierung der Belegschaft verhindert wird (BAG, AP Nr. 14 zu § 2 KSchG 1969; BAG, BB 1999, 320; LAG Düsseldorf, NZA-RR 1998, 535; BAG, SPA 5/2000, 5). Um eine solche Annahme zu rechtfertigen, ist ein **umfassender Sanierungsplan** erforderlich, der alle gegenüber der betriebsbedingten Änderungskündigung milderen Mittel wie die Absenkung von freiwilligen Zulagen, Rationalisierungsmaßnahmen und sonstige Einsparungen ausschöpft (BAG, BB 1999, 320). Teilweise wird vertreten, daß Änderungskündigungen zur Senkung der Personalkosten nicht nur dann gerechtfertigt seien, wenn durch sie die Stillegung des Betriebes oder die Reduzierung der Belegschaft verhindert wird, sondern bereits dann, wenn betriebliche Interessen von einigem Gewicht diese Maßnahme erforderlich machen; der Arbeitgeber muß nach dieser Ansicht die wirtschaftliche Lage seines Unternehmens im Hinblick auf die vorauszusehende künftige Entwicklung konkret und betriebswirtschaftlich nachvollziehbar schildern und darlegen, welche Bedeutung der durch die Änderungskündigung angestrebten Kostenersparnis für die wirtschaftliche Sicherstellung des Betriebs zukommt (LAG Baden-Württemberg, NZA 1997, 1230). Eine zum Zweck der Lohnminderung ausgesprochene Änderungskündigung kann nach § 613 a Abs. 4 BGB unwirksam sein, wenn eine Betriebsübernahme nach § 613 a BGB vorliegt und die Lohnminderung schon Grundlage der Kalkulation des Betriebsübernehmers bei der Betriebsveräußerung war (LAG Köln, NZA-RR 1996, 327).[13]   21

### Lohnfindungsmethode

Die **Einführung einer neuen Lohnfindungsmethode** (hier: Umstellung auf leistungsbezogene Vergütung) allein stellt keinen betriebsbedingten Grund zur Änderungskündigung gegenüber einem Arbeitnehmer dar, dessen Lohn sich aus Grundlohn und (widerruflicher) Gewinnbeteiligung zusammensetzt (LAG Rheinland-Pfalz, AE 1997, 22 Nr. 31).   22

### Öffentlicher Dienst

Eine betriebsbedingte Kündigung kann im Bereich des **öffentlichen Dienstes** gerechtfertigt sein, wenn durch den **Haushaltsplan** bestimmte, nach sachlichen Merkmalen bezeichnete Stellen für Betriebe oder Verwaltungen des öffentlichen Rechts gestrichen werden oder im Zuge allgemeiner Einsparungsmaßnahmen organisatorische oder technische Veränderungen durchgeführt werden mit der Folge, daß bestimmte Arbeitsplätze fortfallen (BAG, AP Nr. 20 zu § 1 KSchG; BAG, EzA § 1 KSchG Betriebsbedingte Kündigung Nr. 8; Thüringer LAG, LAGE § 1 KSchG Nr. 39). Die Entscheidung unterliegt lediglich einer Mißbrauchskontrolle (BAG, AP Nr. 20 zu § 1 KSchG; BAG, EzA § 1 KSchG Betriebsbedingte Kündigung Nr. 8). Erfolgt der Parlamentsbeschluß zum endgültigen Wegfall einer Planstelle erst Monate nach Ausspruch der Kündigung, so ist die Kündigung nicht   23

---

13 Vgl. auch „Rentabilität", „Sonderzuwendung, Ablösung".

sozial gerechtfertigt, da zum **Zeitpunkt des Ausspruchs** der Kündigung der **Wegfall der Stelle** noch gar nicht **verbindlich** entschieden war (ArbG Marburg, SPA 10/1999, 5). Die über eine beschlossene Stelleneinsparung in einem Haushaltsplan einer Körperschaft des öffentlichen Rechts hinausgehende Kündigung betrifft die konkrete Durchführung des Haushaltsbeschlusses und damit den Kündigungsgrund, nicht aber die Frage der richtigen Auswahl unter mehreren zu Kündigenden nach sozialen Gesichtspunkten; deshalb kann sich auch jeder von einer derartigen „**Überhangkündigung**" Betroffene auf die fehlerhafte Durchführung berufen (LAG Sachsen, NZA-RR 1997, 9).

24  Besteht im öffentlichen Dienst die Notwendigkeit, eine von einem Angestellten besetzte Dienststelle, die nach dem Stellenplan als **Beamtendienstposten** ausgewiesen ist, mit einem Beamten zu besetzen, kann dies ein dringendes betriebliches Erfordernis darstellen (BAG, AP Nr. 23 zu § 1 KSchG). Eine betriebsbedingte Kündigung kann auch dann gerechtfertigt sein, wenn eine Lehrkraft, die keine Lehrbefähigung besitzt, durch einen voll ausgebildeten Lehrer als Beamten ersetzt wird (BAG, 2 AZR 390/83, n. v.; BAG, EzA § 1 KSchG Betriebsbedingte Kündigung Nr. 32). Ein dringendes betriebliches Erfordernis ist ferner dann zu bejahen, wenn Aufgabenbereiche zukünftig von Soldaten wahrgenommen werden sollen (BAG, EzA § 102 BetrVG 1972 Nr. 64). Werden Reinigungsarbeiten **auf ein privates Reinigungsunternehmen übertragen**, kann dies den Arbeitgeber im Bereich des öffentlichen Dienstes grundsätzlich zu einer betriebsbedingten Kündigung berechtigen (BAG, EzA § 1 KSchG Betriebsbedingte Kündigung Nr. 8; BAG, EzA § 1 KSchG Betriebsbedingte Kündigung Nr. 14; ArbG Münster, DB 1977, 452).

25  Der **Abbau eines sog. Ferienüberhangs** bei Lehrern kann ebenfalls eine betriebsbedingte Kündigung rechtfertigen (BAG, NZA 1995, 626; BAG, NZA 1995, 628; LAG Köln, ARST 1994, 156). Wurde irrtümlich eine **zu hohe Eingruppierung** vorgenommen, kann dies ein dringendes betriebliches Erfordernis für eine Änderungskündigung darstellen (BAG, AP Nr. 13 zu § 1 KSchG Betriebsbedingte Kündigung; BAG, AP Nr. 28 zu § 2 KSchG 1969). Bei einer **irrtümlichen Zahlung nach einer höheren Vergütungsgruppe** ist eine Änderungskündigung unwirksam, wenn der Arbeitgeber das erstrebte Ziel auch durch Einstellung der Zahlung erreichen kann (LAG Köln, AE Jahrbuch 1997, 98 Nr. 435). Hat der Arbeitgeber des öffentlichen Dienstes bewußt einen **Arbeitsvertrag mit übertariflichem Inhalt** geschlossen (hier: BAT-West in den neuen Bundesländern), so stellt es kein dringendes betriebliches Erfordernis zur Änderung dieser Vereinbarung dar, daß nach der Verhandlungssituation vor Vertragsschluß möglicherweise eine günstigere Regelung erzielbar gewesen wäre oder daß interne Haushaltsvorgaben irrtümlich mißachtet wurden, die nur eine übertarifliche Besitzstandsregelung zuließen (LAG Sachsen-Anhalt, AE 1997, 22 Nr. 33).

26  Wird an einer Personalstelle im Haushaltsplan ein sog. **Kw-Vermerk** (kw: künftig wegfallend) angebracht, kann dies eine betriebsbedingte Kündigung jedenfalls dann nicht rechtfertigen, wenn keine bestimmte oder bestimmbare Frist angegeben wird (BAG, BB 1979, 424). Ein dringendes betriebliches Erfordernis liegt auch dann nicht vor, wenn die Verwaltung zwischen verschiedenen Möglichkeiten einer Umsetzung der »Kw-Vermerke« wählen kann (BAG, EzA Art. 20 EinigungsV Nr. 62). Auch ein **ministerieller Erlaß** rechtfertigt als solcher noch keine betriebsbedingte Kündigung (BAG, 7 AZR 248/84, n. v.). Hingegen kann eine betriebsbedingte Kündigung gerechtfertigt sein, wenn feststeht, daß die Stelle ab einem bestimmten Zeitpunkt nicht mehr zur Verfügung steht (BAG, AP Nr. 4 zu § 1 KSchG 1969; BAG, EzA Art. 20 EinigungsV Nr. 62).

Eine **Weiterbeschäftigungspflicht** besteht unabhängig davon, ob die zuständige Personalvertretung entsprechende Einwendungen vorgebracht hat (BAG, EzA § 1 KSchG Betriebsbedingte Kündigung Nr. 32).

Das in § 11 TV Ang Ausland bestimmte Recht des Arbeitgebers, eine sogenannte **deutsche Ortskraft bei einer Auslandsvertretung der Bundesrepublik** ohne Einhaltung einer Kündigungsfrist zu kündigen, wenn der Dienstbetrieb wesentlich eingeschränkt wird, besteht nicht schon dann, wenn eine Arbeitskraft aus betriebsbedingten Gründen i. S.d. § 1 Abs. 2 KSchG (z. B. wegen rückläufigen Geschäftsanfalls) entbehrlich wird; eine wesentliche Einschränkung des Dienstbetriebes ist nur dann gegeben, wenn aufgrund einer organisatorischen Maßnahme des Arbeitgebers entweder das gesamte Aufgabengebiet der Auslandsvertretung wegfällt oder ihr bestimmte Aufgabenbereiche entzogen oder so stark eingeschränkt werden, daß dadurch der Dienstbetrieb wesentlich zurückgeht (BAG, AP Nr. 11 TV Ang Ausland).[14]

27

■ **Outsourcing**

Wird im Wege des **Outsourcing** die Reinigung von Bürohäusern auf ein Reinigungsunternehmen übertragen, kann eine betriebsbedingte Kündigung gerechtfertigt sein (BAG, AP Nr. 9 zu § 1 KSchG 1969 Betriebsbedingte Kündigung; BAG, AP Nr. 42 zu § 1 KSchG 1969 Betriebsbedingte Kündigung). Das gleiche gilt beim Übergang vom Werksverkehr zum Transport durch Speditionsunternehmen (LAG Düsseldorf, DB 1960, 1102). Auch bei einer Kündigung eines Hausmeisterehepaares mit dem Ziel, deren Leistungen auf ein Hausbetreuungsunternehmen zu übertragen, kann ein dringendes betriebliches Erfordernis gegeben sein (LAG Köln, LAGE § 1 KSchG Betriebsbedingte Kündigung Nr. 24). Auch bei der Auflösung des technischen Kundendienstes und der Verlagerung der Arbeiten auf eine Fremdfirma kann der Arbeitgeber zur betriebsbedingten Kündigung berechtigt sein (LAG Schleswig-Holstein, LAGE § 1 KSchG Betriebsbedingte Kündigung Nr. 31).[15]

28

■ **Produktionsmethoden**

Die **Änderung von Produktionsmethoden** kann eine betriebsbedingte Kündigung rechtfertigen, wenn durch eine unternehmerische Entscheidung der Produktionsablauf geändert wird und dadurch Arbeitsplätze wegfallen (BAG, AP Nr. 50 zu § 1 KSchG 1969 Betriebsbedingte Kündigung; LAG Düsseldorf, DB 1983, 1931; LAG Köln, LAGE § 1 KSchG Betriebsbedingte Kündigung Nr. 8).

29

■ **Produktionsverlagerung ins Ausland**

**Verlagert ein Arbeitgeber die Produktion (teilweise) ins Ausland**, liegt es in seinem unternehmerischen Ermessen, ob er im Verhältnis zum fehlenden Arbeitskräftebedarf Personal abbaut oder nur einen Teil der überzähligen Arbeitnehmer entläßt und die übrigen zum Beispiel als Personalreserve vorhält (BAG, EzA § 1 KSchG Betriebsbedingte Kündigung Nr. 53).

30

■ **Rationalisierungsmaßnahmen**

Auch **Rationalisierungsmaßnahmen** können ein dringendes betriebliches Erfordernis i. S.d. § 1 Abs. 2 KSchG darstellen. Eine betriebsbedingte Kündigung kann dann gerechtfertigt sein, wenn der Arbeitgeber im Wege einer Änderung der Betriebsorganisation Arbeiten nur noch durch **freie Mitarbeiter** ausführen läßt (BAG, EzA § 1 KSchG Betriebsbedingte Kündigung Nr. 85; LAG Hamburg, AE 1999, 6 Nr. 1; LAG Köln, NZA-RR 1997, 130). Dieser Entschluß kommt rechtlich dem Entschluß zur Betriebsstillegung gleich (LAG Köln, NZA-RR 1997, 130). Ein dringendes betriebliches Erfordernis liegt dann nicht vor, wenn der Arbeitgeber die **Aufgaben einem anderen Unternehmen übertragen** will, aber gegenüber den Beschäftigten dieses Unternehmens auch weiterhin im wesentlichen selbst die für die Durchführung der Arbeit erforderlichen Weisungen erteilen will (BAG, EzA

31

---

14 Vgl. auch „Rationalisierungsmaßnahmen".
15 Vgl. auch „Öffentlicher Dienst".

§ 1 KSchG Betriebsbedingte Kündigung Nr. 86). Wird im Zuge allgemeiner Einsparungsmaßnahmen im öffentlichen Dienst ein Plan aufgestellt, nach welchem die **Arbeitsbelastung im einzelnen Arbeitsbereich** zu berechnen ist, und führt die Berechnung dazu, daß die bisherige Arbeitszeit zu hoch angesetzt war, dann ist eine zum Zwecke der Herabsetzung der Arbeitszeit auf die ermittelte kürzere Dauer ausgesprochene Kündigung gerechtfertigt (BAG, EzA § 1 KSchG Betriebsbedingte Kündigung Nr. 1).

Die Rationalisierungsmaßnahme unterliegt lediglich einer **Mißbrauchskontrolle** (BAG, BAGE 31, 157; BAG, BAGE 32, 150; BAG, NZA 1999, 1095). Je näher die eigentliche Organisationsentscheidung an den Kündigungsentschluß rückt, um so mehr muß der Arbeitgeber durch Tatsachenvortrag verdeutlichen, daß ein Beschäftigungsbedürfnis für den Arbeitnehmer entfallen ist (BAG, NZA 1999, 1098 und 1157).

32 Ein Arbeitgeber muß dem betroffenen Arbeitnehmer die **Weiterbeschäftigung im Rahmen einer Teilzeitbeschäftigung** anbieten, wenn die Arbeitsaufgaben nur teilweise fortfallen und der Arbeitgeber diese nun in einer Halbtagstätigkeit ausführen lassen will (LAG Düsseldorf, DB 1977, 1370; LAG Köln, LAGE § 1 KSchG Betriebsbedingte Kündigung Nr. 29). Könnte ein in seiner **Gesundheit beeinträchtigter** Arbeitnehmer aufgrund der Organisationsänderung nur noch in einer sein Leiden verschlimmernden Weise beschäftigt werden und lehnt der Arbeitnehmer diese Beschäftigung ab, ist der Arbeitgeber zur betriebsbedingten Kündigung berechtigt (BAG, EzA § 1 KSchG Betriebsbedingte Kündigung Nr. 96).

Räumen **Rationalisierungsschutzabkommen** dem Arbeitgeber über § 1 KSchG hinaus besondere Rechte ein, kann sich der Arbeitnehmer neben dem Schutz des § 1 KSchG auch auf die Rechte aus dem Rationalisierungsabkommen berufen (BAG, AP Nr. 1 zu § 4 TVG Rationalisierungsschutz).[16]

- **Rentabilität**

33 **Unrentabilität und Gewinnverfall** rechtfertigen mangels unmittelbarer Auswirkung auf die Arbeitsmenge und die Arbeitsplätze allein keine betriebsbedingte Kündigung (BAG, BAGE 31, 157; BAG, NZA 1986, 824; LAG Baden-Württemberg, EzA § 2 KSchG Nr. 18). Fehlende Rentabilität rechtfertigt alleine auch nicht die Änderungskündigung zur Beseitigung von Vergütungszuschlägen (BAG, AP Nr. 47 zu § 1 KSchG 1969 Betriebsbedingte Kündigung; LAG Köln, EWiR KSchG § 1 Nr. 2/95). Bei fehlender Rentabilität kann ein dringendes betriebliches Erfordernis aber dann angenommen werden, wenn **Rationalisierungsmaßnahmen mit Auswirkungen auf die Arbeitsplätze** durchgeführt werden (BAG, AP Nr. 8 zu § 1 KSchG Betriebsbedingte Kündigung). Die Unrentabilität des Betriebes kann ohne weitere Rationalisierungsmaßnahmen eine betriebsbedingte Kündigung rechtfertigen, wenn durch die **Senkung von Personalkosten** die Stillegung des Betriebes oder die weitere Reduzierung der Belegschaft verhindert werden kann und soll (BAG, NZA 1986, 824; BAG, NZA 1990, 607). Grundsätzlich ist auf die **wirtschaftliche Situation des Gesamtbetriebes** abzustellen, die Unrentabilität eines unselbständigen Betriebsteils stellt dann ein dringendes betriebliches Erfordernis für eine Änderungskündigung dar, wenn sie auf das wirtschaftliche Ergebnis des Gesamtbetriebes durchschlägt und ohne Anpassung der Personalkosten Beendigungskündigungen nicht zu vermeiden wären (BAG, RzK I 7 b Nr. 33; BAG, SPA 23/1998, 7).[17]

---

16 Vgl. auch „Austauschkündigung", „Outsourcing", „Produktionsverlagerung ins Ausland".
17 Vgl. auch „Gewinnverfall", „Lohneinsparung", „Rationalisierungsmaßnahmen".

### Sonderzuwendungen, Ablösung

Eine betriebsbedingte Änderungskündigung zum **Zweck der Ablösung einer arbeitsentgeltglei-** 34
**chen Sonderzuwendung** (Weihnachtsgeld, 13. Monatsgehalt) ist nur gerechtfertigt, wenn sonst der Arbeitsplatz wegfiele, d. h. wenn ein verständig denkender Unternehmer das Unternehmen nicht weiterführen würde oder konkrete Tätigkeiten aufgäbe; die Änderungskündigung zur völligen Ablösung der Sonderzuwendung gegenüber einem oder mehreren Arbeitnehmern ist unverhältnismäßig, wenn als zumutbares Mittel eine anteilige Kürzung des Weihnachtsgeldes gegenüber allen Mitarbeitern in Betracht kommen würde (LAG Berlin, NZA-RR 1998, 257; LAG Berlin, NZA-RR 1998, 498).[18]

### Teilzeitarbeitsplatz

Ob bei der Kündigung teilzeitbeschäftigter Arbeitnehmer Vollzeitbeschäftigte und bei der Kündi- 35
gung vollzeitbeschäftigter Arbeitnehmer Teilzeitbeschäftigte in die **Sozialauswahl** nach § 1 Abs. 3 KSchG einzubeziehen sind, hängt von der betrieblichen Organisation ab:

Hat der Arbeitgeber eine Organisationsentscheidung getroffen, aufgrund derer für bestimmte Arbeiten Vollzeitkräfte vorgesehen sind, so kann diese Entscheidung als freie Unternehmerentscheidung nur darauf überprüft werden, ob sie offenbar unsachlich, unvernünftig oder willkürlich ist. Liegt danach eine bindende Unternehmerentscheidung vor, sind bei der Kündigung einer Teilzeitkraft die Vollzeitkräfte nicht in die Sozialauswahl einzubeziehen.

Will der Arbeitgeber in einem bestimmten Bereich lediglich die Zahl der insgesamt geleisteten Arbeitsstunden abbauen, ohne daß eine Organisationsentscheidung vorliegt, sind sämtliche in diesem Bereich beschäftigten Arbeitnehmer ohne Rücksicht auf ihr Arbeitsvolumen in die Sozialsuawahl einzubeziehen (BAG, NZA 1999, 1733). Diese Grundsätze gelten auch im öffentlichen Dienst (BAG, NZA 2000, 30).[19]

### Umsatzrückgang

Ein **Umsatzrückgang** kann ein dringendes betriebliches Erfordernis begründen, wenn die **betrieb-** 36
**liche Organisation dem verminderten Umsatz angepaßt** wird und der Arbeitgeber den Plan und die Durchführung mit den Auswirkungen auf den Arbeitsplatz darlegt (BAG, BAGE 31, 157). Eine betriebsbedingte Kündigung kann auch dann gerechtfertigt sein, wenn sich die **Verringerung des Umsatzes auf die Beschäftigungsmöglichkeiten auswirkt** und der Arbeitgeber die Richtigkeit des Berechnungsmodus so darlegt, daß aus der Verringerung des Umsatzes auf die Veränderung der Beschäftigungsmöglichkeiten geschlossen werden kann (BAG, BAGE 31, 157; BAG, BAGE 32, 150; BAG, NZA 1990, 65; LAG Berlin, BB 1995, 729).

### Vollzeitarbeitsplatz

Vgl. „Abbau und Umwandlung von Arbeitsplätzen (Vollzeit- oder Teilzeitarbeit)" 37

### Vorgesetztenwechsel

Das bloße **Auswechseln einer Führungskraft** an sich stellt kein dringendes betriebliches Erforder- 38
nis für die Kündigung der Sekretärin dieser Führungskraft dar (LAG Baden-Württemberg, AP Nr. 1 zu § 2 KSchG 1969).

---

18 Vgl. auch „Lohneinsparung".
19 Vgl. auch „Abbau und Umwandlung von Arbeitsplätzen (Vollzeit- oder Teilzeitarbeit)".

### ■ Witterungsgründe

**39** **Längerfristige witterungsbedingte Arbeitseinstellungen** können Grundlage einer betriebsbedingten Kündigung sein, wobei der Arbeitgeber aber den witterungsabhängigen Auftragsrückgang nicht dazu nutzen darf, im Ergebnis die gesamte Belegschaft unter dem Etikett einer witterungsbedingten Kündigung auszutauschen (BAG, BB 1996, 1557). Entscheidend ist, ob im Zeitpunkt der Kündigung bereits absehbar war, wann der Arbeitsplatz nach Ablauf der Kündigungsfrist wieder zur Verfügung steht und ob dem Arbeitgeber die Überbrückung dieser Zeitdauer zumutbar ist (BAG, DB 1996, 1523).

### 2. Alphabet der personenbedingten Kündigungssachverhalte

| | Rn | | Rn |
|---|---|---|---|
| Alkoholsucht | 40 | – Darlegungs- und Beweislast | 66 |
| Alter | 41 | – Definition | 67 |
| Arbeitserlaubnis | 42 | – Entgeltfortzahlungskosten | 68 |
| Aufenthaltserlaubnis | 43 | – Interessenabwägung | 69 |
| Berufsausübungserlaubnis | 44 | – Kurzerkrankungen, häufige | 70 |
| Berufskrankheit | 45 | – langanhaltende Krankheit | 73 |
| Betriebsgeheimnis | 46 | – Leistungsunfähigkeit, krankheits- | |
| Betriebsunfall | 47 | bedingte | 75 |
| Doppelverdiener | 48 | – Minderung der Leistungsfähigkeit, | |
| Druckkündigung | 49 | krankheitsbedingte | 77 |
| Ehescheidung | 50 | – Prüfungsmaßstab, allgemein | 78 |
| Eheschließung | 51 | – Sonderfälle | 79 |
| Ehrenamt | 52 | – Überbrückungsmaßnahmen | 80 |
| Eignung, fachliche und persönliche | 53 | – Wiederherstellung, ungewisse | 81 |
| Fahrerlaubnis | 56 | Kuraufenthalt | 82 |
| Geschlechtsumwandlung | 57 | Leistungsfähigkeit | 83 |
| Gewissensentscheidung | 58 | Pensionsalter | 84 |
| Haft | 59 | Sicherheitsbedenken | 85 |
| Heirat | 60 | Stasi-Mitarbeit | 86 |
| HIV-Infektion | 61 | Straftaten | 88 |
| Homosexualität | 62 | Transsexualität | 89 |
| Kirchenaustritt | 63 | Vorstrafen | 90 |
| Krankheit | 64 | Wehrdienst | 91 |
| – Allgemeines | 64 | | |
| – Außerordentliche Kündigung | 65 | | |

### ■ Alkoholsucht

**40** Befindet sich der Alkoholsüchtige in einem Stadium, in dem der **Alkoholsucht** ein **medizinischer Krankheitswert** zukommt (BAG, EzA § 1 KSchG Krankheit Nr. 18; BAG, EzA § 1 LohnFG Nr. 30; LAG Frankfurt, NZA 1987, 24; LAG Hamm, LAGE § 1 KSchG Personenbedingte Kündigung Nr. 2; BSG, BSGE 28, 114), finden die Grundsätze über die krankheitsbedingte Kündigung Anwendung (BAG, RzK I 5 g Nr. 40; BAG, EzA § 1 KSchG Krankheit Nr. 18; LAG Hamm, LAGE § 1 KSchG Personenbedingte Kündigung Nr. 4; ArbG Bochum, RzK I 5 g Nr. 56). Das gleiche gilt, wenn der Arbeitgeber dem Arbeitnehmer wegen eines **auf dessen Alkoholabhängigkeit beruhenden Fehlverhaltens** kündigt (LAG Köln, AE 1999, 102 Nr. 278). Alkoholabhängigkeit stellt dann eine **Krankheit im medizinischen Sinne** dar, wenn der gewohnheitsmäßige, übermäßige Alkoholgenuß trotz besserer Einsicht nicht aufgegeben oder reduziert werden kann, wobei wesentliches Merkmal der Erkrankung die physische oder psychische Abhängigkeit vom Alkohol ist (BAG, BAGE 43, 54). Die **Ursachen der Alkoholsucht** sind angemessen zu berücksichtigen (BAG AP Nr. 26, 31 zu § 1 LohnFG). Zur Wahrung der Verhältnismäßigkeit muß der Arbeitgeber dem Arbeitnehmer zunächst die Durchführung einer **Entziehungskur** ermöglichen (LAG Hamm, NZA 1987, 669; LAG Frankfurt, AuR 1987, 275; BAG, NZA 1999, 1228).

Der Arbeitgeber wird in der Regel den Erfolg einer Entziehungsmaßnahme abzuwarten haben, wenn sich ein Arbeitnehmer bis zum Zugang der Kündigung zur Teilnahme an einer Entziehungsmaßnahme bereit erklärt (LAG Frankfurt, NZA 1987, 24). Andernfalls können eine nach Ausspruch der Kündigung durchgeführte Entziehungskur und ihr Ergebnis nicht zur Korrektur der Prognose herangezogen werden (BAG, DB 1987, 2156). Der Erfolg einer Entziehungsmaßnahme ist hingegen dann nicht abzuwarten und ein anderer Arbeitnehmer kann zwischenzeitlich eingestellt werden, wenn eine Einstellung von Aushilfskräften nicht möglich ist (LAG Hamm, LAGE § 1 KSchG Personenbedingte Kündigung Nr. 4). Eine festgestellte Alkoholabhängigkeit und die fehlende Bereitschaft des Arbeitnehmers zu einer Therapie erlauben eine negative Prognose (BAG, EzA § 1 KSchG Krankheit Nr. 18). Dem Arbeitgeber ist das Abwarten des Ablaufs der ordentlichen Kündigungsfrist auch dann zuzumuten, wenn der Arbeitnehmer bereits mehrere Jahre alkoholkrank und ein ordentlicher Betriebsablauf infolge der häufigen Erkrankungen nicht mehr gewährleistet ist (ArbG Frankfurt a. M., NZA-RR 1999, 475).

Es gibt keinen allgemein gültigen Erfahrungssatz, wonach eine Alkoholsucht eine selbst **verschuldete** Krankheit sei (BAG, EzA § 1 LohnFG Nr. 69). Hingegen kann Verschulden in der Regel dann bejaht werden, wenn der Arbeitnehmer nach einer zunächst erfolgreichen Entwöhnungskur und längerer Abstinenz wieder rückfällig wird (BAG, RzK I 7 c Nr. 7; a.A. ArbG Hamburg, RzK I 5 g Nr. 57).

Ein Arbeitnehmer ist regelmäßig nicht verpflichtet, im laufenden Arbeitsverhältnis routinemäßigen Blutuntersuchungen zur Klärung der Frage, ob er alkohol- oder drogenabhängig ist, zuzustimmen (BAG, NZA 1999, 1209).[20]

■ **Alter**

Allein das **Lebensalter** eines Arbeitnehmers ist für sich kein Grund für eine personenbedingte Kündigung (BAG, AP Nr. 1 zu § 1 KSchG Personenbedingte Kündigung). 41

■ **Arbeitserlaubnis**

Fehlt einem ausländischen Arbeitnehmer eine **Arbeitserlaubnis** oder erlischt eine erteilte Arbeitserlaubnis und greift daher das Beschäftigungsverbot nach § 284 Abs. 1 Satz 1 SGB III ein, so kann dies einen personenbedingten Kündigungsgrund darstellen (BAG, EzA § 1 KSchG Personenbedingte Kündigung Nr. 8; BAG, EzA § 19 AFG Nr. 2; BAG, EzA § 19 AFG Nr. 3; BAG, NZA 95, 228; LAG Hamburg, AE 1999, 6 Nr. 3). **Lehnt das Arbeitsamt die Erteilung einer** zwischenzeitlich abgelaufenen **Arbeitserlaubnis ab**, kann der Arbeitgeber zu einer Kündigung aus personenbedingten Gründen berechtigt sein (LAG Hamm, ARST 1986, 14). Ist die Arbeitserlaubnis zunächst erloschen, wurde eine **Arbeitserlaubnis bereits erneut beantragt**, wurde aber über die beantragte Arbeitserlaubnis noch nicht rechtskräftig entschieden, so ist hinsichtlich der Störung des Arbeitsverhältnisses darauf abzustellen, ob für den Arbeitgeber im Zeitpunkt des Zugangs der Kündigung mit der **Erteilung der Erlaubnis in absehbarer Zeit** nicht zu rechnen war und der Arbeitsplatz für den 42

---

20 Vgl. auch „Krankheit".

Arbeitnehmer ohne erhebliche betriebliche Beeinträchtigungen nicht offengehalten werden konnte (BAG, EzA § 1 KSchG Personenbedingte Kündigung Nr. 8; LAG Baden-Württemberg, NZA-RR 1998, 492; LAG Hamm, DB 1999, 639; LAG Köln, NZA-RR 1997, 476). Der gleiche Maßstab gilt, wenn die Arbeitserlaubnis mit Ende der Aufenthaltserlaubnis erloschen ist und der Aufenthalt des Ausländers nach § 69 Abs. 3 AuslG als erlaubt gilt, weil ein Antrag auf Verlängerung der Aufenthaltsgenehmigung gestellt wurde und sich der Ausländer seit mehr als sechs Monaten rechtmäßig in der Bundesrepublik aufhält (LAG Hamburg, AE 1999, 6 Nr. 3).

Nimmt der Arbeitgeber **irrtümlich** an, eine notwendige **Arbeitserlaubnis sei erloschen**, kann dies eine Kündigung nicht sozial rechtfertigen (BAG, RzK I 5 h Nr. 2).

- **Aufenthaltserlaubnis**

43 Bis zur Entscheidung über die Verlängerung einer Aufenthaltserlaubnis ist ein Arbeitsverhältnis nicht wegen **fehlender Aufenthaltserlaubnis** kündbar, wenn diese zuvor gültig war (BAG, NZA 1988, 94). Teilweise wird vertreten, das Fehlen einer Aufenthaltserlaubnis rechtfertige in keinem Fall eine Kündigung, da der Arbeitgeber weder berechtigt noch verpflichtet sei, ausländerpolizeiliche Aufgaben wahrzunehmen (ArbG Hamburg, BB 1993, 1223).

- **Berufsausübungserlaubnis**

44 Ist **zur Ausübung eines Berufs eine besondere Erlaubnis** erforderlich, so kann das Fehlen oder der spätere Fortfall der Erlaubnis eine personenbedingte Kündigung sozial rechtfertigen (LAG Hamm, AuR 1986, 57; ArbG Wetzlar, AuR 1984, 253).

Der Arbeitgeber ist zur personenbedingten Kündigung berechtigt, wenn einem Arzt die **Approbation** entzogen wird (BAG, AP Nr. 29 zu § 615 BGB). Werden einem Arbeitnehmer die zu seiner Berufsausübung (z. B. als Wachmann oder Flugleiter) notwendigen **polizeilichen Befugnisse** wirksam entzogen, kann dies eine personenbedingte Beendigungs- oder Änderungskündigung rechtfertigen (BAG, AP Nr. 2 zu § 611 BGB Arbeitsleistung; BAG, 7 AZR 85/82, n. v.). Wird die **Fluglizenz** eines Verkehrsflugzeugführers ungültig, rechtfertigt dies zwar grundsätzlich eine personenbedingte Kündigung; beruht allerdings die Nichtverlängerung der Lizenz auf einer vom Arbeitgeber zu vertretenden irregulären Überspannung der Checkanforderungen, kann sich der Arbeitgeber nicht auf die Ungültigkeit der Lizenz berufen (BAG, EzA § 1 KSchG Personenbedingte Kündigung Nr. 13). Fehlt die nach einigen landesgesetzlichen Bestimmungen erforderliche **schulaufsichtliche Genehmigung** zur Einstellung eines Lehrers, so begründet dieser Mangel ein Beschäftigungsverbot (BAG, EzA § 134 BGB Nr. 11), das einen personenbedingten Kündigungsgrund darstellen kann (BAG, RzK I 5 h Nr. 4).[21]

- **Berufskrankheit**

45 Beruht eine Erkrankung ursächlich auf der vom Arbeitnehmer ausgeübten Beschäftigung, so sind bei der Interessenabwägung besonders strenge Maßstäbe an die Prüfung der Sozialwidrigkeit anzulegen (BAG AP Nr. 6 zu § 1 KSchG; LAG Köln, AuR 1983, 27).[22]

---

21 Vgl. auch „Fahrerlaubnis".
22 Vgl. auch „Krankheit".

### Betriebsgeheimnis

Besteht aufgrund verwandtschaftlicher oder freundschaftlicher Beziehungen zu einem in einem Konkurrenzunternehmen tätigen Mitarbeiter die durch entsprechende tatsächliche Anhaltspunkte begründete **Gefahr des Verrats von Betriebs- oder Geschäftsgeheimnissen**, so kann dies bei Arbeitnehmern in Vertrauenspositionen eine personenbedingte Kündigung rechtfertigen (BAG, AP Nr. 1 zu § 1 KSchG Umschulung; LAG Baden-Württemberg, BB 1953, 236; LAG Baden-Württemberg, DB 1968, 359; LAG Chemnitz, ARS 39, 84; LAG Hamburg, BB 1970, 1096).

46

### Betriebsunfall

Grundsätzlich können die Folgen eines **Betriebsunfalls** eine personenbedingte Kündigung rechtfertigen. Hinsichtlich der Frage der anderweitigen Beschäftigungsmöglichkeit sind im Falle eines Betriebsunfalls aber strenge Anforderungen zu stellen (BAG, DB 1964, 1523; LAG Düsseldorf, DB 1979, 607; LAG Düsseldorf, DB 1973, 2307). Unter Umständen muß der Arbeitgeber einen anderen Arbeitnehmer durch Ausübung seines Direktionsrechtes versetzen, um eine anderweitige Beschäftigung des durch den Betriebsunfall behinderten Arbeitnehmers zu ermöglichen (BAG, EzA § 1 KSchG Krankheit Nr. 42).

47

### Doppelverdiener

Eine personenbedingte Kündigung eines **in Nebenbeschäftigung angestellten Beamten** ist nicht deshalb gerechtfertigt, weil der Arbeitgeber einen Arbeitslosen einstellen will (BAG, AP Nr. 37 zu § 1 KSchG 1969 Betriebsbedingte Kündigung).

48

### Druckkündigung

Wenn auf den Arbeitgeber wegen der fehlenden fachlichen oder persönlichen Eignung des Arbeitnehmers **Druck ausgeübt** wird, kann eine Kündigung, die der Arbeitgeber mit einer Drucksituation seitens der Belegschaft oder Dritter begründet, auch als personenbedingte Kündigung gerechtfertigt sein (BAG, EzA § 626 BGB Druckkündigung Nr. 3).[23]

49

### Ehescheidung

Die **Ehescheidung eines Arbeitnehmers** an sich ist kein Kündigungsgrund; eine personenbedingte Kündigung kommt nur dann in Betracht, wenn sich aus der Scheidung **konkrete Beeinträchtigungen** des Arbeitsverhältnisses ergeben (BAG, RzK I 5 h Nr. 25; ArbG Berlin, RzK I 5 h Nr. 17). Eine personenbedingte Kündigung kann auch bereits dann gerechtfertigt sein, wenn bei einem Arbeitnehmer in leitender Funktion das Vertrauensverhältnis aufgrund der Ehescheidung gestört ist (ArbG Passau, BB 1996, 115).

50

Haben die Ehepartner miteinander ein Arbeitsverhältnis geschlossen und wird die Ehe geschieden, so resultiert aus der Scheidung nicht automatisch auch eine Auflösung des Arbeitsverhältnisses; vielmehr muß der Arbeitgeber das arbeitsrechtliche Instrument der Kündigung benutzen, wobei eine Kündigung nur dann gerechtfertigt ist, wenn sich aus der Scheidung konkrete Beeinträchtigungen des Arbeitsverhältnisses ergeben (ArbG Berlin, BB 1990, 1845).

---

23 Vgl. auch Alphabet der betriebsbedingten und verhaltensbedingten Kündigungssachverhalte „Druckkündigung".

### Eheschließung

51 Die **Eheschließung** stellt für sich allein grundsätzlich weder einen personen- noch einen verhaltensbedingten Kündigungsgrund dar (BAG, AP Nr. 1 zu Art. 6 Abs. 1 GG Ehe und Familie; LAG Düsseldorf, BB 1962, 1331). Aus diesem Grunde ist auch eine sog. **Zölibatsklausel** wegen Umgehung des allgemeinen Kündigungsschutzes sowie wegen eines Verstoßes gegen Art. 6 Abs. 1 und Art. 1, 2 GG nichtig (BAG, AP Nr. 1 zu Art. 6 Abs. 1 GG Ehe und Familie). Verstößt eine Eheschließung gegen fundamentale **Grundsätze der kirchlichen Glaubens- und Sittenlehre** oder gegen **Bestimmungen des kirchlichen Rechts**, so kann dies einen Grund für eine ordentliche Kündigung aus personenbedingten Gründen darstellen (BAG, RzK I 8 g Nr. 13 zur Eheschließung einer im kirchlichen Dienst stehenden Religionslehrerin mit geschiedenem katholischen Mann; BAG, EzA § 1 KSchG Tendenzbetrieb Nr. 16 zur standesamtlichen Eheschließung einer an einem katholischen Missionsgymnasium beschäftigten katholischen Lehrerin mit einem geschiedenen Mann; BAG, EzA § 1 KSchG Tendenzbetrieb Nr. 4 zur Eheschließung einer Leiterin eines katholischen Pfarrkindergartens mit einem geschiedenen Mann; BAG, AP Nr. 3 zu Art. 140 GG zur standesamtliche Eheschließung der Leiterin eines katholischen Pfarrkindergartens mit einem nicht laisierten katholischen Priester; BAG EzA § 1 KSchG Tendenzbetrieb Nr. 10 zur erneuten Eheschließung einer Arbeitnehmerin zu Lebzeiten des ersten Ehemannes nach der Scheidung; LAG Hannover, NJW 1983, 2603 bzgl. der Eheschließung einer an einer Missionsschule lehrenden Lehrerin mit einem geschiedenen Mann). Zur Beurteilung der sozialen Rechtfertigung einer derartigen ordentlichen Kündigung bedarf es jedoch einer an den Besonderheiten des Einzelfalles orientierten umfassenden **Interessenabwägung**, in deren Rahmen das Selbstordnungs- und Selbstverwaltungsrecht der Kirche (Art. 140 GG i.V.m. Art. 137 Abs. 3 WRV) gegenüber den Grundrechten des Arbeitnehmers (z. B. Art. 6 Abs. 1 GG) abzuwägen ist (BAG, AP Nr. 3 zu Art. 140 GG). Im Einzelfall kann der grundgesetzliche Schutz von Ehe und Familie im Rahmen der Interessenabwägung gegenüber dem kirchlichen Selbstbestimmungsrecht den Vorrang haben, so wenn eine bei der Caritas beschäftigte Arbeitnehmerin nach einer Scheidung zunächst in nichtehelicher Lebensgemeinschaft lebt, diese aber dann vor dem Standesamt legalisiert (LAG Rheinland-Pfalz, AE Jahrbuch 1997, 116 Nr. 523).

### Ehrenamt

52 Bleibt ein **politischer Mandatsträger** wegen der Teilnahme an Sitzungen politischer Gremien von der Arbeit fern, stellt dies keinen personenbedingten Kündigungsgrund dar (LAG Düsseldorf BB 1966, 288).

### Eignung, fachliche und persönliche

53 Fehlen einem Arbeitnehmer die erforderlichen beruflichen Qualifikationsnachweise, kann diese fehlende fachliche Eignung aufgrund **mangelnder fachlicher Qualifikation** eine personenbedingte Kündigung rechtfertigen (BAG, EzA § 1 KSchG Nr. 40; LAG Baden-Württemberg, BB 1958, 776; LAG Düsseldorf, BB 1961, 333; ArbG Krefeld, BB 1958, 1023). Auch eine **persönliche Ungeeignetheit** kann eine personenbedingte Kündigung rechtfertigen (BAG, EzA § 1 KSchG Nr. 34; LAG Bayern, BB 1955, 966; LAG Berlin, BB 1955, 834; LAG Düsseldorf, DB 1955, 196; LAG Kiel, BB 1958, 810). Regelmäßig ist eine vorherige Abmahnung erforderlich (BAG, BB 1976, 1560; BAG, AP Nr. 3 zu § 1 KSchG 1969 Verhaltensbedingte Kündigung). Die Verwertung eines mit Einverständnis des Arbeitnehmers eingeholten **psychologischen Gutachtens** im Kündigungsschutzprozeß verstößt nicht gegen die Menschenwürde (BAG, AP Nr. 1 zu Art. 1 GG).

54 Die persönliche Ungeeignetheit eines in einer Vertrauensstellung beschäftigten Arbeitnehmers kann sich daraus ergeben, daß sich dieser **ohne Not hoch verschuldet** hat, dies in relativ kurzer Zeit zu häufigen Lohnpfändungen führt und der Arbeitnehmer nach Art und Höhe der Schulden voraussicht-

lich noch längere Zeit in ungeordneten wirtschaftlichen Verhältnissen leben wird (BAG, RzK I 5 h Nr. 23). Ein Arbeitnehmer, der **Mitglied der Scientology-Organisation** ist, kann auch persönlich ungeeignet sein, wenn die Gefahr besteht, daß er Personen, die er psychologisch zu betreuen hat, einseitig mit den Ideen der Scientology-Organisation beeinflußt (LAG Berlin, LAGE § 626 BGB Nr. 112). Auch bei (künstlerischen) **Tendenzträgern** können behebbare Eignungsmängel – auch unter Berücksichtigung der Kunstfreiheit gemäß Art. 5 Abs. 3 Satz 1 GG – eine personenbedingte Kündigung rechtfertigen (BAG, EzA § 1 KSchG Nr. 40).

Die persönliche Ungeeignetheit eines Arbeitnehmers kann sich im Bereich des öffentlichen Dienstes auch aus einer **aktiven Betätigung in verfassungsfeindlichen Organisationen** ergeben, wenn konkrete Umstände wie das bisherige dienstliche und außerdienstliche Verhalten und das durch eine Anhörung festzustellende Verfassungsverständnis den Schluß auf die persönliche Ungeeignetheit zulassen (BAG, EzA § 1 KSchG Verhaltensbedingte Kündigung Nr. 28). Die politische Betätigung eines Angestellten im öffentlichen Dienst (hier: Kandidatur für die DKP bei einer Kommunalwahl) stellt grundsätzlich nur dann einen personenbedingten Grund für eine ordentliche Kündigung dar, wenn der Angestellte unter Berücksichtigung der Aufgabenstellung der Behörde für die von ihm wahrzunehmenden arbeitsmäßigen Funktionen nicht als geeignet angesehen werden kann (BAG, EzA § 1 KSchG Verhaltensbedingte Kündigung Nr. 12).

Ein Arbeitnehmer des öffentlichen Dienstes ist nicht schon deshalb **nach Absatz 4 Ziff. 1 EinigungsV ungeeignet**, weil er nach früheren gesetzlichen Bestimmungen bei der **Verwirklichung des Staatsziels der DDR** mitzuwirken hatte; eine mangelnde persönliche Eignung ist aber indiziert, wenn er sich in der Vergangenheit in besonderer Weise mit den Zielsetzungen der SED identifiziert hat (BAG, NZA-RR 1997, 206). Beantwortet ein Arbeitnehmer des öffentlichen Dienstes **zulässigerweise gestellte Fragen zur Überprüfung seiner Eignungsvoraussetzungen vorsätzlich falsch**, wird seine persönliche Eignung beeinträchtigt, da dies auf einen charakterlichen Mangel hindeutet und Zweifel hinsichtlich der künftigen Loyalität gegenüber dem Arbeitgeber erweckt (BAG, EzA Art. 20 EinigungsV Nr. 46). Eine andere Beurteilung kann sich aber aus besonderen Umständen des Einzelfalles wie einem entschuldbaren Verbotsirrtum (BAG, 2 AZR 506/96, n. v.) oder einer sehr lange zurückliegenden oder nicht schwerwiegenden Tätigkeit für die Stasi (BAG, EzA § 1 KSchG Verhaltensbedingte Kündigung Nr. 53) ergeben. Wird eine zulässigerweise gestellte **Frage nicht beantwortet**, steht dies einer Falschbeantwortung nicht gleich (BAG, 2 AZR 552/95, n. v.).

55

Die persönliche Eignung von **Lehrern** kann dadurch beeinträchtigt werden, daß diese innere **Vorbehalte gegenüber dem Rechtsstaat** haben, da dadurch ihre Überzeugungskraft als Vorbild geschwächt wird (BVerfG, EzA Art. 20 EinigungsV Nr. 58). Entscheidend bei der einzelfallbezogenen Würdigung der Persönlichkeit eines Lehrers in der ehemaligen DDR ist sein Verhalten nach der Wende (BVerfG, EzA Art. 20 EinigungsV Nr. 58).

Bei mangelnder Eignung, die eine Störung im Leistungsbereich darstellt, liegt ein Grund für eine personenbedingte Kündigung nur dann vor, wenn der Arbeitnehmer zuvor erfolglos **abgemahnt** wurde (BAG, EzA § 1 KSchG Nr. 34). Hingegen ist eine Abmahnung entbehrlich, wenn ein unbehebbarer Mangel vorliegt (BAG, EzA § 1 KSchG Verhaltensbedingte Kündigung Nr. 7; BAG, EzA § 1 KSchG Tendenzbetrieb Nr. 16).

Im Einzelfall kann auch bei sog. unkündbaren Arbeitnehmern aufgrund fehlender Eignung eine Druckkündigung gerechtfertigt sein (BAG, DB 1996, 990).[24]

---

24 Vgl. auch „Sicherheitsbedenken", „Stasi-Mitarbeit" und Alphabet der verhaltensbedingten Kündigungssachverhalte „Falschbeantwortung von Fragen".

### Fahrerlaubnis

56 Wird einem als Kraftfahrer beschäftigten Arbeitnehmer wegen Trunkenheit am Steuer auf einer Privatfahrt die **Fahrerlaubnis entzogen**, kann dies einen Grund zur personenbedingten Kündigung darstellen, wenn keine Möglichkeit einer anderweitigen Beschäftigung, unter Umständen auch zu schlechteren Arbeitsbedingungen, besteht (BAG, RzK I 5 h Nr. 18; BAG, AP Nr. 70 zu § 626 BGB; LAG Köln, NZA-RR 1996, 170). Eine personenbedingte Kündigung kann auch dann gerechtfertigt sein, wenn einem Beifahrer eines Lkw wegen Trunkenheit am Steuer während einer Privatfahrt die Fahrerlaubnis entzogen wird und der Arbeitgeber nur Mitarbeiter mit Fahrerlaubnis der Klasse II als Beifahrer einsetzt; denn diese organisatorische Unternehmerentscheidung ist von den Gerichten nicht auf ihre Zweckmäßigkeit überprüfbar (BAG, RzK I 5 h Nr. 18). Der **Entzug einer nur betrieblichen Fahrberechtigung** kann hinsichtlich des Vorliegens eines Kündigungsgrundes nicht dem Entzug einer behördlichen Fahrerlaubnis gleichgestellt werden (BAG, DB 1997, 179). Wird einem U-Bahn-Zugfahrer wegen Volltrunkenheit als Kraftfahrer außerhalb des Dienstes der Führerschein entzogen, können u. U. Rückschlüsse auf die Zuverlässigkeit als U-Bahn-Zugfahrer gezogen werden, die nach einer erfolglosen Abmahnung unter Umständen eine personenbedingte Kündigung rechtfertigen (BAG, EzA § 626 BGB n. F. Nr. 168).[25]

### Geschlechtsumwandlung

57 Art. 5 I der Richtlinie 76/207/EWG des Rates vom 09.02.1996 zur Verwirklichung des Grundsatzes der Gleichbehandlung von Männern und Frauen hinsichtlich des Zugangs zur Beschäftigung, zur Berufsbildung und zum beruflichen Aufstieg sowie in Bezug auf die Arbeitsbestimmungen steht einer personenbedingten Kündigung wegen einer **Geschlechtsumwandlung** des Arbeitnehmers entgegen (EuGH, EzA Schnelldienst 1996, Heft 10, 7).[26]

### Gewissensentscheidung

58 Weigert sich ein Arbeitnehmer aus **Gewissensgründen**, eine ihm zugewiesene und nach dem Arbeitsvertrag und den betrieblichen Verhältnissen nicht zu erwartende Arbeit auszuführen, und besteht keine andere Beschäftigungsmöglichkeit, kann das Verbot, den Arbeitnehmer entsprechend zu beschäftigen, eine personenbedingte Kündigung rechtfertigen (BAG, EzA § 611 BGB Direktionsrecht Nr. 3).

Hat der Arbeitnehmer den Gewissenskonflikt mittels konkreter Tatsachen dargelegt und ist die bestehende Gewissensnot erkennbar, ist die Relevanz und Gewichtigkeit der Gewissensbildung durch das Gericht nicht weiter zu überprüfen (BAG, EzA § 1 KSchG Verhaltensbedingte Kündigung Nr. 16; BAG, EzA § 611 BGB Direktionsrecht Nr. 3).

Mußte der Arbeitnehmer **schon bei Abschluß des Arbeitsvertrages damit rechnen**, mit derartigen Tätigkeiten beschäftigt zu werden, so scheidet ein Leistungsverweigerungsrecht aus (BAG, EzA § 1 KSchG Verhaltensbedingte Kündigung Nr. 16). Auch bei Übergangsarbeiten, die aufgrund der konkreten Sachlage dringend geboten sind, ist kein Leistungsverweigerungsrecht gegeben (BAG, EzA § 611 BGB Direktionsrecht Nr. 3).

---

25 Vgl. auch „Straftaten".
26 Vgl. auch „Transsexualität".

### Haft

**Strafhaft und Untersuchungshaft** können einen Grund für eine personenbedingte Kündigung – je nach Art und Ausmaß der betrieblichen Beeinträchtigungen auch für eine außerordentliche Kündigung – darstellen, da sie den Arbeitnehmer daran hindern, die vertraglich geschuldete Arbeitsleistung zu erbringen (BAG, EzA § 626 BGB n. F. Nr. 95; BAG, EzA § 626 n. F. Nr. 154; BAG, EzA § 1 KSchG Personenbedingte Kündigung Nr. 11). Bei einer Untersuchungshaft muß der Arbeitgeber grundsätzlich den **ersten Haftprüfungstermin** und bei länger beschäftigten Arbeitnehmern auch noch länger **abwarten** (BAG, DB 1965, 1290). Im Rahmen der Interessenabwägung ist zu berücksichtigen, daß wegen der eigenen Verantwortlichkeit des Arbeitnehmers für die Arbeitsverhinderung dem Arbeitgeber zur Überbrückung des Ausfalles geringere Anstrengungen und Belastungen zuzumuten sind als bei vom Arbeitnehmer nicht zu vertretenden Umständen (BAG, NZA 1995, 119; BAG, EzA § 1 KSchG Personenbedingte Kündigung Nr. 11). Die haftbedingte Abwesenheit muß zu **betrieblichen Auswirkungen** führen (BAG, SPA 12/1998, 5). Hat der Arbeitnehmer den Arbeitgeber nicht über die Umstände der Tat, das Strafverfahren und die Haft getäuscht und sind weitere Störungen des Arbeitsverhältnisses nicht zu erwarten, ist der Arbeitgeber verpflichtet, daran mitzuwirken, daß der Arbeitnehmer einen **Freigängerstatus** erhält (BAG, DB 1995, 733). Eine Kündigung kann ausgeschlossen sein, wenn die vom Arbeitgeber einzuhaltende Kündigungsfrist länger ist als die voraussichtliche Dauer der zu verbüßenden Freiheitsstrafe (BAG, NZA 1985, 661).

Bei Verbüßung einer längeren Reststrafe von über fünf Monaten kann der Arbeitgeber zur **außerordentlichen Kündigung** berechtigt sein (BAG, AP Nr. 2 zu § 72 HGB). Eine außerordentliche Kündigung kann auch dann gerechtfertigt sein, wenn ein Arbeitnehmer wegen des dringenden Verdachts der Teilnahme an einer Vergewaltigung in Untersuchungshaft genommen wurde und ein baldiges Ende der Untersuchungshaft nicht absehbar war (ArbG Elmshorn, NZA 1985, 26).

### Heirat

Vgl. „Eheschließung".

### HIV-Infektion

Eine personenbedingte Kündigung ist nicht allein deshalb gerechtfertigt, weil ein Arbeitnehmer mit dem **HIV-Virus infiziert** ist (BAG, NZA 1989, 962). Nimmt der Arbeitnehmer im Zusammenhang mit seiner HIV-Infektion Handlungen vor, die das Arbeitsverhältnis konkret berühren, z. B. Selbstmordversuch mit darauf beruhender Arbeitsunfähigkeit, kann eine Kündigung durch den Arbeitgeber sozial gerechtfertigt sein und ist nicht sitten- oder treuwidrig (BAG, EzA § 123 BGB Nr. 23). Erfährt die Belegschaft von der HIV-Infektion und verlangt vom Arbeitgeber die Kündigung, kommt die Kündigung eines HIV-infizierten Arbeitnehmers nach den Grundsätzen der Druckkündigung in Betracht (ArbG Berlin, NZA 1987, 637).[27]

### Homosexualität

**Homosexualität** kommt grundsätzlich nicht als personenbedingter Kündigungsgrund in Betracht (BAG, AP Nr. 9 zu § 242 BGB Kündigung).[28]

---

27 Vgl. auch „Druckkündigung", „Krankheit".
28 Vgl. auch Alphabet der verhaltensbedingte Kündigungssachverhalte „Kirche".

### ■ Kirchenaustritt

**63** Der **Austritt aus der katholischen Kirche** kann bei einem in einem katholischen Krankenhaus beschäftigten Assistenzarzt einen Grund für eine personenbedingte Kündigung darstellen (BAG, EzA § 7 KSchG Tendenzbetrieb Nr. 17). Das gleiche gilt beim Kirchenaustritt einer bei einer kirchlichen Privatschule beschäftigten Lehrerin (LAG Hamm, DB 1979, 607). Der Kirchenaustritt eines bei einer kirchlichen Einrichtung beschäftigten Arbeitnehmers kann hingegen dann keine personenbedingte Kündigung rechtfertigen, wenn die Kündigung im Rahmen der **Interessenabwägung** nicht als billigenswert und angemessen angesehen werden kann (BAG, EzA § 7 KSchG Tendenzbetrieb Nr. 15). Zu beachten ist, daß aus einem Kirchenaustritt **nicht zwingend** gefolgert werden kann, daß sich ein Arbeitnehmer bei der Erfüllung der dienstlichen Pflichten nicht mehr nach christlichen Grundsätzen richtet (ArbG Köln, EzA § 7 KSchG Tendenzbetrieb Nr. 41).

### ■ Krankheit

#### Allgemeines

**64** Liegen verhaltens- oder betriebsbedingte Gründe wie Arbeitsmangel während der Krankheit vor, so schließt eine krankheitsbedingte Arbeitsunfähigkeit eine Kündigung aufgrund dieser Umstände nicht aus (LAG Düsseldorf, BB 1975, 1067; ArbG Kiel, BB 1957, 439).

#### Außerordentliche Kündigung

**65** Ist der Arbeitnehmer **häufig und langfristig krank**, kann dies einen Grund für eine **außerordentliche Kündigung** darstellen (BAG, AP Nr. 1 zu § 123 GewO; BAG, AP Nr. 3 zu § 133 c GewO; LAG Bremen, AP Nr. 17 zu § 626 BGB; LAG Bremen, BB 1965, 1650; LAG Düsseldorf, BB 1963, 41; LAG Düsseldorf, BB 1963, 938). Eine außerordentliche Kündigung aus krankheitsbedingten Gründen kann auch bei Arbeitnehmern gerechtfertigt sein, die **ordentlich unkündbar** sind (BAG, EzA § 1 KSchG Krankheit Nr. 42; BAG, EzA § 626 BGB n. F. Nr. 156). Hierbei ist für die Wahrung der Zwei-Wochenfrist des § 626 Abs. 2 BGB ausreichend, daß die dauernde Unfähigkeit, den vertraglichen Dienst zu erbringen, als Dauertatbestand in den letzten zwei Wochen vor Ausspruch der Kündigung angehalten hat (BAG, DB 1996, 1574).

#### Darlegungs- und Beweislast

**66** Der Arbeitgeber muß im Streitfall die **Fehlzeiten** in der Vergangenheit nach Zahl, Dauer und zeitlicher Abfolge **genau bezeichnen** (BAG, RzK I 5 g Nr. 41).

Bestreitet der Arbeitnehmer die Behauptung des Arbeitgebers über künftige Fehlzeiten und **entbindet er die ihn behandelnden Ärzte von der Schweigepflicht**, so ist dies für die Darlegung der positiven Beurteilung der künftigen Gesundheitsentwicklung durch den Arzt ausreichend, wenn er über seinen Gesundheitszustand nicht ausreichend unterrichtet ist, die Ärzte aber ihm gegenüber seine künftige gesundheitliche Entwicklung positiv beurteilt haben (BAG, EzA § 1 KSchG Krankheit Nr. 26; BAG, RzK I 5 g Nr. 41). Die Entbindung von der Schweigepflicht ist nur dann ausreichend, wenn damit zum Ausdruck gebracht wird, die Ärzte hätten die gesundheitliche Entwicklung positiv beurteilt (BAG, RzK I 5 g Nr. 63). Hierbei kann die Entbindung von der Schweigepflicht formlos erfolgen und sowohl gegenüber dem Zeugen, der Gegenpartei oder dem Gericht erklärt werden (BAG, RzK I 5 g Nr. 58). Die Befreiung von der Schweigepflicht kann bereits in der Benennung einer der in § 383 Nr. 6 ZPO bezeichneten Personen als Zeuge zu sehen sein (BAG, 2 AZR 366/94, n. v.). Die Berufung auf die behandelnden Ärzte ist aber dann unsubstantiiert und als Ausforschungsbeweis unzulässig, wenn eine Konsultation der Ärzte gar nicht erfolgt ist (BAG, EzA § 1 KSchG Krankheit Nr. 26).

Allein die **Vorlage eines ärztlichen Attestes über den derzeitigen Gesundheitszustand** des Arbeitnehmers ist nicht ausreichend, da damit nichts über den künftigen Gesundheitszustand des Arbeitnehmers gesagt ist (BAG, RzK I 5 g Nr. 31). Macht ein Arbeitnehmer, der an verschiedenen schwerwiegenden Krankheiten leidet, geltend, er sei nach Abschluß einer im Kündigungszeitpunkt vorgesehenen Kur arbeitsfähig gewesen, gibt aber nicht an, welche seiner Krankheiten nach Ansicht seiner Ärzte durch die Kur günstig beeinflußt werden konnte, ist dies für die Erschütterung der Indizwirkung der Fehlzeiten nicht ausreichend (BAG, RzK I 5 g Nr. 66). Trägt der Arbeitnehmer **konkrete Umstände** für seine Beschwerde und deren Ausheilung oder Abklingen vor, kann er die Indizwirkung der bisherigen Fehlzeiten dadurch erschüttern (BAG, EzA § 1 KSchG Krankheit Nr. 26; BAG, RzK I 5 g Nr. 41). Die Indizwirkung ist auch dann erschüttert, wenn nach der Beweisaufnahme ernsthaft die Möglichkeit einer geringeren Krankheitsanfälligkeit zu erwägen ist (BAG, EzA § 1 KSchG Krankheit Nr. 26). Unter Umständen kommt auch die **Einholung eines arbeitsmedizinisches Gutachtens** durch das Gericht in Betracht (BAG, 2 AZR 366/94, n. v.).

Die Behauptung des Arbeitgebers, künftig sei mit entsprechend hohen Fehlzeiten zu rechnen, gilt dann gem. § 138 Abs. 3 ZPO als **zugestanden**, wenn der Arbeitnehmer zu den vom Arbeitgeber dargelegten Fehlzeiten nichts vorträgt (BAG, RzK I 5 g Nr. 32) oder die Indizwirkung der Fehlzeiten nur unsubstantiiert bestreitet (LAG Köln, LAGE § 1 KSchG Krankheit Nr. 18).

Über die Erschütterung der Indizwirkung hinaus muß der Arbeitnehmer nicht den Gegenbeweis führen, daß mit weiteren häufigen Erkrankungen nicht gerechnet werden müsse (BAG, EzA § 1 KSchG Krankheit Nr. 26).

■ Definition

**Krankheit im medizinischen Sinne** ist ein regelwidriger körperlicher oder geistiger Zustand, der die Notwendigkeit der Heilbehandlung zur Folge hat (BAG, EzA § 1 LohnFG Nr. 48; BAG, BB 1982, 805). Arbeitsrechtlich relevant sind Krankheitsbefunde nur dann, wenn der Arbeitnehmer durch sie gehindert wird, seine Verpflichtungen aus dem Arbeitsvertrag zu erfüllen (BAG, BB 1982, 805).

67

■ Entgeltfortzahlungskosten

Als eine die Kündigung wegen häufiger Kurzerkrankungen rechtfertigende **erhebliche wirtschaftliche Belastung** kommen **Entgeltfortzahlungskosten** für den erkrankten Arbeitnehmer in Betracht (BAG, EzA § 1 KSchG Krankheit Nr. 12; BAG, EzA § 1 KSchG Krankheit Nr. 40; BAG, RzK I 5 g Nr. 66). Dies stellt keinen Verstoß gegen das Maßregelungsverbot des § 612 a BGB dar (BAG, EzA § 1 KSchG Krankheit Nr. 25). Eine erhebliche wirtschaftliche Belastung ist dann gegeben, wenn für den erkrankten Arbeitnehmer jährlich Entgeltfortzahlungskosten für einen Zeitraum von mehr als sechs Wochen aufzuwenden sind (BAG, EzA § 1 KSchG Krankheit Nr. 25; BAG, EzA § 1 KSchG Krankheit Nr. 12; BAG, EzA § 1 KSchG Krankheit Nr. 26; BAG, EzA § 1 KSchG Krankheit Nr. 32; BAG, EzA § 1 KSchG Krankheit Nr. 40). Dies ist auch dann zu bejahen, wenn die Fehlzeiten des Arbeitnehmers zu keinen Betriebsablaufstörungen führen und der Arbeitgeber keine Personalreserve vorhält (BAG, EzA § 1 KSchG Krankheit Nr. 40). Erforderlich ist nicht, daß bezogen auf die bisherige Gesamtdauer des Arbeitsverhältnisses Entgeltfortzahlungskosten für durchschnittlich mehr als sechs Wochen jährlich geleistet werden mußten (BAG, EzA § 1 KSchG Krankheit Nr. 36). Hingegen sind Entgeltfortzahlungskosten bis zu sechs Wochen jährlich zumutbar, so daß auf sie eine Kündigung nicht gestützt werden kann (BAG, EzA § 1 KSchG Krankheit Nr. 28). Vereinzelt wird eine erhebliche Beeinträchtigung betrieblicher Interessen nur dann bejaht, wenn zu den Lohnfortzahlungskosten eine Störung im betrieblichen Ablauf (LAG Köln, DB 1989, 1295) oder Vorhaltekosten einer Personalreserve (LAG Rheinland-Pfalz, 4 Sa 593/92, n. v.) hinzukommen.

68

Auch wenn der Arbeitgeber für die zu erwartenden Entgeltfortzahlungskosten darlegungs- und beweispflichtig ist, muß er **nicht spezifiziert vortragen** auf welchen Betrag sich der den Zeitraum von sechs Wochen übersteigende Entgeltfortzahlungsanteil beläuft (BAG, RzK I 5 g Nr. 42).[29]

- Interessenabwägung

69 Im Rahmen der Interessenabwägung kann **nicht auf eine bestimmte Fehlquote** als Grenze für die zeitliche und wirtschaftliche Belastung des Arbeitgebers abgestellt werden (BAG, EzA § 1 KSchG Krankheit Nr. 13; a. A. LAG Hamm, BB 1983, 701). In der Interessenabwägung kommt es auf die **konkreten Umstände des Einzelfalls** an; die allgemeine Ungewißheit, ob und wann der Arbeitnehmer an seinen Arbeitsplatz zurückkehrt, ist nicht geeignet, die Kündigung sozial zu rechtfertigen (BAG, RzK I 5 g Nr. 54).

Bei der Interessenabwägung kann zugunsten des Arbeitnehmers Berücksichtigung finden, daß die **Erkrankung auf betrieblichen Ursachen beruht**, wobei den Arbeitgeber die Darlegungs- und Beweislast dafür trifft, daß dieser vom Arbeitnehmer behauptete ursächliche Zusammenhang nicht besteht (BAG, EzA § 1 KSchG Krankheit Nr. 27; BAG, EzA § 1 KSchG Krankheit Nr. 32). Im Rahmen der Interessenabwägung wird teilweise die **Mitverursachung** der gesundheitlichen Beeinträchtigung durch den Arbeitsplatz zu Lasten des Arbeitgebers berücksichtigt (LAG Köln, ZTR 1987, 89; LAG Köln, AE 1998, 91 Nr. 271). Hierzu reichen **normale Verschleißerscheinungen**, die ein regelgerecht ausgestatteter Arbeitsplatz in Verbindung mit dem üblichen Alterungsprozeß auf die Dauer mit sich bringt, nicht (LAG Köln, AE 1998, 91 Nr. 271). Die mögliche **Mitursächlichkeit betrieblicher Verhältnisse** ist auch dann nicht entscheidend, wenn die betrieblichen Umstände nur im Zusammenwirken mit einer besonderen Veranlagung des Arbeitnehmers zu häufigen Erkrankungen des Arbeitnehmers führen können (BAG, EzA § 1 KSchG Krankheit Nr. 32). Auch die Schwerbehinderteneigenschaft und Unterhaltspflichten des Arbeitnehmers müssen in die Interessenabwägung einfließen (BAG, – 2 AZR 378/99 – noch unveröffentlicht).

Zugunsten des Arbeitgebers kann das **Vorhalten einer Personalreserve** Berücksichtigung finden (BAG, NZA 1991, 185). Im Rahmen der Interessenabwägung kann auch die **Dauer des ungestörten Verlaufs des Arbeitsverhältnisses** berücksichtigt werden, wobei unter Störung auch geringfügige Fehlzeiten unter sechs Wochen jährlich (BAG, EzA § 1 KSchG Krankheit Nr. 28) und Fehlzeiten ohne Wiederholungsgefahr (BAG, RzK I 5 g Nr. 32) zu verstehen sind. Zu beachten ist diesbezüglich auch, daß dem Arbeitgeber, wenn er bei der Einstellung **von einer chronischen Erkrankung wußte**, die Hinnahme längerer Fehlzeiten zumutbarer ist als gegenüber nicht chronisch erkrankten Arbeitnehmern (BAG, EzA § 1 KSchG Nr. 13).

Zugunsten eines älteren Arbeitnehmers kann auch berücksichtigt werden, daß hinsichtlich der **Entgeltfortzahlungskosten** die insgesamt zu erwartende Belastung um so höher ist, je jünger der Arbeitnehmer ist (BAG, EzA § 1 KSchG Krankheit Nr. 28). Es ist zu erwarten, daß bei einem 40jährigen Arbeitnehmer für noch erhebliche Zeiten Entgeltfortzahlung zu leisten sein wird (BAG, RzK I 5 g Nr. 31; BAG, RzK I 5 g Nr. 45).

Zeigt ein **Vergleich, daß auch die Arbeitskollegen** des betreffenden Arbeitnehmers besonders **häufig krankheitsbedingt fehlen**, kann nur eine ganz erheblich höhere Ausfallquote eine Kündigung rechtfertigen (BAG, RzK I 5 g Nr. 18; BAG, EzA § 1 KSchG Krankheit Nr. 25; BAG, RzK I 5 g Nr. 37). Jedoch kann sich die Unzumutbarkeit für den Arbeitgeber bereits aus der zu erwartenden wirtschaftlichen Belastung mit außergewöhnlich hohen Entgeltfortzahlungskosten ergeben (BAG,

---

29 Vgl. auch „Interessenabwägung".

EzA § 1 KSchG Krankheit Nr. 25; BAG, RzK I 5 g Nr. 38). Die Belastung mit Entgeltfortzahlungskosten kann insbesondere dann ohne Vorliegen weiterer den Betrieb belastender Auswirkungen unzumutbar sein, wenn der Arbeitgeber eine Personalreserve vorhält (BAG, EzA § 1 KSchG Krankheit Nr. 26 und 27). Nicht zu berücksichtigen ist hierbei, ob der Arbeitgeber **hohe Gewinne erwirtschaftet** (BAG, RzK I 5 g Nr. 16).[30]

- Kurzerkrankungen, häufige

Eine personenbedingte Kündigung kann wegen **häufiger Kurzerkrankungen** gerechtfertigt sein (BAG, EzA § 1 KSchG Krankheit Nr. 17; BAG, EzA § 1 KSchG Krankheit Nr. 32; BAG, EzA § 1 KSchG Krankheit Nr. 30; BAG, EzA § 1 KSchG Krankheit Nr. 40). Häufig sieht das BAG eine jährliche **Fehlquote von 15–20 %** der jährlichen Arbeitstage als kündigungsrelevant an (BAG, NJW 1977, 351; BAG, NJW 1977, 2132; BAG, NJW 1984, 1417; BAG, NJW 1984, 1837; BAG, NJW 1985, 2655; BAG, NZA 1988, 161; BAG, NZA 1990, 305; BAG, NZA 1990, 307; BAG, NZA 1991, 185; BAG, NZA 1993, 598; BAG, NZA 1994, 67; BAG, NZA 1994, 74). Die Instanzgerichte gehen von einer relevanten **Fehlquote von mindestens 25 %** aus (LAG Hamm, DB 1982, 283 bzgl. 25 %; LAG Düsseldorf, DB 1980, 1078 bzgl. 30 %; LAG Düsseldorf, DB 1983, 723 bzgl. 30 % und LAG Hamm, DB 1981, 1193 bzgl. 43 %). 70

Voraussetzung für die Rechtfertigung einer personenbedingten Kündigung aufgrund häufiger Kurzerkrankungen ist, daß zum Zeitpunkt des Zugangs der Kündigung objektive Tatsachen vorliegen, die die **ernste Besorgnis weiterer Erkrankungen** im bisherigen Umfang rechtfertigen (BAG, EzA § 1 KSchG Krankheit Nr. 25; BAG, EzA § 1 KSchG Krankheit Nr. 26; BAG, RzK I 5 g Nr. 66). Eine erwartete Krankheitsquote von weniger als 12–14 % der Jahresarbeitszeit ist im allgemeinen noch nicht kündigungsrelevant (LAG Hamm, LAGE § 1 KSchG Krankheit Nr. 26). Bei **herausgehobenen Positionen** können u. U. auch nur geringe Fehlzeiten wie **7,2 %** eine Kündigung rechtfertigen (BAG, RzK I 5 g Nr. 9). Umstände, die für die Gesundheitsentwicklung von Bedeutung sind, aber erst nach Zugang der Kündigung eingetreten sind, können nicht berücksichtigt werden (BAG, NJW 1985, 2783; BAG, EzA § 1 KSchG Krankheit Nr. 27; BAG, RzK I 5 g Nr. 45; LAG Hamm, LAGE § 1 KSchG Krankheit Nr. 25).

Bei der **Prognose** können häufige Kurzerkrankungen in der Vergangenheit auf ein entsprechendes künftiges Erscheinungsbild hindeuten (BAG, EzA § 1 KSchG Krankheit Nr. 26). Bei der Prognose sind jedoch Erkrankungen, bei denen keine Wiederholungsgefahr besteht, nicht zu berücksichtigen (BAG, RzK I 5 g Nr. 66 bzgl. ausgeheilter Leiden; soweit es sich ihrer Entstehung nach um einmalige Ereignisse handelt, BAG, EzA § 1 KSchG Krankheit Nr. 30 bzgl. nach ihrer Entstehungsweise einmalige Unfälle; BAG, EzA § 1 KSchG Krankheit Nr. 39 bzgl. offenkundig einmaliger Gesundheitsschäden). Häufige Sportunfälle hingegen können bei der Prognose berücksichtigt werden, da aus diesen auf eine besondere Verletzungsanfälligkeit geschlossen werden kann (BAG, RzK I 5 g Nr. 32; LAG Baden-Württemberg, RzK I 5 g Nr. 23; ArbG Wetzlar, RzK I 5 g Nr. 43). 71

Bereits aus Kurzerkrankungen über einen **Zeitraum von 15 Monaten** kann eine negative Gesundheitsprognose hergeleitet werden (BAG, RzK I 5 g Nr. 54). Liegt ein entsprechendes ärztliches Gutachten vor, kann auch bei einer erst **seit kurzem aufgetretenen Krankheit** auf künftige Fehlzeiten geschlossen werden kann (BAG, EzA § 1 KSchG Krankheit Nr. 12). 72

Im Rahmen der Prognose ist zu berücksichtigen, ob die Erkrankungen mit einer gewissen Regelmäßigkeit auftreten (BAG, EzA § 1 KSchG Krankheit Nr. 26). Hinsichtlich der Prognose kann in der Revisionsinstanz nur nachgeprüft werden, ob der Ermessensrahmen für die Prognose eingehalten

---

30 Vgl. auch „Entgeltfortzahlungskosten", „Überbrückungsmaßnahmen".

worden ist (BAG, EzA § 102 BetrVG 1972 Nr. 30; BAG, EzA § 1 KSchG Krankheit Nr. 26, 27, 28; BAG, RzK I 5 g Nr. 32).

Eine **Abmahnung** wegen krankheitsbedingter Fehlzeiten ist unzulässig (LAG Düsseldorf, NZA 1986, 431). Die Unterhaltspflichten und eine eventuelle Schwerbehinderung des Arbeitnehmers sind grundsätzlich auch bei einer Kündigung wegen häufiger Kurzerkrankungen im Rahmen der Interessenabwägung zu berücksichtigen (BAG, – 2 AZR 378/99 – noch unveröffentlicht).[31]

- Langanhaltende Krankheit

73 Auch eine **langanhaltende Krankheit** kann eine personenbedingte Kündigung sozial rechtfertigen. Die Arbeitsunfähigkeit muß **im Zeitpunkt des Zugangs der Kündigung noch bestehen und für voraussichtlich längere oder nicht absehbare Zeit andauern** (BAG, EzA § 1 KSchG Krankheit Nr. 10; BAG, RzK I 5 g Nr. 45; LAG Nürnberg, LAGE § 1 KSchG Krankheit Nr. 23). Teilweise wird verlangt, daß die Erkrankung in der Vergangenheit bereits für mehrere Monate angedauert hat (LAG Köln, NZA-RR 1996, 247, wonach bei einem fünf Jahre bestehenden Arbeitsverhältnis eine bei Kündigungsausspruch erst zwei Monate andauernde Krankheit noch nicht langanhaltend ist; LAG Köln, NZA-RR 1996, 250, wonach bei Vorerkrankungen in erheblichem Umfang eine viermonatige Dauer der Krankheit langanhaltend ist; a. A. LAG Nürnberg, LAGE § 1 KSchG Krankheit Nr. 23, wonach eine bisher lang anhaltende Krankheit bei der Interessenabwägung zugunsten des Arbeitgebers zu berücksichtigen sei). Diesbezüglich können Vorerkrankungen, die demselben Grundleiden entspringen und in zeitlicher Nähe mit der bei Kündigungsausspruch anhaltenden Erkrankung aufgetreten sind, miteinbezogen werden (LAG Köln, NZA-RR 1996, 250).

74 Bei der Kündigung wegen langanhaltender Krankheit ist erforderlich, daß **objektive Anhaltspunkte dafür vorliegen, daß die Arbeitsunfähigkeit langfristig fortdauert** (BAG, EzA § 1 KSchG Krankheit Nr. 16). Die **spätere Entwicklung der Krankheit** wird überwiegend als **unerheblich** angesehen, entscheidend ist die **Prognose im Zeitpunkt des Zugangs der Kündigung** (BAG, EzA § 1 KSchG Krankheit Nr. 16; BAG, EzA § 1 KSchG Krankheit Nr. 27; BAG, RzK I 5 g Nr. 45; BAG, NZA 1999, 978 unter Aufgabe von BAG, AP Nr. 11 zu § 1 KSchG 1969 Krankheit, wonach die tatsächliche Entwicklung der Krankheit bis zum Schluß der letzten mündlichen Verhandlung in der Tatsacheninstanz zu berücksichtigen sein soll). Hat der Arbeitnehmer im Kündigungszeitpunkt bereits die Entscheidung zur Durchführung einer **Kurmaßnahme** getroffen und ist dies dem Arbeitgeber bekannt, sind die Erfolgsaussichten einer solchen Kurmaßnahme in die Prognose über die weitere Entwicklung einzubeziehen (ArbG Siegburg, AE Jahrbuch 1997, 116 Nr. 524).

Es obliegt dem Arbeitnehmer, bei einer aufgrund ärztlichen Attestes gerechtfertigten negativen Gesundheitsprognose die **Prognose zu erschüttern**; dafür ist der allgemeine Vortrag, es bestehe bei der derzeitigen Behandlung eine konkrete Heilungschance, nicht ausreichend (BAG, RzK I 5 g Nr. 53).

- Leistungsunfähigkeit, krankheitsbedingte

75 Die Kündigung kann auch wegen **krankheitsbedingter dauernder Leistungsunfähigkeit** als personenbedingte Kündigung sozial gerechtfertigt sein. Zum Zeitpunkt des Zugangs der Kündigungserklärung muß der Arbeitgeber aufgrund objektiver Tatsachen davon ausgehen können, daß der Arbeitnehmer krankheitsbedingt dauerhaft außerstande sein wird, die vertraglich geschuldete Arbeitsleistung zu erbringen (BAG, NZA 1987, 555; BAG, NZA 1990, 727). Eine negative Prognose hinsichtlich künftiger Krankheitszeiten ist nicht erforderlich, da das Arbeitsverhältnis durch die dauernde

---

31 Vgl. auch „Entgeltfortzahlungskosten".

Leistungsunfähigkeit auf Dauer erheblich gestört ist (BAG, RzK I 5 g Nr. 10). Das Gericht, das das tatsächliche Bestehen der dauernden Leistungsunfähigkeit feststellen muß, hat ein entsprechendes Sachverständigengutachten einzuholen, wenn ihm die erforderlichen Fachkenntnisse fehlen (BAG, EzA § 1 KSchG Personenbedingte Kündigung Nr. 5).

Nur wenn die **Arbeitsleistung für den Arbeitgeber keinerlei Wert** hat, ist eine betriebliche Beeinträchtigung ausnahmsweise nicht gegeben, wobei den Arbeitnehmer für den fehlenden Wert der Arbeitsleistung die Darlegungs- und Beweislast trifft (BAG, NZA 1987, 55; BAG, RzK I 5 g Nr. 22; BAG, EzA § 1 KSchG Personenbedingte Kündigung Nr. 5). Kann ein schwerbehinderter Arbeitnehmer aus gesundheitlichen Gründen nur noch Gewichte bis zu 15 kg bewegen, so ist eine hierauf gestützte krankheitsbedingte Kündigung sozialwidrig, wenn eine leidensgerechte Beschäftigung durch geringfügige Änderungen der Betriebsorganisation (Befreiung von Transportaufgaben) und durch Ausstattung des Arbeitsplatzes mit technischen Hebehilfen (Vakuumsauger mit Gewichtbalancer) ermöglicht werden kann und die hierfür entstehenden Kosten aus Mitteln der Ausgleichsabgabe aufgebracht werden (LAG Hamm, SPA 14/1999, 7). Auch wenn der Arbeitgeber grundsätzlich verpflichtet ist, für den Arbeitnehmer einen **leidensgerechten Arbeitsplatz** freizumachen, wenn er den dort tätigen Mitarbeiter umsetzen oder versetzen kann, muß er, wenn der Betriebsrat bei einer mitbestimmungspflichtigen Versetzung die Zustimmung verweigert, kein gerichtliches Zustimmungsersetzungsverfahren durchführen und so den leidensgerechten Arbeitsplatz auch nicht freimachen (BAG, EzA § 1 KSchG Krankheit Nr. 42). 76

- Minderung der Leistungsfähigkeit, krankheitsbedingte

Auch die **krankheitsbedingte Minderung der Leistungsfähigkeit** kann eine personenbedingte Kündigung sozial rechtfertigen (BAG, EzA § 1 KSchG Krankheit Nr. 2; BAG, EzA § 1 KSchG Personenbedingte Kündigung Nr. 10). Die Kündigung ist dann nicht gerechtfertigt, wenn nach ärztlicher Erkenntnis das **Ende der Leistungsminderung unmittelbar bevorsteht** (ArbG Ulm, DB 1962, 912). Die soziale Rechtfertigung einer **Kündigung „aus Fürsorge"** ist auch dann zu verneinen, wenn – auch aufgrund einer ärztlichen Stellungnahme – bei Weiterarbeit auf dem vertragsmäßigen Arbeitsplatz mit einer Verschlechterung des Gesundheitszustandes zu rechnen ist (LAG Frankfurt, LAGE § 1 KSchG Personenbedingte Kündigung Nr. 14; LAG Köln, NZA-RR 1997, 51; a. A. LAG Hamm, RzK I 5 h Nr. 3). Ist die Leistungsminderung **Folge eines Betriebsunfalls**, gelten besonders strenge Maßstäbe für die Zumutbarkeit der Weiterbeschäftigung (LAG Düsseldorf, DB 1979, 607). 77

Die erforderliche Beeinträchtigung betrieblicher Interessen ist u. a. dann zu bejahen, wenn die erbrachte Arbeitsleistung nur **2/3 der Normalleistung** entspricht (BAG, EzA § 1 KSchG Personenbedingte Kündigung Nr. 10). Geringe Leistungsminderungen scheiden von vornherein als Kündigungsgrund aus; erst eine erhebliche Beeinträchtigung der Leistungsfähigkeit kann eine unzumutbare wirtschaftliche Belastung des Arbeitgebers werden, weil der gezahlten Vergütung dann keine adäquate Arbeitsleistung mehr gegenübersteht (LAG Köln, NZA-RR 1997, 51).

Der Arbeitgeber muß nicht nur prüfen, ob der Arbeitnehmer auf einem **seinem Leistungsvermögen entsprechenden anderen Arbeitsplatz** in demselben Betrieb oder in einem anderen Betrieb des Unternehmens weiterbeschäftigt werden kann (BAG, EzA § 1 KSchG Krankheit Nr. 2), sondern auch, ob die Möglichkeit einer Teilzeitbeschäftigung besteht (BAG, EzA § 626 BGB n. F. Nr. 23). Hierbei muß der Arbeitgeber das Fehlen eines entsprechenden freien Arbeitsplatzes darlegen und beweisen (BAG, EzA § 1 KSchG Krankheit Nr. 2).

### Prüfungsmaßstab, allgemein

**78** Die Überprüfung einer krankheitsbedingten Kündigung erfolgt in **drei Stufen** (BAG, EzA § 1 KSchG Krankheit Nr. 39; BAG, EzA § 1 KSchG Krankheit Nr. 40; BAG, RzK I 5 g Nr. 66). Voraussetzung für die Rechtfertigung der Kündigung ist im Rahmen der dritten Stufe der Interessenabwägung, ob die erheblichen betrieblichen Beeinträchtigungen zu einer **billigerweise nicht mehr hinzunehmenden betrieblichen oder wirtschaftlichen Belastung** des Arbeitgebers führen (BAG, EzA § 1 KSchG Krankheit Nr. 17; BAG, EzA § 1 KSchG Krankheit Nr. 38; BAG, EzA § 1 KSchG Krankheit Nr. 39; BAG, EzA § 1 KSchG Krankheit Nr. 40; BAG, RzK I 5 g Nr. 66). Die Krankheit führt dann nicht zu einer erheblichen Beeinträchtigung betrieblicher Interessen, wenn eine **Umsetzungsmöglichkeit** besteht (BAG, RzK I 5 g Nr. 33).

Für die Frage des Vorliegens einer Betriebsablaufstörung ist unerheblich, ob der Arbeitgeber während der Ausfallzeit des Arbeitnehmers zur Lohnfortzahlung verpflichtet ist (BAG, RzK I 5 g Nr. 34).

Nicht entscheidend ist für die personenbedingte Kündigung auch, ob eine Kündigung aus betrieblichen Gründen aufgrund der Krankheit **unumgänglich** ist (BAG, RzK I 5 g Nr. 50).

Die **subjektive Kenntnis des Arbeitgebers** ist nicht von Bedeutung, da es auf die **objektiven Verhältnisse im Zeitpunkt des Kündigungszugangs** ankommt (BAG, EzA § 102 BetrVG 1972 Nr. 30; BAG, EzA § 1 KSchG Krankheit Nr. 10). Unerheblich ist aus diesem Grund auch, ob sich der Arbeitgeber vor Ausspruch der Kündigung **nach dem Gesundheitszustand** des Arbeitnehmers **erkundigt** hat (BAG, EzA § 102 BetrVG 1972 Nr. 30; BAG, EzA § 1 KSchG Krankheit Nr. 16). Hat sich der Arbeitgeber aber beim Arbeitnehmer nach dem Grund und der voraussichtlichen Dauer der Arbeitsunfähigkeit erkundigt, ist der Arbeitnehmer im Prozeß an seine Auskünfte gebunden (BAG, BAGE 20, 345). Der Arbeitnehmer muß jedoch weder von sich aus (BAG, DB 1983, 1047) noch auf Anfrage des Arbeitgebers (LAG Berlin, DB 1990, 1621) Auskunft erteilen.

### Sonderfälle

**79** Die durch Tatsachen ausreichend begründete Besorgnis des Arbeitgebers, daß ein wegen **seelischer Erkrankung** in klinischer Behandlung gewesener Arbeitnehmer künftig neue Schübe seiner Krankheit erleiden werde, kann eine personenbedingte Kündigung rechtfertigen (BAG, AP Nr. 19 zu § 14 SchwBeschG).

Wird durch wiederholt auftretende **epileptische Anfälle** die Sicherheit des Epilektikers oder seiner Arbeitskollegen gefährdet, kann eine personenbedingte Kündigung sozial gerechtfertigt sein (LAG Baden-Württemberg, BB 1964, 135).

Mit dem europäischen Gemeinschaftsrecht ist es unvereinbar, wenn **Fehlzeiten infolge einer durch eine Schwangerschaft bedingten Krankheit** zu einer Kündigung führen; zulässig ist hingegen eine Kündigung wegen Fehlzeiten, die erst nach dem Mutterschaftsurlaub eintreten (EuGH, SPA 17/1998, 7).

Eine personenbedingte Kündigung ist auch möglich, wenn das Arbeitsverhältnis für die Zeit des Bezuges einer befristeten **Erwerbsunfähigkeitsrente** ruht (BAG, 2 AZR 773/97, n. v.).

### Beendigung von Arbeitsverhältnissen §4

■ Überbrückungsmaßnahmen

Die **Zumutbarkeit weiterer Überbrückungsmaßnahmen** kann im Rahmen der Interessenabwägung Berücksichtigung finden (BAG, EzA § 1 KSchG Krankheit Nr. 26 und 27).  80

Bei der Beurteilung der Zumutbarkeit weiterer Überbrückungsmaßnahmen ist u. a. die **wirtschaftliche Situation des Unternehmens** und die **Stellung des Arbeitnehmers im Betrieb** zu berücksichtigen (BAG, EzA § 1 KSchG Krankheit Nr. 5).

Zu berücksichtigen ist bei der Prüfung der Beeinträchtigung betrieblicher Interessen, daß dem Arbeitgeber zur Überbrückung auch die **unbefristete Einstellung einer Aushilfskraft** zumutbar sein kann, wobei der Aushilfskraft nach Wiedergenesung des erkrankten Arbeitnehmers aus betriebsbedingten Gründen gekündigt werden kann (BAG, EzA § 1 KSchG Krankheit Nr. 10).

Der Arbeitgeber muß bei einem **langjährig beschäftigten Arbeitnehmer** einen längeren Zeitraum für Überbrückungsmaßnahmen hinnehmen als bei einem nur für kurze Zeit tätigen Arbeitnehmer (BAG, DB 1980, 1446). Wartet der Arbeitgeber zunächst längere Zeit bevor er kündigt (hier: 4 1/2 Jahre) und ist bei Ausspruch der Kündigung völlig ungewiß, wann und ob der Arbeitnehmer wieder arbeitsfähig sein wird, ergibt sich bei der Interessenabwägung, daß ihm Überbrückungsmaßnahmen dann nicht zumutbar sind, wenn der längere Ausfall für den Arbeitgeber ernsthafte betriebliche Schwierigkeiten zur Folge hat (BAG, EzA § 1 KSchG Krankheit Nr. 16). Jedoch kann für den Arbeitgeber die Fortsetzung des Arbeitsverhältnisses zumutbar sein, wenn der Arbeitnehmer **besonders schutzbedürftig** ist (LAG Hamburg, AiB 1995, 604).

■ Wiederherstellung, ungewisse

Der dauernden Leistungsunfähigkeit steht der Fall gleich, daß im Kündigungszeitpunkt die Wiederherstellung **völlig ungewiß ist und die Krankheit bereits längere Zeit angedauert** hat (BAG, EzA § 1 KSchG Krankheit Nr. 38; LAG Berlin, LAGE § 1 KSchG Krankheit Nr. 27; LAG Hamm, NZA-RR 1998, 206). Die Ungewißheit kann darauf beruhen, daß der krankschreibende Arzt auf der Grundlage des ihm vom Arbeitnehmer geschilderten Beschwerdebildes Arbeitsunfähigkeit attestiert hat, ohne objektive Befunde feststellen zu können; hält ein solches Beschwerdebild an, sind keine Änderungen eingetreten und können wegen der Unkenntnis von den Ursachen der Erkrankung keine Heilmaßnahmen ergriffen werden, kann die Wiederherstellung der Arbeitsfähigkeit ungewiß sein (LAG Hamm, NZA-RR 1998, 206).  81

■ **Kuraufenthalt**

Fehlzeiten, die durch eine vom Arbeitnehmer zur Erhaltung, Besserung oder Wiederherstellung seiner Erwerbstätigkeit angetretene **Kur** bedingt sind, rechtfertigen eine personenbedingte Kündigung nicht (LAG Baden-Württemberg, DB 1964, 228; LAG Düsseldorf, BB 1963, 938; ArbG Gelsenkirchen, BB 1976, 184; ArbG Lörrach, DB 1964, 739).  82

■ **Leistungsfähigkeit**

Ein **Nachlassen der Leistungsfähigkeit** des Arbeitnehmers kann eine ordentliche personenbedingte Kündigung grundsätzlich rechtfertigen; hierbei stellt ein Nachlassen der Leistungsfähigkeit dann einen Grund für eine personenbedingte Kündigung dar, wenn der Arbeitnehmer nur noch **beschränkt verwendungsfähig** ist und hierfür kein Bedarf besteht (BAG, AP Nr. 28 zu § 1 KSchG 1969 Krankheit; LAG München, BB 1955, 996; ArbG Göttingen, AP Nr. 13 zu § 9 MSchG), wobei jedoch vor Ausspruch der Kündigung eine **Umsetzung** im Betrieb zu versuchen ist (BAG, AP Nr. 1 zu § 1 KSchG 1969 Krankheit). Wurde der Arbeitnehmer zuvor an den Arbeitsplatz **versetzt**, den er  83 aufgrund seiner eingeschränkten Leistungsfähigkeit nicht ausfüllen kann, ist für die Rechtfertigung der Kündigung Voraussetzung, daß auch hinsichtlich der vorherigen Arbeitsstelle Kündigungsgründe eingreifen (LAG Berlin, DB 1955, 834). Eine vorherige **Abmahnung** ist bei unbehebbaren Leistungsmängeln nicht erforderlich (BAG, EzA § 1 KSchG Verhaltensbedingte Kündigung Nr. 7). Eine mit Leistungsmängeln des Arbeitnehmers begründete ordentliche Kündigung ist sozial ungerechtfertigt, wenn dem Arbeitnehmer nach Ausspruch einer auf eben solche Leistungsmängel gestützten Abmahnung nicht ausreichend Zeit gegeben wird, sein Leistungsverhalten umzustellen, um die Minderleistung abzubauen. Welche zeitliche Länge die „Umlernphase" haben muß, ist eine Frage des Einzelfalls (LAG Frankfurt, SPA 20/1999, 2).

Voraussetzung für die soziale Rechtfertigung einer personenbedingten Kündigung aufgrund **altersbedingtem Leistungsabfall** ist, daß der Arbeitnehmer nicht mehr in der Lage ist, die Arbeitsleistung in quantitativer, zeitlicher oder qualitativer Hinsicht ordnungsgemäß zu erfüllen (LAG Düsseldorf, BB 1954, 62). Ein normaler altersbedingter Leistungsabfall ist nicht geeignet, eine personenbedingte Kündigung zu rechtfertigen (BAG, AP Nr. 2 zu § 1 KSchG Verhaltensbedingte Kündigung; BAG, 4 AZR 116/75, n. v.). Eine personenbedingte Kündigung ist nur dann sozial gerechtfertigt, wenn der Leistungsabfall **gegenüber vergleichbaren Arbeitnehmern** erheblich stärker in Erscheinung tritt (LAG München, BB 1955, 996).

Kann der Arbeitnehmer die für die Erbringung der Arbeitsleistung erforderlichen Fachkenntnisse nicht alsbald erwerben, kann eine **fachlich bedingte Einschränkungen der Leistungsfähigkeit** einen Grund zur personenbedingten Kündigung darstellen (LAG Baden-Württemberg, BB 1958, 776; LAG Baden-Württemberg, DB 1963, 1436; LAG Berlin, DB 1963, 524; LAG Düsseldorf, BB 1961, 333). Erfolgt eine **Umstellung der Arbeitsmethoden**, ist dem Arbeitnehmer ausreichend Zeit einzuräumen, damit sich dieser auf die geänderten Anforderungen einstellen kann (LAG Düsseldorf, DB 1956, 1212).

■ **Pensionsalter**

84   Eine personenbedingte Kündigung kann in der privaten Wirtschaft nicht allein auf das **Erreichen des 65. oder eines späteren Lebensjahres** gestützt werden (BAG, AP Nr. 1 zu § 1 KSchG Personenbedingte Kündigung; BAG, AP Nr. 2 zu § 626 BGB Altersgrenze; BAG, 4 AZR 116/76, n. v.; LAG Düsseldorf, BB 1954, 62; LAG Saarbrücken, DB 1960, 1280).

■ **Sicherheitsbedenken**

85   Liegen in einem Betrieb mit erhöhtem Sicherheitsrisiko oder im militärischen und polizeilichen Bereich greifbare Tatsachen vor, die erkennen lassen, der Arbeitnehmer werde berechtigte **Sicherheitsinteressen** des Unternehmers beeinträchtigen, kann eine personenbedingte Kündigung gerechtfertigt sein (BAG, AP Nr. 1 zu § 1 KSchG Sicherheitsbedenken; BAG, AP Nr. 3 zu § 1 KSchG Sicherheitsbedenken; BAG, EzA § 2 KSchG Nr. 11; BAG, EzA § 1 KSchG Nr. 38; ArbG Wesel, BB 1968, 914). Der Arbeitgeber muß diesbezüglich greifbare Tatsachen darlegen, aus denen sich die konkrete Beeinträchtigung des Sicherheitsbereichs ergibt (BAG, AP Nr. 1 zu § 1 KSchG Sicherheitsbedenken; BAG, AP Nr. 3 zu § 1 KSchG Sicherheitsbedenken; BAG, EzA § 2 KSchG Nr. 11; BAG, EzA § 1 KSchG Nr. 38). Die bloße Erklärung einer Dienststelle, daß Sicherheitsbedenken bestünden, wird diesen Anforderungen nicht gerecht (BAG, RzK I 5 h Nr. 30).

Die finanzielle Belastung durch ratenweise, erst auf längere Zeit zu tilgende Verbindlichkeiten, die teilweise auf mehrere im Vermögensbereich liegende, rechtskräftig abgeurteilte Straftaten zurückgehen, kann einen solch konkreten, greifbaren Umstand darstellen, der gegenüber einer Schreibkraft im Bundesministerium der Verteidigung die Kündigung sozial rechtfertigt (LAG Köln, AE 1998, 91 Nr. 270).

Die Lebensgemeinschaft einer Arbeitnehmerin mit einem Kollegen, der zu einem Konkurrenzunternehmen in leitender Stellung wechselt, rechtfertigt allein keine personenbedingte Kündigung (LAG Hamm, NZA 1999, 656).

■ **Stasi-Mitarbeit**

Einem Beschäftigten des öffentlichen Dienstes kann nach Anlage I Kapitel XIX Sachgebiet A Abschnitt III Nr. 1 V Einigungsvertrag aus wichtigem Grund außerordentlich gekündigt werden, wenn er **für das Ministerium für Staatssicherheit tätig** war und deshalb ein Festhalten am Arbeitsverhältnis als unzumutbar erscheint (BAG, EzA Art. 20 EinigungsV Nr. 16; BAG, AP Nr. 1 zu EinigungsV Anlage I Kap. XIX; LAG Berlin, NZA 1992, 264; LAG Berlin, DB 1991, 1988; LAG Berlin, NZA 1992, 268; ArbG Berlin, NZA 1991, 312; ArbG Berlin, EzA Art. 20 EinigungsV Nr. 1).

86

Eine Tätigkeit „für" das MfS ist erst dann zu bejahen, wenn das Verhalten des Arbeitnehmers über die passive und erzwungene Information hinausgeht und die Gestalt einer finalen, **von eigener Initiative getragenen, kontinuierlichen Mitarbeit** erlangt (LAG Köln, AE Jahrbuch 1997, 89 Nr. 397). Die dienstliche Tätigkeit eines Arbeitnehmers, die vom MfS angefordert wurde und im Interesse des MfS vorgenommen wurde (hier: Übersetzungstätigkeit einer Arbeitnehmerin, die in einer Dienststelle tätig war, die unmittelbar nichts mit dem MfS zu tun hatte), ist keine Tätigkeit für das MfS, auch wenn die Arbeitnehmerin in den Akten des MfS als inoffizieller Mitarbeiter geführt wurde (LAG Berlin, AE Jahrbuch 1997, 106 Nr. 472). Auch die bloße **Unterzeichnung einer Verpflichtungserklärung** ist ohne das tatsächliche Tätigwerden entsprechend der abgegebenen Verpflichtungserklärung keine Tätigkeit für das MfS (BAG, AP Nr. 8 zu Art. 20 Einigungsvertrag; BAG, NZA-RR 1996, 207).

Wer aufgrund eines freien Willensentschlusses und ohne entschuldigenden Zwang eine Erklärung unterzeichnet hat, künftig für das Ministerium für Staatssicherheit als inoffizieller Mitarbeiter tätig zu werden, begründet jedoch grundsätzlich **erhebliche Zweifel an seiner persönlichen Eignung für eine Tätigkeit im öffentlichen Dienst** (BAG, EzA Art. 20 EinigungsV Nr. 24). Eine Kündigung ist nach Kapitel XIX Sachgebiet A Abschnitt III Nr. 1 Absatz 5 Nr. 2 der Anlage I zum EinigungsV **unabhängig davon** gerechtfertigt, ob die gegebenen Informationen den betroffenen **Personen konkret geschadet** haben (LAG Mecklenburg-Vorpommern, AE 1998, 15 Nr. 28). Durch das Verhalten eines Arbeitnehmers nach der Wende können Zweifel an der persönlichen Eignung ausgeräumt werden mit der Folge, daß eine wegen früherer Tätigkeiten eines Arbeitnehmers des öffentlichen Dienstes für das Ministerium für Staatssicherheit der DDR nach Kapitel XIX Sachgebiet A Abschnitt III Nr. 1 Absatz 5 Nr. 2 der Anlage I zum EinigungsV gerechtfertigte Kündigung im Einzelfall nicht gemäß § 1 Abs. 2 KSchG sozial gerechtfertigt ist (BAG, RzK I 5 h Nr. 39). Entscheidend zu berücksichtigen ist, ob sich der Arbeitnehmer **wissentlich** in den Dienst des MfS gestellt hat (LAG Berlin, BB 1993, 728). In die Interessenabwägung sind hinsichtlich des Maßes der Verstrickung neben der vom Arbeitnehmer früher eingenommenen **Position im MfS** auch die **Art, Dauer und Intensität** der dort ausgeübten Tätigkeit, die **Ursachen** sowie die **Umstände des Ausscheidens** des Arbeitnehmers aus dem früheren Dienstverhältnis und dessen nunmehr **im öffentlichen Dienst wahrgenommene Funktion** einzubeziehen (BVerwG, NZA-RR 1998, 345; LAG Berlin, NZA 1992, 554). Zu berücksichtigen sind grundsätzlich ein nur relativ kurzer Tätigkeitszeitraum sowie ein auf den Arbeitnehmer ausgeübter **Druck** (ArbG Dresden, AE 1998, 14 Nr. 26).

Eine **Frage nach einer früheren Tätigkeit für das Ministerium für Staatssicherheit** und nach früheren Parteifunktionen ist bei aus dem öffentlichen Dienst der DDR übernommenen Arbeitneh-

87

mern grundsätzlich zulässig, weil dies Zweifel an der Eignung begründen und Anlaß zur näheren Prüfung geben kann (BVerfG, EzA Art. 20 EinigungsV Nr. 57). Ebenso zulässig ist die **Frage nach der Abgabe einer Verpflichtungserklärung** zur Zusammenarbeit mit dem Ministerium für Staatssicherheit (BAG, EzA § 1 KSchG Verhaltensbedingte Kündigung Nr. 48). Hingegen ist die Frage des Arbeitgebers nach vor dem Jahr 1970 abgeschlossenen Betätigungen nicht berechtigt, weil eine solche Tätigkeit keine oder nur äußerst geringe Bedeutung für den Fortbestand des Arbeitsverhältnisses haben könnte (BVerfG, EzA Art. 20 EinigungsV Nr. 57). Nicht zulässig ist die Frage nach erfolglosen Anwerbeversuchen seitens des MfS (BAG, NZA-RR 1999, 635).[32]

### ■ Straftaten

88  Da **Straftaten** im außerdienstlichen Bereich die Eignung des Arbeitnehmers für die vertraglich geschuldete Tätigkeit beeinträchtigen können, können diese eine Grund zur personenbedingten ordentlichen oder außerordentlichen Kündigung darstellen. Eine Rechtfertigung einer ordentlichen Kündigung wurde bejaht bei einem in der Freizeit **zu Lasten einer Konzernschwester begangenen Ladendiebstahls** (BAG, EzA § 1 KSchG Verhaltensbedingte Kündigung Nr. 14). Begeht eine Lehrerin einen **Ladendiebstahl und Verstöße gegen das Opiumgesetz**, stellt dies eine Grund zur personenbedingten Kündigung dar (BAG, EzA § 1 KSchG Nr. 35). Begeht ein auf einer Privatfahrt verunglückter Berufskraftfahrer **Unfallflucht**, berechtigt auch dies den Arbeitgeber zu einer personenbedingten Kündigung (ArbG Kassel, AuR 1973, 315). **Trunkenheit am Steuer** bei einem Berufskraftfahrer auf einer Privatfahrt rechtfertigt eine **außerordentliche** Kündigung (BAG, AP Nr. 51 zu § 626 BGB). Das gleiche gilt bei Trunkenheit am Steuer bei einem U-Bahn-Zugfahrer (BAG, EzA § 626 BGB n. F. Nr. 168). **Trunkenheit am Steuer und anschließende Fahrerflucht** durch einen Leiter einer Kfz-Prüfstelle stellen ebenso einen wichtigen Grund i. S. d. § 626 BGB dar (LAG Köln, LAGE § 626 BGB Nr. 34). Auch der durch eine bei der Staatsanwaltschaft beschäftigte Gerichtshelferin begangene **Ladendiebstahl** rechtfertigt eine außerordentliche Kündigung (LAG Frankfurt, LAGE § 626 BGB Nr. 22). Die durch einen Angestellten der Finanzverwaltung begangene **Steuerhinterziehung** kann Grund für eine außerordentliche Kündigung sein (LAG Düsseldorf, EzA § 626 BGB n. F. Nr. 72).

### ■ Transsexualität

89  Umstritten ist, ob der Arbeitgeber zur Kündigung berechtigt sein kann, wenn durch die **Transsexualität** eine unzumutbare Störung des Betriebes eintritt (dafür: LAG Berlin, EzA § 1 KSchG Personenbedingte Kündigung Nr. 1; LSG Stuttgart, NJW 1982, 718; dagegen: BAG, AP Nr. 35 zu § 123 BGB).

### ■ Vorstrafen

90  **Nicht einschlägige Vorstrafen und Verurteilungen**, die nicht in das polizeiliche Führungszeugnis aufzunehmen sind, stellen aufgrund der gesetzgeberischen Wertung in § 43 Abs. 1 Nr. 1 BZRG, wonach sich der Verurteilte als unbestraft bezeichnen darf und den der Verurteilung zugrundeliegenden Sachverhalt nicht zu offenbaren braucht, wenn die Verurteilung nicht in das Führungszeugnis aufzunehmen ist, grundsätzlich keinen personenbedingten Kündigungsgrund aufgrund mangelnder persönlicher Eignung dar (LAG Berlin, NZA-RR 1997, 7).

---

32 Vgl. auch „Eignung, fachliche und persönliche" und Alphabet der verhaltensbedingten Kündigungssachverhalte „Falschbeantwortung von Fragen".

## Beendigung von Arbeitsverhältnissen § 4

■ **Wehrdienst**

Die **Teilnahme an einer Wehr- oder Eignungsübung** rechtfertigt grundsätzlich keine personenbedingte Kündigung. Ein längerer **ausländischer Wehrdienst** von 12 Monaten kann eine personenbedingte Kündigung rechtfertigen, wenn eine erhebliche Beeinträchtigung betrieblicher Interessen Folge des dadurch bedingten Ausfalls des Arbeitnehmers ist, der nicht durch zumutbare Maßnahmen überbrückt werden kann (BAG, EzA § 1 KSchG Personenbedingte Kündigung Nr. 3). Ein Wehrdienst von zwei Monaten berechtigt den Arbeitgeber in aller Regel weder zur ordentlichen noch zur außerordentlichen Kündigung (BAG, AP Nr. 23 zu § 123 BGB; BAG, NJW 1984, 575).    91

### 3. Alphabet der verhaltensbedingten Kündigungssachverhalte

| | Rn | | Rn |
|---|---|---|---|
| Abkehrmaßnahmen | 92 | Lebenswandel | 137 |
| Abwerbung | 93 | Lohnpfändungen | 139 |
| Alkohol | 95 | Loyalitätsverstoß | 140 |
| Antisemitische Äußerungen | 98 | Nebentätigkeit | 141 |
| Anzeigen gegen Arbeitgeber | 99 | Pflichtwidrigkeiten bei Krankheit | 142 |
| Anzeigen gegen Arbeitskollegen | 101 | Politische Betätigung | 146 |
| Arbeitskampf | 102 | Privatangelegenheiten | 148 |
| Arbeitspapiere | 104 | Rauchverbot | 149 |
| Arbeitspflichtverletzungen | 105 | Schlecht- und Minderleistungen | 150 |
| Arbeitsunfähigkeitsbescheinigung | 106 | Schmiergelder | 151 |
| Arbeitsversäumnis, unerlaubte | 107 | Schulden | 152 |
| Arbeitsverweigerung | 109 | Schwarzfahrten | 153 |
| Ausländerfeindliches Verhalten | 114 | Selbstbeurlaubung, Urlaubsverlängerung | 154 |
| Außerdienstliches Verhalten | 115 | Sexuelle Belästigung | 156 |
| Bedrohung | 116 | Sicherheitsbedenken | 157 |
| Beleidigung | 117 | Sonstige Nebenpflichtverletzungen | 158 |
| Betriebsfrieden | 121 | Spesenbetrug | 161 |
| Betriebsgeheimnis | 122 | Strafbare Handlungen | 162 |
| Denunziation | 123 | Tätlichkeiten | 166 |
| Drogenkonsum | 124 | Telefongespräche | 168 |
| Druckkündigung | 125 | Tendenzbetrieb | 169 |
| Falschbeantwortung von Fragen | 126 | Üble Nachrede | 170 |
| Haft | 127 | Unpünktlichkeit | 171 |
| Intimes Verhältnis | 128 | Urlaubsantritt, Urlaubsverlängerung | 173 |
| Kirche | 129 | Verdachtskündigung | 174 |
| Konkurrenztätigkeit | 130 | Vorsorgeuntersuchung | 178 |
| Kontrolleinrichtungen | 132 | Vorstrafen | 179 |
| Krankheitsandrohung | 133 | Wettbewerbstätigkeit | 180 |
| Krankheitsvortäuschung | 134 | Widerruf einer Behauptung | 181 |
| Kritik | 136 | | |

### Abkehrmaßnahmen

**92** Eine ordentliche oder außerordentliche Kündigung aus verhaltensbedingten Gründen ist nicht bereits aufgrund des von einem Arbeitnehmer **geäußerten Abkehrwillens** gerechtfertigt (BAG, AP Nr. 16 zu § 1 KSchG Betriebsbedingte Kündigung; LAG Baden-Württemberg, DB 1961, 951; LAG München, DB 1975, 1129). Eine verhaltensbedingte Kündigung ist insbesondere dann ungerechtfertigt, wenn der Arbeitnehmer aus gesundheitlichen Gründen versucht, einen Arbeitsplatz mit leichteren Arbeitsbedingungen zu finden (LAG Baden-Württemberg, DB 1967, 1139). Die Vorbereitung des Übertritts zu einem **Konkurrenzunternehmen** oder der Gründung eines Konkurrenzunternehmens stellt keinen Verstoß gegen die Vertragspflichten dar (BAG, AP Nr. 3, 7 und 8 zu § 60 HGB). Eine verhaltensbedingte Kündigung kann aber u. U. dann gerechtfertigt sein, wenn der Arbeitnehmer gegen die ihm nach Treu und Glauben obliegende **Offenbarungspflicht** verstößt (LAG Hamm, DB 1968, 1182). Eine außerordentliche Kündigung ist aber auch dann nicht gerechtfertigt, wenn der Arbeitnehmer auf Befragen seine Veränderungsabsicht geleugnet hat, sofern der Arbeitgeber nicht den Nachweis führen kann, der Arbeitnehmer habe nur wegen beabsichtigter Ausspürung von Betriebs- und Geschäftsgeheimnissen erst später ausscheiden wollen (LAG Baden-Württemberg, BB 1969, 536). Der Arbeitgeber kann jedoch zur außerordentlichen Kündigung berechtigt sein, wenn ein **leitender Angestellter** sich bei einem mit dem Arbeitgeber im Konkurrenzkampf stehenden Unternehmen beworben hat und auf Befragen des Arbeitgebers die Bewerbung bestreitet (LAG Hamm, BB 1969, 797).[33]

### Abwerbung

**93** Eine Abwerbung von Mitarbeitern stellt dann einen u. U. die verhaltensbedingte Kündigung rechtfertigenden **Verstoß gegen die vertragliche Schutz- und Treuepflicht** dar, wenn besondere Umstände das Verhalten des abwerbenden Arbeitnehmers als **rechts- oder sittenwidrig** erscheinen lassen (BAG, AP Nr. 1 zu § 611 BGB Abwerbung; ArbG Ulm, AE Jahrbuch 1997, 104 Nr. 461). Eine außerordentliche Kündigung kommt in Betracht, wenn der Arbeitnehmer seine Kollegen zu verleiten versucht, unter **Vertragsbruch** auszuscheiden, für ein **Konkurrenzunternehmen** tätig zu werden oder er seinen Arbeitgeber **planmäßig zu schädigen** versucht oder er eine **Vergütung für die Abwerbung** erhält (LAG Baden-Württemberg, BB 1959, 230; LAG Bremen, AP Nr. 10 zu § 626 BGB; LAG Düsseldorf, DB 1953, 148; LAG Düsseldorf, AP Nr. 2 zu § 133 e GewO; LAG Düsseldorf, BB 1965, 325; LAG Rheinland-Pfalz, LAGE § 626 BGB Nr. 64; LAG Saarbrücken, BB 1965, 457). Nach Ansicht des LAG Schleswig-Holstein ist eine außerordentliche Kündigung gerechtfertigt, wenn ein Arbeitnehmer die arbeitsvertragliche Treuepflicht dadurch verletzt, daß er während des bestehenden Arbeitsverhältnisses ernsthaft auf seine Arbeitskollegen einwirkt, damit sie unter Beendigung des Arbeitsverhältnisses die Arbeit bei einem anderen Arbeitgeber aufnehmen (LAG Schleswig-Holstein, DB 1989, 1880). Hingegen ist es als rechtmäßig anzusehen, wenn ein Arbeitnehmer, der sich selbständig machen möchte, Arbeitskollegen wegen eines Arbeitsplatzwechsels anspricht (LAG Baden-Württemberg, DB 1970, 2325; LAG Rheinland-Pfalz, LAGE § 626 BGB Nr. 64).

**94** Bereits eine **versuchte Abwerbung** insbesondere von **Spezialkräften** kann u. U. eine verhaltensbedingte ordentliche oder außerordentliche Kündigung rechtfertigen (LAG Berlin, DB 1963, 871; LAG Düsseldorf, BB 1965, 235; LAG Düsseldorf, DB 1969, 2352; LAG Saarbrücken, BB 1965, 457).

Entsprechendes gilt für die **Abwerbung von Kunden** (BAG, 2 AZR 268/84, n. v.).

---

[33] Vgl. auch „Konkurrenztätigkeit" und Alphabet der betriebsbedingten Kündigungssachverhalte „Abkehrwille".

### Alkohol

**Alkoholmißbrauch** im Betrieb kann einen Grund für eine verhaltensbedingte Kündigung darstellen, wenn durch den Alkoholmißbrauch eine Beeinträchtigung der Pflicht zur Arbeitsleistung zu befürchten ist oder der Arbeitnehmer sich oder Dritte aufgrund des Alkoholgenusses gefährden kann (BAG, EzA § 1 KSchG Verhaltensbedingte Kündigung Nr. 46).

Verstößt ein **Berufskraftfahrer** oder ein Arbeitnehmer, von dem angesichts der übertragenen Aufgabe im Falle der Trunkenheit Gefahren für die Belegschaft ausgehen können, gegen das Alkoholverbot, kann u. U. eine verhaltensbedingte Kündigung schon bei einem einmaligen Verstoß gegen das Alkoholverbot gerechtfertigt sein (LAG Hamm, DB 1974, 2164; LAG Hamm, DB 1978, 750; ArbG Berlin, BB 1963, 1057). Steuert ein Berufskraftfahrer einen Bus im Zustand **geminderter Fahrtüchtigkeit**, ist ein wichtiger Grund i. S.d. § 626 BGB gegeben (BAG, EzA § 123 GewO Nr. 1). Die Verpflichtung, jeden die Fahrtüchtigkeit beeinträchtigenden Alkoholgenuß kurz vor und während des Dienstes zu unterlassen, stellt für einen Berufskraftfahrer eine vertragliche Nebenpflicht dar, ohne daß ein ausdrückliches Alkoholverbot erteilt werden müßte (BAG, EzA § 87 BetrVG 1972 Betriebliche Ordnung Nr. 12).

Betrinkt sich ein **Bauarbeiter** trotz mehrmaliger Abmahnung auf der Baustelle, kommt eine außerordentliche Kündigung in Betracht (LAG Düsseldorf, BB 1967, 1425). Nimmt ein **leitender Angestellter** während der Arbeitszeit Alkohol zu sich und wird dies von der Belegschaft bemerkt und beanstandet, kann ebenfalls eine außerordentliche Kündigung gerechtfertigt sein (LAG Düsseldorf, DB 1956, 332).

Ein **Alkoholverbot** kann im Wege der Ausübung des Direktionsrechts oder im Rahmen einer Betriebsvereinbarung ausgesprochen werden (LAG Hamm, LAGE § 1 KSchG Verhaltensbedingte Kündigung Nr. 56). Der Verstoß gegen ein betriebliches Alkoholverbot kann auch ohne dadurch bedingte Störung im betrieblichen Ablauf Grund für eine verhaltensbedingte Kündigung sein (BAG, EzA § 1 KSchG Verhaltensbedingte Kündigung Nr. 10; BAG, NZA 1995, 517; LAG Hamm, LAGE § 1 KSchG Verhaltensbedingte Kündigung Nr. 26; LAG Köln, LAGE § 1 KSchG Verhaltensbedingte Kündigung Nr. 14). In diesem Zusammenhang sind **betriebliche Gepflogenheiten** und **branchenspezifische Gebräuche** von Bedeutung (BAG, EzA § 1 KSchG Verhaltensbedingte Kündigung Nr. 10; LAG Berlin, DB 1965, 1291; LAG Berlin, DB 1985, 2690; LAG Düsseldorf, DB 1967, 1903; LAG Frankfurt, DB 1985, 768; LAG Hamm, DB 1967, 1330; ArbG Kassel, DB 1979, 1612).

Läßt der Arbeitgeber trotz betrieblichen Alkoholverbotes den **Verkauf von alkoholischen Getränken in der Kantine** während der Mittagspause zu, kann dies im Rahmen der Interessenabwägung zugunsten des Arbeitnehmers Berücksichtigung finden (LAG Köln, LAGE § 1 KSchG Verhaltensbedingte Kündigung Nr. 14).

Ein wiederholter Alkoholkonsum des Arbeitnehmers in seinem privaten Wohnbereich, welcher mithin in der Öffentlichkeit bzw. Betriebsöffentlichkeit (hier: Krankenhausbetrieb in Saudi-Arabien) nicht auffällig wird, kann nach deutschem Rechtsverständnis nicht als relevanter Verstoß gegen tariflich bestimmte allgemeine Verhaltenspflichten bei Auslandseinsätzen erachtet werden, wobei dies grundsätzlich auch dann gilt, wenn in dem betreffenden Land jeder Alkoholkonsum generell untersagt ist (LAG Frankfurt, DB 1987, 1443).

**Durch Alkoholismus bedingte arbeitsvertragliche Pflichtverletzungen** wie Schlechtleistungen des Arbeitnehmers während der Arbeitszeit können eine Kündigung sozial rechtfertigen (LAG Berlin, DB 1985, 2690; LAG Köln, AE Jahrbuch 1997, 121 Nr. 546). Dagegen hat das LAG Hamm (NZA 1999, 1221) entschieden, daß eine aus verhaltensbedingten Gründen wegen unentschuldigten Fehlens ausgesprochene Kündigung gegenüber einem Arbeitnehmer, der seit Jahren an chronischer Alkoholsucht leidet, regelmäßig sozial ungerechtfertigt ist, wenn die Fehltage ihre Ursache in der krankhaften Alkoholabhängigkeit haben. Der Arbeitgeber, der sich im Kündigungsschutzprozeß allein auf einen verhaltensbedingten Kündigungsgrund beruft, hat aufgrund der ihm obliegenden Darlegungs- und Beweislast zu widerlegen, daß die Alkoholabhängigkeit ursächlich für das Fehlverhalten des Arbeitnehmers gewesen ist.

97 Die **Darlegungs- und Beweislast** für die Alkoholisierung und die darauf beruhenden Beeinträchtigungen trifft den Arbeitgeber (BAG, EzA § 1 KSchG Verhaltensbedingte Kündigung Nr. 46). Die **Abnahme einer Blutprobe** und die Messung mit einem Alkomat sind gegen den Willen des Arbeitnehmers unzulässig, jedoch muß der Arbeitgeber dem Arbeitnehmer bei Vorhandensein betrieblicher Möglichkeiten die Gelegenheit geben, den Verdacht durch Messungen auszuräumen (BAG, EzA § 1 KSchG Verhaltensbedingte Kündigung Nr. 46). Weigert sich ein Arbeitnehmer, den Verdacht durch Messungen auszuräumen, so kann dies vorhandene Indizien stärken (LAG Hamm, LAGE § 1 KSchG Verhaltensbedingte Kündigung Nr. 56). Als Indizien, die im Falle fehlender Feststellung der Blutalkoholkonzentration zum Nachweis der Alkoholisierung herangezogen werden können, kommen eine Alkoholfahne, gerötete Augen, Ausfallerscheinungen (lallende Sprache, schwankender Gang, Ausbalancieren des Gewichts), Aggressivität und Lethargie in Betracht (BAG, EzA § 1 KSchG Verhaltensbedingte Kündigung Nr. 46). Ein Arbeitnehmer ist dagegen regelmäßig nicht verpflichtet, im laufenden Arbeitsverhältnis routinemäßigen Blutuntersuchungen zur Klärung, ob er alkohol- oder drogenabhängig ist, zuzustimmen (BAG, NZA 1999, 1209).

Das **Verschweigen einer Alkoholsucht** durch einen Berufskraftfahrer bei der Einstellung kann den Arbeitgeber zur verhaltensbedingten Kündigung berechtigen (ArbG Kiel, BB 1982, 804).[34]

### ■ Antisemitische Äußerungen

98 Antisemitische Äußerungen, aber auch ausländerfeindliche oder rassistische Äußerungen während der betrieblichen Tätigkeit rechtfertigen grundsätzlich eine außerordentliche Kündigung (ArbG Bremen, BB 1994, 1568). Stellt ein Auszubildender über das Usenet-News-System die Anzahl der in deutschen KZ's ermordeten Juden in Frage, kann dies ein Grund zur außerordentlichen Kündigung sein (LAG Köln, NZA-RR 1996, 128). Erzählt ein angestellter Lehrer seinen Schülern einen antisemitischen Witz, ist eine verhaltensbedingte Kündigung ohne vorherige Abmahnung gerechtfertigt (BAG, 2 AZR 287/92, n. v.).

### ■ Anzeigen gegen Arbeitgeber

99 Hat ein Arbeitnehmer den Arbeitgeber **bei staatlichen Ermittlungsbehörden angezeigt**, ohne zuvor versucht zu haben, den Arbeitgeber durch entsprechende Hinweise oder Vorhalte von seiner Handlung abzubringen, kann eine verhaltensbedingte Kündigung gerechtfertigt sein (BAG, AP Nr. 2 zu § 70 HGB; LAG Baden-Württemberg, DB 1964, 1451; LAG Berlin, DB 1961, 576; LAG Düsseldorf, BB 1960, 523; LAG Düsseldorf, BB 1961, 532). Dies gilt auch dann, wenn die vom Arbeitnehmer mitgeteilten Umstände wahr sind (BAG, NJW 1961, 44; LAG Baden-Württemberg, EzA § 1 KSchG Verhaltensbedingte Kündigung Nr. 8). Der Arbeitgeber ist auch dann zur Kündigung berechtigt, wenn ein Arbeitnehmer an seine **Gewerkschaft** Informationen über Arbeitsabläufe im Betrieb weitergibt, die zu einem Verfahren nach dem OWiG führen können, und durch die Gewerkschaft eine Anzeige an das Gewerbeaufsichtsamt erfolgt (LAG Baden-Württemberg, EzA § 1 KSchG Verhaltensbedingte Kündigung Nr. 99). Setzt sich der Arbeitnehmer **durch die Nichtanzeige selbst der Strafverfolgung** aus, so stellt es seinerseits keine zur verhaltensbedingten Kündigung berechtigende

---

34 Vgl. auch Alphabet der personenbedingten Kündigungssachverhalte „Alkoholsucht".

Pflichtwidrigkeit dar, wenn er den Arbeitgeber ohne vorherige Mitteilung anzeigt (LAG Düsseldorf, BB 1953, 532). Eine verhaltensbedingte Kündigung kann auch dann sozial gerechtfertigt sein, wenn der Arbeitnehmer gegen seinen Arbeitgeber wegen eines Verdachts ein **behördliches Verfahren** einleitet, ohne den Arbeitgeber vorher zu informieren und ihn von seinem Verdacht in Kenntnis zu setzen (ArbG Berlin, RzK I 5 i Nr. 61). Eine verhaltensbedingte Kündigung ist grundsätzlich auch bei einer **vorsätzlichen Falschinformation der Presse** sozial gerechtfertigt (BAG, EzA § 13 KSchG Nr. 3; BAG, 2 AZR 362/82, n. v.). Hat ein Arbeitnehmer, dem die Verantwortung für die **Sicherheit betrieblicher Einrichtungen** obliegt, zuvor innerbetrieblich auf Abhilfe hingewirkt, so begeht er keine Pflichtwidrigkeit, wenn er seine Bedenken gegen den sicheren Zustand der betrieblichen Einrichtungen bei den zuständigen Behörden äußert (BAG, EzA § 1 KSchG Nr. 27). Hat ein Arbeitnehmer vergeblich versucht, den Arbeitgeber zur Herstellung der Verkehrstüchtigkeit des ihm zugeteilten LKW zu veranlassen, ist der Arbeitgeber auch dann nicht zur verhaltensbedingten Kündigung berechtigt, wenn der Arbeitnehmer den LKW der Polizei aufgrund sachlich begründeter Zweifel zur Überprüfung der Verkehrstüchtigkeit vorstellt (LAG Köln, NZA-RR 1996, 330). Eine verhaltensbedingte Kündigung ist auch nicht gerechtfertigt, wenn ein Angestellter des öffentlichen Dienstes **von seinem Petitionsrecht Gebrauch macht** und dabei auf Mißstände in seinem Amt aufmerksam macht (BAG, AP Nr. 82 zu § 1 KSchG).

Eine **außerordentliche Kündigung** ist bei Anzeigen gegen den Arbeitgeber nicht gerechtfertigt, wenn sich der Arbeitnehmer so gegen eine Beleidigung durch den Arbeitgeber wehrt (LAG Baden-Württemberg, DB 1964, 1451). Hingegen ist eine außerordentliche Kündigung zulässig, wenn ein Arbeitnehmer zur Vorbereitung der Strafanzeige gegen den Arbeitgeber heimlich Geschäftsunterlagen mitnimmt (LAG Düsseldorf, BB 1953, 532). Die außerordentliche Kündigung ist auch dann gerechtfertigt, wenn ein Arbeitnehmer gegen seinen gesetzeswidrig handelnden Arbeitgeber Anzeige erstattet, obwohl er der Gefahr, sich selbst wegen Beteiligung strafbar zu machen, dadurch hätte entgehen können, daß er sich weigert, an den Gesetzesverstößen mitzuwirken (BAG, EzA § 70 HGB Nr. 1). Hätten die wirtschaftlichen und steuerlichen Belange durch eine zumutbare betriebsinterne Prüfung geklärt werden können, ist die außerordentliche Kündigung eines gehobenen Angestellten wegen einer **Anzeige vermeintlicher Steuerverfehlungen** gerechtfertigt (LAG Berlin, BB 1961, 449). 100

■ **Anzeigen gegen Arbeitskollegen**

**Leichtfertige Anzeigen gegen Arbeitskollegen** rechtfertigen eine verhaltensbedingte Kündigung, wenn die erhobenen Beschuldigungen aus der Sicht eines vernünftig urteilenden Dritten nicht nachvollziehbar und/oder auf den ersten Blick in keiner Weise sachlich fundiert sind oder der Anzeigenerstatter insoweit objektiv unrichtige Behauptungen gerade auch deshalb fälschlich aufstellt, weil er sie nicht einmal in einem unter den konkreten Umständen persönlich zumutbaren Umfang vorher auf ihre Richtigkeit hin überprüft hatte (LAG Frankfurt, DB 1991, 2346). 101

■ **Arbeitskampf**

Die Teilnahme eines Arbeitnehmers an **rechtmäßigen Arbeitskampfmaßnahmen** stellt keinen verhaltensbedingten ordentlichen oder außerordentlichen Kündigungsgrund dar (BAG, EzA Art. 9 GG Arbeitskampf Nr. 19). Hingegen hat der Arbeitgeber bei Beteiligung des Arbeitnehmers an **rechtswidrigen Arbeitskampfmaßnahmen** ein Wahlrecht zwischen dem Ausspruch einer außerordentlichen Kündigung und einer lösenden Aussperrung (BAG, EzA Art. 9 GG Arbeitskampf Nr. 6; BAG, EzA Art. 9 GG Arbeitskampf Nr. 24), wobei auch eine **herausgreifende Kündigung** einzelner Arbeitnehmer zulässig ist (BAG, EzA § 626 BGB n. F. Nr. 1; BAG, EzA Art. 9 GG Arbeitskampf Nr. 19). Eine Abmahnung ist aufgrund der durch die rechtswidrige Arbeitsniederlegung gegebenen 102

Störung im Leistungsbereich grundsätzlich erforderlich (BAG, EzA Art. 9 GG Arbeitskampf Nr. 19). Eine Kündigung ist dann nicht sozial gerechtfertigt, wenn für den Arbeitnehmer die **Rechtswidrigkeit des Streiks nicht erkennbar** war (BAG, EzA § 626 BGB n. F. Nr. 89). Beteiligen sich Arbeitnehmer an einem von der Gewerkschaft geführten, auf drei Tage befristeten Streik, mit dem der Abschluß eines Firmentarifvertrages erzwungen werden soll, so rechtfertigt dies auch dann nicht ohne weiteres eine außerordentliche oder ordentliche Kündigung, wenn die Arbeitnehmer mit der Möglichkeit rechnen mußten, daß die Gewerkschaft für ihren Betrieb nicht zuständig ist und der Streik deswegen rechtswidrig war (BAG, DB 1984, 1147). Kurze Warnstreiks zur Unterstützung von Tarifvertragsverhandlungen nach Ablauf der Friedenspflicht sind zulässig, wenn sie von der Gewerkschaft getragen sind, so daß in diesen Fällen eine Kündigung nicht gerechtfertigt ist (BAG, EzA Art. 9 GG Arbeitskampf Nr. 19).

103 Bei der **Interessenabwägung** sind insbesondere der Grad der Beteiligung des Arbeitnehmers an der Arbeitsniederlegung und die Erkennbarkeit der Rechtswidrigkeit der Maßnahme einerseits und ein etwaiges eigenes rechtswidriges, die Arbeitsniederlegung mit auslösendes Verhalten des Arbeitgebers andererseits zu berücksichtigen (BAG, EzA Art. 9 GG Arbeitskampf Nr. 24).

Sind die Voraussetzungen für die Ausübung eines **Zurückbehaltungsrechtes** erfüllt, ist bei Protestarbeitsniederlegungen einzelner Arbeitnehmer ein Grund für eine verhaltensbedingte Kündigung nicht gegeben (LAG Baden-Württemberg, DB 1966, 1058; LAG Baden-Württemberg, DB 1970, 2328).

■ Arbeitspapiere

104 Eine verhaltensbedingte ordentliche oder u. U. auch außerordentliche Kündigung kann sozial gerechtfertigt sein, wenn der Arbeitnehmer trotz wiederholter Abmahnung seine **Arbeitspapiere nicht rechtzeitig vorlegt** (LAG Düsseldorf, BB 1961, 677).

■ Arbeitspflichtverletzungen

105 Bei einem **rechtswidrigen und schuldhaften Verstoß** gegen die Arbeitspflicht ist eine verhaltensbedingte Kündigung sozial gerechtfertigt (BAG, 2 AZR 414/83, n. v.). Ein unverschuldeter Rechtsirrtum mit der Folge der fehlenden Rechtfertigung der Kündigung liegt vor, wenn der Arbeitnehmer aufgrund einer bestimmten Gesetzeslage oder einer vorausgegangenen höchstrichterlichen Rechtsprechung zu der Ansicht gelangt ist und gelangen konnte, die Arbeit verweigern zu dürfen (BAG, EzA § 611 BGB Nr. 12).[35]

■ Arbeitsunfähigkeitsbescheinigung

106 Eine verhaltensbedingte Kündigung kann nach vorheriger Abmahnung bei einem Verstoß gegen die **Pflicht zur Vorlage einer ärztlichen Arbeitsunfähigkeitsbescheinigung** gerechtfertigt sein, wenn die Nichtvorlage zu betrieblichen Schwierigkeiten führt (BAG, AP Nr. 7 zu § 1 KSchG 1969 Verhaltensbedingte Kündigung; BAG, AP Nr. 23 zu § 1 KSchG 1969 Verhaltensbedingte Kündigung; LAG Baden-Württemberg, BB 1965, 373; LAG Düsseldorf, BB 1964, 720; LAG Hamm, DB 1967, 1272). Eine Abmahnung ist dann entbehrlich, wenn ein betrieblicher Aushang die Verpflichtung zur rechtzeitigen Vorlage einer Anschluß-Arbeitsunfähigkeitsbescheinigung enthält (LAG Hamm, BB 1983, 1601). Weder aus § 18 Abs. 3 BAT noch aus Treu und Glauben läßt sich die selbständige Pflicht des Arbeitnehmers ableiten, bei unbefristet bescheinigter Arbeitsunfähigkeit allmonatlich eine neue

---

[35] Vgl. auch „Arbeitsversäumnis, unerlaubte", „Arbeitsverweigerung", „Schlecht- und Minderleistung", „Selbstbeurlaubung, Urlaubsverlängerung", „Unpünktlichkeit", „Telefongespräche".

Arbeitsunfähigkeitsbescheinigung vorzulegen oder nach Auslaufen der Lohnfortzahlung die Auszahlungsbelege der Krankenkasse vorzulegen (LAG Köln, AE Jahrbuch 1997, 123 Nr. 557). Eine außerordentliche Kündigung kommt in Betracht, wenn dem Arbeitgeber **durch die Nichtvorlage ein hoher Schaden** entsteht (LAG Niedersachsen, ArbuR 1967, 318).

■ **Arbeitsversäumnis, unerlaubte**

**Wiederholtes unentschuldigtes Fehlen** ist nach Abmahnung geeignet, eine verhaltensbedingte Kündigung zu rechtfertigen (BAG, AP Nr. 25 zu § 1 KSchG 1969 Verhaltensbedingte Kündigung). Verläßt ein Arbeitnehmer trotz vorheriger Abmahnung seinen Arbeitsplatz, kann dies eine ordentliche verhaltensbedingte Kündigung und bei erheblichen Arbeitsversäumnissen oder beträchtlichen Störungen des Betriebsablaufs u. U. auch eine außerordentliche Kündigung rechtfertigen (LAG Baden-Württemberg, BB 1967, 1294; LAG Bremen, BB 1962, 599; LAG Düsseldorf, DB 1961, 1264). **Arbeitsversäumnis infolge betrieblicher Feiern** stellt i.d.R. keinen verhaltensbedingten Kündigungsgrund dar, sofern sie den Gepflogenheiten des Betriebes entsprechen (LAG Mainz, BB 1965, 245).

107

Bleibt der Arbeitnehmer der Arbeit fern, weil an seinem **Kfz ein Schaden** besteht, ist ihm die Benutzung öffentlicher Verkehrsmittel aber möglich und zumutbar, kann eine verhaltensbedingte Kündigung gerechtfertigt sein (LAG Düsseldorf, BB 1958, 627). Das gleiche gilt, wenn ein Arbeitnehmer während eines viertägigen **Streiks der öffentlichen Verkehrsbetriebe** nicht zur Arbeit erscheint, obwohl er nur 12 Kilometer vom Arbeitsplatz entfernt wohnt und der Arbeitgeber eigene Beförderungsmittel von Sammelstellen aus angeboten und ausdrücklich zur Arbeitsleistung aufgefordert hat (LAG Berlin, ARST 1994, 213).

Unentschuldigtes Fernbleiben vom Arbeitsplatz aufgrund **Unlust und eigenmächtige Freizeitnahme** berechtigt nach erfolgloser Abmahnung grundsätzlich zu einer ordentlichen verhaltensbedingten Kündigung (LAG Düsseldorf, DB 1978, 1698; LAG Köln, BB 1995, 1194; ArbG Marburg, BB 1964, 86). Dies gilt auch, wenn sich der Arbeitnehmer die Freizeit eigenmächtig für geleistete Mehr- oder Überarbeit gewährt (LAG Düsseldorf, BB 1961, 1325), es sei denn zwischen zwei Arbeitsschichten liegt nicht die gesetzlich vorgeschriebene Ruhezeit (LAG Frankfurt, AP Nr. 28 zu § 1 KSchG). Unterbricht ein Außendienstmitarbeiter seine Arbeit für über eine Stunde aus eindeutig nicht dienstlichen Gründen, kann eine **außerordentliche Kündigung** gerechtfertigt sein, wobei dem Arbeitgeber auch nicht verwehrt ist, die Maßnahme der Kündigung aus Gründen der Generalprävention zu ergreifen, um Präzedenzfälle dieser oder vergleichbarer Art zu verhindern (LAG Baden-Württemberg, AE Jahresbuch 1997, 105 Nr. 467; a.A. noch LAG Baden-Württemberg, DB 1964, 1032, wonach bei geringfügigen Arbeitsversäumnissen eine verhaltensbedingte Kündigung nach vorheriger Abmahnung nur dann in Betracht kommen soll, wenn die Arbeitsversäumnisse wiederholt und eigenmächtig erfolgen).

108

Die außerordentliche Kündigung eines Betriebsratsmitglieds ist gerechtfertigt, wenn der Arbeitnehmer ein auf mehrere Jahre befristetes Wahlamt als gewerkschaftlicher Landesvorsitzender annimmt, ohne daß ihn der Arbeitgeber von seinen arbeitsvertraglichen Pflichten freistellt (LAG Berlin, NZA-RR 1996, 368).

Eine verhaltensbedingte Kündigung kann auch dann gerechtfertigt sein, wenn sich ein Arbeitnehmer eine Arbeitsbefreiung erschleicht, um einer Nebentätigkeit nachzugehen (LAG Düsseldorf, BB 1961, 678).[36]

---

36 Vgl. auch „Krankheitsvortäuschung", „Privatangelegenheiten", „Selbstbeurlaubung, Urlaubsverlängerung", „Unpünktlichkeit", „Telefongespräche".

### ■ Arbeitsverweigerung

**109** Liegt eine **beharrliche Arbeitsverweigerung** seitens des Arbeitnehmers vor, so stellt dies regelmäßig sogar einen Grund für eine außerordentliche Kündigung dar (BAG, 2 AZR 290/83, n. v.; BAG, EzA § 1 KSchG Verhaltensbedingte Kündigung Nr. 50; LAG Berlin, DB 1977, 2384; LAG Düsseldorf, DB 1967, 1000; LAG Düsseldorf, BB 1967, 922; LAG Hamm, DB 1978, 1697; ArbG Köln, BB 1968, 1201; ArbG Marburg, SPA 8/1999, 4). Eine beharrliche Arbeitsverweigerung ist gegeben, wenn der Arbeitnehmer **nachhaltig** seine Pflichten verletzt, es muß eine **intensive Weigerung** vorliegen (LAG Berlin, LAGE § 626 BGB Nr. 72). Dies ist zu bejahen, wenn sich ein Arbeitnehmer in einem Notfall weigert, eine im weiteren Sinne vergleichbare Tätigkeit zu verrichten (ArbG Marburg, SPA 8/1999, 4 bzgl. der Weigerung einer in einem Klinikum beschäftigten Reinigungskraft, nach Ausfall der Warentransportanlage im Containerdienst zu arbeiten). Das gleiche gilt, wenn sich ein Unternehmer dazu entschließt, sein Geschäft bis 20.00 Uhr offenzuhalten und der Arbeitnehmer die **Abendarbeit verweigert**, es sei denn ein besonderer Härtefall rechtfertigt eine Ausnahme von der abendlichen Arbeitszeit (ArbG Frankfurt, NZA-RR 1998, 399).

**110** Beruht die Arbeitsverweigerung eines langjährig beanstandungsfrei beschäftigten Arbeitnehmers auf **arbeitsbedingten Problemen in der Zusammenarbeit** mit einem Kollegen, kommt eine ordentliche verhaltensbedingte Kündigung in Betracht (LAG Hamm, LAGE § 1 KSchG Verhaltensbedingte Kündigung Nr. 59). Ein Grund für eine verhaltensbedingte Kündigung ist auch dann anzunehmen, wenn sich ein Arbeitnehmer trotz vorheriger Abmahnung weigert, kurzfristig eine ihm zugewiesene zumutbare Arbeit zu erbringen (BAG, 2 AZR 398/82, n. v.). Eine außerordentliche oder ordentliche Kündigung kann gerechtfertigt sein, wenn ein Arbeitnehmer trotz wiederholter Aufforderung zur Arbeitsaufnahme einen ihm angebotenen **neuen Arbeitsplatz nicht annimmt** und statt dessen nicht zur Arbeit erscheint (BAG, EzA § 615 BGB Nr. 40). Eine verhaltensbedingte Kündigung kann auch dann sozial gerechtfertigt sein, wenn der Arbeitnehmer nach vorheriger Abmahnung **arbeitsvertraglich geschuldete Teilaufgaben** nicht erbringt (BAG, EzA § 1 KSchG Nr. 42). Ein Fahrer eines LKW ist nur dann nicht zu Ladetätigkeiten verpflichtet, wenn zwischen Arbeitnehmer und Arbeitgeber ausschließlich Lenktätigkeit vereinbart ist; verweigert ein Arbeitnehmer trotz fehlender Vereinbarung ausschließlich von Lenktätigkeit Ladetätigkeiten, so liegt eine die Kündigung rechtfertigende Arbeitsverweigerung vor (LAG Frankfurt, NZA-RR 1996, 210). Eine zur Kündigung berechtigende beharrliche Arbeitsverweigerung ist auch dann gegeben, wenn ausländische Arbeitnehmer, deren Arbeitsverhältnis nach deutschem Recht zu beurteilen ist, sich trotz Belehrung weigern, an den **Feiertagen ihrer Religionsgemeinschaft** zu arbeiten (LAG Düsseldorf, DB 1963, 522). **Fordert ein Arbeitnehmer seine Kollegen zur Nichterfüllung** oder nicht ordnungsgemäßen Erfüllung ihrer Vertragspflichten durch Arbeitsverweigerung auf, kann dies angesichts des Verstoßes gegen die ihm gegenüber dem Arbeitgeber obliegende Pflicht zu loyalem Verhalten einen Grund für eine verhaltensbedingte Kündigung darstellen (BAG, 2 AZR 501/84, n. v.).

**111** Hingegen ist ein Arbeitnehmer bei einer nach § 99 BetrVG **mitbestimmungspflichtigen Versetzung** erst nach Zustimmung des Betriebsrates oder deren gerichtlicher Ersetzung verpflichtet, seine Arbeitsleistung an dem anderen Arbeitsplatz zu erbringen, so daß eine verhaltensbedingte Kündigung aufgrund Arbeitsverweigerung erst nach Zustimmung oder Zustimmungsersetzung in Betracht kommt (LAG Baden-Württemberg, NZA 1985, 326). Auch bei Nichtbefolgung einer Versetzungsanordnung aufgrund eines **durch falsche Rechtsberatung entstandenen Rechtsirrtums** ist eine Kündigung grundsätzlich gerechtfertigt; unverschuldet ist der Rechtsirrtum nur, wenn die vertretene Rechtsauffassung im Einklang mit der zur Zeit der Erteilung des Rechtsrates herrschenden Meinung oder der höchstrichterlichen Rechtsprechung steht (LAG Düsseldorf, BB 1993, 1149).

Bei **Verweigerung direkter Streikarbeit** ist eine verhaltensbedingte Kündigung nicht gerechtfertigt (BAG, AP Nr. 3 zu § 615 BGB Betriebsrisiko; BAG, EzA § 626 BGB n. F. Nr. 9). Eine zur verhaltensbedingten Kündigung berechtigende Arbeitsverweigerung liegt auch dann nicht vor, wenn dem Arbeitnehmer ein **Leistungsverweigerungsrecht** zusteht (BAG, EzA § 123 BGB Nr. 20; BAG, EzA § 1 KSchG Verhaltensbedingte Kündigung Nr. 43; ArbG Stuttgart, AiB 1987, 166). Ein Leistungsverweigerungsrecht ist gegeben, wenn der Arbeitgeber fällige Vergütungsansprüche des Arbeitnehmers nicht erfüllt (BAG, BAGE 30, 50; BAG, NZA 1985, 355; LAG Thüringen, SPA 2000, 6). Ein Leistungsverweigerungsret steht einem Arbeitnehmer auch dann zu, wenn er zu einem verkürzten Wehrdienst von zwei Monaten im Ausland einberufen wird (BAG, BAGE 41, 229). Hingegen begründet die Einberufung zu einem ausländischen Wehrdienst für 12 Monate kein Leistungsverweigerungsrecht des Arbeitnehmers (BAG, EzA § 1 KSchG Personenbedingte Kündigung Nr. 3). Auch § 21 VI der Gefahrstoffverordnung gibt dem Arbeitgeber kein Leistungsverweigerungsrecht (BAG, EzA § 273 BGB Nr. 5 unter ausdrücklicher Aufgabe der Ansicht in BAG, EzA § 618 BGB Nr. 10).

Solange der Arbeitgeber die Kündigung nicht zurücknimmt, muß der gekündigte Arbeitnehmer **während des Kündigungsschutzprozesses** der Arbeitsaufforderung nicht Folge leisten (LAG Köln, NZA 1997, 718). Da der Arbeitgeber dem Arbeitnehmer keine Arbeiten zuweisen darf, die diesen in einen vermeidbaren **Gewissenskonflikt** bringen, rechtfertigt eine aus Gewissensnot vorgenommene Arbeitsverweigerung keine verhaltensbedingte Kündigung (BAG, BAGE 9, 1 bzgl. der Arbeitsverweigerung bei der Mitarbeit an einer den Nationalsozialismus verherrlichenden Zeitschrift; BAG, EzA § 1 KSchG Verhaltensbedingte Kündigung Nr. 16 bzgl. Kündigung des Arbeitsvertrages mit einem Drucker, der den Druck von Schriften mit angeblich nationalsozialistischem Inhalt verweigert hatte; BAG, EzA § 611 BGB Direktionsrecht Nr. 3 bzgl. Kündigung des Arbeitsvertrages mit einem Chemiker, der die Mitarbeit an der Entwicklung eines Medikaments für militärische Zwecke verweigert hatte; ArbG Berlin, AuR 1986, 315).

Weigert sich ein Arbeitnehmer **gesetzlich unzulässige Mehrarbeit** zu erbringen, ist auch dieses Verhalten keine zur Kündigung berechtigende unzulässige Arbeitsverweigerung (LAG Baden-Württemberg, BB 1967, 1294; LAG Düsseldorf, DB 1964, 628; ArbG Marburg, BB 1964, 1303). Das gleiche gilt, wenn sich ein Arbeitnehmer weigert, während **gesetzlich vorgeschriebener Ruhepausen** zu arbeiten (ArbG Passau, BB 1997, 160 bzgl. Lenkzeitüberschreitung). Hingegen kann eine verhaltensbedingte Kündigung gerechtfertigt sein, wenn ein Arbeitnehmer **gesetzlich zulässige Mehrarbeit** trotz entsprechender Verpflichtung zur Leistung von Mehrarbeit durch Tarifvertrag, Betriebsvereinbarung oder Arbeitsvertrag verweigert (LAG Baden-Württemberg, BB 1967, 1294; LAG Köln, NZA 2000, 39). Voraussetzung für die Rechtfertigung der Kündigung ist aber, daß dem Arbeitnehmer die Mehrarbeit zumutbar ist (ArbG Göttingen, AP Nr. 11 zu § 1 KSchG).

Nur bei Bestehen einer Zwangslage kann sich ein Arbeitnehmer gegenüber der Arbeitspflicht auf eine **Pflichtenkollision** wegen der Pflege eines Kindes berufen (BAG, AP Nr. 29 zu § 1 KSchG 1969 Verhaltensbedingte Kündigung). Verweigert der Arbeitgeber bei der Erkrankung eines Kindes des Arbeitnehmers rechtswidrig die Freistellung, darf der Arbeitnehmer nach § 5 Abs. 3 Satz 1 SGB V der Arbeit eigenmächtig fernbleiben, eine Kündigung wegen Ausübung dieses Rechts ist bereits aufgrund von § 612 a BGB nichtig (LAG Köln, NZA 1995, 128).[37]

---

37 Vgl. auch „Arbeitskampf".

### ■ Ausländerfeindliches Verhalten

114 Ausländerfeindliche Äußerungen im Betrieb können eine außerordentliche oder ordentliche Kündigung rechtfertigen (BAG, SPA 17/1999, 4; LAG Berlin, AE 1998, 18 Nr. 183; LAG Hamm, BB 1995, 678; ArbG München, RzK I 5 i Nr. 102; ArbG Siegburg, NZA 1994, 698). Eine vorherige Abmahnung ist entbehrlich (ArbG Mannheim, BB 1995, 985; BAG, NZA 1999, 1270 für das Ausbildungsverhältnis). Ist das Verhalten eines Arbeitnehmers durch Aussagen und Drohungen gegenüber einem ausländischen Arbeitskollegen geeignet, eine ausländerfeindliche Stimmung in einer Betriebsabteilung zu erzeugen, stellt dies einen Grund für eine ordentliche Kündigung dar (LAG Rheinland-Pfalz, NZA-RR 1998, 118). Auch die Verbreitung ausländerfeindlicher Schriften kann den Arbeitgeber grundsätzlich zur ordentlichen oder außerordentlichen Kündigung berechtigen (LAG Hamm, BB 1994, 1288; ArbG Hannover, DB 1993, 1194; LAG Köln, AE 3/1999 S. 151 – zur Verbreitung rassistischer „Witze").

### ■ Außerdienstliches Verhalten

115 Wird das Arbeitsverhältnis konkret gestört, kann auch ein außerdienstliches Verhalten einen Grund zur verhaltensbedingten Kündigung darstellen (BAG, EzA § 611 BGB Beschäftigungspflicht Nr. 2; BAG, EzA § 1 KSchG Verhaltensbedingte Kündigung Nr. 14; BAG, EzA § 1 KSchG Verhaltensbedingte Kündigung Nr. 18; LAG Baden-Württemberg, BB 1967, 757; LAG Berlin, BB 1990, 286).[38]

### ■ Bedrohung

116 Die Bedrohung von Vorgesetzten stellt grundsätzlich einen Grund für eine außerordentliche oder ordentliche verhaltensbedingte Kündigung dar (LAG Düsseldorf, LAGE § 626 BGB Nr. 116; LAG Frankfurt, LAGE § 626 BGB Nr. 27). Eine außerordentliche Kündigung ist dann gerechtfertigt, wenn der Arbeitnehmer den Arbeitgeber mit einer Schußwaffe bedroht (LAG Düsseldorf, LAGE § 626 BGB Nr. 116). Auch die zweifache Bedrohung des Vorgesetzten durch drohende Erhebung eines Kantholzes rechtfertigt eine außerordentliche Kündigung, wenn keine Rechtfertigungs- oder Entschuldigungsgründe vorgelegen haben; handelt es sich um den ersten Fall einer Bedrohung ist nur eine ordentliche Kündigung gerechtfertigt (LAG Frankfurt, LAGE § 626 BGB Nr. 27).

### ■ Beleidigung

117 Eine außerordentliche Kündigung ist bei **groben Beleidigungen** des Arbeitgebers oder dessen Vertreters grundsätzlich gerechtfertigt (BAG, EzA § 611 BGB Beschäftigungspflicht Nr. 2; BAG, 2 AZR 290/84, n. v.; LAG Baden-Württemberg, DB 1963, 1000; LAG Berlin, DB 1981, 1627; LAG Berlin, LAGE § 626 BGB Nr. 108; LAG Bremen, BB 1968, 950; LAG Düsseldorf, DB 1963, 936; LAG Düsseldorf, DB 1982, 2252; LAG Frankfurt, NZA 1984, 200; LAG Frankfurt, AuR 1985, 122; LAG Hamm, LAGE § 626 BGB Nr. 89; LAG Köln, NZA-RR 1999, 186; LAG Schleswig-Holstein, DB 1981, 1627; ArbG Frankfurt, NZA-RR 1999, 85; ArbG Solingen, DB 1974, 1967). Grobe Beleidigungen gegenüber dem Arbeitgeber können daher um so mehr eine ordentliche verhaltensbedingte Kündigung rechtfertigen (BAG, RzK I 5 i Nr. 68). Unter einer groben Beleidigung, die sowohl im Inhalt als auch in der Form liegen kann, ist eine **besonders schwere, den Angesprochenen kränkende Beleidigung** zu verstehen (LAG Berlin, DB 1981, 1627). Die grobe Beleidigung setzt eine bewußte und gewollte Ehrkränkung aus gehässigen Motiven voraus (BAG, EzA § 124 a GewO Nr. 1; BAG, 7 AZR 687/78, n. v.; BAG, 7 AZR 155/80, n. v.). Eine grobe Beleidigung (hier: durch **Zeigen des „Mittelfingers"**) ist nicht gegeben, wenn sich der Arbeitgeber selbst nicht nennenswert gekränkt

---

[38] Vgl. auch „Drogenkonsum", „Intimes Verhältnis", „Haft", „Kirche", „Lebenswandel", „Lohnpfändung", „Politische Betätigung", „Schulden", „Straftaten", „Tendenzbetrieb".

fühlt (LAG Köln, NZA-RR 1999, 186). Wird der Arbeitgeber bei einer Geburtstagsfeier vor der versammelten Belegschaft als **„Betrüger, Gauner und Halsabschneider"** beschimpft, ist eine grobe Beleidigung gegeben (BAG, AuR 1997, 210). Eine grobe Beleidigung ist auch dann zu bejahen, wenn ein Arbeitnehmer bei der Werbung für die Betriebsratswahl den Mitgliedern der Betriebsleitung und des Betriebsrats **persönliche Unehrenhaftigkeit und Machenschaften** vorwirft und dabei gleichzeitig mit verfassungsfeindlicher Zielsetzung handelt (BAG, EzA § 626 BGB n. F. Nr. 61). Eine grobe Beleidigung ist auch dann anzunehmen, wenn ein Arbeitnehmer einen Vorgesetzten mit einem der **Hauptverantwortlichen des NS-Staates für die Massenvernichtung jüdischer Menschen** gleichstellt (LAG Berlin, AP Nr. 72 zu § 626 BGB). Das gleiche gilt, wenn die Verhältnisse im Betrieb mit den **„Zuständen unter Hitler"** verglichen werden (BAG, 2 AZR 623/89, n. v.). Verwendet ein Arbeitnehmer gegenüber dem Arbeitgeber oder einem Vorgesetzten das sog. **„Götzzitat"** („Leck mich am Arsch!"), dann rechtfertigt dies regelmäßig die fristlose Kündigung auch ohne vorherige Abmahnung (LAG Frankfurt, NZA 1984, 200).

Auch die Beleidigung eines Vorgesetzten mit dem Wort **„Arschloch"** kann den Arbeitgeber zur außerordentlichen Kündigung berechtigen (LAG Frankfurt, 12 Sa 870/81, n. v.; ArbG Frankfurt, NZA-RR 1999, 85). Jedoch ist auch eine schwere verbale Entgleisung (hier: „Du altes Arschloch") nicht ohne weiteres eine grobe Beleidigung und ein ohne Abmahnung ausreichender Kündigungsgrund, entscheidend ist die Verhältnismäßigkeit und Zumutbarkeit der Maßnahme im konkreten Fall (LAG Köln, NZA-RR 1997, 171). Es kommt nicht auf die strafrechtliche Wertung, sondern darauf an, ob dem Arbeitgeber nach dem gesamten Sachverhalt die Fortsetzung des Arbeitsverhältnisses noch zuzumuten ist (BAG, AP Nr. 13 zu § 626 BGB). 118

Die bloße **Formalbeleidigung** eines Arbeitgebers (hier: „Verbrecher") ohne Tatsachenhintergrund, geäußert in dessen Abwesenheit im Kollegenkreis ohne besondere Anhaltspunkte für die Erwartung, die Äußerung werde dem Arbeitgeber hinterbracht werden, ist grundsätzlich kein wichtiger Grund für eine außerordentliche Kündigung ohne Abmahnung (LAG Köln, NZA-RR 1998, 15).

Ehrkränkende Äußerungen über den Arbeitgeber, die in einem **Anwaltsschriftsatz** in einem Zivilprozeß zwischen den Parteien des Arbeitsverhältnisses im Namen des Arbeitnehmers vorgebracht werden, rechtfertigen auch bei Verletzung der Gebote der Sachlichkeit grundsätzlich keine außerordentliche Kündigung (LAG Saarland, NJW 1989, 420). 119

Sind Beleidigungen **weniger schwerwiegend**, kann u. U. nur eine ordentliche Kündigung, jedoch keine außerordentliche Kündigung gerechtfertigt sein (LAG Bremen, DB 1964, 628; LAG Düsseldorf, DB 1964, 1416; LAG München, BB 1978, 964). Dies ist dann der Fall, wenn der Arbeitgeber selbst eine besondere Schärfe in die Auseinandersetzung gebracht und den Arbeitnehmer gereizt hat (BAG, AP Nr. 13 zu § 626 BGB; BAG, AP Nr. 1 zu § 133 c GewO). Eine verhaltensbedingte ordentliche Kündigung ist gerechtfertigt, wenn der Arbeitnehmer im Internet unter der Bezeichnung „News der Woche" mehrere Nachrichten verbreitet, die seinen Diensthernn beleidigen und herabsetzen (LAG Schleswig-Holstein, NZA-RR 1999, 132). Der Arbeitgeber ist auch dann ohne vorherige Abmahnung zu einer verhaltensbedingten, ordentlichen Kündigung berechtigt, wenn ein Vorgesetzter als **notorischer Lügner** bezeichnet wird, der ein Verhängnis für die Interessen des Arbeitgebers sei und dessen Leistungen in umgekehrten Verhältnis zu seinen großen Sprüchen stehe (ArbG Bonn, AE Jahrbuch 1997, 121 Nr. 549). Bezeichnet ein Arbeitnehmer den Arbeitgeber in spanischer Sprache als **„Hurensohn"** ist der Arbeitgeber zur ordentlichen Kündigung berechtigt (LAG Frankfurt, NZA-RR 1997, 383). Auch die **wahrheitswidrige Behauptung der sexuellen Belästigung** durch einen Vorgesetzten ist als beleidigende Äußerung grundsätzlich geeignet, eine Kündigung zu rechtfertigen (LAG Rheinland-Pfalz, NZA-RR 1997, 169). Erhebt der Arbeitnehmer im Kündigungsprozeß konkrete Vorwürfe der sexuellen Belästigung, so trägt der Arbeitgeber die Darlegungs- und Beweislast für die Wahrheitswidrigkeit dieser Vorwürfe, wenn er die Kündigung darauf stützen will (LAG Rheinland-Pfalz, NZA-RR 1997, 169).

Wird eine Äußerung über Vorgesetzte, selbst wenn sie unwahr oder ehrenrührig ist, **im Kollegenkreis** in der sicheren und berechtigten Erwartung getätigt, daß diese nicht über den Kreis der Gesprächsteilnehmer hinausdringen würde, ist eine verhaltensbedingte Kündigung ungerechtfertigt (BAG, AP Nr. 5 zu § 1 KSchG Verhaltensbedingte Kündigung; BAG, AP Nr. 66 zu § 626 BGB; LAG Köln, LAGE § 626 BGB Nr. 111). Das gilt erst recht für Äußerungen des Arbeitnehmers gegenüber dem Betriebsrat, wenn kein Grund zu der Annahme besteht, die Vertraulichkeit der Mitteilung werde gebrochen (LAG Köln, AE 1998, 100 Nr. 292).

Beleidigungen des Arbeitgebers **durch die Ehefrau des Arbeitnehmers** können den Arbeitgeber nur dann zur Kündigung des Arbeitnehmers berechtigen, wenn dieser nicht dafür sorgt, daß seine Ehefrau die Beleidigungen in der Zukunft unterläßt, oder sich von der Beleidigung nicht distanziert (LAG Bremen, DB 1964, 628).

120 **Beleidigungen gegenüber anderen Mitarbeitern** können eine verhaltensbedingte Kündigung rechtfertigen, wenn sich diese infolge der Beleidigung weigern, weiterhin mit dem Arbeitnehmer zusammenzuarbeiten (BAG, AP Nr. 1 zu § 1 KSchG Verhaltensbedingte Kündigung; BAG, AP Nr. 69 zu § 626 BGB; LAG Düsseldorf, DB 1972, 980; LAG Hannover, BB 1955, 195). Die objektiv nicht besonders schwerwiegende Beleidigung eines Kollegen, der in einer kleineren Gruppe von Sozialarbeitern auch Leitungsfunktionen hat, kann selbst dann, wenn sie für den Arbeitgeber erstmalig persönliche, den Arbeitsablauf störende Spannungen auffällig macht, regelmäßig erst nach vergeblicher Abmahnung oder einem vergeblichen Vermittlungsversuch als wichtiger Grund zur außerordentlichen Kündigung geeignet sein (LAG Köln, NZA-RR 1997, 171). Auch **antisemitische und ausländerfeindliche Äußerungen** können einen Grund für eine verhaltensbedingte Kündigung darstellen (LAG Rheinland-Pfalz, BB 1998, 163; LAG Hamm, BB 1995, 678; ArbG Bremen, BB 1984, 1586; ArbG Siegburg, NZA 1994, 698).[39]

■ **Betriebsfrieden**

121 Eine Störung des Betriebsfriedens kann einen Grund für eine verhaltensbedingte ordentliche oder außerordentliche Kündigung darstellen (BAG, EzA § 626 BGB n. F. Nr. 61).

Eine **Diskriminierung des Arbeitgebers oder von Mitgliedern des Betriebsrates** kann Grund für eine verhaltensbedingte Kündigung sein, z. B. durch bewußt wahrheitswidrige Behauptungen in betrieblichen Flugblättern (BAG, EzA § 74 BetrVG 1972 Nr. 3; BAG, EzA § 611 BGB Beschäftigungspflicht Nr. 2 und BAG, EzA § 626 BGB n. F. Nr. 61 bzgl. bewußt wahrheitswidriger Behauptungen in betrieblichen Flugblättern; ArbG Bremen, BB 1984, 1586 bzgl. antisemitischen Äußerungen). Auch das **Erzählen eines menschenverachtenden Witzes** kann einen Grund für eine verhaltensbedingte Kündigung darstellen (BAG, RzK I 5 i Nr. 81).

Wird bei einem **Streit zwischen zwei Arbeitnehmern** der geordnete Betriebsablauf gefährdet, muß der Arbeitgeber vermittelnd tätig werden (BAG, AP Nr. 5 zu § 242 BGB Kündigung).

Auch ein **Verstoß gegen Unfallverhütungsvorschriften** kann Grund für eine verhaltensbedingte Kündigung sein (LAG Hamm, 12 Sa 964/97, n. v.). Auch das **Verunreinigen von Toiletten** kann eine verhaltensbedingte Kündigung rechtfertigen (LAG Schleswig-Holstein, BB 1978, 44).[40]

---

39 Vgl. auch „Antisemitische Äußerungen", „Ausländerfeindliches Verhalten".
40 Vgl. auch „Antisemitische Äußerungen", „Ausländerfeindliches Verhalten", „Beleidigung", „Kontrolleinrichtungen", „Politische Betätigung", „Rauchverbot".

### Betriebsgeheimnis

Der durch objektive Umstände begründete Verdacht des Verrats von Geschäfts- oder Betriebsgeheimnissen kann den Arbeitgeber zu einer verhaltensbedingten Kündigung berechtigen (LAG Baden-Württemberg, DB 1968, 359).

### Denunziation

Werden Arbeitskollegen oder Vorgesetzte von einem Arbeitnehmer **denunziert**, kann dies ein Grund für eine verhaltensbedingte Kündigung sein (LAG Köln, 3 Sa 954/95, n. v.). Insbesondere die **Weitergabe von vertraulichen Äußerungen** im privaten Bereich kann eine verhaltensbedingte Kündigung rechtfertigen (BAG, AP Nr. 5 zu § 1 KSchG Verhaltensbedingte Kündigung; LAG Frankfurt, DB 1991, 2346). Eine außerordentliche Kündigung ist in der Regel nicht gerechtfertigt (BAG, AP Nr. 66 zu § 626 BGB). Ein Grund für eine verhaltensbedingte Kündigung ist zu verneinen, wenn der Arbeitnehmer dem Arbeitgeber **die Begehung betrieblicher Vermögensdelikte mitteilt** (BAG, EzA § 611 BGB Arbeitnehmerhaftung Nr. 1). Eine Kündigung ist auch dann ungerechtfertigt, wenn ein zur Beaufsichtigung seiner Arbeitskollegen eingestellter Arbeitnehmer einen **Kollegen eines Diebstahls bezichtigt**, dann aber bei einer Gegenüberstellung die Möglichkeit der Haltlosigkeit des Vorwurfs einräumt (LAG Hamm, BB 1954, 41).

### Drogenkonsum

Fehlen Auswirkungen auf das Arbeitsverhältnis, kann der gesetzlich und gesellschaftlich mißbilligte Genuß von Haschisch eine Kündigung nicht rechtfertigen, auch wenn der Grund für diese Mißbilligung darin liegt, daß es dem Konsumenten von Haschisch nur um die Herbeiführung eines Rauschzustandes geht (LAG Baden-Württemberg, NZA 1994, 175).

Ein Arbeitnehmer ist regelmäßig nicht verpflichtet, im laufenden Arbeitsverhältnis routinemäßigen Blutuntersuchungen zur Klärung, ob er alkohol- oder drogenabhängig ist, zuzustimmen (BAG, NZA 1999, 1209).

### Druckkündigung

Eine **Druckkündigung** kann als verhaltensbedingte ordentliche oder außerordentliche Kündigung sozial gerechtfertigt sein (BAG, AP Nr. 33 zu § 1 KSchG Betriebsbedingte Kündigung; BAG, AP Nr. 1 zu § 626 BGB Druckkündigung; BAG, AP Nr. 3 zu § 626 BGB Druckkündigung; BAG, AP Nr. 8 zu § 626 BGB Druckkündigung; BAG, AP Nr. 10 zu § 626 BGB Druckkündigung; LAG Baden-Württemberg, BB 1975, 517; LAG Hamm, BB 1960, 826). Hierbei muß der Arbeitgeber eigenverantwortlich prüfen, ob Kündigungsgründe bestehen (BAG, AP Nr. 8 zu § 626 BGB; BAG, AP Nr. 10 zu § 626 BGB; BAG, AP Nr. 22 zu § 1 KSchG; LAG Baden-Württemberg, BB 1975, 517). Eine Druckkündigung kann im Rahmen eines **Leiharbeitsverhältnisses** gerechtfertigt sein, wenn der beschäftigende Unternehmer vom Verleiher mit berechtigten Gründen die Entlassung eines Arbeitnehmers verlangt oder dem Verleiher Widerstand gegen den Unternehmer unzumutbar ist und keine andere Beschäftigungsmöglichkeit besteht (LAG Düsseldorf, DB 1957, 460). Verlangt die Belegschaft oder ein Teil davon unter der Androhung der Arbeitsniederlegung vom Arbeitgeber die Entlassung eines Arbeitnehmers und gibt der Arbeitgeber diesem Druck nach, hat der Arbeitgeber aber nichts getan, um die Belegschaft von ihrer Drohung abzubringen, dann ist eine auf einen solchen Sachverhalt gegründete außerordentliche Kündigung rechtsunwirksam (BAG, EzA § 626 BGB Druckkündigung Nr. 1). Unter Umständen muß der Arbeitgeber zur Verminderung des Drucks in eine **Versetzung** einwilligen (BAG, AP Nr. 3 zu § 626 BGB Druckkündigung).[41]

---

41 Vgl. auch Alphabet der betriebsbedingten und personenbedingten Kündigungssachverhalte „Druckkündigung".

### Falschbeantwortung von Fragen

126 Auch nach der Einstellung des Arbeitnehmers besteht für diesen die Verpflichtung, Fragen des Arbeitgebers, die für das Arbeitsverhältnis von Bedeutung sind, zutreffend zu beantworten (BAG, EzA § 242 BGB Auskunftspflicht Nr. 4). Im öffentlichen Dienst ist die **Frage** des Arbeitgebers nach der **Abgabe einer Verpflichtungserklärung** zur Zusammenarbeit mit dem Ministerium für Staatssicherheit (MfS) der ehemaligen DDR zulässig (BAG, EzA § 1 KSchG Verhaltensbedingte Kündigung Nr. 48). Zulässig ist auch die **Frage nach einer Tätigkeit für das MfS und nach Funktionen in politischen Parteien** und Massenorganisationen der ehemaligen DDR (BAG, EzA § 242 BGB Auskunftspflicht Nr. 4). **Beantwortet** ein Arbeitnehmer zulässige Fragen des Arbeitgebers **vorsätzlich falsch**, kann dies einen Grund für eine verhaltensbedingte Kündigung darstellen (BAG, RzK I 5 i Nr. 129). Hierbei kommt es u. a. darauf an, wie lange die Tätigkeit für die Stasi zurückliegt und wie schwerwiegend sie war (BAG, DB 1998, 2175). Im Rahmen der Interessenabwägung ist dann zu prüfen, ob die konkret auszuübende Tätigkeit oder ein schützenswertes Vertrauen des Arbeitgebers in seine Arbeitnehmer durch eine einmalige Unehrlichkeit beeinträchtigt werden oder ob die Unehrlichkeit sonstige Auswirkungen auf das Arbeitsverhältnis hat (BAG, EzA § 1 KSchG Verhaltensbedingte Kündigung Nr. 48). Nicht zulässig ist die Frage nach erfolglosen Anwerbungsversuchen seitens des MfS (BAG, NZA-RR 1999, 635). Werden zulässige **Fragen nicht beantwortet**, steht dies einer Falschbeantwortung nicht gleich (BAG, ZTR 1997, 88; Thüringer LAG, AE 1997, 21 Nr. 24).[42]

### Haft

127 Die Verurteilung eines Arbeiters des öffentlichen Dienstes zu einer Gefängnisstrafe rechtfertigt zwar nicht ohne weiteres die Annahme, daß der Verurteilte deswegen auch anfällig für andere Arten von Straftaten oder allgemein pflichtvergessen ist; sie kann aber trotzdem mit Rücksicht darauf, daß im öffentlichen Dienst an das außerdienstliche Verhalten strenge Anforderungen zu stellen sind, ein hinreichender Grund für eine verhaltensbedingte Kündigung sein (BAG, AP Nr. 1 zu § 1 KSchG Verhaltensbedingte Kündigung).

### Intimes Verhältnis

128 Unterhalten **volljährige Mitarbeiter und Mitarbeiterinnen intime Beziehungen** besteht ein Grund für eine verhaltensbedingte Kündigung nur dann, wenn durch die Beziehung die Arbeitsleistung oder die betriebliche Zusammenarbeit beeinträchtigt wird (LAG Düsseldorf, DB 1969, 667). Eine verhaltensbedingte Kündigung ist gerechtfertigt, wenn ein älterer Arbeitnehmer oder Dienstvorgesetzter trotz einer vorherigen Abmahnung ein **intimes Verhältnis mit einer jugendlichen Mitarbeiterin oder einer Auszubildenden** hat (ArbG Essen, DB 1969, 1270). Auch eine **intime Beziehung zwischen einem Krankenhausarzt und einem Patienten** rechtfertigt in der Regel eine verhaltensbedingte Kündigung (BAG, RzK I 5 i Nr. 64). Der kirchliche Arbeitgeber kann zur außerordentlichen Kündigung berechtigt sein, wenn ein in der Erziehungs- und Eheberatung beschäftigter Diplom-Psychologe sich auf eine **sexuelle Beziehung mit einer verheirateten Patientin** einlässt, die seine Beratung wegen ihrer Eheprobleme vor dem Hintergrund traumatischer Kindheitserlebnisse aufgesucht hat, auch dann, wenn die Initiative allein bei der Patientin lag und er zunächst nachhaltigen Widerstand geleistet hat (LAG Köln, AE 1999, 82 Nr. 185).[43]

---

[42] Vgl. auch Alphabet der personenbedingten Kündigungssachverhalte „Eignung, fachliche und persönliche", „Stasi-Mitarbeit".

[43] Vgl. auch „Lebenswandel".

■ **Kirche**

**Verstößt** ein Chefarzt eines katholischen Krankenhauses mit seinen Behandlungsmethoden (homologe Insemination) **gegen tragende Grundsätze geltenden Kirchenrechts**, ist eine außerordentliche Kündigung gerechtfertigt (BAG, AP Nr. 114 zu § 626 BGB). Auch die im außerdienstlichen Bereich ausgeübte **homosexuelle Praxis** eines im Dienst des Diakonischen Werks einer evangelischen Landeskirche stehenden, im Bereich der Konfliktberatung eingesetzten Arbeitnehmers stellt eine Vertragspflichtverletzung dar, die jedenfalls dann geeignet ist, einen Kündigungsgrund abzugeben, wenn der Arbeitnehmer vorher erfolglos abgemahnt worden ist (BAG, EzA § 1 KSchG Tendenzbetrieb Nr. 14). Auch ein **besonders unharmonisches Zusammenleben der Mitarbeiter** kann den kirchlichen Arbeitgeber zur Kündigung berechtigen (BVerfG, NJW 1990, 2053). Eine Kündigung kann auch dann gerechtfertigt sein, wenn ein in einem katholischen Krankenhaus beschäftigter Arzt **für einen legalen Schwangerschaftsabbruch** Stellung bezieht (BAG, EzA § 1 KSchG Tendenzbetrieb Nr. 12).[44]

129

■ **Konkurrenztätigkeit**

Während des Bestandes des Arbeitsverhältnisses ist dem Arbeitnehmer, auch wenn er kein Handlungsgehilfe ist, **jede Form von Konkurrenztätigkeit verboten** (BAG, EzA § 60 HGB Nr. 11; BAG, EzA § 60 HGB Nr. 2; BAG, AP Nr. 8 zu § 60 HGB; BAG, AP Nr. 10 zu § 60 HGB; LAG Frankfurt, AuR 1987, 275). Ein die Kündigung rechtfertigender Verstoß gegen das Wettbewerbsverbot ist bereits dann gegeben, wenn der Arbeitnehmer **an einem Unternehmen beteiligt** ist, das mit dem Arbeitgeber in Wettbewerb steht (LAG Frankfurt, LAGE § 1 KSchG Verhaltensbedingte Kündigung Nr. 65; LAG Köln, NZA 1995, 994). Der Arbeitnehmer ist auch während eines Kündigungsverfahrens verpflichtet, das Wettbewerbsverbot des § 60 Abs. 1 HGB und ein **nachvertragliches Wettbewerbsverbot** zu beachten (BAG, NZA 1992, 212; a.A. LAG Frankfurt, DB 1991, 1229). Auch wenn es noch nicht zu Geschäftsabschlüssen kommt, ist bereits ein »**Vorfühlen« bei potentiellen Kunden** unzulässig (BAG, RzK I 6 a Nr. 58; BAG, RzK I 6 a Nr. 113). Bei Ausübung einer unerlaubten Konkurrenztätigkeit kann je nach den Umständen des Einzelfalls eine außerordentliche oder ordentliche Kündigung gerechtfertigt sein (BAG, EzA § 611 BGB Nr. 1; BAG, EzA § 626 BGB n. F. Nr. 109; EzA § 4 KSchG n. F. Nr. 38).

130

Ein Verstoß gegen das Wettbewerbsverbot des § 60 Abs. 1 HGB rechtfertigt grundsätzlich eine außerordentliche Kündigung (BAG, AP Nr. 21 zu § 249 BGB; BAG, AP Nr. 68 zu § 626 BGB; BGH, NZA 1992, 212). Dies gilt **unabhängig davon, ob** dem Arbeitgeber ein **konkreter Schaden entstanden ist** oder ob konkrete Kunden des Arbeitgebers abgeworben wurden (LAG Rheinland-Pfalz, NZA-RR 1998, 496). Eine Abmahnung ist hierbei i.d.R. nicht erforderlich (LAG Frankfurt, LAGE § 1 KSchG Verhaltensbedingte Kündigung Nr. 10). Durfte der Arbeitnehmer aber annehmen, sein Verhalten sei nicht vertragswidrig, ist eine vorherige Abmahnung erforderlich (BAG, DB 1984, 2702). Eine Kündigung ist nicht gerechtfertigt, wenn der Arbeitnehmer **bloße Vorbereitungshandlungen** vornimmt, die nach außen noch nicht als Betätigung im Geschäftsbereich des Arbeitgebers erscheinen (BAG, AP Nr. 3 zu § 60 HGB; BAG, EzA § 60 HGB Nr. 11; BAG, 7 AZR 236/78, n. v.; LAG Köln, ARST 1997, 191). Dies ist zu bejahen, wenn der Arbeitnehmer Maßnahmen ergreift, die auf die Schaffung der formalen und organisatorischen Voraussetzungen für das eigene Unternehmen gerichtet sind (LAG Köln, LAGE § 626 BGB Nr. 93). Eine bloße Vorbereitungshandlung liegt auch vor, wenn ein Arbeitnehmer, der als Mitarbeiter im Rettungsdienst bei einem Unternehmen beschäftigt ist, das Rettungsdienste und Krankentransporte durchführt, während des bestehenden Arbeitsverhältnisses

131

---

44 Vgl. auch „Intimes Verhältnis", vgl. ferner Alphabet der personenbedingten Kündigungssachverhalte „Eheschließung, Ehescheidung".

eine öffentlich-rechtliche Genehmigung zur selbständigen Durchführung von Rettungsdiensten und Transporten beantragt (LAG Bremen, LAGE § 60 HGB Nr. 73). Von einer bloßen Vorbereitung kann ferner auch dann ausgegangen werden, wenn ein Arbeitnehmer, der auf dem gleichen Gebiet wie sein Arbeitgeber zusammen mit einem anderen Mitarbeiter ein technisches Gerät entwickelt, hierfür ein Gebrauchsmuster anmeldet, während gleichzeitig seine Ehefrau und die des anderen Mitarbeiters ein Gewerbe für den Handel und Vertrieb des Gerätes anmelden (ArbG Herford, AE 1998, 102 Nr. 296).

Bei einem **Streit über die Gestattung einer Konkurrenztätigkeit** hat der Arbeitgeber darzulegen und zu beweisen, daß die vom Arbeitnehmer behauptete Gestattung nicht vorliegt (BAG, EzA § 626 BGB n. F. Nr. 109).

- **Kontrolleinrichtungen**

132  Eine außerordentliche oder zumindest ordentliche Kündigung kann dann gerechtfertigt sein, wenn ein Arbeitnehmer **Kontrolleinrichtungen mißbraucht** (BAG, RzK I 5 i Nr. 31; LAG Berlin, RzK I 5 i Nr. 38; LAG Niedersachsen, LAGE § 1 KSchG Verhaltensbedingte Kündigung Nr. 44). Eine zur verhaltensbedingten Kündigung berechtigende Vertragsverletzung ist ferner gegeben, wenn ein Arbeitnehmer – auch wenn er sich in der abgestempelten Zeit im Betrieb aufgehalten hat – die Stempeluhr durch einen Dritten bedienen läßt (LAG Düsseldorf, DB 1967, 1096; LAG Düsseldorf, DB 1977, 501; LAG Sachsen-Anhalt, AE 1998, 14 Nr. 165). Ebenso stellt das Mitstempeln für einen anderen eine Vertragsverletzung dar (BAG, NJW 1963, 1269; LAG Berlin, BB 1988, 1531). Ein Kündigungsgrund ist auch dann gegeben, wenn ein Arbeitnehmer einen anderen Ausgang benutzt, um eine mit Zustimmung des Betriebsrates eingeführte Personalkontrolle zu umgehen (ArbG Essen, DB 1960, 1096).[45]

- **Krankheitsandrohung**

133  Eine außerordentliche oder ordentliche Kündigung kann gerechtfertigt sein, wenn ein Arbeitnehmers sein »**Krankfeiern**« für den Fall **ankündigt**, daß der Arbeitgeber keine Urlaubsverlängerung bewilligt, und gleichzeitig erklärt, eine vertraglich geschuldete Arbeitsleistung nicht erbringen zu wollen (BAG, EzA § 626 n. F. BGB Nr. 143; LAG Düsseldorf, DB 1978, 750; LAG Düsseldorf, DB 1981, 1094; LAG Hamm, DB 1985, 49; LAG Hamm, DB 1985, 927; a.A. LAG Köln, NZA-RR 1998, 533, wonach die Krankheitsankündigung an sich kein Grund zur außerordentlichen Kündigung ist). Das gilt selbst dann, wenn der Arbeitnehmer **später tatsächlich erkrankt** (BAG, EzA § 626 n. F. BGB Nr. 143; a.A. LAG Hamm, DB 1982, 2705; ArbG Karlsruhe, NJW 1982, 1064). Die bloße Ankündigung, sich krankschreiben zu lassen, ist noch kein Kündigungsgrund, solange es sich dabei auch um den Hinweis auf ein rechtmäßiges Verhalten handeln kann (LAG Köln, NZA-RR 2000, 25).

- **Krankheitsvortäuschung**

134  Der Arbeitgeber ist zur einer ordentlichen oder außerordentlichen Kündigung berechtigt, wenn ein Arbeitnehmer die **Arbeitsunfähigkeit vortäuscht** (LAG Berlin, EzA § 626 BGB n. F. Nr. 67; LAG Düsseldorf, EzA § 102 BetrVG 1972 Nr. 41; LAG Frankfurt, AE Jahrbuch 1997, 104 Nr. 463; LAG Schleswig-Holstein, SPA 8/1998, 3). Im Kündigungsschutzprozeß muß der Arbeitgeber diejenigen Tatsachen im einzelnen vortragen und notfalls beweisen, aus denen sich die Unrichtigkeit der Arbeitsunfähigkeitsbescheinigung ergibt (LAG Hamm, DB 1975, 841). Der **Beweiswert** einer Arbeitsunfähigkeitsbescheinigung ist **erschüttert**, wenn ein Arbeitnehmer, der wegen eines Tennisarmsyndroms krankgeschrieben ist, während der Zeit der attestierten Arbeitsunfähigkeit nicht nur gelegent-

---

45 Vgl. auch „Sonstige Nebenpflichtverletzungen".

lich schwere Gartenarbeit verrichtet (LAG Köln, AE Jahrbuch 1997, 104 Nr. 464). Hat der Arbeitnehmer eine Erkrankung im Urlaub nur vorgetäuscht und sich somit eine Urlaubsverlängerung erschlichen, kann eine verhaltensbedingte Kündigung sozial gerechtfertigt sein (LAG Düsseldorf, BB 1981, 1274; LAG Düsseldorf, DB 1996, 1180; a. A. ArbG Wuppertal, BB 1981, 976).

Diesbezüglich ist aber zu berücksichtigen, daß einer **im Ausland ausgestellten ärztlichen Arbeitsunfähigkeitsbescheinigung** grundsätzlich der gleiche Beweiswert zukommt wie einer im Inland erstellten Bescheinigung (BAG, EzA § 3 EFZG Nr. 2). 135

Eine ordentliche oder außerordentliche Kündigung kann als Verdachtskündigung auch bei dem **bloßen Verdacht des Vortäuschens** einer krankheitsbedingten Arbeitsunfähigkeit gerechtfertigt sein (LAG Baden-Württemberg, BB 1968, 426; LAG Frankfurt, DB 1972, 2359; LAG Saarbrücken, DB 1964, 115; ArbG Wuppertal, DB 1977, 121), wobei u. a. häufige Urlaubserkrankungen den Verdacht begründen können (LAG Düsseldorf, DB 1986, 1180). Hierbei kann die Kündigung auch darauf gestützt werden, daß wahlweise der Verdacht des Vortäuschens einer Krankheit oder der Verdacht des Verstoßes gegen die Pflicht zu gesundheitsförderndem Verhalten gegeben ist (LAG Hamm, DB 1970, 2380). Ist ein Arbeitnehmer aber kurz nach einem Streit mit dem Arbeitgeber **krankgeschrieben** worden, so rechtfertigt der bloße Verdacht, die Krankheit sei vorgetäuscht, keine fristlose Kündigung (ArbG Frankfurt, NZA-RR 1999, 364). Eine ordentliche oder gegebenenfalls auch außerordentliche Kündigung ist gerechtfertigt, wenn der dringende Verdacht besteht, daß der Arbeitnehmer **den Arzt in unredlicher Weise beeinflußt** hat, eine Arbeitsunfähigkeit zu bescheinigen (LAG Düsseldorf, DB 1981, 1731; LAG Köln, EzA § 626 BGB n. F. Nr. 82; LAG Schleswig-Holstein, DB 1984, 1355). Ein derartiger Verdacht besteht regelmäßig dann, wenn ausländische Arbeitnehmer dem Arbeitgeber mitteilen, in ihrem Heimatland während des Heimaturlaubs oder in unmittelbaren Anschluß an den Heimaturlaub dort erkrankt zu sein und es sich bei der Mitteilung um einen Wiederholungsfall handelt (LAG Schleswig-Holstein, DB 1984, 1355).

■ Kritik

Äußert der Arbeitnehmer **in sachlicher Form Kritik** an Mißständen im Betrieb, ist eine verhaltensbedingte Kündigung nicht gerechtfertigt (LAG Düsseldorf, BB 1956, 818). Das gleiche gilt, wenn ein für die Sicherheit von betrieblichen Einrichtungen verantwortlicher Arbeitnehmer sachliche Kritik bei allen zuständigen Stellen erhebt (BAG, AP Nr. 8 zu § 1 KSchG Verhaltensbedingte Kündigung). Auch im Rahmen von Betriebsversammlungen getätigte kritische Stellungnahmen rechtfertigen eine verhaltensbedingte Kündigung nicht (BAG, EzA § 44 BetrVG Nr. 1). Voraussetzung ist jedoch, daß die Kritik so vorgebracht wird, daß **Ehrverletzungen und Störungen des Betriebsablaufs vermieden** werden (BAG, AP Nr. 4 zu § 1 KSchG Verhaltensbedingte Kündigung). Macht ein Arbeitnehmer des öffentlichen Dienstes von seinem **Petitionsrecht** Gebrauch und weist dabei auf gewisse Mißstände in seinem Amte hin, kommt eine verhaltensbedingte Kündigung ebenfalls nicht in Betracht (BAG, AP Nr. 82 zu § 1 KSchG). 136

■ Lebenswandel

Ein „lockerer" oder „unsittlicher" Lebenswandel rechtfertigt grundsätzlich keine verhaltensbedingte Kündigung (LAG Baden-Württemberg, BB 1967, 757; LAG Berlin, DB 1965, 1291; ArbG Passau, BB 1998, 326; ArbG Siegburg, EzA § 1 KSchG Verhaltensbedingte Kündigung Nr. 17). Dies gilt auch für **ehewidrige Beziehungen im betrieblichen Bereich** (ArbG Siegburg, EzA § 1 KSchG Verhaltensbedingte Kündigung Nr. 17). Eine Kündigung kann nicht darauf gestützt werden, daß ein Arbeitnehmer **außereheliche intime Beziehungen** zu einer verheirateten Person unterhält (LAG Hamm, DB 1990, 1671). Die **Veröffentlichung von Nacktphotos** ist grundsätzlich nicht ge- 137 eignet, einen außerordentlichen Kündigungsgrund abzugeben, eine außerordentliche Kündidgung ist nur dann gerechtfertigt, wenn es sich bei den Nacktphotos um pornographische Darstellungen i. S.d. strafrechtlichen Definition handelt (ArbG Passau, NZA 1998, 427).

138 Zahlreiche **Spielbankbesuche eines Leiters einer Bankfiliale** stellen keinen wichtigen Grund i. S.d. § 626 BGB dar, wenn die Besuche ohne konkrete Auswirkungen auf das Arbeitsverhältnis geblieben sind (LAG Hamm, NZA-RR 1999, 546). Eine außerordentliche Kündigung eines Angestellten wegen **unmäßigen Alkoholgenusses** und **Teilnahme am Nachtleben** kann nur dann gerechtfertigt sein, wenn durch dieses Verhalten die **Dienstpflicht erheblich vernachlässigt** und das Vertrauen in die Eignung schwer erschüttert wird (LAG Baden-Württemberg, BB 1967, 757). Eine ordentliche Kündigung kann in Ausnahmefällen in Betracht kommen, wenn durch den schlechten Ruf eines leitenden Angestellten das Ansehen des Unternehmens geschädigt wird (LAG Düsseldorf, DB 1969, 667).[46]

■ **Lohnpfändung**

139 **Lohnpfändungen** als Folge von Schulden rechtfertigen grundsätzlich keine ordentliche oder außerordentliche Kündigung (BAG, EzA § 1 KSchG Verhaltensbedingte Kündigung Nr. 9; BAG, EzA § 1 KSchG Verhaltensbedingte Kündigung Nr. 45; LAG Berlin, DB 1975, 2327; LAG Berlin, DB 1979, 605; LAG Rheinland-Pfalz, BB 1979, 375; ArbG Bremen, BB 1960, 706; ArbG Hamburg, BB 1955, 802; ArbG Köln, BB 1981, 977; a. A. LAG Hamm, DB 1977, 2237). Dies gilt grundsätzlich auch dann, wenn Arbeitgeber und Arbeitnehmer **vereinbart** haben, daß **Lohnabtretungen und Lohnverpfändungen der Einwilligung des Arbeitgebers bedürfen**, und der Arbeitnehmer gegen diese Vereinbarung verstoßen hat (LAG Rheinland-Pfalz, EzA § 1 KSchG Verhaltensbedingte Kündigung Nr. 5). Eine verhaltensbedingte Kündigung kommt nur dann in Betracht, wenn **über einen längeren Zeitraum ständig Lohnpfändungen** vorkommen, die einen erheblichen mit **wesentlichen Störungen im Arbeitsablauf** oder in der betrieblichen Organisation verbundenen **Verwaltungsaufwand** beim Arbeitgeber verursachen (BAG, EzA § 1 KSchG Verhaltensbedingte Kündigung Nr. 9; LAG Berlin, DB 1975, 2327). Dies kann bejaht werden, wenn der Arbeitnehmer noch nicht längere Zeit beschäftigt ist und innerhalb eines Jahres mehr als 10 Lohnpfändungen vorkommen (LAG Berlin, NJW 1976, 263).

Nach Auffassung des BAG ist eine vorherige Abmahnung entbehrlich (BAG, EzA § 1 KSchG Verhaltensbedingte Kündigung Nr. 9; a.A. LAG Berlin, DB 1975, 2327; LAG Berlin, DB 1979, 605; LAG Hamm, DB 1977, 2237).[47]

■ **Loyalitätsverstoß**

140 Ein **Loyalitätsverstoß** ist geeignet, auch ohne vorherige Abmahnung eine außerordentliche Kündigung zu rechtfertigen (BAG, DB 1999, 1324). Dabei ist eine außerordentliche Kündigung wegen Loyalitätsverstoß gegenüber einem Angestellten in einer Führungsposition nicht deshalb unwirksam, weil für den Arbeitgeber die Möglichkeit der Freistellung unter Fortzahlung der Bezüge bis zum Ablauf einer ordentlichen Kündigungsfrist besteht (BAG, DB 1999, 1324).

---

46 Vgl. auch „Intimes Verhältnis", „Kirche", „Tendenzbetrieb".
47 Vgl. auch „Schulden".

### Nebentätigkeit

Der Arbeitgeber darf nur solche **Nebentätigkeiten bzw. Nebenbeschäftigungen** von seiner vorherigen Zustimmung abhängig machen oder verbieten, an deren Unterlassung er ein berechtigtes Interesse hat (BAG, RzK I 5 i Nr. 60). Ein **berechtigtes Interesse** an der Unterlassung ist beispielsweise dann gegeben, wenn die vertraglich geschuldete Arbeitsleistung durch die Ausübung der Nebentätigkeit bzw. Nebenbeschäftigung beeinträchtigt wird, so wenn der Arbeitnehmer die Nebentätigkeit während der Arbeitszeit ausübt (BAG, EzA § 1 KSchG Verhaltensbedingte Kündigung Nr. 6).

141

Übt ein Arbeitnehmer eine **genehmigungspflichtige Nebentätigkeit ohne Genehmigung** des Arbeitgebers oder eine verbotene Nebentätigkeit bzw. Nebenbeschäftigung aus, kann dies eine verhaltensbedingte Kündigung rechtfertigen (BAG, RzK I 5 i Nr. 60; LAG Düsseldorf, BB 1961, 1325; LAG Frankfurt, AuR 1981, 219). Eine außerordentliche Kündigung ist nur dann gerechtfertigt, wenn die vertraglich geschuldete Leistung durch die Nebentätigkeit beeinträchtigt wird (BAG, EzA § 626 BGB n. F. Nr. 7). Bei einer unerlaubten **Nebentätigkeit während des Erholungsurlaubs**, kann u. U. auch eine außerordentliche Kündigung gerechtfertigt sein (BAG, EzA § 626 BGB n. F. Nr. 148; LAG Düsseldorf, BB 1978, 1264; ArbG Wilhelmshaven, DB 1966, 868).

Übernimmt ein Arbeitnehmer die **formale Stellung eines organschaftlichen Vertreters einer Kapital- oder Personengesellschaft**, fällt dies nicht unter ein vertragliches Nebentätigkeitsverbot, wenn das Unternehmen nicht im Wettbewerb mit dem Arbeitgeber steht (BAG, EzA § 626 BGB n. F. Nr. 49).[48]

### Pflichtwidrigkeiten bei Krankheit

Verletzt ein Arbeitnehmer schuldhaft die ihm im Falle einer krankheitsbedingten Arbeitsunfähigkeit obliegenden Nebenpflichten, kann eine außerordentliche oder ordentliche Kündigung gerechtfertigt sein (BAG, EzA § 626 BGB n. F. Nr. 100; LAG Hamm, BB 1983, 1601).

142

**Verzögert oder gefährdet ein erkrankter Arbeitnehmer den Heilungsprozeß** durch gesundheitswidriges Verhalten ernsthaft, kann ein Grund für eine verhaltensbedingte Kündigung gegeben sein (BAG, EzA § 1 KSchG Verhaltensbedingte Kündigung Nr. 6; BAG, EzA § 626 BGB n. F. Nr. 148; LAG Baden-Württemberg, BB 1966, 821; LAG Baden Württemberg, AuR 1973, 315; LAG Düsseldorf, BB 1958, 776; LAG Düsseldorf, DB 1970, 936; LAG Düsseldorf, BB 1978, 1264; LAG Frankfurt, BB 1982, 1857; LAG Hamm, LAGE § 1 KSchG Verhaltensbedingte Kündigung Nr. 34; LAG München, DB 1983, 1931; LAG Niedersachsen, BB 1984, 1233; LAG Niedersachsen, DB 1978, 749; a.A. ArbG Berlin, DB 1974, 2212). **Nebenbeschäftigungen während einer tatsächlich bestehenden Arbeitsunfähigkeit** können einen Grund für eine verhaltensbedingte Kündigung darstellen, wenn sie den Heilungsprozeß verzögern (BAG, EzA § 1 KSchG Verhaltensbedingte Kündigung Nr. 6; BAG, EzA § 626 BGB n. F. Nr. 148; LAG Köln, NZA-RR 1997, 338; LAG Köln, LAGE § 626 BGB Nr. 69, wonach eine außerordentliche Kündigung ausscheidet). Dies kann bei einer zweimonatigen, vollschichtigen Erwerbstätigkeit für einen anderen Arbeitgeber während der Arbeitsunfähigkeit bejaht werden (BAG, EzA § 626 BGB n. F. Nr. 148). Dies gilt auch, wenn der Arbeitnehmer im Krankheitszeitraum in der eigenen Gaststätte mitarbeitet (LAG Hamm, AE 1999, 99 Nr. 256). Eine vorherige Abmahnung ist entbehrlich (LAG Hamm, AE 1999, 99 Nr. 256). Der Arbeitgeber trägt die **Beweislast** für eine von ihm behauptete Arbeitsfähigkeit des Arbeitnehmers trotz Krankschreibung grundsätzlich auch dann, wenn der Arbeitnehmer während dieser Zeit einer Nebentätigkeit nachgegangen ist; hieraus können allenfalls **gesteigerte Anforderungen an die Darlegungslast des Arbeitnehmers** erwachsen (LAG Köln, NZA-RR 1997, 338). Um die Beweiskraft

---

48 Vgl. auch „Konkurrenztätigkeit", „Pflichtwidrigkeiten bei Krankheit".

des ärztlichen Attestes zu erschüttern, muß der Arbeitgeber die Umstände, die gegen die Arbeitsunfähigkeit sprechen, näher darlegen und notfalls beweisen (BAG, NZA 1994, 63). Ist in derartigen Fällen der Beweiswert des ärztlichen Attestes erschüttert oder entkräftet, so hat der Arbeitnehmer konkret darzulegen, weshalb er krankheitsbedingt gefehlt hat und trotzdem der Nebentätigkeit nachgehen konnte (BAG, NZA 1994, 63; BAG, EzA § 626 BGB n. F. Nr. 148). Eine verhaltensbedingte Kündigung ist aber dann nicht gerechtfertigt, wenn der Arbeitnehmer in Zeiten ärztlich bescheinigter Arbeitsunfähigkeit **nach Abklingen der akuten Krankheitserscheinungen** solche persönlichen Angelegenheiten und Arbeiten besorgt, die den Heilungsprozeß nicht nachhaltig beeinflussen (LAG Hamm, AE 1999, 99 Nr. 256). Allein die **körperliche Betätigung** (hier: Hilfe für einen Freund bei der Wohnungsrenovierung) während der Krankschreibung als solche rechtfertigt keine Kündigung (LAG Köln, NZA-RR 1999, 188).

Die **grobe Verletzung der Pflicht zu gesundheitsförderndem Verhalten** kann ein wichtiger Grund i. S. d. § 626 BGB sein (LAG Baden-Württemberg, DB 1964, 884; LAG Frankfurt, BB 1986, 198; LAG München, DB 1983, 1931; LAG Niedersachsen, BB 1984, 1233). Ein erkrankter Arbeitnehmer muß sich **nicht unbedingt in seiner Wohnung aufhalten**, vielmehr kann er sich in die Obhut eines Bekannten begeben (ArbG Köln, DB 1970, 1598).

143 **Teilt ein Arbeitnehmer eine krankheitsbedingte Arbeitsunfähigkeit nicht oder nicht rechtzeitig mit** und verstößt so trotz vorheriger Abmahnung erneut schuldhaft gegen die ihm obliegende Anzeigepflicht, kann dies auch dann Grund für eine verhaltensbedingte Kündigung sein, wenn es nicht zu einer konkreten Störung der Arbeitsorganisation oder des Betriebsfriedens kommt (BAG, EzA § 1 KSchG Verhaltensbedingte Kündigung Nr. 41; BAG, RzK I 5 i Nr. 79; LAG Köln, LAGE § 1 Verhaltensbedingte Kündigung Nr. 40). Erst im Rahmen der Interessenabwägung ist das Auftreten von Betriebsablaufstörungen zu berücksichtigen (BAG, RzK I 5 i Nr. 79). Eine verhaltensbedingte Kündigung kann nach vorheriger Abmahnung auch dann gerechtfertigt sein, wenn der Arbeitnehmer die Fortdauer der Arbeitsunfähigkeit nicht unverzüglich anzeigt (BAG, RzK I 5 i Nr. 44; LAG Köln, ZTR 1996, 131).

Eine grundsätzliche **Weigerung des Arbeitnehmers, der Anzeigepflicht nachzukommen**, kann einen wichtigen Grund i. S. d. § 626 BGB darstellen (LAG Berlin, BB 1965, 749). Auch wenn dem Arbeitgeber durch die Verletzung der Anzeigepflicht ein **Schaden oder sonstiger schwerer Nachteil** entsteht, kann eine außerordentliche Kündigung gerechtfertigt sein (LAG Niedersachsen, AuR 1967, 318). Kommt es zu **langfristigen Verzögerungen der Arbeitsaufnahme**, kann ein wichtiger Grund i. S. d. § 626 BGB vorliegen (LAG Baden-Württemberg, DB 1966, 908).

Ist die **Anwesenheit eines Angestellten in verantwortlicher Stellung** aus dringenden Gründen erforderlich, hat dieser bei einer plötzlichen Erkrankung – sofern dem keine krankheitsbedingten Umstände entgegenstehen – den Arbeitgeber darüber zu unterrichten, was in seinem Aufgabenbereich zu geschehen hat (BAG, EzA § 626 BGB n. F. Nr. 45).

Weigert sich ein an einer schwerwiegenden Erkrankung leidender Arbeitnehmer nach seiner beschränkten Gesundschreibung, eine **ärztliche Bescheinigung** darüber beizubringen, **inwieweit er gefahrlos mit Arbeiten beauftragt werden kann**, kann dies einen Grund für eine verhaltensbedingte Kündigung darstellen (LAG Düsseldorf, DB 1973, 482). Eine verhaltensbedingte Kündigung kann auch bei einem wiederholten **Verstoß gegen die Rückmeldepflicht** gerechtfertigt sein (LAG Düsseldorf, DB 1956, 164).

144 Weigert sich ein Arbeitnehmer trotz begründeter Zweifel, ob er nur vorübergehend durch Krankheit an der Arbeitsleistung verhindert oder auf Dauer berufs- oder erwerbsunfähig ist, sich auf Verlangen

des Arbeitgebers einer **ärztlichen Untersuchung** zu unterziehen, kann eine ordentliche und unter Umständen nach erfolgloser Abmahnung auch eine außerordentliche Kündigung gerechtfertigt sein (BAG, EzA § 626 BGB n. F. Nr. 171). Hingegen ist der Arbeitnehmer zu sonstigen ärztlichen Untersuchungen und privaten Krankenkontrollen durch den Arbeitgeber nur verpflichtet, wenn dies gesetzlich, tariflich oder einzelvertraglich festgelegt ist (ArbG Kiel, DB 1981, 588; ArbG Köln, DB 1970, 1598). Eine zur Kündigung berechtigende Pflichtverletzung liegt nicht vor, wenn ein Arbeitnehmer nach einer erfolgreichen Entziehungskur die zunächst aufgenommenen **Besuche in einer Selbsthilfegruppe** von anonymen Alkoholikern aufgrund eines Gefühls der Überforderung **abbricht**, selbst wenn er dem Arbeitgeber den Besuch einer solchen Gruppe vortäuscht (LAG Düsseldorf, LAGE § 1 KSchG Verhaltensbedingte Kündigung Nr. 57).

Auch das **Abändern der Krankheitsdaten der Arbeitsunfähigkeitsbescheinigung** zu seinem Vorteil stellt i.d.R. einen wichtigen Grund i. S.d. § 626 BGB dar (LAG Bremen, BB 1985, 1129). 145

Wenn der Arbeitgeber eine Kündigung damit begründet, daß der Arbeitnehmer vertragswidrig nicht zur Arbeit erschienen sei und der Arbeitnehmer diesen Vorwurf substantiiert bestreitet, indem er im einzelnen vorträgt, aus welchen Gründen er arbeitsunfähig gewesen sei, obliegt es nach § 1 Abs. 2 Satz 3 KSchG dem Arbeitgeber, **im Kündigungsprozeß darzulegen und zu beweisen**, daß der Arbeitnehmer in Wirklichkeit doch arbeitsfähig gewesen ist (BAG, EzA § 1 KSchG Nr. 33). Das Vorlegen einer ärztliche Arbeitsunfähigkeitsbescheinigung durch den Arbeitnehmer im Kündigungsschutzprozeß begründet für die Tatsache der Erkrankung keine **gesetzliche Vermutung** i. S. von § 292 ZPO (BAG, EzA § 3 LohnFG Nr. 3). Die Behauptung des Arbeitgebers, der Arbeitnehmer habe unberechtigt gefehlt, gilt nach § 138 Abs. 3 ZPO als zugestanden, wenn der Arbeitnehmer die von ihm behauptete Arbeitsunfähigkeit nicht durch ein ärztliches Attest belegen kann und nicht im einzelnen darlegt, woran er erkrankt war und weshalb er deswegen nicht zur Arbeit erscheinen konnte (BAG, RzK I 5 i Nr. 79).[49]

### ■ Politische Betätigung

Wird durch die **politische Betätigung** eines Arbeitnehmers das Arbeitsverhältnis konkret beeinträchtigt, kann eine verhaltensbedingte Kündigung gerechtfertigt sein (BAG, AP Nr. 2 zu § 13 KSchG; BAG, EzA § 74 BetrVG 1972 Nr. 3; BAG, EzA § 626 BGB n. F. Nr. 61; BAG, EzA § 1 KSchG Tendenzbetrieb Nr. 5; BAG, EzA § 1 KSchG Verhaltensbedingte Kündigung Nr. 12; BAG, EzA § 1 KSchG Verhaltensbedingte Kündigung Nr. 28; LAG Düsseldorf, BB 1984, 1619; ArbG Köln, BB 1985, 663). Eine konkrete Beeinträchtigung kann gegeben sein, wenn Dritte auf den Arbeitgeber wegen der politischen Anschauungen des Arbeitnehmers Druck ausüben (LAG Düsseldorf, DB 1974, 732). Betätigt sich ein Arbeitnehmer im betrieblichen Bereich mit **verfassungsfeindlicher Zielsetzung** politisch, kann dies einen Kündigungsgrund darstellen (BAG, EzA § 626 BGB n. F. Nr. 61). Auch **parteipolitische Agitation** im Betrieb oder in der Nähe des Betriebes kann ein Kündigungsgrund sein (BVerfG, EzA § 74 BetrVG 1972 Nr. 1; BAG, AP Nr. 28 zu § 66 BetrVG; BAG, AP Nr. 4 zu § 13 KSchG). Kritisiert ein Sprachlehrer, der bei einem im wesentlichen von Exilchinesen unterhaltenen Verein als Träger einer Sprachschule beschäftigt ist, dessen Satzung ihn zur politischen Neutralität und zur Pflege der Freundschaft zwischen der Volksrepublik China und Deutschland verpflichtet, als Journalist wiederholt öffentlich die rotchinesische Regierung und droht die chinesische Botschaft deshalb mit Boykott und Entzug der gewährten Unterstützung, ist eine Kündigung gerechtfertigt, die Kündigung ist nicht wegen Verletzung des Grundrechts auf freie Meinungsäußerung unwirksam (LAG Köln, AE 1999, 102 Nr. 273). 146

---

49 Vgl. auch „Arbeitsunfähigkeitsbescheinigung", „Krankheitsandrohung", „Krankheitsvortäuschung".

**147** Allein das **Tragen einer politischen Plakette** im Betrieb kann eine verhaltensbedingte Kündigung grundsätzlich nicht sozial rechtfertigen (BAG, EzA § 626 BGB n. F. Nr. 86).

Jedoch kann das Tragen einer auffälligen Plakette im Betrieb während der Arbeitszeit, durch die eine parteipolitische Meinung bewußt und herausfordernd zum Ausdruck gebracht wird (hier: „Anti-Strauß-Plakette"), ähnlich wie eine ständige verbale Agitation eine provozierende parteipolitische Betätigung darstellen, die einen wichtigen Grund zur außerordentlichen Kündigung abgeben kann, wenn durch das Verhalten des Arbeitnehmers der Betriebsfrieden oder der Betriebsablauf konkret gestört oder die Erfüllung der Arbeitspflicht beeinträchtigt wird (BAG, EzA § 626 BGB n. F. Nr. 86; LAG Düsseldorf, DB 1981, 1986; LAG Hamm, DB 1981, 106; ArbG Iserlohn, BB 1980, 415; a.A. ArbG Aachen, AuR 1981, 218). Da angestellte Lehrer im öffentlichen Dienst nach § 8 BAT verpflichtet sind, während ihres Schuldienstes keine »Anti-Atomkraft-Plaketten« zu tragen, kommt im Fall der Zuwiderhandlung eine verhaltensbedingte Kündigung in Betracht (BAG, EzA Art. 5 GG Nr. 10).

Ein Grund für eine verhaltensbedingte Kündigung ist auch dann gegeben, wenn der Arbeitgeber **durch politische Meinungsäußerungen des Arbeitnehmers diskriminiert** und in der öffentlichen Meinung herabgesetzt wird (BAG, EzA § 1 KSchG Nr. 25). Hingegen kann allein die subjektive **Besorgnis**, ein angestellter Lehrer könne seine Schüler jederzeit **indoktrinieren**, eine Kündigung nicht rechtfertigen (BAG, BB 1990, 563).

Die verhaltensbedingte Kündigung eines Arbeitnehmers des öffentlichen Dienstes ist auch ohne konkrete Beeinträchtigung des Arbeitsverhältnisses gerechtfertigt, wenn der Arbeitnehmer gegen seine **Pflicht** verstößt, sich durch sein gesamtes Verhalten **zur freiheitlich demokratischen Grundordnung zu bekennen** (BAG, DB 1996, 480).

■ **Privatangelegenheiten**

**148** Erledigt ein Arbeitnehmer ohne Erlaubnis **während der Arbeitszeit Privatangelegenheiten**, kann dies einen Grund für eine verhaltensbedingte Kündigung darstellen (LAG Baden-Württemberg, DB 1964, 1032; ArbG Ulm, BB 1962, 843).

■ **Rauchverbot**

**149** Eine verhaltensbedingte Kündigung kann gerechtfertigt sein, wenn ein Arbeitnehmer wiederholt gegen ein im Betrieb zwingend vorgeschriebenes Rauchverbot verstößt (LAG Düsseldorf, LAGE § 1 KSchG Verhaltensbedingte Kündigung Nr. 58; LAG Hannover, BB 1952, 291; LAG München, BB 1961, 1325; ArbG Essen, DB 1962, 1701; ArbG Nienburg, RzK I 5 i Nr. 30).

■ **Schlecht- und Minderleistungen**

**150** **Wiederholte Leistungsmängel** können nach vorheriger Abmahnung eine verhaltensbedingte Kündigung rechtfertigen (BAG, AP Nr. 2 zu § 1 KSchG Verhaltensbedingte Kündigung; BAG, EzA § 1 KSchG Nr. 34; BAG, EzA § 1 KSchG Verhaltensbedingte Kündigung Nr. 10; BAG, EzA § 1 KSchG Nr. 40; BAG, RzK I 5 i Nr. 126; LAG Baden-Württemberg, BB 1954, 345; LAG Baden-Württemberg, DB 1963, 1436; LAG Berlin, DB 1963, 524 bzgl. 50 % Minderleistung; LAG Bremen, DB 1966, 80; LAG Düsseldorf, DB 1955, 900 bzgl. 25 % höherem Ausschuß als bei anderen Arbeitnehmern; LAG Hamm, DB 1983, 1930; LAG Hamm, NZA 1994, 40; ArbG Ulm, DB 1968, 580). Dies gilt auch dann, wenn der Arbeitnehmer nicht haften würde (LAG Berlin, BB 1985, 271).

Will der Arbeitgeber seiner **Darlegungslast** genügen, muß er vortragen, worin das Versagen eines Arbeitnehmers im einzelnen besteht, welche Fehl- oder Schlechtleistungen ihm zur Last zu legen sind und welche Mängel in der fachlichen oder persönlichen Qualifikation vorliegen (BAG, EzA § 1 KSchG Nr. 40; ArbG Gelsenkirchen, AuR 1984, 286).

- **Schmiergelder, Geschenke**

Die **Entgegennahme von Schmiergeldern** kann je nach den Umständen des Einzelfalles eine außerordentliche oder ordentliche Kündigung rechtfertigen (BAG, AP Nr. 65 zu § 626 BGB; BAG, EzA § 102 BetrVG 1972 Nr. 89; LAG Berlin, BB 1978, 1570; LAG Düsseldorf, EzA § 626 BGB n. F. Nr. 73; LAG Frankfurt, AuR 1986, 122; LAG Frankfurt, AE 1998, 24 Nr. 54; LAG Köln, DB 1984, 1101; ArbG Hagen, BB 1967, 1294). Der Verstoß gegen ein **Verbot** des Arbeitgebers, zu Weihnachten **Geschenke anzunehmen**, stellt einen Kündigungsgrund dar (BAG, AP Nr. 65 zu § 626 BGB). Kassiert ein Arbeitnehmer von einem Arbeitskollegen eine **»Vermittlungsprovision« für die erfolgte Einstellung** durch den Arbeitgeber, ist eine verhaltensbedingte Kündigung sozial nicht gerechtfertigt, wenn es weder zu einer konkreten Beeinträchtigung des Arbeitsverhältnisses noch zu einer konkreten Gefährdung im Vertrauensbereich gekommen ist (BAG, EzA § 1 KSchG Verhaltensbedingte Kündigung Nr. 18). 151

- **Schulden**

Hat ein Arbeitnehmer **Schulden**, rechtfertigt dies allein keine verhaltensbedingte Kündigung (BAG, EzA § 1 KSchG Verhaltensbedingte Kündigung Nr. 9; LAG Düsseldorf, BB 1956, 434; a.A. ArbG Hamburg, BB 1960, 706). Schulden eines Arbeitnehmers können eine Kündigung aber dann rechtfertigen, wenn der konkret begründete Verdacht besteht, der Arbeitnehmer könnte **aufgrund übergroßen Schuldendrucks Vermögenswerte des Arbeitgebers gefährden** (LAG Baden-Württemberg, BB 1957, 1257; LAG Düsseldorf, BB 1956, 434).[50] 152

- **Schwarzfahrten**

Ein Grund für eine verhaltensbedingte Kündigung ist i.d.R. gegeben, wenn ein Arbeitnehmer das ihm überlassene **Fahrzeug zu Schwarzfahrten verwendet** (BAG, AP Nr. 31 zu § 3 KSchG; LAG Frankfurt, BB 1962, 563). Eine außerordentliche Kündigung kann gerechtfertigt sein, wenn ein Arbeitnehmer den Dienstwagen **entgegen dem ausdrücklichen Verbot** des Arbeitgebers zu einer verhältnismäßig weiten Wochenend-Heimfahrt benutzt (LAG Baden-Württemberg, DB 1970, 788). 153

- **Selbstbeurlaubung, Urlaubsverlängerung**

**Tritt ein Arbeitnehmer seinen Urlaub eigenmächtig an**, kann dies grundsätzlich eine ordentliche oder außerordentliche Kündigung rechtfertigen (BAG, 7 AZR 369/81, n. v.; BAG, EzA § 626 n. F. BGB Nr. 153; BAG, EzA § 626 BGB Ausschlußfrist Nr. 11; LAG Baden-Württemberg, DB 1965, 1564; LAG Berlin, NZA 1995, 1043; LAG Düsseldorf, BB 1963, 1218; LAG Düsseldorf, BB 1965, 456; LAG Düsseldorf, DB 1967, 1227; LAG Düsseldorf, BB 1971, 2319; LAG Düsseldorf, EzA § 626 BGB Nr. 99; LAG Frankfurt, DB 1984, 1355; LAG Hamm, LAGE § 1 KSchG Verhaltensbedingte Kündigung Nr. 5; LAG Köln, LAGE § 622 BGB Nr. 20; ArbG Nürnberg, NZA-RR 1999, 79). Eine außerordentliche Kündigung kann auch dann gerechtfertigt sein, wenn der Arbeitnehmer **in Wirklichkeit einen Urlaubsanspruch** hatte (BAG, EzA § 626 BGB Ausschlußfrist Nr. 11). Eine ordentliche Kündigung kommt insbesondere dann in Betracht, wenn der Arbeitgeber zur **Urlaubserteilung verpflichtet** gewesen wäre (LAG Köln, LAGE § 622 BGB Nr. 20) oder der Arbeitnehmer **irrtümlich ein Selbstbeurlaubungsrecht annahm** (LAG Hamm, DB 1979, 507). Der Arbeitgeber ist auch dann nur zur ordentlichen Kündigung, nicht aber zur außerordentlichen Kündigung berechtigt, wenn der Arbeitgeber den Urlaub ohne Angaben von Gründen oder ohne ausreichenden Grund 154

---

50 Vgl. auch „Lohnpfändung".

ablehnt und den **Betriebsablauf nicht von vornherein so organisiert** hat, daß die Urlaubswünsche des Arbeitnehmers nach den gesetzlichen oder tariflichen Vorschriften erfüllt werden können (LAG Hamm, NZA-RR 1999, 76). Eine außerordentliche Kündigung kommt insbesondere dann in Betracht, wenn der Arbeitgeber einen Urlaubsantrag abgelehnt hat und dem Arbeitnehmer **für den Fall der Selbstbeurlaubung eine Kündigung angedroht** hat (LAG Hamm, NZA-RR 1999, 76). Ein Selbstbeurlaubungsrecht soll aber im Fall des Urlaubes im Anschluß an eine Maßnahme der medizinischen Vorsorge oder Rehabilitation (Kur) bestehen (ArbG Berlin, AE 1999, 151).

Die außerordentliche Kündigung kann auch bei eigenmächtigem Urlaubsantritt nach **ausdrücklicher wiederholter Ablehnung des Urlaubs** durch den Arbeitgeber gerechtfertigt sein (ArbG Nürnberg, NZA-RR 1999, 79).

Auch eine **eigenmächtige Urlaubsverlängerung** kann eine verhaltensbedingte Kündigung rechtfertigen (LAG Düsseldorf, NZA 1985, 779; LAG Schleswig-Holstein, BB 1988, 1531; a.A. LAG Düsseldorf, BB 1959, 813; LAG Hamm, BB 1990, 1910).

**Verlangt eine Arbeitnehmerin Erziehungsurlaub nicht rechtzeitig** innerhalb der Frist des § 16 BErzGG, tritt sie den Erziehungsurlaub aber dennoch nach Bewilligung des Erziehungsgeldes eigenmächtig an, so kann der Arbeitgeber zur verhaltensbedingten Kündigung berechtigt sein, wenn sich die Arbeitnehmerin nicht an geeigneter Stelle hat beraten lassen (LAG Baden-Württemberg, LAGE § 626 BGB Nr. 47).

155 Im Rahmen der **Interessenabwägung** ist eine etwaige Verpflichtung des Arbeitgebers, den beantragten, verweigerten und dann selbst genommenen Urlaub zu gewähren, zugunsten des Arbeitnehmers zu berücksichtigen (BAG, AE Jahrbuch 1997, 122 vgl. Nr. 551; LAG Köln, ArbuR 1994, 344). Dem Interesse des Arbeitnehmers am Fortbestand des Arbeitsverhältnisses kann gegenüber dem Interesse des Arbeitgebers an der Beendigung der Vorrang einzuräumen sein, diesbezüglich können beispielsweise die Kenntnis des Arbeitgebers vom Grund der Urlaubsüberschreitung, die Unaufschiebbarkeit der Reise aus der Sicht des Arbeitnehmers, die langjährige völlig störungsfreie Dauer des Arbeitsverhältnisses und das Fehlen von Betriebsstörungen Berücksichtigung finden (LAG Hamm, LAGE § 1 KSchG Verhaltensbedingte Kündigung Nr. 29).

Eine verhaltensbedingte Kündigung kann auch dann sozial gerechtfertigt sein, wenn sich ein Arbeitnehmer **eigenmächtig von der Arbeit befreit, um seinen Wehrdienst anzutreten** (BAG, DB 1988, 1170). Unterrichtet ein ausländischer Arbeitnehmer, der in seinem Heimatland einen verkürzten Wehrdienst ableisten muß, seinen Arbeitgeber nicht unverzüglich über den Zeitpunkt der Einberufung und gerät der Arbeitgeber dadurch in eine mit zumutbaren Überbrückungsmaßnahmen nicht behebbare Zwangslage, kann dies einen Grund für eine verhaltensbedingte Kündigung darstellen (BAG, EzA § 626 BGB n. F. Nr. 87).[51]

■ **Sexuelle Belästigung**

156 **Sexuelle Belästigungen** wie das Umlegen des Armes um die Schultern einer Auszubildenden durch den Ausbilder, auch wenn dieser **keine sexuellen Absichten** verfolgt, die Auszubildende sich aber gegen dieses Verhalten ausgesprochen hat, können eine verhaltensbedingte Kündigung rechtfertigen (LAG Hamm, NZA-RR 1997, 250; LAG Düsseldorf, DB 1966, 1571). Denn nach § 2 Abs. 2 Nr. 2 Beschäftigtenschutzgesetz sind sämtliche körperliche Berührungen, die nach ihrem äußeren Erscheinungsbild nach allgemeinem Verständnis eine Beziehung zum Geschlechtlichen aufweisen und die von dem hiervon Betroffenen erkennbar abgelehnt werden, untersagt (LAG Hamm, NZA-RR

---

51 Vgl. auch „Arbeitsversäumnis, unerlaubte", „Krankheitsvortäuschung".

1997, 250). Daneben können sexuelle Belästigungen am Arbeitsplatz unter Umständen auch einen wichtigen Grund zur außerordentlichen Kündigung darstellen (BAG, EzA § 626 BGB n. F. Nr. 98; LAG Hamm, NZA 1997, 769). Hierbei ist insbesondere der Umfang und die Intensität der sexuellen Belästigung entscheidend (LAG Hamm, NZA 1997, 769; LAG Hamm, BB 1997, 1485). Auch die Verbreitung sexistischer Witze kann einen Kündigungsgrund darstellen (LAG Köln, AE 1999, 151).

Behauptet ein Arbeitnehmer demgegenüber wahrheitswidrig eine sexuelle Belästigung durch einen Vorgesetzten, kann dies eine verhaltensbedingte Kündigung rechtfertigen (LAG Rheinland-Pfalz, NZA-RR 1997, 169).[52]

■ **Sicherheitsbedenken**

Sicherheitsbedenken, die eine verhaltensbedingte Kündigung grundsätzlich rechtfertigen können, liegen vor, wenn Tatsachen zu der Befürchtung Anlaß geben, der Arbeitnehmer werde sich **über bestehende Sicherheits- und Geheimhaltungspflichten hinwegsetzen** (BAG, AP Nr. 1 zu § 1 KSchG 1969 Sicherheitsbedenken; BAG, AP Nr. 3 zu § 1 KSchG 1969 Sicherheitsbedenken). Hierbei muß aufgrund der Sicherheitsbedenken eine konkrete Störung des Arbeitsverhältnisses vorliegen (BAG, AP Nr. 2 zu § 1 KSchG 1969 Sicherheitsbedenken). Der Hinweis auf den **Befehl eines Kommandeurs** allein rechtfertigt eine von den Streitkräften ausgesprochene Kündigung nicht (BAG, AP Nr. 28 zu Art. 44 Truppenvertrag). Im Kündigungsschutzprozeß muß der Arbeitgeber die einzelnen **Tatsachen vortragen, aus denen sich die Gefährdung ergeben soll** (BAG, AP Nr. 1 zu § 1 KSchG 1969 Sicherheitsbedenken; BAG, AP Nr. 3 zu § 1 KSchG 1969 Sicherheitsbedenken).

157

■ **Sonstige Nebenpflichtverletzungen**

Einer **Bewährungshelferin**, die in ihrer Freizeit **mit einem bekanntermaßen flüchtigen Strafgefangenen verkehrt**, kann wegen Verletzung ihrer sich aus § 8 Abs. 1 Satz 1 BAT-O ergebenden Verhaltenspflichten gekündigt werden, wenn sie ihrem Arbeitgeber nicht wenigstens meldet, daß und wo sie den Flüchtigen dann aus den Augen verloren hat (Sächsisches LAG, AE 1998, 16 Nr. 175). Der **Verstoß gegen betriebliche Personalrabattsregelung** durch Weitergabe von Waren an Dritte kann eine verhaltensbedingte Kündigung rechtfertigen (LAG Hamm, LAGE § 1 KSchG Verhaltensbedingte Kündigung Nr. 47). Wendet ein Arbeitnehmer heimlich einen nur ihm und seinen Verwandten zustehenden Personalrabatt einem Nachbarn zu, stellt dies einen Grund für eine verhaltensbedingte Kündigung dar (LAG Schleswig-Holstein, ARST 1999, 105). Das gleiche gilt, wenn der Arbeitnehmer **Arbeitsgeräte zur wochenendlichen privaten Nutzung** mitnimmt (ArbG Neumünster, BB 1981, 974). Der Arbeitgeber ist auch dann zur verhaltensbedingten Kündigung berechtigt, wenn ein Arbeitnehmer unerlaubt **Einsicht in die Personalakten** von Arbeitskollegen nimmt (ArbG Marburg, RzK I 5 i Nr. 94). Auch der Vertrauensmißbrauch durch **Abgabe unrichtiger Besuchsberichte** kann einen Kündigungsgrund darstellen (ArbG Düsseldorf, BB 1961, 863). Eine verhaltensbedingte Kündigung kann auch dann gerechtfertigt sein, wenn ein Arbeitnehmer unbefugt eine **Geheimliste vom Computer abfragt** oder sonst in unerlaubter Weise auf das EDV-System des Arbeitgebers zugreift (BAG, 7 AZR 463/79, n. v.; LAG Schleswig-Holstein, RzK I 5 i Nr. 54), wobei es zur Feststellung einer kündigungsrechtlich erheblichen Pflichtwidrigkeit jedoch einer klaren Kompetenzabgrenzung hinsichtlich des Datenzugriffs bedarf (LAG Köln, DB 1983, 124). Eine verhaltensbedingte Kündigung kann sozial gerechtfertigt sein, wenn ein Bankangestellter im privaten Bereich seinem Gläubiger vorspiegelt, die Bank – sein Arbeitgeber – verzögere die Erledigung eines Überweisungsauftrags (BAG, RzK I 5 i Nr. 80). Auch die **Gewährung eines Scheinkredits** durch einen Bankangestellten

158

---

52 Vgl. auch „Beleidigung".

kann den Arbeitgeber grundsätzlich zur verhaltensbedingten Kündigung berechtigen (BAG, EzA § 394 ZPO Nr. 1).

159 Ein wichtiger Grund für eine außerordentliche Kündigung ist dann gegeben, wenn eine **in einer Klinik beschäftigte Krankenschwester**, die nebenberuflich ohne Kenntnis ihres Arbeitgebers eine **Heilpraktikerpraxis betreibt**, anläßlich eines dienstlichen Kontaktes einem Patienten eine Visitenkarte ihrer Praxis überreicht und diesem im Rahmen einer sich anschließenden Behandlung in ihrer Praxis empfiehlt, die ihm in der Kardiologischen Abteilung der Klinik ihres Arbeitgebers verordneten Medikamente abzusetzen und einen Operationstermin zu verschieben (LAG Köln, AE 1998, 90 Nr. 267). Der Arbeitgeber ist auch dann zur außerordentlichen Kündigung berechtigt, wenn ein Arbeitnehmer eigenmächtig einen **personalähnlichen Kredit bei der Muttergesellschaft seiner Arbeitgeberin in erheblichem Umfang überzieht** und sich dort trotz Abmahnung mittels falscher Angaben einen weiteren Kredit verschafft (LAG Frankfurt, BB 1972, 880). Nimmt ein Arbeitnehmer das Angebot des Arbeitgebers in Anspruch, **Barauszahlungen aus der Kasse** zu nehmen, verletzt er aber in mehreren Fällen seine Pflicht, gleichzeitig einen Scheck hereinzureichen, dann stellt dies grundsätzlich einen wichtigen Grund i. S. d. § 626 Abs. 1 BGB dar (LAG Köln, AE Jahrbuch 1997, 102 Nr. 452). Wird der mit der Erstellung eines Jahresabschlusses befaßte Geschäftsführer einer GmbH mit erheblichen **Bewertungsdivergenzen in den Zahlenwerken seiner Mitarbeiter** konfrontiert, dann muß er entweder sämtliche maßgeblichen Unterlagen der beauftragten Wirtschaftsprüfungsgesellschaft überlassen oder aber selbst in zumutbarem Umfang den Abweichungen nachgehen; unterläßt er beides und kommt es deswegen zum Nachteil der GmbH fälschlich zum Ausweis eines erheblich höheren Ergebnisses, so stellt dies ein zur fristlosen Kündigung des Anstellungsvertrages berechtigendes Fehlverhalten dar (LAG Bremen, NZA-RR 1998, 61). Eine außerordentliche Kündigung kann auch dann gerechtfertigt sein, wenn ein technischer Angestellter in hoher Stellung **mit den Zulieferern seines Arbeitgebers vertragswidrig eigene Geschäfte** macht und dies verheimlicht (LAG Köln, AE Jahrbuch 1997, 106 Nr. 469).

160 Weigert sich ein Arbeitnehmer, zu einer wichtigen **vom Arbeitgeber angeordneten Rücksprache** zu kommen, obwohl ihm das Erscheinen zumutbar und möglich ist, kann dies eine ordentliche oder – bei einer hartnäckigen Weigerung – auch eine außerordentliche Kündigung rechtfertigen (LAG Düsseldorf, DB 1966, 947; ArbG Pforzheim, AE 1999, 30 Nr. 63). Lehnt aber ein Arbeitnehmer nach dem Vorbringen einer Beschwerde nach § 84 BetrVG ab, im Büro des Vorgesetzten zu erscheinen, ist eine verhaltensbedingte Kündigung nicht gerechtfertigt (LAG Düsseldorf, DB 1978, 751). Erklärt eine Busfahrerin in einem innerbetrieblichen Gespräch, **bei ihren Fahrgästen handele es sich zum größten Teil um Abschaum**, ist weder eine außerordentliche noch eine ordentliche Kündigung gerechtfertigt, solange sich die innere Einstellung der Arbeitnehmerin nicht auf die Arbeitsleistung bzw. auf das Arbeitsverhältnis auswirkt (LAG Düsseldorf, NZA-RR 1996, 166).

Führt der Arbeitgeber bei Gesprächen mit dem Arbeitnehmer **heimlich ein aufnahmebereites Tonbandgerät** mit sich, kann dies eine verhaltensbedingte Kündigung seitens des Arbeitnehmers rechtfertigen (LAG Rheinland-Pfalz, NZA 1997, 826).

Eine außerordentliche Kündigung ist gerechtfertigt, wenn der Arbeitnehmer den Schreibdienst seiner Dienststelle für freiberufliche, nicht genehmigte Nebentätigkeiten in Anspruch genommen hat und **Kopien für seine Nebentätigkeiten** hat fertigen lassen (LAG Hamm, NZA-RR 1999, 126).

Eine auf das **Anfertigen von privaten Ablichtungen auf Kopiergeräten des Arbeitgebers** gestützte außerordentliche Kündigung ist darüber hinaus allenfalls dann wirksam, wenn der Arbeitgeber das Anfertigen privater Kopien verboten hat, dieses Verbot streng überwacht und der gegen das Verbot verstoßende Arbeitnehmer deswegen mehrfach abgemahnt worden ist (ArbG Berlin, BB 1980, 1105).

Verletzt ein Berufskraftfahrer trotz einschlägiger Abmahnung seine Pflicht zur täglichen Überprüfung des verkehrssicheren Zustandes der Reifen des ihm zugewiesenen Fahrzeugs, so kann dies je nach den Umständen geeignet sein, eine ordentliche oder auch außerordentliche Kündigung des Arbeitsverhältnisses zu rechtfertigen (LAG Köln, SPA 2/2000, 3).[53]

■ **Spesenbetrug**

Insbesondere bei einer Begehung durch leitende Angestellte kann bereits ein einmaliger **Spesenbetrug** eine außerordentliche Kündigung rechtfertigen (BAG, AP Nr. 42 zu § 626 BGB; BAG, AP Nr. 49 zu § 626 BGB; LAG Düsseldorf, BB 1966, 1147). Eine vorherige Abmahnung ist grundsätzlich entbehrlich, weil der Arbeitnehmer keinen Grund hat zu glauben, sein Verhalten werde gebilligt (LAG Berlin, EzA § 626 BGB n. F. Nr. 62; LAG Niedersachsen, DB 1978, 750).

161

Erklärt der Außendienstmitarbeiter seinem Arbeitgeber, er habe widersprüchliche km-Angaben in Reisekostenabrechnungen, Besuchsberichten und Tankbelegen auf Anraten seines Steuerberaters bewußt vorgenommen, damit eine Kontrolle nicht möglich sei, zerstört er die für eine Fortsetzung des Arbeitsverhältnisses auf Dauer notwendige Vertrauensbasis. Liegen jedoch ansonsten keine Anhaltspunkte dafür vor, daß der 54 Jahre alte, seit 14 Jahren beschäftigte Mitarbeiter vor hatte, sich auf Kosten des Arbeitgebers zu bereichern, kann diesem die Einhaltung der ordentlichen Kündigungsfrist zugemutet werden (LAG Köln, AE 1999, 148).

■ **Strafbare Handlungen**

In Hinblick auf die außerdienstlichen Pflichten nach §§ 6, 8 Abs. 1 BAT kann die Begehung bedeutsamer **Straftaten im außerdienstlichen Bereich** durch Angestellte des öffentlichen Dienstes einen Kündigungsgrund darstellen (BAG, EzA § 1 KSchG Verhaltensbedingte Kündigung Nr. 52). Eine **Verurteilung wegen vorsätzlicher Körperverletzung** zu Lasten eines Kindes kann gegenüber Lehrern und Erziehern eine verhaltensbedingte Kündigung rechtfertigen (LAG Berlin, BB 1990, 286). Auch die **Unterlassung der Meldung strafbarer Handlungen** durch Mitarbeiter kann den Arbeitgeber gegenüber einem Arbeitnehmer in besonderer Vertrauensstellung zur Kündigung berechtigen (ArbG Stuttgart, DB 1982, 1626).

162

Ein Arbeitgeber ist auch dann zur Kündigung berechtigt, wenn ein Arbeitnehmer trotz Wiederholungsgefahr gegen den Arbeitgeber gerichtete Straftaten von Arbeitskollegen in seinem Arbeitsbereich dem Arbeitgeber nicht meldet (LAG Hamm, BB 1994, 2352).

Neben der ordentlichen Kündigung kann bei der Begehung strafbarer Handlungen auch eine **außerordentliche Kündigung** gerechtfertigt sein. Ein wichtiger Grund i. S. d. § 626 BGB liegt vor, wenn ein **Pfleger einen körperlich und geistig Behinderten körperlich züchtigt**, auch wenn das Motiv des Pflegers ihm früher von dem Patienten zugefügte Verletzungen sind (ArbG Lübeck, AE 1999, 102 Nr. 276). **Schlägt ein Polizeiangestellter** im Vollzugsdienst einen sich nicht mehr wehrenden, auf dem Boden fixierten **Festgenommenen** zweimal mit der Faust gegen den Kopf, kann ein wichtiger Grund i. S. d. § 626 Abs. 1 BGB gegeben sein; etwas anderes kann aber dann gelten, wenn der Polizist noch vor Ausspruch der Kündigung eine Verhaltenstherapie begonnen hat, die das Ziel hat, in vergleichbaren Streßsituationen in Zukunft aggressive Impulse besser zu kontrollieren, diese Therapie hochmotiviert und einsichtig absolviert und mit sehr gutem Ergebnis abgeschlossen hat (LAG

163

---

53 Vgl. auch „Falschbeantwortung von Fragen", „Kontrolleinrichtungen", „Telefongespräche".

Berlin, NZA-RR 1998, 495). Eine außerordentliche Kündigung kann auch gerechtfertigt sein, wenn ein **Angestellter in der Finanzverwaltung fortgesetzt vorsätzlich Steuern verkürzt** (LAG Düsseldorf, EzA Nr. 89 zu § 626 BGB). Der Arbeitgeber ist auch zur außerordentlichen Kündigung berechtigt, wenn eine in einer Personalabteilung tätige Arbeitnehmerin zum Zwecke der Hinterziehung von Steuern und Sozialversicherungsabgaben **rechtswidrige Manipulationen** vornimmt, auch wenn dies gegebenenfalls auf Weisung ihres unmittelbaren Vorgesetzten geschieht (LAG Hamm, NZA-RR 1999, 24). Eine außerordentliche Kündigung ist ferner dann gerechtfertigt, wenn ein Arbeitnehmer **zum Zwecke des Eigenverbrauchs im Namen und auf Rechnung des Arbeitgebers Waren bestellt** und nach Lieferung an sich nimmt, auch wenn sich der Arbeitnehmer durch die Tat nur einen geringen finanziellen Vorteil verschafft hat (LAG Schleswig-Holstein, AE 1999, 30 Nr. 61). Ein wichtiger Grund i. S.d. § 626 BGB kann auch dann gegeben sein, wenn ein fristgerecht unkündbarer Arbeitnehmer im öffentlichen Dienst unerlaubt **scharfe Waffen und Munition** in größerem Umfang besitzt und einen Teil von ihnen **während einer Dienstfahrt mit sich führt** (LAG Berlin, AP Nr. 94 zu § 626 BGB).

164 Eine außerordentliche Kündigung kann insbesondere in Betracht kommen bei **Diebstahl oder Unterschlagung** (BAG, EzA § 626 BGB n. F. Nr. 91; BAG, EzA § 1 KSchG Verhaltensbedingte Kündigung Nr. 14; LAG Düsseldorf, DB 1974, 928; LAG Düsseldorf, DB 1976, 680; LAG Köln, RzK I 5 i Nr. 55; LAG Köln, NZA-RR 2000, 24), **Untreue** (BAG, AP Nr. 3 zu § 626 BGB; BAG, AP Nr. 53 zu § 626 BGB), **Spesenbetrug** (BAG, AP Nr. 42 zu § 626 BGB; BAG, AP Nr. 49 zu § 626 BGB; LAG Düsseldorf, BB 1966, 1147), **Tätlichkeiten gegenüber Arbeitskollegen** (BAG, EzA § 102 BetrVG Nr. 58; BAG, EzA § 102 BetrVG 1972 Nr. 71; BAG, EzA § 626 BGB Ausschlußfrist Nr. 5; BAG, RzK I 5 i Nr. 85; LAG Düsseldorf, DB 1980, 2345; ArbG Frankfurt, NJW 1978, 444; LAG Hamm, BB 1981, 1642; LAG Hamm, AE 1997, 89 Nr. 263), **Mißbrauch von Kontrolleinrichtungen** (LAG Düsseldorf, DB 1967, 1096; LAG Düsseldorf, DB 1977, 501), **unrichtigen Stundenbescheinigungen** (BAG, RzK I 5 i Nr. 31; LAG Düsseldorf, DB 1966, 1571), **Änderungen auf der Stempelkarte** (LAG Berlin, RzK I 5 i Nr. 38; LAG Hamm, DB 1986, 1338), **Verkehrsdelikten eines Berufskraftfahrers auf Dienstfahrten** (ArbG Essen, DB 1964, 76) und **Abgabe falscher Besuchsberichte** (ArbG Düsseldorf, BB 1961, 863). Eine ordentliche oder unter Umständen eine außerordentliche Kündigung kann auch dann gerechtfertigt sein, wenn ein Arbeitnehmer eine im Eigentum des Arbeitgebers stehenden **Sache von geringem Wert** rechtswidrig und schuldhaft entwendet (BAG, DB 2000, 48 bzgl. der Entwendung von drei Kaffeebechern, zwei Packungen Schinken und einer Dose Pflanzenöl; BAG, AP Nr. 14 zu § 626 BGB Verdacht strafbarer Handlung bzgl. der Entwendung eines Stück Kuchens; BAG, AP Nr. 80 zu § 626 BGB bzgl. der Entwendung von drei Kiwis; BAG, EzA § 626 BGB n. F. Nr. 40; LAG Berlin, AE 1998, 100 Nr. 294 bzgl. der Entwendung einer Dose Bier aus dem Lagerbestand; LAG Düsseldorf, DB 1974, 928 bzgl. der Entwendung von 1 DM; LAG Frankfurt, BB 1986, 459; LAG Köln, NZA-RR 1996, 86 bzgl. der Entwendung von zwei Stück gebratenen Fisch; LAG Rheinland-Pfalz, SPA 15/1998, 4 bzgl. der Entwendung von drei CDs aus den Lagerräumen des Arbeitgebers; ArbG Frankfurt, 7 Ca 8679/97, n.v. bzgl. der regelmäßigen Entwendung von Tageszeitungen aus einem Kiosk des Arbeitgebers; ArbG Paderborn, EzA § 626 BGB n. F. Nr. 175 bzgl. der Entwendung eines Fladenbrotes). Der Arbeitgeber kann auch dann zur Kündigung berechtigt sein, wenn ein Arbeitnehmer außerhalb des Beschäftigungsbetriebes und der Arbeitszeit in einem anderen, räumlich entfernten Betrieb des Arbeitgebers einen Diebstahl begeht (BAG, EzA § 626 BGB Nr. 91). Begeht ein Arbeitnehmer in seiner Freizeit **zu Lasten einer Konzernschwester seiner Arbeitgeberin** einen Diebstahl, kann eine verhaltensbedingte Kündigung gerechtfertigt sein, wenn sein Arbeitsverhältnis durch dieses Delikt konkret beeinträchtigt wird (BAG, AP Nr. 13 zu § 1 KSchG 1969).

Hingegen hat das ArbG Düsseldorf die Kündigung eines Arbeitnehmers, der als Hausmeister einer Sparkasse im sog. Werbekeller für ein bosnisches Flüchtlingskind ohne Erlaubnis **Werbegeschenke** eingepackt hatte, als **nicht gerechtfertigt** angesehen (ArbG Düsseldorf, 4 Ca 9004/97, noch unveröffentlicht).

Ein Grund für eine verhaltensbedingte Kündigung ist i.d.R. auch gegeben, wenn ein Arbeitnehmer das ihm überlassene Fahrzeug zu **Schwarzfahrten** verwendet (BAG, AP Nr. 31 zu § 3 KSchG; LAG Frankfurt, BB 1962, 563).

Eine Kündigung kann aber im **Einzelfall ungerechtfertigt** sein, wenn es sich um eine **einmalige Entgleisung** eines langjährig beschäftigten Angestellten handelt (BAG, RzK I 5 i Nr. 85). 165

Ein ehemaliges Betriebsratsmitglied kann nicht fristlos entlassen werden, wenn es während seiner aktiven Tätigkeit **Telefonate mit dem Arbeitgeber aufgezeichnet** hat, diese dem Betriebsrat vorgespielt hat und danach gelöscht hat, die ihm während der Betriebsratssitzung vom Arbeitgeber zur Behandlung von deren Inhalten auf der laufenden Betriebsratssitzung übermittelt worden sind; da das ehemalige Betriebsratsmitglied von einer stillschweigenden Einwilligung des Arbeitgebers ausgehen konnte, wurde weder § 201 Abs. 1 StGB verwirklicht noch liegt eine Vertrauensverletzung vor (LAG Hamm, NZA-RR 1998, 350).[54]

- **Tätlichkeiten**

**Tätlichkeiten gegenüber Arbeitskollegen** können einen wichtigen Grund zur außerordentlichen Kündigung darstellen (BAG, EzA § 102 BetrVG Nr. 58; BAG, EzA § 102 BetrVG 1972 Nr. 71; BAG, EzA § 626 BGB Ausschlußfrist Nr. 5; BAG, RzK I 5 i Nr. 85; LAG Düsseldorf, DB 1980, 2345; ArbG Frankfurt, NJW 1978, 444; LAG Hamm, BB 1981, 1642; LAG Hamm, AE 1997, 89 Nr. 263). Daher können solche Tätlichkeiten erst recht eine verhaltensbedingte ordentliche Kündigung rechtfertigen (LAG Düsseldorf, DB 1980, 2345; LAG Frankfurt, BB 1988, 980). Eine Abmahnung ist grundsätzlich entbehrlich (BAG, EzA § 102 BetrVG Nr. 58; BAG, EzA § 102 BetrVG 1972 Nr. 71; BAG, EzA § 626 BGB Ausschlußfrist Nr. 5; LAG Hamm, LAGE § 1 KSchG Verhaltensbedingte Kündigung Nr. 43; LAG Hamm, AE 1998, 89 Nr. 263). 166

Der **tätliche Angriff auf einen Vorgesetzten** mit einem Messer stellt einen wichtigen Grund i. S. d. § 626 Abs. 1 BGB dar (LAG Hamm, NZA-RR 1996, 291).

Außerordentlich gekündigt werden kann auch derjenige, der **durch provokatorisches Verhalten den Ausbruch einer Schlägerei verursacht** oder dazu maßgeblich beigetragen hat (LAG Frankfurt, BB 1984, 1876). Ist der Angreifer nicht feststellbar, so können auch sämtliche Beteiligte an einer schweren tätlichen Auseinandersetzung gekündigt werden, wenn sie alle – ohne daß eine eindeutige Notwehrsituation für einen der Beteiligten gegeben war – aktiv an den Tätlichkeiten teilgenommen haben (LAG Frankfurt, BB 1984, 1876). Eine handgreifliche Auseinandersetzung zwischen einer Arbeitnehmerin und ihrem Vorgesetzten rechtfertigt dagegen in der Regel keine außerordentliche Kündigung, wenn der **Grund für die Auseinandersetzung in einer privaten Liebesbeziehung** beider zu suchen ist, aus welcher der Vorgesetzte sich lösen will (LAG Frankfurt, BB 1988, 980). 167

---

54 Vgl. auch „Kontrolleinrichtungen", „Schmiergelder, Geschenke", „Schwarzfahrten", „Spesenbetrug", „Tätlichkeiten", „Telefonate", „Üble Nachrede", „Verdachtskündigung".

### ■ Telefongespräche

**168** Führt ein Arbeitnehmer während der Arbeitszeit eine **Vielzahl privater Telefongespräche** und führen diese aufgrund ihrer Häufigkeit und Dauer zu einer Störung des Arbeitsablaufes oder zu einer erheblichen Beeinträchtigung der Arbeitsleistung, kann dies den Arbeitgeber nach vorheriger Abmahnung zu einer verhaltensbedingten Kündigung berechtigen (LAG Düsseldorf, BB 1963, 732; LAG Niedersachsen, LAGE § 1 KSchG Verhaltensbedingte Kündigung Nr. 63; ArbG Würzburg, NZA-RR 1998, 444, wonach auch eine außerordentliche Kündigung gerechtfertigt sein soll). Telefoniert ein Arbeitnehmer in nicht nur geringfügigem Umfang unberechtigt auf Kosten des Arbeitgebers und erstattet er diesem die verbrauchten Telefoneinheiten nicht zurück, begeht er einen **vollendeten Betrug** (ArbG Würzburg, NZA-RR 1998, 444). Hingegen kann eine verhaltensbedingte Kündigung ungerechtfertigt sein, wenn ein Arbeitnehmer, der von seinem dienstlichen Telefonanschluß grundsätzlich auch private Telefonate führen darf, von dieser Möglichkeit ausschweifend Gebrauch macht und es durch unzureichende Organisation zu einer verzögerten Abrechnung kommt (LAG Köln, LAGE § 1 KSchG Verhaltensbedingte Kündigung Nr. 66).

### ■ Tendenzbetrieb

**169** Setzt sich ein **Tendenzträger** zu der Tendenz des Betriebes in Widerspruch, ist eine verhaltensbedingte Kündigung grundsätzlich zulässig (BAG, EzA § 1 KSchG Tendenzbetrieb Nr. 5; BAG, AP Nr. 2 zu Art. 140 GG; ArbG Köln, EzA § 1 KSchG Tendenzbetrieb). Betätigt sich ein zu den Tendenzträgern eines Tendenzbetriebes gehörender Mitarbeiter außerdienstlich in einer **Organisation, die den Tendenzen seines Arbeitgebers zuwiderläuft**, kann dies einen verhaltensbedingten Kündigungsgrund abgeben (BAG, EzA § 1 KSchG Tendenzbetrieb Nr. 5; LAG Berlin, EzA § 1 KSchG Tendenzbetrieb Nr. 11). Eine Kündigung eines Arbeitnehmers, der ankündigt, künftig während der Arbeit die Maha der Bhagwan-Bewegung zu tragen, kann nach § 134 BGB i.V.m. Art. 3 Abs. 2 GG nichtig sein (LAG Düsseldorf, DB 1985, 391).

### ■ Üble Nachrede

**170** Verbreitet ein Arbeitnehmer im Betrieb in Beziehung zu seinem Dienstvorgesetzten Tatsachen, die den Tatbestand der **üblen Nachrede** erfüllen, so kann dies ein Grund für eine außerordentliche Kündigung des Arbeitnehmers sein (LAG Baden-Württemberg, DB 1968, 359; LAG Düsseldorf, DB 1969, 1300; LAG Nürnberg, AE 1999, 149). Ein wichtiger Grund ist hingegen dann zu verneinen, wenn der Arbeitgeber Aufwendungen macht, die seine finanziellen Kräfte übersteigen, und ein leitender Angestellter sich aus Sorge um den Betrieb und aus menschlich verständlichem Zorn gegen den Arbeitgeber zur üblen Nachrede hinreißen läßt (BAG, AP Nr. 8 zu § 70 HGB).

### ■ Unpünktlichkeit

**171** **Wiederholte Unpünktlichkeit** des Arbeitnehmers kann nach vorheriger Abmahnung ein Grund für eine verhaltensbedingte Kündigung sein (BAG, EzA § 611 BGB Abmahnung Nr. 5; BAG, RzK I 5 i Nr. 35; BAG, EzA § 1 KSchG Verhaltensbedingte Kündigung Nr. 37; BAG, 2 AZR 302/96, n. v.; BAG, 2 AZR 680/87, n. v.; LAG Baden-Württemberg, BB 1968, 1161; LAG Berlin, BB 1967, 1484; LAG Berlin, DB 1969, 136; LAG Düsseldorf, DB 1956, 528; LAG Düsseldorf, BB 1959, 1307; LAG Düsseldorf, DB 1975, 156; LAG Düsseldorf, BB 1980, 526; LAG Hamm, BB 1998, 275; LAG München, LAGE § 1 KSchG Verhaltensbedingte Kündigung Nr. 16; ArbG Frankfurt, NZA-RR 1999, 133). Wiederholte Unpünktlichkeiten können auch eine außerordentliche Kündigung rechtfertigen, wenn sie den Grad und die Auswirkung einer **beharrlichen Verweigerung der Arbeitspflicht** erreicht haben (BAG, EzA § 626 n. F. BGB Nr. 116; LAG Hamm, AuR 1970, 287).

Verstößt ein Arbeitnehmer in einem Betrieb mit Gleitarbeitszeit wiederholt gegen die **Kernarbeitszeitregelung**, kann auch dies eine verhaltensbedingte Kündigung rechtfertigen (LAG München, DB 1989, 283). Hingegen ist eine Kündigung wegen Zuspätkommens nicht gerechtfertigt, wenn der Arbeitnehmer **infolge eines gesetzlichen Ruhezeitanspruchs** die Arbeit nicht mit Beginn der eingeführten betrieblichen Arbeitszeit aufzunehmen braucht und somit berechtigt ist, später zu kommen (LAG Baden-Württemberg, BB 1968, 1161).

172

■ **Urlaubsantritt, Urlaubsverlängerung**

Vgl. „Selbstbeurlaubung, Urlaubsverlängerung".

173

■ **Verdachtskündigung**

Eine sog. **Verdachtskündigung** kann als außerordentliche und ordentliche Kündigung ausgesprochen werden (BAG, BB 1958, 83; BAG, EzA § 626 BGB Verdacht strafbarer Handlung Nr. 3; LAG Baden-Württemberg, DB 1968, 359; LAG Bremen, BB 1963, 938; LAG Bremen, BB 1966, 581).

174

Art. 6 Abs. 2 der Europäischen Menschenrechtskonvention steht der Zulässigkeit der Verdachtskündigung nicht entgegen (LAG Berlin, NZA 1997, 319).

Eine verhaltensbedingte Kündigung ist bereits dann gerechtfertigt, wenn die den Verdacht begründenden Tatsachen oder die im Zusammenhang mit dem Verdacht sich ergebenden Auswirkungen auf den Betrieb, seine Kunden und die übrigen Arbeitnehmer das notwendige **Vertrauen in die Redlichkeit des Arbeitnehmers erschüttern** (BAG, EzA § 626 BGB Nr. 5; LAG Schleswig-Holstein, BB 1985, 1017). Hierbei sind grundsätzlich die Tatsachen entscheidend, die **zum Zeitpunkt des Zugangs der Kündigung objektiv vorgelegen haben** (BAG, 2 AZR 397/85, n. v.). Auch Umstände, die erst später bekannt wurden, können berücksichtigt werden, wenn sie objektiv zum Zeitpunkt des Zugangs der Kündigung vorgelegen haben (BAG, EzA § 626 BGB Verdacht strafbarer Handlung Nr. 5). Voraussetzung ist nicht, daß der Arbeitnehmer den Verdacht **verschuldet** hat (BAG, AP Nr. 39 zu § 1 KSchG).

Ein entsprechender Tatverdacht kann bei einer **Anklageerhebung** und der **darauf folgenden Eröffnung des Hauptverfahrens** bejaht werden (LAG Köln, LAGE § 626 BGB Verdacht strafbarer Handlung Nr. 7). Stellt die Staatsanwaltschaft ein Ermittlungsverfahren ein, steht dies einer Verdachtskündigung nicht entgegen, dem Arbeitgeber bleibt es vielmehr unbenommen, einen entsprechenden Tatverdacht zu beweisen (BAG, EzA § 626 BGB Verdacht strafbarer Handlung Nr. 7).

175

Kassiert ein Kassierer von einem Kunden Geld, ohne den Kassiervorgang zu registrieren und die Einnahme der Kasse zuzuführen, ist der für eine Verdachtskündigung ausreichende Verdacht der Unterschlagung zu bejahen (LAG Köln, LAGE § 626 BGB Verdacht strafbarer Handlung Nr. 9). Eine außerordentliche Verdachtskündigung eines Leiters eines kommunalen Kindergartens ist gerechtfertigt, wenn anläßlich staatsanwaltlicher Ermittlungen auf dem privaten PC des Arbeitnehmers aus dem Internet heruntergeladene pornographische Darstellungen des Mißbrauchs von Kindern sichergestellt werden (ArbG Braunschweig, NZA-RR 1999, 192). Der begründete Verdacht der wiederholten Hehlerei gegenüber der Mitarbeiterin einer Polizeibehörde in den Diensträumen, stellt einen wichtigen Grund i. S.d. § 54 Abs. 1 BAT dar (ArbG Frankfurt, NZA-RR 1998, 355). Bei dem Verdacht des Diebstahls von drei Kaffeebechern im Gesamtwert von 9,84 DM, zwei Packungen Schinken im Wert von 5,38 DM und einer Flasche Pflanzenöl im Wert von 4,75 DM hat das LAG Hamburg eine außerordentliche Kündigung abgelehnt (NZA 1999, 469).

Die Verdachtskündigung kann bei Vorliegen eines schwerwiegenden **Verdachts einer arbeitsvertraglichen Pflichtverletzung** gerechtfertigt sein, der sich aus objektiven, im Zeitpunkt der Kündigung vorliegenden Tatsachen ergibt (BAG, EzA § 626 BGB Verdacht strafbarer Handlung Nr. 5; a.A. BAG, RzK I 8 c Nr. 32). Der Arbeitgeber muß prüfen, ob die vorgeworfene Pflichtwidrigkeit durch ein **plausibles Motiv** erklärbar ist (BAG, BAGE 16, 72).

Als Kündigungsgrund kommt nur ein solcher Verdacht in Betracht, der objektiv geeignet ist, einen verständigen und gerecht abwägenden Arbeitgeber zum Ausspruch der Kündigung zu veranlassen (BAG, NJW 1961, 1133). Besteht der dringende Verdacht einer schwerwiegenden Arbeitsvertragsverletzung (Erschleichung eines Arbeitsunfähigkeit bestätigenden ärztlichen Attests) oder/und daß sich der Arbeitnehmer nicht gesundheitsfördernd verhalten hat, ist kündigungsrechtlich eine Wahlfeststellung möglich (LAG Berlin, NZA-RR 1999, 523).

176 Bei dem Verdacht einer strafbaren Handlung muß die strafbare Handlung an sich geeignet sein, eine verhaltensbedingte Kündigung zu rechtfertigen (BAG, NJW 1961, 1133). Ferner muß dem verdächtigen Arbeitnehmer **Gelegenheit zur Stellungnahme** gegeben werden (BAG, EzA § 626 BGB n. F. Nr. 11), wobei die Anhörung des Arbeitnehmers Wirksamkeitsvoraussetzung der Kündigung ist (BAG, EzA § 102 BetrVG 1972 Nr. 62; BAG, EzA § 626 BGB Verdacht strafbarer Handlung Nr. 3). Hierbei muß die Stellungnahme des Arbeitnehmers demjenigen bekannt werden, der die Kündigungsentscheidung trifft (LAG Köln, LAGE § 626 BGB Verdacht strafbarer Handlung Nr. 3). Eine Anhörung des Arbeitnehmers vor Ausspruch der Kündigung ist nicht erforderlich, wenn sich dieser aufgrund eines Haftbefehls, der auch den Schluß auf gegen den Arbeitnehmer gerichtete Delikte zuläßt, in Untersuchungshaft befindet (LAG Düsseldorf, NZA-RR 1999, 640). Vor Ausspruch einer zweiten (ordentlichen) Verdachtskündigung ist eine **zweite Anhörung entbehrlich**, wenn der Arbeitgeber diese vorsorgliche Kündigung auf den gleichen Sachverhalt wie die erste (außerordentliche) Kündigung stützt (BAG, RzK I 8 c Nr. 18). Bringt der Arbeitnehmer **Tatsachen zu seiner Entlastung** vor, muß der Arbeitgeber diesen nachgehen (BAG, NZA 1995, 269). Hat der Arbeitnehmer im Rahmen einer Anhörung lediglich pauschal bestritten und hat der Arbeitgeber anschließend weitere Tatsachen ermittelt, stellt das Unterlassen einer erneuten Anhörung des Arbeitnehmers zu den ermittelten Tatsachen keine schuldhafte Obliegenheitsverletzung dar, die zur formellen Unwirksamkeit der Verdachtskündigung führen würde (LAG Düsseldorf, BB 1963, 732, LAG Niedersachsen, LAGE § 1 KSchG Verhaltensbedingte Kündigung Nr. 63). Hingegen ist der Arbeitnehmer vor der Verdachtskündigung erneut anzuhören, wenn durch eine konkrete Einlassung des Arbeitnehmers der Verdacht zerstreut wurde und erst die daraufhin durchgeführten Ermittlungen zu einer Widerlegung des Entlastungsvorbringens des Arbeitnehmers führten (BAG, BB 1995, 2655).

177 Zu berücksichtigen ist, daß der Verdacht einer strafbaren Handlung oder einer schweren Pflichtwidrigkeit ein **eigenständiger Kündigungsgrund i. S. des § 102 BetrVG** ist (BAG, EzA § 102 BetrVG 1972 Nr. 63; BAG, EzA § 626 BGB Verdacht strafbarer Handlung Nr. 6). Stützt der Arbeitgeber dem Betriebsrat gegenüber eine beabsichtigte ordentliche Kündigung allein auf den Vorwurf, der zu kündigende Arbeitnehmer habe eine bestimmte Straftat begangen, so kann er in Hinblick auf § 102 BetrVG die Kündigung später nicht auf den bloßen Verdacht der entsprechenden Straftat stützen (BAG, EzA § 102 BetrVG 1972 Nr. 63). Hingegen kann der Arbeitgeber in Betrieben ohne Betriebsrat den bloßen Verdacht im Kündigungsschutzprozeß als Kündigungsgrund nachschieben (BAG, RzK I 8 c Nr. 37).

Der Arbeitgeber kann wegen eines nach wie vor bestehenden Verdachtes **erneut fristgerecht kündigen**, auch wenn eine zuvor wegen einer Straftat des Arbeitnehmers erklärte außerordentliche Kündigung aufgrund fehlenden Beweises der Straftatbegehung rechtskräftig für unwirksam erklärt worden ist (BAG, RzK I 8 e Nr. 19), wobei sich auch keine Beschränkungen aus dem Präklusionsprinzip ergeben (BAG, EzA § 626 BGB n. F. Nr. 97).[55]

■ **Vorsorgeuntersuchung**

Die beharrliche Weigerung (hier: über mehrere Monate hinweg), an einer von der Berufsgenossenschaft durch Unfallverhütungsvorschriften vorgeschriebenen Vorsorgeuntersuchung teilzunehmen, kann Grund für eine verhaltensbedingte Kündigung sein (LAG Düsseldorf, NZA-RR 1997, 88). Einem tariflich altersgesicherten Arbeitnehmer kann in diesem Fall auch außerordentlich mit einer sozialen Auslauffrist gekündigt werden, da der Arbeitnehmer ohne die vorgeschriebenen Untersuchungen nicht mehr an seinem Arbeitsplatz beschäftigt werden kann (LAG Düsseldorf, NZA-RR 1997, 88).

178

■ **Vorstrafen**

Verschweigt der Arbeitnehmer bei der Einstellung auf ausdrückliches Befragen einschlägige Vorstrafen, kann eine verhaltensbedingte ordentliche Kündigung gerechtfertigt sein (BAG, EzA § 123 BGB Nr. 1; BAG, AP Nr. 7 zu § 1 KSchG Verhaltensbedingte Kündigung; LAG Stuttgart, BB 1968, 128; ArbG Hamburg, BB 1980, 316). Hierbei kommt es für die Einstufung einer Straftat als einschlägig auf einen objektiven Maßstab an (BAG, AP Nr. 6 zu § 276 BGB Verschulden bei Vertragsabschluß; BAG, AP Nr. 7 zu § 1 KSchG Verhaltensbedingte Kündigung). Fragt der Arbeitgeber unzulässigerweise nach Vorstrafen und hat der Arbeitnehmer wahrheitswidrig seine Straffreiheit zugesichert, ist eine verhaltensbedingte Kündigung nicht gerechtfertigt (BAG, AP Nr. 7 zu § 1 KSchG Verhaltensbedingte Kündigung; ArbG Hamburg, BB 1980, 316; ArbG Wesel, BB 1968, 914).[56]

179

■ **Wettbewerbstätigkeit**

Vgl. „Konkurrenztätigkeit"

180

■ **Widerruf einer Behauptung**

Weigert sich ein Arbeitnehmer, eine Behauptung zu widerrufen, deren Unwahrheit allenfalls möglich ist, ist eine verhaltensbedingte Kündigung nicht gerechtfertigt; Voraussetzung der Rechtfertigung der Kündigung ist, daß die Unwahrheit der Behauptung feststeht (LAG Köln, NZA-RR 1998, 395).

181

---

55 Vgl. auch „Betriebsgeheimnisse", „Krankheitsvortäuschung".
56 Vgl. auch Alphabet der personenbedingten Kündigungssachverhalte „Eignung, fachliche und persönliche".

# Kapitel 2: Abwicklungs- und Aufhebungsverträge

## Literatur

**Ahrend/Förster/Rößler**, Steuerrecht der betrieblichen Altersversorgung mit arbeitsrechtlicher Grundlegung, Loseblatt, Stand 1997; **Bartenbach/Volz**, Arbeitnehmererfindungsrecht – einschließlich Verbesserungsvorschlagwesen, 1996; **Bauer**, Arbeitsrechtliche Aufhebungsverträge, 5. Aufl. 1997; **ders.**, Beiderseitige und einseitige Ausschlußfristen, NZA 1987, 440; **ders.**, Ausscheiden leitender Angestellter und Mitwirkung des Sprecherausschusses, BB 1991, 274; **ders.**, Steuerliche Optimierung von Abfindungen, NZA 1991, 617; **ders.**, Beseitigung von Aufhebungsverträgen, NZA 1992, 1015; **ders.**, Unwirksame Aufhebungsverträge, NJW 1994, 980; **ders.**, Kündigung und Kündigungsschutz vertretungsberechtigter Organmitglieder, BB 1994, 855; **ders.**, Spiel mit Worten, NZA 1994, 440; **ders.**, Grundregeln erfolgreicher Verhandlungsführung, NZA 1994, 578; **ders.**, Outsourcing out?, BB 1994, 1433; **ders.**, Steuerliche Tücken bei Aufhebungsverträgen, NZA 1996, 729; **Bauer/Baeck**, Die Anrechnung anderweitigen Verdienstes bei der Freistellung eines Arbeitnehmers, NZA 1989, 784; **dies.**, Indirekte Wettbewerbsverbote, DB 1995, 426; **Bauer/Diller**, Indirekte Wettbewerbsverbote, DB 1995, 426; **dies.**, Karenzentschädigung und bedingte Wettbewerbsverbote bei Organmitgliedern, BB 1995, 1134; **dies.**, Zur Inhaltskontrolle von Aufhebungsverträgen, DB 1995, 1810; **dies.**, Zulässige und unzulässige Bedingungen in Wettbewerbsverboten, DB 1997, 94; **dies.**, Wechselwirkungen zwischen Wettbewerbstätigkeit, Ruhestand und betrieblicher Altersversorgung, BB 1997, 990; **Bauer/Haußmann**, Der Rücktritt vom Aufhebungsvertrag, BB 1996, 901; **Bauer/Röder**, Anrechnung von Abfindungen auf das Arbeitslosengeld nach neuem Recht, (§§ 115 a AFG, 140 SGB III.) BB 1997, 834; **Bengelsdorf**, Aufhebungsvertrag und Abfindungsvereinbarungen, 2. Aufl. 1994; **ders.**, Der gesetz- und verfassungswidrige Zugriff auf die arbeitsrechtliche Beendigungsfreiheit, NZA 1994, 193; **ders.**, Arbeitsrechtlicher Aufhebungsvertrag und gestörte Vertragsparität, BB 1995, 978; **ders.**, Plädoyer für Beendigungsfreiheit, BB 1996, 904; **Berger-Delhey**, Arbeitsrechtliche Probleme des Arbeitgeberdarlehens, DB 1990, 837; **Boecken**, Berücksichtigung anderweitigen Erwerbs gemäß § 615 S. 2 BGB, NJW 1995, 3218; **Buchner**, Wettbewerbsverbote, 1996; **Compensis**, Die Vererblichkeit von Sozialplansprüchen und anderen Abfindungen, DB 1992, 888; **Dieterich**, Grundgesetz und Privatautonomie im Arbeitsrecht, RdA 1995, 1229; **Ehrich**, Recht des Arbeitnehmers zum Widerruf eines Aufhebungsvertrages wegen „Überrumpelung" durch den Arbeitgeber?, DB 1992, 2239; **Ernst**, Aufhebungsverträge zur Beendigung von Arbeitsverhältnissen, 1992; **Felix**, Zulässigkeit und Besonderheiten auflösend bedingter Arbeitsverträge, NZA 1994, 1111; **Gagel**, Sicherung des sozialen Schutzes durch „richtige" Wahl des Zeitpunktes für die Auflösung des Arbeitsverhältnisses und den Antrag auf Sozialleistung, AuR 1992, 255; **Gagel/Vogt**, Beendigung von Arbeitsverhältnissen, 5. Aufl. 1996; **Gehrmann**, Steuerbegünstigungen für Abfindungsleistungen anläßlich der Auflösung von Arbeitsverhältnissen, StBp 1994, 222 u. 258; **Gerauer**, Die Fälligkeit der Abfindung vor Beendigung des Arbeitsverhältnisses, BB 1988, 1817; **Gitter/Boerner**, Altersgrenzen in Tarifverträgen, RdA 1990, 129; **Große**, Rechtliche Gestaltungsmöglichkeiten zur vorzeitigen Beendigung des Berufsausbildungsverhältnisses, BB 1993, 2081; **Grunewald**, Der arbeitsrechtliche Abwicklungsvertrag – Alternative oder Ende des arbeitsrechtlichen Aufhebungsvertrages?, NZA 1994, 441; **Grunsky**, Voraussetzungen einer Entschädigungszusage nach § 74 Abs. 1 HGB, NZA 1988, 713; **Heldmann**, Lohnsteuernachforderungen des Finanzamts und ihr Ausgleich im Arbeitsverhältnis, NZA 1992, 489; **Henssler**, Das Anstellungsverhältnis der Organmitglieder, RdA 1992, 289; **ders.**, Was ist von der Altersgrenze geblieben, DB 1993, 1669; **Heubeck/Höhne/Paulsdorf/Weinert**, Kommentar zum Betriebsrentengesetz, 2. Aufl. 1982; **Höfer**, Gesetz zur Verbesserung der betrieblichen Altersversorgung in zwei Bänden; **Holly/Friedhofen**, Keine Erstattung von Arbeitslosengeld gemäß § 128 AFG trotz Abfindungszahlung nach sozialgerechtfertigter Kündigung, DB 1995, 474; **Holthäuser/Rolfs**, Die Beendigung des Arbeitsverhältnisses mit älteren Arbeitnehmern, DB 1995, 1074; **Hoß/Ehrich**, Hinweis- und Aufklärungspflichten des Arbeitgebers beim Abschluß von Aufhebungsverträgen, DB 1997, 625; **Hümmerich**, Die arbeitsgerichtliche Abfindung, NZA 1999, 342; **ders.**, Abschied vom arbeitsrechtlichen Aufhebungsvertrag, NZA 1994, 200; **ders.**, Die zum Ausscheiden vereinbarte Kündigungsschutzklage, DB 1994, 1722; **ders.**, Der Abwicklungsvertrag, in: Brennpunkte des ArbeitsR, 1995, S. 249; **ders.**, Letztmals: Abschied vom arbeitsrechtlichen Aufhebungsvertrag, NZA 1994, 833; **ders.**, Plädoyer für den arbeitsrechtlichen Aufhebungsvertrag, AuR 1994, 256 ff.; **ders.**, Abwicklungsvertrag contra Aufhebungsvertrag, NJW 1996, 2081; **ders.**, Neue Einflußgrößen für Aufhebungs- und Abwicklungsvertrag, NZA 1997, 409; **ders.**, Von der Verantwortung der Arbeitsrechtsprechung für die Volkswirtschaft, NZA 1996, 1289; **ders.**, Acht aktuelle Urteile beim Abwicklungsvertrag – Ein Leistungsvergleich zwischen Aufhebungs- und Abwicklungsvertrag nach neuem Recht, BB 1999, 1868; **Hümmerich/Spirolke**, Sozialplanabfindung und Eigenkündigung des Arbeitnehmers, BB 1995, 42; **dies.**, Steuerliche Gestaltung von Abfindungen, NZA 1998, S. 225; **dies.**, Betriebsbedingte Kündigung im Wandel – Neue Wege zum rechtssicheren Personalabbau, NZA 1998, 797; **dies.**, Die arbeitsrechtliche Abfindung im neuen Steuerrecht, NJW 1999, 1663; **Hümmerich/Mauer**, Neue BAG-Rechtsprechung zur Anhörung des Betriebsrats bei Kündigungen, DB 1997, 165; **Jaeger**, Der Anstellungsvertrag des GmbH-Geschäftsführers, 3. Aufl. 1994; **Kothe-Häggemann/Dahlbender**, Ist der

GmbH-Geschäftsführer nach Abberufung weiterhin zur Arbeitsleistung verpflichtet?, GmbHR 1996, 56; **Kunz**, Betriebs- und Geschäftsgeheimnisse und Wettbewerbsverbot während der Dauer und nach Beendigung des Anstellungsverhältnisses, DB 1993, 2482; **Löwisch**, Kommentar zum Sprecherausschußgesetz, 2. Aufl. 1994; **ders.**, Mitwirkungsrechte des Sprecherausschusses beim Ausscheiden leitender Angestellter aufgrund von Aufhebungsverträgen, BB 1990, 1412; **Luckey**, Suspendierung und Schmerzensgeldanspruch des Arbeitnehmers, NZA 1992, 873; **Lutter/Hommelhoff**, GmbH-Gesetz, 14. Aufl. 1995; **Molkenbuhr**, Pflicht zur Geheimniswahrung nach Ende des Arbeitsverhältnisses?, BB 1990, 1196; **Moll**, Altersgrenzen in Kollektivverträgen, DB 1992, 475; **Moritz**, Die Ausgleichsquittung – Privatautonomie im Arbeitsrecht?, BB 1979, 1610; **Müller**, Arbeitsrechtliche Aufhebungsverträge, Möglichkeiten und Grenzen der einvernehmlichen Beendigung von Arbeitsverhältnissen, 1991; **Müller**, Schriftformgebot bei Kündigungen, AuR 1992, 147; **Nägele**, Aufklärungs- und Hinweispflichten des Arbeitgebers bei Abschluß eines Aufhebungsvertrages, BB 1992, 1274; **ders.**, Problem beim Einsatz von Dienstfahrzeugen, NZA 1997, 1196; **Nebendahl**, Ansprüche eines GmbH-Geschäftsführers aus betrieblicher Übung?, NZA 1992, 289; **Neef/Schrader**, Behandlung der Abfindung nach dem SGB III, DB 1999, 281; **Offerhaus**, Gestaltungsspielräume bei an Arbeitnehmer gezahlten Abfindungen und Entschädigungen, DB 1982, Beil. 10; **ders.**, Steuerrechtliche Vorteile bei vorzeitiger (Teil-)Beendigung eines Dienstverhältnisses, FR 1989, 138; **ders.**, Zur Besteuerung von Arbeitgeberleistungen bei Auflösung und Änderung eines Dienstverhältnisses, DB 1991, 2456; **ders.**, Zu den Voraussetzungen für eine Zusammenballung von Arbeitgeberentschädigungsleistungen, DB 1993, 651; **ders.**, Zur Steuerbegünstigung von Entschädigungsleistungen eines Arbeitgebers, DStZ 1994, 225; **ders.**, Zur Besteuerung von Arbeitgeberleistungen bei Auflösung eines Dienstverhältnisses oder bei Nichtwiedereinstellung, DB 1994, 167; **ders.**, Neue Steuerrechtsfragen zur Entschädigung von Arbeitnehmern bei Auflösung des Dienstverhältnisses, DStZ 1997, 108; **Oßwald**, Der (bedingte) Aufhebungsvertrag im Arbeitsrecht und Privatautonomie im Kündigungsschutzrecht, Dissertation, Würzburg 1990; **Ostheimer**, Die Auslegung von Versorgungsverträgen, DB 1993, 1974; **Plander**, Die Ausgleichsquittung als Rechtsanwendungs- und Gesetzgebungsproblem, DB 1986, 1873; **Propp**, Abfindungen aus dem Arbeitsverhältnis, DB 1993, 734; **Preis**, Grundfragen der Vertragsgestaltung im Arbeitsrecht, 1993; **Preis/Gotthardt**, Schriftformerfordernis für Kündigungen, Aufhebungsverträge und Befristungen nach § 623 BGB, NZA 2000, 348; **Rockstroh/Polduwe**, Berücksichtigung von Abfindungen beim Arbeitslosengeld, DB 1999, 529; **Röder/Beck**, Interessenausgleich und Sozialplan, 2. Aufl. 1997; **Röder/Lingemann**, Schicksal von Vorstand und Geschäftsführer bei Unternehmensumwandlungen und Unternehmensveräußerungen, DB 1993, 1341; **Schaub**, Gesetz zur Vereinfachung und Beschleunigung des arbeitsgerichtlichen Verfahrens, NZA 2000, 344; **Schiefer/Köster**, Pro und Contra des arbeitsrechtlichen Aufhebungsvertrages, WiB 1995, 489 u. 531; **Schleßmann**, Das Arbeitszeugnis, 14. Aufl. 1994; **Schmidt**, Ablösung verbindlicher Wiedereinstellungszusagen, FR 1993, 359; **Schmits**, Die Vertretung der Aktiengesellschaft gegenüber ausgeschiedenen Vorstandsmitgliedern, AG 1992, 149; **Schulz**, Trennung – Eine Katastrophe oder eine Chance für den Neubeginn?, BB 1990, 1054; **Schwerdtner**, Der Abwicklungsvertrag, in: Brennpunkte des ArbeitsR 1995, S. 261; **von Seggern**, Sperrzeit gegen Arbeitslose wegen Lösung des Beschäftigungsverhältnisses, AuR 1997, 99; **Sowka**, Befristete Arbeitsverträge nach dem Beschäftigungsförderungsgesetz, BB 1997, 677; **Strunk**, Die einkommensteuerrechtliche Behandlung von Entlassungsentschädigungen an Arbeitnehmer, DStR 1994, 249; **Waltermann**, Sozialrechtliche Konsequenzen arbeitsrechtlicher Aufhebungsverträge, NJW 1992, 1136; **Weber/Ehrich/Hoß**, Handbuch der arbeitsrechtlichen Aufhebungsverträge, 1996; **Weber/Ehrich**, Prozessuale Folgen der Unwirksamkeit von Aufhebungsvereinbarungen bei Kündigungsschutzklagen, DB 1995, 2369; **Weber-Grellet**, Abfindungen und Entschädigungen in Vergangenheit, Gegenwart und Zukunft, DStR 1993, 261; **Wichmann**, Die Frage nach der Bindungswirkung in der Anpassungsauskunft, DStR 1989, 771; **Winderlich**, Annahmeverzug bei einseitiger Freistellung, BB 1991, 271; **Wißkirchen**, Die steuerliche Behandlung von Entlassungsentschädigungen ab 1999, NZA 1999, 405; **Wißkirchen/Worzolla**, Aktuelle Fragen zu arbeitsrechtlichen Aufhebungsverträgen, DB 1994, 577; **Wlotzke**, Einschränkungen des Kündigungsschutzes durch Anhebung der Schwellenzahl und Veränderungen bei der Sozialauswahl, DB 1997, 414; **Zwanziger**, Aufhebungsverträge und Vertragsfreiheit, BB 1996, 903.

## A. Erläuterungen

182 In der anwaltlichen Praxis nimmt die Mitwirkung an der Gestaltung von Aufhebungs- und Abwicklungsverträgen bei der Beendigung von Arbeitsverhältnissen einen breiten Raum ein. Dementsprechend befaßt sich die Darstellung mit den einzelnen Vertragsklauseln bei Aufhebungs- und Abwicklungsverträgen, auch unter Berücksichtigung der über das Arbeitsrecht hinausgehenden steuer- und sozialversicherungsrechtlichen Einflußgrößen.

Rechtsprechung und die arbeitsförderungs- wie steuerrechtliche Gesetzgebung halten die Rechtsmaterie rund um die Beendigung von Arbeitsverhältnissen im Fluß. Die Änderungen des Arbeitsrechtlichen Beschäftigungsförderungsgesetzes wurden Ende 1998 weitgehend rückgängig gemacht[57] und die für die Masse der Arbeitslosen noch gar nicht zur Anwendung gekommene, neue Abfindungsanrechnungsregelung in § 140 SGB III wurde aufgehoben. An ihre Stelle ist § 143 a SGB III getreten, der mit § 117 AFG inhaltsgleich ist, gleichzeitig wurde der frühere § 128 AFG wieder eingeführt bzw. nicht, wie im AFRG vorgesehen, in Fortfall gebracht.[58] Die nachfolgende Darstellung basiert auf dem Gesetzgebungs- und Rechtsprechungsstand vom April 1999.

183

Die Erläuterungen und Textbausteine unterscheiden zwischen **Aufhebungs-** und **Abwicklungsvertrag**. In der 2. Auflage war noch beiden Vertragstypen jeweils ein eigenständiges Kapitel (§ 10 = Aufhebungsvertrag, § 11 = Abwicklungsvertrag) gewidmet. Aus Praktikabilitätsgründen wurden die beiden Kapitel jetzt in § 11 zusammengefaßt. Die Rechtslage im Umfeld der beiden Vertragstypen und zu den Vertragsklauseln ergibt sich aus einer einheitlichen Gesetzgebung und Rechtsprechung. Der dogmatische Unterschied wird nachfolgend erläutert.

184

Grundlage der Unterscheidung zwischen den beiden Vertragstypen bleibt die zwischenzeitlich gängige Differenzierung, wonach durch einen **Aufhebungsvertrag** das **Arbeitsverhältnis einvernehmlich von den Parteien beende**t wird, ohne daß zuvor seitens des Arbeitgebers eine Kündigung ausgesprochen wurde.[59] Dem Abwicklungsvertrag geht eine arbeitgeberseitige Kündigung des Arbeitsverhältnisses voraus. Im **Abwicklungsvertrag** bringt der Arbeitnehmer zum Ausdruck, die **Kündigung hinzunehmen** und regelt mit dem Arbeitgeber ferner **einvernehmlich Pflichten und Rechte im Zusammenhang mit der Beendigung des Arbeitsverhältnisses**.[60] Diese Unterscheidung hat sich zwischenzeitlich nach anfänglicher Kritik[61] durchgesetzt.[62]

185

Die Kunst des Rechtsanwalts bei der Gestaltung eines Aufhebungs- oder Abwicklungsvertrages besteht darin, die **Interessen** trennungswilliger Arbeitgeber und Arbeitnehmer **zu verbinden mit den verschiedenen Rechtsquellen**, die als Rahmenbedingungen Vorgaben für die gesetzlich nicht geregelten Aufhebungs- und Abwicklungsverträge enthalten. Die juristischen Rahmenbedingung entstammen dem **Arbeits-, Arbeitsförderungs- und Steuerrecht**. Rechtsprechung und eine umfangreiche Literatur haben dazu geführt, daß Formulierungsnuancen zu höchst unterschiedlichen ökonomischen Auswirkungen für die Beteiligten führen. Arbeitet der Rechtsanwalt in die Abfindung dem Arbeitnehmer noch aus der Vergangenheit zustehende Gehaltsansprüche ein, ist dieser Teil der Abfindung nicht steuerfrei.[63] Hat der beratende Rechtsanwalt dagegen für die Zeit bis zum Ablauf der ordentlichen Kündigungsfrist das Gehalt in die Abfindung einfließen lassen, ist die Abfindung bis zu den alters- und betriebszugehörigkeitsabhängigen Höchstbetragsgrenzen steuerfrei.[64] Läßt der

186

---

57 Gesetz zu Korrekturen in der Sozialversicherung und zur Sicherung der Arbeitnehmerrechte (SozVersArbRKorrektG) v. 19.12.1998, BGBl. I 1998, 3843.
58 Als § 147 a SGB III.
59 *Bauer*, Arbeitsrechtliche Aufhebungsverträge, 6. Aufl., Rn 109.
60 Vgl. *Hümmerich* in: Brennpunkte des Arbeitsrechts, 1995, S. 249; *ders.*, NZA 1994, 200; *ders.*, NJW 1996, 2081; *ders.*, ArbuR 1994, 256 f.; *ders.*, NZA 1994, 833.
61 *Grunewald*, NZA 1994, 441; Bauer, NZA 1994, 440.
62 *Grunewald*, ArbuR 1994, 260; *Holly/Friedhofen*, DB 1995, 454; *Holthäuser/Rolfs*, DB 1995, 1074; *Schiefer/Köster*, WiB 1995, 489; *Bauer*, Arbeitsrechtliche Aufhebungsverträge, 6. Aufl., Rn 109 f.; a.A. wohl *Schaub*, Arbeitsrechtshandbuch, § 122 I 1a;.
63 BFH, Urt. v. 10.10.1986, BStBl. II 1987, 186.
64 BFH, Urt. v. 17.05.1977, BB 1977, 1288; Urt. v. 18.12.1981, BB 1982, 538.

Rechtsanwalt die Gehälter kapitalisieren und behandelt die Dateien im Aufhebungsvertrag des Arbeitsverhältnisses vorzeitig unter Verzicht auf die vertragliche Kündigungsfrist, verliert der Arbeitnehmer nach § 144 SGB III[65] durch das vorzeitige Ende des Arbeitsverhältnisses zunächst für die Dauer von drei Monaten den Anspruch auf Arbeitslosengeld (Sperrzeit). Macht sich der Arbeitnehmer nach dem Ausscheiden aus dem Arbeitsverhältnis selbständig, muß ihn die arbeitsförderungsrechtliche Komponente seiner Vertragsgestaltung nicht interessieren. Kurzum: Es ist das arbeitsvertragsrechtliche, rentenversicherungsrechtliche, das steuer- und arbeitsförderungsrechtliche Umfeld, das neben der Verhandlungskunst des Rechtsanwalts bei der Preisbildung für den Beendigungstatbestand über den tatsächlichen Wert eines Aufhebungs- oder Abwicklungsvertrages entscheidet.

### 1. Die Vorteile des Abwicklungsvertrags

187 Beim Abwicklungsvertrag wird das Arbeitsverhältnis nicht durch den Vertrag, sondern durch die **Kündigung** beendet. Der Abwicklungsvertrag begleitet das vom Arbeitgeber ausgeübte Gestaltungsrecht durch eine vertragliche Vereinbarung der Modalitäten der Beendigung des Arbeitsverhältnisses. Der außergerichtliche Abwicklungsvertrag wird meist in den ersten drei Wochen nach Kündigungszugang, der gerichtliche Abwicklungsvertrag als Prozeßvergleich im Kündigungsprozeß geschlossen. Wurde zwischen Arbeitgeber und Arbeitnehmer keine Vorabsprache getroffen und ist die arbeitgeberseitige Kündigung nicht offensichtlich rechtswidrig,[66] findet die Sperrzeitregelung in § 144 SGB III keine Anwendung. Der über einen Abwicklungsvertrag ausscheidende Arbeitnehmer kann nahtlos mit dem Ende seines Arbeitsverhältnisses, sofern die übrigen Anspruchsvoraussetzungen erfüllt sind,[67] Arbeitslosengeld in Anspruch nehmen. Die derzeitige, verschärfte Praxis der Arbeitsämter aufgrund neuer Weisungslagen geht dahin, nur noch bei Abwicklungsverträgen von Sperrzeitanordnungen Abstand zu nehmen. Aufhebungsverträge führen zu einer dreimonatigen Sperrzeit.

Der Abwicklungsvertrag ist, völlig zu Unrecht, teilweise ins Gerede gekommen.[68] Der Abwicklungsvertrag ist weder „ein Spiel mit Worten", noch eine manipulative Gestaltungsform, um den Arbeitnehmer vor wirtschaftlichen Sanktionen aus dem Bereich des Arbeitslosenversicherungsrechts zu schützen, auch wenn eine entsprechende Wirkung unbestreitbar ist. Der frühere Vorteil, der darin bestand, daß eine Nichtanrechnung von Abfindungen auf Arbeitslosengeld beim Abwicklungsvertrag die sichere Regel war, ist durch die Umgestaltung von § 140 SGB III, durch das Einarbeiten des früheren § 117 AFG und die Aufhebung der Regelanwendung zurückgekehrt. Abfindungen aus Abwicklungsverträgen werden nicht mehr in gleicher Weise auf das Arbeitslosengeld angerechnet wie Abfindungen aus Aufhebungsverträgen.[69] Auch durch die Rückkehr des Gesetzgebers zu § 128 AFG in das neue SGB III ab 1. 4. 1999 erhält der Abwicklungsvertrag einen erneuten Anwendungsanreiz.[70]

188 Der Abwicklungsvertrag dürfte heute in der Praxis mindestens so häufig vorkommen wie der Aufhebungsvertrag, ohne daß allerdings bislang für den definitorischen Unterschied zwischen Aufhebungs-

---

65 Bis zum 01.04.1997 §§ 119, 119 a AFG.
66 Siehe BSG, Urt. v. 09.11.1995, NZA-RR 1997, 109.
67 Siehe § 4 Kap. 2 Rn 230 ff.
68 Siehe nur: *Schwerdtner*, Brennpunkte des Arbeitsrechts, 1995, 249; *Bauer*, NZA 1994, 440; *Grunewald*, NZA 1994, 441; *Gagel/Vogt*, Beendigung von Arbeitsverhältnissen, 5. Aufl., Rn 282.
69 Anders noch die Rechtslage bis zum 6. 4. 1999, aus damaliger Sicht siehe *Hümmerich*, NZA 1997, 413.
70 Siehe bereits hierzu in der Vergangenheit *Hümmerich*, DB 1994, 1722.

und Abwicklungsvertrag allerorten ein Bewußtsein besteht. Immer dann, wenn der Beendigungsvereinbarung über ein Arbeitsverhältnis eine Kündigung vorausgeht, handelt es sich um einen Abwicklungsvertrag. Jeder **Vergleich** im Kündigungsschutzprozeß ist ein Abwicklungsvertrag, wenn das Arbeitsverhältnis beendet wird. Auch außerhalb von Kündigungsschutzprozessen schließen die Parteien häufig innerhalb der 3-Wochen-Frist vor Klageerhebung oder im Verlaufe eines Rechtsstreits einen Abwicklungsvertrag. Was ist wohl sprachlich gefälliger, von einem „Aufhebungsvertrag in Form der Hinnahme einer Kündigung"[71] oder von einem „Abwicklungsvertrag"[72] zu sprechen?

Der **Vorteil des Abwicklungsvertrags** besteht u. a. darin, daß er zu dauerhaftem Rechtsfrieden zwischen den Parteien führt. Der Abwicklungsvertrag kann nicht nach § 123 BGB vom Arbeitnehmer nachträglich angefochten werden, denn die Anfechtung beseitigt nur eine eigene Willenserklärung. Beim Abwicklungsvertrag tritt die Beendigung des Arbeitsverhältnisses bekanntlich nicht durch eine eigene Willenserklärung des Arbeitnehmers, sondern durch die gestaltende Kündigungserklärung des Arbeitgebers ein. Erklärt der gekündigte Arbeitnehmer nach Zugang der Kündigung, „Ich nehme die Kündigung an und verzichte auf ein Klagerecht", liegt darin bereits ein Klageverzichtsvertrag, sofern die Erklärung vom Arbeitgeber, ggf. nach § 151 BGB, angenommen wird.[73]

189

Der Abwicklungsvertrag bietet darüber hinaus eine Reihe weiterer Vorteile wie die für den Rechtsanwalt nicht unbedeutende Gewißheit, daß die **Rechtsschutzversicherung** des Arbeitnehmers **Deckungsschutz** erteilt.[74]

Beim Abwicklungsvertrag können die gleichen Vertragsklauseln Verwendung finden wie beim Aufhebungsvertrag. Noch hat sich keine verbindliche Praxis eingebürgert, wie der Arbeitnehmer zum Ausdruck bringen kann, daß er die gestaltende Wirkung der arbeitgeberseitigen Kündigungserklärung hinnimmt. Hier bietet sich einmal eine **Präambel-Lösung** an,[75] oder eine Verzichtserklärung auf die Erhebung einer Kündigungsschutzklage.[76] Mit Blick auf das Arbeitsamt für geschickter halte ich die Erklärung des Arbeitnehmers in der Erledigungserklärung, „gegen die Kündigung werden keine Einwendungen erhoben". Diese Erklärung stellt einen wirksamen Verzicht auf Erhebung einer Kündigungsschutzklage dar[77] und springt dem Sachbearbeiter des Arbeitsamts nicht gleich ins Auge, so daß er in Erwägung zieht, ob über die Hinnahme der Kündigung hinaus evtl. auch rechtsgeschäftliche Vereinbarungen oder Vorfeldabsprachen über die Beendigung des Arbeitsverhältnisses getroffen wurden.

190

Erklärt der gekündigte Arbeitnehmer nach Zugang der Kündigung: „Ich nehme die Kündigung an und verzichte auf ein Klagerecht", liegt darin ein klarer Verzichtsvertrag, sofern die Erklärung vom Arbeitgeber, gegebenenfalls nach § 151 BGB, angenommen wird.[78] Die aus freien Stücken abgegebene und nicht etwa vom Arbeitgeber vorformulierte Erklärung des Arbeitnehmers, eine vom Arbeitgeber ausgesprochene Kündigung zu „akzeptieren" kann auszulegen sein als Erklärung, eine eventuelle Unwirksamkeit der Kündigung nicht geltend zu machen. Eine solche Erklärung des Arbeitnehmers kann als Vergleich oder Klageverzichtsvertrag angesehen werden, wenn eine Kündigung ausdrücklich als fristlose nicht, wohl aber als ordentliche Kündigung akzeptiert wurde, verbunden

---

71 *Bauer*, Arbeitsrechtliche Aufhebungsverträge, Rn 110.
72 *Hümmerich*, NZA 1994, 833.
73 LAG Rheinland-Pfalz, Urt. v. 22.07.1997, LAGE § 4 KSchG Verzicht Nr. 3.
74 Zu den weiteren Vorteilen: *Hümmerich*, NJW 1996, 2081.
75 Beispiel Muster 2270, § 4 Kap. 2 M 444; Muster 2276, § 4 Kap. 2 M 448.
76 Siehe Muster 2273, § 1, in diesem Buch § 4 Kap. 2 M 445.
77 BAG, Urt. v. 06.04.1977, AP Nr. 4 zu § 4 KSchG 1969.
78 LAG Rheinland-Pfalz, Urt. v. 22.07.1997, LAGE § 4 KSchG Verzicht Nr. 3.

mit der Aufforderung an den Arbeitgeber, das Arbeitsverhältnis „zur Vermeidung einer arbeitsgerichtlichen Klage" abzuwickeln.[79] Dieser Verzicht erstreckt sich auf alle Unwirksamkeitsgründe einschließlich solcher, die bei Abgabe der Erklärung noch nicht bekannt waren, wie beispielsweise eine Schwangerschaft. Liegt eine zunächst noch nicht bekannte Schwangerschaft vor, kommt grundsätzlich eine Irrtumsanfechtung nicht in Betracht.[80]

191 Die **Präambel-Lösung** bietet Gelegenheit, Finanzamt und Arbeitsamt die Hintergründe der Kündigung zu schildern und damit weitere Ermittlungen überflüssig zu machen. Wurde die Kündigung ursprünglich aus verhaltensbedingten Gründen ausgesprochen, hat sich aber beispielsweise im Kündigungsschutzprozeß erwiesen, daß diese Gründe nicht bestehen oder vom Arbeitgeber nicht bewiesen werden können, kann der Arbeitgeber in einer Präambel des Abwicklungsvertrages oder zu Protokoll des Gerichts erklären, daß sich die ursprünglichen Gründe als nicht stichhaltig erwiesen haben und es aber nunmehr dem Arbeitnehmer seinerseits, weil er im Betrieb derart ins Gerede gekommen ist oder derart in Konflikte hineingezogen wurde, die ihm auf Dauer anhaften werden, nicht mehr zuzumuten ist, an seinen Arbeitsplatz zurückzukehren. M.E. müßte eine solche Erklärung dazu führen, daß aus der Sicht des Arbeitsamtes ein wichtiger Grund im Sinne von § 144 SGB III besteht und gleichzeitig dem Finanzamt deutlich machen, daß die Kündigung arbeitgeberseitig veranlaßt und die Abfindung damit bis zum Betrag von 18.000,- DM steuerfrei ist.[81]

192 Auch der kurzzeitig nicht anwendbare **Abwicklungsvertrag mit vereinbarter Kündigungsschutzklage**[82] wird wieder zu diskutieren sein, weil der spezielle Vorteil dieser Vereinbarung mit der Rückkehr von § 128 AFG in den Gesetzesalltag als § 147 a SGB III wieder an Bedeutung gewonnen hat. § 147 a SGB III, der von einer Erstattungspflicht des Arbeitgebers bei Kündigung älterer Arbeitnehmer ausgeht und u. a. bei gerichtlich festgestellten, betriebsbedingten Kündigungen hiervon absieht, sollte zum 01.04.1999 ersatzlos aufgehoben werden. Vielleicht mag es auch die Rechtskonstruktion des aufschiebend bedingten Abwicklungsvertrags gewesen sein, durch die der Abwicklungsvertrag insgesamt in eine fehlgeleitete Diskussion geraten war. Angemerkt sei, daß auch *Bauer* diese Unterform des Abwicklungsvertrages stets für wirksam gehalten hat.[83]

193 Das psychologische Argument gegen den Abwicklungsvertrag, seine Verwendung erscheine geeignet, Mißtrauen bei der Arbeitsverwaltung zu wecken, die darin einen Versuch sehe, die einvernehmliche Lösung des Beschäftigungsverhältnisses im Sinne von § 119 AFG[84] zu kaschieren,[85] dürfte angesichts der gesetzlichen **Neuregelung zur Anrechnung von Abfindungen** in § 143 a SGB III und angesichts des in den Dienstanweisungen umgesetzten Urteils des BSG vom 09.11.1995[86] an Durchschlagskraft verloren haben. Der Gesetzgeber hat in § 143 a SGB III nunmehr zum Ausdruck gebracht, daß er nur noch den beiderseitigen Verzicht der Vertragsparteien auf die Kündigungsfrist für einen zur Abfindungsanrechnung berechtigenden Tatbestand hält. Haben sich Arbeitgeber und Arbeitnehmer hierüber nicht verständigt, fehlt es künftig an jeder Anrechnungsbefugnis des Arbeitsamts. Mit dem Abwicklungsvertrag ist der Arbeitnehmer immer außen vor, bei der Abfindungsanrechnung **und** bei der Sperrzeitanordnung. Die Bundesanstalt wird sich im übrigen angesichts der

---

79 LAG Köln, Urt. v. 07.11.1997, LAGE § 4 KSchG Verzicht Nr. 2.
80 LAG Köln, Urt. v. 07.11.1997, LAGE § 4 KSchG Verzicht Nr. 2.
81 § 3 Ziff. 9 EStG n.F.
82 Vgl. *Hümmerich* in: Brennpunkte des Arbeitsrechts 1995, 249; *ders.*, DB 1994, 1722.
83 *Bauer/Diller*, BB 1992, 2285.
84 Jetzt 144 SGB III.
85 *Pauly/Steinweg*, in: *Heidel/Pauly/Amend*, AnwaltFormulare, Kapitel 3, Rn 360.
86 NZA-RR 1997, 109.

Änderungen im SGB III dazu durchringen müssen, ihre Dienstanweisungen alsbald zu entschärfen und auch inhaltlich der neuen Gesetzeslage anzupassen.

Gegen den Abwicklungsvertrag spricht eigentlich nur, daß der mit Kündigungen generell verbundene Aufwand wie **Beteiligung des Betriebsrats** oder, bei Schwerbehinderten, **Einholung der Zustimmung der Hauptfürsorgestelle**, zu betreiben ist, der beim Aufhebungsvertrag entfällt.[87] Dieser Aufwand ist ein gesetzlich vorgeschriebener Aufwand. Im übrigen muß ein Schwerbehinderter heute, wenn er ohne Einschaltung der Hauptfürsorgestelle einen Aufhebungsvertrag schließt, mit einer Sperrzeit nach § 144 SGB III rechnen. Für diese Fälle wird das bei vielen städtischen Fürsorgestellen gebräuchliche Muster,[88] empfohlen. Die Argumente gegen den Abwicklungsvertrag reduzieren sich allein bei Betrieben mit Betriebsrat darauf, daß noch eine Anhörung des Betriebsrats vor Ausspruch der Kündigung stattfinden muß, wenngleich *Bauer* hierzu die Auffassung vertritt, daß durch die bloße Akzeptanz eines durch eine ausgesprochene Kündigung genannten Beendigungsdatums ein Arbeitsverhältnis wirksam beendet werden könne. Dies entspreche der seit Jahrzehnten von den Gerichten für Arbeitssachen geübten Praxis beim Abschluß gerichtlicher Aufhebungsverträge. Hier handele es sich nämlich in erster Linie um Abwicklungsverträge, weil im Kündigungsschutzprozeß logischerweise die Kündigung vorausgehe. Es sei noch niemand auf den Gedanken gekommen, der Arbeitnehmer könne sich später darauf berufen, der Vergleich sei unwirksam, weil der Betriebsrat hinsichtlich der dem Vergleich vorausgegangenen Kündigung nicht (ordnungsgemäß) angehört worden sei.[89] Häufig genug geschehe schließlich auch, daß ein Abmahnungsprozeß in einem gerichtlichen Vergleich über die Kündigung des Arbeitsverhältnisses ende, ohne daß der Betriebsrat zu der Kündigung oder Beendigung nach § 102 BetrVG zuvor angehört worden wäre.

Vor Ausspruch einer Kündigung kann der Arbeitgeber nicht wissen, ob es zum Abschluß eines Abwicklungsvertrages kommt. Hört er den Betriebsrat nicht an, riskiert er die Nichtigkeit der Kündigung.

Wird dagegen im Abwicklungsvertrag die Kündigung hingenommen, dürfte sich das Fehlen einer Anhörung des Betriebsrats nicht auf die Wirksamkeit des Abwicklungsvertrages auswirken.[90] Die spätere Berufung des Arbeitnehmers auf die Nichtigkeit der Kündigung verstößt gegen §§ 162, 242 BGB, weil das zweiseitige Rechtsgeschäft nach § 158 Abs. 1 BGB unter die Bedingung gestellt wurde, daß das vorangegangene, einseitige Rechtsgeschäft als wirksam behandelt wird.[91] Zudem bietet die im Abwicklungsvertrag niedergelegte Erklärung, daß keine Einwendungen gegen die Kündigung erhoben werden, einen wirksamen Schutz vor einem Wiederaufleben des Arbeitsverhältnisses.[92]

In den meisten Präambeln zu Abwicklungsverträgen, dürfte eine **betriebsbedingte Kündigung** Anlaß zur Arbeitsverhältnisbeendigung sein. In diesen Fällen sollte man die Kündigung auch als eine „betriebsbedingte" Kündigung bezeichnen. Zu der verschiedentlich auch von Richtern geübten Praxis, verhaltensbedingte Kündigungen, die mit betrieblichen Umständen in Zusammenhang stehen (Beispiel: vom Arbeitnehmer behauptetes Mobbing) als „Kündigung aus betrieblichen Gründen" zu bezeichnen, wird nicht geraten. Der Sachbearbeiter beim Arbeitsamt mag vielleicht in der Eile des

---

87 *Germelmann*, NZA 1997, 236, 244.
88 Muster 2239, § 4 Kap. 2 M 435. Dieses Muster kann auch in der Variation als Abwicklungsvertrag benutzt werden, wenn die Hauptfürsorgestelle der Kündigung zugestimmt hat.
89 *Bauer*, Arbeitsrechtliche Aufhebungsverträge, Rn 325a.
90 Siehe hierzu: *Hümmerich*, NZA 1994, 834; *ders.*, ArbuR 1994, 259.
91 *Hümmerich*, ArbuR 1994, 259.
92 Siehe Fn 278.

Alltags überlesen, daß im Prozeßvergleich oder im Abwicklungsvertrag nicht von „betriebsbedingten Gründen", sondern von „betrieblichen Gründen" die Rede ist. Betriebliche Gründe kennt das Kündigungsschutzgesetz nicht.

Alle Vertragsklauseln des Aufhebungsvertrages können auch beim Abwicklungsvertrag verwendet werden, soweit sie keine Einigungselemente über die Beendigung des Arbeitsverhältnisses enthalten. Das Klauselalphabet gilt für beide Vertragstypen der Arbeitsverhältnisbeendigung.

197 Ein Aufhebungsvertrag liegt immer dann vor, wenn das Arbeitsverhältnis durch übereinstimmende Willenserklärungen der Vertragsparteien beendet wird. Dies ist auch dann der Fall, wenn der Arbeitnehmer eine Eigenkündigung zu einem bestimmten Zeitpunkt ausspricht, der vor dem Ende der vertraglich vereinbarten Kündigungsfrist liegt. In diesem Fall ist eine Auflösung des Arbeitsverhältnisses zu dem vom Arbeitnehmer gewünschten Zeitpunkt nur mit Einverständnis des Arbeitgebers möglich. Unbeschadet der Bezeichnung dieses Rechtsgeschäfts schließen die Vertragsparteien daher mit der Zustimmung des Arbeitgebers zur vorzeitigen Kündigung des Arbeitnehmers einen Auflösungsvertrag.

Die Rückdatierung einer fristlosen Eigenkündigung führt nicht dazu, daß der kündigende Arbeitnehmer sich auf seine eigene Sittenwidrigkeit berufen kann und hieraus die Fortsetzung des Arbeitsverhältnisses folgt. Der fristlos kündigende Arbeitnehmer kann die Unwirksamkeit seiner Erklärung nicht damit begründen, es habe kein wichtiger Grund vorgelegen, denn die Einhaltung der Fristen dient ausschließlich dem Erklärungsempfänger nicht aber dem Schutz des Erklärenden.[93]

### 2. Arbeitsvertragliches Umfeld

#### a) Form von Abwicklungs- und Aufhebungsvertrag

198 Der Aufhebungsvertrag ist eine von mehreren Gestaltungsvarianten neben Kündigung, Anfechtung, Wegfall der Geschäftsgrundlage und Fristende bei befristetem Arbeitsvertrag.[94] Es ergibt sich aus dem Grundsatz der Vertragsfreiheit, daß über einen arbeitsrechtlichen Aufhebungsvertrag ein Arbeitsverhältnis für die Zukunft einvernehmlich beendet werden kann.[95]

199 Die Tarifvertragsparteien konnten den Aufhebungsvertrag **bislang formlos** schließen, soweit nicht einzelvertraglich oder durch Tarifverträge Schriftform vorgeschrieben war. Verlangten Tarifverträge nach der Schriftform, handelte es sich um ein Schriftformerfordernis nach § 126 BGB.[96] Der Abschluß eines Aufhebungsvertrages durch Briefwechsel oder durch Unterzeichnung eines Fax-Schreibens, auf dem nur die per Fax übermittelte Unterschrift einer der Vertragsparteien enthalten ist, erfüllt das Schriftformerfordernis nicht. § 126 BGB verlangt stets Original-Unterschriften.[97]

200 Mit Inkrafttreten des **Arbeitsgerichtsbeschleunigungsgesetzes**[98] **zum 01.05.2000** bedürfen gemäß § 623 BGB Auflösungsverträge – und damit in jedem Falle Aufhebungsverträge – der **Schriftform**. Damit ändert sich die bisherige Rechtslage grundlegend. Auf den Streit, ob eine in Arbeitsverträgen enthaltene Schriftformklausel auch Änderungen und Ergänzungen des Vertrages erfaßt,

---

[93] LAG Köln, Urt. v. 15.09.1998 – 13 Sa 467/98, ARST 1999, 69.
[94] BAG, Urt. v. 24.08.1995, NZA 1996, 29.
[95] *Bauer,* Arbeitsrechtliche Aufhebungsverträge, Rn 7.
[96] BAG, Urt. v. 06.09.1972, AP Nr. 2 zu § 4 BAT.
[97] BGH, Urt. v. 28.01.1993, DB 1993, 975.
[98] Gesetz zur Vereinfachung und Beschleunigung des arbeitsgerichtlichen Verfahrens (Arbeitsgerichtsbeschleunigungsgesetz) vom 30.03.2000, BGBl. I 2000, 333; siehe hierzu auch *Düwell,* FA 2000, 219.

kommt es nicht mehr an.[99] Ob eine individualvertragliche Schriftformklausel mit Abschluß eines mündlichen Aufhebungsvertrages von den Parteien konkludent formlos aufgehoben werden kann,[100] ist künftig ohne Belang. Ein Aufhebungsvertrag kann auch nicht mehr durch schlüssiges Verhalten vereinbart werden, wie gerade im gewerblichen Bereich vielfach angenommen wurde. Künftig muß jeder Aufhebungsvertrag unter Beachtung der Form des § 126 BGB geschlossen werden. Durch eine sog. Fax-Klausel kann ein gesetzliches Schriftformerfordernis nicht beseitigt werden. Die Mißachtung der Schriftform führt nach § 125 BGB zur Nichtigkeit des Aufhebungsvertrages.

Gegenwärtig durch die Rechtsprechung noch ungeklärt ist die Frage, ob auch **Abwicklungsverträge** dem Schriftformerfordernis nach § 623 BGB unterliegen. Die Kündigung, über die das Arbeitsverhältnis vor Abschluß eines Abwicklungsvertrages beendet wird, ist fraglos nach § 623 BGB der Schriftform unterworfen. Die nachfolgende vertragliche Vereinbarung von Modalitäten bei Beendigung des Arbeitsverhältnisses (Abwicklungsvertrag) unterliegt nach hier vertretener Auffassung nicht dem Schriftformerfordernis.[101] Schon bei rein sprachlicher Betrachtung führt der Abwicklungsvertrag nicht zu einem Lösen des Arbeitsverhältnisses. Dogmatisch findet die Beendigung des Arbeitsverhältnisses beim Abwicklungsvertrag durch die Kündigung und nicht durch den Vertragsschluß statt. Schließlich findet § 144 SGB III beim Abwicklungsvertrag, anders als beim Aufhebungsvertrag, gerade deshalb keine Anwendung, weil durch den Abwicklungsvertrag das Arbeitsverhältnis nicht „gelöst" wird. Der Abwicklungsvertrag läßt sich mithin nicht unter die bedauerlicherweise in § 623 BGB nicht definierte Formulierung „Auflösungsvertrag" subsumieren. 201

**Minderjährigen** ist es, ausgenommen bei Berufsausbildungsverträgen, gestattet, sofern sie über eine Ermächtigung nach § 113 Abs. 1 Satz 1 BGB verfügen, ein Arbeitsverhältnis einzugehen und somit auch einen Aufhebungs- oder Abwicklungsvertrag zu schließen.[102] 202

Haben sich die Parteien mündlich über die wesentlichen Punkte eines Abwicklungs- oder Aufhebungsvertrages geeinigt und soll der vollständige Vertrag schriftlich vom Arbeitgeber dem Arbeitnehmer zur Unterschrift zugesandt werden, kommt der Vertrag gemäß den Vermutungen in § 154 BGB im Zweifel erst mit der Unterzeichnung der Vertragsurkunde wirksam zustande. Die mündliche Abrede allein dient zur Vertragsbegründung nur, wenn im Rahmen der Vertragsverhandlungen erkennbar Einigkeit darüber erzielt wurde, daß der Vertrag trotz der bewußten Einigungslücken schon wirksam sein sollte und die Schriftform nur Beweiszwecken dienen sollte, oder wenn die Parteien bereits mit der Durchführung des Vertrages begonnen haben.[103] 203

Eine Besonderheit besteht beim Abschluß von Abwicklungs- und Aufhebungsverträgen von Arbeitnehmern, die bei **kirchlichen Einrichtungen im Bereich des Erzbistums Köln** beschäftigt sind. Nach § 14 des Gesetzes über die Verwaltung des katholischen Kirchenvermögens verpflichtet eine Willenserklärung des Kirchenvorstandes die Kirchengemeinde nur, wenn sie vom Vorsitzenden des Kirchenvorstandes oder seinem Stellvertreter und zwei Mitgliedern schriftlich unter Bedrückung des Amtssiegels abgegeben wird. 204

---

99 Siehe LAG Hamm, Urt. v. 23.02.1999, 13 Sa 663/98, wonach ein Aufhebungsvertrag auch im Falle einer Schriftformklausel nicht der Schriftform bedarf.
100 BAG, Urt. v. 04.06.1963, AP Nr. 1 zu § 127 BGB.
101 Ebenso *Preis/Gotthardt*, NZA 2000, 348 (354); a.A.: *Schaub*, NZA 2000, 344.
102 LAG Hamm, Urt. v. 08.09.1970, DB 1971, 779; a.A. LAG Bremen, Urt. v. 15.10.1971, DB 1971, 2318, für den Fall einer schwangeren Minderjährigen.
103 ArbG Frankfurt, Urt. v. 09.07.1998, ARST 1998, 195.

### b) Bedingte Aufhebungsverträge

205 Bedingte Aufhebungsverträge sind generell nicht wirksam, wenn und soweit sie dem Arbeitnehmer durch die Bedingung den Schutz zwingender Kündigungsvorschriften nehmen.[104] Unwirksam ist ein Aufhebungsvertrag, der regelt, daß das Arbeitsverhältnis endet, wenn der Mitarbeiter nach dem Ende seines Urlaubs die Arbeit an einem vereinbarten Tag nicht wieder aufnimmt.[105] Ebenso unwirksam ist eine Vereinbarung, wonach das Arbeitsverhältnis zum Urlaubsende aufgelöst wird, dem Arbeitnehmer aber gleichzeitig die Wiedereinstellung zu seinen bisherigen Arbeitsbedingungen unter der Voraussetzung zugesagt wird, daß er einen entsprechenden Antrag an einem bestimmten, nach dem Urlaubsende liegenden Tag stellt.[106] Unwirksam ist auch der Abschluß eines Aufhebungsvertrages mit einem alkoholgefährdeten Mitarbeiter, wonach das Arbeitsverhältnis an einem bestimmten Tag endet, wenn bis zu diesem Tag der Arbeitnehmer wieder Alkohol zu sich genommen hat.[107]

206 Mit einem **Auszubildenden** läßt sich auch nicht wirksam ein Ausbildungsverhältnis beenden unter der Bedingung, daß das Zeugnis des Auszubildenden im nächsten Berufsschulhalbjahr in bestimmten, im Vertrag näher aufgeführten Fächern die Note „mangelhaft" aufweist.[108]

207 Keine Gestaltungsbedenken bestehen bei Vereinbarung einer „**Heimkehrklausel**". Enthält der Aufhebungsvertrag die Regelung, daß der Mitarbeiter für den Fall der endgültigen Rückkehr in seine Heimat nach Beendigung des Arbeitsverhältnisses eine Abfindung erhält, werden die §§ 9, 10 KSchG nach Auffassung des BAG nicht umgangen.[109]

208 *Bauer*[110] weist auf zwei widersprüchliche Entscheidungen des LAG Baden-Württemberg zu auflösend bedingten Aufhebungsverträgen hin. Als Prozeßvergleich soll ein aufschiebend bedingter Aufhebungsvertrag wirksam,[111] als außergerichtlicher Aufhebungsvertrag soll er unwirksam sein.[112] Im gerichtlichen Vergleich hatte sich eine Arbeitnehmerin verpflichtet, daß das Arbeitsverhältnis zu einem bestimmten Datum ende, wenn sie im Zeitraum eines Jahres mehr als 10 % der in diesen Zeitraum fallenden Arbeitstage krankheitsbedingt fehle.

Wird ein unbefristetes Arbeitsverhältnis durch gerichtlichen oder außergerichtlichen Aufhebungsvertrag beendet und sieht die Vereinbarung eine über die ordentliche Kündigungsfrist hinausgehende soziale Auslauffrist vor, bedarf es für die Auslauffrist keines gesonderten sachlichen Grundes im Sinne der Befristungsrechtsprechung.[113]

### c) Nichtige Aufhebungsverträge

209 Ein Nachteil des Aufhebungsvertrages im unmittelbaren Vergleich mit dem Abwicklungsvertrag besteht darin, daß der Aufhebungsvertrag gemäß einer wenig kalkulierbaren Rechtsprechung des Bundesarbeitsgerichts wegen widerrechtlicher Drohung angefochten werden kann. Den damit entstehen-

---

104 BAG, Urt. 20.12.1984, AP Nr. 9 zu § 620 BGB, Bedingung; Urt. v. 04.12.1991, DB 1992, 948; Urt. v. 11.10.1995, DB 1996, 891.
105 BAG, Urt. 19.12.1974, NJW 1975, 1531.
106 BAG, Urt. v. 25.06.1987, NZA 1988, 391.
107 LAG München, Urt. v. 20.10.1987, NZA 1988, 586.
108 BAG, Urt. v. 05.12.1985, NZA 1987, 20.
109 BAG, Urt. v. 07.05.1987, NZA 1988, 15.
110 Arbeitsrechtliche Aufhebungsverträge, Rn 26 f.
111 LAG Baden-Württemberg, Urt. v. 15.12.1981, DB 1982, 1989.
112 LAG Baden-Württemberg, Urt. v. 15.10.1990, BB 1991, 209.
113 BAG, Urt. 04.12.1991, EzA, § 620 BGB, Nr. 113.

den Vorteil des Abwicklungsvertrages[114] räumt auch *Bauer*[115] inzwischen ein. Wenig kalkulierbar ist die Rechtsprechung des Bundesarbeitsgerichts zur **Anfechtung eines Aufhebungsvertrages**, weil sie auf einen homunculus setzt, einen verständig denkenden Arbeitgeber, aus dessen Perspektive zu beurteilen sein soll, ob man bei einem bestimmten Sachverhalt, der zum Abschluß des Aufhebungsvertrages geführt hat, als verständiger Arbeitgeber dem Arbeitnehmer gegenüber eine Kündigung in Erwägung gezogen haben würde oder nicht. Andersherum formuliert: Für Arbeitgeber und Arbeitnehmer stellt sich die Frage, ob und unter welchen Voraussetzungen der Arbeitgeber für den Fall der Nichtunterzeichnung eines Aufhebungsvertrages durch den Arbeitnehmer den Ausspruch einer Beendigungskündigung in Aussicht stellen darf.[116]

Nach der BAG Rechtsprechung ist die Androhung einer ordentlichen oder fristlosen Kündigung widerrechtlich i. S. von § 123 Abs. 1 BGB, wenn ein „verständiger Arbeitgeber" eine solche Kündigung „ernsthaft nicht in Erwägung gezogen" hätte.[117]

**Nicht widerrechtlich** handelt ein Arbeitgeber, wenn er einem Heimleiter eine Kündigung in Aussicht stellt, weil dieser sich zu Lasten der psychiatrisch Erkrankten einen Telefonanschluß, Telefaxanschluß und ein Telefaxgerät in seine Wohnung hatte legen lassen.[118] Nicht widerrechtlich ist die Drohung mit einer Kündigung in Kombination mit einem Aufhebungsvertragsangebot, wenn der Arbeitnehmer dem Arbeitgeber gefälschte Arbeitsunfähigkeitsbescheinigungen vorgelegt hat.[119] Andererseits war die Androhung einer Kündigung bei einer Krankenschwester, die in drei Jahren an ca. 600 Tagen gefehlt hatte und während einer längeren Arbeitsunfähigkeitsperiode in ihrer tschechischen Heimat den Führerschein gemacht hatte, widerrechtlich.[120] Die Entscheidung ist zu Recht kritisiert worden.[121] Diese Entscheidung zeigt einmal mehr, wie problematisch die Anfechtungsrechtsprechung des BAG ist. *Bauer*[122] hat sich seit jeher mit Recht distanziert gegenüber der Anfechtungsrechtsprechung des BAG geäußert. Zwar hat das BAG erklärt,[123] der Anfechtungsprozeß nach § 123 BGB dürfe nicht wie ein fiktiver Kündigungsschutzprozeß behandelt werden. Tatsächlich aber entsteht, wenn der Arbeitgeber im Gespräch über die Beendigung des Arbeitsverhältnisses eine Kündigung als Alternative zum Aufhebungsvertrag aufzeigt, stets eine Drohung im Sinne von § 123 BGB. Die Widerrechtlichkeit bemißt sich an einer fiktiven Subsumtion des Sachverhalts unter die Tatbestandsvoraussetzungen einer wirksamen Kündigung, sei es nach § 1 Abs. 2 KSchG, sei es nach § 626 BGB. Auch wenn man über die Kunstfigur des „verständigen Arbeitgebers" die Rechtsprüfung auf einer eher summarischen Ebene führt, wirft diese Rechtsprechung eine Reihe kritischer Fragen auf.[124]

**Rechtssicherheit** wird durch die Anfechtungsrechtsprechung des BAG bei Abschluß eines Aufhebungsvertrages **nicht gewährt**, denn meist ist es der Arbeitgeber, der an den Arbeitnehmer mit dem

---

114 *Hümmerich*, NJW 1996, 2081.
115 Arbeitsrechtliche Aufhebungsverträge, Rn 110.
116 *Weber/Ehrich*, NZA 1997, 414.
117 BAG, Urt. v. 30.03.1960, AP Nr. 8 zu § 123 BGB; Urt. v. 20.11.1969, AP Nr. 16 zu § 123 BGB; Urt. v. 24.01.1985, AP Nr. 8 zu § 1 TVG, Tarifverträge: Einzelhandel; Urt. v. 30.09.1993, NZA 1994, 209; Urt. v. 09.03.1995, NZA 1996, 875; Urt. v. 14.02.1996, 811; Urt. v. 21.03.1996, DB 1996, 1879.
118 BAG, Urt. v. 31.01.1996, NZA 1996, 756.
119 BAG, Urt. v. 14.02.1996, NZA 1996, 811.
120 BAG, Urt. v. 21.03.1996, NZA 1996, 1030.
121 *Weber/Ehrich*, NZA 1997, 415 f.
122 Arbeitsrechtliche Aufhebungsverträge, Rn 98; ders., NZA 1992, 1015.
123 Urt. v. 30.01.1986, NZA 1987, 91.
124 *Bauer*, Arbeitsrechtliche Aufhebungsverträge, Rn 98; *Weber/Ehrich*, NZA 1997, 416.

Vorschlag herantritt, einen Aufhebungsvertrag zu schließen. Die Alternative, ob benannt oder unbenannt, steht in diesem Augenblick zwangsläufig im Raum und diese Alternative kann nur heißen: Kündigung. In der BAG-Rechtsprechung kommt erkennbar zu kurz, daß der Aufhebungsvertrag ein Verhandlungsergebnis mit Vergleichsinhalt darstellt, das ein Produkt wechselseitigen Forderns und Nachgebens ist.

Hat der Arbeitnehmer einen Aufhebungsvertrag wegen widerrechtlicher Drohung seitens des Arbeitgebers nach § 123 BGB wirksam angefochten, so kann das Recht des Arbeitnehmers, die Nichtigkeit des Aufhebungsvertrages klageweise geltend zu machen, nach der Rechtsprechung des BAG[125] nur unter ganz außergewöhnlichen Umständen verwirken. Bei der Prüfung des erforderlichen Zeitmoments ist zu berücksichtigen, daß der Gesetzgeber dem Bedrohten schon für die Anfechtung in § 124 BGB eine Überlegungsfrist von einem Jahr einräumt. Der Drohende muß sich deshalb nach Treu und Glauben regelmäßig damit abfinden, daß der Bedrohte die Nichtigkeit des Rechtsgeschäfts auch noch einige Monate nach der Anfechtung und Klageandrohung klageweise geltend macht.

212 Mit Gestaltungsmitteln läßt sich eine der Kernschwachstellen des arbeitsrechtlichen Aufhebungsvertrages, die durch die Rechtsprechung des BAG ausgestaltete Anfechtungsbefugnis des Arbeitnehmers nach § 123 BGB, nicht beseitigen. Eine Formulierung, mit der beide Seiten auf ein etwaiges Anfechtungsrecht verzichten, ist unwirksam, weil die Anfechtung nach § 123 BGB auch den Anfechtungsverzicht erfaßt.[126] Die BAG-Rechtsprechung zur Anfechtung nach § 123 BGB erstreckt sich auch auf die Eigenkündigung eines Arbeitnehmers, die dieser aufgrund der Ankündigung, anderenfalls werde der Arbeitgeber kündigen, ausgesprochen hat.[127]

213 Die Berufung des Arbeitgebers auf den Aufhebungsvertrag stellt eine unzulässige Rechtsausübung dar, wenn die **Vereinbarung unter Zeitdruck** zustandegekommen ist. Das BAG hat mit Urteil vom 30.09.1993[128] die Überrumpelungsentscheidung des LAG Hamburg[129] im Ergebnis, nicht jedoch in der Begründung bestätigt, und in einer weiteren Entscheidung die Grundsätze seiner Anfechtungs-Rechtsprechung wiederholt.[130]

War der Arbeitnehmer bei Abschluß des Aufhebungsvertrags durch einen Rechtsanwalt oder einen Gewerkschaftssekretär vertreten und hatte er vor Abschluß des Aufhebungsvertrags eine angemessene Bedenkzeit, scheidet eine Anfechtung wegen widerrechtlicher Drohung aus.[131]

Veranlaßt der Arbeitgeber die Arbeitnehmer seines Betriebes im Rahmen einer Betriebsveräußerung zum Abschluß von Aufhebungsverträgen, um sie dann mit dem Erwerber neue Arbeitsverträge schließen zu lassen, sind die Aufhebungsverträge gemäß §§ 134, 613 a Abs. 4 BGB nichtig.[132]

214 Ein Aufhebungsvertrag ist **nicht** bereits nach § 138 Abs. 1 BGB deshalb **sittenwidrig**, weil der Arbeitgeber dem Arbeitnehmer weder eine **Bedenkzeit** noch ein **Rücktritts- und Widerrufsrecht** eingeräumt und ihm auch das Thema des beabsichtigten Gesprächs vorher nicht mitgeteilt hat.[133] Um

---

125 Urt. v. 06.11.1997, NZA 1998, 374.
126 *Bauer*, Arbeitsrechtliche Aufhebungsverträge, Rn 106; *Weber/Ehrich/Hoß*, Handbuch der arbeitsrechtlichen Aufhebungsverträge, 1996, Rn 684.
127 BAG, Urt. v. 29.03.1995, NZA 1996, 875.
128 NZA 1994, 209.
129 Urt. v. 03.07.1991, LAGE zu § 611 BGB, Aufhebungsvertrag, Nr. 6.
130 BAG, Urt. v. 14.02.1996, NZA 1996, 811; LAG Mecklenburg-Vorpommern, Urt. v. 06.09.1995, NZA 1996, 535.
131 *Bauer*, Arbeitsrechtliche Aufhebungsverträge, Rn 101; *Weber/Ehrich/Hoß*, Handbuch der arbeitsrechtlichen Aufhebungsverträge, Teil 1, Rn 675.
132 BAG, Urt. v. 28.04.1987, NZA 1988, 198.
133 BAG, Urt. v. 30.09.1993, AP Nr. 37 zu § 123 BGB.

zu den Feststellungen einer Sittenwidrigkeit zu gelangen, müssen besondere Umstände hinzutreten, die das Geschäft nach seinem Gesamtcharakter nach § 138 BGB sittenwidrig machen.[134] Sittenwidrigkeit wird ferner dann angenommen, wenn ein besonders **grobes Mißverhältnis zwischen Leistung und Gegenleistung** besteht, das auf eine verwerfliche Gesinnung des Begünstigten schließen läßt.[135] Bei arbeitsrechtlichen Aufhebungsverträgen reicht für die Annahme der Nichtigkeit nicht aus, daß der Aufhebungsvertrag keine Abfindung enthält.[136] Ein Aufhebungsvertrag dagegen, der die Abfindung einer Versorgungsanwartschaft durch einen Kapitalbetrag vorsieht, kann gegen die guten Sitten verstoßen, wenn zwischen dem Nachgeben des Arbeitnehmers und dem Nachgeben des Arbeitgebers ein grobes Mißverhältnis besteht.[137]

**215** Die Instanzrechtsprechung verneint regelmäßig ein Rücktritts- bzw. Widerrufsrecht aus dem Grund, daß der Arbeitgeber dem Arbeitnehmer keine Bedenkzeit eingeräumt und ihm das Thema des Verhandlungsgespräches auch nicht vorher mitgeteilt hat. Ein Handwerksmeister, der seinen Malergesellen und seine einzelkaufmännische Angestellte der Konkurrenztätigkeit bezichtigte, bestellte die beiden in sein Büro. Die beiden Mitarbeiter saßen einem fünfköpfigen Arbeitgeberaufgebot gegenüber. Am Ende dieses Gesprächs unterschrieb der Malergeselle eine vorbereitete Eigenkündigung und die kaufmännische Angestellte einen Aufhebungsvertrag mit einer Abfindung von DM 6.000,00. Beide fochten ihre Willenserklärungen wenige Tage später an. Ihre Klagen wurden vom LAG Köln[138] abgewiesen. Wer, wie die kaufmännische Angestellte, sieben Tage nach Abschluß des ursprünglich u.U. anfechtbaren Aufhebungsvertrages den über die vereinbarte Abfindung ausgestellten und erhaltenen Scheck einlöse, bestätige damit den Aufhebungsvertrag (§ 144 BGB) und könne ihn schon deshalb weitere vier Tage später nicht mehr anfechten. Im übrigen, so das LAG Köln,[139] existiere bei Verhandlungen über einen Aufhebungsvertrag und entsprechend über eine Eigenkündigung des Mitarbeiters kein strukturelles Ungleichgewicht, da den Arbeitgebervorstellungen ein einfaches „Nein" entgegengesetzt werden könne. Daran ändere auch die Zahl der Verhandlungsbeteiligten nichts.

Gehen Arbeitgeber und Arbeitnehmer von einem vom Arbeitnehmer vorsätzlich verursachten Schaden in Höhe von 270.000,00 DM aus und einigen sich die Parteien auf Vorschlag des Arbeitnehmers auf eine Ausgleichszahlung in Höhe von 120.000,00 DM, zeigt sich allerdings später, daß der Schaden tatsächlich nur 100.000,00 DM beträgt, verstößt der Aufhebungsvertrag nicht gegen die guten Sitten.[140] Ein **Prozeßvergleich**, in dem einerseits die Beendigung des Arbeitsverhältnisses gegen Zahlung einer Abfindung und andererseits ein Schadensersatzanspruch des Arbeitgebers wegen einer Pflichtverletzung des Klägers geregelt wird, kann teilweise hinsichtlich der bezüglich des Schadensersatzanspruchs getroffenen Regelung angefochten werden, wenn nach dem hypothetischen Parteiwillen davon ausgegangen werden kann, daß der nicht angefochtene Teil des Vergleichs auch ohne die angefochtene Regelung vorgenommen sein würde.[141]

**216** Handelt der zur Geschäftsführung befugte Gesellschafter einer bürgerlich-rechtlichen Gesellschaft beim Abschluß eines arbeitsrechtlichen Aufhebungsvertrages mit der Vertragspartnerin in kollusivem Zusammenwirken zu Lasten der Gesellschaft und konnte die Vertragspartnerin dies erkennen, so

---

134 BAG, Urt. v. 30.09.1993, NZA 1994, 209.
135 BAG, Urt. v. 30.07.1985, AP Nr. 39 zu § 138 BGB.
136 *Weber/Ehrich/Hoß*, Handbuch der arbeitsrechtlichen Aufhebungsverträge, 1996, Teil 1, Rn 706.
137 BAG, Urt. v. 30.07.1985, NZA 1986, 519.
138 Urt. v. 06.06.1997 (11 Sa 1310/96 u. 11 Sa 1328/96), ARST 1998, 161.
139 Urt. v. 06.06.1997 (11 Sa 1310/96 u. 11 Sa 1328/96), ARST 1998, 161.
140 BAG, Urt. v. 30.09.1993, AP Nr. 37 zu § 138 BGB.
141 LAG Niedersachsen, Urt. v. 08.06.1999, NZA-RR 2000, 63.

kann sie sich auf die Wirksamkeit des Vertrages nicht berufen.[142] Auch für den Arbeitnehmer schafft der Aufhebungsvertrags damit nicht immer Rechtssicherheit.

**217** Ein **rückdatierter Aufhebungsvertrag** ist nach § 138 Abs. 1 BGB nichtig.[143] Anderer Auffassung sind mit vordergründiger Argumentation das LAG Baden-Württemberg[144] und *Bauer*,[145] wonach der Hauptzweck eines rückdatierten Aufhebungsvertrages nicht in der Täuschung der Bundesanstalt für Arbeit liege. Der Verstoß gegen die guten Sitten, der Verstoß gegen § 134 BGB in Verbindung mit dem Betrug nach § 263 StGB zu Lasten der Bundesanstalt für Arbeit muß sich allein aus einem Teilzweck des Rechtsgeschäfts ergeben. Auf eine Hierarchiebildung zwischen einzelnen Motiven kommt es nicht an. Zudem geschieht die Rückdatierung von Aufhebungsverträgen häufig, um Gehälter und sonstige finanzielle Ansprüche in der Weise zu kapitalisieren, daß sie einkommensteuerfrei bzw. steuerlich privilegiert ausgezahlt werden können. Auch die Schädigung des Fiskus gilt als ein Verstoß gegen die guten Sitten.

**218** Beabsichtigt der Arbeitgeber den Ausspruch einer verhaltensbedingten Kündigung und vereinbaren die Arbeitsvertragsparteien statt dessen die einvernehmliche Aufhebung des Arbeitsverhältnisses gegen Zahlung einer Abfindung mit der Maßgabe, daß zwei verschiedene Exemplare des Aufhebungsvertrages gefertigt werden und sieht der eine Vertragstext eine Beendigung auf Veranlassung des Arbeitgebers aus betriebsbedingten Gründen vor und ist in dem anderen Vertragstext ausdrücklich auf die „eingehend erörterten Kündigungsgründe" Bezug genommen, handelt es sich bei dem Vertragswerk um einen einheitlichen Abwicklungsvertrag, der die stillschweigende Abrede enthält, dem Arbeitnehmer einen unberechtigten Bezug von Arbeitslosengeld zu ermöglichen.[146]

**219** In der **Ausfertigung von zwei unterschiedlichen Aufhebungsverträgen** mit einem Mitarbeiter liegt ein Indiz einer Täuschungsabrede. Aus dem dokumentierten Festhalten des Arbeitgebers an den verhaltensbedingten Kündigungsgründen folgt, daß diese Kündigungsgründe nicht gegenstandslos geworden und daß die Vertragsbeendigung auch nicht ohne Rücksicht auf diese Kündigungsgründe vereinbart worden ist. Die in der einen Vertragsausfertigung formulierten „betriebsbedingten Gründe" sind daher vorgeschoben. Aus der Nichtigkeit der Täuschungsabrede folgt nach § 139 BGB im Zweifel die Gesamtnichtigkeit des Vertrages.[147] Das LAG Hamm[148] hat außerdem entschieden, daß es dem Arbeitnehmer unabhängig von der Vertragstreue und Bereitschaft des Arbeitgebers, gegenüber dem Arbeitsamt die versprochenen unrichtigen Erklärungen abzugeben, nicht verwehrt sei, die Gesamtnichtigkeit der Vereinbarung geltend zu machen, ohne daß es insoweit auf seine Motive ankomme. Auch der Umstand, daß mit Erfüllung der Abwicklungsvereinbarung bereits begonnen worden sei und der Arbeitnehmer über drei von sechs vereinbarten Monaten bezahlte Freistellung erhalten habe, begründe keinen Einwand des Rechtsmißbrauchs.

**220** Auch eine **rückwirkende Auflösung** eines bestehenden Arbeitsverhältnisses ist grundsätzlich nicht möglich.[149] Etwas anderes gilt in den Fällen, in denen bereits in der Vergangenheit eine Kündigung ausgesprochen wurde und sich die Parteien nunmehr **im Wege des Abwicklungsvertrags** darauf einigen, daß das Arbeitsverhältnis tatsächlich zum Zeitpunkt des Ablaufs der Kündigungsfrist bzw.

---

142 BAG, Urt. v. 29.01.1997, NZA 1997, 485.
143 ArbG Wetzlar, Urt. v. 24.08.1993–1 Ca 209/93, EzA-SD 1994, Nr. 5, S. 14.
144 Urt. v. 22.05.1991, LAGE zu § 611 BGB, Aufhebungsvertrag, Nr. 4.
145 Arbeitsrechtliche Aufhebungsverträge, Rn 116.
146 LAG Hamm, Urt. v. 27.11.1997, BB 1998, 541 = SPA 9/1998, S. 4.
147 LAG Hamm, Urt. v. 27.11.1997, BB 1998, 541 = SPA 9/1998, S. 5.
148 Urt. v. 27.11.1997, BB 1998, 541 = SPA 9/1998, S. 5.
149 BAG, Urt. v. 13.03.1961, AP Nr. 6 zu § 15 SchwBeschG.

bei der außerordentlichen Kündigung zum Zeitpunkt des Zugangs der Kündigungserklärung geendet hat.[150]

Eine von *Däubler*[151] und *Zwanziger*[152] entwickelte sowie nachhaltig von *Dieterich*[153] vertretene Theorie vom strukturellen Ungleichgewicht zwischen Arbeitgeber und Arbeitnehmer beim Abschluß von Aufhebungsverträgen hat keine Zustimmung beim 2. Senat des BAG gefunden.[154]

Fragt der Arbeitgeber den Arbeitnehmer während der Vertragsverhandlungen, ob er bereits ein **Anschlußarbeitsverhältnis** habe, was gegebenenfalls im Hinblick auf die Höhe der zur Verfügung zu stellenden Abfindungszahlung für den Arbeitgeber von Bedeutung sein kann, und verneint der Arbeitnehmer diese Frage wahrheitswidrig, ist der Arbeitgeber zur Anfechtung des Aufhebungsvertrages wegen arglistiger Täuschung berechtigt.[155] 221

Ein weitreichendes Urteil in Anknüpfung an seine bisherige Rechtsprechung zur Nichtigkeit von Aufhebungsverträgen beim **Betriebsübergang** hat das BAG in jüngster Zeit gefällt. Die bisherige Rechtsprechung[156] besagte, daß ein Aufhebungsvertrag wegen objektiver Gesetzesumgehung nichtig sei, wenn er lediglich der Beseitigung der Kontinuität des Arbeitsverhältnisses bei gleichzeitigem Erhalt des Arbeitsplatzes diene. Nunmehr geht das BAG einen Schritt weiter. Im Urteil vom 10.12.1998[157] geht es davon aus, daß dem zur Nichtigkeit führenden Zweck der Kontinuitätsbeseitigung ein Aufhebungsvertrag immer diene, wenn zugleich ein neues Arbeitsverhältnis zum Betriebsübernehmer vereinbart oder zumindest verbindlich in Aussicht gestellt werde. Einen Fortsetzungsanspruch habe der Arbeitnehmer aber solange nicht, solange die Wirksamkeit des Aufhebungsvertrags nicht wegen Anfechtung, Wegfall der Geschäftsgrundlage oder aus einem anderen Grund beseitigt worden sei. Auch unter dem Gesichtspunkt der Wirksamkeit rückwirkend vereinbarter Aufhebungsverträge ist das Urteil des 8. Senats[158] von Belang. Die Parteien eines Arbeitsvertrags können jedenfalls dann, wenn das Arbeitsverhältnis außer Vollzug gesetzt worden ist, wirksam rückwirkend einen Aufhebungsvertrag schließen. 222

Den **Arbeitgeber** trifft **grundsätzlich keine Aufklärungspflicht** über die Folgen der Beendigung des Arbeitsverhältnisses.[159] Eine Anfechtung wegen arglistiger Täuschung unter Berufung auf eine unterlassene Aufklärung des Arbeitnehmers über die Folgen des Aufhebungsvertrages scheidet damit aus. Das BAG steht darüber hinaus auf dem Standpunkt, daß selbst im Falle einer ausnahmsweise bestehenden Aufklärungspflicht[160] allenfalls Schadensersatzansprüche erwachsen, jedoch keinesfalls eine Anfechtung des Aufhebungsvertrags in Betracht kommt.[161] 223

---

150 Siehe MünchArb/*Wank*, § 112 Rn 17.
151 Das Arbeitsrecht II, 10. Aufl. 1995, 8.9.3.2.
152 DB 1994, 982.
153 RdA 1995, 129; ders., DB 1995, 1813.
154 BAG, Urt. v. 14.02.1996, NZA 1996, 811; ebenso: *Bauer/Diller*, DB 1995, 1810; *Bengelsdorf*, BB 1995, 978; *ders.*, ZfA 1995, 229; *Weber/Ehrich/Hoß*, Handbuch der arbeitsrechtlichen Aufhebungsverträge, Rn 706.
155 *Bauer*, Arbeitsrechtliche Aufhebungsverträge, Rn 112 f.; *Liebscher*, BB 1993, 2236; a.A.: LAG Hamm, Urt. v. 19.05.1994, BB 1994, 2072.
156 BAG, Urt. v. 28.04.1987, BAGE 55, 228 = DB 1988, 400.
157 DB 1999, 537.
158 Urt. v. 10.12.1998, DB 1999, 537.
159 Siehe hierzu die nachfolgenden Ausführungen unter dem Stichwort „Aufklärungspflicht"
160 Siehe hierzu Näheres unter dem Stichwort „Hinweisklauseln".
161 BAG, Urt. v. 14.02.1996, NZA 1996, 811.

**224** Wegen des grundsätzlichen Unterschieds zwischen Kündigung und Aufhebungsvertrag lehnt das BAG eine analoge Anwendung der Dreiwochenfrist des § 4 KSchG ab.[162] Das Recht des Arbeitnehmers, nach wirksamer Anfechtung gemäß § 123 BGB die Nichtigkeit des Aufhebungsvertrags klageweise geltend zu machen, verwirkt angesichts des eigenen Verstoßes des Arbeitgebers gegen Treu und Glauben nur unter außergewöhnlichen Umständen.

**225** Bei Vorliegen der Voraussetzungen einer **Massenentlassung** ist ein Aufhebungsvertrag gemäß §§ 17, 18 KSchG so lange unwirksam, wie nicht eine formgerechte Massenentlassungsanzeige beim Arbeitsamt eingereicht und dessen Zustimmung eingeholt wird.[163]

**226** Wird in einem Aufhebungsvertrag vereinbart, daß künftige Rentenansprüche mit Ansprüchen auf eine Abfindung nach §§ 9, 10 KSchG verrechnet werden, so ist eine solche Vereinbarung nach § 3 BetrAVG, § 134 BGB nichtig.[164] Der Arbeitnehmer kann im Versorgungsfall seine Betriebsrente ungekürzt verlangen.

**227** Aufhebungsverträge die eine Beendigung arbeitsvertraglicher Beziehungen zum Gegenstand haben und deshalb auch typischerweise weitere Rechte und Pflichten der Parteien aus Anlaß der Beendigung regeln, unterliegen generell nicht der arbeitsrechtlichen **Befristungskontrolle**. Überschreitet die Auslauffrist die Kündigungsfrist um ein Vielfaches und fehlt es an sonstigen einen Aufhebungsvertrag kennzeichnenden Vereinbarungen, ist der Vertrag nach Auffassung des BAG[165] nicht auf die Beendigung sondern auf eine befristete Fortsetzung des Arbeitsverhältnisses gerichtet. In dem vom 7. Senat entschiedenen Fall lagen zwischen dem Personalgespräch über die Beendigung des Arbeitsverhältnisses wegen Arbeitsmangels und dem tatsächlichen Ende des Arbeitsverhältnisses gemäß Aufhebungsvertrag fast drei Jahre. Ein solcher Zeitraum bedarf nach Auffassung des siebten Senats eines vertraglich vereinbarten Sachgrundes. Die Entscheidung ist bedenklich. Durch einen Aufhebungsvertrag wird kein neues Arbeitsverhältnis begründet, das an den Befristungsgründen gemessen werden könnte, sondern nur ein unbefristetes Arbeitsverhältnis einvernehmlich aufgehoben. Wenn die soziale Auslauffrist, je länger sie dem Arbeitnehmer gewährt wird, zusätzlich an den Befristungstatbeständen gemessen werden muß, verkehrt sich für den Arbeitgeber eine soziale Wohltat in ihr Gegenteil. Dogmatisch nachvollziehbar ist jedenfalls die Entscheidung des siebten Senats nicht. Sie produziert – vermutlich ungewollt – ein zusätzliches Argument für die Überlegenheit des Abwicklungsvertrages gegenüber dem Aufhebungsvertrag. Beim Abwicklungsvertrag stellt sich die Wirksamkeit einer Befristungsabrede nicht, weil die Restvertragslaufzeit regelmäßig identisch mit der ordentlichen Kündigungsfrist ist.

### d) Voraussetzungen eines Wiedereinstellungsanspruches

**228** Rechtssicherheit durch Aufhebungs- und Abwicklungsvertrag tritt nicht ein, wenn der Arbeitnehmer einen Wiedereinstellungsanspruch hat. Entwickelt wurde der Wiedereinstellungsanspruch vom BAG im Zusammenhang mit der Verdachtskündigung. Erachtete das Arbeitsgericht eine Verdachtskündigung rechtskräftig als wirksam, gelang es jedoch dem Arbeitnehmer in einem nachfolgenden Strafprozeß, seine Unschuld nachzuweisen, billigte ihm die Rechtsprechung eine Wiedereinstellung zu.[166]

---

162 BAG, Urt. v. 06.11.1997, NZA 1998, 374.
163 BAG, Urt. v. 11.03.1999, DB 1999, 1274.
164 BAG, Urt. v. 24.03.1998, NZA 1998, 1280.
165 Urt. v. 12.01.2000 – 7 AZR 48/99 (unveröffentlicht).
166 BAG, Urt. v. 20.08.1997, BB 1997, 2484; BAG, Urt. v. 04.06.1964, BB 1964, 1054; BAG, Urt. v. 14.12.1956, BB 1957, 221.

Fälle von **Verdachtskündigung** sind selten Gegenstand von Aufhebungs- und Abwicklungsvertrag. 229
Die Rechtssicherheit aus Aufhebungs- und Abwicklungsvertrag wird nach der BAG-Rechtsprechung wegen eines Wiedereinstellungsanspruchs des Arbeitnehmers dann beseitigt, wenn bei einer betriebsbedingten Kündigung noch vor Ablauf der Kündigungsfrist eine abweichende Veränderung der tatsächlichen Verhältnisse eintritt. Das BAG sieht in dem Wiedereinstellungsanspruch ein notwendiges Korrektiv dafür, daß allein aus Gründen der Rechtssicherheit, Verläßlichkeit und Klarheit bei der Prüfung des Kündigungsgrundes auf den Zeitpunkt des Ausspruchs der Kündigung abzustellen ist und eine Kündigung aufgrund einer Prognoseentscheidung zugelassen wird. § 242 BGB sei eine ausreichende Anspruchsgrundlage für den Wiedereinstellungsanspruch. So hat das BAG einen Wiedereinstellungsanspruch in dem Fall angenommen, daß einem Arbeitnehmer zunächst sozial gerechtfertigt vom Konkursverwalter betriebsbedingt gekündigt worden war, sich jedoch noch vor Ablauf der Kündigungsfrist ein Betriebserwerber fand, der den Betrieb fortführte.[167] Einen Wiedereinstellungsanspruch hat das BAG[168] außerdem angenommen, wenn ein Arbeitgeber sich entschieden hatte, eine Betriebsabteilung stillzulegen und den dort beschäftigten Arbeitnehmern zu kündigen. Obwohl mit sämtlichen Arbeitnehmern noch während der Kündigungsfrist im Rahmen eines gerichtlichen Abwicklungsvertrages Vergleiche geschlossen wurden, waren diese Vergleiche wegen Wegfalls der Geschäftsgrundlage an die geänderte betriebliche Situation anzupassen, da sich der Betriebsinhaber kurze Zeit später entschlossen hatte, die Betriebsabteilung mit einer geringen Anzahl von Arbeitnehmern fortzuführen.

Es besteht einhellige Auffassung, daß der Wiedereinstellungsanspruch wegen Änderungen der Verhältnisse vor Ablauf der Kündigungsfrist **unabhängig** davon besteht, ob das **Arbeitsverhältnis** vom Arbeitgeber ordentlich **gekündigt** worden ist oder ob ein **Aufhebungs- oder ein Abwicklungsvertrag** geschlossen wurde.[169] Bei einer **betriebsbedingten Kündigung** muß der Wiedereinstellungsanspruch allerdings unverzüglich, spätestens innerhalb von drei Wochen nach Kenntniserlangung von den anspruchsbegründenden Tatsachen geltend gemacht werden.[170] Lediglich für den Fall der Eigenkündigung durch den Arbeitnehmer ist nicht geklärt, ob ein Wiedereinstellungsanspruch wegen geänderter Verhältnisse aus § 242 BGB hergeleitet werden kann.[171] 230

Aufhebungsvertrag und Abwicklungsvertrag bieten in gleicher Weise keine Rechtssicherheit, soweit wegen geänderter Verhältnisse dem Arbeitnehmer während der Kündigungsfrist ein Wiedereinstellungsanspruch erwächst. *Nägele*[172] schlägt zur Wahrung der Rechtssicherheit für den Arbeitgeber daher die Aufnahme folgender Klausel vor: „Der Arbeitnehmer verzichtet auf einen ihm eventuell zustehenden Wiedereinstellungsanspruch."

#### e) Aufklärungspflichten des Arbeitgebers

Der Umfang von Hinweis- und Aufklärungspflichten des Arbeitgebers beim Abschluß von Abwicklungs- und Aufhebungsverträgen beurteilt sich zunächst danach, von welcher Vertragspartei die **Initiative zur Vereinbarung des Rechtsgeschäfts** ausgegangen ist. Bittet der Arbeitnehmer um die 231

---

167 BAG, Urt. v. 27.02.1997, NZA 1997, 757 = BB 1997, 1953 = FA 1997, 45.
168 Urt. v. 04.12.1997, BB 1998, 1108.
169 siehe BAG, Urt. v. 27.02.1997, BB 1997, 1953; *Manske*, Wiedereinstellungsanspruch in der Rechtsprechung des BAG, FA 1998, 143; *Nägele*, Die Renaissance des Wiedereinstellungsanspruchs, BB 1998, 1686; *Boewer*, Der Wiedereinstellungsanspruch, NZA 1999, 1122 und 1177.
170 ArbG Frankfurt, Urt. v. 20.07.1999, NZA-RR 1999, 580.
171 siehe zum Wiedereinstellungsanspruch ferner BAG, Urt. v. 06.08.1997, BB 1998, 538; BAG, Urt. v. 23.11.1997, BB 1998, 319.
172 *Nägele*, BB 1998, 1686.

Aufhebung seines Arbeitsvertrages, trifft den Arbeitgeber grundsätzlich keine Aufklärungspflicht.[173] Der Mitarbeiter, der selbst um einen Aufhebungsvertrag gebeten hat, muß sich über die Konsequenzen seines Handelns und der Klauseln eines Aufhebungs- und Abwicklungsvertrages selbst informieren.[174]

Anders ist die Rechtlage, wenn der in der Praxis häufigere Fall eintritt, daß der Arbeitgeber auf den Arbeitnehmer zugeht und den Abschluß eines Abwicklungs- oder Aufhebungsvertrages anregt. Liegt die **Beendigungsinitiative beim Arbeitgeber**, beurteilen Rechtsprechung und Schrifttum die Aufklärungspflichten des Arbeitgebers wie folgt: Der Arbeitgeber hat nach Auffassung einiger Instanzgerichte alles dafür zu tun, **eventuelle Schäden abzuwenden**, die dem Arbeitnehmer durch Abschluß eines Aufhebungsvertrages entstehen könnten.[175] Der 3. Senat des Bundesarbeitsgerichts vertritt dagegen die Auffassung, daß ohne Vorliegen besonderer Umstände keine Aufklärungspflicht für den Arbeitgeber im Verhältnis zum ausscheidenden Arbeitnehmer bestehe.[176] Nur ausnahmsweise gebiete die Fürsorgepflicht des Arbeitgebers, den Arbeitnehmer auf die für ihn nachteiligen Folgen des Aufhebungsvertrages hinzuweisen.[177] Ein solcher Ausnahmefall liegt nach Meinung des 8. Senats des BAG vor, wenn die Abwägung der beiderseitigen Interessen und unter Billigkeitsgesichtspunkten unter Berücksichtigung aller Umstände des Einzelfalles ergibt, daß der Arbeitnehmer durch sachgerechte vom Arbeitgeber redlicherweise zu erwartende Aufklärung vor der Auflösung des Arbeitsverhältnisses geschützt werden müsse, weil der Arbeitnehmer sich anderenfalls aus Unkenntnis selbst schädigen würde.[178]

232 Der Mangel dieser Rechtsprechung zeigt sich zunächst einmal darin, daß die **Abwägungskriterien** des 8. Senats des BAG **keine Trennschärfe** erlauben. Der Grundsatz des 3. Senats ist auch nicht wesentlich klarer: Ohne Vorliegen besonderer Umstände besteht keine Aufklärungspflicht. Welche Umstände „besondere" im Sinne dieser Rechtsprechung sind und eine Abkehr vom Regel-/Ausnahmeverhältnis rechtfertigen, sagt uns die Rechtsprechung nicht. Hinzu tritt, daß die Urteile vom 13.11.1984 und 10.03.1988[179] ebensowenig eine praktikable Handlungsvorgabe enthalten wie das geringfügig neuere Urteil vom 03.07.1990.[180]

Im Schrifttum werden Hinweis- und Aufklärungspflichten des Arbeitgebers beim Abschluß von Abwicklungs- und Aufhebungsverträgen abgelehnt.[181] Als derzeit gesichert kann man zur Aufklärungspflicht Aussagen nur tätigen, unterschieden nach den Auswirkungen von Aufhebungsverträgen in den jeweiligen Rechtskreisen.

233 Unabhängig von der Frage, ob der Arbeitnehmer oder der Arbeitgeber die Initiative zur Beendigung des Arbeitsverhältnisses ergriffen hat, besteht immer eine **Unterrichtungspflicht** des Arbeitgebers,

---

173 BAG, Urt. v. 10.03.1988, AP Nr. 99 zu § 611 BGB Fürsorgepflicht.
174 BAG, Urt. v. 03.07.1990, AP Nr. 24 zu § 1 BetrAVG.
175 ArbG Hamburg, Urt. v. 10.12.1990, BB 1991, 625; ArbG Freiburg, Urt. v. 20. 06.1991, DB 1991, 2690; ArbG Wetzlar, Urt. v. 29.08.1995, NZA-RR 1996, 84; ArbG Wetzlar Urt. v. 07.08.1990, DB 1991, 976.
176 BAG, Urt. v. 03.07.1990, AP Nr. 25 zu § 1 BetrAVG = DB 1990, 2431.
177 BAG, Urt. v. 13.06.1996, ArbuR 1996, 404.
178 BAG, Urt. v. 10.03.1988, AP Nr. 99 zu § 611 BGB Fürsorgepflicht = NZA 1988, 837; Urt. v. 13.11.1984, AP Nr. 5 zu § 1 BetrAVG Zusatzversorgungskassen = NZA 1985, 712.
179 BAG, Urt. v. 10.03.1988, AP Nr. 99 zu § 611 BGB Fürsorgepflicht; Urt. v. 13.11.1984, AP Nr. 5 zu § 1 BetrAVG Zusatzversorgungskassen.
180 AP Nr. 24 zu § 1 BetrAVG.
181 *Nägele*, BB 1992, 1274; *Wisskirchen/Worzalla*, DB 1994, 577; *Weber/Ehrich/Hoß*, Handbuch der arbeitsrechtlichen Aufhebungsverträge, Teil 1 Rn 62 ff.

wenn die **Kündigungsfrist** im Aufhebungsvertrag **reduziert wird**. In diesem Fall muß der Arbeitgeber den Arbeitnehmer darauf hinweisen, daß mit einer Sperrfrist zu rechnen sei,[182] über deren Dauer das Arbeitsamt entscheide.[183]

Während hinsichtlich der sozialrechtlichen Auswirkung die Rechtsprechung eine generelle Aufklärungspflicht des Arbeitgebers annimmt, differenziert das LAG Berlin[184] wie auch das ArbG Frankfurt[185] wegen sonstiger Auswirkungen des Aufhebungsvertrages danach, ob der Arbeitgeber aufgrund seiner überlegenen Sachkunde ohne weiteres zu vom Arbeitnehmer begehrten Auskünften in der Lage und der Arbeitnehmer zur sachgerechten Entscheidung erkennbar nur nach entsprechender Aufklärung durch den Arbeitgeber imstande sei. Das LAG Berlin vertritt die Ansicht, dem geltenden Recht ließe sich nicht entnehmen, daß der Arbeitgeber umfassend die Aufgabe eines Sachverwalters der wirtschaftlichen Interessen des Arbeitnehmers zu übernehmen hätte. Dadurch würde der Arbeitgeber überfordert. Dies gelte insbesondere im Lohnsteuerrecht. Insoweit stünden dem Arbeitnehmer zur sachkundigen und kompetenten Beratung die entsprechenden Leistungsträger bzw. beruflich ausgebildete Sachkundige zur Verfügung, an die sich der Arbeitnehmer in Zweifelsfragen zu wenden habe. Auch das ArbG Frankfurt verlangt im Regelfall, daß sich der Mitarbeiter über die steuerliche Gestaltung des Aufhebungsvertrages entweder rechtzeitig vor Vertragsunterzeichnung selbst informiert oder zumindest, wenn er Zweifel über die möglichen steuerrechtlichen Folgen hat, in der Verhandlung den Arbeitgeber ausdrücklich anspricht.[186]

234

Über den **Verlust von Versorgungsanwartschaften** muß der Arbeitgeber grundsätzlich nicht von sich aus vor Abschluß des Aufhebungsvertrages unterrichten. Eine Aufklärungspflicht besteht nur ausnahmsweise dann, wenn der Arbeitnehmer aufgrund besonderer Umstände darauf vertrauen durfte, der Arbeitgeber werde bei der vorzeitigen Beendigung des Arbeitsverhältnisses die Rechte des Arbeitnehmers wahren und ihn in redlicher Weise vor unbedachten, nachteiligen Folgen des vorzeitigen Ausscheidens, insbesondere bei der Versorgung, bewahren.[187]

235

Ein solcher Vertrauenstatbestand kann beispielsweise daraus folgen, daß der Arbeitgeber die Initiative für den Abschluß des Aufhebungsvertrages ergriffen hat und angesichts dieser Initiative die Fallkonstellation zu einem atypischen Versorgungsfall führt.[188] Vom Fehlen einer Aufklärungspflicht ist das BAG selbst in dem Fall ausgegangen, daß einer Arbeitnehmerin durch Abschluß eines Aufhebungsvertrages zum 30.09. eine Anwartschaft auf eine Altersversorgung verloren ging, die ab dem 20.10., also nur drei Wochen später unverfallbar geworden wäre.[189] In diesem Fall hatte das BAG seine Entscheidung damit begründet, daß der Mitarbeiterin die Versorgungsordnung ausgehändigt worden war, aus der die Stichtags- und Fristenregelungen für die Mitarbeiterin eindeutig zu erkennen gewesen sei. Es liege in der Eigenart von Stichtags- und Fristenregelungen, daß auch nur kurze Über- und Unterschreitungen zu Rechtsnachteilen führten.

---

182 BAG, Urt. v. 14.02.1996, NZA 1996, 811; BAG Urt. v. 10.03.1988, AP Nr. 99 zu § 611 BGB Fürsorgepflicht.
183 BAG, Urt. v. 10.03.1988, AP Nr. 99 zu § 611 BGB Fürsorgepflicht.
184 Urt. v. 18.01.1999, ARST 1999, 107.
185 Urt. vom 21.11.1995 – 4 Ca 3589/95 (unveröffentlicht).
186 Siehe *Weber/Ehrich/Hoß*, Handbuch der arbeitsrechtlichen Aufhebungsverträge, Teil I Rn 66.
187 BAG, Urt. v. 03.07.1990, AP Nr. 24 § 1 BetrAVG; Urt. v. 23.05.1989, AP Nr. 28 zu § 1 BetrAVG Zusatzversorgungskassen; Urt. v. 18.09.1984 AP Nr. 6 zu § 1 BetrAVG Zusatzversorgungskassen.
188 BAG, Urt. v. 13.11.1984, AP Nr. 5 zu § 1 BetrAVG Zusatzversorgungskassen; Urt. v. 18.09.1984, AP Nr. 6 zu § 1 BetrAVG Zusatzversorgungskassen.
189 BAG, Urt. v. 03.07.1990, AP Nr. 24 zu § 1 BetrAVG.

Anders beurteilte das BAG dagegen Versorgungsnachteile, deren Kenntnis sich für den Mitarbeiter nicht ohne weiteres aus den ihm vorliegenden Unterlagen erschlossen hätten.[190] Trete in einem solchen Falle der Arbeitnehmer an den Arbeitgeber mit der Bitte um Auskunft über die Versorgungsregelung heran, müsse der Arbeitgeber die Auskunft erteilen, soweit er hierzu zuverlässig in der Lage sei. Anderenfalls müsse der Arbeitgeber den Arbeitnehmer an eine zuständige oder kompetente Stelle verweisen.[191]

236 Geht ein Arbeitnehmer deutlich erkennbar davon aus, er habe eine unverfallbare Versorgungsanwartschaft erworben, die von einem selbständigen Verein zu erbringen ist, so muß der Arbeitgeber den Arbeitnehmer nach der Ansicht des LAG Rheinland-Pfalz wegen der damit zusammenhängenden Fragen dorthin verweisen.[192]

Sieht ein **Tarifvertrag** vor, daß sich die Abfindung für jeden Rentenbezugsmonat um einen bestimmten Betrag vermindert, wenn der Arbeitnehmer innerhalb von 15 Monaten seit Beendigung des Arbeitsverhältnisses Erwerbsunfähigkeitsrente bezieht, so ist der Arbeitgeber nach Ansicht des BAG dennoch nicht verpflichtet, den Arbeitnehmer bei Abschluß des Aufhebungsvertrages auf den für ihn günstigsten Zeitpunkt zur Stellung eines Antrags auf Erwerbsunfähigkeitsrente hinzuweisen, um die Rückzahlung der Abfindung zu vermeiden.[193]

237 Gilt bei Arbeitnehmern **besonderer Kündigungsschutz** wie bei Betriebsratsmitgliedern, Schwangeren, Arbeitnehmern im Erziehungsurlaub oder Schwerbehinderten, hat der Arbeitgeber vor Abschluß eines Aufhebungsvertrages keine Pflicht, auf den Sonderkündigungsschutz hinzuweisen. Von den dieser Gruppe angehörigen Arbeitnehmern könne erwartet werden, daß sie sich über ihren Sonderkündigungsschutz selbst informieren.[194] Auch ein spezifisches Anfechtungsrecht werdender Mütter oder Schwerbehinderter nach § 119 Abs. 1 und 2 BGB wegen der mutterschutzrechtlichen und arbeitslosenrechtlichen Folgen des Abschlusses eines Aufhebungsvertrages lehnt das BAG ab.[195] Übersieht der Mitarbeiter das Bestehen eines besonderen Kündigungsschutzes, stellt dies lediglich einen unbeachtlichen Rechtsfolgenirrtum dar.

238 Erteilt der Arbeitgeber, der eine Hinweis- und Aufklärungspflicht hat, eine **falsche oder nur unvollständige** oder **irreführende Auskunft**, ist er zum **Schadensersatz** verpflichtet.[196] Der Schadensersatzanspruch ergibt sich aus positiver Forderungsverletzung, §§ 280, 286, 249 BGB.[197] Der Anspruch ist auf Geldersatz gerichtet, also bei einem Versorgungsschaden aus der betrieblichen Altersversorgung auf monatliche Rente (oder wirtschaftlich gleichwertige Nachversicherung), die der Arbeitnehmer erhalten hätte, wenn das schadensstiftende Ereignis nicht eingetreten wäre. Eine Naturalrestitution durch Beseitigung des Aufhebungsvertrages gemäß § 249 BGB und Fortsetzung des

---

190 BAG, Urt. v. 13.11.1984, AP Nr. 5 zu § 1 BetrAVG Zusatzversorgungskassen.
191 BAG, Urt. v. 13.11.1984, AP Nr. 5 zu § 1 BetrAVG Zusatzversorgungskassen.
192 LAG Rheinland-Pfalz, Urt. v. 14.01.1992 – 10 Sa 531/91 (unveröffentlicht).
193 BAG, Urt. v. 28.10.1999 – 6 AZR 288/98 – (noch nicht veröffentlicht).
194 MünchArb/*Wank*, § 112 Rn 12; *Weber/Ehrich/Hoß*, Handbuch der arbeitsrechtlichen Aufhebungsverträge Teil I, Rn 70.
195 Urt. v. 16.02.1983, AP Nr. 22 zu § 123 BGB; Urt. v. 06.02.1992, NZA 1992, 790.
196 BAG, Urt. v. 13.01.1984, AP Nr. 5 zu § 1 BetrAVG Zusatzversorgungskassen; Urt. v. 03.07.1990, AP Nr. 24 zu § 1 BetrAVG.
197 BAG, Urt. v. 03.07.1990, AP Nr. 24 zu § 1 BetrAVG.

Arbeitsverhältnisses kann der Arbeitnehmer dagegen nicht verlangen.[198] Denn regelmäßig fehlt es an einer Kausalität zwischen Fürsorgepflichtverletzung und Schaden.[199]

Kein Schadensersatz wegen Verletzung von Aufklärungspflichten besteht, wenn Arbeitgeber und Arbeitnehmer als Abfindung die Differenz zwischen Arbeitslosengeld und zuletzt bezogenem Netto-Arbeitsentgelt im Aufhebungsvertrag vereinbart haben und durch eine spätere Gesetzesänderung, die zu einer Minderung des Arbeitslosengeldes führt, der Abfindungsbetrag nicht mehr ausreicht, um die Differenz zwischen Arbeitslosengeld und früherem Nettoentgelt zu schließen.[200]

Die **Aufklärungspflicht des Arbeitgebers** ist **abdingbar**. Deshalb enthalten einige Aufhebungs- und Abwicklungsvertragsmuster [201] eine Klausel, in der der Mitarbeiter auf Hinweise des Arbeitgebers im Zusammenhang mit möglichen Konsequenzen, die sich aus dem Abschluß des Aufhebungsvertrages und aus dem Zusammenhang mit der Beendigung des Arbeitsverhältnisses ergeben können, verzichtet. Derartige Verzichtsvereinbarungen sind zulässig und wirksam.[202] Hilfreich ist auch, wenn der Arbeitgeber im Aufhebungsvertrag eine Klausel anbringt, mit der auf nachteilige Folgen vereinbarter Regelungen hingewiesen wird, etwa in dem Sinne, daß der Mitarbeiter auf ein mögliches Ruhen des Anspruchs auf Arbeitslosengeld und die Möglichkeit des Eintritts einer Sperrfrist sowie über den möglichen Verlust einer Versorgungsanwartschaft hingewiesen wurde.[203] 239

Wenn es – trotz des häufigen Zeitdrucks bei Abschluß von Aufhebungs- und Abwicklungsverträgen – die Zeitschiene gestattet, wird empfohlen, den Mitarbeiter auf diejenigen Stellen hinzuweisen, die ihm verbindliche und verläßliche Auskünfte über die sozialversicherungsrechtlichen, steuerrechtlichen und arbeitsförderungsrechtlichen Folgen von Vereinbarungen im Abwicklungs- und Aufhebungsvertrag geben können.[204]

#### f) Rücktritts- und Widerrufsrecht

Einzelne **Tarifverträge** wie der Manteltarifvertrag für den Einzelhandel in Nordrhein-Westfalen [205] sehen vor, daß der Mitarbeiter den Abschluß des Aufhebungsvertrages innerhalb einer bestimmten **Frist**, beim Einzelhandelstarifvertrag innerhalb von drei Tagen, widerrufen kann. Der Arbeitgeber ist nicht verpflichtet, den Arbeitnehmer auf den Lauf der Widerrufsfrist hinzuweisen.[206] Es liegt grundsätzlich im Eigeninteresse des Arbeitnehmers, sich über den Inhalt tariflicher Bestimmungen zu informieren. Zu beachten, ist daß im Manteltarifvertrag für den Einzelhandel NW die Widerrufsfrist von drei Tagen durch schriftliche Vereinbarung im Aufhebungsvertrag abbedungen werden kann. 240

Wer die personalwirtschaftliche Praxis in manchen Betrieben beim Abschluß von Aufhebungsverträgen kennt, weiß, daß das **LAG Hamburg**[207] mit seiner **Überrumpelungsentscheidung vom** 241

---

198 BAG, Urt. v. 14.02.1996 – 2 AZR 235/95 (unveröffentlicht); BAG, Urt. v. 10.03.1988, AP Nr. 99 zu § 611 BGB Fürsorgepflicht.
199 *Ehrich*, DB 1992, 2239 (2242); a.A. *Bengelsdorf*, Aufhebungsvertrag und Abfindungsvereinbarungen, S. 30; zweifelnd: ArbG Freiburg, Urt. v. 22.06.1991, DB 1991, 2690; ArbG Wetzlar, Urt. v. 07.08.1990, DB 1991, 976.
200 LAG Düsseldorf, Urt. v. 15.03.1995, DB 1995, 1240.
201 Z. B.: Muster 2230, § 16, in diesem Buch § 4 Kap. 2 M 431; Muster 2277, § 4, in diesem Buch § 4 Kap. 2 M 449; Muster 2280, § 8, in diesem Buch § 4 Kap. 2 M 452.
202 *Bauer*, Arbeitsrechtliche Aufhebungsverträge, Rn 90; *Bengelsdorf*, Aufhebungsvertrag und Abfindungsvereinbarungen, S. 30; *Nägele*, BB 1992, 1274 (1278).
203 Muster 2230, §§ 5, 6, in diesem Buch § 4 Kap. 2 M 431.
204 Z. B. Muster 2280, § 8, in diesem Buch § 4 Kap. 2 M 452.
205 MTV Einzelhandel NW vom 23.07.1993, § 10 Abs. 10.
206 LAG Köln, Urt. v. 10.04.1990, BB 1990, 2047.
207 LAG Hamburg, Urt. v. 03.07.1991, LAGE § 611 BGB Aufhebungsvertrag Nr. 6 = NZA, 1992, 309.

**03.07.1991** einen die Wirksamkeit von Aufhebungsverträgen mit Recht in Frage stellenden Ansatz gewählt hat. Wer sich als Arbeitgeber eines Überraschungselements bedient, muß sich die Frage gefallen lassen, ob es nach Treu und Glauben mit der Fürsorgepflicht vereinbart werden kann, daß gezielt gegen einen ahnungslosen Arbeitnehmer das Überraschungselement eingesetzt werde. Die Überrumpelungsentscheidung des LAG Hamburg ist in der Literatur und im Schrifttum vielfach gescholten worden.[208] Die Kritik erfolgte m.E. zu Unrecht. Es stellt auch eine Fehlinterpretation des Urteils des BAG vom 30.09.1993[209] dar, wenn behauptet wird, das BAG habe mit der letztinstanzlichen Entscheidung vom 30.09.1993 dem LAG Hamburg eine deutliche Absage erteilt.[210] Das BAG hat bereits im Leitsatz zum Ausdruck gebracht, daß ein Aufhebungsvertrag nicht allein deshalb unwirksam sei, weil der Arbeitgeber dem Arbeitnehmer weder eine Bedenkzeit, noch ein Rücktritts- bzw. Widerrufsrecht einräumt und ihm auch das Thema des beabsichtigten Gespräches vorher nicht mitgeteilt habe.[211] Wenn, wie in dem vom BAG entschiedenen Fall, auch die Androhung einer Kündigung vorlag und ein verständiger Arbeitgeber die Kündigung nicht vorgenommen haben würde, so ergab sich schon aufgrund dieses Sachverhalts, daß der Aufhebungsvertrag wirksam angefochten worden war. Eine Entscheidung über die Frage, ob daneben der Aufhebungsvertrag wegen fehlender Bedenkzeit und wegen fehlender Vorankündigung des Gesprächsinhalts nichtig war, hat das BAG nicht gefällt, aber auch nicht ausgeschlossen. Selbst die in der Folgezeit ergangenen Entscheidungen des BAG[212] enthalten keine ausdrückliche Absage an die Überrumpelungsentscheidung des LAG Hamburg.

242 Auf Dauer kann deshalb nicht ausgeschlossen werden, daß aus Überraschungsstrategien wegen Verstoßes gegen Treu und Glauben bzw. nicht hinreichender Einräumung einer Bedenkzeit ein Widerrufs-, Rücktritts- oder Anfechtungsrecht durch die Rechtsprechung zugebilligt werden wird, gegenwärtig muß der Arbeitgeber dem Arbeitnehmer allerdings keine Bedenkzeit einräumen. Das BAG hat auch eine Anwendbarkeit des Beschlusses des Bundesverfassungsgerichts vom 19.10.1993[213] zur Inhaltskontrolle von Bürgschaften einkommens- und vermögensloser Familienangehöriger aus dem Aufhebungsvertrag abgelehnt.[214]

243 Eine Rechtsfortbildung ist nach Auffassung des BAG nicht mit dem Argument geboten, der Arbeitnehmer sei beim Abschluß von Aufhebungsverträgen in einer **Verhandlungsposition struktureller Unterlegenheit** im Sinne des Beschlusses des BVerfG vom 19.10.1993. Es fehle nämlich beim Abschluß von Aufhebungsverträgen an der strukturell ungleichen Verhandlungsstärke als Voraussetzung der vom BVerfG geforderten Inhaltskontrolle. Dem Arbeitnehmer, der dem Ansinnen des Arbeitgebers auf Abschluß eines Aufhebungsvertrages nur ein schlichtes „Nein" entgegenzusetzen brauche, könne nicht die zur Durchsetzung seiner berechtigten Interessen erforderliche Verhandlungsmacht abgesprochen werden. Der Arbeitnehmer habe die Möglichkeit, sowohl das „Ob" als auch das „Wie" und „Wann" der Vertragsbeendigung von seinem Konsens mit dem Arbeitgeber abhängig zu machen.[215]

---

208 LAG Mecklenburg-Vorpommern, Urt. v. 06.07.1995, NZA 1996, 535; LAG Düsseldorf, Urt. v. 26.01.1993, NZA 1993, 702; ArbG Köln, Urt. v. 01.06.1993, DB 1993, 2135; *Ehrich*, DB 1992, 2239; *Bauer*, Arbeitsrechtliche Aufhebungsverträge, Rn 105.
209 NZA 1994, 209.
210 vgl. *Bauer*, Arbeitsrechtliche Aufhebungsverträge, Rn 105.
211 BAG, Urt. v. 30.09.1993, NZA 1994, 209.
212 Beispielsweise BAG, Urt. v. 14.12.1996, NZA 1996, 811.
213 BVerfG, Beschl. v. 19.10.1993, DB 1993, 2580.
214 BAG, Urt. v. 14.12.1996, NZA 1996, 811.
215 BAG Urt. v.. 14.12.1996, NZA 1996, 811 (812).

## 3. Steuerrechtliches Umfeld

### a) Steuerfreie Abfindungen gemäß § 3 Ziff. 9 EStG

Nach § 3 Ziff. 9 EStG in seiner Neufassung sind Abfindungen wegen einer vom Arbeitgeber veranlaßten oder gerichtlich ausgesprochenen Auflösung des Dienstverhältnisses bis zum Betrag von 16.000,00 DM steuerfrei. Dieser Betrag erhöht sich für Arbeitnehmer, die das 50. Lebensjahr vollendet haben und bei denen das Dienstverhältnis mindestens 15 Jahre bestanden hat, auf 20.000,00 DM, bei Arbeitnehmern, die das 55. Lebensjahr vollendet haben und die seit mindestens 20 Jahren in einem Dienstverhältnis standen, auf 24.000,00 DM.

244

Die **steuerfreie Entschädigung**[216] wurde nach verschiedenen Änderungen des Gesetzesentwurfs eines Steuerentlastungsgesetzes für die Zeit ab dem 01.04.1999 neu geregelt. Die Freibeträge sollten zunächst halbiert und ein Abschmelzungsbetrag von 50.000,- DM eingeführt werden. In den Bündnisgesprächen hat man schließlich den Abschmelzungsbetrag von 50.000,- DM wieder fallen gelassen und sich auf die jetzt gültigen Freibeträge geeinigt.[217]

245

Der **Abfindungsbegriff** in § 3 Nr. 9 EStG ist durch vier Merkmale gekennzeichnet:

246

- Die Steuerfreiheit kommt Arbeitnehmern im steuerrechtlichen Sinn zugute,
- ein Dienstverhältnis muß zur Auflösung gelangen,
- die Auflösung muß vom Arbeitgeber veranlaßt oder gerichtlich ausgesprochen sein und
- die Abfindung muß wegen der Auflösung gezahlt werden.

Wer **Arbeitnehmer im Sinne des Steuerrechts** ist, wird durch § 1 Abs. 1 LStDV definiert: Arbeitnehmer im arbeitsrechtlichen Sinne gehören hierzu, aber auch Vorstandsmitglieder einer AG und Geschäftsführer von Kapitalgesellschaften. Nicht Arbeitnehmer in diesem Sinne sind Arbeitnehmergesellschafter einer Personengesellschaft und Handelsvertreter. Bei der Abfindungszahlung an einen Handelsvertreter handelt es sich um steuerpflichtige Sondervergütungen gemäß § 15 Abs. 1 Nr. 2 EStG (hier besteht außerdem Steuerermäßigung nach §§ 34, 24, 2 Abs. 1 c EStG). Übergangsgelder und Übergangsbeihilfen, die aufgrund gesetzlicher oder tariflicher Vorschriften gezahlt werden, wie nach § 62 Abs. 1 BAT, fallen nicht unter den Abfindungsbegriff des § 3 Nr. 9 EStG. Sie sind gleichwohl steuerfrei nach § 3 Nr. 10 EStG.

247

**Auflösung eines Dienstverhältnisses** bedeutet nicht Freistellung.[218] Die rechtliche Beendigung eines Arbeitsverhältnisses wird nicht dadurch tangiert, daß die Parteien im Anschluß an die Beendigung ein sog. freies Mitarbeiterverhältnis vereinbart haben. Gewarnt sei vor Scheinarbeitsverhältnissen.[219]

248

Werden Abfindungen im Zusammenhang mit einem Betriebsübergang nach § 613 a BGB gezahlt und wird das Arbeitsverhältnis mit dem neuen Betriebsinhaber fortgesetzt, liegt keine Beendigung des Dienstverhältnisses vor.[220]

Werden Abfindungen aus Anlaß der **Versetzung des Arbeitnehmers** im Konzern gezahlt, entscheidet sich die Frage, ob es sich auch um Abfindungen im steuerrechtlichen Sinne handelt, danach, ob

249

---

216 §§ 3 Ziff. 9, 52 Abs. 2 e EStG (Gesetzesentwurf, BT-Drucksache 14/23 in der Fassung der 3. Beschlußempfehlung des Finanzausschusses, BT Drs. 14/442); wegen Einzelheiten zur früheren Rechtslage siehe *Hümmerich/Spirolke*, NZA 1998, 225 ff.
217 Gesetzesentwurf, BT-Drucksache 14/442.
218 BFH, Urt. v. 27.04.1994, BStBl. II 1994, 653.
219 *Hümmerich/Spirolke*, Steuerliche Gestaltung von Abfindungen, NZA 1998, 226.
220 BFH, Urt. v. 16.07.1997, NZA-RR 1998, 174.

von einem einheitlichen Dienstverhältnis ausgegangen werden kann. Hatte der Mitarbeiter ein Rückkehrrecht, wurden bisherige Dienstzeiten angerechnet, gilt die Pensionsordnung fort, haben Zahlungen aus Anlaß einer Versetzung nicht die Funktion einer Abfindung im steuerrechtlichen Sinn.[221]

Abfindungen, die bei **Änderungskündigungen** gezahlt werden, sind nur steuerlich privilegiert, wenn der Arbeitnehmer das Änderungsangebot nicht angenommen hat.[222] Bei rückwirkenden Vereinbarungen gilt, daß der rückwirkend gewollte Vertrag steuerlich erst ab dem Zeitpunkt seines Abschlusses und seiner tatsächlichen Durchführung wirkt.[223]

Zu beachten ist, daß die Auflösung des Dienstverhältnisses stets vom Arbeitgeber veranlaßt sein muß. Der Begriff „**Veranlassung**" geht über die arbeitgeberseitige Kündigung hinaus. Es kommt darauf an, ob der Arbeitgeber die entscheidende Ursache für die Auflösung gesetzt hat.[224]

250 Keine Veranlassung des Arbeitgebers besteht bei **Auflösung** (Aufhebungsvertrag oder Eigenkündigung) **gegen Abfindung auf Wunsch des Arbeitnehmers**, Zahlung einer Abfindung bei Auslaufen eines befristeten Dienstverhältnisses und Kündigung des Arbeitgebers aus verhaltensbedingten Gründen. In diesen Fällen hat der Arbeitnehmer bzw. der Dienstnehmer die Auflösung veranlaßt. Schwierige Gestaltungsfragen sind aufgeworfen, wenn beispielsweise ein Aufhebungsvertrag mit einem befristet tätigen Vorstandsmitglied oder einem GmbH-Geschäftsführer entworfen werden soll und versucht wird, der Abfindung Steuerfreiheit und steuerliche Optimierung angedeihen zu lassen.

251 Eine **arbeitgeberseitige Veranlassung** liegt immer vor, wenn der Arbeitgeber dem Arbeitnehmer kündigt, wenn Konkurs oder Liquidation des Unternehmens drohen oder wenn eine Betriebsverlegung oder Stillegung ansteht. Probleme ergeben sich bei **verhaltens- oder personenbedingter Kündigung**, weil dann die Veranlassung nicht in der Sphäre des Arbeitgebers, sondern im Verhalten oder der Person des Arbeitnehmers zu suchen ist.[225] Zahlt der Arbeitgeber eine Abfindung nach Ausspruch einer Kündigung, geht die Finanzverwaltung regelmäßig davon aus, daß die Beendigung letztlich doch auf den Arbeitgeber zurückzuführen ist.[226] Aus diesem Grunde empfiehlt es sich bei der Gestaltung von Aufhebungsverträgen oft, eine Präambel voranzustellen und in ihr zu formulieren, welche Sachgründe zur Beendigung geführt haben. Eine solche Präambel bindet zwar die Finanzverwaltungen nicht, macht aber regelmäßig die Gründe der Trennung nachvollziehbar und erspart Nachfragen. Wenn Arbeitnehmer nach einem bestimmten Stichtag, wie dem Tag des Abschlusses eines Interessenausgleichs, selbst kündigen und ihnen im Sozialplan eine Abfindung zugestanden wird, liegt ausnahmsweise eine arbeitgeberseitige Veranlassung für die Auflösung des Arbeitsverhältnisses vor. Die arbeitgeberseitige Veranlassung besteht in der Betriebseinschränkung oder Betriebsverlagerung.[227]

252 **Auflösungsurteile** nach §§ 9, 10 KSchG bescheren dem Arbeitnehmer Steuerfreiheit ermöglichende Abfindungen, da der Kündigungsrechtsstreit auf einer vom Arbeitgeber ausgesprochenen Kündigung, mithin auf arbeitgeberseitige Veranlassung zurückzuführen ist.[228]

---

221 BFH, Urt. v. 21.06.1990; BStBl. II, 1990, 1021.
222 BFH, Urt. v. 10.10.1986, BStBl. II, 1987, 186.
223 BFH, Urt. v. 06.09.1995, BFHNV 1996, 204.
224 BFH, Urt. v. 17.05.1977, BB 1977, 1288.
225 *Hümmerich/Spirolke*, NZA 1998, 227.
226 *Bauer*, Arbeitsrechtliche Aufhebungsverträge, 6. Aufl., Rn 907.
227 *Hümmerich/Spirolke*, BB 1995, 42; *dies.*, NZA 1998, 227.
228 *Offerhaus*, DStZ 1981, 445, 447; *Bauer*, Arbeitsrechtliche Aufhebungsverträge, Rn 909.

Schließlich muß die Abfindung mit der Auflösung des Arbeitsverhältnisses in einem **kausalen Zusammenhang** stehen. Nicht nur aus Anlaß, sondern wegen der Auflösung des Dienstverhältnisses muß sie vom Arbeitgeber gezahlt werden. Sie muß eine Gegenleistungsfunktion für den Verlust des Arbeitsplatzes haben.[229] Wird das Gehalt bis zum festgelegten Auflösungstermin, wird eine Gratifikation, werden Abgeltungsverträge für den bis zum Auflösungszeitpunkt noch nicht genommenen Urlaub, werden anteilige Tantiemeansprüche oder wird der Verzicht auf die Rückzahlung von Spesenvorschüssen in die Höhe der Abfindungszahlung eingerechnet, handelt es sich nicht um eine Abfindung im Sinne von § 3 Ziff. 9 EStG. In diesem Falle ist der volle Steuersatz maßgeblich.[230] Wird eine **unverfallbare Anwartschaft** gemäß § 3 BetrVG als Barabfindung geleistet, liegt ebenfalls keine Abfindung im Sinne von § 3 Ziff. 9 EStG vor, soweit nicht nach Maßgabe des Rentenreformgesetzes 1999[231] eine geringwertige Versorgungsanwartschaft in Höhe von 1 % der monatlichen Bezugsgröße des § 18 SGB IV abgefunden wird.[232] Wird die Unverfallbarkeit einer betrieblichen Altersversorgung erst in der Auflösungsvereinbarung vertraglich vereinbart, entfällt ebenfalls die steuerliche Privilegierung gem. §§ 34, 24 EStG.[233] Gleiches gilt, wenn im Aufhebungs- oder Abwicklungsvertrag auf die ratierliche Kürzung der betrieblichen Altersversorgung verzichtet wird[234] oder keine versicherungsmathematischen Abschläge bei vorzeitigem Bezug einer Betriebsrente vorgenommen werden. Wird dagegen eine **verfallbare Anwartschaft** abgefunden, ist die Zahlung Entschädigung für den aufgrund der Beendigung des Arbeitsverhältnisses nicht mehr zu begründenden Anspruch.[235] Und steuerliche Freibeträge kommen zur Anwendung.

253

**Keine Abfindung** sind solche Zahlungen, die aus Anlaß einer sog. Vertragsübernahme durch dreiseitigen Vertrag zwischen Arbeitnehmer, bisherigem und künftigem Arbeitgeber vom alten Arbeitgeber zugesagt werden.[236] Die Einbeziehung von ausstehenden Gehaltsbestandteilen in den steuerfreien Teil einer Abfindung ist rechtswidrig. Allein die Zahlung einer erhöhten Abfindung führt nicht dazu, von einem stillschweigenden Verzichtsvertrag hinsichtlich der ausstehenden Gehaltsbestandteile auszugehen.[237]

254

Die Abfindungszahlung muß im Hinblick auf den Freibetrag gem. § 3 Ziff. 9 EStG **nicht zwingend in einem Betrag** geleistet werden, sondern kann auf mehrere Raten, auch über mehrere Veranlagungszeiträume verteilt werden. Steuerfrei sind die ersten Raten **bis zum Höchstbetrag des § 3 Nr. 9 EStG**.[238]

255

Das Steuerentlastungsgesetz[239] hat noch eine **Übergangsregelung** gebracht, die für in der Vergangenheit liegende Sachverhalte von Bedeutung ist: Wurde ein Vertrag über eine Abfindung vor dem 31. 12. 1998 geschlossen (Aufhebungs- oder Abwicklungsvertrag) und wurde die Abfindung bis zum

---

229 BFH, Urt. v. 13.10.1978, BB 1979, 304.
230 *Hümmerich/Spirolke*, NZA 1998, 228; BFH, Urt. v. 13.10.1978, BB 1979, 304; BFH, Urt. v. 10.10.1986, BStBl. II 1987, 186.
231 BGBl. I 1997, 2998.
232 BFH, Urt. 24.03.1991, DStR 1991, 903 – Die Entscheidung geht noch von der früher generell bestehenden Regel – ohne Berücksichtigung der Neuregelungen gem. Rentenreformgesetz 1999 – aus und wendet deshalb auf jede bar ausgezahlte unverfallbare Abfindung in Aufhebungsverträgen den vollen Steuersatz an.
233 Siehe die Hinweise in NZA 1997, 704 sowie FinMin Baden-Württemberg, Erlaß v. 13.11.1996, S. 2290/13.
234 Wie im Muster-Aufhebungsvertrag mit einem GmbH-Geschäftsführer, Muster 2260, Ziff. 8, § 4 Kap. 2 M 442.
235 Siehe *Weber/Ehrich/Hoß*, Handbuch der arbeitsrechtlichen Aufhebungsverträge, 1996, Teil 5, Rn 77 ff. m. w. N.
236 Zur Konstruktion der Vertragsübernahme: BAG, Urt. v. 24.10.1972, DB 1973, 924.
237 ArbG Frankfurt, Urt. v. 27.10.1999, FA 2000, 55.
238 BFH, Urt. v. 11.01.1980, DB 1980, 667.
239 BT- Drs. 14/23, S. 4.

### b) Steuerermäßigte Abfindungen, §§ 34, 24 EStG

256 § 34 Abs. 1 EStG ist durch Art. 1 des Gesetzes zur Fortsetzung der Unternehmenssteuerreform[240] neugefaßt worden. Der begünstigte Höchstbetrag von früher 30 Millionen DM ist auf 15 Millionen DM herabgesetzt worden. Für eine Entschädigung (Abfindung) gemäß §§ 34 Abs. 1, 24 Nr. 1a, 2 a und b EStG gelten bestimmte Voraussetzungen. Es muß sich erstens um eine Entschädigung für entgehende Einnahmen im Sinne von § 24 Nr. 1 a EStG oder für die Aufgabe der Nichtausübung einer Tätigkeit nach § 25 Nr. 1 b EStG handeln und zweitens müssen außerordentliche Einkünfte vorliegen und der steuerpflichtige Anteil der Abfindung darf 15 Millionen nicht übersteigen. Die **Entschädigung nach § 24 Nr. 1 a EStG** hat drei Voraussetzungen: Eine Entschädigung liegt vor, wenn sie als Ersatz für entgangene oder entgehende Einnahmen geleistet wird, die Ersatzleistung unmittelbar dazu dient, den Verlust entgangener oder entgehender Einnahmen zumindest teilweise auszugleichen, und schließlich die Ersatzleistung auf einer neuen Rechts- oder Billigkeitsgrundlage beruht.

257 Wer selbst und ohne jeden Zwang etwas preisgibt, dem „entgeht" nichts; wer aus eigenem Antrieb ein Ereignis herbeigeführt hat, erleidet dadurch keinen „Schaden". Wenn er indessen unter einem nicht unerheblichen **rechtlichen, wirtschaftlichen oder tatsächlichen Druck** gehandelt hat, dann ist die Ausgleichungszahlung als Ersatzleistung anzusehen für „entgangene oder entgehende", weil an sich erstrebte Einnahmen.[241] Erhält der Arbeitnehmer im Zusammenhang mit einer Änderungskündigung eine Abfindung, weil er beispielsweise zukünftig auf einem geringer dotierten Arbeitsplatz tätig sein soll, so kommt eine Steuerbefreiung mangels Beendigung des Arbeitsverhältnisses nicht in Betracht,[242] wohl aber eine steuerbegünstigte Entschädigung als Ersatz für entgehende Einnahmen.[243]

Die Rechtsprechung des BFH fordert allerdings nicht immer, daß die Aufgabe der Tätigkeit auf tatsächlichem, rechtlichem oder wirtschaftlichem Druck des Arbeitgebers zu beruhen hat. In einem Ausnahmefall hielt sie ein arbeitsvertragliches Optionsrecht (hier für eine Stewardeß, mit Vollendung des 32. Lebensjahres gegen Zahlung einer Abfindung aus dem Arbeitsverhältnis auszuscheiden) für eine ausreichende Regelung einer Entschädigung für die Aufgabe oder Nichtausübung einer Tätigkeit im Sinne von § 24 Nr. 1 b EStG.[244]

Diese Entscheidung ist insofern systemfremd, als die Entschädigung hier (neben dem fehlenden tatsächlichen, rechtlichen oder wirtschaftlichen Druck des Arbeitgebers) auch nicht auf einer neuen Rechts- oder Billigkeitsgrundlage beruhte, die für steuerbegünstigte Entschädigungen ansonsten vom BFH gefordert wird.[245] Generell gilt, daß die Steuerbegünstigung für Beträge ausgeschlossen ist, auf die der Arbeitnehmer bereits einen Anspruch erworben hat. Insoweit deckt sich diese Voraussetzung mit der Bedingung der Steuerfreiheit in § 3 Nr. 9 EStG, wonach die Abfindung eine Gegenleistungsfunktion für den Verlust des Arbeitsplatzes haben muß. Beträge, die nur einen aus dem Dienstverhältnis bestehenden Anspruch abgelten, werden ausgeschlossen.

---

240 BGBl. I 1997, 2590; inzwischen gilt eine weitere Neufassung: BGBl I 1999, S. 402.
241 BFH, Urt. v. 13.02.1987, BFHE 149, 182 = BStBl. II 1987, 386.
242 BFH, Urt. v. 10.10.1986, DB 1987, 515.
243 *Offerhaus*, DB 1991, 2457.
244 BFH, Urt. v. 08.08.1986, BStBl. II 1987, 106; ebenso BFH, Urt. v. 13.02.1987, BStBl. II 1987, 386.
245 BFH, Urt. v. 20.10.1978, BStBl. II 1979, 179; Urt. v. 21.06.1990, BStBl. II 1990, 1020; Urt. v. 27.02.1991, BStBl. II 1991, 703.

## § 4 Beendigung von Arbeitsverhältnissen

Vorsicht geboten ist deshalb bei der Arbeitsvertragsgestaltung mit vertraglich für den Fall des Ausscheidens vereinbarten Abfindungszahlungen. Werden sie im Sinne eines **Optionsrechts** gemäß dem Stewardessen-Fall gestaltet, und dann in einem Aufhebungsvertrag niedergelegt, liegt in jedem Falle eine neue Rechts- oder Billigkeitsgrundlage vor. In der Literatur ist man darüber hinaus der Meinung, daß es nicht darauf ankomme, wann die den Anspruch begründende Vereinbarung abgeschlossen wurde. Der Dienstnehmer erhalte im Austausch Lohn gegen Arbeit. Der Abfindungsanspruch beruhe auf einer anderen Rechtsgrundlage, die den Anforderungen des § 24 Nr. 1 a EStG gerecht werde. Die Beendigung sei vom Dienstgeber vereinbart, dadurch entgingen dem Arbeitnehmer Einnahmen für die Arbeitsleistung und hierfür leiste die Abfindung einen Ersatz. Daß sich die Parteien vorab und nicht erst bei Beendigung des Dienstverhältnisses auf das „ob" und die Höhe der Zahlung geeinigt haben, könne dem Entschädigungscharakter und der Kausalität nicht entgegenstehen.[246] 258

Die Steuervergünstigung nach §§ 34, 24 Nr. 1 b EStG kommt auch bei **Karenzentschädigungen** in Betracht.[247] Stets muß es sich bei den Entschädigungen gleichzeitig um außerordentliche Einkünfte des Arbeitnehmers handeln. Diese Voraussetzung ist erfüllt, wenn die Entschädigung für entgangene oder entgehende Einnahmen, die sich bei normalem Ablauf auf mehrere Jahre verteilt hätten, vollständig in einem Betrag gezahlt wird[248] oder wenn die Entschädigung nur Einnahmen eines Jahres ersetzt, sofern sie im Jahr der Zahlung mit weiteren Einkünften zusammenfallen und der Steuerpflichtige im Jahr der entgangenen Einnahmen keine weiteren nennenswerten Einnahmen hatte.[249] Gleiches gilt für Entschädigungen im Sinne von § 25 Nr. 1 b EStG.[250] 259

Die Entschädigung muß nicht in einem Betrag gezahlt werden, es reicht, daß sie in einem **Veranlagungszeitraum** geleistet wird. Für den Progressionsnachteil ist es unerheblich, ob die Zahlung im selben Veranlagungszeitraum auf mehrere Raten verteilt wird.[251] Nur in zwei Ausnahmefällen hat der BFH darüber hinaus zugelassen, daß eine Entschädigungszahlung auf zwei Veranlagungszeiträume mit dem ermäßigten Steuersatz besteuert werden kann, und zwar wenn von vornherein eine Zahlung in einer Summe vorgesehen war, aber wegen der ungewöhnlichen Höhe und der besonderen Verhältnisse des Arbeitgebers dieser Betrag auf zwei Jahre verteilt werden mußte[252] und wenn der Entschädigungsempfänger bar aller Existenzmittel dringend auf den Bezug einer Vorauszahlung angewiesen war.[253] 260

Ein häufiger Gestaltungsfehler bei Abfindungsregelungen ist die mangelnde Berücksichtigung von **Sachleistungen**. Kann der Angestellte einen Dienstwagen oder eine verbilligte Dienstwohnung über den Veranlagungszeitraum hinaus, in dem die Abfindung gezahlt wird, nutzen, stellt dies einen geldwerten Vorteil dar, der die Zusammenballung der einheitlichen Abfindung und damit die Steuerbegünstigung insgesamt aufhebt.[254] 261

Aus dem gleichen Grunde wird davon abgeraten, **Aufstockungsbeträge**, beispielsweise im Zusammenhang mit Sozialplanabfindungen, vorzusehen, die in späteren Jahren nach dem Ausscheiden aus dem Arbeitsverhältnis gezahlt werden. Die Anweisungslage bei verschiedenen Finanzämtern[255] sieht 262

---

246 *Offerhaus*, DStZ 1997, 108, 109; *Bauer*, Arbeitsrechtliche Aufhebungsverträge, Rn 946a.
247 BFH, Urt. v. 12.06.1996, BStBl. II 1996, 516.
248 BFH, Urt. v. 18.09.1998, BFH NV 1992, 102.
249 BFH, Urt. 12.03.1975, BStBl. II 1975, 485.
250 BFH, Urt. v. 16.03.1993 – XI R 10/92 (unveröffentlicht).
251 *Offerhaus*, DB 1991, 2456.
252 BFH, Urt. v. 21.04.1993, BFH NV 1994, 224.
253 BFH, Urt. v. 02.09.1992, BStBl. II 1993, 831.
254 BFH, Urt. v. 21.03.1996, BStBl. II 1996, 416.
255 Vgl. OFD Hannover, Verfügung v. 24.10.1996, S. 2290 2 StO 212/S 2290.

vor, daß eine auf einem ungewissen Ereignis in der Zukunft beruhende Aufstockung nicht anders als eine Verteilung auf mehrere, in verschiedenen Veranlagungszeiträumen liegende Auszahlungszeitpunkte zu beurteilen ist, so daß auch der ursprünglich gezahlte Anteil der Abfindung seinen Charakter als steuerbegünstigte Entschädigung verliert.

Wenn die Abfindung zusammen mit dem im Jahr der Zahlung geflossenen Gehalt betragsmäßig ein Jahresgehalt ergibt oder unterschreitet und der Steuerpflichtige keine weiteren Einnahmen bezieht, die bei Fortsetzung des Arbeitsverhältnisses nicht bezogen hätte, kann man nach Auffassung des BFH nicht mehr von einer Zusammenballung von Einkünften sprechen.[256]

Hieraus ergibt sich für die Praxis die Konsequenz, daß unter Umständen bereits eine geringfügige Erhöhung der Abfindung dergestalt, daß die Einkünfte bei Fortbestand des Arbeitsverhältnisses überschritten werden, aufgrund des dann eingreifenden § 34 EStG zu einer deutlich höheren Nettoabfindung führen kann.[257]

263 Unschädlich ist eine Gestaltung von Aufhebungsverträgen, die eine **Aufteilung** nach einer **steuerfreien Abfindung** nach § 3 Nr. 9 EStG und einen **steuerermäßigten Anteil** nach §§ 34, 24 Nr. 1 EStG vorsieht und ferner regelt, daß beide Teile in verschiedenen Veranlagungszeiträumen zur Auszahlung gebracht werden.[258]

264 Hat der Arbeitgeber keine oder zu geringe Steuern einbehalten, was beispielsweise bei einer Lohnsteuer-Außenprüfung nach § 42 f EStG beim Arbeitgeber festgestellt werden würde, hat das Finanzamt den Arbeitgeber durch **Haftungsbescheid** in Anspruch zu nehmen. Die Haftung des Arbeitgebers, gesamtschuldnerisch mit dem Arbeitnehmer, ergibt sich aus § 42 d EStG. Das Finanzamt kann die Steuerschuld nach pflichtgemäßem Ermessen gegenüber jedem Gesamtschuldner geltend machen. Ermessensfehlerhaft handelt das Finanzamt, wenn die Steuer von dem Arbeitnehmer ebenso schnell und einfach nacherhoben werden kann wie beim Arbeitgeber.[259] Ermessensfehlerhaft kann ein gegen den Arbeitgeber gerichteter Haftungsbescheid sein, weil der Arbeitgeber den Steuerabzug wegen entschuldbaren Rechtsirrtums unterlassen hat.[260] Eine Inanspruchnahme des Arbeitgebers durch Lohnsteuer-Haftungsbescheid oder Nachforderungsbescheid kann schließlich aus verfahrensrechtlichen Gründen ermessensfehlerhaft sein.[261]

265 An den Grundsätzen der §§ 34, 24 EStG hat sich nichts geändert. Geändert hat sich der Steuersatz. Der Steuersatz für Entschädigungen gem. § 24 EStG beträgt gem. § 34 EStG künftig nicht mehr 50 % des Steuersatzes des Steuerpflichtigen, sondern errechnet sich nach den Regeln des neuen Gesetzeswortlauts. Dieser Gesetzestext ist kompliziert formuliert, er läßt sich am einfachsten über ein Beispiel erläutern:

266 Nehmen wir an, ein Arbeitnehmer hat ein zu versteuerndes Jahreseinkommen von 190.000,00 DM und seine Sonderausgaben, Werbungskosten etc. belaufen sich auf 10.000,00 DM. Dann beträgt sein zu versteuerndes Einkommen 180.000,00 DM. Erhält dieser Mitarbeiter eine Abfindung von 210.000,00 DM errechnet sich der Steuersatz gem. §§ 34, 24 EStG, 3 Ziff. 9 EStG nach der Neuregelung wie folgt:

---

[256] BFH, Urt. v. 06.09.1995, BFHNV 1996, 204; zuletzt bestätigt in BFH, Urt. v. 04.03.1998, DStR 1998, 929.
[257] *Wisskirchen*, Die steuerliche Behandlung von Entlassungsentschädigungen ab 1999, NZA 1999, 405.
[258] BFH, Urt. v. 09.09.1990, DB 1992, 2602; siehe ferner *Hümmerich/Spirolke*, NZA 1998, 231.
[259] BFH, Urt. v. 12.01.1968, BStBl. II, 1968, 324; Urt.v.30.11.1966, BStBl. II 1967, 331.
[260] BFH, Urt. v. 18.09.1981, BStBl. II 1981, 801.
[261] BFH, Urt. v. 15.05.1992, BStBl. II 1993, 829.

## § 4 Beendigung von Arbeitsverhältnissen

Das zu versteuernde Einkommen würde sich im Jahr der Fälligkeit der Abfindung belaufen auf

| | |
|---|---|
| zu versteuerndes Einkommen: | 180.000,00 DM |
| Abfindung | 210.000,00 DM |
| abzüglich Freibetrag | – 16.000,00 DM |
| | 374.000,00 DM |

belaufen. Um die Zusammenballung in einem Jahr und die sich hieraus ergebende Progression zu mildern, wird in § 34 EStG n. F. das zu versteuernde Einkommen fiktiv auf fünf Jahre verteilt und der Einjahresbetrag dem sonstigen zu versteuernden Einkommen hinzugerechnet.

Ermittlung des Einjahresbetrags:

| | |
|---|---|
| Abfindung | 210.000,00 DM |
| abzüglich Freibetrag | 16.000,00 DM |
| zu versteuerndes zusätzliches Einkommen | 194.000,00 DM |
| hiervon 1/5 | 38.800,00 DM |

Die Addition des zu versteuernden Einkommens und des fiktiv auf fünf Jahre verteilten Einkommens ergibt folgende Berechnung:

| | |
|---|---|
| zu versteuerndes Jahreseinkommen | 180.000,00 DM |
| fiktiver Einjahresbetrag | 38.800,00 DM |
| | 218.800,00 DM |

Nach der Splittingtabelle würde die hierauf anfallende Steuer rund 70.000,00 DM betragen. Hätte der Arbeitnehmer im Jahr seines Ausscheidens nur die 180.000,00 DM zu versteuern gehabt, hätte sich seine Steuer auf rund 52.000,00 DM belaufen. Maßgeblich für die Besteuerung der Abfindung gem. §§ 34, 24 EStG soll nach der Neuregelung der verfünffachte Differenzbetrag zwischen dem zu versteuernden Einkommen ohne Abfindung und dem Steuerbetrag bei 1/5 der hinzugerechneten Abfindung sein, in unserem Beispiel also

| | |
|---|---|
| bei fiktiven Einkommen 218.800,00 DM: | 70.000,00 DM |
| bei zu versteuerndem Einkommen 180.000,00 DM: | 52.000,00 DM |
| | 18.000,00 DM |

Mulitpliziert man diesen Differenzbetrag mit fünf (5 mal 18.000,00 DM), mithin 90.000,00 DM, erhält man den Steuerbetrag gem. § 34 EStG. Zzgl. der Steuer für das zu versteuernde Jahreseinkommen (52.000,00 DM) ergibt sich damit folgende Steuerlast.

| | |
|---|---|
| Einkünfte: | 190.000,00 DM |
| Abfindung: | 210.000,00 DM |
| Einkünfte gesamt: | 400.000,00 DM |
| abzüglich normale Steuer aus 180.000,00 DM | 52.000,00 DM |
| abzüglich verfünffachter steuerlicher Differenzbetrag | 90.000,00 DM |

| | |
|---|---|
| Steuerlast gesamt: | 142.000,00 DM |
| | |
| Einkünfte gesamt | 400.000,00 DM |
| Steuerlast | 142.000,00 DM |
| dem Arbeitnehmer verbleibendes Netto | 258.000,00 DM |

Je niedriger sich der Arbeitnehmer in der Progression befindet, desto günstiger wirkt sich die Neuregelung für ihn aus. Bei solchen Arbeitnehmern, insbesondere Führungskräften, Vorständen, GmbH-Geschäftsführern, die mit ihrem Gehalt bereits die höchste Progressionsstufe erreichen, führt die Neuregelung in § 34 EStG dazu, daß die Entschädigungsleistung des Arbeitgebers gem. § 24 EStG vollständig der Steuer unterworfen ist. Interessant ist dagegen wiederum die Neuregelung auch für Arbeitnehmer, die von einer Frühpensionierungsregelung Gebrauch machen, 32 Monate lang Arbeitslosengeld beziehen und demnach in den auf das Jahr der Zusammenballung folgenden Jahren entweder nicht zu versteuerndes Arbeitslosengeld oder nicht zu versteuerndes Altersruhegeld beziehen. In diesen Fällen dürfte die gesetzliche Neuregelung sogar günstiger sein als die bisherige Regelung, die den halben Steuersatz vorsah. Die Praxis des § 34 EStG wird abzuwarten bleiben.

### c) Zusammenballung von Einkünften im Sinne der BFH-Rechtsprechung

267 Die **Tarifbegünstigung nach §§ 24, 34 EStG** beruht auf dem Gedanken der Steuergerechtigkeit, weil durch die Entschädigung in einem Veranlagungszeitraum Einnahmen zufließen, die sich bei normalem Verlauf über mehrere Jahre verteilt hätten mit der Folge, daß sie einer geringeren Steuerprogression unterfallen wären.[262] Durch die Steuerbegünstigung soll der Progressionsnachteil abgefangen werden.

Bislang haben die Finanzämter die Auffassung vertreten, daß bei der **Einmalabfindung** infolge der Beendigung eines Arbeitsverhältnisses grundsätzlich nicht davon ausgegangen werden kann, daß sie lediglich die Einnahmen eines Kalenderjahres entschädigt, und zwar auch dann nicht, wenn sie der Höhe nach in etwa den Betrag eines früheren Jahresgehalts nicht übersteigt.[263] Mit Urteil vom 04.03.1998[264] hat der BFH ausdrücklich entschieden, daß die Auffassung der Finanzverwaltung unzutreffend ist, die Finanzverwaltung hat dieser Rechtsprechung zwischenzeitlich Rechnung getragen.[265]

268 In dem **Urteil vom 04.03.1998** stellte der **BFH** fest, daß das Merkmal der Zusammenballung von Einkünften nicht erfüllt ist, wenn die anläßlich der Beendigung eines Arbeitsverhältnisses gezahlte Entschädigung die bis zum Ende des Veranlagungszeitraums entgehenden Einnahmen nicht übersteigt und der Steuerpflichtige keine weiteren Einnahmen erzielt, die er bei Fortsetzung des Arbeitsverhältnisses nicht gehabt hätte. Der Senat stellt diese Ansicht in den Zusammenhang seiner bisherigen Rechtsprechung ein.[266] Bereits aus der Begründung zum Einkommensteuergesetz 1934 gehe hervor, daß mit der Ermäßigung des Steuersatzes progressionsbedingte Härten gemildert werden sollen. Bei dieser Betrachtungsweise komme es nicht darauf an, ob die Entschädigung entgehende Einnahmen mehrerer Jahre abdecken solle. Entscheidend sei allein, ob es unter Einschluß der Entschädigung infolge der Beendigung des Arbeitsverhältnisses in dem jeweiligen Veranlagungszeitraum insgesamt zu einer über die normalen Verhältnisse hinausgehenden Zusammenballung von Einkünften komme.

---

262 *Hümmerich/Spirolke*, Die arbeitsrechtliche Abfindung im neuen Steuerrecht, NJW 1999, 1663 ff.
263 BMF, Schreiben vom 18.11.1997 – IV B – S 2290–72/97; OFD Karlsruhe, Schreiben vom 19.01.1996 – S 2290 A-St 221.
264 BFHE 185, 429 = NZA-RR 1998, 418 = DB 1998, 1266.
265 BMF, Schreiben vom 18.12.1998 – IV A 5 S 2290–18/98.
266 BFH/NV 1996, 204; BFHE 183, 535 = NJW 1997, 3464.

Nur dann könnte eine progressionsbedingte Härte auftreten. Die Frage, ob die Entschädigung nach dem Willen der Parteien für den Einnahmeverlust mehrerer Jahre gewährt werden sollte, sei ohne Bedeutung. Bezugspunkt sei nicht die Zusammenballung der Entschädigung als solcher, sondern allein die entschädigungsbedingte Zusammenballung der Gesamtbezüge des Veranlagungszeitraums. Diese Auffassung widerspreche auch nicht der ständigen Rechtsprechung des BFH,[267] nach der es auf einen tatsächlich eintretenden Progressionsnachteil nicht ankomme. Auch in Fällen, in denen es infolge der Höhe der Einkünfte zu keiner entschädigungsbedingten steuerlichen Progressionsbelastung kommen kann, müsse eine Zusammenballung von Einkünften gegeben sein. Zutreffend sei, daß es im Einzelfall auch bei relativ geringfügiger Überschreitung der bei ungestörter Fortsetzung des Arbeitsverhältnisses erzielbaren Beträge zu einer erheblichen Steuerentlastung kommen könne. Auch wird sich eine günstigere Situation ergeben, je näher das Beendigungsdatum am Ende des Veranlagungszeitraums und damit des Kalenderjahres liegt. Diese Konsequenzen ergäben sich aber aus der vom Gesetz vorgegebenen Einkünfteermittlung für den einzelnen Veranlagungszeitraum.

Dieser eindeutigen BFH-Rechtsprechung ist nunmehr auch die Auffassung der Finanzverwaltung[268] angepaßt worden, was im Sinne einer einheitlichen Handhabung der Steuerbegünstigungstatbestände zu begrüßen ist. Noch im BMF-Schreiben von 1997[269] hieß es, die Frage der Zusammenballung von Einkünften könne nicht anhand der objektiven Zahlen beantwortet werden, entscheidend seien vielmehr die Gründe, die die Vertragsparteien zur Aufhebung des Dienstverhältnisses veranlaßt und die in der Auflösungsvereinbarung sowie bei den Modalitäten der Abfindung ihren Niederschlag gefunden hätten. Hiervon ist das BMF nunmehr abgerückt. Auch das BMF nimmt nunmehr an, daß eine Zusammenballung nur dann vorliegt, wenn die im Arbeitsverhältnis bis zur Beendigung verdienten Bezüge, die Entschädigungsleistung einschließlich der Abfindung bis zum Freibetrag des § 3 Ziff. 9 EStG, sowie weitere Einnahmen aus nichtselbständiger Arbeit, beispielsweise einem nachfolgenden Arbeitsverhältnis oder aus dem Progressionsvorbehalt unterliegender Lohnersatzleistungen gem. § 32 b EStG (bspw. Arbeitslosengeld) insgesamt das Einkommen des Vorjahres übersteigen.

269

Die Überlegung, daß eine Abfindung in den nächsten Veranlagungszeitraum verschoben wird, da in diesem andere Einkünfte nicht oder in geringerem Umfang erwartet werden und so die „Fünftelregelung" optimal genutzt werden kann, kann mithin durch diese Erlaßlage konterkariert werden, da es aufgrund der geringen weiteren Einkünfte bereits an der Zusammenballung fehlen kann mit der Folge, daß es schon an der Voraussetzung der Steuerbegünstigung fehlt.

Interessant ist die Erlaßlage des BMF ebenfalls im Hinblick auf Leistungen im Zusammenhang mit der Aufhebung des Arbeitsverhältnisses, die sich erst in Folgejahren auswirken, wie beispielsweise Verzicht des Arbeitgebers auf die ratierliche Kürzung der betrieblichen Altersversorgung nach § 2 BetrAVG, Auszahlung einer vorgezogenen betrieblichen Altersversorgung, vertragliche Zusicherung einer Unverfallbarkeit eines nach § 1 BetrAVG oder der Versorgungsordnung noch verfallbaren Anspruchs. Insbesondere die Finanzämter in Nordrhein-Westfalen hatten hierin einen Bestandteil der Abfindung gesehen, der die Gesamtentschädigung auf mehrere Jahre verteilt, mit der fatalen Folge, daß auf diesem Weg die Steuerbegünstigung für die gesamte Abfindung beseitigt wird.[270] Solche lebenslänglichen Leistungen sind nach Auffassung der Finanzverwaltung als Einkünfte im Sinne des § 24 Nr. 2 EStG zu behandeln. Sie seien keine außerordentlichen Einkünfte im Sinne des § 34

270

---

267 Urteil v. 17.12.1982, BFHE 137, 345 = BStBl II 1983, 221; v. 21.03.1996, BFHE 180, 152 = BStBl II 1996, 416.
268 BMF-Schreiben v. 18.12.1998, IV A 5 – S 2290 – 18/98.
269 IV B 1 – S 2290 – 72/97, BStBl I 1997, 973.
270 Der Spiegel 45/1997, S. 125.

855

Abs. 2 EStG und damit für eine begünstigte Besteuerung der im übrigen gezahlten Entlassungsentschädigung im Sinne des § 24 Nr. 1 EStG unschädlich.[271] Die Rechtsprechung des BFH hierzu bleibt abzuwarten.

#### d) Lohnsteueranrufungsauskunft

271  Um sich vor Überraschungen bei der Auslegung eines Wortlauts oder generell vor unterschiedlichen steuerrechtlichen Interpretationen von Gestaltungen in Aufhebungsverträgen zu schützen, empfiehlt sich, vor Abschluß eines Aufhebungsvertrages eine Lohnsteueranrufungsauskunft einzuholen.[272] Auf diese Weise erfährt man, wie das zuständige Finanzamt die Abfindung behandeln möchte. Die Anrufungsauskunft kann von Arbeitgeber und Arbeitnehmer, aber auch gemeinsam gestellt werden. Eine **Bindungswirkung** durch die Auskunft tritt grundsätzlich nur demjenigen gegenüber ein, der die Auskunft eingeholt hat,[273] also regelmäßig gegenüber dem Arbeitgeber. Häufig müssen aufgrund von Fristen oder unternehmensinternen Zwängen Aufhebungs- und Abwicklungsverträge schnell geschlossen werden. Mit einer Antwort des Finanzamts auf eine Lohnsteueranrufungsauskunft kann nicht innerhalb weniger Tage, sondern meist erst nach mehreren Wochen gerechnet werden. Das Instrument der Lohnsteueranrufungsauskunft versagt deshalb in vielen Verhandlungssituationen als Unterstützungsinstrument, um zu einer rechtssicheren, offiziellen steuerrechtlichen Bewertung von Abfindungsregelungen zu gelangen.

272  Die Bindungswirkung der Auskunft relativiert sich, wenn sie vom Arbeitgeber eingeholt wurde und das Betriebsstättenfinanzamt und das Wohnsitzfinanzamt des Arbeitnehmers nicht identisch sind. Dadurch wird der Wert der Lohnsteueranrufungsauskunft zusätzlich gemindert. Nach Auffassung des BFH[274] bindet nämlich die Auskunft nicht das für den Arbeitnehmer zuständige Wohnsitzfinanzamt im Rahmen der Einkommensteuerveranlagung.

### 4. Arbeitslosenversicherungsrechtliches Umfeld

#### a) Kurzer Abriß der jüngsten Entwicklung

273  Das **Arbeitsförderungsgesetz** wurde zum 01.01.1998 aufgehoben und als **SGB III** in das Sozialgesetzbuch aufgenommen. Gleichzeitig wurde das **AFG** reformiert und im Rahmen des am 01.04.1997 in Kraft getretenen Arbeitsförderungsrechtsgesetzes **(AFRG)**[275] in geänderter Form zum 01.04.1997 in Kraft gesetzt. Diese Änderungen einzelner Vorschriften des AFG sind der eigentlichen Reform vorgeschaltet. Ein Kernstück unter zahlreichen Neuerungen der zum 01.04.1997 in Kraft getretenen Regelungen bildete die Anrechnung von Abfindungen auf das Arbeitslosengeld.[276]

274  Die §§ 117, 117 a und 128 AFG wurden gestrichen, durch § 115 a AFG ersetzt, an dessen Stelle wiederum der inhaltsgleiche § 140 SGB III in der ab 01.01.1998 geltenden Fassung getreten ist. Die §§ 119, 119 a AFG wurden wort- und inhaltsgleich durch § 144 SGB III ersetzt. § 140 Abs. 2 SGB III wurde durch das erste Änderungsgesetz zum SGB III vom 19.12.1997 novelliert und galt nur für kurze Zeit.[277] Für Arbeitnehmer, die am 01.04.1997 länger als 360 Tage versicherungspflichtig beschäftigt waren, galt noch eine Übergangsregelung. Bei ihnen sollten die bisherigen

---

271 BMF-Schreiben v. 18.12.1998, IV A 5 – S 2290 – 18/98.
272 Siehe Muster 2284 „Lohnsteueranrufungsauskunft", § 4 Kap 2 M 454.
273 BFH, Urt. v. 13.11.1959, BStBl. III 1960, 108.
274 Urt. v. 09.10.1992, DB 1993, 73.
275 AFRG vom 24.03.1997 BGBl. I, 594.
276 *Hümmerich*, NZA 1997, 409; *Bauer/Röder*, BB 1997, 834.
277 BGBl. I S. 2970.

AFG-Anrechnungsvorschriften noch bis zum 06.04.1999 angewendet werden.[278] Für die Masse der Arbeitsverhältnisse änderte sich die Rechtslage aufgrund von § 242 x Abs. 3 AFG 1997 bis zum 06.04.1999 nicht. Arbeitsförderungsrechtliche Vorschriften sind neuerdings manchmal nur von vorübergehender Dauer. § 140 SGB III, die generelle Abfindungsanrechnungsvorschrift, die ab 07.04.1999 für alle Arbeitsverhältnisse gelten sollte, wurde wenige Tage vor ihrem vollständigen Inkrafttreten aufgehoben. Der frühere § 117 AFG (ohne § 117 a AFG) wurde als § 143 a ins SGB III aufgenommen und die Fraktionen von SPD und BÜNDNIS 90/DIE GRÜNEN kündigten mit dem Gesetzesentwurf an, daß es sich um eine vorläufige Regelung handelt, die nach einer Beratung ohne Zeitdruck durch eine andere Regelung wieder ersetzt werden soll.[279]

### b) Verstecktes Arbeitsentgelt

**Abfindungen** sind **generell nicht beitragspflichtig**, solange sie nicht verstecktes Arbeitsentgelt darstellen.[280] Kündigt der Arbeitgeber dem Arbeitnehmer fristlos und einigen sich die Parteien anschließend in einem außergerichtlichen oder gerichtlichen Vergleich auf eine Abfindung von 24.000,00 DM, die den Bruttobezügen bis zum Ende der ordentlichen Kündigungsfrist entspricht und lassen die Parteien das Arbeitsverhältnis zum Tag des Ausspruchs der außerordentlichen Kündigung enden, wird keine Beitragspflicht wegen der Abfindung begründet. Einigen sich die Parteien dagegen wirtschaftlich mit dem gleichen Inhalt, nämlich über den Betrag von 24.000,00 DM, lassen das Arbeitsverhältnis aber erst zum Ende der ordentlichen Kündigungsfrist enden, nehmen eine Erledigungsklausel in den Vergleich mit auf, so daß ab dem Tag des Ausspruchs der Kündigung bis zum Ende der Kündigungsfrist keine Gehälter mehr vom Arbeitgeber zu zahlen sind, liegt ein verstecktes Arbeitsentgelt vor und über den Betrag von 24.000,00 DM hinaus wird eine Beitragspflicht an die Arbeitslosenversicherung begründet.[281]

### c) Anspruch auf Arbeitslosengeld

Eine Anwartschaft auf Arbeitslosengeld wird durch eine **beitragspflichtige Beschäftigung** erworben, die **mindestens 360 Tage** dauern muß.[282] Diese 360 Tage müssen nicht in einem Block zusammenhängen, sondern können innerhalb eines Rahmens von drei Jahren liegen.[283] Die Anwartschaft kann damit auch aus mehreren Beschäftigungszeiten zusammengestückelt werden, solange der 3-Jahres-Rahmen eingehalten ist.[284] Mit dem Nachweis der Mindestanwartschaftszeit von 360 Tagen in der Rahmenfrist von 3 Jahren erwächst ein Anspruch auf Arbeitslosengeld von 6 Monaten (156 Wochentagen).

Der Anspruch auf Arbeitslosengeld ist mit Wirkung vom 01.01.1998 nach § 139 SGB III neu geregelt. Das Arbeitslosengeld wird jetzt nur noch **wöchentlich** berechnet und **für Kalendertage** geleistet. Auf jeden Kalendertag entfällt ein Siebtel des wöchentlichen Arbeitslosengeldes. Die Dauer des Bezugs von Arbeitslosengeld richtet sich gemäß § 127 SGB III nunmehr nach folgender, im Gesetz abgedruckter Tabelle:

---

278 § 242 x Abs. 3 AFG 1997, § 427 VI SGB III.
279 BT Drs. 14/394, S. 1.
280 BSG, Urt. v. 21.03.1990, NZA 1990, 751; BAG, Urt. v. 09.11.1988, NZA 1989, 470.
281 BSG, Urt. v. 21.02.1990, NZA 1990, 751; Urt. v. 25.10.1990, EzA, § 9 KSchG n.F. Nr. 38.
282 § 123 SGB III.
283 § 124 SGB III.
284 *Rittweger*, NZS 1997, 516.

| nach Versicherungspflichtverhältnissen mit einer Dauer von insgesamt mindestens ... Monaten | und nach Vollendung des ... Lebensjahres | ... Monate |
|---|---|---|
| 12 | | 6 |
| 16 | | 8 |
| 20 | | 10 |
| 24 | | 12 |
| 28 | 45. | 14 |
| 32 | 45. | 16 |
| 36 | 45. | 18 |
| 40 | 47. | 20 |
| 44 | 47. | 22 |
| 48 | 52. | 24 |
| 52 | 52. | 26 |
| 56 | 57. | 28 |
| 60 | 57. | 30 |
| 64 | 57. | 32 |

278 Im übrigen gelten die bisherigen Grundsätze für die Gewährung von Arbeitslosengeld: Der Arbeitnehmer muß sich beim Arbeitsamt seines Wohnortes arbeitslos melden und Arbeitslosengeld beantragen.[285] Die Anspruchsvoraussetzungen sind durch die vom Arbeitgeber auszufüllende **Arbeitsbescheinigung**[286] nachzuweisen. Die beschäftigungs- und altersmäßigen Voraussetzungen müssen bei Beginn des Anspruchs auf Arbeitslosengeld erfüllt sein.[287] Arbeitslosengeld wird erst vom Tage der Arbeitslosmeldung an gewährt.[288]

279 Das Arbeitslosengeld beträgt grundsätzlich 60 % des letzten durchschnittlichen Nettowochenarbeitsengelts, für Arbeitslose, die selbst oder deren Ehegatte mindestens ein steuerlich zu berücksichtigendes Kind haben, 67 %.[289] Der Bemessungszeitraum, der zur Ermittlung der 60 % bzw. 67 % als pauschaliertes Nettoentgelt zugrunde zu legen ist, umfaßt nach § 130 Abs. 1 SGB III die Entgeltabrechnungszeiträume, die in den letzten 52 Wochen vor der Entstehung des Anspruchs, in denen Versicherungspflicht bestand, enthalten sind und beim Ausscheiden des Arbeitslosen aus dem letzten Versicherungsverhältnis vor der Entstehung des Anspruchs abgerechnet waren. Bemessungsentgelt ist das durchschnittlich auf die Woche entfallende Entgelt.[290] Einmalige Arbeitsentgelte, die der Arbeitslose wegen der Beendigung des Arbeitsverhältnisses erhält oder die im Hinblick auf die Arbeitslosigkeit vereinbart worden sind, bleiben außer Betracht.[291] Weder ein 13. Monatsgehalt noch ein Urlaubsgeld sind damit nach § 134 SGB III zu berücksichtigen. Während der Arbeitsunfähigkeit wird künftig Arbeitslosengeld für die Dauer von bis zu 6 Wochen weitergezahlt.[292]

280 **Vorstandsmitglieder** von Aktiengesellschaften sind nicht rentenversicherungspflichtig nach §§ 1 Satz 3, 229 Abs. 1 SGB VI.[293] Bei Vorstandsmitgliedern besteht auch Versicherungsfreiheit in der Ar-

---

285 § 122 SGB III.
286 Früher 133 AFG, jetzt § 312 SGB III.
287 BSG, Urt. v. 14.02.1989, SozSich 1989, 314.
288 § 117 Abs. 1 SGB III.
289 § 129 SGB III.
290 § 132 Abs. 1 SGB III.
291 § 134 Abs. 1 Satz 3 Nr. 1 und 2 SGB III.
292 § 126 Abs. 1 Satz 1 SGB III.
293 Siehe im übrigen BSG, Urt. v. 04.09.1979, DB 1980, 166.

beitslosenversicherung.²⁹⁴ Bei abhängigen **GmbH-Geschäftsführern**, deren Tätigkeit als sozialversicherungspflichtiges Beschäftigungsverhältnis angesehen wird,²⁹⁵ besteht dagegen Sozialversicherungspflicht. Der GmbH-Geschäftsführer, dessen Arbeitsverhältnis durch Aufhebungsvertrag oder Kündigung endet, hat deshalb Anspruch auf Arbeitslosengeld, wenn er Fremdgeschäftsführer oder Gesellschafter-Geschäftsführer ohne beherrschenden Einfluß war. Sein Arbeitslosengeldanspruch hängt nicht von der tatsächlichen Entrichtung von Beiträgen ab, sondern von der Ausübung einer die Beitragspflicht begründenden Beschäftigung.²⁹⁶ Auch die widerspruchslose Entgegennahme der Beiträge durch die Krankenkasse läßt keinen Anspruch auf Versicherungsleistung aus der Arbeitslosenversicherung entstehen.²⁹⁷

### d) Ruhen des Anspruchs auf Arbeitslosengeld

Seit der Neuregelung kennt das Gesetz nur noch folgende Tatbestände des Ruhens eines Anspruchs auf Arbeitslosengeld: Soweit der Arbeitnehmer Arbeitsentgelt erhält oder zu beanspruchen hat,²⁹⁸ bei Anordnung einer Sperrzeit,²⁹⁹ bei Säumniszeit³⁰⁰ und während eines Arbeitskampfes³⁰¹ ruht künftig der Anspruch auf Arbeitslosengeld. 281

§ 143 SGB III erfaßt den Fall der Urlaubsabgeltung, die ein Arbeitnehmer erhalten oder von seinem Arbeitgeber zu beanspruchen hat. In diesem Falle beginnt ein Ruhenszeitraum mit dem Ende des Arbeitsverhältnisses, in dem der Urlaubsanspruch entstanden war. 282

§ 144 SGB III entspricht den früheren §§ 119, 119 a AFG. Nach § 144 Abs. 1 Ziff. 1 SGB III tritt eine **Sperrzeit von 12 Wochen** ein, wenn der Arbeitslose das Beschäftigungsverhältnis gelöst oder durch ein arbeitsvertragswidriges Verhalten Anlaß für die Lösung des Beschäftigungsverhältnisses gegeben hat und dadurch vorsätzlich oder grob fahrlässig die Arbeitslosigkeit herbeigeführt hat, ohne für sein Verhalten einen wichtigen Grund zu haben. 283

Bei der Gestaltung von Aufhebungs- und Abwicklungsverträgen hat unter arbeitslosenversicherungsrechtlichen Gesichtspunkten diese Vorschrift besondere Bedeutung. Gibt der Arbeitnehmer Anlaß zur Kündigung durch ein schuldhaftes, vertragswidriges Verhalten, liegt also eine **verhaltensbedingte Kündigung** vor, greift regelmäßig der **Sperrzeittatbestand des § 144 Abs. 1 Ziff. 1 SGB III** ein. Gleiches gilt, wenn der Arbeitnehmer eine **Eigenkündigung** vornimmt, auch in diesem Falle hat der Arbeitnehmer das Arbeitsverhältnis gelöst. Schließt der Arbeitgeber mit dem Arbeitnehmer einen Aufhebungsvertrag, liegt ebenfalls ein „Lösen" des Arbeitsverhältnisses vor und § 144 Abs. 1 Ziff. 1 SGB III greift. Wann das Arbeitsamt von einem Lösen des Beschäftigungsverhältnisses ohne wichtigen Grund ausgeht und wann die Voraussetzungen für eine Sperrzeitanordnung nach § 144 Abs. 1 Ziff. 1 SGB III angenommen werden, hat die Bundesanstalt für Arbeit in ihrem zuletzt aktualisierten Sammelerlaß zum Arbeitslosengeld Arbeitslosenhilfe (Sperrzeitregelung) vom 19.12.1996 unter Aktualisierung der Durchführungsanweisungen vom 18.12.1996 festgelegt.³⁰² Mit der Neufassung der Sperrzeit-Dienstanweisung vom 19.12.1996 hat sie ein Urteil des BSG³⁰³ und 284

---

294 § 27 Abs. 1 Nr. 5 SGB III.
295 BSG, Urt. v. 24.06.1982, BB 1984, 1049; Urt. v. 08.08.1990, NZA 1991, 324.
296 § 25 SGB III.
297 BSG, Urt. v. 29.10.1986, DB 1987, 406; Urt. v. 28.04.1987, Quelle 1988, 500.
298 § 143 SGB III.
299 § 144 SGB III.
300 § 145 SGB III.
301 § 146 SGB III.
302 NZA 1997, 427 ff.
303 Urt. v. 09.11.1995, NZA-RR 1997, 109 = BB 1996, 1510.

eine Reihe sperrzeitverschärfend wirkender Weisungen an die Sachbearbeiter der Arbeitsämter erteilt.[304] Ein Auflösungssachverhalt nach § 144 Abs. 1 Ziff. 1 SGB III kann nunmehr ausnahmsweise auch dann vorliegen, wenn der Arbeitnehmer im Wege eines Abwicklungsvertrages eine Kündigung hinnimmt.

285 Daraus wurde in der Literatur – oberflächlich und unscharf – geschlossen, die Vorteile des Abwicklungsvertrages hätten, verglichen mit dem Aufhebungsvertrag, an Bedeutung verloren.[305] Richtig ist nur, daß über die Durchführungsanweisungen das Urteil des BSG vom 09.11.1995 in der Weise umgesetzt wurde, daß ein gewöhnlicher Abwicklungsvertrag, der ohne Vorabsprache nach Ausspruch der Kündigung geschlossen wurde, nicht mehr generell davor schützt, daß § 144 Abs. 1 Ziff. 1 SGB III nicht angewendet wird. Seinem Wortlaut nach „löst" man das Arbeitsverhältnis nicht über einen Abwicklungsvertrag. Beim Abwicklungsvertrag wird das Arbeitsverhältnis durch die Arbeitgeberkündigung „gelöst".[306]

286 Das BSG hat mit seinem Urteil vom 09.11.1995 die **Grundsätze von falsa demonstratio non nocet** auf den Abwicklungsvertrag übertragen. Arbeitgeber und Arbeitnehmer hatten einen Abwicklungsvertrag geschlossen, tatsächlich aber vor Ausspruch der Kündigung eine Absprache über den später zu schließenden „Abwicklungsvertrag" getroffen. Für das BSG war dieser Vertrag tatsächlich ein Aufhebungsvertrag, weil eine Vorabsprache vorlag. Diese Vorabsprache war im Hinblick darauf getroffen worden, daß der Arbeitgeber sich bereit erklärt hatte, dem Mitarbeiter bei Hinnahme der Kündigung sofort ein betriebliches Ruhegeld und außerdem bis zur Vollendung des 60. Lebensjahres weitere finanzielle Vergünstigungen zu gewähren. Schließlich bestand der Verdacht, daß das Kündigungsschreiben zurückdatiert war, so daß der Senat schließlich die Sache an das zuständige Landessozialgericht zurückverwies.[307]

Im Grundsatz bleibt es dabei, daß bei Abschluß eines Abwicklungsvertrages **kein Lösen im Sinne von § 144 Abs. 1 Ziff. 1 SGB III** vorliegt. Nur dann, wenn ein Arbeitnehmer eine offensichtlich rechtswidrige Kündigung im Hinblick auf finanzielle Vergünstigungen hinnimmt, soll es keine Rolle spielen, ob ein Aufhebungs- oder ein Abwicklungsvertrag geschlossen wurde.[308] Eine Kündigung ist offensichtlich rechtswidrig, wenn für den Arbeitnehmer ohne weiteres erkennbar war, daß die Kündigung gegen arbeitsvertragliche, tarifvertragliche oder gesetzliche Bestimmungen verstößt. Offensichtlich ist für den Arbeitnehmer hingegen nicht, ob eine Kündigung sozial ungerechtfertigt ist.[309]

287 Als solche offensichtlich rechtswidrigen Kündigungen führt die Durchführungsanweisung folgende Sachverhalte auf: Die maßgebende Kündigungsfrist wurde nicht eingehalten, der Arbeitslose war nach tarif- oder einzelvertraglichen Bestimmungen nur noch aus wichtigem Grund kündbar, der Arbeitslose genoß besonderen Kündigungsschutz, die Kündigung war also nichtig nach §§ 9 MuSchG, 18 BErzGG, 12 SchwbG, 15 KSchG, Kündigungen von Mitgliedern des Betriebsrats, einer Jugendvertretung oder Wahlvorständen. Im übrigen wird wegen Einzelheiten auf die sich zwischenzeitlich mehrfach geänderte Durchführungsanweisung[310] verwiesen.

---

304 Vgl. *Hümmerich*, NZA 1997, 410.
305 *Gagel/Vogel*, Beendigung von Arbeitsverhältnissen, Rn 282; *Germelmann*, NZA 1997, 236; *Malter*, SPA 11/1996, 1.
306 Siehe nur: *Hümmerich*, NZA 1994, 200.
307 Im einzelnen: *Hümmerich*, NZA 1997, 410.
308 Durchführungsanweisung 1.113/3, NZA 1997, 430.
309 *Neef/Schrader*, Die Behandlung der Abfindung nach dem SGB III, DB 1999, 281.
310 NZA 1997, 428 ff.

**Weiterhin geltende Rechtslage** ist, daß ein Aufhebungsvertrag die **Sperrzeitanordnung** zur Folge 288
hat, wenn die ordentliche Kündigungsfrist nicht eingehalten wurde. Eine Verschärfung der Anweisungslage und damit ein weiteres Argument für den Abwicklungsvertrag und gegen den Aufhebungsvertrag stellt die gegenwärtige Regelung in Ziffer 1.532 der neuen Durchführungsanweisung dar. Hat der Arbeitslose das Beschäftigungsverhältnis gekündigt oder durch ausdrücklichen Aufhebungsvertrag mit dem Arbeitgeber beendet, weil ihm anderenfalls eine arbeitgeberseitige Kündigung drohte, liegt darin allein kein wichtiger Grund für die Arbeitsaufgabe. Der Arbeitnehmer ist grundsätzlich gehalten, eine Kündigung des Arbeitnehmers abzuwarten.[311] Nur unter besonderen Umständen, wenn dem Arbeitnehmer Nachteile aus einer arbeitgeberseitigen Kündigung für sein berufliches Fortkommen drohen oder er einen sonstigen, gleichgewichtigen Grund darlegen kann, ist der Arbeitnehmer vor einer Sperrzeitanordnung geschützt, wenn er einen Aufhebungsvertrag „zur Vermeidung einer ansonsten unumgänglichen ordentlichen, betriebsbedingten Kündigung" geschlossen hat.

Mit dem aktualisierten **Sammelerlaß** geht es der Bundesanstalt für Arbeit im wesentlichen darum, offensichtlich rechtswidrige Kündigungen, vertuschte Absprachen zwischen Arbeitgeber und Arbeitnehmer, rückdatierte Vereinbarungen etc. als Anspruchssachverhalte auf Arbeitslosengeld auszuschließen.

Als **wichtige Gründe**, die die **Anwendung von § 144 SGB III ausschließen** und dem Arbeitnehmer 289
ausnahmsweise gestatten, das Arbeitsverhältnis zu lösen, sind anerkannt: Nichtzahlung des tariflichen oder ortsüblichen Arbeitsentgelts, Nichteinhaltung von Arbeitsschutzvorschriften, Verstoß der Arbeit gegen ein Gesetz oder die guten Sitten.[312] Das BSG nimmt einen wichtigen Grund bei dem Ausscheiden eines älteren, von dem Personalabbau betroffenen Arbeitnehmers durch Aufhebungsvertrag auch dann an, wenn bei einem größeren Betrieb in einer krisenhaften Situation der Zwang zu einem drastischen und kurzfristig durchzuführenden Personalabbau besteht, um den Betrieb zu erhalten, und die drohende Arbeitslosigkeit der freizusetzenden Arbeitnehmer durch den örtlichen Arbeitsmarkt nicht ohne weiteres aufgefangen werden kann.[313] Hierbei verlangt das BSG Anhaltspunkte dafür, daß der Arbeitnehmer durch sein vorzeitiges Ausscheiden aus dem Betrieb einem anderen Mitarbeiter die Entlassung erspart hat. Dabei soll die Annahme eines wichtigen Grundes auf besonders gelagerte Einzelfälle beschränkt werden.

Auch ein **Wohnortwechsel** kann einen wichtigen Grund darstellen, wenn zum Beispiel der Umzug zum Lebenspartner der Versorgung der Familie dient.[314] Hierbei hat das BSG in seiner früheren Rechtsprechung bislang allein den Zuzug zum Ehegatten als wichtigen Grund anerkannt, wenn der Arbeitslose von der gemeinsamen Wohnung aus den Arbeitsplatz nicht zumutbar erreichen kann.[315] Nunmehr hat das BSG in einer aktuellen Entscheidung vom 29.04.1998[316] betont, daß der Umstand, daß die **nichteheliche Partnerschaft** nicht unter dem Schutz des Art. 6 Abs. 1 GG stehe und für die Partner keine gesetzlich normierte Pflicht zum Zusammenleben bestehe, für sich genommen nicht zur Verneinung des wichtigen Grundes ausreiche. Die bisherige Rechtsprechung berücksichtige nicht hinreichend, daß § 144 SGB III keinen wichtigen Grund mit Verfassungsrang und keine bestimmte Verhaltenspflicht als Grundlage fordere. In Hinblick auf sich wandelnde Gesellschaftsstrukturen im Bereich der Familie müsse die bisherige Rechtsprechung überprüft und modifiziert werden. Deshalb will der erkennende Senat künftig davon ausgehen, daß die persönlichen Interessen des Arbeitslosen

---
311 Durchführungsanweisung 1.532 Abs. 1, NZA 1997, 430.
312 Siehe *Hümmerich*, NZA 1994, 202.
313 BSG, Urt. v. 13.03.1997, NZA-RR 1997, 495.
314 BSG, Urt. v.12.11.1981, BSGE 52, 276.
315 BSG, BSGE 43, 269.
316 EzA § 144 SGB III Nr. 1.

nicht grundsätzlich hinter den Interessen der Versichertengemeinschaft zurücktreten, wenn die Arbeitsplatzaufgabe zu dem Zweck erfolgt, durch Umzug vom arbeitsplatznahen Wohnort zum Ort der gemeinsamen Wohnung ein engeres Zusammenleben mit dem Partner zu ermöglichen, mit dem eine eheähnliche, dauerhaft verfestigte, ernsthafte und intensive Beziehung besteht.

290 Angesichts der **restriktiven Praxis der Arbeitsämter** bei der **Gewährung von Arbeitslosengeld** kann man sich aber kaum in seiner Lebensplanung darauf verlassen, daß ein dem Betroffenen noch so wichtig erscheinender Grund, das Arbeitsverhältnis zu lösen, eine hinsichtlich der Wichtigkeit gleichartige Bewertung durch die Mitarbeiter der Bundesanstalt für Arbeit erfährt. Das LSG Rheinland-Pfalz hat einen wichtigen Grund für den Fall verneint, daß dem Arbeitnehmer bei fehlendem Abschluß des Aufhebungsvertrages arbeitgeberseitig gekündigt worden wäre.[317] Im Interesse der Versichertengemeinschaft sei es dem Arbeitnehmer in der Regel zuzumuten, die arbeitgeberseitige Kündigung abzuwarten und dagegen gegebenenfalls rechtliche Schritte zu unternehmen. Ein wichtiger Grund liege auch nicht darin, daß der Arbeitgeber allein bei Abschluß des Aufhebungsvertrages bereit war, eine Wiedereinstellungszusage zu geben.

291 Ein **Irrtum über das Vorliegen der Sperrzeitvoraussetzungen** begründet nur dann eine besondere Härte i. S.d. § 144 Abs. 3 SGB III, wenn er unverschuldet ist.[318] In einer Folgeentscheidung konkretisierte das BSG dies dahingehend, daß die Annahme einer besonderen Härte voraussetze, daß der Irrtum durch die konkrete Auskunft einer hiermit vertrauten Stelle, in der Regel eine Dienststelle der Bundesanstalt für Arbeit, hervorgerufen oder gestützt wurde.[319]

**e) Abfindungsanrechnung auf Arbeitslosengeld**

292 Nach dem ersten SGB III-Änderungsgesetz fand gemäß § 140 Abs. 2 SGB III, vorbehaltlich der bereits erwähnten Übergangsregelung nach § 242 x AFG, nunmehr stets eine Anrechnung von Abfindungen auf Arbeitslosengeld statt. Nachdem § 140 SGB III aufgehoben wurde, gibt es keine Regelanrechnung von Abfindungen auf Arbeitslosengeld mehr. Statt dessen findet eine **Anrechnung nur noch unter den Voraussetzungen des § 143 a SGB III statt**.

293 Nach § 143 a Abs. 2 und Abs. 3 SGB III ruht der Anspruch auf Arbeitslosengeld bis zu einem Jahr, wenn das Arbeitsverhältnis ohne Einhaltung der ordentlichen Kündigungsfrist beendet worden ist und der Arbeitslose eine Abfindung, Entschädigung oder ähnliche Leistung erhalten oder zu beanspruchen hatte. Einen unverzeihlichen Gestaltungsfehler stellt es mithin dar, wenn in einem Aufhebungsvertrag auf die Einhaltung der ordentlichen Kündigungsfrist verzichtet wird, obwohl damit zu rechnen war, daß der Mitarbeiter oder die Mitarbeiterin späterhin nach Beendigung des Arbeitsverhältnisses arbeitslos sein würde. Wird die Kündigungsfrist eingehalten, bleibt für eine Anrechnung der Abfindung auf das Arbeitslosengeld kein Raum. Hintergrund der Regelung ist die Vermutung, daß eine Abfindung immer auch Arbeitsentgelt enthält, wenn das Arbeitsverhältnis vorzeitig beendet wird.[320] Bei Einhaltung der Kündigungsfrist hätte der Arbeitnehmer für die Dauer dieser Frist Anspruch auf Arbeitsentgelt. Bei Erhalt einer Abfindung beinhaltet diese daher auch einen Anteil, der den Anspruch auf Arbeitsentgelt abdeckt. Es ist jedoch ausgeschlossen, daß ein Arbeitsloser für einen Zeitraum, für den er Arbeitsentgelt beanspruchen kann, gleichzeitig Arbeitslosengeld als Ersatz für das Arbeitsentgelt erhält.

---

317 LSG Rheinland-Pfalz, Urt. v. 26.10.1998, L 1 Ar 3/98.
318 BSG, Urt. v. 23.03.1997, NZS 1997, 593.
319 BSG, Urt. v. 05.06.1997, NZS 1998, 136.
320 *Rockstroh/Polduwe*, Neuregelung der Berücksichtigung von Abfindungen beim Arbeitslosengeld, DB 1999, 529.

# Beendigung von Arbeitsverhältnissen § 4

Die genaue **Dauer des Ruhenszeitraums** richtet sich nach einer der in § 143 a Abs. 2 SGB III genannten fünf Berechnungsmethoden, wobei die für den Arbeitnehmer günstigste Berechnungsmethode im Einzelfall maßgeblich ist. Der Ruhenszeitraum endet nach Ablauf der ordentlichen Kündigungsfrist oder nach Ablauf der vereinbarten Befristung oder sofort, wenn der Arbeitgeber aus wichtigem Grund hätte kündigen können oder nach Ablauf des Zeitraums, den der Arbeitnehmer benötigt, um einen in § 143 a Abs. 3 Satz 3 SGB III festgelegten Prozentsatz seiner Abfindung zu verdienen.   294

Der hierbei zu berücksichtigende Teil der Abfindung errechnet sich nach folgender Tabelle:   295

| Dauer des Arbeits-verhältnisses | Lebensalter | | | | | |
|---|---|---|---|---|---|---|
| | < 40 | ab 40 | ab 45 | ab 50 | ab 55 | ab 60 |
| bis 4 Jahre | 70 | 65 | 60 | 55 | 50 | 45 |
| 5 bis 9 Jahre | 65 | 60 | 55 | 50 | 45 | 40 |
| 10 – 14 Jahre | 60 | 55 | 50 | 45 | 40 | 35 |
| 15 – 19 Jahre | 55 | 50 | 45 | 40 | 35 | 30 |
| 20 – 24 Jahre | 50 | 45 | 40 | 35 | 30 | 30 |
| 25 – 29 Jahre | 45 | 40 | 35 | 30 | 30 | 30 |
| 30 – 34 Jahre | | 35 | 30 | 30 | 30 | 30 |
| 35 und mehr Jahre | | | 30 | 30 | 30 | 30 |

Die Anwendung der vorstehenden Tabelle soll anhand eines Beispiels erläutert werden:   296

Ein Arbeitsverhältnis wird zum 31.12. beendet, obwohl es aufgrund der vertraglich vereinbarten Kündigung erst zum 30.06. des Folgejahres hätte beendet werden können. Das monatliche Bruttogehalt des betroffenen Arbeitnehmers beträgt 6.000,00 DM, die im Aufhebungsvertrag vereinbarte Abfindung 80.000,00 DM. Das Arbeitsverhältnis mit dem 57 Jahre alten Arbeitnehmer bestand bis zum Ausscheidenszeitpunkt 15 Jahre. Nach der aus § 143 a Abs. 2 SGB III entwickelten Tabelle sind für die Errechnung des Ruhenszeitraums 35 % der Abfindung zu berücksichtigen, konkret also ein Betrag von 28.000,00 DM (= 80.000,00 DM x 35 %). Bei einem Einkommen von 6.000,00 DM monatlich beläuft sich das kalendertägliche Einkommen auf 200,00 DM. Um die hier berücksichtigungsfähigen 28.000,00 DM aus der Abfindung im Arbeitsverhältnis zu verdienen, müßte der Mitarbeiter insgesamt 140 Kalendertage arbeiten. In unserem Beispielsfall ruht somit der Anspruch auf Arbeitslosengeld für einen Zeitraum von 140 Kalendertagen, da die Berechnung nach der Abfindungssumme im übrigen die für ihn vorliegend günstigste unter den fünf Berechnungsmethoden ist.

Wegen weiterer Einzelheiten sei auf die bisherige Kommentarliteratur zum AFG[321] verwiesen, die nach der Gesetzesänderung wieder aktuell ist.

**Die neue Gesetzeslage ab 01.04.1999** ist das Ergebnis einer Vereinbarung zwischen Arbeitgeberverbänden, Gewerkschaften und der Bundesregierung in einer Arbeitsgruppe der Bündnisgespräche, die das Bundeskabinett in seiner Sitzung am 10.02.1999 gebilligt hat.[322] Die Teilnehmer der Bündnisgespräche haben überdies klar gemacht, daß die jetzige Regelung auch nur wieder eine Übergangsregelung sein soll. Die Gespräche würden fortgesetzt mit dem Ziel, dem Gesetzgeber eine Neuregelung vorzuschlagen.[323]   297

---

321 Beispielsweise *Niesel,* AFG, § 117 Rn 1 bis 66.
322 Information des Bundesministers für Arbeit, http://www.bma.de v. 11.02.1999.
323 BT-Drs. 14/394, S. 1.

Auch **Übergangsvorschriften** hält das SGB III in seiner Neufassung bereit: Bei Arbeitgebern, die entsprechend der Gesetzeslage von der Abschaffung des § 128 AFG zum 1.4.1999 ausgegangen waren und bis zum Kabinettsbeschluß am 10.02.1999, beispielsweise in Form von Sozialplänen, Dispositionen getroffen hatten, um sich von älteren Arbeitnehmern zu trennen, wurden für eine Übergangszeit von der Anwendung des wiederbelebten § 128 befreit. Auch diejenigen Arbeitslosen mit kürzeren Vorbeschäftigungszeiten, bei denen bis zum 1.4.1999 § 140 SGB III a.F. angewendet worden war, können auf Antrag verlangen, daß die bei ihnen vorgenommene Abfindungsanrechnung entfällt, oder, wenn sie die Kündigungsfrist nicht eingehalten hatten, die Abfindung, falls für sie günstiger, nur nach den Grundsätzen des § 140 SGB III n. F. (§ 117 AFG) angerechnet wird.

### f) Anrechnung von Nebenverdienst

298  Arbeitslosen, die in Zeiten, in denen sie Arbeitslosengeld oder –hilfe erhalten, Nebeneinkommen erzielen, wird nach Abzug eines Freibetrages die bewilligte Leistung entsprechend gekürzt. Seit dem 01.08.1999 beträgt dieser **Mindestfreibetrag 315 DM**. Wenn es jedoch für den Arbeitnehmer günstiger ist, berücksichtigt das Arbeitsamt stattdessen 20% des monatlichen Arbeitslosengeldes. Die Arbeitsämter prüfen von Amts wegen, ob ab August 1999 der höhere Freibetrag maßgebend ist. Für Ansprüche, die ab dem 01.08.1999 entstehen, gelten Sonderregelungen, wenn der Arbeitslose während der letzten zwölf Monate vor der Entstehung des Anspruchs auf Lohnersatzleistungen neben einem Versicherungspflichtverhältnis eine geringfügige Beschäftigung, eine selbständige Tätigkeit oder eine Tätigkeit als mithelfender Familienangehöriger im Umfang von wöchentlich weniger als 18 Stunden mindestens zehn Monate lang ausgeübt hatte. Dann bleibt das Nettoeinkommen bis zur Höhe des während der letzten zehn Monate dieser Tätigkeit erzielten durchschnittlichen Entgelts anrechnungsfrei, es sei denn, der monatliche Mindestfreibetrag von 315 DM überstiege diesen Betrag.

### g) Anspruchsübergang auf die Bundesanstalt für Arbeit

299  Während der Verhandlung von Aufhebungsverträgen wird eine bei der Gestaltung wichtige Frage häufig übersehen, daß nämlich mit der eingestellten Zahlung des Arbeitsentgelts während der Verhandlungen durch den Arbeitgeber und mit dem Bezug von Arbeitslosengeld durch den Arbeitnehmer ein **Anspruchsübergang** nach § 115 Abs. 1 SGB X auf die Bundesanstalt für Arbeit stattfindet. Das BAG[324] hält rückwirkende Aufhebungsvereinbarungen zwar grundsätzlich für wirksam, entstandene Entgeltansprüche erlöschen aber nicht mehr durch sie, weil sie bereits auf die Bundesanstalt für Arbeit übergegangen sind. Damit muß der Arbeitgeber der Bundesanstalt für Arbeit in Höhe des gezahlten Arbeitslosengeldes für die Zeit zwischen dem vereinbarten Beendigungstermin und dem Abschluß des Aufhebungsvertrages Gehalt nachzahlen.

Etwas anderes soll dagegen gelten, wenn der vereinbarte Beendigungstermin in eine Zeit gelegt wird, für die das Bestehen des Arbeitsverhältnisses streitig ist. Auch das Sozialrecht darf die Parteien nicht daran hindern, einen Streit in einer ihnen geeignet erscheinenden Weise zu beenden.[325] Namentlich bei fristlosen Kündigungen, die die sofortige Einstellung der Entgeltzahlung durch den Arbeitgeber zur Folge haben, stellt sich dieses Gestaltungsproblem. Eine Anrechnung auf das Arbeitslosengeld kann über eine Abfindung erfolgen (Stichwort: verstecktes Arbeitsentgelt).[326]

---

324  Urt. v. 23.09.1981, ZIP 1981, 1364; Urt. v. 17.04.1986, AP Nr. 40 zu § 615 BGB.
325  BAG, Urt. v. 29.08.1968, BB 1968, 1130; BSG, Urt. v. 14.02.1978, BSGE 46, 20.
326  Siehe § 4 Kap. 2 Rn 350.

## h) Erstattung von Arbeitslosengeld durch den Arbeitgeber

Erneut Geltung beansprucht seit 01.04.1999 wieder jener einst heftig umstrittene § 128 AFG a.F.,[327] um den sich eine umfangreiche Rechtsprechung[328] und ein reiches Schrifttum[329] ranken und der die Erstattungspflicht des Arbeitgebers bei der Kündigung älterer Arbeitnehmer – allerdings mit zahlreichen Ausnahmetatbeständen – statuiert.

300

Gem. § 147 a SGB III ist der Arbeitgeber, bei dem der ältere Arbeitslose innerhalb der letzten vier Jahre mindestens 720 Kalendertage beitragspflichtig beschäftigt war, im Grundsatz verpflichtet, vierteljährlich das Arbeitslosengeld für die Zeit nach Vollendung des 58. Lebensjahres des Arbeitslosen für längstens zwei Jahre an das Arbeitsamt zu erstatten. In die Erstattungspflicht mit einbezogen sind nicht nur das Arbeitslosengeld, sondern auch die auf das Arbeitslosengeld entfallenden Beiträge zur gesetzlichen Kranken- und Rentenversicherung. § 147 a SGB III knüpft an die Arbeitgeber, bei denen der ältere Arbeitslose in den letzten vier Jahren vor der Arbeitslosigkeit beschäftigt war, an. Es sind deshalb Fallkonstellationen denkbar, wenn beispielsweise das letzte Arbeitsverhältnis weniger als zwei Jahre bestanden hat, daß derjenige Arbeitgeber zur Beitragserstattung verpflichtet wird, bei dem der arbeitslos gewordene, ältere Arbeitnehmer zuletzt nicht gearbeitet hat. Ein Aufhebungsvertrag mit einem 56jährigen Arbeitnehmer, der ein Anschlußarbeitsverhältnis hat, schließt nicht aus, daß der den Aufhebungsvertrag schließende Arbeitgeber späterhin nach § 147 a SGB III zur Erstattung des Arbeitslosengeldes herangezogen wird.

301

Vielfach übersehen wird, daß sich die Erstattungspflicht nicht nur auf Arbeitslosengeld, sondern auch auf Arbeitslosenhilfe erstreckt.[330]

Vereinbaren die Parteien in einem Aufhebungsvertrag, daß eine freiwillige Überbrückungszahlung zurückzuzahlen ist, wenn der Arbeitgeber das vom Arbeitnehmer bezogene Arbeitslosengeld nach § 147 a SGB III zu erstatten hat, verstößt diese Regelung nicht gegen § 32 SGB I.[331]

302

Für die anwaltliche Beratung trennungswilliger Arbeitgeber und Arbeitnehmer von Bedeutung sind die Ausnahmetatbestände des § 147 a SGB III.

## i) Beschäftigungszeit

§ 147 a Abs. 1 Nr. 1 SGB III knüpft in den beiden Alternativen a) und b) zunächst an die Beschäftigungszeit an. In den beiden Alternativen Ziff. 1 a) und b) hat der Gesetzgeber nach Alter und Beschäftigungszeit gestaffelte **Fallgruppen** gebildet. Generell tritt keine Erstattungspflicht ein, wenn das Arbeitsverhältnis vor Vollendung des 56. Lebensjahres des Arbeitslosen beendet wird. Wird das Arbeitsverhältnis nach Vollendung des 56. Lebensjahres, zugleich aber vor Vollendung des 57. Lebensjahres aufgelöst, entfällt die Erstattungspflicht, wenn der Arbeitslose in den letzten 18 Jahren weniger als 15 Jahre im Betrieb tätig war. Erfolgt die Kündigung zu einem späteren Zeitpunkt, scheidet die Erstattungspflicht dann aus, wenn die Beschäftigungszeit in den letzten 12 Jahren weniger als 10 Jahre betrug. Der Zeitraum der Prozeßbeschäftigung ist nach der Rechtsprechung[332] nicht in den 10-Jahreszeitraum einzubeziehen.

303

---

327 Jetzt als § 147 SGB III.
328 BVerfGE 81,156; BSG, Urt. v. 28. 6. 1983, SozR 4100 § 141 b Nr. 27; BSGE 59, 84; 60, 50.
329 *Bauer/Diller*, BB 1992, 2283; *dies.*, BB 1994, 1085; *Gagel*, BB 1988, 1957; *Hanau*, DB 1992, 2625; *ders.*, ZIP 1994, 665; *Kreßel*, NZS 1993, 292; *ders.*, NZA 1994, 924; *Stolz*, NZS 1993, 62; *ders.*, BB 1993, 1650.
330 *Niesel*, AFG, § 127, Rn 3.
331 LAG Niedersachsen, Urt. v. 20.01.1999, NZA-RR 1999, 294.
332 SG Darmstadt, Urt. v. 19.01.1999, ARST 1999, 131 zu § 128 Abs. 12 Nr. 1 b AFG.

304 Zweifelsfragen waren aufgetaucht, wie mit Beschäftigungszeiten nach einem **Betriebsübergang** nach § 613 a BGB umzugehen ist. Streitig war, ob die beim alten Inhaber verbrachten Beschäftigungszeiten mitzuzählen waren. Das BSG hat zwischenzeitlich im Jahre 1997[333] im Gegensatz zur überwiegend im Schrifttum vertretenen Ansicht[334] entschieden, daß die bei einem früheren Betriebsinhaber verbrachten Zeiten mitzuzählen. Trennt sich ein Unternehmen von einem älteren Gesellschaftergeschäftsführer, der die Geschicke der Gesellschaft nachhaltig beeinflussen konnte, scheidet eine Anwendung von § 147 a SGB III aus, weil ein solcher Gesellschaftergeschäftsführer nicht in einem Beschäftigungsverhältnis im Sinne des § 147 a SGB III steht.[335]

### j) Kleinunternehmen

305 Die **Kleinstbetriebsklausel** in § 147 a Abs. 1 Satz 2 Nr. 2 SGB III wird man wohl nach Änderung der Kleinstbetriebsregelung in § 23 KSchG im Hinblick auf Teilzeitkräfte an den dort getroffenen und zuletzt noch einmal mit dem Korrekturgesetz geänderten Regelungen messen müssen. Die Regelung macht Sinn, weil die Intention des Gesetzgebers schon bei § 128 AFG dahin ging, die vor allem von Großunternehmen geübte Praxis der Frühpensionierung zu sanktionieren. Die gleiche Wirtschaftskraft wie bei Großunternehmen besteht bei Kleinbetrieben nicht.

In die Berechnung der für die Unternehmensgröße maßgeblichen Zahl von 20 Arbeitnehmern werden Auszubildende nicht einbezogen. Für Unternehmen mit nicht mehr als 40 Arbeitnehmern mindert sich die Erstattungspflicht um 2/3 und für Unternehmen mit nicht mehr 60 Arbeitnehmern um 1/3.

306 Bei der Feststellung der Zahl der regelmäßig beschäftigten Arbeitnehmer werden nur diejenigen Arbeitnehmer berücksichtigt, deren **Arbeitsverhältnis von einer gewissen Dauer** ist. Der Gesetzgeber stellt auf einen Zeitraum von mindestens 8 Monaten innerhalb des Kalenderjahres ab, das der Erstattungspflicht vorausging. Größere Unternehmen werden nur dann von der Erstattungspflicht im Einzelfall befreit, sofern nicht sonstige Befreiungstatbestände nach § 147 a SGB III vorliegen, wenn durch die Erstattung die Existenz des Unternehmens bzw. die verbleibenden Arbeitsplätze nachweislich gefährdet würden.

Gehört das Kleinunternehmen zu einem **Konzern**, sind mit Blick auf § 147 a Abs. 5 SGB III alle bei einem Arbeitgeber, der mehrere Betriebe betreiben kann, Beschäftigten im Rahmen der Feststellungen nach Nr. 2 zusammenzurechnen.[336]

### k) Eigenkündigung

307 Es entspricht der Logik des § 147 a SGB III, daß der Arbeitgeber immer dann, wenn nicht er die Ursache für die Trennung von einem älteren Arbeitnehmer gesetzt hat, zur Erstattung des Arbeitslosengeldes nicht verpflichtet ist. Da die Eigenkündigung vom Arbeitnehmer selbst gesetzt wird, hat der Gesetzgeber konsequenterweise im Falle der Eigenkündigung des Arbeitnehmers von einer Erstattungspflicht des Arbeitgebers abgesehen.

308 In der Praxis wurde überlegt, ob die Zahlungspflicht des Arbeitgebers auch dann entfällt, wenn das Arbeitsverhältnis aufgrund eines **vom Arbeitnehmer veranlaßten Aufhebungsvertrages** beendet

---

[333] BSG, Urt. v. 18.09.1997 – 11 RAr 55/96 (unveröffentlicht); in Übereinstimmung mit dem Runderlaß der Bundesanstalt für Arbeit 11/93 vom 03.02.1994 – RdNr. 3.11 Abs. 4; ebenso LSG Niedersachsen, Urt. v. 22.03.1984 – L 10 Ar 208/83; SG Frankfurt, DB 1986, 1832.
[334] *Niesel*, AFG, § 128 Rn 8 m. w. N.
[335] *Niesel*, AFG, § 128 Rn 6.
[336] *Niesel*, AFG, § 128 Rn 28.

wird, also der Arbeitnehmer an den Arbeitgeber herangetreten ist und ihn um Aufhebung des Arbeitsverhältnisses gebeten hat. Nach dem Wortlaut des § 147 a Abs. 1 Satz 2 Nr. 3 SGB III ist ausdrücklich von „Kündigung" die Rede. Die Beendigung durch Aufhebungsvertrag, von wem auch immer die Initiative ausgegangen sein mag, führt nicht zur Befreiung von der Erstattungspflicht. Kündigt der Arbeitnehmer und schließt anschließend mit dem Arbeitgeber einen zusätzlichen Vertrag, ist dagegen die Anwendbarkeit von § 147 a Abs. 1 Satz 2 Nr. 3 SGB III nicht ausgeschlossen.

### l) Sozial gerechtfertigte Kündigung

Eine wichtige Ausnahmevorschrift enthält **§ 147 a Abs. 1 Ziff. 4 SGB III**, nämlich den Fall der sozial gerechtfertigten Kündigung. Zu beachten ist, daß nach der Rechtsprechung des BSG § 147 a Abs. 1 Ziff. 4 SGB III über seinen Wortlaut hinaus nicht auf Fälle einer einvernehmlichen (sozial gerechtfertigten) Beendigung eines Arbeitsverhältnisses durch Aufhebungsvertrag angewendet werden kann.[337] Da das Arbeitsamt die vom Arbeitgeber genannten Kündigungsgründe voll inhaltlich nachprüft, wird immer dann, wenn der Arbeitnehmer die Kündigung durch den Arbeitgeber akzeptiert hat, ein fiktiver Kündigungsschutzprozeß beim Arbeitsamt bzw. nach erfolglosem Widerspruchsverfahren bei den Sozialgerichten geführt.[338] Schon bei Verabschiedung des damaligen § 128 AFG war klar, daß das Arbeitsamt an eine rechtskräftige Entscheidung des Arbeitsgerichts über die soziale Rechtfertigung der Kündigung gebunden ist, sofern nicht die Kündigung nach § 4 KSchG nur wegen Nichteinhaltung der dreiwöchigen Klagefrist zurückgewiesen wird.[339] Bei über 56 Jahre alten Arbeitnehmern konnte deshalb, wenngleich nicht unumstritten, ein bedingter Abwicklungsvertrag mit folgendem Inhalt geschlossen werden:

309

„Der Abwicklungsvertrag wird erst wirksam nach rechtskräftiger Abweisung der Kündigungsschutzklage durch Sachurteil, wobei sich der Arbeitnehmer verpflichtet, gegen die Kündigungserklärung des Arbeitgebers innerhalb der Drei-Wochen-Frist des § 4 KSchG eine zulässige und schlüssige Kündigungsschutzklage zu erheben. Der Arbeitnehmer wird im Güte- und Kammertermin auftreten bzw. sich vertreten lassen, das Vorbringen des Arbeitgebers aber nicht bestreiten."[340]

Mit einem solchen aufschiebend bedingten Abwicklungsvertrag erreicht der Arbeitnehmer, daß er sich den Folgen der §§ 144 und 143 a SGB III entzieht und der Arbeitgeber erreicht die Befreiung von einer etwaigen Erstattung von Arbeitslosengeld und Arbeitslosenhilfe gem. § 147 a SGB III.

### m) Übergangsbestimmungen

Der Gesetzgeber hat für die Anwendung von § 147 a SGB III und § 143 a SGB III Übergangsvorschriften vorgesehen. Ein Arbeitnehmer, dem in der Vergangenheit gem. § 140 SGB III ein Teil seiner Abfindung auf das Arbeitslosengeld angerechnet worden war, kann gem. § 427 Abs. 6 SGB III verlangen, daß sein Bescheid aufgehoben und bei ihm als Anrechnungstatbestand allein § 143 a SGB III angewendet wird. Hat der Arbeitnehmer nicht auf die Einhaltung der Kündigungsfrist verzichtet, sondern hat er die Kündigungsfrist eingehalten, wurde ihm beispielsweise gekündigt und hat er einen Abwicklungsvertrag geschlossen, findet in seinem Falle regelmäßig keine Anrechnung der Abfindung auf Arbeitslosengeld nach § 143 a SGB III statt und findet auch keine Anordnung einer Sperrzeit nach § 144 SGB III statt. In diesem Falle ist dem Arbeitnehmer zu empfehlen, von der Übergangsregelung in § 427 Abs. 6 SGB III Gebrauch zu machen.

310

---

337 BSG, Urt. v. 03.12.1998, NZA-RR 1999, 330 bzgl. des wortgleichen § 128 Abs. 1 Satz 2 Ziff. 4 AFG.
338 *Hümmerich*, ArbuR 1994, 257.
339 BT-Dr. 11/3423, S. 58.
340 Siehe *Hümmerich*, ArbuR 1994, 257.

Eine ebenfalls aus Vertrauensschutz- und Gleichbehandlungsgründen entstandene Übergangsvorschrift findet sich im Hinblick auf § 147 a SGB III in § 431 Abs. 2 SGB III. Bei allen Arbeitsverhältnissen älterer Arbeitnehmer, deren Auflösung vor dem Tag des Kabinettsbeschlusses am 10.02.1999 vereinbart wurde oder die bis zum Tag des Kabinettsbeschlusses gekündigt worden sind, kann verlangt werden, daß § 147 a SGB III nicht angewendet wird. Gleiches gilt im Hinblick auf vor dem 01.04.1999 entstandene Ansprüche auf Arbeitslosengeld älterer Arbeitnehmer.

### n) Weitere Befreiungstatbestände

311  Weitere Befreiungstatbestände von der Erstattungspflicht bilden die Berechtigung des Arbeitgebers, das **Arbeitsverhältnis aus wichtigem Grund** ohne Einhaltung einer Kündigungsfrist oder mit sozialer Auslauffrist **zu kündigen** (Nr. 5), ein deutliches **Absinken der Belegschaft** nach den im Gesetz näher genannten Kriterien (Nr. 6 und Nr. 7). Die Erstattungspflicht entfällt ebenfalls, wenn der Arbeitgeber nachweist, daß bereits im Vorjahr die Voraussetzungen nach § 147 a Abs. 1 Satz 2 Nr. 2 vorgelegen haben oder für ihn die **Erstattung eine unzumutbare Härte** bedeuten würde, weil durch die Erstattung der Fortbestand des Unternehmens oder die nach Durchführung des Personalabbaus verbleibenden Arbeitsplätze gefährdet wären, § 147 a Abs. 2 Nr. 2 SGB III. Den Nachweis führt der Arbeitgeber durch Vorlage einer **Stellungnahme einer fachkundigen Stelle** (IHK, Handwerkskammer, Wirtschaftsprüfer).

### o) Fortfall der Erstattungspflicht wegen Bezug von Sozialleistungen

312  Häufig überlesen wird, daß die Erstattungspflicht des Arbeitgebers nach § 147 a SGB III generell dann fortfällt, wenn der Arbeitslose auch die Voraussetzungen für den Bezug anderweitiger Sozialleistungen (§ 147 a Abs. 1 Satz 2 SGB III) erfüllt. Der Gesetzgeber nennt als anderweitige Sozialleistungen ausdrücklich nur die Renten wegen Berufsunfähigkeit gem. § 43 SGB VI. Im übrigen verweist § 147 a Abs. 1 Satz 2 SGB III auf die in § 142 Abs. 1 Nr. 2 bis 4 SGB III genannten Leistungen. Eine Erstattungspflicht des Arbeitgebers tritt somit dann nicht ein, wenn der Arbeitslose die Voraussetzungen auch nur einer der nachfolgend genannten Leistungen erfüllt:

- Krankengeld gem. § 44 SGB V;
- Versorgungskrankengeld gem. § 16 BVG im Rahmen von Reha-Maßnahmen;
- Rente wegen Erwerbsunfähigkeit gem. § 44 SGB VI;
- Verletztengeld gem. § 560 Abs. 1 RVO wegen der durch einen Arbeitsunfall herbeigeführten Arbeitsunfähigkeit;
- Altersrente für langjährig Versicherte ab Vollendung des 63. Lebensjahres gem. § 36 SGB VI;
- Altersrente wegen Arbeitslosigkeit ab Vollendung des 60. Lebensjahres gem. § 38 SGB VI;
- Altersrente für langjährig unter Tage beschäftigte Bergleute ab Vollendung des 60. Lebensjahres gem. § 40 SGB VI;
- Altersrente für schwerbehinderte, berufsunfähige oder erwerbsunfähige Versicherte ab Vollendung des 60. Lebensjahres gem. § 37 SGB VI;
- Altersrente für Frauen ab Vollendung des 60. Lebensjahres gem. § 39 SGB VI;
- Alters- oder Berufsunfähigkeitsrente berufsständischer Versorgungswerke und rentenähnliche Leistungen öffentlicher Kassen;
- Knappschaftsausgleichsleistungen ab Vollendung des 55. Lebensjahres gem. § 239 SGB VI;
- Übergangsversorgung der Versorgungsanstalt des Bundes und der Länder (VBL) aufgrund eines privatrechtlichen Versicherungsverhältnisses;
- Ausländische Leistungen, wenn sie rentenähnliche Merkmale aufweisen (über- und zwischenstaatliche Abkommen auf dem Gebiet der Arbeitslosenversicherung sind zu beachten).

## p) Erstattung des Arbeitslosengelds nach § 148 SGB III

Wenn der Arbeitnehmer durch ein **nachvertragliches Wettbewerbsverbot** gebunden ist, trifft den Arbeitgeber nach § 148 SGB III unabhängig vom Alter des Arbeitslosen eine Pflicht zur Erstattung des Arbeitslosengeldes einschließlich der Beiträge zur gesetzlichen Kranken- und Rentenversicherung. Durch diese neue gesetzliche Regelung entsteht für den Arbeitgeber eine Doppelbelastung. Er hat den Aufwand für Karenzentschädigung und Arbeitslosengeld zu tragen. 313

Dieser Effekt kann auch nicht durch § 114 Abs. 1 Satz 3 SGB III vermieden werden, wonach der Arbeitnehmer sich das vom Arbeitgeber erstattete Arbeitslosengeld wie Arbeitsentgelt auf die Entschädigung für die Wettbewerbsbeschränkung anrechnen lassen muß. Nach Auffassung des BAG[341] stellt diese Anrechnungsregelung einen Verweis auf § 74 c HGB dar. Eine Anrechnung kommt deshalb nur in Frage, wenn Karenzentschädigung und Arbeitslosengeld zusammen 110 % des früheren Einkommens übersteigen. Das Urteil des BAG vom 22.05.1990 ist zwar zur Vorgängervorschrift, also zu § 128 a Satz 3 AFG ergangen. § 148 SGB III ist jedoch eine wörtlich identische Vorschrift, so daß die Entscheidung auch nach Inkrafttreten des 148 SGB III Geltung beansprucht. 314

Das **BVerfG**[342] hat **§ 148 SGB III für verfassungswidrig erklärt** und den Gesetzgeber aufgefordert, § 148 SGB III durch eine verfassungskonforme Regelung bis zum 01.01.2001 zu ersetzen. Das BVerfG hält zwar die wortgleiche Vorgängerregelung (§ 128 a AFG) für geeignet und erforderlich, nicht jedoch für verhältnismäßig. Die Regelung belaste die Arbeitgeber unverhältnismäßig, im Zusammenwirken mit §§ 74 II, 74 c I HGB führe sie zu einem übermäßigen Eingriff. Der Verhältnismäßigkeitsgrundsatz sei auch nicht dadurch gewahrt, daß der Arbeitgeber auf die Einhaltung des Wettbewerbsverbots verzichten und sich dadurch von der Erstattungspflicht befreien könne. Bis zum Inkrafttreten einer gesetzlichen Neuregelung werden die Arbeitsämter daher vermutlich weiterhin Verwaltungsverfahren gemäß § 148 SGB III betreiben, jedoch den Bescheid von der endgültigen gesetzlichen Regelung abhängig machen.[343] Das BVerfG hat nicht gesagt, daß bei Arbeitslosigkeit infolge eines Wettbewerbsverbots eine Erstattung von Arbeitslosengeld durch den Arbeitgeber schlechthin ausgeschlossen sei. Es hat nur die konkret vom Gesetzgeber in § 148 SGB III gewählte Regelung für verfassungswidrig erklärt. Die Rechtsentwicklung wird daher weitergehen. 315

Nicht zur Anwendung kommt § 148 SGB III, wenn der Arbeitgeber verbindlich erklärt hat, daß er von seinen Rechten aus dem Wettbewerbsverbot keinen Gebrauch machen werde.[344] Anders als nach der Entscheidung des BAG vom 22.05.1990 für Arbeitnehmer ist die Rechtslage für Geschäftsführer. Nach Auffassung des BGH[345] muß sich der Geschäftsführer, der während des Bezugs einer Karenzentschädigung arbeitslos ist, das erhaltene Arbeitslosengeld auf die Karenzentschädigung anrechnen lassen, wenn die Gesellschaft nach § 148 SGB III zur Erstattung des Arbeitslosengeldes herangezogen wurde. Eine Beschränkung der Anrechnung im Umfang von 100 % des das frühere Einkommen übersteigenden Teils kommt nach Auffassung des BGH nicht in Betracht, da § 74 c HGB nicht auf Geschäftsführer, sondern nur auf Arbeitnehmer anwendbar ist und der Geschäftsführer wegen seiner Organstellung grundsätzlich nicht Arbeitnehmer ist. 316

---

341 BAG, Urt. v. 22.05.1990, AP § 74 c HGB Nr 19.
342 Beschl. v. 10.11.1998, NZA 1999, 191.
343 Zu den Auswirkungen des Beschlusses des BVerfG siehe ferner *Diller/Dannecker*, NJW 1999, 897, die die Rücknahme auch bereits bestandskräftiger Erstattungsbescheide und die Rückzahlung bereits erstatteter Beträge an den Arbeitgeber fordern.
344 BSG, Urt. v. 09.11.1989 – 11 RAr 75/88 (unveröffentlicht).
345 BGH, Urt. v. 15.04.1991 – II ZR 214/89 (unveröffentlicht).

## 5. Rentenversicherungsrechtliches Umfeld

**317** Das rentenversicherungsrechtliche Umfeld ist bei der Gestaltung von Aufhebungs- und Abwicklungsverträgen vor allem bei Arbeitsverhältnissen älterer Arbeitnehmer zu beachten.

Wird die Beendigung eines Arbeitsverhältnisses mit einem älteren Arbeitnehmer angestrebt, wird als Bemessungsgrundlage für die Höhe der Abfindung häufig nicht die zurückgelegte Betriebszugehörigkeit gewählt, sondern es werden die **Vermögenseinbußen** des Arbeitnehmers bis zum frühestmöglichen Zeitpunkt der Inanspruchnahme einer Rente aus der gesetzlichen Rentenversicherung betragsmäßig in der Abfindung berücksichtigt. **Regelaltersrente** können Versicherte beziehen, die das 65. Lebensjahr vollendet und die allgemeine Wartezeit von 5 Jahren erfüllt haben, §§ 35, 50 SGB VI. Auch nach mehrfachen Gesetzesänderungen, um die Frühpensionierungen zu Lasten der Sozialversicherungskassen einzudämmen, enthält das SGB VI noch eine Anzahl von Anspruchsgrundlagen, die den Bezug von Altersruhegeld vor Vollendung des 65. Lebensjahres ermöglichen, wenn auch teilweise mit finanziellen Einbußen.

**318** Gemäß § 36 SGB VI können langjährig Versicherte **Altersrente** in Anspruch nehmen, wenn sie das 63. Lebensjahr vollendet und eine **Wartezeit** von 35 Jahren erfüllt haben. Die Wartezeit kann sowohl durch echte Beitragszeiten als auch durch Anrechnungs- und Ersatzzeiten erfüllt werden. Ob die Wartezeit erfüllt ist, läßt sich einer **Rentenauskunft** der zuständigen Versicherungsanstalt[346] entnehmen. Eine solche Rentenauskunft sollte vor Abschluß einer entsprechenden Aufhebungsvereinbarung eingeholt werden. Die Rentenauskunft gibt nicht nur Aufschlüsse über die derzeitige Rentenhöhe, sondern ebenfalls über die Erfüllung der verschiedenen Wartezeiten sowie über die Höhe der Beitragszahlung, die gegebenenfalls zum Ausgleich einer Rentenminderung bei vorzeitiger Inanspruchnahme einer Rente erforderlich ist. Gemäß § 41 Abs. 3 SGB VI wird die Altersgrenze von 63 Jahren für Versicherte, die nach dem 31.12.1936 geboren sind, in monatlichen Schritten auf 65 Jahre angehoben. Dabei bleibt die Inanspruchnahme der Altersrente mit 63 Jahren möglich, für jeden Monat der vorzeitigen Inanspruchnahme der sich aus Anlage 21 zum SGB VI ergibt, muß der Versicherte jedoch einen Abschlag in Höhe von 0,3 % in Kauf nehmen. Dieser Abschlag kann durch freiwillige Zahlung eines Einmalbetrages ausgeglichen werden. Über die Höhe des zu leistenden Einzelbetrages erteilt ebenfalls der Rentenversicherungsträger Auskunft. Auch die in größeren Betrieben und Behörden tätigen Versicherungsältesten leisten oft wertvolle Hilfe. Übernimmt der Arbeitgeber eine solche einmalige Beitragszahlung, bleibt diese gemäß § 140 Abs. 1 Satz 2 SGB III bei der Anrechnung von Entlassungsentschädigungen auf das Arbeitslosengeld unberücksichtigt.

**319** Die **Anlage 21 zum SGB VI** hat folgenden Inhalt:

Anhebung der Altersgrenze von 63 Jahren

| Versicherte Geburtsjahr Geburtsmonat | Anhebung um | auf Alter Monate | | vorzeitige Inanspruchnahme möglich ab Alter | |
|---|---|---|---|---|---|
| | | Jahr | Monat | Jahr | Monat |
| 1937 | | | | | |
| Januar | 1 | 63 | 1 | 63 | 0 |
| Februar | 2 | 63 | 2 | 63 | 0 |
| März | 3 | 63 | 3 | 63 | 0 |

---

346 § 109 SGB VI.

| | | | | | |
|---|---|---|---|---|---|
| April | 4 | 63 | 4 | 63 | 0 |
| Mai | 5 | 63 | 5 | 63 | 0 |
| Juni | 6 | 63 | 6 | 63 | 0 |
| Juli | 7 | 63 | 7 | 63 | 0 |
| August | 8 | 63 | 8 | 63 | 0 |
| September | 9 | 63 | 9 | 63 | 0 |
| Oktober | 10 | 63 | 10 | 63 | 0 |
| November | 11 | 63 | 11 | 63 | 0 |
| Dezember | 12 | 64 | 0 | 63 | 0 |
| 1938 | | | | | |
| Januar | 13 | 64 | 1 | 63 | 0 |
| Februar | 14 | 64 | 2 | 63 | 0 |
| März | 15 | 64 | 3 | 63 | 0 |
| April | 16 | 64 | 4 | 63 | 0 |
| Mai | 17 | 64 | 5 | 63 | 0 |
| Juni | 18 | 64 | 6 | 63 | 0 |
| Juli | 19 | 64 | 7 | 63 | 0 |
| August | 20 | 64 | 8 | 63 | 0 |
| September | 21 | 64 | 9 | 63 | 0 |
| Oktober | 22 | 64 | 10 | 63 | 0 |
| November | 23 | 64 | 11 | 63 | 0 |
| Dezember | 24 | 65 | 0 | 63 | 0 |
| 1939 und später | 24 | 65 | 0 | 63 | 0 |

**Schwerbehinderte**, **Berufsunfähige** oder **Erwerbsunfähige** können gemäß § 37 SGB VI Altersrente in Anspruch nehmen, wenn sie das 60. Lebensjahr vollendet haben, bei Beginn der Altersrente als Schwerbehinderte im Sinne des § 1 SchwerbG anerkannt, berufsunfähig oder erwerbsunfähig sind und eine Wartezeit von 35 Jahren erfüllt haben. Arbeitnehmer, die mit einem Grad der Behinderung von 30 gemäß § 2 SchwerbG durch Bescheid des Versorgungsamts Schwerbehinderten ausdrücklich gleichgestellt worden sind, haben keinen Anspruch auf vorgezogenes Altersruhegeld nach dieser Vorschrift, da sie nicht schwerbehindert im Sinne des § 1 SchwerbG sind. Schwerbehinderung setzt einen Grad der Behinderung von mindestens 50 % voraus.

**320**

Versicherte **Frauen** haben gemäß § 39 SGB VI einen Anspruch auf Altersrente, wenn sie das 60. Lebensjahr vollendet, nach Vollendung des 40. Lebensjahres mehr als 10 Jahre Pflichtbeiträge für eine versicherte Beschäftigung gezahlt und die Wartezeit von 15 Jahren erfüllt haben. Die Altersgrenze von 60 Jahren ist für Versicherte, die nach dem 31.12.1939 geboren sind, angehoben. Auch diese Anhebung erfolgt in Monatsschritten bis zur Inanspruchnahme erst ab dem 65. Lebensjahr. Die vorzeitige Inanspruchnahme ab 60 Jahren bleibt möglich, geht aber auch hier mit einer – freiwillig auszugleichenden – Renteneinbuße in Höhe von 0,3 % pro Monat der vorzeitigen Inanspruchnahme einher.

**321**

## § 4 Kapitel 2: Abwicklungs- und Aufhebungsverträge

Tabelle 20 zum SGB VI **hat folgenden Inhalt:**

Anhebung der Altersgrenze bei der Altersrente für Frauen

| Versicherte Geburtsjahr Geburtsmonat | Anhebung um | auf Alter Monate Jahr | Monat | vorzeitige Inanspruchnahme möglich ab Alter Jahr | Monat |
|---|---|---|---|---|---|
| 1940 | | | | | |
| Januar | 1 | 60 | 1 | 60 | 0 |
| Februar | 2 | 60 | 2 | 60 | 0 |
| März | 3 | 60 | 3 | 60 | 0 |
| April | 4 | 60 | 4 | 60 | 0 |
| Mai | 5 | 60 | 5 | 60 | 0 |
| Juni | 6 | 60 | 6 | 60 | 0 |
| Juli | 7 | 60 | 7 | 60 | 0 |
| August | 8 | 60 | 8 | 60 | 0 |
| September | 9 | 60 | 9 | 60 | 0 |
| Oktober | 10 | 60 | 10 | 60 | 0 |
| November | 11 | 60 | 11 | 60 | 0 |
| Dezember | 12 | 61 | 0 | 60 | 0 |
| 1941 | | | | | |
| Januar | 13 | 61 | 1 | 60 | 0 |
| Februar | 14 | 61 | 2 | 60 | 0 |
| März | 15 | 61 | 3 | 60 | 0 |
| April | 16 | 61 | 4 | 60 | 0 |
| Mai | 17 | 61 | 5 | 60 | 0 |
| Juni | 18 | 61 | 6 | 60 | 0 |
| Juli | 19 | 61 | 7 | 60 | 0 |
| August | 20 | 61 | 8 | 60 | 0 |
| September | 21 | 61 | 9 | 60 | 0 |
| Oktober | 22 | 61 | 10 | 60 | 0 |
| November | 23 | 61 | 11 | 60 | 0 |
| Dezember | 24 | 62 | 0 | 60 | 0 |
| 1942 | | | | | |
| Januar | 25 | 62 | 1 | 60 | 0 |
| Februar | 26 | 62 | 2 | 60 | 0 |
| März | 27 | 62 | 3 | 60 | 0 |
| April | 28 | 62 | 4 | 60 | 0 |
| Mai | 29 | 62 | 5 | 60 | 0 |
| Juni | 30 | 62 | 6 | 60 | 0 |
| Juli | 31 | 62 | 7 | 60 | 0 |
| August | 32 | 62 | 8 | 60 | 0 |
| September | 33 | 62 | 9 | 60 | 0 |
| Oktober | 34 | 62 | 10 | 60 | 0 |
| November | 35 | 62 | 11 | 60 | 0 |
| Dezember | 36 | 63 | 0 | 60 | 0 |

| Geburtsmonat | Anhebung um | Jahr | Monat | Jahr | Monat |
|---|---|---|---|---|---|
| 1943 | | | | | |
| Januar | 37 | 63 | 1 | 60 | 0 |
| Februar | 38 | 63 | 2 | 60 | 0 |
| März | 39 | 63 | 3 | 60 | 0 |
| April | 40 | 63 | 4 | 60 | 0 |
| Mai | 41 | 63 | 5 | 60 | 0 |
| Juni | 42 | 63 | 6 | 60 | 0 |
| Juli | 43 | 63 | 7 | 60 | 0 |
| August | 44 | 63 | 8 | 60 | 0 |
| September | 45 | 63 | 9 | 60 | 0 |
| Oktober | 46 | 63 | 10 | 60 | 0 |
| November | 47 | 63 | 11 | 60 | 0 |
| Dezember | 48 | 64 | 0 | 60 | 0 |
| 1944 | | | | | |
| Januar | 49 | 64 | 1 | 60 | 0 |
| Februar | 50 | 64 | 2 | 60 | 0 |
| März | 51 | 64 | 3 | 60 | 0 |
| April | 52 | 64 | 4 | 60 | 0 |
| Mai | 53 | 64 | 5 | 60 | 0 |
| Juni | 54 | 64 | 6 | 60 | 0 |
| Juli | 55 | 64 | 7 | 60 | 0 |
| August | 56 | 64 | 8 | 60 | 0 |
| September | 57 | 64 | 9 | 60 | 0 |
| Oktober | 58 | 64 | 10 | 60 | 0 |
| November | 59 | 64 | 11 | 60 | 0 |
| Dezember | 60 | 65 | 0 | 60 | 0 |
| 1945 und später | 60 | 65 | 0 | 60 | 0 |

**322** Der bedeutsamste Tatbestand der vorzeitigen Inanspruchnahme von Altersrente in Zusammenhang mit einer Aufhebungsvereinbarung ist die **Altersrente wegen Arbeitslosigkeit nach § 38 SGB VI**. Danach besteht ein Anspruch auf Altersrente nach Vollendung des 60. Lebensjahres, wenn der Arbeitnehmer zuvor 52 Wochen arbeitslos war, er die Wartezeit von 15 Jahren erfüllt hat und wenn er 8 Jahre Pflichtbeitragszeiten in den letzten 10 Jahren vor Rentenbeginn aufweist. Bei dieser Rentenart wird die Altersgrenze von 60 Jahren nach § 41 Abs. 1 SGB VI für Versicherte, die nach dem 31.12.1936 geboren sind, angehoben. Die Anhebung wird nach dem dargestellten Muster vorgenommen und ist im einzelnen der Anlage 19 zu SGB VI zu entnehmen. Vorzeitige Inanspruchnahme und Ausgleich durch eine Einmalzahlung sind auch hier möglich.

**323** Die **Anlage 19 zum SGB VI** hat folgenden Inhalt:

Anhebung der Altersgrenze bei Altersrente wegen Arbeitslosigkeit oder nach Altersteilzeitarbeit

| Versicherte Geburtsjahr Geburtsmonat | Anhebung um Monate | auf Alter | | vorzeitige Inanspruchnahme möglich ab Alter | |
|---|---|---|---|---|---|
| | | Jahr | Monat | Jahr | Monat |
| 1937 | | | | | |
| Januar | 1 | 60 | 1 | 60 | 0 |
| Februar | 2 | 60 | 2 | 60 | 0 |

| | | | | | |
|---|---|---|---|---|---|
| März | 3 | 60 | 3 | 60 | 0 |
| April | 4 | 60 | 4 | 60 | 0 |
| Mai | 5 | 60 | 5 | 60 | 0 |
| Juni | 6 | 60 | 6 | 60 | 0 |
| Juli | 7 | 60 | 7 | 60 | 0 |
| August | 8 | 60 | 8 | 60 | 0 |
| September | 9 | 60 | 9 | 60 | 0 |
| Oktober | 10 | 60 | 10 | 60 | 0 |
| November | 11 | 60 | 11 | 60 | 0 |
| Dezember | 12 | 61 | 0 | 60 | 0 |
| **1938** | | | | | |
| Januar | 13 | 61 | 1 | 60 | 0 |
| Februar | 14 | 61 | 2 | 60 | 0 |
| März | 15 | 61 | 3 | 60 | 0 |
| April | 16 | 61 | 4 | 60 | 0 |
| Mai | 17 | 61 | 5 | 60 | 0 |
| Juni | 18 | 61 | 6 | 60 | 0 |
| Juli | 19 | 61 | 7 | 60 | 0 |
| August | 20 | 61 | 8 | 60 | 0 |
| September | 21 | 61 | 9 | 60 | 0 |
| Oktober | 22 | 61 | 10 | 60 | 0 |
| November | 23 | 61 | 11 | 60 | 0 |
| Dezember | 24 | 62 | 0 | 60 | 0 |
| **1939** | | | | | |
| Januar | 25 | 62 | 1 | 60 | 0 |
| Februar | 26 | 62 | 2 | 60 | 0 |
| März | 27 | 62 | 3 | 60 | 0 |
| April | 28 | 62 | 4 | 60 | 0 |
| Mai | 29 | 62 | 5 | 60 | 0 |
| Juni | 30 | 62 | 6 | 60 | 0 |
| Juli | 31 | 62 | 7 | 60 | 0 |
| August | 32 | 62 | 8 | 60 | 0 |
| September | 33 | 62 | 9 | 60 | 0 |
| Oktober | 34 | 62 | 10 | 60 | 0 |
| November | 35 | 62 | 11 | 60 | 0 |
| Dezember | 36 | 63 | 0 | 60 | 0 |
| **1940** | | | | | |
| Januar | 37 | 63 | 1 | 60 | 0 |
| Februar | 38 | 63 | 2 | 60 | 0 |
| März | 39 | 63 | 3 | 60 | 0 |
| April | 40 | 63 | 4 | 60 | 0 |
| Mai | 41 | 63 | 5 | 60 | 0 |
| Juni | 42 | 63 | 6 | 60 | 0 |
| Juli | 43 | 63 | 7 | 60 | 0 |
| August | 44 | 63 | 8 | 60 | 0 |
| September | 45 | 63 | 9 | 60 | 0 |
| Oktober | 46 | 63 | 10 | 60 | 0 |

| | | | | | |
|---|---|---|---|---|---|
| November | 47 | 63 | 11 | 60 | 0 |
| Dezember | 48 | 64 | 0 | 60 | 0 |
| 1941 | | | | | |
| Januar | 49 | 64 | 1 | 60 | 0 |
| Februar | 50 | 64 | 2 | 60 | 0 |
| März | 51 | 64 | 3 | 60 | 0 |
| April | 52 | 64 | 4 | 60 | 0 |
| Mai | 53 | 64 | 5 | 60 | 0 |
| Juni | 54 | 64 | 6 | 60 | 0 |
| Juli | 55 | 64 | 7 | 60 | 0 |
| August | 56 | 64 | 8 | 60 | 0 |
| September | 57 | 64 | 9 | 60 | 0 |
| Oktober | 58 | 64 | 10 | 60 | 0 |
| November | 59 | 64 | 11 | 60 | 0 |
| Dezember | 60 | 65 | 0 | 60 | 0 |
| 1942 und später | 60 | 65 | 0 | 60 | 0 |

Bei der Bestimmung des Begriffs der Arbeitslosigkeit vor Rentenbeginn wird auf die entsprechenden Vorschriften des SGB III zurückgegriffen.[347] Der Versicherte darf nicht in einem Arbeitsverhältnis gestanden haben, er mußte arbeitsfähig sein und der Arbeitsverwaltung zur Vermittlung zur Verfügung gestanden haben. Zwar ist nicht Voraussetzung, daß der Versicherte auch arbeitslos gemeldet war. Fehlt es aber an der Arbeitslosmeldung, muß der Versicherte nachweisen, daß er bereit war, eine neue Arbeit anzutreten.[348] Um sich diesem Risiko von Anfang an nicht auszusetzen, ist eine Arbeitslosmeldung in jedem Falle anzuraten.

324

Die Rente kann nach § 42 SGB VI als **Vollrente** oder **Teilrente** in Höhe eines Drittels, der Hälfte oder Zweidrittel der Vollrente in Anspruch genommen werden. Die Inanspruchnahme einer Teilrente soll nach der Vorstellung des Gesetzgebers dem Versicherten einen gleitenden Übergang in den Ruhestand ermöglichen. Der Versicherte soll seinen Lebensunterhalt teilweise noch durch Erwerbstätigkeit erwirtschaften können. Dabei ist zu berücksichtigen, daß er im Rahmen der parallel ausgeübten Teilzeitbeschäftigung weiterhin der Versicherungspflicht unterliegt und somit weitere Pflichtbeitragszeiten ansammelt, die zu einer Erhöhung der späteren Vollrente führen.[349]

325

Der Versicherte hat jedoch gegenüber seinem Arbeitgeber keinen Rechtsanspruch auf eine entsprechende Teilzeittätigkeit. Er kann gemäß § 42 Abs. 3 SGB VI lediglich verlangen, daß der Arbeitgeber mit ihm die Möglichkeit einer entsprechenden Teilzeittätigkeit erörtert. Macht der Versicherte hierzu für seinen Arbeitsbereich Vorschläge, hat der Arbeitgeber zu diesen Vorschlägen Stellung zu nehmen.

326

Vorsicht ist geboten, wenn neben der gesetzlichen Rentenversicherung eine **Zusatzversorgung** bei einer Zusatzversorgungskasse besteht, wie es im öffentlichen Dienst oder in kirchlichen Arbeitsverhältnissen regelmäßig der Fall ist. In den Satzungen der Zusatzversorgungskassen sind eigene Wartezeiten festgelegt. Auch wird bei den Zusatzversorgungskassen zwischen geringeren, statischen Versicherungsrenten und dynamischen Versorgungsrenten unterschieden. Sollte der Mitarbeiter bei einer solchen Zusatzversorgungskasse versichert sein, kann nur empfohlen werden, hier ebenfalls

327

---

347 §§ 122, 124 SGB III.
348 BSG, SozR 2200, § 1259 RVO, Nr. 22.
349 *Weber/Ehrich/Hoß*, HdB der arbeitsrechtlichen Aufhebungsverträge, Teil 1, Rn 329.

## 6. Aufhebungsverträge bei streitiger Arbeitnehmereigenschaft

328 Ist zwischen den Parteien streitig, ob ein Arbeitsverhältnis vorliegt, wie regelmäßig bei Festanstellungsklagen,[350] und wollen die Parteien den Streit durch Abschluß eines Abfindungsvergleichs außergerichtlich beenden, so sind einige Besonderheiten zu beachten.

329 Der vermeintliche Arbeitgeber möchte, daß nicht im Aufhebungsvertrag zum Ausdruck kommt, daß ein Arbeitsverhältnis bestanden hat. Denn andernfalls muß der Arbeitgeber mit Nachforderungen der Sozialversicherungsträger und der Finanzbehörden rechnen.

Das Interesse des freien Mitarbeiters, der sich für einen **Scheinselbständigen** (zu beachten § 7 Abs. 4 SGB IV) hält, geht dahin, sich durch Abschluß des Vertrages Nachversicherungsansprüche offenzuhalten. Schließt das Unternehmen in einem solchen Fall einen Aufhebungsvertrag und wählt es die Beendigungsformel, wie sie in verschiedenen Mustern aufgeführt ist,[351] räumt der Unternehmer inzidenter ein, daß ein Arbeitsverhältnis bestanden hat und macht es damit den Finanzbehörden wie den Sozialversicherungsträgern leicht, ihre Ansprüche durchzusetzen. Will der Arbeitgeber dieses Risiko vermeiden, sollten die Parteien sowohl auf eine Parteibezeichnung als auch auf eine nähere rechtliche Einordnung des Vertragsverhältnisses verzichten. Aus diesem Grunde sieht das Muster 2265[352] vor, daß nur von einem „Vertragsverhältnis" die Rede ist und daß im Rubrum die Namen des Unternehmers und des „freien Mitarbeiters" erscheinen.

330 Die üblicherweise im Rahmen einer Abfindung gewählte Formulierung „zum Ausgleich für den Verlust des Arbeitsplatzes", kann nicht in einem solchen Vertrag verwendet werden, ohne das Risiko der Qualifizierung der Rechtsbeziehung als Arbeitsverhältnis auszulösen. Außerdem ist zu beachten, daß die Regelung des Steuerfreibetrages in § 3 Nr. 9 EStG auf ein freies Mitarbeiterverhältnis nicht anwendbar ist. Zwar hat, worauf *Diller/Schuster*[353] hinweisen, die Finanzverwaltung unabhängig vom Wortlaut des Aufhebungsvertrages in eigener Verantwortung zu prüfen, welcher Art das Rechtsverhältnis ist. Vereinbaren die Parteien eine steuerfreie Abfindung nach § 3 Nr. 9 EStG, entsteht sogleich ein Indiz für die Annahme eines Arbeitsverhältnisses. Denn die Steuerfreibeträge nach § 3 Nr. 9 EStG gelten ausschließlich für Arbeitnehmer.[354]

Möglich und empfehlenswert ist dagegen, im Aufhebungsvertrag die **Anwendung** des **Steuersatzes** gem. §§ 24, 34 EStG **vorzusehen**. Diese steuerliche Privilegierung gilt auch, wenn ein freies Mitarbeiterverhältnis oder eine sonstige selbständige Tätigkeit auf Veranlassung des anderen Vertragsteils beendet wird.[355]

331 Versuche, im Aufhebungsvertrag mit einem eventuell Scheinselbständigen durch Absprache einer Formulierung den Rechtszustand des freien Mitarbeiterverhältnisses zu zementieren, sind zum Scheitern verurteilt. Nach der Rechtsprechung kommt es nicht darauf an, wie die Parteien das Vertragsver-

---

350 Siehe Muster 3805, § 7 Kap. 1 M 148 ff.
351 Siehe Muster 2230, § 2, in diesem Buch § 4 Kap. 2 M 431 oder Muster 2233, § 1, in diesem Buch § 4 Kap. 2 M 432 f.
352 § 4 Kap. 2 M 443.
353 *Diller/Schuster*, FA 1998, 139.
354 Siehe *Bauer*, Arbeitsrechtliche Aufhebungsverträge, Rn 901.
355 *Schmidt/Seeger*, EStG, 16. Aufl. 1997, § 24, Rn 60.

hältnis bezeichnen,[356] so daß sich Nachforderungen aus dem **Sozialversicherungs- und Steuerbereich** nicht auf diese Weise wirksam abwenden lassen.

Der Unternehmer hat ein Interesse daran, im Aufhebungsvertrag eine Regelung zu finden, wonach etwaige Rückforderungen des Finanzamts vom „freien Mitarbeiter" zu erstatten sind bzw. mit einer Abfindung verrechnet werden können. Bei einer solchen Regelung ist zu beachten, daß Arbeitnehmer und Arbeitgeber für das Finanzamt bei der Nacherhebung von Steuern Gesamtschuldner sind. Wenn sich die Steuer gleich schnell und einfach vom Arbeitnehmer wie vom Arbeitgeber nacherheben läßt, ist eine Inanspruchnahme des Unternehmens nach Auffassung des BFH[357] ermessensfehlerhaft. Eine Rückerstattungsregelung ist deshalb in der Höhe der Hälfte eines etwaigen Nachforderungsbetrages entbehrlich, weil der Mitarbeiter als Gesamtschuldner nach § 426 BGB den hälftigen Ausgleich verlangen kann. 332

*Diller/Schuster*[358] empfehlen, in den Aufhebungsvertrag eine ausdrückliche Bestätigung des Mitarbeiters aufzunehmen, wonach dieser sämtliche erhaltenen Beträge ordnungsgemäß versteuert hat. Zwar schütze diese Vertragsklausel das Unternehmen nicht im Ernstfall vor der Lohnsteuer-Ausfallhaftung, falls die Finanzverwaltung von einem Arbeitsverhältnis ausgehe. Bei vorsätzlich falscher Auskunft des Mitarbeiters ergäben sich dann aber neben zivilrechtlichen Rückgriffsansprüchen aus dem Arbeitsverhältnis[359] die deliktischen Rückgriffsansprüche gem. §§ 823 Abs. 2 BGB, 263 StGB. 333

Einen besonderen Problembereich bei der Aufhebung von in ihrer rechtlichen Qualifizierung strittigen Arbeitsverhältnissen stellt der Umgang mit dem Phänomen **Umsatzsteuer** dar. Der Mitarbeiter hat die Umsatzsteuer als **Betriebsausgabe** geltend gemacht. Fehlt dem Mitarbeiter die Unternehmereigenschaft, war er gem. §§ 15, 2 UStG nicht vorsteuerabzugsberechtigt. In einem neuen Umsatzsteuerbescheid kann das Finanzamt die vom Mitarbeiter bisher zu Unrecht bei allen Rechnungen seiner Lieferanten, Kunden etc. vorgenommenen Vorsteuerabzüge nachfordern, ohne daß der als Arbeitnehmer behandelte frühere freie Mitarbeiter die von ihm selbst an das Finanzamt geleistete Umsatzsteuer zurückfordern kann. Nach der Rechtsprechung des BFH[360] schuldet auch ein Nicht-Unternehmer die Umsatzsteuer, wenn er sie wie ein Unternehmer in einer Rechnung gesondert ausgewiesen hat. 334

Auf ähnlich nachteilige Folgen für das Unternehmen ist hinzuweisen. Die vom Mitarbeiter in Rechnung gestellte Umsatzsteuer kann das Finanzamt nicht mehr als Vorsteuer abziehen, weil gem. § 15 Abs. 1 UStG Voraussetzung des Vorsteuerabzugs ist, daß die Umsatzsteuer von einem Unternehmer in Rechnung gestellt wurde. Das Unternehmen muß also in Höhe des geleisteten, unzulässigen Vorsteuerabzugs eine Nachentrichtung an das Finanzamt vornehmen.

Führt ein Arbeitgeber eine **Umlage zu einer tariflichen Zusatzaltersversorgung** für einen Arbeitnehmer verspätet ab, weil er bei einer unklaren Rechtslage irrig von der Wirksamkeit einer Regelung eines einschlägigen Versorgungstarifvertrages ausging, so kann dem Arbeitgeber dies nach einem Urteil des BAG[361] nicht zum Vorwurf gemacht werden. Ein Schadensersatzanspruch des Arbeitnehmers, der Steuern auf die Umlage entrichten muß, die nach dem Tarifvertrag der Arbeitgeber im Wege der Pauschalversteuerung hätte tragen müssen, wird daher vom BAG abgelehnt. Allerdings 335

---

356 Siehe § 1 Kap. 2 Rn 596.
357 BFH, Urt. v. 12.01.1968, BStBl. II 1968, 234; Urt. v. 30.11.1966, BStBl. II 1967, 331.
358 FA Arbeitsrecht 1998, 139.
359 BAG, Urt. v. 14.06.1974, EzA § 72 MTB II Nr. 1; BAG, Urt. v. 19.01.1979, EzA § 670 BGB Nr. 13.
360 BFH, Urt. v. 08.12.1988, BStBl. II 1989, 250.
361 BAG, Urt. v. 14.12.1999 – 3 AZR 713/98 (unveröffentlicht).

steht dem Arbeitnehmer in der Höhe, wie der Arbeitgeber die Steuern hätte tragen müssen, ein Bereicherungsanspruch zu.

336 Für den freien Mitarbeiter ist es, anders als in der Vergangenheit, nicht mehr immer vorteilhaft, wenn **Sozialversicherungsbeiträge nachzuentrichten** sind. Für das Unternehmen kann die Nachentrichtung katastrophale Ausmaße annehmen.[362] Der Arbeitgeber ist Schuldner des Gesamtsozialversicherungsbeitrages für Arbeitgeber- und Arbeitnehmeranteile gem. § 28 e Abs. 1 SGB IV. Dem Mitarbeiter gegenüber ist der Arbeitgeber in der Geltendmachung der Arbeitnehmeranteile zur Sozialversicherung beschränkt. Er kann sie nur im Lohnabzugsverfahren nach § 28 g SGB IV geltend machen. Nur bei den nächsten drei Lohn- und Gehaltszahlungen darf ein unterbliebener Abzug gem. § 28 g Satz 2 SGB IV nachgeholt werden, es sei denn, der Beschäftigte ist seinen Pflichten vorsätzlich oder grob fahrlässig nicht nachgekommen, § 28 g Satz 4 SGB IV. War jemand als Scheinselbständiger im Sinne von § 7 Abs. 4 SGB IV tätig, stellt sich die bislang noch nicht entscheidende Frage, ob die Wahl der falschen Beschäftigungsform grob fahrlässig war. Gemäß der einfachen Vermutungsregel des neuen Gesetzes scheint grobe Fahrlässigkeit künftig stets gegeben. Schließen die Parteien einen Aufhebungsvertrag, ohne daß noch eine Vergütung geschuldet wird, ist das Lohnabzugsverfahren nicht mehr durchführbar.

337 Mit Abschluß eines Aufhebungsvertrages zwischen einem Unternehmen und einem Scheinselbständigen entsteht also die Rechtslage, daß der **Sozialversicherungsträger**, sofern die Arbeitnehmereigenschaft rechtswirksam festgestellt ist, regelmäßig die **Arbeitgeber- und Arbeitnehmeranteile zur Sozialversicherung nachfordern** kann, ohne daß gegenüber dem Mitarbeiter noch ein Einbehalt möglich ist. Auch eine Verpflichtung des Mitarbeiters auf Erstattung der an den Sozialversicherungsträger abgeführten Beträge ist ausgeschlossen, da die Rechtsprechung des BAG[363] die Regelung in § 28 g Satz 2 SGB IV als Begrenzungstatbestand zum Haftungsumfang des Arbeitnehmers qualifiziert, sofern keine gesonderte Parteivereinbarung besteht oder § 28 g Satz 4 SGB IV gilt. Klarheit herrscht in derartigen Fällen immer, wenn sich der Mitarbeiter zur Rückzahlung der vereinbarten Abfindung in derjenigen Höhe verpflichtet, in der der Sozialversicherungsträger eine Nachentrichtung geltend macht bzw. erreichen kann. In der einzigen hierzu bekannten gerichtlichen Entscheidung[364] ist eine solche Regelung für wirksam gehalten worden. Diese Regelung verstoße weder unmittelbar gegen § 32 Abs. 1 SGB I noch diene sie einer objektiv funktionswidrigen Umgehung dieser Vorschrift. Es bleibe dem Mitarbeiter unbenommen, sich für die Inanspruchnahme sozialversicherungsrechtlicher Vorteile zu entscheiden. Die finanziellen Nachteile, nämlich die Rückzahlung der Abfindung, benachteiligten ihn nicht unangemessen im Sinne von § 138 BGB.

338 Die Effizienz einer solchen Regelung ist u. a. davon abhängig, daß der Abfindungsbetrag die Höhe des vierjährig nachzuentrichtenden Sozialversicherungsbeitrages im Umfang der Arbeitnehmeranteile erreicht. Als weiteren Nachteil wird man sehen müssen, daß derartige Klauseln natürlich, wenn sie einem Sozialversicherungsträger bekannt werden, dort einen Ermittlungsanreiz in eine von beiden Parteien nicht gewollte Richtung setzen.

Gerade angesichts der vielfältigen steuerrechtlichen und sozialversicherungsrechtlichen etwaigen Folgefragen bei Abschluß eines Aufhebungsvertrages mit einem Selbständigen ist größte Aufmerksamkeit bei der Verwendung von **Erledigungsklauseln** geboten. Mit einer Erledigungsklausel würde

---

[362] Diller/Schuster, FA 1998, 140.
[363] BAG, Urt. v. 14.01.1988. EzA §§ 394 395 RVO Nr. 2.
[364] ArbG Köln, Urt. v. 21.06.1996, NZA-RR 1996, 324.

das Unternehmen rechtswirksam auf steuer- und sozialversicherungsrechtliche Rückforderungsansprüche gegenüber dem Mitarbeiter verzichten, weshalb bei der Verwendung von Erledigungsklauseln allenfalls zur Benutzung einseitiger Regelungen geraten werden kann.[365]

### 7. Aufhebungs- und Abwicklungsverträge mit GmbH-Geschäftsführern und AG-Vorständen

Für die Abberufung von GmbH-Geschäftsführern ist die Gesellschafterversammlung zuständig.[366] Soweit keine andere Regelung in der Satzung enthalten ist, können GmbH-Geschäftsführer, außerhalb der Mitbestimmungsgesetze, jederzeit und mit sofortiger Wirkung von ihrem Amt abberufen werden.[367]

**339**

Anders ist die Rechtslage bei den **Vorstandsmitgliedern einer Aktiengesellschaft**. Wenn die Bestellung eines Vorstandsmitglieds widerrufen werden soll, bedarf es eines **wichtigen Grundes**, für dessen Feststellung das gesamte Plenum des Aufsichtsrats ausschließlich zuständig ist.[368] Im Gegensatz zum Widerruf der Bestellung kann der Aufsichtsrat die Kündigung des Anstellungsvertrages auf einen Personalausschuß delegieren.[369]

**340**

Dennoch besteht kein wirksamer Schutz des Vorstandsmitglieds vor unbegründetem Bestellungswiderruf und Kündigung des Anstellungsvertrages, denn die **Sofortwirkung des Widerrufs** kann nicht mit einem Antrag auf einstweilige Verfügung zur vorläufigen Aufhebung der Abberufung überwunden werden, es sei denn, es fehlt überhaupt an jeglichem Aufsichtsratsbeschluß oder der Beschluß ist wegen eines Verstoßes gegen formelle Voraussetzungen, wie bei nicht ordnungsgemäßer Einberufung der Aufsichtsratssitzung, nichtig.[370]

**341**

Will man einen **Aufhebungsvertrag für ein Organmitglied** schließen, so ist beim GmbH-Geschäftsführer zu beachten, daß **Vertragspartner die Gesellschaft** ist. Die Gesellschaft wird entweder durch einen von der Gesellschafterversammlung gesondert bestellten Gesellschafter oder durch einen oder mehrere Geschäftsführer beim Abschluß des Vertrages vertreten. An den **Abberufungsbeschluß** sind keine besonderen Voraussetzungen geknüpft. Der abberufene Geschäftsführer kann nicht verlangen, vor einer Beschlußfassung über die Abberufung gehört zu werden.[371]

**342**

Für den **Widerruf der Bestellung** ist beim Vorstand der Aufsichtsrat zuständig. Die Delegation auf einen Personalausschuß ist, wie bereits erwähnt, wegen der akzessorischen Regelungskompetenz nicht möglich, der Personalausschuß darf durch seine Entscheidungen nicht der Widerrufsentscheidung des Aufsichtsratsplenums vorgreifen.[372] Der Personalausschuß darf deshalb den Anstellungsvertrag nicht kündigen, solange nicht das Plenum über die Beendigung der Organstellung entschieden hat. Da die Kündigung als Gestaltungserklärung bedingungsfeindlich ist, kann sie vom Personalausschuß auch nicht unter der aufschiebenden Bedingung ausgesprochen werden, daß das Plenum die Bestellung widerruft.[373] Der Personalausschuß kann dagegen die Kündigung mit der Maßgabe

**343**

---

365 Siehe Muster 2265, Ziff. 4, in diesem Buch § 4 Kap. 2 M 443.
366 § 46 Nr. 5 GmbHG.
367 § 38 Abs. 1 GmbHG.
368 §§ 112, 107 Abs. 3 Satz 2, 84 Abs. 3 Satz 1 AktG.
369 BGH, Urt. v. 23.10.1975, BGHZ 65, 190.
370 OLG Stuttgart, Urt. v. 15.04.1985, AG 1985, 193; KölnKomm/*Mertens*, § 84 Rn 98.
371 BGH, Urt. v. 08.09.1997, DB 1997, 2266.
372 BGH, Urt. v. 14.11.1983, BGHZ 89, 48 (56); BGH, Urt. v. 25.02.1982, BGHZ 83, 144 (150).
373 *Hoffmann-Becking*, FS-Stimpel, 1985, 589, 595.

beschließen, daß der Vorsitzende ermächtigt wird, sie erst und nur dann dem Vorstandsmitglied zu erklären, wenn das Aufsichtsratsplenum den Widerruf der Bestellung beschlossen hat. Sofern das Aufsichtsratsplenum die Kündigungskompetenz nicht auf einen Personalausschuß delegiert hat, ist bei mitbestimmten Gesellschaften stets zu beachten, daß die Kündigung im Verfahren nach § 29 MitbestG erst durchgeführt werden darf, wenn es zuvor im Verfahren nach § 31 MitbestG den Widerruf der Bestellung beschlossen hat.[374] Wenn das Dienstverhältnis einvernehmlich in ein gewöhnliches Anstellungsverhältnis umgewandelt worden ist, obliegt dem Vorstand als dem gesetzlichen Vertretungsorgan der AG das Recht zur Kündigung.[375]

344  Besonderheiten beim Abschluß eines **Aufhebungsvertrages mit einem GmbH-Geschäftsführer** sind nicht zu beachten. Da die Gesellschafterversammlung für die Abberufung zuständig ist, obliegt ihr ebenfalls die Kündigung des Geschäftsführers,[376] sofern in der Satzung keine abweichende Regelung enthalten ist, wie Zuständigkeit eines fakultativen Aufsichtsrats oder eines Beirats. Die Gesellschaft wird deshalb durch die Gesellschafterversammlung oder durch von ihr beauftragte Geschäftsführer beim Abschluß des Aufhebungsvertrages vertreten. Hier gilt die Rechtslage wie bei Vertragsschluß oder Vertragsänderung.[377] Bei der einvernehmlichen Beendigung des Anstellungsvertrages mit einem Vorstandsmitglied ist, wenn von ihr gleichzeitig das Ausscheiden aus der Organstellung abhängt, immer darauf zu achten, daß der häufig für Anstellungsfragen eingerichtete Personalausschuß die Abberufungsentscheidung des Aufsichtsratsplenums nicht durch eine vorzeitige Vertragsbeendigung beeinflussen darf.[378] Will man die mit der Aufhebung des Anstellungsvertrages zwangsläufig verbundenen Fragen über die finanziellen Konditionen des Ausscheidens nicht gleichzeitig mit der Abberufung im Aufsichtsratsplenum beraten und entscheiden, so bleibt nur folgender Weg: Der Personalausschuß verhandelt, beschließt und vereinbart den Vertrag über die einvernehmliche Beendigung des Anstellungsvertrages mit dem Vorstandsmitglied schon vor der Entscheidung des Aufsichtsratsplenums.

Der Vertragsabschluß erfolgt jedoch unter der aufschiebenden Bedingung, daß das Plenum in seiner nachfolgenden Sitzung der einvernehmlichen Beendigung der Organstellung zustimmt.[379]

345  Daß bei der Gestaltung eines Aufhebungsvertrages mit einem **Vorstandsmitglied** an die Vereinbarung der **aufschiebenden Bedingung** stets gedacht wird, ist auch aus einem weiteren Grunde zu beachten: Der Abschluß eines Aufhebungsvertrages mit einem Vorstandsmitglied hat regelmäßig die Verkürzung der Amtszeit zum Inhalt. An die Erfüllung von Amtszeiten sind regelmäßig Pensionsansprüche, sei es dem Grunde oder sei es der Höhe nach geknüpft. Wird nun die Amtszeit verkürzt, kann es geschehen, daß die Pensionsvoraussetzungen sogar dem Grunde nach nicht mehr gegeben sind. Wird nun übersehen, im Aufhebungsvertrag eine aufschiebende Bedingung vorzusehen, kann der Fall eintreten, daß Personalausschuß und/oder Aufsichtsrat den Aufhebungsvertrag nicht genehmigen, der Vertrag aber unbedingt mit dem Aufsichtsratsvorsitzenden geschlossen wurde und zwischenzeitlich nach Abschluß des Aufhebungsvertrages eine Amtsniederlegungserklärung vertragsgemäß vom Vorstandsmitglied unterzeichnet wurde, mit der Folge, daß die Pensionsvoraussetzungen

---

[374] *Flieger*, Personalentscheidungen des Aufsichtsrats, 175 f.
[375] BGH, Urt. v. 13.02.1984, WM 1984, 532.
[376] BGH, Urt. v. 18.11.1968, BB 1969, 107.
[377] Siehe BGH, Urt. v. 24.01.1975, WM 1975, 249 ff.
[378] BGH, Urt. v. 24.11.1980, BGHZ 79, 38.
[379] *Hoffmann-Becking*, FS-Stimpel, 1985, 597 ff.; dementsprechend sehen die Muster in diesem Buch (Bsp: Muster 2252 im Einleitungssatz, in diesem Buch § 4 Kap. 2 M 439; Muster 2257, Ziff. 11, in diesem Buch § 4 Kap. 2 M 441; Muster 2250, § 14, in diesem Buch § 4 Kap. 2 M 437 f.; Muster 2254, Ziff. 13, in diesem Buch § 4 Kap. 2 M 440) die Vereinbarung einer aufschiebenden Bedingung vor.

nicht mehr erfüllt werden können. In einem solchen Falle hilft auch nicht eine neben den Voraussetzungen des Pensionsvertrages zusätzlich im Aufhebungsvertrag geschaffene Rechtsgrundlage,[380] denn der Aufhebungsvertrag ist in diesem Falle nicht wirksam zustande gekommen. Der Aufsichtsratsvorsitzende hat als Vertreter ohne Vertretungsmacht gehandelt. Inwieweit in diesem Falle eine Schadensersatzpflicht des Aufsichtsratsvorsitzenden besteht, mag dahinstehen. Zumindest ein Mitverschulden wird sich das Vorstandsmitglied anrechnen lassen müssen, da ihm aufgrund seiner Tätigkeit als Vorstandsmitglied bekannt sein mußte, daß der Aufsichtsratsvorsitzende nur als Vertreter des Personalausschusses bzw. des Aufsichtsrats handelt und handeln darf.

**Abfindungen** mit GmbH-Geschäftsführern und Vorstandsmitgliedern sind, wenn sie mit dem Auslaufen befristeter Verträge gezahlt werden, keine Abfindungen im Sinne von § 3 Nr. 9 EStG. Derartige Abfindungen beruhen nicht auf einer arbeitgeberseitigen Veranlassung, sondern auf der Parteivereinbarung bei Vertragsschluß.[381] Wird dagegen im Aufhebungsvertrag die vorgesehene Vertragslaufzeit verkürzt und werden die Bezüge, die das Vorstandsmitglied oder der GmbH-Geschäftsführer in der Restvertragslaufzeit verdient hätte, im Aufhebungsvertrag zum Gegenstand einer Abfindung gemacht, liegt eine neue Rechtsgrundlage vor und es handelt sich um die bekannt zulässige Form der **Kapitalisierung künftiger Einnahmen**.[382] Bei befristeten Verträgen mit Geschäftsführern und Vorständen empfiehlt es sich deshalb immer, gemäß dem Stewardeß-Fall eine Abfindungsvereinbarung mit Vertragsschluß auszuhandeln, wobei die Entschädigung für die Aufgabe oder Nichtausübung einer Tätigkeit nur dann entfällt, wenn die im Dienstvertrag vereinbarte Abfindung mit einem Optionsrecht verbunden wird. Die vertraglich vereinbarte Abfindung darf m.E. nicht auf eine bloße Abstandssumme am Ende einer Befristung hinauslaufen, denn in diesem Falle fehlt es wieder für die Abfindungszahlung an einer neuen Rechts- oder Billigkeitsgrundlage. Wird die dienstvertraglich zugesagte Abfindungssumme dagegen mit einer **Option** verbunden, muß ein Gestaltungsrecht ausgeübt werden, und es kann anschließend auf der Grundlage dieses ausgeübten Gestaltungsrechts eine neue Rechtsgrundlage in Form eines Aufhebungsvertrages geschaffen werden. 346

Die Option ihrerseits kann so ausgestaltet werden, daß man beispielsweise wie folgt formuliert:

„Entstehen Differenzen zwischen Vorstand (Geschäftsführer) und Aufsichtsrat (Gesellschafterversammlung) über die Geschäftspolitik, so hat das Vorstandsmitglied (der Geschäftsführer) das Recht, sein Amt niederzulegen. Es kann in diesem Falle verlangen, daß das Dienstverhältnis einvernehmlich beendet wird. Im Rahmen eines Auflösungsvertrages kann der Dienstberechtigte eine Abfindung nach Maßgabe folgender Regelungen verlangen."

Vorstände und GmbH-Geschäftsführer haben bei Geschäften die Sorgfalt eines ordentlichen und gewissenhaften Geschäftsmannes anzuwenden.[383] Der GmbH-Geschäftsführer wird von den Gesellschaftern regelmäßig nach § 46 Satz 5 GmbHG entlastet. Bei der **Entlastung** handelt es sich um eine organschaftliche Erklärung, die den Entlasteten von allen bei der Beschlußfassung erkennbaren Ersatzansprüchen freistellt.[384] Damit unterscheidet sich das GmbH-Recht wesentlich vom Aktienrecht, das die Freistellungswirkung eines Entlastungsbeschlusses nicht kennt.[385] Allerdings geht der in der Entlastung enthaltene Verzicht beim GmbH-Geschäftsführer nur so weit, als die Gesellschafter aus den vorgelegten Unterlagen und Auskünften die Richtigkeit der Angaben erkennen konnten. 347

---

380 Siehe Muster 2257, Ziff. 6, in diesem Buch § 4 Kap. 2 M 441.
381 BFH, Urt. v. 16.04.1980, BB 1980, 1195.
382 BFH, Urt. v. 06.02.1987, BFH NV 1987, 572.
383 Nahezu gleichlautend: §§ 43 Abs. 1 GmbHG, 93 Abs. 1 Satz 1 AktG.
384 BGH, Urt. v. 30.10.1958, LM Nr. 4 zu § 46 GmbHG.
385 §§ 93 Abs. 4, 120 Abs. 2 Satz 2 AktG.

**§ 4** Kapitel 2: Abwicklungs- und Aufhebungsverträge

348 Die Schwierigkeit bei Aufhebungsverträgen mit Geschäftsführern und Vorständen besteht deshalb in der **Formulierung der Ausgleichsklausel**. Die AG kann auf ihre Ersatzansprüche erst drei Jahre nach der Entstehung der Ansprüche verzichten oder sich über sie vergleichen und dies auch nur dann, wenn die Hauptversammlung zustimmt und nicht eine Minderheit von mindestens 10 v.H. des Grundkapitals zu Protokoll widerspricht.[386] Durch die Entlastung billigt die Hauptversammlung nur die Verwaltung der Gesellschaft durch die Mitglieder des Vorstands und des Aufsichtsrats,[387] ein Verzicht auf Ersatzansprüche ist damit nicht verbunden. Angesichts der Regelung in § 93 AktG kann daher mit einer Ausgleichsklausel im Aufhebungsvertrag kein verbindlicher Verzicht der AG auf mögliche Ersatzansprüche geregelt werden.

349 Eine Möglichkeit, bei einer etwaigen späteren prozessualen Auseinandersetzung wirksam einwenden zu können, die Gesellschaft verhalte sich widersprüchlich, wenn sie nunmehr Ersatzansprüche fordere, bieten **Bestätigungsklauseln**.[388] Hat die Gesellschaft einmal im Aufhebungsvertrag bestätigt, daß das Vorstandsmitglied während seiner aktiven Dienstzeit seiner Sorgfaltspflicht und Verantwortlichkeit treu und gewissenhaft nachgekommen ist, wird sie späterhin schwerlich eine entgegengesetzte Position einnehmen können. Beim GmbH-Geschäftsführer empfiehlt sich, in die Ausgleichsklausel aufzunehmen, daß ein Entlastungsbeschluß nach § 46 Satz 5 GmbHG gefaßt wurde.[389]

### 8. Klauselalphabet

■ **Abfindungsformulierungen**

350 Damit die steuerrechtliche Funktion der Abfindung außer Streit steht und der Freibetrag gem. § 3 Ziff. 9 EStG in Anspruch genommen werden kann, sollte in jedem Falle in der Aufhebungs- oder Beendigungsformel der Hinweis enthalten sein, daß das Arbeitsverhältnis *„auf arbeitgeberseitige Veranlassung"* oder *„auf Veranlassung durch den Arbeitgeber"* endet. Die Standardformulierungen stellen weiterhin darauf ab, daß die Abfindung/Entschädigung *„als Ausgleich für den Verlust des Arbeitsplatzes"* gezahlt wird. Weitere Formulierungen sind üblich, wie *„Verlust des sozialen Besitzstandes"* oder *„Entschädigung für künftig ausfallende Einnahmen"*.

351 Auf jeden Fall sollte eine **Fälligkeitsregelung** bei der Formulierung der Abfindungsklausel in den Text aufgenommen werden. Der Eintritt der Fälligkeit hängt nach der Rechtsprechung immer von der inhaltlichen Ausgestaltung des Vergleichs ab. Soweit die Parteien nichts anderes geregelt haben, ist in einem gerichtlichen oder außergerichtlichen Aufhebungsvertrag die Abfindung erst zum vertraglich vereinbarten Beendigungszeitpunkt fällig.[390] Anders ist die Rechtslage bei Abfindungen aus einem gerichtlichen Auflösungsurteil. Hier ist die Abfindung sofort zur Zahlung fällig.[391]

352 Der Zusatz, daß die Abfindung ohne Abzug von **Sozialversicherungsabgaben** gezahlt wird, ist natürlich nur gerechtfertigt, wenn kein verstecktes Arbeitsentgelt, das für die Vergangenheit geschuldet wurde, in der Abfindung enthalten ist.[392] Im übrigen sind Abfindungen sozialversicherungsabgabenfrei, Formulierungen, die hierauf hinweisen, kommt nur deklaratorische Bedeutung zu.[393]

---

386 § 93 Abs. 4 Satz 3 AktG.
387 *Bauer*, DB 1992, 1421.
388 Siehe Muster 2254, Ziff. 3 Satz 2, in diesem Buch § 4 Kap. 2 M 440.
389 Siehe Muster 2260, Ziff. 19, in diesem Buch § 4 Kap. 2 M 442.
390 BAG, Urt. v. 09.12.1987, NZA 1988, 329; LAG Düsseldorf, Urt. v. 23.05.1989, NZA 1989, 850; LAG Köln, Urt. v. 21.09.1983, DB 1984, 568.
391 BAG, Urt. v. 09.12.1987, EzA, § 9 KSchG n.F., Nr. 22; LAG Bremen, Urt. v. 31.08.1983, NJW 1984, 447.
392 Siehe § 4 Kap. 2 M 275.
393 Siehe Muster 2230, § 5 Abs. 3, in diesem Buch § 4 Kap. 2 M 431.

Häufig formulieren Naturalparteien und Arbeitsrichter im Auflösungsvertrag, die „Abfindung in Höhe von ▓▓▓▓▓▓ sei *brutto=netto*". Wenn in einem solchen Fall die Abfindung höher ausfällt als der Freibetrag nach § 3 Ziff. 9 EStG, so muß nach überwiegender Auffassung[394] trotzdem der Arbeitnehmer die anfallende Lohnsteuer tragen.[395]

Der Zusatz, daß der Abfindungsbetrag, „*soweit möglich, lohnsteuerfrei ausgezahlt*" werde, geht von den Grenzen des § 3 Ziff. 9 EStG aus. Der Satz „*Das Steuerrisiko trägt der Arbeitnehmer*"[396] bezieht sich sowohl auf den Grund der als Abfindung bezeichneten Zahlung als auch auf die Höhe. Ob die Abfindung als steuerfreie oder ob sie als steuerlich privilegierte Entschädigungsleistung anerkannt wird, verbleibt durch die vorerwähnte Formulierung im Risikobereich des Mitarbeiters. Außerdem haftet der Arbeitgeber.[397] Wenn sich ein Arbeitgeber vor dieser Haftung schützen will, bleibt ihm die Möglichkeit, für den Differenzbetrag zwischen halbem Steuersatz und voll zu versteuernder Lohnsteuer eine selbstschuldnerische Bürgschaft einer Bank vom ausscheidenden Arbeitnehmer zu verlangen.[398] Wenn man eine solche Klausel überhaupt vereinbaren will, erscheint es angebracht, sie nicht in den Aufhebungsvertrag, sondern in ein gesondertes Anschreiben des Arbeitgebers bzw. Aufsichtsratsvorsitzenden aufzunehmen, das der Mitarbeiter bzw. Vorstand dann in einer Zweitschrift gegenzeichnen müßte. 353

Werden im Aufhebungsvertrag die vom Arbeitgeber zu berücksichtigenden **Steuermerkmale** und ein bestimmter vom Arbeitgeber monatlich zu leistender **Nettobetrag einvernehmlich festgelegt**, verpflichtet eine im Aufhebungsvertrag enthaltene Zusage des Arbeitgebers, er stelle den Arbeitnehmer so, daß dieser während der Arbeitslosigkeit unter Anrechnung eines Teils der Abfindung und der Leistungen Dritter im Monatsdurchschnitt 90 % des letzten Nettogehalts erhalte, den Arbeitgeber nicht, dem Arbeitnehmer steuerliche Nachteile auszugleichen, die sich aus der Berücksichtigung des nach § 3 Ziff. 9 EStG steuerfreien Arbeitslosengeldes für die Höhe des Steuersatzes nach § 32 b I EStG ergeben.[399] 354

Gewährt ein **Sozialplan** für die Zeit zwischen Ausscheiden und vorgezogener Altersrente Anspruch auf Zahlung einer ratierlichen monatlichen Abfindung in Höhe der Differenz zwischen Arbeitslosengeld und 80 % des letzten Nettoarbeitsentgelts, so obliegt es regelmäßig dem Arbeitnehmer, durch Wahl der günstigsten Steuerklasse nach § 137 Abs. 3, 4 SGB III den Arbeitslosengeldanspruch auszuschöpfen. Verletzt er diese Obliegenheit schuldhaft, so erhöht sich dadurch nicht sein Abfindungsanspruch um den nicht ausgeschöpften Betrag.[400] 355

Es empfiehlt sich, eine Klausel in den Aufhebungsvertrag einzuarbeiten, wonach der Abfindungsanspruch entfällt, wenn das Arbeitsverhältnis vor dem vorgesehenen Beendigungstermin beendet wird. Stellt sich beispielsweise heraus, daß der Arbeitnehmer Straftatbestände verwirklicht hat, und wird deswegen nach Abschluß des Aufhebungsvertrages und vor Beendigung des Arbeitsverhältnisses eine **fristlose Kündigung** ausgesprochen, wird auf diese Weise klargestellt, daß der aufgrund der Vererbbarkeitsklausel vorgezogen entstandene Abfindungsanspruch gleichwohl wieder untergehen soll, wenn der Arbeitnehmer die Beendigungsgründe zu vertreten hat. Im übrigen entspricht es ständiger Rechtsprechung, daß der Aufhebungsvertrag unter der aufschiebenden Bedingung steht, 356

---

394 LAG Niedersachsen, Urt. v. 10.12.1984, BB 1985, 272; LAG Bremen, Urt. v. 22.01.1988, NZA 1988, 433; LAG Frankfurt, Urt. v. 07.12.1988, NZA 1989, 850.
395 A.A: LAG Hamm, Urt. v. 05.03.1980, DB 1980, 2396.
396 Siehe Muster 2250, § 5 Abs. 2, in diesem Buch § 4 Kap. 2 M 437 f.
397 Näheres unter § 4 Kap. 2 Rn 264.
398 Siehe Muster 2257, Ziff. 3, in diesem Buch § 4 Kap. 2 M 441.
399 BAG, Urt. v. 08.09.1998, NZA 1999, 769.
400 LAG Sachsen-Anhalt, Urt. v. 29.09.1998, NZA-RR 1999, 611.

daß das Arbeitsverhältnis bis zum vereinbarten Auflösungszeitpunkt fortgesetzt wird. Löst eine außerordentliche Kündigung das Arbeitsverhältnis vor dem vorgesehenen Auflösungszeitpunkt auf, wird der Aufhebungsvertrag – einschließlich einer vereinbarten Abfindung – gegenstandslos.[401]

357 Soweit es sich bei der Abfindung um **Sozialplanabfindungen** handelt, kann der Arbeitnehmer nicht ohne weiteres im Rahmen seines Aufhebungsvertrages gegen Abfindungszahlung auf Sozialplanleistungen verzichten.[402] Die Herausnahme von aus betriebsbedingten Gründen per Aufhebungsvertrag ausgeschiedenen Arbeitnehmern aus Sozialplanleistungen ist regelmäßig nicht möglich.[403] Der betrieblich veranlaßte Aufhebungsvertrag steht insoweit unter dem Diktat der Gleichbehandlung der betriebsbedingten Kündigungen.[404] Allerdings können die Betriebspartner in einem Sozialplan vereinbaren, daß Arbeitnehmer, die nach Bekanntwerden eines vom Arbeitgeber zunächst geplanten Personalabbaus einen Aufhebungsvertrag vereinbaren, eine geringere Abfindung erhalten als diejenigen, die eine ordentliche Arbeitgeberkündigung abwarten oder eine Aufhebungsvereinbarung erst nach Abschluß des Sozialplans treffen.[405] Nach der Rechtsprechung ist es auch gestattet, Arbeitnehmer gänzlich aus Sozialplanabfindungen auszunehmen, die ihr Arbeitsverhältnis durch Aufhebungsvertrag gelöst haben, nachdem sie eine neue Beschäftigung gefunden hatten.[406]

Ein solches Ergebnis kann verhindert werden durch die Aufnahme einer Klausel in den Aufhebungsvertrag, wonach dem Arbeitnehmer ein Anspruch auf die nach dem Sozialplan maßgebliche Abfindung zusteht, wenn innerhalb der nächsten Monate ein Sozialplan abgeschlossen wird, der eine höhere als die vereinbarte Abfindung vorsieht.

Stellt ein Sozialplan für die Bemessung der Abfindung wegen Verlustes des Arbeitsplatzes auf die Dauer der Betriebszugehörigkeit ab, so zählen als Zeiten der Betriebszugehörigkeit auch solche, in denen der Arbeitnehmer wegen Ruhens seines Arbeitsverhältnisses (z. B. wegen Erziehungsurlaubes) tatsächliche Arbeitsleistungen nicht erbracht hat.[407]

358 Die Abfindungsvereinbarung kann auch mit einer **Bürgschaftserklärung** oder einer sonstigen Sicherheit zugunsten des Arbeitnehmers verbunden werden.[408]

**Nichtig** sind Vereinbarungen zwischen Arbeitgeber und Arbeitnehmer über die Verrechnung künftiger Rentenansprüche mit Ansprüchen auf eine Abfindung nach §§ 9, 10 KSchG, auch wenn geregelt ist, daß die Abfindung bis zum vollständigen Aufbrauch aus Betriebsrentenansprüchen verrechnet werden soll.[409] Das BAG nimmt in derartigen Fällen einen Verstoß gegen § 3 BetrAVG an. Nach § 3 BetrAVG kann der Arbeitnehmer, dessen verfallbare Anwartschaften bei Beendigung des Arbeitsverhältnisses nur unter eingeschränkten Voraussetzungen abgefunden werden, bei unverfallbaren Anwartschaften im Versorgungsfall seine Betriebsrente ungekürzt verlangen. Das Urteil des BAG vom 24.03.1998 muß allerdings unter den geänderten, ab 01.01.1999 gültigen Voraussetzungen der Abfindung geringwertiger Versorgungsanwartschaften gemäß § 3 BetrAVG gesehen werden.[410]

---

401 BAG, Urt. v. 29.01.1997, NZA 1997, 813.
402 §§ 77 Abs. 4 Satz 2, 112 Abs. 1 Satz 3 BetrVG.
403 BAG, Urt. v. 20.03.1993, EzA, § 112 BetrVG 1972, Nr. 68.
404 BAG, Urt. v. 20.05.1994, EzA, § 112 BetrVG 1972, Nr. 75.
405 BAG, Urt. v. 24.01.1993, EzA, § 112 BetrVG 1972, Nr. 71; a.A. *Hümmerich/Spirolke*, BB 1995, 42.
406 BAG, Urt. v. 25.01.1993, EzA, § 242 BGB, Gleichbehandlung, Nr. 58; a.A: *Hümmerich/Spirolke*, BB 1995, 42.
407 LAG Hessen, Urt. v. 19.05.1998, ARST 1999, 58.
408 Siehe als Beispiel Muster 2233, § 13, in diesem Buch § 4 Kap. 2 M 432 f.
409 BAG, Urt. v. 24.03.1998, NZA 1998, 1280.
410 Siehe hierzu § 4 Kap. 2 Rn 360 ff., Stichwort „Altersversorgungsvereinbarungen".

Bei der **Höhe der Abfindung** hat sich die Faustformel[411] „**ein halbes Bruttomonatsgehalt pro** 359
**Beschäftigungsjahr**" eingebürgert. Gleichwohl gelten in vielen Fällen, insbesondere bei Führungskräften, andere Regeln. Bei Führungskräften mit befristeten Arbeitsverträgen ist die Kapitalisierung der Restvertragslaufzeit üblich. Bei leitenden Angestellten hat sich „ein Bruttomonatsgehalt pro Beschäftigungsjahr" zunehmend als Abfindungsformel etabliert. Die Performance eines Unternehmens ist ebenso entscheidend wie Verschuldenselemente beim Arbeitnehmer im Zusammenhang mit dem Trennungswillen des Arbeitgebers.[412]

■ Altersversorgungsvereinbarungen

Hat der Arbeitgeber mit dem Arbeitnehmer eine **betriebliche Altersversorgung** vereinbart, ist bei 360
der Gestaltung eines Aufhebungsvertrages zunächst zu prüfen, in welcher Form diese Vereinbarung getroffen wurde. Denn Pflicht des Arbeitnehmers ist es, seinem Berater die eventuell bestehende Versorgungsordnung, meist eine Betriebsvereinbarung, oder, bei Bestehen einer Einzelzusage, die vertragliche Vereinbarung zur Durchsicht zu überlassen. Es geschieht auch, daß Arbeitgeber ihrem Mitarbeiter eine **unwiderrufliche Direktzusage** erteilen, so daß über eine Lebensversicherung, deren Versicherungsnehmer der Arbeitgeber, deren unwiderruflich Begünstigter aber der Arbeitnehmer ist, Altersversorgungsansprüche aufgebaut wurden. Besteht eine Direktzusage, empfiehlt es sich, eine Vereinbarung zu treffen, wonach der Mitarbeiter die Versicherung weiterführen kann. Mit der Abtretung der Forderung aus dem Versicherungsvertrag vom Versicherungsnehmer an den unwiderruflich Begünstigten erwächst auch der Anspruch auf Herausgabe des Versicherungsscheins nach § 402 BGB.

Besteht dagegen eine Altersversorgung auf der Basis einer **Betriebsvereinbarung**, stellt sich für den 361
beratenden Rechtsanwalt zunächst die Frage, ob eine **Unverfallbarkeit der Anwartschaft** eingetreten ist. Nach § 1 BetrAVG wird die Anwartschaft auf Altersversorgung unverfallbar, wenn ein Arbeitsverhältnis vor Eintritt des Versorgungsfalles endet, der Arbeitnehmer zu diesem Zeitpunkt das 34. Lebensjahr vollendet und entweder die Versorgungszusage mindestens 10 Jahre bestanden hat oder der Beginn der Betriebszugehörigkeit mindestens 12 Jahre zurückliegt und die Versorgungszusage mindestens 3 Jahre bestanden hat. Durch die Unverfallbarkeit erlischt die Anwartschaft bei Beendigung des Arbeitsverhältnisses vor Eintritt des Versorgungsfalles nicht mehr. Eine weitere Folge ist, daß im Konkursfall der Pensionssicherungsverein für die unverfallbare Anwartschaft eintritt. Soweit Sonderregelungen wie die Anrechnung anderweitiger Dienstzeiten bei einem früheren Arbeitgeber arbeitsvertraglich vereinbart sind, wird der Pensionssicherungsverein hierdurch nicht gebunden.[413] Nur wenn die angerechnete Vordienstzeit schon von einer Versorgungszusage umfaßt war, die bei Begründung des neuen Arbeitsverhältnisses noch nicht erloschen war, kann sie auch im Rahmen des gesetzlichen Insolvenzschutzes berücksichtigt werden.[414]

Der Gestalter eines Aufhebungsvertrages sollte stets darauf achten, daß Ansprüche aus Altersversorgung nicht durch eine **allgemeine Erledigungsklausel** erfaßt werden. Zwar hat das BAG im 362
Hinblick auf Ausgleichsquittungen schon entschieden, daß eine allgemeine Ausgleichsquittung in der Regel Ansprüche auf betriebliche Altersversorgungen nicht erfasse.[415] Wenn dies gewünscht sei, müsse sich diese Folge mit der nötigen Sicherheit aus der Ausgleichsquittung ergeben. Trotzdem bleibt Vorsicht geboten. Ein Verzicht kann nach der Rechtsprechung aus Erledigungsklauseln

---

411 Zu einer bundesweiten Untersuchung über die Abfindungspraxis siehe *Hümmerich*, NZA 1999, 343.
412 Wegen weiterer Einzelheiten siehe *Hümmerich*, NZA 1999, 342 ff.
413 BAG, Urt. v. 19.07.1983, DB 1983, 2255.
414 BAG, Urt. v. 19.07.1983, DB 1983, 2255.
415 BAG, Urt. v. 09.11.1973, DB 1974, 487.

in Aufhebungsverträgen generell nicht entnommen werden, es sei denn, der Verzicht auch auf die Betriebsrente sei nachweisbar vor Abschluß des Vertrages ausdrücklich erörtert und vom Arbeitnehmer akzeptiert worden.[416] Wird das Gespräch bei Abschluß eines Aufhebungsvertrages, wie häufig, auf Arbeitgeberseite durch den Vorgesetzten und einen Mitarbeiter der Personalabteilung geführt, ist der ausscheidende Arbeitnehmer nicht davor geschützt, daß der Arbeitgeber nachträglich behauptet, der Verzicht des Mitarbeiters auf seine Anwartschaft aus der betrieblichen Altersversorgung sei bei Abschluß des Aufhebungsvertrages ausdrücklich erörtert worden.

Bislang verbot § 3 BetrAVG die Abfindung und den entschädigungslosen Erlaß einer älteren, unverfallbaren Anwartschaft.[417] § 3 BetrAVG ist allerdings zwischenzeitlich geändert worden und enthält erleichterte Abfindungsvoraussetzungen.[418] Ab dem 01.01.1999 können geringwertige Versorgungsanwartschaften in Höhe von 1 % der monatlichen Bezugsgröße des § 18 SGB IV einseitig abgefunden werden, bis zum Zweifachen dieser Höhe durch Vereinbarung und bis zum Vierfachen bei Zufluß der Abfindung in eine Rentenversicherung. Wegen weiterer Gestaltungsaspekte bei betrieblichen Altersversorgungen sei auf die Darstellung bei *Bauer*[419] verwiesen. Stets sind die steuerrechtlichen Auswirkungen bei der Gestaltung von Altersversorgungsvereinbarungen zu beachten[420]

Nach § 2 Abs. 6 BetrAVG hat der Mitarbeiter Anspruch darauf, daß ihm sein Arbeitgeber Auskunft über das Bestehen einer unverfallbaren Altersversorgung erteilt sowie mitteilt, in welcher Höhe er Versorgungsleistungen bei Erreichen der in der Versorgungsregelung vorgesehenen Altersgrenze beanspruchen kann. Es macht Sinn, dieses Auskunftsrecht in einer Klausel des Abwicklungs- oder Aufhebungsvertrags zu wiederholen.[421] Ein konstitutives oder deklaratorisches Schuldanerkenntnis stellt die Auskunft nicht dar.[422]

■ **Aufhebungsklausel**

363  Bei den Aufhebungsklauseln sind eine Reihe von Formulierungen gebräuchlich. Damit nicht schon wegen Nichteinhaltung der ordentlichen Kündigungsfrist eine Sperrzeitanordnung nach § 144 SGB III erfolgt, ist es wichtig, daß für den Sachbearbeiter beim Arbeitsamt aus dem Tag der Unterzeichnung des Aufhebungsvertrages und aus dem in der Aufhebungsklausel als Beendigungsdatum bezeichneten Ende des Arbeitsverhältnisses hervorgeht, welche Frist von den Parteien gewahrt wurde. Anhand des Arbeitsvertrages, anhand von § 622 BGB oder aufgrund eines einschlägigen Tarifvertrages kann der Sachbearbeiter beim Arbeitsamt dann feststellen, ob die Kündigungsfrist eingehalten wurde. Weiterhin sollte aus der Beendigungsformulierung immer auch hervorgehen, daß die Beendigung des Arbeitsverhältnisses auf die Initiative des Arbeitgebers zurückgeht. Üblicherweise verwendet man hier die Formulierung, *„auf Veranlassung des Arbeitgebers..."*

364  Vor **Rückdatierungen** wird gewarnt. Es wird beispielhaft auf die Entscheidung des Arbeitsgerichts Wetzlar[423] verwiesen. Der Aufhebungsvertrag verliert seine Wirksamkeit mit der Rückdatierung.[424]

---

416  LAG Hamm, Urt. v. 30.10.1979, DB 1980, 113; Urt. v. 15.01.1980, DB 1980, 643.
417  BAG, Urt. v. 22.09.1987, AP Nr. 13 zu § 17 BetrAVG; Urt. v. 14.08.1990, NZA 1991, 174.
418  Siehe Rentenreformgesetz 1999 vom 16.12.1997, BGBl I 1997, 2998.
419  Arbeitsrechtliche Aufhebungsverträge, Rn 709 ff.
420  Siehe § 4 Kap. 2 Rn 244 ff., Steuerrechtliches Umfeld.
421  Beispiel: Muster 2260 Ziff. 8, in diesem Buch § 4 Kap. 2 M 442.
422  BAG, Urt. v. 08.11.1983, AP Nr. 3 zu § 2 BetrAVG.
423  Urt. v. 24.08.1993, EzA, § 611 BGB, Aufhebungsvertrag, Nr. 14.
424  AA LAG Hamm, Urt. v. 17.12.1990, LAGE § 611 BGB, Aufhebungsvertrag, Nr. 3; LAG Baden Württemberg, Urt. v. 22.05.1991, LAGE § 611 BGB, Aufhebungsvertrag, Nr. 4.

Allerdings kann ein Arbeitsverhältnis durch Aufhebungsvertrag dann rückwirkend aufgelöst werden, wenn es bereits außer Vollzug gesetzt worden war.[425]

Die Formulierung „*zur Vermeidung einer ansonsten unumgänglichen fristgerechten, betriebsbedingten Kündigung*" für sich allein führt nicht zu einem wichtigen Grund im Sinne von § 144 SGB III. Andererseits ermöglicht diese Formulierung in Verbindung mit einer erläuternden Präambel, gegebenenfalls auch dem Inhalt der Arbeitsbescheinigung nach § 312 Abs. 1 SGB III, den wichtigen Grund zur Auflösung des Arbeitsverhältnisses für die Arbeitsverwaltung plausibel zu machen. Die derzeitige Weisungslage bei den Arbeitsämtern sieht so aus, daß sich ein Arbeitnehmer grundsätzlich nicht am Abschluß eines Aufhebungsvertrags beteiligen darf, wenn er keine nachteiligen Folgen beim Bezug von Arbeitslosengeld herbeiführen will, ein zwingendes Argument für den Abwicklungsvertrag.[426]

365

### ■ Auslauffrist

Überschreitet die vereinbarte Auslauffrist die Kündigungsfrist um ein Vielfaches und fehlt es auch an sonstigen, einen Aufhebungsvertrag kennzeichnenden Vereinbarungen, dann ist der Vertrag nach der Rechtsprechung[427] nicht auf eine Beendigung, sondern auf eine befristete Fortsetzung des Arbeitsverhältnisses gerichtet. Ein solcher Vertrag stellt damit keinen Aufhebungsvertrag dar, sondern eine nachträgliche Befristung, die der allgemeinen, von der Rechtsprechung entwickelten Befristungskontrolle unterliegt.

366

### ■ Beendigungsbegründungsklausel/Präambel

Eine Beendigungsbegründungsklausel empfiehlt sich, wenn dem Arbeitsamt aus sozialrechtlichen, gegebenenfalls aber auch dem Finanzamt aus steuerrechtlichen Gründen die Hintergründe, die zur Kündigung geführt haben, erläutert werden sollten. Aus Mißtrauen gespeiste Nachfragen werden gegebenenfalls auf diese Weise vermieden. Eine Präambel empfiehlt sich ferner regelmäßig als **Auslegungshilfe**.

367

Man kann natürlich in eine Präambel auch mehr Informationen hineingeben als den Umständen nach sinnvoll ist. Dies ist zumal dann der Fall, wenn der gesamte Streitstoff zwischen den Parteien einschließlich der Ärgernisse aus einem mehrjährigen Arbeitsverhältnis in der Präambel noch einmal aufbereitet wird. Eine solche Darstellung gäbe dann sowohl Finanz- als auch Arbeitsämtern Anlaß zu Interpretationen und Mißdeutungen. Die Behörden werden durch den Wortlaut einer Präambel bei ihrer Sachverhaltsermittlung und im Rahmen von Ermessensentscheidungen nicht gebunden. Für das Arbeitsamt ist oft hilfreich festzustellen, im Rahmen welcher unternehmerischer Entscheidungen die Kündigung ausgesprochen wurde. Hat man beispielsweise im Unternehmen seit mehreren Jahren Personalabbau betrieben oder hat ein Betriebsübergang stattgefunden, ist der Arbeitsplatz an einen mehrere hundert Kilometer entfernt liegenden Ort verlegt worden und wollte die Familie des Arbeitnehmers den aus diesen Gründen notwendig gewordenen Umzug nicht durchführen, so sind dies Gründe für eine betriebsbedingte Beendigung des Arbeitsverhältnisses, die durchaus in eine Präambel aufgenommen werden können und dem Arbeitsamt den Anlaß des Aufhebungsvertrages zur Vermeidung „einer ansonsten unumgänglichen, betriebsbedingten Kündigung" erhellen. Die Beweislast für das Vorliegen der Voraussetzungen eines Sperrzeittatbestandes liegt auch nach Auffassung der Bundesanstalt für Arbeit bei den Arbeitsämtern.[428]

368

---

425 BAG, Urt. v. 10.12.1998, ARST 1999, 187.
426 BA Durchführungsanweisung 1.532 Abs. 1 NZA 1997, 430.
427 BAG, Urt. v. 12.01.2000 – 7 AZR 48/99 (unveröffentlicht).
428 Siehe Sammelerlaß zum Arbeitslosengeld/Arbeitslosenhilfe, Durchführungsanweisung 1.1, Abs. 2, letzter Satz.

### ■ Betriebsgeheimnisklauseln

**369** Auch **nach Beendigung des Arbeitsverhältnisses** ist der Arbeitnehmer verpflichtet, **Stillschweigen über Geschäfts- und Betriebsgeheimnisse** seines bisherigen Arbeitgebers zu bewahren.[429] Diese nachwirkende Pflicht zur Verschwiegenheit erstreckt sich auf sämtliche Tatsachen, die im Zusammenhang mit dem Geschäftsbetrieb stehen, nur einem eng begrenzten Personenkreis bekannt sind, nicht offenkundig sind und nach dem Willen des Arbeitgebers aufgrund eines berechtigten wirtschaftlichen Interesses geheimgehalten werden.[430] Dementsprechend kommt Klauseln, in denen der Arbeitnehmer auf die Nachwirkung seiner Verschwiegenheitspflicht hingewiesen wird, grundsätzlich nur deklaratorische Bedeutung zu.

Gleichwohl wird – mehr aus psychologischen Gründen – dazu geraten, über Betriebsgeheimnisklauseln im Aufhebungs- oder Abwicklungsvertrag den ausscheidenden Mitarbeiter an seine Pflicht zu erinnern, Betriebs- und Geschäftsgeheimnisse zu wahren.[431]

**370** Die nachwirkende Verschwiegenheitsverpflichtung verbietet es dem Arbeitnehmer – ebenso Führungskräften bis hin zu Vorständen – nicht, Kunden der bisherigen Firma nach dem Ausscheiden zu umwerben.[432] Man kann auch im Aufhebungsvertrag ein **Verbot der Kundenumwerbung** vereinbaren,[433] wobei die Wirksamkeit umstritten sein dürfte. Mit einem solchen Verbot rückt man nahe an die Funktion einer Kundenschutzklausel mit dem Gewicht eines Wettbewerbsverbots, das gemäß dem Grundsatz der bezahlten Karenz in § 74 Abs. 2 HGB entschädigungslos nicht wirksam vereinbart werden kann.[434]

Effizient sind Betriebsgeheimnisklauseln in Aufhebungs- und Abwicklungsverträgen nur, wenn sie mit Vertragsstrafeversprechen verknüpft werden.[435]

### ■ Diensterfindungen

**371** Einzelheiten zu den Diensterfindungen regelt das **Arbeitnehmererfindungsgesetz** (ArbNErfG) vom 27.07.1957. Als Ausgleich für das Verwertungsrecht an einer Erfindung hat der Arbeitgeber dem Arbeitnehmer eine angemessene Vergütung zu zahlen.[436] Aufgrund von § 11 ArbNErfG hat der Bundesminister für Arbeit Richtlinien über die Bemessung der Vergütung erlassen. Von Vorschriften des ArbNErfG kann grundsätzlich nicht zu Ungunsten des Arbeitnehmers abgewichen werden,[437] auch nicht durch Kollektivvereinbarungen.[438] Gemäß §§ 22, 23 ArbNErfG sind aber Vereinbarungen zwischen Arbeitnehmer und Arbeitgeber über Diensterfindungen nach ihrer Meldung, über freie Erfindungen und technische Verbesserungsvorschläge nach ihrer Mitteilung, soweit sie nicht in erheblichem Maße unbillig sind, zulässig.

---

429 BAG, Urt. v. 15.12.1987, AP Nr. 5 zu § 611 BGB Betriebsgeheimnis; wegen Einzelheiten siehe § 1 Kap. 1 Rn 313 ff.
430 BAG, Urt. v. 15.12.1987, AP Nr. 5 zu § 611 BGB Betriebsgeheimnis; Urt. v. 16.03.1982, AP Nr. 1 zu § 611 BGB Betriebsgeheimnis.
431 Beispiele: Muster 2230, § 10, in diesem Buch § 4 Kap. 2 M 431; Muster 2233, § 10, in diesem Buch § 4 Kap. 2 M 432 f.; Muster 2278, Ziff. 7, in diesem Buch § 4 Kap. 2 M 450.
432 BAG, Urt. v. 15.12.1987, AP Nr. 5 zu § 611 BGB Betriebsgeheimnis.
433 So für ein scheidendes Vorstandsmitglied in Muster 2254 (5) Satz 2, in diesem Buch § 4 Kap. 2 M 440.
434 Siehe auch BAG, Urt. v. 15.12.1987, DB 1988, 1020 sowie die Erläuterungen in § 1 Kap. 1 Rn 313 ff.
435 Zu den Voraussetzungen und zur angemessenen Höhe siehe § 1 Kap. 1 Rn 318 ff.
436 § 9, Abs. 1 ArbNErfG.
437 § 22 Satz 1 ArbNErfG.
438 *Bartenbach/Volz*, § 22 Rn 7.

Bei der Formulierung von Diensterfindungsklauseln in Aufhebungsverträgen[439] stellt sich die Frage, ob eine abschließende Regelung in Form einer **Einmalzahlung** wirksam vereinbart werden kann. Die §§ 22, 23 ArbNErfG könnten dem entgegenstehen, denn mit einer solchen Einmalzahlung wird gleichzeitig der Verzicht auf die dem Arbeitnehmer gesetzlich auch über das Arbeitsverhältnis hinaus zustehende Erfindervergütung erklärt. *Bauer*[440] vertritt die Auffassung, wie bei nachvertraglichen Wettbewerbsverboten so sei auch bei Diensterfindungen eine einvernehmliche Aufhebung eines bestehenden Anspruches möglich. Ein Verzicht des Arbeitnehmers auf Erfindervergütung muß aber in jedem Falle deutlich und unmißverständlich erklärt werden; allgemeine Ausgleichsklauseln genügen diesen Anforderungen nicht.[441]

■ **Dienstwagenklausel**

Dienstwagenregelungen zum Ende eines Arbeitsverhältnisses können in vielfältiger Weise getroffen werden. Oft wird vorgesehen, den Dienstwagen am Tag der Beendigung des Arbeitsverhältnisses zurückzugeben, dann eine Schätzung vornehmen zu lassen und dem Arbeitnehmer freizustellen, danach das Fahrzeug durch einen gesonderten Kaufvertrag zu erwerben. Bei der Formulierung zu Dienstwagenregelungen sollte darauf geachtet werden, daß auch der Ort bezeichnet wird, an dem das Fahrzeug zurückgegeben werden soll. Gerade bei Außendienstmitarbeitern ist es nicht selbstverständlich, daß das Fahrzeug zum Arbeitgeber zurückgebracht wird. Haben die Parteien nichts anderes vereinbart, ist der Wohnsitz des Außendienstmitarbeiters **Erfüllungsort für die Rückgabe** des Dienstwagens.[442]

Aus der Vielzahl der denkbaren Regelungen neben der Rückgabe des Fahrzeugs seien noch folgende Modelle erwähnt: Das Fahrzeug wird bis zur rechtlichen Beendigung des Anstellungsverhältnisses zu den bisherigen Konditionen, auch zur privaten Nutzung, überlassen.[443] Eine weitere Möglichkeit besteht in der Rückgabe des Fahrzeugs vor der Beendigung des Anstellungsvertrages gegen Entschädigung für die entgehende Privatnutzung. Weiterhin kann auch vereinbart werden, daß das Kraftfahrzeug an den Arbeitnehmer zum Zeitpunkt der Freistellung veräußert wird. Bei Veräußerung des Fahrzeugs sollte der Arbeitgeber stets darauf achten, auch Gewährleistungsfragen zu regeln, also beispielsweise bei einem gebrauchten Fahrzeug den Ausschluß jeglicher Gewährleistung zu vereinbaren.

Vielfach beliebt ist, weil sich der Arbeitnehmer oft auch an seinen Dienstwagen gewöhnt hat, daß ihm das Fahrzeug unentgeltlich übereignet wird. In diesem Falle ist aber daran zu erinnern, daß es sich um einen Sachbezug handelt, also einen geldwerten Vorteil, durch den Steuern anfallen, die der Arbeitnehmer zu tragen hat.

Es sollte schließlich bei einer Vereinbarung auch darauf geachtet werden, ob der Mitarbeiter einen Schadensfreiheitsrabatt auf das Unternehmen übertragen hatte und ob dem Mitarbeiter der Schadensfreiheitsrabatt mit Rückgabe des Fahrzeugs wieder zurückgewährt wird, damit er ihn bei einem anderen Pkw eines anderen Arbeitgebers oder bei der Haftpflichtversicherung seines privaten Pkw geltend machen kann. Ein Anspruch des Mitarbeiters auf Rückgewährung des Schadensfreiheitsrabatts besteht nicht, so daß dieser Sachverhalt regelungsbedürftig ist.

---

439 Siehe hierzu Muster 2233, § 8, in diesem Buch § 4 Kap. 2 M 432 f.
440 Arbeitsrechtliche Aufhebungsverträge, Rn 609.
441 *Bartenbach/Volz*, § 26 Rn 60.
442 BAG, Urt. v. 12.06.1986, NJW-RR 1988, 482; nicht zutreffend die Auffassung bei *Weber/Ehrich/Hoß* (Handbuch der arbeitsrechtlichen Aufhebungsverträge, Teil 1, Rn 598), Erfüllungsort für die Rückgabeverpflichtung hinsichtlich des Dienstwagens nach Beendigung des Arbeitsverhältnisses sei grundsätzlich die Betriebsstätte des Arbeitgebers.
443 Beispiel in Muster 2250, § 8, in diesem Buch § 4 Kap. 2 M 437 f.

### ■ Erledigungsklausel

376  Die Erledigungsklausel wird häufig vorschnell vereinbart. Oft wird übersehen, daß noch Spesen abzurechnen sind, daß Rückforderungsansprüche des Arbeitgebers aus Provisionsvorschüssen oder Ansprüche aus einem Arbeitgeberdarlehen bestehen. Vor der Vereinbarung einer Erledigungsklausel sollte der Gestalter eines Aufhebungsvertrages deshalb zunächst die Parteien befragen und sorgfältig **prüfen, ob keine anderweitigen Ansprüche** (mehr) **bestehen**. Eine Anfechtung der Ausgleichsklausel mit der Begründung, Forderungen, die zum Zeitpunkt des Abschlusses des Auflösungsvertrags bestanden hätten, seien übersehen worden, ist in der Regel nicht wirksam, weil es an den Voraussetzungen der §§ 119, 123 BGB fehlt.[444]

377  Erledigungsklauseln (allgemeine Ausgleichsklauseln) können sich auf Ansprüche aus dem Arbeitsverhältnis, auf sämtliche Ansprüche oder auf alle finanziellen Ansprüche zwischen den Parteien beziehen. Je nach Wortwahl ist die Erledigungsklausel auszulegen. Erfaßt eine Ausgleichsklausel die **Ansprüche aus dem Arbeitsverhältnis**, sind damit auch die Ansprüche aus der Beendigung des Arbeitsverhältnisses gemeint.[445] Ein **Darlehen** ist generell keine Leistung aus dem Arbeitsverhältnis. Das Arbeitsverhältnis ist allenfalls Motiv für die Gewährung eines Darlehens, so daß Darlehensansprüche bei dieser Formulierung nicht erfaßt werden.[446]

378  Eine **allgemeine Erledigungsklausel** im Aufhebungs- oder Abwicklungsvertrag führt nicht zur Beseitigung eines im Arbeitsvertrag vereinbarten nachvertraglichen Wettbewerbsverbots.[447]

Falls von den Parteien beabsichtigt, muß das nachvertragliche Wettbewerbsverbot ausdrücklich im Auflösungsvertrag aufgehoben werden. Zweifelhaft ist, ob eine Klausel, wonach die Gesellschaft mit sofortiger Wirkung auf das nachvertragliche Wettbewerbsverbot verzichtet, nicht die Pflicht des Unternehmens zur Zahlung der Karenzentschädigung erfaßt.[448]

Wählen die Parteien die Formulierung alle „**gegenseitigen**" oder alle „**wechselseitigen**" **Ansprüche** sind mit Abschluß der Aufhebungsvereinbarung erledigt, werden durch beide Formulierungen stets alle Ansprüche erfaßt, die einer Partei gegen die andere zustehen. Die Gegenseitigkeit bezieht sich nicht nur auf solche Ansprüche, die in einem synallagmatischen Gegenseitigkeitsverhältnis im Sinne von § 320 BGB stehen.[449]

379  Enthält eine Ausgleichsklausel die Formulierung, alle Ansprüche aus dem **beendeten Arbeitsverhältnis**, gleich aus welchem Rechtsgrund, seien erledigt, werden Rückzahlungsansprüche wegen überzahlten Gehalts aus § 812 BGB selbst dann mit erfaßt, wenn sich der Rückzahlungsanspruch erst aus den Bedingungen des Aufhebungsvertrages ergibt.[450] Führt nach Abschluß eines Aufhebungsvertrages eine Tariferhöhung dazu, daß der Arbeitnehmer einen Gehaltserhöhungsanspruch bis zum Zeitpunkt der Beendigung des Arbeitsverhältnisses hat, kann sich der Arbeitgeber nicht wirksam auf eine Erledigungsklausel im Aufhebungsvertrag berufen.[451] Auch der Anspruch auf ein **Zeugnis** und auf **Herausgabe der Arbeitspapiere** wird nicht durch eine Erledigungsklausel erfaßt. Gleiches gilt nach inzwischen herrschender Auffassung in der Rechtsprechung bei **Ansprüchen aus betrieblicher**

---

444 Siehe *Weber/Ehrich/Hoß*, Handbuch der arbeitsrechtlichen Aufhebungsverträge, Teil 1, Rn 643.
445 BAG, Urt. v. 30.11.1994, DB 1995, 520.
446 LAG Hamm, Urt. v. 28.04.1995, LAGE § 794 ZPO, Ausgleichsklausel, Nr. 1.
447 BAG, Urt. v. 20.10.1981, AP Nr. 39 zu § 74 HGB; LAG Baden-Württemberg, Urt. v. 20.09.1995, NZA-RR 1996, 163; *Hoß*, DB 1997, 1818.
448 So die Auffassung von *Hoß*, DB 1997, 1818 (1820).
449 *Bauer*, Arbeitsrechtliche Aufhebungsverträge, Rn 789.
450 BAG, Urt. v. 05.04.1973, EzA, § 794 ZPO, Nr. 1.
451 LAG Köln, Urt. v. 05.10.1995, LAGE, § 611, Aufhebungsvertrag, Nr. 19.

**Altersversorgung**[452] und bei **Ansprüchen aus einem nachvertraglichen Wettbewerbsverbot**.[453] Eine derartige Klausel bewirkt auch nicht das Erlöschen des **gekürzten Vollurlaubsanspruchs** nach § 5 Abs. 1 lit. c BUrlG.[454]

Von einer Erledigungsklausel werden **unverzichtbare Rechte und Ansprüche** nicht erfaßt. Ein Verzicht auf **tarifliche Rechte** ist nur in einem von den Tarifvertragsparteien gebilligten Vergleich zulässig.[455] Das Verzichtsverbot erstreckt sich auf alle tariflichen Rechte, auch auf einen tariflichen Wiedereinstellungsanspruch.[456] Wenn dagegen zwischen den Parteien Streit oder Ungewißheit über die tatsächlichen Voraussetzungen eines tariflichen Anspruchs bestehen, kann der Streit mit Hilfe einer Erledigungsklausel wirksam beendet werden. In diesem Falle hat man es mit einem sog. Tatsachenvergleich zu tun, der eine objektive oder subjektive Ungewißheit über die tatsächlichen Voraussetzungen des tariflichen Anspruchs im Wege gegenseitigen Nachgebens ausräumt.[457] Ein Verzicht auf **Rechte aus einer Betriebsvereinbarung** ist gemäß § 77 Abs. 4 BetrVG nur mit Zustimmung des Betriebsrats möglich.[458]

380

Mit der Erledigungsklausel kann der Arbeitnehmer auf die Erhebung einer Kündigungsschutzklage verzichten.[459] Ausreichend ist auch eine Erklärung des Arbeitnehmers, wonach er gegen die Kündigung keine Einwendungen erhebt.[460] Kein wirksamer Verzicht auf Kündigungsschutz liegt dagegen vor, wenn es in einer Ausgleichsquittung heißt: „Ich erkläre hiermit, daß mir aus Anlaß der Beendigung des Arbeitsverhältnisses keine Ansprüche mehr zustehen".[461]

381

Eine allgemeine Erledigungsklausel erfaßt nicht einen titulierten Anspruch, der schon bei Abschluß des Prozeßvergleichs oder außergerichtlichen Aufhebungsvertrages feststand.[462]

Enthält eine Ausgleichsklausel ein **konstitutives negatives Schuldanerkenntnis**, so soll der Arbeitgeber dieses Schuldanerkenntnis nach § 812 Abs. 2 BGB wegen ungerechtfertigter Bereicherung zu Unrecht erlangt haben, wenn der Anerkennende nachweisen kann, daß er vom Nichtbestehen der Forderung ausgegangen ist, sie aber tatsächlich doch bestand.[463]

382

Die Vereinbarung einer allgemeinen Erledigungsklausel kann rechtsmißbräuchlich sein, wenn der Arbeitnehmer dem Arbeitgeber durch eine vorsätzliche Vertragsverletzung oder vorsätzliche unerlaubte Handlung Schaden zugefügt hat und der Arbeitgeber bei Vereinbarung der Klausel hiervon keine Kenntnis hatte.[464]

383

Die häufige Formulierung „*Mit Erfüllung dieser Vereinbarung sind alle gegenseitigen Ansprüche – gleichgültig ob bekannt oder unbekannt – des Arbeitnehmers gegen die Firma und umgekehrt aus dem Arbeitsverhältnis und seiner Beendigung erledigt*" ergibt im Wege der Auslegung, daß es sich

---

452 BAG, Urt. v. 14.08.1990, NZA 1991, 174; Urt. v. 22.09.1987, AP Nr. 13 zu § 17 BetrAVG.
453 BAG, Urt. v. 20.10.1981, AP Nr. 39 zu § 74 HGB.
454 BAG, Urt. v. 09.06.1998, DB 1999, 52.
455 § 4 Abs. 4 Satz 1 TVG.
456 BAG, Urt. v. 22.02.1961, DB 1961, 575.
457 BAG, Urt. v. 21.12.1972, AP Nr. 1 zu § 9 LFZG; Urt. v. 23.08.1994, AP Nr. 3 zu § 3 BetrAVG.
458 BAG, Urt. v. 20.04.1994 – 10 AZR 323/94; Urt. v. 28.04.1993 –10 AZR 222/92.
459 BAG, Urt. v. 29.06.1978, NJW 1979, 287; Urt. v. 03.05.1979, NJW 1979, 2267.
460 BAG, Urt. v. 06.04.1977, AP Nr. 4 zu § 4 KSchG 1969.
461 BAG, Urt. v. 03.05.1979, AP Nr. 6 zu § 4 KSchG 1969.
462 LAG Frankfurt, Urt. v. 07.06.1985, BB 1986, 136.
463 BAG, Urt. v. 06.04.1977, NJW 1977, 1983.
464 BAG, Urt. v. 09.03.1972, BB 1972, 2216.

um ein negatives Schuldanerkenntnis im Sinne von § 397 Abs. 2 BGB handelt.[465] Für diese Klausel gilt, daß eine Kondiktion nach § 812 Abs. 1 Satz 2 BGB ausscheidet, weil Rechtsgrund des geleisteten Anerkenntnisses der durch gegenseitiges Nachgeben zustande gekommene Abfindungsvergleich ist.[466]

### ■ Freistellungsklauseln im Abwicklungs- und Aufhebungsvertrag

384  Grundsätzlich hat der Arbeitgeber während des Bestandes eines Arbeitsverhältnisses nicht das Recht, den Arbeitnehmer freizustellen. Eine Ausnahme liegt vor, wenn gegen den Arbeitnehmer der Verdacht des Verrats von Betriebsgeheimnissen besteht, wenn die Annahme anderer Fälle eines strafbaren bzw. schädigenden Verhaltens des Arbeitnehmers gegeben ist oder wenn aus der Stellung des Arbeitnehmers im Betrieb und aus der Art seines Arbeitsbereichs ein überwiegendes schützenswertes Interesse des Arbeitgebers an der Suspendierung folgt.[467] Generell sind die Parteien immer berechtigt, im Rahmen eines Aufhebungsvertrages die Freistellung, und zwar in den beiden Alternativen **„widerruflich"** und **„unwiderruflich"** zu vereinbaren.[468] Da der Arbeitgeber während einer einvernehmlichen Freistellung keinen Anspruch auf Arbeitsleistung des Arbeitnehmers hat, ist er nicht mehr Gläubiger der Arbeitsleistung und daher die Anwendbarkeit von § 615 Satz 2 BGB ausgeschlossen.[469]

385  Da die **Anrechnung anderweitiger Einkünfte** bei einvernehmlicher Freistellung gesetzlich nicht geregelt ist, wird angeregt, im Auflösungsvertrag zu regeln, ob anderweitig erzielter Erwerb auf die Bezüge anzurechnen ist. Nach herrschender Auffassung[470] muß sich der Arbeitnehmer selbst bei Fehlen einer Regelung darüber, was mit während der Freistellung bei anderen Arbeitgebern erzielten Bezügen zu geschehen hat, jeglichen Zwischenverdienst anrechnen lassen. Eine Anrechnung kommt allerdings dann nicht in Betracht, wenn der Arbeitnehmer für die Auslauffrist bezahlt von der Arbeit freigestellt und eine umfassende Ausgleichsklausel vereinbart worden ist.[471]

386  Der Abschluß einer Freistellungsvereinbarung im Aufhebungsvertrag ist **nicht zwingend**. Es gibt durchaus eine Reihe von Arbeitsverhältnissen, bei denen eine Freistellung des Mitarbeiters nicht ratsam ist. Insbesondere bei Steuerberatern und Wirtschaftsprüfern, die noch Abschlüsse vorzubereiten oder fertigzustellen haben, kann meist bis zur Restvertragslaufzeit nicht auf die tatsächliche Beschäftigung verzichtet werden. Andererseits ist ein Mitarbeiter, der bereits die Beendigung des Arbeitsverhältnisses mit dem Arbeitgeber vereinbart hat, regelmäßig nicht ausreichend motiviert. Manchmal trägt er auch zu einem ungünstigen Betriebsklima in der Belegschaft bei.

---

465  LAG München, Urt. v. 24.03.1997, BB 1998, 269.
466  § 779 BGB.
467  BAG, Urt. v. 27.02.1985, NZA 1985, 702.
468  *Bengelsdorf*, Aufhebungsvertrag und Abfindungsvereinbarungen, S. 132.
469  *Bauer/Baeck*, NZA 1989, 784.
470  BAG, Urt. v. 06.02.1964, AP Nr. 24 zu § 615 BGB; Urt. v. 02.08.1971, AP Nr. 25 zu § 615 BGB; LAG Hamm, Urt. v. 27.02. 1991, DB 1991, 1577; *Bauer*, Arbeitsrechtliche Aufhebungsverträge, Rn 531 f.; *Bauer/Baeck*, NZA 1989, 784; a.A.: Das LAG Köln (Urt. v. 21.08.1991, LAGE § 615 BGB Nr. 30) meint, eine Anrechnung anderweitigen Erwerbs brauche nicht zu erfolgen, wenn in einem Prozeßvergleich zwischen Arbeitnehmer und Arbeitgeber eine Freistellung des Arbeitnehmers von der Arbeit erfolgt sei; der Arbeitgeber trage für einen gegenteiligen Willen die Darlegungs- und Beweislast.
471  LAG Hamm, Urt. v. 27.02.1991, DB 1991, 1577; *Bengelsdorf*, Aufhebungsvertrag und Abfindungsvereinbarungen, S. 132.; *Weber/Ehrich/Hoß*, Handbuch der arbeitsrechtlichen Aufhebungsverträge, Teil 1, Rn 563; a.A.: *Bauer*, Arbeitsrechtliche Aufhebungsverträge, Rn 532.

Die Freistellungsvereinbarung kann als **unwiderrufliche Regelung**, aber auch verbunden mit einer **Rückrufklausel** ausgestaltet werden. Bei der Rückrufklausel wird angeregt, eine Ankündigungsfrist wie bei Bedarfsarbeitsverträgen nach § 4 BeschFG mit vier Tagen zu vereinbaren.

Wird in einem Aufhebungs- oder Abwicklungsvertrag die Freistellung des Arbeitnehmers geregelt und wird dabei nichts über den noch bestehenden Resturlaub vereinbart, bleibt der **Urlaubsanspruch** erhalten.[472] Urlaubsgewährung findet nur dann statt, wenn der Arbeitgeber dem Arbeitnehmer erkennbar macht, er wolle den Urlaubsanspruch erfüllen. 387

Unterläßt es der Arbeitgeber, die Freistellung mit dem Zusatz „unter Anrechnung auf sämtliche noch bestehenden Urlaubsansprüche" zu verbinden, kann der Arbeitnehmer trotz monatelanger Freistellung für seine restlichen Urlaubstage Urlaubsabgeltung verlangen.[473]

Wird eine zusätzliche Klausel über die ordnungsgemäße Abwicklung des Vertragsverhältnisses mit der Freistellungsklausel verbunden, sind sämtliche vertraglich geschuldeten Bezüge durch den Arbeitgeber weiterzuzahlen, gegebenenfalls auch anteilig. 388

Erfolgt die Freistellung, ohne daß eine Freistellungsbefugnis des Arbeitgebers im Arbeitsvertrag oder späterhin im Abwicklungs- oder Aufhebungsvertrag begründet wurde, gelingt es kaum, im Wege des einstweiligen Rechtsschutzes den allgemeinen Beschäftigungsanspruch gemäß dem Beschluß des Großen Senats[474] durchzusetzen.[475] 389

■ **Geheimhaltungsklausel**

Die Verschwiegenheitsverpflichtung des Arbeitnehmers über Geschäfts- und Betriebsgeheimnisse besteht, unabhängig von ihrer Vereinbarung in einer Geheimhaltungs- oder Verschwiegenheitsklausel, nach Beendigung des Arbeitsverhältnisses fort.[476] Der Arbeitgeber kann Unterlassung begehren, wenn er Anzeichen dafür hat, daß der Mitarbeiter gegen seine Verschwiegenheitsverpflichtung zu verstoßen beabsichtigt. Außerdem hat der Arbeitgeber im Falle des Verstoßes Schadensersatzansprüche gegen den Mitarbeiter.[477] Der Geheimhaltungsklausel im Aufhebungs- oder Abwicklungsvertrag kommt daher nur **deklaratorische Bedeutung** zu, allerdings auch im Sinne einer Warnfunktion für den Arbeitnehmer. Der Arbeitgeber sollte sich die Mühe machen, ihm besonders wichtig erscheinende Vorgänge dem Arbeitnehmer noch einmal in Erinnerung zu rufen. 390

■ **Hinweisklauseln**

Generell gilt der Grundsatz, daß sich der Arbeitnehmer vor Abschluß eines Aufhebungsvertrages selbst über die **rechtlichen Folgen** seines Schrittes Klarheit verschaffen muß.[478] Dies gilt im Grundsatz auch für den möglichen Verlust einer Versorgungsanwartschaft nach dem BetrAVG.[479] 391

---

472 Ständige Rechtsprechung: Zuletzt BAG, Urt. v. 09.06.1998, NZA 1999, 80 = DB 1999, 52.
473 Zur Urlaubsabgeltung vgl. § 4 Kap. 2 Rn 411 ff.
474 Beschl. v. 27.02.1985, DB 1985, 2197.
475 Siehe hierzu *Hümmerich,* Rechtsschutzlücken im zur Neige gehenden Arbeitsverhältnis, DB 1999, 1264.
476 BAG, Urt. v. 15.12.1987, NZA 1988, 502.
477 BAG, Urt. v. 25.04.1989, NZA 1989, 860; Urt. v. 16.03.1982, AP Nr. 1 zu § 611 BGB, Betriebsgeheimnis.
478 BAG, Urt. v. 03.07.1990, DB 1990, 2431; BAG, Urt. v. 13.11.1996 – 10 AZR 340/96 (unveröffentlicht); BAG, Urt. v. 13.11.1984, NZA 1985, 712; Urt. v. 18.09.1984, NZA 1985, 712; BAG, Urt. v. 10.03.1988, DB 1988, 2006.
479 BAG, Urt. v. 03.07.1990, DB 1990, 2431.

Besondere Hinweispflichten des Arbeitgebers werden nur in engen Grenzen angenommen.[480] Das ArbG Frankfurt[481] geht von einer Hinweispflicht des Arbeitgebers aus, wenn der Arbeitnehmer in den Verhandlungen zum Ausdruck bringt, daß er entsprechenden Rat benötige und der Arbeitgeber ohne weiteres zu einer sachgerechten Aufklärung imstande wäre. Die Beweislast dafür, daß der Arbeitnehmer um eine Aufklärung gebeten hat, liegt im Falle eines Schadensersatzprozesses beim Arbeitnehmer.[482]

392 Bei **Versorgungsanwartschaften** hat das Bundesarbeitsgericht eine Hinweispflicht angenommen, wenn der Arbeitnehmer aufgrund besonderer Umstände darauf vertrauen durfte, der Arbeitgeber werde bei der vorzeitigen Beendigung des Arbeitsverhältnisses die Interessen des Arbeitnehmers wahren und ihn in redlicher Weise vor unbedachten, nachteiligen Folgen seines vorzeitigen Ausscheidens bewahren.[483]

393 Während die Rechtsprechung des 3. Senats auf besondere Umstände, beispielsweise einen besonderen Vertrauenstatbestand, abstellt, um eine Hinweispflicht herzuleiten,[484] wählen der 8. Senat und das LAG Hamburg einen anderen Ansatz: Aus einer Abwägung der Interessen der Beteiligten unter Billigkeitsgesichtspunkten soll sich ergeben, ob und in welchem Umfang der Arbeitgeber einen Arbeitnehmer darüber unterrichten müsse, welche Auswirkungen die einvernehmliche Aufhebung des Arbeitsverhältnisses auf den Anspruch auf Arbeitslosengeld habe. Konkret hat der 8. Senat entschieden, der Arbeitgeber habe erst seiner Hinweispflicht genügt, wenn er einem Arbeitnehmer, der von sich aus um Aufhebung des Arbeitsverhältnisses gegen Zahlung einer Abfindung gebeten habe, mitteile, daß er mit einer Sperrzeit nach § 119 AFG (jetzt: § 144 SGB III) zu rechnen habe.[485] *Bauer* vertritt die Auffassung, jede Hinweispflicht des Arbeitgebers entfalle, wenn der Arbeitnehmer durch einen Anwalt oder durch einen Gewerkschaftssekretär vertreten werde oder der Aufhebungsvertrag als Prozeßvergleich geschlossen werde.[486]

Der 10. Senat hat jüngst entschieden, daß der Arbeitgeber, der einem Arbeitnehmer einen Aufhebungsvertrag anbietet, nicht verpflichtet ist, darauf hinzuweisen, daß er Entlassungen plane, die zusammengenommen sozialplanpflichtig werden könnten. Willigt der Arbeitnehmer ein, kann er nach einem späteren Sozialplan keine Abfindung verlangen.[487]

394 Es scheint, daß diese Rechtsprechung zu den Hinweispflichten noch im Fluß ist, weshalb eine Möglichkeit, den Hinweispflichten zu genügen, darin besteht, dem Arbeitnehmer die **Grundzüge der Sperrzeitregelung** mitzuteilen[488] oder ihm zusätzlich Gelegenheit zu geben, sich beim Arbeitsamt, Finanzamt und beim Rentenversicherungsträger über die Folgen des Auflösungsvertrages vor Vertragsschluß zu erkundigen.[489]

---

480 *Bauer*, Arbeitsrechtliche Aufhebungsverträge, Rn 83; *Bengelsdorf*, Aufhebungsvertrag und Abfindungsvereinbarungen, S. 28 ff.; *Hoß/Erich*, DB 1997, 625.
481 Urt. v. 21.11.1995, DB 1997, 625.
482 *Hoß/Ehrich*, DB 1997, 625.
483 BAG, Urt. v. 03.07.1990, DB 1990, 2431.
484 BAG, Urt. v. 13.11.1984, NZA 1985, 712; Urt. v. 03.07.1990, DB 1990, 2431.
485 BAG, Urt. v. 10.03.1988, NZA 1988, 837; LAG Hamburg, Urt. v. 20.08.1992, LAGE § 611 BGB, Aufhebungsvertrag Nr. 9.
486 *Bauer*, Arbeitsrechtliche Aufhebungsverträge, Rn 85.
487 BAG, Urt. v. 13.11.1996, 10 AZR 340/96, (noch nicht veröffentlicht).
488 Siehe Muster 2230, § 6, in diesem Buch § 4 Kap. 2 M 431.
489 Siehe Muster 2240, § 7, in diesem Buch § 4 Kap. 2 M 436.

Hat der Arbeitgeber seine Hinweispflicht verletzt, führt dies nicht zur Unwirksamkeit des Aufhebungsvertrages. Es entsteht in diesem Falle ein **Schadensersatzanspruch** des Arbeitnehmers.[490] Die Haftung folgt aus einer Verletzung arbeitsvertraglicher Nebenpflichten durch den Arbeitgeber.[491] Der Arbeitgeber haftet wegen positiver Vertragsverletzung nach §§ 280, 286, 325, 326 BGB analog und nicht wegen Verletzung vorvertraglicher Aufklärungspflichten nach c.i.c. Die Rechtsprechung geht davon aus, daß der Arbeitnehmer bei einer sachgemäßen Belehrung seine Eigeninteressen in vernünftiger Weise gewahrt hätte.[492]

Eine **Anfechtung** des Aufhebungsvertrages wegen **arglistiger Täuschung** kommt angesichts einer Verletzung von Hinweispflichten nicht in Betracht.[493] *Nägele*[494] empfiehlt, um Schadensersatzansprüche wegen der Verletzung möglicher Hinweispflichten zu vermeiden, eine Klausel aufzunehmen, mit der der Arbeitnehmer auf Hinweise des Arbeitgebers zu möglichen Konsequenzen des Aufhebungsvertrages verzichtet.[495]

395

■ **Hydraulische Beendigungsklausel**

In Auflösungsverträge kann eine Abfindungshydraulik eingebaut werden, indem dem Arbeitnehmer die Möglichkeit eröffnet wird, das Arbeitsverhältnis durch Erklärung vorzeitig zu beenden, wobei die vorzeitige Beendigung dem Wunsch und dem Interesse des Arbeitgebers entspricht und die Abfindung um die frei werdenden Gehälter ganz oder teilweise erhöht wird. Dem Arbeitnehmer wird auf diese Weise die Möglichkeit gegeben, **steuerunschädlich und flexibel** auf ein neues Arbeitsangebot zu reagieren, während der Arbeitgeber, der den Arbeitnehmer unter Umständen ohnehin freigestellt hat, die Sozialversicherungsabgaben und auch, je nach Verhandlungsergebnis, Teile des Gehalts einspart. Für den Arbeitgeber ist die hydraulische Klausel nicht immer von Vorteil, denn hat der Arbeitnehmer eine neue Arbeitsstelle gefunden, müßte er sich, wenn ihn der Arbeitgeber nicht aus dem Arbeitsvertrag entläßt, seinen Verdienst im neuen Arbeitsverhältnis nach § 615 Satz 2 BGB anrechnen lassen, sofern er überhaupt freigestellt ist.

396

Die Vereinbarung einer hydraulischen Klausel ist steuerlich unschädlich, weil die arbeitgeberseitige Veranlassung der vorzeitigen Beendigung durch die Erklärung des Arbeitnehmers nicht entfällt. In der Kausalkette steht vor der Erklärung des Arbeitnehmers die arbeitgeberseitige Veranlassung der Arbeitsverhältnisbeendigung. Auch im Hinblick auf die **Einarbeitung von Gehältern** in die Abfindung ist die hydraulische Klausel steuerlich unschädlich, weil das kapitalisierte Gehalt nur die restlichen Beschäftigungsmonate nach Abschluß des Abwicklungs- oder Aufhebungsvertrages betrifft und, falls bereits eine Abfindung vorgesehen wurde, das Zusammenballungsargument des BFH[496] greift. Im Hinblick auf künftige Gehälter ist es steuerrechtlich unschädlich, diese in eine Abfindung einzurechnen.[497]

397

---

490 BAG, Urt. v. 14.02.1996, NZA 1996, 811; *Hoß/Erich*, DB 1997, 625.
491 BAG, Urt. v. 13.01.1984, AP Nr. 5 zu § 1 BetrAVG, Zusatzversorgungskassen; Urt. v. 10.03.1988, NZA 1988, 837.
492 BAG, Urt. v. 18.12.1984, AP Nr. 3 zu § 1 BetrAVG, Zusatzversorgungskassen.
493 *Bauer*, Arbeitsrechtliche Aufhebungsverträge, Rn 86a; a.A. ArbG Wetzlar, Urt. v. 07.08.1990, DB 1991, 976.
494 BB 1992, 1274.
495 Siehe Muster 2233, § 16, in diesem Buch § 4 Kap. 2 M 432 f.
496 Zu steuerrechtlichen Fragen vgl. § 4 Kap. 2 Rn 244.
497 BFH, Urt. v. 17.05.1977, BB 1977, 1288; Urt. v. 13.10.1978, BB 1979, 304; Urt. v. 18.12.1981, BB 1982, 538.

### Provisionsregelungen

398 Vertriebsmitarbeiter erhalten neben ihrem Fixum (Grundvergütung) regelmäßig zusätzlich eine Provision. Wird das Arbeitsverhältnis beendet, steht ihnen die Provision auch für solche Geschäfte zu, die sie vor der Beendigung des Geschäfts abgeschlossen oder vermittelt haben, sofern dieser Anspruch nicht ausnahmsweise vertraglich ausgeschlossen wurde. Vertriebsmitarbeiter haben ferner Anspruch auf Provision für solche Geschäfte, die innerhalb angemessener Frist nach Beendigung des Arbeitsverhältnisses zustande kommen, wenn sie das betreffende Geschäft vermittelt oder es so eingeleitet oder vorbereitet haben, daß der Abschluß des Geschäfts überwiegend auf ihre Tätigkeit zurückzuführen ist (§ 87 Abs. 3 HGB). Die Regelung ist **dispositiv**, der Arbeitsvertrag kann hiervon abweichende Regelungen enthalten.[498]

399 Gestaltungsfragen ergeben sich meist, wenn die Provision von einem bestimmten Jahresergebnis (Beispiel: Zielvorgabe) des Mitarbeiters abhängig ist und der **Mitarbeiter mitten im Jahr ausscheidet**. Ist dieser Sachverhalt im Arbeitsvertrag nicht geregelt, muß die Provisionsabsprache im Wege der ergänzenden Vertragsauslegung ergänzt werden.[499] Die Parteien sollten deshalb in diesem Falle einvernehmlich im Auflösungvertrag regeln, nach welchen Parametern (Beispiel: Umsatz oder bestimmter Zielerreichungsgrad) sich die Provisionshöhe berechnet.

### Prozeßprotokollierungsvereinbarung

400 Gerade bei Abwicklungsverträgen kommt es vor, daß **zunächst Kündigungsschutzklage** gegen eine Kündigung erhoben wird, sich danach der Arbeitgeber mit dem Anwalt des Arbeitnehmers in Verbindung setzt und die Modalitäten der Beendigung vereinbart. Da einem solchen Vertragsschluß eine Kündigung vorausgegangen ist, handelt es sich, sofern die Kündigung nicht einvernehmlich mit Zustimmung des Arbeitnehmers zurückgenommen wird, um einen Abwicklungsvertrag.

401 Hier empfiehlt es sich gelegentlich, eine Protokollierungsvereinbarung zu treffen, wonach der zwischen Arbeitgeber und Arbeitnehmer geschlossene Abwicklungsvertrag zusätzlich noch einmal **gerichtlich protokolliert** werden soll. Ein Grund kann darin bestehen, lästigen Nachfragen der Rechtsschutzversicherung des Arbeitnehmers aus dem Weg zu gehen, ein anderer besteht häufig darin, über den gerichtlichen Vergleich einen Titel zu erlangen, aus dem notfalls wegen der Abfindung oder wegen des Zeugniswortlauts vollstreckt werden kann.

402 Formulieren die Parteien im Auflösungsvertrag, der Vergleich solle später noch gerichtlich protokolliert werden, kommt die Auflösungsvereinbarung erst mit Abschluß des Prozeßvergleichs zustande.[500] Deshalb empfiehlt es sich, in eine Protokollierungsvereinbarung außerdem den Zusatz aufzunehmen, daß der Vergleich gleichwohl bereits mit dem Zeitpunkt der Unterzeichnung durch beide Parteien zustande gekommen ist und die Wirksamkeit des Auflösungsvertrages nicht erst mit einer gerichtlichen Protokollierung eintreten soll.[501]

Zu beachten ist, daß in dem Prozeßvergleich nicht vereinbart werden darf, daß das Arbeitsverhältnis „aufgrund einer arbeitgeberseitigen Kündigung" sein Ende findet, denn darin wird von der Rechtsprechung[502] kein Auflösungsvertrag gesehen.

---

498 *Bauer*, Arbeitsrechtliche Aufhebungsverträge, Rn 705; *Weber/Ehrich/Hoß*, Handbuch der arbeitsrechtlichen Aufhebungsverträge, Teil 1, Rn 554.
499 BAG, Urt. v. 20.08.1996, DB 1996, 2292.
500 BAG, Urt. v. 16.01.1997, EzA, § 779 BGB, Nr. 2.
501 Muster 2276, Ziff. 10, in diesem Buch § 4 Kap. 2 M 448.
502 BAG, Urt. v. 16.09.1998, ARST 1999, 114.

### Salvatorische Klausel

Es kann sinnvoll sein, salvatorische Klauseln in Aufhebungsverträge aufzunehmen. Wenig Sinn macht es, solche Klauseln zu wählen, die nur die Wirksamkeit des restlichen Vertrages anordnen, falls eine Vertragsbestimmung unwirksam sein soll. Empfehlenswert ist eine salvatorische Klausel,[503] die auch anordnet, daß anstelle der unwirksamen Bestimmung eine dieser Bestimmung möglichst nahekommende Regelung getroffen wird. Anderenfalls besteht die Gefahr, daß ein Torso-Aufhebungsvertrag übrig bleibt, der nicht mehr interessengerecht ist und nur für eine Partei günstige Regelungen ohne die dazu korrespondierenden sonstigen Rechte festschreibt. Ist ein wesentlicher Bestandteil des Aufhebungsvertrags nichtig, bleibt der Aufhebungsvertrag trotz einer salvatorischen Klausel in seiner Gesamtheit nichtig.[504]

**403**

### Schuldanerkenntnisse

Es geschieht, insbesondere im Einzelhandel, daß der **Mitarbeiter oder die Mitarbeiterin den Arbeitgeber schädigt**. Die in der Rechtsprechung behandelten Sachverhalte betreffen im wesentlichen Kassierer(innen), die entgegen einer Kassendienstanweisung Einkäufe von Angehörigen abgerechnet und dabei Manipulationen begangen haben[505] oder Kassierer(innen), die unberechtigt waren und Geld aus einem Selbstbedienungsmarkt entnommen haben.[506] In diesen Fällen, wenn die Mitarbeiterinnen auf frischer Tat ertappt werden, geht man erfahrungsgemäß davon aus, daß es sich nicht um einen Einzelfall handelt, sondern daß Diebstähle, Unterschlagungen etc. bereits wiederholt von diesen Mitarbeiter(innen) begangen wurden.

**404**

Im Fall der Entscheidung des 8. Senats vom 22.10.1998 hatte die Kassiererin, entgegen einer Anweisung der Firma, ihren Ehemann bedient und zwei Päckchen Zigaretten zu je 4,85 DM und eine Packung Kaffee zu 5,99 DM nicht berechnet, wie eine Kollegin festgestellt hatte. Da die Mitarbeiterin bereits in der Vergangenheit häufiger ihren Ehemann abkassiert hatte, wurde anschließend ein Gespräch mit der Mitarbeiterin und einem Bezirksverkaufsleiter in der Filiale geführt. Der Bezirksverkaufsleiter stellte die Mitarbeiterin vor die Alternative, daß sie entweder in einen Aufhebungsvertrag einwilligen und ein Schuldanerkenntnis abgeben könne oder die Polizei würde hinzugezogen. Nachdem die Klägerin darum bat, nicht die Polizei zu holen, unterzeichnete sie ein Schuldanerkenntnis, in dem sie eingestand, im Zeitraum von 1993 bis 1995 die Firma um einen Betrag in Höhe von 5.750,00 DM geschädigt zu haben, indem sie ihrem Ehemann und ihrer Schwester Ware an der Kasse „nicht getippt habe (einmal pro Woche 50,00 DM)". Im Schuldanerkenntnis hieß es weiterhin, sie erkenne freiwillig an, der Firma einen Betrag von 5.750,00 DM zzgl. 7,25 % Zinsen zu schulden. Sie verpflichtete sicher ferner, der Firma über diesen Schadensbetrag hinaus zusätzlich ein notarielles Schuldanerkenntnis zu erteilen. Es wurde außerdem eine Ratenzahlung à 480,00 DM pro Monat vereinbart.

Das **BAG** hat in diesem Fall folgendes entschieden: Wenn die Drohung des Arbeitgebers mit einer Strafanzeige wegen schädigender Handlungen des Arbeitnehmers dazu dient, den Arbeitnehmer zur Wiedergutmachung des Schadens zu veranlassen, handelt der Arbeitgeber in der Regel nicht widerrechtlich, wenn er den geforderten Schadensersatz aufgrund der Angaben des Arbeitnehmers für berechtigt halten durfte.[507]

**405**

---

503 Siehe Muster 2230, § 18, in diesem Buch § 4 Kap. 2 M 431; Muster 2233, § 15, in diesem Buch § 4 Kap. 2 M 432 f.; Muster 2240, in diesem Buch § 4 Kap. 2 M 436.
504 BGH, Urt. v. 08.04.1976, DB 1976, 2106.
505 BAG, Urt. v. 22.10.1998, NJW 1999, 2059 = NZA 1999, 417.
506 LAG Thüringen, Urt. v. 10.09.1998, NZA-RR 1999, 399.
507 BAG, Urt. v. 22.10.1998, NJW 1999, 2059; Fortführung von BAG, Urt. v. 03.05.1963, AP Nr. 1 zu § 781 BGB.

Anders lag dagegen der Fall des **LAG Thüringen**.[508] Eine Auszubildende war über Videoaufnahmen entdeckt worden. Sie hatte zusammen mit drei weiteren Mitarbeiterinnen Waren- bzw. Geldentnahmen zu Lasten eines Selbstbedienungsmarktes getätigt. Aufgrund der Videoaufnahmen, die dies bestätigten, fand anschließend ein Gespräch mit der Auszubildenden statt. Ihr und drei anderen Mitarbeiterinnen wurde der Text eines Schuldanerkenntnisses vorgelegt und sie sollten dort, hochgerechnet auf die Gesamtzeit, in der sie die Manipulationen begangen hatten, Schuldsummen selbst eintragen, die ihrer Meinung nach dem Schaden entsprachen, den sie bei der Firma angerichtet hatten. Die Auszubildende trug einen Betrag von 80.000,00 DM ein. Das Schuldanerkenntnis der Auszubildenden wurde auch noch einmal in einer notariellen Urkunde mit Zwangsvollstreckungsunterwerfungsklausel errichtet. Die Anfechtungserklärung der Auszubildenden hatte Erfolg. Das LAG Thüringen stellte den Grundsatz auf, der Arbeitgeber dürfe zur Beschaffung eines Schuldanerkenntnisse einer der Kassen- und Warenveruntreuung verdächtigten Angestellten diese nicht in eine Zwangssituation bringen, in der ihre wirtschaftliche Entscheidungsfreiheit ausgeschaltet werde. Bei der Anhörung einer der Kassen- und Warenveruntreuung verdächtigten Angestellten müsse der Arbeitgeber rechtsstaatliche Erfordernisse einhalten. Er dürfe weder die Bewegungsfreiheit der Angestellten beschränken noch ihr das Recht abschneiden, den Rat einer Person ihres Vertrauens bzw. eines Rechtsanwalts einzuholen. Wenn für ein Schuldanerkenntnis die Berechnung des von der Angestellten verursachten Schadens nur im Wege einer Hochrechnung erfolgen kann, müsse sichergestellt sein, daß die Hochrechnung frei von Denk- und Rechenfehlern sei und auf hinreichend abgesicherter Grundlage beruhe.[509]

**406** Das **OLG Düsseldorf**[510] hat ein notarielles Schuldanerkenntnis wegen **Sittenwidrigkeit** für nichtig erklärt, in dem eine 19jährige Auszubildende nach einem mehr als drei Stunden dauernden intensiven Verhör durch mehrere Personen und sofort anschließender Fahrt zum Notar einen Vollstreckungstitel über 60.000,00 DM nebst 9 % Zinsen unterschrieb. Dem lag ein Diebstahl der Auszubildenden zugrunde, wobei die Summe von 60.000,00 DM den unmittelbaren Diebstahlsschaden von 3.494,00 DM und die mit 50.000,00 DM bezifferten Detektivkosten noch um mehr als 6.000,00 DM überstieg.

**407** Die Rechtsprechung zur Wirksamkeit von Schuldanerkenntnissen aus Anlaß der Beendigung eines Arbeitsverhältnisses durch sofortigen Aufhebungsvertrag ist somit **einzelfallorientiert**. Es kommt nach der Rechtsprechung im wesentlichen darauf an, ob bei der Anhörung der verdächtigten Angestellten rechtsstaatliche Erfordernisse eingehalten sind. Insbesondere kommt es darauf an, daß die Mitarbeiter die Möglichkeit haben, eine Person ihres Vertrauens vor ihrer Entscheidung hinzuzuziehen, insbesondere einen Rechtsanwalt.

■ **Stock Options**

**408** Sagt ein ausländisches Unternehmen einem Mitarbeiter seiner deutschen Tochtergesellschaft Aktienoptionen zu, so werden die Ansprüche auf die Optionen nicht Bestandteil des Arbeitsverhältnisses mit der deutschen Tochtergesellschaft. Der Arbeitnehmer muß Ansprüche aus den Stock Options unmittelbar gegenüber der ausländischer Muttergesellschaft geltend machen. Das gilt nach der Rechtsprechung[511] auch dann, wenn anläßlich des Ausscheidens des Mitarbeiters aus der deutschen Tochtergesellschaft mit dieser ein Aufhebungsvertrag geschlossen wird, nach dem die Ansprüche auf die Stock Options auch nach Beendigung des Arbeitsverhältnisses bestehen bleiben.

---

508 Urt. v. 10.09.1998, NZA-RR 1999, 399.
509 LAG Thüringen, Urt. v. 10.09.1998, NZA-RR 1999, 399.
510 Urt. v. 26.02.1999, NZA-RR 1999, 397.
511 LAG Düsseldorf, Urt. v. 03.03.1998, NZA 1999, 981.

### Tantiemeregelungen

In den **Verträgen mit Führungskräften**, insbesondere mit AG-Vorständen und GmbH-Geschäftsführern, finden sich regelmäßig Tantiemeregelungen. Über die Tantieme wird der Mitarbeiter am Geschäftsgewinn des Unternehmens oder eines Unternehmensteils beteiligt. Ähnlich der Provision wird damit eine Anreizsituation für den Mitarbeiter geschaffen. Sofern die Tantieme je nach Vertragsgestaltung nicht ganz oder teilweise in das billige Ermessen der Gesellschaft gestellt ist, ergibt sich ihre Berechnung aus der jeweiligen vertraglichen Regelung.[512]

409

Der Anspruch auf Tantieme wird fällig, sobald die Bilanz festgestellt ist oder bei ordnungsgemäßem Geschäftsgang hätte festgestellt sein können.[513] Scheidet der Mitarbeiter vor Ablauf des Geschäftsjahrs aus, beschränkt sich sein Tantiemeanspruch auf den seiner Beschäftigungszeit entsprechenden Teilbetrag.[514] Die anteiligen Ansprüche sollten im Auflösungsvertrag geschätzt bzw. einvernehmlich festgelegt werden. Aus steuerlichen Gründen dürfen bereits zum Zeitpunkt der Vereinbarung des Aufhebungs- oder Abwicklungsvertrags erworbene Tantiemeansprüche nicht in die Abfindung eingerechnet werden, will man den Freibetrag oder die privilegierte Steuerentschädigung für den gesamten Abfindungsbetrag nicht gefährden.[515] Regelungen im Arbeits- oder Anstellungvertrag, daß eine Gewinnbeteiligung bei einem Ausscheiden des Mitarbeiters vor Feststellung der Bilanz entfällt, sind wirksam.[516] In diesen Fällen ist die Vereinbarung eines Tantiemebetrages reine Verhandlungssache, wenn nicht regelmäßig ausgeschlossen.

410

### Urlaubs- und Urlaubsabgeltungsklauseln

Die Vertragsfreiheit gestattet den Parteien für die Restvertragslaufzeit, aber auch für den Zeitraum einer etwaigen Freistellung, den Arbeitnehmer **Resturlaub** nehmen zu lassen.

411

Kann der Resturlaub nicht genommen werden, ist der Urlaub nach § 7 Abs. 4 BUrlG abzugelten. Der **gesetzliche Urlaubsanspruch** ist **unverzichtbar**.[517] Auf den Urlaubsabgeltungsanspruch kann der Arbeitnehmer nicht wirksam im Rahmen eines Aufhebungsvertrages verzichten,[518] wenn nicht der vertragliche Urlaub, soweit er über den gesetzlichen Urlaub hinausgeht, in Rede steht. Eine Forderung auf Urlaubsabgeltung stellt eine höchstpersönliche Forderung dar, deren Inhalt sich verändern würde, wenn die Leistungen an einen anderen als den ursprünglichen Gläubiger erfolgen würden. Deshalb kann gegen eine Forderung auf Urlaubsabgeltung nicht aufgerechnet werden.[519] Der Urlaubsabgeltungsanspruch ist auch nicht vererblich[520]

Manchmal tritt die Fallkonstellation ein, daß ein Arbeitnehmer bis zum Ende der Kündigungsfrist im Unternehmen noch benötigt wird, seinen Urlaub deshalb nicht antreten kann, und daß in Kenntnis sich anschließender Arbeitslosigkeit der Urlaubsabgeltungsanspruch im Aufhebungs- oder Abwicklungsvertrag geregelt wird. Eine solche Gestaltung ist aus Arbeitnehmersicht unglücklich gewählt. Gemäß § 143 Abs. 2 SGB III ruht der Anspruch auf Arbeitslosengeld für die Zeit des abgegoltenen

412

---

512 Siehe hierzu § 1 Kap. 3 Rn 701.
513 LAG Baden-Württemberg, Urt. v. 31.03.1969, DB 1969, 1023; LAG Berlin, Urt. v. 07.10.1975, DB 1976, 636.
514 Siehe *Weber/Ehrich/Hoß*, Handbuch der arbeitsrechtlichen Aufhebungsverträge, Teil 1, Rn 550.
515 BFH, BB 1979, 304; BFH, BFH/NV 1996, 204; siehe auch *Hümmerich/Spirolke*, NZA 1998, 225 (228).
516 BAG, Urt. v. 25.04.1991, AP Nr. 137 zu § 611 BGB Gratifikation; BAG, Urt. v. 04.09.1985, AP Nr. 123 zu § 611 BGB Gratifikation; *Bauer*, Arbeitsrechtliche Aufhebungsverträge, Rn 691; a.A.: *Bengelsdorf*, Aufhebungsvertrag und Abfindungsvereinbarung, S. 129.
517 BAG, Urt. v. 31.05.1990, NZA 1990, 935.
518 BAG, Urt. v. 31.07.1967, NJW 1967, 2376; Urt. v. 21.07.1978, NJW 1979, 566.
519 LAG Nürnberg, Urt. v. 24.07.1998, ARST 1999, 109.
520 BAG, Urt. v. 21.01.1988, ADNr. 19 zu § 4 KSchG.

Urlaubs, wenn der Arbeitslose wegen Beendigung des Arbeitsverhältnisses eine Urlaubsabgeltung erhalten hat.

413 Für im Interesse des Arbeitnehmers empfehlenswert wegen § 143 Abs. 2 SGB III halte ich eine Regelung,[521] über die sich das Arbeitsverhältnis, wenn der Urlaub ganz oder teilweise nicht mehr genommen werden konnte, im Sinne einer **sozialen Auslauffrist** um die Zahl der Tage verlängert, die der Mitarbeiter noch Urlaub zu beanspruchen hat. In dieser Zeit der sozialen Auslauffrist wird dann der Urlaub gewährt. Eine Reduzierung des Anspruchs auf Arbeitslosengeld wird auf diese Weise vermieden.

- **Vererbbarkeitsklausel**

414 Es empfiehlt sich aus Arbeitnehmersicht, eine Vererbbarkeitsklausel[522] zu vereinbaren.

**Ohne Vererbbarkeitsklausel** richtet sich die Vererbbarkeit der Abfindung nach folgenden Grundsätzen:

415 Die Abfindung muß entstanden, d. h. fällig sein. Die Fälligkeit der Abfindung entsteht[523] zu dem im Vertrag vereinbarten Zeitpunkt oder, wenn der Vertrag keine Fälligkeitsregelung enthält, mit dem letzten Tag des Arbeitsverhältnisses. Stirbt der Arbeitnehmer in der Zeit zwischen Unterzeichnung der Aufhebungsvereinbarung und letztem Arbeitstag, haben die Erben keinen Anspruch auf die Abfindung. Wenn eine Abfindung, so der 9. Senat, „für den Verlust des Arbeitsplatzes" gezahlt wird, muß das Arbeitsverhältnis zum vorgesehenen Beendigungstermin noch bestanden haben und erst unter dieser Bedingung tritt die Fälligkeit des Abfindungsanspruchs ein.[524]

416 Vor diesem Hintergrund wird angeregt, in eine Vererbbarkeitsklausel aufzunehmen, daß der **Anspruch mit dem Tag der Unterzeichnung** des Aufhebungsvertrages **entstanden** ist, denn diese Bedingung ist Voraussetzung für die Vererbbarkeit überhaupt.

417 Macht eine **tarifliche Regelung** einen Abfindungsanspruch davon abhängig, daß das Arbeitsverhältnis durch eine Arbeitgeberkündigung beendet wird, so entsteht für einen aus diesen Gründen gekündigten Arbeitnehmer, jedenfalls zugunsten der Erben, kein Abfindungsanspruch, wenn der Arbeitnehmer vor Ablauf der Kündigungsfrist verstirbt.[525] Auch bei einer **Sozialplanabfindung** aufgrund einer Betriebsänderung besteht der Anspruch auf die Abfindung nicht, wenn der Arbeitnehmer vor der ins Auge gefaßten Beendigung des Arbeitsverhältnisses verstirbt.[526]

418 Der sich aus einer rechtskräftigen Verurteilung ergebende Abfindungsanspruch ist dagegen konsequenterweise vererbbar,[527] nicht jedoch das Antragsrecht des Arbeitnehmers nach §§ 9, 10 KSchG.[528]

---

521 Siehe Muster 2276, Ziff. 4, in diesem Buch § 4 Kap. 2 M 448.
522 Siehe Muster 2230, § 5, in diesem Buch § 4 Kap. 2 M 431.
523 Zur Abfindung vgl. § 4 Kap. 2 Rn 350 ff.
524 BAG, Urt. v. 26.08.1997, NZA 1998, 643.
525 BAG, Urt. v. 22.05.1996, NZA 1997, 386.
526 BAG, Urt. v. 25.09.1996, NZA 1997, 163; LAG Köln, Urt. v. 11.12.1990, LAGE § 611 BGB, Aufhebungsvertrag, Nr. 2.
527 BAG, Urt. v. 25.06.1987, DB 1988, 864.
528 *Bauer*, Arbeitsrechtliche Aufhebungsverträge, 6. Aufl., Rn 250.

## Beendigung von Arbeitsverhältnissen § 4

■ **Vollstreckungsklausel**

Mit dem Rechtspflege-Vereinfachungsgesetz vom 17.12.1990[529] ist der sogenannte Anwaltsvergleich als § 1044 b in das Zehnte Buch der ZPO eingefügt worden. Nach der Gesetzesbegründung sollte damit die Bereitschaft der Parteien, sich vorgerichtlich zu einigen, gefördert werden.[530] Sind Rechtsanwälte hinzugezogen, können die Parteien eine vergleichsweise Einigung schriftlich niederlegen und, sofern sie sich der sofortigen Zwangsvollstreckung aus der von den Anwälten mitunterschriebenen Vereinbarung unterwerfen, einen vollstreckbaren Titel schaffen.

**419**

Für die arbeitsrechtliche Praxis war diese Möglichkeit bisher nicht gegeben. In Arbeitssachen konnte ein solcher Vergleich nicht für vollstreckbar erklärt werden. § 102 Abs. 3 ArbGG schließt ausdrücklich die Anwendung des Zehnten Buches der ZPO und damit auch § 1044 b ZPO aus.[531] Der falsche systematische Standort des Anwaltsvergleichs war daher ein Hindernis für die erfolgreiche außergerichtliche Streitbeilegung in Arbeitssachen.[532]

Durch das **Gesetz zur Neuregelung des Schiedsverfahrensrechts (SchiedsVfG) vom 22.12.1997**[533] ist dieses Hindernis unauffällig beseitigt worden. Die Vorschriften über den Anwaltsvergleich sind durch Art. 1 Nr. 4, Art. 5. Abs. 1 SchiedsVfG mit Wirkung zum 01.01.1998 in §§ 796 a, b und c ZPO eingefügt und damit in das Achte Buch der ZPO verpflanzt worden.

**420**

Ein vollstreckbarer Anwaltsvergleich ist jetzt auch auf dem Gebiet des Arbeitsrechts zulässig.[534] Das ergibt sich aus der Verweisung in § 62 Abs. 2 Satz 1 ArbGG auf das Achte Buch der ZPO. Mit dieser Bezugnahme ist die gerichtliche Vollstreckbarerklärung des Anwaltsvergleichs in die Zuständigkeit der Gerichte für Arbeitssachen gelangt.

**421**

Leider wird hierzu in der Amtlichen Begründung nichts ausgeführt.[535] Entweder hatten die am Gesetzgebungsverfahren Beteiligten das Problem nicht erkannt oder sie wollten den Fehler nicht eingestehen, der ihnen beim Rechtspflege-Vereinfachungsgesetz unterlaufen war.

■ **Wettbewerbsverbotsklausel**

Zum Inhalt von Wettbewerbsverbotsklauseln wird auf die gesonderte Darstellung in diesem Buch[536] verwiesen. Nachvertragliche Wettbewerbsverbote, die sich an den geltenden Grundsätzen für wirksame Wettbewerbsverbote orientieren, können auch noch im Aufhebungsvertrag vereinbart werden und damit ein Wettbewerbsverbot erstmalig zwischen den Parteien begründen.

**422**

Soll im Rahmen eines Aufhebungs- oder Abwicklungsvertrags ein nachvertragliches Wettbewerbsverbot vereinbart werden, so finden die **§§ 74 ff. HGB** dann Anwendung, wenn das Wettbewerbsverbot noch im Zusammenhang mit dem Arbeitsverhältnis und seiner Abwicklung vereinbart ist.[537] Ein nachvertragliches Wettbewerbsverbot, das mehrere Monate vor Beendigung des Arbeitsverhältnisses

**423**

---

529 BGBl. I S. 2847.
530 BT-Drucks. 11/8283 S. 62.
531 LAG Düsseldorf, Beschl. v. 04.03.1997, NZA 1997, 848; ebenso *Fiege*, NJW 1991, 1580, 1582; *Baumbach/Lauterbach/Albers/Hartmann*, ZPO, 56. Aufl., § 1044 b Rn 2; *Rosenberg/Gaul/Schildgen*, Zwangsvollstreckungsrecht, 11. Aufl., § 13 V, S. 189; *Schwab/Walter*, Schiedsgerichtsbarkeit, 5. Aufl. Kap. 36 Rn 1; a. A. *Stein/Jonas*, ZPO, 21. Aufl., § 1044 b Rn 2; *Zöller/Geimer*, ZPO, 20. Aufl., § 1044 b Rn 11; *Lindemann*, AnwBl. 1992, 457, 458.
532 *Düwell*, FA Arbeitsrecht 1998, 50.
533 BGBl. I S. 3224.
534 Vgl. *Voit/Geweke*, NZA 1998, 400 ff.
535 BT-Drucks. 13/5274 S. 28 ff.
536 § 2 Kap. 1 Rn 1 ff.
537 BAG, Urt. v. 03.05.1994, AP Nr. 65 zu § 74 HGB.

im Rahmen eines Aufhebungsvertrages vereinbart wird, ist nichtig, wenn keine Karenzentschädigung vereinbart wird.[538] Eine für den Verlust des Arbeitsplatzes zugesagte Abfindung ist keine Karenzentschädigung i. S. v. § 74 HGB,[539] während umgekehrt in steuerlicher Hinsicht eine Karenzentschädigung eine Abfindung i. S. v. §§ 34, 24 EStG bei Zusammenballung in einem Veranlagungszeitraum [540] sein kann.

424 Einvernehmlich kann ein Wettbewerbsverbot von beiden Parteien mit sofortiger Wirkung aufgehoben werden. Eine solche **vertragliche Aufhebung** des Wettbewerbsverbots ist jederzeit möglich, muß sich aber aus Gründen der Rechtssicherheit deutlich aus dem Wortlaut der Vereinbarung ergeben. Eine allgemeine Erledigungsklausel im Abwicklungs- oder Aufhebungsvertrag führt nicht zur Beseitigung des nachvertraglichen Wettbewerbsverbots [541]

■ **Widerrufs- und Rücktrittsklausel**

425 Eine Reihe von Tarifverträgen sieht Rücktritts- und Widerrufsrechte vor, so beispielsweise § 10 Abs. 9 MTV Einzelhandel NW: „Auflösungsverträge bedürfen der Schriftform. Jede der Parteien kann eine Bedenkzeit von drei Werktagen in Anspruch nehmen. Ein Verzicht hierauf ist schriftlich zu erklären".[542]

426 Ein generelles Rücktritts- und Widerrufsrecht, ähnlich dem Widerrufsrecht bei Kreditverträgen nach § 7 Abs. 1 VerbrKrG oder wie bei Haustürgeschäften nach § 11 HausTWG gibt es bei arbeitsrechtlichen Aufhebungs- und Abwicklungsverträgen nicht.[543] Nur dann, wenn **Tarifverträge** Widerrufs- und oder Rücktrittsrechte einräumen oder wenn die **gesetzlichen Voraussetzungen** eines Rücktrittsrechts entstanden sind, kommt ein Rücktritt bzw. Widerruf vom Aufhebungsvertrag in Betracht. In den Tarifverträgen des Einzelhandels kann auf das Widerrufsrecht schriftlich verzichtet werden. Nach Auffassung des BAG[544] kann dieser Verzicht auch in den schriftlichen Aufhebungsvertrag mit aufgenommen werden. Die Widerrufsfrist wird unabhängig davon, ob der Arbeitgeber den Arbeitnehmer auf das Widerrufsrecht hingewiesen hat, mit der Unterzeichnung des Aufhebungsvertrages in Lauf gesetzt.[545]

427 Da der Aufhebungsvertrag ein gegenseitiger Vertrag im Sinne der §§ 320 ff. BGB ist, besteht ein gesetzliches Rücktrittsrecht für den Arbeitnehmer insbesondere bei der Fallkonstellation, daß der Arbeitgeber mit der Abfindungszahlung nach vorangegangener Fristsetzung und Ablehnungsandrohung in Verzug geraten ist, soweit kein stillschweigender Ausschluß des Rücktrittsrechts vorliegt.[546]

Sieht man ein vertragliches Widerrufsrecht vor,[547] stellt dies ein deutliches Entgegenkommen gegenüber dem Arbeitnehmer dar, zu dem der Arbeitgeber aber nicht verpflichtet ist.

---

538 Siehe nur *Weber/Ehrich*/Hoß, Handbuch der arbeitsrechtlichen Aufhebungsverträge, Teil 1 Rn 576.
539 BAG, Urt. v. 03.05.1994, AP Nr. 65 zu § 74 HGB.
540 Siehe BFH, Urt. v. 12.06.1996 –XI R 43/94 – BStBl. II 1996, 516.
541 BAG, Urt. v. 20.10.1981, BB 1982, 861; LAG Baden-Württemberg, Urt. v. 22.09.1995, NZA-RR 1996, 163; *Hoß*, DB 1997, 1818.
542 Ähnlich: § 23 MTV Einzelhandel Baden-Württemberg und § 18 Abs. 9 MTV Einzelhandel Bayern.
543 ArbG Köln, Urt. v. 01.06.1993.
544 Urt. v. 24.01.1985, NZA 1986, 25
545 LAG Köln, Urt. v. 11.04.1990, BB 1990, 2047.
546 LAG Köln, Urt. v. 05.01.1996, BB 1996, 907.
547 Beispiel: Siehe Muster 2230, § 17, in diesem Buch § 4 Kap. 2 M 431.

### Zeugnisklauseln

Zu den Voraussetzungen des Zeugnisanspruchs und zum Inhalt des vom Arbeitgeber zum Beendigungszeitpunkt geschuldeten Zeugnisses wurden bereits an anderer Stelle[548] Ausführungen gemacht. Die Formulierung des Zeugnisses ist ein Recht und zugleich eine Pflicht des Arbeitgebers.[549] Das Zeugnis soll zwar **wohlwollend**, es muß aber auch **wahr** sein.[550]

428

Darüber, was man noch als wohlwollend bezeichnen und was man die Wahrheit nennen kann, vermag die Menschheit seit jeher trefflich zu streiten. Der weise Rat des die Interessen des Arbeitnehmers wahrnehmenden Praktikers, der sich den Unwägbarkeiten eines Rechtsstreits über Wahrheit und Wohlwollen beim Zeugnis nicht aussetzen möchte, lautet daher, den Abwicklungs- oder Aufhebungsvertrag erst nach Vorlage des Zeugnisses zu unterzeichnen.

Auf diesem Hintergrund ergeben sich bei der Gestaltung des Auflösungsvertrags mit Blick auf das für das Fortkommen des Arbeitnehmers bedeutsame Zeugnis nur zwei Möglichkeiten: Entweder man nimmt den Wortlaut des meist vom Arbeitnehmer vorformulierten und vom Arbeitgeber in die Endfassung gebrachten Zeugnisses als **Anlage zum Aufhebungs- oder Abwicklungsvertrag** oder man formuliert globale Anforderungen an das Zeugnis, die erfahrungsgemäß nur eingeschränkt tituliert oder in einen konkreten Zeugniswortlaut im Sinne eines gerichtlichen Anspruchs umgesetzt werden können. So sind selbst in gerichtlichen Vergleichen Formulierungen gebräuchlich wie, „der Arbeitnehmer erhält vom Arbeitgeber ein wohlwollendes, berufsförderndes Zeugnis" oder „der Arbeitnehmer erhält ein Zeugnis vom Arbeitgeber, das ihn in seinem beruflichen Fortkommen nicht behindert".

429

In jedem Falle sollte die „**Dankes-Bedauern**"**-Formel**[551] und die allgemeine abschließende Leistungsbewertung in den Wortlaut einer Zeugnisklausel aufgenommen werden, wenn nicht das Zeugnis oder Zwischenzeugnis mit seinem vollständigen Wortlaut als Anlage zur Auflösungsvereinbarung genommen wird.[552] Aus Arbeitnehmersicht empfehlenswert ist stets eine Vereinbarung, die vorsieht, den kompletten Wortlaut des Zeugnisses oder, wenn dies aus Gründen der Eile nicht anders möglich ist, die Eckdaten[553] als Anlage zum Aufhebungs- oder Abwicklungsvertrag zu nehmen.[554] Liegt zwischen Abschluß und rechtlicher Beendigung des Arbeitsverhältnisses ein längerer Zeitraum, sollten zunächst die umgehende Erteilung des Zwischenzeugnisses bzw. der Wortlaut und der späterhin maßgebliche Wortlaut des Zeugnisses vereinbart werden.[555]

430

Da der Arbeitgeber Auskünfte an andere Arbeitgeber über den ausgeschiedenen oder ausscheidenden Arbeitnehmer ohne Zustimmung des Betroffenen erteilen kann,[556] empfiehlt es sich, im Auflösungsvertrag zu vereinbaren, daß sich der Arbeitgeber verpflichtet, nur solche Auskünfte zu erteilen, die inhaltsgleich im Zeugnis enthalten sind.[557]

---

548 In diesem Buch § 3 Kap. 3.
549 BAG, Urt. v. 29.07.1971, AP Nr. 6 zu § 630 BGB; Urt. v. 12.08.1976, AP Nr. 11 zu § 630 BGB.
550 BAG, Urt. v. 08.02.1972, AP Nr. 7 zu § 630 BGB; Urt. v. 05.08.1976, AP Nr. 10 zu § 630 BGB.
551 Auf die nach Auffassung des ArbG Bremen (Urt. v. 11.02.1992, NZA 1992, 800) – mit welchem Wortlaut auch immer – kein Anspruch besteht.
552 Beispiel: Muster 2235, § 12, in diesem Buch § 4 Kap. 2 M 434.
553 Beispiel: Muster 2254 (9), in diesem Buch § 4 Kap. 2 M 440.
554 Muster 2230, § 8 in diesem Buch § 4 Kap. 2 M 431; Muster 2233, § 11, in diesem Buch § 4 Kap. 2 M 432 f.
555 Beispiel Muster 2230, § 8, in diesem Buch § 4 Kap. 2 M 431.
556 BAG, Urt. v. 25.10.1957, AP Nr. 1 zu § 630 BGB.
557 Beispiel in Muster 2260 Ziff. 12, in diesem Buch § 4 Kap. 2 M 442.

Eine allgemeine Ausgleichsklausel erfaßt, soweit der Verzicht überhaupt möglich ist, im Zweifel den Zeugnisanspruch nicht.[558] Der Anspruch auf Erteilung eines Zeugnisses kann allerdings wie jeder andere schuldrechtliche Anspruch verwirkt werden.[559]

## B. Vertragstexte

### 1. Muster: Aufhebungsvertrag (Ausführliche Fassung)

*Aufhebungsvertrag*

Zwischen der Fa.

(im folgenden Arbeitgeber)

und

Herrn          , geb. am          , wohnhaft in          , Telefon

(im folgenden Arbeitnehmer)

wird folgender Aufhebungsvertrag geschlossen:

**Präambel**
Der Arbeitgeber ist wegen Gewinnverfalls zu einem forcierten Personalabbau gezwungen. In diesem Zusammenhang wird auch die Betriebsabteilung          , in der der Arbeitnehmer beschäftigt ist, geschlossen. Ein anderweitiger freier und zumutbarer Arbeitsplatz steht nicht zur Verfügung und wird auch in absehbarer Zeit nicht zur Verfügung stehen. Eine Umschulung des Arbeitnehmers scheidet ebenfalls aus. Vor diesem Hintergrund treffen die Parteien die folgende Vereinbarung.

**§ 1 Einvernehmliche Beendigung des Arbeitsverhältnisses**
Das zwischen den Parteien bestehende Arbeitsverhältnis wird auf arbeitgeberseitige Veranlassung aus betriebsbedingten Gründen zum          unter Einhaltung der ordentlichen Kündigungsfrist einvernehmlich beendet.

**§ 2 Freistellung**
Bis zum unter § 1 genannten Zeitpunkt wird der Arbeitnehmer unter Fortzahlung des Arbeitsentgelts von der Arbeitsleistung freigestellt.

Der Arbeitgeber kann den Arbeitnehmer während der Freistellungsperiode jederzeit ganz oder teilweise unter Einhaltung einer Ankündigungsfrist von 4 Tagen an den Arbeitsplatz zurückrufen.

Dem Arbeitnehmer steht es frei, seine Arbeitskraft schon im Freistellungszeitraum anderweitig zu verwerten. Etwaiger Zwischenverdienst wird angerechnet. Ausgeschlossen hiervon ist die Tätigkeit in einem Konkurrenzunternehmen.

Als solches gilt namentlich, aber nicht ausschließlich          .

**§ 3 Abwicklung offener Urlaubsansprüche**
Der dem Arbeitnehmer bis zur rechtlichen Beendigung des Arbeitsverhältnisses zustehende Resturlaub von          Tagen wird während des Freistellungszeitraums von          bis          gewährt.

Kann der Arbeitnehmer Urlaub wegen der Beendigung des Arbeitsverhältnisses nicht nehmen, so erhält er eine Urlaubsabgeltung von          DM (          EUR) zahlbar nach dem in § 1 genannten Zeitpunkt.

---

[558] BAG, Urt. v. 16.09.1974, NJW 1975, 407.
[559] BAG, Urt. v. 17.02.1988, DB 1988, 1071.

# Beendigung von Arbeitsverhältnissen § 4

## § 4 Abfindung/Entschädigung

Der Arbeitnehmer erhält für den Verlust des Arbeitsplatzes eine Abfindung nach §§ 3 Nr. 9, 24, 34 EStG, §§ 9, 10 KSchG in Höhe von          DM (          EUR).

Die Abfindungszahlung ist am          fällig. Eine Zahlung vor Fälligkeit ist ausgeschlossen.

Die Abfindung wird ohne Abzug von Sozialversicherungsabgaben ausgezahlt. Das Steuerrisiko trägt der Arbeitnehmer.

Sollte der Arbeitnehmer das Ende des Arbeitsverhältnisses nicht erleben, geht der Abfindungsanspruch auf seine Erben über. Sollte das Arbeitsverhältnis vor dem vorgesehen Beendigungstermin aus sonstigen, vom Arbeitnehmer zu vertretenden Gründen beendet werden, entfällt der Abfindungsanspruch.

Sollte der Arbeitnehmer vor Beendigung des Arbeitsverhältnisses versterben, wird der Abfindungsanspruch so behandelt, als sei er mit Abschluß des Aufhebungsvertrages entstanden, so daß er nach dem Willen beider Parteien in diesem Falle auf die Erben des Arbeitnehmers übergeht. Sollte das Arbeitsverhältnis vor dem vorgesehenen Beendigungstermin aus vom Arbeitnehmer zu vertretenden Gründen beendet werden, entfällt der Abfindungsanspruch.

Der Arbeitnehmer kann das Arbeitsverhältnis unter Einhaltung einer Frist von 2 Wochen auch vor dem in § 1 genannten Zeitpunkt durch Erklärung gegenüber dem Arbeitgeber beenden. Die vorzeitige Beendigung entspricht dem Wunsch des Arbeitgebers und liegt im Interesse des Arbeitnehmers. Die hierdurch entfallenden Bezüge erhöhen in folgendem Umfang die Abfindung:

Für jeden Monat der vorzeitigen Beendigung erhöht sich die Abfindung um          DM (          EUR).

Falls ein Sozialplan in den nächsten          Monaten abgeschlossen wird und sich nach diesem Sozialplan eine höhere Abfindung ergeben würde, erhält der Arbeitnehmer die nach dem Sozialplan maßgebliche Abfindung unabhängig davon, ob der Anspruch dem Grunde nach besteht.

## § 5 Hinweise

Der Arbeitnehmer wurde darauf hingewiesen, daß er bei vorzeitiger einvernehmlicher Beendigung des Arbeitsverhältnisses ohne Einhaltung der Kündigungsfrist und ohne daß betriebsbedingte Gründe bestehen, mit einem Ruhen des Arbeitslosengeldanspruchs und mit einer Sperrzeit von bis zu drei Monaten beim Arbeitsamt rechnen muß, falls er Arbeitslosengeld in Anspruch nehmen möchte.

## § 6 Betriebliche Altersversorgung

Die Parteien sind sich darüber einig, daß wegen des vorzeitigen Ausscheidens kein Anspruch auf eine unverfallbare Anwartschaft nach dem BetrAVG erworben wurde.

## § 7 Zeugnis

Der Arbeitnehmer erhält zunächst das anliegende Zwischenzeugnis. Das Endzeugnis wird, soweit rechtlich zulässig, mit dem Zwischenzeugnis übereinstimmen.

## § 8 Wettbewerbsvereinbarung

Das vereinbarte Wettbewerbsverbot wird mit sofortiger Wirkung aufgehoben.

## § 9 Geheimhaltung

Der Arbeitnehmer wird auch nach Beendigung des Arbeitsverhältnisses Verschwiegenheit über Betriebs- und Geschäftsgeheimnisse sowie den Inhalt dieses Aufhebungsvertrags wahren.

Hierzu gehören insbesondere folgende Punkte:          .

## § 10 Dienstwagen

Der Arbeitnehmer wird den ihm überlassenen Firmenwagen am Tag der rechtlichen Beendigung des Arbeitsverhältnisses zurückgeben. Zu diesem Zeitpunkt wird der Schätzwert durch ein Gutachten eines unabhängigen Kfz-Sachverständigen ermittelt. Der Arbeitnehmer hat die Möglichkeit, den

Firmenwagen zu diesem Schätzwert zu übernehmen. Die Kosten des Sachverständigen tragen die Parteien je zur Hälfte.

Das nähere regelt ein gesonderter Kaufvertrag.

### § 11 Firmenunterlagen
Der Arbeitnehmer wird folgende Firmenunterlagen am              zurückgeben:              .

### § 12 Arbeitsentgelt
Restliches Arbeitsentgelt wird am              gezahlt.

Dem Arbeitnehmer wird trotz des vorzeitigen Ausscheidens eine Jahressonderzahlung in Höhe von              DM (              EUR) am              zu              % anteilig gezahlt.

Die vereinbarten Ziele gelten als zu              % erfüllt. Der Arbeitnehmer erhält dementsprechend einen Betrag von              DM (              EUR).

### § 13 Zurückbehaltungsrecht
Dem Arbeitgeber steht *kein Zurückbehaltungsrecht hinsichtlich der* aus dem Vertrag resultierenden Verbindlichkeiten zu.

### § 14 Nachwirkende Fürsorgepflichten
Dem Arbeitnehmer steht es frei, auch nach Beendigung des Arbeitsverhältnisses folgende betriebliche Einrichtungen zu den jeweils gültigen Regelungen und Entgelten zu nutzen:
- Betriebsrestaurant
- Bücherei
- Schwimmbad

Darüber hinaus nimmt der Arbeitnehmer an den jährlichen Jubilar- und Weihnachtsfeiern teil.

### § 15 Ausgleich aller Ansprüche
Die Parteien sind sich darüber einig, daß mit vorstehender Vereinbarung sämtliche Ansprüche aus dem Arbeitsverhältnis, aus seiner Beendigung und für die Zeit nach der Beendigung erledigt und abgegolten sind, soweit nicht vorstehend etwas anderes bestimmt worden ist.

Dies gilt nicht für folgende Ansprüche:              .

### § 16
Der Arbeitnehmer              verzichtet auf einen etwaigen Wiedereinstellungsanspruch.

### § 17 Wirksamwerden der Vereinbarung
Der Arbeitnehmer hat die Möglichkeit, die Vereinbarung binnen 3 Tagen nach Unterzeichnung, spätestens also am              gegenüber der Firma durch schriftliche Erklärung zu widerrufen.

### § 18 Salvatorische Klausel
Sollte eine Bestimmung dieser Vereinbarung unwirksam sein, wird die Wirksamkeit der übrigen Bestimmungen hiervon nicht berührt. Die Parteien verpflichten sich, die unwirksame Bestimmung durch eine dieser in Interessenlage und Bedeutung möglichst nahekommende wirksame Vereinbarung zu ersetzen.

▲

## 2. Muster: Aufhebungsvertrag mit einem Ingenieur in leitender Stellung

▼

Zwischen

der Firma

und

Herrn

wird folgendes vereinbart:

### § 1 Vertragsende
Zwischen den Parteien besteht Einigkeit, daß das Arbeitsverhältnis auf arbeitgeberseitige Veranlassung unter Wahrung der gesetzlichen Kündigungsfrist mit Ablauf des          einvernehmlich sein Ende finden wird.

### § 2 Entschädigung
(1) Wegen der Beendigung des Arbeitsverhältnisses zahlt die Firma an Herrn          eine am          fällige Abfindung i. S.d. §§ 9, 10 KSchG, 24, 34 EStG in Höhe von          DM/          EUR (in Worten:          Deutsche Mark/          EURO).

(2) Die Abfindung ist vom Tag der Unterzeichnung dieser Vereinbarung an entstanden und ist ab diesem Tage vererbbar. Sie ist fällig am          . Sie reduziert sich für den Fall, daß Herr          innerhalb von drei Monaten nach Beendigung des Arbeitsverhältnisses ein Anschlußarbeitsverhältnis eingeht, und zwar um          DM (          EUR), sobald er die Probezeit im neuen Arbeitsverhältnis erfolgreich absolviert hat.

(3) Herr          ist verpflichtet, die Aufnahme eines Anschlußarbeitsverhältnisses innerhalb einer Woche der Firma schriftlich mitzuteilen. Er ist verpflichtet, einen sich aus einem Anschlußarbeitsverhältnis gemäß § 2 Abs. 2 ergebenden, überzahlten Abfindungsbetrag an die Firma zurückzuzahlen.

### § 3 Beurlaubung
(1) Herr          wird mit sofortiger Wirkung unter Fortzahlung der vertragsmäßigen Bezüge in Höhe von          DM (          EUR) monatlich beurlaubt. Im übrigen wird das Arbeitsverhältnis ordnungsgemäß abgewickelt. Eventuell noch bestehende Spesen- und Reisekostenerstattungsansprüche sind bis zum          geltend zu machen und verfallen bei nicht fristgerechter Vorlage der erforderlichen Unterlagen.

(2) Die Firma behält sich vor, Herrn          während der Restlaufzeit des Vertrages teilweise oder ganz an den Arbeitsplatz zurückzurufen. Während seiner Beurlaubung ist Herr          befugt, sämtliche bei ihm zu Hause befindlichen Büroeinrichtungen der Firma einschließlich des installierten Diensttelefons auf Kosten der Firma zu Bewerbungszwecken zu nutzen.

(3) Durch die Beurlaubung sind sämtliche Urlaubsansprüche und Ansprüche auf Freizeitausgleich abgegolten.

### § 4 Gewinnbeteiligung, Gratifikation
(1) Herr          hat für das laufende Geschäftsjahr Anspruch auf Gewinnbeteiligung iHv.          vom Hundert des Jahresgewinnes. Wegen der vorzeitigen Beendigung des Arbeitsverhältnisses am          wird die Gewinnbeteiligung zu          /12 gezahlt. Die Auszahlung erfolgt nach Ablauf des Geschäftsjahres einen Monat nach Erstellung der Bilanz.

(2) Die vertraglich zugesagte Gratifikation erhält Herr          in diesem Jahr zu          %, die Auszahlung erfolgt zusammen mit der Abfindung.

### § 5 Dienstwagen

(1) Herr _____ erwirbt den Dienstwagen am _____ käuflich als Eigentum zum Buchwert. Der Kaufpreis beträgt _____ DM/ _____ EUR (zzgl. Mehrwertsteuer). Das Fahrzeug nebst _____ wird unter Aushändigung der Fahrzeugpapiere Herrn _____ übergeben. Der Kaufpreis wird mit dem Nettobetrag der Abfindung nach § 2 verrechnet.

(2) Bis zur Beendigung des Arbeitsverhältnisses kann der Dienstwagen zu privaten Zwecken weiterhin genutzt werden.

### § 6 Rückgabe von Unterlagen

(1) Herr _____ gibt am _____ sämtliche Schlüssel zu Firmengebäuden und -einrichtungen sowie den Werksausweis ab.

(2) Er wird darauf hingewiesen, daß er außerdem in den nächsten drei Tagen alle ihm von der Firma überlassenen Gegenstände, Waren, Geräte und alle Unterlagen, die im Zusammenhang mit seiner Tätigkeit bei der Firma entstanden sind, vollständig zurückzugeben hat.

(3) Zu den Firmenunterlagen zählen u. a. sämtliche Geschäftspapiere, Hard- und Software inkl. Disketten, alle gespeicherten Daten und Informationen, die die Firma oder die Unternehmensgruppe betreffen, Zeichnungen, Skizzen, Briefe, Besprechungsberichte, Versuchsauswertungen, handschriftliche Notizen sowie Literatur einschl. Abschriften solcher Unterlagen.

### § 7 Schlußabfindung für Diensterfindungen

(1) Für sämtliche Erfindungen, die auf Herrn _____ als Erfinder oder Miterfinder zurückgehen, erhält Herr _____ eine Schlußabfindung von _____ DM ( _____ EUR). Mit dieser Zahlung sind sämtliche Ansprüche des Herrn _____ aus dem Gesetz über Arbeitnehmererfindungen vom 25.07.1957 i.d.F. vom 15.08.1986 für sämtliche, während der Dauer des Arbeitsverhältnisses gemeldeten Diensterfindungen, Schutzrechte und Schutzrechtsanmeldungen, die auf Herrn _____ als Erfinder oder Miterfinder zurückgehen, erledigt.

(2) In der Schlußabfindung gemäß § 7 Abs. 1 sind auch solche Vergütungen für Diensterfindungen eingeschlossen, die bei einer eventuellen Benutzung einer Erfindung durch die Firma entstehen würden oder entstanden, jedoch noch nicht vergütet sind. Die Auszahlung der Pauschalvergütung erfolgt unter Abzug der gesetzlichen Steuern.

### § 8 Betriebliche Altersversorgung

(1) Zugunsten von Herrn _____ besteht ein unverfallbarer Anspruch auf betriebliche Altersversorgung. Dieser Anspruch auf eine Zusatzrente, die – außer bei Invalidität – ab dem 65. Lebensjahr einsetzt, beträgt nach jetzigen Feststellungen voraussichtlich _____ DM ( _____ EUR).

(2) Die Parteien vereinbaren, diese Altersrente gemäß § 3 Abs. 2 des Gesetzes zur Verbesserung der betrieblichen Altersversorgung versicherungsmathematisch abzufinden. Herr _____ erhält deshalb einen einmaligen Pauschalbetrag von _____ DM ( _____ EUR), fällig am _____ . Mit der Erfüllung der Abfindungszahlung sind sämtliche Ansprüche aus der betrieblichen Altersversorgung erledigt. Herr _____ erklärt, sich über die versicherungsmäßigen und rechtlichen Zusammenhänge informiert zu haben.

### § 9 Nachvertragliches Wettbewerbsverbot

(1) Das im Arbeitsvertrag vom _____ geregelte nachvertragliche Wettbewerbsverbot gilt für die Zeit vom _____ bis _____ . Die für dieses Wettbewerbsverbot zu zahlende Karenzentschädigung bildet einen Bestandteil der in § 2 Abs. 1 vereinbarten Entschädigung.

(2) Im übrigen gelten für das nachvertragliche Wettbewerbsverbot die Regelungen im Anstellungsvertrag fort sowie die §§ 74 ff. HGB entsprechend.

### § 10 Nachwirkung der Verschwiegenheitsverpflichtung

Herr _____ wird auch nach Beendigung des Arbeitsverhältnisses sämtliche ihm während seiner Tätigkeit bekannt gewordenen betriebsinternen Angelegenheiten, vor allem Geschäfts- und Betriebsgeheimnisse, geheimhalten.

## Beendigung von Arbeitsverhältnissen § 4

### § 11 Zeugnis und Arbeitsbescheinigung
(1) Herr ▬ erhält das als Anlage zu dieser Vereinbarung genommene Zwischenzeugnis. Am ▬ erhält Herr ▬ ein mit dem Zwischenzeugnis übereinstimmendes Endzeugnis, dessen Schlußformel wie folgt lauten wird: „Herr ▬ ist am ▬ auf eigenen Wunsch ausgeschieden".

(2) In der Arbeitsbescheinigung für das Arbeitsamt wird die Firma als Grund des Ausscheidens folgendes angeben: ▬.

### § 12 Beraterkosten
(1) Die Firma erstattet Herrn ▬ die für das Aushandeln dieses Vertrages angefallenen Anwaltsgebühren auf Basis eines Gegenstandswertes von ▬ DM (▬ EUR) im Umfang einer 30/10 Gebühr nebst Auslagen.

(2) Die Firma übernimmt die Kosten einer Outplacementberatung im Umfang von bis zu ▬ DM (▬ EUR). Als Berater regt die Firma an, ▬ in Anspruch zu nehmen, mit dem andere ausscheidende Mitarbeiter der Firma bislang gute Erfahrungen gemacht haben.

### § 13 Bürgschaft
(1) Die Firma sichert zu, innerhalb von zwei Wochen nach Unterzeichnung des vorliegenden Aufhebungsvertrages eine selbstschuldnerische unwiderrufliche und unbefristete Bankbürgschaft einer deutschen Bank in Höhe von ▬ DM (▬ EUR) zur Sicherung der gemäß §§ 2, 4, 7, 8 geschuldeten Leistungen Herrn ▬ auszuhändigen. Mit Erfüllung der Verpflichtungen ist die Bürgschaft unverzüglich zurückzugeben.

(2) Sollte die Bankbürgschaft nicht, nicht fristgerecht oder nicht entsprechend den rechtlichen Anforderungen gemäß Abs. 1 vorgelegt werden, gilt der Aufhebungsvertrag als nicht geschlossen und das Arbeitsverhältnis wird unter unveränderten Bedingungen fortgesetzt.

### § 14 Erledigungsklausel
Die Parteien sind sich darüber einig, daß mit der Erfüllung sämtlicher Verpflichtungen aus diesem Aufhebungsvertrag sämtliche Ansprüche aus dem Arbeitsverhältnis, aus seiner Beendigung und für die Zeit nach der Beendigung erledigt und abgegolten sind, soweit nicht in diesem Vertrag etwas anderes bestimmt worden ist.

### § 15 Salvatorische Klausel
Sollte eine Bestimmung dieses Vertrages unwirksam sein, wird die Wirksamkeit der übrigen Bestimmungen davon nicht berührt. Die Parteien verpflichten sich, anstelle einer unwirksamen Bestimmung eine dieser Bestimmung möglichst nahekommende wirksame Regelung zu treffen.

### § 16 Sonstiges
(1) Herr ▬ verzichtet auf Erläuterungen zu den rechtlichen und wirtschaftlichen Auswirkungen dieses Vertrages durch die Firma. In Teilbereichen wie betrieblicher Altersversorgung oder Leistungen nach dem SGB III hat er sich selbst informiert.

(2) Die Firma verzichtet auf etwaige Zurückbehaltungsrechte und das Recht der Aufrechnung.

(3) Herr ▬ verzichtet auf einen etwaigen Wiedereinstellungsanspruch.

▲

## § 4 Kapitel 2: Abwicklungs- und Aufhebungsverträge

### 3. Muster: Aufhebungsvertrag (Kurzfassung)

▼

**434**

*Aufhebungsvertrag*
zwischen

der Firma

und

Herrn

#### § 1 Beendigung des Arbeitsverhältnisses
Die Parteien sind sich darüber einig, daß das Arbeitsverhältnis zwischen der Firma und Herrn auf Veranlassung der Firma zur Vermeidung einer sonst unumgänglichen betriebsbedingten Kündigung wegen Wegfalls des Arbeitsplatzes am endet.

#### § 2 Freistellung – Gehaltszahlung
Die Firma stellt Herrn mit sofortiger Wirkung bei Fortzahlung der vollen vertraglichen Bezüge von jeder weiteren Tätigkeit frei.

Die Firma wird anderweitigen Erwerb nur zur Hälfte anrechnen.

#### § 3 Tantieme
Zur Abgeltung der ihm für das laufende Geschäftsjahr zustehenden Tantieme erhält Herr zeitanteilig von % des ausgewiesenen Jahresgewinns einen Pauschalbetrag von DM (EUR ).

Die Tantieme wird mit der Abfindung (§ 5) ausgezahlt.

#### § 4 Gratifikation
Herr erhält am Fälligkeitstage eine Weihnachtsgratifikation in Höhe eines halben Monatsgehalts.

#### § 5 Abfindung
Zum Ausgleich für den Verlust des Arbeitsplatzes zahlt die Firma Herrn im Zeitpunkt des Ausscheidens unter Bezugnahme auf §§ 9, 10 KSchG eine Abfindung von DM (EUR ).

Die Auszahlung erfolgt unter Berücksichtigung des Steuerfreibetrages gemäß § 3 Ziffer 9 EStG.

Die Parteien vereinbaren, daß die Abfindung vererbbar und mit dem Tag der Unterzeichnung dieses Vertrages entstanden ist.

#### § 6 Urlaub
Herr hat für das laufende Urlaubsjahr noch einen Urlaubsanspruch von Werktagen. Herr , der gemäß § 2 dieser Vereinbarung bis zur Beendigung seiner Tätigkeit von jeder Arbeit freigestellt ist, nimmt in dieser Zeit den ihm noch zustehenden Urlaub.

#### § 7 Darlehensrückzahlung
Herr schuldet der Firma aus einem ihm gewährten Umzugskostenvorschuß noch einen Restbetrag von DM (EUR ).

Herr verpflichtet sich, diesen Betrag bis zur Beendigung seines Arbeitsverhältnisses zurückzuzahlen.

#### § 8 Herausgabe des Dienstwagens
Herr gibt den ihm überlassenen Dienstwagen, polizeiliches Kennzeichen einschließlich der Wagenpapiere im Laufe der nächsten 3 Tage an die Firma zurück. Die Firma gewährt Herrn für die vorzeitige Herausgabe bei seinem Ausscheiden eine Ausgleichszahlung von DM (EUR ).

## § 9 Dienstwohnung
Die Firma überläßt Herrn ▓▓▓ die bisher als Dienstwohnung benutzten Räume in der ▓▓▓ Straße weiterhin unter folgenden Bedingungen: ▓▓▓.

## § 10 Altersversorgung
Herr ▓▓▓ hat aufgrund der ihm im Vertrag vom ▓▓▓ erteilten Zusage einen Anspruch auf Altersversorgung gegen die Firma. Die Anwartschaft aus dieser Versorgungszusage bleibt gemäß den Vorschriften des § 1 Abs. 1 BetrAVG aufrechterhalten.

## § 11 Wettbewerbsverbot
Das im Vertrag vom ▓▓▓ vereinbarte Wettbewerbsverbot wird durch diesen Aufhebungsvertrag nicht berührt, sondern bleibt aufrechterhalten.

## § 12 Arbeitszeugnis
Die Firma erteilt Herrn ▓▓▓ ein wohlwollendes Dienstzeugnis, das sich auf Führung und Leistung erstreckt.

## § 13 Betriebsgeheimnisse
Herr  verpflichtet sich, alle ihm während seiner Tätigkeit zur Kenntnis gelangten betriebsinternen Vorgänge, insbesondere Geschäfts- und Betriebsgeheimnisse, auch nach seinem Ausscheiden geheimzuhalten.

## § 14 Geschäfts- und Arbeitsunterlagen
Herr  wird innerhalb der nächsten 3 Tage alle in seinem Besitz befindlichen Geschäfts- und Arbeitsunterlagen an die Firma herausgeben.

## § 15
Herr ▓▓▓ verzichtet auf einen etwaigen Wiedereinstellungsanspruch.

## § 16 Ausgleichsquittung
Die Parteien sind sich darüber einig, daß mit der Erfüllung dieser Vereinbarung alle gegenseitigen Ansprüche aus dem Arbeitsverhältnis und seiner Beendigung abgegolten sind.

### 4. Muster: Aufhebungsvertrag unter Mitwirkung der Hauptfürsorgestelle

*Aufhebungsvertrag*

zwischen

▓▓▓ – als Arbeitgeber –

und

▓▓▓ – als Schwerbehinderter –

(1) Der Arbeitgeber hat bei der Hauptfürsorgestelle ▓▓▓ die Zustimmung zur Kündigung des Arbeitsverhältnisses beantragt.

(2) Zwischen den Beteiligten hat unter Leitung der Hauptfürsorgestelle ▓▓▓ eine mündliche Verhandlung nach § 18 Abs. 1 des Schwerbehindertengesetzes mit dem Ziele der gütlichen Einigung stattgefunden.

(3) Die Beteiligten sind sich darüber einig, daß das Arbeitsverhältnis mit dem Ablauf der gesetzlichen Kündigungsfrist am ▓▓▓ endet.

## § 4 Kapitel 2: Abwicklungs- und Aufhebungsverträge

Das Arbeitsverhältnis wird aufgelöst, weil

a) der Schwerbehinderte die zuletzt ausgeübte Tätigkeit aus gesundheitlichen Gründen nicht mehr verrichten kann und auch auf anderen Arbeitsplätzen im Betrieb nicht zumutbar einsetzbar ist.

b) aus betrieblichen Gründen der Arbeitsplatz weggefallen ist und eine Umsetzungsmöglichkeit im Betrieb nicht vorhanden ist.

Freie Arbeitsplätze beim Arbeitgeber, die der Qualifikation des Schwerbehinderten als ▒▒▒▒▒ entsprechen, stehen derzeit nicht zur Verfügung.

(4) Anläßlich dieses Aufhebungsvertrages wird dem Schwerbehinderten wegen Verlust des Arbeitsplatzes und Aufgabe des sozialen Besitzstandes gem. §§ 9, 10 des Kündigungsschutzgesetzes eine Abfindung in Höhe von ▒▒▒▒ DM (▒▒▒▒ EUR) brutto gezahlt; diese Abfindung erhöht sich für jeden vollen Kalendermonat der Arbeitsunfähigkeit ab ▒▒▒▒ bis ▒▒▒▒ um ▒▒▒▒ DM (▒▒▒▒ EUR) – die Abfindung beträgt somit insgesamt bis zu ▒▒▒▒ DM (▒▒▒▒ EUR). Herr ▒▒▒▒ erhält als Zuschuß zum Krankengeld die Differenz zwischen seinem bisherigen Nettogehalt und dem Nettokrankengeld für die Zeit von ▒▒▒▒ bis ▒▒▒▒.

(5) Die Abfindung erhöht sich ab dem 1. November 1998 um ▒▒▒▒ DM (▒▒▒▒ EUR) für jeden vollen Kalendermonat, an dem der Schwerbehinderte vorzeitig ausscheidet. Das vorzeitige Ausscheiden ist dem Arbeitgeber mit einer Frist von 14 Tagen anzuzeigen. Das vorzeitige Ausscheiden entspricht dem Wunsch des Arbeitgebers und liegt im Interesse des Schwerbehinderten. Die Abfindung wird fällig zum letzten Tag des Arbeitsverhältnisses.

(6) Dem Schwerbehinderten stehen unverfallbare Ansprüche auf betriebliche Altersversorgung zu, die von dieser Vereinbarung unberührt bleiben.

(7) Der Schwerbehinderte kann vom Arbeitgeber jederzeit bis zur Beendigung des Arbeitsverhältnisses freigestellt werden. Das Arbeitsverhältnis wird im übrigen ordnungsgemäß abgewickelt.

(8) Dem Schwerbehinderten wird ein wohlwollendes, berufsförderndes Zwischenzeugnis umgehend ausgestellt. Das Schlußzeugnis entspricht im wesentlichen dem Wortlaut des Zwischenzeugnisses, das sich an das letzte Zwischenzeugnis vom ▒▒▒▒ anlehnt.

(9) Der Schwerbehinderte ▒▒▒▒ verzichtet auf einen etwaigen Wiedereinstellungsanspruch.

(10) Der bei der Hauptfürsorgestelle gestellte Antrag auf Zustimmung zur Kündigung ist durch diese Vereinbarung gegenstandslos geworden.

▒▒▒▒, den ▒▒▒▒

▒▒▒▒                                   ▒▒▒▒

(Der Arbeitgeber)                      (Der Schwerbehinderte)

Für die Richtigkeit:

▒▒▒▒

(Hauptfürsorgestelle)

▲

# Beendigung von Arbeitsverhältnissen § 4

## 5. Muster: Aufhebungsvertrag mit einer Arbeitnehmerin für die Zeit nach Ablauf des Erziehungsurlaubs

▼

*Vereinbarung*

zwischen

,

– nachstehend Arbeitgeber genannt –

vertreten durch:

,

und

,

– nachstehend Arbeitnehmerin genannt –

vertreten durch:

### § 1 Gegenstand des Vertrages

Die Parteien sind sich einig, daß das Arbeitsverhältnis durch arbeitgeberseitige Veranlassung aufgrund fristgerechter ordentlicher betriebsbedingter Kündigung zum             seine Beendigung findet.

Der Arbeitgeber wird nach dem             eine Kündigung des Arbeitsverhältnisses aussprechen, die Arbeitnehmerin verpflichtet sich, gegen diese Kündigung keine Kündigungsschutzklage zu erheben.

### § 2 Besitzstand, Freistellung

Bis zum             nimmt die Arbeitnehmerin ihre gesetzlichen Rechte aus dem Erziehungsurlaub wahr. Ab dem             erhält die Arbeitnehmerin wieder ihre bisherigen Bezüge einschließlich der Zulagen wie Weihnachtsgeld und Urlaubsgeld unter Anpassung an die bis dahin bestehende Gehaltshöhe nach den einschlägigen tariflichen Bestimmungen.

Für die Zeit vom             bis zum             wird die Arbeitnehmerin von ihrer Verpflichtung, die geschuldete Arbeitsleistung zu erbringen, freigestellt.

### § 3 Abfindung

Der Arbeitgeber zahlt der Arbeitnehmerin zum Ausgleich für den Verlust des Arbeitsplatzes eine Abfindung entsprechend §§ 9, 10 KSchG, 3 Nr. 9 EStG in Höhe von             DM/            EUR (in Worten:             Deutsche Mark/            EURO).

Der Arbeitgeber zahlt die Abfindung bis zum            .

Die Parteien vereinbaren, daß der Abfindungsanspruch bereits jetzt entstanden und vererbbar ist.

Falls ein Sozialplan in den nächsten             Monaten abgeschlossen wird und sich nach diesem Sozialplan eine höhere Abfindung ergeben würde, erhält die Arbeitnehmerin die nach dem Sozialplan maßgebliche Abfindung unabhängig davon, ob der Anspruch dem Grunde nach besteht.

### § 4 Zeugnis

Der Arbeitgeber verpflichtet sich, der Arbeitnehmerin bis zur Beendigung ihrer Tätigkeit ein qualifiziertes, wohlwollendes und berufsförderndes Zeugnis über die Gesamtdauer ihrer Beschäftigung zu erteilen.

### § 5 Salvatorische Klausel

Sollten Bestimmungen dieses Vertrages ganz oder teilweise nicht rechtswirksam oder nicht durchführbar sein oder ihre Rechtswirksamkeit oder Durchführbarkeit später verlieren, so soll hierdurch die Gültigkeit der übrigen Bestimmungen des Vertrages nicht berührt werden. Das gleiche gilt, soweit sich herausstellen sollte, daß der Vertrag eine Regelungslücke enthält. Anstelle der unwirksamen oder undurchführbaren Bestimmungen oder zur Ausfüllung der Lücke soll eine angemessene Regelung gelten, die, soweit rechtlich möglich, dem am nächsten kommt, was von den Parteien des vorliegenden Vertrages gewollt wurde oder was diese nach dem Sinn und Zweck des Vertrages gewollt haben würden, sofern sie bei Abschluß dieses Vertrages oder bei der späteren Aufnahme einer Bestimmung den Punkt bedacht hätten.

### § 6 Freistellung von Sozialabgaben
Von etwaigen Ansprüchen der Träger der Sozialversicherung auf Abführung von Sozialabgaben, die aus der Vereinbarung der Abfindung resultieren, stellt der Arbeitgeber die Arbeitnehmerin frei.

### § 7
Die Arbeitnehmerin verzichtet auf einen etwaigen Wiedereinstellungsanspruch.

### § 8 Hinweise
Die Arbeitnehmerin hatte Gelegenheit, sich über die Auswirkungen der Vereinbarung beim Arbeitsamt, beim Finanzamt und beim Rentenversicherungsträger zu informieren. Die Arbeitnehmerin bestätigt, daß sie ausreichend Zeit hatte, Auskunft bei den vorgenannten Stellen einzuholen.

### § 9 Erledigungsklausel
Die Parteien sind sich darüber einig, daß mit der Erfüllung dieser Vereinbarung sämtliche Ansprüche der Parteien aus dem Arbeitsverhältnis erledigt sind.

## 6. Muster: Aufhebungs- und Abfindungsvereinbarung mit freigestelltem Vorstandsvorsitzenden

Vertrag

zwischen

der ,

vertreten durch den Aufsichtsrat, dieser vertreten durch seinen Vorsitzenden

– im folgenden: AG –

und

Herrn Vorstandsvorsitzenden

– im folgenden: Herr –

### § 1
Herr         ist seit dem         bei der AG tätig und gehört dem Vorstand seit dem         an. Seit dem         ist er zugleich dessen Vorsitzender. Gegenwärtig gilt der Anstellungsvertrag vom         mit den Zusatzvereinbarungen Nr.         bis Nr.        . Gemäß Zusatzvereinbarung Nr.         erstrecken sich Bestellung und Vertragslaufzeit auf einen Zeitraum bis zum        .

### § 2
Herr         gibt sein Mandat als Vorsitzender des Vorstands mit Wirkung zum         in beiderseitigem Einvernehmen zurück. Die Niederlegung seines Amtes als Mitglied des Vorstands erlangt Wirksamkeit mit Unterzeichnung dieser Aufhebungs- und Abfindungsvereinbarung, des bestätigenden Beschlusses des Aufsichtsrats und der Vereinbarung über eine Presseerklärung.

Zwischen den Parteien besteht Einigkeit, daß keine Gründe in der Person von Herrn         bestehen, die die AG berechtigen würden, Rechte gemäß §§ 626 BGB, 84 Abs. 3 Sätze 1 und 2 AktG auszuüben. Demgemäß sind sich die AG und Herr         einig, daß Herr         Anspruch auf

**Beendigung von Arbeitsverhältnissen** § 4

Erfüllung dieses Vertrages samt der Zusatzvereinbarungen sowie Wahrung seines sonstigen sozialen Besitzstands beanspruchen kann. Zwischen den Parteien besteht weiterhin Einigkeit, daß durch die einvernehmliche Amtsniederlegung die Rechte von Herrn ▭ aus dem bestehenden Anstellungsvertrag vom ▭ mit sämtlichen Zusatzvereinbarungen unberührt bleiben, soweit nicht nachfolgend Abweichendes vereinbart ist.

### § 3

Der Aufsichtsrat und Herr ▭ sind sich einig, daß Herr ▭ ab dem ▭ von seiner vertraglichen Verpflichtung zur Leistung von Diensten freigestellt ist. Unbeschadet dieser Regelung wird Herr ▭ in der Zeit vom ▭ bis ▭ im Einzelfall auf Wunsch der Gesellschaft für die Erteilung von Auskünften, die seine bisherige Tätigkeit bei der Gesellschaft oder den mit ihr verbundenen Unternehmen betreffen, zur Verfügung stehen.

Herr ▭ wird seine Ämter als Vorstandsmitglied, Geschäftsführer, Mitglied des Aufsichtsrats, Beiratsmitglied etc. innerhalb der Unternehmensgruppe der AG oder sonstiger rechtlich und wirtschaftlich mit der AG verbundener Unternehmen bis zum ▭ niederlegen.

### § 4

Bis zum ▭ wird das Dienstverhältnis vertragsgemäß abgerechnet. Das Jahresgrundgehalt für ▭ wurde mit Beschluß des Aufsichtsrats vom ▭ auf ▭ DM (▭ EUR) festgelegt. Das Jahresgrundgehalt ist bis zum ▭ in demselben Maße anzupassen wie bei den aktiv tätigen Mitgliedern des Vorstands. Die Anpassung wird in der Weise vorgenommen, daß jährlich der durchschnittliche Prozentsatz der Steigerung der Jahresgrundgehälter der übrigen Vorstandsmitglieder ermittelt wird. Mit diesem Prozentsatz steigt jährlich das Jahresgrundgehalt von Herrn ▭.

Für die Zeit vom ▭ bis zum ▭ erhält Herr ▭ eine Gewinnbeteiligung (Tantieme), die abweichend von § ▭ des Anstellungsvertrages auf jährlich ▭ DM (▭ EUR) festgeschrieben wird. Im übrigen gilt § ▭ des Anstellungsvertrages vom ▭ in der Fassung der Zusatzvereinbarungen unverändert.

### § 5

Auf Veranlassung der Gesellschaft wird der Anstellungsvertrag vom ▭ nicht über den ▭ hinaus verlängert. Als Ausgleich für den Verlust der Dienststellung und des sozialen Besitzstandes zahlt die Gesellschaft eine Abfindung (Übergangsentschädigung) in Höhe des ▭ fachen Jahresgrundgehalts, wobei sich die Höhe aus dem im Jahr ▭ gezahlten Jahresgrundgehalt ergibt.

Die Abfindung wird gemäß §§ 3 Ziff. 9, 34, 24 EStG in Höhe von ▭ DM steuerfrei abgerechnet.

Die Abfindung ist am ▭ fällig.

### § 6

Mit Ende des aktiven Dienstverhältnisses zum ▭, somit nach Erreichung des 55. Lebensjahres von Herrn ▭, ist ein monatlich nachträglich zu zahlendes Übergangsgeld bis zum Eintritt des Versorgungsfalles (§ ▭ des Anstellungsvertrages vom ▭), längstens jedoch auf die Dauer von fünf Jahren fällig. Das Übergangsgeld berechnet sich gemäß §§ ▭ des Anstellungsvertrages vom ▭. Es wird erstmalig fällig zum ▭.

Das Übergangsgeld wird in Höhe der erreichten Anwartschaften vom monatlichen Jahresgrundgehalt nach § ▭ des Anstellungsvertrages gezahlt; dieses beträgt am ▭ ▭ % des im Jahre ▭ bezogenen Jahresgrundgehalts, multipliziert mit dem Faktor ▭. Das Übergangsgeld wird für die Dauer von ▭ Jahren, mithin letztmalig am ▭ gezahlt. Herr ▭ gibt der AG die Zahlstelle rechtzeitig auf.

Das Übergangsgeld begründet keine Verlängerung des Vertragsverhältnisses. Für die Zahlung des Übergangsgeldes sind die steuerlichen Vorschriften durch die AG zu beachten.

Entgegen dem Anstellungsvertrag vom _____ vereinbaren die AG und Herr _____, daß das Übergangsgeld als fest vereinbart gilt. Entgelt aus einer anderweitigen Beschäftigung während der Laufzeit des Übergangsgeldes wird nicht angerechnet. Herr _____ verzichtet im Gegenzug darauf, eine Beschäftigung gegen Entgelt auf dem Gebiet _____ anzunehmen.

### § 7

Für die Ansprüche aus betrieblicher Altersversorgung gelten der Anstellungsvertrag vom _____ einschließlich der Zusatzvereinbarungen Nr. _____ bis Nr. _____ sowie die gesetzlichen Regelungen. Die Bezugsgröße für die Berechnung des Rentenzuschusses ist das Halbjahresgehalt im Jahre _____, multipliziert mit dem Faktor _____.

### § 8

Herr _____ kann seinen Dienstwagen, Marke _____, amtliches Kennzeichen _____ bis zum _____ kostenlos privat nutzen (§ _____ des Anstellungsvertrages). Zum _____ kann Herr _____ von seinem Wahlrecht nach § _____ des Anstellungsvertrages Gebrauch machen und das Fahrzeug entweder an die AG zurückgeben oder privat zum jeweiligen Buchwert zu Eigentum erwerben. Die Karte des Autotelefons ist am _____ zurückzugeben.

### § 9

Herr _____ wird alle Schriftstücke, Korrespondenzen, Aufzeichnungen, Entwürfe, Berechnungen und dergleichen, die sich auf Angelegenheiten der AG beziehen und die sich in seinem Besitz befinden zum _____ an die AG zurückgeben. Diese Verpflichtung erstreckt sich auch auf Duplikate und Ablichtungen.

Herrn _____ steht kein Zurückbehaltungsrecht an den in Abs. 1 genannten Gegenständen zu.

### § 10

Die AG bestätigt, daß Herr _____ während seiner aktiven Dienstzeit seiner Sorgfaltspflicht und Verantwortlichkeit nach §§ _____ des Anstellungsvertrages vom _____, auch im Jahre _____, gewissenhaft nachgekommen ist.

Die AG erteilt Herrn _____ ein qualifiziertes, berufsförderndes Zeugnis. Die AG ist bereit, auf Vorschläge von Herrn _____ zu Eckdaten eines solchen Zeugnisses im Rahmen des anstellungsrechtlich Zulässigen einzugehen.

Herr _____ hat mit Unterzeichnung dieser Vereinbarung das Recht, Vortragstätigkeiten, Schulungsmaßnahmen oder Veröffentlichungen auf eigene Rechnung ohne weitere Genehmigung durch die Gesellschaft auszuüben. Die im Rahmen dieser Tätigkeiten erzielten Einkünfte werden nicht auf die nach dieser Vereinbarung von Seiten der AG zu leistenden Zahlungen angerechnet.

### § 11

Mit dieser Vereinbarung ist der Fortbestand des Anstellungsverhältnisses zwischen der AG und Herrn _____ bis zum _____ abschließend geregelt. Zugleich sind mit Erfüllung der Verpflichtungen aus diesem Vertrag sämtliche wechselseitigen Ansprüche der Parteien erledigt, soweit nicht der Anstellungsvertrag vom _____ und die Zusatzvereinbarungen Nr. _____ bis Nr. _____ nachwirkende Regelungen enthalten. Insbesondere die §§ _____ des Anstellungsvertrages vom _____ gelten fort.

### § 12

Die AG wird aus Anlaß des Ausscheidens von Herrn _____ die dieser Aufhebungs- und Abfindungsvereinbarung als Anlage beiliegende, zwischen den Vertragsparteien abgestimmte Presseerklärung herausgeben.

Über die Presseerklärung gemäß Abs. 1 hinausgehende öffentliche Erklärungen und Stellungnahmen in bezug auf das Ausscheiden von Herrn _____ aus dem Vorstand der Gesellschaft sind nur im Einvernehmen mit Herrn _____ zulässig.

Die AG und Herr _____ verpflichten sich, über den Inhalt und das Zustandekommen dieser Vereinbarung Stillschweigen zu bewahren, soweit nicht aus rechtlichen Gründen oder zum Zwecke der

Durchführung der Vereinbarung eine vollständige oder teilweise Offenbarung gegenüber Dritten geboten ist. Im letzteren Falle sind die Mitteilungsempfänger im Rahmen des rechtlich und tatsächlich Möglichen in gleicher Weise zur Verschwiegenheit zu verpflichten.

**§ 13**
Sollte eine Bestimmung dieser Vereinbarung aus irgendwelchen jetzt bestehenden oder künftig entstehenden Gründen unwirksam sein oder werden, so soll die Unwirksamkeit nicht die Nichtigkeit der gesamten Vereinbarung zur Folge haben. Die unwirksame Bestimmung ist im Rahmen des rechtlich Zulässigen durch eine Abrede zu ersetzen, die dem ursprünglichen Willen der Parteien entspricht oder wirtschaftlich am Nächsten kommt.

Für alle Rechtsstreitigkeiten aus oder im Zusammenhang mit dieser Vereinbarung ist das Landgericht ausschließlich zuständig, soweit nicht durch zwingende gesetzliche Vorschriften eine andere Zuständigkeit begründet ist.

**§ 14**
Der Aufsichtsrat der AG hat dem Inhalt der vorstehenden Aufhebungs- und Abfindungsvereinbarung in seiner Sitzung vom zugestimmt und den Vorsitzenden des Aufsichtsrats zu ihrem Abschluß bevollmächtigt und zur Ausfertigung dieser Vereinbarung ermächtigt.

## 7. Muster: Aufhebungsvereinbarung mit Vorstand einer konzernverbundenen AG

Zwischen

der Aktiengesellschaft , vertreten durch den Personalausschuß des Aufsichtsrates, dieser vertreten durch den Aufsichtsratsvorsitzenden Herrn

– nachstehend Gesellschaft genannt –

und

Herrn

– nachstehend Vorstand genannt –

wird unter der aufschiebenden Bedingung, daß das Plenum des Aufsichtsrats alsbald einer einvernehmlichen Beendigung der durch Beschluß des Aufsichtsrates vom begründeten Bestellung von Herrn zum Vorstand zustimmt, der nachfolgende Aufhebungsvertrag geschlossen:

(1) Die Parteien sind sich darüber einig, daß das zwischen ihnen bestehende Anstellungsverhältnis auf Veranlassung der Gesellschaft im beiderseitigen Einverständnis mit dem sein Ende finden wird.

(2) Die Gesellschaft stellt den Vorstand mit Unterzeichnung dieser Vereinbarung bis zur Beendigung des Dienstvertrages unwiderruflich von der Dienstleistung frei. Während der Zeit der Freistellung zahlt die Gesellschaft dem Vorstand die vertragsgemäßen Bezüge fort.

(3) Die Gesellschaft zahlt dem Vorstand eine Abfindung in Höhe von DM/ EUR (in Worten: Deutsche Mark/ EURO) brutto. Die Parteien vereinbaren, daß der Abfindungsanspruch mit Unterzeichnung dieser Vereinbarung entstanden und vererbbar ist.

(4) Von dieser Abfindung werden DM ( EUR) steuerfrei gezahlt. Die Abfindung wird bei Beendigung des Anstellungsverhältnisses sofort zur Zahlung fällig.

(5) Mit Rücksicht auf die Ertragslage der Gesellschaft verzichtet der Vorstand auf die in § vereinbarte erfolgs- und leistungsabhängige variable Vergütung für das Jahr . Die Gesellschaft nimmt die Verzichtserklärung an.

# § 4 Kapitel 2: Abwicklungs- und Aufhebungsverträge

(6) Der Vorstand hat in § _____ seines Anstellungsvertrages eine Pensionszusage erhalten. Zusätzlich wurde mit ihm durch Vertrag vom _____ vereinbart, daß die bisherige Pensionszusage der Konzerntochter _____ mit sofortiger Wirkung durch die Gesellschaft übernommen wird. Der Vorstand hat damit eine Pensionszusage seit dem _____. Unverfallbarkeit ist damit gemäß § 1 Abs. 1 BetrAVG am _____ (10 Jahre später) eingetreten. Der Vorstand hat damit aufgrund der ihm vertraglich erteilten Zusage einen Anspruch auf betriebliche Altersversorgung gegen die Gesellschaft. Die Gesellschaft verzichtet ausdrücklich auf die in der Versorgungsordnung vorgesehene ratierliche Kürzung der Versorgungsansprüche. Der Vorstand nimmt die Verzichtserklärung an. Berechnungsgrundlage der Altersversorgung ist die derzeitige monatliche Festvergütung in Höhe von _____. Die Anwartschaft auf diese Versorgungszusage bleibt gemäß § 1 Abs. 1 BetrAVG aufrechterhalten. Der Vorstand erhält spätestens 8 Wochen nach Ausscheiden eine Bestätigung gemäß § 2 Abs. 6 BetrAVG.

(7) Der Vorstand hat mit Unterzeichnung dieser Vereinbarung das Recht, Vortragstätigkeiten, Schulungsmaßnahmen oder Veröffentlichungen auf eigene Rechnung ohne weitere Genehmigung durch die Gesellschaft auszuüben. Die im Rahmen dieser Tätigkeiten erzielten Einkünfte werden nicht auf die nach dieser Vereinbarung von seiten der Gesellschaft zu leistenden Zahlungen angerechnet.

(8) Der Vorstand erhält das diesem Vertrag beigefügte Schlußzeugnis. Die Gesellschaft wird Auskünfte nur im Sinne dieses Zeugnisses erteilen.

(9) Der Vorstand ist berechtigt, den ihm zur Verfügung gestellten Dienstwagen mit dem amtlichen Kennzeichen _____, einschließlich des Autotelefons bis zur Beendigung des Dienstverhältnisses im bisherigen Umfang auch zu privaten Zwecken zu nutzen.

Am Tag der Beendigung des Dienstverhältnisses erwirbt der Vorstand das Fahrzeug einschließlich Diensttelefon nach den im Konzern bestehenden Richtlinien (Kaufpreis = Zeitwert des Fahrzeugs zum Ausscheidungstag) zu Eigentum. Der Kaufpreis kann mit der Abfindung gemäß Ziffer 3 verrechnet werden.

Der Vorstand gibt innerhalb von 2 Wochen nach Unterzeichnung dieser Vereinbarung die in seinem Besitz befindlichen, jedoch im Eigentum der Gesellschaft stehenden Unterlagen und Gegenstände an die Gesellschaft zurück.

(10) Der Vorstand hat noch Urlaubsansprüche in Höhe von _____ Arbeitstagen. Da der Urlaub nicht mehr genommen werden kann, ist er kraft Gesetzes abzugelten. Die Gesellschaft nimmt eine Abgeltung von Urlaubsansprüchen des Vorstands im Umfang von _____ Arbeitstagen mit _____ DM ( _____ EUR) vor. Die Urlaubsabgeltung ist mit der Zahlung des letzten Gehalts fällig.

(11) Der Vorstand verpflichtet sich, alle ihm während seiner Tätigkeit für die Gesellschaft zur Kenntnis gelangten betriebsinternen Vorgänge, insbesondere Geschäfts- und Betriebsgeheimnisse, auch nach dem Ausscheiden geheim zu halten.

(12) Presseveröffentlichungen und andere Verlautbarungen an einen unbestimmten Personenkreis werden die Vertragsparteien jeweils nur in einer miteinander abgestimmten Form abgeben. Die Parteien werden als Richtschnur dafür unverzüglich nach Abschluß dieses Vertrages einen Wortlaut ausarbeiten.

(13) Mit dieser Vereinbarung ist der Fortbestand des Dienstverhältnisses zwischen der Gesellschaft und dem Vorstand bis zum _____ und dessen Beendigung zu diesem Zeitpunkt abschließend geregelt. Zugleich sind mit Erfüllung der Verpflichtungen aus dieser Vereinbarung sämtliche wechselseitigen Ansprüche der Parteien endgültig erledigt. Nebenabreden sind nicht getroffen. Änderungen und Ergänzungen dieses Vertrages bedürfen zu ihrer Wirksamkeit der Schriftform.

(14) Sollte eine Bestimmung dieses Vertrages unwirksam sein oder werden, so wird dadurch die Wirksamkeit der anderen Bestimmungen dieses Vertrages nicht berührt. An die Stelle der un-

# Beendigung von Arbeitsverhältnissen § 4

wirksamen Bestimmung tritt eine rechtlich zulässige, die Sinn und Zweck der unwirksamen Bestimmung so nahe wie möglich kommt.

## 8. Muster: Aufhebungsvertrag mit Vorstandsvorsitzendem einer Bank

Zwischen

, vertreten durch den Vorsitzenden des Aufsichtsrates, Herrn
— im folgenden Bank genannt —

und

Herrn Vorstandsvorsitzenden
— im folgenden Vorstandsvorsitzender genannt —

wird folgender Aufhebungsvertrag geschlossen:

(1) Das zwischen den Parteien mit Vertrag vom        begründete Anstellungsverhältnis wird in beiderseitigem bestem Einvernehmen mit Wirkung zum        beendet; der Vorstandsvorsitzende legt zu diesem Termin im allseitigen Einverständnis sein Mandat als Vorstandsvorsitzender/Vorstandsmitglied nieder. Die Niederlegung erlangt mit Zustimmung des Aufsichtsrats Wirksamkeit.

(2) Die Gehaltszahlungen nach §        einschließlich der Auszahlung der garantierten Tantieme nach §        enden mit dem        . Die dem Vorstandsvorsitzenden bis zum        zustehende Resttantieme für das Jahr        in Höhe von        DM (        EUR) wird mit dem Tag des Ausscheidens fällig.

(3) Die Bank erteilt dem Vorstandsvorstandsvorsitzenden Entlastung für das Jahr        . Die Bank bestätigt, daß der Vorstandsvorsitzende während seiner aktiven Dienstzeit seiner Sorgfaltspflicht und Verantwortlichkeit nach §        des Dienstvertrags vom        , auch im Rumpfgeschäftsjahr, treu und gewissenhaft nachgekommen ist.

(4) Die Bank und der Vorstandsvorsitzende sichern einander über den        hinaus gegenseitige Loyalität zu. Sie werden alle Handlungen und Äußerungen unterlassen, die für das Ansehen des anderen Vertragspartners abträglich sein könnten.

(5) Der Vorstandsvorsitzende verpflichtet sich, über alle ihm während seiner Tätigkeit für die Gesellschaft oder Beteiligungsgesellschaften bekanntgewordenen betriebsinternen Angelegenheiten, vor allem Geschäfts- und Betriebsgeheimnisse, Stillschweigen zu bewahren. Etwaige noch in seinem Besitz befindliche Unterlagen oder davon gefertigte Kopien gibt der Vorstandsvorsitzende an die Bank zum        zurück.

(6) Der Vorstandsvorsitzende wird zum        sämtliche Aufsichtsrats-, Beirats- und sonstige Mandate, die er im Auftrag und im Interesse der Gesellschaft wahrgenommen hat, niederlegen. Ausgenommen von dieser Verpflichtung ist die private Beiratsmitgliedschaft bei der Firma        .

(7) Die Bank räumt dem Vorstandsvorsitzenden das Recht ein, die bei der        -Versicherung abgeschlossene Direktversicherung, Versicherungsscheinnummer        , fortzuführen und wird die dazu notwendigen Erklärungen gegenüber dem Versicherer abgeben. Im Falle einer Fortführung der Versicherung durch den Vorstandsvorsitzenden werden die für die Übertragung anfallenden Kosten von der Bank getragen.

(8) Der Vorstandsvorsitzende gibt das Dienstfahrzeug        mit dem amtlichen Kennzeichen        am Tag der Beendigung des Anstellungsverhältnisses in ordnungsgemäßem Zustand mit allen Wagenpapieren an die Bank zurück.

(9) Die Bank erteilt dem Vorstandsvorsitzenden ein qualifiziertes, berufsförderndes Zeugnis. Die Bank ist bereit, auf Vorschläge des Vorstandsvorsitzenden zu Eckdaten eines solchen Zeugnisses im Rahmen des anstellungsrechtlich Zulässigen einzugehen.

(10) Presseveröffentlichungen und andere Verlautbarungen an einen unbestimmten Personenkreis werden die Vertragsparteien jeweils nur in einer miteinander abgestimmten Form abgeben. Die Parteien werden als Richtschnur dafür unverzüglich nach Abschluß dieses Vertrages einen Wortlaut ausarbeiten.

(11) Sollte eine Bestimmung dieses Vertrages unwirksam sein oder werden, so wird dadurch die Wirksamkeit der anderen Bestimmungen dieses Vertrages nicht berührt. An die Stelle der unwirksamen Bestimmung tritt eine rechtlich zulässige, die Sinn und Zweck der unwirksamen Bestimmung so nahe wie möglich kommt.

(12) Mit dieser Vereinbarung ist der Fortbestand des Anstellungsverhältnisses zwischen der Bank und dem Vorstandsvorsitzenden bis zum ▓▓▓▓ abschließend geregelt. Zugleich sind mit Erfüllung der Verpflichtungen aus diesem Aufhebungsvertrag sämtliche wechselseitigen Ansprüche der Parteien erledigt, soweit nicht der Anstellungsvertrag vom ▓▓▓▓ nachwirkende Regelungen enthält. Insbesondere die §§ ▓▓▓▓ bis ▓▓▓▓ des Anstellungsvertrages über die erworbenen Pensionsansprüche gelten fort.

(13) Diese Vereinbarung wird vorbehaltlich des in der Aufsichtsratssitzung am ▓▓▓▓ zu fassenden Beschlusses und der Zustimmung des Personalausschusses getroffen.

## 9. Muster: Aufhebungsvertrag mit AG-Vorstand

**2257**

**441**

*Aufhebungsvertrag*

Zwischen

der ▓▓▓▓

– im folgenden „AG" genannt –

und

Herrn Vorstandsvorsitzenden ▓▓▓▓

– im folgenden „Vorstandsvorsitzender" genannt –

wird folgender Aufhebungsvertrag geschlossen:

1. Das zwischen den Parteien bestehende Anstellungsverhältnis wird auf Veranlassung der AG, insbesondere auf den am ▓▓▓▓ vom Aufsichtsratsvorsitzenden geäußerten Wunsch des Aufsichtsrates, das Anstellungsverhältnis vorzeitig aufzulösen, zum ▓▓▓▓ beendet. Der Vorstandsvorsitzende wird zum ▓▓▓▓ nach Unterzeichnung des Aufhebungsvertrages durch den Aufsichtsratsvorsitzenden sein Mandat als Vorstandsvorsitzender und Vorstandsmitglied der AG niederlegen.

2. Bis zum ▓▓▓▓ wird das Vertragsverhältnis ordnungsgemäß abgewickelt. Die Tantieme gemäß Ziffer ▓▓▓▓ des Anstellungsvertrages wird nach Maßgabe der dort getroffenen Regelung für den Zeitraum bis zum ▓▓▓▓ gezahlt.

    Die ordnungsgemäße Abwicklung des Vertragsverhältnisses erfolgt auf der Grundlage der in Ziffer ▓▓▓▓ des Anstellungsvertrages genannten Bezüge (Fixum von ▓▓▓▓ DM/ ▓▓▓▓ EUR und Tantieme in Höhe von ▓▓▓▓ DM/ ▓▓▓▓ EUR).

3. Die AG zahlt dem Vorstandsvorsitzenden zum Ausgleich für den Verlust seines sozialen Besitzstandes und als Entschädigung hinsichtlich der entgehenden Leistungen aus dem Anstellungsvertrag eine Abfindung in Höhe von ▓▓▓▓ DM ( ▓▓▓▓ EUR) brutto. Die Parteien vereinbaren,

## § 4 Beendigung von Arbeitsverhältnissen

daß der Abfindungsanspruch mit Unterzeichnung dieser Vereinbarung entstanden und vererbbar ist.

Die AG wird bei der Auszahlung der Abfindung die §§ 3 Ziff. 9, 34, 24 EStG anwenden.

Die Abfindung wird am            zur Zahlung fällig.

Für den Fall, daß die AG durch die Finanzbehörden als Mithaftender in Anspruch genommen wird und eine Nachentrichtung vornimmt, verpflichtet sich der Vorstandsvorsitzende, den nachentrichteten Betrag sofort an die AG zu erstatten. Er verpflichtet sich hiermit ferner, der AG vor der Fälligkeit der Abfindungszahlung eine selbstschuldnerische, unbefristete Bürgschaft einer deutschen Großbank zu stellen, mit welcher die Bank unter Verzicht auf die Einreden der Anfechtbarkeit und der Aufrechenbarkeit die selbstschuldnerische Haftung für diese Erstattungsverpflichtung des Vorstandsvorsitzenden gegenüber der AG übernimmt.

4. Ziffer            und Ziffer            des Anstellungsvertrages gelten fort.

Der Vorstandsvorsitzende wird zum            sämtliche Aufsichtsrats-, Beirats- und sonstigen Mandate im Interessenkreis der AG niederlegen.

Der Vorstandsvorsitzende wird das Dienstfahrzeug einschließlich Kfz-Papieren und sämtlichen Schlüsseln bis zum            an die AG zurückgeben. Bis zu diesem Zeitpunkt ist der Vorstandsvorsitzende berechtigt, das Dienstfahrzeug weiter zu benutzen.

5. Die AG erteilt dem Vorstandsvorsitzenden ein qualifiziertes Zeugnis.

6. Der zwischen den Parteien am            geschlossene Pensionsvertrag und Ziff.            des Anstellungsvertrages gelten, soweit sie die Rechte und Pflichten für die Zeit nach Beendigung des Anstellungsverhältnis begründen, fort. Die AG und der Vorstandsvorsitzende sind sich darüber einig, daß, unabhängig vom Vorliegen der Voraussetzungen nach dem Pensionsvertrag, der Vorstandsvorsitzende von der AG, beginnend mit der Vollendung des 63. Lebensjahres, also mit dem            , eine lebenslängliche Pension erhält, deren Höhe nach § 3 Abs. 1 des Pensionsvertrages auf der Grundlage von 40 % des zuletzt von dem Vorstandsvorsitzenden erhaltenen Fixums von            DM (            EUR) jährlich zu berechnen ist, auf die andere Ansprüche, soweit gesetzlich oder in dem Anstellungsvertrag oder dem Pensionsvertrag vorgesehen, anzurechnen sind und die in monatlichen Raten zu zahlen und gem. § 16 BetrAVG alle drei Jahre, erstmals zum            anzupassen ist.

Die AG bietet dem Vorstandsvorsitzenden zusätzlich an, die lebenslängliche Pension bereits ab Vollendung des 58. Lebensjahres zu beziehen. In diesem Fall bleiben die vorstehenden Regelungen und der Pensionsvertrag unverändert mit Ausnahme der Höhe der jährlich zu zahlenden Pension. Die sich in diesem Fall mindernde Höhe der Pension ist unter dem Gesichtspunkt der Kostenneutralität für die AG durch            zu ermitteln.

7. Die AG verzichtet darauf, von der ihr nach dem Anstellungsvertrag eingeräumten Möglichkeit, dem Vorstandsvorsitzenden die Dauer von            Monaten ein nachvertragliches Wettbewerbsverbot aufzuzuerlegen, Gebrauch zu machen.

Der Vorstandsvorsitzende verpflichtet sich, keine Mitarbeiter der AG abzuwerben.

8. Sollte eine Bestimmung dieses Vertrages unwirksam sein oder werden, wird dadurch die Wirksamkeit der anderen Bestimmungen dieses Vertrages nicht berührt. An die Stelle der unwirksamen Bestimmung tritt eine rechtlich zulässige, die Sinn und Zweck der unwirksamen Bestimmung so nahe wie möglich kommt.

9. Mit dieser Vereinbarung ist der Fortbestand des Anstellungsverhältnisses zwischen der AG und dem Vorstandsvorsitzenden bis zum            abschließend geregelt.

Soweit in diesem Aufhebungsvertrag nichts anderes bestimmt ist, sind mit Erfüllung der Verpflichtungen aus diesem Aufhebungsvertrag mit Ausnahme von Anwartschaftsansprüchen aus dem Pensionsvertrag auch sämtliche sonstigen wechselseitigen Ansprüche der Parteien erledigt.

## § 4 Kapitel 2: Abwicklungs- und Aufhebungsverträge

10. Die Parteien vereinbaren, innerhalb von 14 Tagen drei mit Original-Handschrift unterzeichnete Ausfertigungen dieses Aufhebungsvertrages auszutauschen.
11. Dieser Vertrag wird vorbehaltlich eines zustimmenden Beschlusses des Aufsichtsrates und des Personalausschusses getroffen.

### 2260 10. Muster: Aufhebungsvertrag mit GmbH-Geschäftsführer

442

*Vereinbarung*

zwischen

– nachstehend Gesellschaft genannt –

vertreten durch den besonders bevollmächtigten Gesellschafter

und

– nachstehend Geschäftsführer genannt –

vertreten durch:

wird folgender Aufhebungsvertrag geschlossen:

1. Die Parteien sind sich darüber einig, daß das zwischen ihnen bestehende Anstellungsverhältnis auf Veranlassung der Gesellschaft zur Vermeidung einer ansonsten unumgänglichen Kündigung im beiderseitigen Einverständnis mit dem          sein Ende finden wird.
2. Der Geschäftsführer ist berechtigt, das Anstellungsverhältnis vor dem          mit einer Ankündigungsfrist von 14 Tagen zum Monatsende vorzeitig zu beenden. Eine derartige Beendigung entspricht ausdrücklich dem Wunsch der Gesellschaft.
3. Die Gesellschaft stellt den Geschäftsführer mit Unterzeichnung dieser Vereinbarung bis zur Beendigung des Dienstvertrages unter Anrechnung auf seine Resturlaubsansprüche unwiderruflich von der Arbeitsleistung frei. Während der Zeit der Freistellung zahlt die Gesellschaft dem Geschäftsführer die vertragsgemäßen Bezüge in Höhe von monatlich          DM (          EUR) brutto fort.
4. Die Gesellschaft zahlt dem Geschäftsführer für den Verlust des Arbeitsplatzes und zum Ausgleich für den Verlust des sozialen Besitzstandes gemäß den §§ 3 Ziff. 9, 34, 24 EStG sowie in entsprechender Anwendung der §§ 9, 10 KSchG eine Abfindung in Höhe von          DM (          EUR) brutto. Die Abfindung erhöht sich für jeden vollen Monat des vorzeitigen Ausscheidens gemäß Ziff. 2 dieser Vereinbarung um          DM (          EUR) brutto. Die Parteien vereinbaren, daß der Abfindungsanspruch mit Unterzeichnung dieser Vereinbarung entstanden und vererbbar ist.
5. Von dieser Abfindung werden          DM (          EUR) steuerfrei gezahlt. Die Abfindung wird bei Beendigung des Arbeitsverhältnisses sofort, spätestens jedoch am          zur Zahlung fällig.
6. Mit Rücksicht auf den Umstand, daß z.Zt. noch nicht festgestellt werden kann, ob und in welchem Umfang dem Geschäftsführer in den Jahren          eine Tantieme zusteht, wird die vertraglich vereinbarte Tantieme hiermit für den Zeitraum von          bis          mit einem Betrag

in Höhe von ▓▓▓ DM (▓▓▓ EUR) pauschaliert. Der Geschäftsführer erhält die pauschalierte Tantieme bis zum ▓▓▓.

7. Das zwischen den Parteien vereinbarte nachvertragliche Wettbewerbsverbot wird einvernehmlich mit sofortiger Wirkung aufgehoben. Ein Anspruch auf Karenzentschädigung besteht nicht.

8. Der Geschäftsführer hat aufgrund der ihm mit Vertrag erteilten Zusage einen Anspruch auf betriebliche Altersversorgung gegen die Gesellschaft. Berechnungsgrundlage der Altersversorgung ist die derzeitige monatliche Festvergütung in Höhe von ▓▓▓ DM (▓▓▓ EUR). Die Anwartschaft auf diese Versorgungszusage bleibt gemäß § 1 Abs. 1 BetrAVG aufrecht erhalten. Auf eine ratierliche Kürzung wird verzichtet. Der Geschäftsführer erhält spätestens 8 Wochen nach Ausscheiden eine Bestätigung gemäß § 2 Abs. 6 BetrAVG.

9. Die Gesellschaft räumt mit Beendigung des Dienstverhältnisses dem Geschäftsführer das Recht ein, die zusätzlich zu der erteilten Direktzusage gemäß Ziff. 8 dieser Vereinbarung bei der ▓▓▓ Versicherung, Versicherungsnummer ▓▓▓ abgeschlossene Direktversicherung fortzuführen und wird die dazu notwendigen Erklärungen gegenüber dem Versicherer abgeben. Im Falle einer Fortführung der Versicherung durch den Geschäftsführer werden die für die Übertragung anfallenden Kosten von der Gesellschaft getragen.

10. Der Geschäftsführer hat mit Unterzeichnung dieser Vereinbarung das Recht, Vortragstätigkeiten, Schulungsmaßnahmen oder Veröffentlichungen auf eigene Rechnung ohne weitere Genehmigung durch die Firma auszuüben. Die im Rahmen dieser Tätigkeiten erzielten Einkünfte werden nicht auf die nach dieser Vereinbarung von seiten der Gesellschaft zu leistenden Zahlungen angerechnet.

11. Während seiner Freistellung ist der Geschäftsführer weiterhin befugt, sämtliche Büroeinrichtungen einschließlich des in seiner Wohnung installierten Diensttelefons auf Kosten der Gesellschaft für Bewerbungsaktivitäten zu nutzen.

12. Der Geschäftsführer erhält das diesem Vertrag beigefügte Zwischenzeugnis. Zum Beendigungstermin wird dem Geschäftsführer ein auf dieses Datum ausgestelltes Schlußzeugnis erteilt, das inhaltlich mit dem Zwischenzeugnis übereinstimmt. Die Gesellschaft wird Auskünfte nur im Sinne dieses Zeugnisses erteilen.

13. Der Geschäftsführer ist berechtigt, den ihm zur Verfügung gestellten Dienstwagen einschließlich des Autotelefons bis zur Beendigung des Dienstverhältnisses im bisherigen Umfang auch zu privaten Zwecken zu nutzen. Der Geschäftsführer gibt das Dienstfahrzeug nebst Zubehör am Tag der Beendigung des Dienstverhältnisses in ordnungsgemäßem Zustand mit allen Wagenpapieren, der Telefonkarte und sämtlichen Schlüsseln bei der Gesellschaft ab.

14. Das von dem Geschäftsführer derzeit als Mieter bewohnte Haus steht diesem bis zum ▓▓▓ zur Verfügung. Der Anschluß an die Warnanlage des Werkschutzes wird bis zu diesem Termin aufrechterhalten. Zieht der Geschäftsführer vor dem ▓▓▓ um, so werden die Kosten für den Umzug an einen anderen deutschen Wohnort im üblichen Umfang von der Gesellschaft übernommen.

15. Der Geschäftsführer gibt innerhalb von 2 Wochen nach Unterzeichnung dieser Vereinbarung die in seinem Besitz befindlichen, jedoch im Eigentum der Gesellschaft stehenden Unterlagen und Gegenstände an die Gesellschaft zurück.

16. Der zwischen den Parteien geschlossene Darlehensvertrag vom ▓▓▓ wird zu den vereinbarten Konditionen fortgeführt. Der Geschäftsführer hat das Recht, die noch offene Darlehensschuld in Höhe von ▓▓▓ (Stand ▓▓▓) vorzeitig durch eine Einmalzahlung abzulösen.

17. Der Geschäftsführer verpflichtet sich, alle ihm während seiner Tätigkeit für die Gesellschaft zur Kenntnis gelangten betriebsinternen Vorgänge, insbesondere Geschäfts- und Betriebsgeheimnisse, auch nach dem Ausscheiden geheim zu halten.

18. Presseveröffentlichungen und andere Verlautbarungen an einen unbestimmten Personenkreis werden die Vertragsparteien jeweils nur in einer miteinander abgestimmten Form abgeben.

§ 4 Kapitel 2: Abwicklungs- und Aufhebungsverträge

Die Parteien werden als Richtschnur dafür unverzüglich nach Abschluß dieses Vertrages einen Wortlaut ausarbeiten.

19. Mit dieser Vereinbarung ist der Fortbestand des Dienstverhältnisses zwischen der Gesellschaft und dem Geschäftsführer bis zum _____ und dessen Beendigung zu diesem oder einem früheren Zeitpunkt gemäß Ziff. 2 dieser Vereinbarung abschließend geregelt. Die Gesellschafterversammlung hat, ergänzend zur Beschlußfassung über diesen Vertrag, einen Entlastungsbeschluß gemäß § 46 Satz 5 GmbHG gefaßt. Zugleich sind mit Erfüllung der Verpflichtungen aus dieser Vereinbarung sämtliche wechselseitigen Ansprüche der Parteien endgültig erledigt. Nebenabreden sind nicht getroffen. Änderungen und Ergänzungen dieses Vertrages bedürfen zu ihrer Wirksamkeit der Schriftform.

20. Jede Partei trägt ihre Kosten und die Kosten ihrer Berater im Zusammenhang mit dem Abschluß und der Durchführung dieses Vertrages.

21. Der Geschäftsführer hatte Gelegenheit, sich über die steuer- und sozialrechtlichen Konsequenzen dieser Vereinbarung bei den zuständigen Behörden – insbesondere dem Arbeitsamt, dem Finanzamt und einer Beratungsstelle der Bundesversicherungsanstalt – zu informieren.

22. Sollte eine Bestimmung dieses Vertrages unwirksam sein oder werden, so wird dadurch die Wirksamkeit der anderen Bestimmungen dieses Vertrages nicht berührt. An die Stelle der unwirksamen Bestimmung tritt eine rechtlich zulässige, die Sinn und Zweck der unwirksamen Bestimmung so nahe wie möglich kommt.

### 2265   11. Muster: Aufhebungsvertrag mit einem freien Mitarbeiter

443

Zwischen

dem Unternehmen _____

und

Herrn _____

wird das am _____ vereinbarte Vertragsverhältnis nach Maßgabe der folgenden Regelungen beendet:

1. Die Partner sind sich darüber einig, daß das zwischen ihnen bestehende Vertragsverhältnis gem. Vertrag vom _____ mit Wirkung zum _____ auf Veranlassung des Unternehmens _____ endet.

2. Als Entschädigung für entgangene bzw. in der Zukunft entgehende Einnahmen zahlt das Unternehmen _____ an Herrn _____ eine Abfindung in Höhe von _____ DM ( _____ EUR). Die Abfindung ist fällig am _____ .

   Sollte angesichts des beendeten Vertragsverhältnisses das Unternehmen _____ wirksam und rechtskräftig zur Nachentrichtung von Sozialversicherungsbeiträgen herangezogen werden, hat Herr _____ in dem vom Sozialversicherungsträger festgestellten Umfang die erhaltene Abfindung zurückzuzahlen. Soweit die zurückzuzahlenden Beiträge die Höhe der Abfindung überschreiten, findet eine Rückzahlung durch Herrn _____ nicht statt.

3. Herr _____ erklärt verbindlich, daß er sämtliche Honorare, die er von dem Unternehmen _____ im Rahmen des Vertragsverhältnisses vom _____ erhalten hat, ordnungsgemäß versteuert hat.

4. Mit der Erfüllung aller in diesem Aufhebungsvertrag geregelten Ansprüche des Herrn _____ gegen das Unternehmen _____ sind sämtliche finanziellen Ansprüche des Herrn _____ gegen das Unternehmen _____ erledigt.

5. Sollte eine Bestimmung dieses Vertrages unwirksam sein, so wird die Wirksamkeit der übrigen Bestimmungen hiervon nicht berührt. Die Parteien verpflichten sich, eine etwaige unwirksame Bestimmung durch eine dieser in Interessenlage und Bedeutung möglichst nahekommende, wirksame Vereinbarung zu ersetzen.

### 12. Muster: Abwicklungsvertrag nach Erhebung einer Kündigungsschutzklage

*Abwicklungsvertrag*

zwischen

der Firma

– nachstehend Arbeitgeber genannt –

und

Herrn

– nachstehend Arbeitnehmer genannt –

vertreten durch:

#### Präambel
Der Arbeitgeber hat das Arbeitsverhältnis fristgerecht aus betriebsbedingten Gründen am zum gekündigt. Der Arbeitnehmer hat daraufhin fristgerecht Kündigungsschutzklage vor dem Arbeitsgericht erhoben. Der Rechtsstreit ist unter dem Aktenzeichen anhängig.

#### § 1 Abfindung
Der Arbeitgeber zahlt dem Arbeitnehmer zum Ausgleich für den Verlust des Arbeitsplatzes eine Abfindung entsprechend §§ 9, 10 KSchG, 3 Nr. 9 EStG in Höhe von: DM/ EUR (in Worten: DM/ EUR).

Der Arbeitgeber zahlt die Abfindung bis zum auf das Gehaltskonto des Arbeitnehmers aus.

Die Parteien vereinbaren, daß der Abfindungsanspruch vererbbar und bereits mit Unterzeichnung dieses Vertrages entstanden ist.

#### § 2 Freistellung
Der Arbeitnehmer erhält bis zur Beendigung des Arbeitsverhältnisses Gelegenheit, seinen ihm zustehenden Urlaub zu nehmen und wird im übrigen vom Arbeitgeber unter Verzicht auf die Anrechnung eines etwaigen Zwischenverdienstes von der Arbeitsleistung freigestellt. Bis zur Beendigung seines Arbeitsverhältnisses erhält der Arbeitnehmer seine bisherigen Bezüge einschließlich der Zulagen wie Weihnachtsgeld und Urlaubsgeld weitergezahlt. Etwaige Ansprüche auf Überstundenvergütung oder Freizeitausgleich sind durch die Freistellungsvereinbarung abgegolten.

Im übrigen wird das Arbeitsverhältnis bis zum von beiden Seiten ordnungsgemäß abgewickelt.

#### § 3 Wiedereinstellungsanspruch
Der Arbeitnehmer verzichtet auf einen etwaigen Wiedereinstellungsanspruch.

#### § 4 Zeugnis
Der Arbeitgeber verpflichtet sich, dem Arbeitnehmer das als Anlage zu diesem Vertrag beigefügte Zeugnis mit sofortiger Wirkung als Zwischenzeugnis, ansonsten spätestens bis zur Beendigung seiner Tätigkeit als Endzeugnis zu erteilen.

### § 5 Salvatorische Klausel
Sollten Bestimmungen dieses Vertrages ganz oder teilweise nicht rechtswirksam oder nicht durchführbar sein oder ihre Rechtswirksamkeit oder Durchführbarkeit später verlieren, so soll hierdurch die Gültigkeit der übrigen Bestimmungen des Vertrages nicht berührt werden. Das gleiche gilt, soweit sich herausstellen sollte, daß der Vertrag eine Regelungslücke enthält. Anstelle der unwirksamen oder undurchführbaren Bestimmungen oder zur Ausfüllung der Lücke soll eine angemessene Regelung gelten, die, soweit rechtlich möglich, dem am nächsten kommt, was von den Parteien des vorliegenden Vertrages gewollt wurde oder nach dem Sinn und Zweck des Vertrages gewollt sein würde, sofern sie bei Abschluß dieses Vertrages oder bei der späteren Aufnahme einer Bestimmung den Punkt bedacht hätten.

### § 6 Klagerücknahme
Der Arbeitnehmer erklärt, daß er die erhobene Kündigungsschutzklage nach Unterzeichnung dieser Vereinbarung zurücknehmen wird. Zwischen den Parteien besteht Einigkeit darüber, daß aufgrund der tatsächlichen Umstände das Arbeitsverhältnis durch die von beiden Seiten als wirksam angesehene betriebsbedingte Kündigung auch nach Durchführung des Rechtsstreits aufgelöst worden wäre.

### § 7 Erledigungsklausel
Die Parteien sind sich darüber einig, daß mit der Erfüllung dieser Vereinbarung sämtliche Ansprüche der Parteien aus dem Arbeitsverhältnis erledigt sind.

## 13. Muster: Abwicklungsvertrag vor Erhebung einer Kündigungsschutzklage

*Abwicklungsvertrag*

zwischen

– nachstehend Arbeitgeber genannt –

vertreten durch:

und

– nachstehend Arbeitnehmer genannt –

vertreten durch:

### § 1 Gegenstand des Vertrages
Der Arbeitgeber hat das Arbeitsverhältnis fristgerecht betriebsbedingt unter Wahrung der ordentlichen Kündigungsfrist zum          gekündigt.

### § 2 Abfindung
Der Arbeitgeber zahlt dem Arbeitnehmer zum Ausgleich für den Verlust des Arbeitsplatzes eine Abfindung entsprechend §§ 9, 10 KSchG, 3 Nr. 9 EStG in Höhe von          DM/          EUR (in Worten:          Deutsche Mark/          EURO).

Der Arbeitgeber zahlt die Abfindung bis zum          auf folgendes Konto:

Die Parteien vereinbaren, daß der Abfindungsanspruch mit dem Tag der Unterzeichnung dieser Vereinbarung entstanden und vererbbar ist.

## § 3 Freistellung

Der Arbeitnehmer erhält bis zur Beendigung des Arbeitsverhältnisses Gelegenheit, seinen ihm zustehenden Urlaub zu nehmen und wird im übrigen vom Arbeitgeber unter Verzicht auf die Anrechnung eines etwaigen Zwischenverdienstes von der Arbeitsleistung freigestellt. Bis zur Beendigung seines Arbeitsverhältnisses erhält der Arbeitnehmer seine bisherigen Bezüge einschließlich der Zulagen wie Weihnachtsgeld und Urlaubsgeld weitergezahlt. Etwaige Ansprüche auf Überstundenvergütung oder Freizeitausgleich sind durch die Freistellungsvereinbarung abgegolten.

## § 4 Wiedereinstellungsanspruch

Der Arbeitnehmer verzichtet auf einen etwaigen Wiedereinstellungsanspruch.

## § 5 Zeugnis

Der Arbeitgeber verpflichtet sich, dem Arbeitnehmer bis zur Beendigung seiner Tätigkeit ein qualifiziertes, wohlwollendes und berufsförderndes Zeugnis über die Gesamtdauer seiner Beschäftigung zu erteilen.

## § 6 Salvatorische Klausel

Sollten Bestimmungen dieses Vertrages ganz oder teilweise nicht rechtswirksam oder nicht durchführbar sein oder ihre Rechtswirksamkeit oder Durchführbarkeit später verlieren, so soll hierdurch die Gültigkeit der übrigen Bestimmungen des Vertrages nicht berührt werden. Das gleiche gilt, soweit sich herausstellen sollte, daß der Vertrag eine Regelungslücke enthält. Anstelle der unwirksamen oder undurchführbaren Bestimmungen oder zur Ausfüllung der Lücke soll eine angemessene Regelung gelten, die, soweit rechtlich möglich, dem am nächsten kommt, was von den Parteien des vorliegenden Vertrages gewollt wurde oder nach dem Sinn und Zweck des Vertrages gewollt sein würde, sofern sie bei Abschluß dieses Vertrages oder bei der späteren Aufnahme einer Bestimmung den Punkt bedacht hätten.

## § 7 Erledigungsklausel

Die Parteien sind sich darüber einig, daß mit der Erfüllung dieser Vereinbarung sämtliche Ansprüche der Parteien aus dem Arbeitsverhältnis erledigt sind. Gegen die Kündigung werden keine Einwendungen erhoben.

(Arbeitgeber)                    (Arbeitnehmer)

## 14. Muster: Abwicklungsvertrag Kurzfassung

*Abwicklungsvertrag*
zwischen

– nachstehend Arbeitgeber genannt –

und

– nachstehend Arbeitnehmer genannt –

**Präambel**

Der Arbeitgeber hat das Arbeitsverhältnis fristgerecht aus betriebsbedingten Gründen am        zum        gekündigt. Hintergrund der Kündigung ist        . Aus diesem Grund muß das Personal deutlich verringert werden.

## § 1 Abfindung

Der Arbeitgeber zahlt dem Arbeitnehmer zum Ausgleich für den Verlust des Arbeitsplatzes eine Abfindung entsprechend §§ 9, 10 KSchG, 3 Nr. 9 EStG in Höhe von: _____ DM/ _____ EUR (in Worten: _____ DM/ _____ EUR).

Bis zu einem Betrag von _____ DM/ _____ EUR (in Worten: _____ DM/ _____ EUR) ist die Abfindung brutto gleich netto.

Der Arbeitgeber zahlt die Abfindung bis zum _____ auf das Gehaltskonto des Arbeitnehmers aus.

Die Parteien vereinbaren, daß der Abfindungsanspruch vererbbar und bereits mit Unterzeichnung dieses Vertrages entstanden ist.

## § 2 Ordnungsgemäße Abwicklung

Bis zur Beendigung seines Arbeitsverhältnisses erhält der Arbeitnehmer seine bisherigen Bezüge weitergezahlt.

Das Arbeitsverhältnis wird bis zu seiner Beendigung von beiden Seiten ordnungsgemäß abgewickelt.

## § 3 Zeugnis

Der Arbeitgeber verpflichtet sich, dem Arbeitnehmer ein Zwischenzeugnis bis zum _____ auszustellen, ansonsten spätestens bis zur Beendigung seiner Tätigkeit ein Endzeugnis zu erteilen.

## § 4 Erledigungsklausel

Die Parteien sind sich darüber einig, daß mit der Erfüllung dieser Vereinbarung sämtliche Ansprüche der Parteien aus dem Arbeitsverhältnis erledigt sind. Gegen die Kündigung werden vom Arbeitnehmer keine Einwendungen erhoben.

## § 5 Anwendbares Recht

Der Vertrag unterliegt deutschem Recht.

## 15. Muster: Abwicklungsvertrag (Kurzfassung) in englischer Sprache

Contract of liquidation

between

_____ (employer)

and

_____ (employee)

**Preamble**

On _____ the employer has given due notice of dismissal to take effect on _____. The notice of termination of employment is based on operational reasons: _____

For this reason the employer has to reduce the number of staff.

### § 1 Compensation for dismissal

The compensation for dismissal pursuant to §§ 9, 10 KSchG, § 3 No 9 EStG is _____ DM/ _____ EUR (in words: _____ DM/ _____ EUR).

To the amount of _____ DM (_____ EUR) the compensation is a net payment.

The employer has to transfer the compensation to the employee's salary account until _____.

The parties agree that the employee's claim to the compensation is inheritable and constituted by signature of this contract.

### § 2 Execution of liquidation
The employer will pay the monthly salary to the employee until the employment is terminated.

Both parties will perform their contractual duties until the employment is terminated.

### § 3 Testimonial
The employee is entitled to a written testimonial as of             or – at the latest – by termination of the employment.

### § 4 Settlement of claims
The parties agree that the performance of this contract has the effect that all their claims based on the employment contract are satisfied.

The employee will not raise any objection against the notice of termination of employment.

### § 5 Applicable law
This contract ist governed by German law.

## 16. Muster: Abwicklungsvertrag mit leitendem Angestellten

*Abwicklungsvertrag*

zwischen

Firma

– nachstehend Firma genannt –

und

Herrn

wird folgendes vereinbart:

**Präambel**
Die Firma hat das Arbeitsverhältnis mit Herrn        auf arbeitgeberseitige Veranlassung durch fristgerechte, ordentliche betriebsbedingte Kündigung vom        zum        beendet. Wegen des Verlaufs des Rechtsstreits kommt Herr        zu dem Ergebnis, daß er gegen die Kündigung keine Einwendungen erheben kann.

**1. Vorzeitige Beendigung**
Herr        ist berechtigt, das Anstellungsverhältnis vor dem        mit einer Ankündigungsfrist von 14 Tagen zum Monatsende vorzeitig zu beenden. Eine vorzeitige Beendigung ist im Interesse des Mitarbeiters und entspricht dem Wunsch der Firma.

**2. Abfindung**
Aus Anlaß der Beendigung des Dienstverhältnisses erhält Herr        für den Verlust des Arbeitsplatzes und zum Ausgleich für den Verlust des sozialen Besitzstandes gemäß §§ 3 Ziff. 9, 34, 24 EStG sowie in entsprechender Anwendung der §§ 9, 10 KSchG eine Abfindung in Höhe von        DM/        EUR brutto (in Worten:        Deutsche Mark/        EURO). Die Abfindung erhöht sich für jeden vollen Monat des vorzeitigen Ausscheidens gemäß Ziff. 1 dieser Vereinbarung um        DM (        EUR) brutto.

Die Parteien vereinbaren, daß der Abfindungsanspruch vererbbar ist und bereits mit Unterzeichnung dieses Vertrages entstanden ist.

### 3. Steuer und Fälligkeit

Von dieser Abfindung werden _____ DM ( _____ EUR) steuerfrei gezahlt.

Die Abfindung wird bei Beendigung des Arbeitsverhältnisses sofort, spätestens jedoch am _____ zur Zahlung fällig.

### 4. Freistellung

Die Firma behält sich vor, Herrn _____ bis zur Beendigung des Arbeitsverhältnisses jederzeit unter Verzicht auf die Anrechnung eines etwaigen Zwischenverdienstes von der Arbeitsleistung freizustellen. Bis zur Beendigung seines Arbeitsverhältnisses erhält Herr _____ seine bisherigen Bezüge einschließlich der Zulagen sowie der Mindesttantieme (Fixtantieme) in Höhe von _____ DM ( _____ EUR) für _____ weitergezahlt. Das Arbeitsverhältnis wird bis zu seiner Beendigung von der Firma ordnungsgemäß abgewickelt.

Durch die noch gesondert anzuordnende Freistellung sind Ansprüche auf Erholungsurlaub für die Zeit bis zur Beendigung des Arbeitsverhältnisses vollständig erfüllt. Sollte sich erweisen, daß es nicht möglich ist, Herrn _____ vor Ablauf der Kündigungsfrist den Urlaub ganz oder teilweise zu gewähren, verlängert sich das Arbeitsverhältnis über den Zeitpunkt der ordentlichen Kündigungsfrist hinaus im Sinne einer sozialen Auslauffrist um die Zahl der Tage, die Herr _____ noch als Urlaubstage zu beanspruchen hat. In dieser Zeit der sozialen Auslauffrist ist Urlaub zu gewähren.

### 5. Dienstwagen

Der Dienstwagen ist zum Zeitpunkt der Beendigung des Arbeitsverhältnisses gemäß der Dienstwagen-Nutzungsvereinbarung von Herrn _____ herauszugeben. Mit der Beendigung des Arbeitsverhältnisses erlöschen die Verpflichtungen von Herrn _____ aus der Dienstwagen-Nutzungsvereinbarung vom _____ einschließlich der Verpflichtung zur Zahlung der monatlichen Leasing-Rate in Höhe von _____ DM ( _____ EUR). Die Firma stellt Herrn _____ mit dem Ende seines Dienstverhältnisses auch aus sämtlichen Verpflichtungen aus der Dienstwagennutzungsvereinbarung frei. Herr _____ nimmt dieses Angebot an.

### 6. Outplacement-Beratung

Die Kosten einer Outplacement-Beratung für Herrn _____ werden von der Firma in Höhe von maximal _____ DM ( _____ EUR) übernommen. Die Fälligkeit des von der Firma für eine Outplacement-Beratung aufgewendeten Honorars entsteht, sobald das Honorar von Herrn _____ angefordert wird. In jedem Falle ist die Firma verpflichtet, den Honorarbetrag für die Outplacement-Beratung im gleichen Veranlagungszeitraum zu leisten, in dem auch die Abfindungszahlung gemäß Ziff. 2 dieses Abwicklungsvertrages fällig wird.

### 7.

Herr _____ verzichtet auf einen etwaigen Wiedereinstellungsanspruch.

### 8. Verschwiegenheit und Herausgabe von Unterlagen

Herr _____ ist verpflichtet, auch nach seinem Ausscheiden über alle ihm zur Kenntnis gelangten vertraulichen geschäftlichen Angelegenheiten, Geschäftsgeheimnisse und Forschungsergebnisse von der Firma und Gesellschaften der Firmen-Gruppe gegenüber Dritten Stillschweigen zu bewahren.

Herr _____ wird spätestens im Zeitpunkt seines Ausscheidens sämtliche in seinem Besitz befindlichen der Firma gehörenden Gegenstände (z.B. Dienstwagen, Handy etc.), Unterlagen und Geschäftspapiere an die Firma herausgeben.

### 9. Zeugnis

Die Firma wird Herrn _____ umgehend ein qualifiziertes Zwischenzeugnis erteilen, das von Wohlwollen getragen ist und eine weitere berufliche Entwicklung nicht beeinträchtigt. Zum Beendigungstermin wird Herrn _____ ein auf das Beendigungsdatum ausgestelltes Schlußzeugnis erteilt, das inhaltlich mit dem Zwischenzeugnis übereinstimmt. Der Wortlaut des Zeugnisses ergibt sich aus der diesem Vertrag beigefügten Anlage. Das Schlußzeugnis enthält in Ansehung des freiwillig geschlossenen Abwicklungsvertrages die Schlußformel: „Herr         verläßt unser Unternehmen auf eigenen Wunsch. Wir wünschen ihm für seine weitere berufliche Zukunft alles Gute." Die Firma wird mündliche und schriftliche Auskünfte über Herrn         nur im Sinne dieses Zeugnisses erteilen.

**10. Salvatorische Klausel**
Sollten Bestimmungen dieses Vertrages ganz oder teilweise nicht rechtswirksam oder nicht durchführbar sein oder ihre Rechtswirksamkeit oder Durchführbarkeit später verlieren, so soll hierdurch die Gültigkeit der übrigen Bestimmungen des Vertrages nicht berührt werden. Das gleiche gilt, soweit sich herausstellen sollte, daß der Vertrag eine Regelungslücke enthält. Anstelle der unwirksamen oder undurchführbaren Bestimmungen oder zur Ausfüllung der Lücke soll eine angemessene Regelung gelten, die soweit rechtlich möglich, dem am nächsten kommt, was von den Parteien des vorliegenden Vertrages gewollt wurde oder nach dem Sinn und Zweck des Vertrages gewollt sein würde, sofern sie bei Abschluß dieses Vertrages oder bei der späteren Aufnahme einer Bestimmung den Punkt bedacht hätten.

**11. Protokollierungsvereinbarung**
Die Parteien vereinbaren, daß der vorstehende Vergleich zusätzlich gerichtlich protokolliert werden soll. Der Vergleich ist gleichwohl bereits mit dem Zeitpunkt der Unterzeichnung durch beide Parteien zustandegekommen. Die Wirksamkeit des Abwicklungsvertrages soll nicht erst mit einer gerichtlichen Protokollierung eintreten.

**12. Erledigungsklausel**
Die Parteien sind sich darüber einig, daß mit der Erfüllung dieser Vereinbarung sämtliche Ansprüche der Parteien aus dem Arbeitsverhältnis erledigt sind. Dies gilt auch für den Rechtsstreit vor dem Arbeitsgericht         (Aktenzeichen:         ).

## 17. Muster: Abwicklungsvertrag bei Betriebsstättenverlegung

*Abwicklungsvertrag*

zwischen

– nachstehend *Arbeitgeber* genannt –

und

– nachstehend *Mitarbeiterin* genannt –

vertreten durch:

**Präambel**
Der Arbeitgeber hat das Arbeitsverhältnis fristgerecht aus betriebsbedingten Gründen am         zum         gekündigt. Der Arbeitgeber ist nach         verzogen. Über die Konditionen, unter denen die Mitarbeiterin in         hätte weiterbeschäftigt werden können, konnte keine Einigung erzielt werden.

**§ 1 Abfindung**
Der Arbeitgeber zahlt der Mitarbeiterin zum Ausgleich für den Verlust des Arbeitsplatzes eine Abfindung entsprechend §§ 9, 10 KSchG, 3 Nr. 9 EStG in Höhe von         DM (in Worten:         Deutsche Mark),         EUR (in Worten:         EURO).

Der Arbeitgeber zahlt die Abfindung am         auf das Gehaltskonto der Mitarbeiterin.

Die Parteien vereinbaren, daß der Abfindungsanspruch vererbbar und bereits mit Unterzeichnung dieses Vertrages entstanden ist.

### § 2 Freistellung
Die Mitarbeiterin erhält bis zur Beendigung des Arbeitsverhältnisses Gelegenheit, den ihr zustehenden Urlaub zu nehmen und wird im übrigen vom Arbeitgeber unter Verzicht auf die Anrechnung eines etwaigen Zwischenverdienstes von der Arbeitsleistung freigestellt. Bis zur Beendigung ihres Arbeitsverhältnisses erhält die Mitarbeiterin ihre bisherigen Bezüge in Höhe von monatlich            DM (            EUR) einschließlich eines Urlaubsgelds zum            in Höhe von            DM (            EUR) und eines 13. Monatsgehalts in Höhe von            DM (            EUR) zum            weitergezahlt. Etwaige Ansprüche auf Überstundenvergütung oder Freizeitausgleich sind durch diese Freistellungsvereinbarung abgegolten.

### § 3 Zeugnis
Der Arbeitgeber verpflichtet sich, der Mitarbeiterin das als Anlage zu diesem Vertrag beigefügte Zeugnis mit sofortiger Wirkung als Zwischenzeugnis, ansonsten spätestens bis zur Beendigung ihrer Tätigkeit als Endzeugnis zu erteilen.

### § 4 Hinweis- und Erledigungsklausel
Die Parteien sind sich darüber einig, daß mit der Erfüllung dieser Vereinbarung sämtliche Ansprüche der Parteien aus dem Arbeitsverhältnis erledigt sind. Gegen die Kündigung werden keine Einwendungen erhoben. Die Mitarbeiterin verzichtet auf Hinweise zu den rentenversicherungsrechtlichen, arbeitslosenversicherungsrechtlichen, steuerrechtlichen und arbeitsvertragsrechtlichen Auswirkungen dieses Abwicklungsvertrages.

▲

**2278** 18. Muster: Abwicklungsvertrag bei Betriebsstättenverlegung in italienischer Sprache (Übersetzung von Muster 2277)

▼

450

*Contratto di Liquidazione*

tra

– chiamata in seguito *datore di lavoro* –

e

– chamata in seguito *dipendente* –

rappresentata da:

**Preambolo**
Il datore di lavoro ha disdetto il contratto di lavoro entro i termini, il            per il            , per motivi aziendali. Il datore di lavoro si è trasferito a            . Son si è riusciti a raggiungere un accordo sulle condizioni, alle quali la dipendente avrebbe potuto continuare a prestare la sua collaborazione a            .

### § 1 Liquidazione (trattamento di fine rapporto)
Il datore di lavoro paga ale dipendente, a titolo di compesazione per la perdita des posto di lavoro, una liquidazione, in confomità con i §§ 9, 10 KSchG (Legge sulla tutela contro il licenziamento), 3 n° 9 EStG (Legge sull'Imposta sul Reddito), dell'ammontare di DM            . (in parole:            marchi tedeschi), EUR            (in parole:            EURO).

## Beendigung von Arbeitsverhältnissen § 4

Il datore di lavoro versa la liquidazione sul conto stipendi della dipendente il          .

Le parti convengono che la pretesa di liquidazione è riversibile per eredità e costituita già al momento della firma del presente contratto.

### § 2 Esonero
Fino alla cessazione del rapporto di lavoro, la dipendente avrà la possibilità di prendere le ferie spettantile e sarà, inoltre, esonesrata dal servizio da parte del datore di lavoro, che rinuncerà alla computazione di un'eventuale reddito intermedio. Fino alla fine del suo rapporto di lavoro, la dipendente continuerà a percepire la sua retribuzione mensile di DM          (EUR          ), ivi compreso un compenso per ferie, pagabile il          , dell'ammontare di DM          (EUR          ), e di una 13a mensilita di DM          (EUR          ), pagabile il          Pretese eventuali concernenti la retribuzione di lavoro straordinario o la sua compensazione con tempo libero liquidate mediante il presente contratto di liquidazione.

### § 3 Certifacto
Il datore di lavoro s'impegna a a rilasciare alla dipendente il certificato, aggiunto in allegato al presente contratto, come certificato intermedio, con effetto immediatio, oppure alternativamente, al più tardi alla fine della sua attività, come certificato finale.

### § 4 Clausola informativa ed espletiva
La parti convengono che coll'adempimento del presente accordo saranno soddisfatte tutte le pretese delle parti risultanti dal raporto di lavoro. Non si sollevano obienzioni contro il licenziamento. La dipendente rinuncia a informazioni sugli effetti giuridici del presente contratto di liquidazione in merito all'assicurazione sociale, all'assicuratione contro la disoccupazione, ad oneri fiscali e contrattuali.

## 19. Muster: Abwicklungsvertrag bei Frühpensionierung

*Abwicklungsvertrag*

zwischen

der Firma

– im folgenden „Firma" genannt –

und

Herrn

– im folgenden „Mitarbeiter" genannt –

### Präambel
Die Firma hat das langjährige Arbeitsverhältnis mit dem Mitarbeiter ordentlich betriebsbedingt gekündigt, nachdem eine Umstrukturierungsmaßnahme zum Wegfall des Arbeitsplatzes geführt hat. Die Kündigung wurde mit Schreiben vom          ausgesprochen. Das Arbeitsverhältnis endet danach am          .

### § 1 Abfindung
(1) Als Ausgleich für den Verlust des Arbeitsplatzes erhält der Mitarbeiter eine Abfindung gemäß §§ 9, 10 KSchG, 3 Ziff. 9 EStG in Höhe von          DM (          EUR). Die Abfindung errechnet sich aus dem Differenzbetrag zwischen dem bis zum voraussichtlichen Bezug des Altersruhegelds vom Arbeitsamt geleisteten Arbeitslosengelds und dem Netto-Arbeitsentgelt, das der Mitarbeiter erhalten hätte, wenn das Arbeitsverhältnis nicht betriebsbedingt gekündigt worden wäre.

(2) Sofern während der Arbeitslosigkeit eine Berufs- oder Erwerbsunfähigkeitsrente gewährt wird, steht dem Mitarbeiter der Netto-Einkommensausgleich nur bis zum Zeitpunkt des Bezugs der Berufs- oder Erwerbsunfähigkeitsrente zu, die insoweit eingetretene Überzahlung beim Einkommensausgleich regeln die Parteien in der Weise, daß der überzahlte Betrag an die Firma zurückzuzahlen ist.

(3) Leistet der Mitarbeiter keine Rückzahlung gemäß Abs. 2, ist die Firma berechtigt, eine Aufrechnung mit künftig zu zahlenden Leistungen aus der betrieblichen Altersversorgung vorzunehmen.

(4) Die Abfindung gemäß Abs. 1 wird fällig am letzten Tag des Arbeitsverhältnisses. Sie ist mit Unterzeichnung des Abwicklungsvertrages entstanden und nach dem Willen der Parteien ab diesem Tage vererbbar.

### § 2 Arbeitslosigkeit

(1) Der Mitarbeiter ist verpflichtet, sich vor Beendigung des Arbeitsverhältnisses bei seinem Wohnsitzarbeitsamt persönlich arbeitslos zu melden. Er hat das Recht, bis zum voraussichtlichen Bezug von Altersruhegeld Arbeitslosengeld zu beziehen.

(2) Erhält der Mitarbeiter aufgrund einer Änderung gesetzlicher Vorschriften ein geringeres oder höheres Arbeitslosengeld als in § 1 Abs. 2 zugrundegelegt wurde, führt dies zu keiner Änderung des Abfindungsanspruchs der Höhe oder dem Grunde nach.

(3) Der Mitarbeiter verpflichtet sich, zum frühestmöglichen Zeitpunkt Altersruhegeld zu beantragen und zu beziehen.

### § 3 Betriebliche Altersversorgung

Der Mitarbeiter ist berechtigt, die betriebliche Altersversorgung ab dem Tage des Bezugs von Altersruhegeld in Anspruch zu nehmen. Die Höhe der Betriebsrente ergibt sich aus der derzeitigen Versorgungsgruppe, den erreichten Jahren der Betriebszugehörigkeit und der zum maßgeblichen Zeitpunkt gültigen Rententabelle. Nach jetziger Berechnung, bei der sich noch Änderungen bis zum Tag des Bezugs des Altersruhegelds ergeben können, beläuft sich die Betriebsrente auf           DM (          EUR) monatlich. Steuern und etwaige Krankenversicherungsbeiträge trägt der Mitarbeiter selbst.

### § 4 Nebentätigkeiten

(1) Der Mitarbeiter hat die Firma über Art und Umfang von Nebentätigkeiten, die Höhe des erzielten Entgelts und den Umfang der Anrechnung durch das Arbeitsamt zu informieren.

(2) Nebentätigkeiten während des Bezugs von Arbeitslosengeld und Altersruhegeld sind nur im Rahmen der gesetzlichen Vorschriften zulässig. Soweit sie den Anspruch auf Arbeitslosengeld mindern, findet kein Ausgleich durch die Firma statt.

### § 5 Mitwirkungspflichten des Mitarbeiters

(1) Der Mitarbeiter ist verpflichtet, bei Vorliegen von Umständen, die auf eine Berufs- oder Erwerbsunfähigkeit Hinweis geben, einen Antrag auf das vorgezogene Altersruhegeld wegen Berufs- oder Erwerbsunfähigkeit zu stellen und die Firma hiervon unverzüglich zu unterrichten.

(2) Kommt der Mitarbeiter seinen Verpflichtungen aus diesem Vertrag nicht nach und entsteht der Firma dadurch ein Schaden, ist der Mitarbeiter verpflichtet, den Schaden zu ersetzen.

### § 6 Sonstiges

Mündliche Nebenabreden wurden zwischen den Parteien nicht getroffen. Änderungen und Ergänzungen des Vertrages bedürfen der Schriftform. Sollten Bestimmungen dieses Vertrages ganz oder teilweise nicht rechtswirksam oder nicht durchführbar sein oder ihre Rechtswirksamkeit oder Durchführbarkeit später verlieren, soll hierdurch die Gültigkeit der übrigen Bestimmungen des Vertrages nicht berührt werden. Das gleiche gilt, soweit sich herausstellen sollte, daß der Vertrag eine Regelungslücke enthält. Anstelle der unwirksamen oder undurchführbaren Bestimmungen oder zur Ausfüllung der Lücke soll eine angemessene Regelung gelten, die, soweit rechtlich möglich, dem am nächsten kommt, was von den Parteien des vorliegenden Vertrages gewollt wurde oder nach dem Sinn und Zweck des Vertrages gewollt sein würde, sofern die Parteien bei Abschluß dieses Abwicklungsvertrages den Punkt bedacht hätten.

### 20. Muster: Abwicklungsvertrag als 58er-Regelung

*Abwicklungsvertrag*

zwischen

der Firma

– im folgenden „Firma" genannt –

und

Herrn

– im folgenden „Mitarbeiter" genannt –

#### § 1 Beendigung des Arbeitsverhältnisses
Die Firma hat das Arbeitsverhältnis mit dem Mitarbeiter am                zum                aus nicht verhaltensbedingten Gründen gekündigt. Gegen die Kündigung werden vom Mitarbeiter keine Einwendungen erhoben.

#### § 2 Antrag auf Arbeitslosengeld
Der Mitarbeiter erklärt, sich spätestens am ersten Tag nach Beendigung des Arbeitsverhältnisses beim zuständigen Arbeitsamt arbeitslos zu melden und Arbeitslosengeld zu beantragen. Die Parteien vereinbaren, daß der Mitarbeiter den Bewilligungsbescheid über die Zahlung des Arbeitslosengeldes unverzüglich nach Erhalt der Firma vorlegt.

#### § 3 Antrag auf Altersrente
(1) Der Mitarbeiter verpflichtet sich, frühestmöglich einen Rentenantrag auf vorzeitige Inanspruchnahme von Altersruhegeld wegen Arbeitslosigkeit oder (bei Bestehen einer Schwerbehinderung) einen Antrag auf vorgezogene Altersrente (§ 37 SGB VI) sowie (bei Frauen) einen Antrag auf Altersrente für Frauen (§ 39 SGB VI) zu stellen.

(2) Kommt der Mitarbeiter der Verpflichtung nach Abs. 1 nicht nach und entsteht daraus der Firma ein Schaden bzw. ein zusätzlicher wirtschaftlicher Aufwand, verpflichtet sich der Mitarbeiter, diesen Schaden bzw. den zusätzlichen Aufwand zu ersetzen.

#### § 4 Betriebliche Altersversorgung
Der Mitarbeiter erhält aufgrund einer unverfallbaren Anwartschaft eine betriebliche Altersversorgung gem.              .

#### § 5 Zahlung einer Abfindung
(1) Zum Ausgleich dafür, daß der Mitarbeiter seinen Arbeitsplatz verliert, erhält er von der Firma eine einmalige Brutto-Abfindung in Höhe von DM              (EUR              ), die am 13. des auf die Beendigung des Arbeitsverhältnisses folgenden Monats gezahlt wird.

(2) Wird die vorgezogene Altersrente nicht gewährt, weil der Mitarbeiter Einnahmen hat, über die die Hinzuverdienstgrenze überschritten wird, werden keine zusätzlichen Ansprüche des Mitarbeiters gegen die Firma begründet.

(3) Die Parteien haben bei der Bestimmung der Abfindungshöhe die zum Zeitpunkt des Vertragsschlusses geltenden Bestimmungen des Sozialgesetzbuches III, des Sozialgesetzbuches VI, des              -Tarifvertrages und die für die betriebliche Altersversorgung geltende Satzung (Be-

triebsvereinbarung) berücksichtigt. Die Abfindungshöhe bildete Gegenstand von Verhandlungsgesprächen zwischen den Parteien.

### § 6 Urlaub
Die im Jahr der Beendigung des Arbeitsverhältnisses dem Mitarbeiter zustehenden Urlaubstage sowie noch vorhandene Resturlaubstage aus dem Vorjahr sind bis zum Ende des Arbeitsverhältnisses zu nehmen.

### § 7 Sonstige Ansprüche
Zwischen den Parteien besteht Einigkeit, daß mit der Erfüllung der Leistungen aus diesem Vertrag jegliche Ansprüche aus Anlaß und in Verbindung mit der Beendigung des Arbeitsverhältnisses, gleich aus welchem Rechtsgrund, erfüllt sind und nicht mehr bestehen.

### § 8 Hinweise
Hinweise über die rentenrechtlichen Auswirkungen des Abschlusses eines Aufhebungsvertrages erteilen die Bundesversicherungsanstalt (die Landesversicherungsanstalt) und die Unterstützungskasse         für die betriebliche Altersversorgung. Die Firma hat den Mitarbeiter zusätzlich darauf hingewiesen, daß er eine Beratung durch den Versichertenältesten in Anspruch nehmen kann. Über die steuerlichen Auswirkungen des Abwicklungsvertrags erteilt das Wohnsitzfinanzamt Auskünfte, die auch in Form einer Lohnsteueranrufungsauskunft eingeholt werden können. Auskünfte über die arbeitslosenrechtlichen Folgen des Abwicklungsvertrages erteilt das Arbeitsamt.

Nachdem der Mitarbeiter auf die Möglichkeit der Inanspruchnahme von Beratung durch die vorgenannten Stellen hingewiesen wurde und Gelegenheit hatte, sich bei den vorerwähnten Stellen über die wirtschaftlichen und rechtlichen Auswirkungen des Abwicklungsvertrags zu informieren, verzichtet er auf weitergehende Hinweise durch die Firma.

### § 9 Sonstiges
Mündliche Nebenabreden wurden zwischen den Parteien nicht getroffen. Änderungen und Ergänzungen des Vertrages bedürfen der Schriftform. Sollten Bestimmungen dieses Vertrages ganz oder teilweise nicht rechtswirksam oder nicht durchführbar sein oder ihre Rechtswirksamkeit oder Durchführbarkeit später verlieren, soll hierdurch die Gültigkeit der übrigen Bestimmungen des Vertrages nicht berührt werden. Das gleiche gilt, soweit sich herausstellen sollte, daß der Vertrag eine Regelungslücke enthält. Anstelle der unwirksamen oder undurchführbaren Bestimmungen oder zur Ausfüllung der Lücke soll eine angemessene Regelung gelten, die, soweit rechtlich möglich, dem am nächsten kommt, was von den Parteien des vorliegenden Vertrages gewollt wurde oder nach dem Sinn und Zweck des Vertrages gewollt sein würde, wenn die Parteien bei Abschluß dieses Abwicklungsvertrages den Punkt bedacht hätten.

### § 10 Ausfertigungen dieses Vertrages
Jede Vertragspartei erhält eine Originalausfertigung dieses Abwicklungsvertrages.

, den


(Firma)                                   (Mitarbeiter)


Anlage:

453   Orientierungshilfe zur Ermittlung der Abfindungshöhe für die im Rahmen der 58er-Regelung an den Mitarbeiter        zu zahlende Abfindung.

   1.      % des letzten Jahresnettogehaltes,
      umgerechnet auf den Zeitraum der
      Arbeitslosigkeit                                     DM (          EUR)

2. Davon: voraussichtliche Gesamtleistung des Arbeitsamtes
im Zeitraum der Arbeitslosigkeit von          bis
(in Gruppe          , Steuerklasse          ) Nettoauszahlungsbetrag
          DM x          Wochen                              DM (          EUR)
3. Ferner: Abfindung der Firma
für die Zeit der Arbeitslosigkeit bis
zum vorgezogenen Rentenbeginn (Nr. 1 – Nr. 2)     DM (          EUR)
4. Erhöhungsbetrag auf die Abfindung (3) wegen Kranken-
und Pflegeversicherung                            DM (          EUR)
5. Gesamtauszahlungsbetrag (Nr. 3 + Nr. 4)        DM (          EUR)
6. Zahlung am 13.          (aufgerundeter Betrag
Nr. 5)                                            DM (          EUR)
7. Steuerlast auf Abfindung
(wird von Firma für Mitarbeiter
an das Finanzamt entrichtet)                      DM (          EUR)
Gesamtabfindungsbetrag:                           DM (          EUR)

Diese Angaben sind unverbindlich, es lassen sich hieraus keine Rechtsansprüche für den Mitarbeiter ableiten.

### 21. Muster: Lohnsteueranrufungsauskunft

          , den
Finanzamt
– Lohnsteuerstelle –

Lohnsteueranrufungsauskunft

Sehr geehrte Damen und Herren,

ich beabsichtige, mein Arbeitsverhältnis bei der Firma          am          zu beenden. Die Veranlassung erfolgte durch die Firma. Die Lohnsteuerkarte habe ich erhalten.

Zwischen der Firma          und mir soll der in Kopie beiliegende Aufhebungsvertrag geschlossen werden. Danach soll mir eine Abfindung von          DM (          EUR) zustehen.

Ich bitte Sie, mir gem. § 42 e EStG verbindlich mitzuteilen, daß aus der Abfindung          DM (          EUR) steuerfrei sind und mir sofort in Höhe von          DM (          EUR) ausbezahlt werden kann. Ich bitte, mir deshalb verbindlich mitzuteilen, in welcher Höhe die Firma Lohnsteuer einbehalten darf.

Für eine baldige Antwort wäre ich Ihnen dankbar.

Mit freundlichen Grüßen

# Kapitel 3: Altersteilzeitverträge

### Literatur

**Bauer**, Rechtliche und taktische Probleme der Altersteilzeit, NZA 1997, 401; **Boecken**, Das Altersteilzeitgesetz 1996, NJW 1996, 3386; **Diel**, Neuregelungen zur Frühverrentung, DB 1996, 1518; **Diller**, Das neue Altersteilzeitgesetz, NZA 1996, 847; **ders.**, Das neue Gesetz zur Absicherung flexibler Arbeitszeitregelungen, NZA 1998, 792; **Ebsen**, Sozialversicherungsrechtliche Behandlung einmaligen Arbeitsentgelts – zugleich eine Fallstudie zum Verhältnis von Bundesverfassungsgericht und Gesetzgebung, NZS 1997, 441; **Gaul**, Das Gesetz zur sozialrechtlichen Absicherung flexibler Arbeitszeitregelungen, BB 1998, 1634; **Kerschbaumer/Tiefenbacher**, Altersteilzeit in „Blockmodellen", ArbuR 1998, 58; **Köhler**, Gleitender Übergang in den Ruhestand, AuA 1996, 299; **Küttner**, Personalbuch, 6. Aufl. 1999, Stichwort Altersteilzeit; **Meyer**, Altersteilzeit – wie geregelt?, AuA 1998, 294; **Moderegger**, Gesetz zur Fortentwicklung der Altersteilzeit, DB 2000, 90; **Pahde**, Altersteilzeit – Eckpunkt einer Betriebsvereinbarung, AiB 1998, 194; **Reichling/Wolf**, Mustervertrag zum Altersteilzeitgesetz, NZA 1997, 422; **Recht**, Das Ende der Frühverrentung?, NZS 1996, 552; **Rittweger**, Altersteilzeit und Rentenhöhe – Faustformeln für die Praxis, NZA 1999, 921; **Schlegel**, Verfassungsmäßigkeit der Beitragserhebung auf Einmalzahlungen ab 1. Januar 1997?, NZS 1997, 201; **Schmidt/Borowsky**, Rechtsmißbräuchliche Umgehung des Altersteilzeitgesetzes durch arbeitsvertragliche Individualvereinbarung, NZA 1999, 411; **Schümann**, Betrieblicher Vorruhestand unter neuen gesetzlichen Rahmenbedingungen, DB 1997, 1330; **Stindt**, Ziele, Anreize und Chancen des neuen Altersteilzeitgesetzes, DB 1996, 2281; **Wonneberger**, Das Gesetz zur sozialrechtlichen Absicherung flexibler Arbeitszeitregelungen, DB 1998, 982.

## A. Erläuterungen

Nach der Grundkonzeption des Altersteilzeitgesetzes (ATZG) können Arbeitgeber und Arbeitnehmer beim Wechsel in die Altersteilzeit **Zuschüsse von der Bundesanstalt für Arbeit** erhalten.

Die Gewährung von Zuschüssen ist von einigen Voraussetzungen abhängig. Teilweise hat die Neuregelung[560] der Altersteilzeit im Rahmen des Bündnisses für Arbeit im Vergleich zur früheren Gesetzeslage erhebliche Erleichterungen geschaffen. Durch die Neuregelungen soll die Altersteilzeit für kleine und mittlere Unternehmen praktikabler werden. Gleichzeitig erhofft man sich eine Erleichterung der Wiederbesetzung der durch Altersteilzeit frei gewordenen Stellen.

Beim Wechsel in die Altersteilzeit muß der **Arbeitnehmer mindestens 55 Jahre** alt sein. Ferner muß der Arbeitnehmer **in den letzten fünf Jahren mindestens 3 Jahre** (1080 Kalendertage) **beitragspflichtig** beschäftigt gewesen sein, allerdings nicht zwingend beim gleichen Arbeitgeber. Nach der Änderung des ATZG ist nun nicht mehr erforderlich, daß der Arbeitnehmer unmittelbar vor dem Übergang in die Altersteilzeit in einem Vollzeitarbeitsverhältnis gestanden hat.[561] Auch **Teilzeitbeschäftigte** können in den Genuß der Altersteilzeitregelung gelangen. Der Arbeitnehmer muß für die reduzierte Tätigkeit vom Arbeitgeber einen Aufstockungsbetrag erhalten, der dem Arbeitgeber von der Bundesanstalt für Arbeit erstattet wird, wenn im Zusammenhang mit der Reduzierung der Arbeitszeit zugleich ein Arbeitsloser neu eingestellt oder ein Auszubildender übernommen wird.

Die **Wiederbesetzung der Stelle** ist die wichtigste Voraussetzung für die Förderung durch das Arbeitsamt. Hier stellt sich die Rechtslage nunmehr wie folgt dar:

Bei Arbeitgebern mit mehr als 50 Beschäftigten ist auch künftig der Nachweis erforderlich, daß ein beim Arbeitsamt arbeitslos gemeldeter Arbeitnehmer oder ein Arbeitnehmer nach dem Abschluß der

---

[560] BGBl. I 1999, S. 2494.
[561] So aber noch BSG, Urt. v. 23.07.1992, SozR, 3–4170 § 2 Nr. 1.

Ausbildung auf dem freigemachten oder auf einem in diesem Zusammenhang durch Umsetzung frei gewordenen Arbeitsplatz versicherungspflichtig beschäftigt wird.

Bei kleinen und mittleren Unternehmen, die in der Regel nicht mehr als 50 Arbeitnehmer beschäftigen, ist dagegen ein Nachweis der Umsetzungskette nicht mehr erforderlich. Bei diesen Arbeitgebern besteht nach der Neuregelung des ATZG eine unwiderlegliche Vermutung für die Neubesetzung der freigemachten oder einer in diesem Zusammenhang durch Umsetzung freigewordenen Stelle. Außerdem erhalten diese Arbeitgeber die Förderung auch, wenn sie anläßlich der Altersteilzeit einen Auszubildenden einstellen.

458 Sind alle diese Voraussetzungen erfüllt, so erhält der Mitarbeiter gemäß § 4 ATZG den Zuschuß der Bundesanstalt für Arbeit: Bei halber Arbeitszeit werden die Bezüge des Arbeitnehmers um 20 % auf 70 % des letzten Nettoentgelts aufgestockt, die Beiträge zur Rentenversicherung werden durch die Bundesanstalt für Arbeit auf 90 % gebracht. Die Dauer der Förderung durch die Bundesanstalt für Arbeit ist auf fünf Jahre beschränkt.

459 Grundsätzlich ist hinsichtlich der Dauer und der Beendigung von Altersteilzeitarbeitsverhältnissen allerdings zu beachten, daß eine Altersteilzeitarbeit im Sinne des ATZG nur dann vorliegt, wenn der Altersteilzeitarbeitsvertrag mindestens bis zu dem Zeitpunkt reicht, zu dem der Arbeitnehmer eine Altersrente beanspruchen kann. Dies ergibt sich aus § 2 Abs. 1 Nr. 2 ATZG. Nach Auffassung der Arbeitsverwaltung sind Zuschüsse nach § 4 ATZG daher nicht möglich, wenn eine Vereinbarung über Altersteilzeit so ausgestaltet ist, daß sie bereits vor dem oben genannten Zeitpunkt endet.

460 Für den Arbeitgeber stellt es sich als mißlich dar, daß er gemäß § 8 Abs. 2 ATZG dem Arbeitnehmer gegenüber auch dann zur Leistung verpflichtet bleibt, wenn kein Zuschuß durch die Bundesanstalt für Arbeit gezahlt wird, weil beispielsweise der neu eingestellte frühere Arbeitslose durch Eigenkündigung ausgeschieden ist oder weil ihm wegen schlechter Arbeitsleistung gekündigt wurde. Hiergegen kann man bei der Gestaltung eines Altersteilzeitvertrages in der Weise vorbeugen, daß die Altersteilzeitvereinbarung unter der auflösenden Bedingung geschlossen wird, daß die Zuschußgewährung durch die Bundesanstalt für Arbeit tatsächlich erfolgt.[562]

461 Das Arbeitsverhältnis endet bei entsprechender Vereinbarung nach § 8 Abs. 3 ATZG, ohne daß es einer Kündigung bedarf, sobald der Arbeitnehmer Anspruch auf eine Rente nach Altersteilzeit hat. Dies ist gemäß § 38 SGB VI nach Erreichen des 60. Lebensjahres und zweijähriger Altersteilzeit der Fall. § 8 Abs. 3 ist daher lex specialis gegenüber § 41 Abs. 4 Satz 3 SBG VI.

462 Während der **Krankheit des Vorruheständlers** besteht ein Anspruch auf **Entgeltfortzahlung**. Die Entgeltfortzahlung durch den Arbeitgeber umfaßt auch die Pflicht zur Zahlung des Aufstockungsbetrages.[563]

Die **Aufstockungsbeträge**, die der Arbeitgeber zu dem Gehalt zahlt, sind auch dann steuerfrei, wenn sie über die im Gesetz genannten Mindestbeträge (20 % des Arbeitsentgelts) hinausgehen.[564]

463 In der **Gestaltung der Arbeitszeit** sind die Arbeitsvertragsparteien frei. Sie können die Verteilung der nach § 2 Abs. 1 Nr. 2 erforderlichen Mindestarbeitszeit nach ihren eigenen Vorstellungen regeln. Dadurch ist es möglich, daß der Arbeitnehmer täglich mit verminderter Stundenzahl, nur an bestimmten Tagen in der Woche oder auch in wöchentlichem oder monatlichem Wechsel arbeitet.

---

562 *Diller*, NZA 1996, 847.
563 BT-Drs. 13/3226, S. 20 zu § 10 Abs. 2.
564 *Küttner*, Personalbuch 1999, Altersteilzeit Rn 11 ff.

Erforderlich ist lediglich, daß die wöchentliche Arbeitszeit im Jahresdurchschnitt die Hälfte der bisherigen wöchentlichen Arbeitszeit nicht überschreitet. Die Arbeitszeit kann deshalb insgesamt auf einen Zeitraum von bis zu 5 Jahren verteilt werden. Eine Verteilung der Arbeitszeit auf einen Zeitraum, der über ein Jahr hinausgeht, ist nur möglich, wenn eine solche Regelung durch Tarifvertrag oder eine vergleichbare Regelung zugelassen ist.[565]

Im **Anwendungsbereich des Tarifvertrags** zur Regelung der Altersteilzeit (TV ATZ) hat ein Arbeitnehmer, der das 55. Lebensjahr vollendet hat und die übrigen Voraussetzungen des § 2 Abs. 1 TV ATZ erfüllt, keinen Anspruch auf Abschluß eines Altersteilzeitvertrages, der Abschluß steht vielmehr im Ermessen des Arbeitgebers. Demgegenüber gewährt § 2 Abs. 2 TV ATZ einem Arbeitnehmer, der das 60. Lebensjahr vollendet hat und die übrigen Voraussetzungen des § 2 Abs. 1 erfüllt, grundsätzlich einen unabdingbaren Rechtsanspruch auf Abschluß eines solchen Vertrages. Während der Abschluß eines Altersteilzeitvertrages im Falle des § 2 Abs. 2 nach § 2 Abs. 3 nur aus dringenden dienstlichen bzw. betrieblichen Gründen erfolgen darf, kann der Arbeitgeber den in seinem Ermessen stehenden Abschluß eines Altersteilzeitvertrages auch aus anderen sachlich hinreichenden Gründen ablehnen.[566]

464

Eine Verfahrensvereinfachung bietet der geänderte **§ 12 Abs. 1 ATZG**, der nunmehr vorsieht, daß Förderungsleistungen nicht mehr nur beim Arbeitsamt beantragt werden können, in dessen Bezirk der Beschäftigungsbetrieb des Arbeitnehmers liegt, sondern abweichend hiervon ein anderes Arbeitsamt für zuständig erklärt werden kann, sofern der Arbeitgeber ein berechtigtes Interesse glaubhaft machen kann. Diese Verfahrensvereinfachung richtet sich vor allem an überregional tätige Arbeitgeber, die ihre Anträge zentral bearbeiten und entscheiden lassen wollen.

Außerdem hat der Gesetzgeber durch die Einfügung des neuen § 15 c ATZG sichergestellt, daß Altersteilzeitvereinbarungen, die bis zum Inkrafttreten der gesetzlichen Neuerung abgeschlossen worden sind, nicht geändert werden müssen, um trotzdem in den Genuß etwaiger Förderleistungen durch die Bundesanstalt zu kommen.

Es bleibt abzuwarten, ob kleine und mittlere Unternehmen ihren Mitarbeitern infolge der Neuregelung in größerem Umfang Altersteilzeit anbieten.[567] Ein Hauptproblem liegt für die Unternehmen unverändert in der hohen Kostenbelastung. In vielen Branchen sehen die Tarifverträge nochmals verbesserte Altersteilzeitbedingungen vor. Die Bezüge bei Altersteilzeit müssen in der Regel vom Arbeitgeber um weitere 10 bis 13 % aufgestockt werden. Auch wurde in einigen Tarifverträgen der Zeitraum der Altersteilzeit verlängert. In diesen Fällen müssen die Unternehmen die zusätzlichen Kosten nach Ablauf der fünfjährigen Förderfrist alleine tragen.

465

Die nachfolgenden beiden Muster einer Altersteilzeitvereinbarung unterscheiden sich dadurch, daß das Muster 2285[568] in einem Betrieb ohne Betriebsrat mit dem Arbeitnehmer geschlossen werden kann, während zu Muster 2289[569] noch eine korrespondierende Betriebsvereinbarung besteht.

---

565 § 2 Abs. 2 ATZG; siehe auch *Bauer*, NZA 1997, 402.
566 ArbG Aachen, Urt. v. 23.04.1999, NZA-RR 1999, 410.
567 Zu Fortentwicklungstendenzen auch *Moderegger*, DB 2000, 90.
568 § 4 Kap. 3 M 466.
569 § 4 Kap. 3 M 469.

## B. Vertragstexte

### 1. Muster: Altersteilzeitvertrag[570]

#### § 1 Beginn der Altersteilzeit

Das am          zwischen den Parteien geschlossene Arbeitsverhältnis wird unter Abänderung und Ergänzung nach Maßgabe der folgenden Vorschriften vom          an als Altersteilzeitarbeitsverhältnis fortgeführt.

Altersteilzeitarbeit wird nach dem Gesetz erst mit Vollendung des 55. Lebensjahres gefördert. Der Altersteilzeitarbeitsvertrag kann also erst mit dem 55. Geburtstag beginnen.

#### § 2 Tätigkeit
(1) Der Arbeitnehmer übt seine bisherige Tätigkeit weiter aus, soweit die Umwandlung in ein Altersteilzeitarbeitsverhältnis keine Veränderung notwendig macht.
(2) Der Arbeitgeber behält sich vor, im Rahmen betriebswirtschaftlicher Notwendigkeit dem Arbeitnehmer eine andere zumutbare Arbeit zu übertragen.

#### § 3 Arbeitszeit
(1) Die Arbeitszeit beträgt im Jahresdurchschnitt die Hälfte der bisherigen wöchentlichen Arbeitszeit von          , mindestens jedoch          Stunden.
(2) Hinsichtlich der Verteilung der Arbeitszeit über den das Altersteilzeitarbeitsverhältnis erfassenden Zeitraum wird folgendes vereinbart:          .
(3) Der Arbeitnehmer ist verpflichtet, im Anforderungsfall Mehrarbeit zu leisten. Diese ist innerhalb der folgenden          Monate durch entsprechende Freizeit auszugleichen.

#### § 4 Arbeitsentgelt
Der Arbeitnehmer erhält für die Dauer des Altersteilzeitarbeitsverhältnisses Entgelt nach Maßgabe der gemäß § 3 reduzierten Arbeitszeit. Das Arbeitsentgelt ist unabhängig von der Verteilung der Arbeitszeit fortlaufend zu zahlen.

Das Arbeitsentgelt für die Altersteilzeit ist unabhängig von deren Verteilung zu entrichten. Auch im Blockmodell ist beispielsweise über fünf Jahre der Arbeitslohn ratierlich zu zahlen. Dies bedeutet, daß der Arbeitslohn also sowohl in der Zeit der Vollbeschäftigung, wie auch in der arbeitsfreien Zeit zu entrichten ist. Darüber hinaus erhöht oder verringert sich das Arbeitsentgelt mit jeder entsprechenden entgeltwirksamen Vereinbarung, sei sie tariflich oder betrieblich begründet.

#### § 5 Altersteilzeitleistungen
(1) Der Arbeitnehmer erhält gemäß § 3 I Nr. 1 a ATZG Aufstückungsleistungen in Höhe von 20 % des für die Altersteilzeit gezahlten Entgelts, mindestens jedoch 70 % des um die gesetzlichen Abzüge, die beim Arbeitnehmer gewöhnlich anfallen, verminderten Vollzeitarbeitsentgelts.
(2) Der Arbeitgeber entrichtet für den Arbeitnehmer zusätzlich Beiträge zur gesetzlichen Rentenversicherung mindestens in Höhe des Beitrages, der auf den Unterschiedsbetrag zwischen 90 % des Vollzeitarbeitsentgelts und dem Arbeitsentgelt für die Altersteilzeit entfällt, höchstens jedoch bis zur Beitragsbemessungsgrenze (3 I Nr. 1 b ATZG).

#### § 6 Krankheit
(1) Im Falle krankheitsbedingter Arbeitsunfähigkeit leistet der Arbeitgeber Lohnfortzahlung nach den für das Arbeitsverhältnis jeweils geltenden Bestimmungen.

---

[570] Muster nach Rechtsanwalt *Robert Reichling* und Assessor *Roland Wolf*, NZS 1997, 164 ff.

(2) Im Falle des Bezugs von Krankengeld, Versorgungskrankengeld, Verletztengeld oder Übergangsgeld nach Ablauf der Entgeltfortzahlung tritt der Arbeitnehmer seine Ansprüche auf Altersteilzeitleistungen gegen die Bundesanstalt für Arbeit (§ 10 II ATZG) an den Arbeitgeber ab. Der Arbeitgeber erbringt Altersteilzeitleistungen insoweit anstelle der Bundesanstalt für Arbeit im Umfang der abgetretenen Ansprüche an den Arbeitnehmer.

### § 7 Ruhen und Erlöschen des Anspruches auf Altersteilzeitleistungen
(1) Der Anspruch auf die Altersteilzeitleistungen nach § 5 ruht während der Zeit, in der der Arbeitnehmer über die Altersteilzeit hinaus eine Beschäftigung oder selbständige Tätigkeit ausübt, die den Umfang der Geringfügigkeitsgrenze in § 8 SGB IV überschreitet, oder aufgrund solcher Beschäftigungen seine Lohnersatzleistung erhält. Beschäftigungen oder selbständige Tätigkeiten bleiben unberücksichtigt, soweit sie der Arbeitnehmer bereits innerhalb der letzten fünf Jahre vor Beginn der Altersteilzeit ständig ausgeübt hat.

(2) Der Anspruch auf die Altersteilzeitleistungen erlischt, wenn er mindestens 150 Tage geruht hat. Mehrere Ruhenszeiten werden zusammengezählt.

### § 8 Verbot der Aufnahme oder Ausübung von Nebentätigkeiten
(1) Der Arbeitnehmer verpflichtet sich, keine Beschäftigung oder selbständige Tätigkeit auszuüben, die die Geringfügigkeitsgrenze des § 8 SGB IV überschreitet. Beschäftigungen nach § 7 I 2 bleiben unberücksichtigt.

(2) Der Arbeitnehmer verpflichtet sich, dem Arbeitgeber jeden möglichen Schaden aus einer Zuwiderhandlung gegen § 8 I zu ersetzen.

### § 9 Mitwirkungs- und Erstattungspflichten
(1) Der Arbeitnehmer hat Änderungen der ihn betreffenden Verhältnisse, die für die Altersteilzeitleistungen nach § 5 erheblich sind, dem Arbeitgeber unverzüglich anzuzeigen.

(2) Der Arbeitgeber hat ein Zurückbehaltungsrecht, wenn der Arbeitnehmer seinen Mitwirkungspflichten nicht nachkommt oder vorsätzlich oder grob fahrlässig unvollständige oder unrichtige Auskünfte gibt.

(3) Zu Unrecht empfangene Leistungen hat der Arbeitnehmer zu erstatten.

### § 10 Ende des Altersteilzeitarbeitsverhältnisses
(1) Das Altersteilzeitarbeitsverhältnis endet ohne Kündigung am                .

Es endet insbesondere ferner,
– wenn der Arbeitnehmer das 65. Lebensjahr vollendet hat,
– mit Ablauf des Kalendermonats vor dem Kalendermonat, für den der Arbeitnehmer eine Rente wegen Alters, eine Knappschaftsausgleichsleistung, eine Leistung öffentlich-rechtlicher Art oder, wenn er von der Versicherungspflicht in der gesetzlichen Rentenversicherung befreit ist, eine vergleichbare Leistung einer Versicherungs- oder Versorgungseinrichtung oder eines Versicherungsunternehmens beanspruchen kann,
– wenn der Anspruch auf die Altersteilzeitleistungen gemäß § 5 erlischt (§ 7 II),
– mit dem Tod des Arbeitnehmers.

(2) Im übrigen bleibt das Recht zur Kündigung nach Maßgabe des Arbeitsvertrages vom            und der Gesetze unberührt.

### § 11 Auslegungsfragen
(1) Für die Auslegung dieses Vertrages ist maßgeblich das ATZG in seiner jeweils geltenden Fassung.

(2) Sollte eine Vorschrift dieses Vertrages unwirksam sein oder sollte eine Vorschrift dazu führen, daß von der Bundesanstalt für Arbeit – bei Vorliegen der sonstigen gesetzlichen Voraussetzungen – Leistungen gemäß § 4 ATZG nicht erbracht werden können, sind die Vertragsparteien verpflichtet, den Vertrag so zu ändern, daß die Voraussetzungen für die Leistungen erfüllt werden.

### § 12 Vertragsänderungen
(1) Mündliche Nebenabreden bestehen nicht.

Änderungen und Ergänzungen dieses Vertrages bedürfen der Schriftform.

(2) Im übrigen gelten die Bestimmungen des Arbeitsvertrags vom _____ weiter.

## 2. Muster: Altersteilzeitvereinbarung

Zwischen

der _____

– im folgenden Arbeitgeber genannt –

und

Herrn _____

– im folgenden Arbeitnehmer genannt –

wird folgende Altersteilzeitvereinbarung geschlossen:

### § 1 Beginn und Ende des Altersteilzeitarbeitsverhältnisses
Das zwischen den Parteien bestehende Arbeitsverhältnis wird unter Abänderung und Ergänzung des Arbeitsvertrages mit Wirkung ab _____ als Altersteilzeitarbeitsverhältnis fortgeführt.

Das Altersteilzeit-Arbeitsverhältnis endet ohne Kündigung am _____ .

### § 2 Tätigkeit, Arbeitszeit und zusätzliche Arbeit
(1) Der Arbeitnehmer wird bei Beginn der Altersteilzeitarbeit als _____ beschäftigt.

(2) Die regelmäßige wöchentliche Arbeitszeit des Arbeitnehmers beträgt die Hälfte seiner bisherigen regelmäßigen wöchentlichen Arbeitszeit von _____ Stunden (= _____ Stunden).

Hinsichtlich der täglichen Lage und Verteilung der Arbeitszeit wird folgendes vereinbart:

Die Arbeitszeit ist so zu verteilen, daß in der ersten Hälfte des Altersteilzeit-Arbeitsverhältnisses die regelmäßige wöchentliche Arbeitszeit von derzeit _____ Stunden geleistet wird und der Arbeitnehmer anschließend entsprechend des von ihm erworbenen Zeitguthabens von der Arbeit ohne Arbeitsverpflichtung freigestellt wird.

Der Arbeitnehmer arbeitet täglich _____ Stunden zuzüglich jeweiliger lt. gültiger Betriebsvereinbarung geltender Vollzeit.

### § 3 Vergütung
Der Arbeitnehmer erhält für die Dauer des Altersteilzeit-Arbeitsverhältnisses das Entgelt für die Altersteilzeitarbeit. Es beträgt fest für den gesamten Zeitraum _____ DM ( _____ EUR) netto. Hierin ist der Aufstockungsbetrag enthalten (siehe § 4).

### § 4 Aufstockungszahlung
Der Arbeitnehmer erhält eine Aufstockungszahlung in Höhe von 40 % des Arbeitsentgelts für die Altersteilzeitarbeit. Dieser Aufstockungsbetrag ist ein Nettobetrag und beträgt _____ DM ( _____ EUR) fest für den Zeitraum der Altersteilzeit.

Das Entgelt für die Altersteilzeit sowie der Aufstockungsbetrag verändern sich im gesamten Zeitraum der Altersteilzeit nicht.

Der Arbeitgeber erbringt keinen Ausgleich für steuerliche Belastungen, die der Arbeitnehmer durch die Einbeziehung des steuerfreien Aufstockungsbetrages in den Progressionsvorbehalt zu tragen hat.

Der Arbeitgeber entrichtet neben den vom Arbeitgeber für das Altersteilzeitarbeitsentgelt zu tragenden Sozialversicherungsbeiträgen zusätzlich für den Arbeitnehmer Beiträge zur gesetzlichen Rentenversicherung in Höhe des Unterschiedsbetrages zwischen 90 % des Entgelts, das der Arbeitnehmer erhalten hätte, wenn seine Arbeitszeit nicht durch das Altersteilzeitarbeitsverhältnis vermindert worden wäre, und dem Arbeitsentgelt für die Altersteilzeitarbeit, höchstens jedoch bis zu 90 % der jeweiligen Beitragsbemessungsgrenze.

### § 5 Nebenbeschäftigung
Der Arbeitnehmer darf neben seiner Altersteilzeitarbeit keine Beschäftigungen oder selbständigen Tätigkeiten ausüben, die die Geringfügigkeitsgrenze des § 8 SGB IV (630,00 DM) überschreiten. Dies gilt auch dann, wenn der Arbeitnehmer aufgrund einer solchen Beschäftigung eine Lohnersatzleistung erhält. Bei einem Überschreiten der Geringfügigkeitsgrenze ruht der Anspruch auf die Leistungen nach § 4.

Für die Mitteilungs- und Erstattungspflicht gilt § 8.

### § 6 Leistung bei Lohnersatzleistungen
Im Falle des Bezuges von Kranken(tage-)geld, Versorgungskrankengeld, Verletztengeld oder Übergangsgeld gewährt der Arbeitgeber dem Arbeitnehmer für die jeweilige Dauer des Bezuges dieser Leistungen die oben genannte Aufstockungszahlung weiter. Insoweit tritt der Arbeitnehmer schon heute seine ggf. gem. § 10 Abs. 2 des Gesetzes zur Förderung des gleitenden Übergangs in den Ruhestand vom 23. Juli 1996 gegen die Bundesanstalt für Arbeit bestehenden Ansprüche auf Altersteilzeitleistungen an den Arbeitgeber ab. Der Arbeitgeber nimmt die Abtretung an.

### § 7 Sonstige Leistungen (Betriebliche Altersversorgung)
Im Hinblick auf die Leistungsansprüche aus der betrieblichen Altersversorgung wird der Arbeitnehmer für die Dauer des Altersteilzeitarbeitsverhältnisses nach der Bestimmung der Versorgungsordnung für Teilzeitbeschäftigung behandelt.

Bei der Berechnung des rentenfähigen Einkommens als Grundlage für die betrieblichen Versorgungsleistungen werden im letzten vollen Kalenderjahr vor Rentenbeginn diverse Leistungen laut zusätzlicher Vereinbarung berücksichtigt.

### § 8 Mitteilungs- und Erstattungspflichten
Der Arbeitnehmer verpflichtet sich, dem Arbeitgeber alle Umstände und deren Änderungen, die seinen Vergütungsanspruch oder deren Anspruch auf Aufstockungszahlung berühren können, unverzüglich mitzuteilen. Er hat insbesondere den Arbeitgeber über Nebentätigkeiten zu unterrichten.

Der Arbeitnehmer ist verpflichtet, frühestmöglich den Antrag auf eine Rente wegen Alters oder vergleichbare Leistungen, die zum Erlöschen des Altersteilzeitarbeitsverhältnisses führen, zu stellen und den Arbeitgeber hierüber unverzüglich zu unterrichten. Der Arbeitnehmer hat auf Verlangen des Arbeitgebers den frühestmöglichen Zeitpunkt mitzuteilen, ab dem er eine solche Altersrente oder eine vergleichbare Leistung beanspruchen kann.

Der Arbeitgeber hat ein Zurückbehaltungsrecht, wenn der Arbeitnehmer seine Mitwirkungs- oder Mitteilungspflichten nicht erfüllt oder es um unrichtige oder unvollständige Angaben oder Auskünfte geht, die seinen Vergütungsanspruch, seinen Anspruch auf Aufstockungszahlung oder Beiträge zur Rentenversicherung berühren können. Zu Unrecht empfangene Leistungen hat der Arbeitnehmer zurückzuerstatten.

### § 9 Kündigung
Die Möglichkeit der Kündigung bestimmt sich nach den bisher für den Arbeitsvertrag geltenden Regelungen.

### § 10 Vertragsänderung
Mündliche Nebenabreden bestehen nicht. Änderungen und Ergänzungen dieses Vertrages bedürfen der Schriftform.

### § 4  Kapitel 3: Altersteilzeitverträge

Im übrigen gelten die Bestimmungen des weiterlaufenden Arbeitsvertrages sowie das Gesetz zur Förderung des gleitenden Übergangs in den Ruhestand in der Fassung vom ░░░░.

░░░░, den ░░░░

░░░░                                    ░░░░

(Arbeitgeber)                           (Arbeitnehmer)

### 2289  3. Muster: Altersteilzeitvereinbarung mit geblockter Arbeitszeit[571]

469

Zwischen

░░░░

– nachfolgend „Arbeitgeber" –

und

Herrn ░░░░

– nachfolgend „Arbeitnehmer" –

wird – aufgrund betrieblicher Veranlassung – folgende Altersteilzeit-Vereinbarung geschlossen:

#### 1. Beginn und Ende der Altersteilzeit

Das bestehende Arbeitsverhältnis wird unter Abänderung und Ergänzung des Arbeitsvertrages mit Wirkung vom ░░░░ als Altersteilzeitarbeitsverhältnis fortgeführt.

Das Altersteilzeitarbeitsverhältnis endet ohne Kündigung am ░░░░. Ab ░░░░ hat der Arbeitnehmer aufgrund der vorgelegten Auskunft der gesetzlichen Rentenversicherung Anspruch auf eine gesetzliche Rente wegen Alters.

Das Altersteilzeitarbeitsverhältnis endet in jedem Fall vorzeitig, wenn sich vor dem vereinbarten Ende ein Anspruch auf eine gesetzliche Rente wegen Alters ohne Abschlag ergibt und zwar mit Ablauf des Kalendermonats vor dem Kalendermonat, ab dem dieser Anspruch besteht. Gleiches gilt entsprechend, wenn eine Rente wegen Alters mit Abschlag vor dem vereinbarten Ende des Altersteilzeitarbeitsverhältnisses bezogen wird.

#### 2. Arbeitszeit und zusätzliche Arbeit

Die wöchentliche Arbeitszeit des Arbeitnehmers beträgt die Hälfte seiner üblichen, dem bisherigen Arbeitsverhältnis zugrundeliegenden Arbeitszeit von wöchentlich 40 Stunden. Sie beträgt mindestens jedoch 15 Stunden. Die Vorschriften des Manteltarifvertrages für ░░░░ finden keine Anwendung.

Die Arbeitszeit wird so verteilt, daß sie in der ersten Hälfte des Altersteilzeitarbeitsverhältnisses (= Zeit vom ░░░░ bis ░░░░) geleistet wird und der Arbeitnehmer anschließend entsprechend der von ihm erworbenen Zeitguthaben von der Arbeit ohne Arbeitsverpflichtung freigestellt wird (= Zeit vom ░░░░ bis ░░░░).

#### 3. Vergütung und Aufstockungszahlung

Der Arbeitnehmer erhält für die Dauer des Altersteilzeitarbeitsverhältnisses das Entgelt für die Altersteilzeitarbeit.

Zusätzlich erhält er eine Aufstockungszahlung in Höhe von 40 % des Arbeitsentgelts für die Altersteilzeitarbeit. Das Arbeitsentgelt wird jedoch auf mindestens 85 % des pauschaliert ermittelten Net-

---

[571] Diese Altersteilzeitvereinbarung ist konzipiert in Verbindung mit der Gesamtbetriebsvereinbarung in Muster 2324 und nimmt in einzelnen Vorschriften hierauf Bezug.

toarbeitsentgelts, das der Arbeitnehmer ohne Eintritt in die Altersteilzeitarbeit erzielt hätte, aufgestockt.

Die Aufstockungszahlung ist z.Zt. steuer- und sozialversicherungsbeitragsfrei, sie unterliegt jedoch im Rahmen der Einkommensteuerveranlagung dem Progressionsvorbehalt. Dadurch kann sich der Steuersatz für das zu versteuernde Gesamteinkommen erhöhen, die Aufstockungszahlung selbst bleibt steuerfrei.

Der Arbeitnehmer erhält außerdem die Leistungen gemäß den Ziffern 7., 8., 9., 10. und 11. der „Gesamtbetriebsvereinbarung über Altersteilzeit".

### 4. Nebenbeschäftigungsverbot
Der Arbeitnehmer darf neben seiner Altersteilzeitarbeit keine Beschäftigungen oder selbständige Tätigkeiten ausüben, die die Geringfügigkeitsgrenze des § 8 SGB IV (2000: DM 630 / Monat) überschreiten. Dies gilt auch dann, wenn der Arbeitnehmer aufgrund einer solchen Beschäftigung eine Lohnersatzleistung erhält. Bei einem Überschreiten der Geringfügigkeitsgrenze ruht der Anspruch auf die Aufstockungszahlung.

### 5. Mitteilungs-, Erstattungs- und Abtretungspflichten
Der Arbeitnehmer verpflichtet sich, dem Arbeitgeber alle Umstände und deren Änderungen, die seinen Anspruch auf die Vergütung, die Aufstockungszahlung oder die sonstigen Leistungen berühren können, unverzüglich mitzuteilen. Er hat insbesondere den Arbeitgeber über Nebentätigkeiten zu unterrichten.

Der Arbeitnehmer ist außerdem verpflichtet, dem Arbeitgeber unverzüglich mitzuteilen, wenn ein Anspruch auf eine gesetzliche Rente wegen Alters ohne Abschlag besteht und diesen Anspruch frühestmöglich geltend zu machen. Er muß dem Arbeitgeber zudem unverzüglich mitteilen, wenn er eine gesetzliche Rente wegen Alters mit Abschlag bezieht.

Der Arbeitgeber hat ein Zurückbehaltungsrecht, wenn der Arbeitnehmer seine Mitwirkungs- und Mitteilungspflichten nicht erfüllt oder es um unrichtige oder unvollständige Angaben oder Auskünfte geht, die seinen Anspruch auf die Vergütung, die Aufstockungszahlung oder die sonstigen Leistungen berühren können. Zu Unrecht empfangene Leistungen hat der Arbeitnehmer zurückzuerstatten.

Im Falle des Bezugs von Krankengeld, Versorgungskrankengeld, Verletztengeld oder Übergangsgeld tritt der Arbeitnehmer seine Ansprüche auf Altersteilzeitleistungen gegen die Bundesanstalt für Arbeit (§ 10 Abs. 2 Altersteilzeitgesetz) an den Arbeitgeber ab. Der Arbeitgeber erbringt Aufstockungsleistungen insoweit anstelle der Bundesanstalt für Arbeit im Umfang der abgetretenen Ansprüche an den Arbeitnehmer.

### 6. Kündigung
Die Möglichkeit der Kündigung bestimmt sich nach den bisher für den Arbeitsvertrag geltenden Regelungen.

### 7. Sonstige Vereinbarungen
Mündliche Nebenabreden bestehen nicht. Änderungen und Ergänzungen dieses Vertrages bedürfen der Schriftform.

Im übrigen gelten die Bestimmungen des weiterlaufenden Arbeitsvertrages, die Bestimmungen des „Gesetzes zur Förderung des gleitenden Übergangs in den Ruhestand" (Altersteilzeitgesetz) vom 23.7.1996 in der Fassung vom , die Bestimmungen des „Manteltarifvertrages" und die Bestimmungen der „Gesamtbetriebsvereinbarung" über Altersteilzeit (ATZ)" vom .

## § 4 Kapitel 3: Altersteilzeitverträge

### 4. Muster: Altersteilzeitvereinbarung mit geblockter Arbeitszeit im öffentlichen Dienst

Zwischen

– Arbeitgeber –

und

– Arbeitnehmer –

wird auf der Grundlage

a) des Altersteilzeitgesetzes vom 23.07.1996 (BGBl I, S. 1078) in der Fassung vom          (BGBl I, S.        )

b) des Tarifvertrages zur Regelung der Altersteilzeitarbeit (TV ATZ) vom 05. Mai 1998
– in der jeweils geltenden Fassung –

zum Arbeitsvertrag vom          folgender

*Änderungsvertrag*

geschlossen.

### § 1 Altersteilzeitarbeitsverhältnis

Das Arbeitsverhältnis wird nach Maßgabe der folgenden Vereinbarung ab          als Altersteilzeitarbeitsverhältnis fortgeführt. Zwischen den Parteien besteht Einigkeit, daß das Arbeitsverhältnis auf arbeitgeberseitige Veranlassung unbeschadet des § 9 Abs. 2 TV ATZ mit dem          sein Ende finden wird.

### § 2 Arbeitszeit

(1) Die regelmäßige wöchentliche Arbeitszeit des Arbeitnehmers beträgt die Hälfte der bisherigen wöchentlichen Arbeitszeit des Arbeitnehmers von          Stunden. Sie beträgt mindestens jedoch          Stunden.

(2) Die Arbeitszeit ist so zu verteilen, daß sie in der ersten Hälfte des Altersteilzeitarbeitsverhältnisses geleistet wird und der Arbeitnehmer anschließend entsprechend der von ihm erworbenen Zeitguthaben von der Arbeitsverpflichtung freigestellt wird.

Daraus ergibt sich folgendes Blockmodell:

Arbeitsphase: vom          bis
Freizeitphase: vom          bis

### § 3 Arbeitsentgelt, Aufstockungsleistungen

(1) Der Arbeitnehmer erhält für die Dauer des Altersteilzeitarbeitsverhältnisses Entgelt nach Maßgabe der reduzierten Arbeitszeit. Entgeltänderungen wirken sich auch während der Freistellungsphase auf das Arbeitsentgelt aus. Das Arbeitsentgelt ist unabhängig von der Verteilung der Arbeitszeit fortlaufend zu zahlen.

(2) Außerdem erhält der Arbeitnehmer Aufstockungsleistungen/tarifliche Abfindungszahlungen nach Maßgabe des § 5 TV ATZ. Die Aufstockungszahlungen sind z. Zt. steuer- und sozialversicherungsfrei, sie unterliegen jedoch im Rahmen der Einkommensveranlagung dem Progressionsvorbehalt. Dadurch kann sich der Steuersatz für das zu versteuernde Gesamteinkommen erhöhen, die Aufstockungsleistungen selber bleiben steuerfrei.

(3) Zusätzlich werden dem Arbeitnehmer Beihilfen im Krankheits- und Todesfall sowie Sterbegeld gem. BAT nicht entsprechend dem Arbeitszeitfaktor (50 % bei ATZ) gekürzt, sondern in voller Höhe gewährt.

## § 4 Nebenbeschäftigungsverbot

(1) Der Arbeitnehmer verpflichtet sich, keine Beschäftigung oder selbständige Tätigkeit auszuüben, die die Geringfügigkeitsgrenze des § 8 SGB IV überschreitet. Beschäftigungen oder selbständige Tätigkeiten bleiben unberücksichtigt, soweit sie der Arbeitnehmer bereits innerhalb der letzten fünf Jahre vor Beginn der Altersteilzeit ständig ausgeübt hat.

(2) Der Arbeitnehmer verpflichtet sich, dem Arbeitgeber jeden möglichen Schaden aus einer Zuwiderhandlung gegen Abs. 1 Satz 1 zu ersetzen, insbesondere ruht bei einem Überschreiten der Geringfügigkeitsgrenzen der Anspruch auf die Aufstockungszahlung nach § 3 Abs. 2 des Vertrages.

## § 5 Mitwirkungs- und Erstattungspflichten

(1) Der Arbeitnehmer hat Änderungen der ihn betreffenden Verhältnisse, die für die Altersteilzeitleistungen erheblich sind, dem Arbeitgeber unverzüglich mitzuteilen (§ 11 Abs. 1 ATZG). Er ist außerdem verpflichtet, dem Arbeitgeber unverzüglich mitzuteilen, wenn ein Anspruch auf eine gesetzliche Rente wegen Alters ohne Abschlag besteht, und diesen Anspruch frühestmöglich geltend zu machen. Unterläßt er die Geltendmachung des Rentenanspruchs, wird er von dem Zeitpunkt der möglichen Inanspruchnahme der Rente an ohne Abschläge gleichwohl so behandelt, als ob er die Rente bezogen haben würde. Er muß dem Arbeitgeber zudem unverzüglich mitteilen, wenn er eine gesetzliche Rente wegen Alters mit Abschlag bezieht.

(2) Zu Unrecht erbrachte Leistungen der Bundesanstalt für Arbeit an den Arbeitgeber hat der Arbeitnehmer gem. § 11 Abs. 2 des Altersteilzeitgesetzes der Bundesanstalt für Arbeit zu erstatten.

(3) Der Arbeitnehmer hat dem Arbeitgeber zu Unrecht gezahlte Leistungen, die die im Altersteilzeitgesetz vorgesehenen Leistungen übersteigen, zu erstatten, wenn er die unrechtmäßige Zahlung dadurch bewirkt hat, daß er Mitwirkungspflichten nach Abs. 1 verletzt hat.

(4) Der Arbeitgeber hat ein Zurückbehaltungsrecht, wenn der Arbeitnehmer seine Mitwirkungs- und Mitteilungspflichten nicht erfüllt oder er unrichtige oder unvollständige Angaben und Auskünfte erteilt hat, die seinen Vergütungsanspruch, seinen Anspruch auf Aufstockungszahlung oder Beiträge zur Rentenversicherung berühren könnten.

(5) Im Falle des Bezugs von Krankengeld, Versorgungskrankengeld, Verletztengeld oder Übergangsgeld tritt der Arbeitnehmer seine Ansprüche auf Altersteilzeitleistungen gegen die Bundesanstalt für Arbeit an den Arbeitgeber ab (§ 10 Abs. 2 ATZG). Der Arbeitgeber erbringt Aufstockungsleistungen insoweit anstelle der Bundesanstalt für Arbeit im Umfang der abgetretenen Ansprüche für den Arbeitnehmer.

## § 6 Rechtsverbindliche Auskünfte

Der Arbeitnehmer wurde darauf hingewiesen, daß nicht der Arbeitgeber, sondern die jeweiligen Stellen zuständig sind für verbindliche Auskünfte über die Folgen, die sich aus dem Abschluß eines Altersteilzeitvertrages ergeben.

Auskünfte erteilt die Bundesversicherungsanstalt/Landesversicherungsanstalt im Hinblick auf die rentenrechtlichen Auswirkungen des Abschlusses dieses Altersteilzeitvertrages, wobei der Arbeitgeber dem Mitarbeiter Gelegenheit gibt, eine Beratung durch den Versichertenältesten in Anspruch zu nehmen. Die VBL (ZVK etc.) erteilen Auskünfte über die Auswirkungen des Abschlusses dieses Altersteilzeitvertrages im Hinblick auf die Zusatzrente.

Weiterhin können beim Wohnsitzfinanzamt Auskünfte über die steuerliche Behandlung der Abfindung des Progressionsvorbehaltes eingeholt werden.

Der Mitarbeiter bestätigt mit seiner Unterschrift unter diese Vereinbarung, daß er ausreichend Zeit und Gelegenheit hatte, sich bei den vorerwähnten Stellen über die wirtschaftlichen und rechtlichen Auswirkungen des Altersteilzeitvertrages zu informieren.

_____ , den _____

_____     _____
Unterschrift des Arbeitgebers        Unterschrift des Arbeitnehmers

# § 5 Betriebsvereinbarungen

## Kapitel 1: Freiwillige Betriebsvereinbarungen

### Literatur

**Adomeit**, Thesen zur betrieblichen Mitbestimmung nach dem neueren Betriebsverfassungsgesetz, BB 1972, 53; **Ahrens**, Eingeschränkte Rechtskontrolle von Betriebsvereinbarungen, NZA 1999, 686; **Bauer**, Betriebliche Bündnisse für Arbeit vor dem Aus?, NZA 1999, 958; **Berg/Platow**, Unterlassungsanspruch der Gewerkschaft gegenüber tarifwidrigen betrieblichen Regelungen, DB 1999, 2362; **Blomeyer**, Das Günstigkeitsprinzip in der Betriebsverfassung, NZA 1996, 337; **ders.**, Kündigung und Neuabschluß einer Betriebsvereinbarung über technische teilmitbestimmungspflichtige Sozialleistungen, DB 1985, 2506; **ders.**, Nachwirkung und Weitergeltung abgelaufener Betriebsvereinbarungen über „freiwillige" Sozialleistungen, DB 1990, 173; **Buchner**, Betriebsräte auf schwierigem Terrain – die Viessmann-Entscheidungen des Arbeitsgerichts Marburg, NZA 1996, 1304; **ders.**, Der Unterlassungsanspruch der Gewerkschaften – Stabilisierung oder Ende des Verbandstarifvertrages?, NZA 1999, 897; **Ehrich**, Die Neuregelung des § 41 Abs. 4 Satz 3 SGB VI – nun doch wieder mit 65 Jahren in Rente?, BB 1994, 1633; **Ehrmann/Schmidt**, Betriebsvereinbarungen und Tarifverträge, NZA 1995, 193; **Gaul**, Die Beendigung der Betriebsvereinbarung im betriebsratslosen Betrieb, NZA 1986, 628; **Heinze**, Regelungsabrede, Betriebsvereinbarungen und Spruch der Einigungsstelle, NZA 1994, 580; **Herschel**, Entwicklungstendenzen des Arbeitsrechts, RdA 1956, 161; **Hromadka**, § 77 Abs. 3 BetrVG und die teilmitbestimmte Betriebsvereinbarung, FS Schaub, 1998, 337; **Jacobs**, Die vereinbarte Nachwirkung bei freiwilligen Betriebsvereinbarungen, NZA 2000, 69; **Käppler**, Die Betriebsvereinbarung als Regelungsinstrument in sozialen Angelegenheiten, FS Kissel, 1994, 475; **Kort**, Arbeitszeitverlängerndes „Bündnis für Arbeit" zwischen Arbeitgeber und Betriebsrat – Verstoß gegen die Tarifautonomie, NJW 1997, 1476; **Leinemann**, Die Wirkung von Tarifverträgen und Betriebsvereinbarungen auf das Arbeitsverhältnis, DB 1990, 732; **Loritz**, Die Kündigung von Betriebsvereinbarungen und die Diskussion um eine Nachwirkung freiwilliger Betriebsvereinbarungen, RdA 1991, 65; **Müller**, Sanierungstarifvertrag als unzulässige Lohnverwendungsabrede, DB 2000, 770; **Pfarr/Kocher**, Arbeitnehmerschutz und Gleichberechtigung durch Verfahren, NZA 1999, 358; **Preis**, Die Kündigung von Betriebsvereinbarungen, NZA 1991, 81; **Reuter**, Betriebsverfassung und Tarifvertrag, RdA 1994, 152; **Richardi**, Die Betriebsvereinbarung als Rechtsquelle des Arbeitsverhältnisses, ZfA 1992, 307; **Rieble**, Der Fall Holzmann und seine Lehren, NZA 2000, 225; **Roßmanith**, Die Kündigung von Betriebsvereinbarungen über betriebliche Altersversorgung, DB 1999, 634; **Schaub**, Die Beendigung von Betriebsvereinbarungen, BB 1995, 1639; **Schirge**, Kündigung und Nachwirkung von Betriebsvereinbarungen über betriebliche übertarifliche Leistungen, DB 1991, 441; **Trappmehl/Lambrich**, Unterlassungsanspruch der Gewerkschaft – das Ende für betriebliche „Bündnisse für Arbeit"?, NJW 1999, 3217; **v. Hoyningen-Huene**, Die Inhaltskontrolle von Betriebsvereinbarungen der betrieblichen Altersversorgung, BB 1992, 1640; **Waltermann**, Gestaltung von Arbeitsbedingungen durch Vereinbarung mit dem Betriebsrat, NZA 1996, 357; **Wlotzke**, Die Änderungen des Betriebsverfassungsgesetzes und das Gesetz über Sprecherausschüsse der leitenden Angestellten, DB 1989, 173; **Wohlfahrt**, Stärkung der Koalitionsfreiheit durch das BAG, NZA 1999, 962.

## A. Erläuterungen

### 1. Allgemeines zu Betriebsvereinbarungen

Bei den betriebskollektiven Absprachen zwischen Arbeitgeber und Betriebsrat unterscheidet man zwischen freiwilligen Betriebsvereinbarungen, erzwingbaren Betriebsvereinbarungen und Regelungsabsprachen. Zum Abschluß **freiwilliger Betriebsvereinbarungen** kann der Arbeitgeber vom Betriebsrat nicht gezwungen werden. Einigen sich die Parteien nicht, kann die Einigungsstelle, die beim Scheitern von Vereinbarungen über eine Betriebsvereinbarung zuständig ist, nur tätig werden, wenn beide Seiten einverstanden sind.[1] **Erzwingbare Betriebsvereinbarungen** nennt man solche

---

1 § 76 Abs. 6 BetrVG.

Betriebsvereinbarungen, deren Regelungssachverhalte im Gesetz erwähnt sind. Zu Themen der erzwingbaren Betriebsvereinbarung kann der Betriebsrat über den Spruch der Einigungsstelle eine Betriebsvereinbarung erzwingen.[2] Die **Regelungsabrede** bindet die Betriebspartner nur schuldrechtlich in der Weise, sich entsprechend der getroffenen Abrede zu verhalten. Sie hat, anders als Betriebsvereinbarungen,[3] keine Normwirkung. In Fällen, in denen der Abschluß einer Betriebsvereinbarung möglich ist, ist es dem Betriebsrat gestattet, sein Mitbestimmungsrecht in Form einer Regelungsabrede auszuüben.[4]

Eine Regelungsabrede kommt auch dort in Betracht, wo eine Regelung durch Betriebsvereinbarung unzulässig wäre. So können Regelungen über Arbeitsentgelte oder sonstige Arbeitsbedingungen auch dann getroffen werden, wenn entsprechende Tarifverträge bestehen oder üblicherweise bestehen und Betriebsvereinbarungen deshalb nach § 77 Abs. 3 BetrVG unzulässig wären.[5]

2 Durch Regelungsabreden können zweifelhafte oder umstrittene Rechtsfragen geklärt werden. Die Regelungsabrede beinhaltet ansonsten das Einverständnis von Arbeitgeber und Betriebsrat über eine bestimmte Maßnahme oder ein bestimmtes Verhalten eines Betriebspartners.[6] Die Regelungsabrede ist an **keine bestimmte Form** gebunden, auch wenn die Schriftform die Regel sein dürfte. Auf seiten des Betriebsrats setzt die Regelungsabrede einen ordnungsgemäßen Beschluß des Betriebsrats voraus. Eine Zustimmung zu Maßnahmen des Arbeitgebers durch schlüssiges Verhalten des Betriebsrats oder des Betriebsratsvorsitzenden ist nach der älteren BAG-Rechtsprechung möglich.[7] In der neueren Rechtsprechung und im Schrifttum wird eine Regelungsabrede durch schlüssiges Verhalten abgelehnt.[8]

3 In der Praxis gewinnen „**Bündnisse für Arbeit**" zunehmend an Bedeutung. Manchmal werden sie in der Form der Betriebsvereinbarung, häufig als Regelungsabrede, kombiniert mit individualarbeitsrechtlicher Vertragsvereinbarung geschlossen.

4 Der Zweck **betrieblicher Bündnisse** für Arbeit besteht in der **Standortsicherung**. Der Verzicht auf (meist tarifliche) Gehaltsansprüche wird vom Arbeitgeber in einem Bündnis für Arbeit mit dem Verzicht auf betriebsbedingte Kündigungen für einen näher vereinbarten Zeitraum bedacht. Spätestens seit dem **Burda-Beschluß des BAG** vom 20.04.1999[9] ist die Zukunft betrieblicher Bündnisse für Arbeit ungewiß. Juristisch unproblematisch sind Bündnisse für Arbeit, wenn eine Tariföffnungsklausel besteht, selbst wenn sie rückwirkend geschaffen wurde.[10] Eine Reihe von Tarifverträgen sieht ausdrücklich Öffnungsklauseln zum Abschluß von Bündnissen für Arbeit vor, wenn sich die wirtschaftliche Lage eines Unternehmens derart verschlechtert, daß die Personalkosten für einen befristeten Zeitraum abgesenkt werden müssen.[11]

---

2 Beispiel: §§ 87 Abs. 2, 76 Abs. 5 BetrVG.
3 § 77 Abs. 4 BetrVG.
4 BAG, Beschl. v. 10.03.1992, AP Nr. 1 zu § 77 BetrVG 1972, Regelungsabrede; BAG GS, Beschl. v. 16.09.1986, AP Nr. 17 zu § 77 BetrVG; BAG, Beschl. v. 09.07.1985, AP Nr. 6 zu § 1 BetrVG, Ablösung.
5 *Adomeit*, BB 1972, 53; *Hanau*, 1977, 350; a. A. ArbG Marburg – Viessmann-Fälle, NZA 1996, 1331 sowie NZA 1996, 1337.
6 *Fitting/Kaiser/Heither/Engels*, BetrVG, § 77, Rn 185.
7 BAG, Beschl. v. 15.12.1961, AP Nr. 1 zu § 56 BetrVG, Arbeitszeit; Beschl. v. 08.02.1963, AP Nr. 4 zu § 56 BetrVG, Akkord.
8 LAG Frankfurt, Beschl. v. 17.03.1983, ZIP 1983, 1114; *Richardi*, BetrVG, § 77, Rn 163; *Fitting/Kaiser/Heither/Engels*, BetrVG, § 77, Rn 184; GKBetrVG/*Kreutz*, § 77, Rn 10.
9 DB 1999, 1555 = NZA 1999, 887.
10 BAG, Urt. v. 20.04.1999, ARST 1999, 165.
11 Eine entsprechende Öffnungsklausel findet sich in § 6 des Beschäftigungssicherungs-Tarifvertrags Metall NW v. 02.11.1998.

Mit dem Burda-Beschluß vom 20.04.1999[12] wurden die **Rechte der Gewerkschaften** zur Bekämpfung betrieblicher Bündnisse für Arbeit gestärkt. Zu den Kernpunkten des Beschlusses gehören die Zubilligung des Unterlassungsanspruchs und gleichzeitig die Ablehnung eines Günstigkeitsprinzips, in das der Erhalt des Arbeitsplatzes in die Bewertung einbezogen wird. Mit dem **Unterlassungsanspruch** gegen tarifwidrig handelnde Arbeitgeber wurde eine aus dogmatischen Gründen überwiegend abgelehnte[13] Rechtskonstruktion geschaffen. Nur wenige Stimmen in der Literatur haben die Argumentation des BAG positiv gewürdigt.[14] Schon in den Viessmann-Entscheidungen[15] lehnte die Rechtsprechung ein Bündnis für Arbeit grundsätzlich ab. Die Amtsenthebungsverfahren gegen Betriebsräte, die dieses Bündnis für Arbeit geschlossen hatten und der Gewerkschaft nicht angehörten, scheiterten nur daran, daß das Arbeitsgericht Marburg das in Fällen des § 23 Abs. 3 BetrVG gebotene Verschulden bei den Betriebsräten wegen der Komplexität der Materie nicht feststellen konnte. Trotzdem hatte das Bündnis für Arbeit als betriebliches Bündnis keinen Bestand. Am LAG Hessen wurde durch richterliche Vermittlung mit dem zuständigen hessischen Arbeitgeberverband ein den Flächentarifvertrag ergänzender Verbandstarifvertrag geschlossen[16] und auf diese Weise das als Regelungsabrede geschlossene betriebsverfassungsrechtliche Bündnis mit im übrigen modifiziertem Inhalt in eine tarifvertragliche Vereinbarung überführt.

Auch im **Holzmann-Fall** wurde die ursprünglich als betriebliches Bündnis konzipierte Vereinbarung späterhin zum Gegenstand einer tariflichen Vereinbarung zwischen dem Arbeitgeberverband der Bauindustrie und der IG-Bau.[17]

Bislang erst in einer einzigen Entscheidung hat ein betriebliches Bündnis für Arbeit, ohne daß eine betriebliche Öffnungsklausel vorlag, in der Rechtsprechung Bestand gehabt.[18] Dieser Entscheidung lag folgender Sachverhalt zugrunde:

Durch eine Betriebsvereinbarung hatten Betriebsrat und Geschäftsleitung in einem Betrieb der Metall- und Elektrobranche die Arbeitszeit von 36 auf 38 Stunden erhöht. Die zwei zusätzlichen Stunden wurden unentgeltlich freitags erbracht. Mitarbeiter, die diesem Angebot nicht zustimmten, sollten sich beim Betriebsrat oder bei der Personalabteilung melden. Sie konnten dann freitags zwei Stunden früher nach Hause gehen. Eine gewerkschaftlich in der IG-Metall organisierte Mitarbeiterin arbeitete, wie die meisten Betriebsangehörigen, nach Inkrafttreten der Betriebsvereinbarung wöchentlich 38 Stunden, davon zwei Stunden unentgeltlich. Sie meldete sich weder beim Betriebsrat noch bei der Personalabteilung. Die Betriebsvereinbarung war für ein Jahr befristet. Nachdem die Betriebsvereinbarung abgelaufen war und der Betrieb zur tariflichen Arbeit zurückgekehrt war, klagte sie das Gehalt für die zwei unentgeltlichen Stunden, die freitags geleistet worden waren, für die gesamte Laufzeit der Betriebsvereinbarung ein.

Das LAG Baden-Württemberg hielt die Vereinbarung über die Erhöhung der wöchentlichen Arbeitszeit um zwei Stunden ohne Lohn- und Gehaltsausgleich für eine Betriebsvereinbarung im Sinne von

---

12 DB 1999, 1555 = NZA 1999, 887.
13 *Trappehl/Lambrich*, NJW 1999, 3217; *Berg/Platow*, DB 1999, 2362; *Bauer*, NZA 1999, 958; *Buchner*, NZA 1999, 897; *Hromadka*, AuA 2000, 13.
14 *Pfarr/Kocher*, NZA 1999, 358; *Wohlfarth*, NZA 1999, 962.
15 ArbG Marburg, Beschl. v. 07.08.1996, NZA 1996, 1331; ArbG Marburg, Beschl. v. 07.08.1996, NZA 1996, 1337; ArbG Frankfurt, Urt. v. 28.10.1996, NZA 1996, 1340; siehe hierzu *Buchner*, NZA 1996, 1304.
16 SPA 20/1997, 1; SPA 8/1998, 1.
17 Vgl. FAZ v. 24.12.1999, S. 14; v. 20.01.2000, S. 23, v. 22.01.2000, S. 16; v. 28.01.2000, S. 13; v. 29.01.2000, S. 14; v. 01.02.2000, S. 17; v. 03.02.2000, S. 69; v. 08.02.2000, S. 21; v. 10.02.2000, S. 17; v. 01.03.2000, S. 17; v. 05.04.2000, S. 17; v. 06.04.2000, S. 19 u. 69; *Müller*, DB 2000, 770; *Rieble*, NZA 2000, 225.
18 LAG Baden-Württemberg, Urt. v. 22.01.1998, NZA-RR 2000, 86.

§ 77 Abs. 2 BetrVG. Zwar verstoße diese Betriebsvereinbarung gegen § 77 Abs. 3 Satz 1 BetrVG, wonach Arbeitsbedingungen, die durch Tarifvertrag geregelt sind oder üblicherweise geregelt werden, nicht Gegenstand einer Betriebsvereinbarung sein könnten. Die Firma war Mitglied im Arbeitgeberverband. Der Geltendmachung der Gehaltsansprüche der Klägerin stand nach Auffassung des LAG Baden-Württemberg jedoch der Grundsatz von Treu und Glauben entgegen. Den kollektiven Druck, der durch die Beteiligung des Betriebsrats an der Vereinbarung ausgelöst worden war, ließ das Gericht nicht gelten. Schweige ein Arbeitnehmer in einer solchen Situation, um nachträglich, wenn die Gefahr vorüber sei, seine Rechtspositionen geltend zu machen, handele er arglistig. Die Geltendmachung seines Zahlungsanspruchs sei daher unzulässig. Die Entscheidung ist allerdings zeitlich vor dem Beschluß des BAG vom 20.04.1999[19] ergangen. Es ist daher zweifelhaft, ob die Rechtsgrundsätze dieser Entscheidung auch in Zukunft noch angewendet werden können.

8   Für den Gestalter von Betriebsvereinbarungen und Regelungsabreden im Zusammenhang mit Bündnissen für Arbeit lassen sich gegenwärtig folgende Erkenntnisse zusammenfassen:

Wenngleich in der Literatur heftig kritisiert, so nimmt das BAG doch an, daß aus Art. 9 Abs. 3 GG folge, daß Betriebsvereinbarungen und Regelungsabreden, die mit der Regelungssperre des § 77 Abs. 3 BetrVG nicht in Einklang stehen, die negative Koalitionsfreiheit von Tarifvertragsparteien verletzen können. Zwar wendet der 1. Senat § 77 Abs. 3 bei Regelungsabreden nicht unmittelbar an. Im zweiten Leitsatz des Beschlusses vom 20.04.1999[20] stellt er aber im Ergebnis die Regelungsabrede mit der Betriebsvereinbarung gleich.

9   Wer **Arbeitsplatzsicherung in Verbindung mit Personalkostenabsenkung** betreiben will, dabei aber als Arbeitgeber der Tarifbindung unterliegt, hat im Wege eines Bündnisses für Arbeit heute nur noch die Möglichkeit, sein Ziel über veränderte gesellschaftsrechtliche Konstruktionen zu erreichen. Vernünftigerweise wird man allerdings solche gesellschaftsrechtlichen Veränderungen in Unternehmen nur dann in Angriff nehmen, wenn sie unternehmensstrategisch und beispielsweise auch aus steuerlichen Gründen Sinn machen. Der Burda-Fall hat dabei das Drehbuch geliefert, nach dem der anwaltliche Gestalter den Weg zu seinem Ziel, einen tarifunabhängigen, auf niedrigerem Personalkostenniveau arbeitenden Betrieb organisieren kann. Die dem Arbeitgeberverband Druck angehörende Burda GmbH wurde zunächst in zwei Betriebe gespalten, in eine Burda Dienstleistungs GmbH und in eine Burda Druck GmbH. Sind die beiden gespaltenen Betriebe nicht mehr im Arbeitgeberverband, finden die Tarifverträge keine Anwendung mehr, soweit sie nicht für allgemeinverbindlich erklärt worden sind, was aber bei der Druckindustrie seit jeher nicht der Fall war. Auch etwaige Verweisungsklauseln in Arbeitsverträgen verlieren ihre Gültigkeit. Mit einem Betriebsübergang durch Spaltung verlieren nach der neueren Rechtsprechung des BAG sogenannte Gleichstellungsabreden in Arbeitsverträgen ihre Gültigkeit.[21]

10  Treffen nun Arbeitgeber und Betriebsrat der beiden neuen Betriebe (im Beispielsfall Burda Dienstleistungs GmbH und Burda Druck GmbH) eine Regelungsabrede, in der Einzelheiten zur Vergütung abweichend von dem früher angewendeten Tarifvertrag geregelt werden, entsteht ein „Bündnis für Arbeit", wenn die Geschäftsleitungen der beiden Betriebe sich im Gegenzug verpflichten, keine betriebsbedingten Kündigungen innerhalb eines vereinbarten Zeitraums auszusprechen.

Zur Wirksamkeit bedarf ein solches Bündnis für Arbeit zusätzlich der einzelvertraglichen Vereinbarung, um die Wirkung des § 613 a Abs. 1 Satz 2 BGB entfallen zu lassen.

---

19  NZA 1999, 887.
20  NZA 1999, 887.
21  BAG, Urt. v. 04.08.1999, FA 1999, 406.

Regelungsabreden betreffen meist knappe und einfache Sachverhalte oder die Auslegung von Rechtsfragen, so daß es hierzu keiner Muster bedarf. Die Muster betreffen freiwillige und erzwingbare Betriebsvereinbarungen sowie Interessenausgleich und Sozialplan in verschiedenen Varationen. Gemeinsame bei der Gestaltung zu beachtende Rechtsprechungsgrundsätze werden nachfolgend erläutert, spezielle Aspekte über freiwillige Betriebsvereinbarungen enthalten die Erläuterungen in diesem Kapitel, Besonderheiten bei erzwingbaren Betriebsvereinbarungen befinden sich in den Erläuterungen zu § 5 Kapitel 2 und die Grundzüge der Gestaltung und Verhandlung von Interessenausgleich und Sozialplan werden unter § 5 Kapitel 3 dargestellt.

Die grundlegenden Bestimmungen über Betriebsvereinbarungen finden sich in § 74 BetrVG, für Interessenausgleich und Sozialplan in den §§ 111–113 BetrVG.

### a) Rechtsnatur der Betriebsvereinbarung

Die Rechtsnatur der Betriebsvereinbarung ist **umstritten**. Teilweise wird vertreten, die Betriebsvereinbarung sei ein privatrechtlicher kollektiver Normenvertrag, der zwischen Arbeitgeber und Betriebsrat abgeschlossen werde und kraft staatlicher Ermächtigung unmittelbar und zwingend die betrieblichen Arbeitsverhältnisse normativ gestalte.[22] Neben dieser sog. Vertragstheorie wird im älteren Schrifttum eine sog. Satzungstheorie aufgestellt, wonach die Betriebsvereinbarung eine autonome Satzung für den Betrieb darstelle.[23]

Aus dem normativen Charakter der Betriebsvereinbarung entnimmt das BAG den Grundsatz, daß die Auslegung einer Betriebsvereinbarung wie beim Tarifvertrag den Regeln über die Auslegung von Gesetzen folgt.[24] Auszugehen ist damit vom **Wortlaut** einer Regelung. Dem von den Betriebspartnern verfolgten **Zweck** kommt eine besondere Bedeutung zu, soweit er in der Betriebsvereinbarung andeutungsweise Ausdruck gefunden hat.[25] Satzungsniederschriften, Protokollnotizen oder gemeinsame Erklärungen der Betriebspartner können zur Erforschung des wirklichen Willens herangezogen werden. Bei Vorliegen besonderer Umstände, die das von den Betriebspartnern Gewollte zweifelsfrei erkennen lassen, kann die Betriebsvereinbarung durch Auslegung einen vom Wortlaut abweichenden Inhalt erhalten.[26]

### b) Inhalt von Betriebsvereinbarungen

Die Betriebsvereinbarung ist ein **eigenes Rechtsinstrument der Betriebsverfassung**. Sie ist die wichtigste Form der Einigung zwischen den Betriebspartnern, das durch schriftliche Vereinbarung der Organe der Betriebsverfassung geschaffene Gesetz des Betriebes. Sie dient der generellen Regelung der betrieblichen und betriebsverfassungsrechtlichen Ordnung und der Gestaltung der individuellen Rechtsbeziehungen zwischen Arbeitgeber und Arbeitnehmer. Auf der einen Seite ersetzt sie betriebliche Maßnahmen, die der Arbeitgeber kraft Direktionsrechts alleine treffen könnte und die vor ihrer Durchführung der Beteiligung des Betriebsrats unterliegen, auf der anderen Seite regelt sie materielle Arbeitsbedingungen, die, wenn sie auf betrieblicher Ebene fehlen würden, individualarbeitsrechtlich mit dem Arbeitnehmer zu vereinbaren wären.

§ 77 Abs. 1 Satz 2 BetrVG untersagt dem Betriebsrat, durch einseitige Handlung in die Leitung des Betriebes einzugreifen. Betriebsvereinbarungen dürfen daher keine Anordnungsbefugnisse des

---

22 Vgl. *Richardi*, BetrVG, § 77, Rn 24; *Säcker*, AR-Blattei, BetrVerf. I D I 4.
23 *Herschel*, RdA 1956, 161.
24 BAG, Beschl. v. 27.08.1975, AP Nr. 2 zu § 112 BetrVG 1972, Beschl. v. 08.11.1988, AP Nr. 48 zu § 112 BetrVG, Beschl. v. 11.06.1975, AP Nr. 1 zu § 77 1972, Auslegung.
25 *Fitting/Kaiser/Heither/Engels*, BetrVG, § 77, Rn 15.
26 BAG, Beschl. v. 31.10.1990, AP Nr. 11 zu § 1 TVG, Tarifverträge: Presse.

Betriebsrats vorsehen oder etwa dem Betriebsrat den Widerruf von Anordnungen des Arbeitgebers einräumen. Verstößt der Betriebsrat grob gegen das Verbot des Eingriffs in die Betriebsleitung, kann der Arbeitgeber beim Arbeitsgericht die Auflösung des Betriebsrats oder die Amtsenthebung einzelner Betriebsratsmitglieder nach § 23 Abs. 1 BetrVG beantragen.[27]

**14** Außerdem ist zu beachten, daß Arbeitsentgelte und sonstige Arbeitsbedingungen, die durch Tarifvertrag geregelt sind und üblicherweise geregelt werden, nicht Gegenstand einer Betriebsvereinbarung sein dürfen, § 77 Abs. 3 BetrVG. Nach § 77 Abs. 3 Satz 2 BetrVG gilt dieser Grundsatz allerdings dann nicht, wenn ein Tarifvertrag eine Öffnungsklausel für ergänzende Betriebsvereinbarungen vorsieht.

### c) Zustandekommen und Form

**15** Nach der bereits erwähnten, heute wohl einhellig vertretenen Vertragstheorie kommt die Betriebsvereinbarung als **privatrechtlichem Vertrag** durch übereinstimmende Willenserklärungen der Betriebspartner zustande.[28] Betriebsvereinbarungen können nur wirksam zwischen den zuständigen Betriebspartnern geschlossen werden. Betrifft eine Angelegenheit mehrere Betriebe oder das Gesamtunternehmen, kann die Zuständigkeit des Gesamtbetriebsrats nach § 50 BetrVG begründet sein, wenn die Angelegenheit nicht durch die einzelnen Betriebsräte in ihren Betrieben geregelt werden kann.

Auf Arbeitgeberseite ist der Vertragspartner bei einer Betriebsvereinbarung der Inhaber des Betriebes oder derjenige, der die Arbeitgeberfunktion im Betrieb wahrnimmt. Dies kann der Geschäftsführer, dies kann aber auch ein leitender Angestellter sein.

**16** Die Betriebsvereinbarung bedarf zwingend der **Schriftform**. Eine mündlich getroffene Betriebsvereinbarung ist nichtig, § 125 Satz 1 BGB. Die Betriebsvereinbarung muß die Unterschriften beider Organe der Betriebsverfassung bzw. der bevollmächtigten Vertreter gemäß § 126 Abs. 2 Satz 1 BGB auf derselben Urkunde aufweisen.[29] Der Austausch einseitig unterzeichneter Urkunden genügt ebensowenig dem Schriftformerfordernis wie die Unterschrift auf einer bloßen Fotokopie der von dem anderen Betriebspartner unterzeichneten Vereinbarung.[30] Bilden mehrere Blätter, die inhaltlich aufeinander Bezug nehmen und beispielsweise durch Heftklammern miteinander verbunden sind, eine sog. Gesamturkunde, braucht nicht jedes einzelne Blatt unterschrieben oder seitlich paraphiert zu werden.[31] Ein gemeinsam vom Arbeitgeber und Betriebsrat unterzeichnetes Rundschreiben[32] oder ein Protokoll über eine Besprechung erfüllen nicht die Formvoraussetzungen einer Betriebsvereinbarung.

Durch Bezugnahme auf einen bestimmten Tarifvertrag oder eine andere Betriebsvereinbarung wird die Schriftform dagegen gewahrt, wenn der andere Tarifvertrag oder die andere Betriebsvereinbarung nicht wörtlich wiedergegeben oder als Anlage beigefügt wird.[33]

Dynamische oder Blankettverweisungen in Betriebsvereinbarungen sind allerdings unwirksam.[34]

---

27 *Fitting/Kaiser/Heither/Engels*, BetrVG, § 77, Rn 10.
28 GKBetrVG/*Kreutz*, § 77, Rn 31; *Richardi*, BetrVG, § 77, Rn 31, Rn 26.
29 BAG, Beschl. v. 21.08.1990, AP Nr. 19 zu § 6 BetrAVG; BAG, Beschl. v. 14.02.1978, AP Nr. 60 zu Art. 9 GG, Arbeitskampf.
30 LAG Berlin, Beschl. v. 06.09.1991, DB 1991, 2593.
31 BAG, Beschl. v. 11.11.1986, AP Nr. 4 zu § 1 BetrAVG, Gleichberechtigung.
32 LAG Düsseldorf, Beschl. v. 03.02.1977, DB 1977, 1954.
33 BAG, Beschl. v. 08.10.1959, AP Nr. 14 zu § 56 BetrVG; BAG, Beschl. v. 27.03.1963, AP Nr. 9 zu § 59 BetrVG.
34 BAG, Besch. v. 23.06.1992, AP Nr. 55 zu § 77 BetrVG 1972; Beschl. v. 27.07.1956, AP Nr. 3 zu § 4 TVG, Geltungsbereich.

Der Arbeitgeber hat nach § 77 Abs. 2 Satz 3 BetrVG Betriebsvereinbarungen an geeigneter Stelle im Betrieb auszulegen. Die **Bekanntmachung** der Betriebsvereinbarung hat keine konstitutive Wirkung. Die Betriebsvereinbarung ist so auszulegen oder auszuhändigen, daß sämtliche Arbeitnehmer, auch neu eingestellte Mitarbeiter, in der Lage sind, sich ohne besondere Umstände mit dem Inhalt vertraut zu machen. Diesen Anforderungen trägt die Verteilung von Abschriften, ein Anschlag im Betrieb am Schwarzen Brett oder die Veröffentlichung in der Werkzeitung Rechnung.[35] Sind durch eine Betriebsvereinbarung rechtliche Interessen der leitenden Angestellten berührt, hat der Arbeitgeber vor Abschluß einer Betriebsvereinbarung nach § 2 Abs. 1 Satz 2 SprAuG den Sprecherausschuß anzuhören. Denkbare Beispiele bilden Arbeitszeitregelungen im Betrieb, der Urlaubsplan, die Nutzungsbedingungen für Sozialeinrichtungen, Regelungen zur Altersversorgung.[36]

17

### d) Abschlußmängel bei Betriebsvereinbarungen

Eine **Nichtigkeit** der Betriebsvereinbarung liegt vor, wenn die Schriftform nicht gewahrt wurde, die Betriebsratswahl nichtig war, kein ordnungsgemäßer Beschluß des Betriebsrats zum Abschluß der Betriebsvereinbarung vorliegt oder die abschließende Partei nicht zuständig ist. Ein Unzuständigkeitsbeispiel wurde bereits erwähnt, wenn nämlich der Gesamtbetriebsrat ohne Beachtung von § 50 BetrVG eine Gesamtbetriebsvereinbarung mit dem Arbeitgeber getroffen hat. Nichtigkeit kann sich aus dem Verstoß gegen zwingendes höherrangiges Recht ergeben, insbesondere aus dem Verbot, dem Tarifvorrang unterliegende Arbeitsbedingungen in einer Betriebsvereinbarung zu regeln.[37] Nichtigkeit kann sich aber auch aus mangelnder Zuständigkeit des Betriebsrats, beispielsweise durch Vereinbarung eines generellen Nebentätigkeitsverbots für alle Mitarbeiter,[38] ergeben. Auch ist der Betriebsrat unzuständig, eine generelle Teilnahme an Betriebsausflügen oder Betriebsfeiern zu begründen, selbst wenn sie während der Arbeitszeit stattfinden.[39]

18

Eine nichtige Betriebsvereinbarung erzeugt keine Rechtswirkung, ihre Umdeutung in individualrechtlich wirksame Rechtsgeschäfte wie Gesamtzusage, Vertrag zugunsten Dritter oder betriebliche Übung ist generell nicht möglich.[40]

Denkbar ist allerdings, daß **Teilnichtigkeit** vorliegt, also nur einzelne Bestimmungen der Betriebsvereinbarung nichtig sind und der übrige Teil wirksam bleibt, sofern noch eine sinnvolle und in sich geschlossene Regelung vorhanden ist.[41]

19

Eine **rückwirkende Anfechtung** der Betriebsvereinbarung aufgrund von Willensmängeln ist ausgeschlossen. Eine Anfechtung einer Betriebsvereinbarung, beispielsweise wegen arglistiger Täuschung oder Drohung, wirkt nur für die Zukunft.[42]

---

35 *Fitting/Kaiser/Heither/Engels*, BetrVG, § 77, Rn 24.
36 Vgl. *Buchner*, NZA 1989, Beil. 1, 14; *Wlotzke*, DB 1989, 175.
37 § 77 Abs. 3 BetrVG.
38 BAG, Beschl. v. 25.05.1970, AP Nr. 4 zu § 60 HGB; Beschl. v. 13.11.1979, AP Nr. 5 zu § 1 KSchG 1969, Krankheit.
39 BAG, Beschl. v. 04.12.1970, AP Nr. 5 zu § 7 BUrlG.
40 BAG, Beschl. v. 19.07.1977, AP Nr. 1 zu § 77 BetrVG 1972; Beschl. v. 13.08.1980, AP Nr. 2 zu § 77 BetrVG 1972; LAG Hamm, Urt. v. 22.10.1998, NZA-RR 2000, 27.
41 BAG, Beschl. v. 12.10.1994, AP Nr. 66 zu § 87 BetrVG 1972, Arbeitszeit; Beschl. v. 28.12.1981, AP Nr. 1 zu § 87 BetrVG 1972, Vorschlagswesen; Beschl. v. 28.07.1981, AP Nr. 2 zu § 87 BetrVG 1972, Urlaub; Beschl. v. 22.11.1983, AP Nr. 17 zu § 112 BetrVG 1972; Beschl. v. 18.12.1990, AP Nr. 98 zu § 1 TVG, TV Metallindustrie.
42 BAG, Beschl. v. 15.12.1961, AP Nr. 1 zu § 615 BGB, Kurzarbeit.

### e) Geltungsbereich

**20** **Räumlich** gilt eine Betriebsvereinbarung für den Betrieb, für den sie abgeschlossen wurde. Dabei können durchaus für einzelne Betriebe unterschiedliche Regelungen getroffen werden.[43] Der Gesamtbetriebsrat ist auch im Rahmen seiner originären Zuständigkeit befugt, einzelne Betriebe aus dem Geltungsbereich einer Gesamtbetriebsvereinbarung auszunehmen. Ein Betrieb ohne Betriebsrat wird von einer vom Gesamtbetriebsrat abgeschlossenen Betriebsvereinbarung allerdings nicht erfaßt.[44]

**21** **In persönlicher Hinsicht** erstreckt sich die Betriebsvereinbarung grundsätzlich auf alle Arbeitnehmer des Betriebes im Sinne des § 5 Abs. 1 BetrVG. Enthält der Tarifvertrag eine Öffnungsklausel für Betriebsvereinbarungen, so sind sämtliche Mitarbeiter eines Betriebes, unabhängig von ihrer Gewerkschaftszugehörigkeit, in den persönlichen Geltungsbereich einer Betriebsvereinbarung einbezogen.[45] Es ist auch unerheblich, ob das Arbeitsverhältnis bereits bei Abschluß einer Betriebsvereinbarung bestanden hat. Auch für später in einen Betrieb eintretende Arbeitnehmer entfaltet eine bestehende Betriebsvereinbarung normative Wirkung nach § 77 Abs. 4 BetrVG.[46]

**22** Betriebsvereinbarungen gelten grundsätzlich nicht für Pensionäre[47] sowie für Arbeitnehmer, die im Zeitpunkt des Inkrafttretens der Betriebsvereinbarung bereits ausgeschieden sind. Mit seinem Ausscheiden verliert der Arbeitnehmer gegenüber dem Arbeitgeber einen selbständigen schuldrechtlichen Anspruch. Nur soweit die Betriebsvereinbarung ausdrücklich Regelungen für Pensionäre enthält, können ausgeschiedene Arbeitnehmer noch anspruchsberechtigt sein.[48]

Generell nicht in den persönlichen Geltungsbereich einer Betriebsvereinbarung einbezogen sind leitende Angestellte. Leitende Angestellte werden selbst durch einen Sozialplan nicht erfaßt.[49]

### f) Schranken der Regelungsmacht der Betriebspartner

**23** Die Betriebspartner können in Betriebsvereinbarungen nicht sämtliche Arbeitsbedingungen frei regeln. Einschränkungen ergeben sich aus **zwingendem staatlichen Recht**, beispielsweise gesetzlichen Mindestansprüchen im Mutterschutzgesetz, im Schwerbehindertengesetz oder im Bundesurlaubsgesetz. Einschränkungen enstehen weiterhin aus den zwingend zu beachtenden öffentlich-rechtlichen Unfallverhütungsvorschriften, sofern staatliches Recht nur abweichende Regelungen in Tarifverträgen gestattet, wie beispielsweise in den §§ 616 Abs. 2, 622 Abs. 4 BGB, 4 Abs. 4 EFZG, 13 BUrlG, 7 ArbZG, 21 a und 21 b JuArbSchG.[50]

Zum zwingenden staatlichen Recht gehört auch das **Betriebsverfassungsgesetz**. In einer Betriebsvereinbarung darf dem Arbeitgeber die Befugnis zur einseitigen Gestaltung mitbestimmungspflichtiger Angelegenheiten nur eingeräumt werden, solange sie die Substanz der Mitbestimmungsrechte unberührt läßt.[51]

---

43 Siehe Muster 2329, § 11 Ziff. 4 c und d, in diesem Buch § 5 Kap. 2 M 92.
44 BAG, Beschl. v. 16.08.1983, AP Nr. 5 zu § 50 BetrVG 1972.
45 BAG, Beschl. v. 18.08.1987, DB 1987 2257.
46 BAG, Beschl. v. 05.09.1960, DB 1960, 1309.
47 BAG, Beschl. v. 30.01.1970, BB 1970, 1548.
48 BAG, Beschl. v. 25.10.1988, BB 1989, 1548.
49 BAG, Beschl. v. 31.01.1970, BB 1979, 833; siehe auch § 32 Abs. 2 SchAuG.
50 *Fitting/Kaiser/Heither/Engels*, BetrVG, § 77, Rn 48.
51 BAG, Beschl. v. 07.09.1956, AP Nr. 2 zu § 56 BetrVG; Beschl. v. 26.07.1988, AP Nr. 6 zu § 87 BetrVG 1972, Provision; Beschl. v. 28.03.1992, AP Nr. 11 zu § 50 BetrVG 1972.

Eine weitere Schranke der Regelungsmacht der Betriebspartner ergibt sich aus § 77 Abs. 3 BetrVG, dem dort festgeschriebenen **Tarifvorrang**. § 77 Abs. 3 BetrVG dient der Sicherung der ausgeübten und aktualisierten Tarifautonomie sowie der Erhaltung und Stärkung der Funktionsfähigkeit von Koalitionen.[52] Die Regelungssperre des Abs. 3 bezieht sich auf Arbeitsentgelte und sonstige Arbeitsbedingungen. Arbeitsentgelt ist jede in Geld zahlbare Vergütung oder Sachleistung des Arbeitgebers, z.B. Lohn, Prämien, Gratifikationen, Gewinnbeteiligungen oder Deputate. Unter sonstigen Arbeitsbedingungen versteht man alle Regelungen, die Gegenstand der Inhaltsnormen eines Tarifvertrages sein können. Sowohl formelle als auch materielle Arbeitsbedingungen fallen hierunter.[53]

24

Die **Regelungssperre** gilt nur für diejenigen Arbeitsbedingungen, die tariflich geregelt sind. Die Sperrwirkung des § 77 Abs. 3 BetrVG greift nicht erst, wenn Arbeitsbedingungen üblicherweise tariflich geregelt werden, wie dies der Vorläufer des heutigen Betriebsverfassungsgesetzes, das Betriebsverfassungsgesetz 1952, in § 49 vorsah, sondern bereits dann, wenn sie für den Betrieb erstmalig tariflich geregelt sind. Arbeitsbedingungen sind durch Tarifvertrag geregelt, wenn über sie ein Tarifvertrag abgeschlossen worden ist und der Betrieb in den räumlichen, betrieblichen, fachlichen und persönlichen Geltungsbereich des Tarifvertrages fällt.[54]

Die Sperrzeitwirkung des § 77 Abs. 3 Satz 1 BetrVG hängt nach überwiegender Auffassung nicht davon ab, daß der Arbeitgeber tarifgebunden ist oder daß die tarifliche Regelung für die Branche repräsentativ ist.[55] Hat der Arbeitgeber mit seinen Arbeitnehmern individualarbeitsrechtlich die Geltung des Tarifvertrages vereinbart, tritt die Sperrwirkung nach § 77 Abs. 3 BetrVG nicht ein. Auch eine wiederholte Inbezugnahme der tariflichen Wirkung führt nicht zu einer Tarifüblichkeit im Sinne von § 77 Abs. 3 BetrVG.[56]

25

Nur soweit der Tarifvertrag bestimmte Arbeitsbedingungen tatsächlich regelt, wird die Sperrwirkung nach Abs. 3 ausgelöst, wenn und soweit der Tarifvertrag eine inhaltliche Sachregelung enthält. Maßgeblich ist, ob nach dem Willen der Tarifvertragsparteien die betreffende Angelegenheit abschließend geregelt werden sollte.[57] Eine reine Negativregelung, d.h. die ausdrückliche oder konkludente Feststellung der Tarifparteien, für bestimmte Angelegenheiten eine tarifliche Regelung nicht zu treffen oder sogar auszuschließen, löst keine Sperrwirkung aus.[58] Auch wenn die Tarifparteien eine bestimmte Angelegenheit einfach nicht geregelt haben, weil sie sich hierüber nicht haben einigen können, wird keine Sperrwirkung ausgelöst.[59]

**Unzulässig** sind Betriebsvereinbarungen, die ohne Vorliegen besonderer Gründe das tarifliche Entgelt nur erhöhen wollen.[60] Gleiches gilt für Betriebsvereinbarungen über sog. **Anwesenheits- und Pünktlichkeitsprämien**, da es sich um verdeckte Zuschläge auf den Tariflohn handeln kann.[61] Unzulässig sind auch sonstige Zulagen, die für die bloße Erfüllung arbeitsvertraglicher Pflichten gezahlt werden.[62] Nimmt eine Betriebsvereinbarung eine anstehende Tariflohnerhöhung für den Betrieb vor-

26

---

52 BAG, Beschl. v. 22.06.1993, AP Nr. 22 zu § 23 BetrVG 1972.
53 BAG, Beschl. v. 09.04.1991, AP Nr. 1 zu § 77 BetrVG 1972, Tarifvorbehalt.
54 BAG, Beschl. v. 27.01.1987, AP Nr. 42 zu § 99 BetrVG 1972.
55 *Krenz*, NZA 1987, 386.
56 BAG, Beschl. v. 27.01.1987, AP Nr. 42 zu § 99 BetrVG 1972.
57 BAG, Beschl. v. 03.04.1972, AP Nr. 2 zu § 87 BetrVG 1972.
58 BAG, Beschl. v. 11.12.1992, AP Nr. 3 zu § 77 BetrVG 1972, Tarifvorbehalt.
59 BAG, Beschl. v. 23.10.1985, AP Nr. 33 zu § 1 TVG, Tarifverträge: Metallindustrie.
60 BAG, Beschl. v. 17.12.1985, AP Nr. 5 zu § 87 BetrVG 1972, Tarifvorrang.
61 BAG, Beschl. v. 29.05.1964, AP Nr. 24 zu § 59 BetrVG.
62 BAG, Beschl. v. 13.08.1980, AP Nr. 2 zu § 77 BetrVG 1972.

weg, unterliegt sie der Sperrwirkung und ist unzulässig.[63] Unzulässig ist auch eine Betriebsvereinbarung über die Verteilung der Arbeitszeit, die nach § 87 Abs. 1 Nr. 2 BetrVG grundsätzlich geschlossen werden kann, wenn sie zugleich Regelungen über die Dauer der wöchentlichen bzw. jährlichen Arbeitszeit enthält, die im Widerspruch zu einem für den Betrieb geltenden Tarifvertrag stehen.[64] Werden dagegen Zulagen an andere tatbestandliche Voraussetzungen geknüpft als sie die tarifliche Regelung enthält und sind derartige Zulagen auch nicht durch die Tarifregelung ausgeschlossen, liegt kein Verstoß gegen § 77 Abs. 3 BetrVG vor.[65]

27 In der Praxis wird der Vorrang des Tarifvorbehalts seit einigen Jahren nicht mehr mit jener Strenge, die die BAG-Rechtsprechung fordert, durchgeführt. In den neuen Bundesländern haben Betriebe, die nicht dem Arbeitgeberverband beigetreten sind, dem Tarifvorbehalt nach § 77 Abs. 3 BetrVG unterfallende Arbeitsbedingungen in Betriebsvereinbarungen geregelt. Einen zusätzlichen Aufwind haben Betriebsvereinbarungen durch zunehmende **Öffnungsklauseln in Tarifverträgen** erhalten. Auch die Diskussion um den Fall Viessmann[66] hat gezeigt, daß Arbeitsplätze sichernde Vereinbarungen,[67] die die Gestaltungsmöglichkeiten von Arbeitgeberverbänden und Gewerkschaften eingrenzen, auf dem Vormarsch sind. § 77 Abs. 3 BetrVG ist eine bedenkliche und deshalb in der Literatur zunehmend umstrittene[68] **Privilegierung der Tarifpartner**. Die Funktionsfähigkeit der Tarifautonomie läuft nicht dadurch Gefahr, daß Arbeitgeber wegen der Möglichkeit, die Arbeitsbedingungen normativ durch Betriebsvereinbarungen zu regeln, aus dem Arbeitgeberverband ausscheiden und nach Ablauf der Tarifbindung mit dem Betriebsrat anderweitige Regelungen treffen könnten.[69] Die Gefahr besteht heute darin, daß sich die Betriebspartner an § 77 Abs. 3 BetrVG zunehmend nicht mehr halten, weil die von Arbeitgeberverbänden und den Gewerkschaften entwickelten Paketlösungen des Arbeitsrechts in der Form von Tarifverträgen[70] dem durch die Globalisierung der Märkte und damit durch den internationalen Wettbewerb vorgegebenen Kostendruck[71] nicht mehr gerecht werden. Ein Unternehmen oder ein Betrieb muß sich das von den Verbänden geschaffene Arbeitsrecht auch leisten können. Schließlich besteht das Unternehmen nur im Wettbewerb, wenn es bei seinen Kosten einem internationalen Kennziffernvergleich standhält.

28 Eine weitere Schranke der Regelungsmacht der Betriebspartner ergibt sich durch individualarbeitsrechtliche Vereinbarungen. Es besteht ein **Individualschutz vor Kollektivnormen.** Die außerbetriebliche Lebensgestaltung des Arbeitnehmers kann grundsätzlich nicht in Betriebsvereinbarungen geregelt werden. Durch Betriebsvereinbarungen können ferner keine Lohnverwendungsabreden getroffen werden. Lohnabzüge zugunsten kirchlicher, politischer, sozialer oder gemeinnütziger Organisationen sind unzulässig.[72] Lohnabtretungsverbote können durch Betriebsvereinbarungen geregelt werden, wenn der Lohnanspruch von vornherein so entsteht, daß er vor Auszahlung durch den Arbeitgeber nicht abgetreten werden kann.[73] Zulässig sind in Betriebsvereinbarungen Abtretungen

---

63 BAG, Beschl. v. 07.12.1962, AP Nr. 28 zu Art. 12 GG.
64 BAG, Beschl. v. 22.06.1993, AP Nr. 22 zu § 23 BetrVG 1972.
65 *Fitting/Kaiser/Heither/Engels*, BetrVG, § 77, Rn 78.
66 Siehe *Buchner*, NZA 1996, 1304; *Kort*, NJW 1997, 1476.
67 Konkret ging es um Regelungsabsprachen.
68 Siehe nur *Fabricius*, RdA 1973, 126; *Ehrmann/Schmidt*, NZA 1995, 196; *Feudner*, DB 1993, 2231.
69 So *Fitting/Kaiser/Heither/Engels*, BetrVG, § 77, Rn 68.
70 *Hümmerich*, DB 1996, 1182.
71 Vgl. *Hümmerich*, NZA 1996, 1290.
72 BAG, Beschl. v. 20.12.1957, AP Nr. 1 zu § 399 BGB.
73 BAG, Beschl. v. 05.09.1960, AP Nr. 4 zu § 399 BGB.

an Träger der Sozialversicherungen, die dem Arbeitnehmer zur Erhaltung seiner Existenz Leistungen gewähren.[74] Die Stundung oder der Erlaß eines bereits fälligen Lohnanspruches kann nicht durch Betriebsvereinbarung geregelt werden.[75] Individualrechtliche Versorgungsansprüche können nicht durch Betriebsvereinbarung geschmälert werden.[76] Auch unverfallbare Versorgungsanwartschaften können wegen ihres eigentumsähnlichen Charakters nicht grundlos gekürzt oder entzogen werden.[77]

Die Betriebsvereinbarung darf auch einen beim Arbeitnehmer zwischenzeitlich entstandenen kündigungsschutzrechtlichen Status nicht entziehen oder zwingendes gesetzliches Kündigungsrecht zum Nachteil des Arbeitnehmers ändern.[78]

Bei Betriebsvereinbarungen über die **Altersgrenze** des Arbeitnehmers gilt zwischenzeitlich § 41 Abs. 4 Satz 3 SGB VI, wonach eine Beendigungsvereinbarung wegen der Möglichkeit der Beantragung von Altersruhegeld, die vor dem 65. Lebensjahr wirksam werden soll, dem Arbeitnehmer gegenüber als auf die Vollendung des 65. Lebensjahres abgeschlossen gilt, es sei denn, sie wird innerhalb der letzten drei Jahre vor der erstmaligen Möglichkeit der Antragstellung schriftlich bestätigt. Diese Regelung stellt die Rechtslage, wie sie vor dem Rentenreformgesetz 1992 galt, wieder her.[79]

**Unzulässig** sind Betriebsvereinbarungen, die die Kostentragungspflicht des Arbeitgebers für von ihm zu stellende Arbeits- und Schutzkleidung auf die Arbeitnehmer ganz oder teilweise abwälzen.[80] Etwas anderes gilt nur, wenn dem Arbeitnehmer die Verwendung dieser Kleidung im privaten Bereich gestattet ist und vom Arbeitnehmer gewünscht wird.[81]

Betriebsvereinbarungen unterliegen einer **Rechtskontrolle** durch die Arbeitsgerichte. Mal überprüft die Rechtsprechung, ob der Gleichbehandlungsgrundsatz gem. § 75 Abs. 1 BetrVG beachtet ist,[82] mal prüft sie, ob die Persönlichkeitsrechte des Arbeitnehmers gem. § 75 Abs. 2 BetrVG durch eine Betriebsvereinbarung hinreichend gewahrt sind.[83] Die Rechtsprechung überprüft auch, ob Betriebsvereinbarungen den Grundsätzen der Billigkeit entsprechen.[84] Andere Entscheidungen der Arbeitsgerichte befassen sich mit der Frage, ob eine Betriebsvereinbarung den Grundsätzen der Verhältnismäßigkeit[85] entspricht.

In den letzten Jahren zeichnet sich ein Wandel der BAG-Rechtsprechung zur Überprüfung der Wirksamkeit von Betriebsvereinbarungen ab. Die umfassende Billigkeitskontrolle wurde zugunsten einer

---

74 BAG, Beschl. v. 02.06.1966, AP Nr. 8 zu § 399 BGB.
75 LAG Baden-Württemberg, Beschl. v. 27.04.1977, BB 1977, 996.
76 BAG, Beschl. v. 24.11.1977, AP Nr. 177 zu § 242 BGB, Ruhegehalt.
77 BAG, Beschl. v. 17.01.1980, AP Nr. 185 zu § 242 BGB, Ruhegehalt; Beschl. v. 19.06.1980, AP Nr. 7 zu § 1 BetrAVG, Wartezeit; Beschl. v. 21.08.1980, AP Nr. 8 zu § 1 BetrAVG, Wartezeit.
78 BAG, Beschl. v. 16.02.1962, AP Nr. 11 zu § 4 TVG, Günstigkeitsprinzip.
79 Vgl. *Ehrich*, BB 1994, 1633; *Baeck/Diller*, NZA 1995, 360; unzutreffend die Ansicht von *Boecken*, NZA 1995, 145.
80 BAG, Beschl. v. 01.12.1992, AP Nr. 20 zu § 87 BetrVG 1972, Ordnung des Betriebes; BAG, Beschl. v. 10.03.1976, AP Nr. 17 zu § 618 BGB; siehe ferner BAG, Urt. v. 19.05.1998, AP § 1 TVG Tarifverträge: Spielbanken Nr. 3.
81 BAG, Beschl. v. 01.12.1992, AP Nr. 20 zu § 87 BetrVG 1972, Ordnung des Betriebes.
82 BAG, Urt. v. 25.01.1989, AP Nr. 2 zu § 2 BeschFG 1985; BAG, Urt. v. 20.11.1990, AP Nr. 8 zu § 1 BetrAVG Gleichberechtigung.
83 Zu den Anforderungen an eine Betriebsvereinbarung zur Kleiderordnung: BAG, Urt. v. 21.02.1979, AP Nr. 13 zu § 847 BGB.
84 BAG, Beschl. v. 23.10.1991, AP Nr. 13 zu § 1 BetrAVG Ablösung; BAG, Beschl. 26.10.1994, AP Nr. 18 zu § 611 BGB Anwesenheitsprämie.
85 BAG, Urt. v. 16.09.1986, NZA 1987, 168; BAG, Urt. v. 03.11.1987, NZA 1988, 509.

Rechtskontrolle aufgegeben.[86] *Ahrens*[87] zeichnet nach, daß Betriebsvereinbarungen generell in der Rechtsprechung des 1. Senats zunehmend nur noch einer eingeschränkten Rechtskontrolle unterliegen.

### g) Wirkung einer Betriebsvereinbarung

31  Zunächst einmal gilt eine Betriebsvereinbarung für die vereinbarte Laufzeit und ist mit einer Frist von drei Monaten **kündbar**.[88] Einer **Begründung** bedarf die Kündigung einer Betriebsvereinbarung nicht.[89]

Für das Verhältnis zweier Betriebsvereinbarungen zueinander gilt die sog. **Zeitkollisionsregel**, wonach die jüngere Norm die ältere verdrängt.[90] Wird nach dieser Regel eine Verschlechterung bewirkt, sind die Grundsätze der Verhältnismäßigkeit und des Vertrauensschutzes zu berücksichtigen. Danach darf lediglich ein abgestufter Eingriff in erworbene Besitzstände erfolgen.[91] Insbesondere der Eingriff in erworbene Besitzstände bei betrieblicher Altersversorgung ist Gegenstand zahlreicher Entscheidungen des BAG. Da in der vorliegenden Textsammlung keine Muster zur betrieblichen Altersversorgungen als Betriebsvereinbarungen angeboten werden, ist eine Darstellung dieser Rechtsprechung entbehrlich. Auf die Aufnahme von Mustern für betriebliche Altersversorgungsregelungen wurde verzichtet, weil es sich hierbei um eine äußerst spezielle Materie handelt, die generell nicht zu den Anforderungen an die Beratung und Interessenwahrnehmung durch einen Rechtsanwalt fällt.

32  Liegen besonders schwerwiegende Gründe vor, die eine sofortige Beendigung der Betriebsvereinbarung unabdingbar machen, ist eine **außerordentliche Kündigung** möglich. An das Vorliegen eines wichtigen Grundes sind allerdings strenge Anforderungen zu stellen, selbst verheerende Kalkulationsfehler sollen angeblich keinen wichtigen Grund darstellen.[92] Ausgeschlossen ist auch die Teilkündigung einzelner Bereiche einer Betriebsvereinbarung, sofern nicht die Zulässigkeit einer Teilkündigung ausdrücklich vereinbart worden ist.[93] Durch einzelvertragliche Änderungskündigung mit dem Arbeitnehmer kann der Arbeitgeber eine Betriebsvereinbarung nicht beseitigen.[94] Durch Aufhebungsvertrag zwischen Arbeitgeber und Betriebsrat kann eine Betriebsvereinbarung jederzeit beendet werden.[95] Ob dies allerdings formlos geschehen kann[96] oder hierzu die Schriftform erforderlich ist,[97] ist noch nicht höchstrichterlich geklärt. Eine Tendenz zum Erfordernis der Schriftform läßt das Urteil vom BAG vom 20.11.1990[98] erkennen.

Nachfolgende Betriebsvereinbarungen dürfen nicht schrankenlos in Besitzstände, die durch eine vorhergehende Betriebsvereinbarung den Arbeitnehmern gewährt wurden, eingreifen.[99]

---

86 Siehe nur BAG, Beschl. v. 19.01.1999, NZA 1999, 546; BAG, Beschl. 26.10.1994, AP Nr. 18 zu § 611 BGB Anwesenheitsprämie.
87 NZA 1999, 686.
88 § 77 Abs. 5 BetrVG.
89 BAG, Beschl. v. 26.04.1990, DB 1990, 1871; Beschl. v. 17.01.1995, NZA 1995, 1010.
90 BAG, Beschl. v. 22.05.1990, NZA 1990, 813.
91 BAG, Beschl. v. 17.03.1987, DB 1987, 1639.
92 *Schaub*, BB 1995, 1639.
93 BAG, Beschl. v. 29.05.1964, BB 1964, 1083.
94 LAG Düsseldorf, Beschl. v. 11.09.1974, DB 1975, 747.
95 ArbG Bielefeld, Beschl. v. 24.06.1987, DB 1987, DB 1988, 131.
96 So *Schaub*, Arbeitsrechts-Handbuch, § 231 II 10 b.
97 GKBetrVG/*Kreutz*, § 77, Rn 307.
98 BB 1991, 1229.
99 BAG, Beschl. v. 16.09.1986, AP Nr. 17 zu § 77 BetrVG 1972.

Die Gründe für einen **zulässigen Eingriff in Besitzstände** des Arbeitnehmers über eine ablösende Betriebsvereinbarung müssen umso schwerwiegender sein, je stärker sich der Eingriff zu Lasten des Arbeitnehmers auswirkt.[100] Erdiente Anwartschaften bei der betrieblichen Altersversorgung können nur in besonderen Ausnahmefällen gekürzt werden.[101] Ein solcher Ausnahmefall ist allerdings gegeben, wenn sich der Arbeitgeber in einer schwierigen wirtschaftlichen Notlage befindet.[102] Wird ein Sozialplan von einem neuen Sozialplan mit rückwirkender Kraft abgelöst, so können aufgrund des ersten Sozialplans entstandene Ansprüche der Arbeitnehmer grundsätzlich nicht zu ihren Ungunsten verändert werden, es sei denn, die Geschäftsgrundlage für den ersten Sozialplan ist weggefallen und das Festhalten an ihm mit dem bisherigen Inhalt ist nach Treu und Glauben nicht zumutbar.[103]

33

Im Verhältnis zwischen Betriebsvereinbarung und Arbeitsvertrag bestimmt sich die Wirkung nach dem **Günstigkeitsprinzip**. Das BAG leitet diese Kollisionslösung arbeitsvertraglicher Gestaltungsfaktoren aus dem allgemeinen arbeitsrechtlichen Schutzprinzip und der Bedeutung des Günstigkeitsprinzips für die gesamte Arbeitsrechtsordnung her.[104]

Gegen die Regelungen einer Betriebsvereinbarung verstoßende, ungünstigere Absprachen im Arbeitsvertrag oder einer arbeitsvertraglichen Zusatzvereinbarung sind zwar nicht nichtig, sie werden aber von der Betriebsvereinbarung verdrängt.[105] Bei einem etwaigen, ersatzlosen Wegfall der Betriebsvereinbarung bleiben dem Arbeitnehmer die Ansprüche aufgrund arbeitsvertraglicher Vereinbarungen oder Zusatzvereinbarungen erhalten.

34

Haben Arbeitgeber und Arbeitnehmer ihre arbeitsvertraglichen Vereinbarungen **betriebsvereinbarungsoffen**, also so gestaltet, daß sie einer anderen günstigeren oder ungünstigeren Regelung einer Betriebsvereinbarung den Vorrang einräumen, wird die vertragliche Absprache durch die Betriebsvereinbarung abgelöst.[106] Gleiches gilt, wenn in einer arbeitsvertraglichen Vereinbarung ausdrücklich auf die jeweils geltende Betriebsvereinbarung Bezug genommen wird,[107] dynamische Klauseln in Arbeitsverträgen sind zulässig.[108] Bei den Arbeitsvertragstexten finden sich derartige Betriebsvereinbarungsöffnungsklauseln.[109]

Das Verhältnis von Betriebsvereinbarungen zu **betrieblichen Einheitsregelungen** ist ebenfalls nach dem individualarbeitsrechtlichen Ansatz, also dem Günstigkeitsprinzip zu beurteilen.[110] Bei allgemeinen Sozialleistungen des Arbeitgebers, insbesondere bei Leistungen der Altersversorgung, bestehen demgegenüber Besonderheiten. Hier muß statt des individuellen Günstigkeitsprinzips ein sog. kollektiver Günstigkeitsvergleich vorgenommen werden.[111]

35

---

100  BAG, Beschl. v. 23.11.1994, AP Nr. 12 zu § 1 TRV, Rückwirkung.
101  BAG, Beschl. v. 22.09.1987, AP Nr. 5 zu § 1 BetrAVG, Besitzstand; zu den Auswirkungen der Kündigung von Betriebsvereinbarungen über betriebliche Altersversorgung siehe *Roßmanith*, DB 1999, 634.
102  BAG, Beschl. v. 17.03.1987, AP Nr. 9 zu § 1 BetrAVG, Ablösung.
103  BAG, Beschl. v. 10.08.1994, AP Nr. 87 zu § 112 BetrVG 1972.
104  BAG GS, Beschl. v. 16.09.1986, AP Nr. 17. 17 zu § 77 BetrVG.
105  BAG, Beschl. v. 21.09.1989, AP Nr. 43 zu § 77 BetrVG 1972.
106  BAG, Beschl. v. 12.08.1982, AP Nr. 4 zu § 77 BetrVG 1972, Beschl. v. 03.11.1987, AP Nr. 25 zu § 77 BetrVG 1972.
107  BAG, Beschl. v. 20.11.1987, AP Nr. 2 zu § 620 BGB, Altersgrenze.
108  Siehe § 1 Kap. 1 Rn 130.
109  Zu Einzelheiten siehe § 1 Kap. 1 Rn 128 ff.
110  BAG GS, Beschl. v. 16.09.1986, AP Nr. 17 zu § 77 BetrVG.
111  BAG, Beschl. v. 16.09.1986, AP Nr. 17 zu § 77 BetrVG 1972; siehe auch § 1 Kap. 1, Rn 130.

## 2. Gegenstand freiwilliger Betriebsvereinbarungen

36 Rechtsgrundlage für freiwillige Betriebsvereinbarungen bildet **§ 88 BetrVG**. Die freiwilligen Betriebsvereinbarungen sind, wie die erzwingbaren, gleichermaßen vollwertige Vereinbarungen.[112] Ein Unterschied zeigt sich im wesentlichen nur in der Nachwirkung.[113] Freiwillige Betriebsvereinbarungen können im Bereich der nicht-erzwingbaren Mitwirkung des Betriebsrats geschlossen werden. Derartige Betriebsvereinbarungen kommen für den Bereich der Innerbetriebsrats-Organisation wie im Hinblick auf betriebsübliche Gepflogenheiten bei der Freistellung von Betriebsratsmitgliedern[114] in Betracht.

Die Einrichtung einer **ständigen Einigungsstelle** nach § 76 Abs. 1 BetrVG muß nicht durch Betriebsvereinbarung geregelt werden, der Vorsitzende der Einigungsstelle kann beispielsweise jederzeit wechseln oder durch Regelungsabsprache zwischen den Betriebspartnern gefunden werden. Es kann aber auch im Wege einer Betriebsvereinbarung nach § 76 Abs. 1 BetrVG eine ständige Einigungsstelle eingerichtet und beispielsweise auch der Fall geregelt werden, daß der Arbeitgeber sich in Fragen der Mitwirkung dem Spruch einer Einigungsstelle unterwirft.[115]

37 Die Regelung des **Beschwerdeverfahrens** in § 86 BetrVG oder der weiteren sozialen Angelegenheiten in § 88 BetrVG kann in einer freiwilligen Betriebsvereinbarung ebenso ihren Niederschlag finden wie eine Betriebsvereinbarung über interne Stellenausschreibungen nach § 93 BetrVG. Hierzu besteht das Muster 2316.[116] Ein Beispiel für eine freiwillige Betriebsvereinbarung über eine Einigungsstelle bietet das Muster 2306.[117]

Von der Einrichtung einer Pensionskasse mit Beitragsleistungen der Arbeitnehmer über Regelungen zu freiwilligen Sozialleistungen oder zur Dauer der wöchentlichen Arbeitszeit,[118] über die Urlaubsdauer bis hin zum betrieblichen Umweltschutz und zum Arbeits- und Gesundheitsschutz[119] können freiwillige Betriebsvereinbarungen getroffen werden. Die Betriebsvereinbarung über die Arbeit an Bildschirmgeräten[120] ist ein Beispiel für Maßnahmen auf dem Gebiet des Gesundheitsschutzes wie auch jene Betriebsvereinbarung,[121] die sich mit der Behandlung von Suchtproblemen im Betrieb befaßt.

38 Neben den freiwilligen Betriebsvereinbarungen kennt das Arbeitsrecht sog. **teilmitbestimmungspflichtige Betriebsvereinbarungen**. Hierbei handelt es sich um Bereiche, die nur zum Teil der erzwingbaren Mitbestimmung unterliegen, wie beispielsweise der Mitbestimmung bei der Gewährung

---

112 BAG GS, Beschl. v. 16.09.1986, AP Nr. 17 zu § 77 BetrVG 1972.
113 Dazu *Rech*, Die Nachwirkung freiwilliger Betriebsvereinbarungen, Frankfurt/M. 1997 sowie hier weiter unten Rn 39 und § 5 Kap. 2 Rn 76.
114 § 38 Abs. 1 BetrVG.
115 § 76 Abs. 6 Satz 1 BetrVG.
116 § 5 Kap. 1 M 57.
117 § 5 Kap. 1 M 44.
118 BAG, Beschl. v. 18.08.1987, AP Nr. 23 zu § 77 BetrVG 1972.
119 § 87 Abs. 1 Nr. 7.
120 Muster 2318, § 5 Kap. 1 M 59.
121 Muster 2320, § 5 Kap. 1 M 62.

freiwilliger Leistungen gemäß § 87 Abs. 1 Nr. 10 BetrVG, wobei der Betriebsrat lediglich hinsichtlich des sog. Leistungsplans ein erzwingbares Mitbestimmungsrecht besitzt, der Dotierungsrahmen jedoch als Arbeitgeberentscheidung mitbestimmungsfrei ist.[122] In die Kategorie derartiger Betriebsvereinbarungen fällt die Betriebsvereinbarung über Gruppenarbeit[123] oder die Betriebsvereinbarung über einen europäischen Betriebsrat[124] auf Basis des Art. 6 der Richtlinie 94/95/EG v. 22.09.1994, § 1 EBRG.

### 3. Geltungsumfang freiwilliger Betriebsvereinbarungen

Freiwillige Betriebsvereinbarungen sind nur innerhalb der Schranken der Gesetze zulässig, für sie gelten ebenfalls die allgemeinen Vorschriften des § 77 über das Zustandekommen, die Wirkung und die Kündbarkeit. Zum Wesen der freiwilligen Betriebsvereinbarung gehört, daß sie nach Auslaufen der Kündigungsfrist **keine Nachwirkung** entfaltet.[125] In einer freiwilligen Betriebsvereinbarung kann allerdings die Nachwirkung ausdrücklich vereinbart werden.[126]

39

Vereinbaren die Betriebspartner in einer freiwilligen Betriebsvereinbarung für den Fall der Kündigung, daß die Betriebsvereinbarung bis zum Abschluß einer neuen nachwirke, hat dies nicht zur Folge, daß bei einer späteren Nichteinigung über eine Folgebetriebsvereinbarung die freiwillige Betriebsvereinbarung ad infinitum weiter gilt. Das BAG hat mit Beschluß vom 28.04.1998[127] entschieden, daß mit einer solchen Klausel in einer freiwilligen Betriebsvereinbarung im Zweifel eine Konfliktlösungsmöglichkeit gewollt sei, die derjenigen bei einer erzwingbaren Mitbestimmung entspreche. Scheiterten die Bemühungen um eine einvernehmliche Neuregelung, könne von jedem Betriebspartner die Einigungsstelle angerufen werden. Diese treffe dann eine verbindliche Entscheidung darüber, ob die gekündigte freiwillige Betriebsvereinbarung weitergelte.

40

Die Kündigungsfrist bei freiwilligen erzwingbaren Betriebsvereinbarungen beträgt gemäß § 77 Abs. 5 BetrVG, soweit die Parteien keine andere Frist in der Betriebsvereinbarung vereinbart haben, drei Monate. Bei teilmitbestimmungspflichtigen Betriebsvereinbarungen entfällt die Nachwirkung.[128] Anders ist die Rechtslage, wenn weiterhin Leistungen zur Verfügung gestellt werden.[129]

41

---

122 BAG, Beschl. 21.08.1990, DB 1991, 232.
123 Muster 2313, § 5 Kap. 1 M 53.
124 Muster 2309, § 5 Kap. 1 M 46.
125 BAG GS, Beschl. v. 16.03.1956, AP Nr. 1 zu § 57 BetrVG; BAG, Beschl. v. 09.02.1989, BB 1989, 2112; Beschl. v. 26.04.1990, DB 1990, 1871; Beschl. v. 17.01.1995, BB 1995, 1643.
126 BAG, Beschl. 09.02.1984, BB 1984, 1746; LAG Schleswig-Holstein, Beschl. v. 20.08.1987, NZA 1988, 35; LAG Düsseldorf, Beschl. v. 23.02.1988, DB 1988, 2651 = NZA 1988, 813.
127 BAG, Beschl. v. 28.04.1998, AP § 77 BetrVG 1972 Nr. 25.
128 BAG, Beschl. v. 21.08.1990, DB 1991, 232.
129 BAG, Beschl. v. 26.10.1993, NZA 1994, 572; Beschl. v. 17.01.1995, DB 1995, 1918.

## B. Vertragstexte

### 1. Muster: Betriebsvereinbarung über einen einheitlichen Betrieb

**42**

Zwischen

der A-GmbH

und

der A-Tel-GmbH

und

dem Betriebsrat der A-GmbH

Durch die vorliegende dreiseitige Betriebsvereinbarung erkennen die A-GmbH sowie die A-Tel-GmbH das Vorliegen eines einheitlichen Betriebes mit gemeinsamer Zuständigkeit des Betriebsrates der A-GmbH unter den nachfolgenden Konditionen an.

1. Das Mandat des Betriebsrates für die A-Tel-GmbH endet, wenn keines der nachfolgenden Kriterien für einen gemeinsamen Betrieb der A-GmbH sowie der A-Tel-GmbH mehr zutreffen:
   - Einheitlicher Leitungsapparat in Bezug auf Entscheidungen im Bereich der personellen und sozialen Angelegenheiten.
   - Gemeinsame Nutzung von Betriebsmitteln (          , Drucker, Fax, Telefonanlage).
   - Gemeinsame räumliche Unterbringung und exakte Übereinstimmung der Anschriften und Telefonnummern.
   - Personelle, technische und organisatorische Verknüpfung der Arbeitsabläufe.
   - Gemeinsame Lohnbuchhaltung.
   - Gemeinsames Sekretariat.
2. Soweit Streit über das Vorliegen der vorgenannten Kriterien besteht, entscheidet hierüber eine dreiköpfige Einigungsstelle unter Vorsitz eines einvernehmlich zu besetzenden Berufsrichters eines deutschen Arbeitsgerichtes. Die beiden anderen Beisitzer der Einigungsstelle werden paritätisch mit je einem Vertreter der A-GmbH sowie des Betriebsrates besetzt. Kommt keine Einigung über die Besetzung der Person des Vorsitzenden zustande, so entscheidet auf Antrag einer der beiden Parteien hierüber das Arbeitsgericht.
3. Bis zum Zeitpunkt der Beendigung des Mandats des Betriebsrats für die A-Tel-GmbH hat dieser alle Rechte nach dem Betriebsverfassungsgesetz, insbesondere Informations-, Beteiligungs- und Mitwirkungsrechte nach dem Betriebsverfassungsgesetz im Hinblick auf die durchzuführenden Umstrukturierungen.

### 2. Muster: Betriebsvereinbarung über die Behandlung von Mitarbeiterbeschwerden

**43** Zur Beilegung von Mitarbeiterbeschwerden treffen die Betriebsparteien folgende Regelung:

1. Wendet sich ein Mitarbeiter mit einer Beschwerde an den Betriebsrat und erachtet der Betriebsrat die Beschwerde ganz oder teilweise für berechtigt, legt er die Beschwerde dem Arbeitgeber vor mit einer ausführlichen Stellungnahme, ggf. verbunden mit einem Lösungsvorschlag. Im Rahmen seiner Stellungnahme benennt der Betriebsrat ausdrücklich die Beschwerdepunkte, die er für berechtigt erachtet.

2. Der Arbeitgeber verpflichtet sich, binnen 14 Tagen nach Eingang der Beschwerde diese zu bescheiden. Sollte der Beschwerdegegenstand umfangreiche Gespräche oder sonstige Prüfungen erfordern, hat er dies dem Betriebsrat mitzuteilen. In diesem Fall verlängert sich die Frist um weitere 14 Tage auf insgesamt 28 Tage.

3. Hilft der Arbeitgeber der Beschwerde nicht ab, sind die Parteien verpflichtet, eine innerbetriebliche Schlichtungsstelle anzurufen. Diese setzt sich aus je zwei Vertretern des Betriebsrats und den Arbeitgebers zusammen. Erklärt eine Seite die Verhandlungen vor der innerbetrieblichen Schlichtungsstelle für gescheitert, kann die Einigungsstelle nach § 85 BetrVG angerufen werden. Die Beteiligten sind sich einig, daß für das Einigungsstellenverfahren bzgl. Mitarbeiterbeschwerden von jeder Seite zwei Beisitzer benannt werden.

4. Wendet sich ein Mitarbeiter mit seiner Beschwerde unmittelbar an den Arbeitgeber, so soll nach einem Gespräch mit dem Beschwerdeführer binnen vier Wochen eine schriftliche Bescheidung erfolgen, es sei denn, der Beschwerdegegenstand hat sich zwischenzeitlich erledigt.

5. Die Betriebsvereinbarung über die Behandlung von Mitarbeiterbeschwerden kann mit einer Frist von drei Monaten zum Jahresende, erstmals zum _____ gekündigt werden. Eine Nachwirkung dieser Betriebsvereinbarung findet nicht statt.

## 3. Muster: Betriebsvereinbarung über betriebliche Einigungsstelle

### § 1 Besetzung der Einigungsstelle

(1) Die Einigungsstelle besteht aus fünf Mitgliedern. Zwei Beisitzer werden vom Betriebsrat, zwei Beisitzer werden vom Arbeitgeber gestellt. Für die Dauer von drei Jahren wird Herr Richter am Arbeitsgericht _____ zum Vorsitzenden der Einigungsstelle bestellt. Widersprechen Betriebsrat und Arbeitgeber nicht innerhalb von sechs Monaten vor Ablauf der Amtszeit des Einigungsstellenvorsitzenden, verlängert sich die Amtszeit jeweils um weitere drei Jahre.

(2) Im Falle der Verhinderung wird zum Vorsitzenden der Einigungsstelle bestellt Herr Richter am Arbeitsgericht _____.

(3) Auf seiten des Betriebsrats wie auf seiten des Arbeitgebers kann jeweils ein Mitglied der Einigungsstelle tätig werden, das nicht dem Betrieb angehört. Die Vergütung eines außerbetrieblichen Mitglieds der Einigungsstelle erfolgt gemäß § 76 a BetrVG.

(4) Die Beisitzer der Einigungsstelle werden jeweils für eine Sitzung oder für einen Verhandlungsgegenstand von der jeweiligen Seite bestellt, für den Arbeitgeber durch den Personaldirektor _____ und für den Betriebsrat durch Beschluß des Betriebsrats.

(5) Scheidet der Vorsitzende der Einigungsstelle während seiner Amtszeit aus, bestellen Arbeitgeber und Betriebsrat unverzüglich einen Nachfolger. Können sich die Parteien nicht auf einen Vorsitzenden einigen, erfolgt die Bestellung durch das örtlich zuständige Arbeitsgericht (§ 98 ArbGG).

### § 2 Anrufung der Einigungsstelle

(1) Sehen Gesetz, Tarifvertrag oder Betriebsvereinbarung Einvernehmen zwischen Arbeitgeber und Betriebsrat vor und ist es den Betriebspartnern nicht gelungen, in Verhandlungen das entsprechende Einvernehmen herzustellen, können Betriebsrat und Arbeitgeber die Einigungsstelle anrufen. Mit dem Anrufungsschreiben sind die wesentlichen, die Meinungsverschiedenheiten zwischen Arbeitgeber und Betriebsrat erhellenden Unterlagen beizufügen.

(2) Die Einigungsstelle ist zur Entscheidung von Regelungsstreitigkeiten zwischen Arbeitgeber und Betriebsrat zuständig.

(3) Die Einigungsstelle ist zuständig, wenn sie von beiden Betriebspartnern, unabhängig vom Rechtsgrund, einvernehmlich angerufen wird. In diesen Fällen wird die Einigungsstelle nur tätig, wenn beide Seiten mit ihrer einvernehmlichen Anrufung dem Vorsitzenden der Einigungsstelle mitteilen, daß sie einen etwaigen Spruch der Einigungsstelle als für beide Seiten verbindlich ansehen.

(4) Nach Anrufung der Einigungsstelle durch einen Betriebspartner lädt der Vorsitzende innerhalb von 10 Tagen die Mitglieder und zieht mit der Ladung die notwendigen Beweismittel bei, insbesondere Urkunden. Mit der Ladung können ferner Zeugen, Sachverständige und sonstige Beteiligte zum Termin hinzugezogen werden.

### § 3 Verfahren vor der Einigungsstelle

(1) Die Sitzungen der Einigungsstelle sind nicht öffentlich.

(2) Die Sitzungen der Einigungsstelle werden vom Vorsitzenden geleitet.

(3) Der Vorsitzende führt in den wesentlichen Streitstand ein.

(4) Arbeitgeber und Betriebsrat erhalten Gelegenheit, ihre Standpunkte zu erläutern.

(5) Der Vorsitzende der Einigungsstelle berät danach mit den Betriebspartnern gemeinsam und/oder getrennt. Hält er es für erforderlich, werden anschließend präsente Beweise erhoben.

(6) Bei allen Abstimmungen findet zunächst nur eine Abstimmung mit den Beisitzern statt. Stimmenthaltungen sind dabei zulässig. Kommt bei der Abstimmung eine Mehrheit nicht zustande, beraten die Betriebspartner zunächst weiter. Findet eine zweite Abstimmung statt, stimmt der Vorsitzende der Einigungsstelle mit ab.

(7) Über den Verfahrensverlauf und über die wesentlichen Diskussionspunkte fertigt der Vorsitzende der Einigungsstelle ein Protokoll. Das Protokoll wird vom Vorsitzenden unterzeichnet.

### § 4 Spruch der Einigungsstelle

(1) Die Einigungsstelle ist beschlußfähig, wenn sie ordnungsgemäß und vollständig besetzt ist. Entscheidungen können mit einfacher Mehrheit getroffen werden.

(2) Entscheidet die Einigungsstelle in einer Angelegenheit, bei der für den Betriebsrat ein Mitbestimmungsrecht besteht, durch Spruch, bindet der Spruch die Beteiligten. Im Falle einer Ermessensüberschreitung der Einigungsstelle entscheidet das Arbeitsgericht verbindlich.

### § 5 Kosten der Einigungsstelle

Die notwendigen Kosten der Einigungsstelle trägt der Arbeitgeber. Reisekosten und Spesen werden nicht erstattet. Honorare an den Vorsitzenden und an etwaige außerbetriebliche Beisitzer erfolgen nach Maßgabe von § 76 a BetrVG. Über die Höhe des Streitwerts befinden die nichtbetriebsangehörigen Beisitzer. Betriebsangehörige werden für die Tätigkeit in der Einigungsstelle unter Fortzahlung ihrer Bezüge freigestellt. Für ihre Tätigkeit erhalten sie kein Honorar.

### § 6 Inkrafttreten

Diese Betriebsvereinbarung tritt mit ihrer Unterzeichnung in Kraft. Sie kann mit einer Frist von drei Monaten gekündigt werden. Zum Zeitpunkt der Kündigung anhängige Verfahren werden nach den Regeln dieser Betriebsvereinbarung zu Ende geführt.

## 4. Muster: Betriebsvereinbarung über die Durchführung von Betriebsversammlungen

Zwischen

der Firma

und

dem Betriebsrat

wird gem. § 43 BetrVG eine Betriebsvereinbarung über die regelmäßige Betriebsversammlung geschlossen.

### § 1 Planung der Betriebsversammlung

Die regelmäßigen Betriebsversammlungen (§ 43 Abs. 1 BetrVG) finden in          statt. Der Termin der Betriebsversammlung wird durch den Betriebsrat bestimmt. Die für die Betriebsratsversammlung notwendigen Räume werden durch die Firma angemietet.

### § 2 Teilversammlung

(1) Die Betriebsversammlung wird wegen der Eigenart des Betriebes am Terminstage in Teilversammlungen um 9.00 Uhr und um 15.30 Uhr durchgeführt (§§ 42 Abs. 1, 44 Abs. 1 BetrVG).

(2) An der Teilversammlung um 9.00 Uhr können solche Arbeitnehmer nicht teilnehmen, die an diesem Tage Frühschicht, Tagschicht sowie Büroarbeitszeit haben. An der Teilversammlung um 15.30 Uhr können solche Arbeitnehmer nicht teilnehmen, die an diesem Tage Mittagschicht haben. Alle vorstehenden nicht besonders aufgeführten Arbeitnehmer können nach ihrer Wahl an der Teilversammlung um 9.00 Uhr oder um 15.30 Uhr teilnehmen.

### § 3 Arbeitsfreistellung und Entgeltzahlung

(1) Arbeitnehmer, die in Früh-, Tagschicht oder im Bürodienst arbeiten und deren Arbeitszeit nach 16.00 Uhr endet, werden ab 15.00 Uhr ohne Verdienstminderung von der Arbeit freigestellt. Arbeitnehmer, die in Außenstellen arbeiten, werden so rechtzeitig von der Arbeit freigestellt, daß sie die Betriebsversammlung erreichen. Die Firma wird Autobusse für den rechtzeitigen Antransport bereitstellen. Die Freistellung erfolgt ab dem Zeitpunkt, zu dem Autobusse bereitgestellt werden oder bereitgestellt werden müssen.

(2) Die in Abs. 1 genannten Arbeitnehmer erhalten während der Teilnahme an der Betriebsversammlung für die Zeit zwischen normalem Arbeitsende und Versammlungsende ihren Stundenlohn bzw. anteiliges Gehalt ohne Mehrarbeitszuschläge.

### § 4 Entgeltzahlung während der Betriebsversammlung

(1) Arbeitnehmer, die an Teilversammlungen außerhalb der regelmäßigen Arbeitszeit teilnehmen, erhalten für die Dauer der Betriebsversammlung ihren Stundenlohn bzw. ihr anteiliges Gehalt.

(2) Die regelmäßige Arbeitsvergütung wird während der Dauer der Betriebsversammlung auch für solche Arbeitnehmer gezahlt, für die Gleitzeitarbeitszeit vereinbart worden ist und deren Stammarbeitszeit vor 16.00 Uhr endet.

### § 5 Nachweis der Teilnahme

(1) Der Mitarbeiter erhält die Arbeitsvergütung nach dieser Betriebsvereinbarung nur, wenn er nachweist, daß er an der Betriebsversammlung teilgenommen hat. Der Nachweis ist mit einer Kontrollkarte zu führen, die bis 1/2 Stunde nach Beginn der Betriebsvereinbarung ausgegeben und nach Beendigung der Betriebsversammlung persönlich am Ausgang abgegeben wird.

(2) In die Kontrollkarte sind Name, Anschrift und Personalnummer einzutragen.

### § 6 Inkrafttreten

Die Betriebsvereinbarung tritt am ▓▓▓▓▓ in Kraft. Sie kann mit einer Frist von drei Monaten zum Jahresende gekündigt werden.

## 5. Muster: Betriebsvereinbarung über einen Europäischen Betriebsrat

Zwischen

der A&B-Gruppe

und

dem besonderen Verhandlungsgremium der A&B-Gruppe

wird nachfolgende Vereinbarung im Sinne des Artikel 6 der Richtlinie 94/95/EG vom 22.09.1994, S 1 EBRG geschlossen:

### Präambel

Zielsetzung dieser Vereinbarung ist die Stärkung des Rechts auf grenzüberschreitende Unterrichtung und Anhörung zwischen Arbeitgebern und Arbeitnehmern auf europäischer Ebene. Die Bildung eines Europäischen Betriebsrats dient dem europaweiten Informations- und Meinungsaustausch auf der Basis einer vertrauensvollen Zusammenarbeit zwischen Arbeitnehmern und Arbeitgebern der im A&B-Konzern vertretenen Unternehmen.

### § 1 Organisation

1. Die Arbeitnehmervertreter der A&B-Gruppe innerhalb des in Anlage 1 definierten Geltungsbereichs bestellen nach Maßgabe des in Anlage 2 niedergelegten Organisationsstatuts einen Europäischen Betriebsrat. Die Anlagen 1 und 2 sind Bestandteil dieser Vereinbarung.
2. Das zentrale Management der A&B-Europa-AG und der Europäische Betriebsrat kommen vorbehaltlich von Sitzungen aus Anlaß außergewöhnlicher Umstände im Sinne von § 2 Nr. 2 einmal im Jahr zu einer gemeinsamen eintätigen Sitzung zusammen. Sitzungsort ist ▓▓▓▓▓. Die Sitzungen sollen im ▓▓▓▓▓ eines jeden Jahres stattfinden. Die Sitzungen werden von dem Arbeitgebervertreter geleitet. Tagesordnung, Sitzungstermin, Sitzungsort und zu versendende Unterlagen werden zwischen dem Vorsitzenden des Europäischen Betriebsrats und dem zentralen Management abgestimmt.
3. Die A&B-Europa-AG ist berechtigt, Vertreter der Arbeitgeberseite auch von der A&B-Europa-AG mit Sitz in Österreich zu entsenden. Darüber hinaus sollen Vertreter der zentralen Leitung teilnehmen. Weitere mögliche Teilnehmer sind die Leitungen der einbezogenen Unternehmen, sowie Mitglieder je nach Themen betroffener Arbeitsgruppen von A&B.
4. Außerdem kann an den Sitzungen je ein entsprechend Ziffer II.3 des Organisationsstatuts (Anlage 2) bestellter Arbeitnehmervertreter aus ▓▓▓▓▓ und ▓▓▓▓▓ als Gast teilnehmen. Für Gastländer wird keine zusätzliche Übersetzungsinfrastruktur bereitgestellt.
5. Die Sitzungssprache ist deutsch. Einladungen und Protokolle werden in die Landessprache der Unternehmen des Geltungsbereichs übersetzt. Für die Sitzungstage werden Simultanübersetzungen sichergestellt.

## § 2 Information und Anhörung

1. Die Information und Anhörung, sofern sie mindestens zwei Betriebe oder zwei Unternehmen in verschiedenen Mitgliedstaaten des Geltungsbereichs betrifft, bezieht sich vor allem auf folgende Bereiche:
   - Struktur des Unternehmens oder der Unternehmensgruppe sowie die wirtschaftliche und finanzielle Lage,
   - die voraussichtliche Entwicklung der Geschäfts-, Produktions- und Absatzlage,
   - die Beschäftigungslage und ihre voraussichtliche Entwicklung,
   - Investitionen (Investitionsprogramme),
   - grundlegende Änderungen der Organisation,
   - die Einführung neuer Arbeits- und Fertigungsverfahren,
   - die Verlegung von Unternehmen, Betrieben oder wesentlichen Betriebsteilen sowie Verlagerungen der Produktion,
   - Zusammenschlüsse oder Spaltungen von Unternehmen und Betrieben,
   - die Einschränkung oder Stillegung von Unternehmen, Betrieben oder wesentlichen Betriebsteilen,
   - Massenentlassungen,
   - Informationen über sonstige wesentliche, die Mitarbeiterinteressen länderübergreifend herrührende Themen (z. B. Sicherheit, Hygiene und Umweltpolitik).

2. Über außergewöhnliche Umstände, die erhebliche Auswirkungen auf die Interessen der Arbeitnehmer haben, hat die zentrale Leitung den Europäischen Betriebsrat rechtzeitig unter Vorlage der erforderlichen Unterlagen zu unterrichten und auf Verlangen anzuhören. Als außergewöhnliche Umstände gelten insbesondere
   1. die Verlegung von Unternehmen, Betrieben oder wesentlichen Betriebsteilen,
   2. die Stillegung von Unternehmen, Betrieben oder wesentlichen Betriebsteilen,
   3. Massenentlassungen.

3. Die Unterlagen zu den jeweiligen Themen werden dem Europäischen Betriebsrat rechtzeitig zur Verfügung gestellt. Rechtzeitig heißt, den Europäischen Betriebsrat in einem Zeitpunkt anzuhören, in dem auf die geplante Maßnahme noch Einfluß genommen werden kann.

## § 3 Geheimhaltung, Vertraulichkeit

1. Eine Informationspflicht nach § 2 dieser Vereinbarung besteht nur, soweit dadurch nicht Betriebs- oder Geschäftsgeheimnisse des Unternehmens oder der Unternehmensgruppe gefährdet werden.

2. Die Mitglieder und Ersatzmitglieder des Europäischen Betriebsrats sind verpflichtet, Betriebs- und Geschäftsgeheimnisse, die ihnen wegen ihrer Zugehörigkeit zum Europäischen Betriebsrat bekannt geworden und von der Geschäftsleitung ausdrücklich als geheimhaltungsbedürftig bezeichnet sind, nicht zu offenbaren und zu verwerten. Dies gilt auch nach dem Ausscheiden aus dem Europäischen Betriebsrat.

## § 4 Schutz inländischer Arbeitnehmervertreter

Die Mitglieder des Europäischen Betriebsrats genießen bei der Wahrnehmung ihrer Aufgaben den gleichen Schutz und gleichartige Sicherheiten wie die Arbeitnehmervertreter nach den innerstaatlichen Rechtsvorschriften und/oder Gepflogenheiten des Landes, in dem sie beschäftigt sind.

## § 5 Inkrafttreten, Geltungsdauer, Fortentwicklung

1. Die Vereinbarung tritt mit ihrer Unterzeichnung in Kraft.
2. Sie ist beiderseits mit einer Frist von 6 Monaten zum Jahresende kündbar, erstmals zum            . Sie gilt bis zum Abschluß einer neuen Vereinbarung fort.
3. Beide Seiten bekunden ihren Willen, bei Bedarf diese Vereinbarung zu verändern und sie dynamisch neuen Anforderungen des sozialen Dialogs in Europa einvernehmlich anzupassen.

**Anlage 1**

48  1. Der Geltungsbereich der Vereinbarung erstreckt sich auf Unternehmen des A&B-Konzerns, für die die A&B-Deutschland-AG kontrollierendes Unternehmen im Sinne von § 6 des deutschen Gesetzes über Europäische Betriebsräte vom 28.10.1996 ist.
2. Dies sind zum Zeitpunkt des Abschlusses der Vereinbarung folgende Unternehmen:

**Anlage 2**

49 Nach § 1 Abs. 1 der Vereinbarung über die Zusammenarbeit zwischen der A&B-Gruppe und dem Europäischen Betriebsrat der A&B-Gruppe werden folgende Regelungen der Organisation des Europäischen Betriebsrats durch die zentrale Leitung anerkannt:

**I. Name, Geltungsbereich**

1. Der Name des Gremiums lautet: „Europäischer Betriebsrat".
2. Der Geltungsbereich ist in Anlage 1 zur Vereinbarung über die Zusammenarbeit zwischen der A&B-Gruppe und dem Europäischen Betriebsrat definiert.

**II. Mitglieder**

1. Mitglieder im Europäischen Betriebsrat können nur frei gewählte und demokratisch legitimierte betriebliche Arbeitnehmervertreter sein, die in den Unternehmen der A&B-Gruppe im Geltungsbereich nach den bestehenden gesetzlichen Regelungen ausreichend vertreten sind.
2. Die Dauer der Mitgliedschaft im Europäischen Betriebsrat beträgt vier Jahre, wenn sie nicht durch Abberufung oder aus anderen Gründen vorzeitig endet. Die Mitgliedschaft beginnt mit der Bestellung.
3. Für die Zusammensetzung gilt:

    Alle zwei Jahre, vom Tage der konstituierenden Sitzung des Europäischen Betriebsrats (§ 25 Abs. 1) an gerechnet, hat die zentrale Leitung zu prüfen, ob sich die Arbeitnehmerzahlen in den einzelnen Mitgliedstaaten derart geändert haben, daß sich eine andere Zusammensetzung des Europäischen Betriebsrats nach § 22 Abs. 2 bis 4 errechnet, wobei die Firma in Deutschland mit maximal drei Mitgliedern vertreten sein wird. Sie hat das Ergebnis dem Europäischen Betriebsrat mitzuteilen. Ist danach eine andere Zusammensetzung des Europäischen Betriebsrats erforderlich, veranlaßt dieser bei den zuständigen Stellen, daß die Mitglieder des Europäischen Betriebsrats in den Mitgliedstaaten neu bestellt werden, in denen sich eine gegenüber dem vorhergehenden Zeitraum abweichende Anzahl der Arbeitnehmervertreter ergibt; mit der Neubestellung endet die Mitgliedschaft der bisher aus diesen Mitgliedstaaten stammenden Arbeitnehmervertreter im Europäischen Betriebsrat. Die Sätze 1 bis 3 gelten entsprechend bei Berücksichtigung eines bisher im Europäischen Betriebsrat nicht vertretenen Mitgliedstaats.
4. Zum Zeitpunkt des Abschlusses der Vereinbarung ergibt dies die folgende Zusammensetzung des Europäischen Betriebsrats:

    Deutschland   3
    Frankreich    2
    Italien       2
    Österreich    1
    Portugal      1

    Es können Ersatzmitglieder bestellt werden.
5. Die jeweiligen Mitglieder des Europäischen Betriebsrats werden nach den Regelungen der jeweiligen Vorschriften der innerstaatlichen Umsetzungsgesetze zur Richtlinie 94/95/EG vom 22.09.1994 bestellt. Gleiches gilt für ihre Abberufung.
6. Die Mitgliedschaft im Europäischen Betriebsrat endet mit dem Erlöschen der Befugnis, nach den jeweiligen inländischen Vorschriften die Arbeitnehmer zu vertreten, durch Amtsniederlegung oder Abberufung durch das entsendende inländische Gremium.

7. Die inländischen Arbeitnehmervertretungen teilen der zentralen Leitung die Namen der Mitglieder des Europäischen Betriebsrats, ihre Anschriften sowie die jeweilige Betriebszugehörigkeit unverzüglich mit.

**III. Struktur**
1. Der Europäische Betriebsrat wählt auf seiner konstituierenden Sitzung aus seiner Mitte einen Vorsitzenden und einen stellvertretenden Vorsitzenden.
2. Der Vorsitzende des Europäischen Betriebsrats, oder im Falle seiner Verhinderung der Stellvertreter, vertritt den Europäischen Betriebsrat im Rahmen der von ihm gefaßten Beschlüsse. Zur Entgegennahme von Erklärungen, die dem Europäischen Betriebsrat gegenüber abzugeben sind, ist der Vorsitzende oder im Fall seiner Verhinderung der Stellvertreter berechtigt.
3. Der Europäische Betriebsrat hat das Recht, am Sitzungstag nach § 1 Abs. 2 der Vereinbarung über die Zusammenarbeit zwischen der A&B-Gruppe und dem Europäischen Betriebsrat eine eigene Sitzung sowie Vor- und Nachbesprechungen am Sitzungsort durchzuführen und hierzu einzuladen. Der genaue Zeitpunkt ist mit der zentralen Leitung abzustimmen. Die Sitzungen des europäischen Betriebsrats sind nicht öffentlich. Die Sitzungen leitet der Vorsitzende, im Falle seiner Verhinderung der Stellvertreter.
4. Der Europäische Betriebsrat bildet aus seiner Mitte einen Ausschuß von drei Mitgliedern, dem neben dem Vorsitzenden zwei weitere zu wählende Mitglieder angehören. Die Mitglieder des Ausschusses sollen in verschiedenen Mitgliedstaaten beschäftigt und der deutschen Sprache mächtig sein. Der Ausschuß führt die laufenden Geschäfte des Europäischen Betriebsrats.
5. Die Beschlüsse des Europäischen Betriebsrats werden mit der Mehrheit der Stimmen der anwesenden Mitglieder gefaßt.

**IV. Kostenübernahme**
1. Die durch die Bildung und Tätigkeit des Europäischen Betriebsrats entstehenden Kosten trägt das Unternehmen. Gleiches gilt für laufende Allgemeinkosten, für Schrift- und Telefonverkehr, sowie Büromaterial.
2. Der Europäische Betriebsrat und der Ausschuß können sich durch einen Sachverständigen ihrer Wahl unterstützen lassen, soweit dies zur ordnungsgemäßen Erfüllung ihrer Aufgaben erforderlich ist. Der Sachverständige kann auch Beauftragter von Gewerkschaften sein. Der Europäische Betriebsrat hat einen Antrag auf Kostenübernahme unter Beifügung eines Kostenvoranschlags mit Kostenhöchstgrenze an die zentrale Leitung zu richten. Die Beauftragung erfolgt nur im Einvernehmen mit der zentralen Leitung.

## 6. Muster: Betriebsvereinbarung über Personalplanung

Zwischen

der Firma

und

dem Betriebsrat

wird folgende Betriebsvereinbarung über Personalplanung vereinbart:

1. Ziel der Personalplanung ist es, durch Zusammenarbeit zwischen Geschäftsleitung und Betriebsrat die bei den jeweiligen Betriebspartnern vorhandenen Informationen aus der Belegschaft oder aus der Führung des Unternehmens wechselseitig durch Informationsaustausch und Beratung wirksam werden zu lassen.

## Kapitel 1: Freiwillige Betriebsvereinbarungen

2. Die Zusammenarbeit im Bereich der Personalplanung findet in einem paritätisch von Arbeitgeber und Betriebsrat besetzten Personalausschuß statt. Dem Ausschuß gehören zwei Mitarbeiter auf der Arbeitgeberseite und zwei vom Betriebsrat gewählte Mitglieder des Betriebsrats an. Der Ausschuß tagt monatlich. Weitere Sitzungen sind auf Wunsch einer Seite anzuberaumen. Die Sitzungen sind nicht öffentlich.

3. Vierteljährlich erhält der Personalausschuß eine Absatz- und Produktionsprognose sowie einen Personalstatus und eine Personalprognose. Die Unterlagen des Arbeitgebers müssen einen Vergleich der Ist-Belegschaft mit der Soll-Belegschaft, unterteilt nach Betriebsabteilungen und Qualifikationen ermöglichen. Die Vorausberechnung des künftigen Personalbedarfs macht Veränderungen bei Stellenbesetzungen aufgrund von Fluktuationen (Rentenfälle etc.), Einführung zusätzlicher Produkte, Auswirkungen von Investitionen und Rationalisierungsmaßnahmen sichtbar.

4. Der Personalausschuß wird vom Arbeitgeber zeitnah und umfassend über alle personalpolitischen Auswirkungen unterrichtet, die sich aus beabsichtigten unternehmerischen Entscheidungen ergeben. Die Mitglieder des Personalausschusses können verlangen, daß ein Geschäftsführer die vorgelegten Daten erläutert.

5. Diese Betriebsvereinbarung tritt am _____ in Kraft. Sie ist mit einer Frist von drei Monaten kündbar.

### 7. Muster: Betriebsvereinbarung zur Frauenförderung

**Präambel**

Ziel dieser Betriebsvereinbarung ist die grundgesetzlich garantierte Gleichberechtigung von Frauen und Männern. Bestehende Nachteile sollen beseitigt werden. Unter Beachtung des Vorranges von Eignung, Befähigung und fachlicher Leistung werden die beruflichen Chancen von Frauen sowie die Vereinbarkeit von Familie und Beruf für Frauen und Männer gefördert. Durch Entwicklung von Zielvorgaben wird der Frauenanteil in allen Vergütungsgruppen sowie in allen Funktions- und Leistungsebenen erhöht. Die Benachteiligung von Frauen wird vermieden.

**§ 1 Ausschreibung und Einstellung**

(1) Ein Arbeitsplatz darf nicht nur für Frauen oder nur für Männer ausgeschrieben werden, es sei denn, ein bestimmtes Geschlecht ist unabdingbare Voraussetzung für die ausgeschriebene Tätigkeit. Stellenausschreibungen sind so abzufassen, daß sich auch Frauen bewerben.

(2) In Aufgabenbereichen, in denen Frauen unterrepräsentiert sind, ist in Stellenausschreibungen darauf hinzuweisen, daß im Unternehmen Frauen beruflich gefördert werden. Das Unternehmen sei daher insbesondere an Bewerbungen von Frauen interessiert.

**§ 2 Maßnahmen bei der Aus- und Fortbildung**

(1) Das Unternehmen wird im Rahmen der Aus- und Fortbildung der Mitarbeiter Frauen vermehrt die Gelegenheit geben, im Rahmen ihrer Fähigkeiten, der dienstlichen Erfordernisse und ihrer beruflichen Entwicklung an diesen Fortbildungsmaßnahmen teilzunehmen, die Zusatzqualifikationen verschaffen und die beruflichen Chancen verbessern.

(2) Fortbildungsveranstaltungen sollen zeitlich so gelegt werden, daß auch Beschäftigte mit Familienpflichten daran teilnehmen können.

(3) Mitarbeiterinnen, die wegen Mutterschutzes oder Erziehungsurlaub nicht arbeiten, werden die im Unternehmen verteilten Aus- und Fortbildungsangebote sowie entsprechende Mitarbeiterinformationen und sonstige Materialien während ihrer Betriebsabwesenheit zugesandt.

### § 3 Einweisung in höher vergütete Stellen

(1) Beförderungen werden nach Eignung, Befähigung und fachlicher Leistung ohne Rücksicht auf Geschlecht, Abstammung, Rasse, Glauben, religiöse oder politische Anschauung, Herkunft oder Beziehungen vorgenommen.

(2) Soweit im Bereich des Betriebes oder der Betriebsabteilung im jeweiligen Fachbereich weniger Frauen als Männer beschäftigt sind, sind Frauen bei gleicher Eignung, Befähigung und fachlicher Leistung bevorzugt zu befördern.

### § 4 Maßnahmen zur Erleichterung des Wiedereinstiegs nach familienbedingter Beurlaubung

(1) Die Beschäftigung von Frauen und deren berufliche Wiedereingliederung nach der Familiengründung wird gefördert. Die Teilzeitbeschäftigung ist eine besonders geeignete Form, Beruf und Familie miteinander zu verbinden.

(2) Mitarbeiterinnen, die nach Ablauf der Mutterschutzfrist oder des Erziehungsurlaubs weiter arbeiten wollen, sollen den betrieblichen Vorgesetzten und die zuständige Personalabteilung mindestens drei Monate vor dem Ende der Betriebsabwesenheit unterrichten. Sie sollen dabei angeben, ob sie in Vollzeit oder Teilzeit arbeiten wollen.

Ist die Beschäftigung an dem alten Arbeitsplatz nicht möglich, so wird der Mitarbeiterin ein gleichwertiger Vollarbeitsplatz an anderer Stelle oder ein Teilzeitarbeitsplatz angeboten. Auf Wunsch der Mitarbeiterin soll stets geprüft werden, ob der bisherige Vollzeitarbeitsplatz in einen Teilzeitarbeitsplatz umgewandelt werden kann.

(3) Mitarbeiterinnen, die wegen der Geburt ihres Kindes oder nach Ablauf der gesetzlichen Schutzfrist oder des Erziehungsurlaubs ausgeschieden sind, werden vorrangig wieder eingestellt, wenn freie Arbeitsplätze zur Verfügung stehen.

### § 5 Familiengerechte Arbeitszeit

Im Rahmen der gesetzlichen, tarifvertraglichen oder sonstigen Regelungen der Arbeitszeit und der betrieblichen Möglichkeiten sind Beschäftigten mit Familienpflichten, wenn möglich und beantragt, geänderte tägliche und wöchentliche Arbeitszeiten einzuräumen.

### § 6 Teilzeitbeschäftigung

(1) Das Unternehmen wird im Rahmen der Möglichkeiten ein ausreichendes Angebot an Teilzeitbeschäftigungen schaffen.

(2) Teilzeitbeschäftigte dürfen gegenüber Vollzeitbeschäftigten nicht benachteiligt werden.

### § 7 Inkrafttreten

Die Betriebsvereinbarung tritt am           in Kraft. Sie entfaltet im Falle der Kündigung durch eine Partei keine Nachwirkung.

## 8. Muster: Betriebsvereinbarung zum Schutz ausländischer Arbeitnehmer

Zwischen

der Firma

und

dem Betriebsrat der Firma

wird folgende freiwillige Betriebsvereinbarung geschlossen:

## § 5 Kapitel 1: Freiwillige Betriebsvereinbarungen

### Präambel

Niemand darf gem. Art. 3 GG wegen seines Geschlechtes, seiner Abstammung, seiner Rasse, seiner Sprache, seiner Heimat und Herkunft, seines Glaubens, seiner religiösen oder politischen Anschauung benachteiligt oder bevorzugt werden. Nach § 75 Abs. 1 BetrVG haben Arbeitgeber und Betriebsrat darüber zu wachen, daß jede unterschiedliche Behandlung von Personen wegen ihrer Abstammung, Religion, Nationalität, Herkunft, politischen oder gewerkschaftlichen Betätigung oder Einstellung oder wegen ihres Geschlechts unterbleibt. Arbeitgeber und Betriebsrat haben die Eingliederung ausländischer Arbeitnehmer im Betrieb und das Verständnis zwischen ihnen und deutschen Arbeitnehmern zu fördern, § 80 Abs. 1 Nr. 7 BetrVG. Auf diesem rechtlichen Hintergrund vereinbaren die Parteien was folgt:

### 1. Betrieblicher Gleichbehandlungsgrundsatz

a) Das Zusammenleben zwischen deutschen und ausländischen Arbeitnehmern im Betrieb soll gefördert werden.

b) Die Personalverwaltung hat bei allen personellen Einzelmaßnahmen die Gleichbehandlung der Belegschaftsmitglieder nach einheitlichen Auswahlmerkmalen zu beachten. Zur betrieblichen Gleichbehandlung gehört insbesondere die Einstelllung, Versetzung, Entgeltfestsetzung, Beförderung und Qualifizierung.

### 2. Berufsbildung

Die Auswahl von Bewerberinnen und Bewerbern für die Einstellung in Ausbildungsarbeitsverhältnissen soll bei Deutschen wie Ausländern für alle Ausbildungsberufe nach gleichen Auswahlmerkmalen erfolgen. Eine Quotenbildung ist unzulässig. Maßgeblich hat das Gesamtbild des Bewerbers aus Testergebnis, persönlichem Eindruck und Feststellung der sonstigen Qualifikationsmerkmale zu sein. Personalabteilung und Geschäftsleitung haben darauf hinzuwirken, daß ausländische Arbeitnehmer in gleicher Weise vom Fort- und Weiterbildungsangebot Gebrauch machen können.

### 3. Sozialleistungen

a) Deutsche und ausländische Arbeitnehmer haben auf freiwillige betriebliche Sozialleistungen in gleicher Weise Anspruch, vorausgesetzt, daß die jeweiligen Anspruchsvoraussetzungen erfüllt sind.

b) Die Personalabteilung wird verpflichtet, in gleicher Weise ausländischen Arbeitnehmern wie deutschen Arbeitnehmern Werkswohnungen zur Verfügung zu stellen.

### 4. Durchführung der Betriebsvereinbarung

a) Die Betriebspartner haben im Rahmen ihrer Einflußmöglichkeiten auf die Durchführung dieser Betriebsvereinbarung zu achten, um Verstöße gegen die betrieblichen Grundsätze der Gleichbehandlung zu verhindern.

b) Soweit durch Diskriminierung ein Verstoß gegen den Gleichbehandlungsgrundsatz entsteht, verpflichten sich die Betriebspartner, entsprechende Maßnahmen jeweils im Rahmen ihrer Zuständigkeiten einzuleiten.

c) Ausländische Mitarbeiterinnen oder Mitarbeiter, die sich durch das Verhalten deutscher Belegschaftsmitglieder diskriminiert fühlen, haben die Möglichkeit, sich beim Betriebsrat zu melden. Der Betriebsrat benennt für derartige Fälle eine besondere Vertrauensperson, die die Mitarbeiterin oder den Mitarbeiter berät und unterstützen wird.

### 5. Inkrafttreten und Kündigung

Diese Vereinbarung ist eine freiwillige Betriebsvereinbarung, der keine Nachwirkung im Falle ihrer Kündigung durch eine Partei zukommt und die am _____ in Kraft tritt. Sie kann gekündigt werden mit einer Frist von 3 Monaten zum Monatsende.

# Betriebsvereinbarungen § 5

## 9. Muster: Betriebsvereinbarung über Gruppenarbeit

▼

Zwischen

der Firma

und

dem Betriebsrat

wird folgende Rahmenbetriebsvereinbarung über Gruppenarbeit geschlossen:

### § 1 Geltungsbereich

Diese Betriebsvereinbarung gilt für alle gewerblichen Arbeitnehmer der Produktionsbereiche sowie die Tag- und Abendschicht der Techniker, soweit sie sich an der Testphase beteiligen wollen. Während der Testphase wird zunächst die Gruppenarbeit an den -maschinen eingeführt. Soweit die Testphase auf andere Produktionsbereiche erstreckt werden soll, ist eine neue Betriebsvereinbarung zwischen Geschäftsleitung und Betriebsrat notwendig. Entgeltregelungen werden in einer „Entgeltbetriebsvereinbarung über Gruppenarbeit" getroffen.

### § 2 Zielsetzung und Definition

(1) Gruppenarbeit verfolgt unternehmensbezogene und mitarbeiterbezogene Ziele. Aus betriebswirtschaftlicher Sicht dient die Gruppenarbeit der Steigerung der Wettbewerbsfähigkeit des Betriebes, der Qualitätsverbesserung, der Optimierung von Organisationsabläufen sowie der höheren Flexibilität beim Personaleinsatz. Aus der Sicht der Mitarbeiter soll die Gruppenarbeit zu höherer Arbeitszufriedenheit führen und eine stärkere Identifikation mit dem Betrieb ermöglichen. Ziel der Gruppenarbeit ist es, den Mitarbeitern in stärkerem Maße Gelegenheit zu geben, Fach- und Sozialkompetenz umzusetzen.

(2) Gruppenarbeit im Sinne dieser Vereinbarung wird definiert als Zusammenarbeit einer bestimmten Zahl von Mitarbeitern in ganzheitlichen Arbeitsaufgaben, Übertragen sinnvoll abgegrenzter Tätigkeiten auf eine Gruppe, Lösen gemeinsamer Aufgaben durch Kooperation und Einräumung von Handlungs- und Entscheidungsspielräumen für die Gruppe.

### § 3 Kompetenzen der Gruppe

(1) Die Gruppe setzt ihre Ziele innerhalb eines definierten Aufgabenbereichs gemeinsam um. Direkte Produktionsaufgaben werden mit indirekten Tätigkeiten wie Instandhaltung, Logistik, Qualitätssicherung zusammengefaßt.

(2) Die Gruppenmitglieder tragen im Rahmen erweiterter Kompetenzen gemeinsame Verantwortung für die jeweiligen Arbeitsergebnisse, insbesondere im Rahmen der Parameter Qualität, Produktivität, Kosten, Termine, Quantität und Kapazitätsnutzung, soweit für die Gruppe eine eigene Einflußmöglichkeit besteht.

(3) Jede Gruppe nimmt selbständig folgende Aufgaben wahr: Arbeitseinteilung, Urlaubs- und Schichtplanung, Teamgespräche, Maßnahmen der Förderung der Zusammenarbeit (einschl. social-events), Entscheidungen über Maßnahmen der beruflichen Fortbildung im Rahmen vorgegebener Budgets.

(4) An die zuständigen Zentralabteilungen berichtet die Gruppe über Verbesserungsmaßnahmen zur Optimierung des Arbeitssystems, der Arbeitsabläufe, der Arbeitsgestaltung und der Arbeitssicherheit.

### § 4 Gruppensprecher

(1) Die Gruppe wählt einen Gruppensprecher, der die Gruppe nach innen und außen vertritt. Der Gruppensprecher handelt im Auftrag der Gruppe, verfügt über keine Weisungs- und Disziplinarbefugnisse, sondern moderiert die Arbeit der Gruppe.

(2) Der Gruppensprecher wird in freier geheimer Wahl mit einfacher Mehrheit für die Dauer eines Jahres aus der Mitte der Gruppe gewählt.

(3) Eine Abwahl des Gruppensprechers durch die Gruppe ist jederzeit in geheimer Wahl mit 2/3 der Stimmen der Gruppenmitglieder möglich.

(4) Neben dem Gruppensprecher wird ein Stellvertreter oder eine Stellvertreterin gewählt. Der Stellvertreter vertritt den Gruppensprecher im Falle seiner Abwesenheit, bei Krankheit, Urlaub etc.

(5) Der Gruppensprecher übernimmt neben der Moderation der Gruppe die Aufgabe, zwischen Meinungsverschiedenheiten der Beteiligten auszugleichen, den Informationsaustausch sicherzustellen, die Meister zu unterstützen, die Teamgespräche zu leiten und zur Motivation der Gruppe beizutragen.

### § 5 Gruppenstärke

(1) Größe und Zusammensetzung einer Gruppe werden durch technische, arbeitsorganisatorische und räumliche Faktoren bestimmt. Die Zusammensetzung der Gruppe erfolgt mit Zustimmung des Betriebsrats. Die Zustimmung hat die Wirkung einer Erklärung des Betriebsrats gemäß § 99 BetrVG.

(2) Bei der Zusammensetzung einer Gruppe ist darauf zu achten, daß eine ausgewogene, fachliche und soziologische Struktur entsteht. Mitarbeiter, die sich in mehrjähriger Zusammenarbeit bewährt haben, sollen bei der Gruppenbildung nicht auseinandergerissen werden.

### § 6 Teamgespräche

Teamgespräche sind zweckgerichtet und dienen der Lösung fachlicher, organisatorischer oder sozialer Fragen. Sie finden einmal im Monat außerhalb der Arbeitszeit statt.

Die Teams entscheiden selbst, über welche Themen diskutiert wird. Sie sind auch befugt, andere Personen zum Teamgespräch einzuladen. Vorgesetzte und Mitglieder des Betriebsrats oder einzelner Fachabteilungen sind verpflichtet, wenn die Gruppe dies wünscht, Rede und Antwort zu stehen.

### § 7 Aufgaben der Meister

Schwerpunkte in der Führungsaufgabe der Meister bilden bei der Gruppenarbeit die Betreuung der Fertigungsgruppen, die Vorgabe und Vereinbarung von Zielen, Unterstützung der Gruppe, wenn sich abzeichnet, daß die Ziele eventuell nicht erreicht werden, Informationsaustausch über die Gruppe hinaus, Unterstützung im Qualifizierungsprozeß, Mitarbeiterbeurteilung und Personaleinsatz. Die Besetzung der einzelnen Arbeitsplätze innerhalb der Gruppe wird von der Gruppe geregelt und bestimmt.

### § 8 Arbeitspensen, Qualifizierung und Personalbemessung

(1) Arbeitspensen werden nicht einseitig von den Vorgesetzten festgelegt, sondern müssen in der Gruppe gemeinsam verabschiedet werden. Sind die betroffenen Mitarbeiter mit dem festgesetzten Pensum nicht einverstanden, können sie sich im Verfahren der §§ 84, 85 BetrVG an den Betriebsrat und dieser ggf. an die Einigungsstelle wenden. Das Soll-Arbeitspensum und die betrieblich notwendigen Schwankungen werden zwischen Vorgesetzten und Mitarbeitern unter Berücksichtigung der zur Verfügung stehenden Schichtzeiten besprochen und vereinbart. Bei der Durchsprache des Soll-Arbeitspensums werden Fragen, Einwände und Vorschläge der Mitarbeiter erörtert und eventuell zusätzliche Untersuchungen zur Klärung von Zweifelsfragen durchgeführt.

(2) Die Soll-Personalbesetzung wird zwischen Vorgesetzten und Mitarbeitern besprochen und vereinbart. Grundlage bilden die Auswertung des PPS und die fachlich bekannten Daten. Die Soll-Personalbesetzung wird jeweils in zweijährigem Rhythmus auf ihre Aktualität und Stimmigkeit überprüft.

(3) Die betrieblichen Vorgesetzten machen Vorschläge, Mitarbeiter auf höheren Arbeitsebenen arbeiten zu lassen. Die Entscheidung über die Tätigkeit auf einer höheren Arbeitsebene fällt die Gruppe.

### § 9 Entlohnungsgrundsätze
(1) Während der Testphase erhalten alle Mitarbeiter ihr bisheriges Einkommen. Die in den Fertigungsinseln tätigen Beschäftigten werden bis zur Einführung eines „flexiblen Prämienlohns" mit ihrem bisherigen Durchschnittsverdienst übernommen. Bisher erarbeitete Zuschläge aus Spät-, Nachtarbeit (ggf. Sonn- und Feiertagsarbeit), jedoch ohne Mehrarbeits- und sonstige Zulagen, werden bis zum Zeitpunkt der Einführung des „flexiblen Prämienlohns" weiterhin geleistet. Nach Ablauf von sechs Monaten soll ein flexibler Prämienlohn gezahlt werden.

(2) Während der Testphase wird parallel zu den Gehaltsabrechnungen eine monatliche Berechnung durchgeführt, aus der der Mitarbeiter ersehen kann, welches Gehalt er auf Basis des „flexiblen Prämienlohnes" erzielt haben würde.

(3) Das Modell „flexibler Prämienlohn" wird erst wirksam, wenn es in einer gesonderten Betriebsvereinbarung zur Entlohnung bei Gruppenarbeit mit dem Betriebsrat verabschiedet wurde.

### § 10 Arbeitszeit
(1) Die Arbeitszeit wird für jede Fertigungsinsel gesondert festgelegt. Die Nutzungszeit soll 100 Stunden pro Woche nicht überschreiten. Einzelheiten regelt eine Betriebsvereinbarung.

(2) Als Rahmenvereinbarung zwischen Geschäftsleitung und Betriebsrat steht fest, daß das Arbeitsmodell keine Samstagsarbeit als Regelarbeitszeit, keine persönliche Arbeitszeit von mehr als sechs Stunden pro Tag und möglichst kurze Nachtschichten vorsieht.

### § 11 Rechte des Betriebsrats
(1) Der Betriebsrat ist Mitglied des Projektteams zur Einführung von Gruppenarbeit. Er benennt zwei Mitglieder für das Team.

(2) Der Betriebsrat hat außerdem die Möglichkeit, ständige Mitglieder für die Kernteams und die Arbeitsgruppen zu benennen, die die Arbeit bei der Entwicklung bei der Gruppenarbeit beobachten und begleiten.

(3) Der Betriebsrat erhält außerdem sämtliche Erfahrungsberichte, die im Projektteam erstellt werden.

### § 12 Konfliktlösung
Wird bei Festlegung oder Änderung der Soll-Personalbesetzung oder des Soll-Arbeitspensums keine Einigung erzielt, entscheidet hierüber innerhalb von zehn Tagen die betriebliche Einigungsstelle. Den Mitgliedern der Einigungsstelle sind sämtliche zur Beurteilung der Angelegenheit notwendigen Unterlagen zur Verfügung zu stellen. Im Einigungsstellenverfahren sind betroffene Mitarbeiter, der Gruppensprecher und Mitarbeiter des Projektteams anzuhören.

### § 13 Inkrafttreten
Diese Betriebsvereinbarung tritt am ............ in Kraft. Sie gilt zunächst befristet bis zum ............ . Alle Regelungen dieser Vereinbarung entfallen, wenn das Projekt „Gruppenarbeit" eingestellt wird. Die Betriebsvereinbarung kann, ohne daß sie nachwirkt, mit einer Frist von drei Monaten zum Monatsende gekündigt werden.

### § 5  Kapitel 1: Freiwillige Betriebsvereinbarungen

**2314**

#### 10. Muster: Betriebsvereinbarung über Betriebsjubiläen

▼

**55** 1. Die Beschäftigten des Betriebes begehen nach einer Betriebszugehörigkeit von jeweils 5, 10, 20, 25 und 35 Jahren ein Betriebsjubiläum. Als anrechenbare Zeit der Betriebszugehörigkeit gelten dabei auch Zeiten, die ein Beschäftigter in einem anderen Betrieb des Unternehmens oder eines verbundenen Unternehmens zurückgelegt hat. Unterbrechungen des Arbeitsverhältnisses sind unschädlich, soweit Beschäftigungszeiten nach den geltenden tariflichen Regelungen zusammenzurechnen sind.

2. Nach Vollendung des 10., 25. und 35 Jahres der Betriebszugehörigkeit erhalten die Beschäftigten eine Geldzuwendung in Höhe von

   1.000,00 DM (511,29 EUR) bei 10jährigem Jubiläum,
   2.500,00 DM (1.278,23 EUR) bei 25jährigem Jubiläum und
   3.500,00 DM (1.789,52 EUR) bei 35jährigem Jubiliäum.

3. Die Jubiläumszuwendungen werden jährlich anläßlich einer gemeinsamen von Betriebsrat und Arbeitnehmer auszurichtenden Jubiläumsveranstaltung überreicht. Zu der Jubiläumsveranstaltung werden auch die Jubilare mit 5jährigem und 20jährigem Jubiläum eingeladen.

   Im Rahmen der Jubiläumsveranstaltung erhalten die Jubilare mit 5jährigem Jubiläum ein Sachgeschenk, das sich wertmäßig im Bereich der Aufmerksamkeiten gem. Abschnitt 73 der Lohnsteuerrichtlinien bewegt.

   Jubilare mit 20jährigem Betriebsjubiläum erhalten ein Sachgeschenk im Wert von 1.500,00 DM (766,94 EUR). Die auf dieses Sachgeschenk entfallenden Steuern werden gem. § 40 Abs. 2 EStG pauschal vom Arbeitgeber entrichtet.

   , den

   Geschäftsleitung                    Betriebsrat

**2315**

#### 11. Muster: Betriebsvereinbarung über Zahlung einer freiwilligen Gratifikation

▼

**56**

Zwischen

der Firma

und

dem Betriebsrat

wird die nachfolgende Betriebsvereinbarung über Zahlung einer freiwilligen Gewinnbeteiligung geschlossen.

##### § 1 Geltungsbereich

(1) Gewinnbeteiligt sind alle Mitarbeiter, die im jeweiligen Geschäftsjahr ununterbrochen als Arbeitnehmerinnen oder Arbeitnehmer für die Firma in einem ungekündigten Arbeitsverhältnis tätig sind.

(2) An der Gewinnbeteiligung nehmen nicht teil Mitarbeiter, die mehr als 10 Wochen im Geschäftsjahr wegen Beurlaubung, Krankheit, Wehrdienst, Mutterschaft oder aus vergleichbaren Gründen keine Arbeitsleistung erbracht haben, sowie die Auszubildenden, Praktikanten und Volontäre. Teilzeitbeschäftigte Arbeitnehmer erhalten entsprechend ihrem Arbeitszeitanteil eine Ge-

winnbeteiligung. Befristet beschäftigte Mitarbeiter erhalten eine Gewinnbeteiligung, wenn sie für die Dauer eines Geschäftsjahres in der Firma tätig waren.

### § 2 Berechnung des Gewinnanteils
(1) 6 % des in einem Geschäftsjahr nach Abzug von Steuern erzielten Gewinns stellt die Firma den Mitarbeitern zur Verfügung. An einem Verlust nehmen die Mitarbeiter nicht teil.

(2) Der ausgeschüttete Gewinnanteil ist zu teilen durch die Gesamtzahl der für sämtliche Mitarbeiter errechneten Punkte.

(3) Die Punkte werden von dem Vorgesetzten jedes Mitarbeiters in Form einer abschließenden, jährlichen Leistungsbeurteilung vergeben. Für eine nicht ausreichende Leistung wird kein Punkt vergeben. Für eine ausreichende Leistung erhält der Mitarbeiter 5 Punkte, für eine befriedigende Leistung erhält er 10 Punkte, für eine gute Leistung werden 20 Punkte und für eine besonders hervorragende Leistung werden 40 Punkte in Ansatz gebracht.

### § 3 Fälligkeit
(1) Die Gewinnanteile sind spätestens neun Monate nach Abschluß eines Geschäftsjahres oder zwei Monate nach Feststellung des Jahresabschlusses fällig.

(2) Jeder Mitarbeiter kann innerhalb einer Frist von zwei Monaten nach Fälligkeit Einwendungen gegen die Berechnung erheben. In diesem Falle findet eine Besprechung zwischen einem zuständigen Mitarbeiter der Firma und einem Betriebsratsmitglied in Anwesenheit des Beschwerdeführers und des Vorgesetzten des Beschwerdeführers statt. Können sich in dieser Besprechung die Parteien nicht einigen, bleibt dem Mitarbeiter der Weg zu den Arbeitsgerichten.

### § 4 Freiwilligkeitsvorbehalt
Bei der Betriebsvereinbarung über eine freiwillige Gewinnbeteiligung handelt es sich um eine freiwillige Vereinbarung der Firma mit dem Betriebsrat zugunsten der Belegschaft. Diese Vereinbarung kann, ohne daß sie eine Nachwirkung entfaltet, mit einer Frist von drei Monaten zum Monatsende gekündigt werden. Wird die Kündigung während eines laufenden Geschäftsjahres ausgesprochen, entfällt in dem Geschaftsjahr die Zahlung der Gewinnbeteiligung und auch die Zahlung einer anteiligen Gewinnbeteiligung.

## 12. Muster: Betriebsvereinbarung über innerbetriebliche Stellenausschreibung[130]

*Betriebsvereinbarung*

über

innerbetriebliche Stellenausschreibung gemäß § 93 BetrVG

zwischen der

Geschäftsführung der

und dem

Betriebsrat der

### 1. Geltungsbereich
Diese Vereinbarung gilt für alle Mitarbeiterinnen und Mitarbeiter (Arbeitnehmer im Sinne des § 5 BetrVG) der Firma         .

---

130 Zur internen Stellenausschreibung siehe Muster 2096, § 3 Kap. 1 M 49.

## 2. Zweckbestimmung

Die innerbetriebliche Stellenausschreibung soll es jeder Mitarbeiterin und jedem Mitarbeiter ermöglichen, entsprechend den Fähigkeiten, Neigungen und beruflichen Vorstellungen die innerbetrieblichen Entwicklungs- und Aufstiegsmöglichkeiten wahrzunehmen.

## 3. Grundsätze

3.1 Die innerbetriebliche Stellenausschreibung erfolgt in Zusammenarbeit zwischen der Personalabteilung, der suchenden Betriebsstelle und dem Betriebsrat.

3.2 Arbeitsplätze werden vor ihrer Besetzung intern ausgeschrieben.

3.3 Bei Stellen, die zusätzlich extern ausgeschrieben werden, erfolgt die interne Stellenausschreibung spätestens zeitgleich mit der externen Ausschreibung.

3.4 Die innerbetriebliche Stellenausschreibung wird für die Dauer von mindestens 15 Arbeitstagen an den „Schwarzen Brettern" ausgehängt. Extern arbeitende Mitarbeiterinnen und Mitarbeiter erhalten die Stellenausschreibungen auf geeigneten Wegen und gleichzeitig mit dem Aushang an den „Schwarzen Brettern".

3.5 Die innerbetriebliche Stellenausschreibung enthält mindestens folgende Angaben:
- Anfordernde Stelle (Bereich und Arbeitsgruppe)
- Stellenbezeichnung und Leitungsebene
- Beschreibung der Aufgaben
- Beschreibung der Arbeitsbedingungen einschließlich der Angaben über den Einsatz im externen Geschäft
- fachliche und persönliche Anforderungen
- Tarifgruppe oder ungefähres AT-Gehalt
- Aussagen zur Entwicklungsmöglichkeit
- Zeitpunkt der Arbeitsaufnahme
- Bewerbungsfrist
- Form der Bewerbung
- Annahmestelle

3.6 Von allen Stellenausschreibungen erhält der Betriebsrat spätestens zum Zeitpunkt der Veröffentlichung ein Exemplar.

3.7 Um eine ausgeschriebene Stelle kann sich jede Mitarbeiterin/jeder Mitarbeiter bewerben. Jede interne Bewerbung wird mit der gleichen Vertraulichkeit behandelt wie eine externe Bewerbung. Der Schriftwechsel wird, wenn die Bewerberin/der Bewerber dies wünscht, über die Privatadresse abgewickelt. Die/der derzeitige Vorgesetzte der Bewerberin/des Bewerbers soll von dieser/diesem selbst über die Bewerbung unterrichtet werden. Dies soll aus Personalplanungsgründen spätestens jedoch zu dem Zeitpunkt erfolgen, zu dem die Bewerberin/der Bewerber in die engere Wahl gekommen ist. Hierüber erhält sie/er eine entsprechende Nachricht.

3.8 Aus der Bewerbung dürfen der Bewerberin/dem Bewerber keine Nachteile erwachsen.

3.9 Liegt zwischen einer innerbetrieblichen Stellenausschreibung und der Besetzung der Stelle ein Zeitraum von mehr als sechs Monaten, so wird die Stellenausschreibung wiederholt.

## 4. Auswahl

4.1 Für die Auswahl der Bewerberin/des Bewerbers sind ausschließlich fachliche und persönliche Qualifikationen maßgeblich. Interne und externe Bewerberinnen/Bewerber werden nach gleichen Kriterien beurteilt. Bei gleichen Voraussetzungen erhält die interne Bewerberin/der interne Bewerber den Vorzug.

4.2 Bei Einigung über die Person der Bewerberin/des Bewerbers wird die Zustimmung zu einer Versetzung oder Einstellung nach § 99 BetrVG beim Betriebsrat unter Vorlage aller Bewerbungsunterlagen eingeholt.

4.3 Mit allen internen Bewerberinnen/Bewerbern ist innerhalb eines Monats nach Eingang der Bewerbung durch eine der zuständigen Stellen ein Bewerbungsgespräch zu führen.

4.4 Sofern interne Bewerberinnen/Bewerber für die zu besetzende Stelle nicht in Betracht kommen, wird ihnen dies persönlich mitgeteilt. Eingereichte Bewerbungsunterlagen werden unverzüglich zurückgegeben.

4.5 Der Betriebsrat erhält alle Bewerbungsunterlagen und ihm werden die Gründe für die getroffene Auswahl mitgeteilt.

**5. Verfahren bei Versetzungen**

5.1 Die Versetzung und alle im Zusammenhang damit getroffenen Vereinbarungen werden der Bewerberin/dem Bewerber schriftlich bestätigt.

5.2 Hat sich die anfordernde Stelle für eine Bewerberin/einen Bewerber entschieden, so ist die Mitarbeiterin/der Mitarbeiter innerhalb von sechs Monaten von der abgebenden Stelle freizugeben. Im gegenseitigen Einvernehmen der Beteiligten (angebende Stelle, anfordernde Stelle, Bewerber/in, Betriebsrat) kann diese Frist um bis zu drei Monate verlängert werden, falls eine frühere Freistellung aus vertraglichen und/oder terminlichen Gründen in bezug auf die Realisierung eines Projektes/Auftrages Schwierigkeiten mit dem Kunden zur Folge hat.

5.3 Die Einarbeitung darf die für diesen Arbeitsplatz angemessene Probezeit nicht überschreiten. Kommt es innerhalb dieses Zeitraumes nicht zu einer Festübernahme auf den neuen Arbeitsplatz, so hat die Mitarbeiterin/der Mitarbeiter das Recht, unter den alten Bedingungen an den alten Arbeitsplatz zurückzukehren. Ist dieser zwischenzeitlich besetzt oder aufgelöst, so wird eine Versetzung auf einen gleichwertigen Arbeitsplatz im Betrieb vorgenommen.

5.4 Bei einer zeitlich befristeten Versetzung wird die Mitarbeiterin/der Mitarbeiter nach Ablauf der Frist an den alten Arbeitsplatz zurückversetzt.

Ist wegen rückläufiger Auftragslage in bezug auf den alten Arbeitsbereich eine Rückversetzung nicht vertretbar, erhält die Mitarbeiterin/der Mitarbeiter ein gleichwertiges Aufgabengebiet in einem anderen Arbeitsbereich.

**6. Schlußbestimmungen**

6.1 Diese Vereinbarung tritt am in Kraft. Sie ist auf ein Jahr getroffen und verlängert sich jeweils um ein weiteres Jahr, wenn sie nicht von einem der beiden Vertragspartner mit dreimonatiger Frist vor Ablauf gekündigt wird. Einvernehmliche Änderungen oder Erweiterungen sind jederzeit möglich.

6.2 Im Falle einer Kündigung gelten die Regelungen dieser Vereinbarung weiter, bis sie durch eine andere Vereinbarung ersetzt werden.

## 13. Muster: Betriebsvereinbarung über Werksparkplatz

### § 1 Geltungsbereich

Diese Betriebsvereinbarung über einen Werksparkplatz betrifft die folgenden Parkflächen am Standort .

### § 2 Parkplatzbenutzung

(1) Jeder Mitarbeiter darf sein Fahrzeug auf dem in § 1 beschriebenen Parkplatz abstellen, um seinen Arbeitsplatz aufzusuchen. Ein Rechtsanspruch auf einen Parkplatz besteht jedoch nicht.

(2) Parken ist nur innerhalb der markierten Flächen erlaubt.

(3) Bei Schneefall und Eisglätte ist entsprechend den witterungsbedingten Möglichkeiten so zu parken, daß Behinderungen der Streufahrzeuge und der übrigen parkenden Fahrzeuge vermieden werden.

(4) Es ist nicht erlaubt, beim Straßenverkehrsamt abgemeldete Fahrzeuge auf dem Werksparkplatz abzustellen.

(5) Es ist nicht erlaubt, Wartungsarbeiten am Fahrzeug oder Autowäsche auf dem Werksparkplatz vorzunehmen.

### § 3 Besucher- und Sonderparkplätze

Besucher- und Sonderparkplätze dürfen nur von den dazu Berechtigten, insbesondere Kunden, benutzt werden.

### § 4 Verkehrsvorschriften

(1) Auf dem Werksparkplatz gelten die Vorschriften der Straßenverkehrsordnung, soweit in dieser Betriebsvereinbarung nichts Abweichendes geregelt ist.

(2) Auf dem Werksparkplatz gilt eine Höchstgeschwindigkeit von 30 km/h.

(3) Aus Parkfeldern ausfahrende Fahrzeuge sind wartepflichtig gegenüber dem fließenden Verkehr auf den Fahrstraßen.

### § 5 Haftung

Die Firma haftet nur für Schäden, die ihre beauftragten Personen bei Erfüllung ihrer Aufgaben vorsätzlich oder grob fahrlässig verursacht haben.

### § 6 Kontrollen durch den Werkschutz

(1) Der Werkschutz beaufsichtigt den Parkplatz durch unregelmäßige Kontrollgänge.

(2) Die Mitarbeiter verpflichten sich, bei der Benutzung des Werksparkplatzes den Anweisungen der Mitarbeiter des Werkschutzes Folge zu leisten.

### § 7 Verkehrsunfälle

Ereignet sich auf dem Werksparkplatz ein Verkehrsunfall, so gilt folgendes:

(1) Bei Sachschäden ist eine Regelung unter den Beteiligten herbeizuführen. Auf Wunsch eines Beteiligten können Polizei oder Werkschutz hinzugezogen werden. Die Verständigung der Polizei erfolgt durch den Werkschutz.

(2) Wird bei einem Verkehrsunfall Firmeneigentum (Beleuchtungskörper, Hinweistafeln, Zaun etc.) beschädigt, hat der Mitarbeiter unverzüglich den Werkschutz zu unterrichten.

(3) Entsteht durch einen Verkehrsunfall auf dem Parkpatz ein Personenschaden, ist unverzüglich der Werkschutz zu unterrichten, der die zuständigen Stellen (Krankenwagen, Polizei etc.) verständigt.

### § 8 Verstöße gegen die Betriebsvereinbarung

(1) Die Geschäftsleitung kann falsch parkende Fahrzeuge auf Kosten des Fahrers bzw. Halters sofort ohne weitere Unterrichtung abschleppen lassen, wenn durch falsches Parken Rettungswege versperrt oder andere Parkplatzbenutzer behindert werden oder außerhalb der markierten Parkflächen, auf Fußgängerwegen oder auf Sperrflächen geparkt wird. Die Mitarbeiter erklären sich weiterhin damit einverstanden, daß auf ihre Kosten ihr Fahrzeug von der Geschäftsleitung ohne weitere Unterrichtung abgeschleppt werden darf, wenn es sich auf dem Besucher- oder Sonderparkplatz befindet.

(2) Die Betriebspartner vereinbaren, daß die Kosten des Abschleppens im Lohn- und Gehaltseinzugsverfahren einbehalten werden.

(3) Der Standort eines abgeschleppten Fahrzeugs kann beim Werkschutz erfragt werden.

Betriebsvereinbarungen § 5

(4) Die Einleitung arbeitsrechtlicher Schritte, die von Ermahnung, Abmahnung bis hin zur Kündigung im mehrfachen Wiederholungsfalle reichen können, bleibt von den Regelungen dieser Betriebsvereinbarung unberührt.

, den

Geschäftsleitung                     Betriebsrat

## 14. Muster: Betriebsvereinbarung zur Arbeit an Bildschirmgeräten

Zwischen dem Gesamtbetriebsrat und der Geschäftsführung der        wird folgendes vereinbart:

**§ 1**
Gegenstand dieser Betriebsvereinbarung ist die Einführung, jede Änderung und die Anwendung von Bildschirmgeräten.

**§ 2**
(1) Bildschirmgeräte sind Geräte, die in Verbindung mit computergestützten Informations- und Datenverarbeitungssystemen betrieben werden und der Datenerfassung, der Datenausgabe oder beiden Zwecken (Dialogverkehr) dienen, sowie Mikrofilmlesegeräte und ähnliche Geräte.

(2) Sofern in dieser Betriebsvereinbarung nichts anderes bestimmt ist, sind „Geräte" im Sinne dieser Betriebsvereinbarung die in § 2 Abs. 1 genannten Geräte.

**§ 3**
(1) Vor Aufnahme der Arbeit an einem Gerät muß für jeden/e Arbeitnehmer/in, der/die für die Arbeit an einem Gerät vorgesehen ist, eine augenärztliche Untersuchung durch einen Facharzt durchgeführt werden und die Unbedenklichkeit für die Arbeit an diesen Geräten bescheinigt werden (Tauglichkeitsuntersuchung). Auf Wunsch des/der Arbeitnehmers/in ist auch eine neurologische und/oder orthopädische Untersuchung zum gleichen Zwecke durchzuführen.

(2) In regelmäßigen Abständen von mindestens 12 Monaten sind die augenärztlichen Untersuchungen durch einen Facharzt bei den Arbeitnehmer/innen zu wiederholen (Kontrolluntersuchungen), die mindestens 30 % ihrer durchschnittlichen Arbeitszeit an Geräten arbeiten. Der untersuchende Facharzt kann auch kürzere Abstände festlegen.

(3) Der Facharzt bescheinigt dem Arbeitgeber die Tatsache der Eignung oder Nichteignung. Die Weitergabe aller weiteren Untersuchungsergebnisse bedarf der ausdrücklichen Zustimmung des/der Arbeitnehmers/in.

(4) Die Untersuchungsergebnisse der Untersuchungen nach Absatz 1, 2 und 3 sind ausschlaggebend für die Beschäftigung oder die Weiterbeschäftigung an einem Gerät.

(5) Sofern bei einer ärztlichen Untersuchung festgestellt wurde, daß eine Beschäftigung an einem Gerät nicht möglich ist, darf dieses nicht zur Kündigung oder zur Verringerung der Eingruppierung führen.

(6) Sofern bei einer ärztlichen Untersuchung festgestellt wurde, daß eine Beschäftigung an einem Gerät nicht mehr möglich ist, muß dem/der Arbeitnehmer/in ein anderer gleichwertiger Arbeitsplatz bei gleicher Bezahlung in demselben Betrieb angeboten werden. Dem/der Arbeitnehmer/in darf deshalb nicht gekündigt werden.

(7) Ist die Beschäftigung oder die Weiterbeschäftigung aufgrund der Untersuchungsergebnisse nur mit Einschränkungen möglich, so sind Arbeitsplatz und Arbeitsbedingungen den medizinischen

Erfordernissen anzupassen. Dabei eventuell notwendig werdende Umschulungsmaßnahmen sind während der Arbeitszeit durchzuführen. Nach Beendigung der Umschulungsmaßnahme hat der/die Arbeitnehmer/in Anspruch auf einen gleichwertigen Arbeitsplatz in demselben Betrieb. Zu den Maßnahmen, die aufgrund von Satz 1 zu treffen sind, hat der Betriebsrat ein Initiativrecht, für das die Voraussetzungen des § 87 Abs. 1 Nr. 7 BetrVG als erfüllt gelten.

(8) Für die Untersuchungen nach Abs. 1, 2 und 3 hat der/die Arbeitnehmer/in das Recht auf freie Arztwahl.

(9) Die Kosten der Untersuchungen nach Abs. 1, 2 und 3, etwaiger Hilfsmittel sowie der Umschulungsmaßnahmen nach Absatz 6 trägt die Firma in voller Höhe, soweit sie nicht von der zuständigen Krankenkasse übernommen werden. Bemessungsgrundlage für die Kostenübernahme für Hilfsmittel sind die beihilfefähigen Aufwendungen. Davon abweichend übernimmt die Geschäftsleitung bei Brillen für die beiden Gläser 200 DM (102,26 EUR) und für das Gestell 100 DM (51,13 EUR). Von diesen Aufwendungen sind etwaige Krankenkassenzuschüsse abzuziehen.

(10) Die fachärztlichen Untersuchungen werden während der Arbeitszeit durchgeführt. Die Untersuchungsergebnisse gemäß Absatz 3 werden zur Personalakte genommen.

## § 4

(1) Werden durch die Einführung, Änderung oder Anwendung von Geräten Arbeitsplätze wegrationalisiert, so hat die Geschäftsleitung den davon betroffenen Arbeitnehmer/innen gleichwertige Arbeitsplätze in demselben Betrieb anzubieten. Dabei darf keine Verschlechterung des Entgelts für die betroffenen Arbeitnehmer/innen eintreten.

(2) Dem/der Arbeitnehmer/in darf nicht gekündigt werden, wenn durch die Einführung, Änderung oder Anwendung von Geräten Arbeitsplätze wegrationalisiert werden.

(3) Ist eine Weiterbeschäftigung auf dem bestehenden oder auf einem gleichwertigen Arbeitsplatz nicht oder nicht mehr möglich, ist dem/der Arbeitnehmer/in die Teilnahme an einer geeigneten Umschulungsmaßnahme anzubieten. Der/die Arbeitnehmer/in wirkt bei der Auswahl der Maßnahmen mit. Verweigert der/die Arbeitnehmer/in die Teilnahme an der Maßnahme, entfallen die Schutzvorschriften gemäß Absatz 1 und 2.

## § 5

Ist der/die Arbeitnehmer/in infolge seiner/ihrer Arbeit an einem Gerät in seiner/ihrer bisherigen Vergütungsgruppe nicht mehr voll leistungsfähig und kann er/sie deshalb nur in einer niedrigeren Vergütungsgruppe weiterbeschäftigt werden, gelten die Voraussetzungen des Tarifvertrages für eine Herabgruppierung als erfüllt.

## § 6

Arbeitnehmer/innen, die durch die Arbeit an einem Gerät berufsunfähig geworden sind, sind nach Wiederherstellung der Berufsfähigkeit auf Antrag in demselben Betrieb wiedereinzustellen, und zwar auf einem Arbeitsplatz, der dem vorherigen Arbeitsplatz gleichwertig ist.

## § 7

(1) Die Arbeitsbedingungen – insbesondere die Beschaffenheit und Gestaltung der Geräte sowie die Arbeitsumgebung – müssen ergonomisch, arbeitsphysikalisch und arbeitsmedizinisch so gestaltet werden, daß keine zusätzlichen Belastungen für die betroffenen Arbeitnehmer/innen auftreten. Die von der Bundesausführungsbehörde für Unfallversicherung herausgegebenen Sicherheitsregeln für Bildschirmarbeitsplätze im Bürobereich sind in ihrer jeweils gültigen Fassung Bestandteil dieser Vereinbarung und entsprechend anzuwenden.

(2) Die Arbeitsbedingungen an Geräten sind regelmäßig – mindestens einmal jährlich – zu überprüfen und ggf. zu ändern. Dabei sind neue und gesicherte Erkenntnisse, die zu einer Verbesserung der Arbeitsbedingungen an den Geräten beitragen, umgehend zu berücksichtigen.

(3) Zu den Maßnahmen, die aufgrund von Abs. 1 und 2 zu treffen sind, steht dem Betriebsrat ein Initiativrecht zu, für das die Voraussetzungen von § 87 Abs. 1 Nr. 7 BetrVG als erfüllt gelten.

## § 8
Die maschinelle Erfassung und Auswertung arbeitsplatzbezogener Daten zum Zwecke der Leistungsmessung, des Leistungsvergleichs, der Leistungskontrolle und/oder der Verhaltenskontrolle bei der Arbeit an Geräten ist unzulässig.

## § 9
(1) Bei der Einführung, Änderung oder Anwendung von Geräten sind einseitige und monotone Arbeitsplätze weitestgehend zu verhindern. Die Arbeitsbereiche sind so zu gestalten, daß Mischarbeitsplätze geschaffen werden. Bei der Gestaltung von Mischarbeitsplätzen ist die bisherige Qualifikation des/der Arbeitnehmers/in zu erhalten, im übrigen gilt § 10.

(2) Die Einrichtung oder Veränderung des einzelnen Arbeitsplatzes ist – unter Wahrung der Rechte des Betriebsrates – mit dem/der am Arbeitsplatz tätigen Arbeitnehmer/in zu beraten.

(3) Arbeitnehmer/innen, denen Aufgaben an Geräten übertragen werden oder deren Aufgaben an Geräten geändert werden sollen, sind, falls erforderlich, durch eine qualifizierte Aus- bzw. Weiterbildung auf ihre zukünftige Arbeit rechtzeitig vorzubereiten. Die Aus- bzw. Weiterbildung erfolgt während der Arbeitszeit. Die Kosten trägt die Firma. Die §§ 96 bis 98 BetrVG sind anzuwenden.

## § 10
Werden durch die Einführung oder Änderung und/oder Anwendung der Geräte die bisherigen Arbeitsinhalte von Arbeitnehmer/innen ganz oder teilweise verändert, darf dies nicht zur Änderung der bisherigen Eingruppierung oder zur Kündigung führen, es sei denn, die veränderten Arbeitsinhalte entsprechen einer tariflich höher bewerteten Tätigkeit.

## § 11
(1) Bei Arbeit an Geräten muß zusätzlich zu tariflichen und gesetzlichen Regelungen bei einer ununterbrochenen Arbeitsdauer von je 60 Minuten eine zusätzliche bezahlte Erholungszeit von je 15 Minuten eingehalten werden. Eine Kumulierung der Erholungszeiten ist nicht möglich.

(2) Die Tätigkeit an Geräten darf in der Regel nicht mehr als vier Stunden täglich überschreiten. Die Arbeit an Geräten darf nicht zur Schichtarbeit führen.

## § 12
(1) Schwangere dürfen an Bildschirmgeräten nur mit ihrem Einverständnis beschäftigt werden. Schwangeren, die weiterhin an Bildschirmgeräten arbeiten wollen, muß ein strahlungsfreier Bildschirm zur Verfügung gestellt werden. Sobald die Schwangerschaft der Personalabteilung mitgeteilt worden ist, hat diese unverzüglich die Installation eines solchen Bildschirms zu veranlassen. Außerdem ist die Betroffene schriftlich auf die Arbeitszeit- und Pausenregelungen im § 11 hinzuweisen.

(2) Bei der Beschäftigung von Schwerbehinderten und Gleichgestellten im Sinne des Schwerbehindertengesetzes an Geräten sind die Vorschriften des Schwerbehindertengesetzes zu beachten.

## § 13
Bei Maßnahmen im Sinne von § 1 ist der zuständige Betriebsrat rechtzeitig und umfassend anhand von Unterlagen zu unterrichten, so daß dieser durch seine Vorschläge auf die Maßnahmen Einfluß nehmen kann. Die betroffenen Arbeitnehmer/innen werden ebenfalls rechtzeitig über die geplante Maßnahme unterrichtet und angehört. Ihnen wird die Gelegenheit zur Stellungnahme und für Vorschläge gegeben.

Sind die in § 14 genannten Punkte noch nicht in vollem Umfang darstellbar oder ergeben sich dazu spätere Änderungen, so wird darüber in den folgenden Planungsphasen weiter unterrichtet. Sonstige Rechte des Betriebsrates und der Arbeitnehmer/innen aus dem BetrVG bleiben unberührt.

### § 14
Die Unterrichtung gemäß § 13 wird insbesondere über folgendes Auskunft geben:
- Ziele, Zwecke, Umfang, Vor- und Nachteile der Maßnahme;
- Auswirkungen auf Personalbedarf, mögliche Um- und Freisetzungen, Qualifikation, Leistung und Arbeitsintensität und Eingruppierung;
- Auswirkungen auf Arbeitsbedingungen (wie z. B. Arbeitsqualität, Arbeitsablauf und -organisation, Arbeitsplatzgestaltung, Arbeitsbelastung und -beanspruchung, Arbeitsumgebung, Arbeitszeit, Pausen);
- Veränderung von Aufgaben und Arbeitsplätzen;
- betroffene Arbeitnehmer/innen und Arbeitsbereiche;
- Vor- und Nachteile für Arbeitnehmer/innen.

### § 15
(1) Die Beteiligung des Betriebsrats richtet sich nach dem Betriebsverfassungsgesetz und den zwischen der Firma und dem Gesamtbetriebsrat getroffenen Vereinbarungen.

(2) Entstehen bei der Anwendung dieser Betriebsvereinbarung Meinungsverschiedenheiten zwischen der Geschäftsführung und dem Gesamtbetriebsrat/dem Betriebsrat und sind diese Meinungsverschiedenheiten nicht zu beheben, kann eine der genannten Stellen die Einigungsstelle anrufen. Der Spruch der Einigungsstelle ersetzt die Einigung zwischen Geschäftsführung und dem Gesamtbetriebsrat/dem Betriebsrat.

Diese Betriebsvereinbarung tritt am Tage der Unterzeichnung in Kraft. Sie kann mit einer Frist von drei Monaten zum Ende eines Kalendervierteljahres, erstmals zum , gekündigt werden.

## 15. Muster: Betriebsvereinbarung zu E-Mail und Internet[131]

Zwischen

der  GmbH, vertreten durch den Geschäftsführer

und

dem Betriebsrat der GmbH, vertreten durch den Betriebsratsvorsitzenden

wird folgende Betriebsvereinbarung geschlossen:

### § 1 Gegenstand
Gegenstand dieser Betriebsvereinbarung ist die Einführung von E-Mail und die Nutzung von Internet-Diensten durch die Beschäftigten der GmbH.

### § 2 Geltungsbereich
(1) Diese Betriebsvereinbarung gilt für alle Beschäftigten der GmbH.

(2) Die GmbH vereinbart bei Verträgen mit Dritten, daß diese Betriebsvereinbarung auch im Rahmen der Dienstleistung des Dritten für die GmbH eingehalten wird.

### § 3 Zweckbestimmung
(1) E-Mail dient der Kommunikation der Beschäftigten untereinander sowie mit externen Stellen.

(2) Die Nutzung der Internet-Dienste dient dem Zugriff auf weltweit verfügbare Informationen und Daten und dem Angebot firmenbezogener Informationen.

---

[131] Dieses Muster stellt einen verkürzten Abdruck dar aus *Gerling*, Betriebsvereinbarung, E-Mail und Internet, DuD 1997, 703.

(3) Eine ausschließlich private Nutzung von E-Mail und Internet-Diensten während der Dienstzeiten ist untersagt.

(4) Die bei der Nutzung der E-Mail und der Internet-Dienste anfallenden personenbezogenen Daten (Protokoll- oder Verbindungsdaten) dürfen nicht zu einer Leistungs- und Verhaltenskontrolle verwendet werden. Personenbezogene Daten, die zur Sicherstellung eines ordnungsgemäßen Betriebs der E-Mail/Internet-Dienste erhoben und gespeichert werden, unterliegen der besonderen Zweckbestimmung nach § 31 Bundesdatenschutzgesetz (BDSG).

### § 4 Begriffe

(1) Personenbezogene Daten (Personaldaten) sind Einzelangaben über persönliche und sachliche Verhältnisse bestimmter oder bestimmbarer natürlicher Personen (Beschäftigte der GmbH).

(2) Im übrigen gelten die Begriffsbestimmungen des BDSG.

### § 5 Netze

(1) Als Netz werden alle technischen Einrichtungen bezeichnet, die es ermöglichen, Daten zwischen zwei oder mehr Computern in Form von elektromagnetischen oder optischen Signalen zu senden, zu übertragen, zu vermitteln, zu empfangen, zu steuern oder zu kontrollieren.

(2) Die Einrichtungen des Netzes sind angemessen zu sichern, insbesondere Server, Router und ähnliche Netzeinrichtungen sind in Räumen aufzustellen, zu denen nur besonders Berechtigte Zugang haben. Die Verkabelung ist vor unberechtigten Zugriffen zu schützen. Angemessen ist die Sicherung (Satz 2), wenn der für die Schutzmaßnahmen zu erbringende technische und wirtschaftliche Aufwand verhältnismäßig zur Bedeutung der zu schützenden Daten und der zu sichernden Anlagen und dem Risiko ihrer Verletzlichkeit ist.

### § 6 E-Mail

(1) E-Mail-Server sind zentral aufgestellte Computer, die der Verteilung, Zwischenspeicherung und gegebenenfalls auch der Speicherung von E-Mail dienen. Klienten sind die Arbeitsplatzrechner der Beschäftigten, auf denen E-Mail erstellt, empfangen, gelesen und verarbeitet wird.

(2) E-Mail-Server sind so aufzustellen, daß Unberechtigte keinen Zugang haben. Auf den Servern sind E-Mails gegen unberechtigte Zugriffe besonders zu sichern.

(3) E-Mail darf nur auf den dafür vorgesehenen E-Mail-Servern zwischengespeichert und an die Empfänger verteilt und zugestellt werden.

(4) Eingehende E-Mail kann auf dem Arbeitsplatzcomputer des Empfängers, ausgehende auf dem des Absenders gespeichert werden.

(5) Die E-Mail-Server sind in Anlage 1 aufgeführt. Anlage 2 enthält die in der GmbH eingesetzte E-Mail-Software für E-Mail Server und Klienten.

### § 7 Verwendung von E-Mail

(1) E-Mail wird zum Empfang und zur Versendung von elektronischer Post genutzt. Sie kann zur Weitergabe von Dateien und Vorgängen benutzt werden. Eine automatisierte Vorgangssteuerung mittels E-Mail wird hiermit nicht eingeführt. Eine derartige Vorgangssteuerung bedarf zur Einführung einer gesonderten Betriebsvereinbarung.

(2) Die GmbH kann zur Information der Beschäftigten ein „Schwarzes Brett" im E-Mail-System einrichten, um E-Mail an alle Beschäftigten zu versenden. E-Mail mit identischem Inhalt an alle Beschäftigten muß nicht verschlüsselt werden. Solange nicht alle Beschäftigten einen Arbeitsplatzrechner mit Zugriff auf E-Mail haben, werden sie auf herkömmliche Art (z. B. durch Aushänge oder Rundschreiben) informiert.

(3) Der Betriebsrat der GmbH erhält auf Wunsch die gleichen E-Mail-Möglichkeiten zur Information der Beschäftigten wie die Geschäftsleitung.

(4) Das Löschen von unerwünschter E-Mail (SPAM) geschieht nach vom Arbeitgeber zur Verfügung gestellten Regeln. Die Aktivierung dieser Regeln erfolgt durch den Beschäftigten.

### § 8 Verschlüsselung

(1) E-Mail mit vertraulichem Inhalt oder mit personenbezogenen Daten Dritter darf innerhalb der GmbH sowie an externe Stellen nur verschlüsselt versendet werden. Nachrichten mit Inhalten nach Satz 1 dürfen an externe Stellen nicht per E-Mail übermittelt werden, soweit diese nicht in der Lage sind, verschlüsselte E-Mail zu lesen.

(2) Das E-Mail-System muß ermöglichen, ausgehende E-Mail mit dem öffentlichen Schlüssel des Empfängers zu verschlüsseln. Das Format der ausgehenden verschlüsselten E-Mail soll einem offenen Standard für verschlüsselte E-Mail genügen.

(3) Zur Verschlüsselung der E-Mail stellt der Arbeitgeber ein Public-Key-Verschlüsselungsschema zur Verfügung. Jeder Beschäftigte erhält einen öffentlichen und einen geheimen Schlüssel. Öffentliche Schlüssel werden allgemein zugänglich gemacht und in geeigneter Weise vor Manipulationen gesichert (zertifiziert). Der geheime Schlüssel eines Beschäftigten wird ihm geschützt übergeben, so daß Dritte von ihm keine Kenntnis erlangen können. Geheime Schlüssel dürfen nicht dupliziert und an keiner zentralen Stelle innerhalb der GmbH gespeichert werden.

(4) Schlüsselpaare nach Abs. 3 werden nach allgemein anerkannten Regeln generiert. Die zur Generierung der Schlüssel erforderlichen Daten werden nach der Schlüsselgenerierung unverzüglich gelöscht. Die technischen Einrichtungen orientieren sich am § 16 SigV (Verordnung zur digitalen Signatur); die geheimen Schlüssel werden bevorzugt auf Chipkarten gespeichert.

(5) Die GmbH ist berechtigt, die E-Mail-Adressen und die öffentlichen Schlüssel der Beschäftigten Dritten zugänglich zu machen. Die erforderliche Einwilligung im Sinne des BDSG wird auf den Anträgen zur Einrichtung eines E-Mail-Accounts eingeholt.

### § 9 Vertretungsregelung

(1) Das E-Mail-System muß über die Funktion Auto-Forward und Auto-Reply verfügen.

(2) Jeder Beschäftigte erhält zwei E-Mail-Adressen: eine funktionsbezogene (dienstliche) und eine namensbezogene (persönliche) Adresse. Eine funktionsbezogene E-Mail-Adresse kann sich auch auf eine Gruppe von Beschäftigten beziehen (z. B. auf eine Abteilung oder ein Referat). Die E-Mail an beide Adressen landet in der selben Mailbox. Für normale Dienstgeschäfte wird die funktionsbezogene E-Mail-Adresse benutzt.

a) Eine E-Mail an die funktionsbezogene Adresse wird bei Abwesenheit automatisch an den Stellvertreter weitergeleitet (Auto-Forward) oder der Absender wird automatisch über die Abwesenheit informiert (Auto-Reply). Vor vorhersehbarer Abwesenheit (z. B. Urlaub, Dienstreise) wird dieser Automatismus durch den Beschäftigten in Absprache mit dem Stellvertreter aktiviert. Bei unvorhersehbarer Abwesenheit (z. B. Krankheit) kann das Verfahren für diese funktionsbezogene Adresse durch den Postmaster (§ 11) auf Veranlassung des Vorgesetzten und in Absprache mit dem Stellvertreter aktiviert werden. Der Zeitpunkt ist schriftlich festzuhalten und dem Beschäftigten nach Rückkehr mitzuteilen.

b) Eine E-Mail an die namensbezogene Adresse wird grundsätzlich nicht weitergeleitet. Jeder Beschäftigte kann die Absender automatisch über seine Abwesenheit informieren (Auto-Reply).

### § 10 Posteingangsbuch

(1) Die GmbH führt ein elektronisches Posteingangsbuch. Dabei werden alle von außen eingehenden E-Mails an funktionsbezogene Adressen gem. § 9 Abs. 2 mit Absender, Empfänger, E-Mail-ID, Datum und Uhrzeit in einer Log-Datei gespeichert.

(2) In E-Mail-Systemen kann man sich mittels der Optionen „die E-Mail ist auf dem Zielrechner angekommen" (Zustellungsbestätigung) oder „der Empfänger hat die E-Mail gelesen" (Lesebestätigung) davon überzeugen, ob eine Nachricht angekommen ist. Diese Optionen dürfen nicht zur Verhaltens- oder Leistungskontrolle von Beschäftigten verwendet werden. Im E-Mail-System wird standardmäßig keine Lesebestätigung angegeben. Von Beschäftigten darf nicht verlangt werden, die Lesebestätigung zu aktivieren.

## § 11 Postmaster
Für die Verwaltung des E-Mail-Systems sind sogenannte Postmaster zuständig. Sie müssen mit den Bestimmungen des Fernmeldegeheimnisses im TKG und den Vorschriften des BDSG vertraut sein und sie sind auf das Datengeheimnis gemäß § 5 BDSG zu verpflichten. Über alle Informationen, die sie durch ihre Tätigkeit erhalten, haben sie Stillschweigen zu bewahren. Dies gilt insbesondere auch für die unbeabsichtigte Kenntnisnahme von E-Mails dienstlichen oder persönlichen Inhalts.

## § 12 Zugriffsrechte und Passworte
(1) Jeder Benutzer des E-Mail-Systems erhält eine Zugriffsberechtigung (Passwort) und einen eigenen Datenbereich (Mailbox).

(2) Passworte bestehen aus mindestens sechs Zeichen, davon mindestens ein Sonderzeichen, damit sind alle Wörter ausgeschlossen, die im Duden stehen. Benutzer müssen ihre Passworte sorgfältig auswählen und geheimhalten. Es ist untersagt, Passworte an andere weiterzugeben.

(3) Ohne Kenntnis und Zustimmung der Beschäftigten dürfen Dritte keine Einsicht in die E-Mail eines Beschäftigten nehmen. Kenntnis und Zustimmung werden unterstellt, wenn E-Mail in Bereiche weitergeleitet wird, die für Dritte zugänglich sind.

(4) Soweit die E-Mail dienstliche Inhalte betrifft, kann der Vorgesetzte verlangen, daß der Beschäftigte die E-Mail für ihn ausdruckt.

## § 13 Archivierung
(1) Soweit zu Dokumentationszwecken erforderlich, werden ein- und ausgehende E-Mails ausgedruckt und wie Schriftstücke aufbewahrt. Die zugrundeliegenden Dateien werden im Rahmen der normalen Datensicherung gesichert (Anlage zu § 9 BDSG) und nicht archiviert.

(2) Dienstliche E-Mail, die verschlüsselt empfangen und zu Nachweiszwecken noch benötigt wird, ist auszudrucken und zu den Akten zu nehmen.

## § 14 Internet-Dienste
(1) Alle Beschäftigten, die Zugang zum Internet haben, können die in der Anlage 3 aufgeführten Internet-Dienste dienstlich nutzen. Bei deren Nutzung sind die in Anlage 4 enthaltenen Vorschriften und Regeln zu beachten.

(2) Soweit zum effektiven Zugriff auf das Internet Proxy- oder Cache-Server installiert werden, werden die Log-Dateien nur anonymisiert geschrieben.

(3) Eine personenbezogene Kontrolle der Internet-Nutzung findet nur beim konkreten Verdacht der mißbräuchlichen Benutzung statt. Die anfallenden Protokolldaten werden nur zur Klärung des konkreten Verdachts ausgewertet. Der Betriebsrat ist zu beteiligen.

(4) Eine Auswertung der Nutzungsinformationen des WWW-Browsers auf der lokalen Festplatte eines Benutzers ist nur unter sinngemäßer Anwendung des Abs. 3 zulässig.

(5) Der Arbeitgeber ist berechtigt, den Zugriff auf offensichtlich dienstlich nicht erforderliche Inhalte zu sperren.

## § 15 Information der Beschäftigten
Die Beschäftigten sind über die besonderen Probleme der E-Mail und der Internet-Dienste zu unterrichten. Insbesondere ist auf folgendes hinzuweisen:

a) gesetzliche Regelungen zum Fernmeldegeheimnis,
b) Anwendung der Datenschutzvorschriften (BDSG),
c) Zugänglichkeit unverschlüsselter E-Mail bei Transport im Netz,
d) Probleme der Archivierung
e) dienstliche (arbeitsrechtliche), gesetzliche und ethische Grundsätze und Vorschriften bei der Nutzung von Internet-Diensten.

### § 16 Kontrolle der Betriebsvereinbarung

(1) Der Betriebsrat hat das Recht, die Einhaltung dieser Betriebsvereinbarung zu überprüfen.

(2) Der Betriebsrat kann zur Durchführung seiner aus dieser Betriebsvereinbarung resultierenden Aufgaben nach Abstimmung mit der GmbH Sachverständige seiner Wahl hinzuziehen; die notwendigen Kosten trägt die GmbH.

### § 17 Verstöße

(1) Der Datenschutzbeauftragte, der Arbeitgeber und der Betriebsrat sind unverzüglich über Mißbrauch und Mißbrauchsversuche des E-Mail-Systems zu informieren. Alle Beschäftigten haben das Recht, vermutete oder tatsächliche Verstöße den Genannten vorzutragen. Das Beschwerderecht der Beschäftigten gemäß der §§ 84 und 85 BetrVG bleibt hiervon unberührt.

(2) Personenbezogene Daten, die entgegen dieser Betriebsvereinbarung erfaßt oder gespeichert werden, dürfen nicht verwendet werden. Personelle Maßnahmen, die auf Informationen beruhen, die unter Verstoß gegen die Zweckbestimmung gemäß § 3 gewonnen wurden, sind unwirksam. Der unberechtigte Zugriff auf personenbezogene Daten hat arbeitsrechtliche Konsequenzen.

### § 18 Inkrafttreten

Diese Betriebsvereinbarung tritt mit ihrer Unterzeichnung in Kraft. Sie kann mit einer Frist von drei Monaten zum Ende eines Kalenderjahres gekündigt werden. Bis zum Abschluß einer neuen Betriebsvereinbarung gilt die vorliegende Vereinbarung weiter.

Anlage Betriebsvereinbarung: Code of Conduct

Unzulässig ist jede Internetnutzung, die geeignet erscheint, den Interessen der GmbH oder deren Ansehen in der Öffentlichkeit zu schaden, oder die gegen geltende Gesetze oder Verordnungen verstößt, z. B.

– das Abrufen oder Anbieten von Inhalten, die gegen datenschutzrechtliche, persönlichkeitsrechtliche, urheberrechtliche oder strafrechtliche Bestimmungen verstoßen,
– das Abrufen oder Anbieten von weltanschaulicher, politischer oder kommerzieller Werbung,
– das Abrufen oder Anbieten von beleidigenden, verleumderischen, verfassungsfeindlichen, rassistischen, sexistischen oder pornographischen Äußerungen oder Abbildungen.

Anbieten heißt: verbreiten über das Internet oder das Einstellen in Newsgruppen oder Diskussionsforen in einer Art, daß die Firmenzugehörigkeit erkennbar ist (z. B. durch die E-Mail-Adresse des Absenders) oder unter Verwendung von EDV-Anlagen der GmbH. Abrufen heißt: auf im Netz vorhandene Informationen mit EDV-Anlagen der GmbH zugreifen.

## 16. Muster: Betriebsvereinbarung zu Suchtproblemen

Bezüglich der Handhabung von Suchtproblemen in der Firma haben sich die Geschäftsführung und der Gesamtbetriebsrat auf das nachstehende Verfahren geeinigt:

### § 1

Dieses Verfahren gilt für alle Beschäftigten der Firma im Inland. Für die entsandten Beschäftigten im Ausland müssen individuelle Regelungen gefunden werden, die sich inhaltlich soweit wie möglich an das im Inland geltende Verfahren anlehnen.

### § 2

Sucht im Sinne dieses Verfahrens ist in erster Linie die Gefährdung durch die Abhängigkeit von Alkohol, Medikamenten und Drogen.

### § 3
Ziele dieses Verfahrens sind insbesondere:
- die Gesundheit der Beschäftigten zu erhalten,
- Suchtgefährdeten und -kranken möglichst frühzeitig ein Hilfsangebot zu unterbreiten,
- dem Suchtmittelmißbrauch entgegenzuwirken,
- die Gleichbehandlung der Betroffenen sicherzustellen,
- die Durchführung präventiver Maßnahmen für Mitarbeiter/innen der Firma.

### § 4
Das Anbieten alkoholhaltiger Getränke, Nahrungs- und Genußmittel unterbleibt. Beschäftigte dürfen sich nach § ▓▓▓ der Unfallverhütungsvorschriften nicht durch Alkoholgenuß, Medikamente oder Drogen in einen Zustand versetzen, durch die sie sich selbst oder andere gefährden können.

### § 5
Suchterkrankungen sind von Fachleuten zu behandeln. In der Regel wird ▓▓▓ als Betriebssozialdienst und Beratungsstelle für die Firma im Rahmen präventiver Maßnahmen tätig. Die individuelle Fallbehandlung erfolgt in den Einrichtungen der vorgenannten Stelle. Zu den präventiven Maßnahmen, die diese durchzuführen hat, gehört insbesondere, daß sämtliche Vorgesetzten und der Betriebsrat systematisch über Abhängigkeitserkrankungen zu schulen sind. Diese Schulung ist deshalb von besonderer Bedeutung, weil das Thema Sucht enttabuisiert werden muß und vor allem die Vorgesetzten und der Betriebsrat immer wieder sachbezogene Gespräche mit Betroffenen führen müssen.

### § 6
1. Fällt ein/e Mitarbeiter/in wegen suchtbedingter Verletzungen seiner/ihrer arbeitsvertraglichen Pflichten auf und entsteht der Eindruck, daß er/sie suchtgefährdet ist, so führt der/die unmittelbare Vorgesetzte mit ihm/ihr ein vertrauliches Gespräch. Dieser/e Vorgesetzte hat im Gespräch mit dem/der Betroffenen Wege zur Hilfe aufzuzeigen, z. B. die in § 5 bezeichnete Stelle.

   Über das Gespräch mit dem/der Betroffenen wird Stillschweigen bewahrt. Es werden keine Aufzeichnungen gefertigt. Von dem/der Vorgesetzten wird der Zeitpunkt des Gesprächs festgehalten.

2. Ist im Verhalten des/der Betroffenen in übersehbarer Zeit (ca. sechs Wochen) keine positive Veränderung festzustellen und verletzt der/die Betroffene weiterhin seine/ihre arbeitsvertraglichen Pflichten, so ist auf Veranlassung des/der unmittelbaren Vorgesetzten ein weiteres Gespräch zu führen. Das Gespräch hat keine personellen Konsequenzen. Der/die Betroffene wird auf den weiteren Fortgang des Verfahrens laut Gesprächsprotokoll hingewiesen. Ihm/ihr werden erneut Wege zur Hilfe aufgezeigt. Der Zeitpunkt des Gesprächs wird von dem/der Vorgesetzten festgehalten.

3. Ändert sich das Verhalten des/der Betroffenen in der nächsten Zeit (ca. weitere vier bis sechs Wochen) nicht, führen Abteilungsleitung und Betriebsrat ein gemeinsames Gespräch mit ihm/ihr.

   Dem/der Betroffenen wird noch einmal eindringlich geraten, das Hilfsangebot in Form der Beratungsstelle anzunehmen. Er/sie werden auf das weitere Verfahren laut Gesprächsprotokoll hingewiesen, das die Einschaltung der Personalabteilung im nächsten Schritt beinhaltet.

   Ist in dem Verhalten des/der Betroffenen in einem überschaubaren Zeitraum (mindestens weitere vier Wochen) noch immer keine positive Veränderung festzustellen, so findet auf Veranlassung der Abteilungsleitung ein neues Gespräch statt, an dem neben dem Personenkreis gem. Punkt 3 auch der/die Leiter/in der Personalabteilung teilnimmt. Der/die Betroffene erhält eine mündliche Verwarnung und die Auflage, ein konkretes Hilfsangebot in einem Zeitraum von zwei Wochen wahrzunehmen. Im Gespräch stellt der/die Leiter/in der Personalabteilung klar, daß bei Ablehnung des Hilfsangebots unmittelbar nach der Bedenkzeit von zwei Wochen arbeitsrechtliche Konsequenzen gezogen werden: Umwandlung der mündlichen Verwarnung in eine schriftliche Abmahnung.

5. Verletzt der/die Kranke danach weiterhin seine arbeitsvertraglichen Pflichten und lehnt er/sie immer noch eine ambulante bzw. therapeutische Maßnahme ab, so führt der/die Leiter/in der Personalabteilung mit ihm/ihr ein weiteres Gespräch unter Beteiligung der Abteilungsleitung und des Betriebsrates. In dem Gespräch erteilt der/die Personalleiter/in eine schriftliche Abmahnung und kündigt eine zweite schriftliche Abmahnung bei einem weiteren Verstoß gegen arbeitsvertragliche Pflichten an.

6. Tritt keine Veränderung im Verhalten ein, und ist der/die Kranke nach ca. zwei weiteren Wochen nicht bereit, eine ambulante Behandlung bzw. therapeutische Maßnahme anzunehmen, wird seitens der Personalabteilung die zweite schriftliche Abmahnung ausgesprochen und damit die Kündigung angedroht. Der/dem Betroffenen wird ein erneutes Hilfsangebot gemacht, mit der Verpflichtung, die Beratungsstelle dem/der Personalleiter/in gegenüber von der Schweigepflicht über die Häufigkeit der Kontakte, nicht über Inhalte, zu entbinden.

7. Verstößt der/die Betroffene weiterhin gegen die arbeitsvertraglichen Pflichten und ist er/sie nicht bereit, eine ambulante Behandlung bzw. therapeutische Maßnahme anzunehmen, wird nach einer Bedenkzeit von einer Woche eine fristgerechte Kündigung ausgesprochen. Der/die Leiter/in der Personalabteilung weist darauf hin, daß frühestens nach einem Jahr über eine Wiedereinstellung gesprochen werden kann.

§ 7
1. Bricht der/die Betroffene die individuelle ambulante Behandlung bzw. Therapie ab oder wird er/sie nach erfolgreicher Behandlung bzw. Therapie rückfällig und verstößt gegen arbeitsrechtliche Pflichten, spricht der/die Personalleiter/in eine schriftliche Abmahnung aus. In dem Gespräch wird der/die Betroffene eindringlich darauf hingewiesen, die Behandlung wieder aufzunehmen. Der/die Betroffene wird davon in Kenntnis gesetzt, daß bei einem erneuten Abbruch der Behandlung bzw. Therapie und einem weiteren Verstoß gegen arbeitsrechtliche Pflichten die fristgerechte Kündigung ausgesprochen wird.

2. Bricht der/die Betroffene ein zweites Mal die individuelle ambulante Behandlung bzw. Therapie ab oder wird er nach zweiter erfolgreicher Behandlung bzw. Therapie rückfällig und verstößt gegen arbeitsrechtliche Pflichten, erhält er/sie die fristgerechte Kündigung.

§ 8
Die in dem Interventionsplan (§§ 6, 7) vorgesehenen Schritte können immer nur als Richtwerte und Richtzeiten angesehen werden und müssen im Einzelfall individuell und indikationsbedingt definiert und festgelegt werden. Hieran wirken Personalabteilung, Betriebsrat und behandelnde/r Therapeut/in einvernehmlich mit.

§ 9
Bei Rückkehr eines/r Suchtkranken, vor allem nach einer stationären Langzeittherapie, wird ihm/ihr nach Möglichkeit der bisherige Arbeitsplatz oder eine andere gleichwertige Stelle angeboten. Der/die Mitarbeiter/in muß einen Nachweis seitens der Beratungs- und Behandlungsinstitutionen vorlegen, daß er an allen erforderlichen Therapiemaßnahmen teilgenommen hat.

§ 10
Neben diesen von der Firma in die Wege geleiteten Hilfsmaßnahmen hat selbstverständlich jede/jeder Betroffene die Möglichkeit, sich persönlich und direkt außerhalb des Betriebes an die Beratungsstelle oder an andere ähnliche Einrichtungen zu wenden.

## 17. Muster: Betriebsvereinbarung zum Umweltschutz

Zwischen

der Firma , vertreten durch

und

dem Betriebsrat der Firma , vertreten durch den Betriebsratsvorsitzenden

wird folgende freiwillige Betriebsvereinbarung zum Schutze der Umwelt geschlossen:

### 1. Betrieblicher Umweltausschuß

a) Zur Information und Beratung von Problemen und Maßnahmen im Umweltschutz bilden Unternehmensleitung und Betriebsrat einen Umweltausschuß.

b) Der Ausschuß setzt sich aus einer gleichen Anzahl von Vertretern der Unternehmensleitung und des Betriebsrates sowie dem Umweltschutzbeauftragten zusammen. Auf Beschluß des Umweltausschusses kann dieser sachkundige Arbeitnehmer/-innen aus dem Umweltschutz-Arbeitskreis in den Ausschuß benennen, die jedoch kein Stimmrecht haben.

c) Der Ausschuß tritt regelmäßig einmal im Quartal zusammen. Sondersitzungen können jederzeit durch einzelne Ausschußmitglieder beantragt werden. Der Ausschußvorsitz wechselt jeweils von Jahr zu Jahr zwischen der Unternehmensleitung und den Arbeitnehmervertretern.

### 2. Aufgaben des Ausschusses

Im Umweltausschuß werden alle in diesem Bereich anfallenden bzw. mit ihm in Verbindung stehenden Aufgaben und Maßnahmen beraten sowie betriebsinterne Aktivitäten koordiniert. Dazu gehören im einzelnen:

– Erstellung einer sozial-ökologischen Betriebsbilanz
– Erarbeitung von Umweltkonzepten für Produktionsverfahren und Produkte
– Entwicklung eigener Konzepte zur Aus- und Weiterbildung zum Umweltschutz und deren Koordination
– Anregung und Unterstützung von betrieblichen Umweltschutz-Arbeitskreisen
– Überwachung und Koordination der Arbeit des Umweltschutzbeauftragten
– Information der Belegschaft über eventuelle Störfälle
– Beratung der Investitionen im Bereich des Umweltschutzes und Maßnahmen der Umweltvorsorge bei der Errichtung neuer Produktionsanlagen oder bei wesentlichen Veränderungen bestehender Anlagen.

### 3. Informationspflichten

a) Die Mitglieder des Umweltausschusses werden von der Unternehmensleitung jederzeit über die für sie notwendigen Maßnahmen unterrichtet. Außerdem muß den Mitgliedern auf deren Verlangen von der Unternehmensleitung das Recht eingeräumt werden, in die betrieblichen Akten Einsicht zu nehmen.

b) Neben der Präsentation der jährlichen sozial-ökologischen Betriebsbilanz unterrichtet der Ausschuß in regelmäßigen Veröffentlichungen die Belegschaft über seine Arbeit zum Umweltschutz.

c) Bei Störfällen aller Art werden die Ausschußmitglieder durch die Unternehmensleitung sowie die Belegschaft durch den Umweltausschuß sofort und umfassend informiert.

### 4. Betriebliches Vorschlagwesen

a) Für den Zeitraum von zwölf Monaten nach Inkrafttreten dieser Betriebsvereinbarung werden sämtliche umweltpolitisch ausgerichteten Verbesserungsvorschläge nach dem Vergütungssatz des betrieblichen Verbesserungswesens honoriert.

b) Nach Ablauf dieser Frist nehmen Unternehmensleitung und Betriebsrat unverzüglich darüber Verhandlungen auf, ob das Thema Umweltschutz als ständiger Themenschwerpunkt in das betriebliche Vorschlagswesen aufgenommen wird.

### 5. Umweltschutzbeauftragter

a) Die Unternehmensleitung bestellt in Abstimmung mit dem Betriebsrat einen Umweltschutzbeauftragten.

b) Um den Umweltschutzbeauftragten bei der Wahrnehmung seiner Aufgaben abzusichern, gelten für ihn die gleichen Kündigungsschutzregelungen wie bei Betriebsräten. Vor seiner Abberufung oder der Änderung seiner Aufgaben ist der Betriebsrat anzuhören.

### 6. Umweltschutz-Arbeitskreise

a) Interessierte Beschäftigte können jederzeit einen betrieblichen Arbeitskreis zum Umweltschutz bilden, der durch den Umweltausschuß unterstützt wird. Die jeweiligen Themen werden der Belegschaft bekanntgegeben.

b) Die Vorschläge aus dem Arbeitskreis werden dem Umweltausschuß vorgelegt. Dieser muß in einer angemessenen Frist darüber entscheiden, ob und wie mögliche Vorschläge umgesetzt werden können; die Entscheidung ist dann der Unternehmensleitung und dem Arbeitskreis zuzuleiten. Sollte die Unternehmensleitung dem Vorschlag des Arbeitskreises und des Ausschusses nicht folgen, muß sie dies schriftlich begründen, um dem Arbeitskreis oder dem Ausschuß die Möglichkeit zu geben, den Vorschlag zu überarbeiten.

### 7. Schlußbestimmungen

a) Weitergehende Mitwirkungs- und Mitbestimmungsrechte des Betriebsrats und des Umweltschutzbeauftragten bleiben durch diese Vereinbarung unberührt.

b) Die Vereinbarung tritt am             in Kraft. Sie kann mit einer Frist von drei Monaten zum Ende eines Kalenderjahres gekündigt werden. Die Kündigung bedarf der Schriftform.

## 18. Muster: Richtlinie des Sprecherausschusses über die Gewährung von Aktienoptionen

Zwischen

der Meier AG            , vertreten durch den Vorstand

und

dem Sprecherausschuß der Meier AG            , vertreten von dem Vorsitzenden des Sprecherausschusses,

wird folgende Richtlinie über die Gewährung von Aktienoptionen für sämtliche leitenden Angestellten der Meier AG verabschiedet:

### Präambel

Die Hauptversammlung der Meier AG hat am            ein genehmigtes Kapital von Euro            geschaffen und den Vorstand mit Zustimmung des Aufsichtsrats zur Erhöhung des Grundkapitals ermächtigt, mit der Maßgabe, durch einmalige oder mehrmalige Ausgabe neuer, auf den Inhaber lautender nennwertloser Stückaktien gegen Bareinlagen und/oder Sacheinlagen um bis zu Euro            zu erhöhen. Der Vorstand wurde ermächtigt, mit Zustimmung des Aufsichtsrats die Bedingungen der Aktienausgabe festzulegen. Der Aufsichtsrat ist berechtigt, die Fassung der Satzung entsprechend dem Umfang einer Kapitalerhöhung aus genehmigtem Kapital zu ändern.

Der Vorstand wurde ermächtigt, mit Zustimmung des Aufsichtsrats das Bezugsrecht der Aktionäre zum Ausgleich von Spitzenbeträgen und zur Gewinnung von Sacheinlagen, insbesondere in Form von Unternehmen oder Unternehmensteilen auszuschließen. Dies vorausgeschickt, regeln die Parteien einen Aktienoptionsplan für leitende Angestellte, bei dem folgende Grundsätze gelten sollen:

### A. Ziel

1. Ziel des Beteiligungsprogramms des leitenden Angestellten ist in erster Linie eine Steigerung der Ertragskraft der Meier AG, die auch eine wesentliche Voraussetzung für das zukünftige Wachstum des Unternehmens, für Investitionen und zur Sicherstellung der Arbeitsplätze ist.
2. Ein weiterer wichtiger Aspekt ist die Anpassung des Vergütungspakets der Mitarbeiter an internationale Gepflogenheiten. Die Wettbewerbsfähigkeit beim Wettbewerb um hochqualifizierte Mitarbeiter ist Grundvoraussetzung für die Wettbewerbsfähigkeit des gesamten Unternehmens. Da die Meier AG in globalem Wettbewerb steht, muß auch die Vergütung der Mitarbeiter globalen, allgemeinen, insbesondere aber auch branchenspezifischen Standards entsprechen. Das Beteiligungsmodell der leitenden Angestellten wird gerade bei den in der Branche der Meier AG wichtigen international orientierten, hochqualifizierten Spezialisten Grundvoraussetzung dafür sein, längerfristige Bindungen leitender Angestellter zur Meier AG sicherzustellen.
3. Der Stock-Option-Plan der Meier AG dient den unter A. Ziff. 1 und 2 aufgeführten Zielen. Werden die in den Optionsbedingungen zu nennenden Ziele erreicht oder übertroffen, eröffnen sich für die leitenden Angestellten erhebliche Verdienstmöglichkeiten.
4. Kurzfristige Mitarbeit wird nach dem Konzept des Stock-Option-Plans nicht honoriert.

### B. Volumen und Ausgabezeitraum

1. Der Stock-Option-Plan der Meier AG hat ein Volumen von 12.000 Aktienoptionen. Jede dieser Aktienoptionen bezieht sich auf eine auf den Inhaber lautende Stückaktie der Gesellschaft. Sämtliche Aktienoptionen sollen den Mitgliedern des Vorstands, den leitenden Angestellten und den Mitgliedern des Aufsichtsrats angeboten werden. Die Aktienoptionen an die Mitglieder des Aufsichtsrats werden aus einem Bestand von weiteren          Aktien bedient werden, den ein Finanzinvestor treuhänderisch hält.
2. Es ist vorgesehen, daß die Ausgabe dieser Aktienoptionen über einen Zeitraum von bis zu vier Jahren erfolgt. Eine vorherige Erschöpfung dieses Rahmens ist möglich. Eine spätere Ausgabe von Aktienoptionen ist ebenso möglich, soweit und solange ein bedingtes Kapital besteht, das für die Ausgabe von Aktienoptionen geschaffen wurde und das noch nicht für bereits ausgegebene Optionen benötigt wird.
3. Es findet keine im voraus festgelegte Verteilung von Optionen auf bestimmte Personen oder Zeiträume statt. Die Festlegung der jährlichen Tranchen, d. h. wieviele Optionen in jedem Jahr an den bezugsberechtigten Personenkreis ausgegeben werden, erfolgt von Jahr zu Jahr nach freiem unternehmerischen Ermessen unter Berücksichtigung des Geschäftserfolgs, nach Maßgabe dieser Richtlinie des Sprecherausschusses und der hierin festgeschriebenen Verteilungskriterien.
4. Der Vorstand entscheidet mit Zustimmung des Aufsichtsrats über die jährlichen Tranchen für die leitenden Angestellten der Meier AG.

### C. Absicherung der Aktienoptionen

1. Die Deckung der auszugebenden Aktienoptionen soll durch ein bedingtes Kapital in Höhe von Euro          geschaffen werden, was dem rechnerischen Nennwert aller Aktien entspricht, für die Optionen ausgegeben werden können.
2. Das bedingte Kapital wird nur insoweit in Anspruch genommen, als die Inhaber der Optionsrechte von ihrem Optionsrecht Gebrauch machen.

3. Übt ein leitender Angestellter seine Optionen aus, erhält er nach Bezahlung des Basispreises an die Gesellschaft die aufgrund der Ausübung der Aktienoptionen zu gewährenden Aktien aus dem bedingten Kapital.

### D. Begünstigter Personenkreis

1. Begünstigter Personenkreis sind die vom Geltungsbereich dieser Richtlinie erfaßten leitenden Angestellten der Meier AG.
2. Daneben gehören zum begünstigten Personenkreis der Vorstand und die Mitglieder des Aufsichtsrats.
3. Doppelbezüge in mehrfacher Funktion bei der Meier AG (als leitender Angestellter und als Vertreter der leitenden Angestellten im Aufsichtsrat) sind ausgeschlossen.

### E. Verteilung innerhalb des begünstigten Personenkreises

66 In den Jahren 2000 bis 2004 wird jährlich die nachstehende Anzahl von Aktienoptionen auf die nachfolgenden Gruppen verteilt, wobei im Jahre 2000 an Mitarbeiter, die bereits im Jahre 1999 dem Unternehmen angehört haben, die doppelte Anzahl zugeteilt werden kann:

Mitarbeitergruppe A
Mitarbeitergruppe B
Mitarbeitergruppe C

### F. Übertragbarkeit

67
1. Die Aktienoptionen sind höchstpersönlich und weder handelbar noch übertragbar.
2. Ungeachtet der Regelung in Abs. 1 sind die Aktienoptionen im Todesfall auf den Ehegatten, die Eltern und die Kinder des Optionsberechtigten vererbbar und können von den Erben im Rahmen der Optionsbedingungen ausgeübt werden. Stirbt der Erbe nach dem Erbfall vor Ausübung der Option, so können die Aktienoptionen ohne jegliche Beschränkungen vererbt werden.

### G. Verfall

1. Die Aktienoptionen verfallen ohne Entschädigung mit Ablauf der Laufzeit, d. h. nach Ablauf von sechs Jahren nach der Zuteilung.
2. Im Falle einer Veräußerung, Abtretung, Verpfändung oder sonstigen Belastung der Aktienoptionen verfallen diese ohne Entschädigung.
3. Die Aktienoptionen, die ein Berechtigter zu einem bestimmten Zuteilungszeitpunkt erhalten hat, verfallen ohne Entschädigung, wenn und sobald der Berechtigte innerhalb von zwei Jahren nach Zuteilung diese Aktienoptionen nicht mehr in einem ungekündigten oder in einem – auch mit Wirkung für die Zukunft – aufgehobenen Dienst- oder Arbeitsverhältnis zur Meier AG oder einer Tochtergesellschaft steht, es sei denn, daß er die Gründe, die zur Beendigung führten, nicht zu vertreten hat, wie beispielsweise im Falle einer betriebsbedingten Kündigung oder eines aus diesen Gründen geschlossenen Aufhebungs- oder Abwicklungsvertrags. Die Aktienoptionen verfallen nicht, wenn das Arbeitsverhältnis durch Erreichen der Altersgrenze endet, der leitende Angestellte krankheitsbedingt und unverschuldet arbeitsunfähig wird oder der Erbfall nach F. 2. eintritt.
4. Die Aktienoptionen eines Berechtigten verfallen ohne Entschädigung bei einem groben Verstoß des Optionsberechtigten gegen seinen Dienst- oder Arbeitsvertrag im Zeitpunkt des Verstoßes. Als grober Verstoß gilt bei leitenden Angestellten, was zur Kündigung des Dienst- oder Arbeitsverhältnisses aus wichtigem Grund berechtigen würde.
5. Die Abs. 1 bis 4 gelten gleichermaßen für noch nicht wandelbare wie auch für mit Ablauf der Sperrfrist bereits wandelbare Optionen, die der Optionsberechtigte bis zum jeweils maßgeblichen Zeitpunkt nicht ausgeübt hat und wo der Umtausch noch nicht vollständig abgewickelt worden ist.

## H. Ausgabezeitraum

1. Die Meier AG strebt an, die für das jeweilige Jahr zur Ausgabe bestimmten Optionen jeweils binnen sechs Wochen nach der ordentlichen Hauptversammlung, auf der der von Vorstand und Aufsichtsrat festgestellte Jahresabschluß vorgelegt worden ist, auszugeben. Hiervon abweichende Termine stehen im Ermessen des Vorstands bzw. des Aufsichtsrats.
2. Die Aktienoptionen gelten mit Datum des Mitteilungsschreibens als ausgegeben („Ausgabetag"), sofern der Begünstigte nicht innerhalb von sechs Wochen ab diesem Datum widerspricht.

## I. Form

1. Die Aktienoptionen können nach freiem unternehmerischen Ermessen des Vorstands in Form von Optionsscheinen, die auf Inhaber lauten, verbrieft werden. Ein Anspruch auf Einzelverbriefung oder Verbriefung der Aktienoptionen eines einzelnen Begünstigten ist in jedem Falle ausgeschlossen.
2. Ob und wann die Zulassung solcher Optionsscheine zum Börsenhandel beantragt wird, liegt im freien unternehmerischen Ermessen des Vorstands, der hierzu die Zustimmung des Aufsichtsrats benötigt. Der Vorstand kann mit Zustimmung des Aufsichtsrats bestimmen, daß Aktienoptionen, deren Sperrfrist abgelaufen ist, übertragbar sind.

## J. Wartezeit, Ausübungsfrist und Ausübungszeiträume

1. Die Aktienoptionen können erstmals nach Ablauf einer Haltefrist von vier Jahren ab dem jeweiligen Ausgabetag („Sperrfrist") ausgeübt werden.
2. Die Aktienoptionen können während der Ausübungszeiträume in den folgenden zwei Jahren nach Ablauf der Sperrfrist ausgeübt werden („Ausübungsfrist"). Endet die Sperrfrist innerhalb eines Ausübungszeitraums, so können die Aktienoptionen auch noch während der restlichen Zeit dieses Ausübungszeitraums ausgeübt werden.
3. Zur Unterbindung verbotener Insidergeschäfte können Aktienoptionen auch während der Ausübungsfrist nur während bestimmter Ausübungszeiträume ausgeübt werden. Die Ausübungszeiträume beginnen jeweils mit dem ersten Tag
   a) nach der Veröffentlichung eines Quartalsberichts einschließlich der Berichterstattung über das Halbjahresergebnis,
   b) nach der Bilanzpressekonferenz und
   c) nach der Hauptversammlung.
   Jeder Ausübungszeitraum umfaßt 15 Frankfurter Börsentage.
4. Steht die Veröffentlichung einer sog. Ad-hoc-Mitteilung in einem der vorgenannten Zeiträume unmittelbar bevor, kann die Gesellschaft die Annahme von Bezugserklärungen verweigern. Die Bezugserklärung gilt in diesen Fällen einen Tag nach Veröffentlichung der Ad-hoc-Mitteilung als angenommen.

## K. Umtauschrecht

Eine Aktienoption berechtigt den Inhaber, nach Maßgabe dieser Bedingungen und unter Zahlung des Basispreises eine auf den Inhaber lautende Stammaktie der Meier AG von der Gesellschaft zu erwerben.

1. Die Inhaber der Aktienoptionen können grundsätzlich ihr Optionsrecht nicht nur hinsichtlich aller Optionsrechte, sondern auch hinsichtlich eines Teils der ihnen zustehenden Optionsrechte ausüben.
2. Zur Ausübung des Optionsrechts muß der Optionsberechtigte das Umtauschverlangen unter Nutzung der im Vorstandssekretariat für Fälle des Umtauschs erhältlichen Vordrucks schriftlich erklären und seine Berechtigung nachweisen, soweit sich diese nicht zweifelsfrei aus dem Aktienoptionsbuch der Gesellschaft ergibt.
3. Die Ausübungserklärung eines Optionsrechtsinhabers muß bis spätestens 17.00 Uhr des letzten Tages des jeweiligen Ausübungszeitraums vom Berechtigten unterzeichnet im Vorstandssekre-

tariat der Meier AG vorliegen. Sie muß auch die Erklärung enthalten, in welchem Umfang Optionen gewandelt werden sollen. Soweit der Optionsberechtigte hierzu keine Angaben macht, gelten alle wandelbaren Optionen des Optionsberechtigten als ausgeübt. Erfolgt die Erklärung verspätet, so entfaltet sie auch keine Wirkung für den nächsten Ausübungszeitraum.

4. Bedingung für das Wirksamwerden der Ausübungserklärung ist
   – die unbedingte Beitrittserklärung des Berechtigten zum Poolvertrag der Altaktionäre sowie
   – der Eingang des gesamten, unter Zugrundelegung des Basispreises berechneten Gegenwerts der Aktien auf dem in der Umtauscherklärung angegebenen Konto der Meier AG innerhalb von spätestens fünf Arbeitstagen nach Beendigung des jeweiligen Ausübungszeitraums. Erfolgt der Geldeingang verspätet, so entfaltet die Ausübungserklärung auch keine Wirkung für die nächsten Ausübungszeiträume, sondern muß neu nach den vorstehenden Vorschriften erklärt werden.

5. Die aufgrund der Ausübung des Optionsrechts auszugebenden Aktien werden dem Begünstigten von der Meier AG alsbald nach Wirksamwerden der Ausübungserklärung in ein von ihm in der Ausübungserklärung anzugebendes Wertpapierdepot überwiesen.

**L. Verkauf des Unternehmens**

1. Werden die Aktien nicht an einer Börse eingeführt, sondern werden bestehende oder neue Aktien an einen industriellen Investor, einen Finanzinvestor oder einen Dritten verkauft, so hat die Gesellschaft das Recht, die Aktienoptionsrechte einzuziehen.

2. Als Gegenleistung erhält der Optionsinhaber im Falle des Erreichens des Erfolgsziels innerhalb von fünf Arbeitstagen nach Einziehung und Kenntnis seiner Bankverbindung auf seiten der Gesellschaft die Differenz zwischen Basispreis und dem Preis pro Aktie, den der Investor pro Aktie bezahlt hat. Nebenleistungen wie Darlehen, Lizenz- oder Patentrechte etc. bleiben bei der Berechnung unberücksichtigt.

**M. Erfolgsziel**

1. Die Aktienoptionsrechte können nur ausgeübt werden, wenn der Kurs der Aktie an einer deutschen oder ausländischen Wertpapierbörse während der letzten vier Wochen vor der beabsichtigten Ausübung durchschnittlich mindestens 140 % des Basispreises der Option betrug.

2. Wurden die Aktien nicht an einer Börse eingeführt, sondern werden bestehende oder neue Aktien an einen industriellen Investor, einen Finanzinvestor oder einen Dritten verkauft, so können die Aktienoptionsrechte nur ausgeübt werden, wenn der Verkaufspreis je Aktie mindestens 140 % des Basispreises der Option beträgt.

**N. Basispreis**

1. Im Falle der Ausübung des Aktienoptionsrechts hat der ausübende Berechtigte für jede zu erwartende Aktie den Basispreis provisionsfrei auf ein in der Umtauscherklärung angegebenes Konto der Meier AG innerhalb von spätestens fünf Arbeitstagen nach Beendigung des jeweiligen Ausübungszeitraums zu entrichten.

2. Der Basispreis der jeweiligen Jahrestranche wird vom Vorstand mit Zustimmung des Aufsichtsrats bei der Entscheidung über die Höhe der jeweiligen Jahrestranche festgesetzt.

3. Die Festsetzung des Basispreises der jeweiligen Jahrestranche soll vor einer Börseneinführung dem Preis pro Aktie während der letzten Finanzierungsrunde der Meier AG vor Ausgabe der jeweiligen Optionen bzw. nach einer Börseneinführung im ungewichteten Durchschnitt der Schlußkurse der Aktie der fünf letzten Börsentage vor der Festsetzung an der Börse entsprechen, an der die Meier AG eine Zulassung beantragt hat. Ist dies bei mehreren Börsen erfolgt, so ist auf die Börse mit dem höchsten Gesamtumsatz in Aktien der Meier AG abzustellen. Ist die Aktie sowohl an einer inländischen als auch an einer ausländischer Börse notiert, so ist auf die inländische Aktie abzustellen.

4. Der Vorstand kann mit Zustimmung des Aufsichtsrats den so ermittelten Basispreis auf einen glatten Betrag von 1,00 Euro aufrunden.

**O. Gewinnberechtigung der neuen Aktie**
Die aus dem ausgeübten Bezugsrecht hervorgehenden Aktien sind ab dem Zeitpunkt der Ausübung in gleichem Umfang wie die zu dem Zeitpunkt der Bezugsberechtigung bereits ausgegebenen Aktien dividendenberechtigt.

**P. Verfügung über Aktien**
Die im Rahmen der Ausübung einer Aktienoption erhaltenen Aktien stehen vorbehaltlich der Regelungen des Poolvertrages der Altaktionäre zur freien Verfügung des Optionsberechtigten, auch nach einem eventuellen Ausscheiden aus einem laufenden Dienstverhältnis. Eine Haltefrist für die Aktien besteht nicht. Die Mitarbeiter haben selbst für die Einhaltung geltender Insiderrechtsbestimmungen Sorge zu tragen. Bei Veräußerung innerhalb der gesetzlichen Spekulationsfrist kann jedoch Spekulationssteuer auf den Veräußerungsgewinn anfallen.

**Q. Steuern**
1. Alle im Rahmen der Einräumung der Aktienoption bzw. im Rahmen ihrer Ausübung bzw. Verfügung anfallenden Steuern, insbesondere Lohnsteuer, hat der Optionsberechtigte selbst zu tragen.
2. Die Meier AG bzw. deren eventuelle Tochtergesellschaft, mit der der Optionsberechtigte einen Dienst- oder Arbeitsvertrag unterhält, darf im Falle von fälliger Lohnsteuer diese vom Gehalt des Optionsberechtigten in Abzug bringen und ggf. nach Ausübung der Option die Ausgabe der Aktie vom Nachweis einer entsprechenden Zahlung an das Finanzamt bzw. der Stellung einer angemessenen Sicherheit abhängig machen.
3. Die Meier AG hat auch nach Ausübung des Optionsrechts ein Zurückbehaltungsrecht an den Aktien, soweit der Optionsberechtigte seiner Pflicht aus § 38 Abs. 4 Satz 1 EStG zur Bereitstellung eines Fehlbetrages zur Deckung der Lohnsteuer bei nicht ausreichendem Barlohn nicht oder nicht in ausreichendem Umfang nachkommt.

**R. Optionsprämie**
Die Aktienoptionen werden an die Begünstigten kostenfrei abgegeben.

**S. Berichtspflicht**
Der Vorstand wird über die Ausnutzung des Aktienoptionsplans und die den Berechtigten eingeräumten Aktienoptionen für jedes Geschäftsjahr jeweils im Geschäftsbericht berichten.

**T. Vorbehalt**
1. Die leitenden Angestellten sowie etwaige sonstige Begünstigte dieses Aktienoptionsplans können aus den vorstehenden Regelungen oder aus den mit Ihnen im Zusammenhang stehenden Beschlüssen der Hauptversammlung keine Rechtsansprüche ableiten.
2. Rechtsansprüche erwachsen ihnen erst im Zeitpunkt des beabsichtigten und korrekten Zugangs der Mitteilung über die Zuteilung der Aktienoptionen. Der Umfang bestimmt sich nach den Regelungen dieses Aktienoptionsplans und der Mitteilung. Eine betriebliche Übung soll nach dem Willen aller Beteiligten nicht begründet werden.
3. Die Meier AG behält sich vor, das vorliegende Aktienoptionsprogramm mit Wirkung für die Zukunft zu ändern oder zu beenden (Widerruf), falls es das Wohl der Meier AG oder einer eventuellen Tochtergesellschaft erfordert oder es dem Vorstand oder dem Aufsichtsrat aus anderen Gründen unternehmerisch angezeigt erscheint. Zum Zeitpunkt der Änderung bzw. des Widerrufs bereits zugeteilte Aktienoptionsrechte bleiben hiervon unberührt.
4. Es besteht keine Verpflichtung für die Optionsberechtigten, an dem Stock-Options-Plan der Meier AG teilzunehmen.

## § 5 Kapitel 1: Freiwillige Betriebsvereinbarungen

### U. Anzuwendendes Recht
Form und Inhalt der Optionsrechte sowie die Rechte und Pflichten der Optionsberechtigten und der Organe der Meier AG in diesem Zusammenhang bestimmen sich nach dem Recht der Bundesrepublik Deutschland.

### V. Salvatorische Klausel
1. Sollte eine Bestimmung dieser Bedingungen unwirksam oder undurchführbar sein oder werden, so bleibt die Wirksamkeit bzw. die Durchführung der übrigen Bestimmungen dieser Richtlinie hiervon unberührt. Anstelle der unwirksamen Bestimmung soll, soweit rechtlich möglich, eine dem Sinn und Zweck dieser Bedingungen zum Zeitpunkt der Begebung der Optionen entsprechende Regelung gelten.
2. Unter Umständen, unter denen sich diese Bedingungen als unvollständig erweisen, soll eine ergänzende Auslegung, die dem Sinn und Zweck dieser Bedingungen entspricht, unter angemessener Berücksichtigung der berechtigten Interessen der beteiligten Parteien erfolgen.

, den

Vorstand                          Vorsitzende des Sprecherausschusses

## 19. Muster: Betriebsvereinbarung über die Gewährung einer Betriebsrente

Zwischen

der Firma            , vertreten durch

und

dem Gesamtbetriebsrat der Firma            , vertreten durch den Gesamtbetriebsratsvorsitzenden

wird eine Betriebsvereinbarung über betriebliche Altersversorgung geschlossen:

### Präambel
Die betriebliche Altersversorgung ist eine freiwillige soziale Leistung der Firma. Sie ergänzt die gesetzliche Rentenversicherung. Eine Anrechnung der Leistungen der gesetzlichen Rentenversicherung auf die Leistungen der betrieblichen Altersversorgung findet nicht statt.

### A. Ruhegeldvoraussetzungen

#### § 1 Leistungen
(1) Die Firma gewährt Leistungen der Alters-, Invaliden- und Hinterbliebenenversorgung.

(2) Ein Mitarbeiter erhält
1. Altersruhegeld, wenn er die Wartezeit erfüllt hat, sein Arbeitsverhältnis nach Vollendung des 65. Lebensjahres endet oder er vor Erreichen der festen Altersgrenze vorgezogene Altersrente in Anspruch nimmt (Versorgungsfall);
2. Invalidenrente, wenn er die Wartezeit erfüllt hat und seine Betriebszugehörigkeit vor Vollendung des 65. Lebensjahres wegen Erwerbs- oder Berufsunfähigkeit i. S. der gesetzlichen Rentenversicherung endet (Versorgungsfall). Die Zahlung von Invalidenrente entfällt mit dem Wegfall der Erwerbs- oder Berufsunfähigkeit vor Vollendung des 65. Lebensjahres.

(3) Der überlebende Ehegatte eines Versorgungsberechtigten erhält Hinterbliebenenrente, wenn der Versorgungsberechtigte bei Eintritt seines Todes die Wartezeit erfüllt hat. Hinterbliebenengeld wird nur gewährt, wenn die Ehe vor Eintritt des Versorgungsfalles, spätestens vor Vollendung

des 65. Lebensjahres geschlossen worden ist. Die Zahlung des Hinterbliebenengeldes beginnt frühestens mit Vollendung des 45. Lebensjahres des Ehegatten. Vor Vollendung des 45. Lebensjahres beginnt die Zahlung des Hinterbliebenengeldes nur dann, wenn die Erwerbsfähigkeit um mindestens 50 v. H. gemindert ist oder ein nach Abs. 3 versorgungsberechtigtes Kind vorhanden ist. Die Zahlung des Hinterbliebenengeldes endet mit der Wiederverheiratung der Witwe.

(4) Kinder- und Waisengeld wird an Kinder von Versorgungsberechtigten gezahlt, wenn bei diesen ein Versorgungsfall eingetreten ist. Anspruchsberechtigt sind eheliche, für ehelich erklärte, als Kinder angenommene und nichteheliche Kinder. Kinder- und Waisengeld wird nur bis zur Vollendung des 18. Lebensjahres eines Kindes gezahlt. Nach Vollendung des 18. Lebensjahres, längstens jedoch bis zum 21. Lebensjahr wird Kinder- und Waisengeld nur gezahlt, wenn die Schul- und Berufsausbildung noch nicht beendet ist oder die Zeit des Grundwehrdienstes oder zivilen Ersatzdienstes andauert.

(5) Versorgungsleistungen werden nur gewährt, wenn der Arbeitnehmer bis zum Eintritt des Versorgungsfalles eine anrechnungsfähige Betriebszugehörigkeit von 10 Jahren erreicht hat.

## B. Höhe der Versorgungsleistungen

### § 2 Höhe der Versorgungsleistungen

(1) Für jedes vollendete Jahr der Betriebszugehörigkeit wird ein nach Leistungsgruppen gestaffelter Betrag gezahlt. Die Einreihung in die Versorgungsgruppen erfolgt nach der Einreihung in die tariflichen Lohn- und Gehaltsgruppen.

(2) Das Ruhegeld beträgt in

| Leistungsgruppe | Beträge in DM (EUR) | tarifliche Lohngruppe |
| --- | --- | --- |
| A 1 | 3,30 DM (1,69 EUR) | A 1 |
| A 2 | 4,85 DM (2,48 EUR) | A 2 |
| usw. bis z. B. A 3 | 6,40 DM (3,27 EUR) | A 3 |

(3) Im Falle der Berufsunfähigkeit beträgt das Ruhegeld 2/3 der bei Erwerbsfähigkeit zu gewährenden Invalidenrente.

(4) Das Hinterbliebenengeld beträgt 60 v. H. des Ruhegeldes, das der verstorbene Ehegatte bezieht oder das er bezogen hätte, wenn er am Todestage erwerbsfähig geworden wäre.

(5) Das Kinder- und Waisengeld beträgt für jedes Kind 100,00 DM (51,13 EUR)/Monat.

### § 3 Bemessungsgrößen

(1) Als Zeiten der Betriebszugehörigkeit gelten nur solche Zeiten, die im Dienst der Firma oder solcher Unternehmen zurückgelegt sind, an denen die Firma mehrheitlich beteiligt ist. Wird das Arbeitsverhältnis ohne Verschulden des Mitarbeiters unterbrochen, so gilt die Unterbrechung als nicht erfolgt, wenn sie nicht länger als sieben Tage, nach den ersten 10 Jahren nicht länger als 26 Wochen, bei 25 Jahren Betriebszugehörigkeit 65 Wochen, 40 Jahren 117 Wochen dauert. Bei längeren unverschuldeten Unterbrechungen werden die Dienstzeiten zusammengerechnet.

(2) Für die Zuordnung zu einer Leistungsgruppe ist bei der Altersrente der Stand fünf Jahre vor Eintritt des Versorgungsfalles, in allen übrigen Leistungsarten der Stand bei Eintritt des Versorgungsfalles entscheidend.

(3) War ein Mitarbeiter ganz oder vorübergehend teilzeitbeschäftigt, so wird die Versorgungsleistung der gesamten anrechenbaren Betriebszugehörigkeit im Verhältnis der vereinbarten zur tariflichen Arbeitszeit gekürzt.

## C. Anpassung der Renten und Anwartschaften

### § 4 Anpassung der Versorgungsrente

Alle laufenden Versorgungsleistungen werden nach § 16 BetrAVG alle drei Jahre angepaßt.

## § 5 Anpassung der Versorgungsanwartschaft

Die Versorgungsanwartschaften werden alle drei Jahre, erstmals zum           , für danach eintretende Versorgungsfälle auf Anpassung überprüft. Bei der Überprüfung sind insbesondere die Ergebnisse der gesetzlichen Anpassungsüberprüfung und die wirtschaftliche Lage der Firma zu berücksichtigen.

### D. Sonstige Vorschriften

### § 6 Anzeige- und Meldepflicht

Alle Empfänger von Versorgungsbezügen sind verpflichtet, der die Versorgungsleistung zahlenden Stelle unverzüglich jede Änderung anzuzeigen im Hinblick auf:

1. Personen- und Familienstand,
2. Anschrift,
3. Konto und Bankverbindung,
4. Wegfall der Berufs- und Erwerbsfähigkeit vor Vollendung des 65. Lebensjahres.

### E. Übergangs- und Schlußvorschriften

### § 7 Inkrafttreten

(1) Die Versorgungsordnung tritt am           in Kraft.

(2) Diese Betriebsvereinbarung gilt für alle Mitarbeiter, die am           in einem Arbeitsverhältnis zur Firma           stehen oder danach mit ihr ein Arbeitsverhältnis begründet haben. Sie gilt nicht für solche Mitarbeiter, denen die Firma eine einzelvertragliche Versorgungszusage erteilt hat.

Arbeitgeber                           Gesamtbetriebsrat

## 20. Muster: Gesamtbetriebsvereinbarung über Altersteilzeit (Bereich Chemie)

Geschäftsführung und Gesamtbetriebsrat der           schließen in Ergänzung zum Sozialplan folgende freiwillige Gesamtbetriebsvereinbarung über

*Altersteilzeit (ATZ)*

Die Vereinbarung regelt die Anwendung des „Gesetzes zur Förderung eines gleitenden Übergangs in den Ruhestand" (Altersteilzeitgesetz = ATG) vom 23.7.1996, des „Tarifvertrages zur Förderung der Altersteilzeit" in der chemischen Industrie (TV-ATZ) vom 29.3.1996 in der Fassung vom 17.7.1996 und des Manteltarifvertrages für akademisch gebildete Angestellte in der chemischen Industrie (MTV-AKAD) vom 5. 3. 1976 in der Fassung vom 23.10.1996.

### 1. Geltungsbereich
1.1 Die Vereinbarung gilt für unbefristet beschäftigte Mitarbeiter der Firma, mit Ausnahme der leitenden Angestellten gemäß § 5 Abs. 3 BetrVG. Ebenfalls ausgenommen sind alle Beschäftigten der Niederlassung           .

### 2. Anspruchsvoraussetzungen
2.1 ATZ-Arbeit kann mit Mitarbeitern vereinbart werden, die
   – das 55. Lebensjahr (bei Beginn des ATZ-Vertrages) vollendet haben und
   – in den letzten 5 Jahren (vor Beginn der ATZ) mindestens 1.080 Kalendertage in einer versicherungspflichtigen Beschäftigung nach dem SGB III gestanden haben.

2.2 Mitarbeiter, für die der TV-ATZ gilt (= Tarif-Mitarbeiter), haben einen Rechtsanspruch auf ATZ-Beschäftigung.

2.3 Mitarbeiter, die dem MTV-AKAD unterstellt sind (= AT-Mitarbeiter), haben keinen Rechtsanspruch auf ATZ-Beschäftigung. Ihnen kann jedoch ATZ-Arbeit auf Basis des § 5 Ziffer 5 MTV-AKAD angeboten werden.

## 3. Überforderungsschutz

3.1 Die Firma behält sich für jede Niederlassung die Anwendung der Überforderungsschutzregelung des § 3 TV-ATZ vor.

## 4. Verteilung der Arbeitszeit

4.1 Die wöchentliche Arbeitszeit des Mitarbeiters in ATZ beträgt die Hälfte der bisherigen wöchentlichen Arbeitszeit (d. h. bei der 37,5 Stunden-Woche 18,75 Stunden). Soweit vor Beginn der ATZ die Arbeitszeit nach § 2 I Ziffer 3 MTV – bis zweieinhalb Stunden längere oder kürzere Wochenarbeitszeit – geregelt war, beträgt die wöchentliche Arbeitszeit die Hälfte der vereinbarten Arbeitszeit. Darüber hinaus gelten die besonderen Bestimmungen des § 6 Ziffer 1 Abs. 2 und 3 des TV-ATZ.

Für AT-Mitarbeiter gelten die obigen Regelungen auf Basis der abrechnungstechnisch relevanten Arbeitszeit sinngemäß.

4.2 Die ATZ-Arbeit gemäß Ziffer 4.1 kann im Rahmen von zwei Modellen geleistet werden:

*ATZ – Modell I*
Bei diesem Modell wird die Arbeitszeit, die sich aus der Dauer des ATZ-Arbeitsverhältnisses von mindestens 24 bis höchstens 60 Monate ergibt, frei verteilt. Die Verteilung kann so erfolgen, daß der Mitarbeiter z. B. regelmäßig halbtags oder in einem anderen Zeitrhythmus arbeitet.

Die Firma kann das Verlangen des Mitarbeiters auf ATZ-Arbeit nach Modell I aus betriebsbedingten Gründen ablehnen, wenn sie ihm statt dessen eine Beschäftigung nach Modell II anbietet.

*ATZ – Modell II*
Bei diesem Modell wird die Arbeitszeit, die sich aus der Dauer des ATZ-Arbeitsverhältnisses von mindestens 24 bis höchstens 60 Monate ergibt, so verteilt, daß die Arbeitszeit unverändert in der ersten Hälfte des ATZ-Arbeitsverhältnisses geleistet wird (= Arbeitsphase) und der Mitarbeiter in der zweiten Hälfte aufgrund des in der ersten Hälfte erworbenen Zeitguthabens von der Arbeit freigestellt wird (= Freistellungsphase).

4.3 Für Mitarbeiter in ATZ-Arbeit entfällt der Anspruch auf Altersfreizeiten nach § 2 a) MTV und § 5 Ziffer 4 MTV-AKAD.

## 5. Beantragung und Vereinbarung

5.1 Die ATZ-Arbeit muß spätestens 3 Monate vor dem vorgesehenen Beginn des ATZ-Arbeitsverhältnisses beantragt werden. Bei Anwendung des Überforderungsschutzes gemäß Ziffer 3 können andere Fristen festgelegt werden.

5.2 Aufgrund des Antrages erhält der Mitarbeiter eine Auskunft über das zu erwartende Entgelt während des ATZ-Arbeitsverhältnisses und die nach dessen Beendigung zu erwartende Firmenpension. Im Zusammenhang mit der Auskunft wird der Mitarbeiter außerdem über die in seinem Fall mögliche Verteilung der ATZ-Arbeit informiert.

Das gilt auch für AT-Mitarbeiter, wenn ihnen die Firma ATZ-Arbeit anbietet.

5.3 Die ATZ-Vereinbarung wird mindestens einen Monat vor dem vertraglichen Beginn der ATZ-Arbeit zwischen der Firma und dem Mitarbeiter schriftlich abgeschlossen.

5.4 Das ATZ-Arbeitsverhältnis dauert mindestens 24 Monate, längstens jedoch 5 Jahre. Es endet durch den Übergang in den Ruhestand. Die Dauer des ATZ-Arbeitsverhältnisses und die Verteilung der ATZ-Arbeit werden in der ATZ-Vereinbarung festgelegt.

## 6. Vergütung während ATZ

6.1 Der Mitarbeiter erhält für die Dauer des ATZ-Verhältnisses das Arbeitsentgelt für die geleistete ATZ-Arbeit sowie eine Aufstockungszahlung.

6.2 Die Aufstockungszahlung beträgt nach dem ATZ-TV 40 % des Arbeitsentgelts für die geleistete ATZ-Arbeit, zusammen mit dem Arbeitsentgelt mindestens jedoch 85 % des Nettoarbeitsentgelts, das der Mitarbeiter ohne Eintritt in die ATZ-Arbeit erzielt hätte. Sofern sich nach dem ATG im Rahmen von jeweils 6 Kalendermonaten eine insgesamt höhere als die nach dem ATZ-TV im gleichen Zeitraum geleistete Aufstockungszahlung ergibt, erhält der Mitarbeiter zusätzlich die Differenz.

Nicht zur Berechnungsgrundlage für die Aufstockungszahlung nach dem TV-ATZ gehören die steuerfreien Sonntags-, Feiertags- und Nachtarbeitszuschläge, das Urlaubsgeld, die vermögenswirksamen Leistungen, die Jahresleistung (Jahresendvergütung), die Jahressondervergütung/GVC-Leistung und die Jubiläumszuwendung. Alle etwaigen sonstigen, nicht arbeitszeitabhängigen Leistungen werden für die Berechnung der Aufstockungszahlung in jedem Fall nur in Höhe der Hälfte der Vollzeit-Leistung berücksichtigt.

Für die Berechnung des Nettoarbeitsentgelts ist die nach dem ATG erlassene Rechtsverordnung und die sich aus der Lohnsteuerkarte ergebende Steuerklasse maßgebend.

6.3 Für Mitarbeiter in vollkontinuierlicher oder teilkontinuierlicher Wechselschichtarbeit berechnen sich die Zuschläge für Sonntags-, Feiertags- und Nachtarbeit nach dem tatsächlichem Umfang der geleisteten Sonntags-, Feiertags- und Nachtarbeit. Für die Aufstockungszahlung werden diese Zuschläge nur berücksichtigt, soweit sie steuerpflichtig sind.

Diese Mitarbeiter erhalten beim ATZ-Modell II für die Dauer der Freistellung eine Aufstockungszahlung, die zusammen mit dem in dieser Phase gezahlten Entgelt für die im voraus geleistete ATZ-Arbeit mindestens 80 % des theoretischen Vollzeitnettoarbeitsentgelts ergibt.

6.4 Liegen die Voraussetzungen des § 9 III oder IV MTV vor, erhalten Tarif-Mitarbeiter nach § 9 Abs. 2 des TV-ATZ eine Aufstockungszahlung in Höhe des tariflichen Zuschusses bzw. der tariflichen Zuwendung und nach § 9 Abs. 3 des TV-ATZ die Leistungen nach § Abs. 2 ATG.

6.5 Während des Bestehens des ATZ-Arbeitsverhältnisses werden tarifliche Entgeltveränderungen bei beiden ATZ-Modellen entsprechend Mitarbeitern in Vollzeitarbeit berücksichtigt, d. h. unter Berücksichtigung der Modalitäten der jeweiligen ATZ-Modelle sowie der individuellen Arbeitszeit, bei ATZ-Modell II auch in der Freistellungsphase.

Gleiches gilt für betriebliche Entgeltregelungen wie Erfahrungszuwachsstufen und leistungsbezogene Vergütungen. Für die leistungsbezogene Vergütung wird die letzte Vergütungskategorie (VK), unabhängig davon, ob positiv oder negativ, vor der Freistellungsphase festgeschrieben und für die Entgeltverwaltung während der gesamten Freistellungsphase in Ansatz gebracht.

Während eines ATZ-Arbeitsverhältnisses wird aus betriebsbedingten Gründen keine Reduzierung des Basismonatsentgelts vorgenommen.

6.6 Verminderungen der Vergütung, die durch Steuerpflicht entstehen, werden von der Firma nicht ausgeglichen.

Die Firma erbringt auch keinen Ausgleich für steuerliche Belastungen, die dem Mitarbeiter dadurch entstehen, daß die Aufstockungszahlung dem Progressionsvorbehalt unterliegt.

6.7 Die vorstehenden Vergütungsbestimmungen, mit Ausnahme der Ziffern 6.3, gelten auch für AT-Mitarbeiter. Ziffer 6.4 gilt analog für AT-Mitarbeiter.

## 7. Zusatzbeitrag zur gesetzlichen Rentenversicherung

7.1 Neben den von der Firma zu tragenden Sozialversicherungsbeiträgen für das ATZ-Arbeitsverhältnis entrichtet die Firma für den Mitarbeiter gemäß § 3 Absatz 1 Ziffer 1 b des ATG Beiträge zur gesetzlichen Rentenversicherung in Höhe des Unterschiedsbetrages zwischen 90 %

des Entgelts, das der Mitarbeiter erhalten hätte, wenn seine Arbeitszeit nicht durch das ATZ-Arbeitsverhältnis vermindert worden wäre, und dem Arbeitsentgelt für die ATZ-Arbeit, höchstens jedoch bis zur Beitragsbemessungsgrenze.

### 8. Urlaub und Arbeitszeitverkürzung

8.1 Mitarbeiter, die auf der Basis des ATZ-Modell II beschäftigt werden, müssen Urlaubsansprüche und sonstige Zeitguthaben, die sich nicht aus dem ATZ-Modell II selbst ergeben, in der Zeit abbauen, in der sie noch zur Arbeitsleistung verpflichtet sind (Arbeitsphase). Nicht in der Arbeitsphase genommene Zeitguthaben verfallen, es erfolgt keine finanzielle Abgeltung. Für die Zeit der Freistellung von der Arbeit (Freistellungsphase) besteht kein Urlaubsanspruch.

### 9. Sonstige Leistungen

9.1 Während der Arbeitsphase des ATZ-Modell II erwirbt der Mitarbeiter einen Anspruch auf eine ungekürzte Jahresendvergütung (zur Zeit 95 % des tariflichen Vollarbeitszeitentgelts). Im Jahr des Übergangs von der Arbeitsphase in die Freistellungsphase wird der Anspruch anteilig gewährt.

In der Freistellungsphase erhält der Mitarbeiter pro Monate 1/12 des jährlichen Anspruchs auf Jahresendvergütung nach dem „Tarifvertrag zur Förderung der Altersteilzeit".

9.2 Urlaubsgeld und vermögenswirksame Leistungen werden für Tarif-Mitarbeiter in der Höhe gezahlt, die der TV-ATZ vorsieht. Während der Freistellungsphase erhält der Mitarbeiter pro Monat 1/12 des jährlichen Urlaubsgeldanspruchs.

9.3 Sofern eine Jahressondervergütung/GVC-Leistung gewährt wird, wird diese Leistung bei ATZ-Modell I jeweils zu 50 % bei jährlicher Betrachtungsweise für die Gesamtzeit der ATZ-Arbeit gezahlt, im Ein- und Austrittsjahr jedoch anteilig.

Bei ATZ-Modell II erfolgt die Gewährung zu 100 % für die Arbeitsphase, im Jahr des Übergangs in die Freistellungsphase entsprechend anteilig.

9.4 Für AT-Mitarbeiter wird die monatliche FlexComp-Rückstellung für die Dauer des ATZ-Arbeitsverhältnisses in Höhe von 50 % des Vollzeit-Betrages gebildet.

Wahlweise kann für AT-Mitarbeiter, die nach ATZ-Modell II beschäftigt werden, für die Dauer der Arbeitsphase die Bildung der FlexComp-Rückstellung in Höhe des Vollzeit-Betrages erfolgen. In diesem Fall entfällt jedoch die Bildung von Rückstellungen in der Freistellungsphase.

9.5 Fällt ein Firmenjubiläum in das ATZ-Arbeitsverhältnis, so erhält der Mitarbeiter die jeweilige Jubiläumszuwendung unabhängig vom vereinbarten ATZ-Modell. Hat der Mitarbeiter Anspruch auf die Zahlung eines Basismonatsentgelts, so wird das letzte Basismonatsentgelt vor Eintritt in die ATZ zugrunde gelegt.

9.6 Verstirbt ein Mitarbeiter während des ATZ-Arbeitsverhältnisses, so erhalten die Anspruchsberechtigten die bisherigen laufenden Monatsbezüge für den Sterbemonat und die Leistungen aus der Sterbegeldordnung auf der Basis der zuletzt erhaltenen Bezüge. (Siehe hierzu auch § 5, Ziff. 3. Tarifvertrag ATZ)

### 10. Betriebliche Altersversorgung

10.1 Für die Gewährung von Versorgungsleistungen unter der jeweils maßgebenden Pensions-/Versorgungsordnung wird der Mitarbeiter für die Dauer des ATZ-Arbeitsverhältnisses bis zu dessen Beendigung so gestellt, wie wenn er in Vollzeit gearbeitet hätte. Dies wird dadurch erreicht, daß für die Dauer des ATZ-Arbeitsverhältnisses statt des tatsächlichen Beschäftigungsgrades von 50 % ein Beschäftigungsgrad von 100 % berücksichtigt wird. Für Mitarbeiter, die am 31.12.1996 das 55. Lebensjahr noch nicht vollendet haben, wird der bis dahin erworbene Besitzstand nach den Vorschriften der maßgebenden Pensions-/Versorgungsordnung dynamisiert, jedoch auf der Grundlage des Basisentgelts bei Vollzeit-Arbeit.

10.2 Die erworbene Alterspension der Firma wird wegen der vorgezogenen Gewährung nach ATZ-Arbeit versicherungsmathematisch nicht gekürzt.

## 11. Ausgleich für Kürzung der gesetzlichen Rente

11.1 Wird die gesetzliche Rente wegen der nach Ende der Altersteilzeit vorzeitigen Inanspruchnahme gekürzt, erhält der Mitarbeiter von der Firma hierfür eine pauschale Abfindung. Der Höchstpauschalbetrag beträgt für Tarif-Mitarbeiter 25.000 DM (12.782,30 EUR) brutto und für AT-Mitarbeiter 30.000 DM (15.338,76 EUR) brutto. Der individuelle Pauschalbetrag ergibt sich aus dem Verhältnis des für den Mitarbeiter maßgebenden %-Satzes der Kürzung zum maximal möglichen %-Satz der Kürzung, das mit dem zutreffenden Höchstpauschalbetrag multipliziert wird. Die Zahlung des Pauschalbetrages erfolgt innerhalb der letzten drei Kalendermonate vor der Beendigung des ATZ-Arbeitsverhältnisses.

## 12. Freiwilligkeitsvorbehalt

12.1 Die in dieser Betriebsvereinbarung über den TV-ATZ oder das ATG hinausgehenden Leistungen werden nur den Mitarbeitern gewährt, mit denen die Firma eine ATZ-Vereinbarung aufgrund betrieblicher Veranlassung geschlossen hat.

## 13. Nebenbeschäftigung

13.1 Der Mitarbeiter darf während des ATZ-Arbeitsverhältnisses keine Beschäftigungen oder selbständige Tätigkeiten ausüben, die die Geringfügigkeitsgrenze des § 8 SGB IV überschreiten oder für die er aufgrund einer solchen Beschäftigung eine Lohnersatzleistung erhält. Unberücksichtigt bleiben Tätigkeiten, die der Arbeitnehmer schon innerhalb der letzten 5 Jahre vor Beginn der Teilzeitarbeit ständig ausgeübt hat.

13.2 Wird durch Nebenbeschäftigungen oder Nebentätigkeiten die Geringfügigkeitsgrenze überschritten, entfällt der Anspruch auf die Aufstockungszahlung. Leistungen, die zu Unrecht bezogen worden sind, müssen erstattet werden.

## 14. Schlußbestimmungen

14.1 Diese Vereinbarung tritt mit Unterzeichnung in Kraft und endet ohne Nachwirkung am            . Für Mitarbeiter, die bis zum            in ATZ eingetreten sind, gelten die Bestimmungen bis zum Ende ihres ATZ-Arbeitsverhältnisses weiter.

14.2 Unabhängig von Ziffer 14.1 kann diese Vereinbarung mit der gesetzlichen Frist von 3 Monaten gekündigt werden, ohne daß eine Nachwirkung eintritt. Die Kündigung kann erstmals frühestens zum            erfolgen.

14.3 Künftige gesetzliche oder tarifliche Änderungen finden auf diese Vereinbarung Anwendung. Etwaige hierdurch für die Mitarbeiter entstehende Nachteile werden von der Firma nicht ausgeglichen.

14.4 Soweit in dieser Betriebsvereinbarung oder in den ATZ-Vereinbarungen mit den Mitarbeitern nichts Abweichendes vereinbart ist, gelten für die Begründung und Abwicklung von ATZ-Arbeitsverhältnissen das ATG und der Tarifvertrag in der jeweils gültigen Fassung.

14.5 Ergibt sich im Zuge der Anwendung dieser Vereinbarung ein zusätzlicher Regelungsbedarf, werden die entsprechenden Punkte durch gemeinsame Protokollnotizen zu dieser Vereinbarung geregelt.

14.6 Beide Seiten sind sich einig, daß für die technische Abwicklung verwaltungsfreundliche Lösungen unter Berücksichtigung der hierzu angebotenen Standardsoftware gefunden werden sollen. Dies gilt insbesondere für die Administration der            -Zuschläge in der Freistellungsphase.

# Kapitel 2: Erzwingbare Betriebsvereinbarungen

## A. Erläuterungen

### 1. Gegenstand erzwingbarer Betriebsvereinbarungen

Immer dann, wenn der Betriebsrat über ein erzwingbares Mitbestimmungsrecht verfügt, kann er auch durch Anrufung der Einigungsstelle, sofern die Verhandlungen gescheitert sind, erreichen, daß es zum Abschluß einer Betriebsvereinbarung kommt.[132]

74

Von der Vereinbarung über Sprechstunden,[133] von der Festsetzung der Mitgliederzahl des Gesamtbetriebsrats,[134] über eine Vereinbarung über menschengerechte Gestaltung des Arbeitsplatzes,[135] beim Personalfragebogen,[136] über die Aufstellung von Auswahlrichtlinien,[137] bis hin zur Durchführung von Maßnahmen der beruflichen Bildung[138] reicht die Breite der durch erzwingbare Betriebsvereinbarung gestaltbaren Arbeitsbedingungen. Im Zentrum der erzwingbaren Betriebsvereinbarungen steht § 87 Abs. 1 BetrVG mit seinem Katalog der 12 Einzeltatbestände. Allgemeine Betriebsordnungen[139] gehören hierzu ebenso wie Regelungen über den Beginn und das Ende der täglichen Arbeitszeit. Die beiden Mustervereinbarungen 2358 und 2359[140] gehören ebenso zusammmen wie die Betriebsvereinbarungen Muster 2362 und 2364.[141] Es macht Sinn, Fragen der elektronischen Zeiterfassung mit Fragen der gleitenden Arbeitszeit in unterschiedlichen Betriebsvereinbarungen zu regeln. Beide Betriebsvereinbarungen müssen aber aufeinander abgestimmt sein. Dies gilt auch für die Betriebsvereinbarung über Arbeitszeitregelung,[142] die zugleich eine Sonderregelung für die Durchführung von Arbeit an Wochenenden und Feiertagen in Muster 2359 enthält.

Die Einführung eines Personalinformationssystems wie PAISY unterliegt der erzwingbaren Mitbestimmung sowohl nach § 87 Abs. 1 Ziff. 1 als auch nach § 87 Abs. 1 Ziff. 6 BetrVG.[143] Die Betriebsvereinbarung Muster 2375 entspricht dieser Anforderung.

75

Fragen der Arbeitszeitgestaltung haben ihre Rechtsgrundlage in § 87 Abs. 1 Ziff. 2 BetrVG.[144]

---

132 BAG, Beschl. v. 09.02.1989, EzA § 77 BetrVG 1972 Nr. 27.
133 § 39 Abs. 1 BetrVG.
134 § 47 Abs. 5, Abs. 6 BetrVG.
135 § 91 BetrVG.
136 § 94 BetrVG.
137 § 95 BetrVG.
138 § 98 Abs. 1, Abs. 4 BetrVG.
139 87 Abs. 1 Ziff. 1 BetrVG; siehe hierzu Muster 2325, Muster 2327, Muster 2329 oder Muster 2330, § 5 Kap. 2 M 77 ff., M 83 ff., M 92 ff., und M 99.
140 § 5 Kap. 2 M 104 ff. und M 107 f.
141 § 5 Kap. 2 M 109 ff. und M 112.
142 Muster 2358, § 5 Kap. 2 M 104.
143 BAG, Urt. v. 14.09.1984, 23.04.1985, 11.03.1986, AP Nr. 9, 11, 14 zu § 87 BetrVG 1972, Überwachung; *Hümmerich/Gola*, Personaldatenrecht im Arbeitsverhältnis, S. 22.
144 Muster 2356, 2358, 2359, 2362, 2364, 2366, 2368 und 2370, § 5 Kap. 2 M 103, M 104 ff., M 107 f., M 109 ff., M 112, M 113 ff., M 116 f. und M 118 f.

## 2. Nachwirkungen erzwingbarer Betriebsvereinbarungen

76  Mit ihrer Beendigung verliert die Betriebsvereinbarung zwar grundsätzlich ihre unmittelbare und zwingende Wirkung.[145] Gemäß § 87 Abs. 4 BetrVG entfalten Betriebsvereinbarungen im Bereich der erzwingbaren Mitbestimmung jedoch Nachwirkung. Sie gelten fort, bis sie durch eine andere Abmachung, die nicht eine Betriebsvereinbarung sein muß, ersetzt werden. Nachwirkung besteht grundsätzlich auch bei befristeten Betriebsvereinbarungen, die mit Zeitablauf enden.[146] Die Nachwirkung kann allerdings in jeder Betriebsvereinbarung ausgeschlossen werden.[147]

## B. Muster

### 1. Muster: Rahmenrichtlinien für gewerbliche Arbeitnehmer und Angestellte

▼

77

*Rahmenrichtlinien*

der Firmen der M-Gruppe (Industrieservice)

**§ 1 Geltungsbereich**

**1. Betrieblich**

Diese Vereinbarung gilt für alle M-Betriebe in der Bundesrepublik Deutschland.

**2. Persönlich**

Diese Vereinbarung gilt für alle gewerblichen Arbeitnehmer und für die Angestellten der M-Betriebe.

**§ 2 Beginn und Ende des Arbeitsverhältnisses**

**1. Einstellung**

Die Arbeitnehmer werden unter Beachtung der gesetzlichen Rechte des Betriebsrates eingestellt.

Der Arbeitnehmer hat die üblichen Arbeitspapiere, zu denen auch eine Bescheinigung des letzten Arbeitgebers über den im laufenden Kalenderjahr bereits erhaltenen Urlaub gehört, bei der Einstellung gegen Bestätigung dem Arbeitgeber zu übergeben. Darüber hinaus hat er einen Personalfragebogen wahrheitsgemäß auszufüllen.

Die Einstellungsbedingungen sind in einem Arbeitsvertrag, der als Muster für gewerbliche Arbeitnehmer und für Angestellte dieser Vereinbarung beigefügt ist, schriftlich festzuhalten und vom Arbeitgeber und Arbeitnehmer zu unterzeichnen.

Ein Exemplar des Arbeitsvertrages ist dem Arbeitnehmer auszuhändigen. Alle Änderungen des Vertrages bedürfen der Schriftform.

Dem gewerblichen Arbeitnehmer ist die Lohngruppe, in die er eingestuft wird, bei der Einstellung bzw. falls für die Probezeit eine andere Einstufung gilt, spätestens zum Ablauf der Probezeit schriftlich mitzuteilen.

Dem Angestellten ist die Gehaltsgruppe und die Art seiner Tätigkeit bei der Einstellung bzw. falls für die Probezeit eine andere Einstufung gilt, spätestens zum Ablauf der Probezeit schriftlich mitzuteilen.

---

145  BAG, Urt. v. 26.03.1990, DB 1990, 1871.
146  *Fitting/Kaiser/Heither/Engels*, BetrVG, § 77, Rn 152.
147  BAG, Beschl. 17.01.1995, NZA 1995, 1010.

## 2. Probezeit und befristete Arbeitsverhältnisse

Arbeitnehmer werden grundsätzlich zunächst in einem befristeten Probearbeitsverhältnis eingestellt. Das Arbeitsverhältnis endet mit Ablauf der Probezeit, ohne daß es einer Kündigung bedarf. Die Probezeit beträgt grundsätzlich sechs Monate, falls nicht wegen der Art der Tätigkeit eine längere Probezeit sachdienlich ist. Der Arbeitgeber kann die Probezeit um längstens drei Monate verlängern. Während der Probezeit gilt die kürzest zulässige gesetzliche Kündigungsfrist als vereinbart.

Befristete Einstellungen (Fristverträge) für eine abgegrenzte Aufgabe sind zulässig. Diese Arbeitsverhältnisse enden, ohne daß es einer Kündigung bedarf, nach Ablauf der vereinbarten Frist. Wird ein Arbeitnehmer, der befristet eingestellt wurde, darüber hinaus weiterbeschäftigt, so bedarf es einer weiteren befristeten Fortführung des Arbeitsvertrages oder das Arbeitsverhältnis wird als unbefristetes Arbeitsverhältnis mit entsprechender Einstufung fortgeführt.

Eine zweimalige befristete Verlängerung des Arbeitsvertrages ist möglich.

## 3. Ende des Arbeitsverhältnisses

Das Arbeitsverhältnis endet durch schriftliche Kündigung des Arbeitgebers oder Arbeitnehmers. Es gelten die jeweils im Arbeitsvertrag festgelegten bzw. die gesetzlichen Kündigungsfristen. Bestehen für die Arbeitgeberkündigung längere Kündigungsfristen, so gelten diese Fristen auch für die Kündigung des Arbeitnehmers.

Bei Vorliegen eines wichtigen Grundes kann das Arbeitsverhältnis ohne Einhaltung einer Kündigungsfrist gekündigt werden.

Insbesondere soll dem Arbeitnehmer regelmäßig gekündigt werden, wenn er
- Schwarzarbeit leistet oder im Falle der Arbeitsunfähigkeit einer Erwerbstätigkeit nachgeht,
- unentschuldigt der Arbeitsleistung nicht nachkommt (Fehlschichten),
- entgegen der ausdrücklichen Anweisungen die Sicherheitsvorschriften nicht einhält,
- sich irgendwelcher strafrechtlichen Vergehen schuldig macht, ohne daß es einer Einleitung eines Verfahrens bedarf,
- erhebliche Störungen des Betriebsfriedens verursacht.

Arbeitnehmer, die altersmäßig die Voraussetzungen für den Bezug von Altersruhegeld oder gesundheitlich die Voraussetzungen für Erwerbsunfähigkeitsrente bzw. Berufsunfähigkeitsrente aus der gesetzlichen Rentenversicherung bzw. Berufsgenossenschaft erfüllen, scheiden mit Ablauf des Monats, in dem sie die Voraussetzungen erfüllen, aus dem Arbeitsverhältnis aus.

## 4. Zeugnis

Dem Arbeitnehmer steht ein Zeugnis über Art und Dauer des Arbeitsverhältnisses und die ausgeübte Tätigkeit zu. Auf Verlangen kann das Zeugnis auf Leistung und Führung im Dienst ausgedehnt werden. Auf Verlangen ist ein Zwischenzeugnis auszustellen.

## § 3 Arbeitszeit

### 1. Beginn und Ende der Arbeitszeit

Die Arbeitszeit beginnt und endet an den betrieblichen Arbeitsstellen bzw. an den vereinbarten Sammelstellen. Beginn und Ende der regelmäßigen Arbeitszeit und der Ruhepausen werden vom Arbeitgeber/Niederlassungsleitungen im Einvernehmen mit dem Betriebsrat festgelegt und bekanntgegeben.

Bei Verwendung von Arbeitszeitmeßgeräten werden die Meßergebnisse als bindend anerkannt und werden zur Grundlage der Lohn- und Gehaltsabrechnung.

Gleitende Arbeitszeit kann für Angestellte durch Betriebsvereinbarung eingeführt werden.

### 2. Dauer und Verteilung der Arbeitszeit

Die regelmäßige wöchentliche Arbeitszeit beträgt ausschließlich der Pausen an den Werktagen 40 Stunden. Die regelmäßige werktägliche Arbeitszeit ausschließlich der Ruhepausen beträgt 8 Stunden. Die Arbeitszeit gilt nicht für Schichtarbeiten, Teilzeitbeschäftigte und Rufbereitschaft. Eine abweichende Vereinbarung kann aus betrieblichen Gründen vom Arbeitgeber/Niederlassungsleitungen im Einvernehmen mit dem Betriebsrat festgelegt werden.

Die Bestimmungen des Arbeitszeitgesetzes sind zu beachten.

### 3. Ruhepausen

Den Arbeitnehmern sind die gesetzlich vorgeschriebenen Ruhepausen zu gewähren. Sie dienen der Erholung und zur Einhaltung der gesetzlich vorgeschriebenen Ruhepflichten insbesondere bei Kraftfahrern oder bei Arbeiten unter erschwerten Bedingungen.

Wird die Arbeit aus technischen Gründen unvorhergesehen unterbrochen, so kann die Pause in die Unterbrechungszeit verlegt werden. Die Gewährung von Pausen darf nicht zu unzumutbaren Mehrbelastungen einzelner beteiligter Arbeitnehmer oder Arbeitnehmergruppen führen. Die Pausen von Arbeitsgruppen sind zeitlich so aufeinander abzustimmen, daß keine mehr als notwendigen Betriebsunterbrechungen verursacht werden.

### 4. Mehrarbeit

Mehrarbeit ist die über die festgelegte wöchentliche Arbeitszeit hinausgehende Arbeitszeit ausschließlich der Pausen, soweit sie angeordnet war. Mehrarbeit kann aus betrieblichen Gründen angeordnet werden.

Mehrarbeit oder ausfallende Arbeitszeit (Arbeits- oder Beschäftigungsmangel) kann während des Monats durch Verkürzung und Verlängerung der festgelegten Arbeitszeiten an Werktagen ausgeglichen werden. Ein übrig bleibender Saldo von bis zu 20 Mehrarbeitsstunden pro Monat wird auf das Mehrarbeitsstundenkonto des Arbeitnehmers gutgeschrieben. In beschäftigungsarmen Zeiten werden diese Mehrarbeitsstunden ausgeglichen (Freizeitausgleich). Das Mehrarbeitsstundenkonto soll den Betrag einer Monatsregelarbeitszeit nicht übersteigen. Übersteigende Beträge werden durch Auszahlung oder Freizeitausgleich entlohnt. Der Freizeitausgleich ist in der Regel durch Freistellung an ganzen Tagen zu gewähren.

Übersteigen die zuschlagspflichtigen Mehrarbeitsstunden pro Monat die Grenze von 20 Stunden, erfolgt eine entgeltliche Auszahlung einschließlich der Zuschläge. Überstunden, die bei angeordneten Sonderarbeiten (Noteinsätze) anfallen, werden voll abgerechnet.

### 5. Nachtarbeit

Als zuschlagspflichtige Nachtarbeit gilt die in der Zeit von 23.00 Uhr bis 6.00 Uhr geleistete Arbeit. Der Frühbeginn einer Tagesschicht (5.00 Uhr) gilt nicht als Nachtarbeit. Nachtarbeit kann aus betrieblichen Gründen angeordnet werden.

### 6. Sonn- und Feiertagsarbeit

Als zuschlagspflichtige Sonn- und Feiertagsarbeit gilt jede Arbeit in der Zeit zwischen 0.00 Uhr und 24.00 Uhr an Sonn- und Feiertagen. Sonn- und Feiertagsarbeit kann aus betrieblichen Gründen angeordnet werden.

### 7. Rufbereitschaft

Rufbereitschaftsdienst kann außerhalb der betriebsgewöhnlichen Arbeitszeit verlangt werden, wenn betriebliche Gründe dies erfordern. Rufbereitschaft wird von der Niederlassungsleitung angeordnet. Für die Rufbereitschaft wird eine Zulage gezahlt.

8. Der Mitarbeiter ist zur Leistung von Mehrarbeit, Nachtarbeit, Sonn- und Feiertagsarbeit und Rufbereitschaftsdienst verpflichtet.

### § 4 Zuschläge

Die Zuschläge für Mehr-, Nacht-, Sonn- und Feiertagsarbeit bzw. Rufbereitschaft betragen

| | |
|---|---|
| für Mehrarbeit (ab der 8. Tagesarbeitsstunde) | 25 % |
| für Nachtarbeit | 25 % |
| für Sonn- und Feiertagsarbeit | 50 % |
| für Arbeiten an Festtagen | 100 % |

(Ostern, Pfingsten, Weihnachten und Neujahr)

## Betriebsvereinbarungen §5

Fallen mehrere Tatbestände für Zuschläge zusammen, werden sie additiv gezahlt. Zuschläge für Arbeiten an Festtagen und Sonn- und Feiertagen werden nicht additiv gewährt.

Zuschläge werden nur für volle und halbe Arbeitsstunden berechnet. Angebrochene Arbeitsstunden werden zur halben Arbeitsstunde aufgerundet, wenn mehr als eine Viertelstunde gearbeitet wurde und werden zur vollen Arbeitsstunde aufgerundet, wenn mehr als 45 Minuten gearbeitet wurde.

Die Zuschläge werden für gewerbliche Arbeitnehmer vom letzten vereinbarten Normalstundenlohn (ohne Sonderzuschläge wie z. B. Schichtzulagen, Treuezulagen, etc.; Ausnahme Funktionszuschlag) berechnet.

Bei Angestellten werden die Zuschläge pro Arbeitsstunde auf 1/173 des Monatsgehaltes berechnet.

Als Rufbereitschaftszulage wird für eine 24-stündige Rufbereitschaft 40,00 DM (20,45 EUR) brutto gezahlt. Die Rufbereitschaft an Wochenenden (Freitag nachmittag bis Monat früh) wird mit 100,00 DM (51,13 EUR) pauschal vergütet.

### § 5 Kurzarbeit

Im Bedarfsfalle kann Kurzarbeit für Niederlassungen, Betriebe oder Betriebsabteilungen unter Beachtung der gesetzlichen Mitbestimmungsrechte des Betriebsrates mit einer Ankündigungsfrist von 5 Werktagen eingeführt werden.

Arbeitgeber und Betriebsrat können eine kürzere Ankündigungsfrist vereinbaren.

### § 6 Freistellung von der Arbeit

Dem Arbeitnehmer ist ohne Anrechnung auf seinen Urlaub und ohne Verdienstminderung Freizeit wie folgt zu gewähren:

1. aus Anlaß der eigenen Eheschließung                                                 2 Tage
2. aus Anlaß der Entbindung der Ehefrau                                                1 Tag
3. bei seiner Silbernen Hochzeit                                                       1 Tag
4. bei Wohnungswechsel mit eigenem Hausstand                                           1 Tag
5. bei schwerer Erkrankung von zur häuslichen Gemeinschaft gehörigen Familienangehörigen auf ärztliche Bescheinigung bis zu          2 Tage/Jahr
6. bei Tod und Teilnahme an Beisetzungen von Ehegatten, Kindern, Eltern und Geschwistern, soweit sie in häuslicher Gemeinschaft mit dem Arbeitnehmer lebten                          1 Tag
7. bei ärztlicher Behandlung, die nach ärztlicher Bescheinigung während der Arbeitszeit notwendig ist, für die als erforderlich nachgewiesene Zeit (ärztliche Bescheinigung)
8. bei Arbeitsversäumnissen aufgrund öffentlich-rechtlicher Verpflichtungen (öffentliche Ehrenämter). Der Arbeitnehmer ist jedoch verpflichtet, die öffentlich-rechtliche Vergütung in Anspruch zu nehmen. Der Unterschiedsbetrag zwischen öffentlicher Vergütung und Verdienst wird vom Arbeitgeber getragen.

Der Arbeitnehmer hat in allen Fällen der Arbeitsversäumnisse oder der berechtigten Freistellung von der Arbeit den Arbeitgeber ohne schuldhaftes Zögern über die Gründe für die Arbeitsbefreiung oder über das Arbeitsversäumnis zu unterrichten.

### § 7 Arbeitsversäumnis bei Arbeitsunfähigkeit

Ist der Arbeitnehmer durch Krankheit an der Arbeitsleistung verhindert, so hat er dem Arbeitgeber unverzüglich – spätestens innerhalb von zwei Tagen – durch entsprechende ärztliche Arbeitsunfähigkeitsbescheinigung seine Arbeitsunfähigkeit nachzuweisen. Auch bei Kurzerkrankungen von 1–3 Tagen kann der Arbeitgeber die Vorlage eines ärztlichen Zeugnissen verlangen. Bei Arbeitsunfähigkeit im Ausland hat der Arbeitnehmer sich die Arbeitsunfähigkeit ebenfalls bescheinigen zu lassen und unverzüglich den Arbeitgeber zu informieren.

Der Arbeitnehmer hat den Arbeitgeber unverzüglich vom Nichtantritt zur Arbeit telefonisch zu unterrichten. Er hat alles ihm mögliche und zumutbare zu unternehmen, um die Niederlassung über den Nichtantritt zur Arbeit in Kenntnis zu setzen, damit geeigneter Ersatz auf der Einsatzstelle gestellt werden kann.

Der Arbeitnehmer ist verpflichtet, den Arbeitgeber unverzüglich von dem Antrag auf eine Kur und von der Bewilligung zu unterrichten.

Für die Fortzahlung des Entgeltes im Krankheitsfall sowie bei Kur gelten die gesetzlichen Vorschriften.

### § 8 Lohn und Gehalt
Der Lohn und das Gehalt für die gewerblichen Arbeitnehmer und Angestellten werden aufgrund einzelvertraglicher Regelungen festgelegt.

Zwischen den Löhnen und Gehältern männlicher und weiblicher Arbeitnehmer besteht bei gleicher Tätigkeit kein Unterschied.

### § 9 Lohngruppen
Die gewerblichen Arbeitnehmer sind auf der Grundlage der tatsächlichen Tätigkeit, Aufgabe und Verantwortung im Betrieb in die entsprechende Lohngruppe einzugruppieren. Übt ein Arbeitnehmer innerhalb seines Arbeitsbereiches ständig wiederkehrend mehrere Tätigkeiten aus, auf die verschiedene Lohngruppen zutreffen, so ist er in die Lohngruppe einzugruppieren, deren Tätigkeitsfeld er überwiegend ausfüllt.

Für gewerbliche Arbeitnehmer werden folgende Lohngruppen festgelegt:

**1. Fachwerker**
Das sind gewerbliche Arbeitnehmer mit abgeschlossener Berufsausbildung und Arbeitnehmer, die nach einer mindestens zweijährigen betrieblichen Einarbeitung in allen Tätigkeitsbereichen umfassend eingesetzt werden können.

**2. Werker**
Das sind gewerbliche Arbeitnehmer, die nach einjähriger betrieblichen Einarbeitung und entsprechender Eignung in den meisten fachlichen betrieblichen Einsatzbereichen eingesetzt werden können.

**3. Helfer**
Das sind gewerbliche Arbeitnehmer, die als Hilfsarbeiter nach kurzer betrieblicher Einarbeitung und Einweisung betriebliche Arbeiten als Mitarbeiter von Fachwerkern oder Fachwerker-Vorarbeitern ausführen können.

**4. Maschinenführer**
Das sind gewerbliche Arbeitnehmer, die nach abgeschlossener Berufsausbildung oder besonderer betrieblicher oder außerbetrieblicher Ausbildung die Eignung und Fähigkeit erworben haben, selbstfahrende Arbeitsmaschinen zu fahren, zu bedienen und zu unterhalten.

**5. Werkstattmechaniker**
Das sind gewerbliche Arbeitnehmer, die nach abgeschlossener Berufsausbildung als Schlosser oder Kfz-Schlosser oder besonderer betrieblicher oder außerbetrieblicher Ausbildung die Eignung und Fähigkeit erworben haben, Werkstattaufgaben für Kfz und Arbeitsmaschinen durchzuführen.

**6. Vorarbeiter**
Das sind Fachwerker, Maschinenführer und Sanierer mit entsprechender Ausbildung und Berufserfahrung, die geeignet sind, Arbeitsgruppen auf den Baustellen zu führen und vom Arbeitgeber schriftlich zum Vorarbeiter einer Arbeitsgruppe ernannt worden sind.

## 7. Sanierer
Das sind gewerbliche Arbeitnehmer mit abgeschlossener Berufsausbildung und mindestens zweijähriger Berufserfahrung im Bereich z. B. der Asbest- oder PCB-Sanierung. Der Sanierer besitzt die Tauglichkeit nach G 1.2 und G 26 II der berufsgenossenschaftlichen Grundsätze.

## 8. Reiniger
Reiniger sind gewerblicher Arbeitnehmer, die vorzugsweise Reinigungsarbeiten nach Anweisung durchführen.

## § 10 Gehaltsgruppen
Für Angestellte gelten folgende Gehaltsgruppen:

## 1. Baustellenleiter
Baustellenleiter sind Angestellte, die nach einer abgeschlossenen technischen oder kaufmännischen Berufsausbildung oder einer besonderen betrieblichen oder außerbetrieblichen Ausbildung die Eignung und Fähigkeit besitzen, einen Auftrag in seiner technischen Durchführung vorzubereiten, die Auftragsabwicklung zu überwachen, die Baustellendokumentation ordnungsgemäß zu führen und die vertragsgemäße Abwicklung zu unterstützen.

## 2. Werkstattleiter
Werkstattleiter sind Angestellte, die nach abgeschlossener Berufsausbildung als Schlosser oder Kfz-Schlosser und besonderer betrieblicher oder außerbetrieblicher Fortbildung die Eignung und Fähigkeit erworben haben, Werkstattaufgaben für Kfz und Arbeitsmaschinen zu leiten und durchzuführen und vom Arbeitgeber schriftlich zum Werkstattleiter ernannt worden sind.

## 3. Disponent
Disponenten sind Angestellte, die nach abgeschlossener Berufsausbildung oder mindestens zweijähriger vergleichbarer betrieblicher Ausbildung die Fähigkeit und Eignung besitzen, die Fahrzeugflotte und andere Einsatzgeräte einer Niederlassung nach technischen und kaufmännischen Gesichtspunkten zu disponieren.

## 4. Kfm. Angestellter
Kfm. Angestellte sind Angestellte, die nach abgeschlossener Berufsausbildung oder vergleichbarer kaufmännischer Ausbildung von mindestens zwei Jahren die Fähigkeit und Eignung besitzen, alle buchhalterischen Arbeiten, die Lohn- und Gehaltsabrechnung sowie andere Büroarbeiten durchzuführen.

## 5. Sekretärin/Schreibkraft
Sekretärinnen oder Schreibkräfte sind Angestellte, die aufgrund einer qualifizierenden Ausbildung die Fähigkeit und Eignung besitzen, alle Sekretariats- und Schreibaufgaben sowie andere Bürotätigkeiten auszuführen.

## 6. Verkäufer
Verkäufer sind Angestellte, die aufgrund einer abgeschlossenen technischen oder kaufmännischen Berufsausbildung die Fähigkeit und Eignung besitzen, für die einzelnen Niederlassungen neue Kunden zu akquirieren und den bestehenden Kundenstamm zu pflegen, das Produkt- und Dienstleistungsprogramm des Unternehmens zu präsentieren, Auftragsvorkalkulationen durchzuführen und schließlich in eine zutreffende vertragliche Form zu überführen.

Die Beschreibung der Berufsbilder ist nicht abschließend. Nach Bedarf werden die Berufsbilder sowohl im gewerblichen Arbeitnehmerbereich als auch bei den Angestellten ergänzt.

## § 11 Lohnstruktur
Die Lohnstruktur für die gewerblichen Mitarbeiter wird wie folgt festgelegt:

| Berufserfahrung | 0-2 Jahre | 3-5 Jahre | > 5 Jahre |
|---|---|---|---|
| Fachwerker | 17,80 DM | 18,30 DM | 18,80 DM |
| | (9,10 EUR) | (9,36 EUR) | (9,61 EUR) |
| Werker | 17,20 DM | 17,60 DM | 18,00 DM |
| | (8,79 EUR) | (9,00 EUR) | (9,20 EUR) |
| Helfer | 16,50 DM | 16,80 DM | 17,00 DM |
| | (8,44 EUR) | (8,60 EUR) | (8,69 EUR) |
| Reiniger | 15,00 DM | 15,50 DM | 16,00 DM |
| | (7,67 EUR) | (7,93 EUR) | (8,18 EUR) |
| Maschinenführer | 19,00 DM | 19,60 DM | 20,20 DM |
| | (9,71 EUR) | (10,02 EUR) | (10,33 EUR) |
| Werkstattmechaniker | 19,00 DM | 19,60 DM | 20,20 DM |
| | (9,71 EUR) | (10,02 EUR) | (10,33 EUR) |
| Sanierer | 19,00 DM | 19,60 DM | 20,20 DM |
| | (9,71 EUR) | (10,02 EUR) | (10,33 EUR) |
| Vorarbeiterzulage | 1,00 DM | 1,50 DM | 2,00 DM |
| | (0,51 EUR) | (0,77 EUR) | (1,02 EUR) |

Als Berufserfahrung wird die betriebliche Berufserfahrung als auch die außerbetriebliche Berufserfahrung im gleichen Einsatzbereich angerechnet.

Vorarbeiter der Arbeitsgruppen erhalten einen pauschalen Stundenlohnzuschlag als Funktionszuschlag. Mit Wegfall der Vorarbeiterfunktion besteht kein Anspruch mehr auf diesen Funktionszuschlag.

Während der Probezeit bzw. Einarbeitungszeit kann von der oben genannten Lohnstruktur abgewichen werden.

Über die vorgenannten Lohngruppen hinaus sind einzelvertragliche Lohnzuschläge, die die jeweiligen speziellen Qualifikationen berücksichtigen, zulässig.

Den Arbeitnehmern ist die Zugehörigkeit zur jeweiligen Lohngruppe schriftlich zu bestätigen.

## § 12 Leistungslohn
Arbeiten im Leistungslohn sind zulässig. Bei Arbeiten im Leistungslohn wird die Stundenlohnabrechnung sowie die Abrechnung nach Stundenlohnzuschlägen (Ausnahme: Nacht-, Sonn- und Feiertagszuschläge, Funktionszuschlag und Erschwerniszuschläge) ausgesetzt.

## § 13 Erschwerniszuschläge
Die gewerblichen Arbeitnehmer haben für die Zeit, in der sie Arbeiten unter erschwerten Bedingungen ausführen, Anspruch auf die nachstehend aufgeführten Erschwerniszuschläge bezogen auf den Normalstundenlohn.

Es gelten folgende Erschwerniszuschläge:

1. Arbeiten in Räumen mit über 40 Grad Celsius im Arbeitsbereich    2,00 DM (1,02 EUR)

2. Arbeiten in Arbeitsbereichen mit außergewöhnlich hoher Verschmutzung bzw. Staubentwicklung, bei welchen eine Staubschutzmaske (P2-Maske) getragen wird    1,50 DM (0,77 EUR)

3. Arbeiten mit Schutzanzug und Atemmaske mit Filter (P3)    2,00 DM (1,02 EUR)

4. Arbeiten mit Schutzanzug und Atemmaske mit Filter (P3) und Profi          2,50 DM (1,28 EUR)

5. Arbeiten mit Vollschutzanzug und schwerem Atemgerät          5,00 DM (2,56 EUR)

6. Arbeiten mit Vollschutzanzug und schwerem Atemgerät in Flüssigkeiten          8,00 DM (4,09 EUR)

Bei besonderen Arbeitserschwernissen wird in Abstimmung mit der Geschäftsleitung im Einzelfall über die Gewährung besonderer Erschwerniszuschläge entschieden.

Treffen mehrere Erschwernisse der verschiedenen Kategorien zusammen, werden die entsprechenden Zuschläge additiv gewährt.

### § 14 Gehaltsbandbreiten
entfällt

### § 15 Fahrtkosten, Auslösung
entfällt, siehe Reisekostenregelung

### § 16 Urlaub

**1. Urlaubsanspruch**
Der Urlaub dient der Erholung und der Erhaltung der Arbeitskraft. Während des Urlaubs darf der Arbeitnehmer keiner Erwerbstätigkeit nachgehen. Der Zeitpunkt des Urlaubsantritts ist zwischen Arbeitnehmer und Arbeitgeber so abzustimmen, daß auf die betrieblichen Belange Rücksicht genommen wird.

Das Urlaubsjahr ist das Kalenderjahr. Der Arbeitnehmer hat für jedes Kalenderjahr Anspruch auf bezahlten Urlaub. Beginnt oder endet das Beschäftigungsverhältnis im Laufe des Urlaubsjahres, so beträgt der Urlaubsanspruch 1/12 für jeden vollen Kalendermonat, in dem das Beschäftigungsverhältnis während des Urlaubsjahres besteht.

Der volle Urlaubsanspruch kann bei Neueinstellungen erstmals nach sechs Monaten der ununterbrochenen Beschäftigung geltend gemacht werden.

Der Urlaub ist spätestens bis 31. März des Folgejahres zu gewähren und zu nehmen. Der Urlaubsanspruch erlischt, wenn er nicht bis zu diesem Zeitpunkt genommen wurde. Ausnahmen hiervon sind in Abstimmung mit der Geschäftsleitung möglich.

**2. Urlaubsdauer**
Der Grundurlaub beträgt für alle Arbeitnehmer 28 Arbeitstage im Urlaubsjahr. Basis ist die Fünf-Arbeitstage-Woche.

Der maximale Urlaub kann jedoch insgesamt 30 Tage im Jahr nicht überschreiten.

Für Jugendliche und Schwerbeschädigte gelten die Zusatzurlaubsansprüche nach den gesetzlichen Regelungen.

**3. Bildungsurlaub**
Bildungsurlaub ist gemäß der gesetzlichen Regelung zu gewähren.

### § 17 Gratifikationen

**1. Weihnachts- und Urlaubsgeld**
Weihnachts- und Urlaubsgeld sind freiwillige Leistungen, auf die ein Rechtsanspruch weder dem Grunde nach der Höhe nach besteht. Die Leistung wird vom Arbeitgeber nach eigenem Ermessen jährlich neu festgelegt. Wesentlich für die Festsetzung eines Weihnachts- oder Urlaubsgeldes ist die

wirtschaftliche Lage des Unternehmens. Von den freiwilligen Leistungen in Form von Weihnachts- und Urlaubsgeld sind Arbeitnehmer ausgeschlossen, die
- durch ihr Verhalten zu ernstlichen Beanstandungen Anlaß gegeben haben,
- sich am Auszahlungstag in einem gekündigten Arbeitsverhältnis befinden,
- sich am Auszahlungstag in der Probezeit befinden.

Scheidet ein Arbeitnehmer nach Zahlung des Weihnachts- oder Urlaubsgeldes bis zum 31. 03. des Folgejahres (Weihnachtsgeld) oder bis zum 30. 09. (Urlaubsgeld) aus, ist das Weihnachts- oder Urlaubsgeld in voller Höhe zurückzuzahlen.

### 2. Tantiemen und Sonderprämien

Zur Motivation und Verbesserung der Arbeitsergebnisse, der Kundenfreundlichkeit, der Baustellenabrechnung, der Gerätepflege und der Einsatzbereitschaft können Prämien oder Tantiemen gewährt werden. Mitarbeiter können nach einem festgelegten Schlüsselsystem am Geschäftserfolg der Niederlassung beteiligt oder einzelfallbezogen prämiert werden. Voraussetzung für die Beteiligung an der Tantiemeregelung ist die 12monatige ununterbrochene Zugehörigkeit zum Unternehmen sowie ein ungekündigtes Beschäftigungsverhältnis. Tantiemen werden nach positivem Abschluß des Geschäftsjahres für die Niederlassung gezahlt.

Darüber hinaus können für herausragende technische Leistungen oder herausragende Tagesleistungen, die auch zu zusätzlichen Umsätzen für die Niederlassung führen, Sonderprämien vergeben werden.

### § 18 Vermögenswirksame Leistungen

Arbeitnehmer erhalten als vermögenswirksame Leistungen nach Beendigung der Probezeit 26,00 DM (13,29 EUR) und nach einer Betriebszugehörigkeit von 12 Monaten 52,00 DM (26,59 EUR). Die gesetzlichen Vorschriften zur Gewährung von vermögenswirksamen Leistungen sind zu beachten.

### § 19 Arbeitssicherheit

Arbeitgeber und Arbeitnehmer haben unter Beachtung der einschlägigen gesetzlichen Vorschriften, insbesondere der Arbeitsstättenverordnung und der Unfallverhütungsvorschriften, darauf zu achten, daß Arbeitsräume, Arbeitsplätze, Arbeitsverfahren, Arbeitsabläufe und Arbeitsumgebung so eingerichtet werden, daß so weit wie möglich Unfall- und Gesundheitsgefahren ausgeschlossen sind. Arbeitsaufgaben sind so zu gestalten, daß insbesondere im Hinblick auf eine Leistungsvergütung zu erwartende gesteigerte Anstrengungen der Arbeitnehmer nicht zu Unfall- und Gesundheitsgefahren führen.

Die Arbeitnehmer sind verpflichtet, die geltenden Arbeitsschutzbestimmungen und Unfallverhütungsvorschriften zu beachten und einzuhalten und die vom Arbeitgeber zur Verfügung gestellte Arbeitsschutzkleidung sowie Sicherheits- und Sicherungsmittel zu tragen und anzuwenden.

Anordnungen zur Sicherheit sind Folge zu leisten. Anweisungen, gleich welchen Charakters, die von der Einhaltung der Sicherheitsvorschriften absehen, sind von vornherein unwirksam. Erkennbare Gefahren hat jeder Arbeitnehmer sofort und unmittelbar seinem Vorgesetzten, der Niederlassungsleitung oder der Geschäftsführung zu melden.

Der Genuß von Alkohol oder anderen berauschenden Mitteln ist während der Arbeitszeit und auf dem Betriebsgelände nicht erlaubt.

Verstöße gegen die Arbeitssicherheit stellen einen fristlosen Entlassungsgrund dar.

### § 20 Inkrafttreten

Diese Rahmenrichtlinie tritt am  in Kraft.

## 2. Muster: Allgemeine Arbeitsordnung

**Präambel**

Im Interesse eines gedeihlichen Zusammenwirkens aller Mitarbeiter im Betrieb, zur Wahrung der bei Organisationsabläufen notwendigen Klarheit und zur Verwirklichung der Unternehmensziele durch alle Mitarbeiter vereinbaren Arbeitgeber und Betriebsrat die nachfolgende Allgemeine Betriebsordnung. Zwischen Betriebsrat und Arbeitgeber und Betriebsrat besteht Einigkeit, daß die Allgemeine Arbeitsordnung kein statisches Regelwerk sein soll, sondern in Abständen zur Anpassung an veränderte Wettbewerbs- und Arbeitsbedingungen angepaßt werden muß.

Gemäß § 77 Abs. 3 BetrVG wirkt die Arbeitsordnung in ihrer jeweils gültigen Fassung unmittelbar und zwingend auf das Arbeitsverhältnis jedes einzelnen Arbeitnehmers ein.

### A. Einstellung

**§ 1 Einstellungsvoraussetzungen**

(1) Alle Bewerber müssen die üblichen Arbeitspapiere, wie Lohnsteuerkarte, Versicherungsnachweisheft, Nachweisheft, Urlaubsbescheinigung des letzten Arbeitgebers, Ausweise, Zeugnisse und den ausgestellten Einstellungsfragebogen bei der Personalabteilung einreichen. Die Personalabteilung fordert außerdem die Anfertigung von Paßbildern für Personalabteilung und Werkausweis an.

(2) Die Bewerber haben Fragen über ihre persönlichen und beruflichen Verhältnisse wahrheitsgemäß und vollständig zu beantworten. Über Vorstrafen, die für die vorgesehene Tätigkeit von Bedeutung sind, müssen die Bewerber wahrheitsgemäß Auskunft erteilen.

(3) Wer unrichtige Ausweispapiere oder Zeugnisse vorlegt oder im Einstellungsfragebogen bewußt wahrheitswidrige oder unvollständige Angaben macht, muß mit einer fristlosen Kündigung oder einer Anfechtung seiner Willenserklärung bei Abschluß des Arbeitsvertrages rechnen.

(4) Blindbewerbungen werden dem Betriebsrat gebündelt im Verfahren des § 99 BetrVG zugeleitet.

(5) Abgelehnte Bewerbungen und abgelehnte Blindbewerbungen reicht die Personalabteilung schnellstmöglich und vollständig an die Bewerber zurück.

**§ 2 Ärztliche Untersuchung**

(1) Innerhalb der ersten drei Monate nach der Einstellung unterzieht sich jeder Bewerber einer gesundheitlichen Eignungsuntersuchung beim Werkarzt. Befund und Befundunterlagen verbleiben in den Akten des Werkarztes. Der Werkarzt fertigt einen Bescheid, in dem er der Personalabteilung Mitteilung über die gesundheitliche Eignung macht.

(2) Hält der Werkarzt den Mitarbeiter nicht für gesundheitlich geeignet, endet das Arbeitsverhältnis 14 Tage nach Zugang einer Kopie des werkärztlichen Bescheids.

(3) Hält die Personalabteilung über die werkärztliche Untersuchung hinausgehende, weitergehende fachärztliche Feststellungen für erforderlich, hat sich der Mitarbeiter der Untersuchung eines von der Firma beauftragten Arztes zu unterziehen. Die Kosten trägt die Firma.

(4) Mit der Beschäftigung von Jugendlichen darf nur begonnen werden, wenn die nach dem JArbSchG vorgesehene ärztliche Untersuchung durchgeführt worden ist. Gleiches gilt für solche Arbeitnehmer, für deren Beschäftigung auf bestimmten Arbeitsplätzen eine ärztliche Untersuchung gesetzlich vorgesehen ist.

(5) Jeder Mitarbeiter ist verpflichtet, wenn er eine ansteckende Krankheit hat oder in einer Weise erkrankt ist, daß sich hierdurch eine Gefährdung der übrigen Mitarbeiter ergeben könnte, die Personalabteilung unverzüglich zu unterrichten.

### § 3 Werksausweis

(1) Jeder Mitarbeiter erhält mit der Arbeitsaufnahme einen Werksausweis. Der Werksausweis ist beim Betreten und Verlassen des Betriebsgeländes dem Pförtner unaufgefordert vorzuzeigen bzw. zur Öffnung von Toren und Absperrungen zu benutzen.

(2) Der Werksausweis ist Eigentum der Firma und bei Beendigung des Arbeitsverhältnisses Zug um Zug mit der Aushändigung der Arbeitspapiere zurückzugeben. Ein etwaiger Verlust des Werksausweises ist, sobald der Mitarbeiter dies bemerkt, dem Werkschutz unter Angabe der Umstände, bei denen der Verlust eingetreten ist, zu melden.

### § 4 Einstellungsverfahren

(1) Arbeitsverträge werden schriftlich geschlossen.

(2) Schriftform ist auch bei Teilzeitkräften, Aushilfsmitarbeitern und befristeten Arbeitsverhältnissen unabdingbar.

(3) Alle krankenversicherungspflichtigen Mitarbeiter werden Mitglied der Betriebskrankenkasse. Ausnahmen sind nur möglich, wenn der Mitarbeiter Mitglied einer öffentlich-rechtlichen Kranken- oder Ersatzkasse ist oder der Bundesknappschaft angehört.

### § 5 Belehrung, Einweisung

(1) Jeder Mitarbeiter hat vor Arbeitsaufnahme in seine künftige Arbeit von seinem Vorgesetzten oder einem Kollegen eingewiesen zu werden.

(2) Außerdem ist er zu belehren über die Art seiner Tätigkeit und seiner Einordnung in den Arbeitsablauf des Betriebes, über die bestehenden Unfall- und Gesundheitsgefahren, über entsprechende Abwehrmaßnahmen und über die in der Firma bestehenden Maßnahmen zur Sicherung des Umweltschutzes.

### § 6 Probe- und Aushilfsarbeitsverhältnisse

(1) Mit jedem Arbeitnehmer wird regelmäßig zunächst ein Probearbeitsverhältnis begründet. Bei gewerblichen Arbeitnehmern dauert die Probezeit drei Monate, bei Angestellten beträgt die Probezeit sechs Monate. Der Arbeitgeber ist auch befugt, das Probearbeitsverhältnis als befristetes Arbeitsverhältnis auszugestalten.

(2) Aushilfsarbeitsverträge bedürfen der Schriftform. Der Grund der Befristung ist im Arbeitsvertrag anzugeben.

### B. Allgemeine Verhaltenspflichten

### § 7 Pflicht zur Erbringung der Arbeitsleistung

(1) Der Mitarbeiter stellt seine volle Arbeitskraft in den Dienst der Firma. Er verpflichtet sich, die ihm übertragenen Arbeiten mit höchstmöglicher Qualität auszuführen, zur Aufrechterhaltung der Ordnung und Sicherheit im Betrieb beizutragen und alles zu unterlassen, was den Betriebsablauf, den Betriebsfrieden oder die Betriebssicherheit stören könnte.

(2) Im Betrieb auftretende Meinungsverschiedenheiten sollten innerhalb des Betriebes durch Gespräche zur Auflösung von Konflikten beigelegt werden. Dabei ist ein Mitglied des Betriebsrats, wenn der Arbeitnehmer dies wünscht, hinzuzuziehen.

(3) Der Mitarbeiter hat die Weisungen der Geschäftsleitung zu befolgen. Jeder Abmahnung sollte zunächst mindestens eine in angemessener Form ausgesprochene Ermahnung vorausgehen.

### § 8 Veränderungen in den persönlichen Verhältnissen

(1) Alle Veränderungen in den persönlichen Verhältnissen, deren Kenntnis für die Personalabteilung oder andere Stellen im Betrieb von Bedeutung sein könnte, insbesondere Adreßänderungen, Änderungen in den familiären Verhältnissen oder beispielsweise Verlust der Schwerbehinderteneigenschaft hat der Mitarbeiter von sich aus und ohne Aufforderung durch Vorgesetzte oder die Personalabteilung unverzüglich mitzuteilen. Soweit erforderlich, sind amtliche Belege über die Veränderungen beizufügen.

(2) Hat ein Mitarbeiter die Meldung seines Wohnungswechsels unterlassen, gelten alle Erklärungen, die an die letzte bekannte Anschrift verschickt wurden, am zweiten Tage nach Aufgabe zur Post als an diesem Tage ordnungsgemäß zugegangen, auch für den Fall, daß sie mit der Mitteilung „unbekannt verzogen" zurückgesandt werden.

### § 9 Verschwiegenheitspflicht
(1) Jeder Mitarbeiter hat über Geschäfts- und Betriebsgeheimnisse sowie über betriebliche Angelegenheiten, bei denen er annehmen darf, daß sie vertraulich zu behandeln sind, absolutes Stillschweigen zu bewahren und seine Informationen über solche Angelegenheiten ausschließlich für betriebsinterne Zwecke zu verwenden. Die Verschwiegenheitspflicht besteht auch gegenüber anderen Mitarbeitern des Betriebes, wenn diese nicht mit entsprechenden Aufgaben betraut sind und der Mitarbeiter annehmen darf, daß die Informationen für diese Mitarbeiter nicht bestimmt sind. Die Verschwiegenheitsverpflichtung endet nicht mit Beendigung des Arbeitsverhältnisses, sondern wirkt darüber hinaus auf unbegrenzte Zeit fort.

(2) Der Mitarbeiter ist nicht berechtigt, Arbeitsgeräte, Modelle, Geschäftspapiere o. ä. nachzubilden, aus den Geschäftsräumen zu entfernen oder sie einem Dritten zu übergeben. Ebenfalls ist es unzulässig, sich Aufzeichnungen und Notizen oder Fotokopien von geschäftlichen Unterlagen zu fertigen.

(3) Strengstens untersagt ist es, Fotoapparate, Videokameras o. ä. in den Betrieb mitzubringen und dort zu benutzen, es sei denn, der Werkschutz ist informiert (beispielsweise wegen einer Betriebsfeier).

(4) Es verstößt gegen die Verschwiegenheitsverpflichtung, wenn Berichte über Vorgänge im Betrieb an außerbetriebliche Stellen gegeben werden, sofern nicht vorgesetzte Stellen hierzu eine Erlaubnis erteilt haben.

(5) Es ist nicht gestattet, Personen am Arbeitsplatz zu empfangen, seien es Privatpersonen, seien es Dritte, seien es Kunden oder Lieferanten. In diesen Fällen sind stets die zur Verfügung stehenden Sozialräume oder Besucherzimmer zu verwenden.

### § 10 Privatsachen
(1) Alle Gegenstände, die der Mitarbeiter nicht während der Anwesenheit im Betrieb benötigt, dürfen in den Betrieb nicht eingebracht werden. Insbesondere nicht erlaubt ist die Einbringung von Rundfunk-, Fernseh- oder anderen Musikempfängern.

(2) Für die mitgebrachten Kleidungsstücke, die bei der Arbeit nicht getragen werden, stellt die Firma abschließbare Schränke oder offene Kleiderablagen mit verschließbaren Wertsachenfächern zur Verfügung. Die Schränke und Wertsachenfächer müssen stets geschlossen gehalten werden. Unternehmenseigene Gegenstände dürfen in Kleiderschränken oder Kleiderablagen nicht aufbewahrt werden.

(3) Die Firma haftet für abhanden gekommene Privatsachen nur, soweit sie die ihr obliegenden Pflichten nicht erfüllt hat. Für den Verlust von Geld, Schmuck oder sonstigen Wertsachen haftet die Firma nicht.

(4) Die Benutzung des Firmenparkplatzes geschieht auf eigene Gefahr.

### § 11 Nebentätigkeit
(1) Eine Nebentätigkeit darf der Mitarbeiter nur mit vorheriger schriftlicher Zustimmung der Firma ausüben. Gleiches gilt für die Übernahme oder Beteiligung an einem gewerblichen Unternehmen, für die Veröffentlichung in Wort, Schrift und Bild, soweit die Veröffentlichungen den Tätigkeitsbereich der Firma tangieren.

(2) Die Zustimmung zur Nebentätigkeit wird erteilt, wenn durch die Nebentätigkeit berechtigte Interessen der Firma nicht berührt werden und der Umfang der zu erwartenden Nebentätigkeit den Arbeitnehmer nicht in seiner Leistungsfähigkeit beeinträchtigt. Äußert sich der Arbeitgeber zu einem Nebentätigkeitsantrag nicht innerhalb eines Monats, gilt die Nebentätigkeit als gestattet.

### § 12 Geschenke

(1) Keinem Mitarbeiter ist es gestattet, von Personen oder Firmen, die zum Unternehmen eine Geschäftsverbindung anstreben oder unterhalten, Geschenke oder andere Vorteile zu fordern, sich versprechen zu lassen oder anzunehmen. Die Geschäftsleitung ist unverzüglich zu unterrichten, wenn dem Mitarbeiter derartige Angebote gemacht worden sind.

(2) Abs. 1 gilt nicht, soweit es sich um geringfügige kleine Geschenke handelt, wie Kugelschreiber, Taschenkalender etc.

### § 13 Anzeige strafbarer Handlungen

(1) Wer feststellt, daß im Betrieb eine Straftat begangen wird, ist verpflichtet, seinem Vorgesetzten unverzüglich über seine Beobachtungen Mitteilung zu machen, wenn durch die Straftat ein Personen- oder Sachschaden entstanden ist oder entstehen könnte.

(2) Fundsachen sind beim Werkschutz abzuliefern.

### § 14 Rauchverbot, Sicherheitsmaßnahmen, Unfallverhütungsvorschriften

(1) Rauchen ist nur in den hierfür freigegebenen Zonen im Betrieb gestattet.

(2) Mit Feuer, feuergefährlichen Gegenständen und Chemikalien wie Säuren und Giften, aber auch mit elektrischer Energie ist mit größtmöglicher Vorsicht unter Beachtung der Sicherheitsvorschriften umzugehen.

(3) Bei allen Arbeiten ist stets darauf achten, daß die Unfallverhütungsvorschriften der Berufsgenossenschaft strengstens eingehalten werden.

### § 15 Personalakte

(1) Jeder Mitarbeiter hat das Recht, in die über ihn geführten Personalakten während der Arbeitszeit Einsicht zu nehmen. Er kann hierzu ein Mitglied des Betriebsrats hinzuziehen. Das Mitglied des Betriebsrats hat über den Inhalt der Personalakten Stillschweigen zu bewahren, sofern der Mitarbeiter das Betriebsratsmitglied nicht ausdrücklich von seiner Verpflichtung zur Verschwiegenheit entbindet.

(2) Der Mitarbeiter darf sich Notizen aus der Personalakte fertigen. Gegen Erstattung der Kosten können Fotokopien von Teilen der Akte verlangt werden.

(3) Der Mitarbeiter darf das Recht auf Einsichtnahme auf einen Dritten, insbesondere einen Rechtsanwalt übertragen.

(4) Auf Verlangen des Mitarbeiters ist die Personalabteilung vepflichtet, Erklärungen wie Gegendarstellungen etc. zur Personalakte zu nehmen.

### C. Arbeitszeit

### § 16 Regelmäßige Arbeitszeit

(1) Die Dauer der regelmäßigen Arbeitszeit richtet sich nach den gesetzlichen bzw. den für den Betrieb geltenden tarifvertraglichen Bestimmungen. Beginn und Ende der regelmäßigen täglichen Arbeitszeit und der Pausen werden mit dem Betriebsrat vereinbart und am Schwarzen Brett bekanntgegeben.

(2) Jeder Mitarbeiter ist verpflichtet, zur festgesetzten Uhrzeit die Arbeit an seinem Arbeitsplatz aufzunehmen und die geltende Arbeitszeit einzuhalten. Die Arbeitsaufnahme hat, soweit dies notwendig ist, in Arbeitskleidung zu erfolgen. Maßgeblich für die Arbeitszeit ist die Betriebsuhr.

(3) Umziehen, Waschen und ähnliche Vorbereitungsmaßnahmen haben außerhalb der Arbeitszeit zu erfolgen.

(4) Bei Verspätung oder vorzeitigem Verlassen des Arbeitsplatzes ist der unmittelbare Vorgesetzte zu unterrichten. Bei geringfügigen Zeitunter- bzw. überschreitungen erfolgt keine Änderung des Arbeitsentgelts, wenn der Mitarbeiter nachweist, daß er die Verspätung bzw. die Notwendigkeit des vorzeitigen Verlassens des Arbeitsplatzes nicht zu vertreten hat.

(5) Mitarbeiter, die mehr als eine Stunde zu spät zur Schicht erscheinen, können an dem betreffenden Tag nicht beschäftigt werden und erhalten für diesen Arbeitstag auch kein Arbeitsentgelt.

(6) Der Betrieb und die Arbeitsräume dürfen nur durch die hierfür vorgesehenen Eingänge betreten und verlassen werden. Soweit Zeiterfassungsgeräte aufgestellt sind, sind zur Feststellung der Einhaltung der Arbeitszeit die Zeiterfassungsgeräte zu benutzen.

### § 17 Mehrarbeit

(1) Mehrarbeitsstunden werden nur vergütet, wenn sie von einem zuständigen Vorgesetzten angeordnet oder in unvorhergesehenen Fällen aus betrieblichen Gründen notwendig waren und ihre Anerkennung spätestens am Tag darauf beantragt worden ist.

(2) Erscheint bei durchlaufenden Schichten die Ablösung nicht rechtzeitig am Arbeitsplatz, hat der Mitarbeiter dies unverzüglich seinem Vorgesetzten mitzuteilen. Der Vorgesetzte hat sich sofort um einen Ersatz zu kümmern. Bis zum Eintreffen des Ersatzmannes hat der Mitarbeiter am Arbeitsplatz weiterzuarbeiten und nur die zusätzlichen, durch Unfallverhütungsvorschriften oder sonstige Bestimmungen verpflichtenden Pausen einzuhalten.

### D. Verhalten bei der Arbeit

### § 18 Arbeitsausführung

(1) Jeder Mitarbeiter ist verpflichtet, mit Materialien, Rohstoffen und Energien sparsam umzugehen und die Betriebsmittel pfleglich und sachgemäß zu behandeln.

(2) In Notfällen oder bei Arbeitsmangel ist der Mitarbeiter auch verpflichtet, andere Arbeiten zu verrichten, die nicht in seinem Arbeitsvertrag vereinbart sind.

(3) Kein Mitarbeiter darf sich bei seiner Arbeit von einem anderen vertreten lassen, es sei denn, ein Vorgesetzter hat hierzu eine vorherige Zustimmung erteilt.

(4) Jeder Mitarbeiter hat seinen Arbeitsplatz ordentlich und sauber zu halten und vor jedem Verlassen aufzuräumen.

### § 19 Umgang mit Arbeitsmitteln

(1) Alle Gegenstände der Firma sind sachgemäß und pfleglich zu behandeln, vor Beschädigungen zu schützen und an dem für sie bestimmten Platz aufzubewahren.

(2) Mängel an Materialien, Maschinen, Werkzeugen oder Arbeitsstücken sind immer dem Vorgesetzten unverzüglich zu melden. Auf Fehlerquellen in den Arbeitsabläufen sind die Vorgesetzten unverzüglich hinzuweisen.

(3) Soweit es die Art der Tätigkeit erfordert oder durch die Unfallverhütungsvorschriften vorgeschrieben ist, hat jeder Mitarbeiter eine unfallsichere Arbeitskleidung zu tragen. Die Arbeitskleidung wird durch die Firma unentgeltlich zur Verfügung gestellt.

### E. Arbeitsentgelt

### § 20 Entgeltgrundsätze

(1) Die Höhe der Arbeitsvergütung richtet sich bei tarifgebundenen Mitarbeitern nach den tariflichen Bestimmungen. Bei allen übrigen Mitarbeitern ergibt sich die Höhe der Vergütung aus dem Arbeitsvertrag bzw. den hierzu vereinbarten Ergänzungen.

(2) Vergütet wird nur die tatsächlich geleistete Arbeit.

(3) Übertarifliche Bestandteile des Arbeitsentgelts können mit tariflich vereinbarten Lohn- und Gehaltssteigerungen verrechnet werden. Übertarifliche Leistungen können auf Erhöhungen des Tariflohns angerechnet werden.

### § 21 Abrechnung des Arbeitsentgelts

(1) Das Arbeitsentgelt wird monatlich nachträglich ausgezahlt.

(2) Dem Arbeitnehmer ist ein monatlicher Gehaltszettel zur Verfügung zu stellen, aus dem sich die Abrechnung des Verdienstes ergibt. Die Abrechnung ist drei Tage vor Ende eines Monats dem Mitarbeiter auszuhändigen.

### § 22 Auszahlung des Arbeitsentgelts

(1) Das Arbeitsentgelt wird zum letzten Werktag eines Monats auf das angegebene Bankkonto überwiesen.

(2) Fällt das Fälligkeitsdatum auf einen Sonntag, einen Samstag oder einen Feiertag, erfolgt die Überweisung des Entgelts so, daß es auf dem Konto des Arbeitnehmers am vorhergehenden Werktag verfügbar ist.

(3) Jeder Arbeitnehmer hat auf seine Kosten ein Konto einzurichten bzw. zu unterhalten.

### § 23 Abzüge vom Arbeitsentgelt

Bei der Abrechnung des Arbeitsentgelts werden abgezogen
- die gesetzlichen Steuern und Beiträge zur Sozialversicherung;
- gepfändete oder mit Zustimmung der Firma abgetretene Teile des Arbeitsentgelts;
- Abschlagszahlungen, Vorschüsse und Raten für vom Betrieb gewährte Darlehen;
- und Kosten für die Bearbeitung von Lohnpfändungen.

### § 24 Einsprüche gegen die Berechnung des Arbeitsentgelts

(1) Bestehen Meinungsverschiedenheiten über die Höhe des Arbeitsentgelts, hat der Mitarbeiter innerhalb von fünf Wochen bei der Personalabteilung einen Einspruch zu erheben.

(2) Überzahlungen des Arbeitsentgelts hat der Mitarbeiter an die Firma zurückzuzahlen.

(3) Tarifliche Verfall- und Ausschlußfristen bleiben für tarifgebundene Arbeitnehmer unberührt.

### § 25 Abtretungsverbot und Pfändungskosten

(1) Eine Abtretung der Arbeitsvergütung ohne vorherige Zustimmung der Firma ist nichtig.

(2) Wird das Arbeitsentgelt des Mitarbeiters gepfändet, werden zur Deckung der durch Bearbeitung anfallenden Kosten pro bearbeiteter Pfändung 20,00 DM (10,23 EUR) erhoben, die beim Arbeitsentgelt einbehalten werden.

## F. Urlaub und Arbeitsversäumnis

### § 26 Urlaub

(1) Die Dauer des Urlaubs richtet sich nach dem Manteltarifvertrag sowie bei nicht tarifgebundenen Arbeitnehmern nach den individualarbeitsrechtlich getroffenen Regelungen.

(2) Bis zum 31.01. eines jeden Jahres wird für jede Betriebsabteilung ein Urlaubsplan aufgestellt. Jeder Mitarbeiter hat bis zum 31.12. des Vorjahres sich in den Urlaubsplan einzutragen. Kollidieren einzelne Arbeitnehmerinteressen mit den betrieblichen Belangen, hat der Vorgesetzte ein Gespräch unter den betroffenen Arbeitnehmern zu organisieren und in diesem Gespräch zu versuchen, eine Einigung zwischen allen Beteiligten herbeizuführen. Zu diesem Gespräch kann ein Mitglied des Betriebsrats hinzugezogen werden. Gelingt die Einigung nicht, entscheidet der Vorgesetzte verbindlich.

(3) Führt die Firma Werkferien durch, sind die Werkferien für alle Mitarbeiter verbindlich.

(4) Auf Verlangen des Vorgesetzten hat der Mitarbeiter vor Antritt seiner Urlaubsreise seine Paßwörter im Computer und seine Urlaubsanschrift bekanntzugeben.

### § 27 Arbeitsversäumnis

(1) Ist ein Mitarbeiter infolge Krankheit oder aus anderen Gründen außerstande, zur Arbeit zu kommen, hat er die Gründe und die Dauer seines voraussichtlichen Fernbleibens zwei Stunden vor Schichtbeginn unaufgefordert dem zuständigen Vorgesetzten telefonisch mitzuteilen.

(2) Im Falle einer Erkrankung ist der Mitarbeiter außerdem verpflichtet, vor Ablauf des dritten Kalendertages nach Beginn der Arbeitsunfähigkeit eine ärztliche Bescheinigung über die Arbeitsunfä-

higkeit sowie deren voraussichtliche Dauer nachzureichen. Dauert die Erkrankung länger als in der Bescheinigung angegeben, ist der Mitarbeiter verpflichtet, eine neue ärztliche Bescheinigung beizubringen.

(3) Spätestens einen Tag vor Ablauf einer Arbeitsunfähigkeitsbescheinigung hat der Mitarbeiter seinen Vorgesetzten anzurufen und ihm mitzuteilen, ob mit einer Verlängerung der Arbeitsunfähigkeit zu rechnen ist oder ob der Mitarbeiter voraussichtlich mit Ablauf der Arbeitsunfähigkeit wieder am Arbeitsplatz erscheinen wird.

### § 28 Kur- und Heilverfahren

(1) Beantragt ein Mitarbeiter ein Heil- oder Kurverfahren bei einem Träger der Sozialversicherung, hat er die Firma unverzüglich von seiner Antragstellung und ebenso unverzüglich von der Entscheidung über eine bewilligte Kur zu unterrichten. Eine Kopie über den Bescheid hat der Mitarbeiter der Personalabteilung über den Vorgesetzten unverzüglich vorzulegen.

(2) Erkrankt der Mitarbeiter während der Durchführung einer Kur, hat er die Firma unverzüglich über die Unterbrechung des Kurverfahrens zu unterrichten. Kuren, deren Kosten ein Sozialversicherungsträger übernimmt, werden nicht auf den Erholungsurlaub angerechnet.

## G. Sonstige Verhaltensregeln

### § 29 Politische und gewerkschaftliche Betätigung

(1) Parteipolitische Betätigung im Betrieb ist verboten. Alle Mitarbeiter haben alles zu unterlassen, wodurch der Arbeitsablauf oder der Betriebsfrieden beeinträchtigt werden könnte.

(2) Es ist nicht erlaubt, ohne Zustimmung der Firma Plakate anzukleben oder Wände zu beschriften, Flugblätter oder Druckschriften zu verteilen, Handels- oder Tauschgeschäfte jedweder Art innerhalb des Betriebes durchzuführen, Geld-Beiträge oder Unterschriften zu sammeln, es sei denn, es handelt sich um Anlässe wie Geburtstage, Betriebsjubiläen etc.

(3) Die Ausgabe oder Verteilung von Informationsmaterial einer Gewerkschaft hat außerhalb des Betriebes stattzufinden. Die Durchführung gewerkschaftlicher Versammlungen oder das Werben für eine Gewerkschaft auf dem Betriebsgelände ist nicht gestattet.

### § 30 Alkohol

(1) Es ist nicht gestattet, in angetrunkenem oder betrunkenem Zustand zur Arbeit zu erscheinen. Unzulässig ist ebenfalls der Gebrauch alkoholischer Getränke am Arbeitsplatz.

(2) Wird ein Mitarbeiter in angetrunkenem Zustand am Arbeitsplatz angetroffen, ist der zuständige Vorgesetzte zu informieren. Der Vorgesetzte ist befugt, den betroffenen Mitarbeiter dem Werkarzt zu überführen und Feststellungen über den Grad der Alkoholabhängigkeit des Mitarbeiters treffen zu lassen. Der Werkarzt ist befugt, die Blutalkoholkonzentration festzustellen.

### § 31 Werkstraßen

(1) Auf allen Werkstraßen und Werkwegen gilt die Straßenverkehrsordnung. Verbotenes und Gebotenes ist durch die im allgemeinen Straßenverkehr üblichen Verkehrszeichen bekanntgemacht und für alle Teilnehmer am Werkstraßenverkehr verbindlich.

(2) Bei Verkehrsunfällen innerhalb des Werkgeländes ist sofort der Werkschutz zu unterrichten.

### § 32 Verhalten bei Betriebsunfällen

(1) Im Falle eines Unfalls ist jeder Mitarbeiter verpflichtet, erste Hilfe zu leisten, die Unfallstation oder den Werkarzt zu benachrichtigen. Veränderungen am Unfallort sind zu unterlassen, soweit sie nicht zur Durchführung der ersten Hilfe notwendig sind.

(2) Alle Unfälle, auch geringfügige Unfälle, sind den Vorgesetzten oder der Personalabteilung oder dem Werkschutz zu melden.

### § 33 Privatarbeiten

(1) Privatarbeiten dürfen während der Arbeitszeit nicht erledigt werden, es sei denn, es liegt eine ausdrückliche Erlaubnis des Vorgesetzten vor.

(2) Außerhalb der Arbeitszeiten dürfen Privatarbeiten im Betrieb oder auf dem Betriebsgelände durchgeführt werden, wenn der Vorgesetzte dies erlaubt hat.

### § 34 Verbesserungsvorschläge

(1) Für Erfindungen und Verbesserungsvorschläge gelten die gesetzlichen Bestimmungen bzw. die Betriebsordnung über technische Verbesserungsvorschläge.

(2) Jeder Mitarbeiter ist verpflichtet, Erfindungen und technische Verbesserungsvorschläge, die während der Arbeitszeit entwickelt wurden, zunächst der Firma anzubieten.

### H. Beendigung des Arbeitsverhältnisses

### § 35 Beendigungsgründe

(1) Das Arbeitsverhältnis endet mit Ablauf des Datums, für das es eingegangen wurde, mit Ablauf des Kalendermonats, in dem der Mitarbeiter das 65. Lebensjahr vollendet hat, in Fällen der Erwerbs- oder Berufsunfähigkeit mit Ablauf des Kalendermonats, in dem dem Mitarbeiter der Bescheid über den Eintritt der Erwerbs- oder Berufsunfähigkeit zugestellt worden ist.

(2) Das Arbeitsverhältnis endet ferner durch Tod des Mitarbeiters, durch fristlose oder fristgerechte Kündigung auf Arbeitnehmer- wie auf Arbeitgeberseite sowie durch Aufhebungs- oder Abwicklungsvertrag.

### § 36 Ordentliche Kündigung

(1) Für die ordentliche Kündigung gelten die tariflichen, arbeitsvertraglichen oder gesetzlichen Fristen.

(2) Vor jeder ordentlichen Kündigung ist der Betriebsrat nach § 102 BetrVG anzuhören. Die Anhörung erfolgt in schriftlicher Form unter Angabe der wesentlichen Kündigungsgründe.

(3) Nach Ausspruch einer Kündigung ist der Arbeitgeber berechtigt, den Mitarbeiter bis zum Ablauf der Kündigungsfrist unter Fortzahlung der Bezüge von der Arbeit freizustellen. § 102 Abs. 5 BetrVG wird nicht eingeschränkt.

(4) Nach Ausspruch einer Kündigung ist dem Mitarbeiter unaufgefordert ein Zwischenzeugnis auszustellen.

### § 37 Außerordentliche Kündigung

(1) Das Arbeitsverhältnis kann fristlos gekündigt werden, wenn die kündigende Partei einen wichtigen Grund hat, § 626 BGB.

(2) Als grobe Verstöße sehen es die Betriebspartner an, wenn ein Mitarbeiter drei oder mehr Tage unentschuldigt fernbleibt oder wiederholte unentschuldigte kürzere Fehlzeiten veranlaßt. Wichtige Gründe sind ebenfalls grobe Verstöße gegen die Unfallverhütungsvorschriften trotz vorangegangener Ermahnung oder Abmahnung, Trunkenheit am Arbeitsplatz, strafbares Verhalten wie Diebstahl, Betrug oder Unterschlagung, Verstöße gegen die Geheimhaltungspflicht oder Manipulationen am Zeiterfassungsgerät oder einer Tachoscheibe. Als wichtige Gründe gelten ferner besonders nachhaltige Störungen des Betriebsfriedens, beispielsweise durch Tätlichkeit oder grobe Beleidigung eines Vorgesetzten oder anderer Mitarbeiter im Betrieb.

### § 38 Rückgabe von Werkeigentum

(1) Alle Gegenstände, die im Eigentum der Firma stehen, aber vom Mitarbeiter benutzt werden, wie beispielsweise Werkzeuge, der Werksausweis, Geschäftsunterlagen, dienstliche Aufzeichnungen, Schlüssel oder die Arbeitskleidung, sind bei Ausspruch einer Kündigung durch den Arbeitgeber auf Verlangen unverzüglich herauszugeben.

(2) Auch Dienstwagen sind, selbst wenn eine private Nutzungsmöglichkeit vereinbart wurde, auf Verlangen des Arbeitgebers unverzüglich mit sämtlichen Schlüsseln und Papieren zurückzuge-

ben. Eine Anrechnung des Dienstwagens nach der 1 %-Methode entfällt ab dem Tage der Rückgabe des Fahrzeugs.

(3) Kommt ein Mitarbeiter nicht fristgerecht seiner Pflicht zur Herausgabe von im Eigentum des Arbeitgebers stehenden Gegenständen oder Unterlagen nach, macht er sich schadensersatzpflichtig.

### § 39 Aushändigung von Unterlagen

(1) Mit Beendigung des Arbeitsverhältnisses hat der Arbeitgeber dem Arbeitnehmer die Arbeitspapiere gegen Empfangsbescheinigung zurückzugeben.

(2) Das noch ausstehende Arbeitsentgelt wird fristgerecht überwiesen.

(3) Dem Mitarbeiter sind ferner mit Beendigung des Arbeitsverhältnisses eine Urlaubsbescheinigung sowie ein Zeugnis über die Art und Dauer seiner Tätigkeit auszustellen und sämtliche Unterlagen, die er dem Arbeitgeber zur Verfügung gestellt hat, auszuhändigen.

(4) Die Rückgabe von Unterlagen unterfällt nach dem Willen der Betriebspartner nicht der tariflichen Ausschlußfrist.

### I. Übergangs- und Schlußbestimmungen

### § 40 Geltungsbereich

(1) Die allgemeine Arbeitsordnung gilt für alle Arbeitnehmer im Sinne des BetrVG. Sie gilt nicht, soweit ihr zwingende gesetzliche oder tarifvertragliche Bestimmungen entgegenstehen. Gegenüber für den Mitarbeiter günstigeren vertraglichen Vereinbarungen tritt sie zurück.

(2) Zusammen mit dem unterzeichneten Arbeitsvertrag erhält jeder Mitarbeiter ein Exemplar der Arbeitsordnung. Die Arbeitsordnung liegt außerdem in der Personalabteilung und beim Betriebsrat zur Einsichtnahme aus. Jeder Mitarbeiter hat die Pflicht, Aushändigung und Kenntnisnahme der Arbeitsordnung schriftlich zu bestätigen.

### § 41 Inkrafttreten

Die Allgemeine Arbeitsordnung tritt am             in Kraft.

### § 43 Änderung und Kündigung

(1) Die Arbeitsordnung oder einzelne ihrer Bestimmungen können mit einer Frist von drei Monaten zum Monatsende gekündigt werden. Die Kündigung wird der Belegschaft durch Aushang oder Mitteilung in der Werkzeitung bekannt gemacht.

(2) Die gekündigten Bestimmungen der Arbeitsordnung bleiben bis zum Abschluß einer neuen Arbeitsordnung oder der gekündigten Teile der Arbeitsordnung in Kraft (Nachwirkung).

## 3. Muster: Betriebsordnung für die gewerblichen Arbeitnehmer und die Angestellten einer Unternehmensgruppe (Pkw-Verkauf, Tankstellen, Baustoffhandel, Steinbrüche, Kiesgruben)

### Inhaltsverzeichnis

§ 1 Geltungsbereich
§ 2 Wirksamkeit
§ 3 Beginn und Beendigung des Beschäftigungsverhältnisses
§ 4 Arbeitszeit
§ 5 Mehr-, Nacht-, Sonn- u. Feiertagsarbeit
§ 6 Eingruppierung
§ 7 Entgeltsgrundsätze

§ 8 Entgeltszahlung
§ 9 Sonderzahlung
§ 10 Entgeltszahlung an Feiertagen
§ 11 Entgeltszahlung im Krankheitsfalle
§ 12 Unterstützung im Sterbefall
§ 13 Urlaub
§ 14 Freistellung von der Arbeit
§ 15 sonstige Arbeitsverhinderungsgründe
§ 16 Sonstiges

### § 1 Geltungsbereich
1. Die Tarif- und Arbeitsordnung gilt für alle Mitarbeiter der Unternehmensgruppe .
2. Ausgenommen sind die Mitglieder der Geschäftsleitung und die Handlungsbevollmächtigten (leitende Angestellte) sowie die Aushilfskräfte.
3. Die Unternehmensgruppe besteht aus den Firmen:

### § 2 Wirksamkeit
Diese Fassung der Betriebsordnung gilt mit Wirkung vom .

### § 3 Beginn und Beendigung des Beschäftigungsverhältnisses
1. Arbeitsverhältnisse mit gewerblichen Arbeitnehmern und Angestellten (außer Aushilfen) werden vor Aufnahme der Arbeit mit einem schriftlichen Arbeitsvertrag auf der Basis dieser Betriebsordnung begründet.
2. Es kann eine Probezeit vereinbart werden. Diese soll bei gewerblichen Arbeitnehmern 6 Wochen, bei Angestellten 3 Monate nicht überschreiten.

   Während der Probezeit kann das Probearbeitsverhältnis für gewerbliche Arbeitnehmer von beiden Seiten mit einer Frist von zwei Wochen, bei Angestellten von beiden Seiten mit einer Frist von einem Monat zum Monatsende gekündigt werden.
3. Das Arbeitsverhältnis endet durch Kündigung oder bei befristeten Arbeitsverhältnissen durch Zeitablauf. Die Kündigung bedarf der Schriftform.
4. Das Arbeitsverhältnis eines gewerblichen Arbeitnehmers oder eines Angestellten kann mit einer Frist von vier Wochen zum Fünfzehnten oder zum Ende eines Kalendermonats gekündigt werden.
5. Für eine Kündigung durch den Arbeitgeber beträgt die Kündigungsfrist, wenn das Arbeitsverhältnis
   - 2 Jahre bestanden hat:
     einen Monat zum Ende eines Kalendermonats;
   - 5 Jahre bestanden hat:
     zwei Monate zum Ende eines Kalendermonats;
   - 8 Jahre bestanden hat:
     drei Monate zum Ende eines Kalendermonats;
   - 10 Jahre bestanden hat:
     vier Monate zum Ende eines Kalendermonats;
   - 12 Jahre bestanden hat:
     fünf Monate zum Ende eines Kalendermonats;
   - 20 Jahre bestanden hat:
     sieben Monate zum Ende eines Kalendermonats.

   Bei der Berechnung der Beschäftigungsdauer werden Zeiten, die vor der Vollendung des fünfundzwanzigsten Lebensjahres des Arbeitnehmers liegen, nicht berücksichtigt.
6. Das Arbeitsverhältnis kann von jedem Arbeitsvertragspartner aus wichtigem Grund ohne Einhaltung einer Kündigungsfrist gekündigt werden, wenn Tatsachen vorliegen, aufgrund derer

dem Kündigenden unter Berücksichtigung aller Umstände des Einzelfalles und unter Abwägung der Interessen beider Vertragsteile die Fortsetzung des Arbeitsverhältnisses bis zum Ablauf der Kündigungsfrist oder bis zu der vereinbarten Beendigung des Arbeitsverhältnisses nicht zugemutet werden kann.

Die Kündigung kann nur innerhalb von zwei Wochen erfolgen. Die Frist beginnt mit dem Zeitpunkt, in dem der Kündigungsberechtigte von den für die Kündigung maßgebenden Tatsachen Kenntnis erlangt. Der Kündigende muß dem anderen Teil auf Verlangen den Kündigungsgrund unverzüglich schriftlich mitteilen.

7. Stichtag für die Berechnung des Lebensalters und der Betriebszugehörigkeit ist der dem 1. Januar folgende Arbeitstag.

   Eine frühere Betriebszugehörigkeit wird nicht angerechnet, wenn das Arbeitsverhältnis länger als 1 Jahr zusammenhängend unterbrochen war oder durch freiwillige Aufgabe des Arbeitsverhältnisses beendet wurde.

8. Unberührt bleiben die gesetzlichen Bestimmungen über die fristlose Auflösung des Arbeitsverhältnisses.

9. Schwarzarbeit berechtigt zur fristlosen Kündigung des Arbeitsverhältnisses.

   Schwarzarbeit ist die in das Gewerbe fallende Arbeit, die vom Arbeitnehmer für andere Betriebe oder sonstige Auftraggeber verrichtet oder auf eigene Rechnung gegen Entgelt durchgeführt wird.

10. Verzichtet der Arbeitgeber während der Kündigungsfrist auf die Dienste des Angestellten, so sind, wenn der Angestellte neben einem Festgehalt Provisionen erhält, seine Bezüge wie bei Krankheit zu berechnen.

11. Nach Beendigung des Arbeitsverhältnisses hat der Arbeitnehmer Anspruch auf ein qualifiziertes Zeugnis.

    Auf Wunsch des Arbeitnehmers wird auch ein qualifiziertes Zwischenzeugnis erteilt.

12. Eine fristlose Kündigung, die als solche unwirksam ist, gilt als fristgemäße Kündigung zum nächstmöglichen Zeitpunkt.

13. Löst der Arbeitnehmer das Arbeitsverhältnis rechtswidrig auf, oder kommt er vorsätzlich einer wesentlichen Dienstpflicht nicht nach, so steht dem Arbeitgeber
    a) bei Arbeitern
       ohne Nachweis des entstandenen Schadens ein Ersatzanspruch gemäß § 124 b Gewerbeordnung in Höhe eines Wochenlohnes zu.
    b) bei Angestellten
       ohne Nachweis des entstandenen Schadens ein Ersatzanspruch in Höhe eines halben Monatsgehaltes zu.

14. Im Falle des Ausscheidens ist der Arbeitnehmer verpflichtet, unaufgefordert sämtliche in seinem Besitz befindlichen Geschäftsunterlagen sowie vom Arbeitgeber gestellte Werkzeuge und Arbeitskleidung diesem auszuhändigen.

    Für Verlust und schuldhafte Beschädigung hat er dem Arbeitgeber Schadensersatz zu leisten, der gegen Lohn/Gehaltsforderungen aufgerechnet wird.

## § 4 Arbeitszeit

1. Die regelmäßige Arbeitszeit ergibt sich aus den Arbeitszeitregelungen.

2. Beginn und Ende der täglichen Arbeitszeit einschließlich der Pausen und die Verteilung der Arbeitszeiten auf einzelne Wochentage werden in den einzelnen Firmen bzw. in den Firmenbereichen und/oder Betriebsstellen nach Maßgabe der betrieblichen Erfordernisse gesondert geregelt.

   Die Regelungen werden von den Betriebsstellen-Leitern erarbeitet und der Geschäftsleitung zur Genehmigung vorgeschlagen.

Die Arbeitszeit an den Tagen vor Weihnachten und Neujahr endet um 12.00 Uhr, und zwar bei voller Bezahlung.

3. Die Überschreitung der regelmäßigen Arbeitszeit bei gewerblichen Arbeitnehmern ist Mehrarbeitszeit. Diese wird im Rahmen der folgenden Bestimmungen, § 5, durch Zuschläge vergütet. Die Mehrheit bei gewerblichen Arbeitnehmern der            wird im Rahmen der folgenden Bestimmungen (§ 5) erst ab der 5. Stunde vergütet.

   Die Überschreitung der regelmäßigen Arbeitszeit bei Angestellten ist ebenfalls Mehrarbeitszeit. Diese wird vergütet und zwar nach Maßgabe der Bestimmungen des § 5. Mehrarbeit soll auf Ausnahmefälle nach Maßgabe der betrieblichen Erfordernisse beschränkt bleiben.

4. Für Jugendliche gelten die Bestimmungen des Jugendarbeitsschutzgesetzes in seiner jeweils geltenden Fassung.

5. Aus dringenden betrieblichen Gründen, z. B. zur Vermeidung von Entlassungen oder vorübergehenden Stillegungen, auch als unmittelbare Auswirkung eines Streiks, kann für die gesamte Belegschaft oder für einen Teil (nicht jedoch für einzelne Arbeitnehmer) eine kürzere als die regelmäßige Arbeitszeit (Kurzarbeit) nach einer Ankündigungsfrist von 8 Arbeitstagen eingeführt werden. Für die Ankündigung genügt ein Aushang im Betrieb und in den betroffenen Betriebsstellen. Die Ankündigungsfrist gilt als gewahrt, wenn die Einführung der Kurzarbeit innerhalb von 8 Tagen erfolgt.

   Wird einem Arbeitnehmer vor Einführung, bei Beginn oder während der Kurzarbeit gekündigt, so hat er für die Dauer der Kündigungsfrist Anspruch auf den vollen Verdienst der regelmäßigen Arbeitszeit. Der Anspruch mindert sich, soweit ein Anspruch auf Kurzarbeitergeld besteht. Der Anspruch entfällt, wenn die Kündigung aus wichtigem Grunde erfolgt. Im übrigen gelten die gesetzlichen Bestimmungen.

### § 5 Mehr-, Nacht-, Sonn- und Feiertagsarbeit

**1. Allgemeines**

a) Mehr-, Nacht-, Sonn- und Feiertagsarbeit ist nach Möglichkeit zu vermeiden. Soweit sie in dringenden Fällen erforderlich ist, wird sie betrieblich geregelt, und zwar liegt die Zuständigkeit hierfür bei den Betriebsstellen-Leitern.

b) Anspruch auf Entgelt für geleistete Mehr-, Nacht-, Sonn- und Feiertagsarbeit besteht nur dann, wenn sie vom Arbeitgeber bzw. dem zuständigen Betriebsstellenleiter angeordnet und in allen Einzelheiten geregelt und genehmigt worden ist.

c) Mehrarbeit ist die über die regelmäßige Arbeitszeit täglich hinausgehende Arbeitszeit. Fehlstunden sind zuvor bei der Berechnung auszugleichen. Berechnungsperiode ist hierfür der Abrechnungsmonat.

d) Nachtarbeit ist die zwischen 20.00 Uhr und 06.00 Uhr geleistete Arbeit.

e) Sonn- und Feiertagsarbeit ist jede an diesen Tagen zwischen 0.00 Uhr und 24.00 Uhr geleistete Arbeit.

**2. Zuschläge für Mehr-, Nacht-, Sonn- und Feiertagsarbeit**

Es werden folgende Zuschläge gezahlt und zwar bezogen auf das reguläre Brutto-Entgelt je Stunde, wobei die jeweiligen Monatsstunden pro Jahr bei Gehaltsempfängen oder Monatslöhnen zugrundegelegt werden:

a) für Mehrarbeit 25 %
b) für Nachtarbeit 25 %
c) für Sonn- und Feiertagsarbeit 50 %.

### 3. Sonstiges

a) Die Regelungen über Nacht- und Feiertagsarbeit gelten nicht für die Beschäftigten an den Tankstellen.

b) Beim Zusammentreffen mehrerer Zuschläge wird nur ein Zuschlag, und zwar der höhere, berechnet.

c) Die Auszahlung des Entgeltes für geleistete Überzeitarbeit erfolgt bei der nächstmöglichen Entgeltszahlung.

d) Die Regelungen über Mehr-, Nacht-, Sonn- und Feiertagsarbeit gelten nicht für Angestellte, die neben einem Festgehalt Provisionen beziehen.

### 5. Freizeitgewährung bei geleisteter Mehrarbeit

Bei Vereinbarung von Mehrarbeit gemäß § 4 ist gleichzeitig im Zusammenwirken mit den Betriebsstellen-Leitern zu regeln, ob die geleistete Mehrarbeit bezahlt oder mit bezahlter Freistellung von der Arbeit abgegolten wird.

Wird letzteres vereinbart, gilt folgendes:

a) Die Abgeltung durch bezahlte Freizeit gemäß § 4 hat innerhalb von 2 Lohn/Gehaltsperioden zu erfolgen, die Lohn/Gehaltsperiode mit eingeschlossen, in der die Mehrarbeit anfiel.

b) Für eine Stunde Mehrarbeit gibt es eine Stunde bezahlte Freistellung von der Arbeit.

Die Regelungen für Freizeitgewährung gelten nicht für Angestellte im Außendienst.

Die Geschäftsleitung kann für einzelne Sonderfälle von betrieblich bedingter und im Einzelfall anzuordnender Mehrarbeit gesonderte, ggf. auch zeitlich begrenzte Regelungen für bestimmte Teile der Unternehmensgruppe ▬▬▬ einführen.

## § 6 Eingruppierung

### Allgemeine Eingruppierungsmerkmale

1. Sämtliche Arbeitnehmer werden entsprechend ihrer Tätigkeit in Tätigkeitsgruppen eingruppiert.
2. Maßgebend für die Eingruppierung sind die Gruppenmerkmale, d. h. die ausübte Tätigkeit und/oder die berufliche Ausbildung.
3. Übt ein Arbeitnehmer Tätigkeiten aus, die mehreren Gruppen angehören, so wird er in diejenige Gruppe eingruppiert, die der überwiegenden Tätigkeit entspricht.
4. Bei Änderung einer dauernden Tätigkeit wird die Eingruppierung überprüft und ggf. neu vorgenommen.
5. Jede Änderung der Eingruppierung wird mit dem Arbeitnehmer abgestimmt.

### Gruppenbeispiele, Gruppierungsmerkmale, Beispiele

1. Gewerbliche Arbeitnehmer
   (Lohnempfänger)
   L 1 – L 5

   Monatslöhne Fahrer
   F 1 – F 3

2. Angestellte und Meister
   (Gehaltsempfänger)
   G 1 – G 5
   GM 1 – GM 3 (Meister)

3. Auszubildende
   A 1 – A 4

L 1, Arbeitnehmer ohne einschlägige Fachkenntnisse
(ungelernte)
- Hilfskräfte (gewerblich, technisch)
- Lagerarbeiter
- Platzarbeiter

L 2, Arbeitnehmer, die nach betrieblicher Einarbeitung mit so erworbenen Kenntnissen nach Anweisung in Teilbereichen einfache Arbeiten ausführen
- Kieswerker (Muldenkipperfahrer und Laderfahrer)
- Anlagenführer
- Kfz-Mechaniker
- Tankwarte (als Hilfskräfte)
- Lackierer (als Hilfskräfte)

L 3, Facharbeiter, die unter Aufsicht einfache Facharbeiten ausführen (für diese Gruppenzuordnung ist eine Gesellenprüfung Voraussetzung, soweit eine solche üblich ist)
- Kfz-Mechaniker
- Lackierer
- Monteure, Maschinisten
- Schlosser
- Kieswerker
- Baggerführer
- Raupenführer
- Wiegemeister

L 4, Facharbeiter, die auf Grund ihrer Ausbildung und ihrer fachlichen Erfahrung
a) selbständig arbeiten
b) bestqualifiziert sind
c) Altgesellen sind.
- Kfz-Mechaniker
- Lackierer
- Kieswerker
- Vorarbeiter
- stellv. Betriebsleiter.

L 5, Facharbeiter, die selbständig, in eigener Verantwortung, ohne Anweisung (ausgenommen allgemeine Betriebsanweisung) arbeiten und deren Tätigkeit eine Fachausbildung und mehrjährige Berufserfahrung erfordert.

F 1, LKW-Fahrer, bis zu 3 Jahren tätig

F 2, LKW-Fahrer, bis zu 5 Jahren tätig

F 3, LKW-Fahrer, insbesondere Berufskraftfahrer und Sonderfahrzeugefahrer

GM 1, Betriebsmeister, die als solche ausdrücklich angestellte sind und eingesetzt werden (Meisterprüfung nicht erforderlich)
- Kfz-Bereich
- Kieswerker (evtl.)

GM 2, Meister mit bestandener Meisterprüfung, die Beaufsichtigungsbefugnisse und Anweisungsbefugnisse haben
- Kfz-Bereich
- Kieswerker (evtl.)

GM 3, Meister mit bestandener Meisterprüfung, die auf Grund ihrer Fähigkeiten und umfassender betrieblicher Fachkenntnisse und mehrjähriger Berufserfahrung Abteilungen leiten, ein Aufgabengebiet selbständig und verantwortlich bearbeiten
- Kfz-Bereich
- Kieswerker (evtl.).

G 1, Angestellte für einfache Tätigkeiten schematischer Art ohne Vorkenntnisse (ungelernt)
- Hilfskräfte (Werkstatt, Lager)
- Bürodienste aller Art
- einfache Schreibarbeiten, Kartei, Fotokopierer, Registratur
- Botengänge.

G 2
a) Angestellte mit abgeschlossener Berufsausbildung (im 1. und 2. Gehilfenjahr)
b) Angestellte mit betrieblicher Ausbildung (Erledigung genau umrissener Aufgaben).
Der betrieblichen Ausbildung können Kenntnisse, die in mindestens 2-jähriger praktischer Tätigkeit erworben worden sind, gleichgesetzt werden.
- Schreibkräfte für einfache Arbeiten
- einfache Buchhaltungsarbeiten
- einfache Arbeiten im Verkaufs- und Lagerbereich
- Telefonbedienung
- EDV (Datenerfassung)
- einfache Verkaufsaufgaben
- Tankstellen-Kassen.

G 3, Angestellte mit erfolgreich abgeschlossener Ausbildung
- selbständige Erledigung
- bestimmter Aufgabe
  (Ersatz für Berufsausbildung; praktische und theoretische Kenntnisse können auch durch mehrjährige einschlägige Tätigkeit erworben worden sein).
- Sekretärinnen
- Schreibkräfte (Steno, Phono, Textverarbeitung)
- Buchhalter
- Lohnbuchhalter
- Sachbearbeiter
    - Lager
    - Verkauf
    - Einkauf/Disposition
    - Kasse
    - Personal
    - Fakturierung
- Verkäufer
- Kundendienst-Mitarbeiter
- Telefonbedienung (größere Anlage)
- EDV, Operating und einfache Programmierung.

G 4, Angestellte mit erfolgreich abgeschlossener Berufsausbildung
- selbständig
- verantwortlich tätig
- mit besonderen Fachkenntnissen
  für
- Buchhalter
- Lohnbuchhalter
- Lagerverwalter

- Sachbearbeiter
  - Kundendienst
  - Hauptkasse
  - Verkauf/Einkauf/Disposition
  - Personal
- Sekretärinnen
- Verkäufer
- EDV, Operating, Programmierung.

G 5, Angestellte mit erfolgreich abgeschlossener Berufsausbildung
- selbständig
- verantwortlich tätig
- mehrjährige, einschlägige Berufserfahrung
- Entscheidungsbefugnisse
  für Gruppenleiter
  - Verkauf/Einkauf/Disposition
  - Personal
  - Buchhaltung
  - Lager
  Stellvertretende von Leitern der
  - Bereiche
  - Abteilungen
  - Betriebsstellen.

Auszubildende

A 1  1. Ausbildungsjahr
A 2  2. Ausbildungsjahr
A 3  3. Ausbildungsjahr
A 4  4. Ausbildungsjahr.

## § 7 Entgeltgrundsätze

1. Für gewerbliche Arbeitnehmer (Lohnempfänger) gilt das Zeitlohnentgelt oder das Monatslohnentgelt.
2. Für Angestellte (Gehaltsempfänger) wird das Arbeitsentgelt als monatliches Bruttoentgelt geleistet (besondere Vereinbarungen vgl. § 7, Ziffer 6).
3. Bei gewerblichen Arbeitnehmern kann die Arbeit auch im Leistungslohn oder nach Prämiensystem ausgeführt werden. Voraussetzungen und Bedingungen sind in gesonderten Regelungen festzulegen.
4. Die Höhe des Arbeitsentgeltes richtet sich nach der Lohn- und Gehaltstabelle (Anlage). Die Tabelle orientiert sich an bestehenden Tarifvereinbarungen der in der Unternehmensgruppe vorkommenden Geschäftszweige (Kraftfahrzeuggewerbe, Verkehrsgewerbe, Bau-Steine-Erden).
5. Es können Zulagen auf die in der Lohn/Gehaltstabelle enthaltenen Beträge vereinbart werden.

    Bei generellen Anpassungen der Löhne und Gehälter an veränderte wirtschaftliche Verhältnisse können diese Zulagen immer auf die neuen Ansprüche angerechnet werden.
6. Mit Angestellten, die neben einem monatlichen Festgehalt Provisionen beziehen, sind Entgeltsvereinbarungen gesondert schriftlich festzulegen.
7. Die Lohn/Gehaltstabelle gilt jeweils für ein Jahr. Eine generelle Überprüfung wird zum 01.07. eines jeden Jahres vorgenommen.

## § 8 Entgeltzahlung

1. Das Arbeitsentgelt wird jeweils zum Ende des Monatszeitraums (Abrechnungsperiode) nachträglich gezahlt.
2. Der Arbeitnehmer erhält eine Abrechnung, aus der die Zahl der geleisteten Arbeitsstunden, der Bruttoverdienst, der Abrechnungszeitraum, evtl. Abschlagszahlungen, die Zuschläge und Abzüge im einzelnen ersichtlich sind.
3. Alle Zahlungen werden bargeldlos auf ein vom Arbeitnehmer anzugebendes Konto geleistet.
4. Auf Wunsch des Arbeitnehmers, jedoch nur mit ausdrücklicher Zustimmung des Arbeitgebers, können Zahlungen auch an vom Arbeitnehmer zu benennende Dritte geleistet werden.
5. Dem Arbeitnehmer ist es nicht gestattet, gegenwärtige oder zukünftige Lohn/Gehaltsforderungen ohne Einverständnis des Arbeitgebers an Dritte abzutreten. Solche Abtretungen sind gegenüber dem Arbeitgeber unwirksam.
6. Vorschußzahlungen können nur in Einzelfällen erfolgen. Zuständig ist der betreffende Betriebsstellen-Leiter.

## § 9 Sonderzahlungen

1. Jeder Arbeitnehmer erhält ab dem Kalenderjahr 1985 neben seinem Arbeitsentgelt eine jährliche Sonderzahlung (Urlaubsgeld) in Höhe von 40 % seines monatlichen Bruttoarbeitsentgeltes.

   Bemessungsgrundlage für diese Sonderzahlung ist:
   a) bei gewerblichen Arbeitnehmern (Lohnempfängern) der vereinbarte Stundenlohn bezogen auf die Regelarbeitszeit
   b) bei Angestellten (Gehaltsempfängern) das vereinbarte monatliche Brutto-Gehalt, bzw. das Festgehalt
   c) bei Auszubildenden die Bruttoausbildungsvergütung.

   Die Sonderzahlung wird mit je 1/12 zusammen mit dem monatlichen Arbeitsentgelt abgerechnet und geleistet.

   Das Urlaubsgeld für die Auszubildenden wird ab ▓▓▓▓▓ zweimal jährlich, mit der Abrechnung Mai und mit der Abrechnung November, ausgezahlt.

2. Der Arbeitgeber erbringt für jeden Arbeitnehmer vermögenswirksame Leistungen.

   Die vermögenswirksamen Leistungen betragen ▓▓▓▓▓ DM (▓▓▓▓▓ EUR) monatlich, für Auszubildende ▓▓▓▓▓ DM (▓▓▓▓▓ EUR) monatlich (Teilzeitbeschäftigte erhalten die Leistung zeitanteilig).

   Eine Barauszahlung ist ausgeschlossen. Die vermögenswirksame Anlage ist dem Arbeitgeber vor Zahlung, durch die Vorlage eines entsprechenden Antrages, nachzuweisen.

3. Der Arbeitgeber wird jährlich bis zum 30. November eine weitere Sonderzahlung leisten.

   Die Höhe kann von Fall zu Fall unterschiedlich sein und steht im freien Ermessen des Arbeitgebers.

4. Die Arbeitnehmer erhalten bei einer ununterbrochenen Betriebszugehörigkeit von 10 Jahren und 25 Jahren eine Jubiläumszuwendung in Höhe der im Rahmen der Lohnsteuerrichtlinien steuerfreien Beträge:
   DM 1.200,– (613,55 EUR) bei 25 Jahren
   DM    600,– (306,78 EUR) bei 10 Jahren.

   Zahlungen werden erstmals für Jubiläen geleistet, die nach dem 30.06.1985 eingetreten sind bzw. eintreten.

   Bei den Arbeitnehmern, die aus saisonalen Gründen jährlich entlassen werden, sind die Arbeitslosenzeiten als Beschäftigungszeiten anzusehen. Die Beschäftigung durch einen anderen Arbeitgeber unterbricht die Betriebszugehörigkeit.

## § 5 Kapitel 2: Erzwingbare Betriebsvereinbarungen

5. Die Arbeitnehmer erhalten eine Heiratsbeihilfe in folgender Höhe, die im Rahmen der Lohnsteuerrichtlinien steuerfrei ist.

   Die Heiratsbeihilfe richtet sich nach der Betriebszugehörigkeit und ist durch die Heiratsurkunde nachzuweisen:
   bis 5 Jahre Betriebszugehörigkeit            DM 400,– (204,52 EUR)
   bis 10 Jahre Betriebszugehörigkeit           DM 500,– (255,65 EUR)
   über 10 Jahre Betriebszugehörigkeit          DM 600,– (306,78 EUR).

   Diese Regelung gilt mit Wirkung vom _____ . Bei der Berechnung der Betriebszugehörigkeit werden auch die Ausbildungszeiten mitgerechnet.

### § 10 Entgeltzahlungen an Feiertagen

1. a) Für die Arbeitszeit, die infolge eines gesetzl. Feiertages ausfällt, ist vom Arbeitgeber den Arbeitnehmern der Arbeitsverdienst zu zahlen, den sie ohne den Arbeitsausfall erhalten hätten. Die Arbeitszeit, die an einem gesetzl. Feiertag gleichzeitig infolge von Kurzarbeit ausfällt und für die an anderen Tagen als an den gesetzlichen Feiertagen Kurzarbeit geleistet wird, gilt als infolge eines gesetzlichen Feiertages ausgefallen (d. h. Durchschnitt aus den letzten 3 Monaten).

   b) Für die Beschäftigten der _____ , Abteilung Spedition, gilt:
   Für die Arbeitszeit, die infolge eines gesetzl. Feiertages ausfällt, ist vom Arbeitgeber dem Arbeitnehmer der Arbeitsverdienst zu zahlen, der sich aus dem Monatslohn ergibt (d. h. 10 Std. x Stundenlohn); evtl. gearbeitete Überstunden werden nicht berücksichtigt.

   c) Für die Beschäftigten der _____ , Abteilung Gruben, gilt:
   Für die Arbeitszeit, die infolge eines gesetzl. Feiertages ausfällt, ist vom Arbeitgeber dem Arbeitnehmer der Arbeitsverdienst zu zahlen, der sich aus der Durchschnittsberechnung des letzten Jahres ergibt. In die Durchschnittsberechnung werden alle regelmäßigen Zahlungen einbezogen.

2. Ist der Arbeitgeber zur Fortzahlung des Arbeitsentgeltes für den gesetzlichen Feiertag nach den gesetzlichen Vorschriften über die Entgeltfortzahlung im Krankheitsfalle verpflichtet, so bemißt sich die Höhe des fortzuzahlenden Arbeitsentgeltes für diesen Feiertag nach den Vorschriften im Krankheitsfalle.

3. Arbeitnehmer, die am letzten Arbeitstag vor oder am ersten Arbeitstag nach Feiertagen unentschuldigt der Arbeit fernbleiben, haben keinen Anspruch auf Bezahlung für diese Feiertage.

### § 11 Entgeltzahlung im Krankheitsfall

Bei Arbeitsunfähigkeit infolge Krankheit gelten die jeweils gültigen Vorschriften des Gesetzes über die Zahlung des Arbeitsentgeltes im Krankheitsfalle.

1. Ist der Arbeitnehmer durch Krankheit oder sonstige unvorhergesehene Ereignisse an der Arbeitsleistung verhindert, so ist dem Arbeitgeber unverzüglich unter Angabe von Gründen Mitteilung zu machen.

2. Auch ist er verpflichtet, vor Ablauf des dritten Kalendertages nach Beginn der Arbeitsunfähigkeit eine ärztliche Bescheinigung über die Arbeitsunfähigkeit sowie über deren voraussichtliche Dauer nachzureichen.

3. In Fällen unverschuldeter, mit Arbeitsunfähigkeit verbundener Krankheit einschließlich eines wegen dieser Krankheit von dem Versicherungsträger bewilligten Heilverfahrens erhält der Arbeitnehmer für die Dauer von 6 Wochen Lohnfortzahlung nach den gesetzlichen Bestimmungen.

4. Das fortzuzahlende Arbeitsentgelt ist derzeit wie folgt zu berechnen:

   a) Die Höhe der Entgeltfortzahlung im Krankheitsfall beträgt 80 % des dem Arbeitnehmer bei der für ihn maßgebenden regelmäßigen Arbeitszeit zustehenden Arbeitsentgelts. Ein Anspruch auf Lohnfortzahlung entsteht erst nach vierwöchiger ununterbrochener Dauer des Arbeitsverhältnisses.

b) Die Arbeitnehmer, die nach Stundenlohn vergütet werden, erhalten 80 % des Durchschnittsverdienstes der letzten 3 Monate.

c) Für die Beschäftigten bei der _____, Abteilung Spedition, gilt:

Für die Arbeitszeit, die infolge Krankheit des Arbeitnehmers ausfällt, ist vom Arbeitgeber dem Arbeitnehmer der Arbeitsverdienst zu zahlen, der sich aus dem Monatslohn ergibt (d. h. 10 Stunden x Stundenlohn), evtl. gearbeitete Überstunden werden nicht berücksichtigt.

d) Für die Beschäftigten der _____, Abteilung Gruben, gilt:

Für die Arbeitszeit, die infolge Krankheit des Arbeitnehmers ausfällt, ist vom Arbeitgeber dem Arbeitnehmer der Arbeitsverdienst zu zahlen, der sich aus der Durchschnittsberechnung des letzten Jahres ergibt. In die Durchschnittsberechnung werden alle regelmäßigen Zahlungen einbezogen.

e) Bei Kurzarbeit kann ein Arbeitnehmer im Krankheitsfall kein höheres Entgelt beanspruchen, als wenn er gearbeitet hätte. Die verkürzte Arbeitszeit ist zugrundezulegen.

f) Die Auszahlung des fälligen Arbeitsentgelts erfolgt in der betriebsüblichen Art und Weise, die Krankheitstage werden in der Lohn/Gehaltsperiode zu den betriebsüblichen Lohn/Gehaltszahlungsterminen abgerechnet.

g) Wird die Arbeitsunfähigkeit des Arbeitnehmers durch einen Dritten verursacht, ist der Arbeitnehmer verpflichtet, die ihm gegen diesen Dritten zustehenden Schadensersatzansprüche in Höhe des ihm während der Arbeitsunfähigkeit gezahlten Lohnes einschl. des darauf entfallenden Sozialversicherungsbeitrages des Arbeitgebers abzutreten oder an den Arbeitgeber abzuführen.

Der Arbeitnehmer ist verpflichtet, dem Arbeitgeber die zur Rechtsverfolgung dienlichen Auskünfte zu geben und Beweismittel zur Verfügung zu stellen.

5. Bei Angestellten, die neben einem Festgehalt Provisionen beziehen, gilt folgende Regelung:

Das Entgelt besteht aus dem Festgehalt und der Provision. Die letztere wird ermittelt, indem für jeden Arbeitstag 1/300 der während der letzten 12 Monate gezahlten Provisionssumme eingesetzt wird.

Bei kürzerer Beschäftigungsdauer ist ein entsprechender Durchschnittssatz aus der seit Beginn der Tätigkeit gezahlten Provisionssumme zu bilden.

### § 12 Unterstützung im Sterbefall

1. Hinterläßt ein Arbeitnehmer einen unterhaltspflichtigen Ehegatten oder unterhaltspflichtige Kinder unter 18 Jahren, deren Berufsausbildung noch nicht beendet ist, ist das Entgelt vom Sterbetag an gerechnet für einen Monat weiterzuzahlen.

   Zusätzlich sind ab einer ununterbrochenen Betriebszugehörigkeit von
   10 Jahren 1 voller Monatsverdienst
   20 Jahren 2 volle Monatsverdienste
   zu zahlen.

2. Wenn der Tod auf einen Arbeitsunfall zurückzuführen ist, so erhalten die Angehörigen, die in häuslicher Gemeinschaft mit dem Verstorbenen lebten, 2 volle Monatsverdienste, nach 5-jähriger Betriebszugehörigkeit 3 volle Monatsverdienste.

3. Stichtag für die Berechnung der Betriebszugehörigkeit ist der dem 1. Januar folgende Arbeitstag.

4. Der Durchschnittsverdienst ergibt sich aus dem Durchschnittsverdienst der letzten 3 Monate.

5. Sind mehrere Anspruchsberechtigte vorhanden, so wird der Arbeitgeber durch Zahlung an einen Anspruchsberechtigten befreit.

6. Bei Angestellten, die neben einem Festgehalt Provisionen beziehen, ist das Monatsgehalt das doppelte Festgehalt.

## § 13 Urlaub

### A. Urlaubsanspruch

1. Jeder Arbeitnehmer hat in jedem Jahr Anspruch auf Urlaub unter Fortzahlung des Entgelts.
2. Urlaubsjahr ist das Kalenderjahr.
3. Der erste Anspruch auf einen vollen Jahresurlaub entsteht nach einer ununterbrochenen 6-monatigen Beschäftigungsdauer. Bei Wiedereintritt in den Betrieb ist die Wartezeit neu zu erfüllen.
4. Der Urlaubsanspruch entsteht und berechnet sich zeitanteilig entsprechend der Beschäftigungsdauer im Kalenderjahr.
5. Der Urlaub soll nach Möglichkeit im Urlaubsjahr zusammenhängend in Anspruch genommen werden, sofern nicht berechtigte Belange des Betriebes entgegenstehen. Der Urlaubsanspruch erlischt mit Ablauf des Kalenderjahres. Falls der Urlaub während des Kalenderjahres aus betrieblichen oder persönlichen Gründen nicht gewährt bzw. in Anspruch genommen werden kann, muß er bis zum 31. 03. des Folgejahres gewährt und in Anspruch genommen werden, ansonsten ist der Urlaub verfallen.

### B. Urlaubsdauer

1. Der Jahresurlaub beträgt für alle Arbeitnehmer 30 Arbeitstage.
2. Schwerbehinderte im Sinne des § 1 Schwerbehindertengesetzes erhalten den gesetzlichen Zusatzurlaub:
   5 Tage bei einer 5-Tage-Woche
   6 Tage bei einer 6-Tage-Woche.
3. als Urlaubs- bzw. Arbeitstage zählen alle Arbeitstage laut Arbeitszeitvereinbarung mit Ausnahme der Sonntage und der gesetzlichen Feiertage.

### C. Urlaubsentgelt

1. a) Die Bezahlung während des Urlaubs (Urlaubsentgelt) bemißt sich bei den gewerblichen Arbeitnehmern (Lohnempfängern) nach dem durchschnittlichen Arbeitsverdienst, den der gewerbliche Arbeitnehmer in den letzten 3 abgerechneten Monaten vor dem Beginn des Urlaubs erhalten hat. Bei Verdiensterhöhungen nicht nur vorübergehender Natur, die während des Berechnungszeitraumes oder des Urlaubs eintreten, ist vom erhöhten Verdienst auszugehen.

   b) Für die Beschäftigten bei der           , Abteilung Spedition, gilt:
   Für die Arbeitszeit, die infolge Urlaub ausfällt, ist vom Arbeitgeber dem Arbeitnehmer der Arbeitsverdienst zu zahlen, der sich aus dem Monatslohn ergibt (d. h. 10 Std. x Stundenlohn); evtl. gearbeitete Überstunden werden nicht berücksichtigt.

   c) Für die Beschäftigten bei der           , Abteilung Gruben, gilt:
   Für die Arbeitszeit, die infolge Urlaub ausfällt, ist vom Arbeitgeber dem Arbeitnehmer der Arbeitsverdienst zu zahlen, der sich aus der Durchschnittsberechnung des letzten Jahres ergibt. In die Durchschnittsberechnung werden nur regelmäßige Zahlungen einbezogen.

   d) Bei Angestellten, die neben einem Festgehalt Provisionen erhalten, gilt folgende Regelung:

   Das Entgelt besteht aus dem Festgehalt und der Provision. Der der Provision entsprechende Betrag wird ermittelt, indem für jeden Arbeitstag 1/250 der während der letzten 12 Monate gezahlten Provisionssumme eingesetzt wird.

   Bei kürzerer Beschäftigungsdauer ist ein entsprechender Durchschnittssatz aus der seit Beginn der Tätigkeit gezahlten Provisionssumme zu bilden.

2. Verdienstkürzungen, die im Berechnungszeitraum infolge von Kurzarbeit, Arbeitsausfällen oder unverschuldeter Arbeitsversäumnisse entstehen, bleiben für die Berechnung des Urlaubsentgeltes außer Betracht.

3. Eine Abgeltung des Urlaubs ist grundsätzlich zu vermeiden. Ein beim Ausscheiden aus dem Betrieb fälliger Urlaubsanspruch ist möglichst während der Kündigungsfrist zu erfüllen. Lassen die betrieblichen Verhältnisse dies nicht zu oder scheidet der Arbeitnehmer fristlos aus, so kann eine Abgeltung in Geld erfolgen.

**D. Sonstige Urlaubsbestimmungen**

1. Für jede Betriebsstelle wird vom Betriebsstellen-Leiter ein jährlicher Urlaubsplan aufgestellt, der mit den Arbeitnehmern abgestimmt wird.
2. Erkrankt ein Arbeitnehmer während des Urlaubs, so werden die durch ärztliches Zeugnis nachgewiesenen Tage der Arbeitsunfähigkeit auf den Jahresurlaub angerechnet im Rahmen des Entgeltfortzahlungsgesetzes, falls der Arbeitnehmer dies wünscht.
3. Wird dem Arbeitnehmer von einem Träger der Sozialversicherung, einer Verwaltungsbehörde der Kriegsopferversorgung oder einem sonstigen Sozialleistungsträger eine Vorbeugungs-, Heil- oder Genesungskur gewährt, so darf die hierauf entfallende Zeit auf den Urlaub angerechnet werden im Rahmen des Entgeltfortzahlungsgesetzes.
4. Während des Urlaubs darf der Arbeitnehmer keine dem Urlaubszweck widersprechende Erwerbstätigkeit leisten.

### § 14 Freistellung von der Arbeit

1. In den nachfolgenden Fällen wird dem Arbeitnehmer Freizeit ohne Anrechnung auf den Urlaub unter Fortzahlung seines Verdienstes gewährt, und zwar

    - bei seiner Eheschließung                          2 Arbeitstage
    - bei Eheschließung von Familienangehörigen         1 Arbeitstag
    - bei seiner silbernen Hochzeit                     1 Arbeitstag
    - bei Niederkunft der Ehefrau                       2 Arbeitstage
    - bei Tod des Ehegatten                             3 Arbeitstage.
    - bei Todesfällen im engeren Familienkreis          1 Arbeitstag
      (Geschwister, Eltern, Kinder und Schwiegereltern)

    Bei einem Anspruch von mehreren Tagen brauchen diese nicht unbedingt zeitlich hintereinander zu liegen.

    Der Tag kann bei den vorgenannten Familienangehörigen wahlweise für den Begräbnistag genommen werden.

2. Bei plötzlich eintretender nachzuweisender schwerer Erkrankung des Ehegatten oder der in häuslicher Gemeinschaft lebenden Kinder, die die Anwesenheit des Arbeitnehmers unbedingt notwendig machen, wird die erforderliche Zeit, höchstens jedoch 1 Arbeitstag, bezahlt.

### § 15 Sonstige Arbeitsverhinderungsgründe

1. Ein Anspruch auf Fortzahlung des Entgelts besteht nur dann, wenn von dritter Seite keine Entschädigung gezahlt wird oder werden muß.
2. Bei der Erfüllung staatsbürgerlicher Pflichten, denen sich der Arbeitnehmer kraft Gesetzes während der Arbeitszeit nicht entziehen kann, wird die Zeit bezahlt, die nachweislich für die Erledigung dieser Angelegenheiten benötigt wird.
3. Schwerbehinderten ist die für die Dauer der amtlichen Untersuchung zwecks Rentenfestsetzung erforderliche Zeit der Verdienst weiterzuzahlen, soweit die Untersuchung sich nicht außerhalb der Arbeitszeit regeln läßt.
4. Dasselbe trifft zu für ärztliche Untersuchungen, die von behördlichen Stellen durchgeführt werden oder aufgrund gesetzlicher Bestimmungen vorgenommen werden müssen.

5. In nachstehenden Fällen ist dem Arbeitnehmer bezahlte Freizeit bis zur Höchstdauer von 3 Arbeitstagen pro Monat zu gewähren, ohne daß eine Anrechnung auf den Urlaub stattfinden darf:
   - beim Aufsuchen eines Arztes, sofern dies während der Arbeitszeit unvermeidbar ist,
   - bei Vorladung von Behörden und Ämtern
   - bei Vorladung von Gerichten entfällt die Vergütung in den Fällen, in denen der Arbeitnehmer im Strafverfahren Beschuldigter oder im Zivilverfahren Partei ist. Eine evtl. Kostenerstattung ist aufzurechnen.

In den vorgenannten Fällen ist eine entsprechende Bescheinigung vorzulegen. Der Anspruch auf Erstattung eines etwaigen Verdienstausfalles entsteht erst dann, wenn von dritter Stelle nachweislich kein Ersatz zu leisten ist. Der Arbeitnehmer hat dem Arbeitgeber unverzüglich die zur Geltendmachung des Ersatzanspruches erforderlichen Angaben zu machen.

## § 16 Sonstiges

**1. Bereitschaftsdienst**

Ab dem _____ erhalten die Mitarbeiter, die am Bereitschaftsdienst teilnehmen, 100,– DM (51,13 EUR) brutto pro Woche für die Bereithaltung. Die Zeit des evtl. Einsatzes wird mit den entsprechenden Zuschlägen gesondert vergütet.

**2. Dienstfahrzeuge**

Wird von der Geschäftsleitung ein Firmenfahrzeug zur Verfügung gestellt, so ist dieses zu Lasten des Arbeitnehmers den Lohnsteuerrichtlinien entsprechend zu versteuern.

**3. Direktversicherungen**

Direktversicherungen werden nur gegen Aufrechnung auf das Gehalt/Lohn bearbeitet. Die pauschale Lohn- und Kirchensteuer hat der Arbeitnehmer zu tragen.

**4. Fahrgeld bei Lehrgängen**

**a) bei Angestellten und Arbeitern**

Angestellten und Arbeitern wird in der Regel ein Firmenfahrzeug zur Verfügung gestellt. Kann dies aus betrieblichen Gründen nicht erfolgen, so sind pro gefahrenem km 0,42 DM (0,21 EUR) steuerfrei für das Privatfahrzeug auszuzahlen.

**b) bei Auszubildenden**

Bei Auszubildenden, die an überbetrieblichen Lehrgängen teilnehmen, sind die Fahrtkosten in der jeweils für das Unternehmen günstigsten Form (Bus, Pkw) zu übernehmen. Es muß sich hierbei um Lehrgänge handeln, die für das Ausbildungsverhältnis zwingend notwendig sind.

Bezahlt wird nur eine Hinfahrt und eine Rückfahrt pro Woche, da die Auszubildenden dort übernachten können, es sei denn, in der Woche ist die Berufsschule zu besuchen.

**5. Nebentätigkeit**

Nebentätigkeiten dürfen nur nach vorheriger Rücksprache mit der Geschäftsleitung übernommen werden.

**6. Schwerbehinderte**

Jeder Arbeitnehmer ist verpflichtet, den Schwerbehindertenausweis (falls vorhanden) vorzulegen und dem Arbeitgeber mitzuteilen, wenn er einen Antrag auf Feststellung der Schwerbehinderteneigenschaft beim Versorgungsamt einreicht.

**7. Verpflegungsmehraufwendungen**

Die Mitarbeiter erhalten pro Tag Fahrtätigkeit generell 16,50 DM (8,44 EUR) Spesen (bei Arbeiten auf dem Platz werden keine Spesen gezahlt), die nach den gesetzlichen Bestimmungen teilweise steuerfrei gezahlt werden.

Können die Mitarbeiter durch betriebliche Einteilungen nicht zu Hause übernachten, werden 50 DM (25,56 EUR) Spesen gezahlt, die nach den gesetzlichen Bestimmungen teilweise steuerfrei sind. Bei Zahlung der Übernachtungspauschale werden keine täglichen Spesenzahlungen mehr geleistet.

Wird den Beschäftigten ein Firmenfahrzeug zwecks Fahrten zur Baustelle zur Verfügung gestellt, so wird diesen Arbeitnehmern die Fahrzeit bis zum Einsatzort nicht vergütet.

### 4. Muster: Betriebsordnung

**1. Betriebsfremde Betätigung**

(a) Die Erledigung privater Tätigkeiten während der Arbeitszeit ist grundsätzlich verboten, es sei denn, der Vorgesetzte hat eine solche Tätigkeit ausdrücklich erlaubt.

(b) Jeder Handel zwischen Belegschaftsmitgliedern auf dem Betriebsgelände ist untersagt.

(c) Eine Aufforderung an Mitarbeiter zur Beteiligung an Sammlungen im Betrieb ist nur mit Zustimmung der Geschäftsleitung gestattet.

(d) Private Telefongespräche im Ortsverkehr sind im angemessenen Maße kostenfrei zulässig. Generell dürfen die Mitarbeiter aber nur in Ausnahmefällen selbst Anrufe tätigen. Bei Ferngesprächen hat der Mitarbeiter die Vorwahl _____ zu wählen. Über seine Telefonate erhält er eine monatliche Gebührenrechnung.

(e) Politische Betätigung auf dem Betriebsgelände ist nicht gestattet. Auch das Tragen von Plaketten, die wegen ihren meinungsbekennenden Inhalts zu einer Störung des Betriebsfriedens führen können, ist nicht gestattet.

**2. Werkverkehr**

(a) Fahrzeuge und Fahrräder dürfen nur auf den hierfür gekennzeichneten Stellen auf dem Firmenparkplatz geparkt werden.

(b) Die amtlichen Kennzeichen von auf dem Betriebsparkplatz abgestellten Pkw sind von dem Mitarbeiter dem Werkschutz zu melden.

(c) Die Firma übernimmt keine Haftung für auf dem Firmenparkplatz abgestellte Fahrzeuge.

(d) Fahrzeuge, die auf dem Firmenparkplatz nicht innerhalb der vorgesehenen Markierungen oder auf einem Behindertparkplatz, ohne daß Halter oder Fahrer Behindertenstatus genießen, oder auf dem Firmengelände nicht ordnungsgemäß abgestellt sind, können von der Firma auf Kosten des Mitarbeiters durch Abschleppunternehmen abtransportiert werden.

(e) Auf dem Firmengelände darf nicht mehr als 25 km/h gefahren werden.

**3. Kontrollen**

Die Betriebspartner sind sich darüber einig, daß zum Schutze des Eigentums der Mitarbeiter, aber auch zum Schutze des Eigentums des Arbeitgebers Kontrollen am Arbeitsplatz und an den Werktoren durchgeführt werden dürfen. Die Kontrollen sind auf das notwendige Maß zu beschränken. Der Betriebsrat erhält spätestens eine Woche nach Durchführung einer komplexeren Kontrollmaßnahme Nachricht über die Maßnahme und das dabei erzielte Ergebnis.

**4. Alkohol und Rauchen**

(a) Alkoholgenuß während der Arbeitszeit ist verboten. Nur in begründeten Ausnahmefällen wie bei Betriebsfeiern können vom Vorgesetzten Ausnahmen zugelassen werden.

(b) Bei dem Genuß von Tabak ist stets auf die Wünsche und die Gesundheit der übrigen Kollegen Rücksicht zu nehmen. In Räumen, in denen mehr als ein Mitarbeiter untergebracht ist, darf nur am Arbeitsplatz geraucht werden, wenn alle Mitarbeiter hiermit einverstanden sind.

(c) Das Rauchen ist im übrigen nur an den im Betrieb durch kein Rauchverbotszeichen gekennzeichneten Räumen gestattet.

## 5. Muster: Betriebsvereinbarung über Alkoholmißbrauch

Zwischen

der Firma

und

dem Betriebsrat

wird die nachfolgende Betriebsvereinbarung über Alkoholmißbrauch geschlossen:

### § 1 Mitnahme alkoholischer Getränke
Die Mitnahme alkoholischer Getränke in den Betrieb ist grundsätzlich verboten. Die Mitnahme ist nur aus besonderem Anlaß gestattet. Ein solcher Anlaß können betriebliche Feiern, Jubiläen oder Geschenksituationen sein, bei denen von einem Mitarbeiter einem anderen Mitarbeiter eine Flasche Wein etc. zum Geschenk gemacht wird.

### § 2 Alkoholgenuß im Betrieb
Der Genuß von Alkohol im Betrieb während der Arbeitszeit ist grundsätzlich verboten. Das Alkoholverbot gilt auch während der Pausen. Jeder Mitarbeiter hat den Betrieb in nüchternem Zustand zu betreten. Ausnahmen vom Verbot des Alkoholgenusses sind nur im Zusammenhang mit betrieblichen Feiern u.ä. Gelegenheiten gestattet, wenn eine Zustimmung des zuständigen Vorgesetzten vorliegt.

### § 3 Verhinderung von Alkoholgenuß im Betrieb
Vorgesetzte mit Führungsverantwortung, der Sicherheitsingenieur, die Betriebs-, Bereichs- und Abteilungsleiter sind verpflichtet, im Rahmen ihrer Möglichkeiten dafür Sorge zu tragen, daß keine alkoholischen Getränke am Arbeitsplatz oder im Betrieb getrunken werden.

### § 4 Sofortmaßnahmen bei festgestellter Alkoholisierung
Stellt ein Mitarbeiter oder Vorgesetzter fest, daß Verdacht auf Angetrunkenheit oder Volltrunkenheit besteht, ist eine sofortige Entscheidung über die Nichtbeschäftigung des Mitarbeiters herbeizuführen. Angetrunkenheit erkennt man erfahrungsgemäß an unsicherem Gang, Alkoholfahne sowie Beeinträchtigungen im Sprechen. Mitarbeiter, die derartige Merkmale feststellen, haben den Vorgesetzten zu unterrichten, Vorgesetzte haben eine Messung der Blutalkoholkonzentration bei dem Mitarbeiter zu veranlassen.

Der Mitarbeiter soll in einem solchen Falle befragt werden, ob er damit einverstanden ist, daß er sich einem Atem-Alkohol-Test oder einer Blutentnahme durch einen Arzt unterzieht. Dem Mitarbeiter soll angeboten werden, daß bei der Alkoholüberprüfung ein Mitglied des Betriebsrats zugegen ist. Erklärt sich der Mitarbeiter einverstanden, soll die Maßnahme durchgeführt werden. Erklärt sich der Mitarbeiter nicht einverstanden, haben die Beteiligten einen Vermerk zu fertigen, aus dem die Feststellungen zur Alkoholisierung des Mitarbeiters hervorgehen. Der Mitarbeiter ist sofort nach Hause zu schicken. Es ist sicherzustellen, daß er nicht sein privates Kraftfahrzeug auf dem Nachhauseweg benutzt.

Der Vermerk ist der Personalabteilung unverzüglich vorzulegen. Der Vermerk ist vorab von dem Vorgesetzten und etwaigen Zeugen zu unterzeichnen.

## § 5 Häufigkeit des Fehlverhalten

Bei einmaligem Fehlverhalten durch Alkoholmißbrauch ist der Mitarbeiter abzumahnen. Bei mehrmaligem Alkoholmißbrauch ist nach Abwägung aller Umstände des Einzelfalles eine ordentliche Kündigung auszusprechen, in extremen Fällen kann auch eine fristlose Kündigung als geeignetes Mittel in Betracht kommen, insbesondere dann, wenn aufgrund bestehender Unfallverhütungsvorschriften die Beschäftigung eines wiederholt alkoholisierten Mitarbeiters in bestimmten Bereichen wie Außendienst, als Kraftfahrer, Bagger- oder Kranfahrer etc. untersagt ist.

Stellt sich heraus, beispielsweise aufgrund von Feststellungen des Werkschutzes, daß der Alkoholgenuß bei dem Mitarbeiter Suchtcharakter hat, ist der Mitarbeiter verpflichtet, sich einer Entziehungskur (Entgiftung und Reha-Maßnahme) zu unterziehen. Kommt er dieser Aufforderung nicht nach, kann nach Abwägung aller Interessen eine ordentliche Kündigung ausgesprochen werden. Kommt der Mitarbeiter der Aufforderung nach, wird er jedoch rückfällig, ist ebenfalls eine verhaltensbedingte Kündigung im Regelfalle gerechtfertigt.

## § 6 Geltungsbereich, Inkrafttreten

Die Betriebsvereinbarung gilt für alle Mitarbeiter im Sinne des BetrVG einschließlich der Auszubildenden. Sie tritt am Tage ihrer Unterzeichnung in Kraft. Sie kann mit einer Frist von drei Monaten gekündigt werden und wirkt nach bis zu dem Zeitpunkt, an dem sie durch eine andere Betriebsvereinbarung ersetzt wird.

## 6. Muster: Betriebsvereinbarung über übertarifliche Zulagen

### 1. Geltungsbereich

a) Diese Betriebsvereinbarung gilt für alle wahlberechtigten Arbeitnehmer des Betriebes im Sinne von § 5 BetrVG.

b) Die Betriebsvereinbarung regelt nur die Höhe allgemeiner, übertariflicher Zulagen. Sie erfaßt nicht die Gewährung tariflicher Zulagen, wie für Schicht-, Nacht- und Mehrarbeit, die tarifliche Erschwerniszulage sowie arbeitsplatzbezogene Zulagen.

### 2. Bemessung der Zulage

a) Die Geschäftsführung allein bestimmt, welchem Mitarbeiter bzw. welcher Mitarbeiterin im Einzelfall eine allgemeine, übertarifliche Zulage gewährt wird. Die Zulagengewährung kann mit einer Ankündigungsfrist von einem Monat jederzeit von der Geschäftsleitung widerrufen werden. Die Zulage kann befristet gewährt werden, es ist jedoch nicht zulässig, die Zulage an Bedingungen zu knüpfen.

b) Die allgemeine, übertarifliche Zulage beträgt pro Beschäftigungsjahr           DM (          EUR).

### 3. Anrechnung bei Tariflohnerhöhungen

Zwischen den Parteien besteht Einigkeit, daß eine allgemeine, übertarifliche Zulage vom Arbeitgeber jederzeit auf Tariflohnerhöhungen angerechnet werden kann.

### 4. Kontrollbefugnisse des Betriebsrats

Zur Kontrolle der Einhaltung dieser Betriebsvereinbarung steht dem Betriebsrat sein Einsichtsrecht in die Bruttolohn- und Gehaltslisten zu. Außerdem verpflichtet sich die Geschäftsleitung, einmal jährlich den Betriebsrat über den Durchschnittswert der übertariflichen Zulagen zu unterrichten.

## § 5 Kapitel 2: Erzwingbare Betriebsvereinbarungen

**5. Kündigung**
Die Betriebsvereinbarung kann von beiden Parteien mit einer Frist von drei Monaten zum Monatsende gekündigt werden.

### 7. Muster: Betriebsvereinbarung über ein Prämiensystem für Mitarbeiter im Verkauf

Zwischen

der Firma

– nachfolgend Firma genannt –

und

dem Betriebsrat der Firma

– nachfolgend Betriebsrat genannt –

wird nachfolgende Betriebsvereinbarung geschlossen.

**§ 1 Regelungsgegenstand und Zweck der Vereinbarung**
(1) Regelungsgegenstand dieser Betriebsvereinbarung ist die Einführung eines freiwilligen Prämiensystems für die im Verkauf der Firma beschäftigten Mitarbeiter.
(2) Zweck dieser Regelung ist die Schaffung von Leistungsanreizen für die Mitarbeiter durch Einführung einer Leistungsprämie.
(3) Die Einführung der Prämienregelung erfolgt freiwillig und begründet keine Rechtsansprüche über die Geltungsdauer der Betriebsvereinbarung hinaus.

**§ 2 Persönlicher Anwendungsbereich**
(1) Diese Betriebsvereinbarung regelt die Prämienleistungen für Mitarbeiter der Firma, die im Bereich des Verkaufs beschäftigt sind.
(2) Die Gewährung der Prämien setzt voraus, daß der einzelne Mitarbeiter bereits sechs Monate in der Firma beschäftigt ist, Aushilfsmitarbeitern wird keine Prämienzahlung gewährt.
(3) Die Prämienregelung findet keine Anwendung auf Personen, die den Regelungen der § 4 Abs. 3 Satz 1 Nr. 1 MuSchG oder § 23 Abs. 1 Nr. 1 JArbSchG unterfallen.

**§ 3 Verhältnis zur tariflichen Vergütung**
(1) Die für die Einzelarbeitsverträge maßgebliche tarifliche Vergütung bleibt von der Prämienregelung unberührt.
(2) Die von dieser Regelung erfaßten Prämien sind freiwillige und außertarifliche Vergütungen für besondere Leistungen.

**§ 4 Voraussetzungen und Höhe der Prämienzahlung; Einschränkungen der Prämienzahlung**
(1) Die Gewährung der Prämie ist abhängig von dem erzielten Umsatz des einzelnen Mitarbeiters. Bei Nichtarbeit (Urlaub, Krankheit u. a.) erfolgt keine Prämienzahlung. Die Prämienzahlung erfolgt unabhängig von der geleisteten Arbeitszeit der Mitarbeiter.
(2) Die Höhe der Prämie wird für jeden im Verkauf beschäftigten Mitarbeiter auf der Basis des von ihm erwirtschafteten Umsatzes nach der von der Firma erstellten Prämientabelle berechnet. Die Prämientabelle kann von der Firma jederzeit abgeändert werden. Die Prämientabelle ergibt sich aus der jeweils die durch Aushang am schwarzen Brett bekanntgemachte Fassung.
(3) Die Auszahlung der Prämie erfolgt für jeden Mitarbeiter im Monat nach der Einreichung des jeweiligen Umsatzes.

(4) Mitarbeiter, die von der Firma eine schriftliche Abmahnung erhalten haben, können nach billigem Ermessen der Firma für einen angemessenen Zeitraum von der Prämienregelung ausgenommen werden. Ein klagbarer Anspruch auf Leistung der Prämie besteht nicht.

### § 5 Befristung, Kündigung
(1) Die Betriebsvereinbarung wird auf unbestimmte Zeit geschlossen, im Falle ihrer Kündigung durch einen Betriebspartner besteht Einigkeit, daß sie keine Nachwirkung entfaltet.

(2) Die Betriebsvereinbarung kann von beiden Seiten mit einer Frist von einem Monat zum Monatsschluß gekündigt werden. Ein Kündigungsgrund ist nicht erforderlich.

### § 6 Übergangs- und Schlußbestimmungen
(1) Diese Vereinbarung tritt am             in Kraft.


## 8. Muster: Betriebsvereinbarung über die Flexibilisierung der Arbeitszeit

Zwischen

der Geschäftsleitung der

und

dem Betriebsrat der
wird die nachfolgende

*Betriebsvereinbarung*

geschlossen:

### § 1
Mit dem Ziel einer kurzfristigen Anpassung an den in unserem Hause bereichsweise unterschiedlich auftretenden Kapazitätsbedarf, bedingt durch Schwankungen in der Auftragssituation, sowie zur Verbesserung unserer Wettbewerbsfähigkeit durch Senkung der Kosten, wird vornehmlich für den aktuellen Fall             , darüber hinaus aber auch für Terminengpässe in der Zukunft, für den Zeitraum             bis             eine flexible Arbeitszeitregelung vereinbart, wonach bis zum             die regelmäßige wöchentliche Arbeitszeit auf bis zu             Stunden verlängert werden kann.

### § 2
Es kommt die in §             MTV zwischen den Tarifparteien vereinbarte Regelung, wonach die Verteilung der individuellen regelmäßigen Wochenarbeitszeit ungleichmäßig auf mehrere Wochen verteilt werden kann, zur Anwendung.

Es ist jedoch erforderlich, daß die individuelle regelmäßige Arbeitszeit von zur Zeit             Stunden wöchentlich im Durchschnitt von längstens 12 Kalendermonaten, d. h. im Zeitraum 01. Oktober bis 30. Oktober, erreicht wird.

### § 3
Die Verteilung der durch die Bereiche bedarfsweise unterschiedlich festgelegten wöchentlichen Arbeitszeit kann auf 5 Werktage (montags bis freitags) festgelegt werden. Sie kann von             bis zu             Stunden wöchentlich betragen.

Persönliche Belange der einzelnen Arbeitnehmer sind zu berücksichtigen.

Die erforderlichen Pläne hierzu sind im Einvernehmen mit dem Betriebsrat 4 Wochen im voraus aufzustellen. Sie beinhalten ggf. auch erforderliche flexible tägliche Arbeitszeitregelungen (Beginn und Ende der täglichen Arbeitszeit sowie der Pausen).

### § 4
Der Ausgleichszeitraum bestimmt sich nach den Tarifregelungen und beträgt 12 Monate. Dies bedeutet, daß Mehrleistungen innerhalb von 12 Kalendermonaten (01. 10. bis 30. 09.) durch Freizeit (reduzierte Wochenarbeitszeit) auszugleichen sind.

Sofern dies aus betrieblichen Gründen nicht realisierbar ist, sind die bis zum 30.09.1995 nicht durch Ausgleich abgegoltenen Stunden entsprechend § ▭ MTV wie Mehrarbeit zu behandeln.

### § 5
Diese Betriebsvereinbarung gilt für alle Mitarbeiter und Mitarbeiterinnen im Sinne des § ▭ MTV, soweit sie innerhalb ihrer Bereiche in die Flexibilisierung der wöchentlichen Arbeitszeit einbezogen werden.

### § 6
Während der Laufzeit dieser Vereinbarung, d. h. bis zum Ablauf des Ausgleichszeitraumes – 30. September – werden keine betriebsbedingten Kündigungen ausgesprochen.

### § 7
Die bis zum 30. September aufgelaufenen Freizeitguthaben fallen nicht unter die vereinbarte Ausgleichsregelung. Sie werden entsprechend § ▭ der Betriebsvereinbarung über die Arbeitszeitregelung ab ▭ behandelt.

### § 8
Diese Betriebsvereinbarung tritt am ▭ in Kraft und ist zunächst bis zum ▭ befristet.

Rechtzeitig zum ▭ werden die bis dahin gewonnenen Erkenntnisse zum Anlaß genommen, über eine unbefristete Fortführung zu verhandeln.

▲

## 9. Muster: Betriebsvereinbarung über Arbeitszeitregelung

▼

*Betriebsvereinbarung über Arbeitszeitregelung*

zwischen

der Geschäftsführung der

und

dem Betriebsrat der

### 1. Geltungsbereich
Diese Vereinbarung gilt für alle Mitarbeiterinnen und Mitarbeiter (Arbeitnehmer im Sinne des § 5 BetrVG) der ▭. Ausgenommen sind die Schüler der ▭.

### 2. Bestimmung der monatlichen Sollzeit
Die tägliche Arbeitszeit für die Berechnung der monatlichen Sollzeit, die zur Zeit 7,6 Stunden als Tagesnorm beträgt, wird festgelegt durch den Manteltarifvertrag in seiner jeweils gültigen Fassung. Arbeitstage sind alle Wochentage von Montag bis Freitag (Fünftagewoche) mit Ausnahme der gesetzlichen Feiertage.

### 3. Besonderheiten bezogen auf die Sollzeit
Ausnahmeregelungen bedürfen einer besonderen Vereinbarung zwischen Geschäftsführung und Betriebsrat. Der bisherige Besitzstand findet dabei Berücksichtigung. Rosenmontag wird wie ein gesetzlicher Feiertag behandelt. Am Donnerstag vor Fastnacht (Weiberfastnacht) beträgt die Sollzeit 4 Stunden, am Fastnachtsdienst 5,50 Stunden. Zusätzlich ist in den Jahren, in denen keine ganz-

tätige betriebliche Veranstaltung stattfindet, ein weiterer Arbeitstag arbeitsfrei, der einvernehmlich zwischen Geschäftsführung und Betriebsrat festgelegt wird.

Für Mitarbeiterinnen/Mitarbeiter, die aus betrieblichen Gründen an einem der arbeitsfreien Tage arbeiten müssen, sowie für Teilzeitkräfte ist mit dem Betriebsrat eine Ersatzlösung zu vereinbaren.

### 4. Berechnung der monatlichen Sollstunden

Die monatlichen Sollstunden sind das Produkt aus Arbeitstagen x Tagesnorm nach Ziffer 2, korrigiert um eventuelle Ausnahmeregelungen.

### 5. Gleitzeit, Kernzeit

Die Gleitzeit gilt für die offiziellen Arbeitstage vertraglich als vereinbart. Sie beginnt um 6.00 Uhr und endet um 20.00 Uhr (Normalarbeitszeit). Eine Kernzeit wird nicht festgelegt. Die Mitarbeiterin/der Mitarbeiter ist jedoch verpflichtet, ihre/seine An- bzw. Abwesenheitszeiten zwischen 9.00 Uhr und 15.00 Uhr (freitags zwischen 9.00 Uhr und 14.00 Uhr) in Abstimmung mit ihrem/seinem direkten Vorgesetzten so zu planen, daß eine sinnvolle Zusammenarbeit mit den Kolleginnen/Kollegen und die Auskunftsbereitschaft gegenüber Kunden gewährleistet ist. Geschäftsführung und Betriebsrat verpflichten sich, Verhandlungen aufzunehmen, wenn aus betrieblichen Gründen die Einführung einer Kernzeit notwendig erscheint.

### 6. Begriffsbestimmung der unterschiedlichen Arbeitszeiten

Richtungsweisend für die monatliche Abrechnung durch den Monatsbericht bzw. Erfassungsbogen ist die nachstehende Darstellung:

| Begriffsbestimmung | Zeitfestlegung | Bewertung |
|---|---|---|
| Normalarbeitszeit | 6.00 bis 20.00 Uhr | Faktor 1,0 zur Abdeckung der Sollzeit |
| | | Faktor 1,25 für Mehrarbeit |
| Nachtarbeitszeit | 20.00 abends bis 6.00 Uhr morgens | Faktor 1,5 |
| Samstagsarbeitszeit | | |
|   Tag | 6.00 Uhr bis 20.00 Uhr | Faktor 1,5 |
|   Nacht | 0.00 Uhr bis 6.00 Uhr 20.00 Uhr bis 24.00 Uhr | Faktor 1,75 |
| Sonn-/Feiertagsarbeitszeit | | |
|   Tag | 6.00 Uhr bis 20.00 Uhr | Faktor 2,0 |
|   Nacht | 0.00 Uhr bis 6.00 Uhr 20.00 Uhr bis 24.00 Uhr | Faktor 2,25 |

Arbeitszeit in der Nacht, an Samstagen sowie an Sonn- und Feiertagen ist – ausgenommen in Notfällen – nur in Abstimmung mit dem Bereichs-/Abteilungsleiter und nach Genehmigung durch den Betriebsrat zulässig. Voraussetzung ist, daß ein wichtiger Grund vorliegt.

### 7. Ermittlung von Mehrarbeit und Fehlzeiten

Mehrarbeit (Überstunden) bzw. Fehlzeiten werden zunächst aus der Differenz zwischen Sollstunden und Iststunden aus der monatlichen Normarbeitszeit ermittelt.

| Differenz | Mehrarbeit | Fehlzeiten |
|---|---|---|
| 0 | nein | nein |
| > 0 | nein | ja |
| < 0 | ja | nein |

Nacht-, Samstags-, Sonn- und Feiertagsstunden zählen grundsätzlich als Mehrarbeit (Überstunden). Kann die Mitarbeiterin/der Mitarbeiter aus einem für sie/ihn sehr wichtigen Grund ihre/seine Sollstunden nicht während der Normalarbeitszeit erfüllen und wünscht den Ausgleich durch Nacht-, Samstags- und/oder Sonn- und Feiertagsarbeit, so ist hierfür eine Sondergenehmigung vom Bereichs-/Abteilungsleiter erforderlich, die im vorhinein einzuholen ist. Wird das Ansinnen der Mitarbeiterin/des Mitarbeiters akzeptiert, erfolgt in solchen Fällen eine 1 : 1 Verrechnung, und zwar bis zur Erfüllung der Sollzeit.

Ist aus geschäftlichen oder wirtschaftlichen Gründen eine Verschiebung der Sollzeit außerhalb der Normalarbeitszeit ganz oder teilweise erforderlich oder sinnvoll, bedarf dies der vorherigen Zustimmung des Betriebsrates.

### 8. Verrechnung von Fehlzeiten
Ergibt sich aus der Differenz Sollstunden minus Iststunden aus der monatlichen Normalarbeitszeit eine Fehlzeit, so erfolgt automatisch eine Verrechnung mit dem Überstundenvortrag aus der Normalarbeitszeit der Vormonate unter Berücksichtigung des Bewertungsfaktors. Ist kein Guthaben aus der Normalarbeitszeit der Vormonate vorhanden oder reicht dieses Guthaben nicht aus, erfolgt in Abstimmung mit der Mitarbeiterin/dem Mitarbeiter ein Zugriff auf die Überstunden aus den übrigen Zeiten (Nachtarbeitszeit etc.) der Vormonate und des laufenden Monats, und zwar auch hier unter Berücksichtigung des jeweiligen Bewertungsfaktors. Die Mitarbeiterin/der Mitarbeiter hat darauf zu achten, daß ohne Abstimmung mit dem Bereichs-/Abteilungsleiter nicht mehr als 10 Minusstunden auf den neuen Monat vorgetragen werden. Ein Minusstunden-Vortrag ist 1 : 1 abzuleisten.

### 9. Überstundenabrechnung, Freizeitverrechnung
Durch entsprechende Eintragung im Monatsbericht bzw. Erfassungsbogen reguliert die Mitarbeiterin/der Mitarbeiter ihre/seine Überstundenabrechnung in bezug auf abzurechnende und/oder vorzutragende Stunden. Nimmt die Mitarbeiterin/der Mitarbeiter das Recht für sich in Anspruch, den Überstundenvortrag unter Berücksichtigung des Bewertungsfaktors in Freizeit umzusetzen, so ist die zeitliche Einplanung der Freizeit nur in Abstimmung mit dem direkten Vorgesetzten möglich, und zwar unter Berücksichtigung der betrieblichen Erfordernisse.

### 10. Berechnung der Überstundenvergütung
Für die Überstundenbezahlung gilt die Formel:

Monatsbezüge lt. Vertrag :   Monatssatz x (Überstunden x maßgeblicher Bewertungsfaktor)

Der Monatssatz, der zur Zeit 162 Stunden beträgt, ist festgelegt im Manteltarifvertrag. Es gilt die jeweils gültige Fassung.

Anstelle der Monatsbezüge wird in diese Formel das höchste Tarifgehalt einschließlich der tariflichen Zulagen (Verantwortungszulage plus Sozialzulage) zuzüglich 10 % eingesetzt, falls die Monatsbezüge diese Obergrenze übersteigen. Die Obergrenze beträgt zur Zeit 7.411,00 DM (3.789,18 EUR).

### 11. Urlaubsentgelt aus Überstunden
Werden der Mitarbeiterin/dem Mitarbeiter in einem Kalenderjahr mehr als 50 Überstunden bezahlt, so erhält sie/er im Februar des übernächsten Jahres für jeden Urlaubstag des dem Bezugsjahr folgenden Jahres einen Jahresanteil von der abgerechneten Mehrarbeitsvergütung (ohne Nachtzuschläge) des Bezugsjahres als Urlaubsentgelt. Der Jahresanteil, der zur Zeit 1/220 beträgt, ist fest-

gelegt im Manteltarifvertrag. Es gilt die jeweils gültige Fassung. Übersteigt der errechnete Betrag für das Urlaubsentgelt 65 % der Obergrenze nach Ziffer 10 (Höchstbetrag), so tritt anstelle des errechneten Betrages der Höchstbetrag.

**12. Regelung für Teilzeitkräfte**
Die Überstunden aus der monatlichen Normalarbeitszeit von Teilzeitkräften werden erst dann mit Zuschlägen für Mehrarbeit bedacht, wenn die monatliche Sollzeit für Vollzeitkräfte überschritten wird. Das heißt, die errechneten Überstunden, die in der Differenz zwischen Sollstunden für Vollzeitkräfte und Sollstunden bezogen auf die Teilzeitkräfte liegen, werden mit dem Faktor 1,0 bewertet. Ansonsten gelten die gleichen Bedingungen wie für Vollzeitkräfte.

**13. Anpassung an den Manteltarifvertrag**
Sieht ein neuer bzw. geänderter Manteltarifvertrag günstigere Bedingungen vor als diese Regelungen, so erfolgt eine Anpassung. Änderungen, die diese Betriebsvereinbarung betreffen, werden den Mitarbeiterinnen und Mitarbeitern schriftlich mitgeteilt. Insbesondere gilt dies für die tägliche Arbeitszeit (siehe Ziffer 2), den Monatssatz sowie die Obergrenze (siehe Ziffer 10) und den Jahresanteil (siehe Ziffer 11).

**14. Regelung für den Schichtbetrieb**
Für die Mitarbeiterinnen/Mitarbeiter im Schichtbetrieb gilt diese Arbeitszeitregelung in allen Punkten, in denen weder der Manteltarifvertrag für das private Versicherungsgewerbe noch die Arbeitszeitregelung für den Schichtbetrieb (siehe Anlage 1) Abweichungen vorsieht.

**15. Schlußbestimmungen**
15.1 Diese Vereinbarung tritt am          in Kraft. Sie ist auf ein Jahr getroffen und verlängert sich jeweils um ein weiteres Jahr, wenn sie nicht von einer der beiden Vertragspartner mit dreimonatiger Frist zum Ablauf schriftlich gekündigt wird.

Änderungen bzw. Ergänzungen im Einvernehmen zwischen beiden Vertragspartnern sind jederzeit möglich.

15.2 Im Falle einer Kündigung gelten die Regelungen dieser Vereinbarung weiter, bis sie durch eine andere Abmachung ersetzt werden.

**Anlage 1 zur Betriebsvereinbarung vom**
über die Sonderregelung der Arbeitszeit für den Schichtbetrieb (siehe Ziffer 14)

**1. Bereich A**
1.1 1. Schicht (Frühschicht) 6.00 – 13.35 Uhr (7,58 Stunden)
    2. Schicht (Spätschicht) 13.35 – 21.10 Uhr (7,58 Stunden)

1.2 Die Zeit, die die Mitarbeiterin/der Mitarbeiter nach 20.00 Uhr arbeitet, ist gesondert zu erfassen. Nach Erreichen von jeweils 80 Stunden aus der Sondererfassung hat die Mitarbeiterin/der Mitarbeiter Anspruch auf eine Freischicht. Diese Regelung ist eine freiwillige, außertarifliche Leistung des Arbeitgebers.

**2. Bereich B**
2.1 1. Schicht (Frühschicht) 6.00 – 13.00 Uhr (7 Stunden)
    2. Schicht (Spätschicht) 13.00 – 20.00 Uhr (7 Stunden)
    3. Schicht (Nachtschicht) 19.45 – 4.30 Uhr (8,75 Stunden)

2.2 Die Nachtschicht ist mit mindestens 2 Personen zu besetzen. Dies gilt nicht in Notfällen und bei kurzfristigem krankheits- bzw. unfallbedingtem Ausfall, der sich einer vorherigen Planung entzieht. Der Arbeitgeber verpflichtet sich, die darauf folgende Nachtschicht wieder mit mindestens 2 Personen zu besetzen, es sei denn, es tritt ein neuer Notfall im vorgenannten Sinne auf.

2.3 Ändert der Arbeitgeber den bereits vom Betriebsrat genehmigten Schichtplan, darf den betroffenen Mitarbeiterinnen/Mitarbeitern kein Nachteil entstehen. Gegebenenfalls erfolgt eine Zeitgutschrift zur Erreichung der monatlichen Sollzeit.

2.4 Die Mitarbeiterinnen/Mitarbeiter des Operatings haben Anspruch auf Freischichten. Die Regelung ergibt sich aus § 11 Ziffer 5 des Manteltarifvertrages für das private Versicherungsgewerbe in der jeweils gültigen Fassung.

2.5 Die Nachtarbeitszuschläge (+ 25 %) werden unabhängig von der tatsächlichen Anwesenheit mindestens bis 1.00 Uhr nachts der Mitarbeiterin/dem Mitarbeiter gutgeschrieben.

## 10. Muster: Betriebsvereinbarung über die Durchführung von Arbeiten an Wochenenden und Feiertagen

*Betriebsvereinbarung über die Durchführung von Arbeiten an Wochenenden und Feiertagen*

zwischen

der Firma

und

dem Betriebsrat der Firma

**Präambel**

Geschäftsführung und Betriebsrat haben das gemeinsame Ziel, alle Arbeiten innerhalb der betrieblichen Arbeitszeit nach Ziffer 2 letzter Satz der Betriebsvereinbarung über Arbeitszeitregelung (Muster 2358) in der 5-Tage-Woche von montags bis freitags durchzuführen.

Arbeitseinsätze an Wochenenden und Feiertagen sind deshalb nach Möglichkeit zu vermeiden. Die Planung des Arbeitsanfalls ist auf dieses Ziel hin auszurichten.

Die Geschäftsführung hat vor der Beantragung von Arbeitseinsätzen für Wochenenden und/oder Feiertagen sorgfältig zu prüfen, ob die erforderlichen Arbeiten nicht durch andere geeignete Maßnahmen (z. B. andere Arbeitsverteilung, Verschiebung von Prioritäten und Terminen usw.) erledigt werden können.

Für die Erreichung dieses Zieles ist die erforderliche Personalplanung durchzuführen.

Mit dieser Betriebsvereinbarung werden einzelvertragliche Rechte der Mitarbeiterinnen/Mitarbeiter nicht berührt.

Für gleichwohl sich aus betrieblichen Notwendigkeiten ergebende unvermeidliche Arbeitseinsätze an Wochenenden und/oder Feiertagen schließen Geschäftsführung und Betriebsrat die nachstehende Betriebsvereinbarung ab:

**1. Geltungsbereich**

1.1 Diese Vereinbarung gilt für alle Mitarbeiterinnen und Mitarbeiter (Arbeitnehmer im Sinne des § 5 BetrVG) der       . Ausgenommen sind die Schülerinnen und Schüler der       -Schule.

1.2 Diese Vereinbarung regelt das Mitbestimmungsverfahren bei jedweder Wochenend- und/oder Feiertagsarbeit insbesondere
- im Falle von Projektarbeiten,
- im Zusammenhang mit Arbeitseinsätzen bei der Produktionsdurchführung sowie bei Notfällen,

- bei der Durchführung geplanter Installations- und Instandsetzungsarbeiten, die zur Vermeidung der Störung der Wochenproduktion am Wochenende bei der stillgelegten Anlage durchgeführt werden sollen.

1.3 Diese Betriebsvereinbarung gilt nicht für Bereitschaftsdienste einschließlich der Arbeitseinsätze im Bereitschaftsdienst.

1.4 Hinsichtlich der Begriffsbestimmung von Samstags-/Sonntagsarbeit und Feiertagsarbeit wird auf die Begriffsbestimmung in Ziffer 6 der Betriebsvereinbarung über Arbeitszeitregelung (Muster 2358) verwiesen. Die dortige Begriffsbestimmung ist kalendarisch zu verstehen. Die Anlage 1 zur Betriebsvereinbarung über Arbeitszeitregelung (Schichtdienst) bleibt unberührt.

## 2. Antrags- und Genehmigungsverfahren im Zusammenhang mit Projektarbeiten und geplanten Installations- und Instandsetzungsarbeiten

2.1 Bei erkennbarer Notwendigkeit von Wochenend- und/oder Feiertagsarbeit im Rahmen eines Projektes, insbesondere in der Schlußphase eines Projektes vor dem Übergabe- und Einführungstermin, ist beim Betriebsrat die Genehmigung dieser Arbeit an Wochenenden und/oder Feiertagen zu beantragen.

Hierbei sind die voraussichtlich betroffenen Mitarbeiterinnen und Mitarbeiter dem Betriebsrat ebenso wie die geschätzten Arbeitsstunden und ihre Verteilung auf die Wochenenden mitzuteilen.

Dieser Antrag auf Zustimmung zu Samstags-, Sonntags- und/oder Feiertagsarbeit beinhaltet eine dem frühen Zeitpunkt der Meldung angemessene quantitative Schätzung über die betroffenen Mitarbeiterinnen und Mitarbeiter und die erforderlichen Arbeitszeiten, die nicht in vollem Umfange der endgültigen Durchführung entsprechen muß.

2.2 Der Antrag auf Zustimmung ist dem Betriebsrat spätestens zwei Wochen vor Beginn des betreffenden Kalendermonats, in dem die erwarteten Wochenend- und/oder Feiertagsarbeiten anfallen werden, bezogen auf den Kalendermonat, zur Genehmigung vorzulegen. Dem Betriebsrat steht nach Eingang des Antrags eine Frist von 5 Arbeitstagen zur Verfügung, in denen er dem Antrag zustimmen, teilweise zustimmen oder ihn ablehnen kann.

Lehnt der Betriebsrat ganz oder teilweise den Antrag ab, so hat er dies der Geschäftsführung in Stichworten nachvollziehbar zu begründen. Für Antrag und Antragsablehnung gilt die Schriftform.

Die Pflicht zur Begründung bei teilweiser oder ganzer Ablehnung des Antrages hat keinen Einfluß auf die Wirksamkeit der Entscheidung des Betriebsrates.

Läßt der Betriebsrat die Frist verstreichen, ohne eine Stellungnahme abzugeben, so gilt die beantragte Wochenend- und/oder Feiertagsarbeit als genehmigt.

2.3 Wenn sich im Rahmen eines Projektes Situationen ergeben, durch die kurzfristiger Handlungsbedarf entsteht – z. B. weil absehbar ist, daß die gemäß 2.1 beantragten Zeiten überschritten werden könnten –, ist die geschätzte erforderliche Wochenend- und/oder Feiertagsarbeit beim Betriebsrat spätestens 7 Arbeitstage vor dem geplanten Einsatz zu beantragen.

Die Frist für den Betriebsrat verkürzt sich auf 3 Arbeitstage. Im übrigen gelten die Bestimmungen der Ziffer 2.2.

Für Arbeitseinsätze nach Ziffer 2.3 dieser Betriebsvereinbarung gilt eine jährliche Obergrenze von 0,75 Stunden pro beschäftigter Mitarbeiterin/Mitarbeiter mit Ausnahme der Schülerinnen und Schüler der -Schule.

Bei Überschreitung dieser jährlichen Obergrenze bedarf eine Ablehnung des Antrages der Geschäftsführung auf Arbeitseinsatz an Wochenenden und/oder Feiertagen keiner Begründung durch den Betriebsrat.

2.4 Der Antrag der Geschäftsführung enthält folgende Angaben:
- Name der Mitarbeiterin/des Mitarbeiters,
- Datum des/der Tage/s, an dem/denen der/die Einsätze geplant sind,
- Anzahl der an den jeweiligen Tagen geschätzten Einsatzstunden,
- Grund des Arbeitseinsatzes.

2.5 Die vorstehenden Bestimmungen gelten entsprechend für Arbeitseinsätze an Wochenenden und/oder Feiertagen bei geplanten Installations- und Instandsetzungsarbeiten gemäß 1.2.

**3. Antrags- und Genehmigungsverfahren bei Notfällen**

3.1 Werden im Rahmen der täglichen Produktionsdurchführung (z. B. Abstimmläufe, Programmfehler, Maschinenausfall, Jobablauffehler und Datenbankreorganisation nach Programmabstürzen etc.) oder wegen dringendster Kundenwünsche Arbeitseinsätze an Wochenenden und/oder Feiertagen kurzfristig erforderlich, so sind diese unmittelbar nach Bekanntwerden der Erforderlichkeit spätestens um 9.00 Uhr des letzten Arbeitstages vor der notwendigen Wochenend- und/oder Feiertagsarbeit zu stellen.

Für die Dringlichkeit des Kundenwunsches gelten sinngemäß die Verpflichtungen der Ziffer 3.5.

Der Antrag enthält in diesen Fällen – neben den unter 2.4 genannten Angaben – auch eine stichwortartige, gleichwohl nachvollziehbare Begründung dafür, daß der Antrag nicht früher gestellt werden konnte, also eine frühere Planbarkeit nicht gegeben war.

Die Zustimmung, teilweise Zustimmung oder Ablehnung der beantragten Wochenend- und/oder Feiertagsarbeit durch den Betriebsrat erfolgt bis 14.00 Uhr des letzten Arbeitstages vor dem geplanten Wochenend- und/oder Feiertagseinsatz. Gibt der Betriebsrat bis zu diesem Zeitpunkt keine Stellungnahme ab, gilt die beantragte Wochenend- und/oder Feiertagsarbeit als genehmigt.

3.2 Die vorstehenden Bestimmungen gelten entsprechend für Arbeitseinsätze an Wochenenden und/oder Feiertagen für Installations- und Instandsetzungsarbeiten gemäß Ziffer 1.2 dieser Betriebsvereinbarung.

3.3 Die Fälle, in denen die Erforderlichkeit der Arbeit an Wochenenden und/oder Feiertagen nachweislich so spät bekannt wird, daß eine vorherige Meldung bis spätestens um 9.00 Uhr des letzten Arbeitstages vor dem betreffenden Wochenende und/oder Feiertag nicht mehr möglich ist, sind von der Geschäftsführung unverzüglich dem Betriebsrat, spätestens mit Ablauf des 2. Arbeitstages der darauffolgenden Woche zu melden. Hierbei handelt es sich um unvorhergesehene Notfälle nach Ziffer 4 dieser Betriebsvereinbarung.

Diese Information erfolgt schriftlich und enthält neben den unter 2.4 genannten Angaben auch eine nachvollziehbare Begründung dafür, daß der Antrag nicht früher gestellt werden konnte.

Arbeitseinsätze an Wochenenden und/oder Feiertagen, die vom Betriebsrat nach den Bestimmungen des vorstehend geregelten Verfahrens ganz oder teilweise abgelehnt wurden, können hinsichtlich des abgelehnten Teils auch nicht als Notfall durchgeführt werden.

3.4 Für Arbeitseinsätze gemäß Ziffer 3.3 von Mitarbeiterinnen und Mitarbeitern an Wochenenden und/oder Feiertagen gilt eine Obergrenze pro Mitarbeiterin/pro Mitarbeiter von 2 Arbeitseinsätzen pro Quartal.

3.5 Soweit sich die Notwendigkeit zu kurzfristigen Arbeitseinsätzen an Wochenenden und/oder Feiertagen aufgrund von dringenden Kundenaufträgen ergibt, hat die Geschäftsführung das in ihren Kräften stehende und ihr wirtschaftlich Zumutbare zu tun, diese Kundenaufträge in der Zeit von Montag bis Freitag abzuwickeln und den Abgabetermin möglichst nicht auf den Monat zu vereinbaren.

## 4. Notfalldefinition

Die Erforderlichkeit von Arbeitseinsätzen an Wochenenden und/oder Feiertagen muß unabhängig von dem Willen des Arbeitgebers eintreten, d. h. von ihm selbst nicht vorsätzlich oder fahrlässig herbeigeführt worden sein.

Als Notfälle im Sinne dieser Betriebsvereinbarung sind alle Situationen anzusehen, die sich einer vorherigen Planung entziehen und in denen die Nichtdurchführung des Arbeitseinsatzes an Wochenenden und/oder Feiertagen einen erheblich wirtschaftlichen Schaden für die Firma herbeiführen würde.

Ein drohender wirtschaftlicher Schaden/Wettbewerbsnachteil kann auch darin entstehen, daß dieser bei einem Kunden eintreten würde und durch Arbeiten in der Zeit von montags bis freitags nicht verhindert werden könnte. Sinngemäß gelten die Verpflichtungen aus Ziffer 3.5. Notfallarbeiten sind auf vorübergehende Arbeiten zu beschränken.

## 5. Folgen der Ablehnung

Einsätze an Wochenenden und/oder Feiertagen, die nicht ordnungsgemäß beantragt oder zu denen die Zustimmung vom Betriebsrat ganz oder teilweise nicht erteilt wurde, dürfen hinsichtlich des abgelehnten Teils nicht angeordnet oder geduldet werden. Ein erneuter Antrag der Geschäftsführung auf Zustimmung zu einem bereits abgelehnten Einsatz ist nicht zulässig, es sei denn, daß sich neue Gründe für die Notwendigkeit der Durchführung des Arbeitseinsatzes/der Arbeitseinsätze an Wochenenden und/oder Feiertagen ergeben haben.

## 6. Information der Mitarbeiter

6.1 Die Geschäftsführung wird die betroffenen Mitarbeiterinnen und Mitarbeiter über die getroffene Entscheidung des Betriebsrats in bezug auf die Arbeitseinsätze unterrichten und dafür Sorge tragen, daß die Entscheidung befolgt wird.

6.2 Zeiten, die die Mitarbeiterinnen und Mitarbeiter an Wochenenden und/oder Feiertagen ohne Veranlassung der Geschäftsführung und ohne Bezug zur dienstlichen Tätigkeit zu privaten Zwecken in den Geschäftsräumen der Firma verbringen, gelten nicht als Arbeitseinsätze im Sinne dieser Betriebsvereinbarung. Diese Zeiten sind festzuhalten.

Auf Verlangen des Betriebsrats hat die Geschäftsführung durch Befragen der Mitarbeiterin/des Mitarbeiters dem Betriebsrat den nicht dienstlichen Charakter des Aufenthaltes der Mitarbeiterin/des Mitarbeiters nachvollziehbar darzulegen.

6.3 Arbeitseinsätze der Mitarbeiterinnen und Mitarbeiter im Rahmen dieser Vereinbarung erfolgen in der Regel einvernehmlich. Soweit eine einvernehmliche Regelung nicht erzielt werden kann, ist die Geschäftsführung in Ausnahmefällen auch berechtigt, den Arbeitseinsatz anzuordnen. Sie hat hierbei auf wichtige private Gründe (z. B. Erkrankung eines nahen Angehörigen etc.) Rücksicht zu nehmen.

## 7. Besonderheiten

7.1 An- und/oder Abreisen zu/von eigenen Schulungen gelten pauschal als durch den Betriebsrat genehmigt.

7.2 Notwendige Zeiten für Wege von und zum Arbeitsplatz bei Arbeiten an Wochenenden und/oder Feiertagen nach Ziffer 2.3 dieser Betriebsvereinbarung gelten mit 25 von 100 als Arbeitszeit und werden entsprechend abgerechnet; für Arbeitseinsätze nach Ziffer 3.1 gilt ein Satz von 50 %, für Arbeitseinsätze nach Ziffer 3.3 gilt ein Satz von 100 %.

## 8. Zusätzliche Information des Betriebsrates

Der Betriebsrat erhält am 2. Arbeitstag nach jedem Wochenende und/oder Feiertag zur Kontrolle in bezug auf die Einhaltung dieser Betriebsvereinbarung eine Kopie der Pförtnerliste bzw. für die Außenstellen eine Kopie der Sekretariatsliste.

Diese Listen enthalten folgende Angaben:
- Name der Mitarbeiterin/des Mitarbeiters
- Uhrzeit, zu der das Gebäude betreten wurde
- Uhrzeit, zu der das Gebäude verlassen wurde
- Grund der Anwesenheit.

Die Geschäftsführung gewährleistet, daß diese Listen ordnungsgemäß geführt werden.

Der Betriebsrat erhält monatlich, spätestens am 15. Arbeitstag des Folgemonats, unaufgefordert eine Liste, aus der pro Mitarbeiterin/pro Mitarbeiter hervorgeht, an wievielen Samstagen, an wievielen Sonntagen, an wievielen Feiertagen gearbeitet wurde und wieviel Arbeitsstunden an den einzelnen Tagen geleistet wurden.

Diese Liste enthält die Summen dieser Zahlen für die Fachbereiche aller Ebenen und für die Firma insgesamt.

### 9. Bewertung der Arbeitseinsätze
Die Abgeltung der Arbeitseinsätze an Wochenenden und/oder Feiertagen richtet sich nach der Betriebsvereinbarung über Arbeitszeitregelung (Muster 2358).

### 10. Personelle Maßnahmen
Personelle Maßnahmen, die im Zusammenhang mit der Anwendung dieser Betriebsvereinbarung stehen, sind nur im Einvernehmen mit dem Betriebsrat zulässig.

### 11. Folgen von Verstößen gegen diese Betriebsvereinbarung
Verstößt die Geschäftsführung gegen die Bestimmungen dieser Betriebsvereinbarung, so verpflichtet sie sich, für jeden nachgewiesenen verschuldeten Verstoß gegen die Bestimmungen dieser Betriebsvereinbarung, einen Betrag in Höhe von            DM (            EUR) an einen betrieblichen Sozialfonds abzuführen. Über die Verwendung der Beträge in diesem Sozialfonds entscheiden Geschäftsführung und Betriebsrat gemeinsam.

Für Verstöße gegen die Bestimmungen dieser Betriebsvereinbarung, für die die Geschäftsführung einen solchen Betrag an den betrieblichen Sozialfonds abzuführen hat, wird der Betriebsrat die Verhängung eines Zwangsgeldes nach § 23 Absatz 3 BetrVG nicht beantragen. Dies schließt eine rechtliche Verwertung nach § 23 Absatz 3 BetrVG in der Folgezeit nicht aus.

Der Anspruch des Betriebsrates auf Zahlung des Betrages in den betrieblichen Sozialfonds nach dieser Bestimmung kann während 3 Monaten nach Kenntnisnahme schriftlich geltend gemacht werden. Spätestens nach Ablauf von 9 Monaten nach dem Vorfall ist die Geltendmachung ausgeschlossen. Der Anspruch ist dann verfallen.

Für die fristgerechte Geltendmachung genügt die inhaltliche Rüge eines bestimmten Verstoßes.

### 12. Schlußbestimmungen
Diese Vereinbarung tritt am            in Kraft. Sie gilt vorerst bis zum            und verlängert sich jeweils um ein weiteres Jahr, wenn sie nicht von einer der beiden Vertragsparteien mit dreimonatiger Frist vor Ablauf schriftlich gekündigt wird.

Änderungen bzw. Ergänzungen im Einvernehmen zwischen beiden Vertragsparteien sind jederzeit möglich.

Im Falle einer Kündigung gelten die Regelungen dieser Vereinbarung weiter, bis sie durch eine andere Abmachung ersetzt werden.

# Betriebsvereinbarungen § 5

## 11. Muster: Betriebsvereinbarung zur gleitenden Arbeitszeit

Zwischen

der Firma

und

dem Betriebsrat

wird gemäß § 77 und § 87 des Betriebsverfassungsgesetzes folgende Betriebsvereinbarung geschlossen.

### I. Geltungsbereich
1. Die gleitende Arbeitszeit gilt grundsätzlich für alle Mitarbeiter/-innen mit Ausnahme der leitenden Angestellten.
2. Besondere Arbeitszeitregelungen gelten für die folgenden Mitarbeiter/-innen:
   - Kraftfahrer
   - Hausmeister
   - Empfang
   - Teilzeitbeschäftigte.
3. Die Parteien dieser Betriebsvereinbarung können einvernehmlich andere Mitarbeiter/-innen von dieser Betriebsvereinbarung ausnehmen, wenn dies betrieblich notwendig ist.
4. Die Arbeitszeit der Mitarbeiter/-innen, die nach Ziffer 2 und 3 von dieser Betriebsvereinbarung ausgeschlossen sind bzw. werden, wird einzelvertraglich, mit Beteiligung des Betriebsrates, geregelt.

### II. Allgemeine Bestimmungen über die Arbeitszeit
1. Die regelmäßige wöchentliche Arbeitszeit richtet sich nach den entsprechenden Bestimmungen des Tarifvertrages. Sie beträgt z. Z. 38 Stunden und 30 Minuten (ohne Pausen). Die tägliche regelmäßige Arbeitszeit beträgt:

   | | |
   |---|---|
   | montags | 8 Stunden 15 Minuten |
   | dienstags | 8 Stunden 15 Minuten |
   | mittwochs | 8 Stunden |
   | donnerstags | 8 Stunden |
   | freitags | 6 Stunden |

2. Die tatsächliche tägliche Arbeitszeit darf gemäß Arbeitszeitrechtsgesetz vom 6. Juni 1994 grundsätzlich 10 Stunden, ausschließlich der Mittagspause, nicht überschreiten.
3. Die Mittagspause beträgt montags bis donnerstags mindestens 30 Minuten. Sie kann auf bis zu 120 Minuten ausgedehnt werden und ist in der Zeit zwischen 12.00 Uhr und 14.00 Uhr zu nehmen.
   Beträgt die Arbeitszeit freitags mehr als 6 Stunden, so ist eine 30-minütige Mittagspause einzulegen.

### III. Gleitzeit
1. Der tägliche Arbeitszeitrahmen gliedert sich wie folgt in eine Gleitzeitspanne morgens, eine Kernarbeitszeit vormittags, eine Mittagsgleitzeitspanne, eine Kernarbeitszeit nachmittags und eine Gleitzeitspanne nachmittags:
   a) Gleitzeit morgens
   - Montag bis Freitag                 7:00 Uhr bis 9:00 Uhr
   
   b) Kernarbeitszeit vormittags
   - Montag bis Donnerstag         9:00 Uhr bis 12:00 Uhr
   - Freitag                                  9:00 Uhr bis 13:00 Uhr

c) Gleitzeit mittags
- Montag bis Donnerstag                                12:00 Uhr bis 14:00 Uhr

d) Kernarbeitszeit nachmittags
- Montag und Dienstag                                  14:00 Uhr bis 15:45 Uhr
- Mittwoch und Donnerstag                          14:00 Uhr bis 15:30 Uhr

e) Gleitzeit nachmittags
- Montag und Dienstag                                  15:45 Uhr bis 18:30 Uhr
- Mittwoch und Donnerstag                          15:30 Uhr bis 18:30 Uhr
- Freitag                                                         13:00 Uhr bis 15:30 Uhr

2. Innerhalb der Gleitzeit kann jeder Mitarbeiter/jede Mitarbeiterin, unter Berücksichtigung der dienstlichen Belange, Beginn und Ende seiner täglichen Arbeitszeit selbst bestimmen.

Falls aus betrieblichen Gründen die Notwendigkeit dazu besteht, kann der Vorgesetzte bis zu zweimal im Monat eine bestimmte Arbeitszeit vorgeben (Anfang und Ende).

3. Während der Kernarbeitszeit besteht Anwesenheitspflicht.

4. Die Zeiten dienstlicher Tätigkeiten vor 7:00 Uhr und nach 18:30 Uhr (freitags nach 15:30 Uhr) werden nicht als Arbeitszeit angerechnet.

Ausnahme: Angeordnete Mehrarbeit.

**IV. Stundensoll**

1. Die Arbeitszeit und die Mittagspause ergeben zusammen ein regelmäßig zu erbringendes Stundensoll von:

| | |
|---|---|
| montags | 8 Stunden 45 Minuten |
| dienstags | 8 Stunden 45 Minuten |
| mittwochs | 8 Stunden 30 Minuten |
| donnerstags | 8 Stunden 30 Minuten |
| freitags | 6 Stunden |

Auf dieser Basis wird für jeden Monat durch die Personalabteilung das allgemeine Stundensoll für den Monat vorgegeben.

2. Dem allgemeinen (38,5 Stunden in der Woche) steht das persönliche Stundensoll gegenüber. Mit dem persönlichen Stundensoll werden am Ende des Monats die tatsächlich erbrachten Arbeitsstunden (Kommt/Geht-Buchungen, Dienstgänge und Dienstreisen) verglichen.

Hinzugerechnet werden dem persönlichen Stundensoll ferner die im Laufe des Monats angefallenen Tage für Urlaub und Krankheit und gegebenenfalls der Übertrag des Gleitzeitsaldos vom Vormonat. Ein negativer Gleitzeitsaldo ist dem allgemeinen Stundensoll des Folgemonats hinzuzurechnen.

3. Jeder Mitarbeiter/Jede Mitarbeiterin hat seine/ihre Arbeitszeit so einzurichten, daß er/sie grundsätzlich das vorgegebene allgemeine bzw. persönliche monatliche Stundensoll einhält.

Unterschreiten oder Überschreiten die im Laufe eines Monats tatsächlich erbrachten Arbeitsstunden das persönliche monatliche Stundensoll, so können jeweils bis zu 16 Plus- oder 10 Minusstunden in den nächsten Monat übertragen werden. Minusstunden sind bis zum jeweiligen Quartalsende auszugleichen.

Minusstunden können mit Urlaub ausgeglichen werden.

**V. Gleitzeitentnahme**

1. Zu Lasten seines/ihres Gleitzeitguthabens kann jeder Mitarbeiter/jede Mitarbeiterin mit Zustimmung des zuständigen Vorgesetzten, auch während der Kernarbeitszeit, maximal dreimal im Monat, jedoch höchstens 12 Stunden monatlich und maximal einmal einen ganzen Arbeitstag, abwesend sein.

2. Der Feiertag gilt als ganzer Arbeitstag. Aufgrund des frühen Kernzeitendes darf am Freitag kein halber Gleitzeittag in Anspruch genommen werden.

3. Gleitzeitentnahme für einen halben oder ganzen Tag ist nicht möglich direkt vor oder im Anschluß an den Erholungsurlaub bzw. Arbeitsbefreiung nach .

4. Die Weigerung der Zustimmung zur Gleitzeitentnahme hat der Vorgesetzte mit einem Terminvorschlag für die Gleitzeitentnahme im laufenden Monat zu verbinden. Ist die Gleitzeitentnahme wegen der Verweigerung im laufenden Monat nicht mehr möglich, so werden die entstandenen Plusstunden, soweit sie 16 Stunden übersteigen, in den Folgemonat als Mehrarbeit im Sinne von Nummer VIII übertragen.

### VI. Arbeitsbefreiung

1. Zur Erfüllung allgemeiner staatsbürgerlicher Pflichten nach deutschem Recht wird der Mitarbeiter/die Mitarbeiterin freigestellt. Bei ganztägiger Inanspruchnahme wird das tägliche Stundensoll gemäß Nummer II angerechnet.

2. Arztbesuche haben grundsätzlich außerhalb der Kernarbeitszeit stattzufinden. Ist ein Arztbesuch während der Kernarbeitszeit unumgänglich, so wird dem Mitarbeiter/der Mitarbeiterin die Zeit des Arztbesuchs einschließlich der Wegezeiten als Arbeitszeit angerechnet, wenn die Anwesenheit durch die Praxis bescheinigt wird.

In begründeten Fällen kann der Arbeitgeber von dem Arbeitnehmer/der Arbeitnehmerin eine Bescheinigung der medizinischen Notwendigkeit des Arztbesuches innerhalb der Kernarbeitszeit anfordern. Die evtl. anfallenden Kosten für eine solche Bescheinigung trägt der Arbeitgeber.

### VII. Dienstreisen und Dienstgänge

a) Bei Dienstreisen, eintägigen und mehrtägigen, und bei Dienstgängen gilt die tatsächliche Dauer der dienstlichen Inanspruchnahme am auswärtigen Geschäftsort als Arbeitszeit. Bei Dienstreisen wird jedoch für jeden Tag einschließlich der Reisetage mindestens die betriebsübliche Arbeitszeit berücksichtigt.

b) In die Dienstreisezeit fallende Wochenenden und (deutsche) gesetzliche Feiertage sind als Mehrarbeit zu berücksichtigen, soweit an ihnen tatsächlich gearbeitet worden ist.

c) In der Frage des Zeitausgleichs wird auf Nummer VIII verwiesen.

### VIII. Mehrarbeit (= angeordnete Überstunden)

1. Mehrarbeit ist die zusätzliche Arbeitszeit, die auf vorheriger Anordnung beruht und die tägliche Stundenzahl von 8 Stunden 15 Minuten (montags und dienstags), von 8 Stunden (mittwochs und donnerstags) und von 6 Stunden (freitags) sowie am Monatsende die nach Nummer IV Ziffer 3 in den Folgemonat übertragbare Stundenzahl überschreitet. Mehrarbeit ist auch die an arbeitsfreien Tagen auf Anordnung erbrachte Arbeitszeit. Die Bestimmung findet auf Mitarbeiter im Sinne von Nummer I Ziffer 1 und 2 keine Anwendung.

2. Der zeitliche Ausgleich der Mehrarbeit erfolgt in Absprache mit dem Vorgesetzten. Der Zeitausgleich für Mehrarbeit sollte bis zum Quartalsende erfolgen.

3. Ist der Zeitausgleich für Mehrarbeit aus dienstlichen Gründen bis zum Quartalsende nicht möglich, so wird das Mehrarbeitsguthaben abgegolten.

4. Der Zeitausgleich für Mehrarbeit erfolgt stundenweise oder für ganze oder halbe Tage. Für einen ganzen Tag ist montags und dienstags ein Guthaben von 8 Stunden 15 Minuten, für einen halben Tag ein Guthaben von 4 Stunden und 8 Minuten erforderlich. Für einen ganzen Tag ist mittwochs und donnerstags ein Guthaben von 8 Stunden, für einen halben Tag ein Guthaben von 4 Stunden erforderlich. Für freitags ist ein Guthaben von 6 Stunden erforderlich.

Der Eindeutigkeit wegen wird auf folgendes hingewiesen:

a) Zeitausgleich für Mehrarbeit ist unabhängig von Gleitzeitguthaben bzw. -entnahme.

b) Da Dienstreisen angeordnet werden, unterliegt dabei anfallende Mehrarbeit diesem Verfahren.

### IX. Einhaltung der arbeitsrechtlichen Bestimmungen

Bei der Wahl der täglichen Arbeitszeit hat jeder Mitarbeiter/jede Mitarbeiterin die Bestimmungen über die täglich zulässige Höchstarbeitszeit selbst zu beachten. Nach dem Arbeitszeitrechtsgesetz darf die tägliche Arbeitszeit in der Regel 10 Stunden (ohne Pause) nicht überschreiten.

Mutterschutzgesetz, Jugendarbeitsschutzgesetz, Schwerbehindertengesetz können im Einzelfall eine geringere Höchstarbeitszeit festlegen. Die Betroffenen dürfen die für sie festgesetzte tägliche Arbeitszeit weder über- noch unterschreiten. Nur in diesem Rahmen können sie an der gleitenden Arbeitszeit teilnehmen.

### X. Vorgesetzte

Vorgesetzte im Sinne dieser Betriebsvereinbarung sind der jeweilige Dienstvorgesetzte, der Bereichsleiter oder dessen Stellvertreter, sowie der Vorstand oder dessen Vertreter. Die Vorgesetzten sind gehalten, auf die Einhaltung der gesetzlichen Bestimmungen, insbesondere derjenigen des Arbeitszeitrechtsgesetzes, sowie der Gesetze über Jugendschutz und Mutterschutz, zu achten. Im übrigen hat jeder Mitarbeiter/jede Mitarbeiterin für die Einhaltung dieser Bestimmungen Sorge zu tragen.

### XI. Inkraftsetzung

Diese Betriebsvereinbarung tritt am                in Kraft und ersetzt die Betriebsvereinbarung vom                , soweit nicht die elektronische Zeiterfassung betroffen ist. Diese Betriebsvereinbarung kann von jeder Partei mit einer Frist von 3 Monaten zum Quartalsende gekündigt werden.

## 12. Muster: Betriebsvereinbarung zur elektronische Zeiterfassung (Ergänzung zu Muster 2362)

Zwischen

der Firma

und

dem Betriebsrat

wird gemäß § 77 und § 87 des Betriebsverfassungsgesetzes folgende Betriebsvereinbarung geschlossen.

### I. Zeiterfassung

1. Die Zeiten des Arbeitsbeginns und des Arbeitsendes werden durch das elektronische Zeiterfassungssystem von jedem Mitarbeiter/jeder Mitarbeiterin durch die entsprechende Zeiterfassungskarte eingegeben.

2. Eine Zeiterfassung ist grundsätzlich auch für jede Abwesenheit zwischen Arbeitsbeginn und Arbeitsende vorzunehmen. In der Mittagspause nehmen nur diejenigen Mitarbeiter/-innen eine Zeiterfassung vor, die das Haus verlassen. Die Zeiterfassung während der Mittagspause wird nur insoweit als Gleitzeitentnahme berücksichtigt, als sie die Pausenzeit von 30 Minuten übersteigt.

3. Folgende nicht durch die elektronische Zeiterfassung erfaßten Vorgänge sind handschriftlich auf dem entsprechenden Vordruck der Personalabteilung vorzulegen:
   – Karte vergessen
   – Dienstgang
   – Fortbildungsmaßnahmen
   – Erkrankung während der Arbeit
   – Arztbesuch während der Kernarbeitszeit
   – GLAZ-Freizeit
   – Ausgleich Mehrarbeit
   – Urlaub (Erholungsurlaub, Sonderurlaub BAT/MTB, Bildungsurlaub)
   – Mutterschutz, Erziehungsurlaub
   – Kur
   – Sonstiges

**II. Monatlicher Abschluß**

1. Dem allgemeinen (38,5 Stunden in der Woche) steht das persönliche Stundensoll gegenüber. Mit dem persönlichen Stundensoll werden am Ende des Monats die tatsächlich erbrachten Arbeitsstunden (Kommt/Geht-Buchungen, Dienstgänge und Dienstreisen) verglichen. Hinzugerechnet werden dem persönlichen Stundensoll ferner die im Laufe des Monats angefallenen Tage für Urlaub und Krankheit und gegebenenfalls der Übertrag des Gleitzeitsaldos vom Vormonat. Ein negativer Gleitzeitsaldo ist dem allgemeinen Stundensoll des Folgemonats hinzuzurechnen.

2. Zu Beginn eines jeden Monats erhält jeder Mitarbeiter/jede Mitarbeiterin von der Personalabteilung für den abgelaufenen Monat eine Monatsübersicht über die Soll- und Ist-Stunden. Diese Auflistung ist vom Mitarbeiter/von der Mitarbeiterin zu überprüfen. Beanstandungen sind spätestens bis zum 10. des Folgemonats zwecks Klärung der Personalabteilung mitzuteilen.

3. Die ganztätige Abwesenheit wegen Urlaub oder Krankheit wird montags und dienstags mit 8 Stunden 15 Minuten, mittwochs und donnerstags mit 8 Stunden und freitags mit 6 Stunden angesetzt.
   Die Differenz zwischen dem „Ist" und „persönlichen Soll" ergibt den Monatssaldo.

4. Der Mitarbeiter/die Mitarbeiterin bestätigt mit seiner/ihrer Unterschrift auf dem Monatsblatt die Richtigkeit des Abschlusses und legt dieses seinem/ihrem Vorgesetzten zur Abzeichnung vor.
   Dieser bestätigt mit seiner Unterschrift die Richtigkeit der Angaben. Das Monatsblatt wird anschließend der Personalabteilung wieder zugeleitet.
   Abgeschlossene Monatsblätter werden grundsätzlich nach einer Aufbewahrungszeit von 12 Monaten von der Personalabteilung vernichtet.

**III. Datenschutz**

Zum Schutz der betroffenen Mitarbeiter/-innen sind hinsichtlich der erfaßten Arbeitszeitdaten folgende Grundsätze zu beachten:
– Es dürfen nur die Daten aufgezeichnet werden, die für die Abrechnung erforderlich sind.
– Durch geeignete technische und organisatorische Maßnahmen ist eine unbefugte Kenntnisnahme der Zeitdaten durch Dritte zu verhindern.
– Die erfaßten Daten dürfen nur den mit der Abrechnung und Kontrolle dieser Aufzeichnungen beauftragten Stellen zugänglich sein. Diese dürfen die Daten zu keinem anderen als zum Zweck der Gleitzeitabrechnung und -kontrolle verarbeiten, bekanntgeben oder sonst nutzen.
– Die aufgezeichneten Daten sind zu löschen, wenn ihre Kenntnis für die Kontrollzwecke der Personalabteilung nicht mehr erforderlich ist und schutzwürdige Belange des betroffenen Mitarbeiters/der betroffenen Mitarbeiterin durch die Löschung nicht beeinträchtigt werden. Grundsätzlich ist eine Aufbewahrungsdauer von 12 Monaten ausreichend und angemessen.

## §5 Kapitel 2: Erzwingbare Betriebsvereinbarungen

### IV. Verlust der Ausweiskarte

1. Der Verlust oder das Wiederauffinden einer verlorengegangenen Ausweiskarte sind der Personalabteilung unverzüglich mitzuteilen.

2. Muß die Karte aufgrund von Vorsatz oder fahrlässigem Verhalten des Karteninhabers/der Karteninhaberin neu ausgestellt werden, wird der Herstellungspreis der Karte (z. Zt.        DM) in Ansatz gebracht.

Ein schuldhaftes Handeln in diesem Sinne liegt vor, wenn der Karteninhaber/die Karteninhaberin die Karte bewußt beschädigt, vernichtet oder durch Veränderung unbrauchbar gemacht hat.

### V. Mißbrauch

1. Jeder Mitarbeiter/jede Mitarbeiterin muß selbst buchen. Es ist unzulässig, Buchungen durch andere vornehmen zu lassen oder Buchungen für einen anderen vorzunehmen.

2. Ein Mißbrauch der Regelungen über die gleitende Arbeitszeit kann nach erfolgloser Abmahnung – unbeschadet anderweitiger Rechtsfolgen – zum sofortigen Ausschluß von dieser Betriebsvereinbarung führen, mit der Folge, daß die tägliche Arbeitszeit vom Vorstand festgesetzt wird.

### VI. Inkraftsetzung

Diese Betriebsvereinbarung tritt am      in Kraft und ersetzt für die elektronische Zeiterfassung die Betriebsvereinbarung vom     .

Diese Betriebsvereinbarung kann von jeder Partei mit einer Frist von 3 Monaten zum Quartalsende gekündigt werden.

## 13. Muster: Ausführungsbestimmungen zur variablen Arbeitszeit

Firma und Betriebsrat haben folgendes vereinbart:

**Inhaltsverzeichnis**
1. Variable Arbeitszeit
2. Praktische Auswirkungen
3. Bandbreite
4. Normaldienstzeit
5. Solizeit
6. Variable Arbeitszeit und Urlaub
7. Variable Arbeitszeit und Überstunden
8. Höchstarbeitszeit
9. Pausen
10. Pausen für Frauen
11. Pausen für Männer
12. Arbeitsbefreiung

### 1. Variable Arbeitszeit

Variable Arbeitszeit ist die Anpassung von Angebot und Nachfrage an Arbeitszeit unter Berücksichtigung der betrieblichen und persönlichen Belange bei voller Wahrung aller arbeits- und tarifrechtlichen Vorschriften.

## 2. Praktische Auswirkungen

Jeder Mitarbeiter (im weiteren Text: auch Mitarbeiterinnen) hat innerhalb der Brandbreite (siehe Ziffer 3) die Möglichkeit, Arbeitsbeginn, Arbeitsende sowie persönlich bedingte Arbeitsunterbrechungen selbst zu bestimmen und somit seine Arbeitszeit variabel zu gestalten.

Diese Regelung setzt voraus, daß ein vorübergehend nicht besetzter Arbeitsplatz in dringenden Fällen ohne Beeinträchtigung des Betriebsablaufs von einem Mitarbeiter übernommen werden kann.

Unternehmensbereiche, die zur Verrichtung ihrer Tätigkeiten in hohem Maße auf gegenseitige Kontakte angewiesen sind, werden angehalten, nur kontaktunabhängige Arbeiten auf Zeiten außerhalb der Normaldienstzeit (siehe Ziffer 4) zu verlegen.

Ist die ordnungsgemäße Abwicklung einzelner Arbeitsabläufe von der Anwesenheit bestimmter Mitarbeiter abhängig, so ist eine Einigung auf einen verbindlichen Arbeitsbeginn und ein verbindliches Arbeitsende erforderlich; insoweit kann die Variierungsmöglichkeit eingeschränkt werden.

Vorgesetzte haben sicherzustellen, daß Mitarbeiter nur dann von der Möglichkeit Gebrauch machen, Arbeiten auf Zeiten außerhalb der Normaldienstzeit zu verlegen, wenn die volle arbeitsmäßige Auslastung gewährleistet ist.

In begründeten Ausnahmefällen und insbesondere im Kundeninteresse hat der Vorgesetzte nach Anhörung des Mitarbeiters das Recht, auch während der Bandbreite innerhalb einer Zeitgrenze
    morgens     ab   7.30 Uhr bis 10.00 Uhr
    nachmittags  ab 15.00 Uhr bis Ende der Bandbreite bzw.
    donnerstags  ab 17.00 Uhr bis Ende der Bandbreite
Einfluß auf die Arbeitszeit der Mitarbeiter zu nehmen.

Die Arbeitsaufnahme vor Beginn der Bandbreite und die Arbeitsbeendigung nach Ende der Bandbreite müssen vom Vorgesetzten – ggf. generell – genehmigt sein. Das gleiche gilt für die Arbeit an Tagen, an denen normalerweise nicht gearbeitet wird.

## 3. Bandbreite

Die Bandbreite umfaßt den arbeitstäglichen zeitlichen Rahmen, in dem der Mitarbeiter seine Arbeitszeit ableisten muß; sie wird auf die Zeit zwischen 7.30 Uhr und 18.30 Uhr festgelegt.

Sonderregelungen werden im Einzelfall den betreffenden Unternehmensbereichen bekanntgegeben.

## 4. Normaldienstzeit

Als Normaldienstzeit gilt wöchentlich:

| | |
|---|---|
| Montag – Mittwoch | 7.45 Uhr – 12.45 Uhr |
| | 13.45 Uhr – 16.30 Uhr |
| Donnerstag | 7.45 Uhr – 12.45 Uhr |
| | 13.45 Uhr – 18.15 Uhr |
| Freitag | 7.45 Uhr – 12.30 Uhr |
| | 13.30 Uhr – 15.45 Uhr |

Diese Normaldienstzeiten beinhalten täglich eine Frühstückspause von 15 Minuten sowie eine Pause am Donnerstagnachmittag von ebenfalls 15 Minuten.

Bestehende Sonderregelungen in Form von zeitlichen Verschiebungen bzw. durchgehenden Öffnungszeiten bei einigen Unternehmensbereichen gelten unverändert fort.

## 5. Sollzeit

Die tarifliche Wochenarbeitszeit beträgt 38,5 Stunden.

Für die Dauer des derzeit geltenden Tarifvertrages wird eine 15minütige Pause angerechnet. Daraus ergibt sich eine tägliche Sollzeit von

| | |
|---|---|
| Montag–Mittwoch | 7,50 Stunden (7 Stunden, 30 Minuten) |
| Donnerstag | 9,00 Stunden |
| Freitag | 6,75 Stunden (6 Stunden, 45 Minuten) |

= wöchentliche Sollzeit 38,25 Stunden.

Ein VA-Abrechnungszeitraum beträgt 3 Monate und endet am 20. der Monate Februar, Mai, August und November. Seine Sollzeit errechnet sich aus den Arbeitstagen des Abrechnungszeitraumes.

Für jede Zeiterfassungsanlage wird von der Personalabteilung eine Tabelle geliefert, aus der die kumulierte Soll-Anwesenheitszeit bis zum jeweiligen Arbeitstag und die Soll-Anwesenheitszeit des Abrechnungszeitraumes zu ersehen sind. (=kumulierte Soll-Anwesenheitszeit am letzten Arbeitstag).

### 6. Variable Arbeitszeit und Urlaub
Zwischen Variabler Arbeitszeit und Urlaubsanspruch besteht kein verrechenbarer Zusammenhang. Demnach sollen Zeitguthaben nicht in Urlaubsgutschriften und Urlaubsguthaben nicht in Zeitgutschriften umgewandelt werden.

### 7. Variable Arbeitszeit und Überstunden
Die Variable Arbeitszeit ist von den im Sinne des Bundes-Angestelltentarifvertrages zu bezahlenden Überstunden zu trennen.

Die beim Verfahren der Variablen Arbeitszeit über die Soll-Anwesenheitszeit hinausgehenden Arbeitszeiten können grundsätzlich nicht als vergütungsberechtigte Überstunden gelten. Vergütungsberechtigte Überstunden können nur dann entstehen, wenn vom Vorstand oder einem dazu Berechtigten eine Anordnung ausgesprochen wurde.

Für alle Unternehmensbereiche einheitlich angeordnete Überstunden können über die Zeiterfassungsanlage durch Sollzeiterhöhung registriert werden.

### 8. Höchstarbeitszeit
Die tägliche Höchstarbeitszeit einschließlich evtl. angeordneter Überstunden ist auch beim Verfahren der Variablen Arbeitszeit auf 10 Stunden begrenzt. Für Mutterschutz genießende Mitarbeiterinnen beträgt die tägliche Höchstarbeitszeit 8 1/2 Stunden. Dadurch entstehende Fehlzeiten (Donnerstag) sind an anderen Tagen auszugleichen.

### 9. Pausen
Jeder Mitarbeiter ist für die Einhaltung der den Vorschriften der Arbeitszeitordnung entsprechenden Ruhepausen selbst verantwortlich; eine zeitliche Unterschreitung der nachstehenden Ruhepausen ist nicht zulässig. Unabhängig von der gesetzlichen Pausenregelung ist eine 1/2-stündige Mittagspause unbedingt einzuhalten.

### 10. Pausen für Frauen
Länger als 4 1/2 Stunden hintereinander dürfen Frauen nicht ohne Ruhepause beschäftigt werden. Als Ruhepause im Sinne des AZRG gelten nur Arbeitsunterbrechungen von mindestens einer Viertelstunde.

Frauen haben Anspruch auf Ruhepausen in folgendem Umfang:

bei einer täglichen Arbeitszeit von
    mehr als 6 – 8 Std = 30 Minuten,
bei einer täglichen Arbeitszeit von
    mehr als 8 – 9 Std = 45 Minuten,
bei einer täglichen Arbeitszeit von
    mehr als 9 Std = 60 Minuten.

## 11. Pausen für Männer
Nach mehr als 6 Stunden Arbeitszeit stehen Männern eine Ruhepause von 30 Minuten oder zwei viertelstündige Ruhepausen zu.

## 12. Arbeitsbefreiung
Auf die Arbeitszeit anrechenbar sind die im Arbeitsvertrag vereinbarten Fälle von Arbeitsbefreiung.

Diese Vereinbarung tritt am             in Kraft. Sie kann beiderseits mit einer Frist von 4 Monaten zum Jahresende gekündigt werden.

## 14. Muster: Betriebsvereinbarung Arbeitszeit (KAPOVAZ)

Zwischen

der Firma

– nachfolgend Firma genannt –

und

dem Betriebsrat der Firma

– nachfolgend Betriebsrat genannt –

wird eine Vereinbarung über kapazitätsorientierte variable Arbeitszeit (KAPOVAZ) geschlossen.

### 1. Gegenstand und Zweck
1.1 Arbeitgeber und Betriebsrat sind sich einig, daß wegen des branchentypisch wechselnden Arbeitsanfalls eine Anpassung der individuellen Arbeitszeit der Mitarbeiter an die auftragsbezogene Auslastung des Betriebs erforderlich ist bei gleichzeitiger Sicherung einer verstetigten Vergütung der Mitarbeiter unter Berücksichtigung ihrer Interessen.

1.2 Die nach Maßgabe der Betriebsvereinbarung vom Arbeitgeber angeordnete Arbeitszeit ist mitbestimmt; Abweichungen bedürfen im Rahmen des § 87 Abs. 1 Nr. 2 und 3 BetrVG der Zustimmung des Betriebsrats.

1.3 Zwingende Arbeitnehmerschutzbestimmungen und die Befugnisse des Arbeitgebers nach dem ArbZG bleiben unberührt.

### 2. Geltungsbereich
Die Betriebsvereinbarung gilt für alle vollbeschäftigten Mitarbeiter (Angestellte, Arbeiter und Auszubildende) mit Ausnahme der im Verkaufsaußendienst Beschäftigten, der Abteilungsleiter und Prokuristen, der Monteure und Fahrer.

Soweit Mitarbeiter aushilfsweise als Monteure oder Fahrer tätig sind, fallen sie für die Zeit ihrer Aushilfstätigkeit nicht unter den Geltungsbereich der Betriebsvereinbarung. Mit ihnen werden individuelle Regelungen getroffen.

### 3. Dauer und Lage der wöchentlichen Arbeitszeit
3.1 Die wöchentliche Arbeitszeit der Mitarbeiter umfaßt einen Rahmen von 30 bis 44 Stunden ohne Pausen.

3.2 Arbeitstage sind die Tage von Montag bis Freitag. Die Arbeit an Samstagen bedarf der gesonderten Zustimmung des Betriebsrats.

3.3 Die tägliche Arbeitszeit liegt zwischen 6.00 Uhr und 18.00 Uhr.

3.4 Die betriebsübliche wöchentliche Arbeitszeit gemäß §§ 69, 112 AFG beträgt 37 Stunden. Sie entspricht der tariflichen wöchentlichen Arbeitszeit ähnlicher Betriebe.

### 4. Individuelle Arbeitszeit

4.1 Die individuelle Arbeitszeit der Mitarbeiter vom vom Arbeitgeber abteilungsbezogen für die Dauer von 2 Kalenderwochen festgelegt.

4.2 Die Ankündigungsfrist beträgt grundsätzlich zwei Wochen.

4.3 Der Arbeitgeber ist berechtigt, ohne nähere Begründung die Ankündigungsfrist abteilungsbezogen auf 1 Woche zu verkürzen. Dieses Recht steht ihm für jede Abteilung 6 x im Jahr zu.

4.4 Der Arbeitgeber ist berechtigt, in Notfällen (z. B. unvorhergesehener Ausfall von Mitarbeitern, der zur erheblichen Arbeitsverzögerungen führen würde) die bereits festgelegte Arbeitszeit zu erhöhen. Die Änderung ist dem betroffenen Mitarbeiter spätestens am Morgen des vorhergehenden Tages mitzuteilen.

4.5 Die Festlegung der individuellen Arbeitszeit erfolgt grundsätzlich durch Aushang, nach Wahl des Arbeitgebers durch schriftliche Einzelmitteilung. Mitarbeiter, die wegen Abwesenheit keine Gelegenheit zur Einsichtnahme in den Aushang haben, sollen sich über ihre Arbeitszeit informieren. Ist das nicht möglich, gilt für den ersten Arbeitstag nach Rückkehr aus einer Abwesenheitszeit die 37-Stunden-Woche mit einer täglichen Arbeitszeit von 7,5 Stunden (Montag bis Donnerstag) und 7 Stunden (Freitag).

4.6 Der Betriebsrat erhält jeweils eine Ablichtung der Aushänge. Über Änderungen nach Ziff. 4.4 wird er unverzüglich informiert.

### 5. Arbeitszeitkonto

5.1 Für jeden Mitarbeiter wird ein Arbeitszeitkonto eingerichtet. Es dient der Feststellung der geleisteten Arbeitszeit und der Vergütung im Saldierungszeitraum.

5.2 Dem Betriebsrat werden unaufgefordert jeweils zum 10. eines Monats die Arbeitszeitkonten der Mitarbeiter für den vorangegangenen Monat in Kopie zur Verfügung gestellt.

5.3 Saldierungszeiträume sind jeweils die Zeiträume von 1. März bis 30. August und vom 1. September bis 28./29. Februar des Folgejahres. Rumpfzeiträume werden anteilig berechnet.

5.4 Neben den tatsächlich geleisteten Stunden werden dem Mitarbeiter für jeden Tag, an dem er durch Krankheit, Urlaub oder aus sonstigen triftigen Gründen an der Arbeitsleistung verhindert ist, die ihm am Fehltag angeordneten Stunden angerechnet. Fehlt es an einer konkretisierten individuellen Arbeitszeit, gelten die für alle Mitarbeiter der Abteilung einheitlich angeordneten Stunden, andernfalls wöchentlich 37 Stunden, arbeitstäglich 7,5 Stunden (Montag bis Donnerstag) oder 7 Stunden (Freitag) als angeordnet. Letzteres gilt auch für die wegen eines Feiertags ausfallende Arbeitszeit. Für die auf Kurzarbeit entfallenden Zeiträume wird dem Mitarbeiter die als Bemessungsfaktor i. S. d. Regelungen der §§ 63 ff. AFG anerkannte betriebsübliche regelmäßige Arbeitszeit angerechnet.

5.5 Ist der Mitarbeiter im Kalenderjahr 90 % der Arbeitstage seiner Arbeitspflicht nachgekommen, erhält er eine Gutschrift auf seinem Arbeitszeitkonto in Höhe von 4 Stunden. Ist der Mitarbeiter an 95 % der Arbeitstage seiner Arbeitspflicht nachgekommen, erhöht sich die Gutschrift 7,4 Stunden und bei 98 % auf 22,2 Stunden. Urlaub und Freizeitausgleich gelten als Erfüllung der Arbeitspflicht. Eintretende Mitarbeiter erhalten die Prämie gequotelt unter Berücksichtigung ihres Anteils an Beschäftigungsmonaten im laufenden Kalenderjahr.

### 6. Zeiterfassung

Die Zeiterfassung erfolgt gemäß dem betrieblichen Zeiterfassungssystem. Einzelheiten ergeben sich aus der Betriebsvereinbarung „Zeiterfassung" vom             .

### 7. Monatsvergütung

7.1 Der Mitarbeiter erhält eine monatliche Vergütung, berechnet auf der Basis von 37 Wochenstunden unbeschadet der tatsächlichen individuellen Arbeitszeit.

7.2 Fehlstunden ohne Vergütungsanspruch mindern das monatliche Entgelt.

7.3 Mehrarbeitsstunden werden jeweils am Ende eines Saldierungszeitraums gemäß Ziff. 5.3 der Betriebsvereinbarung ermittelt und vergütet.

7.4 Die Vergütungszahlung im Krankheitsfall hat sich an den zwingenden Vorschriften des Entgeltfortzahlungsgesetzes zu orientieren.

7.5 Ist gemäß § 72 Abs. 1 AFG Kurzarbeit angezeigt und anerkannt, bemißt sich das Arbeitsentgelt abweichend von Ziff. 7.1 der Betriebsvereinbarung nach der tatsächlichen individuellen Arbeitszeit.

## 8. Pausenzeit

8.1 Die Mittagspause dauert 45 Minuten. Sie wird vom Mitarbeiter – abteilungsweise verschoben – zwischen 12.00 und 13.00 Uhr genommen.

8.2 Die Frühstückspause dauert fünfzehn Minuten. Sie wird ebenfalls abteilungsweise verschoben genommen.

## 9. Mehrarbeit, Überstunden

9.1 An Tagen, an denen der Mitarbeiter Arbeitsstunden in einem Umfang erbringt, der über acht Stunden hinausgeht, kann für jede Arbeitsstunde im Arbeitszeitkonto ein Zuschlag gutgeschrieben werden. Die Zuschlagshöhe bleibt individualarbeitsrechtlichen Regelungen vorbehalten.

9.2 Überstunden werden am Ende des jeweiligen Saldierungszeitraums errechnet.

Überstunden sind solche Arbeitsstunden, die im jeweiligen Saldierungszeitraum die regelmäßige Arbeitsstundenzahl, berechnet auf der Grundlage der wöchentlichen Arbeitszeit von 37 Stunden, überschreiten.

9.3 Überstunden können im folgenden Saldierungszeitraum durch Freizeit oder Vergütung abgegolten werden.

## 10. Übergangs- und Schlußbestimmungen

10.1 Mit dieser Betriebsvereinbarung wird die Betriebsvereinbarung aufgehoben.

10.2 Firma und Betriebsrat vereinbaren, sobald eine Partei unvorhergesehene Sachverhalte als verhandlungsbedürftig bezeichnet, in neue Verhandlungen über eine Anpassung der Betriebsvereinbarung einzutreten.

Die Verhandlungen müssen das Ziel haben, den nicht hinreichend berücksichtigten Sachverhalt in der Weise zu regeln, wie ihn die Verhandlungspartner bei Abschluß der Betriebsvereinbarung geregelt haben würden, hätten sie den Sachverhalt bereits bedacht.

10.3 Bei Meinungsverschiedenheiten über Anwendung, Auslegung oder Notwendigkeit der Neuverhandlung der Betriebsvereinbarung entscheidet die Einigungsstelle, wenn sich die Parteien nicht einigen können.

10.4 Die Betriebsvereinbarung kann mit einer Frist von 3 Monaten zum Ende eines Saldierungszeitraumes gekündigt werden. Sie wirkt nach, solange keine ergänzende Betriebsvereinbarung geschlossen wurde.

10.5 Die vorliegende Betriebsvereinbarung schließt die Vereinbarung zwischen den Betriebspartnern von Brückentagen nicht aus.

10.6 Diese Betriebsvereinbarung tritt am in Kraft.

## 15. Muster: Betriebsvereinbarung zur gleitenden Arbeitszeit

*Betriebsvereinbarung über Arbeitszeitregelung*

zwischen

der Geschäftsführung

und

dem Betriebsrat

### 1. Geltungsbereich

Diese Vereinbarung gilt für alle Mitarbeiterinnen und Mitarbeiter (Arbeitnehmer im Sinne des § 5 BetrVG) der . Ausgenommen sind die leitenden Angestellten, die Kraftfahrer, die Auszubildenden, das Kantinenpersonal und die Reinigungskräfte. An maximal 8 Wochen im Jahr darf die gleitende Arbeitszeit auf Weisung der Geschäftsleitung wegen der Erledigung dringender Aufträge arbeitstäglich eingeschränkt werden.

### 2. Bestimmung der monatlichen Sollzeit

Die tägliche Arbeitszeit für die Berechnung der monatlichen Sollzeit, die zur Zeit 7,6 Stunden als Tagesnorm beträgt, wird festgelegt durch §  des Manteltarifvertrages  in seiner jeweils gültigen Fassung.

Arbeitstage sind alle Wochentage von Montag bis Freitag (Fünftagewoche) mit Ausnahme der gesetzlichen Feiertage.

### 3. Besonderheiten bezogen auf die Sollzeit

Ausnahmeregelungen bedürfen einer besonderen Vereinbarung zwischen Geschäftsführung und Betriebsrat. Der bisherige Besitzstand findet dabei Berücksichtigung. Rosenmontag wird wie ein gesetzlicher Feiertag behandelt. Am Donnerstag vor Fastnacht (Weiberfastnacht) beträgt die Sollzeit 4 Stunden, am Fastnachtsdienstag 5,50 Stunden. Zusätzlich ist in den Jahren, in denen keine ganztätige betriebliche Veranstaltung stattfindet, ein weiterer Arbeitstag arbeitsfrei, der einvernehmlich zwischen Geschäftsführung und Betriebsrat festgelegt wird.

Für Mitarbeiterinnen/Mitarbeiter, die aus betrieblichen Gründen an einem der arbeitsfreien Tage arbeiten müssen sowie für Teilzeitkräfte ist mit dem Betriebsrat eine Ersatzlösung zu vereinbaren.

### 4. Berechnung der monatlichen Sollstunden

Die monatlichen Sollstunden sind das Produkt aus Arbeitstagen x Tagesnorm nach Ziffer 2, korrigiert um eventuelle Ausnahmeregelungen.

### 5. Gleitzeit, Kernzeit

Die Gleitzeit gilt für die offiziellen Arbeitstage vertraglich als vereinbart. Sie beginnt um 6.00 Uhr und endet um 20.00 Uhr (Normalarbeitszeit). Eine Kernzeit wird nicht festgelegt. Die Mitarbeiterin/der Mitarbeiter ist jedoch verpflichtet, ihre/seine An- bzw. Abwesenheitszeiten zwischen 9.00 Uhr und 15.00 Uhr (freitags zwischen 9.00 Uhr und 14.00 Uhr) in Abstimmung mit seinem direkten Vorgesetzten so zu planen, daß eine sinnvolle Zusammenarbeit mit den Kolleginnen/Kollegen und die Auskunftsbereitschaft gegenüber Kunden gewährleistet sind. Geschäftsführung und Betriebsrat verpflichten sich, Verhandlungen aufzunehmen, wenn aus betrieblichen Gründen die Einführung einer Kernzeit notwendig erscheint.

### 6. Begriffsbestimmung der unterschiedlichen Arbeitszeiten

Richtungsweisend für die monatliche Abrechnung durch den Monatsbericht bzw. Erfassungsbogen ist die nachstehende Darstellung:

| Begriffsbestimmung | Zeitfestlegung | Bewertung |
|---|---|---|
| Normalarbeitszeit | 6.00 bis 20.00 Uhr | Faktor 1,0 zur Abdeckung der Sollzeit |
|  |  | Faktor 1,25 für Mehrarbeit |
| Nachtarbeitszeit | 20.00 abends bis 6.00 Uhr morgens | Faktor 1,5 |
| Samstagsarbeitszeit |  |  |
| Tag | 6.00 Uhr bis 20.00 Uhr | Faktor 1,5 |
| Nacht | 0.00 Uhr bis 6.00 Uhr 20.00 Uhr bis 24.00 Uhr | Faktor 1,75 |
| Sonn-/Feiertagsarbeitszeit |  |  |
| Tag | 6.00 Uhr bis 20.00 Uhr | Faktor 2,0 |
| Nacht | 0.00 Uhr bis 6.00 Uhr 20.00 Uhr bis 24.00 Uhr | Faktor 2,25 |

Arbeitszeit in der Nacht, an Samstagen sowie an Sonn- und Feiertagen ist – ausgenommen in Notfällen – nur in Abstimmung mit dem Bereichs-/Abteilungsleiter und nach Genehmigung durch den Betriebsrat zulässig. Voraussetzung ist, daß ein wichtiger Grund vorliegt.

### 7. Ermittlung von Mehrarbeit und Fehlzeiten

Mehrarbeit (Überstunden) bzw. Fehlzeiten werden zunächst aus der Differenz zwischen Sollstunden und Iststunden aus der monatlichen Normalarbeitszeit ermittelt.

| Differenz | Mehrarbeit | Fehlzeiten |
|---|---|---|
| 0 | nein | nein |
| > 0 | nein | ja |
| < 0 | ja | nein |

Nacht-, Samstags-, Sonn- und Feiertagsstunden zählen grundsätzlich als Mehrarbeit (Überstunden). Kann die Mitarbeiterin/der Mitarbeiter aus einem für sie/ihn sehr wichtigen Grund ihre/seine Sollstunden nicht während der Normalarbeitszeit erfüllen und wünscht den Ausgleich durch Nacht-, Samstags- und/oder Sonn- und Feiertagsarbeit, so ist hierfür eine Sondergenehmigung vom Bereichs-/Abteilungsleiter erforderlich, die im vorhinein einzuholen ist. Wird das Ansinnen der Mitarbeiterin/des Mitarbeiters akzeptiert, erfolgt in solchen Fällen eine 1 : 1 Verrechnung, und zwar bis zur Erfüllung der Sollzeit.

Ist aus geschäftlichen oder wirtschaftlichen Gründen eine Verschiebung der Sollzeit außerhalb der Normalarbeitszeit ganz oder teilweise erforderlich oder gar sinnvoll, bedarf dies der vorherigen Zustimmung des Betriebsrates.

### 8. Verrechnung von Fehlzeiten

Ergibt sich aus der Differenz Sollstunden minus Iststunden aus der monatlichen Normalarbeitszeit eine Fehlzeit, so erfolgt automatisch eine Verrechnung mit dem Überstundenvortrag aus der Normalarbeitszeit der Vormonate unter Berücksichtigung des Bewertungsfaktors. Ist kein Guthaben aus der Normalarbeitszeit der Vormonate vorhanden oder reicht dieses Guthaben nicht aus, erfolgt in Abstimmung mit der Mitarbeiterin/dem Mitarbeiter ein Zugriff auf die Überstunden aus den übrigen Zeiten (Nachtarbeitszeit etc.) der Vormonate und des laufenden Monats, und zwar auch hier unter

Berücksichtigung des jeweiligen Bewertungsfaktors. Die Mitarbeiterin/der Mitarbeiter hat darauf zu achten, daß ohne Abstimmung mit dem Bereichs-/Abteilungsleiter nicht mehr als 10 Minusstunden auf den neuen Monat vorgetragen werden. Ein Minusstunden-Vortrag ist 1 : 1 abzuleisten.

### 9. Überstundenabrechnung, Freizeitverrechnung
Durch entsprechende Eintragung im Monatsbericht bzw. Erfassungsbogen reguliert die Mitarbeiterin/der Mitarbeiter ihre/seine Überstundenabrechnung in bezug auf abzurechnende und/oder vorzutragende Stunden. Nimmt die Mitarbeiterin/der Mitarbeiter das Recht für sich in Anspruch, den Überstundenvortrag unter Berücksichtigung des Bewertungsfaktors in Freizeit umzusetzen, so ist die zeitliche Einplanung der Freizeit nur in Abstimmung mit dem direkten Vorgesetzten möglich, und zwar unter Berücksichtigung der betrieblichen Erfordernisse.

### 10. Berechnung der Überstundenvergütung
Für die Überstundenbezahlung gilt die Formel:

Monatsbezüge lt. Vertrag:    Monatssatz x (Überstunden x maßgeblicher Bewertungsfaktor)

Der Monatssatz, der zur Zeit 162 Stunden beträgt, ist festgelegt in ▓▓▓▓ des Manteltarifvertrages ▓▓▓▓. Es gilt die jeweils gültige Fassung.

Anstelle der Monatsbezüge wird in diese Formel das höchste Tarifgehalt einschließlich der tariflichen Zulagen (Verantwortungszulage plus Sozialzulage) zuzüglich 10 % eingesetzt, falls die Monatsbezüge diese Obergrenze übersteigen. Die Obergrenze beträgt zur Zeit ▓▓▓▓ DM.

### 11. Urlaubsentgelt aus Überstunden
Werden der Mitarbeiterin/dem Mitarbeiter in einem Kalenderjahr mehr als 50 Überstunden bezahlt, so erhält sie/er im Februar des übernächsten Jahres für jeden Urlaubstag des dem Bezugsjahr folgenden Jahres einen Jahresanteil von der abgerechneten Mehrarbeitsvergütung (ohne Nachtzuschläge) des Bezugsjahres als Urlaubsentgelt. Der Jahresanteil, der zur Zeit 1/220 beträgt, ist festgelegt in ▓▓▓▓ des Manteltarifvertrages ▓▓▓▓. Es gilt die jeweils gültige Fassung. Übersteigt der errechnete Betrag für das Urlaubsentgelt 65 % der Obergrenze nach Ziffer 10 (Höchstbetrag), so tritt anstelle des errechneten Betrages der Höchstbetrag.

### 12. Regelung für Teilzeitkräfte
Die Überstunden aus der monatlichen Normalarbeitszeit von Teilzeitkräften werden erst dann mit Zuschlägen für Mehrarbeit bedacht, wenn die monatliche Sollzeit für Vollzeitkräfte überschritten wird. Das heißt, die errechneten Überstunden, die in der Differenz zwischen Sollstunden für Vollzeitkräfte und Sollstunden bezogen auf die Teilzeitkräfte liegen, werden mit dem Faktor 1,0 bewertet. Ansonsten gelten die gleichen Bedingungen wie für Vollzeitkräfte.

### 13. Anpassung an den Manteltarifvertrag
Sieht ein neuer bzw. geänderter Manteltarifvertrag für das private Versicherungsgewerbe günstigere Bedingungen vor als diese Regelungen, so erfolgt eine Anpassung. Änderungen, die diese Betriebsvereinbarung betreffen, werden den Mitarbeiterinnen und Mitarbeitern schriftlich mitgeteilt. Insbesondere gilt dies für die tägliche Arbeitszeit (siehe Ziffer 2), den Monatssatz sowie die Obergrenze (siehe Ziffer 10) und den Jahresanteil (siehe Ziffer 11).

### 14. Regelung für den Schichtbetrieb
Für die Mitarbeiterinnen/Mitarbeiter im Schichtbetrieb gilt diese Arbeitszeitregelung in allen Punkten, in denen weder der Manteltarifvertrag noch die Arbeitszeitregelung für den Schichtbetrieb Abweichungen vorsehen.

### 15. Schlußbestimmungen
15.1 Diese Vereinbarung tritt am ▓▓▓▓ in Kraft. Sie ist auf ein Jahr getroffen und verlängert sich jeweils um ein weiteres Jahr, wenn sie nicht von einem der beiden Vertragspartner mit dreimonatiger Frist zum Ablauf schriftlich gekündigt wird.

Änderungen bzw. Ergänzungen im Einvernehmen zwischen beiden Vertragspartnern sind jederzeit möglich.

15.2 Im Falle einer Kündigung gelten die Regelungen dieser Vereinbarung weiter, bis sie durch eine andere Abmachung ersetzt werden.

## 16. Muster: Betriebsvereinbarung über die Beteiligung des Betriebsrats vor Einführung neuer DV-Systeme (mit Anlagen)

*Betriebsvereinbarung über die Beteiligung des Betriebsrates vor Einführung neuer DV-Systeme*

zwischen

dem Vorstand der

und

dem Gesamtbetriebsrat

### § 1 Ist-Analyse
Findet beim Arbeitgeber bzw. bei einem von ihm beauftragten Dritten durch Projektantrag einer Abteilung bzw. durch eigene Aufgabenstellung eine Untersuchung eines gegebenen Zustandes (Ist-Analyse) mit dem Ziel statt, diesen Zustand durch Einführung neuer und/oder wesentlicher Änderung/Erweiterung vorhandener Hard- und/oder Software zu verändern (Projekt), so ist der Gesamtbetriebsrat vorher darüber zu unterrichten (s. Anlage 1).

### § 2 Unterrichtung und Prüfung des Mitbestimmungsrechtes
Nach Abschluß der Problemanalyse (Ermittlung von Lösungsansätzen für den zu erreichenden Sollzustand) wird der Gesamtbetriebsrat anhand der vorhandenen Unterlagen unterrichtet. Der Arbeitgeber prüft, ob bei Verwirklichung des Projekts ein Mitbestimmungsrecht des Gesamtbetriebsrates gegeben ist. Das Ergebnis der Prüfung wird dem Gesamtbetriebsrat mitgeteilt. Bei Meinungsstreit setzt das Verfahren gem. § 5 ein.

### § 3 Soll-Konzeption
Die Soll-Konzeption über den Einsatz von neuer bzw. wesentlich geänderter vorhandener Hard- und/oder Software wird mit dem Gesamtbetriebsrat beraten, bevor diese Konzeption vom Arbeitgeber endgültig schriftlich festgelegt wird. Hierzu wird dem Gesamtbetriebsrat die Konzeption präsentiert. Die Präsentation kann durch formlose Besprechung oder in gemeinsamer Sitzung erfolgen. Dazu sind dem Gesamtbetriebsrat die vorhandenen Unterlagen vorzulegen (s. Anlage 2).

### § 4 Test
Ist nach der dv-technischen Fertigstellung des Projekts eine Testphase erforderlich, so teilt der Arbeitgeber dem Gesamtbetriebsrat dies vorher mit. Ein Test im Sinne dieser Vereinbarung liegt nur vor, wenn der Beginn der Phase vom Arbeitgeber ausdrücklich als Test deklariert worden ist und der Gesamtbetriebsrat zugestimmt hat.

Der Test gilt nach sechs Monaten ab Deklarierung als beendet, sofern nichts anderes schriftlich zwischen den Betriebspartnern vereinbart worden ist.

### § 5 Feststellung des Mitbestimmungsrechtes
Nach Abschluß der Testphase, über deren Ergebnis der Gesamtbetriebsrat unterrichtet wird, bzw. vor Einführung des Projektes findet zwischen den Betriebspartnern die endgültige Klärung über das Bestehen eines Mitbestimmungsrechtes statt.

Besteht Einvernehmen über das Mitbestimmungsrecht, wird dessen Inhalt und Umfang bestimmt.

Besteht Streit über das Bestehen bzw. den Inhalt und Umfang des Mitbestimmungsrechtes, ist über die strittigen Fragen mit dem ernsten Willen zur Einigung zu verhandeln und sind Vorschläge für die Beilegung der Meinungsverschiedenheiten zu machen. Kommt keine Einigung zustande, so entscheidet die ständige Einigungsstelle.

### § 6 Zulässigkeit der Einführung
Die Einführung neuer bzw. wesentlich geänderter vorhandener Hard- und/oder Software ist erst zulässig, wenn die Voraussetzungen gem. § 5 erfüllt sind, es sei denn, der Gesamtbetriebsrat stimmt der Einführung schriftlich zu.

### § 7 Schlußbestimmung
Die Betriebsvereinbarung tritt am Tage ihrer Unterzeichnung in Kraft. Sie kann von beiden Seiten mit 6-monatiger Frist zum Ende eines Kalenderjahres, jedoch frühestens zum          gekündigt werden. In diesem Falle wirkt sie bis zum Abschluß einer neuen Betriebsvereinbarung nach. Eine einvernehmliche Beendigung ist jederzeit möglich.

**Anlage 1**
Die Unterrichtung ist anhand des Projektantrages oder anderer gleichwertiger Unterlagen, aus denen sich insbesondere
– die Zielbestimmung
– die betroffenen Arbeitnehmer
– die grobe Zeitbedarfsschätzung
– der Beginn und Form der Erhebung
der Untersuchung ergeben, vorzunehmen.

**Anlage 2**
Die Informationen müssen erkennen lassen, welche arbeitstechnischen, organisatorischen und personellen Veränderungen beabsichtigt sind und wie geplant ist, sie durchzuführen.

Sie müssen enthalten:
– Auftragsbeschreibung (Ausgangssituation, Problemstellung, Zielsetzung etc.)
– Kosten-/Nutzenanalyse (Ermittlung der Wirtschaftlichkeit)
– Zusammenhänge mit anderen Aufträgen
– Benutzung/Verwendung personenbezogener Daten von Arbeitnehmern/innen
– Aussagen über die Auswirkungen auf
    die Arbeitsplätze
    die Arbeitsinhalte
    die Arbeitsqualifikationen
    die Arbeitsabläufe und
    die Arbeitsplatzgestaltung
– Darstellung der Vor- und Nachteile/Alternativkonzepte
– EDV-Sachlogisches Konzept
– Sachmitteleinsatz
– Aussagen über Softwareergonomie und Arbeitsgestaltung
– Nennung der sämtl. betroffenen Abteilungen und Arbeitsplätze
– Realisierungszeitplan/Prioritätenvergabe

## 17. Muster: Betriebsvereinbarung PAISY

▼

*Betriebsvereinbarung über die Einführung und Anwendung eines Personal-/Abrechnungs- und Informationssystems (PAISY)*

Zwischen

der Geschäftsführung

und

dem Gesamtbetriebsrat

wird folgende Betriebsvereinbarung geschlossen.

Geschäftsführung und Gesamtbetriebsrat schließen, ausgehend von dem verfassungsrechtlich gewährleisteten Recht des einzelnen, grundsätzlich selbst über die Verwendung seiner persönlichen Daten zu bestimmen, und dem Grundsatz, den Arbeitnehmer vor unzulässigem Gebrauch seiner personenbezogenen Daten zu schützen, die folgende Betriebsvereinbarung ab:

### § 1 Ziel und Zweck von PAISY

(1) Das EDV-System PAISY dient der ordnungsgemäßen Lohn- und Gehaltsabrechnung, der Erfüllung von Verpflichtungen aus Gesetzen, Tarifverträgen, Betriebsvereinbarungen und einzelvertraglichen Zusagen sowie der Durchführung einer geordneten Personalwirtschaft.

(2) Erhebung, Erfassung, Speicherung, Übermittlung, Veränderung, Auswertung und Löschung der Personaldaten sind nur zulässig, soweit sie zum Erreichen der Zweckbestimmung im Sinne des § 1, Abs. 1 unbedingt erforderlich sind.

Eine Verknüpfung mit personenbezogenen Daten aus anderen EDV-Systemen ist in beide Richtungen ausgeschlossen.

### § 2 Geltungsbereich

(1) Die Vereinbarung regelt die Einführung und Anwendung von PAISY. Alle aufgeführten Anlagen sind Bestandteil dieser Betriebsvereinbarung.

(2) Die Vereinbarung gilt für alle Mitarbeiter/innen im Inland und die entsandten Auslandsmitarbeiterinnen und Auslandsmitarbeiter.

(3) Daten ehemaliger Mitarbeiter/innen dürfen nur dann verarbeitet werden, wenn dies zu einem späteren Zeitpunkt im Rahmen behördlicher Anordnungen oder Anfragen verlangt wird.

Hierfür nicht in Frage kommende Daten sind zwei Jahre nach dem Ausscheiden der Mitarbeiter/innen im System zu löschen und ggf. außerhalb des Systems zu dokumentieren.

(4) Daten von Bewerber/innen werden mit Einverständnis des/der Betroffenen im Rahmen einer zu führenden Bewerberdatei verarbeitet.

### § 3 Dokumentation des Systems

(1) Eingesetzte Geräte

PAISY wird technisch entsprechend der Systembeschreibung der Firma beschrieben. Diese liegt zur Einsicht in der Personalabteilung sowie im Büro des Betriebsrates aus.

Der Gesamtbetriebsrat erhält als Anlage 1 eine Übersicht über die Endgeräte (Bildschirmterminals, Drucker) mit Angaben ihres Typs, Standorts sowie des Benutzers, von denen aus PAISY im Dialogbetrieb genutzt werden kann. Änderungen werden dem Gesamtbetriebsrat mitgeteilt. Die Anlagen sind im Betriebsratsbüro einzusehen.

Es ist technisch sicherzustellen, daß PC-Benutzer aus anderen EDV-Systemen keinerlei Zugriff auf die PAISY-Daten haben.

(2) Datenkatalog

In Anlage 2 sind alle Daten vereinbart, die zum Erreichen der Zweckbestimmung dieser Betriebsvereinbarung (s. § 1 Abs. 1) über die Beschäftigten in der Firma gespeichert werden (Stamm- und Bewegungsdaten). Die Anlagen sind im Betriebsratsbüro einzusehen.

Andere personenbezogene Daten der Mitarbeiter/innen werden nicht verarbeitet.

Eine Weitergabe von personenbezogenen Daten innerhalb des Unternehmens und an Stellen außerhalb des Unternehmens ist nur im Rahmen der Zweckbestimmung dieser Betriebsvereinbarung möglich.

Vor der Inbetriebnahme von PAISY wird dem Gesamtbetriebsrat ein Datenfeldstammsatz entsprechend der PAISY-Systematik mit einem Schlüsselverzeichnis zur Verfügung gestellt.

(3) Auswertungen

In Anlage 3 sind alle Auswertungen, die mit Hilfe von PAISY im Rahmen der Zweckbestimmung dieser Betriebsvereinbarung erstellt werden, aufgelistet. Die Anlagen sind im Betriebsratsbüro einzusehen.

Folgende Angaben sind dabei vorzusehen:
- Arbeitsnummer,
- Name und Zweck der Auswertung,
- Kurzbeschreibung,
- Empfänger der Auswertung,
- Daten, die in der Auswertung verarbeitet sind,
- Zeitpunkt der Auswertung.

Alle Auswertungen werden mit einer Arbeitsnummer versehen, dokumentiert und in einer Programmbibliothek abgelegt, die Protokolldatei mit dem Namen         wird jeweils zum 15. eines Monats an den Betriebsrat übersandt.

Darüber hinausgehende Auswertungen bedürfen der Mitbestimmung des Gesamtbetriebsrates.

(4) Zugriffsberechtigungen

In Anlage 4 sind die vergebenen Berechtigungen für PAISY abschließend vereinbart. Sie enthält:
- Funktion des/der Zugriffsberechtigten,
- Umfang des Zugriffsrechts,
- Art des Zugriffsrechts.

Es werden keine Zugriffsberechtigungen vergeben, die eine Entwicklung von Programmen bei gleichzeitigem Zugriff auf Echtdaten erlauben. Die Anlagen sind im Betriebsratsbüro einzusehen.

(5) Matchcodes

Matchcodes haben die Funktion, das Auffinden von Daten eines/r Mitarbeiters/in zu erleichtern. Matchcodes werden zunächst nur für Personalstammdaten erstellt. Abweichungen bedürfen der Zustimmung des Betriebsrats.

### § 4 Protokollierung und Datenschutz

(1) Es wird automatisch ein lückenloses Protokoll aller Auswertungsläufe, Datenübermittlungen und Datenzugriffe einschließlich der Versuche erstellt. Es ist technisch zu gewährleisten, daß das System PAISY nicht ohne diese Protokollierung betrieben werden kann. Die Vergabe, Änderung und Löschung von Zugriffsberechtigungen werden ebenfalls elektrisch protokolliert.

(2) Die Protokolle werden vom Leiter der Personalabteilung für ein Jahr aufbewahrt.

(3) Die Geschäftsführung gewährleistet, daß die mit PAISY verarbeiteten Daten der Mitarbeiter und Mitarbeiterinnen umfassend gemäß den Vorschriften des Bundesdatenschutzgesetzes gegen unzulässige Verwendung gesichert werden.

### § 5 Änderungen des Systems

(1) Über alle geplanten Änderungen des Systems PAISY wird der Gesamtbetriebsrat anhand schriftlicher Unterlagen informiert.

(2) Änderungsanträge sind mitbestimmungspflichtig und werden mit dem Ziel einer einvernehmlichen Regelung unter Beteiligung des betrieblichen Datenschutzbeauftragten beraten. Auch der Gesamtbetriebsrat hat das Recht, Änderungsanträge zu stellen.

(3) Kommt über einen beantragten Änderungsantrag keine Einigung zustande, haben beide Seiten das Recht, die Einigungsstelle anzurufen.

(4) Ausgenommen von diesem Verfahren sind Änderungen, soweit sie die Erfüllung einer durch Gesetz, Rechtsverordnung, Unfallverhütungsvorschriften, Tarifvertrag oder Betriebsvereinbarung festgelegten Aufgabe oder der Erfüllung der Wartungsverträge dienen und nicht inhaltlicher Art sind.

### § 6 Kontrollrechte des Gesamtbetriebsrats

(1) Der Gesamtbetriebsrat benennt drei fachkundige Mitarbeiter/innen zur Ausübung seiner Kontrollrechte. Er hat das Recht,
- sämtliche Systemunterlagen einzusehen und sich erläutern zu lassen (dazu gehören alle neuen oder ergänzenden/korrigierenden Beschreibungen der Software und neue Versionen);
- sämtliche Protokolldateien einzusehen;
- sich den gesamten PAISY-Begriffskatalog (Inhaltsverzeichnis aller Satzarten) und die vergebenen Zugriffsberechtigungen ausdrucken zu lassen.

(2) Der Gesamtbetriebsrat kann zur ordnungsgemäßen Erfüllung seiner Kontrollaufgaben externe Sachverständige im Sinne des § 80 Abs. 3 des Betriebsverfassungsgesetzes hinzuziehen.

### § 7 Rechte der einzelnen Mitarbeiter/innen

(1) Nach Inkrafttreten dieser Vereinbarung und der Installation des Systems PAISY erhalten alle Beschäftigten kostenlos einen vollständigen Ausdruck sämtlicher über sie gespeicherten Daten in verständlicher Form in einem verschlossenen Umschlag. An Dritte übermittelte Daten sind unter Angabe des Empfängers kenntlich gemacht. Gleiches gilt für Neueingestellte.

(2) Einmal jährlich im Oktober erhalten die Mitarbeiter/innen kostenlos einen neuen Ausdruck. Diese Bestimmung ersetzt § 4 Abs. 4 der Betriebsvereinbarung Datenschutz. Alle sonstigen Regelungen dieser Betriebsvereinbarung, insbesondere zur Berichtigung und Löschung von Daten, bleiben in Kraft.

### § 8 Sonstige Regelungen

(1) Löschfristen für Bewegungsdaten

Bewegungsdaten werden nur für das laufende Jahr und das Vorjahr im Direktzugriff des Systems PAISY gespeichert, danach erfolgt eine Archivierung. Archivdaten dürfen nur zu einzelfallbezogenen Nachweiszwecken verwandt werden.

(2) Bildschirmarbeit

Die Regelungen der Betriebsvereinbarung zur Bildschirmarbeit gelten unverändert fort.

(3) Schulung

Die mit PAISY arbeitenden Mitarbeiter/innen werden im erforderlichen Umfang geschult.

### § 9 Schlußbestimmungen, Kündigung und Nachwirkung

(1) Durch diese Betriebsvereinbarung werden gesetzliche und tarifliche Bestimmungen sowie Regelungen aus anderen Betriebsvereinbarungen nicht berührt. Dies gilt insbesondere für die Rechte und Pflichten des betrieblichen Datenschutzbeauftragten.

(2) Geschäftsführung und Gesamtbetriebsrat werden bei der Durchführung und Überwachung dieser Betriebsvereinbarung eng mit dem/der betrieblichen Datenschutzbeauftragten zusammenarbeiten.

(3) Die Betriebsvereinbarung tritt zum              in Kraft.

Sie kann mit einer Frist von sechs Monaten zum Ende eines Kalenderjahres, erstmals zum              gekündigt werden. Im Falle einer Kündigung wirkt diese Betriebsvereinbarung bis zum Abschluß einer neuen Vereinbarung nach.

## 18. Muster: Betriebsvereinbarung über ein Personalinformationssystem

Zwischen

dem Vorstand der Gesellschaft

und

dem Gesamtbetriebsrat der Gesellschaft

wird im Hinblick auf die Verarbeitung personenbezogener Daten der in der Gesellschaft beschäftigten Mitarbeiter die nachfolgende Betriebsvereinbarung geschlossen.

### A. Allgemeiner Teil

#### § 1 Geltungsbereich und Gegenstand der Betriebsvereinbarung

(1) Die Betriebsvereinbarung gilt im Hinblick auf die Verarbeitung personenbezogener Daten der im Unternehmen beschäftigten Mitarbeiter durch das Informationssystem            .

(2) Als Verarbeiten von Daten gelten die in § 3 Abs. 5 BDSG geregelten Phasen (speichern, verändern, übermitteln, sperren und löschen).

#### § 2 Sonderregelung für Gesundheitsdaten

(1) Gesundheitsdaten über den Mitarbeiter oder die Mitarbeiterin, soweit sie Operationen, Krankheitsverläufe, erbliche Vorbelastungen, Labordaten etc. betreffen (Befunddaten) verbleiben grundsätzlich in den Dateien, Karteien und Akten des Werksarztes. Die Befunddaten dürfen nicht ohne Zustimmung des Mitarbeiters an die Personalabteilung weitergeleitet werden.

(2) Befunddaten dürfen in das Informationssystem auch mit Zustimmung des Mitarbeiters nicht aufgenommen werden.

(3) Bescheiddaten, also solche Informationen, mit denen der Werksarzt die Personalabteilung darüber unterrichtet, welche Tätigkeiten der Mitarbeiter im Unternehmen verrichten darf, nicht befürwortet werden, dürfen im Personalinformationssystem gespeichert werden. Sie sind jedoch so zu sperren, daß kein Unbefugter auf sie zugreifen kann.

#### § 3 Verarbeitung von Mitarbeiterdaten

(1) Alle personenbezogenen Daten von Mitarbeitern dürfen nur im Rahmen der Zweckbestimmung des Arbeitsverhältnisses verarbeitet werden.

(2) Die Geschäftsleitung verpflichtet sich, nur solche Auswertungsprogramme zu erstellen, einzusetzen, die mit der in der Systemdarstellung aufgeführten Zielsetzung in Einklang stehen.

(3) Unzulässig ist die Erstellung von Auswertungen, die durch programmgesteuerte Verknüpfung von Arbeitsplatzdaten und Mitarbeiterdaten folgende Auswertung zum Gegenstand haben:
- Automatisierte Überprüfung der Eignung des Mitarbeiters für einen Arbeitsplatz;
- automatisierter Vergleich der Eignung mehrerer Mitarbeiter;
- automatisierte Ermittlung zu versetzender oder zu kündigender Mitarbeiter.

### § 4 Verwendung von Mitarbeiterdaten
(1) Unzulässige Verwendung personenbezogener Daten von Mitarbeitern ist zu unterlassen. Die Geschäftsleitung hat Mitarbeiter vor unberechtigter Veränderung, Übermittlung und Löschung ihrer Daten zu schützen.

(2) Die Geschäftsleitung verpflichtet sich, personenbezogene Daten von Mitarbeiterinnen und Mitarbeitern nicht an Dritte, also außerhalb des Unternehmensbereichs, zu übermitteln. Unberührt bleiben Übermittlungen aufgrund gesetzlicher Vorschriften wie DüVo, an die Finanzämter etc. Übermittlungen von Daten an Dritte sind im übrigen nur gestattet mit Einwilligung des betroffenen Mitarbeiters bzw. der betroffenen Mitarbeiterin.

### B. Rechte des Mitarbeiters/der Mitarbeiterin

### § 5 Auskunftserteilung
Die Gesellschaft verpflichtet sich, auf Verlangen des Mitarbeiters bzw. der Mitarbeiterin bis zweimal im Jahr unentgeltlich eine vollständige Übersicht der über den Mitarbeiter/die Mitarbeiterin im Informationssystem gespeicherten Daten entschlüsselt und lesbar auszuhändigen.

### § 6 Veränderung gespeicherter Daten auf Verlangen des Mitarbeiters
Über einen Mitarbeiter oder eine Mitarbeiterin gespeicherte personenbezogene Daten sind auf Verlangen des/der Betroffenen zu berichtigen oder zu ergänzen, wenn der Mitarbeiter/die Mitarbeiterin die Unrichtigkeit oder Unvollständigkeit von Daten nachweist. Personenbezogene Daten, deren Richtigkeit vom Mitarbeiter bestritten und vom Unternehmen nicht nachgewiesen werden, sind zu löschen, soweit nicht gesetzliche Vorschriften über die Aufbewahrung von Informationen entgegenstehen.

### C. Rechte des Betriebsrats

### § 7 Unterrichtung des Betriebsrats
(1) Der Betriebsrat wird über die Planung und jede Änderung der Planung des Informationssystems rechtzeitig und umfassend unterrichtet. Auf Wunsch sind ihm erläuternde Unterlagen zur Verfügung zu stellen.

(2) Die Unterrichtung beginnt mit der Aufnahme der Planungsarbeiten. Der Betriebsrat wird laufend über die Installation bis zur Inbetriebnahme unterrichtet.

### § 8 Gegenstand der Unterrichtung
(1) Aus der Unterrichtung und Beratung muß für den Betriebsrat erkennbar sein, welche arbeitstechnischen Organisationen und/oder personellen Veränderungen beabsichtigt sind und wie sie durchgeführt werden.

(2) Die Unterrichtung erstreckt sich insbesondere auf
- Zielsetzung und wirtschaftlichen Umfang des Systems;
- sich aus dem System ergebende unmittelbare und mittelbare Rationalisierungspotentiale sowie die personellen Auswirkungen im Einzelfall;
- Auswirkungen auf die bisherigen Aufgaben und Arbeitsplätze;
- Veränderung der Arbeitsbedingungen;
- Auswirkungen auf den arbeitsplatzbezogenen Sachmitteleinsatz;
- von Veränderungen betroffene Werke, Abteilungen und Arbeitsplätze.

(3) Die Unterrichtung des Betriebsrats hat in jedem Falle so rechtzeitig zu erfolgen, daß Anregungen und Bedenken des Betriebsrats noch bei der Planung berücksichtigt werden können.

(4) Der Betriebsrat verpflichtet sich, seine Stellungnahmen jeweils unverzüglich abzugeben, um den Planungsverlauf nicht zu verzögern.

### § 9 Einsichtnahme durch den Betriebsrat

(1) Dem Betriebsrat wird auf Verlangen Einsicht in Ablauf und Funktionsweise des Systems und die dabei gefertigten Unterlagen gewährt. Einsicht erhält der Betriebsrat auf Wunsch in alle Anwendungen und Bedienungsvorschriften, Abläufe und in die Programmdokumentation.

(2) Der Betriebsrat erhält Einblick in personenbezogene Daten der betroffenen Mitarbeiter nur im Rahmen seiner Rechte nach dem BetrVG.

### D. Schlußbestimmungen

### § 10 Bestellung eines Datenschutzbeauftragten

(1) Die Geschäftsleitung verpflichtet sich, den Datenschutzbeauftragten nur mit Zustimmung des Betriebsrats zu bestellen.

(2) Der Betriebsrat bildet einen Ausschuß für den Datenschutz, in dem der Datenschutzbeauftragte auf Wunsch des Betriebsrats jederzeit zu berichten hat.

### § 11 Inkrafttreten

Die Betriebsvereinbarung tritt am ........ in Kraft. Sie kann mit einer Frist von drei Monaten zum Monatsende gekündigt werden.

## 19. Muster: Betriebsvereinbarung über den Einsatz einer Telefonanlage

### § 1

(1) Die Anlage dient ausschließlich dem Führen von Telefongesprächen sowie der Kostenerfassung und Kostenkontrolle von Dienst- und Privatgesprächen.

Telefongespräche von Mitarbeiter/innen werden nicht abgehört oder aufgezeichnet. Besteht die Möglichkeit des Mithörens durch Dritte, so ist der/die Mitarbeiter/in vorher davon zu unterrichten.

(2) Änderungen der Programme und der Hardware sind nur nach vorheriger Zustimmung des Betriebsrates zulässig.

### § 2 Leistungsmerkmale

Die Anlage wird ausschließlich mit den Standard-Leistungsmerkmalen und den in der Anlage 1 genannten zusätzlichen Leistungsmerkmalen ausgestattet.

### § 3 Erfassungsdaten

(1) Hausinterne Gespräche werden nicht erfaßt.

(2) Bei Nahbereichsgesprächen werden die gesamten Gebühreneinheiten für die Firma in einer Summe erfaßt.

(3) Bei dienstlichen Ferngesprächen werden folgende Daten erfaßt:
– Nebenstelle
– Gebühreneinheiten.

(4) Bei privaten Ferngesprächen werden folgende Daten erfaßt:
– Nebenstelle
– Datum
– Gebühreneinheiten.

## § 4 Auswertung von Daten

(1) Dienstliche Ferngespräche werden pro Nebenstelle in einer monatlichen Kostensumme ausgewertet.

(2) Die Mitarbeiter/innen können private Telefongespräche in dringenden Fällen während der Dienstzeit führen. Die Unterscheidung zwischen dienstlichen und privaten Ferngesprächen geschieht durch Vorwahl einer vierstelligen Kennziffer.

Private Ferngespräche werden entsprechend dem in der Anlage 2 aufgeführten Formular ausgewertet.

## § 5 Verwendung der Daten

(1) Für seine/ihre dienstlichen Ferngespräche erhält der/die Mitarbeiter/in für seine/ihre Nebenstelle die monatliche Telefonkostensumme schriftlich mitgeteilt. Die Geschäftsführung und die Abteilungsleiter/innen bekommen monatlich für ihren Zuständigkeitsbereich eine Telefonkostenübersicht.

(2) Für seine/ihre Privatferngespräche erhält der/die Mitarbeiter/in in einem verschlossenen Umschlag monatlich eine Telefonkostenabrechnung entsprechend Anlage 2. Die Kasse erhält die Telefongebühren pro individuellen Verursacher in einer Summe. Innerhalb eines Monats sind die Telefonrechnungen an der Kasse zu bezahlen.

## § 6 Nutzung und Aufbewahrungsfristen

(1) Die elektronisch gespeicherten Daten der dienstlichen und privaten Telefongespräche werden nach der monatlichen Auswertung gelöscht.

(2) Die Aufbewahrungsfristen richten sich nach den gesetzlichen Bestimmungen.

## § 7 Datenschutz und Datensicherung

(1) Bei der Gebührenerfassung und -auswertung sind die Vorschriften des Schutzes personenbeziehbarer Daten einzuhalten.

(2) Eine über die Regelung dieser Vereinbarung hinausgehende Auswertung und Weiterverarbeitung erfolgt nicht.

(3) Zwischen Geschäftsführung und Betriebsrat vereinbarte Änderungen der Software und der Leistungsmerkmale der Telefonanlage können nur unter Aufsicht des innerbetrieblichen Datenschutzbeauftragten erfolgen. Für diese Aufgabe erhält er einen Schlüssel, ohne den eine Änderung nicht möglich ist.

## § 8 Meinungsverschiedenheiten

Entstehen bei der Anwendung dieser Betriebsvereinbarung Meinungsverschiedenheiten zwischen der Geschäftsführung und dem Betriebsrat, kann eine der genannten Seiten die Einigungsstelle anrufen. Der Spruch der Einigungsstelle ersetzt die Einigung zwischen Geschäftsführung und Betriebsrat.

## § 9 Inkrafttreten

Diese Betriebsvereinbarung tritt am              in Kraft. Sie ist mit einer Frist von sechs Monaten, frühestens zum              , kündbar.

### Anlage 1 – Zusätzliche Leistungsmerkmale

**A. Für die Abfragestelle:**

Nebenstellen–Besetztanzeige

Mitbenutzung der Kurzwahl-Zentrale für externe Ziele

**B. Für die Nebenstellen:**
Automatischer Rückruf

Kurzwahl-Zentrale für          externe Ziele

Wahlwiederholung extern

Anrufumleitung variabel

**Anlage 2**
Telefonübersicht für private Ferngespräche von

Herrn/Frau

Monat

| Lfd.-Nr. | Nebenstelle | Datum | Gebühreneinheiten | Betrag |
|---|---|---|---|---|
| | | | | |

Summe privater Ferngespräche

## 20. Muster: Betriebsvereinbarung über Auswahlrichtlinien

### § 1 Zuständigkeit von Personalmanagement und Betriebsrat

(1) Jede Einstellung, Eingruppierung, Umgruppierung oder Versetzung von Mitarbeitern bedarf gem. § 99 BetrVG der Zustimmung des Betriebsrats. Dem Betriebsrat ist unter Vorlage der erforderlichen Unterlagen einschließlich etwaiger Bewerbungsunterlagen, auch etwaiger Blindbewerbungen, Auskunft über die geplanten Maßnahmen und deren Auswirkungen zu geben. Bei einer beabsichtigten Einstellung oder Veränderungen im Hinblick auf leitende Angestellte ist der Betriebsrat nach § 105 BetrVG zu unterrichten.

(2) Der Betriebsrat ist vor jeder Kündigung anzuhören. Unterliegt die Kündigung der Zustimmung des Betriebsrats, ist diese vor Ausspruch der Kündigung einzuholen.

(3) Das Personalmanagement ist ausschließlich zuständig für die Vorbereitung personeller Einzelmaßnahmen, die der Mitwirkung oder Mitbestimmung des Betriebsrats unterliegen, sowie für die Entgegennahme von Anträgen des Betriebsrats auf Entfernung betriebsstörender Arbeitnehmer gem. § 104 BetrVG.

### § 2 Entscheidungskriterien des Personalmanagements

(1) Das Personalmanagement hat seine Entscheidungen unter Berücksichtigung der gesetzlichen, tariflichen und betrieblichen Bestimmungen zu treffen.

(2) Personalpolitik, Personalentscheidungen und Personalbehandlung sollen dazu dienen, die freie Entfaltung der Persönlichkeit der im Betrieb beschäftigten Arbeitnehmer zu schützen und zu fördern, alle im Betrieb tätigen Personen nach Recht und Billigkeit zu behandeln, jegliche Diskriminierung wegen Abstammung, Religion, Nationalität, Herkunft, politischer oder gewerkschaftlicher Betätigung oder Einstellung oder des Geschlechts zu unterlassen und die Eingliederung Schwerbehinderter oder sonstiger schutzbedürftiger Personen zu unterstützen.

## § 3 Bewerber

(1) Bei der Bewerberauswahl werden nur die aus dem Personalfragebogen oder aus sonstigen Unterlagen ersichtlichen Tatsachen zur Meinungsbildung herangezogen.

(2) Dem Betriebsrat wird im Rahmen des Zustimmungsverfahrens nach § 99 BetrVG auch Mitteilung zusammen mit den Bewerbungsunterlagen über diejenigen Bewerber gemacht, die für eine engere Auswahl nicht in Betracht gekommen sind.

(3) Sofern dies der Betriebsrat wünscht, soll ihm Gelegenheit gegeben werden, einen Bewerber innerhalb der Wochenfrist des § 99 BetrVG kennenzulernen.

## § 4 Ausschreibung

(1) Alle zu besetzenden Arbeitsplätze, bei denen eine Ausschreibung verlangt oder vereinbart worden ist, werden zunächst innerbetrieblich ausgeschrieben.

(2) Bei der Auswahl zwischen einem innerbetrieblichen oder außerbetrieblichen Bewerber ist dem innerbetrieblichen Bewerber durch das Personalmanagement bei gleicher Qualifikation der Vorzug zu geben.

## § 5 Versetzungen

(1) Mit den vorliegenden Auswahlrichtlinien werden nur Versetzungen aus personen- oder betriebsbedingten Gründen erfaßt.

(2) Als Versetzung gilt die Zuweisung eines anderen Arbeitsbereichs mit einer erheblichen Änderung der Umstände, unter denen die Arbeit zu leisten ist, wenn sie die Dauer von einem Monat überschreitet. Werden Mitarbeiterinnen oder Mitarbeiter nach der Eigenart ihres Arbeitsverhältnisses üblicherweise nicht ständig an einem bestimmten Arbeitsplatz beschäftigt, gilt die Bestimmung des jeweiligen Arbeitsplatzes nicht als Versetzung, § 95 Abs. 3 BetrVG.

(3) Werden Mitarbeiterinnen oder Mitarbeiter wegen Nachlassens körperlicher Kräfte oder aufgrund ärztlicher Empfehlung aus personenbedingten Gründen versetzt, sind sie gegenüber anderweitigen Bewerbern auf eine freie Stelle zu bevorzugen.

(4) Versetzungen aus betriebsbedingten Gründen hat das Personalmanagement im Rahmen der Personalplanung mit dem Betriebsrat vorzubesprechen.

## § 6 Versetzung auf geringerwertigen Arbeitsplatz

Wird eine Mitarbeiterin oder ein Mitarbeiter auf einen geringerwertigen Arbeitsplatz versetzt, gelten die gleichen Auswahlrichtlinien wie bei einer Kündigung.

## § 7 Versetzung auf höherwertigen Arbeitsplatz

Für die Versetzung auf einen höherwertigen Arbeitsplatz gelten die gleichen Auswahlrichtlinien wie bei einer Einstellung. Fachliche Eignung ist von gleicher Wertigkeit wie Betriebszugehörigkeit. Ein Recht auf bevorzugte Besetzung eines freien Arbeitsplatzes wird jedoch durch eine mehr als 15jährige Betriebszugehörigkeit sowie durch eine im Betrieb erlittene Gesundheitsstörung erworben.

## § 8 Umgruppierung

Bei Umgruppierungen aufgrund von Beförderungen, Versetzungen oder Übertragung zusätzlicher Aufgaben gelten die gleichen Auswahlgrundsätze wie bei der Versetzung.

## § 9 Förderung von Auszubildenden

(1) Auszubildende, sobald sie ihren Ausbildungsabschluß erworben haben, sind unter Berücksichtigung ihrer fachlichen und persönlichen Befähigung im Vergleich mit sonstigen Bewerbern auf freie Stellen vorrangig einzustellen.

(2) Maßstab der fachlichen Befähigung ist das Schulwissen und der Berufsschulabschluß sowie die Ergebnisse der praktischen Prüfung des ehemaligen Auszubildenden.

### § 10 Mitteilungspflicht des Personalmanagements bei personenbedingten Kündigungen

(1) Das Personalmanagement hat bei personenbedingten Kündigungen alle Gründe, die nach den Grundsätzen der subjektiven Determination maßgeblich sind, dem Betriebsrat mitzuteilen.

(2) Das Personalmanagement hat unter Berücksichtigung des Alters, des Familienstandes, der Betriebszugehörigkeit und des beruflichen Werdegangs eine Weiterbeschäftigungsmöglichkeit auch nach zumutbaren Umschulungs- und Fortbildungsmaßnahmen zu prüfen und dem Betriebsrat das Ergebnis der Prüfung mitzuteilen. Dabei hat das Personalmanagement insbesondere mitzuteilen, welche Umschulungsmaßnahmen erwogen und welche Arbeitsplätze für eine Weiterbeschäftigung überprüft worden sind.

(3) Macht der Betriebsrat für die Weiterbeschäftigung auf bestimmten Arbeitsplätzen konkrete Vorschläge, so nimmt das Personalmanagement eine Überprüfung dieser Vorschläge vor.

(4) Ergibt sich aus Sicht des Personalmanagements und des Betriebsrats statt einer personenbedingten Kündigung die Möglichkeit zu einer Weiterbeschäftigung, so ist dem Arbeitnehmer vor Ausspruch der Kündigung der für eine Weiterbeschäftigung in Frage kommende Arbeitsplatz anzubieten.

### § 11 Auswahlkriterien des Personalmanagements bei betriebsbedingten Kündigungen

(1) Betriebsbedingt gekündigt werden darf nur solchen Arbeitnehmern, deren Arbeitsplatz durch eine Organisationsentscheidung in Wegfall gekommen ist. Nicht gekündigt werden darf solchen Mitarbeiterinnen und Mitarbeitern, die nach Umschulungs- und Fortbildungsmaßnahmen in dem Unternehmen in zumutbarer Zeit weiterbeschäftigt werden können.

(2) In eine Sozialauswahl hat das Personalmanagement diejenigen Mitarbeiterinnen und Mitarbeiter des Betriebes einzubeziehen, deren Tätigkeit gleichartig ist oder deren Arbeitsplätze untereinander austauschbar sind. Darüber, ob Tätigkeiten gleichartig sind, treffen im Zweifelsfalle Personalmanagement und Betriebsrat eine gemeinsame Bestimmung. Können sich Personalmanagement und Betriebsrat nicht einigen, ist die Einigungsstelle anzurufen.

(3) Mitarbeiterinnen und Mitarbeiter, bei denen die vorgenannten Grundsätze zur betriebsbedingten Kündigung beachtet worden sind, sind im Rahmen der Sozialauswahl nach folgenden Kriterien und der sich hieraus ergebenden Wertigkeit und Rangfolge zu vergleichen:

1. Dauer der Betriebszugehörigkeit.
2. Soziale Merkmale wie Alter, Unterhaltsverpflichtungen, Familienstand.
3. Soziale Absicherung (Einkünfte der Familie, materielle Sicherstellung bei Ausscheiden).
4. Fachliche Leistung.

### § 12 Verstöße gegen die Betriebsvereinbarung

Soweit die Überprüfung von Verstößen gegen diese Betriebsvereinbarung nicht einem gesetzlichen Verfahren vorbehalten ist, können Personalmanagement und Betriebsrat die Einigungsstelle anrufen.

### § 13 Inkrafttreten

Diese Betriebsvereinbarung tritt am            in Kraft. Sie kann mit einer Frist von drei Monaten zum Quartalsende gekündigt werden.

Geschäftsleitung                    Betriebsrat

## 21. Muster: Auswahlrichtlinien bei Kündigungen

▼

Geschäftsleitung der Firma

und Betriebsrat der Firma         schließen die nachfolgende

*Betriebsvereinbarung über Auswahlrichtlinien für personelle Maßnahmen*

1. Bei Wegfall von Arbeitsplätzen aus betrieblichen Gründen ist vorrangig zu prüfen, ob die Weiterbeschäftigung der betroffenen Arbeitnehmer auf anderen, freien Arbeitsplätzen, ggf. auch zu ungünstigeren Bedingungen, möglich ist.
2. Im Rahmen von Ziff. 1 ist zu prüfen, ob eine Umschulungs- bzw. Fortbildungsmaßnahme in Betracht kommt. Eine Umschulungs- bzw. Fortbildungsmaßnahme kommt nur dann in Betracht, wenn der Arbeitnehmer damit einverstanden, die Maßnahme für das Unternehmen zumutbar und im Anschluß an die Maßnahme eine Weiterbeschäftigung im Unternehmen möglich ist.
3. Sind betriebsbedingte Kündigungen dennoch unvermeidbar, werden von der Werks-/Personalleitung nach Absprache mit dem Betriebsrat in den Kreis der miteinander vergleichbaren Mitarbeiter alle einbezogen, deren Funktion auch von dem Mitarbeiter wahrgenommen werden kann, dessen Arbeitsplatz weggefallen ist. Vergleichbar in diesem Sinne sind diejenigen Mitarbeiter, die aufgrund ihrer betrieblichen Tätigkeit und beruflichen Qualifikation ohne längere Einarbeitungszeit gegenseitig austauschbar sind.
4. In die soziale Auswahl sind Mitarbeiter nicht einzubeziehen, deren Weiterbeschäftigung insbesondere wegen ihrer Kenntnisse, Fähigkeiten und Leistungen oder zur Sicherung einer ausgewogenen Personalstruktur des Betriebes im berechtigten betrieblichen Interesse liegt, d. h. betriebstechnische, wirtschaftliche oder sonstige betriebliche Bedürfnisse eine Weiterbeschäftigung bedingen.

   Abgesehen von der Darlegung individueller Kriterien können Arbeitnehmer aus dem Kreis der vergleichbaren Arbeitnehmer herausgenommen werden, wenn das berechtigte Interesse an der Sicherung einer ausgewogenen Personalstruktur des Betriebes die Weiterbeschäftigung eines oder mehrerer bestimmter Arbeitnehmer bedingt.
5. Unter den verbleibenden Mitarbeitern wird die individuelle Auswahl nach den gesetzlichen sozialen Grunddaten Dauer der Betriebszugehörigkeit, Lebensalter und Unterhaltsverpflichtungen durchgeführt.

▲


## 22. Muster: Betriebsvereinbarung über das Vorschlagswesen[148]

▼

Zwischen

der Firma

und

dem Betriebsrat der Firma

wird nachstehende Betriebsvereinbarung über das betriebliche Vorschlagswesen geschlossen.

---

148  Quelle: Gesamtverband der metallindustriellen Arbeitgeberverbände e. V. (Stand 1997)

## 1. Teil: Allgemeine Bestimmungen

Das betriebliche Vorschlagswesen soll dazu dienen, durch die Mitarbeit und das Mitdenken der gesamten Belegschaft die Wirtschaftlichkeit sowie das gute Einvernehmen und die Arbeitssicherheit im Betrieb zu fördern. Es hat die Aufgabe, Ideen nutzbar zu machen und ihre angemessene Anerkennung zu sichern.

### § 1 Verbesserungsvorschläge

Verbesserungsvorschläge sind Anregungen, die durch Umstellung und Änderung eine Verbesserung bestehender Methoden, eine höhere oder bessere Produktion, eine Vereinfachung des Arbeitsverfahrens, Ersparnisse von Arbeitszeit oder Material oder eine Erhöhung der Sicherheit anstreben. Dazu zählen auch Vorschläge, die der Zusammenarbeit, der Ordnung oder der Sauberkeit im Betrieb dienen.

Ein Verbesserungsvorschlag liegt jedoch nur dann vor, wenn
– eine Verbesserung gegenüber dem bisherigen Zusand erreicht wird,
– seine Einführung rentabel ist oder die Sicherheit erhöht, Gesundheitsgefährdungen oder Umweltbelastungen verringert, das Firmenansehen steigert oder der guten Zusammenarbeit im Betrieb dient und
– ohne die Anregung des Einreichers diese Verbesserung nicht durchgeführt worden wäre.

Der Vorschlag darf nicht lediglich einen bestehenden Zustand bemängeln, sondern muß eine Lösung des Problems enthalten.

Als Verbesserungsvorschläge in diesem Sinne gelten nur solche Vorschläge, bei denen eine über den Rahmen des sich aus dem Arbeitsverhältnis ergebenden Aufgabenbereichs des Einreichers hinausgehende Leistung vorliegt. Der Aufgabenbereich ist abhängig von der Stellung des Einreichers; er umfaßt alle Tätigkeiten und Überlegungen des Mitarbeiters, die bei der Erfüllung seiner Aufgaben im Betrieb von ihm erwartet werden können.

Ein Verbesserungsvorschlag i. S. dieser Definition liegt nicht vor im Fall einer patent- oder gebrauchsmusterfähigen Erfindung oder eines technischen Verbesserungsvorschlages, der dem Betrieb eine ähnliche Vorzugsstellung einräumt wie ein gewerbliches Schutzrecht. In diesen Fällen ist das Gesetz über Arbeitnehmererfindungen anzuwenden.

### § 2 Teilnahmeberechtigte am betrieblichen Vorschlagswesen

Verbesserungsvorschläge können von allen Mitarbeitern, einschließlich der Auszubildenden, Praktikanten und Werkstudenten, eingereicht werden.

### § 3 Einreichen des Verbesserungsvorschlages

Ein Verbesserungsvorschlag kann von einem einzelnen Mitarbeiter oder von mehreren Mitarbeitern gemeinsam (Gruppenvorschlag) beim Beauftragten für das betriebliche Vorschlagswesen schriftlich eingereicht oder mündlich vorgetragen werden. Hierdurch erklärt sich der Einreicher damit einverstanden, daß sein Vorschlag ausschließlich nach den Bestimmungen dieser Betriebsvereinbarung behandelt wird.

Bestimmte Teile des Vorschlags können auf Wunsch des Einreichers anonym bearbeitet werden, soweit das Verfahren dies zuläßt.

Ist der Verbesserungsvorschlag eine Diensterfindung, so wird der Erfinder durch die Einreichung nicht von seiner Meldepflicht nach § 5 des Gesetzes über Arbeitnehmererfindungen befreit.

## 2. Teil: Organisation des betrieblichen Vorschlagswesens

### § 4 Beauftragter für das betriebliche Vorschlagswesen

Die Geschäftsleitung bestimmt einen Beauftragten für das betriebliche Vorschlagswesen. Dieser bearbeitet die eingereichten Verbesserungsvorschläge und trägt die Verantwortung für ihre ordnungsgemäße Behandlung. Er hat insbesondere den Einreicher zu beraten; das persönliche Gespräch soll das Vertrauen zum betrieblichen Vorschlagswesen fördern und dem Einreicher die Möglichkeit geben, seine Ideen näher zu erläutern.

## § 5 Prüfungsausschuß

Der Prüfungsausschuß setzt sich zusammen aus dem Vorsitzenden, der von der Geschäftsleitung benannt wird und mit dem Beauftragten für das betriebliche Vorschlagswesen personengleich sein kann, zwei weiteren ständigen Mitgliedern aus den für die Beurteilung der Vorschläge wichtigen Bereichen, die ebenfalls von der Geschäftsleitung bestimmt werden, sowie aus zwei vom Betriebsrat benannten Vertretern der Mitarbeiter.

Der Prüfungsausschuß hat die Aufgabe, die ihm von dem Beauftragten für das betriebliche Vorschlagswesen vorgelegten Verbesserungsvorschläge zu prüfen und, falls der Verbesserungsvorschlag zur Verwirklichung angenommen wird, der Geschäftsleitung eine Vorschlagsprämie vorzuschlagen.

### 3. Teil: Bearbeitung der Verbesserungsvorschläge

### § 6 Eingangsbestätigung

Der Eingang eines Verbesserungsvorschlages wird schriftlich unter Hinweis auf die vom Einreicher anerkannten Bestimmungen dieser Betriebsvereinbarung bestätigt.

### § 7 Vorbereitung

Der Beauftragte für das Betriebliche Vorschlagswesen registriert die eingereichten Verbesserungsvorschläge mit dem Zeitpunkt des Eingangs und bringt sie gegebenenfalls in eine zweckmäßige Form. Er kann bei den fachlich zuständigen Abteilungen Stellungnahmen einholen und trifft alle Maßnahmen, die zur Vorbereitung der Prüfung durch den Ausschuß erforderlich sind.

### § 8 Verfahren im Prüfungsausschuß

Der Prüfungsausschuß schlägt der Geschäftsleitung die Annahme, Anerkennung oder Ablehnung der Verbesserungsvorschläge sowie im Falle der Annahme eine Vorschlagsprämie vor; für den Fall der Anerkennung empfiehlt er eine Anerkennungsprämie oder Sachzuwendung. Er beschließt mit Stimmenmehrheit. Er kann Sachverständige ohne Stimmrecht hinzuziehen.

Die Teilnehmer an den Sitzungen des Ausschusses müssen den Inhalt der Beratungen vertraulich behandeln.

Die Ergebnisse der Beratungen des Ausschusses werden in einer Niederschrift festgehalten, die von dem Vorsitzenden und zwei weiteren Mitgliedern des Ausschusses unterschrieben wird. Im Falle der Annahme muß diese Niederschrift bis zum Ablauf des fünften Jahres nach dem Jahr der Zuerkennung der Vorschlagsprämie aufbewahrt werden.

### § 9 Prioritäten

Falls zwei oder mehr Vorschläge dem Sinne nach übereinstimmen, kann nur der zuerst eingegangene angenommen werden.

Will eine betriebliche Stelle die Priorität für einen Gedanken geltend machen, so weist sie diese gegenüber dem Prüfungsausschuß durch schriftliche Unterlagen nach; in diesem Falle findet eine weitere Prüfung und Beratung durch den Prüfungsausschuß nicht statt.

Wird ein zunächst abgelehnter Vorschlag später durchgeführt, so behandelt der Prüfungsausschuß den Vorschlag unter Wahrung der Priorität des Einreichers erneut. Wenn ein später eingereichter Vorschlag gleichen oder ähnlichen Inhalts Anlaß für die Durchführung war, kann der Prüfungsausschuß auch eine Aufteilung der Prämie nach billigem Ermessen vorschlagen.

Alternative:

Wird ein zunächst abgelehnter Vorschlag später durchgeführt, so behandelt der Prüfungsausschuß den Vorschlag unter Wahrung der Priorität des Einreichers erneut. Ein zunächst abgelehnter Vorschlag bleibt, vom Datum der Eingangsbestätigung an gerechnet, zwei Jahre lang prämienberechtigt. Die Prämienberechtigung kann um weitere zwei Jahre verlängert werden, wenn der Vorschlag vor Auslaufen der ersten Schutzfrist erneut eingereicht, d. h. verlängert wird.

Wird ein zunächst abgelehnter Vorschlag anläßlich eines gleichen oder ähnlichen Vorschlages durch einen weiteren Einreicher innerhalb der Schutzfrist doch durchgeführt, so bleibt die Priorität des ersten Einreichers erhalten. Die Anregung des Zweiteinreichers kann außerdem entsprechend gewertet werden.

## 4. Teil: Bewertung und Prämierung

### § 10 Vorschlagsprämie

Für Verbesserungsvorschläge, die zur Verwirklichung angenommen sind, erhalten die Einreicher eine Vorschlagsprämie. Ihre Höhe wird jeweils auf Vorschlag des Prüfungsausschusses von der Geschäftsleitung festgesetzt.

Für Vorschläge, die eine errechenbare Ersparnis bringen, z. B. an Zeit, Energie, Ausschuß, Reparatur- und/oder Wiederbeschaffungskosten, Betriebs- und/oder Hilfsstoffen, errechnet sich die Prämie nach der Ersparnis im ersten Anwendungsjahr. Erfordert die Errechnung der Ersparnis einen unverhältnismäßigen Aufwand, so kann sie geschätzt oder die Vorschlagsprämie in entsprechender Anwendung des Abs. 3 ermittelt werden.

Für Verbesserungsvorschläge, die keine errechenbare Ersparnis, jedoch einen sonstigen Vorteil bringen, insbesondere hinsichtlich der Arbeitssicherheit, Arbeitsplatzgestaltung, Qualitätsverbesserung usw., schlägt der Prüfungsausschuß die Vorschlagsprämie nach folgendem Stufenplan vor:

Stufe I:     ausgezeichnet
Stufe II:    sehr gut
Stufe III:   gut
Stufe IV:    befriedigend
Stufe V:     ausreichend

Wird ein Verbesserungsvorschlag von mehreren Einreichern gemacht (Gruppenvorschlag), so erfolgt die Verteilung der Prämie nach dem von den Einreichern gewünschten Aufteilungsmaßstab; andernfalls wird die Prämie zu gleichen Teilen ausgezahlt.

### § 11 Anerkennungsprämie

Für Vorschläge, die nicht durchgeführt werden, kann der Prüfungsausschuß eine Anerkennungsprämie oder eine Sachzuwendung vorschlagen, wenn die umsichtige und interessierte Mitarbeit des Einreichers anzuerkennen ist.

### § 12 Weiterbearbeitung nach der Entscheidung

Die Entscheidung über den Vorschlag wird dem Einreicher schriftlich bekanntgegeben. Eine Ablehnung ist zu begründen. Die Vorschlagsprämie oder Sachzuwendung wird in angemessener Form überreicht.

Die Gewährung der Vorschlagsprämie oder Sachzuwendung wird der Belegschaft in geeigneter Weise bekanntgegeben. Der Einreicher kann wünschen, daß sein Name hierbei nicht genannt wird.

Ist der Einreicher mit der Ablehnung seines Vorschlages nicht einverstanden und kann er bisher nicht berücksichtigte, wesentliche Gesichtspunkte geltend machen, so ist er berechtigt, innerhalb von drei Monaten nach Zugang des schriftlichen Bescheids die Durchführung eines zweiten Prüfungsverfahrens beim Beauftragten für das betriebliche Vorschlagswesen zu beantragen, in welchem die Einspruchsgründe zu berücksichtigen sind.

### § 13 Verwirklichung des Verbesserungsvorschlages

Im Auftrage der Geschäftsleitung informiert der Beauftragte für das betriebliche Vorschlagswesen die zuständigen betrieblichen Stellen über die erfolgte Annahme des Verbesserungsvorschlages und beobachtet dessen Durchführung.

### § 14 Ergänzendes Prüfungsverfahren

Treten bei der Durchführung innerhalb des ersten Anwendungsjahres wesentliche neue Gesichtspunkte auf, die bei der Entscheidung über die Höhe der Vorschlagsprämie nicht zugunsten des Einreichers berücksichtigt worden sind, so kann in seinem Interesse spätestens bis Ablauf des zweiten Anwendungsjahres ein ergänzendes Prüfungsverfahren eingeleitet werden.

Dies gilt auch bei Verfahrensfehlern oder Fehlberechnungen.

## 5. Teil: Zusatzbestimmungen

### § 15 Weitergabe an Dritte
Verbesserungsvorschläge dürfen ohne Einverständnis der Geschäftsleitung nicht an Dritte weitergegeben werden. Die Geschäftsleitung kann dem Einreicher gestatten, seinen Verbesserungsvorschlag anderweitig zu verwerten.

### § 16 Sperrfristen
Beim Anlauf neuer Fertigungen werden von der Geschäftsleitung ggf. Sperrfristen festgelegt, während derer Vorschläge nicht entgegengenommen werden, die sich auf diese neuen Fertigungen beziehen. Die Dauer dieser Sperrfristen soll so kurz wie möglich bemessen sein.

### § 17 Gewährleistungspflichten Dritter
Vorschläge, die neue Einrichtungen oder Maschinen betreffen, werden nur dann entgegengenommen, wenn die Haftung des Lieferanten nicht beeinträchtigt wird oder der Lieferant sein Einverständnis zur Durchführung des Verbesserungsvorschlages gibt.

### § 18 Versuche
Soweit zur Erprobung neuer Gedanken im Hinblick auf künftige Verbesserungsvorschläge Versuche notwendig erscheinen, bedürfen diese der Zustimmung des sachlich zuständigen Vorgesetzten, die der Beauftragte für das Betriebliche Vorschlagswesen einholt.

### § 19 Anrechnung auf Erfindervergütungen
Stellt sich bei einem Verbesserungsvorschlag heraus, daß ein Vergütungsanspruch nach dem Gesetz über Arbeitnehmererfindungen besteht, so kann eine nach dieser Betriebsvereinbarung gewährte Vorschlagsprämie auf die nach dem Gesetz über Arbeitnehmererfindungen zu gewährende Vergütung angerechnet werden.

### § 20 Inkrafttreten und Kündigung der Betriebsvereinbarung
Die Betriebsvereinbarung tritt am                 in Kraft.

Sie kann mit einer Frist von drei Monaten zum Jahresende gekündigt werden.

                , den

(Geschäftsleitung)              (Betriebsrat)

### 23. Muster: Betriebsvereinbarung für das betriebliche Vorschlagswesen[149]

Gemäß § 87 Abs. 1 Ziffer 12 BetrVG wird folgende

*Betriebsvereinbarung*

zwischen

der Firma

und

dem Betriebsrat – besteht ein Gesamtbetriebsrat, durch diesen – für die Bewertung von Verbesserungsvorschlägen geschlossen:

#### § 1 Geltungsbereich
Die Vereinbarung gilt für alle Arbeitnehmer im Sinne des § 5 Abs. 1 BetrVG.

#### § 2 Verbesserungsvorschlag
(1) Jede Idee und Anregung, die dazu beiträgt, einen betrieblichen Zustand zu verbessern, gilt als Verbesserungsvorschlag im Sinne dieser Vereinbarung, es sei denn, sie ist patent- und gebrauchsmusterfähig oder ein qualifizierter technischer Verbesserungsvorschlag nach § 20 Abs. 1 ArbNErfG (vgl. aber § 14 Abs. 2).

(2) Ein Verbesserungsvorschlag kann beispielsweise beinhalten:

1. Verbesserung der Arbeitssicherheit, des Gesundheitsschutzes und Erhöhung der Betriebssicherheit,
2. Zweckmäßigkeit von Arbeitsverfahren und Arbeitsplatzgestaltung,
3. Einsatz und bessere Ausnutzung maschineller und anderer technischer Hilfsmittel aller Art,
4. Verbesserung der Qualität, Reduzierung von Ausschuß und Fehlern,
5. Einsparung von Material oder Betriebsmittelkosten oder sonst notwendiger Aufwendungen,
6. Verbesserung der Sozialeinrichtungen oder der Organisation der Sozialeinrichtungen,
7. Verbesserung des Umweltschutzes.

#### § 3 Einreichen von Verbesserungsvorschlägen
(1) Verbesserungsvorschläge können schriftlich oder mündlich von einzelnen oder als Gruppenvorschlag von mehreren Belegschaftsmitgliedern gemeinsam eingebracht oder vorgebracht werden. Werden sie mündlich vorgebracht, hat die Geschäftsstelle den Vorschlag schriftlich zu formulieren oder bei der Formulierung zu helfen und von dem oder den Einreichern unterschreiben zu lassen. Soweit Vordrucke vorhanden sind, sollen diese genutzt werden.

(2) Der Eingang eines Vorschlages ist dem Einsender unverzüglich schriftlich zu bestätigen. Gleichzeitig ist ihm die Nummer, unter der sein Vorschlag registriert ist, von der Geschäftsstelle mitzuteilen.

#### § 4 Organe des betrieblichen Vorschlagswesens
Die Organe des betrieblichen Vorschlagswesens sind: Die Geschäftsstelle, § 5; der Bewertungsausschuß, § 6; und der Berufungsausschuß, § 7.

#### § 5 Geschäftsstelle
(1) Der Arbeitgeber hat eine Geschäftsstelle zu bilden. Die Geschäftsstelle besteht aus dem Leiter und je nach den betrieblichen Notwendigkeiten aus der erforderlichen Zahl von Sachbearbeitern bzw. einem Beauftragten für das Vorschlagswesen.

---

149 Quelle: *Schoden*, Betriebliche Arbeitnehmererfindungen und betriebliches Vorschlagswesen, 1995, S. 268-274.

(2) Die Geschäftsstelle hat folgende Aufgaben:
1. die Vorschläge zu registrieren und zu bestätigen (§ 3 Abs. 2),
2. den Vorschlagenden bei der Abfassung und Formulierung ihrer Vorschläge behilflich zu sein,
3. die Schutzfähigkeit der Verbesserungsvorschläge, gegebenenfalls in Verbindung mit einer Patentabteilung, zu überprüfen (vgl. § 16 Abs. 2 bis 4),
4. evtl. nötige Stellungnahmen der zuständigen Betriebs- und Abteilungsleiter einzuholen,
5. die Sitzungen des Bewertungsausschusses und Berufungsausschusses vorzubereiten,
6. abschließende Erledigungen aufgrund der Entscheidung der Ausschüsse,
7. Intensivierung und Förderung von Maßnahmen für das betriebliche Vorschlagswesen.

(3) In kleineren Betrieben werden die Aufgaben der Geschäftsstelle durch den Beauftragten für das betriebliche Vorschlagswesen wahrgenommen.

## § 6 Der Bewertungsausschuß

(1) *Zusammensetzungen*
1. Es wird ein Bewertungsausschuß gebildet, der sich paritätisch zusammensetzt. Der Arbeitgeber benennt seine Vertreter. Der Betriebsrat benennt die Vertreter der Arbeitnehmer.
2. Je ein Arbeitgeber- und ein Arbeitnehmervertreter wechseln sich jährlich im Vorsitz ab.

(2) *Geschäftsführung*
1. Die Geschäftsführung des Ausschusses obliegt der Geschäftsstelle.
2. Der Leiter der Geschäftsstelle nimmt an den Sitzungen beratend teil, soweit er nicht als Vertreter der Geschäftsstelle zu den stimmberechtigten Mitgliedern gehört.
3. Der Ausschuß tritt monatlich einmal oder nach Bedarf zusammen.
4. Er ist beschlußfähig, wenn mindestens je die Hälfte der Arbeitgeber- und Arbeitnehmermitglieder anwesend sind. Beide Seiten können Ersatzvertreter bestimmen.
5. Beschlüsse werden mit einfacher Stimmenmehrheit gefaßt. Bei Stimmengleichheit entscheidet die Stimme des jeweiligen Vorsitzenden.
6. Der Bewertungsausschuß kann Gutachten anfordern und Sachverständige beratend hinzuziehen.
7. Die Sitzungen sind nicht öffentlich, die Beratungen sind vertraulich zu behandeln. Das gilt nicht gegenüber Arbeitgeber und Betriebsrat. Über jede Sitzung ist ein Protokoll anzufertigen und von allen Mitgliedern zu unterschreiben.
8. Hat der Bewertungsausschuß über einen Verbesserungsvorschlag eines seiner Mitglieder oder von Familienangehörigen zu entscheiden, so darf dieses Mitglied an der Beratung und Entscheidung über seinen Vorschlag nicht teilnehmen. Für diesen Fall hat die jeweilige Gruppe einen Vertreter zu bestimmen.

(3) *Aufgaben des Bewertungsausschusses*

Der Bewertungsausschuß hat die Aufgaben:
1. über die Zugehörigkeit des Einsenders zum Geltungsbereich nach § 1 dieser Vereinbarung zu entscheiden,
2. zu entscheiden, ob ein Verbesserungsvorschlag im Sinne von § 2 vorliegt,
3. die Vergütung anhand der Vergütungsrichtlinien festzusetzen,
4. dem Einsender über das Ergebnis der Prüfung und Bewertung einen schriftlichen Bescheid zu erteilen,
5. die Überprüfung nach § 12 vorzunehmen.

### § 7 Der Berufsausschuß

(1) Es kann ein Berufungsausschuß gebildet werden, der über die Einsprüche nach § 9 Abs. 2 entscheidet.

(2) Für seine Einrichtung, Zusammensetzung und Geschäftsführung gelten die gleichen Prinzipien wie für den Bewertungsausschuß.

(3) Die Mitglieder des Bewertungsausschusses können nicht Mitglieder des Berufungsausschusses ein.

### § 8 Behandlung der Verbesserungsvorschläge

(1) Verbesserungsvorschläge sind der Geschäftsstelle zuzuleiten. Sie kann Annahmestellen einrichten. Andere Stellen des Betriebes bzw. des Unternehmens, denen Vorschläge bekannt werden, haben diese unverzüglich in verschlossenem Umschlag an die Geschäftsstelle weiterzuleiten.

(2) Um eine möglichst gerechte Beurteilung herbeizuführen, ist es notwendig, jeden eingereichten Vorschlag anonym zu behandeln. Deshalb hat die Geschäftsstelle jeden Vorschlag sofort mit einer Registriernummer zu versehen. Die weitere Behandlung des Vorschlages darf nur unter der Registriernummer erfolgen, der Name des Vorschlagenden darf nicht in Erscheinung treten.

(3) Die Unterlagen, aus denen sich ergibt, welche Namen der jeweiligen Registriernummer zugeordnet sind, sind unter Verschluß zu halten.

(4) Für die Priorität eines Vorschlages ist das Eingangsdatum maßgebend. In Zweifelsfällen wird eine Klärung in einer Besprechung mit allen Beteiligten versucht.

### § 9 Bewertungsbescheid und Einsprüche

(1) Über das Ergebnis der Prüfung und Bewertung erhält der Einsender einen schriftlichen Bescheid des Bewertungsausschusses, wenn die Prüfung länger als zwei Monate dauert, einen Zwischenbescheid.

(2) Gegen Entscheidungen des Bewertungsausschusses steht sowohl dem Einsender als auch dem Arbeitgeber das Recht des Einspruches zu. Er ist binnen einer Frist von einem Monat nach Zustellung des Bescheides bei der Geschäftsstelle einzulegen. Der Bewertungsausschuß überprüft in diesem Fall nochmals seine Entscheidung.

(3) Ändert der Bewertungsausschuß seine Entscheidung nicht ab oder ist der Widersprechende auch mit der neuen Entscheidung nicht einverstanden, dann ist der Vorschlag dem Berufungsausschuß vorzulegen.

(4) Gegen die Entscheidung des Berufungsausschusses steht der Rechtsweg zum Arbeitsgericht innerhalb von drei Monaten nach Zustellung der Entscheidung des Berufungsausschusses offen. Entsprechendes gilt, wenn kein Berufungsausschusses besteht.

### § 10 Vergütung (Prämie)

Alle Verbesserungsvorschläge werden nach folgenden Kategorien vergütet:

1. Vorschläge, deren Nichtverwertung der Arbeitgeber zu vertreten hat, sind so zu vergüten, als ob sie ausgeführt wurden.

2. Vorschläge, die nicht ausgeführt werden können oder keinen Nutzen bringen, bei denen jedoch ein persönliches Bemühen des Einsenders anzuerkennen ist, sind mit einem Anerkennungsschreiben und einer Geld- oder Sachprämie in angemessener Höhe zu vergüten.

3. Ist der Kostenvorteil, der durch den Verbesserungsvorschlag entsteht, nicht genau zu bestimmen, wird die Prämie durch den Bewertungsausschuß unter Berücksichtigung des Bewertungsschemas 2 festgesetzt.

4. Die Vergütung für Vorschläge, deren Kostenvorteil nicht erfaßbar ist, ist ebenso wie die für Vorschläge, bei denen der Kostenvorteil errechenbar ist, nach oben hin nicht begrenzt.

5. Für Vorschläge, die zu errechenbaren Ersparnissen führen, wird während der Nutzungsdauer eine jährliche oder eine einmalige Vergütung gezahlt.

6. Die Festsetzung der Vergütung erfolgt nach Ablauf einer zwölfmonatigen Nutzungsdauer. Vorher sind angemessene Abschlagszahlungen zu leisten. Abschlagszahlungen sind auch zu leisten, wenn der Nutzen des Vorschlags nicht errechenbar ist.

### § 11 Prämienberechnung

(1) Als Grundlage zur Prämienberechnung dienen – entsprechend dem Bewertungsschema 1 – alle rechnerisch erfaßbaren Ersparnisse, die sich während einer zwölfmonatigen Nutzungszeit ergeben, wenn man den Betriebszustand ohne die vorgeschlagene Verbesserung mit dem Betriebszustand nach Durchführung der Verbesserung unter sonst gleichen Bedingungen vergleicht.

(2) Von diesem Betrag erhält der Vorschlagende jährlich x % (5–30 %, bei einmaliger Vergütung 30–60 %).

(3) Gemeinkosten werden dabei nicht berücksichtigt; Investitionen nur in Höhe der steuerlichen Abschreibung.

(4) Eine Begrenzung in der Höhe der Vergütung oder eine Degression ist ausgeschlossen.

(5) In geeigneten Fällen kann auch eine Umsatzerhöhung der Prämienberechnung zugrunde gelegt werden.

### § 12 Nachbewertung

Ist eine einmalige Vergütung bezahlt worden, hat der Vorschlagende das Recht, bei wesentlich geänderten Umständen eine Neuberechnung zu verlangen. Die Neuberechnung kann auch in der Weise erfolgen, daß an die Stelle der einmaligen Vergütung eine laufende Vergütung tritt. In diesem Fall ist die bereits erfolgte Zahlung entsprechend zu berücksichtigen.

### § 13 Zusatzprämie, Förderungsmaßnahmen

(1) Eine Zusatzprämie in Höhe von 10–20 % der ermittelten Vergütung erhalten die Beschäftigten, die aufgrund ihrer Ausbildung und Stellung im Unternehmen weniger oder keinen Einfluß haben (Auszubildende, Hilfs- und angelernte Arbeiter).

(2) Einreicher, die sich durch mehrere gute Verbesserungsvorschläge ausgezeichnet haben, werden bei Förderungsmaßnahmen bevorzugt berücksichtigt.

### § 14 Rechte und Schutz des Einsenders

(1) Grundsatz des betrieblichen Vorschlagswesens muß es sein, Ideen und Gedankengut des Einreichers zu schützen.

(2) Vorschläge, bei denen zu erwarten ist, daß sie Arbeitnehmererfindungen oder qualifizierte technische Verbesserungsvorschläge im Sinne des § 20 Abs. 1 ArbNErfG sind, müssen der zuständigen Patentabteilung zugeleitet werden. Über das Ergebnis der Beurteilung ist der Einsender zu unterrichten. Falls der Vorschlag patent- oder gebrauchsmusterfähig ist, muß der Einsender rechtzeitig informiert werden. In diesem Fall regeln sich die Rechtsbeziehungen nach den Bestimmungen des Gesetzes über Arbeitnehmererfindungen vom 25.7.1959.

(3) Das Datum der Übergabe des Verbesserungsvorschlages an die Patentabteilung gilt (damit) als Meldedatum einer Diensterfindung nach § 5 des Arbeitnehmererfindungsgesetzes.

(4) Vorschläge, für die Schutzrechte beantragt, aber nicht gewährt werden, müssen erneut als Vorschläge im Sinne dieser Vereinbarung behandelt werden.

(5) Nach der Installierung von Anlagen und Aufnahme der Produktion sind Sperrfristen für die Einreichung von Verbesserungsvorschlägen ausgeschlossen.

(6) Einsender von Vorschlägen, die während der Bearbeitungszeit ihres Vorschlages – aus welchen Gründen auch immer – aus dem Unternehmen ausscheiden, behalten alle Rechte, die sich aus dieser Vereinbarung ergeben.

(7) Der Vergütungsanspruch geht im Falle des Ablebens auf die gesetzlichen Erben des Einsenders über.

### § 15 Kündigung
Diese Betriebsvereinbarung kann mit einer Frist von drei Monaten jeweils zum Jahresende gekündigt werden.

## 24. Muster: Betriebsvereinbarung über die Einführung von Kurzarbeit

Zwischen

der Firma

und

dem Betriebsrat

wird folgende Betriebsvereinbarung geschlossen:

### 1. Einführung von Kurzarbeit
Mit Wirkung vom         wird in den Betriebsabteilungen         Kurzarbeit eingeführt. Die Arbeitszeit für die Arbeitnehmer in diesen Abteilungen beträgt während der Kurzarbeit         Stunden wöchentlich.

### 2. Verteilung der Arbeitszeit
Die Arbeitszeit wird wie folgt verteilt:

Über die Verteilung der Arbeitszeit informiert die Geschäftsleitung spätestens sieben Tage vorher durch Aushang am Schwarzen Brett. Krankheits- oder urlaubsabwesende Mitarbeiter werden von ihrem Vorgesetzten telefonisch verständigt.

### 3. Information des Betriebsrats
Die Geschäftsleitung informiert den Betriebsrat wöchentlich über die Entwicklung des Auftragsbestandes und die weitere Geschäftsentwicklung.

### 4. Zahlung von Kurzarbeitergeld
Die Geschäftsleitung stellt beim örtlichen Arbeitsamt die erforderlichen Anträge zur Gewährung von Kurzarbeitergeld. Das Kurzarbeitergeld wird vom Betrieb ausgezahlt, nachdem das Arbeitsamt die Leistung gegenüber der Firma erbracht hat. Die Firma ist nicht in der Lage, eine Vorfinanzierung vorzunehmen. Aus diesem Grunde wird es eventuell zu einer Verzögerung von bis zu zwei Monaten kommen, bis das Kurzarbeitergeld ausgezahlt wird.

Überstunden werden während der Zeit der Kurzarbeit weder gefahren noch vergütet.

### 5. Beendigung der Kurzarbeit
Die Kurzarbeit endet spätestens am         . Sollte die Auftragslage sich unvorhergesehen verbessern, kann die Kurzarbeit ohne Zustimmung des Betriebsrats vorzeitig beendet werden. Sollte die Kurzarbeit verlängert werden müssen, ist eine gesonderte Betriebsvereinbarung zu schließen.

### 6. Urlaub
Alle Mitarbeiter sind aufgefordert – soweit möglich – während der Kurzarbeitsphase Urlaub zu nehmen. Die üblichen Antragsfristen können verkürzt werden.

### 7. Sonstiges
Diese Betriebsvereinbarung endet mit Ablauf der Kurzarbeitsperiode. Die Firma verpflichtet sich, bei allen Gesprächen mit dem Arbeitsamt ein Mitglied des Betriebsrats teilnehmen zu lassen. Der Betriebsrat verpflichtet sich, die nach dem Vordruck des Arbeitsamts vom Betriebsrat auszufüllenden Daten unverzüglich und schnellstmöglich einzutragen.

## 25. Muster: Betriebsvereinbarung zur Förderung von Teilzeitarbeit

1. Zwischen Geschäftsleitung und Betriebsrat besteht Einigkeit, daß die Beschäftigung von Teilzeitmitarbeitern, soweit es sich nicht um geringfügig Beschäftigte handelt, wünschenswert und förderungswürdig ist.
2. Rahmen für die Beschäftigung von Teilzeitmitarbeiterinnen und Teilzeitmitarbeitern bilden die Arbeitszeiten der einzelnen Abteilungen und das sich darauf ergebende Volumen an Arbeitsstunden. Abweichungen sind in begründeten Ausnahmefällen möglich.
3. Grundsätzlich ist die wöchentliche, vertragliche Arbeitszeit von Teilzeitmitarbeiterinnen und Teilzeitmitarbeitern entsprechend der Regelung für Vollzeitbeschäftigte auf höchstens fünf Tage – von montags bis freitags – zu verteilen. Soweit es die Arbeitsorganisation erlaubt und soweit es von seiten der Teilzeitkräfte erwünscht ist, kann die Arbeitszeit auch an weniger Tagen pro Woche regelmäßig anfallen.
4. Vertraglich festgelegte Arbeits- oder Freizeiten sollen grundsätzlich eingehalten und nicht geändert werden. Eine Verlegung der vertraglichen Arbeitszeit erfolgt nur in Ausnahmefällen.
5. Von einer Veränderung der vertraglich vereinbarten täglichen Arbeitszeit des Teilzeitmitarbeiters oder der Teilzeitmitarbeiterin durch Vertragsänderung ist der Betriebsrat so rechtzeitig zu informieren, daß er seine Rechte nach dem Betriebsverfassungsgesetz noch wahrnehmen kann.
6. Diese Betriebsvereinbarung kann mit einer Frist von _____ gekündigt werden.

## 26. Muster: Betriebsvereinbarung über Urlaubsgewährung

### § 1 Erholungsurlaub

(1) Alle Mitarbeiterinnen und Mitarbeiter erhalten jährlich unter Fortzahlung ihrer Bezüge Erholungsurlaub. Urlaubsjahr ist das Kalenderjahr.
(2) Die Wartezeit für den erstmaligen vollen Urlaubsanspruch beträgt sechs Monate, bei Jugendlichen unter 18 Jahren drei Monate.
(3) Der Urlaub wird schriftlich genehmigt. Ohne schriftliche Genehmigung darf Urlaub nicht angetreten werden.
(4) Der Urlaub soll nach Möglichkeit zusammenhängend gewährt werden. Er ist schriftlich bei der Abteilungsleitung zu beantragen. Eine Kopie des Urlaubsantrages ist an die Personalleitung weiterzugeben. Die Urlaubswünsche des Mitarbeiters sind bei der zeitlichen Festlegung des Urlaubes zu berücksichtigen, sofern nicht dringende betriebliche Belange oder die Urlaubswünsche sozial schutzwürdigerer anderer Arbeitnehmer entgegenstehen.
(5) Erkrankungen während des Urlaubes werden, sofern sie durch eine Arbeitsunfähigkeitsbescheinigung nachgewiesen sind, nicht auf den Urlaubsanspruch angerechnet.
(6) In Ausnahmefällen ist das Unternehmen berechtigt, bereits gewährten Urlaub zu widerrufen, wenn die Anwesenheit des Mitarbeiters im Unternehmen durch unvorhersehbare betriebliche Erfordernisse erforderlich ist. In diesen Fällen werden nachgewiesene Aufwendungen, die dem Mitarbeiter durch den Widerruf des Urlaubes entstehen, durch das Unternehmen übernommen.
(7) Kann Urlaub aus dringenden betrieblichen oder nach Zustimmung des Unternehmens aus persönlichen Gründen bis zum Ende des Kalenderjahres nicht in Anspruch genommen werden, wird er auf die ersten drei Monate des folgenden Kalenderjahres übertragen. Sofern er auch in diesem Zeitraum nicht in Anspruch genommen werden kann, verfällt er.

### § 2 Urlaubsdauer

(1) Die Dauer des Erholungsurlaubes richtet sich nach den jeweiligen tarifvertraglichen Vorschriften. Der Erholungsurlaub beträgt zur Zeit 30 Werktage. Für Schwerbehinderte erhöht sich der Urlaub nach den jeweiligen Vorschriften des Schwerbehindertengesetzes.

(2) Anspruch auf 1/12 des Jahresurlaubes für jeden vollen Monat des Bestehens des Arbeitsverhältnisses haben Mitarbeiter

- für Zeiten eines Kalenderjahres, für die wegen Nichterfüllung der Wartezeit in diesem Kalenderjahr kein voller Urlaubsanspruch besteht,
- wenn der Mitarbeiter vor erfüllter Wartezeit aus dem Arbeitsverhältnis ausscheidet,
- wenn der Mitarbeiter nach erfüllter Wartezeit vor dem 01.07. eines Kalenderjahres aus dem Arbeitsverhältnis ausscheidet.

(3) Bruchteile von Urlaubstagen, die mindestens einen halben Urlaubstag ergeben, werden auf volle Urlaubstage aufgerundet.

(4) Im Eintrittsjahr in das Arbeitsverhältnis erhalten Mitarbeiter nur dann Urlaub, wenn ihnen nicht bereits von anderer Seite Urlaub gewährt oder abgegolten wurde.

(5) Sofern das Arbeitsverhältnis ruht, reduziert sich der Anspruch des Mitarbeiters auf Erholungsurlaub für jeden vollen Monat des Ruhens des Arbeitsverhältnisses um 1/12.

### § 3 Sonderurlaub

Betriebsangehörige können bei Vorliegen eines wichtigenGrundes unter Verzicht auf Bezüge Sonderurlaub erhalten, wenn die betrieblichen Verhältnisse es gestatten. Der Sonderurlaub ist schriftlich zu beantragen und darf erst nach schriftlicher Genehmigung in Anspruch genommen werden.

### § 4 Arbeitsbefreiung

Aufgrund besonderer Anlässe wird Mitarbeiterinnen und Mitarbeitern unter Fortzahlung ihrer Vergütung eine Arbeitsbefreiung bis zu zwei Tagen gewährt, nämlich

- bei eigener Eheschließung,
- bei Eheschließung des Kindes,
- bei Umzug,
- bei silberner oder goldener Hochzeit oder Tod der Eltern, Schwiegereltern, des Ehegatten, von Geschwistern oder Kindern,
- bei Niederkunft der Ehefrau.

### § 5 Inkrafttreten

Diese Betriebsvereinbarung tritt mit dem             in Kraft. Die Kündigung und die Nachwirkung bemißt sich nach den Bestimmungen des BetrVG.

## 27. Muster: Betriebsvereinbarung zum Unfallschutz

### § 1 Räumlicher Schutz

Die Betriebsvereinbarung gilt für die Werke/Betriebe             .

### § 2 Aufgabe

Den Sicherheitsbeauftragten wird zur Unterstützung der zuständigen Stellen und des Betriebsrates die Mitwirkung an folgenden Arbeitsschutzaufgaben übertragen:

1. Verteilung von Sicherheitsinformationen an die Mitarbeiter;
2. Einwirkung auf die Mitarbeiter zu sicherheitsbewußtem Verhalten und Handeln;

3. Beteiligung bei der Unterrichtung der Arbeitnehmer über deren Aufgabe und Verantwortung sowie über die Art der Tätigkeit und die Einordnung in den Betrieb, insbesondere bei der Einstellung;
4. Unterstützung der Betriebsleitung bei der Durchführung der Unfallverhütungsaufgaben;
5. Teilnahme an Betriebsbesprechungen, sofern diese Arbeitssicherheitsfragen des Betriebes betreffen, sowie an Betriebsbegehungen der Berufsgenossenschaft und der Gewerbaufsicht;
6. Beteilungen an Unfalluntersuchungen;
7. Erprobung von Körperschutzartikeln im Betrieb;
8. Meldung im Betrieb auftretender Mängel und Schwierigkeiten an die Werksleitung;
9. Zusammenarbeit mit dem Betriebsrat.

### § 3 Auswahl und Ernennung des Sicherheitsbeauftragten
(1) Sicherheitsbeauftragte werden ehrenamtlich vom Arbeitgeber nach Anhörung des Betriebsrats und nach einer Belehrung gem. § 22 SGB VII ernannt.

(2) Zu Sicherheitsbeauftragten sind nur Personen zu bestellen, die über eine ausreichende Betriebserfahrung verfügen und befähigt sind, das Amt eines Sicherheitsbeauftragten auszufüllen.

(3) Bei der Auswahl eines Sicherheitsbeauftragten ist zu berücksichtigen, daß eine Akzeptanz in der Belegschaft besteht. Ferner ist sicherzustellen, daß für Betriebsabteilungen, in denen Frauen oder ausländische Arbeitnehmer beschäftigt sind, diese Personengruppen durch Sicherheitsbeauftragte aus ihren Reihen beteiligt werden. Mitarbeiter in vorgesetzter Stellung sollen regelmäßig nicht zu Sicherheitsbeauftragten bestellt werden.

(4) Durch die Bestellung von Sicherheitsbeauftragten bleibt die Verantwortlichkeit des Unternehmens für die Unfallsicherung unberührt.

### § 4 Abberufung
Die Amtszeit der Sicherheitsbeauftragten ist unbegrenzt. Sie kann jedoch durch Erklärung des Unternehmers nach vorheriger Mitwirkung des Betriebsrates beendet werden.

### § 5 Arbeitsfreistellung
(1) Sicherheitsbeauftragte werden nach Abstimmung mit den zuständigen Vorgesetzen von der Arbeit freigestellt, soweit dies zur Durchführung ihrer Arbeitsaufgaben erforderlich ist.

(2) Durch Vereinbarung mit dem Betriebsrat können regelmäßige Zeiten vereinbart werden, zu denen die Sicherheitsbeauftragten von der Arbeit freigestellt werden.

### § 6 Umsetzung
(1) Wird der Sicherheitsbeauftragte auf einen anderen Arbeitsplatz umgesetzt oder versetzt, so sind die besonderen Auflagen der Berufsgenossenschaft zu beachten.

(2) Das Mitwirkungsrecht des Betriebsrates nach §§ 99 ff. BetrVG bleiben unberührt.

### § 7 Aus- und Fortbildungskosten
(1) Sicherheitsbeauftragte werden zur Teilnahme an Aus- und Fortbildungsmaßnahmen der Berufsgenossenschaften von der Arbeit freigestellt, es sei denn, daß zwingende betriebliche Gründe der Freistellung entgegenstehen. Ein Freistellungsanspruch besteht auch bei werksinternen Schulungen.

(2) Das Unternehmen ist verpflichtet,
  a) den Sicherheitsbeauftragten die zur Durchführung ihrer Arbeit erforderlichen Informationen und Arbeitsunterlagen zur Verfügung zu stellen;
  b) den Sicherheitsbeauftragten Gelegenheit zu geben, an den Betriebsbegehungen der technischen Aufsichtsbeamten der Berufsgenossenschaft teilzunehmen;

c) den Sicherheitsbeauftragten die Besichtigungsbefunde der technischen Aufsichtsbeamten mitzuteilen.

### § 8 Beschwerden

(1) Jeder Sicherheitsbeauftragte hat Mängel, die die Arbeitssicherheit berühren, dem zuständigen Vorgesetzten und der Abteilung Arbeitssicherheit zu melden. Der zuständige Vorsitzende und die Abteilung Arbeitssicherheit haben die Sicherheitsbeauftragten über die getroffenen Maßnahmen zu unterrichten.

(2) Wird ein Sicherheitsbeauftragter bei seiner Arbeit behindert oder werden Verstöße gegen die Sicherheitsbestimmungen nicht beseitigt, so muß sich der Sicherheitsbeauftragte bei der Werksleitung beschweren.

(3) Unberührt bleibt das Recht des Sicherheitsbeauftragten, eine Beschwerde an den Betriebsrat zu richten.

### § 9 Bekanntmachung der Sicherheitsbeauftragten

(1) Die Sicherheitsbeauftragten sind entsprechend den Vorschriften der Berufsgenossenschaft der Belegschaft namentlich bekannt zu geben.

(2) Auf Verlangen der Berufsgenossenschaft sind die Sicherheitsbeauftragten dieser namentlich zu benennen.

### § 10 Benachteiligungsverbot

Den Sicherheitsbeauftragten dürfen aus der Wahrnehmung ihrer Aufgaben keine Nachteile erwachsen.

## 28. Muster: Betriebsvereinbarung über den Einsatz von SAP-HR-TIM

### 1. Gegenstand

Gegenstand dieser Vereinbarung ist die Einführung und Nutzung des SAP-Anwendungssystems „HR-TIM". Diese Vereinbarung dient dem Schutz der Mitarbeiter vor mißbräuchlicher Nutzung des Systems.

### 2. Geltungsbereich

Diese Vereinbarung gilt für die Mitarbeiter des Standortes

–

–

sowie für die Mitarbeiter von im Rahmen der sozialen Einheit des Standortes noch hinzukommenden rechtlich selbständigen Unternehmen.

### 3. Systemnutzung

Das System dient der

– Erfassung und Auswertung der An- und Abwesenheitszeiten
– Unterstützung der betrieblichen Personaldisposition und der administrativen Ablauforganisation
– Ermittlung von entgeltrelevanten Daten für die Verdienstabrechnung
– Durchführung der Gleitenden Arbeitszeit
– Führung von Ausgleichszeitkonten.

## 4. Systembeschreibung

4.1 Hardware

Sie besteht aus

–

– .

4.2 Software

Eingesetzt wird das dialog-orientierte SAP-Softwaresystem HR-TIM, Betriebssystem R 3, in realtime-Arbeitsweise sowie hardwarespezifische Software.

4.3 Durchführung der Zeiterfassung

Die Mitarbeiter erhalten einen Werkausweis mit Induktiv-Codierung. Sie sind verpflichtet, beim Betreten und Verlassen des Werkes (außer Pausen) an dem für ihren Arbeitsplatz vorgesehenen INCA-Zeiterfassungsterminal die Kommt- oder Geht-Zeit zu registrieren. Die Ausweise sind pfleglich zu behandeln; bei leichtfertiger Beschädigung oder wiederholtem Verlust von Ausweisen kann der Mitarbeiter für die Kosten der Neuerstellung in Anspruch genommen werden.

Die Zeitsalden der Ausgleichskonten A und B sowie der Gleitzeitsaldo können jeweils mit dem Stand des Vortages vom Mitarbeiter an den Zeiterfassungsterminals abgerufen werden; während der Nachtschichtwoche stehen die Zeitsalden des Vortages erst zum Schichtende zur Verfügung.

4.4 Datenverarbeitung

Die über die INCA-Zeiterfassungsterminals registrierten Zeitbuchungen werden über das DEC-Rechnersystem an die Datenbank transferiert und stehen den Zugriffsberechtigten zur online-Abfrage zur Verfügung. Die vom Zeitbeauftragten durchgeführten online-Erfassungen der Abwesenheiten, der sonstigen nicht über die Zeitregistrierung erfaßten Anwesenheiten sowie Schichtplanabweichungen und die Registrierung sonstiger entgeltrelevanter Daten laufen unmittelbar auf die Datenbank und sind für die Zugriffsberechtigten online verfügbar. Die abrechnungstechnische Bewertung (Ermittlung der datums- und uhrzeitabhängigen Zulagen und Zuschläge etc.) sowie die Zeitsaldenmitteilung erfolgt auf dem DEC-Rechnersystem in Nachtverarbeitung.

## 5. Datenauswertung

Die Zeitdaten werden nur zu den unter Ziffer 3 genannten Zwecken ausgewertet. Die verarbeiteten Daten sowie die Bildschirmanzeigen und Druckerausgaben, soweit diese regelmäßig wiederkehrende Auswertungen betreffen, sind zu dokumentieren. Bei Ad-hoc-Auswertungen mit Personenbezug ist der Betriebsrat über den Zweck und Inhalt vorher zu informieren. Davon ausgenommen sind Bildschirmanzeigen und Auswertungen, die keinen Rückschluß auf einzelne Arbeitnehmer zulassen.

## 6. Zugriffsrechte

Zugriffsrechte werden nur im Rahmen der jeweiligen Fachaufgaben und Zuständigkeiten eingeräumt. Die Namen der Zugriffsberechtigten sowie Art und Umfang der Zugriffsberechtigung sind in einem Verzeichnis zu erfassen.

## 7. Schlüsselverzeichnis

Anlage 2 enthält die Angabe der verwendeten Schlüssel und deren Bedeutung im Klartext.

## 8. Schnittstellenbeschreibung

Schnittstelle im Sinne dieser Vereinbarung ist jede Übermittlung von Daten an ein anderes System.

Die Anlage enthält ein Verzeichnis aller Daten, die an andere EDV-Systeme übergeben oder von anderen EDV-Systemen übernommen werden.

### 9. Datenübermittlung

Eine Übermittlung personenbezogener Daten an Dritte im Sinne des Bundesdatenschutzgesetzes, die zu Aussagen über Leistung und Verhalten verwertet werden können, ist über gesetzlich geregelte Übermittlungen hinaus unzulässig. Der Datenschutzbeauftragte erstattet dem Betriebsrat im Rahmen einer Betriebsratssitzung jeweils im vierten Quartal des Kalenderjahres einen ausführlichen mündlichen Bericht über seine Erkenntnisse in bezug auf das Zeiterfassungssystem.

### 10. Kontrolle des Systems

Der Betriebsrat hat Anspruch, zur Überprüfung der Einhaltung dieser Betriebsvereinbarung

– die Systemdokumentation

– die verwendeten Tabellen und Schlüsselverzeichnisse

einzusehen und sich ggfs. aushändigen zu lassen. Nach Maßgabe des § 80 Abs. 3 BetrVG kann der Betriebsrat einen Sachverständigen hinzuziehen. Der Betriebsrat ist vor jedem Releasewechsel zu unterrichten.

### 11. Systemschulung

Die Zeitbeauftragten und sonstigen Anwender erhalten eine ausreichende Systemunterweisung sowie einen Leitfaden für die Erfassung der Zeitdaten. Darüber hinaus stehen die Mitarbeiter der Personalabteilung in Fragen der Systemanwendung als Ansprechpartner zur Verfügung.

Diese Betriebsvereinbarung tritt zum           in Kraft. Sie kann beiderseits mit einer Frist von 6 Monaten zum Jahresende gekündigt werden.

Betriebsrat                    Werkleitung

## 29. Muster: Betriebsvereinbarung zur alternierenden Telearbeit

Zwischen

der Firma

und

dem Betriebsrat der Firma

wird folgende Betriebsvereinbarung getroffen:

**Präambel**

Die Firma          beabsichtigt, alternierende Telearbeit als neue Arbeitsform einzuführen. Durch alternierende Telearbeit

- kann eine bessere Vereinbarung von Beruf und individueller Lebensführung erreicht werden,
- sind die Fahrten zwischen Wohnung und Arbeitsplatz reduziert und damit Verkehr und Umwelt entlastet und
- wird die Motivation gefördert.

Die Firma          ermöglicht im Geltungsbereich dieser Betriebsvereinbarung den Beschäftigten die Form der „alternierenden Telearbeit". Dies bedeutet eine Kombination aus Arbeit im Betrieb und regelmäßiger oder gelegentlicher Telearbeit zu Hause. Die Einführung der ausschließlich alternierenden Telearbeit soll sicherstellen, daß die sozialen, arbeitsorganisatorischen und kommunikativen Kontakte zur betrieblichen Arbeitsstätte aufrecht erhalten bleiben.

Die alternierende Telearbeit ist beispielsweise für solche Tätigkeiten geeignet,
- die eigenständig und eigenverantwortlich durchgeführt werden können,
- die im konzeptionellen und kreativen Bereich angesiedelt sind,
- die einen hohen Autonomiegrad aufweisen und
- die ergebnisorientiert bewertet werden können.

Dies kann zu einer Steigerung von Effektivität und Produktivität führen, verbunden mit einem höheren Grad an Motivation und Arbeitszufriedenheit.

Die alternierende Telearbeit bietet ein größeres Maß an Flexibilität und Individualität bei der Gestaltung der Arbeitszeit und Arbeitsorganisation der Beschäftigten und bietet die Chance, im Rahmen von familiär bedingten Unterbrechungen der Berufstätigkeit, wie z. B. Erziehungsurlaub, Anschluß an den Beruf zu halten. Dies bietet insbesondere auch Männern die Chance, mehr als bisher Familienaufgaben zu übernehmen.

Mit der Einrichtung von alternierender Telearbeit entfällt das tägliche Pendeln zwischen Wohnung und Betrieb. Dies kann zu Zeit- und Kostenersparnis führen und zur Reduzierung des Individualverkehrs, somit also auch einen Beitrag zum Umweltschutz leisten.

### § 1 Geltungsbereich
Diese Dienstvereinbarung gilt für die gesamte Firma        .

### § 2 Grundsätze
Die Einrichtung von und die Beschäftigung in Telearbeit erfolgt nach dem Prinzip der Freiwilligkeit.

Die in der alternierenden Telearbeit Beschäftigten haben weiterhin ihren Arbeitsplatz im Betrieb. Sie behalten ihren Arbeitnehmerstatus mit allen Rechten und Pflichten. Alternierende Telearbeit ist somit keine Heimarbeit im Sinne des Heimarbeitsgesetzes.

Zwischen Betrieb und örtlicher Personalverwaltung ist für die jeweilige Abteilung innerhalb von 6 Monaten nach Inkrafttreten der Betriebsvereinbarung festzulegen, welche Tätigkeiten innerhalb der Abteilungen für eine alternierende Telearbeit geeignet sind und wie viele Beschäftigte einbezogen werden können.

Die Auswahl soll sicherstellen, daß gleichermaßen Männer und Frauen an der alternierenden Telearbeit teilnehmen können und daß familiäre Gründe wie z. B. Kindererziehung oder Betreuung und Pflege naher Familienangehöriger den Vorrang bei der Bewilligung haben.

Vollzeit- und Teilzeitbeschäftigte können an der alternierenden Telearbeit teilnehmen. Teilzeitbeschäftigte, deren wöchentliche Arbeitszeit unter der Hälfte der wöchentlichen Arbeitszeit einer/s Vollzeitbeschäftigten liegt, können in Ausnahmefällen an der alternierenden Telearbeit teilnehmen. Alternierende Telearbeit soll auch für Beschäftigte mit Vorgesetztenfunktion möglich sein.

Die Anwendung dieser neuen Arbeitsform setzt einen kooperativen Führungsstil voraus. Die Überprüfung von Leistungen wird durch Zielvereinbarungen und Erfolgskontrolle ersetzt.

Bei der Einrichtung von alternierenden Telearbeitsplätzen sind die gesetzlichen Vorgaben des Gesundheits- und Arbeitsschutzes einzuhalten.

Auf Antrag des/der Beschäftigten oder des Betriebsrats werden Arbeitsabläufe und -organisation auf die Möglichkeit der Verbesserung untersucht. Hierfür bietet die Firma        eine fachkundige Beratung an. Dies gilt auch für Fragen der Informations- und Kommunikationstechnik einschließlich des Datenschutzes.

### § 3 Benachteiligungsverbot
Die Teilnahme an der alternierenden Telearbeit darf nicht zur Benachteiligung von Beschäftigten führen.

Beschäftigte in alternierender Telearbeit dürfen bei der Inanspruchnahme von Fortbildung nicht benachteiligt werden.

Die Telearbeit darf nicht dazu führen, daß den in Telearbeit Beschäftigten geringerwertige Tätigkeiten übertragen werden.

Vor Beginn der alternierenden Telearbeit ist innerhalb der Organisationseinheit zu prüfen, ob durch die alternierende Telearbeit eines Beschäftigten der Aufgabenzuschnitt zu ändern ist. Es ist darauf zu achten, daß bei organisatorischen Veränderungen im Zuge der Genehmigung von alternierender Telearbeit den im Betrieb zurückbleibenden Beschäftigten keine geringerwertigen Aufgaben übertragen werden. Der Aufgabenzuschnitt wird protokolliert.

Es ist sicherzustellen, daß die in alternierender Telearbeit Beschäftigten an Dienstbesprechungen teilnehmen können sowie alle Rundschreiben, Fort- und Weiterbildungsangebote, Termine für Betriebsversammlungen und alle für ihre Arbeit notwendigen Informationen erhalten. Zum Ausgleich zeitlicher Verzögerungen bei Informationen können Betriebsrat und Gewerkschaften in eigener inhaltlicher Verantwortung Informationen per Intranet/Internet anbieten.

Die bei der Anwendung von Informationstechnologie im Rahmen der Telearbeit anfallenden Daten dürfen zur Verhaltens- und Leistungsüberwachung der Beschäftigten nur mit Zustimmung des Betriebsrates und nur im Rahmen der üblichen Dienst- und Fachaufsicht verwendet werden. Von der Einleitung und dem Inhalt solcher Kontrollmaßnahmen ist der Beschäftigte zuvor zu unterrichten.

### § 4 Teilnahmevoraussetzung
Die Einrichtung eines Arbeitsplatzes in der Wohnung erfolgt ausschließlich auf begründeten Antrag einer/eines Beschäftigten.

Der veränderte Arbeitsablauf ist zwischen dem Betrieb und dem Beschäftigten schriftlich zu vereinbaren.

Die Einrichtung eines Telearbeitsplatzes erfolgt grundsätzlich für einen Mindestzeitraum von einem Jahr.

### § 5 Einrichtung des Arbeitsplatzes in der Wohnung
Ein eigenes Arbeitszimmer ist nicht zwingend erforderlich.

Die Firma           übernimmt keine Miet- und Mietnebenkosten.

Die Arbeitsstätte in der Wohnung kann nur eingerichtet werden, wenn sie für die allgemeine Arbeitsplatzanforderungen geeignet ist. Für diese Feststellung und zur ergonomischen Überprüfung hat der Arbeits- und Sicherheitstechnische Dienst nach vorheriger Terminabsprache Zugang zu einer solchen Arbeitsstätte. Dies gilt auch für den Datenschutzbeauftragten bei Vorliegen berechtigter Interessen. Der Betriebsrat hat die Möglichkeit der Teilnahme.

Der Zugang aus anderen dienstlichen Gründen ist auf das Unabwendbare zu begrenzen; eine vorherige Terminabstimmung ist vorzunehmen. Kontrollbesuche sind nicht zulässig. Auf Wunsch des/der Beschäftigten kann Beauftragten der Dienststelle und Interessenvertretungen Zugang gewährt werden.

Die Firma           übernimmt die Ausstattung des Telearbeitsplatzes mit Möbeln und der erforderlichen technischen Infrastruktur auf seine Kosten. Dies gilt auch für den Auf- und Abbau der gestellten Arbeitsmittel sowie Wartung, Miete, Service und die Kosten der Datenübertragung. Stromkosten werden pauschal übernommen. Der Online-Zugriff für den Telearbeitsplatz erfolgt über           . Hierzu wird von der Firma           ein ISDN-Hauptanschluß am Telearbeitsplatz mit entsprechender Kommunikationstechnik, einschließlich Telefonanschluß zur ausschließlichen dienstlichen Nutzung, eingerichtet und funktionsbereit übergeben.

Die Einrichtungen des Telearbeitsplatzes dienen ausschließlich der dienstlichen Nutzung und dürfen grundsätzlich nicht für private Zwecke genutzt werden.

### § 6 Beendigung der Telearbeit
Die Arbeitsstätte in der Wohnung kann von Seiten der Beschäftigten ohne Angabe von Gründen fristlos und mit sofortiger Wirkung gekündigt werden.

Die Kündigung einer solchen Arbeitsstätte von Seiten der Firma ▓▓▓ kann nur aus wichtigem Grund mit einer Frist von einem Monat zum Ende des folgenden Kalendermonats erfolgen. Der Betriebsrat ist zu beteiligen.

Nach Aufgabe der Arbeitsstätte in der Wohnung sind die gestellten Arbeitsmittel unverzüglich der Firma ▓▓▓ zu überlassen. Die Kosten für den Abbau der Arbeitsgeräte übernimmt die Firma ▓▓▓.

### § 7 Haftung
Die Firma ▓▓▓ haftet für die installierte Hard- und Software sowie die Telekommunikationseinrichtungen im Falle von Beschädigung und Diebstahl, es sei denn, daß Vorsatz oder grobe Fahrlässigkeit des/der Beschäftigten nachgewiesen wird.

### § 8 Arbeitszeit
In welchem Rhythmus die alternierende Telearbeit erfolgt, wird zwischen dem Beschäftigten, dem Betrieb und dem Betriebsrat vereinbart. Dabei ist mindestens ein Fünftel der regelmäßigen wöchentlichen Arbeitszeit in der betrieblichen Arbeitsstätte festzulegen. Teilzeitbeschäftigte sollen einmal wöchentlich in der betrieblichen Arbeitsstätte anwesend sein.

Die gesetzliche Mindest- und Höchstarbeitszeit sind einzuhalten. Die Arbeitszeit wird durch Selbstaufschreibung festgehalten. Zusätzlicher Planungs- und Organisationsaufwand ist Arbeitszeit.

Es ist zwischen „selbstbestimmter" und „betriebsbestimmter" Arbeitszeit zu unterscheiden.

„Betriebsbestimmte Arbeitszeit" ist die Zeit, die die Firma ▓▓▓ für die Anwesenheit des Beschäftigten am häuslichen Arbeitsplatz festlegt sowie die tägliche Verteilung dieser Arbeitszeit (Präsenzpflicht).

„Selbstbestimmte Arbeitszeit" ist die Zeit, die der Beschäftigte flexibel gestalten kann. Der Anteil der „selbstbestimmten Arbeitszeit" soll unter Berücksichtigung der jeweils konkreten Arbeitsaufgaben so groß wie möglich sein.

Die Festlegung der Arbeitszeit für die alternierende Telearbeit sowie die Anteile der Anwesenheiten in der betrieblichen Arbeitsstätte sind schriftlich festzulegen. Der Betriebsrat ist zu beteiligen.

Aus begründetem aktuellem Anlaß können die Beschäftigten jederzeit einen Teil oder die gesamte für die häusliche Arbeitsstätte vorgesehene Arbeitszeit an der betrieblichen Arbeitsstätte ableisten. Die voraussichtliche Zeitdauer der Unterbrechung ist anzuzeigen.

Betriebsbedingte Fahrzeiten zwischen betrieblicher und häuslicher Arbeitsstätte werden auf die Arbeitszeit angerechnet.

Zuschläge zu Arbeitsleistungen zu ungünstigen Zeiten werden nur dann gezahlt, wenn es sich um „betriebsbedingte" Zeiten handelt.

### § 9 Datenschutz
Die Firma ▓▓▓ verpflichtet sich, die gebotenen technischen und organisatorischen Maßnahmen für die Datensicherung und den Datenschutz zu treffen.

Beschäftigte, die alternierende Telearbeit ausüben, haben das Datengeheimnis zu beachten. Die Beschäftigten sind verpflichtet, vertrauliche Daten und Informationen so zu schützen, daß Dritte keine Einsicht bzw. keinen Zugriff nehmen können.

Eine Verarbeitung von Personaldaten bleibt für die häusliche Arbeitsstätte ausgeschlossen.

### § 10 Geltungsdauer
Die Dienstvereinbarung tritt am Tag nach der Unterzeichnung durch die Vertragsparteien in Kraft. Sie kann nach Ablauf von zwei Jahren jeweils mit einer Kündigungsfrist von 6 Monaten zum Jahresende von beiden Vertragsparteien gekündigt werden.

# § 5 Kapitel 2: Erzwingbare Betriebsvereinbarungen

Bestehende Arbeitsverhältnisse im Rahmen der alternierenden Telearbeit bleiben von der Kündigung unberührt.

▓▓▓▓▓, den ▓▓▓▓▓

Firma                                 Betriebsrat

## 30. Muster: Betriebsvereinbarung Telearbeit

*Betriebsvereinbarung*

Zwischen der Geschäftsführung der ▓▓▓▓-GmbH und dem Gesamtbetriebsrat der ▓▓▓▓-GmbH wird folgende Betriebsvereinbarung über außerbetriebliche Arbeitsstätten getroffen.

### 1. Allgemeines

#### 1.1. Gegenstand
Gegenstand dieser Vereinbarung sind Rahmen- und Vergütungsbedingungen für eine außerbetriebliche Arbeitsstätte in der Wohnung von Mitarbeitern/Mitarbeiterinnen.

#### 1.2. Begriff
Eine außerbetriebliche Arbeitsstätte in der Wohnung liegt dann vor, wenn der/die Mitarbeiter/in ganz oder teilweise seine/ihre individuelle regelmäßige Arbeitszeit zu Hause leistet.

#### 1.3. Geltungsbereich
Diese Vereinbarung gilt für alle festangestellen Mitarbeiter/innen der ▓▓▓▓-GmbH, die ihre Wohnung in der Bundesrepublik Deutschland haben und die Arbeitnehmer/innen im Sinne des Betriebsverfassungsgesetzes sind.

#### 1.4. Bestehende betriebliche Regelungen
Bestehende betriebliche Regelungen gelten unverändert bzw. sinngemäß für die Mitarbeiter/innen, die eine außerbetriebliche Arbeitsstätte in ihrer Wohnung haben, sofern in dieser Betriebsvereinbarung einschließlich ihrer Anlagen nicht ausdrücklich etwas anderes geregelt ist.

### 2. Teilnahmevoraussetzungen
Die Teilnahme an der Einrichtung von außerbetrieblichen Arbeitsstätten ist freiwillig und unterliegt den folgenden Voraussetzungen:

#### 2.1. Geeignete Arbeitsaufgabe
Mitarbeiter/innen, deren Arbeitsaufgabe ohne Beeinträchtigung des Betriebsablaufs und des Kontakts zum Betrieb eine außerbetriebliche Arbeitsstätte in ihrer Wohnung zuläßt, oder bei denen die außerbetriebliche Arbeitsstätte in der Wohnung aus sozialen Gründen wünschenswert ist, können sich aufgrund vorgenannter Grundsätze zur Teilnahme bereit erklären.

#### 2.2. Personelle Einzelmaßnahme
Die Einrichtung einer außerbetrieblichen Arbeitsstätte in der Wohnung eines/r Mitarbeiters/in erfolgt aufgrund nachfolgender schriftlicher Vereinbarung des Unternehmens mit dem/der Mitarbeiter/in, wobei die gesetzlichen Beteiligungsrechte des Betriebsrates einzuhalten sind.

#### 2.3. Schriftliche Vereinbarung
Die Einrichtung der außerbetrieblichen Arbeitsstätte in seiner/ihrer Wohnung wird schriftlich mit dem/der Mitarbeiter/in vereinbart. In dieser schriftlichen Vereinbarung wird auf die Regelungen dieser Betriebsvereinbarung und auf die weitergeltenden betrieblichen Vorschriften und auf die einschlägigen gesetzlichen Bestimmungen verwiesen.

### 2.4. Status der Mitarbeiter/innen
Der Status des/der festangestellten Mitarbeiters/in erfährt durch die schriftliche Vereinbarung einer außerbetrieblichen Arbeitsstätte in seiner/ihrer Wohnung keine Änderung.

### 3. Arbeitszeit und Arbeitsstätte
Die Gewährung von Entscheidungsspielräumen für Mitarbeiter/innen in einer (zusätzlichen) außerbetrieblichen Arbeitsstätte erfordert hinsichtlich Auf- und Verteilung der Arbeitszeit und der damit verbundenen zeitabhängigen variablen Vergütung klare Abgrenzungen. Die Zuständigkeit des örtlichen Betriebsrats hinsichtlich der Verteilung der Arbeitszeit bleibt unberührt.

### 3.1. Umfang der Arbeitszeit
Die zu leistende Arbeitszeit ist die arbeitsvertragliche individuelle regelmäßige Arbeitszeit.

### 3.2. Aufteilung der Arbeitszeit auf die Arbeitsstätten
Die Arbeitszeit kann sowohl auf die betriebliche als auch auf die außerbetriebliche Arbeitsstätte aufgeteilt werden. Diese Aufteilung der Arbeitszeit auf die Arbeitsstätten wird bereits in der schriftlichen Vereinbarung festgelegt und kann in gegenseitigem Einvernehmen zwischen dem Vorgesetzten und dem/r Mitarbeiter/in im Ausnahmefall für maximal einen Monat ohne neue Vereinbarung abgeändert werden.

### 3.3. Verteilung der außerbetrieblichen Arbeitszeit
Die Verteilung der vorgesehenen außerbetrieblichen Arbeitszeit auf die einzelnen Wochentage kann sowohl vom Unternehmen als auch von dem/der Mitarbeiter/in, diesem Fall selbst gesteuert, vorgenommen werden.

### 3.3.1. Betriebsbestimmte Verteilung
Eine betriebsbestimmte Verteilung der außerbetrieblichen Arbeitszeit liegt dann vor, wenn der/die Arbeitstag/e und die Lage der Arbeitszeit an dem/diesen Tag/en dem/der Mitarbeiter/in von dem Vorgesetzten vorgegeben oder von der Verfügbarkeit notwendiger, vom Unternehmen gestellter Arbeitsmittel bestimmt werden. Insofern gelten die betrieblichen Regelungen zur Arbeitszeit.

### 3.3.2. Selbstbestimmte Verteilung
Eine selbstbestimmte Verteilung der außerbetrieblichen Arbeitszeit liegt dann vor, wenn der/die Mitarbeiter/in ihre Verteilung auf die einzelnen Wochentage selbst entscheiden und vornehmen kann.

### 3.4. Mehrarbeit
Aufgrund der Selbstbestimmungsmöglichkeit über die Lage und Verteilung der Arbeitszeit muß Mehrarbeit unabhängig von der Arbeitsstätte im voraus von dem Vorgesetzten entsprechend den betrieblichen Regelungen angeordnet sein, um als solche anerkannt zu werden. Eine nachträgliche Genehmigung ist nicht möglich, da eine selbstbestimmte Verteilung der Arbeitszeit vorgenommen wurde.

### 3.5. Fahrtzeiten
Fahrtzeiten zwischen betrieblicher und außerbetrieblicher Arbeitsstätte gelten als nicht betriebsbedingt und finden keine Anrechnung.

### 3.6. Urlaub und Krankheit
Hinsichtlich Urlaub und Arbeitsverhinderung gelten für außerbetriebliche Arbeitsstätten die gleichen Regelungen wie für betriebliche Arbeitsstätten.

### 3.7. Zeitabhängige variable Vergütungen
Die Selbstbestimmungsmöglichkeit über die Lage und Verteilung der Arbeitszeit durch den/die Mitarbeiter/in erfordert nachstehende Differenzierung.

### 3.7.1. Mehrarbeit und Mehrarbeitszuschläge
Mehrarbeit wird entsprechend den betrieblichen Regelungen vergütet. Bei drei oder mehr Mehrarbeitsstunden an einem Arbeitstag beträgt der Mehrarbeitszuschlag nur dann 50 %, wenn die an diesem Tag geleistete individuelle regelmäßige Arbeitszeit betriebsbestimmt war.

### 3.7.2. Sonstige zeitabhängige variable Vergütungen
Sonstige zeitabhängige variable Vergütungen werden nur dann entsprechend den bestehenden betrieblichen Regelungen vergütet, wenn die den Anspruch begründenden Zeiten betriebsbestimmt waren.

### 4. Zeiterfassung
Da die Zeiterfassung hierfür nicht eingerichtet ist, erfolgt die Erfassung aller Zeiten durch den/die Mitarbeiter/in in einem Arbeitstagebuch, das dem Vorgesetzten jeweils nach dem Monatsende vorzulegen ist. Eine Ausgabe von Zeiterfassungskarten an diese Mitarbeiter/innen erfolgt nicht mehr. Arbeitsrelevante Ergebnisse und zeitabhängige variable Vergütungen werden nach Monatsende über ein separates Formular der Gehaltsabrechnung mitgeteilt.

### 5. Arbeitsmittel
Die notwendigen Arbeitsmittel für die außerbetriebliche Arbeitsstätte werden für die Zeit des Bestehens dieser Arbeitsstätte vom Unternehmen kostenlos zur Verfügung gestellt.

### 6. Kontakt zum Betrieb
Der Kontakt des Mitarbeiters/der Mitarbeiterin zum Betrieb und zu seinem/ihrem Vorgesetzten ist bei außerbetrieblichen Arbeitsstätten von großer Bedeutung. Die Gestaltung der aufgabengerechten und sozialen Kontakte der Mitarbeiter/innen innerhalb ihrer Abteilung, zu ihren Vorgesetzten, zum Betrieb, zum Unternehmen und ihrer Arbeitnehmervertretung bedarf ergänzender Massnahmen.

### 6.1. Abteilungsversammlungen
Mitarbeiter/innen mit außerbetrieblichen Arbeitsstätten können bei ihrem Vorgesetzten, wenn eine Abteilungsversammlung nicht bereits terminiert ist, eine solche für einen Tag, an dem sie betriebsbestimmt im Betrieb arbeiten werden, beantragen, wenn dies aus Gründen der Zusammenarbeit erforderlich erscheint.

### 6.2. Betriebsinterne Medien
Mitarbeiter/innen können im Ausnahmefall selbst entscheiden, ob sie sich die betriebsinternen Medien an ihre betriebliche oder ihre außerbetriebliche Arbeitsstätte schicken lassen.

### 7. Aufwandserstattungen
Folgende, durch die außerbetriebliche Arbeitsstätte bedingte Aufwände werden dem/der Mitarbeiter/in gegebenenfalls gegen Nachweis ersetzt.

### 7.1. Kostenpauschale
Als Kostenpauschale für Energie, Reinigung etc. werden monatlich DM 40,- pauschal steuerpflichtig vergütet. Macht ein/e Mitarbeiter/in einen höheren monatlichen Aufwand geltend, so wird dieser gegen Nachweis erstattet.

### 7.2. Telefongebühren
Die Gebühren für sämtliche Dienstgespräche, die von der außerbetrieblichen Arbeitsstätte aus geführt werden, werden gegen Nachweis erstattet. Sollte ein Zweitanschluss zweckmässiger sein, so erstattet das Unternehmen die einmaligen und die laufenden Gebühren dieses Anschlusses. Auf Verlangen muß dem Unternehmen nachgewiesen werden, daß darüber nur Dienstgespräche geführt worden sind.

### 7.3. Fahrtkosten
Fahrtkosten zwischen betrieblicher und außerbetrieblicher Arbeitsstätte werden grundsätzlich nicht erstattet. Kann jedoch der/die Mitarbeiter/in nachweisen, daß aufgrund der außerbetrieblichen Ar-

beitsstätte ihm/ihr betriebsbestimmt Mehrkosten entstehen, so werden diese Mehrkosten entsprechend den betrieblichen Regelungen erstattet.

**8. Aufgabe der außerbetrieblichen Arbeitsstätte**
Die außerbetriebliche Arbeitsstätte in der Wohnung des/der Mitarbeiter/in kann von beiden Seiten mit einer Ankündigungspflicht von drei Monaten zum Quartalsende aufgegeben werden. Bei Kündigung der Wohnung durch den Vermieter verkürzt sich gegebenenfalls die Ankündigungsfrist entsprechend. Die Aufgabeankündigung hat schriftlich zu erfolgen.

Wird die außerbetriebliche Arbeitsstätte vereinbarungsgemäß aufgegeben, so sind die vom Unternehmen gestellten Arbeitsmittel zurückzugeben. Ein Vor- und Nachteilsausgleich findet in keinem Fall statt.

### 31. Muster: Betriebsvereinbarung Video- und Kameraüberwachung[150]

Zwischen

der Firma     (GmbH)

und

dem Betriebsrat der Firma     (Betriebsrat)

wird folgende Betriebsvereinbarung getroffen:

**§ 1 Geltungsbereich**
Die folgende Betriebsvereinbarung gilt für die Einführung und Anwendung des Kameraüberwachungssystems    . Sie gilt für alle Beschäftigten der GmbH in den Standorten    .

**§ 2 Zweckbindung**
Das Kameraüberwachungssystem dient ausschließlich
- der Verringerung bzw. Verhütung von Diebstählen auf dem Firmengelände.
-     .

**§ 3 Leistungs- und Verhaltenskontrolle**
Das Kameraüberwachungssystem wird nicht zu Zwecken der Leistungs- und Verhaltenskontrolle, zum Leistungsvergleich oder zur Leistungsbemessung der Beschäftigten genutzt.

**§ 4 Betroffene Abteilungen**
Eine Ganzhausüberwachung ist ausgeschlossen. Die Einführung und Anwendung von Kameras erfolgt ausschließlich in den in der Anlage 1 aufgelisteten Abteilungen.

**§ 5 Systemdokumentation**
Das Kameraüberwachungssystem wird nachfolgend abschließend dokumentiert. Die Anlagen sind Bestandteil der Betriebsvereinbarung und von beiden Seiten zu unterzeichnen.
1. Geräte: In Anlage 2.1 sind alle eingesetzten Geräte mit den Standorten dokumentiert.
2. Systembeschreibung: Anlage 2.2 enthält die Systembeschreibung mit dem Vernetzungskonzept.
3. Position: In Anlage 2.3 sind die Positionen der Kameras mit ihrer tatsächlichen Reichweite anhand von Skizzen dokumentiert.

---

[150] Abdruck aus RDV 2000, 18.

## § 6 Schnittstellen, Übermittlung der Daten

1. Intern: Bilddaten des Kameraüberwachungssystems werden digital ausschließlich in einem eigenständigen und mit keinem anderen verbundenen System verarbeitet. Daten werden nicht an andere interne technische Systeme übermittelt.
2. Extern: Bilddaten des Kameraüberwachungssystems werden nur innerhalb des Betriebes verarbeitet und nicht an Dritte i. S. d. BDSG weitergegeben. Eine Ausnahme besteht nur im Deliktfall an polizeiliche Dienststellen.

## § 7 Aufzeichnungen

Eine Aufzeichnung erfolgt nicht ganztägig, sondern nur zeitweise. Die Mitarbeiter des Werkschutzes schalten in eigenem Ermessen und nur bei einem zu erwartenden Diebstahl das Aufzeichnungsgerät ein.

## § 8 Aufbewahrung und Löschung der Videobänder

1. Eingesetzte Videobänder werden durchnummeriert und mit dem Datum der Aufnahme versehen. Bespielte Bänder sind im Monitorraum unter Verschluss zu halten.
2. Die Bänder (bzw. Bilddateien) werden jeweils am Tagesende, spätestens mit Beginn des nächsten Arbeitstages gelöscht oder vernichtet.
3. Videobänder (bzw. Bilddateien) mit aufgezeichneten Delikten werden nach Wegfall ihres Zweckes gelöscht.
4. Werden Delikte von Beschäftigten weitergeleitet, wird der Betriebsrat unverzüglich informiert. Die Aufzeichnung wird ausschließlich in Anwesenheit des Betriebsrates ausgewertet.

## § 9 Rechte und Pflichten des Werkschutzes

1. Die Mitarbeiter des Werkschutzes nehmen ausschließlich Überwachungen nach dieser Betriebsvereinbarung vor. Sie geben keine Information über die Beschäftigten an Mitarbeiter der GmbH oder an Dritte weiter.
2. Die Mitarbeiter des Werkschutzes werden auf Einhaltung der Regelungen dieser Betriebsvereinbarung verpflichtet.

## § 10 Rechte der Beschäftigten

1. Die GmbH stellt sicher, daß alle Beschäftigten über Einsatz und Leistungsumfang des Überwachungssystems umfassend informiert sind. Eine heimliche Überwachung ist ausgeschlossen.
2. Alle Beschäftigten werden vor der Anwendung des Kameraüberwachungssystems über die Regelungen dieser BV informiert. Den Beschäftigten der betroffenen Abteilungen wird mit Inbetriebnahme die Reichweite der Kameras an den Monitoren demonstriert. Dies gilt in gleicher Weise für neu eingestellte Beschäftigte.

## § 11 Rechte des Betriebsrates

Bei Ausübung seiner Kontrollrechte kann der Betriebsrat den Raum mit den Monitoren unangemeldet betreten. Die Mitarbeiter des Werkschutzes sind dem Betriebsrat zur Auskunft verpflichtet.

## § 12 Zugang zum Monitorraum, Zugriffsberechtigungen

1. Zugang zu dem Raum mit den Monitoren und Zugriff auf das Kamerasystem einschließlich der Videobänder (bzw. Bilddateien) haben ausschließlich die in Anlage 3 aufgelisteten Mitarbeiter des Werkschutzes.
2. Zugang oder Zugriff anderer Personen (insb. Vorgesetzter/Geschäftsführung) erfolgt nur mit Zustimmung des Betriebsrates. Hierbei ist mindestens ein Mitglied des Betriebsrates anwesend.
3. Wartungs- und Reinigungspersonal hat nur Zugang zu dem Raum im Rahmen seiner Aufgaben.
4. Die Anwesenheit aller Personen im Monitorraum wird in einem Logbuch protokolliert.

## § 13 Änderungen und Erweiterungen

1. Änderungen und Erweiterungen der Anlage sind nur mit Zustimmung des Betriebsrates zulässig.
2. Der Betriebsrat wird bereits im Planungsstadium einer Änderung oder Erweiterung eingeschaltet, so daß Vorschlägen und Bedenken des Betriebsrats Rechnung getragen werden kann.

## § 14 Abschaffung des Kameraüberwachungssystems

1. Überwachung durch Kameras ist nur statthaft, wenn alle anderen Möglichkeiten, den in § 2 genannten Zweck des Einsatzes zu erfüllen, erschöpft sind.
2. Die Kameraüberwachung wird dann abgeschafft, wenn alternative und wirksame Sicherungsmethoden auf dem Markt sind. Die Sicherungssysteme sind dann als wirksam anzusehen, wenn sie
   - den in § 2 genannten Zweck erfüllen können und
   - den Kontrolldruck der Beschäftigten zu verringern in der Lage sind.

## § 15 Inkrafttreten und Kündigung

Diese Betriebsvereinbarung tritt mit Unterzeichnung in Kraft. Sie gilt bis zum            .

# Kapitel 3: Interessenausgleichsvereinbarungen und Sozialpläne

## Literatur

**Bachner/Schindele**, Beschäftigungssicherung durch Interessenausgleich und Sozialplan, NZA 1999, 130; **Baeck/Diller**, Zur Teilbarkeit von Betriebsänderungen, NZA 1997, 689; **Boemke/Tietze**, Insolvenzarbeitsrecht und Sozialplan, DB 1999, 1389; **Compensis**, Die Vererblichkeit von Sozialplanansprüchen und anderen Abfindungen, DB 1992, 888; **Gaul**, Gestaltungsspielraum bei Sozialplanabfindungen, DB 1998, 1514; **Gaul/Gajewski**, Die Betriebsänderung, 1. Aufl. 1993; **Heupgen**, Anspruch des Betriebsrats auf Unterlassung betriebsbedingter Kündigungen vor Einigung über einen Interessenausgleich und Sozialplan, NZA 1997, 1271; **Hohenstatt**, Der Interessenausgleich in einem veränderten rechtlichen Umfeld, NZA 1998, 846; **Hümmerich**, Gesetzesnovelle zu § 98 ArbGG – ein Schildbürgerstreich, DB 1998, 1133; **ders.**, Von der Verantwortung der Arbeitsrechtsprechung für die Volkswirtschaft, NZA 1996, 1289; **Hümmerich/Spirolke**, Allgemeiner Unterlassungsanspruch des Betriebsrats bei Betriebsänderung, BB 1996, 1986; **dies.**, Eigenkündigung des Arbeitnehmers und Sozialplanabfindung, BB 1995, 42; **dies.**, Die betriebsbedingte Kündigung im Wandel – Neue Wege zum rechtssicheren Personalabbau, NZA 1998, 797; **Kappenhagen**, Namensliste nach § 1 V KSchG in einem freiwilligen Interessenausgleich, NZA 1998, 968; **Kittner**, Neues Kündigungsschutzrecht außerhalb des Kündigungsschutzgesetzes, NZA 1998, 731; **Löwisch**, Die Flankierung von Sozialplänen durch die Bundesanstalt für Arbeit, RdA 1997, 287; **Löwisch**, Neugestaltung des Interessenausgleichs durch das Arbeitsrechtliche Beschäftigungsförderungsgesetz, RdA 1997, 80; **Matthes**, Neue Funktionen für Interessenausgleich und Sozialplan, RdA 1999, 178; **Matthes**, Rechtsfragen zum Interessenausgleich, FS Wlotzke, 1996, 393; **Meier**, Die Sozialplanabfindung: Verloren bei Eigenkündigung? – Entschädigung für Besitzstandsverlust oder Übergangsbeihilfe?, NZA 1995, 769; **ders.**, Abänderung von Sozialplanregelungen, NZA 1995, 974; **Molkenbur/Schulte**, Rechtscharakter und -wirkungen des Interessenausgleichs, DB 1995, 269; **Neef**, Die Neuregelung des Interessenausgleichs und ihre praktischen Folgen, NZA 1997, 65; **Quecke**, Unternehmerentscheidung und Personalabbau, NZA 1999, 1247; **Röder/Baeck**, Interessenausgleich und Sozialplan, 2. Aufl. 1997; **Röder/Gradert**, Mitbestimmungsrechte bei Untätigkeit eines zuständigen Gesamt- bzw. Konzernbetriebsrats am Beispiel von Betriebsänderungen, DB 1996, 1674; **Schaub/Schindele**, Kurzarbeit, Massenentlassung, Sozialplan, 1993; **Willemsen/Hohenstatt**, Zur umstrittenen Bindungs- und Normwirkung des Interessenausgleichs, NZA 1997, 345; **Wolff**, Personalanpassung durch „Transfersozialplan", NZA 1999, 622; **Zwanziger**, Voraussetzungen und Rechtswirkungen des Interessenausgleichs mit Nennung der zu kündigenden Arbeitnehmer, ArbuR 1997, 427.

## A. Erläuterungen

### 1. Der Interessenausgleich

Bei Betriebsänderungen hat der Arbeitgeber gem. §§ 111 f. BetrVG zu versuchen, mit dem Betriebsrat einen Interessenausgleich zu schließen. Diese Verpflichtung zum Abschlußversuch besteht nur dann, wenn ein **Schwellenwert** von in der Regel **mehr als 20 wahlberechtigten Arbeitnehmern** im Betrieb erfüllt ist.[151] Hat in den Monaten vor einer beabsichtigten Betriebsänderung bereits eine Personalverminderung stattgefunden, so ist die Zahl der „**regelmäßigen Belegschaftsstärke**", aus der sich der Versuch eines Interessenausgleichs oder die Sozialplanpflichtigkeit berechnet, anhand einer wertenden Gesamtwürdigung zu ermitteln, die auch eine Prognose der weiteren Entwicklung des Betriebes einschließt. Besteht die Betriebsänderung dagegen in einem bloßen Personalabbau, kann sich die erforderliche Würdigung nur auf die vorangehende Entwicklung beziehen. Als die zur Zeit eines Stillegungsbeschlusses maßgebliche Zahl der in der Regel Beschäftigten kann auch eine erst zwei Monate vorher erreichte Belegschaftsstärke anzusehen sein, wenn diese das Ergebnis längerfristiger personalwirtschaftlicher Entscheidungen des Arbeitgebers ist.[152]

---

[151] BAG, Beschl. v. 10.12.1996, NZA 1997, 733; *Fitting/Kaiser/Heither/Engels*, § 111 BetrVG Rn 17.
[152] BAG, Beschl. v. 10.12.1996, NZA 1997, 733; Beschl. v. 09.05.1995, DB 1995, 2075.

## §5 Kapitel 3: Interessenausgleichsvereinbarungen und Sozialpläne

### a) Der Begriff der Betriebsänderung

148 Wann eine Betriebsänderung im Sinne von § 111 BetrVG vorliegt, ergibt sich aus den fünf Tatbeständen des Gesetzes und einer sie präzisierenden BAG-Rechtsprechung und Literatur.[153]

149 § 112 BetrVG konnte in der Zeit vom 30.09.1996 bis 31.12.1998 vorübergehend im Zusammenhang mit dem durch das Arbeitsrechtliche Beschäftigungsförderungsgesetz geschaffenen § 1 Abs. 5 KSchG gelesen werden. § 1 Abs. 5 KSchG begründete eine gesetzliche Vermutung, daß die Kündigung durch dringende betriebliche Erfordernisse bedingt ist, wenn bei einer Kündigung aufgrund einer Betriebsänderung nach § 111 BetrVG die betroffenen Arbeitnehmer in einem Interessenausgleich namentlich bezeichnet werden. In diesen Fällen konnte die soziale Auswahl der Arbeitnehmer nur auf grobe Fehlerhaftigkeit überprüft werden.[154] Der Arbeitnehmer mußte die gegen ihn sprechende Vermutung der Betriebsbedingtheit der Kündigung durch substantiierten Vortrag entkräften.[155] Bei einer Änderung der Sachlage nach Zustandekommen des Interessenausgleichs galt die Vermutung dringender betrieblicher Erfordernisse und korrekter sozialer Auswahl nicht. Schließlich ersetzte der Interessenausgleich die Stellungnahme des Betriebsrats nach § 17 Abs. 3 Satz 2 KSchG. Diese Rechtslage ist einstweilen überholt und würde erst wieder gelten, wenn sich die Rechtsprechung entschlösse, in den Wirkungen der Namensliste nicht mehr einen ehemaligen gesetzlichen Tatbestand, sondern auf Dauer einen Rechtsgedanken zu sehen, der unabhängig von einem korrespondierenden Tatbestand Gültigkeit beansprucht.

150 In § 112 BetrVG hat der Gesetzgeber in Abs. 1 die **Formvoraussetzungen** für Interessenausgleich und Sozialplan geregelt und gleichzeitig bestimmt, daß es sich bei dem Sozialplan um eine Betriebsvereinbarung im Sinne von § 77 BetrVG handelt, für die allerdings § 77 Abs. 3 BetrVG nicht gilt. Im Umkehrschluß folgt aus § 112 Abs. 1 BetrVG, daß der Interessenausgleich keine Betriebsvereinbarung ist. Das BAG hat den Interessenausgleich als eine kollektivrechtliche Vereinbarung sui generis qualifiziert, deren Einhaltung der Betriebsrat nicht aus eigenem Recht verlangen bzw. durchsetzen könne.[156] Demgegenüber hat sich eine zeitweilig im Vordringen befindliche Meinung herausgebildet, wonach dem Betriebsrat ein Anspruch gegen den Arbeitgeber zustehe, daß dieser die Betriebsänderung so wie im Interessenausgleich vereinbart durchführt und alle gegenteiligen Maßnahmen unterläßt.[157] Der Interessenausgleich ist im Gegensatz zum Sozialplan nicht erzwingbar.[158]

151 **Betriebsänderungen** im Sinne von § 111 Satz 2 Nrn. 1–5 BetrVG sind nur Maßnahmen von einem gewissen Gewicht. Die Maßnahmen in den Nrn. 1–3 müssen sich auf den gesamten Betrieb oder zumindest auf wesentliche Betriebsteile beziehen. Soweit es sich um Änderungen der Betriebsorganisation im Sinne der Nrn. 4 und 5 handelt, müssen diese Änderungen „grundlegend" sein. Wann ein betroffener Betriebsteil „wesentlich" oder wann eine Änderung im Sinne der Nrn. 4 und 5 „grundlegend" ist, ermittelt das BAG anhand der Zahlenstaffeln in § 17 KSchG.[159] In Betrieben mit 21 bis 59 Arbeitnehmern müssen mehr als fünf Arbeitnehmer, in Betrieben mit 60 bis 499 Arbeitnehmer 10 % oder mehr als 25 Arbeitnehmer und schließlich in Betrieben mit mindestens 500 Arbeitnehmern müssen in jedem Fall 30 Arbeitnehmer, mindestens aber 5 % der Belegschaft betroffen sein. Wie bereits am Beispiel des Schwellenwerts aufgezeigt, läßt sich die Interessenausgleichspflichtigkeit

---

[153] Vorzüglich die Darstellung bei GK-BetrVG/*Fabricius*, § 111 BetrVG Rn 1–367; die derzeit aktuellste Darstellung enthält die Kommentierung der § 111 ff. in *Richardi*, Kommentar zum BetrVG, 1998.
[154] Siehe BAG, Urt. v. 07.05.1998, AP § 113 BetrVG 1972, Nr. 36.
[155] Siehe BAG, Urt. v. 07.05.1998, AP § 113 BetrVG, 1972, Nr. 36.
[156] BAG, Beschl. v. 28.08.1991, NZA 1992, 41.
[157] *Fitting/Kaiser/Heither/Engels*, §§ 112, 112a BetrVG Rn 13; *Matthes*, Festschrift für *Otfried Wlotzke* S. 93.
[158] GK-BetrVG/*Fabricius*, §§ 112, 112a BetrVG Rn 22; *Willemsen/Hohenstatt*, NZA 1997, 345.
[159] BAG, Beschl. v. 07.08.1990, NZA 1991, 113.

zwar anhand der Zahlenstaffeln bei einer einheitlichen Maßnahme mühelos bestimmen. Besteht die Betriebsänderung dagegen aus mehreren gleichartigen Maßnahmen, die zeitversetzt eingeleitet werden oder aus mehreren verschiedenartigen Maßnahmen, die zeitgleich ergriffen oder sogar zeitversetzt durchgeführt werden, stellt sich die Frage, wann auf Basis der Zahlenstaffeln des § 17 KSchG eine wesentliche bzw. grundlegende Betriebsänderung vorliegt. Die Problematik ist also ähnlich der beim Schwellenwert.[160] Es kommt vor,[161] daß die einzelne Maßnahme nach der Zahlenstaffel des § 17 KSchG keine Betriebsänderung, eine Gesamtschau über einen längeren Zeitraum dagegen eine interessenausgleichspflichtige Betriebsänderung ergibt.

Geht man von der Steuerungsfunktion von Interessenausgleich und Sozialplan aus,[162] kommt es auf eine **einheitliche Planungsentscheidung** an. Zeitversetzt durchgeführte gleichartige Maßnahmen müssen als eine Einheit betrachtet werden, wenn sie auf einer einheitlichen Planungsentscheidung des Unternehmens beruhen.[163] Konsequenterweise hat das BAG dementsprechend die Auffassung vertreten, eine Betriebsänderung sei nicht interessenausgleichs- und sozialplanpflichtig, wenn im Zeitpunkt der Beschlußfassung des Arbeitgebers noch kein Betriebsrat besteht, mag er auch bis zur tatsächlichen Umsetzung der Maßnahme errichtet worden sein.[164]

152

Liegt ein **bloßer inhaltlicher Zusammenhang** vor, beruhen die Maßnahmen aber auf unterschiedlichen Planungsentscheidungen, besteht keine Pflicht zur Zusammenrechnung der von den einzelnen Maßnahmen betroffenen Arbeitnehmer.[165] Anders liegt dagegen der Fall einer **einheitlichen Rahmenentscheidung**. Bei einheitlichen Rahmenentscheidungen besteht eine einheitliche Planungsentscheidung. Behält sich der Arbeitgeber weitere Maßnahmen im Rahmen einer Planungsentscheidung vor, sofern aus seiner Sicht diese Maßnahmen notwendig werden, müssen die Maßnahmen mit Blick auf die Zahlenstaffeln des § 17 KSchG einzeln betrachtet werden. Anders liegt dagegen der Fall, wenn der Arbeitgeber bei der Planungsentscheidung von einer ersten Maßnahme bereits weiß und davon ausgeht, daß weitere Maßnahme erforderlich sein werden, die einzelnen Maßnahmen jedoch zeitlich auseinanderlegt und in jedem einzelnen Falle ein Interessenausgleich nicht geschlossen werden müßte. Die Rechtsprechung[166] und *Gaul/Gajewski*[167] halten das Unternehmerverhalten für einen Fall des Rechtsmißbrauchs und meinen, die Einzelmaßnahmen hinsichtlich ihrer personellen Auswirkungen zusammenrechnen zu müssen.

153

Interessant ist auch der Fall, daß ein Betrieb vor einer feststehenden Betriebsübernahme einer namentlich festgelegten Anzahl von Personen, die den Zahlenwert des § 17 KSchG erfüllt, Aufhebungsverträge anbieten will und diese Mitarbeiter sämtlich dazu bringen möchte, durch Aufhebungsverträge aus dem Betrieb auszuscheiden. Das LAG Köln hat in diesem Falle entschieden, daß eine die Interessenausgleichspflicht auslösende Betriebsänderung vorliegt.[168] Der bloße Betriebsübergang nach § 613 a BGB ist nach gefestigter Rechtsprechung keine Betriebsänderung im Sinne der §§ 111 ff. BetrVG.[169]

154

---

160 Vgl. *Hümmerich/Kallweit/Spirolke*, Das arbeitsrechtliche Mandat, § 8 Rn 276.
161 Beispiele hierzu bei *Baeck/Diller*, NZA 1997, 689.
162 BAG, Beschl. v. 22.05.1979, NJW 1980, 83; Beschl. v. 28.10.1992, NZA 1993, 420.
163 BAG, Beschl. v. 22.05.1979, AP Nr. 3 zu § 111 BetrVG; Beschl. v. 26.10.1982, NJW 1983, 2838.
164 BAG, Beschl. v. 20.04.1982, NJW 1982, 2334.
165 *Baeck/Diller*, NZA 1997, 691.
166 BAG, Beschl. v. 02.08.1983, NJW 1984, 1781.
167 Die Betriebsänderung, S. 26.
168 Beschl. v. 13.01.1998, NZA 1998, 1018.
169 BAG, Beschl. v. 24.07.1979, DB 1980, 164; Beschl. v. 04.12.1979, DB 1980, 743.

**155** Aus bloßer **Zeitgleichheit mehrerer Maßnahmen** kann nicht auf eine einheitliche Planungsentscheidung und damit auf eine Betriebsänderung, die an den Zahlenstaffeln des § 17 KSchG zu messen ist, geschlossen werden.[170] Entscheidend ist, ob eine einheitliche punktuelle Ursache bei einer materiell einheitlichen Planungsentscheidung besteht. Bei zeitversetzten, verschiedenartigen Maßnahmen kommt es ebenfalls auf die einheitliche Planungsentscheidung des Unternehmens an. *Baeck/Diller* weisen darauf hin, daß im wesentlichen die Darlegungs- und Beweislast darüber entscheidet, ob eine einheitliche Planungsentscheidung im arbeitsgerichtlichen Beschlußverfahren nachgewiesen werden kann. Im Beschlußverfahren gilt aber nach § 83 Abs. 1 ArbGG der Amtsermittlungsgrundsatz. Das Gericht hat den Sachverhalt von Amts wegen zu erforschen. Den Parteien obliegt nicht die subjektive Beweislast. Es reicht aus, daß sie die für sie günstigen Tatsachen behaupten. Beweis dafür anbieten müssen sie nicht. Es obliegt dem Gericht, durch die im § 83 Abs. 2 ArbGG aufgezählten Maßnahmen den Sachverhalt aufzuklären.[171] Einzelne Maßnahmen stellen sich aus der Sicht eines Betriebsrats manchmal erst nach einem Rückblick und in der Kombination einzelner Vorkommnisse als eine von vornherein durchdachte, einheitliche Planungsentscheidung dar. In diesen Fällen kann der Betriebsrat das Arbeitsgericht im Beschlußverfahren den Planungszusammenhang über eine Anordnung der Einsichtnahme von Urkunden (Geschäftsführungsvorlagen, Protokollen von Geschäftsführungssitzungen) ermitteln lassen, § 83 Abs. 2 ArbGG.

**156** Der mit dem neuen Umwandlungsrecht in § 111 BetrVG eingefügte Tatbestand der **Spaltung von Betrieben** hat beim 1. Senat des Bundesarbeitsgerichts zu der Auffassung geführt, daß die Übertragung eines Betriebsteils auf ein anderes Unternehmen in der Form der organisatorischen Spaltung des Betriebes eine mitbestimmungspflichtige Betriebsänderung im Sinne von § 111 Satz 2 Nr. 3 BetrVG sei.[172] Wegen der wirtschaftlichen Nachteile, die sich für die Mitarbeiter im konkreten Falle ergaben, habe der Betriebsrat einen Sozialplan verlangen können. Zu den berücksichtigungsfähigen Nachteilsfolgen gehörten allerdings nicht eine etwaige Verringerung der Haftungsmasse bei dem Betriebserwerber sowie dessen befristete Befreiung von der Sozialplanpflicht nach § 112 a Abs. 2 BetrVG.[173] Insbesondere konnte der Betriebsrat in der Einigungsstelle nicht verlangen, daß der abgebende Betrieb für die Dauer des Verlustes einer Sozialplananwartschaft nach dem Übergang des Betriebsteils auf das neu gegründete Unternehmen für die Dauer von vier Jahren eine Ausfallbürgschaft stellte.

**157** Zu beachten ist neuerdings eine Entscheidung des Bundesarbeitsgerichts, wonach bei der **Anwendung der Zahlenstaffeln des § 17 KSchG** zur Feststellung einer wesentlichen Betriebsänderung, aber auch bei einem Personalabbau nach § 113 BetrVG und den in diesem Zusammenhang zu erfüllenden, zahlenmäßigen Voraussetzungen diejenigen Mitarbeiter mitgerechnet werden, die dem Übergang ihres Arbeitsverhältnisses auf einen Teilbetriebserwerber (und damit auch dem Übergang auf einen Betriebserwerber) widersprochen haben und für die eine Beschäftigungsmöglichkeit im Restbetrieb nicht mehr besteht.[174] Entscheidet sich der Arbeitgeber, eine Betriebsabteilung stillzulegen und kündigt deshalb den dort beschäftigten Arbeitnehmern, so ist er regelmäßig zur Wiedereinstellung entlassener Arbeitnehmer verpflichtet, wenn er sich noch während der Kündigungsfrist entschließt, die Betriebsabteilung mit einer geringeren Anzahl von Arbeitnehmern doch fortzufüh-

---

170 *Baeck/Diller*, NZA 1997, 693.
171 *Baeck/Diller*, NZA 1997, 694.
172 BAG, Beschl. v. 10.12.1996, NZA 1997, 898.
173 BAG, Beschl. v. 10.12.1996, NZA 1997, 898
174 BAG, Beschl. v. 10.12.1996, NZA 1997, 787; vgl. zum Widerspruchsrecht *Hümmerich/Kallweit/Spirolke*, Das arbeitsrechtliche Mandat, § 5 Rn 23 ff.

ren.¹⁷⁵ Aufhebungsverträge können wegen Wegfalls der Geschäftsgrundlage angepaßt werden, eine erhaltene Abfindung ist vom Arbeitnehmer zurückzuzahlen.

Während ein Sozialplan auch für Maßnahmen aufgestellt werden kann, die noch nicht geplant, aber in groben Umrissen abschätzbar sind,¹⁷⁶ gelten für den Interessenausgleich strengere Anforderungen. In Großunternehmen, die Dauerstrukturierungen vornehmen, ist es üblich, daß **Sozialpläne über längere Zeiträume geschlossen** und auch immer wieder **verlängert** werden. Für den Interessenausgleich sieht der erste Senat die Rechtslage nicht wie beim Sozialplan. Der Betriebsrat müsse mit dem Arbeitgeber über konkret geplante Betriebsänderungen verhandeln und diese in einem Interessenausgleich niederlegen. Rein vorsorgliche Interessenausgleichsvereinbarungen seien nicht wirksam.¹⁷⁷ 158

Nach dem Wortlaut des § 111 BetrVG besteht ein Mitbestimmungsrecht des Betriebsrats bei Betriebsänderungen nur in Betrieben mit in der Regel mehr als 20 wahlberechtigten Arbeitnehmern. Der erste Senat¹⁷⁸ hat die Verpflichtung, einen Interessenausgleich zu versuchen, nunmehr auch auf solche Kleinbetriebe ausgedehnt, die einem größeren Unternehmen angehören, auch wenn mehrere der Betriebe dieses Unternehmens nur Kleinunternehmen im Sinne von § 111 BetrVG sind. 159

**b) Der Interessenausgleich im taktischen Umfeld**

Beim Interessenausgleich gilt, daß der Arbeitgeber „ihn **versucht** hat" im Sinne des Gesetzes, wenn er den Betriebsrat gem. § 111 Satz 1 BetrVG beteiligt hat und ein Interessenausgleich nach Verhandlungen nicht zustandegekommen sowie die Einigungsstelle vergeblich angerufen worden ist. 160

Die Taktik von Betriebsräten beim Abschluß von Interessenausgleichsvereinbarungen und Sozialplänen bestand seit jeher darin, bei drängenden wirtschaftlichen Problemen des Betriebes **das kostenauslösende Zeitmoment** in die Waagschale zu werfen. Betriebsräte machen gerne, weil es einen erzwingbaren Anspruch auf Abschluß eines Interessenausgleichs nicht gibt, die Unterzeichnung eines bereits durchverhandelten Interessenausgleichs vom gleichzeitigen Abschluß eines Sozialplans abhängig. Der Unternehmer mußte und muß auch heutzutage nur „versuchen", einen Interessenausgleich mit dem Betrieb zu schließen. Kommt eine Einigung nicht zustande, ruft der Unternehmer die Einigungsstelle an (§ 112 Abs. 2 BetrVG). Dort wird noch einmal über den Inhalt eines Interessenausgleichs verhandelt. Gelingt es auch diesmal nicht, sich auf den Wortlaut eines Interessenausgleichs zu einigen, hat der Unternehmer einen Interessenausgleich ordnungsgemäß „versucht".¹⁷⁹ 161

Die Taktik der zeitverzögernden Paketlösung ist für den Betriebsrat weiterhin aktuell, nachdem die zwischenzeitliche Fristenregelung in § 113 Abs. 3 BetrVG zum 01.01.1999 wieder aufgehoben worden ist.

Betriebsräte weigern sich neuerdings noch zusätzlich, in Beratungen einzutreten, mit der Begründung, sie seien nicht hinreichend informiert. Sie lassen sich vom Arbeitgeber schriftlich zur Aufnahme der Beratungen auffordern und antworten dann mit dem Verlangen, ergänzende Unterlagen zum Zweck einer vollständigen Unterrichtung über die Betriebsänderung zu erhalten. Nur nach hinreichender Unterrichtung des Betriebsrats über die Betriebsänderung ist der Betriebsrat zur Auf- 162

---

175 BAG, Urt. v. 04.12.1997, NZA 1998, 701; vgl. zum Wiedereinstellungsanspruch *Hümmerich/Kallweit/Spirolke*, Das arbeitsrechtliche Mandat, § 5 Rn 21 f.
176 BAG, Urt. v. 26.08.1997, AP § 76 BetrVG 1972, Nr. 57.
177 BAG, Urt. v. 19.01.1999, BB 2000, 47.
178 BAG, Urt. v. 08.06.1999, FA 1999, 265.
179 BAG, Beschl. v. 09.07.1985, NZA 1986, 100.

nahme von Beratungen verpflichtet, nur nach ausreichender Unterrichtung des Betriebsrats kann der Versuch von Verhandlungen über einen Interessenausgleich in Lauf gesetzt werden.[180]

163 Eine Sonderregelung bildet § 112 a BetrVG, der die **Erzwingbarkeit eines Sozialplans** unter der Voraussetzung formuliert, daß die Betriebsänderung allein in einem Personalabbau besteht. Bestimmte Prozentzahlen bzw. Mindestzahlen von Arbeitnehmern, je nach Betriebsgröße, müssen vom Personalabbau betroffen sein, um die Erzwingbarkeit eines Sozialplans auszulösen. § 112 a Abs. 2 BetrVG enthält eine Sonderregelung für Neugründungen von Betrieben in den ersten vier Jahren.

164 In § 113 BetrVG hat der Gesetzgeber schließlich den **Sanktionenkatalog** der Abweichung des Unternehmers von einem Interessenausgleich bzw. der Durchführung einer Betriebsänderung nach § 111 BetrVG, ohne über sie einen Interessenausgleich mit dem Betriebsrat versucht zu haben, aufgestellt. Der Nichtversuch eines Interessenausgleichs und die Abweichung von einem Interessenausgleich haben einen individualrechtlichen Anspruch auf Nachteilsausgleich, also auf Abfindung im wirtschaftlichen Umfang des § 10 KSchG zur Folge. In § 113 Abs. 3 BetrVG sind schließlich die mit dem Arbeitsrechtlichen Beschäftigungsförderungsgesetz zusätzlich geschaffenen Fristen, innerhalb derer der Unternehmer den Interessenausgleich versucht hat, angefügt worden.[181] In Tendenzbetrieben kommt ein Nachteilsausgleich dann in Betracht, wenn der Arbeitgeber eine Betriebsänderung durchführt, ohne den Betriebsrat rechtzeitig unterrichtet und und Verhandlungen über einen Sozialplan ermöglicht zu haben. Das BAG hat es bislang aber ausdrücklich offengelassen, ob § 113 Abs. 1 und Abs. 2 BetrVG auch auf den Tendenzbetrieb anwendbar ist.[182] Die Betriebspartner sind schließlich befugt, einen verbindlichen, vorsorglichen Sozialplan in Form einer freiwilligen Betriebsvereinbarung aufzustellen, ohne daß der Betriebsrat dadurch auf künftige Mitbestimmungsrechte verzichtet.[183]

165 Der Unternehmer hat meistens aufgrund des Kostendrucks ein Interesse an einer zügigen Realisierung der Betriebsänderung. Wird eine Betriebseinschränkung geplant, führt dies zu Unruhe in der Belegschaft, die erst bei Klarheit über die betreffenden Personen in erneute Motivation gewandelt werden kann. Das Interesse des Unternehmers geht also stets in Richtung einer schnellen Zustimmung zum Interessenausgleich. Ist der Interessenausgleich mit dem Betriebsrat verhandelt, kann die Betriebsänderung sanktionslos umgesetzt werden. Das Interesse des Betriebsrats geht dagegen in Richtung einer möglichst komfortablen, wirtschaftlichen Ausstattung des Sozialplans. Der Betriebsrat weiß, daß er die Kündigungen im Zusammenhang mit der Betriebsänderung ohnehin nicht verhindern kann. *Neef* hat die Verhandlungsposition des Betriebsrats auf einen einfachen Nenner gebracht: „Zeit oder Geld".[184]

166 Scheitern die außergerichtlichen Verhandlungen, führt der Weg in die **Einigungsstelle**. Durch eine Mitteilung an den Betriebsrat wird die Einigungsstelle angerufen. Regelmäßig teilt man dem Betriebsrat den Vorsitzenden und die Anzahl der Beisitzer mit.[185] Äußert sich der Betriebsrat nicht oder macht er Gegenvorschläge, die der Arbeitgeber nicht akzeptiert, muß der Arbeitgeber das Arbeitsgericht bemühen, §§ 98 ArbGG, 76 Abs. 2 BetrVG. Das Arbeitsgericht entscheidet – neuerdings in Kammerbesetzung[186] – nach Anhörung der Beteiligten. Gegen diese Entscheidung ist Beschwerde

---

180 *Röder/Baeck*, DB 1996, Beilage 17, S. 23; *Löwisch*, RdA 1997, 80 (83).
181 Zur praktischen Unzulänglichkeit der bis 31.12.1998 gültigen Fristen des § 113 Abs. 3 Sätze 3, 4 siehe *Hümmerich*, DB 1998, 1134.
182 BAG, Urt. v. 27.10.1998–1 AZR 766/97, ARST 1999, 73.
183 BAG, Beschl. v. 26.08.1997, AP § 76 BetrVG 1972, Nr. 57; siehe ferner BAG, Beschl. v. 01.04.1998, NZA 1998, 768.
184 NZA 1997, 66.
185 Vgl. *Hümmerich/Kallweit/Spirolke*, Das arbeitsrechtliche Mandat, § 9 Rn 6.
186 Zur mangelnden Effizienz dieses Verfahrens siehe *Hümmerich*, DB 1998, 1133.

möglich, die innerhalb von 14 Tagen eingelegt und begründet sein muß.[187] Das LAG entscheidet dann in letzter Instanz.

Auch wenn das Verfahren als Eilverfahren gedacht war, so kann es ohne weiteres mehrere Monate dauern, bis eine Einigungsstelle ihre Arbeit aufnimmt. Sobald der Vorsitzende bestellt ist, muß dieser wiederum die Parteien laden, Termine finden, an denen alle Beteiligten Zeit haben, sich die maßgeblichen Unterlagen und die bisher angefallene Korrespondenz geben lassen, kurzum, in einem Monat lassen sich diese Verfahrensabläufe regelmäßig nicht bewältigen. Es bedarf hierzu keines nennenswerten Verfahrensgeschicks, um angesichts der Terminslage, der zu wahrenden Ladungsfristen und der Geschwindigkeit, mit der bisweilen einzelne Arbeitsgerichte und Landesarbeitsgerichte zu arbeiten pflegen, die Zusammenkunft einer Einigungsstelle in weite Ferne rücken zu lassen. Die Errichtung einer Einigungsstelle im Wege der einstweiligen Verfügung ist ausgeschlossen.[188]

Eine neue Variante der Zeitfalle beschreiben *Röder* und *Gradert*, nämlich die **Untätigkeit des zuständigen Gesamt- bzw. Konzernbetriebsrats** bei Betriebsänderungen.[189] Bei Unternehmens- und Konzernumstrukturierungen besteht eine originäre Zuständigkeit des Gesamtbetriebsrats, wenn die Betriebsänderung alle oder zumindest mehrere Betriebe betrifft und notwendigerweise einheitlich für die betroffenen Betriebe geregelt werden muß. Dabei kommt es auf die ursprüngliche Planung des Unternehmers an und nicht darauf, wie sich die Planung realisiert.[190] Bleibt der Gesamtbetriebsrat trotz einer Aufforderung durch den Vorstand, einen Interessenausgleich im Zuge einer das gesamte Unternehmen oder den Konzern betreffenden Umstrukturierung zu verhandeln, untätig, oder verweist der Gesamt- bzw. Konzernbetriebsrat den Vorstand an die Einzelbetriebsräte, stellt sich für die Arbeitgeberseite ein Problem. Wird mit den Einzelbetriebsräten verhandelt, läuft der Arbeitgeber Gefahr, schließlich mit dem unzuständigen Betriebsrat einen Interessenausgleich geschlossen zu haben. Weigern sich Gesamt- oder Konzernbetriebsrat, besteht die Gefahr, daß dem Vorstand nachgesagt wird, er habe nicht ausreichend den Interessenausgleich versucht (beispielsweise mit dem Bemerken, er habe schließlich mit den Einzelbetriebsräten Interessenausgleichsverhandlungen führen können), so daß als Sanktion die Verpflichtung eines Nachteilsausgleichs nach § 113 BetrVG droht. Wenn die originäre Zuständigkeit des Gesamtbetriebsrats nach § 50 Abs. 1 BetrVG zum Aushandeln eines Interessenausgleichs gegeben ist, stellt sich damit die Frage, ob der einzelne Betriebsrat zur Wahrnehmung eines Mitbestimmungsrechts wieder zuständig wird, wenn der Gesamtbetriebsrat den Arbeitgeber an die örtlichen Betriebsräte verweist oder von seiner Zuständigkeit keinen Gebrauch macht.

In der Rechtsprechung ist diese Frage noch nicht eindeutig geklärt. Der 1. Senat des BAG[191] geht davon aus, das Betriebsverfassungsgesetz lege eine grundsätzliche Zuständigkeit des Einzelbetriebsrats fest und sehe es als gerechtfertigt an, von einer **Primärzuständigkeit der Einzelbetriebsräte** auszugehen. Die maßgebliche Frage, ob im Fall der Zuständigkeit des Gesamtbetriebsrats dennoch wieder der Einzelbetriebsrat zuständig wird, wenn und solange der Gesamtbetriebsrat untätig bleibt, ist offengelassen. *Röder/Gradert*[192] schließen aus der Verpflichtung des Arbeitgebers zum „Versuch

---

187 § 98 Abs. 2 ArbGG, vgl. zum Verfahren *Hümmerich/Kallweit/Spirolke*, Das arbeitsrechtliche Mandat, § 9 Rn 8–13.
188 LAG Niedersachsen, Beschl. v. 29.09.1988, ArbuR 1989, 290; ArbG Ludwigshafen, Beschl. v. 20.11.1996, NZA 1997, 172; ArbG Düsseldorf, Beschl. v. 24.06.1992, NZA 1992, 907; a. A.: LAG Düsseldorf, Urt. v. 08.02.1991, LAGE § 96 ArbGG 1979 Nr. 19.
189 DB 1996, 1674.
190 BAG, Beschl. v. 24.01.1996, BB 1996, 2093; zum Unterlassungsanspruch des Betriebsrats bei Betriebsänderung *Pflüger*, DB 1998, 2062 mit umfangreichen Nachweisen zu Rechtsprechung und Schrifttum.
191 Beschl. v. 18.10.1994, DB 1994, 2196.
192 DB 1996, 1678.

einer Einigung", daß dieser Versuch nicht stattfinden könne, wenn sich eine Seite, nämlich der Gesamtbetriebsrat, von vornherein weigere, am Verfahren überhaupt teilzunehmen. Aus dem Rechtsgedanken des § 326 BGB, wonach eine Nachfristsetzung für die in Verzug befindliche Partei nicht erforderlich ist, wenn diese die Erfüllung ernstlich und endgültig verweigert, schließen die Autoren, daß das Beteiligungsrecht nicht an die Einzel- bzw. Gesamtbetriebsräte im Fall der Zuständigkeit des Konzernbetriebsrats zurückfällt, wenn ein Gesamt- oder Konzernbetriebsrat seine originäre Zuständigkeit für ein Beteiligungsrecht nicht wahrnimmt.

#### c) Unterlassungsverfügung

170 Eine zweite Sanktion, neben dem Nachteilsausgleich, stellt es dar, wenn der Betriebsrat den Ausspruch betriebsbedingter Kündigungen im Wege einer einstweiligen Unterlassungsverfügung verhindern kann. Im Gesetz ist ein allgemeiner Unterlassungsanspruch nicht geregelt. Durch einen Beschluß des 1. Senats des Bundesarbeitsgerichts vom 03.05.1994[193] ist es möglich geworden, daß der Arbeitgeber generell zur Einhaltung von Beteiligungsrechten des Betriebsrats im Wege des einstweiligen Rechtsschutzes im Beschlußverfahren verpflichtet werden kann. Die Literatur- und Rechtsprechungsäußerungen zur Übertragung der Mitbestimmungssicherungsrechtsprechung des 1. Senats auf Maßnahmen einer geplanten Betriebsänderung sind derzeit geteilt. Ein Teil der Rechtsprechung hat sich für einen Unterlassungsanspruch des Betriebsrats ausgesprochen.[194] Einen Unterlassungsanspruch verneint die wohl überwiegende Rechtsprechung und Literatur.[195]

171 Gegenwärtig kann allenfalls nach Gerichtsbezirken gesagt werden, ob beim Aushandeln eines Interessenausgleichs ein betriebsverfassungsrechtlicher Unterlassungsanspruch gewährt wird oder nicht. Es kann vereinzelt ein praktischer Bedarf an einem Unterlassungsanspruch gesehen werden, die betriebsverfassungsrechtliche Dogmatik spricht allerdings selbst nach der Rechtsänderung durch den Beschluß des 1. Senats vom 03.05.1994[196] dagegen.[197]

#### d) Inhalt eines Interessenausgleichs

172 Interessenausgleichsvereinbarungen dienen häufig dazu, mit dem Betriebsrat gemeinsam eine **Regelung über die Durchführung von Maßnahmen zum Personalabbau** zu finden. Es empfiehlt sich – wenn möglich – das Schema, das der Arbeitgeber bei der Sozialauswahl im Rahmen der betriebsbedingten Kündigung anwendet, in den Interessenausgleich einzubeziehen. Beispiele hierzu finden sich in den Mustern 2429,[198] 2442,[199] 2464[200] und 2485.[201] Dort werden jeweils Punkte für Lebensalter, Betriebszugehörigkeit und Unterhaltspflichten vergeben. Die Anzahl der zu verteilenden Punkte

---

193 BB 1994, 2273; vgl. *Hümmerich/Kallweit/Spirolke*, Das arbeitsrechtliche Mandat, § 8 Rn 154 ff.
194 LAG Hamburg, Beschl. v. 13.11.1981, ArbuR 1982, 389; LAG Hamburg, Beschl. v. 05.02.1986, DB 1986, 598; LAG Frankfurt a.M., Beschl. v. 21.09.1982, DB 1983, 613; LAG Frankfurt a.M., Beschl. v. 30.08.1994, DB 1995, 178; LAG Berlin, Beschl. v. 07.09.1995, NZA 1996, 1284.
195 LAG Düsseldorf, Beschl. v. 14.11.1983, DB 1984, 511; LAG Baden-Württemberg, Beschl. v. 28.08.1985, DB 1986, 805; LAG Niedersachsen Beschl. v. 05.06.1987, LAGE § 23 BetrVG Nr. 11; LAG Rheinland-Pfalz, Beschl. v. 18.04.1989, NZA 1989, 863; LAG Schleswig-Holstein, Beschl. v. 13.01.1992, LAGE § 111 BetrVG Nr. 11; LAG Köln, Beschl. v. 23.08.1995, BB 1995, 2115; ArbG Köln, Beschl. v. 27.10.1993, BB 1993, 2311; ArbG Bonn, Beschl. v. 23.08.1995, NZA 1995, 966; ArbG Duisburg, Beschl. v. 23.10.1997 – 5 BVGa 10/96 (unveröffentlicht); LAG Düsseldorf, Beschl. v. 19.11.1996, NZA-RR 1997, 297; LAG Hamm, Beschl. v. 01.07.1997, ZIP 1997, 2210; *Heupgen*, NZA 1997, 1271; *Röder/Gradert*, DB 1996, 1679; *Hümmerich/Spirolke*, BB 1996, 1986.
196 BB 1994, 2273.
197 Siehe *Hümmerich/Spirolke*, BB 1996, 1986.
198 § 2 Abs. 3, in diesem Buch § 5 Kap. 3 M 238 f.
199 § 5 Kap. 3 M 259.
200 § 2, 3. in diesem Buch § 5 Kap. 3 M 272 ff.
201 III 3.3.2. in diesem Buch § 5 Kap. 3 M 287 ff.

differiert je nach Schema. Unterschiedlich ist auch die Berücksichtigung von besonderen sozialen Härten geregelt. Während diese in Muster 2429 und Muster 2464 erst in einem zweiten Schritt einbezogen werden sollen, werden dafür in Muster 2442 ebenfalls Punkte verteilt. Muster 2429 sieht in § 2 Abs. 2 auch die Einbeziehung einer Namensliste in den Interessenausgleich vor, die auf der Basis des in Abs. 3 festgelegten Schemas erstellt wurde.

In Muster 2485[202] sind neben der betriebsbedingten Kündigung auch andere Maßnahmen der Personalminderung sehr ausführlich niedergelegt. Eine Besonderheit weist Muster 2400[203] insofern auf, als dort nicht die Durchführung von Entlassungen Gegenstand des Interessenausgleichs ist, sondern die Einführung eines Leistungsmanagements in allen Einzelheiten geregelt wird, mit dem eine Leistungsbeurteilung aller Mitarbeiter ermöglicht werden soll.

173

## 2. Der Sozialplan

Während Gegenstand des Interessenausgleichs die unternehmerische Maßnahme ist, also die Betriebsänderung sowie der Kreis oder die Zahl der betroffenen Arbeitnehmer und die Art, in der sie betroffen sind, befaßt sich der Sozialplan mit den Auswirkungen der Betriebsänderung für den Mitarbeiter. Ziel des Sozialplans ist es, die für den Mitarbeiter mit dem Interessenausgleich verbundenen Nachteile aufzufangen oder abzuschwächen. Im Vordergrund stehen regelmäßig wirtschaftliche Kompensationsleistungen, insbesondere in der Form der Abfindung.[204]

174

### a) Grundsätze

Der Sozialplan ist, anders als der Interessenausgleich, eine **Betriebsvereinbarung**.[205] Anders als bei den übrigen Betriebsvereinbarungen gilt für den Sozialplan nach § 112 Abs. 1 Satz 4 BetrVG nicht der Tarifvorbehalt des § 77 Abs. 3 BetrVG. Es ist zulässig, in einen Sozialplan, anders als sonst bei Betriebsvereinbarungen, spezifische, individuelle Regelungen für einzelne Arbeitnehmer aufzunehmen.[206] Der Sozialplan hat eine **Ausgleichsfunktion**, da er einen Ausgleich für den Verlust des Arbeitsplatzes oder die Verschlechterung von Arbeitsbedingungen gewährt.[207] Er soll bis zu einem neuen Arbeitsverhältnis oder dem Bezug des gesetzlichen Altersruhegelds eine Überbrückungshilfe darstellen.[208] Er hat damit eine Überleitungs- und Vorsorgefunktion.[209]

175

Bei der Gestaltung von Sozialplänen kann vorgesehen werden, daß der Arbeitnehmer eine Abfindung erhält, selbst dann, wenn er im unmittelbaren Anschluß an die Beendigung seines Arbeitsverhältnisses einen anderweitigen Arbeitsplatz bei einem anderen Unternehmen gefunden hat.[210] Sozialpläne müssen in diesen Fällen keine Abfindung gewähren[211] und können sogar verminderte Leistungen für Mitarbeiter vorsehen, die kurz vor Erreichen des Rentenalters stehen.[212] Der zeitliche Geltungsbereich richtet sich regelmäßig nach dem Zeitpunkt des Abschlusses bzw. Scheiterns eines

176

---

202 III 1.2, in diesem Buch § 5 Kap. 3 M 287 ff.
203 § 5 Kap. 3 M 208 ff.
204 Zur Abkehr von der finanziellen Kompensationslösung durch Abschluß von Transfersozialplänen vgl. *Wolff*, NZA 1999, 622; *Matthes*, RdA 1999, 178.
205 BAG, Beschl. v. 18.12.1990, DB 1991, 969.
206 BAG, Beschl. v. 12.05.1985, DB 1985, 1487.
207 BAG, Beschl. v. 09.11.1994, DB 1995, 782.
208 BAG, Beschl. v. 31.07.1996 – 10 AZR 45/96 (unveröffentlicht).
209 BAG, Beschl. v. 06.06.1990, DB 1990, 2477; siehe auch *Hümmerich*, NZA 1996, 1289 (1291).
210 BAG, Urt. v. 23.04.1985, DB 1985, 1593.
211 BAG, Urt. v. 30.11.1994, DB 1995, 1238; Urt. v. 31.07.1996, DB 1997, 291 = NZA 1997, 165.
212 BAG, Urt. v. 26.07.1988, DB 1988, 2464.

## § 5 Kapitel 3: Interessenausgleichsvereinbarungen und Sozialpläne

Interessenausgleiches[213] oder nach dem Tag des Abschlusses des Sozialplans. Derartige Stichtagsregelungen sind praktikabel und statthaft.[214] Aber auch rückwirkende Sozialpläne sind wirksam.[215] Schließlich kann der Betriebsrat mit einem Restmandat[216] auch Sozialpläne für bereits stillgelegte Betriebe schließen.[217] Er kann sogar vorsorgliche Sozialpläne für den Fall schließen, daß kein Betriebsübergang im Sinne von § 613a BGB vorliegt und die Frage, ob eine Betriebsänderung oder nur ein Betriebsübergang wegen Funktionsnachfolge anzunehmen ist, unterdessen gerichtlich klären lassen.[218]

**177** Der **zeitliche Geltungsbereich** kann begrenzt werden, wie in den meisten hier vorgelegten Mustern.[219] Es kann aber auch geregelt weden, daß der Sozialplan endet, ohne daß es einer Kündigung bedarf, mit der Abwicklung aller sich aus ihm ergebenden Ansprüche.[220]

**178** Vom **persönlichen Geltungsbereich** des Sozialplans werden alle Personen erfaßt, die durch die Betriebsänderung Nachteile erleiden. Teilzeitbeschäftigte dürfen wegen des Diskriminierungsverbotes in § 2 BeschFG nicht von Sozialplanleistungen ausgenommen werden, müssen sich aber mit Leistungen zufriedengeben, die entsprechend ihrer persönlichen Arbeitszeit im Verhältnis zur tariflichen Arbeitszeit herabgesetzt sind.[221] Leitende Angestellte werden ohne ausdrückliche Regelung von Sozialplänen nicht erfaßt.[222] Vor allem besteht keine Pflicht, sie in den Sozialplan einzubeziehen.[223] Auch ausgeschiedene Mitarbeiter werden in den Sozialplan einbezogen. Wer aufgrund einer Betriebsänderung einen Aufhebungsvertrag geschlossen[224] oder eine Eigenkündigung ausgesprochen[225] hat, kann, wenn der Arbeitgeber das Ausscheiden veranlaßt hat, nicht allein deshalb von Leistungen aus dem Sozialplan ausgeschlossen werden.[226] Allerdings hat das BAG die früher in ihren Grundzügen arbeitnehmerfreundliche Rechtsprechung[227] zwar nicht ausdrücklich beendet, tatsächlich allerdings zwischenzeitlich ganz erheblich eingeschränkt.[228] Insbesondere mit den Entscheidungen vom 05.04.1995[229] und vom 20.04.1994[230] entsteht der Eindruck, daß die bisherige Rechtsprechung zur Eigenkündigung des Arbeitnehmers bei Sozialplanabfindungen zwar formal aufrechterhalten, tatsächlich aber zugunsten einer jedweden Regelung über vor Abschluß eines Sozialplans ausgeschiedene Mitarbeiter in das Belieben der Betriebspartner gestellt wird. Dies bedeutet gleichzeitig für den beratenden Rechtsanwalt, daß er bei der Gestaltung von Sozialplänen Differenzierungen hinsichtlich der Gründe des Ausscheidens eines Mitarbeiters formulieren und insbesondere auch für Mitarbeiter,

---

213 BAG, Beschl. v. 30.11.1994, DB 1995, 1238.
214 BAG, Urt. v. 09.11.1994, DB 1995, 783; siehe auch *Gaul*, DB 1998, 1514 ff.
215 BAG, Beschl. v. 09.12.1981, DB 1982, 908.
216 BAG, Beschl. v. 20.04.1982, DB 1982, 1727.
217 Muster 2405, § 5 Kap. 3 M 216.
218 BAG, Beschl. v. 01.04.1998, NZA 1998, 768.
219 Z. B. Muster 2435, 11.5, in diesem Buch § 5 Kap. 3 M 245 ff.
220 Muster 2451, § 8 V, in diesem Buch § 5 Kap. 3 M 263 ff.
221 BAG, Beschl. v. 28.10.1992, NZA 993, 515.
222 BAG, Beschl. v. 21.01.1979, DB 1979, 1039.
223 BAG, Beschl. v. 16.07.1985, DB 1985, 2207; siehe auch § 32 Abs. 2 SprAuG, Beispiel im Muster 2451, § 2 Abs. 1, in diesem Buch § 5 Kap. 3 M 263 ff.
224 BAG, Urt. v. 28.04.1993, DB 1993, 2034.
225 BAG, Urt. v. 15.01.1991, DB 1991, 1526.
226 BAG, Urt. v. 19.07.1995, DB 1995, 2531.
227 Siehe hierzu *Hümmerich/Spirolke*, BB 1995, 42.
228 Siehe hierzu *Maier*, NZA 1995, 769.
229 GdS-Zeitung 1995, Nr. 10, 16.
230 NZA 1995, 89.

die vor Abschluß des Sozialplans ausgeschieden sind, nur einen Teil der Abfindung[231] oder auch einen Ausschluß von jeglicher Abfindung vorsehen kann.[232] Stellt ein Sozialplan für die Bemessung der Abfindung wegen Verlustes des Arbeitsplatzes auf die Dauer der Betriebszugehörigkeit ab, so zählen als Zeiten der Betriebszugehörigkeit auch solche, in denen der Arbeitnehmer wegen des Ruhens seines Arbeitsverhältnisses (z. B. wegen Erziehungsurlaubes) tatsächliche Arbeitsleistung nicht erbracht hat.[233]

In einem Sozialplan geregelte Ansprüche kann der Arbeitnehmer **unmittelbar einklagen**.[234] Enthält der Sozialplan Wiedereinstellungsverpflichtungen, kann der Betriebsrat bei der Einstellung Dritter die Zustimmung nach § 99 Abs. 2 Nr. 1 BetrVG verweigern.[235] Die Rechte des Betriebsrats sind der Verfügung einzelner Arbeitnehmer entzogen.[236]  **179**

Soweit Formulierungen bei Abfassung eines manchmal unter Zeitdruck zustandegekommenen Sozialplans mehrere Auslegungen gestatten, kann der Wille der Betriebspartner bei der Auslegung nur berücksichtigt werden, soweit er im Sozialplan seinen Niederschlag gefunden hat.[237] Sind Teile des Sozialplans unwirksam, bleibt der Rest wirksam, soweit er eine sinnvolle Regelung ergibt. Dies entspricht der ständigen Rechtsprechung des BAG zur Teilnichtigkeit von Betriebsvereinbarungen.[238]  **180**

Sozialpläne kommen wie Interessenausgleichsvereinbarungen zustande. Anders als der Interessenausgleich kann der Sozialplan jedoch nach § 112 Abs. 4 BetrVG durch einen **Spruch der Einigungsstelle** oder einvernehmlich durch die Einigungsstelle geschlossen werden.  **181**

Wohl höchstrichterlich noch nicht geklärt ist, welche Rechtsregeln auf derartige **kombinierte Rahmenvereinbarungen** anzuwenden sind. Da derartige Vereinbarungen jedenfalls einen vollständigen Sozialplan beinhalten, müssen mindestens für diesen Teil einer solchen Rahmenvereinbarung die Regeln einer Betriebsvereinbarung gelten. Da alles, was im Interessenausgleich zwischen den Betriebspartnern geregelt wird, auch in einer förmlichen Betriebsvereinbarung geregelt werden kann, bringen die Betriebspartner, ob gewollt oder ungewollt, mit einem kombinierten Interessenausgleich und Sozialplan zum Ausdruck, daß sie die Elemente des Interessenausgleichs auch den Regeln über Betriebsvereinbarungen unterwerfen wollen. Jedenfalls dann, wenn keine Anhaltspunkte für eine hiervon abweichende Betrachtung erkennbar sind, wird man auf die Elemente des Interessenausgleichs in kombinierten Vereinbarungen ebenfalls die Regeln für Betriebsvereinbarungen anwenden können.  **182**

Läßt sich der Arbeitgeber auf die Forderungen nach einem kombinierten Interessenausgleich und Sozialplan ein, bewegt sich der Betriebsrat von vornherein in der Erzwingbarkeit beider Vereinbarungen über die Einigungsstelle, was eine wesentliche Verbesserung der Verhandlungsposition des Betriebsrats bedeutet. Kündigungsverbote, Versetzungs- oder Umschulungsverpflichtungen des Arbeitgebers sollen allerdings nicht durch Spruch der Einigungsstelle zum Gegenstand eines Sozialplanes gemacht werden können.[239]  **183**

---

231 LAG Rheinland-Pfalz, Urt. v. 16.02.1993, NZA 1993, 1144.
232 BAG, Urt. v. 24.01.1996, NZA 1996, 834.
233 LAG Hessen, Urt. v. 19.05.1998, ARST 1999, 58.
234 BAG, Urt. v. 17.10.1989, DB 1990, 486.
235 BAG, Urt. v. 18.12.1990, DB 1991, 969.
236 BAG, Urt. v. 09.05.1995, DB 1995, 2075.
237 BAG, Beschl. v. 16.03.1994, NZA 1994, 1147.
238 Vgl. BAG, Urt. v. 27.10.1987, DB 1988, 558.
239 BAG, Urt. v. 17.09.1991, NZA 1992, 227.

### b) Inhalt eines Sozialplans

184 Nach der gesetzlichen Definition dient der Sozialplan dem Ausgleich oder der Milderung der wirtschaftlichen Nachteile, die den Arbeitnehmern infolge der geplanten Betriebsänderung entstehen, § 112 Abs. 1 Satz 2 BetrVG. Im Sozialplan sind die **Abfindungen** oder **Maßnahmen zur Vermeidung wirtschaftlicher Nachteile** zu regeln.

185 Umschulungsregelungen, Kündigungsverbote und vergleichbare Regelungspositionen gehören nicht in den Sozialplan; sie können, wenn nicht individualarbeitsvertragsrechtlich oder über eine Regelungsabsprache, nur im Interessenausgleich vereinbart werden.[240]

186 Die Betriebspartner sind, wie auch die Einigungsstelle, im Grundsatz frei, welche Nachteile der von der Betriebsänderung betroffenen Arbeitnehmer sie in welchem Umfang ausgleichen oder mildern wollen.[241] Es können **„Null-Sozialpläne"**, die keinerlei Abfindung vorsehen,[242] oder nach der Vermeidbarkeit der Nachteile differenzierende Sozialpläne geschlossen werden.[243] Bei der Gestaltung eines Sozialplans haben die Betriebspartner die Möglichkeit, für ältere Arbeitnehmer nur eine Überbrückungszahlung bis zum Rentenalter statt der ansonsten für die übrigen Mitarbeiter vorgesehenen Abfindungen vorzusehen.[244] Auch eine Klausel, wonach die Höchstsumme von Abfindungen im Einzelfall auf 75.000,00 DM begrenzt ist, verstößt nicht gegen § 75 Abs. 1 Satz 2 BetrVG, wonach kein Arbeitnehmer wegen Überschreitung einer bestimmten Altersstufe benachteiligt werden darf.[245] Die Betriebspartner können auch ältere Mitarbeiter von Sozialplanleistungen gänzlich ausnehmen, wenn die Mitarbeiter nach Beendigung des Arbeitsverhältnisses Arbeitslosengeld und im unmittelbaren Anschluß daran Rente erhalten können.[246] Bei einer fristlosen Kündigung,[247] bei Eigenkündigung des Arbeitnehmers,[248] bei der Weigerung, einen zumutbaren Arbeitsplatz im Betrieb, Unternehmen oder Konzern anzunehmen[249] sowie bei Widerspruch gegen den Übergang des Arbeitsverhältnisses nach § 613 a BGB[250] können Arbeitnehmer von den Leistungen des Sozialplans ganz oder teilweise ausgeschlossen werden. Arbeitnehmer, die im unmittelbaren Anschluß an die Beendigung des Arbeitsverhältnisses, auch durch Vermittlung des Arbeitgebers,[251] eine neue Tätigkeit gefunden haben, können[252] (müssen aber nicht[253]) von Abfindungen ausgeschlossen werden. Der Sozialplan kann einen Ausgleich dafür vorsehen, daß verfallbare Anwartschaften auf betriebliche Altersversorgung verlorengehen[254] oder in Zukunft nicht mehr ansteigen.[255] Zwischenzeitlich hat der Gesetzgeber erleichterte Voraussetzungen im Gesetz über die BetrAV[256] geschaffen. Knüpft ein Sozialplan für die Berechnung von Abfindungen an das Durchschnittsentgelt „vor dem Kündigungstermin" an, so soll im Zweifel entsprechend dem allgemeinen arbeitsrechtlichen Sprachgebrauch der Tag des Ablaufs

---

240 BAG, Urt. v. 17.09.1991, NZA 1992, 227.
241 BAG, Urt. v. 15.01.1991, DB 1991, 1526.
242 BAG, Urt. v. 25.10.1983, DB 1984, 725.
243 BAG, Urt. v. 08.12.1976, DB 1977, 729.
244 BAG, Urt. v. 26.07.1988, DB 1988, 2464; Muster 2418, § 9, in diesem Buch § 5 Kap. 3 M 226.
245 BAG, Urt. v. 19.10.1999, FA 1999, 405.
246 BAG, Urt. v. 31.07.1996, AP § 75 BetrVG 1972, Nr. 35; BAG, Urt. v. 25.11.1998, NZA-RR 1999, 588.
247 BAG, Urt. v. 31.01.1979, DB 1979, 412.
248 LAG Köln, Urt. v. 14.12.1998 – 11 Sa 785/98, ARST 1999, 214.
249 BAG, Urt. v. 28.09.1988, DB 1989, 48.
250 BAG, Urt. v. 10.11.1993, DB 1994, 1377; vgl. Hümmerich/Kallweit/Spirolke, Das arbeitsrechtliche Mandat, § 5 Rn 23 ff.
251 BAG, Urt. v. 19.06.1996, AP § 112 BetrVG 1972, Nr. 102.
252 BAG, Urt. v. 30.11.1994, DB 1995, 123.
253 BAG, Urt. v. 23.04.1985, DB 1985, 1693.
254 BAG, Urt. v. 27.10.1987, DB 1988, 558.
255 BAG, Urt. v. 29.11.1978, DB 1979, 795; Muster 2422, Anlage 1, 3, in diesem Buch § 5 Kap. 3 M 227 ff.
256 Siehe hierzu *Hümmerich*, Einvernehmliche Beendigung, Rn 179.

der Kündigungsfrist maßgebend sein. Für die Annahme, daß mit dem Kündigungstermin der Tag der Kündigungserklärung gemeint ist, bedarf es besonderer Anhaltspunkte.[257]

*Gaul*[258] hat den **Gestaltungsspielraum** der Betriebspartner bei Sozialplänen umfänglich untersucht und ist dabei, unter Berücksichtigung der einschlägigen Rechtsprechung, zu folgenden Ergebnissen gelangt: 187

Aus dem Gleichbehandlungsgrundsatz folgt, daß Arbeitgeberkündigung, Aufhebungsvertrag und Eigenkündigung des Arbeitnehmers gleich zu behandeln sind, wenn sie als Folge der Betriebsänderung aufgrund individueller Veranlassung des Arbeitgebers erfolgen.[259] Ein Sozialplananspruch, der erst mit der rechtlichen Beendigung des Arbeitsverhältnisses bzw. dem rechtskräftigen Abschluß eines etwaigen Kündigungsschutzverfahrens entsteht, so beispielsweise im Transfersozialplan,[260] ist nicht vererblich, wenn der Arbeitnehmer vor diesem Tag stirbt. Betriebsräte, die den Abfindungsanspruch aus Sozialplänen für die Erben vor dem Zeitpunkt der rechtlichen Beendigung des Arbeitsverhältnisses zur Entstehung kommen lassen wollen, müssen darauf drängen, Formulierungen in den Sozialplan aufzunehmen, wie sie hier in einigen Aufhebungs- und Abwicklungsverträgen[261] verwendet werden. *Gaul* weist zutreffend darauf hin, daß Regelungen zur Fälligkeit einer Sozialplanabfindung für die Vererbbarkeit eines Anspruchs ohne Bedeutung sind.[262] 188

Die Grenzen der Gestaltung eines Sozialplans ergeben sich vor allem aus den §§ 75 und 112 Abs. 5 BetrVG und dem arbeitsrechtlichen Gleichbehandlungsgrundsatz. Ein Ausschluß von Arbeitnehmern von Sozialplanabfindungen ist in folgenden fünf Fällen möglich: Das Arbeitsverhältnis wird vor Abschluß oder vor Scheitern des Interessenausgleichs – gleich aus welchem Grund – beendet. Das Arbeitsverhältnis endet vor einem Stichtag, der für die Abwicklung des Betriebes wichtig ist, durch Eigenkündigung. Der oder die Betroffene lehnt einen zumutbaren Arbeitsplatz im Betrieb, Unternehmen oder – auf Vermittlung des Arbeitgebers – in einem anderen Unternehmen ab. Der Mitarbeiter bzw. die Mitarbeiterin widerspricht dem Übergang des Arbeitsverhältnisses gem. § 613 a BGB und wird betriebsbedingt gekündigt. Fünfte Ausschlußvariante bildet die rechtliche Möglichkeit eines Arbeitnehmers, unmittelbar nach Beendigung des Arbeitsverhältnisses Anspruch auf (vorzeitige) gesetzliche Altersrente geltend zu machen. 189

Der bei einem Sozialplan mitgestaltende anwaltliche Berater hat eine Reihe von **Gestaltungsverboten** zu beachten. So dürfen in einem Sozialplan Leistungen nicht davon abhängig gemacht werden, daß keine Kündigungsschutzklage erhoben oder eine bereits erhobene Klage wieder zurückgenommen wird.[263] Zulässig sind dagegen solche Klauseln, wie sie eine Reihe von Textbausteinen enthalten,[264] die die Fälligkeit von im Sozialplan geregelten Ansprüchen bis zum Abschluß des Kündigungsschutzverfahrens hinausschieben.[265] Unzulässig sind Klauseln, die bei ausländischen Arbeitnehmern die Abfindungszahlung davon abhängig machen, daß sie in ihre Heimat zurückkehren.[266] Unverfallbare Versorgungsanwartschaften können durch Sozialplan weder wirksam auf- 190

---

257 BAG, Urt. v. 17.11.1998 – 1 AZR 221/98, ARST 1999, 139.
258 Gestaltungsspielraum bei Sozialplanabfindungen, DB 1998, 1513.
259 So auch *Hümmerich/Spirolke*, BB 1995, 42.
260 Muster 2514 VI. 2, in diesem Buch § 5 Kap. 3 M 315.
261 Z. B. Muster 2235, § 5, in diesem Buch § 4 Kap. 2 M 434; Muster 2240, § 3, in diesem Buch § 4 Kap. 2 M 436.
262 DB 1998, 1519.
263 BAG, Urt. v. 20.12.1983, DB 1984, 723.
264 Siehe Muster 2407, § 5 Kap. 3 M 217 ff.; 2430, § 5 Kap. 3 M 240 ff.; 2438, § 5 Kap. 3 M 252 ff.
265 BAG, Urt. v. 20.06.1985, DB 1985, 2357.
266 BAG, Urt. v. 07.05.1987, DB 1988, 450.

gehoben noch kapitalisiert werden.[267] Arbeitnehmer, die das Arbeitsverhältnis durch Eigenkündigung oder Aufhebungsvertrag beendet haben, können von Abfindungsansprüchen ausgenommen werden.[268] Insbesondere ist es zulässig, Mitarbeiter von Abfindungszahlungen im Sozialplan auszuschließen, die durch Eigenkündigung oder Aufhebungsvertrag ausscheiden, obwohl der Arbeitgeber auf ihr Verbleiben im Betrieb, beispielsweise bis zum Ende einer Saison, noch angewiesen ist.[269] Empfiehlt der Arbeitgeber anläßlich eines geplanten Personalabbaus auf einer Betriebsversammlung, sich nach anderen Arbeitsplätzen umzusehen, ist die deswegen ausgesprochene Eigenkündigung des Arbeitnehmers auch dann aus Gründen der Betriebsänderung veranlaßt und damit grundsätzlich sozialplanpflichtig, wenn dem Arbeitnehmer wegen einer Verbesserung der Auftragslage letztenendes nicht gekündigt worden wäre, es sei denn, er hat im Zeitpunkt der Kündigung keinen Grund mehr für die Annahme, ihm werde im Zuge des Personalabbaus gekündigt werden.[270] Noch nicht entschieden ist die Wirksamkeit von Rückzahlungsklauseln in Sozialplänen bei Wiedereinstellung. Angemessen erscheint nach *Gaul*,[271] die Rückzahlungspflicht, jedenfalls für den Fall der unbefristeten Wiedereinstellung beim bisherigen Arbeitgeber, um 1/36 für jeden vollen Monat der Arbeitslosigkeit zu mindern.

191  Die **Berechnung von Abfindungen** kann über eine Formel,[272] aber auch über ein Punktesystem[273] errechnet werden. Man muß einer Abfindungsregelung im Sozialplan die Dauer der Betriebszugehörigkeit nicht zwangsläufig zugrundelegen.[274]

192  Gelingt es dem Betriebsrat, über das Abfindungsvolumen zu verhandeln, also beispielsweise die Forderung von 2 Mio. DM als Abfindung für die Arbeitnehmer durchzusetzen, dann steht es für das Unternehmen im Ergebnis gleich, ob es als Verteilungsmaßstab die Formel Lebensalter x Betriebszugehörigkeit x Monatsentgelt, dividiert durch eine Zahl oder eine Multiplikatortabelle wählt. Für das sozialplanverpflichtete Unternehmen ist das Kostenvolumen entscheidend, nicht so sehr der Weg, auf dem es verteilt wird.

193  Akzeptiert der Betriebsrat dagegen ein Verhandlungskonzept, in dem die Frage, was der einzelne Arbeitnehmer als Sozialplanabfindung erhält, im Vordergrund steht, kommt es naturgemäß darauf an, ob man eine Formel oder eine Multiplikatortabelle wählt. Die Multiplikatortabelle des Musters 2430[275] entspricht übrigens in ihrer Wertigkeit exakt der Hälfte der Tabelle des Musters 2409 (Anlage 1).[276] Es ist stets Sache der Verhandlungspartner, sich für eine Verhandlungsstrategie zu entscheiden und im richtigen Augenblick das richtige Abfindungsverteilungskonzept auf den Tisch zu legen.

194  Der Vereinbarung von Sozialplänen können verschiedene unternehmerische Entscheidungen zugrundeliegen. Ein klassischer Fall ist die Stillegung des Betriebes.[277]

---

267 BAG, Urt. v. 24.03.1981, DB 1981, 2178.
268 BAG, Urt. v. 19.07.1995, DB 1995, 2531.
269 BAG, Urt. v. 09.11.1994, DB 1995, 782; Muster 2438, § 1, 3, in diesem Buch § 5 Kap. 3 M 252 ff.
270 BAG, Urt. v. 28.10.1992, DB 1993, 590; zur Abgrenzung in der Rechtsprechung siehe *Hümmerich/Spirolke*, BB 1995, 42.
271 DB 1998, 1518.
272 Siehe Muster 2465, Ziff. 6, in diesem Buch § 5 Kap. 3 M 275, Muster 2476, II., in diesem Buch § 5 Kap. 3 M 284 ff.
273 Siehe Muster 2409, Anlage 1, in diesem Buch § 5 Kap. 3 M 222 ff. oder Muster 2430, Anlage 1, in diesem Buch § 5 Kap. 3 M 240 ff.
274 BAG, Beschl. v. 09.11.1994, DB 1995, 782.
275 § 5 Kap. 3 M 240 ff.
276 § 5 Kap. 3 M 222 ff.
277 Muster 2405, § 5 Kap. 3 M 216; Muster 2409, § 5 Kap. 3 222 ff.; Muster 2470, § 5 Kap. 3 M 276.

Häufige Fälle sind darüber hinaus die Verlagerung eines Betriebes[278] und die Zusammenführung von mehreren Betrieben oder Betriebsteilen.[279] Schließlich kommt auch der reine Personalabbau innerhalb eines bestehenden Betriebes vor.[280]

195

Die Muster, die die Zusammenführung von Betrieben oder Betriebsteilen oder die Betriebsverlagerung zum Gegenstand haben, enthalten jeweils sowohl Regelungen zu den Modalitäten der Versetzung der Arbeitnehmer, denen eine neue Arbeitsstelle angeboten wird, als auch Regelungen über Abfindungen für die Arbeitnehmer, die entlassen werden. Die Modalitäten der Versetzung umfassen die Möglichkeiten der Übernahme und Vermittlung von Arbeitnehmern in andere Betriebe einer Firma. Eine ausführliche Regelung enthält hier das Muster 2435.[281] Auch der Ersatz von versetzungsbedingtem Trennungsmehraufwand spielt in diesen Sozialplänen eine große Rolle. Es werden Trennungsentschädigungen festgelegt, Kostenersatz für Umzug und doppelte Haushaltsführung und Zuschüsse zu höheren Mieten gewährt. Relativ ausführliche Regelungen enthalten hier die Muster 2422[282] und 2476.[283] Dort ist auch ein Fahrtkostenzuschuß für die Besichtigung von Wohnungen am neuen Arbeitsplatz und für Fahrten zum alten Wohnort nach dem Beginn der Tätigkeit an der neuen Arbeitsstelle vorgesehen.[284] In Muster 2491[285] ist als Anlage 2 ein ausführliches Mietzuschußmodell beigefügt. Einige Muster enthalten Rückzahlungsklauseln für den Fall des Ausscheidens des Arbeitnehmers aus dem Betrieb innerhalb eines bestimmten Zeitraumes nach dem Umzug.[286] Auch Leistungen für Arbeitnehmer, die nicht umziehen wollen, sind in einigen Sozialplänen enthalten.[287]

196

Der Personalabbau ist zum Beispiel in Muster 2429[288] (Interessenausgleich Personalabbau) geregelt. Diese Muster enthalten ausschließlich Regelungen zur Auswahl der zu entlassenden Arbeitnehmer und die Berechnung und Durchführung von Abfindungszahlungen. Auch in den Mustern 2405[289] und 2409,[290] die die Stillegung von Betrieben regeln, nimmt die Ausgestaltung der Abfindungsregelungen einen wichtigen Platz ein, wobei in Muster 2409 auch Angebote auf einen Arbeitsplatzwechsel innerhalb des Konzerns enthalten sind.

197

Eine Besonderheit enthält Muster 2462.[291] In diesem Sozialplan werden allen Mitarbeitern gleichwertige Arbeitsplätze an einem anderen Standort angeboten. Der Sozialplan enthält Sonderregelungen für das Auswahlverfahren bei freien oder frei werdenden Arbeitsplätzen in demselben Betrieb und Kriterien für die Zumutbarkeit oder Unzumutbarkeit der Annahme des Angebotes von Arbeitsplätzen.[292]

198

---

278 Z. B. Muster 2407, § 5 Kap. 3 M 217 ff.; Muster 2438, § 5 Kap. 3 M 252 ff.; Muster 2443, § 5 Kap. 3 M 260 f.; Muster 2500, § 5 Kap. 3 M 309 f.
279 Z. B. Muster 2435, § 5 Kap. 3 M 245 ff.; Muster 2451, § 5 Kap. 3 M 263 ff.; 2476, § 5 Kap. 3 M 284 ff.; 2491, § 5 Kap. 3 M 297 ff.
280 Muster 2429, § 5 Kap. 3 M 238 f.; Muster 2430, § 5 Kap. 3 M 240 ff.
281 Muster 2435, 2., in diesem Buch § 5 Kap. 3 M 245 ff.
282 Muster 2422, E. 2, in diesem Buch § 5 Kap. 3 M 227 ff.
283 Muster 2476, B., in diesem Buch § 5 Kap. 3 M 284 ff.
284 Muster 2476, B. I, in diesem Buch § 5 Kap. 3 M 284 ff.
285 § 5 Kap. 3 M 297 ff.
286 Z. B. Muster 2476, VI. 3, in diesem Buch § 5 Kap. 3 M 284 ff.
287 Z. B. Muster 2422, E. 1, in diesem Buch § 5 Kap. 3 M 227 ff.
288 § 5 Kap. 3 M 238 f.
289 § 5 Kap. 3 M 216.
290 § 5 Kap. 3 M 222 ff.
291 Muster 2462, § 5 Kap. 3 M 267 ff.
292 Muster 2462, 2. und 4., in diesem Buch § 5 Kap. 3 M 267 ff.

### c) Gestaltungsmöglichkeiten der Einigungsstelle

199 Ruft eine Partei die Einigungsstelle gem. § 112 Abs. 2 Satz 3 BetrVG an, entscheidet die Einigungsstelle nach § 112 Abs. 4 BetrVG **verbindlich**. Die Einigungsstelle hat sich bei dem einvernehmlich oder durch Spruch erlassenen Sozialplan an den in § 112 Abs. 5 BetrVG vorgegebenen Richtlinien zu orientieren.[293] Sie hat die wirtschaftliche Vertretbarkeit des Sozialplans für das Unternehmen und die sozialen Belange der betroffenen Arbeitnehmer zu beachten.

200 Berücksichtigt ein erzwungener Sozialplan nicht die **Gegebenheiten des Einzelfalles**, also Lebensalter, familiäre Belastungen, Schwerbehinderteneigenschaft, ist er schon allein deshalb unwirksam.[294] Enthält der Sozialplan Herabgruppierungen von Arbeitnehmern, müssen Ausgleichszahlungen vorgesehen werden.[295] Ein etwas geringer vergüteter Arbeitsplatz kann im Sozialplan für den einzelnen Arbeitnehmer für zumutbar erklärt werden.[296] Der Wegfall von Überstunden führt nicht zur Unzumutbarkeit.[297] In einem Sozialplan können geringere Leistungen für Arbeitnehmer vorgesehen werden, die ihnen angebotene, anderweitige zumutbare Arbeitsplätze nicht annehmen.[298] Es ist auch den Betriebspartnern grundsätzlich überlassen, generalklauselartig oder im Wege der Prüfung durch einen Ausschuß festzulegen, welche Arbeitsplätze für den jeweiligen Arbeitnehmer zumutbar sind.[299] Bei einem notwendigen Ortswechsel kann die Unzumutbarkeit auf weiteren Umständen als dem bloßen Ortswechsel beruhen.[300] Die Unzumutbarkeit kann beispielsweise durch eine Pflege von Familienangehörigen, durch andernfalls notwendige Umschulung von Kindern etc. ausgelöst werden.

201 Generell haben die Betriebspartner, hat aber auch die Einigungsstelle, die **Abhängigkeit des Sozialplanvolumens von den wirtschaftlichen Möglichkeiten eines Unternehmens** zu beachten. Bei Einzelkaufleuten, OHG und KG, kommt es nicht nur auf das Betriebs-, sondern auch auf das Privatvermögen an, das nach dem Gesetz für Verbindlichkeiten haftet, ein in Unkenntnis geltenden Steuerrechts ergangener Beschluß.[301] Daß Sozialplanmittel anderen Investitionen nicht mehr zur Verfügung stehen, soll für sich allein keine Rolle spielen.[302] Für die Unternehmen notwendige Investitionen müssen trotz des Sozialplans möglich bleiben. Es soll jedoch zulässig sein, durch einen Sozialplan Arbeitgeber so zu belasten, daß die Maßnahme für die Ertragskraft des Unternehmens einschneidend ist.[303] Selbst ein Sozialplan, der die durch Betriebsänderung begründeten Einsparungen für ein Jahr aufzehrt, soll nicht zu beanstanden sein.[304]

202 Ansprüche aus Sozialplänen sind **nicht vererblich**, wenn der Arbeitnehmer vor Ablauf der Kündigungsfrist bzw. nach Abschluß eines Aufhebungsvertrages, aber vor der vereinbarten Beendigung des Arbeitsverhältnisses verstirbt.[305] In der Zwangsvollstreckung werden Sozialplanabfindungen als Arbeitseinkommen i. S. v. § 850 ZPO von Pfändungsmaßnahmen erfaßt. Teile der Abfindung können

---

293 BAG, Beschl. v. 26.04.1988, DB 1988, 2154.
294 BAG, Beschl. v. 14.09.1994, DB 1995, 430.
295 BAG, Beschl. v. 27.10.1987, DB 1988, 558.
296 BAG, Beschl. v. 28.09.1988, DB 1989, 48.
297 *Fitting/Kaiser/Heither/Engels*, §§ 112, 112 a BetrVG Rn 35a.
298 Muster 2426, J, 1, in diesem Buch § 5 Kap. 3 M 234 ff.
299 BAG, Beschl. v. 28.09.1988, DB 1989, 48.
300 BAG, Beschl. v. 25.10.1983, DB 1984, 725.
301 BAG, Beschl. v. 08.07.1972, DB 1972, 2069.
302 BAG, Beschl. v. 22.05.1979, DB 1979, 1896.
303 BAG, Beschl. v. 17.10.1989, DB 1990, 694; kritisch *Hümmerich*, NZA 1996, 1292.
304 BAG, Beschl. v. 27.10.1987, DB 1988, 558.
305 BAG, Urt. v. 25.09.1996, DB 1997, 281.

auf Antrag des Arbeitnehmers nach § 850 i ZPO der Pfändung entzogen werden.[306] Der Arbeitgeber ist aber nicht verpflichtet, den Arbeitnehmer auf diese Möglichkeit hinzuweisen.[307] Eine Durchgriffshaftung auf den Gesellschafter zur Realisierung von Sozialplanansprüchen ist denkbar.[308] Generell hat das BAG außerdem entschieden, daß der Rechtsweg zu den Arbeitsgerichten gegeben ist, wenn der Arbeitnehmer die Gesellschafter seines Arbeitgebers, einer GmbH, im Wege des Durchgriffs in Anspruch nimmt.[309]

203 Sozialpläne können wie jede Betriebsvereinbarung auch zu Lasten der Arbeitnehmer **abgeändert** werden. In diesem Falle ersetzt der neue Sozialplan den alten. Von solchen Änderungen werden allerdings bereits fällige Ansprüche nicht erfaßt, weil sie schon individualisiert sind.[310] Auch entstandene, aber noch nicht fällige Ansprüche können in einem nachfolgenden Sozialplan weder vermindert noch erlassen werden.[311]

204 Die ordentliche **Kündigung eines Sozialplans** kann im Sozialplan vereinbart werden. Enthält der Sozialplan keine entsprechende Regelung, ist die ordentliche Kündigung ausgeschlossen.[312] Bereits entstandene Ansprüche werden durch die Kündigung eines Sozialplans ebensowenig berührt, wie bereits fällige Ansprüche.[313] Auch der Sozialplan wirkt nach § 77 Abs. 6 BetrVG nach, bis er durch einen anderen Sozialplan ersetzt wird, oder durch Spruch einer Einigungsstelle ein weiterer Sozialplan zustandekommt.[314] Die fristlose Kündigung von Sozialplänen ist nur auf ganz wenige Sonderfälle, in denen es um die Existenz des Unternehmens geht, beschränkt.[315] Außerordentlich gekündigte Sozialpläne wirken nach § 77 Abs. 6 BetrVG nach,[316] weshalb die Effizienz eines Rechts zur außerordentlichen Kündigung ausscheidet.

205 **Einzelne Arbeitnehmer** können ihre **Ansprüche aus einem Sozialplan gerichtlich verfolgen**.[317] Allerdings erfassen tarifliche Ausschlußfristen bei entsprechend weiter Fassung der tariflichen Bestimmung auch Ansprüche aus Betriebsvereinbarungen und damit aus Sozialplänen.[318] Sie werden mit der Argumentation, das Gesamtvolumen des Sozialplanes sei zu niedrig bemessen, nicht gehört.[319] Wer zu Unrecht von Leistungen des Sozialplanes ausgeschlossen wurde, kann dagegen gerichtlich vorgehen.[320] Daß die Klage eines einzelnen Arbeitnehmers die Erhöhung des Gesamtvolumens eines Sozialplans zur Folge hat, mindert die Begründetheit seines Anspruchs nicht.[321]

Der Betriebsrat hat keinen eigenen Anspruch darauf, daß im Sozialplan für Arbeitnehmer begründete Rechte vom Arbeitgeber erfüllt werden.[322]

---

306 OLG Düsseldorf, Urt. v. 28.08.1979, DB 1980, 112.
307 BAG, Urt. v. 13.11.1991, DB 1992, 585.
308 BAG, Urt. v. 15.01.1991, DB 1991, 1472; BAG, Urt. v. 10.02.1999, DB 1999, 485.
309 Beschl. v. 13.06.1997, NJW 1998, 261.
310 BAG, Beschl. v. 24.03.1981, DB 1981, 2178.
311 BAG, Beschl. v. 10.08.1994, DB 1995, 480.
312 BAG, Beschl. v. 10.08.1994, DB 1995, 480.
313 BAG, Beschl. v. 10.08.1994, DB 1995, 480.
314 BAG, Beschl. v. 24.03.1981, DB 1981, 2178.
315 LAG Saarland, Beschl. v. 03.07.1985, DB 1986, 48.
316 BAG, Beschl. v. 10.08.1994, DB 1995, 480.
317 BAG, Urt. v. 17.02.1981, DB 1981, 1414.
318 LAG Hamburg, Urt. v. 04.06.1999, DB 1999, 2677.
319 BAG, Urt. v. 26.07.1988, DB 1988, 2464.
320 BAG, Urt. v. 25.10.1983, DB 1984, 725.
321 BAG, Urt. v. 26.10.1990, NZA 1991, 111.
322 BAG, Beschl. v. 17.10.1989, DB 1990, 486.

**206** Meinungsverschiedenheiten zwischen den Betriebspartnern über die **Auslegung eines Sozialplans** können die Arbeitnehmer nicht verbindlich durch Spruch der Einigungsstelle beilegen lassen;[323] Verbindlichkeit erlangt im Streit über die Auslegung eines Sozialplans die gerichtliche Entscheidung entweder über eine vom Arbeitnehmer im Urteilsverfahren eingereichte Klage oder über das von einem Betriebspartner eingeleitete arbeitsgerichtliche Beschlußverfahren.[324]

Sozialpläne, wie auch Betriebsvereinbarungen, unterliegen einer arbeitsgerichtlichen Billigkeitskontrolle.[325]

**207** Es wird angeregt, bei der Gestaltung von Sozialplänen auch auf die **steuerlichen Auswirkungen** einer Regelung zu achten. So ist es nachteilig für die betroffenen Arbeitnehmer, wenn in den häufig in Sozialplänen anzutreffenden Nachschlagsklauseln[326] Rechnungsdifferenzen aus den tatsächlichen Leistungen des Arbeitsamts und den bei Zahlung der Abfindung zugrundegelegten Zahlungen durch einen Nachschlag ausgeglichen werden. Ein solcher Nachschlag kann den Verlust der Steuerfreiheit nach § 3 Nr. 9 EStG zur Folge haben.[327] Von dieser hier zu Anschaulichkeitszwecken berücksichtigten Klausel wird abgeraten. Zur steuerlichen Information der Mitarbeiter empfiehlt sich auch eine Anlage zum Sozialplan.

## B. Muster

### 1. Muster: Interessenausgleich über die Einführung einer verflachten Hierarchie, Verbesserung des Leistungsmanagements, Einführung von TQM

**208**

*Gesamtbetriebsvereinbarung*

zwischen

der Geschäftsführung der Firma

(nachstehend Firma genannt)

und

dem Gesamtbetriebsrat der Firma

(nachstehend GBR genannt)

werden im Sinne von §§ 87 Abs. 1 Nr. 10 und 11, 94, 98 und 111 ff. BetrVG folgende Regelungen zur

a) effizienten Organisation durch flachere Hierarchie und Umorganisation im Bereich Technik im allgemeinen – *Teil A*

b) Einführung eines Leistungsmanagements – *Teil B*

c) Einführung von Workshops und Trainingsmaßnahmen auf der Basis des Modells der European Foundation for Quality Management (EFQM) – *Teil C*

vereinbart.

---

323 BAG, Beschl. v. 27.10.1987, DB 1988, 503.
324 BAG, Beschl. v. 08.11.1988, DB 1989, 587.
325 BAG, Beschl. v. 26.07.1988, DB 1988, 2464; BAG GS, Beschl. v. 07.11.1989, DB 1990, 1724; BAG, Beschl. v. 26.10.1994, DB 1995, 830; Beschl. v. 14.02.1984, DB 1984, 1527.
326 Siehe Muster 2435, Ziff. 5.4, in diesem Buch § 5 Kap. 3 M 245 ff.
327 Siehe *Hümmerich/Kallweit/Spirolke*, Das arbeitsrechtliche Mandat, § 4 Rn 70 f.

## Betriebsvereinbarungen § 5

**Teil A: Effiziente Organisation durch flachere Hierarchie und Umorganisation im Bereich Technik im allgemeinen**

### § 1 Präambel

1. Beide Vertragspartner stimmen darin überein, daß aufgrund des zunehmenden Wettbewerbsdrucks auf dem _____-Markt die Sicherung der Wirtschaftlichkeit der Firma und damit aller Arbeitsplätze in Zukunft nur gewährleistet ist, wenn in der Firma durch einen kontinuierlichen Veränderungsprozeß ein flächendeckendes, kundenorientiertes und qualitäts- und kostenbewußtes Handeln eingeleitet und durchgeführt wird.

   Voraussetzung für eine solche erfolgreiche Unternehmensstrategie ist eine leistungsfähige und kundennahe Organisation, die die Arbeitsabläufe optimiert und die Aufgaben hinsichtlich der Kompetenz und Verantwortung delegiert und bereichsübergreifende Arbeiten sowie Team- und Projektarbeiten entwickelt und fördert.

   Deshalb sehen beide Vertragspartner die Notwendigkeit, die bestehende Organisation den künftigen Marktanforderungen anzupassen und einen Unternehmenswertewandel auf der Grundlage einer systematischen Organisations- und Personalplanung einzuleiten.

### § 2 Geltungsbereich und Gegenstand der Vereinbarung

1. Diese Vereinbarung gilt für alle Mitarbeiter einschl. Führungskräfte, die von den nachstehend genannten Maßnahmen betroffen sind (nachstehend Mitarbeiter genannt). Sie gilt nicht für leitende Angestellte im Sinne von § 5 Abs. 3 BetrVG.
2. Gegenstand dieser Vereinbarung sind folgende geplante Maßnahmen:
   a) Die Neustrukturierung der Technik-Aufgaben in den Niederlassungen
   b) Die Schaffung einer effizienteren Organisation insbesondere durch einen Verzicht auf Neubesetzung freiwerdender Gruppenleiterfunktionen und Entwicklung und Förderung von Team- und Projektgruppen.

### § 3 Einleitung von Maßnahmen

1. Vor Umsetzung der einzelnen Maßnahmen in den Standorten der Zentralen bzw. den jeweiligen Niederlassungen ist der zuständige Betriebsrat rechtzeitig und umfassend anhand von Unterlagen zu unterrichten, insbesondere über die Auswirkungen auf die einzelnen Mitarbeiter bzw. Führungskräfte sowie hinsichtlich der Personalplanung.
2. Die Geschäftsführung hat mit dem Betriebsrat über Art und Umfang der personellen Auswirkungen zu beraten. Während der Beratung mit dem Betriebsrat werden keine personellen Einzelmaßnahmen im Zusammenhang mit der geplanten Änderung durchgeführt.

   Soweit keine Einigung erzielt wird, entscheidet die betriebliche Schiedsstelle. Für das Verfahren gilt § 11 Teil B dieser Vereinbarung.

### § 4 Organisatorische Maßnahmen

#### 1. Neustrukturierung der Technik-Aufgaben in den Niederlassungen

1.1 Künftig werden die zwei Aufgabenfelder in den Planungszentren (Planung / Ausbauaufgaben) und in den Betriebszentren (Betriebsaufgaben) auf einen Leiter für Technikaufgaben konzentriert.

1.2 Die Struktur der künftigen Technikzentren ist in der Anlage 1 zu dieser Vereinbarung festgelegt, wobei das Aufgabenfeld N. noch einmal mit dem GBR dahingehend vereinbart wird, in welchem Umfang Kapazitäten des Technikbereiches der Niederlassungen für die Betreuung unserer Kunden genutzt werden können. Insbesondere ist zu prüfen, wie Mitarbeiter der Betriebsbüros in den technischen Kundenservice der Niederlassungen eingebunden werden können.

Dabei ist eine Implementierung der Betriebsbüros in mögliche flächendeckende Kundencenter mit Synergieeffekten der AG zu analysieren.

Die Zuordnung des technischen Kundenservie zum Bereich Kundenbetreuung wird Gegenstand der Analyse.

Die Neustrukturierung erfordert auch eine Anpassung der Organisationsstruktur im Geschäftsbereich Technik in der Zentrale.

Alle vorstehend genannten Anpassungsmaßnahmen sind vor ihrer Einführung mit dem GBR zu beraten und einvernehmlich festzulegen.

Ein Strukturvorschlag ist in der Anlage 2 aufgeführt.

### 2. Effiziente Organisation durch flachere Hierarchie

2.1 Beide Vertragspartner stimmen grundsätzlich darin überein, daß die bisherigen Gruppenleiter in ihrer Funktion zu unveränderten Bedingungen von der Firma weiterbeschäftigt werden.

Freiwerdende Gruppenleiterfunktionen werden nicht wieder besetzt und bei Neueinstellungen nicht mehr als solche ausgeschrieben.

Im Rahmen des Ziels einer flacheren Hierarchie im Unternehmen wird grundsätzlich geprüft und mit dem Betriebsrat beraten, ob eine freiwerdende Stelle – mit oder ohne Führungsverantwortung – mit der gleichen hierarchischen Einstufung wiederbesetzt wird.

2.2 Es werden aus großen Abteilungen, die unterteilt werden können, Teams gebildet, die im Rahmen der zugewiesenen Aufgaben eigenverantwortlich arbeiten.

Je nach Führungsspanne können daraus auch zusätzliche Abteilungen entstehen.

Darüber hinaus können auch bereichsübergreifende Teams bzw. Projektgruppen gebildet werden, die aus aktuellen Gründen ein spezielles betriebliches Erfordernis bearbeiten.

Die Teams bzw. Projektgruppen werden von einem Sprecher/Leiter betreut. Die Zuordnung der Aufgabenfelder ist von der Qualifikation des Sprechers/Leiters abhängig.

2.3 Die Aufgaben bzw. Größe der Teams bzw. Projektgruppen sind mit dem zuständigen Betriebsrat einvernehmlich abzustimmen. Auf Verlangen des Betriebsrates ist die Teamsprecherstelle vorher innerbetrieblich auszuschreiben.

### § 5 Standort- und Arbeitsplatzsicherung

1. Im Zusammenhang mit den Maßnahmen nach dieser Vereinbarung und weiteren Betriebsänderungen werden keine betriebsbedingten Kündigungen ausgesprochen.

2. Der Personalstellenplan auf Vollzeitbasis für          ist als Anlage 3 beigefügt und ist verbindlicher Bestandteil hinsichtlich der Sicherung der Standorte und der Anzahl der Arbeitsplätze für die Laufzeit dieser Vereinbarung.

Der rechnerische Personalüberhang von 60 Vollzeitkräften wird nicht durch betriebsbedingte Kündigungen abgebaut, sondern im Wege der Fluktuation. Für neue zusätzliche Aufgaben wird der Stellenplan entsprechend angepaßt.

3. Sind personelle Anpassungen als Folge von Maßnahmen nach § 4 dieser Vereinbarung erforderlich, können Um- bzw. Versetzungen zwischen den Geschäftsbereichen Produktmanagement/Zentrale Aufgaben, Vertrieb, Technik, Finanzen, Personal/Recht und Kundenbetreuung/Informationsverarbeitung vorgenommen werden, soweit die Grundsätze der §§ 6 und 7 dieser Vereinbarung eingehalten worden sind.

4. Die Firma ist verpflichtet, dem GBR und den örtlichen Betriebsräten mindestens einmal vierteljährlich die vollständige Personalplanung mit den wirtschaftlichen Ergebnissen des laufenden Geschäftsjahres anhand von Unterlagen vorzulegen und mit ihnen zu beraten, insbesondere folgende Planungen/Ergebnisse (Soll/Ist-Vergleich):
Stellenplan und Personaleinsatzplan
Personalkostenplan
Personalbeschaffungs- und/oder Personalabbauplan
Personalentwicklungs- bzw. Qualifizierungsplan

Fluktuationsstatistik
Erlös- und Kostenübersichten für die jeweiligen Bereiche

Die Rechte des Wirtschaftsausschusses nach dem BetrVG bleiben hiervon unberührt.

### § 6 Grundsätze bei personellen Maßnahmen

1. Die Firma verpflichtet sich, bei allen personellen Maßnahmen den zuständigen Betriebsrat zu Beginn der Planungsphase, d. h. in jedem Fall bevor die Entscheidung gefallen ist, umfassend und unter Vorlage der erforderlichen Unterlagen zu informieren.
2. Um- bzw. Versetzungen können nur im Einvernehmen mit dem Betriebsrat und dem Mitarbeiter bzw. der Führungskraft vorgenommen werden. Sollte keine Einigung erzielt werden, entscheidet die betriebliche Schiedsstelle nach dem Verfahren gemäß § 11 Teil B dieser Vereinbarung darüber. Bis zum Abschluß des Verfahrens werden die personellen Maßnahmen ausgesetzt.
3. Vor Abschluß eines Aufhebungsvertages ist der zuständige Betriebsrat zu informieren. Zwischen dem schriftlichen Angebot auf Abschluß eines Aufhebungsvertrages und der Unterzeichnung muß ein Zeitraum von mindestens 7 Tagen liegen.

    Bei Zahlung einer Abfindung wegen betriebsbedingter Beendigung des Arbeitsverhältnisses wird mindestens 0,7 eines Monatsentgeltes pro Betriebszugehörigkeitsjahr gezahlt.
4. Freiwerdende Stellen, die wieder besetzt werden sollen, werden grundsätzlich innerbetrieblich ausgeschrieben, es sei denn, der Betriebsrat verzichtet auf eine Ausschreibung. Beim Wechsel innerhalb des Konzerns werden Abfindungen nicht gezahlt.

### § 7 Zumutbarkeit von Um- bzw. Versetzungen

1. Sollten Mitarbeiter bzw. Führungskräfte infolge der Maßnahmen nach § 4 dieser Vereinbarung um- bzw. versetzt werden müssen, so haben die Betroffenen grundsätzlich einen Anspruch auf einen gleichwertigen und zumutbaren Arbeitsplatz im Unternehmen. Dabei sind die Wünsche der Betroffenen mit zu berücksichtigen.
2. Ein gleichwertiger und zumutbarer Arbeitsplatz muß in funktioneller, materieller, regionaler und sozialer Hinsicht gegeben sein.

    Die funktionale Zumutbarkeit ist gegeben, wenn die Anforderungen des neuen Arbeitsplatzes der Qualifikation (Ausbildung, Erfahrung, bisherige Tätigkeit) des Mitarbeiters bzw. der Führungskraft entsprechen oder wenn dieser die erforderliche Qualifikation durch eine vom Unternehmen angebotenen Umschulungs- oder Fortbildungsmaßnahme erwerben kann.

    Die materielle Zumutbarkeit ist gegeben, wenn das Jahreseinkommen auf dem neuen gleichwertigen Arbeitsplatz dem des bisherigen Arbeitsplatzes mindestens entspricht.

    Die regionale Zumutbarkeit ist gegeben, wenn der Betroffene den neuen Arbeitsplatz unter ähnlichen Bedingungen erreichen kann wie den bisherigen Arbeitsplatz. Dies ist der Fall, wenn die neue tägliche Gesamtwegezeit (Hin- und Rückfahrt) zwischen Wohnort und neuer Arbeitsstelle insgesamt nicht mehr als 2 Stunden beträgt.

    Die soziale Zumutbarkeit ist gegeben, wenn die sozialen Belange des Mitarbeiters bzw. der Führungskraft berücksichtigt sind. Hierzu gehören insbesondere die Ortsbindung durch Wohnungseigentum, die Bedürfnisse schulpflichtiger Kinder und unterhaltspflichtiger Angehöriger.

    Über die Frage der Zumutbarkeit entscheidet im Nichteinigungsfall die betriebliche Schiedsstelle nach dem Verfahren gemäß § 11 Teil B dieser Vereinbarung.
3. Nimmt der Mitarbeiter bzw. die Führungskraft einen zumutbaren Arbeitsplatz nicht an, entfallen alle Ansprüche aus dieser Vereinbarung.
4. Dem Betroffenen sind für die neuen bzw. veränderten Arbeitsplatzanforderungen die erforderlichen Kenntnisse in Seminaren zu vermitteln. Hiervon kann abgewichen werden, wenn die ordnungsgemäße Einarbeitung unter Anleitung am neuen Arbeitsplatz (temporäre Doppelbesetzung) gewährleistet ist und der Betriebsrat zugestimmt hat.

## § 5 Kapitel 3: Interessenausgleichsvereinbarungen und Sozialpläne

5. Im übrigen gelten die Regelungen der Umzugsrichtlinie vom ▇▇▇▇▇.

### § 8 Umschulungs- bzw. Fortbildungsmaßnahmen

1. Die für die vorstehend genannten Umschulungs- bzw. Fortbildungsmaßnahmen notwendigen Seminarangebote sind möglichst im Rahmen der innerbetrieblichen Weiterbildung durchzuführen. Allerdings darf sich das Angebot an Weiterbildungsplätzen für die anderen Mitarbeiter bzw. Führungskräfte nicht verringern.
2. Eine Umschulungs- bzw. Fortbildungsmaßnahme ist grundsätzlich ohne Minderung des monatlichen Arbeitsentgeltes und während der regelmäßigen Arbeitszeit durchzuführen. In Ausnahmefällen kann mit Zustimmung des Betriebsrates auch außerhalb der regelmäßigen Arbeitszeit eine Umschulungs- bzw. Fortbildungsmaßnahme durchgeführt werden, wobei diese Zeiten auf die regelmäßige Arbeitszeit angerechnet werden. Die Firma trägt sämtliche persönlichen und sachlichen Kosten der Umschulungs- bzw. Fortbildungsmaßnahmen.
3. Das Angebot und die Durchführung einschl. der Seminarinhalte von Bildungsmaßnahmen geschieht in Zusammenarbeit und gemäß § 98 BetrVG mit Zustimmung des Betriebsrates.

### § 9 Zwischenzeugnis

1. Den Betroffenen wird auf Verlangen jederzeit ein qualifiziertes Zwischenzeugnis ausgestellt.

### § 10 Meinungsverschiedenheiten

1. Über Auslegungsstreitigkeiten bzw. die Anwendung dieser Vereinbarung entscheidet die betriebliche Schiedsstelle.
2. Für das Verfahren gilt § 11 im Teil B dieser Vereinbarung entsprechend.

### § 11 Schlußbestimmungen / Laufzeit

1. Günstigere arbeitsvertragliche oder tarifliche Regelungen bleiben von diesen Bestimmungen unberührt. Sollten eine oder mehrere Regelungen dieser Vereinbarung unwirksam sein oder werden, so wird dadurch nicht die Wirksamkeit der gesamten Vereinbarung beeinträchtigt. Die unwirksame Bestimmung kann durch eine solche ersetzt werden, die dem von den Parteien beabsichtigten Zweck am nächsten kommt.
2. Diese Vereinbarung tritt mit der Unterzeichnung in Kraft und endet zum ▇▇▇▇▇. Sollten die Maßnahmen nach § 4 dieser Vereinbarung bis zum Ende der Laufzeit dieser Vereinbarung noch nicht abgeschlossen sein, gelten diese Regelungen bis zum Abschluß einer neuen Vereinbarung weiter.

## Teil B: Einführung eines Leistungsmanagements

### § 1 Geltungsbereich

1. Die nachfolgenden Regelungen gelten für alle Mitarbeiter der Firma und Führungskräfte auf der Ebene der Hauptabteilungsleiter und Abteilungsleiter sowie für die gleichgestellten Positionen der Fachgebietsleiter und Fachleiter.
2. Sie gilt nicht für leitende Angestellte im Sinne des § 5 Abs. 3 BetrVG.

### § 2 Präambel

1. Ein effizientes Leistungsmanagement dient zur Steuerung von Motivations-, Entwicklungs- und Leistungsprozessen im Unternehmen. Hierbei stehen die Unternehmensziele und Interessen der Mitarbeiter an humanen Arbeitsbedingungen gleichberechtigt nebeneinander. Eine Beschränkung auf Steigerung der Produktivität ist ausgeschlossen. Dies wird erreicht durch eine Verknüpfung von Unternehmens-, Geschäftsfeld- und Prozeßzielen mit den Zielen der Teams und denen der einzelnen Führungskräfte.

   Zur Aufgabenerfüllung brauchen alle Mitarbeiter und Führungskräfte eine klare Zielorientierung und Feedback über die erzielten Ergebnisse. Darüber hinaus sind Qualifikations- und Entwicklungsperspektiven im Unternehmen aufzuzeigen und durchzuführen, um diese Ziele zu realisieren.

Um diese Ziele einzuleiten, wird das Leistungsmanagement systematisch in der Firma eingesetzt.

### § 3 Systembestandteile des Leistungsmanagements

1. Zur ergebnisorientierten Umsetzung des Leistungsmanagements werden im Unternehmen folgende Instrumente implementiert:
   a) Das kunden- und marktorientierte Arbeitsprofil
   b) Das Ziel- und Ergebnisgespräch
   c) Das Leistungsbeurteilungsgespräch

   Durch die Anwendung dieser Instrumente soll die Bildung einer Vertrauenskultur in der Firma gefördert werden.

### § 4 Einführung und Inhalte des Leistungsmanagements

**1. Das Arbeitsprofil**

1.1 Das Leistungsmanagement wird als Top-down-Prozeß eingeführt. Sukzessive wird für jede Führungskraft und für jeden Mitarbeiter ein Arbeitsprofil als Leistungsgrundlage entwickelt. Dies erfolgt, indem der Mitarbeiter/die Führungskraft jeweils parallel mit dem Vorgesetzten einen Entwurf des Arbeitsprofils erstellen. In den Fällen, in denen mehrere Mitarbeiter dieselben Tätigkeiten verrichten, sollte ein gemeinsames Arbeitsprofil für die Gruppe erstellt werden. Das Arbeitsprofil gibt eindeutige Antworten auf wichtige Kernfragen, die den Sinn der Arbeit sowie kunden- und ergebnisorientierte Arbeitsaspekte betreffen.

Die Gruppenarbeit dient auch der Förderung des Teamgeistes im Unternehmen.

Die in den Arbeitsprofilen enthaltenen Ziele/Ergebnisse und deren Qualitätskriterien werden in kontinuierlich stattfindenden Ziel- und Ergebnisgesprächen vereinbart bzw. die Zielerreichung bewertet.

Dieser Prozeß findet erstmalig im zweiten Quartal          statt.

**2. Das Ziel- und Ergebnisgespräch**

2.1 Im Ziel- und Ergebnisgespräch einigen sich der Vorgesetzte und die Führungskraft bzw. der Mitarbeiter bzw. Gruppen von Mitarbeitern auf die Kernbestandteile des Arbeitsprofils.

Im Rahmen des Leistungsmanagements dient das auf dem Arbeitsprofil basierende Ziel- und Ergebnisgespräch einer unternehmensweiten Leistungsbewertung und -verbesserung. Die Kommunikation über Zielvereinbarung und Zielerreichung auf der Basis kundenorientierter Qualitätskriterien sowie der quantitativen und qualitativen Unternehmensziele führt zu einer klar definierten Zielvereinbarung zwischen dem Vorgesetzten und der Führungskraft bzw. dem Mitarbeiter. Diese Zielvereinbarung schließt nicht nur Einzelleistungen, sondern auch Teamleistungen mit ein.

2.2 Es können bis zu 3 jobspezifische Ergebnisse vereinbart werden. Die Ziel- und Ergebnisgespräche sind in regelmäßigen Abständen von 8 bis 12 Wochen durchzuführen.

2.3 Das Ziel- und Ergebnisgespräch besteht bei den Mitarbeitern aus 4 Hauptkomponenten:
   1. Mission Statements
   2. Schlüsselkunden
   3. Jobspezifische Ergebnisse/Ziele
   4. Entwicklungsplan

   Bei Führungskräften:
   5. Allgemeine kulturfördernde Ziele

2.4 Im Ziel- und Ergebnisgespräch wird desweiteren ein zielorientierter Entwicklungsplan aufgestellt. Er beinhaltet die Personalentwicklungsmaßnahmen, die für die nächsten 12 Monate geplant bzw. realisiert werden sollen.

2.5 Die einzelnen Angaben zum Arbeitsprofil bzw. Ziel- und Ergebnisgespräch und das Arbeitsprofil-Feedback sind im Anhang aufgeführt.

2.6 Folgendes Schema wird für die Bewertung von Ergebnissen/Zielen des Arbeitsprofils angewandt:

Bewertungsschema für die jobspezifischen Ergebnisse/Ziele des Arbeitsprofils:

| Stufe | Bewertung | Beschreibung |
| --- | --- | --- |
| 1 | nicht erreicht | Die Qualitätsanforderungen der Kunden werden nicht erfüllt. Bei quantitativen Qualitätskriterien ist dies gegeben, wenn das Ergebnis mehr als 10 % unter der Vereinbarung liegt. |
| 2 | überwiegend erreicht | Die Qualitätsanforderungen der Kunden sind im wesentlichen erfüllt. Bei quantitativen Qualitätskriterien ist dies gegeben, wenn das tatsächliche Ergebnis bis einschließlich 10 % unter der Vereinbarung liegt. |
| 3 | erreicht | Alle Qualitätsanforderungen der Kunden sind erfüllt. Bei quantitativen Qualitätskriterien ist dies gegeben, wenn das tatsächliche Ergebnis auf dem vereinbarten Niveau liegt. |
| 4 | ausgezeichnet | Alle Qualitätskriterien der Kunden sind in ausgezeichneter Weise erfüllt. Bei quantitativen Qualitätskriterien ist dies gegeben, wenn das tatsächliche Ergebnis bis einschließlich 10 % über der Vereinbarung liegt. |
| 5 | exzellent | Alle Qualitätsanforderungen der Kunden sind in exzellenter Weise erfüllt, d. h. bei weitem über dem vereinbarten Maß. Bei quantitativen Qualitätskriterien ist dies gegeben, wenn das tatsächliche Ergebnis mehr als 10 % über der Vereinbarung liegt. Weitere exzellente Qualitätsanforderungen wurden eigenständig entwickelt und voll erfüllt. |

### 3. Das Leistungsbeurteilungsgespräch

3.1 Das Leistungsbeurteilungsgespräch wird einmal jährlich im ersten Quartal eines Geschäftsjahres für alle Mitarbeiter und Führungskräfte durchgeführt und bezieht sich auf die Leistungsergebnisse des vergangenen Planungszyklus.

Die einzelnen Angaben sind im Anhang aufgeführt.

3.2 Ziel des Leistungsbeurteilungsgespräches ist eine Bewertung der Zielerreichung aller über das gesamte Jahr vereinbarten jobspezifischen Ergebnisse/Ziele des Arbeitsprofils. Dabei werden auch systematische Entwicklungswege aufgezeigt. Der Schwerpunkt soll neben einer vergangenheitsbezogenen Betrachtung der Leistung auch auf einer zukunftsorientierten Förderung des Mitarbeiters bzw. der Führungskraft liegen.

Dabei können neue Ziele vereinbart und kann der zielorientierte Entwicklungsplan angepaßt werden.

3.3 Während der Probezeit wird kein Leistungsbeurteilungsgespräch geführt. Stattdessen wird am Ende der Probezeit ein Probezeitgespräch geführt.

3.4 Das Leistungsbeurteilungsgespräch beinhaltet 2 Hauptkomponenten:
1. Jobspezifische Ergebnisse/Ziele
2. Zielorientierter Entwicklungsplan

Bei den Führungskräften kommt eine 3. Hauptkomponente hinzu, und zwar
Allgemeine Ergebnisse/Ziele
a) Befähigung der Mitarbeiter (Personalentwicklung), z. B. die Mitarbeiter der Abteilung bzw. des Bereiches beteiligen sich an innovativen Organisationsentwicklungsprozessen oder lernen im Team.
b) Unternehmenskultur z. B. Betriebsklima

3.5 Die vorgesehenen grundsätzlichen Entwicklungsziele sind für die Zielvereinbarungsgespräche zu benennen. Die Firma wird hierzu in Abstimmung mit dem GBR die Grundsätze und die Personalentwicklungsplanung, z. B. Trainings und Workshops, erstellen. Die weiteren Beteiligungsrechte des GBR bzw. der örtlichen Betriebsräte im Zusammenhang mit den Workshops und Trainings richten sich nach Teil C dieser Vereinbarung.

3.6 Das Bewertungssystem setzt sich aus 3 Kriterien zusammen:
1. Ziele
   - allgemeine kulturfördernde Ergebnisse/Ziele (nur Führungskräfte)
   - jobspezifische Ergebnisse/Ziele
2. Qualitätskriterien
3. Indikatoren

Die Bewertung der jobspezifischen Ergebnisse/Ziele erfolgt auf der Basis der fünfstufigen verbalen Skala nach § 4 Ziff. 2.6 dieser Vereinbarung.

Bei der Bewertung der allgemeinen Ergebnisse/Ziele für die Führungskräfte wird ebenfalls die fünfstufige Skala herangezogen.

### § 5 Schulung bzw. Weiterbildung

1. Alle Mitarbeiter und Führungskräfte werden in den zur Zielerreichung erforderlichen Komponenten dieser Vereinbarung geschult. Die Schulungen finden grundsätzlich während der regelmäßigen Arbeitszeit statt.
2. Die Schulungen sind im Sinne von § 98 BetrVG mit den einzelnen Betriebsräten in den Zentralen bzw. Niederlassungen einvernehmlich abzustimmen. Bei Nichteinigung gilt das Verfahren gemäß § 11 dieser Vereinbarung entsprechend.
3. Der GBR wird nach Unterzeichnung dieser Vereinbarung für die einzelnen Betriebsräte bezüglich ihrer rechtlichen und inhaltlichen Aufgabenstellung ein Schulungsprogramm im Sinne von § 37 Abs. 6 BetrVG aufstellen und dazu einladen. Sämtliche Kosten wie z. B. Hotel-, Reise- und Referentenkosten sind gemäß § 40 BetrVG von der Firma zu übernehmen.

### § 6 Zusammensetzung des Jahreszieleinkommens

1. Das Jahreszieleinkommen setzt sich aus einem Jahresgrundgehalt und einem variablen Anteil im Rahmen des Leistungsmanagements zusammen.

   Das Jahresgrundgehalt setzt sich aus zwölfmal gezahltem monatlichen Gehalt bzw. Festlohn sowie ggf. aus der einmal im Jahr gezahlten Sonderzuwendung zusammen. Soweit andere Leistungen wie Ortszuschlag, Sozialzuschlag, Allgemeine Zulage, Stellenzulage, Ballungsraumzulage, Programmiererzulage oder die Ausgleichszulage aus den Übergangstarifverträgen zustehen, sind diese im Gehalt bzw. Festlohn enthalten.

   Nicht enthalten sind die übertariflichen Zulagen, das Urlaubsgeld und die Vermögenswirksamen Leistungen.

2. Die entsprechenden Jahresgrundgehälter bzw. Bandbreiten für die jeweiligen Tätigkeitsgruppen sind für alle Mitarbeiter und für die Führungskräfte im Anhang aufgeführt. Die Klassifizierung der Tätigkeitsgruppen ist im Anhang aufgeführt. Die vorgesehenen Eingruppierungen (gültig ab Inkrafttreten der Vereinbarung) bedürfen gemäß § 99 BetrVG der Zustimmung durch den zuständigen Betriebsrat. Verweigert der Betriebsrat im Sinne von § 99 BetrVG seine Zustimmung, so hat die Firma die Zustimmung beim zuständigen Arbeitsgericht ersetzen zu lassen.

   Die Mitarbeiter des Unternehmens werden aufgrund der Tätigkeitsmerkmale den beschriebenen Bandbreiten zugeordnet. Ziel ist die Schaffung einer transparenten Entgeltstruktur.

   Nach Abschluß eines Entgeltrahmen-Tarifvertrages werden die Regelungen im Anhang abgelöst. Die Betriebsparteien werden dann unabhängig von der Laufzeit dieser Vereinbarung unverzüglich eine Vereinbarung über Gehaltsbandbreiten für die AT-Mitarbeiter abschließen.

4. Die jeweiligen Jahresgrundgehälter sind Mindestgehälter und dürfen nicht unterschritten werden. Gehaltserhöhungen oder Beförderungen werden anteilig berücksichtigt und nicht mit dem variablen Gehaltsanteil verrechnet.

5. Nach Ablauf eines Geschäftsjahres per 31. 12. werden die Bandbreiten der Jahresgrundgehälter nach Abschluß einer linearen tariflichen Gehaltserhöhung entsprechend angepaßt. Bis zum Abschluß einer neuen Regelung bleiben die bisherigen Jahresgrundgehälter bestehen. Die Wirksamkeit der gesamten Vereinbarung bleibt davon unberührt.

6. Soweit höhere arbeitsvertragliche Jahresgrundgehälter vereinbart worden sind, bleiben diese als Bezugsgrößen für das Jahreszieleinkommen bestehen.

**§ 7 Berechnungsgrundlagen und Höhe der variablen Vergütung**

Für die Mitarbeiter:

1. Die maximalen variablen Vergütungsanteile sind im Anhang aufgeführt.

    Am Ende eines Geschäftsjahres wird bezogen auf die bis zu 3 wichtigsten jobspezifischen Ergebnisse/Ziele die Höhe der variablen Vergütung nach dem abschließenden Leistungsbeurteilungsgespräch im ersten Quartal eines Kalenderjahres individuell festgelegt.

    Nach der Festlegung erhält der zuständige Betriebsrat im Sinne von § 80 Abs. 2 BetrVG eine Übersicht über die vereinbarten variablen Vergütungsanteile.

2. Für jedes der maximal drei wichtigsten jobspezifischen Ergebnisse/Ziele der Zielvereinbarung wird die Höhe der variablen Vergütung errechnet. Auf der Grundlage der unter § 2 Ziff. 2.6 definierten Stufen richtet sich der Zielerreichungsgrad nach folgendem Schema:

| Stufe | Zielerreichungsgrad | Vergütung in % der max. variablen Vergütung |
|---|---|---|
| 1 | nicht erreicht | 0 % |
| 2 | überwiegend erreicht | 67 % |
| 3 | erreicht | 100 % |
| 4 | ausgezeichnet | 110 % |
| 5 | exzellent | 120 % |

Die Gesamteinschätzung der Erreichung der vereinbarten Ziele wird folgendermaßen vorgenommen:

Aus der Summe der für die einzelnen Ziele erreichten Stufen (1–5) wird der Durchschnitt gebildet und durch kaufmännische Rundung eine Stufe für die Gesamtzielerreichung festgelegt.

Auf dieser Basis wird die variable Vergütung für die Erreichung der jobspezifischen Ziele festgesetzt.

Beispiel:

|  | Stufe |
|---|---|
| 1. Ziel | 2 |
| 2. Ziel | 3 |
| 3. Ziel | 5 |
|  | 10 : 3 = 3,3 |

Aus der Rundung ergibt sich als Stufe für die Gesamtzielerreichung: 3

## Betriebsvereinbarungen §5

Für die Führungskräfte:

3. Mit den Führungskräften werden Einzelvereinbarungen getroffen, die vereinbarten variablen Vergütungsanteile werden dem GBR aufgelistet zur Verfügung gestellt; die Rechte der örtlichen Betriebsräte bleiben gemäß § 80 Abs. 2 BetrVG davon unberührt.

4. Als Berechnungsgrundlage zur Ermittlung bzw. Auszahlung des variablen Vergütungsanteils werden 2 Kenngrößen zugrundegelegt, und zwar
   - eine am Erfolg des Unternehmens orientierte Kenngröße, nämlich das Betriebsergebnis II und
   - die zwischen dem Vorgesetzten und der Führungskraft vereinbarten wichtigsten jobspezifischen Ergebnisse/Ziele; hierbei sind die „allgemeinen kulturfördernden Ergebnisse" mit zu vereinbaren.

5. Bei der Bemessung der variablen Vergütung werden das Betriebsergebnis II zu einem Drittel (1/3) und die jobspezifischen Ergebnisse/Ziele des Arbeitsprofils zu zwei Drittel (2/3) berücksichtigt.

6. Die Komponente des Betriebsergebnisses II ergibt sich aus dem jährlich vom Aufsichtsrat verabschiedeten Wirtschaftsplan. Dieser ist vor der Aufsichtsratssitzung dem Wirtschaftsausschuß zur Kenntnis und Beratung vorzulegen, um den Geist der neuen Unternehmenskultur zu dokumentieren, das heißt, daß Entscheidungen der Geschäftsführung transparent und für die Arbeitnehmervertretungen nachvollziehbar beraten werden können. Das Berechnungsschema ist im Anhang beigefügt.

7. Der Zielerreichungsgrad hinsichtlich des Betriebsergebnisses II ergibt sich aus dem Verhältnis des gemäß Wirtschaftsplan geplanten Betriebsergebnisses II zum realisierten Betriebsergebnis II. Der Übereinstimmungsgrad bestimmt die Höhe der variablen Vergütung und wird danach ausgezahlt.

Für das Bewertungsschema des Betriebsergebnisses II gilt als Meßgröße zur Zielerreichung die nachfolgend aufgeführte Regelung:

| Stufe | Bewertung | Beschreibung | Höhe der variablen Vergütung bzgl. des Betriebsergebnisses II |
|---|---|---|---|
| 1 | nicht erreicht | Das Betriebsergebnis wurde nicht erreicht. Dies ist gegeben, wenn das tatsächliche Ergebnis mehr als 10 % unter Plan liegt. | 0 % |
| 2 | überwiegend erreicht | Im wesentlichen ist das Betriebsergebnis erreicht worden. Dies ist gegeben, wenn das tatsächliche Betriebsergebnis bis einschl. 10 % unter Plan liegt. | 45 % |
| 3 | erreicht | Das Betriebsergebnis ist erreicht worden. Dies ist gegeben, wenn das tatsächliche Ergebnis auf dem Planniveau liegt. | 67 % |

| 4 | ausgezeichnet | Das Betriebsergebnis ist ausgezeichnet. Dies ist gegeben, wenn das tatsächliche Ergebnis bis einschl. 10 % über dem Plan liegt. | 89 % |
|---|---|---|---|
| 5 | exzellent | Das Betriebsergebnis ist exzellent erreicht. Das ist gegeben, wenn das tatsächliche Betriebsergebnis mehr als 10 % über dem Plan liegt. | 100 % |

8. Das Bewertungsschema für die jobspezifischen Ergebnisse/Ziele aufgrund des Arbeitsprofils, die zur Berechnung der 2/3 des variablen Gehaltsanteils maßgebend sind, ist unter § 4 dieser Vereinbarung beschrieben.

Für jedes der maximal drei wichtigsten jobspezifischen Ergebnisse/Ziele der Zielvereinbarung wird die Höhe der variablen Vergütung errechnet. Auf der Grundlage der unter § 4 Ziff. 2.6 definierten Stufen richtet sich der Zielerreichungsgrad nach folgendem Schema:

| Stufe | Zielerreichungsgrad | Vergütung in % der max. variablen Vergütung |
|---|---|---|
| 1 | nicht erreicht | 0 % |
| 2 | überwiegend erreicht | 45 % |
| 3 | erreicht | 67 % |
| 4 | ausgezeichnet | 89 % |
| 5 | exzellent | 100 % |

Die Gesamteinschätzung der Erreichung der vereinbarten Ziele wird folgendermaßen vorgenommen:

Aus der Summe der für die einzelnen Ziele erreichten Stufen (1–5) wird der Durchschnitt gebildet und durch kaufmännische Rundung eine Stufe für die Gesamtzielerreichung festgelegt.

Auf dieser Basis wird die variable Vergütung für die Erreichung der jobspezifischen Ziele festgesetzt.

Beispiel:

| | Stufe |
|---|---|
| 1. Ziel | 2 |
| 2. Ziel | 3 |
| 3. Ziel | 5 |
| | 10 : 3 = 3,3 |

Aus der Rundung ergibt sich als Stufe für die Gesamtzielerreichung: 3

9. Aus der Addition der nach Ziff. 7 und 8 ermittelten Komponenten ergibt sich der Gesamtbetrag der variablen Vergütung.

10. Für die Mitarbeiter des Vertriebs Außendienst wird ein variables Vergütungssystem eingeführt, über das eine gesonderte Betriebsvereinbarung abgeschlossen wird. Ziel dabei ist, daß Teile des bisherigen Festgehaltes bzw. der nach § 6 festgelegten Bandbreiten in variable Bestandteile umgewandelt werden.

## § 8 Auszahlung

1. Die variable Vergütung wird spätestens nach Abschluß des Geschäftsjahres und nach Freigabe des Jahresergebnisses durch den Aufsichtsrat ausgezahlt. Das Auszahlungsformular ist als Anlage für die Führungskräfte und für die Mitarbeiter aufgeführt.

2. Mitarbeiter und Führungskräfte, die im Laufe des Jahres in das Unternehmen eintreten, erhalten unter Berücksichtigung der Ergebnisse des Probezeitgesprächs eine zeitanteilige Auszahlung der variablen Vergütung. Das gleiche gilt für Mitarbeiter, die den gesetzlichen Erziehungsurlaub in Anspruch nehmen oder andere Mitarbeiter bzw. Führungskräfte, deren Beschäftigungsverhältnis ruhen sollte.

3. Mitarbeiter, die im Laufe des Geschäftsjahres das Arbeitsverhältnis beenden, haben keinen Anspruch auf eine zeitanteilige variable Vergütung. Das gleiche gilt für eine Beendigung des Arbeitsverhältnisses bis zum 31.3. des Folgejahres; bereits ausgezahlte variable Vergütungsanteile ohne Rechtsanspruch sind als Vorschuß zurückzuzahlen und werden mit der letzten Gehaltsabrechnung verrechnet.

## § 9 Aufbewahrung der Formulare

1. Eine Kopie des Formulars zum Ziel- und Ergebnisgespräch bzw. Leistungsbeurteilungsgespräch wird nach den Gesprächen mit der Führungskraft bzw. mit dem Mitarbeiter ausgehändigt. Das Original verbleibt beim Vorgesetzten unter Verschluß und darf Dritten nicht zugänglich gemacht werden, es sei denn zu Informationen bei internen Bewerbungen oder aufgrund von gesetzlichen Bestimmungen. Die Rechte des Betriebsrates nach §§ 80 Abs. 2 und 83 BetrVG bleiben hiervon unberührt. Der nächsthöhere Linienvorgesetzte hat das Recht zur Einsichtnahme.

2. Günstigere arbeitsvertragliche oder tarifliche Regelungen bleiben bestehen.

3. Die Vereinbarung tritt mit Unterzeichnung in Kraft und gilt befristet bis zum _____. Die Vertragsparteien werden spätestens im I. Quartal _____ vor Auslaufen der Vereinbarung über die Bewertung des Leistungsmanagements beraten und über die Fortführung einer Vereinbarung entscheiden.

## Anhang

### Schema zur Klassifizierung der Tätigkeitsgruppen

A  Mitarbeiter, die nach kurzer Einarbeitung eine einfache schematische Tätigkeit ausüben.

B  Mitarbeiter, die eine einfache kfm. oder technische Tätigkeit ausüben, wie sie in der Regel durch Anlernen oder längere Einarbeitung erworben werden.

C  Mitarbeiter, die Tätigkeiten nach Anweisung ausüben, wie sie in der Regel durch eine abgeschlossene Berufsausbildung oder entsprechende Berufserfahrung erworben werden.

D  Mitarbeiter, die Tätigkeiten selbständig nach allgemeiner Anweisung ausüben, wie sie in der Regel nach dem Merkmal C erworben werden.

E  Mitarbeiter, die schwierige Tätigkeiten selbständig und eigenverantwortlich nach allgemeinen Richtlinien ausüben, wie sie in der Regel über das Merkmal C durch mehrjährige Berufserfahrung und/oder Fachschulausbildung erworben werden.

F  Mitarbeiter, die schwierige Tätigkeiten nach allgemeinen Richtlinien selbständig und eigenverantwortlich für einen abgegrenzten Teilbereich ausüben, wie sie in der Regel nach dem Merkmal E erworben werden.

G  Mitarbeiter, die schwierige vielseitige Tätigkeiten nach allgemeinen Richtlinien selbständig und eigenverantwortlich für ein gesamtes Aufgabengebiet ausüben.

*H* Mitarbeiter, die besonders schwierige vielseitige Tätigkeiten selbständig und eigenverantwortlich für komplexe Aufgabengebiete ausüben.

*I* Mitarbeiter, die für eine Gruppe besonders schwierige Koordinierungsaufgaben eigenverantwortlich und/oder entsprechende Fachverantwortung und/oder Spezialaufgaben ausüben.

*J* Mitarbeiter, die über das Merkmal I hinaus Anweisungsbefugnisse übertragen bekommen haben und/oder entsprechende gewichtige Fachverantwortung und/oder Spezialaufgaben ausüben.

*K* Mitarbeiter mit Tätigkeiten, die sich nach Schwierigkeit und/oder Verantwortung über das Merkmal J hinausheben.

**Teil C: Einführung von Workshops und Trainingsmaßnahmen auf der Basis des Modells European Foundation for Quality Management (EFQM)**

**§ 1 Geltungsbereich**

1. Diese Vereinbarung gilt für alle Mitarbeiter einschl. der Führungskräfte der Firma (nachstehend Mitarbeiter genannt).

2. Sie gilt nicht für leitende Angestellte im Sinne von § 5 Abs. 3 BetrVG.

**§ 2 Gegenstand**

1. Diese Vereinbarung regelt im Sinne von § 98 BetrVG die Grundsätze zur Durchführung von Workshops und Trainingsmaßnahmen im Zusammenhang mit dem Projekt „Focus Kunde" auf der Basis des Modells der European Foundation for Quality Management (EFQM).

2. Nicht Gegenstand dieser Vereinbarung ist das Qualitätssystem auf der Grundlage von DIN/ISO 9000 ff.

**§ 3 Zielsetzungen**

1. Mit den Workshops und Trainings wird zur Zukunftssicherung der Firma ein Veränderungsprozeß eingeleitet, der ein kundenorientiertes Verhalten mit einem ausgeprägten Qualitäts- und Kostenbewußtsein fördert.

2. Um die dafür notwendigen Voraussetzungen zu schaffen, sind alle Führungskräfte und Mitarbeiter in den Veränderungsprozeß einzubeziehen und durch abgestimmte Trainingsmaßnahmen zu beteiligen.

3. Mit dem Modell auf der Basis von EFQM liegt der Schwerpunkt nicht auf prozeßorientierten Verfahrensvorschriften und detailliert geregelten Zuständigkeiten, sondern in der Qualität des Unternehmensergebnisses, das heißt, bessere Qualität und höhere Kundenzufriedenheit sind entscheidend vom Verhalten aller Mitarbeiter bzw. Führungskräfte abhängig.

Dabei werden Maßstäbe auf ihre Relevanz für die Firma überprüft und aus den eigenen Reihen nach Input- und Output-Kriterien bewertet.

Die weiteren Einzelheiten zum EFQM-Modell sind als Anlage Bestandteil dieser Vereinbarung, wobei die einzelnen Inhalte und Methoden auf Erfordernisse der Firma modifiziert und mit dem Bildungsausschuß des GBR einvernehmlich beraten und entschieden werden müssen.

Kommt darüber keine Einigung zustande, entscheidet die betriebliche Schiedsstelle nach dem Verfahren gemäß § 11 Teil B dieser Vereinbarung.

**§ 4 Grundsätze zur Durchführung von Workshops und Trainings**

1. Alle Maßnahmen sind vor ihrer Durchführung rechtzeitig und umfassend anhand von Unterlagen mit dem Bildungsausschuß des GBR zu beraten und einvernehmlich abzustimmen. Bei Nichteinigung gilt § 3 Ziff. 3 letzter Satz dieser Vereinbarung entsprechend.

2. Mit dem Bildungsausschuß des GBR sind insbesondere folgende Maßnahmen zu beraten und bis zum ▓ festzulegen:

   a) Die Planung von Workshops und Trainings hinsichtlich ihrer Inhalte und Methoden.

   b) die Festlegung der Verantwortlichkeiten für die Bereichs- bzw. Standortteams/Coaches.

   c) Erarbeitung von Kriterien zur Teilnahme aller Mitarbeiter an Trainingsmaßnahmen.

   d) Die Festlegung bzw. Zusammensetzung des Teilnehmerkreises für die jeweilige Trainingsmaßnahme.

   e) Die Terminplanung für die Workshops/Trainingsmaßnahmen.

3. Die Workshops und Trainings werden in bereichs- und hierarchieübergreifenden Gruppen durchgeführt.

4. Alle Maßnahmen finden grundsätzlich während der persönlichen Arbeitszeit des Mitarbeiters statt. Abweichungen bedürfen vorher der Zustimmung des Betriebsrates. Bei einer Teilnahme außerhalb der persönlichen Arbeitszeit werden diese Zeiten auf die regelmäßige Arbeitszeit angerechnet.

5. Bei den Maßnahmen nach Ziff. 2 b) und d) hat der zuständige Betriebsrat mitzubestimmen.

6. Die Firma trägt sämtliche Kosten der Workshops und Trainingsmaßnahmen.

7. Dem Mitarbeiter ist die vorgesehene Teilnahme an einer Maßnahme mindestens 14 Tage vorher schriftlich mitzuteilen.

8. Die Teilnehmer erhalten eine Teilnahmebescheinigung über Inhalte und Dauer der Maßnahme. Eine Beurteilung jedweder Art ist unzulässig.

9. Vor Durchführung der Trainingsmaßnahmen für die Mitarbeiter, werden die einzelnen Mitglieder der Betriebsräte in Zusammenarbeit mit dem Bildungsausschuß des GBR zentral geschult. Der GBR-Vorsitzende lädt die vom Betriebsrat benannten Mitglieder (1 Mitglied je Betriebsrat) zur Schulung ein. Ebenso kann der GBR-Vorsitzende einen Sachverständigen des GBR hinzuziehen.

   Sämtliche Kosten der Schulungen trägt die Firma gemäß § 40 BetrVG.

## § 5 Nachteilsverbot

1. Mögliche Erkenntnisse aus den Workshops und Trainings über den/die TeilnehmerIn dürfen nicht zu seinem/ihrem beruflichen Nachteil angewendet werden. Vielmehr ist im Rahmen von persönlichen Entwicklungsplänen bzw. -zielen das Qualifikationsprofil einzelner Mitarbeiter zu fördern und zu erweitern.

2. Erkenntnisse über mögliche Rationalisierungspotentiale bei den Arbeitsprozessen werden nicht im Wege von betriebs- bzw. personenbedingten Kündigungen umgesetzt. Bei Um- bzw. Versetzungen sind die Grundsätze nach §§ 6 und 7 Teil A dieser Vereinbarung zu beachten.

3. Mit der Einführung von EFQM werden keine elektronisch gestützte Dokumentations- und Kontrollmaßnahmen durchgeführt, die insbesondere zur Überwachung von Verhalten und Leistungen der Mitarbeiter dienen könnten.

## § 6 Kontinuierlicher Verbesserungsprozeß (KVP)

1. Ziel ist ein kontinuierlicher Vebesserungsprozeß bei der Firma, der auf die verschiedenen Bereiche des Unternehmens wirkt, insbesondere werden im Verlauf des Prozesses konkrete Verbesserungsprojekte gestartet, die nachweislich zu Problemlösungen bzw. zur Effiziensteigerungen im Unternehmen führen sollen.

Die geplanten Bereichs-/Standortteams mit Coaching sollen den Veränderungsprozeß absichern und die Verbesserungsvorschläge bearbeiten.

2. Beide Vertragspartner verpflichten sich deshalb, im Sinne von § 87 Abs. 1 Nr. 12 BetrVG eine gesonderte Betriebsvereinbarung über die Grundsätze von Verbesserungsvorschlägen im KVP-Prozeß und deren Wertung bzw. Verwertbarkeit abzuschließen.

### § 7 Meinungsverschiedenheiten
Über Auslegungsstreitigkeiten bzw. die Anwendung dieser Vereinbarung entscheidet die betriebliche Schiedsstelle.

### § 8 Laufzeit
1. Diese Vereinbarung tritt mit der Unterzeichnung in Kraft und kann frühestens zum            mit einer Frist von 3 Monaten gekündigt werden. Bis zum Abschluß einer neuen Vereinbarung wirken die Regelungen dieser Vereinbarung nach.

## 2. Muster: Spruch einer Einigungsstelle nach Insolvenz eines Tiefbauunternehmens

Zwischen

Rechtsanwalt            , handelnd in seiner Eigenschaft als Insolvenzverwalter über das Vermögen der Firma

– im folgenden: Arbeitgeber –

und

Betriebsrat der Firma

– im folgenden: Betriebsrat –

durch Spruch der Einigungsstelle vom            :

### Präambel
Über das Vermögen der Firma            (Gemeinschuldnerin) ist durch Beschluß des Amtsgerichts            (Aktenzeichen            ) ein Insolvenzverfahren eröffnet worden; Herr Rechtsanwalt            ist zum Insolvenzverwalter bestellt worden.

Der Geschäftsbetrieb der Gemeinschuldnerin ist zum            eingestellt worden; das Gemeinschuldnerunternehmen ist zu liquidieren. Im Zuge der Liquidation ist sämtlichen Arbeitnehmern eine ordentliche Kündigung ausgesprochen worden.

Zwischen den Parteien besteht Einigkeit darüber, daß es sich bei der Betriebsschließung und der Kündigung sämtlicher Arbeitsverhältnisse um sozialplanpflichtige Maßnahmen handelt.

Ergänzend wird auf den Interessenausgleich verwiesen.

### 1. Persönlicher Geltungsbereich
In den Geltungsbereich dieses Sozialplans fallen alle Arbeitnehmer der Gemeinschuldnerin im Sinne des § 5 BetrVG, die sich am            (Stichtag) in einem ungekündigten Arbeitsverhältnis befunden haben. Personen im Sinne des § 5 Abs. 2 bis 4 BetrVG, Auszubildende, Praktikanten, am Stichtag noch nicht mehr als 6 Monate Beschäftigte, Arbeitnehmer mit befristeten Arbeitsverhältnissen und geringfügig Beschäftigte nehmen am Sozialplan nicht teil.

Arbeitnehmer, die nach dem Stichtag verstorben sind, werden im Sozialplan berücksichtigt; in diesem Fall ist die Sozialplanforderung an die durch Erbschein legitimierten Erben (ggf. Ehefrau und leibliche Erben bis zweites Glied) auszuzahlen.

## 2. Insolvenzbedingte Hinweise

Nach § 123 der Insolvenzordnung (InsO) darf das Gesamtvolumen des Sozialplans den 2,5-fachen Monatsverdienst (§ 10 Abs. 3 KSchG) aller betroffenen Arbeitnehmer nicht überschreiten. Weiterhin darf von der an Insolvenzgläubiger auszuschüttenden Masse nicht mehr als 1/3 auf Sozialplanansprüche gezahlt werden.

Die Sozialplanansprüche der Arbeitnehmer stellen Masseverbindlichkeiten gemäß § 123 Abs. 2 Satz 1 InsO dar und sind von den Arbeitnehmern individuell zur Insolvenztabelle beim Insolvenzverwalter _____ anzumelden.

Zwischen den Parteien besteht Einigkeit darüber, daß derzeit nicht feststeht, ob Sozialplanansprüche befriedigt werden können.

## 3. Gesamtvolumen des Sozialplans

Das Gesamtvolumen des Sozialplans wird auf _____ DM/ _____ EUR (in Worten: _____ Deutsche Mark/ _____ EURO) festgesetzt.

## 4. Berechnung der Sozialplanansprüche

Die Sozialplanansprüche der Arbeitnehmer werden nach einem Punktsystem berechnet. Die folgenden Merkmale, die für jeden Arbeitnehmer individuell zu überprüfen sind, werden mit den angegebenen Punkten, die zu addieren sind, berücksichtigt:

### a. Betriebszugehörigkeit

Für jedes am Stichtag vollendete Jahr einer Betriebszugehörigkeit     3 Punkte

Unterbrechungen der Betriebszugehörigkeit von weniger als 6 Monaten bleiben unberücksichtigt, d. h. die vor der Unterbrechung liegenden Zeiten der Betriebszugehörigkeit werden mitberechnet. Bei Unterbrechungen von mehr als 6 Monaten wird nur die Zeit nach der Unterbrechung berücksichtigt.

Es werden nur volle Jahre berechnet.

### b. Lebensalter

| | |
|---|---|
| Bis  30 Jahre am Stichtag | 5 Punkte |
| Bis  40 Jahre am Stichtag | 10 Punkte |
| Bis  50 Jahre am Stichtag | 15 Punkte |
| Über 50 Jahre am Stichtag | 20 Punkte |

### c. Kinder

Für jedes am Stichtag tatsächlich auf der Lohnsteuerkarte eingetragene Kind     2 Punkte

Bei anteilig auf der Lohnsteuerkarte eingetragenen Kindern werden die Punkte im entsprechenden Anteil berücksichtigt.

### d. Schwerbehinderte/Gleichgestellte

Am Stichtag rechtskräftig beschiedene Schwerbehinderte und Gleichgestellte erhalten zusätzlich _____ DM ( _____ EUR) pro Kopf (Härtefond).

### e. Teilzeitbeschäftigte

Die Punkte, die für am Stichtag mindestens seit 6 Monaten in Teilzeit beschäftigte Arbeitnehmer ermittelt wurden, werden mit dem Teilzeitgrad (z. B. 50 %) multipliziert.

## 5. Ermittlung des Punktwertes in DM (EURO)

Der Wert des Einzelpunktes in Deutsche Mark wird nach der folgenden Formel errechnet:

$$\frac{_____ \text{ DM } (_____ \text{ EUR}) = \text{Sozialplanvolumen abzgl. } _____ \text{ DM } (_____ \text{ EUR}) = \text{Härtefond}}{_____ \text{ Punkte}}$$

Der Punktwert beträgt danach _____ DM ( _____ EUR).

## § 5 Kapitel 3: Interessenausgleichsvereinbarungen und Sozialpläne

### 6. Ermittlung der Sozialplanansprüche in DM / EUR

Die zur Insolvenztabelle anzumeldenden Sozialplanansprüche der Arbeitnehmer ergeben sich aus einer Multiplikation der individuellen Punkte gem Ziff. 4 dieser Vereinbarung mit dem Einzelpunktwert gem. Ziff. 5 dieser Vereinbarung.

Der Höchstbetrag der Einzelabfindungen beträgt          DM (          EUR). Ergeben sich aus der Multiplikation der Punktwerte der einzelnen Arbeitnehmer höhere Abfindungsbeträge als          DM (          EUR), wird die Differenz dem Härtefond zugeführt.

### 7. Steuerhinweis/Anrechnungsklausel

Bei den Abfindungen handelt es sich um Abfindungen gem. §§ 9, 10 KSchG, § 3 Ziff. 9 EStG. Etwa vom Gericht festgesetzte Abfindungen oder Vergleichsbeträge werden auf Ansprüche aus diesem Sozialplan angerechnet.

### 8. Schlußbestimmungen

Der Arbeitgeber wird allen am Sozialplan teilnehmenden Arbeitnehmern mitteilen, welcher Sozialplananspruch sich nach dieser Vereinbarung ergibt.

Der Betriebsrat erstellt eine Liste, in der alle Arbeitnehmer, die am Sozialplan teilnehmen, mit den für sie ermittelten individuellen Punkten und dem sich daraus ergebenden Sozialplananspruch aufgeführt werden. Die Liste wird als Anlage zu dieser Vereinbarung genommen werden.

### 9. Salvatorische Klausel

Sollte eine Regelung in dieser Vereinbarung unwirksam sein oder werden oder sollte diese Vereinbarung eine von den Parteien nicht bedachte Lücke aufweisen, so gilt zwischen den Parteien diejenige Regelung als vereinbart, die der unwirksamen Klausel in ihrem wirtschaftlichen Gehalt so weit wie möglich entspricht, bzw. die die Lücke so ausfüllt, daß das wirtschaftliche Gepräge dieser Vereinbarung erhalten bleibt.

### 3. Muster: Sozialplan über die Verlagerung eines Tendenzbetriebs

Zwischen

der Firma

und

dem Betriebsrat

wird folgender Sozialplan geschlossen:

**Inhaltsverzeichnis:**

Präambel
Teil A   Geltungsbereich, Begriffsbestimmungen
§ 1        Geltungsbereich
§ 2        Begriffsbestimmungen
Teil B   Versetzung
§ 3        Grundsätze des individuellen Nachteilsausgleichs
§ 4        Umzugskosten
§ 5        Beförderungsauslagen
§ 6        Reisekosten
§ 7        Mietentschädigung
§ 8        Andere Auslagen
§ 9        Pauschvergütung für sonstige Umzugsauslagen
§ 10      Vorläufige Wohnung
§ 11      Arbeitgeberdarlehen und Gehaltsvorschüsse

§ 12 Trennungsgeld
§ 13 Reisebeihilfe für Heimfahrten
§ 14 Regelung flexibler Arbeitszeiten
§ 15 Wohnungsfürsorgedarlehen
§ 16 Verdienstsicherung bei Arbeitgeberwechsel
§ 17 Vorzeitige Beendigung
Teil C Beendigung des Arbeitsverhältnisses
§ 18 Abfindung
§ 19 Höhe der Abfindung
§ 20 Steuerliche Behandlung
§ 21 Auszahlung der Abfindung
§ 22 Sonderleistungen
§ 23 Härtefonds
§ 24 Umzugskosten bei Wechsel zu anderem Arbeitgeber
Teil D Sonstiges, Schlußbestimmungen
§ 25 Umschulungsmaßnahmen
§ 26 Zeugnis und Arbeitgeberbescheinigungen
§ 27 Beurlaubung ohne Gehaltszahlung
§ 28 Anlaufstelle
§ 29 Schlußbestimmungen

**Präambel**

Zum Ausgleich und zur Milderung der wirtschaftlichen Nachteile, die den Mitarbeiterinnen und Mitarbeitern durch Betriebsänderungen, betriebsbedingte Kündigungen und Versetzungen bis zum ▓▓▓▓ entstehen, wird ein Sozialplan zwischen den Betriebspartnern vereinbart. Zwischen den Vertragsparteien besteht die übereinstimmende Auffassung, daß zu den einen Sozialplan auslösenden Maßnahmen auch der Umzug des gesamten Betriebs von ▓▓▓▓ nach ▓▓▓▓ zählt. Die Parteien sind sich einig, daß der Betrieb ein Tendenzbetrieb ist und deshalb die Betriebsänderung nicht in einem Interessenausgleich geregelt werden muß. Die Parteien sind sich ferner einig, daß die Sicherung der Funktionsfähigkeit des Betriebs Vorrang hat. Die Geschäftsleitung erklärt, daß sie den Betriebsrat über geplante Betriebsänderungen umfassend und zeitnah unterrichtet und die Betriebsänderungen mit dem Betriebsrat berät.

**Teil A: Geltungsbereich, Begriffsbestimmungen**

**§ 1 Geltungsbereich**

(1) Die Regelungen dieses Sozialplans gelten, soweit nichts anderes bestimmt ist, für alle Mitarbeiterinnen und Mitarbeiter im Sinne von § 5 Abs. 1 BetrVG, die zum Zeitpunkt des Inkrafttretens des Sozialplans in einem ungekündigten und unbefristeten Arbeitsverhältnis stehen.

(2) Mitarbeiterinnen und Mitarbeiter, die in einem befristeten Arbeitsverhältnis stehen, fallen nur dann unter den Geltungsbereich des Sozialplans, wenn ihr befristetes Arbeitsverhältnis aufgrund der Betriebsänderung vorzeitig beendet wird, soweit nicht bereits im Arbeitsvertrag eine Beendigung des Arbeitsverhältnisses ab dem Umzug vorgesehen ist.

(3) Dieser Sozialplan findet keine Anwendung auf

   a) Mitarbeiterinnen und Mitarbeiter, deren Arbeitsverhältnis aus personen- oder verhaltensbedingten Gründen ordentlich oder außerordentlich gekündigt oder aus diesen Gründen einvernehmlich beendet wird;

   b) Mitarbeiterinnen und Mitarbeiter, die das Arbeitsverhältnis selbst kündigen, ohne damit einer betriebsbedingten Kündigung zuvorzukommen; § 23 bleibt unberührt;

   c) Mitarbeiterinnen und Mitarbeiter, denen ein vergleichbarer Arbeitsplatz in ▓▓▓▓ angeboten wurde, die dieses Angebot nicht angenommen haben und bei denen das Arbeitsverhältnis aus diesem Grunde durch Kündigung oder einvernehmliche Aufhebung beendet wird.

Spezielle Regelungen wie §§ 2 Abs. 2, 23 oder 24 des Sozialplans sind von diesem Ausschluß nicht betroffen.

**§ 2 Begriffsbestimmungen**

(1) Der Sozialplan differenziert zwischen Leistungen bei Versetzung und Leistungen bei Beendigung des Arbeitsverhältnisses. Bei einer Versetzung gelten die Leistungen des Teils B, bei einer Beendigung die Regelungen des Teils C.

    a) Eine Versetzung im Sinne des Sozialplans liegt vor, wenn die Mitarbeiterin oder der Mitarbeiter ab dem Umzug ihre/seine Tätigkeit am neuen Dienstort fortsetzt. Unerheblich ist, ob das Arbeitsverhältnis zu geänderten oder zu gleichbleibenden Bedingungen fortgesetzt wird.

    b) Keine Beendigung im Sinne des Sozialplans liegt bei einem Betriebsübergang im Sinne von § 613 a BGB vor.

    c) Keine Ansprüche aus dem Sozialplan gemäß Teil C werden solchen Mitarbeiterinnen oder Mitarbeitern gewährt, die dem Übergang ihres Arbeitsverhältnisses nach § 613 a BGB widersprochen haben und deren Arbeitsverhältnis aus diesem Grunde durch Kündigung oder einvernehmliche Aufhebung beendet wird.

(2) Scheidet eine Mitarbeiterin oder ein Mitarbeiter aus und wird im Anschluß hieran ein Arbeitsverhältnis zu einer der Firma nahestehenden Institution wie ▬▬▬ unter Besitzstandswahrung begründet, liegt eine Versetzung vor. Leistungen werden in diesen Fällen entsprechend Teil B erbracht, soweit ein Ausgleichsbedarf besteht. Kein Ausgleichsbedarf besteht, wenn die Institution in der Region ▬▬▬ angesiedelt ist.

(3) Ein Wechsel unter Besitzstandswahrung liegt vor, wenn

    a) der Mitarbeiterin oder dem Mitarbeiter für alle Rechte die Betriebszugehörigkeit bei der Firma angerechnet wird und

    b) die Mitarbeiterin oder der Mitarbeiter bei der betrieblichen Altersversorgung keine Nachteile erleidet, also im Versorgungsfall mindestens die Ansprüche bestehen, die bei Fortsetzung des Arbeitsverhältnisses mit dem Arbeitgeber hätten erworben werden können.

(4) Partner im Sinne des Sozialplans sind Ehepartner und Personen, gleich welchen Geschlechts, die in nichtehelicher Lebensgemeinschaft zusammenleben. Nichteheliche Lebensgemeinschaften werden als Wohn- und Wirtschaftsgemeinschaft von längerer Dauer als 2 Jahre definiert. Zum Nachweis des Bestehens einer nichtehelichen Lebensgemeinschaft genügt eine eidesstattliche Versicherung der Partnerin oder des Partners.

(5) Umzugsgut sind die Wohnungseinrichtung und in angemessenem Umfang andere bewegliche Gegenstände und Haustiere, die sich am Tag vor dem Einladen des Umzugsgutes im Eigentum, Besitz oder Gebrauch der Mitarbeiterin/des Mitarbeiters oder anderer Personen befinden, die mit ihm/ihr in häuslicher Gemeinschaft leben. Andere Personen im Sinne des Satzes 1 sind Partnerinnen und Partner im Sinne von § 2 Abs. 4 sowie die unterhaltsberechtigten Kinder, Stief- und Pflegekinder. Es gehören ferner dazu Verwandte bis zum vierten Grade, Verschwägerte bis zum zweiten Grade und Pflegeeltern, wenn die Mitarbeiterin oder der Mitarbeiter diesen Personen aus gesetzlicher oder sittlicher Verpflichtung nicht nur vorübergehend Unterkunft und Unterhalt gewährt, sowie solche Pflegekräfte oder Betreuer, deren Hilfe die Mitarbeiterin oder der Mitarbeiter aus gesundheitlichen oder beruflichen Gründen nicht nur vorübergehend bedarf.

(6) Eine Wohnung besteht aus einer geschlossenen Einheit von mehreren Räumen, in der ein Haushalt geführt werden kann, darunter stets eine Küche oder ein Raum mit Kochgelegenheit. Zu einer Wohnung gehören außerdem Wasserversorgung, Ausguß und Toilette und ggf. Speicher, Keller und Abstellraum.

(7) Unter Region ▬▬▬ werden die Stadt- und Landkreise ▬▬▬ verstanden.

**Teil B: Versetzung**

**§ 3 Grundsätze des individuellen Nachteilsausgleichs**

Mitarbeiterinnen und Mitarbeiter, die nach ▇▇▇▇▇▇ versetzt werden, haben Anspruch auf Ersatz der erstattungsfähigen Umzugskosten und Trennungsgeld, Reisebeihilfen für Heimfahrten, Regelung flexibler Arbeitszeiten, Wohnungsfürsorgedarlehen und Verdienstsicherung nach Maßgabe der folgenden Vorschriften.

**§ 4 Umzugskosten**

(1) Erstattungsfähige Umzugskosten sind

   a) Beförderungsauslagen (§ 5)

   b) Reisekosten (§ 6)

   c) Mietentschädigung (§ 7)

   d) andere Auslagen (§ 8)

   e) Pauschalvergütung für sonstige Auslagen (§ 9)

(2) Die Umzugskosten werden nach Beendigung des Umzugs gewährt. Sie sind innerhalb einer Ausschlußfrist von einem Jahr beim Arbeitgeber zu beantragen; die Frist beginnt mit dem Tage nach Beendigung des Umzugs. Auf Antrag können Vorschüsse gezahlt werden.

**§ 5 Beförderungsauslagen**

(1) Die notwendigen Auslagen für das Befördern des Umzugsgutes im Sinne des § 2 Abs. 5 von der bisherigen zur neuen Wohnung werden erstattet.

(2) Auslagen für das Befördern von Umzugsgut, das sich außerhalb der bisherigen Wohnung befindet, werden höchstens insoweit erstattet, als sie beim Befördern mit dem übrigen Umzugsgut erstattungsfähig wären.

(3) Erstattet werden auch die notwendigen Auslagen für das Verpacken von Umzugsgut, für das Verpackungsmaterial sowie für den Ab- und Aufbau von Wohnungseinrichtung/Küche.

(4) Der Arbeitgeber strebt an, mit einem Speditionsunternehmen besondere Konditionen für die in Absätzen 1 bis 3 genannten Arbeiten zu vereinbaren. Soweit eine solche Vereinbarung getroffen wird, sind die Mitarbeiterinnen und Mitarbeiter verpflichtet, dieses Unternehmen zu beauftragen, falls dies nicht im Einzelfall unzumutbar ist.

**§ 6 Reisekosten**

(1) Die Auslagen für die Reise der Mitarbeiterin oder des Mitarbeiters und der zur häuslichen Gemeinschaft gehörenden Personen (§ 2 Abs. 5 Satz 2 und 3) von der bisherigen zur neuen Wohnung werden wie bei Dienstreisen der Mitarbeiterin oder des Mitarbeiters in entsprechender Anwendung der Betriebsvereinbarung über die Erstattung von Reisekosten in der jeweils geltenden Fassung erstattet. Es ist ein Dienstreiseantrag zu stellen. Tagegeld wird vom Tage des Einladens des Umzugsgutes bis zum Tage des Ausladens mit der Maßgabe gewährt, daß auch diese beiden Tage als volle Reisetage gelten. Übernachtungskosten werden auf Nachweis erstattet, wenn eine Übernachtung außerhalb der neuen Wohnung notwendig gewesen ist.

(2) Absatz 1 Satz 1 gilt entsprechend für zwei Reisen und zwei Personen zum Suchen oder Besichtigen einer Wohnung mit der Maßgabe, daß die Fahrtkosten bis zur Höhe der billigsten Flugklasse erstattet werden. Reisespesen und Übernachtungskosten werden je Reise für höchstens einen Reise- und zwei Aufenthaltstage gewährt.

**§ 7 Mietentschädigung**

(1) Miete für die bisherige Wohnung wird bis zu dem Zeitpunkt, zu dem das Mietverhältnis frühestens gelöst werden konnte, längstens jedoch für sechs Monate erstattet, wenn für dieselbe Zeit Miete für die neue Wohnung gezahlt werden mußte. Ferner werden die notwendigen Auslagen für das Weitervermieten der Wohnung innerhalb der Vertragsdauer bis zur Höhe der Miete für einen Monat erstattet. Die Sätze 1 und 2 gelten auch für die Miete einer Garage.

§ 5  Kapitel 3: Interessenausgleichsvereinbarungen und Sozialpläne

(2) Miete für die neue Wohnung, die nach Lage des Wohnungsmarktes für eine Zeit gezahlt werden mußte, während der die Wohnung noch nicht benutzt werden konnte, wird längstens für drei Monate erstattet, wenn für dieselbe Zeit Miete für die bisherige Wohnung gezahlt werden mußte. Entsprechendes gilt für die Miete einer Garage.

(3) Die bisherige Wohnung im eigenen Haus oder die Eigentumswohnung steht der Mietwohnung gleich. An die Stelle der Miete tritt der ortsübliche Mietwert der Wohnung. Entsprechendes gilt für die eigene Garage. Für die neue Wohnung im eigenen Haus oder die neue Eigentumswohnung wird Mietentschädigung nicht gewährt.

(4) Miete nach den Absätzen 1 und 3 wird nicht für eine Zeit erstattet, in der die Wohnung oder Garage ganz oder teilweise anderweitig vermietet oder benutzt worden ist.

**§ 8 Andere Auslagen**

(1) Die notwendigen ortsüblichen Maklergebühren für die Vermittlung einer angemessenen Mietwohnung und einer Garage oder die entsprechenden Auslagen bis zu dieser Höhe für eine eigene Wohnung werden erstattet. Maßgabe für eine angemessene Wohnung sind Größe und Ausstattung der bisherigen Wohnung.

(2) Auslagen für einen durch den Umzug bedingten zusätzlichen Unterricht der Kinder der Mitarbeiterin/des Mitarbeiters, der Partnerin oder des Partners (§ 2 Abs. 5 Satz 2) werden bis zu 40 vom Hundert des im Zeitpunkt der Beendigung des Umzuges maßgeblichen Monatsgehaltes der Gehaltsgruppe            für jedes Kind erstattet, und zwar bis zu 50 vom Hundert dieses Betrages voll und darüber hinaus zu drei Vierteln.

(3) Die Auslagen für einen Kochherd werden bis zu einem Betrag von 450 Deutsche Mark erstattet, wenn seine Beschaffung beim Bezug der neuen Wohnung notwendig ist. Sofern die neue Wohnung eine Mietwohnung ist, werden unter den gleichen Voraussetzungen auch die Auslagen für Öfen bis zu einem Betrag von 320 Deutsche Mark für jedes Zimmer erstattet.

**§ 9 Pauschvergütung für sonstige Umzugsauslagen**

(1) Mitarbeiterinnen/Mitarbeiter, die am Tage vor dem Einladen des Umzugsgutes eine Wohnung hatten und nach dem Umzug wieder eingerichtet haben, erhalten eine Pauschvergütung für sonstige Umzugsauslagen. Die Höhe dieser Pauschvergütung richtet sich nach dem jeweils für Verheiratete und Ledige lohnsteuerfrei zahlbaren Höchstbetrag. Die Pauschvergütung für sonstige Umzugsauslagen erhöht sich für andere Personen, die zur häuslichen Gemeinschaft gehören (§ 2 Abs. 5 Satz 2 und 3) mit Ausnahme des Ehepartners im Sinne von § 2 Abs. 4. Der Erhöhungsbetrag richtet sich nach dem jeweils lohnsteuerfrei zahlbaren Betrag.

(2) Dem Verheirateten stehen gleich der Verwitwete und der Geschiedene sowie derjenige, dessen Ehe aufgehoben oder für nichtig erklärt ist, ferner der Ledige, der auch in der neuen Wohnung Personen im Sinne des § 2 Abs. 5 Satz 3 nicht nur vorübergehend Unterkunft und Unterhalt gewährt bzw. aufgenommen hat.

(3) Sind die Voraussetzungen des Absatzes 1 Satz 1 nicht gegeben, so beträgt die Pauschvergütung bei Verheirateten 30 vom Hundert und bei Ledigen 20 vom Hundert des Betrages nach Absatz 1 Satz 2 oder 3.

(4) Stehen für denselben Umzug mehrere Pauschvergütungen zu, wird nur eine davon gewährt; sind die Pauschvergütungen unterschiedlich hoch, so wird die höhere gewährt.

(5) Gegen Einzelnachweis können folgende Umzugsauslagen bis zum Höchstbetrag von insgesamt            DM (            EUR) erstattet werden:
– Fenster- und Türvorhänge: Auslagen für notwendige Neuanschaffungen wegen der Größe der Fenster und Türen in der neuen Wohnung; Änderungen, Abnehmen und Anbringen der bisherigen Vorhänge, auch von Rollos, Vorhangstangen und Zugvorrichtungen (Höchstbetrag            DM (            EUR)).
– Auslagen für Schönheitsreparaturen in der alten Wohnung, wenn diese nach dem Mietvertrag beim Auszug durchgeführt werden mußten.

## § 10 Vorläufige Wohnung
Eine Mitarbeiterin oder ein Mitarbeiter mit Wohnung im Sinne des § 2 Abs. 6 kann für den Umzug in eine vorläufige Wohnung Umzugskostenerstattung erhalten, wenn der Arbeitgeber dem vorläufigen Umzug vorher schriftlich zugestimmt hat. Bis zum Umzug in die endgültige Wohnung kann eine Wohnung nur einmal als vorläufige Wohnung anerkannt werden.

## § 11 Arbeitgeberdarlehen und Gehaltsvorschüsse
Für aus Anlaß des Umzuges zu zahlende Mietkautionen und/oder Abstandszahlungen werden auf Antrag Gehaltsvorschüsse oder Arbeitgeberdarlehen gewährt. Die Verzinsung richtet sich nach den jeweils geltenden lohnsteuerlichen Bedingungen. Für Abstandszahlungen wird Vorschuß/Darlehen bis zum Höchstbetrag von          DM (          EUR) gewährt.

## § 12 Trennungsgeld
(1) Anspruch auf Trennungsgeld haben Mitarbeiterinnen und Mitarbeiter, die in häuslicher Gemeinschaft mit in § 2 Abs. 5 genannten Personen leben, vom Zeitpunkt der Versetzung bis zum Bezug einer neuen gemeinsamen Wohnung mit diesen Personen, längstens für ein halbes Jahr ab dem Zeitpunkt der Versetzung. In begründeten Einzelfällen kann Trennungsgeld für maximal weitere drei Monate gewährt werden.

Verlängerungsanträge sind spätestens einen Monat vor Ablauf zu stellen und zu begründen.

Mitarbeiterinnen und Mitarbeiter, deren Arbeitsverhältnis infolge Erreichens der Altersgrenze oder aufgrund schriftlicher Vereinbarung innerhalb von zwei Jahren nach dem Zeitpunkt der Versetzung endet, haben Anspruch auf Trennungsgeld längstens bis zum Zeitpunkt der Beendigung des Arbeitsverhältnisses.

(2) Trennungsgeld wird nicht gewährt für
  1. Tage, an denen sich die Mitarbeiterin/der Mitarbeiter auf Dienstreise mit Anspruch auf Tagegeld befindet,
  2. Tage, die die Mitarbeiterin/der Mitarbeiter mit einem der in § 2 Abs. 5 genannten Angehörigen verbringt, wenn für die Heimfahrt eine Reisebeihilfe gemäß § 13 gewährt wird,
  3. Tage, für die Reisekosten nach § 6 gewährt werden.

(3) Das Trennungsgeld beträgt          DM (          EUR).

(4) Das Trennungsgeld wird monatlich nachträglich gezahlt. Der Antrag ist schriftlich innerhalb eines Jahres nach Ablauf des jeweiligen Kalendermonates zu stellen. Die Mitarbeiterin/der Mitarbeiter hat nachzuweisen, daß die Voraussetzungen für die Trennungsgeldgewährung vorliegen.

## § 13 Reisebeihilfe für Heimfahrten
(1) Mitarbeiterinnen und Mitarbeiter mit Anspruch auf Trennungsgeld können Reisebeihilfen für Heimfahrten zu den in § 2 Abs. 5 genannten Angehörigen erhalten. Anstelle von Reisen der Mitarbeiterin/des Mitarbeiters können auch Reisen der in § 2 Abs. 5 genannten Personen berücksichtigt werden, wenn die Mitarbeiterin/der Mitarbeiter eine entsprechende Anzahl von Heimfahrten nicht in Anspruch nimmt.

(2) Als Reisebeihilfe werden die entstandenen notwendigen Fahrauslagen erstattet. Erstattet werden höchstens die Fahrtkosten bis zur Höhe der billigsten Flugklasse für eine wöchentliche Heimfahrt.

(3) § 12 Abs. 4 gilt entsprechend.

## § 14 Regelung flexibler Arbeitszeiten
Beginn und Ende der Kernarbeitszeiten werden so festgelegt, daß Mitarbeiterinnen und Mitarbeiter mit Anspruch auf Trennungsgeld Heimfahrten im Sinne von § 13 Abs. 1 Satz 1 nicht an arbeitsfreien Tagen durchführen müssen, soweit dies mit dienstlichen Belangen vereinbar ist.

### § 15 Wohnungsfürsorgedarlehen

(1) Für die Anmietung, die Ausstattung oder den Erwerb einer Wohnung werden auf Antrag Wohnungsfürsorgedarlehen des Arbeitgebers gewährt.

(2) Darlehen können bis zu einem Betrag von          DM (          EUR) gewährt werden. Bestehende Arbeitgeberdarlehen, mit Ausnahme solcher nach § 11, werden auf den Höchstbetrag angerechnet. Das Darlehen ist in Höhe des von den Finanzämtern anerkannten Zinssatzes von derzeit          % zu verzinsen und innerhalb von 10 Jahren in monatlichen Raten zurückzuzahlen. Zinszahlungen und -tilgung erfolgen in monatlichen Raten durch Aufrechnung mit Gehaltsansprüchen.

(3) In den ersten beiden Jahren kann das Darlehen auf Wunsch der Mitarbeiterin oder des Mitarbeiters tilgungsfrei gestellt werden.

(4) Das Darlehen wird, ohne daß es einer Kündigung bedarf, stets an dem Tag zur Rückzahlung fällig, an dem das Arbeitsverhältnis endet.

(5) Soweit das Darlehen den Betrag von          DM (          EUR) überschreitet, haben die Mitarbeiterin oder der Mitarbeiter dem Arbeitgeber eine verwertbare Sicherheit zu stellen, wobei die Sicherheit üblicherweise aus einer Grundschuld besteht. Ausnahmen sind im Einzelfall möglich. In begründeten Fällen kann der Arbeitgeber darauf verzichten, der Mitarbeiterin oder dem Mitarbeiter ein Darlehen zu gewähren, wenn die dem Arbeitgeber bekannten Vermögensverhältnisse eine Rückzahlung des Darlehens zweifelhaft erscheinen lassen.

### § 16 Verdienstsicherung bei Arbeitgeberwechsel

Mitarbeiterinnen und Mitarbeiter, die nach § 2 Abs. 3 des Sozialplans ein neues Arbeitsverhältnis unter Besitzstandswahrung begründen und deren neues Bruttomonatsgehalt niedriger ist, erhalten als Ausgleich für den Verlust des Arbeitsplatzes einen einmaligen Abfindungsbetrag in Höhe des 12fachen Differenzbetrages zwischen den beiden Bruttomonatsgehältern, ohne Abzinsung und ohne Berücksichtigung etwaiger künftiger Gehaltserhöhungen. Weicht die Monatsarbeitszeit am neuen Arbeitsplatz von der Arbeitszeit am bisherigen Arbeitsplatz ab, ist für die Berechnung der Einkommensdifferenz die neue monatliche Vergütung im Umfang der bisherigen Arbeitszeit zugrundezulegen.

### § 17 Vorzeitige Beendigung

Wird das im Sinne von § 2 Abs. 3 des Sozialplans unter Besitzstandswahrung begründete Arbeitsverhältnis innerhalb von 36 Monaten durch arbeitgeberseitige betriebsbedingte Kündigung beendet, erhalten die Mitarbeiterin und der Mitarbeiter die Leistungen gemäß Teil C unter Anrechnung der Leistungen nach § 16 und abzüglich etwaiger Abfindungsleistungen des neuen Arbeitgebers. Der arbeitgeberseitigen betriebsbedingten Beendigungskündigung steht eine Eigenkündigung der Mitarbeiterin oder des Mitarbeiters gleich, die durch eine Betriebsänderung veranlaßt wurde und mit der die Mitarbeiterin oder der Mitarbeiter einer arbeitgeberseitigen betriebsbedingten Beendigungskündigung zuvorkommt.

### Teil C: Beendigung des Arbeitsverhältnisses

### § 18 Abfindung

(1) Mitarbeiterinnen und Mitarbeitern im Sinne von § 1 Abs. 1, denen nach Maßgabe der Präambel betriebsbedingt gekündigt wurde und die dem Geltungsbereich des Sozialplans nach § 1 unterfallen, sowie Mitarbeiterinnen und Mitarbeiter, die das Arbeitsverhältnis selbst kündigen und mit ihrer Eigenkündigung einer arbeitgeberseitigen betriebsbedingten Beendigungskündigung zuvorkommen, erhalten eine Abfindung.

(2) Die Mitarbeiterinnen und Mitarbeiter haben das Recht, statt der Abfindung eine befristete Fortsetzung des Arbeitsverhältnisses über den Beendigungszeitraum hinaus unter Umwandlung der Abfindung in Gehaltszahlungen in monatlicher Höhe, die dem monatlichen Arbeitgeberbrutto vor dem vorgesehenen Beendigungszeitpunkt entsprechen, zu verlangen.

## § 19 Höhe der Abfindung

(1) Der Grundbetrag der Abfindung errechnet sich wie folgt:
Alter x Betriebszugehörigkeit x Bruttomonatsgehalt

(2) Der Grundbetrag der Abfindung nach Absatz 1 erhöht sich für jedes zum Zeitpunkt des Inkrafttretens dieses Sozialplans auf der Steuerkarte eingetragene unterhaltsberechtigte Kind um _____ DM ( _____ EUR).

(3) Für Schwerbehinderte oder Schwerbehinderten Gleichgestellte im Sinne des Schwerbehindertengesetzes erhöht sich die Abfindung nach Absatz 1 um _____ DM ( _____ EUR). Die Anerkennung als Schwerbehinderter muß im Zeitpunkt der Beendigung des Arbeitsverhältnisses vorliegen.

(4) Bei der Berechnung des Lebensalters und der Dienstjahre werden volle Jahre und volle Monate berücksichtigt. Bei der Berechnung der Betriebszugehörigkeit sind die gemäß der Betriebsvereinbarung über Dienstzeiten anzurechnenden Beschäftigungszeiten, die aus einer Teilzeitbeschäftigung mit einer regelmäßigen wöchentlichen Arbeitszeit von nicht mehr als 10 Stunden resultieren, mit 25 vom Hundert, von nicht mehr als 20 Stunden mit 50 vom Hundert und von nicht mehr als 30 Stunden mit 75 vom Hundert zu berücksichtigen. Bei Teilzeitmitarbeiterinnen/mitarbeitern gilt als Bruttomonatsgehalt das Entgelt, das sie auf der Basis dieser Grundsätze bei einer Ganztagstätigkeit erhalten hätten.

(5) Bruttomonatsgehalt ist das Durchschnittsentgelt der letzten drei Monate vor der Beendigung des Arbeitsverhältnisses auf der Basis der vertraglich regulären Arbeitszeit ohne Berücksichtigung etwaiger Sonderzahlungen (Jahressonderzahlung, Urlaubsgeld, Tantiemen, Nachtarbeitszuschläge, Erschwerniszuschläge, uä) und Leistungen mit Aufwendungsersatzcharakter.

(6) Mitarbeiterinnen und Mitarbeiter, denen eine Abfindung gemäß Abs. 1 gewährt wird, erhalten als Einmalzahlung den einjährigen Arbeitgeberanteil aus der betrieblichen Altersversorgung nach Maßgabe des bestehenden Gruppenversicherungsvertrages ausfinanziert. Der Einmalbetrag wird unmittelbar vom Arbeitgeber an die _____-Versicherung zum Zeitpunkt der Beendigung des Arbeitsverhältnisses gezahlt. In den Fällen des § 23 Abs. 1 wird keine Ausfinanzierung in Form des Einmalbetrages vorgenommen.

## § 20 Steuerliche Behandlung

Die Abfindungen werden im Rahmen des § 3 Nr. 9 EStG steuerfrei ausgezahlt.

## § 21 Auszahlung der Abfindung

(1) Die Abfindungsansprüche entstehen zum Zeitpunkt der rechtlichen Beendigung des Arbeitsverhältnisses. Sie können zuvor nicht übertragen und vererbt werden. Die Ansprüche werden mit der Entstehung fällig, frühestens einen Monat nach Ausspruch der Kündigung.

(2) Erhebt ein Mitarbeiter Klage auf Feststellung der Unwirksamkeit einer Kündigung oder des Fortbestehens des Arbeitsverhältnisses, so werden die Ansprüche aus diesem Sozialplan erst fällig, wenn das Verfahren abgeschlossen ist und feststeht, daß das Arbeitsverhältnis beendet ist. Dies gilt auch, wenn der Mitarbeiter Klage gegen einen Erwerber erhebt, an den sächliche und immaterielle Betriebsmittel der Betriebsstätte veräußert wurden. Im Falle der rechtskräftigen Feststellung der Unwirksamkeit der Kündigung oder des Fortbestehens des Arbeitsverhältnisses mit einem eventuellen Erwerber bestehen keine Ansprüche auf Leistungen nach diesem Sozialplan. Wird eine solche Klage eingereicht, nachdem die Leistungen bereits ausbezahlt worden sind, so sind diese mit Erhebung der Klage unter Ausschluß von Zurückbehaltungsrechten zur Rückzahlung fällig. Wird in einem solchen Verfahren eine Abfindung zuerkannt oder vergleichsweise vereinbart, so gilt Absatz 3.

(3) Auf Leistungen aus diesem Sozialplan sind etwaige gesetzliche, tarifvertragliche oder individualvertragliche Abfindungen, Nachteilsausgleichsansprüche oder sonstige Entschädigungsleistungen (z.B. nach § 113 BetrVG, §§ 9, 10 KSchG) für den Verlust des Arbeitsplatzes anzurechnen.

## § 5 Kapitel 3: Interessenausgleichsvereinbarungen und Sozialpläne

(4) Der Arbeitgeber ist berechtigt, die Leistungen aus dem Sozialplan mit eigenen Ansprüchen (Rückerstattungsansprüche, Ansprüche aus Arbeitgeberdarlehen usw.) zu verrechnen.

### § 22 Sonderleistungen

Im Laufe eines Kalenderjahres ausscheidende Mitarbeiter erhalten den Jahresurlaub, das Weihnachtsgeld und das Urlaubsgeld anteilig für die Beschäftigungsdauer im Jahr des Ausscheidens, sofern keine günstigere individualvertragliche oder gesetzliche Regelung besteht.

### § 23 Härtefälle

(1) Mitarbeiterinnen und Mitarbeiter, für die ein Umzug aus persönlichen Gründen unzumutbar erscheint, erhalten 35 Prozent der Abfindung nach § 19 Abs. 1 sowie die vollen Leistungen nach § 19 Absätze 2 und 3. Persönliche Gründe für die Unzumutbarkeit eines Umzugs können sich aus beruflichen, schulischen, gesundheitlichen oder vergleichbaren Gründen des Betroffenen, von Familienangehörigen oder Partnern ergeben. Auch die nach Abs. 1 Satz 1 geleisteten Abfindungen werden zum Ausgleich für den Verlust des Arbeitsplatzes geleistet. Sie werden fällig unabhängig davon, ob die Beendigung durch Aufhebungsvertrag, Abwicklungsvertrag, Kündigung aus betrieblichen Gründen oder Eigenkündigung eintritt. Der Arbeitgeber teilt allen Mitarbeiterinnen und Mitarbeitern bis zum _____ mit, ob ihnen in _____ ein vergleichbarer Arbeitsplatz zur Verfügung steht. Die Mitarbeiterinnen und Mitarbeiter haben bis zum _____ verbindlich zu erklären, ob sie aus persönlichen Gründen ausscheiden wollen.

(2) Die Voraussetzungen des Härtefalls nach § 23 Abs. 1 werden durch den Härtefondsausschuß nach Abs. 4 festgelegt mit der Besonderheit, daß in derartigen Fällen der Betriebsrat den Vorsitz führt und bei Stimmengleichheit der Vorsitzende über zwei Stimmen verfügt.

(3) Für sonstige besondere soziale Härtefälle steht ein Härtefonds in Höhe von _____ DM (_____ EUR) zur Verfügung. Der Härtefonds dient dazu, in atypischen und schwierigen Fällen Leistungen zu gewähren für Härtefälle, die durch die Vereinbarung nicht oder nicht ausreichend erfaßt wurden. Unterstützungen aus dem Härtefonds werden längstens bis zum 12. Monat nach dem Ausscheiden oder nach dem Umzug der Mitarbeiterin oder des Mitarbeiters im Einvernehmen mit dem Betriebsrat gezahlt. Vorschlagsberechtigt zur Verwendung des Härtefonds sind die Mitarbeiterinnen und Mitarbeiter, der Betriebsrat sowie der Arbeitgeber.

(4) Entscheidungen über die Gewährung von Leistungen aus dem Härtefonds trifft der Härtefonds-Ausschuß. Der Härtefonds-Ausschuß ist paritätisch besetzt mit zwei Mitgliedern des Betriebsrats und zwei Vertretern des Parteivorstands. Die Sitzungen des Härtefonds-Ausschusses sind nicht öffentlich. Den Vorsitz führt von Sitzung zu Sitzung wechselnd ein Mitglied des Betriebsrats und ein Vertreter des Arbeitgebers.

### § 24 Umzugskosten bei Wechsel zu anderem Arbeitgeber

Zieht eine Mitarbeiterin/ein Mitarbeiter anläßlich des Wechsels zu einem anderen Arbeitgeber um, liegt die neue Arbeitsstätte außerhalb der Region _____ und liegt die neue Wohnung außerhalb der Region _____, so erstattet der Arbeitgeber auf Antrag die Kosten dieses Umzugs, soweit sie nicht von dem neuen Arbeitgeber übernommen werden, gegen Einzelnachweis bis zu einem Betrag von höchstens _____ DM (_____ EUR).

### Teil D: Sonstiges, Schlußbestimmungen

### § 25 Umschulungsmaßnahmen

(1) Kann eine Mitarbeiterin oder ein Mitarbeiter, deren Arbeitsplatz wegfällt, die Qualifikation für einen angebotenen Arbeitsplatz beim Arbeitgeber in _____ oder bei einem anderen Arbeitgeber nur durch eine zumutbare Umschulungs- oder Fortbildungsmaßnahme erreichen, so trägt der Arbeitgeber die anfallenden Kosten der Umschulungsmaßnahme in angemessenem Umfang.

(2) Falls die Umschulungsmaßnahme nicht berufsbegleitend durchgeführt werden kann, so wird die Mitarbeiterin oder der Mitarbeiter für die Dauer der Umschulungs- oder Fortbildungsmaßnahme bis zu zwölf Monaten unter Fortzahlung des Gehaltes freigestellt, wenn die Schulungsmaßnahme ein Volumen von mindestens 35 Stunden/Woche umfaßt und mit einem staatlich anerkannten

Abschluß, mit dem Abschluß eines anerkannten Bildungsträgers oder, wenn es in dem betreffenden Fachgebiet derartige Abschlüsse nicht gibt, mit einem allgemein anerkannten vergleichbaren Abschluß endet. Teilfreistellungen sind in analoger Anwendung der vorstehenden Bestimmungen möglich.

(3) Etwaige Leistungen Dritter, beispielsweise des Arbeitsamtes, müssen sich Mitarbeiterinnen oder Mitarbeiter anrechnen lassen. Leistungen nach den Absätzen 1 und 2 werden auf Abfindungen angerechnet.

### § 26 Zeugnis und Arbeitgeberbescheinigungen
Der Arbeitgeber verpflichtet sich, die bei einem Umzug oder bei einem Ausscheiden der Mitarbeiterin und des Mitarbeiters erforderlichen Bescheinigungen wie Arbeitsbescheinigungen, Zwischenzeugnisse und Zeugnisse umgehend bereitzustellen.

### § 27 Beurlaubung ohne Gehaltszahlung
Einem Mitarbeiter oder einer Mitarbeiterin kann auf Antrag Urlaub ohne Gehaltszahlung für die Dauer von drei Jahren bewilligt werden. Während des Zeitraums der Bewilligung ruhen sämtliche Ansprüche aus dem Arbeitsverhältnis. Der Mitarbeiter oder die Mitarbeiterin haben dem Arbeitgeber bis zur Aufnahme ihrer anderweitigen Tätigkeit Namen und Anschrift des Arbeitgebers anzuzeigen. Sechs Monate vor Ablauf des bewilligten Urlaubs ohne Gehaltszahlung ist anzuzeigen, ob der Mitarbeiter oder die Mitarbeiterin zurückkehren wollen oder das Arbeitsverhältnis kündigen. Der Bewilligungszeitraum von drei Jahren kann in begründeten Ausnahmefällen um bis zu zwei Jahre verlängert werden, wenn dienstliche Gründe nicht entgegenstehen. Die Zeit der Beurlaubung gilt nicht als Beschäftigungszeit.

### § 28 Anlaufstelle
Als Anlaufstelle wird eine organisatorische Einheit beim Arbeitgeber bezeichnet, zu deren Aufgaben es gehört, die Mitarbeiterinnen und Mitarbeiter bei organisatorischen Fragen im Zusammenhang mit der Durchführung des Sozialplans in dienstlicher und außerdienstlicher Hinsicht zu unterstützen.

### § 29 Schlußbestimmungen
(1) Mitarbeiterinnen und Mitarbeiter, die über Ansprüche aus diesem Sozialplan verfügen, sind verpflichtet, jede tatsächliche Änderung in ihren persönlichen Verhältnissen, die Bedeutung für die Leistungen nach dieser Betriebsvereinbarung haben könnten, unverzüglich schriftlich der Firma mitzuteilen.

(2) Sollten einzelne Bestimmungen dieses Sozialplans unwirksam sein oder werden oder im Widerspruch zu tariflichen oder gesetzlichen Regelungen stehen, so bleiben die übrigen Regelungen bestehen. Die unwirksame oder in Widerspruch stehende Regelung ist durch eine Regelung zu ersetzen, die dem von den Parteien mit der ersetzten Regelung Gewollten möglichst nahe kommt. Gleiches gilt für eine eventuelle Regelungslücke.

(3) Die bestehenden Betriebsvereinbarungen bleiben von dieser Vereinbarung unberührt.

(4) Der Sozialplan tritt mit Unterzeichnung durch die Betriebspartner in Kraft.

## 4. Muster: Sozialplan eines konzerngebundenen Betriebes wegen Betriebsstillegung, Vereinbarung in der Einigungsstelle (Bereich Chemie)

*Protokoll*

der Verhandlungen der Einigungsstelle zum Abschluß eines Sozialplanes wegen der zum  geplanten Betriebsschließung bei der Gesellschaft.

## § 5 Kapitel 3: Interessenausgleichsvereinbarungen und Sozialpläne

Die Verhandlungen der Einigungsstelle beginnen am ▓▓▓ um ▓▓▓ Uhr in den Räumen der Firma in ▓▓▓. Die Einigungsstelle konstituiert sich in folgender Besetzung:

| | |
|---|---|
| Arbeitgeberbeisitzer | Geschäftsführer ▓▓▓ |
| | Rechtsanwalt ▓▓▓ |
| Betriebsratsbeisitzer | Betriebsrat ▓▓▓ |
| | Rechtsanwalt ▓▓▓ |
| Vorsitzender | RiArbG Dr. C. |

Die Herren Rechtsanwälte fungieren zugleich als Verfahrensbevollmächtigte ihrer jeweiligen Mandanten.

In der mündlichen Verhandlung werden zunächst die Vorgeschichte und die wirtschaftlichen Begleitumstände der zum ▓▓▓ geplanten endgültigen Betriebsschließung erörtert. Die damit verbundenen personellen Konsequenzen werden im einzelnen dargestellt. Da die Gesellschaft vollständig liquidiert werden soll, fallen sämtliche der zuletzt bestehenden ▓▓▓ Arbeitsplätze weg. Ein Teil der Belegschaft konnte in andere Unternehmen des Konzerns vermittelt werden. Auf einen anderen Teil werden einvernehmlich die Regeln des Sozialplans vom ▓▓▓ über die Frühpensionierung angewandt. Einige Mitarbeiter haben das Arbeitsverhältnis unter dem Eindruck der geplanten Betriebsschließung von sich aus vorzeitig beendet. Gegenüber 14 verbleibenden Mitarbeitern mußten betriebsbedingte arbeitgeberseitige Kündigungen zum ▓▓▓ ausgesprochen werden. Alle hiervon betroffenen Arbeitnehmer haben beim Arbeitsgericht Kündigungsschutzklagen erhoben. Diese sind zur Zeit noch in der ersten Instanz anhängig.

Die Betriebspartner nehmen aus ihrer jeweiligen Sicht zum Sach- und Streitstand hinsichtlich der Sozialplanverhandlungen Stellung. Als Grundlage der Erörterungen dient der Sozialplan vom ▓▓▓, dessen Wiederinkraftsetzung der Arbeitgeber vorgeschlagen hat, sowie der dazugehörige Änderungsentwurf des Betriebsrats. Die beiden Vorschläge werden im einzelnen erörtert und die jeweiligen Meinungsverschiedenheiten zu jedem Einzelpunkt herausgearbeitet.

Um ▓▓▓ Uhr vertagt sich die Einigungsstelle auf den ▓▓▓. Bis zum neuen Termin wird der Vorsitzende einen schriftlichen Einigungsvorschlag vorlegen.

\* \* \*

Fortsetzung der Einigungsstellenverhandlung am ▓▓▓ um ▓▓▓ Uhr, in den Räumen der Kanzlei von Herrn Rechtsanwalt ▓▓▓.

An der heutigen Verhandlung nimmt auf Betriebsratsseite an Stelle des verhinderten Betriebsrats ▓▓▓ Frau Betriebsrätin ▓▓▓ teil.

Die Erörterungen werden anhand des zwischenzeitlich den Beteiligten zugeleiteten Einigungsvorschlags des Vorsitzenden fortgesetzt. Der Vorsitzende führt hierzu auch separate Konsultationen mit den jeweiligen Delegationen der Betriebspartner. Zwischen allen Verhandlungsteilnehmern besteht Einvernehmen darüber, daß die von den betriebsbedingten arbeitgeberseitigen Kündigungen betroffenen Arbeitnehmer in sozialer Hinsicht besonders schutzbedürftig erscheinen.

Nach ausführlicher Erörterung kann schließlich einstimmig folgende Einigung erzielt werden:

1. Die Betriebspartner verabschieden einen Sozialplan, der den von der Betriebsschließung zum ▓▓▓ betroffenen Arbeitnehmern dieselben Leistungen gewährt wie der Sozialplan vom ▓▓▓. Verschiedene, im einzelnen abgesprochene redaktionelle Änderungen dienen der Klarstellung der Regelungsinhalte.

2. Der Arbeitgeber wird den von den betriebsbedingten, arbeitgeberseitigen Kündigungen betroffenen Arbeitnehmern ein verbindliches Angebot unterbreiten, die laufenden Kündigungsschutzprozesse durch einen Vergleich folgenden Inhalts zu beenden:

   a) Beendigung des Arbeitsverhältnisses aufgrund betriebsbedingter Kündigung zum ▓▓▓.

   b) Zahlung einer Abfindung in Höhe der Sozialplanabfindung zuzüglich eines Aufstockungsbetrages in Höhe von je ▓▓▓ DM (▓▓▓ EUR) pro Jahr der Betriebszugehörigkeit und

DM ( EUR) pro unterhaltsberechtigtem Kind laut Lohnsteuerkarte. Der 52 Jahre alte Arbeitnehmer soll aufgrund der ihn betreffenden Härte einen weiteren Abfindungszuschlag erhalten in Anlehnung an die Regelung über einen Abfindungsaufschlag in Ziff. 4. 6 des Sozialplans vom , der auch berücksichtigt, daß der Mitarbeiter die Anspruchsvoraussetzungen nach Ziff. 4. 5 des Sozialplans nur knapp verfehlt.

Lehnen die Arbeitnehmer das Vergleichsangebot ab, verbleibt es für sie bei den Regeln des Sozialplans.

3. Der Härtefonds gemäß Ziff. 6 des Sozialplans dient dem Ausgleich etwaiger weiterer zur Zeit nicht bekannter besonderer Härten im Einzelfall. Ein solcher Härtefall kommt nach übereinstimmender Auffassung der Betriebspartner z. B. dann in Betracht, wenn ein arbeitslos gewordener Mitarbeiter eine für ihn geeignete, durch einen öffentlichen Leistungsträger geförderte berufliche Qualifizierungsmaßnahme absolviert, ohne für deren Dauer Leistungen zum laufenden Unterhalt (z. B. Arbeitslosengeld, Unterhaltsgeld oä) beziehen zu können.

Der Vorsitzende wird die Reinschrift des heute verabschiedeten Sozialplans erstellen und den Betriebspartnern in der KW zur Unterzeichnung im Umlaufverfahren zuleiten.

Die Einigungsstellenverhandlung wird um Uhr geschlossen. Der Vorsitzende dankt allen Verhandlungspartnern für ihren Beitrag zu der stets sachlichen und konstruktiven Verhandlungsatmosphäre.

Für die Richtigkeit des Protokolls:

Mit dem Protokollinhalt einverstanden:

(Rechtsanwalt)

(Rechtsanwalt)

*Betriebsvereinbarung*

zwischen

der R-Gesellschaft mbH

– künftig R genannt –

und

dem im Betrieb dieses Unternehmens gebildeten Betriebsrat

**Präambel**

Im Februar hat die 100 %-ige Gesellschafterin von R beschlossen, den Betrieb des Unternehmens zum endgültig stillzulegen. Diese Entscheidung wurde der Belegschaft im Rahmen einer Betriebsversammlung vom mitgeteilt.

Der Betriebsrat hat am erklärt, daß sich nach seiner Rechtsauffassung aus dem Interessenausgleich vom ein kollektivrechtlicher Anspruch auf Fortführung des Betriebes bis mindestens zum Jahre ergebe. R hat dieser Rechtsauffassung widersprochen. Aufgrund dieser Meinungsverschiedenheit ist ein erneuter Interessenausgleich nicht zustandegekommen.

Ungeachtet dessen schließen die Betriebspartner unter Aufrechterhaltung der beiderseitigen Rechtsstandpunkte zur Milderung sozialer Härten und zum Ausgleich von wirtschaftlichen Nachteilen, die den Arbeitnehmern infolge der seitens R zum geplanten Betriebsstillegung entstehen, den folgenden

**Sozialplan**

**1. Geltungsbereich**

1.1 Leistungen nach den Bestimmungen dieser Vereinbarung erhalten Mitarbeiter von R, die am ▓▓▓ in einem unbefristeten Arbeitsverhältnis mit R standen und deren Arbeitsplatz von der zum ▓▓▓ geplanten Betriebsstillegung betroffen ist.

Die im Rahmen der Durchführung personeller Einzelmaßnahmen zu wahrenden Rechte des Betriebsrats bleiben von dieser Betriebsvereinbarung unberührt.

1.2 Leistungen nach den Bestimmungen dieser Vereinbarung erhalten auch diejenigen Mitarbeiter, die im Rahmen der vorgesehenen Maßnahmen auf Veranlassung von R oder erkennbar aufgrund der von R geplanten Maßnahmen auf eigenen Wunsch nach dem ▓▓▓ bei R ausgeschieden sind.

Im Einzelfall müssen mit dem aufnehmenden Betrieb getroffene vertragliche Regelungen beachtet werden.

1.3 Keine Leistung nach dieser Vereinbarung erhalten:

1.3.1 Mitarbeiter, mit denen auf der Grundlage des Sozialplans vom ▓▓▓ ein Vertrag über die Beendigung des Arbeitsverhältnisses wegen vorzeitiger Versetzung in den Ruhestand geschlossen wurde und die bis zum Beginn des vorzeitigen Ruhestandsverhältnisses bei der Firma ▓▓▓ unter im übrigen vergleichbaren Arbeitsbedingungen weiterbeschäftigt werden.

1.3.2. Mitarbeiter, bei denen die Voraussetzungen für die Inanspruchnahme des Altersruhegeldes aus der gesetzlichen Rentenversicherung bestehen.

1.3.3 Mitarbeiter, die wegen Erwerbsunfähigkeit aus den Diensten von R ausscheiden.

1.3.4 Mitarbeiter, denen von R – unter Beachtung von § 102 BetrVG – aus einem personen- oder verhaltensbedingten Grund fristlos oder fristgerecht gekündigt wird.

1.3.5 Mitarbeiter, die ein in der in Ziff. 3.1 beschriebenen Art und Weise ordnungsgemäß unterbreitetes Angebot einer Tätigkeit in einem anderen Unternehmen des Konzerns nicht annehmen, sofern dieses Angebot nicht aus einem der in Ziff. 3.2 genannten Gründe unzumutbar erscheint.

**2. Sonstige allgemeine Bestimmungen**

2.1 Für Kündigungen, Aufhebungsvereinbarungen und Abwicklungsverträge gilt eine Kündigungsfrist von mindestens drei Monaten, soweit nicht eine längere Kündigungsfrist vertraglich oder aufgrund gesetzlicher oder tariflicher Regelungen anzuwenden ist.

2.2 Die über die Abfindungsregelung ausscheidenden Mitarbeiter erhalten zur Suche eines neuen Arbeitsplatzes eine angemessen bezahlte Freistellung von der Arbeit. Falls dem Mitarbeiter durch Vorstellung bei einem neuen Arbeitgeber Kosten entstehen, die durch diesen nicht übernommen werden, werden die nachgewiesenen Aufwendungen von R getragen.

2.3 R verzichtet auf die Einhaltung der Kündigungsfrist, wenn die Mitarbeiterin/der Mitarbeiter dies im Hinblick auf die Aufnahme einer anderweitigen Tätigkeit wünscht.

2.4 Stichtag für die Ermittlung und Berechnung von Leistungen aus dieser Betriebsvereinbarung ist der letzte Tag des Arbeitsverhältnisses der jeweiligen Mitarbeiterin/des jeweiligen Mitarbeiters bei R.

2.5 Die von R nach dieser Vereinbarung zu zahlenden Abfindungen sind innerhalb eines Monats nach dem Ausscheiden des Mitarbeiters fällig.

Abweichend hiervon werden die in dieser Betriebsvereinbarung begründeten Leistungen für Mitarbeiter, die eine Kündigungsschutzklage erheben, erst innerhalb eines Monats nach rechtskräftigem Abschluß des Kündigungsschutzverfahrens fällig. Eine im Rahmen des Kündigungsschutzverfahrens festgesetzte oder vereinbarte Abfindung wird auf die Leistungen aus dieser Vereinbarung angerechnet.

2.6 Soweit auf Leistungen aus dieser Betriebsvereinbarung Steuern und Sozialversicherungsbeiträge zu entrichten sind, sind sie unter Beachtung zwingender gesetzlicher Vorschriften vom Mitarbeiter zu tragen.

2.7 Für Weiterbildungsmaßnahmen vor dem ▬▬▬▬ wird der Mitarbeiter/die Mitarbeiterin auf Wunsch ganz oder teilweise von der Arbeitsleistung freigestellt. Der Anspruch des Mitarbeiters/der Mitarbeiterin auf die Leistungen nach Arbeitsvertrag, Tarifvertrag und Betriebsvereinbarungen bleibt im übrigen unberührt.

### 3. Arbeitsplatzwechsel innerhalb des Konzerns

3.1 R bemüht sich weiterhin, allen Mitarbeitern – ausgenommen den in Ziff. 1.3.1 und 1.3.2 erwähnten – ein adäquates Stellenangebot für Arbeitsplätze in Unternehmen des Konzerns zu vermitteln. Das Angebot ist schriftlich zu formulieren und unter Mitwirkung des Betriebsrates der Mitarbeiterin/dem Mitarbeiter zu unterbreiten. Aus dem schriftlichen Angebot müssen die künftigen Aufgaben, die hierzu geforderte berufliche Qualifikation, der Dienstsitz und die tarifliche Eingruppierung bzw. der Monatsverdienst deutlich erkennbar sein.

Der Mitarbeiterin/dem Mitarbeiter ist Gelegenheit zu geben, sich an Ort und Stelle über das aufnehmende Unternehmen, den Arbeitsplatz und die dort üblichen Arbeitsbedingungen zu unterrichten. Zur Annahme des Angebots ist eine Überlegungsfrist von mindestens 15 Arbeitstagen einzuräumen.

Über die Eignung der Mitarbeiterin/des Mitarbeiters für den in Aussicht genommenen Arbeitsplatz entscheidet das aufnehmende Unternehmen.

3.1.1 Mitarbeiter, deren künftiges Monatsentgelt einschließlich aller regelmäßig gezahlten Zulagen am neuen, durch R vermittelten Arbeitsplatz niedriger ist als das bisherige Monatsentgelt bei R, erhalten zum Ausgleich für die mit dem Verlust des Arbeitsplatzes bei R verbundenen Nachteile eine Abfindung im Sinne der einschlägigen steuerrechtlichen Vorschriften.

Die Höhe der Abfindung beträgt 100 % des Differenzbetrages zwischen bisherigem und künftigem Monatsentgelt für die ersten 6 Monate des neuen Arbeitsverhältnisses zuzüglich 75 % des Differenzbetrages für die zweiten 6 Monate zuzüglich 50 % des Differenzbetrages für die dritten 6 Monate.

Die Abfindung wird fällig innerhalb eines Monats nach Beendigung des Arbeitsverhältnisses mit R.

3.1.2 Nimmt die Mitarbeiterin/der Mitarbeiter innerhalb von 18 Monaten nach Antritt des neuen Arbeitsverhältnisses einen durch den Arbeitsplatzwechsel notwendig gewordenen Wohnungswechsel vor, so kann sie/er Leistungen nach Maßgabe der Regelungen über die Erstattung von Umzugskosten gemäß Anlage 2, Abschnitt 2 beanspruchen.

3.1.3 Fallen für die Mitarbeiterin/den Mitarbeiter infolge des Arbeitsplatzwechsels bei Beibehaltung des bisherigen Wohnsitzes erhöhte Fahrtkosten an, so kann sie/er für die Dauer von bis zu 12 Monaten nach Antritt des neuen Arbeitsverhältnisses Leistungen nach Maßgabe der Regelungen über die Erstattung von Fahrtkosten gemäß Anlage 2, Abschnitt 1 beanspruchen.

3.1.4 Die Ansprüche nach Ziff. 3.1.1, 3.1.2 und 3.1.3 gelten nur für den ersten Arbeitsplatzwechsel zu einem von R vermittelten neuen Arbeitgeber, nicht für etwaige nachfolgende weitere Arbeitsplatzwechsel desselben Mitarbeiters. Die Regelung in Ziff. 3.1.5 bleibt hiervon unberührt.

3.1.5 Erfolgt seitens des aufnehmenden Unternehmens eine betriebsbedingte Kündigung innerhalb von 12 Monaten nach dem Antritt des von R vermittelten neuen Arbeitsverhältnisses, so findet dieser Sozialplan Anwendung.

Die Schutzfrist erhöht sich für Mitarbeiter ab dem vollendeten 40. Lebensjahr auf 15 Monate, ab dem vollendeten 50. Lebensjahr auf 18 Monate.

Seitens R bereits erbrachte Leistungen werden voll angerechnet. Dasselbe gilt für Leistungen, die das aufnehmende Unternehmen im Zusammenhang mit der Beendigung des Arbeitsverhältnisses gewährt.

3.2 Unzumutbarkeit im Sinne von Ziff. 1.3.5

3.2.1 Unzumutbar ist ein Vermittlungsangebot, bei dem
- die angebotene Tätigkeit qualitativ deutlich geringwertiger ist als die bisherige
- das angebotene Entgelt deutlich niedriger ist als das bisherige
- ein notwendiger Ortswechsel nachhaltig in das Familienleben eingreift (z. B. bei Pflegebedürftigkeit unmittelbarer Angehöriger, nahem Schulabschluß der Kinder, besonderen Härten im Zusammenhang mit der Berufstätigkeit des Lebensgefährten)
- die Mitarbeiterin/der Mitarbeiter im Zeitpunkt des Abschlusses dieser Betriebsvereinbarung eine berufliche Fortbildung betreibt, die infolge des angebotenen Arbeitsplatzwechsels nicht fortgeführt werden könnte
- sich das aufnehmende Unternehmen nicht verpflichtet, bei R erworbene Besitzstände als eigene Verbindlichkeit anzuerkennen. Die Regelungen in Ziff. 3.1.1 und Ziff. 3.2.1 erster und zweiter Spiegelstrich bleiben hiervon unberührt.

3.2.2 Ob eine Unzumutbarkeit vorliegt, befindet im Streitfall bis zum ▓▓▓▓ eine aus je einem Vertreter der Geschäftsleitung und des Betriebsrats zusammengesetzte Kommission, die einvernehmlich entscheidet.

**4. Abfindungen**

4.1. Mitarbeiter, denen kein zumutbarer Arbeitsplatz im Konzern angeboten werden konnte und die aufgrund einer arbeitgeberseitigen betriebsbedingten Kündigung oder eines entsprechenden Abwicklungsvertrages zum ▓▓▓▓ bei R ausscheiden, erhalten eine Abfindung für den Verlust des Arbeitsplatzes bei R.

Die Höhe der Abfindung errechnet sich durch Multiplikation des für die Mitarbeiterin/den Mitarbeiter maßgeblichen Monatsbetrages im Sinne von Ziff. 4.3.3 mit dem sich aus der Anlage 1 ergebenden Multiplikator (= Abfindung gemäß Anlage 1).

4.2 Mitarbeiter im Sinne von Ziff. 1.2, die nach dem ▓▓▓▓ durch Eigenkündigung oder in sonstiger Weise vorzeitig aus dem Arbeitsverhältnis ausgeschieden sind sowie gekündigte Mitarbeiter, die gemäß Ziff. 2.3 auf eigenen Wunsch vorzeitig aus dem Arbeitsverhältnis ausgeschieden sind bzw. ausscheiden, erhalten für den Verlust des Arbeitsplatzes bei R ebenfalls eine Abfindung gemäß Anlage 1.

4.3 Begriffsbestimmungen

4.3.1 Lebensalter ist die Anzahl vollendeter Lebensjahre, die die Mitarbeiterin/der Mitarbeiter am Stichtag (Ziff. 2.4) erreicht hat zuzüglich der bis dahin vollendeten weiteren Lebensmonate.

4.3.2 Betriebszugehörigkeit ist die Anzahl vollendeter Dienstjahre, die die Mitarbeiterin/der Mitarbeiter am Stichtag (Ziff. 2.4) erreicht hat zuzüglich der bis dahin vollendeten weiteren Dienstmonate.

4.3.3 Als Monatsbetrag ist der Betrag anzusehen, der einem Zwölftel der Jahresbezüge entspricht. Zur Ermittlung der Jahresbezüge wird das dem Mitarbeiter zuletzt bei R zustehende Monatsentgelt unter Einrechnung des 13. Monatsgehalts herangezogen. Dabei bleiben Mehrarbeitsvergütungen, Jahresprämie und sonstige nicht ständig gewährte Zulagen unberücksichtigt.

4.4 Mitarbeiter, die einen von R vermittelten Arbeitsplatz in einem anderen Unternehmen erhalten haben und Leistungen gemäß Anlage 2 nicht in Anspruch nehmen, erhalten eine Abfindung für den Verlust des Arbeitsplatzes bei R in Höhe eines Monatsbetrages (Ziff. 4.3.3), mindestens jedoch ▓▓▓▓ DM (▓▓▓▓ EUR).

Keinen Anspruch auf diese Abfindung haben Mitarbeiter, die trotz des Wechsels zu einem anderen Konzernunternehmen weiterhin auf dem Werksgelände in ▓▓▓▓ arbeiten.

Für Mitarbeiter, die zugleich Anspruch auf eine Abfindung gemäß Ziff. 3. 1. 1 haben, errechnet sich die Höhe der Gesamtabfindung aus der Summe der Einzelansprüche.

4.5 Mitarbeiter nach Vollendung des 40. Lebensjahres und mit mindestens 10-jähriger Betriebszugehörigkeit, die nicht sofort einen Arbeitsplatz finden, erhalten für die Dauer der Arbeitslosigkeit, längstens jedoch für die Dauer von 12 Monaten ab dem Ausscheiden bei R, einen Bruttoausgleich zwischen den Leistungen der Bundesanstalt für Arbeit und 90 % des bisherigen Nettomonatsverdienstes. Dieser Ausgleich wird auf Antrag und gegen Nachweis der Leistungen der Bundesanstalt für Arbeit rückwirkend vierteljährlich erstattet. Die Berechnung des Nettoentgeltes erfolgt gemäß § ▓▓▓▓ MTV.

4.6 Im übrigen sind mit der Zahlung einer Abfindung alle sonstigen Ansprüche aus § ▓▓▓▓ MTV abgegolten.

### 5. Sonstige Leistungen

5.1. Unabhängig vom Termin des Ausscheidens hat die Mitarbeiterin/der Mitarbeiter für das Jahr des Ausscheidens Anspruch auf das volle Urlaubsgeld und den vollen Jahresurlaub. Der Urlaub ist grundsätzlich vor dem Ausscheiden in natura zu nehmen.

5.2 Unabhängig vom Datum des Ausscheidens der Mitarbeiterin/des Mitarbeiters leistet R für das Jahr ▓▓▓▓ die volle tariflich vereinbarte Vermögenswirksame Leistung und die volle Weihnachtsgratifikation und bei einem Ausscheiden nach dem ▓▓▓▓ auch die volle Jahresprämie. Die Auszahlung erfolgt nach Maßgabe von Ziff. 2. 5.

5.3 Wird das Ausscheiden erst nach Richterspruch ermöglicht, finden die Regelungen in Ziff. 5. 1 und 5. 2 keine Anwendung.

5.4 Falls die gesetzlichen Voraussetzungen erfüllt sind, erhält der abkehrende Mitarbeiter zum Zeitpunkt des Ausscheidens eine Unverfallbarkeitserklärung zur Betriebsrente und unverzüglich nach Vorlage seiner Rentenunterlagen einen Bescheid über seine Versorgungsansprüche gegen R.

### 6. Härtefonds

6.1 Zur Milderung besonderer Härten, die im Zusammenhang mit der Durchführung dieser Vereinbarung auftreten, kann in Einzelfällen eine Beihilfe gewährt werden. Für derartige Beihilfen wird ein Härtefonds in Höhe von ▓▓▓▓ DM (▓▓▓▓ EUR) gebildet.

6.2 Leistungen aus dem Härtefonds werden nur auf Antrag gewährt. Der Antrag muß spätestens innerhalb von 6 Monaten nach dem Ausscheiden bei R gestellt werden. Mit dem Antrag ist glaubhaft zu machen, daß den Antragsteller im Vergleich zu den anderen betroffenen Arbeitnehmern durch das Ausscheiden bei R eine besondere Härte trifft.

6.3 Über den Antrag entscheidet bis zum ▓▓▓▓ eine aus je einem Vertreter der Geschäftsleitung und des Betriebsrats bestehende Kommission einvernehmlich.

6.4 Auf Leistungen aus dem Härtefonds besteht kein Rechtsanspruch.

6.5 Der Härtefonds wird zum ▓▓▓▓ aufgelöst.

### 7. Schlußbestimmungen

7.1 Die Vereinbarung hat eine Laufzeit bis zum ▓▓▓▓. Für Mitarbeiter, mit denen zu diesem Zeitpunkt noch ein Kündigungsschutzprozeß oder ein anderes arbeitsgerichtliches Verfahren über Leistungen aus diesem Sozialplan anhängig ist, verlängert sich die Laufzeit bis zum Ablauf von 2 Monaten nach rechtskräftigem Abschluß des Verfahrens.

7.2 Im Rahmen dieser Betriebsvereinbarung auftretende grundsätzliche Meinungsverschiedenheiten, die sich bei der Anwendung ergeben, sind von der Geschäftsführung und dem Betriebsrat mit dem Ziel einer einvernehmlichen Lösung zu beraten.

7.3 R wird diese Vereinbarung allen betroffenen Mitarbeitern aushändigen, sie beraten und sie rechtzeitig vor Durchführung der sie betreffenden Maßnahmen davon in Kenntnis setzen.

7.4 Diese Vereinbarung tritt am Tage ihrer Unterzeichnung in Kraft.

7.5 Leistungen, die R zum Ausgleich für die Nachteile, die aus der zum ▒▒▒▒▒▒ geplanten Betriebsstilllegung entstehen, im Zeitpunkt des Inkrafttretens dieses Sozialplans bereits erbracht hat, sind auf die Ansprüche nach diesem Sozialplan anzurechnen.

7.6 Die Mitgliedschaft in den Kommissionen gemäß Ziffern 3.2.2 und 6.3 bleibt bestehen, bis die Aufgaben beendet sind. Ein zwischenzeitliches Ausscheiden aus dem Betrieb führt weder auf Arbeitgeber- noch auf Betriebsratsseite zum Erlöschen des Mandats. Auf Arbeitgeberseite geht die Mitgliedschaft in der Kommission auf den Liquidator bzw. eine von diesem zu bestimmende Person über.

7.7 R ist berechtigt, ihre Verpflichtungen aus dem Sozialplan mit schuldbefreiender Wirkung durch eine andere Gesellschaft des Konzerns oder durch eine externe Treuhandgesellschaft übernehmen zu lassen.

*Anlage 1 zum Sozialplan ▒▒▒▒▒ – Berechnung der Abfindung*

| Im Alter von | bis 30 | 31 und 32 | 33 bis 35 | 36 bis 38 | 39 und 40 | 41 und 42 | 43 bis 45 | 46 und 47 | 48 und 49 | 50 bis 52 | 53 und 54 | 55 | 56 bis 58 | 59 und 60 | 61 und 62 | 63 und 64 |
|---|---|---|---|---|---|---|---|---|---|---|---|---|---|---|---|---|
| Betriebszugehörigkeit in Jahren | | | | | | | | | | | | | | | | |
| bis 2 | 0,6 | 0,6 | 0,6 | 0,7 | 0,75 | 0,8 | 1,0 | 1,0 | 1,0 | 1,0 | 1,0 | 1,0 | 1,0 | 1,0 | 1,0 | 0,5 |
| nach 2 | 1,2 | 1,2 | 1,2 | 1,4 | 1,5 | 1,6 | 2,0 | 2,0 | 2,0 | 2,0 | 2,0 | 2,0 | 2,0 | 2,0 | 2,0 | 1,0 |
| 3 | 1,8 | 1,8 | 1,8 | 2,1 | 2,1 | 2,4 | 2,5 | 2,7 | 2,7 | 3,8 | 3,8 | 3,8 | 3,8 | 3,8 | 3,8 | 1,5 |
| 4 | 2,4 | 2,4 | 2,4 | 2,8 | 2,8 | 3,2 | 3,2 | 3,6 | 3,6 | 4,4 | 4,4 | 4,4 | 4,4 | 4,4 | 4,4 | 2,0 |
| 5 | 3,0 | 3,0 | 3,0 | 3,5 | 3,5 | 4,0 | 4,0 | 4,5 | 4,5 | 5,0 | 5,0 | 5,0 | 5,0 | 5,0 | 5,0 | 2,5 |
| 6 | 3,6 | 3,6 | 3,6 | 4,2 | 4,2 | 4,8 | 4,8 | 5,4 | 5,4 | 5,7 | 6,0 | 6,0 | 6,0 | 6,0 | 6,0 | 3,0 |
| 7 | 4,2 | 4,2 | 4,2 | 4,9 | 4,9 | 5,6 | 5,6 | 6,3 | 6,3 | 6,7 | 7,0 | 7,0 | 7,0 | 7,0 | 7,0 | 3,5 |
| 8 | 4,8 | 4,8 | 4,8 | 5,6 | 5,6 | 6,4 | 6,5 | 7,2 | 7,2 | 7,6 | 8,0 | 8,0 | 8,0 | 8,0 | 8,0 | 4,0 |
| 9 | 5,4 | 5,4 | 5,4 | 6,3 | 6,3 | 7,2 | 7,5 | 8,1 | 8,1 | 8,6 | 9,0 | 9,0 | 9,0 | 9,0 | 9,0 | 4,5 |
| 10 | 6,0 | 6,0 | 6,0 | 7,0 | 7,0 | 8,0 | 8,0 | 9,0 | 9,0 | 9,5 | 10,0 | 10,0 | 10,0 | 7,0 | 6,0 | 5,0 |
| 11 | 6,0 | 6,6 | 6,6 | 7,7 | 7,7 | 8,8 | 8,8 | 9,9 | 9,9 | 10,5 | 11,0 | 11,0 | 10,0 | 7,0 | 6,0 | 5,0 |
| 12 | 6,0 | 7,2 | 7,2 | 8,4 | 8,4 | 9,6 | 9,6 | 10,4 | 10,4 | 11,4 | 12,0 | 12,0 | 10,0 | 7,0 | 6,0 | 5,0 |
| 13 | 6,0 | 7,2 | 7,8 | 9,1 | 9,1 | 10,4 | 10,5 | 11,7 | 11,7 | 12,4 | 13,0 | 13,0 | 10,0 | 7,0 | 6,0 | 5,0 |
| 14 | 6,0 | 7,2 | 8,4 | 9,8 | 9,8 | 11,2 | 11,5 | 12,6 | 12,6 | 13,3 | 14,0 | 14,0 | 10,0 | 7,0 | 6,0 | 5,0 |
| 15 | 6,0 | 7,2 | 9,0 | 10,5 | 10,5 | 12,0 | 12,0 | 13,5 | 13,5 | 14,3 | 15,0 | 15,0 | 11,0 | 7,0 | 6,0 | 5,0 |
| 16 | | 7,2 | 9,0 | 11,2 | 11,2 | 12,8 | 12,8 | 14,4 | 14,4 | 15,2 | 16,0 | 16,0 | 11,0 | 7,0 | 6,0 | 5,0 |
| 17 | | 7,2 | 9,0 | 11,9 | 11,9 | 13,0 | 13,6 | 15,0 | 15,0 | 16,0 | 16,0 | 16,0 | 11,0 | 7,0 | 6,0 | 5,0 |
| 18 | | | 9,0 | 12,6 | 12,6 | 13,0 | 13,6 | 15,0 | 15,0 | 16,0 | 16,5 | 16,5 | 11,0 | 7,0 | 6,0 | 5,0 |
| 19 | | | 9,0 | 12,6 | 13,0 | 13,0 | 14,0 | 15,0 | 15,0 | 16,0 | 16,5 | 16,5 | 11,0 | 7,0 | 6,0 | 5,0 |
| 20 | | | 9,0 | 12,6 | 13,0 | 13,0 | 14,0 | 15,0 | 15,0 | 16,0 | 17,0 | 17,0 | 12,0 | 7,0 | 6,0 | 5,0 |
| 21 | | | | 12,6 | 13,0 | 13,0 | 14,0 | 15,0 | 15,0 | 16,0 | 17,0 | 17,0 | 12,0 | 7,0 | 6,0 | 5,0 |
| 22 | | | | 12,6 | 13,0 | 13,0 | 14,0 | 15,0 | 15,0 | 16,0 | 17,0 | 17,0 | 12,0 | 7,0 | 6,0 | 5,0 |
| 23 | | | | 12,6 | 13,0 | 13,0 | 14,0 | 15,0 | 15,0 | 16,0 | 17,0 | 17,0 | 12,0 | 7,0 | 6,0 | 5,0 |

**Im Alter von**

| Betriebszugehörigkeit in Jahren | bis 30 | 31 und 32 | 33 bis 35 | 36 bis 38 | 39 und 40 | 41 und 42 | 43 bis 45 | 46 und 47 | 48 und 49 | 50 bis 52 | 53 und 54 | 55 | 56 bis 58 | 59 und 60 | 61 und 62 | 63 und 64 |
|---|---|---|---|---|---|---|---|---|---|---|---|---|---|---|---|---|
| 24 | | | | | 13,0 | 13,0 | 14,0 | 15,0 | 15,0 | 16,0 | 17,0 | 17,0 | 12,0 | 7,0 | 6,0 | 5,0 |
| 25 | | | | | | 13,0 | 14,0 | 15,0 | 15,0 | 16,0 | 17,0 | 17,0 | 13,0 | 7,0 | 6,0 | 5,0 |
| 26 | | | | | | | 13,0 | 14,0 | 15,0 | 15,0 | 16,0 | 17,0 | 17,0 | 13,0 | 7,0 | 6,0 | 5,0 |
| 27 | | | | | | | 13,0 | 14,0 | 15,0 | 15,0 | 16,0 | 17,0 | 17,0 | 13,0 | 7,0 | 6,0 | 5,0 |
| 28 | | | | | | | | 14,0 | 15,0 | 15,0 | 16,0 | 17,0 | 17,0 | 13,0 | 7,0 | 6,0 | 5,0 |
| 29 | | | | | | | | 14,0 | 15,0 | 15,0 | 16,0 | 17,0 | 17,0 | 13,0 | 7,0 | 6,0 | 5,0 |
| 30 | | | | | | | | 14,0 | 15,0 | 15,0 | 16,0 | 17,0 | 17,0 | 14,0 | 7,0 | 6,0 | 5,0 |
| 31 | | | | | | | | | 15,0 | 15,0 | 16,0 | 17,0 | 17,0 | 14,0 | 7,0 | 6,0 | 5,0 |
| 32 | | | | | | | | | 15,0 | 15,0 | 16,0 | 17,0 | 17,0 | 14,0 | 7,0 | 6,0 | 5,0 |
| 33 | | | | | | | | | | 15,0 | 16,0 | 17,0 | 17,0 | 14,0 | 7,0 | 6,0 | 5,0 |
| 34 | | | | | | | | | | 15,0 | 16,0 | 17,0 | 17,0 | 14,0 | 7,0 | 6,0 | 5,0 |
| 35 | | | | | | | | | | | 16,0 | 17,0 | 17,0 | 14,0 | 7,0 | 6,0 | 5,0 |
| 36 | | | | | | | | | | | 16,0 | 17,0 | 17,0 | 14,0 | 7,0 | 6,0 | 5,0 |
| 37 | | | | | | | | | | | 16,0 | 17,0 | 17,0 | 14,0 | 7,0 | 6,0 | 5,0 |
| 38 | | | | | | | | | | | | 17,0 | 17,0 | 14,0 | 7,0 | 6,0 | 5,0 |
| 39 | | | | | | | | | | | | 17,0 | 17,0 | 14,0 | 7,0 | 6,0 | 5,0 |

**Anlage 2 zum Sozialplan**

Ergänzend zu den im Sozialplan getroffenen Vereinbarungen gelten folgende Bestimmungen:

**1. Erstattung von Fahrtkosten**

1.1  Führt ein in Zusammenhang mit der zum geplanten Betriebsstillegung von R vermittelter Arbeitsplatz für den Mitarbeiter bei Beibehaltung des Wohnsitzes zu einem längeren Anfahrweg, so werden die hierdurch entstehenden Mehrkosten – sofern die neue einfache Wegstrecke den bisherigen Weg zwischen Wohnung und Betrieb um mindestens 15 km übersteigt – ab dem Tage des Antritts der neuen Arbeitsstelle nach folgender Maßgabe erstattet:

a) bei Benutzung eines privaten PKW 0,52 DM (0,27 EUR)/Km für die über jeweils 15 km hinausgehenden Mehrkilometer für Hin- und Rückfahrt

b) bei Benutzung öffentlicher Verkehrsmittel Erstattung der nachgewiesenen über je 15 km hinausgehenden Mehrkosten für die Hin- und Rückfahrt.

1.2  die Erstattung der Mehrkosten wird nach folgender Staffel gewährt:
– die ersten 3 Monate 100 % der Mehrkosten
– die zweiten 3 Monate 75 % der Mehrkosten
– die dritten 3 Monate 50 % der Mehrkosten
– die vierten 3 Monate 25 % der Mehrkosten.

Die Erstattung endet vorzeitig mit dem Tage eines Umzugs.

## 2. Erstattung von Umzugskosten

Bedingt der im Zusammenhang mit der geplanten Betriebsstillegung von R vermittelte Arbeitsplatzwechsel in ein anderes Unternehmen des Konzerns einen Wohnungswechsel, so werden die hierdurch entstehenden Kosten – sofern sie nicht vom aufnehmenden Unternehmen übernommen werden – nach folgenden Richtlinien erstattet:

### 2.1 Leistungen vor dem Umzug

2.1.1 Für die ersten 2 Wochen unter Einschluß des Anreisetages ab Beginn der Tätigkeit am neuen Arbeitsplatz werden Reisekosten gemäß R Reisekostenrichtlinien gezahlt.

2.1.2 Für die Folgezeit bis zum Tage des Umzugs – längstens jedoch für 6 Monate – wird an verheiratete und ihnen gleichgestellte Mitarbeiter als Trennungsentschädigung gezahlt:
 – eine Verpflegungspauschale von ▓▓ DM (▓▓ EUR) täglich
 – eine Unterkunftspauschale von ▓▓ DM (▓▓ EUR) täglich.

2.1.3 Nicht gleichgestellte ledige Mitarbeiter erhalten für eine Höchstdauer von 6 Monaten eine Unterkunftspauschale von ▓▓ DM (▓▓ EUR) täglich, sofern sie zwei Wohnungen unterhalten.

2.1.4 Mitarbeitern, die Anspruch auf Trennungsentschädigung haben, werden jeden Monat zwei Familienheimfahrten gewährt.

### 2.2 Wohnungsbeschaffung/Renovierungskosten/Umzug

2.2. R erstattet die Kosten für Zeitungsinserate und Maklergebühren im erforderlichen und angemessenen Rahmen.

2.2.2 Erforderliche Renovierungskosten in der neuen oder in der alten Wohnung werden im notwendigen und angemessenen Umfang von R übernommen (maximal ▓▓ DM (▓▓ EUR) incl. MWSt. je qm).

2.2.3 Folgende durch den Umzug entstehende Kosten werden erstattet:

 a) die Reisekosten für bis zu zwei Fahrten für den Mitarbeiter und seinen Lebenspartner zur Besichtigung der neuen Wohnung und Vorbereitung des Umzugs

 b) die Frachtkosten (Transportkosten) und Frachtmehrkosten (Packerstunden, Versicherungen uä) gegen Beleg

 c) die einmaligen Reisekosten für die Übersiedlung des Mitarbeiters und seiner Angehörigen

 d) zur Abgeltung aller sonstigen durch den Umzug entstehenden Kosten ein Monatsbetrag im Sinne von Ziff. 4.3.3 Sozialplan, mindestens ▓▓ DM (▓▓ EUR) brutto.

### 2.3 Leistungen nach dem Umzug

2.3.1 Mietausgleich

Ab dem Tag des Umzugs und längstens für die Dauer von zwei Jahren, jedoch nicht länger als bis zum Ablauf von 30 Monaten nach Beginn des neuen Arbeitsverhältnisses wird ein Mietausgleich gewährt, wenn bei gleicher Qualität und Größe der bisherigen Wohnung ein höherer Mietpreis zu zahlen ist (DM/qm). Der Mietausgleich wird in Höhe der Differenz der Mietpreise zwischen alter und neuer Wohnung nach folgender Staffel gezahlt:
 – 6 Monate 100 % des Differenzbetrages
 – 6 Monate 75 % des Differenzbetrages
 – 6 Monate 50 % des Differenzbetrages
 – 6 Monate 25 % des Differenzbetrages.

## 2.3.2 Doppelmiete

Muß der Mitarbeiter neben der Miete für die neue Wohnung auch noch Miete für die bisherige Wohnung zahlen, übernimmt R die Miete der nicht benutzten Wohnung bis zu dem Zeitpunkt, zu dem das Mietverhältnis frühestmöglich durch Kündigung beendet werden kann.

### 2.4 Eigenheime/Eigentumswohnungen

2.4.1 Bewohnt(e) der Mitarbeiter am bisherigen und/oder am neuen Wohnsitz eine Eigentumswohnung oder ein Eigenheim, so wird zunächst der hierfür jeweils geltende ortsübliche Mietwert ermittelt. Nach dem Vergleich der Mietwerte richtet sich, ob und in welcher Höhe die Mitarbeiterin/der Mitarbeiter eine Ausgleichszahlung in entsprechender Anwendung von Ziff. 2.3.1 dieser Anlage beanspruchen kann.

Behält die Mitarbeiterin/der Mitarbeiter das Wohneigentum an dem bisherigen Wohnsitz bei und vermietet es angemessen weiter, so tritt die dabei tatsächlich erzielte Miete an die Stelle der fiktiven ortsüblichen Vergleichsmiete.

Behält die Mitarbeiterin/der Mitarbeiter das bisherige Wohneigentum bei, ohne es angemessen weiterzuvermieten, so kann sie/er unbeschadet der sich aus Absatz 1 ergebenden Rechte auf einen eventuellen – fiktiven – Mietausgleich keine weitergehenden Ansprüche aus einer entsprechenden Anwendung von Ziff. 2.3.2 dieser Anlage herleiten.

2.4.2 Zusätzliche Makler-, Notar- und Gerichtskosten, die anläßlich des von R vermittelten Arbeitsplatzwechsels aus dem Verkauf und Neukauf von eigengenutztem Wohneigentum entstehen, werden gegen Nachweis bis zu einem Höchstbetrag von ▇▇▇ DM erstattet.

### 3. Bezug von Heizöl und Treibstoffen

Ehemalige Mitarbeiter, die vorzeitig in den Ruhestand versetzt wurden, werden hinsichtlich der Rückvergütung bei Heizöl, Treibstoffbezug uä wie reguläre R-Pensionäre behandelt.

## 5. Muster: Rahmenbetriebsvereinbarung über einen Interessenausgleich/Sozialplan wegen eines Rechenzentrums

Zwischen

der ▇▇▇ GmbH

– nachfolgend Arbeitgeber genannt –

und

dem Gesamtbetriebsrat der ▇▇▇ GmbH

wird folgende

*Rahmenbetriebsvereinbarung über einen Interessenausgleich/Sozialplan*

abgeschlossen:

**Präambel**

Zur Steigerung der Wirtschaftlichkeit und der Wettbewerbsfähigkeit sind von der ▇▇▇-GmbH in einem ständigen Prozess der Orientierung an sich ändernden wirtschaftlichen Rahmenbedingungen – Maßnahmen zur rationellen Gestaltung des Unternehmens und einzelner Betriebsteile durchzuführen. Maßnahmen im Sinne dieser Rahmenvereinbarung sind sämtliche von Arbeitgeberseite veranlaßten Änderungen der Arbeitstechnik oder der Arbeitsorganisation, sofern diese personelle

Maßnahmen nach sich ziehen können. Dabei ist es unerheblich, ob es sich um größere Projekte oder einzelne Maßnahmen handelt.

Bei der Umsetzung von Maßnahmen ist den sozialen Interessen der Beschäftigten in besonderem Maße Rechnung zu tragen. Die nachstehende Regelung soll helfen, anstehende Maßnahmen zur Zufriedenheit aller Beteiligten zu lösen. Ziel von Arbeitgebern und den Betriebsräten ist es, betriebsbedingte Kündigungen zu vermeiden.

Diese Betriebsvereinbarung ist zugeschnitten auf die Personalstruktur der ▬▬▬▬-GmbH, insbesondere in bezug auf erreichtes Alter, Betriebszugehörigkeit und Bezüge der Mitarbeiterinnen/Mitarbeiter.

### 1. Geltungsbereich

Diese Vereinbarung gilt personell für alle Mitarbeiterinnen und Mitarbeiter der Firma, soweit sie nicht leitende Angestellte im Sinne von § 5 Abs. 3 BetrVG 1972 sind. Der personelle Geltungsbereich wird auch nicht durch Ziffer 3.1 vorletzter Satz ausgedehnt.

### 2. Beschäftigungspolitische Grundsätze

Der Arbeitgeber sagt zu, alle Möglichkeiten auszuschöpfen, Mitarbeiterinnen/Mitarbeitern bei Fortfall ihres bisherigen Arbeitsplatzes andere Arbeitsplätze anzubieten.

Arbeitgeber und Betriebsrat stimmen darin überein, daß die Aufrechterhaltung eines Arbeitsverhältnisses Vorrang vor dessen Auflösung hat.

Ist dies nicht möglich oder äußert eine/ein betroffene/r Mitarbeiter/in einen entsprechenden Wunsch, dann werden auch innerhalb des Konzerns und hier bevorzugt in der Gruppe ▬▬▬▬ Personalvermittlungsaktivitäten eingeleitet.

Im Rahmen der Beziehungen zu örtlichen Behörden oder befreundeten Firmen wird sich der Arbeitgeber für die Vermittlung von Mitarbeiterinnen/Mitarbeitern, die trotz der nachstehenden Maßnahmen nicht weiterbeschäftigt werden können, außerhalb des Unternehmens ebenfalls einsetzen.

Die betroffenen Mitarbeiterinnen/Mitarbeiter sowie die zuständigen Betriebsratsgremien werden vom Arbeitgeber an diesen Bemühungen beteiligt und, wo dieses nachweislich nicht möglich ist, zumindest sofort informiert.

Der Arbeitgeber hat deshalb unter Beteiligung des Betriebsrates folgende Maßnahmen zu ergreifen:
- begrenzter Einstellungsstopp
- Ausnutzung der normalen Fluktuation
- Versetzungen (Ringtausch gegebenenfalls nach Qualifizierung oder Weiterqualifikation)
- Abbau von Überstunden
- „Versetzung" im Konzern – Stellenbörse (Nachweis offener Stellen soweit bekannt)
- Verstärktes Angebot von Teilzeitarbeit
- Vornahme von befristeten Einstellungen beziehungsweise befristeter Einsatz von externen Mitarbeiterinnen/Mitarbeitern.

### 3. Grundsatzregelungen

Die mit Rationalisierungsmaßnahmen verbundenen Personalanpassungen werden nach Art und Umfang sozialverträglich durchgeführt. Ziel ist die Erhaltung möglichst vieler Arbeitsplätze und deren langfristige Sicherung.

### 3.1 Zusammenarbeit mit den Betriebsratsgremien

Bei der Umsetzung von Maßnahmen ist den Interessen der Beschäftigten in besonderem Maße Rechnung zu tragen. Die Planungen sowie die sich daraus ergebenden Durchführungsschritte und Planungsunterlagen werden vor der Entscheidung mit den zuständigen Betriebsratsgremien so rechtzeitig und umfassend beraten, daß der Betriebsrat bei der anstehenden Entscheidung mitwirken kann.

„Rechtzeitig" heißt: im Regelfall mindestens 2 Monate, im begründeten Ausnahmefall mindestens 1 Monat vor der geplanten Umsetzung; „umfassend" heißt: unter Vorlage der auf die einzelne Person bezogenen Maßnahmenpläne über die jeweilige Einzelmaßnahme sowie der Darstellung der Auswirkung auf die einzelnen, persönlichen Arbeitsplätze.

Anstehende Maßnahmen werden unverzüglich in der Personalplanung berücksichtigt. Die Betriebsratsgremien werden laufend (mindestens jedoch alle vier Wochen) über die aktuelle Personalplanung im Detail unterrichtet und Auswirkungen der Umsetzung von Maßnahmen werden mit ihnen beraten.

Die Betriebsratsgremien werden regelmäßig, d. h. mindestens alle zwei Wochen, über den jeweiligen Planungs- und Realisierungsstand von Maßnahmen informiert (ergänzende Bestimmungen des § 99 BetrVG 1972 bleiben davon unberührt). Die Information erfolgt umfassend, d. h. alle Unterlagen, die der Planung oder Realisierung gedient haben, werden dem zuständigen Betriebsrat überlassen.

In der Planungsphase von Konzentrationen, Zentralisierungen und Auslagerungen von Aufgaben beziehungsweise Arbeitsprozessen wird den zuständigen Betriebsratsgremien rechtzeitig eine Wirtschaftlichkeitsbetrachtung und die sich daraus ergebenden, insbesondere personellen Konsequenzen vorgelegt und erläutert. Auf Wunsch der Betriebsratsgremien wird nach Umsetzung von Maßnahmen eine Nachbetrachtung vorgenommen und bei Bedarf erläutert.

Den Betriebsratsgremien steht es frei, weitere betriebsverfassungsrechtliche Gremien beratend in Gespräche einzuschalten.

Die Firma wird alle gegenwärtigen Unternehmen des Konzerns, die Mitarbeiterinnen/Mitarbeiter der Firma aufnehmen, verpflichten, die diesen gegenüber bestehenden Verpflichtungen aus dieser Vereinbarung zu übernehmen und einzuhalten.

Die Vorschriften gemäß § 106 BetrVG 1972 bleiben von vorstehenden Regelungen unberührt.

### 3.2 Zusammenarbeit mit den betroffenen Mitarbeiterinnen/Mitarbeitern und Information derselben

Vor der Umsetzung von personellen Maßnahmen werden die Betroffenen über Veränderungen ihres Arbeitsplatzes beziehungsweise Aufgabenbereiches rechtzeitig und umfassend unterrichtet. Sofern mit der Durchführung von Maßnahmen ein Wechsel des Arbeitsortes oder ein Wegfall eines Arbeitsplatzes verbunden ist, werden in Einzelgesprächen mit den betroffenen Mitarbeiterinnen/Mitarbeitern deren Vorstellungen, Möglichkeiten, familiäre und sonstige sozialen Verhältnisse erörtert. Dies ist die Grundlage für die weitere individuelle mit den zuständigen Betriebsratsgremien abzustimmende Maßnahmenplanung.

Daraus resultiert ein schriftliches Arbeitsplatzangebot/Stellenangebot mit allen wichtigen Merkmalen: z. B. Übernahmetermin, Einsatzort, Reisetätigkeit, Funktionsbeschreibung, Entwicklungsmöglichkeiten in bezug auf Aufgaben und Bezüge. Vor einem Wechsel zu einem anderen Betrieb innerhalb der VGDB beinhaltet das Arbeitsplatzangebot die Betriebsordnung und die Betriebsvereinbarungen des übernehmenden Betriebes.

Mit den Mitarbeiterinnen/Mitarbeitern werden erforderliche Qualifizierungsmaßnahmen besprochen, die sie in die Lage versetzen, den Anforderungen und dem Wandel ihres bestehenden beziehungsweise eines neuen Arbeitsplatzes gerecht zu werden. Bei der Feststellung der Eignung und der Qualifizierbarkeit sowie bei der Festlegung der individuellen Qualifizierungsmaßnahmen von betroffenen Mitarbeiterinnen/Mitarbeitern wegen anstehender Umsetzungen/Veränderungen des Arbeitsgebietes bestimmt der Betriebsrat im Rahmen des § 98 BetrVG 1972 bzw. der hierzu bestehenden Betriebsvereinbarungen mit. Den beruflichen Interessen der betroffenen Mitarbeiterinnen/Mitarbeiter ist Rechnung zu tragen.

Die daraus resultierenden Qualifizierungsmaßnahmen werden schriftlich festgehalten und der Mitarbeiterin/dem Mitarbeiter und den zuständigen Betriebsratsgremien ausgehändigt.

Die Mitarbeiterin/der Mitarbeiter hat für ihre Entscheidung eine angemessene Bedenkzeit. In der Regel sind 4 Wochen angemessen. Innerhalb der Bedenkzeit können sie während der Arbeitszeit eine angebotene Stelle aufsuchen und sich informieren.

Alle Kosten für Aus- und Weiterbildungsmaßnahmen trägt der Arbeitgeber. Der Arbeitgeber verzichtet auf die Forderung von Rückzahlungen. Zeiten der Einarbeitung und Qualifizierung gelten als Arbeitszeit.

Bei allen Gesprächen mit den Betroffenen ist auf Wunsch der Mitarbeiterin/des Mitarbeiters ein Mitglied des Betriebsrates hinzuzuziehen – auf dieses Recht werden die Betroffenen schon bei der Anberaumung des Gesprächstermins ausdrücklich hingewiesen. Die Rechte aus §§ 84, 85 BetrVG 1972 bleiben hiervon unberührt. Diese Gespräche sind den betroffenen Mitarbeiterinnen/Mitarbeitern und dem zuständigen Betriebsratsgremium rechtzeitig vorher unter Angabe des Gesprächsthemas anzukündigen.

### 4. Durchführung von Maßnahmen

Da zum Zeitpunkt der Unterzeichnung dieser Vereinbarung anstehende Maßnahmen nur zu einem sehr geringen Teil konkretisiert und mögliche weitere Maßnahmen nur ansatzweise bekannt sind, wird zwischen Arbeitgeberseite und Betriebsrat vereinbart, zu anstehenden Maßnahmen Vereinbarungen zu treffen, die mindestens folgende Inhalte haben:
- eine funktionen- oder funktionsbereichorientierte Beschreibung der Maßnahmen mit einer Gegenüberstellung von Ist- und Sollzuständen und
- die hieraus resultierenden Betroffenheiten sowie
- die Terminvorstellungen für die Realisierung der Maßnahmen.

Es ist unstrittig, daß vor Abschluß derartiger Vereinbarungen die Maßnahmen nicht durchgeführt werden dürfen. Planungsaktivitäten, die sich nicht in konkreten Maßnahmen ausdrücken, werden hierdurch nicht berührt.

### 5. Arbeitsplatzsicherung

Vorrangiges Ziel bei der Umsetzung von Maßnahmen ist die Aufrechterhaltung eines gleichwertigen Arbeitsverhältnisses bei der Firma. Hierzu sind den betroffenen Mitarbeiterinnen/Mitarbeitern im Rahmen von Qualifizierungs- und Vermittlungsanstrengungen Vorschläge zu unterbreiten.

Es gilt das Rationalisierungsschutzabkommen vom            , soweit in der vorliegenden Rahmenvereinbarung nicht günstigere Regelungen getroffen werden.

#### 5.1 Wertigkeit von Arbeitsplätzen

*Gleichwertig* ist ein Arbeitsplatz, wenn bei gleicher Arbeitszeit zumindest die Wertigkeit (z. B. Vergütung/tarifliche Eingruppierung) des neuen Arbeitsplatzes der des bisherigen entspricht und/oder wenn die für diesen Arbeitsplatz erforderliche Qualifikation durch vom Arbeitgeber angebotene Qualifizierungsmaßnahmen erworben werden kann und der Arbeitsplatz am bisherigen Dienstort liegt.

Bei einer Versetzung oder Umbesetzung auf einen gleichwertigen Arbeitsplatz bleiben die Bezüge nach Art und Höhe erhalten.

*Gleichwertig-zumutbar* ist ein Arbeitsplatz, wenn Gleichwertigkeit vorliegt und ein Ortswechsel zumutbar ist. Zumutbar ist ein Ortswechsel, wenn die Gesamtwegezeit (Hin- und Rückweg) 120 Minuten nicht überschreitet und die sozialen Belange und persönlichen Gründe der betroffenen Mitarbeiterinnen/Mitarbeiter berücksichtigt werden (z. B. die Ortsbindung, die Bedürfnisse schulpflichtiger Kinder sowie unterhaltsberechtigter und zu betreuender Angehöriger, Alter und Gesundheitszustand).

#### 5.2 Beschäftigungssicherung / Vermeidung von Entlassungen

Im Rahmen einer Existenzsicherung und Qualifizierung entsprechend den künftigen Anforderungen besteht Einvernehmen zwischen Arbeitgeber und Betriebsrat, daß folgende Maßnahmen mit Beteiligung des Betriebsrats durchgeführt werden:

# Betriebsvereinbarungen §5

1) Alle freien Stellen werden im Unternehmen ausgeschrieben. Im Falle einer Ablehnung erhalten die internen Bewerberinnen/Bewerber eine schriftliche Begründung.

2) Wechselt eine Mitarbeiterin/ein Mitarbeiter aufgrund des Wegfalls ihres/seines bisherigen Arbeitsplatzes auf einen anderen Arbeitsplatz und ändert sich dabei auch ihr/sein Aufgabengebiet, so werden der Mitarbeiterin/dem Mitarbeiter erforderliche Qualifizierungsmaßnahmen angeboten, und es wird ihr/ihm ausreichend Gelegenheit gegeben, sich zur Bewältigung ihrer/seiner künftigen Aufgaben den Anforderungen der neuen Stelle entsprechend zu qualifizieren. Arbeitgeber und Betriebsrat sind sich einig, daß in der Regel ein Zeitraum von 18 Monaten – in begründeten Einzelfällen auch länger – für Qualifizierungsmaßnahmen ausreichend ist.

3) Fällt ein Arbeitsplatz weg und müßte das Beschäftigungsverhältnis gegen Zahlung einer Abfindung beendet werden, so besteht die Möglichkeit, daß ein/e andere/r Mitarbeiter/in gegen Zahlung einer Abfindung freiwillig ausscheidet und die/der vom Wegfall ihres/seines Arbeitsplatzes betroffene Mitarbeiter/in den somit freiwerdenden Arbeitsplatz besetzt (Ringtausch).

4) Bei einem Angebot von Teilzeitarbeitsplätzen ist zur Sicherung von Arbeitsverhältnissen den Umwandlungswünschen der Mitarbeiterinnen/Mitarbeiter (z. B. auch spätere Rückkehr in ein Vollzeitbeschäftigungsverhältnis) Rechnung zu tragen. Betroffene haben bei entsprechender Qualifikation oder Qualifizierbarkeit den Vorzug.

Über die veränderten Arbeitsbedingungen ist eine schriftliche Vereinbarung mit den Betroffenen abzuschließen. Bei Umstellung auf ein Teilzeitarbeitsverhältnis erhält die Mitarbeiterin/der Mitarbeiter eine einmalige Ausgleichszahlung in Höhe von 50 Prozent der Differenz zwischen bisherigem und künftigem Monatsgehalt inklusive Zulagen und vermögenswirksamen Leistungen (zum Zeitpunkt der Arbeitszeitänderung) multipliziert mit 12 als Bruttoausgleichszahlung.

Eventuell anstehende Fälle für eine Umwandlung in einen Teilzeitarbeitsplatz werden zwischen Arbeitgeber und den zuständigen Betriebsratsgremien beraten. In diesem Zusammenhang können Ausgleichszahlungen nur im Einvernehmen zwischen Arbeitgeber und Betriebsrat verweigert werden.

Es besteht Einigkeit, daß mit Teilzeitmitarbeiterinnen und -Mitarbeitern über Jobsharing gesprochen werden kann.

5) Mitarbeiterinnen/Mitarbeiter, die im Zusammenhang mit der Verlagerung von Funktionen in andere Unternehmen der ▬ versetzt/umgesetzt werden, erhalten die Zusage,
   – daß sie im Falle einer (konzern-)internen Bewerbung bei der Besetzung von freien Stellen vorrangig berücksichtigt werden
   – daß für den Fall einer Liquidation der übernehmenden Gesellschaft oder der Veräußerung des übernehmenden Betriebes oder der Mehrheit der Geschäftsanteile an Dritte, mit Ausnahme an ein Unternehmen des Konzerns, die ▬ -GmbH die Rückübernahme der Arbeitsverhältnisse garantiert. Dabei bleibt eine den Umständen nach angemessene Änderung des Tätigkeits- und Aufgabengebietes vorbehalten.
   – daß die ▬ -GmbH eine Rückübernahme der Arbeitsverhältnisse in Aussicht stellt, wenn einer Mitarbeiterin/einem Mitarbeiter aufgrund ihrer/seiner Ausbildung beziehungsweise ihres/seines Ausbildungsstandes oder der Art der bisherigen Tätigkeit (Funktionsbeschreibung) nicht mehr zugemutet werden kann, das Arbeitsverhältnis mit der übernehmenden Gesellschaft beziehungsweise dem übernehmenden Betrieb fortzusetzen und kein Grund in der Person des Mitarbeiters der Rückübernahme entgegensteht.

Diese Zusage gilt für einen Zeitraum von drei Jahren nach erfolgter Versetzung/Umsetzung.

Sollte für eine/n rückübernommene/n Mitarbeiterin/Mitarbeiter kein Arbeitsplatz in Anwendung dieser Rahmenvereinbarung zur Verfügung stehen, kann das Arbeitsverhältnis gegen Zahlung einer Abfindung gemäß den Regelungen dieser Rahmenvereinbarung aufgelöst werden.

6) Wird Mitarbeiterinnen/Mitarbeitern, die im Rahmen der Vorschriften dieser Betriebsvereinbarung in ein anderes Konzernunternehmen gewechselt haben, innerhalb von drei Jahren betriebsbe-

dingt gekündigt, verpflichtet sich die Firma, diese/n Mitarbeiterin/Mitarbeiter zurückzuübernehmen. Steht auch hier kein Arbeitsplatz in Anwendung dieser Rahmenvereinbarung zur Vergütung, gilt Ziffer 5.2 5) letzter Absatz.

### 6. Mobilitätserfordernisse

Die Regelung der Mobilität bezieht sich auf den Arbeitsplatzwechsel innerhalb des Konzerns.

### 6.1 Tägliche Mobilität

Arbeitgeber und Betriebsrat sind sich einig, daß mit einem Wechsel auf einen geographisch weiter entfernten Arbeitsplatz nicht zwingend auch eine sofortige Verlagerung des persönlichen Lebensraumes verbunden sein kann. Es werden daher vom Arbeitgeber für einen Übergangszeitraum von bis zu einem Jahr gewisse Unterstützungsleistungen gewährt.

1) Hotelkosten

    Für die Dauer von zunächst 3 Monaten – in begründeten Ausnahmefällen bis zu 6 Monaten – übernimmt der Arbeitgeber die Kosten für ein gutes Mittelklassehotel oder ein adäquates Apartment am neuen Arbeitsort, wenn die Mitarbeiterin/der Mitarbeiter nicht täglich pendelt und solange sie/er nicht ihren/seinen Wohnsitz an den neuen Arbeitsort verlegt.

2) Familienheimfahrten

    Für den Zeitraum, in dem eine Mitarbeiterin/ein Mitarbeiter nicht täglich pendelt, sondern die Hotelkostenübernahme nach vorstehender Ziffer 1) in Anspruch nimmt, übernimmt der Arbeitgeber die Kosten für eine Familienheimfahrt (Bundesbahnregelung, wie in der Betriebsvereinbarung über die Regelung von Dienstreisen und Dienstgängen) wöchentlich.

3) Trennungsgeld

    Sofern bei Mitarbeiter/innen eine doppelte Haushaltsführung anfällt, wird für einen Zeitraum von 6 Monaten eine Trennungsentschädigung nach den steuerlichen Richtlinien gewährt.

4) Fahrtkostenübernahme

    Für den Zeitraum von einem Jahr erstattet der Arbeitgeber die Kosten für Monatskarten der DB (Bundesbahnregelung, wie in der Betriebsvereinbarung über die Regelung von Dienstreisen und Dienstgängen) zwischen dem alten und dem neuen Arbeitsort, sofern die Mitarbeiterin/der Mitarbeiter nicht die Hotelkostenübernahme nach vorstehender Ziffer 1) in Anspruch nimmt oder vorher ihren/seinen Wohnsitz an den neuen Arbeitsort verlegt. Die Kostenerstattung erfolgt brutto.

    Diese Fahrtkostenerstattung erhalten auch Mitarbeiterinnen/Mitarbeiter, die anfangs oder zwischenzeitlich in einem Hotel gewohnt haben und hierfür die Hotelkostenübernahme nach vorstehender Ziffer 1) in Anspruch genommen haben. Die Zeiten der Hotelkostenübernahme werden auf den Zeitraum der Fahrtkostenerstattung angerechnet.

5) Fahrtzeitanrechnung als Arbeitszeit

    Für den Zeitraum von einem Jahr rechnet der Arbeitgeber von der täglichen Fahrtzeit zwischen dem alten und dem neuen Arbeitsort die Differenz zwischen alter und neuer Wegezeit – maximal zwei Stunden – vergütungsrechtlich als Arbeitszeit an, sofern die Mitarbeiterin/der Mitarbeiter täglich pendelt. Die Dauer der täglichen Arbeitszeit wird hierdurch nicht berührt.

### 6.2 Geographische Mobilität

Entscheidet sich eine Mitarbeiterin/ein Mitarbeiter, ihren/seinen persönlichen Lebensraum in die Nähe ihres/seines neuen Arbeitsplatzes zu verlagern, werden vom Arbeitgeber folgende Unterstützungsleistungen gewährt:

1) Wohnungssuche

    Für Wohnungsbesichtigungen und für Termine mit Maklern wird in angemessenem Rahmen bezahlte Freizeit gewährt, wenn diese Termine nicht außerhalb der regelmäßigen Arbeitszeit wahrgenommen werden können.

Die Kosten für zwei Anzeigen in regional verbreiteten Zeitungen werden vom Arbeitgeber übernommen.

Reisekosten für die Besichtigung von Wohnobjekten werden auch für die Lebenspartnerin/den Lebenspartner erstattet.

2) Umzugskosten

Der Arbeitgeber übernimmt die erforderlichen Umzugskosten.

Die Mitarbeiterin/der Mitarbeiter ist verpflichtet, die Umzugskosten anteilig zurückzuzahlen, wenn sie/er innerhalb von zwei Jahren aufgrund eigener Kündigung den Konzern verläßt.

**7. Besitzstandswahrung**

1) Betriebszugehörigkeit:

Die bisherige Betriebszugehörigkeit wird auch in übernehmenden Unternehmen des Konzerns anerkannt. In diesem Zusammenhang bleiben auch besondere Kündigungsschutzrechte erhalten.

2) Für die Mitarbeiter/innen, die innerhalb des Konzerns wechseln, gelten die Tarifverträge – soweit arbeitsvertraglich vereinbart – weiter.

3) Gehaltssicherung:

Wird ein/e Mitarbeiter/in wegen Wegfalls ihrer/seiner Stelle auf einen anderen Arbeitsplatz umgesetzt und dieser ist nicht gleichwertig, erfolgt eine Gehaltssicherung wie folgt:

Für Mitarbeiter/innen, die im Rahmen dieser Vereinbarung ihren Arbeitsplatz wechseln und auf einen geringer bezahlten Arbeitsplatz versetzt werden, wird eine Gehaltssicherung für die Dauer von 2 Jahren vereinbart. In dieser Zeit wird die Differenz zwischen bisherigem und neuem Gehalt dynamisiert, das heißt, diese Differenz nimmt an tariflichen Erhöhungen teil. Nach Ablauf von 2 Jahren wird die Differenz als nicht dynamisierte Zulage gezahlt, die mit allen tariflichen und individuellen Gehaltserhöhungen verrechnet wird. Dabei wird die bevorzugte Versetzung auf einen im Vergleich zum früheren Arbeitsplatz gleichwertigen Arbeitsplatz zugesagt.

Im Zusammenhang mit Zulagen, die wegfallen, gilt folgende gleitende Besitzstandswahrung:

Schichtarbeitszuschläge werden für die Dauer eines Jahres ab Wegfall der Zahlungsvoraussetzung weiterbezahlt. Danach werden die Zuschläge über einen Zeitraum von 4 Jahren in 4 gleichen Jahresraten abgebaut.

Für Bereitschaftsgelder, Nachtarbeitszuschläge und weitere Zuschläge (z. B. „Startgeld für Nachtschichten im Operating") gibt es eine einmalige Abfindung in Höhe der im Zeitraum der letzten 12 Monate gezahlten Beträge brutto.

4) Probezeit

Bei einem Wechsel innerhalb des Konzerns werden keine Probezeiten vereinbart.

5) Darlehen für Angestelle und sonstige Mitarbeiterkonditionen bei Konzern-Unternehmen

Diese Vergünstigungen bleiben – soweit sie bestehen – bei einem Wechsel des Arbeitsplatzes bzw. Arbeitgebers innerhalb des Konzerns unverändert erhalten.

6) Haustarife und Mitarbeiterkonditionen bei Konzern-Unternehmen

Mitarbeiter/innen, die innerhalb des Konzerns wechseln, erhalten unverändert die üblichen Haustarifkonditionen sowie folgende Bankkonditionen:

z. Zt. kostenfreie Kontoführung und EC-Karte, verbilligte Kreditkarte.

Hiervon unberührt bleiben bestehende Vergünstigungen nach vorstehender Ziffer 5.

7) Altersversorgung

Bestehende Versorgungsmodelle (Pensionszusagen etc.) bleiben bei einem Wechsel innerhalb des Konzerns unverändert erhalten.

## Kapitel 3: Interessenausgleichsvereinbarungen und Sozialpläne

### 8. Ausscheideregelungen

Arbeitgeber und Betriebsrat stimmen darin überein, daß unter Umständen nicht in allen Fällen die Aufrechterhaltung eines Beschäftigungsverhältnisses gewährleistet werden kann. Es sind daher Maßnahmen vorzusehen, die Beendigung eines Arbeitsverhältnisses so sozialverträglich wie nur irgend möglich zu gestalten.

Der örtlich zuständige Betriebsrat wird vor dem Zustandekommen von Aufhebungsverträgen schriftlich informiert.

Als ein Bestandteil des Aufhebungsvertrages ist von der Mitarbeiterin/dem Mitarbeiter zu unterschreiben, daß sie/er über das Beratungsrecht des Betriebsrates unterrichtet worden ist. Den Mitarbeiterinnen/Mitarbeitern wird eine Bedenkzeit bis zur Unterschriftsleistung von einer Woche eingeräumt. Spätestens zwei Arbeitstage nach Unterzeichnung des Aufhebungsvertrages erhält der Betriebsrat davon eine Kopie.

### 8.1 Abfindungsanspruch

Einen Anspruch auf Abfindung unter Ausnutzung der steuerlichen Möglichkeiten haben diejenigen Mitarbeiterinnen/Mitarbeiter,
- die infolge der Maßnahmen betriebsbedingt gekündigt werden,
- die einvernehmlich aufgrund eines Aufhebungsvertrages aus dem Unternehmen ausscheiden,
- deren Arbeitsplatz wegfällt und die aufgrund eigener Kündigung aus dem Unternehmen ausscheiden; es sei denn, ihnen wird vorher schriftlich ein nach den Bestimmungen dieser Rahmenvereinbarung gleichwertiger Arbeitsplatz angeboten,
- die infolge eines Ringtausches gemäß Ziffer 5.2 3) ausscheiden.

### 8.2 Abfindungsermittlung

#### 8.2.1 Betriebszugehörigkeit bis zu 5 Jahren

Für Betriebszugehörigkeiten bis gleich und kleiner 5 Jahre setzt sich die Abfindung aus einem Sockelbetrag und einem Steigerungsbetrag zusammen. Mitarbeiterinnen/Mitarbeiter, die weniger als 2 Jahre Betriebszugehörigkeit haben und jünger als 50 Jahre sind, erhalten nur den Sockelbetrag.

Der Steigerungsbetrag gilt demzufolge für alle Mitarbeiterinnen/Mitarbeiter, die 2 Jahre und mehr Betriebszugehörigkeit haben bzw. 50 Jahre oder älter sind.

Teilzeitkräfte sind mit dem Prozentsatz am Sockelbetrag und Steigerungsbetrag beteiligt, wie sich ihre Wochenstunden zu den Wochenstunden eines Vollzeitbeschäftigten verhalten.

8.2.1.1 Der Sockelbetrag ist wie folgt gestaffelt:
- erreichtes Alter bis 29 Jahre　　　　　　　　　　　　　　DM (　　　　EUR)
- erreichtes Alter von 30 bis 39 Jahre　　　　　　　　　　　DM (　　　　EUR)
- erreichtes Alter von 40 bis 49 Jahre　　　　　　　　　　　DM (　　　　EUR)
- erreichtes Alter ab 50 Jahre　　　　　　　　　　　　　　　DM (　　　　EUR).

8.2.1.2 Der Steigerungsbetrag errechnet sich wie folgt:
- erreichtes Alter bis 29 Jahre
  nach der Formel: (erreichtes Alter ./. 20) x 　　DM (　　　EUR)
- erreichtes Alter von 30 bis 39 Jahre
  nach der Formel: (erreichtes Alter ./. 29) x 　　DM (　　　EUR) + 　　DM (　　　EUR)
- erreichtes Alter von 40 bis 49 Jahre
  nach der Formel: (erreichtes Alter ./. 39) x 　　DM (　　　EUR) + 　　DM (　　　EUR)
- erreichtes Alter ab 50 Jahre
  nach der Formel: (erreichtes Alter ./. 49) x 　　DM (　　　EUR) + 　　DM (　　　EUR).

## 8.2.2 Betriebszugehörigkeit über 5 Jahre

Für Betriebszugehörigkeiten von mehr als 5 Jahren (z. B. 5 Jahre und 1 Monat) ist die Abfindung abhängig von den Monatsbezügen. Die Höhe der Abfindung beträgt je Dienstjahr:
- bis zum erreichten Alter von 29 Jahren     Faktor 0,7
- ab erreichtes Alter 30 bis 39 Jahre        Faktor 1,0
- ab erreichtes Alter 40 bis 49 Jahre        Faktor 1,2
- ab erreichtes Alter von 50 Jahren          Faktor 1,4

der letzten Monatsbezüge (incl. alle Zulagen, auch VL).

Ein begonnenes Dienstjahr gilt als volles Jahr, wenn bereits mehr als 6 Monate bis zum Ausscheidetermin erfüllt sind.

Der Monatsbezug hat für die Berechnung der Abfindung eine verbindliche Obergrenze. Die Obergrenze ist abhängig von dem Tarifgehalt der höchsten Gehaltsgruppe mit allen Berufsjahren (Basisbetrag). Der Basisbetrag wird mit dem Faktor 1,2 multipliziert und das Ergebnis auf einen durch 500 teilbaren DM-Betrag nach oben gerundet. Dieser Betrag gilt als Obergrenze ohne Berücksichtigung von sonstigen Zulagen für die Multiplikation mit dem altersabhängigen Faktor.

Die Höchstabfindung beträgt ▇▇▇ DM (▇▇▇ EUR) (Teilzeitbeschäftigte anteilig, siehe letzter Satz zu 8.2.1).

Ist der Abfindungsbetrag nach Ziffer 8.2.2 kleiner als nach einer Berechnung gemäß Ziffer 8.2.1, gilt der höhere Betrag als Abfindung.

## 8.2.3 Sonderregelung für Mitarbeiterinnen/Mitarbeiter ab Vollendung des 55. Lebensjahres

Mitarbeiterinnen/Mitarbeiter, die das 55. Lebensjahr vollendet haben, werden nicht betriebsbedingt entlassen, bis eine abschließende Austrittsvereinbarung zwischen dem Arbeitgeber und dem Gesamtbetriebsrat zustandegekommen ist.

## 8.2.4 Unterhaltsberechtigte Kinder

Für jedes unterhaltsberechtigte Kind erhält die Mitarbeiterin/der Mitarbeiter eine zusätzliche Abfindung nach folgender Tabelle:
- erreichtes Alter des Kindes bis 5 Jahre           ▇▇▇ DM (▇▇▇ EUR)
- erreichtes Alter des Kindes von 6 bis 10 Jahre    ▇▇▇ DM (▇▇▇ EUR)
- erreichtes Alter des Kindes von 11 bis 15 Jahre   ▇▇▇ DM (▇▇▇ EUR)
- erreichtes Alter des Kindes ab 16 Jahre           ▇▇▇ DM (▇▇▇ EUR).

## 8.2.5 Behandlung von Gratifikationen/Tantiemen

Sind Maigratifikation/Maitantiemen bzw. Weihnachtsgratifikation/Novembertantiemen zum Zeitpunkt der Vorlage der betriebsbedingten Kündigung bereits gezahlt, so entfällt eine Rückzahlung. Sind die genannten Gratifikationen/Tantiemen noch nicht gezahlt, so erhält die Mitarbeiterin/der Mitarbeiter für die in den jeweiligen Kalenderhalbjahren bis zum Ausscheidezeitpunkt anfallenden Betriebszugehörigkeitsmonate pro Monat 1/6 der betroffenen Gratifikation/Tantiemen.

Ist die Abschlußvergütung zum Zeitpunkt der Vorlage der betriebsbedingten Kündigung bereits gezahlt, so entfällt eine Rückzahlung. Ist die Abschlußvergütung noch nicht gezahlt, so erhält die Mitarbeiterin/der Mitarbeiter für die in dem jeweiligen Kalenderjahr bis zum Ausscheidezeitpunkt anfallenden Betriebszugehörigkeitsmonate pro Monat 1/12 der betroffenen Abschlußvergütung.

Stehen zum Zeitpunkt des Ausscheidens die Gratifikationsbeträge/Tantiemebeträge noch nicht fest, so gilt folgendes:
- Ausscheidezeitpunkt im ersten Kalenderhalbjahr: je Betriebszugehörigkeitsmonat 1/6 der Maigratifikation/Maitantieme und 1/12 der Abschlußvergütung auf der Berechnungsbasis (%-Satz) des Vorjahres,
- Ausscheidezeitpunkt im zweiten Kalenderhalbjahr: je Betriebszugehörigkeitsmonat ab 1.07. 1/6 der Weihnachtsgratifikation/Novembertantieme und je Betriebszugehörigkeitsmonat ab 1.01. 1/12 der Abschlußvergütung auf der Berechnungsbasis (%-Satz) des Vorjahres.

Für die Ermittlung und Bewertung der Betriebszugehörigkeitsmonate im Zusammenhang mit den Gratifikationen gelten § 3 Ziffer 3 des Manteltarifvertrages für die private Versicherungswirtschaft sowie die Angaben in den Rundschreiben des Arbeitgebers, mit denen die Gratifikationen/Tantiemen bekanntgegeben werden.

#### 8.2.6 Behandlung der Anwartschaften von bestehenden Versorgungsmodellen (Pensionszusagen etc.)

##### 8.2.6.1 Personenkreis mit Unverfallbarkeitsanspruch

Mitarbeiterinnen/Mitarbeiter, die zum Zeitpunkt des Austritts mindestens das 35. Lebensjahr vollendet haben und mindestens 10 Jahre Mitglied der Versorgungskasse sind, haben in bezug auf diese Versorgungseinrichtungen einen Anspruch auf die Unverfallbarkeit des Rentenanspruchs.

Für Pensionszusagen gilt ebenfalls die Altersgrenze von 35 Jahren. Darüber hinaus muß die Pensionszusage entweder mindestens 10 Jahre bestehen oder die Mitarbeiterin/der Mitarbeiter muß eine Betriebszugehörigkeit von 12 Jahren haben und die Pensionszusage muß mindestens 3 Jahre bestehen.

Für den Unverfallbarkeitsanspruch gilt vorrangig § 1 und für die Höhe des Anspruchs § 2 des Gesetzes zur Verbesserung der betrieblichen Altersversorgung.

Mitglieder der Versorgungskasse mit Unverfallbarkeitsanspruch haben die Möglichkeit der freiwilligen Weiterzahlung von Beträgen.

##### 8.2.6.2 Personenkreis ohne Unverfallbarkeitsanspruch

Mitarbeiterinnen/Mitarbeiter, die keinen Unverfallbarkeitsanspruch haben, erhalten die von ihnen eingezahlten Beiträge zurück. Beitragsrückerstattungen aus der Versorgungskasse werden mit 3 % verzinst.

Mitarbeiterinnen/Mitarbeiter, die Mitglied der Versorgungskasse sind, haben jedoch die Möglichkeit der freiwilligen Weiterversicherung.

Mitarbeiterinnen/Mitarbeiter, die die vorstehende Möglichkeit wegen der Struktur der betrieblichen Altersversorgung nicht haben und die eine Betriebszugehörigkeit von 10 Jahren und mehr haben oder mindestens das 35. Lebensjahr vollendet und eine Betriebszugehörigkeit von 5 Jahren und mehr haben, erhalten einen Härteausgleich für die verfallene Rentenanwartschaft nach folgender Formel:

_____ DM (_____ EUR) x Jahre der Betriebszugehörigkeit, maximal jedoch _____ DM (_____ EUR).

Ein Unverfallbarkeitsanspruch kann hieraus nicht abgeleitet werden.

#### 8.2.7 Fortführung von Mitabeiterkonditionen

Im Falle eines betriebsbedingten Ausscheidens einer Mitarbeiterin/eines Mitarbeiters werden Mitarbeiterkonditionen (steuerpflichtig) gemäß Ziffer 7. 6), wie bei einem Arbeitsplatzwechsel innerhalb des Konzerns, jedoch nur bis zu zwei Jahren weitergewährt. Für Baudarlehen und die damit verbundenen Lebensversicherungen gilt entsprechendes bis zum Ablauf der Zinsfestschreibung, maximal jedoch 5 Jahre ab dem Datum des Ausscheidens. Für ehemalige Mitarbeiterinnen/Mitarbeiter, die eventuell nach Ablauf dieser Zeit durchgehend arbeitslos sind, verlängert sich der vorgenannte Zeitraum bis zur Wiederaufnahme einer Beschäftigung, maximal 5 Jahre.

Die vorgenannten Grundsätze gelten nicht, wenn die Mitarbeiterin/der Mitarbeiter eine Beschäftigung bei einem anderen Unternehmen aufnimmt, das in Konkurrenz zu Unternehmen des Konzerns steht.

#### 8.2.8 Allgemeines

Alle Leistungen, die sich gemäß der Ziffern 8.21, 8.2.2, 8.2.4 und 8.2.6.2 vorletzter Satz (Härteausgleich) ergeben, gelten als Abfindung.

Das erreichte Alter wird zum Zeitpunkt des Ausscheidens stets nach der Jahresdifferenzmethode (Ausscheidejahr ./. Geburtsjahr) errechnet.

Ein Betriebszugehörigkeitsjahr sind 12 vollendete Zugehörigkeitsmonate in der ▨-GmbH.

Die Beträge gemäß Ziffer 8.2.1 und von 8.2.2 nur die Höchstabfindung ändern sich jeweils um den gleichen Prozentsatz, um den sich das Tarifgehalt eines Versicherungsangestellten nach der höchsten Gehaltsgruppe mit vollen Berufsjahren des Gehaltstarifvertrages ändert. Dabei werden die Beträge auf volle 50 DM aufgerundet. Die Dynamisierung gilt ab ▨. Der jeweilige Anpassungstermin richtet sich nach dem Tarifvertrag für das private Versicherungsgewerbe.

Wird für eine Mitarbeiterin/einen Mitarbeiter, die/der bereits eine Abfindung nach dieser Rahmenvereinbarung bekommen hat, eine Neuberechnung durchgeführt – gleich aus welchem Grund – so wird der bereits erhaltene Betrag auf die Neuberechnung angerechnet.

Die Abfindung ist mit der rechtlichen Beendigung des Arbeitsverhältnisses fällig und ist vererblich. Sollte die Firma die Mitarbeiterin/den Mitarbeiter unter Vergütungsfortzahlung von der Arbeit freistellen, ist die Abfindung zusammen mit der Gehaltszahlung für den Freistellungsmonat zur Auszahlung fällig.

Spätestens zum Zeitpunkt des Ausspruchs der betriebsbedingten Kündigung bzw. der Unterzeichnung des Aufhebungsvertrages erstellt der Arbeitgeber der Mitarbeiterin/dem Mitarbeiter ein qualifiziertes Zwischenzeugnis.

Mitarbeiterinnen/Mitarbeitern wird für die Wahrnehmung von Vorstellungsgesprächen im Rahmen ihrer Bewerbungen nach vorheriger Absprache mit dem Arbeitgeber bezahlte Freizeit gewährt.

### 9. Schlußbestimmungen

9.1 In besonderen Härtefällen wird eine Einzelfallregelung für die/den betroffene/n Mitarbeiterin/Mitarbeiter zwischen dem Arbeitgeber und dem zuständigen Betriebsrat ausgehandelt.

9.2 Diese Betriebsvereinbarung tritt mit dem Zeitpunkt der Unterzeichnung in Kraft und kann frühestens zum  – mit einer Kündigungsfrist von 3 Monaten – gekündigt werden. Sie verlängert sich jeweils um ein Kalenderjahr, wenn sie nicht mit einer Frist von 3 Monaten jeweils zum Ende eines Kalenderjahres gekündigt wird.

---

## 6. Muster: Kombinierter Interessenausgleich und Sozialplan einer Möbelhauskette mit neuem Vertriebskonzept und Änderung von Arbeitszeiten

Die Firma ▨
– nachfolgend als „Geschäftsleitung" bezeichnet –

und

der Gesamtbetriebsrat der Firma ▨ – nachfolgend als „Gesamtbetriebsrat" bezeichnet –

vereinbaren den nachfolgenden

*Rahmensozialplan*

### Präambel

Die Parteien stellen übereinstimmend fest, daß aufgrund der äußerst kritischen wirtschaftlichen Situation der Firma ▨, die sich u. a. in den im Geschäftsjahr ▨ aufgelaufenen sowie für die Geschäftsjahre ▨ und ▨ vorhersehbaren Verlusten niederschlägt, eine zügige Umstrukturierung des Unternehmens erforderlich ist, um dessen Überlebensfähigkeit zu sichern.

## § 5 Kapitel 3: Interessenausgleichsvereinbarungen und Sozialpläne

Ziel dieser Gesamtbetriebsvereinbarung ist es, im Rahmen der betrieblichen Möglichkeiten Nachteile für Mitarbeiter, die sich aus den bevorstehenden Umstrukturierungsmaßnahmen, Betriebsänderungen und Schließungen insbesondere aus
- der Einführung neuer Vertriebskonzepte (z. B. „Abholmarkt") einschließlich der damit zusammenhängenden Änderungen der Arbeitsbedingungen,
- einer bedarfs- und kundengerechten Neugestaltung der Arbeitszeiten sowie
- den notwendigen Personalanpassungsmaßnahmen

ergeben können, auszugleichen bzw. zu mildern.

### § 1 Geltungsbereich
1. Dieser Rahmensozialplan gilt für alle Mitarbeiter der Firma, die sich am ........ in einem ungekündigten Beschäftigungsverhältnis befanden und die von den in der Präambel angesprochenen Maßnahmen betroffen sein werden.
2. Der Rahmensozialplan gilt nicht
   - für leitende Angestellte i.S. v. § 5 Abs. 3 BetrVG,
   - für Mitarbeiter, denen aus verhaltensbedingten Gründen gekündigt wird,
   - für Mitarbeiter, die vor dem ........ eine Eigenkündigung ausgesprochen haben,
   - für Mitarbeiter in einem befristeten Arbeitsverhältnis sowie
   - für Mitarbeiter, die die Wartefrist nach § 1 KSchG nicht erfüllt haben.

### § 2 Allgemeine Bestimmungen
1. Alle personellen Maßnahmen aus Anlaß der unter § 1 genannten Betriebsänderungen werden im Rahmen des Betriebsverfassungsgesetzes unter Wahrung der gesetzlichen und tariflichen Rechte durchgeführt.
2. Von Arbeitsplatzänderungen betroffene Beschäftigte werden im Sinne von § 81 BetrVG unverzüglich über Art und Umfang der sie betreffenden Maßnahmen nach Beratung mit dem örtlichen Betriebsrat informiert.
3. Soweit der Beschäftigte es wünscht, ist zu den mit ihm geführten Gesprächen ein Mitglied des örtlichen Betriebsrates hinzuzuziehen, er ist vorher auf diese Möglichkeit hinzuweisen.
4. Bei der Kündigung eines Schwerbehinderten ist die Zustimmung der Hauptfürsorgestelle einzuholen.

### § 3 Einführung des „Abholmarkt"-Konzeptes
1. Die Geschäftsleitung beabsichtigt, das dem Gesamtbetriebsrat bereits vorgestellte Vertriebskonzept „Abholmarkt" an folgenden Standorten einzuführen: ........

   Die Umstellung weiterer Märkte auf das „Abholmarkt"-Konzept ist beabsichtigt.
2. Geschäftsleitung und Gesamtbetriebsrat werden im Rahmen ihrer Möglichkeiten zu einer erfolgreichen Einführung dieses Vertriebskonzeptes beitragen.

   Insbesondere werden Geschäftsleitung und Gesamtbetriebsrat eine Gesamtbetriebsvereinbarung „Prämiensystem" abschließen, welche alle derzeitigen und künftigen Abholmärkte erfaßt.

### § 4 Nachteilsausgleich/-milderung bei personellen Maßnahmen
1. Soweit bei der Durchführung der in der Präambel angesprochenen Umstrukturierungsmaßnahmen personelle Maßnahmen erforderlich sind, richten sich deren Voraussetzungen sowie der Ausgleich bzw. die Milderung daraus resultierender Nachteile für die Mitarbeiter (§§ 111 ff. BetrVG) ausschließlich nach dieser Vereinbarung. Die Mitbestimmungsrechte des örtlichen Betriebsrats bei personellen Maßnahmen bleiben hiervon unberührt. Bei betriebsratslosen Betrieben wird der Wirtschaftsausschuß gem. §§ 106 ff BetrVG beteiligt.
2. Mitarbeiter, die in einem Zeitraum von 4 Monaten nach Einführung des „Abholmarkt"-Konzeptes betriebsbedingt ausscheiden, dürfen für diesen Zeitraum finanziell nicht schlechter gestellt sein, als bei Anwendung des ursprünglichen Entlohnungssystems. Diese Regelung gilt längstens bis ........ .

## § 5 Versetzung auf einen anderen freien Arbeitsplatz

1. Es besteht Einigkeit zwischen den Parteien, daß zunächst die Möglichkeit einer Weiterbeschäftigung – ggf. unter geänderten Arbeitsbedingungen oder in benachbarten Betriebsteilen (auch innerhalb der Gruppe) geprüft werden, bevor eine Beendigung des Arbeitsverhältnisses in Betracht gezogen wird. Dabei besteht Übereinstimmung, daß dem Erhalt von gleichwertigen und zumutbaren Arbeitsplätzen Vorrang vor der Auflösung von Arbeitsverhältnissen einzuräumen ist.

2. Dabei sind die Wünsche des Beschäftigten zu berücksichtigen, soweit dies möglich ist.

   Ausscheidenden Beschäftigten werden frei werdende Arbeitsplätze bevorzugt angeboten.

3. Der Beschäftigte hat nach Erhalt eines Arbeitsplatzangebotes innerhalb einer Frist von zwei Wochen schriftlich zu erklären, ob er die angebotene Tätigkeit annimmt oder ablehnt.

## § 6 Zumutbarkeit eines neuen Arbeitsplatzes

1. Nimmt ein Beschäftigter einen unzumutbaren Arbeitsplatz ausdrücklich an, so hat er die Möglichkeit, innerhalb von drei Monaten zu erklären, daß er die Fortsetzung des Arbeitsverhältnisses über diesen Zeitpunkt hinaus ablehnt. Gibt er die Erklärung ab, so endet das Arbeitsverhältnis unter Einhaltung der für den betroffenen Beschäftigten geltenden Kündigungsfristen. Bis zur Beendigung des Arbeitsverhältnisses ist der Beschäftigte verpflichtet, an dem angenommenen Arbeitsplatz weiterzuarbeiten. Dies ist in einer einzelvertraglichen Regelung festzuhalten. In diesem Falle kommen die Regelungen dieses Rahmensozialplanes zur Anwendung.

2. Der Arbeitsplatz ist zumutbar, wenn er folgenden Anforderungen entspricht:

   (A) *funktionell*

   wenn die Anforderungen des Arbeitsplatzes der Qualifikation (Ausbildung, Erfahrung, bisherige Tätigkeit) entsprechen oder die erforderliche Qualifikation durch eine vom Unternehmen angebotene zumutbare längstens dreimonatiger Weiterbildungs-/Umschulungsmaßnahme erreicht werden kann und

   (B) *materiell*

   wenn der Beschäftigte seine bisherige tarifliche Eingruppierung oder bei Wechsel von gewerblicher in kaufmännische Tätigkeit oder umgekehrt, eine dieser bisherigen Eingruppierung vergleichbare tarifliche Eingruppierung behält und die bisherige effektive Entlohnung (Bruttomonatsgehalt) bei vergleichbarer Arbeitszeit weiterbesteht und die bisherige Betriebszugehörigkeit anerkannt wird (ausgenommen Ansprüche auf betriebliche Altersversorgung im übernehmenden Unternehmen) und

   (C) *örtlich*

   wenn der neue Arbeitsplatz unter einem zeitlichen Mehraufwand von 90 Minuten Hin- und Rückfahrt (Basis: öffentlicher Personennahverkehr) vom betroffenen Beschäftigten erreicht werden kann und

   (D) *persönlich*

   wenn nicht aus den persönlichen/sozialen Bedingungen besondere, gegen die Veränderung sprechende Gesichtspunkte im Einzelfall überwiegen.

3. Das Angebot eines neuen, nach Ansicht des Unternehmens zumutbaren Arbeitsplatzes muß schriftlich erfolgen.

   Es muß enthalten:

   (A) Art und Umfang der Tätigkeit, Einsatzort, Arbeitsplatz

   (B) Tarifliche Eingruppierung (Tarifgruppe/-Stufe)

   (C) Höhe und Zusammensetzung des Entgeltes einschl. aller Zuschläge, sonstiger Bezüge und Leistungen, soweit möglich (Provisionssystem u. a.)

   (D) Arbeitszeit und Arbeitszeiteinteilung

Beschäftigte, denen ein zumutbarer Arbeitsplatz angeboten wird, erhalten die Möglichkeit, sich über diesen Arbeitsplatz zu informieren und ihn auf Kosten des Unternehmens zu besichtigen.

Die Geschäftsleitung wird allen betroffenen Beschäftigten bei der Suche nach einem neuen Arbeitsplatz behilflich sein.

Das Unternehmen wird sich im Einvernehmen mit der Industrie- und Handelskammer und den Auszubildenden um die Übernahme der Ausbildungsverhältnisse durch geeignete Betriebe bemühen.

Muß ein Auszubildender infolge einer diesem Sozialplan unterfallenden Maßnahme seinen Ausbildungsort wechseln, so erhält er für den Verlust seines sozialen Besitzstandes einen Einmalbetrag von           DM (           EUR).

4. Mitarbeiter, die einen i. S. v. § 6.3. dieser Vereinbarung zumutbaren Arbeitsplatz ablehnen, erhalten keinerlei Leistungen aus diesem Rahmensozialplan, es sei denn, dies ist in diesem Rahmensozialplan ausdrücklich bestimmt.

### § 7 Abfindungsregelung

1. Beschäftigte, denen kein neuer zumutbarer Arbeitsplatz angeboten werden kann und bei denen das Arbeitsverhältnis infolge der Durchführung von Maßnahmen nach § 1 arbeitgeberseitig beendet wird, erhalten für den Verlust ihres Arbeitsplatzes und zur Milderung der damit verbundenen sozialen Härten eine Abfindung, die nach Maßgabe der Bestimmungen des § 7.2. ff errechnet und gezahlt wird.

2. Alle Mitarbeiter, die noch nicht das 58. Lebensjahr vollendet haben und gleichzeitig eine längere als eine achtjährige Betriebszugehörigkeit haben (vgl. Ziffer 9.1 dieses Rahmensozialplans), erhalten folgende Grundbeträge:
   –           DM (           EUR) für alle Mitarbeiter
   –           DM (           EUR) für jedes unterhaltsberechtigte Kind.

   Maßgeblich für die Berücksichtigung von Kindern ist der Eintrag auf der Lohnsteuerkarte.

3. Schwerbehinderte erhalten den doppelten Sockelbetrag.

4. Darüber hinaus erhalten Arbeitnehmer, die nicht unter § 9 fallen, neben diesen Grundbeträgen eine Abfindung nach folgender Formel:

   *Lebensalter x Beschäftigungsjahre x Bruttomonatsentgelt = Produkt*

   Das Produkt ist durch Divisor(en) zu teilen, die durch Spruch der Einigungsstelle festgelegt werden.

   Unter Bruttomonatsentgelt ist das durchschnittliche Bruttomonatsgehalt bzw. der durchschnittliche Bruttomonatslohn (ohne Sonderleistungen wie Weihnachtsgeld, Urlaubsgeld, Vermögenswirksame Leistungen oder Mehrarbeitsvergütung), gerechnet aus dem Zeitraum der letzten zwölf Monate vor Beendigung des Anstellungsverhältnisses zu verstehen. Angefangene Beschäftigungsjahre und Lebensalter werden pro vollem Beschäftigungsmonat mit zwei Dezimalstellen nach dem Komma errechnet.

5. Mitarbeiter, die wegen dieser Maßnahmen nach dem           aber vor Unterzeichnung dieser Vereinbarung ausgeschieden sind, erhalten 50 % aus diesem Rahmensozialplan.

6. Härtefonds

   Sind von einer einheitlichen Umstrukturierungsmaßnahme i. S. der Präambel mindestens 20 % der Mitarbeiter betroffen, so wird zum Ausgleich besonderer sozialer Härten ein Härtefonds gebildet.

   Mit dem Härtefonds sollen weitere wirtschaftliche Nachteile der von der Umstrukturierungsmaßnahme betroffenen Mitarbeiter ausgeglichen werden, die beim Abschluß dieses Rahmensozialplans noch nicht absehbar waren.

Die Geschäftsleitung zahlt je betroffenem Vollzeitmitarbeiter        DM (        EUR) in den Härtefonds ein; für Teilzeitkräfte wird eine anteilige Zahlung geleistet.

Eine Verteilung der Gelder aus dem Härtefonds erfolgt durch gemeinsame Entscheidung von Geschäftsleitung und örtlichem Betriebsrat.

Teilzeitbeschäftigte erhalten alle aus diesem Sozialplan vereinbarten Leistungen anteilsmäßig.

7. Die Abfindungen werden entsprechend §§ 9, 10 KSchG und § 3 Ziffern 9 EStG (brutto für netto) gezahlt und sind 14 Tage vor dem Zeitpunkt des endgültigen Feststehens der wirksamen Beendigung des Arbeitsverhältnisses fällig.

8. Nach Ziffer 7.1. einvernehmlich ausscheidende Beschäftigte erhalten als zusätzliche Abfindung neben der nach den vorstehenden Regelungen zu berechnenden Abfindung 50 % des Bruttogehalts/-lohnes, das ihnen bis zum Ablauf der Frist zustehen würde, die sich aus dem frühestmöglichen firmenseitigen Kündigungszeitpunkt unter Einhaltung der Kündigungsfrist errechnet.

### § 8 Soziale Auswahl bei betriebsbedingter Kündigung

1. Kommt die Versetzung eines Mitarbeiters, dessen Arbeitsplatz weggefallen ist, auf einen anderen freien Arbeitsplatz nicht in Betracht, so ist eine betriebsbedingte Kündigung nur unter Beachtung der nachfolgenden Kriterien für die Sozialauswahl zulässig.

2. In die soziale Auswahl sind alle Mitarbeiter einzubeziehen, deren Arbeitsplatz derjenige Mitarbeiter, dessen Arbeitsplatz entfallen ist, ausfüllen kann.

   Dies setzt voraus, daß diejenigen Mitarbeiter, zwischen denen eine Sozialauswahl durchgeführt werden soll, im Hinblick auf ihre berufliche Qualifikation und Erfahrung, ihre zuletzt ausgeübte Tätigkeit sowie sonstige persönliche Umstände (z. B. Schwerbehinderteneigenschaft) miteinander vergleichbar sind.

3. Arbeitgeber und Gesamtbetriebsrat stellen übereinstimmend fest, daß wegen der angespannten Arbeitsmarktlage zur Zeit auch jüngere Mitarbeiter wenig bis keine Chancen haben, nach einer betriebsbedingten Entlassung eine neue Stelle zu finden.

   Arbeitgeber und Gesamtbetriebsrat sind sich weiter darüber einig, daß bei dieser Sachlage jüngere Mitarbeiter, die für ihre Familie und die Ausbildung ihrer Kinder zu sorgen haben und die sich überdies im Stadium des Existenzaufbaus befinden, sozial besonders schutzwürdig sind. Verglichen mit älteren Mitarbeitern, die das 58. Lebensjahr bereits vollendet haben und deren soziale Absicherung bis zum Zeitpunkt des frühestmöglichen Bezugs von Leistungen aus der gesetzlichen Rentenversicherung sichergestellt ist, werden jüngere Mitarbeiter deshalb einen Arbeitsplatzverlust in aller Regel schwerer verkraften können.

   Unter der Voraussetzung, daß eine solche soziale Absicherung älterer Mitarbeiter bis zum Renteneintritt sichergestellt ist (vgl. hierzu § 9 dieser Vereinbarung), sind sich Arbeitgeber und Gesamtbetriebsrat deshalb darüber einig, daß im Rahmen der Sozialauswahl das Lebensalter älterer Mitarbeiter geringer gewichtet wird.

4. Im Rahmen der Betriebsratsanhörung wird der Arbeitgeber in jedem Einzelfall die für die Sozialauswahl maßgeblichen Gesichtspunkte (Lebensalter, Betriebszugehörigkeit, Unterhaltsverpflichtungen usw.) darstellen und – unter Berücksichtigung der vorstehend aufgeführten weiteren Auswahlkriterien – die soziale Schutzbedürftigkeit des betroffenen Mitarbeiters bewerten.

### § 9 Soziale Absicherung älterer Mitarbeiter

1. Mitarbeiter, deren Arbeitsverhältnis durch betriebsbedingte Kündigung beendet wird und die zum Zeitpunkt der Beendigung des Arbeitsverhältnisses das 58. Lebensjahr bereits vollendet haben sowie eine Betriebszugehörigkeit von mindestens 8 Jahren aufweisen, erhalten ab der Beendigung des Arbeitsverhältnisses bis zum frühestmöglichen Zeitpunkt des Bezuges von Leistungen aus der gesetzlichen Rentenversicherung, längstens jedoch für die Dauer des Bezuges von Arbeitslosengeld, anstelle der Abfindung ein monatliches Übergangsgeld.

2. Das Übergangsgeld errechnet sich aus der Differenz der Leistungen nach dem SGB III oder ggf. der Krankenkasse und 80 % des im Durchschnitt der letzten zwölf Monate vor der Beendigung des Arbeitsverhältnisses bezogenen Nettoeinkommens. Sonderzahlungen (Weihnachtsgeld, Urlaubsgeld, Einmal-Prämien usw.) sowie Mehrarbeitsvergütungen (Grundvergütung und Zuschläge) bleiben bei der Berechnung des durchschnittlichen Nettoeinkommens außer Betracht. Anderweitiger Verdienst wird nicht angerechnet.

3. Bei der Berechnung des bisherigen Nettoeinkommens gemäß Ziffer 8.2 werden auf der Lohnsteuerkarte eingetragene familienbedingte Freibeträge (z. B. Kinderfreibeträge) berücksichtigt.

   Ein nach Erhalt der betriebsbedingten Kündigung durchgeführter Wechsel der Lohnsteuerklasse wird nicht berücksichtigt. Dies gilt auch bei der Berechnung des Übergangsgeldes.

   Gegebenenfalls ist das Arbeitslosengeld also fiktiv unter Berücksichtigung der bisherigen Lohnsteuerklasse zu ermitteln und anzusetzen.

4. Der Mitarbeiter ist verpflichtet, dem Arbeitgeber unverzüglich eine Kopie des Leistungsbescheides der Arbeitsverwaltung vorzulegen sowie etwaige Änderungen von sich aus unaufgefordert anzuzeigen.

   Das Gleiche gilt für die Bescheide über etwaige Sperr-/Ruhenszeiten.

   Kommt der Mitarbeiter dieser Verpflichtung trotz einmaliger schriftlicher Aufforderung des Arbeitgebers nicht nach, so ist der Arbeitgeber bis zur Erfüllung der Verpflichtung berechtigt, alle Leistungen nach dieser Betriebsvereinbarung zurückzuhalten.

5. Im Falle der Verhängung von Sperr- und/oder Ruhenszeiten durch das Arbeitsamt wird im Rahmen der Zahlungen nach Ziffer 8.2. das Arbeitslosengeld fiktiv angesetzt. In diesem Falle zahlt der Arbeitgeber also nur die Differenz zwischen dem fiktiven Arbeitslosengeld und dem nach Ziffer 8.2. garantierten Nettoeinkommen. Die vorstehende Regelung findet keine Anwendung, wenn der Mitarbeiter die Sperr- und/oder Ruhenszeit nicht zu vertreten hat. Die Beiträge zur Kranken- und Rentenversicherung trägt in den Sperr- und Ruhenszeiten der Arbeitgeber, soweit sie nicht von der Bundesanstalt für Arbeit getragen werden.

6. Das Übergangsgeld wird jeweils zum Monatsende auf ein vom Mitarbeiter zu benennendes Konto überwiesen. Auf Wunsch des Mitarbeiters kann das Übergangsgeld auch in einem Einmalbetrag bei Beendigung des Arbeitsverhältnisses zur Auszahlung gebracht werden.

7. Der Mitarbeiter ist verpflichtet, dem Arbeitgeber jeweils zu Beginn eines Jahres unaufgefordert eine Lohnsteuerkarte vorzulegen. Unterläßt er dies, so nimmt der Arbeitgeber eine Versteuerung des nach Ziffer 8.2. zu leistenden Übergangsgeldes nach Lohnsteuerklasse VI vor.

### § 10 Jubiläumszuwendungen, vermögenswirksame Leistungen, Urlaubs- u. Weihnachtsgeld

1. Jubiläumszuwendungen sind, wenn der Anspruch innerhalb von 12 Monaten nach dem Ausscheiden entstehen würde, in voller Höhe auszuzahlen.

2. Vermögenswirksame Leistungen, die bis zum Ende des Kalenderjahres zu zahlen wären, werden in gleicher Höhe als Pauschalbetrag abgegolten.

3. Für das Jahr, in dem das Arbeitsverhältnis endet, erhalten die betroffenen Beschäftigten das Urlaubsgeld sowie das Weihnachtsgeld anteilig.

### § 11 Kündigungsschutzklage

Erhebt ein Mitarbeiter Kündigungsschutzklage, wird der Anspruch auf die Abfindung erst fällig, wenn das Verfahren abgeschlossen ist und feststeht, daß das Arbeitsverhältnis beendet ist. Für den Fall, daß in einem Kündigungsschutzverfahren eine Abfindung festgesetzt wird, erfolgt jeweils eine Anrechnung von Abfindungen des jeweils höheren Betrages, so daß immer nur die höhere Abfindung zur Auszahlung gelangt.

## § 12 Betriebsbedingte Kündigung
Mitarbeiter, die von einer betriebsbedingten Kündigung betroffen sind, sind berechtigt, das Arbeitsverhältnis vorzeitig mit einer Frist von 7 Tagen zum Wochenende zu beenden.

## § 13 Bewerbung um neuen Arbeitsplatz
Den betroffenen Arbeitnehmern wird zur Bewerbung um einen neuen Arbeitsplatz die erforderliche Freizeit ohne Verdienstminderung gewährt. Das Unternehmen verpflichtet sich, Arbeitnehmern, die aufgrund eigener Stellensuche einen neuen Arbeitsplatz gefunden haben, den Arbeitsplatzwechsel ohne Einhaltung einer Kündigungsfrist zu ermöglichen.

## § 14 Zeugnis
Alle Beschäftigten erhalten auf Wunsch ein qualifiziertes Zwischenzeugnis.

Das Endzeugnis, das sich ebenfalls auf Wunsch des Beschäftigten auf die Beurteilung von Führung und Leistung zu erstrecken hat, sowie die Arbeitspapiere sind spätestens 8 Tage vor dem endgültigen Feststehen des Ausscheidens dem Beschäftigten entweder per eingeschriebenem Brief oder persönlich durch den jeweiligen Verkaufsstellenleiter gegen Unterschrift auszuhändigen.

## § 15 Aufhebungsvertrag
Aufhebungsverträge bedürfen der Schriftform. Beide Parteien haben ein Widerrufsrecht bis spätestens zum Ende des folgenden Arbeitstages.

## § 16 Härtefälle
Sollten sich bei der Durchführung des Sozialplanes im Einzelfall besondere Härten ergeben oder sollten Einzelfälle nicht geregelt sein, so werden Unternehmen und örtlicher Betriebsrat in einem paritätisch besetzten Ausschuß mit je 2 Mitgliedern vertrauensvoll mit dem Willen zur Einigung beraten und eine Entscheidung treffen.

Bei Streitigkeiten über Regelungen nach diesem Paragraphen entscheidet ein vom Unternehmen und Gesamtbetriebsrat mit je 2 Mitgliedern besetzter Ausschuß.

Kommt in dem Ausschuß keine Einigung oder Mehrheit zustande, so hat bei einer zweiten Abstimmung eine der Parteien eine zweite Stimme. Das Doppelstimmrecht steht den Betriebsparteien für jede einzelne Angelegenheit im Wechsel zu. Das erste Doppelstimmrecht gebührt dem Gesamtbetriebsrat.

## § 17 Vererblichkeit
Die finanziellen Ansprüche aus diesem Rahmensozialplan sind vererblich und gehen mit dem Tod des Mitarbeiters auf dessen Erben über, soweit sie bereits entstanden sind.

## § 18 Inkrafttreten
Dieser Sozialplan tritt mit Unterzeichnung in Kraft und gilt bis längstens          .

### Anlage
Die Einigungsstelle hat die Divisoren gemäß § 7 (Abfindungsregelung) durch Spruch wie folgt festgelegt:
- bei Mitarbeitern bis 30 Jahren: durch 75
- bei Mitarbeitern bis 35 Jahren: durch 70
- bei Mitarbeitern über 35 Jahren: durch 65

# § 5 Kapitel 3: Interessenausgleichsvereinbarungen und Sozialpläne

## 7. Muster: Kombinierter Interessenausgleich/Sozialplan zu den Umsetzungsmaßnahmen einer betrieblichen Restrukturierung

▼

**Inhaltsverzeichnis**

- A Geltungsbereich
- B Phasenplan für die Umsetzung
- C Personalpolitische Grundsätze und Instrumentarien
  - I Personalpolitische Grundsätze
  - II Arbeitsplatzangebot
  - III Weiterbeschäftigung im Innendienst
  - IV Weiterbeschäftigung im angestellten Werbeaußendienst
  - V Erweiterter Kündigungsschutz
  - VI Qualifizierungsmaßnahmen
  - VII Kapazitätsanpassungen
  - VIII Verkürzung der individuellen Arbeitszeit
- D Gehaltssicherung bei Versetzung
  - I Versetzung innerhalb des Innendienstes
  - II Versetzung in den Werbeaußendienst
- E Mobilitätsbeihilfen
  - 1. Bei Aufrechterhaltung des bisherigen Wohnsitzes
  - 1.1 Hotel/Appartement am neuen Arbeitsort
  - 1.2 Anreise von der bisherigen Wohnung
  - 1.3 Zuschuß/Arbeitszeitverkürzung für den erhöhten Zeitbedarf
  - 2. Umzug zum neuen Arbeitsort
  - 2.1 Wohnungssuche
  - 2.2 Maklergebühren
  - 2.3 Umzugskosten
  - 2.4 Mietzuschüsse
  - 2.5 Abstandszahlung
  - 2.6 Betriebsbedingte Veranlassung
  - 2.7 Rückzahlungsverpflichtung
- F Verkürzung der Arbeitszeit
- G Austrittsregelung
  - I Abfindungsanspruch
  - II Höhe der Abfindung
  - 1. Arbeitnehmer vor Vollendung des 55. Lebensjahres
  - 1.1 Abfindung nach Betriebszugehörigkeit
  - 1.2 Unterhaltsberechtigte Kinder
  - 1.3 Zusätzliche Abfindung bei Schließung von Betriebsrenten
  - 1.4 Mindest-/Höchstabfindung
  - 2. Arbeitnehmer ab Vollendung des 55. Lebensjahres
  - 3. Arbeitnehmer, die unmittelbar gesetzliches Altersruhegeld beziehen
  - III Anteilige Abfindung für Teilzeitkräfte
- H Urlaub/Sonderzahlungen
- I Ringtausch
- K Härtefälle
- L Sozialauswahl bei betriebsbedingten Kündigungen
- M Abstimmung mit dem Betriebsrat/Inkrafttreten

## Betriebsvereinbarungen §5

*Betriebsvereinbarung über einen Interessenausgleich/Sozialplan zu den Umsetzungsmaßnahmen einer betrieblichen Restrukturierung*

Zwischen

▮▮▮▮ Firmengruppe

– nachfolgend Arbeitgeber genannt –

und

dem Gesamtbetriebsrat der vorgenannten Gesellschaften

wird folgender Interessenausgleich/Sozialplan geschlossen:

### Präambel

Zur mittelfristigen Verbesserung der Wettbewerbspositionen der Firmengruppe wird eine dauerhafte Kostenentlastung insbesondere im Bereich der Fixkosten angestrebt.

Um dies zu erreichen, wurde zunächst ein Projekt unter Mitwirkung der Unternehmensberatung ▮▮▮▮ gestartet. In diesem Projekt wurden – unter Einbeziehung bereits laufender Aktivitäten in einzelnen Unternehmensbereichen – verschiedene Maßnahmen zur strategischen Neuausrichtung der Gruppe entwickelt, die in den Jahren ▮▮▮▮ bis ▮▮▮▮ umgesetzt werden sollen. Die Maßnahmen und ihre Auswirkungen auf die Arbeitnehmer wurden dem Gesamtbetriebsrat vorgestellt und mit ihm beraten.

### A Geltungsbereich

*I* Die Vereinbarung gilt für alle Arbeitnehmer/innen (nachfolgend „AN") im Innendienst, technischen Außendienst und organisierenden Außendienst der vorgenannten Gesellschaften, soweit sie nicht Leitende Angestellte im Sinne von § 5 Abs. 3 BetrVG sind.

*II* Sie gilt für alle personellen Umsetzungsmaßnahmen im Zusammenhang mit den nachfolgend genannten Maßnahmen des Projekts,
– Schließung der dezentralen Kundenbetreuung einschließlich der Schadendienste
– Aufbau der zentralen Kundenbetreuung
– Neuordnung der Stammorganisation in drei Vertriebsdirektionen
– Neuordnung der Organisationsmaßnahmen
– Personalanpassungsmaßnahmen in den Vertriebs- und Vertriebsunterstützungsfunktionen
– Personalanpassung in den Querschnittsfunktionen der Hauptverwaltung (HV) sowie für alle kleineren organisatorischen Maßnahmen, die im unmittelbaren sachlichen und zeitlichen Zusammenhang zu dem Projekt stehen.

### B Phasenplan für die Umsetzung

Die Zentralisierung der Kundenbetreuung A erfolgt im Zeitraum ▮▮▮▮ bis ▮▮▮▮.

Die Zentralisierung der Kundenbetreuung B erfolgt stufenweise bis ▮▮▮▮.

Die Schließung der Kundenbetreuungsstandorte ▮▮▮▮ erfolgt inklusive der Schadendienste ▮▮▮▮ bis zum ▮▮▮▮. Den Arbeitnehmern dieser Kundenbetreuungen inklusive der Schadendienste wird unabhängig von der Durchführung der organisatorischen Maßnahmen frühestens zum ▮▮▮▮ gekündigt.

Die Schließung der Standorte ▮▮▮▮ sowie des Schadendienstes ▮▮▮▮ erfolgt zum ▮▮▮▮. Den Arbeitnehmern dieser Kundenbetreuungen inklusive der Schadendienste wird unabhängig von der Durchführung der organisatorischen Maßnahmen frühestens zum ▮▮▮▮ gekündigt.

Die Schließung und Kapazitätsanpassung der Vertriebs- und Vertriebsunterstützungsfunktionen erfolgt zum ▮▮▮▮ (*Anlage 1*).

Die Strukturen sind im Rahmen der Mittelfristigen Planung festgelegt worden. Daher wird davon ausgegangen, daß jedenfalls bis Ende ▮▮▮▮ keine darüber hinausgehenden personellen Maßnahmen erforderlich sind. Wenn sich aufgrund von wesentlichen Abweichungen in der Mittelfristigen

Geschäftsentwicklung die Notwendigkeit zu weiteren Maßnahmen ergibt, werden diese in Form von Interessenausgleichsverhandlungen beraten.

In den Querschnittfunktionen der HV sind mit Ausnahme des Bereichs Immobilien im Jahr ▓▓▓ keine betriebsbedingten Personalanpassungsmaßnahmen geplant. Im Bereich Immobilien werden die Aufgaben der Bau- und Instandhaltungsfunktionen auf die Firma ▓▓▓ übertragen. Für die übrigen Funktionen des Immobilienbereiches werden im Jahr ▓▓▓ keine betriebsbedingten Kündigungen ausgesprochen, die vor dem ▓▓▓ wirksam werden.

## C Personalpolitische Grundsätze und Instrumentarien

### I Personalpolitische Grundsätze

Der Arbeitgeber wird alle Möglichkeiten ausschöpfen, um betriebsbedingte Kündigungen zu vermeiden.

Auch wenn Maßnahmen bezüglich des Umfangs der personellen Auswirkung noch nicht abschließend definiert sind, können bereits Versetzungen auf andere Arbeitsgebiete eingeleitet werden. Vor der Versetzung erfolgt eine Beratung mit dem zuständigen Betriebsrat über Fragen der Sozialauswahl. Dem betroffenen Personenkreis können dann offene Stellen bevorzugt angeboten werden. Der zuständige Betriebsrat wird informiert, bevor dem AN das konkrete Arbeitsplatzangebot unterbreitet wird.

### II Arbeitsplatzangebot

Allen AN, die sich mobil erklärt haben, wird im aufnehmenden Betrieb ein Arbeitsplatzangebot in der gleichen Funktion unterbreitet. Sofern dies nicht möglich ist, wird den AN ein Arbeitsplatz in einer anderen geeigneten Funktion angeboten, wenn sie in einem angemessenen Zeitraum (gem. Ziff. C 6) qualifizierbar sind.

Für den Fall, daß geringfügig mehr AN Mobilitätsbereitschaft erklärt haben und auch qualifizierbar sind, als freie Stellen zur Verfügung stehen, wird gleichwohl ein Arbeitsplatzangebot in den aufnehmenden Standorten unterbreitet. Geringfügigkeit liegt in jedem Fall dann vor, wenn bezogen auf den jeweiligen Funktionsbereich die Soll-Zahl um weniger als 2 % überschritten wird.

### III Weiterbeschäftigung im Innendienst

Ein Angebot auf Weiterbeschäftigung erfolgt schriftlich. Es enthält Angaben über den beabsichtigten Versetzungszeitpunkt, Art der Tätigkeit, Arbeitsort und etwaige Regelungen, die aus dieser Vereinbarung folgen. Der AN hat für seine Entscheidung über das Angebot eine Bedenkzeit von längstens 3 Wochen.

Innerhalb dieser Bedenkzeit kann er während der Arbeitszeit eine angebotene Stelle aufsuchen und sich informieren.

1. Ist die Weiterbeschäftigung an dem bisherigen Arbeitsplatz nicht möglich, ist der Arbeitgeber verpflichtet, dem AN in demselben Betrieb einen gleichwertigen anderen Arbeitsplatz anzubieten, der für den AN geeignet und zumutbar ist.

2. Steht ein Arbeitsplatz, der die Anforderungen der Ziff. 1 erfüllt, nicht zur Verfügung, ist der Arbeitgeber verpflichtet, dem AN einen gleichwertigen Arbeitsplatz in einem anderen Betrieb des Unternehmens anzubieten, der für den AN geeignet und zumutbar ist.

3. Steht auch ein Arbeitsplatz, der die Anforderungen der Ziff. 2 erfüllt, nicht zur Verfügung oder nimmt der AN den ihm nach Ziff. 2 angebotenen Arbeitsplatz nicht an, ist der Arbeitgeber verpflichtet, dem AN einen geeigneten und zumutbaren Arbeitsplatz in demselben Betrieb des Unternehmens anzubieten.

4. Steht auch ein Arbeitsplatz, der die Anforderungen von Ziff. 2 erfüllt, nicht zur Verfügung, ist der Arbeitgeber verpflichtet, dem AN – soweit vorhanden – einen geeigneten und zumutbaren Arbeitsplatz in einem anderen Betrieb des Unternehmens anzubieten.

5. Ein anderer Arbeitsplatz ist gleichwertig, wenn die Tätigkeit nach derselben Tarifgruppe vergütet wird. Er ist geeignet, wenn damit zu rechnen ist, daß der AN die fachlichen und persönlichen

Anforderungen des anderen Arbeitsplatzes erfüllen kann; dies ist auch dann der Fall, wenn zum Erwerb der Qualifikation für den anderen Arbeitsplatz eine Einarbeitung oder Qualifizierung erforderlich und dem Arbeitgeber zumutbar ist (siehe Qualifizierung).

6. Die Zumutbarkeit eines anderen Arbeitsplatzes für den AN richtet sich nach der Art seiner bisherigen Tätigkeit, seinem Alter und seinem Gesundheitszustand, seinen persönlichen Verhältnissen sowie den äußeren Umständen (z. B. bei einem Wechsel des Arbeitsortes).

Der AN kann einen Wechsel des Arbeitsortes ablehnen, wenn die tägliche Gesamtwegezeit 150 Minuten überschreitet.

7. Wenn sich die Tätigkeit eines AN an seinem Arbeitsplatz erheblich ändert, hat er Anspruch auf eine schriftliche Beurteilung, die mit ihm zu besprechen ist. AN, die den Arbeitsplatz wechseln, haben Anspruch auf ein qualifiziertes Zwischenzeugnis.

8. Ist ein angebotener Arbeitsplatz nach den tariflichen Bestimmungen geringer bewertet, erfolgt eine Gehaltssicherung nach Maßgabe der Ziff. D I.

### IV Weiterbeschäftigung im angestellten Werbeaußendienst

1. Jeder Innendienst-AN hat das Recht, eine Versetzung in den werbenden Außendienst zu beantragen. Der Antrag hat in schriftlicher Form zu erfolgen. Bei einer solchen Versetzung hat der AN Anspruch auf Einarbeitung und Schulung.

2. Allen betroffenen AN im organisierenden Außendienst wird ein Arbeitsplatzangebot für den werbenden Außendienst unterbreitet. Nimmt der AN dieses Angebot innerhalb von 3 Wochen nicht schriftlich an, so hat er einen Anspruch auf Abfindung gem. dieser Vereinbarung.

3. Für den Zeitraum der Qualifizierung – mindestens aber für 6 Monate – wird keine Kündigung aus betriebsbedingter Veranlassung durchgeführt.

4. Erscheint nach Ablauf von 3 Monaten die Qualifizierung aus objektivierbaren Gründen zu scheitern, so kann bereits zu diesem Zeitpunkt dem AN unter Einhaltung der individuellen Kündigungsfrist gegen Abfindung gekündigt werden. Der AN kann zum Ablauf der 6 Monate kündigen, ohne daß die Abfindung entfällt. Die Abfindungshöhe stellt in beiden Fällen auf den Zeitpunkt der Versetzung ab.

5. Die Gehaltssicherung richtet sich nach Ziff. D II.

### V Erweiterter Kündigungsschutz

Ist ein AN an einen anderen Ort versetzt worden und dorthin umgezogen, ist für die Dauer von 36 Monaten ab vollzogener Versetzung der Anspruch einer betriebsbedingten Kündigung, außer im Falle der Betriebsstillegung, durch den Arbeitgeber ausgeschlossen.

### VI Qualifizierungsmaßnahmen

Wenn sich die Tätigkeit eines AN an seinem Arbeitsplatz ändert, hat er Anspruch auf die erforderliche Einarbeitung oder Qualifizierung. Der Arbeitgeber hat sowohl über Inhalt als auch Dauer einer angemessenen Qualifizierung mit dem Betriebsrat zu beraten. Der notwendige Qualifizierungsbedarf wird unter Berücksichtigung des beruflichen Werdeganges, der Ausbildung und der Fachkenntnisse im Hinblick auf die zukünftigen Anforderungen des Arbeitsplatzes festgelegt. Die daraus resultierenden Qualifizierungsmaßnahmen werden schriftlich festgehalten und dem AN ausgehändigt.

Der Anspruch setzt voraus, daß der AN auf der Basis seines bereits erlangten Fachwissens in der Lage ist, das geforderte Qualifikationsziel innerhalb von 6 Monaten (in begründeten Ausnahmefällen bis 12 Monate) zu erreichen. Bei Qualifizierungsmaßnahmen von 6 Monaten wird nach der Hälfte der Dauer verbindlich überprüft, ob das Qualifikationsziel erreicht werden kann. Bestehen daran begründete Zweifel, so kann die Maßnahme nach entsprechender Beratung mit dem Betriebsrat abgebrochen werden.

Bleibt die Qualifizierungsmaßnahme erfolglos und wird aus diesem Anlaß das Arbeitsverhältnis beendet, so richtet sich die Abfindung nach dieser Vereinbarung. Die Regelungen des 1. Absatzes gelten auch, wenn die Weiterbeschäftigung an dem bisherigen Arbeitsplatz nicht möglich ist und eine Einigung über die Versetzung erzielt wurde.

Die Kosten von Einarbeitungs- und Qualifizierungsmaßnahmen trägt der Arbeitgeber. Für die Dauer der Einarbeitung oder Qualifizierung erhält der AN seine regelmäßigen Bezüge weitergezahlt. Einarbeitungen und Qualifizierungen erfolgen während der regelmäßigen Arbeitszeit.

### VII Kapazitätsanpassungen

Nach Übernahme der zentralen Bearbeitung werden durch Rationalisierungsprojekte, wie Dokumenten-Retrieval-System, Point-of-Sale, Vertriebscontrollierung, Prozeßoptimierung etc. in den aufnehmenden Standorten Arbeitskapazitäten entfallen. Es besteht Einvernehmen, daß dies bei einer Wachstumsrate entsprechend des Mittelfristigen Plans durch normale Fluktuation und durch befristete Arbeitsverträge ausgesteuert werden soll.

Für den Fall einer unterproportionalen Wachstumsentwicklung wird der Abbau des Stellenüberhangs zunächst durch Reduzierung von Mehrarbeit und durch Arbeitszeitverkürzung angestrebt.

### VIII Verkürzung der individuellen Arbeitszeit

Im Rahmen von Rationalisierungsmaßnahmen sind, soweit es betrieblich durchführbar ist, verstärkt Teilzeitarbeitsplätze oder alternativ individuelle Arbeitszeitregelungen anzubieten.

Ebenso können unter diesen Voraussetzungen im Rahmen von Arbeitsplatzteilung in Abstimmung mit dem Betriebsrat spezifische Arbeitszeitregelungen vereinbart werden, um betriebsbedingte Kündigungen zu vermeiden.

Über die veränderten Arbeitsbedingungen ist eine schriftliche Vereinbarung mit dem AN abzuschließen. Der Gehaltausgleich ist in Ziff. F 1. geregelt.

### D Gehaltssicherung bei Versetzung

#### I Versetzung innerhalb des Innendienstes

1. Werden AN auf einen anderen Arbeitsplatz im Innendienst versetzt, der nach den tarifvertraglichen Bestimmungen geringer zu bewerten ist, als es der bisherigen Vergütung entspricht, erfolgt eine Gehaltssicherung. Der Gehaltssicherungsbetrag ist die Differenz zwischen bisherigem Gehalt und zukünftigem Gehalt. Dabei werden alle Gehaltsbestandteile berücksichtigt, die der Wertigkeit des alten und neuen Arbeitsplatzes entsprechen (z. B. Tarifgruppe, Tätigkeitszulage, Verantwortungszulage). Nicht berücksichtigt werden variable Bestandteile (z. B. Überstunden, Leistungszulage) und Zulagen, die eine besondere Belastung ausgleichen (z. B. Bereitschaftspauschale). Der Differenzbetrag wird in eine dynamisierte Ausgleichszulage umgewandelt. Die Zulage wird mit individuellen Gehaltsanhebungen verrechnet.

2. Bezüglich der Dauer der Gehaltssicherung gilt:
   a) für AN, die bei Umsetzung der Maßnahme eine Beschäftigungsdauer (ohne Ausbildungszeiten) von 5 Jahren erreicht haben, wird die Ausgleichszulage unbefristet gezahlt,
   b) für AN, deren Beschäftigungsdauer kleiner als 5 Jahre (ohne Ausbildungszeiten) ist, wird die Gehaltssicherung befristet für 36 Monate gewährt.
   Nach Ablauf dieses Zeitraums wird die Ausgleichszulage entsprechend § 7 Ziff. 1 Rationalisierungsschutzabkommen in Höhe der jeweiligen Tarifanhebung abgebaut.

#### II Versetzung in den Werbeaußendienst

1. Für den Zeitraum der Gehaltssicherung erhalten AN einen Außendienstvertrag besonderer Art. In diesem werden neben der Gehaltssicherung gem. Ziff. 2 und 3 die im Außendienst üblichen Fahrtkosten und Spesen und eine Vergütung von           DM (         EUR) je „Einheit" für von ihm vermitteltes Geschäft gezahlt. Ein durch diese Maßnahme ausgelöster erhöhter Kostensatz geht nicht zu Lasten der zuständigen Führungskraft. Nach längstens 6 Monaten erhält der AN einen üblichen Außendienst-(Aufrechnungs-)Vertrag.

2. Innendienstmitarbeiter, die in den Werbeaußendienst wechseln, erhalten die bisherigen Bezüge einschließlich etwaiger tariflicher Verbesserungen für die Dauer von 6 Monaten weiter.

3. Basis für die Gehaltssicherung des organisierenden AD ist das Durchschnittseinkommen der letzten 6 Monate vor dem Wechsel in den Werbeaußendienst. Grundlage für die Ermittlung des Durchschnittseinkommens sind das Gehalt, die Differenzabschlußprovision, die Super- bzw. Superabschlußprovision und Provisionsgarantien.

Nicht berücksichtigt werden Abschlußprovisionen für gelegentliches Eigengeschäft (Provisionssplitting ist hiervon ausgenommen), Betreuungsprovisionen, Bonifikationen, Investitionszuschüsse und Aufwendungsersatz, auch bei lohnsteuerpflichtiger Zahlung (z. B. Reisekosten, Spesen, Orga-Zuschuß).

### E Mobilitätsbeihilfen

Wird ein AN auf einen von seinem Wohnsitz weiter entfernten Arbeitsplatz versetzt, werden für einen Übergangszeitraum folgende Leistungen gewährt:

#### 1. Bei Aufrechterhaltung des bisherigen Wohnsitzes

#### 1.1 Hotel/Appartement am neuen Arbeitsort

Für die Dauer von 3 Monaten – in begründeten Ausnahmefällen bis zu 6 Monaten – übernimmt der Arbeitgeber die Kosten für ein gutes Mittelklassehotel oder ein Appartement am neuen Arbeitsort.

Für den Zeitraum, in dem ein AN diese Leistungen in Anspruch nimmt, übernimmt der Arbeitgeber die Kosten (gem. Reisekostenrichtlinie) für eine Familienheimfahrt wöchentlich.

Sofern bei AN eine doppelte Haushaltsführung entsteht, wird eine Trennungsentschädigung nach den steuerlichen Richtlinien gewährt.

#### 1.2 Anreise von der bisherigen Wohnung

Alternativ zu den Leistungen nach Ziff. 1.1 wird ein Fahrtkostenzuschuß (brutto) in Höhe der Kosten (gem. Reisekostenrichtlinie) für Monatskarten der Bahn AG gezahlt. Anschließend gelten die allgemeinen Regelungen über den Fahrtkostenzuschuß. Die Leistungen nach Ziff. 1.1 und Ziff. 1.2 können wahlweise in Anspruch genommen werden. Ein Wechsel ist jederzeit möglich.

#### 1.3 Zuschuß/Arbeitszeitverkürzung für den erhöhten Zeitaufwand

a) Für den Aufwand des verlängerten Weges zur Arbeit erhält der AN eine zusätzliche Aufwandsentschädigung (brutto). Die Höhe dieser Aufwandsentschädigung richtet sich nach der zusätzlichen Dauer für die einfache Fahrt zur Arbeitsstätte:

Stufe I      DM (      EUR)/Monat ab 30 min
Stufe II     DM (      EUR)/Monat ab 45 min
Stufe III    DM (      EUR)/Monat ab 60 min.

Die Fahrtkosten und die Entschädigung für den verlängerten Weg zur Arbeit werden für die Dauer von 2 1/2 Jahren gezahlt. Ab einer 6-jährigen Betriebszugehörigkeit verlängert sich die Dauer um 1 Jahr, bei einer Betriebszugehörigkeit ab 8 Jahre um ein weiteres Jahr.

b) Der AN kann auf den Zuschuß verzichten und sich für eine Verkürzung der täglichen Arbeitszeit entsprechend den Stufen I bis III von 30, 45 oder 60 Minuten für den vorgenannten Zeitraum entscheiden.

c) Ein Wechsel zwischen Zuschuß und Arbeitszeitverkürzung ist einvernehmlich möglich.

#### 2. Umzug zum neuen Arbeitsort

Verlegt ein AN innerhalb von 24 Monaten nach Versetzung den Wohnsitz an den neuen Arbeitsort, werden in angemessenem Rahmen gegen Nachweis folgende Leistungen gewährt:

#### 2.1 Wohnungssuche

Für Wohnungsbesichtigungen und für Termine mit Maklern wird bezahlte Freizeit gewährt, soweit diese Termine nicht außerhalb der regelmäßigen Arbeitszeit wahrgenommen werden können.

Die Kosten für Anzeigen in regional verbreiteten Zeitungen werden vom Arbeitgeber übernommen.

Reisekosten für die Besichtigung von Wohnobjekten werden, auch für den Lebenspartner, erstattet.

### 2.2 Maklergebühren
Maklergebühren werden im ortsüblichen Rahmen für die Vermittlung von Mietwohnungen erstattet. Bei Erwerb von Wohnungseigentum erfolgt die Erstattung von Maklerkosten in der Höhe, die für die Beschaffung einer vergleichbaren Mietwohnung entstanden wären.

### 2.3 Umzugskosten
Der Arbeitgeber übernimmt die erforderlichen Umzugskosten nach Abstimmung. Näheres ist in der *Anlage 2* geregelt.

### 2.4 Mietzuschüsse
Mietzuschüsse werden befristet gem. Anlage 1 gezahlt.

Bei der Veräußerung und dem Erwerb von Wohneigentum werden individuelle Regelungen getroffen.

### 2.5 Abstandszahlung
Verlegt ein AN, der die Leistungen nach Ziff. 2.1 bis 2.4 in Anspruch nehmen kann, seinen Wohnsitz innerhalb von 12 Monaten nach der Versetzung an den neuen Arbeitsort, so erhält er zusätzlich eine Abstandszahlung in Höhe von ▇▇▇▇ DM ( ▇▇▇▇ EUR) brutto.

### 2.6 Betriebsbedingte Veranlassung
In Zweifelsfällen entscheidet der Arbeitgeber nach Beratung mit dem örtlichen Betriebsrat, ob ein Wohnungswechsel betriebsbedingt veranlaßt ist.

### 2.7 Rückzahlungsverpflichtung
Der AN ist verpflichtet, die Umzugskosten und Maklergebühren anteilig zurückzuzahlen, wenn er innerhalb von zwei Jahren aufgrund eigener Kündigung die ▇▇▇▇ Firmengruppe verläßt.

### F Verkürzung der Arbeitszeit

**229** Die nachfolgenden Regelungen gelten für die betriebsbedingte Reduzierung der Arbeitszeit. Dies gilt sowohl für Einzelvereinbarungen als auch für kollektive Arbeitszeitreduzierungen durch freiwillige Betriebsvereinbarungen im Rahmen des § 11 Ziff. 1.

1. Wird die Arbeitszeit reduziert, erhält der AN für 54 Monate einen Gehaltsausgleich. Er beträgt 25 % der Differenz zwischen bisherigem und künftigen Bruttomonatsgehalt (einschließlich aller Zulagen und VL). Der Gehaltsausgleich wird als Einmalabfindung zu Beginn der Arbeitszeitreduzierung für 54 Monate im voraus gezahlt. Ist zu diesem Zeitpunkt bereits absehbar, daß das Arbeitsverhältnis vor Ablauf der 54 Monate endet oder ruht, wird die Abfindung entsprechend reduziert.

2. Während dieses Ausgleichszeitraums kann die Arbeitszeit vorübergehend oder dauerhaft bis auf die ursprüngliche Wochenarbeitszeit angehoben werden. Das Gehalt wird dann auf Basis der neuen Arbeitszeit gezahlt, ohne daß die Abfindung nach Ziff. 1 angerechnet wird.

3. Kündigt der AN innerhalb des Ausgleichszeitraums, ist die Abfindung für den Rest des Ausgleichszeitraums anteilig zurückzuzahlen.

4. Erfolgt während des Ausgleichszeitraums eine betriebsbedingte Beendigung des Arbeitsverältnisse, wird eine dann fällige Abfindung auf der Basis des ursprünglichen Gehalts gezahlt.

## G Austrittsregelungen

### I Abfindungsanspruch

1. Einen Anspruch auf Abfindung haben festangestellte AN, deren Arbeitsplatz wegfällt und die nach Inkrafttreten dieser Vereinbarung
   - infolge der Maßnahmen betriebsbedingt gekündigt werden,
   - einvernehmlich aufgrund eines betriebsbedingten Aufhebungsvertrages aus dem Unternehmen ausscheiden,
   - aus Anlaß dieser Maßnahmen aufgrund eigener Kündigung aus dem Unternehmen ausscheiden,
   - infolge der Maßnahmen an einen anderen Arbeitsort versetzt werden und innerhalb von 3 Monaten nach der Versetzung ausscheiden. [Die zum Zeitpunkt der Versetzung ermittelte Abfindung reduziert sich um die Anzahl der ab diesem Zeitpunkt gezahlten Bruttogehälter incl. aller Gehaltsbestandteile (ohne VL)],
   - oder infolge eines Ringtausches ausscheiden.

2. Ein Anspruch auf Abfindung entsteht nicht, wenn der AN ein zumutbares Arbeitsplatzangebot nicht binnen einer Ausschlußfrist von 3 Wochen ab Unterbreitung schriftlich annimmt.

3. Der Anspruch auf Abfindung reduziert sich bei vorzeitiger Eigenkündigung. Die Abfindung wird zum tatsächlichen Austrittszeitpunkt errechnet. Für jeden Monat des vorzeitigen Ausscheidens wird die Abfindung um je 5 % – höchstens jedoch um 60 % – gekürzt.

   Das gleiche gilt bei vorzeitiger betriebsbedingter Beendigung des Arbeitsverhältnisses durch Aufhebungsvertrag.

4. Die Ansprüche auf Zahlung der Abfindung sind fällig bei Ausscheiden des AN; sollte zu diesem Zeitpunkt ein Kündigungsschutzverfahren des betroffenen AN anhängig sein, tritt die Fälligkeit erst mit rechtskräftiger Beendigung des Verfahrens ein.

5. Abfindungen, die in Aufhebungsverträgen bzw. im Vergleichswege vereinbart oder im Kündigungsschutzverfahren zuerkannt werden, werden auf Leistungen nach dieser Vereinbarung angerechnet.

### II Höhe der Abfindung

#### 1. Arbeitnehmer vor Vollendung des 55. Lebensjahres

#### 1.1 Abfindung nach Betriebszugehörigkeit

a) Die Abfindung beträgt in Abhängigkeit vom Lebensalter je Beschäftigungsjahr (ohne Ausbildungszeiten):
   - bis zum vollendeten 30. Lebensjahr         Faktor 0,7
   - ab vollendetem 30. Lebensjahr              Faktor 0,9
   - ab vollendetem 35. Lebensjahr              Faktor 1,1
   - ab vollendetem 40. Lebensjahr              Faktor 1,2
   - ab vollendetem 45. bis 54. Lebensjahr      Faktor 1,4

   des letzten Monatsgehaltes (incl. aller Zulagen, ohne VL). Bei AN des organisierenden Außendienstes tritt an die Stelle des Monatsgehalts das nach Ziff. D II 3 ermittelte Durchschnittseinkommen (ohne VL).

   Berücksichtigt werden ununterbrochene Zeiten der Betriebszugehörigkeit in Unternehmen, die zur          Firmengruppe gehören. Nicht vollendete Beschäftigungsjahre werden bis einschließlich 6 Monate abgerundet; über 6 Monate auf volle Jahre aufgerundet.

b) Eine in diesem Zeitraum abgeschlossene Erstausbildung wird unabhängig von ihrer Dauer pauschal mit insgesamt 1,5 Bruttomonatsgehältern bei der Abfindung zusätzlich berücksichtigt. Die Altersfaktoren finden keine Anwendung.

### 1.2 Unterhaltsberechtigte Kinder

Für jedes Kind, dem der AN im Zeitpunkt des Ausscheidens zum Unterhalt verpflichtet ist, erhält der AN eine zusätzliche Abfindung nach folgender Tabelle:
- erreichtes Alter des Kindes bis 5 Jahre      DM (    EUR)
- erreichtes Alter des Kindes von 6 bis 10 Jahre      DM (    EUR)
- erreichtes Alter des Kindes von 11 bis 15 Jahre      DM (    EUR)
- erreichtes Alter des Kindes ab 16 Jahre      DM (    EUR)

### 1.3 Zusätzliche Abfindung bei Schließung von Betriebsstätten

AN, deren Betriebsstätten geschlossen werden, erhalten ein Monatsgehalt zusätzlich als Abfindung, wenn sie im Monat der Stillegung ihre arbeitsvertraglichen Verpflichtungen erfüllen und in diesem Monat keinen Urlaub nehmen.

In diesen Fällen ist eine Abgeltung von Urlaub nach den tarifvertraglichen Bestimmungen möglich.

### 1.4 Mindest-/Höchstabfindung

Für die Summe der Abfindungskomponenten nach Ziff. 1.1 bis Ziff. 1.3 gelten folgende Mindest-/Höchstabfindungen:

a) Die Mindestabfindung beträgt bei einem erreichten Alter
- bis 29 Jahre      DM (    EUR)
- von 30 bis 39 Jahre      DM (    EUR)
- von 40 bis 49 Jahre      DM (    EUR)
- von 50 bis 54 Jahre      DM (    EUR)

b) Die Höchstabfindung beträgt     DM; in Abhängigkeit vom Lebensalter bei Ausscheiden maximal jedoch nicht mehr als
- bis 52 Jahre      45 Gehälter
- bis 53 Jahre      40 Gehälter
- bis 54 Jahre      35 Gehälter.

### 2. Arbeitnehmer ab Vollendung des 55. Lebensjahres

AN, die bei Ausscheiden das 55. Lebensjahr vollendet haben, erhalten eine Abfindung gem. Anlage 2.

### 3. Arbeitnehmer, die unmittelbar gesetzliches Altersruhegeld beziehen

Rentenversicherungspflichtige AN, die von den vorgenannten Maßnahmen betroffen sind und nach dem Austritt unmittelbar gesetzliches Altersruhegeld beziehen, erhalten eine Abfindung in Höhe von     DM je Monat für jeden Monat vom Austrittszeitpunkt bis zur Vollendung des 65. Lebensjahres. Die Abfindung wird in einer Summe im Austrittsmonat ausgezahlt. Sofern bis zur Vollendung des 65. Lebensjahres ein Jubiläum noch erreicht würde, erhöht sich die Abfindung um das Jubiläumsgeld.

Den gleichen Anspruch haben AN, die Leistungen nach § 3 Ziff. 4 MTV erhalten.

### III Anteilige Abfindung für Teilzeitkräfte

Bei Teilzeitkräften wird die Höhe der Abfindung für alle Komponenten gem. nachfolgender Regelung unter Ziff. 1 und 2. anteilig ermittelt. Dies gilt auch für die Mindest- und Höchstabfindung sowie die zusätzlich Abfindung für unterhaltsberechtigte Kinder.

1. Für AN, die tariflich eingruppiert sind, entsprechend dem Verhältnis der individuellen zur tariflichen Wochenarbeitszeit.

2. Für AN gem. § 1 Ziff. 2 MTV, die ein außertarifliches Entgelt unterhalb der Tarifgruppe 1 beziehen, entsprechend dem Verhältnis vertragliches Bruttomonatsentgelt zur TG 1.

## H Urlaub/Sonderzahlungen

Bei Ausscheiden während des Kalenderjahres gelten die tariflichen Bestimmungen. Eigenkündigungen von AN, die durch die vorgenannten Maßnahmen veranlaßt sind, werden bezüglich der Gewährung von Sonderzahlungen wie betriebsbedingte Arbeitgeberkündigungen behandelt.

## I Ringtausch

AN können eine Austrittsvereinbarung beantragen, wenn dadurch die unmittelbare Aufrechterhaltung eines Arbeitsverhältnisses betroffener AN gesichert wird.

## K Härtefälle

Arbeitgeber und Betriebsrat behalten sich vor, für besondere Härten gesonderte Einzelfallregelungen zu vereinbaren. Hierfür stehen auch Mittel aus dem Sozialfonds (Betriebsvereinbarung vom             ) zur Verfügung.

## L Sozialauswahl bei betriebsbedingten Kündigungen

Es besteht Einvernehmen, daß unmittelbar nach dem Abschluß dieser Vereinbarung Gespräche zwischen den Parteien über Verfahren und Maßstäbe der Sozialauswahl aufgenommen und bis zum             abgeschlossen werden.

Im Anschluß daran werden mit den zuständigen Betriebsräten Gespräche darüber aufgenommen, welchen AN betriebsbedingt zu kündigen ist. Als Ergebnis dieser Gespräche werden Listen erstellt. Für den Fall der Einigung werden diese Listen als Bestandteil dieser Vereinbarung anerkannt und als Anlage beigefügt.

Das Zustandekommen dieser Listen ist weder Bedingung für die Rechtswirksamkeit dieser Vereinbarung noch für die Einleitung und Umsetzung personeller Maßnahmen durch den Arbeitgeber.

## M Abstimmung mit dem Betriebsrat/Inkrafttreten

Bestehen Meinungsverschiedenheiten über die Anwendung oder Auslegung dieser Vereinbarung, entscheidet hierüber eine betriebliche Schlichtungsstelle. Jede Seite entsendet 3 Mitglieder. Kommt eine Einigung nicht zustande, so erfolgt die Abwicklung nach § 76 BetrVG.

Diese Betriebsvereinbarung tritt am             in Kraft und endet nach Umsetzung der in Abschnitt A genannten Maßnahmen. Sie löst den Interessenausgleich/Sozialplan vom             ab.

Sollten einzelne Bestimmungen dieser Vereinbarung unwirksam sein oder werden, bleiben die übrigen Regelungen bestehen. Die unwirksamen Regelungen werden durch Ergänzungsvereinbarungen der Parteien ersetzt, die dem von den Parteien gewollten Ergebnis möglichst nahe kommen.

## Anlage 1

### Mietbeihilfe für Arbeitnehmer bei Versetzung

Im Falle eines versetzungsbedingten Umzugs wird dem AN bei der Beschaffung einer gleichwertigen Mietwohnung eine Mietbeihilfe gewährt. Hierzu gelten folgende Grundsätze:

1. Diese Regelung gilt nur, wenn der AN am bisherigen Beschäftigungsort oder in dessen Umgebung eine abgeschlossene Wohnung angemietet hat. Für möblierte Wohnungen oder Untermietverhältnisse (insbesondere bei Verwandten) gilt sie nicht.

2. Wenn für eine gleichwertige Wohnung am neuen Beschäftigungsort eine höhere Miete zu zahlen ist, wird die Differenz zur bisherigen Miete durch eine Mietbeihilfe (brutto) ausgeglichen. Die Gleichwertigkeit bezieht sich auf die qm-Wohnfläche, Ausstattung (z. B. Bad, Zentralheizung), Lage und Art des Mietobjektes (Wohnung, Reihen- oder Einzelhaus).

3. Wenn das neue Mietobjekt höherwertig ist, kann die Mietdifferenz nicht voll ausgeglichen werden.

4. Grundlage für die Errechnung der Mietbeihilfen ist der Mietzins ohne Nebenkosten (z. B. für Heizung, Treppenhausreinigung, Müllabfuhr und ohne Kosten für Garage).

5. Mietbeihilfen werden für max. 36 Monate gezahlt und reduzieren sich jeweils um 25 % vom Ursprungsbetrag pro Jahr.

| Beispiel: | Miete neu: | 1.000,– DM |
|---|---|---|
| | Miete alt: | 700,– DM |
| | Differenz: | 300,– DM |
| | Mietbeihilfe 1. Jahr | 300,– DM |
| | Mietbeihilfe 2. Jahr | 225,– DM |
| | Mietbeihilfe 3. Jahr | 150,– DM |

**Abfindungsberechnung für Mitarbeiter ab dem 55. Lebensjahr**

232 Auf der Grundlage der tarifvertraglichen Vorschriften und unter Berücksichtigung der Bestimmungen des SGB III berechnet sich die Abfindung nach folgender Regelung:

**1. Zuschuß zum Arbeitslosengeld**

Für Arbeitnehmer, die das 55. Lebensjahr vollendet haben und die Voraussetzungen zum Bezug der gesetzlichen Altersversorgung noch nicht erfüllen, wird eine Ausgleichszahlung (Abfindung) zum Zeitpunkt des Austritts gewährt, die sich folgendermaßen berechnet:

Anzahl der Monate bis zur Vollendung des 60. Lebensjahres
– aber mindestens 12 Monate –

multipliziert mit 80 % des sich aus der Bemessungsgrundlage (Ziff. 6) ergebenden Nettomonatsgehalts zum Zeitpunkt des Austritts

vermindert um die Höhe des voraussichtlichen Arbeitslosengeldes. Wird das Arbeitslosengeld aus Gründen, die der AN nicht zu vertreten hat, nicht oder nicht mehr gezahlt, übernimmt der Arbeitgeber die Zahlung.

Arbeitslosenhilfe, die der Arbeitnehmer möglicherweise im Anschluß an das Arbeitslosengeld erhält, wird bei der Ermittlung der Abfindung nicht angerechnet. Der Zuschuß zum Arbeitslosengeld beträgt mindestens ▓▓▓ DM (▓▓▓ EUR).

**2. Dienstjubiläum bis 12 Monate nach dem Ausscheiden**

Bei Arbeitnehmern, die innerhalb der nächsten 12 Monate nach dem betriebsbedingten Ausscheiden ein Dienstjubiläum erreicht hätten, erhöht sich die Abfindung um das Jubiläumsgeld.

**3. Altersversorgungsausgleich**

Als Ausgleich für Nachteile in der betrieblichen und gesetzlichen Altersversorgung erhöht sich die Abfindung wie folgt:

Für Arbeitnehmer mit einer Betriebszugehörigkeit ab 10 Jahren:

Anzahl der Monate vom Ausscheiden bis zur Vollendung des 65. Lebensjahres multipliziert mit ▓▓▓ DM (▓▓▓ EUR) brutto.

Für Arbeitnehmer mit einer Betriebszugehörigkeit von weniger als 10 Jahren:

▓▓▓ DM (▓▓▓ EUR) multipliziert mit Anzahl der Beschäftigungsjahre (aber nicht mehr als max. ▓▓▓ DM (▓▓▓ EUR))
multipliziert mit der Anzahl der Monate vom Ausscheiden bis zur Vollendung des 65. Lebensjahres.

## 4. Ausgleich für Rentenabschläge

Aufgrund der Änderungen in der Rentengesetzgebung wird die Altersgrenze für die Inanspruchnahme von Altersruhegeld im Anschluß an die Arbeitslosigkeit stufenweise vom 60. Lebensjahr bis zum 65. Lebensjahr angehoben.

Eine Inanspruchnahme ab dem 60. Lebensjahr ist weiterhin möglich, aber mit Abschlägen von 0,3 % des Rentenanspruchs für jeden Monat der vorzeitigen Inanspruchnahme verbunden.

Für Männer greift diese Änderung ab dem Jahrgang 1937; für Frauen ab dem Jahrgang 1940, sofern sie nach der Vollendung des 40. Lebensjahres mehr als zehn Jahre Pflichtbeitragszeiten erfüllt haben. Schwerbehinderte sind von dieser Kürzung nicht betroffen.

Zum Ausgleich für diese Kürzung erhalten AN (sofern sie nicht schwerbehindert sind) eine zusätzlich Abfindung (brutto). In der beiliegenden Tabelle ist – entsprechend den gesetzlichen Regelungen in Abhängigkeit von Geschlecht und Geburtsdatum – jeder Monat der vorzeitigen Inanspruchnahme mit je einem Punkt bewertet.

Für jeden Punkt erhalten AN mit einer Betriebszugehörigkeit ab 10 Jahren eine Abfindung von ▒▒▒ DM (▒▒▒ EUR).

AN mit einer Betriebszugehörigkeit von weniger als 10 Jahren erhalten eine Abfindung von ▒▒▒ DM (▒▒▒ EUR) multipliziert mit der Anzahl der Beschäftigungsjahre (maximal ▒▒▒ DM (▒▒▒ EUR)) je Punkt.

## 5. Ausgleich für Krankenversicherungsbeiträge

Für die Zeiten während der Arbeitslosigkeit, in denen nach Bezug des Arbeitslosengeldes keine Arbeitslosenhilfe gewährt wird, sind Beträge zur Krankenkasse zu entrichten. Zum Ausgleich der Belastung wird der Abfindungsbetrag pauschal um ▒▒▒ DM (▒▒▒ EUR) erhöht.

## 6. Bemessungsgrundlage

### 6.1 Bruttogehalt Innendienst

Das Bruttogehalt setzt sich zusammen aus:
  Tarifgruppe
  Leistungszulage
  Ausgleichszulage
  Tätigkeitszulage
  Verantwortungszulage
  Sozialzulage
  Arbeitszeitausgleichszulage
  Vermögenswirksame Leistungen

Nicht zum Bruttogehalt zählen:
  Bereitschaftspauschale
  Mehrarbeitsvergütung
  pauschalierte Mehrarbeit

### 6.2 Bruttoeinkommen Außendienst

Das Bruttoeinkommen des organisierenden Außendienstes ergibt sich aus Ziff. D II 3. der Vereinbarung.

### 6.3 Nettogehalt

Das Nettogehalt ergibt sich aus dem vorgenannten Bruttogehalt bzw. Bruttoeinkommen, vermindert um folgende Abzüge:

Steuern[328]
Solidaritätszuschlag
Krankenversicherung/AN-Anteil zur freiwilligen bzw. privaten Krankenversicherung
Rentenversicherung/AN-Anteil zur befreienden Lebensversicherung
Pflegeversicherung

Maßgeblich bei der Berechnung der Abfindung ist die Steuerklasse, die zu Beginn des Kalenderjahres galt, in dem das Kündigungs-/Aufhebungsverfahren abgeschlossen wird.

Das Nettomonatsgehalt wird ohne Sonderzahlungen ermittelt.

### Anlage 2

**Punktetabelle für den Ausgleich von Rentenabschlägen**

| Jahrgang | Monat | Rente ab 60 Frauen | Rente ab 60 Männer | Jahrgang | Monat | Rente ab 60 Frauen | Rente ab 60 Männer |
|---|---|---|---|---|---|---|---|
| 1937 | Januar | 0 | 1 | 1941 | Januar | 13 | 49 |
| | Februar | 0 | 2 | | Februar | 14 | 50 |
| | März | 0 | 3 | | März | 15 | 51 |
| | April | 0 | 4 | | April | 16 | 52 |
| | Mai | 0 | 5 | | Mai | 17 | 53 |
| | Juni | 0 | 6 | | Juni | 18 | 54 |
| | Juli | 0 | 7 | | Juli | 19 | 55 |
| | August | 0 | 8 | | August | 20 | 56 |
| | September | 0 | 9 | | September | 21 | 57 |
| | Oktober | 0 | 10 | | Oktober | 22 | 58 |
| | November | 0 | 11 | | November | 23 | 59 |
| | Dezember | 0 | 12 | | Dezember | 24 | 60 |

| Jahrgang | Monat | Rente ab 60 Frauen | Rente ab 60 Männer | Jahrgang | Monat | Rente ab 60 Frauen | Rente ab 60 Männer |
|---|---|---|---|---|---|---|---|
| 1938 | Januar | 0 | 13 | 1942 | Januar | 25 | 60 |
| | Februar | 0 | 14 | | Februar | 26 | 60 |
| | März | 0 | 15 | | März | 27 | 60 |
| | April | 0 | 16 | | April | 28 | 60 |
| | Mai | 0 | 17 | | Mai | 29 | 60 |
| | Juni | 0 | 18 | | Juni | 30 | 60 |
| | Juli | 0 | 19 | | Juli | 31 | 60 |
| | August | 0 | 20 | | August | 32 | 60 |
| | September | 0 | 21 | | September | 33 | 60 |
| | Oktober | 0 | 22 | | Oktober | 34 | 60 |
| | November | 0 | 23 | | November | 35 | 60 |
| | Dezember | 0 | 24 | | Dezember | 36 | 60 |

---

[328] Freibeträge werden grundsätzlich nicht berücksichtigt, es sei denn, es handelt sich um Kinderfreibeträge oder Schwerbehindertenfreibeträge.

| Jahrgang | Monat | Frauen | Männer | Jahrgang | Monat | Frauen | Männer |
|---|---|---|---|---|---|---|---|
| 1939 | Januar | 0 | 25 | 1943 | Januar | 37 | 60 |
| | Februar | 0 | 26 | | Februar | 38 | 60 |
| | März | 0 | 27 | | März | 39 | 60 |
| | April | 0 | 28 | | April | 40 | 60 |
| | Mai | 0 | 29 | | Mai | 41 | 60 |
| | Juni | 0 | 30 | | Juni | 42 | 60 |
| | Juli | 0 | 31 | | Juli | 43 | 60 |
| | August | 0 | 32 | | August | 44 | 60 |
| | September | 0 | 33 | | September | 45 | 60 |
| | Oktober | 0 | 34 | | Oktober | 46 | 60 |
| | November | 0 | 35 | | November | 47 | 60 |
| | Dezember | 0 | 36 | | Dezember | 48 | 60 |
| Jahrgang | Monat | Frauen | Männer | Jahrgang | Monat | Frauen | Männer |
| 1940 | Januar | 1 | 37 | 1944 | Januar | 49 | 60 |
| | Februar | 2 | 38 | | Februar | 50 | 60 |
| | März | 3 | 39 | | März | 51 | 60 |
| | April | 4 | 40 | | April | 52 | 60 |
| | Mai | 5 | 41 | | Mai | 53 | 60 |
| | Juni | 6 | 42 | | Juni | 54 | 60 |
| | Juli | 7 | 43 | | Juli | 55 | 60 |
| | August | 8 | 44 | | August | 56 | 60 |
| | September | 9 | 45 | | September | 57 | 60 |
| | Oktober | 10 | 46 | | Oktober | 58 | 60 |
| | November | 11 | 47 | | November | 59 | 60 |
| | Dezember | 12 | 48 | | Dezember | 60 | 60 |
| | | | | | 1945 und später | 60 | 60 |

## 8. Muster: Interessenausgleich und Sozialplan wegen Umsetzung von DV- und Orga-Projekten sowie Rationalisierungsvorhaben

Zwischen

den Vorständen der AG (Versicherungsbereich)

und

dem Gesamtbetriebsrat

wird folgende

*Rahmenvereinbarung zur personellen Umsetzung vom DV- und Orga-Projekten sowie Rationalisierungsvorhaben*

abgeschlossen:

**Geltungsbereich**

Die Vereinbarung gilt für alle Arbeitnehmer/innen (nachfolgend „AN") im Innendienst und technischen Außendienst der vorgenannten Gesellschaften, soweit sie nicht leitende Angestellte im Sinne von § 5 Abs. 3 BetrVG sind.

Unter den Geltungsbereich fallen alle Rationalisierungsvorhaben i. S. d. § 106 BetrVG, sofern diese einen der unter Abschnitt III dieser Vereinbarung genannten Schritte nach sich ziehen. Dabei ist es unerheblich, ob es sich um ein größeres Projekt oder eine einzelne Maßnahme handelt.

Insbesondere sind dieses die Einzelmaßnahmen aus den Großprojekten:
- Neuorganisation der Kundenbetreuung
- Neuausrichtung der Versicherungen
- Dokumenten-Retrieval & Workflow-System
- Prozeßorientierte Organisationsentwicklung
- Einrichtung Verwaltungscenter, Kompetenzcenter, Neuorganisation Schaden
- Neustrukturierung der Herold Vertriebswege

Soweit eine Maßnahme nach §§ 111, 112 BetrVG vorliegt, bleiben die dort geregelten Mitbestimmungsrechte des Betriebsrats unberührt. Zur Sicherstellung dieser Beteiligungsrechte wird eine paritätische Arbeitskommission gebildet, die regelmäßig über den Stand, die Auswirkungen und über die Umsetzung der aus Projekten resultierenden Maßnahmen berät (in der Regel 3 Mitglieder des Betriebsrats, 3 Mitglieder des Arbeitgebers).

### I Zusammenarbeit der Beteiligten/Zeitrahmen

#### A Zeitpunkt der Information

Der Arbeitgeber informiert regelmäßig den jeweils zuständigen Betriebsrat über die geplanten Maßnahmen und deren personelle Auswirkungen. Darüber berät er so rechtzeitig mit den zuständigen Gremien, daß diese bei den anstehenden Umsetzungen mitwirken können. Damit soll gewährleistet sein, daß die personellen Auswirkungen Berücksichtigung finden und zwischenzeitlich durch z.B.
- Ausnutzung der Fluktuation
- Vornahme von befristeten Einstellungen

gemildert werden.

#### B Zusammenarbeit mit dem Gesamtbetriebsrat und den örtlichen Betriebsräten

Alle anfallenden Umsetzungsschritte werden mit den zuständigen Betriebsräten beraten. Der Gesamtbetriebsrat erhält in regelmäßigen Abständen eine zusammenfassende Information. Es können Umsetzungsteams unter Beteiligung des zuständigen Betriebsrats gebildet werden, die Vorschläge zur personellen Umsetzung und für erforderliche Qualifizierungsmaßnahmen erarbeiten.

#### C Zusammenarbeit mit den betroffenen AN

Die betroffenen AN werden rechtzeitig – in der Regel unmittelbar nach den Beratungen mit dem Betriebsrat – informiert. Bei allen Gesprächen mit den Betroffenen ist auf Wunsch des AN ein Mitglied des Betriebsrats hinzuzuziehen. Bei der Entscheidung über die konkreten Maßnahmen sind die familiären Verhältnisse und die Vorstellungen der AN nach Möglichkeit zu berücksichtigen.

#### D Ausgleich bzw. Milderung von Nachteilen

Sollten AN aufgrund von Rationalisierungsmaßnahmen Nachteile erleiden, die in den Geltungsbereich dieser Rahmenvereinbarung fallen, werden diese durch die Anwendung der Instrumente unter Abschnitt III (Sozialplan) ausgeglichen bzw. gemildert.

### II Interessenausgleich

#### A Neuorganisation der Kundenbetreuung Leben

Die bisherigen Abteilungen „Antrag/Leistung" und die Bestandsverwaltung Leben werden in einem Bereich zusammengefaßt bei gleichzeitiger Einführung der Allround-Bearbeitung.

Es bleibt bei der derzeitigen dezentralen versicherungstechnischen Bearbeitung. Es sind aus heutiger Sicht keine systematischen Arbeitsverlagerungen größeren Umfangs vorgesehen.

## B Neuausrichtung Versicherung

Zur Sicherstellung der strategischen Ziele wird die bisherige spartenorganisatorische Gliederung umgewandelt in eine kundenorientierte Aufbauorganisation.

Es bleibt bei der Zielsetzung, die versicherungstechnische Bearbeitung weiter zu dezentralisieren. Dies wird zu einer Verlagerung von Arbeitsvolumen von der Hauptverwaltung auf die Verwaltungscenter führen.

## C Dokumenten-Retrieval & Workflow-System

Das Dokumenten-Retrieval & Workflow-System wird unternehmensweit schrittweise eingeführt. Die mitbestimmungsrechtlichen Aspekte aus §§ 87 bis § 91 BetrVG sind in einer Gesamtbetriebsvereinbarung geregelt.

## D Einrichtung Verwaltungscenter

Konzentration der bisherigen 17 Verwaltungsgeschäftsstellen auf zukünftig 7 Verwaltungscenter, die alle Versicherungsprodukte des Privatkundengeschäftes aller Vertriebswege bearbeiten (*Anlage 3*).

## E Einrichtung Kompetenzcenter

Einrichtung von 5 Kompetenzcentern an den Standorten          . Die Kompetenzcenter haben die Aufgabe, die fachliche Vertriebsunterstützung für alle Vertriebswege zu leisten.

## F Neuorganisation Schaden dezentral

Beibehaltung der bisherigen dezentralen Schadenbearbeitung an allen Standorten der bisherigen Verwaltungsgeschäftsstellen unter besonderer Beachtung der Entwicklung der Schadenstückzahlen, der Qualität der Aufgabenerfüllung und der Möglichkeit, erforderliche Vertretungsregelungen zu organisieren. Bei Veränderungen der Rahmenbedingungen wird die Aufrechterhaltung der Standorte erneut überprüft.

Mit der Zielsetzung einer einstufigen Schadenbearbeitung werden die Abgabegründe/Limite neu festgelegt. Die Schadenbearbeitungsquote durch den akquisitorischen Außendienst soll deutlich erhöht werden.

## G Neustrukturierung der Vertriebswege

Mit der Zielsetzung, die Fixkosten in diesem Funktionsbereich zu senken, werden folgende Maßnahmen umgesetzt.

1. Zum          werden folgende Organisationseinheiten geschlossen:
   Die Bezirksdirektionen          , die Hauptgeschäftsstellen          , die Maklerdirektion          .
2. Es werden diejenigen Betriebsstätten in Bezug auf eine Weiterführung geprüft, die unter „Investitionsdirektionen/Geschäftsstellen" geführt werden.

   Es ist beabsichtigt, diese Betriebsstätten zu schließen, sofern die angegebenen Umsätze zu dem genannten Termin nicht erreicht werden. In diesem Fall ist mit dem örtlich zuständigen Betriebsrat gem. § 112 BetrVG über den Abschluß eines Einzelinteressenausgleichs für die betroffene Betriebsstätte zu verhandeln.

## III Instrumente (Sozialplan)

### A Personalpolitische Grundsätze

Der Arbeitgeber wird alle Möglichkeiten ausschöpfen, um betriebsbedingte Kündigungen zu vermeiden.

Auch wenn Maßnahmen bezüglich des Umfangs der personellen Auswirkung noch nicht abschließend definiert sind, können bereits Versetzungen auf andere Arbeitsgebiete eingeleitet werden. Vor einer konkreten personellen Einzelmaßnahme erfolgt eine Beratung mit dem Betriebsrat über Kriterien der Sozialauswahl. Dem betroffenen Personenkreis können dann offene Stellen bevorzugt angeboten werden. Der zuständige Betriebsrat wird informiert, bevor dem AN das konkrete Arbeitsplatzangebot unterbreitet wird.

### B Ausschreibung von Arbeitsplätzen/Personalauswahl

Alle vakanten Stellen, die aufgrund der beschriebenen Maßnahmen zu besetzen sind, werden in den betroffenen Regionen ausgeschrieben. Die Betriebsvereinbarung über die interne Ausschreibung von Arbeitsplätzen in der Hauptverwaltung gilt weiter.

Für die Personalauswahl ist der jeweilige Vorgesetzte zuständig. Die Eignung von internen Bewerbern und/oder Qualifizierbarkeit wird auf Basis der Anforderungsprofile (Funktionsbeschreibung) festgelegt. Bei der Feststellung der Eignung/Qualifizierbarkeit wirkt der zuständige Betriebsrat mit. Bei Nicht-Eignung erhält der interne Bewerber eine Begründung.

Für die Durchführung von Assessmentcentern im Zusammenhang mit der Einrichtung von Kompetenz-Centern wird eine gesonderte Betriebsvereinbarung abgeschlossen.

### C Qualifizierungsmaßnahmen

Wenn sich die Tätigkeit eines AN an seinem Arbeitsplatz ändert, hat er Anspruch auf die erforderliche Einarbeitung oder Qualifizierung. Der Arbeitgeber hat sowohl über Inhalt als auch Dauer einer angemessenen Qualifizierung mit dem Betriebsrat zu beraten. Der notwendige Qualifizierungsbedarf wird unter Berücksichtigung des beruflichen Werdeganges, der Ausbildung und der Fachkenntnisse im Hinblick auf die zukünftigen Anforderungen des Arbeitsplatzes festgelegt. Die daraus resultierenden Qualifizierungsmaßnahmen werden schriftlich festgehalten und dem AN ausgehändigt.

Der Anspruch setzt voraus, daß der AN auf der Basis seines bereits erlangten Fachwissens in der Lage ist, das geforderte Qualifikationsziel innerhalb von 12 Monaten zu erreichen. Bei Qualifizierungsmaßnahmen ab einer Dauer von 6 Monaten wird nach der Hälfte der Dauer verbindlich überprüft, ob das Qualifikationsziel erreicht werden kann. Bestehen daran begründete Zweifel, so kann die Maßnahme nach entsprechender Beratung mit dem Betriebsrat abgebrochen werden.

Bleibt die Qualifizierungsmaßnahme erfolglos und wird aus diesem Anlaß das Arbeitsverhältnis aufgelöst, so richtet sich die Abfindung nach Ziff. III J 2. Die Regelungen des 1. Absatzes gelten auch, wenn die Weiterbeschäftigung an dem bisherigen Arbeitsplatz nicht möglich ist und eine Einigung über die Versetzung erzielt wurde.

Die Kosten von Einarbeitungs- und Qualifizierungsmaßnahmen trägt der Arbeitgeber. Für die Dauer der Einarbeitung oder Qualifizierung erhält der AN seine regelmäßigen Bezüge weitergezahlt. Einarbeitungen und Qualifizierungen erfolgen während der regelmäßigen Arbeitszeit.

### D Weiterbeschäftigung

Ein Angebot auf Weiterbeschäftigung erfolgt schriftlich. Es enthält Angaben über den beabsichtigten Versetzungszeitpunkt, Art der Tätigkeit, Arbeitsort und etwaige Regelungen, die aus dieser Vereinbarung folgen. Der AN hat für seine Entscheidung eine Bedenkzeit von längstens 4 Wochen.

Innerhalb dieser Bedenkzeit kann er während der Arbeitszeit eine angebotene Stelle aufsuchen und sich informieren.

1. Ist die Weiterbeschäftigung an dem bisherigen Arbeitsplatz nicht möglich, ist der Arbeitgeber verpflichtet, dem AN in demselben Betrieb einen gleichwertigen anderen Arbeitsplatz anzubieten, der für den AN geeignet und zumutbar ist.
2. Steht ein Arbeitsplatz, der die Anforderungen der Ziff. 1 erfüllt, nicht zur Verfügung, ist der Arbeitgeber verpflichtet, dem AN einen gleichwertigen Arbeitsplatz in einem anderen Betrieb des Unternehmens anzubieten, der für den AN geeignet und zumutbar ist.
3. Steht auch ein Arbeitsplatz, der die Anforderungen der Ziff. 2 erfüllt, nicht zur Verfügung oder nimmt der AN den ihm nach Ziff. 2 angebotenen Arbeitsplatz nicht an, ist der Arbeitgeber verpflichtet, dem AN einen geeigneten und zumutbaren Arbeitsplatz in demselben Betrieb des Unternehmens anzubieten.
4. Steht auch ein Arbeitsplatz, der die Anforderungen der Ziff. 3 erfüllt, nicht zur Verfügung, ist der Arbeitgeber verpflichtet, dem AN – soweit vorhanden – einen geeigneten und zumutbaren Arbeitsplatz in einem anderen Betrieb des Unternehmens anzubieten.

5. Ein anderer Arbeitsplatz ist gleichwertig, wenn die Tätigkeit nach derselben Tarifgruppe vergütet wird. Er ist geeignet, wenn damit zu rechnen ist, daß der AN die fachlichen und persönlichen Anforderungen des anderen Arbeitsplatzes erfüllen kann; dies ist auch dann der Fall, wenn zum Erwerb der Qualifikation für den anderen Arbeitsplatz eine Einarbeitung oder Qualifizierung erforderlich und dem Arbeitgeber zumutbar ist (siehe Qualifizierung).

6. Die Zumutbarkeit eines anderen Arbeitsplatzes für den AN richtet sich nach der Art seiner bisherigen Tätigkeit, seinem Alter und seinem Gesundheitszustand, seinen persönlichen Verhältnissen sowie den äußeren Umständen (z. B. bei einem Wechsel des Arbeitsortes).

Der AN kann einen Wechsel des Arbeitsortes ablehnen, wenn die Gesamtwegezeit 150 Minuten überschreitet.

7. Ist ein AN an einen anderen Ort versetzt worden und dorthin umgezogen, ist für die Dauer von 36 Monaten ab vollzogener Versetzung der Ausspruch einer betriebsbedingten Kündigung, außer im Falle der Betriebsstillegung, durch den Arbeitgeber ausgeschlossen.

8. Wenn sich die Tätigkeit eines AN an seinem Arbeitsplatz erheblich ändert, hat er Anspruch auf schriftlich Beurteilung, die mit ihm zu besprechen ist. AN, die den Arbeitsplatz wechseln, haben Anspruch auf ein qualifiziertes Zwischenzeugnis.

9. Jeder AN hat das Recht, eine Versetzung in den Außendienst zu beantragen. Bei einer solchen Versetzung hat der AN Anspruch auf Einarbeitung und Schulung. Er erhält einen Außendienstvertrag besonderer Art zu den bisherigen Bezügen einschließlich etwaiger tariflicher Verbesserungen für die Dauer von längstens 6 Monaten. Ferner werden ihm die im Außendienst üblichen Fahrtkosten und Spesen und eine Vergütung von 10,– DM je „Einheit" für von ihm vermitteltes Neugeschäft erstattet. Ein durch diese Maßnahme ausgelöster erhöhter Kostensatz geht nicht zu Lasten der zuständigen Führungskraft. Nach längstens 6 Monaten erhält der AN einen üblichen Außendienst- (Aufrechnungs-) Vertrag.

Beendet der AN seine Tätigkeit im Außendienst innerhalb von 6 Monaten von sich aus oder im Einvernehmen mit dem Arbeitgeber, erhält er die entsprechende Abfindung aus diesem Interessenausgleich/Sozialplan.

**E Gehaltssicherung**

Werden AN auf einen anderen Arbeitsplatz versetzt, der nach den tarifvertraglichen Bestimmungen geringer zu bewerten ist, als es der bisherigen Vergütung entspricht, so erfolgt eine Gehaltssicherung. Ist die Beschäftigungsdauer (ohne Ausbildungszeiten) kleiner als 5 Jahre, so wird eine Gehaltssicherung von 36 Monaten vorgenommen. Die Gehaltssicherung ist die Differenz zwischen bisherigem Gehalt und zukünftigem Gehalt, entsprechend der Wertigkeit des neuen Arbeitsplatzes. Der Differenzbetrag wird für 36 Monate in eine dynamisierte Ausgleichszulage umgewandelt.

Nach Ablauf der Gehaltssicherung wird die Ausgleichszulage gem. § 7 Ziff. 1 Rationalisierungsschutzabkommen in Höhe der jeweiligen Tarifanhebung abgebaut.

Für AN mit einer Beschäftigungsdauer ab 5 Jahren erfolgt kein Abbau der Ausgleichszulage.

**F Rückkehranspruch**

AN, die in Folge von Rationalisierungsmaßnahmen auf einen anderen Arbeitsplatz versetzt wurden, werden bei der Besetzung von freien Stellen im ursprünglichen Arbeitsbereich bei vergleichbarer Qualifikation bevorzugt berücksichtigt.

**G Mobilitätsbeihilfen**

Wird ein AN auf einen weiter entfernten Arbeitsplatz versetzt, werden für einen Übergangszeitraum folgende Leistungen gewährt:

## 1. Bei Aufrechterhaltung des bisherigen Wohnsitzes

### 1.1 Hotel/Appartement am neuen Arbeitsort
Für die Dauer von 3 Monaten – in begründeten Ausnahmefällen bis zu 6 Monaten – übernimmt der Arbeitgeber die Kosten für ein gutes Mittelklassehotel oder ein Appartement am neuen Arbeitsort.

Für den Zeitraum, in dem ein AN diese Leistungen in Anspruch nimmt, übernimmt der Arbeitgeber die Kosten für eine Familienheimfahrt (Bundesbahn 1. Klasse) wöchentlich.

Sofern bei dem AN eine doppelte Haushaltsführung entsteht, wird eine Trennungsentschädigung nach den steuerlichen Richtlinien gewährt.

### 1.2 Anreise von der bisherigen Wohnung
Alternativ zu den Leistungen und für den Zeitraum nach Ziff. 1.1 wird ein Fahrtkostenzuschuß (brutto) in Höhe der Kosten für Monatskarten der Bahn AG (1. Klasse) gezahlt. Anschließend gelten die allgemeinen Regelungen über den Fahrtkostenzuschuß. Die Leistungen nach Ziff. 1.1 und Ziff. 1.2 können wahlweise in Anspruch genommen werden. Ein Wechsel ist jederzeit möglich.

### 1.3 Zuschuß für den erhöhten Zeitaufwand
Für den Aufwand des verlängerten Weges zur Arbeit erhält der AN eine zusätzliche Aufwandsentschädigung (brutto). Die Höhe dieser Aufwandsentschädigung richtet sich nach der zusätzlichen Dauer für die einfache Fahrt zur Arbeitsstätte:

  Stufe I     DM (     EUR)/Monat ab 30 min
  Stufe II    DM (     EUR)/Monat ab 45 min
  Stufe III   DM (     EUR)/Monat ab 60 min

Die Fahrtkosten und die Entschädigung für den verlängerten Weg zur Arbeit werden für die Dauer von 2 Jahren gezahlt. Ab einer 6-jährigen Betriebszugehörigkeit verlängert sich die Dauer um 1 Jahr, bei einer Betriebszugehörigkeit ab 8 Jahre um ein weiteres Jahr.

Nach Ablauf der Dauer wird die Aufwandsentschädigung in den nächsten 12 Monaten in gleichen Beträgen „abgeschmolzen" (Kürzung je Monat um 1/12).

## 2. Umzug zum neuen Arbeitsort
Verlegt ein AN innerhalb von 24 Monaten nach Versetzung den Wohnsitz an den neuen Arbeitsort, werden folgende Leistungen gewährt:

### 2.1 Wohnungssuche
Für Wohnungsbesichtigungen und für Termine mit Maklern wird in angemessenem Rahmen bezahlte Freizeit gewährt, wenn diese Termine nicht außerhalb der regelmäßigen Arbeitszeit wahrgenommen werden können.

Die Kosten für Anzeigen in regional verbreiteten Zeitungen werden vom Arbeitgeber übernommen.

Reisekosten für die Besichtigung von Wohnobjekten werden, auch für den Lebenspartner, erstattet.

### 2.2 Maklergebühren
Maklergebühren werden im ortsüblichen Rahmen für die Vermittlung von Mietwohnungen erstattet. Bei Erwerb von Wohnungseigentum erfolgt die Erstattung von Maklerkosten in der Höhe, die für die Beschaffung einer vergleichbaren Mietwohnung entstanden wären.

### 2.3 Umzugskosten
Der Arbeitgeber übernimmt die erforderlichen Umzugskosten nach Abstimmung.

### 2.4 Mietzuschüsse
Mietzuschüsse werden befristet gem. einer hierfür bestehenden Tabelle gezahlt.

Bei der Veräußerung und dem Erwerb von Wohneigentum werden individuelle Regelungen getroffen.

## 2.5 Abstandszahlung
Verlegt ein AN, der die Leistungen nach Ziff. 2.1 bis 2.4 in Anspruch nehmen kann, seinen Wohnsitz innerhalb von 12 Monaten nach der Versetzung an den neuen Arbeitsort, so erhält er zusätzlich eine Abstandszahlung in Höhe von ........ DM ( ........ EUR).

## 2.6 Betriebsbedingte Veranlassung
In Zweifelsfällen entscheidet der Arbeitgeber mit dem örtlichen Betriebsrat über die betriebsbedingte Veranlassung des Wohnungswechsels.

## 2.7 Rückzahlungsverpflichtung
Der AN ist verpflichtet, die Umzugskosten und Maklergebühren anteilig zurückzuzahlen, wenn er innerhalb von zwei Jahren aufgrund eigener Kündigung die Versicherungsgruppe verläßt.

## H Verkürzung der individuellen Arbeitszeit
1. Im Rahmen von Rationalisierungsmaßnahmen sind, soweit es betrieblich durchführbar ist, verstärkt Teilzeitplätze oder alternativ individuelle Arbeitszeitregelungen anzubieten. Die individuellen Wünsche der AN sind angemessen zu berücksichtigen, wobei von Rationalisierungsmaßnahmen Betroffene bei entsprechender Qualifikation oder Qualifizierbarkeit den Vorzug haben. Umwandlungswünschen – z. B. Rückkehr in eine Vollzeittätigkeit – ist Rechnung zu tragen, sofern die arbeitsorganisatorischen Gegebenheiten sowie die personelle Situation dies zulassen. Ebenso können unter diesen Voraussetzungen im Rahmen von Arbeitsplatzteilung in Abstimmung mit dem Betriebsrat spezifische Arbeitszeitregelungen vereinbart werden, um betriebsbedingte Kündigungen zu vermeiden.

   Modelle zur Gehaltssicherung werden mit dem Gesamtbetriebsrat entwickelt.

   Über die veränderten Arbeitsbedingungen ist eine schriftliche Vereinbarung mit dem AN abzuschließen.

2. Ist die Reduzierung der Arbeitszeit durch eine Maßnahme nach Abschnitt II veranlaßt, erhält der AN eine einmalige Ausgleichszahlung iHv. 12 x 50 % (brutto) der Differenz zwischen bisherigem und künftigem Monatsgehalt einschließlich aller Zulagen und VL.

   Bei einer anschließenden Erhöhung des vertraglichen Arbeitszeitvolumens innerhalb von 12 Monaten wird die Ausgleichszahlung anteilig mit den erhöhten Bezügen verrechnet.

   Erfolgt innerhalb dieser 12 Monate eine betriebsbedingte Kündigung, so wird die Abfindung auf der Grundlage der Vollzeit ermittelt, abzüglich der einmaligen Ausgleichszulage gem. Ziff. H.2.

   Erfolgt die Kündigung nach Ablauf der 12 Monate, so wird die Höhe der Abfindung entsprechend dem Verhältnis Vollzeit zu Teilzeit während der gesamten Beschäftigungsdauer ermittelt.

## J Austrittsregelungen

### 1. Abfindungsanspruch
Einen Anspruch auf Abfindung unter Ausnutzung der steuerlichen Möglichkeiten haben diejenigen AN,
– die infolge der Maßnahmen betriebsbedingt gekündigt werden,
– die einvernehmlich aufgrund eines betriebsbedingten Aufhebungsvertrages aus dem Unternehmen ausscheiden oder in den nichtangestellten Außendienst (§§ 84 f. HGB) wechseln,
– deren Arbeitsplatz wegfällt und die aufgrund eigener Kündigung aus dem Unternehmen ausscheiden, es sei denn, ihnen wird vorher schriftlich ein nach den Bestimmungen dieser Rahmenvereinbarung gleichwertiger oder zumutbarer Arbeitsplatz angeboten,
– die infolge eines Ringtausches gemäß Ziffer III, M ausscheiden.
– die infolge der Maßnahmen an einen anderen Arbeitsort versetzt wurden und ihre Entscheidung innerhalb von 3 Monaten revidieren.

Der Anspruch auf Abfindung erlischt, wenn der AN ein zumutbares Arbeitsplatzangebot ablehnt.

## 2 Höhe der Abfindung

### 2.1 Arbeitnehmer vor Vollendung des 55. Lebensjahres

Die Höhe der Abfindung beträgt je Beschäftigungsjahr für ununterbrochene Tätigkeit in Unternehmen, die zum Konzern der Versicherungsgruppe gehören:
- bis zum vollendeten 30. Lebensjahr          Faktor 0,7
- ab vollendetem 30. Lebensjahr               Faktor 0,9
- ab vollendetem 35. Lebensjahr               Faktor 1,1
- ab vollendetem 40. Lebensjahr               Faktor 1,2
- ab vollendetem 45. bis 54. Lebensjahr       Faktor 1,4

Ein begonnenes Beschäftigungsjahr gilt als volles Jahr, wenn bereits mehr als 6 Monate bis zum Ausscheidetermin abgelaufen sind.

**Unterhaltsberechtigte Kinder**

Für jedes unterhaltsberechtigtes Kind erhält der AN eine zusätzliche Abfindung nach folgender Tabelle:
- erreichtes Alter des Kindes bis 5 Jahre                  DM (       EUR)
- erreichtes Alter des Kindes von 6 bis 10 Jahre           DM (       EUR)
- erreichtes Alter des Kindes von 11 bis 15 Jahre          DM (       EUR)
- erreichtes Alter des Kindes ab 16 Jahre                  DM (       EUR).

Die AN, deren Betriebsstätte geschlossen wird, erhalten zusätzlich als Abfindung ein Monatsgehalt, sofern sie noch in dem Monat der Stillegung ihre arbeitsvertraglichen Verpflichtungen erfüllt haben (Urlaubszeiten ausgeschlossen). In diesen Fällen ist eine Abgeltung von Urlaub nach den tarifvertraglichen Bestimmungen möglich.

Die Mindestabfindung beträgt:
- erreichtes Alter bis 29 Jahre                DM (       EUR)
- erreichtes Alter von 30 bis 39 Jahre         DM (       EUR)
- erreichtes Alter von 40 bis 49 Jahre         DM (       EUR)
- erreichtes Alter von 50 bis 54 Jahre         DM (       EUR)

Die Höchstabfindung beträgt          DM.

### 2.2 Arbeitnehmer ab Vollendung des 55. Lebensjahres

Es wird eine Austrittsvereinbarung erarbeitet.

Die Austrittsvereinbarung wird vor Einleitung der personellen Maßnahme schriftlich fixiert, dem AN und dem zuständigen Betriebsrat ausgehändigt und mit diesem beraten.

### 2.3 Arbeitnehmer, die unmittelbar gesetzliches Altersruhegeld beziehen

Rentenversicherungspflichtige AN, die von den vorgenannten Maßnahmen betroffen sind und nach dem Austritt unmittelbar gesetzliches Altersruhegeld beziehen, erhalten eine Abfindung in Höhe von      DM (       EUR) je Monat für jeden Monat vom Austrittszeitpunkt bis zur Vollendung des 65. Lebensjahres. Die Abfindung wird in einer Summe im Austrittsmonat ausgezahlt. Sofern bis zur Vollendung des 65. Lebensjahres ein Jubiläum noch erreicht würde, erhöht sich die Abfindung um das Jubiläumsgeld.

Den gleichen Anspruch haben AN, die Leistungen nach § 3 Ziff. 4 MTV erhalten.

### 2.4 Teilzeitkräfte

Bei Teilzeitkräften wird die Höhe der Abfindung anteilig ermittelt.

Für AN, die tariflich eingruppiert sind, entsprechend dem Verhältnis der individuellen zur tariflichen Wochenarbeitszeit.

Für AN gem. § 1 Ziff. 2 MTV, die ein außertarifliches Entgelt unterhalb der Tarifgruppe 1 beziehen, entsprechend dem Verhältnis vertragliches Bruttomonatsentgelt zur TG 1. Dies gilt auch für die Mindest- und Höchstabfindung sowie die zusätzliche Abfindung für Kinder.

### K Haustarife, Hypothekendarlehen, Personaldarlehen
Haustarife werden bis zum Austritt, bei anschließender Arbeitslosigkeit für deren nachgewiesene Dauer, weitergewährt.

Bei Hypothekendarlehen gelten die Mitarbeiterkonditionen bis zum Ablauf der vereinbarten Zinsbindungsfrist.

Personaldarlehen werden mit Leistungen nach Ziff. III verrechnet.

### L Urlaub/Sonderzahlungen
Bei Ausscheiden während des Kalenderjahres gelten die tariflichen Bestimmungen.

### M Ringtausch
AN können eine Austrittsvereinbarung gem. Ziff. III beantragen, wenn dadurch die unmittelbare Aufrechterhaltung eines Arbeitsverhältnisses betroffener AN gesichert wird.

### N Härtefälle
Arbeitgeber und Betriebsrat behalten sich vor, für besondere Härten gesonderte Einzelfallregelungen zu vereinbaren.

### P Abstimmung mit dem Betriebsrat/Inkrafttreten
Bestehen Meinungsverschiedenheiten über die Anwendung oder Auslegung dieser Vereinbarung, entscheidet hierüber eine betriebliche Schlichtungsstelle. Jede Seite entsendet 3 Mitglieder. Kommt eine Einigung nicht zustande, so erfolgt die Abwicklung nach § 76 BetrVG.

Diese Betriebsvereinbarung tritt mit der Unterzeichnung in Kraft und kann frühestens zum            gekündigt werden. Sie löst den bisherigen Interessenausgleich/Sozialplan vom            und den Sozialplan vom            ab. Die Regelungen unter Ziff. III D ff. ersetzen die Regelungen unter Ziff. II des Interessenausgleichs/Sozialplans vom            .

## 9. Muster: Interessenausgleich Personalabbau

*Interessenausgleich*

Zwischen

der Firma

– im folgenden Unternehmen genannt –

und

dem Betriebsrat der Firma

– im folgenden Betriebsrat genannt –

wird folgender Interessenausgleich vereinbart:

### Präambel
Aufgrund der gegenläufigen Auftrags- und Kostenentwicklung kann das Unternehmen nur fortgeführt werden, wenn im Bereich der variablen Kosten, die im wesentlichen die Personalkosten betreffen, erhebliche Einsparungen erfolgen. Darüber hinaus soll die negative Entwicklung der Auftragslage gestoppt werden durch die Umstellung des Vertriebs auf freie Handelsvertreter und die Schließung der betriebseigenen Abteilung Verkauf. Hierdurch sollen Motivation und eigenverantwortliches Handeln gesteigert und genutzt werden. Die kostenintensive Abteilung Montage wird ebenfalls geschlossen und die Arbeiten an Subunternehmer vergeben, wie es das Unternehmen beispielsweise in Frankreich bereits erfolgreich praktiziert. Neben diesen Umstrukturierungsmaßnahmen ist ein weiterer Personalabbau unumgänglich. Um die Anzahl der betriebsbedingten Kündi-

gungen so gering wie möglich zu halten, sollen die verbleibenden Mitarbeiter den Verzicht auf ein Weihnachts- und Urlaubsgeld erklären.

### § 1 Gegenstand

Um die Überlebensfähigkeit des Unternehmens zu sichern und die Wettbewerbsfähigkeit wieder zu erlangen, werden folgende Maßnahmen ergriffen:

1. Schließung der Abteilung Vertrieb und Zusammenarbeit mit freien Handelsvertretern nach §§ 84 ff. HGB.
2. Schließung der Abteilung Montage und Zusammenarbeit mit Subunternehmern.
3. Abbau des Personalbestands von derzeit 65 Arbeitnehmern ausschließlich der in den Abteilungen Verkauf und Montage beschäftigten Arbeitnehmer auf 50 Arbeitnehmer.
4. Vorschlag eines Verzichts auf Weihnachts- und Urlaubsgeld für die Dauer von zunächst drei Jahren, bei Nichtannahme durch die Mitarbeiter Ausspruch von Änderungskündigungen gegenüber den verbleibenden 50 Arbeitnehmern.

### § 2 Durchführung

(1) Das Unternehmen wird den namentlich in einer Anlage 1 bezeichneten Mitarbeitern des Verkaufs Aufhebungsverträge und gleichzeitig ein Angebot zum Abschluß eines freien Handelsvertretervertrages unterbreiten. Nimmt der Mitarbeiter des Verkaufs das Angebot nicht innerhalb einer Bedenkzeit von einer Woche an, wird gegenüber dem Mitarbeiter unter Einhaltung der ordentlichen Kündigungsfrist die Beendigungskündigung ausgesprochen. Eine Vergleichbarkeit mit den Arbeitsplätzen anderer Mitarbeiter ist nicht gegeben.

(2) Das Unternehmen wird den namentlich in einer Anlage 2 bezeichneten Mitarbeitern der Abteilung Montage Aufhebungsverträge anbieten und gleichzeitig ein Angebot unterbreiten, als Subunternehmer für das Unternehmen tätig zu werden. Nimmt der Mitarbeiter der Abteilung Montage das Angebot nicht innerhalb einer Bedenkzeit von einer Woche an, wird dem Mitarbeiter eine Änderungskündigung ausgesprochen, verbunden mit dem Angebot, in der Produktion eingesetzt zu werden. Entsteht auf diese Weise ein Arbeitskräfteüberhang in der Produktion, sind nach erneuter Durchführung einer Sozialauswahl entsprechend weitere betriebsbedingte Beendigungskündigungen auszusprechen.

(3) Den in einer Namensliste in einer Anlage 3 aufgeführten Mitarbeitern sind unter Beachtung der jeweils geltenden Kündigungsfristen betriebsbedingte Beendigungskündigungen auszusprechen.

Bei der Durchführung der Sozialauswahl werden folgende Auswahlrichtlinien gemäß § 1 Abs. 3 Satz 1 KSchG zugrundegelegt:

1. Für jedes bis zum _____ vollendete Lebensjahr wird ein Sozialpunkt vergeben, höchstens 55 Punkte.
2. Für jedes bis zum _____ vollendete Jahr der Betriebszugehörigkeit werden bis zum 10. Jahr 2 Punkte, ab dem 11. Jahr 3 Punkte vergeben, Berücksichtigung nur bis zum 59. Lebensjahr.
3. Für jedes unterhaltsberechtigte Kind werden nochmals 4 Punkte hinzuaddiert.
4. Der besondere Kündigungsschutz der Betriebsratsmitglieder, Jugend- und Auszubildendenvertreter, Schwerbehinderten und in Mutterschutz und Erziehungsurlaub befindlichen Mitarbeiter wird insoweit berücksichtigt, als diese aus der Liste der zu entlassenen Arbeitnehmer herausgenommen werden.
5. Die Sozialauswahl zwischen den vergleichbaren Mitarbeitern erfolgt abteilungsbezogen nach Berufsgruppen, wobei die Abteilungen _____ und _____ zusammengezogen werden. Die angelernten Mitarbeiter ohne Ausbildung entsprechen nicht mehr dem zukünftigen Anforderungsprofil. Aufgrund der mangelnden flexiblen Einsatzmöglichkeit sind diese Mitarbeiter mit den ausgebildeten Mitarbeitern nicht vergleichbar.

6. Die soziale Auswahl der Mitarbeiter, deren Arbeitsverhältnis aufgrund der in der Präambel dargelegten Umstände eine Beendigung finden muß, erfolgt durch eine Vorauswahl nach dem dargestellten Punktesystem und anschließender individueller Abschlußprüfung, in deren Rahmen im Einzelfall zu beurteilen ist, ob besondere soziale Härten im Sinne der sozialen Gewichtung vorliegen, die eine Korrektur der nach dem Punkteschema erfolgten Vorauswahl erforderlich machen.

7. Die Berücksichtigung berechtigter betrieblicher Interessen, die es im Sinne von § 1 Abs. 3 Satz 2 KSchG erforderlich machen, einzelne Arbeitnehmer nicht in die soziale Auswahl einzubeziehen, bleibt hiervon unberührt.

8. Die Erwägungen, die zur Auswahl der in Anlage 3 genannten Mitarbeiter geführt haben, sind in Anlage 4 niedergelegt.

9. Es besteht Einigung darüber, daß die bisherigen Erläuterungen im Zusammenhang mit der Erstellung der Namensliste im Rahmen des Interessenausgleichs die förmliche Information des Betriebsrates nach § 102 BetrVG ersetzen. Der Betriebsrat hat die Kündigungen zur Kenntnis genommen. Das Anhörungsverfahren nach § 102 BetrVG ist damit abgeschlossen.

(4) Den in einer Anlage 5 benannten verbleibenden Mitarbeitern wird das Unternehmen vorschlagen, zum Nutzen des Betriebes, insbesondere auch zur Vermeidung weiterer betriebsbedingter Beendigungskündigungen, für einen Zeitraum von zunächst drei Jahren auf Weihnachts- und Urlaubsgeld zu verzichten.

Sollten sich die Mitarbeiter hiermit nicht einverstanden erklären, sind Änderungskündigungen auszusprechen, verbunden mit dem Angebot, das Arbeitsverhältnis mit Ausnahme des Anspruchs auf Weihnachts- und Urlaubsgeld zu unveränderten Bedingungen fortzusetzen.

Da davon alle verbleibenden Arbeitnehmer betroffen sind, findet eine Sozialauswahl nicht statt.

### § 3 Mitwirkungsrechte

Der Betriebsrat wurde im Rahmen der Interessenausgleichsverhandlungen auch gemäß § 17 Abs. 2 KSchG unterrichtet. Dieser Interessenausgleich ersetzt die Stellungnahme des Betriebsrats nach § 17 Abs. 3 Satz 2 KSchG. Der Betriebsrat erklärt, daß das Anhörungsverfahren nach 102 BetrVG im Rahmen der Interessenausgleichsverhandlungen durchgeführt ist und daß er dem Ausspruch der Kündigungen der in den Anlagen 1, 2 und 3 bezeichneten Mitarbeiter sowie dem Ausspruch der Änderungskündigungen der in Anlage 5 bezeichneten Mitarbeiter nicht widerspricht.

Diese Vereinbarung wird der Anzeige des Unternehmens nach § 17 KSchG beigefügt.

Im übrigen bleiben die Mitwirkungsrechte des Betriebsrats von diesem Interessenausgleich unberührt.

### § 4 Inkrafttreten

(1) Die Parteien sind sich einig, daß die Verhandlungen über einen Interessenausgleich abgeschlossen sind und das Verfahren zur Herbeiführung eines Interessenausgleichs beendet ist.

(2) Der Interessenausgleich tritt mit Unterzeichnung in Kraft.

### 10. Muster: Sozialplan Personalabbau

*Sozialplan*
zwischen

der Firma

und

dem Betriebsrat der Firma

**Sozialplan**

**1. Geltungsbereich**

**1.1**

Leistungen nach den Bestimmungen dieses Sozialplans erhalten Mitarbeiter der Firma, die am          in einem unbefristeten Arbeitsverhältnis zur Firma standen und deren Arbeitsplatz von den Betriebsänderungen, die im Interessenausgleich unter § 1 verhandelt wurden, betroffen sind.

Die im Rahmen der Durchführung personeller Einzelmaßnahmen zu wahrenden Rechte des Betriebsrats bleiben von dieser Betriebsvereinbarung unberührt.

**1.2**

Leistungen nach den Bestimmungen dieser Vereinbarung erhalten auch diejenigen Mitarbeiter, die im Rahmen der vorgesehenen Maßnahmen auf Veranlassung der Firma oder erkennbar aufgrund der von der Firma geplanten Maßnahmen auf eigenen Wunsch nach dem          bei der Firma ausgeschieden sind.

**1.3**

Keine Leistungen nach dieser Vereinbarung erhalten:

**1.3.1**

Mitarbeiter, bei denen die Voraussetzungen für die Inanspruchnahme des Altersruhegelds aus der gesetzlichen Rentenversicherung bestehen;

**1.3.2**

Mitarbeiter, die wegen Erwerbsunfähigkeit aus den Diensten der Firma ausscheiden;

**1.3.3**

Mitarbeiter, denen von der Firma unter Beachtung von § 102 BetrVG aus einem personen- oder verhaltensbedingten Grund fristlos oder fristgerecht gekündigt wird.

**2. Sonstige allgemeine Bestimmungen**

**2.1**

Für Kündigungen, Aufhebungsvereinbarungen und Abwicklungsverträge gilt die vertragliche Kündigungsfrist, soweit nicht der Mitarbeiter auf die Einhaltung der Kündigungsfrist bei einer Aufhebungsvereinbarung verzichtet. Besteht keine vertragliche Kündigungsfrist, ist die gesetzliche Kündigungsfrist einzuhalten.

**2.2**

Die über die Abfindungsregelung ausscheidenden Mitarbeiter erhalten zur Suche eines neuen Arbeitsplatzes eine angemessen bezahlte Freistellung von der Arbeit. Falls dem Mitarbeiter durch Vorstellung bei einem neuen Arbeitgeber Kosten entstehen, die durch diesen nicht übernommen werden, können die nachgewiesenen Aufwendungen von der Firma getragen werden.

**2.3**
Die Firma verzichtet auf die Einhaltung der Kündigungsfrist, wenn der Mitarbeiter/die Mitarbeiterin dies im Hinblick auf die Aufnahme einer anderweitigen Tätigkeit wünscht.

**2.4**
Stichtag für die Ermittlung und Berechnung von Leistungen aus dieser Betriebsvereinbarung ist der letzte Tag des Arbeitsverhältnisses des jeweiligen Mitarbeiters/der jeweiligen Mitarbeiterin.

**2.5**
Die von der Firma nach dieser Vereinbarung zu zahlenden Abfindungen sind innerhalb eines Monats nach dem Ausscheiden des Mitarbeiters fällig. Abweichend hiervon werden die in dieser Betriebsvereinbarung begründeten Leistungen für Mitarbeiter, die eine Kündigungsschutzklage erheben, erst innerhalb eines Monats nach rechtskräftigem Abschluß des Kündigungsschutzverfahrens fällig. Eine im Rahmen des Kündigungsschutzverfahrens festgesetzte oder vereinbarte Abfindung wird auf die Leistungen aus dieser Vereinbarung angerechnet.

**2.6**
Soweit auf Leistungen aus dieser Betriebsvereinbarung Steuer- und Sozialversicherungsbeiträge zu entrichten sind, sind sie unter Beachtung zwingender gesetzlicher Vorschriften vom Mitarbeiter/von der Mitarbeiterin zu tragen.

**2.7**
Solange der Mitarbeiter/die Mitarbeiterin noch in einem Arbeitsverhältnis zur Firma steht, kann die Firma eine Freistellung unter Fortzahlung der Bezüge aussprechen, um dem Mitarbeiter/der Mitarbeiterin Gelegenheit zur Teilnahme an einer Qualifizierungsmaßnahme des Arbeitsamtes oder sonstiger Stellen zu ermöglichen.

**3. Abfindungen**

**3.1**
Mitarbeiter im Sinne von 1.2., die nach dem ▒▒▒▒ durch Eigenkündigung oder in sonstiger Weise vorzeitig aus dem Arbeitsverhältnis ausgeschieden sind sowie gekündigte Mitarbeiter, die gemäß Ziffer 2.3. auf eigenen Wunsch vorzeitig aus dem Arbeitsverhältnis ausgeschieden sind, erhalten eine Abfindung für den Verlust des Arbeitsplatzes bei der Firma.

**3.2**
Keine Abfindungen nach dieser Betriebsvereinbarung erhalten Mitarbeiter, auch wenn sie unter den Anwendungsbereich von Ziffer 3.1. fallen, die aus einem Arbeitsverhältnis in ein Handelsvertreterverhältnis gewechselt sind oder als Subunternehmer tätig werden oder ein Arbeitsverhältnis bei einem Subunternehmen der Firma begründet haben, dessen Inhaber oder Mitinhaber in einem Arbeitsverhältnis zur Firma vor Unternehmensgründung gestanden hat.

**3.3**
Die Höhe der Abfindung errechnet sich durch Multiplikation des für die Mitarbeiterin/den Mitarbeiter maßgeblichen Monatsbetrages im Sinne von Ziffer 4.3. mit dem sich aus der Anlage 1 ergebenden Multiplikator.

**3.4**
Bei Mitarbeitern, die zum Zeitpunkt des Abschlusses des Sozialplans das 58. Lebensjahr vollendet haben, bestimmt sich die Höhe der Abfindung nicht nach Ziffer 3.3. in Verbindung mit der Anlage 1 zu diesem Sozialplan, sondern nach Ziffer 5.

**4. Begriffsbestimmungen**

**4.1**
Lebensalter ist die Anzahl vollendeter Lebensjahre, die die Mitarbeiterin/der Mitarbeiter am ▒▒▒▒ erreicht hat.

### 4.2
Betriebszugehörigkeit ist die Anzahl vollendeter Dienstjahre, die die Mitarbeiterin/der Mitarbeiter am ▬▬▬▬ ab dem kündigungsschutzrechtlich relevanten 25. Lebensjahr erreicht hat.

### 4.3
Monatsbetrag ist das regelmäßige monatliche Bruttoentgelt ohne Berücksichtigung von Weihnachtsgeld, Urlaubsgeld, Überstundenvergütung oder sonstigen Zulagen. Nicht ständig gewährte Leistungen bleiben unberücksichtigt.

## 5. Frühpensionierungen
Mitarbeitern, die in den Geltungsbereich von Ziffer 3.4. fallen, wird nach dem Ausscheiden ein Zuschuß zum Arbeitslosengeld gewährt bis zu dem Zeitpunkt, ab dem sie Altersruhegeld beziehen können. Der Zuschuß wird so bemessen, daß er zusammen mit dem Arbeitslosengeld
– in den ersten 12 Monaten nach dem Ausscheiden des Mitarbeiters 80 % des letzten Nettoeinkommens,
– in den nächsten 12 Monaten 75 % des letzten Nettoeinkommens,
jeweils berechnet entsprechend Ziffer 4.3, abdeckt.

Der Zuschuß wird im voraus berechnet und im Monat des Ausscheiden als Abfindung im Rahmen der steuer- und sozialversicherungsrechtlichen Vorschriften als Einmalbetrag gezahlt.

## 6. Sonstige Leistungen

### 6.1
Unabhängig vom Termin des Ausscheidens hat die Mitarbeiterin/der Mitarbeiter den Urlaub vor dem Ausscheiden in natura zu nehmen.

### 6.2
Wird das Ausscheiden erst durch Richterspruch ermöglicht, wird die Abfindung einen Monat nach Rechtskraft der richterlichen Entscheidung fällig.

### 6.3
Falls die gesetzlichen Voraussetzungen erfüllt sind, erhält die ausscheidende Mitarbeiterin/der ausscheidende Mitarbeiter zum Zeitpunkt des Ausscheidens eine Unverfallbarkeitserklärung zur betrieblichen Altersversorgung. Nach Vorlage ihrer/seiner Rentenunterlagen erhält sie/er eine Mitteilung über die Höhe ihrer/seiner Versorgungsansprüche gegen die Firma.

## 7. Härtefonds

### 7.1
Zur Milderung besonderer Härten, die im Zusammenhang mit der Durchführung dieser Vereinbarung auftreten, kann in Einzelfällen eine Beihilfe gewährt werden. Für derartige Beihilfen wird ein Härtefonds in Höhe von ▬▬▬ DM (▬▬▬ EUR) gebildet.

### 7.2
Leistungen aus dem Härtefonds werden nur auf Antrag gewährt. Der Antrag muß spätestens innerhalb von drei Monaten nach dem Ausscheiden aus der Firma gestellt werden. Mit dem Antrag ist glaubhaft zu machen, daß den Antragsteller im Vergleich zu den anderen betroffenen Arbeitnehmern durch das Ausscheiden aus der Firma eine besondere Härte trifft.

### 7.3
Über den Antrag entscheidet eine aus einem Vertreter der Geschäftsleitung und einem vom Betriebsrat zu bestimmenden Betriebsratsvertreter bestehende Kommission einvernehmlich.

### 7.4
Auf Leistungen aus dem Härtefonds besteht kein Rechtsanspruch.

## 7.5
Der Härtefonds wird bis zum ▓▓▓ aufgelöst, soweit die Mittel nicht verbraucht wurden.

## 8. Schlußbestimmungen

### 8.1
Die Vereinbarung hat eine Laufzeit bis zum ▓▓▓

### 8.2
Im Rahmen dieser Betriebsvereinbarung auftretende grundsätzliche Meinungsverschiedenheiten, die sich bei der Anwendung ergeben, sind von der Geschäftsführung mit dem Betriebsrat mit dem Ziel einer einvernehmlichen Lösung zu beraten.

### 8.3
Die Firma wird diese Vereinbarung allen Mitarbeitern aushändigen.

### Anlage 1: Multiplikatortabelle Sozialplan

| Betriebs-zugehörig-keit in Jahren | im Alter von bis 30 | 31 und 32 | 33 bis 35 | 36 bis 38 | 39 und 40 | 41 und 42 | 43 bis 45 | 46 und 47 | 48 und 49 | 50 bis 52 | 53 und 54 | 55 | 56 bis 58 | 59 und 60 | 61 und 62 | 63 und 64 |
|---|---|---|---|---|---|---|---|---|---|---|---|---|---|---|---|---|
| bis 2 | 0,30 | 0,30 | 0,30 | 0,35 | 0,38 | 0,40 | 0,50 | 0,50 | 0,50 | 0,50 | 0,50 | 0,50 | 0,50 | 0,50 | 0,50 | 0,25 |
| nach 2 | 0,60 | 0,60 | 0,60 | 0,70 | 0,75 | 0,80 | 1,00 | 1,00 | 1,00 | 1,00 | 1,00 | 1,00 | 1,00 | 1,00 | 1,00 | 0,50 |
| 3 | 0,90 | 0,90 | 0,90 | 1,05 | 1,05 | 1,20 | 1,25 | 1,35 | 1,35 | 1,50 | 1,50 | 1,50 | 1,50 | 1,50 | 1,50 | 0,75 |
| 4 | 1,20 | 1,20 | 1,20 | 1,40 | 1,40 | 1,60 | 1,60 | 1,80 | 1,80 | 2,20 | 2,20 | 2,20 | 2,20 | 2,20 | 2,20 | 1,00 |
| 5 | 1,50 | 1,50 | 1,50 | 1,75 | 1,75 | 2,00 | 2,00 | 2,25 | 2,25 | 2,50 | 2,50 | 2,50 | 2,50 | 2,50 | 2,50 | 1,25 |
| 6 | 1,80 | 1,80 | 1,80 | 2,10 | 2,10 | 2,40 | 2,40 | 2,80 | 2,80 | 2,85 | 3,00 | 3,00 | 3,00 | 3,00 | 3,00 | 1,50 |
| 7 | 2,10 | 2,10 | 2,10 | 2,45 | 2,45 | 2,80 | 2,80 | 3,15 | 3,15 | 3,35 | 3,50 | 3,50 | 3,50 | 3,50 | 3,50 | 1,75 |
| 8 | 2,40 | 2,40 | 2,40 | 2,80 | 2,80 | 3,20 | 3,25 | 3,60 | 3,60 | 3,80 | 4,00 | 4,00 | 4,00 | 4,00 | 4,00 | 2,00 |
| 9 | 2,70 | 2,70 | 2,70 | 3,15 | 3,15 | 3,60 | 3,75 | 4,05 | 4,05 | 4,30 | 4,50 | 4,50 | 4,50 | 4,50 | 4,50 | 2,25 |
| 10 | 3,00 | 3,00 | 3,00 | 3,50 | 3,50 | 4,00 | 4,00 | 4,50 | 4,50 | 4,75 | 5,00 | 5,00 | 5,00 | 3,50 | 3,00 | 2,50 |
| 11 | 3,00 | 3,30 | 3,30 | 3,85 | 3,85 | 4,40 | 4,40 | 4,95 | 4,95 | 5,25 | 5,50 | 5,50 | 5,00 | 3,50 | 3,00 | 2,50 |
| 12 | 3,00 | 3,60 | 3,60 | 4,20 | 4,20 | 4,80 | 4,80 | 5,50 | 5,50 | 5,70 | 6,00 | 6,00 | 5,00 | 3,50 | 3,00 | 2,50 |
| 13 | 3,00 | 3,60 | 3,90 | 4,55 | 4,55 | 5,20 | 5,25 | 5,85 | 5,85 | 6,20 | 6,50 | 6,50 | 5,00 | 3,50 | 3,00 | 2,50 |
| 14 | 3,00 | 3,60 | 4,20 | 4,90 | 4,90 | 5,60 | 5,75 | 6,30 | 6,30 | 6,65 | 7,00 | 7,00 | 5,00 | 3,50 | 3,00 | 2,50 |
| 15 | 3,00 | 3,60 | 4,50 | 5,25 | 5,25 | 6,00 | 6,00 | 6,75 | 6,75 | 7,15 | 7,50 | 7,50 | 5,50 | 3,50 | 3,00 | 2,50 |
| 16 |  | 3,60 | 4,50 | 5,60 | 5,60 | 6,40 | 6,40 | 7,20 | 7,20 | 7,60 | 8,00 | 8,00 | 5,50 | 3,50 | 3,00 | 2,50 |
| 17 |  | 3,60 | 4,50 | 5,95 | 5,95 | 6,50 | 6,80 | 7,50 | 7,50 | 8,00 | 8,00 | 8,00 | 5,50 | 3,50 | 3,00 | 2,50 |
| 18 |  |  | 4,50 | 6,30 | 6,30 | 6,50 | 6,80 | 7,50 | 7,50 | 8,00 | 8,25 | 8,25 | 5,50 | 3,50 | 3,00 | 2,50 |
| 19 |  |  | 4,50 | 6,30 | 6,50 | 6,50 | 7,00 | 7,50 | 7,50 | 8,00 | 8,25 | 8,25 | 5,50 | 3,50 | 3,00 | 2,50 |
| 20 |  |  | 4,50 | 6,30 | 6,50 | 6,50 | 7,00 | 7,50 | 7,50 | 8,00 | 8,50 | 8,50 | 6,00 | 3,50 | 3,00 | 2,50 |
| 21 |  |  |  | 6,30 | 6,50 | 7,00 | 7,50 | 7,50 | 8,00 | 8,50 | 8,50 | 6,00 | 3,50 | 3,00 | 2,50 |
| 22 |  |  |  | 6,30 | 6,50 | 6,50 | 7,00 | 7,50 | 7,50 | 8,00 | 8,50 | 8,50 | 6,00 | 3,50 | 3,00 | 2,50 |
| 23 |  |  |  | 6,30 | 6,50 | 6,50 | 7,00 | 7,50 | 7,50 | 8,00 | 8,50 | 8,50 | 6,00 | 3,50 | 3,00 | 2,50 |
| 24 |  |  |  |  | 6,50 | 6,50 | 7,00 | 7,50 | 7,50 | 8,00 | 8,50 | 8,50 | 6,00 | 3,50 | 3,00 | 2,50 |
| 25 |  |  |  |  | 6,50 | 6,50 | 7,00 | 7,50 | 7,50 | 8,00 | 8,50 | 8,50 | 6,00 | 3,50 | 3,00 | 2,50 |
| 26 |  |  |  |  | 6,50 | 7,00 | 7,50 | 7,50 | 8,00 | 8,50 | 8,50 | 6,50 | 3,50 | 3,00 | 2,50 |
| 27 |  |  |  |  | 6,50 | 7,00 | 7,50 | 7,50 | 8,00 | 8,50 | 8,50 | 6,50 | 3,50 | 3,00 | 2,50 |

| Betriebs-zugehörig-keit in Jahren | im Alter von bis 30 | 31 und 32 | 33 bis 35 | 36 bis 38 | 39 und 40 | 41 und 42 | 43 bis 45 | 46 und 47 | 48 und 49 | 50 bis 52 | 53 und 54 | 55 | 56 bis 58 | 59 und 60 | 61 und 62 | 63 und 64 |
|---|---|---|---|---|---|---|---|---|---|---|---|---|---|---|---|---|
| 28 | | | | | | | 7,00 | 7,50 | 7,50 | 8,00 | 8,50 | 8,50 | 6,50 | 3,50 | 3,00 | 2,50 |
| 29 | | | | | | | 7,00 | 7,50 | 7,50 | 8,00 | 8,50 | 8,50 | 6,50 | 3,50 | 3,00 | 2,50 |
| 30 | | | | | | | 7,00 | 7,50 | 7,50 | 8,00 | 8,50 | 8,50 | 6,50 | 3,50 | 3,00 | 2,50 |
| 31 | | | | | | | | 7,50 | 7,50 | 8,00 | 8,50 | 8,50 | 7,00 | 3,50 | 3,00 | 2,50 |
| 32 | | | | | | | | 7,50 | 7,50 | 8,00 | 8,50 | 8,50 | 7,00 | 3,50 | 3,00 | 2,50 |
| 33 | | | | | | | | | 7,50 | 8,00 | 8,50 | 8,50 | 7,00 | 3,50 | 3,00 | 2,50 |
| 34 | | | | | | | | | 7,50 | 8,00 | 8,50 | 8,50 | 7,00 | 3,50 | 3,00 | 2,50 |
| 35 | | | | | | | | | | 8,00 | 8,50 | 8,50 | 7,00 | 3,50 | 3,00 | 2,50 |
| 36 | | | | | | | | | | 8,00 | 8,50 | 8,50 | 7,00 | 3,50 | 3,00 | 2,50 |
| 37 | | | | | | | | | | 8,00 | 8,50 | 8,50 | 7,00 | 3,50 | 3,00 | 2,50 |
| 38 | | | | | | | | | | | 8,50 | 8,50 | 7,00 | 3,50 | 3,00 | 2,50 |
| 39 | | | | | | | | | | | 8,50 | 8,50 | 7,00 | 3,50 | 3,00 | 2,50 |

## 11. Muster: Interessenausgleich – Fusion und Zusammenführung verschiedener Betriebsteile

Zwischen der Firma ▒

und

dem Betriebsrat der ▒

wird im Hinblick auf die zukünftige Zusammenarbeit zwischen ▒ und ▒ folgender Interessenausgleich gemäß §§ 111, 112 BetrVG vereinbart:

1. Beide Partner bringen ihre gesamte Produktion, den Vertrieb, die Logistik und die Verwaltung in ein neu zu gründendes Unternehmen mit Sitz in ▒ ein.

   Die Zusammenlegung dient der langfristigen Sicherung von strategischen Positionen und Marktanteilen; die damit verbundene Ausweitung der Ertragssituation soll zukünftig u. a. die Stabilität von Arbeitsplätzen verbessern und zusätzlichen Spielraum für weitere nationale Produkteinführungen eröffnen.

   Beide Partner sind zwar ertragsstark, sehen aber mittelfristig angesichts der starken Handelsmassierung und der Neuverteilung von Marktanteilen auf europäischer Ebene die Notwendigkeit zu einer Kooperation.

   Es ergeben sich dadurch für uns folgende große Vorteile:
   - Mit den Marken ▒ und ▒ bieten wir die beiden Spitzenmarken im deutschen Markt an.
   - Durch die Zusammenarbeit werden wir unsere jetzt schon internationale Position im europäischen Markt deutlich ausweiten können.
   - ▒ bekommt den Zugang zu ▒.
   - Mit einer kombinierten Verkaufsorganisation von ca. ▒ Außendienstmitarbeitern haben wir einen schlagkräftigen Vertrieb gegenüber unseren Mitbewerbern.
   - Durch die volle Ausnutzung unseres Logistiksystems unter Einbeziehung von ▒ können erhebliche Kosteneinsparungen realisiert werden.

Darüber hinaus können in weiteren Unternehmensbereichen Synergieeffekte optimal realisiert werden.

Die Zusammenführung beider Gesellschaften stellt die logische Entwicklung einer erfolgreichen Zusammenarbeit in der Vergangenheit dar, wobei das gesamte Geschäft beider Gesellschaften unter einheitlicher Leitung in Zukunft gemeinsam betrieben und weiterentwickelt werden soll.

Die Zusammenlegung soll spätestens zum ▨ erfolgt sein. Die Bewertung des einzubringenden Geschäftes ergibt nicht nur vom Volumen oder Umsatz, sondern auch vom Ertrag her ein deutliches Übergewicht für ▨. Die ▨ wird somit eine deutliche Mehrheit im Joint Venture haben und dessen Führung übernehmen.

2. Im Zuge dieser Unternehmenszusammenführung wird es zu Änderungen der betrieblichen Organisationsstruktur kommen. Im Verlauf der verschiedenen Gespräche mit dem Betriebsrat erläuterte der Vorstand die mittelfristigen geschäftspolitischen Notwendigkeiten und Aussichten einer solchen Zusammenführung und übergab dem Betriebsrat Strategie- sowie Organisationspläne für die gemeinsame Geschäftstätigkeit.

Im Verlauf der Gespräche konnte der Betriebsrat von der Fusion überzeugt werden.

Der Betriebsrat distanziert sich aber ausdrücklich von dem zweiten Standort ▨ und hat diesbezüglich dem Vorstand frühzeitig eine Auflistung der Punkte unterbreitet, die für den alleinigen Standort ▨ sprechen.

Durch die Zusammenführung beider Geschäftsaktivitäten bzw. Systemzusammenlegung wird infolge von funktionalen Doppelbesetzungen mit Arbeitsplatzverlusten von insgesamt ca. ▨ Arbeitsplätzen bei beiden Unternehmen zu rechnen sein.

Durch die neue Struktur sind folgende Abteilungen von der Betriebsänderung betroffen:
– Buchhaltung/Rechnungswesen/Kostenrechnung
– Einkauf
– Informatik/Rechnungsausgangsprüfung/Schreibbüro
– Auftragsabwicklung
– Marketing/Werbung ohne Messe/Ausstellung
– Personalabteilung/Gehaltsabrechnung/Lohnbuchhaltung
– Zentrale/Empfang/Postabfertigung
– Verkauf/VK Innen/VK Außen/Handel
– Vorstandssekretärinnen
– Betrieb/Technik

3. Die ▨ wird Mitarbeitern aus den vorgenannten Abteilungen entsprechend den Anforderungsprofilen der neuen Planstellen bzw. der neuen Organisationsstruktur Versetzungsangebote unterbreiten.

Bei den Einzelgesprächen können die Mitarbeiter auf eigenen Wunsch ein Betriebsratsmitglied hinzuziehen.

Alle erforderlichen Einzelmaßnahmen werden unter Wahrung der gesetzlichen und tariflichen Bestimmungen, insbesondere des Mitbestimmungsrechts des Betriebsrats durchgeführt.

Als personelle Einzelmaßnahmen kommen in Betracht:
– Versetzung nach ▨
– Vorzeitige Pensionierung
– Betriebsbedingte Kündigungen
– Qualifizierungsmaßnahmen, d. h. soll ein Mitarbeiter auf Veranlassung des Arbeitgebers bei Versetzung in das Fusionsunternehmen oder einen Konzernbetrieb umgeschult werden – das Einverständnis des Arbeitnehmers vorausgesetzt –, so übernimmt der Arbeitgeber die Kosten der Umschulung.

## § 5 Kapitel 3: Interessenausgleichsvereinbarungen und Sozialpläne

Das Unternehmen ist bemüht, soziale Härten zu vermeiden. Vorrangig vor allen Kündigungen wird älteren Mitarbeiterinnen und Mitarbeitern das vorzeitige Ausscheiden aus Altersgründen auf freiwilliger Basis unter Berücksichtigung der betrieblichen Notwendigkeiten ermöglicht.

Es werden vom Vorstand alle Anstrengungen unternommen, den jeweiligen von der Versetzung betroffenen Mitarbeitern, die durch diese Zusammenlegung ihre bisherige Tätigkeit aufgeben müssen, innerhalb der Gruppe vergleichbare Arbeitsplätze anzubieten.

Soweit darüber hinaus Betriebsangehörige ausscheiden müssen, wird als sozialer Ausgleich für diesen Personenkreis ein Sozialplan vereinbart.

In diesem Sozialplan werden unter anderem die Fragen
- Trennungsmehraufwand
- Besitzstände der Mitarbeiter
- Betriebsvereinbarungen/Richtlinien
- Fortsetzung der Ausbildungsverhältnisse

behandelt und festgelegt.

4. Die von betriebsbedingten Kündigungen betroffenen Mitarbeiter sind in einer Namensliste (Anlage) aufgeführt.

Es besteht Einigkeit darüber, daß die bisherigen Erläuterungen im Zusammenhang mit der Erstellung der Namensliste im Rahmen des Interessenausgleichs die förmliche Information des Betriebsrates nach § 102 BetrVG ersetzen. Der Betriebsrat hat die Kündigungen zur Kenntnis genommen. Das Anhörungsverfahren nach § 102 BetrVG ist damit abgeschlossen.

Die Anwendung der Tarifverträge bleibt durch die hier vereinbarten Maßnahmen unberührt; bei Mitarbeitern, die Versetzungsangebote wahrnehmen, kommen die Tarifverträge zur Anwendung.

Dieser Interessenausgleich und der Sozialplan gelten für alle festgelegten personellen Maßnahmen im Zusammenhang mit der Fusion .

### 12. Muster: Sozialplan – Fusion und Zusammenführung verschiedener Betriebsteile

*Sozialplan*

Zwischen

und

wird folgender Sozialplan gemäß § 112 BetrVG für die geschlossen.

Dieser Sozialplan wird als Ausgleich oder zur Milderung der wirtschaftlichen Nachteile geschlossen, die Belegschaftsmitglieder infolge der erforderlichen Struktur- und Rationalisierungsmaßnahmen erleiden. Es soll die sozialen Belange der Belegschaftsmitglieder bestmöglich berücksichtigen.

Der Sozialplan gilt für alle unter das BetrVG fallenden Mitarbeiter der Firma.

**1. Trennungsmehraufwand**
Mitarbeitern, die aufgrund der Fusion ihren Wohn- und Dienstsitz verlieren, ersetzt die Firma die folgenden Mehraufwendungen:

## 1.1 Trennungsentschädigungen
Eine Trennungsentschädigung in Höhe von 14,00 DM (7,16 EUR)/Tag entsprechend den lohnsteuerrechtlichen Vorschriften für längstens 6 Monate ab dem Datum der Versetzung nach ▇▇▇▇▇▇.

## 1.2 Wohnraumbeschaffung
Wird ein durch die Versetzung bedingter Wohnungswechsel erforderlich, so trägt die Firma die Kosten des Umzuges in angemessener Höhe und eine eventuelle Maklercourtage im Rahmen der Lohnsteuerrichtlinien (nachstehend kurz LStR genannt). Bis zur Beschaffung einer Wohnung am neuen Beschäftigungsort erhält der Arbeitnehmer bei Vorliegen des Tatbestandes der notwendigen Einrichtung einer doppelten Haushaltsführung die entsprechenden Erstattungen gemäß LStR für höchstens 6 Monate; gegebenenfalls sorgt die Firma bis zur Beschaffung einer Wohnung für eine angemessene Hotelunterbringung (für längstens 6 Monate).

## 1.3 Familienheimfahrten
Die Firma erstattet wöchentlich eine Familienheimfahrt gemäß LStR mit einem eigenen Wagen oder mit öffentlichen Verkehrsmitteln (exkl. Flugzeug). Dies gilt bis zum Bezug der neuen Wohnung am Dienstsitz, längstens jedoch für 6 Monate.

## 1.4 Mietzuschuß
Hat ein Arbeitnehmer aufgrund der Versetzung an den neuen Dienstsitz eine höhere Miete als bisher zu zahlen, so gewährt die Firma einen Mietzuschuß entsprechend folgender Regelung:
- Für einen Zeitraum von drei Jahren nach der Versetzung wird der Differenzbetrag zwischen dem Quadratmeterpreis der neuen Wohnung unter Zugrundelegung der Mietfläche der alten Wohnung mit einem gestaffelten Zuschuß ausgeglichen.
- Die Staffelung des Zuschusses verläuft wie folgt:
  Jahr 1 = 80 % des Differenzbetrages
  Jahr 2 = 60 % des Differenzbetrages
  Jahr 3 = 30 % des Differenzbetrages
  ab Versetzung bzw. Wohnungswechsel.

Sonderfälle bleiben einer Einzelregelung vorbehalten.

## 2. Vermittlung bzw. Übernahme von Arbeitnehmern in andere Betriebe oder Betriebsteile der Firma

2.1 Die Firma erklärt sich bereit, alle Möglichkeiten auszuschöpfen, den von der Betriebsänderung betroffenen Arbeitnehmern im Einvernehmen mit dem Betriebsrat in anderen Betrieben oder Betriebsteilen der Gruppe neue zumutbare Arbeitsplätze zu vermitteln. Geschieht diese Vermittlung dadurch, daß in anderen Betrieben oder Betriebsteilen der Gruppe (aufnehmender Betrieb) Arbeitnehmer freiwillig zugunsten eines bestimmten – von der Betriebsänderung unmittelbar betroffenen – Arbeitnehmers der Firma aus dem Arbeitsverhältnis ausscheiden, so haben diese freiwillig ausscheidenden Arbeitnehmer Anspruch auf Leistungen analog den Bestimmungen des Sozialplans. Voraussetzung hierfür ist, daß die Geschäftsleitung des aufnehmenden Betriebes dieser Vermittlung ausdrücklich zugestimmt hat.

2.2 Arbeitnehmern, denen infolge der Betriebsänderung die Übernahme in andere Betriebe oder Betriebsteile der Gruppe angeboten wird, ist diese Absicht schriftlich mitzuteilen. Die Bezeichnung des neuen Arbeitsplatzes muß den Standort des Betriebes, eine aussagefähige Aufgabenbeschreibung, die Angabe der Bewertungsgruppe des jeweiligen Tarifvertrages und des Bruttoeinkommens enthalten. Der Arbeitnehmer muß innerhalb von 20 Kalendertagen nach Zugang der Mitteilung erklären, ob er das Angebot annimmt.

2.3 Nach Zugang des Angebotes erhält der Arbeitnehmer unter Fortzahlung des Arbeitsverdienstes die Gelegenheit, den angebotenen neuen Arbeitsplatz zu besichtigen. Die hierfür notwendigen Fahrtkosten und angemessenen Spesen werden ihm erstattet.

2.4 Wird durch die Übernahme des Arbeitnehmers in einen anderen Gruppenbetrieb ein Wohnungswechsel erforderlich, so trägt die Firma die Kosten des Umzugs in angemessener Höhe

und eine eventuelle Maklercourtage im Rahmen der LStR. Bis zur Beschaffung einer Wohnung am neuen Beschäftigungsort erhält der Arbeitnehmer bei Vorliegen des Tatbestandes der notwendigen Einrichtung einer doppelten Haushaltsführung gemäß LStR für höchstens 6 Monate die entsprechenden Erstattungen. Abweichend von den Bestimmungen nach den LStR jedoch auch höchstens für 6 Monate, gilt für Familienheimfahrten als vereinbart:
– Erstattung der notwendigen Fahrtkosten für jeweils eine Familienheimfahrt wöchentlich.

2.5 Hat der Arbeitnehmer aufgrund eines Wohnungswechsels durch Übernahme in einen anderen Gruppenbetrieb eine höhere Miete als bisher zu zahlen, so gewährt die Firma für höchstens 1 Jahr einen Mietzuschuß, längstens jedoch innerhalb eines Zeitraums von 2 Jahren nach der Versetzung. Dieser wird in Höhe des Differenzbetrages zwischen dem Quadratmeterpreis der neuen Wohnung unter Zugrundelegung der Mietfläche der alten Wohnung, jedoch höchstens bis zu einem Betrag von 200,00 DM (102,26 EUR) monatlich gezahlt. Sonderfälle bleiben einer Einzelregelung vorbehalten.

2.6 Sofern einem Arbeitnehmer im Sinne der Ziffer 2.1 ein Arbeitsplatz in anderen Betrieben oder Betriebsteilen der Gruppe angeboten wird, ist dem Betriebsrat des betroffenen anderen Betriebs vor jeder personellen Maßnahme die Personalakte und der Entwurf der Arbeitsvertragsänderung des betroffenen Arbeitnehmers vorzulegen.

2.7 Arbeitnehmer, die bis zur Vollendung des 45. Lebensjahres einen geringer bezahlten Arbeitsplatz übernehmen, erhalten als Ausgleich den Unterschiedsbetrag zwischen ihrem bisherigen tariflichen Entgelt und dem neuen tariflichen Entgelt für die Dauer von 2 Jahren vom Zeitpunkt ihrer Versetzung ab als dynamische Besitzstandszulage weitergezahlt.

Arbeitnehmer nach Vollendung des 45. Lebensjahres erhalten die dynamische Besitzstandszulage für die Dauer von 4 Jahren.

Arbeitnehmer ab dem 54. Lebensjahr erhalten die dynamische Besitzstandszulage bis zur Beendigung des Arbeitsverhältnisses.

Für die Berechnung dieser dynamischen Besitzstandszulage wird die Differenz zwischen dem Entgelt der alten und der neuen Bewertungsgruppe einschließlich der tariflichen Jahressonderzahlung sowie der tariflichen Leistungszulage und der freiwilligen außertariflichen Zulage berücksichtigt.

2.8 Bei einem Arbeitsplatzwechsel innerhalb der Gruppe besteht ein Anspruch auf Anrechnung der abgeleisteten Dienstzeit in der Firma, insbesondere auch hinsichtlich des Kündigungsschutzes und des Anspruchs auf freiwillige soziale Leistungen. Dies gilt nicht für die betriebliche Altersversorgung.

2.9 Bei einem Wechsel in einen Betrieb der Gruppe gilt hinsichtlich einer betrieblichen Altersversorgung folgende Regelung:

Arbeitnehmer, die in eine Beteiligungsgesellschaft der Gruppe versetzt werden, erhalten bei Vorliegen der gesetzlichen Voraussetzungen einen unverfallbaren Betriebsrentenanspruch gemäß § 1 BetrAVG schriftlich von der Firma bestätigt. Liegen die gesetzlichen Voraussetzungen nicht vor, erhalten die versetzten Arbeitnehmer einen vertraglichen, bedingten Betriebsrentenanspruch.

Einen Anspruch auf Versorgungsleistungen aufgrund einer vertraglich zugesagten Anwartschaft hat der versetzte Arbeitnehmer bei Eintritt des Versorgungsfalles, wenn er aufgrund der in der Firma und in einer Beteiligungsgesellschaft insgesamt zurückgelegten Dienstjahre die gesetzlichen Voraussetzungen zur Erlangung eines unverfallbaren Betriebsrentenanspruchs (§ 1 BetrAVG vom 19.12.1974) erfüllt.

Als anrechnungsfähige Dienstjahre zur Berechnung der Höhe des vertraglichen Betriebsrentenanspruchs werden die in der Firma bis zur Versetzung tatsächlich zurückgelegten Dienstjahre berücksichtigt.

Die Berechnung der Höhe des vertraglichen Betriebsrentenanspruchs gegenüber der Firma richtet sich nach den Bestimmungen der Versorgungsordnung der Firma in ihrer jeweils gültigen Fassung in Verbindung mit § 2 BetrAVG vom 19.12.1974. Angefangene Dienstjahre, die über 6 Monate hinausgehen, gelten als volles Dienstjahr.

Die Versorgungsansprüche des versetzten Arbeitnehmers richten sich in einer aufnehmenden Beteiligungsgesellschaft nach den dort jeweils gültigen Bestimmungen der Versorgungsordnung nach folgender Maßgabe:

Auf die Wartezeit der Versorgungsbestimmungen der aufnehmenden Beteiligungsgesellschaft werden die in der Firma zurückgelegten Dienstjahre angerechnet. Für die Berechnung der Höhe der gesamten Versorgungsansprüche gelten die insgesamt erbrachten Dienstjahre in der Gruppe.

Erreicht der Arbeitnehmer in der aufnehmenden Beteiligungsgesellschaft nicht die nach der dort geltenden Versorgungsordnung erforderliche Mindestwartezeit, so errechnet sich sein Versorgungsanspruch der Höhe nach im Verhältnis der tatsächlichen in der Beteiligungsgesellschaft zurückgelegten Dienstjahre zu der erforderlichen Mindestwartezeit.

Als Stichtag für die Aufnahme in das Versorgungswerk der aufnehmenden Beteiligungsgesellschaft gilt der Tag der Versetzung.

2.10 Arbeitnehmer, die einen angebotenen zumutbaren anderen Arbeitsplatz in der Firma oder der Gruppe ablehnen, haben keine Ansprüche nach diesem Sozialplan.

Zumutbar ist der Arbeitsplatz, wenn

a) ein der Vorbildung und Berufserfahrung entsprechendes Aufgabengebiet angeboten wird,

b) mindestens entsprechende tarifliche Eingruppierung erfolgt,

c) mindestens gleicher Brutto-Monatsverdienst gezahlt wird, wobei Zuschläge für Nacht-, Sonn- und Feiertagsarbeit sowie Mehrarbeitsregelungen außer Betracht bleiben,

d) die bisherige Betriebszugehörigkeit voll anerkannt wird, mit Ausnahme der Ansprüche auf betriebliche Versorgungsleistungen bei einem Wechsel in eine Beteiligungsgesellschaft der Gruppe,

e) wenn sich der bisherige Arbeitsweg nicht mehr als 60 Minuten für den einfachen Weg verlängert.

2.11 Eine auf medizinische Gründe gestützte Unzumutbarkeit hat der betroffene Arbeitnehmer durch ein amtsärztliches Zeugnis nachzuweisen; die Kosten hierfür trägt die Firma.

2.12 Das Unternehmen verpflichtet sich, die derzeit bestehenden Ausbildungsverhältnisse fortzuführen oder die Ausbildung innerhalb der Gruppe weiterzuführen.

### 3. Umschulung von Arbeitnehmern

3.1 Sollen Arbeitnehmer – ihr Einverständnis vorausgesetzt – auf Veranlassung der Firma oder auf Vorschlag des Betriebsrates umgeschult werden, um im gleichen oder in einem anderen Betrieb bzw. Betriebsteil der Gruppe eine Arbeit zu übernehmen, so gilt folgendes:

3.2 Dem Arbeitnehmer wird die beabsichtigte Umschulung unter Angabe von Art und Dauer schriftlich mitgeteilt. Weiterhin wird ihm ein Angebot über einen neuen der Umschulung entsprechenden Arbeitsplatz übermittelt.

3.3 Während der Umschulung, längstens jedoch für die Dauer von 12 Monaten, erhält der Arbeitnehmer seinen durchschnittlichen monatlichen Bruttoverdienst, berechnet nach der Grundlage des Lohnfortzahlungsgesetzes, weiter, und zwar unter Anrechnung der ihm nach dem Arbeitsförderungsgesetz zustehenden Ansprüche.

3.4 Die Firma trägt die notwendigen sachlichen Kosten der Umschulung einschließlich notwendiger Fahrtkosten bei Umschulungen außerhalb des Betriebes sowie Leistungen nach der LStR bei Vorliegen einer notwendigen doppelten Haushaltsführung, sofern ihm nicht Ansprüche aus dem Arbeitsförderungsgesetz zustehen.

**4. Ausscheiden von Mitarbeitern**

4.1 Ausscheidende Mitarbeiter werden für die erforderliche Zeit zur Bewerbung um einen neuen Arbeitsplatz ohne Verdienstminderung von ihrer Arbeit freigestellt. Erforderliche Fahrtkosten werden vergütet, sofern nicht Ansprüche gegenüber Dritten bestehen. Eine Vergütung von Aufwendungen im Zusammenhang mit Bewerbungen in den Beteiligungsgesellschaften der Gruppe erfolgt nach Absprache mit der Firma unter Beteiligung des Betriebsrates. Eine Vergütung entfällt, sofern Ansprüche gegenüber Dritten bestehen.

4.2 Bezüglich der Bezahlung von betrieblichen Ruhegeldern an Arbeitnehmer, die anläßlich der Betriebsänderung ausscheiden, gelten die Bestimmungen des Gesetzes zur Verbesserung der betrieblichen Altersversorgung vom 19.12.1974. Ein angefangenes Dienstjahr wird dann als vollendet gewertet, wenn es mehr als zur Hälfte abgeleistet ist.

4.3 Tariflich geregelte Leistungen erhält der betroffene Arbeitnehmer im Jahr des Ausscheidens gemäß den Bestimmungen des Manteltarifvertrages sowie des Tarifvertrages über vermögenswirksame Leistungen in ihrer jeweils gültigen Fassung. Für Urlaub und Urlaubsgeld gilt davon abweichend folgende Regelung:

Arbeitnehmer erhalten im Jahr des Ausscheidens den ihnen tariflich zustehenden Jahresurlaub in voller Höhe, wenn der Urlaub bis zum Ausscheiden aus dem Arbeitsverhältnis genommen wird.

Dasselbe gilt für den Anspruch auf das tariflich geregelte Urlaubsgeld. Die zeitliche Lage des Urlaubs bestimmt die Firma nach den betrieblichen Erfordernissen im Einvernehmen mit dem Betriebsrat.

4.4 Die Firma gewährt denjenigen Arbeitnehmern, die infolge dieser Betriebsänderung aus der Firma ausscheiden und bis zu zwei Jahren nach Ausscheiden ein 25jähriges Dienstjubiläum und bis zu fünf Jahren nach Ausscheiden ein 40jähriges Dienstjubiläum begehen würden, das bisher übliche Jubiläumsgeld.

4.5 Das jeweilige Jubiläumsgeld wird bei der Berechnung der Abfindung berücksichtigt und erhöht den individuell errechneten Abfindungsbetrag um diese Summe.

4.6 Stirbt ein von der Betriebsänderung betroffener Arbeitnehmer noch vor Ablauf von 12 Monaten nach seinem Ausscheiden, so erhalten die Hinterbliebenen die für den Sterbefall üblichen tariflichen bzw. betriebsüblichen Leistungen.

**5. Abfindungen für ausscheidende Arbeitnehmer**

5.1 Arbeitnehmer, die zum Zeitpunkt der Beendigung des Arbeitsverhältnisses das 55. Lebensjahr vollendet haben, erhalten eine individuell errechnete Abfindung in Höhe des „Nettoausgleiches" von 80 % bis zur Vollendung des 60. Lebensjahres. Der „Nettoausgleich" errechnet sich aus der Differenz zwischen dem auf der Grundlage der Bestimmung der Ziff. 5.7 zu ermittelnden Nettoentgelt und den Leistungen des Arbeitsamtes (Arbeitslosengeld und Arbeitslosenhilfe) multipliziert mit der Anzahl der Monate zum Zeitpunkt des Ausscheidens bis zur Vollendung des 60. Lebensjahres.

5.2 Arbeitnehmer, die zum Zeitpunkt der Beendigung des Arbeitsverhältnisses das 59. Lebensjahr vollendet haben und spätestens nach einem Jahr Arbeitslosigkeit den Anspruch auf vorgezogenes Altersruhegeld aus der gesetzlichen Sozialversicherung geltend machen können, erhalten eine individuell errechnete Abfindung in Höhe des „Nettoausgleiches" von 80 % für den Zeitraum von max. 12 Monaten. Der „Nettoausgleich" errechnet sich aus der Differenz zwischen dem auf der Grundlage der Bestimmung der Ziff. 5.7 zu ermittelnden Nettoentgelt und den Leistungen des Arbeitsamtes (Arbeitslosengeld und Arbeitslosenhilfe), multipliziert mit der zwischen dem Zeitpunkt des Ausscheidens und dem frühestmöglichen Bezug von vorgezogenem Altersruhegeld liegenden Anzahl von Monaten, max. jedoch für 12 Monate.

5.3 Schwerbehinderte Arbeitnehmer und weibliche Arbeitnehmer, die die Anspruchsvoraussetzungen für den Bezug des vorgezogenen Altersruhegeldes aus der gesetzlichen Sozialversicherung mit der Vollendung des 60. Lebensjahres erfüllen, erhalten den „Nettoausgleich" höchstens für die Anzahl der Monate ab Beendigung des Arbeitsverhältnisses bis zur Vollendung des 60. Lebensjahres.

5.4 Sollte sich aus den Leistungen des Arbeitsamtes oder anderer Sozialversicherungsträger zu dem von der Firma vorab errechneten Betrag eine Differenz ergeben, so verpflichtet sich die Firma einen evtl. Fehlbetrag nachzuzahlen; dies gilt nicht für Kürzungen oder Nichtzahlungen von Arbeitslosenhilfe gemäß §§ _____ . Bezüglich evtl. Ruhezeiten (§ _____ ) oder Sperrzeiten (§ _____ ) des Arbeitsamtes hält die Firma den betroffenen Arbeitnehmer von jeglichem Schaden frei. Erhält der Arbeitnehmer höhere Leistungen vom Arbeitsamt als vorab von der Firma errechnet, so ist der Differenzbetrag der Firma durch den Arbeitnehmer zu erstatten. Leistungsbescheide des Arbeitsamts sind vom Arbeitnehmer der Firma unaufgefordert vorzulegen.

5.5 Arbeitnehmer, die zum Zeitpunkt der Beendigung des Arbeitsverhältnisses das 63. Lebensjahr (männliche Arbeitnehmer) bzw. das 60. Lebensjahr (weibliche Arbeitnehmer und schwerbehinderte Arbeitnehmer) vollendet haben und die Voraussetzungen für den Bezug des vorgezogenen Altersruhegeldes aus der gesetzlichen Rentenversicherung erfüllen, erwerben keine Ansprüche aus dieser Vereinbarung.

Ebenso gilt dies auch für alle diejenigen Arbeitnehmer, die bereits einen Antrag auf Gewährung einer Erwerbsunfähigkeitsrente oder eines Altersruhegeldes gestellt haben, es sei denn, daß der Antrag abschlägig beschieden wird.

5.6 Zum Ausgleich von Härten, die sich für Arbeitnehmer, die bis zum Zeitpunkt der Beendigung des Arbeitsverhältnisses das 55. Lebensjahr noch nicht vollendet haben, ergeben und deren Arbeitsverhältnis aus Anlaß dieser Betriebsänderung gekündigt oder einvernehmlich aufgelöst worden ist und die nicht auf einen anderen zumutbaren Arbeitsplatz in der Gruppe vermittelt werden konnten, findet die beigefügte Abfindungstabelle Anwendung (Anlage 1).

5.7 Die anspruchsberechtigten Arbeitnehmer erhalten für je einen Punkt der beigefügten Abfindungstabelle 1/10 des Entgeltes der jeweiligen Bewertungsgruppe gemäß den zum Zeitpunkt des Ausscheidens jeweils gültigen Bestimmungen des Entgelttarifvertrages zuzüglich evtl. monatlich gezahlter tariflicher Leistungszulagen, regelmäßig gezahlter freiwilliger Zulagen, Besitzstandszulagen sowie Urlaubs- und Weihnachtsgeld (gezwölftelt). Als Entgelt wird höchstens das Entgelt der Tarifgruppe _____ des gültigen Entgelttarifvertrages zugrunde gelegt. Für jedes unterhaltsberechtigte Kind und für je 10 % Schwerbehinderung werden zusätzlich 5 Punkte gewährt.

### 6. Härtefonds
Für besondere Härtefälle wird ein Härtefonds gebildet. Dieser dient dazu, in Notfällen die Abfindungssätze dieses Sozialplanes aufzustocken bzw. Zuschüsse bei Betriebswechsel innerhalb des Gruppenbereiches zu leisten oder Leistungen zu gewähren für Härtefälle, die durch diese Vereinbarung nicht oder nicht ausreichend erfaßt werden. Unterstützungen aus diesem Fonds werden längstens bis zum _____ nach dem Ausscheiden des Arbeitnehmers im Einvernehmen mit dem Betriebsrat gezahlt.

### 7. Mutterschutz
Kann einer Arbeitnehmerin, die bei Aufhebung ihres Arbeitsverhältnisses Leistungen nach dem Sozialplan beanspruchen könnte, aufgrund der Bestimmungen des Mutterschutzgesetzes nicht gekündigt werden, so bleiben ihr gleichwohl ihre Ansprüche auf Abfindung oder sonstige Leistungen nach diesem Sozialplan erhalten. Sie hat sich jedoch hierauf die Zahlungen anrechnen zu lassen, die sie wegen ihres Zustandes als werdende Mutter ohne Arbeitsleistung erhalten hat.

### 8. Änderung in den persönlichen Verhältnissen

Die Leistungsempfänger aus dieser Betriebsvereinbarung sind verpflichtet, jede tatsächliche Änderung in ihren persönlichen Verhältnissen, die Bedeutung für Leistungen nach dieser Betriebsvereinbarung haben, unverzüglich schriftlich dem Unternehmen mitzuteilen. Das Unternehmen behält sich vor, zu Unrecht bezogene Leistungen zurückzufordern. Hierüber wird der Betriebsrat informiert.

### 9. Freistellung vor Ablaufen der Kündigungsfrist

9.1 Gekündigte oder zu kündigende Arbeitnehmer können bis zum Ablauf der Kündigungsfrist in Übereinstimmung mit der Firma auf eigenen Wunsch von ihrer Arbeitsleistung freigestellt werden. Der Entgeltanspruch sowie sonstige Ansprüche aus dem Arbeitsverhältnis enden mit dem Zeitpunkt der vorzeitigen Freistellung von der Arbeitsleistung.

9.2 Haben gekündigte oder zu kündigende Arbeitnehmer kurzfristig einen neuen Arbeitplatz gefunden, so soll dem Ersuchen auf Freistellung stattgegeben werden, es sei denn, daß zwingende betriebliche Gründe dem entgegenstehen. Über die Frage, ob zwingende betriebliche Gründe vorliegen, entscheidet die Sozialplankommission gemäß Ziff. 10.

### 10. Sozialplankommission

Treten Meinungsverschiedenheiten bei der Auslegung oder Anwendung der Bestimmungen dieses Interessenausgleichs und dieses Sozialplans auf, so soll ein Gremium aus je zwei von der Firma und vom Betriebsrat benannten Vertretern darüber entscheiden. Ist eine Einigung nicht zu erzielen, so entscheidet eine Einigungsstelle in der gleichen Besetzung unter Hinzuziehung eines unparteiischen Vorsitzenden, der im Nichteinigungsfalle vom zuständigen Arbeitsgericht bestimmt ist.

### 11. Schlußbestimmungen

11.1 Gesetzliche und tariflich geregelte Leistungen, betriebsübliche Leistungen sowie individuell vertragliche Leistungen, auf die der Arbeitnehmer Anspruch hat, erhält der jeweilige, von dieser Betriebsänderung durch Freistellung betroffene Arbeitnehmer bis zum Zeitpunkt der Beendigung seines Arbeitsverhältnisses.

11.2 Bei allen im Rahmen dieser Vereinbarung zu berechnenden Abfindungen und sonstigen Leistungen handelt es sich um Bruttobeträge, die am Tage der Beendigung des Arbeitsverhältnisses, frühestens jedoch erst, wenn endgültig feststeht, daß das Arbeitsverhältnis durch den Aufhebungsvertrag bzw. die betriebsbedingte Kündigung wirksam beendet worden ist, fällig werden. Die Abrechnung und Auszahlung erfolgt unter Berücksichtigung der Steuerfreibeträge gemäß § 9 Abs. 3 EStG, unter Einhaltung der Sozialversicherungsbestimmungen und unter Einhaltung der entsprechenden Abzüge im Rahmen der üblichen Entgeltabrechnung. Ansprüche hierauf können nicht abgetreten oder verpfändet werden.

Die Firma wird durch Änderung der Gesetzes- oder Rechtslage nach Inkrafttreten dieser Betriebsvereinbarung nicht zu Leistungen im Rahmen des „Nettoausgleichs" verpflichtet, die dem Grunde oder der Höhe nach über den bisherigen Leistungsumfang hinausgehen.

11.3 Arbeitnehmer, die aufgrund von Tatsachen, die die Firma zur Kündigung aus wichtigem Grund ohne Einhaltung einer Kündigungsfrist oder zur Kündigung aus verhaltensbedingten Gründen, die der Arbeitnehmer zu vertreten hat, berechtigen, oder Arbeitnehmer, die aufgrund eigener Kündigung aus der Firma ausscheiden, haben keinen Anspruch auf Abfindung.

11.4 In andere Betriebe der Gruppe übernommene Arbeitnehmer, denen bis zu zwei Jahren nach ihrer Übernahme auf ihrem Arbeitsplatz aus betriebsbedingten Gründen gekündigt wird, fallen unter die Bestimmungen dieses Sozialplans. Das gleiche gilt für diejenigen Arbeitnehmer, die in der Firma verbleiben und deren Arbeitsverhältnis aufgrund einer betriebsbedingten Kündigung, die im Zusammenhang mit der vorstehend geregelten Betriebsänderung steht, bis zum ▮▮▮▮ beendet wird.

11.5 Diese Betriebsvereinbarung tritt mit Unterzeichnung durch die Betriebspartner in Kraft; sie endet spätestens am ▮▮▮▮.

11.6 Sollten einzelne Regelungen dieser Betriebsvereinbarung gegen gesetzliche Bestimmungen verstoßen und demzufolge nichtig sein, so bleibt die Wirksamkeit der übrigen Regelungen dieses Sozialplans davon unberührt.

**Anlage 1**
Abfindungstabelle zur Betriebsvereinbarung „Sozialplan"

| Punktetabelle I | | Punktetabelle II | |
|---|---|---|---|
| Berücksichtigung der Dauer der Betriebszugehörigkeit nach abgeleisteten Dienstjahren | | Berücksichtigung des Lebensalters nach vollendeten Lebensjahren | |
| Jahre | Punkte | Alter (Jahre) | Punkte |
| 01 +) | 03 | 20 | 02 |
| 02 +) | 05 | 21 | 04 |
| 03 ++) | 07 | 22 | 06 |
| 04 ++) | 09 | 23 | 08 |
| 05 +++) | 11 | 24 | 10 |
| 06 +++) | 14 | 25 | 12 |
| 07 | 17 | 26 | 14 |
| 08 | 19 | 27 | 16 |
| 09 | 22 | 28 | 18 |
| 10 | 24 | 29 | 20 |
| 11 | 27 | 30 | 22 |
| 12 | 30 | 31 | 24 |
| 13 | 33 | 32 | 26 |
| 14 | 36 | 33 | 28 |
| 15 | 39 | 34 | 30 |
| 16 | 42 | 35 | 32 |
| 17 | 45 | 36 | 34 |
| 18 | 48 | 37 | 36 |
| 19 | 51 | 38 | 38 |
| 20 | 55 | 39 | 40 |
| 21 | 58 | 40 | 42 |
| 22 | 61 | 41 | 44 |
| 23 | 64 | 42 | 46 |
| 24 | 67 | 43 | 48 |
| 25 | 70 | 44 | 51 |
| 26 | 73 | 45 | 54 |
| 27 | 76 | 46 | 57 |
| 28 | 79 | 47 | 60 |
| 29 | 82 | 48 | 63 |
| 30 | 85 | 49 | 66 |
| 31 | 88 | 50 | 69 |
| 32 | 91 | 51 | 72 |

Bei den mit +) gekennzeichneten Dienstjahren werden aus der Punktetabelle II nicht 100 % der angegebenen Lebensalterpunkte angerechnet, sondern nur
+) 25 % der Lebensalterpunkte
++) 50 % der Lebensalterpunkte
+++) 75 % der Lebensalterpunkte

| Punktetabelle I | | | Punktetabelle II | |
|---|---|---|---|---|
| Berücksichtigung der Dauer der Betriebszugehörigkeit nach abgeleisteten Dienstjahren | | | Berücksichtigung des Lebensalters nach vollendeten Lebensjahren | |
| Jahre | Punkte | | Alter (Jahre) | Punkte |
| 33 | 94 | | 52 | 75 |
| 34 | 97 | | 53 | 78 |
| 35 | 100 | | 54 | 81 |
| 36 | 103 | | | |
| 37 | 106 | | | |
| 38 | 109 | | | |
| 39 | 112 | | | |
| 40 | 115 | | | |

Z.B.: Mitarbeiter scheidet nach dem 4. Dienstjahr und dem 40. Lebensjahr aus:

| Tabelle I | 9 Punkte |
| Tabelle II (50 % v. 42 Pkt.) | 21 Punkte |
| Gesamtpunke | 30 Punkte |

Für jedes unterhaltsberechtigte Kind und für je 10 % Schwerbehinderung werden zusätzlich je 5 Punkte gewährt.

Stichtag für die Berechnung der Punkte ist jeweils der Zeitpunkt der Beendigung des Arbeitsverhältnisses.

### Anlage 2
*Protokollnotiz zum Sozialplan der          und dem Betriebsrat der          vom*

In Ergänzung zu Ziff. 1.4 des Sozialplans (hier: Staffelung des Zuschusses) gilt folgendes:

Ziel des Mietzuschußgedankens soll sein, mindestens die Höhe des verfügbaren Nettoeinkommens zu gewährleisten, die ein Arbeitnehmer für seine bei der          erbrachte Arbeitsleistung erzielt hat.

### Anlage 3
*Protokollnotiz zum Sozialplan der          und dem Betriebsrat der          vom*

Der Sozialplan wird wie folgt ergänzt:

Ältere Arbeitnehmer, die nach dem vollendeten 55. Lebensjahr aufgrund eines Aufhebungsvertrages vorzeitig aus dem Unternehmen ausscheiden, erhalten die Jahre nach Beendigung ihres Arbeitsverhältnisses bis zur Vollendung des 60. Lebensjahres, maximal jedoch 3 Jahre, zugunsten ihrer betrieblichen Altersversorgung angerechnet.

### Anlage 4
*Protokollnotiz zum Sozialplan der          und dem Betriebsrat der          vom*

**Sonderbezug**

Die          gewährt den Arbeitnehmern, die zum Zeitpunkt der Beendigung des Arbeitsverhältnisses das 55. Lebensjahr vollendet haben, Sonderbezug von in der Firma produzierten Waren in Höhe der für Rentner der          betrieblichen Menge.

## Anlage 5
*Protokollnotiz zum Sozialplan der ▓▓▓ und dem Betriebsrat der ▓▓▓ vom ▓▓▓*

### Härtefonds
Bei Arbeitnehmern, die ein Entgelt über der Tarifgruppe ▓▓▓ beziehen, wird der übersteigende Betrag ebenfalls in die Berechnung einbezogen.

Zum Ausgleich sozialer Härten wird ein Betrag in Höhe von 60 TDM (30.677,51 EUR) bereitgestellt; Auszahlungen aus diesem Fonds unterliegen dem einstimmigen Entscheid der Sozialplankommission.

Arbeitnehmer, die zum Zeitpunkt der Beendigung des Arbeitsverhältnisses im Zusammenhang mit diesem Interessenausgleich mindestens 9 Jahre und 6 Monate bei ▓▓▓ beschäftigt waren, werden als Dienstzeit 10 Jahre für die betriebliche Altersversorgung angerechnet. Dies gilt nur für das Erreichen der Unverfallbarkeitsvoraussetzung gemäß Betriebsrentengesetz (Vollendung des 35. Lebensjahres und mindestens 10 Jahre Bestand einer Versorgungszusage).

Arbeitnehmer, die selbst kündigen, brauchen das Weihnachtsgeld nicht zurückzuzahlen.

## Anlage 6
*Protokollnotiz zum Sozialplan der  und dem Betriebsrat der ▓▓▓ vom ▓▓▓*

### Berechnungsgrundlage für Abfindungen
Im Hinblick auf das tarifliche Entgeltniveau wird in Ergänzung der Ziff. 5.7 des Sozialplans folgende Sonderregelung getroffen:

Das sich gemäß der Bestimmung der Ziff. 5.7 des Sozialplans ergebende zuletzt bezogene Brutto-Monatsentgelt wird pauschal zum Ausgleich des Lohn- und Gehaltgefüges um den Faktor 25 % erhöht; dies gilt für alle Mitarbeiter, deren Abfindung sich nach der Punktetabelle (Anlage 1) bemißt.

Die Vertragsparteien sind sich darüber einig, daß die vorstehende Regelung im Hinblick auf die Sondersituation bei der  vereinbart worden ist und keinerlei präjudizierende Wirkung im Hinblick auf zukünftige Sozialpläne innerhalb der Gruppe oder interne oder externe Forderungen im Entgeltbereich hat.

## 13. Muster: Interessenausgleich wegen Betriebsverlagerung

*Interessenausgleich*

zwischen

der Firma ▓▓▓

– im folgenden „Firma" genannt –

und

dem Betriebsrat der Firma ▓▓▓

– im folgenden „Betriebsrat" genannt –

### Präambel
Die Gesellschafterversammlung der Firma hat am ▓▓▓ beschlossen, ihren Hauptsitz von ▓▓▓ nach ▓▓▓ zu verlegen. Ein Teil der Arbeitsbereiche soll in ▓▓▓ verbleiben; etwa 1/4 bis 1/3 der jetzigen Zahl der Mitarbeiter soll weiterhin in ▓▓▓ beschäftigt werden. Als Termin der Sitzverlegung wird der ▓▓▓ angestrebt.

## § 1 Gegenstand

(1) Die Firma wird voraussichtlich zum ▪▪▪ ihren Sitz von ▪▪▪ nach ▪▪▪ verlegen. Eine Reihe von Arbeitsbereichen verbleibt in ▪▪▪. Bei der Sitzverlegung unter gleichzeitiger teilweiser oder gänzlicher Aufrechterhaltung einzelner Arbeitsbereiche in ▪▪▪ muß sichergestellt bleiben, daß sämtliche Arbeitsbereiche der Firma funktionsfähig bleiben.

(2) Die Geschäftsführung der Firma hat für die Verlegung und für die aufrecht zu erhaltenden Arbeitsbereiche ein Konzept erarbeitet, das dem Interessenausgleich beigefügt ist. Derzeit ist geplant, die Verlegung nach Maßgabe dieses Konzepts durchzuführen. Sollten sich geringfügige Änderungen in zeitlicher oder organisatorischer Hinsicht ergeben, stellen diese keine Abweichung vom Interessenausgleich dar und werden deshalb von den Betriebspartnern als durch den Interessenausgleich gedeckt angesehen. Der Betriebsrat wird über eventuelle Änderungen unverzüglich unterrichtet.

(3) Geringfügige Änderungen im Sinne von Absatz 2. sind solche, von denen weniger als drei Arbeitnehmer je Arbeitsbereich betroffen sind.

(4) Änderungen, die nicht mehr als geringfügig im Sinne von Absatz 2 anzusehen sind, tragen die Betriebspartner durch ändernde Interessenausgleichs-Vereinbarungen Rechnung.

(5) Die Geschäftsführung der Firma wird ein Jahr vor dem tatsächlichen Umzugstermin dem Betriebsrat den verbindlichen Termin für den Umzug mitteilen.

## § 2 Durchführung

(1) Eine Liste der betroffenen Mitarbeiter wird dem Interessenausgleich beigefügt. Als Mitarbeiter gelten auch solche, die ungeachtet eines Vertrages mit einer der Firma nahen Gesellschaft oder Organisation in den Räumen der Firma arbeiten und in den Betrieb der Firma tatsächlich eingegliedert sind. Die Liste enthält folgende Angaben: Name, Vorname, Geburtstag, Eintrittsdatum, Tätigkeit, Brutto-Monatseinkommen, Familienstand, Zahl der unterhaltspflichtigen Kinder, besonderer Kündigungsschutz, Umzugsbereitschaftserklärung (ja/nein), individuelle Besonderheiten.

(2) Die Umzugsbereitschaftserklärung ist von den Mitarbeitern nach Festlegung des Umzugstermins durch die Geschäftsführung nach § 1 Absatz 5 des Interessenausgleichs erneut abzugeben.

(3) Diejenigen Mitarbeiter, deren Arbeitsplatz nach ▪▪▪ verlegt wird und die ihre Umzugsbereitschaft erklärt haben oder die bei erklärter Umzugsbereitschaft auf einem anderen Arbeitsplatz in ▪▪▪ beschäftigt werden können, erhalten von der Firma unter Wahrung ihres Besitzstandes ein schriftliches Änderungsangebot, das die Bezeichnung der angebotenen Stelle mit einer möglichst exakten Beschreibung der Tätigkeiten, der Vergütung, Eingruppierung und der Arbeitszeiten enthält. Den Mitarbeitern wird eine Frist von drei Wochen eingeräumt, der Geschäftsführung ihre Entscheidung mitzuteilen, ob sie das Änderungsangebot annehmen.

(4) Zwischen allen Arbeitnehmern, die keine Umzugsbereitschaft erklärt oder das Angebot nach Absatz 3 Satz 1 abgelehnt oder keine Entscheidung mitgeilt haben, findet hinsichtlich der am Dienstort ▪▪▪ verbleibenden Arbeitsplätze eine soziale Auswahl statt. Die soziale Auswahl erfolgt durch eine Vorauswahl nach einem entsprechenden Punktesystem mit einer anschließenden Einzelfallbewertung im Anschluß an die Feststellung des Umzugstermins durch die Geschäftsführung nach § 1 Absatz 5 des Interessenausgleichs, der Abgabe der Umzugsbereitschaftserklärung der Mitarbeiter nach § 2 Absatz 2 und der Entscheidung der Mitarbeiter nach § 2 Absatz 3 Satz 2 unter Mitbestimmung des Betriebsrats.

(5) Mitarbeiter, die keine Umzugsbereitschaft erklärt oder das Angebot nach Absatz 3 Satz 1 abgelehnt oder keine Entscheidung mitgeteilt haben und für die nach dem Ergebnis der Sozialauswahl kein Arbeitsplatz in ▪▪▪ zur Verfügung steht, erhalten eine betriebsbedingte Beendigungskündigung unter Wahrung der vertraglichen und/oder gesetzlichen Kündigungsfrist.

(6) Zwischen der Mitteilung des verbindlichen Umzugstermins und dem Zugang der Kündigungen liegen maximal drei Monate.

(7) Mitarbeiter, denen nach Absatz 5 gekündigt wird oder Mitarbeiter, die nach der Sozialauswahl in ▨ verbleiben können, sich aber noch für einen Umzug nach ▨ entscheiden, erhalten auf Verlangen nochmals ein Arbeitsangebot in ▨ , sofern zu diesem Zeitpunkt ein den Eignungen des Mitarbeiters entsprechender Arbeitsplatz in ▨ noch frei ist. Der dadurch ggf. in ▨ frei werdende Arbeitsplatz ist dem nach der Sozialauswahl sozial schwächsten gekündigten Mitarbeiter anzubieten.

(8) Gegenüber Mitarbeitern, deren Arbeitsverhältnis an den Dienstort ▨ verlegt wird und die ihren ständigen Wohnsitz nach ▨ verlegen, wird die Firma in einem Zeitraum von 10 Jahren keine ordentliche betriebsbedingte Kündigung aussprechen.

### § 3 Mitwirkungs- und Mitbestimmungsrechte des Betriebsrats
Weitere Mitwirkungs- und Mitwirkungsrechte des Betriebsrats bleiben vom diesem Interessenausgleich unberührt.

### § 4 Sozialplan
Zum Ausgleich und zur Milderung der wirtschaftlichen Nachteile, die den Mitarbeitern durch die geplante Betriebsänderung entstehen, haben die Parteien einen Sozialplan geschlossen.

### § 5 Inkrafttreten/Außerkrafttreten
(1) Die Parteien sind sich einig, daß die Verhandlungen abgeschlossen sind, das Verfahren zur Herbeiführung eines Interessenausgleichs beendet ist.
(2) Der Interessenausgleich tritt mit dem Tag seiner Unterzeichnung in Kraft.
(3) Der Interessenausgleich tritt außer Kraft, wenn der Umzug nach übereinstimmender Feststellung der Geschäftsführung und des Betriebsrats vollständig vollzogen ist.

## 14. Muster: Sozialplan wegen Betriebsverlagerung

Zwischen

dem Betrieb D

– im folgenden „D" genannt –

und

dem Betriebsrat des D

wird folgender Sozialplan vereinbart:

### Präambel
Zum Ausgleich und zur Milderung der wirtschaftlichen Nachteile, die den Mitarbeitern durch die im Interessenausgleich vom ▨ geregelte Betriebsverlagerung entstehen, wird folgender Sozialplan vereinbart.

### Teil A: Geltungsbereich/Begriffsbestimmungen

#### § 1 Geltungsbereich
1. Die Regelungen dieses Sozialplans gelten, soweit nichts anderes bestimmt ist, für alle Mitarbeiter im Sinne des § 5 Satz 1 BetrVG, die zum Zeitpunkt des Inkrafttretens des Interessenausgleichs in einem ungekündigten und unbefristeten Arbeitsverhältnis stehen.
2. Mitarbeiter, die in einem befristeten Arbeitsverhältnis stehen, fallen nur dann unter den Geltungsbereich des Sozialplans, wenn ihr befristetes Arbeitsverhältnis über den ▨ hinaus andauert oder aufgrund der Betriebsänderung vorzeitig beendet wird.

3. Dieser Sozialplan findet keine Anwendung auf

a) Mitarbeiter, deren Arbeitsverhältnis aus personen- oder verhaltensbedingten Gründen ordentlich oder außerordentlich gekündigt oder aus diesen Gründen einvernehmlich beendet wird;

b) Mitarbeiter, die das Arbeitsverhältnis selbst kündigen, ohne damit einer betriebsbedingten Kündigung zuvorzukommen;

c) Mitarbeiter, deren Arbeitsverhältnis mit dem D nach dem ▬▬▬ geschlossen wurde; es sei denn, daß nachfolgend anderes vereinbart wird.

### § 2 Begriffsbestimmungen

1. Der Sozialplan differenziert zwischen Leistungen bei Versetzungen und Leistungen bei Beendigung des Anstellungsverhältnisses. Bei einer Versetzung gelten für die Leistungen die Regelungen des Teil B, bei einer Beendigung die Regelungen des Teil C.

   a) Eine Versetzung im Sinne des Sozialplans liegt vor, wenn der Mitarbeiter ab dem Umzug von Betriebsteilen des D das Arbeitsverhältnis beim D am neuen Dienstort fortsetzt. Unerheblich ist, ob das Arbeitsverhältnis zu geänderten oder gleichbleibenden Bedingungen fortgesetzt wird.

   b) Für am jetzigen Standort verbleibende Mitarbeiter, die ihr Arbeitsverhältnis nicht zu gleichbleibenden Bedingungen fortsetzen können, gilt § 5 (Verdienstsicherung).

   c) Eine Beendigung im Sinne des Sozialplans liegt vor, wenn das Arbeitsverhältnis zwischen dem Mitarbeiter und D wegen der Betriebsverlagerung beendet wird.

2. Scheidet ein Mitarbeiter bei D aus, und beginnt er im Anschluß hieran ein neues Anstellungsverhältnis, wird wie folgt differenziert:
   - Wechselt der Mitarbeiter ohne Besitzstandswahrung, liegt eine Beendigung vor. Für die Leistungen gelten die Regelungen des Teils C.
   - Wechselt der Mitarbeiter unter Besitzstandswahrung, liegt eine Versetzung vor. Die Ausstrahlung der Besitzstandswahrung aus D endet nach zwei Jahren. Für die Leistungen gelten die Regelungen des Teils B.

   Ein Wechsel unter Besitzstandswahrung liegt vor, wenn

   a) dem Mitarbeiter für alle Rechte die Betriebszugehörigkeit bei D angerechnet wird und

   b) der Mitarbeiter bei der betrieblichen Altersversorgung keine Nachteile erleidet, er also im Versorgungsfall mindestens die Ansprüche besitzen wird, die er bei Fortsetzung des Anstellungsverhältnisses mit D erworben hätte.

3. Partner im Sinne des Sozialplans sind Ehepartner und Personen, die in nichtehelicher Lebensgemeinschaft zuammenleben. Nichteheliche Lebensgemeinschaften liegen vor, soweit eine Wohn- und Wirtschaftsgemeinschaft vor dem ▬▬▬ mehr als zwei Jahre besteht. Dieses ist durch geeignete Unterlagen nachzuweisen.

### Teil B: Versetzung

### § 3 Fortbildungsmaßnahmen

Kann ein Mitarbeiter die Qualifikation für einen angebotenen Arbeitsplatz nur durch eine zumutbare Fortbildungsmaßnahme erreichen, so veranlaßt D die Maßnahme auf seine Kosten. Für die Dauer der Fortbildungsmaßnahme wird das bisherige Brutto-Monatsgehalt für die Dauer von bis zu sechs Monaten fortgezahlt. Etwaige Leistungen Dritter (z. B. Arbeitsamt) muß sich der Mitarbeiter anrechnen lassen.

### § 4 Umzug

Erfolgt wegen einer Versetzung ein Wohnungswechsel 3 Monate vor dem Umzugstermin von D oder innerhalb von 12 Monaten nach Arbeitsaufnahme an den neuen Dienstort, gewährt D folgende Leistungen.

1. Wohnraumbeschaffung

   a) Durch Beleg nachgewiesene Kosten (z. B. Inseratskosten/Maklergebühren) werden erstattet, maximal jedoch bis zu 7.000 DM (3.579,04 EUR). Bei Immobilienerwerb oder Erwerb einer Eigentumswohnung betragen die erstattungsfähigen Kosten bis zu 3 % (maximal 20.000 DM (10.225,84 EUR)) des Kaufpreises.

   b) Notwendige Reisekosten zur Wohnungssuche und -besichtigung werden für den Mitarbeiter sowie dessen Partner in folgendem Umfang ersetzt:
   – Fahrtkosten nach den für Dienstreisen geltenden Regelungen, wobei der Arbeitgeber sich vorbehält, die Fahrkarten/Flugtickets zu stellen,
   – pro Reise und Personal für maximal 3 Tage die Pauschale für Verlegungsmehraufwand bei Dienstreisen,
   – pro Reise die Kosten für eine Übernachtungsmöglichkeit, die der Arbeitgeber benennt, oder über die von dem Mitarbeiter mit dem Arbeitgeber Einvernehmen hergestellt worden ist. Orientiert sich der Mitarbeiter eigenständig vor Ort, so werden ihm gegen Nachweis bis zu 150 DM (76,70 EUR) erstattet.

   Jedem Mitarbeiter werden maximal die Kosten für 3 Reisen zur Wohnungssuche ersetzt. Befindet sich der Dienstort des Mitarbeiters bereits am neuen Dienstort, werden lediglich die Kosten des Ehepartners ersetzt.

   c) Speditionskosten (incl. Aus- und Einräumen durch die Spedition) werden erstattet. Hat der D eine Rahmenvereinbarung für den Umzug mit einer Spedition getroffen, oder zeigt D dem Mitarbeiter rechtzeitig an, welche Spedition er beauftragen soll, und lehnt die Spedition die Durchführung des Umzuges nicht ab, werden dem Mitarbeiter lediglich die Kosten erstattet, die auch bei Inanspruchnahme des vom Arbeitgeber bezeichneten Unternehmens entstanden wären.

   d) D erstattet die notwendigen Kosten der Anfahrt der Mitarbeiter sowie der mit ihnen in häuslicher Gemeinschaft lebenden Personen von der bisherigen Wohnung zur neuen Wohnung anläßlich des Umzuges entsprechend den Reisekostenrichtlinien von D.

   e) Jeder Mitarbeiter erhält Sonderurlaub für die Wohnungssuche von insgesamt maximal 4 Tagen, sofern nicht der Dienstort des Mitarbeiters bereits nach _____ verlegt ist.

   Für die Durchführung des Umzuges und die Erledigung der wegen des Umzuges notwendigen Behördengänge erhält jeder Mitarbeiter Sonderurlaub von insgesamt maximal 2 Tagen.

2. Als Ausgleich für sonstige Auslagen erhält jeder Mitarbeiter eine Umzugskostenpauschale in Höhe von 6.000 DM (3.067,75 EUR). Für jede weitere zum Haushalt gehörende Person erhöht sich die Pauschale um 3.000 DM (1.533,88 EUR).

   § 4 Nr. 1 a) bis e) und 2 findet auch Anwendung auf Mitarbeiter im Sinne von § 1 Nr. 3 c).

3. Eventuell anfallende doppelte Mieten werden gegen Nachweis für einen Zeitraum von bis zu 5 Monaten erstattet, sofern die aufzugebende Wohnung nicht weiter genutzt wird. Bei Wohnungseigentum werden die Unterhaltskosten ebenfalls für bis zu 5 Monate erstattet, sofern das Haus/die Wohnung nicht zwischenzeitlich vermietet bzw. anderweitig genutzt wird, höchstens jedoch 500 DM (255,65 EUR) monatlich. Mitarbeiter, die ihr Dienstverhältnis mit D nach dem _____ begonnen haben, erhalten die Unterhaltskosten bis zu einem Monat.

4. Mietzuschuß

   Hat ein Mitarbeiter aufgrund der Versetzung an den neuen Dienstsitz eine höhere Miete als bisher zu zahlen, so gewährt D einen Mietzuschuß entsprechender folgender Regelung (diese Berechnung findet sinngemäß auch bei einem Wechsel von Eigentum zu Miete bzw. von Miete zu Eigentum Anwendung):
   – Für einen Zeitraum von 5 Jahren nach der Versetzung wird der Differenzbetrag zwischen dem Quadratmeterpreis der neuen Wohnung unter Zugrundelegung der Mietfläche der alten Woh-

nung und dem Quadratmeterpreis der alten Wohnung mit einem gestaffelten Zuschuß ausgeglichen.
- Die Staffelung des Zuschusses verläuft wie folgt:
Jahr 1 = 90 % des Differenzbetrages
Jahr 2 = 80 % des Differenzbetrages
Jahr 3 = 70 % des Differenzbetrages
Jahr 4 = 60 % des Differenzbetrages
Jahr 5 = 50 % des Differenzbetrages

Die Mietzuschußzahlung beginnt mit dem Zeitpunkt der Fälligkeit der 1. Mietzahlung für die Wohnung am neuen Dienstort.

Sonderfälle bleiben einer Einzelregelung vorbehalten.

5. Wohneigentumsbeihilfe

Denjenigen Mitarbeitern, die während ihrer Tätigkeit am jetzigen Dienstort in einem selbstgenutzten Eigenheim bzw. in einer selbst genutzten Eigentumswohnung leben, gewährt der Arbeitgeber gegen Nachweis einen Zuschuß für einen Zeitraum von 5 Jahren für die Neuanschaffung von Wohneigentum am neuen Dienstort in Höhe von 50 % für die nach Anschaffung einer vergleichbaren Wohnung zusätzlich anfallenden Darlehenszinsen auf den Betrag, der den Verkaufspreis des jetzigen Eigenheims bzw. der jetzigen Eigentumswohnung übersteigt.

6. Familienheimfahrten

D erstattet die Kosten für monatlich zwei Familienheimfahrten gemäß den steuerlichen Regelungen mit einem eigenen Wagen oder mit öffentlichen Verkehrsmitteln/Flugzeug. Dies gilt bis zum Bezug der neuen Wohnung am Dienstsitz, längstens jedoch für 6 Monate unter vollständiger Kostenerstattung, für weitere 6 Monate unter Erstattung von 2/3 der Kosten und weitere 6 Monate unter Erstattung von 1/3 der Kosten. Für die Übergangszeit gilt eine flexible Arbeitszeitregelung unter Einhaltung der wöchentlichen Gesamtarbeitszeit.

7. Doppelte Haushaltsführung

Bis zur Beschaffung einer Wohnung am neuen Beschäftigungsort erhält der Mitarbeiter bei Vorliegen des Tatbestandes der notwendigen Einrichtung einer doppelten Haushaltsführung die entsprechenden Erstattungen gemäß den steuerlichen Regelungen für höchstens 18 Monate.[329]

**§ 5 Verdienstsicherung**

1. Mitarbeiter, die nach § 2 Ziff. 1 b) des Sozialplans ein Angestelltenverhältnis bei D fortsetzen und deren neues Bruttogehalt niedriger ist, erhalten als Ausgleich über einen Zeitraum von 24 Monaten ihr derzeitiges Bruttomonatsgehalt weiter. Nach Ablauf dieses Zeitraumes werden sie gehaltlich entsprechend dem neuen Aufgabengebiet eingestuft. Weicht die Monats-Arbeitszeit am neuen Arbeitsplatz von der Arbeitszeit am bisherigen Arbeitsplatz ab, ist Grundlage für die Berechnung der Einkommensdifferenz die neue monatliche Vergütung.

2. Mitarbeiter, die nach § 2 Ziff. 2 des Sozialplans ein Angestelltenverhältnis unter Besitzstandswahrung begründen und deren neues Brutto-Monatsgehalt niedriger ist, erhalten als Ausgleich einen einmaligen Abfindungsbetrag für den Verlust des Arbeitsplatzes in Höhe des 24-fachen Differenzbetrages zwischen den beiden Brutto-Monatsgehältern. Weicht die Monats-Arbeitszeit am neuen Arbeitsplatz von der Arbeitszeit am bisherigen Arbeitsplatz ab, ist für die Berechnung der Einkommensdifferenz die neue monatliche Vergütung nach der bisherigen Arbeitszeit zu bestimmen.

---

[329] Es gelten § 9 Abs. 1 Nr. 5 Einkommensteuergesetz und Abschnitt 43 Lohnsteuer-Richtlinien.

## § 6 Vorzeitige Beendigung

Wird das im Sinne von § 2 Ziff. 2 des Sozialplans begründete Arbeitsverhältnis innerhalb von 24 Monaten durch arbeitgeberseitige betriebsbedingte Kündigung im Einvernehmen beendet, erhält der Mitarbeiter die Leistungen gem. Teil C. Der arbeitgeberseitigen betriebsbedingten Beendigungskündigung steht eine Eigenkündigung gleich, die durch eine Betriebsänderung veranlaßt ist und mit der der Mitarbeiter einer arbeitgeberseitigen betriebsbedingten Beendigungskündigung zuvorkommt.

### Teil C: Beendigung des Arbeitsverhältnisses

### § 7 Abfindung

1. Eine Abfindung nach § 8 erhalten die Mitarbeiter, denen nach § ▒ des Interessenausgleichs betriebsbedingt gekündigt wird.

2. Mitarbeiter, die das Arbeitsverhältnis nach dem ▒ selbst kündigen und mit dieser Eigenkündigung einer arbeitgeberseitigen betriebsbedingten Beendigungskündigung nach § ▒ des Interessenausgleichs zuvorkommen, erhalten eine Abfindung nach folgender Maßgabe:
   - bei Beendigung des Arbeitsverhältnisses in der Zeit vom ▒ bis zum ▒ 65 % der Abfindung nach § 8,
   - bei Beendigung des Arbeitsverhältnisses in der Zeit vom ▒ bis zum ▒ 80 % der Abfindung nach § 8.

3. Die Eigenkündigung nach Abs. 2 ist in bezug auf Ansprüche aus Versorgungsverträgen nicht als arbeitgeberseitig und betriebsbedingt anzusehen, sondern als Eigenkündigung auszulegen.

4.1. Unabhängig von der Auswahl nach dem Punktesystem (siehe Interessenausgleich Anlage ▒) erhalten Mitarbeiter, die zum Stichtag ▒ das 56. Lebensjahr vollendet haben und vor dem ▒ bei D beschäftigt waren, auf Wunsch ein Arbeitsplatzangebot in ▒. Sie müssen bis zum ▒ erklären, ob sie das Angebot annehmen.

   Wer dieses nicht annimmt und aus D ausscheidet, erhält keine Abfindung.

4.2. Mitarbeiter, die unter Punkt 4.1. fallen und nicht bei D verbleiben möchten, müssen dieses bis zum ▒ erklären. Sie erhalten bei Eigenkündigung unter Freistellung vom Dienst bis zum Eintritt in den gesetzlichen Ruhestand, längstens jedoch für den Zeitraum von 12 Monaten, Lohnfortzahlung in Höhe von 75 % des letzten Bruttogehaltes.

   Punkt 4.2. ist nur in Verbindung mit § 14, Ruhestand, gültig.

### § 8 Höhe der Abfindung

1. Der Grundbetrag der Abfindung errechnet sich wie folgt:

   $$\frac{\text{Alter} \times \text{Dienstjahre} \times \text{Bruttomonatsgehalt}}{\text{Divisor}}$$

   | Der Divisor beträgt | |
   |---|---|
   | bis zu einem Alter von 40 Jahren | 61 |
   | bis zu einem Alter von 45 Jahren | 60 |
   | bis zu einem Alter von 50 Jahren | 58 |
   | bis zu einem Alter von 55 Jahren | 57 |

2. Der Grundbetrag der Abfindung nach Abs. 1 erhöht sich für jedes zum Zeitpunkt des Inkrafttretens dieses Sozialplans auf der Steuerkarte eingetragene unterhaltsberechtigte Kind um 1.000,– DM (511,29 EUR).

3. Für Schwerbehinderte oder Schwerbehinderten Gleichgestellte im Sinne des Schwerbehindertengesetzes erhöht sich der Grundbetrag der Abfindung nach Abs. 1 um 2.000,– DM (1.022,58 EUR). Die Anerkennung als Schwerbehinderter muß im Zeitpunkt der Beendigung des Arbeitsverhältnisses vorliegen.

4. Bei der Berechnung des Lebensalters und der Dienstjahre werden nur volle Jahre berücksichtigt. Stichtag für die Berechnung ist der Tag der Beendigung des Arbeitsverhältnisses.

5. Bruttomonatsgehalt ist das Durchschnittsentgelt der letzten drei Monate vor der Beendigung des Arbeitsverhältnisses auf der Basis der vertraglichen regulären Arbeitszeit ohne Berücksichtigung etwaiger Sonderzahlungen.

### § 9 Ausscheiden älterer Mitarbeiter

Mitarbeiter, die zum Zeitpunkt der Beendigung des Arbeitsverhältnisses bereits die Voraussetzungen für den Bezug von vorgezogenem Altersruhegeld aus der gesetzlichen Sozialversicherung erfüllen, erwerben keine Ansprüche aus dem Sozialplan.

Dies gilt auch für alle diejenigen Mitarbeiter, die bereits einen Antrag auf Gewährung einer Erwerbsunfähigkeitsrente oder eines Altersruhegeldes gestellt haben, es sei denn, daß der Antrag abschlägig beschieden wird.

### § 10 Steuerliche Behandlung

Die Abfindungen werden in Anwendung der steuerrechtlichen Bestimmungen ausgezahlt.

### § 11 Auszahlung der Abfindung

1. Die Abfindungsansprüche entstehen zum Zeitpunkt der rechtlichen Beendigung des Arbeitsverhältnisses. Sie können zuvor nicht übertragen und vererbt werden. Die Ansprüche werden mit der Entstehung, frühestens einen Monat nach Ausspruch der Kündigung, fällig.

2. Erhebt ein Mitarbeiter Klage auf Feststellung der Unwirksamkeit einer Kündigung oder des Fortbestehens des Arbeitsverhältnisses, so werden eventuelle Ansprüche aus diesem Sozialplan erst fällig, wenn das Verfahren abgeschlossen ist.

    Wird eine solche Klage eingereicht, nachdem die Leistungen bereits ausbezahlt worden sind, so sind diese mit Erhebung der Klage unter Ausschluß von Zurückbehaltungsrechten zur Rückzahlung fällig. Wird in einem solchen Verfahren eine Abfindung zuerkannt oder vergleichsweise vereinbart, so gilt Abs. 3.

3. Auf Leistungen aus diesem Sozialplan sind etwaige gesetzliche, tarifvertragliche oder individualvertragliche Abfindungen, Nachteilsausgleichsansprüche oder sonstige Entschädigungsleistungen (z. B. nach § 113 BetrVG, §§ 9, 10 KSchG) für den Verlust des Arbeitsplatzes anzurechnen.

4. D ist berechtigt, die Leistungen aus dem Sozialplan mit eigenen Ansprüchen (Rückerstattungsansprüche, Ansprüche aus Arbeitgeberdarlehen usw.) zu verrechnen.

### § 12 Sonderleistungen

Im Laufe eines Kalenderjahres ausscheidende Mitarbeiter erhalten den Jahresurlaub, das Weihnachtsgeld und das Urlaubsgeld anteilig für die Beschäftigungsdauer im Jahr des Ausscheidens, sofern keine günstigere individualvertragliche oder gesetzliche Regelung besteht.

### § 13 Betriebliche Altersversorgung

1. D wird den Mitarbeitern zum Zeitpunkt ihres Ausscheidens schriftlich mitteilen, ob und in welcher Höhe unverfallbare Anwartschaften aus betrieblicher Altersversorgung bestehen.

2. Die Betriebsrenten regeln sich grundsätzlich nach dem Gesetz zur Verbesserung der betrieblichen Altersversorgung. Diejenigen Mitarbeiter, die bei Beendigung des Arbeitsverhältnisses
    – noch keine unverfallbare Anwartschaft besitzen,
    – unter den Kreis der Versorgungsberechtigten fallen,
    – eine mindestens 5-jährige Rentenanwartschaft aufweisen
    und
    – das 45. Lebensjahr bereits vollendet haben,
    verlieren ihre Rentenanwartschaft nicht. Diese Anwartschaften werden unverfallbar gestellt.

## § 14 Ruhestand
Diejenigen Mitarbeiterinnen und Mitarbeiter, die ohne finanziellen Abschlag bei der gesetzlichen Altersversorgung die Altersrente in Anspruch nehmen können, sind verpflichtet, bei D auszuscheiden. Dieser Paragraph tritt am             in Kraft.

## § 15 Härtefälle
Für besondere soziale Härtefälle steht ein Fonds zur Verfügung. Dieser dient dazu, in atypischen und schwierigen Fällen die Abfindungssätze dieses Sozialplanes aufzustocken bzw. Leistungen zu gewähren für Härtefälle, die durch die Vereinbarung nicht oder nicht ausreichend erfaßt werden. Unterstützungen aus diesem Fonds werden längstens bis zum 12. Monat nach dem Ausscheiden des Mitarbeiters im Einvernehmen mit dem Betriebsrat gezahlt. Vorschlagsberechtigt zur Verwendung des Härtefonds sind die Mitarbeiter selbst, der Betriebsrat sowie die Geschäftsleitung von D. Die Verwendung erfolgt mit Zustimmung des Betriebsrats.

## § 16 Schlußbestimmungen
1. Mitarbeiter, die Ansprüche aus diesem Sozialplan besitzen, sind verpflichtet, jede tatsächliche Änderung in ihren persönlichen Verhältnisses, die Bedeutung für die Leistungen nach dieser Betriebsvereinbarung hat, unverzüglich schriftlich D mitzuteilen.
2. Sollten einzelne Bestimmungen dieses Sozialplans unwirksam sein oder werden oder im Widerspruch zu tariflichen oder gesetzlichen Regelungen stehen, so bleiben die übrigen Regelungen bestehen. Die unwirksame oder in Widerspruch stehende Regelung ist durch eine Regelung zu ersetzen, die dem von den Parteien mit der ersetzten Regelung Gewollten möglichst nahe kommt. Gleiches gilt für eine eventuelle Regelungslücke.
3. Der Sozialplan tritt mit Unterzeichnung durch die Betriebsparteien in Kraft.

---

### 15. Muster: Interessenausgleich bei Teilbetriebsveräußerung, Verschmelzung und Betriebsstättenverlagerung

*Interessenausgleich*

zwischen

der Geschäftsführung der R-         GmbH

in Vollmacht und Vertretung zugleich für die
R-      GmbH in D.
R-      GmbH in H.
R-      GmbH in M.

– im folgenden „R" genannt –

und

der Arbeitsgemeinschaft der Betriebsräte in Vollmacht und Vertretung der Einzelbetriebsräte der o. g. Gesellschaften

### I. Ziel
Die R soll mit der V Vertrieb GmbH zusammengeführt werden, die Aktivitäten des Geschäftsbereiches        an Dritte veräußert bzw. Teilbetriebe in den Geschäftsbereich W integriert werden.

Darüber hinaus sollen im Rahmen der geplanten Zusammenführung/Verschmelzung der R mit der V Rationalisierungs- und Anpassungsmaßnahmen durchgeführt werden.

Im Zusammenhang mit diesen Maßnahmen wird folgendes vereinbart:

## II. Integration von Teilbetrieben/Abteilungen in die R Geschäftsbereich

1. Die Betriebsstätten B und F des Geschäftsbereiches ▇▇▇▇▇ sollen aufgegeben werden. Davon betroffen sind in erster Linie die Mitarbeiter der Abteilungen des Anlagenbaues.

2. Die von dieser Betriebsaufgabe nicht betroffenen Mitarbeiter sollen ihre Aufgaben innerhalb des Geschäftsbereiches Wärmedienst weiterführen und demnach auf die R gemäß § 613a BGB übergehen. Ein Ortswechsel im Rahmen dieser Betriebsänderung findet nicht statt.

3. Bevor im Rahmen dieser Maßnahmen an den Standorten betriebsbedingte Kündigungen ausgesprochen werden, verpflichtet sich der Arbeitgeber, den von der Kündigung betroffenen Arbeitnehmern zur Zeit freie oder geplante Arbeitsplätze nach dem im Sozialplan vorgesehenen Verfahren anzubieten.

4. Eine vor Ausspruch der Kündigungen durchzuführende Sozialauswahl erfolgt im Rahmen der gesetzlichen Bestimmungen unter Einbeziehung aller an den betroffenen Standorten beschäftigten Arbeitnehmern der R.

5. Für den Fall von Entlassungen wird ein Sozialplan vereinbart.

## III. Veräußerung von Betriebsteilen

1. Von Betriebsänderungen werden aus heutiger Sicht folgende Betriebsstätten betroffen sein: ▇▇▇▇▇.

2. Soweit Standorte an Dritte veräußert werden, verpflichtet sich R in den Verträgen mit den Käufern zur Sicherung der Rechte der betroffenen Mitarbeiter folgendes festzulegen:

   a) Die betroffenen Mitarbeiter werden gemäß § 613a BGB unter Wahrung ihres gesamten arbeitsrechtlichen und sozialen Besitzstandes übergeleitet.

   b) Der soziale Besitzstand umfaßt die bisherige kündigungsrechtliche und betriebsverfassungsrechtliche Stellung der Arbeitnehmer bzw. der Belegschaft.

   c) Werden die vom Betriebsübergang betroffenen Mitarbeiter innerhalb eines Jahres nach Betriebsübergang betriebsbedingt gekündigt, so erhalten sie Leistungen nach dem Sozialplan. Für diesen Sozialplananspruch haftet neben dem Übernehmer die Firma R gesamtschuldnerisch.

   d) Für Mitarbeiter, die dem Betriebsübergang (der Veräußerung) widersprechen, findet der Sozialplan keine Anwendung, es sei denn, der Widerspruch erfolgt aus beachtlichen Gründen. Ob und in welcher Höhe in diesen Fällen ein Abfindungsanspruch entsteht, entscheiden Geschäftsführung und Arbeitsgemeinschaft der Betriebsräte im Einzelfall.

   e) Die Ausbildungsverhältnisse müssen im Rahmen der Veräußerung von den Erwerbern übernommen und erfüllt werden.

   f) Die Zusagen auf eine betriebliche Altersversorgung sind vom Übernehmer möglichst fortzuführen. Können oder sollen sie nicht fortgeführt werden, wird R den betroffenen Mitarbeitern ein Angebot zur Abfindung der Versorgungszusage unterbreiten (vgl. Protokollnotiz gem. Anlage).

   g) Der Übernehmer ist darauf zu verpflichten, entweder die gleiche Tarifbindung einzugehen wie R oder im Falle einer anderweitigen Tarifbindung mit den Beschäftigten eine Übergangsregelung (Besitzstandswahrung) bis zum Ablauf der einjährigen Schutzfrist zu vereinbaren.

3. Die Arbeitsgemeinschaft der Betriebsräte erhält in Vollmacht und Vertretung der Einzelbetriebsräte der o. g. Gesellschaften entsprechend § 126 Abs. 3 Umwandlungsgesetz die für die Veräußerung maßgebenden Vertragswerke zur Beratung und Erörterung.

## IV. Betriebsübergang bei Zusammenführung/Verschmelzung der Unternehmensbereiche R und V

1. Für alle Maßnahmen, die sich aus der Zusammenführung/Verschmelzung der Unternehmensbereiche R und V ergeben, gelten die unter Punkt II dieses Interessenausgleichs vereinbarten Re-

gelungen. Von dieser Betriebsänderung werden aus heutiger Sicht ausschließlich Arbeitnehmer der R betroffen sein.

Soweit von diesen Maßnahmen auch Interessen der Arbeitnehmervertretungen der V betroffen sind, werden die zuständigen Betriebsräte versuchen, Einvernehmen über die einheitliche Anwendung der Inhalte dieses Interessenausgleichs zu erzielen. Hierüber wird ggf. ein gesonderter Interessenausgleich durchzuführen sein.

**V. Sozialplan**

Der auf Basis dieses Interessenausgleiches verabschiedete Sozialplan gilt für alle betriebsbedingten Kündigungen innerhalb der Laufzeit bis zum          .

In Fällen der Veräußerung gemäß Pkt. III dieser Vereinbarung gilt als Laufzeit ein Jahr vom Zeitpunkt des Betriebsübergangs an gerechnet.

### 16. Muster: Ergänzende Auswahlrichtlinien gem. § 95 BetrVG (Sozialauswahl zum Interessenausgleich)

Zwischen

der Geschäftsführung R

in Vollmacht und Vertretung zugleich für die          GmbH

und

der Arbeitsgemeinschaft der Betriebsräte R          in Vollmacht und Vertretung der Einzelbetriebsräte der o. g. Gesellschaften

wird unter Bezug auf Punkt          des Interessenausgleiches vom          folgende Vereinbarung getroffen:

**1. Feststellung der horizontalen Vergleichbarkeit**

Der Feststellung der horizontalen Vergleichbarkeit wird folgendes Funktionsschema zugrunde gelegt:

| Leitungsebene | Sachbearbeitung | Monteure |
|---|---|---|
| – Profitcenter-Leiter | – Kundendienstmeister | – Gebiets-/Kundendienstmonteur |
| – Montagemeister | – kaufm. Mitarbeiter | – Reparatur-/Modernisierungsmonteur |
| – Engineering/Technik | – Planung | |
| – Controlling | – Einkauf/Kalkulation | |

**2. Festlegung der Mitarbeiter, die nicht in die Sozialauswahl einbezogen werden**

In begründeten Einzelfällen (§ 1 Abs. 3 Satz 2 KSchG) behält sich der Arbeitgeber vor, einzelne Arbeitnehmer, „deren Weiterbeschäftigung insbesondere wegen ihrer Kenntnisse, Fähigkeiten und Leistungen oder zur Sicherung einer ausgewogenen Personalstruktur des Betriebes im berechtigten betrieblichen Interesse liegt" mit Zustimmung des Betriebsrates einvernehmlich nicht in die Sozialauswahl mit einzubeziehen.

Die Auswahl der Arbeitnehmer, die in den Kreis der Sozialauswahl nicht einbezogen werden, erfolgt anhand der Stellenbezeichnung, Qualifikation, Einsatzpotential sowie der Beurteilung nach Qualifikation und Leistung entsprechend der Auswahlrichtlinien (siehe Anlage 1).

### 3. Sozialauswahl

Auf alle danach verbleibenden, horizontal vergleichbaren Mitarbeiter der Betriebsstätte findet anschließend eine Sozialauswahl gemäß § 1 Abs. 3 Satz 1 KSchG statt. Die Sozialauswahl erfolgt im Rahmen der gesetzlichen Bestimmungen gemäß der in Anlage 2 ausgeführten Kriterien und Gewichtungen.

Das Ergebnis dieser Sozialauswahl ist verbindlich für alle im Rahmen der Betriebsänderungen zu treffenden Personalentscheidungen.

### 17. Muster: Soziale Auswahl nach den gesetzlichen Kriterien

Name, Vorname:

1. Lebensalter (beginnend ab 20. Lebensjahr)
   pro Lebensjahr 0,5 Punkte — max. 22,5 Pkt.

2. Dienstjahre
   pro Dienstjahr 0,5 Punkte — max. 22,5 Pkt.

3. Unterhaltsverpflichtungen
   nach Anzahl der Kinder lt. Steuerkarte — max. 12 Pkt.
   0,5 Kinder = 2 Punkte

4. Sonstige soziale Härten
   z. B. vh. Alleinverdiener, Schwerbehinderter,
   pflegebedürftige Familienmitglieder — max. 10,5 Pkt.

Insgesamt: max. 67,5 Pkt.

### 18. Muster: Sozialplan bei Teilbetriebsveräußerung, Verschmelzung und Betriebsstättenverlegung

Zwischen

der Geschäftsführung der R- GmbH

– im folgenden „R" genannt –

in Vollmacht und Vertretung zugleich für die GmbH

und

der Arbeitsgemeinschaft der Betriebsräte der R in Vollmacht und Vertretung der Einzelbetriebsräte der o. g. Gesellschaft

wird gemäß § 112 BetrVG folgender Sozialplan geschlossen:

1. Der Sozialplan wird zum Ausgleich bzw. zur Milderung von wirtschaftlichen Nachteilen geschlossen, die den Arbeitnehmern durch die Umsetzung der strukturellen Konzeptionen gemäß Interessenausgleich vom (Muster 2440) entstehen, sowie durch alle sonstigen betriebsbedingten Kündigungen im Rahmen der Laufzeit dieses Sozialplanes (gemäß Punkt des Interessenausgleichs vom ).

## Betriebsvereinbarungen § 5

2. Dieser Sozialplan gilt – gemäß dem im Interessenausgleich vom _____ festgelegten räumlichen Geltungsbereich – für alle Arbeitnehmer und Auszubildende, die in einem ungekündigten Arbeitsverhältnis stehen und aufgrund ihrer Betriebszugehörigkeit unter die Regelungen des § 1 KSchG fallen. Ausgenommen sind hiervon jedoch die leitenden Angestellten gemäß § 5 BetrVG, die gemäß Anlage zwischen Geschäftsführung und Arbeitsgemeinschaft festgelegt worden sind.

Für Arbeitnehmer, deren Arbeitsverhältnisse aus Anlaß des Mutterschutzes, des Erziehungsurlaubs, des Wehr- und Ersatzdienstes ruhen (BErzGG, ArbPlSchG), gelten die Bestimmungen dieses Sozialplanes entsprechend, es sei denn, daß eine Weiterbeschäftigung erfolgt. Die betroffenen Arbeitnehmer erhalten eine Abfindung, wie sie sich zum Zeitpunkt des individuellen Ausscheidens, jedoch maximal bis zum Ende der Laufzeit des Sozialplanes errechnet.

3. Der Arbeitgeber verpflichtet sich, nach Möglichkeit Arbeitsplätze für die Arbeitnehmer innerhalb der Wärmetechnik oder anderer Sparten zu vermitteln. Die Zumutbarkeit eines neuen Arbeitsplatzes muß in funktioneller, wirtschaftlicher und räumlicher Hinsicht gegeben sein.

3.1 Funktionelle Zumutbarkeit

Diese ist gegeben, wenn die Anforderungen des Arbeitsplatzes der Qualifikation (z. B. Ausbildung, Erfahrung, bisherige Tätigkeit) des Arbeitnehmers entsprechen oder wenn dieser die notwendige Qualifikation durch eine vom Unternehmen angebotene Umschulungsmaßnahme erwerben kann.

3.2 Wirtschaftliche Zumutbarkeit

Die Zumutbarkeit aus wirtschaftlichen Aspekten ist gegeben, wenn der Arbeitnehmer seine bisherige tarifliche Eingruppierung oder – bei einem Wechsel – eine dieser bisherigen Eingruppierung vergleichbare tarifliche Eingruppierung behält und die bisherige effektive Entlohnung (Bruttojahreseinkommen) bei vergleichbarer Arbeitszeit in vergleichbarer Höhe weiterbesteht.

3.3 Räumliche Zumutbarkeit

Diese Zumutbarkeit ist gegeben, wenn der neue Arbeitsplatz in einer Entfernung von 50 km vom Wohnort mit öffentlichen Verkehrsmitteln vom betroffenen Arbeitnehmer erreicht werden kann. Arbeitnehmer, deren Fahrtweg sich aufgrund der erforderlichen Maßnahmen um mehr als 5 Entfernungskilometer verlängert, erhalten für die Strecke, die über der zumutbaren Fahrtwegverlängerung von 5 km liegt einen Ausgleich der sie wie folgt errechnet:

zusätzliche Entfernungskilometer – 5 km x 0,65 DM (0,33 EUR) x 20 Arbeitstage

Dieser Ausgleich wird in Form einer monatlichen Nettozahlung gewährt. Der Arbeitgeber übernimmt dabei die Pauschalversteuerung. Diese Zahlung setzt im Folgemonat nach der erfolgten Maßnahme ein und endet nach 18 Monaten.

Diese Regelung gilt nicht für Arbeitnehmer, die über ein Firmenfahrzeug verfügen.

3.4 Arbeitnehmer, denen neue Arbeitsplätze durch den Arbeitgeber angeboten werden, erhalten diese Angebote schriftlich unter Angabe der Tätigkeit, der tariflichen Eingruppierung sowie sonstiger tarifvertraglicher Entlohnungsgrundsätze.

3.5 Nimmt ein Arbeitnehmer einen zumutbaren Arbeitsplatz ausdrücklich an und stellt sich innerhalb eines Zeitraumes von 4 Monaten heraus, daß der Arbeitsplatz nicht geeignet oder doch nicht zumutbar ist, tritt in diesem Fall die Abfindungsregelung gemäß Punkt 6 dieser Vereinbarung in Kraft.

3.6 Arbeitnehmer, die einen zumutbaren Arbeitsplatz gemäß der Punkte 3.1–3.4 ablehnen, erhalten keine Abfindung.

3.7 Ist die Versetzung mit einer erforderlichen Umschulung verbunden, erhält der Arbeitnehmer für die Dauer der Maßnahme sein vereinbartes monatliches Gehalt bzw. seinen Lohn weiter. Die aus Anlaß der Umschulung ursächlich erforderlichen Kosten trägt das Unternehmen. Die Erforderlichkeit wird vom Arbeitgeber und der Arbeitsgemeinschaft gemeinsam festgelegt.

Eine erforderliche Umschulung ist ohne Minderung des Monatsentgeltes und während der regelmäßigen Arbeitszeit durchzuführen, soweit nicht die Umschulung aus zwingenden Gründen außerhalb der Arbeitszeit durchgeführt werden muß. Für die außerhalb der Arbeitszeit aufgewendete Zeit erhält der Arbeitnehmer einen Freizeitausgleich.

3.8 Bei Vermittlung von Mitarbeitern in andere Unternehmensbereiche des Konzerns erfolgt die Einstellung zu den dort üblichen Konditionen bei Anerkennung der Betriebszugehörigkeit und ohne neue Probezeit. Bei daraus resultierenden Minderungen der Bezüge erfolgt in Abstimmung mit der Arbeitsgemeinschaft der Betriebsräte der abgebenden Gesellschaft ein Ausgleich.

**261** 4. Ist ein Wechsel notwendigerweise mit einem Umzug verbunden, so trägt die R die dafür anfallenden Aufwendungen gegen Kostennachweis bis zu einer maximalen Höhe von 5.000,00 DM/ 2.556,46 EUR (brutto).

4.1 Für erhöhte Mietaufwendungen wird in Höhe der nachzuweisenden Differenz der Miete am neuen Wohnort zur bisherigen Miete für gleiche Quadratmeterzahl bei gleicher Qualität ein Ausgleich für ein halbes Jahr gezahlt.

4.2 Soweit eine Wohnung nicht umgehend gefunden wird, beteiligt sich R anteilig an den Kosten für ein möbliertes Appartement bis zu einem Zeitraum von 6 Monaten. Für den gleichen Zeitraum erstattet das Unternehmen dem Arbeitnehmer die Kosten für eine Heimfahrt im 14-tägigen Rhythmus mit öffentlichen Verkehrsmitteln (ausgenommen bei Firmenfahrzeugen).

4.3 Kann das Mietverhältnis am bisherigen Wohnort nicht rechtzeitig gekündigt werden oder muß der Arbeitnehmer für die neue Wohnung Miete zahlen, während er sie noch nicht bewohnen kann, so erstattet R die Miete für die leerstehende Wohnung maximal bis zur Höhe der Mietkosten der Ausgangswohnung für längstens einen Monat. Die Erstattung der Doppelmiete entfällt, falls der Arbeitnehmer die Wohnung einem Dritten überläßt.

4.4 Die unter den Punkten 4.1 bis 4.3 genannten Zahlungen sind Bruttozahlungen, soweit sie nicht gemäß der Einkommensteuerrichtlinien bzw. des Bundesumzugskostengesetzes steuerfrei gezahlt werden können.

5. Sofern sich nach der Versetzung, jedoch innerhalb der Laufzeit des Sozialplanes eine Auflösung des Arbeitsverhältnisses ergibt, die der Arbeitnehmer nicht zu vertreten hat, hat der Arbeitnehmer Anspruch auf die Leistungen dieses Sozialplanes bei Kündigungen, ausgenommen hiervon ist der Fall der außerordentlichen Kündigung.

6. Arbeitnehmer, bei denen die Beendigung des Arbeitsverhältnisses durch eine betriebsbedingte Kündigung erfolgt und denen kein neuer, zumutbarer Arbeitsplatz angeboten werden kann, erhalten für den Verlust des Arbeitsplatzes und zur Milderung der damit verbundenen Härte eine Abfindung, die nach Maßgabe der folgenden Bestimmungen gezahlt wird:

6.1 Auf Basis des Kündigungsschutzgesetzes erhält jeder ausscheidende Arbeitnehmer, der zu dem in Punkt 2 genannten Personenkreis gehört, eine Abfindung. Als Mindestbetrag wird eine Abfindungszahlung in Höhe von 50 % eines Bruttomonatseinkommens pro Dienstjahr gezahlt.

Der Abfindungsbetrag wird unter Berücksichtigung der im Punkt 6.2 definierten Obergrenzen grundsätzlich nach folgender Formel berechnet:

$$\frac{\text{Dienstjahre} \times \text{Lebensalter}}{60} \times \frac{\text{Bruttojahreseinkommen}}{12}$$

wobei

Lebensalter = erreichte vollendete Jahre; angefangene Jahre werden aufgerundet. (Beispiel: 48,3 = 49)

| | |
|---|---|
| Bruttojahreseinkommen | = Steuerpflichtiges Einkommen des Kalendervorjahres, das sind im Wesentlichen: Effektivgehalt/-lohn zzgl. Urlaubsgeld, Weihnachtsgeld, Mehrarbeit inclusive aller Zuschläge, Akkordzuschläge, Verkaufsprovisionen und aller steuerpflichtigen Sachbezugswerte. |
| | Außertarifliche und -vertragliche einmalige Sonderzahlungen, wie z. B. einmalige erfolgsabhängige Prämien und Tantiemen, bleiben außer Ansatz. Ob und in welcher Höhe ein Grundbetrag für das Bruttojahreseinkommen Berücksichtigung findet, wird im Einzelfall mit der Arbeitsgemeinschaft der Betriebsräte abgestimmt. |

6.2 Als Beschäftigungszeit gilt die bei R verbrachte Dienstzeit vom Eintritt in das Unternehmen bis zum Ablauf der persönlichen Kündigungsfrist.

Von R anerkannte Dienstjahre finden ebenfalls Berücksichtigung.

Angefangene Jahre werden auf volle Jahre aufgerundet.

Der maximale Abfindungsbetrag wird grundsätzlich auf das 20fache eines Bruttomonatseinkommens begrenzt.

Weiterhin wird die Abfindungssumme bei Mitarbeitern

a) bis zum vollendeten 50. Lebensjahr auf eine Obergrenze von 75 % des Bruttomonatseinkommen x Dienstjahre

b) und bei Mitarbeitern ab dem 50. Lebensjahr auf eine Obergrenze von 85 % des Bruttomonatseinkommens x Dienstjahre begrenzt.

6.3 Zusätzlich zu dem als Abfindung ermittelten Sockelbetrag werden – soweit zutreffend – folgende Zuschläge gewährt:

Für jedes unterhaltspflichtige Kind, das auf der Lohnsteuerkarte des Arbeitnehmers als Kinderfreibetrag eingetragen ist: 1.500,00 DM (766,94 EUR)
(Beispiel: 1,5 Kinder = 2.250,00 DM (1.150,41 EUR))

Für Schwerbehinderte oder Gleichgestellte: 4.000,00 DM (2.045,17 EUR)

Sofern die Kündigung nach dem 30.09. wirksam wird, werden Urlaub und Urlaubsgeld sowie das anteilige 13. Monatseinkommen in voller Höhe angewandt. In allen anderen Fällen gelten die tarifvertraglichen Bestimmungen bzw. es werden die Leistungen pro rata gezahlt.

Vermögenswirksame Leistungen werden bis zum Ende des Arbeitsverhältnisses weiter erstattet.

Alle Mitarbeiter, die im Jahre ▬▬▬ nach ihrem Ausscheiden ein Dienstjubiläum begehen würden, erhalten eine Jubiläumszuwendung in betriebsüblicher Höhe.

Gewährte Wohnungsbau-Darlehen an Mitarbeiter werden entsprechend der Betriebsvereinbarung behandelt (Rückzahlung innerhalb eines Jahres, ausgenommen Härtefälle, die zwischen der Geschäftsführung und der Arbeitsgemeinschaft geregelt werden).

6.4 Für besondere, noch nicht erkennbare Härtefälle wird ein Fonds gebildet. Dessen Höhe und Ausschüttungsmodalitäten werden von Geschäftsführung und der Arbeitsgemeinschaft vor Abschluß des Sozialplanes gemeinsam und einvernehmlich festgelegt. Ebenso werden die Entscheidungen im Einzelfall von der Geschäftsführung und der Arbeitsgemeinschaft gemeinsam und einvernehmlich getroffen.

7. Die nach diesem Sozialplan gezahlten Beträge sind Abfindungen gemäß § 10 KSchG und werden im Rahmen der Möglichkeiten des § 3 Ziffer 9 EStG steuerfrei gezahlt. Wird der Steuerfreibetrag überschritten, so gilt gem. § 34 EStG der halbe Steuersatz.

8. Die Abfindung wird mit der letzten Lohn- bzw. Gehaltsabrechnung fällig.

9. Sollte ein Arbeitnehmer vor dem endgültigen Ausscheiden aus dem Unternehmen versterben, erhalten die Erbberechtigten die errechnete Abfindung in voller Höhe entsprechend den steuerlichen Richtlinien.

10. Den betroffenen Arbeitnehmern wird zur Bewerbung um einen neuen Arbeitsplatz die erforderliche Freizeit ohne Verdienstminderung gewährt. R verpflichtet sich, Arbeitnehmern, die einen neuen Arbeitsplatz gefunden haben, den Arbeitsplatzwechsel ohne Einhaltung der Kündigungsfrist zu ermöglichen. Die Leistungen nach dem Sozialplan bleiben davon unberührt.

11. Die Arbeitnehmer haben Anspruch auf Erteilung eines Zeugnisses / Zwischenzeugnisses, das Auskunft über die ausgeübte Tätigkeit gibt und sich auf Wunsch des Arbeitnehmers auch auf die Beurteilung von Führung und Leistung erstreckt. Die gespeicherten Personaldaten werden – gemäß Bundesdatenschutzgesetz – nach Ablauf der gesetzlichen Fristen gelöscht.

12. Geschäftsführung und die Arbeitsgemeinschaft der Betriebsräte R werden stets gemeinsam die Umsetzung sämtlicher personeller Maßnahmen begleiten.

    Das Personalwesen stellt diesbezüglich alle notwendigen Unterlagen
    – Anzahl und Benennung der ausscheidenden und versetzten Arbeitnehmer
    – Art der Weiterbeschäftigung der versetzten Arbeitnehmer
    – durchgeführte Umschulungsmaßnahmen etc.

13. Dieser Sozialplan tritt mit Wirkung zum _____ in Kraft und endet gemäß Interessenausgleich vom _____ (s. Punkt _____ des Interessenausgleichs).

### 19. Muster: Interessenausgleich bei Zusammenführung zweier Betriebsteile (Bankgewerbe)

Zwischen

der Geschäftsführung

und

dem Betriebsrat in K.

wird folgender Interessenausgleich vereinbart:

1. Der Betrieb in K. wird spätestens bis zum _____ nach M. verlagert. Das Unternehmen wird zu gegebener Zeit im Raum K. neue Arbeitsplätze schaffen. Hierbei handelt es sich um Funktionen des Vertriebs einschl. der Redaktion _____ sowie Tätigkeiten zur logistischen/technischen Unterstützung der _____.

2. Die Verlagerung erfolgt in Etappen je nach technischen, organisatorischen und betriebswirtschaftlichen Gegebenheiten.

3. Der Betriebsrat wird über die jeweils vorzunehmenden Verlagerungsmaßnahmen mindestens vier Wochen vor Umsetzung unterrichtet.

4. Die Regelungen zum Ausgleich oder zur Milderung von wirtschaftlichen Nachteilen, die die Mitarbeiter/innen in K. im Zusammenhang mit der Betriebsänderung treffen, sind in einer Betriebsvereinbarung über einen Sozialplan geregelt.

# 20. Muster: Sozialplan bei Zusammenführung zweier Betriebsteile (Bankgewerbe)

**Präambel**

Zwischen der Geschäftsführung und dem Betriebsrat ▊ – im folgenden Firma genannt – wird zum Ausgleich oder zur Milderung von wirtschaftlichen Nachteilen im Zusammenhang mit der Betriebsverlagerung von ▊ nach ▊ für die in ▊ beschäftigten Mitarbeiter/innen ▊ der folgende Sozialplan vereinbart.

**§ 1 Geltungsbereich**

Die nachfolgenden Bestimmungen gelten für alle bei der Firma beschäftigten Mitarbeiter/innen, die zum Zeitpunkt des Inkrafttretens des Sozialplanes von der Betriebsänderung im Sinne des § 111 BetrVG betroffen sind.

Soweit die Beendigung des Arbeitsverhältnisses aufgrund der in der Präambel genannten Betriebsänderung erfolgt, ist der Sozialplan unabhängig davon anzuwenden, ob das Arbeitsverhältnis vom Unternehmen oder dem Arbeitnehmer gekündigt wird oder ob es im gegenseitigen Einvernehmen endet.

**§ 2 Allgemeine Bestimmungen**

(1) Rechte des Betriebsrates

   Arbeitgeber und Betriebsrat sind sich darüber einig, daß durch die nachfolgenden Bestimmungen die Betriebsänderung im Sinne der §§ 111, 112 BetrVG abschließend geregelt wird.

(2) Teilzeitbeschäftigte

   Für teilzeitbeschäftigte Mitarbeiter/innen gelten die Leistungen dieses Sozialplans anteilig entsprechend ihrer monatlichen Arbeitszeit im Verhältnis zur monatlichen Arbeitszeit der vollzeitbeschäftigten Mitarbeiter/innen.

(3) Kurzzeitbeschäftigte

   Für die kurzzeitbeschäftigten und teilzeitbeschäftigten Mitarbeiter/innen gelten keine Tarifverträge, jedoch die ergänzenden Regelungen in § 5 Abs. 2, 3 dieses Sozialplanes (Sozialfaktor).

(4) Steuern und Sozialabgaben

   Soweit auf die nach diesem Sozialplan gewährten Leistungen aufgrund gesetzlicher Bestimmungen Steuern und/oder Sozialabgaben zu entrichten sind, werden diese zu Lasten der Leistungsempfänger einbehalten.

**§ 3 Weiterbeschäftigung am Standort M.**

(1) Die Firma hält für alle Mitarbeiter/innen in K. einen vergleichbaren Arbeitsplatz am Standort M. bereit.

(2) Den Mitarbeitern, die das Angebot eines Arbeitsplatzes gem. Absatz 1 annehmen, bleiben die derzeitigen Rechte aus dem Arbeitsvertrag und die derzeitigen Ansprüche aus den Versorgungsordnungen uneingeschränkt erhalten. Im übrigen finden auf sie die für den Betrieb in M. geltenden Betriebsvereinbarungen Anwendung. Eine Verrechnung von materiellen Besitzständen mit Tariferhöhungen ist nicht zulässig.

   Diesen Mitarbeitern wird ein Sonderkündigungsschutz für den Zeitraum von 5 Jahren eingeräumt. Während dieser Zeit ist eine ordentliche betriebsbedingte Kündigung ausgeschlossen.

(3) Die Firma unterstützt die am Standort M. weiterbeschäftigten Mitarbeiter/innen wie folgt:

   a) Transferlösung

      Sofern die demnächst in M. tätigen Mitarbeiter/innen aus K. ihren Hauptwohnsitz im Raum K. beibehalten, gewährt die Firma folgende Hilfestellungen:

**§ 5** Kapitel 3: Interessenausgleichsvereinbarungen und Sozialpläne

- Übernahme der täglichen Beförderung der Mitarbeiter/innen von der Betriebsstätte K. nach M. und zurück oder Übernahme der entsprechenden Kosten für die preiswerteste Jahreskarte im jeweiligen Verkehrsverbund abzüglich eines Zwei-Zonen-Eigenanteils.
- Anrechnung der Fahrtzeit auf die jeweilige Arbeitszeit mit täglich pauschal drei Stunden, höchstens jedoch mit der tatsächlich benötigten Fahrtzeit.

Das bedeutet:

Vollzeitbeschäftigte (Regelarbeitszeit 39 Std./Woche) arbeiten z. B. wöchentlich an drei Arbeitstagen jeweils 10 Stunden und leisten damit jeweils nur 30 Arbeitsstunden in der Woche bei vollem Gehaltsausgleich.

Teilzeitbeschäftigte (Regelarbeitszeit 20 Std./Woche) arbeiten z. B. wöchentlich an zwei Arbeitstagen jeweils 7 Stunden und leisten damit insgesamt 14 Arbeitsstunden in der Woche bei vollem Gehaltsausgleich.

b) Lösung bei doppelter Haushaltsführung in M.

Im Falle der doppelten Haushaltsführung übernimmt die Firma für diese Mitarbeiter/innen die in M. anfallenden Mietkosten für zu einer Höhe von maximal 400,00 DM (204,52 EUR) pro Monat für längstens zwei Jahre.

Im übrigen werden die nachgewiesenen Mehraufwendungen im Rahmen der steuerlich jeweils zulässigen Höchstbeträge für längstens zwei Jahre erstattet. Leistungen nach a) sind insoweit ausgeschlossen.

c) Die Firma leistet Hilfestellung im Falle der Verlegung des ersten Wohnsitzes von K. nach M. in folgender Weise:
- Übernahme von Umzugskosten und Umzugsnebenkosten gem. Landesumzugskostengesetz
- Gewährung von Mietzuschüssen im Einzelfall aufgrund gestiegener Mietaufwendungen wegen Umzugs nach M. bei vergleichbarer Lage und Wohnfläche sowie vergleichbarem Wohnkomfort des angemieteten Objektes für maximal fünf Jahre, wobei im ersten Jahr die Mietdifferenz in Höhe von 100 % und in den Folgejahren jeweils um 20 % vermindert ausgeglichen wird. Maximal werden jedoch 400,00 DM (204,52 EUR) pro Monat erstattet.
- Gewährung von Darlehen im Rahmen der gültigen Darlehensrichtlinien unter Wegfall des Grundsatzes der Einmalgewährung.

Leistungen gemäß a) und b) sind insoweit ausgeschlossen.

(4) Nehmen Mitarbeiter/innen das Angebot eines Arbeitsplatzes gemäß Absatz 1 an, so erwerben sie damit folgende Rechte:

- Teilnahme an von der Firma für erforderlich gehaltenen Fortbildungs- bzw. Umschulungsmaßnahmen, die der Arbeitgeber in Abstimmung mit dem Betriebsrat und den Betroffenen rechtzeitig zu veranlassen hat.

Die Qualifizierungsmaßnahmen können inner- und außerbetrieblich erfolgen und sind grundsätzlich während der betrieblichen Arbeitszeit durchzuführen und auf diese anzurechnen.

Die Umschulung erfolgt auf Kosten des Arbeitgebers, soweit nicht öffentliche Mittel in Anspruch genommen werden können. Während der Dauer der Qualifizierungsmaßnahmen wird den Mitarbeitern das bisherige Einkommen weiterbezahlt (Berechnungsgrundlage ist die Lohnfortzahlung im Krankheitsfall). Darüber hinausgehende Ansprüche bestehen nicht.

- Gewährung einer angemessenen Anlern- und Einarbeitungszeit für den Fall, daß die Mitarbeiter/innen in M. eine von ihrer zuletzt in K. wahrgenommenen Aufgabe abweichende Funktion übernehmen.
- Während der ersten 3 Monate können die Mitarbeiter/innen ihre Zustimmung zur Versetzung an den neuen Arbeitsplatz in M. mit einer Erklärungsfrist von 4 Wochen zurücknehmen. In diesem Fall stehen ihnen die entsprechenden Rechte aus diesem Sozialplan zu.

# Betriebsvereinbarungen § 5

(5) Die Rechte gemäß Absätze 2 und 4, mit Ausnahme des 5jährigen Sonderkündigungsschutzes, stehen auch den Mitarbeitern zu, die auf einem anderen vergleichbaren Arbeitsplatz in K. infolge der Betriebsverlagerung der Firma von K. nach M. zunächst weiterbeschäftigt werden.

(6) Alle Mitarbeiter/innen, die bei der Firma gemäß Absätze 1 und 5 weiterbeschäftigt werden, erhalten rechtzeitig ein entsprechendes schriftliches Arbeitsplatzangebot, das als Mindestinformation die entsprechende Arbeitsanweisung des neuen Arbeitsplatzes, die Eingruppierung, die Dauer und Lage der Arbeitszeit, den Einsatzort und die organisatorische Einordnung der Stelle in die Betriebsorganisation erhält.

### § 4 Vermittlung eines Arbeitsplatzes beim Konzern

Der Konzern als Gesellschafterin der Firma wird geeigneten Mitarbeitern ggf. ohne Probezeit die Weiterbeschäftigung im Konzern anbieten, sofern dort gleichwertige oder zumutbare Arbeitsplätze verfügbar sind. Die Firma wird den Mitarbeitern bei der Vermittlung zum Konzern behilflich sein.

### § 5 Abfindungen

(1) Anspruch auf Abfindung

Werden Arbeitsverhältnisse beendet, weil Angebote der Firma auf Weiterbeschäftigung am Standort M. oder auf Vermittlung eines Arbeitsplatzes beim Konzern nicht angenommen werden oder wenn trotz Vorliegens der Voraussetzung der Vorruhestandsregelung eine Eigenkündigung des Mitarbeiters erfolgt, so erhalten diese Mitarbeiter/innen eine Abfindung.

Keine Abfindung gemäß § 5 erhalten Mitarbeiter/innen,
- die ein Weiterbeschäftigungs- bzw. Vermittlungsangebot gemäß §§ 3 oder 4 angenommen haben,
- für die die Firma im Raum K. neue Arbeitsplätze schafft,
- die zum Zeitpunkt des Ausscheidens Anspruch auf Erwerbs- oder Berufsunfähigkeitsrente, Altersruhegeld oder betriebliche Vorruhestandsleistungen gemäß § 7 haben.

(2) Höhe der Abfindung

Die Abfindung bemißt sich im Zeitpunkt des Ausscheidens nach folgender Formel:

$$\frac{\text{Alter} \times \text{Beschäftigungsfaktor} \times \text{Bruttogehalt} \times 13/12}{12 \times \text{Sozialfaktor}}$$

Der Abfindungsbetrag wird auf volle 100,00 DM (51,13 EUR) aufgerundet.

Die in der Abfindungsformel verwandten Begriffe werden wie folgt definiert:
- Alter:
  Hier gilt das im Ausscheidenszeitpunkt vollendete Lebensjahr.
- Beschäftigungsfaktor:
  Der Beschäftigungsfaktor stellt auf die vollen, vollendeten Kalendermonate der Tätigkeit eines/einer Mitarbeiter/in bei der Firma bei regelmäßiger tariflicher Wochenarbeitszeit (z. Zt. 39 Std./Wo.) ab. Ist mit dem/der Mitarbeiter/in eine geringere Wochenarbeitszeit vereinbart, wird der Beschäftigungsfaktor im Verhältnis der vereinbarten regelmäßigen Wochenarbeitszeit zu der regelmäßigen tariflichen Wochenarbeitszeit ermittelt.
- Bruttogehalt:
  Das Bruttogehalt bemißt sich bei allen Mitarbeitern nach dem individuellen durchschnittlichen Verdienst der letzten 3 Monate auf Basis der regelmäßigen tariflichen Wochenarbeitszeit (z. Zt. 39 Std./Wo.). Einmalzahlungen bleiben dabei unberücksichtigt.
- Sozialfaktor:
  Der Sozialfaktor beträgt für vollzeitbeschäftigte Mitarbeiter/innen
  bis zur Vollendung des 45. Lebensjahres          50 Punkte
  ab Vollendung des 45. Lebensjahres               40 Punkte
  Dieser Sozialfaktor gilt auch für Teilzeitbeschäftigte, soweit nachgewiesen wird, daß das Einkommen bei der Firma 50 % oder mehr des Familieneinkommens beträgt.

Für alle anderen teilzeit- und kurzzeitbeschäftigten Mitarbeiter/innen beträgt der Sozialfaktor 60 Punkte.

(3) Sonderleistungen

Mitarbeiter/innen, die gegen Zahlung einer Abfindung gemäß § 5 Abs. 2 aus dem Unternehmen ausscheiden, erhalten
- soweit unterhaltsberechtigte Kinder lt. Eintragung in der Lohnsteuerkarte vorhanden sind,
- bei Erwerbsminderung von mindestens 50 %

eine zusätzliche Einmalzahlung.

Für diese Sonderleistungen steht ein Fonds von insgesamt          DM (          EUR) zur Verfügung. Die Verteilung dieses Betrages wird im einzelnen vom Betriebsrat in Abstimmung mit der Geschäftsführung gesondert geregelt.

(4) Fälligkeit der Abfindungen

Die von der Firma gewährten Abfindungen werden bei Ausscheiden fällig.

(5) Darlehensregelung

Die von der Firma gewährten betrieblichen Darlehen werden für eine Übergangsfrist von maximal 5 Jahren nach Ausscheiden der betreffenden Mitarbeiter/innen zu den betriebsüblichen Konditionen weitergewährt. Nach Ablauf dieser Frist sind die Darlehen abzulösen.

## § 6 Sondervereinbarung

Mitarbeitern, die bei Abschluß dieser Vereinbarung bereits mindestens 20 Jahre ununterbrochen bei der Firma beschäftigt sind, aber bis 1995 nicht mehr die Voraussetzungen der Vorruhestandsregelung (§ 7) erfüllen können, wird bei Vorliegen der fachlichen und persönlichen Voraussetzungen ein neuer Arbeitsplatz im Raum K. unter Wahrung ihrer Besitzstände angeboten. In diesen Fällen besteht kein Anspruch auf Leistungen aus dem Sozialplan. Ist die Bereitstellung eines neuen Arbeitsplatzes im Raum K. nicht möglich (z. B. mangelnder Personalbedarf), erhalten diese Mitarbeiter/innen Abfindungen gemäß § 5 Abs. 2, 3 dieses Sozialplanes. Der Sozialfaktor beträgt in diesen Fällen 35 Punkte.

## § 7 Vorruhestandsregelung

(1) Vollzeit- und Teilzeitbeschäftigten, die bis einschließlich          das 53. Lebensjahr vollendet haben und bei Abschluß dieser Vereinbarung mindestens 10 Jahre ununterbrochen bei der Firma beschäftigt waren, wird, soweit sie eine Weiterbeschäftigung in M. nicht wünschen, die folgende Vorruhestandsregelung gewährt.

Die Vorruhestandsregelung beinhaltet neben einer Abfindung (§ 7 Abs. 4) alternativ die Gewährung von monatlichen Vorruhestandszahlungen (§ 7 Abs. 2) oder einer Einmalzahlung (§ 7 Abs. 3).

Insoweit gelten folgende Regelungen:

(2) Monatliche Vorruhestandszahlungen

Die Mitarbeiter/innen haben einen Arbeitnehmerstatus eigener Art, wobei gilt:
- Sofern im folgenden nichts anderes bestimmt wird, richten sich die Leistungen aus dem Vorruhestandsverhältnis nicht nach den für die aktiven Mitarbeiter/innen geltenden Bestimmungen, sondern ausschließlich nach dem Vorruhestands-Tarifvertrag für das Bankgewerbe (Fassung vom          ).
- Das monatliche Vorruhestandsgeld beträgt in den ersten 3 Monaten 80 %, danach 75 % des letzten monatlichen Tarifgrundgehalts zuzüglich der Leistungszulagen gemäß § 16 der Betriebsvereinbarung vom 1. 2. 1985 multipliziert mit 13/12 bei laufender tariflicher Anpassung entsprechend den linearen Tariferhöhungen.
- Die Mitarbeiter/innen unterfallen ab dem Zeitpunkt des vorgezogenen Sozialversicherungs-Rentenbezuges (Vollendung des 60./63. Lebensjahres) den Leistungen der Unterstützungs-

## Betriebsvereinbarungen § 5

einrichtung (betriebliche Altersversorgung) mit dem dann erworbenen individuellen Versorgungssatz (Vorruhestandszeit gilt insoweit als Dienstzeit).
- Die Firma und Mitarbeiter/innen führen die Beiträge zur gesetzlichen Kranken- und Rentenversicherung bis zum Rentenbezug weiter ab.
- Die Mitarbeiter/innen behalten während der Vorruhestandszeit die Ansprüche aus § 6 (Übernahme der Sozialversicherungsbeiträge), sofern ihnen derartige Ansprüche bereits zu Beginn des Vorruhestands zustanden sowie die Ansprüche aus § 7 (Beihilfe und Unterstützungen) und § 10 (Kredite) der Betriebsvereinbarung vom         .
- Die Firma erklärt sich damit einverstanden, daß Mitarbeiter/innen während ihrer Vorruhestandszeit anderweitig erwerbstätig sind.

(3) Einmalzahlung unter Anrechnung von Arbeitslosengeld

In diesem Fall wird der Arbeitnehmerstatus im gegenseitigen Einvernehmen mit folgenden Konsequenzen aufgelöst:
- Die Mitarbeiter/innen können Arbeitslosengeld beantragen.
- Die Abführung der AG/AN-Beiträge zur Sozialversicherung entfällt.

Die Firma verpflichtet sich, diese Mitarbeiter/innen im Zeitpunkt des vorgezogenen Sozialversicherungs-Rentenbezuges unter die Leistungen der Unterstützungseinrichtung (betriebliche Altersversorgung) mit dem dann individuell erworbenen Versorgungssatz (Vorruhestandszeit gilt insoweit als Dienstzeit), zu stellen.

Die Einmalzahlung bemißt sich nach folgender Formel:

$$\frac{\text{Bruttogehalt} \times 13/12 \times \text{Vorruhestandsmonate} \times 75}{100}$$

Auf den so errechneten Einmalbetrag wird das fiktive Arbeitslosengeld, welches das Arbeitsamt ggf. auf Antrag bewilligt, angerechnet.

Die in der Abfindungsformel verwandten Begriffe werden wie folgt definiert:
- Bruttogehalt
  Das Bruttogehalt bemißt sich nach dem letzten monatlichen Tarifgrundgehalt zuzüglich der Leistungszulagen gemäß § 16 der Betriebsvereinbarung vom         .
- Anzahl Vorruhestandsmonate
  Die Anzahl der Vorruhestandsmonate errechnet sich als Summe der vollen Kalendermonate, die zwischen dem Zeitpunkt des Ausscheidens der Mitarbeiter/innen und dem Zeitpunkt der Vollendung ihres 60. Lebensjahres liegen.

(4) Abfindung

Mitarbeiter/innen, die unter die Vorruhestandsregelung fallen, erhalten eine Abfindung in Höhe von 800,– DM (409,03 EUR) für jedes Beschäftigungsjahr, das über das 10. ununterbrochene Beschäftigungsjahr hinausgeht. Teilzeitbeschäftigte Mitarbeiter/innen erhalten eine anteilige Abfindung entsprechend dem Verhältnis der mit ihnen zuletzt vereinbarten regelmäßigen Wochenarbeitszeit zur regelmäßigen tariflichen Wochenarbeitszeit (z. Zt. 39 Std./Wo.). Die Abfindung beträgt pro Person maximal 20.000 DM (10.225,84 EUR). Das maximale Gesamtvolumen für sämtliche Abfindungen beträgt 1 Mio DM (511.291,88 EUR). Sollte das Gesamtvolumen der Abfindungen nach der oben dargestellten Berechnungsweise den Betrag von 1 Mio. DM (511.291,88 EUR) überschreiten, werden alle Abfindungen prozentual entsprechend gekürzt.

Bei Unterschreitung des Gesamtvolumens wird der nicht verwendete Betrag in einem Härtefonds bereitgestellt, über den der Betriebsrat in Abstimmung mit der Geschäftsführung bei Härtefällen verfügen kann.

Die Abfindungen werden mit der ersten laufenden monatlichen Zahlung der Vorruhestandsleistung bzw. mit der Auszahlung der Vorruhestandsleistungen als Einmalzahlung fällig.

## § 8 Sonstige Regelungen

(1) Scheiden Mitarbeiter/innen gemäß § 5 Abs. 1 dieser Vereinbarung aus, so ist ihnen die zur Bewerbung um einen anderen Arbeitsplatz erforderliche Freizeit (maximal 2 Arbeitstage) ohne Verdienstminderung während der Arbeitszeit zu gewähren. Bis zur Beendigung des Arbeitsverhältnisses werden die aus Anlaß einer solchen nachgewiesenen Bewerbung anfallenden Fahrtkosten, Kosten für Bewerbungsfotos, Fotokopier- und Beglaubigungskosten etc. erstattet. Um die Bewerbung für neue Arbeitsplätze zu erleichtern, wird die Firma auf Verlangen qualifizierte Zeugnisse ausstellen.

(2) Die Firma verpflichtet sich bei Mitarbeitern, die vor Ablauf der individuellen Kündigungsfrist einen neuen Arbeitsplatz gefunden haben, nur insoweit an der Kündigungsfrist festzuhalten, als dies betriebsbedingte Gründe erfordern.

(3) Mitarbeiter/innen, die im Kalenderjahr ihres Ausscheidens oder des Eintritts in den Vorruhestand Anspruch auf Jubiläumsleistungen erworben hätten, erhalten diese Leistungen auch, wenn am Stichtag des Anspruchs für die Jubiläumsleistungen das Arbeitsverhältnis bereits geendet oder das Vorruhestandsverhältnis bereits begonnen hat. Darüber hinaus kann während des Vorruhestandes kein Anspruch auf Jubiläumsleistungen erworben werden.

(4) Im Laufe eines Kalenderjahres ausscheidende Mitarbeiter/innen erhalten den Jahresurlaub, die Gewinnbeteiligung, das Weihnachtsgeld und das Urlaubsgeld sowie die vermögenswirksamen Leistungen anteilig für die Beschäftigungsdauer im Jahr des Ausscheidens.

(5) Alle Mitarbeiter/innen haben sich binnen eines Monats nach Inkrafttreten dieses Sozialplanes verbindlich zu erklären, ob sie das Weiterbeschäftigungsangebot in M. wahrnehmen.

(6) Die Geschäftsführung entscheidet darüber, zu welchem Zeitpunkt die Regelungen dieses Sozialplanes für die jeweiligen Mitarbeiter/innen umgesetzt werden.

Die Firma wird die jeweils betroffenen Mitarbeiter/innen hierüber frühzeitig informieren.

## § 9 Schlußbestimmungen

(1) Sollten sich bei der Durchführung dieses Sozialplanes im Einzelfall besondere Härten ergeben oder sollten Einzelfälle durch diesen Sozialplan nicht geregelt sein, so wird die Firma in Abstimmung mit dem Betriebsrat diese Einzelfälle angemessen zu regeln versuchen.

(2) Bei Streitigkeiten zwischen den Betriebsparteien über die Auslegung des Sozialplanes ist eine gütliche Einigung, ggf. unter Einschaltung einer Einigungsstelle, herbeizuführen.

(3) Eine vom Gericht zuerkannte oder vergleichsweise vereinbarte Abfindung oder Entschädigung wird auf die von der Firma gewährten Leistungen aus dieser Betriebsvereinbarung voll angerechnet.

(4) Gesetzliche und einzelvertragliche Kündigungsfristen bleiben von dieser Betriebsvereinbarung unberührt.

(5) Dieser Sozialplan tritt am             in Kraft und endet mit der vollständigen Umsetzung der im Interessenausgleich vorgesehenen Maßnahme.

▲

## 21. Muster: Interessenausgleich bei Umwandlung von Vertriebsbüros in Technische Büros

▼

Zwischen

der Firma

– nachfolgend H genannt –

und

dem Betriebsrat für den Standort

wird gemäß § 112 Abs. 1 BetrVG folgender Interessensausgleich abgeschlossen:

**Vorbemerkung:**

In den zurückliegenden Monaten wurde das Konzept der Vertriebsstandorte weiterentwickelt, woraus sich eine geplante Anpassung an die veränderten Markt- und Verkehrsbedingungen ergeben hat. Die zukünftige Struktur sieht neben den Vertriebszentren und Geschäftsstellen zusätzlich Technische Büros sowie Service-Stützpunkte und Teilarbeitsplätze zu Hause vor. Dadurch werden Reaktions- und Fahrtzeiten vor allem im Bereich des Kundendienstes reduziert. Weiterhin können die Veränderung der Verkaufsstruktur (Verstärkung des Partnergeschäftes und die Orientierung an Branchen und Industrien und weniger an der Geographie) flexibler umgesetzt werden.

Die Mitarbeiter und Betriebsräte wurden am          über die Planungen unterrichtet, die noch nicht abgeschlossen sind. Entsprechende Arbeitsgruppen, die mit Mitgliedern des Gesamtbetriebsrates bzw. Mitgliedern der örtlich betroffenen Betriebsräte und mit Mitgliedern des Managements von H besetzt sind, wurden etabliert.

Mit Rücksicht hierauf wird folgendes vereinbart:

1. Die Geschäftsstellen D, M, K und U werden zu Technischen Büros umgewandelt, die für Kundendienst, Verkauf und Systemintegration zuständig sind. Die administrative Unterstützung wird nicht mehr im Technischen Büro durchgeführt, sondern vom nächstgelegenen Vertriebszentrum aus geleistet.

2. Von den Veränderungen sind die in der Anlage namentlich genannten Mitarbeiter an den jeweiligen Standorten betroffen. Die noch nicht feststehenden betroffenen Mitarbeiter des Kundendienstes werden im Einvernehmen mit dem Gesamtbetriebsrat bzw. den Einzelbetriebsräten ergänzt, sobald das Service-Stützpunkt-Konzept vorliegt, spätestens bis zum          .

3. Termine:
   Der Zeitpunkt der Veränderung der administrativen Unterstützung beginnt nicht vor dem          und wird spätestens zum          beendet sein. Aufgrund von heute nicht vorhersehbaren betrieblichen oder sonstigen Umständen können sich diese Termine in Abstimmung mit den Betriebsräten verändern. Die von der Veränderung betroffenen Mitarbeiter werden unverzüglich nach Abschluß dieser Vereinbarung von dem Veränderungstermin unterrichtet. Etwaige Änderungen werden unverzüglich mitgeteilt.

4. Mit der Umorganisation ist nicht die Absicht des Personalabbaus verbunden. Deshalb wird es für die in der Anlage genannten Mitarbeiter keine betriebsbedingten Beendigungskündigungen geben. H wird allen von der Veränderung betroffenen Mitarbeitern einen gleichwertigen Arbeitsplatz im künftigen Technischen Büro anbieten, soweit entsprechende Arbeitsplätze frei sind oder frei werden oder neu geschaffen werden und die Mitarbeiter für diese Arbeitsplätze geeignet sind. Sind am bisherigen Standort keine oder nicht genügend freie Arbeitsplätze vorhanden, dann sind diese Arbeitsplätze bevorzugt sozial besonders schutzwürdigen Arbeitnehmern anzubieten. H wird in jedem Fall allen von der Veränderung betroffenen Mitarbeitern einen gleichwertigen Arbeitsplatz in dem nächstgelegenen Vertriebszentrum anbieten. Es besteht Übereinstimmung, daß diese Arbeitsplätze den von der Veränderung betroffenen Mitarbeitern vorrangig und aus-

schließlich angeboten werden. Die Mitarbeiter können sich auch darüber hinaus auf andere Stellen bewerben, aber nur bis zum Ablauf der im Sozialplan festgelegten Überlegungsfrist. Eine interne Stellenausschreibung findet nicht bzw. erst dann statt, wenn nicht genügend betroffene Mitarbeiter die entsprechenden Arbeitsplatzangebote angenommen haben.

Im Hinblick auf die Mitarbeiter des Kundendienstes erfolgt primär eine Veränderung des Arbeitsortes, die jedoch auch mit einer Umstrukturierung der Arbeitsaufgaben und eventuell einer anderen organisatorischen Zuordnung verbunden sein kann. Einzelheiten werden im Stützpunkt-Konzept wie unter 2 noch ergänzend festgelegt.

5. H legt Wert darauf, alle mit den betroffenen Mitarbeitern zu lösenden Fragen und Probleme einvernehmlich zu regeln. H ist jedoch an einseitigen Maßnahmen, insbesondere dem Ausspruch von Änderungskündigungen, nicht gehindert. Die Mitbestimmungsrechte der Betriebsräte bei Ausspruch von Änderungskündigungen bzw. Kündigungen bleiben unberührt. Sofern dabei die Festlegung des Interessenausgleichs und des Sozialplanes eingehalten werden, erklärt der jeweilige Betriebsrat jedoch bereits jetzt, daß er den Versetzungen innerhalb der Standorte und an andere Standorte zustimmt bzw. keinen Widerspruch erhebt.

6. Für die wirtschaftlichen und sonstigen Nachteile, die durch die festgelegten Maßnahmen entstehen, wird für die betroffenen Mitarbeiter ein Sozialplan abgeschlossen.

## 22. Muster: Sozialplan zur Umwandlung von Betriebsbüros in Technische Büros

Zwischen

der Firma

– nachfolgend X-Firma genannt –

und

den Betriebsräten der Standorte D, M, K und B

wird im Anschluß und unter Bezugnahme auf die Interessenausgleiche vom folgender

*Sozialplan*

geschlossen:

### 1. Geltungsbereich/Betroffene Mitarbeiter und Mitarbeiterinnen (im folgenden nur „Mitarbeiter")

Diese Regelung gilt für alle in den jeweiligen Anlagen der Interessenausgleiche vom sowie den entsprechenden Ergänzungen (vgl. Ziff. 2 und 4 Interessenausgleiche) aufgeführten Mitarbeiter der Standorte D, M, U, K mit folgenden Ausnahmen bzw. Sonderregelungen:

1.1 Sämtliche Ansprüche aus diesem Sozialplan entfallen für Mitarbeiter mit befristeten Arbeitsverträgen. Diese werden bis zum Ablauf des befristeten Arbeitsverhältnisses an den bisherigen Standorten weiterbeschäftigt. Erfolgt vorübergehend eine Beschäftigung an einem anderen Standort, so gelten die üblichen Firmenregelungen für Fahrgeldzuschüsse. Die Regelungen dieses Sozialplans finden auch dann keine Anwendung, wenn nach Ablauf des befristeten Arbeitsverhältnisses ein weiteres befristetes oder auch ein unbefristetes Arbeitsverhältnis für denselben oder einen anderen Standort vereinbart wird.

1.2 Für die betroffenen Mitarbeiter des Standortes K gelten lediglich die Ziff. 1, 2, 3 und 10 dieses Sozialplans, weil im Zuge des Aufbaus der zentralen Verwaltungsfunktionen des Analytik Vertriebes Deutschland und aufgrund des bestehenden Arbeitsplatzangebotes im Werk W allen betroffenen Mitarbeitern in K ein Stellenangebot am Standort W unterbreitet werden kann.

1.3 Mitarbeiter, die das Angebot eines gleichwertigen Arbeitsplatzes mit unveränderten Arbeitszeiten am gleichen Standort oder ein zumutbares Angebot an einem anderen Standort ablehnen, werden von Leistungen aus diesem Sozialplan ausgeschlossen.

1.4 Mitarbeiter, die aufgrund einer Eigenkündigung oder aufgrund einer von X-Firma ausgesprochenen Kündigung aus verhaltens- oder personenbedingten Gründen bzw. eines dadurch veranlaßten Aufhebungsvertrages ausscheiden, erhalten ebenfalls keine Leistungen aus diesem Sozialplan. Dies gilt auch für den Fall des Todes des Arbeitnehmers sowie das Eintreten von dauerhafter Arbeitsunfähigkeit, gleich aus welchem Grunde vor dem Eintritt der Änderung.

## 2. Arbeitsplatzangebot/Erklärungsfrist

2.1 Jedem betroffenen Mitarbeiter wird von X-Firma ein gleichwertiger Arbeitsplatz an einem anderen Standort angeboten (vgl. auch Ziff. 4). Dies gilt auch für von der Veränderung betroffene, sich im Mutterschutz oder Erziehungsurlaub befindliche Mitarbeiter. Unter einem gleichwertigen Arbeitsplatz ist ein Arbeitsplatz zu verstehen, der trotz anderweitiger Arbeitsaufgabe mit einem Einarbeitungszeitraum von bis zu drei Monaten ausgeführt werden kann und dessen vergütungsmäßige Einstufung nicht mehr als zwei Gehaltsgruppen über oder unter der Einstufung des bisherigen Arbeitsplatzes liegt. X-Firma und der Betriebsrat gehen selbstverständlich davon aus, daß notwendige Schulungs- und Einarbeitungsmaßnahmen angeboten werden. Der Arbeitsplatz ist auch dann als gleichwertig anzusehen, wenn sich die Lage der täglichen Arbeitszeit ändert.

2.2 Jeder Mitarbeiter erhält spätestens 4 Wochen nach Abschluß dieses Sozialplans ein schriftliches, nach Bereich und Tätigkeit konkretisiertes Arbeitsplatzangebot. Der Mitarbeiter hat nach dieser Vierwochenfrist eine Überlegungsfrist von 6 Wochen. Spätestens mit Ablauf dieser Überlegungsfrist muß der Mitarbeiter gegenüber der jeweiligen Personalabteilung schriftlich bekannt geben, ob er den angebotenen Arbeitsplatz annimmt oder das Angebot ablehnt.

2.3 Mitarbeiter, die sich im Erziehungsurlaub befinden und deren Erziehungsurlaub nicht vor dem 01. 11. 93 endet, erhalten zu einem späteren Zeitpunkt, längstens aber 4 Monate vor dem Ende ihres Erziehungsurlaubs ein entsprechendes Angebot im nächstgelegenen Vertriebszentrum. Dieses Angebot ist, soweit schon möglich, nach Bereich und Tätigkeit konkretisiert. Im übrigen gelten die Regelungen der Ziff. 4 und 2 dieses Sozialplans entsprechend.

2.4 Entscheidet sich der Mitarbeiter für die Annahme des Angebotes, dann kann er die Leistungen gemäß Ziff. 8 oder 9 dieses Sozialplanes beanspruchen. Hat der Mitarbeiter das Angebot von X-Firma angenommen und kündigt er nach der Annahme des Angebotes bis zum Zeitpunkt des Eintritts der Änderung selbst, so entfällt jeder Anspruch aus dem Sozialplan.

2.5 Lehnt der Mitarbeiter den angebotenen Arbeitsplatz ab, schweigt er sich aus oder erklärt er die Annahme des Angebotes nicht in schriftlicher Form, so hat der Mitarbeiter, sofern die weiteren Voraussetzungen vorliegen (vgl. Ziff. 4–5), Ansprüche gem. Ziff. 6 dieses Sozialplanes.

## 3. Gehaltsgruppenschutz für versetzte Mitarbeiter

X-Firma garantiert allen in den Diensten von X-Firma verbleibenden, den Arbeitsplatz wechselnden bzw. versetzten Mitarbeitern einen Gehaltsgruppenschutz für zwei Jahre, gerechnet von dem Zeitpunkt des Wechsels an und ungeachtet, ob der Wechsel innerhalb des Betriebes oder in einen anderen Betrieb erfolgt.

## 4. Sonderregelungen über das Auswahlverfahren bei freien oder frei werdenden Arbeitsplätzen in demselben Betrieb

4.1 Sind in einem betroffenen Betrieb Arbeitsplätze vorhanden oder werden sie bis zum 31. 10. 93 geschaffen, so ist X-Firma verpflichtet, folgende Verfahrensweise einzuhalten:

   a) Diese Arbeitsplätze sind unter der Voraussetzung der Eignung und Qualifikation ohne Rücksicht auf Alter und Betriebszugehörigkeit bevorzugt anzubieten:

- in erster Linie alleinstehenden Mitarbeitern (nicht verheiratet, verwitwet, geschieden oder getrennt lebend), die in häuslicher Gemeinschaft mit einem oder mehreren Kindern bis zu 18 Jahren leben;
- in zweiter Linie Mitarbeitern, die zum Stichtag 14.10.92 in häuslicher Gemeinschaft mit einer pflegebedürftigen, mit ihnen verwandten Person leben. Als pflegebedürftige Personen gelten solche Menschen, die wegen erheblichen körperlichen oder geistigen Gebrechen auf dauernde Pflege und Betreuung durch Dritte angewiesen sind, nicht jedoch Kinder, die allein mit Rücksicht auf ihr Alter und ihren Entwicklungsstand einer ständigen Betreuung und Beaufsichtigung bedürfen. Als Verwandte gelten der Ehegatte, die Kinder, die Eltern und die Großeltern sowie die Geschwister und die Schwiegereltern. Der Mitarbeiter ist verpflichtet, geeignete Nachweise für die Pflegebedürftigkeit und das Bestehen einer häuslichen Gemeinschaft beizubringen;
- in dritter Linie Mitarbeitern, die zum Stichtag 01.01.93 anerkannte Schwerbehinderte (§ 1 SchwbG) oder diesen Gleichgestellte (§ 2 SchwbG) sind oder deren Ehegatte zum 01.01.93 anerkannter Schwerbehinderter (§ 1 SchwbG) oder entsprechend Gleichgestellter (§ 2 SchwbG) ist, jedoch nur wenn der Ehegatte zum Stichtag 01.01.93 in einem unbefristeten und ungekündigten Arbeitsverhältnis steht;
- im übrigen nach der Rangfolge der sozialen Schutzwürdigkeit, wobei in erster Linie die Betriebszugehörigkeit, bei vergleichbarer Betriebszugehörigkeit (nicht mehr als 2 Jahre Unterschied) das Lebensalter und bei vergleichbarem Lebensalter (nicht mehr als 4 Jahre Unterschied) die Unterhaltsverpflichtungen den Ausschlag geben.

b) X-Firma ist, sofern diese Besonderheiten nicht geltend gemacht oder nachgewiesen sind, verpflichtet, sich grundsätzlich an den aus den vorliegenden Lohnsteuerkarten hervorgehenden Daten zu orientieren.

c) Die in Mutterschutz bzw. Erziehungsurlaub befindlichen Mitarbeiter sind einzubeziehen, soweit diese Zeiten vor dem ▬▬▬ enden.

d) Betriebsratsmitglieder, die den Vorrang gemäß Ziff. a) respektieren und ein Arbeitsplatzangebot an einen anderen Standort annehmen, erhalten die Zusage, daß der ihnen zukommende betriebsverfassungsrechtliche Kündigungsschutz bis einschließlich April 1995 aufrecht erhalten wird, d. h. der Ausspruch einer ordentlichen Kündigung durch X-Firma bis einschließlich ▬▬▬ ausgeschlossen wird.

4.2 X-Firma wird unverzüglich nach Unterzeichnung dieses Sozialplans die vorhandenen bzw. neu zu schaffenden freien, geeigneten Arbeitsplätze feststellen und ausschreiben, wobei jeder betroffene Mitarbeiter über das Vorhandensein eines entsprechenden Arbeitsplatzes unter näherer Beschreibung schriftlich zu unterrichten ist. Jeder Mitarbeiter muß binnen 14 Tagen ab Zugang der Nachricht X-Firma schriftlich darüber informieren, ob er sich auf einen solchen Arbeitsplatz bewirbt. Gleichzeitig hat der Mitarbeiter zu begründen, ob und ggf. aus welchen Gründen er eine Bevorzugung gemäß Ziff. 4.1 a) verlangt.

Geeignete Nachweise müssen beigefügt werden. Jeder Mitarbeiter erhält zusätzlich auch ein Angebot eines Arbeitsplatzes in einem anderen Standort gem. Ziff. 2.1 zu dem dort festgelegten Zeitpunkt. Nach Ablauf der 14-tägigen Ausschreibungsfrist erstellt X-Firma unter Hinzuziehung eines Vertreters des örtlichen Betriebsrates die entsprechend Rangliste gemäß Ziff. 4.1 a). Nach Ablauf der Ausschreibungsfrist eingehende Mitteilungen von Mitarbeitern werden nicht berücksichtigt. Die Angebote sind den Mitarbeitern nach Rangliste dann unverzüglich in schriftlicher Form zu unterbreiten. Nimmt der Mitarbeiter nicht in schriftlicher Form das Angebot binnen 2 Wochen an, so ist der entsprechende Arbeitsplatz dem nächst schutzwürdigen Mitarbeiter anzubieten, wobei für die Erklärungsfrist und Erklärungsform das vorstehende gilt.

4.3 Werden geeignete Arbeitsplätze bis zum 31.10.93 frei oder neu geschaffen, dann sind sie den in der Rangliste folgenden, bisher nicht berücksichtigten Mitarbeitern anzubieten. Mitarbeiter, deren Mitteilungen nach Ablauf der ersten Ausschreibungsfrist eingegangen sind, werden dabei

**Betriebsvereinbarungen** §5

berücksichtigt. Mitarbeiter, die bei der ersten Ausschreibungsrunde ausdrücklich oder durch Nichtäußerung kein Interesse gezeigt haben, werden nicht mehr berücksichtigt.

**5. Kriterien für die Zumutbarkeit bzw. Unzumutbarkeit der Annahme des Angebotes von Arbeitsplätzen**

5.1 Arbeitsplätze am gleichen Standort

Das Angebot eines gleichwertigen Arbeitsplatzes am bisherigen Standort ist dem Mitarbeiter stets zumutbar, es sei denn, daß durch eine Erhöhung der bisherigen Arbeitszeit für den Mitarbeiter, der zu entsprechenden Nachweisen verpflichtet ist, eine unlösbare Situation entsteht (z. B. Unmöglichkeit, Kinder zu betreuen oder die Pflege eines zum Stichtag in häuslicher Gemeinschaft lebenden pflegebedürftigen Angehörigen aufrecht zu erhalten (vgl. Ziff. 4.1 a));

5.2 Arbeitsplätze an einem anderen Standort

Das Angebot eines gleichwertigen Arbeitsplatzes an einem anderen Standort ist Mitarbeitern unter folgenden Voraussetzungen zumutbar:
– allen Mitarbeitern, die in die Zielgehaltsgruppe oder höher eingereiht sind, auch wenn die Ist-Gehaltsgruppe derzeit niedriger ist;
– allen alleinstehenden Mitarbeitern ohne Kinder (vgl. Ziff. 4.1 a) oder mit Kindern über 18 Jahren, unabhängig von der Vergütungs- bzw. Zielgehaltsgruppe. Als alleinstehend gelten nicht Mitarbeiter, die zum Stichtag in einer eheähnlichen Lebensgemeinschaft mit einem Partner gewohnt haben. X-Firma ist berechtigt, geeignete Nachweise hierfür zu verlangen;

Auch wenn die Voraussetzungen für die Zumutbarkeit an sich vorliegen würden, ist dem Mitarbeiter das Angebot eines gleichwertigen Arbeitsplatzes an einem anderen Standort unzumutbar, wenn er zum Stichtag des Eintritts der ihn betreffenden Veränderung das 45. Lebensjahr oder mehr Lebensjahre vollendet hat oder wenn er persönlich körperlich schwerbehindert oder wegen körperlicher Behinderung einem Schwerbehinderten gleichgestellt ist oder die Voraussetzung einer häuslichen Gemeinschaft mit einem pflegebedürftigen Angehörigen zum Stichtag vorgelegen hat (vgl. Ziff. 4.1 a).

5.3 Das Auswahlverfahren im Hinblick auf die CE's, die einen Wohnsitzwechsel vollziehen sollen, wird nach Abschluß der entsprechenden Planungen in Ergänzung dieses Sozialplans einvernehmlich zwischen X-Firma und dem Gesamtbetriebsrat bzw. den Einzelbetriebsräten festgelegt.

**6. Abfindungen**

6.1 Lehnt der Mitarbeiter ein zumutbares Angebot am gleichen Standort oder ein zumutbares Angebot an einem anderen Standort ab, so besteht kein Anspruch auf eine Abfindung.

6.2 Ist das Angebot dem Mitarbeiter nach der Ziff. 5 unzumutbar, so hat der Mitarbeiter Anspruch auf eine Abfindung, die sich aus einem Sockelbetrag, der für Mitarbeiter bis zu drei vollendeten Beschäftigungsjahren ein halbes Brutto-Monatsgehalt und für Mitarbeiter mit mehr als drei vollendeten Beschäftigungsjahren ein Brutto-Monatsgehalt beträgt sowie zusätzlich aus einem nach der Formel
 1/2 Brutto-Monatsgehalt pro Beschäftigungsjahr,
berechneten Betrag zusammensetzt.

Die Höhe der Abfindung beträgt aber mindestens 5.000,– DM (2.556,46 EUR).

In Abhängigkeit des Lebensalters ändert sich der Wichtungsfaktor der Formel von 1/2 Brutto-Monatsgehalt bei einem
 Lebensalter größer 40 Jahren auf 0,6 Brutto-Monatsgehälter
 Lebensalter größer 45 Jahren auf 0,7 Brutto-Monatsgehälter
 Lebensalter größer 50 Jahren auf 0,8 Brutto-Monatsgehälter.

Stichtag der Altersberechnung ist .

Als Beschäftigungsjahre werden ganze Dienstjahre (Stichtag: Zeitpunkt des Ausscheidens) in Ansatz gebracht, wobei angebrochene Dienstjahre nach anteiligen Monaten berechnet werden (Bsp.: 2 Jahre 4 Monate = 2,3 Jahre). Wurde das Arbeitsverhältnis mit X-Firma in der Vergangenheit weniger als 6 Monate rechtlich unterbrochen, so werden die Beschäftigungszeiten (ohne den Unterbrechungszeitraum) zusammengerechnet.

Beträgt die Unterbrechung mehr als 6 Monate, so zählt nur die zuletzt ununterbrochen zurückgelegte Dienstzeit. Zeiten des Erziehungsurlaubs und des Wehrdienstes werden herausgerechnet.

Das Brutto-Monatsgehalt errechnet sich folgendermaßen:

Maßgeblich für die Berechnung ist das vor dem Ausscheidenszeitpunkt zuletzt bezogene Brutto-Monatsgehalt. Die Veränderung des Brutto-Monatsgehaltes während der Dienstzeit (Wechsel von Teilzeit in Vollzeit oder umgekehrt, Veränderung von Teilzeiten) bleibt außer Betracht, sofern der Wechsel länger als 12 Monate zurückliegt. Ist dies nicht der Fall, so wird das Brutto-Monatsgehalt anteilig gewichtet.

6.3 Nimmt ein Mitarbeiter ein an sich unzumutbares Angebot dennoch an, dann entfällt der Abfindungsanspruch aus dem Sozialplan, auch wenn der Mitarbeiter nach Annahme des Angebotes kündigt oder das Arbeitsverhältnis aufzulösen wünscht.

6.4 Eine Abfindung aus diesem Sozialplan wird, sofern die Voraussetzungen für die Zahlung einer Abfindung vorliegen, unabhängig davon bezahlt, ob tatsächlich Arbeitslosigkeit nach dem Ausscheiden bei X-Firma eintritt.

### 7. Fälligkeit der Abfindungs- und Entschädigungsansprüche, Anrechnung anderer Ansprüche

Die Ansprüche nach Ziff. 6 sind zum Zeitpunkt der rechtlichen Beendigung des Arbeitsverhältnisses fällig. Solange Rechtsstreitigkeiten über den Fortbestand des Arbeitsverhältnisses, Änderungskündigungen oder Kündigungen, Grund und/oder Höhe von Abfindungszahlungen anhängig sind, werden die Ansprüche erst nach rechtskräftiger Beendigung des Rechtsstreites fällig. Auf den Abfindungsanspruch gemäß Ziff. 6 werden Ansprüche aus vergleichsweisen Regelungen in und außerhalb von Rechtsstreitigkeiten und sonstige vergleichbare Leistungen angerechnet.

Im Hinblick auf die steuer- und sozialversicherungsrechtliche Behandlung gelten die jeweils zum Auszahlungszeitpunkt gültigen steuer- und sozialversicherungsrechtlichen Vorschriften.

### 8. Leistungen bei verändertem Arbeitsort ohne Veränderung des Wohnsitzes

8.1 Verändert sich der Arbeitsort, ohne daß der Mitarbeiter seinen Wohnsitz verlegt, so erhält er monatlich ab dem Zeitpunkt des Eintritts der Veränderung bis einschließlich eine Ausgleichszahlung für die höheren Fahrtkosten in Form einer Pauschale. Diese beträgt DM ( EUR) brutto monatlich. Weiterhin erhält der Mitarbeiter ein einmaliges, bevorzugtes Vorkaufsrecht für einen Pkw auf der Kfz-Verkaufsliste.

8.2 Die Pauschale wird nicht gezahlt bzw. entsprechend gekürzt bei Inanspruchnahme des Mutterschaftsurlaubs vor und nach der Geburt, bei Inanspruchnahme von Erziehungsurlaub sowie Inanspruchnahme von Zeitguthaben aus dem Arbeitszeitmodell von mehr als 4 Wochen oder Arbeitsunfähigkeit von mehr als 6 Wochen.

Mitarbeiter, die über einen Firmen-Pkw verfügen, haben keinen Anspruch auf die Pauschalzahlungen.

8.3 Innerhalb der ersten 6 Monate nach Eintritt der Veränderung kann der Mitarbeiter sich für eine Wohnsitzverlagerung entscheiden und die Leistungen gemäß Ziff. 9 beanspruchen. In diesem Fall werden jedoch nur die Pauschalbeträge sowie die Erstattung der Umzugskosten, nicht aber die sonstigen Leistungen (Maklergebühr bei Miete, zusätzlicher Urlaub, Hotelübernachtungen für die Familie, doppelte Mietzahlungen und Kosten für möblierte Unterkunft bzw. Trennungsentschädigung) gewährt.

## 9. Leistungen bei verändertem Arbeitsort mit Wechsel des Wohnortes

Die nachfolgenden Leistungen werden nur gewährt, wenn sich die Entfernungsstrecke zwischen dem bisherigen Wohnort und dem neuen Arbeitsort im Vergleich zur Entfernung zwischen dem neuen Wohnort und dem neuen Arbeitsort um mehr als die Hälfte verringert.

### 9.1 Miete/Eigentum bisheriger Wohnort – Miete neuer Wohnort

Mitarbeiter, die ihren Hauptwohnsitz (Schwerpunkt der Lebensbeziehung) von dem bisherigen Wohnort an den oder in die Umgebung des neuen Arbeitsortes verlegen und dort eine Wohnung anmieten, erhalten folgende Leistungen:

- Pauschalbetrag zur Abgeltung der mit der Wohnsitzverlagerung verbundenen Umstände und Aufwendungen in Höhe von 2 Brutto-Monatsgehältern, mindestens jedoch 11.000,00 DM (5.624,21 EUR) sowie für jedes unterhaltspflichtige Kind, das in häuslicher Gemeinschaft mit dem Mitarbeiter lebt, zusätzlich 2.000,00 DM (1.022,58 EUR);
- Erstattung der Umzugskosten (Verpacken und Auspacken von Möbeln und Hausrat, Transport, nicht jedoch Küchenumbauten, Möbelschreinerarbeiten etc.) gegen Beleg, wobei die Spedition von X-Firma ausgewählt wird;
- Erstattung der ortsüblichen Maklergebühr, die ggf. im Zuge der Anmietung der neuen Wohnung fällig wird gegen Beleg;
- 4 Tage bezahlter Urlaub für die Wohnungssuche und die Durchführung des Umzuges;
- 2 Hotelübernachtungen der eigenen Familie gegen Beleg;
- für eventuell notwendig werdende doppelte Mietzahlungen wird ein Betrag von 3 Monats-Kaltmieten für die jeweils leerstehende Wohnung gegen Vorlage von entsprechenden Unterlagen und Belegen erstattet;
- Für den Fall, daß der Umzug erst nach Aufnahme der Tätigkeit an dem neuen Arbeitsort erfolgen kann, übernimmt X-Firma für maximal 6 Monate und maximal 700,00 DM (357,90 EUR) pro Monat die effektiv anfallenden Kosten für eine möblierte Unterkunft und die effektiv anfallenden Kosten für wöchentliche Familienheimfahrten (Bahnfahrt 2. Klasse bzw. 0,52 DM (0,27 EUR) pro Kilometer bei Benutzung des eigenen Pkws). Ausgenommen von der Kostenerstattung für Heimfahrten sind Mitarbeiter, die über einen Firmenwagen verfügen. Weiter bezahlt X-Firma in diesem Fall für maximal 6 Monate eine Trennungsentschädigung von 14,00 DM (7,16 EUR) pro Kalendertag. Die Zahlung der Trennungsentschädigung entfällt für diejenigen Wochenenden bzw. sonstigen freien Tage, für die Erstattung der Kosten für Familienheimfahrten gewährt wird sowie bei Urlaub und Erkrankung des Mitarbeiters für länger als 3 Tagen.

### 9.2 Miete am alten Wohnort – Eigentum am neuen Wohnort

Mitarbeiter, die ihren Hauptwohnsitz (Schwerpunkt der Lebensbeziehung) an den oder in die Umgebung des neuen Arbeitsortes verlegen, zum Stichtag        am alten Wohnort in Miete wohnen und Haus- oder Wohnungseigentum zur Selbstnutzung am neuen Wohnort erwerben, erhalten gegen Nachweis der vorstehend genannten Voraussetzungen durch geeignete Unterlagen (Grundbuchauszüge, Kaufverträge) folgende Leistungen:

- Pauschalbetrag zur Abgeltung der mit der Wohnsitzverlagerung verbundenen Umstände und Aufwendungen einschließlich Makler- und Notargebühren in Höhe von 4 Brutto-Monatsgehältern, mindestens jedoch 15.000,00 DM (7.669,38 EUR) sowie für jedes unterhaltspflichtige Kind, das in häuslicher Gemeinschaft mit dem Mitarbeiter lebt, zusätzlich 2.000,00 DM (1.022,58 EUR);
- Erstattung der Umzugskosten (Verpacken und Auspacken von Möbeln und Hausrat, Transport, nicht jedoch Küchenumbauten, Möbelschreinerarbeiten etc.) gegen Beleg, wobei die Spedition von X-Firma ausgewählt wird;
- 4 Tage bezahlter Urlaub für die Wohnungssuche und die Durchführung des Umzuges;
- 2 Hotelübernachtungen der eigenen Familie gegen Beleg;

- für den Fall, daß der Umzug erst nach Aufnahme der Tätigkeit an dem neuen Arbeitsort erfolgen kann, übernimmt X-Firma für maximal 6 Monate und maximal 700,00 DM (357,90 EUR) pro Monat die effektiv anfallenden Kosten für eine möblierte Unterkunft und die effektiv anfallenden Kosten für wöchentliche Familienheimfahrten (Bahnfahrt 2. Klasse bzw. 0,52 DM (0,27 EUR) pro Kilometer bei Benutzung des eigenen Pkws).

Ausgenommen von der Kostenerstattung für Heimfahrten sind Mitarbeiter, die über einen Firmenwagen verfügen. Weiter bezahlt X-Firma in diesem Fall für maximal 6 Monate eine Trennungsentschädigung von 14,00 DM (7,16 EUR) pro Kalendertag. Die Zahlung der Trennungsentschädigung entfällt für diejenigen Wochenenden bzw. sonstigen freien Tage, für die Erstattung der Kosten für Familienheimfahrten gewährt wird sowie bei Urlaub und Erkrankung des Mitarbeiters für länger als 3 Tage.

9.3 Eigentum alter Wohnort – Eigentum neuer Wohnort

Mitarbeiter, die zum Stichtag ▮▮▮▮▮▮ am alten Wohnort im selbst genutzten Haus- oder Wohnungseigentum wohnen und die ihren Hauptwohnsitz (Schwerpunkt der Lebensbeziehung) an den oder in die Umgebung des neuen Arbeitsortes verlegen und dort Haus- oder Wohnungseigentum zur Selbstnutzung erwerben, erhalten gegen Nachweis der vorstehend genannten Voraussetzungen durch geeignete Unterlagen (Grundbuchauszüge, Kaufverträge) folgende Leistungen:

- Pauschalbetrag zur Abgeltung der mit der Wohnsitzverlagerung verbundenen Umstände und Aufwendungen einschließlich Makler- und Notargebühren in Höhe von 6 Brutto-Monatsgehältern, mindestens jedoch ▮▮▮▮▮▮ sowie für jedes unterhaltspflichtige Kind, das in häuslicher Gemeinschaft mit dem Mitarbeiter lebt, zusätzlich ▮▮▮▮▮▮;
- Erstattung der Umzugskosten (Verpacken und Auspacken von Möbeln und Hausrat, Transport, nicht jedoch Küchenumbauten, Möbelschreinerarbeiten etc.) gegen Beleg, wobei die Spedition von X-Firma ausgewählt wird;
- 4 Tage bezahlter Urlaub für die Wohnungssuche und die Durchführung des Umzuges;
- 2 Hotelübernachtungen der eigenen Familie gegen Beleg;
- Für den Fall, daß der Umzug erst nach Aufnahme der Tätigkeit an dem neuen Arbeitsort erfolgen kann, übernimmt X-Firma für maximal 6 Monate und maximal 700,00 DM (357,90 EUR) pro Monat die effektiv anfallenden Kosten für eine möblierte Unterkunft und die effektiv anfallenden Kosten für wöchentliche Familienheimfahrten (Bahnfahrt 2. Klasse bzw. 0,52 DM (0,27 EUR) pro Kilometer bei Benutzung des eigenen Pkws). Ausgenommen von der Kostenerstattung für Heimfahrten sind Mitarbeiter, die über einen Firmenwagen verfügen. Weiter bezahlt X-Firma in diesem Fall für maximal 6 Monate eine Trennungsentschädigung von 14,00 DM (7,16 EUR) pro Kalendertag. Die Zahlung der Trennungsentschädigung entfällt für diejenigen Wochenenden bzw. sonstigen freien Tage, für die Erstattung der Kosten für Familienheimfahrten gewährt wird sowie bei Urlaub und Erkrankung des Mitarbeiters für länger als 3 Tagen.

9.4 Fristen für die Inanspruchnahme

Jeder Mitarbeiter soll möglichst frühzeitig X-Firma darüber informieren, welche der Möglichkeiten er in Anspruch nehmen will. Die Leistungen können längstens innerhalb eines Zeitraums von 12 Monaten nach dem Eintritt der Arbeitsortänderung in Anspruch genommen werden. Dabei kann in diesem Zeitraum eine andere Leistungsgruppe beansprucht werden, falls deren Voraussetzungen erfüllt werden. Bereits erbrachte Leistungen werden angerechnet, zuviel erbrachte Leistungen sind ohne Rücksicht auf deren Verbrauch zurückzuerstatten.

9.5 Verheiratete Mitarbeiter und solche, die zum Stichtag ▮▮▮▮▮▮ am alten Wohnort in ehelicher Lebensgemeinschaft wohnten und die beide bei X-Firma beschäftigt sind, können die Regelungen nach Ziff. 9.1 bis 9.3 nur einmal in Anspruch nehmen.

9.6 Als Stichtag für die Berechnung der Pauschalbeträge gilt das Bruttomonatsgehalt zum Zeitpunkt der Versetzung.

9.7 Die Ansprüche nach Ziff. 9 sind nach Vorlage der entsprechenden Belege und Nachweise spätestens bis zum Ende des Folgemonats fällig.

9.8 Im Falle, daß Leistungen zu unrecht bezogen worden sind, ist der Mitarbeiter zur Rückzahlung verpflichtet. Auf den Einwand des Wegfalls der Bereicherung kann sich der Mitarbeiter nur im Hinblick auf nachweislich, tatsächlich und zweckentsprechend erfolgte, vergebliche Aufwendungen berufen, die im Vertrauen auf das Bestehen des Anspruchs getätigt wurden.

Scheidet ein Mitarbeiter durch Eigenkündigung oder außerordentliche oder verhaltensbedingte Kündigung von X-Firma innerhalb von zwei Jahren nach dem Bezug der Leistungen gemäß Ziff. 9.1 bis 9.3 aus den Diensten von X-Firma aus, so ist er zur Rückzahlung der Abgeltungsbeträge in Höhe von 2 bzw. 4 bzw. 6 Brutto-Monatsgehältern verpflichtet, wobei folgende Staffelung gilt:
– Ausscheiden innerhalb des ersten Jahres nach Umzug:
  100 % Rückzahlung;
– Ausscheiden innerhalb des zweiten Jahres nach Umzug:
  50 % Rückzahlung.

9.9 Im Hinblick auf die steuerliche Behandlung der Leistungen gelten diejenigen steuerlichen Vorschriften, die im Zeitpunkt der Auszahlung bzw. im für die steuerliche Behandlung maßgeblichen Zeitpunkt gültig sind.

## 10. Inkrafttreten

Dieser Sozialplan tritt am Tage der Unterzeichnung durch X-Firma und die jeweiligen Betriebsräte in Kraft. Dieser Sozialplan kann nicht gekündigt werden. Er endet durch Zweckerreichung.

Die Regelungen dieses Sozialplans gelten jedoch für eventuelle weitere Veränderungen in den betroffenen Standorten, die innerhalb eines Zeitraums bis zum           eintreten.

Betriebsrat                    X-Firma


### 23. Muster: Interessenausgleich bzgl. Outsourcing von Handwerkern einer Wohnungsbaugesellschaft

Zwischen

der Firma                                                    – im folgenden Firma genannt –

und

dem Betriebsrat der Firma                                    – im folgenden Betriebsrat genannt –

wird folgender Interessenausgleich vereinbart:

1. Die Geschäftsleitung hat die Rationalisierungsentscheidung getroffen, den bislang von 167 Arbeitnehmern (einschließlich der 4 befristeten Arbeitsverhältnisse) geführten Bauhof mit den Gewerken, Maurer, Dachdecker, Klempner, Elektro, Schlosser, Ofenbau, Gerüstbauer und Kfz-Bereich sowie Verwaltung und Notdienst spätestens zum           nur noch mit 71 Arbeitnehmern fortzuführen.

   Diese Rationalisierungsentscheidung wurde dadurch bedingt, daß die wirtschaftlichen Rahmenbedingungen für eine Fortsetzung des Regiebetriebes mit der alten Personalstärke nicht gegeben sind.

Im Bereich Instandhaltung (Reparaturen), Modernisierung/Instandsetzung und der Sanierung von leerstehenden Wohnungen herrscht ein erheblicher Konkurrenzdruck. Um die Aufrechterhaltung der bisherigen Personalstärke zu rechtfertigen, müßte ein Verdrängungswettbewerb geführt werden, den das Unternehmen aufgrund der erheblich höheren Tariflöhne im Vergleich zu den entsprechenden Tarifen der Mitbewerber aus den Bereichen Maurer, Dachdecker und Ofenbauer sowie Klempner, Schlosser und Elektriker nicht erfolgreich leisten kann.

Daher hat sich die Geschäftsleitung zu einer Umstrukturierung des Regiebetriebes mit dem Ziel entschlossen, den Bestand und den treuhänderisch verwalteten sowie teilweise bereits privatisierten Grundstücksbestand im Reparatur- und Schnelldienst (RSD) zu betreuen. Hierbei ist nicht eine Betreuung im herkömmlichen Sinne, sondern ein Serviceangebot des Unternehmens gegenüber den Mietern gemeint, der in seinem Inhalt und seiner Qualität einem modernen Dienstleistungsunternehmen entspricht. Diesem Serviceangebot entsprechend werden die Mitarbeiter zukünftig verstärkt im Bereich der Einleitung von Sofortmaßnahmen, der Durchführung qualitativ hochwertiger Handwerksleistungen sowie der Organisation von notwendigen Fremdnachfolgeleistungen bei Havariefällen eingesetzt werden.

Eine der den konkurrierenden Gewerkebranchen übliche Personalkostenhöhe erfordert eine Reduzierung des Mitarbeiterbestandes auf 71 Beschäftigte.

Der zukünftige Regiebetrieb wird sich im wesentlichen in 3 Geschäftsfelder aufgliedern:
- RSD-Leistungen im Bestand
- RSD-Leistungen für private Haushalte und vertraglich gebundene Fremdunternehmen
- Sanierung des Leerstandes.

Andere Lösungskonzepte sind nicht zu realisieren. Eine Ausgründung des gesamten Regiebetriebes und Übernahme durch einen Investor scheitert an fehlenden Interessenten. Eine Privatisierung der Einzelwerke nach dem Modell Management buy out wurde von den Mitarbeitern ebenfalls nicht angenommen.

Ziel dieser Vereinbarung ist es, die Existenz des Unternehmens insgesamt zu sichern, unumgängliche Personalanpassungsmaßnahmen sozialverträglich zu gestalten und möglichst viele Arbeitsplätze bei der Firma zu erhalten und mittel- und langfristig zu sichern.

**§ 1 Gegenstand**

1. Gegenstand des Interessenausgleiches ist der Personalabbau aufgrund der in der Präambel genannten Gründe. Die Betriebsparteien sind sich einig, daß ein Personalabbau unabdingbar ist. Nur dadurch kann die Wettbewerbsfähigkeit des Unternehmens wiedererlangt und der Bestand des Unternehmens langfristig gesichert werden.

2. Die Parteien sind sich einig, daß der derzeitige Personalbestand von insgesamt 167 Arbeitnehmern im Bereich Regiebetrieb zum _____ auf 71 Arbeitnehmer abgebaut werden muß.

3. Die Parteien sind sich einig, daß eine betriebswirtschaftliche optimale Führung des zukünftigen personalreduzierten Regiebetriebes wie folgt aussehen muß:

| Fachgewerk | zukünftige Belegschaftsgröße |
|---|---|
| HLS Glaskempner | 19 |
| Dachdecker | 8 |
| Dachklempner | 2 |
| Elektriker | 8 |
| Schlosser | 2 |
| Maurer | 13 |

| | |
|---|---|
| Ofensetzer | 3 |
| Werkstatt | 4 |
| Leitung und Verwaltung | 7 |
| Dispatcher | 5 |
| Summe | 71 |

**§ 2 Durchführung**

1. Der Personalabbau wird in folgenden Etappen durchgeführt:

    Der Ausspruch der Kündigungen erfolgt zum ▬▬▬.

    Entlassungstermin ist der ▬▬▬ und der ▬▬▬. Die Kündigungen der Zivildienstleistenden werden nach Abschluß des Zivildienstes unter Einhaltung der ordentlichen Kündigungsfrist ausgesprochen.

    Die gegenwärtig durch die Firma vorgenommene Ausbildung von gewerblichen Arbeitnehmern kann unter den dargestellten Bedingungen zu Ende geführt werden.

    Die Ausbildung ist nach entsprechender Abstimmung zu den Ausbildungsrichtlinien wie folgt sicherzustellen:

    Neue Ausbildungsverträge werden nicht abgeschlossen. Nach Abschluß der Ausbildung (1996 werden 5 Dachdecker, 4 Elektroinstallateure, 4 Gas- und Wasserinstallateure; 1997 werden 4 Dachdecker, 3 Elektroinstallateure, 5 Gas- und Wasserinstallateure; 1998 werden 4 Elektroinstallateure ihre Ausbildung abschließen) werden die Auszubildenden nicht übernommen.

    Die Geschäftsleitung wird freiwerdende oder neue Arbeitsplätze vorrangig den Auszubildenden, und unter diesen vorrangig den Junggesellen, anbieten.

2. Das Unternehmen wird die erforderlichen betriebsbedingten Beendigungskündigungen unter Beachtung der jeweils gültigen Kündigungsfristen aussprechen. Die Firma ist weiterhin berechtigt, Kündigungen aus anderen Gründen auszusprechen. Diese unterfallen nicht dem Sozialplan.

3. Bei der Durchführung der Sozialauswahl werden folgende Auswahlrichtlinien zugrunde gelegt:

    a. Pro Dienstjahr wird ein Sozialpunkt vergeben.

    b. Für jedes volle Lebensjahr wird ein Sozialpunkt zugrunde gelegt.

    c. Für jedes unterhaltsberechtigte Kind werden vier Punkte hinzuaddiert.

    d. Der besondere Kündigungsschutz der Betriebsratsmitglieder, der Schwerbehinderten und nach dem Tarifvertrag wird insoweit berücksichtigt, als diese aus der Liste der zu entlassenden Arbeitnehmer herausgelassen werden.

    e. Der besondere Kündigungsschutz der Zivildienstleistenden wurde insoweit berücksichtigt, als diese in der Sozialauswahl berücksichtigt wurden.

    Wenn diese sich aufgrund ihrer Sozialdaten nach individueller Abschlußprüfung im Kreis der zu Entlassenden befinden, wird Ihnen die Kündigung jedoch erst nach Beendigung des Zivildienstes unter Einhaltung der ordentlichen Kündigungsfrist ausgehändigt werden.

    f. Die Sozialauswahl zwischen den vergleichbaren Mitarbeitern erfolgt pro Berufsgruppe. Die Hilfsarbeiter jeder Berufsgruppe entsprechen nicht mehr dem zukünftigen Anforderungsprofil. Daher ist deren Vergleichbarkeit ausgeschlossen. Im Rahmen der Sozialauswahl sind diese daher unberücksichtigt gelassen.

g. Für den Fall, daß Arbeitnehmer die gleichen Sozialpunkte aufweisen, wird die Entscheidung zunächst in der Rangfolge Unterhaltsverpflichtung und dann nach Alter getroffen. Die Entscheidung erfolgt jedoch wiederum nach der individuellen Abschlußprüfung.

Die Sozialauswahl zwischen den vergleichbaren Mitarbeitern erfolgten in einem ersten Schritt anhand dieser Auswahlrichtlinien. In einem zweiten Schritt ist jeder Einzelfall daraufhin zu überprüfen, ob besondere soziale Härten vorliegen, die eine abweichende Beurteilung erfordern. Im Rahmen dieser individuellen Abschlußprüfung können jedoch nur soziale Gesichtspunkte, die mit dem Arbeitsverhältnis in Verbindung stehen, berücksichtigt werden.

h. Die Berücksichtigung berechtigter betrieblicher Bedürfnisse bleibt hiervon unberührt.

Aus betriebstechnischen und wirtschaftlichen Bedürfnissen sowie sonstigen berechtigten betrieblichen Belangen ist es notwendig, im Interesse einer erfolgreichen Verbesserung der Ertragslage des Regiebetriebes bestimmte, d. h. leistungsstärkere, besser qualifizierte oder vielfältig einsetzbare Arbeitnehmer weiterzubeschäftigen. Erhebliche Leistungsunterschiede, erheblich geringere Krankheitsanfälligkeit sind Bedürfnisse, die einer Sozialauswahl entgegenstehen können.

Auch sonstige berechtigte betriebliche Bedürfnisse, die im Interesse der Aufrechterhaltung eines geordneten Betriebsablaufes notwendig sind, können dazu führen, daß sozial weniger schutzbedürftige Arbeitnehmer weiterbeschäftigt werden. Hierzu zählen insbesondere eine im Interesse des Betriebes notwendige vielseitige Verwendbarkeit, eine erhöhte Kooperationsbereitschaft (z. B. bei Team-Aufgaben), die Einplanung eines Arbeitnehmers für künftige Führungsaufgaben sowie besondere Qualifikationen wie Fachkenntnisse.

Auch persönliche Kontakte zu den Mietern werden zur Optimierung des zukünftigen Unternehmensprofils als berechtigtes betriebliches Bedürfnis angesehen.

4. Nach der Sozialauswahl sind die Gewerkeleiter ⬛⬛⬛⬛ weiterzubeschäftigen. Diesen Mitarbeitern werden Änderungsverträge angeboten für den Fall, daß diese von den Mitarbeitern nicht angenommen werden, Änderungskündigungen unter Einhaltung der ordentlichen Kündigungsfrist ausgesprochen.

Den Mitarbeitern mit Sonderkündigungsschutz wird eine außerordentliche Kündigung unter Einhaltung einer Auslauffrist ausgesprochen. Die Auslauffrist entspricht der Kündigungsfrist, die ohne den Ausschluß der ordentlichen Kündigung nach dem Tarifvertrag maßgebend gewesen wäre.

Stimmen die Mitarbeiter der Änderung ihres Arbeitsverhältnisses zu, erhalten sie mindestens für die Dauer von 6 Monaten das bisherige Bruttogehalt in dem neuen Vertragsverhältnis fortgezahlt. Nach Ablauf der ersten 6 Monate wird der Mitarbeiter neu eingruppiert.

5. Eine Liste aller Mitarbeiter ist im Interessenausgleich als Anlage beigefügt.

Die Liste enthält folgende Angaben: Name, Alter, Geburtsdatum, Eintrittsdatum, Beruf, Unternehmenszugehörigkeit, Familienstand, Zahl der bekannten unterhaltspflichtigen Kinder, Tätigkeit, Vergütungsgruppe, (Pfändung, besonderer Kündigungsschutz, besondere individuelle Umstände/Abschlußprüfung) sowie die Kündigungsfristen.

Die Liste wird je nach Bedarf aktualisiert.

**§ 3 Mitwirkungsrecht**

1. Der Betriebsrat wurde im Rahmen der Interessenausgleichsverhandlungen auch gemäß § 17 II KSchG unterrichtet. Die weiteren Mitwirkungsrechte des Betriebsrates bleiben von dieser Verein-

barung unberührt. Dies bedeutet, daß die Firma vor Ausspruch der betriebsbedingten Kündigungen das Anhörungsverfahren nach § 102 BetrVG gesondert durchführen wird.

Diese Vereinbarung wird der Anzeige der Firma nach § 17 KSchG beigefügt.

2. Der Betriebsrat verpflichtet sich, eine schriftliche Stellungnahme zu diesem Konzept abzugeben und innerhalb von 2 Wochen nach Beendigung des Interessenausgleichsverfahrens dem Arbeitgeber zur Vorlage gegenüber der Arbeits- und dem Landesarbeitsamt auszuhändigen.

### § 4 Sozialplan
Zum Ausgleich bzw. zur Milderung der wirtschaftlichen Nachteile, die den Arbeitnehmern durch die geplante Betriebsänderung entstehen, haben die Parteien einen Sozialplan abgeschlossen.

### § 5 Inkrafttreten
1. Die Parteien sind sich einig, daß die Verhandlungen abgeschlossen sind und das Verfahren zur Herbeiführung eines Interessenausgleiches beendet ist.
2. Der Interessenausgleich tritt mit Unterzeichnung in Kraft und endet zum            .

## 24. Muster: Sozialplan bzgl. Outsourcing von Handwerkern einer Wohnungsbaugesellschaft

Zwischen

der Firma

– im folgenden Firma genannt –

und

dem Betriebsrat der Firma

– im folgenden Betriebsrat genannt –

wird folgender Sozialplan vereinbart:

1. Der Sozialplan gilt für alle unter das Betriebsverfassungsgesetz fallenden Mitarbeiter der Firma, die am            in einem ungekündigten Arbeitsverhältnis stehen und die aus den in der Präambel des Interessenausgleichs niedergelegten Gründen entlassen werden.
2. Mitarbeiter, denen aus personen- oder verhaltensbedingten Gründen gekündigt wird, erhalten keine Leistungen aus dem Sozialplan.
3. Ausscheidende Mitarbeiter erhalten als Entschädigung für den Verlust ihres Arbeitsplatzes eine Abfindung im Sinne der §§ 9 und 10 KSchG. Die Abfindung wird im Monat des Ausscheidens unter Beachtung der steuer- und sozialversicherungsrechtlichen Vorschriften ausgezahlt.
4. Soweit in einem arbeitsgerichtlichen Verfahren eine höhere als in diesem Sozialplan vereinbarte Abfindung festgesetzt wird, wird die Sozialplan-Abfindung entsprechend angerechnet.

   In der Sozialplanabfindung ist eine Abfindung, die auf einer anderen rechtlichen Grundlage basiert, enthalten.

   Bis zum Abschluß eines Rechtsstreits werden keine Leistungen nach dem Sozialplan ausgezahlt.

   Wird ein Rechtsstreit durch die Arbeitnehmer anhängig gemacht, nachdem die Abfindung bereits ausgezahlt worden ist, so ist diese mit Einreichung der Klage zur Rückzahlung fällig.
5. Stirbt der aus diesem Sozialplan Anspruchsberechtigte, so geht der Anspruch nach §§ 9, 10, 22 ff. BGB auf den Ehegatten bzw. die Erbberechtigten erster Ordnung über.

6. Die Abfindung nach diesem Sozialplan beträgt

$$\frac{\text{Lebensalter} \times \text{Betriebszugehörigkeit} \times \text{Monatsentgelt}}{85}$$

Als Lebensalter gilt das im Jahre ▬▬▬ vollendete Lebensjahr.

Als Betriebszugehörigkeit gilt das am ▬▬▬ vollendete Dienstjahr. Der Beginn der Betriebszugehörigkeit für jeden Mitarbeiter ergibt sich aus der Anlage 1 des Sozialplans.

Als Monatsentgelt gilt das Bruttomonatsgehalt, das sich aus der Lohnbescheinigung ▬▬▬ ergibt.

7. Meinungsverschiedenheiten bei der Anwendung des Sozialplans werden von der Firma und dem Betriebsrat mit dem ernsten Willen zur Einigung beraten.

8. Der Sozialplan tritt am ▬▬▬ in Kraft und endet am ▬▬▬.

Lediglich für die Zivildienstleistenden, deren Arbeitsplatz durch diese betriebliche Umstrukturierung ebenfalls in Fortfall geraten ist, jedoch aufgrund ihres besonderen Kündigungsschutzes erst im Jahre ▬▬▬ die Kündigung ausgehändigt erhalten, gilt der Sozialplan fort.

Der Sozialplan kann im Bedarfsfall einvernehmlich längstens bis zum ▬▬▬ verlängert werden.

## 25. Muster: Interessenausgleich bei Betriebsauflösung im Konzern (Bereich Chemie)

*Interessenausgleich*

zwischen

der ▬▬▬ AG

— im folgenden „AG" genannt —

und

dem Gesamtbetriebsrat der ▬▬▬ AG

I.
Das Unternehmen befindet sich weiterhin in einer sehr ungünstigen wirtschaftlichen Situation. Zur Abwendung von Verlusten und zur langfristigen Sicherung der Arbeitsplätze ist eine Optimierung der Wirtschaftlichkeit zwingend erforderlich. Dazu sind strukturelle Anpassungen und ein deutlicher Fixkostenabbau erforderlich.

Zur Anpassung der organisatorischen und personellen Strukturen an die wirtschaftliche Lage werden deshalb die Aktivitäten der AG am Standort T. stufenweise – ▬▬▬ beginnend und voraussichtlich ▬▬▬ endend – zum überwiegenden Teil nach L. und M. verlagert und alle Aktivitäten in T. eingestellt.

Zum ▬▬▬ soll die eigenständige Organisationsform des Werkes T. der AG aufgegeben und die Aktivitäten in die organisatorische Einheit Werk L. eingegliedert werden. Verlagerungen von Einheiten nach M. und L. sollen noch im Laufe des Jahres ▬▬▬ erfolgen.

Mittel- bzw. langfristig sollen ca. 42 % der Aktivitäten des Werkes T. nach L. verlagert werden. Ca. 21 % sollen insbesondere im Hinblick auf die Zusammenführung mit bestehenden Organisationseinheiten nach M. verlagert werden. Bereits vorhandenes sowie durch die Verlagerungen entstehendes

Einsparpotential umfaßt zusammen ca. 30 % der Aktivitäten im Werk T. Etwa 2 % der Aktivitäten werden in die Firma XY integriert.

Die Maßnahmen hinsichtlich der Produktionsanlage für technische Harze sowie der zugeordneten Chemietechnikaktivitäten (ca. 5 %) sind noch zu konkretisieren.

Insgesamt sind bis Ende ▊▊▊▊ die Einstellung von ca. 33 % der Aktivitäten am Standort T. mit Verlagerungen nach L. und M. sowie Realisierung von Einsparpotentialen vorgesehen. Bis Ende ▊▊▊▊ sollen nach Schaffung der notwendigen räumlichen Bedingungen in L. und M. weitere 47 % der Aktivitäten verlagert bzw. abgebaut werden.

Die verbleibenden Organisationseinheiten sollen möglichst von ▊▊▊▊ bis spätestens ▊▊▊▊ sukzessive nach L. verlagert werden, sofern die Wirtschaftlichkeit weiterhin gegeben ist und die erforderlichen öffentlich-rechtlichen Genehmigungen vorliegen.

Daraus können sich folgende Personalmaßnahmen ergeben:
– Versetzungen vom Standort T. nach L.
– Versetzungen vom Standort T. nach M. oder an einen anderen Standort der AG
– Übernahmen durch Unternehmen der Firmen-Gruppe
– Schulungsmaßnahmen aufgrund geänderter Aufgabenstellungen
– Arbeitsvertragsbeendigungen

II.
Die personellen Maßnahmen werden zeitlich wie folgt abgewickelt:

1. Diejenigen Mitarbeiter unter 55 Jahren, die einen Arbeitsplatz in M. ausschlagen, scheiden ungeachtet kürzerer Kündigungsfristen frühestens mit Ablauf des ▊▊▊▊ aus dem Arbeitsverhältnis aus. Im Einzelfall bleibt eine bezahlte Freistellung von der Arbeitsleistung vorbehalten.

2. Versetzungen nach M. werden nicht vor dem ▊▊▊▊ wirksam. Einvernehmliche Regelungen bleiben davon unberührt.

3. Mitarbeitern unter 55 Jahren (Stichtag ▊▊▊▊), denen kein Arbeitsplatz im Unternehmen angeboten werden kann, kann frühestens zum ▊▊▊▊ gekündigt werden.

4. Bestehende Ausbildungsverhältnisse werden ordnungsgemäß zu Ende geführt.

### 26. Muster: Sozialplan bei Betriebsauflösung im Konzern (Bereich Chemie)

*Sozialplan*
zwischen

der AG ▊▊▊▊

– im folgenden „AG" genannt –

und

dem Gesamtbetriebsrat der AG

**Präambel**
Vorrangiges Ziel dieses Sozialplans ist die Erhaltung eines sozial gleichwertigen und zumutbaren Arbeitsplatzes im Unternehmen. Die Betriebsparteien stimmen in dem Bemühen überein, die durch die Integration des Werkes T in das Werk L bedingten Arbeitsplatzverluste so gering wie möglich zu halten und unumgängliche Entlassungen auf ein Minimum zu beschränken.

Zum Ausgleich oder zur Milderung wirtschaftlicher Nachteile für die betroffenen Mitarbeiter schließen die AG und der Gesamtbetriebsrat die nachstehende Vereinbarung im Sinne der §§ 111, 112 BetrVG.

### I. Eingliederung des Werkes T in das Werk L

1. Mit der Eingliederung des Werkes T in das Werk L werden alle Betriebsvereinbarungen des Werkes gegenstandslos, und es gelten die betrieblichen Regelungen des Werkes L auch für die Belegschaft am Standort T. Dies schließt nicht aus, daß einzelne Regelungen oder Absprachen einer neuen Regelung zugeführt werden.

2. Soweit regelmäßige monatliche Entgeltbestandteile des bisherigen Werkes T der L-Entgeltsystematik nicht entsprechen, werden diese weiterhin als persönlich anrechenbare Zulage gewährt.

   Anläßlich der Eingliederung wird kein Mitarbeiter aus T bei Beibehaltung seiner bisherigen Tätigkeit ein geringeres regelmäßiges monatliches Entgelt erhalten. Wenn durch die Anwendung der L-Entgeltsystematik bezüglich des regelmäßigen monatlichen Entgeltes ein finanzieller Nachteil entsteht, wird dieser in voller Höhe in Form einer persönlich anrechenbaren Zulage ausgeglichen.

   Soweit andererseits durch die Anwendung der L-Entgeltsystematik eine Erhöhung des bisherigen regelmäßigen monatlichen Entgeltes entsteht, wird der Unterschiedsbetrag auf die persönlich anrechenbare Zulage angerechnet.

   Die in der Entgeltabrechnung ausgewiesenen persönlich anrechenbaren Zulagen der gewerblichen Mitarbeiter des ehemaligen Werkes T werden bei Erhöhungen des Tarifentgeltes um den gleichen Prozentsatz angehoben. Sie sind auf sämtliche Entgelterhöhungen anrechenbar.

3. Folgende Betriebsvereinbarungen finden weiterhin für die Mitarbeiter, die am Standort T des Werkes L ihren Arbeitsplatz haben, Anwendung:

4. Der Katalog für Körperschutzmittel (Arbeitsschutzkleidung) wird auf Bedarf in T ausgedehnt.

5. Die werksärztliche Betreuung der Mitarbeiter am Standort T wird dort sichergestellt.

6. Sollten wider Erwarten nicht alle kollektiven Regelungen erfaßt sein, so sind bei Bedarf nachträglich Verhandlungen aufzunehmen und ggf. ein Ausgleich bzw. die Milderung wirtschaftlicher Nachteile zu vereinbaren.

### II. Versetzungen

#### 1. Grundsätze

Die AG wird den Mitarbeitern mit einem unbefristeten Arbeitsverhältnis, die Kündigungsschutz im Sinne des Kündigungsschutzgesetzes haben und deren Arbeitsplätze im ehemaligen Werk T entfallen, im Rahmen ihrer Möglichkeiten zumutbare, möglichst gleichwertige Arbeitsplätze vorrangig innerhalb des Werkes L (einschließlich des Standortes T) oder in einem anderen Werk der AG anbieten.

Der Mitarbeiter ist verpflichtet, andere zumutbare Arbeiten zu leisten. Er darf eine seinem Leistungsvermögen entsprechende Arbeit nicht ausschlagen.

Lehnt der Mitarbeiter ein Arbeitsplatzangebot im Werk L einschließlich des Standortes T ab, das die AG für zumutbar hält, wird die Zumutbarkeit des angebotenen Arbeitsplatzes durch die Schiedskommission (siehe V.) geprüft. Wird die Zumutbarkeit bestätigt, wird zum Zwecke der Versetzung unter Wahrung der gesetzlichen Beteiligungsrechte des Betriebsrats – soweit erforderlich – eine Änderungskündigung ausgesprochen. Die laufende Kündigungsfrist gilt als verlängerte Angebotsfrist. Lehnt der Mitarbeiter das mit der Änderungskündigung verbundene Versetzungsangebot ab, gilt die Änderungskündigung als Beendigungskündigung.

#### 2. Gleichbehandlung

Die an die Standorte L und M versetzten Mitarbeiter werden in ihrem neuen Betrieb als gleichberechtigte und gleichrangige Belegschaftsmitglieder behandelt und anerkannt. Sie dürfen im Rahmen der Gleichbehandlung aller Betriebsangehörigen (§ 75 BetrVG) keine Benachteiligung, aber auch keine Besserstellung erfahren. Umgekehrt werden auch die bisherigen Belegschaftsmitglieder in L und M aus Anlaß der vorgesehenen Maßnahmen weder bevorzugt noch benachteiligt.

## 3. Schulungsmaßnahmen aufgrund geänderten Aufgabenstellungen

Sofern bei Versetzungen die mögliche Weiterbeschäftigung von Mitarbeitern nur auf einem Arbeitsplatz unter geänderter Aufgabenstellung möglich ist und hierfür Umschulungsmaßnahmen notwendig sind, wird das Unternehmen für geeignete Umschulungs- und/oder Weiterbildungsmaßnahmen sorgen. Hierbei werden notwendige Höherqualifizierungsmaßnahmen berücksichtigt.

Die Kosten hierfür trägt das Unternehmen. Leistungen Dritter (z. B. Arbeitsamt) sind vorrangig in Anspruch zu nehmen und werden darauf angerechnet.

Während der Schulungsmaßnahmen wird den Mitarbeitern eine Verdienstsicherung im Rahmen der nachstehenden Ziffer 4 gewährt.

## 4. Verdienstausgleich bei Versetzungen

### 4.1 Grundsatz

Wird ein Mitarbeiter auf einen anderen Arbeitsplatz versetzt, so richten sich seine Eingruppierung und seine Entgeltbestandteile nach dem neuen Arbeitsplatz.

### 4.2 Voraussetzungen für den Verdienstausgleich

Die Mitarbeiter erhalten einen Verdienstausgleich, wenn sie im Rahmen dieses Interessenausgleichs aus betriebsbedingten Gründen einvernehmlich auf einen Arbeitsplatz versetzt werden, dessen Bruttoentgelt niedriger ist als bisher.

Beruht die Versetzung auf eigenem Wunsch des Mitarbeiters oder ist sie durch Umstände bedingt, die der Mitarbeiter verursacht hat, erfolgt keine Verdienstsicherung.

### 4.3 Berechnung des Verdienstausgleichs

Der Verdienstausgleich ist der Unterschiedsbetrag zwischen dem Sicherungsentgelt und dem jeweiligen Bruttomonatsentgelt am neuen Arbeitsplatz.

a) Das Sicherungsentgelt besteht aus dem Bruttomonatsentgelt am bisherigen Arbeitsplatz zum Zeitpunkt der Versetzung mit Ausnahme von Erschwerniszulagen, Mehrarbeitsvergütungen, Sachbezüge, Auslandszulagen, Schweißer- und Vertreterzulagen, Bereitschaftsvergütungen und Einmalzahlungen.

b) Das zu vergleichende Bruttomonatsentgelt am neuen Arbeitsplatz enthält
   - bei einer Versetzung in ein Werk mit gleicher Entgeltsystematik die gleichen Bestandteile wie das Sicherungsentgelt
   - bei einer Versetzung in ein Werk mit M.-Entgeltsystematik die folgenden Bestandteile
     - Tarifentgelt (Eingruppierung entsprechend dem neuen Arbeitsplatz)
     - Grundzulage
     - Übertarifliche Zulage (ÜTZ)
     - Vorarbeiterzulage
     - Prämienzulage (Durchschnittsprozentsatz der letzten 12 abgerechneten Monate der neuen Prämiengruppe)
     - Schichtzulage
     - SFN-Zuschläge
   ohne Erschwerniszulagen, Mehrarbeitsvergütungen und sonstige Entgeltbestandteile.

   Die übertarifliche Zulage (ÜTZ) am neuen Arbeitsplatz wird in Höhe der persönlich anrechenbaren Zulage am bisherigen Arbeitsplatz gewährt, soweit dadurch insgesamt das Sicherungsentgelt nicht überschritten wird.

Der Verdienstausgleich wird auf der Basis der am bisherigen Arbeitsplatz geleisteten vertraglichen Wochenarbeitszeit berechnet. Gilt am neuen Arbeitsplatz eine geringere vertragliche Wochenarbeitszeit, so wird der Verdienstausgleich im Verhältnis der neuen zur alten Wochenarbeitszeit gekürzt. Die Gewährung tariflicher Altersfreizeiten gilt nicht als Verringerung der vertraglichen Wochenarbeitszeit im Sinne dieser Regelung und führt daher nicht zur Kürzung des Verdienstausgleichs. Eine höhere vertragliche Arbeitszeit ändert den Verdienstausgleich nicht.

### 4.4 Versetzungen von Wechselschicht auf Tagschicht

Abweichend von Ziffer 4.3 werden bei einer Versetzung von Wechselschicht auf Tagschicht die SFN-Zuschläge nicht in den Verdienstausgleich einbezogen, weil die besondere Belastung der Sonntags-, Feiertags- und Nachtarbeit entfällt. Wegen der dadurch eintretenden Minderung des Bruttoentgelts wird eine Ausgleichspauschale gewährt.

Diese Ausgleichspauschale beträgt 600 DM (306,78 EUR) monatlich. Sie wird bis zur Versetzung auf einen anderen Wechselschicht-Arbeitsplatz, längstens für 12 Monate, gezahlt. §§ 13, 14 MTV Chemie bleiben unberührt. Sollte es wider Erwarten nicht möglich sein, innerhalb von 12 Monaten Frist einen Wechselschichteinsatz zu vermitteln, wird im Einvernehmen mit dem Betriebsrat eine Anschlußregelung getroffen.

### 4.5 Entwicklung des Verdienstausgleichs

Hat der Mitarbeiter bis zur Versetzung mindestens 15 Dienstjahre vollendet, wird sein Verdienstausgleich zum jeweiligen Termin der Tariferhöhung um den Prozentsatz der Tariferhöhung gesteigert.

Im übrigen wird der Verdienstausgleich unverändert gewährt, bis sich durch erneute Versetzungen oder sonstige strukturelle Änderungen das Entgelt am neuen Arbeitsplatz erhöht. Das gilt auch für Umgruppierungen am neuen Arbeitsplatz. Die dadurch bedingte Erhöhung des Bruttoentgelts wird dann auf den Verdienstausgleich angerechnet.

Wird in der Zeit der Ausgleichszahlung dem Mitarbeiter ein zumutbarer Arbeitsplatz am selben Standort, der zu einem höheren Bruttomonatsentgelt im Sinne der Ziffer 4.3 führt, angeboten und von dem Mitarbeiter nicht angenommen, wird der Verdienstausgleich entsprechend gekürzt bzw. er entfällt ganz. Die Zumutbarkeit wird durch die Schiedskommission (siehe V.) geprüft.

Sollte innerhalb der Laufzeit dieses Interessenausgleichs eine erneute betriebsbedingte Versetzung auf einen Arbeitsplatz mit geringerem Bruttoentgelt vorzunehmen sein, wird für die Berechnung des Verdienstausgleichs das Bruttomonatsentgelt am ursprünglichen Arbeitsplatz zugrundegelegt.

### 4.6 Härtefälle

Härtefälle werden im Einvernehmen mit dem Gesamtbetriebsrat festgestellt und geregelt.

### 5. Versetzungen an andere Standorte

5.1 Mitarbeiter, die vom Werk L einschließlich des Standortes T in ein anderes Werk der AG versetzt werden, erhalten folgende Leistungen:

- Fahrtkosten für die erste Hinreise gemäß Reisekostenordnung.
- Unterbringungskosten in der nachgewiesenen Höhe oder pauschal 8 DM (4,09 EUR) je Übernachtung bis zum Umzug. Anfänglich werden erforderlichenfalls Hotelkosten gezahlt, allerdings mit der Auflage, baldmöglichst eine kostengünstigere Unterbringung zu suchen.
- Trennungsentschädigung (Mehraufwendungen für Verpflegung) für die Dauer der doppelten Haushaltsführung
  - während der ersten 3 Monate (Probezeit) 46 DM (23,52 EUR) pro Kalendertag,
  - nach Ablauf dieser Zeit 16 DM (8,18 EUR) pro Kalendertag.
  
  Die Zahlung entfällt an Tagen, an denen der Mitarbeiter auf Dienstreise ist, sich zu Hause aufhält, sich in Urlaub befindet oder die Heimfahrt in Anspruch nimmt.
- Fahrtkosten für Familienheimfahrten nach dem Deutsche-Bahn-Tarif (Ziffer 3.2 Reisekostenordnung):
  - 2 Heimfahrten monatlich für
    Verheiratete mit eigenem Haushalt am alten Tätigkeitsort,
    Nichtverheiratete mit eigenem Haushalt am alten Tätigkeitsort, die am neuen Tätigkeitsort noch keinen eigenen Haushalt begründet haben.
  - 1 Heimfahrt monatlich für Nichtverheiratete, die bisher im Familienkreis gewohnt haben und noch keinen eigenen Haushalt am neuen Tätigkeitsort begründet haben.

- Das Unternehmen unterstützt die betroffenen Mitarbeiter bevorzugt bei der Wohnungssuche.
- Umzugskosten werden gegen Rechnung des Spediteurs in vollem Umfang erstattet. Renovierungskosten der bisherigen oder der künftigen Wohnung werden gegen Nachweis erstattet.
- Falls Maklergebühren anfallen, werden diese gegen Rechnung erstattet.
- Mietentschädigung bei doppelter Mietzahlung in Höhe der Mietkosten für die bisherige Wohnung für die Dauer der Kündigungsfrist bzw. bis zur einvernehmlichen Vertragsaufhebung, längstens für 12 Monate.
- Darlehen zur Zahlung einer Mietkaution.
- Dem Mitarbeiter kann ein zinsloses Arbeitgeberdarlehen gewährt werden, auch wenn er ein solches Darlehen bereits einmal erhalten hat.

Alle aufgeführten laufenden Leistungen werden, soweit nicht anders bestimmt, längstens für ein Jahr gewährt.

5.2 Mitarbeiter, die vom Einsatzort T auf Dauer an den Einsatzort L wechseln und ihren bisherigen Wohnsitz beibehalten, erhalten eine steuerpflichtige Ausgleichszahlung als einmaligen Ausgleich für den entstehenden Mehraufwand für Fahrten zwischen Wohnung und neuer Arbeitsstätte. Diese Ausgleichszahlung wird mit der Abrechnung des der Versetzung folgenden Monats ausgezahlt. Berechnungsgrundlage ist die Differenz der kürzesten Fahrtstrecke zwischen Wohnung und bisheriger Arbeitsstätte sowie zwischen Wohnung und neuer Arbeitsstätte, gestaffelt nach den Zonen der Mehrfahrtstrecke (Entfernungsdifferenz für die einzelne Fahrt):

3–8 km    2.500 DM (1.278,23 EUR)

mehr als 8 km    3.500 DM (1.789,52 EUR).

5.3 Gibt der Mitarbeiter aufgrund seines Wechsels vom Einsatzort T an den Einsatzort L seinen bisherigen Wohnsitz innerhalb von zwei Jahren auf und tritt dadurch eine erhebliche Verkürzung der Fahrtstrecke zwischen Wohnung und Arbeitsplatz gegenüber der früheren Fahrtstrecke ein, werden folgende Leistungen gewährt:

- Umzugskosten werden gegen Rechnung des Spediteurs in vollem Umfang erstattet.
- Die Renovierungskosten der bisherigen oder der künftigen Wohnung werden gegen Nachweis erstattet.
- Das Unternehmen ist bei der Wohnungssuche behilflich.
- Dem Mitarbeiter kann ein zinsloses Arbeitgeberdarlehen gewährt werden, auch wenn er ein solches Darlehen bereits einmal erhalten hat.

### III. Arbeitsvertragsbeendigungen

Alle Mitarbeiter, die einvernehmlich oder aufgrund vom Arbeitgeber ausgesprochener betriebsbedingter Kündigung aus dem Unternehmen ausscheiden, erhalten Leistungen nach Maßgabe der folgenden Bestimmungen, wenn ein entsprechender Arbeitsplatz im ehemaligen Werk T (nach Ringtausch) ersatzlos entfällt.

Anspruchsberechtigt sind auch diejenigen Mitarbeiter, die ihr Arbeitsverhältnis unter Wahrung der Kündigungsfrist selbst beenden, sofern ihr Arbeitsplatz aufgrund der geplanten Rationalisierungsmaßnahmen wegfällt oder diese Mitarbeiter einen Arbeitsplatz freimachen, auf den ein vom Arbeitsplatzverlust in T betroffener Mitarbeiter versetzt werden könnte.

## Kapitel 3: Interessenausgleichsvereinbarungen und Sozialpläne

### 1. Leistungsausschlüsse
Keinen Anspruch auf die nachstehenden Leistungen haben:
- Mitarbeiter mit befristeten Arbeitsverträgen
- Mitarbeiter, die im Zeitpunkt des Ausspruchs der Kündigung bzw. der einvernehmlichen Auflösung des Arbeitsverhältnisses keinen Kündigungsschutz nach dem Kündigungsschutzgesetz genießen, d. h. deren Arbeitsvertrag noch nicht länger als 6 Monate besteht
- Mitarbeiter, denen ein oder mehrere zumutbare Arbeitsplätze im Werk L einschließlich des Standortes T angeboten wurden und die den bzw. diese Arbeitsplätze abgelehnt haben. Vor Ausschluß des Leistungsanspruchs überprüft die Schiedskommission die Zumutbarkeit des angebotenen Arbeitsplatzes.
- Mitarbeiter, die ein Arbeitsverhältnis bei der Firma XY oder einem anderen mit der AG verbundenen Unternehmen unter Anerkennung der Dienstzeit annehmen
- Mitarbeiter, die im unmittelbaren Anschluß an ihr Ausscheiden Leistungen aus der gesetzlichen Rentenversicherung beanspruchen können. Ansprüche aus der Richtlinie _____ bleiben davon unberührt.
- Mitarbeiter, deren Arbeitsverhältnis aus verhaltensbedingten Gründen beendet wird.

### 2. Arten der Leistungsgewährung
Je nach Lebensalter werden
- eine Übergangshilfe und gegebenenfalls anschließend eine Überbrückungshilfe oder
- eine Abfindung

gezahlt. Die Übergangs- und gegebenenfalls Überbrückungshilfe erhalten Mitarbeiter, die im Zeitpunkt des Ausscheidens mindestens das 55. Lebensjahr vollendet haben. Die Abfindung erhalten Mitarbeiter, die im Zeitpunkt des Ausscheidens das 55. Lebensjahr noch nicht vollendet haben.

### 2.1 Übergangshilfe und Überbrückungshilfe

**a) Dauer**

Übergangshilfe wird gezahlt, solange der Mitarbeiter Anspruch auf Arbeitslosengeld hat, längstens bis zu dem Zeitpunkt, in dem ein Anspruch auf Leistungen der gesetzlichen Rentenversicherung besteht; in der Regel bis zur Vollendung des 60. Lebensjahres.

Überbrückungshilfe wird nach Beendigung der Gewährung von Arbeitslosengeld gezahlt, längstens bis zu dem Zeitpunkt, in dem ein Anspruch auf Leistungen der gesetzlichen Rentenversicherung besteht; in der Regel bis zur Vollendung des 60. Lebensjahres.

**b) Höhe**

Die Übergangshilfe und die Überbrückungshilfe betragen bei Mitarbeitern in der Tagschicht 68 %, bei Mitarbeitern in der Wechselschicht 82 % des zuletzt bezogenen Brutto-Monatsentgelts ohne Berücksichtigung des SFN-Zuschläge.

Hierauf werden Leistungen der Arbeitslosenversicherung (ohne künftige Erhöhungsbeträge), Rentenleistungen der Sozialversicherungsträger oder gleichwertige Leistungen aus einer fällig werdenden befreienden Lebensversicherung oder sonstiger öffentlicher oder betrieblicher Versorgungseinrichtungen, soweit letztere nicht auf Eigenbeiträgen des Mitarbeiters beruhen, angerechnet. Bereits gewährte Rentenleistungen werden nicht angerechnet.

Gewährt das Arbeitsamt dem ausgeschiedenen Mitarbeiter trotz korrekter Antragstellung keine oder nur eine verminderte Arbeitslosenhilfe, weil er nicht bedürftig im Sinne der Leistungsvoraussetzungen ist, wird die Arbeitslosenhilfe nur in Höhe der tatsächlichen Leistung des Arbeitsamtes auf die Überbrückungshilfe angerechnet. Hat der ausgeschiedene Mitarbeiter den Antrag auf Arbeitslosenhilfe jedoch nicht oder nicht korrekt gestellt, wird der Bezug seiner höchstmöglichen Arbeitslosenhilfe fiktiv unterstellt.

Wenn das Arbeitsamt keine Arbeitslosenhilfe gewährt, trägt es auch nicht die Beiträge zur Krankenversicherung. In diesem Falle erstattet das Unternehmen dem ausgeschiedenen Mitarbeiter zur Aufrechterhaltung des Krankenversicherungsschutzes den Gesamtbeitrag zur Krankenversicherung bis zur Höhe der Beiträge der zuständigen gesetzlichen Krankenkasse.

**c) Fälligkeit**
Die Übergangshilfe bzw. die Überbrückungshilfe wird monatlich nachträglich auf ein vom Mitarbeiter zu benennendes Girokonto bei der Post, einer Bank oder Sparkasse gezahlt.

### 2.2 Ergänzung der Übergangshilfe/Überbrückungshilfe
Zum Ausgleich wirtschaftlicher Nachteile durch Beendigung der Berufstätigkeit vor Gewährung der Leistungen aus der gesetzlichen Rentenversicherung wird ein gestaffelter Einmalbetrag von 1 bis maximal 5 Brutto-Monatsentgelten gemäß nachstehender Tabelle gewährt.

| Alter vollendet Jahr | Mon. | Anzahl Monatsentgelte | Alter vollendet Jahr | Mon. | Anzahl Monatsentgelte |
|---|---|---|---|---|---|
| 55 | 0 | 5,00 | 57 | 0 | 3,00 |
|    | 1 | 4,92 |    | 1 | 2,92 |
|    | 2 | 4,83 |    | 2 | 2,83 |
|    | 3 | 4,75 |    | 3 | 2,75 |
|    | 4 | 4,67 |    | 4 | 2,67 |
|    | 5 | 4,58 |    | 5 | 2,58 |
|    | 6 | 4,50 |    | 6 | 2,50 |
|    | 7 | 4,42 |    | 7 | 2,42 |
|    | 8 | 4,33 |    | 8 | 2,33 |
|    | 9 | 4,25 |    | 9 | 2,25 |
|    | 10 | 4,17 |    | 10 | 2,17 |
|    | 11 | 4,08 |    | 11 | 2,08 |
| 56 | 0 | 4,00 | 58 | 0 | 2,00 |
|    | 1 | 3,92 |    | 1 | 1,92 |
|    | 2 | 3,83 |    | 2 | 1,83 |
|    | 3 | 3,75 |    | 3 | 1,75 |
|    | 4 | 3,67 |    | 4 | 1,67 |
|    | 5 | 3,58 |    | 5 | 1,58 |
|    | 6 | 3,50 |    | 6 | 1,50 |
|    | 7 | 3,42 |    | 7 | 1,42 |
|    | 8 | 3,33 |    | 8 | 1,33 |
|    | 9 | 3,25 |    | 9 | 1,25 |
|    | 10 | 3,17 |    | 10 | 1,17 |
|    | 11 | 3,08 |    | 11 | 1,08 |
|    |   |   | von 59 | 0 | 1,00 |
|    |   |   | bis 63 | 0 | 1,00 |

### 2.3 Abfindung
Mitarbeiter, die mindestens 6 Monate im Unternehmen beschäftigt waren, erhalten für jedes Jahr ihrer Beschäftigung (anerkannte Dienstjahre, kaufmännisch gerundet) eine Abfindung in Höhe eines halben Brutto-Monatsentgelts, mindestens jedoch 3.000 DM (1.533,88 EUR). Zusätzlich erhalten anerkannte Schwerbehinderte einen Einmalbetrag von 5.000 DM (2.556,46 EUR) und Mitarbeiter mit Kindern einen Einmalbetrag von 3.000 DM (1.533,88 EUR) je Kind laut Steuerkarte.

Wegen der hier zu regelnden besonderen Verhältnisse und zum Ausgleich der auftretenden sozialen Härten werden die Abfindungsbeträge nach folgender Formel aufgestockt:

(Lebensalter + anrechenbare Dienstjahre) x 200 DM (102,26 EUR)

Die Abfindung wird – sozialversicherungsfrei und im Rahmen der Höchstbeträge des Einkommensteuergesetzes steuerfrei – am Ende des dem Ausscheiden folgenden Monats auf ein vom Mitarbeiter zu benennendes Girokonto bei der Post, einer Bank oder Sparkasse gezahlt.

### 2.4 Entgeltdefinition
Bei der Berechnung des Brutto-Monatsentgelts gemäß Ziffern 2.1 bis 2.3 ist maßgebend das zuletzt bezogene Bruttoentgelt ausschließlich Mehrarbeitsvergütung, SFN-Zuschläge, Erschwerniszulage, Urlaubsgeld, vermögenswirksame Leistungen und sonstige einmalige Zahlungen. Leistungslohnüberverdienste werden nach dem Durchschnitt der letzten 12 Monate ermittelt.

### 3. Mitwirkungs- und Meldepflichten
Der Mitarbeiter ist verpflichtet, nach seinem Ausscheiden die entsprechenden Anträge auf Leistungen der Arbeitslosenversicherung zu stellen und der Meldepflicht beim Arbeitsamt nachzukommen. Der Antrag auf Leistungen der gesetzlichen Rentenversicherung ist rechtzeitig zu stellen, sobald die gesetzlichen Voraussetzungen in der Person des Antragstellers hierfür gegeben sind.

Ereignisse, die die Gewährung von Leistungen nach dieser Regelung beeinflussen können, sind der Personalabteilung unverzüglich anzuzeigen. Bei Verletzung dieser Verpflichtungen entfällt die Leistungsgewährung in dem Zeitpunkt, in dem der Mitarbeiter Kenntnis von dem Ereignis hatte oder grob fahrlässig von dem Ereignis keine Kenntnis genommen hat.

### 4. Anrechnung anderer Einkünfte
Auf die Gewährung laufender Leistungen nach dieser Regelung sind Einkünfte aus selbständiger oder unselbständiger Tätigkeit anzurechnen, soweit sie den Betrag von 1.000 DM (511,29 EUR) im Monat überschreiten. Führen die vorgenannten Tätigkeiten zur Kürzung oder zum Entzug der Leistungen des Arbeitsamtes, so erhöhen sich hierdurch nicht die laufenden Leistungen des Arbeitgebers.

### 5. Sonstige Leistungen bei Ausscheiden aus dem Unternehmen

### 5.1 Betriebliche Altersversorgung
Scheidet ein Mitarbeiter gegen Zahlung einer Abfindung aus, so erhält er, sofern er zu diesem Zeitpunkt das 35. Lebensjahr vollendet hat und
– entweder die Versorgungszusage für ihn mindestens 10 Jahren bestanden hat
– oder der Beginn der Betriebszugehörigkeit mindestens 12 Jahre zurückliegt und die versorgungszusage für ihn mindestens 3 Jahre bestanden hat

eine unverfallbare Anwartschaft auf Leistungen der betrieblichen Altersversorgung.

Scheidet ein Mitarbeiter mit Übergangs- bzw. Überbrückungshilfe aus, bleibt sein Anspruch in der vollen bis zum Austrittstermin erworbenen Höhe erhalten; auf die Berechnung eines ratierlichen Anspruchs (m/n) gemäß Betriebsrentengesetz wird verzichtet.

### 5.2 Urlaub
Unabhängig vom Zeitpunkt der Beendigung des Arbeitsverhältnisses steht dem Mitarbeiter, der Leistungen nach dieser Vereinbarung erhält, der volle Urlaubsanspruch für das laufende Kalenderjahr zu. Der Urlaub ist vor Beendigung des Arbeitsverhältnisses in Freizeit zu gewähren und zu nehmen.

### 5.3 Befreiende Lebensversicherung
Mitarbeiter, die mit Übergangs- oder Überbrückungshilfe ausscheiden und von der Versicherungspflicht befreit sind, erhalten zur Fortführung ihrer befreienden Lebensversicherung die bisher gezahlten Prämien bis zur Vollendung des 60. Lebensjahres, soweit diese nicht von der Arbeitsverwaltung übernommen werden.

### 5.4 Jahresprämie
Ausgeschiedene Mitarbeiter erhalten für das Austrittsjahr die volle Jahresprämie.

### 5.5 Dienstjubiläum
Mitarbeiter, die innerhalb von 12 Monaten nach ihrem Ausscheiden ein Dienstjubiläum begehen würden, erhalten als zusätzliche Abfindung die Jubiläumsvergütung entsprechend den Jubiläumsdienstzeiten nach der geltenden Regelung in voller Höhe; Sachgeschenke, Ehrungen und bezahlte Freistellungen entfallen.

### 5.6 Darlehen
Darlehen werden aus Anlaß des Ausscheidens bei der AG nicht zur sofortigen Rückzahlung fällig; ihre Tilgung richtet sich nach den ursprünglich vereinbarten Bedingungen.

### 5.7 Werkswohnungen
Mitarbeitern, die mit Abfindung ausscheiden und die eine Werkswohnung bewohnen, wird für 2 Jahre Unkündbarkeit der überlassenen Wohnung aus diesem Anlaß zugesagt. Härtefälle werden in der Schiedskommission festgestellt und geregelt.

Mitarbeitern, die mit Übergangs-/Überbrückungshilfe ausscheiden, wird das Mietverhältnis aus diesem Anlaß nicht gekündigt.

### 6. Abtretungs- und Verpfändungsverbot
Ansprüche auf Leistungen gemäß Ziffer III. dürfen weder abgetreten noch verpfändet werden. Abtretungen und Verpfändungen sind dem Unternehmen gegenüber unwirksam. Solange der Mitarbeiter noch nicht vereinbarungsgemäß oder zum Ende der Kündigungsfrist ausgeschieden ist, sind die Ansprüche auf Leistungen gemäß Ziffer III. nicht vererblich.

Für den Sterbemonat und die darauf folgenden Monate wird die volle Übergangs- bzw. Überbrückungshilfe an die versorgungsberechtigten im gemeinsamen Haushalt lebenden hinterbliebenen Ehepartner oder Kinder, oder an Kinder, die sich noch in der Ausbildung befinden, gezahlt.

### 7. Anrechnung anderer Leistungen
Eine im Zusammenhang mit der Beendigung des Arbeitsverhältnisses außerhalb dieser Betriebsvereinbarung zu zahlende gerichtliche oder außergerichtliche Abfindung wird auf die Leistungen aus dieser Betriebsvereinbarung angerechnet.

### IV. Härtefonds
Zur Milderung besonderer zusätzlicher wirtschaftlicher Nachteile und sozialer Härten wird ein Härtefonds in Höhe von 100.000 DM (51.129,19 EUR) eingerichtet. Über die Verwendung der Mittel aus diesem Fonds entscheidet die Schiedskommission.

### V. Schiedskommission
Ergeben sich bei der Anwendung oder Auslegung dieses Sozialplans Streitigkeiten zwischen Gesamtbetriebsrat und Unternehmensleitung, wird zur Beilegung der Meinungsverschiedenheiten eine Schiedskommission gebildet. Die Schiedskommission unterliegt dem Einigungszwang.

Mitglieder der Kommission:

### VI. Inkrafttreten
Dieser Sozialplan tritt am           in Kraft. Er regelt ausschließlich die Maßnahmen und deren Folgen, die in dieser Vereinbarung angesprochen sind und ersetzt während seiner Laufzeit bestehende Regelungen gleichen oder vergleichbaren Inhalts.

Die Regelungen dieses Sozialplans enden mit dem Ablauf der geplanten Maßnahmen. Sie entfalten keine Nachwirkung und schaffen kein Präjudiz für vergleichbare spätere Maßnahmen.

## § 5 Kapitel 3: Interessenausgleichsvereinbarungen und Sozialpläne

### 27. Muster: Interessenausgleich über Zusammenführung mehrerer Betriebsteile in einem Kompetenzzentrum

Zwischen

der Firma ▒

und

dem Betriebsrat der Firma ▒

wir der nachfolgende Interessenausgleich geschlossen.

**Präambel**

Im Rahmen einer weltweiten strategischen Neuausrichtung des Konzerns hat der Vorstand am ▒ beschlossen, die Organisation der Bereiche ▒ in eine globale Management-Struktur zu überführen und ein Kompetenzzentrumkonzept einzuführen. Die Kompetenzzentren sollen globale Verantwortung für bestimmte Produktbereiche erhalten und in Europa, Nordamerika, Asien, Pazifik und Südamerika installiert werden. Im Rahmen dieses Konzepts wird der Bereich ▒ des Betriebs ▒ nach München verlegt. Aufgrund geänderter Aufgaben und einer geänderten Organisation (siehe Anlage 1), die mit dem Wegfall von Arbeitsplätzen verbunden ist, soll die dortige Geschäftsstelle als weltweites Kompetenzzentrum ausgebaut werden.

Nach Maßgabe der in der Präambel dargestellten Betriebsänderung besteht zwischen den Vertragsparteien Einvernehmen über folgende organisatorische Veränderungen:

1. Die Maßnahme führt zur Verlegung des vollständigen Bereichs ▒, mit Ausnahme der Abteilungen ▒. Nach München verlegt werden folgende Bereiche und Abteilungen: ▒. Am Stammsitz verbleiben folgende Abteilungen: ▒.

2. Das Kompetenzzentrum München ist ein Betrieb der Firma ▒. Die Personalbetreuung wird durch das Stammhaus erfolgen.

3. Die Verlegung wird – unter Errichtung der neuen Organisationsstruktur – zum ▒ (Stichtag) abgeschlossen sein.

4. In den Bereichen ▒ werden derzeit – einschließlich ruhender Arbeitsverhältnisse – ▒ Mitarbeiterinnen und Mitarbeiterinnen beschäftigt. Von der Verlegung betroffen sind insgesamt – einschließlich ▒ ruhender Arbeitsverhältnisse – ▒ Mitarbeiter (▒ Vollzeitbeschäftigte, ▒ Teilzeitbeschäftigte).

   a) Von den ▒ Mitarbeitern können ▒ Mitarbeiter in Hamburg weiterbeschäftigt werden. Konkret handelt es sich um folgende Mitarbeiter:
   
   Siehe Anlage 2

   b) Die in der Bundesrepublik Deutschland tätigen Außendienst-Mitarbeiter bleiben weiterhin in ihrem derzeitigen Wirkungskreis tätig. ▒ Mitarbeiter werden jedoch organisatorisch dem Kompetenzzentrum in Hamburg zugehörig sein, ▒ Mitarbeiter werden in das Büro ▒ versetzt.

   c) ▒ Mitarbeiter können – ggf. zu anderen Arbeitsbedingungen – in anderen Bereichen oder Standorten des Unternehmens weiterbeschäftigt werden. Konkret handelt es sich um folgende Mitarbeiter: ▒.
   
   Siehe Anlage 3

   d) Für ▒ Mitarbeiter (▒ Vollzeit- und ▒ Teilzeitbeschäftigte) besteht infolge der Neuorganisation auch im Stammhaus unter Berücksichtigung zumutbarer Fort- und Weiterbildungsmaßnahmen keine Möglichkeit der Beschäftigung über den Stichtag hinaus. Konkret handelt es sich um folgende Mitarbeiter: ▒.
   
   Siehe Anlage 4

Es besteht Einvernehmen, daß den in der Anlage 4 aufgeführten Mitarbeitern betriebsbedingt gekündigt werden soll bzw. in einem Falle das Arbeitsverhältnis durch Befristung endet.

Grundsätzlich spricht die Firma ordentliche betriebsbedingte Kündigungen aus. Bei Mutterschutz, Erziehungsurlaub oder Schwerbehinderung erfolgt die Kündigung nur mit Zustimmung der zuständigen Behörde unter Einhaltung der ordentlichen Kündigungsfrist.

Allen in der Anlage 4 aufgeführten Mitarbeitern steht es frei, auf Veranlassung des Unternehmens unter Einhaltung der ordentlichen Kündigungsfrist einen Aufhebungsvertrag zu schließen.

5. Die Kündigungen werden einheitlich zum Stichtag ausgesprochen, sofern die individuelle Kündigungsfrist des Mitarbeiters nicht zu einer Vertragsbeendigung zu einem späteren Zeitpunkt führt. Die Firma wird diesen Grundsatz auch in denjenigen Fällen beachten, in denen die Tätigkeit von Mitarbeitern ggf. vor dem Stichtag endet. In diesen Fällen wird sie die Mitarbeiter unter Anrechnung auf etwaige Resturlaubsansprüche und unter Fortzahlung der vereinbarten Vergütung freistellen.

6. Dem Betriebsrat wurden im Zusammenhang mit diesen Verhandlungen Unterlagen über alle Mitarbeiter übergeben, die in Ziff. 4 genannt werden. Die Unterlagen enthielten u. a. Angaben zur Person (Name, Vorname), zu Sozialdaten (Betriebszugehörigkeit, Alter, Unterhaltspflichten, Schwerbehinderteneigenschaft, sonstiges), zu individuellen Kündigungsfristen, zur Art der derzeitigen Beschäftigung und zu sonstigen Aspekten, die einen besonderen Kündigungsschutz begründen (wie Schwangerschaft, Erziehungsurlaub, Betriebsratsmitgliedschaft, Schwerbehinderung, Schwerbehindertenvertretung etc.).

Die Firma hat den Betriebsrat gem. § 102 BetrVG gebeten, den nach Ziff. 4 Buchstabe d) beabsichtigten Kündigungen nicht zu widersprechen. Der Betriebsrat hat über diesen Antrag beraten und nachfolgenden Beschluß getroffen:

In der Zustimmung zum Interessenausgleich liegt zugleich die Erklärung, im Rahmen des Anhörungsverfahrens nach § 102 BetrVG zu den beabsichtigten Kündigungen keine weitergehende Stellungnahme abzugeben.

7. Die Firma erklärt sich bereit, zum Ausgleich bzw. zur Milderung der mit der Betriebsänderung verbundenen Nachteile einen Sozialplan zu schließen.

8. Der Interessenausgleich tritt mit der Unterzeichnung durch die Vertragsparteien in Kraft.

Geschäftsleitung             Betriebsratsvorsitzender

### 28. Muster: Sozialplan über Zusammenführung mehrerer Betriebsteile in einem Kompetenzzentrum

Zwischen

der Firma

und

dem Betriebsrat

wird der nachfolgende Sozialplan geschlossen:

## § 5 Kapitel 3: Interessenausgleichsvereinbarungen und Sozialpläne

**Präambel**

Nach Maßgabe des Interessenausgleichs vom _____ (Muster 2475) wird eine Neuorganisation vorgenommen und ein Teil des Betriebes im Stammhaus nach München verlegt. Um die wirtschaftlichen Nachteile der von dieser Betriebsänderung betroffenen Arbeitnehmer auszugleichen bzw. zu mildern, vereinbaren die Vertragsparteien was folgt:

### A. Geltungsbereich

#### I. Persönlicher Geltungsbereich

1. Der Sozialplan gilt für alle Mitarbeiter und Mitarbeiterinnen – nachstehend Mitarbeiter genannt –, die in Ziff. 4 des Interessenausgleichs namentlich benannt sind.
2. Ausgenommen aus dem Geltungsbereich sind Mitarbeiter,
   - die am Tag der Unterzeichnung des Interessenausgleichs in einem befristeten Arbeitsverhältnis stehen,
   - denen vor dem Tag der Unterzeichnung des Interessenausgleichs durch die Firma aus Gründen, die in ihrer Person oder in ihrem Verhalten liegen, gekündigt wurde.

#### II. Zeitlicher Geltungsbereich

1. Der Sozialplan tritt nach Unterzeichnung durch beide Vertragsparteien in Kraft.
2. Der Sozialplan endet ohne Nachwirkung mit dem Abschluß der im Interessenausgleich genannten Maßnahmen und den nachstehenden Regelungen, spätestens am _____.

### B. Leistungen bei Weiterbeschäftigung in München

Die Firma gewährt den in Ziff. 4 Buchstabe a) des Interessenausgleichs genannten Mitarbeitern im Hinblick auf die Aufnahme ihrer Tätigkeit in München folgende Leistungen:

#### I. Fahrtkostenzuschuß

1. Der Fahrtkostenzuschuß wird von der Firma für folgende Fahrten gezahlt:
   - viermal zur Besichtigung einer Wohnung bzw. eines Hauses
   - einmal wöchentlich, längstens für die Dauer von fünf Monaten nach der tatsächlichen Aufnahme der Arbeit in München zum Besuch der Familie (Ehegatte, Lebensgefährte, Kinder) am Sitz des Stammhauses.
2. Statt der Kosten einer Heimreise des Mitarbeiters zahlt die Firma wahlweise auch die Kosten einer Anreise – einschließlich Übernachtungskostenpauschale von jeweils DM 39,00 (19,94 EUR) – des Lebensgefährten und der Kinder nach München.
3. Bei Bahnfahrt richtet sich die Höhe des Zuschusses nach den Kosten einer Hin- und Rückfahrt 2. Klasse (München – Sitz des Stammhauses). Bei Fahrten mit dem eigenen Pkw wird der gleiche Betrag erstattet.

#### II. Übernachtungskostenzuschuß

Die Firma wird den Mitarbeitern für den Fall, daß Übernachtungen erforderlich werden, Hotelzimmer in München zur Verfügung stellen. Der Anspruch auf ein solches Hotelzimmer ist begrenzt auf 130 Übernachtungen. Er endet, wenn der Mitarbeiter eine eigene Wohnung oder ein eigenes Haus in München oder Umgebung bezogen hat. Der Mitarbeiter ist verpflichtet, die Firma unverzüglich schriftlich über den Einzug in Kenntnis zu setzen.

#### III. Trennungsentschädigung

Die Firma zahlt eine Trennungsentschädigung in Höhe von DM 46,00 (23,52 EUR) pro Tag der Trennung, längstens für 90 Kalendertage.

#### IV. Kosten der Wohnungssuche

Die Firma wird den Mitarbeitern durch Beauftragen eines Maklers und das Schalten von Zeitungsanzeigen bei der Wohnungssuche behilflich sein. Beauftragt der Mitarbeiter bei der Wohnungssuche einen Makler seiner Wahl, so übernimmt die Firma die gesetzlich zulässigen Maklergebühren.

**V. Sonstige Kosten**
1. Die Firma wird den Transport des Hausstandes des Mitarbeiters durch Beauftragung eines Speditionsunternehmens organisieren und die Kosten hierfür übernehmen.
2. Für den Fall, daß der Mitarbeiter neben der neuen Wohnung in München oder Umgebung wegen der mietvertraglichen Kündigungsfristen trotz fristgerechter Kündigung seines Mietvertrags vorübergehend noch seine Wohnung am Sitz des Stammhauses oder Umgebung behalten muß, erstattet die Firma darüber hinaus die Kaltmiete für die Wohnung am Sitz des Stammhauses und Umgebung für die Dauer von maximal drei Monaten, in denen sich die Mietzahlungen überschneiden.
3. Zur Abgeltung sonstiger mit dem Umzug in Zusammenhang stehender Aufwendungen zahlt die Firma einen weiteren Betrag in Höhe von 1.932,00 DM (987,82 EUR) für verheiratete Mitarbeiter, 966,00 DM (493,91 EUR) für ledige Mitarbeiter und für jedes Kind 426,00 DM (217,81 EUR).

**VI. Verfahrensregeln**
1. Der Mitarbeiter ist verpflichtet, der Firma die Anspruchsvoraussetzungen bzw. tatsächlichen Aufwendungen durch Vorlage entsprechender Belege nachzuweisen. Eigenbelege sind ausgeschlossen. Im Anschluß an die Vorlage der Belege erfolgt die Zahlung als bargeldlose Erstattung unter Berücksichtigung der steuerlichen und sozialversicherungsrechtlichen Vorgaben am Tage der Auszahlung.
2. Steuerschuldner etwaiger Zahlungen ist der Mitarbeiter.
3. Sollte das Arbeitsverhältnis zwischen der Firma und dem Mitarbeiter durch Eigenkündigung des Mitarbeiters vor dem         enden, ist der Mitarbeiter verpflichtet, der Firma die Kosten in Höhe eines Monatsgehalts zurückzuzahlen. Die Rückzahlungspflicht mindert sich für jedes Jahr, das das Arbeitsverhältnis nach dem         besteht um 50%. Es gelten nur volle Kalenderjahre. Über Härtefälle wird eine einvernehmliche Regelung zwischen dem Betriebsrat und der Firma herbeigeführt.

**VII. Versetzung an andere Standorte**
Für Mitarbeiter, die an andere Standorte versetzt werden, werden einzelvertragliche Regelungen mit der aufnehmenden Gesellschaft getroffen.

**C. Abfindungen bei Entlassungen**

**I. Allgemeine Grundsätze**
1. Mitarbeiter, die gem. Ziff. 4 Buchstabe d) des Interessenausgleichs aufgrund einer betriebsbedingten Kündigung durch die Firma bis zum         oder eines durch die Firma aus betrieblichen Gründen bis zum         veranlaßten Aufhebungsvertrags ausscheiden (Entlassung), erhalten unter den nachstehenden Vorgaben eine Abfindung.
2. Kein Anspruch auf Abfindung haben Mitarbeiter
   – deren Arbeitsverhältnis zum Zeitpunkt des Zugangs der Kündigung noch keine zwölf Monate bestanden hat,
   – deren Arbeitsverhältnis nach dem Tag der Unterzeichnung des Interessenausgleichs durch die Firma aus Gründen in der Person oder in dem Verhalten des Mitarbeiters – ordentlich oder außerordentlich – gekündigt oder mit denen aus diesen Gründen ein Aufhebungsvertrag geschlossen wird; dies gilt auch dann, wenn eine solche Kündigung bzw. ein Aufhebungsvertrag das Arbeitsverhältnis zum gleichen Zeitpunkt wie eine bereits zuvor ausgesprochene betriebsbedingte Kündigung oder ein durch die Firma aus betrieblichen Gründen veranlaßter Aufhebungsvertrag beendet,
   – die ein schriftliches Angebot zur unbefristeten Weiterbeschäftigung am Stammsitz der Firma nicht binnen vier Wochen nach Zugang des Angebots annehmen, obgleich die angebotenen Arbeitsbedingungen vergleichbar und zumutbar sind und der Betriebsrat der Versetzung zugestimmt hat. Zumutbar im vorgenannten Sinne sind Arbeitsbedingungen dann, wenn der Mitarbeiter in vergleichbarer Tätigkeit mindestens 80% des Bruttoeinkommens erhält und

hierüber eine einvernehmliche Vereinbarung zwischen dem Betriebsrat und der Firma getroffen wurde.
- die die Firma nach Abschluß eines Aufhebungsvertrages oder nach Ausspruch einer betriebsbedingten Kündigung vor dem vereinbarten Vertragsende bzw. vor Ablauf der Kündigungsfrist verlassen, ohne daß die vorzeitige Beendigung der Tätigkeit zwischen der Firma und dem Mitarbeiter vereinbart wurde,
- die unmittelbar nach Beendigung des Arbeitsverhältnisses einen Anspruch auf ungekürzte gesetzliche Altersrente haben oder
- die – ausgehend von den Gegebenheiten zum Zeitpunkt der Unterzeichnung des Sozialplans – nach Ablauf des Anspruchs auf Arbeitslosengeld die Voraussetzungen für einen übergangslosen Bezug der ungekürzten gesetzlichen Altersrente, gleich welcher Art, erfüllen.

3. Mitarbeiter, die nach einer Entlassung durch die Firma unter Anrechnung der erworbenen Anwartschaften unbefristet eingestellt werden, nachdem ein Wiedereinstellungsanspruch rechtskräftig festgestellt wurde, sind zur Rückzahlung der Bruttoabfindung verpflichtet. Der Rückzahlungsbetrag vermindert sich allerdings um 1/36 pro vollen Monat der Arbeitslosigkeit zwischen der Beendigung des Arbeitsverhältnisses bei der Firma und dem Tag der Wiedereinstellung.

4. Stichtag für die Berechnung des Lebensalters (LA) und der Betriebszugehörigkeit (BZ) bei der Berechnung von Abfindungen ist der Tag der Unterzeichnung des Sozialplans. Bei der Berechnung der Abfindung werden nur volle Jahre der Betriebszugehörigkeit und des Lebensalters berücksichtigt. Betriebszugehörigkeit, die bei einer früheren Beschäftigung in der Firma oder einem Rechtsvorgänger bestanden hat, wird für den Fall der Unterbrechung des Arbeitsverhältnisses in der Vergangenheit nur dann berücksichtigt, wenn die Firma nach der Unterbrechung des Arbeitsverhältnisses gegenüber dem Mitarbeiter bei der letzten Einstellung schriftlich eine entsprechende Zusage gemacht hat.

5. Das Bruttoeinkommen (BE) ergibt sich aus dem monatlichen Brutto-Grundgehalt und den Zulagen, die der Mitarbeiter auch während er Anspruch auf Entgeltfortzahlung hatte, bezogen hat. Bei einem vereinbarten Jahresgehalt wird das Gehalt durch zwölf dividiert und als BE gerechnet. Fahrtkostenerstattung, vermögenswirksame Leistungen und sonstige Zulagen, Zuschläge, Sonderleistungen und eine etwaige Vergütung für Mehrarbeit bleiben ebenso unberücksichtigt wie einmalige Zahlungen, gleich welcher Art.

6. Als Schwerbehinderte gelten Mitarbeiter mit einer Behinderung gem. § 1 SchwbG. Die Schwerbehinderung wird nur dann bei der Berechnung der Abfindung berücksichtigt, wenn der Firma am Tag der Unterzeichnung des Sozialplans ein Bescheid gem. § 4 SchwbG vorgelegen hat.

**II. Höhe der Abfindung bei Entlassung**

1. Grundbetrag:

Jeder nach den Kriterien dieses Sozialplans anspruchsberechtigte Mitarbeiter erhält einen Grundbetrag, der sich nach folgender Formel errechnet:

$$\frac{LA \times BZ \times BE}{50}$$

Bei Mitarbeitern, die das 60. Lebensjahr vollendet haben und nach einem Jahr Arbeitslosigkeit oder nach Altersteilzeit gesetzliche Rente beziehen können, vermindert sich der Grundbetrag um 50 %.

2. Zuschläge zu der Abfindung über den Grundbetrag hinaus erhalten Mitarbeiter unter den nachfolgend genannten Voraussetzungen:

a) Kinderzuschlag:

Für unterhaltsberechtigte Kinder des Mitarbeiters bis zur Vollendung des 27. Lebensjahres, die auf der der Firma am Tag der Unterzeichnung des Sozialplans vorliegenden Lohnsteuerkarte eingetragen waren, wird ein Zuschlag für das erste Kind in Höhe von 1.000 DM (511,29 EUR) und für jedes weitere Kind in Höhe von 500 DM (255,65 EUR) gewährt.

b) Schwerbehinderung:

Schwerbehinderte erhalten ein weiteren Zuschlag. Grundlage für den Anspruch ist der Grad der Behinderung (GdB):

GdB 50 % bis 59 % = 4.000 DM (2.045,17 EUR)
GdB 60 % bis 79 % = 5.000 DM (2.556,46 EUR)
GdB ab 80 % = 6.000 DM (3.067,75 EUR)

### III. Zahlungsmodalitäten

1. Der Anspruch auf Abfindung entsteht mit der rechtlichen Beendigung des Arbeitsverhältnisses bzw. für den Fall einer Kündigungsschutzklage oder einer Klage gegen die Wirksamkeit eines Aufhebungsvertrages mit rechtskräftigem Abschluß des Rechtsstreits.
2. Der Anspruch ist 30 Tage nach seiner Entstehung fällig. Er wird nach Maßgabe der dann geltenden steuerlichen und sozialversicherungsrechtlichen Vorgaben bargeldlos zur Auszahlung gebracht. Die Firma und die Mitarbeiter zahlen die steuerlichen und sozialversicherungsrechtlichen Abgaben entsprechend ihren gesetzlich vorgegebenen Anteilen.
3. Der Abfindungsanspruch kann nicht abgetreten oder verpfändet werden.
4. Beim Tode eines Mitarbeiters bis zur rechtlichen Beendigung des Arbeitsverhältnisses verpflichtet sich die Firma, abweichend von der vorstehend zu Ziff. 1 getroffenen Regelung zum Entstehen des Anspruchs, die Abfindung 30 Tage nach Vorlage eines Erbscheins gem. Ziff. 2 an die Erben zu zahlen.

### IV. Härtefonds

1. Es wird ein Härtefonds in Höhe von          DM (         EUR) gebildet.
2. Zweck des Härtefonds ist es, auf Antrag betroffener Mitarbeiter besondere Härten zu mildern, die sich im Einzelfall ergeben und die im Sozialplan nicht geregelt sind.
3. Entsprechende Anträge müssen einschließlich einer Begründung durch den Mitarbeiter schriftlich bis zu einem Monat nach Zugang der Kündigung bzw. Abschluß des Aufhebungsvertrages bei der Firma gestellt werden. Die vereinbarte Frist ist eine Notfrist. Sie kann nicht verlängert werden.
4. Die Firma und der Betriebsrat werden über solche Anträge beraten und eine Entscheidung im Sinne dieses Sozialplans treffen. Ein Rechtsanspruch auf Leistungen aus dem Härtefonds besteht nicht. Kann keine Einigung zwischen der Firma und dem Betriebsrat über Zahlungen aus dem Härtefonds erzielt werden, kann ein Anspruch des Mitarbeiters auf Leistungen aus dem Härtefonds nicht entstehen.
5. Die Auszahlung von Leistungen des Härtefonds erfolgt nach Möglichkeit mit der Abfindung gem. Ziff. II. und III.
6. Die nicht in Anspruch genommene Restsumme des Härtefonds bleibt als Sozialfonds bestehen, über dessen Verwendung der Betriebsrat und die Firma einvernehmlich entscheiden.

### D. Anrechnungsklausel

Abfindungen und sonstige Entlassungsentschädigung, die – gerichtlich oder außergerichtlich – festgesetzt bzw. vereinbart werden, sowie etwaige Nachteilsausgleichsansprüche werden auf Abfindungen und sonstige Leistungen nach dem Sozialplan angerechnet.

### E. Abwicklung der Vertragsverhältnisse

1. Die Firma wird den von einer Entlassung betroffenen Mitarbeitern auf Verlangen eine angemessene Zeit zur Durchführung von Bewerbungsgesprächen unter Fortzahlung der vereinbarten Vergütung geben. Eine Freistellung erfolgt auch aus Anlaß von Informationsbesuchen beim zuständigen Arbeitsamt.
2. Etwaiger Resturlaub und etwaige Zeitguthaben sollen zur rechtlichen Beendigung des Arbeitsverhältnisses vollständig gewährt bzw. ausgeglichen werden. Etwaige Freistellungen werden

auf bestehende Resturlaubsansprüche und etwaige Zeitguthaben angerechnet; der Resturlaub ist insoweit in natura gewährt. Auch etwaige Zeitsalden sollen bis zur rechtlichen Beendigung des Arbeitsverhältnisses ausgeglichen werden. Erfolgt kein entsprechender Ausgleich, werden Leistungen nach diesem Sozialplan und/oder Lohn- bzw. Gehaltsansprüche entsprechend gekürzt.

3. Die Firma ist berechtigt, Mitarbeiter nach Abschluß eines Aufhebungsvertrages bzw. nach Ausspruch betriebsbedingter Kündigungen – ganz oder teilweise – von der Pflicht zur Arbeitsleistung unter Fortzahlung der vereinbarten Vergütung freizustellen.

4. Bei einer Vertragsbeendigung durch Entlassung im laufenden Kalenderjahr wird die betriebliche Jahresleistung (Weihnachtsgratifikation) ungekürzt ausgezahlt.

5. Jeder Mitarbeiter hat Anspruch auf ein wohlwollendes qualifiziertes Zwischen- und Schlußzeugnis, das Auskunft über Art und Dauer der Beschäftigung sowie über seine Führung und sein Leistungsverhalten gibt und den Mitarbeiter in seinem beruflichen Fortkommen fördert.

6. Es besteht Einvernehmen zwischen den Vertragsparteien, daß verbindliche Auskünfte über sozialversicherungsrechtliche Konsequenzen der Vertragsbeendigung nur die zuständigen Träger der Sozialversicherung, über Auswirkungen nach dem SGB III nur das Arbeitsamt erteilen können.

### F. Ausschlußfrist

Ansprüche aus diesem Sozialplan müssen durch Arbeitgeber und Mitarbeiter innerhalb einer Ausschlußfrist von drei Monaten nach ihrer Entstehung schriftlich bei der jeweils anderen Vertragspartei geltend gemacht werden. Ausreichend ist eine Geltendmachung durch Telefax. Nach Ablauf der Frist ist eine Geltendmachung ausgeschlossen.

### G. Schlußbestimmungen

1. Bei zukünftigen Änderungen in gesetzlicher, steuerlicher, sozialversicherungsrechtlicher oder persönlicher Hinsicht erfolgt keine Anpassung der vorstehend getroffenen Vereinbarung. Dies gilt insbesondere für den Grund, die Höhe und den Modus der Auszahlung von Abfindungen. Jede Seite trägt das Risiko etwaig eintretender Nachteile selbst.

2. Sollten einzelne Bestimmungen dieses Sozialplans unwirksam sein oder werden oder im Widerspruch zu tariflichen oder gesetzlichen Regelungen stehen, so bleiben die übrigen Bestimmungen hiervon unberührt. Die unwirksam oder im Widerspruch stehende Bestimmung ist durch eine Regelung zu ersetzen, die dem von den Vertragsparteien Gewollten möglichst nahekommt. Gleiches gilt für den Fall, daß eine Regelungslücke gegeben ist.

3. Bei Streitigkeiten zwischen den Vertragsparteien über den Inhalt des Sozialplans soll die neue Regelung zwischen den Vertragsparteien festgelegt werden. Scheitern die Verhandlungen, entscheidet das Arbeitsgericht. Dies gilt insbesondere für Rechts- bzw. Auslegungsfragen. Das Scheitern darf durch einen der beiden Vertragspartner allerdings erst zwei Monate nach Aufnahme entsprechender Verhandlungen erklärt werden.

Geschäftsleitung                    Vorsitzender des Betriebsrats

## 29. Muster: Kombinierter Interessenausgleich und Sozialplan wegen Kostendrucks und Vertriebsumstrukturierung

▼

Zwischen

der Geschäftsführung der Firmen

– insgesamt im nachfolgenden „MD" genannt –

und

dem Betriebsrat

– im nachfolgenden „BR" genannt –

wird folgender Interessenausgleich und Sozialplan gemäß §§ 111 und 112 BetrVG abgeschlossen:

### I Zweck der Betriebsänderung

Durch die Auswirkungen des Gesetzes         sind bei MD erhebliche wirtschaftliche Nachteile eingetreten bzw. in der Zukunft zu erwarten. Bedingt durch staatliche oder institutionelle Maßnahmen kann der bisherige Kostenumfang bzw. können künftige Kostensteigerungen nicht mehr durch entsprechende Preisanpassungen oder Umsatzerlöse aufgefangen werden. MD sieht sich deshalb gezwungen, seine Kostenstruktur insgesamt zu verbessern und neben den anderen Kostenarten auch die Personalkosten zu senken.

Darüber hinaus muß sich das Unternehmen, insbesondere im Vertriebsbereich, durch organisatorische Anpassungen auf neue Marktentwicklungen und veränderte Kundenstrukturen einstellen, um längerfristig seine Wettbewerbsfähigkeit zu sichern.

Nach eingehender Darstellung und Beratung der außer- und innerbetrieblichen Gründe und der damit verbundenen Auswirkungen auf die Mitarbeiter werden zum Zwecke des Interessen- und Nachteilsausgleichs nachfolgende Regelungen vereinbart.

### II Geltungsbereich

#### 1. Örtlicher und persönlicher Geltungsbereich

Dieser Interessenausgleich und Sozialplan umfaßt alle Mitarbeiter in den eingangs erwähnten Firmen, soweit sie dem MD-Betrieb M und damit dessen beiden Teilbetrieben
a) Innendienst (Hauptverwaltung)
b) Außendienstorganisation
angehören.

Werden durch diese Betriebsänderung der Hauptverwaltung M. in Einzelfällen auch die im MD-Betrieb A. befindlichen X-Funktionen berührt, so erfolgen betriebsbedingte Veränderungen nach Unterrichtung und Mitwirkung des Betriebsrates A.

Der Geschäftsbereich Y und dessen Mitarbeiter im Innen- und Außendienst werden durch diese Betriebsänderung nicht berührt.

#### 2. Zeitlicher Geltungsbereich

Die Betriebsänderung umfaßt den Zeitraum         bis         . Sollten einzelne Maßnahmen, die sich aus dem Betriebsänderungszweck ergeben, noch nicht bis         abgeschlossen sein, wird der zeitliche Geltungsbereich mit Zustimmung beider Parteien verlängert.

Interessenausgleich und Sozialplan gelten ab Datum ihrer Unterzeichnung durch beide Parteien und für alle Mitarbeiter, die am         in einem unbefristeten und ungekündigten Arbeitsverhältnis stehen und die im genannten Zeitraum von personellen Maßnahmen aus dieser Betriebsänderung betroffen sind.

## 3. Negativer Geltungsbereich

Nicht unter diesen Interessenausgleich und Sozialplan fallen Mitarbeiter,
- die bis zum ▮▮▮▮ Anspruch auf Altersrenten, flexible Altersrente oder auf Invaliditätsrente erwerben (Rentenbeginn),
- deren befristetes Arbeitsverhältnis aufgrund Zeitablaufs endet,
- die durch Eigenkündigung bei MD ausscheiden,
- denen aus einem personen- oder verhaltensbedingten Grund gekündigt wird,
- die Leitende Angestellte gemäß § 5 Abs. 3 BetrVG sind.

## III Interessenausgleich

### 1. Teilbetriebsänderung Innendienst

#### 1.1 Zeitlicher Veränderungsrahmen

288  Um die in Ziffer I dieser Vereinbarung genannten betrieblichen Erfordernisse sicherzustellen, vollzieht sich die Betriebsänderung im Teilbetrieb Innendienst M. in der Zeit vom ▮▮▮▮ bis ▮▮▮▮. Der Zeitraum ist notwendig, um sowohl mitarbeiterorientierten als auch betrieblichen Belangen gleichermaßen zu entsprechen. In diesem Zeitraum werden die dem Betriebsänderungszweck dienenden strukturellen, ablauforganisatorischen und zuständigkeitsbezogenen Veränderungen eingeleitet und durchgeführt, so daß die geplante Personalverminderung erreicht werden kann.

#### 1.2 Personalplanung

Aufgrund dieser Betriebsänderung wird innerhalb des Geschäftsbereiches Y die am Anfang des Geschäftsjahres ▮▮▮▮ gültige Zahl von ▮▮▮▮ besetzten Planstellen um ▮▮▮▮ Planstellen bis ▮▮▮▮ auf ▮▮▮▮ Planstellen verringert.

Beide Parteien sind sich darüber einig, daß erst nach Festlegung oder Durchführung aller organisatorischen Einzelmaßnahmen der genaue Personalplan ▮▮▮▮ festgestellt werden kann. Deshalb kann sich die o. g. Planzahl ▮▮▮▮ bis zum Abschluß der Betriebsänderung sowohl nach oben als auch nach unten geringfügig, d. h. nicht mehr als plus/minus 3, verändern.

#### 1.3 Personalanpassung

Die Verminderung der Mitarbeiter/Planstellen soll erreicht werden durch

a) natürliche Fluktuation und grundsätzlichen Verzicht auf externe Neubesetzung,

b) Auflösung vorhandener Planstellen/Aufgaben bzw. Umverteilung von Aufgaben auf andere Stellen. Die dadurch freiwerdenden Mitarbeiter können – sofern fachlich möglich – auf andere zu besetzende Stellen versetzt werden,

c) Angebot von Vorruhestands- und Ruhestandsvereinbarungen an ältere Mitarbeiter,

d) Angebot von Aufhebungsverträgen,

e) betriebsbedingte Kündigungen gemäß den Regelungen dieser Vereinbarung.

### 2. Teilbetriebsänderung Außendienstorganisation

#### 2.1 Zeitlicher Veränderungsrahmen

Die gemäß dem Betriebsänderungszweck notwendige neue Struktur der Außendienstorganisation wird am ▮▮▮▮ wirksam. Alle aus dieser Strukturveränderung resultierenden Distrikts-, Gebiets- und sonstigen Stellenbesetzungen sollen deshalb zu diesem Termin erfolgen. Ausgenommen ist der Außendienst ▮▮▮▮, dessen Veränderungen bis ▮▮▮▮ abgeschlossen werden.

#### 2.2 Strukturelle Veränderung/Personalplanung

Die strukturelle Veränderung des Gesamtaußendienstes bzw. der einzelnen Außendienstlinien ergibt sich aus der Gegenüberstellung der bisherigen Außendienstorganisation/Anzahl Mitarbeiter mit der/dem ab ▮▮▮▮ gültigen Organisationsstruktur/Stellenplan (siehe Anlage). Dieser Vergleich ergibt

# Betriebsvereinbarungen §5

a) die Auflösung der bisherigen Außendienste ▓▓▓ und ▓▓▓ sowie eine personelle Erweiterung der Außendienste ▓▓▓. Die Gruppe ▓▓▓ wird aus dem Außendienst ▓▓▓ ausgegliedert und dem Marketingbereich unterstellt.

b) eine Verminderung von
   - ▓▓▓ Distriktleitern
   - ▓▓▓ Beratern in ▓▓▓
   - ▓▓▓ Pharmaberatern

## 2.3 Personalanpassung

Die Auflösung der Stellen in den Außendiensten ▓▓▓ sowie die Besetzung der Stellen in den anderen Außendienstlinien soll wie folgt geschehen:

### 2.3.1 Stellenbesetzungen/Versetzungen
- Distriktleiter, deren Stelle entfällt, erhalten grundsätzlich freie Distriktleiter- oder freie Referentenstellen in den anderen Außendiensten angeboten.
- Weitere freie Referentenstellen werden den Beratern angeboten, die die Auswahlkriterien/-richtlinien lt. Ziffer 3.2.2 im jeweiligen örtlichen Bereich am besten erfüllen.
- Freie Beraterstellen werden im Rahmen der sozialen Auswahl und nach örtlichen Gesichtspunkten (siehe Ziffer 3.3.1) grundsätzlich den Außendienstmitarbeitern angeboten, deren Stelle entfällt.

### 2.3.2 Stellenverminderung/Beendigung des Arbeitsverhältnisses
Die Verminderung der Mitarbeiter/Planstellen soll erreicht werden durch

a) natürliche Fluktuation und grundsätzlicher Verzicht auf Neueinstellungen,

b) Angebot von Vorruhestands-/Ruhestandsverträgen an ältere Mitarbeiter,

c) betriebsbedingte Kündigungen gemäß den Regelungen dieser Vereinbarung und sofern lt. Ziffer 2.3.1 keine Versetzung möglich ist.

## 3. Personelle Maßnahmen

### 3.1 Durchführung personeller Einzelmaßnahmen
Versetzungen, Änderungs- und Beendigungskündigungen aufgrund dieser Betriebsänderung können erst nach Wirksamwerden dieses Interessenausgleichs und Sozialplans durchgeführt werden.

### 3.2 Fachliche Auswahlkriterien

#### 3.2.1 Innendienst
Nicht in die Sozialauswahl einbezogen werden Mitarbeiter, die aufgrund ihrer besonderen Fachkenntnisse und/oder der Alleinstellung ihrer Funktion für die Fortführung betrieblicher Aufgaben dringend benötigt werden und deshalb nicht vergleichbar sind. Der BR erhält im Rahmen der Anhörung lt. § 102 BetrVG alle notwendigen Informationen, um den jeweiligen Einzelfall beurteilen zu können.

#### 3.2.2 Außendienst
Nicht in die Sozialauswahl der Außendienstmitarbeiter untereinander werden Mitarbeiter einbezogen, die für die Wettbewerbsfähigkeit des Unternehmens im Markt, für die Betreuung besonders wichtiger Kundengruppen und damit für die Sicherung des Unternehmens und seiner Arbeitsplätze dringend erforderlich sind. Nicht in die Sozialauswahl einbezogen werden deshalb diejenigen Außendienstmitarbeiter, die bereits für folgende Funktionen ernannt wurden: ▓▓▓

Die in den Stellenausschreiben für diese Stellen aufgeführten Anforderungskriterien gelten im Sinne dieser Vereinbarung als Auswahlkriterien gemäß § 95 BetrVG. Die Auswahlrichtlinien gelten als erfüllt, wenn der Mitarbeiter eine der genannten Referentenstellen bereits innehat oder wenn im Rahmen der bereits erfolgten Stellenausschreibungen der BR bis zum ▓▓▓ den Versetzungsantrag für die ernannten Referenten und Mentoren zur Zustimmung erzielt (Datum der Mitarbeiterauflistung an BR) und nicht lt. § 99 Abs. 2 BetrVG widersprochen hat.

### 3.3 Sozialauswahl

Die Sozialauswahl geschieht nach den Regeln der einschlägigen Rechtsprechung. Für die Anhörung/Abstimmung der Einzelfälle werden zwischen MD und BR folgende Grundsätze vereinbart:

#### 3.3.1 Auswahl innerhalb der Teilbetriebe/Funktionen

Um einen ordnungsgemäßen Betriebsablauf sicherzustellen und um den fachlichen Unterschieden/Qualifikationen innerhalb der beiden Teilbetriebe Innendienst und Außendienst zu entsprechen, erfolgt die Sozialauswahl getrennt, jeweils unter den Mitarbeitern des Innendienstes und unter den Mitarbeitern des Außendienstes. Im Außendienst erfolgt die Sozialauswahl zudem innerhalb folgender Funktionen

und jeweils nach geographischen Gesichtspunkten (Wohnortnähe). Verglichen werden dabei die Sozialdaten der Mitarbeiter, die den gleichen/ähnlichen geographischen Bezirk bzw. den gleichen/ähnlichen geographischen Distrikt bearbeiten. In den Bezirksvergleich werden in vertretbarem Ausmaß auch Nachbarbezirke einbezogen.

#### 3.3.2 Persönliche Auswahlkriterien (Sozialdaten)

Innerhalb des Teilbetriebes erfolgt die Sozialauswahl gemäß nachfolgenden Kriterien und deren Reihenfolge:

a) Mitarbeiter mit besonderem Kündigungsschutz (Schwerbehinderte, Mitarbeiterinnen mit Mutterschutz, BR-Mitglieder).

b) Einer Maßzahl, gebildet aus der Summe Lebensalter plus Dauer der Betriebszugehörigkeit, jeweils zum Stichtag berechnet. Diese Maßzahl erhöht sich für jeden auf der Lohnsteuerkarte 1993 des Mitarbeiters eingetragenen Kinderfreibetrag um 3 Punkte (Anzahl der Freibeträge x 3 Punkte). Mit diesen letztgenannten Punkten wird der Familienstand und die Zahl der unterhaltsberechtigten Kinder berücksichtigt.

c) Besondere soziale Härtefälle.

### 3.4 Zumutbares Arbeitsplatzangebot

Ein im Rahmen der sozialen Auswahl oder aus anderen Gründen angebotener Arbeitsplatz gilt als zumutbar bzw. gleichwertig, wenn

– das neue Aufgabengebiet hinsichtlich Aus- und Fortbildung und/oder Berufserfahrung in den generellen Berufsbereich des Mitarbeiters fällt. Im Außendienst gilt im Sinne dieser Regelung für einen Berater im Bereich eine Stelle als Berater als nicht gleichwertig. Ausgenommen davon sind Distriktleiter. Für sie gelten im Sinne dieser Regelung Distriktleiterstellen sowie die Stellen als Referenten als gleichwertig.

– das Monatsgehalt des Mitarbeiters sich nicht mindert oder wenn nach Ablauf der Entgeltgarantie lt. Ziffer 7.1 des Sozialplans die neue Entgeltgruppe bzw. das neue Effektivgehalt nicht wesentlich niedriger ist. Als wesentlich niedriger werden weniger als 90 % des früheren monatlichen Bruttogehalts angesehen. Bei diesem Vergleich werden variable Bezüge, wie z. B. Außendienstprämien, Icentives, Boni, Spesenerstattung und der Besitz eines Firmenfahrzeuges, nicht berücksichtigt.

– bei Mitarbeitern mit schulpflichtigen Kindern oder mit berufstätigem Ehepartner der Arbeitsplatz/der geographische Zuständigkeitsbereich nicht mit einem Umzug verbunden ist. Die Entscheidung darüber trifft der Mitarbeiter.

Lehnt der Mitarbeiter einen zumutbaren Arbeitsplatz auch nach einer Änderungskündigung ab, verliert er den Anspruch auf Leistungen aus dem Sozialplan.

### 3.5 Versetzungsangebote

Versetzungen sollen grundsätzlich einvernehmlich erfolgen. Sie werden in schriftlicher Form durch die Personalabteilung angeboten. Sie enthalten die Bezeichnung der neuen Stelle, deren organisatorische, ggf. geographische Eingliederung, den Versetzungstermin sowie das monatliche Gehalt, bei Tarifmitarbeitern auch die Entgeltgruppe. Der Mitarbeiter muß der Personalabteilung innerhalb von zwei Wochen schriftlich mitteilen, ob er die Versetzung akzeptiert oder ablehnt. Die Zwei-Wochen-Frist beginnt an dem Tag, an dem der Empfänger im Inland tatsächlich Kenntnis von dem Angebot erhält. MD ist berechtigt, Änderungskündigungen aufgrund dieses Interessenausgleichs und Sozialplans auszusprechen, sofern sich der Mitarbeiter nicht rechtzeitig erklärt oder zumutbare bzw. gleichwertige Versetzungen ablehnt. Gibt der Mitarbeiter keine Erklärung ab, gilt die Versetzung als abgelehnt.

### 3.6 Stellenausschreibungen/Stellenbesetzungen

Freie Stellen werden ohne vorhergehende Stellenausschreibung in der beschriebenen Reihenfolge denjenigen Mitarbeitern angeboten, die aufgrund der fachlichen und/oder sozialen Auswahlkriterien als vorrangig gelten. Stellenausschreibungen erfolgen erst dann, wenn kein Mitarbeiter in dieser Personengruppe fachlich in Frage kommt, bzw. wenn der Arbeitsplatz von den Angebotsempfängern als nicht zumutbar abgelehnt werden konnte. Führen diese internen Auswahl- und Ausschreibungsverfahren zu keinem Ergebnis, kann die Stelle durch externe Personalbeschaffung besetzt werden.

### 3.7 Änderungskündigungen/Kündigungen

Beendigungs- und Änderungskündigungen aus dieser Betriebsänderung erfolgen stets unter Einhaltung der gesetzlichen bzw. einzelvertraglichen Kündigungsfristen zum jeweiligen Quartalsende, erstmals zum . Ausgenommen davon sind außerordentliche Kündigungen oder außerordentliche Änderungskündigungen.

### 3.8 Aufhebungsverträge

Beim Abschluß von Aufhebungsverträgen kann auf die Einhaltung der sonst üblichen Kündigungsfristen verzichtet werden. Die Entscheidung über die Beendigung vor Fristablauf trifft seitens MD im Innendienst der jeweilige Hauptabteilungsleiter und im Außendienst der Vertriebsdirektor. In diesem Fall erfolgt die Berechnung materieller Leistungen nur bis zum tatsächlichen Beendigungstermin (siehe auch Ziffer 3.9).

Sofern Aufhebungsverträge „auf Veranlassung des Arbeitgebers und aus betrieblichen Gründen" nur zu dem Zweck abgeschlossen werden, um eine personen- bzw. verhaltensbedingte Arbeitgeberkündigung zu vermeiden oder zu beseitigen, entsteht kein Anspruch aus dem Interessenausgleich und Sozialplan sowie auf dessen Leistungen.

### 3.9 Freistellungen/Vorzeitige Vertragsauflösung

MD hat das Recht, gekündigte Mitarbeiter bis zum Beendigungstermin freizustellen. Mit dieser Freistellung werden gleichzeitig noch bestehende Urlaubsansprüche abgegolten, es sei denn, daß die Zahl der Resturlaubstage höher als die Zahl der Freistellungstage ist.

Mitarbeiter, die freigestellt werden, können das Vertragsverhältnis durch Aufhebungsvertrag vorzeitig, ohne Einhaltung der Kündigungsfrist, lösen, sofern sie zum Austrittstermin das 56. Lebensjahr noch nicht vollendet haben. In diesem Falle wird die Abfindung um die arbeitsvertraglichen Bruttomonatsgehälter erhöht, die MD für die noch nicht abgelaufene Freistellungszeit zu zahlen hätte. Diese Ausgleichszahlung wird nicht auf die Maximalabfindung angerechnet.

### 4. Mitwirkung des Betriebsrates

Bei allen erforderlich werdenden Versetzungen, Änderungskündigungen oder Beendigungskündigungen und Abweichungen von dieser Vereinbarung sind die Mitwirkungsrechte des Betriebsrates zu beachten. Es besteht jedoch Übereinstimmung darin, daß die Erörterung im Zusammenhang mit der Erstellung der Namenslisten zur Versetzung, Änderungskündigung oder Beendigungskündigung von betroffenen Mitarbeitern im Rahmen des Interessenausgleichs und Sozialplans die förmliche Information/Anhörung ersetzen. Dies gilt jedoch nur unter der Voraussetzung, daß der Betriebsrat insoweit umfassend auch über die Auswahlkriterien informiert wurde.

### 5. Übereinstimmung über Interessenausgleich
Es besteht Übereinstimmung darüber, daß mit vorstehenden Bestimmungen der Interessenausgleich gemäß §§ 111, 112 BetrVG abschließend geregelt ist.

### IV Sozialplan

291 Ziel dieses Sozialplans ist es, die durch die Betriebsänderung entstehenden wirtschaftlichen Nachteile der betroffenen Mitarbeiter in angemessener Weise auszugleichen bzw. zu mildern.

#### 1. Ältere Mitarbeiter
Um jüngeren Mitarbeitern den Arbeitsplatz zu erhalten, werden älteren Mitarbeitern folgende Vereinbarungen zur Beendigung des Arbeitsverhältnisses angeboten. Berechtigt hierfür sind Mitarbeiter, die am ▮▮▮▮▮ 55 Jahre und älter sind und mindestens 10 Jahre Betriebszugehörigkeit aufweisen. Voraussetzung ist, daß das Angebot
a) im Außendienst bis zum ▮▮▮▮▮
b) im Innendienst bis zum ▮▮▮▮▮
schriftlich angenommen wird. Die jeweiligen Beendigungsverträge unterscheiden sich nach dem individuellen Lebensalter des Mitarbeiters wie folgt:

#### 1.1 Entgeltfortzahlung/Freistellung
„Ältere Mitarbeiter" im Außendienst, die das Arbeitsverhältnis aufgrund dieser Vereinbarung beenden, werden vom ▮▮▮▮▮ bis ▮▮▮▮▮ bei Fortzahlung des regelmäßigen Entgelts (Grundgehalt, 13. Gehalt, Vermögenswirksame Leistungen) freigestellt. Bei Mitarbeitern, die am ▮▮▮▮▮ das 62. Lebensjahr vollendet haben, erfolgt diese Entgeltfortzahlung/Freistellung bis zu dem Monat, in dem sie das 63. Lebensjahr vollenden.

Im Innendienst wird diese Regelung analog angewandt, wenn der Mitarbeiter bis zur Beendigung des Arbeitsverhältnisses freigestellt werden kann.

#### 1.2 Alter 62 bis unter 65
Mitarbeiter, die am ▮▮▮▮▮ 62 Jahre und älter sind, erhalten folgende Ruhestandsvereinbarung, sofern sie ab ▮▮▮▮▮ bzw. ab Vollendung des 63. Lebensjahres die Voraussetzung für den Bezug der Altersrenten für langjährig Versicherte erfüllen.

a) Hochrechnung der „anrechenbaren Dienstzeit" bis zur Vollendung des 65. Lebensjahres bei der Berechnung der betrieblichen Altersversorgung und Zahlung der MD-Rente auf dieser Basis ab ▮▮▮▮▮ bzw. ab Vollendung des 63. Lebensjahres,

b) eine Abfindung in Höhe von 1.000,– DM (511,29 EUR) für jeden Rentenmonat bis zur Vollendung des 65. Lebensjahres als Einmalbetrag (Rentenmonate x 1000,– DM (511,29 EUR) = Abfindung).

#### 1.3 Alter 60 bis unter 62
Mitarbeiter, die bis zum ▮▮▮▮▮ das 60. Lebensjahr, jedoch noch nicht das 62. Lebensjahr vollendet haben, erhalten folgende Vorruhestandsvereinbarung:

a) Ab ▮▮▮▮▮ bis zur Vollendung des 63. Lebensjahres ein monatliches Vorruhestandsentgelt bis zu 75 % des zuletzt bezogenen regelmäßigen Bruttomonatsentgelts, maximal jedoch bis zu 75 % der ab ▮▮▮▮▮ geltenden Beitragsbemessungsgrenze für die gesetzliche Rentenversicherung. Unabhängig von deren tatsächlicher Höhe im Jahre 1994 wird hier eine Beitragsbemessungsgrenze von 7.600,– DM (3.885,82 EUR) brutto/monatlich unterstellt (7.600,– DM (3.885,82 EUR) x 75 % = 5.700,– DM (2.914,36 EUR)). Das monatliche Vorruhestandsgehalt wird 12 mal pro Jahr gezahlt.

b) Eine einmalige Abfindung in Höhe von 6.500,– DM (3.323,40 EUR) brutto als Ausgleich für die beiden fehlenden Beitragsjahre (64. bis 65. Lebensjahr) zur gesetzlichen Rentenversicherung.

c) Hochrechnung der „anrechenbaren Dienstzeit" bis zur Vollendung des 63. Lebensjahres für die Berechnung der betrieblichen Altersversorgung.

d) Zahlung der unter Einschluß der Hochrechnung erreichten Rente aus der betrieblichen Altersversorgung ab dem Folgemonat nach Vollendung des 63. Lebensjahres, in Verbindung mit dem Bezug der Rente aus der gesetzlichen Sozialversicherung oder einer vergleichbaren Altersversorgung.

### 1.4 Alter 57 bis unter 60

In dieser Altersgruppe kann folgender Aufhebungsvertrag abgeschlossen werden:

a) Mitarbeiter, die am _____ das 57, jedoch noch nicht das 59. Lebensjahr vollendet haben, erhalten vom _____ bis zu dem Monat, in dem sie das 60. Lebensjahr vollenden, eine Entgeltgarantie in Höhe von 75 % des regelmäßigen zuletzt bezogenen Bruttomonatsentgelts. Mitarbeiter, die am _____ das 59. Lebensjahr vollendet haben, erhalten diese Entgeltgarantie bis zu dem Zeitpunkt, zu dem sie eine Frühverrentung lt. § 38 SGB VI in Anspruch nehmen können.

Die Entgeltgarantie setzt sich wie folgt zusammen:

aus dem Arbeitslosengeld gemäß § 106, Abs. 1 AFG

aus einer Abfindung, laut folgender Berechnung:

75 % des regelmäßigen Bruttomonatsentgelts _____ DM ( _____ EUR)
abzgl. monatliches Arbeitslosengeld
(4,33 Wochenbezüge) _____ DM ( _____ EUR)

= monatliche Entgeltgarantie
x Garantiemonate bis 60. Lebensjahr bzw.
bis Beginn der Frührente

= Abfindung _____ DM ( _____ EUR)

Die Abfindung beträgt mindestens das 12fache des regelmäßigen Bruttomonatsentgelts, maximal jedoch nicht mehr als die in Ziffer 2.1 festgelegte Höchstabfindung für „ältere Mitarbeiter".

Ist der Zeitraum des Anspruchs auf Arbeitslosengeld kürzer als die Anzahl der Garantiemonate bis zum 60. Lebensjahr, erfolgt eine entsprechende Erhöhung des Abfindungsbetrages (Grundlage ist der Bescheid des Arbeitsamtes).

b) Die lt. Ziffer 1.4 a) errechnete Abfindung erhöht sich um einen der nachfolgenden Beträge, um etwaige Verluste bei der Berechnung der gesetzlichen Rentenversicherung während des Zeitraumes des Bezuges von Arbeitslosengeld auszugleichen.
 – Alter 57: 5.000 DM (2.556,46 EUR) brutto
 – Alter 58: 3.500 DM (1.789,52 EUR) brutto
 – Alter 59: 2.000 DM (1.022,58 EUR) brutto

c) Zahlung der zum Austrittszeitpunkt erreichten Firmenrente ab dem Monat, ab dem der Mitarbeiter eine Rente aus der gesetzlichen Sozialversicherung oder einer dieser vergleichbaren Altersversorgung bezieht. Auf den versicherungsmathematischen Abschlag von 0,5 %/Monat wird verzichtet.

### 1.5 Alter 55 bis unter 57

Mitarbeiter, die am _____ das 55., jedoch noch nicht das 57. Lebensjahr vollendet haben, können einen Aufhebungsvertrag zu folgenden Bedingungen wählen:

a) eine Abfindung in Höhe des Betrages, der sich aus den Abfindungsberechnungen lt. Ziffern 2.1 ff. des Sozialplans ergibt.

b) Hochrechnung der „anrechenbaren Dienstzeit" in der betrieblichen Altersversorgung bis zur Vollendung des 60. Lebensjahres.

### 1.6 Begrenzung lt. § 147 a SGB III
Unter bestimmten Voraussetzungen muß MD der Arbeitsverwaltung die Leistungen zurückerstatten, die diese dem arbeitslos gewordenen Mitarbeiter gewährt. Um dieses finanzielle Risiko zu begrenzen, wird die Zahl der älteren Mitarbeiter, die zum Austrittszeitpunkt das 56. Lebensjahr vollendet haben und ein Angebot gemäß Ziffern 1.4 und 1.5 erhalten können, begrenzt. Die Begrenzung ergibt sich aus § 147 a Abs. 1 Satz 2 Nr. 6 SGB III. Wird diese Zahl überschritten, wird eine Rangfolge zugunsten des jeweils höheren Lebensalters gebildet.

### 1.7 Regelung Bruttomonatsentgelt
Das in Ziffern 1.3 und 1.4 genannte regelmäßige Bruttomonatsentgelt ist gleich dem Bruttogehalt, das der Mitarbeiter beim Abschluß seiner Vereinbarung zuletzt monatlich erhalten hat. Alle anderen regelmäßigen oder variablen Entgeltbestandteile werden ausgeschlossen.

### 2. Abfindungsregelungen
Mitarbeiter im Geltungsbereich dieses Interessenausgleichs/Sozialplans, deren Arbeitsverhältnis betriebsbedingt gekündigt oder denen stattdessen von MD ein Aufhebungsvertrag angeboten wird, erhalten wegen Verlustes ihres Arbeitsplatzes eine Abfindung im Sinne der §§ 9, 10 KSchG.

### 2.1 Mindestabfindung/Höchstabfindung
Die nach Ziffern 2.2 ff. errechnete Abfindung beträgt mindestens 2 Bruttomonatsentgelte und nicht mehr als 225.000 DM (115.040,67 EUR) brutto. Bei „älteren Mitarbeitern" lt. Ziffer IV, 1 erhöht sich die Maximalabfindung auf 250.000 DM (127.822,97 EUR).

Außerdem ist der Abfindungsbetrag nicht höher als die Summe der Bruttomonatsentgelte (einschließlich der regelmäßigen Sonderzahlungen, dies sind 13. Entgelt oder Jahresabschlußzahlung, Urlaubsgeld, vermögenswirksame Leistungen), die der Mitarbeiter bis zum vorgezogenen Rentenbeginn der gesetzlichen Rentenversicherungen erhalten würde. Dieser Rentenbeginn ist in allen Fällen derjenige Monat, der der Vollendung des 63. Lebensjahres folgt.

### 2.2 Abfindungsberechnung
Um das Lebensalter des jeweiligen Mitarbeiters und die Dauer seiner Betriebszugehörigkeit bei MD entsprechend zu berücksichtigen, wird die Abfindung nach folgender Formel berechnet:

$$\frac{\text{Lebensalter} \times \text{Betriebszugehörigkeit}}{47,5} \times \text{Bruttomonatsentgelt} = \text{Abfindung}$$

Lebensalters- und Betriebszugehörigkeitsjahre werden bis zum Tage der Beendigung des Arbeitsverhältnisses berechnet (Dezimalsystem).

Das Bruttomonatsgehalt lt. Ziffern 2.1 und 2.2 setzt sich zusammen aus

a) dem regelmäßigen vertraglichen Monatsgehalt, das der Mitarbeiter in dem Monat bezieht, in dem das Arbeitsverhältnis gekündigt oder der Aufhebungsvertrag geschlossen wird.

b) dem anteiligen 13. Gehalt pro Monat (Monatsgehalt : 12). Bei Tarifmitarbeitern ist die tarifvertragliche Jahresabschlußzahlung darin enthalten.

c) dem anteiligen Urlaubsgeld von maximal 1.800 DM (920,33 EUR) p. a., dies sind 150 DM (76,69 EUR) brutto pro Monat.

d) den Vermögenswirksamen Leistungen von 78 DM (39,88 EUR) brutto monatlich.

Nicht eingeschlossen sind dabei alle anderen regelmäßigen oder variablen Zahlungen, wie z. B. Mehrarbeitsausgleich, Außendienstprämien, Boni, geldwerter Vorteil des Firmen-Pkw's, etc.

### 2.3 Abfindungszulage für ältere Mitarbeiter
Die nach Ziffer 2.2 errechnete Abfindung erhöht sich für Mitarbeiter, die am ▓▓▓ das 50. Lebensjahr vollendet haben, um 10 % (Faktor 1,1).

### 2.4 Abfindungszulage für Kinder
Die Abfindung erhöht sich für jeden auf der Lohnsteuerkarte 1993 des Mitarbeiters eingetragenen Kinderfreibetrag um 2.500 DM (1.278,23 EUR) (Anzahl Kinderfreibeträge x 2.500 DM (1.278,23 EUR)).

### 2.5 Abfindungszulage für Schwerbehinderte
Die Erhaltung der Arbeitsplätze für Schwerbehinderte oder diesen Gleichgestellten gehört zu den wichtigsten personalpolitischen MD-Zielen. Sollte jedoch ein Mitarbeiter im Geltungsbereich des § 1 SchwG von dieser Betriebsänderung betroffen werden, so erhöht sich seine Abfindung
– um 5.000 DM (2.556,46 EUR) brutto bei einem Schwerbehinderungsgrad von 50 % und mehr
– um 3.000 DM (1.533,88 EUR) brutto bei einem Schwerbehinderungsgrad von unter 50 %.

### 2.6 Fälligkeit und Abrechnung
Die Abfindungen werden bei Beendigung des Arbeitsverhältnisses fällig und zusammen mit der letzten Gehaltsabrechnung gezahlt. Sie werden sozialversicherungsfrei und im Rahmen der gesetzlich zulässigen Höchstbeträge steuerfrei abgerechnet (§ 3 Nr. 9 EStG). Der die steuerfreie Höchstgrenze übersteigende Betrag wird mit dem halben individuellen Steuersatz abgerechnet (§§ 24 Nr. 1 a, 34 Abs. 1 und 2 EStG).

### 2.7 Abtretung
Der Anspruch auf die Abfindung kann nicht abgetreten werden, er ist jedoch vererblich.

### 3. Andere Zahlungen/Leistungen

### 3.1 Jahresleistung/13. Entgelt
Alle ausscheidenden Mitarbeiter erhalten zusammen mit der letzten Entgeltzahlung je nach Beendigungstermin das anteilige (pro rata temporis) oder das volle 13. Entgelt für das laufende Jahr. Bei Tarifmitarbeitern ist damit die anteilige bzw. volle tarifliche Jahresabschlußzahlung abgegolten.

### 3.2 Jubiläumszahlungen
Jubiläumszahlungen, die bis zum Ende des Jahres entstehen, in dem das Arbeitsverhältnis endet, werden spätestens mit dem letzten Monatsgehalt abgerechnet.

### 3.3 Urlaubsabgeltung
Allen Mitarbeitern wird bis zur Beendigung des Arbeitsverhältnisses der bestehende Resturlaubsanspruch des laufenden Jahres als Freizeit gewährt. Soweit dieser Urlaub aus betrieblichen Gründen nicht gewährt werden kann, erfolgt ein finanzieller Ausgleich der Resturlaubstage mit der letzten Entgeltzahlung. Die Berechnung des Jahresurlaubs erfolgt anteilig entsprechend dem Beendigungstermin.

### 3.4 Urlaubsgeld
Das Urlaubsgeld wird in voller Höhe für das laufende Urlaubsjahr gezahlt, wenn das Arbeitsverhältnis nach dem 30. Juni und anteilig, wenn das Arbeitsverhältnis vor dem 1. Juli endet.

### 4. Betriebliche Versorgungsansprüche
Für jene Mitarbeiter, die zum Zeitpunkt der Beendigung des Arbeitsverhältnisses die gesetzliche Unverfallbarkeit gemäß § 1 des Gesetzes zur Verbesserung der betrieblichen Altersversorgung erreicht haben, gelten die Leistungsrichtlinien der MD-Unterstützungskasse GmbH in der Fassung vom          .

Mitarbeiter, die bis zum Beendigungstermin die gesetzliche Unverfallbarkeit nicht erreicht haben (betrifft Betriebszugehörigkeit bis unter 10 Jahre), erhalten zusätzlich zu ihrer Abfindung 50 % des jeweiligen Kapitalwertes der erworbenen betrieblichen Rentenanwartschaft. Dieser wird unter Zugrundelegung der Versicherungstabellen von Heubeck errechnet. Diese Kapitalwertzahlung berührt nicht die in Ziffer 2.1 genannten Abfindungshöchstbeträge.

Bei „Älteren Mitarbeitern" wird die in Ziffer 4 der Leistungsrichtlinien geregelte „Anrechenbare Dienstzeit" bis zu dem jeweiligen Zeitpunkt verlängert, der in den Ziffern 1.2 bis 1.5 des Sozialplans geregelt ist. Die in Ziffer 5 geregelten „Anrechenbaren Bezüge" beziehen sich auf die Jahresentgelte, die bis zur Beendigung des Arbeitsverhältnisses zu berücksichtigen sind.

### 5. Spesenvorschüsse/Außendienstpauschale

Ständige Spesenvorschüsse werden mit der letzten Gehaltszahlung oder in dem Monat verrechnet, in dem die Abfindung ausgezahlt wird.

Freigestellte Außendienstmitarbeiter erhalten während des Freistellungszeitraums bis zum Ende des Beschäftigungsverhältnisses eine monatliche Außendienstpauschale von 100,– DM (51,13 EUR) brutto (statt 200,– DM (102,26 EUR) brutto).

### 6. Firmen-Pkw

Besitzt der Mitarbeiter einen Firmen-Pkw, so endet die Dauer der privaten und dienstlichen Nutzung (Rückgabe des Firmen-Pkws) lt. den Bestimmungen der Richtlinie für Firmenfahrzeuge vom ▬▬▬. „Ältere Mitarbeiter" lt. Ziffer 1 des Sozialplans können den Firmen-PKW während des gesamten Freistellungszeitraumes benutzen.

### 7. Versetzungen

#### 7.1 Entgeltgarantie

Sofern Mitarbeiter, deren Arbeitsplatz durch diese Betriebsänderung entfällt, in eine andere Stelle versetzt werden, erhalten sie für die Dauer eines Jahres mindestens das monatliche regelmäßige Gehalt, das sie in ihrer bisherigen Stelle bezogen haben. Danach gilt das für die jeweilige Stelle vorgesehene tarifliche Entgelt (einschließlich übertariflicher Zulagen) oder das für diese Stelle vorgesehene außertarifliche Entgelt. Im übrigen gelten § 13 (Rationalisierungsschutz und Arbeitsplatzsicherung) sowie § 14 (Verdienstsicherung im Alter) des Manteltarifvertrages Chemische Industrie. Im Außendienst findet zudem die BV „Prämiengrundsätze" Anwendung.

#### 7.2 Ersatz von Mehraufwendungen

Wird aufgrund einer Versetzung ein Umzug notwendig, werden dem Mitarbeiter gemäß MD-Umzugskostenordnung die Kosten ersetzt. Die Entscheidung darüber, ob der Mitarbeiter, durch diese Versetzung bedingt, an seinen neuen Arbeitsort umziehen möchte, muß er spätestens 6 Monate (= Kostenerstattungszeitraum) nach dem Versetzungstermin treffen. Im übrigen gilt die Reisekostenordnung für den Innen- bzw. für den Außendienst.

#### 7.3 Schulungs- und Einarbeitungskosten

Die Firma trägt in angemessenem Umfang die durch Versetzungen in andere Stellen oder durch die Übernahme neuer Zuständigkeiten entstehenden notwendigen Schulungs- bzw. Einarbeitungskosten. Als „angemessen" gelten die Regelungen lt. § 13 Abschnitt V des Manteltarifvertrages der Chemischen Industrie mit Ausnahme § 13 V Ziffer 4. Für Schulungen der Außendienstmitarbeiter gelten die üblichen Regelungen für Trainings- und Produktschulungsveranstaltungen.

### 8. Teilzeitbeschäftigte

Die Leistungen aus dem Sozialplan richten sich bei Teilzeitbeschäftigten nach dem Verhältnis der individuellen vertraglichen Arbeitszeit zur betrieblichen Vollarbeitszeit.

### 9. Besondere Fälle

Sofern besondere Fälle auftreten, die durch diesen Sozialplan nicht angemessen berücksichtigt sind, vereinbaren MD und BR, diese individuell zu prüfen und in vertrauensvoller Zusammenarbeit zu regeln. Dies gilt ebenfalls für Grenzfälle bei der Berechnung der Altersgrenzen für „Ältere Mitarbeiter" lt. Ziffer IV, 1.

### 10. Künftige Beendigungen des Arbeitsverhältnisses

MD und BR stimmen überein, daß die in diesem Sozialplan vereinbarten Abfindungsberechnungen und materiellen Leistungen ausschließlich der besonderen Situation dieser Betriebsänderung Rechnung tragen und deshalb keine Grundlagen oder Maßstäbe für künftige betriebsbedingte Kündigungen oder – gleich aus welchem Anlaß abzuschließende – Aufhebungsverträge darstellen.

## 11. Abgeltung von Ansprüchen
Mit den im Sozialplan geregelten Abfindungen sind auch alle Ansprüche aus § 13 IV des Manteltarifvertrages der Chemischen Industrie abgegolten („Abfindungen aufgrund rationalisierungsbedingter Kündigung").

## 12. Rechtsstreitigkeiten
Sofern Mitarbeiter gegen eine betriebsbedingte Kündigung Klage erheben, werden die Sozialplanleistungen erst nach rechtskräftigem Abschluß des Rechtsstreites fällig und mit einer ggf. gerichtlich festgesetzten Abfindung verrechnet.

### 30. Muster: Interessenausgleich wegen Fusionierung zweier Getränkehersteller

Zwischen

der          Actien Gesellschaft

und

dem Betriebsrat der          Actien Gesellschaft

wird im Hinblick auf die zukünftige Zusammenarbeit zwischen den Firmen A. und S. folgender Interessenausgleich gemäß §§ 111, 112 BetrVG vereinbart:

1. Beide Partner bringen ihre gesamte Produktion, den Vertrieb, die Logistik und die Verwaltung in ein neu zu gründendes Unternehmen mit Sitz in H und N ein.

    Die Brunnen- und Markenrechte verbleiben weiterhin bei der Actien Gesellschaft, die in unveränderter Rechtsform, jedoch lediglich als reiner Rechtsmantel geführt wird.

    Die Zusammenlegung dient der langjährigen Sicherung von strategischen Positionen und Marktanteilen; die damit verbundene Ausweitung der Ertragssituation soll zukünftig u. a. die Stabilität von Arbeitsplätzen verbessern und zusätzlichen Spielraum für weitere nationale Produkteinführungen eröffnen.

    Beide Partner sind zwar ertragsstark, sehen aber mittelfristig angesichts der starken Handelsmassierung und der Neuverteilung von Marktanteilen auf europäischer Ebene, die Notwendigkeit zu einer Kooperation.

    Es ergeben sich dadurch für uns folgende große Vorteile:
    - Mit den Marken A und S bieten wir die beiden Spitzenmarken im deutschen Getränkemarkt an.
    - Durch die Zusammenarbeit werden wir unsere jetzt schon internationale Position im europäischen Markt deutlich ausweiten können.
    - S bekommt den Zugang über den Getränkefachgroßhandel zum Mehrweggeschäft, das im Hinblick auf die Umweltdiskussion immer wichtiger wird.
    - Mit einer kombinierten Verkaufsorganisation von ca. 100 Außendienstmitarbeitern, haben wir einen schlagkräftigen Vertrieb gegenüber unseren Mitbewerbern.
    - Durch die volle Ausnutzung unseres Logistiksystems unter Einbeziehung von S können erhebliche Kosteneinsparungen realisiert werden.

    Darüber hinaus können in weiteren Unternehmensbereichen Synergieeffekte optimal realisiert werden.

    Die Zusammenführung beider Gesellschaften stellt die logische Entwicklung einer erfolgreichen Zusammenarbeit in der Vergangenheit dar, wobei das gesamte Geschäft beider Gesellschaften unter einheitlicher Leitung in Zukunft gemeinsam betrieben und weiterentwickelt werden soll.

Die Zusammenlegung soll spätestens zum ▇▇▇▇▇▇ erfolgt sein. Die Bewertung des einzubringenden Geschäftes ergibt nicht nur vom Volumen oder Umsatz sondern auch vom Ertrag her ein deutliches Übergewicht für A. Die Actien Gesellschaft wird somit eine deutliche Mehrheit im Joint Venture haben und dessen Führung übernehmen.

2. Im Zuge dieser Unternehmenszusammenführung wird es zu Änderungen der betrieblichen Organisationsstruktur kommen. Im Verlauf der verschiedenen Gespräche mit dem Betriebsrat erläuterte der Vorstand die mittelfristigen geschäftspolitischen Notwendigkeiten und Aussichten einer solchen Zusammenführung und übergab dem Betriebsrat Strategie- sowie Organisationspläne für die gemeinsame Geschäftstätigkeit.

Im Verlauf der Gespräche konnte der Betriebsrat durch den Vorstand der Actien Gesellschaft von der Fusion überzeugt werden.

Der Betriebsrat distanziert sich aber ausdrücklich von dem zweiten Standort H und hat diesbezüglich dem Vorstand frühzeitig eine Auflistung der Punkte unterbreitet, die für den alleinigen Stand N sprechen.

Durch die Zusammenführung beider Geschäftsaktivitäten bzw. Systemzusammenlegung wird infolge von funktionalen Doppelbesetzungen mit Arbeitsplatzverlusten von insgesamt ca. 50 Arbeitsplätzen bei beiden Unternehmen zu rechnen sein.

Durch die neue Struktur sind folgende Abteilungen von der Betriebsänderung betroffen:
– Buchhaltung/Rechnungswesen/Kostenrechnung
– Einkauf
– Information/Rechnungsausgangsprüfung/Schreibbüro
– Auftragsabwicklung
– Marketing/Werbung ohne Messe/Ausstellung
– Personalabteilung/Gehaltsabrechnung/Lohnbuchhaltung
– Zentrale/Empfang/Postabfertigung
– Verkauf/VK Innen/VK Außen/Handel/Gastronomie
– Vorstandssekretärinnen
– Betrieb/Technik

3. Die Actien Gesellschaft wird Mitarbeitern aus den vorgenannten Abteilungen entsprechend den Anforderungsprofilen der neuen Planstellen bzw. der neuen Organisationsstruktur Versetzungsangebote unterbreiten.

Bei den Einzelgesprächen können die Mitarbeiter auf eigenen Wunsch ein Betriebsratsmitglied hinzuziehen.

Alle erforderlichen Einzelmaßnahmen werden unter Wahrung der gesetzlichen und tariflichen Bestimmungen, insbesondere des Mitbestimmungsrechtes des Betriebsrates durchgeführt.

Als personelle Einzelmaßnahmen kommen in Betracht:
– Versetzung nach H
– Vorzeitige Pensionierung, z. B. 55/11
– Betriebsbedingte Kündigungen, soweit die vorstehenden Maßnahmen nicht möglich sind
– Qualifizierungsmaßnahmen, d. h. soll ein Mitarbeiter auf Veranlassung des Arbeitgebers bei Versetzung in das Fusionsunternehmen oder einen Konzernbetrieb umgeschult werden – das Einverständnis des Arbeitnehmers vorausgesetzt –, so übernimmt der Arbeitgeber die Kosten der Umschulung.

Das Unternehmen ist bemüht, soziale Härten zu vermeiden. Vorrangig vor allen Kündigungen wird älteren Mitarbeiterinnen und Mitarbeitern das vorzeitige Ausscheiden aus Altersgründen auf freiwilliger Basis unter Berücksichtigung der betrieblichen Notwendigkeiten ermöglicht.

Es werden vom Vorstand alle Anstrengungen unternommen, den jeweiligen von der Versetzung betroffenen Mitarbeitern, die durch diese Zusammenlegung ihre bisherige Tätigkeit aufgeben müssen, innerhalb der Gruppe (Konzern) vergleichbare Arbeitsplätze anzubieten.

Soweit darüber hinaus Betriebsangehörige ausscheiden müssen, wird als sozialer Ausgleich für diesen Personenkreis ein Sozialplan vereinbart.

In diesem Sozialplan werden unter anderem die Fragen
- Trennungsmehraufwand
- Besitzstände der Mitarbeiter
- Betriebsvereinbarungen/Richtlinien
- Fortsetzung der Ausbildungsverhältnisse

behandelt und festgelegt.

Die Anwendung der Tarifverträge der Getränkeindustrie in             bleiben durch die hier vereinbarten Maßnahmen unberührt; bei Mitarbeitern, die Versetzungsangebote wahrnehmen, kommen die Tarifverträge der Erfrischungsgetränkeindustrie in H zur Anwendung.

## 31. Muster: Sozialplan wegen Fusionierung zweier Getränkehersteller

Zwischen

der        Actien Gesellschaft

und

dem Betriebsrat der        Actien Gesellschaft

wird im Hinblick auf die Zusammenlegung der Geschäftsaktivitäten der Actien Gesellschaft und der S GmbH mit Sitz in H und N folgender Sozialplan gemäß § 112 BetrVG für die Actien-Gesellschaft geschlossen:

Dieser Sozialplan wird zum Ausgleich oder zur Milderung der wirtschaftlichen Nachteile geschlossen, die Belegschaftsmitglieder infolge der erforderlichen Struktur- und Rationalisierungsmaßnahmen erleiden. Er soll die sozialen Belange der Belegschaftsmitglieder bestmöglich berücksichtigen.

Der Sozialplan gilt für alle unter das BetrVG fallenden Mitarbeiter der Actien Gesellschaft.

### 1. Trennungsmehraufwand

Mitarbeitern, die aufgrund der Fusion ihren Wohn- und Dienstsitz verlegen, ersetzt die Actien Gesellschaft die folgenden Mehraufwendungen:

#### 1.1 Trennungsentschädigungen

Eine Trennungsentschädigung in Höhe von 14 DM (7,16 EUR)/Tag entsprechend den lohnsteuerrechtlichen Vorschriften für längstens 6 Monate ab dem Datum der Versetzung nach H.

#### 1.2 Wohnraumbeschaffung

Wird ein durch die Versetzung bedingter Wohnungswechsel erforderlich, so trägt die AG die Kosten des Umzuges in angemessener Höhe und eine eventuelle Maklercourtage im Rahmen der Lohnsteuerrichtlinien (nachstehend kurz LStR genannt). Bis zur Beschaffung einer Wohnung am neuen Beschäftigungsort erhält der Arbeitnehmer bei Vorliegen des Tatbestandes der notwendigen Einrichtung einer doppelten Haushaltsführung die entsprechenden Erstattungen gem. LStR für höchstens 6 Monate; gegebenenfalls sorgt die AG bis zur Beschaffung einer Wohnung für eine angemessene Hotelunterbringung (für längstens 6 Monate).

#### 1.3 Familienheimfahrten

Die AG erstattet wöchentlich eine Familienheimfahrt gem. LStR mit dem eigenen Wagen oder mit öffentlichen Verkehrsmitteln (exkl. Flugzeug). Dies gilt bis zum Bezug der neuen Wohnung am Dienstsitz, längstens jedoch für 6 Monate.

### 1.4 Mietzuschuß

Hat ein Arbeitnehmer aufgrund der Versetzung an den neuen Dienstsitz eine höhere Miete als bisher zu zahlen, so gewährt die AG einen Mietzuschuß entsprechend folgender Regelung:

– Für einen Zeitraum von drei Jahren nach der Versetzung wird der Differenzbetrag zwischen dem Quadratmeterpreis der neuen Wohnung unter Zugrundelegung der Mietfläche der alten Wohnung mit einem gestaffelten Zuschuß ausgeglichen.

– Die Staffelung des Zuschusses verläuft wie folgt:
Jahr 1 = 80 % des Differenzbetrages
Jahr 2 = 60 %   "        "
Jahr 3 = 30 %   "        "
ab Versetzung bzw. Wohnungswechsel.

Sonderfälle bleiben einer Einzelregelung vorbehalten.

### 2. Vermittlung bzw. Übernahme von Arbeitnehmern in andere Betriebe oder Betriebsteile der Gruppe (Konzern)

2.1 Die AG erklärt sich bereit, alle Möglichkeiten auszuschöpfen, den von der Betriebsänderung betroffenen Arbeitnehmern im Einvernehmen mit dem Betriebsrat in anderen Betrieben oder Betriebsteilen der Gruppe neue zumutbare Arbeitsplätze zu vermitteln. Geschieht diese Vermittlung dadurch, daß in anderen Betrieben oder Betriebsteilen der Gruppe (aufnehmender Betrieb) Arbeitnehmer freiwillig zugunsten eines bestimmten – von der Betriebsänderung unmittelbar betroffenen – Arbeitnehmers der AG aus dem Arbeitsverhältnis ausscheiden, so haben diese freiwillig ausscheidenden Arbeitnehmer Anspruch auf Leistungen analog den Bestimmungen des Sozialplans. Voraussetzung hierfür ist, daß die Geschäftsleitung des aufnehmenden Betriebes dieser Vermittlung ausdrücklich zugestimmt hat.

2.2 Arbeitnehmern, denen infolge der Betriebsänderung die Übernahme in andere Betriebe oder Betriebsteile der Gruppe angeboten wird, ist die Absicht schriftlich mitzuteilen. Die Bezeichnung des neuen Arbeitsplatzes muß den Standort des Betriebes, eine aussagefähige Aufgabenbeschreibung, die Angabe der Bewertungsgruppe des jeweiligen Tarifvertrages und des Bruttoeinkommens enthalten. Der Arbeitnehmer muß innerhalb von 20 Kalendertagen nach Zugang der Mitteilung erklären, ob er das Angebot annimmt.

2.3 Nach Zugang des Angebotes erhält der Arbeitnehmer unter Fortzahlung des Arbeitsverdienstes die Gelegenheit, den angebotenen neuen Arbeitsplatz zu besichtigen. Die hierfür notwendigen Fahrtkosten und angemessenen Spesen werden ihm erstattet.

2.4 Wird durch die Übernahme des Arbeitnehmers in einen anderen Gruppenbetrieb ein Wohnungswechsel erforderlich, so trägt die AG die Kosten des Umzugs in angemessener Höhe und eine evtl. Maklercourtage im Rahmen der LStR. Bis zur Beschaffung einer Wohnung am neuen Beschäftigungsort erhält der Arbeitnehmer bei Vorliegen des Tatbestandes der notwendigen Einrichtung einer doppelten Haushaltsführung gem. LStR für höchstens 6 Monate die entsprechenden Erstattungen nach LStR. Abweichend von den Bestimmungen nach den LStR. jedoch auch höchstens für 6 Monate, gilt für Familienheimfahrten als vereinbart:
– Erstattung der notwendigen Fahrtkosten für jeweils eine Familienheimfahrt wöchentlich.

2.5 Hat der Arbeitnehmer aufgrund eines Wohnungswechsels durch Übernahme in einen anderen Gruppenbetrieb eine höhere Miete als bisher zu zahlen, so gewährt die AG für höchstens 1 Jahr einen Mietzuschuß, längstens jedoch innerhalb eines Zeitraumes von 2 Jahren nach der Versetzung. Dieser wird in Höhe des Differenzbetrages zwischen dem Quadratmeterpreis der neuen Wohnung unter Zugrundelegung der Mietfläche der alten Wohnung, jedoch höchstens bis zu einem Betrag von 200 DM (102,26 EUR) monatlich gezahlt.

Sonderfälle bleiben einer Einzelregelung vorbehalten.

2.6 Sofern einem Arbeitnehmer im Sinne der Ziffer 2.1 ein Arbeitsplatz in anderen Betrieben oder Betriebsteilen der Gruppe angeboten wird, ist dem Betriebsrat des betroffenen anderen Betriebs vor jeder personellen Maßnahme die Personalakte und der Entwurf der Arbeitsvertragsänderung des betroffenen Arbeitnehmers vorzulegen.

2.7 Arbeitnehmer, die bis zur Vollendung des 45. Lebensjahres einen geringer bezahlten Arbeitsplatz übernehmen, erhalten als Ausgleich den Unterschiedsbetrag zwischen ihrem bisherigen tariflichen Entgelt und dem neuen tariflichen Entgelt für die Dauer von 2 Jahren vom Zeitpunkt ihrer Versetzung ab als dynamische Besitzstandszulage weitergezahlt.

Arbeitnehmer nach Vollendung des 45. Lebensjahres erhalten die dynamische Besitzstandszulage für die Dauer von 4 Jahren.

Arbeitnehmer ab dem 54. Lebensjahr erhalten die dynamische Besitzstandszulage bis zur Beendigung des Arbeitsverhältnisses.

Für die Berechnung dieser dynamischen Besitzstandszulage wird die Differenz zwischen dem Entgelt der alten und der neuen Bewertungsgruppe einschließlich der tariflichen Jahressonderzahlung sowie der tariflichen Leistungszulage und der freiwilligen außertariflichen Zulage berücksichtigt.

2.8 Bei einem Arbeitsplatzwechsel innerhalb der Gruppe besteht ein Anspruch auf Anrechnung der abgeleisteten Dienstzeit in der AG, insbesondere auch hinsichtlich des Kündigungsschutzes und des Anspruchs auf freiwillige soziale Leistungen. Dies gilt nicht für die betriebliche Altersversorgung.

2.9 Bei einem Wechsel in einen Betrieb der Gruppe gilt hinsichtlich einer betrieblichen Altersversorgung folgende Regelung:

Arbeitnehmer, die in eine Beteiligungsgesellschaft der Gruppe versetzt werden, erhalten bei Vorliegen der gesetzlichen Voraussetzungen einen unverfallbaren Betriebsrentenanspruch gemäß § 1 BetrAVG schriftlich von der AG bestätigt. Liegen die gesetzlichen Voraussetzungen nicht vor, erhalten die versetzten Arbeitnehmer einen vertraglichen, bedingten Betriebsrentenanspruch.

Einen Anspruch auf Versorgungsleistungen aufgrund einer vertraglich zugesagten Anwartschaft hat der versetzte Arbeitnehmer bei Eintritt des Versorgungsfalles, wenn er aufgrund der in der AG und in einer Beteiligungsgesellschaft insgesamt zurückgelegten Dienstjahre die gesetzlichen Voraussetzungen zur Erlangung eines unverfallbaren Betriebsrentenanspruches (§ 1 BetrAVG vom 19.12.1974) erfüllt.

Als anrechnungsfähige Dienstjahre zur Berechnung der Höhe des vertraglichen Betriebsrentenanspruches werden die in der AG bis zur Versetzung tatsächlich zurückgelegten Dienstjahre berücksichtigt.

Die Berechnung der Höhe des vertraglichen Betriebsrentenanspruchs gegenüber der AG richtet sich nach den Bestimmungen der Versorgungsordnung der AG in ihrer jeweils gültigen Fassung in Verbindung mit § 2 BetrAVG vom 19.12.1974. Angefangene Dienstjahre, die über 6 Monate hinausgehen, gelten als volles Dienstjahr.

Die Versorgungsansprüche des versetzten Arbeitnehmers richten sich in einer aufnehmenden Beteiligungsgesellschaft nach den dort jeweils gültigen Bestimmungen der Versorgungsordnung nach folgender Maßgabe:

Auf die Wartezeit der Versorgungsbestimmungen der aufnehmenden Beteiligungsgesellschaft werden die in der AG zurückgelegten Dienstjahre angerechnet. Für die Berechnung der Höhe der gesamten Versorgungsansprüche gelten die insgesamt erbrachten Dienstjahre in der Gruppe.

Erreicht der Arbeitnehmer in der aufnehmenden Beteiligungsgesellschaft nicht die nach der dort geltenden Versorgungsordnung erforderliche Mindestwartezeit, so errechnet sich sein Versorgungsanspruch der Höhe nach im Verhältnis der tatsächlichen in der Beteiligungsgesellschaft zurückgelegten Dienstjahre zu der erforderlichen Mindestwartezeit.

Als Stichtag für die Aufnahme in das Versorgungswerk der aufnehmenden Beteiligungsgesellschaft gilt der Tag der Versetzung.

2.10 Arbeitnehmer, die einen angebotenen zumutbaren anderen Arbeitsplatz in der Gesellschaft oder in der Gruppe ablehnen, haben keine Ansprüche nach diesem Sozialplan.

Zumutbar ist der Arbeitsplatz, wenn
a) ein der Vorbildung und Berufserfahrung entsprechendes Aufgabengebiet angeboten wird,
b) mindestens entsprechende tarifliche Eingruppierung erfolgt,
c) mindestens gleicher Brutto-Monatsverdienst gezahlt wird, wobei Zuschläge für Nacht-, Sonn- und Feiertagsarbeit sowie Mehrarbeitsregelungen außer Betracht bleiben,
d) die bisherige Betriebszugehörigkeit voll anerkannt wird, mit Ausnahme der Ansprüche auf betriebliche Versorgungsleistungen bei einem Wechsel in eine Beteiligungsgesellschaft der Gruppe
e) sich der bisherige Arbeitsweg nicht um mehr als 60 Minuten für den einfachen Weg verlängert.

2.11 Eine auf medizinische Gründe gestützte Unzumutbarkeit hat der betroffene Arbeitnehmer durch ein amtsärztliches Zeugnis nachzuweisen; die Kosten hierfür trägt die AG.

2.12 Das Unternehmen verpflichtet sich, die derzeit bestehenden Ausbildungsverhältnisse fortzuführen oder die Ausbildung in Tochter-/Konzerngesellschaften weiterzuführen.

Die Mehraufwendungen, die den Auszubildenden entstehen, werden von der AG für die Dauer der Ausbildungszeit übernommen.

**3. Umschulung von Arbeitnehmern**

3.1 Sollen Arbeitnehmer – ihr Einverständnis vorausgesetzt – auf Veranlassung der AG oder auf Vorschlag des Betriebsrates umgeschult werden, um im gleichen oder in einem anderen Betrieb bzw. Betriebsteil der Gruppe eine Arbeit zu übernehmen, so gilt folgendes:

3.2 Dem Arbeitnehmer wird die beabsichtigte Umschulung unter Angabe von Art und Dauer schriftlich mitgeteilt. Weiterhin wird ihm ein Angebot über einen neuen, der Umschulung entsprechenden Arbeitsplatz übermittelt.

3.3 Während der Umschulung, längstens jedoch für die Dauer von 12 Monaten, erhält der Arbeitnehmer seinen durchschnittlichen monatlichen Bruttoverdienst, berechnet nach der Grundlage des Lohnfortzahlungsgesetzes, weiter, und zwar unter Anrechnung der ihm nach dem Arbeitsförderungsgesetz zustehenden Ansprüche.

3.4 Die AG trägt die notwendigen sachlichen Kosten der Umschulung einschließlich notwendiger Fahrtkosten bei Umschulungen außerhalb des Betriebes sowie Leistungen nach den LStR bei Vorliegen einer notwendigen doppelten Haushaltsführung, sofern ihm nicht Ansprüche aus dem SGB III zustehen.

**4. Ausscheiden von Arbeitnehmern**

4.1 Ausscheidende Mitarbeiter werden für die erforderliche Zeit zur Bewerbung um einen neuen Arbeitsplatz ohne Verdienstminderung von ihrer Arbeit freigestellt. Erforderliche Fahrtkosten werden vergütet, sofern nicht Ansprüche gegenüber Dritten bestehen. Eine Vergütung von Aufwendungen im Zusammenhang mit Bewerbungen in den Beteiligungsgesellschaften der Gruppe erfolgt nach Absprache mit der AG unter Beteiligung des Betriebsrats. Eine Vergütung entfällt, sofern Ansprüche gegenüber Dritten bestehen.

4.2 Bezüglich der Bezahlung von betrieblichen Ruhegeldern an Arbeitnehmer, die anläßlich der Betriebsänderung ausscheiden, gelten die Bestimmungen des Gesetzes zur Verbesserung der betrieblichen Altersversorgung vom 19.12.1974. Ein angefangenes Dienstjahr wird dann als vollendet gewertet, wenn es mehr als zur Hälfte abgeleistet ist.

4.3 Tariflich geregelte Leistungen erhält der betroffene Arbeitnehmer im Jahr des Ausscheidens gemäß den Bestimmungen des Manteltarifvertrages sowie des Tarifvertrages über vermögenswirksame Leistungen in ihrer jeweils gültigen Fassung. Für Urlaub und Urlaubsgeld gilt davon abweichend folgende Regelung:

Arbeitnehmer erhalten im Jahr des Ausscheidens den ihnen tariflich zustehenden Jahresurlaub in voller Höhe, wenn der Urlaub bis zum Ausscheiden aus dem Arbeitsverhältnis genommen wird.

Dasselbe gilt für den Anspruch auf das tariflich geregelte Urlaubsgeld. Die zeitliche Lage des Urlaubs bestimmt die AG nach den betrieblichen Erfordernissen im Einvernehmen mit dem Betriebsrat.

4.4 Die AG gewährt denjenigen Arbeitnehmern, die infolge dieser Betriebsänderung aus der AG ausscheiden und bis zu zwei Jahren nach Ausscheiden ein 25jähriges Dienstjubiläum und bis zu fünf Jahren nach Ausscheiden ein 40jähriges Dienstjubiläum begehen würden, das bisher übliche Jubiläumsgeld.

4.5 Das jeweilige Jubiläumsgeld wird bei der Berechnung der Abfindung berücksichtigt und erhöht den individuell errechneten Abfindungsbetrag um diese Summe.

4.6 Stirbt ein von der Betriebsänderung betroffener Arbeitnehmer noch vor Ablauf von 12 Monaten nach seinem Ausscheiden, so erhalten die Hinterbliebenen die für den Sterbefall üblichen tariflichen bzw. betriebsüblichen Leistungen.

**5. Abfindungen für ausscheidende Arbeitnehmer**

5.1 Arbeitnehmer, die zum Zeitpunkt der Beendigung des Arbeitsverhältnisses das 55. Lebensjahr vollendet haben, erhalten eine individuell errechnete Abfindung in Höhe des „Nettoausgleiches" von 80 % bis zur Vollendung des 60. Lebensjahres. Der „Nettoausgleich" errechnet sich aus der Differenz zwischen dem auf der Grundlage der Bestimmung der Ziff. 5.7 zu ermittelnden Nettoentgelt und den Leistungen des Arbeitsamtes (Arbeitslosengeld und Arbeitslosenhilfe), multipliziert mit der Anzahl der Monate zum Zeitpunkt des Ausscheidens bis zur Vollendung des 60. Lebensjahres.

5.2 Arbeitnehmer, die zum Zeitpunkt der Beendigung des Arbeitsverhältnisses das 59. Lebensjahr vollendet haben und spätestens nach einem Jahr Arbeitslosigkeit den Anspruch auf vorgezogenes Altersruhegeld aus der gesetzlichen Sozialversicherung geltend machen können, erhalten eine individuell errechnete Abfindung in Höhe des „Nettoausgleiches" von 80 % für den Zeitraum von max. 12 Monaten. Der „Nettoausgleich" errechnet sich aus der Differenz zwischen dem auf der Grundlage der Bestimmung der Ziff. 5.7 zu ermittelnden Nettoentgelt und den Leistungen des Arbeitsamtes (Arbeitslosengeld und Arbeitslosenhilfe), multipliziert mit der zwischen dem Zeitpunkt des Ausscheidens und dem frühestmöglichen Bezug von vorgezogenem Altersruhegeld liegenden Anzahl von Monaten, maximal jedoch für 12 Monate.

5.3 Schwerbehinderte Arbeitnehmer und weibliche Arbeitnehmer, die die Anspruchsvoraussetzungen für den Bezug des vorgezogenen Altersruhegeldes aus der gesetzlichen Sozialversicherung mit der Vollendung des 60. Lebensjahres erfüllen, erhalten den „Nettoausgleich" höchstens für die Anzahl der Monate ab Beendigung des Arbeitsverhältnisses bis zur Vollendung des 60. Lebensjahres.

5.4 Arbeitnehmer, die zum Zeitpunkt der Beendigung des Arbeitsverhältnisses das 63. Lebensjahr (männliche Arbeitnehmer) bzw. das 60. Lebensjahr (weibliche Arbeitnehmer und schwerbehinderte Arbeitnehmer) vollendet haben und die Voraussetzungen für den Bezug des vorgezogenen Altersruhegeldes aus der gesetzlichen Rentenversicherung erfüllen, erwerben keine Ansprüche aus dieser Vereinbarung.

Ebenso gilt dies auch für alle diejenigen Arbeitnehmer, die bereits einen Antrag auf Gewährung einer Erwerbsunfähigkeitsrente oder eines Altersruhegeldes gestellt haben, es sei denn, daß der Antrag abschlägig beschieden wird.

## § 5 Kapitel 3: Interessenausgleichsvereinbarungen und Sozialpläne

5.5 Zum Ausgleich von Härten, die sich für Arbeitnehmer, die bis zum Zeitpunkt der Beendigung des Arbeitsverhältnisses das 55. Lebensjahr noch nicht vollendet haben, ergeben und deren Arbeitsverhältnis aus Anlaß dieser Betriebsänderung gekündigt oder einvernehmlich aufgelöst worden ist und die nicht auf einen anderen zumutbaren Arbeitsplatz in der Gruppe vermittelt werden konnten, findet die beigefügte Abfindungstabelle Anwendung (Anlage 1).

5.6 Die anspruchsberechtigten Arbeitnehmer erhalten für je einen Punkt der beigefügten Abfindungstabelle 1/10 des Entgeltes der jeweiligen Bewertungsgruppe gemäß den zum Zeitpunkt des Ausscheidens jeweils gültigen Bestimmungen des Entgelttarifvertrages zuzüglich evtl. monatlich gezahlter tariflicher Leistungszulagen, regelmäßig gezahlter freiwilliger Zulagen, Besitzstandszulagen sowie Urlaubs- und Weihnachtsgeld (gezwölftelt). Als Entgelt wird höchstens das Entgelt der Bewertungsgruppe IX des gültigen Entgelttarifvertrages zugrunde gelegt. Für jedes unterhaltsberechtigte Kind und für je 10 % Schwerbehinderung werden zusätzlich 5 Punkte gewährt.

### 6. Härtefonds

Für besondere Härtefälle wird ein Härtefonds gebildet. Dieser dient dazu, in Notfällen die Abfindungssätze dieses Sozialplans aufzustocken bzw. Zuschüsse bei Betriebswechsel innerhalb des Gruppenbereiches zu leisten oder Leistungen zu gewähren für Härtefälle, die durch diese Vereinbarung nicht oder nicht ausreichend erfaßt werden. Unterstützungen aus diesem Fonds werden längstens bis zum ▄▄▄▄▄ nach dem Ausscheiden des Arbeitnehmers im Einvernehmen mit dem Betriebsrat gezahlt.

### 7. Mutterschutz

Kann einer Arbeitnehmerin, die bei Aufhebung ihres Arbeitsverhältnisses Leistungen nach dem Sozialplan beanspruchen könnte, aufgrund der Bestimmungen des Mutterschutzgesetzes nicht gekündigt werden, so bleiben ihr gleichwohl ihre Ansprüche auf Abfindung oder sonstige Leistungen nach diesem Sozialplan erhalten. Sie hat sich jedoch hierauf die Zahlung anrechnen zu lassen, die sie wegen ihres Zustandes als werdende Mutter ohne Arbeitsleistung erhalten hat.

### 8. Änderung in den persönlichen Verhältnissen

Die Leistungsempfänger aus dieser Betriebsvereinbarung sind verpflichtet, jede tatsächliche Änderung in ihren persönlichen Verhältnissen, die Bedeutung für Leistungen nach dieser Betriebsvereinbarung haben, unverzüglich schriftlich dem Unternehmen mitzuteilen. Das Unternehmen behält sich vor, zu Unrecht bezogene Leistungen zurückzufordern. Hierüber wird der Betriebsrat informiert.

### 9. Freistellung vor Ablaufen der Kündigungsfrist

9.1 Gekündigte oder zu kündigende Arbeitnehmer können bis zum Ablauf der Kündigungsfrist in Übereinstimmung mit der AG auf eigenen Wunsch von ihrer Arbeitsleistung freigestellt werden. Der Entgeltanspruch sowie sonstige Ansprüche aus dem Arbeitsverhältnis enden mit dem Zeitpunkt der vorzeitigen Freistellung von der Arbeitsleistung.

9.2 Haben gekündigte oder zu kündigende Arbeitnehmer kurzfristig einen neuen Arbeitsplatz gefunden, so soll dem Ersuchen auf Freistellung stattgegeben werden, es sei denn, daß zwingende betriebliche Gründe dem entgegenstehen. Über die Frage, ob zwingende betriebliche Gründe vorliegen, entscheidet die Sozialplankommission gem. Ziffer 10.

### 10. Sozialplankommission

Treten Meinungsverschiedenheiten bei der Auslegung oder Anwendung der Bestimmungen dieses Interessenausgleiches und dieses Sozialplanes auf, so soll ein Gremium aus je drei von der AG und vom Betriebsrat benannten Vertretern darüber entscheiden. Ist eine Einigung nicht zu erzielen, so entscheidet eine Einigungsstelle in der gleichen Besetzung unter Hinzuziehung eines unparteiischen Vorsitzenden, der im Nichteinigungsfalle vom zuständigen Arbeitsgericht bestimmt wird.

## 11. Schlußbestimmungen

11.1 Gesetzlich und tariflich geregelte Leistungen, betriebsübliche Leistungen sowie individuell vertragliche Leistungen, auf die der Arbeitnehmer Anspruch hat, erhält der jeweilige von dieser Betriebsänderung durch Freistellung betroffene Arbeitnehmer bis zum Zeitpunkt der Beendigung seines Arbeitsverhältnisses.

11.2 Bei allen im Rahmen dieser Vereinbarung zu berechnenden Abfindungen und sonstigen Leistungen handelt es sich um Brutto-Beträge, die am Tage der Beendigung des Arbeitsverhältnisses, frühestens jedoch erst, wenn endgültig feststeht, daß das Arbeitsverhältnis durch den Aufhebungsvertrag bzw. die betriebsbedingte Kündigung wirksam beendet worden ist, fällig werden. Die Abrechnung und Auszahlung erfolgt unter Berücksichtigung der Steuerfreibeträge gem. § 9 Nr. 3 EStG und unter Beachtung der Sozialversicherungsbestimmungen unter Einbehaltung der entsprechenden Abzüge im Rahmen der üblichen Entgeltabrechnung. Ansprüche hierauf können nicht abgetreten oder verpfändet werden.

Die AG wird durch Änderung der Gesetzes- oder Rechtslage nach Inkrafttreten dieser Betriebsvereinbarung nicht zu Leistungen im Rahmen des „Nettoausgleichs" verpflichtet, die dem Grunde oder der Höhe nach über den bisherigen Leistungsumfang hinausgehen.

11.3 Arbeitnehmer, die aufgrund von Tatsachen, die die AG zur Kündigung aus wichtigem Grund ohne Einhaltung einer Kündigungsfrist oder zur Kündigung aus verhaltensbedingten Gründen, die der Arbeitnehmer zu vertreten hat, berechtigen oder Arbeitnehmer, die aufgrund eigener, nicht durch die Betriebsänderung veranlaßter Kündigung aus der AG ausscheiden, haben keinen Anspruch auf Abfindung.

11.4 In andere Betriebe der Gruppe übernommene Arbeitnehmer, denen bis zu zwei Jahren nach ihrer Übernahme auf ihrem Arbeitsplatz aus betriebsbedingten Gründen gekündigt wird, fallen unter die Bestimmungen dieses Sozialplans. Das gleiche gilt für diejenigen Arbeitnehmer, die in der AG verbleiben und deren Arbeitsverhältnis aufgrund einer betriebsbedingten Kündigung, die im Zusammenhang mit der vorstehend geregelten Betriebsänderung steht, bis zum ▬ beendet wird.

11.5 Diese Betriebsvereinbarung tritt mit Unterzeichnung durch die Betriebspartner in Kraft; sie endet spätestens am ▬.

11.6 Sollten einzelne Regelungen dieser Betriebsvereinbarung gegen gesetzliche Bestimmungen verstoßen und demzufolge nichtig sein, so bleibt die Wirksamkeit der übrigen Regelungen dieses Sozialplans davon unberührt.

**Anlage 1**
*Abfindungstabelle zur Betriebsvereinbarung „Sozialplan"*

| Punktetabelle I | | Punktetabelle II | |
| --- | --- | --- | --- |
| Berücksichtigung der Dauer der Betriebszugehörigkeit nach abgeleisteten Dienstjahren | | Berücksichtigung des Lebensalters nach vollendeten Lebensjahren | |
| Jahre | Punkte | Alter (Jahre) | Punkte |
| 01 +) | 03 | 20 | 02 |
| 02 +) | 05 | 21 | 04 |
| 03 ++) | 07 | 22 | 06 |
| 04 ++) | 09 | 23 | 08 |
| 05 +++) | 11 | 24 | 10 |
| 06 +++) | 14 | 25 | 12 |

# § 5 Kapitel 3: Interessenausgleichsvereinbarungen und Sozialpläne

**Punktetabelle I**

Berücksichtigung der Dauer der Betriebszugehörigkeit nach abgeleisteten Dienstjahren

| Jahre | Punkte |
|---|---|
| 07 | 17 |
| 08 | 19 |
| 09 | 22 |
| 10 | 24 |
| 11 | 27 |
| 12 | 30 |
| 13 | 33 |
| 14 | 36 |
| 15 | 39 |
| 16 | 42 |
| 17 | 45 |
| 18 | 48 |
| 19 | 51 |
| 20 | 55 |
| 21 | 58 |
| 22 | 61 |
| 23 | 64 |
| 24 | 67 |
| 25 | 70 |
| 26 | 73 |
| 27 | 76 |
| 28 | 79 |
| 29 | 82 |
| 30 | 85 |
| 31 | 88 |
| 32 | 91 |
| 33 | 94 |
| 34 | 97 |
| 35 | 100 |
| 36 | 103 |
| 37 | 106 |
| 38 | 109 |
| 39 | 112 |
| 40 | 115 |

**Punktetabelle II**

Berücksichtigung des Lebensalters nach vollendeten Lebensjahren

| Alter (Jahre) | Punkte |
|---|---|
| 26 | 14 |
| 27 | 16 |
| 28 | 18 |
| 29 | 20 |
| 30 | 22 |
| 31 | 24 |
| 32 | 26 |
| 33 | 28 |
| 34 | 30 |
| 35 | 32 |
| 36 | 34 |
| 37 | 36 |
| 38 | 38 |
| 39 | 40 |
| 40 | 42 |
| 41 | 44 |
| 42 | 46 |
| 43 | 48 |
| 44 | 51 |
| 45 | 54 |
| 46 | 57 |
| 47 | 60 |
| 48 | 63 |
| 49 | 66 |
| 50 | 69 |
| 51 | 72 |
| 52 | 75 |
| 53 | 78 |
| 54 | 81 |

Bei den mit +) gekennzeichneten Dienstjahren werden aus der Punktetabelle II nicht 100 % der angegebenen Lebensalterspunkte angerechnet, sondern nur
+)    25 % der Lebensalterspunkte
++)   50 % der Lebensalterspunkte
+++)  75 % der Lebensalterspunkte.

Z. B.: Mitarbeiter scheidet nach dem 4. Dienstjahr und dem 40. Lebensjahr aus:

| | |
|---|---|
| Tabelle I | 9 Punkte |
| Tabelle II (50 % v. 42 Pkt.) | 21 Punkte |
| Gesamtpunkte | 30 Punkte |

Für jedes unterhaltsberechtigte Kind und für je 10 % Schwerbehinderung werden zusätzlich je 5 Punkte gewährt.

Stichtag für die Berechnung der Punkte ist jeweils der Zeitpunkt der Beendigung des Arbeitsverhältnisses.

**Anlage 2**
*Protokollnotiz zum Sozialplan der AG und dem Betriebsrat der AG vom              .*

In Ergänzung zu Ziff. 1.4 des Sozialplans (hier: Staffelung des Zuschusses) gilt folgendes:

Ziel des Mietzuschußgedankens soll sein, mindestens die Höhe des verfügbaren Nettoeinkommens zu gewährleisten, das ein Arbeitnehmer für seine bei der AG erbrachte Arbeitsleistung erzielt hat.

**Anlage 2 a**
*Mietzuschußmodell*

| | Stadt N | | Stadt H | Mietzuschuß in % |
|---|---|---|---|---|
| 1991 | DM | | DM | |
| brutto | 3.925,– | | 4.710,– | |
| netto 65 % | 2.550,– | | 3.060,– | |
| ./. Miete | 600,– | | 1.200,– | |
| Verfügbares Nettoeinkommen | 1.950,– | | 1.860,– | |
| + Mietzuschuß netto | – | + netto | 480,– | 80 % |
| | 1.950,– | | 2.340,– | |
| | Stadt N | | Stadt H | Mietzuschuß in % |
| 1992 | DM | | DM | |
| brutto | 4.165,– | | 4.945,– | |
| netto 65 % | 2.680,– | | 3.215,– | |
| ./. Miete | 600,– | | 1.200,– | |
| Verfügbares Nettoeinkommen | 2.080,– | | 2.015,– | |
| + Mietzuschuß netto | – | + netto | 360,– | 60 % |
| | 2.080,– | | 2.375,– | |

## §5 Kapitel 3: Interessenausgleichsvereinbarungen und Sozialpläne

|  | Stadt N | Stadt H |  | Miet-zuschuß in % |
|---|---|---|---|---|
| **1993** | DM | DM | | |
| brutto | 4.375,– | 5.190,– | | |
| netto 65 % | 2.845,– | 3.375,– | | |
| ./. Miete | 600,– | 1.200,– | | |
| Verfügbares Nettoeinkommen | 2.245,– | 2.175,– | | |
| + Mietzuschuß netto | – | + netto | 180,– | 30 % |
| | 2.245,– | 2.355,– | | |

|  | Stadt N | Stadt H | Miet-zuschuß in % |
|---|---|---|---|
| **1994** | DM | DM | |
| brutto | 4.595,– | 5.450,– | |
| netto 65 % | 2.985,– | 3.540,– | |
| ./. Miete | 600,– | 1.200,– | |
| Verfügbares Nettoeinkommen | 2.385,– | 2.340,– | |
| + Mietzuschuß netto | – | entfällt | 0 % |
| | 2.385,– | 2.340,– | |

|  | Stadt N | Stadt H | Miet-zuschuß in % |
|---|---|---|---|
| **1995** | DM | DM | |
| brutto | 4.825,– | 5.720,– | |
| netto 65 % | 3.135,– | 3.720,– | |
| ./. Miete | 600,– | 1.200,– | |
| Verfügbares Nettoeinkommen | 2.535,– | 2.520,– | |
| + Mietzuschuß netto | – | entfällt | 0 % |
| | 2.535,– | 2.520,– | |

|  | Stadt N | Stadt H | Miet-zuschuß in % |
|---|---|---|---|
| 1996 | DM | DM | |
| brutto | 5.065,– | 6.005,– | |
| netto 65 % | 3.295,– | 3.905,– | |
| ./. Miete | 600,– | 1.200,– | |
| Verfügbares Nettoeinkommen | 2.695,– | 2.705,– | |
| + Mietzuschuß netto | – | entfällt | 0 % |
| | 2.695,– | 2.705,– | |

**Anlage 3**
*Protokollnotiz zum Sozialplan der AG und dem Betriebsrat der AG vom*

Der Sozialplan wird wie folgt ergänzt:

Ältere Arbeitnehmer, die nach dem vollendeten 55. Lebensjahr aufgrund eines Aufhebungsvertrages (55/11er-Regelung) vorzeitig aus dem Unternehmen ausscheiden, erhalten die Jahre nach Beendigung ihres Arbeitsverhältnisses bis zur Vollendung des 60. Lebensjahres, maximal jedoch 3 Jahre, zugunsten ihrer betrieblichen Altersversorgung angerechnet.

**Anlage 4**
*Protokollnotiz zum Sozialplan der AG und dem Betriebsrat der AG vom*

**Freitrunk**
Die AG gewährt den Arbeitnehmern, die zum Zeitpunkt der Beendigung des Arbeitsverhältnisses das 55. Lebensjahr (55/11er-Regelung) vollendet haben, Freitrunk in Höhe der für Rentner der AG betrieblichen Menge.

**Anlage 5**
*Protokollnotiz zum Sozialplan der AG und dem Betriebsrat der AG vom*

**Härtefond**
Bei Arbeitnehmern, die ein Entgelt über der Bew.Gr. IX beziehen, wird der übersteigende Betrag ebenfalls in die Berechnung einbezogen.

Zum Ausgleich sozialer Härten wird ein Betrag in Höhe von 60.000,00 DM (30.677,51 EUR) bereitgestellt; Auszahlungen aus diesem Fond unterliegen dem einstimmigen Entscheid der Sozialplankommission.

Arbeitnehmer, die zum Zeitpunkt der Beendigung des Arbeitsverhältnisses im Zusammenhang mit diesem Interessenausgleich mindestens 9 Jahre und 6 Monate bei der AG beschäftigt waren, werden als Dienstzeit 10 Jahre für die betriebliche Altersversorgung angerechnet. Dies gilt nur für das Erreichen der Unverfallbarkeitsvoraussetzungen gem. Betriebsrentengesetz (Vollendung des 35. Lebensjahres und mindestens 10 Jahre Bestand einer Versorgungszusage).

Arbeitnehmer, die selbst kündigen, brauchen das Weihnachtsgeld nicht zurückzuzahlen.

### Anlage 6
*Protokollnotiz zum Sozialplan der AG und dem Betriebsrat der AG vom*

**Berechnungsgrundlage für Abfindungen**

Im Hinblick auf das tarifliche Entgeltniveau wird in Ergänzung der Ziff. 5.7 des Sozialplans folgende Sonderregelung getroffen:

Das sich gem. der Bestimmung der Ziff. 5.7 des Sozialplans ergebende zuletzt bezogene Brutto-Monatsentgelt wird pauschal zum Ausgleich des Lohn- und Gehaltsgefüges um den Faktor 25 % erhöht; dies gilt für alle Mitarbeiter, deren Abfindung sich nach der Punktetabelle (Anlage 1) bemißt.

Die Vertragsparteien sind sich darüber einig, daß die vorstehende Regelung im Hinblick auf die Sondersituation bei der AG vereinbart worden ist und keinerlei präjudizierende Wirkung im Hinblick auf zukünftige Sozialpläne innerhalb der Gruppe oder interne oder externe Forderungen im Entgeltbereich hat.

▲

## 32. Muster: Interessenausgleich wegen Betriebsübergang und Sitzverlegung einer Versicherungsgesellschaft

▼

Zwischen

der Versicherungs AG

– nachfolgend Unternehmen genannt –

und

dem Betriebsrat

– nachfolgend Betriebsrat genannt –

wird folgender Interessenausgleich vereinbart.

Aufgrund strategischer und betriebswirtschaftlicher Erwägungen führen die Versicherung AG und die Versicherung International ihren Geschäftsbetrieb zusammen. Der Hauptsitz der Neuen Versicherung AG wird          . Der Standort A soll mit einem Service-Center (Akquisition und Kundenservice) sowie unterstützenden Funktionen beibehalten werden. Aus diesem Grund werden zwischen Unternehmen und Betriebsrat nachfolgende Maßnahmen getroffen:

1. Unternehmerische Maßnahmen

1.1. Die Arbeitsverhältnisse der Mitarbeiter gehen zum Zeitpunkt der Bestandsübertragung oder Verschmelzung voraussichtlich am          , spätestens jedoch zum          auf die Neue Versicherungs-AG über.

1.2. Zum          erfolgt eine Teilstillegung von Abteilungen und die Reduzierung von Arbeitsplätzen am bisherigen Standort A (Anlage 1) sowie die Errichtung und Erweiterung von Abteilungen und Arbeitsplätzen am Standort          (Anlage 2). Die Abteilung Finanzen/Rechnungswesen wird mit Ablauf des          nach          verlagert.

1.3. Sollten sich zu den vorbenannten Zeitpunkten neue Erkenntnisse ergeben, wird das Unternehmen den Betriebsrat rechtzeitig, im Falle 1.2. mindestens sechs Wochen vorher, informieren.

2. Struktur

2.1. Die durch die Maßnahmen entstehende vorläufige betriebliche und personelle Struktur am Standort A ergibt sich aus der Anlage 3 dieses Interessenausgleichs. Die als Anlage 4 beigefügte, zwischen Unternehmen und Betriebsrat abstimmte Funktionsaufteilung zwischen A und          einschließlich der personellen Zuordnung ist Bestandteil des Interessenausgleichs.

2.2. Sollten sich hiervon Abweichungen ergeben, werden die Rechte des Betriebsrates nach §§ 90, 92 BetrVG gewahrt.

3. Maßnahmen zur Erhaltung von Arbeitsplätzen, betriebsbedingte Kündigung

3.1. Das Unternehmen ist bestrebt, betriebsbedingte Kündigungen dadurch zu vermeiden, daß den in der als Anlage 5 dieser Vereinbarung genannten Mitarbeitern die dort zugeordneten Arbeitsplätze zu entsprechenden Arbeitsbedingungen in           angeboten werden.

Für den Fall, daß der Mitarbeiter dieses Angebot annimmt, stimmt der Betriebsrat einer Versetzung schon jetzt zu.

3.2. Sollte eine Beschäftigung in           nicht möglich sein, prüft das Unternehmen, ob der Mitarbeiter am Standort A unter Berücksichtigung der Neustrukturierung des Servicecenter-Bereiches weiterbeschäftigt werden kann.

3.3. Das Unternehmen wird Stellenausscheibungen der Konzern AG den Mitarbeitern zugänglich machen, soweit dies Stellen im Raum A betrifft.

3.4. Sofern die Maßnahmen nach 3.1. bis 3.3. nicht zu einer Weiterbeschäftigung führen, kann den in der Anlage 5 und in der Anlage 6 genannten Mitarbeitern unter Beachtung der gesetzlichen Bestimmungen betriebsbedingt gekündigt werden.

4. Das Unternehmen hat den Betriebsrat über die beabsichtigten Maßnahmen umfassend unterrichtet und mit ihm die geplanten Maßnahmen beraten. Dabei hat der Betriebsrat seine Einwände vorgetragen. Die Beratungen haben zu dem in diesem Interessenausgleich niedergelegten Ergebnis geführt.

5. In einem Sozialplan werden zum Ausgleich und zur Milderung etwaiger wirtschaftlicher Nachteile und zur Förderung der Mobilität der Mitarbeiter finanzielle Regelungen vereinbart.

6. Dieser Interessenausgleich tritt mit Unterzeichnung in Kraft und endet mit der Durchführung der beschriebenen Maßnahmen.

## 33. Muster: Sozialplan wegen Betriebsübergang und Sitzverlegung einer Versicherungsgesellschaft

Zwischen

der V-AG

– nachfolgend Unternehmen genannt –

und

dem Betriebsrat der V-AG

– nachfolgend Betriebsrat genannt –

wird folgender Sozialplan vereinbart:

### 1. Zielsetzung
Unternehmen und Betriebsrat haben am  einen Interessenausgleich vereinbart. Ziel dieses Sozialplanes ist es, Ausgleichs- und Mobilitätsmaßnahmen für von diesem Interessenausgleich betroffene Mitarbeiter zu regeln.

### 2. Geltungsbereich
2.1. Der Sozialplan gilt für alle von dem Interessenausgleich betroffenen Mitarbeiter des Unternehmens, die zum Zeitpunkt des Inkrafttretens dieses Sozialplanes in einem ungekündigten Arbeitsverhältnis stehen.

2.2. Der Sozialplan gilt nicht für
- leitende Angestellte im Sinne des § 5 Abs. 3 BetrVG,
- Mitarbeiter, deren Arbeitsverhältnis aus personen- und/oder verhaltensbedingten Gründen gekündigt worden ist oder gekündigt ist oder aus diesen Gründen einvernehmlich beendet wird,
- Mitarbeiter, deren Arbeitsverhältnis während der Probezeit gekündigt wird oder wurde,
- Mitarbeiter, die in einem befristeten Arbeitsverhältnis stehen.

### 3. Förderung der Mobilität

3.1. Alle Mitarbeiter erhalten Gelegenheit zur Teilnahme an einer Informationsveranstaltung über das Unternehmen Neue Versicherungs-AG in den Geschäftsräumen in A und zur gemeinsamen Besichtigung des Betriebes in ▬▬▬▬ .

3.2. Die Mitarbeiter erhalten Gelegenheit, mit ihren Familienangehörigen bzw. mit einem Lebensgefährten, mit dem sie nachweislich einen gemeinsamen Haushalt führen, die neue Wohnung zu besichtigen, am neuen Wohnsitz Verhandlungen zu führen und Informationen einzuholen. Die anfallenden Kosten werden bei Benutzung des Privat-PKW in Höhe von 0,52 DM (0,27 EUR) pro km oder bei Benutzung der öffentlichen Verkehrsmittel in Höhe der bei der Deutschen Bahn entstehenden Fahrtkosten (2. Klasse) ersetzt.

3.3. Führen Maßnahmen im Rahmen des Interessenausgleiches zu einem Wohnungswechsel des Mitarbeiters, werden die nachgewiesenen Umzugskosten im Rahmen des Bundesumzugskostengesetzes (BUKG) in Höhe von bis zu 5.000 DM (2.556,46 EUR) erstattet. Sofern die Kosten im Einzelfall diesen Betrag übersteigen, erfolgt eine Abstimmung zwischen dem Mitarbeiter und dem übernehmenden Unternehmen.

3.4. Die bei der Wohnungssuche anfallenden Maklerkosten werden einmalig auf Nachweis bis zur Höhe von zwei Monatsmieten, maximal 3.000 DM (1.533,88 EUR) erstattet.

Ebenso werden die Kosten der Anzeigenschaltung zur Wohnungssuche übernommen.

3.5. Sofern Mitarbeiter eine Mietkaution zu stellen haben, wird eine entsprechende Arbeitgeberbürgschaft auf Wunsch übernommen.

3.6. Verheiratete Mitarbeiter erhalten, sofern die tägliche Rückkehr vom neuen Arbeitsplatz zum alten Wohnsitz unzumutbar ist, ein Trennungsgeld für doppelte Haushaltsführung bis zur Verlegung des Wohnsitzes, jedoch längstens für sechs Monate, nach den entsprechenden steuerlichen Richtlinien. Dies gilt auch für solche Mitarbeiter, die mit einem Lebensgefährten nachweisbar einen gemeinsamen Haushalt führen.

Diesen Mitarbeitern erstattet das Unternehmen längstens für die Dauer von sechs Monaten die Kosten für Wochenend-Heimfahrten.

Gleiches gilt für die Kosten für eine Unterkunft bis zum Betrage von 1.000 DM (511,29 EUR) brutto monatlich auf entsprechenden Nachweis. Sofern die Kosten im begründeten Einzelfall diesen Betrag übersteigen, erfolgt eine vorherige Abstimmung zwischen dem Mitarbeiter und dem übernehmenden Unternehmen.

3.7. Die entsprechenden Rechnungen und Belege sind auf die Neue Versicherungs-AG auszustellen und dieser einzureichen.

3.8. Der für eigene Versicherungen von der Versicherung AG gewährte Mitarbeiterrabatt wird bis zum Ablauf der Verträge weitergewährt werden.

Das Unternehmen wird sich dafür einsetzen, daß den Mitarbeitern aufgrund ihrer Konzernzugehörigkeit gewährte Sonderkonditionen bei Versicherungen, Darlehen und Hypothekendarlehen bis zum Ablauf der Verträge, bei Darlehen und Hypothekendarlehen mindestens jedoch fünf Jahre, erhalten bleiben.

3.9. Den Mitarbeitern wird zugesagt, daß sie innerhalb von 18 Monaten seit Beginn ihrer Tätigkeit bei dem neuen Arbeitgeber nicht aus betriebsbedingten Gründen gekündigt werden.

## 4. Abfindungen

4.1. Mitarbeiter, denen betriebsbedingt gekündigt wird oder die einer derartigen Kündigung des eigenen Arbeitsverhältnisses oder des Arbeitsverhältnisses eines mit ihnen funktionell austauschbaren Mitarbeiters (vgl. Anlage 4 des Interessenausgleiches vom          ) durch Eigenkündigung oder Abschluß eines Aufhebungsvertrages zuvorkommen, erhalten eine Abfindung nach folgenden Regelungen.

4.2. Für jeden Monat der Betriebszugehörigkeit erhält der Mitarbeiter 0,1 Monatsgehalt, wobei 0,1 Monatsgehalt mindestens 100 DM (51,13 EUR) beträgt. Die Mindestabfindung beträgt 1,5 Monatsgehälter. Auf die Betriebszugehörigkeit werden Zeiten der Konzernzugehörigkeit mit 1/3 angerechnet.

4.3. Grundlage für die Berechnung der Abfindung ist das im Vereinbarungs-/Kündigungsmonat gezahlte regelmäßige Brutto-Monatsgehalt.

4.4. Je unterhaltsberechtigtem Kind erhält der Mitarbeiter zusätzlich ein Brutto-Monatsgehalt.

4.5. Für Schwerbehinderte (Ab 50 % Minderung der Erwerbsfähigkeit) erhöht sich die Abfindung ebenfalls um ein Brutto-Monatsgehalt.

4.6. Der Abfindungsanspruch kann nicht abgetreten oder verpfändet werden. Der Abfindungsanspruch ist vererblich.

4.7. Die Versteuerung der Abfindung und gegebenenfalls der Abzug von Sozialversicherungsabgaben richten sich nach den gesetzlichen Vorschriften.

4.8. Bei Erhebung einer Kündigungsschutzklage oder bei der Anfechtungsklage gegen eine Aufhebungsvereinbarung wird die Abfindung erst dann fällig, wenn die Wirksamkeit der Kündigung/Aufhebungsvereinbarung rechtskräftig feststeht. Eine vom Arbeitsgericht zugesprochene oder vergleichsweise vereinbarte Abfindung wird auf die Abfindung nach diesem Sozialplan angerechnet.

4.9. Mitarbeiter, die aufgrund von Eigenkündigung oder aufgrund von ihnen veranlaßter Aufhebungsvereinbarung vor dem          ausscheiden, erhalten 50 % der Abfindung.

Mitarbeiter, die auf Veranlassung des Unternehmens über die in Ziffer 1.2 des Interessenausgleiches vom          genannten Zeitpunkte hinaus tätig sind, erhalten eine um 10 % erhöhte volle Abfindung.

4.10. Resturlaubsansprüche und Gratifikationen errechnen sich anteilig nach dem Termin des Ausscheidens; eine Rückzahlungspflicht besteht nicht.

4.11. Abfindungen an Mitarbeiter werden fällig, wenn das Arbeitsverhältnis rechtswirksam beendet ist. Die Auszahlung erfolgt jedoch erst in dem Monat, in dem das Arbeitsverhältnis endet.

## 5. Schlußbestimmungen

Sollten einzelne Bestimmungen dieses Sozialplanes unwirksam sein oder werden, so bleiben die übrigen Bestimmungen hiervon unberührt. Beide Seiten werden sich in einem solchen Fall darauf verständigen, anstelle der unwirksamen Bestimmungen Regelungen zu treffen, die diesen Bestimmungen wirtschaftlich am nächsten kommen. Gleiches gilt im Falle einer Regelungslücke, wie auch im Falle der Nichtdurchführbarkeit einer in dieser Vereinbarung festgelegten Regelung.

Günstigere gesetzliche oder tarifliche Regelungen bleiben von diesem Sozialplan unberührt.

## 6. Inkrafttreten

Dieser Sozialplan tritt mit Unterzeichnung in Kraft und endet mit Abschluß der im Interessenausgleich vom          festgeschriebenen Maßnahmen.

In diesem Sozialplan geregelte Fristen bleiben hiervon unberührt.

### 34. Muster: Steuerliche Rahmenbedingungen – Anlage zu einem Sozialplan

#### I. § 9 Einkommensteuergesetz (EStG)

**Werbungskosten**

Werbungskosten sind Aufwendungen zur Erwerbung, Sicherung und Erhaltung der Einnahmen. Sie sind bei der Einkunftsart abzuziehen, bei der sie erwachsen sind. Werbungskosten sind auch notwendige Mehraufwendungen, die einem Arbeitnehmer wegen einer aus beruflichem Anlaß begründeten doppelten Haushaltsführung entstehen. Eine doppelte Haushaltsführung liegt vor, wenn der Arbeitnehmer außerhalb des Ortes, in dem er einen eigenen Hausstand unterhält, beschäftigt ist und auch am Beschäftigungsort wohnt. Der Abzug der Aufwendungen ist bei einer Beschäftigung am selben Ort auf insgesamt zwei Jahre begrenzt. Aufwendungen für Fahrten vom Beschäftigungsort zum Ort des eigenen Hausstands und zurück (Familienheimfahrten) können jeweils nur für eine Familienheimfahrt wöchentlich als Werbungskosten abgezogen werden. Bei Familienheimfahrten mit einem eigenen oder zur Nutzung überlassenen Kraftfahrzeug ist je Kilometer der Entfernung zwischen dem Ort des eigenen Hausstands und dem Beschäftigungsort Nummer 4 Satz 4 entsprechend anzuwenden; Aufwendungen für Familienheimfahrten mit einem dem Steuerpflichtigen im Rahmen einer Einkunftsart überlassenen Kraftfahrzeug werden nicht berücksichtigt;

#### II. Abschnitt 43 Lohnsteuer-Richtlinien 1996

**Mehraufwendungen bei doppelter Haushaltsführung**

**(1) Doppelte Haushaltsführung**

Eine doppelte Haushaltsführung haben nach § 9 Abs. 1 Satz 3 Nr. 5 Satz 2 EStG Arbeitnehmer, die beruflich außerhalb des Ortes, an dem sie einen eigenen Hausstand (Abs. 3) unterhalten, beschäftigt sind und am Beschäftigungsort eine Zweitwohnung (Abs. 4) haben. Eine Zweitwohnung in der Nähe des Beschäftigungsorts steht einer Zweitwohnung am Beschäftigungsort gleich. Das Beziehen der Zweitwohnung oder die mit der Begründung einer Zweitwohnung verbundene Aufteilung einer Haushaltsführung auf zwei Wohnungen muß durch die berufliche Beschäftigung veranlaßt gewesen sein (BFH-Urteile vom 2. 12. 1981 – BStBl 1982 II S. 297 und 323 sowie vom 22.9.1988 – BStBl 1989 II S. 293). Wenn dies zutrifft, ist es unerheblich, ob in der Folgezeit auch die Beibehaltung beider Wohnungen beruflich veranlaßt ist (BFH-Urteil vom 30.9.1988 – BStBl 1989 II S. 103). Eine doppelte Haushaltsführung liegt nicht vor, solange die berufliche Beschäftigung nach Abschnitt 37 Abs. 3 als Dienstreise anzuerkennen ist.

**(2) Berufliche Veranlassung**

Das Beziehen einer Zweitwohnung ist regelmäßig bei einem Wechsel des Beschäftigungsorts auf Grund einer Versetzung, des Wechsels oder der erstmaligen Begründung eines Dienstverhältnisses beruflich veranlaßt. Es ist gleichgültig, ob die Zweitwohnung in zeitlichem Zusammenhang mit dem Wechsel des Beschäftigungsorts, nachträglich (BFH-Urteil vom 9. 3. 1979 – BStBl II S. 520) oder im Rahmen eines Umzugs aus einer privat begründeten Zweitwohnung (BFH-Urteil vom 26.8.1988 – BStBl 1989 II S. 89) bezogen worden ist. Eine beruflich veranlaßte Aufteilung einer Haushaltsführung liegt auch in den Fällen vor, in denen der eigene Hausstand nach der Eheschließung am Beschäftigungsort des ebenfalls berufstätigen Ehegatten begründet (BFH-Urteile vom 6. 9. 1977 – BStBl 1978 II S. 32, vom 20.3.1980 – BStBl II S. 455 und vom 4. 10. 1989 – BStBl 1990 II S. 321) oder wegen der Aufnahme einer Berufstätigkeit des Ehegatten an dessen Beschäftigungsort verlegt und am Beschäftigungsort eine Zweitwohnung des Arbeitnehmers begründet worden ist (BFH-Urteil vom 2. 10. 1987 – BStBl II S. 852). Dagegen ist die Aufteilung einer Haushaltsführung nicht durch die berufliche Beschäftigung veranlaßt, wenn der Arbeitnehmer seinen Hausstand nach der Eheschließung in der außerhalb des Beschäftigungsorts liegenden Wohnung des nicht berufstätigen Ehegatten begründet (BFH-Urteil vom 20.12.1982 – BStBl 1983 II S. 306) oder aus anderen privaten Gründen vom Beschäftigungsort weg verlegt und im Zusammenhang damit am Beschäftigungsort die Zweitwohnung begründet hat (BFH-Urteile vom 10.11.1978 – BStBl 1979 II S. 219 und vom 2. 12. 1981 – BStBl 1982 II S. 297). Bei verheirateten Arbeitnehmern kann für jeden Ehegatten eine doppelte Haushaltsführung beruflich veranlaßt sein, wenn die Ehegatten außerhalb des Ortes ihres gemeinsamen Hausstands an verschiedenen Orten beschäftigt sind und am jeweiligen Beschäftigungsort eine Zweitwohnung beziehen (BFH-Urteil vom 6. 10. 1994 – BStBl 1995 II S. 184). Entsprechendes gilt, wenn beiderseits berufstätige Ehegatten am gemeinsamen Beschäftigungsort eine gemeinsame Zweitwohnung beziehen. Andererseits steht die Mitnahme des nicht berufstätigen Ehegatten an den Beschäftigungsort der beruflichen Veranlassung einer doppelten Haushaltsführung nicht entgegen. Bezieht ein Arbeitnehmer, der seinen Hausstand vom Beschäftigungsort weg verlegt hat, nach mehreren Jahren oder aus gesundheitlichen Gründen, die in der Zwischenzeit eingetreten sind, am Beschäftigungsort eine Zweitwohnung, so kann dies durch die berufliche Beschäftigung veranlaßt sein (BFH-Urteile vom 30.10.1987 – BStBl 1988 II S. 358 und vom 22.9.1988 – BStBl 1989 II S. 94). Bei Zuzug aus dem Ausland kann das Beziehen einer Zweitwohnung auch dann beruflich veranlaßt sein, wenn der Arbeitnehmer politisches Asyl beantragt oder erhält.

**(3) Eigener Hausstand**
Ein eigener Hausstand setzt eine eingerichtete, seinen Lebensbedürfnissen entsprechende Wohnung des Arbeitnehmers voraus, die er aus eigenem Recht, z. B. als Eigentümer oder als Mieter nutzt, wobei auch ein gemeinsames oder abgeleitetes Nutzungsrecht ausreichen kann (BFH-Urteil vom 5. 10. 1994 – BStBl 1995 II S. 180). In dieser Wohnung muß der Arbeitnehmer einen Haushalt unterhalten, das heißt, er muß die Haushaltsführung bestimmen oder wesentlich mitbestimmen. Die Wohnung muß außerdem der Mittelpunkt der Lebensinteressen des Arbeitnehmers sein (vgl. Abschnitt 42 Abs. 3 Satz 4 bis 8). Bei größerer Entfernung zwischen dieser Wohnung und der Zweitwohnung, insbesondere bei einer Wohnung im Ausland, ist diese als Lebensmittelpunkt anzuerkennen, wenn in der Wohnung auch bei Abwesenheit des Arbeitnehmers hauswirtschaftliches Leben herrscht, an dem sich der Arbeitnehmer sowohl durch persönliche Mitwirkung als auch finanziell maßgeblich beteiligt, und wenigstens eine Heimfahrt im Kalenderjahr durchgeführt wird. Bei Arbeitnehmern mit einer Wohnung in weit entfernt liegenden Ländern, z. B. Australien, Indien, Japan, Korea, Philippinen, gilt Satz 4 mit der Maßgabe, daß mindestens alle 2 bis 3 Jahre eine Heimfahrt unternommen wird (vgl. BFH-Urteil vom 2. 9. 1977 – BStBl 1978 II S. 26). Ein eigener Hausstand liegt nicht vor bei Arbeitnehmern, die – wenn auch gegen Kostenbeteiligung – in den Haushalt der Eltern eingegliedert sind oder in der Wohnung der Eltern lediglich ein Zimmer bewohnen (BFH-Urteil vom 5. 10. 1994 aaO).

**(4) Zweitwohnung**
Als Zweitwohnung am Beschäftigungsort kommt jede dem Arbeitnehmer entgeltlich oder unentgeltlich zur Verfügung stehende Unterkunft in Betracht, z. B. auch eine Eigentumswohnung, ein möbliertes Zimmer, ein Hotelzimmer, eine Gemeinschaftsunterkunft oder ein Gleisbauzug, in dem der Arbeitnehmer übernachten kann (BFH-Urteil vom 3. 10. 1985 – BStBl 1986 II S. 369). Eine Zweitwohnung am Beschäftigungsort ist bei Binnenschiffen und Seeleuten auch die Unterkunft an Bord (BFH-Urteile vom 16.12.1981 – BStBl 1982 II S. 302 und vom 28.1.1983 BStBl II S. 313), bei Soldaten die Unterkunft in der Kaserne (BFH-Urteil vom 20.12.1982 – BStBl 1983 II S. 269). Es ist unerheblich, wie oft der Arbeitnehmer tatsächlich in der Zweitwohnung übernachtet (BFH-Urteil vom 9. 6. 1988 BStBl II S. 990).

**(5) Doppelte Haushaltsführung bei Arbeitnehmern ohne eigenen Hausstand**
Bei Arbeitnehmern ohne eigenen Hausstand gilt ein Wohnungswechsel an den Beschäftigungsort oder in dessen Nähe, wenn er den Mittelpunkt seiner Lebensinteressen (Abschnitt 42 Abs. 3 Satz 6 bis 8) mit seiner Wohnung am bisherigen Wohnort beibehält, für folgende Zeiträume als doppelte Haushaltsführung:

1. für eine Übergangszeit von drei Monaten nach Aufnahme der Beschäftigung am neuen Beschäftigungsort,

2. für die Folgezeit nur, wenn

   a) der Arbeitnehmer für eine verhältnismäßig kurze Dauer am selben Ort beschäftigt wird, z. B. infolge einer befristeten Abordnung, Ableistung einer Probezeit, Teilnahme an einem Lehrgang (BFH-Urteil vom 20.12.1982 – BStBl 1983 II S. 269). Eine Beschäftigung von verhältnismäßig kurzer Dauer liegt nur vor, wenn die Beschäftigung an demselben Ort von vornherein auf längstens 3 Jahre befristet ist (BFH-Urteil vom 6. 10. 1994 – BStBl 1995 II S. 186).

   b) der Arbeitnehmer längerfristig oder auf Dauer an einem Ort beschäftigt wird und deshalb umzugsbereit ist (vgl. BFH-Urteil vom 11.3.1983 – BStBl II S. 629), solange er am Beschäftigungsort eine nach objektiven Maßstäben angemessene Wohnung nicht erlangen kann (BFH-Urteil vom 23.7.1976 – BStBl II S. 795).

Für den Ablauf der Dreimonatsfrist nach Nummer 1 gelten die Regelungen des Abschnitts 37 Abs. 3 mit der Maßgabe, daß der Neubeginn der Dreimonatsfrist auch den Wechsel der Zweitwohnung an den neuen Beschäftigungsort voraussetzt.

**(6) Notwendige Mehraufwendungen**
Als notwendige Mehraufwendungen wegen einer doppelten Haushaltsführung kommen in Betracht:

1. die Fahrtkosten aus Anlaß der Wohnungswechsel zu Beginn und am Ende der doppelten Haushaltsführung sowie für wöchentliche Heimfahrten an den Ort des eigenen Hausstands oder in den Fällen des Absatzes 5 an den bisherigen Wohnort oder Aufwendungen für wöchentliche Familien-Ferngespräche (Abs. 7),

2. Verpflegungsmehraufwendungen (Abs. 8) und

3. Aufwendungen für die Zweitwohnung (Abs. 9).

Führt der Arbeitnehmer mehr als eine Heimfahrt wöchentlich durch, so kann er wählen, ob er die nach Satz 1 in Betracht kommenden Mehraufwendungen wegen doppelter Haushaltsführung oder die Fahrtkosten als Aufwendungen für Fahrten zwischen Wohnung und Arbeitsstätte nach Abschnitt 42 geltend machen will (BFH-Urteile vom 13.12.1985 – BStBl 1986 II S. 221 und vom 9. 6. 1988 – BStBl II S. 990). Ein Arbeitnehmer mit Einsatzwechseltätigkeit (Abschnitt 37 Abs. 6) kann wählen, ob er die nach Satz 1 in Betracht kommenden Mehraufwendungen wegen doppelter Haushaltsführung oder die Fahrtkosten nach Abschnitt 38 Abs. 5 gegebenenfalls als Reisekosten geltend machen will (BFH-Urteil vom 10.10.1994 – BStBl. 1995 II S. 137). Wählt der Arbeitnehmer den Abzug der Fahrtkosten nach Abschnitt 42 oder Abschnitt 38 Abs. 5, so kann er Verpflegungsmehraufwendungen nach Abs. 8 und Aufwendungen für die Zweitwohnung nach Abs. 9 auch dann nicht geltend machen, wenn ihm Fahrtkosten nicht an jedem Arbeitstag entstanden sind, weil er sich in Rufbereitschaft zu halten oder mehrere Arbeitsschichten nacheinander abzuleisten hatte (BFH-Urteil vom 2. 10. 1992 – BStBl 1993 II S. 113). Hat der Arbeitgeber die Zweitwohnung unentgeltlich oder teilentgeltlich zur Verfügung gestellt, so sind die abziehbaren Fahrtkosten um diesen Sachbezug mit den nach Abschnitt 31 Abs. 4 und 5 maßgebenden Werten zu kürzen. Der Arbeitnehmer kann das Wahlrecht bei derselben doppelten Haushaltsführung für jedes Kalenderjahr nur einmal ausüben.

**(7) Notwendige Fahrtkosten**
Als notwendige Fahrtkosten sind anzuerkennen:

1. die tatsächlichen Aufwendungen für die Fahrten anläßlich der Wohnungswechsel zu Beginn und am Ende der doppelten Haushaltsführung. Für die Ermittlung der Fahrtkosten ist Abschnitt 38 Abs. 1 und 2 anzuwenden; zusätzlich können etwaige Nebenkosten nach Maßgabe des Abschnitts 40 Abs. 4 Nr. 3 berücksichtigt werden;

2. die Aufwendungen für jeweils eine tatsächlich durchgeführte Heimfahrt wöchentlich. Bei Aufwendungen des Arbeitnehmers für Fahrten mit einem eigenen oder einem ihm außerhalb seines Dienstverhältnisses zur Nutzung überlassenen Kraftfahrzeug ist Abschnitt 42 Abs. 4 bis 6

sinngemäß anzuwenden. Aufwendungen für Fahrten mit einem im Rahmen des Dienstverhältnisses zur Nutzung überlassenen Kraftfahrzeug können nicht angesetzt werden (vgl. Abs. 10 Nr. 9 Satz 1).

Anstelle der Aufwendungen für eine Heimfahrt an den Ort des eigenen Hausstands können die Gebühren für ein Ferngespräch bis zu einer Dauer von 15 Minuten mit Angehörigen, die zum eigenen Hausstand des Arbeitnehmers gehören, berücksichtigt werden (BFH-Urteil vom 18.3.1988 – BStBl II S. 988). Dabei können jeweils nur die Gebühren nach dem günstigsten Tarif als notwendige Mehraufwendungen anerkannt werden.

### (8) Notwendige Verpflegungsmehraufwendungen
Als notwendige Verpflegungsmehraufwendungen sind für einen Zeitraum von drei Monaten nach Aufnahme der Beschäftigung am neuen Beschäftigungsort für jeden Kalendertag, an dem der Arbeitnehmer von seinem Mittelpunktwohnort im Sinne der Absätze 3 und 5 abwesend ist, die bei mehrtägigen Dienstreisen nach Abschnitt 39 Abs. 2 und 4 als Reisekosten ansetzbaren Pauschbeträge anzuerkennen; dabei ist allein die Dauer der Abwesenheit von der Mittelpunktwohnung maßgebend. Ist der Tätigkeit am Beschäftigungsort eine Dienstreise an diesen Beschäftigungsort unmittelbar vorausgegangen, so ist deren Dauer auf die Dreimonatsfrist anzurechnen. Für den Ablauf der Dreimonatsfrist gilt Abs. 5 Satz 2 sinngemäß. Abschnitt 39 Abs. 8 ist zu beachten.

### (9) Notwendige Aufwendungen für die Zweitwohnung
Als notwendige Aufwendungen für die Zweitwohnung sind deren tatsächliche Kosten anzuerkennen, soweit sie nicht überhöht sind (BFH-Urteil vom 16.3.1979 – BStBl II S. 473). Steht die Zweitwohnung im Eigentum des Arbeitnehmers, so sind die Aufwendungen in der Höhe als notwendig anzusehen, in der sie der Arbeitnehmer als Mieter für eine nach Größe, Ausstattung und Lage angemessene Wohnung tragen müßte. Zu den Aufwendungen für die Zweitwohnung gehören auch die Absetzungen für Abnutzung, Hypothekenzinsen und Reparaturkosten (BFH-Urteil vom 3.12.1982 – BStBl 1983 II S. 467). Zur Anwendung des § 10 e EStG und des § 15 b BerlinFG sowie des § 52 Abs. 21 Sätze 4 bis 6 EStG vgl. BMF-Schreiben vom 10.5.1989 (BStBl I S. 165) und die entsprechenden Erlasse der obersten Finanzbehörden der Länder sowie BFH-Urteil vom 14.12.1994 – BStBl 1995 II S. 259. Liegt der Beschäftigungsort im Ausland, so können die notwendigen Aufwendungen für die Zweitwohnung im Ausland ohne Einzelnachweis für die Übergangszeit im Sinne des Abs. 8 Nr. 1 mit dem nach Abschnitt 40 Abs. 2 maßgebenden Pauschbetrag und für die Folgezeit mit 40 v. H. dieses Pauschbetrags je Kalendertag angesetzt werden; ein Wechsel zwischen dem Einzelnachweis der Aufwendungen und dem Ansatz der Pauschbeträge ist bei derselben doppelten Haushaltsführung innerhalb eines Kalenderjahres nicht zulässig.

### (10) Werbungskostenabzug oder Vergütung durch den Arbeitgeber
Die notwendigen Mehraufwendungen nach den Absätzen 6 bis 9 können als Werbungskosten abgezogen werden, soweit sie nicht vom Arbeitgeber nach § 3 Nr. 13 EStG oder den folgenden Regelungen steuerfrei erstattet werden; Abschnitt 39 Abs. 9 Satz 2 ist sinngemäß anzuwenden. Für die Mehraufwendungen nach den Absätzen 7 und 9 ist der Werbungskostenabzug nach § 9 Abs. 1 Satz 3 Nr. 5 Satz 3 EStG auf die ersten zwei Jahre einer Beschäftigung am selben Ort begrenzt; Aufwendungen für Heimfahrten können jedoch nach Ablauf der Zweijahresfrist nach § 9 Abs. 1 Satz 3 Nr. 4 EStG (vgl. Abschnitt 42) als Werbungskosten abgezogen werden. Eine urlaubs- oder krankheitsbedingte Unterbrechung der Beschäftigung am selben Ort hat auf den Ablauf der Zweijahresfrist keinen Einfluß. Andere Unterbrechungen, z. B. eine vorübergehende Tätigkeit an einem anderen Beschäftigungsort, führen nur dann zu einem Neubeginn der Zweijahresfrist, wenn die Unterbrechung mindestens zwölf Monate gedauert hat. Die Erstattung der Mehraufwendungen bei doppelter Haushaltsführung durch den Arbeitgeber ist nach § 3 Nr. 16 EStG steuerfrei, soweit keine höheren Beträge erstattet werden, als nach Satz 1 und Satz 2 erster Teilsatz als Werbungskosten abgezogen werden können. Dabei kann der Arbeitgeber bei Arbeitnehmern in den Steuerklassen III, IV oder V ohne weiteres unterstellen, daß sie einen eigenen Hausstand haben. Bei anderen Arbeitnehmern darf der Arbeitgeber einen eigenen Hausstand nur dann anerkennen, wenn sie schriftlich erklären,

### § 5 Kapitel 3: Interessenausgleichsvereinbarungen und Sozialpläne

daß sie neben einer Zweitwohnung am Beschäftigungsort außerhalb des Beschäftigungsorts einen eigenen Hausstand unterhalten, und die Richtigkeit dieser Erklärung durch Unterschrift bestätigen. Das Wahlrecht des Arbeitnehmers nach Abs. 6 hat der Arbeitgeber nicht zu beachten. Darüber hinaus gilt folgendes:

1. Hat der Arbeitgeber oder für dessen Rechnung ein Dritter dem Arbeitnehmer einen Kraftwagen zur Durchführung der Heimfahrten unentgeltlich überlassen, so kommt ein Werbungskostenabzug und eine Erstattung von Fahrtkosten nicht in Betracht.
2. Verpflegungsmehraufwendungen dürfen nur bis zu den nach Abs. 8 maßgebenden Pauschbeträgen steuerfrei erstattet werden.
3. Die notwendigen Aufwendungen für die Zweitwohnung an einem Beschäftigungsort im Inland dürfen ohne Einzelnachweis für einen Zeitraum von drei Monaten mit einem Pauschbetrag bis zu 39 DM und für die Folgezeit von bis zu 21 Monaten mit einem Pauschbetrag bis 8 DM je Übernachtung steuerfrei erstattet werden, wenn dem Arbeitnehmer die Zweitwohnung nicht unentgeltlich oder teilentgeltlich zur Verfügung gestellt worden ist.

▲

---

**2498** **35. Muster: Anzeige einer Massenentlassung an Arbeitsamt, § 17 KSchG**

▼

**308** Unter Überreichung einer uns legitimierenden Vollmacht zeigen wir an, daß die Firma ▬▬▬▬, vertreten durch ihren alleinvertretungsberechtigten Geschäftsführer ▬▬▬▬, von uns anwaltlich vertreten wird.

Angesichts einer stark rückläufigen Umsatzentwicklung in den letzten Jahren und des hiermit verbundenen tiefen Eingriffs in die Substanz des Gesellschaftervermögens haben Gesellschafter und Geschäftsführung unserer Mandantschaft beschlossen, den Betrieb der Firma in ▬▬▬▬ stillzulegen. Deshalb sehen wir uns zu unserem Bedauern gezwungen, gemäß § 17 KSchG Anzeige von einer Massenentlassung von zunächst ▬▬▬▬ Mitarbeitern zu machen.

1. Gegenstand des Unternehmens unserer Mandantschaft ist ▬▬▬▬. Zur Zeit gliedert sich die Belegschaft von insgesamt ▬▬▬▬ regelmäßig beschäftigten Arbeitnehmern wie folgt auf:

    a) ▬▬▬▬ : Mitarbeiter insgesamt ▬▬▬▬
    davon männlich: ▬▬▬▬
    davon weiblich: ▬▬▬▬

    b) ▬▬▬▬ : Mitarbeiter insgesamt ▬▬▬▬
    davon männlich: ▬▬▬▬
    davon weiblich: ▬▬▬▬

    c) ▬▬▬▬ : Mitarbeiter insgesamt ▬▬▬▬
    davon männlich: ▬▬▬▬
    davon weiblich: ▬▬▬▬

2. Alleingesellschafterin der Firma ▬▬▬▬ ist ▬▬▬▬.

    Die Umsatzentwicklung des Unternehmens ist bereits seit geraumer Zeit stark rückläufig. Die Netto-Umsatzerlöse sind seit ▬▬▬▬ über ▬▬▬▬ auf zuletzt ▬▬▬▬ DM (▬▬▬▬ EUR) stetig gesunken. Für das Jahr ▬▬▬▬ wird ein Netto-Umatzerlös von nur knapp über ▬▬▬▬ DM (▬▬▬▬ EUR) erwartet. Andererseits konnten diese Umsatzschmälerungen nicht im selben Maße durch eine Senkung der Gemeinkosten und insbesondere des Materialaufwandes aufgefangen werden, so daß in den Jahren ▬▬▬▬ und ▬▬▬▬ Bilanzverluste entstanden, die das Eigenkapital der Gesellschaft mehr als aufgezehrt hatten. Ein positives Ergebnis der Gesellschaft im Geschäftsjahr ▬▬▬▬ war nur aufgrund außerordentlicher Erträge in Höhe von

DM (         EUR) dadurch zu erzielen, daß eine Gläubigerin der Gesellschaft zu Sanierungszwecken auf ihre Forderungen, auf Lieferungen und auf Leistungen verzichtete. Gleichwohl ergab sich auch für das Geschäftsjahr         unter Berücksichtigung der Verlustvorträge aus den vorangegangenen Jahren noch ein nicht durch das Eigenkapital gedeckter Bilanzverlust des Unternehmens.

Angesichts der vorstehend geschilderten wirtschaftlichen Entwicklung sahen sich Gesellschafterin und Geschäftsführung zur Betriebsstillegung gezwungen.

3. Die Betriebsstillegung soll stufenweise erfolgen. In der ersten Stufe soll         bis zum         stillgelegt werden. Zur Abwicklung der nach dem         noch anfallenden Arbeiten wird weitgehend auf diejenigen Mitarbeiter zurückgegriffen, die tariflich/arbeitsvertraglich eine längere Kündigungsfrist haben. Die Stillegung wird weitgehend am         vollzogen sein. Danach werden nur noch wenige Verwaltungsmaßnahmen getroffen werden müssen.

4. Unsere Mandantschaft beabsichtigt daher, von den im Betrieb beschäftigten         Mitarbeitern         Arbeitnehmerinnen und Arbeitnehmern unter Beachtung der arbeitsvertraglichen/tariflichen Kündigungsfristen aus betriebsbedingten Gründen wie folgt zu kündigen.

Kündigung zum                           Mitarbeiter
Kündigung zum                           Mitarbeiter
Kündigung zum                           Mitarbeiter

Unter den         Mitarbeitern, denen zum         gekündigt werden soll, befinden sich         gewerbliche Arbeitnehmer, deren Arbeitsverhältnis trotz kürzerer Kündigungsfrist (zwei Wochen bzw. ein Monat) auch unter Berücksichtigung sozialer Belange erst zum         beendet werden soll.

Die Sozialdaten der zur Kündigung anstehenden Mitarbeiter wollen Sie bitte der in Kopie beigefügten Personalliste entnehmen.

Von den         beabsichtigten Kündigungen sind Schwerbehinderte und Mitarbeiterinnen, die dem Mutterschutzgesetz unterliegen, nicht betroffen.

Es ist allerdings beabsichtigt, auch schwerbehinderten Arbeitnehmern und Mitarbeiterinnen, die sich gegenwärtig bis zum         im Erziehungsurlaub befinden, mit Zustimmung der zuständigen Behörde zum         zu kündigen. Die Zahl der Entlassungen wird sich daher voraussichtlich auf insgesamt         erhöhen.

Ein Arbeitsverhältnis wurde arbeitnehmerseitig zum         gekündigt, mit einem weiteren Mitarbeiter wurde ein Aufhebungsvertrag zum         geschlossen.

5. Für den Betrieb unserer Mandantschaft gilt der Tarifvertrag         in seiner jeweils gültigen Fassung. Die tariflich geregelten Kündigungsfristen werden in jedem Einzelfall eingehalten.

Die Belegschaft wurde über die Betriebsstillegung mit Schreiben vom         , das wir ebenfalls in Kopie beifügen, unterrichtet.

Abschließend dürfen wir bitten, uns den Eingang dieses Schreibens kurz schriftlich zu bestätigen. Für weitere Auskünfte steht der Unterzeichner selbstverständlich zur Verfügung.

▲

# § 5 Kapitel 3: Interessenausgleichsvereinbarungen und Sozialpläne

## 36. Muster: Kombinierter Interessenausgleich und Sozialplan anläßlich der Verlagerung eines Verbandes

Zwischen

dem Verband

und

dem Betriebsrat des Verbandes

wird folgender Interessenausgleich und Sozialplan geschlossen.

**Vorbemerkung**

Der Verband wird        seinen Sitz von        nach        verlegen. Hierzu wird er gemeinsam mit anderen Verbänden in        ein Verbandsgebäude errichten, dessen Fertigstellung        erfolgen soll. Der derzeitige Umzugsstichtag für den Verband ist daher der        vorbehaltlich einer Verzögerung bei der Fertigstellung des Verbandsgebäudes.

Zur Milderung von wirtschaftlichen Nachteilen im Zusammenhang mit der Betriebsverlegung für die beim Verband beschäftigten Mitarbeiter wird der nachfolgende Sozialplan mit einem Volumen von ca.        DM (        EUR) vereinbart. Die Betriebspartner sind sich darüber einig, daß durch die nachfolgenden Bestimmungen die Betriebsänderung im Sinne der §§ 111, 112 BetrVG geregelt wird.

### I. Geltungsbereich des Sozialplans

Der Sozialplan gilt grundsätzlich für alle Mitarbeiter des Verbandes, die zum Umzugsstichtag mit dem Verband einen Arbeitsvertrag geschlossen haben, es sei denn, der Arbeitsvertrag ist zeitlich befristet oder mit einer Umzugsklausel versehen. Für Mitarbeiter mit einer Umzugsklausel gelten lediglich die im Hinblick auf eine Wohnsitzverlegung nach        gewährten Leistungen. Mitarbeiter mit Umzugsklausel sind von jeglicher Form der Abfindungsleistung ausgeschlossen.

Der Verband garantiert allen umzugswilligen Mitarbeitern einen adäquaten Arbeitsplatz zu gleichen Konditionen in        .

### II. Leistungen im Hinblick auf die Wohnsitzverlegung

#### 1. Umzugkosten

a) Es werden die entstehenden Umzugskosten (Speditionskosten und Packkosten) für alle zerbrechlichen Gegenstände – z. B. Glas, Porzellan, Bilder, Lampen, die aus Gründen des Versicherungsschutzes vom Spediteur zu packen sind – vom Verband übernommen, wobei der Verband das Recht hat, die Speditionsfirma vorzugeben. Mitarbeiter, die ihren Umzug lieber in Eigenregie durchführen wollen, erhalten eine Pauschale von 25 % des Preises, der durchschnittlich für den Umzug eines Haushalts entsprechender Größe aufzuwenden wäre.

b) Der Verband gewährt eine Umzugspauschale in Höhe von 4.000,00 DM (2.045,17 EUR) je Mitarbeiter, wobei pro Kind zusätzlich 1.000,00 DM (511,29 EUR) geleistet werden, sofern das Kind durch Wohnsitzwechsel vom Umzug betroffen ist.

c) Der Verband gewährt jedem vom Umzug betroffenen Mitarbeiter für den eigentlichen Umzug 3 Tage Sonderurlaub.

#### 2. Wohnungssuche

Der Verband gewährt jedem Mitarbeiter zwei Reisen zur Wohnungssuche für jeweils zwei Personen. Es wird jeweils eine Übernachtung in einem vom Verband festzulegenden Hotel finanziert. Zusätzlich werden pro Reise dem Mitarbeiter die steuerfreien Verpflegungsmehraufwendungen ersetzt. Im Falle einer Pkw-Fahrt wird auf Basis eines 2.-Klasse-Bahntickets abgerechnet.

## 3. Maklerkosten

Der Verband erstattet bei Mietobjekten die Maklerkosten bis zu einer Höchstgrenze von 8.000 DM (4.090,34 EUR). Diese Höchstgrenze gilt auch in den Fällen, in denen Maklerkosten für ein Kaufobjekt entstehen. Verkauft der Mitarbeiter nachweislich eine Immobilie am jetzigen Sitz des Verbandes, bzw. in der Umgebung, um auf diese Weise den Kauf einer Ersatzimmobilie in          zu finanzieren, erstattet der Verband Maklerkosten bis zu einer Obergrenze von 16.000 DM (8.180,67 EUR).

## 4. Doppelte Mietzahlung

Der Verband fordert seine Mitarbeiter auf, zum          eine neue Immobilie in          anzumieten. Die vorhandene Wohnung in          soll jedoch erst zum          aufgegeben werden. Der Verband ersetzt dafür die Miete des Monats          der Wohnung am jetzigen Sitz des Verbandes (Kaltmiete zzgl. Umlagen). Sofern der Mitarbeiter am jetzigen Verbandssitz in einer eigenen Immobilie wohnt, wird die Vergleichsmiete ersetzt.

## 5. Verzögerungsklausel

Sollte der Verband auch bis zum          seinen Dienstsitz noch nicht nach          verlegt haben und aufgrund von Bauverzögerung nach wie vor gezwungen sein, seine Geschäftsstelle am jetzigen Verbandssitz weiter zu betreiben, trägt der Verband folgende entstehenden Kosten:

a) Die Kosten einer adäquaten Unterbringung in          .
b) Die Reisekosten für das Wochenendpendeln zurück nach          .

## 6. Bestandsschutz/Rückzahlungsklausel

Der Verband versichert allen umzugswilligen Mitarbeitern, daß es innerhalb der ersten zwei Jahre nach dem Umzug zu keinen betriebsbedingten Kündigungen in          kommen wird. Im Gegenzug werden die Mitarbeiter verpflichtet, im Falle einer Kündigung innerhalb der ersten zwei Dienstjahre in          die auf den Umzug geleisteten Zuwendungen des Verbandes anteilig zurückzuerstatten.

## III. Abfindungsleistungen

Die Betriebspartner bewerten die soziale Situation der Mitarbeiter, die dem Verband nicht nach          folgen, differenziert. Dabei herrscht jedoch Einigkeit, daß allen am jetzigen Verbandssitz zurückbleibenden Mitarbeitern eine Abfindung gezahlt werden soll. Maßgeblich für die Differenzierung bei den gewährten Leistungen soll das Lebensalter sein. Die Betriebspartner sind der Ansicht, daß zwischen denjenigen differenziert werden soll, die aufgrund gesetzlicher Möglichkeiten (Altersrente, vorzeitige Altersrente, Altersrente für langjährig Versicherte, Altersteilzeit etc.) unmittelbar oder mittelbar in den Genuß von Rentenbezügen kommen können, verhältnismäßig geringere Leistungen erhalten sollen, als diejenigen Mitarbeiter, die selbst nach Auslaufen des Arbeitslosengeldes und unter Hinnahme von Rentenabschlägen nicht in den Genuß von Rentenzahlungen kommen können. Demgemäß wurden die Gruppen wie folgt definiert:

310

- Gruppe 1 umfaßt alle diejenigen Mitarbeiter, die zum          das 58. Lebensjahr noch nicht vollendet haben.
- Gruppe 2 umfaßt alle älteren Mitarbeiter.

Die Abfindungsleistungen werden für die erste Gruppe nach folgender Formel berechnet: 40 % des Nettolohns multipliziert mit der Anzahl der Monate Arbeitslosengeld, die der Mitarbeiter maximal in Anspruch nehmen könnte (also 22 bzw. 26).

Die Abfindungsleistungen werden für die 2. Gruppe nach folgender Formel berechnet: 30 % des Nettolohns multipliziert mit der Anzahl der Monate Arbeitslosengeld, die der Mitarbeiter maximal in Anspruch nehmen könnte (also höchstens 32).

## IV. Berechnung

Für die Berechnung der Abfindung ist maßgebend die in der Anlage beigefügte Auflistung, die alle möglichen Anspruchsberechtigten in den Gruppen 1 und 2 mit den relevanten Daten Alter, Nettogehalt, Bezugsdauer und Arbeitslosengeld erfaßt und die endgültige Abfindung errechnet. Noch vor Ausspruch der Änderungs- bzw. Beendigungskündigungen erhält jeder mögliche Abfindungsberechtigte seine individuellen Daten zum Zwecke der Überprüfung. Sollten sich bei der Ermittlung des Nettogehalts oder der Berechnung der Abfindung Differenzen ergeben, werden diese aufgeklärt und einvernehmlich zwischen Mitarbeiter, Betriebsrat und Verbandsgeschäftsführung geregelt. Sollten sich Änderungen ergeben, werden diese in die Liste übernommen und Bestandteil des Sozialplans.

Die Leistungen im Hinblick auf den Umzug werden gegen Vorlage entsprechender Rechnungsunterlagen bzw. entsprechend der vorgesehenen Pauschalierungsregelungen errechnet. Im Falle von Differenzen zwischen dem Mitarbeiter und der Verbandsgeschäftsführung wird unter Einbeziehung des Betriebsrats eine einvernehmliche Lösung herbeigeführt.

**V. Auszahlung**

Auszahlungen werden mit dem Tag des Ausscheidens fällig. Auf alle anderen Sozialplanleistungen besteht ein Anspruch mit dem Inkrafttreten des Sozialplans, sobald die Anspruchsvoraussetzungen erfüllt sind. Die Mitarbeiter sind verpflichtet, jede tatsächliche Änderung in ihren persönlichen Verhältnissen, die Bedeutung für die Leistung nach diesem Sozialplan hat, unverzüglich dem Verband mitzuteilen.

Erhebt ein Mitarbeiter Klage auf Feststellung der Unwirksamkeit der Kündigung oder des Fortbestehens des Arbeitsverhältnisses oder auf Feststellung der Unwirksamkeit der Änderung der Arbeitsbedingungen wegen der Betriebsverlegung nach              , so werden die Ansprüche aus diesem Sozialplan erst fällig, wenn das Verfahren rechtskräftig abgeschlossen ist. Das Kündigungsschutzrecht und die Rechte des Betriebsrats bleiben unberührt.

Auf Leistungen aus diesem Sozialplan sind etwaige gesetzliche, arbeitsgerichtlich zugesprochene oder individualvertragliche Abfindungen, Nachteilsausgleichsansprüche oder jegliche sonstige Entschädigungsleistungen für den Verlust des Arbeitsplatzes anzurechnen.

Der Verband ist berechtigt, die Leistungen aus dem Sozialplan mit eigenen Ansprüchen zu verrechnen.

**VII. Inkrafttreten**

Der Sozialplan tritt mit seiner Unterzeichnung in Kraft.

Sollten einzelne Bestimmungen dieses Sozialplans unwirksam sein oder unwirksam werden oder im Widerspruch zu gesetzlichen Regelungen stehen, so bleiben die übrigen Regelungen davon unberührt. Die unwirksame oder im Widerspruch stehende Regelung ist durch eine solche zu ersetzen, die dem von den Parteien gewollten wirtschaftlichen Ergebnis nahekommt.

Verbandsgeschäftsführung                    Vorsitzender des Betriebsrats

## 37. Muster: Transferinteressenausgleich

*Interessenausgleich*

zwischen

der Leitung des Werkes

und

dem Betriebsrat des Werkes

1. Der nachfolgende Interessenausgleich gilt für alle Mitarbeiterinnen und Mitarbeiter des Betriebes mit Ausnahme der leitenden Angestellten gem. § 5 Abs. 3 BetrVG.

## Betriebsvereinbarungen §5

2. Der Betriebsrat und der Wirtschaftsausschuß des Gesamtbetriebsrats wurden umfassend darüber informiert, daß der Betrieb restrukturiert werden soll. Auf die dem Wirtschaftsausschuß übergebenen Unterlagen einschließlich der Antworten auf die überreichten Fragenkataloge wird Bezug genommen.

3. Der Betrieb ist in einem stagnierenden Markt mit einem hohen Preisdruck von Wettbewerbern aus Asien und Osteuropa konfrontiert (Preissenkung pro Jahr durchschnittlich ▭ %). Zur nachhaltigen Verbesserung der Wettbewerbssituation ist eine deutliche Senkung der Personalkosten erforderlich. Vor diesem Hintergrund ist eine Betriebsänderung geplant, die im wesentlichen mit folgenden Maßnahmen verbunden ist:
   – Stillegung der Artikelfertigung in Düsseldorf und stufenweise Verlagerung dieser Fertigung in das Konzernunternehmen ▭ in Polen bis ▭.
   – Trennung der einheitlichen Personal- und Sozialleitung, die zur Zeit noch für das Werk in Düsseldorf und den zusätzlich vor einiger Zeit in Düsseldorf gegründeten Betrieb B besteht und damit Aufhebung des Gemeinschaftsbetriebes zum ▭.

4. Diese Maßnahmen werden zu einer Reduzierung der zur Zeit in dem Gemeinschaftsbetrieb (Werk Düsseldorf und Betrieb B in Düsseldorf) bestehenden ▭ Arbeitsverhältnisse um ▭ führen.

   Die zur Zeit im Werk Düsseldorf beschäftigten Personen, deren Arbeitsverhältnisse nicht bereits auf den Betrieb B in Düsseldorf übergegangen sind oder entsprechend dieser Vereinbarung übergehen werden, werden entlassen und zwar mit Wirkung zum ▭, zum ▭ und ▭ Personen zum ▭ (jeweils rechtliches Beendigungsdatum). Die Zuordnung der einzelnen Mitarbeiterinnen und Mitarbeiter zu den einzelnen Ausscheidensdaten ergibt sich aus der Anlage gem. Ziff. 9.

   Soweit das Ausscheiden eines Mitarbeiters oder einer Mitarbeiterin nach diesem Interessenausgleich bis zum ▭ vorgesehen ist und der Mitarbeiter oder die Mitarbeiterin zu diesem Zeitpunkt noch nicht für Qualifizierungsmaßnahmen drei Monate freigestellt war, verlängert sich das Arbeitsverhältnis bis zum Ende des Monats, in dem die letzte Qualifizierungsmaßnahme endet, die gem. Ziff. 6 erforderlich ist, um den Mitarbeiter oder die Mitarbeiterin in den Arbeitsmarkt zu integrieren und die nach Art, Umfang und Inhalt gem. § 254 SGB III förderungsfähig ist, längstens jedoch bis zum ▭.

   Die Anzahl der Mitarbeiter und die Mitarbeiterinnen im Betrieb B in Düsseldorf erhöht sich bis zum ▭ auf ▭. Die in der

   – Anlage –

   zu diesem Interessenausgleich aufgeführten Personen gehen auf den Betrieb B in Düsseldorf über.

   Die Geschäftsleitung des Werkes Düsseldorf verpflichtet sich, mit dem Ausspruch der zur Stillegung des Betriebes notwendigen betriebsbedingten Kündigungen nicht vor dem ▭ zu beginnen. Außerdem wird das Unternehmen die Kündigung zu den Terminen aussprechen, die sich bei der Berechnung nach den gesetzlichen Kündigungsfristen ergeben und sich nicht auf etwaige kürzere, tarifliche Fristen berufen. Es gilt die jeweils längere Frist (Tarifvertrag, Arbeitsvertrag, Gesetz).

   Es besteht Einigkeit, daß die bestehenden Werkverträge mit im Betrieb regelhaft eingesetzten Handwerkern aufgelöst und an ihrer Stelle den Anforderungen entsprechende Arbeitnehmerinnen und Arbeitnehmer des bisherigen Betriebes eingesetzt werden sollen. Falls möglich, können diesen Handwerkern Arbeitsverträge bei anderen Konzernunternehmen angeboten werden, die diese Dienstleistung dann im Auftrag des Betriebes B in Düsseldorf ausführen. Die Zahl der Leiharbeitnehmer beim Betrieb B soll auf das notwendige Maß reduziert werden.

5. Mit Rücksicht darauf, daß der Betrieb B, zwischenzeitlich eine eigenständige GmbH, mit Wirkung zum ▭ einen eigenständigen Betrieb bildet, besteht Einvernehmen darüber, daß der Be-

§ 5 Kapitel 3: Interessenausgleichsvereinbarungen und Sozialpläne

triebsrat unverzüglich einen Wahlvorstand zur Errichtung eines Betriebsrates für den Betrieb B bilden wird. Der Betriebsrat des vertragsschließenden Werkes B in Düsseldorf erhält ein Übergangsmandat bis zum Zeitpunkt der Wahl eines neuen Betriebsrats im Betrieb B, längstens jedoch bis zum _____. Es besteht Einvernehmen darüber, daß der jetzige Betriebsrat für die Artikelfertigung fortbesteht, weil mit Abspaltung des Betriebes B _____ die Identität des Betriebes Artikelfertigung nicht erlischt. Alle bestehenden Betriebsvereinbarungen des vertragsschließenden Werkes gelten auch für die B-GmbH weiter mit Ausnahme der Betriebsvereinbarungen _____. Dem neu gewählten Betriebsrat der B-GmbH wird mit diesem Interessenausgleich ausdrücklich das Angebot unterbreitet, eine Fortgeltung der vorgenannten Betriebsvereinbarungen zu vereinbaren. Der neu gewählte Betriebsrat kann das Angebot binnen einer Woche nach seiner Wahl annehmen.

6. Die Geschäftsleitung strebt im Rahmen ihrer Möglichkeiten die Vermeidung von Arbeitslosigkeit für die von der Werksschließung betroffenen Mitarbeiter und Mitarbeiterinnen an.

Das Unternehmen wird alle freien und bis _____ frei werdenden Arbeitsplätze in der Konzernleitung oder bei Tochterunternehmen erfassen und diese Daten danach fortlaufend bis Ende _____ aktualisieren. Sie werden an zwei zentralen Stellen bekanntgemacht, einschließlich der Bewerbungsanforderung. Das Unternehmen schlägt geeigneten Mitarbeitern und Mitarbeiterinnen freie Arbeitsplätze vor. Die Bewerbungen der Beschäftigten werden an die zuständigen Stellen des Konzerns und der Tochterunternehmen weitergeleitet.

Allen von der Schließung betroffen Mitarbeitern und Mitarbeiterinnen werden bis zum _____ Zwischenzeugnisse erteilt.

Zur Erleichterung der Vermittlung der Mitarbeiterinnen und Mitarbeiter auf freie Arbeitsplätze im Konzern und den Tochterunternehmen werden die dazu erforderlichen Personaldaten erfaßt und mit den Anforderungsprofilen der freien Stellen abgeglichen. Alle Mitarbeiterinnen und Mitarbeiter werden darüber hinaus bis zum _____, im Rahmen eines Einzelgesprächs mit der Personalabteilung, nach weiteren Qualifikationen und Kenntnissen sowie den Einsatzvorstellungen befragt. Dies geschieht in enger Zusammenarbeit mit dem Arbeitsamt und der Unternehmensberatung Personaltraining GmbH U (siehe unten).

Für diese Zwecke wird das Unternehmen die Personalabteilung bis zum _____ aufrechterhalten. Für die Zeit bis zum _____ wird die Aufgabe der Personalbetreuung bei der B-GmbH wahrgenommen.

Darüber hinaus werden im Sozialplan Qualifizierungsmaßnahmen vorgesehen, die nach Art, Umfang und Inhalt im Sinne des § 254 SGB III förderungsfähig sind. Ziel ist es, solche Maßnahmen zu ergreifen, die erforderlich sind, um die von der Werkschließung betroffenen Arbeitnehmerinnen und Arbeitnehmer in den Arbeitsmarkt zu integrieren.

Dazu wurde gem. § 256 SGB III ein Vorabbescheid des Landesarbeitsamts beantragt auf einen Zuschuß gem. den §§ 254 ff. SGB III. Dieser Vorabbescheid wird

– Anlage –

dieses Interessenausgleichs. Die darin festgelegten Maßnahmen werden durchgeführt.

Die Durchführung der darin festgelegten Maßnahmen obliegt dem Arbeitsamt Düsseldorf und der Unternehmensberatung Personaltraining GmbH.

Das Arbeitsamt hat sich verpflichtet, folgende Maßnahmen durchzuführen:

Ab dem _____ werden im Betrieb allen Mitarbeiterinnen und Mitarbeitern die Formulare des Arbeitsamtes ausgehändigt. Dies erfolgt durch das Unternehmen. Ab dem _____ werden Einzelgespräche mit jedem betroffenen Mitarbeiter und jeder betroffenen Mitarbeiterin sowie die individuelle Erfassung des dazu erforderlichen Qualifizierungsbedarfs und erforderlicher Trainings sowie die Ausarbeitung individueller Qualifizierungspläne durchgeführt.

Das Unternehmen wird entsprechend der Zahl der eingesetzten Beraterinnen und Berater ab _____ für jeden Mitarbeiter und jede Mitarbeiterin einen Termin für ein Beratungsgespräch ansetzen und die Koordinierung mit dem Arbeitsamt vornehmen, dies gilt auch für Ersatztermine, falls ein Termin ausgefallen ist.

Die Einzelgespräche sollen mit dem Ende des Monats ▬▬▬ durchgeführt sein.

Außerdem wird das Arbeitsamt bis zu dem oben genannten Zeitpunkt alle betroffen Mitarbeiterinnen und Mitarbeiter als arbeitssuchend erfassen und im Betrieb deren entsprechende Meldungen entgegennehmen. Dies geschieht im Rahmen der oben genannten Einzelgespräche.

Das Arbeitsamt wird dazu ab ▬▬▬ mehrere Mitarbeiterinnen und Mitarbeiter einsetzen, die auch in einem vom Werk zur Verfügung gestellten Büro tätig werden.

Die Bewerbungstrainings finden in den Räumen des Werks in Düsseldorf ausschließlich für Gruppen von Mitarbeiterinnen und Mitarbeitern statt.

Die vorgesehenen Qualifizierungsmaßnahmen werden entweder im Rahmen der gem. §§ 254 ff. SGB III vorgesehenen Zuschüsse (kurzläufige Maßnahmen) oder aus weiteren, dem Arbeitsamt zur Verfügung stehenden Mitteln (langläufige Maßnahmen) realisiert.

Im übrigen wird das Arbeitsamt entsprechend dem als Anlage beigefügten Schreiben tätig.

Gleichermaßen wird die Unternehmensberatung Personaltraining GmbH gem. dem als

– Anlage –

beigefügten Vertrag beauftragt. Zu den Aufgaben der Unternehmensberatung zählt die Bedarfsermittlung durch Gespräche mit den Mitarbeitern, die Überprüfung der Trainingskonzepte, die Erarbeitung neuer Konzepte, die Beratung der betroffenen Mitarbeiterinnen und Mitarbeiter, die Ermunterung der Mitarbeiter, für sie geeigneten Maßnahmen zu ergreifen, der Abgleich der Angebote verschiedener Anbieter, die Koordination der gesamten Maßnahmen zwischen Arbeitsamt, externen Trägern von Trainingsmaßnahmen, Geschäftsleitung, Betriebsrat und betroffenen Mitarbeiterinnen und Mitarbeitern und die Beratung von Vorgesetzten und anderen Stellen im Werk Düsseldorf.

Die Unternehmensberatung Personaltraining GmbH wird im Monat ▬▬▬ in Kooperation mit dem Arbeitsamt Einzelgespräche mit jedem Mitarbeiter und jeder Mitarbeiterin führen und die Qualifizierungsbedarfe ermitteln. Sie wird im Auftrag des Unternehmens eine Tabelle führen, in der die eigenen Erkenntnisse, die Erkenntnisse des Arbeitsamtes über Qualifizierungsbedarfe und vorhandene Qualifikationen zusammen mit den Personaldaten erfaßt werden. Diese Liste wird fortlaufend wöchentlich aktualisiert.

Anhand dieser Liste wird die Qualifizierungsplanung vorgenommen, um zu gewährleisten, daß die erforderlichen Qualifikationen bis zum Ende des Arbeitsverhältnisses erworben werden können. Die Personaltraining GmbH ist auch für die Koordination mit den Anforderungen des Unternehmens zur Sicherung der Produktionsabläufe zuständig. Sie wird wöchentlich den Koordinierungskreis einberufen und leiten, der bis zum ▬▬▬ tagt. Insgesamt obliegt ihr das Management des Qualifizierungsprojektes.

Die Personaltraining GmbH wird für wenigstens ▬▬▬ DM ( ▬▬▬ EUR) über den gesamten Zeitraum der Maßnahme bis zum ▬▬▬ tätig sein. Einer ihrer Trainer wird an zwei Tagen in jeder Woche an dem Projekt arbeiten.

Zur Koordinierung der Aktivitäten des Unternehmens, des Arbeitsamtes, der Personaltraining GmbH und des Betriebsrats wird ein Koordinierungskreis mit je einem Vertreter der genannten Stellen gebildet.

Der Koordinierungskreis entscheidet einvernehmlich. Seine Teilnehmer erhalten die oben genannten Tabellen. Der Koordinierungskreis wird geleitet von dem Trainer der Personaltraining GmbH. Soweit eine Einigung, z. B. über Qualifizierungsbedarfe oder den Einsatz der dem Unternehmen überlassenen Fördermittel gem. § 254 SGB III nicht herbeigeführt werden kann, entscheidet der Koordinierungskreis verbindlich. Dem Leiter stehen bei Stimmengleichheit zwei Stimmen zu.

Das Unternehmen stellt die Mitarbeiterinnen und Mitarbeiter für die Qualifizierungsmaßnahmen und für die anderen vereinbarten Maßnahmen unter Fortzahlung der Bezüge von der Arbeitsleistung frei. Betriebliche Notwendigkeiten sind zu berücksichtigen. Soweit eine Einigung über das Entgegenstehen betrieblicher Gründe nicht herbeigeführt werden kann, entscheidet der Koordinierungskreis verbindlich. Bei Stimmengleichheit verfügt der Leiter über eine Doppelstimme.

Jede Mitarbeiterin und jeder Mitarbeiter wird unter Beachtung betrieblicher Notwendigkeiten maximal bis zu drei Monate für Qualifizierungsmaßnahmen freigestellt.

Hinsichtlich des Zeitpunkts einer angebotenen Qualifizierungsmaßnahme besteht kein Wahlrecht für die Mitarbeiterinnen bzw. die Mitarbeiter.

Im übrigen wird das Unternehmen seinen Eigenbeitrag dadurch erbringen, daß die Kündigungen nur zu den in Ziff. 4 des Interessenausgleichs genannten Terminen und mit den dort geregelten Fristen ausgesprochen werden und nicht zu den frühestmöglichen Zeitpunkten.

7. Mitarbeiterinnen und Mitarbeiter, die am ▓▓▓ im Werk Düsseldorf beschäftigt waren und wegen der Werkschließung aus dem Arbeitsverhältnis ausscheiden, werden von der B-GmbH bis zum ▓▓▓ bevorzugt eingestellt, sofern dort Neueinstellungen vorgenommen werden und sie für die neue Stelle fachlich und persönlich geeignet sind. Ziff. 7 dieses Interessenausgleichs ist eine Auswahlrichtlinie gem. § 95 BetrVG, die auch für die B-GmbH weiter gelten soll.

8. Die zur Durchführung der Restrukturierung notwendigen personellen Einzelmaßnahmen werden unter Beachtung der Mitwirkungs- und Mitbestimmungsrechte des Betriebsrats vorgenommen.

9. Geschäftsleitung und Betriebsrat vereinbaren eine Liste, in der die Mitarbeiterinnen und Mitarbeiter namentlich aufgeführt werden, denen gekündigt werden soll. Die Liste ist diesem Interessenausgleich als Anhang beigefügt und gesondert unterschrieben. Aus ihr ergibt sich das vorgesehene Beendigungsdatum.

10. Kollektiv-rechtlich ist mit Abschluß des Interessenausgleichs und des Sozialplans vom ▓▓▓ das Mitwirkungsrecht des Betriebsrats gem. §§ 111 ff. BetrVG beachtet.

Düsseldorf, den ▓▓▓

▓▓▓                              ▓▓▓

Geschäftsleitung Werk Düsseldorf     Betriebsrat Werk Düsseldorf

Einverstanden:

Geschäftsleitung B-GmbH

▲

### 38. Muster: Vertrag mit Unternehmensberatung zur Erfüllung des Transferinteressenausgleichs

▼

313

Zwischen

dem Werk Düsseldorf der ▓▓▓ AG

und

der Personaltrainings GmbH ▓▓▓

wird der nachfolgende

*Vertrag*

geschlossen.

# Betriebsvereinbarungen §5

1. Die Geschäftsleitung des Werkes Düsseldorf des ▒▒▒ Konzerns hat sich entschlossen, die Artikelfertigung ▒▒▒ bis zum nach Polen zu verlagern. Damit ergibt sich eine Reduzierung der Zahl der Arbeitsplätze um 163. Im Interessenausgleich und Sozialplan, der anläßlich dieser Maßnahme mit dem Betriebsrat geschlossen wird, sind Qualifizierungsmaßnahmen vorgesehen, die das Ziel haben, Arbeitslosigkeit der betreffenden Mitarbeiterinnen und Mitarbeiter nach Möglichkeit zu vermeiden. In diesem Rahmen wurde vereinbart, daß die Personaltraining GmbH neben dem Arbeitsamt Düsseldorf mit der Durchführung des Qualifzierungsprojekts beauftragt wird.

2. In Ausführung dieser Vereinbarung wird die Personaltraining GmbH für die Zeit vom ▒▒▒ bis zum ▒▒▒ mit folgenden Aufgaben betraut.
   - Bedarfsermittlung durch Gespräche mit Mitarbeitern
   - Überprüfung der Trainingskonzepte
   - ggf. Erarbeitung neuer Beratung der betroffenen Mitarbeiter
   - Ermunterung der Mitarbeiter, für sie geeignete Maßnahmen zu ergreifen
   - Abgleich der Angebote verschiedener Anbieter
   - Koordination der gesamten Maßnahmen zwischen Arbeitsamt, externen Trägern von Trainingsmaßnahmen, Geschäftsleitung, Betriebsrat und betroffenen Mitarbeitern
   - Beratung der Vorgesetzten und anderer Stellen im Werk Düsseldorf.
   
   Mit der Durchführung der Aufgaben wird Herr ▒▒▒ beauftragt.

3. Herr ▒▒▒ wird entsprechend den betrieblichen Erfordernissen und den Bedürfnissen der betroffenen Mitarbeiterinnen und Mitarbeiter im Werk Düsseldorf anwesend sein. Der Schwerpunkt seiner Tätigkeit wird in der Zeit vom ▒▒▒ bis ▒▒▒ liegen. In dieser Zeit wird Herr ▒▒▒ 140 Stunden (durchschnittlich 20 Stunden pro Woche) für das Projekt tätig sein. In der Folgezeit bis zum ▒▒▒ (außer sechs Wochen Urlaub) wird er ▒▒▒ Stunden für das Projekt zur Verfügung stehen (durchschnittlich 7 Stunden pro Woche).

4. Der Gesamtumfang des Auftrags wird ▒▒▒ Stunden betragen. Der Preis für die Durchführung dieses Projekts beträgt

   ▒▒▒ DM (▒▒▒ EUR).

   Der Betrag wird in folgenden Raten fällig:

   ▒▒▒ DM (▒▒▒ EUR) am ▒▒▒
   ▒▒▒ DM (▒▒▒ EUR) am ▒▒▒
   ▒▒▒ DM (▒▒▒ EUR) bei Abschluß des Projektes, spätestens am ▒▒▒.

5. Der Umfang des Auftrags wird mit einer Ankündigungsfrist von drei Monaten zum Monatsende reduziert, wenn und soweit sowohl die Geschäftsleitung als auch der Betriebsrat des Werkes Düsseldorf eine Fortführung der Tätigkeit des Herrn ▒▒▒ nicht mehr für erforderlich halten.

Düsseldorf, den

▒▒▒                                   ▒▒▒

Geschäftsleitung Werk Düsseldorf      Personaltraining GmbH

### 39. Muster: Antrag an das Landesarbeitsamt zur Erfüllung eines Transferinteressenausgleichs

▼

Antrag an das Landesarbeitsamt auf Erteilung eines Vorabbescheids nach § 256 SGB III

Sehr geehrter Herr Präsident,

für unsere Firma ▬▬▬ beantragen wir die Gewährung eines Zuschusses zu Sozialplanmaßnahmen nach den §§ 254 ff. SGB III. Grundlage unseres Antrags bildet folgender Sachverhalt:

Unser Werk in ▬▬▬ wird spätestens zum ▬▬▬ seine Fabrikation einstellen. ▬▬▬ Mitarbeiterinnen und Mitarbeiter, soweit sie nicht in Schwesterfirmen vermittelt werden können, sind von Arbeitsplatzverlust bedroht.

Der Personalabbau wird sozialverträglich erfolgen. Die Sozialplanverhandlungen mit dem Betriebsrat stehen kurz vor einem einvernehmlichen Abschluß. Unser Unternehmen ist sehr daran interessiert, Arbeitslosigkeit der Arbeitnehmerinnen und Arbeitnehmer zu verhindern. Die Kündigung der Mitarbeiter erfolgt fristgemäß.

Die zur Entlassung anstehende Belegschaft hat folgende Struktur:

- ▬▬▬ männl./weibl.
- ▬▬▬ Altersgruppen
- ▬▬▬ Qualifikationen

Wir haben bereits mit dem örtlichen Arbeitsamt intensive Kontakte und möchten die Abwicklung des Personalabbaus mit Unterstützung Ihrer Behörde durchführen. Unter der Federführung des Arbeitsamtes möchten wir die Beratung der Arbeitnehmer, wie auch die Koordinierung eventuell erforderlicher Qualifikationen durchführen lassen. Das Arbeitsamt hat uns hier die Arbeit in einem „Qualifizierungs- und Integrations-Verbund" vorgeschlagen.

In modellhafter Form sollen in dem Verbund Berater des Arbeitsamtes Hand in Hand mit Unternehmensberatern, Qualifizierungseinrichtungen und anderen kompetenten Fachkräften zusammenarbeiten. Durch die Beratung eines Arbeitsberater-Teams vor Ort (Trainer) soll zunächst eine Grob-Struktur des Beratungs- und Qualifizierungsbedarfs der Arbeitnehmer ermittelt werden.

Im Rahmen von Trainingsmaßnahmen soll dann bei allen Arbeitnehmern die individuelle Leistungsfähigkeit ergründet werden. Auch gehört die Prüfung der Arbeitsmarktchancen dazu. Es soll der Qualifizierungsbedarf ermittelt und es sollen Profile erstellt werden.

Bewerbungstraining ist für alle Mitarbeiter obligatorisch. Coaching wird allen Arbeitnehmern angeboten.

Maßnahmen der beruflichen Weiterbildung werden durchgeführt, soweit die verbesserte Qualifikation die Arbeitsmarktchancen der Arbeitnehmer erhöht. Hierbei kann es sich in der Regel nur um Anpassungs-Qualifikationen handeln.

Wir möchten neben der Qualifizierung auch zeitlich begrenzte Tätigkeiten bei anderen Unternehmen unterstützen (Praktika), um so eine Übernahme unserer Mitarbeiter zu erreichen. Dabei möchten wir aus den bereit gestellten Mitteln Einstellungszuschüsse und Mobilitätshilfen gewähren.

Wir möchten aber auch Maßnahmen zur Vorbereitung der Gründung und Begleitung selbständiger Existenzen unterstützen. Die vorgenannten Maßnahmen können in ihrem gesamten Umfang zur Zeit noch nicht konkretisiert und gar finanziell bestimmt werden.

Unser Unternehmen stellt für die Durchführung der Maßnahmen die Arbeitnehmer unter Fortzahlung der Bezüge von der Arbeit frei. Bei einer durchschnittlichen Freistellungszeit von etwa drei Monaten ergibt sich hier eine Lohnsumme von ▬▬▬ DM (▬▬▬ EUR), die als Eigenanteil des Unternehmens gewertet werden kann. Außerdem plant das Unternehmen, für Qualifizierungsmaßnahmen noch einen zusätzlichen Betrag von ▬▬▬ DM (▬▬▬ EUR) zur Verfügung zu stellen.

Der von Ihnen erforderliche Zuschuß müßte sich auf einen Betrag von schätzungsweise ▁▁▁▁ DM (▁▁▁▁ EUR) belaufen. Wir haben bei der Ermittlung dieses Betrages unterstellt, daß für ▁▁▁▁ Arbeitnehmer jeweils 1.360,00 DM (695,36 EUR) (Monatsbetrag) gewährt werden und sich die Qualifizierung von rund ▁▁▁▁ Beschäftigten auf durchschnittlich ▁▁▁▁ Monate mit einem Zuschußbetrag von monatlich 1.360,00 DM (695,36 EUR) beläuft.

Neben den von uns vorgesehenen Qualifizierungs- und Integrationsmaßnahmen erhalten die gekündigten Arbeitnehmer eine im Sozialplan festgelegte Abfindungssumme.

Den Sozialplan fügen wir im Entwurf bei. Wir haben mit dem Betriebsrat vereinbart, daß wir erst nach Eingang eines positiven Bescheids durch Sie den Sozialplan mit unserer Unterschrift versehen.

Wir sind der Meinung, daß wir mit unseren und Ihren hoffentlich möglichen Zuschußleistungen einen Beitrag zur Verhinderung von Arbeitslosigkeit leisten. Für eine wohlwollende Prüfung und möglichst kurzfristige Antwort wären wir verbunden.

Mit freundlichen Grüßen

## 40. Muster: Transfersozialplan

Zwischen

der Leitung des Werkes ▁▁▁▁

und

dem Betriebsrat des Werkes ▁▁▁▁

wird folgender Sozialplan vereinbart:

### I. Geltungsbereich
Dieser Sozialplan gilt – soweit nachfolgend nichts anderes geregelt ist – für alle Mitarbeiterinnen und Mitarbeiter, deren Arbeitsverhältnis aufgrund der im Interessenausgleich vom ▁▁▁▁ geregelten Betriebsänderung endet und die nicht leitende Angestellte im Sinne von § 5 Abs. 3 BetrVG sind.

### II. Versetzungen/Angebot von Arbeitsplätzen im Konzern oder in Tochterunternehmen
1. Bei einem Wechsel zu einem Tochterunternehmen oder zum Konzern, soweit dieser Wechsel mit einer Änderung des Arbeitsortes verbunden ist, gilt die jeweils für den Konzern bestehende Regelung zu Leistungen bei Dienstreisen und Versetzungen.
2. Eine Abfindung ist in diesem Falle nicht zu zahlen.
3. Die vorstehende Regelung gilt nur, wenn den betreffenden Mitarbeiterinnen oder Mitarbeitern ihre bisherigen Dienstzeiten im Konzern in der anderen Gesellschaft angerechnet werden.

### III. Höhe der Abfindungen
1. Im Falle einer Beendigung des Arbeitsverhältnisses erhält die Mitarbeiterin/der Mitarbeiter eine Abfindung, die sich wie folgt errechnet.

$$\frac{\text{Lebensalter (in Jahren)} \times \text{Dienstzugehörigkeit (in Jahren)} \times \text{Bruttomonatsverdienst (in DM/EUR)}}{\text{Divisor}}$$

2. Mitarbeiterinnen und Mitarbeiter, die zum Zeitpunkt der Beendigung des Arbeitsverhältnisses mindestens 57 Jahre und 4 Monate alt sind, erhalten eine Abfindung, die sich wie folgt berechnet:

Die Abfindung beträgt 80 % des Nettomonatsverdienstes multipliziert mit der Anzahl der Monate vom Ausscheiden bis zu dem Zeitpunkt, in dem erstmalig Leistungen der gesetzlichen Rentenversicherung ohne Kürzung wegen vorzeitiger Inanspruchnahme geltend gemacht werden können, maximal 36 Monate, abzüglich des in diesem Zeitraum zu beanspruchenden Arbeitslosengeldes.

Die Abfindung erhöht sich für die Mitarbeiter, die im Zeitpunkt der rechtlichen Beendigung ihres Arbeitsverhältnis Mitglieder im Versorgungswerk des Konzerns sind, um den individuellen Arbeitgeber-Zuschuß zum Versorgungswerk multipliziert mit der Anzahl der Monate vom Ausscheiden bis zu dem Zeitpunkt, in dem erstmalig Leistungen der gesetzlichen Rentenversicherung ohne Kürzung wegen vorzeitiger Inanspruchnahme geltend gemacht werden können, maximal 36 Monate. Die Mitarbeiterinnen und Mitarbeiter können im Wege der freiwilligen Mitgliedschaft Mitglieder im Versorgungswerk des Konzerns bleiben.

Zur Abgeltung der zu erwartenden Rentenkürzung bei vorzeitiger Inanspruchnahme der gesetzlichen Altersrente wird ein Fonds von ▬▬ DM (▬▬ EUR) gebildet. Der Fonds wird nach Maßgabe des Betriebsrats auf die Betroffenen verteilt. Der Betriebsrat teilt dem Unternehmen den Aufteilungsvorschlag mit. Ist das Unternehmen mit der Aufteilung nicht einverstanden, kann es binnen zwei Wochen die Einigungsstelle anrufen. Geschieht dies nicht, ist der Aufteilungsvorschlag verbindlich.

3. Für jedes auf der Lohnsteuerkarte eingetragene Kind wird ein Kinderzuschlag in Höhe von ▬▬ DM (▬▬ EUR) gewährt. Schwerbehinderte und Gleichgestellte (mit einem Grad der Behinderung von mindestens 50 %) erhalten einen Zuschlag von ▬▬ DM (▬▬ EUR).

4. Mitarbeiterinnen und Mitarbeiter, die ihr Arbeitsverhältnis vor Inkrafttreten dieses Sozialplans, aber nach dem ▬▬ selbst gekündigt haben, oder nach dem Inkrafttreten selbst kündigen, erhalten die sich nach diesem Sozialplan ergebende Abfindung. Diese Regelung gilt nicht für die Mitarbeiter, die nach dem Interessenausgleich erst zum ▬▬ ausscheiden sollen. Solche Mitarbeiter erhalten im Falle einer Kündigung nach dem ▬▬ eine um 25 % gekürzte Abfindung.

5. Es wird ein Härtefonds gebildet. Der Fonds ist mit ▬▬ DM (▬▬ EUR) dotiert. Über seine Verwendung entscheiden Betriebsrat und Unternehmen gemeinsam.

6. Keine Abfindung erhalten Mitarbeiterinnen und Mitarbeiter,
– denen aus einem in ihrem Verhalten liegenden Grund oder aus wichtigem Grund wirksam gekündigt worden ist bzw. gekündigt wird,
– die vor Ablauf der Kündigungsfrist vertragswidrig ausscheiden,
– deren Arbeitsverhältnis durch Fristablauf endet (befristete Arbeitsverhältnisse),
– die vor Inkrafttreten des Sozialplans einen Aufhebungsvertrag geschlossen haben, der die Zahlung einer Abfindung vorsieht,
– die bei Abschluß des Sozialplanes noch nicht im Werk Düsseldorf beschäftigt sind,
– die unter Anrechnung ihrer bisherigen Konzerndienstzeit einen anderen Arbeitsplatz im Konzern oder einer konzernabhängigen Tochter angenommen haben.

### IV. Berechnung der Abfindungen

1. Bei der Höhe des Bruttomonatsverdienstes gem. III. 1. werden Weihnachts- und Urlaubsgeld sowie sonstige Einmalzahlungen und Mehrarbeitsvergütungen nicht berücksichtigt. Schichtzulagen von Mitarbeitern, die seit einem Jahr vor Inkrafttreten des Sozialplanes in Schichtarbeit tätig waren, werden berücksichtigt.

2. Die Höhe des Nettoverdienstes gem. III. 2. errechnet sich wie folgt:
Bruttomonatsverdienst (wie nach Abs. 1)
./. Lohnsteuer
./. Kirchensteuer, soweit kirchensteuerpflichtig

./. Rentenversicherung
./. Arbeitslosenversicherung
./. Kranken- und Pflegeversicherung.

3. Die Höchstabfindung beträgt _____ DM (_____ EUR). Die Mindestabfindung beträgt _____ DM (_____ EUR).

4. Bei der Berechnung des Lebensalters und der Dienstzugehörigkeit werden die Jahre bis zu der rechtlichen Beendigung des Arbeitsverhältnisses berücksichtigt. Der Berechnung werden vollendete Monate zugrundegelegt. Die Jahre sind auf eine Stelle nach dem Komma zu berechnen und zu runden.

5. Bei der Berechnung der Dienstzugehörigkeit wird das Datum des Eintritts in das Unternehmen gem. Arbeitsvertrag zugrundegelegt.

### V. Qualifizierungs-Maßnahmen

Geschäftsleitung und Betriebsrat streben im Rahmen ihrer Möglichkeiten die Vermeidung von Arbeitslosigkeit für die von der Werksschließung betroffenen Mitarbeiterinnen und Mitarbeiter an.

Das Unternehmen wird alle freien und bis Ende 2000 frei werdenden Arbeitsplätze im Konzern oder den Tochterunternehmen erfassen und diese Daten danach fortlaufend bis Ende _____ aktualisieren. Die Daten werden an zwei zentralen Stellen bekanntgemacht, einschließlich der Bewerbungsanforderungen. Das Unternehmen schlägt geeigneten Mitarbeiterinnen und Mitarbeitern freie Arbeitsplätze vor. Die Bewerbungen der Beschäftigten werden an die zuständigen Stellen des Konzerns und der Tochterunternehmen weitergeleitet.

Allen von der Schließung betroffenen Mitarbeiterinnen und Mitarbeitern werden bis zum _____ Zwischenzeugnisse erteilt.

Zur Erleichterung der Vermittlung der Mitarbeiterinnen und Mitarbeiter auf freie Arbeitsplätze im Konzern und den Tochterunternehmen werden die dazu erforderlichen Personaldaten erfaßt und mit den Anforderungsprofilen der freien Stellen abgeglichen. Alle Mitarbeiterinnen und Mitarbeiter werden darüber hinaus bis zum _____, im Rahmen eines Einzelgesprächs mit der Personalabteilung, nach weiteren Qualifikationen und Kenntnissen sowie den Einsatzvorstellungen befragt. Dies geschieht in enger Zusammenarbeit mit dem Arbeitsamt und der Unternehmensberatung Personaltraining GmbH U (siehe unten).

Für diese Zwecke wird das Unternehmen die Personalabteilung bis zum _____ aufrechterhalten. Für die Zeit bis zum _____ wird die Aufgabe von der Personalbetreuung bei der B GmbH wahrgenommen.

Darüber hinaus werden im Sozialplan Qualifizierungsmaßnahmen vorgesehen, die nach Art, Umfang und Inhalt im Sinne des § 254 SGB III förderungsfähig sind. Ziel ist es, solche Maßnahmen zu ergreifen, die erforderlich sind, um die von der Werkschließung betroffenen Arbeitnehmerinnen und Arbeitnehmer in den Arbeitsmarkt zu integrieren.

Dazu wurde gem. § 256 SGB III ein Vorabbescheid des Landesarbeitsamts beantragt auf einen Zuschuß gem. den §§ 254 ff. SGB III. Dieser Vorabbescheid wird

– Anlage –

dieses Interessenausgleichs. Die darin festgelegten Maßnahmen werden durchgeführt.

Die Durchführung der darin festgelegten Maßnahmen obliegt dem Arbeitsamt Düsseldorf und der Unternehmensberatung Personaltraining GmbH.

Das Arbeitsamt hat sich verpflichtet, folgende Maßnahmen durchzuführen:

Ab dem _____ werden im Betrieb allen Mitarbeiterinnen und Mitarbeitern die Formulare des Arbeitsamtes ausgehändigt. Dies erfolgt durch das Unternehmen. Ab dem _____ werden Einzelgespräche mit jedem betroffenen Mitarbeiter und jeder betroffenen Mitarbeiterin sowie die individuelle Erfassung des dazu erforderlichen Qualifizierungsbedarfs und erforderlichen Trainings sowie die Ausarbeitung individueller Qualifizierungspläne durchgeführt.

## § 5 Kapitel 3: Interessenausgleichsvereinbarungen und Sozialpläne

Das Unternehmen wird entsprechend der Zahl der eingesetzten Beraterinnen und Berater ab ▬▬▬▬ für jeden Mitarbeiter und jede Mitarbeiterin einen Termin für ein Beratungsgespräch ansetzen und die Koordinierung mit dem Arbeitsamt vornehmen, dies gilt auch für Ersatztermine, falls ein Termin ausgefallen ist.

Die Einzelgespräche sollen mit dem Ende des Monats ▬▬▬▬ durchgeführt sein.

Außerdem wird das Arbeitsamt bis zu dem oben genannten Zeitpunkt alle betroffenen Mitarbeiterinnen und Mitarbeiter als arbeitsuchend erfassen und im Betrieb deren entsprechende Meldungen entgegennehmen. Dies geschieht im Rahmen der oben genannten Einzelgespräche.

Das Arbeitsamt wird dazu ab ▬▬▬▬ mehrere Mitarbeiterinnen und Mitarbeiter einsetzen, die auch in einem vom Werk zur Verfügung gestellten Büro tätig werden.

Die Bewerbungstrainings finden in den Räumen des Werks in Düsseldorf ausschließlich für Gruppen von Mitarbeiterinnen und Mitarbeitern statt.

Die vorgesehenen Qualifzierungsmaßnahmen werden entweder im Rahmen der gem. §§ 254 ff. SGB III vorgesehenen Zuschüsse (kurzläufige Maßnahmen) oder aus weiteren, dem Arbeitsamt zur Verfügung stehenden Mitteln (langläufige Maßnahmen) realisiert.

Im übrigen wird das Arbeitsamt entsprechend dem als

– Anlage –

beigefügten Schreiben tätig.

Gleichermaßen wird die Unternehmensberatung Personaltraining GmbH gem. dem als

– Anlage –

beigefügten Vertrag beauftragt. Zu den Aufgaben der Unternehmensberatung zählt die Bedarfsermittlung durch Gespräche mit den Mitarbeitern, die Überprüfung der Trainingskonzepte, die Erarbeitung neuer Konzepte, die Beratung der betroffenen Mitarbeiterinnen und Mitarbeiter, die Ermunterung der Mitarbeiter, für sie geeignete Maßnahmen zu ergreifen, der Abgleich der Angebote verschiedener Anbieter, die Koordination der gesamten Maßnahmen zwischen Arbeitsamt, externen Trägern von Trainingsmaßnahmen, Geschäftsleitung, Betriebsrat und betroffenen Mitarbeiterinnen und Mitarbeitern und die Beratung von Vorgesetzten und anderen Stellen im Werk Düsseldorf.

Die Unternehmensberatung Personaltraining GmbH wird im Monat ▬▬▬▬ in Kooperation mit dem Arbeitsamt Einzelgespräche mit jedem Mitarbeiter und jeder Mitarbeiterin führen und die Qualifizierungsbedarfe ermitteln. Sie wird im Auftrag des Unternehmens eine Tabelle führen, in der die eigenen Erkenntnisse, die Erkenntnisse des Arbeitsamtes über Qualifizierungsbedarfe und vorhandene Qualifikationen zusammen mit den Personaldaten erfaßt werden. Diese Liste wird fortlaufend wöchentlich aktualisiert.

Anhand dieser Liste wird die Qualifizierungsplanung vorgenommen, um zu gewährleisten, daß die erforderlichen Qualifikationen bis zum Ende des Arbeitsverhältnisses erworben werden können. Die Personaltraining GmbH ist auch für die Koordination mit den Anforderungen des Unternehmens zur Sicherung der Produktionsabläufe zuständig. Sie wird wöchentlich den Koordinierungskreis einberufen und leiten, der bis zum ▬▬▬▬ tagt. Insgesamt obliegt ihr das Management des Qualifizierungsprojektes.

Die Personaltraining GmbH wird für wenigstens ▬▬▬▬ DM ( ▬▬▬▬ EUR) über den gesamten Zeitraum der Maßnahme bis zum ▬▬▬▬ tätig sein. Einer ihrer Trainer wird an zwei Tagen in jeder Woche an dem Projekt arbeiten.

Zur Koordinierung der Aktivitäten des Unternehmens, des Arbeitsamtes und der Personaltraining GmbH und des Betriebsrats wird ein Koordinierungskreis mit je einem Vertreter der genannten Stellen gebildet.

Der Koordinierungskreis entscheidet einvernehmlich. Seine Teilnehmer erhalten die oben genannten Tabellen. Der Koordinierungskreis wird geleitet von dem Trainer der Personaltraining GmbH. Soweit eine Einigung, z. B. über Qualifzierungsbedarfe oder den Einsatz der dem Unternehmen überlassenen Fördermittel gem. § 254 SGB III nicht herbeigeführt werden kann, entscheidet der Koordinierungskreis verbindlich. Dem Leiter stehen bei Stimmengleichheit zwei Stimmen zu.

Das Unternehmen stellt die Mitarbeiterinnen und Mitarbeiter für die Qualifzierungsmaßnahmen und für die anderen vereinbarten Maßnahmen unter Fortzahlung der Bezüge von der Arbeitsleistung frei. Betriebliche Notwendigkeiten sind zu berücksichtigen. Soweit eine Einigung über das Entgegenstehen betrieblicher Gründe nicht herbeigeführt werden kann, entscheidet der Koordinierungskreis verbindlich. Bei Stimmengleichheit verfügt der Leiter über eine Doppelstimme.

Jede Mitarbeiterin und jeder Mitarbeiter wird unter Beachtung betrieblicher Notwendigkeiten maximal bis zu drei Monaten für Qualifizierungsmaßnahmen freigestellt.

Hinsichtlich des Zeitpunkts einer angebotenen Qualifizierungsmaßnahme besteht kein Wahlrecht für die Mitarbeiterinnen bzw. die Mitarbeiter.

Im übrigen wird das Unternehmen seinen Eigenbeitrag dadurch erbringen, daß die Kündigungen nur zu den in Ziff. 4 des Interessenausgleichs genannten Terminen und mit den dort geregelten Fristen ausgesprochen werden und nicht zu den frühestmöglichen Zeitpunkten.

**VI. Sonstige Bestimmungen**
1. Zuwendungen aus Anlaß von Dienstjubiläen werden auch gewährt, wenn das Dienstjubiläum innerhalb von          Monaten nach rechtlicher Beendigung des Arbeitsverhältnisses stattgefunden hätte.
2. Die Abfindungsansprüche entstehen zum Zeitpunkt der rechtlichen Beendigung des Arbeitsverhältnisses. Die Ansprüche werden mit der Entstehung fällig.
3. Auf Leistungen aus diesem Sozialplan sind etwaige gesetzliche, tarifvertragliche oder individualrechtliche Abfindungen, Nachteilsausgleichsansprüche oder sonstige Entschädigungsleistungen (z. B. nach § 113 BetrVG, §§ 9, 10 KSchG) für den Verlust des Arbeitsplatzes anzurechnen. Nicht anzurechnen sind Nachteilsausgleichsansprüche, die aus einer Verletzung der Regelungen in den Ziff. 4, 6, 7 und 9 des Interessenausgleichs resultieren.
4. Erhebt eine Mitarbeiterin oder ein Mitarbeiter Klage auf Feststellung der Unwirksamkeit der Kündigung, so ruhen die Ansprüche aus diesem Sozialplan bis zum rechtskräftigen Abschluß des Verfahrens.
5. Die Abfindung kann weder abgetreten noch verpfändet werden. Sie wird gem. vorstehenden Regelungen im Rahmen der gesetzlichen Vorschriften und Höchstbeträge steuer- und sozialversicherungsfrei ausgezahlt.
6. Vor der Kündigung bzw. Aufhebung des Arbeitsverhältnisses werden die Mitarbeiterinnen und Mitarbeiter auf Verlangen für die Dauer von bis zu drei Arbeitstagen zum Zwecke der Arbeitssuche ohne Verdienstminderung von der Arbeitsleistung freigestellt; nach der Kündigung bzw. Aufhebung des Arbeitsverhältnisses geschieht dies, soweit es für die Arbeitssuche erforderlich ist.
7. Ansprüche aus diesem Sozialplan müssen innerhalb von drei Monaten nach dem Tag der rechtlichen Beendigung des Arbeitsverhältnisses geltend gemacht werden.
8. Soweit die Geschäftsleitung des Werkes Düsseldorf mit den Mitarbeiterinnen und Mitarbeitern Aufhebungsverträge schließt, wird das Unternehmen die betreffenden Mitarbeiterinnen und Mitarbeiter in einem von ihm verfaßten Informationsblatt über die sozialversicherungsrechtlichen Konsequenzen informieren.
9. Dieser Sozialplan tritt nach Zweckerreichung, d. h. nach der Durchführung der im Interessenausgleich vereinbarten personellen Maßnahmen, ohne Nachwirkung außer Kraft.
10. Sollten einzelne der vorstehenden Bestimmungen – gleich aus welchem Rechtsgrund – unwirksam sein oder werden, so wird die Wirksamkeit der übrigen Bestimmungen nicht berührt. Die un-

wirksame Bestimmung soll durch eine solche Regelung ersetzt werden, die dem beabsichtigten Zweck am nächsten kommt.

Düsseldorf, den

Geschäftsleitung Werk Düsseldorf    Betriebsrat

# § 6 Anwaltsgebühren

## Kapitel 1: Honorarvereinbarungen

### Literatur

**Brieske**, Die anwaltliche Honorarvereinbarung, 1997; **Gerold/Schmidt/v.Eicken/Madert**, BRAGO, 14. Aufl. 1999; **Göttlich/Mümmler**, Bundesgebührenordnung für Rechtsanwälte, 19. Aufl. 1997; **Hartmann**, Kostengesetze, 28. Aufl. 1999; **Hellwig**, Die Rechnungen und Vereinbarungen der Großen, AnwBl. 1998, 623; **Hümmerich**, Steuerliche Abzugsfähigkeit der Kostennote eines Arbeitsrechtsanwalts, FA 2000, 2; **ders.**, Arbeitsrecht und Rechtsschutzversicherung, AnwBl. 1995, 321; **Krämer**, Akzeptanz unterschiedlicher Honorargestaltungen bei Rechtsanwälten, AnwBl. 1998, 371; **Lappe**, Gebührentips für Rechtsanwälte, 2. Aufl. 1987; **Riedel-Sußbauer**, Bundesgebührenordnung für Rechtsanwälte, 7. Aufl. 1995.

### A. Erläuterungen

Hauptanwendungsfälle von Honorarvereinbarungen im Arbeitsrecht sind das Aushandeln einer **Trennungsvereinbarung** (Abwicklungs- oder Aufhebungsvertrag) **für Führungskräfte** oder für Unternehmen mit Führungskräften. Den zweiten Anwendungsfall bilden **Umstrukturierungsmaßnahmen** eines Unternehmens. In diesen Fällen ist der Anwalt häufig eingeschaltet, um einen Interessenausgleich und Sozialplan entweder auf Arbeitgeber- oder auf Betriebsratsseite auszuarbeiten und mit zu verhandeln.

#### 1. Höhere als die gesetzliche Vergütung

Will man eine höhere als die gesetzliche Vergütung vereinbaren, muß in jedem Fall die **Schriftform** vereinbart werden, die Vereinbarung darf nicht in der Vollmacht oder in einem Vordruck, der auch andere Erklärungen umfaßt, enthalten sein.[1] Nicht nur in außergerichtlichen Angelegenheiten, sondern auch in gerichtlichen Angelegenheiten ist die Vereinbarung einer Vergütung, die höher ist als die gesetzliche Vergütung, zulässig. Man schließt dies im Wege eines Umkehrschlusses aus § 3 Abs. 5 BRAGO, wonach die Vereinbarung eines niedrigeren Honorars als die gesetzliche Vergütung nur in außergerichtlichen Angelegenheiten zugelassen ist. In Musterprozessen, die bei kleinem Streitwert mit erheblichem Aufwand geführt werden, werden häufig, auch bis zum BAG, höhere Honorare vereinbart, weil sich andernfalls der zeitliche und fachliche Aufwand nicht lohnen würde, die Bedeutung der Sache aber für den Auftraggeber weit über den unmittelbaren Streitwert hinausgeht. Der Rechtsanwalt ist nach der Rechtsprechung[2] auch nicht verpflichtet, den Mandanten darüber zu belehren, daß das vereinbarte Honorar die gesetzliche Vergütung übersteigt, solange das Schriftformerfordernis des § 3 Abs. 1 gewahrt ist.

Ein Betriebsrat kann allerdings nicht mit der Folge der Erstattungspflicht nach § 40 Abs. 1 BetrVG ohne Zustimmung des Arbeitgebers eine höhere als die gesetzliche Vergütung mit einem Rechtsanwalt vereinbaren.[3]

---

1 § 3 Abs. 1 BRAGO.
2 LG Bonn, Urt. v. 12.10.1999 – 15 O 159/99 (unveröffentlicht).
3 LAG Schleswig-Holstein, Beschl. v. 31.03.1998, DB 1999, 540.

**4** Rechtsanwälte dürfen in einer schriftlichen Honorarvereinbarung in arbeitsrechtlichen Streitigkeiten einen **Gegenstandswert** vereinbaren, der sich an dem **dreifachen Jahresgehalt** und nicht an dem ansonsten üblichen dreifachen Monatsgehalt orientiert. Auch die Vereinbarung eines Stundensatzes führt zu keiner unwirksamen Vereinbarung nach den Vorschriften des AGB-Gesetzes, auch wenn der Stundensatz aufgrund des angesetzten Gegenstandswertes in der Regel nicht zur Anwendung kommt.[4]

### 2. Niedrigere als die gesetzliche Vergütung

**5** Nur in **außergerichtlichen Angelegenheiten** darf eine niedrigere als die gesetzliche Vergütung vereinbart werden.[5] Die Vereinbarung hat **schriftlich** zu erfolgen.[6] Außerdem ist ein Erlaß von Gebühren unter engen Voraussetzungen und nach Erledigung des Auftrags zulässig.[7] Es besteht Einigkeit, daß die Vereinbarung eines Pauschal- oder Zeithonorars anstelle der gesetzlichen Gebühr kein Fall des Erlasses im Sinne von § 49b Abs. 1 BRAO ist.[8] Bei hohen und höchsten Gegenstandswerten ist die Vereinbarung einer niedrigeren als der gesetzlichen Vergütung im außergerichtlichen Bereich, insbesondere durch Zeithonorar, zwischenzeitlich üblich geworden.

### 3. Abweichende Vereinbarungen

**6** Das Ziel abweichender Honorarvereinbarungen ist eine angemessene Relation zwischen dem Honorar und dem Wert der Dienstleistung des Anwalts. Aus Mandanten- wie aus Anwaltssicht wird in Einzelfällen das Gegenstandswerthonorar gem. BRAGO als nicht sachgerecht angesehen. Die Wertgebührenregelungen der BRAGO gelten häufig als für die Beratungspraxis zu kompliziert und in ihrer inneren Sachgerechtigkeit kaum zu erklären.[9]

**7** Wenn man Schriftsätze, vielleicht 50 Seiten, in einer hochkomplizierten, betriebsverfassungsrechtlichen Angelegenheit für den Betriebsrat verfaßt,[10] der Arbeitsrichter mit Rücksicht auf die Tatsache, daß das Unternehmen beide Anwälte, den des Unternehmens und den des Betriebsrats gem. § 40 BetrVG vergüten muß, aber nur den Regelstreitwert von 8.000,00 DM zugrundelegt, treibt er einen den Betriebsrat beratenden Anwalt wirtschaftlich in den Ruin. Angesichts bestehender Fixkosten, die über die Zeit, in der der Anwalt die Dienstleistung erbringt, erwirtschaftet werden muß („billable time") und angesichts des in dieser Zeit ebenfalls zu erwirtschaftenden persönlichen Gewinns, von dem er leben muß, weil er nicht über ein Gehalt wie der Richter verfügt, besteht auch in betriebsverfassungsrechtlichen Angelegenheit für den einen Betriebsrat vertretenden Anwalt ein Bedürfnis nach Vereinbarung einer abweichenden, angemessenen Vergütung.

Das noch in der zweiten Auflage enthaltene Muster einer Abtretung des Honorars durch den Betriebsrat an den Anwalt wurde übrigens aus diesem Buch herausgenommen. Wegen der Rechtsprechung des BAG[11] und des ArbG Siegburg[12] scheint die Auffassung herrschend, daß – in dem Fall, daß der

---

4 LG Köln, Urt. v. 14.04.1999, AnwBl 1999, 703.
5 § 3 Abs. 5 BRAGO.
6 § 3 Abs. 1 Satz 2 BRAGO.
7 § 49b Abs. 1 BRAO.
8 Siehe nur *Hellwig*, AnwBl 1998, 623.
9 *Hellwig*, AnwBl 1998, 623.
10 Zur Problematik siehe: *Hümmerich/Kallweit/Spirolke*, Das arbeitsrechtliche Mandat, § 8, Rn 110.
11 Beschl. v. 20.04.1999 – 1 ABR 13/98 (unveröffentlicht).
12 Beschl. v. 11.08.1999 – 2 BV 28/99 (unveröffentlicht).

Arbeitgeber das Honorar nicht freiwillig an den Anwalt zahlt – eine prozessuale Verfolgung des Anspruchs, den der Betriebsrat an den Anwalt abgetreten hat, durch den Anwalt im Beschlußverfahren gegen den Arbeitgeber ausgeschlossen ist. Unglücklich verhält sich der Anwalt daher, wenn er sich zum Schutz des Betriebsrates vor Konflikten die **Honoraransprüche** abtreten läßt. Daher wird auf den weiteren Abdruck des Muster 2720 in der dritten Auflage verzichtet, um den Benutzer nicht weiter in dieser Hinsicht zu motivieren.

Sucht ein Vorstandsvorsitzender, der jährlich 1,5 Mio. DM verdient, den Anwalt auf, weil er abberufen werden soll und bereits ein vom Aufsichtsrat vorgelegter Aufhebungsvertrag vorliegt, der eine Abfindung von 5 Mio. DM vorsieht, dann würde sich das gesetzliche Honorar gem. § 9 ZPO auf das 3,5fache der jährlichen Bruttovergütung zzgl. der Abfindung und zzgl. des Vereinbarungsinhalts der betrieblichen Altersversorgung und somit rasch auf einen Betrag aus einem Streitwert von ca. 10 Mio. DM belaufen. Dauert das Beratungsgespräch, in dem der Anwalt den Vertragsentwurf des Aufsichtsrats durchsieht und keinen Grund zur Beanstandung findet, 1 1/2 Stunden, so besteht bei objektiver Betrachtung kein Bedürfnis, eine 7,5/10-Gebühr nach § 118 Abs. 1 Nr. 1 BRAGO aus einem Streitwert von 10 Mio. DM abzurechnen. Verfehlt wäre bei wirtschaftlicher Betrachtung aber sicherlich auch, schon angesichts der Haftungsrisiken, die der beratende Anwalt übernimmt, nur auf Basis einer Erstberatungsgebühr von maximal 350,00 DM die Abrechnung des Mandats vorzunehmen. Ein Bedürfnis für eine abweichende Vereinbarung besteht deshalb sowohl unter Verlassen des BRAGO-Gegenstandswerts im Einzelfall nach unten wie nach oben. Auch für das Verlassen der BRAGO-Berechnungsstruktur an sich, die man heute vielfach durch ein Stundenhonorar ersetzt, besteht ein praktisches Bedürfnis. 8

### a) Vereinbarungszeitpunkt

Immer wieder bewegt den Anwalt die Frage, wann er in einem arbeitsrechtlichen Mandat die Notwendigkeit einer abweichenden Vereinbarung im Gespräch mit dem Mandanten ins Spiel bringen soll, zu **Beginn** oder **nach Abschluß des Mandats**. 9

*Hellwig* [13] berichtet von einer zunehmenden Praxis, die man auch aus den USA kennt, in Europa bei größeren Transaktionen, wie Kauf und Verkauf von Unternehmen, Umwandlungen, Börsengängen, aber auch durch die EG-Kommission, Mandate größeren Umfangs im Wege der **Ausschreibung** zu vergeben. In diesen Fällen muß zwangsläufig der Inhalt der Vereinbarung in der Form eines Angebots am Anfang des Mandats stehen. Die Muster 2715[14] für den Fall einer Betriebsänderung oder Betriebsstillegung bzw. 2725[15] bei Teilbetriebsstillegung oder Betriebsübergang können als Checkliste eines solchen Angebots im Arbeitsrecht verwendet werden, wenn ein Unternehmen eine Anwaltskanzlei beauftragt, einen „Kostenvoranschlag" über die Beratung im Zusammenhang mit der Durchführung der Betriebsänderung abzugeben. 10

Im Arbeitsrecht besteht oftmals die Schwierigkeit, daß der wirtschaftliche Erfolg für den Mandanten nicht von vornherein feststeht und sogar, je nach Fallentwicklung in seiner Dimension extrem unterschiedlich ausfallen kann. Je nach Fallentwicklung kann die Abfindung beispielsweise zwischen 150.000,00 DM und 700.000,00 DM liegen, zu zahlreiche Faktoren im außerjustiziablen Bereich tragen verschiedentlich dazu bei, daß das wirtschaftliche Ergebnis in die eine oder andere Richtung ausfällt. Eine unmittelbare Kausalität zwischen der anwaltlichen Dienstleistung und dem wirtschaftlichen Erfolg kann nicht generell hergestellt werden. 11

---

13 *Hellwig*, AnwBl 1998, 623.
14 § 6 Kap. 1 M 24.
15 § 6 Kap. 1 M 25.

In diesen Fällen tut sich der Anwalt schwer, zu Beginn eines Mandats ein höheres Honorar, sei es über die Vereinbarung eines deutlich erhöhten Streitwerts[16] sei es durch Pauschalhonorar, sei es durch Vereinbarung eines hohen Stundensatzes, vorzuschlagen. Manchmal läßt sich bei Abfindungsverhandlungen auch das **Anwaltshonorar** des Mitarbeiters **in die Aufhebungsvereinbarung aufnehmen** und es wird auf diese Weise vom Arbeitgeber erstattet. Eine Möglichkeit besteht deshalb darin, zunächst auf Basis des gesetzlichen Honorars zu arbeiten und mit dem Mandanten zu vereinbaren, nach Beendigung des Mandats den Abschluß einer Honorarvereinbarung anzubieten.[17] Der Nachteil dieser Regelung besteht darin, daß der Mandant dieses Angebot späterhin ablehnen kann, eine nicht seltene Reaktion. Der wirtschaftliche und berufliche Erfolg für den Mandanten ist erreicht, eine Notwendigkeit, sich das wirtschaftliche Ergebnis durch Abgabe eines Abfindungsanteils an den Anwalt verkürzen zu lassen, besteht nicht.

### b) Unzulässigkeit des Erfolgshonorars

12  Die den Mandanten, auf Arbeitgeber- wie Arbeitnehmerseite, meist einleuchtende **Risikoteilung**, den Anwalt an der Höhe der Abfindung anstelle eines festen Honorars durch einen Prozentsatz der erstrittenen oder abgewendeten Abfindungshöhe zu beteiligen, ist aus standesrechtlichen Gründen unzulässig.[18] Dies ergibt sich aus § 49 b Abs. 2 BRAO sowie § 52 der Standesrichtlinien für Rechtsanwälte. Beide Vorschriften erfassen nämlich Vereinbarungen, durch die eine Vergütung oder ihre Höhe vom Ausgang der Sache oder vom Erfolg der anwaltlichen Tätigkeit abhängig gemacht wird (Erfolgshonorar), und erklären Verträge für unzulässig, nach denen der Rechtsanwalt als Honorar einen Teil des erstrittenen Betrages erhält (Quota litis). Der Grund für die in § 52 der Standesrichtlinien geregelte **Unzulässigkeit des Erfolghonorars** wird darin gesehen, daß das Gebührensystem, wonach der Anwalt die gesetzlichen Gebühren nach einem Pauschalsystem ohne Rücksicht auf den Erfolg seines Wirkens erhält und der unterlegene Gegner die Verfahrenskosten beider Parteien zu zahlen hat, unterlaufen würde. Verletzt werde auch das Grundprinzip, daß der Anwalt kein Gewerbe betreibe. Schließlich wird in der Vereinbarung eines Erfolgshonorars die Gefährdung der gesetzlich garantierten Unabhängigkeit innerhalb der Rechtspflege gesehen, da die wirtschaftlichen Interessen des Anwalts mit denen des Mandanten verknüpft würden und damit die Gefahr nicht auszuschließen sei, daß der Anwalt ohne Rücksicht auf die wirtschaftliche Sach- und Rechtslage zu nicht zu billigen Mittel greife.[19] Mit der Gefährdung der anwaltlichen Unabhängigkeit begründet die Rechtsprechung darüber hinaus die Sittenwidrigkeit derartiger Vereinbarungen.[20] Schließlich verstößt ein Erfolgshonorar gegen § 49 b Abs. 2 BRAO.

### c) Pauschalhonorar

13  Manche Anwälte gehen dazu über, von vornherein ein Pauschalhonorar in einem angemessenen Verhältnis zur erwarteten Höhe der Abfindung zu vereinbaren und von sich aus, falls der erwartete wirtschaftliche Erfolg nicht eintritt, die Honorarvereinbarung mit dem Mandanten **nachträglich einvernehmlich abzuändern**. Eine solche Praxis dürfte rechtmäßig sein, je nach Qualität der Mandatsbeziehung wird aber der mißtrauische Mandant vom Abschluß einer Honorarvereinbarung absehen.

14  Vor Beginn der Tätigkeit eine Pauschalvereinbarung mit dem Mandanten zu treffen, ist für beide Seiten oft gleichermaßen **riskant**, weil sich die Schwierigkeit der Sache und der aufzuwendende

---

16 Muster 2702, § 6 Kap. 1 M 21.
17 Siehe Muster 2705, § 6 Kap. 1 M 22.
18 Vgl. hierzu *Hümmerich/Kallweit/Spirolke*, Das arbeitsrechtliche Mandat, § 11 Rn 85.
19 *Gerold/Schmidt/von Eicken/Madert*, BRAGO, § 3, Rn 14; *Hartmann*, § 3 BRAGO, Rn 39, 44; *Göttlich/Mümmeler*, BRAGO, Erfolgshonorar.
20 BGH, NJW 1987, 3203.

Zeitaufwand nicht hinreichend genau einschätzen lassen.[21] Eine Pauschalkalkulation wird von der Wirklichkeit überholt, wenn der maßgebliche Sachverhalt nicht, wie erwartet und vielleicht auch vereinbart, dem Anwalt vom Mandanten geliefert wird, sondern vom Anwalt erst in mühsamer Arbeit beim Mandanten oder bei Dritten zusammengetragen werden muß. Ist es für einen Vertriebsleiter vertretbar, mit seinem Anwalt ein Pauschalhonorar über 20.000,00 DM zu vereinbaren, weil er aus einem befristeten Arbeitsverhältnis mit einer Gehaltserwartung von 350.000,00 DM umgehend ausscheiden will und der Anwalt dieses Ergebnis nicht zu Beginn des Mandats garantieren kann? Erhält der Vertriebsleiter eine Abfindung von 300.000,00 DM, wird er das Pauschalhonorar von 20.000,00 DM akzeptieren, zumal er die Kostennote des Anwalts als Werbungskosten gegenüber dem Finanzamt geltend machen kann[22] und bei einem Spitzenverdiener 50 % des Anwaltshonorars aus ersparter Einkommensteuer besteht. Mißlingt dagegen die eingeschlagene Strategie und muß der Vertriebsleiter noch die nächsten Jahre im Unternehmen verbringen, wird er die einmal abgeschlossene Pauschalhonorarvereinbarung als unangemessen empfinden, seine Zufriedenheit als Mandant dürfte erheblich beeinträchtigt sein.

Pauschalhonorare sollte man deshalb regelmäßig im Arbeitsrecht nur vereinbaren, wenn standardisierte Verfahren, deren Dauer und Umfang man aus früheren Verfahren kennt, vereinbart werden.

### d) Zeithonorar

So mathematisch einfach das Zeithonorar auf den ersten Blick ist, birgt es doch für den Mandanten Risiken, die sich aus der Natur von Rechtsberatung und juristischer Interessenwahrnehmung ergeben. Man kann jeden Fall zeitaufwendig und mit hohem Personalaufwand bearbeiten, man kann vielen zunächst abgelegenen und abwegig erscheinenden Aspekten Aufmerksamkeit und eine genauere Untersuchung zukommen lassen, mit manchmal frappierenden Ergebnissen, häufig aber in der Erkenntnis, daß nur „Sackgassen" in dem Bemühen, einen Fall weiterzutreiben, dabei herausgekommen sind. Eine ausgelastete Anwaltskanzlei hat andererseits wenig Interesse, Zeit zu „schinden" und wird in vielen Fällen den dem Auftraggeber angemessen erscheinenden Preis der Dienstleistung fordern, wenn über Zeithonorar abgerechnet wird.

15

Die Bandbreite von Zeithonoraren liegt nach *Krämer*[23] zwischen 350,00 DM bis 900,00 DM je Stundensatz, nach *Hellwig*[24] zwischen 250,00 DM und 700,00 DM pro Stunde. **Parameter** solcher Stundensätze sind **betriebswirtschaftliche Zusammenhänge**, insbesondere die Kostenstruktur der jeweiligen Kanzlei,[25] aber auch **Wettbewerbsaspekte**, insbesondere bei den Großkanzleien im Kampf um das Mandat, manchmal auch im Kampf um das Bemühen, ein Mandat zu gewinnen, weil es besonders prestigeträchtig ist oder den Eintritt in einen bestimmten Beratungsmarkt bedeutet. Die Stundensätze differieren zwischen Partnern und Mitarbeitern, manchmal wird auch innerhalb dieser beiden Gruppen nach Alter und Expertise differenziert. Die Arbeitszeit von Sekretärinnen und sonstigen Hilfskräften wird in der Anwaltschaft heute nach wie vor, anders als bei manchen WP-Gesellschaften, nicht gesondert in Rechnung gestellt, sondern als Teil der Gemeinkosten behandelt.

---

21 *Hellwig*, AnwBl 1998, 624.
22 *Hümmerich*, FA 2000, 2.
23 AnwBl 1998, 371.
24 AnwBl 1998, 624.
25 Siehe hierzu *Schönbrunn*, JZ 1993, 1152.

### e) Mischformen

**16** *Hellwig*[26] verweist darauf, daß die Praxis verschiedene Mischformen vereinbarten Honorars kenne. Zu einem pauschalen Sockelhonorar wird verschiedentlich zusätzlich ein Zeithonorar vereinbart, das von Beginn des Mandats an oder ab Erreichung einer bestimmten Tätigkeitsstundenzahl gezahlt wird. Zur Höhe des Sockels lassen sich wenig verallgemeinernde Aussagen machen. Manche Kanzleien orientieren sich beim Sockelhonorar an der Prämienhöhe, die für eine gesonderte Haftpflichtversicherung wegen des betreffenden Mandats gezahlt werden müßte. Die Querverbindung zwischen Honorar und Haftung bzw. Haftungsbeschränkung[27] wird auf diese Weise besonders deutlich.

Zunehmend wünschen Mandanten, daß bei Vereinbarung eines Zeithonorars eine Obergrenze, eine Kappungsgrenze in die Honorarvereinbarung eingearbeitet wird. Derartige Honorare kommen Pauschalhonoraren nahe, machen andererseits die Tätigkeit des Anwalts für den Auftraggeber aber kalkulierbarer.

### 4. Angemessen und unangemessen hohes Honorar

**17** Unscheinbar und doch äußerst lukrativ erscheint die allgemeine arbeitsrechtliche Honorarvereinbarung 2,[28] die einen mittleren Stundensatz für die Zeitabrechnung vorsieht, jedoch unter Ziff. 2 beim Aushandeln von Aufhebungs- und Abwicklungsverträgen mit dem dreifachen des Jahresbruttogehalts, knapp unter der nur für Vorstände und GmbH-Geschäftsführer geltenden Grenze des § 9 ZPO bei jedem Arbeitnehmer aufwartet.

**18** Es bleibt schwierig zu bestimmen, wann ein vereinbartes Honorar unangemessen hoch ist. Das OLG Köln[29] vertritt die Auffassung, daß Honorarvereinbarungen im Sinne von § 3 Abs. 1 BRAGO nicht nach den vom Bundesgerichtshof zur Sittenwidrigkeit eines Austauschvertrages entwickelten Grundsätzen beurteilt werden könnten. Die Rechtsprechung des BGH sehe vor, daß ein **grobes Mißverhältnis** im Sinne von § 138 Abs. 1 BGB schon dann vorliegen könne, wenn die Leistung die vereinbarte Gegenleistung um mehr als 100 % übersteige. Mit Rücksicht auf die Regelung des § 3 Abs. 3 BRAGO, nach der ein vereinbartes unangemessenes Honorar im Rechtsstreit auf den angemessenen Betrag bis zur Höhe der gesetzlichen Vergütung herabgesetzt werden könne, sei diese Rechtsprechung nicht übertragbar. Eine Herabsetzung des vereinbarten Honorars gem. § 3 Abs. 3 Satz 1 BRAGO sei nur zulässig, wenn es unter Berücksichtigung aller Umstände unerträglich und mit dem Grundsatz von Treu und Glauben unvereinbar wäre, den Auftraggeber an seinem Honorarversprechen festzuhalten. Die nach § 3 Abs. 1 BRAGO vereinbarte Vergütung ist im allgemeinen nicht als unangemessen hoch anzusehen, wenn sie die gesetzlichen Gebühren um das fünf- oder sechsfache übersteigt. Hieran muß sich auch das Muster 2702 messen lassen.

**19** Ein **Gebührengutachten** der Rechtsanwaltskammer nach § 3 Abs. 3 Satz 2 BRAGO muß vom Gericht nur eingeholt werden, wenn die Herabsetzung des vereinbarten Honorars nach § 3 Abs. 3 Satz 1 beabsichtigt ist. Der Schaden eines unangemessen hohen Honorars liegt, sieht man von dem Imageaspekt einmal ab, aus Anwaltssicht nur in der Herabsetzung des einmal vereinbarten Honorars.

---

26 AnwBl 1998, 625.
27 *Hellwig*, AnwBl 1998, 625.
28 Muster 2702, § 6 Kap. 1 M 21.
29 Urt. v. 03.09.1997–17 U 31/97, AGS 1998, 66 f.

## B. Vertragsmuster

### 1. Muster: Allgemeine arbeitsrechtliche Honorarvereinbarung 1

▼

*Honorarvereinbarung*

zwischen

– Auftraggeber –

und

Rechtsanwälte

– Rechtsanwälte –

in der arbeitsrechtlichen Angelegenheit             /
Aktenzeichen:

1. Die Rechtsanwälte verpflichten sich, außergerichtliche und gerichtliche Rechtsberatung und Interessenvertretung für den Auftraggeber zu erbringen.
2. Das von den Rechtsanwälten in Ansatz gebrachte Honorar orientiert sich maßgeblich an dem Zeitaufwand, der wirtschaftlichen Bedeutung der Sache sowie der Spezialität der Rechtsmaterie. Hiermit vereinbaren Auftraggeber und Rechtsanwälte
   – ein *Pauschalhonorar* von          DM (          EUR) zzgl. gesetzlicher MWSt.
   – bei einem Stundenlimit der Rechtsanwälte von          Stunden. Sollte das Stundenlimit erreicht sein, erhöht sich das Honorar um          DM (          EUR) zzgl. gesetzlicher MWSt. für jede über das vereinbarte Stundenlimit hinausgehende Arbeitsstunde der Rechtsanwälte.
   – ein *Stundenhonorar* von          DM (          EUR) zzgl. gesetzlicher MWSt.
   – bei einem Maximalbetrag von          DM (          EUR) zzgl. gesetzlicher MWSt.
   – Das Honorar umfaßt alle Auslagen, wie Schreibauslagen, Porto, Vergütung für Hilfskräfte und Reisekosten. Reisezeiten der Rechtsanwälte sind abrechenbare Zeit.
   – Auslagen und Sachkosten, wie etwa EDV-Recherchen, Auskünfte bei Creditreform uä, werden gesondert, ggf. zzgl. gesetzlicher Mehrwertsteuer, berechnet. Kopierkosten werden mit 1,00 DM (0,51 EUR) pro Kopie, Telefoneinheiten mit 0,50 DM (0,26 EUR) pro Einheit und Faxkosten mit 0,50 DM (0,26 EUR) pro Seite in Rechnung gestellt und zzgl. der gesetzlichen Mehrwertsteuer im Rechnungsbetrag ausgewiesen. Für den Fall, daß Sekretariatsarbeiten außerhalb der Bürostunden für die Sachbearbeitung erforderlich sind, können diese Sekretariatskosten von den Rechtsanwälten mit 40,00 DM (20,45 EUR) pro Stunde je Sekretärin gesondert in Rechnung gestellt werden. Reisekosten werden den Rechtsanwälten nach Aufwand erstattet. Flugkosten werden auf der Basis der Business-Class, Bahnkosten auf der Basis der 1. Klasse und Pkw-Kosten in Höhe von 1,00 DM (0,51 EUR) je gefahrenem Kilometer, jeweils zzgl. gesetzlicher Mehrwertsteuer, erstattet. Reisezeiten der Rechtsanwälte sind abrechenbare Zeit.
3. Ein möglicherweise über die gesetzlichen Gebühren hinausgehendes Honorar wird weder von einer eventuell bestehenden Rechtsschutzversicherung, noch vom Gegner oder einem anderen Kostenträger erstattet. Soweit für die Tätigkeit des Anwalts ein Erstattungsanspruch gegen den Gegner oder die Staatskasse entsteht, gelten die gesetzlichen Gebühren, falls das hier vereinbarte Honorar niedriger wäre. In gerichtlichen Angelegenheiten wird neben dem unter Ziffer 2 vereinbarten Honorar das gesetzliche Honorar als zusätzliches Honorar ohne Gebührenanrechnung vereinbart.
   – In gerichtlichen Angelegenheiten gilt das gesetzliche Honorar als Mindesthonorar.
   – Die Rechtsanwälte können einen angemessenen Vorschuß auf das Honorar fordern.

4. Diese Vereinbarung kann jederzeit von beiden Parteien mit sofortiger Wirkung gekündigt werden, von den Rechtsanwälten jedoch nicht zur Unzeit. Für den Fall, daß der Auftraggeber kündigt, werden ausstehende Leistungsentgelte sofort fällig.

5. Im übrigen gelten die angefügten Allgemeinen Mandatsbedingungen der Rechtsanwälte.

(RAe) (Auftraggeber)

## 2. Muster: Allgemeine arbeitsrechtliche Honorarvereinbarung 2

*Honorarvereinbarung*

Zwischen

den Rechtsanwälten

– im folgenden Rechtsanwälte genannt –

und

der Firma

– im folgenden Mandant genannt –

wird folgende Gebührenvereinbarung geschlossen:

1. Die Rechtsanwälte erhalten für gerichtliche und außergerichtliche Vertretung und Beratung ein Stundenhonorar in Höhe von         DM (         EUR) zzgl. gesetzlicher Mehrwertsteuer, mindestens jedoch die Gebühren nach der Bundesrechtsanwaltsgebührenordnung unter Berücksichtigung der Streitwertregelung gem. Ziff. 2. Grundlage der Stundenabrechnung ist der gesamte Zeitaufwand. Hierzu gehören Terminswahrnehmungen, die Durchführung von Besprechungen, die Aktenbearbeitung einschließlich der Überprüfung von Rechtsprechung und Literatur. Jede angefangene Stunde wird mit mindestens 15 Minuten berechnet. Über die Zeitabrechnung erhält der Mandant ein Zeit-Sheet, aus dem die Tätigkeit nach Datum und Uhrzeit hervorgeht.

2. Übernehmen die Rechtsanwälte die Beratung und/oder Vertretung bei Verhandlungen über die einvernehmliche Beendigung von Dienst- oder Arbeitsverhältnissen, besteht Einvernehmen darüber, daß als Gegenstandswert bei Berechnung nach der BRAGO das 3,5fache der Bruttovergütung des Mandanten in dem letzten, der anwaltlichen Tätigkeit vorangegangenen Kalenderjahr zugrundezulegen ist. Diese Streitwertregelung gilt auch, wenn während der Trennungsverhandlungen oder vor deren Aufnahme eine Kündigung des Vertragsverhältnisses ausgesprochen worden ist. Bei der Begründung von Dienst- oder Arbeitsverhältnissen gilt das dreifache der jährlichen Bruttovergütung des Mandanten in dem künftigen Dienst- oder Arbeitsverhältnis als Gegenstandswert.

3. Zusätzlich übernimmt der Mandant Nebenkosten nach den Vorschriften der Bundesrechtsanwaltsgebührenordnung. Pkw-Benutzungskosten werden zu den doppelten Sätzen der BRAGO abgerechnet.

4. Erstattungen Dritter und Leistungen von Rechtsschutzversicherungen, die grundsätzlich nur in Höhe der gesetzlichen Gebühren erfolgen, werden auf die Gebühren nach dieser Gebührenvereinbarung angerechnet. Soweit die Rechtsanwälte die Korrespondenz mit Rechtsschutzversicherungen übernehmen, geschieht dies ohne Haftung für die tatsächliche Eintrittspflicht des jeweiligen Rechtsschutzversicherers.

5. Der Mandant ist darauf hingewiesen, daß diese Honorarvereinbarung Abweichungen von der BRAGO enthält. Im übrigen wurde dem Mandanten erklärt, daß in arbeitsrechtlichen Streitigkei-

ten gem. § 12a ArbGG im Urteilsverfahren des ersten Rechtszuges unabhängig vom Ausgang des Verfahrens kein Anspruch gegen die andere Partei auf Erstattung der Kosten für die Zuziehung eines Prozeßbevollmächtigten besteht.

, den

Rechtsanwälte                    Mandant

### 3. Muster: Honorarvereinbarung arbeitsrechtliches Outplacement

*Honorarvereinbarung – Outplacement*

Zwischen

– nachstehend Auftraggeber genannt –

und

– nachstehend Rechtsanwälte genannt –

wird als Ergebnis von Absprachen zwischen den Parteien folgende Honorarvereinbarung geschlossen:

I.
Für die außergerichtliche sowie gegebenenfalls gerichtliche Interessenwahrnehmung im Zusammenhang mit der Beendigung des Arbeitsverhältnisses bei der Firma       vereinbaren die Parteien für alle in diesem Zusammenhang anfallenden Tätigkeiten der Rechtsanwälte ein Pauschalhonorar in Höhe von       DM (       EUR).

Sollte die Interessenwahrnehmung durch die Rechtsanwälte dazu führen, daß der Arbeitgeber an den Auftraggeber eine Abfindung zahlt, die den Betrag von       DM (       EUR) übersteigt, werden die Rechtsanwälte ein Angebot abgeben auf Vereinbarung eines zusätzlichen Honorars in Höhe von       DM (       EUR).

Eine gegebenenfalls erforderlich werdende gerichtliche Interessenwahrnehmung erfolgt auf Basis der gesetzlichen Gebühren. Eine Anrechnung des frei vereinbarten Honorars auf die gesetzlichen Gebühren findet nicht statt.

II.
Für den Fall, daß auswärtige Termine wahrzunehmen sind, die in mehr als 50 km Entfernung (Straßenkilometer) von dem Kanzleisitz aus durchzuführen sind, zahlt der Auftraggeber zusätzlich zu dem unter Ziffer I. vereinbarten Honorar einen Betrag von       DM (       EUR) pro angefangener Stunde, die die Rechtsanwälte vom Kanzleisitz abwesend sind.

Werden mehrtägige Reisen erforderlich, so erfolgt die Berechnung des Zusatzhonorars zu einer Pauschale von       DM (       EUR) pro Tag. Die Wahl des Verkehrsmittels zur Wahrnehmung der auswärtigen Termine obliegt den Rechtsanwälten mit bindender Wirkung für die Parteien. Der Auftraggeber hat die tatsächlich angefallenen Kosten des benutzten Transportmittels 1. Klasse einschließlich etwaiger Taxikosten nach gesonderter Abrechnung zu erstatten. Bei Benutzung eines eigenen Kraftfahrzeuges durch die Rechtsanwälte werden die tatsächlich gefahrenen Kilometer mit       DM (       EUR) vergütet.

**III.**

Alle Auslagen wie Mehrwertsteuer, Schreibauslagen und dergleichen, sowie Reisekosten, Tagegelder, Abwesenheitsgelder uä werden gesondert erstattet, soweit sie nicht mit Ziffer II. abgegolten sind.

Der Auftraggeber hat den Rechtsanwälten die Kosten für die Abschriften und Ablichtungen, deren Anfertigung sachdienlich war, nach § 27 BRAGO auch dann zu erstatten, wenn es sich nicht um zusätzliche Abschriften und Ablichtungen im Sinne des Gesetzes handelt.

**IV.**

Die Fälligkeit des unter I. vereinbarten Honorars bestimmt sich wie folgt:

1. Eine Vorschußleistung in Höhe von          DM (          EUR) ist fällig bis zum          .
2. Darüber hinaus steht es den Rechtsanwälten offen, weitere Vorschüsse gemäß § 17 BRAGO jederzeit zu fordern.
3. Mit der Beendigung der Tätigkeit der Rechtsanwälte, gleich aus welchem Grund, ist der Restbetrag des Gesamthonorars fällig.

Die Zusatzhonorare gemäß Ziffer II sowie die Auslagen gemäß Ziffer III werden mit Aufforderung durch die Rechtsanwälte fällig.

**V.**

Der Umfang der Haftung der Rechtsanwälte ist, soweit in gesetzlichen Sondervorschriften keine niedrigere Summe festgesetzt ist, auf          DM/          EUR (in Worten:          Deutsche Mark/          EURO) für den einzelnen Schadensfall beschränkt.

Als einzelner Schadensfall ist die Summe der Schadensersatzansprüche aller Anspruchsberechtigten zu verstehen, die sich aus ein und demselben Vorgang ergeben oder die von demselben Anspruchsberechtigten aus verschiedenen Vorgängen gegen die Rechtsanwälte oder ihre Mitarbeiter geltend gemacht werden, soweit ein rechtlicher oder wirtschaftlicher Zusammenhang besteht.

**VI.**

Dem Auftraggeber ist bekannt, daß die vorstehende Vereinbarung von der gesetzlichen Regelung abweicht und für den Fall einer Erstattungspflicht Dritter diese auf die Höhe der gesetzlichen Gebühren beschränkt ist.

Ausgang und Dauer des Verfahrens sind ohne Einfluß auf die Höhe des Honorars.


(Auftraggeber)                    (Rechtsanwalt)

### 4. Muster: Zusatzhonorar neben Gebührenübernahme durch Rechtsschutzversicherung

23

*Honorarvereinbarung*

Zwischen


— nachstehend Auftraggeber genannt —

und


— nachstehend Rechtsanwälte genannt —

wird folgende Honorarvereinbarung geschlossen:

**Anwaltsgebühren** §6

**I.**
Die Parteien vereinbaren neben dem gesetzlichen Honorar, das die Rechtsschutzversicherung trägt, ein Honorar in Höhe von ▢ DM/ ▢ EUR (in Worten: ▢ Deutsche Mark/ ▢ EUR) für die Interessenwahrnehmung in der arbeitsrechtlichen Angelegenheit ▢ .

**II.**
Alle Auslagen wie Mehrwertsteuer, Schreibauslagen und dergleichen, sowie Reisekosten, Tagegelder, Abwesenheitsgelder uä werden gesondert erstattet, soweit sie nicht mit Ziffer II abgegolten sind.

Der Auftraggeber hat den Rechtsanwälten die Kosten für die Abschriften und Ablichtungen, deren Anfertigung sachdienlich war, nach § 27 BRAGO auch dann zu erstatten, wenn es sich nicht um zusätzliche Abschriften und Ablichtungen im Sinne des Gesetzes handelt.

**III.**
Das unter I. vereinbarte Honorar ist am ▢ fällig.

**IV.**
Dem Auftraggeber ist bekannt, daß die vorstehende Vereinbarung von der gesetzlichen Regelung abweicht.

Ausgang und Dauer des Verfahrens sind ohne Einfluß auf die Höhe des Honorars.

▢                           ▢
(Auftraggeber)              (Rechtsanwalt)

▲

### 5. Muster: Honorarvereinbarung bei Betriebsänderung oder Betriebsstillegung

2715

▼

*Honorarvereinbarung* 24
*(Massenentlassung)*

Zwischen

▢

– nachstehend Auftraggeber genannt –

und

▢

– nachstehend Rechtsanwälte genannt –

wird als Ergebnis individueller Absprachen folgende Honorarvereinbarung geschlossen:

**I.**
1. Gegenstand des Mandats bildet die arbeitsrechtliche Beratung, außergerichtliche und gegebenenfalls gerichtliche Interessenwahrnehmung im Zusammenhang mit der Übernahme oder Kündigung von Mitarbeitern aus dem Bereich der Firma ▢ .
2. Zwischen den Parteien ist vereinbart, daß die Rechtsanwälte zunächst einmal Konzepte erarbeiten und späterhin darstellen sollen, die sich mit den arbeitsrechtlichen Auswirkungen des gemeinsamen Ziels des Auftraggebers und der Firma ▢ befassen. Die Rechtsanwälte haben im einzelnen darauf hingewiesen, daß unterschiedliche Konzepte zu unterschiedlichen finanziellen Belastungen führen. ▢ Sie haben weiterhin darauf hingewiesen, daß es aus anwaltlicher Sicht nicht zu einer Interessenkollision kommen darf.

1325

## II.

1. Die Tätigkeit der Rechtsanwälte wird nach drei Leistungsphasen unterschieden:

   a) *Planungsphase:* Sämtliche Leistungen der Rechtsanwälte bis zur Unterrichtung des Betriebsrats,

   b) *Umsetzungsphase:* Sämtliche Tätigkeiten nach der Planungsphase bis zur Kündigung einzelner Arbeitnehmer,

   c) *Durchführungsphase:* Sämtliche Tätigkeiten der Rechtsanwälte im Bereich der Kündigung, des Abschlusses von Aufhebungsverträgen oder Durchführung von Kündigungsschutzprozessen von den Arbeitsgerichten I. Instanz.

2. Für die anwaltliche Beratung der in Ziffer 1 dargestellten Angelegenheiten einschließlich der Führung von Geschäften im Sinne von § 118 Abs. 1 Nr. 1 BRAGO und der Durchführung von Besprechungen im Sinne von § 118 Abs. 1 Nr. 2 BRAGO sowie den Abschluß von vergleichsweisen Regelungen gemäß § 23 BRAGO zahlt der Auftraggeber an die Rechtsanwälte anstelle der gesetzlichen Gebühren für jede Leistungsphase ein gesondertes Honorar.

   a) Das Gesamthonorar in der Planungsphase beträgt          DM (          EUR)

   b) Das Gesamthonorar in der Umsetzungsphase beträgt        DM (          EUR)

   c) Das Gesamthonorar in der Durchführungsphase beträgt     DM (          EUR).

3. Spesen und Reisekosten werden entsprechend vorgelegter Quittungen ersetzt. Die Pkw-Kilometer werden mit 1,00 DM (0,51 EUR) abgerechnet.

4. Die anwaltliche Geschäftsbesorgung endet mit dem Abschluß der vereinbarten Maßnahmen.

## III.

Alle Auslagen wie Mehrwertsteuer, Schreibauslagen und dergleichen, sowie Reisekosten, Tagegelder, Abwesenheitsgelder uä werden gesondert erstattet, soweit sie nicht mit Ziffer II. abgegolten sind.

Der Auftraggeber hat den Rechtsanwälten die Kosten für die Abschriften und Ablichtungen, deren Anfertigung sachdienlich war, nach § 27 BRAGO auch dann zu erstatten, wenn es sich nicht um zusätzliche Abschriften und Ablichtungen im Sinne des Gesetzes handelt.

## IV.

Dem Auftraggeber ist bekannt, daß die vorstehende Vereinbarung von der gesetzlichen Regelung abweicht und für den Fall einer Erstattungspflicht Dritter diese auf die Höhe der gesetzlichen Gebühren beschränkt ist.

Ausgang und Dauer des Verfahrens sind ohne Einfluß auf die Höhe des Honorars.


(Auftraggeber)                              (Rechtsanwalt)


(Drittbetroffenes Unternehmen)

## 6. Muster: Honorarvereinbarung bei Teilbetriebsstillegung/Betriebsauflösung/Betriebsübergang

▼

*Honorarvereinbarung*

Zwischen

– nachstehend Auftraggeber genannt –

und

– nachstehend Rechtsanwälte genannt –

wird als Ergebnis individueller Absprachen folgende Honorarvereinbarung geschlossen:

**I.**
1. Gegenstand des Mandats bildet die arbeitsrechtliche Beratung, außergerichtliche und gegebenenfalls gerichtliche Interessenwahrnehmung im Zusammenhang mit der Übernahme oder Kündigung von Mitarbeitern aus dem Bereich der Firma          .
2. Zwischen den Parteien ist vereinbart, daß die Rechtsanwälte zunächst einmal Konzepte erarbeiten und späterhin darstellen sollen, die sich mit den arbeitsrechtlichen Auswirkungen des gemeinsamen Ziels des Auftraggebers und der Firma          befassen. Die Rechtsanwälte haben im einzelnen darauf hingewiesen, daß unterschiedliche Konzepte zu unterschiedlichen finanziellen Belastungen führen. Sie haben weiterhin darauf hingewiesen, daß es aus anwaltlicher Sicht nicht zu einer Interessenkollision kommen darf.

**II.**
1. Die Tätigkeit der Rechtsanwälte wird nach drei Leistungsphasen unterschieden:
   a) *Planungsphase:* Sämtliche Leistungen der Rechtsanwälte bis zur Unterrichtung des Betriebsrats,
   b) *Umsetzungsphase:* Sämtliche Tätigkeiten nach der Planungsphase bis zur Kündigung einzelner Arbeitnehmer,
   c) *Durchführungsphase:* Sämtliche Tätigkeiten der Rechtsanwälte im Bereich der Kündigung, des Abschlusses von Aufhebungsverträgen oder Durchführung von Kündigungsschutzprozessen vor den Arbeitsgerichten I. Instanz.
2. Für die anwaltliche Beratung der in Ziffer 1 dargestellten Angelegenheiten einschließlich der Führung von Geschäften im Sinne von § 118 Abs. 1 Nr. 1 BRAGO und der Durchführung von Besprechungen im Sinne von § 118 Abs. 1 Nr. 2 BRAGO sowie den Abschluß von vergleichsweisen Regelungen gemäß § 23 BRAGO zahlt der Auftraggeber an die Rechtsanwälte anstelle der gesetzlichen Gebühren für jede Leistungsphase ein gesondertes Honorar.
   a) Das Gesamthonorar in der Planungsphase beträgt          DM (          EUR).
   b) Das Gesamthonorar in der Umsetzungsphase beträgt          DM (          EUR).
   c) Das Gesamthonorar in der Durchführungsphase beträgt          DM (          EUR).
3. Spesen und Reisekosten werden entsprechend vorgelegter Quittungen ersetzt. Die Pkw-Kilometer werden mit 1,00 DM (0,51 EUR) abgerechnet.
4. Die anwaltliche Geschäftsbesorgung endet mit dem Abschluß der vereinbarten Maßnahmen.

**III.**
Alle Auslagen wie Mehrwertsteuer, Schreibauslagen und dergleichen, sowie Reisekosten, Tagegelder, Abwesenheitsgelder uä werden gesondert erstattet, soweit sie nicht mit Ziffer II. abgegolten sind.

# § 6  Kapitel 1: Honorarvereinbarungen

Der Auftraggeber hat den Rechtsanwälten die Kosten für die Abschriften und Ablichtungen, deren Anfertigung sachdienlich war, nach § 27 BRAGO auch dann zu erstatten, wenn es sich nicht um zusätzliche Abschriften und Ablichtungen im Sinne des Gesetzes handelt.

**IV.**
Dem Auftraggeber ist bekannt, daß die vorstehende Vereinbarung von der gesetzlichen Regelung abweicht und für den Fall einer Erstattungspflicht Dritter diese auf die Höhe der gesetzlichen Gebühren beschränkt ist.

Ausgang und Dauer des Verfahrens sind ohne Einfluß auf die Höhe des Honorars.

(Auftraggeber)            (Rechtsanwalt)

(Drittbetroffenes Unternehmen)

▲

**2730  7. Muster: Kostenvoranschlag bei Betriebsänderung**

▼

26

*Kostenvoranschlag*

über Beratung, Interessenvertretung und ggfs. Teilnahme an Einigungsstellensitzungen

im Zusammenhang mit dem beabsichtigten Betriebsübergang der Firma         auf die Firma

**1. Entwurf einer Strategie für die Interessenausgleichsverhandlungen**
a. *Zwei Sitzungen mit dem Betriebsrat*
    Besprechungsstunden
    Rechtsanwälte à    DM (    EUR)        DM (    EUR)
    Rechtsanwälte à    DM (    EUR)        DM (    EUR)
b. *Entwurf eines Interessenausgleichs*
    Stunden à    DM (    EUR)        DM (    EUR)
    Stunden à    DM (    EUR)        DM (    EUR)
c. *Entwurf eines Strategiepapiers*
    Stunden à    DM (    EUR)        DM (    EUR)
    Stunden à    DM (    EUR)        DM (    EUR)

**2. Entwurf einer Strategie für die Sozialplanverhandlungen**
a. *Zwei Sitzungen mit dem Betriebsrat*
    Besprechungsstunden
    Rechtsanwälte à    DM (    EUR)        DM (    EUR)
    Rechtsanwälte à    DM (    EUR)        DM (    EUR)
b. *Entwurf eines Sozialplans*
    Stunden à    DM (    EUR)        DM (    EUR)
    Stunden à    DM (    EUR)        DM (    EUR)
c. *Entwurf eines Strategiepapiers*
    Stunden à    DM (    EUR)        DM (    EUR)
    Stunden à    DM (    EUR)        DM (    EUR)

**3. Verhandlungen mit dem Arbeitgeber über Interessenausgleich und Sozialplan**

a. Verhandlungszeit, Dauer unbekannt

b. Zwischenberatungen mit dem Betriebsrat, Dauer unbekannt

**4. Einigungsstellenverfahren**

a. Einigungsstelle Interessenausgleich, Dauer unbekannt

b. Einigungsstelle Sozialplan, Dauer unbekannt

Für die vorgenannten Honorare gelten die allgemeinen Mandatsbedingungen und die Bedingungen gemäß Honorarvereinbarung vom            fort. Zu den Stundensätzen ist die gesetzliche Mehrwertsteuer hinzuzurechnen.

# Kapitel 2: Gegenstandswerte im Arbeitsrecht

### Literatur:

**Becker/Glaremin**, Streitwertaddition beim mit uneigentlichem Hilfsantrag geltend gemachten Weiterbeschäftigungsanspruch?, NZA 1989, 207; **Bertelsmann**, Gegenstandswerte in arbeitsgerichtlichen Beschlußverfahren, 1999; **Ennemann/Ziemann**, Anträge, Gebühren, Streitwerte, Bochum, 1998; **Göttlich/Mümmler**, Bundesgebührenordnung für Rechtsanwälte, 19. Aufl. 1997, Arbeitsgerichtssachen, S. 95 ff.; **Hecker**, Streitwerte im Individual-Arbeitsrecht, AnwBl 1984, 116; **Herbst/Reiter/Schindele**, Handbuch zum arbeitsgerichtlichen Beschlußverfahren, 2. Aufl. 1998; **Kirschner**, Der Streitwert im Kündigungsschutzprozeß, DB 1971, 239; **Kopp**, Der Streitwert im Kündigungsschutzprozeß, AnwBl 1980, 448; **Madert**, Der Gegenstandswert in bürgerlichen Rechtsangelegenheiten, 4. Aufl. 1999; **Meier**, Lexikon der Streitwerte, 1998; **Philippsen/Dörner**, Aktuelle Fragen zur Streitwertfestsetzung im Kündigungsschutzprozeß, NZA 1988, 113; **Popp**, Zum Streitwert im arbeitsgerichtlichen Bestandsschutzprozeß, DB 1990, 481; **Tschischgale/Satzky**, Das Kostenrecht in Arbeitssachen, 3. Aufl. 1982; **Vossen**, Der Streitwert einer Klage auf Zahlung künftig fälligen Arbeitsentgelts, DB 1986, 326; **Wenzel**, Die Bedeutung der Streitwertfestsetzung im arbeitsgerichtlichen Urteil, DB 1981, 160; **ders.**, Die Streitwertaddition im Kündigungsrechtsstreit, BB 1984, 1494; **ders.**, Der Streitwert des arbeitsgerichtlichen Beschlußverfahrens, DB 1977, 722; **ders.**, GK-ArbGG/Wenzel, § 12; **Worzalla**, Entscheidungen zum Gebühren- und Streitwertrecht, FA 1999, 9; **ders.**, Neues zum Gebühren- und Streitwertrecht, FA 1999, 355.

## A. Erläuterungen

Die Rechtsprechung zum Gegenstandswert im Arbeitsrecht ist aufbereitet nach **Stichworten in alphabetischer Reihenfolge**. Die nachfolgenden Muster sind so formuliert, daß sie sowohl im gerichtlichen Verfahren, als auch im außergerichtlichen Verfahren, hier insbesondere in der Korrespondenz mit der Rechtsschutzversicherung, verwendet werden können. Im gerichtlichen Verfahren müssen die Ausführungen zum Streitwert entweder vor Schluß des erstinstanzlichen Urteils oder im Berufungsverfahren geltend gemacht werden, seit der 5. Senat entschieden hat, daß der im Urteil festgesetzte Streitwert zugleich der Rechtsmittelstreitwert ist.[30] Die früher in Nordrhein-Westfalen verbreitete, selbständige Anfechtbarkeit der Wertfestsetzung im Urteil[31] wurde durch die Entscheidung des BAG vom 02.03.1983 überholt.

Unter den Texten finden sich auch solche Bausteine, die zur Abwendung einer unrichtigen Streitwertberechnung oder eines unrichtigen Streitwertantrags gerichtlich oder außergerichtlich konzipiert sind.

Die nachfolgenden Muster können deshalb üblicherweise im arbeitsgerichtlichen Urteils- und Beschlußverfahren, aber auch in der Korrespondenz mit der Rechtsschutzversicherung oder dem Mandanten bei Zweifelsfragen über die Höhe der Gebühr verwendet werden. Insbesondere lassen sich die Muster von § 6 Kap. 2 einarbeiten in Muster aus § 6 Kap. 2 Rn 94 ff. des Buches. Mit den Gerichten gibt es erfahrungsgemäß weniger Streit über die Wertfestsetzung als in der Korrespondenz mit der Rechtsschutzversicherung.

Maßgebliche Vorschrift über die Bestimmung des Gegenstandswerts im Arbeitsrecht ist § 12 Abs. 7 ArbGG. Gemäß § 12 Abs. 7 ArbGG findet § 24 Satz 1 GKG im Arbeitsgerichtsprozeß keine Anwendung. Dadurch kann das Gericht neben dem Urteilsstreitwert einen Kostenstreitwert festsetzen.

---

30 BAG, Urt. v. 02.03.1983, EzA § 64 ArbGG 1979, Nr. 12.
31 LAG Köln, Urt. v. 19.04.1982, EzA, § 12 ArbGG 1979, Streitwert Nr. 12 oder LAG Düsseldorf, Urt. v. 04.02.1981, EzA, § 61 ArbGG 1979, Nr. 5.

Neben § 12 Abs. 7 ArbGG errechnet sich der Streitwert bei vermögensrechtlichen und nichtvermögensrechtlichen Streitigkeiten außerdem nach weiteren Vorschriften wie §§ 12 GKG, 3 ZPO.

**29** In der nachfolgenden Darstellung werden sowohl Gegenstandswerte für **gerichtliche** als auch **außergerichtliche** Verfahren, beispielsweise beim Aushandeln eines Aufhebungs- oder Abwicklungsvertrages, zusammengefaßt. Dies hat seinen Grund. Bei außergerichtlich abgeschlossenen Vereinbarungen und Vergleichen gilt für die anwaltliche Tätigkeit der gleiche Wert wie für die gerichtliche Tätigkeit. Die §§ 7 Abs. 1, 8 Abs. 1 BRAGO, die besagen, daß bei der Berechnung der Rechtsanwaltsgebühr der Wert des Streitgegenstandes zugrundezulegen ist, gelten bei gerichtlichen Tätigkeiten (§ 31 BRAGO) wie bei außergerichtlichen anwaltlichen Tätigkeiten (§ 118 BRAGO).[32] Ebenso gilt § 23 BRAGO für außergerichtliche wie gerichtliche Vergleiche, denn § 23 BRAGO verweist auf § 779 BGB.[33] Damit können die nachfolgenden Muster über Gegenstandswerte in gerichtlichen wie außergerichtlichen Verfahren gleichermaßen verwendet werden.

**30** Im arbeitsgerichtlichen Beschlußverfahren gelten grundsätzlich für den Rechtsanwalt die gleichen Gebührenvorschriften wie im Urteilsverfahren (§ 62 Abs. 1 BRAGO). Im zweiten und dritten Rechtszug wird bei **Beschwerden** im arbeitsgerichtlichen Beschlußverfahren nicht die Beschwerdegebühr nach § 61 Abs. 1 Nr. 1 BRAGO, sondern die um 3/10 erhöhte Gebühr gemäß § 11 Abs. 1 Satz 2 BRAGO in Ansatz gebracht.[34] Eine Verhandlungsgebühr entsteht allerdings nur, wenn auch tatsächlich eine mündliche Verhandlung durchgeführt wurde und der Rechtsanwalt aufgetreten ist. Die Verhandlungsgebühr fällt nicht an, wenn mit Einverständnis der Beteiligten ohne mündliche Verhandlung nach § 83 Abs. 4 Satz 3 ArbGG entschieden wurde.[35] Es besteht Einigkeit, daß § 35 BRAGO im arbeitsgerichtlichen Beschlußverfahren nicht anwendbar ist.[36]

Spezielle Wertvorschriften für das arbeitsgerichtliche Bechlußverfahren fehlen. Deshalb greift man einhellig auf § 8 Abs. 2 BRAGO zurück. Die danach vorgesehehene **Ermessensentscheidung** ist subsidiär. Nur dann, wenn sich der Gegenstandswert nicht aus den Vorschriften der Kostenordnung ergibt und auch sonst nicht feststeht, darf eine Ermessensentscheidung ergehen.[37] Streiten die Parteien über eine bestimmbare Summe, steht der Gegenstandswert fest und es gelten die Vorschriften über vermögensrechtliche Streitigkeiten und Wertberechnung.[38]

**31** Werden im arbeitsgerichtlichen Beschlußverfahren Ansprüche geltend gemacht, die sich auf finanzielle Ansprüche des Arbeitnehmers beziehen, bestimmt sich der Wert nach den Vorschriften über vermögensrechtliche Streitigkeiten. Handelt es sich um Lohnansprüche aus einer Betriebsvereinbarung, dann ist in Anlehnung an § 12 Abs. 7 Satz 2 ArbGG der dreifache Jahreswert der geforderten, zusätzlich zu zahlenden Beträge zugrundezulegen.[39] Im Falle einer Feststellungsklage soll von dem so ermittelten Wert ein Abschlag von 20 % vorgenommen werden.

Handelt es sich nicht um eine **vermögensrechtliche Streitigkeit**, ist der Gegenstandswert nach § 8 Abs. 2 BRAGO nach billigem Ermessen zu bestimmen. Häufig greift die Rechtsprechung auf den Regelstreitwert des § 13 GKG, mithin auf einen Gegenstandswert von 8.000,00 DM, zurück. Eine Mio. DM darf der Streitwert nach § 8 Abs. 2 BRAGO nicht überschreiten. Der Wertansatz nach § 8

---

32 *Gerold/Schmidt/v. Eicken/Madert*, BRAGO, § 118, Rn 21.
33 *Hartmann*, § 23 BRAGO, Rn 22.
34 *Hümmerich*, AnwBl 1995, 329.
35 *Gerold/Schmidt/v. Eicken/Madert*, BRAGO, § 62, Rn 7.
36 *Gerold/Schmidt/v. Eicken/Madert*, BRAGO, § 35, Rn 11.
37 *Gerold/Schmidt/v. Eicken/Madert*, BRAGO, § 8, Rn 20.
38 *Wenzel*, DB 1977, 723; *Hartmann*, § 8 BRAGO, Anm. 3 c.
39 LAG Bremen, Urt. v. 24.12.1982, AnwBl 1984, 164.

Abs. 2 BRAGO[40] ist nach allgemeiner Auffassung ein Hilfswert für den Fall, daß eine individuelle Bewertung nicht möglich ist.[41]

Da im Beschlußverfahren gemäß § 12 Abs. 5 ArbGG keine Gerichtsgebühren anfallen, wird der Wert der anwaltlichen Tätigkeit nicht von Amts wegen festgesetzt, sondern nur auf Antrag nach § 10 BRAGO.[42] Dementsprechend enthalten die Schriftsätze in Teil 8 neben dem Sachantrag stets auch einen Kostenantrag, der allerdings zusätzlich im Anhörungstermin gestellt werden muß. Für den Rechtsanwalt, der den Betriebsrat vertritt, empfiehlt sich außerdem, eine Honorarabtretung mit der Bevollmächtigung zu vereinbaren, um später ggf. aus eigenem Recht den Honoraranspruch durchsetzen zu können.

Die Judikatur zu den Gegenstandswerten im arbeitsgerichtlichen Beschlußverfahren ist umfangreich und basiert auf einer Vielzahl unveröffentlichter Entscheidungen. Übersichten über die Rechtsprechung finden sich bei *Bauer*,[43] *Wenzel*,[44] *Herbst/Reiter/Schindele*[45] und *Hümmerich*.[46] Auf die vorgenannten Darstellungen wird verwiesen.

Entgegen der sonstigen Methode in diesem Buch werden die Streitwerte im arbeitsgerichtlichen Beschlußverfahren nicht durch einzelne Muster, sondern anhand einer **tabellarischen Darstellung** vorgestellt. Die Rechtsprechung zu den Streitwerten im Beschlußverfahren ist regional und methodisch derart individuell entwickelt, daß der Anwender über die Tabelle am besten die ihm angemessen und verwendbar erscheinende Rechtsprechung heraussuchen kann.

## B. Schriftsätze

### I. Außergerichtliches und gerichtliches Erkenntnisverfahren – Rechtsprechung aufbereitet nach Stichwörtern in alphabetischer Reihenfolge

#### 1. Muster: Abfindung

Eine Abfindung im Sinne der §§ 9, 10 KSchG bleibt bei der Wertberechnung einer Kündigungsschutzklage nach § 12 Abs. 7 Satz 1 ArbGG unberücksichtigt. Ob eine Abfindung den Wert des Kündigungsschutzprozesses erheblich überschreitet, ist ohne Bedeutung. Auch ein beziffertes Abfindungsverlangen rechtfertigt nicht, einen Wertansatz entgegen dem Wortlaut von § 12 Abs. 7 Satz 1 ArbGG vorzunehmen,
    LAG Berlin, Urt. v. 30.11.1987, MDR 1988, 347; LAG Düsseldorf, Beschl. v. 20.07.1987, LAGE § 12 ArbGG 1979 Streitwert Nr. 66; LAG Hamm, Urt. v. 21.10.1982, MDR 1983, 170.

---

40 Seit 01.07.1994 ebenfalls DM 8.000,00.
41 LAG Baden-Württemberg, Beschl. v. 05.11.1981, AR-Blätter, Arbeitsgerichtsbarkeit XIII, Entsch. 120; LAG Hamburg, Beschl. v. 24.05.1988, DB 1988, 1404; *Vetter*, NZA 1986, 182.
42 LAG Baden-Württemberg, BB 1980, 1695; *Brill/Derleder*, AuR 1980, 353; *Hümmerich*, AnwBl 1995, 329.
43 *Müller/Bauer*, 3. Aufl. 1991, 382.
44 In GK-ArbGG/*Wenzel*, § 12, Rn 269 ff.
45 Handbuch zum arbeitsgerichtlichen Beschlußverfahren, Köln 1994.
46 AnwBl 1995, 329 ff.

## 2. Muster: Abfindung aus Sozialplan neben Kündigungsschutz

**2752**

33  Wenn in einem Rechtsstreit die Wirksamkeit einer Kündigung überprüft wird und hilfsweise Nachteilsausgleich gemäß § 113 BetrVG oder Leistungen aus einem Sozialplan geltend gemacht werden, handelt es sich um unterschiedliche Streitgegenstände, die getrennt zu bewerten sind,
    LAG Hamm, Urt. v. 15.10.1981, EzA, § 12 ArbGG 1979, Nr. 8; LAG Düsseldorf, Urt. v. 17.01.1985, LAGE, § 12 ArbGG 1979, Streitwert Nr. 33; LAG Berlin, Urt. v. 17.03.1995, NZA 1995, 1072.

## 3. Muster: Abfindung als eigenständig geltend gemachter Anspruch

**2755**

34  Nach § 12 Abs. 7 Satz 1, 2. HS ArbGG ist eine Abfindung dem Streitwert grundsätzlich nicht hinzuzurechnen. Die Streitwerte des Feststellungsantrags und des Antrags auf Zahlung der Abfindung sind aber dann zu addieren, wenn der Abfindungsanspruch nicht auf die §§ 9, 10 KSchG gestützt und über den (hilfsweisen) Anspruch beispielsweise im Rahmen eines geltend gemachten Zahlungsanspruchs entschieden wird,
    LAG Hamburg, AnwBl. 1984, 315; LAG Hamm, Urt. v. 15.10.1981, KostRspr. ArbGG 1979 § 12 Nr. 40; LAG Frankfurt, BB 1977, 1549; *Tschischgale/Satzky*, S. 20.
Deshalb ist auch eine Abfindung nach § 113 Abs. 3 BetrVG (Nachteilsausgleich) bei der Streitwertfestsetzung gesondert zu bewerten,
    LAG Bremen, Urt. v. 15.03.1983, EzA Nr. 22 zu § 12 ArbGG 1979 – Streitwert.
Das LAG Köln wendet bei der isolierten Geltendmachung eines Abfindungsanspruchs § 12 Abs. 7 S. 1 ArbGG analog an, wenn der Wert des Abfindungsstreits erheblich höher liegt als der Wert dreier Monatsgehälter,
    LAG Köln, Beschl. v. 10.03.2000, 4 (8) Sa 1398/99 (unveröffentlicht).
Der Auflösungsantrag ist, wenn er isoliert in II. Instanz weiterverfolgt wird, streitwertmäßig mit zwei Dritteln des Wertes des Feststellungsantrags zu bestimmen,
    LAG Hamm, Urt. v. 16.08.1989, NZA 1990, 328.

## 4. Muster: Abmahnung

**2760**

35  Der Arbeitnehmer hat einen Anspruch auf *Entfernung einer Abmahnung* aus der Personalakte geltend gemacht. Dieser Anspruch hat einen Gegenstandswert, der nach der Rechtsprechung mit einem Monatsgehalt in Ansatz gebracht wird,
    LAG Hamburg, Beschl. v. 12.08.1991, LAGE § 12 ArbGG 1979 Streitwert Nr. 94; LAG Köln, Beschl. v. 07.06.1985 – Ta 71/85; Beschl. v. 19.12.1985 3 – Ta 8/85; LAG Hamm, Beschl. v. 05.07.1984, NZA 1984, 236; LAG Bremen, Beschl. v. 03.05.1983, ARST 1983, 141;
Liegt ein Zeitraum von mindestens drei Monaten zwischen den Abmahnungen, so ist der Streitwert auf ein Monatseinkommen festzusetzen, bei einem unter drei Monaten liegenden Zeitraum ist der Wert auf 1/3 des auf diesen Zeitraum entfallenden Einkommens zu bestimmen,
    LAG Düsseldorf, Beschl. 04.09.1995, NZA-RR 1996, 391.
Zwei Monatsverdienste als Regelstreitwert betrachtet das LAG Düsseldorf als angemessen,
    LAG Düsseldorf, Beschl. v. 05.01.1989, JurBüro 1989, 954.

Ein halbes Bruttomonatsgehalt betrachten das LAG Schleswig-Holstein und das LAG Rheinland-Pfalz als angemessen,
   LAG Schleswig-Holstein, Beschl. v. 06.07.1994, Bibliothek BAG (Juris); LAG Rheinland-Pfalz, Beschl. v. 15.07.1986, LAGE § 12 ArbGG Streitwert Nr. 60.

Macht der Anspruchsteller nicht nur die Entfernung einer Abmahnung aus der Personalakte geltend, sondern auch deren Widerruf, so ist pro Abmahnung ein Wert von zwei Gehältern festzusetzen,
   ArbG Düsseldorf, Urt. v. 29.08.1997, AnwBl 1998, 111.

### 5. Muster: Abmahnungen, mehrere

Bei mehreren Abmahnungen errechnet sich der Gegenstandswert aus einem Bruttomonatsgehalt, multipliziert mit der Anzahl der Abmahnungen, 36
   LAG Hamm, v. 05.07.1984, LAGE § 12 ArbGG Nr. 29; LAG Frankfurt, Beschl. v. 01.03.1988, LAGE § 12 ArbGG Nr. 72.

### 6. Muster: Akteneinsicht

Wird das Recht auf Akteneinsicht geltend gemacht, so ist der Streitwert so zu bestimmen wie beim Anspruch auf Auskunftserteilung, d. h. der Wert des Hauptziels ist maßgeblich, 37
   LAG Frankfurt, Urt. v. 23.01.1996, Bibliothek BAG (Juris).

### 7. Muster: Altersversorgung

Der Streitwert für Ansprüche aus betrieblicher Altersversorgung regelt sich bei Arbeitnehmern aus § 12 Abs. 7 Satz 2 ArbGG. Der Gegenstandswert entspricht damit dem Dreijahresbezug, 38
   LAG Rheinland-Pfalz, Beschl. v. 28.11.1984, Juris Online.
Rückstände dürfen nach § 12 Abs. 7 Satz 2, 2. Halbsatz ArbGG nicht hinzugerechnet werden. Die gesetzliche Regelung gilt auch für Klagen gegen Unterstützungskassen,
   LAG Baden-Württemberg, Beschl. v. 02.12.1980, AP Nr. 1 zu § 12 ArbGG 1979.
Wird nur auf Feststellung geklagt, so ist ein Abschlag von 20 % vorzunehmen,
   BAG, Urt. v. 18.12.1961, AP Nr 6 zu § 3 ZPO.
Geht es nur um Zahlungsmodalitäten, so ist das wirtschaftliche Interesse des Klägers maßgeblich,
   LAG Rheinland-Pfalz, Beschl. v. 28.11.1984, Juris Online.

## 8. Muster: Altersversorgung vertretungsberechtigter Organmitglieder

**39** Bei Pensionsklagen von vertretungsberechtigten Organmitgliedern gilt § 17 Abs. 3 GKG, dh der dreifache Jahresbezug ist maßgeblich. Unerheblich ist, ob sich die Klage gegen den Pensionssicherungsverein oder den Arbeitgeber richtet,
  BGH, Urt. v. 07.07.1980, BB 1980, 1271; Urt. v. 24.11.1980, DB 1981, 1232.
Rückstände sind nach § 17 Abs. 4 GKG zusätzlich zu berücksichtigen. Bei Ansprüchen von beherrschenden Gesellschaftern kommt der 12,5fache Jahresbezug nach § 9 ZPO zum Zuge,
  BGH, Urt. v. 24.11.1980, DB 1981, 1232.
Für Arbeitnehmer regelt sich der Streitwert nach § 12 Abs. 7 Satz 2 ArbGG. Auch hier ist der Dreijahresbezug maßgebend. Rückstände dürfen aber nicht hinzugerechnet werden, § 12 Abs. 7 Satz 2, 2. HS ArbGG. § 12 Abs. 7 Satz 2 ArbGG gilt auch für Klagen gegen Unterstützungskassen,
  LAG Baden-Württemberg, AP Nr. 1 zu § 12 ArbGG 1979.
Wird nur auf Feststellung geklagt, so ist – gleichgültig ob es sich um Arbeitnehmer oder Organvertreter handelt – ein Abschlag von 20 % vorzunehmen,
  BAG, Urt. v. 18.04.1961, AP Nr. 6 zu § 3 ZPO.

## 9. Muster: Änderungskündigung

**40** Hat der Arbeitnehmer das Angebot auf Abschluß eines neuen Arbeitsvertrages nicht unter dem Vorbehalt gerichtlicher Überprüfung angenommen, steht der Bestand des Arbeitsverhältnisses in seiner Gesamtheit zur Entscheidung. In diesem Fall ist der Streitwert wie bei einer gewöhnlichen Kündigungsschutzklage aus § 12 Abs. 7 Satz 1 ArbGG zu entnehmen, beträgt also 1/4 des Jahreseinkommens.
Nimmt der Arbeitnehmer das geänderte Arbeitsvertragsangebot des Arbeitgebers nach § 2 KSchG unter dem Vorbehalt an, daß die Änderung der Arbeitsbedingungen nicht sozial ungerechtfertigt ist, wird das Arbeitsverhältnis in jedem Falle fortgesetzt und die Änderungskündigungsschutzklage ist auf die Frage der sozialen Rechtfertigung beschränkt.
In diesem Falle nimmt ein Teil der Rechtsprechung einen Gegenstandswert in Höhe des dreifachen Jahresbetrages des Wertes der Änderung an. Höchstgrenze seien jedoch die Regelungen des § 12 Abs. 7 Sätze 1 und 2 ArbGG, so daß der Gebührenstreitwert keine der beiden dort genannten Grenzen überschreiten dürfe, sondern die niedrigere von beiden maßgeblich sei.
  BAG, Urt. v. 23.03.1989, DB 1989, 1880; LAG Hamburg, Beschl. v. 06.05.1996, LAGE § 12 ArbGG 1979 Streitwert Nr. 110; LAG Niedersachsen, Beschl. v. 28.12.1993, AnwGeb 1994, 28; LAG Bremen, Beschl. v. 05.05.1987, NZA 1987, 716.
Teilweise wird von den Landesarbeitsgerichten § 12 Abs. 7 Satz 2 ArbGG, also der Wert des dreimonatigen Bezuges bzw. Unterschiedsbetrages, generell zur Bestimmung des Gegenstandswerts herangezogen,
  LAG Köln, Urt. v. 20.04.1982, EzA, § 12 ArbGG 1979, Nr. 13; LAG Köln, Beschl. v. 03.04.1985 – Ta 55/85; LAG Köln, Beschl. v. 13.03.1986 – Ta 59/86; LAG Köln, Beschl. v. 17.01.1985 – Ta 213/84; LAG Bremen, NZA 1987, 716; LAG München, Beschl. v. 31.05.1985, AP Nr. 10 zu § 12 ArbGG 1979.

Schließlich wenden eine Reihe von Landesarbeitsgerichten § 12 Abs. 7 Satz 1 ArbGG direkt oder analog an,
> LAG Schleswig-Holstein, Beschl. v. 18.01.1994, Bibliothek BAG (Juris); LAG Baden-Württemberg, Beschl. v. 02.01.1991, DB 1991, 1840; LAG Frankfurt, Beschl. v. 25.04.1985, NZA 1986, 35; LAG Berlin, Beschl. v. 07.11.1977, DB 1978, 548; LAG Rheinland-Pfalz, Beschl. v. 25.04.1985, NZA 1986, 34.

Teilweise wird die Ansicht vertreten, daß es sich bei dem nach § 12 Abs. 7 Satz 1 ArbGG ermittelten Drei-Monats-Differenzbetrag nur um einen Mindestbetrag des Gegenstandswertes einer Änderungsschutzklage handele und sonstige materielle Nachteile berücksichtigt werden müßten, wie Prestige, Rehabilitation etc. und deshalb eine angemessene Erhöhung des Drei-Monats-Betrages im Rahmen von § 3 ZPO vorgenommen werden müsse,
> LAG Schleswig-Holstein, Beschl. v. 18.01.1994, Bibliothek BAG (Juris); LAG Hamm, Beschl. v. 21.11.1985, DB 1986, 1344.

Vom LAG Berlin werden – unter ausdrücklicher Aufgabe der bisherigen Rechtsprechung zwei Monatsvergütungen als Gegenstandswert angenommen,
> LAG Berlin, Beschl. v. 29.05.1998, FA 1999, 198.

### 10. Muster: Anstellungsverträge von GmbH-Geschäftsführern und Vorständen

Anders als im Arbeitsrecht bemißt sich der Gebührenstreitwert nach Auffassung des BGH, **41**
> Urt. v. 24.11.1990, NJW 1981, 2465,

nach § 17 Abs. 3 GKG, so daß der dreifache Jahresbetrag der Leistungen für die Wertberechnung maßgebend ist. Der dreifache Jahresbezug reduziert sich, wenn für die Restvertragslaufzeit nicht mehr der volle dreijährige Bezug des Gehalts in Frage gekommen wäre.
Das OLG Köln,
> OLG Köln, Beschl. v. 09.09.1994, AnwBl. 1995, 317,

hat in einem Rechtsstreit § 3 ZPO angewandt und den dreifachen Jahresbetrag der Vergütung zugrundgelegt.
Das OLG Hamm hat in einer Entscheidung vom 17.12.1996,
> OLG Hamm, AnwBl 1997, 111,

als Gegenstandswert einer Klage auf Feststellung der Unwirksamkeit der Kündigung eines Organmitglieds einer juristischen Person gemäß §§ 9 ZPO, 12 Abs. 1 GKG, 3 ZPO den zehnfachen Betrag der Jahresvergütung zugrundegelegt. *Jung*,
> AE 1998, S. 2,

vertritt die Auffassung, daß nunmehr auf der Grundlage dieser Rechtsprechung nach der Neufassung des § 9 ZPO der 3,5fache Jahreswert maßgebend sei. Ein Anwalt sollte bei der Beratung über einen Geschäftsführer- oder Anstellungsvertrag deshalb den 3,5fachen Jahreswert der Bezüge aus dem Anstellungsvertrag zugrundelegen.

### 11. Muster: Arbeitsvertrag, Beratung vor Abschluß

Die streitwertmäßige Bewertung der Interessenwahrnehmung mit dem Ergebnis des Abschlusses **42** eines neuen Arbeitsvertrages ergibt sich nicht aus § 12 Abs. 7 Satz 1 ArbGG, weil es sich weder um eine Streitigkeit über das Bestehen oder Nichtbestehen eines Arbeitsverhältnisses handelt noch um eine Kündigung.

Gemäß §§ 3, 9 ZPO wäre damit grundsätzlich das Interesse des Arbeitnehmers am Wert der aus dem Arbeitsverhältnis wiederkehrenden Leistungen mit dem zwölfeinhalbfachen, gegebenenfalls auch dem fünfundzwanzigfachen Jahreseinkommen zugrunde zu legen.

Die allgemeinen Vorschriften der ZPO finden aber im Arbeitsrecht keine Anwendung, wenn arbeitsrechtliche Sonderregelungen bestehen,

> vgl. LAG Bremen, Beschl. v. 05.05.1987, AnwBl. 1988, 485 f.; *Zöller*, ZPO, § 3 Rn 16 (Arbeitsgerichtsverfahren).

Aus sozialen Gesichtspunkten, insbesondere um den schutzwürdigen Arbeitnehmer nicht einem unübersehbaren Kostenrisiko auszusetzen, hat der Gesetzgeber mit § 12 Abs. 7 Satz 2 ArbGG eine Ausnahmeregelung zu den §§ 3, 9 ZPO geschaffen,

> vgl. LAG Bremen, Beschl. v. 05.05.1987, AnwBl. 1988, 485 f.

Bei Schaffung des § 12 Abs. 7 ArbGG hat der Gesetzgeber zwischen der unterschiedlichen Schutzbedürftigkeit des Arbeitnehmers differenziert. Im Kündigungsschutzfall (§ 12 Abs. 7 Satz 1 ArbGG) hat der Gesetzgeber den Arbeitnehmer als kostenmäßig besonders schutzwürdig angesehen, weil er um den Erhalt seines Arbeitsplatzes kämpfen muß und während dieser Zeit in der Regel kein festes Arbeitseinkommen hat, zumindest nicht während des erstinstanzlichen Verfahrens,

> vgl. LAG Bremen, Beschl. v. 05.05.1987, AnwBl. 1988, 485 f.

Behält der Arbeitnehmer dagegen seinen Arbeitsplatz, erhält er also monatlich Lohn oder Gehalt, so ist er kostenmäßig nicht so schutzwürdig wie der Arbeitnehmer, der um den Erhalt seines Arbeitsplatzes kämpfen muß. Aus diesem Grunde hat der Gesetzgeber in § 12 Abs. 7 Satz 2 ArbGG für alle Fälle, in denen es nicht um Kündigungsschutz geht, den sechsunddreißigfachen Monatsbezug als Streitwert zugrunde gelegt,

> vgl. LAG Bremen, Beschl. v. 05.05.1987, AnwBl. 1988, 485 f.; BT-Drucksache I/3516, Seite 4, 26.

Soweit die Auffassung vertreten wird, der Gegenstandswert müsse in analoger Anwendung des Rechtsgedankens des § 12 Abs. 7 Satz 1 ArbGG aus sozialen Gründen auf das dreifache Monatsgehalt beschränkt werden, so wird diese Auffassung in der Rechtsprechung nur gelegentlich und dann auch ausschließlich für die Situation der Änderungskündigung diskutiert,

> vgl. LAG Bremen, Beschl. v. 05.05.1987, AnwBl. 1988, 485 f.

## 12. Muster: Anfechtung eines Arbeitsverhältnisses

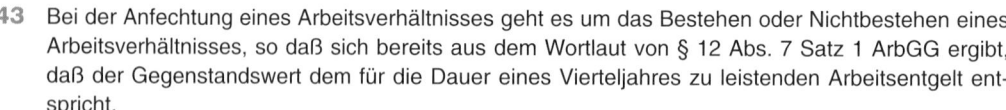

43  Bei der Anfechtung eines Arbeitsverhältnisses geht es um das Bestehen oder Nichtbestehen eines Arbeitsverhältnisses, so daß sich bereits aus dem Wortlaut von § 12 Abs. 7 Satz 1 ArbGG ergibt, daß der Gegenstandswert dem für die Dauer eines Vierteljahres zu leistenden Arbeitsentgelt entspricht.

Auch bei der Anfechtung eines Aufhebungsvertrages geht es um das Bestehen bzw. Nichtbestehen eines Arbeitsverhältnisses, so daß auch hier der Vierteljahresbezug des Arbeitsentgelts maßgebend ist.

## 13. Muster: Ansprüche auf wiederkehrende Leistungen

▼

Die geltend gemachten Ansprüche betrafen solche auf wiederkehrende Leistungen. Die Wertberechnung bei Klagen auf solche Leistungen richtet sich, soweit es um die prozessualen Zwecke, also Festsetzung des Urteilsstreitwerts und des Beschwerdewerts, geht, grundsätzlich nach § 9 ZPO, so daß der zwölfeinhalbfache Betrag des einjährigen Bezuges maßgebend ist,
  *Tschischgale/Satzky*, Kostenrecht in Arbeitssachen, 3. Aufl., S. 41 f.; *Wenzel*, MDR 1976, 892; *Ziege*, RdA 1977, 28; *Grunsky*, Arbeitsgerichtsgesetz, § 12 Anm. 3 u. 9; *Grunsky*, Anm. zu BAG AP Nrn. 22 und 23 zu § 12 ArbGG 1953; *Lappe*, KostRspr. Anm. zu ArbGG § 12 Nr. 77; *Stein-Jonas-Schumann*, § 2 Anm. VII, Rn 123, 124.

In kostenrechtlicher Hinsicht besteht für solche Arbeitnehmeransprüche eine Sonderregelung, die aus sozialen Gründen eine gegenüber § 9 ZPO erheblich geringere Bewertung vorsieht. Gemäß § 17 Abs. 3 GKG ist zu Kostenzwecken als Wert der dreifache Jahresbetrag der wiederkehrenden Leistung anzunehmen, wobei nach § 17 Abs. 4 GKG Rückstände aus der Zeit vor der Klageerhebung hinzugerechnet werden,
  BAG, AP Nr. 1 zu § 17 GKG; *Tschischgale/Satzky*, Kostenrecht in Arbeitssachen, 3. Aufl., S. 43.

▲

## 14. Muster: Arbeitsbescheinigung

▼

Die vom Arbeitgeber gemäß § 312 SGB III auszufüllenden Arbeitsbescheinigungen werden gegenstandswertmäßig in der Rechtsprechung mit einem Betrag zwischen 300,00 DM und 500,00 DM bewertet,
  LAG Schleswig-Holstein, Beschl. v. 08.12.1988, Bibliothek BAG (Juris); LAG Düsseldorf, Beschl. v. 11.04.1984, LAGE, § 3 ZPO, Nr. 2; LAG Baden-Württemberg, Beschl. v. 09.02.1984, DB 1984, 676; LAG Hamm, Beschl. v. 18.04.1985, DB 1985, 1897.

▲

## 15. Muster: Arbeitspapiere

▼

Der Anspruch auf Herausgabe der Arbeitspapiere, womit das Ausfüllen und die Herausgabe von Lohnsteuerkarte, des Versicherungsnachweisheftes sowie einer Arbeitsbescheinigung nach § 312 SGB III gemeint sind, wird in der Rechtsprechung generell mit 500,00 DM bewertet,
  LAG Hamm, Beschl. v. 18.04.1985, LAGE § 3 ZPO, Nr. 1; LAG Köln, Beschl. v. 25.04.1983 – 2 Ta 38/83 (unveröffentlicht); LAG Baden-Württemberg, Beschl. v. 29.02.1984, BB 1984, 1234.

▲

## 16. Muster: Aufhebung des Arbeitsverhältnisses

▼

Bei Verhandlungen des Anwalts eines Arbeitnehmers mit dem Ziel einer einvernehmlichen Aufhebung des Arbeitsverhältnisses gegen eine Abfindungszahlung des Arbeitgebers richtet sich der Ge-

schäftswert der Anwaltsgebühren nach § 8 Abs. 2 BRAGO, § 25 Abs. 2 KostO, da auf eine solche Regelung nicht geklagt werden kann,
   AG Hamburg, Urt. v. 10.08.1988, AnwBl. 1989, 241.

## 17. Muster: Auflösungsantrag

48  Wie sich bereits aus § 12 Abs. 7 Satz 1, 2. Halbsatz ArbGG ergibt, wird eine Abfindung bei der Wertberechnung nicht hinzugerechnet. Damit verursacht der Auflösungsantrag gemäß §§ 9, 10 KSchG keine Erhöhung des Gegenstandswerts,
   BAG, Beschl. v. 25.01.1960, BB 1960, 249; LAG Köln, Beschl. v. 12.12.1999 – 12 Sa 817/99 (unveröffentlicht); LAG Köln, Beschl. v. 27.07.1995, ARST 1996, 18.
Nach Auffassung des LAG Hamm soll allerdings dann, wenn in II. Instanz Streitgegenstand nur noch der Auflösungsantrag ist, von 2/3 des Wertes des Feststellungsantrages auszugehen sein,
   LAG Hamm, Beschl. v. 16.08.1989, NZA 1990, 328.

## 18. Muster: Aufrechnung

49  Die Primäraufrechnung stellt die Klageforderung als solche nicht in Frage, will ihr aber durch die zur Aufrechnung gestellte Gegenforderung die Grundlage entziehen,
   GK-ArbGG/*Wenzel*, § 12, Rn 119.
Die Primäraufrechnung bewirkt keine Streitwerterhöhung.
Bei der Hilfsaufrechnung kommt es darauf an, ob darüber entschieden wurde oder eine Vergleichsregelung getroffen worden ist,
   GK-ArbGG/*Wenzel*, § 12, Rn 89, 119.
Die Hilfsaufrechnung erhöht den Streitwert, wenn über die zur Aufrechnung gestellte Forderung eine der Rechtskraft fähige Entscheidung ergeht, § 19 Abs. 3 GKG.

## 19. Muster: Ausgleichsanspruch des Handelsvertreters

50  Der Wert des unbezifferten Ausgleichsanspruchs eines Handelsvertreters ist nach § 3 ZPO zu schätzen,
   GK-ArbGG/*Wenzel*, § 12, Rn 121.
Die vorgeschaltete Auskunftsklage wird meist mit 20 % des Wertes des beanspruchten Ausgleichsanspruchs bewertet,
   BGH, BB 1960, 796.

## 20. Muster: Auskunft

▼

Isolierte Auskunftsklagen sind regelmäßig in derselben Weise zu bewerten, wie die erste Stufe einer Stufenklage,
   GK-ArbGG/*Wenzel*, § 12, Rn 122.
Der in der ersten Stufe einer Auskunftsklage geltend gemachte Anspruch ist in Abschätzung des Interesses an der Auskunftserlangung mit einem Bruchteil der erwarteten Leistung zu bewerten, der in der Rechtsprechung zwischen 1/10 und 1/2 schwankt,
   GK-ArbGG/*Wenzel*, § 12, Rn 82; *Schneider*, Streitwert-Kommentar, Rn 4270 f.
Für den geltend gemachten Auskunftsanspruch gilt daher nichts anderes, er ist zwischen 1/10 bis 1/2 der erstrebten Leistung zu bewerten,
   LAG Rheinland-Pfalz, Beschl. v. 18.01.1988 – 1 Ta 7/88, Bibliothek BAG (Juris).
Wird mit dem Auskunftsanspruch ein Antrag verfolgt, den Beklagten zur Zahlung einer nach freiem Ermessen festzusetzenden Entschädigung zu verurteilen, sofern die Auskunft nicht innerhalb einer gewissen Frist erfüllt wird, richtet sich der Wert des Auskunftsanspruchs nach dem Betrag der hilfsweise verlangten Entschädigung,
   LAG Frankfurt, Beschl. v. 22.08.1966, ARST 1967, 32.
Bei einer solchen Antragstellung gemäß § 61 Abs. 2 ArbGG kann der Auskunftsanspruch nicht mit dem Wert des Hauptanspruches bewertet werden,
   BAG, Beschl. v. 04.08.1971, AR-Blattei, Arbeitsgerichtsbarkeit XIII, Entscheidung Nr. 57; LAG Frankfurt, Beschl. v. 11.03.1968, AP Nr. 9 zu § 3 ZPO.
Auskunftsansprüche, die im Kündigungsschutzprozeß zur Sicherung des Prozeßerfolgs anhängig gemacht werden, sollen mit Rücksicht auf den sozialen Schutzzweck von § 12 Abs. 7 Satz 1 ArbGG unbewertet bleiben,
   LAG Hamburg, Beschl. v. 13.01.1987, JurBüro 1988, 1158.

▲

## 21. Muster: Berufsausbildungsverhältnis

▼

Zeitweilig war umstritten, ob sich der Gegenstandswert bei Bestandsstreitigkeiten über Berufsausbildungsverhältnisse nach § 12 Abs. 7 Satz 1 ArbGG richtet. Immerhin ist im Gesetzeswortlaut nur von „Rechtsstreitigkeiten über das Bestehen, das Nichtbestehen oder die Kündigung *eines Arbeitsverhältnisses*" die Rede. Das ArbG Siegen,
   Beschl. v. 17.09.1982, AnwBl 1984, 155;
   ebenso *Hecker*, AnwBl 1984, 116,
hat deshalb angenommen, Berufsausbildungsverhältnisse würden durch § 12 Abs. 7 Satz 1 ArbGG nicht erfaßt. Diese Rechtsprechung hat sich jedoch nicht durchgesetzt. Stattdessen nimmt man auch bei Berufsausbildungsverhältnissen den dreifachen Betrag der monatlichen Ausbildungsvergütung als Gegenstandswert an,
   BAG, Beschl. v. 22.05.1984, EzA, § 64 ArbGG 1979, Nr. 14; LAG Düsseldorf, Beschl. v. 12.04.1984, EzA, § 12 ArbGG 1979, Streitwert Nr. 30; LAG Hamm, Beschl. v. 17.11.1986, LAGE, § 12 ArbGG 1979, Streitwert Nr. 57.
Der Streitwert bei Praktikantenverhältnissen wird wie bei Ausbildungsverhältnissen durch den dreifachen Betrag der monatlichen Bezüge ermittelt,
   LAG Frankfurt, AnwBl 1985, 100.

▲

## 22. Muster: Beschäftigung

**53** Richtet sich das Ziel des Klägers oder Verhandlungsführers auf tatsächliche Beschäftigung, hält die Rechtsprechung der Landesarbeitsgerichte keine einheitliche Formel zur Berechnung des Gegenstandswerts bereit.
Eine auf tatsächliche Beschäftigung gerichtete Klage wird teilweise mit einem Monatsentgelt bewertet,
> LAG Bremen, Beschl. v. 20.11.1980, ArbuR 1981, 285; LAG Bremen, Beschl. v. 02.02.1982, DB 1982, 1278; LAG Baden-Württemberg, Beschl. 27.01.1982, EzA, § 12 ArbGG 1979, Streitwert Nr. 17; Thüringer Landesarbeitsgericht, AuA 1996, 1250; Sächsisches Landesarbeitsgericht, Beschl. v. 14.07.1993, LAGE, § 12 ArbGG 1979, Streitwert Nr. 97; Sächsisches Landesarbeitsgericht, Beschl. v. 24.10.1997, AE 1997, 103; LAG Hamburg, Beschl. v. 11.11.1983, AnwBl 1984, 316; LAG München, Beschl. v. 30.03.1989, AnwBl 1990, 49; LAG Niedersachsen, Beschl. v. 11.07.1997, AE 1997, 65.

1 1/2 Monatsbezüge werden für Beschäftigungs- und Weiterbeschäftigungsklagen als Gegenstandswert angesetzt durch
> LAG München, Beschl. v. 28.03.1984, JurBüro 1984, 1399; LAG Saarland, Beschl. v. 12.12.1989, LAGE, § 19 GKG, Nr. 9; LAG Rheinland-Pfalz, Beschl. v. 23.07.1982, AnwBl 1983, 36.

Im Rheinland, in Westfalen und Niedersachen bewerten die Arbeitsgerichte den Anspruch des Arbeitnehmers auf Beschäftigung mit zwei Monatsbezügen,
> LAG Düsseldorf, Beschl. v. 20.05.1997, SAE 1997, 102; ArbG Duisburg, Beschl. v. 16.12.1997, AE 1998, 34; LAG Köln, Beschl. v. 19.04.1982, EzA, § 12 ArbGG 1979, Streitwert Nr. 12; LAG Düsseldorf, Beschl. v. 11.02.1985, JurBüro 1985, 767; Beschl. v. 25.06.1987, AnwBl 1987, 554; Beschl. v. 20.05.1997, AE 1997, 102; LAG Niedersachsen, Beschl. v. 27.08.1985, NdsRpfl. 1986, 219; LAG Hamm, KostRsp. ArbGG § 12, Nr. 39, 50 und 68.

## 23. Muster: Berechnung des Monatsentgelts

**54** Das Monatsentgelt entspricht dem Jahresbruttogehalt, dividiert durch den Faktor 12. Maßgeblich für die Berechnung ist das Jahresbruttogehalt auf Basis des vom Arbeitnehmer in den letzten drei Monaten bezogenen Arbeitsentgelts,
> BAG, Beschl. v. 19.07.1973, EzA, § 12 ArbGG, Nr. 1.

Mit zu berücksichtigen sind Anwesenheits- oder Verkaufsprämien, Nacht-, Schicht-, Gefahr- und Leistungszulagen, Sachbezüge wie Kost, Unterkunft und Deputate entsprechend den steuer- und sozialversicherungsrechtlich anzuwendenden Vorschriften,
> GK-ArbGG/*Wenzel*, § 12, Rn 140.

Fahrtkostenpauschalen, wenn diese auch im Urlaub gezahlt werden, und sonstiger Aufwendungsersatz, wie Trennungsentschädigungen sind nach verbreiteter Ansicht in das Jahresbruttogehalt einzustellen,
> LAG Frankfurt, Beschl. v. 12.04.1966, AP Nr. 14 zu § 12 ArbGG 1953; LAG Baden-Württemberg, Beschl. v. 16.08.1984, ArbuR 1985, 197.

Nicht einheitlich beantwortet wird die Frage, ob Sonderleistungen, wie Weihnachts- und Urlaubsgratifikationen zu berücksichtigen sind. Zum Teil wird die Einbeziehung derartiger Sonderleistungen generell abgelehnt,
> LAG Köln, EzA, § 12 ArbGG 1979, Streitwert Nr. 12; LAG Saarland, JurBüro 1985, 592.

Überwiegend wird vertreten, daß das 13. Monatsgehalt dann bei der Ermittlung des Monatsentgelts zu berücksichtigen ist, wenn es vertraglich oder tarifvertraglich geschuldet ist und nicht beispielsweise eine freiwillige, jederzeit widerrufliche Leistung des Arbeitgebers darstellt,

LAG Köln, NZA-RR 1976, 392; LAG Berlin, Beschl. v. 16.10.1985, LAGE, § 12 ArbGG 1979, Streitwert Nr. 44; LAG Frankfurt, Beschl. v. 23.11.1985, JurBüro 1986, 756; a. A. LAG Rheinland-Pfalz, Beschl. v. 29.08.1986, NZA 1986, 34.

Im Kündigungsschutzprozeß eines Chefarztes sind nicht nur das effektive Gehalt, sondern auch die Einräumung von Nebenbeschäftigungsmöglichkeiten und der Einsatz von Personal und Ausstattung des Krankenhauses und die sich hieraus für den Chefarzt ergebenden Erträge angemessen zu berücksichtigen,

LAG Hamm, AnwBl 1976, 166.

### 24. Muster: Berechnung des Vierteljahresbezugs

2830

Nach § 12 Abs. 7 Satz 1 ArbGG ist für die Wertberechnung bei Streitigkeiten über das Bestehen, das Nichtbestehen oder die Kündigung eines Arbeitsverhältnisses höchstens der Betrag des für die Dauer eines Vierteljahres zu leistenden Arbeitsentgelts maßgebend. In der gerichtlichen Praxis wird demgegenüber immer wieder der Begriff des Monatsgehalts verwandt. Davon geht das Gesetz aber gerade ausdrücklich nicht aus. Es stellt vielmehr auf die Bezüge für die Dauer eines Vierteljahres ab. Maßgebend ist also das Entgelt, das der Arbeitnehmer für die ersten drei Monate nach dem streitigen Beendigungszeitpunkt beansprucht oder beanspruchen könnte,

BAG, Urt. v. 19.07.1973, BB 1973, 1262.

Der Berechnung des Vierteljahresbezugs ist zunächst das Monatseinkommen zugrunde zu legen. Dazu gehören Grundgehalt, Provisionen, regelmäßig zu zahlende Prämien, Nacht-, Schicht-, Gefahren- und Leistungszulagen sowie vermögenswirksame Leistungen von monatlich 52,00 DM,

LAG Baden-Württemberg, Beschl. v. 15.05.1990, JurBüro 1990, 1268.

Hinzuzurechnen sind aber auch Sachleistungen wie Lebensmittel- und Kohledeputate, Haustrunk, freie Unterkunft und Verpflegung und unentgeltliche Nutzung einer Hausmeisterwohnung,

KR/*Becker*, § 10 KSchG Rn 34.

Bei angestellten Ärzten, auch Chefärzten, sind nicht nur effektive Gehälter zuzüglich etwaiger Bereitschaftsdienstpauschalen, sondern auch zusätzliche Nebeneinnahmen, die durch das Dienstverhältnis mit dem Krankenhaus ermöglicht werden, zu berücksichtigen,

LAG Hamm, Urt. v. 29.01.1976, BB 1976, 746.

Auch der Wert eines von dem Arbeitgeber gestellten Pkw ist in der Form des geldwerten Vorteils im Rahmen des § 12 Abs. 7 Satz 1 ArbGG zu berücksichtigen. Dabei sollte allerdings nicht von der steuerlichen Pauschalregelung ausgegangen werden, wonach 1 % des Listenpreises pro Monat angesetzt wird. Dies ergäbe für das Vierteljahr 3 % des Neuwagenpreises. Der Wert des Sachbezugs ist auch beim Pkw vielmehr mit dem Preis anzusetzen, der auf dem freien Markt üblicherweise gezahlt wird,

KR/*Becker*, § 10 KSchG, Rn 33; *Hecker*, AnwBl. 1984, 116.

Sachbezüge wie Kost, Unterkunft und Deputate sind mit den steuer- und sozialversicherungsrechtlich vorgeschriebenen Sätzen zu veranschlagen, soweit derartige Regelungen bestehen, und sonst mit den üblichen Mittelpreisen des Verbraucherortes anzusetzen,

GK-ArbGG/*Wenzel*, § 12, Rn 140.

Soweit das regelmäßige Einkommen auch Anwesenheits- oder Verkaufsprämien, wie Nacht-, Schicht-, Gefahren- und Leistungszulagen umfaßt, sind diese ebenfalls in den Vierteljahresbezug einzurechnen,

GK-ArbGG/*Wenzel*, § 12, Rn 140; *Hecker*, AnwBl 1984, 116.

Fahrtkostenpauschalen sind nicht zu berücksichtigen, selbst wenn sie im Urlaub fortgezahlt werden,
> LAG Baden-Württemberg, Beschl. v. 16.08.1984, ArbuR 1985, 197.

Auch Trennungsentschädigungen gehören nicht zum Arbeitsentgelt,
> LAG Frankfurt, Beschl. v. 12.04.1966, AP Nr. 14 zu § 12 ArbGG 1953.

Bei Sonderleistungen wie Weihnachts- und Urlaubsgratifikationen ist die Frage der Einbeziehung umstritten. Es hat sich die überwiegende Meinung dahingehend herausgebildet, daß es darauf ankommt, ob die Leistung den Charakter einer Gratifikation hat. Besteht ein vertraglicher oder tarifvertraglicher Anspruch oder ergibt sich, daß bei vorzeitigem Ausscheiden das 13. Monatsgehalt anteilig zu zahlen ist, soll das 13. Monatsgehalt berücksichtigt werden,
> LAG Berlin, Beschl. v. 16.10.1985, LAGE, § 12 ArbGG 1979, Streitwert Nr. 44; LAG Köln, Beschl. v. 17.11.1995, NZA-RR 1996, 392; a. A. LAG Rheinland-Pfalz, Beschl. v. 25.04.1985, NZA 1986, 34.

Gratifikationen bleiben dagegen für die Berechnung des Vierteljahreseinkommens unberücksichtigt.
> LAG Köln, Beschl. v. 18.7.1994, AnwBl 1995, 317.

### 25. Muster: Darlehen

56 Ist zwischen den Parteien ein Darlehen im Streit, richtet sich der Gegenstandswert nach der Höhe des Darlehensbetrags,
> BGH, NJW 1959, 1493.

Kosten und Zinsen werden nicht berücksichtigt.

### 26. Muster: Direktionsrecht

57 Bei Maßnahmen des Direktionsrechts wird von der Rechtsprechung unter Rückgriff auf die Maßstäbe des § 12 Abs. 7 Satz 1 ArbGG, zum Teil aber auch unter Berücksichtigung des wirtschaftlichen Interesses des Arbeitnehmers gemäß § 3 ZPO die Wertfestsetzung vorgenommen. Sie reicht von einem Monatsgehalt als Gegenstandswert bei einfachen Maßnahmen des Direktionsrechts,
> LAG Nürnberg, Beschl. v. 27.12.1994, ARST 1995, 142

bis zu 2 1/2 Monatsgehältern mit Blick auf den Gesichtspunkt des Prestiges und der Rehabilitation bei Entzug einer Leitungsfunktion,
> LAG Hamm, Beschl. v. 24.07.1986, DB 1986, 1932.

### 27. Muster: Ehrverletzung

58 Geht es um Ehrverletzungen, so ist zu berücksichtigen, unter welchen Umständen die beleidigende Äußerung gefallen ist, ob Dritte Kenntnis erlangt haben, ob wirtschaftliche Interessen oder das so-

ziale Ansehen berührt sind. Da vorliegend auch Ehrverletzungen Gegenstand des Mandats bildeten, ist hierfür ein gesonderter Streitwert festzusetzen,
   LAG Köln, Beschl. v. 28.05.1985 – Ta 87/85; Beschl. v. 20.06.1987 – 5 Ta 73/87.
Bei Ehrverletzungen handelt es sich um eine nichtvermögensrechtliche Streitigkeit, bei der der Gegenstandswert gemäß § 12 Abs. 2 GKG zu schätzen ist.
Sind keine besonderen Anhaltspunkte ersichtlich, so sind ehrkränkende Äußerungen im Rahmen eines Arbeitsverhältnisses mit dem Regelwert von 6000,00 DM in Ansatz zu bringen,
   vgl. ArbG Bonn, Beschl. v. 22.06.1989 – 3a 245/89 (unveröffentlicht).
Diese Rechtsprechung bedeutet, wenn man sie nach der Änderung von § 13 GKG aktualisiert, daß bei Ehrverletzungen stets von einem Mindestwert von 8.000,00 DM auszugehen ist,
   *Hümmerich*, AnwBl 1995, 328.
Über den Grundstreitwert ist dann deutlich hinauszugehen, wenn die Ehrkränkung stark den Bereich des sozialen Ansehens berührt. Dabei ist insbesondere zu berücksichtigen, ob die Ehrverletzung wiederholt und gegenüber Dritten erfolgte, möglicherweise sogar gegenüber künftigen Arbeitgebern, da die ehrverletzende Äußerung dann eine zusätzliche wirtschaftliche Bedeutung erhält,
   OLG Koblenz, JurBüro 1967, 1015.
Bei Verfolgung eines zusätzlichen wirtschaftlichen Interesses ist nach § 3 ZPO ein höherer Wert festzusetzen,
   BAG, Beschl. v. 02.03.1998, EzA § 12 GKG Nr. 1.
Wird über den Unterlassungsantrag hinaus auch ein Widerrufsantrag gestellt, so sind gesonderte Streitwerte anzusetzen und gemäß § 5 ZPO im Wert zusammenzurechnen,
   LAG Köln, Beschl. v. 20.06.1987 – 5 Ca 73/87 (unveröffentlicht); OLG Düsseldorf, Beschl. v. 16.05.1980, AnwBl. 1980, 358.
Das LAG Hamm setzt den Gegenstandswert von Ehrverletzungen, abweichend von der übrigen Rechtsprechung, erheblich niedriger an. Wird von einem Arbeitnehmer der Widerruf oder das Unterlassen von Äußerungen verlangt, mit denen im Kündigungsschutzprozeß Vorgesetzte belastet wurden, so beispielsweise wegen der Äußerung „ich lege Sie noch aufs Kreuz, und wenn ich etwas suchen muß", so soll der Gegenstandswert nur 600,00 DM betragen,
   LAG Hamm, Beschl. v. 16.11.1972, zitiert nach GK-ArbGG/*Wenzel*, § 12, Rn 145; LAG Hamm, Beschl. v. 24.11.1983, AnwBl. 1984, 156.
Auch die Untersagung der Weiterverbreitung einer Arbeitgeberbehauptung, der Arbeitnehmer sei für Inventarverluste von 28.002,75 DM verantwortlich, wurde bei Geltendmachung im einstweiligen Vefügungsverfahren nur mit einem Wert von 7.500,00 DM in Ansatz gebracht,
   LAG Hamm, Beschl. v. 24.11.1983, AnwBl 1984, 156.

### 28. Muster: Eingruppierung

Gegenstand der Angelegenheit bildet eine Eingruppierungsstreitigkeit, deren Wertberechnung sich nach §§ 12 Abs. 7 Satz 2 ArbGG, 17 Abs. 3 GKG richtet.
Auch ein Abschlag von 20 %, wie er sonst bei Feststellungsklagen üblich ist, ist bei Eingruppierungsstreitigkeiten verfehlt,
   BAG Beschl. v. 24.03.1981, EzA § 12 ArbGG 1979 Streitwert Nr. 5; LAG Niedersachsen, KostRspr. ArbGG, § 12 Nr. 25; LAG Hamburg, Beschl. v. 28.12.1983, AnwBl. 1984, 157; LAG Berlin, Beschl. v. 07.12.1987, LAGE, § 12 ArbGG 1979, Streitwert Nr. 68; BAG, Beschl. v. 24.03.1981, EzA, § 12 ArbGG 1979, Streitwert Nr. 5.

Nur eine im Bereich des LAG Hamm und des LAG Baden-Württemberg angesiedelte Mindermeinung nimmt einen 20 %-Abschlag bei Eingruppierungsstreitigkeiten vor,

    LAG Hamm, Beschl. v. 27.06.1978, EzA, § 12 ArbGG, Nr. 7; LAG Baden-Württemberg, Beschl. v. 02.01.1984, AnwBl 1985, 101.

## 29. Muster: Einstweilige Verfügung

60   Einstweilige Verfügungen haben keinen eigenständigen Gegenstandswert. § 20 Abs. 1 GKG verweist wegen der Bewertung des Verfahrens über einen Antrag auf Anordnung, Abänderung oder Aufhebung einer einstweiligen Verfügung auf § 3 ZPO. Damit ist der Gegenstandswert nach freiem Ermessen zu bestimmen.

In der Praxis hat sich eingebürgert, als Streitwert des einstweiligen Verfügungsverfahrens einen Wert in Höhe von 1/3 bis 1/2 des Wertes der Hauptsache anzusetzen,

    *Hartmann*, § 20 GKG, Anm. 1; *Markl*, § 20, Rn 4; GK-ArbGG/*Wenzel*, § 12, Rn 148.

## 30. Muster: Entfristungsklage

61   Für die Entfristungsklage, mit der der Arbeitnehmer geltend macht, sein formal befristetes Arbeitsverhältnis sei in Wahrheit wegen Umgehung des Kündigungsschutzes ein unbefristetes Arbeitsverhältnis, gilt bei der Streitwertbestimmung § 12 Abs. 7 Satz 1 ArbGG. Auch bei der Entfristungsklage geht es um das Bestehen (in diesem Falle eines unbefristeten) Arbeitsverhältnisses, so daß die Grundsätze für die Wertberechnung bei Bestandsstreitigkeiten anzuwenden sind.

## 31. Muster: Feststellungsklage

62   Während für die Kündigungs- und Änderungskündigungsschutzklage als besondere Feststellungsklagen die spezifische Streitwertregelung in § 12 Abs. 7 ArbGG gilt, sind alle sonstigen Feststellungsklagen gemäß § 3 ZPO nach freiem Ermessen zu bewerten.

In der Praxis hat sich eingebürgert, das wirtschaftliche Prozeßziel der Feststellungsklage zu ermitteln und hiervon einen 20 %igen Abschlag vorzunehmen,

    BAG, Beschl. v. 18.04.1961, AP Nr. 6 zu § 3 ZPO; Beschl. v. 22.10.1968, AP Nr. 21 zu § 72 ArbGG 1953, Streitwertrevision; LAG Hamm, Beschl. v. 26.04.1972, MDR 1972, 723; LAG Hamm, Beschl. v. 24.07.1986; DB 1986, 1984.

Eine Ausnahme von dieser Regel bilden negativ (leugnende) Feststellungsklagen, bei denen die Rechtsprechung den vollen Betrag des streitigen Anspruchs als Gegenstandswert bestimmt,

    BGH, NJW 1970, 2025; BAG, Beschl. v. 19.07.1961, AP Nr. 7 zu § 3 ZPO.

## 32. Muster: Freistellung

▼

Eine Regelung über die unwiderrufliche Freistellung des Arbeitnehmers unter Fortzahlung seiner Bezüge ist ein selbständiger Gegenstand, der beispielsweise neben dem Streitgegenstand der Beendigung des Arbeitsverhältnisses einen eigenen Streitwert besitzt, auch wenn die Freistellung in einem Verfahren der Beendigung des Arbeitsverhältnisses geregelt wird,

> LAG Baden-Württemberg, AnwBl 1982, 75; LAG Kiel, AnwBl 1982, 206; LAG Berlin, JurBüro 1985, 1707; LAG Saarland, JurBüro 1985, 591; LAG Köln, Beschl. v. 17.04.1985, AnwBl 1986, 205.

Der Wert des Streitgegenstandes der Freistellung ist somit entsprechend § 5 ZPO dem Wert der Feststellung der Beendigung des Arbeitsverhältnisses hinzuzurechnen. Es handelt sich um verschiedene Streitgegenstände,

> *Germelmann/Matthes/Prütting*, § 12, Rn 118.

Wie eine Freistellung des Arbeitnehmers wertmäßig zu berücksichtigen ist, wird in der Rechtsprechung nicht einheitlich entschieden. Folgende Rechtsauffassungen werden derzeit vertreten:

Verbreitet ist die Auffassung, den Wert der Freistellung mit 25 % des im Freistellungszeitraum anfallenden Bruttomonatsgehalts zu bewerten,

> LAG Köln, Beschl. v. 17.04.1985, AnwBl 1986, 205; LAG Bremen, Beschl. v. 08.10.1996 – 1 Ta 58/96; LAG Rheinland-Pfalz, Beschl. v. 28.11.1984 – 1 Ta 232/84, Bibliothek BAG (Juris); *Hümmerich*, AnwBl 1995, 321.

Einige Gerichte bewerten die Freistellung des Arbeitnehmers von seiner Verpflichtung zur Arbeitsleistung lediglich mit 10 % des Verdienstes im Freistellungszeitraum,

> LAG Schleswig-Holstein, Beschl. v. 20.05.1998, LAGE § 12 ArbGG 1979 Streitwert Nr. 113; LAG Düsseldorf, Beschl. v. 22.05.1995 – 7 Ta 166/95; LAG Berlin, Beschl. v. 11.03.1986 – 7 Ta 6/96.

Andere Gerichte bewerten die Freistellung mit dem Betrag der Vergütung, die im Freistellungszeitraum für den Mitarbeiter anfällt,

> LAG Köln, Beschl. v. 27.07.1995 – 13 Ta 144/95, AR-Blattei, Streitwert u. Kost. Nr. 199; LAG Sachsen-Anhalt, Beschl. v. 20.09.1995, LAGE, § 12 ArbGG 1979, Streitwert 104.

Das LAG Hamburg,

> Beschl. v. 05.12.1994 – 2 Ta 20/94 (unveröffentlicht),

bewertet die Freistellung generell mit einem Monatsgehalt, unabhängig von der Freistellungsdauer.

Schließlich wird die Ansicht vertreten, den Gegenstandswert der Freistellung mit 50 % der im Freistellungszeitraum anfallenden Arbeitsvergütung zu bewerten,

> *Arand/Facks*, Gegenstandswert der Freistellung eines Arbeitnehmers, NZA 1998, 282.

▲

## 33. Muster: Gehaltsansprüche

▼

Da der Arbeitnehmer vorliegend auch Gehaltsansprüche geltend gemacht hat, sind diese gemäß § 12 Abs. 7 Satz 3 ArbGG dem sonstigen Streitwert hinzuzurechnen,

> LAG Berlin, Beschl. v. 18.10.1982, AnwBl. 1983, 35; LAG Hamm, Beschl. v. 27.12.1979 BB 1980, 212; LAG Baden-Württemberg, Beschl. v. 27.09.1982, BB 1982, 2188; LAG Mannheim, Beschl. v. 27.11.1981, AnwBl. 1982, 75; LAG Köln, Beschl. v. 22.04.1983 – 5 Ta 51/83; Beschl. v. 25.05.1983 – 2 Ta 66/83; Beschl. v. 10.10.1986 – 4 Ta 263/86; Beschl. v. 23.09.1987 – 2 Ta 205/87.

# § 6 Kapitel 2: Gegenstandswerte im Arbeitsrecht

Nach ständiger Rechtsprechung ist bei der Geltendmachung künftiger Gehaltsforderungen ohne zeitliche Beschränkung § 12 Abs. 7 Satz 2 ArbGG anzuwenden,

LAG Köln, Beschl. v. 10.10.1986 – 4 Ta 263/86 (unveröffentlicht); Beschl. v. 14.01.1987 – 2 Ta 298/86 (unveröffentlicht); Beschl. v. 12.12.1986 – 5 Ta 319/86 (unveröffentlicht).

Bei einer künftigen Gehaltsforderung ist mithin der dreijährige Gehaltsbezug als zusätzlicher Streitwert in Ansatz zu bringen.

### 34. Muster: Herausgabeansprüche

65 Macht der Arbeitgeber die Herausgabe zurückgelassener Sachen des Arbeitnehmers, wie Radio, Kassettenrekorder etc. oder die Rückgabe von Arbeitgebereigentum, wie Werkzeug, Arbeitsunterlagen oder Kraftfahrzeug geltend, ist die Wertbestimmung nach § 6 ZPO vorzunehmen. Maßgeblich ist der Verkehrswert, der gemäß § 3 ZPO nach freiem Ermessen zu schätzen ist,

*Thomas/Putzo*, § 6 ZPO, Anm. 1; *Zöller/Schneider*, § 6 ZPO, Rn 2.

Wird die Herausgabe des Kfz verlangt, ist die Hälfte des Wertes des Kraftfahrzeugs als Gegenstandswert in Ansatz zu bringen,

LAG Köln, Beschl. v. 05.06.1985 – 8 Ta 38/82 (unveröffentlicht).

Wird lediglich der Kraftfahrzeugbrief verlangt, richtet sich der Streitwert nach dem Interesse an der Verfügungsgewalt über den Kraftfahrzeugbrief,

LAG Berlin, Beschl. v. 14.06.1982, BB 1982, 1428.

### 35. Muster: Kündigung, ordentliche

66 Entgegen der früher vom BAG,

Beschl. v. 16.01.1968, AP Nr. 17 zu § 12 ArbGG 1953,

vertretenen Ansicht, wonach § 12 Abs. 7 Satz 1 ArbGG eine Höchstbetragsregelung sei, so daß die Dauer des Beschäftigungsverhältnisses bei der Wertbestimmung mit berücksichtigt werden müsse, wird § 12 Abs. 7 Satz 1 ArbGG bei Kündigungsschutzklagen heute als Regelstreitwert angesehen. Von diesem Regelstreitwert darf nur abgewichen werden, wenn das Arbeitsverhältnis aus anderen Gründen vor Ablauf von drei Monaten endet oder wenn der Arbeitnehmer lediglich die Umdeutung einer außerordentlichen Kündigung in eine ordentliche Kündigung mit einer geringeren als dreimonatigen Kündigungsfrist anstrebt,

LAG Bremen, Beschl. v. 28.02.1986, AnwBl 1986, 250; LAG Frankfurt, Beschl. v. 04.11.1985, NZA 1986, 171; LAG Frankfurt, Beschl. v. 29.04.1986, BB 1986, 1512; LAG Düsseldorf, Beschl. v. 17.10.1985, LAGE, § 12 ArbGG 1979, Streitwert Nr. 41; LAG Köln, Beschl. v. 15.11.1985, LAGE, § 12 ArbGG 1979, Streitwert Nr. 42; LAG Köln, Beschl. v. 20.12.1985 – 8 Ta 220/85; LAG Köln, Beschl. v. 06.01.1986 – 2 Ta 223/85; LAG Hamm, Beschl. v. 13.05.1986, LAGE, § 12 ArbGG 1979, Streitwert Nr. 55; LAG München, Beschl. v. 13.01.1986, NZA 1986, 496; LAG Berlin, Beschl. v. 05.01.1996, AE 1997, 102; LAG Thüringen, Beschl. v. 07.10.1996, AnwGeb. 1997, 18; LAG Mecklenburg-Vorpommern, Beschl. v. 17.10.1997, AE 1997, 102.

**Anwaltsgebühren** § 6

## 36. Muster: Kündigung, außerordentliche

2865

▼

Der Klageantrag bestimmt den Streitgegenstand und damit auch den Streitwert, 67
GK-ArbGG/*Wenzel*, § 12, Rn 66.
Bei einer Klage gegen eine außerordentliche Kündigung sind die gleichen Bewertungsmaßstäbe anzulegen wie bei einer Kündigungsschutzklage aus Anlaß einer ordentlichen Kündigung,
GK-ArbGG/*Wenzel*, § 12, Rn 133.

▲


## 37. Muster: Kündigungen, mehrere

2867

▼

Sind mehrere Kündigungen ausgesprochen worden, so gilt nach der Rechtsprechung einer Reihe 68
von Landesarbeitsgerichten, daß § 12 Abs. 7 ArbGG für jedes Verfahren gilt,
   LAG Sachsen-Anhalt, Beschl. v. 20.09.1995, LAGE § 12 ArbGG 1979 Streitwert Nr. 104; LAG
   Hamburg, Beschl. v. 08.02.1994, AnwBl. 1995, 318; LAG Nürnberg, Beschl. v. 23.06.1987,
   LAGE § 12 ArbGG 1979 Nr. 78; LAG Kiel, Beschl. v. 23.08.1984, AnwBl. 1985, 99.
Andere Landesarbeitsgerichte haben demgegenüber überwiegend entschieden, daß die Höchstgrenze nur dann nicht überschritten werden darf, wenn mehrere Kündigungen gleichzeitig, sei es auch zu unterschiedlichen Terminen, ausgesprochen wurden,
   LAG Rheinland-Pfalz, Beschl. v. 18.04.1986, LAGE, § 12 ArbGG 1979, Streitwert Nr. 59; LAG
   Berlin, Beschl. v. 22.10.1984, NZA 1985, 297; LAG Bremen, Beschl. v. 13.02.1987, LAGE, § 12
   ArbGG 1979, Streitwert Nr. 62; LAG Düsseldorf, Beschl. v. 08.07.1985, LAGE, § 12 ArbGG 1979,
   Streitwert Nr. 39; LAG Köln, Beschl. v. 08.03.1989, LAGE § 12 ArbGG 1979, Streitwert Nr. 79;
   LAG Frankfurt, Beschl. v. 27.10.1985 – 6 Ca 52/85 (unveröffentlicht).
Werden mehrere Kündigungen an verschiedenen Tagen, also zeitlich hintereinander, ausgesprochen, so nimmt das BAG keine Streitwertaddition vor, da die verschiedenen Streitgegenstände wirtschaftlich gesehen identisch sind,
   BAG, Beschl. v. 06.12.1984, NZA 1985, 296; LAG Berlin, Beschl. v. 22.10.1984, NZA 1985, 297;
   LAG München, Beschl. v. 15.09.1983, EzA § 12 ArbGG 1979 Streitwert Nr. 24.
Viele Arbeitsgerichte setzen auch einen sog. Differenzwert als Streitwert fest. Der Differenzwert wird aus der Differenz des Monatsentgelts, das der Arbeitnehmer zwischen zwei Kündigungsterminen bezogen hat oder bezogen haben würde, ermittelt,
   LAG Bremen, Beschl. v. 13.02.1987, LAGE, § 12 ArbGG 1979, Streitwert Nr. 62; LAG Köln,
   Beschl. v. 08.03.1989, LAGE § 12 ArbGG 1979, Streitwert Nr. 79; LAG Niedersachsen, AnwBl
   1985, 99; LAG Baden-Württemberg, AnwBl 1985, 99; LAG Düsseldorf, Beschl. v. 08.07.1985,
   LAGE § 12 ArbGG 1979 Streitwert Nr. 39.
Die überwiegende Rechtsprechung hat außerdem eine Obergrenze in Höhe von 1/4 des Jahresentgelts gemäß § 12 Abs. 7 Satz 1 ArbGG für jede Kündigung eingezogen,
   LAG Baden-Württemberg, Beschl. v. 05.02.1988, JurBüro 1988, 1161; LAG Hamburg, Beschl. v.
   07.08.1987, LAGE, § 12 ArbGG 1979, Streitwert Nr. 67; LAG Hamburg, Beschl. v. 08.02.1994,
   AnwBl 1995, 318; LAG Frankfurt, Beschl. v. 03.05.1985 – 6 Ca 119/85 (unveröffentlicht); LAG
   Köln, Beschl. v. 19.07.1984, EzA, § 12 ArbGG 1979 Streitwert Nr. 29; LAG Köln, Beschl. v.
   19.07.1984 – 3 Ta 113/84; Beschl. v. 03.03.1986 – 6 Ta 23/86; Beschl. v. 30.08.1984 – 8 Ta
   146/84; Beschl. v. 28.01.1986 – 9 Ta 8/86.

Die Zeitdifferenzen zur jeweiligen Vorkündigung werden zusätzlich zum Vierteljahresbezug der ersten Kündigung streitwertmäßig berücksichtigt. Liegen drei Monate zwischen den Kündigungen, gilt wieder § 12 Abs. 7 Satz 1 ArbGG uneingeschränkt für jede einzelne Kündigung,

LAG Hamburg, Beschl. v. 15.11.1994, LAGE § 12 ArbGG 1979 Streitwert Nr. 102; LAG Köln, Beschl. v. 09.09.1993, LAGE § 12 ArbGG 1979 Streitwert Nr. 99; LAG Düsseldorf, Urt. v. 27.11.1980, EzA, § 12 ArbGG 1979, Streitwert Nr. 2; LAG Hamm, Beschl. v. 09.01.1985, LAGE § 12 ArbGG 1979 Streitwert Nr. 32.

Diese Berechnungsweise gilt nicht nur dann, wenn beide Kündigungen im selben Verfahren überprüft werden, sie gilt auch, soweit die Kündigungen in verschiedenen Verfahren angegriffen werden,

LAG Köln, Beschl. v. 03.03.1986 – 6 Ta 23/86 (unveröffentlicht); Beschl. v. 28.01.1986 – 9 Ta 8/86 (unveröffentlicht).

### 38. Muster: Kündigung, Mehrheit von Arbeitgebern

69 Wird ein Kündigungsschutzprozeß gegen mehrere Arbeitgeber geführt, beispielsweise unter dem Gesichtspunkt eines einheitlichen Betriebes oder bei Betriebsübergang gegen Erwerber und Veräußerer, ist jeder Feststellungsantrag einzeln mit dem Vierteljahresbezug zu bewerten. Bei unterschiedlich veranlaßten Kündigungen verschiedener Arbeitgeber kann keine Wertverrechnung vorgenommen werden,

LAG Köln, Beschl. v. 16.12.1993, ARST 1994, 57; LAG Hamm, Beschl. v. 09.01.1985, MDR 1985, 348.

Das LAG Hessen hat eine Begrenzung auf drei Monatsbezüge vorgenommen,

LAG Hessen, Beschl. v. 15.09.1995 – 15 Sa 2131/94 (unveröffentlicht).

Auch wenn der Arbeitnehmer vorsorglich wegen möglicherweise eingetretener Rechtsnachfolge zwei selbständige Kündigungsschutzklagen gegen rechtlich selbständige Handelsgesellschaften erhebt, ist jede Klage selbständig bis zum Höchstbetrag zu bewerten,

LAG Hamm, Beschl. v. 07.03.1985, JurBüro 1986, 436.

Gleiches muß bei außergerichtlichen Verhandlungen gelten. Verhandelt der Rechtsanwalt für den Arbeitnehmer mit mehreren Arbeitgebern bzw. dem Personalleiter mehrerer Arbeitgeber, gilt für jedes Beendigungsansinnen, daß für das Beendigungsansinnen im Hinblick auf jeden Arbeitgeber ein Vierteljahresbezug als Gegenstandswert anzusetzen ist.

### 39. Muster: Kündigungsschutzklage und Feststellungsantrag

70 Nach allgemeiner Meinung wirkt sich der Feststellungantrag im Sinne des § 256 ZPO jedenfalls dann nicht streitwerterhöhend aus, wenn andere Beendigungstatbestände nicht vorgetragen werden können,

LAG Hessen, BB 1999, 852; LAG Thüringen, Beschl. v. 03.06.1996, LAGE § 12 ArbGG, Beschl. v. 21.01.1999, 1979 Nr. 106; LAG Köln, Beschl. v. 12.12.1996, LAGE § 12 ArbGG 1979 Nr. 108.

## 40. Muster: Kündigungsschutzklage und Weiterbeschäftigungsanspruch

Wird im Wege objektiver Klagehäufung neben der Kündigungsschutzklage ein Weiterbeschäftigungsantrag gestellt, findet eine Streitwertaddition statt. Manche Landesarbeitsgerichte bewerten den Weiterbeschäftigungsantrag mit dem doppelten Monatsgehalt,
 LAG Köln, Beschl. v. 31.07.1995, NZA 1996, 840; LAG Hamm, Beschl. v. 11.09.1986, MDR 1987, 85; LAG Düsseldorf, Beschl. v. 23.08.1985, JurBüro 1985, 1710.

Nach Auffassung der neueren Rechtsprechung ist der Weiterbeschäftigungsantrag nur mit einem Bruttomonatsgehalt zu bewerten,
 LAG Hessen, Beschl. v. 23.04.1999, NZA-RR 1999, 434; LAG Sachsen, Beschl. v. 15.05.1997, LAGE § 12 ArbGG 1979 Streitwert Nr. 111; LAG Thüringen, Beschl. v. 27.02.1996, ArbuR 1996, 196; LAG Rheinland-Pfalz, Beschl. v. 16.04.1992, LAGE § 19 GKG Nr. 13; LAG München, Beschl. v. 30.10.1990, NZA 1992, 140; LAG Nürnberg, Beschl. v. 03.01.1989, NZA 1989, 86; LAG Frankfurt, Beschl. v. 20.06.1984, ArbuR 1985, 62; LAG Baden-Württemberg, Beschl. v. 27.01.1982, LAGE § 12 ArbGG 1979 Streitwert Nr. 16.

Teilweise wird auch keine Streitwertaddtiton vorgenommen,
 ArbG Mainz, Beschl. v. 02.01.1986, DB 1986, 1184; LAG Baden-Württemberg, Beschl. v. 19.04.1985, AnwBl. 1986, 160; LAG Kiel, Beschl. v. 14.09.1984, LAGE § 1 ArbGG 1979 Streitwert Nr. 34.

## 41. Muster: Kündigungsschutzklage mit Weiterbeschäftigungsantrag als Eventual-Hilfsantrag und Antrag auf Zwischenzeugnis (Muster 3300)

Kündigt der Klägervertreter im Kündigungsschutzverfahren an, er werde einen Antrag auf Weiterbeschäftigung und Erteilung eines Zwischenzeugnisses für den Fall stellen, daß der Arbeitgeber sich im Gütetermin nicht verpflichtet, diese Forderung zu erfüllen und ergibt sich eine solche Erklärung des Beklagten nicht aus dem Protokoll über die Güteverhandlung, dann ist der Wert der angekündigten Anträge im Falle einer späteren Beendigung des Verfahrens bei der Streitwertbemessung zu berücksichtigen.

Ein Weiterbeschäftigungsantrag ist in diesem Fall mit zwei Bruttogehältern und der Antrag auf Erteilung eines Zwischenzeugnisses mit einem Bruttogehalt zu bewerten,
 ArbG Duisburg, Beschl. v. 16.12.1997 – 2 Ca 2492/97, AE 1998, 34.

Bei der Kündigungsschutzklage mit Weiterbeschäftigungsanspruch in Form eines uneigentlichen Hilfsantrages ist für den Weiterbeschäftigungsantrag § 19 Abs. 4 GKG maßgebend,
 LAG Düsseldorf, Beschl. v. 05.01.1989, JurBüro 1989, 955; LAG Baden-Württemberg, Beschl. v. 10.09.1987, JurBüro 1988, 1156; LAG München, Beschl. v. 12.05.1987, LAGE § 19 GKG Nr. 5.

Nach Ansicht einiger Gerichte findet bei der Kündigungsschutzklage mit Weiterbeschäftigungsanspruch in Form eines uneigentlichen Hilfsantrages § 19 Abs. 4 GKG keine Anwendung, so daß der Wert des uneigentlichen Hilfsantrages immer hinzuzurechnen ist,
 LAG Sachsen, Beschl. v. 21.04.1995, 3 Ta 60/95 (unveröffentlicht); LAG Rheinland-Pfalz, Beschl. v. 16.04.1992, NZA 1992, 664; LAG Hamburg, Beschl. v. 26.03.1996, LAGE § 19 GKG Nr. 14; LAG München, Beschl. v. 31.10.1990, NZA 1992, 140; LAG Köln, Beschl. v. 27.03.1987, LAGE § 19 GKG Nr. 2.

### 42. Muster: Kündigungsschutz- und Zahlungsklage

73 Macht der Arbeitnehmer im Kündigungsschutzprozeß zugleich kündigungsabhängige Entgeltansprüche anhängig, geht die heute überwiegende Auffassung in der Rechtsprechung – mit Ausnahme des BAG – davon aus, daß die Streitwerte mangels wirtschaftlicher Identität uneingeschränkt addiert werden müssen,

LAG Baden-Württemberg, Beschl. v. 27.09.1982, BB 1982, 2188; LAG Baden-Württemberg, Beschl. v. 27.11.1981, EzA, § 12 ArbGG 1979, Streitwert Nr. 16; LAG Baden-Württemberg, Beschl. v. 06.11.1985, DB 1986, 388; LAG Berlin, AnwBl 1984, 151; LAG Düsseldorf, Beschl. v. 23.10.1980, ArbuR 1981, 156; LAG Frankfurt, Beschl. v. 03.06.1970, NJW 1970, 2134; LAG Hamburg, Beschl. v. 02.03.1977, NJW 1977, 2327; LAG Hamm, Beschl. v. 26.11.1970, MDR 1971, 428; LAG Köln, Beschl. v. 19.04.1982, BB 1982, 2427; LAG Main, Beschl. v. 23.07.1981, AnwBl. 1983, 36; *Hecker*, AnwBl 1984, 116; *Hümmerich*, AnwBl 1995, 328; GK-ArbGG/*Wenzel*, § 12, Rn 159.

Das BAG und einige Landesarbeitsgerichte nehmen keine Streitwertaddition vor, der höhere Streitwert wird für maßgeblich gehalten,

BAG, Urt. v. 16.01.1968, AP Nr. 17 zu § 12 ArbGG 1952; LAG Sachsen-Anhalt, Beschl. v. 20.09.1995, LAGE § 12 ArbGG 1979 Streitwert Nr. 104; LAG Rheinland-Pfalz, Beschl. v. 10.06.1992, ARST 1993, 126; LAG Baden-Württemberg, Beschl. v. 12.02.1991, JurBüro 1991, 1479; LAG Nürnberg, Beschl. v. 21.07.1988, LAGE § 12 ArbGG 1979 Streitwert Nr. 74; LAG Niedersachsen, Beschl. v. 15.03.1988, JurBüro 1988, 855.

### 43. Muster: Leistungsklage

74 Ist eine Bruttoforderung eingeklagt, so darf sich der Gegenstandswert nicht am Nettobetrag ausrichten,

LAG Baden-Württemberg, Beschl. v. 04.03.1983, AP Nr. 1 zu § 25 GKG 1975, Nr. 1.

Umgekehrt darf der eingeklagte Nettolohn nicht nach dem Bruttolohn bewertet werden,

LAG Düsseldorf, Beschl. v. 07.01.1988, JurBüro 1988, 1079.

Bei Zahlungsklagen ist deshalb der jeweils eingeklagte Betrag streitwertmäßig anzusetzen, ohne Berücksichtigung von Zinsen,

OLG Hamm, JurBüro 1969, 785; GK-ArbGG/*Wenzel*, § 12, Rn 166.

Der Streitwert einer Forderung, die erst in der Zukunft fällig wird, ist durch Abzinsung zu ermitteln,

KG, JurBüro 1989, 1599.

### 44. Muster: Nichtzulassungsbeschwerde

75 Gegen die Nichtzulassung der Revision ist gem. § 72 a ArbGG die Beschwerde gegeben. Der Streitwert der Nichtzulassungsbeschwerde ist der Wert der Hauptsache im vorangegangenen Berufungsverfahren, wenn die begehrte Revisionszulassung, wie regelmäßig, den gesamten Streitstoff der Berufungsinstanz erfaßt,

Hartmann, Anh. I nach § 13 GKG „Nichtzulassungsbeschwerde"; Tschischgale/Satzky, Kostenrecht in Arbeitssachen, 3. Aufl., S. 50; BSG, NJW 1978, 1704; BFH, BStBl 1982 II, 329.

Die Gebühren für die Tätigkeit des Rechtsanwalts, der eine Nichtzulassungsbeschwerde einlegt, richten sich gem. § 11 Abs. 1 Satz 6 BRAGO nach den Regelungen des § 11 Abs. 1 Satz 4 und 5. Da das Zulassungsverfahren als Beschwerdeverfahren ausgestaltet ist, entstehen in diesem Verfahren die Gebühren des § 61 BRAGO in Höhe von 5/10 von 13/10, also von 13/20,
    BAG, Beschl. v. 12.01.1986, MDR 1996, 614; BVerwG, AGS 96, 91 = JurBüro 1996, 416; FG Rheinland-Pfalz, JurBüro 1996, 639.

### 45. Muster: Rechtsweg

Für die Klage eines Prozeßbevollmächtigten gegen seinen Mandanten wegen Gebühren und Auslagen im Zusammenhang mit einem Rechtsstreit vor dem Arbeitsgericht ist der Rechtsweg zu den ordentlichen Gerichten und nicht zu den Gerichten für Arbeitssachen gegeben,
    BAG, Beschl. v. 28.10.1997, AGS 1998, 54.

### 46. Muster: Sexuelle Belästigung einer Arbeitnehmerin

Grundlage für einen Zahlungsanspruch einer Arbeitnehmerin, die sich an ihrem Arbeitsplatz sexuellen Belästigungen ausgesetzt sieht und deshalb von sich aus das Arbeitsverhältnis kündigt, ist § 628 Abs. 2 BGB. Danach ist in Fällen, in denen die Kündigung durch vertragswidriges Verhalten des anderen Teils veranlaßt wird, dieser andere Teil zum Ersatz des durch die Aufhebung des Dienstverhältnisses entstehenden Schadens verpflichtet. Nach Sinn und Zweck soll diese Vorschrift verhindern, daß der wegen eines Vertragsbruches zur fristlosen Kündigung veranlaßte Vertragsteil die Ausübung seines Kündigungsrechts mit Vermögenseinbußen bezahlen muß, die darauf beruhen, daß infolge der Kündigung das Arbeitsverhältnis endet. Der Kündigende soll so gestellt werden, als wäre das Arbeitsverhältnis ordnungsgemäß fortgeführt worden,
    vgl. BAG, Urt. v. 09.05.1975, EzA § 628 BGB, Nr. 10, S. 24.
Über seinen Wortlaut hinaus wird nach der Rechtsprechung des BAG der Anwendungsbereich des § 628 Abs. 2 BGB auch auf diejenigen Fälle ausgedehnt, in denen das Arbeitsverhältnis in anderer Weise als durch fristlose Kündigung beendet wurde, sofern nur der andere Vertragsteil durch ein vertragswidriges schuldhaftes Verhalten Anlaß für die Beendigung gegeben hat. Das BAG stellt beim Schadensersatzanspruch des § 628 Abs. 2 BGB damit nicht mehr auf die Form der Vertragsbeendigung ab, sondern auf den Anlaß,
    vgl. BAG, Urt. v. 11.02.1981, EzA § 4 KSchG, Nr. 20; BAG, Urt. v. 30.11.1983, AZN 502/83.
Als den Ersatzanspruch aus § 628 Abs. 2 BGB auslösende Ereignisse sind beispielsweise anerkannt Beleidigungen des Arbeitnehmers durch Vorgesetzte,
    vgl. KR/*Weigand*, § 628, Rn 34,
oder sexuelle Belästigungen bzw. Annäherungsversuche von Vorgesetzten,
    vgl. KR/*Weigand*, § 628, Rn 26.
Die Höhe des Schadensersatzanspruches beläuft sich grundsätzlich auf das volle Erfüllungsinteresse des Arbeitnehmers an der Durchführung des Vertrages,
    vgl. KR/*Weigand*, § 628, Rn 32.
Damit schuldet der Arbeitgeber dem Arbeitnehmer grundsätzlich unbegrenzte Lohnzahlung,
    vgl. KR/*Weigand*, § 628, Rn 35; MüKo/*Schwerdtner*, § 628, Rn 20.

Der Grund ist darin zu sehen, daß der Arbeitgeber das Arbeitsverhältnis nicht ohne weiteres durch ordentliche Kündigung auflösen kann, denn eine Kündigung ist gemäß § 1 KSchG rechtsunwirksam, wenn Gründe vorliegen, die die soziale Rechtfertigung im Sinne des § 1 KSchG ausschließen,
> vgl. KR/*Weigand*, § 628, Rn 35.

In der Praxis hat sich die Regelung herausgebildet, Arbeitnehmern, die durch ein vertragswidriges Verhalten des Arbeitgebers zur eigenen Kündigung veranlaßt werden, als Schadensersatzanspruch im Sinne des § 628 Abs. 2 BGB zumindest Schadensersatz in Höhe der mutmaßlichen Abfindung nach §§ 9, 10 KSchG zuzubilligen, dh grundsätzlich in Höhe von 12 Monatsverdiensten, und unter den Voraussetzungen des § 10 Abs. 2 KSchG auch noch darüber hinaus,
> vgl. MüKo/*Schwerdtner*, § 628, Rn 26.

Diese Praxis hat den Vorzug, daß es weder des Nachweises eines Schadenseintritts auf seiten des Arbeitnehmers bedarf noch des Nachweises der Höhe des Schadens, und der Arbeitgeber von seiner Verpflichtung entlassen wird, nachweisen zu müssen, daß der Arbeitnehmer anderweitige Verdienstmöglichkeiten schuldhaft nicht wahrgenommen hat. Der Arbeitnehmer kann bei dieser Pauschalierung dann allerdings nicht den ihm gemäß § 628 BGB grundsätzlich zustehenden unbegrenzten Schadensersatzanspruch geltend machen.

Für die Berechnung des Gegenstandswerts einer solchen Streitigkeit ist deshalb nicht vom Jahresgehalt des Arbeitnehmers als pauschaliertem Ersatzanspruch auszugehen, sondern von dem Grundsatz der unbeschränkten Ersatzpflicht des Arbeitgebers. Damit gilt § 12 Abs. 7 Satz 2 ArbGG, wonach bei solchen wiederkehrenden Leistungen der Wert des dreijährigen Bezugs der Leistung maßgebend ist, also das 36fache Monatseinkommen.

## 47. Muster: Statusklage

78 § 12 Abs. 7 Satz 1 ArbGG gilt unmittelbar nur für Arbeitsverhältnisse. Rechtsverhältnisse arbeitnehmerähnlicher Personen, wie Heimarbeiter gemäß § 5 Abs. 1 Satz 2 ArbGG und sonstige arbeitnehmerähnliche Personen, § 5 Abs. 1 Satz 2, 2. Hs, ArbGG, unterliegen der Regelung des § 12 Abs. 7 Satz 1 ArbGG nicht,
> *Ennemann/Ziemann*, Anträge, Gebühren, Streitwerte, Deutsches Anwaltsinstitut e. V., 1998, S. 30.

Geht es um den Status eines freien Mitarbeiters, legt der BGH § 12 GKG zugrunde. Damit wird die Bewertung wiederkehrender Leistungen durch den 3fachen Jahresbezug ermittelt. Der BGH hat das um 20 % gekürzte 3-Jahres-Entgelt zugrundegelegt.
> BGH, Beschl. v. 13.02.1986, EzA, § 12 ArbGG 1979, Streitwert Nr. 37.

Bei einer Klage auf Feststellung der Unwirksamkeit der Kündigung eines Organmitgliedes einer juristischen Person hat das OLG Hamm gemäß §§ 9 ZPO, 12 Abs. 1 GKG, 3 ZPO in Höhe des 10fachen Betrages der Jahresvergütung den Gegenstandswert angenommen,
> OLG Hamm, Urt. v. 17.12.1976, AnwBl 1977, 111.

Nach der Neufassung des § 9 ZPO ist bei Berücksichtigung der Entscheidung des OLG Hamm nunmehr der 3 1/2fache Jahresbetrag zugrundezulegen,
> *Jung*, Anwaltliches Honorar für die Begutachtung eines Geschäftsführervertrages, AE 1998, 2; *Ennemann/Ziemann*, Anträge, Gebühren, Streitwerte, Deutsches Anwaltsinstitut e. V. 1998, 30.

## 48. Muster: Vergleich

Wenn in einem anhängigen Rechtsstreit ein Vergleich geschlossen wird, der außerdem einen anderen Rechtsstreit erledigt, dann ist hinsichtlich der Berechnung der Vergleichsgebühr zu unterscheiden, ob der mitgeregelte Rechtsstreit zum Zeitpunkt des Vergleichsschlusses anhängig war oder nicht.

Wenn der mitgeregelte Sachverhalt zum Zeitpunkt des Vergleichsschlusses nicht anhängig war und sich der anhängige Rechtsstreit in erster Instanz befindet, dann kommt § 32 BRAGO zur Anwendung. Danach erhält der Rechtsanwalt eine halbe Prozeßgebühr, die Differenzprozeßgebühr, wenn er eine Einigung der Parteien zu Protokoll nehmen läßt. Die Differenzprozeßgebühr beträgt 5/10 der Prozeßgebühr aus dem Streitwert der mitverglichenen Angelegenheit. Allerdings ist in diesem Zusammenhang die Vorschrift des § 13 Abs. 3 BRAGO zu berücksichtigen. Die Gebühr darf insgesamt nicht höher sein als die Gebühr, die sich aus der Addition der Streitwerte für die Prozeßgebühr und die Differenzprozeßgebühr errechnet.

Wenn der mitgeregelte Rechtsstreit zum Zeitpunkt des Vergleichsschlusses nicht anhängig war und sich der anhängige Rechtsstreit bereits in der Berufungsinstanz befindet, wird teilweise eine Erhöhung der Gebühr für den nicht anhängigen Anspruch auf 19,5/10 gemäß § 11 Abs. 1 S. 4 BRAGO vertreten,

> OLG Frankfurt, Beschl. v. 02.04.1998, AnwBl. 1998, 537; KG, Beschl. v. 14.10.1997, AnwBl. 1998, 212.

Andere Gerichte lehnen die Anwendung des § 11 Abs. 1 S. 4 BRAGO ab und legen stattdessen eine 15/10-Gebühr für den nicht anhängigen Anspruch zugrunde,

> OLG Stuttgart, JurBüro 1998, 445; LG Köln, JurBüro 1997, 414; LG Berlin, JurBüro 1997, 639; *Gerold/Schmidt/v. Eicken/Madert*, BRAGO, § 23 Rn 53.

Für den Fall, daß der geregelte Rechtsstreit ebenfalls anhängig war, ist zu unterscheiden, ob er in der gleichen oder in einer anderen Instanz anhängig war.

Bei dem Vergleich zweier in der gleichen Instanz anhängigen Rechtsstreitigkeiten entsteht die Vergleichsgebühr nach dem Wert der Gegenstände in Höhe einer vollen Gebühr, die sich nach § 11 Abs. 4 BRAGO auf 13/10 erhöht, wenn sich der Rechtsstreit bereits in der Berufungs- oder Revisionsinstanz befindet,

> *Gerold/Schmidt/v. Eicken/Madert*, BRAGO, § 23 Rn 40.

Sind die verglichenen Rechtsstreitigkeiten in zwei verschiedenen Instanzen anhängig, dann ist nach einer Ansicht der Gebührensatz maßgebend, in der der Vergleich geschlossen worden ist,

> OLG Dresden, JW 1932, 2039; OLG München, JW 1929, 1692.

Nach einer anderen Ansicht bemißt sich die Vergleichsgebühr unabhängig von der Instanz, in der der Vergleich geschlossen worden ist, nach dem Gebührensatz der höheren Instanz,

> OLG Branuschweig, MDR 1960, 149; OLG Karlsruhe, NJW 1958, 1546; OLG Oldenburg, Beschl. v. 02.03.1972, NJW 1972, 1331; *Rudolph*, NJW 1963, 538.

Eine weitere Auffassung unterscheidet für die Vergleichsgebühr zwischen dem Gebührensatz der höheren und dem der niedrigeren Instanz,

> *Gerold/Schmidt/v. Eicken/Madert*, BRAGO, § 23 Rn 53.

Beendet ein Rechtsanwalt, der im Rahmen der Prozeßkostenhilfe beigeordnet ist, einen Rechtsstreit durch außergerichtlichen Vergleich, so kann der Rechtsanwalt nach der Rechtsprechung des BGH und der Landesarbeitsgerichte eine Vergleichsgebühr für die Mitwirkung an einem außergerichtlichen Vergleich verlangen,

> BGH, Beschl. v. 21.10.1987, NJW 1988, 494; LAG Köln, Beschl. v. 24.11.1997, AnwBl. 1999, 125; LAG Thüringen, Beschl. v. 30.04.1997, LAGE § 121 BRAGO Nr. 5; LAG Düsseldorf, Beschl. v. 18.04.1991, Rpfleger 1991, 391.

## § 6 Kapitel 2: Gegenstandswerte im Arbeitsrecht

### 49. Muster: Wettbewerbsverbot

**80** Da Gegenstand der Auseinandersetzung zwischen den Parteien ein Wettbewerbsverbot und der hieraus erwachsende Anspruch unserer Mandantschaft auf Karenzentschädigung ist, sind dem Gegenstandswert hinzuzurechnen der Wert der Karenzentschädigung, auch soweit auf ihre Geltendmachung verzichtet wurde. Ist Streitgegenstand eine Geldforderung, so bestimmt ihr Betrag den Streitwert ohne Rücksicht auf ihre Einbringlichkeit. Unerheblich ist, ob es sich um eine Brutto- oder Nettoforderung, eine bedingte oder betagte Forderung handelt, ihre Geltendmachung im Prozeß zulässig ist oder nicht,

BAG, AP Nr. 13 zu § 72 ArbGG Streitwertrevision; BAG, AP Nr. 1 zu § 17 GKG; LAG Hamm, Urt. v. 01.12.1983, AnwBl. 1984, 156; LAG Düsseldorf, Beschl. v. 27.11.1980, EzA Nr. 2 zu § 12 ArbGG 1979 – Streitwert; LAG Baden-Württemberg, Urt. v. 15.06.1983 Ta 120/83.

Auch wenn zwischen den Parteien im Vergleichswege bestimmt wird, daß eine Karenzentschädigung nicht gezahlt werden soll, ist der Wert dieses Verzichts in die Gegenstandswertberechnung einzubeziehen, denn der Gegenstandswert richtet sich nicht nur nach der geltend gemachten Höhe einer Geldforderung, sondern auch nach dem Wert der Befreiung von einer Zahlungsverpflichtung,

BAG, AP Nr. 5 zu § 3 ZPO = NJW 1960, 1173.

Der Gegenstandswert eines Wettbewerbsverbots ist nach Auffassung des Landesarbeitsgerichts Hamm stets gleichbedeutend mit mindestens dem Betrag des letzten Jahreseinkommens,

LAG Hamm, JurBüro 1980, 742; ArbuR 1981, 156; LAG Hamm, AnwBl. 1984, 156; LAG Düsseldorf, EzA, § 12 ArbGG 1979, Streitwert, Nr. 2.

### 50. Muster: Zeugnis

**81** Der von uns geltend gemachte Anspruch auf *Erteilung eines Zeugnisses* ist bei der Wertbestimmung nach ständiger Rechtsprechung als vermögensrechtlicher Anspruch mit der Höhe des letzten Monatsverdienstes gleichzusetzen,

LAG Köln, Beschl. v. 26.08.1991, AnwBl. 1992, 496; LAG Rheinland-Pfalz, Beschl. v. 31.07.1991, NZA 1992, 524; LAG Frankfurt, BB 1971, 653; BAG AP Nr. 16 zu § 12 ArbGG 1953; LAG Düsseldorf, Beschl. v. 05.11.1987, JurBüro 1988, 726; LAG Köln, Beschl. v. 03.02.1983 Ta 6/83; Beschl. v. 09.06.1983 Ta 59/83; LAG Saarbrücken, AnwBl 1977, 252; LAG Hamm, Beschl. v. 13.01.1987, JurBüro 1988, 1158 und Beschl. v. 19.06.1986, AnwBl. 1987, 497; LAG Hamburg, AnwBl. 1984, 155; LAG Frankfurt, ARST 1970, 15.

Eine Festsetzung in Höhe eines vollen Monatsgehalts ist auch angemessen, wenn im Prozeß nur als einzige Änderung im Zeugnis eine Leistungsbewertung von „Zufriedenheit" in „volle Zufriedenheit" begehrt wird,

LAG Rheinland-Pfalz, Beschl. v. 31.07.1991 – Ta 138/91, NZA 1992, 524.

Für ein Zwischenzeugnis wird ein halbes Monatsgehalt für angemessen angesehen,

LAG Köln, Beschl. v. 12.07.1996, Bibliothek BAG (Juris); LAG Hamm, Beschl. v. 23.02.1989, AnwBl. 1989, 621.

Zum Teil wird von einer Mindermeinung ein Wert für Zeugnis und Zwischenzeugnis zwischen 500,00 und 1.000,00 DM angenommen,

LAG Baden-Württemberg, Beschl. v. 17.09.1984, AnwBl 1985, 588; LAG Niedersachen, Beschl. v. 17.09.1984, AnwBl 1985, 97.

## 51. Muster: Zustimmungsverfahren vor der Hauptfürsorgestelle

§ 13 Abs. 1 GKG bestimmt, daß der Gegenstandswert nach der Bedeutung der Sache zu bestimmen ist. Da mit der Anfechtung der Zustimmung der Hauptfürsorgestelle zur Kündigung eine Entscheidung des Gerichts begehrt wird, die unmittelbar dazu führt, daß die Kündigung des Arbeitsverhältnisses der Schwerbehinderten unwirksam ist, ist die Bedeutung dieser Sache für den Schwerbehinderten ebenso zu bewerten, wie die einer Kündigungsschutzklage vor dem Arbeitsgericht. Der Gegenstandswert ist deshalb entsprechend der Vorschriften des § 12 Abs. 7 ArbGG zu bemessen, nur dies wird der sich für den Schwerbehinderten ergebenden Bedeutung der Sache auch gerecht,
   OVG Lüneburg, Beschl. v. 25.05.1989, DVBl. 1991, 1239; Hessischer VGH vom 23.12.1987, AnwBl. 1988, 488; OVG Hamburg, ZfSH 87, 382 mwN.

Das Interesse eines Schwerbehinderten, der die Zustimmung der Hauptfürsorgestelle zur Kündigung seines Arbeitsverhältnisses anficht, erschöpft sich nicht darin, daß er eine „soziale Komponente" der Kündigung oder eine Vorfrage für einen arbeitsgerichtlichen Kündigungsschutzprozeß geklärt sehen will, vielmehr will der Schwerbehinderte erreichen, daß die Zustimmung aufgehoben und damit die Kündigung unwirksam wird.

Hebt das Gericht auf die Klage des Schwerbehinderten hin die Zustimmung der Hauptfürsorgestelle auf, so wirkt dies auf den Zeitpunkt des Erlasses des zustimmenden Bescheides zurück. Dies führt dazu, daß die von dem Arbeitgeber aufgrund des Zustimmungsbescheides ausgesprochene Kündigung von Anfang an unwirksam ist. Diese Unwirksamkeit besteht, ohne daß sie in einem arbeitsgerichtlichen Kündigungsschutzprozeß festgestellt sein muß. Auch dann, wenn der Arbeitgeber trotz der Aufhebung des Zustimmungsbescheides meint, das Arbeitsverhältnis sei durch die Kündigung aufgelöst, ist der Schwerbehinderte nicht gezwungen, bei dem Arbeitsgericht die Feststellung zu beantragen, daß das Arbeitsverhältnis durch die Kündigung nicht aufgelöst ist. Vielmehr kann der Schwerbehinderte ohne einen solchen Kündigungsschutzprozeß unmittelbar die sich aus der Unwirksamkeit der Kündigung ergebenden Ansprüche vor dem Arbeitsgericht geltend machen.

Da mit der verwaltungsgerichtlichen Anfechtungsklage gegen die Zustimmung der Hauptfürsorgestelle zur Kündigung eine Entscheidung des Gerichts begehrt wird, die unmittelbar dazu führt, daß die Kündigung des Arbeitsverhältnisses des Schwerbehinderten unwirksam ist, ist die Bedeutung dieser Klage für den Schwerbehinderten ebenso zu bewerten, wie die einer Kündigungsschutzklage vor dem Arbeitsgericht,
   so auch Hessischer VGH, AnwBl. 1988, 488; ArbG Siegburg, Urt. v. 17.06.1994 – 3 Ca 16/94 (unveröffentlicht); *Göttlich/Mümmler*, 19. Aufl., S. 1321; *Hümmerich*, AnwBl. 1995, 328.

Vom BVerwG wird allerdings auf § 13 Abs. 1 Satz 2 GKG analog abgestellt,
   BVerwG, Beschl. v. 16.12.1992, MDR 1993, 584; OVG Nordrhein-Westfalen, Beschl. v. 10.02.1992, EzA § 12 ArbGG 1979 Streitwert Nr. 65.

## II. Beschlußverfahren

### 52. Muster: Tabellarische Übersicht über die Streitwerte im arbeitsgerichtlichen Beschlußverfahren

| Alphabetische Sortierung nach Gegenständen | Gegenstandswert | Gericht | Fundstelle | Anmerkungen |
|---|---|---|---|---|
| Amtsausübung eines Betriebsratsmitglieds | 80 % des Vierteljahreseinkommens des Betriebsratsmitglieds bei Antrag auf Verbot der Amtsausübung im Wege einstweiliger Verfügung, sofern Amtszeit noch rd. 3 Jahre dauert | LAG Hamm, 8 TaBV 53/76, 14.10.1976 | ArbuR 1977, 59 | |
| Amtsausübung des gesamten Betriebsrats | 17facher Hilfswert in Betrieb mit ca. 1900 Arbeitnehmern (konkret 100.000,– DM) | ArbG Hamburg, 19 BV 6/88, 13.4.1989 | Zit. bei Bertelsmann, S. 40 | |
| Arbeitskampfverbot | je Arbeitnehmer Vierteljahreseinkommen gem. § 12 Abs. 7 ArbGG | LAG Hamm, 8 TaBV 84/75, 8.4.1976 | Zit. bei Wenzel DB 1977, 722 (725) | |
| Arbeitnehmereigenschaft gem. § 5 Abs. 1 BetrVG | Hilfswert des § 8 Abs. 2 BRAGO bzgl. Streit über betriebsverfassungsrechtlichen Status von Personen, die aufgrund einer Vereinbarung zwischen Arbeitgeber und Arbeitsamt an beruflichen Bildungsmaßnahmen im Betrieb teilnehmen | | | |
| | Hilfswert | BAG, 1 ABR 86/77, 23.3.1979 u. 1 ABR 99/77, 29.3.1979 | Zit bei Tschischgale/Satzky S. 65 | |
| | | LAG Hamm, 8 TaBV 45/75, 28.5.1976 | Zit. bei Wenzel, DB 1977, 725 | |
| | Mehr als der Hilfswert | LAG Bremen, 3 TaBV 3/77, 24.4.1978 | BB 1979, 1096 | Bei größerer Schwierigkeit |
| | 1 Monatsgehalt (15.000,– DM) | LAG Hamburg, 5 TaBV 5/85, 10.1.1986 | Zit. bei Bertelsmann, S. 82 | |
| | 5facher Hilfswert bei 5 Arbeitnehmern | ArbG Düsseldorf, 7 BV 107/80, 8.7.1993 | Zit. bei Bertelsmann, S. 82 | |

# Anwaltsgebühren § 6

| Alphabetische Sortierung nach Gegenständen | Gegenstandswert | Gericht | Fundstelle | Anmerkungen |
|---|---|---|---|---|
| | 1/2 Hilfswert pro Arbeitnehmer | ArbG Berlin, 34 BV 259/93, 5.4.1994 | Zit. bei Bertelsmann, S. 82 | Bei 7 Arbeitnehmern |
| | | LAG München, 6 Ta 61/82, 21.6.1982 | AnwBl. 1984, 160 | Bei 150 Arbeitnehmern |
| | Gesamtwert der Addition der Einzelwerte abzüglich 25% bei mehreren Arbeitnehmern | BAG, 1 ABR 22/76, 2.6.1977 u. 1 ABR 95/76, 15.1.1979 | Zit bei Tschischgale/Satzky, S. 65 | |
| Streit um Status als leitender Angestellter | 2facher Hilfswert | LAG München, 6 Ta 61/82, 21.6.1982 | AnwBl. 1984, 160 | |
| | | LAG Nürnberg, 4.2.1981 | Zit, bei GK-ArbGG/Wenzel, § 12 Rn 291 | |
| | 3facher Hilfswert | ArbG Neumünster, 3dBV 36/94, 21.10.1996 | Zit. bei Bertelsmann, S. 82 | |
| Auflösung des Betriebsrats gem. § 23 Abs. 1 BetrVG | 3facher Hilfswert bei 3köpfigem Betriebsrat | ArbG Darmstadt, 8 BV 14/91 | Zit. bei Hümmerich, AnwBl. 1995, 331 | |
| | 6facher Hilfswert bei 5köpfigem Betriebsrat | ArbG Hamburg, 15 BV 14/93, 28.02.1995 | Zit. bei Bertelsmann, S. 41 | |
| | Bei 7köpfigem Betriebsrat: jeweils drei Monatsgehälter aller betroffenen Betriebsratsmitglieder | LAG Niedersachsen, 10 Ta 87/86, 1.6.1987 | Zit. bei Bertelsmann, S. 41 | |
| | 3facher Hilfswert bei 9köpfigem Betriebsrat | LAG Köln, 12 Ta 263/97, 20.10.1997 | NZA-RR 1998, 275 | |
| | Knapp 4facher Hilfswert bei 9köpfigem Betriebsrat | LAG Hamm, 8 TaBV 126/93, 18.11.1993 | BB 1994, 291 | |

## Kapitel 2: Gegenstandswerte im Arbeitsrecht

| Alphabetische Sortierung nach Gegenständen | Gegenstandswert | Gericht | Fundstelle | Anmerkungen |
|---|---|---|---|---|
| | 250.000,– DM für Betrieb mit 160köpfiger Belegschaft | LAG Hamm, 8 TaBV 70/75, 4.5.1976 | Zit. bei Wenzel DB 1977, 722 (724) | Würdigung der Konsequenzen für Belegschaft nach neunmonatigem Betriebsstillstand aus Auflösung in Hinblick auf Betriebsfortführung oder endgültige Stillegung |
| Außerordentliche Kündigung gem. § 103 Abs. 2 BetrVG | Vierteljahreseinkommen gem. § 12 Abs. 7 ArbGG analog | LAG Düsseldorf, 7 Ta 143/99, 11.5.1999 | LAGE § 8 BRAGO Nr. 41 | |
| | | LAG Düsseldorf, 7 Ta 143/99, 8.6.1998 | Zit. bei Bertelsmann, S 84 | |
| | | LAG Hamburg, 7 Ta 14/97, 29.7.1997 | Zit. bei Bertelsmann, S. 84 | |
| | | LAG Berlin, 2 Ta 15/74, 28.3.1974 | DB 1975, 503 | Verfahrenswert kann Höchstwert des § 12 Abs. 7 ArbGG überschreiten |
| | | LAG Bremen, 3 TaBV 2/84, 15.8.1984 | DB 1984, 2416 | |
| | | LAG Hamm, 8 TaBV 52/76, 14.10.1976 | Zit. bei Wenzel, DB 1977, 722 (726) | |
| | | LAG Hamm, 8 TaBV 101/75, 5.4.1976 | Zit. bei Wenzel, DB 1977, 722 (726) | |
| | | LAG Hamm, 8 TaBV 77/75, 20.2.1976 | Zit. bei Wenzel, DB 1977, 722 (726) | |
| | | LAG Stuttgart, 1 Ta 147/81, 25.11.1981 | AnwBl. 1982, 313 | |

**Anwaltsgebühren** §6

| Alphabetische Sortierung nach Gegenständen | Gegenstandswert | Gericht | Fundstelle | Anmerkungen |
|---|---|---|---|---|
| | Orientierung am Gegenstandswert eines nachfolgenden Kündigungsschutzprozesses, der nicht deutlich unterschritten werden darf | LAG Nürnberg, 7 Ta 31/90, 2.4.1991 | LAGE §12 ArbGG 1979 Streitwert Nr. 90 | |
| | Hilfswert des §8 Abs. 2 BRAGO | LAG Schleswig-Holstein, 4 Ta 91/97, 20.5.1997 | LAGE §10 BRAGO Nr. 35 | Nicht nach §12 Abs. 7 ArbGG analog |
| | | LAG Baden-Württemberg, 8 Ta 60/90, 15.6.1990, | JurBüro 1991, 62 | |
| | | LAG Frankfurt, 6 Ta 401/89, 2.1.1990 | Zit. bei Bertelsmann, S. 83 | |
| | Hilfswert des §8 Abs. 2 BRAGO, sofern nicht Umfang und Bedeutung der Sache, tatsächliche und rechtliche Schwierigkeit, Verfahrensdauer oder zeitlicher Aufwand des Anwalts eine andere Bewertung erfordern | LAG Schleswig-Holstein, 6 Ta 16/94, 12.4.1994 | Bibliothek BAG; Juris | Nicht nach §12 Abs. 7 ArbGG analog, wirtschaftliche Auswirkungen und mittelbare Folgen (beabsichtigte spätere Kündigung) nicht zu berücksichtigen |
| | 1,5facher Hilfswert | LAG Schleswig-Holstein, 4 Ta 22/99, 17.5.1999 | Zit. bei Bertelsmann, S. 83 | Unter Verweis auf die besondere Schwierigkeit der Sache |
| | 2facher Hilfswert | LAG München, 3 Ta 278/98, 2.11.1998 | Zit. bei Bertelsmann, S. 83 | |
| **Ausschluß von Betriebsratsmitgliedern gem. §23 Abs. 1 BetrVG** | Hilfswert des §8 Abs. 2 BRAGO | BAG, 6 ABR 40/78, 18.9.1978 LAG Hamm, 8 BVTa 2/71, 29.6.1971 | Zit. bei Hillach, S. 462 DB 1971, 1728 | |
| | 2faches Bruttomonatseinkommen des betroffenen Betriebsratsmitglieds | LAG Düsseldorf, 7 Ta 143/99, 11.5.1999 | LAGE §8 BRAGO Nr. 41 | |

1361

## Kapitel 2: Gegenstandswerte im Arbeitsrecht

| Alphabetische Sortierung nach Gegenständen | Gegenstandswert | Gericht | Fundstelle | Anmerkungen |
|---|---|---|---|---|
| | Vierteljahreseinkommen gem. § 12 Abs. 7 ArbGG | LAG Baden-Württemberg, 1 Ta 61/80, 17.7.1980 | BB 1980, 1695 | Im Verfahren der einstweiligen Anordnung Streitwertermäßigung auf 1/4 bis 2/3 |
| | Hilfswert des § 8 Abs. 2 BRAGO | LAG Berlin, 1 Ta 50/91, 17.12.1991 | BB 1992, 216 | |
| | Vierteljahreseinkommen gem. § 12 Abs. 7 ArbGG analog | LAG Bremen, 3 Ta 47/84, 15.8.1984 | DB 1985, 396 | |
| | Vierteljahreseinkommen gem. § 12 Abs. 7 ArbGG analog | LAG Hamm, 8 TaBV 1/80, 7.3.1980 | EzA § 8 BRaGebO Nr. 2; LAGE § 8 BRAGO Nr. 2 | |
| | Vierteljahreseinkommen gem. § 12 Abs. 7 ArbGG analog | LAG Hamm, 8 TaBV 56/74, 19.12.1974 | Zit. bei Wenzel, DB 1977, 724 | |
| | 4facher Hilfswert bei Ausschlußverfahren gegen zwei Betriebsratsmitglieder in einem Verfahren | ArbG Hamburg, 20 BV 13/88, 25.7.1990 | Zit. bei Bertelsmann | |
| **Betriebsratswahl** | | | | |
| a) Anfechtung | 2,5facher Hilfswert in Betrieb mit rd. 1.000 wahlberechtigten Arbeitnehmern bei durchschnittlich gelagertem Verfahren | BAG, 6 ABR 88/78, 23.3.1979 | Zit. Bei Müller/Bauer S. 251 | |
| | 9000,– DM bei Anfechtung einer Wahl bzgl. einem Mitglied, für jedes weitere Mitglied Erhöhung des Gegenstandswertes um 1.500,– DM | LAG Berlin, 1 Ta 50/91, 17.12.1991 | ARST 1992, 110 | |
| | 72.000,– DM bei 15köpfigem Betriebsrat in Betrieb mit rd. 1.900 wahlberechtigten Arbeitnehmern bei besonderem Umfang der Sache und überdurchschnittlichen rechtlichen und tatsächlichen Schwierigkeiten | LAG Bremen, 2 Ta 75/87, 11.4.1988 | LAGE § 8 BRAGO Nr. 5 | |
| | Nicht über 20.000,– DM in Betrieb mit 900 Arbeitnehmern bei einfach gelagertem Verfahren ohne Beweisaufnahme | LAG Hamm, 8 TaBV 80/75, 31.1.1977 | Zit. Bei Wenzel, DB 1977, 722 (723) | |

## Anwaltsgebühren §6

| Alphabetische Sortierung nach Gegenständen | Gegenstandswert | Gericht | Fundstelle | Anmerkungen |
|---|---|---|---|---|
| | 15.000,– DM in Betrieb mit 285 Arbeitnehmern | LAG Hamm, 8 TaBV 103/75, 8.4.1976 | Zit. Bei Wenzel, DB 1977, 722 (723) | |
| | 15.000,– DM in Betrieb mit 200 Arbeitnehmern | LAG Hamm, 8 TaBV 39/75, 29.3.1976 | Zit. Bei Wenzel, DB 1977, 722 (723) | |
| | 10.000,– DM in Betrieb mit 70 Arbeitnehmern nebst Heimarbeitern, wenn kein besonderer Verfahrensaufwand | LAG Hamm, 8 TaBV 41/74, 14.11.1974 | MDR 1975, 260; AnwBl. 1975, 29 | |
| | Bewertungsstaffel: bei Betriebsrat mit einem Mitglied i.d.R. 9000,– DM, für jedes weitere Mitglied i.d.R. Erhöhung um 1500,– DM | LAG Rheinland-Pfalz, 9 Ta 40/92, 30.3.1992 | NZA 1992, 667 | Reduzierung für besonders einfach gelagerte Verfahren, Erhöhung für rechtlich schwierige oder besonders umfangreiche Verfahren |
| | 3facher Hilfswert bei 11köpfigem Betriebsrat | ArbG Neumünster, 4 c BV 31/93, 30.07.1993 | Zit. Bei Bertelsmann, S. 38 | |
| | 5facher Hilfswert bei 15köpfigem Betriebsrat | LAG Berlin, 1 Ta 50/91, 17.12.1991 | NZA 1992, 327 | |
| | | LAG Nürnberg, 6 Ta 61/99, 7.4.1999 | NZA 1999, 840 | |
| | 2facher Hilfswert bei dreiköpfigem Betriebsrat | LAG Baden-Württemberg, 3 Ta 72/98, 4.8.1998 | NZA-RR 1999, 47 | Normale Schwierigkeit |
| | 2,5facher Hilfswert bei dreiköpfigem Betriebsrat | LAG Hamburg, 3 Ta 27/94, 3.8.1995 | Zit. bei Bertelsmann, S. 38 | |
| | 3facher Hilfswert bei Betrieb mit 70 Arbeitnehmern | ArbG Neumünster, 3 d BV 32/94, 4.3.1995 | Zit. bei Bertelsmann, S. 38 | |
| | Mehr als 3 facher Hilfswert bei Betrieb mit 70 Arbeitnehmern | LAG Hamm, 8 TaBV 41/74, 14.11.1974 | BB 1974, 1535 | |

| Alphabetische Sortierung nach Gegenständen | Gegenstandswert | Gericht | Fundstelle | Anmerkungen |
|---|---|---|---|---|
| | Knapp 4facher Hilfswert bei Betrieb mit 200 Arbeitnehmern | LAG Hamm, 8 TaBV 39/75, 29.3.1976 | Zit. bei Bertelsmann, S. 38 | |
| | Knapp 4facher Hilfswert bei Betrieb mit 285 Arbeitnehmern | LAG Hamm, 7 TaBV 103/75, 8.4.1976 | Zit. bei Bertelsmann, S. 38 | |
| | 4facher Hilfswert bei Betrieb mit 15köpfigem Betriebsrat | LAG Baden-Württemberg, 8 Ta 96/90, 27.08.1990 | Zit. bei Bertelsmann, S. 38 | |
| | | LAG Nürnberg, 6 Ta 61/99, 7.4.1999 | NZA 1999, 840 | |
| | 5facher Hilfswert bei Betrieb mit 1032 Arbeitnehmern | LAG Hamm, 8 TaBV 67/88, 21.7.1988 | Zit. bei GK-ArbGG/Wenzel § 12 Rn 278 | |
| | 7facher Hilfswert bei 7köpfigem Betriebsrat | LAG Brandenburg, 2 Ta 155/95, 21.9.1995 | NZA 1996, 112 | |
| | 8facher Hilfswert bei Streit um 15 oder 19 Betriebsratsmitglieder | LAG Hamburg, 8 Ta 2/99, 30.1.1999 | Zit. bei Bertelsmann, S. 39 | |
| | 10facher Hilfswert bei Betrieb mit ca. 1900 Arbeitnehmern | | | |
| | 17facher Hilfswert bei Betrieb mit 2500 Arbeitnehmern | LAG Hamburg, 4 TaBV 7/89, 21.3.1990 | Zit. bei Bertelsmann, S. 39 | |
| | 19facher Hilfswert bei Betrieb mit 3600 Arbeitnehmern | LAG Hamm, 8 TaBV 74/75, 28.04.1976 | DB 1977, 357 | Komplexer Sachverhalt, ausgedehnte Beweiserhebung |
| | Ca. 33facher Hilfswert (konkret 200.000,– DM) bei Betrieb mit mehr als 1000 Arbeitnehmern | ArbG Stuttgart, 7 BV 26/88, 21.7.1989 | Zit. bei Bertelsmann, S. 39 | |
| b) Aussetzung der Jugendvertreterwahl (im Wege einstweiliger Verfügung) | Hilfswert des § 8 Abs. 2 BRAGO | LAG Hamm, 8 TaBV 56/73, 28.3.1974 | Zit. bei Wenzel, DB 1977, 722 (723) | |

## Anwaltsgebühren §6

| Alphabetische Sortierung nach Gegenständen | Gegenstandswert | Gericht | Fundstelle | Anmerkungen |
|---|---|---|---|---|
| c) Feststellung der Nichtwählbarkeit eines Arbeitnehmers gem. § 24 Abs. 1 Nr. 6 BetrVG | Hilfswert des § 8 Abs. 2 BRAGO | LAG Hamm, 8 TaBV 65/73, 14.2.1974 | Zit. bei Wenzel, DB 1977, 722 (723) | |
| d) Feststellung der Selbständigkeit von Betriebsteilen | Doppelter Hilfswert des § 8 Abs. 2 BRAGO in Betriebsteilen mit bis zu 20 Arbeitnehmern, dreifacher Regelwert in Betriebsteilen mit bis zu 50 Arbeitnehmern | LAG Köln, 1 (9) Ta 39/89, 24.2.1989 | NZA 1989, 570; LAGE § 8 BRAGO Nr. 11 | Interesse des Arbeitgebers an Betriebsrat, Größe der Betriebsräte und Schwierigkeitsgrad der Entscheidung maßgeblich |
| e) Nichtigkeit der Betriebsratswahl | Orientierung an Staffel des § 9 BetrVG bei Streit um Nichtigkeit einer Betriebsratswahl und deren Anfechtung: bis zur 5. Staffel voller Hilfswert des § 8 Abs. 2 BRAGO je Betriebsratsmitglied | LAG Brandenburg, 2 Ta 155/95, 21.9.1995 | NZA 1996, 112 | |
| | 10.000,– DM in Betrieb mit 23 Arbeitnehmern | LAG Hamm, 8 TaBV 130/75, 3.12.1974 | Zit. bei Wenzel, DB 1977, 722 (723) | Bibliothek BAG; Juris |
| | Hilfswert bei Betriebsratswahl in Zweigbetrieb, verbunden mit Feststellungsantrag, daß kein selbständiger Betrieb gegeben ist | BAG, 6 ABR 10/78, 30.5.1978 | Zit. bei Bertelsmann, S. 37 | |
| Betriebsversammlung | Bei Verhinderung einer Betriebsversammlung zur Einleitung einer Betriebsratswahl Rückgriff auf die zur Wahlanfechtung entwickelten Grundsätze | LAG Köln, 11 Ta 299/96, 11.2.1997 | | |
| | Hilfswert bei Untersagung einer Betriebsversammlung in einem Betrieb mit mehr als 2000 Arbeitnehmern | LAG Schleswig-Holstein, 5 Ta 158/93, 12.11.1993 | Zit. bei Bertelsmann, S. 46 | |
| | Doppelter Hilfswert abzüglich 25% bei Untersagung einer Betriebsversammlung in einem Betrieb mit mehr als 2000 Arbeitnehmern | LAG Schleswig-Holstein, 5 Ta 2/96, 29.3.1996 | Zit. bei Bertelsmann, S. 46 | |

## § 6 Kapitel 2: Gegenstandswerte im Arbeitsrecht

| Alphabetische Sortierung nach Gegenständen | Gegenstandswert | Gericht | Fundstelle | Anmerkungen |
|---|---|---|---|---|
| | Hilfswert bei Teilnahme betriebsfremder Personen an der Betriebsversammlung | BAG, 1 ABR 67/75, 29.11.1977; 6 ABR 41/75, 23.1.1979; 6 ABR 10/76, 23.5.1979 | Zit. bei Müller/ Bauer, S. 285 | |
| | 2,5facher Hilfswert bei einstweiliger Verfügung des Arbeitgebers auf Verschiebung des Beginns der Betriebsversammlung | ArbG Hamburg, 19 GaBV 1/98, 8.1.1999 | Zit. bei Bertelsmann, S. 46 | |
| | Hilfswert plus je 1000,– DM pro Betriebsratsmitglied bei einstweiliger Verfügung auf Verschiebung des Beginns der Betriebsversammlung | | | |
| | Knapp 17facher Hilfswert bei einstweiliger Verfügung auf Verschiebung der Betriebsversammlung in Betrieb mit 3500 Arbeitnehmern | ArbG Hamburg, 25 GaBV 6/90, 12.9.1991 | Zit. bei Bertelsmann, S. 47 | Bei gleichzeitiger Problematik der Zuständigkeit des Betriebsrates |
| | Knapp 17facher Hilfswert bei einstweiliger Verfügung auf Untersagung der Betriebsversammlung in Betrieb mit 3500 Arbeitnehmern | ArbG Hamburg, 7 Ta 23/91, 28.2.1992 | Zit. bei Bertelsmann, S. 47 | |
| Einigungsstelle | 1/10 des strittigen Sozialplanvolumens bei Streit darüber, ob Sozialplan aufzustellen ist | LAG Hamm, 8 BV Ta 1/72, 6.4.1972 | DB 1972, 880 | |
| a) Bestellung der Einigungsstelle | Hilfswert des § 8 Abs. 2 BRAGO, wenn zusätzlich Streit über die Zuständigkeit der Einigungsstelle bzgl. Sozialplan Gegenstandswert auf 1/10 des strittigen Sozial-planvolumens | LAG Baden-Württemberg, 1 Ta 111/79, 4.12.1979 | BB 1980, 321 | |
| Streit über die Person des Vorsitzenden und die Zahl der Beisitzer | Hilfswert des § 8 Abs. 2 BRAGO | LAG Düsseldorf, 7 Ta 248/90, 21.9.1990 | DB 1991, 184 | |
| | 2 Hilfswerte des § 8 Abs. 2 BRAGO | LAG Düsseldorf, 7 Ta 122/83, 14.7.1983 | Zit. bei GK-ArbGG/Wenzel, § 12 Rn 279 | Selbständige Verfahrensgegenstände |

## Anwaltsgebühren §6

| Alphabetische Sortierung nach Gegenständen | Gegenstandswert | Gericht | Fundstelle | Anmerkungen |
|---|---|---|---|---|
| Streit über Bestellung des Vorsitzenden | Hilfswert des § 8 Abs. 2 BRAGO | LAG Frankfurt, 6 Ta 176/83, 15.8.1983 | Juris | Umfang eines vom Antragsteller angestrebten Sozialplans rechtfertigt i.d.R. kein Abgehen |
| | | LAG Hamm, 8 TaBV 118/85, 26.9.1985 | LAGE § 8 BRAGO Nr. 4 | |
| | | LAG Hamm, 8 TaBV 93/75, 25.3.1976. | Zit. bei Wenzel, DB 1977, 722 (727) | |
| | | LAG Hamburg, 7 Ta 7/85, 14.3.1985 | Zit. bei Bertelsmann, S. 49 | |
| | | LAG Hamburg, 5 Ta 16/91, 30.10.1991 | Zit. bei Bertelsmann, S. 49 | |
| | | LAG Niedersachsen, 12 Ta 192/88, 3.11.1988 | Zit. bei Bertelsmann, S. 49 | |
| | | LAG Rheinland-Pfalz, 1 Ta 31/81, 27.3.1981 | Juris | Wert des künftigen Einigungsstellenverfahrens nicht zu berücksichtigen |
| | Bei Streit um die Anzahl der Beisitzer 1/6 des Hilfswertes gem. § 8 Abs. 2 BRAGO, bei Streit um Person des Vorsitzenden weiteres 1/6, bei Streit um die Zuständigkeit der Einigungsstelle abermals 1/6, insgesamt aber höchstens 3/6 des Hilfwertes | LAG Schleswig-Holstein, 4 Ta 105/94, 29.9.1995 | NZA-RR 1996, 307 | Geringe Bedeutung einer Entscheidung nach § 76 BetrVG und summarisches Verfahren rechtfertigen deutliche Herabsetzung des Regelwertes |
| | | LAG Schleswig-Holstein, 4 TaBV 8/93, 14.10.1993 | DB 1993, 2392 | Geringe Bedeutung einer Entscheidung nach § 76 BetrVG und summarisches Verfahren rechtfertigen deutliche Herabsetzung des Regelwertes |

| Alphabetische Sortierung nach Gegenständen | Gegenstandswert | Gericht | Fundstelle | Anmerkungen |
|---|---|---|---|---|
| | | LAG Schleswig-Holstein, 4 Ta 13/93, 9.3.1993 | LAGE § 8 BRAGO Nr. 19 | Geringe Bedeutung einer Entscheidung nach § 76 BetrVG und summarisches Verfahren rechtfertigen deutliche Herabsetzung des Regelwertes |
| | | LAG Schleswig-Holstein, 4 Ta 14/96, 15.03.1996 | Zit. bei Bertelsmann, S. 47 | |
| | | LAG Schleswig-Holstein, 6 TaBV 21/98, 10.7.1998 | Zit. bei Bertelsmann, S. 47 | |
| | Hilfswert bei Streit um Vorsitz, Beisitzerzahl und Zuständigkeit | LAG Niedersachsen, 1 Ta 71/99, 30.4.1999 | LAGE § 8 BRAGO Nr. 40 | |
| | | ArbG Kiel, 4 BV 53b/98, 19.11.1998 | Zit. bei Bertelsmann | |
| Streit um Besetzung und Zuständigkeit der Einigungsstelle | 1,5facher Hilfswert | ArbG Hamburg, 22 BV 1/99, 6.5.1999 | Zit. bei Bertelsmann, S. 50 | |
| | 2facher Hilfswert | BAG, 1 ABN 21/98, 21.10.1998 | Zit. bei Bertelsmann, S. 50 | |
| | | LAG Hamburg, 8 Ta 6/99, 28.2.1999 | Zit. bei Bertelsmann, S. 50 | |
| | | LAG Baden-Württemberg, 3 Ta 98/94, 8.9.1994 | Zit. bei Bertelsmann, S. 50 | |
| | 2,5facher Hilfswert | ArbG Hamburg, 23 BV 13/98, 20.9.1999 | Zit. bei Bertelsmann, S. 50 | |
| | Erhöhung des Hilfswerts um 25% bei Einigungsstelle Videoüberwachung | ArbG Hamburg, 29 BV 3/99, 29.3.1999 | Zit. bei Bertelsmann, S. 50 | |

# Anwaltsgebühren §6

| Alphabetische Sortierung nach Gegenständen | Gegenstandswert | Gericht | Fundstelle | Anmerkungen |
|---|---|---|---|---|
| | 1/2 Hilfswert gem. § 8 Abs. 2 BRAGO unabhängig davon, ob ausschließlich Streit um Personen oder auch um Zuständigkeit der Einigungsstelle gegeben ist | LAG Schleswig-Holstein, 6 Ta 120/93, 28.2.1994 | Juris; Bibliothek BAG | Geringerer Umfang und kürzere Dauer des summarischen Verfahrens nach § 98 ArbGG gegenüber anderen Beschlußverfahren rechtfertigen Herabsetzung des Regelwertes |
| | Hilfswert des § 8 Abs. 2 BRAGO, auch wenn zusätzlich Streit über Zuständigkeit der Einigungsstelle | LAG Schleswig-Holstein, 5 TaBV 33/84, 3.10.1983 | Juris | Wirtschaftliche Bedeutung der von der Einigungsstelle zu regelnden Materie als Anhaltspunkt |
| b) Anfechtung von Entscheidungen der Einigungsstelle | | | | |
| Anpassung der Arbeitszeiten an tarifliche Regelungen | Jahresbetrag der erstrebten Lohnkosteneinsparung von 50.000,– DM | LAG München, 5 (6) Ta 268/86, 28.1.1987 | JurBüro 1987, 858 | Wirtschaftliches Interesse des Arbeitgebers am Obsiegen entscheidend |
| Arbeitszeit-Betriebsvereinbarung | 20facher Hilfswert | LAG Hamburg, 8 Ta 26/88, 26.1.1989 | Zit. bei Bertelsmann, S. 53 | |
| Einigungsstellenspruch über Mitbestimmungsverfahren bei betrieblichen Versetzungen | 1/4 des durchschnittlichen Wertes eines Beschlußverfahrens über Versetzungsstreit mit durchschnittlicher Zahl der Versetzungsfälle während Mindestlaufzeit der Regelung multiplizieren (hier: 100.000,– DM) | LAG Hamm, 8 TaBV 50/91, 8.8.1991 | BB 1991, 1940 | Betriebliches Interesse an der Beseitigung der Regelung zu berücksichtigen |
| Einigungsstellenspruch über 7 Versetzungen im Rahmen eines Mitbestimmungstarifvertrages | 3facher Hilfswert | ArbG Hamburg, 13 BV 15/96, 9.7.1998 | Zit. bei Bertelsmann, S. 52 | |
| Ersetzung der Zustimmung zu einer Kündigung | 3faches Bruttomonatseinkommen analog § 12 Abs. 7 ArbGG | LAG Hamburg, 4 Ta 17/82, 13.7.1982; 4 Ta 14/82, 29.7.1982; 2 Ta 21/82, 19.8.1982 | Zit. bei Bertelsmann, S. 52 | |

1369

| Alphabetische Sortierung nach Gegenständen | Gegenstandswert | Gericht | Fundstelle | Anmerkungen |
|---|---|---|---|---|
| Erweiterung der Freistellung von Betriebsratsmitgliedern | Gut 2,5facher Hilfswert, anknüpfend an den Umfang der Freistellung | LAG Hamburg, 4 TaBV 5/85, 1.10.1986 | Zit. bei Bertelsmann, S. 52 | |
| Teilfreistellung von Betriebsratsmitgliedern | Knapp 5facher Hilfswert | LAG Hamburg, 4 Ta 9/86, 24.4.1986 | Zit. bei Bertelsmann, S. 52 | |
| Pensionsordnung | Differenzbetrag zwischen Leistungen der alten und der neuen Pensionsordnung | LAG Düsseldorf, 7 Ta 473/85, 6.3.1986 | JurBüro 1987, 230 | |
| Regelung über Leistungs- und Prämienentlohnung | Hilfswert des § 8 Abs. 2 BRAGO, bei überdurchschnittlichem Umfang des Streitfalls oder besonderer Bedeutung deutliche Erhöhung, bei geringem Arbeitsaufwand Absenkung | LAG Schleswig-Holstein, 4 (3) Ta 149/94, 16.6.1995 | ARST 1995, 286 | Wirtschaftliche Auswirkung der Regelung unbeachtlich |
| Reduzierung von Prämienentlohnung um jährlich mehrere Millionen DM | Wegen § 8 BRAGO Kappung bei 1 Mio DM | ArbG Emden, 1 BV 1/98, 21.9.1998 | Zit. bei Bertelsmann, S. 54 | |
| Verteilung von übertariflichen Zulagen | 2facher Hilfswert bei 11 betroffenen Arbeitnehmern | LAG Düsseldorf, 7 Ta 213/94, 28.11.1994 | JurBüro 1995, 483 | |
| Zulassung von Samstagsarbeit von 30 Arbeitnehmern | Nach Lage des Falls und Bedeutung der Sache 2,5facher Betrag des Hilfswerts des § 8 Abs. 2 BRAGO | LAG Düsseldorf, 7 Ta 321/88, 6.3.1989 | LAGE § 8 BRAGO Nr. 9 | Interesse des Antragstellers maßgeblich |
| Rahmenbedingungen für Teilzeitbeschäftigte | 5facher Hilfswert | LAG Bremen, 4 TA 45/89, 4.10.1989 | Zit. bei Hümmerich, AnwBl. 1995, 330 | |
| Kontoführungsgebühren | Knapp 4facher Hilfswert entsprechend der jährlichen wirtschaftlichen Bedeutung | LAG Berlin, 1 Ta 28/95, 14.6.1995 | Zit. nach Meier, Rn 80 | |
| | Summe der beschlossenen Konotführungsgebühren, berechnet auf die Zeit von drei Monaten | ArbG Hamburg, 7 BV 20/92, 25.8.1993 | Zit. bei Bertelsmann, S. 53 | |
| c) Anfechtung des Sozialplans | Strittiges Leistungsvolumen maßgeblich | LAG Berlin, 4 TaBV 2/75, 30.10.1975 | DB 1976, 1388 | |

| Alphabetische Sortierung nach Gegenständen | Gegenstandswert | Gericht | Fundstelle | Anmerkungen |
|---|---|---|---|---|
| | | LAG Hamm, 8 TaBV 53/88, 13.10.1988 | LAGE § 8 BRAGO Nr. 8 | |
| | | ArbG München, 23 BV 2/83, 9.12.1983 | Zit. bei Bertelsmann, S. 55 | |
| | | ArbG Hamburg, 14 BV 20/93, 28.4.1994 | Zit. bei Bertelsmann, S. 55 | |
| | 2/3 des Sozialplanvolumens | ArbG Hamburg, 13 BV 6/93, 18.8.1995 | Zit. bei Bertelsmann, S. 55 | |
| | Differenz zwischen der Forderung des Betriebsrates und dem Angebot des Arbeitgebers, begrenzt auf den Höchstbetrag von 1 Mio DM | BAG, 1 ABR 23/97, 2.3.1998; ArbG Köln, 9 BV 142/95, 18.5.1998; ArbG Hamburg, 27 BV 4/93, 30.12.1993 | Zit. bei Bertelsmann, S. 55 | Anfechtung von Sozialplänen ist eine nicht vermögensrechtliche Streitigkeit |
| | Nach Umfang der tatsächlich zur Verteilung an die Arbeitnehmer zur Verfügung stehenden Gelder, nicht nach Sozialplanvolumen | LAG Frankfurt, 4/5 TaBV 67/76, 15.8.1980 | ZIP 1980, 787 | |
| | 100.000,– DM bei strittiger Differenz von 10 Mio DM | LAG Brandenburg, 1 Ta 41/92, 20.11.1992 | LAGE § 8 BRAGO Nr. 20 | Grundtendenzen der Begrenzung der Verfahrenskosten im Arbeitsgerichtsprozeß als Korrektiv |
| | 50.000,– DM bei strittiger Differenz von mehr als 1 Mio DM | LAG Mecklenburg-Vorpommern, 2 TaBV 15/82, 30.12.1992 | Zit. bei Bertelsmann, S. 56 | |
| | I.R.d. § 8 Abs. 2 BRAGO möglichst individuelle Bewertung, u. a. Vorbringen des Betriebsrats zu berücksichtigen, Einigungsstelle hätte um 3,5 Millionen höheres Sozialplanvolumen beschließen müssen (hier: 500.000,– DM) | LAG Rheinland-Pfalz, 9 Ta 163/92, 6.8.1992 | NZA 1993, 93 | |
| d) Zuständigkeit für Sozialplan | Nach Bruchteil des Sozialplanvolumens (hier: 1/4) | LAG Hamm, 8 TaBV 66/74, 11.2.1976 | DB 1976, 1244 | |

## Kapitel 2: Gegenstandswerte im Arbeitsrecht

| Alphabetische Sortierung nach Gegenständen | Gegenstandswert | Gericht | Fundstelle | Anmerkungen |
|---|---|---|---|---|
| | Nicht Zugrundelegung einer Quote des Sozialplanvolumens, sondern 3facher Hilfswert des § 8 Abs. 2 BRAGO | LAG Niedersachsen, 6 Ta 446/86, 19.12.1986 | BB 1987, 1256 | |
| Einsichtnahme in Arbeitsverträge | Unterschreitung des Hilfswertes des § 8 Abs. 2 BRAGO | LAG Hamm, 8 TaBV 48/74, 7.2.1975 | Zit. bei Wenzel, DB 1977, 722 (725) | Relativ untergeordnete Bedeutung |
| Einsichtnahme in Bruttogehaltslisten gem. § 80 Abs. 2 BetrVG | Hilfswert des § 8 Abs. 2 BRAGO | BAG, 6 ABR 2/78, 13.7.1980 | BB 1980, 1157 | |
| | | BAG, 1 ABR 43/76, 30.11.1976 | Zit. bei Hillach, S. 464 | |
| | Hilfswert des § 8 Abs. 2 BRAGO in Betrieb mit rd. 225 Arbeitnehmern | LAG Hamm, 8 TaBV 51/75, 12.11.1975 | Zit. bei Wenzel, DB 1977, 722 (725) | |
| | 60 % des Hilfswertes des § 8 Abs. 2 BRAGO in Betrieb mit weniger als 150 Arbeitnehmern | LAG Hamm, 8 TaBV 19/74, 4.12.1974 | Zit. bei Wenzel, DB 1977, 722 (725) | |
| Einstellung (Zustimmungsersetzung zu personeller Einzelmaßnahme gem. § 99 Abs. 4 BetrVG) | Halbierung des Gegenstandswertes pro Antrag bei 9 betroffenen Arbeitnehmern | LAG Bremen, 4 Ta 10/83, 4 Ta 18/83, 29.6.1983 | AnwBl. 1984, 165 | |
| | 3 Monatseinkommen in Anlehnung an § 12 Abs. 7 ArbGG, für weiteren Antrag nach § 100 BetrVG weiterer Betrag i.H.v. 50 % | LAG Düsseldorf, 7 Ta 399/94, 25.4.1995 | ArbuR 1995, 332 | |
| | Orientierung an Monatsentgelt in Abschätzung des wirtschaftlichen Wertes für Arbeitgeber an Einstellung des Arbeitnehmers | LAG Hamburg, 1 Ta 9/87, 24.5.1988 | DB 1988, 1404 | |

| Alphabetische Sortierung nach Gegenständen | Gegenstandswert | Gericht | Fundstelle | Anmerkungen |
|---|---|---|---|---|
| | Bewertung in Anlehnung an § 12 Abs. 7 ArbGG | LAG Hamm, 8 TaBV 146/88, 23.2.1989 | LAGE § 8 BRAGO Nr. 12 (LT1) | 1/2 Wert des Zustimmungsersetzungsverfahrens, wenn zusätzlich Antrag auf Feststellung, daß Einstellung aus sachlichen Gründen dringend erforderlich i. S.d. § 100 Abs. 2 Satz 3 BertVG |
| | Bewertung in Anlehnung an § 12 Abs. 7 ArbGG | LAG Hamm, 8 TaBV 2/87, 19.3.1987 | LAGE § 12 ArbGG 1979 Streitwert Nr. 70 | 1/2 Wert des Zustimmungsersetzungsverfahrens, wenn zusätzlich Antrag auf Feststellung, daß Einstellung aus sachlichen Gründen dringend erforderlich i. S.d. § 100 Abs. 2 Satz 3 BertVG |
| | 1,5faches Monatsentgelt bzgl. dreimonatiger Aushilfebeschäftigung in Anlehnung an § 12 Abs. 7 ArbGG | LAG Hamm, 8 Ta 137/86, 13.5.1986 | LAGE § 12 ArbGG Streitwert Nr. 55 | Frage der Rehabilitation spielt untergeordnete Rolle |
| | Hilfswert des § 8 Abs. 2 BRAGO | LAG Hannover, 12 Ta 31/83, 4.1.1984 | AnwBl. 1984, 166 | |
| | Keine Anlehnung an § 12 Abs. 7 ArbGG, sondern i.R.d. § 8 Abs. 2 Berücksichtigung von Bedeutung der Angelegenheit sowie Umfang und Schwierigkeit der anwaltlichen Tätigkeit | LAG Köln, 5 Ta 196/97, 30.9.1997 | LAGE § 8 BRAGO Nr. 36 | Abweichung von der Entscheidung des LAG Köln, 12 Ta 215/93, 25.1.1994; Anschluß an die Entscheidung des LAG Köln, 4 Ta 126/95, 27.7.1995 |

| Alphabetische Sortierung nach Gegenständen | Gegenstandswert | Gericht | Fundstelle | Anmerkungen |
|---|---|---|---|---|
| | 3/4 des Hilfswertes des § 8 Abs. 2 BRAGO bei einfach gelagerten Verfahren | LAG Schleswig-Holstein, 4 Ta 2/97, 11.3.1997 | LAGE § 8 BRAGO Nr. 33 | Wenn zusätzlich Antrag nach § 100 BetrVG, zusätzlich 1/8 des Hilfswerts; bei Antrag nach § 101 BetrVG 1/16 des Hilfswertes; bzgl. Verpflichtung des Arbeitgebers Verfahren nach § 99 BetrVG hilfsweise zu betreiben, 1/16 des Hilfswertes |
| | Hilfswert des § 8 Abs. 2 BRAGO in einfach gelagerten Fällen zu kürzen | LAG Schleswig-Holstein, 6 Ta 204/87, 15.2.1988 | LAGE § 8 BRAGO Nr. 10 | |
| Ein- und Umgruppierung (Zustimmungsersetzung zu personeller Einzelmaßnahme gem. § 99 Abs. 4 BetrVG) | 3facher Jahresbetrag der monatlichen Vergütungsdifferenz abzüglich 25 % | LAG Düsseldorf, 7 Ta 229/80, 16.2.1981 | EzA § 8 BRAGO Nr. 3; LAGE § 8 BRAGO Nr. 3 | |
| | Wirtschaftlicher Wert in Anlehnung an § 12 Abs. 7 ArbGG zu bestimmen, dreijähriger Differenzbetrag abzüglich 20 % | LAG Hamburg, 7 Ta 13/95, 1.9.1995 | LAGE § 8 BRAGO Nr. 30; NZA-RR 1996, 266 | Im Einzelfall Abschlag von 40 %, wenn wirtschaftliche Auswirkungen des Verfahrens für Beteiligte weitere Kürzung erfordern |
| Antrag, dem Arbeitgeber unter Androhung von Zwangsgeldern die Einleitung des Zustimmungsersetzungsverfahrens aufzugeben | 20 % des Wertes des entsprechenden Zustimmungsersetzungsverfahrens, Wert des Zustimmungsersetzungsverfahrens: 3facher Jahresbetrag der Entgeltdifferenz abzüglich 20 %, weiterer Abschlag i.H.v. 25 % wegen verminderter Rechtskraftwirkung | LAG Hamm, 8 TaBV 38/85, 18.4.1985 | LAGE § 3 ZPO Nr. 3 | |
| | Dreifacher Jahresbetrag der Entgeltdifferenz abzüglich 20 % | LAG Hamm, 8 Sa 968/76, 27.6.1978 | EzA § 12 ArbGG Nr. 7 | |

# Anwaltsgebühren § 6

| Alphabetische Sortierung nach Gegenständen | Gegenstandswert | Gericht | Fundstelle | Anmerkungen |
|---|---|---|---|---|
| | Entsprechend Wert eines entsprechenden Feststellungsbegehrens des betroffenen Arbeitnehmers: 3facher Jahresbetrag der Vergütungsdifferenz gem. § 12 Abs. 7 ArbGG, Kürzung wegen verminderter Rechtskraftwirkung (hier: Kürzung von 23.400,– DM auf 20.000,– DM | LAG Hamm, 8 TaBV 78/75, 3.3.1976 | DB 1976, 1019 | |
| | § 12 Abs. 7 ArbGG entsprechend heranzuziehen | LAG Köln, 4 Ta 126/95, 27.7.1995 | JurBüro 1996, 590 | |
| | Dreifacher Jahresbetrag der Entgeltdifferenz (in Anlehnung an § 12 Abs. 7 Satz 2 ArbGG) abzüglich 20 % | LAG Köln, 10 Ta 205/91, 29.10.1991 | JurBüro 1992, 91 | |
| | Hilfswert des § 8 Abs. 2 BRAGO | LAG Nürnberg, 6 Ta 79/91, 12.11.1991 | Zit. bei ArbG Würzburg, 4 BV 12/93, 15.12.1993, BB 1994, 1015 | |
| | Hilfswert des § 8 Abs. 2 BRAGO, bei Vielzahl gleichgelagerter Eingruppierungen Erhöhung des Hilfswertes pro zusätzlichem Eingruppierungsfall um 3/10, Erhöhung aber nur solange, bis doppelter Hilfswert nicht überschritten | LAG Schleswig-Holstein, 5 TaBV 5/86, 1.8.1986 | NZA 1986, 723 | |
| | Nach Formel „monatlicher Differenzbetrag der betreffenden Vergütungsgruppen mal 36 abzüglich 20 %" | LAG Schleswig-Holstein, 1 Ta 30/96, 18.4.1996 | Bibliothek BAG; Juris | Bei mehreren betroffenen Arbeitnehmern und gleichen Differenzbeträgen Multiplikation des Gegenstandswertes mit Zahl der Arbeitnehmer, bei unterschiedlichen Differenzbeträgen Summe aus gesondert berechneten Gegenstandswerten |
| | 3facher Jahresbetrag der Vergütungsdifferenz abzüglich 25 % in Anlehnung an § 12 Abs. 7 ArbGG | LAG Schleswig-Holstein, 5 Ta 188/87, 27.4.1988 | LAGE § 8 BRAGO Nr. 6 | |

1375

# § 6 Kapitel 2: Gegenstandswerte im Arbeitsrecht

| Alphabetische Sortierung nach Gegenständen | Gegenstandswert | Gericht | Fundstelle | Anmerkungen |
|---|---|---|---|---|
| | 3facher Jahresbetrag der Vergütungsdifferenz abzüglich 20 % | LAG Stuttgart, 1 Ta 205/83, 2.1.1984 | AnwBl. 1985, 100 | |
| | Hilfswert des § 8 Abs. 2 BRAGO zugrundezulegen, dabei auf Bedeutung der Sache für Betriebspartner sowie Umfang und Schwierigkeit der anwaltlichen Tätigkeit abzustellen | Thüringer LAG, 8 Ta 137/96, 21.1.1997 | LAGE § 8 BRAGO Nr. 34 | Bei mehreren betroffenen Arbeitnehmern Addition der Gegenstandswerte; Kürzung, wenn Gegenstände gleich gelagert |
| | Hilfswert des § 8 Abs. 2 BRAGO zugrundezulegen, dabei auf Bedeutung der Sache für Betriebspartner, Vermögens- und Einkommensverhältnisse der Parteien sowie Umfang und Schwierigkeit der anwaltlichen Tätigkeit abzustellen | ArbG Würzburg, 4 BV 12/93 S, 15.12.1993 | BB 1994, 1015 | |
| Einstweilige Verfügung in Bereichen der Mitbestimmung | | | | |
| a) Verbot konkret bevorstehender Mehrarbeit | 2facher Hilfswert | LAG Hamburg, 6 Ta 13/89, 14.11.1989 | Zit. bei Bertelsmann, S. 64 | In einzelnen Abteilungen eines kleinen Betriebs |
| | | LAG Düsseldorf, 7 Ta 11/89, 16.2.1989 | LAGE § 8 BRAGO Nr. 13 | |
| b) Durchführung einer betriebsinternen kurzen Schulung nach § 98 BetrVG | 1facher Hilfswert | ArbG Neumünster, 4 b BVGa 36/95, 18.9.1995 | Zit. bei Bertelsmann, S. 64 | |
| | 1,5facher Hilfswert | ArbG Hamburg, 12 GaBV 4/95, 28.8.1995 | Zit. bei Bertelsmann, S. 64 | |
| c) Anordnung von Kurzarbeit | 3facher Hilfswert | ArbG Hamburg, 13 GaBV 1/91, 25.7.1991 | Zit. bei Bertelsmann, S. 64 | Gegenüber 9 Arbeitnehmern |
| d) Inventuren am Samstag und Sonntag | Gut 3facher Hilfswert | ArbG Flensburg, 1 BV Ga 19/92, 15.5.1992 | Zit. bei Bertelsmann, S. 64 | |

## Anwaltsgebühren § 6

| Alphabetische Sortierung nach Gegenständen | Gegenstandswert | Gericht | Fundstelle | Anmerkungen |
|---|---|---|---|---|
| e) Vorübergehende Einrichtung einer Spätschicht | 45.000,– DM | LAG Hamm, 8 TaBV 63/88, 11.8.1988 | Zit. bei Wenzel, § 12 Rn 291 | Für 15 Arbeitnehmer |
| Einstweilige Verfügung im Zusammenhang mit EDV-Systemen | | | | |
| a) Unterlassen der Anwendung eines PCs zur Zeiterfassung | 2facher Hilfswert | LAG Niedersachsen, 13 Ta 336/91, 15.1.1992 | Zit. bei Bertelsmann, S. 65 | Mittelgroßer Betrieb |
| b) Benutzung von einseitig eingesetzten Fahrtenschreibern | 3facher Hilfswert abzüglich 25% (wegen eV) | ArbG Hamburg, 24 GaBV 2/98, 11.1.1999 | Zit. bei Bertelsmann, S. 65 | |
| c) Einsatz eines EDV-Systems | Knapp 4facher Hilfswert | LAG Hamburg, 7 Ta 18/84, 30.7.1984 | Zit. bei Bertelsmann, S. 65 | Betrieb mit ca. 120 Arbeitnehmern |
| | | LAG Hamburg, 6 Ta 18/84, 2.7.1984 | Zit. bei Bertelsmann, S. 65 f. | Betrieb mit ca. 80 Arbeitnehmern |
| | 6facher Hilfswert | ArbG Hamburg, 28 GaBV 1/95, 5.2.1996 | Zit. bei Bertelsmann, S. 66 | Betrieb mit ca. 700 Arbeitnehmern |
| | 12facher Hilfswert | ArbG Hamburg, 8 GaBV 1/85 2.4.1987 | Zit. bei Bertelsmann, S. 66 | Größeres Unternehmen |
| d) Einsatz eines neuen Moduls in EDV-System | Gut 6facher Hilfswert | ArbG Köln, 5 BVGa 1/96, 12.1.1996 | Zit. bei Bertelsmann, S. 66 | Großbetrieb |
| Einstweilige Verfügung gegen Entlassungen vor Abschluß des Interessenausgleichsverfahrens | 5facher Hilfswert | ArbG Hamburg, 9 GaBV 1/97, 16.3.1998 | Zit. bei Bertelsmann, S. 67 | Ca. 35 Arbeitnehmer betroffen |
| | 5facher Hilfswert | ArbG Hamburg, 25 GaBV 2/98, 17.11.1999 | Zit. bei Bertelsmann, S. 67 | Ca. 50 Arbeitnehmer betroffen |

## § 6  Kapitel 2: Gegenstandswerte im Arbeitsrecht

| Alphabetische Sortierung nach Gegenständen | Gegenstandswert | Gericht | Fundstelle | Anmerkungen |
|---|---|---|---|---|
| | 8facher Hilfswert | LAG Hamburg, 7 TaBV 4/84, 19.7.1984 | Zit. bei Bertelsmann, S. 68 | Ca. 20 Arbeitnehmer betroffen |
| | 14facher Hilfswert | ArbG Hamburg, 18 GaBV 1/93, 30.8.1993 | Zit. bei Bertelsmann, S. 68 | Ca. 24 Arbeitnehmer betroffen |
| | 22facher Hilfswert | ArbG Hamburg, 6 TaBV 9/81, 11.11.1981 | Zit. bei Bertelsmann, S. 68 | Ca. 20 Arbeitnehmer betroffen |
| | Bruttomonatsgehalt pro Arbeitnehmer | ArbG Hamburg, 13 GaBV 2/98, 9.7.1998 | Zit. bei Bertelsmann, S. 67 | 9 Arbeitnehmer betroffen |
| | 2/3 der Bruttomonatsgehälter der betroffenen Arbeitnehmer | ArbG Neumünster, 3a BVGa 22/94, 9.8.1994 | Zit. bei Bertelsmann, S. 68 | 30 Arbeitnehmer betroffen |
| | 1000,– DM pro Arbeitnehmer | ArbG Hamburg, 9 GaBV 4/92, 13.4.1993 | Zit. bei Bertelsmann, S. 68 | Ca. 60 Arbeitnehmer betroffen |
| | 67.500,– DM | LAG Hamburg, 4 TaBV 4/97, 17.6.1997 | Zit. bei Bertelsmann, S. 68 | Ca. 30 Arbeitnehmer betroffen – Anknüpfung an die wirtschaftlichen Auswirkungen der Fortführung der Arbeitsverhältnisse für 2 Monate |
| Freistellung von Betriebsratsmitgliedern | In Anlehnung an § 12 Abs. 7 Satz 1 ArbGG, nicht nach dem Verdienst, den freigestelltes Betriebsratsmitglied während der Freistellung erhält | LAG Rheinland-Pfalz, 9 Ta 8/93, 3.3.1993 | ARST 1994, 14 | |
| | Hilfswert | LAG Düsseldorf, 7 Ta 245/91, 22.8.1991 | JurBüro 1992, 94 | |
| | | LAG Baden-Württemberg, 8 Ta 15/91, 21.3.1991 | JurBüro 1991, 1483 | |
| | Summe des Entgelts bis zum Ablauf der Betriebsrats-Legislaturperiode | ArbG Hamburg, 5 BV 9/80, 17.3.1982 | Zit. bei Bertelsmann, S. 42 | |

| Alphabetische Sortierung nach Gegenständen | Gegenstandswert | Gericht | Fundstelle | Anmerkungen |
|---|---|---|---|---|
| Gesamtbetriebsrat | 1 1/2facher Hilfswert des § 8 BRAGO bzgl. Bildung eines Gesamtbetriebsrats in einem Unternehmen mit 2 Betrieben (130 und 44 Arbeitnehmer) | LAG Düsseldorf, 9 Ta 184/77, 18.11.1977 | EzA § 8 BRAGO Nr. 1; LAGE § 8 BRAGO Nr. 1 | Einfach gelagerter Streitstoff |
| | Bei Streitschwerpunkt auf Beteiligung von 15 Betriebsräten an einem aus 61 Betriebsräten konstituierten Gesamtbetriebsrat Erhöhung des Hilfswertes des § 8 Abs. 2 BRAGO um 15 x 2.000,- DM | LAG Hamm, 8 TaBV 112/86, 6.8.1987 | Zit. bei GK-ArbGG/Wenzel, § 12 Rn 283 | Weitere Erhöhung um 10.000,- DM in Hinblick auf Beteiligung weiterer Betriebsräte an rechtlich umstrittener Gesamtbetriebsratsbildung |
| Geschäftsführungskosten | Wert des Gegenstandes (hier: Anrufbeantworter) | LAG Düsseldorf, 7 Ta 267/95, 12.10.1995 | Bibliothek BAG; Juris | |
| | Gem. § 8 Abs. 2 BRAGO i.V.m. § 12 Abs. 7 Satz 2 ArbGG höchstens Mietwert für 3 Jahre bei Streit über die Anmietung von Tagungsräumen | LAG Frankfurt, 6 Ta 225/84, 11.9.1984 | Juris | |
| Gewerkschaftseigenschaft | 100.000,- DM bei Verband mit 14.300 Mitgliedern | LAG Hamm, 8 TaBV 108/75, 29.1.1976 | AR-Blattei, Arbeitsgerichtsbarkeit XIII Entsch. Nr. 73 | Bedeutung und Umfang des Verfahrens erfordern hohen Gegenstandswert |
| | 50.000,- DM bzgl. Christl. Gewerkschaft Bergbau, Chemie und Energie | ArbG Essen, 5 BV 3/73, 28.11.1973 | Zit. bei LAG Hamm, 8 TaBV 108/75, 29.1.1976, AR-Blattei, Arbeitsgerichtsbarkeit XIII Entsch. Nr. 73 | |
| | 50.000,- DM bzgl. Christl. Metallarbeiterverband | ArbG Stuttgart, 6 BV 3/71, 4.2.1972 | EzA Art. 9 GG Nr. 9; ArbuR 1972, 344 | |
| Gewerkschaft: Teilnahme an Betriebsräteversammlung | Doppelter Hilfswert des § 8 Abs. 2 BRAGO bei Verfahren (einstweilige Verfügung) über Teilnahmerecht nach Abspruch der Gewerkschaftseigenschaft durch Gesamtbetriebsrat | LAG Hamm, 8 TaBV 112/81, 6.10.1981 | DB 1981, 2388 | Nicht Gewicht des Streits über Gewerkschaftseigenschaft entscheidend, sondern Bedeutung des geforderten Teilnahmerechts |

## § 6 Kapitel 2: Gegenstandswerte im Arbeitsrecht

| Alphabetische Sortierung nach Gegenständen | Gegenstandswert | Gericht | Fundstelle | Anmerkungen |
|---|---|---|---|---|
| Jugendvertreterwahl, Aussetzung im Wege einstweiliger Verfügung | Hilfswert des § 8 Abs. 2 BRAGO | LAG Hamm, 8 TaBV 56/73, 28.3.1974 | Zit. bei Wenzel, DB 1977, 722 (723) | |
| Konzernbetriebsrat | Doppelter Hilfswert des § 8 Abs. 2 BRAGO bei Konstituierung eines Konzernbetriebsrats in 2 Mittelbetrieben mit insg. rd. 230 Arbeitnehmern | LAG Hamm, 8 TaBV 132/89, 30.11.1989 | BB 1990, 283 | |
| Leitende Angstellte gem. § 5 Abs. 3 BetrVG | Hilfswert des § 8 Abs. 2 BRAGO | BAG, 6 ABR 51/81, 23.1.1986 | DB 1986, 1131 | |
| | | LAG Bremen, 3 Ta BV 3/77, 24.4.1978 | BB 1979, 1096 | |
| | Hilfswert des § 8 Abs. 2 BRAGO, solange nicht besondere Verfahrensumstände eine niedrigere oder höhere Bewertung erfordern | LAG Hamm, 8 TaBV 45/76, 28.5.1976 | Zit. bei Wenzel DB 1977, 722 (725) | |
| | Doppelter Hilfswert des § 8 Abs. 2 BRAGO | LAG Nürnberg, 3 Ta 3/81, 4.2.1981 | AMBl BY 1981, C 31 | |
| | | LAG München, 8 Ta 116/78, 20.2.1979 | AMBl BY 1979, C 29–31 | Bei Mehrzahl von Statusverfahren, die gleichzeitig betrieben werden, entsprechend der relativ geringeren Arbeitsbelastung niedriger |
| Mitbestimmungsrechte (allgemein) | Hilfswert des § 8 Abs. 2 BRAGO oder niedriger, wenn zu bewertende Mitbestimmungsrechte im wesentlichen auf den gleichen Tatsachen beruhen und keine wesentlichen Unterschiede in rechtlicher Beurteilung bestehen | LAG Bremen, 4 Ta 68/94, 28.12.1984 | MDR 1995, 725 | |

## Anwaltsgebühren §6

| Alphabetische Sortierung nach Gegenständen | Gegenstandswert | Gericht | Fundstelle | Anmerkungen |
|---|---|---|---|---|
| | Hilfswert des §8 Abs.2 BRAGO, Abweichungen nach Lage des Falls, insbesondere rechtliche und tatsächliche Schwierigkeiten des Falls sowie Arbeitsaufwand des Rechtsanwalts zu berücksichtigen | LAG Schleswig-Holstein, 5 Ta 76/93, 14.6.1993 | LAGE § 8 BRAGO Nr. 24 | |
| Nichtwählbarkeitsfeststellung | Hilfswert des §8 Abs.2 BRAGO | LAG Hamm, 8 TaBV 65/73, 14.2.1974 | Zit. bei Wenzel, DB 1977, 722 (723) | |
| Personelle Angelegenheiten gem. §§ 99 ff. BetrVG, Sonstiges | | | | |
| a) Ausführung auswärtiger Montagen | 3facher Hilfswert des §8 Abs.2 BRAGO bzgl. Antrag auf Feststellung, daß Betriebsrat hinsichtlich der Ausführung auswärtiger Montagen von betrieblichem Monteur und außerbetrieblicher Hilfskraft zu beteiligen ist | LAG Niedersachsen, 6 Ta 150/87, 31.8.1987 | NZA 1988, 220 | Berücksichtigung der Betriebsgröße und der Häufigkeit und Dauer der sonst vorkommenden auswärtigen Montagen |
| b) Personalplanung | Hilfswert des §8 Abs.2 BRAGO bzgl. Antrag auf Feststellung, daß Betriebsrat nicht ordnungsgemäß an Personalplanung beteiligt | LAG Hamm, 8 TaBV 65/73, 8.5.1974 | Zit. bei Wenzel, DB 1977, 722 (725) | |
| c) Umsetzung | Hilfswert des §8 Abs.2 BRAGO bzgl. Untersagung der Umsetzung von 12 Angestellten im Zusammenhang mit Arbeitskampf | LAG Hamm, 8 TaBV 72/75, 10.11.1975 | Zit. bei Wenzel, DB 1977, 722 (726) | |
| d) Untersagung des Einsatzes von Arbeitnehmern von Fremdfirmen | Doppelter Hilfswert des §8 Abs.2 BRAGO bei einem auf eine Betriebsvereinbarung gestützten Anspruch des Betriebsrats auf Untersagung des Einsatzes von Arbeitnehmern von Fremdfirmen | LAG Bremen, 4 Ta 78/83, 4 Ta 79/83, 21.9.1983 | KostRsp. ArbGG § 12 Nr. 76 | Abschlag von 25 % im einstweiligen Verfügungsverfahren |
| Schulungsveranstaltungen | | | | |
| a) Erforderlichkeit von Schulungsveranstaltungen | Hilfswert des §8 Abs.2 BRAGO bzgl. einwöchiger Schulungsveranstaltung | LAG Düsseldorf, 7 Ta 217/90, 2.7.1990 | LAGE § 8 BRAGO Nr. 15 | |

# § 6 Kapitel 2: Gegenstandswerte im Arbeitsrecht

| Alphabetische Sortierung nach Gegenständen | Gegenstandswert | Gericht | Fundstelle | Anmerkungen |
|---|---|---|---|---|
| b) Freistellung von Betriebsratsmitgliedern für Schulungsveranstaltungen mit Fortzahlung der Bezüge und Übernahme der Seminarkosten (§ 37 Abs. 6 BetrVG) | Gesamtaufwendungen des Arbeitgebers als Bemessungsgrundlage, bei Feststellungsanträgen Abschlag von 25 %, weiterer Abschlag von 25 % wegen beschränkter Rechtskraftwirkung der Entscheidungen im Beschlußverfahren | LAG Hamm, 8 TaBV 144/94, 24.11.1994 | LAGE § 8 BRAGO Nr. 27 | |
| **Soziale Angelegenheiten gem. § 87 BetrVG** | | | | |
| a) Beitragserhöhung für Inanspruchnahme des betriebseigenen Kindergartens | Hilfswert des § 8 Abs. 2 BRAGO, wenn keine besondere Bedeutung des Falls und kein wesentlicher Arbeitsaufwand | LAG Hamm, 8 TaBV 88/75, 23.1.1976 | Zit. bei Wenzel, DB 1977, 722 (725) | |
| b) Mieterhöhungen (um bis zu 25 %) für rd. 400 Werkswohnungen | 20.000,– DM in Hinblick auf jährliche Mietzinssteigerung von insg. rd. 57.600,– DM | LAG Hamm, 8 TaBV 25/72, 18.10.1972 | Zit. bei Wenzel, DB 1977, 722 (725) | |
| c) Umgestaltung einer Versorgungsordnung | 15.000,– DM in Betrieb mit rd. 850 Arbeitnehmern, wobei Versorgungsordnung für rd. 650 Arbeitnehmer bedeutsam | LAG Hamm, 8 TaBV 63/75, 26.11.1975 | AR-Blattei Arbeitsgerichtsbarkeit XIII Entsch. Nr. 72 | |
| d) Verbot der einseitigen Mehrarbeitsanordnung (durch einstweilige Verfügung) | Doppelter Hilfswert des § 8 Abs. 2 BRAGO | LAG Düsseldorf, 7 Ta 11/89, 16.2.1989 | LAGE § 8 BRAGO Nr. 13 | Kein Abschlag für Verfolgung des Begehrens per einstweiliger Verfügung, weil praktisch Dauerregelung erzielt |
| e) Vorübergehende Einrichtung einer Spätschicht für 15 Arbeitnehmer | Wirtschaftliches Interesse des Arbeitgebers maßgeblich (ergibt sich aus betrieblichen Vorhaltekosten, die bei Absetzung der Spätschicht ungenutzt weiter anfallen), hier 30.000,– DM Gegenstandswert bei 45.000,– DM Vorhaltekosten | LAG Hamm, 8 TaBV 63/88, 11.8.1988 | Zit. bei GK-ArbGG/Wenzel § 12 Rn 291 | Bzgl. Vorhaltekosten durchschnittlicher Zeitraum bis zur Herbeiführung einer betrieblichen Einigung zugrundezulegen |

# Anwaltsgebühren § 6

| Alphabetische Sortierung nach Gegenständen | Gegenstandswert | Gericht | Fundstelle | Anmerkungen |
|---|---|---|---|---|
| f) Zurverfügungstellen von Beträgen für Mitarbeiterdarlehnsbudget | Nicht nach geforderter Summe, sondern nach mit Darlehnsaufstockung verbundenen Zinsvergünstigungen bei Inanspruchnahme von Arbeitnehmerdarlehen zu bemessen (hier: 400.000,– DM) | LAG Bremen, 4 Ta 31/84, 28.6.1984 | AnwBl. 1985, 100 | |
| g) Feststellung von Mitbestimmungsrechten bei Videoüberwachung | 2facher Hilfswert | ArbG Hamburg, 19 BV 11/97, 21.9.1998 | Zit. bei Bertelsmann, S. 60 | |
| h) Durchführung von Gefährdungsanalyse nach § 5 ArbSchG | 2,5facher Hilfswert | LAG Hamburg, 2 Ta 22/99, 26.2.1999 | Zit. bei Bertelsmann, S. 60 | |
| i) Einführung neuer Dienstpläne | 5facher Hilfswert | LAG Mecklenburg-Vorpommern, 2 Ta 14/97, 3.4.1997 | LAGE § 8 BRAGO Nr. 32 | 100 Arbeitnehmer sollten monatlich 13 Stunden mehr arbeiten |
| k) Anrechnung von Tariferhöhungen | Knapp 9facher Hilfswert | ArbG Osnabrück, 1 BV 12/94, 7.8.1995 | Zit. bei Bertelsmann, S. 61 | |
| l) Einführung von Prämienentlohnung | Knapp 10facher Hilfswert | LAG Niedersachsen, 11 Ta 158/90, 28.6.1990 | Zit. bei Bertelsmann, S. 61 | |
| m) Arbeitsbedingungen von Teilzeitkräftten | Gut 12facher Hilfswert (50.000 DM) | LAG Hamburg, 8 Ta 12/88, 7.6.1988 | Zit. bei Bertelsmann, S. 61 | Mittelgroßes Kaufhaus |
| | 25facher Hilfswert (100.000 DM) | LAG Hamburg, 4 Ta 2/89, 17.2.1989 | Zit. bei Bertelsmann, S. 61 | Großes Kaufhaus |
| | 100.000 DM | ArbG Hamburg, 14 BV 3/85, 22.12.1988 | Zit. bei Bertelsmann, S. 61 | |
| **Sozialplan** | | | | |
| a) Anfechtung des Sozialplans | Strittiges Leistungsvolumen maßgeblich | LAG Berlin, 4 TaBV 2/75, 30.10.1975 | DB 1976, 1388 | |

1383

## § 6 Kapitel 2: Gegenstandswerte im Arbeitsrecht

| Alphabetische Sortierung nach Gegenständen | Gegenstandswert | Gericht | Fundstelle | Anmerkungen |
|---|---|---|---|---|
| | Differenz zwischen Volumen des angefochtenen Sozialplans und der angestrebten Dotierung nur Ausgangspunkt; Grundtendenz der Begrenzung der Verfahrenskosten im Arbeitsgerichtsprozeß als Korrektiv (hier: 100.000,– DM) | LAG Brandenburg, 1 Ta 41/92, 20.11.1992 | LAGE § 8 BRAGO Nr. 20 | Auch Umfang und Schwierigkeit der anwaltlichen Tätigkeit zu beachten |
| | Nach Umfang der tatsächlich zur Verteilung an die Arbeitnehmer zur Verfügung stehenden Gelder, nicht nach Sozialplanvolumen | LAG Frankfurt, 4/5 TaBV 67/76, 15.8.1980 | ZIP 1980, 787 | |
| | Strittiges Leistungsvolumen maßgeblich | LAG Hamm, 8 TaBV 53/88, 13.10.1988 | LAGE § 8 BRAGO Nr. 8 | |
| | I.R.d. § 8 Abs. 2 BRAGO möglichst individuelle Bewertung, u. a. Vorbringen des Betriebsrats zu berücksichtigen, Einigungsstelle hätte um 3,5 Millionen höheres Sozialplanvolumen beschließen müssen (hier: 500.000,– DM) | LAG Rheinland-Pfalz, 9 Ta 163/92, 6.8.1992 | NZA 1993, 93 | |
| b) Zuständigkeit für Sozialplan | Nach Bruchteil des Sozialplanvolumens (hier: 1/4) | LAG Hamm, 8 TaBV 66/74, 11.2.1976 | DB 1976, 1244 | |
| | Nicht Zugrundelegung einer Quote des Sozialplanvolumens, sondern 3facher Hilfswert des § 8 Abs. 2 BRAGO | LAG Niedersachsen, 6 Ta 446/86, 19.12.1986 | BB 1987, 1256 | |
| Tariffähigkeit | 100.000,– DM bei Verband mit 14.300 Mitgliedern | LAG Hamm, 8 TaBV 108/75, 29.1.1976 | AR-Blattei, Arbeitsgerichtsbarkeit XIII Entsch. Nr. 73 | Bedeutung und Umfang des Verfahrens erfordern hohen Gegenstandswert |

| Alphabetische Sortierung nach Gegenständen | Gegenstandswert | Gericht | Fundstelle | Anmerkungen |
|---|---|---|---|---|
| | 50.000,– DM bzgl. Christl. Gewerkschaft Bergbau, Chemie und Energie | ArbG Essen, 5 BV 3/73, 28.11.1973 | Zit. bei LAG Hamm, 8 TaBV 108/75, 29.1.1976, AR-Blattei, Arbeitsgerichtsbarkeit XIII Entsch. Nr. 73 | |
| | 50.000,– DM bzgl. Christl. Metallarbeiterverband | ArbG Stuttgart, 6 BV 3/71, 4.2.1972 | EzA Art. 9 GG Nr. 9; ArbuR 1972, 344 | |
| Unterlassungsansprüche | Für jeweils 4 Betroffene Hilfswert des § 8 Abs. 2 BRAGO bei Antrag des Betriebsrats auf Unterlassung von Arbeitseinstellungen (Teilstillegung) mit 95 betroffenen Arbeitnehmern | LAG Frankfurt, 6 Ta 295/84, 30.10.1984 | Juris | |
| | Streitwertaddition bei Geltendmachung mehrerer Unterlassungsansprüche, wenn Anträge nicht im wesentlichen gleichen Gegenstand haben oder sich kein Antrag nur als rechtliche Folge eines anderen Antrags darstellt | LAG Köln, 8 Ta 283/97, 7.11.1997 | Bibliothek BAG; Juris | |
| | 1,5facher Hilfswert des § 8 Abs. 2 BRAGO bzgl. Untersagung des Abschlusses von Aufhebungsverträgen ohne Zustimmung des Betriebsrats | LAG Schleswig-Holstein, 4 Ta 115/96, 13.3.1997 | Bibliothek BAG; Juris | Reduzierung um 1/3 im Eilverfahren der §§ 935, 940 ZPO |
| a) Untersagungsantrag gemäß § 23 Abs. 3 BetrVG betreffend Überstunden | Hilfswert nach § 8 Abs. 2 BRAGO in Betrieb mit ca. 200 Arbeitnehmern | LAG Schleswig-Holstein, 2 Ta 12/93, 20.06.1993 | Zit. bei Bertelsmann, S. 58 | |
| | 2facher Hilfswert bei Betrieb mit ca. 200 Arbeitnehmern | LAG Schleswig-Holstein, 6 Ta 31/87, 11.3.1987 | Zit. bei Bertelsmann, S. 58 | |
| | 2facher Hilfswert bei Betrieb mit 90 Arbeitnehmern | ArbG Hamburg, 3 BV 17/97, 27.4.1998; 8 BV 4/98, 23.6.1998; 19 BV 7/99, 7.9.1999 | Zit. bei Bertelsmann, S. 58 | |

| Alphabetische Sortierung nach Gegenständen | Gegenstandswert | Gericht | Fundstelle | Anmerkungen |
|---|---|---|---|---|
| | 1,5facher Hilfswert bei Überstunden für 462 Arbeitnehmer für einen Monat | LAG Hamm, 8 TaBV 147/93, 27.1.1994 | Zit. nach Meier, Rn 121 | |
| | 2facher Hilfswert bei Teilbereichen eines Betriebs | ArbG Hamburg, 4 GaBV 1/98, 4.2.1999 | Zit. bei Bertelsmann, S. 58 | |
| b) Untersagung des Abweichens von einer Betriebsvereinbarung bei Arbeitszeit in zwei Filialen | 2facher Hilfswert | ArbG Hamburg, 5 BV 49/88, 13.4.1989 | Zit. bei Bertelsmann, S. 58 | |
| c) Antrag auf Unterlassung von mitbestimmungswidrigen Einstellungen und Arbeitszeitverstößen | 2facher Hilfswert | ArbG Hamburg, 24 BV 19/95, 13.6.1996 | Zit. bei Bertelsmann, S. 58 | |
| d) Verfahren nach § 23 Abs. 3 BetrVG auf Untersagung der Durchführung von tarifwidrigen Betriebsvereinbarungen zur Arbeitszeit im Bereich der Metallindustrie | 5facher Hilfswert | ArbG Verden, 1 BV 13/85, 11.5.1987; ArbG Stade, 1 BV 8/85; 14.3.1988 | Zit. bei Bertelsmann, S. 58 | |
| | 12facher Hilfswert | ArbG Oldenburg, 2 BV 40/85, 17.2.1986 | Zit. bei Bertelsmann, S. 58 | |
| e) Unterlassungsantrag gegen Abweichungen von einer Betriebsvereinbarung | 4facher Hilfswert | LAG Baden-Württemberg, 3 Ta 21/98, 28.4.1998 | Zit. bei Bertelsmann, S. 58 | |
| f) Untersagung von Umgruppierungen | 10facher Hilfswert | ArbG Hamburg, 18 BV 2/96, 4.12.1996 | Zit. bei Bertelsmann, S. 58 | Wegen der Vielzahl der Betroffenen und der Bedeutung der Angelegenheit |

## Anwaltsgebühren § 6

| Alphabetische Sortierung nach Gegenständen | Gegenstandswert | Gericht | Fundstelle | Anmerkungen |
|---|---|---|---|---|
| **Versetzung (Zustimmungsersetzung zu personeller Einzelmaßnahme gem. § 99 Abs. 4 BetrVG)** | Bzgl. Zustimmungsersetzung zur im Rahmen einer Änderungskündigung notwendigen Versetzung Wert der entsprechenden Kündigungsschutzklage heranzuziehen (Unterschiedsbetrag der letzten 3 Monate) | LAG Hamm, 8 TaBV 106/73, 21.5.1974 | ArbuR 1974, 313 | |
| | 1/3 eines Monatsverdienstes | LAG Schleswig-Holstein, 5 Ta 188/87, 27.4.1988 | LAGE § 8 BRAGO Nr. 6 | |
| **Wirtschaftliche Angelegenheiten** | | | | |
| a) Errichtung eines Wirtschaftsausschusses | doppelter Hilfswert des § 8 Abs. 2 BRAGO | LAG Bremen, 4 Ta 81/84, 13.12.1984 | AnwBl. 1985, 101 | |
| b) Neuordnung und Verlegung von Produktionsstätten und Verwaltungsabteilungen | Hilfswert des § 8 Abs. 2 BRAGO bei Antrag des Betriebsrats auf Feststellung, daß Mitbestimmungsrecht besteht | LAG Hamm, 8 TaBV 65/73, 8.5.1974 | Zit. bei Wenzel, DB 1977, 722 (726) | |
| Untersagung von Kündigungsausspruch bis zum Abschluß laufender Verhandlungen über Interessenausgleich | doppelter Hilfswert des § 8 Abs. 2 BRAGO | LAG Bremen, 2 Ta 85/89, 15.2.1990 | LAGE § 8 BRAGO Nr. 14 | Wirtschafliche Auswirkungen zu berücksichtigen |
| Teilstillegung | Für jeweils 4 Betroffene Hilfswert des § 8 Abs. 2 BRAGO bei Antrag des Betriebsrats auf Unterlassung von Arbeitseinstellungen (Teilstillegung) mit 95 betroffenen Arbeitnehmern | LAG Frankfurt, 6 Ta 295/84, 30.10.1984 | Juris | |
| **Zustimmungsersetzung** | | | | |
| a) Personelle Einzelmaßnahmen gem. § 99 Abs. 4 BetrVG | Hilfswert des § 8 Abs. 2 BRAGO | LAG Bremen, 4 Ta 79/92, 20.1.1993 | BB 1993, 366 | Kein Rückgriff auf § 12 Abs. 7 ArbGG |

## § 6 Kapitel 2: Gegenstandswerte im Arbeitsrecht

| Alphabetische Sortierung nach Gegenständen | Gegenstandswert | Gericht | Fundstelle | Anmerkungen |
|---|---|---|---|---|
| | Hilfswert des § 8 Abs. 2 BRAGO für Antrag gem. § 99 BetrVG, 1/2 Hilfswert für Antrag nach § 100 BetrVG und 1/2 Hilfswert für Antrag nach § 101 BetrVG | LAG Bremen, 4 Ta 24/91, 3.6.1991 | Bibliothek BAG; Juris | |
| | 4facher Hilfswert des § 8 Abs. 2 BRAGO, wenn Betriebsrat in Unternehmen mit 420 Arbeitnehmern Unterlassung der Anwendung neuer Entlohnungsgrundsätze begehrt | LAG Bremen, 4 Ta 43/89; 4 Ta 50/89; 2 TaBV 34/88, 27.11.1989 | Bibliothek BAG; Juris | Zusätzlich 1/2 Wert des Zustimmungsersetzungsverfahrens, wenn gleichzeitig Mitteilung der Eingruppierung begehrt; bei mehreren betroffenen Arbeitnehmern für jeden Arbeitnehmer gesonderter, niedrigerer Wert; Kürzung um 25 % bei einstweiliger Verfügung |
| | § 12 Abs. 7 ArbGG analog bzgl. Verfahren nach §§ 99 –101 BetrVG | LAG Düsseldorf, 7 Ta 399/94, 25.4.1995 | ArbuR 1995, 332 | 3 Monatseinkommen bei Zustimmungsersetzung zu Einstellung, für Feststellungsantrag nach § 100 BetrVG ein weiterer Betrag in Höhe von 50 % |
| | § 12 Abs. 7 ArbGG nicht analog anzuwenden (außer im Verfahren über die Mitbestimmung bei Eingruppierung) | LAG Köln, 4 Ta 126/95, 27.7.1995 | Bibliothek BAG; Juris | Abweichend von Entscheidungen anderer Kammern des LAG Köln, z. B. 12 Ta 215/93, 25.1.1994; 7 Ta 344/93, 22.11.1993 |
| | Hilfswert des § 8 Abs. 2 BRAGO bzgl. personellen Einzelmaßnahmen nach §§ 99, 101 S. 1 BetrVG | LAG München, 8 TaBV 39/77, 19.12.1978 | Juris | § 12 Abs. 7 ArbGG nicht anwendbar |

## Anwaltsgebühren  § 6

| Alphabetische Sortierung nach Gegenständen | Gegenstandswert | Gericht | Fundstelle | Anmerkungen |
|---|---|---|---|---|
| | 1,5facher Hilfswert des § 8 Abs. 2 BRAGO bzgl. Untersagung des Abschlusses von Aufhebungsverträgen ohne Zustimmung des Betriebsrats | LAG Schleswig-Holstein, 4 Ta 115/96, 13.3.1997 | Bibliothek BAG | Reduzierung um 1/3 im Eilverfahren der §§ 935, 940 ZPO |
| b) Aufhebung einer personellen Maßnahme gem. § 101 BetrVG | Im Regelfall i.R.d. § 8 Abs. 2 BRAGO ein Monatsgehalt angemessen | LAG Hamburg, 2 Ta 20/95, 13.11.1995 | NZA-RR 1996, 306 | |
| | Im Regelfall i.R.d. § 8 Abs. 2 BRAGO ein Monatsgehalt angemessen | LAG Hamburg, 3 Ta 17/95, 12.9.1995 | NZA-RR 1996, 267 | |
| | 50.000,– DM bzgl. Aufhebung von Personalmaßnahmen in 33 Fällen (im weiteren Verlauf Erweiterung des Antrags um 10 Mitarbeiter) | LAG Hamburg, 2 Ta 6/92, 4.8.1992 | NZA 1993, 42 | |
| | Bzgl. Untersagung der Beschäftigung von Leiharbeitnehmern in Anlehnung an § 12 Abs. 7 ArbGG, wobei betriebsübliche Vergütung Bemessungsgrundsatz, nicht der vom Verleiher in Rechnung gestellte Stundensatz | LAG Hamm, 8 TaBV 144/88, 22.12.1988 | Zit. von GK-ArbGG/Wenzel § 12 Rn 290 | |
| | In Anlehnung an § 12 Abs. 7 ArbGG | LAG Hamm, 8 TaBV 24/86, 19.6.1986 | Zit. von LAG Hamm, 8 TaBV 2/87, 19.3.1987, LAGE § 12 ArbGG 1979 Streitwert Nr. 70 S. 6; zit. bei GK-ArbGG/Wenzel, § 12 Rn 290 | |
| | | LAG Hamm, 8 TaBV 127/85, 10.10.1985 | Zit. von LAG Hamm, 8 TaBV 2/87, 19.3.1987, LAGE § 12 ArbGG 1979 Streitwert Nr. 70 S. 6; zit. bei GK-ArbGG/Wenzel, § 12 Rn 290 | |

| Alphabetische Sortierung nach Gegenständen | Gegenstandswert | Gericht | Fundstelle | Anmerkungen |
|---|---|---|---|---|
| | Vierteljahreseinkommen gem. § 12 Abs. 7 ArbGG analog abzüglich 20 % | LAG Köln, 10 Ta 205/91, 29.10.1991 | AnwBl. 1992, 238 | |
| | Nicht in Anlehnung an § 12 Abs. 7 ArbGG analog, sondern gem. § 8 Abs. 2 BRAGO | LAG München, 3 Ta 10/95, 7.12.1995 | LAGE § 8 BRAGO Nr. 29 | |
| | Ein Monatsverdienst des Arbeitnehmers, um dessen Beschäftigung es im Verfahren geht | LAG Rheinland-Pfalz, 6 Ta 48/95, 11.5.1995 | LAGE § 8 BRAGO Nr. 28 | |
| c) Einstellung | Halbierung des Gegenstandswertes pro Antrag bei 9 betroffenen Arbeitnehmern | LAG Bremen, 4 Ta 10/83, 4 Ta 18/83, 29.6.1983 | AnwBl. 1984, 165 | |
| | 3 Monatseinkommen in Anlehnung an § 12 Abs. 7 ArbGG, für weiteren Antrag nach § 100 BetrVG weiterer Betrag i.H.v. 50 % | LAG Düsseldorf, 7 Ta 399/94, 25.4.1995 | ArbuR 1995, 332 | |
| | Orientierung an Monatsentgelt in Abschätzung des wirtschaftlichen Wertes für Arbeitgeber an Einstellung des Arbeitnehmers | LAG Hamburg, 1 Ta 9/87, 24.5.1988 | DB 1988, 1404 | Wenn keine besondere Fallgestaltung vorliegt |
| | | LAG München, 3 Ta 10/95, 7.12.1995 | NZA-RR 1996, 419 | Wenn keine besondere Fallgestaltung vorliegt |
| | | LAG Hamburg, 2 Ta 20/95, 13.11.1995 | NZA-RR 1996, 306 | |
| | | LAG Rheinland-Pfalz, 6 Ta 48/95, 11.5.1995 | LAGE § 8 BRAGO Nr. 28 | |
| | Je nach Fall zwischen Hilfswert und dem 3fachen Bruttomonatseinkommen des Arbeitnehmers | LAG Köln, 7 Ta 22/97, 18.12.1997 | KostRsp. § 8 BRAGO Nr. 73 | |

## Anwaltsgebühren § 6

| Alphabetische Sortierung nach Gegenständen | Gegenstandswert | Gericht | Fundstelle | Anmerkungen |
|---|---|---|---|---|
| | Bewertung in Anlehnung an § 12 Abs. 7 ArbGG | LAG Hamm, 8 TaBV 146/88, 23.2.1989 | LAGE § 8 BRAGO Nr. 12 (LT1) | 1/2 Wert des Zustimmungsersetzungsverfahrens, wenn zusätzlich Antrag auf Feststellung, daß Einstellung aus sachlichen Gründen dringend erforderlich i.S.d. § 100 Abs. 2 Satz 3 BertVG |
| | | LAG Hamm, 8 TaBV 2/87, 19.3.1987 | LAGE § 12 ArbGG 1979 Streitwert Nr. 70 | 1/2 Wert des Zustimmungsersetzungsverfahrens, wenn zusätzlich Antrag auf Feststellung, daß Einstellung aus sachlichen Gründen dringend erforderlich i.S.d. § 100 Abs. 2 Satz 3 BetrVG |
| | | LAG Köln, 12 Ta 215/93, 25.1.1994 | JurBüro 1992, 91 | |
| | 1,5faches Monatsentgelt bzgl. dreimonatiger Aushilfsbeschäftigung in Anlehnung an § 12 Abs. 7 ArbGG | LAG Hamm, 8 Ta 137/86, 13.5.1986 | LAGE § 12 ArbGG Streitwert Nr. 55 | Frage der Rehabilitation spielt untergeordnete Rolle |
| | Hilfswert des § 8 Abs. 2 BRAGO | LAG Hannover, 12 Ta 31/83, 4.1.1984 | AnwBl. 1984, 166 | |
| | | LAG Bremen, 1 Ta 60/97, 17.12.1997 | NZA-RR 1998, 277 | |
| | | LAG Köln, 4 Ta 126/95, 27.7.1995 | KostRsp. § 8 BRAGO Nr. 68 | |
| | | LAG Köln, 5 Ta 196/97, 30.9.1997 | LAGE § 10 BRAGO Nr. 36 | |
| | Hilfswert mit Erhöhung um 1/4 bis 1/3 | BAG, 1 ABR 66/75, 21.9.1978 | | Zit. bei Tschischgale/Satzky, S. 67, Ausgangsfall siehe AP Nr. 6 zu § 99 BetrVG |

1391

# § 6 Kapitel 2: Gegenstandswerte im Arbeitsrecht

| Alphabetische Sortierung nach Gegenständen | Gegenstandswert | Gericht | Fundstelle | Anmerkungen |
|---|---|---|---|---|
| | 2facher Hilfswert | ArbG Hamburg, 18 BV 8/98, 8.2.1998 | Zit. bei Bertelsmann, S. 72 | |
| | Hilfswert des § 8 Abs. 2 BRAGO in einfach gelagerten Fällen zu kürzen | LAG Schleswig-Holstein, 6 Ta 204/87, 15.2.1988 | LAGE § 8 BRAGO Nr. 10 | |
| | 3/4 des Hilfswertes des § 8 Abs. 2 BRAGO bei einfach gelagerten Verfahren | LAG Schleswig-Holstein, 4 Ta 2/97, 11.3.1997 | LAGE § 8 BRAGO Nr. 33 | Wenn zusätzlich Antrag nach § 100 BetrVG zusätzlich 1/8 des Hilfswert; bei Antrag nach § 101 1/16 des Hilfswertes; bzgl. Verpflichtung des Arbeitgebers, Verfahren nach § 99 hilfsweise zu betreiben, 1/16 des Hilfswertes |
| | Keine Anlehnung an § 12 Abs. 7 ArbGG, sondern i.R.d. § 8 Abs. 2 Berücksichtigung von Bedeutung der Angelegenheit sowie Umfang und Schwierigkeit der anwaltlichen Tätigkeit | LAG Köln, 5 Ta 196/97, 30.9.1997 | LAGE § 8 BRAGO Nr. 36 | Abweichung von der Entscheidung des LAG Köln, 12 Ta 215/93, 25.1.1994; Anschluß an die Entscheidung des LAG Köln, 4 Ta 126/95, 27.7.1995 |
| d) Ein- und Umgruppierung | 3facher Jahresbetrag der monatlichen Vergütungsdifferenz | BAG, 10 ABR 24/97, 18.11.1998 | Zit. bei Bertelsmann, S. 75 | |
| | | LAG Köln, 4 Ta 126/95, 27.7.1995 | JurBüro 1996, 590 | |
| | | LAG Nürnberg, 7 Ta 167/98, 2.11.1998 | LAGE § 8 BRAGO Nr. 39 | |
| | | LAG Schleswig-Holstein, 5 Ta 188/87, 25.8.1988 | LAGE § 8 BRAGO Nr. 6 | |
| | 3facher Jahresbetrag der monatlichen Vergütungsdifferenz abzüglich 25 % | LAG Düsseldorf, 7 Ta 229/80, 16.2.1981 | EzA § 8 BRAGO Nr. 3; LAGE § 8 BRAGO Nr. 3 | |

| Alphabetische Sortierung nach Gegenständen | Gegenstandswert | Gericht | Fundstelle | Anmerkungen |
| --- | --- | --- | --- | --- |
| | Wirtschaftlicher Wert in Anlehnung an § 12 Abs. 7 ArbGG zu bestimmen, dreijähriger Differenzbetrag abzüglich 20 % | LAG Hamburg, 7 Ta 13/95, 1.9.1995 | LAGE § 8 BRAGO Nr. 30; NZA-RR 1996, 266 | im Einzelfall Abschlag von 40 %, wenn wirtschaftliche Auswirkungen des Verfahrens für Beteiligte weitere Kürzung erfordern |
| | | LAG Schleswig-Holstein, 1 Ta 30/96, 18.4.1996 | Zit. bei Bertelsmann, S. 75 | |
| | | LAG Köln, 10 Ta 205/91, 29.10.1991 | MDR 1992, 165 | |
| e) Antrag, dem Arbeitgeber unter Androhung von Zwangsgeldern die Einleitung des Zustimmungsersetzungsverfahrens aufzugeben | 20 % des Wertes des entsprechenden Zustimmungsersetzungsverfahrens, Wert des Zustimmungsersetzungsverfahrens: 3facher Jahresbetrag der Entgeltdifferenz abzüglich 20 %, weiterer Abschlag i.H.v. 25 % wegen verminderter Rechtskraftwirkung | LAG Hamm, 8 TaBV 38/85, 18.4.1985 | LAGE § 3 ZPO Nr. 3 | |
| | Dreifacher Jahresbetrag der Entgeltdifferenz abzüglich 20 % | LAG Hamm, 8 Sa 968/76, 27.6.1978 | EzA § 12 ArbGG Nr. 7 | |
| | Entsprechend Wert eines entsprechenden Feststellungsbegehrens des betroffenen Arbeitnehmers: 3facher Jahresbetrag der Vergütungsdifferenz gem. § 12 Abs. 7 ArbGG, Kürzung wegen verminderter Rechtskraftwirkung (hier: Kürzung von 23.400,– DM auf 20.000,– DM) | LAG Hamm, 8 TaBV 78/75, 3.3.1976 | DB 1976, 1019 | |
| | § 12 Abs. 7 ArbGG entsprechend heranzuziehen | LAG Köln, 4 Ta 126/95, 27.7.1995 | JurBüro 1996, 590 | |
| | Dreifacher Jahresbetrag der Entgeltdifferenz (in Anlehnung an § 12 Abs. 7 Satz 2 ArbGG) abzüglich 20 % | LAG Köln, 10 Ta 205/91, 29.10.1991 | JurBüro 1992, 91 | |

## § 6 Kapitel 2: Gegenstandswerte im Arbeitsrecht

| Alphabetische Sortierung nach Gegenständen | Gegenstandswert | Gericht | Fundstelle | Anmerkungen |
|---|---|---|---|---|
| | Hilfswert des § 8 Abs. 2 BRAGO | LAG Nürnberg, 6 Ta 79/91, 12.11.1991 | Zit. bei ArbG Würzburg, 4 BV 12/93 S, 15.12.1993, BB 1994, 1015 | |
| | Nach Formel „monatlicher Differenzbetrag der betreffenden Vergütungsgrupen mal 36 abzüglich 20 %" | LAG Schleswig-Holstein, 1 Ta 30/96, 18.4.1996 | Bibliothek BAG; Juris | Bei mehreren betroffenen Arbeitnehmern und gleichen Differenzbeträgen Multiplikation des Gegenstandswertes mit Zahl der Arbeitnehmer, bei unterschiedlichen Differenzbeträgen Summe aus gesondert berechneten Gegenstandswerten |
| | 3facher Jahresbetrag der Vergütungsdifferenz abzüglich 25 % in Anlehnung an § 12 Abs. 7 ArbGG | LAG Schleswig-Holstein, 5 Ta 188/87, 27.4.1988 | LAGE § 8 BRAGO Nr. 6 | |
| | Hilfswert des § 8 Abs. 2 BRAGO, bei Vielzahl gleichgelagerter Eingruppierungen Erhöhung des Hilfswertes pro zusätzlichem Eingruppierungsfall um 3/10, Erhöhung aber nur solange, bis doppelter Hilfswert nicht überschritten | LAG Schleswig-Holstein, 5 TaBV, 1.8.1986 | NZA 1986, 723 | |
| | 3facher Jahresbetrag der Vergütungsdifferenz abzüglich 20 % | LAG Stuttgart, 1 Ta 205/83, 2.1.1984 | AnwBl. 1985, 100 | |
| | Hilfswert des § 8 Abs. 2 BRAGO zugrundezulegen, dabei auf Bedeutung der Sache für Betriebspartner sowie Umfang und Schwierigkeit der anwaltlichen Tätigkeit abzustellen | Thüringer LAG, 8 Ta 137/96, 21.1.1997 | LAGE § 8 BRAGO Nr. 34 | Bei mehreren betroffenen Arbeitnehmern Addition der Gegenstandswerte; Kürzung, wenn Gegenstände gleich gelagert |

## Anwaltsgebühren §6

| Alphabetische Sortierung nach Gegenständen | Gegenstandswert | Gericht | Fundstelle | Anmerkungen |
|---|---|---|---|---|
| | Hilfswert des § 8 Abs. 2 BRAGO zugrundezulegen, dabei auf Bedeutung der Sache für Betriebspartner, Vermögens- und Einkommensverhältnisse der Parteien sowie Umfang und Schwierigkeit der anwaltlichen Tätigkeit abzustellen | ArbG Würzburg, 4 BV 12/93 S, 15.12.1993 | BB 1994, 1015 | |
| f) Versetzung | Bzgl. Zustimmungsersetzung zur im Rahmen einer Änderungskündigung notwendigen Versetzung Wert der entsprechenden Kündigungsschutzklage heranzuziehen (Unterschiedsbetrag der letzten 3 Monate) | LAG Hamm, 8 TaBV 106/73, 21.5.1974 | ArbuR 1974, 313 | |
| | Hilfswert | LAG München, 2 Ta 295/92, 24.5.1992 ArbG Lübeck, 1 BV 70/98, 22.10.1998 LAG Schleswig-Holstein, 1 Ta 4/89, 24.1.1989 | Zit. bei Bertelsmann, S. 74 | |
| | 1 Bruttomonatsgehalt | LAG Hamburg, 7 Ta 10/98, 16.9.1998 | Zit. bei Bertelsmann, S. 74 | |
| | 2 Bruttomonatsgehälter | LAG Düsseldorf, 7 Ta 143/99, 11.5.1999 | LAGE § 8 BRAGO Nr. 41 | |
| | | ArbG Hamburg, 23 BV 15/98, 7.6.1999 | Zit. bei Bertelsmann, S. 74 | |
| | 1/2 eines Bruttomonatsgehalts | LAG Schleswig-Holstein, 5 Ta 62/93, 17.5.1993 | Zit. bei Bertelsmann, S. 74 | |
| | | LAG Hamburg, 5 Ta 18/95, 26.9.1995 | Zit. bei Bertelsmann, S. 74 | Bei nur zeitlich befristeter Versetzung |
| | 1/3 eines Bruttomonatsgehalts | LAG Schleswig-Holstein, 5 Ta 188/87, 27.4.1988 | LAGE § 8 BRAGO Nr. 6 | |

## § 6 Kapitel 2: Gegenstandswerte im Arbeitsrecht

| Alphabetische Sortierung nach Gegenständen | Gegenstandswert | Gericht | Fundstelle | Anmerkungen |
|---|---|---|---|---|
| g) Vorläufige personelle Maßnahmen gem. § 100 Abs. 2 BetrVG | Hilfswert des § 8 Abs. 2 BRAGO; bei mehreren betroffenen Bewerbern, bei denen Einstellung zu gleichen Bedingungen, gleichen Terminen und im Zuge eines einheitlichen „DDP"-Konzeptes erfolgen sollte, Erhöhung des Hilfswerts je einmal für jeweils 4–5 Betroffene | LAG Frankfurt, 6 Ta 308/84, 29.10.1984 | Juris | |
| | Halber Wert des Zustimmungsersetzungsverfahrens | LAG Hamm, 8 TaBV 146/88, 23.2.1989 | LAGE § 8 BRAGO Nr. 12 | |
| | | LAG Hamm, 8 TaBV 2/87, 19.3.1987 | LAGE § 12 ArbGG 1979 Streitwert Nr. 70 | Lediglich vorübergehende Bedeutung der Feststellung |
| h) Verbindung von Verfahren nach §§ 99 und 100 BetrVG | für das Verfahren nach § 100 BetrVG nur 1/2 des eigentlichen Gegenstandswerts | LAG Bremen, 1 Ta 60/97, 17.12.1997 | NZA-RR 1998, 277 | |
| | | LAG Bremen, 4 Ta 24/91, 3.6.1991 | Kost.Rsp. § 8 BRAGO Nr. 43 | |
| | | LAG Hamm, 8 TaBV 146/88, 23.12.1989 | LAGE § 8 BRAGO, Nr. 12 | |
| | | LAG Hamburg, 7 Ta 10/98, 16.9.1998 | Zit. bei Bertelsmann, S. 77 | Bzgl. Versetzung |
| | Für das Verfahren nach § 100 BetrVG nur 3/5 des eigentlichen Gegenstandswerts | LAG Hamm, 8 TaBV 10/74, 21.5.1974 | ArbuR 1974, 313 | |
| i) Verbindung von Verfahren nach §§ 99 und 101 BetrVG | Für das Verfahren nach § 101 BetrVG nur 1/2 des Wertes des Verfahrens nach § 99 BetrVG | ArbG Lübeck, 2 BV 51/93, 6.7.1994 | Zit. bei Bertelsmann, S. 77 | |

| Alphabetische Sortierung nach Gegenständen | Gegenstandswert | Gericht | Fundstelle | Anmerkungen |
|---|---|---|---|---|
| | Für das Verfahren nach § 101 BetrVG nur 1/3 des Wertes des Verfahrens nach § 99 BetrVG | LAG Schleswig-Holstein, 3 Ta 176/87, 25.7.1988 und 5 Ta 135/92, 13.1.1993 | Zit. bei Bertelsmann, S. 77 | |
| | Für das Verfahren nach § 101 BetrVG nur 1/4 des Wertes des Verfahrens nach § 99 BetrVG | LAG Schleswig-Holstein, 6 Ta 207/87, 15.12.1988 | Zit. bei Bertelsmann, S. 77 | In unterdurchschnittlichem Fall |
| | | ArbG Lübeck, 3 BV 47/97 u. 3 BV 57/97, 19.11.1997 | Zit. bei Bertelsmann, S. 77 | |
| | | ArbG Hamburg, 13 BV 14/98, 7.12.1998 | Zit. bei Bertelsmann, S. 77 | |
| | Für das Verfahren nach § 101 BetrVG nur 1/8 des Wertes des Verfahrens nach § 99 BetrVG | LAG Schleswig-Holstein, 4 Ta 2/97, 11.3.1998 | LAGE § 8 BRAGO Nr. 33 | |
| | | LAG Schleswig-Holstein, 4 Ta 112/98, 3.6.1999 | Zit, bei Bertelsmann, S. 77 | |
| | | ArbG Lübeck, 5 BV 99/96, 3.6.1999 | Zit. bei Bertelsmann, S. 77 | |
| k) Verfahren gegenüber mehreren Beteiligten | | | | |
| Eingruppierung | Hilfswert, für jede weitere Person erhöht um 3/10, maximal doppelter Hilfswert | LAG Schleswig-Holstein, 5 TaBV 59/97, 1.8.1986 | NZA 1986, 723 | |
| | 2,5facher Hilfswert | ArbG Würzburg, 4 BV 12/93, 15.12.1993 | Zit. bei Bertelsmann, S. 79 | Für ca. 160 Arbeitnehmer |
| | Erhöhung des Gegenstandswerts entsprechend § 6 BRAGO | LAG Nürnberg, 7 Ta 167/98, 2.11.1998 | LAGE § 8 BRAGO Nr. 39 | Für 9 Arbeitnehmer |
| | Doppelter 36facher Differenzbetrag bei 2 Arbeitnehmern | BAG 10 ABR 24/97, 18.11.1998 | Zit. bei Bertelsmann, S. 80 | |

| Alphabetische Sortierung nach Gegenständen | Gegenstandswert | Gericht | Fundstelle | Anmerkungen |
|---|---|---|---|---|
| | Halber 36facher Differenzbetrag pro Arbeitnehmer | LAG Köln, 2 Ta 203/92, 4.1.1993 | MDR 1993, 357 | |
| | Halber Hilfswert pro Arbeitnehmer | LAG Thüringen, 8 Ta 137/96, 21.1.1997 | LAGE § 8 BRAGO Nr. 22 | Für ca. 40 Arbeitnehmer |
| | 1 Bruttomonatsverdienst pro Arbeitnehmer | ArbG Hamburg, 9 BV 4/88, 12.8.1988 u. 3 BV 19/88, 25.1.1989 u. 6 BV 1/88, 10.2.1989 | Zit. bei Bertelsmann, S. 81 | Für 27, 72 und 330 Arbeitnehmer |
| | 1/10 vom 85fachen Hilfswert bei 85 Arbeitnehmern | ArbG Hamburg, 4 BV 16/91, 21.5.1992 | Zit. bei Bertelsmann, S. 81 | |
| Zutrittsrecht einer Gewerkschaft zur Betriebsräteversammlung | Doppelter Hilfswert des § 8 Abs. 2 BRAGO bei Verfahren (einstweilige Verfügung) über Teilnahmerecht nach Abspruch der Gewerkschaftseigenschaft durch Gesamtbetriebsrat | LAG Hamm, 8 TaBV 112/81, 6.10.1981 | DB 1981, 2388 | Nicht Gewicht des Streits über Gewerkschaftseigenschaft entscheidend, sondern Bedeutung des geforderten Teilnahmerechts |
| Zutrittsrecht eines Betriebsratsmitglieds zum Betrieb | 2/3 des Hilfswertes des § 8 Abs. 2 BRAGO bzgl. dem im Verfahren über eine einstweilige Verfügung verfolgten Begehren eines Betriebsratsmitglieds, trotz Kündigung und Betriebsübernahme Zutritt zum Betrieb kraft seines Amtes zu erhalten | LAG Hamm, 8 TaBV 14/74, 21.5.1974 | Zit. bei Wenzel, DB 1977, 722 (725) | |
| | 75% eines Bruttomonatsentgelts des Betriebsratsmitglieds | ArbG Emden, 1 BVGa 5/98, 16.12.1998 | Zit. bei Bertelsmann, S. 40 | |
| | 1,5facher Hilfswert bei einstweiliger Verfügung um Zutritt zum Betrieb | LAG Baden-Württemberg, 8 Ta 5/92, 2.4.1992 | JurBüro, 1992, 601 | |
| | 2,5facher Hilfswert bei einstweiliger Verfügung um Zutritt zum Betrieb | ArbG Emden, 1 BVGa 4/82, 29.12.1982 | Zit. bei Bertelsmann, S. 40 | |
| | 2facher Hilfswert bei einstweiliger Verfügung um Zutritt zweier Betriebsratsmitglieder zum Betrieb | ArbG Neumünster, 4 a BVGa 22/97, 26.6.1997 | Zit. bei Bertelsmann, S. 40 | |

## Anwaltsgebühren §6

| Alphabetische Sortierung nach Gegenständen | Gegenstandswert | Gericht | Fundstelle | Anmerkungen |
|---|---|---|---|---|
| Zwangsvollstreckung | In Anlehnung an das angedrohte bzw. verhängte Ordnungsgeld zu ermitteln | LAG Schleswig-Holstein, 5 Ta 53/99, 23.8.1999 | Zit. bei Bertelsmann, S. 85 | |
| | Nach der Schwere der Verstöße zu ermitteln | ArbG Lübeck, 2 BV 41/92, 6.5.1998 | Zit. bei Bertelsmann, S. 85 | |
| | Nach dem Interesse des Gläubigers an der Vollstreckung zu ermitteln | ArbG Lübeck, 5 GabV 3/90, 21.3.1991 | Zit. bei Bertelsmann, S. 85. | |

# Kapitel 3: Korrespondenz mit Rechtsschutzversicherungen

## Literatur

**Ennemann**, Anwaltschaft und Rechtsschutzversicherung – ein Spannungsverhältnis?, NZA 1999, 628; **Fischer**, Prozeßtaktik des Arbeitnehmeranwalts im Lichte der Kostenvermeidungspflicht nach ARB, FA 1999, 178; **Harbauer**, Rechtsschutzversicherung, 6. Aufl. 1998; **Hümmerich**, Arbeitsrecht und Rechtsschutzversicherung, AnwBl. 1995, 321; **Hümmerich/Kallweit/Spirolke**, Die Rechtsschutzversicherung beim arbeitsrechtlichen Mandat, in: Das arbeitsrechtliche Mandat, § 11 Rn 91 ff.; **Küttner**, Rechtsschutzversicherung und Arbeitsrecht, NZA 1996, 453.

## A. Erläuterungen

*Küttner* hat beklagt, daß das Schrifttum zu arbeitsrechtlichen Fragen der Rechtsschutzversicherung fast ausschließlich in den Händen der Rechtsschutzversicherer liege.[47] Ebensowenig befriedigend sei die Tatsache, daß Rechtsschutzversicherer über umfangreiche Datenbanken mit von ihnen veranlaßter Rechtsprechung verfügen, die Informationen auf seiten der Anwälte jedoch nur wenig bekannt und insbesondere für die Versicherungsnehmer und die Anwaltschaft günstige Entscheidungen nur spärlich publiziert würden. Ein weiteres Manko aus Sicht des Versicherungsnehmers und der Anwaltschaft kann an dem Umstand festgemacht werden, daß auf dem Gebiet des Arbeitsrechts nicht bewanderte Zivilrichter über Klagen zwischen dem Versicherungsnehmer und der Rechtsschutzversicherung, dem Anwalt und der Rechtsschutzversicherung sowie dem Anwalt als Prozeßbevollmächtigtem und seinem Mandanten[48] befinden.

### I. Rechtspflichtenverstöße

Trotz dieser strukturellen Nachteile gelingt es häufig, Deckungsschutz in arbeitsrechtlichen Angelegenheiten zu erhalten. Wichtig ist, daß sich der den Arbeitnehmer (in selteneren Fällen auch den Arbeitgeber) beratende Rechtsanwalt bewußt macht, daß Voraussetzung für einen Deckungsschutz die **Versicherungsfall-Definition** in § 14 Abs. 3 ARB ist. Zunächst einmal muß er aus den Beanstandungen seines Mandanten Rechtspflichtenverstöße im Arbeitsverhältnis herausfiltern, die einen Deckungsschutz nach § 14 Abs. 3 ARB auslösen. Dies können Schikanen des Arbeitgebers,[49] aber auch die Nichtzahlung des Gehalts[50] oder die bloße Kündigung durch den Arbeitgeber[51] sein.

#### 1. Einwand der Vorvertraglichkeit

Fallen-Situationen treten aus Sicht des Arbeitnehmers als Versicherungsnehmer wie folgt auf: Der Rechtsschutzversicherer kann den Einwand der Vorvertraglichkeit nach § 14 Abs. 3 Satz 2 ARB 75 im Hinblick auf vom Arbeitgeber behauptete Rechtspflichtenverstöße erheben.[52] Die Rechtspflichtenverstöße müssen nicht zutreffen, liegen die vom Arbeitgeber behaupteten Verstöße in einer Zeit

---

47 NZA 1996, 453.
48 BAG, Beschl. v. 28.10.1997–9 AZB 35/97, AGS 1998, 54.
49 Muster 3009, § 6 Kap. 3 M 99.
50 Muster 3050, § 6 Kap. 3 M 109.
51 Muster 3013, § 6 Kap. 3 M 100.
52 Vgl. hierzu ausführlich *Hümmerich/Kallweit/Spirolke*, Das arbeitsrechtliche Mandat, § 11 Rn 106 ff.

vor Beginn des Versicherungsschutzes, wird sich die Rechtsschutzversicherung auf den Deckungsausschluß nach § 14 Abs. 3 Satz 2 ARB berufen. Vom unkundigen Anwalt kann durch zu ausführliche Schilderungen in einem Schreiben an die Versicherung der Deckungsausschluß ungewollt veranlaßt werden. Hilfreich ist in solchen Fällen allenfalls der Hinweis auf die Kolorit-Rechtsprechung in Muster 3045.[53]

### 2. Risikoausschluß

**87** Eine zweite Hürde baut sich auf, wenn dem Arbeitnehmer **außerordentlich** oder **verhaltensbedingt-ordentlich gekündigt** worden ist. In solchen Fällen ist damit zu rechnen, daß sich der Rechtsschutzversicherer auf § 4 Abs. 2 a) ARB 75 beruft, nämlich den Risikoausschluß der vorsätzlichen Herbeiführung des Versicherungsfalles.[54] Aufklärend kann, wenn der Rechtsschutzversicherer in seinem ersten Antwortschreiben auf eine Deckungsanfrage diesen Risikoausschluß angeführt hat, die Antwort mit dem Muster 3056[55] sein. Eine dritte Hürde entwickelt sich für den die Interessen des Arbeitnehmers wahrnehmenden Rechtsanwalt, wenn ihn sein Mandant aufsucht und ihm mitteilt, der Arbeitgeber habe erklärt, er wolle sich von ihm trennen. Nach überwiegender Auffassung der Rechtsschutzversicherer und eines gewichtigen Teils der Rechtsprechung liegt in diesen Fällen noch kein Versicherungsfall im Sinne von § 14 Abs. 3 ARB vor. Mag man auch noch so viele Argumente aufführen, dem Rechtsschutzversicherer vor Augen halten, daß das Aushandeln eines **Aufhebungs- oder Abwicklungsvertrages** für die Rechtsschutzversicherung wirtschaftlich und für den Arbeitnehmer karrieremäßig günstiger ist, vielfach kommt man an der derzeitigen grundsätzlichen Haltung der Rechtsschutzversicherer nicht vorbei. Bei einem Versicherungsnehmer, der über einen längeren Beitragszeitraum seine Rechtsschutzversicherung nicht in Anspruch genommen hat, kann manchmal die Bereitschaftserklärung des Anwalts, nicht mehr als den Vierteljahrebezug als Streitwert für sein Honorar zugrundezulegen, hilfreich sein.[56] Verschiedentlich akzeptieren Rechtsschutzversicherer auch die Ausführungen im Muster 3018.[57]

### 3. Umfang des Deckungsschutzes

**88** Behilft sich der einen Deckungsschutzantrag stellende Versicherungsnehmer oder sein Anwalt zunächst mit dem Hinweis auf Rechtspflichtenverstöße des Arbeitgebers im Bereich von Schikanen, muß mit dem laufenden Mandat, sobald die Interessenwahrnehmung über die im Deckungsantrag aufgeführten Sachverhalte hinausgeht, **zusätzlicher Deckungsschutz** beantragt werden. Meist gewähren die Rechtsschutzversicherer allerdings Deckungsschutz im Rahmen der „außergerichtlichen Interessenwahrnehmung in einer arbeitsrechtlichen Angelegenheit", so daß in einem solchen Falle auch Verhandlungen über die Beendigung des Arbeitsverhältnisses mit erfaßt werden. Es kommt auf den Wortlaut der Deckungszusage an.

---

53 § 6 Kap. 3 M 108.
54 Hierzu ausführlich *Hümmerich/Kallweit/Spirolke*, Das arbeitsrechtliche Mandat, § 11 Rn 112 ff.
55 § 6 Kap. 3 M 111.
56 Muster 3008, § 6 Kap. 3 M 98.
57 § 6 Kap. 3 M 101.

## II. Höhe des Gegenstandswertes

Ein weiteres Problem bei der arbeitsrechtlichen Interessenwahrnehmung ist aus Sicht des Rechtsschutzversicherers die Höhe der Gegenstandswerte, die beim **Aushandeln eines Aufhebungsvertrags** anfallen können. Handelt der Rechtsanwalt den Aufhebungsvertrag beispielsweise gemäß Muster 2230[58] aus, wird man regelmäßig auf einen Gegenstandswert zwischen 200.000,00 DM und 500.000,00 DM gelangen, weil vom Vierteljahresbezug des Gehalts über die Bewertung von Betriebsrenten, des Dienstfahrzeugs, der Lebensversicherung, des Wettbewerbsverbots (regelmäßig der zweijährige Bezug der Karenzentschädigung) eine solche Zahl von Gegenstandswerten zu addieren ist, daß die Gewährung von Deckungsschutz durch den Rechtsschutzversicherer vorsichtig und zögerlich gehandhabt wird. Schon das bloße Aushandeln des Zeugniswortlauts, und sei es auch nur die Änderung einer Textzeile, wird bekanntlich mit einem Bruttomonatsgehalt streitwertmäßig berechnet. Werden Aufhebungsverträge für Organmitglieder einer Gesellschaft, also Vorstände einer AG oder Geschäftsführer einer GmbH ausgehandelt, so entfällt zwar der Deckungsschutz gemäß § 4 Abs. 1 d) ARB 75. In diesen Fällen erreichen die Gegenstandswerte aber eine noch deutlichere Höhe, weil in diesen Fällen der Dreijahresbezug des Gehalts an die Stelle von § 12 Abs. 7 Satz 1 ArbGG tritt.[59]

89

## III. Informationspflicht gegenüber Rechtsschutzversicherung

Zu bedenken ist, daß zwischen anwaltlicher Sachbearbeitung und Sachbearbeitung durch die Rechtsschutzversicherung in arbeitsrechtlichen Angelegenheiten oft eine zeitliche Lücke klafft. Beim arbeitsrechtlichen Outplacement ist häufig Eile geboten, es muß die Gunst der Stunde erkannt und in Handlungsstrategien umgesetzt werden. Für beide Beteiligte, für Arbeitgeber wie Arbeitnehmer, stellt die letzte Phase vor Ausspruch einer Kündigung stets auch eine emotional eingefärbte Belastungssituation dar, die sich mit Abschluß eines Abwicklungs- oder Aufhebungsvertrages auflöst, in der Arbeitgeber[60] zu Abfindungszahlungen bereit sind, die über der Regel von einem Bruttomonatsgehalt für zwei Beschäftigungsjahre liegen. Der Anwalt muß in manchen Fällen auf die beteiligten Parteien zugehen, um die Auflösungslage zu schaffen. Bis der Deckungsantrag beim Rechtsschutzversicherer beschieden ist, sind regelmäßig Wochen vergangen, in denen der arbeitsrechtliche Konflikt längst beseitigt wurde. Eine strenge Auslegung von § 15 ARB würde in diesen Fällen vom Versicherten verlangen, den Versicherer noch vor Gewährung einer Deckungszusage über das Ergebnis der Interessenwahrnehmung zu unterrichten. Derartige Informationen könnten den Rechtsschutzversicherer beim Ausspruch einer Deckungszusage noch zögerlicher werden lassen.

90

Ein Anspruch des Rechtsschutzversicherers auf **zeitgleiche Information** kann nur dann bestehen, wenn er zeitgleich Deckungsanträge bearbeitet. Rechtsschutzversicherer muten dem Versicherten regelmäßig eine Antwortzeit zwischen einer Woche und sieben Wochen zu. Dem Versicherungsnehmer muß es gestattet sein, unter diesen Umständen zunächst einmal den Deckungsantrag abzuwarten und erst nach Eingang des Bescheids den Rechtsschutzversicherer über das Ergebnis der anwaltlichen Bemühungen zu unterrichten, auch dann, wenn zum Zeitpunkt des Eingangs der Deckungszusage der Versicherungsfall bereits durch Aufhebungsvertrag abgeschlossen wurde.

91

---

58 § 4 Kap. 2 M 431.
59 Muster 2275, § 4 Kap. 2 M 447.
60 Wenn nicht hinreichend vom jeweils beratenden Rechtsanwalt gebremst.

## IV. Situation des beratenden Rechtsanwalts

92 Als weiteres Thema ist anzusehen, daß arbeitsrechtliche Auseinandersetzungen vom Rechtsschutzversicherer nicht hinreichend unter ökonomischen und an den wirklichen Interessen des Versicherten orientierten Gesichtspunkten gesehen werden. So erleichtert es die Gewährung von Deckungsschutz ungemein, wenn eine Kündigung des Arbeitsverhältnisses im Raum steht, obwohl für das weitere berufliche Fortkommen des Versicherungsnehmers in Einzelfällen eine einvernehmliche Aufhebung des Arbeitsvertrages wesentlich vorteilhafter wäre. Kritisch angemerkt sei ferner die Frage, ob die Ausübung eines gesetzlich vorgesehenen Gestaltungsrechts überhaupt ein Rechtspflichtenverstoß sein kann. Auch berücksichtigen die ARB nicht, daß es sehr sinnvoll sein kann, in einer Vergleichsverhandlung über einen Aufhebungsvertrag den Wortlaut des Zeugnisses zu vereinbaren, obwohl weder vor noch während der Verhandlungen ein Streit über den Wortlaut des Zeugnisses aufgekommen ist und insofern kein Versicherungsfall vorliegt. Es gehört zu den Pflichten eines Rechtsanwalts, die Gunst der Stunde zu nutzen, um eine höchstmögliche Interessenwahrnehmung zu erzielen. Ähnlich liegen die Dinge, wenn in einem Aufhebungs- oder Abwicklungsvertrag Einzelheiten zur betrieblichen Altersversorgung fixiert werden. In derartigen Fällen sollte in einem nachfassenden Schreiben dem Rechtsschutzversicherer über das Muster 3120 die ökonomische und berufliche Tragweite der Interessenwahrnehmung durch den Rechtsanwalt für den Versicherungsnehmer dargestellt werden.

*Gift/Baur*[61] machen darauf aufmerksam, daß der Rechtsanwalt, der in der Praxis für den Versicherungsnehmer ohne Honorierung den Verkehr mit der Rechtsschutzversicherung abwickelt, selbst die Obliegenheiten des § 15 Abs. 1 ARB 75 infolge seiner Dienstleistung zu erfüllen hat. Bei vorsätzlicher oder grob fahrlässiger Verletzung treffen den Versicherungsnehmer etwaige Nachteile, weil die Rechtsprechung den Anwalt als Repräsentanten des Versicherungsnehmers ansieht.[62]

93 Das Auseinanderklaffen von Lebenswirklichkeit und kodifiziertem Recht zeigt sich deutlich an der Tätigkeit des Rechtsanwalts in arbeitsrechtlichen Angelegenheiten für den Mandanten im Verhältnis zum Rechtsschutzversicherer: Der Anwalt erhält für diese Tätigkeit kein Honorar und es treffen ihn außerdem alle **Haftungsrisiken** des Versicherten. Insgesamt wäre wünschenswert, die im Spannungsfeld zwischen Arbeitsrecht, Rechtsschutzversicherung und Versicherungsnehmer angesiedelten Fragestellungen durch eine wirklichkeitsgerechtere Kodifizierung der ARB zu lösen. Im übrigen sei empfohlen, mit dem Mandanten **Honorarvereinbarungen** zu treffen, die von einem eine Outplacementberatung wünschenden Angestellten unaufgefordert thematisiert werden. Wenn eine Abfindung in einer Größenordnung von mehr als 100.000,00 DM in Frage steht, ist der Mandant regelmäßig gerne bereit, eine Honorarvereinbarung zu treffen, auch neben etwaigem Deckungsschutz durch den Rechtsschutzversicherer, weil er angesichts des durch die Tätigkeit des Rechtsanwalts bei ihm eintretenden wirtschaftlichen Wertes in der Honorarvereinbarung einen angemessenen Ausgleich zwischen Leistung und Gegenleistung sieht. Das ökonomische Denken ist bei den Betroffenen oft stärker ausgeprägt, als es das durch Standesrecht geprägte Berufsbild des Rechtsanwalts gestattet. Mögliche Vereinbarungen mit dem Mandanten können gemäß den Mustern 2705[63] und 2708[64] geschlossen werden. Ob diese Vereinbarungen einer Inhaltskontrolle zwingend standhalten, will ich nicht abschließend prognostizieren.

---

61 Das Urteilsverfahren vor den Gerichten für Arbeitssachen, D 369.
62 OLG Hamm VersR 1984, 31; OLG Köln ZfS 1984, 48; OLG Nürnberg VersR 1982, 695.
63 § 6 Kap. 1 M 22.
64 § 6 Kap. 1 M 23.

Schließlich sollte der Rechtsanwalt immer darauf achten, daß inzwischen zwei **ARB-Regelungen** in Kraft sind, die traditionellen ARB 75 und die noch kurz vor einer Marktfreigabe des Versicherungsrechts vom Bundesaufsichtsamt genehmigten ARB 94. Zu den Unterschieden im Bereich des Arbeitsrechts: *Küttner*, NZA 1996, 453.

## B. Schriftsätze

### I. Deckungsschutz

#### 1. Muster: Deckungsantrag bei eiliger Kündigungsschutzklage

Hiermit zeigen wir an, daß uns Ihr Versicherungsnehmer ▬▬▬ mit der Wahrnehmung seiner rechtlichen Interessen in einer arbeitsgerichtlichen Angelegenheit beauftragt hat. Eine Kopie unserer Klageschrift fügen wir bei. Der Rechtspflichtenverstoß des Arbeitgebers gemäß § 14 Abs. 3 ARB ist aus dem Tatbestand der Klageschrift ersichtlich.   94

Angesichts der Ausschlußfrist des § 4 KSchG und da es zu unseren anwaltlichen Obliegenheiten gehört, gesetzliche Fristen einzuhalten, mußten wir die Klage vor Eingang Ihrer Deckungszusage einreichen. Wir bitten um Deckungszusage für die gerichtliche Interessenwahrnehmung in einer arbeitsrechtlichen Angelegenheit.

#### 2. Muster: Deckungsantrag für gerichtliche Tätigkeit nach erfolglosem außergerichtlichem Verhandeln

In der Ihnen bekannten Angelegenheit hat unsere außergerichtliche Interessenwahrnehmung nicht zu dem erstrebten Erfolg geführt. Wie aus dem beiliegenden Antwortschreiben des Gegners ersichtlich, besteht keine Bereitschaft, die von uns geltend gemachten Ansprüche freiwillig zu erfüllen. Bei dieser Sachlage ist Klage geboten.   95

Wir erbitten deshalb nunmehr Deckungszusage für die gerichtliche Interessenwahrnehmung.

#### 3. Muster: Deckungsantrag bei außergerichtlicher Interessenwahrnehmung durch Schriftsatzbezug

Hiermit zeigen wir an, daß uns Ihr Versicherungsnehmer ▬▬▬ mit der Wahrnehmung seiner rechtlichen Interessen aus einem Arbeitsverhältnis beauftragt hat.   96

Die Gründe, weshalb uns Ihr Versicherungsnehmer aufgesucht hat, entnehmen Sie bitte unserem beigefügten Schriftsatz. Das Verhalten des Gegners Ihres Versicherungsnehmers beinhaltet, wie Sie im einzelnen dem anliegenden Schriftsatz entnehmen können, in mehrfacher Hinsicht Rechtspflichtverstöße gemäß § 14 Abs. 3 ARB.

Der Versicherungsfall ist gemäß § 14 Abs. 3 ARB aber auch deshalb eingetreten, weil behauptete Rechtsverstöße vorliegen, die zur Folge haben, daß sich die Rechtsposition Ihres Versicherungsnehmers ohne rechtliche Maßnahmen verschlechtern könnte. Eine ernsthafte Behauptung eines Rechtsverstoßes ist nach ständiger Rechtsprechung ein Vorgang, der nach der Lebenserfahrung die Gefahr einer rechtlichen Auseinandersetzung so nahe rückt, daß sie nicht mehr als zukünftiges ungewisses Ereignis, sondern als durch den Versicherungsvertrag mitversichertes Ereignis anzusehen ist,

> BGH, VersR 1984, 530; 1982, 841; OLG Frankfurt, VersR 1979, 566; OLG Hamm VersR 1980, 669; OLG München, VersR 1982, 1094; LG Hamburg, VersR 1977, 811.

Wir bitten daher um Deckungszusage für die Wahrnehmung der rechtlichen Interessen Ihres Versicherungsnehmers aus einem Arbeitsverhältnis.

### 4. Muster: Deckungsantrag bei außergerichtlicher Interessenwahrnehmung durch Sachverhaltsschilderung

97  Hiermit zeigen wir an, daß uns Ihr Versicherungsnehmer ▬▬ mit der Wahrnehmung seiner rechtlichen Interessen aus einem Arbeitsverhältnis beauftragt hat.

Ausgangspunkt der Mandatierung durch Ihren Versicherungsnehmer bildet folgender Sachverhalt:

Bei dieser Sachlage liegt ein Rechtspflichtenverstoß i. S.v. § 14 Abs. 3 ARB vor.

Es wird um Deckungszusage für die Wahrnehmung der rechtlichen Interessen Ihres Versicherungsnehmers aus einem Arbeitsverhältnis gebeten.

### 5. Muster: Deckungsantrag bei außergerichtlicher Interessenwahrnehmung und Beschränkung auf Gegenstandswert gemäß § 12 Abs. 7 Satz 1 ArbGG

98  Unter Hinweis auf unsere ständige Praxis in der Zusammenarbeit mit Ihnen, den Gegenstandswert in der vorliegenden Angelegenheit auf den Vierteljahresbezug zu beschränken, bitten wir um Rechtsschutzgewährung für die Wahrnehmung der rechtlichen Interessen in einer arbeitsrechtlichen Angelegenheit Ihres Versicherungsnehmers ▬▬.

Im Hintergrund der Auseinandersetzung zwischen Ihrem Versicherungsnehmer und dem Arbeitgeber steht eine drohende Kündigung. Vorgefallen ist derzeit folgendes:

### 6. Muster: Deckungsantrag bei außergerichtlicher Interessenwahrnehmung wegen Schikanen

99  Hiermit zeigen wir an, daß uns Ihr Versicherungsnehmer ▬▬ mit der Wahrnehmung seiner rechtlichen Interessen aus einem Arbeitsverhältnis beauftragt hat. Eine Kopie des Arbeitsvertrages fügen wir in Ablichtung bei.

Ihr Versicherungsnehmer erlebte in letzter Zeit an seinem Arbeitsplatz wiederholt Schikanen. Schließlich bedeutete man ihm, er solle nach einer anderen Arbeitsstelle Ausschau halten. Außerdem wurde ihm erklärt, .

Die Schikanen und Äußerungen des Arbeitgebers stellen Rechtspflichtverstöße im Sinne von § 14 Abs. 3 ARB dar. Es ist im übrigen anerkannt, daß für die Wahrnehmung rechtlicher Interessen aus Arbeitsverhältnissen nicht erforderlich ist, daß dem Versicherungsnehmer bereits gekündigt wurde. Die Erweiterung des Versicherungsschutzes in den §§ 24 Abs. 2 b, 25 Abs. 2 b, 26 Abs. 3 c, 27 Abs. 3 c und 28 Abs. 2 b ARB in den Jahren 1969 und 1975 erfolgte gerade angesichts des Umstandes, daß sich ergeben hatte, daß viele arbeitsrechtliche Streitigkeiten außergerichtlich erledigt werden und auch hierbei häufig schon ein Bedürfnis für die Einschaltung eines Rechtsanwalts besteht,
   *Harbauer*, Rechtsschutzversicherung, ARB-Kommentar, 4. Auflage, München 1990, vor § 21, Anm. 116.

Die verschiedenen Schikanen, die Ihren Versicherungsnehmer dazu bewegen sollten, selbst das Arbeitsverhältnis durch Kündigung aufzulösen, damit dem Arbeitgeber die Zahlung einer Abfindung erspart wird, wie auch die konkreten Aufforderungen und Anspielungen stellen Rechtspflichtverstöße im Sinne von § 14 Abs. 3 ARB dar. Sie sind damit eintrittspflichtig.

Der Versicherungsfall ist gemäß § 14 Abs. 3 ARB aber auch deshalb eingetreten, weil behauptete Rechtsverstöße vorliegen, die zur Folge haben, daß sich die Rechtsposition Ihres Versicherungsnehmers ohne rechtliche Maßnahmen verschlechtern könnten. Die ernsthafte Behauptung eines Rechtsverstoßes ist nach ständiger Rechtsprechung ein Vorgang, der nach der Lebenserfahrung die Gefahr einer rechtlichen Auseinandersetzung so nahe rückt, daß sie nicht mehr als zukünftiges ungewisses Ereignis, sondern als durch den Versicherungsvertrag mitversichertes Ereignis zu sehen ist,
   BGH, VersR 1984, 530; 1982, 841; OLG Frankfurt, VersR 1979, 566; OLG Hamm, VersR 1980, 669; OLG München, VersR 1982, 1094; LG Hamburg, VersR 1977, 811.

Aus diesem Grunde entspricht es der Praxis aller Rechtsschutzversicherer, es als Versicherungsfall anzusehen, wenn Anhaltspunkte dafür bestehen, daß der Arbeitgeber in Erwägung zieht, das Arbeitsverhältnis mit dem Versicherungsnehmer zu kündigen oder zur Auflösung zu bringen.

Wir dürfen daher um Deckungszusage zunächst für die außergerichtliche Interessenwahrnehmung in einer arbeitsrechtlichen Angelegenheit bitten.

### 7. Muster: Deckungsantrag wegen Kündigung

Der Arbeitgeber Ihres Versicherungsnehmers, die Firma , hat eine Kündigung des Arbeitsverhältnisses ausgesprochen. Aus diesem Grunde sind wir von Ihrem Versicherungsnehmer beauftragt worden, seine rechtlichen Interessen aus einem Arbeitsverhältnis wahrzunehmen.

Die Kündigung stellt einen Rechtspflichtenverstoß im Sinne von § 14 Abs. 3 ARB dar,
   AG Hamburg, Urt. v. 22.08.1995, r+s 1996, 107; AG Frankfurt, Urt. v. 03.01.1994, r+s 1995, 304; AG Köln, Urt. v. 01.06.1994, r+s 1995, 68.

Wir bitten um Deckungszusage für die Wahrnehmung rechtlicher Interessen in einer arbeitsrechtlichen Angelegenheit.

## 8. Muster: Deckungsantrag wegen angedrohter Kündigung

101 In einer Reihe von Entscheidungen haben die wegen des Gegenstandswerts überwiegend bemühten Instanzgerichte die Auffassung vertreten, die Androhung einer Kündigung eines Arbeitnehmers durch den Arbeitgeber sei noch kein Versicherungsfall,
   AG Frankfurt, Urt. v. 06.01.1986, ZfS 1986, 113; AG Böblingen, ZfS 1983, 83.

Auch enthalte das bloße Angebot des Arbeitgebers an den Arbeitnehmer, einen Aufhebungsvertrag zu schließen, keinen Rechtspflichtenverstoß i. S. von § 14 Abs. 3 Satz 1 ARB,
   AG Köln, Urt. v. 05.01.1990, ZfS 1990, 164; OLG Nürnberg, Urt. v. 21.02.1991, ZfS 1991, 200; OLG Hamm, Urt. v. 01.03.1992, JurBüro 1992, 413.

Steht allerdings eine Kündigung des Arbeitsverhältnisses, vom Arbeitgeber angekündigt, oder der vom Arbeitgeber vorgeschlagene Abschluß eines Aufhebungsvertrages im Raum, haben sich beim Arbeitsverhältnis als einem Dauerschuldverhältnis in der dem Angebot bzw. der Ankündigung vorausgehenden Zeit regelmäßig eine Reihe von Rechtspflichtenverstößen auf seiten des Arbeitgebers (und vom Arbeitgeber behauptete auf seiten des Arbeitnehmers) angesammelt, gegen die sich der Arbeitnehmer naturgemäß wendet. Der Arbeitnehmer, der also wiederholt beleidigt worden ist, dem mündlich Abmahnungen ausgesprochen wurden, ohne daß er Pflichtverstöße begangen hatte, über den wahrheitswidrige Informationen im Betrieb verbreitet wurden, wird zunächst bei der Interessenwahrnehmung durch seinen Anwalt gegen die behaupteten Pflichtverstöße vorgehen wollen. Wenn am Ende der Interessenwahrnehmung durch den Rechtsanwalt des Arbeitnehmers die Kündigung oder der Abwicklungs- oder Aufhebungsvertrag steht, stellt dies eine von der Deckungszusage mit erfaßte Sachverhaltsentwicklung dar, die unter dem Gesichtspunkt des adäquat kausalen Zusammenhangs zu sehen ist. Deshalb ist auch in denjenigen Fällen, in denen erfahrungsgemäß am Ende der Interessenwahrnehmung ein Arbeitsgerichtsprozeß oder ein Vergleich in der Form eines Aufhebungsvertrages steht, Deckungsschutz zu gewähren, wenn einzelne Rechtspflichtenverstöße, zu denen namentlich Schikanen des Arbeitgebers gehören, die anwaltliche Geschäftsbesorgung erforderlich gemacht haben.

Im Gegensatz zur älteren Rechtsprechung und nach der zutreffenden Auffassung der Fachliteratur stellt bereits die Androhung einer Kündigung einen selbständigen Rechtspflichtenverstoß gemäß § 14 Abs. 3 ARB 75 (§ 4 lit. c ARB 94) dar, wenn an der Ernsthaftigkeit der Drohung kein Zweifel besteht, insbesondere aber dann, wenn der Arbeitgeber die angedrohte Kündigung als Druckmittel zum Abschluß eines Aufhebungsvertrages einsetzt,
   LG Göttingen, Urt. v. 10.02.83, AnwBl. 1983, S. 335 f.; AG München, Urt. v. 16.09.85 (unveröffentlicht); LG München I, Urt. v. 12.03.86 (unveröffentlicht); AG Tettnang, Urt. v. 17.11.95, AnwBl. 1997, S. 292; LG Hannover, Urt. v. 08.01.1997, NZA-RR 1998, 228; OLG Nürnberg, ZfSch 1991, 200; AG Hamburg, ZfSch 1991, 52; *Hümmerich*, AnwBl. 1995, S. 321 (323); *Küttner*, NZA 1996, S. 453 (459).

In den Fällen, in denen sich der Arbeitgeber zur Bekräftigung oder gar Durchsetzung seines Wunsches, mit dem Arbeitnehmer einen bestimmten Änderungs- oder Aufhebungsvertrag abzuschließen, rechtswidriger Mittel wie z.B. der Drohung, der Nötigung oder gar Erpressung bedient, liegt stets ein Rechtspflichtenverstoß des Arbeitgebers aufgrund einer Verletzung einer Nebenpflicht vor. Gegen die sozial-adäquaten Folgen einer solchen Rechtspflichtenverletzung des Arbeitgebers darf sich deshalb der rechtsschutzversicherte Arbeitnehmer gemäß § 1 Abs. 1 ARB auf Kosten seines Rechtsschutzversicherers mit anwaltlicher Hilfe zur Wehr setzen. Kostenmäßig gedeckt ist nach der Definition des § 1 Abs. 1 Satz 2 ARB alles, was zur Wahrnehmung rechtlicher Interessen des betroffenen Arbeitnehmers in der durch die Rechtspflichtenverletzung des Arbeitgebers hervorgerufenen Situation notwendig ist, sofern die notwendige und interessengerechte Vorgehensweise gegen die Rechtspflichtenverletzung des Arbeitgebers hinreichende Aussicht auf Erfolg bietet und nicht

mutwillig erscheint. Umfaßt ist insbesondere auch die anwaltliche Interessenvertretung insoweit, als sie auf den Abschluß und die inhaltliche Gestaltung eines Aufhebungsvertrages gerichtet ist.
    LG Hannover, aaO

Der sich ggf. anschließende Kündigungsschutzprozeß gegen eine Kündigung des Arbeitsverhältnisses durch den Arbeitgeber ist eine weitere Angelegenheit und damit ein neuer Versicherungsfall,
    LG Göttingen, aaO; Hümmerich, aaO; Küttner, aaO

### 9. Muster: Deckungsantrag bei Entfristungsklage

Macht der Arbeitnehmer, mit dem mehrere befristete Arbeitsverträge geschlossen wurden, geltend, die Befristung seines Arbeitsverhältnisses stelle eine Umgehung des Kündigungsschutzes dar, ist der Versicherungsfall gemäß § 14 Abs. 3 Satz 1 ARB in dem Zeitpunkt eingetreten, in dem der Rechtsverstoß begonnen haben soll. Dies ist nicht der Zeitpunkt, in dem die Weiterbeschäftigung enden sollte, sondern der Zeitpunkt der letzten Zusatzvereinbarung zur Verlängerung des Arbeitsverhältnisses des Arbeitnehmers,
    AG Bochum, Urt. v. 26.03.1985 – unveröffentlicht; AG Freiburg i.Br., Urt. v. 25.04.1985 – unveröffentlicht.

### 10. Muster: Keine Obliegenheitsverletzung beim Weiterbeschäftigungsantrag

Ihr Schreiben, in dem Sie Deckungsschutz für die Kündigungsschutzklage bestätigen, haben wir erhalten. Soweit Sie für den Weiterbeschäftigungsantrag keinen Deckungsschutz erteilt haben, müssen wir Sie auf folgendes aufmerksam machen:

Die Stellung des Weiterbeschäftigungsantrags bedeutet keine Obliegenheitsverletzung des Versicherungsnehmers gemäß § 15 Abs. 1 d) aa) ARB 75. Selbst *Löwisch*,
    VersR 1986, 404,
hat nicht generell den Weiterbeschäftigungsantrag als Obliegenheitsverletzung bewertet. Die von *Löwisch* vertretene Ansicht ist allerdings inzwischen überholt. In weiten Bereichen der Rechtsprechung wird die Ansicht vertreten, daß die Geltendmachung des Weiterbeschäftigungsanspruchs mit Erhebung der Kündigungsschutzklage keine Obliegenheitsverletzung nach § 15 Abs. 1 d) aa) ARB darstellt:
    AG Münster, ZfSch 1987, 81; AG Hannover, ZfSch 1987, 52; LG Bochum, AnwBl 1986, 415; AG Köln, ZfSch 1986, 180; AG Berlin-Charlottenburg, JurBüro 1986, 1902; AG Hamburg, NJW 1987, 2382; AG Düsseldorf, ZfSch 1988, 82; AG Siegburg, ZfSch 1987, 370, AG Hamburg, Urt. v. 23.01.1987 – 4 C 878/86 (unveröffentlicht); AG Duisburg, JurBüro 1987, 1856; AG Köln, JurBüro 1987, 619; AG Köln, ZfSch 1987, 81; AG Köln, JurBüro 1987, 618; AG Münster, ZfSch 1987, 81; AG Köln, ZfSch 1990, 19; AG Lingen, ZfSch 1980, 320; AG Nürnberg, NZA 1988, 706; AG Aalen, r + s 1988, 140; vgl. *Hümmerich, Kallweit, Spirolke*, Das arbeitsrechtliche Mandat, § 11 Rn 123.

### 11. Muster: Keine Obliegenheitsverletzung beim Weiterbeschäftigungsantrag als Eventual-Hilfsantrag

Soweit in der Vergangenheit, insbesondere durch einen Aufsatz von *Löwisch*,
VersR 1986, 404
veranlaßt, die Meinung vertreten wurde, es stelle eine Obliegenheitsverletzung nach § 15 Abs. 1 d) aa) ARB 1975 dar, wenn der Versicherungsnehmer im Kündigungsschutzprozeß einen Weiterbeschäftigungsantrag stelle, ist diese Rechtsauffassung zu keiner Zeit richtig gewesen, in jedem Falle aber überholt. Die überwiegende Rechtsprechung hält die Geltendmachung des Weiterbeschäftigungsanspruchs mit Erhebung der Kündigungsschutzklage nicht für einen Obliegenheitsverstoß,
siehe *Küttner*, Rechtsschutzversicherung und Arbeitsrecht, NZA 1996, 461 mit Nachweisen in Fn 71.

In jedem Falle aber ist Deckungsschutz zu gewähren für Weiterbeschäftigungsanträge im Zusammenhang mit Kündigungsschutzklagen, wenn dieser Antrag nach der Güteverhandlung gestellt wird.
AG Ahaus, ZfSch 1990, 19; AG Berlin-Charlottenburg, ZfSch 1991, 272; AG Gelbern, r + s 1991, 311; AG Grevenbroich, VersR 1989, 1043, AG Lübeck, ZfSch 1992, 66; AG München, JurBüro 1987, 1102; LG München I, ZfSch 1988, 144; LG Münster, ZfSch 1990, 17; AG Neustadt/Weinstraße, ZfSch 1988, 360; LG Bonn, ZfSch 1988, 179; LG Köln, EzA § 611 Beschäftigungspflicht Nr. 31; AG Köln, ZfSch 1987, 337; AG Bielefeld, r + s 1987, 257; AG Bielefeld, ZfSch 1987, 212; AG Bielefeld, JurBüro 1988, 651; AG Lüneburg, ZfSch 1987, 306; AG Hagen, ZfSch 1986, 651; AG Lüneburg, ZfSch 1987, 306; AG Hagen, ZfSch 1987, 52; AG Hannover, r + s 1987, 21.

Da wir den Weiterbeschäftigungsantrag als Eventual-Hilfsantrag formuliert haben, ist selbst nach der zitierten, restriktiven Rechtsprechung ausgeschlossen, daß der Antrag vor Durchführung der Güteverhandlung gestellt wird, so daß wir um ergänzenden Deckungsschutz hinsichtlich des Weiterbeschäftigungsantrags bitten müssen.

### 12. Muster: Zusage, Weiterbeschäftigungsantrag erst im Kammertermin zu stellen

Bedauerlicherweise wurde Deckungsschutz für den Weiterbeschäftigungsantrag verweigert. Wir bitten erneut, einen entsprechenden Deckungsschutz zu erteilen.

Es ist ein Irrtum, wenn angenommen wird, Ihr Versicherungsnehmer begehe eine Obliegenheitsverletzung nach § 15 Abs. 1 d) aa) ARB, wenn er einen Weiterbeschäftigungsantrag stelle. Insbesondere der Hinweis darauf, nach erfolgreicher Kündigungsschutzklage könne der Versicherungsnehmer immer noch eine einstweilige Verfügung beantragen, wenn der Arbeitgeber die Weiterbeschäftigung versage, ist kein anzuerkennendes Argument. Gerade angesichts der Entscheidung des Großen Senats vom 27.02.1985,
NZA 1985, 702;
wird man den Arbeitnehmer, der im Kündigungsschutzprozeß den Weiterbeschäftigungsantrag nicht stellt, entgegenhalten können, es fehle ihm für eine einstweilige Verfügung bereits am Verfügungsgrund,
*Feichtinger*, DB 1983, 939; *Küttner*, NZA 1996, 461.

Das Unterlassen des Weiterbeschäftigungsantrags ist regelmäßig ein anwaltlicher Haftpflichtfall,
*Küttner/Sobolebski*, AnwBl 1985, 492.

Da im Gütetermin ohnehin keine Anträge gestellt werden, kann der Weiterbeschäftigungsantrag erst im Kammertermin gestellt werden. Die Streitwertaddition greift deshalb erst nach durchgeführtem Gütetermin.

Teilen Sie uns deshalb bitte freundlicherweise mit, daß unter Berücksichtigung unseres heutigen Schreibens Deckungsschutz auch für den Weiterbeschäftigungsantrag erteilt wird.

### 13. Muster: Deckungsantrag bei Betriebsstillegung

hiermit zeigen wir an, daß uns Ihr Versicherungsnehmer ......... mit der Wahrnehmung seiner rechtlichen Interessen in einer arbeitsrechtlichen Angelegenheit beauftragt hat. Gegenstand des Mandats bildet folgender Sachverhalt:

Der Arbeitgeber Ihres Versicherungsnehmers beabsichtigt, den Betrieb bzw. einen Betriebsteil aufzugeben und möchte sich deshalb von den Mitarbeitern trennen, u. a. von Ihrem Versicherungsnehmer. Entsprechende Unterlagen über Interessenausgleich, Sozialplan etc. fügen wir in Ablichtung bei.

Außerdem wird der Versuch von seiten des Arbeitgebers unternommen, den Ihrem Versicherungsnehmer zustehenden Kündigungsschutz nach dem Kündigungsschutzgesetz zu umgehen, indem von Ihrem Versicherungsnehmer verlangt wird, den in der Anlage ebenfalls beigefügten Aufhebungsvertrag zu unterzeichnen.

Das Verhalten des Arbeitgebers stellt in mehrfacher Hinsicht Rechtspflichtverstöße gemäß § 14 Abs. 3 ARB dar: Rechtswidrig ist die Umgehung des Kündigungsschutzgesetzes durch Aufhebungsverträge; einen Pflichtenverstoß bedeutet es auch, daß der Arbeitgeber versucht, Ihren Versicherungsnehmer in Einzelgesprächen unter Druck zu setzen und ihn zu veranlassen, einen Aufhebungsvertrag zu unterzeichnen, durch den er sich wesentlicher Rechte begibt.

Ihr Versicherungsnehmer muß schließlich damit rechnen, daß das Arbeitsverhältnis gekündigt wird, falls er den Aufhebungsvertrag nicht unterschreibt.

Bei dieser Sachlage ist Ihr Versicherungsnehmer auf die Interessenwahrnehmung durch einen Rechtsanwalt angewiesen. Die Rechtsposition Ihres Versicherungsnehmers würde sich, würde er anwaltliche Hilfe nicht in Anspruch nehmen, bereits wesentlich verschlechtern. Eine ernsthafte Behauptung eines Rechtsverstoßes ist aber nach ständiger Rechtsprechung ebenfalls ein Vorgang, der nach der Lebenserfahrung die Gefahr einer rechtlichen Auseinandersetzung so nahe rückt, daß sie sich nicht mehr als zukünftiges ungewisses Ereignis, sondern als durch den Versicherungsvertrag mitversichertes Ereignis anzusehen ist,
> BGH, VersR 1984, 530; 1982, 841; OLG Frankfurt, VersR 1979, 566; OLG Hamm, VersR 1980, 669; OLG München, VersR 1982, 1094; LG Hamburg, VersR 1977, 811.

Wir bitten daher um Deckungszusage für die Wahrnehmung der rechtlichen Interessen Ihres Versicherungsnehmers aus einem Arbeitsverhältnis.

### 14. Muster: Rechtspflichtenverstoß wegen fehlenden Zwischenzeugnisses

Mit der Kündigungsschutzklage wurde ein Antrag auf Erteilung eines Zwischenzeugnisses angekündigt. Daß der Arbeitgeber bislang noch nicht verbindlich erklärt hat, er würde kein Zwischenzeugnis erteilen, bedeutet nicht, daß der angekündigte Antrag auf Zwischenzeugnis zu einer Obliegenheitsverletzung im Sinne von § 15 Abs. 1 d) aa) ARB führt.

vgl. *Hümmerich/Kallweit/Spirolke*, Das arbeitsrechtliche Mandat, § 11 Rn 134.

Spätestens dann, wenn der Arbeitgeber nach Kenntnisnahme von dem in der Kündigungsschutzklage angekündigten Antrag auf Erteilung eines Zwischenzeugnisses Kenntnis hat und er nicht innerhalb einer Woche das Zwischenzeugnis ausstellt, befindet er sich mit seiner Leistungsverpflichtung in Verzug. Der Arbeitnehmer kann vom Arbeitgeber die Erteilung eines Zwischenzeugnisses verlangen, wenn ein berechtigtes Interesse vorliegt. Dies wird allgemein aus der aus § 242 BGB folgenden Fürsorgepflicht gefolgert.

Ein berechtigtes Interesse besteht insbesondere dann, wenn vom Arbeitgeber eine Kündigung in Aussicht gestellt wurde oder die Beendigung des Arbeitsverhältnisses auch in seinem Interesse liegt,

*Reinecke* in *Küttner*, Personalbuch 1999, Zeugnis, Rn 11; *Schaub*, Arbeitsrechtshandbuch, § 146 I 4).

Erst recht muß dann ein berechtigtes Interesse des Arbeitnehmers bestehen, wenn der Arbeitgeber dem Arbeitnehmer zu Unrecht gekündigt hat. Darüber hinaus wird teilweise in der Literatur vertreten, daß der Arbeitnehmer auch ohne Darlegung eines besonderen Grundes ein Zwischenzeugnis verlangen könne, da der Zwang zur Offenbarung seines anerkannt berechtigten Interesses ggf. ohne Not das bestehende Arbeitsverhältnis gefährde,

*Reinecke* in *Küttner*, Personalbuch 1999, Zeugnis, Rn 11.

Sollte der Arbeitgeber also bis zum Gütertermin kein Zwischenzeugnis ausgestellt haben, liegt in jedem Fall ein Rechtspflichtverstoß nach § 14 Abs. 3 ARB vor, weil sich der Arbeitgeber mit seiner Zeugniserteilungspflicht in Verzug befindet, § 286 BGB.

### 15. Muster: Anforderungen an einen vorvertraglichen Pflichtenverstoß bei fristloser Kündigung

**108** Die Rechtsprechung bezieht manchmal vom Arbeitgeber vorgetragene, länger zurückliegende, behauptete Vertragsverletzungen als maßgeblichen Zeitpunkt für den Eintritt des Versicherungsfalles ein,

LG Berlin, r + s 1991, 95.

Manchmal werden sogar behauptete Vertragsverletzungen, auf die der Arbeitgeber die Kündigung gar nicht stützt, die aber in einem sachlichen Zusammenhang mit ihr stehen, als vorvertragliche Rechtsverstöße angesehen, von denen der erste adäquat kausale Verstoß nach § 14 Abs. 3 Satz 2 ARB 75 bzw. § 4 Abs. 2 ARB 94 maßgebend ist,

OLG Hamm, ZfSch 1988, 317.

Um den sich damit anbietenden Mißbrauch für Rechtsschutzversicherer aus dem Versicherungsausschluß gemäß § 14 Abs. 3 Satz 2 und 3 ARB 75 entgegenzuwirken, verlangt die Rechtsprechung deshalb substantiierte Behauptungen des Arbeitgebers, des Unternehmers, aus denen ein Tatsachenkern eines Pflichtenverstoßes bzw. belegte Tatsachen erkennbar werden,

BGH, VersR 1985, 540; OLG Hamm, VersR 1984, 153; OLG Düsseldorf, VersR 1986, 865; OLG Köln, VersR 1993, 47.

Voraussetzung des behaupteten Rechtspflichtenverstoßes ist nach den vorgenannten Entscheidungen, daß das behauptete Fehlverhalten für den vom Versicherungsnehmer in Anspruch genommenen Rechtsschutz ursächlich geworden ist und darüber hinaus ein Ursachenzusammenhang zwischen dem behaupteten Verstoß und der Wahrnehmung rechtlicher Interessen im konkreten Rechtsstreit besteht.

Als adäquat kausale Ursachen, die zur Bestimmung des Versicherungsfalles zu berücksichtigen sind, können bei fristlosen Kündigungen nur solche Ereignisse angesehen werden, die innerhalb der Frist des § 626 Abs. 2 BGB stattgefunden haben,
    LG Heidelberg, VersR 1993, 1395; *Küttner*, NZA 1996, 457.

Ereignisse, die nicht innerhalb der Zwei-Wochen-Frist liegen, sind bei einer fristlosen Kündigung rechtsschutzversicherungsrechtlich irrelevant.

### 16. Muster: Zahlungsklage neben Kündigungsschutzklage

Es ist zutreffend, daß sich aus der Kündigungsschutzklage nicht zugleich ein Deckungsschutz für eine ergänzende Lohn- und Gehaltsklage ergibt,
    AG Karlsruhe, ZfSch 1990, 20; AG Bremen, ZfSch 1990, 20; AG Simmern, ZfSch 1986, 305; AG Brilon, ZfSch 1986, 180; LG Krefeld, ZfSch 1986, 180.

Der Rechtsschutzversicherer hat allerdings Deckungsschutz zu erteilen, wenn der Arbeitgeber nach Ausspruch einer offensichtlich unwirksamen fristlosen Kündigung oder einer ordentlichen Kündigung sofort ab Zugang der Kündigung dem Arbeitnehmer nicht mehr das ihm zustehende Gehalt zahlt. Es gehört zu den Obliegenheiten des Anwalts, die Gehälter bis zum Ablauf der ordentlichen Kündigung sofort einzuklagen,
    BGH, Urt. v. 29.03.1983, NJW 1983, 1665; *Küttner*, NZA 1996, 462; *Hümmerich/Kallweit/Spirolke*, Das arbeitsrechtliche Mandat, § 11 Rn 132.

Für den Arbeitnehmer besteht, wenn ihm kein Gehalt gezahlt wird, immer ein Insolvenzrisiko, so daß er ohne Obliegenheitsverletzung berechtigt ist, durch schnellstmögliche Erhebung einer Zahlungsklage seine Forderungen durchzusetzen. Für den Arbeitnehmer ergibt sich außerdem stets das Risiko, daß aufgrund tariflicher oder vertraglicher Ausschlußfristen ein Zahlungsanspruch nicht mehr durchgesetzt werden kann.

Nur soweit auf Zahlung zukünftiger Gehälter geklagt wird, die nach Ablauf der ordentlichen Kündigungsfrist fällig werden, kann dem Versicherungsnehmer, wenn keine Verjährung, Verwirkung oder Ausschluß aufgrund einer Ausschlußfrist droht, zugemutet werden, zunächst den Bestand des Arbeitsverhältnisses zu klären. Hat der Arbeitnehmer Anzeichen, daß der Arbeitgeber seiner Zahlungsverpflichtung nicht nachkommen wird, ist der Arbeitnehmer dagegen jederzeit berechtigt, ohne Obliegenheitsverletzung Zahlungsklagen neben der Kündigungsschutzklage einzureichen.

Im übrigen machen wir darauf aufmerksam, daß die früher in den ARB 75 enthaltene Verpflichtung des Versicherungsnehmers, vorab nur einen angemessenen Teil der Ansprüche einzuklagen (§ 15 Abs. 1 lit. d) aa)) in den ARB 94 nicht mehr enthalten ist. Insoweit ist also eine Rechtsänderung eingetreten. Eine Verpflichtung, möglichst Teilklagen zu erheben, besteht damit nicht mehr.

### 17. Muster: Keine Erläuterung des gerichtlichen Streitwertbeschlusses

Sie haben mich gebeten, Ihnen das Zustandekommen des gerichtlichen Streitwertbeschlusses zu erläutern. Ich gestatte mir den Hinweis, daß ich als Rechtsanwalt Ihres Versicherungsnehmers hierzu nicht verpflichtet bin. Weder in den ARB 75 noch in den ARB 94 ist eine Rechtsgrundlage für die von Ihnen geltend gemachte Bitte enthalten.

Sollten Sie wünschen, daß der Streitwertbeschluß noch einmal gerichtlich überprüft wird, teilen Sie uns bitte freundlicherweise Ihre Sachargumente mit, die dem Gericht vorzutragen sind. Wenn Sie uns in diesem Falle auch förmlich beauftragen, werden wir Streitwertbeschwerde erheben oder das vorgesehene Rechtsmittel einlegen. Verbinden Sie bitte Ihre Beauftragung mit einer Übernahmeerklärung für die Kosten des Verfahrens.

### 18. Muster: Kein Deckungsausschluß bei Kündigung wegen vorsätzlicher Herbeiführung des Versicherungsfalls

**111** Soweit die Gründe des Arbeitgebers von Ihnen als Rechtsschutzversicherer zum Anlaß genommen worden sind, daß Deckungsschutz unter Hinweis auf § 4 Abs. 2 a) ARB 75 verweigert werden soll, weil Ihr Versicherungsnehmer den Versicherungsfall vorsätzlich und rechtswidrig verursacht haben soll, können wir Ihre Auffassung nicht teilen. Zwar wird in Teilen der Rechtsprechung die Ansicht vertreten, beim Versicherungsnehmer werde nicht das Bewußtsein vorausgesetzt, daß der vorsätzliche Rechtsverstoß zu einer Kostenbelastung des Rechtsschutzversicherers führe,
 BGHZ 117, 345; BGH, r + s 1997, 201; OLG Oldenburg, r + s 1992, 239.

Diese strenge Rechtsprechung des BGH wird von den Oberlandesgerichten deutlich relativiert, wenn es heißt, „daß durch § 4 Abs. 2 a) ARB 75 nicht die vorsätzliche Verursachung eines Versicherungsfalles i. S. v. § 14 ARB als solche sanktioniert werden soll, sondern der Bestimmung der Gedanke zugrundeliegt, daß der Versicherungsnehmer den Versicherungsschutz nur dann verlieren soll, wenn sein Verhalten gerade im Hinblick auf die Herbeiführung der rechtlichen Auseinandersetzung und der damit verbundenen Verursachung von Rechtskosten nicht zu billigen ist, weil in diesem Fall eine Schadensabwälzung auf die Versichertengemeinschaft nicht mehr vertretbar erscheint."
 OLG Köln, r + s 1992, 238; OLG Köln, Urt. v. 22.04.1993 – 5 U 218/92 (unveröffentlicht); LG Hannover, r + s 1993, 22.

Legt man diese Maßstäbe zugrunde, hat das Verhalten Ihres Versicherungsnehmers nicht zu einem Deckungsausschluß wegen vorsätzlicher Herbeiführung des Versicherungsfalles geführt.

### 19. Muster: Kein Deckungssausschluß bei Verfahren vor der Hauptfürsorgestelle

**112** Sie haben eingewandt, bei dem Verfahren vor der Hauptfürsorgestelle gemäß §§ 12 ff. SchwbG handele es sich um ein Verwaltungsverfahren, für das kein Deckungsschutz bestehe. Diese Ansicht wird von der Rechtsprechung und der überwiegenden Kommentarliteratur nicht geteilt. Bei dem Verfahren vor der Hauptfürsorgestelle, in dem der Arbeitgeber die Zustimmung zur Kündigung des Arbeitsverhältnisses eines Schwerbehinderten beantragt, handelt es sich um einen Versicherungsfall i. S. v. § 26 Abs. 3 c) ARB 75 und damit um eine Angelegenheit aus dem Bereich des Arbeitsrechts,
 *Prölls/Martin*, VVG, Anm. 2 zu § 26 ARB; Anm. 4 zu § 25 ARB; LG Koblenz r + s 1989, 155; AG Gelsenkirchen, NZA 1988, 818; AG Siegburg, NJW-RR 1995, 285.

Rein vorsorglich machen wir darauf aufmerksam, daß sich der Gegenstandswert in diesem Verfahren deshalb auch nicht nach § 13 GKG (Mindeststreitwert 8.000,00 DM), sondern nach § 12 Abs. 7 ArbGG richtet,
> *Göttlich/Mümmeler*, Kommentar zur BRAGO, S. 1321; *Hümmerich*, AnwBl 1995, 328; AG Siegburg, NJW-RR 1995, 285.

## II. Gebühren bei außergerichtlicher Interessenwahrnehmung

### 1. Muster: Verdeckte Geschäftsbesorgung

3100

Wir weisen darauf hin, daß wir zunächst im Verhältnis zum Arbeitgeber nach außen nicht in Erscheinung treten werden. Wie die forensische Erfahrung lehrt, lassen sich für einen Arbeitnehmer, dessen Arbeitsverhältnis gefährdet ist, außergerichtlich günstigere Auflösungsmodalitäten erreichen, wenn dem Arbeitgeber unbekannt bleibt, daß die Strategie des Arbeitnehmers von einem Rechtsanwalt entwickelt und begleitet wird.

Das nach außen erkennbare, schriftsätzliche Tätigwerden eines Rechtsanwalts bringt manchmal die Gefahr mit sich, daß eine überflüssige Verhärtung der Fronten zwischen den Parteien entsteht. Die verdeckte anwaltliche Rechtsbesorgung vermeidet demgegenüber die unmittelbare Konfrontation. Durch Rückfragen kann und konnte Ihr Versicherungsnehmer auch von seiner Arbeitsstelle aus telefonisch jederzeit weitere Verhaltensvorschläge des Unterzeichners einholen.

113

### 2. Muster: Besprechungsgebühr

3102

Die Besprechungsgebühr gemäß § 118 Abs. 1 Nr. 2 BRAGO ist deshalb angefallen, weil wir mit der Gegenseite die Angelegenheit ausführlich besprochen haben. Ein Beleg liegt an.

114

### 3. Muster: Besprechungsgebühr durch Telefonat

3104

Wir dürfen insbesondere auf den ausführlichen telefonischen Kontakt verweisen, den wir mit dem Gegner im Auftrage unseres Mandanten hatten. Zum Beleg weisen wir auf das beigefügte Schreiben hin.

115

## 4. Muster: Vergleichsgebühr

116 Die Vergleichsgebühr ist angefallen, da wir den Vergleich mit der Gegenseite unmittelbar ausgehandelt haben. Eine Kopie der Vergleichsvereinbarung liegt bei.

## 5. Muster: Vergleichswortlaut mit Gegner ausgehandelt

117 Schließlich haben wir den Vergleich mit Vertretern der Gegenseite in unseren Kanzleiräumen ausgehandelt, so daß ebenfalls die Besprechungsgebühr gemäß § 118 Abs. 1 Nr. 2 BRAGO angefallen ist.

## 6. Muster: Vergleichsgebühr bei Ursächlichkeit für Vergleichsabschluß

118 Die Vergleichsgebühr aus Anlaß der Auflösung des Arbeitsverhältnisses Ihres Versicherungsnehmers ist trotz des Umstandes entstanden, daß wir im Verhältnis zum Arbeitgeber Ihres Versicherungsnehmers nach außen hin nicht in Erscheinung getreten sind. Die Vergleichsgebühr entsteht nicht nur, wenn der Rechtsanwalt persönlich mit der Gegenpartei verhandelt hat oder bei dem endgültigen Abschluß des Vergleichs anwesend war. Es genügt die Prüfung und Begutachtung des Vergleichsvorschlags und die Beratung der eigenen Partei,
BGH, NJW 1962, 1621; OLG Frankfurt, AnwBl. 1984, 101.

Die Tätigkeit des Rechtsanwalts muß nur für den Vergleichsabschluß mitursächlich gewesen sein, was auch dann der Fall ist, wenn die Vergleichsverhandlungen zunächst gescheitert sind, die Parteien aber ohne Rechtsanwalt oder mit einem anderen Rechtsanwalt den gleichen Vergleich doch noch geschlossen haben,
OLG Celle, NdsRpfl 1962, 112; KG, AnwBl. 1970, 290; LG Krefeld, VersR 1974, 894.

Da wir selbst konkrete Vorschläge für den schließlich abgeschlossenen Vergleich gemacht hatten, den endgültigen Vergleichsvorschlag des Arbeitgebers in einer Besprechung mit Ihrem Versicherungsnehmer begutachtet und Ihren Versicherungsnehmer hierbei beraten haben, ist die Vergleichsgebühr entstanden.

## 7. Muster: Vergleichsgebühr und Deckungsschutz bei globaler Bereinigung der Rechtsbeziehung

119 Versicherungsschutz besteht, soweit der Versicherungsnehmer oder ein mitversicherter Familienangehöriger gesetzliche oder vertragliche Ansprüche aufgrund eines während der Versicherungszeit eingetretenen Rechtsverstoßes im Sinne von § 14 Abs. 2 ARB aus einem von ihm eingegangenen Arbeitsverhältnis gegenüber dem Arbeitgeber geltend zu machen oder abzuwehren hat. Dabei wird

jede Art außergerichtlicher Tätigkeit in dem Umfang gedeckt, in dem sie durch den Eintritt eines Versicherungsfalls notwendig wird,
*Harbauer*, Rechtsschutzversicherung, § 1 Rn 2.

Die außergerichtliche und gerichtliche Interessenwahrnehmung ist insoweit von ihrem Beginn an bis zum Ende gedeckt,
*Harbauer*, Vorb. § 21 Rn 97.

Hier gilt der Versicherungsfall im Sinne von § 14 Abs. 3, Abs. 1 ARB in dem Zeitpunkt als eingetreten, in dem der Arbeitgeber eine Kündigung oder eine Änderungskündigung ausspricht. Entschließt sich sodann der Arbeitnehmer im Rahmen dieser Auseinandersetzung zu einer globalen Bereinigung der Rechtsbeziehungen mit dem Arbeitgeber, so ist die nunmehr gefundene vergleichsweise Regelung eindeutig eine Folge des Rechtsverstoßes des Arbeitgebers, so daß die Rechtsschutzgewährung sich auch hierauf erstrecken muß,
LG Hannover, NJW 1987, 1337.

Die Rechtsschutzversicherung hätte auch Deckungsschutz gewähren müssen, wenn der Versicherungsnehmer die ausgesprochene Kündigung zum Gegenstand einer gerichtlichen Auseinandersetzung gemacht hätte.

Der Rechtsschutzversicherer kann sich auch nicht auf die einschränkende Regelung des § 2 Abs. 3 a ARB berufen. Im Zusammenhang mit der außergerichtlichen Erledigung ist nämlich zu berücksichtigen, daß sich der Rechtsschutzversicherer nur dann auf diese Vorschrift berufen kann, wenn bereits ein materiell-rechtlicher Kostenerstattungsanspruch des Versicherungsnehmers, beispielsweise aus Verzug oder unerlaubter Handlung des Gegners, bestanden hat. Denn soweit ein solcher Erstattungsanspruch noch nicht besteht, kann der Gegner nicht wie im Prozeß zur Übernahme einer dem Grade seines Nachgebens bzw. Unterliegens entsprechenden Kostenquote im Vergleich gezwungen werden,
*Harbauer*, § 2 Rn 7 a.

Dabei ist darauf hinzuweisen, daß der Vergleich ohnehin keine Kostenregelung nach § 12 a ArbGG enthalten kann und somit auch nicht die Kosten des Gegners zu ersetzen sind.
LG Hannover, NJW 1987, 1337.

### 8. Muster: Streitwertaddition bei Vergleich

Vereinzelt wurde die Auffassung vertreten, daß der Vergleichswert nicht durch Vergleichsregelungen erhöht werden könne, da es bei der Klarstellung unstreitiger Ansprüche an einem Vergleich im Sinne von § 779 BGB fehle.
LAG Rheinland-Pfalz, NZA 1984, 99; LAG Baden-Württemberg, DB 1984, 784.

Diese Auffassung ist unrichtig. Sobald die Parteien in der Form des Vergleichs unstreitige Rechtsverhältnisse regeln und gestalten, geben sie zu erkennen, daß sie unstreitige Beziehungen wie streitige Rechtsbeziehungen behandelt wissen wollen, woraus sich zwangsläufig die Bildung eines besonderen Wertes rechtfertigt,
*Egon Schneider*, Streitwert-Kommentar, Rn 4594; GK-ArbGG/*Wenzel*, § 12, Rn 177; *Hümmerich/Kallweit/Spirolke*, Das arbeitsrechtliche Mandat, § 11 Rn 138.

Zu bewerten ist das sog. Titulierungsinteresse, da es den wirtschaftlichen Wert des Regelungspunktes ausdrückt,
OLG Zweibrücken, KostRsb GKG, § 17 Nr. 7; OLG Hamm, JurBüro 1985, 1360.

Deshalb ist die Einbeziehung eines Zeugnisses in einen Vergleich über die Aufhebung oder Abwicklung eines Arbeitsverhältnisses stets mit mindestens 500,00 DM gebührenmäßig zu berücksichtigen,
  LAG Düsseldorf, JurBüro 1985, 1710; LAG Bremen, AnwBl 1984, 155.

Nehmen die Parteien die Verhandlungen (oder einen Kündigungsschutzprozeß) zum Anlaß, das Arbeitsverhältnis vorzeitig aufzulösen oder sonstige Regelungen zu treffen, die mit dem eigentlichen Streitgegenstand nichts zu tun haben, aber Bewertungsfragen aufwerfen, so wirken die zusätzlichen Regelungen gegenstandswerterhöhend,
  GK-ArbGG/*Wenzel*, § 12, Rn 178 mwN.

Die Rückgabe eines Gesellschaftsanteils,
  LAG Baden-Württemberg, JurBüro 1988, 1234,
die vorzeitige Aufhebung eines Arbeitsverhältnisses,
  LG Köln, AnwBl 1984, 315,
und selbst Forderungen, an deren Realisierbarkeit Zweifel bestehen, sind, wenn sie im Vergleich miterledigt werden, streitwertmäßig zu berücksichtigen,
  LAG Frankfurt, NJW 1964, 2129; LAG Hamm, MDR 1980, 613; LAG Düsseldorf, LAGE, § 3 ZPO, Nr. 5.

Demgemäß sind die im Vergleich getroffenen Regelungen, über den Wert der Bestandsstreitigkeit hinaus, wie folgt zu berücksichtigen:

## 9. Muster: Streitwerterhöhende Einbeziehung von Regelungen über Altersversorgung und Zeugnis im Vergleich

Im Zusammenhang mit § 14 Abs. 3 ARB ist es anerkannt, daß eine rechtliche Auseinandersetzung sich nicht nur aus einem, sondern auch aus mehreren, zeitlich aufeinanderfolgenden Rechtsverstößen entwickeln kann, die entweder von derselben Partei oder auch wechselweise vom Versicherungsnehmer, seinem Gegner oder einem Dritten begangen sein können,
  vgl. *Harbauer*, ARB-Kommentar, § 14 Anm. 56.
*Harbauer* weist ausdrücklich darauf hin, dies komme vor allem bei Dauerarbeitsverhältnissen, z.B. Arbeits-, Miet- oder Pachtverhältnissen, vor.

Was die Frage des Zeugnisses betrifft, so dürfen wir Sie höflichst bitten, diese Position in den Gesamtgegenstandswert weiterhin einzubeziehen. In den Verhandlungen selbst begeht ein Arbeitgeber durch seine Forderungen bzw. die Unvollkommenheit, mit der er Ansprüche befriedigt, weitere Rechtsverstöße im Sinne des § 14 Abs. 3 ARB. Auf unsere vorgenannten Ausführungen, die sich auf *Harbauer* beziehen, verweisen wir. Die vorliegend gebotene Interessenwahrnehmung zur Erreichung eines Zeugnisses mit einem bestimmten Wortlaut ist – da adäquat-kausal – Bestandteil des Versicherungsfalles im Sinne von § 14 Abs. 3 ARB.

Dazu ist nicht erforderlich, daß sich der Arbeitgeber überhaupt weigert, dem Arbeitnehmer ein Zeugnis auszustellen. Im Zuge der Interessenwahrnehmung und der Verhandlungen, als einzelne Forderungen präzisiert wurden, haben wir Wert auf die Vereinbarung eines besonders guten Zeugnisses für Ihren Versicherungsnehmer gelegt. Dies gehört zu unseren anwaltlichen Obliegenheiten, weil andernfalls nicht sichergestellt ist, daß der Arbeitgeber ein solches positives Zeugnis auch erstellt. Der Versicherungsfall entwickelt sich somit beim Zeugnis und der Verhandlung über das Zeugnis aus den Verhandlungen über die Beendigung des Arbeitsverhältnisses.

Eines möchten wir klarstellen: Sie können den einen komplexen Sachverhalt bearbeitenden Rechtsanwalt nicht unter Streitwertgesichtspunkten dazu veranlassen, eine nicht sachgemäße Sachbearbeitung vorzunehmen; der Anwalt würde sich andernfalls schadensersatzpflichtig machen.

Wenn jemand zu einem Fachanwalt für Arbeitsrecht geht, so möchte er, daß alle im Zusammenhang mit einer strittigen Kündigung oder drohenden Kündigung anstehenden Fragen sachgerecht gelöst werden. Das bedeutet beispielsweise im Zusammenhang mit dem Zeugnis, daß der Anwalt in den Verhandlungen darauf Wert legen muß, daß das Zeugnis (entweder global oder durch Festlegung des Wortlauts) in einer Weise ausgestellt wird, daß es den Arbeitnehmer nicht behindert.

Da im Vordergrund der Argumentation und der Verhandlungen regelmäßig die Abfindung steht, könnte nach *Ihrer* Auffassung der Anwalt ruhig abwarten, bis der Arbeitgeber ein Zeugnis erstellt, wenn dieses Zeugnis dann aber mangelhaft ist oder den Arbeitnehmer in seinem Fortkommen behindert, muß er zunächst außergerichtlich eine Interessenwahrnehmung vornehmen bezüglich des Zeugnisses bis hin zur Klage vor dem Arbeitsgericht. Wir sind nicht der Auffassung, daß dies eine sachgerechte Bearbeitung eines Falles ist, denn wenn man das Erfahrungswissen hat, daß sich der Arbeitnehmer durch die Nichtregelung des Zeugnisses in die Gefahr begibt, ein unzureichendes Zeugnis in dieser konkreten Fallsituation zu bekommen, hat man als Anwalt nicht ordnungsgemäß gearbeitet, sofern das Zeugnis nicht angesprochen wurde.

Spricht man es aber an – und hier ist die Geschäftsbesorgung im Zusammenhang mit der Zeugniserteilung eine weitere Folge in der Kausalkette „Rechtsverstoß Kündigung" – so ist das Tätigwerden von seiten des Rechtsanwalts insofern streitwertmäßig zu berücksichtigen und auch der Sache nach erforderlich gewesen, selbst für den hypothetischen Fall, daß der Arbeitgeber ein optimales Zeugnis auch erstellt haben würde, wenn insoweit durch den Anwalt keine Regelung getroffen worden wäre. Man weiß nun einmal nicht im voraus, wie sich insoweit hypothetisch der Fall entwickelt und vom Anwalt wird erwartet, daß er insoweit Vorkehrungen trifft, die zu einer ordnungsgemäßen Sachbearbeitung gehören. Der Schaden wäre nämlich, wenn der Anwalt nicht an die Regelung des Zeugniswortlautes denken würde, schon deshalb nicht wieder gutzumachen, weil der Arbeitnehmer arbeitsrechtlich keinen Anspruch auf einen bestimmten Wortlaut des Arbeitszeugnisses hat.

Es ist im übrigen anerkannt, daß bei fehlender ausdrücklicher Beschränkung des Versicherungsschutzes auf den Ausgangsstreitpunkt der Rechtsschutzversicherer auch für die Kosten des die Rechtsbeziehungen global bereinigenden Vergleichs eintreten muß, selbst wenn diese Regelung umfangreiche weitere Punkte mit einbezieht, solange sie nur in wirtschaftlichem Zusammenhang mit dem Ausgangsstreitpunkt stehen,
    LG Hannover NJW 1987, 1337.

Der Versicherer kann sich auch nicht auf die einschränkende Regelung des § 2 Abs. 3 a ARB berufen. Im Zusammenhang mit der außergerichtlichen Erledigung ist nämlich zu berücksichtigen, daß sich der Rechtsschutzversicherer auf diese Vorschrift nur beziehen kann, wenn bereits ein materiellrechtlicher Kostenerstattungsanspruch des Versicherungsnehmers, beispielsweise aus Verzug oder unerlaubter Handlung des Gegners, bestanden hat. Denn soweit ein solcher Erstattungsanspruch noch nicht besteht, kann der Gegner nicht wie im Prozeß zur Übernahme einer dem Grade seines Nachgebens bzw. Unterliegens entsprechenden Kostennote im Vergleich gezwungen werden,
    *Harbauer*, § 2 Rn 7 a; BGH MDR 1985, 559; LG Hannover, NJW 1987, 1337.

Was nun die Sonderzahlung in die betriebliche Altersversorgung anbelangt, so ist die Vereinbarung und der Regelungsgegenstand adäquat kausal zum Versicherungsfall (Rechtspflichtenverstoß). Durch die vorzeitige Kündigung Ihres Versicherungsnehmers durch den Arbeitgeber, wie dies der Arbeitgeber vorhatte und worin der Rechtspflichtenverstoß liegt, wäre, weil das Arbeitsverhältnis dann erheblich früher beendet worden wäre, als dies ohne Rechtspflichtenverstoß geschehen wäre, Ihrem Versicherungsnehmer die betriebliche Rente in beträchtlichem Umfange entzogen worden. Um die gleichen Rentenleistungen zu erzielen, die Ihr Versicherungsnehmer erzielt haben würde, wenn sein Arbeitsverhältnis ohne den Rechtspflichtenverstoß des Arbeitgebers fortgesetzt worden wäre, war es notwendig,

▲

### III. Gebühren bei gerichtlicher Interessenwahrnehmung

#### 1. Muster: Beweisgebühr bei informatorischer Befragung

▼

122  Das Oberlandesgericht Koblenz vertritt die Auffassung, daß immer dann, wenn in irgendeiner Weise eine sachliche Information im Zusammenhang mit dem Beweisgegenstand entgegengenommen wird, das Beweisaufnahmeverfahren eingeleitet wurde. Auch dann, wenn der Prozeßbevollmächtigte selbst, der als Zeuge benannt und vorsorglich zugeladen war, Angaben zur Sache macht, fällt die Beweisgebühr an, selbst wenn die informatorische Befragung nicht protokolliert wurde,
OLG Koblenz, Beschl. v. 17.12.1991 – 14 W 714/91.

Der Senat vertritt in ständiger Rechtsprechung und in Übereinstimmung mit der herrschenden Meinung in der Literatur,
*Gerold-Schmidt*, 11. Aufl., § 31 Rn 87 mwN,
die Ansicht, daß es gebührenrechtlich nicht darauf ankomme, ob eine Beweisaufnahme prozeßordnungsgemäß durchgeführt worden sei. Entscheidend sei, ob es sich bei dem Vorgang materiell um eine Beweisaufnahme handelte. Dabei komme es darauf an, ob das Gericht sich nur über Vorfragen informiere oder ob vom Zeugen sachliche Aussagen entgegengenommen worden seien.

Wird ein Zeuge im Rahmen der Erörterung, wie der Prozeß sinnvoll erledigt werden könnte, befragt, um den Ausgang einer eventuell späteren Beweisaufnahme und das Prozeßrisiko abschätzen zu können, so handelt es sich nicht mehr um eine „Vorinformation", sondern materiell um eine Beweisaufnahme. Die Beweisgebühr ist damit angefallen,
OLG Koblenz, Beschl. v. 17.12.1991 – 14 W 714/91.

▲

#### 2. Muster: Erörterungsgebühr für Gütetermin

▼

123  Einhellig wird in Rechtsprechung und Schrifttum die Ansicht vertreten, daß dem Rechtsanwalt für die Wahrnehmung des arbeitsgerichtlichen Gütetermins die Erörterungsgebühr zustehe,
LAG Düsseldorf, AnwBl 1977, 220; 1984, 161; LAG Stuttgart, AnwBl. 1977, 222; 1978, 109; LAG Niedersachsen, AnwBl. 1977, 471; LAG München, AnwBl. 1978, 146; *Tschischgale/Satzky*, S. 216; *Hecker/Baldus*, AnwBl. 1985, 231.

Daß das Bundesverfassungsgericht die anderslautende Rechtsprechung des LAG Hamm von Verfassungs wegen nicht beanstandet hat, besagt nicht, daß nunmehr der Rechtsprechung des LAG Hamm zu folgen sei. Das Bundesverfassungsgericht hat in seiner Entscheidung,
Beschl. v. 03.11.1992 – 1 BvR 1243/88, AnwBl 1993, 243 f.,
darauf verwiesen, daß die an der Kostenrechtsprechung des LAG Hamm in der Fachliteratur geäußerte Kritik einleuchtend sei und auch manches darauf hindeute, daß die Spruchpraxis des LAG Hamm von eigenen rechtspolitischen Überzeugungen beeinflußt sei. Das LAG Hamm hat daraufhin seine abweichende Rechtsprechung aufgegeben,
LAG Hamm, Beschl. v. 15.04.1993, AnwBl. 1993, 297.

▲

## Anwaltsgebühren § 6

### 3. Muster: Vergleichsgebühr bei protokollierter Rücknahme einer Kündigung im Gütetermin

▼

Die im arbeitsgerichtlichen Gütetermin protokollierte Vereinbarung zwischen Kläger und Beklagtem, daß nach Rücknahme der Kündigung durch den beklagten Arbeitgeber das Arbeitsverhältnis in ungekündigter Art und Weise fortbestehen soll, ist ein aufgrund gegenseitigen Nachgebens beider Parteien bewirkter Vergleich und löst damit auch die anwaltliche Vergleichsgebühr aus,
  LAG Hamm, Beschl. v. 30.04.1997, AnwBl 1997, 568.

▲

### 4. Muster: Vergleichsgebühr im Prozeßkostenhilfeverfahren auch bei Mitwirkung des Rechtsanwalts an einem außergerichtlichen Vergleich

▼

Dem im Prozeßkostenhilfeverfahren beigeordneten Rechtsanwalt ist auch dann eine Vergleichsgebühr nach § 121 BRAGO zu gewähren, wenn der Rechtsstreit durch einen außergerichtlichen Vergleich beendet wurde und der Rechtsanwalt an diesem Vergleich mitgewirkt hat,
  LAG Rheinland-Pfalz, NZA 1994, 144.

▲

### 5. Muster: Gebührenentstehung bei Prozeßvertretung durch Rechtsreferendar

▼

1. Nach § 11 ArbGG können die Parteien vor den Arbeitsgerichten den Rechtsstreit selbst führen oder sich vertreten lassen. Nach § 11 Abs. 3 ArbGG sind mit Ausnahme der Rechtsanwälte Personen, die die Besorgung fremder Rechtsangelegenheiten vor Gericht geschäftsmäßig betreiben, als Bevollmächtigte und Beistände in der mündlichen Verhandlung ausgeschlossen, wobei § 157 Abs. 1 Satz 2 und Abs. 2 ZPO entsprechend anzuwenden sind.
2. Die Vorschrift des § 11 Abs. 3 Satz 1 ArbGG deckt sich im Wortlaut mit § 157 Abs. 1 Satz 1 ZPO. Darüber hinaus gilt § 157 Abs. 1 Satz 2 und Abs. 2 ZPO entsprechend (§ 11 Abs. 3 Satz 1 Halbs. 2 ArbGG). Aus der Verweisung auf § 157 ZPO wird teilweise gefolgert, es sei zwischen Stations- und Nebentätigkeitsreferendar zu unterscheiden. Nehme ein Referendar, der einem Rechtsanwalt zur Ausbildung überwiesen ist, unter Beistand des Rechtsanwalts die Parteirechte wahr, so schließe § 59 Abs. 2 Satz 1 BRAGO die Anwendung des § 157 Abs. 1 und Abs. 2 ZPO ausdrücklich aus. Demgemäß sei gegenüber einem Nebentätigkeitsreferendar § 157 Abs. 1 ZPO mit der Folge anzuwenden, daß ein nur nebenberuflich tätiger Referendar einen Rechtsanwalt in Untervollmacht vor dem Arbeitsgericht nicht vertreten könne. Diese Auffassung wird zusätzlich darauf gestützt, der zur Ausbildung überwiesene Referendar werde von dem sonst tätigen Referendar gebührenrechtlich unterschiedlich gemäß § 4 BRAGO behandelt,
  vgl. *Stein/Jonas/Schumann*, ZPO, § 157 Rn 11; *Zöller/Stephan*, ZPO, § 157, Rn 2; *Baumbach/Lauterbach/Albers/Hartmann*, § 157 Anm. 2 A a; *Thomas/Putzo*, § 78 Anm. 6d; *Rosenberg/Schwab*, ZPR, § 29; *Rohlfing/Rewolle/Bader*, ArbGG, § 11 Anm. 2b; a. A. LAG Frankfurt, AP § 11 ArbGG 1953 Nr. 31; LAG Berlin, AP § 11 ArbG 1953 Nr. 32; *Dersch/Volkmar*, ArbGG § 11, Rn 12; *Stahlhacke*, ArbGG, § 11, Rn 3; *Wieczorek*, ZPO, § 157, Rn C I b 1; *Bitter*, AR-Blattei D – Arbeitsgerichtsbarkeit VI C (zu III 2 b BB); *Lepke*, DB 1967, 731 (732); *Poelmann*, BB 1954, 132(133); vgl. auch *Grunsky*, ArbGG, 6. Aufl., § 11, Rn 19.

3. Entgegen der herrschenden Meinung in der Literatur ist die Frage der Zulässigkeit einer Prozeßvertretung vor dem Arbeitsgericht allein unter Anwendung von § 11 ArbGG zu entscheiden. Nach § 11 Abs. 1 Satz 1 ArbGG können die Parteien vor den Arbeitsgerichten den Rechtsstreit selbst führen oder sich vertreten lassen, wobei die in § 11 Abs. 1 Satz 2 und 3 ArbGG geregelten Fälle hier nicht einschlägig sind. Nach § 11 Abs. 3 ArbGG sind mit Ausnahme der Rechtsanwälte solche Personen, die die Besorgung fremder Rechtsangelegenheiten vor Gericht geschäftsmäßig betreiben, als Bevollmächtigte und Beistände in der mündlichen Verhandlung ausgeschlossen. Der Wortlaut des § 157 Abs. 1 Satz 1 ZPO wurde durch Art. 2 VII des Fünften Gesetzes zur Änderung der Bundesgebührenordnung für Rechtsanwälte vom 18.08.1980,

    BGBl. I, 1503, 1507 f.

in § 11 Abs. 3 Satz 1 ArbGG eingearbeitet und darüber hinaus nur noch auf § 157 Abs. 1 Satz 2 und Abs. 2 ZPO verwiesen. Damit hat der Gesetzgeber abschließend geregelt, unter welchen Voraussetzungen im Arbeitsgerichtsverfahren Bevollmächtigte einer Partei ausgeschlossen sind. Dieser Wille ergibt sich insbesondere auch aus der Sonderregelung des § 11 Abs. 3 Satz 2 ArbGG, wonach sich die Möglichkeit der Zurückweisung ungeeigneter Personen, § 157 Abs. 2 Satz 1 ZPO, nicht auf die Vertreter der Sozialpartner und einer Vereinigung mit sozial- oder berufspolitischer Zielsetzung bezieht,

    vgl. LAG Berlin, AP § 11 ArbGG 1953 Nr. 23.

Demnach sind von einer Prozeßvertretung vor dem Arbeitsgericht nur solche Personen ausgeschlossen, die die Besorgung fremder Rechtsangelegenheiten vor Gericht geschäftsmäßig betreiben, nicht aber andere Personen, auch wenn sie nicht Rechtsanwälte oder Verbandsvertreter i. S. des § 11 Abs. 1 ArbGG sind,

    ebenso i.E. BAG, AP § 11 ArbGG 1953 Nr. 36 (zu 2a).

Der Auffassung des LAG Hamm,

    AR-Blattei D VI C Entscheidung 20 m. zust. Anm. *Herschel*,

aus der Formulierung in § 11 ArbGG sei zu folgern, daß sich auch die Vollmacht nur auf den jeweiligen Rechtsanwalt in Person erstrecken dürfe und nicht auf Personen, die der Rechtsanwalt seinerseits wieder weiterbevollmächtigte, kann nicht gefolgt werden. Hiergegen spricht die Formulierung des Nebensatzes „die die Besorgung fremder Rechtsangelegenheiten vor Gericht geschäftsmäßig betreiben". Hätte der Gesetzgeber eine Bevollmächtigung nur von Rechtsanwälten gewollt, wäre dieser Satz überflüssig.

Das sogenannte geschäftsmäßige Betreiben fremder Rechtsangelegenheiten i. S. von § 157 ZPO erfaßt somit nur die jeweilige Tätigkeit im Rahmen des Grundverhältnisses (Auftrag, Anwaltsvertrag). Als Bevollmächtigte sind demnach Personen ausgeschlossen, die solche Grundverhältnisse geschäftsmäßig eingehen und erfüllen, nicht aber solche Personen, die nur in einem Vertragsverhältnis zu einem von der Partei beauftragten Rechtsanwalt stehen, dem die Übernahme einer solchen rechtlichen Geschäftsbesorgung auch in arbeitsrechtlichen Sachen ausdrücklich erlaubt ist und zwar selbst dann, wenn die Unterbevollmächtigung dazu führt, daß Erklärungen mit unmittelbarer Wirkung für die Partei selbst abgegeben werden. Wenn nach Art. 1 § 1 RBerG die geschäftsmäßige Besorgung fremder Rechtsangelegenheiten ohne Erlaubnis unzulässig ist, so bezieht sich auch das auf eine selbstständige Betreuung fremder Rechtsangelegenheiten und nicht auf eine derartige Tätigkeit im Angestelltenverhältnis,

    vgl. *Rennen/Caliebe*, RBerG, Art. 1 § 1, Rn 27 m. Hinw. auf die frühere Rechtsprechung: OLG Hamm, NStZ 1982, 438; AnwBl. 1965, 350; OLG Karlsruhe, AnwBl. 1979, 487; OLG Köln, MDR 1961, 437; NJW 1973, 437.

Unerheblich ist hiernach, ob die selbständige Tätigkeit haupt- oder nebenberuflich, entgeltlich oder unentgeltlich oder selbständig für einen anderen ausgeübt wird,

    vgl. *Rennen/Caliebe*, Art. 1 § 1 Rn 27.

Wer als Angestellter weisungsgebunden eine Rechtsangelegenheit bearbeitet, handelt auch dann nicht geschäftsmäßig, wenn der Geschäftsherr seinerseits insoweit geschäftsmäßig tätig wird,
> vgl. LAG Berlin, AP § 11 ArbGG 1953 Nr. 23 unter Hinw. auf *Altenhoff/Busch/Kampmann*, Rechtsberatungsmißbrauchs G, § 1, Rn 15; § 6, Rn 111; *Lepke*, DB 1967, 731, (732).

Ob der Rechtsanwalt in Nicht-Anwaltsprozessen bei ihm tätige Referendare mit dem Auftreten vor Gericht betrauen kann,
> vgl. LAG München, EzA § 11 ArbGG 1979 Nr. 7,

ist eine Frage der Standesmäßigkeit seines Handelns.

4. Die Besonderheiten im arbeitsgerichtlichen Verfahren stehen dieser Auslegung nicht entgegen. Die Annahme des LAG Köln,
> vgl. LAGE § 11 ArbGG 1979 Nr. 4,

eine Vertretung durch Referendare in der mündlichen Verhandlung sei deshalb nicht zulässig, weil im arbeitsgerichtlichen Verfahren der Rechtsstreit nach Möglichkeit in einem Termin erledigt werden müsse und es insofern auf eine umfassende Sachkenntnis des jeweiligen Terminbevollmächtigten ankomme, überzeugt nicht. Abgesehen davon, daß diese Grundsätze wegen der Beschleunigung des Verfahrens auch im Zivilprozeß Geltung zu beanspruchen hätten, ist nicht zu unterscheiden zwischen den Referendaren, die bereits beim Anwalt ausgebildet worden sind und solchen, die ihre Anwaltsstation noch vor sich haben. Bei Richtigkeit der landesarbeitsgerichtlichen Auffassung wäre im ersten Fall eine Prozeßvertretung zulässig, denn es wäre nicht einzusehen, warum ein in Ausbildung befindlicher Stationsreferendar beim Arbeitsgericht auftreten können soll und zwar noch während seiner Ausbildung, während er aber dann ausgeschlossen wäre, sobald er die Ausbildung absolviert hat und als qualifizierter anzusehen wäre,
> BAG, Urt. v. 22.02.1990, NZA 1990, 665.

### 6. Muster: Vollstreckungskosten im arbeitsgerichtlichen Verfahren

Für die Vollstreckungskosten gilt § 788 ZPO, dh die notwendigen Kosten sind vom Schuldner zu tragen und zusammen mit der Hauptsacheforderung beizutreiben. Notwendige Vollstreckungskosten sind im selben Umfang wie in der ordentlichen Gerichtsbarkeit grundsätzlich auch die Anwaltskosten. Der Ausschluß ihrer Ersatzfähigkeit nach § 12 a Abs. 1 Satz 1 ArbGG bezieht sich nur auf das Erkenntnisverfahren und nicht auf die Zwangsvollstreckung. Für das ZV-Verfahren gilt § 12 a Abs. 1 Satz 1 nicht,

127

> LAG Berlin, LAGE § 9 KSchG Nr. 1; *Grunsky*, ArbGG-Kommentar, § 12, Rn 1, Rn 28 zu § 62 ArbGG.

Da notwendige Vollstreckungskosten nach § 788 Abs. 1 ZPO dem Schuldner zur Last fallen, ist der Ersatz durch die Rechtsschutzversicherung nach § 2 Abs. 3 c) ARB ausgeschlossen, soweit keine Erstattungsansprüche (wegen Leistung eines Vorschusses) auf den Versicherer übergegangen sind oder der Versicherungsnehmer nicht nachweist, daß er den Dritten vergeblich schriftlich zur Zahlung aufgefordert hat.

## 7. Muster: Rechtsanwalt im Einigungsstellenverfahren und anschließende Prozeßvertretung

▼

128 Die Tätigkeit eines Rechtsanwalts im Einigungsstellenverfahren ist eine andere als die Prozeßvertretung in der späteren Anfechtung des Einigungsstellenspruchs und damit ein neuer Gebührentatbestand i. S.v. § 13 Abs. 1 BRAGO,
   LAG Rheinland-Pfalz, Beschl. v. 06.08.1992, NZA 1993, 93.

▲

# § 7 Schriftsätze im arbeitsgerichtlichen Urteilsverfahren

### Literatur

**Ascheid**, Urteils- und Beschlußverfahren im Arbeitsrecht, 1995; **Bauer** in Beck'sches Rechtsanwalts-Handbuch 1999/2000, München 1999, Seite 831 ff.; **Bertelsmann**, Vorabentscheidungsverfahren der Arbeitsgerichtsbarkeit zum Europäischen Gerichtshof, NZA 1993, 775; **Corts**, Einstweilige Verfügung auf Urlaubsgewährung, NZA 1998, 357; **Dunkel/Moeller/Bauer/Feldmeier/Wetekamp**, Handbuch des vorläufigen Rechtsschutzes, 2. Aufl. 1991; **Faeck**, Die einstweilige Verfügung im Arbeitsrecht, NZA 1985, Beilage 3, S. 6 ff.; Festschrift zum 100jährigen Bestehen des deutschen Arbeitsgerichtsverbandes, 1994; **Germelmann/Matthes/Prütting**, ArbGG, 2. Aufl. 1995; **Gift/Bauer**, Das Urteilsverfahren vor den Gerichten für Arbeitssachen, 1993; **Grunsky**, Arbeitsgerichtsgesetz, 7. Aufl. 1995; **Hauck**, Kommentar zum Arbeitsgerichtsgesetz, 1996; **Hecker/Tschöppe**, Der Arbeitsgerichtsprozeß, 1989; **Heinze**, Einstweiliger Rechtsschutz im arbeitsgerichtlichen Verfahren, RdA 1986, 273; **Heither/Schönherr**, ArbGG, Loseblatt; **Herbst/Reiter/Schindele**, Handbuch zum arbeitsgerichtlichen Beschlußverfahren, 1994; **Hirtz**, Darlegungs- und Glaubhaftmachungslast im einstweiligen Rechtsschutz, NJW 1986, 110 ff.; **Hümmerich/Kallweit/Spirolke**, Das arbeitsrechtliche Mandat, Bonn 2000, S. 843 ff., S. 1039 ff.; **Leipold**, Die Schutzschrift zur Abwehr einstweiliger Verfügungen gegen Streiks, RdA 1983, 164; **Lepke**, „Früher" Termin der mündlichen Verhandlung im arbeitsgerichtlichen Verfahren und Aktenlageentscheidung, DB 1997, 1564; **Marly**, Akteneinsicht in arbeitsgerichtliche Schutzschriften vor Anhängigkeit eines Verfahrens, BB 1989, 770; **Maschmann**, Vorabentscheidungsersuchen deutscher Arbeitsgerichte zum Europäischen Gerichtshof und Rechte der Parteien, NZA 1995, 920; **Oetker**, Die Verwerfung unzulässiger Rechtsmittel und Rechtsbehelfe ohne mündliche Verhandlung im arbeitsgerichtlichen Verfahren, NZA 1989, 201; **Pauly/Steinweg** in Heidel/Pauly/Amend, AnwaltFormulare: Schriftsätze, Verträge, Erläuterungen, 2. Aufl. 2000; **Popp**, Die Angabe der ladungsfähigen Anschrift des Berufungsbeklagten oder seiner Prozeßbevollmächtigten als Zulässigkeitsvoraussetzung der Berufung im Arbeitsgerichtsverfahren, DB 1983, 2574; **Prütting**, Unterlassungsanspruch und einstweilige Verfügung in der Betriebsverfassung, 1995, 257; **Schäfer**, Der einstweilige Rechtsschutz im Arbeitsrecht, 1996; **Schaub**, Arbeitsrechtliche Formularsammlung und Arbeitsgerichtsverfahren, 7. Aufl. 1999; **Schaub**, Vorläufiger Rechtsschutz bei der Kündigung von Arbeitsverhältnissen, NJW 1981, 1807 ff.; **Teplitzky**, Die „Schutzschrift" als vorbeugendes Verteidigungsmittel gegen einstweilige Verfügungen, NJW 1980, 1667; **Teplitzky**, Streitfragen beim Arrest und bei der einstweiligen Verfügung, DRiZ 1982, 41 ff.; **Walker**, Der einstweilige Rechtsschutz im Zivilprozeß und im arbeitsgerichtlichen Verfahren, Tübingen 1993; **Wenzel**, Risiken des schnellen Rechtsschutzes; Zur einstweiligen Verfügung im Arbeitskampf-, Vertrags- und Betriebsverfassungsrecht, NZA 1984, 112 ff.; **Wieser**, Arbeitsgerichtsverfahren, 1994; **Willikonsky**, Akteneinsicht in arbeitsgerichtliche Schutzschriften, BB 1987, 2013; **Willemsen/Hohenstadt**, Die Einlegung von Rechtsmitteln ohne Vorliegen schriftlicher Urteilsgründe im arbeitsgerichtlichen Verfahren, DB 1994, 374; **Zirnbauer**, Münchener Prozeßformularbuch, München 2000.

## Kapitel 1: Vertretung von Arbeitnehmern

### A. Erläuterungen

Die gerichtlichen Schriftsätze werden nicht in gleicher Weise erläutert wie die übrigen Mustertexte. Ein entsprechender Bedarf besteht nicht, weil die materiell-rechtlichen Hintergründe der arbeitsgerichtlichen Schriftsätze weitgehend in den §§ 1 bis 6 dieses Buches erläutert wurden. Im übrigen ist jedes Muster aus sich heraus verständlich und muß vom anwaltlichen Berater nur noch um den spezifischen Sachverhalt ergänzt werden. Die typisierten Sachverhaltskonstellationen, bei denen die jeweiligen Schriftsätze zur Anwendung kommen, ergeben sich meist bereits vollständig aus der Überschrift des jeweiligen Mustertextes. Bei Bedarf nach einer Vertiefung der rechtlichen Thematik sollte auf arbeitsrechtliches Spezialschrifttum zurückgegriffen werden.

**§ 7  Kapitel 1: Vertretung von Arbeitnehmern**

2   Zu den prozessualen Fragen besteht ebenfalls ein breites Literaturangebot.[1]

Es ist eine methodische Grundfrage, wie man Textbausteine für anwaltliche Schriftsätze gestalten soll. Wie abstrakt, wie konkret, wie vielseitig, wie einseitig, ergibt sich für jeden Musterschriftsatz aufs Neue. Manche Textbausteine enthalten zahlreiche Sachverhaltsvarianten nebeneinander, beispielsweise der Textbaustein 3340, die Klage zur Betriebsübernahme, und es sollte dem Benutzer klar sein, daß er diesen Textbaustein niemals vollständig verwenden kann. Es macht keine Sinn, zugleich auf die Rechtsprechung zum Betriebsinhaberwechsel bei Reinigungsunternehmen hinzuweisen, während die betroffenen Arbeitnehmer in einer Kantine arbeiten. Teile derartiger Textbausteine sollten also in jedem Anwendungsfall gelöscht werden.

Dagegen werden andere Textbausteine angeboten, die eine ganze Reihe von Sachverhalten aufführen, die auch auf den konkreten Fall voraussichtlich nicht anwendbar sind, die jedoch als Argumentationshilfen – auch für das Gericht – angeboten werden, um den maßgeblichen Sachverhalt in eine aus zahlreichen Einzelfällen bestehenden Rechtsprechung einzupassen. Beispiel hierfür bildet die Musterklage bei treuwidriger Kündigung (Muster 3315).

### I. Kündigungsschutzklage bei ordentlicher Kündigung

3   Die Besonderheiten der in diesem Buch vorgeschlagenen Antragstellung bei einer Kündigungsschutzklage im Hinblick auf den **Weiterbeschäftigungsanspruch** nach der Rechtsprechung des BAG[2] sind in gebührenrechtlicher Hinsicht im Muster 2870 und im Muster 3035 berücksichtigt. Erfahrungsgemäß haben die Rechtsschutzversicherungen, die um einen niedrigeren Streitwert durch Nichtberücksichtigung des Weiterbeschäftigungsantrags bemüht sind, den Antrag Ziff. 6 in der Kündigungsschutzklage[3] akzeptiert. Hartnäckige Sachbearbeiter zwingen den Anwalt allenfalls zu einem zweiten Anschreiben an die Versicherung.

4   Was den Anspruch auf **Zwischenzeugnis** und **Zeugnis** anbelangt, so wird zwar wiederholt noch von den Rechtsschutzversicherern der Deckungsschutz erschwert, beispielsweise mit der Frage, ob der Arbeitgeber jemals die Erstellung eines Zwischenzeugnisses abgelehnt hat und deshalb ein Rechtspflichtenverstoß des Arbeitgebers angezweifelt wird. In derartigen Fällen wird angeregt, auf das Muster 3040[4] zurückzugreifen.

Das Muster 3300 wird, je nach Fallgestaltung, durch die Muster 3301, 3302 und 3304[5] ergänzt. Diese Muster schließen unmittelbar an das Muster 3300 an.

5   Bei den **betriebsbedingten Kündigungsschutzklagen** hat sich durch die neuere Rechtsprechung zur freien Unternehmerentscheidung bei Leistungsverdichtung[6] eine für den Arbeitnehmer ungünstigere Rechtslage ergeben. Im Arbeitgeber-Schriftsatz[7] ist diese Rechtsprechung berücksichtigt. Arbeitnehmer können sich gegen die Verdichtungs-Rechtsprechung des BAG auf ein Urteil des ArbG Köln berufen, wonach die bloße Berufung auf einen notwendigen Stellenabbau nicht genügt.[8]

---

1  Vgl. die diesem Kapitel vorangestellte Literaturübersicht.
2  GS, Beschl. v. 27.02.1985, AP Nr. 14 zu § 611 BGB, Beschäftigungspflicht.
3  Muster 3300, § 7 Kap. 1 M 11 ff.
4  § 6 Kap. 3 M 107.
5  § 7 Kap. 1 M 14, 15 und 16 f.
6  BAG, Urt. v. 24.04.1997, DB 1997, 1776; LAG Köln, Urt. v. 01.08.1997, DB 1997, 2181; siehe hierzu auch *Hümmerich/Kallweit/Spirolke*, § 4 Rn 337 f.; § 4 Rn 359 ff.; § 4 Rn 366 ff.
7  Muster 4025, § 7 Kap. 2 M 208.
8  Urt. v. 23.09.1997, DB 1998, 626.

Bei der **Änderungskündigungsschutzklage**[9] wurde kein Weiterbeschäftigungsantrag vorgesehen, weil nach der BAG-Rechtsprechung eine Verurteilung zur vorläufigen Weiterbeschäftigung zu den bisherigen Arbeitsbedingungen nicht in Frage kommt.[10]

## II. Kündigungsschutzklage bei außerordentlicher Kündigung

Mit Erhebung der Kündigungsschutzklage bei außerordentlicher Kündigung bedarf es noch keiner ausführlichen Schilderung des meist komplexen Sachverhalts, den der Arbeitgeber zum Anlaß für die fristlose Kündigung genommen hat. Hier gilt es in der Regel abzuwarten, was der Arbeitgeber vorträgt, der für die Kündigungsgründe darlegungs- und beweisbelastet ist. Durch den Aufbau des Musters 3390 wird es dem Anwalt ermöglicht, das dem Arbeitnehmer vorgeworfene Verhalten unter die Störungstatbestände des § 626 Abs. 1 BGB vorläufig zu subsumieren. Von eingehender Sachverhaltserörterung wird abgeraten.

## III. Zahlungsklage

Bei der Zahlungsklage besteht Streit, ob die Klage in der Form einer **Brutto-** oder als **Netto-Klage** erhoben werden soll.[11] Die vorliegenden Muster sehen eine Bruttoklage[12] und eine Nettoklage[13] vor. Die Rechtsprechung des BAG ist nicht einheitlich. So können Zinsen nach Auffassung des 4. Senats des BAG nur vom Nettobetrag verlangt werden.[14] Der 1. Senat hat demgegenüber Zinsen auf eine streitgegenständliche Bruttoforderung zugesprochen.[15] Die Rechtsprechung der Landesarbeitsgerichte ist ebenfalls nicht einheitlich. Das LAG Hamburg spricht Zinsen auf Bruttovergütung zu.[16] Das Sächsische Landesarbeitsgericht gewährt demgegenüber Zinsen nur auf Nettovergütungen.[17]

Überwiegende Auffassung ist es heute, daß der Bruttolohn eingeklagt werden kann, es sei denn, es besteht eine Nettoarbeitsentgeltabrede.[18] Angesichts eines Beschlusses des 9. Senats vom 11.08.1998 ist davon auszugehen, daß der klagende Arbeitnehmer als Gläubiger der Entgeltforderung die gesetzlichen Verzugs- und Prozeßzinsen im Sinne der §§ 288, 291 BGB vom Bruttobetrag der Forderung beanspruchen kann.[19]

Als Nettoklage enthält das Buch einen Antrag auf Erlaß einer einstweiligen Verfügung.[20] Gerät der Arbeitnehmer in große wirtschaftliche Schwierigkeiten und besteht eine hohe Plausibilität für das Bestehen eines Zahlungsanspruchs, gewährt in Einzelfällen die Rechtsprechung die Zahlungsansprüche des Arbeitnehmers als Nettozahlung.

---

9 Muster 3420, § 7 Kap. 1 M 62 ff.
10 BAG, Urt. v. 18.01.1990, EzA § 1 KSchG Betriebsbedingte Kündigung Nr. 65; LAG München, Urt. v. 31.07.1986, LAGE § 2 KSchG Nr. 6.
11 Zum Meinungsstreit siehe *Nägele/Stumpf*, FA 1998, 366.
12 Muster 3650, § 7 Kap. 1 M 114.
13 Muster 3654, § 7 Kap. 1 M 118.
14 BAG, Urt. v. 20.04.1983, AP Nr. 2 zu § 21 TVAL II; Urt. v. 13.02.1985, AP Nr. 3 zu § 1 TVG, Tarifverträge: Presse.
15 BAG, Urt. v. 10.06.1980, AP Nr. 64 zu Art. 9 GG, Arbeitskampf.
16 LAG Hamburg, Urt. v. 11.04.1991, LAGE Nr. 1 zu § 288 BGB; LAG Nürnberg, Urt. v. 23.06.1994, LAGE Nr. 2 zu § 288 BGB; LAG Schleswig-Holstein, Urt. v. 21.11.1995, LAGE Nr. 3 zu § 288 BGB.
17 Sächs. LAG, Urt. v. 22.01.1997, DB 1997, 1086.
18 Siehe *Hümmerich/Kallweit/Spirolke*, Das arbeitsrechtliche Mandat, § 7 Rn 177 f.
19 BAG, Beschl. v. 11.08.1998, EzA § 288 BGB Nr. 1.
20 Muster 3657, § 7 Kap. 1 M 119.

§ 288 Abs. 1 Satz 1 BGB ist mit Wirkung ab dem 01.05.2000 durch das „Gesetz zur Beschleunigung fälliger Zahlungen"[21] geändert worden. Bisher hatte der Schuldner als Mindestverzugszins sowie über § 291 Satz 2 BGB, der auf § 288 Abs. 1 verweist, als Prozeßzinsen vier Prozent jährlich zu zahlen. Die Geltendmachung eines weiteren materiellrechtlichen Schadens blieb und bleibt auch künftig nach § 288 Abs. 1 Satz 2 BGB unberührt. Die klare und einfache 4 %-Regel ist jedoch durch eine etwas kompliziertere Regelung ersetzt worden und lautet nunmehr wie folgt:

> "Eine Geldschuld ist während des Verzugs für das Jahr mit fünf Prozentpunkten über dem Basissatz nach § 1 des Diskontsatz-Überleitungs-Gesetzes vom 9. Juni 1998 BGBl. I S. 1242) zu verzinsen."

Die Höhe des jeweiligen Basissatzes wird von der Bundesbank für einen bestimmten Zeitraum festgesetzt. Nicht nur die aktuellen, sondern auch die vorherigen Zinssätze werden von der Bundesbank publiziert.[22] Daraus ergibt sich z.B. für den Zeitraum ab dem 01.05.2000 ein Basiszinssatz von 3,42 %. Der gesetzliche Mindestzinssatz für Verzugszinsen und der Prozeßzinssatz beläuft sich damit ab dem 01.05.2000 auf 8,42 %.

Allerdings ändert sich der Zinssatz in unregelmäßigen Abständen. Daher sind auch die Verzugs- und Prozeßzinsen variabel. Sie müssen also nach den jeweiligen Zeiträumen, für die der Basiszinssatz gilt, differenziert werden.

Daher stellt sich die Frage, ob aufgrund des Bestimmtheitserfordernisses des § 253 Abs. 2 Ziff. 2 ZPO, bei der Formulierung des Klageantrages bei Zahlungsklagen ein Hinweis auf die gesetzlichen Prozeßzinsen ausreicht oder ob der Zinssatz konkreter beziffert werden muß. Aufgrund vergleichbarer Entscheidungen zur Unzulässigkeit von Zahlungsklagen, die sich an der RegelunterhaltsVO[23] bzw. einer Indexklausel[24] orientierten, muß davon ausgegangen werden, daß eine konkrete Bezifferung nicht nur der Forderung selbst, sondern auch des Zinssatzes erforderlich ist. Dies sollte aus anwaltlicher Sicht jedenfalls solange beachtet werden, bis sich eine andere Praxis gefestigt hat.

Denn für die Praxis der Vollstreckungsorgane, allen voran der Gerichtsvollzieher, stellt sich die Frage, ob Ihnen die Aufgabe obliegt, die jeweiligen gesetzlichen Zinsen unter Heranziehung des jeweiligen Basiszinssatzes zu errechnen. Soweit dies vom jeweiligen Vollstreckungsorgan verweigert werden kann, ist damit der Klageantrag mangels Vollstreckungsfähigkeit unzulässig nach § 253 Abs. 2 Ziff. 2 ZPO.

Ein Zahlungsantrag in einer Klageschrift und damit ein vollstreckungsfähiger Tenor kann zur Vermeidung eines eventuell teilweise unzulässigen Klageantrages daher bei einer unterstellten Änderung des Leitzinses ab dem 01.09.2000 auf 3,65 % z.B. wie folgt formuliert werden:

> "Die Beklagte wird verurteilt, an den Kläger 10.000 Euro nebst 8,42 % Zinsen jährlich für den Zeitraum vom 10.05.2000 bis zum 31.08.2000 sowie 8,65 % Zinsen jährlich ab dem 01.09.2000 zu zahlen."

Ändert sich im Laufe des Prozesses der Zinssatz, so kann der ab einem bestimmten Zeitpunkt geltende neue Zinssatz durch Umstellung des Klageantrags in das Verfahren eingeführt werden. Hierin liegt keine Klageänderung. Denn nach § 264 Ziffer 2 ZPO gilt es nicht als Klageänderung, wenn der Klageantrag in bezug auf Nebenforderungen erweitert oder beschränkt wird.

---

21 BGBl. I, S. 330.
22 Im Internet unter „www.bundesbank.de/de/presse/faq/zinssatz.htm".
23 OLG Düsseldorf, VersR 1993, S. 883.
24 LG Köln, FamRZ 1995, S. 238.

Hinzuweisen ist noch auf die gesetzliche Übergangsregelung: Danach gilt der erhöhte Zinssatz nur für Forderungen, die erstmals nach dem 01.05.2000 fällig geworden sind.

## IV. Einstweilige Verfügungen

Einstweilige Verfügungen gegen vorläufige Umsetzungsmaßnahmen[25] können, im Hinblick auf die Wertigkeit einer Tätigkeit, insbesondere im Hinblick auf die Bedeutung einer ausgeübten Tätigkeit nach der Sozialanschauung, textlich ausgestaltet werden.

Bei der einstweiligen Verfügung wegen **Herausgabe der Arbeitspapiere** wird darauf hingewiesen, daß im Antrag eine kleine Ungenauigkeit[26] bewußt gewählt wurde. Unter Aufgabe der früheren Rechtsprechung des BAG[27] ist für die Herausgabe von Arbeitspapieren nach der Änderung durch die Arbeitsgerichtsnovelle vom 21.05.1979 gemäß § 2 Nr. 3 e ArbGG das Arbeitsgericht zuständig. Unzuständig ist das Arbeitsgericht, wenn es um die Berichtigung von Arbeitspapieren geht.[28] Die wenig befriedigende Rechtsprechung, wonach das Korrigieren einer falsch ausgefüllten Arbeitsbescheinigung[29] vor den Sozialgerichten anhängig zu machen ist, die Herausgabe und das Ausfüllen von Arbeitspapieren dagegen vor den Arbeitsgerichten, muß gleichwohl beachtet werden. Gelingt es dem Arbeitnehmer nicht, mit Hilfe des praxiserprobten Musters 3600 den Arbeitgeber zum kurzfristigen Ausfüllen und Herausgabe der Arbeitspapiere zu veranlassen, sollte der Anwalt seinen unter Zeitdruck stehenden Mandanten über eine weitere Sanktion für den Arbeitgeber informieren. § 405 Abs. 2 Ziff. 16 SGB III belegt das Nichtausfüllen einer Arbeitsbescheinigung mit einer Ordnungswidrigkeit. Der Hinweis, daß das Arbeitsamt ein OWi-Verfahren einleiten wird, kann manchmal zur Folge haben, daß die Unterlagen vom Arbeitgeber schnellstens ausgefüllt werden.

## B. Schriftsätze

### I. Ordentliche Kündigungen

#### 1. Muster: Kündigungsschutzklage bei ordentlicher Kündigung

3300

An das Arbeitsgericht

*Klage*

– klägerische Partei –

Prozeßbevollmächtigte:

gegen

– beklagte Partei –

wegen: ordentlicher Kündigung eines Arbeitsverhältnisses.

---

25 Muster 3740, § 7 Kap. 1 M 135 f.
26 Die Arbeitsbescheinigung ist nach § 312 SGB III ordnungsgemäß ausgefüllt herauszugeben.
27 Urt. v. 04.06.1974, AP Nr. 3 zu § 405 RVO.
28 BAG, Urt. v. 15.01.1992, AP Nr. 21 zu § 2 ArbGG 1979; Urt. v. 13.07.1988, AP Nr. 11 zu § 2 ArbGG 1979.
29 Früher nach § 133 AFG; jetzt nach § 312 SGB III.

### § 7 Kapitel 1: Vertretung von Arbeitnehmern

Wir bestellen uns zu Prozeßbevollmächtigten der klägerischen Partei, in deren Namen und Auftrag wir um kurzfristige Anberaumung eines Gütetermins bitten. Wir werden im übrigen beantragen zu erkennen:

1. Es wird festgestellt, daß das Arbeitsverhältnis der klägerischen Partei durch die schriftliche Kündigung der beklagten Partei vom ▇▇▇, zugegangen am ▇▇▇, zum ▇▇▇ nicht aufgelöst worden ist.
2. Es wird festgestellt, daß das Arbeitsverhältnis auch nicht durch andere Beendigungstatbestände endet, sondern zu unveränderten Bedingungen über den ▇▇▇ hinaus fortbesteht.
3. Die beklagte Partei wird verurteilt, der klägerischen Partei ein Zwischenzeugnis zu erteilen, das sich auf Führung und Leistung erstreckt.
4. Die beklagte Partei trägt die Kosten des Rechtsstreits.

Hilfsweise wird für den Fall, daß der Feststellungsantrag zu Ziffer 1 abgewiesen wird, folgender Antrag gestellt:

5. Die beklagte Partei wird verurteilt, der klägerischen Partei ein endgültiges Zeugnis zu erteilen, das sich auf Führung und Leistung erstreckt.

Sollte die beklagte Partei im Gütetermin nicht zu Protokoll des Gerichts erklären, daß sie die klägerische Partei weiterbeschäftigen wird, sofern ein der Klage stattgebendes Urteil ergeht, stellen wir folgenden weiteren Antrag:

6. Die beklagte Partei wird verurteilt, die klägerische Partei für den Fall des Obsiegens mit dem Feststellungsantrag zu Ziffer 1 zu den im Arbeitsvertrag vom ▇▇▇ geregelten Arbeitsbedingungen als ▇▇▇ bis zu einer rechtskräftigen Entscheidung über den Feststellungsantrag weiterzubeschäftigen.

**Gründe:**

I.

12  1. Die klägerische Partei ist am ▇▇▇ geboren, verheiratet und hat ▇▇▇ Kinder.

Die klägerische Partei wurde von der beklagten Partei auf unbestimmte Zeit als ▇▇▇ gegen ein vereinbartes monatliches Gehalt von zuletzt ▇▇▇ DM brutto in einem Arbeitsverhältnis beschäftigt.

Beweis: Vorlage des Arbeitsvertrages in Kopie – Anlage K 1.

Am ▇▇▇ ist das Arbeitsverhältnis durch die beklagte Partei zum ▇▇▇ gekündigt worden. Die Kündigung ist der klägerischen Partei am ▇▇▇ zugegangen.

Beweis: Vorlage des Kündigungsschreibens in Kopie – Anlage K 2.

Zum Zeitpunkt des Zugangs der Kündigung bestand das Arbeitsverhältnis länger als 6 Monate. Die beklagte Partei beschäftigt in der Regel mehr als 5 Arbeitnehmer ausschließlich der Auszubildenden.

2. Die klägerische Partei ist bei der beklagten Partei seit ▇▇▇ Jahren beschäftigt. Zu Inhalt und Verlauf des Arbeitsverhältnisses ist weiterhin folgendes anzumerken:

▇▇▇

II.
1. Die Kündigung ist unwirksam. Sie ist sozial ungerechtfertigt. Die beklagte Partei ist auf dem Hintergrund einer Entscheidung des Großen Senats des Bundesarbeitsgerichts
Beschl. v. 27.02.1985 – GS 1/84, AP Nr. 14 zu § 611 BGB Beschäftigungspflicht
zur Weiterbeschäftigung der klägerischen Partei zu verurteilen.

Nach der obengenannten Rechtsprechung steht dem Arbeitnehmer ein Anspruch auf Weiterbeschäftigung zu unveränderten Arbeitsbedingungen zu, wenn ein obsiegendes erstinstanzliches Urteil vorliegt. Das Weiterbeschäftigungsinteresse des Arbeitnehmers überwiegt sodann nach der obengenannten Rechtsprechung das Gegeninteresse des Arbeitgebers an der Nichtbeschäftigung des Arbeitnehmers.

Wenn der Arbeitgeber im Gütetermin sich nicht zum Weiterbeschäftigungsverlangen des Arbeitnehmers erklärt, besteht die Besorgnis, daß die beklagte Partei den Weiterbeschäftigungsanspruch der klagenden Partei nicht freiwillig befolgt. Daher ist dem Antrag stattzugeben.

Die klägerische Partei bietet hiermit erneut der beklagten Partei ihre weitere Arbeitsleistung an.

Um ihrer Minderungspflicht nach § 615 Satz 2 BGB zu genügen, verlangt die klägerische Partei ein Zwischenzeugnis, damit sie sich bei anderen Arbeitgebern bewerben kann.

Der Hilfsantrag auf Erteilung eines endgültigen Zeugnisses wird für den Fall gestellt, daß erstinstanzlich entschieden wird, daß das Arbeitsverhältnis der Parteien durch die Kündigung beendet worden ist.

Mit der vorliegenden Klage werden alle Ansprüche auf rückständiges und zukünftiges Arbeitsentgelt geltend gemacht.

2. Die Unwirksamkeit der Kündigung ergibt sich aus folgendem Grund:

3. Die Kündigung ist sozial nicht gerechtfertigt:

Die Kündigung ist weder durch Gründe, die in der Person oder im Verhalten des Klägers liegen, noch durch dringende betriebliche Erfordernisse, die einer Weiterbeschäftigung des Klägers im Betrieb der Beklagten entgegenstehen, bedingt.

Im übrigen wird die nichtordnungsgemäße Durchführung der Sozialauswahl gemäß § 1 Abs. 3 Satz 1 KSchG gerügt.

III.
Zu den gestellten Anträgen wird erläuternd auf folgendes hingewiesen:

1. Der Klageantrag zu 2 beinhaltet eine selbständige allgemeine Feststellungsklage gemäß § 256 ZPO. Dem Kläger sind zwar derzeit keine anderen möglichen Beendigungstatbestände außer der mit dem Klageantrag zu Ziff. 1 angegriffenen Kündigung vom          bekannt. Es besteht jedoch die Gefahr, daß die Beklagte im Verlauf des Verfahrens weitere Kündigungen ausspricht. Es wird deshalb mit dem Klageantrag zu 2 die Feststellung begehrt, daß das Arbeitsverhältnis auch durch solche weiteren Kündigungen nicht beendet wird.

In der Literatur wird deshalb der Klageantrag zu Ziff. 2 in der vorliegenden Form empfohlen,
    *Diller*, NJW 1998, 663; *Ziehmann*, BRAK-Mitteilungen 1997, 244.

2. Bei den Zeugnisanträgen zu Ziff. 3 und Ziff. 5 stehende folgende Überlegungen im Vordergrund:

Nach der Rechtsprechung des Bundesarbeitsgerichts vom 27.02.1987,
    AP Nr. 16 zu § 630 BGB,
hat der Arbeitnehmer gegenüber dem Arbeitgeber bereits bei der Erhebung der Kündigungsschutzklage einen Anspruch auf Erteilung eines Endzeugnisses. Dennoch wird im Klageantrag ein Zwischenzeugnis verlangt und nur hilfsweise ein Endzeugnis. Hintergrund ist, daß bei einem Zwischenzeugnis nicht zum Ausdruck kommt, daß der Arbeitnehmer bereits gekündigt ist.

Dies erhöht die Bewerbungschancen des Arbeitnehmers.

Der Hilfsantrag auf Erteilung eines Endzeugnisses wird jedoch bereits mit Erhebung der Kündigungsschutzklage gestellt, damit für den Fall, daß die Kündigungsschutzklage rechtskräftig abgewiesen wird, der Arbeitnehmer einen Anspruch auf Rückdatierung des Endzeugnisses auf den Zeitpunkt der tatsächlichen Beendigung des Arbeitsverhältnisses hat.

Ein solcher Anspruch auf Rückdatierung wird nach dem Urteil des BAG
> vom 09.09.1992, AP Nr. 19 zu § 630 BGB,

gewährt, wenn der Arbeitnehmer zeitnah zum Ausscheiden ein Zeugnis verlangt hatte. Es ist jedoch fraglich, ob dieser Anspruch auf Rückdatierung auch dann besteht, wenn der Arbeitnehmer im gesamten Künigungsschutzverfahren immer nur ein Zwischenzeugnis und kein endgültiges Zeugnis verlangt hat.

### 2. Muster: Widerspruch des Betriebsrats[30]

**14** IV.

Der Betriebsrat der beklagten Partei ist vor Ausspruch der Kündigung gehört worden. Er hat der Kündigung widersprochen. Der Widerspruch ist fristgemäß unter Angabe der Widerspruchsgründe erfolgt.

Beweis: Kopie des Widerspruchsschreibens, vorzulegen durch die beklagte Partei.

Die Kündigung ist daher auch nach § 1 Abs. 2 Satz 2 KSchG ungerechtfertigt. Unabhängig hiervon macht die klagende Partei nach § 102 Abs. 5 BetrVG hiermit ihren Anspruch auf Weiterbeschäftigung über das Ende der ordentlichen Kündigungsfrist hinaus geltend.

### 3. Muster: Betriebsrat nicht gehört[31]

**15** IV.

Die beklagte Partei hat vor Ausspruch der Kündigung den Betriebsrat gemäß § 102 BetrVG nicht angehört.

Beweis: Zeugnis des Betriebsratsvorsitzenden.

Jede unterbliebene wie mangelhafte Anhörung des Betriebsrats hat zur Folge, daß die Kündigung unwirksam ist, ohne daß es auf ein Verschulden des Arbeitgebers ankommt,
> BAG AP Nrn. 2, 4, 15, 19 zu § 102 BetrVG 1972.

### 4. Muster: Betriebsrat unvollständig angehört[32]

**16** IV.

Die unvollständige Unterrichtung des Betriebsrat steht der unterbliebenen Unterrichtung des Betriebsrats mit der Folge des § 102 Abs. 1 Satz 2 BetrVG gleich. Die Einschaltung des Betriebsrats

---

30 Ergänzung zu Muster 3300, § 7 Kap. 1 M 11 ff.
31 Ergänzung zu Muster 3300, § 7 Kap. 1 M 11 ff.
32 Ergänzung zu Muster 3300, § 7 Kap. 1 M 11 ff.

hat den Zweck, den Arbeitgeber in die Lage zu versetzen, im Rahmen seiner Trennungsentscheidung die Stellungnahme des Betriebsrats berücksichtigen zu können. Dieses Anliegen gilt unabhängig davon, ob die Sicht auf Arbeitnehmerseite rechtliche Konsequenzen auslösen kann,
 BAG, Urt. v. 13.07.1978, EzA § 102 BetrVG 1972 Nr. 36; BAG, Urt. v. 29.04.1984, NZA 1984, 169.

Die Sanktion der Unwirksamkeit verfolgt nach der Rechtsprechung des BAG den Zweck, den Arbeitgeber zu veranlassen, vor jeder Kündigung den Betriebsrat zu hören, will er nicht Gefahr laufen, daß die Kündigung von vornherein unwirksam ist,
 BAG, Urt. v. 22.04.1994, NZA 1995, 336.

Allerdings hebt die Betriebsratsanhörung nach § 102 BetrVG nicht darauf ab, die Wirksamkeit einer beabsichtigten Kündigung zu überprüfen, sondern beschränkt sich darauf, im Vorfeld der Kündigung dem Betriebsrat Gelegenheit zu geben, auf die Willensbildung des Arbeitgebers Einfluß zu nehmen. Deshalb hat der Arbeitgeber die Gründe seiner Kündigungsabsicht im Anhörungsverfahren so zu umschreiben, daß sich dem Betriebsrat der für die Kündigung maßgebliche Sachverhalt erschließt. Die Bezeichnung des Sachverhalts muß nach der BAG-Rechtsprechung so genau und umfassend sein, daß der Betriebsrat ohne eigene zusätzliche Nachforschungen in der Lage ist, die Stichhaltigkeit der Kündigungsgründe zu prüfen und sich ein Bild zu machen. Der Arbeitgeber genügt daher der ihm obliegenden Mitteilungspflicht nicht, wenn er den Kündigungssachverhalt nur pauschal, schlagwortartig oder stichwortartig umschreibt oder lediglich ein Werturteil abgibt, ohne die für seine Bewertung maßgeblichen Tatsachen mitzuteilen,
 BAG, Urt. v. 02.11.1983, AP Nr. 29 zu § 102 BetrVG 1972; BAG, Urt. v. 22.09.1994, NZA 1995, 363.

Bei Verfahrensfehlern im Anhörungsverfahren nimmt die Rechtsprechung eine Sphärenzuordnung vor. Fallen Fehler in den Zuständigkeits- und Verantwortungsbereich des Arbeitgebers, lösen sie die Nichtigkeitsfolge nach § 102 Abs. 1 Satz 3 BetrVG aus,
 BAG, Urt. v. 04.08.1975, AP Nr. 4 zu § 102 BetrVG 1972 m. Anm. *Meisel*.

Selbst wenn der Arbeitgeber im Zeitpunkt der Kündigung weiß oder vermuten kann, daß die Verhandlung der Angelegenheit durch den Betriebsrat nicht fehlerfrei gewesen ist, wirken sich Fehler des Betriebsrats nicht auf die Ordnungsgemäßheit der Anhörung und damit auch nicht auf die Rechtswirksamkeit der Kündigung aus,
 BAG, Urt. v. 02.04.1976, AP Nr. 9 zu § 102 BetrVG 1972.

Lädt der Betriebsrat nicht ordnungsgemäß zu der fraglichen Betriebsratssitzung ein, stimmen Ersatzmitglieder trotz eines nicht gegebenen Verhinderungsfalles mit ab oder erfolgt die Abgabe einer Stellungnahme ohne vorangegangene Anhörung des Arbeitnehmers, ist die Kündigung nach § 102 Abs. 1 Satz 3 BetrVG aus diesem Grunde nicht unwirksam,
 BAG, Urt. v. 18.08.1982, EzA § 102 BetrVG 1972 Nr. 48.

Selbst wenn die Anhörungsfrist von einer Woche bei der ordentlichen oder von drei Tagen bei der außerordentlichen Kündigung noch nicht abgelaufen ist, darf der Arbeitgeber kündigen, wenn der Betriebsrat in der Zwischenzeit eine abschließende Stellungnahme abgegeben hat,
 BAG, Urt. v. 13.11.1976, AP Nr. 7 zu § 102 BetrVG 1972.

Der Arbeitgeber kann den Betriebsrat mündlich wie schriftlich unterrichten,
 BAG, Urt. v. 26.01.1995, EzA § 102 BetrVG 1972 Nr. 87.

Erklärt der zuständige Repräsentant des Betriebsrats dem Arbeitgeber, der Betriebsrat sei mit der Kündigung einverstanden, braucht der Arbeitgeber nicht nachzuforschen, ob die Erklärung durch einen Beschluß des Betriebsrats oder des zuständigen Betriebsratsausschusses gedeckt ist,
 BAG, Urt. v. 04.08.1975, AP Nr. 4 zu § 102 BetrVG 1972.

Selbst wenn sich später herausstellt, daß die Sachdarstellung des Arbeitgebers im Anhörungsschreiben an den Betriebsrat nicht vollständig richtig war, weil sich der Arbeitgeber die Darstellungen eines Kunden oder eines Mitarbeiters im Betrieb zu eigen gemacht hat, führt dies nicht zur Nichtig-

keit der Kündigung. Nur dann, wenn der Arbeitgeber bewußt fehlerhaft einen Sachverhalt dargestellt hat, trete die Nichtigkeitsfolge nach § 102 Abs. 1 Satz 3 BetrVG ein,
> BAG, Urt. v. 22.09.1994, NZA 1995, 363; BAG, Urt. v. 09.03.1995, NZA 1995, 678.

Der Arbeitgeber muß im Rahmen der Betriebsratsanhörung mitteilen, ob es sich um eine ordentliche oder außerordentliche Kündigung handeln soll,
> BAG, Urt. v. 29.08.1991, NZA 1992, 416.

Seine Mitteilung hat grundsätzlich auch die für den betroffenen Arbeitnehmer geltende Kündigungsfrist zu enthalten,
> BAG, Urt. v. 16.09.1993, EzA § 102 BetrVG 1972 Nr. 64.

Die Unterrichtung ist aber nicht allein deshalb fehlerhaft, weil der Arbeitgeber eine unrichtige Kündigungsfrist oder einen unrichtigen Endtermin angegeben hat, zu dem die Kündigung wirksam werden kann,
> BAG, Urt. v. 29.01.1986, AP Nr. 42 zu § 102 BetrVG 1972.

Aus einer Reihe von Entscheidungen läßt sich ableiten, daß eine Mitteilungspflicht der Sozialdaten des Arbeitnehmers unter dem Vorbehalt der Maßgeblichkeit für den Kündigungsentschluß des Arbeitgebers steht,
> BAG, Urt. v. 01.08.1995, NZA 1996, 311; BAG, Urt. v. 29.08.1991, NZA 1992, 416; BAG, Urt. v. 15.12.1994, NZA 1995, 521; BAG, Urt. v. 25.04.1996, NZA 1996, 1197; BAG, Urt. v. 15.11.1995, NZA 1996, 419.

Im Urteil vom 15.11.1995 entschied das BAG, daß der Wirksamkeit einer Kündigung die fehlende Übermittlung von Sozialdaten nicht entgegenstehe, wenn es dem Arbeitgeber wegen der Schwere der Kündigungsvorwürfe (Schmiergeldzahlungen) auf die genauen Daten ersichtlich nicht ankomme, der Betriebsrat die ungefähren Daten kenne und er daher die Kündigungsabsicht des Arbeitgebers ausreichend beurteilen könne,
> BAG, Urt. v. 15.11.1995, NZA 1996, 419.

Gefestigte Rechtsprechung ist es inzwischen, daß der Arbeitgeber im Anhörungsverfahren dem Betriebsrat die Beweismittel nicht vorlegen muß,
> BAG, Urt. v. 22.09.1994, NZA 1995, 363; BAG, Urt. v. 26.01.1995, NZA 1995, 672.

Versehentliche Fehlinformationen führen nicht zur Nichtigkeit einer Anhörung. Nur bei einer bewußten Täuschung des Betriebsrats ist eine Anhörung nichtig,
> BAG, Urt. v. 22.09.1994, NZA 1995, 363.

In der Wartezeit reicht es nach der Rechtsprechung aus, wenn der Arbeitgeber im Anhörungsverfahren die beabsichtigte Kündigung auf ein Werturteil stützt,
> BAG, Urt. v. 08.09.1988, AP Nr. 49 zu § 102 BetrVG 1972; BAG, Urt. v. 11.07.1991, AP Nr. 57 zu § 102 BetrVG 1972; BAG, Urt. v. 18.05.1994, NZA 1995, 24; BAG, Urt. v. 03.12.1998, NZA 1999, 477 = NJW 1999, 1653 = DB 1999, 1172.

Für den Fall, daß der Arbeitgeber keine Gründe für die Kündigung zu nennen vermag, muß der Arbeitgeber den Betriebsrat nur über seine subjektiven, nicht belegbaren Vorstellungen unterrichten,
> BAG, Urt. v. 18.05.1994, DB 1994, 1984.

Verlangt der Betriebsrat vom Arbeitgeber, einem bestimmten Arbeitnehmer zu kündigen und entschließt sich der Arbeitgeber, dem Wunsch des Betriebsrats aus den vom Betriebsrat angegebenen Gründen zu entsprechen, ist eine erneute Beteiligung des Betriebsrats nach § 102 BetrVG nicht mehr erforderlich,
> BAG, Urt. v. 15.05.1997, NZA 1997, 1106.

Im Streitfall hat der Arbeitgeber im Kündigungsschutzprozeß zu beweisen, daß der Betriebsrat vor Ausspruch der Kündigung ordnungsgemäß im Sinne von § 102 Abs. 1 BetrVG angehört wurde,
> BAG, Urt. v. 19.08.1975, AP Nr. 5 zu § 102 BetrVG 1972.

## Schriftsätze im arbeitsgerichtlichen Urteilsverfahren § 7

Allerdings ist es Aufgabe des Arbeitnehmers, vorzutragen, daß ein funktionsfähiger Betriebsrat existiert, um überhaupt erst die Darlegungslast des Arbeitgebers auszulösen. Inwieweit der Arbeitgeber sich auf ein Bestreiten mit Nichtwissen beschränken darf, ist streitig,
> dagegen LAG Köln, Urt. v. 31.04.1994, LAGE § 102 BetrVG 1972 Nr. 38; *Spitzweg/Lücke*, NZA 1995, 406; dafür KR/*Etzel*, § 102 BetrVG Rn 192.

### 5. Muster: Keine Zurechnung eines Fristversäumnisses eines Rechtsanwalts im Verfahren nach § 5 KSchG zu Lasten des Arbeitnehmers

Hat der Prozeßbevollmächtigte eines Arbeitnehmers im Kündigungsschutzprozeß das Passivrubrum vertauscht und ist dadurch die Klage nicht innerhalb der Frist des § 4 KSchG eingereicht worden, braucht der Arbeitnehmer nicht für den Fehler seines Bevollmächtigten einzustehen. Dem Arbeitnehmer kann ein Verschulden seines Prozeßbevollmächtigten an der Versäumung der Klagefrist im Verfahren nach § 5 KSchG nicht entgegengehalten werden, weil § 85 Abs. 2 ZPO nicht anzuwenden ist,
> LAG Hamm, Beschl. v. 28.10.1971, MDR 1972, 361; Beschl. v. 27.01.1994, NZA 1994, 909.

### 6. Muster: Klage wegen sittenwidriger Kündigung

An das
Arbeitsgericht

*Klage*

– klägerische Partei –

Prozeßbevollmächtigte:

gegen

– beklagte Partei –

wegen: Kündigung.

Wir bestellen uns zu Prozeßbevollmächtigten der klägerischen Partei, in deren Namen und Auftrag wir um kurzfristige Anberaumung eines Gütetermins bitten. Wir werden im übrigen beantragen zu erkennen:

1. Es wird festgestellt, daß das Arbeitsverhältnis zwischen den Parteien durch die Kündigung vom      zum      nicht aufgelöst worden ist.

Hilfsweise:

2. Es wird festgestellt, daß das Arbeitsverhältnis der Parteien über den      hinaus ungekündigt fortbesteht.
3. Die beklagte Partei wird verurteilt, der klägerischen Partei ein Zwischenzeugnis zu erteilen, das sich auf Führung und Leistung erstreckt.
4. Die beklagte Partei trägt die Kosten des Rechtsstreits.

Hilfsweise wird für den Fall, daß der Feststellungsantrag zu Ziff. 1 abgewiesen wird, folgender Antrag gestellt:

5. Die beklagte Partei wird verurteilt, der klägerischen Partei ein endgültiges Zeugnis zu erteilen, das sich auf Führung und Leistung erstreckt.

**Gründe:**

I.

20  Die klägerische Partei ist am            geboren, verheiratet und hat         Kinder. Sie wurde von der beklagten Partei auf unbestimmte Zeit als         gegen ein vereinbartes monatliches Gehalt von zuletzt DM         brutto in einem Arbeitsverhältnis beschäftigt.

Beweis: Vorlage des Arbeitsvertrages in Kopie – Anlage K 1.

Am         ist das Arbeitsverhältnis durch die beklagte Partei gekündigt worden. Die Kündigung ist der klägerischen Partei am         zugegangen.

Beweis: Vorlage des Kündigungsschreibens in Kopie – Anlage K 2.

Zum Zeitpunkt des Zugangs der Kündigung bestand das Arbeitsverhältnis noch keine sechs Monate (zwar sechs Monate, die beklagte Partei beschäftigt jedoch in der Regel nicht mehr als fünf Arbeitnehmer).

II.

Das Arbeitsverhältnis zwischen der klägerischen Partei und der beklagten Partei hat folgenden Verlauf genommen:        .

III.

Unabhängig von den Voraussetzungen der §§ 622, 626 BGB sowie den diese Vorschriften ergänzenden Bestimmungen und auch unabhängig von den gesetzlichen Voraussetzungen nach dem Kündigungsschutzgesetz kann eine Kündigung unwirksam sein, weil sie sittenwidrig ist, §§ 138, 142 BGB. Der Gesetzgeber hat diese Möglichkeit in § 13 Abs. 2 Satz 1 KSchG ausdrücklich anerkannt. Eine Kündigung ist sittenwidrig, wenn sie auf einem ausgesprochen verwerflichen Motiv beruht, insbesondere aus Rachsucht oder zur Vergeltung erklärt wird und damit dem Anstandsgefühl aller billig und gerecht Denkenden kraß widerspricht,
    BAG, Urt. v. 28.12.1956, BAGE 3, 197; BAG, Urt. v. 19.07.1973, EzA § 138 BGB Nr. 13; BAG, Urt. v. 02.04.1987, EzA § 612 a BGB Nr. 1; BAG, Urt. v. 24.04.1997, AP Nr. 27 zu § 611 BGB Kirchendienst.

Nicht jede Kündigung, die im Falle der Anwendbarkeit des Kündigungsschutzgesetzes im Sinne des § 1 KSchG als nicht sozial gerechtfertigt beurteilt werden müßte, ist deshalb schon sittenwidrig. Trotzdem kann schon nach der Rechtsprechung des BAG eine Kündigung, auch wenn das Arbeitsverhältnis noch keinen sechsmonatigen Bestand hat oder sie in einem Betrieb ausgesprochen wird, in dem regelmäßig weniger als fünf Personen beschäftigt sind, als sittenwidrige Willenserklärung unwirksam sein, wenn der Kündigende ein verwerfliches Motiv hatte oder Umstände vorliegen, aus denen sich bei Anlegung eines objektiven Wertmaßstabes Sittenwidrigkeit ergibt,
    BAG, Urt. v. 16.02.1989, NZA 1989, 962.

Darlegungs- und beweispflichtig für die tatsächlichen Voraussetzungen der Sittenwidrigkeit, insbesondere für die bei der beklagten Partei anzunehmenden inneren Motive, ist die klägerische Partei,
    BAG, Urt. v. 19.07.1973, NJW 1974, 380.

Neben dieser bislang vom BAG entwickelten Rechtsprechung zur sittenwidrigen Kündigung ist jede Kündigung außerhalb des Anwendungsbereichs des Kündigungsschutzgesetzes neuerdings auch an der Rechtsprechung des Bundesverfassungsgerichts gemäß dem Beschluß zur Kleinbetriebsklausel zu messen,
    BVerfG, Beschl. v. 27.01.1998, NZA 1998, 470.

Das Bundesverfassungsgericht hat ausgeführt, daß der Arbeitnehmer dort, wo die Bestimmungen des KSchG nicht greifen, durch die zivilrechtlichen Generalklauseln vor einer sitten- oder treuwidrigen Ausübung des Kündigungsrechts durch den Arbeitgeber geschützt sei. Im Rahmen dieser Generalklauseln müsse auch der objektive Gehalt der Grundrechte beachtet werden, wobei sich die maßgebenden Grundsätze aus Art. 12 Abs. 1 GG ergäben.

Der verfassungsrechtlich gebotene Mindestschutz des Arbeitsplatzes vor Verlust durch private Disposition sei damit in jedem Fall gewährleistet. Andererseits dürfe der durch die Generalklauseln vermittelte Schutz nicht dazu führen, daß dem Kleinunternehmer praktisch die im Kündigungsschutzgesetz vorgesehenen Maßstäbe der Sozialwidrigkeit auferlegt werden. Auch in Kleinbetrieben sei der Arbeitnehmer durch die Generalklauseln vor auf willkürlichen oder auf sachfremden Motiven beruhenden Kündigungen geschützt.

>    *Kittner*, NZA 1998, 73,

hat aus diesen Ausführungen des Bundesverfassungsgerichts geschlossen, daß der Arbeitgeber nunmehr einen auf das Arbeitsverhältnis bezogenen Grund für dessen Beendigung haben müsse, unabhängig von der Anwendbarkeit des Kündigungsschutzgesetzes. Das vom Bundesverfassungsgericht erwähnte „Vertrauen in den Fortbestand des Arbeitsverhältnisses" lege eine Art Interessenabwägung nahe, da der Arbeitgeber, ohne daß das Ultima-ratio-Prinzip des Kündigungsschutzgesetzes gelte, künftig besonders begründen müsse, warum ein langjährig beschäftigter Arbeitnehmer den Arbeitsplatz verlieren solle,

>    so auch *Preis*, NZA 1997, 1256; *Oetker*, ArbuR 1997, 41; *Lakies*, DB 1997, 1078.

### 7. Muster: Klage wegen treuwidriger Kündigung[33]

An das
Arbeitsgericht

*Klage*

– klägerische Partei –

Prozeßbevollmächtigte:

gegen

– beklagte Partei –

wegen: Kündigung.

Wir bestellen uns zu Prozeßbevollmächtigten der klägerischen Partei, in deren Namen und Auftrag wir um kurzfristige Anberaumung eines Gütetermins bitten. Wir werden im übrigen beantragen zu erkennen:

1. Es wird festgestellt, daß das Arbeitsverhältnis zwischen den Parteien durch die Kündigung vom         zum         nicht aufgelöst worden ist.

Hilfsweise:

2. Es wird festgestellt, daß das Arbeitsverhältnis der Parteien über den         hinaus ungekündigt fortbesteht.

---

[33] Siehe auch die Textbausteine 4495, § 7 Kap. 2 Rn 318.

3. Die beklagte Partei wird verurteilt, der klägerischen Partei ein Zwischenzeugnis zu erteilen, das sich auf Führung und Leistung erstreckt.

4. Die beklagte Partei trägt die Kosten des Rechtsstreits.

Hilfsweise wird für den Fall, daß der Feststellungsantrag zu Ziff. 1 abgewiesen wird, folgender Antrag gestellt:

5. Die beklagte Partei wird verurteilt, der klägerischen Partei ein endgültiges Zeugnis zu erteilen, das sich auf Führung und Leistung erstreckt.

**Gründe:**

I.

22  Die klägerische Partei ist am              geboren, verheiratet und hat          Kinder. Sie wurde von der beklagten Partei auf unbestimmte Zeit als          gegen ein vereinbartes monatliches Gehalt von zuletzt DM          brutto in einem Arbeitsverhältnis beschäftigt.

Beweis: Vorlage des Arbeitsvertrages in Kopie – Anlage K 1.

Am          ist das Arbeitsverhältnis durch die beklagte Partei gekündigt worden. Die Kündigung ist der klägerischen Partei am          zugegangen.

Beweis: Vorlage des Kündigungsschreibens in Kopie – Anlage K 2.

Zum Zeitpunkt des Zugangs der Kündigung bestand das Arbeitsverhältnis noch keine sechs Monate (zwar sechs Monate, die beklagte Partei beschäftigt jedoch in der Regel nicht mehr als fünf Arbeitnehmer).

II.

Das Arbeitsverhältnis zwischen der klägerischen Partei und der beklagten Partei hat folgenden Verlauf genommen:

III.

23  Eine gegen Treu und Glauben verstoßende Kündigung ist unwirksam. Nicht jeder Verstoß gegen Treu und Glauben ist zugleich ein Verstoß gegen die guten Sitten,

*Tschöpe/Nägele*, Anwaltshandbuch Arbeitsrecht, 3. D. Rn 58.

Auch das BAG hat schon in einer älteren Entscheidung klargestellt, daß zwischen einer sittenwidrigen Kündigung nach § 138 BGB und einer Kündigung wegen Verstoßes gegen Treu und Glauben nach § 242 BGB unterschieden werden müsse,

BAG, Urt. v. 14.05.1964, BAGE 16, 21.

Treuwidrige Kündigungen sind beispielsweise solche, mit denen sich der Arbeitgeber in Widerspruch zu seinem früheren Verhalten setzt und somit zu Recht beim Arbeitnehmer gewachsenes Vertrauen gröblich mißachtet,

BAG, Urt. v. 08.06.1972, EzA § 626 BGB n. F. Nr. 12; BAG, Urt. v. 23.09.1976, EzA § 1 KSchG Nr. 35.

Wird ein auf ein Jahr befristetes Arbeitsverhältnis mit Kündigungsmöglichkeit innerhalb der Probezeit nicht gekündigt, so verstößt nach Ansicht des LAG Baden-Württemberg eine nach Ablauf der Probezeit ausgesprochene Kündigung ohne Gründe im Sinne des § 1 KSchG gegen Treu und Glauben,

LAG Baden-Württemberg, Urt. v. 07.11.1990 – 2 Sa 43/90 (unveröffentlicht).

Erklärt der Arbeitgeber dem Arbeitnehmer, daß er wegen einer vom Arbeitnehmer ausgesprochenen ordentlichen Kündigung davon absehe, einen bestimmten Sachverhalt selbst zum Anlaß einer Kündigung zu nehmen, verstößt eine später gleichwohl erklärte fristlose Kündigung gegen sein früheres Verhalten, nämlich das Verzeihen des Kündigungsgrundes. Die fristlose Kündigung ist in diesem Falle wegen eines Verstoßes gegen Treu und Glauben unwirksam,

LAG Baden-Württemberg, Urt. v. 12.04.1967, DB 1967, 999; ArbG Bamberg, Urt. v. 28.07.1975, ARST 1976 Nr. 114; ArbG Wuppertal, Urt. v. 11.02.1981, ARST 1981 Nr. 1202.

Wird einem Arbeitnehmer nach 18jähriger Beschäftigung in einem Kleinbetrieb und nur dreimonatiger erstmaliger Erkrankung in diesem Zeitraum gekündigt, ist die krankheitsbedingte Kündigung treuwidrig,
    ArbG Treutlingen, Urt. v. 20.10.1998, NZA-RR 1999, 82.

Hat der Arbeitgeber trotz Vorliegens eines Kündigungsgrundes von einer Kündigung abgesehen, dadurch beim Arbeitnehmer das Vertrauen erweckt, die Kündigung werde unterbleiben und hat sich der Arbeitnehmer darauf eingerichtet, ist die Kündigung treuwidrig,
    BAG, Urt. v. 25.11.1982, EzA § 9 KSchG n. F. Nr. 15; BAG, Urt. v. 25.02.1988, RzK I 5 c Nr. 26; ArbG Hamburg, Urt. v. 11.05.1992, AiB 1993, 187.

Eine treuwidrige Kündigung kann vorliegen, wenn einem Arbeitnehmer vor Erfüllung der Wartefrist des § 1 Abs. 1 KSchG nur wegen seiner Homosexualität gekündigt wird,
    BAG, Urt. v. 23.06.1994, AP Nr. 9 zu § 242 BGB Kündigung.

Auch kann eine Kündigung gegen § 242 BGB verstoßen, wenn sie zur Unzeit erklärt wird. Treuwidrigkeit hat in diesem Zusammenhang das LAG Bremen angenommen, als einem Arbeitnehmer die Kündigung nach einem schweren Arbeitsunfall am gleichen Tag im Krankenhaus unmittelbar vor einer auf dem Unfall beruhenden Operation ausgehändigt wurde,
    LAG Bremen, Urt. v. 29.10.1985, BB 1986, 393.

Schließlich kann eine Kündigung treuwidrig sein, wenn dem Arbeitnehmer durch die Kündigung ein Verdacht angehängt wurde, ohne daß er die Möglichkeit einer Verteidigung erhielt,
    BAG, Urt. v. 30.11.1960, NJW 1961, 1085.

**IV.**
Eine an den vorgenannten Maßstäben ausgerichtete Bewertung hat zur Folge, daß die gegenüber der klägerischen Partei ausgesprochene Kündigung als treuwidrig angesehen werden muß:

## 8. Muster: Öffentliche Zustellung einer Kündigungsschutzklage gegen ausländische Vertretung in Deutschland

An das
Arbeitsgericht

Aktenzeichen:
Gegner: zwei Abschriften anbei

In dem Rechtsstreit
/

ist gerichtsbekannt, daß die Zustellung der Klageschrift auf diplomatischem Wege, wie sich in der Vergangenheit gezeigt hat, bis zu zwei Jahre dauern kann. Aus diesem Grunde beantragt die klägerische Partei,
    die Klageschrift öffentlich zuzustellen.

Die beklagte Partei ist auch der deutschen Gerichtsbarkeit unterworfen. Die Immunität ausländischer Staaten richtet sich gemäß § 20 Abs. 2 GVG nach den allgemeinen Regeln des Völkerrechts. Danach sind Staaten der Gerichtsbarkeit anderer Staaten insoweit nicht unterworfen, als der Gegenstand des Rechtsstreits ihre hoheitliche Tätigkeit betrifft, andererseits besteht aber keine Regel des Völkerrechts, die die deutsche Gerichtsbarkeit für Klagen gegen einen ausländischen Staat in Bezug auf seine nicht hoheitliche Betätigung ausschließt,
    BVerfGE 16, 27 = NJW 1963, 1732.

### § 7 Kapitel 1: Vertretung von Arbeitnehmern

Maßgebend für die Unterscheidung zwischen hoheitlicher und nichthoheitlicher Staatstätigkeit ist die Natur der umstrittenen staatlichen Handlung bzw. des streitigen Rechtsverhältnisses, wobei grundsätzlich die Qualifikation mangels völkerrechtlicher Abgrenzungskriterien nach nationalem Recht vorzunehmen ist,

BVerfGE 16, 27 = NJW 1963, 1732.

Ein Rechtsverhältnis, das zur Erfüllung von Aufgaben verpflichtet, die zur Betätigung der auswärtigen Gewalt, der Polizeigewalt und der Rechtspflege zu rechnen sind, kann regelmäßig nicht ohne Verletzung der Immunität des ausländischen Staates zum Gegenstand eines Rechtsstreits vor inländischen Gerichten gemacht werden,

BAG, Urt. v. 03.07.1996, NZA 1996, 1229.

Im vorliegenden Fall ist das streitige Rechtsverhältnis ein Arbeitsverhältnis, wobei die klägerische Partei als ▬▬▬ an der ▬▬▬ Botschaft (am Konsulat) angestellt ist. Ihre Aufgaben gehören damit nicht zum Kernbereich der hoheitlichen Tätigkeit der beklagten Partei. Anders lag dies in dem zitierten Fall, den das BAG am 03.07.1996 entschieden hat: Dort gehörte zu den Aufgaben der Arbeitnehmerin, die gegen ihre Entlassung geklagt hatte, die Ausstellung von Reisepässen und Visa sowie die Vornahme von Beglaubigungen in einem Konsulat in Düsseldorf. Dabei handelt es sich um originär konsularische Aufgaben gemäß Art. 5 lit. a und lit. b des Wiener Übereinkommens über konsularische Beziehungen vom 24.04.1963 (BGBl. 1969 II, 1585, 1587, 1589).

Die klägerische Partei leistet durch ihre ▬▬▬ Tätigkeit dagegen nur Zuarbeiten für die Arbeit der Botschaft. Sie wird nicht selber hoheitlich tätig. Eine Überprüfung ihrer Entlassung erfordert daher nicht eine Überprüfung des hoheitlichen Handelns der beklagten Partei. Die Souveränität der beklagten Partei wird damit durch das Gerichtsverfahren vor einem deutschen Gericht nicht beeinträchtigt.

Auch die internationale Zuständigkeit des Arbeitsgerichts ▬▬▬ ist gegeben. Die internationale Zuständigkeit deutscher Gerichte ergibt sich allgemein aus den Regeln der ZPO über die örtliche Zuständigkeit, so daß grundsätzlich ein örtlich zuständiges Gericht auch international zuständig ist,

BGH, NJW 1991, 1492; *Germelmann/Matthes/Prütting*, Einleitung Rn 232.

Das Arbeitsgericht ▬▬▬ ist für den Rechtsstreit gemäß § 29 ZPO örtlich zuständig, denn Erfüllungsort für die Leistung der klägerischen Partei aus dem Arbeitsvertrag war ▬▬▬. Die klägerische Partei war bei der ▬▬▬ Botschaft in ▬▬▬ als ▬▬▬ angestellt. Sie hatte ihre Arbeitsleistung damit in ▬▬▬ zu erfüllen.

Weiterhin wird beantragt, die öffentliche Zustellung zu betreiben, da die Zustellung der Klageschrift an die Beklagte gemäß § 203 Abs. 2 ZPO unausführbar ist. Unausführbarkeit im Sinne des § 203 Abs. 2 ZPO ist dann gegeben, wenn die Erledigung einer Auslandszustellung in absehbarer Zeit nicht zu erwarten ist,

OLG Oldenburg, MDR 1947, 259.

Entsprechendes gilt gemäß § 203 Abs. 2 ZPO auch bei sonst unzumutbarer Verzögerung der Auslandszustellung,

OLG Hamburg, MDR 1970, 426; OLG Hamm, MDR 1988, 589.

Das OLG Hamm hat in einem Urteil aus dem Jahr 1989,

OLG Hamm, NJW 1989, 2203,

entschieden, daß eine vier Monate nach Absendung eines Zustellungsersuchens an die Türkei veranlaßte öffentliche Zustellung nach § 203 Abs. 2 ZPO unzulässig war, weil das AG keinerlei Anhaltspunkte für die Undurchführbarkeit oder Erfolglosigkeit des Rechtshilfeersuchens gehabt habe.

Nach einem Beschluß des AG Bonn,

AG (Familiengericht) Bonn, NJW 1991, 1430,

ist die öffentliche Zustellung in Anwendung des Grundgedankens aus Art. 15 Abs. 2 des Haager Zustellungsübereinkommens dann gemäß § 203 Abs. 2 ZPO zulässig, wenn eine Frist von sechs Monaten verstrichen ist, bevor ein Rechtshilfeersuchen an einen anderen Staat überhaupt die Justizverwaltung verläßt.

Eine sechsmonatige Frist wird auch von *Geimer* unter Berufung auf den verfassungsrechtlich garantierten Justizgewährungsanspruch in NJW 1989, 2204 und NJW 1991, 1431 vertreten.

Im Jahr 1992 hat die Bundesrepublik Deutschland Erklärungen nach Art. 15 Abs. 2 und 16 Abs. 3 des Haager Übereinkommens vom 15.11.1965 über die Zustellung gerichtlicher und außergerichtlicher Schriftstücke im Ausland in Zivil- und Handelssachen abgegeben. Danach kann der deutsche Richter den Rechtsstreit ohne Eingang eines Zeugnisses über die Zustellung entscheiden, wenn (unter anderem) seit der Absendung des Schriftstücks eine Frist verstrichen ist, die der Richter nach den Umständen des Falles als angemessen erachtet und die mindestens sechs Monate betragen muß. Allerdings ist die Republik _____ dem Haager Übereinkommen bislang nicht beigetreten, so daß eine Anwendung dieser Vorschrift im Verhältnis zur beklagten Partei ausscheidet.

Das AG Säckingen hat in einem neueren Urteil,
 AG (Familiengericht) Säckingen, FamRZ 1997, 611,

die Ansicht vertreten, Zustellungsfristen bis zu zwei Jahren seien jedenfalls in einem Scheidungsverfahren hinzunehmen, weil von der Zustellung des Scheidungsantrages eine Reihe wichtiger Rechtswirkungen (etwa beim Versorgungsausgleich) abhängt.

Dem hat das OLG Köln 1998,
 OLG Köln, NJW-RR 1998, 1683

– wiederum in einem familienrechtlichen Rechtsstreit – widersprochen. Das OLG Köln hat auf die Voraussetzungen nach der Erklärung der Bundesrepublik gemäß dem Haager Übereinkommen abgestellt und damit die Wartefrist von sechs Monaten zur Voraussetzung für eine öffentliche Zustellung nach § 203 Abs. 2 ZPO erklärt.

Im vorliegenden Fall ist eine Wartefrist von sechs Monaten noch nicht abgelaufen. Es liegt allerdings in mehrfacher Hinsicht ein Sonderfall vor: Zum einen ist zu erwarten, daß das gesamte Zustellungsverfahren zwei bis vier Jahre in Anspruch nehmen würde. Außerdem handelt es sich bei der Klage um eine Kündigungsschutzklage. Kündigungsschutzklagen sind – wie sich aus den Regelungen der §§ 4 Abs. 1 KSchG, 61 a ArbGG ergibt – besonders auf eine Beschleunigung des Verfahrens angelegt, da eine rasche Klärung des Bestandes des Arbeitsverhältnisses erforderlich ist. Angesichts der Tatsache, daß die klägerische Partei gemäß § 4 Abs. 1 KSchG gezwungen ist, die Kündigungsschutzklage innerhalb von drei Wochen nach dem Zugang des Kündigungsschreibens zu erheben, kann es ihr nicht zuzumuten sein, mehrere Jahre auf die Zustellung ihrer Klage zu warten.

Dieses Ergebnis entspricht auch der Rechtsprechung des OLG Hamburg und des OLG Hamm in zwei Fällen, in denen es um die Zustellung in anderen Verfahren, die auf Beschleunigung ausgerichtet sind, ging. Gemäß OLG Hamburg,
 OLG Hamburg, MDR 1970, 426,

ist in einem Wechselprozeß die öffentliche Zustellung zu bewirken, wenn die im Ausland zu bewirkende Zustellung 18 Monate erfordern würde. Nach einer Entscheidung des OLG Hamm,
 OLG Hamm, MDR 1988, 589,

ist die öffentliche Zustellung eines Arrestbefehls zu bewirken, wenn davon auszugehen ist, daß der Antragsteller die Zustellung nicht innerhalb der Vollziehungsfrist bewirken kann.

Allerdings muß bei der Gewährung einer öffentlichen Zustellung gemäß § 203 Abs. 2 ZPO die materielle Gewährung des rechtlichen Gehörs des Beklagten soweit wie möglich gewährleistet sein,
 BVerfG, NJW 1988, 2361.

Neben der förmlichen Zustellung muß daher regelmäßig auch eine formlose Übersendung der Ladung auf dem Postweg durchgeführt werden,
 OLG Köln, NJW-RR 1998, 1683, 1684.

## II. Betriebsbedingte Kündigungen, Betriebsübergang

### 1. Muster: Replik – mangelhafte soziale Auswahl

Aktenzeichen:
Gegner: RAe        , zwei Abschriften anbei

In dem Rechtsstreit

./.

trägt die beklagte Partei den Sachverhalt unzutreffend vor. Es wird bestritten, daß der Arbeitsplatz der klägerischen Partei durch betriebliche Gründe weggefallen ist:

Im übrigen hat die beklagte Partei eine fehlerhafte soziale Auswahl getroffen. Die beklagte Partei hat die Gründe anzugeben, die zu der getroffenen sozialen Auswahl geführt haben, jedenfalls dann, wenn der Arbeitgeber über die erforderlichen Informationen verfügt. Wenn der Arbeitnehmer – etwa in größeren Betrieben – nicht in der Lage ist, zur Sozialauswahl Stellung zu nehmen, und er aus diesem Grunde den Arbeitgeber zur Mitteilung der Gründe auffordert, die ihn zu der Auswahl veranlaßt haben, hat der Arbeitgeber eine erweiterte Vortragslast,

> *Gift/Baur*, Das Urteilsverfahren vor den Gerichten für Arbeitssachen, Teil E, Rn 947; BAG, Urt. v. 24.03.1983, AP Nr. 12 zu § 1 KSchG 1969 betriebsbedingte Kündigung; AP Nr. 4 zu § 1 KSchG 1969, Soziale Auswahl; BAG Urt. v. 25.04.1985; NZA 1986, 64; Urt. v. 13.06.1986; NJW 1987, 1662.

Schon jetzt wird vorgetragen, daß die beklagte Partei         Arbeitnehmer mit gleicher Qualifikation der klägerischen Partei beschäftigt. Alle anderen sind dienstjünger und auch an Lebensjahren jünger. Hinzu kommt, daß der Zeuge         nur ein Kind und der Zeuge         überhaupt keine Kinder hat.

Beweis: Zeugnis  .

Die letztgenannten Kollegen der klägerischen Partei würden daher von einer Kündigung nicht so hart betroffen.

### 2. Muster: Replik – willkürliche betriebsbedingte Kündigung und mangelhafte soziale Auswahl

Aktenzeichen:
Gegner: RAe        , zwei Abschriften anbei

In dem Rechtsstreit

./.

weisen wir darauf hin, daß die Kündigung sozial nicht gerechtfertigt ist, da dringende betriebliche Erfordernisse fehlen und eine ordnungsgemäße Sozialauswahl nicht getroffen wurde, § 1 Abs. 2 Satz 1 KSchG.

Nach der ständigen Rechtsprechung des Bundesarbeitsgerichts unterliegt die Betriebsbedingtheit der Kündigung grundsätzlich der freien Unternehmerentscheidung, so daß es nicht Aufgabe der

## Schriftsätze im arbeitsgerichtlichen Urteilsverfahren § 7

Gerichte für Arbeitssachen ist, unternehmerische Entscheidungen auf ihre Zweckmäßigkeit und Notwendigkeit hin zu überprüfen,

vgl. BAG, Urt. v. 07.12.1978, EzA § 1 KSchG, Betriebsbedingte Kündigung Nr. 10; Urt. v. 30.04.1987, EzA § 1 KSchG, Betriebsbedingte Kündigung Nr. 47.

Es entspricht jedoch ebenso ständiger Rechtsprechung, daß es aufgrund des Wortlauts sowie nach dem Sinn und Zweck des § 1 Abs. 2 Satz 1 KSchG gerechtfertigt ist, das unternehmerische Gestaltungsermessen innerhalb bestimmter Grenzen gerichtlich zu überprüfen. Nach dem Wortlaut des Gesetzes müssen die betrieblichen Erfordernisse dringend sein. Im Merkmal der Dringlichkeit hat der das gesamte Kündigungsschutzrecht beherrschende Grundsatz der Verhältnismäßigkeit (ultima-ratio-Prinzip) eine gesetzliche Grundlage gefunden. Der gesetzlich anerkannte Grundsatz der Verhältnismäßigkeit gebietet es, die einer betriebsbedingten Kündigung zugrundeliegende Unternehmerentscheidung einer beschränkten Kontrolle zu unterwerfen.

Das Merkmal der Dringlichkeit bildet also eine Willkürschranke. In diesem Sinne unterliegen betriebsbedingte Kündigungen der tatrichterlichen Überprüfung. Nach ständiger Rechtsprechung darf der Arbeitgeber daher beispielsweise erst dann betriebsbedingte Kündigungen aussprechen, wenn er zuvor versucht hat, durch andere zumutbare technische, organisatorische oder wirtschaftliche Maßnahmen (z.B. durch Begründung von Teilzeitarbeitsverhältnissen, Abbau von Überstunden, Vorverlegung der Werksferien, Rationalisierungskündigungen etc.) einen Personalabbau zu vermeiden,

vgl. BAG, Urt. v. 20.02.1986, EzA § 1 KSchG, Betriebsbedingte Kündigung Nr. 37; Urt. v. 07.12.78, EzA § 1 KSchG, Betriebsbedingte Kündigung Nr. 10.

An solchen Maßnahmen hat es die beklagte Partei vermissen lassen:

Außerdem ist nicht ersichtlich und von der beklagten Partei auch nicht substantiiert vorgetragen, daß ein Überhang an Arbeitskräften besteht:

Außerdem ist eine ordnungsgemäße Sozialauswahl i. S. v. § 1 Abs. 3 KSchG unterblieben. Die Sozialauswahl soll sicherstellen, daß sozial schwächere Arbeitnehmer nur dann entlassen werden, wenn nicht eine Entlassung sozial stärkerer Arbeitnehmer an ihrer Stelle möglich ist. Die Durchführung der Sozialauswahl erfolgt anhand eines Vergleichs des wegfallenden Arbeitsplatzes mit denjenigen Arbeitsplätzen, die von der Rationalisierung nicht betroffen sind. In diesen Vergleich einbezogen werden jedoch nur Arbeitsplätze, die funktionell miteinander vergleichbar sind.

Der Vergleich erfolgt nach der ständigen Rechtsprechung in drei Ebenen:

1. innerhalb der sog. horizontalen Ebene werden miteinander verglichen:
   – die Berufsgruppen (Arbeiter/Angestellte),
   – die verschiedenen Ausbildungsberufe (Kfz-Schlosser/Dreher) und
   – die ausgeübten Tätigkeiten (bei Nichtausbildungsberufen bzw. bei Tätigkeit außerhalb des erlernten Berufes);
2. innerhalb der sog. vertikalen Ebene sind nur die Arbeitsplätze austauschbar, auf denen Arbeitnehmer derselben Hierarchie beschäftigt sind (Meisterin/Meister; Gesellin/Geselle);
3. innerhalb der räumlichen Ebene sind sämtliche Arbeitsplätze des Betriebes und nicht nur der betroffenen Abteilungen in die Sozialauswahl miteinzubeziehen. Der Begriff „Betrieb" ist in diesem Zusammenhang weit auszulegen.
   BAG, Urt. v. 03.12.1954, AP Nr. 1 zu § 88 BetrVG.

Schließlich hat eine Auswahl nach sozialen Kriterien zu erfolgen. So sind in die Erwägungen des Arbeitgebers die Dauer der Betriebszugehörigkeit, das Lebensalter und der Umfang der Unterhaltsverpflichtung einzustellen.

Eine an diesen Maßstäben vorzunehmende Auswahl kann nicht zur Kündigung der klägerischen Partei führen.

### 3. Muster: Replik – mangelhafte soziale Auswahl wegen Verstoßes gegen den Grundsatz „Änderungskündigung vor Beendigungskündigung"

28 Aktenzeichen:

Gegner: RAe , zwei Abschriften anbei

In dem Rechtsstreit

./.

ist die Kündigung sozial ungerechtfertigt, weil die beklagte Partei die Möglichkeit einer Änderungskündigung nicht geprüft und keine Änderungskündigung anstelle der Beendigungskündigung vorgenommen hat, § 1 Abs. 3 KSchG.

Mit der Umbruchrechtsprechung des Bundesarbeitsgerichts vom 27.09.1984,
 EzA § 2 KSchG Nr. 5,
wurde das Rechtsprinzip begründet, daß die Änderungskündigung Vorrang vor der Beendigungskündigung hat.

Um diesem Grundsatz zu genügen, muß der Arbeitgeber vor Ausspruch der Beendigungskündigung prüfen, ob nicht eine Weiterbeschäftigung des Arbeitnehmers auch zu geänderten Arbeitsbedingungen möglich ist. Verfügt der Arbeitgeber noch über einen freien Arbeitsplatz, so hat er die konkrete Weiterbeschäftigungsmöglichkeit dem Arbeitnehmer darzulegen und ihm eine Überlegungsfrist von einer Woche einzuräumen. Gleichzeitig ist vom Arbeitgeber deutlich zu machen, daß im Falle der Ablehnung eine Beendigungskündigung ausgesprochen wird. Der Arbeitnehmer hat dann die Möglichkeit, endgültig abzulehnen oder unter dem Vorbehalt von § 2 KSchG das Angebot anzunehmen.

Auch wenn alle Arbeitsplätze besetzt sind, ist dadurch die Möglichkeit einer Änderungskündigung nicht völlig ausgeschlossen. Vielmehr ist es eine Frage der sozialen Auswahl nach § 1 Abs. 3 KSchG, ob der zu kündigende Arbeitnehmer sozial schwächer ist und deshalb eher als andere Arbeitsplatzinhaber der Weiterbeschäftigung bedarf,
 vgl. KR/*Rost*, § 2 KSchG, Rn 103.

Unterläßt es der Arbeitgeber allerdings, ein zumutbares Änderungsangebot zu unterbreiten und macht der Arbeitnehmer im Kündigungsschutzprozeß deutlich, daß er einem Angebot vorher zumindest unter dem Vorbehalt nach § 2 KSchG zugestimmt hätte, ist die Kündigung sozial ungerechtfertigt.

Gegen diese Grundsätze hat die beklagte Partei verstoßen:

### 4. Muster: Arbeitsplätze von Leiharbeitnehmern als freie Stellen

29 Macht der Betriebsrat geltend, daß in konkret bezeichneten Betriebsabteilungen Leiharbeitskräfte tätig sind, auf deren Arbeitsplätzen Arbeitnehmer weiterbeschäftigt werden könnten, so handelt es sich um einen Widerspruch gemäß § 102 Abs. 3 Ziff. 3 BetrVG. Der Arbeitgeber hat die Arbeitsplätze

# § 7 Schriftsätze im arbeitsgerichtlichen Urteilsverfahren

der Leiharbeitnehmer zu berücksichtigen. Bei derartigen Arbeitsplätzen, die in absehbarer Zeit freigemacht werden, handelt es sich um freie Arbeitsplätze im Sinne der Rechtsprechung,
ArbG Stuttgart, Urt. v. 05.05.1996, 6 Ga 23/96, AIB 1997, 723.

### 5. Muster: Kündigungsschutzklage wegen betriebsbedingter Kündigung bei verdeckter Betriebsübernahme

An das Arbeitsgericht

*Klage*

– klägerische Partei –

Prozeßbevollmächtigte:

gegen

– beklagte Partei –

wegen: ordentlicher Kündigung eines Arbeitsverhältnisses.

Wir bestellen uns zu Prozeßbevollmächtigten der klägerischen Partei, in deren Namen und Auftrag wir um kurzfristige Anberaumung eines Gütetermins bitten. Wir werden im übrigen beantragen zu erkennen:

1. Es wird festgestellt, daß das Arbeitsverhältnis der klägerischen Partei durch die schriftliche Kündigung der beklagten Partei vom        – zugegangen am        – nicht aufgelöst worden ist, sondern fortbesteht.
2. Die beklagte Partei wird verurteilt, der klägerischen Partei ein Zwischenzeugnis zu erteilen, das sich auf Führung und Leistung erstreckt.
3. Die beklagte Partei trägt die Kosten des Rechtsstreits.

Sollte die beklagte Partei im Gütetermin nicht zu Protokoll des Gerichts erklären, daß sie die klägerische Partei weiterbeschäftigen wird, sofern ein der Klage stattgebendes Urteil ergeht, kündigen wir folgenden weiteren Antrag an:

4. Die beklagte Partei wird verurteilt, die klägerische Partei zu den bisherigen Arbeitsbedingungen über den Ablauf der Kündigungsfrist hinaus weiterzubeschäftigen.

**Gründe:**

I.
1. Die beklagte Partei ist eine        . Die klägerische Partei ist bei der beklagten Partei seit dem        als Arbeitnehmer beschäftigt.

    Beweis: Zeugnis des Personalleiters        , zu laden über die beklagte Partei.

    Das durchschnittliche monatliche Bruttoentgelt der klägerischen Partei beträgt        DM.

    Beweis: Zeugnis Lohnbuchhalterin        , zu laden über die beklagte Partei.

    Im Rahmen einer Massenentlassung kündigte die beklagte Partei mit einem Formularschreiben vom        das Arbeitsverhältnis der klägerischen Partei zum        .

    Beweis: Vorlage des Kündigungsschreibens in Kopie – Anlage K 1.

    In dem gleichlautenden Kündigungsschreiben heißt es u. a.:

„         "

Beweis: Vorlage des Kündigungsschreibens.

Das Kündigungsschreiben vom          ist am          zugegangen.

Mit Schreiben vom          hat die beklagte Partei den Präsidenten des Landesarbeitsamtes          und den Direktor des Arbeitsamtes          über sämtliche Entlassungen unterrichtet. In diesem Schreiben führt die beklagte Partei u. a. aus:

„         "

Beweis: Vorlage des Schreibens in Kopie – Anlage K 2

2. Zum Zeitpunkt des Zugangs der Kündigung bestand das Arbeitsverhältnis 6 Monate. Die beklagte Partei beschäftigt mehr als 5 Arbeitnehmer, ausschließlich der Lehrlinge.

Die klägerische Partei bietet mit der vorliegenden Klage erneut der beklagten Partei ihre weitere Arbeitsleistung an. Um ihrer Minderungspflicht nach § 615 S. 2 BGB zu genügen, verlangt die klägerische Partei ein Zwischenzeugnis, damit sie sich bei anderen Arbeitgebern bewerben kann.

II.

31 Die Kündigung ist unwirksam. Die Unwirksamkeitsgründe ergeben sich aus der geschäftlichen Entwicklung der beklagten Partei, ihren Unternehmenszielen, der Geschäftspolitik sowie einigen betriebswirtschaftlichen und steuerlichen Fakten, weshalb eine Darstellung des Status der beklagten Partei im Abriß vorausgeschickt werden muß:

1.

2. Nachdem sich aus den dargestellten Gründen Verluste abzeichneten, unternahm die Geschäftsführung der beklagten Partei trotz vielfältiger Vorschläge aus dem Bereich der verschiedenen Führungsebenen keine Gegenmaßnahmen;

3. Die beklagte Partei ist in Wahrheit wirtschaftlich nicht so notleidend, wie es ihre Gesellschafterin darzustellen versucht.

Beweis: Gutachten eines Bilanzsachverständigen

Vorwerfbar ist in diesem Zusammenhang der beklagten Partei, daß sie trotz entsprechender Hinweise und Vorschläge aus dem Bereich des Betriebs keinerlei Rationalisierungmaßnahmen vorgenommen hat, die es fraglos ermöglicht hätten, den Bestand des gewachsenen und über vielfältige Kundenbeziehung verfügenden Unternehmens zu sichern.

4. Die beklagte Partei betreibt, entgegen ihrer Mitteilung im Kündigungsschreiben, keine Betriebsstillegung. In Wahrheit findet eine Betriebsübernahme statt.

Die Gesellschafterin der beklagten Partei erhält für dieses Rechtsgeschäft einen Kaufpreis in Höhe von ca.          DM.

Beweis:          .

III.

32 1. Die Kündigung ist sozial ungerechtfertigt, weil sie nicht durch dringende betriebliche Erfordernisse, die einer Weiterbeschäftigung der klägerischen Partei im Betrieb der beklagten Partei entgegenstehen, bedingt ist, § 1 Abs. 2 Satz 1 KSchG.

Die unternehmerische Entscheidung der Gesellschafterin der beklagten Partei unterliegt zwar nach ständiger Rechtsprechung des Bundesarbeitsgerichts dem Grundsatz der freien Unternehmerentscheidung, so daß es nicht Aufgabe der Gerichte für Arbeitssachen ist, unternehmerische Entscheidungen auf ihre Zweckmäßigkeit und Notwendigkeit hin zu überprüfen,
 vgl. BAG, Urt. v. 07.12.1978, EzA § 1 KSchG, Betriebsbedingte Kündigung Nr. 10; Urt. v. 30.04.1987, EzA § 1 KSchG, Betriebsbedingte Kündigung Nr. 47 mwN.

Es entspricht hingegen ständiger Rechtsprechung des Bundesarbeitsgerichts, daß es aufgrund des Wortlauts sowie nach dem Sinn und Zweck des § 1 Abs. 2 Satz 1 KSchG gerechtfertigt ist, das unternehmerische Gestaltungsermessen innerhalb bestimmter Grenzen gerichtlich zu überprüfen. Nach dem Wortlaut des Gesetzes müssen die betrieblichen Erfordernisse dringend sein. Im Merkmal der Dringlichkeit hat der das gesamte Kündigungsschutzrecht beherrschende Grundsatz der Verhältnismäßigkeit (ultima-ratio-Prinzip) eine gesetzliche Grundlage gefunden. Der gesetzlich anerkannte Grundsatz der Verhältnismäßigkeit gebietet es, die einer betriebsbedingten Kündigung zugrundeliegende Unternehmerentscheidung einer beschränkten justiziellen Kontrolle zu unterwerfen. Nach der ständigen Rechtsprechung des Bundesarbeitsgerichts darf der Arbeitgeber erst dann betriebsbedingte Kündigungen aussprechen, wenn er zuvor versucht hat, durch andere zumutbare technische, organisatorische oder wirtschaftliche Maßnahmen (z.B. durch Begründung von Teilzeitarbeitsverhältnissen, Abbau von Überstunden, Vorverlegung der Werksferien, Rationalisierungskündigungen etc.) einen Personalabbau zu vermeiden,

>vgl. BAG, Urt. v. 20.02.1986, EzA § 1 KSchG, Betriebsbedingte Kündigung Nr. 37; Urt. v. 07.12.1978, EzA § 1 KSchG, Betriebsbedingte Kündigung Nr. 10.

Die beklagte Partei hat vor Ausspruch der vorliegenden Kündigung im Zusammenhang mit den Massenentlassungen nicht eine Maßnahme ergriffen, um durch andere zumutbare technische, organisatorische oder wirtschaftliche Maßnahmen den weitgehend vollständigen Personalabbau zu vermeiden.

Beweis: Zeugnis

Es wurden weder Änderungskündigungen ausgesprochen, die gegenüber betriebsbedingten Beendigungskündigungen vorrangig sind,

>vgl. BAG, Urt. v. 27.09.1984, EzA § 2 KSchG Nr. 5,

noch wurden alternative Maßnahmen ergriffen wie         .

2. Die Kündigung ist weiterhin gemäß § 1 Abs. 2 Satz 1 KSchG als Betriebsstillegungskündigung nicht gerechtfertigt, weil eine vollständige Betriebsstillegung in Wahrheit nicht stattfinden wird (a) und zum Zeitpunkt des Zugangs der Kündigung das rechtliche und wirtschaftliche Schicksal des Betriebs der beklagten Partei nur in einer äußerst globalen Weise vorbereitet, aber noch keine detailliert greifbare Formen angenommen hatte (b).

(a) Es ist eine gerichtsbekannte Tatsache, daß kein vernünftiger Kaufmann diesen Firmenmantel der beklagten Partei wirtschaftlich ungenutzt läßt, es sei denn die Firma würde liquidiert. Fest steht, daß die beklagte Partei nicht liquidiert wird.

Beweis: Zeugnis

Zwingend findet damit die Firma der beklagten Partei weitere Verwendung.

Damit steht weiterhin fest, daß die beklagte Partei auf ihrem Handelssektor weiterhin tätig sein wird. Hierzu bedarf sie einer personellen Mindestausstattung, denn, würde die beklagte Partei ohne geschäftliche Aktivitäten (was aus den bekannten steuerlichen Gründen keinen Sinn ergeben würde) fortbestehen und auch keine Arbeitnehmer beschäftigen, wäre sie gemäß § 18 Abs. 2 HGB wegen des Täuschungsverbots bei nachträglicher Veränderung der tatsächlichen Verhältnisse unzulässig im registerrechtlichen Sinne und dementsprechend durch das Registergericht von Amts wegen nach § 37 HGB (iVm § 140 FGG) oder nach § 142 FGG wegen zu löschen,

>vgl. BGHZ 10, 196; BayObLGZ 1979, 207; OLG Frankfurt, OLGZ 1979, 318; *Scholz-Emmerich*, GmbH-Gesetz, § 4, Anm. 21.

Wird die Firma der beklagten Partei aber vernünftigerweise nicht gelöscht, bzw. stillgelegt, besteht sie fort und bedarf zu ihrer geschäftlichen Tätigkeit eines Mindestarbeitnehmer-Stamms. Die Voraussetzungen einer Betriebsstillegung, die im Einzelfall eine betriebsbedingte Kündigung rechtfertigen können, sofern die sonstigen Voraussetzungen der Dringlichkeit bzw. der Verhältnismäßigkeit erfüllt sind, können bei dieser Sachlage von der beklagten Partei nicht überzeugend vorgetragen werden.

(b) Wie die Fortführung des Betriebs der beklagten Partei vorgenommen werden soll, stand zum Zeitpunkt des Zugangs der Kündigung noch nicht fest. Daß eine Betriebsübernahme stattfinden wird, ist zwischenzeitlich bekannt.

In einem solchen Falle kann zum Zeitpunkt des Zugangs der Kündigung noch nicht davon gesprochen werden, daß die auf eine Betriebsstillegung (die letztlich ohnehin nicht beabsichtigt und geplant ist) gerichtete unternehmerische Entscheidung zum Zeitpunkt des Zugangs der Kündigung bereits greifbare Formen angenommen hatte,
vgl. BAG, Urt. v. 23.03.1984, ZIP 1984, 1524; BAG Urt. v. 22.05.1986, EzA § 1 KSchG Soziale Auswahl Nr. 22; LAG Berlin, Urt. v. 13.02.1984, Betr. 1984, 1404.

An einer betriebsbedingten Betriebsstillegungskündigung fehlt es, wenn der Arbeitgeber zum Zeitpunkt des Zugangs der Kündigung noch in Verhandlungen über eine Veräußerung des Betriebes steht und deswegen nur vorsorglich mit der Begründung kündigt, der Betrieb solle zu einem bestimmten Zeitpunkt stillgelegt werden,
vgl. BAG, Urt. v. 27.09.1984, EzA § 613 a BGB Nr. 40.

3. Die Kündigung ist auch deshalb unwirksam, weil sie gegen das Kündigungsverbot gemäß § 613 a Abs. 4 Satz 1 BGB verstößt.

Ein Betrieb geht über im Sinne des § 613 a BGB, wenn dem neuen Inhaber die sächlichen und immateriellen Betriebsmittel überlassen werden und er mit ihnen und mit Hilfe von Arbeitnehmern bestimmte arbeitstechnische Zwecke verfolgen kann,
vgl. BAG, Urt. v. 28.04.1988, DB 1989, 430 mwN.

Das Bundesarbeitsgericht sieht die Essenz eines Großhandels (wie den Betrieb der beklagten Partei) in den Betriebsräumen, im Warensortiment, in den Verträgen mit den Lieferanten und den Kunden (Einzelhändler einschl. SB-Märkte) sowie eventuell in den gewerblichen Schutzrechten. Ein Betriebsübergang liegt daher nach Auffassung des Bundesarbeitsgerichts im Großhandelsbereich immer dann vor, wenn von dem Betrieb des Veräußerers die Lieferverträge und die Rechtsbeziehungen zu den Einzelhändlern auf den Käufer übergehen. Unbeachtlich sei, ob die Betriebsräume weiter genutzt werden,
vgl. BAG, Urt. v. 30.10.1986, AP Nr. 58 zu § 613 a BGB.

Diese Voraussetzungen sind vorliegend erfüllt.

Damit sind die Voraussetzungen eines Betriebsübergangs erfüllt. Die beklagte Partei ist daher gemäß § 613 a Abs. 4 Satz 1 BGB nicht befugt, der klägerischen Partei zu kündigen. Die den Gegenstand des vorliegenden Rechtsstreits bildende Klage ist auch eine Klage gemäß § 613 a BGB.

Auch soweit die beklagte Partei bzw. ihre Gesellschafterin mit der übernehmenden Firma ausschließlich eine Nutzung des Betriebs der beklagten Partei vereinbart hat, sei es in Form von Franchising-Verträgen, sei es in Form der Verpachtung oder sonstigen Nutzung von Verträgen, Warensortiment, sonstigen sächlichen Betriebsmitteln, liegt eine Betriebsübernahme vor. Auch die Betriebsverpachtung mit dem Nutzungsübergang vom Verpächter auf den Pächter stellt einen rechtsgeschäftlichen Betriebsübergang dar,
vgl. BAG, Urt. v. 15.11.1978, EzA, § 613 a BGB Nr. 21; BAG, Urt. v. 26.02.1987, EzA, § 613 a BGB Nr. 57.

Unter Verwahrung gegen die Beweislast wird außerdem angeregt, daß das Gericht eine Anordnung gemäß § 425 ZPO erläßt, wonach folgende Verträge, folgender Schriftwechsel und folgende weitere Urkunden durch die beklagte Partei vorzulegen sind:

Mit diesen Urkunden kann der Nachweis geführt werden, daß die beklagte Partei (abgesehen von den bereits erwähnten, hiervon ausgenommenen Betriebsräumen sowie der gesamten Arbeitnehmerschaft) einen Übergang des Betriebs der Beklagten vereinbart hat.

4. Die Kündigung ist ferner sozial nicht gerechtfertigt, weil die beklagte Partei bei der Auswahl der klägerischen Partei soziale Gesichtspunkte nicht bzw. nicht ausreichend berücksichtigt hat, § 1

Abs. 3 Satz 1, 1. HS KSchG. Ausgehend von der Prämisse, daß letztlich nicht alle Arbeitnehmer entlassen werden können, weil die Firma, um nicht von Amts wegen gelöscht zu werden, weitergeführt werden muß, kann die beklagte Partei nur fortbestehen, wenn entweder einzelne Arbeitnehmer weiterbeschäftigt werden oder neue Arbeitnehmer eingestellt werden. Unter diesen Umständen hat die beklagte Partei keine Sozialauswahl getroffen, weder in der Form eines horizontalen Berufsgruppenvergleichs, noch auf der vertikalen Ebene durch Vergleich der Austauschbarkeit von Arbeitnehmern derselben Hierarchie. Auch wurde die Schutzbedürftigkeit einzelner Arbeitnehmer, so auch der klägerischen Partei, nicht unter Berücksichtigung der Dauer der Betriebszugehörigkeit, aus dem Gesichtspunkt des Lebensalters oder des Familienstands, des Umfangs der Unterhaltsverpflichtung, des Gesichtspunkts einer Verschuldung, des Gesundheitszustands oder der Pflegebedürftigkeit von Angehörigen in Erwägungen einer sozialen Auswahl eingestellt.

## 6. Muster: Klage wegen Betriebsübernahme

An das Arbeitsgericht

*Klage*

— klägerische Partei —

Prozeßbevollmächtigte:

gegen

— beklagte Partei —

wegen: Betriebsübernahme.

Wir bestellen uns zu Prozeßbevollmächtigten der klägerischen Partei, in deren Namen und Auftrag wir beantragen zu erkennen:

1. Die beklagte Partei wird verurteilt, die klägerische Partei zu den Bedingungen des Arbeitsvertrages vom           mit der Firma           und dem derzeitigen Gehalt von           DM ab dem           zu beschäftigen.

   Hilfsweise:

2. Es wird festgestellt, daß das Arbeitsverhältnis der klägerischen Partei seit dem           auf die beklagte Partei übergegangen ist und mit dieser zu ungeänderten Arbeitsbedingungen fortbesteht.

3. Die Kosten des Rechtsstreits trägt die beklagte Partei.

**Gründe:**

**I.**

Die klägerische Partei ist seit dem           bei der Firma           als           beschäftigt.

Beweis:   Vorlage des Arbeitsvertrags in Kopie – Anlage K 1.

Die Firma           wird von der beklagten Partei seit dem           fortgeführt.

Beweis:

## II.

Damit ist das Arbeitsverhältnis der klägerischen Partei, das mit der Firma           bestand, auf die beklagte Partei übergegangen. Ein Betriebsübergang liegt immer dann vor, wenn ein Betrieb oder Betriebsteil durch Rechtsgeschäft auf einen anderen Inhaber übergeht, § 613a Abs. 1 BGB.

Als Rechtsgeschäft wird heute jeder Übergang der tatsächlichen Nutzungs- und Verfügungsgewalt über die materiellen und immateriellen Betriebsmittel angesehen,

> *Spirolke*, Der Betriebsübergang nach § 613a BGB im neuen Umwandlungsgesetz, 7 bis 35 m. w. N.

Während früher das Tatbestandsmerkmal Rechtsgeschäft als Abgrenzung zu den Fällen der Gesamtrechtsnachfolge verstanden wurde,

> BAG, Urt. v. 08.11.1988, NZA 1989, 679; BAG, Urt. v. 06.02.1985, DB 1985, 2411; BAG, Urt. v. 22.05.1985, AP Nr. 43 zu § 613a BGB,

erklärt § 324 UmwG nunmehr die Anwendbarkeit von § 613a Abs. 1 und 4 BGB im Wege der Rechtsgrundverweisung.

Nach der neueren BAG-Rechtsprechung kommt es auf die tatsächliche Fortführung des Betriebes, nicht mehr nur auf die bloße Möglichkeit einer unveränderten Fortsetzung an,

> BAG, Urt. v. 12.11.1998, NZA 1999, 310; BAG, Urt. v. 18.03.1999, NZA 1999, 704; EuGH, Urt. v. 10.12.1998, NZA 1999, 189; EuGH, Urt. v. 10.12.1998, NZA 1999, 253.

Die Auslegungskriterien der BAG-Rechtsprechung zum Betriebsinhaberwechsel differenzieren zunächst nach Produktions- und Dienstleistungsbetrieben,

> BAG, Urt. v. 18.10.1990, AP Nr. 88 zu § 613a BGB.

Das Substrat des Betriebes bei Produktionsbetrieben wird in erster Linie in materiellen Betriebsmitteln, wie Gebäuden, Maschinen und Werkzeugen gesehen, in der Dienstleistungsbranche vorwiegend in immateriellen Betriebsmitteln, wie Kundenstamm, Geschäftsbeziehungen zu Dritten, „Know-How" und „Good-Will".

Bei Reinigungsbetrieben gilt seit dem Urteil des EuGH vom 11.03.1997,

> AP Nr. 14 zu EWG-Richtlinie Nr. 77/187 = NZA 1997, 433 (Ayse Süzen),

daß die bloße Funktionsnachfolge für die Erfüllung des Merkmals des Betriebes oder Betriebsteils nicht ausreichend ist, wie es noch in der Christel-Schmidt-Entscheidung vom EuGH angenommen worden war,

> EuGH, Urt. v. 14.04.1994, AP Nr. 106 zu § 613a BGB.

Seit Ayse Süzen und einem Urteil des BAG vom 13.11.1997,

> NZA 1998, 251,

gilt, daß in Branchen, in denen es im wesentlichen auf die menschliche Arbeitskraft ankommt, die Übernahme einer organisierten Gesamtheit von Arbeitnehmern einen Betriebs- bzw. Betriebsteilübergang darstellt, wenn der neue Auftragnehmer aufgrund eigenen Willensentschlusses die durch ihre gemeinsame Tätigkeit verbundenen Arbeitnehmer übernommen hat, weil sie in der Lage sind, den Neuauftrag wie bisher auszuführen,

> so auch BAG, Urt. v. 22.05.1997, NZA 1997, 1050; BAG, Urt. v. 11.12.1997, NZA 1999, 486; BAG, Urt. v. 11.12.97, NZA 1998, 534.

Während das BAG in der Entscheidung vom 11.12.1997 die Übernahme von 85 % der Belegschaft bei einfachen Tätigkeiten als ausreichend erachtete,

> NZA 1998, Urt. v. 11.12.97, 534,

ließ es im Urteil vom 10.12.1998 einen Anteil von 75 % nicht mehr genügen,

> NZA 1999, Urt. v. 10.12.1998, 420.

Daraus folgt, daß im Reinigungsgewerbe nicht allein die Prozentzahl der übernommenen Arbeitnehmer Rückschlüsse auf den Fortbestand der Arbeitsorganisation zuläßt, sondern auch der Arbeitnehmer vortragen muß, worin die Eigentümlichkeit der Arbeitsorganisation des bisherigen Arbeitgebers bestand und daß der neue Auftraggeber sich mit der Übernahme der Belegschaft genau diese Arbeitsorganisation zunutze macht und fortführt.

Im Bewachungsgewerbe ist maßgebliches Unterscheidungskriterium die Art der vom Auftragnehmer angebotenen Leistung. Handelt es sich um eine Tätigkeit, für die regelmäßig Maschinen, Werkzeuge, sonstige Geräte oder Räume innerhalb eigener Verfügungsmacht und aufgrund eigener Kalkulation eingesetzt werden müssen, sind auch nur die zur Nutzung überlassenen Arbeitsmittel dem Betrieb oder dem Betriebsteil des Auftragnehmers zuzurechnen. Ob diese Betriebsmittel für die Identität des Betriebes wesentlich sind, ist Gegenstand einer gesonderten Bewertung. Wird dagegen vom Auftragnehmer eine Leistung angeboten, die er an den jeweiligen Einrichtungen des Auftraggebers zu erbringen bereit ist, ohne daß er typischerweise über Art und Umfang ihres Einsatzes bestimmen könnte, gehören diese Einrichtungen nicht zu den Betriebsmitteln des Auftragnehmers. Bewachungsleistungen werden üblicherweise nur unter Einsatz einfacher Arbeitsmittel, wie Handys, Stechuhren, Taschenlampen, Uniformen, eventuell auch Waffen und Hunden angeboten. Komplizierte und teurere Sicherheitssysteme werden dagegen vom Auftraggeber vorgegeben und unterhalten. Sie gehören daher nicht zu den Betriebsmitteln des Auftragnehmers,
   BAG, Urt. v. 22.01.1998, NZA 1998, 638.

Die Einschränkung der Tätigkeit auf ca. 58 % nach der Neuvergabe eines Bewachungsauftrags stellt eine erhebliche Änderung der wirtschaftlichen Tätigkeit dar. Es liegt in einem solchen Fall, unabhängig von einer etwa erforderlich Neuorganisation, schon aufgrund der stark reduzierten Arbeitsmenge nicht mehr im wesentlichen dieselbe oder ähnliche Arbeitsaufgabe vor,
   BAG, Urt. v. 14.05.1998, NZA 1999, 483.

Bei Übernahme eines gastronomischen Betriebs kommt es weniger auf die übernommenen Arbeitsmittel, als auf den Koch als Know-How-Träger und die sich aus der Spezialität der Gerichte ergebende Kundschaft an. Wird in einem Restaurant statt bislang „gut bürgerlich deutsche Küche" eine arabische Küche in einer exotischen Atmosphäre angeboten, zieht das Restaurant nach dem Betriebsinhaberwechsel Gäste mit anderem Geschmack und anderen Interessen an. Der neue Betriebsinhaber kann sich dadurch den Kundenstamm nicht erhalten. Eine Betriebsübernahme nach § 613 a BGB scheidet aus,
   BAG, Urt. v. 11.09.1997, NZA 1998, 31.

Bei einem Catering-Unternehmen, bei dem nach einem Betriebsinhaberwechsel die gleichen, vom Auftraggeber gestellten Arbeitsmittel, insbesondere die Einrichtung, genutzt werden, sind die gleichen Kriterien anzuwenden wie im Bewachungsgewerbe,
   BAG, Urt. v. 11.12.1997, NZA 1998, 532.

Hier kommt es entscheidend darauf an, wieviele Arbeitnehmer unter Aufrechterhaltung der bisherigen Betriebsorganisation übernommen werden.

Für den Bereich des Einzelhandels gilt seit der Entscheidung des BAG vom 22.05.1997,
   NJW 1997, 3188 = AP Nr. 154 zu § 613 a BGB m. Anm. *Franzen*,

daß eine vorherige Stillegung eines Betriebes den Betriebsübergang ausschließt. Bei der Prüfung, ob eine wirtschaftliche Einheit im Sinne der EuGH-Rechtsprechung übergegangen ist, ist die Dauer einer eventuellen Unterbrechung der betrieblichen Tätigkeit zu berücksichtigen. Im Bekleidungseinzelhandel ist jedenfalls eine neun Monate währende, tatsächliche Einstellung jeder Verkaufstätigkeit eine wirtschaftlich erhebliche Zeitspanne, die der Annahme eines Betriebsübergangs entgegensteht.

Der Übernahme des Personals kommt gemäß der vorgenannten Entscheidung ein gleichwertiger Rang neben den anderen möglichen Kriterien eines Betriebsübergangs zu. Insbesondere in Branchen, in denen es im wesentlichen auf die menschliche Arbeitskraft ankommt, kann eine Gesamtheit von Arbeitnehmern, die durch ihre gemeinsame Tätigkeit dauerhaft verbunden ist, eine wirtschaftliche Einheit darstellen.

Allein die Anmietung eines von Bodenbelägen und Deckenverkleidung befreiten Geschäftshauses sowie des damit verbundenen immateriellen Vorteils der für ein Einzelhandelsunternehmen günstigen Geschäftslage reicht für die Annahme eines Betriebsübergangs nicht aus.

Unabhängig von den hier dargestellten Produktions- und Dienstleistungsfällen läßt sich heute eine übereinstimmende Rechtsprechung des EuGH und des BAG feststellen, die den Betriebsübergang nach sieben Punkten prüft:

1. Art des (bisherigen) Betriebs/Unternehmens
2. Etwaiger Übergang der materiellen Betriebsmittel (Gebäude, bewegliche Güter)
3. Wert der immateriellen Aktiva im Zeitpunkt des Übergangs
4. Etwaige Übernahme der Hauptbelegschaft durch den neuen Inhaber
5. Etwaiger Übergang der Kundschaft
6. Grad der Ähnlichkeit zwischen den vor und nach dem Übergang verrichteten Tätigkeiten
7. Dauer einer eventuellen Unterbrechung der Tätigkeit.

III.
Nach diesen von der Rechtsprechung aufgestellten Grundsätzen ist das Arbeitsverhältnis der klägerischen Partei mit der Firma           auf die beklagte Partei übergegangen:

### 7. Muster: Unwirksame Änderungs- und Aufhebungsverträge bei Betriebsübergang

34   Durch § 613 a Abs. 1 Satz 1 BGB soll erreicht werden, daß das Arbeitsverhältnis zu den bisherigen Bedingungen zwischen dem Arbeitnehmer und dem Betriebserwerber fortbesteht. Die Vorschrift enthält zum Schutz der betroffenen Arbeitnehmer zwingendes Recht,
   BAG, Urt. v. 29.10.1985, BAGE 50, 62; Urt. v. 29.10.1975, BAGE 27, 291.

Daraus folgt unmittelbar, daß der Eintritt des Erwerbers in die Rechte und Pflichten aus den betroffenen Arbeitsverhältnissen nicht durch Vertrag zwischen dem Betriebsveräußerer und dem Betriebserwerber ausgeschlossen werden kann,
   BAG, Urt. v. 29.10.1985, BAGE 50, 62 (72).

Aus dem zugunsten der Arbeitnehmer zwingenden Schutzzweck des § 613 a Abs. 1 Satz 1 BGB folgt aber auch, daß die Regelungsbefugnis des Betriebsveräußerers und der betroffenen Arbeitnehmer beschränkt ist. Es macht, gemessen am Schutzzweck der Norm, keinen Unterschied, ob die bisher geltenden Arbeitsbedingungen aufgrund einer Abrede zwischen Veräußerer und Erwerber des Betriebs negativ verändert werden oder ob der Veräußerer mit seinen Arbeitnehmern Regelungen trifft, die dem Erwerber einen von den sog. Altlasten freien Betriebserwerb erlauben sollen,
   BAG, Urt. v. 12.05.1992, NZA 1992, 1080.

§ 613 a BGB will auf jeden Fall, ungeachtet der im Einzelfall gewählten Regelungsmodalität, verhindern, daß die Betriebsveräußerung zum Anlaß eines Sozialabbaus der Belegschaft des Veräußererbetriebs genommen wird. Das Bundesarbeitsgericht hat daher selbst Eigenkündigungen der Arbeitnehmer und Aufhebungsverträge im Hinblick auf eine geplante Betriebsveräußerung als Umgehung des § 613 a Abs. 4 Satz 1 BGB und, soweit unverfallbare Versorgungsanwartschaften betroffen waren, als Umgehung des § 4 Abs. 1 Satz 2 BetrAVG angesehen und solche Vereinbarungen als unwirksam beurteilt,
   BAG, Urt. v. 28.04.1987, NZA 1988, 198.

## 8. Muster: Anwendbarkeit von § 613 a BGB in der Insolvenz

Geht ein Betrieb oder Betriebsteil durch Rechtsgeschäft auf einen anderen Inhaber über, so tritt dieser gemäß § 613a Abs. 1 Satz 1 BGB in die Rechte und Pflichten aus dem im Zeitpunkt des Übergangs bestehenden Arbeitsverhältnis ein. Zu den Rechten und Pflichten aus dem Arbeitsverhältnis gehören auch die Versorgungsverpflichtungen des früheren Arbeitgebers,
> BAG, Urt. v. 24.03.1977, BAGE 29, 94 = NJW 1977, 1791; Urt. v. 08.11.1988, BAGE 60, 118 = NZA 1989, 679.

Wird der Betrieb im Rahmen eines Insolvenzverfahrens veräußert, ist § 613 a BGB insoweit nicht anwendbar, wie diese Vorschrift die Haftung des Betriebserwerbers für schon entstandene Ansprüche vorsieht. Insoweit haben die Verteilungsgrundsätze des Insolvenzverfahrens Vorrang. Das bedeutet für die betriebliche Altersversorgung, daß der Erwerber zwar in die Versorgungsanwartschaften der begünstigten Arbeitnehmer eintritt, daß er aber im Versorgungsfall nur die bei ihm erdiente Versorgungsleistung schuldet. Für die beim Veräußerer bis zum Insolvenzfall erdienten unverfallbaren Anwartschaften haftet der Träger der gesetzlichen Insolvenzversicherung nach § 7 Abs. 2 BetrAVG,
> BAG, Urt. v. 17.01.1980, BAGE 32, 326; 47, 206 = NZA 1985, 393.

Maßgeblicher Zeitpunkt für die Haftungsbegrenzung des Betriebserwerbers und die Eintrittspflicht des Trägers der Insolvenzversicherung ist die Eröffnung des Insolvenzverfahrens.

Wird der Betrieb vor Eröffnung des Insolvenzverfahrens auf einen Erwerber übertragen, so treten die Rechtsfolgen des § 613 a BGB ohne die haftungsrechtliche Begrenzung auf die neu zu erdienenden Anwartschaften ein, der Erwerber und nicht der Pensionssicherungsverein haftet dann für die beim Betriebsveräußerer erdienten Anwartschaften.

Bei der Feststellung des Zeitpunkts, zu dem ein Betrieb übergeht, kommt es darauf an, ob für den Erwerber bei objektiver Betrachtungsweise die Möglichkeit besteht, die bisherigen arbeitsorganisatorischen eigenständigen Leistungszwecke weiter zu verfolgen. Der Erwerber muß in der Lage sein, die betriebliche Leitungs- und Organisationsgewalt zu übernehmen,
> BAG, Urt. v. 20.07.1982, BAGE 39, 208 = AP § 613a BGB, Nr. 31; Urt. v. 20.11.1984, BAGE 47, 206 = NZA 1985, 393.

Der Zeitpunkt, in dem der Erwerber Leitungsmacht im Einvernehmen mit dem Betriebsveräußerer ausüben kann, hängt von den Vereinbarungen zur Übernahme der Leitungsmacht ab. So kann die Leitungsmacht – bewußt – erst übertragen werden, nachdem das Insolvenzverfahren eröffnet war. Dann konnte der Betriebserwerber vorher keine Leitungsmacht erwerben und damit auch keinen Betrieb übernehmen.

Entscheidend kommt es daher immer auf die Vereinbarungen zum Zeitpunkt der Übertragung der Leitungsmacht und zur Nutzung der Betriebsmittel an,
> BAG, Urt. v. 12.11.1991, NJW 1992, 3188.

## III. Verhaltensbedingte Kündigungen

### 1. Muster: Abmahnung vor verhaltensbedingter Kündigung

Vor Ausspruch einer verhaltensbedingten Kündigung ist nach ständiger Rechtsprechung des Bundesarbeitsgerichts gemäß dem Grundsatz der Verhältnismäßigkeit eine Abmahnung erforderlich,
> BAG, AP Nrn. 52, 62 zu § 626 BGB; AP Nr. 1 zu § 124 KewO; Nr. 9 zu § 1 KSchG, Verhaltensbedingte Kündigung; BAG, Urt. v. 06.08.1981, DB 1982, 758.

# § 7 Kapitel 1: Vertretung von Arbeitnehmern

Wegen der Hinweis-, Warn- und Dokumentationsfunktion muß daher grundsätzlich einer verhaltensbedingten Kündigung eine Abmahnung vorausgehen, bevor der Arbeitgeber kündigen darf. Dabei hat das LAG Hamm entschieden, daß eine Kündigung 9 Tage nach Ausspruch der Abmahnung eine zu kurze Bewährungszeit sei,

LAG Hamm, Urt. v. 15.03.1983, BB 1983, 1858.

Die Kündigung und das in der Abmahnung mißbilligte Verhalten müssen den gleichen Unrechtsgehalt haben, Kündigungsgründe und Inhalt der Abmahnung müssen dem gleichen arbeitsrechtlichen Pflichtenkreis zugeordnet werden können,

BAG, Urt. v. 18.01.1980, EzA § 1 KSchG, Verhaltensbedingte Kündigung Nr. 7; Urt. v. 15.08.1984, EzA § 1 KSchG Nr. 40; BAG, Urt. v. 27.02.1985 – 7 AZR 525/83 (unveröffentlicht); LAG Köln, Urt. v. 07.10.1987, LAGE § 1 KSchG, Verhaltensbedingte Kündigung Nr. 15; *Bepler*, Fehler bei der Kündigung von Arbeitnehmern, Skriptum Bonner Anwaltsverein 1993, S. 8.

Die Abmahnung muß schließlich erfolglos gewesen sein. Der Arbeitnehmer muß durch ein erneutes einschlägiges Fehlverhalten deutlich gemacht haben, daß bei ihm die Warnung des Arbeitgebers, die in der Abmahnung zum Ausdruck kam, nicht gefruchtet hat, so daß auch in Zukunft mit weiteren vergleichbaren Fehlverhaltensweisen gerechnet werden muß.

Die Abmahnung muß nicht schriftlich, sie muß auch nicht allein dem betroffenen Arbeitnehmer gegenüber erklärt worden sein, sie kann auch mündlich ausgesprochen werden und sie kann auch am Schwarzen Brett für alle Arbeitnehmer ausgehängt werden, etwa in dem Sinne, daß die Arbeitnehmer darauf hingewiesen werden, Schutzhelme zu tragen, andernfalls mit einer ordentlichen Kündigung gerechnet werden müsse,

*Schaub*, 9. Aufl., § 130 I, 5.

Ist der Vertragsverstoß allerdings so, daß aus der Sicht eines verständigen Arbeitnehmers die Grundlagen für eine weitere Zusammenarbeit nachhaltig beeinträchtigt sind, bedarf es zur Kündigungsrechtfertigung keiner weiteren Prognose mehr, was künftige Fehlverhaltensweisen angeht; die Abmahnung ist verzichtbar. Wer seinen Arbeitgeber oder einen Vorgesetzten schwerwiegend oder nachhaltig beleidigt, wer mit Abrechnungsaufgaben betraut ist und sie grob fahrlässig unsorgfältig mit erheblichen Vermögensgefahren für den Arbeitgeber schlecht erfüllt, oder wer Arbeitsunfähigkeit vortäuscht und Lohnfortzahlung in Anspruch nimmt, ohne krank zu sein, der beseitigt normalerweise ohne weiteres die Basis für die weitere Zusammenarbeit. Wer Vermögensinteressen des Arbeitgebers wahrzunehmen hat, diese bewußt mit Schaden für den Arbeitgeber vernachlässigt, wer Provisions- oder Spesenabrechnungen fälscht, dem kann wirksam gekündigt werden, ohne daß es einer vorangegangenen, abgemahnten Pflichtwidrigkeit im gleichen Pflichtenkreis bedarf,

BAG, Urt. v. 29.07.1976, EzA § 1 KSchG Nr. 34; BAG, Urt. v. 18.01.1980, EzA § 1 KSchG, Verhaltensbedingte Kündigung Nr. 7; BAG, Urt. v. 18.11.1986, EzA § 611 BGB Abmahnung Nr. 4; BAG, Urt. v. 30.06.1983, EzA § 1 KSchG Tendenzbetrieb Nr. 14.

Eine an diesen Grundsätzen ausgerichtete Abmahnung hat die beklagte Partei vor Ausspruch der verhaltensbedingten Kündigung nicht erteilt.

## 2. Muster: Verwertungsverbot von Informationen aus versteckt angebrachter Videokamera

37 Die Aufzeichnung des Verhaltens von Arbeitnehmern mit einer versteckt installierten Videokamera stellt einen rechtswidrigen Eingriff in das grundrechtlich geschützte Persönlichkeitsrecht dar, Art. 1 Abs. 1, Art. 2 Abs. 1 GG. Dies führt dazu, daß dieses Beweismittel und alle anderen darauf basierenden Erkenntnisquellen im Rechtsstreit nicht verwertet werden dürfen,

BVerfG, Urt. v. 19.12.1991, NJW 1992, 815.

Ob ein unzulässiger Eingriff in das Persönlichkeitsrecht vorliegt, ergibt sich aus einer Abwägung der widerstreitenden Interessen,
> BAG, Urt. v. 07.10.1987, NZA 1988, 92; BGH, Urt. v. 25.04.1995, AP Nr. 25 zu 611 BGB, Persönlichkeitsrecht.

Nach dem Verhältnismäßigkeitsgrundsatz abzuwägen sind dabei das Eigentumsrecht auf der einen und das Persönlichkeitsrecht auf der anderen Seite. Das Interesse des Arbeitgebers rechtfertigt den Einsatz von verdeckten Kameras nur dann, wenn dies die einzige Möglichkeit ist, das legitime Eigentumsinteresse des Arbeitgebers zu wahren und weniger weitreichende Mittel nicht zur Verfügung stehen. Ein solches weniger weitreichendes Mittel ist das Aufstellen sichtbarer Kameras, denn mit dieser sichtbaren Aufstellung von Kameras ist der Eigentumsschutz effektiver zu erreichen. Diebstähle werden regelmäßig nur dann begangen, wenn die Chance besteht, unerkannt zu bleiben,
> LAG Köln, Urt. 30.08.1996, BB 1997, 476.

### 3. Muster: Replik – Kündigungsverzicht durch Abmahnung des gleichen Sachverhalts

Aktenzeichen:
Gegner: RAe            , zwei Abschriften anbei

In dem Rechtsstreit

./.

tragen wir weiterhin vor, daß die Kündigung auch deshalb unwirksam ist, weil der gleiche, zum Gegenstand der Kündigung erhobene Sachverhalt bereits von der beklagten Partei durch eine Abmahnung sanktioniert wurde und damit zugleich nach ständiger Rechtsprechung ein Kündigungsverzicht für diesen Sachverhalt ausgesprochen wurde.

Die Rechtsprechung zum Verhältnis zwischen Abmahnung und Kündigung ist komplex, die Rechtslage stellt sich derzeit wie folgt dar:

1) Im individualrechtlichen Bereich kann der Arbeitgeber mit der Abmahnung die Voraussetzung für eine eventuelle spätere Kündigung schaffen wollen, indem er für die Zukunft vertragsgerechtes Verhalten fordert und für den Fall weiterer Vertragsverletzungen individualrechtliche Konsequenzen in Aussicht stellt (Warnfunktion),
   > BAG, Urt. v. 30.01.1979, AP § 87 BetrVG 1972, Betriebsbuße Nr. 2 = NJW 1980, 856 L; Urt. v. 18.01.1980, AP § 1 KSchG 1969, Verhaltensbedingte Kündigung Nr. 3; Urt. v. 15.01.1986, BAGE 50, 362 = NJW 1986, 1777 = NZA 1986, 421 = AP § 611 BGB, Fürsorgepflicht Nr. 96; *Hunold*, BB 1986, 2050; KR/*Fischermeier*, § 626 Rn 256; *Stahlhacke*, Kündigung und Kündigungsschutz im Arbeitsverhältnis, Rn 6.

   Durch das Erfordernis einer vergeblich gebliebenen Abmahnung vor Ausspruch einer verhaltensbedingten Kündigung, insbesondere bei Störungen im Leistungsbereich, soll der mögliche Einwand des Arbeitnehmers ausgeräumt werden, er habe die Pflichtwidrigkeit seines Verhaltens nicht gekannt oder jedenfalls damit rechnen müssen, der Arbeitgeber sehe dieses Verhalten als so schwerwiegend an, daß er zu kündigungsrechtlichen Konsequenzen greifen werde,
   > BAG, Urt. v. 18.11.1986, NZA 1987, 418 = AP § 1 KSchG 1969, Verhaltensbedingte Kündigung Nr. 17 (zu II 5); KR/*Fischermeier*, § 626 Rn 256; *Stahlhacke*, Rn 334.

2) Hiervon zu unterscheiden ist die Wahrnehmung des dem Arbeitgeber zustehenden vertraglichen Rügerechts, mit dem ausdrücklich nur eine Gläubigerfunktion geltend gemacht werden soll,
   > vgl. BAG, Urt. v. 06.08.1981, AP § 37 BetrVG 1972, Nr. 40.

Insoweit, als Vertragsrüge, dient die Abmahnung – auch ohne Androhung möglicher Konsequenzen – nicht vornehmlich der Vorbereitung einer Kündigung, sondern sie ist eine Sanktion auf ein vertragswidriges Verhalten. In der Entscheidung vom 30.01.1979,

BAG, Urt. v. 30.01.1979, AP § 87 BetrVG 1972, Betriebsbuße Nr. 2,

wird insoweit ausgeführt, die Kündigung sei die stärkste individualrechtliche Maßnahme, die Abmahnung demgegenüber das mildere Mittel. Insofern geht die Abmahnung nach dem Grundsatz der Verhältnismäßigkeit der Kündigung vor, da die Kündigung nur erforderlich ist, wenn andere Mittel nicht mehr ausreichen,

BAG, AP § 1 KSchG 1969, Verhaltensbedingte Kündigung Nr. 3; KR/*Fischermeier*, § 626 Rn 255; *Stahlhacke*, Rn 8; *Hunold*, BB 1986, 2052; *Löwisch*, KSchG, § 1, Rn 89, 90.

**39** 3) Nach ständiger Rechtsprechung des BAG ist bei Störungen im Leistungsbereich regelmäßig vor Ausspruch einer Kündigung eine vergebliche Abmahnung mit ausreichender Warnfunktion erforderlich,

BAG, Urt. v. 18.01.1980, AP § 1 KSchG 1969, Verhaltensbedingte Kündigung Nr. 3; Urt. v. 09.08.1984, NJW 1985, 823 = NZA 1985, 124 = AP § 1 KSchG 1969, Verhaltensbedingte Kündigung Nr. 12 (zu III 1 a); Urt. v. 15.08.1984, BAGE 46, 163 (170) = NJW 1985, 2158,

was insbesondere auch für verhaltensbedingte Gründe mit Auswirkungen im Leistungsbereich gilt,

BAG, Urt. v. 09.08.1984, NZA 1985, 124 = NJW 1985, 823; KR/*Hillebrecht*, § 626 BGB, Rn 109; *Stahlhacke*, Rn 8.

Auch bei einem Fehlverhalten im Vertrauensbereich bedarf es dann einer vorherigen erfolglosen Abmahnung, wenn der Arbeitnehmer mit vertretbaren Gründen annehmen konnte, sein Verhalten sei nicht vertragswidrig oder werde vom Arbeitgeber zumindest nicht als ein erhebliches, den Bestand des Arbeitsverhältnisses gefährdendes Fehlverhalten angesehen,

BAG, Urt. v. 30.06.1983, NJW 1984, 1917 = AP Art. 140 GG Nr. 15 (zu IV 1).

**40** 4) Mahnt der Arbeitgeber den Arbeitnehmer wegen eines bestimmten Verhaltens ab, so schließt dies eine spätere Kündigung, die auf den gleichen, dem Arbeitgeber bereits zum Zeitpunkt der Erteilung der Abmahnung bekannten Sachverhalt gestützt wird, aus und zwar unabhängig davon, ob sie als Sanktion gedacht war oder hierdurch die Warnfunktion erfüllt werden sollte. Willenserklärungen des Arbeitgebers sind auch im Hinblick auf den Empfängerhorizont auszulegen. Wer „letztmalig" abgemahnt wird, faßt das nach üblichem Sprachgebrauch nicht so auf, die Letztmaligkeit ergebe sich aus der kurz darauf nachfolgenden, auf den gleichen Grund gestützten und zu erwartenden Kündigung, sondern weil er annimmt, bei einem nochmaligen Verstoß würden andere Sanktionen folgen.

a) Der Kündigungsberechtigte kann sowohl bei der ordentlichen wie bei der außerordentlichen Kündigung auf ein auf bestimmte Gründe gestütztes und konkret bestehendes Kündigungsrecht verzichten,

KR/*Wolf*, Grunds. Rn 343 ff.; KR/*Hillebrecht*, § 626 BGB, Rn 38, 39; *Staudinger/Neumann*, BGB, 12. Aufl., § 626, Rn 64.

Der Verzicht auf ein entstandenes Kündigungsrecht ist ausdrücklich oder konkludent durch eine empfangsbedürftige Willenserklärung des Kündigungsberechtigten möglich. Vor Ablauf der Ausschlußfrist des § 626 Abs. 2 BGB ist ein Verzicht nur dann anzunehmen, wenn der Kündigungsberechtigte eindeutig seine Bereitschaft zu erkennen gibt, das Arbeitsverhältnis fortzusetzen,

*Staudinger/Neumann*, § 626, Rn 64; KR/*Hillebrecht*, § 626, Rn 39;
einschränkend MüKo/*Schwerdtner*, § 626, Rn 53, 54.

Dagegen erlischt das Kündigungsrecht durch konkludenten Verzicht insgesamt, wenn der Kündigungsberechtigte wegen des ihm bekannten Kündigungssachverhalts eine Ermahnung oder Abmahnung ausspricht, sofern sich die für die Kündigung maßgebenden Umstände später nicht noch ändern,

> so ausdrücklich schon BAG, Urt. v. 31.07.1986 – 2 AZR 559/85 (zu II 2 a), unveröffentlicht; *Staudinger/Neumann,* und KR/*Hillebrecht,* jeweils aaO.

b) Der Arbeitgeber gibt durch eine Abmahnung außerdem kund, er sehe das Arbeitsverhältnis noch nicht als so gestört an, daß ihm eine weitere Zusammenarbeit mit dem Arbeitnehmer nicht mehr möglich sei. Nach § 1 KSchG ist eine Kündigung nur dann gerechtfertigt, wenn Gründe vorliegen, die einer Weiterbeschäftigung des Arbeitnehmers entgegenstehen, was nach herrschender Auffassung bei allen Kündigungsgründen festzustellen ist,

> vgl. BAG, Urt. v. 05.08.1976, AP § 1 KSchG 1969, Krankheit Nr. 1 A (zu II 3 b): hier wird wegen der Frage der Weiterbeschäftigung auf BAG, AP § 1 KSchG, Betriebsbedingte Kündigung Nr. 22 verwiesen; Urt. v. 27.09.1984, BAGE 47, 26 = NJW 1985, 1797 = NZA 1985, 455 = AP § 2 KSchG 1969 Nr. 8; *Herschel,* Festschr. f. Schnorr v. Carolsfeld, S. 170; *Herschel-Löwisch,* § 1, Rn 138.

Damit ist die negative Prognose Voraussetzung für die einseitige Auflösung des Arbeitsverhältnisses durch eine Kündigung, die eines rechtfertigenden Grundes bedarf,

> vgl. *Preis,* Prinzipien des Kündigungsrechts, S. 332; *Herschel,* Festschrift für Schnorr v. Carolsfeld, S. 202.

Die negative Prognose kann der Arbeitgeber nur mit dem Vortrag begründen, in Zukunft sei mit weiteren Störungen zu rechnen. Regelmäßig liegen diese Voraussetzungen nur dann vor, wenn der Arbeitnehmer nach einer vorangegangenen Abmahnung sein beanstandetes Verhalten weiter fortsetzt. Andererseits zeigt ein Arbeitgeber, der abmahnt, daß ihm eine abschließende negative Prognose noch nicht möglich ist. Hat er das aber selbst durch eine Abmahnung zu erkennen gegeben, dann kann er eine spätere negative Prognose nur durch neue Tatsachen belegen, und zwar auch durch solche, die bei der Abmahnung zwar schon vorlagen, ihm aber noch nicht bekannt waren. Die Abmahnung führt demgemäß nur hinsichtlich der zum Zeitpunkt ihrer Erteilung vorliegenden und bekannten Gründe zum Verzicht auf das Kündigungsrecht. Treten weitere Gründe hinzu oder werden sie erst nach der Abmahnung bekannt, dann kann zur Begründung der Kündigung auch unterstützend auf die abgemahnten Gründe zurückgegriffen werden, sofern und soweit sie auch ohne Abmahnung oder aufgrund einer früheren Abmahnung, die die Warnfunktion erfüllt, erheblich sind.

## 4. Muster: Replik – Arbeitsverweigerung aus Gewissensgründen

Aufgrund der mittelbaren Wirkung des Grundrechts der Gewissensfreiheit (Art. 4 Abs. 1 GG) über § 315 Abs. 1 BGB darf nach der Rechtsprechung des Bundesarbeitsgerichts der Arbeitgeber dem Arbeitnehmer keine Arbeit zuweisen, die den Arbeitnehmer in einen solchen Gewissenskonflikt setzt, der unter Abwägung der beiderseitigen Interessen vermeidbar gewesen wäre,

> BAG, EzA § 1 KSchG, Verhaltensbedingte Kündigung Nr. 16.

Zwar kann der Arbeitgeber aufgrund seines Weisungsrechts einseitig die im Arbeitsvertrag nur rahmenmäßig umschriebene Leistungspflicht des Arbeitnehmers nach Zeit, Ort und Art der Leistung bestimmen. Das Weisungsrecht, das seine Grenze in Vorschriften der Gesetze, des Kollektiv- und Einzelarbeitsvertragsrechts findet, darf gemäß § 315 Abs. 1 BGB nur nach billigem Ermessen ausgeführt werden. Die in § 315 BGB geforderte Billigkeit wird inhaltlich auch durch das Grundrecht der Gewissensfreiheit bestimmt. Was dem billigen Ermessen i.S.d. § 315 BGB entspricht, ist unter Abwägung der Interessenlage beider Vertragsparteien festzustellen.

Für die Interessenabwägung ist grundsätzlich von Bedeutung, ob der Arbeitnehmer schon bei Vertragsschluß damit rechnen mußte, daß ihm eine derartige Tätigkeit zugewiesen werden könnte. Weiterhin ist bei der Interessenabwägung zu berücksichtigen, ob der Arbeitgeber aus betrieblichen Erfordernissen darauf bestehen muß, daß gerade der sich auf den Gewissenskonflikt berufende Arbeitnehmer den Auftrag ausführt. Schließlich ist bei der Frage, ob die Zuweisung einer Tätigkeit dem billigen Ermessen i. S.d. § 315 BGB entspricht, auch zu berücksichtigen, ob der Arbeitgeber in Zukunft mit zahlreichen weiteren Gewissenskonflikten rechnen muß und ob er gegebenenfalls in der Lage ist, dem Arbeitnehmer einen freien Arbeitsplatz anzubieten, an dem der Gewissenskonflikt nicht auftritt,
    ArbG Köln, Urt. v. 18.04.1989 – 16 Ca 650/89, NJW 1991, 1006 = NZA 1991, 276.

Bei dem Gewissenskonflikt handelt es sich um eine innere Tatsache, die nur aus äußeren Indiztatsachen geschlossen werden kann. Der Arbeitnehmer hat die Tatsachen vorzutragen, aus denen sich sein Gewissenskonflikt ergeben soll, während es Sache des Arbeitgebers ist, das Vorbringen des Arbeitnehmers zu widerlegen,
    BAG, Urt. v. 20.02.1984, EzA § 1 KSchG, Verhaltensbedingte Kündigung Nr. 16.

Ausgehend von den vom Bundesarbeitsgericht aufgestellten Grundsätzen ergibt sich folgendes:

Bei dieser Sachlage war ▓▓▓▓▓ befugt, entgegen der Weisung ▓▓▓▓▓. Es liegt auch im Wesen einer Gewissensentscheidung, daß sie ausschließlich vernünftigen Argumenten nicht zugänglich ist,
    BAG, Urt. v. 20.02.1984, EzA § 1 KSchG, Verhaltensbedingte Kündigung Nr. 16.

### 5. Muster: Replik – Täuschung bei Ausfüllen des Personalfragebogens kein Kündigungsgrund

**42** Ein Arbeitnehmer, der zu bestimmten Fragen eines Personalfragebogens keine Angaben macht, täuscht nicht im Sinne von § 123 BGB. Wer eine Frage nicht beantwortet, gibt in aller Regel keine falsche Antwort, sondern eben keine Antwort. Etwas anderes gilt auch nicht dadurch, daß der Arbeitnehmer am Schluß des Personalfragebogens versichert, die vorstehenden Angaben vollständig und wahrheitsgemäß gemacht zu haben. Diese Versicherung bezieht sich nur auf tatsächlich beantwortete Fragen und auch tatsächlich geäußerte Angaben, nicht aber auf Angaben, die gar nicht abgegeben worden sind,
    Thüringer LAG, Urt. v. 04.11.1996 – 8 Sa 101/96, AE 1997, 21.

Selbst wenn ein Arbeitnehmer durch täuschende Angaben in ein Arbeitsverhältnis gelangt ist, hindert eine zutreffende Interessenabwägung am Ausspruch der Kündigung, wenn der Arbeitnehmer u. a. auch wegen langjähriger unbeanstandeter anderweitiger Tätigkeit eingestellt wurde und nach der Einstellung drei Jahre ohne nennenswerte Probleme oder Beanstandungen seine Arbeit geleistet hat. Wenn besondere Auswirkungen einer etwaigen, einmaligen Unehrlichkeit im Arbeitsverhältnis weder vorgetragen noch ersichtlich sind und sich der Arbeitnehmer in einem Alter befindet, in dem er mit Sicherheit keinen, schon gar keinen gleichwertigen Arbeitsplatz mehr finden wird, ergibt die abschließende Interessenabwägung, daß weder eine fristlose Kündigung gemäß § 626 BGB, noch eine ordentliche Kündigung aus verhaltensbedingten Gründen sozial gerechtfertigt ist. Es entspricht einer seit vielen Jahren gefestigten Rechtsprechung des BAG, daß sich unzutreffende Angaben eines Bewerbers im Anbahnungsverhältnis – auch durch nicht ordnungsgemäßes Ausfüllen des

Personalfragebogens – für das Arbeitsverhältnis noch im Einzelfalle wesentlich und zum Zeitpunkt der Kündigung noch von erheblicher Bedeutung sein müssen,
   BAG, Urt. v. 15.01.1970, BB 1970, 803 m. Anm. *Gumpert.*

## IV. Personenbedingte Kündigungen

### 1. Muster: Replik – sozialwidrige Kündigung bei Krankheit

Aktenzeichen:
Gegner: RAe        , zwei Abschriften anbei

In dem Rechtsstreit

./.

hat die beklagte Partei die Anforderungen, die in der Rechtsprechung an eine wirksame personenbedingte Kündigung wegen Krankheit gestellt werden, verkannt.

Die Sozialwidrigkeit einer wegen Krankheit ausgesprochenen ordentlichen Kündigung des Arbeitgebers ist in drei Stufen zu prüfen:

1. Zunächst ist eine negative Gesundheitsprognose erforderlich. Zum Zeitpunkt des Zugangs der Kündigung müssen objektive Tatsachen vorliegen, die die Besorgnis weiterer Erkrankungen im bisherigen Umfang rechtfertigen. Häufige Kurzerkrankungen in der Vergangenheit können für ein entsprechendes Erscheinungsbild in der Zukunft sprechen. Dann darf der Arbeitgeber sich zunächst darauf beschränken, die Indizwirkung entfaltenden Fehlzeiten in der Vergangenheit darzulegen. Daraufhin muß der Arbeitnehmer gemäß § 138 Abs. 2 ZPO darlegen, weshalb mit einer baldigen Genesung zu rechnen sei. Dieser prozessualen Mitwirkungspflicht genügt er bei unzureichender ärztlicher Aufklärung oder Kenntnis von seinem Gesundheitszustand schon dann, wenn er die Behauptung des Arbeitgebers bestreitet und die ihn behandelnden Ärzte von der Schweigepflicht entbindet,
   BAG, Urt. v. 23.06.1983, BAGE 43, 129 = AP § 1 KSchG 1969, Krankheit Nr. 10 = NJW 1984, 1836; BAG, Urt. v. 07.11.1985, NZA 1986, 359 = NJW 1986, 2392; NJW 1989, 3299; kritisch KR/*Becker*, § 1 KSchG, Rn 216 a.

2. Die prognostizierten Fehlzeiten sind nur dann geeignet, eine krankheitsbedingte Kündigung sozial zu rechtfertigen, wenn sie zu einer erheblichen Beeinträchtigung der betrieblichen Interessen führen. Diese Beeinträchtigung ist Teil des Kündigungsgrundes. Damit ist klargestellt, daß die unzumutbare Belastung des Betriebes nicht bereits zum Kündigungsgrund gehört,
   BAG, Urt. v. 07.11.1985, NZA 1986, 359 = NJW 1986, 2392.

   Hierbei kommen zwei Arten von Beeinträchtigungen betrieblicher Interessen in Betracht:
   a) Wiederholte kurzfristige Ausfallzeiten des Arbeitnehmers können zu schwerwiegenden Störungen im Produktionsprozeß wie Stillstand von Maschinen, Rückgang der Produktion wegen kurzfristig eingesetzten, erst einzuarbeitenden Ersatzpersonals, Überlastung des verbliebenen Personals oder Abzug von an sich benötigten Arbeitskräften aus anderen Arbeitsbereichen führen (Betriebsablaufstörungen). Solche Störungen sind nur dann als Kündigungsgrund geeignet, wenn sie nicht durch mögliche Überbrückungsmaßnahmen vermieden werden können.

   Hierzu gehören Maßnahmen, die anläßlich des konkreten Ausfalls eines Arbeitnehmers ergriffen werden, wie die Neueinstellung einer Aushilfskraft, aber auch der Einsatz eines Ar-

beitnehmers aus einer vorgehaltenen Personalreserve. Die Möglichkeit der Einstellung von Aushilfskräften ist bei Kurzerkrankungen gegenüber Langzeiterkrankungen eingeschränkt,
BAG, Urt. v. 23.06.1983, BAGE 43, 129 = NJW 1984, 1836.

Können und werden auf diese Weise Ausfälle überbrückt, so liegt bereits objektiv keine erhebliche Betriebsablaufstörung und damit insoweit kein zu sozialer Rechtfertigung geeigneter Grund vor. Ist eine Betriebsablaufstörung mit den geschilderten Mitteln nicht zu vermeiden, so gehört zum Kündigungsgrund, daß die Störung erheblich ist. Ist dies der Fall, so ist in der dritten Stufe bei der Interessenabwägung zu prüfen, ob weitergehende Überbrückungsmaßnahmen zur Behebung der Störung dem Arbeitgeber zumutbar sind,
BAG, Urt. v. 15.02.1984, BAGE 45, 146 = NZA 1984, 86; Urt. v. 07.11.1985, NJW 1986, 2392 = NZA 1986, 359.

b) Ein zur sozialen Rechtfertigung einer Kündigung geeigneter Grund kann auch eine erhebliche wirtschaftliche Belastung des Arbeitgebers sein. Davon ist auszugehen, wenn mit immer neuen beträchtlichen krankheitsbedingten Fehlzeiten des Arbeitnehmers und entsprechenden Mehraufwendungen für die Beschäftigung von Aushilfskräften zu rechnen ist. Das gilt auch für außergewöhnlich hohe Lohnfortzahlungskosten, die für jährlich jeweils einen Zeitraum von mehr als 6 Wochen aufzuwenden sind. Dabei ist nur auf die Kosten des Arbeitsverhältnisses und nicht auf die Gesamtbelastung des Betriebes mit Lohnfortzahlungskosten abzustellen,
BAG, Urt. v. 23.06.1983, BAGE 43, 129; Urt. v. 15.02.1984, 45, 146 = NZA 1984, 86.

44  3. a) Liegt nach den vorstehenden Grundsätzen eine erhebliche betriebliche oder wirtschaftliche Beeinträchtigung betrieblicher Interessen vor, so ist in einer dritten Stufe im Rahmen der nach § 1 Abs. 2 Satz 1 KSchG gebotenen Interessenabwägung zu prüfen, ob diese Beeinträchtigungen aufgrund der Besonderheit des Einzelfalles vom Arbeitgeber noch hinzunehmen sind oder ein solches Ausmaß erreicht haben, daß sie ihm nicht mehr zuzumuten sind. Bei der Interessenabwägung ist allgemein zu berücksichtigen, ob die Erkrankungen auf betriebliche Ursachen zurückzuführen sind, ob bzw. wie lange das Arbeitsverhältnis zunächst ungestört verlaufen ist, ferner das Alter und der Familienstand des Arbeitnehmers,
BAG, Urt. v. 23.06.1983, BAGE 43, 129; Urt. v. 15.02.1984, 45, 146.

b) In der dritten Stufe ist ferner zu prüfen, ob es dem Arbeitgeber zumutbar ist, die erheblichen betrieblichen Beeinträchtigungen durch an sich mögliche weitere Überbrückungsmaßnahmen zu verhindern.

aa) Dies gilt zunächst für die Betriebsablaufstörungen. Sie können insbesondere in kleinen Betrieben zu erheblichen Belastungen führen, wenn durch das wiederholte, nicht voraussehbare Fehlen eines Arbeitnehmers der Personaleinsatz kurzfristig verändert werden oder der Arbeitsplatz zeitweise unbesetzt bleiben muß. Hält der Arbeitgeber eine Personalreserve vor, durch die der konkrete Ausfall des Arbeitnehmers ohne Umsetzungen oder andere organisatorische Maßnahmen überbrückt werden kann, so fehlt es, wie bereits ausgeführt, an einer Betriebsablaufstörung und damit an einem Kündigungsgrund. Erst wenn die vorhandene Personalreserve nicht ausreicht, ist zu prüfen, ob etwa die Einstellung einer Aushilfskraft oder das Vorhalten einer größeren Personalreserve zumutbar ist. Vermeidet der Arbeitgeber bereits durch die vorgehaltene Personalreserve weitgehend Betriebsablaufstörungen, so sind von ihm weniger Überbrückungsmaßnahmen zu verlangen,
BAGE 45, 146; BAG NZA 1986, 359.

bb) Die Vorhaltung einer Personalreserve ist bei der Beurteilung der Zumutbarkeit der Belastung des Arbeitgebers mit erheblichen Lohnfortzahlungskosten ebenfalls zu seinen Gunsten zu berücksichtigen. Der zweite Senat hat in dem Urteil BAGE 45, 146 zunächst ausgeführt, ganz erheblich für die Frage, wann Lohnfortzahlungskosten eine Kündigung rechtfertigen, sei auch ein Vergleich mit Arbeitnehmern, die eine vergleichbare Arbeit unter ähnlichen Bedingungen verrichten. Sei auch bei den Kollegen die Quote der krankheitsbedingten Ausfälle besonders hoch, dann könne nur eine ganz erheblich höhere Ausfallquote eine Kündigung rechtfertigen, und dies auch nur, wenn Überbrückungsmaßnahmen nicht erfolgreich oder nicht zumutbar gewesen seien. Dies bedeutet jedoch nicht, daß stets neben den Lohnfortzahlungskosten als Voraussetzung für eine unzumutbare Belastung auch noch Betriebsablaufstörungen oder weitere belastende Auswirkungen vorliegen müßten. Wie sich aus den Ausführungen des zweiten Senats im Urteil vom 16.02.1989 (NJW 1989, 3300) ergibt, stellt im Bereich der wirtschaftlichen Beeinträchtigung die Aufwendung erheblicher Kosten, um eine bestimmte, auf Erfahrungsregeln beruhende krankheitsbedingte Fehlquote durch eine Personalreserve abzudecken, eine Maßnahme dar, die als zusätzlicher weiterer Umstand (im dortigen Fall kommen noch weitere Beeinträchtigungen hinzu: Freihaltung des Arbeitsplatzes über mehrere Jahre hinweg trotz von Anfang an aufgetretener Fehlzeiten, Ablehnung von Gesprächen zur Prüfung eines anderweitigen Einsatzes durch den Arbeitnehmer) die wirtschaftliche Belastung des Arbeitgebers mit weiteren Lohnfortzahlungskosten unzumutbar machen kann.

4. Die von der beklagten Partei ausgesprochene Kündigung wird den vorgenannten Anforderungen nicht gerecht:

## 2. Muster: Replik – Alkoholismus

Sofern sich der Alkoholsüchtige in einem Stadium befindet, in dem der Trunksucht ein medizinischer Krankheitswert zukommt, finden im Falle einer ordentlichen arbeitgeberseitigen Kündigung die Grundsätze über die krankheitsbedingte Kündigung Anwendung,
    BAG, Urt. v. 07.12.1972, EzA § 1 LohnFG Nr. 30; Urt. v. 09.04.1987, EzA § 1 KSchG, Krankheit Nr. 18.

Dabei sind die Umstände, die zur Trunksucht geführt haben, im Rahmen der Interessenabwägung angemessen zu berücksichtigen. Es gibt keinen Erfahrungssatz, wonach die chronische Trunksucht in aller Regel eine selbstverschuldete Krankheit sei,
    BAG, Urt. v. 01.06.1983, EzA § 1 LohnFG Nr. 69.

Maßgebend ist die Beurteilung im Einzelfall.

Die Nichtoffenbarung einer Trunksucht bei der Einstellung stellt nur dann einen Anfechtungs- oder verhaltensbedingten Kündigungsgrund dar, wenn der Arbeitnehmer aufgrund der Trunksucht nicht in der Lage ist, die arbeitsvertraglich geschuldete Arbeitsleistung ordnungsgemäß zu erbringen; dies ist beispielsweise bei einem Berufskraftfahrer der Fall,
    ArbG Kiel, Urt. v. 21.01.1982, BB 1982, 804.

Der Arbeitgeber ist bei Alkoholsucht wie Drogensucht in gleicher Weise nach dem Grundsatz der Verhältnismäßigkeit verpflichtet, dem Arbeitnehmer zunächst die Durchführung einer Entziehungskur zu ermöglichen,
    LAG Hamm, Urt. v. 19.09.1986, NZA 1987, 669; LAG Frankfurt, Urt. v. 26.06.1986, AuR 1987, 275; ArbG Celle, Urt. v. 04.04.1979, ARST 1979, 136.

Bei einer Weigerung des Arbeitnehmers, sich einer Entziehungskur zu unterziehen, ist eine ordentliche Kündigung in der Regel dann sozial gerechtfertigt, wenn durch die zu befürchtenden Ausfälle des Arbeitnehmers mit einer erheblichen Störung des Betriebsablaufs zu rechnen ist. Ist der Arbeitnehmer zum Zeitpunkt der Kündigung nicht therapiebereit, so rechtfertigt dies eine negative Gesundheitsprognose,
    BAG, Urt. v. 09.04.1987, EzA § 1 KSchG, Krankheit Nr. 18.

Eine nach Ausspruch der Kündigung durchgeführte Entziehungskur kann nicht zur Korrektur der Gesundheitsprognose herangezogen werden,
  KR/*Becker*, § 1 KSchG, Rn 194 a.

### 3. Muster: Replik – Interessenabwägung bei Alkoholismus (Ausnahmefall)

**46** Auch dann, wenn ein Arbeitnehmer aufgrund des festgestellten Sachverhalts wegen schuldhaft herbeigeführten Alkoholgenusses seiner Arbeitspflicht nicht nachgekommen ist und diese Pflichtverletzung grundsätzlich geeignet ist, eine verhaltensbedingte Kündigung zu rechtfertigen, kann die Kündigung als sozial ungerechtfertigt angesehen werden, wenn eine abschließende Interessenabwägung zu einem anderen Ergebnis führt. Im Rahmen einer abschließenden Interessenabwägung hat das LAG Köln eine Kündigung als sozial ungerechtfertigt angesehen im Hinblick auf eine Betriebszugehörigkeit eines Arbeitnehmers von 31 Jahren, ein Lebensalter von 47 Jahren, die beanstandungslose Arbeitsleistung des Arbeitnehmers, soweit nicht alkoholbedingt, weil er seine Alkoholabhängigkeit weiter bekämpfe und bereit sei, einen geringer entlohnten Arbeitsplatz zu akzeptieren, um sich einer besseren Aufsicht zu unterstellen,
  LAG Köln, Urt. v. 25.11.1992 – 8 Sa 775/92 (unveröffentlicht).

### 4. Muster: Replik – Beweiswert ärztlicher Arbeitsunfähigkeitsbescheinigungen

**47** Aktenzeichen:
Gegner: RAe          , zwei Abschriften anbei

In dem Rechtsstreit

./.

verkennt die beklagte Partei die Anforderungen, die an den Beweiswert ärztlicher Arbeitsunfähigkeitsbescheinigungen von der Rechtsprechung gestellt werden.

Beruft sich ein Arbeitnehmer auf Arbeitsunfähigkeit infolge von Krankheit, hat er nach den allgemeinen Regeln der Beweislast das Vorliegen der anspruchsbegründenden Voraussetzungen von Arbeitsunfähigkeit nachzuweisen. Den ihm obliegenden Beweis führt der Arbeitnehmer in der Regel mit der Vorlage einer ärztlichen Arbeitsunfähigkeitsbescheinigung, die eine Privaturkunde i. S. d. § 416 ZPO ist. Damit erbringt der Arbeitnehmer lediglich vollen Beweis dafür, daß die in dieser Bescheinigung enthaltene Erklärung vom ausstellenden Arzt abgegeben worden ist. Die inhaltliche Richtigkeit der ärztlichen Feststellung, also das Vorliegen von krankheitsbedingter Arbeitsunfähigkeit in einem bestimmten Zeitraum, wird von der gesetzlichen Beweisregel des § 416 ZPO nicht erfaßt.

Hinsichtlich der Tatsachenbehauptung, aus gesundheitlichen Gründen an der Erbringung der Arbeitsleistung verhindert zu sein, kommt allein § 286 ZPO zum Zuge. Im Rahmen der hiernach vorzunehmenden freien richterlichen Beweiswürdigung löst die Vorlage einer ärztlichen Arbeitsunfähigkeitsbescheinigung nach heute herrschender Auffassung in Rechtsprechung und Schrifttum einen Anscheinsbeweis aus: die Bescheinigung hat die tatsächliche Vermutung ihrer inhaltlichen Richtigkeit für sich,
  BAG, Urt. v. 11.08.1976, AP § 3 LohnFG Nr. 2; LAG Berlin Urt. v. 12.06.1978, EzA § 1 LohnFG Nr. 54; LAG Düsseldorf, Urt. v. 16.12.1980, DB 1981, 900; LAG Hamm, Urt. v. 01.12.1981,

DB 1982, 232; *Kaiser/Dunkl,* Die Entgeltfortzahlung im Krankheitsfalle, 2. Aufl. 1984, I. Teil, § 3 LohnFG, Rn 48 ff.; *Schaub,* Arbeitsrechtshandbuch, 9. Aufl. 2000, § 98 VI 6 b.

Der Anscheinsbeweis fußt auf dem Erfahrungssatz, daß im Normalfall davon auszugehen ist, daß der Arbeitnehmer beim ausstellenden Arzt war, von diesem untersucht wurde und anhand der subjektiven Beschwerden und/oder des objektiven, festgestellten Befundes tatsächlich arbeitsunfähig krank ist. Der von der herrschenden Meinung in Rechtsprechung und Rechtslehre einer Arbeitsunfähigkeitsbescheinigung zuerkannte hohe Beweiswert folgt somit nicht aus der Urkunde selbst, sondern vielmehr aus allgemeiner Lebenserfahrung.

Hat der Arbeitgeber Zweifel an der inhaltlichen Richtigkeit der Arbeitsunfähigkeitsbescheinigung, muß er die zur Erschütterung des Beweiswertes der Arbeitsunfähigkeitsbescheinigung geeigneten Umstände darlegen und gegebenenfalls unter Beweis stellen,
BAG Urt. v. 11.08.1976, AP § 3 LohnFG Nr. 2.

Gelingt dem Arbeitgeber die Erschütterung des Beweiswerts der Arbeitsunfähigkeitsbescheinigung, greift der Anscheinsbeweis nicht mehr zugunsten des Arbeitnehmers ein und es hat eine umfassende und erschöpfende Würdigung aller von den Parteien in den Prozeß eingebrachten Tatsachen, die für oder gegen das Vorliegen von Arbeitsunfähigkeit sprechen, stattzufinden.

Den diesen Maßstäben entsprechenden Beweis über das Bestehen von Arbeitsunfähigkeit hat die klägerische Partei geführt:

▲

## V. Außerordentliche Kündigungen

### 1. Muster: Kündigungsschutzklage bei außerordentlicher Kündigung

▼

*Klage*

48

– klägerische Partei –

Prozeßbevollmächtigte:

gegen

– beklagte Partei –

wegen: außerordentlicher Kündigung eines Arbeitsverhältnisses.

Wir bestellen uns zu Prozeßbevollmächtigten der klägerischen Partei, in deren Namen und Auftrag wir um kurzfristige Anberaumung eines Gütetermins bitten. Wir werden im übrigen beantragen zu erkennen:

1. a) Es wird festgestellt, daß das Arbeitsverhältnis zwischen den Parteien durch die außerordentliche Kündigung vom           , zugegangen am           , nicht aufgelöst worden ist.
   b) Es wird festgestellt, daß das Arbeitsverhältnis durch die hilfsweise ausgesprochene ordentliche Kündigung vom           , zugegangen am           , nicht aufgelöst worden ist.
2. Es wird festgestellt, daß das Arbeitsverhältnis auch nicht durch andere Beendigungstatbestände endet, sondern zu unveränderten Bedingungen über den           hinaus fortbesteht.
3. Die beklagte Partei wird verurteilt, der klägerischen Partei ein Zwischenzeugnis zu erteilen, das sich auf Führung und Leistung erstreckt.

Hilfsweise wird für den Fall, daß der Feststellungsantrag zu Ziffer 1 abgewiesen wird, folgender Antrag angekündigt:

4. Die beklagte Partei wird verurteilt, der klägerischen Partei ein endgültiges Zeugnis, das sich auf Führung und Leistung erstreckt, zu erteilen.
5. Die beklagte Partei trägt die Kosten des Rechtsstreits.

Sollte die beklagte Partei im Gütetermin nicht zu Protokoll des Gerichts erklären, daß sie die klägerische Partei weiterbeschäftigen wird, sofern ein der Klage stattgebendes Urteil ergeht, stellen wir folgenden weiteren Antrag:

6. Die beklagte Partei wird verurteilt, die klägerische Partei für den Fall des Obsiegens mit dem Feststellungsantrag zu Ziffer 1 zu den im Arbeitsvertrag vom ▬▬▬ geregelten Arbeitsbedingungen als ▬▬▬ bis zu einer rechtskräftigen Entscheidung über den Feststellungsantrag weiterzubeschäftigen.

**Gründe:**

I.

49  1. Die klägerische Partei ist seit dem ▬▬▬ bei der beklagten Partei als ▬▬▬ beschäftigt und hat ein monatliches Gehalt in Höhe von ▬▬▬ DM brutto.
Beweis: Vorlage des Arbeitsvertrages in Kopie – Anlage K 1.

Mit Schreiben vom ▬▬▬ wurde gegenüber der klägerischen Partei durch die beklagte Partei eine außerordentliche Kündigung ausgesprochen.
Beweis: Vorlage des Kündigungsschreibens in Kopie – Anlage K 2.

Zum Zeitpunkt des Zugangs der Kündigung bestand das Arbeitsverhältnis länger als 6 Monate. Die beklagte Partei beschäftigt in der Regel mehr als 5 Arbeitnehmer, ausschließlich der Auszubildenden gemäß § 23 Abs. 1 KSchG.

50  2. Die Kündigung ist unwirksam, ein wichtiger Grund zur Kündigung des Arbeitsverhältnisses im Sinne von § 626 BGB besteht nicht. Schon nach dem Gesetzeswortlaut gelten als wichtiger Grund nur solche Tatsachen, aufgrund derer dem Kündigenden unter Berücksichtigung aller Umstände des Einzelfalles und unter Abwägung der Interessen beider Vertragsteile die Fortsetzung des Arbeitsverhältnisses bis zum Ablauf der Kündigungsfrist oder bis zu der vereinbarten Beendigung nicht zugemutet werden kann. Als wichtiger Grund kommen vor allem Vertragsverletzungen in Betracht.

Die Vertragsverpflichtungen im Arbeitsverhältnis sind nicht immer präzise umrissen. Vielmehr ergeben sich aus dem Arbeitsverhältnis zahlreiche Nebenverpflichtungen, die nach Treu und Glauben mitgeschuldet werden. Das Bundesarbeitsgericht hat zur einheitlichen Feststellung, ob ein wichtiger Grund im Sinne des § 626 Abs. 1 BGB vorliegt, eine Systematisierung vorgenommen und unterscheidet bei den Vertragsverletzungen, die den Arbeitgeber zur außerordentlichen Kündigung berechtigen, nach Störungen in verschiedenen Bereichen des Arbeitsverhältnisses. Namentlich kommen in Frage Störungen
– bei der Begründung des Arbeitsverhältnisses;
– im Leistungsbereich (z.B. Schlechtleistung);
– im Bereich der betrieblichen Verbundenheit aller Mitarbeiter (z.B. Verstöße gegen die Betriebsordnung, Beleidigung von Kollegen);
– im persönlichen Vertrauensbereich der Vertragspartner (z.B. Verdacht strafbarer Handlungen);
– aus der Person des Arbeitnehmers (z.B. bei Krankheit);
– im Unternehmensbereich (z.B. bei Druckkündigung).

Das Bundesarbeitsgericht sieht im allgemeinen eine außerordentliche Kündigung nur dann als gerechtfertigt an, wenn durch das Verhalten des Arbeitnehmers einer der aufgezählten Bereiche

des Arbeitsverhältnisses gestört ist und nach umfassender Interessenabwägung die Fortsetzung des Arbeitsverhältnisses unzumutbar ist,
   vgl. BAG, Urt. v. 06.02.1969, AP Nr. 58 zu § 626 BGB.

Bei Störungen im Zusammenhang mit der Begründung des Arbeitsverhältnisses wird nur in Ausnahmefällen eine außerordentliche Kündigung in Betracht kommen, da der Arbeitgeber sich hinreichend durch die Vereinbarung einer Probezeit schützen kann. Bei Störungen im Leistungsbereich wird der Kündigung regelmäßig eine Abmahnung vorausgehen müssen,
   BAG, Urt. v. 08.08.1968, AP Nr. 57 zu § 626 BGB.

Der Arbeitgeber ist für sämtliche Voraussetzungen des wichtigen Grundes darlegungs- und beweispflichtig,
   BAG, Urt. v. 12.08.1976, AP Nr. 3 zu § 1 KSchG 1969.

Bei der Zumutbarkeitsprüfung sind alle Umstände des Einzelfalles gegeneinander abzuwägen.

3. Die außerordentliche Kündigung der klägerischen Partei durch die beklagte Partei genügt diesen in der Rechtsprechung entwickelten Anforderungen nicht:

Die klägerische Partei bietet hiermit ihre Arbeitskraft an und macht alle noch etwa bestehenden Ansprüche aus dem Arbeitsverhältnis geltend.

## II.
Zu den gestellten Anträge wird erläuternd auf folgendes hingewiesen:

1. Der Klageantrag zu 2. beinhaltet eine selbständige allgemeine Feststellungsklage gemäß § 256 ZPO. Dem Kläger sind zwar derzeit keine anderen möglichen Beendigungstatbestände außer der mit dem Klageantrag zu 1. angegriffenen Kündigung vom bekannt. Es besteht jedoch die Gefahr, daß die Beklagte im Verlauf des Verfahrens weitere Kündigungen ausspricht. Es wird deshalb mit dem Klageantrag zu 2. die Feststellungsklage begehrt, daß das Arbeitsverhältnis auch durch solche weitere Kündigungen nicht beendet wird. In der Literatur wird deshalb der Klageantrag Ziff. 2. in der vorliegenden Form empfohlen,
   *Diller*, NJW 1998, 663; *Ziemann*, BRAK-Mitteilungen 1997, 244.

2. Bei den Zeugnisanträgen Ziff. 3. und Ziff. 5. stehen folgende Überlegungen im Vordergrund: Um ihrer Minderungspflicht nach § 615 Satz 2 BGB zu genügen, verlangt die klägerische Partei ein Zwischenzeugnis, damit sie sich bei anderen Arbeitgebern bewerben kann.

Der Hilfsantrag auf Erteilung eines endgültigen Zeugnisses wird für den Fall gestellt, daß erstinstanzlich festgestellt wird, daß das Arbeitsverhältnis der Parteien durch die Kündigung wirksam beendet worden ist.

Nach der Rechtsprechung des Bundesarbeitsgerichts vom 27.02.1997,
   AP Nr. 16 zu § 630 BGB,
hat der Arbeitnehmer gegenüber dem Arbeitgeber bereits bei der Erhebung der Kündigungsschutzklage einen Anspruch auf Erteilung eines Endzeugnisses. Dennoch wird im Klageantrag ein Zwischenzeugnis verlangt und nur hilfsweise ein Endzeugnis. Hintergrund ist, daß bei einem Zwischenzeugnis nicht zum Ausdruck kommt, daß dem Arbeitnehmer bereits gekündigt worden ist.

Dies erhöht die Bewerbungschancen des Arbeitnehmers. Der Hilfsantrag auf Erteilung des Endzeugnisses wird jedoch bereits mit Erhebung der Kündigungsschutzklage gestellt, damit für den Fall, daß die Kündigungsschutzklage rechtskräftig abgewiesen wird, der Arbeitnehmer einen Anspruch auf Rückdatierung des Endzeugnisses auf den Zeitpunkt der tatsächlichen Beendigung des Arbeitsverhältnisses hat.

Ein solcher Anspruch auf Rückdatierung wird nach dem Urteil des BAG vom 09.09.1992,
  AP Nr. 19 zu § 630 BGB,
gewährt, wenn der Arbeitnehmer zeitnah zum Ausscheiden ein Zeugnis verlangt hatte. Es ist jedoch fraglich, ob dieser Anspruch auf Rückdatierung auch dann besteht, wenn der Arbeitnehmer im gesamten Kündigungsschutzverfahren immer nur ein Zwischenzeugnis und kein endgültiges Zeugnis verlangt hat.

III.

52 Die Kündigung ist unwirksam. Die beklagte Partei ist auf dem Hintergrund einer Entscheidung des Großen Senats des Bundesarbeitsgerichts,
  Besch. v. 27.02.1985 – GS 1/84, AP-Nr. 14 zu § 611 BGB, Beschäftigungspflicht,
zur Weiterbeschäftigung der klägerischen Partei zu verurteilen. Nach der obengenannten Rechtsprechung steht dem Arbeitnehmer ein Anspruch auf Weiterbeschäftigung zu unveränderten Arbeitsbedingungen zu, wenn ein obsiegendes erstinstanzliches Urteil vorliegt. Das Weiterbeschäftigungsinteresse des Arbeitnehmers überwiegt sodann nach der obengenannten Rechtsprechung des Gegeninteresses des Arbeitgebers und der Nichtbeschäftigung des Arbeitnehmers.

Wenn der Arbeitgeber im Gütetermin sich nicht zum Weiterbeschäftigungsverlangen des Arbeitnehmers erklärt, besteht die Besorgnis, daß die beklagte Partei den Weiterbeschäftigungsanspruch der klagenden Partei nicht freiwillig befolgt. Daher ist dem Antrag stattzugeben.

## 2. Muster: Replik – Verfristete außerordentliche Kündigung

53 Die außerordentliche Kündigung aus wichtigem Grund ist weiterhin unwirksam, weil sie verfristet erfolgte, § 626 Abs. 2 BGB. Die außerordentliche Kündigung kann wirksam nur innerhalb von zwei Wochen ausgesprochen werden. Die Frist beginnt mit dem Zeitpunkt, in dem der Kündigungsberechtigte von den für die Kündigung maßgeblichen Tatsachen Kenntnis erlangt. Es ist eine positive und sichere Kenntnis der Tatsachen nötig, die den wichtigen Grund ergeben. Nicht nötig ist die Kenntnis aller mit dem Kündigungsgrund zusammenhängender tatsächlichen Umstände,
  BGH, Urt. v. 24.11.1975, NJW 1976, 797; BAG, Urt. v. 17.08.1972, JZ 1973, 60.

Es kommt auf die Kenntnis derjenigen Person an, der im konkreten Fall das Recht zur Kündigung zusteht,
  BAG, Urt. v. 20.10.1971, NJW 1972, 463.

Kenntnis hatte die beklagte Partei von den für ihre Kündigung wesentlichen Umständen spätestens seit dem           , zugegangen ist die Kündigungserklärung der klägerischen Partei am           . Zwischen Kenntniserlangung und Kündigung lagen somit mehr als 2 Wochen.

## 3. Muster: Replik – Anforderungen an das Ermittlungsverhalten des Kündigenden zur Wahrung der Zwei-Wochen-Frist

54 Weder der Verdacht strafbarer Handlungen noch eine begangene Straftat stellen Dauerzustände dar, die es dem Arbeitgeber ermöglichen, bis zur strafrechtlichen Verurteilung des Arbeitnehmers zu irgendeinem beliebigen Zeitpunkt eine fristlose Kündigung auszusprechen.

Hält der Arbeitgeber einen bestimmten Kenntnisstand für ausreichend, eine fristlose Kündigung wegen Verdachts einer strafbaren Handlung oder wegen begangener Straftat auszusprechen, muß er nach § 626 Abs. 2 BGB binnen zwei Wochen kündigen, nachdem er diesen Kenntnisstand erlangt hat.

Entscheidet sich der Arbeitgeber, nachdem sich aufgrund konkreter Tatsachen bei ihm ein Anfangsverdacht entwickelt hat, selbst weitere Ermittlungen durchzuführen, muß er diese Ermittlungen zügig durchführen und binnen zwei Wochen nach Abschluß der Ermittlungen, die seinen Kündigungsentschluß stützen, die Kündigung gegenüber dem Arbeitnehmer aussprechen.

Es steht dem Kündigenden zwar grundsätzlich frei, anstatt eigener Ermittlungen den Ausgang eines Ermittlungs- bzw. Strafverfahrens abzuwarten. Das bedeutet aber nicht, daß der Arbeitgeber trotz eines hinlänglich begründeten Anfangsverdachts zunächst von eigenen weiteren Ermittlungen absehen und den Verlauf des Ermittlungs- bzw. Strafverfahrens abwarten darf, um dann spontan, ohne daß sich neue Tatsachen ergeben hätten, zu einem willkürlich gewählten Zeitpunkt Monate später selbständige Ermittlungen aufzunehmen und dann zwei Wochen nach Abschluß dieser Ermittlungen zu kündigen.

BAG, Urt. v. 29.07.1993, NJW 1994, 1675.

### 4. Muster: Verfristete außerordentliche Kündigung bei Anhörung des Betriebsrats

Der Umstand, daß die beklagte Partei noch den Betriebsrat gemäß § 102 BetrVG angehört hat, modifiziert die Frist des § 626 Abs. 2 Satz 1 BGB nicht. Es entspricht gefestigter Rechtsprechung des Bundesarbeitsgerichts, daß sich auf den Ablauf der Frist des § 626 Abs. 2 BGB der Zeitraum, der dem Betriebsrat für seine Entscheidung über den Zustimmungsantrag zur Verfügung steht, nicht auswirkt,

BAG Beschl. v. 18.08.1977 – 2 AZR 19/77, NJW 1978, 661 ff.

### 5. Muster: Widerspruch des Betriebsrats

Der Betriebsrat der beklagten Partei ist vor Ausspruch der Kündigung gehört worden. Er hat der Kündigung widersprochen. Der Widerspruch ist fristgemäß unter Angabe der Widerspruchsgründe erfolgt.

Beweis:  Vorlage des Schreibens des Betriebsrats in Kopie – Anlage K 3

### 6. Muster: Unterbliebene Anhörung bei Verdachtskündigung

Die Kündigung ist auch deshalb rechtswidrig, weil die klagende Partei vor Ausspruch der Kündigung nicht angehört wurde. Zwar besteht grundsätzlich keine Pflicht des Arbeitgebers, einen Arbeitnehmer vor Ausspruch einer fristlosen Kündigung anzuhören. Etwas anderes gilt jedoch bei der sog. Verdachtskündigung. Bei der Verdachtskündigung besteht die Verpflichtung des Arbeitgebers, alles

ihm Zumutbare zur Aufklärung des Sachverhalts zu tun und dem verdächtigten Arbeitnehmer vor Ausspruch der Kündigung Gelegenheit zur Stellungnahme zu geben,
 BAG, Urt. v. 04.06.1964, EzA § 626 BGB Nr. 5.

Es entspricht deswegen der Besonderheit des wichtigen Grundes bei der Verdachtskündigung, die Erfüllung der Aufklärungspflicht des Arbeitgebers jedenfalls hinsichtlich der Anhörung des verdächtigten Arbeitnehmers zur Voraussetzung für die Zulässigkeit einer Verdachtskündigung zu erheben,
 BAG, Urt. v. 08.08.1985, EzA § 102 BetrVG 1972 Nr. 62.

## 7. Muster: Replik – Haschischkonsum, kein Grund zur außerordentlichen Kündigung

58 Der gesetzlich und gesellschaftlich mißbilligte Genuß von Haschisch vermag „an sich" eine außerordentliche Kündigung nicht zu rechtfertigen. Dieser Grundsatz gilt selbst dann, wenn der Grund für die Mißbilligung darin liegt, daß es dem Konsumenten von Haschisch nur um die Herbeiführung des Rauschzustandes selbst geht, während beim Genuß von Alkohol und Nikotin das Genußmoment im Vordergrund steht. Insbesondere die fehlende Auswirkung des Haschischkonsums auf das Arbeitsverhältnis verbietet eine außerordentliche Kündigung,
 LAG Baden-Württemberg, Beschl. v. 19.10.1993, NZA 1994, 175.

## 8. Muster: Replik – Selbstbeurlaubung ausnahmsweise kein Kündigungsgrund

59 Tritt der Arbeitnehmer eigenmächtig einen vom Arbeitgeber nicht genehmigten Urlaub an, so verletzt er seine arbeitsvertraglichen Pflichten. Ein solches Verhalten ist an sich geeignet, einen wichtigen Grund zur fristlosen Kündigung darzustellen. Ein Recht des Arbeitnehmers, sich selbst zu beurlauben, ist angesichts des umfassendes Systems gerichtlichen Rechtsschutzes grundsätzlich abzulehnen,
 BAG, Urt. v. 21.05.1992, NZA 1993, 115; BAG, Urt. v. 21.09.1993, BB 1993, 2531.

Nimmt man bei einem eigenmächtigen Urlaubsantritt durch den Arbeitnehmer in jedem Fall eine Pflichtverletzung an, so erscheint es bei einer allseitigen Interessenabwägung vertretbar zu berücksichtigen, ob der Arbeitgeber dem Urlaubsverlangen des Arbeitnehmers hätte entsprechen müssen,
 BAG, Urt. v. 20.01.1994, NZA 1994, 548 (550).

Es kann dahinstehen, ob der Arbeitnehmer ein Selbstbeurlaubungsrecht hat, wenn der Arbeitgeber zu Unrecht den Urlaubswünschen des Arbeitnehmers nicht entsprochen hat. Lehnt man in diesen Fällen ein Selbstbeurlaubungsrecht ab, ist eine solche unberechtigte Urlaubsverweigerung durch den Arbeitgeber jedenfalls im Falle einer Kündigung wegen eigenmächtigen Urlaubsantritts bei der Interessenabwägung zugunsten des Arbeitnehmers mit zu berücksichtigen.

## 9. Muster: Replik – Abmahnung bei außerordentlicher Kündigung im Vertrauensbereich

▼

Nach der bisherigen Rechtsprechung ist bei Störungen im Vertrauensbereich eine vorherige Abmahnung grundsätzlich entbehrlich,
  BAG, Urt. v. 2.6.1960, AP Nr. 42 zu § 626 BGB; Urt. v. 30.11.1978, NJW 1980, 255.

Das BAG hat diese Rechtsprechung zwischenzeitlich modifziert. Bei Störungen im Vertrauensbereich ist eine Abmahnung jedenfalls dann nicht entbehrlich, wenn der Arbeitnehmer annehmen durfte, sein Verhalten sei nicht vertragswidrig bzw. der Arbeitgeber werde es zumindest nicht als ein erhebliches, den Bestand des Arbeitsverhältnisses gefährdendes Fehlverhalten ansehen,
  BAG, Urt. v. 30.6.1983, NJW 1984, 1917; Urt. v. 5.11.1992, NZA 1993, 308; Urt. v. 14.2.1996, NZA 1996, 873.

Der zweite Senat hat nunmehr in zwei Urteilen
  Urt. v. 26.01.1996, NZA 1995, 517; Urt. v. 04.06.1997, NZA 1997, 1281,
entschieden, daß auch bei Störungen im Vertrauensbereich jedenfalls dann vor der Kündigung eine Abmahnung erforderlich ist, wenn es um ein steuerbares Verhalten des Arbeitnehmers geht und eine Wiederherstellung des Vertrauens erwartet werden kann.

Der Kündigungszweck sei zukunftsbezogen ausgerichtet. Entscheidend sei, ob eine Wiederholungsgefahr bestehe und ob sich das vergangene Ereignis auch zukünftig belastend auswirke. Erst nach einer Abmahnung werde die erforderliche Wahrscheinlichkeit dafür bestehen, daß sich der Arbeitnehmer auch in Zukunft nicht vertragstreu verhalten werde. Eine Abmahnung ist nach dieser Rechtsprechung nur dann entbehrlich, wenn im Einzelfall besondere Umstände vorliegen, aufgrund derer die Abmahnung nicht als erfolgsversprechend angesehen werden kann.

Diese Rechtsprechung ist zwar für den Alkoholmißbrauch entwickelt, wird vom zweiten Senat allerdings als grundsätzliche Änderung der Rechtslage bei außerordentlichen Kündigungen, insbesondere unter Aufgabe der bisherigen Rechtsprechung ausgewiesen.

Auf dem Hintergrund dieser Rechtsprechung hätte die beklagte Partei der klägerischen Partei nicht ohne vorangegangene Abmahnung fristlos kündigen dürfen.

▲

## 10. Muster: Replik – Keine außerordentliche Kündigung eines Betriebsratsmitglieds wegen häufiger Krankheit

▼

Bei der Zumutbarkeitsprüfung nach § 15 Abs. 1 Satz 1 KSchG, § 626 Abs. 1 BGB ist bei Betriebsratsmitgliedern auf die fiktive Kündigungsfrist abzustellen, die ohne den besonderen Kündigungsschutz bei einer ordentlichen Kündigung gelten würde. Das Arbeitsverhältnis eines Betriebsratsmitglieds kann in aller Regel nach § 15 Abs. 1 Satz 1 KSchG, § 626 BGB nicht wegen häufiger krankheitsbedingter Fehlzeiten außerordentlich gekündigt werden,
  BAG, Urt. v. 18.02.1993, NZA 1994, 74.

▲

## VI. Änderungskündigungen

### 1. Muster: Änderungskündigungsschutzklage

▼

*Klage*

– klägerische Partei –

Prozeßbevollmächtigte:

gegen

– beklagte Partei –

wegen: ordentliche Änderungskündigung eines Arbeitsverhältnisses.

Wir bestellen uns zu Prozeßbevollmächtigten der klägerischen Partei, in deren Namen und Auftrag wir um kurzfristige Anberaumung eines Gütetermins bitten. Wir werden im übrigen beantragen zu erkennen:

1. Es wird festgestellt, daß die Änderung der Arbeitsbedingungen durch die Änderungskündigung vom         , der klägerischen Partei am         zugegangen, sozial ungerechtfertigt und unwirksam ist.
2. Die beklagte Partei wird verurteilt, der klägerischen Partei ein Zwischenzeugnis zu erteilen, das sich auf Führung und Leistung erstreckt.
3. Die beklagte Partei trägt die Kosten des Rechtsstreits.

**Gründe:**

I.

Die klägerische Partei wurde von der beklagten Partei auf unbestimmte Zeit als         gegen ein vereinbartes monatliches Gehalt von zuletzt         DM brutto in einem Arbeitsverhältnis beschäftigt.

Beweis: Vorlage des Arbeitsvertrages in Kopie – Anlage K 1;

Vorlage einer Verdienstbescheinigung – Anlage K 2.

Am         ist durch die beklagte Partei zum         eine Änderungskündigung ausgesprochen worden. Das Kündigungsschreiben ist der klägerischen Partei am         übergeben worden.

Beweis: Vorlage des Kündigungsschreibens in Kopie – Anlage K 3.

Die klägerische Partei hat die Änderungskündigung durch Schreiben ihrer anwaltlichen Bevollmächtigten unter dem Vorbehalt, daß die Änderung der Arbeitsbedingungen nicht sozial ungerechtfertigt ist, angenommen.

Beweis: Anwaltsschreiben – Anlage K 4.

Zum Zeitpunkt des Zugangs der Kündigung bestand das Arbeitsverhältnis         Jahre. Die beklagte Partei beschäftigt         Vollzeitangestellte.

Von der Stellung eines Weiterbeschäftigungsantrages wurde abgesehen. Bei einer unter Vorbehalt angenommenen Änderungskündigung ist der Arbeitnehmer während des laufenden Änderungskündigungsschutzverfahrens verpflichtet, nach Ablauf der Kündigungsfrist zu den geänderten Bedingungen weiterzuarbeiten. Eine Verurteilung zur vorläufigen Weiterbeschäftigung zu den bisherigen Arbeitsbedingungen scheidet selbst dann aus, wenn das Arbeits- oder Landesarbeitsgericht festgestellt hat, daß die Änderung der Arbeitsbedingungen sozial ungerechtfertigt ist,

BAG, Urt. v. 28.03.1985, NZA 1985, 709; Urt. v. 18.01.1990, DB 1990, 1773; LAG München, Urt. v. 31.07.1986, BB 1987, 405.

Lediglich in einem Ausnahmefall hat das LAG Köln,
> Urt. v. 30.05.1989, DB 1989, 2032,

erkannt, daß bereits vor Rechtskraft des Urteils über die Änderungskündigung ein Weiterbeschäftigungsanspruch zu den alten Arbeitsbedingungen bestehen kann, wenn das LAG die Änderungskündigung für unwirksam befunden und die Revision gegen das Berufungsurteil nicht zugelassen hat.

## II.

Die Änderungskündigung ist sozial nicht gerechtfertigt:

Sozial ungerechtfertigt ist die Änderungskündigung, weil es weder aus betrieblichen, noch aus persönlichen, noch aus verhaltensbedingten Gründen einen Anlaß für die Kündigung gibt, noch die geänderten Umstände von der klägerischen Partei billigerweise hingenommen werden müssen. Nach der Rechtsprechung des BAG wird die soziale Rechtfertigung einer Änderungskündigung in einem zweistufigen Schema überprüft. In der ersten Stufe wird festgestellt, ob die Kündigung im Sinne von § 1 KSchG gerechtfertigt ist, ob also Gründe in der Person oder im Verhalten des Klägers oder Gründe betrieblicher Art vorhanden sind. In der zweiten Stufe ist zu prüfen, ob die Änderung der Bedingungen billigerweise vom Arbeitgeber hingenommen werden muß. Mit Urteil vom 19.05.1993 hat das BAG ausgeführt:

„Das Kündigungsschutzgesetz sieht als geschütztes Rechtsgut den Arbeitsplatz und die Betriebszugehörigkeit des Arbeitnehmers an, die die Grundlagen seiner sozialen und wirtschaftlichen Existenz bilden; es soll ihm diese Rechtsgüter in den Grenzen des sozial und wirtschaftlich Vertretbaren sichern. Insoweit greift es in die unternehmerische Freiheit ein und sucht einen Ausgleich der gegenläufigen Interessen von Arbeitgeber und Arbeitnehmer herbeizuführen. An diesem Normzweck hat der Senat in seiner bisherigen Rechtsprechung die Auslegung des Gesetzes ausgerichtet und als geschütztes Rechtsgut das Arbeitsverhältnis mit seinem im Zeitpunkt der Kündigung bestehenden Inhalt angesehen, das in § 1 KSchG gegen seine Beendigung und in § 2 KSchG gegen die Änderung seines Inhalts geschützt werden soll. Der in § 1 KSchG geregelte Bestandsschutz und der in § 2 geregelte Vertragsinhaltsschutz stehen gleichwertig nebeneinander."

BAG, AP Nr. 31 zu § 2 KSchG 1969.

Eine betriebsbedingte Änderungskündigung beurteilt sich also danach, ob dringende betriebliche Erfordernisse gem. § 1 Abs. 2 KschG das Änderungsangebot bedingen und ob der Arbeitgeber sich bei einem an sich anerkennenswerten Anlaß zur Änderungskündigung darauf beschränkt hat, nur solche Änderungen vorzuschlagen, die der Arbeitnehmer billigerweise hinnehmen muß,
> BAG, Urt. v. 24.04.1997, NZA 1997, 1047; LAG Berlin, 11.05.1998, NZA-RR 1998, 498; KR/*Rost*, 5. Aufl., § 2 KSchG Rn 98.

Legt man den Prüfungsmaßstab der BAG-Rechtsprechung zugrunde, so ist die Änderungskündigung vorliegend sozial nicht gerechtfertigt, denn .

## III.

Es wird bestritten, daß eine Beteiligung des Betriebsrats in der erforderlichen Form stattgefunden hat, denn die beklagte Partei beschäftigt im Betrieb mehr als 20 wahlberechtigte Arbeitnehmer, so daß mit der Zuweisung eines anderen Bereichs durch die Änderungsbedingungen auch ein Mitbestimmungsrecht des Betriebsrats nach § 99 BetrVG zu beachten war. Die Zustimmung des Betriebsrats nach § 99 BetrVG ist nach der BAG-Rechtsprechung Wirksamkeitsvoraussetzung nur für die tatsächliche Zuweisung des neuen Arbeitsbereichs nach Ablauf der Kündigungsfrist. Die Maßnahme ist damit nicht insgesamt unwirksam, sondern nur nicht durchsetzbar. Die beklagte Partei kann die geänderten Vertragsbedingungen nicht durchsetzen, solange das Verfahren nach § 99 BetrVG nicht ordnungsgemäß durchgeführt worden ist,
> BAG, Urt. v. 30.09.1993, AP Nr. 33 zu § 2 KSchG 1969; BAG, Urt. v. 17.06.1998, FA 1998, 378.

## IV.

Die klägerische Partei wendet sich gegen die Änderungskündigung mit einer Klage nach § 4 KSchG (Antrag Nr. 1) und mit einer allgemeinen Feststellungsklage nach § 256 ZPO (Antrag Nr. 2). Die klägerische Partei begehrt die Feststellung, daß der ungeänderte Fortbestand des Arbeitsverhältnisses mit den bisherigen Inhalten bis zum Zeitpunkt der letzten mündlichen Verhandlung ausgeurteilt wird. Hieran hat sie ein besonderes Feststellungsinteresse, weil                .

## 2. Muster: Annahmeerklärung der Änderungskündigung unter Vorbehalt

65 Betr.: Änderungskündigung vom

Hiermit zeigen wir an, daß wir die rechtlichen Interessen von                vertreten. Eine auf uns lautende Vollmacht ist beigefügt.

Namens und in Vollmacht unserer Mandantschaft nehmen wir hiermit die Änderungskündigung unter dem Vorbehalt an, daß diese nicht sozial ungerechtfertigt ist.

Wir möchten allerdings deutlich zum Ausdruck bringen, daß wir die Änderungskündigung nicht für sozial gerechtfertigt halten. Aus diesem Grunde haben wir Kündigungsschutzklage vor dem Arbeitsgericht erhoben.

## 3. Muster: Einwand der fehlenden Zustimmung des Betriebsrats nach § 99 BetrVG

66 Änderungskündigungen stellen häufig zugleich eine Umgruppierung oder Versetzung im Sinne des § 99 Abs. 1 BetrVG dar. Als Versetzung im Sinne des § 95 Abs. 3 BetrVG anzusehen ist die Zuweisung eines anderen Arbeitsbereiches, die die voraussichtliche Dauer von einem Monat überschreitet, oder die mit einer erheblichen Änderung der Umstände verbunden ist, unter denen die Arbeit zu leisten ist,

*Dietz/Richardi* § 99, Rn 69 ff.; *Fitting/Auffarth/Kaiser/Heither*, § 99, Rn 21 ff.

Umgruppierung in diesem Sinne ist jede Einreihung in eine andere Tarifgruppe, wobei unerheblich ist, ob die Umgruppierung durch die Zuweisung einer anderen Tätigkeit veranlaßt ist oder bei veränderter Tätigkeit zur Korrektur einer falschen Einstufung oder mit Rücksicht auf eine tarifliche Bewertung vorgenommen wird,

*Dietz/Richardi* § 99, Rn 53; *Fitting/Auffarth/Kaiser/Heither*, § 99, Rn 6 ff.

Der Betriebsrat kann bekanntlich seine Zustimmung zu einer beabsichtigten Einstellung, Eingruppierung, Umgruppierung und Versetzung, über die er vom Arbeitgeber zu unterrichten ist, aus den in § 99 Abs. 2 Ziffern 1–6 BetrVG abschließend aufgezählten Gründen verweigern. Ohne die Zustimmung des Betriebsrats kann die Maßnahme nicht durchgeführt werden. Der Arbeitgeber kann die Ersetzung der Zustimmung durch das Arbeitsgericht nach § 99 Abs. 4 BetrVG im arbeitsgerichtlichen Beschlußverfahren beantragen, er kann aber auch unter den in § 100 BetrVG genannten, eng umrissenen Voraussetzungen eine vorläufige Regelung treffen, wenn dies aus sachlichen Gründen dringend erforderlich ist.

Vorliegend stellte das Änderungsangebot der beklagten Partei an die klagende Partei zugleich eine Umgruppierung/Versetzung dar und zwar aus folgenden Gründen:

Die beklagte Partei hat den Antrag nach § 99 Abs. 1 BetrVG an den Betriebsrat nicht gestellt.

Beweis:

Bei dieser Sachlage ist die Änderungskündigung gemäß § 134 BGB wegen Verstoßes gegen ein gesetzliches Verbot nichtig. Die Durchführung des Mitbestimmungsverfahrens nach § 99 BetrVG ist bei einer Änderungskündigung Wirksamkeitsvoraussetzung für die tatsächliche Zuweisung des neuen Arbeitsbereichs nach Ablauf der Kündigungsfrist,
    BAG, Urt. v. 30.09.1993 – 2 AZR 283/93 (unveröffentlicht).

### 4. Muster: Keine Änderungskündigung zur Vergütungsminderung

Spricht ein Arbeitgeber zum Zwecke der Herabsetzung von Arbeitsentgelten und Sozialleistungen eine Änderungskündigung aus, so liegt darin ebensowenig wie bei einer Beendigungskündigung eine vom Arbeitsgericht nur beschränkt nachprüfbare unternehmerische Entscheidung,
    LAG Berlin, Urt. v. 30.06.1997 – 9 Sa 56/97, AE 1997, 88.

Das Recht zur Entgeltkürzung kommt nur in Betracht, wenn sonst der Betrieb stillgelegt oder die Belegschaft reduziert werden müßte,
    BAG, Urt. v. 11.10.1989, NZA 1990, 607; BAG, Urt. v. 26.01.1995, NZA 1995, 626; BAG, Urt. v. 12.11.1998, DB 1999, 536; BAG, Urt. v. 10.02.1999 – 2 AZR 422/98 (unveröffentlicht).

Soweit verschiedentlich die Auffassung vertreten wird, daß die Änderungskündigung zur Entgeltanpassung ein eigenes Instrument sei und bereits dann in Betracht komme, wenn sachliche Gründe vorliegen,
    *Lieb*, Arbeitsrecht, 6. Aufl. 1997, S. 125 ff.,

oder eine angemessene Rentabilität erreicht werden soll,
    *Löwisch/Bernards*, Anm. zu BAG, EzA Nr. 6 zu § 2 KSchG 1969; *Preis*, NZA 1995, 241,

oder das Unternehmen mit Verlust arbeitet,
    *Stahlhacke/Preis*, Kündigung und Kündigungsschutz im Arbeitsverhältnis, 6. Aufl., Rn 779,

wird dieser Ansicht in der Rechtsprechung nicht gefolgt. Der Unternehmer trägt zwar das Risiko am Markt. Er muß deshalb die Möglichkeit haben, das Unternehmen nach seinen Vorstellungen zu organisieren und Arbeitsverhältnisse entsprechend anzupassen. Die Änderungskündigung zur Lohnsenkung ist jedoch kein Primärinstrument, sondern lediglich Ausfluß des Grundsatzes der Verhältnismäßigkeit gegenüber der Beendigungskündigung. Sie ist deshalb nur gerechtfertigt, wenn sonst der Arbeitsplatz wegfiele.

Es reicht jedenfalls nicht aus, daß das Unternehmen einmal Verluste gemacht hat, schon gar nicht, daß einzelne Abteilungen rote Zahlen schreiben,
    BAG, Urt. v. 20.03.1986, AP Nr. 14 zu § 2 KSchG 1969.

Auf keinen Fall kommt die Entgeltsenkung lediglich in den Abteilungen in Betracht, die nicht rentabel arbeiten, es sei denn, daß diese Abteilungen sonst geschlossen und die Arbeitnehmer entlassen werden müßten,
    LAG Berlin, Urt. v. 30.06.1997, AE 1997, 88.

### 5. Muster: Wirkung einer fehlenden Zustimmung nach § 99 BetrVG bei Änderungskündigungen

68 Will der Arbeitgeber mit einer fristgerechten Änderungskündigung eine Versetzung des Arbeitnehmers im Sinne von § 95 Abs. 3 BetrVG bewirken, ist die Zustimmung des Betriebsrats nach § 99 BetrVG Wirksamkeitsvoraussetzung nur für die tatsächliche Zuweisung des neuen Arbeitsbereichs nach Ablauf der Kündigungsfrist. Ist die Zustimmung des Betriebsrats nach § 99 BetrVG nicht erteilt oder ersetzt, führt dies nicht zur – schwebenden – Unwirksamkeit der Änderungskündigung. Der Arbeitgeber kann nur die geänderten Vertragsbedingungen nicht durchsetzen, solange das Verfahren nach § 99 BetrVG nicht ordnungsgemäß durchgeführt ist. Der Arbeitnehmer ist dann in dem alten Arbeitsbereich weiterzubeschäftigen, der ihm nicht wirksam entzogen worden ist,
BAG, Urt. v. 30.09.1993, NZA 1994, 615.

Die fehlende Zustimmung des Betriebsrats nach § 99 BetrVG hindert den Arbeitgeber an der wirksamen Durchführung der Maßnahme, für die nach §§ 99, 95 Abs. 2 BetrVG die Zustimmung des Betriebsrats erforderlich ist, also der tatsächlichen Zuweisung eines anderen Arbeitsbereichs. Es handelt sich damit um ein oft nur vorübergehendes Hindernis. Wird die Zustimmung nachträglich erteilt oder in einem Zustimmungsersetzungsverfahren ersetzt, kann der Arbeitgeber die tatsächliche Versetzung vornehmen.

Die Änderungskündigung, mit der der Arbeitgeber sachlich nur die fehlende rechtsgeschäftliche Einverständniserklärung des Arbeitnehmers zu der Änderung der Arbeitsbedingungen erreichen will, ist auch bei Fehlen der Zustimmung des Betriebsrats nach § 99 BetrVG als wirksam und nicht nach § 134 BGB als nichtig anzusehen. Ist die Änderung der Arbeitsbedingungen sozial gerechtfertigt, steht dem Arbeitgeber im Ergebnis ein erweitertes Direktionsrecht zu. Ob er es auch ausnutzen kann, hängt u. a. von dem Mitbestimmungsrecht des Betriebsrats nach § 99 BetrVG ab. Ist bei Ablauf der Kündigungsfrist die Zustimmung des Betriebsrats erteilt oder ersetzt, steht auch mitbestimmungsrechtlich der Versetzung nichts im Wege.

Führt der Arbeitgeber die beabsichtigte Versetzung vorläufig ohne Zustimmung des Betriebsrats durch, so sind die Rechtsfolgen in §§ 100 f. BetrVG geregelt. Liegt bei Ablauf der Kündigungsfrist weder eine Zustimmung des Betriebsrats vor oder macht der Arbeitgeber nicht von der Möglichkeit des § 100 BetrVG Gebrauch, so ist eine „Versetzungsverweisung" nicht möglich. Wird sie trotzdem erteilt, ist sie nach § 134 BGB nichtig. Der Arbeitnehmer kann eine entsprechende Feststellungsklage erheben,
BAG, Urt. v. 04.05.1993 – 1 AZR 55/93 (Juris).

Der Arbeitnehmer bleibt nach wie vor zur Tätigkeit in dem alten Arbeitsbereich berechtigt und verpflichtet, der ihm ordnungsgemäß zugewiesen war, ohne daß eine wirksame andere Zuweisung vorläge. Auch der Entzug der bisherigen Tätigkeit ist unwirksam. Entzug und Zuweisung einer Tätigkeit stellen einen einheitlichen Vorgang dar, der auf rechtliche Zulässigkeit hin auch nur einheitlich beurteilt werden kann,
BAG, Urt. v. 30.09.1993, NZA 1994, 615.

Damit bleibt die bisher zugewiesene Tätigkeit die vertraglich geschuldete Arbeitsleistung. Liegen die Voraussetzungen einer Suspendierung nicht vor, hat der Arbeitnehmer Anspruch auf Beschäftigung mit seiner nach wie vor geschuldeten arbeitsvertraglichen Tätigkeit,
BAG, Urt. v. 26.01.1988, NZA 1988, 476.

Das BAG hat anerkannt, daß der Arbeitnehmer die neue Arbeit in diesem Falle verweigern kann, ohne sich einer Vertragspflichtverletzung schuldig zu machen,
BAG, Urt. v. 30.09.1993, NZA 1994, 615.

## VII. Auflösung, Abfindung, Nachteilsausgleich

### 1. Muster: Berechnung des Monatsverdienstes, § 10 KSchG

Bemessungszeitraum für den Monatsverdienst im Sinne von § 10 KSchG ist derjenige Monat, in dem das Arbeitsverhältnis nach § 9 KSchG endet. Bei einer ordentlichen Kündigung ist dies derjenige Monat, in dem das Ende der Kündigungsfrist liegt. Da das Arbeitsverhältnis im Falle einer wirksamen außerordentlichen Kündigung nach herrschender Meinung zum Zeitpunkt der Kündigung aufzuheben ist,
   KR/*Friedrich*, § 13 KSchG, Rn 64 ff.,
ist in diesen Fällen derjenige Monat maßgeblich, in dem der Zugang der außerordentlichen Kündigung erfolgt ist. Sofern im Bemessungszeitraum Vergütungssteigerungen, beispielsweise durch Tariferhöhungen, erfolgen, ist von dem erhöhten Monatsverdienst auszugehen,
   *Hueck*, § 10 KSchG, Rn 3; KR/*Becker*, § 10 KSchG, Rn 31.

Zur Ermittlung des maßgeblichen Monatsverdienstes knüpft das Gesetz an diejenigen Geld- und Sachbezüge an, die dem Arbeitnehmer im Auflösungsmonat zustehen. Unter den Begriff der Geldbezüge fallen zunächst alle Grundvergütungen (Gehalt, Zeitlohn, Fixum etc.),
   KR/*Becker*, § 10 KSchG, Rn 33.

Erhält der Arbeitnehmer zu diesen Vergütungen weitere Zuwendungen mit Entgeltcharakter, beispielsweise ein 13. oder 14. Monatsgehalt, Tantiemen, Jahresabschlußvergütungen, Umsatzbeteiligungen, so sind diese Bezüge anteilig umzulegen,
   *Herschel/Löwisch*, § 10 KSchG, Rn 3; *Hueck*, § 10 KSchG, Rn 6; KR/*Becker*, § 10 KSchG, Rn 33.

Besteht die jedem Arbeitnehmer zustehende Grundvergütung in Akkordlohn, so ist unter Zugrundelegung der für ihn regelmäßigen Arbeitszeit zu ermitteln, welchen Betrag er im Auflösungsmonat vermutlich verdient hätte.

Als Geldbezüge im Sinne des § 10 Abs. 3 KSchG sind weiterhin alle regelmäßig zu zahlenden Zulagen wie Gefahrenzulagen, Schichtzuschläge, Nachtarbeitszuschläge, Prämien oder Provisionen anzusehen. Hierzu zählen auch einzelvertraglich vereinbarte Wege- und Fahrgelder, sofern sie unabhängig von notwendigen Aufwendungen gezahlt werden,
   BAG, Urt. v. 11.02.1976, EzA § 2 LohnFG Nr. 8; BAG, Urt. v. 04.10.1978, EzA § 63 HGB Nr. 30.

Nicht zu berücksichtigen sind Zuwendungen mit Aufwendungscharakter und Zuwendungen mit Gratifikationscharakter.

Eine anteilige Umlegung des Urlaubsgeldes hat nur dann zu erfolgen, wenn das Urlaubsgeld fest in das Vergütungsgefüge eingebaut ist und damit Entgeltcharakter hat. Wird das Urlaubsgeld dagegen als Gratifikation gewährt, so ist diese Leistung bei der Ermittlung des Monatsverdienstes nicht zu berücksichtigen,
   KR/*Becker*, § 10 KSchG, Rn 34.

Der Wert der Sachbezüge ist mit dem Betrag anzusetzen, den der Arbeitnehmer zur Beschaffung der Naturalien auf dem freien Markt aufwenden müßte,
   BAG, Urt. v. 22.09.1960, AP Nr. 27 zu § 616 BGB.

## 2. Muster: Auflösungsantrag

**70** Aktenzeichen:

Gegner: RAe

In dem Rechtsstreit

./.

wird beantragt,

das Arbeitsverhältnis gegen Zahlung einer Abfindung, die in das Ermessen des Gerichts gestellt wird, aber         DM nicht unterschreiten sollte, aufzulösen.

Der klägerischen Partei wurde in Anwesenheit von         vorgehalten, sie habe         . Diese Vorhaltungen, die unzutreffend sind, sind daraufhin einem weiten Kreis von Personen im Betrieb bekannt geworden.

Beweis:  Zeugnis

Außerdem hat die beklagte Partei die ehrenrührigen Behauptungen über die klägerische Partei im Betrieb wie folgt bekannt gemacht:

Beweis:

Die der klägerischen Partei gemachten, unzutreffenden Vorhaltungen sind ehrenrührig und geeignet, sie jetzt und auch für die Zukunft im Ansehen herabzusetzen, eine Fortsetzung des Arbeitsverhältnisses ist infolge der Art und Weise der von der beklagten Partei vorgenommenen Kündigung der klägerischen Partei nicht mehr zuzumuten. Das Gericht hat daher gemäß §§ 9, 10 KSchG das Arbeitsverhältnis aufzulösen.

Die Abfindung soll         Monatsverdienste nicht unterschreiten. Es muß berücksichtigt werden, daß die Vorwürfe der beklagten Partei haltlos sind und das Fortkommen der klägerischen Partei in ganz erheblichem Umfange erschwert haben:         .

Die klägerische Partei hat zu gewärtigen, daß sie in Zukunft immer wieder auf diese Vorwürfe angesprochen wird.

Rein vorsorglich weisen wir darauf hin, daß nach der überwiegenden Rechtsprechung der Landesarbeitsgerichte die Berufung auch zulässig ist, wenn die Kammer bei der Bemessung der Abfindung erkennbar hinter den Erwartungen des Klägers zurückbleibt,

vgl. die Nachweise aus der Rechtsprechung bei *Schaub*, Arbeitsrechtshandbuch, 9. Aufl. 2000, § 141.

Es wird beantragt, für den Auflösungsantrag einen eigenen Streitwert festzusetzen. Der Auflösungsantrag bildet einen eigenen Streitgegenstand,

siehe *Meier*, Lexikon der Streitwerte im Arbeitsrecht, Rn 28; LAG Hamm, Urt. v. 16.8.1989, NZA 1990, 328.

## 3. Muster: Auflösungsgründe für Arbeitnehmer, § 9 KSchG

**71** Der vom Arbeitnehmer gestellte Auflösungsantrag ist begründet, wenn dem Arbeitnehmer die Fortsetzung des Arbeitsverhältnisses nicht zuzumuten ist. Bei dem Begriff der Unzumutbarkeit handelt es sich um einen unbestimmten Rechtsbegriff, dessen Anwendung in der Revisionsinstanz nur beschränkt überprüfbar ist. Das Revisionsgericht kann, wie auch bei anderen unbestimmten Rechtsbegriffen, nur nachprüfen, ob das Berufungsgericht die Voraussetzungen für einen vom Arbeitnehmer gestellten Auflösungsantrag verkannt hat und ob es bei der Prüfung der vom Arbeitnehmer vorgetragenen Auflösungsgründe alle wesentlichen Umstände vollständig und widerspruchsfrei berücksichtigt und gewürdigt hat. Wegen dieses beschränkten revisionsrechtlichen Prüfungsmaßstabes gehört es vornehmlich zur Aufgabe der Tatsachengerichte, im Einzelfall zu bestimmen, ob einem Arbeitnehmer die Fortsetzung des Arbeitsverhältnisses zumutbar ist oder nicht. Dabei haben die Tatsachengerichte keine Ermessensentscheidung zu treffen, es steht ihnen nicht frei, nach Zweckmäßigkeitsgesichtspunkten über die Fortsetzung des Arbeitsverhältnisses zu urteilen,

KR/*Becker*, § 9 KSchG, Rn 36.

Nach der neueren Rechtsprechung des Bundesarbeitsgerichts gilt nicht mehr, daß der Begriff der Unzumutbarkeit in § 9 Abs. 1 Satz 1 KSchG ebenso auszulegen sei wie bei der arbeitnehmerseitigen außerordentlichen Kündigung nach § 626 I BGB. Nach der neueren Rechtsprechung des Bundesarbeitsgerichts können auch solche Tatsachen die Fortsetzung des Arbeitsverhältnisses unzumutbar machen, die für eine fristlose Kündigung nicht ausreichen,

BAG, Urt. v. 26.11.1981, EzA § 9 KSchG n.F. Nr. 11.

Das Merkmal der Unzumutbarkeit bezieht sich nicht wie bei § 626 BGB auf einen zeitlich begrenzten Zeitraum, sondern auf die gesamte zukünftige Dauer des Arbeitsverhältnisses. Die Zumutbarkeitserwägungen sind daher im Rahmen einer langfristigen Prognose anzustellen. Die Anlegung desselben strengen Maßstabes wie bei § 626 BGB wäre im übrigen nur dann gerechtfertigt, wenn die Bestimmungen des § 9 Abs. 1 Satz 1 KSchG auch den Arbeitgeber in gleichem Maße in den Schutzbereich einbeziehen würde. Dies ist aber nicht der Fall, da der Bestandsschutz des Arbeitsverhältnisses nicht in seinem Interesse geschaffen worden ist,

KR/*Becker*, § 9 KSchG, Rn 39.

Als Auflösungsgründe sind nur solche Umstände geeignet, die in einem inneren Zusammenhang zu der vom Arbeitgeber erklärten sozialwidrigen Kündigung stehen oder die im Laufe des Kündigungsrechtsstreits entstanden sind,

BAG, Urt. v. 18.01.1962, AP Nr. 20 zu § 66 BetrVG; LAG Nürnberg, Urt. v. 05.09.1980, AR-Blattei Kündigungsschutz, Entsch. 207.

Nach der Regierungsbegründung ist dabei insbesondere an solche Fälle zu denken, in denen als Kündigungsgründe unzutreffende ehrverletzende Behauptungen über die Person oder das Verhalten des Arbeitnehmers leichtfertig aufgestellt worden sind oder das Vertrauensverhältnis im Verlaufe des Kündigungsrechtsstreits ohne wesentliches Verschulden des Arbeitnehmers zerrüttet worden ist,

Amtl. Regierungsbegründung, RdA 1951, 64.

Außerdem kommen solche Umstände in Betracht, die den Schluß nahelegen, daß der Arbeitgeber den Arbeitnehmer im Falle einer Rückkehr in den Betrieb gegenüber den übrigen Mitarbeitern benachteiligen oder sonstwie unkorrekt behandeln wird,

*Herschel/Löwisch*, § 9 KSchG, Rn 23; KR/*Becker*, § 9 KSchG, Rn 41.

Die tatsächliche Grundlage für eine derartige Annahme kann sowohl in einem prozessualen, beispielsweise durch mündliches oder schriftliches Vorbringen erkennbaren als auch in einem außerprozessualen Verhalten des Arbeitgebers (beispielsweise durch Erklärungen gegenüber Arbeitskollegen oder Vorgesetzten) liegen. Auch die durch Tatsachen begründete Befürchtung, daß der Arbeitnehmer im Falle einer Wiederaufnahme der Arbeit durch seine Arbeitskollegen nicht ordnungsgemäß behandelt werden wird, kann im Einzelfalle die Unzumutbarkeit der Weiterbeschäftigung begründen,

KR/*Becker*, § 9 KSchG, Rn 41.

Eine solche Annahme ist beispielsweise gerechtfertigt, wenn der Arbeitnehmer den Kündigungsrechtsstreit allein wegen eines Fehlers bei der sozialen Auswahl gewonnen hat und wenn aufgrund

dessen die durch Tatsachen begründete Besorgnis besteht, daß dies im Falle einer Rückkehr in den Betrieb zu Spannungen mit den Arbeitskollegen führen wird,
> LAG Hamm, Urt. v. 23.05.1975, DB 1975, 1514; LAG Köln, Urt. v. 02.02.1987, LAGE § 9 KSchG Nr. 3.

Das Verhalten von unbeteiligten Dritten kann die für eine weitere Zusammenarbeit notwendige Vertrauensgrundlage nur dann zerstören, wenn dieses Verhalten durch den Arbeitnehmer in irgendeiner Weise veranlaßt worden ist,
> BAG, Urt. v. 14.05.1987, EzA § 9 KSchG n.F. Nr. 20.

### 4. Muster: Beiderseitiger Auflösungsantrag

**72** Stellen Arbeitgeber und Arbeitnehmer im Kündigungsschutzrechtsstreit beide den Antrag auf Auflösung des Arbeitsverhältnisses, so bedarf es keiner Sachprüfung mehr, ob die Fortsetzung des Arbeitsverhältnisses unzumutbar bzw. den betrieblichen Zwecken dienlich ist. Das Arbeitsverhältnis ist ohne eine solche Sachprüfung aufzulösen,
> LAG Köln, Urt. v. 23.04.1993 – 14 Sa 1065/92 (unveröffentlicht); LAG Berlin, Urt. v. 08.08.1967, BB 1968, 207; *Bauer*, DB 1985, 1182; *Leisten*, BB 1994, 2138.

### 5. Muster: Fälligkeit der Abfindung – Vertragsende

**73** Die in einem gerichtlichen oder außergerichtlichen Vergleich festgelegten Abfindungsbeträge entstehen mit dem Abschluß oder mit dem Wirksamwerden der vergleichsweisen Regelung,
> *Herschel/Löwisch*, § 10 KSchG, Rn 31.

Der Eintritt der Fälligkeit hängt von der inhaltlichen Ausgestaltung des Vergleichs ab. Ist in dem Vergleich ein späterer Auflösungszeitpunkt für das Arbeitsverhältnis vorgesehen, so wird die Abfindung erst zu dem vertraglich vereinbarten Beendigungszeitpunkt fällig, es sei denn, die Parteien haben einen früheren Fälligkeitszeitpunkt im Vergleich festgelegt,
> BAG, Urt. v. 09.12.1987, NZA 1988, 329; LAG Düsseldorf, Urt. v. 23.05.1989, NZA 1989, 850; LAG Köln, Betr. 1984, 568; KR/*Becker* § 10 KSchG, Rn 19a; *Soergel/Wolf*, BGB, § 271, Rn 23.

### 6. Muster: Fälligkeit der Abfindung – sofort

**74** Die Frage nach der Fälligkeit der Abfindung im Sinne der §§ 9, 10 KSchG stellt sich nicht nur im Vergleichsfall, sondern auch bei gerichtlicher Auflösung des Arbeitsverhältnisses gegen Abfindungsfestsetzung. Vereinzelt ist geltend gemacht worden, daß die gerichtlich festgesetzte Abfindung nicht beigetrieben werden könne, bevor das Auflösungsurteil Rechtskraft erlangt habe,
> LAG Hamburg, Urt. v. 16.03.1982, NJW 1983, 134.

Dieser Auffassung ist jedoch zu Recht entgegengehalten worden, daß die vorläufige Vollstreckbarkeit des Auflösungsurteils eine hinreichende Grundlage für die Durchsetzung des Abfindungsanspruchs im Wege der Zwangsvollstreckung bildet,

BAG, EzA § 9 KSchG n.F. Nr. 22; LAG Bremen, Urt. v. 31.08.1983, NJW 1984, 447 = BB 1983, 1797; LAG Frankfurt, Urt. v. 14.08.1986, NZA 1987, 211.

Herrschende Meinung ist heute, daß der in einem arbeitsgerichtlichen Vergleich titulierte Abfindungsanspruch i. S. der §§ 9, 10 KSchG mangels anderweitiger Festlegung auch dann sofort zur Zahlung fällig ist, wenn das Arbeitsverhältnis im Zeitpunkt des Vergleichsabschlusses noch nicht beendet ist, sondern gemäß der ausgehandelten Vergleichsregelung noch gewisse Zeit – etwa bis zum Auslauf der ordentlichen Kündigungsfrist – fortdauert. Die Erstattungsfähigkeit entstandener Vollstreckungskosten scheitert nicht daran, daß die Vollstreckungsmaßnahme vor der Beendigung des Arbeitsverhältnisses eingeleitet worden ist.

## 7. Muster: Abfindung bei Eigenkündigung vor vereinbartem Sozialplan

Nach § 75 Abs. 1 Satz 1 BetrVG haben Arbeitgeber und Betriebsrat darüber zu wachen, daß alle im Betrieb tätigen Personen nach den Grundsätzen von Recht und Billigkeit behandelt werden. Damit entsteht zunächst einmal eine entsprechende Bindung der Betriebsparteien an diese Grundsätze für die von ihnen geschaffenen Regelungen. Der allgemeine Gleichbehandlungsgrundsatz ist dabei der wichtigste Unterfall der Behandlung nach Recht und Billigkeit. Ob eine Regelung für einen Arbeitnehmer billig oder unbillig ist, zeigt sich in erster Linie daran, wie er im Vergleich zu anderen Arbeitnehmern behandelt wird,

BAG, Urt. v. 26.07.1988 – 1 AZR 156/87 (unveröffentlicht); BAG, AP Nr. 45 u. 46 zu § 112 BetrVG 1972; BAG, Urt. v. 26.06.1990, EzA § 112 BetrVG 1972 Nr. 55.

Das Bundesarbeitsgericht läßt den Betriebsparteien bei der Regelung eines Sozialplans im allgemeinen einen breiten Regelungsspielraum. Die Betriebsparteien sind bei Abschluß eines Sozialplans grundsätzlich frei, darüber zu entscheiden, welche Nachteile, die der Verlust eines Arbeitsplatzes mit sich bringt, durch eine Abfindung ausgeglichen werden sollen,

BAG, Urt. v. 08.12.1976, AP Nr. 3 zu § 112 BetrVG 1972; BAG, Urt. v. 14.02.1984, AP Nr. 21 zu § 112 BetrVG 1972.

Die Betriebsparteien dürfen deshalb nach der Schwere der möglichen Nachteile und deren Vermeidbarkeit differenzieren. Abfindungen können für eine Eigenkündigung aussprechende Arbeitnehmer in geringer Höhe vorgesehen (BAG, Urt. v. 11.08.1993, AP Nr. 71 zu § 112 BetrVG 1972) oder ganz ausgeschlossen werden,

BAG, Urt. v. 20.04.1994, AP Nr. 77 zu § 112 BetrVG 1972; Urt. v. 30.11.1994, AP Nr. 89 zu § 112 BetrVG 1972.

Diese Grundsätze gelten auch, wenn Arbeitnehmer ihr Arbeitsverhältnis durch Kündigung gegen den Willen des Arbeitgebers vorzeitig beenden und damit eine geordnete Abwicklung der geplanten Betriebsänderung erschweren,

BAG, Urt. v. 09.11.1994, AP Nr. 85 zu § 112 BetrVG 1972.

Aus den gleichen Gründen hat der erste Senat Hilfsbegrenzungsklauseln für Abfindungen wegen des Verlustes des Arbeitsplatzes in Sozialplänen grundsätzlich für zulässig gehalten,

BAG, Urt. v. 23.08.1988, AP Nr. 46 zu § 112 BetrVG 1972.

Der von den Betriebsparteien vereinbarte Inhalt eines Sozialplans muß aber immer dem Normzweck von § 112 Abs. 1 Satz 2 BetrVG entsprechen, die wirtschaftlichen Nachteile zu mildern, die den Arbeitnehmern infolge der geplanten Betriebsänderung entstehen.

Der Ausschluß von Arbeitnehmern vom Sozialplan, die ihren Arbeitsplatz gekündigt haben, nachdem ihnen vom Arbeitgeber mitgeteilt worden war, für sie bestehe aufgrund der Betriebsänderung keine Beschäftigungsmöglichkeit mehr, erfolgt ohne sachlichen Grund.

Der Sozialplan soll die Nachteile, die infolge der Betriebsänderung für die Belegschaft entstehen, mildern oder ausgleichen. Mit einem begrenzten Sozialplanvolumen soll den von der Entlassung betroffenen Arbeitnehmern eine verteilungsgerechte Überbrückungshilfe längstens bis zum Bezug von Altersruhegeld gewährt werden. Dieser Überbrückungshilfe bedarf ein Arbeitnehmer, der selber kündigt, weil er einen neuen Arbeitsplatz gefunden hat, aber alle Anwartschaften beim bisherigen Arbeitgeber verloren hat und beim neuen Arbeitgeber zunächst keinen Kündigungsschutz genießt, in gleicher Weise wie ein Arbeitnehmer, dem vom Arbeitgeber gekündigt wird und der daraufhin einen neuen Arbeitsplatz findet, der sich nahtlos an sein bisheriges Arbeitsverhältnis anschließt. Deshalb verletzt eine Sozialplanregelung den aus § 75 Abs. 1 Satz 1 BetrVG zu entnehmenden Gleichbehandlungsgrundsatz, soweit sie formal zwischen Arbeitgeber- und Arbeitnehmerkündigungen unterscheidet,

BAG, Urt. v. 15.01.1991 – 1 AZR 80/90 (unveröffentlicht).

Das Bundesarbeitsgericht hat bereits für die Frage, ob eine Sozialplanpflicht bei einer Betriebseinschränkung in Form einer Personalreduzierung besteht und ob eine Betriebsänderung vorliegt, entschieden, es komme auf die Zahl der Arbeitnehmer an, deren Ausscheiden durch den Arbeitgeber veranlaßt worden sei. Dafür sei unerheblich, ob der Arbeitgeber oder der Arbeitnehmer die Kündigung ausspreche,

BAG, Urt. v. 23.08.1988 u. v. 08.11.1988, AP Nr. 17 u. 18 zu § 113 BetrVG 1972.

Es entspricht ständiger Rechtsprechung des Bundesarbeitsgerichts, daß für die Frage, ob ein Anspruch bestehe, nicht auf die rechtstechnische Form der Auflösung des Arbeitsverhältnisses abgestellt werde, sondern auf den materiellen Auflösungsgrund.

BAG, Urt. v. 10.05.1971, AP Nr. 6 zu § 628 BGB; BAG, Urt. v. 26.02.1976, AP Nr. 172 zu § 242 BGB Ruhegehalt; BAG, Urt. v. 15.01.1991 – 1 AZR 80/90 (unveröffentlicht).

Eine andere Frage ist es allerdings, in welchem Umfang einem vor Abschluß des Sozialplans ausgeschiedenen Arbeitnehmer nur ein Teil der Abfindung,

LAG Rheinland-Pfalz, Urt. v. 02.06.1993, NZA 1993, 1144,

oder ein Ausschluß von jeglicher Abfindung zuerkannt werden kann,

BAG, Urt. v. 24.01.1996, NZA 1996, 834.

Insbesondere mit den Entscheidungen vom 05.04.1995,

10 AZR 554/94 (unveröffentlicht)

und vom 20.04.1994,

NZA 1995, 89,

hat die BAG-Rechtsprechung den Eindruck erweckt, die bisherige Rechtsprechung zur Eigenkündigung des Arbeitnehmers bei Sozialplanabfindungen zwar formal aufrecht zu erhalten, tatsächlich aber zugunsten einer jedweden Regelung über vor Abschluß eines Sozialplans ausgeschiedene Mitarbeiter in das Belieben der Betriebspartner zu stellen,

kritisch: *Maier*, NZA 1995, 769.

## 8. Muster: Nachteilsausgleich bei nicht ausgeschöpften Einigungsbemühungen des Arbeitgebers

76 Das Bundesarbeitsgericht hat in der Vergangenheit die Frage, ob der Unternehmer das in § 112 Abs. 1–3 BetrVG vorgesehene Verfahren voll auszuschöpfen hat, also die Betriebsänderung erst

vornehmen darf, wenn die Einigungsstelle vergeblich eine Einigung der Parteien versucht hat oder ob der Versuch einer Einigung mit dem Betriebsrat in unmittelbaren Verhandlungen ausreicht, offengelassen,
> BAG, Urt. v. 14.09.1976, AP Nr. 2 zu § 113 BetrVG 1972.

Die Rechtsprechung zu § 72 BetrVG 1952 war eindeutig; der Unternehmer mußte das vorgeschriebene Verfahren, Einschaltung einer Behörde und notfalls der Vermittlungsstelle, voll ausschöpfen, wollte er Abfindungsansprüche der von einer Betriebsänderung betroffenen Arbeitnehmer vermeiden,
> BAGE 23, 53.

Der Unternehmer sollte es nicht in der Hand haben, den Abfindungsforderungen der entlassenen Arbeitnehmer dadurch zu entgehen, daß er das vom Gesetz vorgesehene Verfahren nicht voll durchführte, sondern ohne weiteres die Stillegung einleitete und die Kündigung aussprach.

Für das Betriebsverfassungsgesetz 1972 hat sich ein Teil der Literatur dieser Auffassung angeschlossen,
> *Fitting/Kaiser/Heither/Engels*, BetrVG, § 113, Rn 8; *Dietz/Richardi*, BetrVG, § 113, Rn 3 f.; GK/ *Fabricius*, § 113, Rn 24; *Matthes*, DB 1972, 286.

Nach Auffassung anderer Autoren reichte es aus, wenn der Arbeitgeber abwartet, ob der Betriebsrat das in § 112 BetrVG vorgeschriebene weitere Verfahren (Ersuchen des Präsidenten des Landesarbeitsamts um Vermittlung und Anrufung der Einigungsstelle) einleite, denn nach der gesetzlichen Regelung könne auch der Betriebsrat die Initiative ergreifen,
> *Hanau*, ZfA 1974, 89; *Heinze*, DB 1983, Beil. Nr. 9, S. 21.

Das Bundesarbeitsgericht hat nunmehr entschieden, die besseren Gründe sprächen für die Auffassung, daß der Unternehmer Ansprüche auf Nachteilsausgleich der infolge einer Betriebsänderung (Betriebsstillegung) entlassenen Arbeitnehmer nur vermeiden könne, wenn alle Möglichkeiten einer Einigung über den Interessenausgleich ausgeschöpft seien. Deshalb müsse der Unternehmer die Einigungsstelle anrufen, wenn der Betriebsrat dies nicht tue. Nur eine solche Auslegung werde sowohl dem Wortlaut als auch dem Sinn und Zweck des § 113 Abs. 3 BetrVG gerecht. Eine solche Auslegung sei auch praktikabel,
> BAG, Urt. v. 18.12.1984, AP Nr. 11 zu § 113 BetrVG 1972.

Zwar gebe der Wortlaut des § 113 Abs. 3 BetrVG noch keinen Aufschluß darüber, welche Initiative der Arbeitgeber entfalten müsse, um die Entstehung von Ansprüchen auf Nachteilsausgleich zu vermeiden. Mit dem bloßen Wortlaut wäre sowohl die Auffassung vereinbar, der Unternehmer brauche nur ernsthaft mit dem Betriebsrat zu verhandeln und könne die weitere Initiative dem Betriebsrat überlassen, als auch die Auffassung, der Unternehmer selbst müsse das Verfahren ausschöpfen, falls der Betriebsrat nicht von sich aus die Initiative ergreife. Daß der Interessenausgleich nur „versucht" zu werden braucht, sage nichts darüber aus, bis in welchen Verfahrensabschnitt hinein der Versuch unternommen werden müsse, oder, anders ausgedrückt, wann der Versuch gescheitert sei. Von Versuch sei im übrigen in § 113 Abs. 3 BetrVG nur deshalb die Rede, weil der Betriebsrat den Interessenausgleich – anders als den Sozialplan – nicht erzwingen könne. Die Einigungsstelle könne eine Einigung der Parteien über den Interessenausgleich nur versuchen, sie könne nicht verbindlich über den Interessenausgleich entscheiden, § 112 Abs. 3 Satz 2 BetrVG.

Da den Interessen der von einer Betriebsänderung betroffenen Arbeitnehmer nur eine Auslegung der Norm gerecht werde, die den Unternehmer zwinge, den Interessenausgleich noch in der Einigungsstelle zu versuchen und vorher keine vollendeten Tatsachen zu schaffen, stehe aus der Sicht des zur Entlassung anstehenden Arbeitnehmers erst fest, daß sein Arbeitsplatz nicht mehr zu erhalten gewesen sei, wenn der Einigungsversuch gescheitert sei. Da nichts dafür spricht, daß die nach dem alten Recht bestehende Verpflichtung, einen Interessenausgleich über die Betriebsänderung mit dem Betriebsrat wenigstens versucht zu haben, abgeschwächt oder beseitigt werden sollte, entsteht der Anspruch des Arbeitnehmers auf Nachteilsausgleich immer dann, wenn die Kündigung des Arbeitnehmers vor Durchführung des Einigungsverfahrens zum Interessenausgleich im Rahmen der

Einigungsstelle erfolgte. Der Unternehmer hat die Verpflichtung, das Einigungsverfahren voll auszuschöpfen,
> BAG, Urt. v. 18.12.1984, AP Nr. 11 zu § 113 BetrVG 1972.

## VIII. Aufhebungsverträge – Abwicklungsverträge

### 1. Muster: Aufforderungsschreiben im Rahmen von Verhandlungen über Auflösung und Abfindung des Arbeitsverhältnisses 1

77 Hiermit zeigen wir an, daß wir die rechtlichen Interessen unserer nachfolgend benannten Mandantschaft

vertreten. Eine auf uns lautende Vollmacht ist beigefügt. Zwischen unserer Mandantschaft und Ihnen besteht ein Arbeitsverhältnis.

In den vergangenen Wochen sind auf Ihre Veranlassung Gespräche über die berufliche Zukunft unserer Mandantschaft geführt worden. Unsere Mandantschaft muß ihren Arbeitsplatz als gefährdet betrachten. Aus verschiedenen Äußerungen muß unsere Mandantschaft entnehmen, daß Sie erwägen, das Arbeitsverhältnis zur Auflösung zu bringen. Damit ist für unsere Mandantschaft eine als existenziell empfundene Lebenssituation eingetreten, in der anwaltliche Hilfe dringend geboten war, zumal unsere Mandantschaft nicht über vergleichbare arbeitsrechtliche Grundkenntnisse und Erfahrungen verfügt wie Sie.

Wir verstehen unsere Mandatschaft deshalb in dem Sinne, Verunsicherungen abzubauen und einen Beitrag zu einer Versachlichung der Gespräche über die Ermittlung der Grundlagen einer etwaigen Auflösung des Arbeitsverhältnisses zu leisten. Die dabei zu beachtenden, Ihnen sicherlich bekannten, arbeitsrechtlichen Grundsätze sind folgende:

Die ordentliche Kündigungsfrist beträgt bei unserer Mandantschaft gemäß § 622 BGB            . Es könnte unserer Mandantschaft daher frühestens zum             gekündigt werden.

Die Kündigung wäre jedoch nur wirksam, wenn sie sozial gerechtfertigt wäre. Gemäß § 1 Abs. 1 KSchG ist eine fristgerechte Kündigung nur dann sozial gerechtfertigt, wenn betriebsbedingte Gründe vorliegen oder Gründe in der Person oder dem Verhalten des Arbeitnehmers die Kündigung als zwingend geboten erscheinen lassen. Betriebsbedingte Gründe, die es Ihnen unmöglich machen, unsere Mandantschaft weiterzubeschäftigen, gegebenenfalls auf einem anderen Arbeitsplatz, sind nicht ersichtlich. Gründe in der Person oder dem Verhalten unseres Mandanten vermögen wir auch nicht nachzuvollziehen. Das Arbeitsverhältnis könnte demnach nur dann aufgelöst werden, wenn Sie fristgerecht kündigen und unsere Mandantschaft einen Auflösungsantrag gemäß §§ 9, 10 KSchG stellen würde, wobei dieser Antrag mit einem Abfindungsverlangen verbunden würde. Die Höhe der Abfindung ist dann in das Ermessen des Gerichts gestellt, das gemäß § 10 Abs. 1 KSchG für jede angefangenen zwei Beschäftigungsjahre ein Bruttomonatsgehalt als Abfindung zuspricht. Da unsere Mandantschaft bei Ihnen           Jahre beschäftigt war, das monatliche Bruttogehalt           DM beträgt, beläuft sich der Abfindungsanspruch unserer Mandantschaft gemäß § 10 Abs. 1 KSchG auf           DM.

Um einen Verzicht auf Erhebung einer Kündigungsschutzklage im Falle einer Kündigung zu erklären, wäre es für unsere Mandantschaft weiterhin wichtig, wenn           . Lassen Sie uns bitte wissen, aus Vereinfachungsgründen gegebenenfalls auch telefonisch, ob Sie interessiert sind, unter Beachtung der vor den Arbeitsgerichten gültigen Rechtssätze eine einvernehmliche Lösung zu suchen.

Eine solche Entscheidung würde beiden Parteien den Weg vor das Arbeitsgericht ersparen. Überflüssige Kosten könnten damit vermieden werden.

Der Verzicht auf eine arbeitsgerichtliche Auseinandersetzung bietet darüber hinaus eine Reihe weiterer, Ihnen sicherlich bekannter Vorteile.

▲

## 2. Muster: Ältere Arbeitnehmer

3491

▼

Bei älteren Arbeitnehmern gelten die Grundzüge des § 10 Abs. 2 KSchG, die zu einem noch höheren Abfindungsanspruch, vorliegend in Höhe von ▇▇▇▇ DM führen.

78

▲

## 3. Muster: Aufforderungsschreiben im Rahmen von Verhandlungen über Auflösung und Abfindung des Arbeitsverhältnisses 2

3495

▼

Hiermit zeigen wir an, daß wir die rechtlichen Interessen unseres nachfolgend benannten Mandanten

79

vertreten. Eine auf uns lautende Vollmacht ist beigefügt. Unserer Beauftragung liegt folgender Sachverhalt zugrunde:

Unser Mandant ist seit dem ▇▇▇▇ als ▇▇▇▇ bei Ihnen tätig. Unser Mandant hat aufgrund verschiedener Vorkommnisse den Eindruck gewonnen, daß Sie sich von ihm trennen wollen:

▇▇▇▇

Die Einzelereignisse mögen, jedes für sich genommen, nicht so bedeutsam sein, daß der bei unserem Mandanten entstandene Eindruck zwingend ist. Im Gespräch mit Kollegen wurde unserem Mandanten jedoch bedeutet, daß man nicht ausschließen könne, daß er seine Situation richtig einschätze.

Sollte sich unser Mandant getäuscht haben, lassen Sie uns dies bitte wissen. Unser Mandant würde sich freuen, wenn er vorschnell zu einer unrichtigen Bewertung seiner Karrieresituation gelangt wäre. Er würde gerne an das frühere, gute Einvernehmen anknüpfen und sein Arbeitsverhältnis in der gewohnten Zufriedenheit für alle Beteiligten fortsetzen.

Wir befürchten allerdings aufgrund der vorsichtigen Andeutungen Dritter, daß Spielraum für eine solche Entwicklung auf Arbeitgeberseite nicht mehr besteht. In diesem Falle regen wir an, daß offen und in dem Bemühen um ein wechselseitiges Einvernehmen über die Beendigung des Arbeitsverhältnisses gesprochen wird. Betrachten Sie uns als einen um Vermittlung bemühten Gesprächspartner, der notwendig ist, weil unser Mandant nicht über die gleichen arbeitsrechtlichen Erfahrungen und Kenntnisse verfügt wie Ihr Haus und die kompetenten Gesprächspartner Ihrer Personalabteilung.

Da die berufliche Situation unseres Mandanten noch durch die Unsicherheit geprägt ist, keine genaue Kenntnis über den Stand Ihrer Personalplanung zu besitzen, möchten wir auch zum gegenwärtigen Zeitpunkt darauf verzichten, ein Angebot über die Konditionen eines Aufhebungsvertrages zu unterbreiten. Je nach Inhalt Ihres Antwortschreibens sind wir hierzu allerdings bereit.

▲

## 4. Muster: Aufforderungsschreiben im Rahmen von Verhandlungen über Auflösung und Abfindung des Arbeitsverhältnisses 3

Hiermit zeigen wir an, daß wir die rechtlichen Interessen der nachfolgend benannten Mandantschaft

in einer arbeitsrechtlichen Angelegenheit vertreten. Eine auf uns lautende Vollmacht ist beigefügt. Unserer Beauftragung liegt folgender Sachverhalt zugrunde:

Sie haben das Arbeitsverhältnis mit unserer Mandantschaft durch Kündigung beendet. Aus formellen Gründen, weil nämlich eine Kündigungsschutzklage innerhalb von drei Wochen erhoben sein muß, haben wir fristwahrend eine Klage beim zuständigen Arbeitsgericht eingereicht. Unsere Mandantschaft hat uns ergänzend gebeten, die Angelegenheit mit Rücksicht auf die langjährigen beruflichen Bindungen auch auf außergerichtlichem Wege zu verfolgen, um möglicherweise einen Beitrag zu einer Einigung zu leisten.

Unsere Mandantschaft ist bei Ihnen seit dem             beschäftigt. Sie und unsere Mandantschaft sind damit einen erheblichen Zeitraum des beruflichen Weges gemeinsam gegangen. Jedes Arbeitsverhältnis kennt, wie auch jede sonstige zwischenmenschliche Beziehung, Höhen und Tiefen, Licht und Schatten. Auch bei einer noch so guten, dauerhaften Arbeitsrechtsbeziehung, kommt es erfahrungsgemäß zu Spannungen und Verdruß. Gerade in solchen Augenblicken sollte man aber nicht vergessen, daß es auch gute, ertragreiche und glücklichere Augenblicke als den heutigen Tag im Verhältnis zwischen unserer Mandantschaft und Ihnen gegeben hat.

Es wäre verfehlt, eine Schuldzuweisung ausschließlich zu Lasten einer Partei vorzunehmen. Im Laufe der Jahre kommen so viele Umstände zusammen, daß man die einzelnen Verursachungsanteile heute kaum noch rekonstruieren kann. Wir meinen deshalb, daß es jede Partei vermeiden sollte, der jeweils anderen einseitig die Schuld zuzuweisen. Angesichts der Dauer des bisherigen Arbeitsverhältnisses ist es schon von Bedeutung, wie man eventuell auseinandergeht. Es schadet auf lange Sicht nicht, wenn sich jede Partei hier einen Ruck gibt und versucht, zumindest den Versuch der Einigung zu wagen.

Die Kündigungsschutzklage haben wir, wie erläutert, aufgrund zwingender gesetzlicher Bestimmungen erhoben. Wenn Sie daran interessiert sind, mit uns eine Vergleichslösung außerhalb des Gerichtssaals zu suchen, lassen Sie uns dies bitte wissen. Manchmal ist es auch eine Frage der Vernunft, den außergerichtlichen Vergleich zu suchen, weil die gerichtliche Auseinandersetzung zwangsläufig zusätzliche Anwalts- und Gerichtskosten zur Folge hat. Sollte auf Ihrer Seite eine Bereitschaft zum außergerichtlichen Vergleich bestehen, setzen Sie sich bitte unverbindlich mit uns telefonisch in Verbindung. Einzelheiten können wir dann miteinander besprechen.

## 5. Muster: Klage wegen Anfechtung eines Aufhebungsvertrages und Abfindungsantrag

*Klage*

– klägerische Partei –

Prozeßbevollmächtigte:

gegen

– beklagte Partei –

wegen: Anfechtung eines Aufhebungsvertrages, Kündigung eines Arbeitsverhältnisses und Forderung.

Wir bestellen uns zu Prozeßbevollmächtigten der klägerischen Partei, in deren Namen und Auftrag wir um kurzfristige Anberaumung eines Gütetermins bitten und beantragen werden zu erkennen:

1. Es wird festgestellt, daß das Arbeitsverhältnis durch den Aufhebungsvertrag vom            nicht aufgelöst worden ist.
2. Es wird festgestellt, daß das Arbeitsverhältnis durch die schriftliche Kündigung der beklagten Partei vom            nicht aufgelöst worden ist, sondern fortbesteht.
3. Das Arbeitsverhältnis wird gegen Zahlung einer Abfindung, die in das Ermessen des Gerichts gestellt wird, aber            DM (brutto = netto) nicht unterschreiten sollte, aufgelöst.
4. Ferner wird die beklagte Partei verurteilt,
    a) Urlaubs-, Weihnachts- und sonstiges Entgelt in Höhe von            DM brutto zu zahlen;
    b) der klägerischen Partei ein qualifiziertes Zeugnis zu erteilen, das sich auf Führung und Leistung erstreckt.
5. Die Kosten des Rechtsstreits trägt die beklagte Partei.

**Gründe:**

Die Parteien streiten über die Wirksamkeit einer Vereinbarung eines Aufhebungsvertrages zur Abwendung einer arbeitgeberseitigen Kündigung.

I.
1. Bei der beklagten Partei handelt es sich um den Arbeitgeber der klägerischen Partei. Die klägerische Partei ist seit dem            für die beklagte Partei als            tätig.

    Die beklagte Partei beschäftigt regelmäßig mehr als 5 Arbeitnehmer. Das Arbeitsverhältnis besteht länger als 6 Monate.

    Beweis: Vorlage des Arbeitsvertrags in Kopie – Anlage K 1.

2. Das jährliche Bruttogehalt der klägerischen Partei beläuft sich zur Zeit auf ca.            DM. Die klägerische Partei ist nunmehr bei der beklagten Partei            Jahre beschäftigt.

    Während dieser Tätigkeit für die beklagte Partei hat die klägerische Partei immer durch außerordentliche Leistung zu überzeugen gewußt. Verfehlungen irgendwelcher Art hat sie sich nicht zuschulden kommen lassen. Insbesondere ist auch eine Abmahnung zu keiner Zeit bis auf den heutigen Tag erfolgt.

## II.

Den nunmehr zwischen den Parteien aufgetauchten Differenzen ging folgender Vorfall voraus:

Unter dem Druck einer fristlosen Kündigung sowie der Drohung, andernfalls das Verhalten der klägerischen Partei in den Arbeitspapieren festzuhalten und/oder zu einer Strafanzeige mit einem sich daran anschließenden Strafverfahren zu bringen, sah sich die klägerische Partei schließlich dazu genötigt, die Gegenstand des vorliegenden Rechtsstreits bildende Vereinbarung zu unterzeichnen.

Beweis: Vorlage der Vereinbarung in Kopie – Anlage K 2.

Gemäß dem Wortlaut dieser Vereinbarung sollen alle zwischen den Parteien bestehenden Ansprüche abgegolten und ausgeglichen sein.

Durch Anwaltsschreiben vom          hat die klägerische Partei ihre auf Abschluß der Aufhebungsvereinbarung gerichtete Willenserklärung wegen Drohung, arglistiger Täuschung und Irrtums unverzüglich anfechten lassen.

Beweis: Vorlage des Anwaltsschreibens – Anlage K 3.

## III.

83 Die Anfechtung erfolgte zu Recht.

Die Annahme eines Antrags auf Beendigung des Arbeitsverhältnisses kann wie jede andere Willenserklärung nach den Vorschriften des BGB angefochten werden.

1. Zur Anfechtung seiner Erklärung ist gemäß § 123 Abs. 1 BGB berechtigt, wer zur Abgabe der Willenserklärung widerrechtlich durch Drohung bestimmt worden ist. Die Drohung muß sich auf ein künftiges Übel beziehen. Eine außerordentliche Kündigung, wie sie von der beklagten Partei in Aussicht gestellt wurde, stellt eine Androhung eines empfindlichen Übels dar,
   vgl. BAG, Urt. v. 05.04.1978, EzA Nr. 18 zu § 123 BGB.

Auch die Drohung mit einer Strafanzeige stellt ein empfindliches Übel dar, da das Strafrecht nicht dazu dienen darf, die Rechtsstellung des Arbeitnehmers auch zivilrechtlich zu diminuieren.

Im vorliegenden Fall war die Drohung der beklagten Partei auch widerrechtlich, da ein Grund zur außerordentlichen Kündigung nicht bestanden hat. Die klägerische Partei hat sich keiner Straftat schuldig gemacht. Vielmehr wurde nur ein entsprechender Vorwurf erhoben; dieser Vorwurf war jedoch unbegründet, denn          .

Die klägerische Partei, die über den unberechtigten Vorwurf entsetzt war, hat auch von sich aus den Vorfall der beklagten Partei sofort mitgeteilt und sich somit in keiner Weise gegenüber der beklagten Partei illoyal verhalten.

Selbst wenn man der klägerischen Partei ihre Gedankenlosigkeit vorwerfen wollte, die zu der vorliegenden Situation geführt hat, so rechtfertigt die über einen langen Zeitraum bestehende Arbeitsrechtsbeziehung, die ohne Tadel, ohne Abmahnung und ohne Beanstandung war, nicht, vorliegend eine ordentliche Kündigung, geschweige eine außerordentliche Kündigung in Erwägung zu ziehen.

Das Verhalten der beklagten Partei wäre außerdem als verwerflich im Sinne von § 240 Abs. 2 StGB anzusehen, da die Drohung mit der Aufnahme eines strafrechtlich relevanten Vorwurfs in die Arbeitspapiere der klägerischen Partei, obwohl der Vorwurf nicht erwiesen ist, von privater Seite her nicht als Bestrafung eines Betroffenen verwendet werden darf.

Die besondere Verwerflichkeit der Drohung durch die beklagte Partei zeigt sich auch in den umfassenden Rechten, auf die die klägerische Partei in der Aufhebungsvereinbarung verzichten mußte. Als Angestellter in mehrjähriger ungekündigter Position steht ihm der Kündigungsschutz von          Monaten zum Schluß eines Kalendervierteljahres zu. Eine ordentliche Kündigung der klägerischen Partei wäre daher erst zum          möglich gewesen.

Widerrechtlich ist die Drohung, den Arbeitnehmer fristlos zu entlassen, im übrigen nach gefestigter Rechtsprechung dann, wenn ein verständiger Arbeitgeber eine fristlose Entlassung nicht in Erwägung ziehen würde,
    BAG, Urt. v. 16.11.1979, EzA Nr. 19 zu § 123 BGB; Urt. v. 14.07.1960, EZA Nr. 3 zu § 123 BGB.

Für die Beurteilung, ob ein verständiger Arbeitgeber eine fristlose Kündigung in Erwägung ziehen könnte, kommt es nicht nur auf seinen Kenntnisstand zum Zeitpunkt des Ausspruchs der Kündigung, sondern auch auf das Ergebnis späterer Entwicklungen an. Die Wertung eines „verständigen Arbeitgebers" ist deshalb objektiviert vorzunehmen, dh nur dann, wenn ein schlüssiger Anspruch i. S.d. § 626 BGB besteht, ist die Drohung mit fristloser Entlassung als Alternative zum Abschluß eines Aufhebungsvertrages nicht widerrechtlich. Darauf, ob gegebenenfalls die fristlose Kündigung in einem anschließenden Gerichtsverfahren rechtsbeständig wäre, kommt es nach der Rechtsprechung des Bundesarbeitsgerichts nicht an,
    BAG, Urt. v. 16.11.1979, EzA Nr. 3 zu § 123 BGB; Urt. v. 14.07.1960, EZA Nr. 3 zu § 123 BGB.

Zu berücksichtigen sind auch die beispielsweise im Prozeß später gewonnenen Erkenntnisse.

Die von der beklagten Partei angedrohte fristlose Kündigung hätte ein verständiger Arbeitgeber nicht ausgesprochen, denn der der antragstellenden Partei vorgeworfene Sachverhalt erfüllt die Voraussetzungen eines Kündigungsgrundes i. S.v. § 626 BGB nicht.

Im einzelnen:

Weiterhin soll die klägerische Partei in der Aufhebungsvereinbarung auf ihre bei der beklagten Partei erworbenen Ansprüche auf          verzichten. Ein solcher Verzicht ist rechtlich unzulässig.

2. Gemäß § 123 Abs. 1 BGB ist zur Anfechtung auch berechtigt, wer zur Abgabe einer Willenserklärung durch arglistige Täuschung bestimmt wurde.

Die arglistige Täuschung im Sinne des § 123 BGB setzt, wie der strafrechtliche Betrug, eine durch Vorspiegelung oder Entstellung von Tatsachen ausgeführte Täuschung zum Zwecke der Erregung oder Aufrechterhaltung eines Irrtums voraus.

Im vorliegenden Fall wurde die klägerische Partei durch die beklagte Partei in dem Irrtum belassen, daß der erhobene Vorwurf bereits eine Straftat darstellte, die unwillkürlich Eingang in die Arbeitspapiere finden würde.

Weiterhin mutet besonders arglistig folgende Formulierung in der Aufhebungsvereinbarung an:

Hiermit wurde bei der klägerischen Partei zunächst der Eindruck hervorgerufen, daß sich die beklagte Partei noch bemühte, eine für die klägerische Partei günstige Formulierung zu finden, da durch die gewählte Formulierung bei der klägerischen Partei die Vorstellung entstand, der Vorwurf einer begangenen strafbaren Handlung werde auf diese Weise vermieden.

3. Schließlich ist eine Anfechtbarkeit einer Willenserklärung gemäß § 119 Abs. 1 BGB zulässig, wenn der Betreffende bei der Abgabe der Willenserklärung über deren Inhalt im Irrtum war oder eine Erklärung dieses Inhalts überhaupt nicht abgeben wollte und anzunehmen ist, daß er sie bei Kenntnis der Sachlage und bei verständiger Würdigung des Falles nicht abgegeben haben würde.

Diese Voraussetzungen sind im vorliegenden Fall erfüllt. Die klägerische Partei ist rechtlich völlig unerfahren. Dies zeigt sich bereits daran, daß sie bei der Unterzeichnung der Vereinbarung nicht zu überblicken vermochte, welche Bedeutung und Tragweite dieser Vereinbarung zukommt. Die klägerische Partei war völlig verwirrt und nicht imstande, die rechtlichen Folgen der von ihr unterzeichneten Vereinbarung zu erkennen. Sie wollte eine Bedenkzeit eingeräumt erhalten, die jedoch die beklagte Partei mit dem Hinweis, man werde wegen dieser Sache nicht noch einmal miteinander reden und mit dem Hinweis auf die Abwendung einer Aufnahme des Vorwurfs der Begehung einer strafbaren Handlung in die Arbeitspapiere, ablehnte.

Hierdurch kam es bei der klägerischen Partei zu einer Situation, in der ihr für die Abgabe einer so weitreichenden Erklärung auch der notwendige Geschäftswille fehlte.

4. Es liegen demnach die Voraussetzungen der §§ 123 sowie 119 BGB vor. Die Anfechtung ist somit wirksam.

## IV.

84 Die wirksam erklärte Anfechtung hat in rechtlicher Hinsicht zur Folge, daß die Willenserklärung der klägerischen Partei gemäß § 142 BGB nichtig ist. Damit wird jedoch die Willenserklärung der beklagten Partei, die in der Vereinbarung eines Aufhebungsvertrages zur Abwendung einer arbeitgeberseitigen Kündigung Ausdruck gefunden hat und die der klägerischen Partei auch zugegangen ist, nicht beseitigt. Diese Willenserklärung ist eindeutig auf eine Beendigung des Arbeitsverhältnisses gerichtet. Sie kann deshalb nur als Kündigung verstanden werden. Als solche ist sie jedoch unwirksam:

Eine außerordentliche Kündigung kommt nicht in Betracht, da ein wichtiger Grund in der Person oder im Verhalten der klägerischen Partei nicht vorliegt.

Eine ordentliche Kündigung scheidet aus, da die Kündigungsfrist nicht eingehalten ist. Im übrigen liegen die nach dem KSchG erforderlichen Voraussetzungen für eine Kündigung nicht vor. Es stellt keinen in der Person der klägerischen Partei liegenden Grund zur Beendigung des Arbeitsverhältnisses dar, wenn die klägerische Partei zu Unrecht einer Tat beschuldigt wird, die sie nicht begangen hat.

Infolge der Unwirksamkeit der Kündigung besteht das Arbeitsverhältnis zwischen den Parteien somit fort.

## V.

85 Als Folge des fortbestehenden Arbeitsverhältnisses ergeben sich die nachfolgend begründeten, klageweise geltend gemachten Ansprüche:

1. Die Fortsetzung des Arbeitsverhältnisses zwischen den Parteien ist für die klägerische Partei unzumutbar. Nachdem sich die klägerische Partei selbst mit ihrem Problem an die beklagte Partei gewandt hatte, fand sie dort weder Verständnis noch die Bereitschaft, das vorhandene Problem gemeinsam zu lösen; die klägerische Partei wurde von der beklagten Partei wie ein Rechtsbrecher behandelt und damit in unerträglicher Weise stigmatisiert.

Die klägerische Partei hat somit jegliches Vertrauen in die Firmenpolitik der beklagten Partei verloren.

Darüber hinaus ist der klägerischen Partei die Fortsetzung des Arbeitsverhältnisses unzumutbar, weil sie seitens der beklagten Partei durch widerrechtliche Drohungen unter Druck gesetzt wurde.

Das Arbeitsverhältnis ist deshalb auf den Antrag der klägerischen Partei hin aufzulösen. Gemäß § 9 KSchG steht der beklagten Partei eine Abfindung zu. Nach der geltenden Rechtsprechung beträgt die Abfindung für je zwei Jahre des Beschäftigungsverhältnisses ein Brutto-Monatsgehalt. Die klägerische Partei war bei der beklagten Partei ▓▓▓▓ Jahre lang beschäftigt. Das Einkommen belief sich auf durchschnittlich monatlich ▓▓▓▓ DM. Damit beläuft sich der Mindestabfindungsbetrag auf ▓▓▓▓ DM.

Dieser Betrag wird als Mindestbetrag geltend gemacht. Nach diesseitiger Auffassung sollte die auszuurteilende Abfindung diesen Betrag deutlich übersteigen, da es sich vorliegend bei dem Verhalten der beklagten Partei um einen besonderen Vertrauensbruch handelt, der zur Beendigung des Arbeitsverhältnisses führte.

2. Der klägerischen Partei wurde üblicherweise noch folgendes Entgelt gezahlt:

3. Mit Beendigung des Arbeitsverhältnisses hat die klägerische Partei auch Anspruch auf Erteilung eines qualifizierten Zeugnisses, das sich auf Führung und Leistung erstreckt.

**VI.**
Die örtliche Zuständigkeit des angerufenen Arbeitsgerichtes folgt aus § 46 Abs. 2 ArbGG in Verbindung mit §§ 17, 21 ZPO.

### 6. Muster: Anfechtung eines Aufhebungsvertrages

Hiermit zeigen wir an, daß uns Ihr Mitarbeiter

mit der Wahrnehmung der rechtlichen Interessen aus einem Arbeitsverhältnis beauftragt hat. Eine auf uns lautende Vollmacht ist beigefügt.
Namens und im Auftrag unserer Mandantschaft erklären wir hiermit die

*Anfechtung*

der Vereinbarung eines Aufhebungsvertrages zur Abwendung einer arbeitgeberseitigen Kündigung vom          unter allen erdenklichen Gesichtspunkten, insbesondere wegen widerrechtlicher Drohung im Sinne von § 123 BGB und wegen Irrtums gemäß § 119 BGB.

Unsere Mandantschaft ist zur Unterzeichnung der Auflösungsvereinbarung durch die Drohung einer fristlosen Kündigung, insbesondere durch die Drohung          , bestimmt worden. Diese Drohung war widerrechtlich, da Ihnen Kündigungsgründe nicht zur Seite gestanden haben. Insbesondere ist der von Ihnen erhobene Vorwurf, unsere Mandantschaft habe sich einer strafbaren Handlung schuldig gemacht, unberechtigt.

Unsere Mandantschaft ist zur Unterzeichnung der Vereinbarung durch die Drohung, das Verhalten habe strafrechtliche Konsequenzen und werde zur Anzeige gebracht, veranlaßt worden. Diese Drohung erfolgte widerrechtlich, da der unserer Mandantschaft zur Last gelegte Vorfall kein strafrechtlich relevantes Verhalten darstellt.

Aufgrund der hier wiedergegebenen Umstände ist die im Namen unserer Mandantschaft erklärte Anfechtung nach § 123 Abs. 1 BGB begründet. Die Androhung, ein bestehendes Arbeitsverhältnis fristlos kündigen zu wollen, stellt stets ein empfindliches Übel im Sinne dieser Bestimmung dar. Nicht rechtswidrig ist eine derartige Drohung nur dann, wenn ein verständiger Arbeitgeber eine fristlose Kündigung tatsächlich auch ernsthaft erwogen hätte. Dies aber muß hier als ausgeschlossen angesehen werden. Denn tragfähige Gründe lagen erkennbar nicht vor. Desweiteren war die Frist des § 626 Abs. 2 BGB nicht eingehalten. Schließlich fehlte es an jeglicher Abmahnung.

Aufgrund der Anfechtung ist der Aufhebungsvertrag vom          unwirksam. Unsere Mandantschaft nimmt daher weiterhin uneingeschränkt die Rechte aus dem Arbeitsvertrag vom          in Anspruch. Sie bietet hiermit ausdrücklich ihre Arbeitsleistung an und steht bereit, nach entsprechender Aufforderung durch Sie ihre Tätigkeit sofort wieder aufzunehmen. Wir erwarten nun Ihre Bestätigung, daß Sie die hiermit erkärte Anfechtung als begründet anerkennen, der Aufhebungsvertrag vom          keine Wirkung entfaltet und das Arbeitsverhältnis mit unserer Mandantschaft unbefristet fortbesteht. Ihrer Erklärung sehen wir bis zum

# § 7 Kapitel 1: Vertretung von Arbeitnehmern

entgegen. Sollte sie bis dahin nicht eingegangen sein, werden wir ohne Ankündigung Klage vor dem Arbeitsgericht erheben.

## 7. Muster: Klage wegen Anfechtung eines Aufhebungsvertrages wegen Überrumpelung, LAG Hamburg

87

*Klage*

– klagende Partei –

Prozeßbevollmächtigte:

gegen

– beklagte Partei –

Prozeßbevollmächtigte:

wegen: Anfechtung eines Aufhebungsvertrages.

Wir bestellen uns zu Prozeßbevollmächtigten der klagenden Partei, in deren Namen und Auftrag wir beantragen zu erkennen:

1. Es wird festgestellt, daß das Arbeitsverhältnis zwischen der klagenden Partei und der beklagten Partei nicht durch die Aufhebungsvereinbarung vom                 aufgehoben wurde.
2. Die beklagte Partei ist verpflichtet, die klagende Partei zu unveränderten Arbeitsbedingungen über den            hinaus als           weiterzubeschäftigen.
3. Die Kosten des Rechtsstreits trägt die beklagte Partei.

**Gründe:**

1. Die klagende Partei ist bei der beklagten Partei seit dem            als            zu einem monatlichen Bruttogehalt von          DM beschäftigt.

   Beweis: Vorlage des Arbeitsvertrages in Kopie – Anlage K 1.

   Am          wurde die klagende Partei zu dem          , der bei der beklagten Partei die Stellung eines          innehat, gebeten. Als die klagende Partei zu diesem Gespräch gebeten wurde, wurde ihr nicht gesagt, welchen Inhalt das Gespräch mit          haben sollte.

   Beweis:

   In diesem Gespräch wurde der klagenden Partei eine vorbereitete Aufhebungsvereinbarung, verbunden mit der Aufforderung, diese zu unterzeichnen, vorgelegt.

   Beweis: Vorlage der Auflösungsvereinbarung in Kopie – Anlage K 2.

   Der klagenden Partei wurde weder eine Bedenkzeit in Abwesenheit des          als Vertreter des Arbeitgebers, noch ein Rücktritts- oder Widerrufsrecht eingeräumt.

   Beweis:

   Die klagende Partei unterzeichnete die Aufhebungsvereinbarung, weil sich in diesem Gespräch für sie folgende Situation ergab:

   Die klagende Partei fühlte sich schlicht überrumpelt, am nächsten Tag widerrief sie unter gleichzeitigem Angebot ihrer Arbeitskraft ihre Erklärung bzw. focht die Willenserklärung an.

   Beweis: Vorlage des Schreibens vom          in Kopie – Anlage K 3.

2. Die beklagte Partei ist verpflichtet, die klagende Partei zu unveränderten Bedingungen als weiterzubeschäftigen, weil sich ihre Berufung auf die Auflösungsvereinbarung und damit korrespondierend ihre Weigerung, dem Begehren der klagenden Partei auf unveränderte Weiterbeschäftigung nachzukommen, als unzulässige Rechtsausübung darstellt.

   a) Die Ausübung eines Rechts ist in der Regel mißbräuchlich, wenn der Berechtigte es durch unredliches Verhalten erworben hat. Es genügt ein objektiv unredliches Verhalten, Arglist oder Verschulden ist nicht erforderlich,
   vgl. BGH, LM § 242 BGB Nr. 5; BGH, LM § 242 BGB Nr. 226 mwN.; BAG, NJW 1975, 229 mwN.; *Palandt/Heinrichs*, BGB, § 242, Rn 61; MüKomm/*Roth*, § 242, Rn 230.

   Strengere Anforderungen an die Redlichkeit des Berechtigten sind dann zu stellen, wenn zwischen den Parteien eine rechtliche Sondervereinbarung besteht,
   BGH, LM § 242 BGB Nr. 226; MüKomm/*Roth*, § 242, Rn 235.

   Die Rechtsfolge der unzulässigen Rechtsausübung besteht darin, daß dem Berechtigten die Ausübung des auf unredliche Weise erworbenen Rechts versagt bleibt, er also sich daraus ergebende Rechte und Ansprüche nicht geltend machen kann. Ob ebenso auch der anderen Seite an sich nicht bestehende Rechte, wie zum Beispiel im Streitfall ein Rücktrittsrecht, zuerkannt werden kann, ist umstritten. Nach einer Entscheidung des Bundesgerichtshofs,
   NJW 1981, 1779,

   können Billigkeitsgesichtspunkte „zwar gemäß § 242 BGB dazu führen, Ansprüche zu mindern oder zu versagen; sie können jedoch nicht Ansprüche begründen, die nach Gesetz oder Vertrag nicht gegeben sind". In älteren Entscheidungen hat jedoch auch der BGH zum Beispiel im Falle „mißbräuchlicher Berufung auf Formnichtigkeiten" auch der Gegenseite Ansprüche aus einem formal nicht zustandegekommenen Vertrag zuerkannt,
   vgl. z.B. BGHZ 12, 286.

   Letztlich geht es allgemein darum, die zwischen den Parteien bestehende Interessenlage zu würdigen und die im Hinblick darauf angemessene Rechtsfolge zu finden,
   vgl. z.B. MüKomm/*Roth*, § 242, Rn 224.

   Deshalb erscheint es sachgerecht, in den Fällen, in denen es dem Berechtigten untersagt ist, sich auf durch unredliches Verhalten erworbene Vertragsrechte zu berufen, korrespondierend der Gegenseite ein Rücktritts- oder Widerrufsrecht zuzuerkennen.

   b) Entsprechend den vorgenannten Grundsätzen handelt es sich in der Regel um eine unzulässige Rechtsausübung, wenn sich der Arbeitgeber gegen den alsbald bzw. unverzüglich, das heißt ohne schuldhaftes Zögern, erklärten Willen des Arbeitnehmers auf eine Vereinbarung über die Auflösung des Arbeitsverhältnisses beruft, wenn diese Vereinbarung in der Weise zustandegekommen ist, daß der Arbeitgeber den Arbeitnehmer zu einem Gespräch bittet, das Thema dieses Gesprächs jedoch nicht mitteilt, in diesem Gespräch den Arbeitnehmer zu einer Vereinbarung über die einvernehmliche Auflösung des Arbeitsverhältnisses veranlaßt und dem Arbeitnehmer weder eine angemessene Bedenkzeit in Abwesenheit des Arbeitgebers bzw. dessen Vertreters noch ein Rücktritts- oder Widerrufsrecht einräumt.
   LAG Hamburg, NZA 92, 309.

   In dieser Form der Herbeiführung eines Auflösungsvertrages ist in der Regel ein unredliches Verhalten des Arbeitgebers zu sehen, das zum Ziel hat, daraus Vorteile zu ziehen, die bei redlichem Verhalten unerreichbar wären,
   BGH, LM 2. WoBauG Nr. 18.

   Denn Zweck eines solchen Vorgehens kann in der Regel nur sein, den Arbeitnehmer im Wege der Überrumpelung zu einem dem Arbeitgeber günstigen, weitreichenden, die Existenzgrundlage berührenden Entschluß zu bringen, der zum nicht mehr korrigierbaren Verlust des Arbeitsplatzes führen soll. Es mag Ausnahmefälle geben, in denen dieses Vorgehen des Arbeitgebers nicht zu beanstanden ist, z.B. dann, wenn wegen vorausgegangener Vorfälle dem Arbeitnehmer bewußt sein muß, daß ein anderer Inhalt des vorgesehenen Gesprächs als die Auflösung des Arbeitsverhältnisses nicht in Betracht kommt. Im Regelfall aber kann es für ein solches Verhalten keinen anderen Grund als den des Versuchs der Überrumpelung geben. Es ist kein vernünftiger Grund dafür ersichtlich, daß der Arbeitgeber dem Arbeitnehmer das Gesprächsthema nicht so rechtzeitig mitteilt, daß sich dieser auf dieses seine wirtschaftliche Existenz betreffende Gespräch vorbereiten und rechtlichen und fachlichen Rat einholen kann, oder alternativ auch ohne ausdrückliches diesbezügliches Begehren des Arbeitnehmers nicht eine entsprechende Bedenkzeit oder ein angemessenes befristetes Widerrufsrecht einräumt.

Das Zeitelement kann dabei keine Rolle spielen. Selbst wenn dem Arbeitgeber sehr plötzlich bewußt wird, daß das Arbeitsverhältnis umgehend aufgelöst werden müßte, ist es ihm zuzumuten, notfalls unter sofortiger Freistellung von der Arbeit dem Arbeitnehmer eine angemessene Bedenkzeit einzuräumen. Die Zumutbarkeit ergibt sich bereits aus § 102 Abs. 2 Satz 3 BetrVG, wonach in Betrieben, in denen ein Betriebsrat besteht, selbst bei schwersten Verstößen, die eine fristlose Kündigung rechtfertigen, dem Betriebsrat eine Bedenkzeit bis zu drei Tagen eingeräumt wird, bevor der Arbeitgeber die Kündigung aussprechen kann. Der Effekt der Überrumpelung wird in solchen Fällen dadurch besonders verstärkt, daß in der Regel allein die Mitteilung, daß man sich von ihm trennen wolle, beim Arbeitnehmer eine besondere psychische Belastung hervorruft, so daß noch mehr die Gefahr besteht, sich zu Erklärungen hinreißen zu lassen, die bei ruhiger Überlegung im wohlvertrauten Eigeninteresse nicht abgegeben worden wären.

Schließlich ist in dem Versuch des Arbeitgebers, auf die vorgenannte Art eine Auflösungsvereinbarung herbeizuführen, ein besonders unredliches Verhalten deshalb zu erblicken, weil zwischen den Parteien in Form des Arbeitsverhältnisses eine rechtliche Sonderverbindung besteht, die besondere Treue- und Fürsorgepflichten beinhaltet. Anders als bei Vertragsgesprächen mit einem bis dahin unbekannten Dritten darf der Arbeitnehmer auf eine den Fürsorgepflichten des Arbeitgebers entsprechende Behandlung vertrauen, ohne erwarten zu müssen, daß dieser durch Überrumpelung allein seinen eigenen Vorteil sucht.

Auch wenn das BAG
    NZA 1992, 1023
die Ansicht des LAG Hamburg nicht bestätigt hat, scheidet die Argumentation des LAG Hamburg nicht generell aus. Im konkreten Fall, so das BAG, sei man auf die Argumentation des LAG Hamburg nicht angewiesen gewesen, weil bereits die Androhung einer Kündigung im konkreten Fall zur Anfechtung berechtigt habe.

89  3. Unter Anwendung der vorgenannten Grundsätze folgt, daß durch die vom  datierende Auflösungsvereinbarung das Arbeitsverhältnis der Parteien nicht aufgelöst worden ist, nachdem die klagende Partei mit Schreiben vom ▬ mitgeteilt hat, daß sie sich an dieser Vereinbarung nicht festhalten lassen wolle. Die klagende Partei ist daher zu unveränderten Bedingungen als  weiterzubeschäftigen.

▲

## 3515  8. Muster: Androhung einer Kündigung als widerrechtliche Drohung

▼

90  Der Aufhebungsantrag ist unwirksam, weil die Anfechtung der klagenden Partei wegen der Androhung einer Kündigung durch die beklagte Partei durchgreift, §§ 123 Abs. 1, 142 Abs. 1 BGB.

Eine Drohung i. S. des § 123 Abs. 1 BGB setzt objektiv die Ankündigung eines zukünftigen Übels voraus, dessen Zufügung in irgendeiner Weise als von der Macht des Ankündigenden abhängig hingestellt wird,
    BAG, AP § 123 BGB Nr. 23.

## Schriftsätze im arbeitsgerichtlichen Urteilsverfahren § 7

In der Unterredung vom ▓▓▓▓▓ ist von der beklagten Partei gegenüber der klagenden Partei erklärt worden, das Arbeitsverhältnis müsse entweder durch fristgerechte oder fristlose Kündigung oder durch einen Aufhebungsvertrag mit sofortiger Wirkung beendet werden. Auch in der Ankündigung einer Kündigung – gleichgültig ob ordentlich oder außerordentlich – liegt eine Drohung i. S. des § 123 Abs. 1 BGB, durch die die klagende Partei zum Abschluß eines Aufhebungsvertrages bestimmt werden sollte.

Schon die Drohung mit dieser Maßnahme war widerrechtlich. Nach der Rechtsprechung des Bundesarbeitsgerichts,

> Urt. v. 16.01.1992, NZA 1992, 1023; Urt. v. 30.9.1993, DB 1994, 279,

ist die Androhung einer Kündigung widerrechtlich, wenn ein verständiger Arbeitgeber eine Kündigung nicht ernsthaft in Erwägung ziehen durfte. Es ist nicht erforderlich, daß die angekündigte Kündigung, wenn sie ausgesprochen wäre, sich in einem Kündigungsschutzprozeß als rechtsbeständig erwiesen hätte. Beanstandet der Arbeitgeber Pflichtverletzungen im Leistungsbereich, die in der Regel nur dann einen verhaltensbedingten Kündigungsgrund i. S. des § 1 Abs. 2 KSchG abgeben können, wenn der Arbeitnehmer vorher wegen gleichartigem Fehlverhalten abgemahnt worden ist,

> Ständige Rechtsprechung des BAG, siehe Urt. v. 10.11.1988, NZA 1989, 633,

und hat der Arbeitgeber derartige Abmahnungen nicht zuvor ausgesprochen, sind die für die angedrohte Kündigung herangezogenen Pflichtverletzungen nicht geeignet, einen verhaltensbedingten Kündigungsgrund abzugeben.

Hat der Arbeitgeber den Arbeitnehmer bereits abgemahnt, betreffen diese Abmahnungen jedoch andere als die für die angedrohte Kündigung herangezogenen Pflichtwidrigkeiten, sind diese Abmahnungen unbeachtlich und somit nicht geeignet, einen verhaltensbedingten Kündigungsgrund abzugeben. Abmahnung und Kündigungsgründe müssen in einem inneren Zusammenhang stehen,

> *Ascheid*, Personalführung, 1990, 296; BAG, Urt. v. 16.01.1992, NZA 1992, 1023; kritisch *Bauer*, NZA 1992, 1015.

▲

### 9. Muster: Hinweispflicht des Arbeitgebers bei Auflösung des Arbeitsverhältnisses

3520

▼

Zu der Frage, ob und gegebenenfalls in welchem Umfang der Arbeitgeber einen Arbeitnehmer über die Folgen unterrichten muß, die die einvernehmliche Auflösung des Arbeitsverhältnisses für Ansprüche des Arbeitnehmers gegen Dritte hat, hat das Bundesarbeitsgericht in drei Urteilen Stellung genommen,

> Urt. v. 13.11.1984, BAGE 47, 169 = NZA 1985, 712; Urt. v. 18.09.1984, NZA 1985, 712; Urt. v. 10.03.1988, NZA 1988, 837.

Außerdem hat das Bundesarbeitsgericht Grundsätze darüber aufgestellt, unter welchen Voraussetzungen und in welchem Umfang der Arbeitgeber auf Versorgungsschäden hinweisen muß, die dem Arbeitnehmer bei einvernehmlicher Auflösung des Arbeitsverhältnisses drohen.

Der Arbeitnehmer muß sich grundsätzlich vor Abschluß eines Vertrages, durch den das Arbeitsverhältnis aufgelöst werden soll, über die rechtlichen Folgen dieses Schrittes Klarheit verschaffen, wenn er von diesen die Beendigung abhängig machen will. Der Arbeitgeber muß den Arbeitnehmer allerdings aufklären, wenn die Abwägung der beiderseitigen Interessen unter Billigkeitsgesichtspunkten und unter Berücksichtigung aller Umstände des Einzelfalles ergibt, daß der Arbeitnehmer durch eine sachgerechte und vom Arbeitgeber redlicherweise zu erwartende Aufklärung vor der Auflösung des Arbeitsverhältnisses bewahrt werden muß, weil er sich durch sie in bezug auf die Altersversorgung aus Unkenntnis selbst schädigen würde. Bei Abwägung der beiderseitigen Interessen ist normalerweise davon auszugehen, daß ein Arbeitnehmer, der von sich aus um Auflösung des Arbeitsverhältnisses bittet und ein Auflösungsangebot des Arbeitgebers nach Bedenkzeit annimmt, die Folgen dieses schwerwiegenden Entschlusses bedacht und sich notfalls erkundigt hat. Erkundigt der Arbeitnehmer sich vor Auflösung des Arbeitsverhältnisses beim Arbeitgeber nach dem rechtlichen Schicksal seiner Versorgungsansprüche, muß der Arbeitgeber sich entscheiden, ob er die Frage beantworten oder an den Träger der Versorgung zur Beantwortung weiterleiten will. Entschließt sich der Arbeitgeber, die Frage selbst zu beantworten, haftet er für die Folgen von Fehlern, die ihm dabei unterlaufen. Eine Hinweispflicht besteht nur insoweit, als der Arbeitgeber mit der Unkenntnis des Arbeitnehmers rechnen muß. Sie besteht nicht, wenn der Arbeitnehmer die Vertragsbeendigung selbst vorschlägt und so begründet, daß etwaige durch die Auflösung des Arbeitsverhältnisses entstehende Nachteile offenbar keine Rolle spielen sollen,

BAG, Urt. v. 13.11.1984, BAGE 47, 169.

## IX. Allgemeine Schriftsätze bei der Beendigung von Arbeitsverhältnissen

### 1. Muster: Klage auf Schadensersatz wegen vertragswidrigen, schuldhaften Arbeitgeberverhaltens, das zur Kündigung geführt hat

*Klage*

– klägerische Partei –

Prozeßbevollmächtigte:

gegen

– beklagte Partei –

Prozeßbevollmächtigte:

wegen: Schadensersatz.

Wir bestellen uns zu Prozeßbevollmächtigten der klägerischen Partei, in deren Namen und Auftrag wir beantragen zu erkennen:

1. Die beklagte Partei wird verurteilt, an die klägerische Partei          DM Schadensersatz zu zahlen.

   Hilfsweise:

2. Die beklagte Partei wird verurteilt, an die klägerische Partei Schadensersatz in einer von dem Gericht zu bestimmenden Höhe zu leisten.

3. Die Kosten des Rechtsstreits trägt die beklagte Partei.

**Gründe:**

I.

Die klägerische Partei ist bei der beklagten Partei als          seit dem          zu einem monatlichen Bruttogehalt von          DM beschäftigt.

Beweis: Vorlage des Arbeitsvertrages in Kopie – Anlage K 1.

Die klägerische Partei hat das Arbeitsverhältnis mit Schreiben vom          gekündigt.

Beweis: Vorlage des Kündigungsschreibens in Kopie – Anlage K 2.

Zu der Kündigung ist es aufgrund folgenden schuldhaften, vertragswidrigen Arbeitgeberverhaltens gekommen:

Die klägerische Partei sah daher keine anderen Möglichkeiten mehr, als das Arbeitsverhältnis zu kündigen. Das Verhalten der beklagten Partei stellt ein vertragswidriges, schuldhaftes Verhalten dar:

II.
Grundlage für einen Zahlungsanspruch eines Arbeitnehmers, der das Arbeitsverhältnis kündigt, weil er keine andere Möglichkeit mehr sieht angesichts des vertragswidrigen, schuldhaften Verhaltens des Arbeitgebers, ist § 628 Abs. 2 BGB. Danach ist in Fällen, in denen die Kündigung durch vertragswidriges Verhalten des anderen Teils veranlaßt wird, dieser andere Teil zum Ersatz des durch die Aufhebung des Dienstverhältnisses entstehenden Schadens verpflichtet. Nach Sinn und Zweck soll diese Vorschrift verhindern, daß der wegen eines Vertragsbruchs zur fristlosen Kündigung veranlaßte Vertragsteil die Ausübung seines Kündigungsrechts mit Vermögenseinbußen bezahlen muß, die darauf beruhen, daß infolge der Kündigung das Arbeitsverhältnis endet. Der Kündigende soll so gestellt werden, als wäre das Arbeitsverhältnis ordnungsgemäß fortgeführt worden,
    BAG, Urt. v. 09.05.1975, EzA § 628 BGB, Nr. 10, S. 24.

93

Über seinen Wortlaut hinaus wird nach der Rechtsprechung des Bundesarbeitsgerichts der Anwendungsbereich des § 628 Abs. 2 BGB auch auf diejenigen Fälle ausgedehnt, in denen das Arbeitsverhältnis in anderer Weise als durch fristlose Kündigung beendet wurde, sofern nur der andere Vertragsteil durch ein vertragswidriges schuldhaftes Verhalten Anlaß für die Beendigung gegeben hat. Das Bundesarbeitsgericht stellt beim Schadensersatzanspruch des § 628 Abs. 2 BGB damit nicht mehr auf die Form der Vertragsbeendigung ab, sondern auf den Anlaß,
    BAG, Urt. v. 11.02.1981, EzA § 4 KSchG, Nr. 20; BAG Urt. v. 30.11.1983 – 7 AZN 502/83.

Als den Ersatzanspruch aus § 628 Abs. 2 BGB auslösende Ereignisse sind beispielsweise anerkannt Beleidigungen des Arbeitnehmers durch Vorgesetzte,
    KR/*Hillebrecht*, § 628, Rn 26,

oder sexuelle Belästigung bzw. Annäherungsversuche von Vorgesetzten,
    KR/*Weigand*, § 628, Rn 26.

Die Höhe des Schadensersatzanspruchs beläuft sich grundsätzlich auf das volle Erfüllungsinteresse des Arbeitnehmers an der Durchführung des Vertrages,
    KR/*Weigand*, § 628, Rn 32.

Damit schuldet der Arbeitgeber dem Arbeitnehmer grundsätzlich unbegrenzte Lohnzahlung,
    KR/*Weigand*, § 628, Rn 35; MüKomm/*Schwerdtner*, § 628, Rn 20.

Der Grund ist darin zu sehen, daß der Arbeitgeber das Arbeitsverhältnis nicht ohne weiteres durch ordentliche Kündigung auflösen kann, denn eine Kündigung ist gemäß § 1 KSchG rechtsunwirksam, wenn Gründe vorliegen, die die soziale Rechtfertigung im Sinne des § 1 KSchG ausschließen.

In der Praxis hat sich die Regelung herausgebildet, Arbeitnehmern, die durch ein vertragswidriges Verhalten des Arbeitgebers zur eigenen Kündigung veranlaßt werden, als Schadensersatzanspruch im Sinne des § 628 Abs. 2 BGB zumindest Schadensersatz in Höhe der mutmaßlichen Abfindung nach § 9, 10 KSchG zuzubilligen, dh grundsätzlich in Höhe von 12 Monatsverdiensten, und unter den Voraussetzungen des § 10 Abs. 2 KSchG auch noch darüber,
    vgl. MüKomm/*Schwerdtner*, § 628, Rn 26.

Diese Praxis hat den Vorzug, daß es weder des Nachweises eines Schadenseintritts auf seiten des Arbeitnehmers bedarf, noch des Nachweises der Höhe des Schadens und auf der anderen Seite der Arbeitgeber von seiner Verpflichtung befreit wird, nachweisen zu müssen, daß der Arbeitnehmer anderweitige Verdienstmöglichkeiten schuldhaft nicht wahrgenommen hat. Der Arbeitnehmer kann bei dieser Pauschalierung dann allerdings nicht den ihm gemäß § 628 BGB grundsätzlich zustehenden unbegrenzten Schadensersatzanspruch geltend machen.

Soweit nicht der Arbeitgeber in personam die vertragswidrigen schuldhaften Handlungen begangen hat, sondern ein Vorgesetzter bzw. maßgeblicher Mitarbeiter des Arbeitgebers, haftet die beklagte Partei für dessen Verhalten gemäß § 278 BGB.

## 2. Muster: Mitteilung über Schwerbehinderteneigenschaft nach Kündigung

Teilweise wird die Auffassung vertreten, der Kündigungsschutz nach dem SchwbG sei ausgeschlossen, wenn zwar die Schwerbehinderteneigenschaft zur Zeit der Kündigung vorlag und auch schon vor der Kündigung das Verfahren auf Anerkennung als Schwerbehinderter eingeleitet war, der Arbeitgeber von letzterem aber keine Kenntnis hatte. Für eine derartige einschränkende Auslegung der §§ 1, 12, 18 SchwbG 1979 ist kein Raum, denn die vom BAG in jenen Fällen festgestellte Regelungslücke liegt hier nicht vor, wenn der Schwerbehinderte bereits vor der Kündigung das Verfahren nach § 3 SchwbG 1979 eingeleitet hatte und lediglich die Feststellung der Schwerbehinderteneigenschaft später erfolgte,
  BAGE 30, 141 [147 f.] = AP § 12 SchwbG Nr. 3.

Es gibt keinen Grundsatz des Inhalts, daß der allgemeine oder spezielle Kündigungsschutz nicht eingreifen könne, wenn der Arbeitgeber die zugrundeliegenden Umstände nicht kennt. Das BAG hat stets anerkannt, daß es sich für den Arbeitgeber nachteilig auswirken könne, wenn vor der Kündigung die Feststellung der Schwerbehinderteneigenschaft zwar beantragt, aber darüber durch das Versorgungsamt noch nicht entschieden war. Gerade deshalb ist in mehreren Entscheidungen für die ordentliche Kündigung,
  vgl. AP § 12 SchwbG Nr. 5 mwN.

und dann auch für die außerordentliche Kündigung,
  BAGE 39, 59 = AP § 18 SchwbG Nr. 4; NZA 1986, 31 = AP § 12 SchwbG Nr. 14,

im Wege richterlicher Rechtsfortbildung der Grundsatz erarbeitet worden, daß der Arbeitnehmer zur Erhaltung des Sonderkündigungsschutzes den Arbeitgeber von der Antragstellung binnen der aus § 15 SchwbG 1979 hergeleiteten Frist von einem Monat unterrichten müsse. Dabei hat das BAG den entscheidenden Grund, die Fälle, in denen der Antrag nach § 3 SchwbG 1979 gestellt war, und die Fälle, in denen die Schwerbehinderteneigenschaft bereits festgestellt war, gleichzubehandeln, darin gesehen, daß der Arbeitgeber bereits durch die Einleitung des Feststellungsverfahrens objektiv in die Lage versetzt wurde, die Zustimmung zur Kündigung zu beantragen. Daß das Schwerbehindertengesetz auf die Kenntnis des Arbeitgebers von der Antragstellung selbst nicht abstellt und den Kündigungsschutz im Falle des Vorliegens einer rechtzeitig beantragten Feststellung der Schwerbehinderteneigenschaft – anders als im Falle einer Gleichstellung – sofort eingreifen lassen will, ist auch den unterschiedlich geregelten Feststellungsverfahren zu entnehmen: Dem Feststellungsbescheid nach § 3 SchwbG 1979 kommt keine konstitutive, sondern nur deklaratorische Wirkung zu,
  BAGE 30, 141 [146] = AP § 12 SchwbG Nr. 3; BSG, AP § 3 SchwbG Nr. 1,

während im Gleichstellungsverfahren nach § 2 SchwbG 1979 der Schwerbehindertenschutz bis zu der hier nicht relevanten Neuregelung laut Gesetz vom 26.08.1986,
  BGBl. I, 1421, 1550,

erst mit der Bekanntgabe der Entscheidung des Arbeitsamtes an den Arbeitnehmer begründet wurde,
  BAG, AP § 2 SchwBeschG Nr. 6 und BAGE 30, 141 [150 f.] = AP § 12 SchwbG Nr. 3.

Daraus muß zwingend der Schluß gezogen werden, daß es der Gesetzgeber aus Arbeitnehmer-Schutzgesichtspunkten bewußt in Kauf genommen hat, daß eine in Unkenntnis der Schwerbehinderteneigenschaft ohne Zustimmung der Hauptfürsorgestelle ausgesprochene Kündigung unwirksam war, § 134 BGB. Es entspricht auch der in arbeitsrechtlicher Literatur und Rechtsprechung ab-

solut herrschenden Meinung, daß der Schwerbehindertenschutz unabhängig davon besteht, ob der Arbeitgeber von dem Eintritt oder der Erfüllung der gesetzlichen Voraussetzungen Kenntnis hat,
vgl. *Schaub*, 9. Aufl. 2000, § 178 Abs. 3 Satz 1; KR/*Etzel*, §§ 15 bis 20 SchwbG, Rn 13; *Gröninger-Thomas*, SchwbG, § 15, Rn 23; *Wilrodt-Neumann*, SchwbG, § 15, Rn 40; BAGE 5, 208; 8, 123 = AP § 14 SchwBeschG Nrn. 11, 19; BAG, AP § 2 SchwBeschG Nr. 6; BAGE 29, 17; 29, 334; 30, 141 = AP § 12 SchwbG Nrn. 1, 2, 3; BAG AP § 12 SchwbG Nrn. 4, 5.

Deshalb hält das BAG daran fest, daß der Arbeitnehmer, der die Feststellung seiner Schwerbehinderteneigenschaft beantragt hat, dies noch innerhalb eines Monats seit Zugang der Kündigung zur Erhaltung des Sonderkündigungsschutzes nach dem Schwerbehindertengesetz dem Arbeitgeber mitteilen kann,
vgl. BAGE 30, 141 = AP § 12 SchwbG Nr. 3.

Weiterhin gilt der Grundsatz, es könne in der Regel nicht als rechtsmißbräuchlich angesehen werden, wenn der Arbeitnehmer erst kurze Zeit vor Zugang der Kündigung den Antrag auf Feststellung der Schwerbehinderteneigenschaft stellt,
BAG Urt. v. 31.08.1989 – 2 AZR 8/89, NZA 1990, 612.

### 3. Muster: Annahmeverzug des Arbeitgebers nach unwirksamer Arbeitgeberkündigung

Der Arbeitgeber gerät im Falle einer unwirksamen Kündigung in Annahmeverzug, wenn er den Arbeitnehmer nicht – im Falle der ordentlichen Kündigung für die Zeit nach Ablauf der Kündigungsfrist – aufgefordert hat, die Arbeit wieder aufzunehmen,
BAGE 46, 234 = NJW 1985, 935 = NZA 1985, 119 = AP § 615 BGB Nrn. 34, 35 und NJW 1985, 2662 = NZA 1985, 778 = AP § 615 BGB Nr. 35.

War der Arbeitnehmer zum Kündigungstermin infolge Krankheit befristet arbeitsunfähig, so treten die Verzugsfolgen mit Eintritt der Arbeitsfähigkeit jedenfalls dann unabhängig von der Anzeige der Arbeitsfähigkeit ein, wenn der Arbeitnehmer dem Arbeitgeber durch Erhebung einer Kündigungsschutzklage oder sonstigen Widerspruch gegen die Kündigung seine weitere Leistungsbereitschaft deutlich gemacht hat,
BAG, NZA 1991, 228 = EzA § 615 BGB Nr. 66.

Im übrigen ist, soweit keine besonderen Umstände vorliegen, als Normalfall davon auszugehen, daß das einmal gemachte Angebot fortdauern soll,
so schon *Lotmar*, Der Arbeitsvertrag II, S. 284, 301.

Zu diesem Zeitpunkt (ab          ) war die klagende Partei auch nicht (mehr) gemäß § 297 BGB objektiv an der Leistungserbringung durch Krankheit verhindert, was den Gläubigerverzug vorübergehend entfallen ließ. Auf das fortdauernde Arbeitsangebot der klagenden Partei hätte daher die beklagte Partei mit einer Arbeitszuweisung reagieren müssen,
BAGE 46, 234 und AP § 615 BGB Nrn. 34, 35.

Diese Rechtsprechung, wonach der Arbeitgeber zur Vermeidung der Verzugsfolgen dem Arbeitnehmer von sich aus, sogar ohne dessen erneutes Angebot, gemäß § 296 BGB Arbeit zuweisen muß, hat das BAG,
NZA 1991, 228 = EzA § 615 BGB Nr. 66 II 2 a der Gründe; BAG, Urt. v. 19.01.1999 – 9 AZR 679/97 (unveröffentlicht).
wiederholt bestätigt. Daher kann dahingestellt bleiben, ob der von *Löwisch*,
Anm. zu EzA § 615 BGB Nr. 66,

zum dogmatischen Standpunkt des BAG geäußerten Kritik zu folgen ist, es sei nicht auf die Mitwirkungshandlung des Arbeitgebers abzustellen (zweite Variante des § 295 S. 1 BGB), sondern es liege (schon) die erste Variante des § 295 S. 1 BGB vor: Es sei bei unwirksamer Arbeitgeberkündigung in jedem Fall am Erfordernis eines wörtlichen Angebots durch den Arbeitnehmer festzuhalten, wobei es allerdings ausreiche, wenn Arbeitsfähigkeit und Angebot *einmal* zusammenträfen; der Annahmeverzug trete nach einer Arbeitsunfähigkeit wieder ein, ohne daß ein erneutes Angebot zu erfolgen brauche. Denn zum einen liegt im Streitfall das von Löwisch geforderte Angebot des Schuldners vor. Zum anderen hat auch das BAG,
   NZA 1991, 228 = EzA § 615 BGB Nr. 66,
daran festgehalten, der Arbeitnehmer müsse – unabhängig von der Anzeige der Arbeitsfähigkeit – durch Erhebung einer Kündigungsschutzklage oder sonstigen Widerspruchs gegen die Kündigung seine Leistungsbereitschaft deutlich machen. Auch nach dieser Rechtsprechung kommt ein Verzugslohnanspruch – im oder ohne Zusammenhang mit Arbeitsunfähigkeit – nicht in Betracht, wenn der Arbeitnehmer nicht gegen die Kündigung „protestiert", wenn er sie also hingenommen hat.

In Fortführung der Rechtsprechung des BAG,
   NZA 1991, 228 = EzA § 615 BGB Nr. 66; NZA 1992, 932,
kann auch bei mehrfach befristet festgestellter Arbeitsunfähigkeit nicht (mehr) auf die früher für erforderlich gehaltene besondere Anzeige der Arbeitsfähigkeit abgestellt werden. Die für die neuere Rechtsprechung im Falle einer einmalig befristeten Arbeitsunfähigkeit angeführten Gründe – diese Rechtsprechung hat zumindest hinsichtlich des Ergebnisses bisher nur Zustimmung erfahren –,
   *Bauer/Hahn*, NZA 1991, 216 (219 zu Nr. 8); *Künzl*, EWiR 1990, 977 (978); *Lenz*, AiB 1991, 141; *Löwisch*, Anm. EzA § 615 BGB Nr. 66 zu 4,
gelten auch im vorliegenden Streitfall.

### 4. Muster: Annahmeverzug des Arbeitgebers bei unwirksamer Kündigung und Arbeitsunfähigkeit des Arbeitnehmers

**96** Das Bundesarbeitsgericht hat im Urteil vom 19.04.1990 entschieden, der Arbeitgeber gerate im Falle einer unwirksamen Kündigung in Annahmeverzug, wenn er den Arbeitnehmer nicht – im Falle der ordentlichen Kündigung für die Zeit nach Ablauf der Kündigungsfrist – aufgefordert habe, die Arbeit wieder aufzunehmen. Sei der Arbeitnehmer zum Kündigungstermin befristet arbeitsunfähig krank, so treten die Verzugsfolgen mit Eintritt der Arbeitsfähigkeit jedenfalls dann unabhängig von der Anzeige der Arbeitsfähigkeit ein, wenn der Arbeitnehmer dem Arbeitgeber durch Erhebung einer Kündigungsschutzklage oder sonstigen Widerspruchs gegen die Kündigung seine weitere Leistungsbereitschaft deutlich gemacht habe,
   BAG, NZA 1991, 228.

In Fortführung dieser Rechtsprechung hat das Bundesarbeitsgericht mit Urteil vom 24.10.1991 entschieden, auch bei mehrfach befristet festgestellter Arbeitsunfähigkeit sei nicht mehr auf die früher für erforderlich gehaltene besondere Anzeige der Arbeitsfähigkeit abzustellen. Die für die neuere Rechtsprechung im Falle einer einmalig befristeten Arbeitsunfähigkeit angeführten Gründe würden auch in jenem Streitfall gelten; schließlich hat die Rechtsprechung vom 19.04.1990 zumindest hinsichtlich des Ergebnisses bisher nur Zustimmung erfahren,
   BAG, NZA 1992, 403 = NJW 1992, 932.

Nunmehr vertritt das Bundesarbeitsgericht zusätzlich die Auffassung, daß selbst dann, wenn eine Arbeitsunfähigkeit auf unabsehbare Zeit angezeigt war, und gerade in diesem Fall daran zu denken wäre, vom Arbeitnehmer die Anzeige der Arbeitsfähigkeit zu verlangen, um dem Arbeitgeber im Rahmen seiner Mitwirkungspflicht nach § 296 BGB eine Dispositionsmöglichkeit zu eröffnen, der

Arbeitgeber gleichwohl gehalten ist, von sich aus den Arbeitnehmer zur Wiederaufnahme der Arbeit aufzufordern, wenn er die Folgen des Annahmeverzuges nach § 615 BGB vermeiden will,
  BAG, NZA 1993, 550.

## 5. Muster: Zahlungsklage wegen Annahmeverzug nach unwirksamer Arbeitgeber-Kündigung

An das
Arbeitsgericht

*Klage*

– klägerische Partei –

Prozeßbevollmächtigte:

gegen

– beklagte Partei –

wegen: Annahmeverzugs.

Wir bestellen uns zu Prozeßbevollmächtigten der klägerischen Partei, in deren Namen und Vollmacht wir um Anberaumung eines frühestmöglichen Gütetermins bitten. Im übrigen werden wir beantragen zu erkennen:

1. Die beklagte Partei wird verurteilt,          DM brutto nebst          % Zinsen jährlich für den Zeitraum vom          bis zum          sowie          % Zinsen jährlich ab dem          aus dem Nettobetrag von          an die klägerische Partei zu zahlen.
2. Die beklagte Partei trägt die Kosten des Rechtsstreits.

**Gründe:**
Zwischen den Parteien besteht seit dem          ein Arbeitsverhältnis. Die klägerische Partei ist bei einem monatlichen Bruttoentgelt von          mit einer regelmäßigen wöchentlichen Arbeitszeit von          Stunden tätig. Das Gehalt ist zahlbar zum          .

Beweis: Vorlage des Arbeitsvertrages in Kopie – Anlage K 1.

Die beklagte Partei hat der klägerischen Partei mit Schreiben vom          gekündigt.

Beweis: Vorlage des Kündigungsschreibens in Kopie – Anlage K 2.

Die klägerische Partei hat daraufhin Kündigungsschutzklage vor dem Arbeitsgericht          erhoben. Der Rechtsstreit war unter dem Aktenzeichen          anhängig. Mit Urteil vom          wurde festgestellt, daß die Kündigung sozial nicht gerechtfertigt war.

Beweis: Vorlage des Urteils des Arbeitsgerichts          vom          ,
  Aktenzeichen          in Kopie – Anlage K 3.

Seit dem          ist die klägerische Partei arbeitslos. Durch das Urteil vom          besteht das Arbeitsverhältnis ungekündigt fort.

Am          meldete sich die beklagte Partei telefonisch bei der klägerischen Partei und forderte diese auf, wieder am          zur Arbeit zu erscheinen, was die klägerische Partei auch getan hat. In der Zeit der nicht angenommenen Arbeit vom          bis zum          wäre die klägerische Partei in der Lage gewesen, die vertragsgemäße Arbeitsleistung zu erbringen. Die beklagte Partei hat ihre Arbeitskraft jedoch nicht abgefordert. Die klägerische Partei war nicht verpflichtet, ihre

Arbeitsleistung anzubieten. Nach § 296 BGB ist ein Angebot des Arbeitnehmers überflüssig, da dem Arbeitgeber die nach dem Kalender bestimmte Mitwirkungshandlung obliegt, dem Arbeitnehmer für jeden Tag einen funktionsfähigen Arbeitsplatz zur Verfügung zu stellen und Arbeit zuzuweisen. Verweigert er dies, weil er unrechtmäßig gekündigt hat, steht fest, daß die Mitwirkungshandlung nicht erbracht wurde, so daß ein Angebot des Arbeitnehmers gemäß § 296 BGB überflüssig ist,

vgl. BAG, Urt. v. 09.08.1984, NZA 1985, 119; Urt. v. 21.03.1985, NZA 1985, 778.

Demgemäß ist die beklagte Partei verpflichtet, das für diese Zeit angefallene Gehalt zu zahlen. Das Gehalt berechnet sich im einzelnen wie folgt:

### 6. Muster: Kein Kleinstbetrieb wegen zusammenzurechnender Beschäftigtenzahl, § 23 KSchG

98  Nach § 23 Abs. 1 Satz 2 gilt das Kündigungsschutzgesetz nicht für Betriebe und Verwaltungen, in denen in der Regel fünf Arbeitnehmer oder weniger ausschließlich der zu ihrer Berufsbildung Beschäftigten beschäftigt werden.

Maßgebend ist die Zahl der in der Regel beschäftigten ständigen Arbeitnehmer. Die zufällige tatsächliche Beschäftigtenzahl zum Zeitpunkt des Kündigungszugangs ist unbeachtlich,
BAG, Urt. v. 22.02.1983, EzA § 4 TVG, Ausschlußfristen Nr. 54; LAG Köln, Urt. v. 19.10.1983, DB 1984, 511.

Aushilfsarbeitnehmer sind dann nicht mitzuzählen, sofern sie nur vorübergehend aus Anlaß eines vermehrten Arbeitsanfalls, z.B. wegen Inventur, Ausverkauf, Weihnachtsgeschäft uä oder zur Vertretung von Stammpersonal in Fällen von Krankheit, Schwangerschaft oder Kur in einem Kleinbetrieb beschäftigt sind,
LAG Mannheim, Urt. v. 28.09.1955, BB 1956, 306.

Aushilfsarbeitnehmer sind aber dann und insoweit zu berücksichtigen, als eine bestimmte Anzahl derartiger Arbeitnehmer regelmäßig für einen Zeitraum von mindestens 6 Monaten im Jahr beschäftigt worden ist und auch mit einer derartigen Beschäftigung in Zukunft gerechnet werden kann,
BAG, Urt. v. 12.10.1976, AP Nr. 1 zu § 8 BetrVG 1972.

Ruhende Arbeitsverhältnisse infolge Ableistung des Wehrdienstes oder aus Gründen der Mutterschaft sind bei der Feststellung der maßgeblichen Arbeitnehmerzahl nicht zu berücksichtigen, sofern der Ruhenszeitraum 6 Monate übersteigt und der Arbeitgeber keine Ersatzkraft eingestellt hat,
ArbG Stuttgart, Urt. v. 13.10.1983, BB 1984, 1097; ArbG Wetzlar, Urt. v. 14.01.1985, AuR 1986, 122.

Die Anknüpfung an die Beschäftigtenzahl gilt nicht nur für Einzelbetriebe, sondern auch für selbständige Zweigbetriebe,
a.A. LAG Baden-Württemberg, Urt. v. 14.04.1960, DB 1960, 700.

Für die Frage, ob mehrere selbständige Betriebe oder nur ein unselbständiger Teil eines einheitlichen Betriebs vorliegt, ist nicht allein auf die räumliche Einheit der Betriebsstätten, sondern auch auf die Einheit der Organisation abzustellen. Diese Einheit ist zu bejahen, wenn ein einheitlicher Leitungsapparat vorhanden ist, der die Gesamtheit der für die Erreichung des arbeitstechnischen Gesamtzweckes eingesetzten Mittel lenkt,
BAG, Urt. v. 26.08.1971, EzA § 23 KSchG Nr. 1; KR/*Becker*, § 23 KSchG, Rn 27.

Selbst bei einer Mehrheit von Unternehmen kann ein einheitlicher Betrieb im Sinne des § 23 Abs. 1 Satz 2 KSchG vorliegen. Zu den Voraussetzungen eines Betriebs bei mehreren Unternehmen hat sich das Bundesarbeitsgericht in einer Reihe von Entscheidungen geäußert,
   vgl. BAG, Urt. v. 13.06.1985, EzA § 1 KSchG Nr. 41; BAG, Urt. v. 23.03.1984, EzA § 23 KSchG Nr. 7; BAG, Urt. v. 04.07.1957, AP Nr. 1 zu § 21 KSchG; BAG, Urt. v. 05.03.1987, EzA § 15 KSchG n.F. Nr. 38; BAG, Urt. v. 29.01.1987, EzA § 1 BetrVG 1972 Nr. 5.

Diese Rechtsprechung läßt sich wie folgt zusammenfassen: ein Betrieb ist dann anzunehmen, wenn mehrere Unternehmer so eng miteinander zusammenarbeiten, daß sie gemeinsam einen einheitlichen Betrieb führen. Dabei ist zu beachten, daß zwei oder mehrere Unternehmer allein dadurch, daß sie eine betriebliche Tätigkeit in den gleichen Räumen und mit etwa den gleichen sachlichen Mitteln entwickeln, noch nicht notwendig einen gemeinsamen einheitlichen Betrieb führen. Betriebe bleiben auch unter diesen Umständen selbständig, wenn jedes der beteiligten Unternehmen seinen eigenen Betriebszweck unabhängig vom andern verfolgt, wenn also keine gemeinsame Betriebsleitung zustande kommt. Nur dann, wenn die verschiedenen Unternehmen im Rahmen einer gemeinsamen Arbeitsorganisation unter einer einheitlichen Leitungsmacht identische oder auch verschiedene arbeitstechnische Arbeitszwecke fortgesetzt verfolgen, liegt in der Regel ein gemeinsamer Betrieb im Sinne des § 23 Abs. 1 KSchG vor, so daß die Beschäftigten aus allen Unternehmen zusammengerechnet werden, so daß in jedem Unternehmen das Kündigungsschutzgesetz anwendbar ist, wenn in der Gesamtheit der Unternehmen mehr als fünf Arbeitnehmer regelmäßig beschäftigt werden. Auch nach der Neuregelung des Schwellenwerts durch das Arbeitsrechtliche Beschäftigungsförderungsgesetz wird die Auffassung vertreten, daß es bei der Ermittlung der Mitarbeiterzahl nicht auf den Betrieb, sondern auf das Unternehmen ankommt.

Ausdrücklich entschieden wurde, daß es auf das Unternehmen in seiner Gesamtheit ankommt, wenn der Inhaber eines Kleinstbetriebs neben diesem Betrieb weitere Betriebe oder Betriebsteile unterhält und insgesamt mehr als die in § 23 Abs. 1 KSchG genannten Arbeitnehmer beschäftigt,
   ArbG Hamburg, Urt. v. 10.03.1997, DB 1997, 2439.

### 7. Muster: Rücknahme einer Kündigung kein Beendigungstatbestand im Kündigungsschutzprozeß

Aktenzeichen:
Gegner: RAe          , zwei Abschriften anbei

In dem Rechtsstreit

./.

fällt ein weitverbreiteter Irrtum auf, wonach mit der Rücknahme einer Kündigung ein Beendigungstatbestand für einen Kündigungsrechtsstreit gesetzt sei. Die Beendigung des Rechtsstreits um eine Kündigung, die der Arbeitgeber nicht aufrechterhalten will, kann entgegen weitverbreiteter Fehlvorstellungen nicht durch einseitige Rücknahme einer Kündigung erfolgen. Ist eine Kündigung dem Erklärungsempfänger zugegangen, dann kann sie der Kündigende einseitig nicht mehr zurücknehmen,
   BAG, Urt. v. 21.02.1957 – AZR 410/54, AP Nr. 22 zu § 1 KSchG 1951; Urt. v. 29.01.1981 – 2 AZR 1055/78, AP Nr. 6 zu § 9 KSchG 1969; Urt. v. 19.08.1982 – 2 AZR 230/80, AP Nr. 9 zu § 9 KSchG; Urt. v. 06.02.1992 – 2 AZR 408/91, NZA 1992, 790.

### §7 Kapitel 1: Vertretung von Arbeitnehmern

Der Beklagten sei anheimgestellt, das Anerkenntnis zu erklären.

Ein ausdrückliches Einverständnis mit der Rücknahme der Kündigung wird der Kläger nicht erteilen.

### 3572  8. Muster: Vertragliche Weihnachtsgratifikation – Rückzahlungsklausel

100 Nach der ständigen Rechtsprechung des Bundesarbeitsgerichts sind Rückzahlungsklauseln im Zusammenhang mit der Zusage der Zahlung von Weihnachtsgratifikationen grundsätzlich zulässig,
BAG, AP § 611 BGB – Gratifikation Nr. 106,

wobei ihre Zulässigkeit im einzelnen nach der Dauer der Betriebsbindung und der Höhe der Zahlung gemessen an dem Monatsgehalt im Zeitpunkt der Auszahlung zu beurteilen ist. Bei Gratifikationen, die über 200,00 DM, aber unter einem Monatsbezug liegen, kann dem Arbeitnehmer danach zugemutet werden, eine Rückzahlungsklausel einzuhalten, die bis zum 31. März des darauffolgenden Jahres reicht,
BAG, AP § 611 BGB, Gratifikation Nr. 106; BAGE 13, 129; BAG AP § 611 BGB, Gratifikation Nr. 23; BAG, Urt. v. 09.06.1993, NZA 1993, 935.

Nur wenn als Weihnachtsgratifikation ein voller Monatsbezug gezahlt wird, ist eine Bindung des Arbeitnehmers über den 31. März hinaus zulässig,
BAG, NJW 1974, 11671.

Beträgt die Weihnachtsgratifikation weniger als ein Monatsgehalt, kann der Arbeitnehmer nur bis zum 31. März gebunden werden. Sieht die Rückzahlungsklausel in diesem Fall die Rückzahlung der Gratifikation auch bei einem Ausscheiden des Arbeitnehmers am 31. März oder später vor, ist sie insoweit unwirksam.

Das bedeutet, daß ein Arbeitnehmer, der eine Gratifikation über 200,00 DM, aber unter einem Monatsgehalt erhält, so kündigen kann, daß er mit Ablauf des 31. März ausscheidet,
BAG, AP § 611 BGB, Gratifikation Nr. 66; BAG NZA 1993, 935,

ohne den Anspruch auf die Weihnachtsgratifikation zu verlieren. Dem steht nicht entgegen, wenn die Bindungswirkung insoweit ohne Bedeutung bleibt, weil der 31. März ohnehin der erste Kündigungstermin für den Arbeitnehmer ist.

### 3600  9. Muster: Einstweilige Verfügung wegen Herausgabe der Arbeitspapiere

101 An das Arbeitsgericht

*Antrag auf Erlaß einer einstweiligen Verfügung*

– antragstellende Partei –

Verfahrensbevollmächtigte:

gegen

– antragsgegnerische Partei –

*wegen:* Herausgabe der Arbeitspapiere

1502

Wir bestellen uns zu Verfahrensbevollmächtigten der antragstellenden Partei und beantragen durch einstweilige Verfügung wegen der Dringlichkeit ohne vorherige mündliche Verhandlung wie folgt zu beschließen:

1. Die antragsgegnerische Partei wird verurteilt, die Arbeitspapiere bestehend aus Sozialversicherungsnachweisheft, Lohnsteuerkarte und Arbeitsbescheinigung nach § 312 SGB III ordnungsgemäß ausgefüllt herauszugeben.

   (Bei Bauarbeitern zusätzlich: Lohnnachweiskarte gemäß § 6 VTV)

2. Die antragsgegnerische Partei hat die Kosten des Verfahrens zu tragen.

**Begründung:**

I.

Die antragstellende Partei war bei der antragsgegnerischen Partei in dem Zeitraum bis zum als beschäftigt.

Glaubhaftmachung: Vorlage des Arbeitsvertrages in beglaubigter Kopie – Anlage K 1.

Mit Schreiben vom kündigte die antragsgegnerische Partei der antragsstellenden Partei zum

Glaubhaftmachung: Vorlage des Kündigungsschreibens in beglaubigter Kopie – Anlage K 2.

Bei dem Ausscheiden der antragstellenden Partei am hat die antragsgegnerische Partei die obengenannten Arbeitspapiere nicht ausgehändigt.

Der Antragsteller hat sein Herausgabeverlangen an mehrfach ohne Erfolg gerichtet.

II.

Der Anspruch auf Herausgabe der Arbeitspapiere ist mit der tatsächlichen Beendigung des Arbeitsverhältnisses fällig. Dies ergibt sich für die Aushändigung der Arbeitsbescheinigung aus § 312 SGB III.

Das Sozialversicherungsnachweisheft hat der Arbeitgeber nach Beendigung der Beschäftigung dem Arbeitnehmer auszuhändigen, § 4 Abs. 2 Datenerfassungs-Verordnung, (2. DEVO).

Die Lohnsteuerkarte ist dem Arbeitnehmer nach Beendigung des Dienstverhältnisses herauszugeben, § 39 b Einkommensteuergesetz (EStG).

(Bei Bauarbeitern ist der Tarifvertrag Sozialkassenverfahren (VTV) vom 12.11.1986, allgemeinverbindlich ab dem 01.01.1996, zu beachten:

Nach § 6 Abs. 1 Tarifvertrag über das Sozialkassenverfahren im Baugewerbe (VTV) ist der Arbeitgeber verpflichtet, bei Beendigung des Arbeitsverhältnisses in eine Lohnnachweiskarte Beschäftigungsdauer, Beschäftigungstage, den erzielten Bruttolohn, den Prozentsatz der Urlaubsvergütung, den Anspruch auf Urlaubsvergütung und die gewährten Jahres- und Zusatzurlaubstage und die gewährte Urlaubsvergütung zu bescheinigen. Nach § 6 Abs. 5 VTV hat der Arbeitgeber dem Arbeitnehmer bei Beendigung des Arbeitsverhältnisses die Lohnnachweiskarte nach Vornahme der erforderlichen Eintragungen auszuhändigen.)

Die genannten Papiere stehen im Eigentum des Arbeitnehmers und müssen vom Arbeitgeber vervollständigt und herausgegeben werden. Die Arbeitspapiere sind im Falle der Kündigung des Arbeitsverhältnisses im Zeitpunkt der tatsächlichen rechtlichen Beendigung herauszugeben. Die antragsgegnerische Partei weigert sich daher zu Unrecht, diese herauszugeben. Insbesondere besteht kein Zurückbehaltungsrecht an den obengenannten Arbeitspapieren, da der Arbeitnehmer diese zur Vorlage bei einem neuen Arbeitgeber oder dem Arbeitsamt benötigt. Die Voraussetzungen des Zurückbehaltungsrechtes nach § 273 Abs. 1 BGB liegen nicht vor.

## III.

103 Der Verfügungsgrund ist ebenfalls gegeben:

Der Antragsteller benötigt dringend die Arbeitsbescheinigung nach § 312 SGB III, da das Arbeitsamt die Bearbeitung des Antrages auf Gewährung von Arbeitslosengeld von der Vorlage der Arbeitsbescheinigung abhängig macht. Ohne den Besitz der Lohnsteuerkarte und des Sozialversicherungsnachweisheftes kann der Antragsteller kein neues Arbeitsverhältnis beginnen.

Glaubhaftmachung: Für das gesamte Vorstehende: Vorlage der eidesstattlichen Versicherung in Kopie – Anlage K 3

## IV.

Die Zuständigkeit des angerufenen Gerichts ergibt sich aus der Neufassung von § 2 Nr. 3 e ArbGG. Auch wenn sich die Verpflichtung des Arbeitgebers, Lohnsteuerkarte, Versicherungskarte und Arbeitsbescheinigung dem Antragsteller auszuhändigen, nach § 312 SGB III aus öffentlich-rechtlichen Vorschriften ergibt, ändert dies nichts an der Zuständigkeit des angerufenen Gerichts. Die öffentlich-rechtlichen Vorschriften sind zugleich Schutzvorschriften zugunsten des Arbeitnehmers,
   BAG, Urt. v. 21.03.1984, AP Nr. 1 zu § 2 ArbGG 1979.

Diese Vorschriften konkretisieren auch die Rechte und Pflichten der Arbeitsvertragsparteien aus dem Arbeitsverhältnis,
   BAG, Urt. v. 09.12.1976, AP Nr. 1 zu § 611 BGB, Erstattung.

Damit handelt es sich bei Klagen auf Herausgabe, Erteilung und Berichtigung von Arbeitspapieren und sonstigen Bescheinigungen um Rechtsstreitigkeiten aus dem Arbeitsverhältnis und damit um bürgerliche Rechtsstreitigkeiten, für die die Zuständigkeit der Arbeitsgerichte gegeben ist,
   LAG Köln, Urt. v. 19.07.1988, DB 1988, 1960; LAG Hamm, Urt. v. 20.02.1976, DB 1976, 923; LAG Schleswig-Holstein, Urt. v. 09.10.1986, DB 1987, 896.

Mit dem vorliegenden Antrag wird keine Berichtigung von Arbeitspapieren geltend gemacht, für die nach bisheriger Rechtsprechung des BAG die Arbeitsgerichte nicht zuständig sind,
   BAG, Urt. v. 13.07.1988, AP Nr. 11 zu § 2 ArbGG 1979; Urt. v. 15.01.1992, AP Nr. 21 zu § 2 ArbGG 1979.

Mit dem vorliegenden Antrag wird nicht geltend gemacht, daß die Arbeitspapiere mit einem bestimmten Inhalt ausgestellt werden, weil derartige Anträge unzulässig wären,
   LAG Berlin, Urt. v. 20.07.1987, DB 1987, 2662; LAG Düsseldorf, Urt. v. 16.01.1971, DB 1972, 1076; *Matthes*, DB 1968, 1579.

Nach alledem ist dem Antrag ohne vorherige mündliche Verhandlung stattzugeben.

 **10. Muster: Eidesstattliche Versicherung zu Muster 3600**

104 *Eidesstattliche Versicherung*

Ich bin über die Strafbarkeit der Abgabe einer vorsätzlich oder auch nur fahrlässig falschen Versicherung an Eides Statt gemäß §§ 156, 163 StGB eindringlich belehrt worden.

§ 156 StGB lautet:

„Wer vor einer zur Abnahme einer Versicherung an Eides Statt zuständigen Behörde eine solche Versicherung falsch abgibt oder unter Berufung auf eine solche Versicherung falsch aussagt, wird mit Freiheitsstrafe bis zu 3 Jahren oder mit Geldstrafe bestraft."

§ 163 Abs. 1 StGB lautet:

„Wenn eine der in den §§ 154 bis 156 begangenen Handlungen aus Fahrlässigkeit begangen worden ist, so tritt Freiheitsstrafe bis zu einem Jahr oder Geldstrafe ein."

Im Bewußtsein der Tatsache, daß diese Erklärung einem Gericht vorgelegt werden wird, erkläre ich,

,

folgendes an Eides Statt:

Ich war vom bis zum bei der antragsgegnerischen Partei als beschäftigt. Mit Kündigungsschreiben vom ist mein Arbeitsverhältnis zum gekündigt worden. Weder zum noch bis zum sind mir die Arbeitspapiere, bestehend aus Arbeitsbescheinigung nach § 312 SGB III und dem Sozialversicherungsnachweisheft sowie der Lohnsteuerkarte und der Lohnnachweiskarte gemäß § 6 Tarifvertrag über das Sozialkassenverfahren im Baugewerbe (VTV) ausgehändigt worden. Ich habe mehrmals vergeblich bei dem , zuletzt am , die Herausgabe der Arbeitspapiere verlangt. Das Arbeitsamt verweigert unter Hinweis auf die fehlende Arbeitsbescheinigung die Bearbeitung meines Arbeitslosengeldantrages. Ohne Sozialversicherungsnachweisheft und Lohnsteuerkarte kann ich kein neues Arbeitsverhältnis eingehen.

## 11. Muster: Klage des Jugend- und Auszubildendenvertreters auf Weiterbeschäftigung nach dem Ende des Ausbildungsverhältnisses

An das
Arbeitsgericht

*Klage*

– klägerische Partei –

Prozeßbevollmächtigte:

gegen

– beklagte Partei –

wegen: Weiterbeschäftigung nach Beendigung des Ausbildungsverhältnisses.

Wir bestellen uns zu Prozeßbevollmächtigten der klägerischen Partei, in deren Namen und Auftrag wir um kurzfristige Anberaumung eines Gütetermins bitten. Wir werden im übrigen beantragen zu erkennen:

1. Die beklagte Partei wird verurteilt, die klägerische Partei über die Beendigung des Ausbildungsverhältnisses hinaus am in einem Arbeitsverhältnis weiter zu beschäftigen.
2. Die beklagte Partei trägt die Kosten des Rechtsstreits.

**Gründe:**
Die Parteien haben am einen Ausbildungsvertrag über die Ausbildung der klägerischen Partei zum geschlossen.
Beweis: Vorlage des Ausbildungsvertrages – Anlage K 1.

Gemäß dem Ausbildungsvertrag wird das Ausbildungsverhältnis voraussichtlich am sein Ende finden, vorausgesetzt, daß die klägerische Partei die Prüfungen besteht.

Am wurde die klägerische Partei in die Jugend- und Auszubildendenvertretung des Betriebs gewählt. Die beklagte Partei hat der klägerischen Partei mit Schreiben vom mitgeteilt, daß sie nach Beendigung des Ausbildungsverhältnisses keine Möglichkeit der Weiterbeschäftigung sehe.

Beweis: Vorlage des Schreibens in Kopie – Anlage K 2.

Die klägerische Partei hat ihre Weiterbeschäftigung mit Schreiben vom ▓▓▓ verlangt.

Beweis: Vorlage des Schreibens in Kopie – Anlage K 3.

Gem. § 78 a Abs. 2 Satz 1 BetrVG ist damit ein Arbeitsverhältnis auf unbestimmte Zeit zustande gekommen. Einen Antrag der beklagten Partei, sie von der Weiterbeschäftigung zu entbinden, hat das Arbeitsgericht im Wege des Beschlußverfahrens zurückgewiesen.

Beweis: Beiziehung der Akte ▓▓▓

Trotzdem kommt die beklagte Partei ihrer Beschäftigungspflicht weiterhin nicht nach. Die klägerische Partei ist daher darauf angewiesen, ihren individualvertraglichen Anspruch im Klagewege geltend zu machen,

BAG, AP Nr. 1 zu § 78 a BetrVG 1972; BAG, AP Nr. 11 zu § 78 a BetrVG 1972 = NJW 1984, 2599.

## 12. Muster: Zahlungsklage wegen unzureichender Karenzentschädigung

An das
Arbeitsgericht ▓▓▓

*Klage*

– klägerische Partei –

Prozeßbevollmächtigte: ▓▓▓

gegen

– beklagte Partei –

wegen: Karenzentschädigung.

Wir bestellen uns zu Prozeßbevollmächtigten der klägerischen Partei, in deren Namen und Auftrag wir um kurzfristige Anberaumung eines Gütetermins bitten. Wir werden im übrigen beantragen zu erkennen:

1. Die beklagte Partei wird verurteilt, ▓▓▓ DM brutto nebst ▓▓▓ % Zinsen jährlich für den Zeitraum vom ▓▓▓ bis zum ▓▓▓ sowie ▓▓▓ % Zinsen jährlich ab dem ▓▓▓ aus dem Nettobetrag von ▓▓▓ an die klägerische Partei zu zahlen.
2. Die beklagte Partei trägt die Kosten des Rechtsstreits.

**Gründe:**

Zwischen den Parteien bestand vom ▓▓▓ bis ▓▓▓ ein Arbeitsverhältnis. Die klägerische Partei war als ▓▓▓ bei einem monatlichen Bruttoverdienst von ▓▓▓ bei der beklagten Partei tätig.

Beweis: Vorlage des Arbeitsvertrages in Kopie – Anlage K 1.

Neben dem Arbeitsvertrag haben die Parteien eine Wettbewerbsabrede mit folgendem Inhalt getroffen: ▓▓▓

Beweis: Vorlage der Wettbewerbsvereinbarung in Kopie – Anlage K 2.

Zwischen den Parteien wurde das Arbeitsverhältnis durch Kündigung beendet.

Beweis: Vorlage der Kündigungserklärung in Kopie – Anlage K 3.

In der Wettbewerbsvereinbarung hat sich die beklagte Partei verpflichtet, dem Kläger für die Dauer des Verbots eine Entschädigung zu zahlen, die für jedes Jahr des Verbots mindestens die Hälfte der von ihm zuletzt bezogenen vertragsmäßigen Leistungen erreicht. Diese Vereinbarung entspricht den Anforderungen aus § 74 Abs. 2 HGB. Sie ist jedoch unverbindlich, weil sie zu niedrig ist. Die klägerische Partei wird durch die Wettbewerbsabrede derart in ihrem Recht auf Berufsausübung gem. Art. 12 GG eingeschränkt, daß eine nur 50 %ige Karenzentschädigung nicht der gesetzlich vorgeschriebenen Höhe entspricht.

Zwar vertrat das BAG in der Vergangenheit die Ansicht, bei einem wegen zu niedriger Karenzentschädigung unverbindlichen Wettbewerbsverbot könne der Arbeitnehmer die Karenzentschädigung allenfalls in der zugesagten Höhe, nicht aber in der gesetzlich vorgeschriebenen Höhe verlangen,
BAG, Urt. v. 19.02.1959, AP Nr. 10 zu § 74 HGB; BAG, Urt. v. 05.08.1966, AP Nr. 19 zu § 74 HGB.

Mit seinem Urteil vom 09.01.1990 hat das BAG aber zu erkennen gegeben, daß der Arbeitnehmer bei einer zu niedrigen Karenzentschädigung eine Karenzentschädigung in der gesetzlichen Höhe verlangen kann,
BAG, Urt. v. 09.01.1990, AP Nr. 59 zu § 74 HGB; ebenso *Bauer/Diller*, Wettbewerbsverbote, 2. Aufl. 1999, Rn 78, Rn 313.

Als angemessene Karenzentschädigung müssen vorliegend        % der bislang bezogenen, vertragsmäßigen Leistungen angesehen werden. Dabei gilt eine Faustformel, die besagt, daß die Mindestkarenzentschädigung für ein regionales und mehrere Bundesländer umfassendes Gebiet angemessen ist. 75 % kann noch als angemessen angesehen werden, wenn die Wettbewerbsabrede den Arbeitnehmer daran hindert, in der Bundesrepublik Deutschland weiterhin auf seinem Gebiet tätig zu sein. Reicht das Wettbewerbsverbot über die nationalen Grenzen hinaus und erfaßt mehrere Staaten in Europa, wird man regelmäßig von einer Karenzentschädigung in gesetzlicher Höhe nur bei einer 100 %igen Vergütung bisheriger vertragsgemäßer Leistungen ausgehen können.

Bei dieser Sachlage ergibt sich zugunsten der klägerischen Partei folgendes: Die klägerische Partei hat sich an das Wettbewerbsverbot gehalten und seit ihrem Ausscheiden keine vergleichbare Beschäftigung ausgeübt. Sie ist gegenwärtig arbeitslos.

Die beklagte Partei wurde mehrfach aufgefordert, eine Karenzentschädigung in der mit der vorliegenden Klage geltend gemachten Höhe zu zahlen.

Beweis: Vorlage des Anwaltsschreibens in Kopie – Anlage K 4.

Die beklagte Partei lehnte Zahlungen über die Mindestkarenzentschädigung hinaus ab.

Beweis: Vorlage des Schreibens der beklagten Partei vom        in Kopie – Anlage K 5.

Bei dieser Sachlage ist Klage geboten.

# § 7 Kapitel 1: Vertretung von Arbeitnehmern

## 13. Muster: Klage wegen Unwirksamkeit eines Wettbewerbsverbots mit Mindestkarenzentschädigung

▼

Klage

– klägerische Partei –

Prozeßbevollmächtigte:

gegen

– beklagte Partei –

Prozeßbevollmächtigte:

wegen: Aufnahme anderweitiger Tätigkeit.

Streitwert (vorläufig):

Wir bestellen uns zu Prozeßbevollmächtigten der klägerischen Partei, in deren Namen und Auftrag wir beantragen zu erkennen:

1. Es wird festgestellt, daß die klägerische Partei nicht verpflichtet ist, es zu unterlassen, bei der Firma ab als tätig zu werden.
2. Es wird festgestellt, daß das Wettbewerbsverbot im Arbeitsvertrag zwischen der klägerischen Partei und der beklagten Partei vom nichtig ist.
3. Es wird festgestellt, daß das Wettbewerbsverbot im Arbeitsvertrag zwischen der klägerischen Partei und der beklagten Partei vom unverbindlich ist.
4. Die Kosten des Rechtsstreits trägt die beklagte Partei.

**Gründe:**

I.

Die klägerische Partei nahm bei der beklagten Partei mit Wirkung vom ein Arbeitsverhältnis als auf.

Beweis: Vorlage des Arbeitsvertrages in Kopie – Anlage K 1.

Die klägerische Partei hat dieses Arbeitsverhältnis durch fristgerechte Kündigung beendet.

Beweis: Vorlage des Kündigungsschreibens in Kopie – Anlage K 2.

Mit Schreiben vom machte die beklagte Partei die klägerische Partei darauf aufmerksam, daß sie der Meinung ist, daß die künftige Tätigkeit bei der Firma gegen das im Arbeitsvertrag enthaltene Wettbewerbsverbot verstoße.

Beweis: Schreiben der beklagten Partei vom in Kopie – Anlage K 3.

Mit Anwaltsschreiben vom trat die klägerische Partei dieser Auffassung entgegen.

Beweis: Schreiben vom in Kopie – Anlage K 4.

Bei dieser Sachlage besteht für die klägerische Partei Feststellungsbedarf, ob die Aufnahme der Tätigkeit bei der Firma gegen die Wettbewerbsabrede verstößt.

II.

1. Die klägerische Partei wird bei der Firma ab als tätig. Die Firma ist .

    Beweis: Sachverständigengutachten; Amtliche Auskunft der Industrie- und Handelskammer .

Die Firma ▓▓▓ hat bis auf den heutigen Tag nicht ein einziges Konkurrenzprodukt vertrieben oder produziert.

Beweis: wie vor.

Die beklagte Partei ist ▓▓▓.

Beweis: wie vor.

Gemäß dem im Anstellungsvertrag formulierten Wettbewerbsverbot hat sich die klägerische Partei nur verpflichtet, nach Beendigung des Arbeitsverhältnisses für die Dauer ▓▓▓ nicht für eine Konkurrenzfirma tätig zu sein. Da die Firma ▓▓▓ nicht mit der gleichen Ware handelt und auch nicht auf dem gleichen Markt tätig ist, ist sie kein Konkurrenzunternehmen im Sinne der Wettbewerbsabrede. Die klägerische Partei ist daher nicht dazu verpflichtet, der Aufforderung der beklagten Partei nachzukommen, die Tätigkeit bei der Firma ▓▓▓ zu unterlassen.

2. Das im Arbeitsvertrag vereinbarte Wettbewerbsverbot ist nichtig gemäß § 74a Abs. 1 Satz 2 HGB. Durch ein Wettbewerbsverbot darf der Arbeitnehmer nicht unbillig in seinem beruflichen Fortkommen gehindert werden. Bis auf wenige Ausnahmen stellt die örtliche Ausdehnung eines Wettbewerbsverbots auf das gesamte Gebiet der Bundesrepublik Deutschland eine unbillige und damit nichtige Wettbewerbsabrede dar, gleiches gilt hinsichtlich des Verbots jeglicher Tätigkeit in einem branchengleichen Unternehmen,

*Winterstein*, NJW 1989, 1464.

108

Da das Wettbewerbsverbot im Arbeitsvertrag mit der beklagten Partei ohne räumliche Begrenzung vereinbart wurde, die Bundesrepublik Deutschland, ja genaugenommen Europa und den gesamten Erdball umfaßt, gleichzeitig die Tätigkeit der klägerischen Partei bei jeglichem Hersteller einschließt, handelt es sich um eine nichtige Abrede, an die die klägerische Partei selbst dann, wenn ihr neuer Arbeitgeber ein Konkurrenzunternehmen im Sinne des Arbeitsvertrages wäre, nicht gebunden ist,

vgl. BAG, Urt. v. 13.04.1967, AP § 133f. GewO 19 = NJW 1967, 1821.

Die klägerische Partei hat ▓▓▓ Jahre lang im Bereich des Vertriebs von ▓▓▓ gearbeitet. Ihre gesamten beruflichen Fähigkeiten sowie Erfahrungen, Kenntnisse und Geschäftsbeziehungen sind auf diesen Bereich beschränkt. Die beklagte Partei betont selbst, daß ihr Wettbewerbsverbot für alle Konkurrenzunternehmen gelten soll, die auf demselben Markt tätig sind wie sie selbst. Da die beklagte Partei im gesamten deutschen Raum Handel mit ▓▓▓ betreibt, bedeutet das Wettbewerbsverbot im Arbeitsvertrag, daß es sich räumlich auf das gesamte Gebiet der Bundesrepublik Deutschland erstreckt. Das aber bedeutet, daß die klägerische Partei letztlich in Deutschland auf ihrem beruflichen Gebiet nicht mehr arbeiten kann.

Angesichts einer Entschädigung von nur 50 % der Mindestkarenzentschädigung im Sinne der Rechtsprechung wird die klägerische Partei in ihrem Fortkommen unangemessen beeinträchtigt. Wenn nach der früheren Rechtsprechung des Bundesarbeitsgerichts der Arbeitnehmer in solchen Fällen nur eine höhere Karenzentschädigung fordern konnte,

BAG, Urt. v. 05.06.1966, AP Nr. 19 zu § 74 HGB,

deutet sich nach der neueren Rechtsprechung eine Kehrtwende an. Im Urteil vom 09.01.1990,

BAG, NJW 1990, 1870,

hat der zuständige 3. Senat des Bundesarbeitsgerichts zwar in gewisser Weise offengelassen, ob er zukünftig an der bisherigen Rechtsprechung festhalten werde. Die Kehrtwendung scheint sich aber mit Gewißheit anzubahnen, so daß der Arbeitnehmer nunmehr die Wahl hat zwischen Wettbewerbstätigkeit (dann selbstverständlich ohne Anspruch auf Karenzentschädigung) und der Akzeptanz des Wettbewerbsverbots mit Anspruch auf eine höhere Karenzentschädigung,

*Bauer*, Arbeitsrechtliche Aufhebungsverträge, 1991, Rn 456.

3. Das Wettbewerbsverbot ist gemäß § 74a Abs. 1 Satz 2 HGB unverbindlich. Es wurde in jedem Fall für den gesamten Bereich der Bundesrepublik Deutschland geschlossen. Daraus ergibt sich, daß die Mindestkarenzentschädigung nicht ausreichend ist, der klägerischen Partei müßte allein für die Bundesrepublik Deutschland eine Karenzentschädigung in Höhe von mindestens 100 %

zugebilligt werden. Nach den Schreiben der anwaltlichen Bevollmächtigten der beklagten Partei vom          besteht jedoch nicht die Bereitschaft, eine höhere Karenzentschädigung zu zahlen, so daß für die klägerische Partei das Wettbewerbsverbot unverbindlich geblieben ist.

### 14. Muster: Antrag auf Erlaß einer Weiterbeschäftigungsverfügung gem. § 102 Abs. 5 BetrVG

An das
Arbeitsgericht

*Antrag auf Erlaß einer einstweiligen Verfügung*

– antragstellende Partei –

Verfahrensbevollmächtigte:

gegen

– antragsgegnerische Partei –

wegen: Weiterbeschäftigung.

Wir bestellen uns zu Verfahrensbevollmächtigten der antragstellenden Partei und beantragen wegen Dringlichkeit des Falles ohne mündliche Verhandlung durch den Vorsitzenden allein, hilfsweise unter Abkürzung der Ladungsfrist aufgrund einer unverzüglich anzuberaumenden mündlichen Verhandlung den Erlaß einer einstweiligen Verfügung mit folgendem Inhalt:

1. Die antragsgegnerische Partei wird verurteilt, die antragstellende Partei über den          hinaus bis zum rechtskräftigen Abschluß des Kündigungsschutzprozesses zu unveränderten Arbeitsbedingungen gemäß Arbeitsvertrag vom          als          weiterzubeschäftigen.
2. Die antragsgegnerische Partei trägt die Kosten des Verfahrens.

Für den Fall des Obsiegens wird bereits jetzt beantragt,

3. der antragstellenden Partei eine vollstreckbare Kurzausfertigung der Entscheidung (ohne Tatbestand und Entscheidungsgründe) zu erteilen.

**Gründe:**

1. Die antragstellende Partei ist seit dem          als          bei der antragsgegnerischen Partei als          zu einem monatlichen Bruttogehalt von          beschäftigt.

    Glaubhaftmachung: Arbeitsvertrag vom          – Anlage K 1.

    Mit Schreiben vom          kündigte die antragsgegnerische Partei das Arbeitsverhältnis ordentlich zum          .

    Glaubhaftmachung: Kündigungsschreiben vom          – Anlage K 2.

    Die antragstellende Partei hat gegen die Kündigung Kündigungsschutzklage vor dem erkennenden Arbeitsgericht erhoben sowie die Weiterbeschäftigung über den Kündigungstermin hinaus zu unveränderten Arbeitsbedingungen beantragt.

    Glaubhaftmachung:  1. Klage der antragstellenden Partei vom          – Anlage K 3.
    2. Beiziehung der Akten ArbG          , Az.:

    Die antragstellende Partei hat zwar einen Weiterbeschäftigungsanspruch geltend gemacht. Über den Anspruch wurde bislang noch nicht entschieden.

Glaubhaftmachung:   Anliegende eidesstattliche Versicherung der antragstellenden Partei – Anlage K 4.

2. Bei der antragsgegnerischen Partei besteht ein Betriebsrat. Der Betriebsrat wurde vor Ausspruch der Kündigung angehört. Er hat der Kündigung mit der Begründung          widersprochen.

   Glaubhaftmachung:   Mitteilung des Betriebsrats an die antragsgegnerische Partei vom
   – Anlage K 5.

3. Die antragstellende Partei hat die ihr zur Verfügung stehenden prozessualen Möglichkeiten der Weiterbeschäftigung ausgeschöpft, da im Gütetermin kein Teilurteil nach § 301 ZPO ergangen ist, obwohl nach diesseitiger Auffassung die Voraussetzungen hierfür vorgelegen haben. Da unstreitig der Betriebsrat der Kündigung widersprochen hat, sind alle prozessualen Möglichkeiten ausgeschöpft.

   Der Anspruch der antragstellenden Partei ist nur von den formellen Tatbestandsvoraussetzungen des § 102 Abs. 5 Satz 1 BetrVG abhängig. Der Widerspruch des Betriebsrats gegen eine ordentliche Kündigung ist schon dann ausreichend begründet und insofern ordnungsgemäß i. S. v. § 102 Abs. 5 Satz 1 BetrVG, wenn dieser Widerspruch es möglich erscheinen läßt, daß einer der in § 102 Abs. 3 BetrVG abschließend genannten Widerspruchsgründe geltend gemacht wird.

   Der Ausschluß eines Weiterbeschäftigungsanspruchs ist nur im Wege der Entbindung von der Weiterbeschäftigungspflicht gem. § 102 Abs. 5 Satz 2 BetrVG möglich. Eine einstweilige Verfügung zur Durchsetzung des Weiterbeschäftigungsanspruchs gem. § 102 Abs. 5 Satz 1 BetrVG ist eine Befriedigungsverfügung und setzt einen entsprechenden Verfügungsgrund voraus, für den die allgemeinen Grundsätze gelten,
   LAG München, Urt. v. 10.02.1994, NZA 1994, 997.

   Angesichts des auf den        anberaumten Kammertermins, von dem auch noch nicht gesagt werden kann, daß es der letzte Termin vor Erlaß eines Urteils ist, ist es der antragstellenden Partei nicht zuzumuten, mit der Titulierung des Weiterbeschäftigungsanspruchs über einen noch längeren Zeitraum zuzuwarten, obwohl die Voraussetzungen bereits jetzt vorliegen. Zudem ist in der Rechtsprechung die Auffassung verbreitet, daß bei der Geltendmachung des Weiterbeschäftigungsanspruchs nach § 102 Abs. 5 Satz 1 BetrVG ein Verfügungsgrund vom Arbeitnehmer nicht dargelegt werden muß,
   LAG München, Urt. v. 19.08.1992, NZA 1993, 1130; LAG München, Urt. v. 17.08.1994, LAGE Nr. 18 zu § 102 BetrVG 1972 Beschäftigungspflicht; LAG Hamburg, Urt. v. 14.09.1992, NZA 1993, 140; LAG Berlin, Urt. v. 15.09.1980, DB 1980, 2449.

   Mit jedem Tag der Nichtbeschäftigung wird der Weiterbeschäftigungsanspruch unmöglich, die Forderung nach einem Verfügungsgrund stellt deshalb nach verbreiteter Auffassung eine rechtsstaatswidrige Rechtsschutzverweigerung dar.

## § 7 Kapitel 1: Vertretung von Arbeitnehmern

### 15. Muster: Antrag auf Erlaß einer Weiterbeschäftigungsverfügung aus allgemeinem Weiterbeschäftigungsanspruch

▼

110 An das
Arbeitsgericht

Antrag auf Erlaß einer einstweiligen Verfügung

– antragstellende Partei –

Verfahrensbevollmächtigte:

*gegen*

– antragsgegnerische Partei –

wegen: Beschäftigung.

Wir bestellen uns zu Verfahrensbevollmächtigten der antragstellenden Partei und beantragen wegen Dringlichkeit des Falls ohne mündliche Verhandlung durch den Vorsitzenden allein, hilfsweise unter Abkürzung der Ladungsfrist aufgrund einer unverzüglich anzuberaumenden mündlichen Verhandlung, den Erlaß einer einstweiligen Verfügung mit folgendem Inhalt:

1. Die antragsgegnerische Partei wird verurteilt, die antragstellende Partei zu unveränderten Arbeitsbedingungen gemäß Arbeitsvertrag vom         als         bis zum         zu beschäftigen.
2. Die Kosten des Rechtsstreits trägt die antragsgegnerische Partei.

Für den Fall des Obsiegens wird bereits jetzt beantragt,
   dem Antragsteller eine vollstreckbare Kurzausfertigung der Entscheidung (ohne Tatbestand und Entscheidungsgründe) zu erteilen.

**Gründe:**

I.

Die antragstellende Partei ist bei der antragsgegnerischen Partei aufgrund Arbeitsvertrag vom         seit dem         als         tätig.

Glaubhaftmachung:   Vorlage des Arbeitsvertrages vom         in Kopie – Anlage K 1.

Die antragstellende Partei bezog zuletzt ein Jahresgehalt in Höhe von         DM.

Glaubhaftmachung:   Gehaltsbescheinigung – Anlage K 2.

Zum Tätigkeitsbereich der antragstellenden Partei gehören folgende Aufgaben:

In der Hierarchie fügt sich seine Tätigkeit wie folgt ein:

Glaubhaftmachung:   Eidesstattliche Versicherung der antragstellenden Partei.

Die antragsgegnerische Partei hat das Arbeitsverhältnis mit der klägerischen Partei mit Schreiben vom         gekündigt. Zugleich hat sie die antragstellende Partei von ihren sämtlichen Aufgaben freigestellt.

Glaubhaftmachung:   Vorlage des Kündigungsschreibens in Kopie – Anlage 3.

Der Arbeitsvertrag sieht eine Freistellung, auch im Falle des Ausspruchs einer Kündigung nicht vor.

Glaubhaftmachung:   Vorlage des Arbeitsvertrages in Kopie – Anlage K 1.

Die antragstellende Partei hat der Freistellung mit Anwaltsschreiben widersprochen.

Glaubhaftmachung:   Vorlage des Anwaltsschreibens in Kopie – Anlage K 4.

Die Kündigung hat die antragstellende Partei zum Anlaß genommen, Kündigungsschutzklage vor dem erkennenden Gericht zu erheben.

Glaubhaftmachung: Vorlage der Kündigungsschutzklage in Kopie – Anlage K 5.

Das Kündigungsschutzverfahren ist unter dem Aktenzeichen ▬▬▬ anhängig.

## II.

Die antragstellende Partei hat gegen die antragsgegnerische Partei einen Beschäftigungsanspruch. Der Arbeitnehmer besitzt nach der Entscheidung des großen Senats,

Urt. v. 27.02.1985, AP Nr. 1 zu § 611 BGB Beschäftigungspflicht,

grundsätzlich einen Beschäftigungsanspruch, weil es für ihn nicht nur darauf ankommt, sein Gehalt zu erhalten, sondern auch darauf, sich im Arbeitsverhältnis entsprechend seinen Fähigkeiten und Leistungen fachlich und persönlich zu entfalten. Der Beschäftigungsanspruch des Arbeitnehmers ist nach der erwähnten Entscheidung des großen Senats vom 27.02.1985 Teil des Allgemeinen Persönlichkeitsschutzes gem. Art. 1, 2 GG und somit ein grundgesetzlich geschützter Anspruch. Dieser grundrechtlich geschützte Anspruch kann durch einseitige Anordnung des Arbeitgebers nur eingeengt werden, wenn die Interessen des Arbeitgebers den Beschäftigungsanspruch des Arbeitnehmers überwiegen. Schutzwürdige Interessen der antragsgegnerischen Partei, die einer Weiterbeschäftigung der antragstellenden Partei in ihrem Arbeitsverhältnis entgegenstehen, liegen nicht vor. Der Verfügungsanspruch der antragstellenden Partei wird daher unmittelbar aus der Entscheidung des großen Senats vom 27.02.1985 sowie aus der Entscheidung vom 19.08.1992 (NZA 1993, 1131) hergeleitet. Es ist heute herrschende Auffassung, daß der Arbeitnehmer einen Beschäftigungsanspruch grundsätzlich hat, solange das Arbeitsverhältnis besteht. Das Arbeitsverhältnis besteht auch während des Laufs der Kündigungsfrist.

## III.

Die antragstellende Partei hat auch einen Verfügungsgrund.

1. Folgt man der Auffassung des LAG München,

   Urt. v. 19.08.1992, NZA 1993, 1132; ebenso ArbG Leipzig, Urt. v. 08.08.1996, NZA 1997, 366,

   ist die dem Beschäftigungsanspruch des Arbeitnehmers entsprechende Beschäftigungspflicht des Arbeitgebers eine Fixschuld. Der Beschäftigungsanspruch des Arbeitnehmers wird deshalb zugleich mit der Nichterfüllung unmöglich und erlischt, weshalb der Arbeitnehmer nur durch einstweilige Verfügung wirksam vor der Vereitelung seines Beschäftigungsanspruchs geschützt werden kann.

2. Nach der in den meisten Landesarbeitsgerichtsbezirken vertretenen Auffassung handelt es sich bei der Beschäftigungsverfügung wegen ihrer Erfüllungswirkung um eine Leistungsverfügung. Für den Gläubiger soll der Weg der Leistungsverfügung nur eröffnet sein, wenn er in seiner Existenz akut bedroht ist bzw. auf die sofortige Erfüllung dringend angewiesen ist,

   LAG Köln, Beschl. v. 09.02.1991, LAGE Nr. 3 § 935 ZPO; LAG Köln, Beschl. v. 06.08.1996, LAGE § 611 BGB Beschäftigungspflicht Nr. 40; LAG Frankfurt, Urt. v. 23.03.1987, NZA 1988, 37; LAG Hamm, Urt. v. 18.02.1998, MDR 1998, 1036.; LAG Rheinland-Pfalz, Beschl. v. 21.08.1986, LAGE § 611 Beschäftigungspflicht Nr. 9.

   Nach der von den Landesarbeitsgerichten vertretenen Auffassung sind an den Nachweis des Verfügungsgrundes nach § 940 ZPO besonders strenge Anforderungen zu stellen. Danach kann eine einstweilige Verfügung nur erlassen werden, wenn dem Arbeitnehmer im Falle des Nichterlasses der Verlust von Fähigkeiten, wie beispielsweise bei operierenden Chefärzten, eine hohe Ansehensschädigung oder der Verlust von in einem Beruf wichtigen Informationen droht, wie beispielsweise beim Computerfachmann, wenn er zudem durch eine lange Kündigungsfrist durch die Nichtbeschäftigung aus seinem Beruf herausgebracht und durch erheblich verschlechterte Bewerbungschancen bei einem neuen Arbeitgeber in seiner beruflichen Existenz bedroht wird,

## § 7 Kapitel 1: Vertretung von Arbeitnehmern

LAG Brandenburg, Urt. v. 28.01.1997, MedR 1997, 368; ArbG Berlin, Urt. v. 28.09.1995 – 3 Ga 26730/95 (unveröffentlicht); ArbG Leipzig, Urt. v. 08.08.1996, BB 1997, 366; *Grunsky*, NJW 1979, 89.

3. Hinsichtlich der antragstellenden Partei liegen die Dinge wie folgt:

Die Eilbedürftigkeit ergibt sich aus dem Umstand, daß die Freistellung der antragstellenden Partei rechtsgrundlos erfolgte. Ein berechtigtes Interesse der antragsgegnerischen Partei an der Freistellung ist nicht ersichtlich.

▲

### 3639 16. Muster: Beschäftigungsantrag eines freigestellten Wahlvorstandes

▼

111 An das
Arbeitsgericht

Antrag auf Erlaß einer einstweiligen Verfügung

– antragstellende Partei –

Prozeßbevollmächtigte:

gegen

– antragsgegnerische Partei –

Wir bestellen uns zu Verfahrensbevollmächtigten der antragstellenden Partei und beantragen, durch einstweilige Verfügung – wegen der Dringlichkeit ohne vorherige mündliche Verhandlung – wie folgt zu beschließen:

1. Der antragsgegnerischen Partei wird aufgegeben, die antragstellende Partei nach Maßgabe des Anstellungsvertrages vom           bis auf weiteres als           zu beschäftigen und tätig werden zu lassen.
2. Die antragsgegnerische Partei trägt die Kosten des Verfahrens.

**Gründe:**

1. Die antragstellende Partei ist bei der antragsgegnerischen Partei aufgrund des Anstellungsvertrages vom           als           beschäftigt.

   Glaubhaftmachung:   Beiziehung der Akte ArbG

   Die antragstellende Partei hat mit Klage vom           beantragt, eine von der antragsgegnerischen Partei ausgesprochene Abmahnung aufzuheben und aus der Personalakte zu entfernen.

   Glaubhaftmachung:   Beiziehung der Akte ArbG

   Die Klageerhebung in der Abmahnungsangelegenheit hat die antragsgegnerische Partei zum Anlaß genommen, der antragstellenden Partei am           ein Kündigungsschreiben zu übergeben.

   Glaubhaftmachung:   1. Beiziehung der Akte
                                    2. Eidesstattliche Versicherung der antragstellenden Partei.

   Ausweislich des Kündigungsschreibens wurde die antragstellende Partei mit sofortiger Wirkung freigestellt und es wurde ihr gegenüber ein Hausverbot ausgesprochen.

   Glaubhaftmachung:   Wie vor.

Eine Freistellungsvereinbarung enthält der Arbeitsvertrag nicht.

Glaubhaftmachung: Eidesstattliche Versicherung der antragstellenden Partei.

2. Die antragstellende Partei ist in einer Betriebsversammlung am ▬▬▬ zum Mitglied des Wahlvorstands gewählt worden.

Glaubhaftmachung: Eidesstattliche Versicherung der antragstellenden Partei.

Zu der Betriebsversammlung hatten die Mitarbeiterinnen ▬▬▬ eingeladen.

Glaubhaftmachung: Einladungsschreiben an alle Mitarbeiter – Anlage K 1.

Über die Betriebsversammlung wurde ein Protokoll gefertigt, das sich im Betrieb noch im Umlauf zwecks Unterschriftsleistung aller Teilnehmer der Betriebsversammlung befindet. In der Betriebsversammlung wurde die antragstellende Partei zum Mitglied des Wahlvorstandes gewählt, was auch ein am ▬▬▬ gefaßter Beschluß belegt, in dem die antragstellende Partei ausdrücklich als Mitglied des Wahlvorstandes bezeichnet wird.

Glaubhaftmachung: Vorlage des Beschlusses in Kopie – Anlage K 2.

3. Die antragstellende Partei hat gegen die antragsgegnerische Partei einen Beschäftigungsanspruch. Der Arbeitnehmer besitzt grundsätzlich einen Beschäftigungsanspruch, weil es für ihn nicht nur darauf ankommt, sein Gehalt zu erhalten, sondern auch darauf, sich im Arbeitsverhältnis entsprechend seinen Fähigkeiten und Leistungen fachlich und persönlich zu entfalten.
BAG, Urt. v. 27.02.1985, AP Nr. 1 zu § 611 BGB Beschäftigungspflicht.

Dieser Beschäftigungsanspruch des Arbeitnehmers ist Teil des Allgemeinen Persönlichkeitsschutzes nach den Art. 1, 2 GG und somit ein grundrechtlich geschützter Anspruch. Dieser grundrechtlich geschützte Anspruch kann durch einseitige Anordnung des Arbeitgebers nur eingeengt werden, wenn die Interessen des Arbeitgebers den Anspruch des Arbeitnehmers deutlich überwiegen.

In der Person der antragstellenden Partei hat sich nichts ereignet, was eine Freistellung rechtfertigen würde. Die antragstellende Partei hat sich gegen eine rechtswidrige Abmahnung durch gerichtliche Feststellung der Unwirksamkeit gewehrt. Dieser Umstand rechtfertigt es nicht, der antragstellenden Partei das Beschäftigungsrecht zu entziehen. Andernfalls ließe sich jeglicher prozessualer Rechtsschutz im Arbeitsverhältnis durch Kündigung und Entzug des Beschäftigungsrechts umgehen, ein Ergebnis, das mit der Rechtsweggarantie des Grundgesetzes nicht in Einklang zu bringen wäre.

4. Der Verfügungsgrund ergibt sich aus der offensichtlichen Rechtswidrigkeit der ausgesprochenen Kündigung, wobei dahingestellt sein kann, ob die einstweilige Verfügung als Befriedigungs- und Erfüllungsverfügung,
LAG Hamm, Urt. v. 18.02.1998, MDR 1998, 1036,
oder als Leistungsverfügung,
ArbG Stuttgart, Urt. v. 05.06.1996, NZA-RR 1997, 260,
erlassen wird. Auch wenn man mit der Rechtsprechung des LAG Köln,
Beschl. v. 06.08.1996, LAGE § 611 BGB Beschäftigungspflicht Nr. 40; Urt. v. 20.11.1994 – 5 Sa 569/94; Urt. v. 30.01.1995 – 3 Sa 1369/94,
strenge Anforderungen an den Nachweis des Verfügungsgrundes stellt, so sind diese vorliegend gegeben:

Die Kündigung der antragstellenden Partei ist offensichtlich rechtswidrig, § 15 Abs. 3 Satz 1 KSchG. Der antragstellenden Partei als Mitglied des Wahlvorstands durfte gegenwärtig nicht gekündigt werden. Die Kündigung seines Arbeitsverhältnisses ist darüber hinaus sechs Monate nach Bekanntgabe des Wahlergebnisses weiterhin unzulässig. Bei offensichtlich unzulässigen Kündigungen von Mitgliedern des Wahlvorstandes ist im Interesse der Funktionsfähigkeit der Betriebsverfassung und des Kündigungsschutzes in den Betrieben auch bei Anlage strengster Anforderungen stets von einem überwiegenden arbeitnehmerseitigen Interesse an der Beschäftigung auszugehen. Teilt man diese Auffassung nicht, hätte dies zur Folge, daß die Funktionsfähigkeit der Betriebsverfassung in den Phasen der Gründung von Betriebsräten durch Kündigung und Freistellung des Wahlvorstandes und der Wahlbewerber erfolgreich ausgeschlossen werden könnte. Gerade Wahlvorstände, die den ordnungsgemäßen Ablauf der Wahl zum Betriebsrat sicherzustellen haben, müssen ungehindert ihrer Beschäftigung als Arbeitnehmer während und in dem begrenzten Zeitraum eines halben Jahres nach Durchführung der Wahl nachgehen können, ohne daß sie Repressionen, geschweige denn einer Bedrohung ihres Arbeitsverhältnisses ausgesetzt sind bzw. auch nur durch Freistellung von der Möglichkeit der Erbringung der Arbeitsleistung abgehalten werden dürfen.

5. Die Zuständigkeit der angerufenen Kammer ergibt sich nach dem Geschäftsverteilungsplan des Arbeitsgerichts ........ aus dem anhängigen Hauptsacheverfahren.

## 17. Muster: Klage auf Wiederaufleben des ruhenden Arbeitsverhältnisses bei Kündigung des Dienstvertrages mit Geschäftsführer

An das
Arbeitsgericht ........

*Klage*

– klägerische Partei –

Prozeßbevollmächtigte: ........

gegen

die ........ A-GmbH ........, vertreten durch ........

– beklagte Partei –

wegen: Feststellung des Bestehens eines Arbeitsverhältnisses.

Wir bestellen uns zu Prozeßbevollmächtigten der klägerischen Partei, in deren Namen und Auftrag wir beantragen werden zu erkennen:

1. Es wird festgestellt, daß zwischen der klägerischen Partei und der beklagten Partei ein Arbeitsverhältnis besteht.
2. Die beklagte Partei trägt die Kosten des Rechtsstreits.

**Gründe:**

I.

Die klägerische Partei ist seit dem ........ bei der beklagten Partei in ........ angestellt.

Beweis:   Vorlage des Arbeitsvertrages vom ........ in Kopie – Anlage K 1.

Sie ist im Bereich ........ tätig. Zu ihren Aufgaben gehört ........ .

Durch Beschluß vom ........ wurde die klägerische Partei mit Wirkung vom ........ zum Geschäftsführer der beklagten Partei bestellt. Ein dementsprechender Dienstvertrag wurde am ........ geschlossen.

Beweis:   Anstellungsvertrag vom ........ in Kopie – Anlage K 2.

Mit Schreiben vom ........ wurde die klägerische Partei mit Wirkung zum ........ als Geschäftsführer der beklagten Partei abberufen. Im selben Schreiben wurde ihr die Kündigung des Dienstvertrages als Geschäftsführer zum ........ mitgeteilt.

Beweis: Schreiben vom ▮ in Kopie – Anlage K 3.

Die klägerische Partei hat der beklagten Partei für die Zeit nach wirksamer Kündigung des Anstellungsvertrages als GmbH-Geschäftsführer ihre Arbeitskraft als Arbeitnehmer angeboten,

Beweis: Schreiben vom ▮ in Kopie – Anlage K 4.

Dieses Angebot wurde von der beklagten Partei nicht angenommen.

II.

Auch nach der Kündigung des Dienstvertrages besteht weiterhin ein Arbeitsverhältnis zwischen der klägerischen Partei und der beklagten Partei. Das seit dem ▮ bestehende Arbeitsverhältnis wurde nie gekündigt. Es wurde auch nicht durch den Abschluß des Dienstvertrages im Jahre ▮ einvernehmlich aufgehoben. Insoweit kommen die Grundsätze über das ruhende Arbeitsverhältnis zur Anwendung:

Soweit ein Angestellter einer juristischen Person zu ihrem Organvertreter bestellt wird, ohne daß sich die Vertragsbedingungen wesentlich ändern, hat der 2. Senat des BAG in seiner früheren Rechtsprechung ein ruhendes Arbeitsverhältnis angenommen, das mit der Beendigung der Organstellung wieder auflebt,

BAG, Beschl. v. 09.05.1985, NZA 1986, 792; Beschl. v. 03.12.1987, BB 1988, 208.

In seinem Urteil vom 07.10.1993 hat der 2. Senat des BAG es dahingestellt sein lassen, ob er diese Auffassung weiter vertritt. Er hat angedeutet, daß eher eine Vermutung dafür spreche, daß Parteien, die einen neuen Dienstvertrag abschließen, damit im Zweifel den alten Arbeitsvertrag aufheben wollen. Soll der Arbeitnehmer zwecks späterer Anstellung als GmbH-Geschäftsführer in einem Arbeitsverhältnis erprobt werden, so ist nach dieser Entscheidung im Zweifel anzunehmen, daß mit Abschluß des Geschäftsführervertrages das ursprüngliche Arbeitsverhältnis beendet sein soll,

BAG, Beschl. v. 07.10.1993, NZA 1994, 212.

Der nunmehr zuständige 5. Senat des BAG hat entschieden, daß im Zweifel das bisherige Arbeitsverhältnis aufgehoben wird, wenn der Arbeitnehmer eines Vereins zum Vorstandsmitglied bestellt und im Hinblick darauf ein Dienstvertrag mit höheren Bezügen abgeschlossen wird,

BAG, Beschl. v. 28.09.1995, NZA 1996, 143.

Im übrigen hat der 5. Senat des BAG in zwei Beschlüssen aus dem Jahr 1996 die Frage offengelassen, ob der früheren Rechtsprechung des 2. Senats zu folgen sei, weil in den konkreten Fällen auch nach der alten Rechtsprechung des 2. Senats das Fortbestehen des (ruhenden) Arbeitsverhältnisses zu verneinen gewesen wäre,

BAG, Beschl. v. 18.12.1996, NZA 1997, 509; Beschl. v. 10.12.1996, NZA 1997, 674.

Im vorliegenden Fall ist dagegen sowohl nach der alten wie auch nach der neueren Rechtsprechung des BAG davon auszugehen, daß die Parteien beim Abschluß des Dienstvertrages als Geschäftsführer ein Ruhen des Arbeitsverhältnisses der klägerischen Partei vereinbart haben.

Die gesamte Bestellung der klägerischen Partei zum Geschäftsführer wurde von den Parteien lediglich als eine Formalität angesehen, die keine tiefgreifende Änderung der Rechtsbeziehungen zwischen den Parteien zur Folge haben sollte.

Im Hinblick auf die Tätigkeit und die Vergütung der klägerischen Partei ergab sich keine Veränderung. ▮

In der Vergütung ergab sich durch die Anstellung als Geschäftsführer keine nennenswerte Erhöhung, die geeignet gewesen wäre, die Unsicherheiten, die beim Austausch eines Arbeitsvertrages gegen einen Dienstvertrag für den Geschäftsführer entstehen, abzufangen. Das Gehalt der klägerischen Partei betrug während der Geltung des Arbeitsvertrages zuletzt ▮ DM brutto.

Beweis: Arbeitsvertrag vom ▮ in Kopie – Anlage K 1.

Im Anstellungsvertrag als Geschäftsführer ist ein Bruttogehalt von ▮ DM vereinbart.

Beweis: Anstellungsvertrag vom ▮ in Kopie – Anlage K 2.

Diese Tatsachen sprechen eindeutig dagegen, daß die Parteien mit der formalen Anstellung der klägerischen Partei als Geschäftsführer eine endgültige Beendigung des Status der klägerischen Partei als Arbeitnehmer herbeiführen wollten.

### 18. Muster: Klage auf Feststellung des Bestehens eines Arbeitsverhältnisses mit Muttergesellschaft bei Kündigung des Geschäftsführer-Dienstvertrages mit Tochtergesellschaft

An das
Arbeitsgericht

*Klage*

– klägerische Partei –

Prozeßbevollmächtigte:

gegen

die A-GmbH , vertreten durch

– beklagte Partei –

wegen: Feststellung des Bestehens eines Arbeitsverhältnisses.

Wir bestellen uns zu Prozeßbevollmächtigten der klägerischen Partei, in deren Namen und Auftrag wir beantragen werden zu erkennen:
1. Es wird festgestellt, daß zwischen der klägerischen Partei und der beklagten Partei ein Arbeitsverhältnis besteht.
2. Die beklagte Partei trägt die Kosten des Rechtsstreits.

**Gründe:**

I.
Die klägerische Partei ist seit dem bei der beklagten Partei in angestellt.
Beweis: Vorlage des Arbeitsvertrages vom in Kopie – Anlage K 1.
Sie ist im Bereich tätig. Zu ihren Aufgaben gehört .
Die beklagte Partei ist alleinige Gesellschafterin der B-GmbH. Die B-GmbH wurde im Jahre als Dienstleister für die beklagte Partei gegründet. Sie betreibt . Die klägerische Partei ist seit dem als Geschäftsführer der B-GmbH angestellt. Sie nimmt dort folgende Aufgaben wahr: .
Beweis: Anstellungsvertrag vom in Kopie – Anlage K 2.
Mit Schreiben vom wurde die klägerische Partei mit Wirkung zum als Geschäftsführer der B-GmbH abberufen. Im selben Schreiben wurde ihr die Kündigung des Anstellungsvertrages als Geschäftsführer zum mitgeteilt.
Beweis: Schreiben vom in Kopie – Anlage K 3.

II.
Auch nach der Kündigung des Dienstvertrages zwischen der klägerischen Partei und der B-GmbH besteht weiterhin ein Arbeitsverhältnis zwischen der klägerischen Partei und der beklagten Partei. Das seit dem bestehende Arbeitsverhältnis wurde nie gekündigt. Es wurde auch nicht durch den Abschluß des Dienstvertrages im Jahre einvernehmlich aufgehoben.

Nach einem Beschluß des BAG vom 20.10.1995 ist allein aus der Bestellung eines bisher im Arbeitnehmer-Status tätigen Angestellten zum Geschäftsführer einer Tochtergesellschaft keine konkludente Aufhebung seines bisherigen Arbeitsverhältnisses abzuleiten,
   BAG, Beschl. v. 20.10.1995, NZA 1996, 200.

Daher kann regelmäßig vom Fortbestand des Arbeitsverhältnisses mit der Muttergesellschaft auch nach erfolgter Bestellung zum Geschäftsführer in der Tochtergesellschaft ausgegangen werden, sofern die Parteien nicht ausdrücklich etwas Abweichendes vereinbart haben,
   vgl. *Jaeger*, NZA 1998, 961, 967.

Für einen entsprechenden Aufhebungswillen der Parteien sind keine weiteren Anhaltspunkte ersichtlich. Die Tätigkeit der klägerischen Partei als ▒ bei der B-GmbH diente vielmehr gerade zur Erfüllung ihrer Aufgaben im Bereich ▒ für die beklagte Partei.

Zudem war die klägerische Partei auch nach ihrer Bestellung zum Geschäftsführer der B-GmbH noch weisungsabhängig gegenüber der beklagten Partei. Insbesondere durfte sie nicht selbständig ▒.

Dafür, daß die beklagte Partei noch im Jahre ▒ von einem bestehenden Arbeitsverhältnis zwischen ihr und der klägerischen Partei ausging, spricht auch ein Zwischenzeugnis, das die beklagte Partei der klägerischen Partei am ▒ erteilt hat. Dort wird ausdrücklich bestätigt, daß das „Arbeitsverhältnis" mit der klägerischen Partei „unbefristet und ungekündigt" sei.

Beweis:   Zwischenzeugnis der beklagten Partei vom ▒ in Kopie – Anlage K 4.

## X. Bestehendes Arbeitsverhältnis

### 1. Muster: Klage auf Arbeitsvergütung (Bruttoklage)

An das
Arbeitsgericht ▒

*Klage*

▒

– klägerische Partei –

Prozeßbevollmächtigte: ▒

gegen

▒

– beklagte Partei –

wegen: Arbeitsvergütung.

Wir bestellen uns zu Prozeßbevollmächtigten der klägerischen Partei, in deren Namen und Auftrag wir um kurzfristige Anberaumung eines Gütetermins bitten und beantragen werden zu erkennen:

1. Die beklagte Partei wird verurteilt, an die klägerische Partei DM ▒ (brutto) nebst ▒ % Zinsen jährlich für den Zeitraum vom ▒ bis zum ▒ sowie ▒ % Zinsen jährlich ab dem ▒ zu zahlen.

2. Im Wege der Stufenklage:
   a) Die beklagte Partei wird verurteilt, Abrechnungen über den sich aus vorstehender Ziff. 1 ergebenden Bruttobetrag zu erteilen.

b) Nach erfolgter Abrechnung wird die beklagte Partei verurteilt, an die klägerische Partei Zinsen in Höhe von ▮▮▮▮▮ % aus dem sich nach vorstehender Ziff. 2. a) ergebenden Nettobetrag zu zahlen.

3. Sofern die beklagte Partei den Anspruch ganz oder teilweise anerkennt, wird beantragt, in Höhe des anerkannten Betrages ein Anerkenntnisurteil zu erlassen.

4. Die Kosten des Rechtsstreits trägt die beklagte Partei.

**Gründe:**

Zwischen den Parteien besteht seit dem ▮▮▮▮▮ ein Arbeitsverhältnis.

Beweis: Vorlage des Arbeitsvertrages in Kopie – Anlage K 1.

Die klägerische Partei ist als ▮▮▮▮▮ bei einem monatlichen Bruttoentgelt von ▮▮▮▮▮ DM mit einer regelmäßigen wöchentlichen Arbeitszeit von ▮▮▮▮▮ Stunden bei der beklagten Partei beschäftigt. Das Gehalt ist zahlbar zum ▮▮▮▮▮. Die klägerische Partei ist am ▮▮▮▮▮ geboren, verheiratet und hat ▮▮▮▮▮ Kinder.

Die beklagte Partei hat gegenüber der klägerischen Partei die Gehaltsansprüche zuletzt wie folgt abgerechnet: ▮▮▮▮▮

Beweis: Vorlage der Abrechnungen in Kopie – Anlagenkonvolut K 2.

Für die Zeit vom ▮▮▮▮▮ bis zum ▮▮▮▮▮ fehlt eine Abrechnung. Darüber hinaus sind Gehaltszahlungen für die Zeit vom ▮▮▮▮▮ bis zum ▮▮▮▮▮ unterblieben.

Nach den sich jeweils für den einzelnen Sozialversicherungsbereich ergebenden Bestimmungen hat der versicherungspflichtig Beschäftigte die nach seinem Arbeitsentgelt zu bemessenden Beiträge zur Hälfte zu tragen (Krankenversicherung: § 249 Abs. 1 SGB IV; Rentenversicherung: § 168 Abs. 1 SGB VI; Arbeitslosenversicherung: § 346 Abs. 1 SGB III).

Der Arbeitnehmer ist damit Schuldner des Arbeitnehmeranteils an den Sozialversicherungsbeiträgen. Nach § 28 e Abs. 1 SGB IV hat lediglich der Arbeitgeber den Gesamtsozialversicherungsbeitrag, also den vom Arbeitnehmer geschuldeten Beitrag und den selbst geschuldeten Beitrag zu bezahlen.
> BAG, Beschl. v. 11.08.1998, EzA § 288 BGB Nr. 1 = BB 1998, 1796.

Im Außenverhältnis haftet der Arbeitgeber allein für den gesamten Sozialversicherungsbeitrag,
> MünchArbR/*Hanau*, § 62 Rn 72.

Gem. § 38 Abs. 2 EStG ist der Arbeitnehmer Schuldner der als Lohnsteuer bezeichneten Einkommensteuer. Nach § 38 Abs. 3 EStG hat der Arbeitgeber die Lohnsteuer des Arbeitnehmers bei jeder Lohnzahlung vom Arbeitslohn einzubehalten. Die öffentlich-rechtliche Vorschrift des § 38 Abs. 3 EStG bestimmt also auch hier lediglich eine Haftung des Arbeitgebers im Außenverhältnis. Die Art der Steuererhebung läßt den Zahlungsanspruch des Arbeitnehmers gegen den Arbeitgeber unberührt,
> BAG, Beschl. v. 11.08.1998, BB 1998, 1796.

Da der Arbeitnehmer sowohl Schuldner der Lohnsteuer als auch Schuldner der Sozialversicherungsbeiträge ist, bilden Lohnsteuer und Sozialversicherungsbeiträge zusammen mit dem Nettoentgelt Gegenstand der Hauptschuld des Arbeitgebers gegenüber dem Arbeitnehmer.

Ein Zahlungsantrag ist nach § 253 Abs. 2 Nr. 2 ZPO nur dann zulässig, wenn er beziffert oder wenigstens aus dem Titel heraus bezifferbar ist,
> MünchKomm-ZPO/*Lücke*, § 253 Rn 94 ff.

Das Bestimmtheitserfordernis gilt also auch für den Zinsantrag.

Ob sich Zinsen auf den Brutto- oder Nettobetrag errechnen, wird in der Rechtsprechung und im Schrifttum nicht einheitlich berechnet.

Aus dem Gesichtspunkt der Akzessorietät des Zinsanspruchs zur Hauptforderung kam der 4. Senat des BAG mit Urteil vom 20.04.1983 zum Ergebnis, daß der Arbeitnehmer nur Zinsen aus dem

Nettobetrag verlangen könne. Eine Reihe von Instanzgerichten hat sich dieser Rechtsprechung angeschlossen,

>BAG, Urt. v. 20.04.1983, BB 1985, 1395; BAG, Urt. v. 13.02.1985, AP Nr. 11 zu § 23 BetrVG 1972; BAG, AP Nr. 2 zu § 21 TVAL II; BAG, AP Nr. 3 zu § 1 TVG Tarifverträge: Presse; LAG Hamm, Urt. v. 09.12.1982, EzA Art. 9 GG Arbeitskampf Nr. 49; Sächs. LAG, Urt. v. 22.01.1997, LAGE § 288 BGB Nr. 4; LAG Köln, Urt. v. 30.04.1998, 6 Sa 1736/97 – (unveröffentlicht).

Für Zinsen auf den Bruttobetrag hat sich die nunmehr überwiegende Auffassung ausgesprochen:
>BAG, AP Nr. 64 zu Art. 9 GG Arbeitskampf; BAG, Beschl. v. 11.08.1998, NZA 1999, 85; LAG München, NZA 1990, 66; LAG Hamburg, LAGE Nr. 1 zu § 288 BGB; LAG Nürnberg, LAGE Nr. 2 zu § 288 BGB; LAG Schleswig-Holstein, LAGE Nr. 3 zu § 288 BGB; LAG Berlin, LAGE § 138 BGB Nr. 9; ArbG Wetzlar, DB 1985, 288; ArbG Schwerin, Urt. v. 25.09.1997–6 Ca 747/96 – (unveröffentlicht); LAG Schleswig-Holstein, LAGE Nr. 3 zu § 288 BGB; LAG Köln, LAGE Nr. 9 zu § 11 ArbGG 1979.

Da der Arbeitgeber als Nebenpflicht aus dem Arbeitsverhältnis verpflichtet ist, dem Arbeitnehmer schriftlich über das Arbeitsentgelt Abrechnung zu erteilen,
>BAG, Urt. v. 11.02.1987, BB 1987, 1743,

ist der Kläger berechtigt, im Wege der Stufenklage die mit dem Antrag Nr. 2. a) erbetene Auskunft geltend zu machen.

Die klägerische Partei hat ihre Gehaltsansprüche mit Schreiben vom _____ gegenüber der beklagten Partei geltend gemacht.

Beweis: Vorlage des Schreibens in Kopie – Anlage K 3.

Der beklagten Partei wurde eine Zahlungsfrist bis zum _____ gesetzt. Die beklagte Partei hat diese Zahlungsfrist untätig verstreichen lassen. Sie befindet sich daher seit dem _____ in Verzug.

Die Höhe der Verzugszinsen von 5 % über dem Basiszinssatz nach § 1 des Diskontsatz-Überleitungs-Gesetzes vom 9. Juni 1998 ergibt sich für Forderungen, die nach dem 01.05.2000 fällig werden, aus dem durch das Gesetz zur Beschleunigung fälliger Zahlungen vom 30. März 2000 (BGBl. I 2000, 330) geänderten § 288 Abs. 1 ZPO.

Da sich die beklagte Partei beharrlich weigert, ihren Zahlungsverpflichtungen nachzukommen, war Klage geboten.

## 2. Muster: Arbeitsvergütung nicht gezahlt

2. Die beklagte Partei hat für den Monat _____ keine Arbeitsvergütung gezahlt. Die klägerische Partei hat ihre Forderung am _____ erfolglos angemahnt.

Beweis: 1. Zeugnis _____
2. Vorlage des Mahnschreibens in Kopie – Anlage K 2.

Die beklagte Partei ist daher zur Zahlung von _____ DM verpflichtet.

### § 7 Kapitel 1: Vertretung von Arbeitnehmern

**3652** **3. Muster: Überstunden ausdrücklich angeordnet**

▼

**116** Die regelmäßige Arbeitszeit der klägerischen Partei betrug wöchentlich 40 Stunden in der 5-Tage-Woche. Die Arbeitszeit war von montags bis freitags jeweils von _____ bis _____ Uhr verteilt, mit einer Mittagspause von _____ Minuten von _____ bis _____ Uhr. Die klägerische Partei hat wöchentlich _____ Überstunden geleistet. Diese Überstunden sind von der beklagten Partei ausdrücklich angeordnet worden.

Beweis: Zeugnis

Mithin kann die klägerische Partei verlangen, daß die wöchentlichen Überstunden gemäß folgender Berechnung vergütet werden:

▲

**3653** **4. Muster: Zahlungsklage wegen stillschweigend geduldeter Überstunden**

▼

**117** An das
Arbeitsgericht

*Klage*

– klägerische Partei –

Prozeßbevollmächtigte:

gegen

– beklagte Partei –

wegen: Überstundenvergütung.

Wir bestellen uns zu Prozeßbevollmächtigten der klägerischen Partei, in deren Namen und Auftrag wir um kurzfristige Anberaumung eines Gütetermins bitten. Wir werden im übrigen beantragen zu erkennen:

1. Die beklagte Partei wird verurteilt, _____ DM brutto nebst _____ % Zinsen jährlich für den Zeitraum vom _____ bis zum _____ sowie _____ % Zinsen jährlich ab dem _____ aus dem Nettobetrag von _____ DM an die klägerische Partei zu zahlen.
2. Die beklagte Partei trägt die Kosten des Rechtsstreits.

**Gründe:**
Zwischen den Parteien besteht seit dem _____ ein Arbeitsverhältnis. Die klägerische Partei ist als _____ bei einem monatlichen Bruttoentgelt von _____ DM mit einer regelmäßigen wöchentlichen Arbeitszeit von _____ Stunden tätig.

Beweis: Vorlage des Arbeitsvertrages in Kopie – Anlage K 1.

In der Zeit von _____ bis _____ hat die klägerische Partei Überstunden geleistet. Die Überstunden wurden zwar von der beklagten Partei nicht förmlich angeordnet, die beklagte Partei hatte jedoch die Arbeitsaufgaben angewiesen, die die klägerische Partei in der Zeit der Überstunden erledigt hat. Im einzelnen:

# § 7 Schriftsätze im arbeitsgerichtlichen Urteilsverfahren

Ein Anspruch auf Überstundenvergütung besteht, wenn der Arbeitgeber Überstunden angeordnet oder stillschweigend geduldet hat,
BAG, Urt. v. 15.06.1961, AP Nr. 7 zu § 253 ZPO; BAG, Urt. v. 28.11.1973, BB 1974, 933.

Eine stillschweigende Anordnung ist immer dann gegeben, wenn sich die Überstundenanordnung mittelbar aus der Übertragung bestimmter Arbeitsaufgaben ergibt. Wenn also ein Vorgesetzter einen bestimmten Auftrag erteilt, der nur an diesem Tage erledigt werden kann, weil sich am Folgetag zu Arbeitsbeginn zwingend bestimmte Nachfolgearbeiten anschließen, liegt immer eine stillschweigende Anordnung von Überstunden vor.

Die beklagte Partei hat die nachfolgenden Überstunden aus folgenden Gründen gebilligt bzw. geduldet:

Auch die Erledigung übertragener Aufgaben, die notwendig waren, kann einen Anspruch auf Zahlung einer Überstundenvergütung auslösen,
BAG, Urt. v. 25.11.1993, NZA 1994, 837.

## 5. Muster: Klage auf Arbeitsvergütung (Nettoklage)

*Klage*

– klägerische Partei –

Prozeßbevollmächtigte:

gegen

– beklagte Partei –

wegen: Arbeitsvergütung.

Wir bestellen uns zu Prozeßbevollmächtigten der klägerischen Partei, in deren Namen und Auftrag wir um kurzfristige Anberaumung eines Gütetermins bitten und beantragen werden zu erkennen:

1. Die beklagte Partei wird verurteilt, an die klägerische Partei         DM brutto nebst         % Zinsen jährlich für den Zeitraum vom         bis zum         sowie         % Zinsen jährlich ab dem         aus dem sich hieraus ergebenden Nettobetrag zu zahlen.
2. Sofern die beklagte Partei den Anspruch ganz oder teilweise anerkennt, wird beantragt, in Höhe des anerkannten Betrages ein Anerkenntnisurteil zu erlassen.
3. Die Kosten des Rechtsstreits trägt die beklagte Partei.

**Gründe:**

I.

1. Die klägerische Partei war vom         bis zum         bei der beklagten Partei zu einem Monatsverdienst von         DM beschäftigt.
   Beweis:   Vorlage des Arbeitsvertrages in Kopie – Anlage K 1.
2. Die beklagte Partei hat für den Monat         keine Arbeitsvergütung gezahlt. Die klägerische Partei hat ihre Forderung am         erfolglos angemahnt.
   Beweis:   1. Zeugnis
             2. Vorlage des Mahnschreibens in Kopie – Anlage K 2.

Die beklagte Partei ist daher zur Zahlung des gemäß Antrag Ziffer 1. auszuurteilenden Betrages verpflichtet. Der Betrag setzt sich wie folgt zusammen:

# § 7 Kapitel 1: Vertretung von Arbeitnehmern

## II.

1. In prozessualer Hinsicht ist auf folgendes hinzuweisen: Die überwiegende Rechtsprechung des Bundesarbeitsgerichts hat ausdrücklich festgestellt, daß der Arbeitnehmer bei Bruttolohnklagen lediglich Zinsen aus den entsprechenden Nettobeträgen verlangen kann,

    BAG, Urt. v. 20.03.1998, AP Nr. 2 zu § 21 TVAL 11.

Das BAG verweist zur Begründung darauf, daß der Zinsanspruch akzessorisch ist und dem Gläubiger daher nur Zinsen aus der Hauptschuld zustehen. Bei Bruttolohnklagen bedeutet dies, daß dem Arbeitnehmer eben nur aus dem ihm zufließenden Nettobetrag Zinsen gebühren. Diese Rechtsprechung hat das BAG auch noch einmal in einem neueren Urteil bestätigt,

    BAG, Urt. v. 13.02.1985, AP Nr. 3 zu § 1 TFG Tarifverträge: Presse.

Außerdem hat das BAG in der letztgenannten Entscheidung ausdrücklich zur Problematik der Bruttolohnverurteilung und den sich hieraus ergebenden Konsequenzen in der Zwangsvollstreckung Stellung genommen. Der Senat verweist darauf, daß der Arbeitgeber für den Fall, daß er zur Bruttolohnzahlung verurteilt wurde, dem Gerichtsvollzieher die Abführung des auf den Bruttobetrag entfallenden Lohnsteuer und Sozialversicherungsbetrages nachweisen und so erreichen kann, daß der Gerichtsvollzieher die geschuldete Nettosumme errechnen und damit auch die auf diese Summe entfallende Zinssumme bestimmen muß.

Hat der Arbeitgeber es jedoch unterlassen, bis zur Zwangsvollstreckung die Lohnsteuer und Sozialversicherungsbeiträge abzuführen, kann der Gerichtsvollzieher den Zinsbetrag nur aus dem titulierten Bruttobetrag errechnen und insoweit vollstrecken. Der Arbeitgeber muß sodann, nach Abführung der auf den Bruttobetrag entfallenden Lohnsteuer und Sozialversicherungsbeiträge, die darauf entfallenden, vom Gerichtsvollzieher bereits eingezogenen Zinsen vom Arbeitnehmer zurückfordern.

Vor diesem Hintergrund hält es die klägerische Partei mit der überwiegenden Rechtsprechung des BAG nur für zulässig, Zinsen vom Nettobetrag einzuklagen.

## 3657  6. Muster: Zahlungsansprüche im Wege einstweiliger Verfügung

119 An das
Arbeitsgericht

*Antrag auf Erlaß einer Einstweiligen Verfügung*

des

— Antragsteller —

Verfahrensbevollmächtigte:

gegen

— Antragsgegnerin —

wegen: Zahlung.

Wir bestellen uns zu Verfahrensbevollmächtigten der antragstellenden Partei und beantragen wegen Dringlichkeit des Falles ohne mündliche Verhandlung durch den Vorsitzenden allein, hilfsweise unter Abkürzung der Ladungsfrist aufgrund einer unverzüglich anzuberaumenden mündlichen Verhandlung den Erlaß einer einstweiligen Verfügung mit folgendem Inhalt:

1. Die antragsgegnerische Partei wird verurteilt, an den Antragsteller         DM netto als Lohn für die Monate         zu zahlen.

2. Die antragsgegnerische Partei hat die Kosten des Verfahrens zu tragen.

Für den Fall des Obsiegens wird bereits jetzt beantragt,

3. der antragstellenden Partei eine vollstreckbare Kurzausfertigung der Entscheidung (ohne Tatbestand und Entscheidungsgründe) zu erteilen.

**Gründe:**

**I.**

Die antragstellende Partei ist bei der antragsgegnerischen Partei als ......... zu einem Stundenlohn von ......... DM brutto vollzeitig beschäftigt. Ihr durchschnittlicher Bruttomonatslohn beläuft sich auf ......... DM, je nach Zahl der geleisteten Arbeitsstunden. Ein schriftlicher Arbeitsvertrag existiert nicht.

Die Antragsgegnerin zahlt die ausstehenden Löhne teilweise erst mit einer gewissen Verzögerung aus. Der Lohn ist fällig jeweils zum ersten Werktag des Monats, der auf den Monat der Ableistung der Arbeit folgt. Der Lohn für den Monat ......... war daher fällig am ......... . Der Nettolohn für den Monat ......... beläuft sich auf ......... DM. Dies ergibt sich sowohl aus der Berechnung, die der Antragsteller selber aufgestellt hat, wie auch aus den telefonischen Angaben der Antragsgegnerin gegenüber dem Antragsteller sowie aus einem weiteren Telefonat gegenüber dessen Ehefrau.

Glaubhaftmachung: 1. Vorlage der eidesstattlichen Versicherung des Antragstellers – Anlage K 1.
2. Vorlage der eidesstattlichen Versicherung der Ehefrau des Antragstellers ......... – Anlage K 2.
3. Vorlage der Bankmitteilung der Bank des Antragstellers vom ......... in Kopie – Anlage K 3.

Der Antragsteller und seine Familie befinden sich in finanziellen Nöten. Sie sind auf eine pünktliche Zahlung des Lohnes dringend angewiesen. Ansonsten besteht die Gefahr, daß ihnen seitens der Bank keine weiteren Kredite gewährt werden. Die kurzfristige Besorgung von finanziellen Mitteln im Wege der Sozialhilfe ist ebenfalls nicht möglich und gegenüber der Lohnzahlung durch den Arbeitgeber im übrigen nachrangig. Durch eine verspätete Zahlung der Miete besteht die Gefahr, daß der Kläger und seine Familie ihre Wohnung verlieren, weil der Vermieter das Mietverhältnis kündigt.

Im übrigen wird auf die beiden eidesstattlichen Versicherungen inhaltlich vollumfänglich Bezug genommen. Die darin gemachten Angaben sind wahrheitsgemäß und werden ausdrücklich zum Vortrag dieses Schriftsatzes gemacht.

Die Antragsgegnerin verweigert die Auszahlung des Lohns für den Monat ......... mit der Begründung, der Antragsteller bekomme das Geld erst dann, wenn er seine Arbeit wieder aufnehme. Die Arbeitsunfähigkeitsbescheinigung für laufende Arbeitsunfähigkeit hat die klägerische Partei an die beklagte Partei verschickt und zwar als Einschreiben/Rückschein. Die Arbeitsunfähigkeitsbescheinigung ist beim Antragsgegner auch angekommen.

Glaubhaftmachung: 1. Vorlage der eidesstattlichen Versicherung des Antragstellers – Anlage K 1.
2. Vorlage der eidesstattlichen Versicherung der Ehefrau des Antragstellers ......... – Anlage K 2.

**II.**

Der Anspruch auf Zahlung des Arbeitslohns ist fällig seit dem ......... . Auf das Arbeitsverhältnis der Parteien findet im übrigen der für allgemeinverbindlich erklärte Rahmentarifvertrag ......... Anwendung. Gemäß § ......... des Tarifvertrages ist der Lohn spätestens zu Mitte des Monats fällig, der auf den Monat folgt, für den er zu zahlen ist. Hieraus ergibt sich, daß spätestens seit dem ......... der volle Lohn für den Monat fällig und zu zahlen war.

Eine Lohnabrechnung hat die antragstellende Partei für den Monat ▓▓▓▓ bislang nicht erhalten. Die Ansprüche des Antragstellers berechnen sich wie folgt:

Mit Anwaltsschreiben vom ▓▓▓▓ wurde die Antragsgegnerin unter Nachfristsetzung auf den ▓▓▓▓ zur Zahlung aufgefordert. Die Zahlung erfolgte nicht.

Glaubhaftmachung: Vorlage des Forderungsschreibens vom ▓▓▓▓ als Kopie – Anlage K 4.

**III.**
Es besteht darüber hinaus ein Verfügungsgrund.

Der Antragsteller benötigt den Restlohn für den Monat ▓▓▓▓. Der Rahmen des ihm eingeräumten Dispositionskredits bei seiner Bank ist ausgeschöpft. Weitere Zahlungen sind von seiten des Arbeitgebers nicht zu erwarten. Die Antragsgegnerin hat vielmehr angekündigt, keine weiteren Zahlungen zu leisten, solange der Antragsteller nicht wieder arbeiten komme. Da die Arbeitsunfähigkeit jedoch seit dem ▓▓▓▓ besteht, läuft noch der gesetzliche Entgeltfortzahlungszeitraum. Somit kann der Antragsteller auch kein Krankengeld kurzfristig beantragen oder beziehen. Auch der Bezug von Sozialhilfe ist schon aus zeitlichen Gründen gegenwärtig nicht geeignet, den Kläger aus seiner wirtschaftlich schwierigen Situation zu befreien. Zudem ist die Sozialhilfe hinter den arbeitsrechtlichen Durchsetzungsansprüchen des Antragstellers nachrangig.

Der Umstand einer eingetretenen Arbeitsunfähigkeit berechtigt die Antragsgegnerin nicht zur Zurückbehaltung von Lohn. Hierbei handelt es sich darüber hinaus um eine Maßregelung im Sinne des § 612 a BGB, die der Antragsteller nicht, und zwar auch nicht bis zum Verhandlungstermin in einem ggf. ohnehin anhängig zu machenden Hauptsacheverfahren hinzunehmen braucht.

Daß im Wege der einstweiligen Verfügung bei Bestehen einer wirtschaftlichen Notlage der Arbeitnehmer seinen Entgeltanspruch im Wege der einstweiligen Verfügung geltend machen kann, ist in der Rechtsprechung anerkannt,
 ArbG Bonn, Beschl. v. 28.05.1998 – 2 Ga 22/98 (nicht veröffentlicht).

### 7. Muster: Einwand der Entreicherung bei Rückzahlungsklage des Arbeitgebers

**120** Das Bereicherungsrecht wird unterschiedlich angewendet bei Gehaltsüberzahlungen im öffentlichen Dienst und in der Privatwirtschaft. In Übereinstimmung mit den Richtlinien der öffentlichen Arbeitgeber, nach denen bei einer Überzahlung von nicht mehr als 10 % der jeweiligen Bezüge prima facie vom Wegfall der Bereicherung ausgegangen wird, vertritt auch das Bundesarbeitsgericht für den Bereich des öffentlichen Dienstes die Auffassung, daß es der konkreten Darlegung des Arbeitnehmers über die Verwendung der zu Unrecht erhaltenen Vergütung nicht bedürfe, wenn die monatliche Überzahlung geringfügig war, der betreffende Arbeitnehmer den unteren und mittleren Einkommensgruppen zuzurechnen sei und der Arbeitgeber durch Richtlinien zu erkennen gegeben habe, daß er unter diesen Umständen den Wegfall der Bereicherung unterstelle,
 BAG, NZA 1987, 380.

Zwar vertritt das LAG Hamm die Auffassung, diese Rechtsgrundsätze hätten auch in der Privatwirtschaft zu gelten,
 LAG Hamm, BB 1975, 230.

Überwiegend wird jedoch folgende Auffassung vertreten:

Will sich der Empfänger rechtsgrundlos erhaltener Lohn- und Gehaltsbezüge auf Entreicherung berufen, muß er im einzelnen Tatsachen darlegen und ggf. beweisen, aus denen sich ergibt, daß die Bereicherung weggefallen ist und keine notwendigerweise angefallenen Ausgaben erspart worden

sind. Nur wenn die Überzahlung für außergewöhnliche Dinge verwendet wird (Luxusausgaben), die der Empfänger sich sonst nicht verschafft hätte, ist die Bereicherung weggefallen,
BAG, Urt. v. 17.07.1985–5 AZR 131/84 (unveröffentlicht).

Die Besonderheiten der Eigenbindung aufgrund von Richtlinien können auf den Bereich der Privatwirtschaft nicht übertragen werden, wenn und soweit der Arbeitgeber der Privatwirtschaft nicht selbst durch entsprechende Richtlinien bzw. eine betriebliche Übung zu erkennen gegeben hat, daß er bei geringfügigen Einkommen den Wegfall der Bereicherung unterstelle. Die Rückzahlung einer Leistung, die im Rahmen eines Arbeitsvertrages erbracht wurde, ohne daß hierauf ein Anspruch des Vertragspartners bestand, erweist sich nämlich als eine Selbstverständlichkeit. Wenn der Arbeitnehmer einwendet, er habe das zuviel erhaltene Geld für seinen Lebensunterhalt verbraucht, hat er sich damit den Rückgriff auf anderweitiges Einkommen oder Vermögen erspart. Dies gilt für einen Arbeitnehmer der unteren und mittleren Einkommensgruppe ebenso wie für denjenigen mit höherem Einkommen,
LAG Berlin, Urt. v. 20.09.1993–9 Sa 36/93 (unveröffentlicht).

## 8. Muster: Klage auf Auskunft und Provision

*Klage*

– klägerische Partei –

Prozeßbevollmächtigte:

gegen

– beklagte Partei –

wegen: Auskunft und Provisionszahlung.

Wir bestellen uns zu Prozeßbevollmächtigten der klägerischen Partei, in deren Namen und Auftrag wir um kurzfristige Anberaumung eines Gütetermins bitten und beantragen werden zu erkennen:

1. Die beklagte Partei wird verurteilt, über die in der Zeit vom       bis       verdiente Provision der klägerischen Partei Auskunft zu erteilen.
2. Die beklagte Partei wird verurteilt, über die in der Zeit vom       bis       verdiente Provision einen Buchauszug zu erteilen.
3. Die beklagte Partei wird verurteilt, die Richtigkeit ihrer Abrechnung und des Buchauszuges an Eides Statt zu versichern.
4. Die beklagte Partei wird verurteilt, den sich aus dem Buchauszug zugunsten der klägerischen Partei ergebenden Betrag auszuzahlen.
5. Die Kosten des Rechtsstreits trägt die beklagte Partei.

**Gründe:**
Die klägerische Partei war bei der beklagten Partei vom       bis       als Verkaufsreisender beschäftigt. Sie verdiente ein Fixum und erhielt außerdem eine Provision.
Beweis:    Vorlage des Arbeitsvertrages in Kopie – Anlage K 1.
Wegen der weiteren Einzelheiten wird auf den als Anlage K 1 beigefügten Arbeitsvertrag Bezug genommen.

Die beklagte Partei hat seit dem             Provisionen nicht mehr abgerechnet. Gleichwohl hat die klägerische Partei noch provisionspflichtige Geschäfte vermittelt, denn beispielsweise die Kunden            haben noch Bestellungen aufgegeben.

Beweis:  Zeugnis

Die beklagte Partei ist daher gemäß §§ 65, 87 c HGB verpflichtet, Abrechnungen zu erteilen.

Nach §§ 65, 87 c Abs. 2 HGB hat die beklagte Partei einen Buchauszug zu erstellen. Da zu gewärtigen ist, daß die beklagte Partei ihre Auskunft nicht wahrheitsgemäß erteilt, wenn sie nicht unter dem Zwang der eidesstattlichen Versicherung steht, muß die beklagte Partei angehalten werden, die Richtigkeit an Eides Statt zu versichern.

Schließlich ist zur Vermeidung des tariflichen Verfalls der Forderung im Wege der Stufenklage schon jetzt die Auszahlung des Provisionsbetrages zu begehren.

▲

### 9. Muster: Befristung von Provisionsregelungen

▼

Bei einem Verkäufer im Außendienst ist eine Provisionsregelung in der Regel dem Kernbereich des Arbeitsvertrages zuzurechnen. Eine Befristung der Provisionsregelung und die Vereinbarung eines einseitigen Widerrufsrechts des Arbeitgebers bedürfen daher aufgrund von § 1 KSchG zu ihrer Rechtswirksamkeit eines sachlichen Grundes,
   LAG Köln, NZA 1993, 264.

Allerdings muß darauf hingewiesen werden, daß das BAG diese Rechtsauffassung des LAG Köln nicht teilt,
   BAG, NZA 1994, 476.

▲

### 10. Muster: Klage auf tabakrauchfreien Arbeitsplatz

▼

An das
Arbeitsgericht

*Klage*

– klägerische Partei –

Prozeßbevollmächtigte:

gegen

– beklagte Partei –

wegen: tabakrauchfreiem Arbeitsplatz.

Wir bestellen uns zu Prozeßbevollmächtigten der klägerischen Partei, in deren Namen und Auftrag wir um kurzfristige Anberaumung eines Gütetermins bitten. Wir werden im übrigen beantragen zu erkennen:

## Schriftsätze im arbeitsgerichtlichen Urteilsverfahren § 7

1. Die beklagte Partei wird verurteilt, der klägerischen Partei einen tabakrauchfreien Arbeitsplatz zur Verfügung zu stellen.
2. Die Kosten des Rechtsstreits trägt die beklagte Partei.

**Gründe:**

Die klägerische Partei ist am _____ geboren und seit _____ bei der beklagten Partei als _____ mit einem Bruttomonatsgehalt von zuletzt _____ DM beschäftigt. Wegen chronischer Atemwegserkrankung wird sie seit Jahren ärztlich behandelt. Nachdem die klägerische Partei durch ärztliches Attest vom _____ nachgewiesen hat, daß sie dringend auf einen Arbeitsplatz ohne Rauchbelastung der Atemluft angewiesen ist, wies ihr die beklagte Partei am _____ einen Arbeitsplatz in einem Großraumbüro zu. Der Raum wird über Fenster be- und entlüftet. Die Arbeitsplätze in diesem Büro sind teilweise durch 1,70 m hohe Stellwände voneinander getrennt. Der Arbeitsplatz der klägerischen Partei liegt zwei bis drei Meter vom nächsten Fenster entfernt.

Um den Arbeitsplatz der klägerischen Partei sind im Abstand von 2 bis 4 Metern mindestens 12 Arbeitnehmer beschäftigt, die regelmäßig während der Arbeitszeit etwa 10 bis 20 Zigaretten pro Person pro Tag rauchen.

Auf Veranlassung der klägerischen Partei wurde ihr Arbeitsplatz durch die Gewerbeaufsicht überprüft. Die Gewerbeaufsicht hat festgestellt, daß infolge der Raumgröße und Raumgeometrie des Großraumbüros und der Bürolandschaften eine gesundheitlich zuträgliche Be- und Entlüftung über die vorhandenen Fenster nicht möglich sei.

Mit erneutem ärztlichen Attest hat die klägerische Partei der beklagten Partei vergeblich nachgewiesen, daß sie zur Ausheilung und Vermeidung einer Dauerschädigung der Schleimhäute, die bis zur Arbeitsunfähigkeit führen könne, an der Arbeitsstelle auf eine rauchfreie und möglichst ausreichend feuchte Luft angewiesen sei.

Beweis: Vorlage des ärztlichen Attestes in Kopie – Anlage K 1.

Die beklagte Partei hat sich bislang geweigert, der klägerischen Partei einen anderweitigen Arbeitsplatz zuzuweisen. Klage war daher geboten.

**II.**

1. Der Anspruch auf die Zuweisung eines tabakrauchfreien Arbeitsplatzes ist hinreichend bestimmt im Sinne von § 253 Abs. 2 Nr. 2 ZPO. Dies hat bereits das BAG entschieden,
   BAG, Urt. v. 17.02.1998, NZA 1998, 1231.
2. Die klägerische Partei hat auch einen Anspruch auf einen tabakrauchfreien Arbeitsplatz. Anspruchsgrundlage bildet § 618 Abs. 1 BGB.

   Der Arbeitgeber hat Räume, die er zur Verrichtung der Dienste zu beschaffen hat, so einzurichten und zu unterhalten und Dienstleistungen, die unter seiner Anordnung oder Leitung vorzunehmen sind, so zu regeln, daß der Arbeitnehmer gegen Gefahr für Leben und Gesundheit soweit geschützt ist, als es die Dienstleistung gestattet. Gefährden die Arbeitsbedingungen die Gesundheit des Arbeitnehmers, ist der Arbeitgeber regelmäßig verpflichtet, für Abhilfe zu sorgen. Dabei ist es dem Arbeitgeber überlassen, welche Schutzmaßnahmen er zur Abwehr der Gesundheitsgefahr ergreift. Er genügt seiner Pflicht regelmäßig, wenn die Belastung der Atemluft durch Tabakrauch nicht über das sonst übliche Maß hinausgeht. Ob dies ausreichend ist, richtet sich nicht allein nach den öffentlich-rechtlichen Vorschriften wie beispielsweise § 5 ArbStättV, sondern auch nach den jeweiligen Verhältnissen des Einzelfalles. Der Inhalt der vertraglichen Schutzpflicht des Arbeitgebers wird durch die Umstände des einzelnen Arbeitsverhältnisses konkretisiert. Arbeitnehmer, die aufgrund ihrer gesundheitlichen Disposition gegen bestimmte Schadstoffe besonders anfällig sind, können daher im Einzelfall besondere Schutzmaßnahmen verlangen,
   BAG, Urt. v. 08.05.1996, NZA 1997, 86.

Besteht die Gefährdung in der Belastung der Atemluft durch Tabakrauch, ist der Arbeitgeber im Rahmen des ihm zumutbaren verpflichtet, die Arbeitsplätze durch geeignete Maßnahmen so zu gestalten, daß Gefährdungen der Gesundheit nicht entstehen,
   BVerwG, NJW 1985, 876; BVerwG, NVwZ 1990, 165.
3. Da die klägerische Partei aufgrund ihrer persönlichen Disposition gegen Tabakrauch besonders anfällig ist, ist für sie ein tabakrauchfreier Arbeitsplatz unerläßlich und von der beklagten Partei zur Verfügung zu stellen,
   BAG, Urt. v. 17.02.1998, NZA 1998, 1231.

## 11. Muster: Klage auf Urlaub

*Klage*

– klagende Partei –

Prozeßbevollmächtigte:

gegen

– beklagte Partei –

Prozeßbevollmächtigte:

Wir bestellen uns zu Prozeßbevollmächtigten der klagenden Partei, in deren Namen und Vollmacht wir um Anberaumung eines möglichst frühen Gütetermins bitten. Sollte die Güteverhandlung ergebnislos bleiben, werden wir beantragen:

1. Die beklagte Partei wird verpflichtet, der klägerischen Partei in der Zeit vom            bis            für            Wochen Erholungsurlaub zu gewähren.
2. Die Kosten des Rechtsstreits trägt die beklagte Partei.

**Gründe:**

I.
Die klägerische Partei ist seit dem            bei der beklagten Partei als            zu einem monatlichen Bruttogehalt von ca.            DM beschäftigt.

Beweis:  Vorlage der Verdienstabrechnungen für die Monate            und            in Kopie – Anlage K 1.

Die klägerische Partei beantragte bereits am            ihren Jahresurlaub für            und teilte mit, daß sie ihren Jahresurlaub für            Wochen in die Zeit vom            bis            legen wollte. Die klägerische Partei hat schulpflichtige Kinder und beabsichtigt, in dieser Zeit in ihr Heimatland zu verreisen. Die beklagte Partei lehnte mit Schreiben vom            unter Bezugnahme auf mehrere Gespräche die Urlaubsgewährung in diesem Zeitraum ab.

Beweis:  Vorlage des Schreibens vom            in Kopie – Anlage K 2.

Die beklagte Partei wurde mit außergerichtlichem Schreiben der Prozeßbevollmächtigten der klägerischen Partei vom            nochmals aufgefordert, die betrieblichen Gründe mitzuteilen, die einer Urlaubsgewährung in der Zeit vom            bis            entgegenstehen.

Beweis:  Vorlage des Schriftsatzes der klägerischen Partei vom            in Kopie – Anlage K 3.

Die beklagte Partei hat solche betrieblichen Gründe nicht mitgeteilt und lehnte mit Schreiben ihrer Bevollmächtigten vom            die beantragte Urlaubsgewährung endgültig ab.

Beweis: Vorlage des Schreibens der beklagten Partei vom ▭ in Kopie – Anlage K 4.

II.
Die klägerische Partei hat Anspruch auf Erteilung des Jahresurlaubs wie beantragt für die Zeit vom ▭ bis ▭.

Zur Festlegung des Urlaubs bedarf es einer Erfüllungshandlung des Arbeitgebers. Da der Arbeitgeber einseitig seine Leistungspflicht konkretisiert, hat die Festlegung gemäß § 315 BGB nach billigem Ermessen zu erfolgen,

so BAG, AP Nr. 84 zu § 611 BGB Urlaubsrecht und AP Nr. 5 zu § 7 BUrlG.

Im Rahmen der Abwägung der wechselseitigen Interessen hat der Arbeitgeber die Urlaubswünsche des Arbeitnehmers zu berücksichtigen (§ 7 Abs. 1 BUrlG). Der Arbeitgeber darf sich über die Urlaubswünsche nur dann hinwegsetzen, wenn von ihm darzulegende oder zu beweisende dringende betriebliche Belange oder Urlaubswünsche anderer Arbeitnehmer, die unter sozialen Gründen den Vorrang verdienen, wie etwa Berücksichtigung der Schulferien bei Arbeitnehmern mit schulpflichtigen Kindern, entgegenstehen,

vgl. BAG, AP Nr. 5 zu § 7 BUrlG.

Entspricht die Festlegung des Urlaubszeitpunktes nicht der Billigkeit, so ist sie für den Arbeitnehmer nicht verbindlich (§ 315 Abs. 1 Satz 1 BGB), vielmehr erfolgt sie dann durch Urteil (§ 315 Abs. 3 Satz 2 BGB).

Entgegenstehende dringende betriebliche Belange sind trotz der Aufforderung im Schriftsatz vom ▭ seitens der beklagten Partei nicht vorgetragen worden.

Da entgegenstehende betriebliche Belange oder Urlaubswünsche anderer Arbeitnehmer nicht erkennbar sind, hat die klägerische Partei Anspruch auf Gewährung des von ihr gewünschten Urlaubs in der Zeit vom ▭ bis ▭.

Im übrigen wird noch auf die bei der beklagten Partei geltende Betriebsordnung hingewiesen, die zwischen der beklagten Partei und dem Betriebsrat vereinbart worden ist. Dort ist geregelt, daß mindestens 3 Wochen Urlaub zusammenhängend genommen werden müssen, um den Urlaubszweck zu erreichen. Ferner ist festgelegt, daß der Urlaub während der Schulferien nach Möglichkeit den Betriebsangehörigen mit schulpflichtigen Kindern vorbehalten bleiben soll.

*Beweis:* Vorlage der Betriebsordnung in Kopie – Anlage K 5.

Da die beklagte Partei es außergerichtlich abgelehnt hat, den beantragten Urlaub zu gewähren, war Klage geboten.

▲

## 12. Muster: Klage wegen Abmahnung und Entfernung eines Schreibens aus der Personalakte

3680

▼

An das Arbeitsgericht ▭

125

*Klage*

▭

– klägerische Partei –

Prozeßbevollmächtigte: ▭

gegen

▭

– beklagte Partei –

wegen: Abmahnung und Entfernung eines Schreibens aus der Personalakte.

Wir bestellen uns zu Prozeßbevollmächtigten der klägerischen Partei, in deren Namen und Auftrag wir um kurzfristige Anberaumung eines Gütetermins bitten und beantragen werden zu erkennen:

1. Die beklagte Partei wird verurteilt, die der klägerischen Partei mit Schreiben vom ▓▓▓▓ erteilte Abmahnung zurückzunehmen und aus der Personalakte zu entfernen.
2. Die beklagte Partei trägt die Kosten des Rechtsstreits.

**Gründe:**

I.

Die klägerische Partei ist seit dem ▓▓▓▓ als ▓▓▓▓ bei der beklagten Partei in einem Arbeitsverhältnis beschäftigt.

Beweis: Vorlage des Arbeitsvertrages in Kopie – Anlage K 1.

Die beklagte Partei hat der klägerischen Partei eine mißbilligende Äußerung mit Schreiben vom ▓▓▓▓ zukommen lassen.

Beweis: Vorlage des Schreibens der beklagten Partei in Kopie – Anlage K 2.

Dieses Schreiben ist im Sinne der Rechtsprechung des Bundesarbeitsgerichts als Abmahnung anzusehen. Die Abmahnung unterscheidet sich von der Verwarnung oder dem Verweis dadurch, daß der Vertragspartner vom Arbeitgeber aufgefordert wird, ein vertragswidriges Verhalten abzustellen und daß für die Zukunft Rechtsfolgen angedroht werden. Der klägerischen Partei wurde im Schreiben der beklagten Partei folgendes mitgeteilt:

▓▓▓▓

Wie die Formulierung des Arbeitgebers unmißverständlich zum Ausdruck bringt, soll das Verhalten der klägerischen Partei nicht nur eine Mißbilligung erfahren, sondern auch im Zusammenhang mit dem Fortbestand des Arbeitsverhältnisses von Bedeutung sein und, falls weitere vom Arbeitgeber behauptete Rechtsverstöße hinzutreten, gegebenenfalls als unterstützender Kündigungsgrund herangezogen werden. In einem solchen Falle hat sich der Arbeitgeber einer Abmahnung im Rechtssinne bedient,

vgl. BAG DB 1979, 1511; DB 1975, 1946; BAG AP Nr. 1 zu § 87 BetrVG 1972 Betriebsbuße.

II.

Der Arbeitnehmer kann die Beseitigung der durch die Abmahnung entstandenen Beeinträchtigung in folgenden Fällen verlangen:

1. Die Abmahnung ist formell nicht ordnungsgemäß zustandegekommen,
    BAG, NZA 1990, 477.
2. Die Abmahnung enthält unrichtige Tatsachenbehauptungen oder Ehrverletzungen, unsachliche Werturteile oder rechtsirrig angenommene Vertragsverstöße,
    BAG, NZA 1986, 227.
3. Der Grundsatz der Verhältnismäßigkeit wird verletzt,
    BAG, NZA 1995, 227 f.
4. Ein schutzwürdiges Interesse des Arbeitgebers am Verbleib der Abmahnung in der Personalakte besteht nicht mehr, die Beeinträchtigung des Arbeitnehmers in seiner beruflichen Sphäre wirkt dagegen fort,
    BAG, NZA 1995, 677.

Feste Tilgungsfristen wie in der Bundesdisziplinarordnung oder im Bereich des öffentlichen Dienstes, wonach innerhalb von zwei oder drei Jahren das Abmahnungsschreiben aus der Personalakte zu entfernen ist, hat die Rechtsprechung in dem Bereich der Privatwirtschaft abgelehnt
    LAG Hamm, NZA 1987, 26.

## III.

Die beklagte Partei hat in ihrem Abmahnungsschreiben den maßgeblichen Sachverhalt unrichtig dargestellt:

Bei diesem Sachverhalt hat die klägerische Partei keine Pflichtwidrigkeit, mithin auch kein vertragswidriges Verhalten begangen, das die beklagte Partei als Arbeitgeber zur Androhung von Rechtsfolgen für die Zukunft berechtigen würde. Demgemäß kann die klägerische Partei die Rücknahme der Äußerung des Arbeitgebers und Entfernung des Abmahnungsschreibens aus der Personalakte verlangen.

## IV.

Es entspricht ständiger Rechtsprechung, daß der Arbeitnehmer die Rücknahme einer mißbilligenden Äußerung des Arbeitgebers verlangen kann, wenn diese nach Form oder Inhalt geeignet ist, ihn in seiner Rechtsstellung zu beeinträchtigen. Hierzu gehören auch schriftliche Rügen und Verwarnungen, die zu den Personalakten genommen werden,

> BAGE 7, 267 = AP Nr. 6 zu § 611 BGB Fürsorgepflicht; BAG, AP Nr. 5 zu § 87 BetrVG 1972 Betriebsbuße; BAG, AP Nr. 96 zu § 611 BGB Fürsorgepflicht.

Wie der 5. Senat des Bundesarbeitsgerichts in verschiedenen Entscheidungen der vergangenen Jahre hervorgehoben hat, besteht für den Arbeitnehmer auch eine Anspruchsgrundlage auf Rücknahme einer zu Unrecht ausgesprochenen Abmahnung. Der Arbeitgeber muß im Rahmen seiner Fürsorgepflicht dafür Sorge tragen, daß die Personalakten ein richtiges Bild des Arbeitnehmers in dienstlichen und persönlichen Beziehungen vermitteln. Die Fürsorgepflicht ist Ausfluß des in § 242 BGB niedergelegten Gedankens von Treu und Glauben, der den Inhalt der Schuldverhältnisse bestimmt. Auch in Ansehung des Beschlusses des Großen Senats des Bundesarbeitsgerichts vom 27.02.1985,

> AP Nr. 14 zu § 611 BGB Beschäftigungspflicht,

gewinnen der verfassungsrechtliche Persönlichkeitsschutz für das Arbeitsverhältnis und die sich daraus ergebenden Rechte und Pflichten Bedeutung. Der Arbeitgeber hat daher das allgemeine Persönlichkeitsrecht in bezug auf Ansehen, soziale Geltung und berufliches Fortkommen des Arbeitnehmers zu beachten,

> BAGE 45, 111 = AP Nr. 5 zu § 611 BGB Persönlichkeitsrecht.

Das Persönlichkeitsrecht des Arbeitnehmers wird durch unrichtige, sein berufliches Fortkommen berührende Tatsachenbehauptungen beeinträchtigt. In entsprechender Anwendung der §§ 242, 1004 BGB kann daher der Arbeitnehmer bei einem objektiv rechtswidrigen Eingriff in das Persönlichkeitsrecht des Arbeitnehmers in Form von unzutreffenden oder abwertenden Äußerungen deren Widerruf und Beseitigung verlangen,

> BAG, AP Nrn. 93 und 96 zu § 611 BGB Fürsorgepflicht.

Bei dieser Sachlage kann die klägerische Partei verlangen, daß das Abmahnungsschreiben aus der Personalakte entfernt wird und daß die beklagte Partei die erteilte Abmahnung zurücknimmt.

### 13. Muster: Fehlende Anhörung, § 13 BAT

1. Der Arbeitgeber ist auch deshalb verpflichtet, die Abmahnung zurückzunehmen und aus den Personalakten zu entfernen, weil diese Abmahnung unter Verstoß gegen § 13 Abs. 2 BAT zur Personalakte genommen wurde. Die klägerische Partei hat gegen die beklagte Partei einen Anspruch auf Entfernung der Abmahnung aus den bei ihr geführten Personalakten gemäß §§ 611, 242 BGB. Mit der Aufnahme einer Abmahnung ohne vorherige Anhörung des Angestellten ver-

letzt der Arbeitgeber eine vertraglich vereinbarte Nebenpflicht. Diese Pflichtverletzung begründet einen schuldrechtlichen Entfernungsanspruch neben dem Recht des Arbeitnehmers auf Gegenäußerung nach § 13 Abs. 2 Satz 2 BAT und der Möglichkeit, die mißbilligende Äußerung des Arbeitgebers gerichtlich überprüfen zu lassen, ob sie nach Form und Inhalt geeignet ist, ihn in seiner Rechtsstellung zu beeinträchtigen,

> BAG Urt. v. 13.10.1988–6 AZR 144/85, NZA 1989, 716 = AP Nr. 93 zu § 611 BGB Fürsorgepflicht; Urt. v. 16.11.1989–6 AZR 64/88 (unveröffentlicht).

§ 13 Abs. 2 Satz 1 BAT ist nicht auf Beschwerden oder Behauptungen tatsächlicher Art, die außerhalb des internen Bereichs des Arbeitgebers, insbesondere von Außenstehenden kommen, beschränkt,

> BAG, Urt. v. 16.11.1989–6 AZR 64/88; *Clemens/Scheuring/Steingen/Wiese*, BAT, § 13 Erläuterung 6.

Vielmehr gewährt § 13 Abs. 2 Satz 1 BAT ein umfassendes Anhörungsrecht zu allen Beschwerden und Behauptungen, die dem Arbeitnehmer nachteilig sind.

Die klägerische Partei ist vorliegend nicht angehört worden:

Das ist der Sinn des § 13 Abs. 2 Satz 1, wonach der Angestellte über Beschwerden und (jede) Behauptung tatsächlicher Art, die für ihn ungünstig ist oder ihm nachteilig werden kann, verlangen kann, vor Aufnahme in die Personalakten gehört zu werden. Zu keiner der in der Abmahnung enthaltenen Tatsachenbehauptungen ist die klägerische Partei vom Arbeitgeber angehört worden.

Ein Schreiben in dem Sinne, daß der Arbeitgeber seine Absicht gegenüber der klägerischen Partei bekundet hat, die Abmahnung mit dem vorliegenden Inhalt auszusprechen und der klägerischen Partei vorher noch einmal Gelegenheit zu geben, durch etwaige Richtigstellungen auf den Meinungsprozeß des Arbeitgebers zur Findung der Wahrheit Einfluß zu nehmen, gibt es nicht. Mit der Aufnahme des Schreibens vom in die Personalakte, ohne daß die klägerische Partei vorher angehört wurde, hat die beklagte Partei gegen § 13 Abs. 2 Satz 1 BAT verstoßen.

Welche Rechtsfolgen sich aus einem solchen Verstoß ergeben, war früher teilweise umstritten. Nach Auffassung des Bundesverwaltungsgerichts zu § 90 BBG gebiete der Grundsatz der Vollständigkeit, daß trotz einer Verletzung des Anhörungsrechts der Vorgang Bestandteil der Akten bleibe. Das schutzwürdige Interesse des Beamten werde durch den Berichtigungsanspruch ausreichend bewahrt,

> BVerwGE 59, 355; 15, 3.

Das Bundesarbeitsgericht vertritt nunmehr in der bereits erwähnten Entscheidung (Urt. v. 16.11.1989–6 AZR 64/88) die teilweise bereits im Schrifttum und vom LAG Berlin sowie vom LAG Frankfurt vertretene Auffassung, daß ein Anspruch auf Entfernung schriftlicher Abmahnungen aus der Personalakte bereits dann gegeben sei, wenn der Arbeitgeber das Anhörungsrecht des Arbeitnehmers nach § 13 Abs. 2 Satz 1 BAT mißachtet habe,

> BAG, Urt. v. 16.11.1989–6 AZR 64/88; LAG Frankfurt Urt. v. 15.09.1983–9 Sa 1540/82, ARST 1984, 76; Urt. v. 07.08.1986–9 Sa 1076/85, EzA Nr. 8 zu § 13 BAT; *Becker-Schaffner*, DB 1985, 650; *Geulen*, Die Personalakte in Recht und Praxis, S. 111, 112; *Bruse*, PK-BAT 1989, § 13, Rn 48.

Die tariflichen Vorschriften des öffentlichen Dienstes über die Führung der Personalakten gehen zwar ebenso wie die Bestimmungen des Beamtenrechts vom Grundsatz der Vollständigkeit der Personalakten aus. Personalakten sind eine chronologische Sammlung von Schriftstücken, die in bezug zur Person des Angestellten von dienstlichem Interesse sind. Sie sollen ein umfassendes, möglichst lückenloses Bild über Herkunft, Ausbildung, beruflichen Werdegang sowie dienstlich relevante Daten über Befähigung und Leistung geben. Daneben gebietet aber auch die Fürsorgepflicht des Arbeitgebers gegenüber seinem Arbeitnehmer die über die Berichtigung hinausgehende Entfernung eines Vorgangs, der unrichtige Behauptungen enthält. Nichts anderes gilt, wenn Vorgänge der Form nach zu Unrecht zu den Personalakten gelangt sind. Das folgt aus der Auslegung der Tarifvorschrift des § 13 Abs. 2 Satz 1 BAT. Nur mit dieser Rechtsfolge wird dem Sinn und Zweck des Anhörungsrechts genügt. Die vorherige Anhörung des Angestellten ist nicht nur bloße Förmelei, sondern bezweckt eine Auseinandersetzung des Arbeitgebers mit der Gegendarstellung des Betroffenen. Diese Auseinandersetzung, die im Idealfall zu einer Korrektur oder sogar zu einem Absehen von der beabsichtigten Rüge führen kann, findet erfahrungsgemäß von weniger Informiertheit getragen statt, wenn der Vorwurf bereits in Form eines zu den Personalakten genommenen Schreibens manifestiert ist. Die Friedensfunktion der vorherigen Anhörung wird unterlaufen, sie ist ohnehin nicht nachholbar,

BAG, Urt. v. 16.11.1989 – 6 AZR 64/88.

Bei dieser Sachlage ist die ohne vorherige Anhörung der klägerischen Partei zu den Akten genommene Abmahnung vom          zu entfernen.

2. Der Wertung der zu der Personalakte genommenen Vorgänge als Bestandteil der Personalakte steht nach dem materiellen Personalaktenbegriff auch nicht entgegen, daß sich die betreffende Abmahnung ungeordnet und nicht numeriert in der Akte oder in einer Nebenakte befindet, da es auf die Art der „Aktenführung" nicht ankommt. Denn die vorgeschriebene Anhörung des Betroffenen stellt nicht nur eine bloße Formvorschrift dar, sondern hat im Spannungsfall zum Ziel, eine intensive Auseinandersetzung zwischen dem Arbeitgeber und dem Betroffenen über die erhobenen Vorwürfe zu gewährleisten, was nicht der Fall ist, wenn die Vorwürfe ohne vorherige Auseinandersetzung – sei es auch nur in ungeordneter Form – in die Personalakte gelangen. Befinden sich die Vorgänge erst einmal – auch in ungeordneter Form – in der Personalakte, so ist nicht auszuschließen, daß sie, gelegentlich fortlaufend numeriert, auch formell ordnungsgemäß in die Personalakte eingegliedert werden. Auch bei einer eventuellen nachträglichen Entfernung dieser Vorgänge auf einen entsprechenden Antrag des Angestellten hin würde dann die zeitliche Ordnung und fortlaufende Numerierung in einer Weise lückenhaft werden, die nachteiligen Spekulationen bei denjenigen, die vor einer nachfolgenden Personalentscheidung die Akte einsehen würden, Tür und Tor öffnen würde,

vgl. BAG, Urt. v. 16.11.1989 – 6 AZR 64/88, NZA 1990, 477, 478 = NJW 1990, 1933, 1934.

Steht nunmehr fest, daß die streitigen Abmahnungen ohne die nach § 13 Abs. 2 BAT erforderliche vorherige Anhörung des Klägers Bestandteil der Personalakte geworden sind, so hat der Kläger bereits aus diesem Grunde gemäß §§ 611, 242 BGB nach der ständigen Rechtsprechung des Bundesarbeitsgerichts,

zuletzt BAG, aaO,

einen schuldrechtlichen Anspruch auf Entfernung dieser Abmahnungen nebst zugehörigem Schriftverkehr.

### 14. Muster: Teilweise unrichtige Abmahnung

Nicht alle in der Abmahnung enthaltenen Tatsachen sind vom Arbeitgeber richtig wiedergegeben. Unrichtig ist

Da die Abmahnung damit jedenfalls nicht in allen Punkten gerechtfertigt ist, muß das Abmahnungsschreiben vom          vollständig aus der Personalakte entfernt werden und kann auch nicht teilweise aufrechterhalten bleiben.

Dem Arbeitgeber ist es überlassen, ob er statt dessen eine auf zutreffende Pflichtverletzungen beschränkte Abmahnung aussprechen will; in jedem Falle ist das Abmahnungsschreiben in seiner Gesamtheit aus der Akte zu entfernen,

BAG, Urt. v. 13.03.1991 – 5 AZR 133/90; LAG Köln, Urt. v. 12.03.1966 – 5 Sa 1191/85, LAGE Nr. 3 zu § 611 BGB, Abmahnung; LAG Düsseldorf, Urt. v. 18.11.1986 – 3 Sa 1387/86, LAGE Nr. 7

## 15. Muster: Vollstreckung des Anspruchs auf Entfernung von Abmahnungen aus der Personalakte

Eine an die Herausgabe-Vollstreckung angelehnte gerichtliche Gestattung der Einschaltung eines Gerichtsvollziehers zwecks „Entfernung" von Abmahnungen aus Personalakten durch Wegnahme von Unterlagen („Ersatzvornahme") ist unzulässig.

Die Vollstreckung eines titulierten Anspruchs auf Entfernung von Abmahnungsunterlagen richtet sich bei allein vom Schuldner befugt zu führenden Personalakten ausschließlich nach den Grundsätzen über die Vollstreckung bei unvertretbaren Handlungen (§ 888 ZPO).

Derartige Vollstreckungsmaßnahmen nach § 888 ZPO sind nur solange zulässig, als der zu vollstreckende Anspruch noch nicht erfüllt ist. Die Einwände, die Leistung sei dem Schuldner unmöglich oder der Schuldner habe erfüllt, sind mithin auch im Vollstreckungsverfahren beachtlich,
    Hess. LAG, Beschl. v. 09.06.1993, NZA 1994, 2888.

## 16. Muster: Höhergruppierungsklage im öffentlichen Dienst

An das Arbeitsgericht

*Klage*

– klägerische Partei –

Prozeßbevollmächtigte:

gegen

– beklagte Partei –

wegen: Höhergruppierung.

Wir bestellen uns zu Prozeßbevollmächtigten der klägerischen Partei, in deren Namen und Auftrag wir um kurzfristige Anberaumung eines Gütetermins bitten und beantragen werden zu erkennen:

1. Es wird festgestellt, daß die beklagte Partei verpflichtet ist, der klägerischen Partei Vergütung nach der Vergütungsgruppe BAT          in der zur Zeit gültigen Fassung zu zahlen.
2. Die beklagte Partei wird verurteilt, an die klägerische Partei den Differenzbetrag zwischen Vergütungsgruppe          BAT und          BAT für die Zeit vom          bis zum          zu zahlen.
3. Die Kosten des Rechtsstreits trägt die beklagte Partei.

**Gründe:**

I.

Gegenstand des vorliegenden Rechtsstreits bildet das Höhergruppierungsverlangen der klägerischen Partei, die derzeit in Vergütungsgruppe BAT          eingruppiert ist und eine Höhergruppierung nach BAT ▮▮▮ anstrebt. Die klägerische Partei übt die Tätigkeit eines ▮▮▮ aus und ist bei der Beklagten seit dem ▮▮▮ beschäftigt. Die von der klägerischen Partei an ihrem Arbeitsplatz erledigten Arbeitsvorgänge ergeben sich aus der nachfolgenden Arbeitsplatzbeschreibung:

▮▮▮

Beweis: Arbeitsplatzbeschreibung der klägerischen Partei, vorzulegen von der beklagten Partei.

**II.**
Der Anspruch der klägerischen Partei auf Höhergruppierung ist begründet.

1. Nach § 22 Abs. 2 BAT ist der Angestellte in der Vergütungsgruppe eingruppiert, deren Tätigkeitsmerkmalen die gesamte von ihm nicht nur vorübergehend auszuübende Tätigkeit entspricht. Die Eingruppierung in eine bestimmte Vergütungsgruppe ist also nicht konstitutiver, sondern deklaratorischer Art; sie richtet sich nach den Merkmalen der vom Angestellten ausgeführten Arbeit: der Arbeitnehmer hat Anspruch auf Vergütung nach der Vergütungsgruppe, in der zeitlich mindestens zur Hälfte Arbeitsvorgänge anfallen, die für sich genommen die Anforderungen eines Tätigkeitsmerkmals oder mehrerer Tätigkeitsmerkmale dieser Vergütungsgruppe erfüllen,
BAG, AP Nrn. 19, 54, 91 zu §§ 22, 23 BAT 1975.

Den Begriff des Arbeitsvorganges haben die Tarifvertragsparteien in der Protokollnotiz zu § 22 Abs. 2 BAT als Arbeitsleistungen einschließlich der Zusammenhangsarbeiten definiert, die, bezogen auf den Aufgabenkreis des Angestellten, zu einem bei natürlicher Betrachtungsweise abgrenzbaren Arbeitsergebnis führen. In Auslegung der Protokollnotizen hat das Bundesarbeitsgericht den Begriff des Arbeitsvorgangs wie folgt umrissen:

Unter Hinzurechnung der Zusammenhangsarbeiten und bei Berücksichtigung einer vernünftigen, sinnvollen praktischen Verwaltungsübung ist der Arbeitsvorgang eine nach tatsächlichen Gesichtspunkten abgrenzbare und tarifrechtlich selbständig bewertbare Arbeitseinheit der zu einem bestimmten Arbeitsergebnis führenden Tätigkeit eines Angestellten. Dabei ist eine tarifwidrige Atomisierung zu vermeiden; jedoch dürfen tariflich verschieden zu bewertende Aufgaben nicht zu einem Arbeitsvorgang zusammengefaßt werden. Gegebenenfalls ist eine zusammengefaßte Betrachtung aller Arbeitsvorgänge nach § 22 Abs. 2 BAT notwendig,
BAG, AP Nrn. 2–122 zu §§ 22, 23 BAT 1975.

2. Die von der klägerischen Partei in Anspruch genommene Fallgruppe ▮▮▮ der Vergütungsgruppe ▮▮▮ lautet: ▮▮▮. Die von der klägerischen Partei ausgeübte Tätigkeit entspricht dem Wortlaut dieser Fallgruppe, denn ▮▮▮.

▲

### 17. Muster: Keine Herausgabe eines Dienstfahrzeugs durch einstweilige Verfügung

▼

Der Antrag des Antragstellers auf Erlaß einer einstweiligen Verfügung ist nicht begründet.

Der Verfügungsanspruch ist nicht glaubhaft gemacht und es fehlt an einem Verfügungsgrund.

Eine auf Herausgabe eines Dienstwagens gerichtete einstweilige Verfügung verfolgt die Erfüllung eines Anspruchs. An eine Leistungsverfügung sind nach der Rechtsprechung strenge Anforderungen zu stellen, da es grundsätzlich nicht Aufgabe der einstweiligen Verfügung ist, durch Befriedigung des Anspruchstellers das Hauptverfahren vorwegzunehmen.

In der Rechtsprechung ist die Leistungsverfügung unter engen Voraussetzungen sowohl bei Zahlungsansprüchen als auch bei Ansprüchen auf Herausgabe einer Sache anerkannt. Die aus der Rechtsprechung bekannten Fälle beziehen sich in erster Linie auf Besitzschutzansprüche, wenn also der Besitz durch verbotene Eigenmacht (§ 858 BGB) entzogen worden oder gestört ist. Bei der

## § 7 Kapitel 1: Vertretung von Arbeitnehmern

Herausgabe eines Dienstfahrzeugs geht es aber nicht um die Geltendmachung von Besitzschutzansprüchen, sondern um Herausgabeansprüche aus Eigentum und Vertrag. Solche Ansprüche können grundsätzlich nicht auf dem Wege der Leistungsverfügung realisiert werden,
  *Stein-Jonas-Grunsky*, ZPO, Anm. IV 3 vor § 935.

Eine Leistungsverfügung auf Herausgabe der Sache kann ausnahmsweise nur dann in Betracht kommen, wenn der Anspruchsteller auf den Gegenstand dringend angewiesen ist. Eine derartige Dringlichkeit hat die antragstellende Partei nicht dargetan. Soweit die antragstellende Partei geltend macht, das Fahrzeug werde für einen anderen Mitarbeiter benötigt, wurde dieser Sachverhalt nicht hinreichend glaubhaft gemacht. Soweit die antragstellende Partei vorträgt, das Fahrzeug verliere ständig an Wert, trägt sie einen Umstand vor, der sowohl bei Nutzung als auch bei Nichtbenutzung eintritt und der deshalb ebenfalls nur im Hauptverfahren geltend zu machen wäre.

Schließlich kann dahingestellt bleiben, ob ein Verfügungsanspruch nach §§ 936, 916, 935, 940 ZPO gegeben ist. In jedem Falle fehlt es an dem behaupteten Verfügungsgrund. Kraftwagen können vom Arbeitgeber in allen Variationen bei Autovermietern angemietet werden, so daß es an der Eilbedürftigkeit des Herausgabeverlangens fehlt. Eine andere Frage ist, ob sich der Arbeitnehmer Schadensersatzansprüchen aussetzt, wenn er den Dienstwagen nicht herausgibt. Diese Frage ist aber im vorliegenden summarischen Verfahren nicht zu entscheiden.

Der Antrag ist daher mit der Kostenfolge aus § 91 ZPO zurückzuweisen.

▲

### 3710  18. Muster: Klage auf Gleichbehandlung eines Teilzeitbeschäftigten

▼

132  An das
Arbeitsgericht

*Klage*

– klägerische Partei –

Prozeßbevollmächtigte:

gegen

– beklagte Partei –

wegen:

Wir bestellen uns zu Prozeßbevollmächtigten der klägerischen Partei, in deren Namen und Auftrag wir um kurzfristige Anberaumung eines Gütetermins bitten. Wir werden im übrigen beantragen zu erkennen:

1. Die beklagte Partei wird verurteilt, DM          brutto nebst Zinsen in Höhe von 5 % über dem Basiszinssatz nach § 1 des Diskontsatz-Überleitungs-Gesetzes vom 9. Juni 1998 (BGBl. I S. 1242) aus dem Nettobetrag von          seit dem          an die klägerische Partei zu zahlen.
2. Die Kosten des Rechtsstreits trägt die beklagte Partei.

**Gründe:**
Zwischen den Parteien besteht seit dem          ein Arbeitsverhältnis. Die klägerische Partei ist als          bei einem monatlichen Bruttoentgelt von          mit einer regelmäßigen wöchentlichen Arbeitszeit von          Stunden für die beklagte Partei tätig. Das Gehalt ist zahlbar zum          .

Beweis: Arbeitsvertrag vom          – Anlage K 1.

Neben der klägerischen Partei sind bei der beklagten Partei vollzeitbeschäftigte Arbeitnehmer tätig und zwar ........ .

Beweis: Zeugnis ........

Die vorgenannten vollzeitbeschäftigten Arbeitnehmer üben die gleiche Tätigkeit aus wie die klägerische Partei. Sie arbeiten ebenfalls bei der beklagten Partei als ........ . Im Gegensatz zur klägerischen Partei erhalten sie jedoch einen monatlichen Bruttolohn in Höhe von ........ .

Beweis: Zeugnis ........

Die geringere Vergütung der klägerischen Partei stellt einen Verstoß gegen § 2 Abs. 1 BeschFG dar. Danach ist eine Benachteiligung allein wegen der Teilzeittätigkeit nicht zulässig. Die klägerische Partei hat deshalb ebenfalls Anspruch auf ........ DM im Monat. Unter Zugrundelegung dieses Betrages ergibt sich für den Zeitraum vom ........ bis zum ........ ein der klägerischen Partei vorenthaltenes Entgelt in Höhe von insgesamt ........ DM.

Die beklagte Partei zahlt außerdem an alle vollzeitbeschäftigten Mitarbeiter eine Jahresprämie in Höhe von ........ .

Beweis: Zeugnis ........

Nur die klägerische Partei ist von der Zahlung dieser Jahresprämie, soweit bekannt, ausgeschlossen. Nach Auffassung der klägerischen Partei steht auch ihr aufgrund des Gleichbehandlungsgrundsatzes diese Prämie zu. Der Gleichbehandlungsgrundsatz verbietet die willkürliche Schlechterstellung einzelner Arbeitnehmer. Er enthält das Verbot der sachfremden Differenzierung zwischen vergleichbaren Arbeitnehmern in einer bestimmten Ordnung,

> BAG, AP Nr. 176 zu § 242 BGB Ruhegehalt; BAG, AP Nr. 42 zu § 242 BGB Gleichbehandlung = NJW 1979, 181; BAG, AP Nr. 44 zu § 242 BGB Gleichbehandlung = NJW 1980, 2374; BAG, AP Nr. 21 zu § 5 BetrAVG = NZA 1986, 748; BAG, AP Nr. 2 zu § 2 BeschFG 1985 = NZA 1989, 209.

Ein Verstoß gegen den Gleichbehandlungsgrundsatz liegt immer vor, wenn der Arbeitgeber eine bestimmte Ordnung in der Reihe oder in der Zeit (Stichtage) geschaffen hat, wenn ein einzelner oder einzelne Arbeitnehmer von dieser Ordnung ausgenommen werden und für die Ausnahme kein sachlicher Grund besteht.

Es kann dahinstehen, ob es gerechtfertigt ist, die Jahresprämie bei der klägerischen Partei anteilmäßig unter Berücksichtigung der von ihr geleisteten Arbeitszeit zu kürzen. Für einen völligen Ausschluß eines teilzeitbeschäftigten Mitarbeiters besteht jedoch kein sachlicher Grund.

Die beklagte Partei wurde außergerichtlich mit Schreiben vom ........ zur Zahlung aufgefordert.

Beweis: Schreiben vom ........ – Anlage K 2.

Die beklagte Partei weigert sich, die mit Anwaltsschreiben erhobene Forderung zu erfüllen. Klage war daher geboten.

## § 7 Kapitel 1: Vertretung von Arbeitnehmern

### 19. Muster: Klage auf Schadensersatz wegen Entzug eines Dienstfahrzeugs

▼

An das Arbeitsgericht

*Klage*

– klägerische Partei –

Prozeßbevollmächtigte:

gegen

– beklagte Partei –

wegen: Entzug eines Dienstfahrzeugs.

Wir bestellen uns zu Prozeßbevollmächtigten der klägerischen Partei, in deren Namen und Auftrag wir beantragen zu erkennen:

1. Die beklagte Partei wird verurteilt, der klägerischen Partei Schadensersatz in Höhe von DM zu zahlen.
2. Die Kosten des Rechtsstreits trägt die beklagte Partei.

**Gründe:**

I.
1. Die klägerische Partei ist bei der beklagten Partei als beschäftigt.
   Beweis: Vorlage des Anstellungsvertrages in Kopie – Anlage K 1.
   Die beklagte Partei hat das Arbeitsverhältnis mit Schreiben vom gekündigt.
   Beweis: Vorlage des Kündigungsschreibens in Kopie – Anlage K 2.
   Die klägerische Partei hat angesichts der Kündigung eine Kündigungsschutzklage erhoben. Das Arbeitsgericht hat festgestellt, daß durch die Kündigung der beklagten Partei vom das Arbeitsverhältnis nicht aufgelöst wurde, sondern fortbesteht.
   Beweis: Vorlage des Urteils in Kopie – Anlage K 3.
2. Die klägerische Partei hat nach ihrem Arbeitsvertrag bzw. nach dem Kfz-Nutzungsvertrag Anspruch auf die Überlassung eines Dienstfahrzeugs auch zu privaten Zwecken.
   Beweis: 1. Vorlage des Arbeitsvertrages in Kopie – Anlage K 1.
   2. Vorlage des Urteils des Arbeitsgerichts in Kopie – Anlage K 3.

Mit dem Kündigungsschreiben hat die beklagte Partei die klägerische Partei von der Arbeitsleistung freigestellt.

Beweis: Vorlage des Kündigungsschreibens in Kopie – Anlage K 2.

Da der klägerischen Partei das Fahrzeug auch zur privaten Nutzung überlassen war, was sich auch daraus ergibt, daß das Fahrzeug als steuerpflichtiges Entgelt behandelt wurde,
   BFH, BB 1963, 926,
war die beklagte Partei verpflichtet, das Fahrzeug während der Freistellung der klägerischen Partei zur weiteren privaten Nutzung zu belassen,
   BAG, NZA 1994, 1128 = BB 1994, 2276 m. Anm. *Nägele*.

Die Parteien hatten keine Vereinbarungen getroffen, wonach der Arbeitgeber im Falle einer Freistellung die Herausgabe des Fahrzeugs beanspruchen kann. Unabhängig davon, ob die Freistellung berechtigt war, bestand somit der Vergütungsanspruch der klägerischen Partei fort (§§ 611 Abs. 1, 615 S. 1 BGB).

Die beklagte Partei nahm der klägerischen Partei am          die Schlüssel des Fahrzeugs ab und verlangte außerdem von der klägerischen Partei die Herausgabe sämtlicher Unterlagen zum Fahrzeug. Außerdem ordnete sie an, daß das Fahrzeug nicht mehr von der klägerischen Partei benutzt werden dürfe.

Beweis: Zeugnis

Mit Anwaltsschreiben vom          forderte die klägerische Partei die beklagte Partei auf, das Fahrzeug wieder herauszugeben.

Beweis: Vorlage des Anwaltsschreibens in Kopie – Anlage K 4.

Die beklagte Partei ließ diese Aufforderung unbeachtet. Da der Antrag auf Erlaß einer einstweiligen Verfügung keine Aussicht auf Erfolg gehabt hätte, weil eine auf Herausgabe eines Dienstwagens gerichtete einstweilige Verfügung die Erfüllung eines Anspruchs verfolgt und eine Vorwegnahme in der Hauptsache durch Befriedigung des Anspruchsstellers bedeutet hätte, mußte von der Inanspruchnahme einstweiligen Rechtsschutzes abgesehen werden.

Zwar hatte die klägerische Partei über das Recht zur privaten Nutzung ein Recht auf Besitz, jedenfalls in Form des mittelbaren Besitzes nach § 868 BGB, dieses Recht auf Besitz hätte die klägerische Partei dem Herausgabeverlangen des Arbeitgebers entgegensetzen können. Trotzdem stellt es kein Mitverschulden der klägerischen Partei dar, daß sie dem Rückgabeverlangen des Arbeitgebers nachgekommen ist,

so auch BAG, Urt. v. 23.06.1994, NZA 1994, 1128 (unter II. 2. der Entscheidungsgründe, die in der erwähnten Fundstelle nicht mit abgedruckt sind).

II.

1. Da die beklagte Partei dem Herausgabeverlangen der klägerischen Partei nicht nachgekommen ist, befindet sie sich in Annahmeverzug. Die beklagte Partei hat die Nutzung des Firmenfahrzeugs nicht gewährt. Hieraus ergibt sich eine Verpflichtung zum Schadensersatz nach § 325 Abs. 1 Satz 1 BGB und nach §§ 286 Abs. 1, 284 Abs. 2 Satz 1 BGB.

2. Die Schadenshöhe ist weder nach der jährlich erscheinenden Pkw-Kostentabelle des ADAC zu berechnen,

so aber LAG Hamm, Urt. v. 13.07.1992 – 17 Sa 1824/91 (unveröffentlicht),

noch nach der Tabelle von *Sanden/Danner/Küppersbusch* zu berechnen,

so LAG Rheinland-Pfalz, Urt. v. 23.03.1990, BB 1990, 1202; Urt. v. 30.11.1983 – 1 Ca 216/83 (unveröffentlicht); BAG, Urt. v. 27.05.1999, NZA 1999, 1038.

Vielmehr ist nach einer neueren Entscheidung des BAG eine konkrete Schadensberechnung vorzunehmen,

BAG, Urt. v. 16.11.1995, NZA 1996, 415.

In seinem Urteil vom 16.11.1995 hat der Senat folgende Grundsätze aufgestellt:

1. Der Arbeitnehmer kann nur dann die Nutzungsentschädigung abstrakt berechnen, wenn ein Nutzungsausfall eingetreten ist. Dies ist immer dann nicht der Fall, wenn der Arbeitnehmer über einen gleichwertigen Pkw verfügt.

2. Verfügt der Arbeitnehmer über einen eigenen Pkw und hat er daher keinen Nutzungsausfall erlitten, muß der Arbeitnehmer den Schaden konkret errechnen. Als Schadensposition kommen in Betracht: Wertverlust, Steuern, Versicherungen, Kosten notwendiger und nützlicher Reparaturen, Wartungsarbeiten, Treibstoff.

3. Eine abstrakte Berechnung der Nutzungsentschädigung nach der Tabelle *Sanden/Danner/Küppersbusch* kommt nicht in Betracht.

4. Wurde das Fahrzeug nicht nur privat, sondern auch dienstlich genutzt, gehören die im Zusammenhang mit der dienstlichen Nutzung anfallenden Kosten zu den von § 670 BGB erfaßten Aufwendungen. Diese Aufwendungen mindern den Schadensersatzanspruch des Arbeitnehmers. Hieraus ergibt sich die Konsequenz, daß bei einer abstrakten Schadensberech-

nung anhand der bereinigten ADAC-Kostentabelle der Arbeitnehmer nur anteilig Schadensersatz in Verhältnis von privater und dienstlicher Nutzung verlangen kann.

Andererseits hat das BAG in seinem jüngsten Urteil

> BAG, Urt. v. 27.05.1999, NZA 1999, 1038,

entschieden, daß aus Gründen der Rechtseinheit dem Arbeitnehmer wegen unberechtigten Entzugs eines auch zur privaten Nutzung überlassenen Dienstfahrzeugs nicht jede abstrakte Schadensberechnung abgeschnitten werden soll. Danach entspricht es ständiger Übung, die steuer- und sozialversicherungsrechtlich maßgeblichen Bewertungsfaktoren heranzuziehen, wenn eine Naturalvergütung wegen Zeitablaufs nicht mehr geleistet werden kann und deshalb dem Arbeitnehmer Wertersatz zu leisten ist. Wird darüber hinaus berücksichtigt, daß der Gesetzgeber durch die Einfügung von § 6 Abs. 1 Nr. 4 EStG eine gesetzliche Grundlage für die steuerliche Bewertung der privaten Nutzung eines Kraftfahrzeugs mit Wirkung ab dem Veranlagungsjahr 1996 geschaffen und damit die früheren Regelungen (vgl. Abschnitt 31 VII Lohnsteuerrichtlinien) bestätigt hat, liegt es nach dieser Rechtsprechung des BAG im Rahmen des richterlichen Ermessens, den Wert der privaten Nutzung eines Kraftfahrzeugs für jeden Kalendermonat mit 1 % des inländischen Listenpreises im Zeitpunkt der Erstzulassung zuzüglich der Kosten für Sonderausstattungen einschließlich Umsatzsteuer anzusetzen.

3. In Anwendung dieser Grundsätze der Rechtsprechung ergibt sich für die klägerische Partei folgende Schadensberechnung:

## 20. Muster: Einstweilige Verfügung wegen Versetzung/Umsetzung

Arbeitsgericht

*Antrag auf Erlaß einer einstweiligen Verfügung*

– antragstellende Partei –

Verfahrensbevollmächtigte:

und

– antragsgegnerische Partei –

Verfahrensbevollmächtigte:

Wir bestellen uns zu Verfahrensbevollmächtigten der antragstellenden Partei und beantragen durch einstweilige Verfügung – wegen der Dringlichkeit ohne vorherige mündliche Verhandlung – wie folgt zu beschließen:

1. Der antragsgegnerischen Partei wird aufgegeben, bei Meidung eines vom Gericht festzusetzenden Zwangsgeldes bis zu 50.000,00 DM bzw. Zwangshaft gegen die gesetzlichen Vertreter der antragsgegnerischen Partei, die antragstellende Partei entgegen ihrer Weisung vom              entsprechend der bisherigen Ausgestaltung des Arbeitsplatzes bis auf weiteres weiterhin als       mit dem Aufgabenbereich       einzusetzen und tätig werden zu lassen.
2. Die antragsgegnerische Partei trägt die Kosten des Verfahrens.

**Gründe:**

I.

Die antragstellende Partei ist seit dem       bei der antragsgegnerischen Partei beschäftigt und übte bei einem Bruttomonatsverdienst von       DM zuletzt die Tätigkeit einer       aus.

Grundlage des bestehenden Arbeitsverhältnisses sind ▒▒▒▒

Danach gilt: ▒▒▒▒

Glaubhaftmachung:    Vorlage der Vertragsunterlagen in Kopie – Anlagenkonvolut K 1.

Mit Schreiben vom ▒▒▒▒ hat die antragsgegnerische Partei der antragstellenden Partei das Aufgabengebiet einer ▒▒▒▒ mit der Begründung, daß ▒▒▒▒, einseitig entzogen. Dem hat die antragstellende Partei durch Schreiben ihrer Verfahrensbevollmächtigten vom ▒▒▒▒ entschieden widersprochen.

Glaubhaftmachung:    Vorlage der Schreiben in Kopie – Anlagen K 2 und K 3.

Der antragstellenden Partei oblagen vor allem folgende Aufgaben: ▒▒▒▒

**II.**

Die antragstellende Partei hat aus §§ 611, 613 BGB iVm § 242 BGB einen Anspruch auf tatsächliche Beschäftigung nach Maßgabe des bestehenden Arbeitsvertrages,
    vgl. Beschl. des BAG, Großer Senat, vom 27.02.1985, AP Nr. 14 zu § 611 BGB Beschäftigungspflicht.

Aus diesem ergibt sich der Tätigkeitsbereich der antragstellenden Partei sowohl in geographischer wie auch in sachlicher Hinsicht. Vorliegend bedeutet dies, daß die antragstellende Partei einen Anspruch darauf hat, auch als (in) ▒▒▒▒ eingesetzt zu werden.

Eine rechtswirksame Abänderung der einzelvertraglichen Bedingungen ist weder in Ausübung eines einseitigen Leistungsbestimmungsvorbehalts der antragsgegnerischen Partei noch im Wege einer (sozial gerechtfertigten) Änderungskündigung erfolgt. Zudem handelt es sich bei der Neufestlegung des der antragstellenden Partei zugewiesenen Arbeitsgebiets um eine mitbestimmungspflichtige Versetzung.

Eine arbeitsvertragliche Versetzung ist über den bloßen Sprachgebrauch hinaus jede Änderung des Aufgabenbereichs nach Art, Ort und Umfang der Tätigkeit. Auch der bloße Entzug bisher wahrgenommener Aufgaben stellt danach bereits eine „Versetzung" dar. Der Umfang des Versetzungsrechts im Verhältnis zum Arbeitnehmer bestimmt sich nach dem Inhalt des Arbeitsvertrages. Das allgemeine Weisungsrecht des Arbeitgebers erlaubt wesentliche Änderungen der Tätigkeit selbst bei Gleichwertigkeit der sonstigen Arbeitsbedingungen nicht. Der Arbeitgeber kann (ohne entsprechenden arbeitsvertraglichen Vorbehalt) dem Arbeitnehmer nicht eine eindeutig andere Tätigkeit zuweisen und damit die vertraglich vereinbarte Leistungspflicht ändern. Das Direktionsrecht beschränkt sich in einem solchen Fall darauf, die im Rahmen der vereinbarten Tätigkeit liegenden Verrichtungen zuzuweisen,
    BAG, Urt. v. 03.12.1980, DB 1981, 799.

Das allgemeine Weisungsrecht des Arbeitgebers hat stets nur eine Konkretisierungsfunktion hinsichtlich der im Arbeitsvertrag enthaltenen Rahmenarbeitsbedingungen. Der Umfang der beiderseitigen Hauptleistungspflichten (Vergütungs- und Arbeitspflicht) unterliegt nicht dem allgemeinen Weisungsrecht des Arbeitgebers. Die Regelung der beiderseitigen Hauptleistungspflichten gehört zum Kernbereich des Arbeitsverhältnisses mit der Folge, daß diese Arbeitsbedingungen lediglich durch Gesetz, Kollektiv- oder Einzelarbeitsvertrag gestaltbar sind,
    vgl. BAG, Urt. v. 12.12.1984, AP Nr. 6 zu § 2 KSchG.

Ein arbeitsvertraglicher Versetzungsvorbehalt rechtfertigt eine Versetzung auf einen geringwertigeren Arbeitsplatz, also eine erhebliche qualitative Tätigkeitsänderung, selbst unter Beibehaltung der bisherigen Vergütung nicht. Insoweit besteht ein einseitiges Leistungsbestimmungsrecht, das gemäß § 315 BGB nur nach billigem Ermessen ausgeübt werden darf und entsprechende Maßnahmen nicht etwa in das freie Belieben des Arbeitgebers stellt.
    *Schaub*, Arbeitsrechtshandbuch, 9. Aufl. 2000, § 45 IV 6.

Ist nach dem Inhalt des Arbeitsvertrages aufgrund des Weisungsrechts eine Versetzung nicht möglich, so bedarf es zur Übertragung höher- oder geringwertiger Arbeit eines Änderungsvertrages, der vorliegend unstreitig nicht geschlossen wurde. Eine geringwertige Arbeit ist immer dann gegeben, wenn sie nach Tätigkeits- oder Berufsbild in der Sozialanschauung geringer bewertet wird. Als geringwertig werden angesehen: Innendienst als Mahnbuchhalter gegenüber Außendienst als Kundenbesucher, Verkäuferin gegenüber Einkaufstätigkeit, Stenotypistin gegenüber Kanzleivorsteherin,

*Birk*, AR-Blattei, D, Direktionsrecht I, C, I 2.

Abänderungen einzelvertraglicher Bindungen, die eine geringwertige Arbeit zum Inhalt haben, stellen eine Änderungskündigung dar, die im Anwendungsbereich des Kündigungsschutzgesetzes wie jede gewöhnliche Kündigung durch personen-, verhaltens- oder betriebsbedingte Gründe motiviert und sozial gerechtfertigt sein muß.

Danach ist hier von folgendem auszugehen:

### III.

Der Verfügungsgrund der antragstellenden Partei ergibt sich daraus, daß vorliegend ein Abwarten eines mindestens 2–4 Monate dauernden Hauptverfahrens zu nicht mehr rückgängig zu machenden wesentlichen Nachteilen für die antragstellende Partei führen würde.

### IV.

Verfügungsanspruch und Verfügungsgrund sind daher gegeben, §§ 935, 940 ZPO. Das angerufene Gericht ist als das Gericht der Hauptsache für den Erlaß der einstweiligen Verfügung zuständig, da Gegenstand des Anspruchs eine bürgerliche Rechtsstreitigkeit zwischen Arbeitnehmer und Arbeitgeber aus einem im Gerichtsbezirk realisierten Arbeitsverhältnis bildet, § 937 ZPO, 2 Abs. 1 Nr. 2 ArbGG.

## 21. Muster: Klage auf unveränderte Beschäftigung nach rechtswidriger Versetzung

**137** An das
Arbeitsgericht

*Klage*

– klägerische Partei –

Prozeßbevollmächtigte:

gegen

– beklagte Partei –

wegen: Beschäftigung.

Wir bestellen uns zu Prozeßbevollmächtigten der klägerischen Partei, in deren Namen und Auftrag wir um kurzfristige Anberaumung eines Gütetermins bitten. Wir werden im übrigen beantragen zu erkennen:

1. Die beklagte Partei wird verurteilt, die klägerische Partei zu unveränderten Arbeitsbedingungen als            in            zu beschäftigen.
2. Es wird festgestellt, daß die mit Schreiben vom            ausgesprochene Versetzung unwirksam ist.
3. Die beklagte Partei trägt die Kosten des Rechtsstreits.

## Schriftsätze im arbeitsgerichtlichen Urteilsverfahren § 7

**Gründe:**

**I.**

Die klägerische Partei ist seit dem ▓▓▓▓ bei der beklagten Partei beschäftigt.

Beweis: Vorlage des Arbeitsvertrages in Kopie – Anlage K 1.

Zunächst war die klägerische Partei bei der Muttergesellschaft der beklagten Partei im Bereich ▓▓▓▓ tätig. ▓▓▓▓ wechselte sie zur beklagten Partei. Dort war sie zunächst als ▓▓▓▓ tätig, seit dem ▓▓▓▓ ist sie mit den Aufgaben eines ▓▓▓▓ betraut.

In dieser Eigenschaft hat die klägerische Partei folgende Aufgaben: ▓▓▓▓

Beweis: Vorlage der aktuellen Stellenbeschreibung – Anlage K 2.

Im Zuge der verschiedenen Beförderungen erhöhte sich auch das Gehalt der klägerischen Partei. Aktuell verdient die klägerische Partei DM ▓▓▓▓ brutto monatlich.

Beweis: Vorlage einer Verdienstbescheinigung – Anlage K 3.

Am ▓▓▓▓ versetzte die beklagte Partei die klägerische Partei mit sofortiger Wirkung auf die Position eines ▓▓▓▓.

Beweis: Vorlage des Versetzungsschreibens in Kopie – Anlage K 4.

Die klägerische Partei nahm die Versetzung mit Schreiben vom ▓▓▓▓ unter dem Vorbehalt an, die Wirksamkeit gerichtlich überprüfen zu lassen.

Beweis: Vorlage des Schreibens vom ▓▓▓▓ in Kopie – Anlage K 5.

Bei der beklagten Partei sind ca. ▓▓▓▓ Mitarbeiter beschäftigt und es ist ein Betriebsrat gebildet.

**II.**

Die Versetzungsanordnung vom ▓▓▓▓ ist unwirksam.

Die klägerische Partei hat aus §§ 611, 613 BGB i. V. m. § 242 BGB einen Anspruch auf tatsächliche Beschäftigung nach Maßgabe des bestehenden Arbeitsvertrages,
   BAG GS, Beschl. v. 27.02.1985, AP Nr. 14 zu § 611 BGB Beschäftigungspflicht.

Die klägerische Partei hat einen Anspruch, daß ihr Tätigkeitsbereich sowohl in fachlicher als auch in geographischer Hinsicht in der bisher wahrgenommenen Aufgabe als ▓▓▓▓ besteht.

Eine rechtswirksame Abänderung der einzelvertraglichen Bedingungen ist weder in Ausübung eines einseitigen Leistungsbestimmungsvorbehalts der beklagten Partei im Arbeitsvertrag noch im Wege einer wirksamen Ausübung des Direktionsrechts erfolgt. Schließlich handelt es sich bei der Neufestlegung des der klägerischen Partei zugewiesenen Arbeitsgebiets um eine mitbestimmungspflichtige Versetzung.

1. Eine arbeitsvertragliche Versetzung ist über den bloßen Sprachgebrauch hinaus jede Änderung des Aufgabenbereichs nach Art, Ort und Umfang der Tätigkeit. Auch der bloße Entzug bisher wahrgenommener Aufgaben stellt danach bereits eine Versetzung dar. Der Umfang des Versetzungsrechts im Verhältnis zum Arbeitnehmer bestimmt sich nach dem Inhalt des Arbeitsvertrages. Das allgemeine Weisungsrecht des Arbeitgebers erlaubt wesentliche Änderungen der Tätigkeit selbst bei Gleichwertigkeit der sonstigen Arbeitsbedingungen nicht. Der Arbeitgeber kann ohne entsprechenden arbeitsvertraglichen Vorbehalt dem Arbeitnehmer nicht eindeutig eine andere Tätigkeit zuweisen und damit die vertraglich vereinbarte Leistungspflicht ändern. Das Direktionsrecht beschränkt sich in einem solchen Fall darauf, die im Rahmen der vereinbarten Tätigkeit liegenden Verrichtungen zuzuweisen,
   BAG, Urt. v. 03.12.1980, DB 1981, 799.

Das allgemeine Weisungsrecht des Arbeitgebers hat stets nur eine Konkretisierungsfunktion im Hinblick auf die im Arbeitsvertrag enthaltenen Rahmenarbeitsbedingungen. Der Umfang der beiderseitigen Hauptleistungspflichten (Vergütungs- und Arbeitspflicht) unterliegt nicht dem allgemeinen Weisungsrecht des Arbeitgebers. Die Regelung der beiderseitigen Hauptleistungspflichten gehört zum Kernbereich des Arbeitsverhältnisses mit der Folge, daß diese Arbeitsbedingungen lediglich durch Gesetz, Kollektiv- oder Einzelarbeitsvertrag gestaltbar sind,

> BAG, Urt. v. 12.12.1984, AP Nr. 6 zu § 2 KSchG.

Ein arbeitsvertraglicher Versetzungsvorbehalt rechtfertigt eine Versetzung auf einen geringerwertigen Arbeitsplatz, also eine erhebliche qualitative Tätigkeitsänderung, selbst unter Beibehaltung der bisherigen Vergütung nicht. Insoweit besteht ein einseitiges Leistungsbestimmungsrecht des Arbeitgebers, das aber nur gem. § 315 BGB nach billigem Ermessen ausgeübt werden darf und entsprechende Maßnahmen nicht etwa in das freie Belieben des Arbeitgebers stellt,

> *Schaub*, Arbeitsrechtshandbuch, § 45 IV 6.

Ist nach dem Inhalt des Arbeitsvertrages aufgrund des Weisungsrechts eine Versetzung nicht möglich, bedarf es zur Übertragung höher- oder geringwertiger Arbeit eines Änderungsvertrages. Einen solchen Änderungsvertrag haben die Parteien unstreitig nicht geschlossen.

Die beklagte Partei beruft sich zur Begründung der Wirksamkeit der Versetzung auf die im Arbeitsvertrag getroffene Regelung, wonach die klägerische Partei innerhalb der Firmengruppe eine andere, ihrer Vorbildung, ihren Fähigkeiten und Erfahrungen entsprechende Tätigkeit übertragen kann.

Richtig ist, daß Versetzungsklauseln eine Erweiterung der Versetzungsbefugnis des Arbeitgebers bedeuten können. Im Gegenteil zu Klauseln, die pauschal die Zumutbarkeit der Versetzungsmaßnahme vorsehen, stellen Klauseln, die zwar einerseits Direktionsrechtserweiterungen beinhalten, andererseits eine Versetzung inhaltlich in der Weise beschränken, daß die neue Arbeit den Fähigkeiten und Kenntnissen des Arbeitnehmers entsprechen muß, eine Einschränkung des Direktionsrechts dar. Die Zumutbarkeit der anderen Beschäftigung wird auf die Fähigkeiten, Kenntnisse und Vorbildung und damit auf eine Gleichwertigkeit der Tätigkeiten fixiert,

> *Hanau/Preis*, Der Arbeitsvertrag D 30 Rn 12; BAG, Urt. v. 27.03.1980, EzA § 611 BGB Direktionsrecht Nr. 2.

Die Zuweisung geringwertiger Aufgaben oder eines geringwertigen Arbeitsplatzes wird nach der Rechtsprechung des BAG vom Direktionsrecht nicht gedeckt, sofern nicht ein entsprechender Vorbehalt im Arbeitsvertrag enthalten ist, selbst dann, wenn die bisherige Vergütung weiter gezahlt wird,

> BAG, Urt. v. 26.02.1976, EzA § 242 BGB Ruhegeld Nr. 50; BAG, Urt. v. 28.02.1968, AP Nr. 22 zu § 611 BGB Direktionsrecht.

Eine geringerwertige Arbeit ist immer dann gegeben, wenn sie nach Tätigkeits- oder Berufsbild in der Sozialanschauung geringer bewertet wird. Die Frage der Arbeitswertigkeit ist hierbei durch einen wertenden Vergleich zu ermitteln. Zu berücksichtigen sind unter anderem Vor- und Nachteile, das Berufsbild, das Sozialprestige oder die verkehrsmäßige Einschätzung der Tätigkeit. Abänderungen einzelvertraglicher Bindungen, die eine geringwertige Arbeit zum Inhalt haben, stellen eine Änderungskündigung dar, die im Anwendungsbereich des Kündigungsschutzgesetzes wie jede gewöhnliche Kündigung durch personen-, verhaltens- oder betriebsbedingte Gründe motiviert und sozial gerechtfertigt sein muß.

Die Wegnahme der mit einer Abteilungsleiterfunktion verbundenen Weisungs-, Aufsichts- und Fürsorgebefugnisse hinsichtlich der unterstellten Mitarbeiter sowie die völlige Reduktion der die Abteilung tragenden Aufgaben auf die Person des Abteilungsleiters beinhaltet eine rechtswidrige Versetzungsanweisung,

> LAG Köln, Urt. v. 19.04.1994–11 Sa 526/93 (unveröffentlicht); ArbG Bonn, Urt. v. 11.03.1998 –5 Ca 1028/92 (unveröffentlicht).

Verliert ein Mitarbeiter sämtliche Kompetenzen im Bereich der Geschäftsführung, bedeutet dies den Wegfall der Position eines leitenden Angestellten in die eines gewöhnlichen Angestellten. Allein die Erteilung der Prokura führt nicht automatisch dazu, daß ein Angestellter leitender

Angestellter im Sinne des § 5 Abs. 3 Nr. 2 BetrVG ist. Erforderlich ist insoweit, daß der Prokurist erhebliche unternehmerische Leitungsaufgaben tatsächlich wahrnimmt,
   BAG, Urt. v. 11.01.1995, DB 1995, 1334.

Unabhängig von der arbeitsvertraglichen Zulässigkeit einer Versetzung ist der Betriebsrat im Rahmen des § 99 Abs. 1 BetrVG zu beteiligen, wenn dem Arbeitnehmer ein anderer Aufgabenbereich zugewiesen wird und dies voraussichtlich die Dauer von einem Monat überschreitet bzw. mit einer erheblichen Änderung der Umstände verbunden ist, unter denen die Arbeit zu leisten ist, § 95 Abs. 3 BetrVG. Dieser besondere betriebsverfassungsrechtliche Versetzungsbegriff umfaßt auch die individualrechtliche Zuweisung eines anderen Arbeitsortes oder einer anderen Tätigkeit, da unter „Arbeitsbereich" der konkrete Arbeitsplatz und seine Beziehung zur betrieblichen Umgebung in räumlicher, technischer und organisatorischer Hinsicht zu verstehen ist,
   BAG, Urt. v. 10.04.1984, AP Nr. 4 zu § 95 BetrVG; Urt. v. 03.12.1985, AP Nr. 8 zu § 95 BetrVG.

Die ordnungsgemäße Beteiligung des Betriebsrats ist Wirksamkeitsvoraussetzung für die tatsächliche Zuweisung eines neuen Arbeitsbereichs,
   *Küttner/Reinecke*, Personalhandbuch, Versetzung, Rn 24.

Dies gilt sowohl für Versetzungen, die der Arbeitgeber individualrechtlich im Wege des Weisungsrechts anordnen kann,
   BAG, Urt. v. 26.01.1998, DB 1998, 1167,

als auch wenn der Arbeitgeber eine Änderungskündigung zum Zweck der Versetzung ausspricht,
   BAG, Urt. v. 30.09.1993, DB 1994, 637.

2. Ausgehend von diesen Grundsätzen erweist sich die Versetzungsanweisung der beklagten Partei vom       als unwirksam:

## 22. Muster: Feststellungsklage zu den Grenzen des Direktionsrecht

*Klage*

– klagende Partei –

Prozeßbevollmächtigte:

gegen

– beklagte Partei –

Prozeßbevollmächtigte:

wegen: Feststellung der Grenzen des Direktionsrechts.

Wir bestellen uns zu Prozeßbevollmächtigten der klagenden Partei, in deren Namen und Auftrag wir beantragen zu erkennen:

1. Es wird festgestellt, daß die klagende Partei nicht verpflichtet ist/berechtigt ist,
2. Die Kosten des Rechtsstreits trägt die beklagte Partei.

**Gründe:**

1. ▮

2. Der Feststellungsantrag der klagenden Partei ist zulässig. Die klagende Partei begehrt im wesentlichen die Feststellung, daß ▮ . Es geht folglich um den Umfang der Rechte und Pflichten im Verhältnis zu der beklagten Partei. Derartige Sachverhalte können Gegenstand eines Feststellungsantrags sein.

Zwar kann nach § 256 ZPO nur auf Feststellung des Bestehens oder Nichtbestehens eines Rechtsverhältnisses geklagt werden; bloße Elemente oder Vorfragen eines Rechtsverhältnisses werden nicht als zulässiger Streitgegenstand eines Feststellungsbegehrens angesehen,
   BGHZ 22, 43, 48; 68, 331, 332.

Eine Feststellungsklage muß sich aber nicht notwendig auf das Rechtsverhältnis im ganzen erstrecken, sie kann vielmehr auch einzelne Beziehungen oder Folgen aus dem Rechtsverhältnis betreffen, wie bestimmte Ansprüche oder Verpflichtungen oder den Umfang einer Leistungspflicht,
   BAG, AP Nr. 134 zu § 242 BGB, Ruhegehalt; BAGE 47, 238, 245 = AP Nr. 1 zu § 4 TVG, Bestimmungsrecht; vgl. ferner BAG, AP Nr. 1 zu § 52 HGB.

3. Die klagende Partei hat auch ein rechtliches Interesse an der alsbaldigen Feststellung, welche Rechte und Pflichten sie im Verhältnis zum ▮ hat. Ein solches Interesse besteht immer dann, wenn dem Recht oder der Rechtslage eines Klägers die gegenwärtige Gefahr der Unsicherheit droht und ein Feststellungsurteil geeignet ist, diese Gefahr zu beseitigen,
   BAG, AP Nr. 5 zu § 256 ZPO; BGH, WM 86, 690, jeweils mwN.; *Stein/Jonas/Schumann*, ZPO, § 256, Rn 63, mwN.

Das ist hier der Fall. Die Unsicherheit in der Rechtsstellung der klagenden Partei folgt aus ▮

Weiter ist die von der klagenden Partei erhobene Feststellungsklage das geeignete Mittel, den Streit der Parteien umfassend zu erledigen. Bei der beklagten Partei als einem öffentlichen Arbeitgeber ist davon auszugehen, daß sie sich auch an ein nicht vollstreckbares Feststellungsurteil halten wird,
   vgl. insoweit BAGE 36, 218, 227 = AP Nr. 19 zu § 611 BGB Lehrer, Dozenten.

4. Das Feststellungsverlangen der klagenden Partei ist auch begründet.

Das Direktionsrecht (Weisungsrecht) ist das Recht des Arbeitgebers, die Arbeitsbedingungen, insbesondere Art und Ort der Arbeitsleistung, einseitig zu bestimmen. Es beruht auf dem Arbeitsvertrag und gehört zum wesentlichen Inhalt eines jeden Arbeitsverhältnisses. Das Direktionsrecht kann aber nur so weit ausgeübt werden, wie ihm gesetzliche, tarifliche oder einzelvertragliche Regelungen nicht entgegenstehen,
   vgl. statt vieler BAGE 33, 71, 75 = AP Nr. 26 zu § 611 BGB, Direktionsrecht, mwN.; BAG, AP Nr. 17 zu § 611 BGB, Direktionsrecht; Urt v. 29.06.1988 – AZR 425/87 (unveröffentlicht).

Die Arbeitspflicht der klagenden Partei hat sich in der durch Weisung vom ▮ festgelegten Art und Weise konkretisiert. Sie ist dadurch Vertragsinhalt geworden und stellt auch für die Zukunft die von der klagenden Partei geschuldete Arbeitsleistung dar.

Gegen diese Überlegungen läßt sich nicht einwenden, das Direktionsrecht, das für eine sachgemäße Leitung des Betriebes unentbehrlich ist, werde zu weitgehend eingeschränkt. Das BAG hat bereits in dem erwähnten Urteil vom 14.12.1961 (5 AZR 180/61) darauf hingewiesen, eine Konkretisierung des Leistungsinhalts bedeute nicht, daß damit jede einseitige Einwirkungsmöglichkeit des Arbeitgebers auf die nunmehr Vertragsinhalt gewordene Art der Arbeitsleistung ausgeschlossen ist und nur noch im Wege der Änderungskündigung eine Änderung des vertraglichen Tätigkeitsbereichs erfolgen kann,
   vgl. AP Nr. 17 aaO.

Das Direktionsrecht des Arbeitgebers hat zwar bei einem entsprechend konkretisierten Arbeitsvertrag eine Einschränkung erfahren, es ist aber nicht gänzlich weggefallen. Daher verbleibt dem Arbeitgeber auch nach der Konkretisierung ein – wenn auch eingeschränktes – Direktionsrecht.

### 23. Muster: Keine Rückzahlungspflicht von Gehalt bei irrtümlich gutgeschriebenem Zeitguthaben

Der Arbeitgeber hat gegen den Arbeitnehmer keinen Anspruch auf Rückzahlung des für die Vergangenheit gezahlten monatlichen Gehalts, wenn dem Zeitkonto des Arbeitnehmers im Rahmen einer Gleitzeitregelung irrtümlich Zeiten gutgebracht worden sind und der Arbeitnehmer deshalb für das vereinbarte Gehalt weniger Arbeitsstunden geleistet hat als er zu leisten verpflichtet war. Ist die Freizeit einmal gewährt und ein Freizeitausgleich im Rahmen der Dienstzeitregelung nicht mehr möglich, so kann die bezahlte und gewährte Freizeit nicht durch spätere Rückforderung des insoweit gezahlten Entgelts in unbezahlte Freizeit umgewandelt werden. 140
LAG Köln Urt. v. 02.09.1992 – 8 Sa 309/92 (unveröffentlicht).

### 24. Muster: Zurückbehaltungsrecht an Arbeitskraft bei Umweltgiften am Arbeitsplatz

Macht ein Arbeitnehmer wegen angeblicher oder tatsächlich bestehender Gesundheitsgefährdung am Arbeitsplatz ein Zurückbehaltungsrecht an seiner Arbeitskraft geltend, stellt sich zunächst die Frage, wer den gefährdenden Zustand zu beweisen hat. Das LAG Köln, 141
Urt. v. 22.01.1993 – 12 Sa 872/92 (unveröffentlicht),
hält den Arbeitgeber für beweisbelastet. Der Arbeitgeber habe darzulegen und zu beweisen, daß ein objektiv konkretisierbares Gesundheitsrisiko (im konkreten Fall ging es um Asbest), das über das allgemeine Lebensrisiko hinausgehe, für die dort tätigen Arbeitnehmer nicht bestehe. Gelinge dem Arbeitgeber dieser Nachweis nicht, stehe dem Arbeitnehmer ein Zurückbehaltungsrecht an seiner Arbeitskraft zu, ohne daß er seinen Vergütungsanspruch verliere.

### 25. Muster: Unzulässigkeit der Ungleichbehandlung von Arbeitern und Angestellten bei der Kürzung eines 13. Monatsgehalts wegen Fehlzeiten

Aus dem allgemeinen Gleichheitssatz ergeben sich je nach Regelungsgegenstand und Differenzierungsmerkmalen unterschiedliche Grenzen, die vom bloßen Willkürverbot bis zu einer strengen Bindung an Verhältnismäßigkeitserfordernisse reichen. Die Abstufung der Anforderungen folgt aus Wortlaut und Sinn des Art. 3 Abs. 1 GG sowie aus einem Zusammenhang mit anderen Verfassungsnormen. Bei Regelungen, die Personengruppen verschieden behandeln oder sich auf die Wahrnehmung von Grundrechten nachteilig auswirken, müssen für die vorgesehene Differenzierung Gründe 142 von solcher Art und solchem Gewicht bestehen, daß Sie die ungleichen Rechtsfolgen rechtfertigen können.

Ist der Krankenstand im Betrieb bei den gewerblichen Arbeitnehmern um das 7,5-fache höher als bei den Angestellten, vermag dieser Gesichtspunkt eine Schlechterstellung der gewerblichen Arbeitnehmer nur dann zu rechtfertigen, wenn er in der Sphäre der Arbeitnehmer und nicht in der Sphäre des Arbeitgebers begründet liegt,
   BVerfG, Beschl. v. 01.09.1997, NZA 1997, 1339.

Eine erhebliche Abweichung der Krankenstandsquote zwischen den beiden Arbeitnehmer-Gruppen besagt für sich genommen nichts zu den Ursachen. Solange nicht feststeht, daß ein höherer Krankenstand ganz oder teilweise auf Ursachen zurückgeht, die in der Sphäre der Arbeiter liegen, dürfen bei der durch Fehlzeiten bedingten Kürzung eines 13. Monatsentgelts die erheblichen Abweichungen im Krankenstand zwischen den beiden Arbeitnehmer-Gruppen nicht unberücksichtigt bleiben. Solange nicht ausgeschlossen werden kann, daß ein hoher Krankenstand der gewerblichen Arbeitnehmer auf gesundheitlichen Arbeitsbedingungen beruht, für die der Arbeitgeber alleinverantwortlich ist, ist es ungerechtfertigt, daß der Arbeitgeber den gewerblichen Arbeitnehmern wegen der aus diesen Risiken erwachsenden Schadensfolgen finanzielle Nachteile auferlegt. Die Kürzung des 13. Monatsentgelts aufgrund krankheitsbedingter Fehlzeiten stellt einen Verstoß nach Art. 3 Abs. 1 GG dar,
   BVerfG, Beschl. v. 01.09.1997, NZA 1997, 1339.

### 26. Muster: Haftung des Arbeitnehmers

3783

143 Der Große Senat des BAG hat mit Beschluß vom 27.09.1994,
   NZA 1994, 1083,
entschieden, daß die Grundsätze über die Beschränkung der Arbeitnehmerhaftung für alle Arbeiten, die durch den Betrieb veranlaßt sind oder aufgrund eines Arbeitsverhältnisses geleistet werden, gelten, auch wenn diese Arbeiten nicht gefahrgeneigt sind.

Nach der Einstellung des Verfahrens vor dem gemeinsamen Senat der Obersten Gerichtshöfe des Bundes kann der Große Senat die Vorlagefrage des 8. Senats abschließend beantworten.

Das BAG ging in ständiger Rechtsprechung davon aus, daß der Arbeitnehmer für Schäden, die er bei der Verrichtung gefahrgeneigter Arbeit fahrlässig verursacht hat, dem Arbeitgeber nur nach folgenden Grundsätzen haftet: Bei grober Fahrlässigkeit hat der Arbeitnehmer in aller Regel den gesamten Schaden zu tragen, bei leichtester Fahrlässigkeit haftet er dagegen nicht, während bei normaler Fahrlässigkeit der Schaden in aller Regel zwischen Arbeitgeber und Arbeitnehmer quotal zu verteilen ist, wobei die Gesamtumstände von Schadensanlaß und Schadensfolgen nach Billigkeitsgründen und Zumutbarkeitsgesichtspunkten gegeneinander abzuwägen sind,
   BAGE 5, 1; BAGE 7, 290.

Diese Rechtsgrundsätze galten nach der früheren Rechtsprechung nur beim Vorliegen gefahrgeneigter Arbeit.

Der Große Senat hat es für geboten gehalten, diese Beschränkung der Haftungserleichterung aufzugeben, weil sonst Arbeitnehmer, die keine gefahrgeneigte Tätigkeit ausüben, bei Verletzung arbeitsvertraglicher Pflichten grundsätzlich den gesamten Schaden des Arbeitgebers tragen müßten. Dies ist im Hinblick auf das dem Arbeitgeber auch bei nicht gefahrgeneigter Arbeit zuzurechnende Betriebsrisiko und seiner Befugnis zur Organisation des Betriebs und zur Gestaltung der Arbeitsbedingungen nicht gerechtfertigt,
   BAG, NZA 1994, 1084.

Es entspricht auch allgemeiner Rechtsüberzeugung, daß die Arbeitnehmerhaftung bei Arbeiten, die durch den Betrieb veranlaßt sind, nicht unbeschränkt sein darf,
> *Gamillscheg/Hanau*, Die Haftung des Arbeitnehmers, 2. Aufl., S. 121 mwN.

Die Beschränkung der Arbeitnehmerhaftung bei allen Arbeiten, die durch den Betrieb veranlaßt sind, folgt aus einer entsprechenden Anwendung von § 254 BGB.

Durch den Wegfall der gefahrgeneigten Arbeit als Voraussetzung einer Beschränkung der Arbeitnehmerhaftung ändert sich nichts an den Abwägungsmerkmalen, die der 8. Senat in der Vorlagefrage durch Bezugnahme auf das Urteil vom 24.11.1987,
> NZA 1988, 579,

beschrieben hat. Bei der Schadensteilung im Rahmen des § 254 BGB sind vielmehr die von der bisherigen Rechtsprechung als maßgeblich angesehenen Umstände in allen Fällen zu berücksichtigen, in denen der Schaden bei betrieblich veranlaßten Arbeiten entstanden ist.

### 27. Muster: Mankohaftung und Beweislast

In seinem Urteil vom 17.09.1998,
> BAG, Urt. v. 17.09.1998, NZA 1999, 141,

hat das BAG die Grundsätze der Mankohaftung zusammengefaßt und klargestellt. Der Arbeitnehmer kann das Risiko ihm anvertrauter Gegenstände tragen, wenn er mit diesen in wirtschaftlichem Sinne tätig ist. Liegt kein derartiger Ausnahmefall vor, gelten die allgemeinen Grundsätze über die Haftung im Arbeitsverhältnis, einschließlich der Einschränkung der Arbeitnehmerhaftung. Der Arbeitnehmer haftet danach, wenn er einen Schaden leicht fahrlässig herbeiführt, überhaupt nicht, bei mittlerer Fahrlässigkeit unter Abwägung aller Umstände nur anteilig und bei grober Fahrlässigkeit in der Regel voll. Der Arbeitgeber hat darzulegen und zu beweisen, mit welchem Verschuldensgrad der Arbeitnehmer den Schaden herbeigeführt hat. Allerdings können ihm Erleichterungen bei der Darlegung zugute kommen; hat der Arbeitnehmer alleinige Kontrolle über einen bestimmten Bestand, muß er sich zu den Schadensursachen erklären. Es ist unzulässig, dem Arbeitnehmer vertraglich das Haftungsrisiko in der Weise aufzubürden, daß sich der maßgebliche Verschuldensgrad nur noch auf die Verletzung der Verhaltenspflicht, nicht mehr auf den Schadenserfolg bezieht. Zulässig sind allerdings Mankoabreden, wenn diese eine angemessene Gegenleistung in Form eines Mankogeldes vorsehen. Das Mankogeld ist angemessen, wenn das Haftungsrisiko des Arbeitnehmers für fahrlässiges Handeln insgesamt das gezahlte Mankogeld nicht übersteigt.

Wenn nicht festgestellt werden kann, wie es zu Kassenfehlbeständen gekommen ist, geht dieser Umstand zu Lasten des Arbeitgebers. Dabei können zwar auch die Grundsätze des Beweises des ersten Anscheins herangezogen werden, nicht jedoch für die Abgrenzung zwischen der normalen und der groben Fahrlässigkeit,
> BAG, AP Nr. 72 zu § 611 BGB, Haftung des Arbeitnehmers.

Bei der Abgrenzung zwischen leichtem und normalem Verschulden ist auf die Umstände des Einzelfalles und darauf, welchen Schluß sie nach der Lebenserfahrung erlauben, abzustellen. Bei einem Kassierer, der bei einer 5 Stunden andauernden Arbeitsschicht durchschnittlich 200,00 DM pro Minute über die Kasse abwickelt, sind 8 Fehlbestände in 9 Monaten in Höhe zwischen 1,00 DM und 502,00 DM nicht geeignet, einen Anscheinsbeweis für mehr als leichte Fahrlässigkeit zu erbringen,
> LAG Berlin, Urt. v. 16.01.1997 – 16 Sa 90/96, AE 1997, 18.

## XI. Befristete Arbeitsverhältnisse und freie Mitarbeit

### 1. Muster: Festanstellungsklage

▼

Klage

klägerische Partei,

Prozeßbevollmächtigte:

gegen

beklagte Partei,

wegen: Feststellung von Arbeitnehmereigenschaft.

Wir bestellen uns zu Prozeßbevollmächtigten der klägerischen Partei, in deren Namen und Auftrag wir um kurzfristige Anberaumung eines Gütetermins bitten. Wir werden im übrigen beantragen zu erkennen:

1. Es wird festgestellt, daß zwischen der klägerischen und der beklagten Partei seit dem          ein Arbeitsverhältnis besteht.
2. Es wird festgestellt, daß die beklagte Partei verpflichtet ist, an die klägerische Partei ein monatliches Bruttogehalt in Höhe von          DM zu zahlen.
3. Die beklagte Partei wird verurteilt, an die klägerische Partei          DM Gehalt für die Monate          zu zahlen.
4. Die beklagte Partei trägt die Kosten des Rechtsstreits.

**Gründe:**

I.

Die klägerische Partei ist bei der beklagten Partei seit dem          als          tätig.

Beweis:

Zwischen den Parteien besteht Streit darüber, welchen rechtlichen Status die klägerische Partei hat, ob zwischen ihr und der beklagten Partei ein Arbeitsverhältnis besteht oder nicht. Dabei steht zunächst außer Streit, daß die Parteien die zwischen ihnen bestehende Rechtsbeziehung zunächst nicht als Arbeitsverhältnis bezeichnet haben. Es war vielmehr von einem „freien Mitarbeiter-Verhältnis", auch von einem „Werkvertragsverhältnis" auf seiten der beklagten Partei die Rede.

Die klägerische Partei hat nach einiger Zeit darum gebeten, daß die beklagte Partei das Rechtsverhältnis korrekt als Arbeitsverhältnis betrachten möge und dementsprechend auf der Grundlage der überreichten Lohnsteuerkarte die Lohnsteuer sowie im Bereich der Sozialversicherungsbeiträge ordnungsgemäß Renten-, Kranken-, Arbeitslosen- und berufsgenossenschaftliche Beiträge abführen möge. Die beklagte Partei weigerte sich unter Hinweis darauf, zwischen den Parteien bestehe kein Arbeitsverhältnis. Da die Rechtsbeziehungen zwischen der klägerischen Partei und der beklagten Partei bei materieller Betrachtung ein Arbeitsverhältnis beinhalten, hat die klägerische Partei ein berechtigtes und schützenswertes Interesse an der Feststellung des Bestehens dieses Arbeitsverhältnisses. Klage war daher geboten.

II.

Zwischen den Parteien besteht ein Arbeitsverhältnis, denn die klägerische Partei ist Arbeitnehmer. Nach gefestigter Auffassung in Rechtsprechung und Schrifttum ist Arbeitnehmer, wer aufgrund ei-

## § 7 Schriftsätze im arbeitsgerichtlichen Urteilsverfahren

nes privatrechtlichen Vertrages im Dienste des Arbeitgebers zur Leistung fremdbestimmter Arbeit in persönlicher Abhängigkeit verpflichtet ist,

vgl. BAG, AP Nr. 1 zu § 611 BGB Abhängigkeit; AP Nr. 1 zu § 611 BGB Erfinder; AP Nr. 21 zu § 611 BGB Abhängigkeit; *Hueck-Nipperdey*, Lehrbuch, Bd. 1, § 9 III, 3; *Söllner*, Grundriß des Arbeitsrechts, § 3 I 1; *Hanau/Adomeit*, Arbeitsrecht, S. 2.

In einer Vielzahl von Entscheidungen hat das Bundesarbeitsgericht, insbesondere der 5. Senat, Abgrenzungskriterien entwickelt, über die sich objektiv herausarbeiten läßt, ob der Beschäftigte in persönlicher Abhängigkeit zum Arbeitgeber steht.

In der älteren Rechtsprechung entwickelte das Bundesarbeitsgericht eine Reihe formaler Kriterien, anhand derer sich beurteilen lassen sollte, ob auf seiten des Beschäftigten eine persönliche Abhängigkeit zum Arbeitgeber besteht. Zu diesen Kriterien gehören:
- Umfang der Weisungsgebundenheit,
- Unterordnung unter andere im Dienste des Geschäftsherrn stehende Personen,
- Bindung an feste Arbeitszeiten,
- Rechtspflicht zum regelmäßigen Erscheinen,
- Zulässigkeit von Nebentätigkeiten oder Pflicht, die gesamte Arbeitskraft dem Geschäftsherrn zur Verfügung zu stellen,
- Ort der Erledigung der Tätigkeit,
- Form der Vergütung,
- Frage der Abführung von Steuern und Sozialversicherungsbeiträgen,
- Gewährung von Urlaub,
- Bereitstellung von Arbeitsgeräten,
- Führung von Personalunterlagen,

vgl. BAG, AP Nr. 6 zu § 611 BGB Abhängigkeit.

Die Schwäche dieser in der sog. Kameramann-Entscheidung des Bundesarbeitsgerichts begründeten Rechtsprechung zur Bestimmung des Merkmals „persönliche Abhängigkeit" besteht darin, daß auf äußere Merkmale abgehoben wird, wie beispielsweise den Gesichtspunkt, ob der Beschäftigte einen eigenen Schreibtisch in der Firma hat oder ob er im internen Telefonverzeichnis aufgeführt ist: derartige äußere Merkmale unterliegen der Organisationsgewalt des Arbeitgebers, so daß der Arbeitgeber es in der Hand hat, durch zweckentsprechende Ausübung seiner Organisationsgewalt die formalen Kriterien persönlicher Abhängigkeit teilweise zu beseitigen,

vgl. *Hümmerich*, NJW 1998, 2625 ff.

Nachdem insbesondere im Medienbereich Rundfunkanstalten und Tageszeitungen wie zu erwarten auf die Rechtsprechung des Bundesarbeitsgerichts reagiert hatten und zwar in der Weise, daß sie sicherstellten, daß die äußeren Merkmale in Fortfall gebracht wurden (so wurden beispielsweise bei den Rundfunkanstalten die Personalakten für freie Mitarbeiter abgeschafft), gewichtete die Rechtsprechung die inhaltlichen Aspekte persönlicher Abhängigkeit stärker. Seither stellt die Rechtsprechung des Bundesarbeitsgerichts vornehmlich auf den Umfang der Eingliederung in den betrieblichen Arbeitsablauf und den Umfang der Weisungsgebundenheit ab,

BAG, AP Nr. 21 zu § 611 BGB.

In einer Vielzahl von Entscheidungen hat das Bundesarbeitsgericht seine Rechtsprechung verfestigt, wonach für die Statusbeurteilung die persönliche Abhängigkeit des Mitarbeiters weiterhin maßgebliches Kriterium ist. Arbeitnehmer ist danach derjenige, der seine Dienstleistung im Rahmen einer von Dritten bestimmten Arbeitsorganisation erbringt,

BAG, AP Nrn. 34, 35, 36, 45 zu § 611 BGB Abhängigkeit.

Nach Auffassung des Bundesarbeitsgerichts enthält § 84 Abs. 1 Satz 2 HGB ein typisches Abgrenzungsmerkmal. Nach dieser Bestimmung ist selbständig, wer im wesentlichen frei seine Tätigkeit gestalten und seine Arbeitszeit bestimmen kann. Unselbständig und deshalb persönlich abhängig ist dagegen der Mitarbeiter, dem dies nicht möglich ist. Zwar gilt diese Regelung unmittelbar nur für die Abgrenzung des selbständigen Handelsvertreters vom abhängig beschäftigten Handlungsgehilfen. Über diesen unmittelbaren Anwendungsbereich hinaus enthält die Vorschrift jedoch eine allgemeine gesetzgeberische Wertung, die bei der Abgrenzung des Dienstvertrages vom Arbeitsvertrag zu beachten ist, zumal dies die einzige Norm ist, die hierfür Kriterien enthält. Unterliegt also der Beschäftigte hinsichtlich Zeit, Dauer und Ort der Ausführung der versprochenen Dienste einem umfassenden Weisungsrecht, liegt ein Arbeitsverhältnis vor. Kann er im wesentlichen die Arbeitsbedingungen frei gestalten, ist er ein freier Mitarbeiter. Die das Rechtsverhältnis prägenden charakteristischen Merkmale sind zu beurteilen, wie sie sich aus dem Inhalt des Vertrages und der praktischen Durchführung und Gestaltung der Vertragsbeziehungen ergeben,

BAG, AP Nr. 32 zu § 611 BGB Lehrer, Dozenten; AP Nr. 45 zu § 611 BGB Abhängigkeit.

Wie es zu einer planmäßigen Einbindung des „freien Mitarbeiters" in die Arbeit beim Arbeitgeber kommt, ist unerheblich. Auch wenn ursprünglich nicht geplant war, einen „freien Mitarbeiter" in den betrieblichen Arbeitsablauf einzubinden und sich dies erst im Laufe der Zeit ergeben hat, kann der „freie Mitarbeiter" in Wahrheit Arbeitnehmer sein und die arbeitsrechtliche Stellung des Arbeitnehmers mit unbefristetem Arbeitsverhältnis beanspruchen,

BAG, AP Nr. 21 zu § 611 BGB Abhängigkeit; ArbG Frankfurt, Urt. v. 15.03.1982 – 9 Ca 120/81 (unveröffentlicht).

Daß die Parteien die Rechtsbeziehungen als „freies Mitarbeiterverhältnis" bezeichnet haben, ist für die rechtliche Beurteilung ohne Bedeutung: es kommt nach ständiger Rechtsprechung des Bundesarbeitsgerichts allein darauf an, wie die Parteien ihre Vertragsbeziehungen tatsächlich ausgestaltet haben,

BAG, AP Nrn. 17, 44 zu § 611 BGB Abhängigkeit.

**III.**
Bei dieser Sachlage verfügt die klägerische Partei über den Status eines Arbeitnehmers.

## 2. Muster: Entfristungsklage

*Klage*

– klägerische Partei –

Prozeßbevollmächtigte:

gegen

– beklagte Partei –

Prozeßbevollmächtigte:

wegen: Feststellung eines unbefristeten Arbeitsverhältnisses.

Wir bestellen uns zu Prozeßbevollmächtigten der klägerischen Partei, in deren Namen und Auftrag wir beantragen zu erkennen:

1. Es wird festgestellt, daß das Arbeitsverhältnis zwischen der klagenden und der beklagten Partei über den           hinaus als unbefristetes Arbeitsverhältnis fortbesteht.
2. Die Kosten des Rechtsstreits trägt die beklagte Partei.

**Gründe:**

**I.**

1. Die klägerische Partei ist seit dem           bei der beklagten Partei als           zu einem monatlichen Bruttogehalt von           DM in einem formal befristeten Arbeitsverhältnis, das am           enden sollte, beschäftigt.

Beweis: Vorlage der Arbeitsverträge – Anlagen K 1 – K 5.

Das Arbeitsverhältnis zwischen der klägerischen und der beklagten Partei kam wie folgt zustande:

2. Arbeitsvertraglich nahmen die Rechtsbeziehungen zwischen der klägerischen und der beklagten Partei folgenden Verlauf:

**II.**

Die zwischen der klägerischen und der beklagten Partei geschlossenen befristeten Arbeitsverträge sind insoweit unwirksam, als die Befristung der Umgehung des Kündigungsschutzes dient. Die klägerische Partei steht mithin zu der beklagten Partei in einem unbefristeten Arbeitsverhältnis.

1. Grundsätzlich ist davon auszugehen, daß Arbeitsverträge auch befristet abgeschlossen werden können (vgl. § 620 Abs. 1 BGB). Ein befristetes Arbeitsverhältnis endet ohne Kündigung schon durch bloßen Zeitablauf,

    KR/*Hillebrecht*, § 620 BGB, Rn 14.

    Andererseits ist zu berücksichtigen, daß durch die Befristung dem hiervon betroffenen Arbeitnehmer ein durch Arbeitnehmerschutzvorschriften vermittelter zwingender Bestandsschutz des Arbeitsverhältnisses entzogen sein kann. Das Problem einer solch objektiven Umgehung des Kündigungsschutzes stellt sich immer dann, wenn – wie es auch vorliegend der Fall ist – das konkrete Arbeitsverhältnis an sich dem Kündigungsschutzgesetz unterliegen würde, dh der Betreffende in einem Betrieb mit mehr als fünf Arbeitnehmern mehr als sechs Monate beschäftigt wird.

    Besteht ein solches Spannungsverhältnis zwischen Vertragsfreiheit und gesetzlichen Kündigungsbestimmungen, bedarf die Befristungsabrede für ihre Wirksamkeit einer sachlichen Rechtfertigung, die sich aus den besonderen Verhältnissen der Parteien ergeben muß und im Streitfalle gerichtlich voll nachprüfbar ist. Fehlt es an einem sachlichen Grund für die Befristung, so liegt eine objektiv funktionswidrige und deshalb mißbräuchliche Vertragsgestaltung vor. Auf eine subjektive Absicht zur Gesetzesumgehung kommt es dabei nicht an,

    BAG, AP Nr. 42 zu § 620 BGB Befristeter Arbeitsvertrag; BAG, AP Nr. 77 zu § 620 BGB Befristeter Arbeitsvertrag; BAG, AP Nr. 136 zu § 620 BGB Befristeter Arbeitsvertrag; BAG, NJW 1985, 9; KR/*Hillebrecht*, § 620 BGB, Rn 73 ff.; *Palandt/Putzo*, § 620 BGB, Rn 3 und Rn 11.

    Für den Abschluß des befristeten Arbeitsvertrages zwischen der klägerischen Partei und der beklagten Partei vom        fehlt es an einem rechtfertigenden sachlichen Grund. Nach der heute gültigen Rechtsprechung des Bundesarbeitsgerichts ist bei mehreren Arbeitsverhältnissen auf den rechtfertigenden Grund des zuletzt abgeschlossenen Vertrages abzustellen,

    BAG, NZA 1988, 734; BAG EzA Nr. 76 zu § 620 BGB Befristeter Arbeitsvertrag.

    Im Laufe der vergangenen Jahre hat sich eine Typologie der Zeitarbeitsverträge ergeben, bei denen heute von einer gefestigten Auffassung ausgegangen werden kann, daß die Befristung sachlich gerechtfertigt oder ungerechtfertigt ist.

    Als sachliche Gründe für die Befristung eines Arbeitsvertrages hat die Rechtsprechung verschiedene Fallgruppen anerkannt, wie etwa Branchenüblichkeit, Erprobung, Vertretung, den Einsatz in einem Saisonbetrieb oder bei einem bestimmten Projekt.

2. Aushilfstätigkeit

    Auch die Aushilfe zur Deckung nur eines vorübergehenden Bedarfs ist ein typischer zulässiger Befristungsgrund. Für seine sachliche Rechtfertigung muß das Aushilfsarbeitsverhältnis also dadurch gekennzeichnet sein, daß es von vornherein nur für einen vorübergehenden Zweck zur Befriedigung eines kurzfristigen Bedarfs eingegangen wird. Ein solcher Zweck ergibt sich etwa aus dem Vorhandensein lediglich vorübergehend freier Stellen im Betrieb oder einem zusätzlichen Arbeitsanfall auf absehbar begrenzte Zeit,

> BAG, AP Nr. 63 zu § 620 BGB Befristeter Arbeitsvertrag; BAG, NJW 1982, 1475; vgl. auch BAG AP Nr. 31 zu § 620 BGB Befristeter Arbeitsvertrag.

Eine unzulässige „Aushilfe" liegt hingegen vor, wenn für die ausgeübte Tätigkeit ungeachtet der arbeitsvertraglich gewählten Bezeichnung in Wahrheit ein betrieblicher Dauerbedarf besteht, so daß nach der maßgebenden objektiven Beurteilung ein verständiger und verantwortungsbewußter Arbeitgeber,

> vgl. hierzu BAG, AP Nr. 42 zu § 620 BGB Befristeter Arbeitsvertrag,

in dieser Situation ein Arbeitsverhältnis auf unbestimmte Dauer begründet haben würde,

> BAG, AP Nr. 63 zu § 620 BGB Befristeter Arbeitsvertrag; *Palandt/Putzo,* § 620 BGB, Rn 11.

Der vorübergehende Zweck des Arbeitsverhältnisses muß bei Vertragsschluß auch deutlich zum Ausdruck gebracht werden. Beweispflichtig für das Vorliegen eines Aushilfsarbeitsverhältnisses ist derjenige, der sich auf den Aushilfs-Charakter beruft,

> KR/*Wolf*, Grunds. Rn 365.

Hier ergibt sich aus dem ursprünglichen Arbeitsvertrag vom ▬▬, daß ▬▬.

Die näheren Umstände und Ursachen für den Aushilfsbedarf werden weder in diesem Vertragstext, noch in dem Text der folgenden Vertragsverlängerungen mitgeteilt.

Weiterhin ist festzustellen, daß die klagende Partei nach Ablauf der letzten Vertragsverlängerung mehr als ▬▬ Jahre durchgehend auf derselben Stelle eine gleichbleibende Tätigkeit ausgeübt hat. Schon dies spricht indiziell gegen eine zulässige Befristung. Es kommt bei der sachlichen Rechtfertigung nämlich auch auf die Dauer der Befristung an. Auch wenn bereits schon die einmalige Befristung eines Arbeitsverhältnisses unwirksam sein kann, ist die Zahl der geschlossenen Verträge bzw. der vereinbarten Vertragsverlängerungen ein Indiz für den Mangel der sachlichen Rechtfertigung, und mit zunehmender Dauer der Beschäftigung steigen auch die an die Gründe für die sachliche Rechtfertigung zu stellenden Anforderungen,

> BAG, AP Nr. 44 zu § 620 BGB, Befristeter Arbeitsvertrag; BAG, AP Nr. 63 zu § 620 BGB, Befristeter Arbeitsvertrag; BAG, DB 1984, 2710; BAG, DB 1987, 2209 (2210); *Koch,* Die Rechtsprechung des BAG zur Zulässigkeit befristeter Arbeitsverhältnisse, NZA 1985, 345 (347).

Mehrere hintereinander geschaltete Zeitverträge, unabhängig davon, ob sie als selbständige Arbeitsverträge oder als bloße Vertragsverlängerungen ausgestaltet sind, bedürfen jeweils selbständig des sachlichen Grundes für die Befristung und deren Dauer,

> BAG, AP Nr. 63 zu § 620 BGB Befristeter Arbeitsvertrag.

Spätestens die letzte, in der Vertragsverlängerung vom ▬▬ vorgenommene Befristung war bei Anlegung dieser Grundsätze nicht (mehr) gerechtfertigt: ▬▬

In der Folgezeit ließen jedoch Anfragen und Arbeitsanfall nicht nach, sondern verstärkten sich im Gegenteil. Selbst wenn dem Arbeitgeber eine weitere Fehleinschätzung anläßlich der ersten Vertragsverlängerung am ▬▬ konzidiert werden würde, konnte nach Ablauf von fast ▬▬ Monaten bei der zweiten Vertragsverlängerung angesichts der eingetretenen Entwicklung nicht ernstlich mehr von einem nur „vorübergehenden Bedarf" ausgegangen werden.

Für die gerichtliche Wirksamkeitskontrolle ist aber allein diese zuletzt vorgenommene Befristung entscheidend. Ob die vorangegangenen Befristungen wirksam waren, ist unerheblich. Durch den Neuabschluß bzw. die Verlängerung eines befristeten Arbeitsvertrages stellen die Parteien ihr Arbeitsverhältnis auf eine neue Rechtsgrundlage, die fortan für ihre Rechtsbeziehungen allein maßgeblich sein soll,

> BAG, DB 1987, 2210; BAG, DB 1988, 1704 = NZA 1988, 734; *Sowka,* Befristete Arbeitsverhältnisse, DB 1988, 2457 (2460).

Mit zunehmend längerer Betriebszugehörigkeit wird schließlich auch der Bestandsschutz eines Arbeitsverhältnisses immer ausgeprägter. Denn mit ihr wächst die Abhängigkeit des Arbeitnehmers. Es wird für ihn schwerer, anderweitig Arbeit zu finden; er ist mehr und mehr auf den Fortbestand seines Arbeitsverhältnisses angewiesen. Ebenso wächst auch die soziale Verantwortung des Arbeitgebers. Dieser muß nach mehrjähriger Befristung stets sehr sorgfältig prüfen, ob nicht schutzwürdige Interessen des Arbeitnehmers statt einer weiteren Anschlußbefristung jetzt eine Dauerbeschäftigung gebieten,
  BAG, DB 1978, 704; BAG, DB 1987, 2209 (2210); KR/*Hillebrecht*, § 620 BGB Rn 94.

Als Ergebnis läßt sich festhalten, daß bei Abwägung aller Umstände des zu beurteilenden Falles für die zuletzt gültige Befristung keine sachliche Rechtfertigung bestanden hat.

### 3. Probearbeitsverhältnisse

Der Erprobungszweck kann eine Befristung, zumindest bei einer angemessenen Dauer, rechtfertigen,
  BAG, AP Nr. 1 zu § 5 BAT.

Maßgebend für die zulässige Befristungsdauer bei Probearbeitsverhältnissen sind die Grundgedanken des Kündigungsschutzgesetzes. Die sechsmonatige Wartezeit nach § 1 Abs. 1 KSchG fungiert gleichsam als „gesetzliche Probezeit". Unterschiede in der zulässigen Dauer ergeben sich aber auch aus der Art der Tätigkeit und den Besonderheiten der Person des Arbeitnehmers. Die Einstellung eines ungelernten Arbeiters bedingt grundsätzlich eine kürzere Probezeit. Arbeitnehmer im wissenschaftlichen oder künstlerischen Bereich bedürfen indessen einer längeren Erprobung, auch über 6 Monate hinaus.

Die Befristung zum Zwecke der Erprobung muß stets Inhalt des Vertrages werden, ansonsten gilt das Arbeitsverhältnis als auf unbestimmte Zeit eingegangen. Die Probezeit darf darüber hinaus nicht gegen verbindliche tarifliche Bestimmungen verstoßen. Überschreitet eine zwischen den Parteien vereinbarte Probezeit die im Tarifvertrag vorgesehene Höchstdauer, gilt der Arbeitsvertrag als auf unbestimmte Zeit geschlossen,
  BAG, AP Nr. 15 zu § 620 BGB, Befristeter Arbeitsvertrag.

Unterläßt es der Arbeitgeber, den Erprobungszweck zum Vertragsinhalt zu machen, fehlt ein sachlicher Grund. Nur wenn der Erprobungszweck im Text des Arbeitsvertrages angegeben ist, ist eine Befristung zur Erprobung wirksam,
  BAG, EzA Nr. 30 zu § 620 BGB.

### 4. Begrenzte Arbeitsaufgabe

Ein sachlicher Befristungsgrund liegt vor, wenn das Arbeitsverhältnis eingegangen wird, weil ein nur vorübergehender Arbeitsanfall besteht. Wird dieser Befristungsgrund im Arbeitsvertrag dokumentiert, ist die Befristung sachlich gerechtfertigt. Konjunkturelle Unsicherheiten oder allgemeine Unwägbarkeiten reichen als sachlicher Grund einer Befristung nicht aus,
  BAG, AP Nr. 29 zu § 1 KSchG.

### 5. Vertretungstatbestände

Die Vertretung eines zeitweise verhinderten Mitarbeiters rechtfertigt die Befristung eines Arbeitsvertrages. Ein Vertretungsfall liegt vor, wenn ein Mitarbeiter auf Zeit ausfällt (Krankheit, Beurlaubung) und für die voraussichtliche Zeit zur Stellvertretung entweder ein Dritter eingestellt wird oder ein anderer Mitarbeiter die Aufgaben des ausgefallenen Mitarbeiters übernimmt und seine Aufgaben von einem Dritten wahrgenommen werden,
  BAG, AP Nr. 97 zu § 620 BGB, Befristeter Arbeitsvertrag.

Unzulässig wird in einem solchen Falle der Abschluß eines befristeten Arbeitsverhältnisses allerdings dann, wenn eine Dauervertretung festgestellt werden kann. Eine Dauervertretung liegt vor, sobald die einzelnen befristeten Arbeitsverträge als Einheit gewertet werden können. Der erneute

Vertretungsbedarf muß jedoch im Zeitpunkt des Vertragsschlusses vom Arbeitgeber vorgesehen gewesen sein,
> BAG, AP Nr. 97 zu § 620 BGB, Befristeter Arbeitsvertrag.

Bei einer Befristung, die die Zeiten der Beschäftigungsverbote und des Erziehungsurlaubs umfaßt, muß bei Abschluß des befristeten Arbeitsvertrages der Erziehungsurlaub bereits zu Recht verlangt worden sein,
> KR/*Weller*, § 21 BErzGG, Rn 14.

Erziehungsurlaub kann nach dem BErzGG erst nach der Geburt zu Recht verlangt werden. Die Befristung eines Arbeitsvertrages für einen Vertreter ist also unzulässig nach § 21 BErzGG, wenn der Arbeitgeber nur vermutet, die Mutter werde im Anschluß an die Mutterschutzfrist des § 6 Abs. 1 MuSchG Erziehungsurlaub nehmen,
> einhellige Auffassung: *Zmarzlick/Zipperer/Viethen*, § 21, Rn 13; *Gröninger/Thomas*, § 21, Anm. 3a; KR/*Weller*, § 21 BErzGG, Rn 14.

### 6. Befristung aus sozialen Gründen

**152** Soziale Motive können eine Befristung rechtfertigen. Zwar ist es zulässig, daß der Arbeitgeber dem Arbeitnehmer im Anschluß an ein auslaufendes, wirksam befristetes Arbeitsverhältnis zur Überwindung von Übergangsschwierigkeiten aus sozialen Gründen einen zeitlich befristeten Arbeitsvertrag anbietet und der Arbeitnehmer hierauf eingeht. Entscheidend kommt es aber darauf an, daß gerade die Interessen des Arbeitnehmers und nicht die Belange des Betriebes für die weitere Befristung ausschlaggebend sind,
> BAG, DB 1985, 2566.

In der hier erwähnten Entscheidung des Bundesarbeitsgerichts hat der Senat den Befristungsgrund in Abrede gestellt. Ausschlaggebend war, daß in der beklagten Behörde ein ständiger Bedarf nach juristisch ausgebildeten Angestellten bestand, um unaufschiebbare Sachbearbeitertätigkeiten zu bewältigen. Deshalb konnten die sozialen Belange des Arbeitnehmers nicht für den Abschluß der Zeitverträge in Anspruch genommen werden.

Die Befristung aus sozialen Motiven muß der Arbeitgeber anhand nachprüfbarer Tatsachen darlegen und im Bestreitensfall beweisen,
> MüKomm/*Schwerdtner*, § 60, Rn 53.

Der Wunsch des Arbeitnehmers muß auf die Befristung und nicht auf den Abschluß des Arbeitsvertrages gerichtet sein,
> BAG, AP Nr. 38 zu § 620, BGB Befristeter Arbeitsvertrag.

In seinem Urteil vom 12.02.1985 hat das Bundesarbeitsgericht ausgeführt, daß die befristeten Verträge ihre sachliche Rechtfertigung so in sich tragen müssen, daß sie die Kündigungsschutzvorschriften nicht beeinträchtigen. Allgemeine Umstände, die sich nicht auf das jeweilige Arbeitsverhältnis konkret auswirken, seien nicht geeignet, die Befristung sachlich zu rechtfertigen,
> BAG, NZA 1986, 571.

Kritisiert hat das Bundesarbeitsgericht die zulässigen Motive wie folgt:

> „Danach können solche Motive allerdings nur dann als ein die Befristung des Arbeitsvertrages sachlich rechtfertigender Grund anerkannt werden, wenn das Interesse des Arbeitgebers aus sozialen Erwägungen mit dem betreffenden Arbeitnehmer nur einen befristeten Arbeitsvertrag abzuschließen, auch angesichts des Interesses des Arbeitnehmers an unbefristeter Beschäftigung schutzwürdig ist. Das ist der Fall, wenn es ohne sozialen Überbrückungszweck überhaupt nicht zum Abschluß eines Arbeitsvertrages, auch nicht eines befristeten, mit dem betreffenden Arbeitnehmer gekommen wäre . . . An den Nachweis eines derartigen Sachverhalts sind jedoch strenge Anforderungen zu stellen. Angebliche soziale Erwägungen des Arbeitgebers dürfen nicht zum Vorwand für den Abschluß befristeter Arbeitsverträge genommen werden . . ." (BAG, NZA 1986, 572.)

### 7. Sachlicher Grund bei widersprüchlichem Verhalten

Anerkanntermaßen darf ein Arbeitnehmer, dessen Arbeitgeber sich über den Befristungsgrund in Schweigen hüllt, Vertrauen dahingehend entwickeln, unbefristet beschäftigt zu werden,
    BAG, EzA Nr. 30 zu § 620 BGB.

Ein Arbeitgeber kann dann verpflichtet sein, einen an sich wirksam befristeten Vertrag auf unbestimmte Zeit fortzusetzen, wenn er bei einem Arbeitnehmer die Erwartung geweckt und bestätigt hat, er werde bei Eignung und Bewährung unbefristet weiterbeschäftigt, und wenn der Arbeitgeber sich mit einer Ablehnung der Weiterbeschäftigung in Widerspruch zu seinem früheren Verhalten und dem von ihm geschaffenen Vertrauenstatbestand setzt,
    BAG, NZA 1989, 719 (721).

Maßgebliche Bedeutung kommt dabei den Umständen zu, ob der Arbeitnehmer sich um eine Dauerstellung bemüht hat und darauf auch der Anstellungsvertrag zugeschnitten war, indem er längere Kündigungsfristen und Urlaub nach Ablauf der Probezeit vorsah.

Ein Arbeitgeber, der es nach Ablauf der Probezeit ablehnt, obwohl die Arbeitnehmerin sich bewährt hat, diese weiterzubeschäftigen, weil sie nunmehr schwanger ist, handelt rechtsmißbräuchlich, soweit er sich für die Beendigung des Arbeitsverhältnisses auf die Befristung beruft,
    BAG, AP Nr. 26 zu § 620 BGB Befristeter Arbeitsvertrag.

Der Vertrauenstatbestand entsteht beispielsweise, wenn der Arbeitgeber bei Abschluß des befristeten Arbeitsvertrages erklärt, er werde die Frage der späteren Übernahme in ein unbefristetes Arbeitsverhältnis nur unter ganz bestimmten Voraussetzungen prüfen,
    BAG, NZA 1989, 722.

Dabei sind zwei aufeinanderfolgende, befristete Arbeitsverträge dann als Einheit zu prüfen, wenn der eine ohne den anderen nicht denkbar wäre,
    BAG, EzA Nr. 82, 89 zu § 620 BGB.

8. Eine Wirksamkeit der vorgenommenen Befristung nach dem Beschäftigungsförderungsgesetz scheidet ebenfalls aus. Nach § 1 BeschFG kann vom 01.05.1985 bis zum 31.12.1995 das Arbeitsverhältnis einmalig bis zur Dauer von 18 Monaten befristet werden. Dieser Zeitraum ist hier überschritten, denn             .

Im übrigen zeigt auch diese gesetzgeberische Wertung, daß nach langjähriger regelmäßiger Vollzeitbeschäftigung nicht mehr von einem „Aushilfsarbeitsverhältnis" gesprochen werden darf.

9. Die unzulässige Befristungsabrede hat zur Folge, daß das unwirksam befristete Arbeitsverhältnis durch ein unbefristetes ersetzt wird, welches somit nur durch wirksame Kündigung beendbar ist. Die Kündigungsschutzbestimmungen sind anwendbar. Der Vertragsinhalt im übrigen bleibt wirksam,
    BAG, AP Nrn. 16, 27, 33, 55, 68, 77, zu § 620 BGB Befristetes Arbeitsverhältnis; KR/*Hillebrecht*, § 620 BGB, Rn 202 ff.

10. Wird die Wirksamkeit einer Befristung gerichtlich angefochten, ist in jedem Falle die Frist des § 1 Abs. 5 BeschFG zu beachten,
    LAG Berlin, Urt. v. 14.07.1998, FA 1998, 385.

Auch befristete Arbeitsverträge, die nicht unter den Geltungsbereich des Beschäftigungsförderungsgesetzes fallen, müssen bei Überprüfung ihrer Wirksamkeit binnen drei Wochen nach dem Fristende zur gerichtlichen Überprüfung gestellt werden. Dieser Grundsatz gilt bei Befristungen jedweder Art, also sowohl bei Befristungen nach dem BeschFG, nach dem BErzGG oder bei Befristungen aus einem anderen sachlichen Grund.

## III.
Unter Berücksichtigung der dargestellten Grundsätze gilt zusammengefaßt, was folgt:

### 3. Muster: Befristung im öffentlichen Dienst

154 Für Angestellte im öffentlichen Dienst gilt nicht § 1 Abs. 1 BeschFG, sondern die Sonderregelung SR 2 y zum BAT.

Gemäß Nr. 2 Abs. 2 Satz 2 SR 2 y BAT ergibt sich zwingend, daß der Befristungsgrund im Vertrag aufzuführen ist. Verträge, die keine Erwähnung des Befristungsgrundes enthalten, sind unbefristet geschlossen,
   BAG, Urt. v. 05.07.1984 – 2 AZR 288/83 (unveröffentlicht); BAG, NZA 1988, 358.

Wiederholte befristete Arbeitsverträge, selbst wenn ein Befristungsgrund in dem Vertragstext formuliert ist, begründen dann ein unbefristetes Arbeitsverhältnis, wenn sie als gleichartige Verträge über einen Zeitraum von mehr als 5 Jahren geschlossen wurden,
   BAG NZA 1988, 358; BAG Urt. v. 05.07.1984–2 AZR 288/83 (unveröffentlicht).

Im öffentlichen Dienst darf selbst bei anderslautendem Vertragswortlaut Vertrauen in die Fortsetzung des Beschäftigungsverhältnisses gesetzt werden, wenn die Arbeitsaufgabe nicht mit dem Ausscheiden des Arbeitnehmers ersatzlos wegfällt,
   *Wiedemann/Palenberg*, RdA 1977, 93 (95).

Auch bei Zeitverträgen von kurzer Dauer ist dieser Vertrauensschutz zu bejahen, wenn der Arbeitgeber sich zu seinem früheren Verhalten in Widerspruch setzt und damit gegen Treu und Glauben verstößt,
   BAG, NZA 1989, 719; BAG, AP Nr. 74 zu § 611 BGB, Gratifikation.

Die von einem Angestellten eingenommene Position darf nicht mit der Begründung befristet werden, daß die Stelle für einen Beamten freigehalten werden müsse, wenn nicht nachgewiesen ist, daß eine derartige Besetzung von der Aufgabenstellung her geboten ist,
   MüKomm/*Schwerdtner*, § 620, Rn 64.

Das BAG hat eine mehrfache Befristung wegen immer neuer Verwaltungsaufgaben mit der Begründung abgelehnt, daß bei Behörden häufig anstelle der auslaufenden Verwaltungsaufgabe eine neue trete,
   BAG, AP Nr. 7 zu § 1 KSchG.

Andererseits hat es eine Befristung bei der Bewältigung des Notaufnahmeverfahrens für zulässig erachtet,
   BAG, AP Nr. 5 zu § 620 BGB, Befristeter Arbeitsvertrag; BAG, AP Nr. 29 zu § 1 KSchG.

Zusammenfassend kann man feststellen, daß im öffentlichen Dienst eine Aufgabe von begrenzter Dauer nur anerkannt wird, wenn es sich um verhältnismäßig kurze Zeiten, also bis zu etwa 2 Jahren handelt,
   *Wiedemann*, RdA 1977, 90.

## 4. Muster: Zweckbefristung von Arbeitsverträgen

▼

Die Vereinbarung einer Zweckbefristung, deren Ende für den Arbeitnehmer nicht voraussehbar ist oder nicht in überschaubarer Zeit liegt, kann wegen objektiver Umgehung zwingender Mindestkündigungsfristen unwirksam sein. Dies führt jedoch nicht zu einem unbefristeten Arbeitsverhältnis, sondern lediglich dazu, daß das Arbeitsverhältnis erst mit Ablauf einer der Mindestkündigungsfrist entsprechenden Auslauffrist endet. Diese beginnt, sobald der Arbeitnehmer durch eine Mitteilung des Arbeitgebers oder auf sonstige Weise von der bevorstehenden oder bereits erfolgten Zweckerreichung Kenntnis erlangt,
  BAG, Urt. v. 26.03.1986, BB 1987, 405.

▲

## 5. Muster: Zweckbefristung im öffentlichen Dienst

▼

Bei einer Zweckbefristung in einem Arbeitsverhältnis mit einem Arbeitgeber des öffentlichen Dienstes gilt die Protokollnotiz Nr. 22 zu Nr. 1 SR 2 y BAT, nach der ein Zeitvertrag nicht für die Dauer von mehr als 5 Jahren abgeschlossen werden darf, nicht,
  BAG, BB 1987, 405.

Ein zur Vertretung abgeschlossener Arbeitsvertrag ist kein Arbeitsvertrag für Aufgaben von begrenzter Dauer i. S. der Protokollnotiz Nr. 3 zu Nr. 1 SR 2 y BAT,
  BAG, BB 1987, 405.

▲

## 6. Muster: Vertragsanpassung nach erfolgreichem Statusprozeß eines freien Mitarbeiters

▼

Klagt sich ein freier Mitarbeiter in ein Arbeitsverhältnis ein, so ist die bisher vereinbarte Vergütung die vertraglich geschuldete Bruttoarbeitsvergütung,
  LAG Berlin, Urt. v. 08.06.1993 – 15 Sa 31/92 (unveröffentlicht).

Will der Arbeitgeber in einem solchen Fall weniger zahlen, beispielsweise weil er seine Gesamtbelastung unter Einschluß des Arbeitgeberanteils zur Sozialversicherung auf dem bisherigen Niveau halten will oder weil die tarifliche Vergütung unter der vereinbarten Vergütung liegt, so kann er dies nur nach Ausspruch einer Änderungskündigung tun,
  BAG, Urt. v. 15.03.1991, NZA 1992, 120.

Nur teilweise wird die Ansicht vertreten, die Grundsätze über den Wegfall der subjektiven Geschäftsgrundlage führten zu einer automatischen Anpassung,
  BAG, NZA 1987, 16.

▲

## XII. Arbeitsverhältnis in der Anbahnung

### 1. Muster: Kündigung vor Arbeitsantritt und Zurückweisung von Schadensersatzansprüchen wegen nicht angetretener Stelle

Hiermit zeigen wir an, daß wir die rechtlichen Interessen von ▬▬▬ vertreten. Eine auf uns lautende Vollmacht ist beigefügt. Unserer Beauftragung liegt folgender Sachverhalt zugrunde:

Unser Mandant hat am ▬▬▬ mit Ihnen einen Arbeitsvertrag geschlossen. Das Arbeitsverhältnis sollte am ▬▬▬ beginnen.

Mit Schreiben vom ▬▬▬ hat unser Mandant Ihnen mitgeteilt, daß er aus persönlichen Gründen das Arbeitsverhältnis nicht antreten kann. Sie sollen unserem Mandanten am Telefon Vorhaltungen gemacht und Schadensersatzforderungen geltend gemacht haben. Rein vorsorglich

kündigen

wir hiermit das Arbeitsverhältnis zum frühestmöglichen Zeitpunkt, also 2 Wochen gemäß § 622 Abs. 3 BGB.

Wir kündigen das Arbeitsverhältnis namens und in Vollmacht des Mandanten darüber hinaus auch bereits zum jetzigen Zeitpunkt.

Bezüglich der Rechtslage machen wir Sie auf folgendes aufmerksam: Nach der neueren Rechtsprechung des Bundesarbeitsgerichts,
  BAG, NJW 1981, 2430 f.,
kann der Arbeitnehmer, wenn er die Arbeit nicht antritt, wegen Schadensersatzansprüchen des Arbeitgebers auf ein rechtmäßiges Alternativverhalten verweisen. Dies hat zur Folge, daß der Arbeitgeber Inseratskosten uä als Schadensersatz nur verlangen kann, wenn diese Kosten bei einer ordentlichen Kündigung des Arbeitnehmers zum nächstzulässigen Kündigungstermin nicht entstanden wären, also bei fristgemäßer Kündigung vermeidbar gewesen wären.

In der Sache ist damit der Schadensersatzanspruch des Arbeitgebers wertlos geworden,
  MüKomm/*Schwerdtner*, § 628, Rn 21.

Der Nachweis, daß die Einhaltung einer kurzfristigen Kündigungsfrist Inseratskosten entbehrlich gemacht hätte, kann praktisch nicht gelingen.

So mißlich die Situation für Sie sein mag, was sowohl unser Mandant als auch der Unterzeichner durchaus verstehen können, so wenig löst Ihre Ankündigung von Schadensersatzforderungen Irritationen bei unserem Mandanten aus.

## 2. Muster: Zahlungsklage wegen Vorstellungskosten

An das
Arbeitsgericht

*Klage*

– klägerische Partei –

Prozeßbevollmächtigte:

gegen

– beklagte Partei –

wegen: Karenzentschädigung.

Wir bestellen uns zu Prozeßbevollmächtigten der klägerischen Partei, in deren Namen und Auftrag wir um kurzfristige Anberaumung eines Gütetermins bitten. Wir werden im übrigen beantragen zu erkennen:

1. Die beklagte Partei wird verurteilt, _____ DM brutto nebst _____ % Zinsen jährlich für den Zeitraum vom _____ bis zum _____ sowie _____ % Zinsen jährlich ab dem _____ an die klägerische Partei zu zahlen.
2. Die beklagte Partei trägt die Kosten des Rechtsstreits.

**Gründe:**

1. Die beklagte Partei verlangt die Erstattung an Vorstellungskosten. Am _____ hat die beklagte Partei in der Zeitung folgende Stellenanzeige veröffentlicht: _____. Hierauf hat sich die klägerische Partei mit Schreiben vom _____ beworben.

   Beweis: 1. Vorlage der Stellenanzeige vom _____ in Kopie – Anlage K 1.
   2. Vorlage des Bewerbungsschreibens der klägerischen Partei vom _____ – Anlage K 2.

   Am _____ erhielt die klägerische Partei eine Einladung zu einem Vorstellungsgespräch, das am _____ in _____ stattfand.

   Beweis: Vorlage des Einladungsschreibens – Anlage K 3.

   Die beklagte Partei teilte am _____ mit, daß sie die ausgeschriebene Stelle anderweitig besetzen werde. Zu einer Einstellung kam es nicht.

   Der klägerischen Partei sind durch das Vorstellungsgespräch folgende Kosten entstanden: Fahrtkosten in Höhe von _____.

   Beweis: 1. Vorlage des Fahrscheins in Kopie – Anlage K 4.
   2. Übernachtungskosten – Anlage K 5.

   Die beklagte Partei wurde mit Schreiben vom _____ zur Erstattung der Vorstellungskosten aufgefordert.

   Beweis: Vorlage des Schreibens in Kopie – Anlage K 6.

   Die beklagte Partei weigert sich, die Vorstellungskosten zu zahlen.

2. Die klägerische Partei hat einen Anspruch auf Erstattung der ihr entstandenen Vorstellungskosten gem. § 670 BGB. Grundsätzlich muß der Arbeitgeber dann, wenn er den Bewerber zur Vorstellung auffordert, ihm sämtliche Aufwendungen ersetzen, die er den Umständen nach für erforderlich halten durfte. Diese Kosten umfassen Fahrtaufwendungen, Mehraufwendungen für Ver-

pflegung und/oder notwendige Übernachtungskosten. Etwas anderes gilt nur dann, wenn eine abweichende Vereinbarung getroffen wurde,
> BAG, Urt. v. 29.06.1988, NZA 1989, 428; BAG, Urt. v. 14.02.1977, DB 1977, 1193; LAG Nürnberg, Urt. v. 25.07.1995, LAGE § 670 BGB Nr. 12; ArbG Kempten, Urt. v. 12.04.1994, DB 1994, 1504.

Flugkosten sind nur dann erstattungsfähig, wenn der Arbeitgeber die Übernahme vorher zugesagt hat,
> ArbG Hamburg, Urt. v. 02.11.1994, NZA 1995, 428.

Der Arbeitgeber ist auch dann zum Ersatz der Vorstellungskosten verpflichtet, wenn er einen Unternehmensberater eingeschaltet hat und dieser zu dem Vorstellungsgespräch eingeladen hat,
> BAG, Urt. v. 29.06.1988, NZA 1989, 428.

Der Erstattungsanspruch unterliegt gem. § 196 Abs. 1 Nr. 8 und 9 BGB der kurzen Verjährung von zwei Jahren. Das gilt auch dann, wenn eine Einstellung nicht erfolgt ist,
> BAG, Urt. v. 14.02.1977, AP Nr. 8 zu § 196 BGB.

Gerichtsstand für einen Prozeß gegen den Arbeitgeber im Zusammenhang einer erfolglosen Bewerbung ist stets der Sitz des Arbeitgebers,
> ArbG Hanau, Urt. v. 21.12.1995, NZA-RR 1996, 186.

Da sich die beklagte Partei beharrlich weigert, die Vorstellungskosten zu erstatten, war Klage geboten.

### 3. Muster: Schadensersatz wegen eines Verstoßes gegen das Benachteiligungsverbot

3840

160 An das
Arbeitsgericht

Klage

– klägerische Partei –

Prozeßbevollmächtigte:

gegen

– beklagte Partei –

wegen: Karenzentschädigung.

Wir bestellen uns zu Prozeßbevollmächtigten der klägerischen Partei, in deren Namen und Auftrag wir um kurzfristige Anberaumung eines Gütetermins bitten. Wir werden im übrigen beantragen zu erkennen:

1. Die beklagte Partei wird verurteilt, _____ DM brutto nebst _____ % Zinsen jährlich für den Zeitraum vom _____ bis zum _____ sowie _____ % Zinsen jährlich ab dem zu zahlen.
2. Die Kosten des Rechtsstreits trägt die beklagte Partei.

## Schriftsätze im arbeitsgerichtlichen Urteilsverfahren § 7

**Gründe:**
1. Die klägerische Partei hat sich bei der beklagten Partei um eine Stelle als ▮ beworben.

   Beweis: Vorlage des Bewerbungsschreibens in Kopie – Anlage K 1.

   Der Bewerbung der klägerischen Partei ist eine Stellenanzeige der beklagten Partei vorausgegangen, in der es u. a. heißt: ▮

   Beweis: Vorlage der Stellenausschreibung in Kopie – Anlage K 2.

   Der klägerischen Partei ist bekanntgeworden, daß eine Person eines anderes Geschlechts, nämlich der nachbenannte Zeuge ▮, in der Position beschäftigt wird, auf die sich die klägerische Partei beworben hat.

   Beweis: Zeugnis ▮

   Dabei sind der klägerischen Partei folgende Umstände bekanntgeworden, die zur Nichtberücksichtigung ihrer Bewerbung und zur Berücksichtigung des Zeugen ▮ als Stelleninhaber geführt haben: ▮

2. Bei dieser Sachlage hat die beklagte Partei die klägerische Partei aus geschlechtsspezifischen Gründen in ihrem beruflichen Fortkommen benachteiligt. Damit liegt eine Benachteiligung der klägerischen Partei aufgrund ihres Geschlechts im Sinne von § 611a BGB vor. Gem. § 611a Abs. 2 BGB kann die klägerische Partei daher verlangen, daß ihr eine angemessene Entschädigung in Geld gezahlt wird. Mit dem Benachteiligungsverbot in § 611a BGB hat der deutsche Gesetzgeber die Richtlinie 76/207 EWG (ABl. EG Nr. L 39/40) in deutsches Recht umgesetzt und zugleich Art. 3 GG für das Arbeitsrecht konkretisiert. Nach mehreren Anläufen gelang es erst mit der Anpassung vom 03.07.1998, die EWG-Richtlinie in eine gemeinschaftskonforme Fassung nach deutschem Recht zu bringen.

   Mit dem Zahlungsantrag in Ziff. 1 wird die Grenze des § 611a Abs. 3 Satz 1 BGB beachtet. Die geltend gemachte Entschädigung überschreitet drei Monatsverdienste nicht, die die klägerische Partei verdient hätte, wenn eine benachteiligungsfreie Auswahl stattgefunden hätte.

### XIII. Schriftsätze im Zusammenhang mit betrieblicher Altersversorgung

#### 1. Muster: Klage auf Feststellung einer Ruhegeldverpflichtung

An das
Arbeitsgericht ▮

*Klage*

▮

– klägerische Partei –

Prozeßbevollmächtigte: ▮

gegen

▮

– beklagte Partei –

wegen: Zahlung von Ruhegeld.

Wir bestellen uns zu Prozeßbevollmächtigten der klägerischen Partei, in deren Namen und Auftrag wir um kurzfristige Anberaumung eines Gütetermins bitten. Wir werden im übrigen beantragen zu erkennen:

## § 7 Kapitel 1: Vertretung von Arbeitnehmern

1. Es wird festgestellt, daß die beklagte Partei verpflichtet ist, der klägerischen Partei Ruhegehalt nach der Ruhegeldordnung vom          in Höhe von          ab dem          zu zahlen.
2. Die Kosten des Rechtsstreits trägt die beklagte Partei.

**Gründe:**

1. Die klägerische Partei ist bei der beklagten Partei vom          bis zum          als          beschäftigt gewesen.

   Beweis: 1. Vorlage des Arbeitsvertrages in Kopie – Anlage K 1.
   2. Vorlage des Aufhebungsvertrags in Kopie – Anlage K 2.

   Am          hat die beklagte Partei der klägerischen Partei eine Ruhegelddirektzusage erteilt.

   Beweis: Vorlage der Zusage in Kopie – Anlage K 3.

   Einzelheiten der Ruhegelddirektzusage ergeben sich aus der Ruhegeldordnung der Beklagten.

   Beweis: Vorlage der Ruhegeldordnung – Anlage K 4.

   Gemäß der Ruhegeldordnung hat die beklagte Partei allen Mitarbeitern eine Ruhegeldzusage erteilt unter der Bedingung, daß sie 10 Jahre bei der beklagten Partei beschäftigt sind. Diese Voraussetzungen hat die klägerische Partei erfüllt. Am          war sie 10 Jahre bei der beklagten Partei beschäftigt.

2. Die beklagte Partei wendet demgegenüber ein, durch die im Aufhebungsvertrag vereinbarte Erledigungsklausel sei der Anspruch auf Ruhegeld erloschen.

   Die beklagte Partei übersieht, daß Ruhegehaltsleistungen, auf die eine Anwartschaft durch die klägerische Partei erworben wurde, nur dann durch den Aufhebungsvertrag erloschen sind, wenn die Parteien hierüber wirksam einen Tatsachenvergleich geschlossen haben,
   BAG, Urt. v. 23.08.1994, DB 1995, 52.

   Eine Ausgleichsquittung hebt keine bestehende Ruhegeldvereinbarung auf,
   BAG, Urt. v. 09.11.1973, DB 1974, 487.

   Aus einer bloßen Erledigungsklausel kann nicht entnommen werden, eine bestehende Ruhegeldzusage sei einvernehmlich aufgehoben worden, es sei denn, die Parteien haben vor Abschluß des Aufhebungsvertrages ausdrücklich erörtert, daß durch die Erledigungsklausel die Ruhegeldzusage beendet werden soll und der Arbeitnehmer hat dies akzeptiert,
   LAG Hamm, Urt. v. 30.10.1979, DB 1980, 113; LAG Hamm, Urt. v. 15.01.1980, DB 1980, 643.

   Selbst wenn nach dem Willen des Arbeitgebers die Versorgungsanwartschaft durch einen Aufhebungsvertrag ausgeschlossen sein sollte, ist der Arbeitgeber zu einem Hinweis hierauf verpflichtet, wenn der Arbeitnehmer aufgrund besonderer Umstände darauf vertrauen durfte, der Arbeitgeber werde seine Interessen beachten und ihn vor unbedachten, nachteiligen Folgen seiner Entscheidung bewahren,
   BAG, Urt. v. 03.07.1990, DB 1990, 2431.

   Unter Beachtung dieser Grundsätze gilt vorliegend folgendes:

3. Der Ruhegeldfall ist zwischenzeitlich eingetreten. Die klägerische Partei hat die Altersgrenze erreicht. Es bedarf daher der Feststellung der Ruhegeldverpflichtung der beklagten Partei. Da die Beklagte sich außergerichtlich geweigert hat, Zahlungen zu leisten, war Klage geboten.

## 2. Muster: Feststellungsklage gegen Unterstützungskasse wegen Anrechnung von Vordienstzeiten

An das
Arbeitsgericht

*Klage*

– klägerische Partei –

Prozeßbevollmächtigte:

gegen

1. Betriebliche Unterstützungskasse der Firma

– beklagte Partei zu 1. –

2. Firma

– beklagte Partei zu 2. –

wegen: Bestehens einer Versorgungsanwartschaft.

Wir bestellen uns zu Prozeßbevollmächtigten der klägerischen Partei, in deren Namen und Auftrag wir um kurzfristige Anberaumung eines Gütetermins bitten. Wir werden im übrigen beantragen zu erkennen:

1. Es wird festgestellt, daß die beklagte Partei zu 1. bei Eintritt eines Versorgungsfalles Leistungen der betrieblichen Altersversorgung nach dem Leistungsplan zu erbringen hat.
2. Es wird festgestellt, daß die beklagte Partei zu 2. den Teil der Versorgungsleistungen zu erbringen hat, der auf der Anrechnung von Vordienstzeiten beruht.
3. Die beklagten Parteien tragen die Kosten des Rechtsstreits.

**Gründe:**

Die am geborene klägerische Partei war vom bis zum bei der beklagten Partei zu 2. als beschäftigt. Die beklagte Partei zu 2. gewährt Leistungen der betrieblichen Alters- und Hinterbliebenenversorgung. Auch gegenüber der klägerischen Partei hatte sie eine Versorgungszusage ausgesprochen.

Beweis: Vorlage des Versorgungsvertrages in Kopie – Anlage K 1.

Die beklagte Partei zu 2. gehört dem Konzern an. Die beklagte Partei zu 1. ist die Unterstützungskasse für die Beklagte zu 2., aber auch für die mit ihr verbundenen Unternehmen.

Im Arbeitsvertrag mit der klägerischen Partei ist geregelt, daß die beklagte Partei zu 1. Vordienstzeiten der klägerischen Partei in einem mit der Beklagten zu 2. verbundenen Unternehmen anrechnen werde.

Beweis: Vorlage des Arbeitsvertrages in Kopie – Anlage K 2.

Die klägerische Partei hat vor einer Beschäftigung bei der beklagten Partei zu 2. in der mit der Beklagten zu 2. verbundenen Firma, für die auch die beklagte Partei zu 1. als Unterstützungskasse fungiert, in der Zeit vom bis zum gearbeitet.

Beweis: Vorlage des Arbeitsvertrages in Kopie – Anlage K 3.

Nachdem die beklagte Partei zu 1. ihre Ruhegeldordnung geändert hat,

Beweis: Vorlage der geänderten Fassung in Kopie – Anlage K 4,

stellt sie sich auf den Standpunkt, gem. dem neuen Leistungsplan könne die klägerische Partei keinen Anspruch auf unverfallbare Versorgungsanwartschaft mehr erwerben.

Beweis: Vorlage des Schreibens vom in Kopie – Anlage K 5.

## Kapitel 1: Vertretung von Arbeitnehmern

Diese Auskunft ist unzutreffend. Die klägerische Partei besitzt eine unverfallbare Versorgungsanwartschaft. Nach § 1 Abs. 1 Satz 1 BetrAVG behält der Arbeitnehmer seine Versorgungsanwartschaft, wenn sein Arbeitsverhältnis vor Eintritt des Versorgungsfalles endet, sofern in diesem Zeitpunkt der Arbeitnehmer mindestens das 35. Lebensjahr vollendet hat und entweder die Versorgungszusage für ihn mindestens 10 Jahre bestanden hat oder der Beginn der Betriebszugehörigkeit mindestens 12 Jahre zurückliegt und die Versorgungszusage für ihn mindestens 3 Jahre bestanden hat. Diese Voraussetzungen sind vorliegend erfüllt.

### 3. Muster: Klage auf Anpassung des Ruhegeldes

An das
Arbeitsgericht

*Klage*

– klägerische Partei –

Prozeßbevollmächtigte:

gegen

– beklagte Partei –

wegen: Anpassung des Ruhegeldes.

Wir bestellen uns zu Prozeßbevollmächtigten der klägerischen Partei, in deren Namen und Auftrag wir um kurzfristige Anberaumung eines Gütetermins bitten. Wir werden im übrigen beantragen zu erkennen:

1. Es wird festgestellt, daß die beklagte Partei verpflichtet ist, vom            bis            eine Betriebsrente in Höhe von            und für die Zeit ab            eine Betriebsrente in Höhe von            zu zahlen.
2. Die beklagte Partei wird verurteilt,            DM brutto nebst            % Zinsen jährlich für den Zeitraum vom            bis zum            sowie            % Zinsen jährlich ab dem            an die klägerische Partei zu zahlen.
3. Die beklagte Partei trägt die Kosten des Rechtsstreits.

**Gründe:**

1. Die klägerische Partei war vom            bis zum Bezug von Altersruhegeld bei der beklagten Partei beschäftigt.

   Beweis: Vorlage des Arbeitsvertrages in Kopie – Anlage K 1.

   Die beklagte Partei hat der klägerischen Partei am            eine Versorgungszusage erteilt, für die die Versorgungsordnung der beklagten Partei maßgeblich ist.

   Beweis: 1. Vorlage der Versorgungszusage in Kopie – Anlage K 2.
   2. Vorlage der Versorgungsordnung – Anlage K 3.

   Seit dem Bezug vom Altersruhegeld erhält die klägerische Partei ein betriebliches Ruhegeld von monatlich            DM. Die Versorgungsbezüge werden seit            Jahren ungeändert gezahlt, obwohl nach § 16 BetrAVG eine Anpassung hätte erfolgen müssen. Alle drei Jahre hat der Arbeitgeber eine Anpassung der laufenden Leistungen der betrieblichen Altersversorgung zu prüfen und hierüber nach billigem Ermessen zu entscheiden. Dabei sind insbesondere die Belange der Versorgungsempfänger und die wirtschaftliche Lage des Arbeitgebers zu berücksichtigen. Seit 01.01.1999 gilt die Verpflichtung nach Abs. 1 als erfüllt, wenn die Anpassung nicht geringer ist als der Anstieg des Preisindexes für die Lebenshaltung von 4-Personen-Haushalten von Arbeitern und Angestellten mit mittlerem Einkommen oder der Nettolöhne vergleichbarer Arbeitnehmergruppen des Unternehmens im Prüfungszeitraum. Die Ausnahmevorschriften nach § 16 Abs. 1 BetrAVG sind vorliegend nicht erfüllt.

Danach gilt folgendes: Die Nettolöhne vergleichbarer Arbeitnehmergruppen haben sich im Zeitraum von          bis          wie folgt entwickelt:

Der Preisindex für die Lebenshaltung eines 4-Personen-Haushaltes entwickelte sich im fraglichen Zeitraum wie folgt:

Nach beiden Faktoren ergibt sich, daß die Betriebsrente seit dem          mindestens um          % hätte angepaßt werden müssen. Da die Anpassung unterblieben ist, kann die klägerische Partei die mit der vorliegenden Klage geltend gemachten Erhöhungsbeträge fordern.

### 4. Muster: Klage auf Auskunft über unverfallbare Anwartschaften

An das
Arbeitsgericht

*Klage*

– klägerische Partei –

Prozeßbevollmächtigte:

gegen

– beklagte Partei –

wegen: Auskunft über eine unverfallbare Anwartschaft.

Wir bestellen uns zu Prozeßbevollmächtigten der klägerischen Partei, in deren Namen und Auftrag wir um kurzfristige Anberaumung eines Gütetermins bitten. Wir werden im übrigen beantragen zu erkennen.

1. Die beklagte Partei wird verurteilt, der klägerischen Partei Auskunft zu erteilen, inwieweit für sie die Voraussetzungen einer unverfallbaren Anwartschaft auf Leistungen aus der betrieblichen Altersversorgung erfüllt sind und in welcher Höhe sie Versorgungsleistungen bei Erreichen der in der Versorgungsordnung vom          vorgesehenen Altersgrenze beanspruchen kann.
2. Die beklagte Partei trägt die Kosten des Rechtsstreits.

**Gründe:**

Die am          geborene klägerische Partei war vom          bis zum          bei der beklagten Partei beschäftigt. Mit Schreiben vom          sagte die beklagte Partei der klägerischen Partei eine betriebliche Altersversorgung zu.

Beweis:  1. Vorlage der Versorgungszusage in Kopie – Anlage K 1.
         2. Vorlage der Versorgungsordnung in Kopie – Anlage K 2.

Einzelheiten der Versorgungsansprüche der klägerischen Partei ergeben sich aus der Versorgungsordnung.

# § 7 Kapitel 1: Vertretung von Arbeitnehmern

Die klägerische Partei fragte mit Schreiben vom ▓▓▓▓ bei der beklagten Partei an, ob und in welcher Höhe sie eine unverfallbare Anwartschaft habe. Dieses Schreiben beantwortete die beklagte Partei nicht. Auch nach einer telefonischen Anfrage erhielt die beklagte Partei die Auskunft, da könne ja jeder kommen, als habe man bei der beklagten Partei nichts besseres zu tun, als solche Anfragen zu beantworten.

Die klägerische Partei ist bei der beklagten Partei ausgeschieden. Sie möchte nunmehr Klarheit haben, in welchem Umfang ihr eine Altersversorgung zusteht.

Gem. § 2 Abs. 6 BetrAVG hat der Arbeitgeber oder der sonstige Versorgungsträger dem Arbeitnehmer Auskunft darüber zu erteilen, ob die Voraussetzungen einer unverfallbaren betrieblichen Altersversorgung erfüllt sind und in welcher Höhe er Versorgungsleistungen bei Erreichen der in der Versorgungsregelung vorgesehenen Altersgrenze beanspruchen kann.

Der Auskunftsanspruch entsteht mit dem Ausscheiden des Arbeitnehmers aus dem Betrieb,

> *Blomeyer/Otto*, Gesetz zur Verbesserung der betrieblichen Altersversorgung, Kommentar, § 2 Rn 467.

Das Arbeitsgericht ist sachlich zuständig, da die klägerische Partei Arbeitnehmer ist, § 2 Abs. 1 Nr. 3 a ArbGG und sich die Klage gegen den Arbeitgeber richtet. Für den Fall, daß sich die Versorgungsansprüche der klägerischen Partei durch eine Rechtsänderung bei der beklagten Partei nunmehr gegen eine Pensions- oder Unterstützungskasse richten, wird um einen Hinweis der beklagten Partei gebeten. In diesem Falle ist die Pensions- oder Unterstützungskasse nach § 2 Abs. 1 Nr. 4 b ArbGG passivlegitimiert.

## 5. Muster: Feststellungsklage nach Widerruf einer Versorgungszusage durch den Arbeitgeber

165 An das
Arbeitsgericht ▓▓▓▓

*Klage*

– klägerische Partei –

Prozeßbevollmächtigte: ▓▓▓▓

gegen

– beklagte Partei –

wegen: Feststellung der Unwirksamkeit des Widerrufs einer Versorgungszusage

Wir bestellen uns zu Prozeßbevollmächtigten der klägerischen Partei, in deren Namen und Auftrag wir um kurzfristige Anberaumung eines Gütetermins bitten. Wir werden im übrigen beantragen zu erkennen:

1. Es wird festgestellt, daß die Ruhegeldansprüche der klägerischen Partei aufgrund der Versorgungsregelung 1988 dynamisch fortbestehen und durch den Widerruf vom ▓▓▓▓ nicht auf den Stand am ▓▓▓▓ begrenzt bleiben.
2. Die beklagte Partei trägt die Kosten des Rechtsstreits.

## Gründe:

### I.

Die klägerische Partei ist bei der beklagten Partei seit dem ▮▮▮▮ zu einem monatlichen Bruttogehalt von zuletzt ▮▮▮▮ DM beschäftigt.

Beweis:   1. Vorlage des Arbeitsvertrages in Kopie – Anlage K 1.
            2. Vorlage der Verdienstbescheinigung vom ▮▮▮▮ in Kopie ▮▮▮▮ – Anlage K 2.

Die klägerische Partei ist gegenwärtig ▮▮▮▮ Jahre alt, verheiratet und hat ▮▮▮▮ Kinder.

Zum Zeitpunkt der Einstellung der klägerischen Partei galt die Versorgungszusage 1988, die der klägerischen Partei auch zusammen mit dem Arbeitsvertrag ausgehändigt wurde. Diese Versorgungszusage wurde im Laufe der Zeit verschiedentlich geändert. Im Jahre 1995 beschloß die Unterstützungskasse eine komplette Neuordnung der Versorgungsregelung, die nunmehr als „Versorgungsordnung 1995" bezeichnet wird.

Beweis:   Versorgungsordnung 1995 – Anlage K 3.

Die beklagte Partei schloß mit dem Gesamtbetriebsrat eine Vereinbarung über die Verteilung des von der beklagten Partei vorgegebenen Dotierungsrahmens gem. § 87 Abs. 1 Nr. 10 BetrVG.

Beweis:   Vereinbarung mit dem Gesamtbetriebsrat – Anlage K 4.

Durch eine Informationsschrift des Gesamtbetriebsrats erfuhr die klägerische Partei, daß sie nunmehr bis zur Beendigung ihres Arbeitsverhältnisses nicht mehr bis zu 70 % ihrer bisherigen Vergütung aus der betrieblichen Altersversorgung, sondern nur noch 62,5 % erhalten würde.

Mit Schreiben vom ▮▮▮▮ widerrief die beklagte Partei die Zusage zur betrieblichen Altersversorgung. Danach sollten die bis zum ▮▮▮▮ erdienten Teilbeträge entsprechend § 2 Abs. 1 BetrAVG erhalten bleiben.

Beweis:   Schreiben vom ▮▮▮▮ – Anlage K 5.

Mit Schreiben vom ▮▮▮▮ widersprach die klägerische Partei dem Widerruf der Zusage auf betriebliche Altersversorgung.

Beweis:   Vorlage des Schreibens in Kopie – Anlage K 6.

Mit Schreiben vom ▮▮▮▮ teilte die beklagte Partei mit, daß sie am Widerruf der Versorgungszusage festhalte.

Beweis:   Vorlage des Schreibens in Kopie – Anlage K 7.

Klage war daher geboten.

### II.

Der Widerruf der Versorgungszusage vom ▮▮▮▮ ist unwirksam. Die klägerische Partei hat einen Anspruch auf Unterstützung nach Eintritt des Versorgungsfalls nach der Versorgungszusage 1988.

1. Bei der Rechtsgrundlage der Versorgungszusage handelt es sich um eine Gesamtzusage bzw. um eine ausdrückliche vertragliche Einheitsregelung. Wird darin auf generelle Versorgungsgrundsätze verwiesen, so werden diese Bestandteil der Zusage und damit des Arbeitsvertrages, auch wenn sie der Arbeitnehmer nicht zur Kenntnis nimmt,
    BAG, Urt. v. 09.11.1978, AP Nr. 179 zu § 242 BGB Ruhegehalt.

So verhält es sich hier. Die Unterstützungskassen-Richtlinien sind daher Bestandteil des Arbeitsvertrages geworden. Dabei handelt es sich um eine individualrechtliche Versorgungszusage mit kollektivem Bezug. Die betriebsverfassungsrechtlichen Mitbestimmungsrechte sind daher zu beachten.

Es handelt sich weiterhin um eine mittelbare Versorgungszusage in Form der Unterstützungskassenzusage. Dabei ist der Rechtsanspruch formal ausgeschlossen. Dies ist aufsichtsrechtlich bedingt,
    vgl. hierzu *Höfer/Reiners/Wüst*, Gesetz zur Verbesserung der betrieblichen Altersversorgung, Rn 172 ff.

166

Daraus ergibt sich jedoch grundsätzlich nicht, daß die Rechtsposition des Arbeitnehmers, dem eine betriebliche Altersversorgung im Durchführungsweg der Unterstützungskasse zugesagt wurde, geringer schutzwürdig ist, als die Rechtsposition derjenigen Arbeitnehmer, denen eine betriebliche Altersversorgung über einen anderen Durchführungsweg gewährt wird. Das Bundesverfassungsgericht hat insoweit die Rechtsprechung des BAG grundsätzlich bestätigt, indem es ausgeführt hat:

„Nach der verfassungsrechtlich unbedenklichen Rechtsprechung des Bundesarbeitsgerichts besitzen auch die vom Arbeitgeber in Aussicht gestellten Versorgungsleistungen durch eine Unterstützungskasse Rechtsanspruchscharakter. [...] Hieran hat der Gesetzgeber angeknüpft und im Betriebsrentengesetz die Leistungen der betrieblichen Altersversorgung, welche über Unterstützungskassen gewährt werden, in ihrer arbeitsrechtlichen Behandlung den unmittelbaren Versorgungszusagen des Arbeitgebers (Direktzusagen) gleichgestellt."

BVerfG, Urt. v. 14.01.1987, AP Nr. 11 zu § 1 BetrAVG Unterstützungskassen.

2. Nach der Grundsatzentscheidung des Großen Senats des BAG vom 16.09.1986, AP Nr. 17 zu § 77 BetrVG 1972, können individualrechtliche Versorgungszusagen mit kollektivem Bezug, also insbesondere die Gesamtzusage und die ausdrückliche vertragliche Einheitsregelung, von einer umstrukturierenden Betriebsvereinbarung abgelöst werden, wenn der Arbeitgeber seinen Dotierungsrahmen für Sozialleistungen insgesamt wahrt. Im Gegensatz zur umstrukturierenden Betriebsvereinbarung wahrt die verschlechternde (verbösernde) Betriebsvereinbarung nicht mindestens den Dotierungsrahmen. Bei ihr wird der Gesamtaufwand des Arbeitgebers gekürzt. Individualrechtliche Versorgungszusagen mit kollektivem Bezug können nur dann durch eine verschlechternde Betriebsvereinbarung abgelöst werden, wenn sie betriebsvereinbarungsoffen sind, d. h. unter dem ausdrücklichen oder stillschweigenden Vorbehalt einer Änderung durch nachfolgende Betriebsvereinbarungen stehen,

BAG, Urt. v. 16.09.1986, aaO.

Eine solche Betriebsvereinbarungsoffenheit besteht vorliegend nicht. Davon sind auch die Betriebspartner ausgegangen, da der Gesamtbetriebsrat darauf hingewiesen hat, daß es sich bei dem vereinbarten Leistungsplan um keine ablösende Betriebsvereinbarung handelt und der Beklagte das Änderungsmittel des Widerrufs eingesetzt hat.

Dementsprechend handelt es sich bei der Versorgungszusage 1998 um die Ausfüllung des Mitbestimmungsrechts aus § 87 Abs. 1 Nr. 10 BetrVG, ohne daß mit dieser Vereinbarung über die Verteilung des vom Beklagten vorgegebenen Dotierungsrahmens in die individualrechtlichen Ansprüche der klägerischen Partei eingegriffen wurde.

167 3. In die Ansprüche der klägerischen Partei aus der Versorgungszusage konnte daher nur im Wege einer Änderungskündigung oder eines Widerrufs eingegriffen werden. Die beklagte Partei hat das einseitige Gestaltungsmittel des Widerrufs gewählt. Dieser Widerruf der Versorgungszusage ist jedoch unwirksam.

a) Das Recht, eine Versorgungszusage ganz oder teilweise widerrufen zu dürfen, kann sich aus ausdrücklich vereinbarten Widerrufsvorbehalten oder allgemeinen Rechtsgrundsätzen, nämlich dem aus § 242 BGB entwickelten Rechtsinstitut des Wegfalls der Geschäftsgrundlage, Gesichtspunkten der Zumutbarkeit und des Rechtsmißbrauchs ergeben. Die Rechtswirksamkeit des Widerrufs hängt davon ab, ob beim Arbeitgeber hinreichende Gründe vorliegen. Es sind die Maßstäbe der Rechtsprechung zu beachten, die für die verschiedenen Widerrufsfälle aus den Grundsätzen von Treu und Glauben, der Billigkeit und der Angemessenheit entwickelt wurden. Das Vorliegen solcher Gründe muß der Arbeitgeber nachweisen,

*Höfer/Reiners/Wüst*, Rn 347, 350 m. w. N.

Als ausdrückliche Vorbehalte sind hier insbesondere zu nennen:

- "Allgemeiner Vorbehalt" über die nachhaltige und wesentliche Veränderung der bei Erteilung der Versorgungszusage maßgebenden Verhältnisse,
- "Wegfall der Geschäftsgrundlage",
- der „Notlagen-Vorbehalt" über die nachhaltige und wesentliche Verschlechterung der wirtschaftlichen Lage des Unternehmens,
- der „Sozialversicherungs-Vorbehalt" über eine wesentliche Änderung der Bemessungsgrößen in der gesetzlichen Rentenversicherung,
- der „Rechts-Vorbehalt" über eine wesentliche Veränderung der rechtlichen, insbesondere steuerrechtlichen Voraussetzungen der Versorgungszusage und
- der „Treuepflichtvorbehalt" über die grobe Treuepflichtverletzung des von der Versorgungszusage begünstigten Arbeitnehmers.

Diese ausdrücklichen Vorbehalte drücken jedoch in der Regel nur klarstellend aus, was nach ständiger Rechtsprechung des Bundesarbeitsgerichts aufgrund von § 242 BGB auch dort Geltung beansprucht, wo ein solcher Vorbehalt nicht ausdrücklich in dem Versorgungsversprechen enthalten ist,

vgl. BAG, Urt. v. 08.07.1972, AP Nr. 175 zu § 242 BGB Ruhegeld; Urt. v. 02.08.1983, BB 1984, 144.

Für eine Unterstützungskasse hat das Bundesarbeitsgericht entschieden, daß im Bereich der betrieblichen Altersversorgung der „Ausschluß des Rechtsanspruchs" ein Widerrufsrecht begründet, das an Treu und Glauben, d. h. an billiges Ermessen und damit an sachliche Gründe gebunden ist. Das BAG begründet seine Entscheidung ausdrücklich mit der besonderen Bedeutung des Vertrauensschutzes,

BAG, Urt. v. 17.05.1973, AP Nr. 6 zu § 242 BGB Ruhegehalt-Unterstützungskassen; Urt. v. 18.04.1989, AP Nr. 23 zu § 1 BetrAVG Unterstützungskassen; Urt. v. 11.09.1990, AP Nr. 8 zu § 1 BetrAVG Besitzstand.

Die sachlichen Gründe, die zum Widerruf der unter Ausschluß des Rechtsanspruchs erteilten Vesorgungszusage berechtigen, entsprechen denen, unter denen auch eine rechtsverbindliche vorbehaltlose Versorgungszusage widerrufen werden kann,

*Höfer/Reiners/Wüst*, Rn 366.

Eine besondere Fallgestaltung des allgemeinen Instituts des Wegfalls der Geschäftsgrundlage ist die „Notlagen-Indikation", die einen Widerruf der Versorgungszusage wegen wirtschaftlicher Notlage ermöglicht. Der Wegfall der Geschäftsgrundlage wegen wirtschaftlicher Schwierigkeiten ist gleichbedeutend mit dem Sicherungsfall der wirtschaftlichen Notlage nach § 7 Abs. 1 Satz 3 Nummer 5 BetrAVG. Danach ist der Widerruf nur berechtigt, wenn die Belastung des Arbeitgebers infolge einer wirtschaftlichen Notlage so groß wird, daß ihm als Schuldner der Versorgungszusage nicht zugemutet werden kann, seine vertraglichen Verpflichtungen zu erfüllen. Sachliche Gründe reichen nicht aus, den Widerruf einer Versorgungszusage zu rechtfertigen, die dem Arbeitnehmer einen Rechtsanspruch auf die zugesagten Leistungen einräumt. Eine wirtschaftliche Notlage ist dann gegeben, wenn der Bestand des Unternehmens wegen wirtschaftlicher Schwierigkeiten ernsthaft gefährdet ist. Für den Fall des Widerrufs aufgrund wirtschaftlicher Notlagen im Sinne des § 7 Abs. 1 Satz 3 Nr. 5 BetrAVG hat der Senat grundsätzlich ein wirtschaftliches Gutachten gefordert, das die Situation des Arbeitgebers umfassend analysiert und ein Sanierungskonzept enthält,

BAG, AP Nr. 8 zu § 7 BetrAVG Widerruf; AP Nr. 3 zu § 1 BetrAVG Geschäftsgrundlage.

Im Bereich der Unterstützungskassen hat das Bundesarbeitsgericht unterschieden, daß in den sogenannten Alt- und Übergangsfällen ein Widerruf von Versorgungsanwartschaften auch schon bei Vorstufen einer wirtschaftlichen Notlage zulässig ist, wobei der Eingriff und die Reduktion des Besitzstandes aufeinander abgestimmt werden müssen. Bei Unterstützungskassenzusagen in sogenannten Neufällen bedarf es jedoch einer wirtschaftlichen Notlage,

vgl. *Schulin*, Anmerkung zu BAG AP Nr. 3 zu § 1 BetrAVG Geschäftsgrundlage.

Für die sogenannten Altfälle (wenn das Arbeitsverhältnis des Arbeitnehmers zu den Trägerunternehmen vor dem Inkrafttreten des BetrAVG beendet worden war) hatte das Bundesverfassungsgericht bereits in seiner Entscheidung vom 19.10.1983, AP Nr. 2 zu § 1 BetrAVG Unterstützungskassen, entschieden, daß auch für einen wirtschaftlich motivierten Widerruf nur „triftige Gründe" vorzuliegen brauchen. Die Forderung des BAG, es sei zur Wirksamkeit des Widerrufs der Versorgungszusage die wirtschaftliche Notlage offen zu legen und gerichtlicher Nachprüfung zu unterbreiten, wurde vom Bundesverfassungsgericht als verfassungswidrig verworfen. In den sogenannten Übergangsfällen (Erteilung der Zusage vor Inkrafttreten des BetrAVG, aber Andauern des Arbeitsverhältnisses über diesen Stichtag hinaus) hat das Bundesverfassungsgericht ausgeführt, daß bereits „sachliche Gründe" genügen, die nicht notwendigerweise eine akute Bestandsgefährdung des Trägerunternehmens, wohl aber langfristig eine Gefährdung seiner Substanz anzeigen,

BVerfG Urt. v. 14.01.1987, AP Nr. 11 zu § 1 BetrAVG Unterstützungskassen.

Zutreffend weisen *Höfer/Reiners/Wüst*, Rn 402 darauf hin, daß das BAG diese Gewichtung der wirtschaftlichen Widerrufsgründe der Unterstützungskassen in seiner Rechtsprechung zum „dreistufigen Besitzstand" inhaltlich übernommen, dabei aber die Terminologie vertauscht hat. Was das Bundesverfassungsgericht 1983 „triftige Gründe" nennt, die den geringsten Bestandsschutz für „Altfälle" umschreiben, wird vom BAG mit „sachlichen Gründen" bezeichnet, die nur einen Eingriff in die dritte Besitzstandsstufe rechtfertigen. Umgekehrt ordnet das BAG die langfristige Substanzgefährdung, die zwar noch keine akute wirtschaftliche Notlage anzeigt, aber doch einen Eingriff in die zweite Besitzstandsstufe rechtfertigt, unter den „triftigen Gründen" ein, während sie beim Bundesverfassungsgericht in der Entscheidung von 1987 „sachlicher Grund" genannt wird. Abgesehen von dieser terminologischen Unterscheidung kann man aber davon ausgehen, daß beide Gerichte tatbestandlich jeweils die gleichen Begriffsinhalte meinen,

vgl. auch BAG, Urt. v. 17.04.1985, AP Nr. 4 zu § 1 BetrAVG Unterstützungskasse und Urt. v. 17.03.1987, AP Nr. 9 zu § 1 BetrAVG Ablösung.

Ein Eingriff in die erste Besitzstandsstufe ist danach auch bei Übergangsfällen nur bei zwingenden Gründen, also der wirtschaftlichen Notlage zulässig. Darüber hinaus ist in Übergangsfällen nach der Terminologie des BAG ein Eingriff in die zweite Besitzstandsstufe aus triftigen Gründen, d. h. der langfristigen Substanzgefährdung, möglich. Ein Eingriff aus sachlich-proportionalen Gründen in die dritte Besitzstandsstufe ist dagegen nur in vor dem Inkrafttreten des BetrAVG abgeschlossenen Altfällen zulässig.

b) Die Versorgung wurde der klägerischen Partei mit dem Abschluß des Arbeitsvertrages zugesagt. Es handelt sich also um einen sogenannten Neufall. Die allgemeine Aussage der beklagten Partei, daß der Arbeitgeber eine Versorgungszusage unter erleichterten Bedingungen widerrufen kann, wenn diese über eine Unterstützungskasse zugesagt ist, ist nach dem oben gesagten jedenfalls bezogen auf die klägerische Partei unzutreffend. Das Bundesverfassungsgericht hat in seiner Entscheidung vom 14.01.1987,

AP Nr. 11 zu § 1 BetrAVG Unterstützungskassen,

ausdrücklich entschieden, daß die formellen und materiellen Widerrufsvoraussetzungen des BAG, d. h. das Vorliegen einer wirtschaftlichen Notlage, verfassungsrechtlich unbedenklich sind, soweit es um den Widerruf oder die Kürzung von Leistungen der Unterstützungskassen geht, die nach Inkrafttreten des BetrAVG zugesagt worden sind,

BVerfG a.a.O. unter II 3 b, cc der Gründe.

Interessanterweise hat die beklagte Partei in ihrer damaligen Äußerung in dem Verfahren vor dem Bundesverfassungsgericht, in dem es um die Frage ging, ob diese strenge Rechtsprechung des Bundesarbeitsgerichts für alle Fallgestaltungen des Widerrufs von Versorgungszusagen über Unterstützungskassen verfassungsrechtlich unbedenklich ist, eben diese verfassungsrechtliche Unbedenklichkeit bejaht und ist insoweit dafür eingetreten, daß auch bei Unterstützungskassen Versorgungszusagen nur aus zwingenden Gründen widerrufen werden dürfen. Das

Bundesverfassungsgericht faßt in der Entscheidung vom 14.01.1987 die Stellungnahme der beklagten Partei wie folgt zusammen (A.IV.4):

„Die beklagte Partei hält die angegriffene Entscheidung für mit dem GG vereinbar. Die Auffassung der Beschwerdeführer, die vom Bundesverfassungsgericht aufgestellten Grundsätze [...] müßten schlechthin Anwendung auf Unterstützungskassen finden, treffe nicht zu. Das Bundesverfassungsgericht habe die Fachgerichte lediglich daran gehindert gesehen, auf die sogenannten Altfälle die neue Regelung des BetrAVG anzuwenden. Die Einbeziehung der Leistungen der Unterstützungskasse in den Insolvenzschutz (§ 7 Abs. 1 Satz 1 und 3 BetrAVG) liefe ins Leere, wenn Arbeitgeber berechtigt seien, sich dadurch von der Leistungspflicht ihrer Unterstützungskasse zu lösen, daß sie einseitig aus wirtschaftlichen Gründen widerrufen könnten. Die Aufnahme der Unterstützungskasse in den gesetzlichen Insolvenzschutz ergebe nur dann einen Sinn und rechtfertige die Heranziehung der Arbeitgeber zu den Kosten der Insolvenzsicherung, wenn die Möglichkeit des Widerrufs von Leistungen allein unter den gleichen Voraussetzungen möglich sei wie bei den Direktzusagen."

Selbst für Übergangsfälle hatte die beklagte Partei also selbst vertreten, daß ein Widerruf nur aus zwingenden Gründen möglich sein sollte. Vorliegend handelt es sich um einen Neufall, so daß nach der genannten Rechtsprechung des Bundesverfassungsgerichts ein Widerruf der Versorgungszusagen nur bei zwingenden Gründen in Form einer wirtschaftlichen Notlage möglich ist,

vgl. hierzu auch *Höfer/Reiners/Wüst*, Rn 401.

Der Widerruf ist mithin grundsätzlich nur zulässig, wenn eine begründete Aussicht zur Rettung oder Sanierung des Unternehmens besteht, und auch nur insoweit, wie es zur Erreichung dieses Ziels unerläßlich ist. Dies ist mit den Mitteln der modernen Betriebswirtschaft zu prüfen und nachzuweisen. Hierzu ist von einem unabhängigen Sachverständigen eine Betriebsanalyse zu erstellen, die sowohl das Bestehen der wirtschaftlichen Notlage als auch deren Ursache darlegt.

Ferner muß der Arbeitgeber einen wirtschaftlichen Sanierungsplan ausarbeiten, der nach vernünftiger Beurteilung einer dafür sachkundigen Stelle einen Erfolg erwarten läßt. Dabei muß aufgezeigt werden, in welcher Weise durch Behebung der Ursachen der eingetretenen Notlage, verbindliche Forderungsverzichte anderer Gläubiger des Unternehmens, zusätzlichen Kapitaleinsatz der Inhaber oder Gesellschafter sowie Opfer der Arbeitnehmer eine dauerhafte Überwindung der Krise erreicht werden kann,

vgl. *Höfer/Reiners/Wüst*, Rn 388 ff. m. w. N.

Vorliegend hat sich der Beklagte selbst lediglich auf „triftige Gründe" berufen. Zwingende Gründe liegen nicht vor.

c) Selbst nach den Grundsätzen der Rechtsprechung, wie sie für Alt- und Übergangsfälle Anwendung finden, liegen bei der beklagten Partei keine ausreichenden betrieblichen Gründe vor, um den ausgesprochenen Widerruf zu rechtfertigen.

(1) Die erste Stufe des Besitzstandes umfaßt den bereits erdienten Teil der Anwartschaft, der sich aus der zeitanteiligen Berechnung einer aufrechtzuerhaltenden Anwartschaft gemäß § 2 BetrAVG ergibt. Der so ermittelte Wert darf durch eine Änderung nur dann unterschritten werden, wenn zwingende Gründe vorliegen,

ständige Rechtsprechung des BAG; vgl. z. B. BAG, Urt. v. 17.03.1987, AP Nr. 9 zu § 1 BetrAVG Ablösung.

In Ziffer 1 des Widerrufsschreibens hat die beklagte Partei zwar zugesagt, daß die bereits erdienten Teilbeträge entsprechend § 2 Abs. 1 BetrAVG erhalten bleiben, und insofern signalisiert, daß in die erste Besitzstandsstufe nicht eingegriffen werden solle. Jedoch hat die beklagte Partei als Stichtag für die bereits erdienten Teilbeträge den ▬▬▬▬▬ angenommen, mithin eine Rückwirkung bezogen auf den Zugangszeitpunkt des Schreibens vom ▬▬▬▬▬ am begründet. Bei der Berechnung des Unverfallbarkeitsquotienten im Sinne des § 2 BetrAVG können die anzusetzenden Zeiträume allenfalls auf volle Monate gerundet werden,

BAG, Urt. v. 22.02.1983, AP Nr. 15 zu § 7 BetrAVG.

Dies bedeutet, daß unter Vermeidung eines Eingriffs in die erste Besitzstandsstufe eine Berechnung der bereits erdienten Teilbeträge am ........ zu orientieren wäre. In der Berechnung der Quote für die unverfallbare Anwartschaft für den Zeitraum vom ........ bis zum ........ legt die Unterstützungskasse der beklagten Partei eine tatsächliche Anmeldezeit von ........ Jahren zugrunde. Im Verhältnis der tatsächlichen Anmeldezeit zur insgesamt möglichen Anmeldezeit ergibt sich damit eine Quote von ........ %, woraus sich, bezogen auf die Unterstützung im Zeitpunkt des Eintritts des Unterstützungsfalles in Höhe von ........ DM eine Anwartschaft in Höhe von ........ DM errechnet.

Tatsächlich ist aber jedenfalls eine Anmeldezeit vom ........ bis ........ zugrundezulegen.

Selbst nach dem Dafürhalten der beklagten Partei liegen zwingende Gründe für den Widerruf nicht vor, wie sich aus dem Schreiben vom ........ unmißverständlich ergibt.

(2) Weiterhin wird in die zweite Besitzstandsstufe eingegriffen. Der nach § 2 BetrAVG ermittelte Wert einer unverfallbaren Anwartschaft ist statisch, d. h. er folgt nicht mehr dynamischen Bemessungsgrundlagen, wie zum Beispiel der Bezügeentwicklung bei einer gehaltsabhängigen Versorgungszusage,

vgl. BAG, Urt. v. 22.05.1990, AP Nr. 3 zu § 1 BetrAVG Betriebsvereinbarung.

So liegt der Fall auch hier. Die Versorgungszusage 1988 sieht als Bemessungszeitraum die letzten 12 Kalendermonate vor Eintritt des Unterstützungsfalles vor. Hiernach bestimmt sich das Bemessungsentgelt. Es handelt sich damit um eine gehaltsabhängige Versorgungszusage, bei der die Dynamik in dem sich erhöhenden Bemessungsentgelt besteht.

In diese Dynamik wird durch den Widerruf eingegriffen. Triftige Gründe hierfür liegen jedoch nicht vor.

Von einer Substanzgefährdung kann nur dann gesprochen werden, wenn das Unternehmen durch die Versorgungslast ausgezehrt wird,

BAG, Urt. v. 17.04.1985, AP Nr. 4 zu § 1 BetrAVG Unterstützungskassen.

Aus der Steigerung von ........ % im Jahre ........ auf ........ % im Jahre ........ bezogen auf die Umsätze der beklagten Partei allein kann noch nicht auf eine Auszehrung der beklagten Partei durch die Versorgungslast geschlossen werden.

Beweis: Sachverständigengutachten.

## XIV. Kindeserkrankung und Kindesbetreuung

### 1. Muster: Pflichtenkollision einer Arbeitnehmerin wegen Kindesbetreuung

168 Für eine verhaltensbedingte Kündigung genügen solche im Verhalten des Arbeitnehmers liegenden Umstände, die bei verständiger Würdigung in Abwägung der Interessen der Vertragsparteien und des Betriebs die Kündigung als billigenswert und angemessen erscheinen lassen. Dabei ist nicht von dem Standpunkt des jeweiligen Arbeitgebers auszugehen. Vielmehr gilt ein objektiver Maßstab. Als verhaltensbedingter Grund ist insbesondere eine Pflichtverletzung aus dem Arbeitsverhältnis geeignet, wobei regelmäßig Verschulden erforderlich ist. Die Leistungsstörung muß dem Arbeitnehmer vorwerfbar sein,

BAG, NZA 1989, 261; NZA 1991, 557.

Insofern genügt ein Umstand, der einen ruhig und verständig urteilenden Arbeitgeber zur Kündigung bestimmen kann.

Kommt ein Arbeitnehmer seiner Leistungspflicht nicht nach, weil er andernfalls sein Kind unbeaufsichtigt zu Hause lassen müßte, befindet er sich in einer Pflichtenkollision. Als verhaltensbedingter Kündigungsgrund kann das Fernbleiben von der Arbeit nur dann herangezogen werden, wenn der Arbeitnehmer seine Unmöglichkeit bzw. die angeblich vorliegende Pflichtenkollision selbst verschuldet hat und außerdem wegen einer gleichartigen Pflichtverletzung in der Vergangenheit abgemahnt worden ist. Der Schutz des Art. 6 Abs. 4 GG, der im Rahmen der Interessenabwägung zu beachten ist, steht nicht dagegen. Art. 6 Abs. 4 GG ist ein echtes, auch im privaten und öffentlichen Recht zu beachtendes Grundrecht. Jedoch kann im Hinblick auf den Schutzbereich dieser Verfassungsnorm schon fraglich sein, ob eine Arbeitnehmerin in einer Konfliktlage betroffen ist, die speziell aus ihrer Eigenschaft als Mutter resultiert. Die Sorgepflicht obliegt in gleichem Maße auch dem Ehemann, der sich als Vater in dieser Situation unzweifelbar auf Art. 6 Abs. 4 GG berufen könnte. Zum Anspruch auf Fürsorge ist nach dem ausdrücklichen Wortlaut dieser Vorschrift die Gemeinschaft, also der Staat, nicht jedoch der einzelne private Arbeitgeber verpflichtet. Ein zeitlich unbegrenzter Schutz für Mütter läßt sich aus der Verfassung nicht entnehmen, der Schutz ist auf die Rechte nach dem Mutterschutzgesetz, Bundeserziehungsgeldgesetz u. ä. beschränkt. Auch der Anspruch auf Erziehungsurlaub ist zeitlich begrenzt. Jedes Grundrecht unterliegt immanenten Schranken.

Eine Arbeitnehmerin kann sich daher gegenüber der bestehenden Arbeitspflicht auf eine Pflichtenkollision wegen der Personensorge für ihr Kind (§ 1627 BGB) und damit ein Leistungsverweigerungsrecht (§§ 273, 320 BGB) oder eine Unmöglichkeit bzw. Unzumutbarkeit der Arbeitsleistung nur berufen, wenn unabhängig von der in jedem Fall notwendigen Abwägung der zu berücksichtigenden schutzwürdigen Interessen beider Parteien überhaupt eine unverschuldete Zwangslage vorliegt,

BAG, Urt. v. 21.05.1992, NZA 1993, 115.

Kommt eine Arbeitnehmerin wiederholt ihrer vertraglichen Leistungspflicht nicht nach, unter Berufung auf eine fehlende Betreuungsmöglichkeit für ihr Kind, und ist die Arbeitnehmerin dieserhalb auch wiederholt abgemahnt worden, ohne daß die Arbeitnehmerin in der Zwischenzeit Vorsorge für die Betreuung des Kindes getroffen hat, ist eine verhaltensbedingte Kündigung sozial gerechtfertigt.

## 2. Muster: Entgeltfortzahlungsansprüche bei Erkrankung eines Kindes

Grundsätzlich kommt bei Erkrankung eines im Haushalt des Arbeitnehmers lebenden Kindes unter 8 Jahren ein arbeitsrechtlicher Anspruch auf Fortzahlung der Arbeitsvergütung nach § 616 Abs. 1 BGB in Betracht. Nach dieser Vorschrift kann ein Arbeitnehmer von seinem Arbeitgeber die Weiterzahlung des Lohnes verlangen, wenn er für eine verhältnismäßig nicht erhebliche Zeit durch einen in seiner Person liegenden Grund ohne sein Verschulden an der Dienstleistung verhindert wird. Die Erkrankung von im Haushalt des Arbeitnehmers lebenden Kindern unter 8 Jahren, die nach ärztlichem Zeugnis der Beaufsichtigung, Betreuung oder Pflege des Arbeitnehmers bedürfen, ist als eine solche persönliche Arbeitsverhinderung im Sinne von § 616 Abs. 1 BGB anerkannt, wenn eine andere im Haushalt des Arbeitnehmers lebende Person hierfür nicht zur Verfügung steht. Demnach kann der Arbeitnehmer, der diese Pflege und Betreuung übernimmt, nach § 616 Abs. 1 Satz 1 BGB vom Arbeitgeber Weiterzahlung des Arbeitsentgeltes beanspruchen, sofern seine Verhinderung nur eine verhältnismäßig nicht erhebliche Zeit andauert. Das Bundesarbeitsgericht geht davon aus, daß im allgemeinen in Fällen dieser Art dem Arbeitnehmer die Arbeitsleistung nur für die ersten Tage unzumutbar ist. Dabei kann nach Auffassung des BAG die vom Gesetzgeber früher in § 185 c RVO

getroffene Regelung dabei einen Anhaltspunkt liefern. Diese Vorschrift gab dem Versicherten Anspruch auf Pflegekrankengeld für längstens 5 Arbeitstage im Kalenderjahr für jedes Kind,
  vgl. BAG, Urt. v. 19.04.1978, NJW 1978, 2316 = AP Nr. 48 zu § 616 BGB.

Nach der neuen Regelung in § 45 Abs. 2 SGB V, die den früheren § 185 c RVO ersetzt hat, besteht nunmehr Anspruch auf Pflegekrankengeld in jedem Kalenderjahr je Kind längstens für 10 Arbeitstage, für alleinerziehende Versicherte längstens für 20 Arbeitstage. Der Anspruch besteht für Versicherte unabhängig von der Zahl der Kinder für längstens 25 Arbeitstage pro Kalenderjahr, für alleinerziehende Versicherte für längstens 50 Arbeitstage je Kalenderjahr. Im allgemeinen besteht also ein arbeitsrechtlicher Lohnfortzahlungsanspruch gemäß § 616 Abs. 1 Satz 1 BGB für die Dauer von 5 Tagen. Da das Bundesarbeitsgericht in der zitierten Entscheidung ausgeführt hat, daß die vom Gesetzgeber getroffene Regelung dabei einen Anhaltspunkt liefern kann, ist nach der neuen Regelung des § 45 Abs. 2 SGB V auch bei dem arbeitsrechtlichen Anspruch auf Lohnfortzahlung von einer Dauer von 10 Arbeitstagen auszugehen. Bei längerer Erkrankung muß sich der Arbeitnehmer nach der Rechtsprechung des Bundesarbeitsgerichts um andere Pflegemöglichkeiten kümmern,
  so BAG, NJW 1978, 2317.

Ob dieser arbeitsrechtliche Anspruch wiederholt nach § 616 Abs. 1 BGB bei mehrfacher Erkrankung des Kindes geltend gemacht werden kann, ist unentschieden, aber zu bejahen bei verschiedenen Erkrankungen, da dem Arbeitgeber die Versorgungslasten überbürdet sind, zu verneinen, wenn von vornherein mit mehreren Erkrankungen zu rechnen war,
  so MüKomm/*Schaub*, § 616 BGB, Rn 23 mwN.

Sind beide Elternteile berufstätig, hat nur einer nach ihrer Wahl den Anspruch, da die Pflege beider Elternteile in der Regel nicht notwendig sein wird,
  so BAG, AP Nr. 50 zu § 616 BGB.

**170** Ist ein Arbeitnehmer in der gesetzlichen Krankenversicherung versichert, hat er nach § 45 SGB V (früher § 185 c RVO) Anspruch auf Krankengeld bei Erkrankung des Kindes. Dieser sozialversicherungsrechtliche Anspruch besteht allerdings nur subsidiär, der arbeitsrechtliche Lohnfortzahlungsanspruch nach § 616 Abs. 1 BGB geht insoweit vor. § 45 SGB V räumt den Versicherten unter den im einzelnen genannten Voraussetzungen einen Anspruch auf Pflegekrankengeld ein. Dieser Geldanspruch reicht allein nicht aus, um den mit dem Gesetz erstrebten Zweck zu erreichen. Zu dem gegen die Krankenkasse gerichteten Geldanspruch tritt nach § 45 Abs. 3 Satz 1 SGB V ein arbeitsrechtlicher Anspruch des versicherten Arbeitnehmers gegen den Arbeitgeber auf unbezahlte Freistellung von der Arbeitsleistung. Wie sich aus § 45 Abs. 3 Satz 1 SGB V ergibt, braucht der versicherte Arbeitnehmer jedoch nur in den Fällen unbezahlte Freistellung in Anspruch zu nehmen, in denen ein Anspruch auf bezahlte Freistellung nicht besteht. Das zeigt, daß der Gesetzgeber davon ausgeht, daß solche arbeitsrechtlichen Ansprüche auf bezahlte Freizeit bestehen, und daß sie den arbeitsrechtlichen Ansprüchen auf unbezahlte Freistellung, die ihrerseits den sozialversicherungsrechtlichen Anspruch auf Gewährung von Pflegekrankengeld ergänzen, vorgehen. Nur soweit die volle arbeitsrechtliche Absicherung nicht erreicht wird, kommt es auf den weniger weitgehenden arbeitsrechtlichen Anspruch auf unbezahlte Freistellung in Verbindung mit dem sozialversicherungsrechtlichen Anspruch auf Krankengeld an.

### 3877 3. Muster: Abdingbarkeit von Entgeltfortzahlungsansprüchen durch Tarifvertrag

**171** Zu beachten ist allerdings, daß Entgeltfortzahlungsansprüche bei Arbeitsverhinderung wegen der Pflege eines erkrankten Kindes, die sich sowohl für Angestellte als auch für Arbeiter ausschließlich nach § 616 Abs. 1 BGB richten, durch Tarifvertrag abbedungen werden können,
  so im einzelnen BAG, Urt. v. 20.06.1979, NJW 1980, 903 = AP Nr. 49 zu § 616 BGB.

Hier hat das Bundesarbeitsgericht entschieden, daß die Regelung in § 616 Abs. 1 BGB nicht zwingend ist und daher der Vergütungsfortzahlunganspruch sowohl durch Einzelarbeitsvertrag als auch durch Tarifvertrag aufgehoben, beschränkt, erweitert oder in anderer Weise geregelt werden kann. Dies gilt durch Tarifvertrag auch bei Erkrankung von Kindern,
    vgl. BAG, aaO; MüKomm/*Schaub*, aaO, § 616 BGB, Rn 18 mwN.

Die Tarifpartner haben auch die Möglichkeit, den Anspruch auf die Differenz zwischen dem Krankengeld und dem Vergütungsanspruch zu begrenzen,
    vgl. MüKomm/*Schaub*, aaO, § 616 BGB, Rn 25.

### 4. Muster: Sonderregelung des BAT

Eine zulässige abweichende Regelung ist in § 52 Abs. 2 I BAT getroffen worden. Hiernach wird der Angestellte unter Fortzahlung der Vergütung von der Arbeit freigestellt bei schwerer Erkrankung eines Kindes, das das 14. Lebensjahr noch nicht vollendet hat, wenn im laufenden Kalenderjahr kein Anspruch nach § 185 c RVO (bzw. § 45 SGB V) besteht oder bestanden hat, bis zu 6 Kalendertagen im Kalenderjahr. Diese tarifvertragliche Regelung geht der oben dargestellten Rechtsprechung des Bundesarbeitsgerichtes grundsätzlich vor. Der Arbeitnehmer hat aufgrund der abweichenden tarifvertraglichen Regelung dementsprechend nur Anspruch auf Entgeltfortzahlung wegen der Pflege eines erkrankten Kindes für insgesamt max. 6 Kalendertage im Kalenderjahr und dies auch nur dann, wenn im laufenden Kalenderjahr ein Anspruch nach § 45 SGB V nicht mehr besteht oder ein solcher Anspruch nicht bestanden hat. Aufgrund dieser tarifvertraglichen Regelung geht also nicht, wie das BAG entschieden hat, der arbeitsrechtliche Anspruch auf bezahlte Freistellung vor,
    so BAG, NJW 1978, 2317,
sondern der Anspruch gemäß § 45 SGB V.

### 5. Muster: Krankengeld für Betreuung eines erkrankten Kindes

Nach § 45 SGB V haben Versicherte Anspruch auf Krankengeld, wenn es nach ärztlichem Zeugnis erforderlich ist, daß sie zur Beaufsichtigung, Betreuung oder Pflege ihres erkrankten und versicherten Kindes der Arbeit fernbleiben, eine andere in ihrem Haushalt lebende Person das Kind nicht beaufsichtigen, betreuen oder pflegen kann und das Kind das 12. Lebensjahr noch nicht vollendet hat. Wesentlich ist hier, daß das Kind das 12. Lebensjahr noch nicht vollendet hat und im Haushalt des Versicherten lebt. Das Kind muß erkrankt sein, ferner ist es erforderlich, daß die Notwendigkeit der Betreuung von der Krankheit verursacht wird. Betreuung meint allgemein die erforderliche Fürsorge und Versorgung, auch außerhalb des Haushaltes, z.B. auf dem Weg zur ärztlichen Behandlung. Mit der Pflege sind die Krankenpflege und die sonstigen Maßnahmen für das körperliche und psychische Wohlergehen des Kindes angesprochen. Diese Voraussetzungen hat ein Arzt zu bescheinigen, das ärztliche Zeugnis ist nach der ausdrücklichen gesetzlichen Regelung eine Anspruchsvoraussetzung,
    vgl. im einzelnen hierzu Kasseler-Kommentar/*Höfler*, § 45 SGB V, Rn 4.

Krankheit und Betreuungsbedürftigkeit müssen es also erforderlich machen, daß der Versicherte der Arbeit fernbleibt. Außerdem verlangt § 45 SGB V, daß eine andere im Haushalt lebende Person das Kind nicht beaufsichtigen, betreuen oder pflegen kann.

Die Vorschrift des § 45 SGB V entspricht im wesentlichen der früheren Regelung in § 185 c RVO. Im Gegensatz zu § 185 c RVO muß es sich aber um ein in der gesetzlichen Krankenversicherung gegen Krankheit versichertes Kind, eigene Versicherung oder Familienversicherung nach § 10 SGB V handeln.

Sind alle diese Voraussetzungen erfüllt, wird Pflegekrankengeld für 10 Arbeitstage, nicht Kalendertage, von der gesetzlichen Krankenkasse gewährt.

Bei einem stationären Krankenhausaufenthalt ist die Pflege und Betreuung des Kindes durch die Krankhauspflege gewährleistet. Krankheit und Betreuungsbedürftigkeit des Kindes machen es bei einem stationären Krankenhausaufenthalt nicht erforderlich, daß der Versicherte der Arbeit fernbleibt, womit die Anspruchsvoraussetzungen des § 45 SGB V nicht gegeben sind.

## XV. Sonstige Schriftsätze

### 1. Muster: PKH-Antrag

**174** Antrag auf Bewilligung von Prozeßkostenhilfe

In dem arbeitsgerichtlichen Rechtsstreit

– klägerische Partei und Antragsteller –

Prozeßbevollmächtigte:

gegen

– beklagte Partei und Antragsgegner –

beantragen wir namens und in Vollmacht der klägerischen und antragstellenden Partei,

1. der klägerischen und antragstellenden Partei für die I. Instanz Prozeßkostenhilfe zu bewilligen;
2. der klägerischen und antragstellenden Partei zur vorläufig unentgeltlichen Wahrnehmung ihrer Rechte den Unterzeichner als Rechtsanwalt beizuordnen.

**Begründung:**
1. Die klägerische und antragstellende Partei ist nach ihren persönlichen und wirtschaftlichen Verhältnissen außerstande, die Kosten des beabsichtigten Rechtsstreits auch nur zum Teil aufzubringen. Dies ergibt die anliegende Erklärung der klägerischen und antragstellenden Partei über ihre persönlichen und wirtschaftlichen Verhältnisse, die als Anlage 1 beigefügt ist. Die klägerische Partei ist nicht rechtsschutzversichert in dieser Sache und nicht Mitglied einer Gewerkschaft.
2. Die beigefügte Klage bietet hinreichende Aussicht auf Erfolg und erscheint auch nicht mutwillig. Hierzu wird auf die anliegende Klageschrift verwiesen. Sofern das Gericht weitere Darlegungen oder Beweisantritte für erforderlich hält, wird um eine Auflage gebeten.

## § 7 Schriftsätze im arbeitsgerichtlichen Urteilsverfahren

### 2. Muster: Zahlungsklage wegen Urlaubsabgeltung

▼

An das
Arbeitsgericht

*Klage*

– klägerische Partei –

Prozeßbevollmächtigte:

gegen

– beklagte Partei –

wegen: Urlaubsabgeltung.

Wir bestellen uns zu Prozeßbevollmächtigten der klägerischen Partei, in deren Namen und Auftrag wir um kurzfristige Anberaumung eines Gütetermins bitten. Wir werden im übrigen beantragen zu erkennen.

1. Die beklagte Partei wird verurteilt,           DM brutto nebst           % Zinsen jährlich für den Zeitraum vom           bis zum           sowie           % Zinsen jährlich ab dem           aus dem Nettobetrag von           DM an die klägerische Partei zu zahlen.
2. Die beklagte Partei trägt die Kosten des Rechtsstreits.

**Gründe:**

Zwischen den Parteien bestand vom           bis zum           ein Arbeitsverhältnis. Die klägerische Partei war als           bei einem monatlichen Bruttoentgelt von           mit einer regelmäßigen wöchentlichen Arbeitszeit von           tätig. Das Arbeitsverhältnis endete durch           .

Beweis: 1. Vorlage des Arbeitsvertrages in Kopie – Anlage K 1.
2. Vorlage des Kündigungsschreibens in Kopie – Anlage K 2.

Gemäß ihrem Arbeitsvertrag hat die klägerische Partei Anspruch auf           Urlaubstage im Jahr. Hiervon hat die klägerische Partei im Vorjahr           Tage und im Jahr ihres Ausscheidens bei der Beklagten           Tage in Anspruch genommen. Einzelheiten ergeben sich aus den als Anlagenkonvolut beigefügten Urlaubsanträgen bzw. Bewilligungsmitteilungen.

Beweis: Vorlage von Urlaubsanträgen und Urlaubsbewilligungen – Anlage K 3.

Wegen der Beendigung des Arbeitsverhältnisses konnten die der klägerischen Partei noch zustehenden           Tage nicht mehr verwirklicht werden. Die klägerische Partei hat demgemäß Anspruch auf Abgeltung ihrer Urlaubsansprüche nach § 7 Abs. 4 BUrlG.

Der Urlaubsanspruch wandelt sich nur in einen Abgeltungsanspruch um, wenn der Urlaub wegen der Beendigung nicht mehr genommen werden konnte,
   BAG, Urt. v. 19.01.1992, EzA § 7 BUrlG Nr. 89.

Ist bei Fortbestand des Arbeitsverhältnisses der Urlaubsanspruch nicht mehr erfüllbar, entfällt ein Abgeltungsanspruch. Vorliegend hätte bei Fortbestand des Arbeitsverhältnisses der Urlaub noch bis zum Jahresende genommen werden können. Aus anderen Gründen als der Beendigung des Arbeitsverhältnisses wäre die Erfüllung des Urlaubs nicht ausgeschlossen,
   BAG, Urt. v. 05.12.1995, AP Nr. 48 zu § 7 BUrlG.

Die klägerische Partei war also nicht bis zum Ende des Urlaubsjahres arbeitsunfähig erkrankt und ihr Urlaubsabgeltungsanspruch ist deshalb auch nicht aus diesem Grunde verfallen.

## § 7 Kapitel 1: Vertretung von Arbeitnehmern

Der Höhe nach errechnet sich der Abgeltungsanspruch folgendermaßen: Der Buttomonatslohn der klägerischen Partei beträgt ▊▊▊ DM. Für jeden Arbeitstag ergeben sich somit ▊▊▊ DM Arbeitsentgelt. Bei insgesamt ▊▊▊ Tagen abzugeltendem Urlaub errechnen sich daher ▊▊▊ DM.

Die beklagte Partei wurde mit Schreiben vom ▊▊▊ zur Abgeltung des Urlaubs aufgefordert.

Beweis: Vorlage des Anwaltsschreibens in Kopie – Anlage K 4.

Da sich die Beklagte geweigert hat, die Zahlung vorzunehmen, war Klage geboten.

▲

### 3. Muster: Klage auf Zeugnis (mit Zusatz Zeugniserstellungsverpflichtung wegen Insolvenz)

▼

*Klage*

– klägerische Partei –

Prozeßbevollmächtigte: ▊▊▊

gegen

– beklagte Partei –

wegen: Zeugniserteilung.

Wir bestellen uns zu Prozeßbevollmächtigten der klägerischen Partei, in deren Namen und Auftrag wir um kurzfristige Anberaumung eines Gütetermins bitten und beantragen werden zu erkennen:

1. Die beklagte Partei wird verurteilt, der klägerischen Partei ein Zeugnis zu erteilen, das sich auf Art und Dauer sowie Führung und Leistung während des Arbeitsverhältnisses erstreckt.
2. Die Kosten des Rechtsstreits trägt die beklagte Partei.

**Gründe:**

I.

Die klägerische Partei war bei der beklagten Partei als Arbeitnehmer in der Zeit vom ▊▊▊ bis zum ▊▊▊ beschäftigt.

Beweis: Vorlage des Arbeitsvertrages in Kopie – Anlage K 1.

Die klägerische Partei begehrt für diesen Zeitraum ein ihre Leistungen und Fähigkeiten hinreichend vollständig und wahrheitsgemäß dokumentierendes Zeugnis.

II.

1. Gemäß § 630 BGB ist das Zeugnis bei Beendigung des Arbeitsverhältnisses zu erteilen.

   Der Arbeitnehmer ist berechtigt, das Arbeitszeugnis bereits bei absehbarer Beendigung des Arbeitsverhältnisses von dem Arbeitgeber zu verlangen (z.B. Befristungsablauf, fristgerechte Kündigung, Aufhebungsvertrag).

   Bei fristloser Kündigung ist das Zeugnis vom Arbeitgeber unverzüglich im Sinne des § 121 BGB zu erteilen. Streitigkeiten der Parteien über die rechtliche Beendigung des Arbeitsverhältnisses entbinden den Arbeitgeber nicht von der Pflicht, das Zeugnis zu erstellen.

   So hat der Arbeitgeber auch bei der Erhebung einer Kündigungsschutzklage durch den Arbeitnehmer zunächst ein Endzeugnis auszustellen,
     BAG, Urt. v. 27.02.1987, AP Nr. 16 zu § 630 BGB.

## Schriftsätze im arbeitsgerichtlichen Urteilsverfahren § 7

2. Erfüllungsort für die Herausgabe des Zeugnisses ist der Ort der Betriebsstätte (Holschuld gemäß § 269 Abs. 2 BGB). Das rechtzeitig verlangte Zeugnis muß der Arbeitgeber zusammen mit den Arbeitspapieren bis spätestens zum letzten Tag des Ablaufs der Kündigungsfrist bereithalten. Kann die Herausgabe aus Gründen, die vom Arbeitnehmer zu vertreten sind, nicht erfolgen, so bleibt der Erfüllungsort weiterhin die Betriebsstätte,
   BAG, Urt. v. 08.03.1995, DB 1995, 634.

Liegen dagegen die Gründe in der Sphäre des Arbeitgebers, ist dem Arbeitnehmer das Zeugnis zu übersenden (Schickschuld).

Das gilt auch nach dem Grundsatz von Treu und Glauben, wenn dem Arbeitnehmer nicht zuzumuten ist, das Arbeitszeugnis abzuholen (z.B. wegen eines weit entfernten Wohnsitzes),
   vgl. hierzu BAG, Urt. v. 08.03.1995, EzA § 630 BGB Nr. 19.

Die klägerische Partei hat am _____ gegenüber der beklagten Partei die Erstellung eines qualifizierten Arbeitszeugnisses verlangt. Die beklagte Partei ist dieser Verpflichtung bislang nicht nachgekommen.

3. Der Arbeitnehmer kann gemäß § 630 Satz 2 BGB verlangen, daß ihm ein auf Leistung und Führung erstrecktes Zeugnis erteilt wird. Das Zeugnis besitzt eine Doppelfunktion, indem es einerseits dem Arbeitnehmer als Bewerbungsunterlage dient, andererseits zur Information des zukünftigen Arbeitgebers gedacht ist, der sich anhand des Zeugnisses ein genaues Bild über die Eigenschaften des Arbeitnehmers, seine frühere Beschäftigung und seine Verwendungsmöglichkeiten machen können soll,
   MüKomm/*Schwerdtner*, § 630, Rn 9.

Wegen dieser Doppelfunktion muß das Zeugnis genaue und zuverlässige Angaben über die vom Arbeitnehmer tatsächlich verrichtete Tätigkeit enthalten und durch eine wahrheitsgemäße, nach sachlichen Maßstäben ausgerichtete und nachprüfbare Gesamtbewertung die Leistung des Arbeitnehmers beschreiben, es darf nichts Falsches enthalten und nichts auslassen, was der Leser eines Zeugnisses erwartet,
   vgl. BAG, BB 1976, 151; 1971, 1280; *Schweres*, BB 1986, 1572.

Auch die Gesamtwürdigung muß wahr sein und soll, da das Zeugnis das Fortkommen des Arbeitnehmers nicht unnötig erschweren soll, von verständigem Wohlwollen getragen sein,
   so grundlegend BAG vom 03.03.1993, AP Nr. 20 zu § 630 BGB, unter Hinweis auf LAG Hamm, Urteil vom 19.10.1990, LAGE § 630 Nr. 12.

Nachteilig zu bewertende Tatsachen müssen nicht verschwiegen werden, wenn sie für die Beurteilung der Leistung des Arbeitnehmers von Bedeutung sind (Strafverfahren wegen sittlicher Verfehlung bei einem Heimerzieher),
   BAG, Urt. v. 05.08.1976, BB 1977, 297.

Wird branchenüblich die Erwähnung einer bestimmten Eigenschaft erwartet, so muß der Arbeitgeber zu dieser Stellung nehmen.

Ehrlichkeit ist einem Arbeitnehmer zu bescheinigen, der einer Berufsgruppe angehört, die eine besondere Vertrauensstellung voraussetzt (z.B. einer Kassiererin),
   BAG, Urt. v. 29.07.1971, AP Nr. 6 zu § 630 BGB.

Das Zeugnis muß in sich schlüssig sein. Die einzelnen Abschnitte müssen aufeinander abgestimmt sein und dürfen keine Widersprüche enthalten. Die einzelnen Beurteilungen müssen sich daher mit der Schlußnote decken,
   BAG, Urt. v. 23.09.1992, EZA § 630 BGB Nr. 16.

4. Grund und Art der Beendigung sind nicht ohne den Willen des Arbeitnehmers in das Zeugnis aufzunehmen.

Die klägerische Partei verlangt, daß Grund und Art der Beendigung des Arbeitsverhältnisses, nämlich _____, in das Zeugnis aufgenommen wird.

5. Der Arbeitnehmer kann je nach Dauer des Arbeitsverhältnisses und Stellung im Unternehmen die Erteilung einer Grußformel verlangen,
> LAG Köln, Urt. v. 29.10.1990, LAGE § 630 Nr. 14.

Die klägerische Partei war          .

6. Schließlich ist das Zeugnis in verkehrsüblicher Form zu erstellen, dh maschinenschriftlich und auf dem für Geschäftskorrespondenz üblichen Firmenpapier mit dem entsprechenden Briefkopf,
> BAG, Urt. v. 03.03.1993, DB 1993, 1624; LAG Hamburg, Urt. v. 07.09.1993, NZA 1994, 890.

Der Arbeitnehmer ist mit seinem gesamten Namen zu bezeichnen.

Stets ist ein Datum anzugeben. Dies ist regelmäßig das Ausstellungsdatum.

Liegt zwischen der Beendigung des Arbeitsverhältnisses und der Zeugniserteilung ein längerer Zeitraum aus Gründen, die der Arbeitgeber zu vertreten hat, so ist das Zeugnis auf den Zeitpunkt der Beendigung des Arbeitsverhältnisses zurückzudatieren,
> BAG, Urt. v. 09.09.1992, AP Nr. 19 zu § 630 BGB.

Darin liegt kein Verstoß gegen die Wahrheitspflicht. Vielmehr folgt dies aus der nachwirkenden Fürsorgepflicht des Arbeitgebers.

Schließlich endet jedes Zeugnis mit der eigenhändigen Unterschrift des Arbeitgeber oder des für ihn handelnden Vertreters,
> LAG Bremen, 23.06.1989, BB 1989, 1825.

Bei dem Vertreter des Arbeitgebers muß es sich jedoch um einen dem Arbeitnehmer übergeordneten Betriebsangehörigen handeln,
> LAG Köln, Urt. v. 14.07.1994, NZA 1995, 685.

Die Zeugniserteilung durch einen Außenstehenden oder durch einen Rechtsanwalt ist unzulässig,
> LAG Hamm, Urt. v. 02.11.1996, DB 1966, 1815.

7. Schließlich muß der Arbeitgeber eine Leistungsbeurteilung des Arbeitnehmers in das Zeugnis aufnehmen. Es ist üblich, eine Gesamtbeurteilung mit folgendem Wortlaut in das Zeugnis aufzunehmen:

Er/Sie hat die ihm/ihr übertragenen Aufgaben

a. stets zu unserer vollsten Zufriedenheit erledigt/zu unserer vollen Zufriedenheit erledigt und unseren Erwartungen in jeder Hinsicht entsprochen.
Dies bescheinigt eine durchweg sehr gute Leistung.

b. stets zu unserer vollen Zufriedenheit erledigt,
bescheinigt eine gute Leistung,
> LAG Düsseldorf, Urt. v. 26.02.1985, DB 1985, 2692.

c. zu unserer vollen Zufriedenheit erledigt,
bescheinigt eine Durchschnittsleistung,
> ArbG Passau, Urt. v. 14.01.1991, BB 1991, 545.

d. zu unserer Zufriedenheit erledigt,
bescheinigt eine unterdurchschnittliche, noch ausreichende Leistung,
> LAG Frankfurt, Urt. v. 10.09.1987, DB 1988, 1071; a.A. BAG, Urt. v. 12.08.1976, DB 1976, 2111, das BAG hält dies für eine befriedigende Leistung.

e. im großen und ganzen zu unserer Zufriedenheit erledigt,
bringt eine mangelhafte Leistung zum Ausdruck.

## Schriftsätze im arbeitsgerichtlichen Urteilsverfahren § 7

    f. Er/Sie hat sich bemüht, die übertragene Arbeit zu unserer Zufriedenheit zu erledigen/führte die übertragene Aufgabe mit großem Fleiß und Interesse durch,
bescheinigt völlig ungenügende Leistungen,
    BAG, Urt. v. 24.03.1977, DB 1977, 1369.

8. Im Zeugnisrechtsstreit besteht folgende abgestufte Darlegungs- und Beweislast: Der Arbeitnehmer hat Anspruch auf eine gute überdurchschnittliche Bewertung, wenn der Arbeitgeber Defizite des Arbeitnehmers nicht substantiiert darlegt und notfalls beweist,
    vgl. LAG Köln, Urt. v. 26.04.1996, NZA-RR 1997, 84; a.A. LAG Hamm, Urt. v. 13.02.1992, LAGE § 639 BGB Nr. 16; LAG Frankfurt, Urt. v. 09.06.1991, LAGE Nr. 14 zu § 630 BGB.

Fordert der Arbeitnehmer Bewertungen, die weit über das übliche Maß hinausgehen (z.B. hoher Einsatz, großes Engagement) so ist der Arbeitnehmer darlegungs- und gegebenenfalls beweispflichtig,
    LAG Köln a.a.O.; LAG Hamm, Urt. v. 13.02.1992, LAGE § 639 BGB Nr. 16; LAG Frankfurt, 06.09.1991, LAGE Nr. 14 zu § 630 BGB.

### III.
Die beklagte Partei hat dem Kläger vor diesem Hintergrund nach folgenden Maßstäben ein Zeugnis zu erteilen:

### IV.
Im Falle der Insolvenz hat der Insolvenzverwalter das Zeugnis zu erteilen, soweit dieser den Betrieb fortgeführt und den Arbeitnehmer weiterbeschäftigt hat. Die Beurteilung ist dann auch auf die Zeit vor der Eröffnung des Insolvenzverfahrens zu erstrecken,
    so für das Konkursverfahren BAG, Urt. v. 30.01.1991 AP Nr. 18 zu § 630 BGB.

Ist der Arbeitnehmer bereits vor der Eröffnung des Insolvenzverfahrens ausgeschieden, so hat er den Rechtsstreit gegen den Gemeinschuldner zu führen,
    BAG aaO.

Der Insolvenzverwalter muß sich die notwendigen Informationen für die Beurteilung bei dem ihm auskunftspflichtigen Gemeinschuldner beschaffen.

▲

### 4. Muster: Klage auf Berichtigung eines Zeugnisses

▼

*Klage*

– klägerische Partei –

Prozeßbevollmächtigte:

gegen

– beklagte Partei –

wegen: Zeugniserteilung.

Wir bestellen uns zu Prozeßbevollmächtigten der klägerischen Partei, in deren Namen und Auftrag wir um kurzfristige Anberaumung eines Gütetermins bitten und beantragen werden zu erkennen:

1. Die beklagte Partei wird verurteilt, der klägerischen Partei das am      erteilte Zeugnis wie folgt zu ändern:

    „      "

2. Die Kosten des Rechtsstreits trägt die beklagte Partei.

**Gründe:**

**I.**

Die klägerische Partei war bei der beklagten Partei als Arbeitnehmer in der Zeit vom             bis zum             beschäftigt.

Beweis:   Vorlage des Arbeitsvertrages in Kopie – Anlage K 1.

Die klägerische Partei begehrt für diesen Zeitraum ein ihre Leistungen und Fähigkeiten hinreichend vollständig und wahrheitsgemäß dokumentierendes Zeugnis.

**II.**

1. Gemäß § 630 BGB ist das Zeugnis bei Beendigung des Arbeitsverhältnisses zu erteilen.

Der Arbeitnehmer ist berechtigt, das Arbeitszeugnis bereits bei absehbarer Beendigung des Arbeitsverhältnisses von dem Arbeitgeber zu verlangen (z.B. Befristungsablauf, fristgerechte Kündigung, Aufhebungsvertrag).

Bei fristloser Kündigung ist das Zeugnis vom Arbeitgeber unverzüglich im Sinne des § 121 BGB zu erteilen. Streitigkeiten der Parteien über die rechtliche Beendigung des Arbeitsverhältnisses entbinden den Arbeitgeber nicht von der Pflicht, das Zeugnis zu erstellen.

So hat der Arbeitgeber auch bei der Erhebung einer Kündigungsschutzklage durch den Arbeitnehmer zunächst ein Endzeugnis auszustellen,
   BAG, Urt. v. 27.02.1987, AP Nr. 16 zu § 630 BGB.

2. Erfüllungsort für die Herausgabe des Zeugnisses ist der Ort der Betriebsstätte (Holschuld gemäß § 269 Abs. 2 BGB). Das rechtzeitig verlangte Zeugnis muß der Arbeitgeber zusammen mit den Arbeitspapieren bis spätestens zum letzten Tag des Ablaufs der Kündigungsfrist bereithalten. Kann die Herausgabe aus Gründen, die vom Arbeitnehmer zu vertreten sind, nicht erfolgen, so bleibt der Erfüllungsort weiterhin die Betriebsstätte,
   BAG, Urt. v. 08.03.1995, DB 1995, 634.

Liegen dagegen die Gründe in der Sphäre des Arbeitgebers, ist dem Arbeitnehmer das Zeugnis zu übersenden (Schickschuld).

Das gilt auch nach dem Grundsatz von Treu und Glauben, wenn dem Arbeitnehmer nicht zuzumuten ist, das Arbeitszeugnis abzuholen (z.B. wegen eines weit entfernten Wohnsitzes),
   vgl. hierzu BAG, Urt. v. 08.03.1995, EzA § 630 BGB Nr. 19.

Die klägerische Partei hat am             gegenüber der beklagten Partei die Erstellung eines qualifizierten Arbeitszeugnisses verlangt. Die beklagte Partei ist dieser Verpflichtung bislang nicht nachgekommen.

3. Der Arbeitnehmer kann gemäß § 630 Satz 2 BGB verlangen, daß ihm ein auf Leistung und Führung erstrecktes Zeugnis erteilt wird. Das Zeugnis besitzt eine Doppelfunktion, indem es einerseits dem Arbeitnehmer als Bewerbungsunterlage dient, andererseits zur Information des zukünftigen Arbeitgebers gedacht ist, der sich anhand des Zeugnisses ein genaues Bild über die Eigenschaften des Arbeitnehmers, seine frühere Beschäftigung und seine Verwendungsmöglichkeiten machen können soll,
   MüKomm/*Schwerdtner*, § 630, Rn 9.

Wegen dieser Doppelfunktion muß das Zeugnis genaue und zuverlässige Angaben über die vom Arbeitnehmer tatsächlich verrichtete Tätigkeit enthalten und durch eine wahrheitsgemäße, nach sachlichen Maßstäben ausgerichtete und nachprüfbare Gesamtbewertung die Leistung des Arbeitnehmers beschreiben, es darf nichts Falsches enthalten und nichts auslassen, was der Leser eines Zeugnisses erwartet,
   vgl. BAG, BB 1976, 151; 1971, 1280; *Schweres*, BB 1986, 1572.

## § 7 Schriftsätze im arbeitsgerichtlichen Urteilsverfahren

Auch die Gesamtwürdigung muß wahr sein und soll, da das Zeugnis das Fortkommen des Arbeitnehmers nicht unnötig erschweren soll, von verständigem Wohlwollen getragen sein,
   so grundlegend BAG vom 03.03.1993, AP Nr. 20 zu § 630 BGB unter Hinweis auf LAG Hamm, Urteil vom 19.10.1990, LAGE § 630 Nr. 12.

Nachteilig zu bewertende Tatsachen müssen nicht verschwiegen werden, wenn sie für die Beurteilung der Leistung des Arbeitnehmers von Bedeutung sind (Strafverfahren wegen sittlicher Verfehlung bei einem Heimerzieher),
   BAG, Urt. v. 05.08.1976, BB 1977, 297.

Wird branchenüblich die Erwähnung einer bestimmten Eigenschaft erwartet, so muß der Arbeitgeber zu dieser Stellung nehmen.

Ehrlichkeit ist einem Arbeitnehmer zu bescheinigen, der einer Berufsgruppe angehört, die eine besondere Vertrauensstellung voraussetzt (z.B. eine Kassiererin),
   BAG, Urt. v. 29.07.1971, AP Nr. 6 zu § 630 BGB.

Das Zeugnis muß in sich schlüssig sein. Die einzelnen Abschnitte müssen aufeinander abgestimmt sein und dürfen keine Widersprüche enthalten. Die einzelnen Beurteilungen müssen sich daher mit der Schlußnote decken,
   BAG, Urt. v. 23.09.1992, EZA § 630 BGB Nr. 16.

4. Grund und Art der Beendigung sind nicht ohne den Willen des Arbeitnehmers in das Zeugnis aufzunehmen.

Die klägerische Partei verlangt, daß Grund und Art der Beendigung des Arbeitsverhältnisses, nämlich ▮▮▮▮, in das Zeugnis aufgenommen wird.

5. Der Arbeitnehmer kann je nach Dauer des Arbeitsverhältnisses und Stellung im Unternehmen die Erteilung einer Grußformel verlangen,
   LAG Köln, Urt. v. 29.10.1990, LAGE § 630 Nr. 14.

Die klägerische Partei war ▮▮▮▮

6. Schließlich ist das Zeugnis in verkehrsüblicher Form zu erstellen, dh maschinenschriftlich und auf dem für Geschäftskorrespondenz üblichen Firmenpapier mit dem entsprechenden Briefkopf,
   BAG, Urt. v. 03.03.1993, DB 1993, 1624; LAG Hamburg, Urt. v. 07.09.1993, NZA 1994, 890.

Der Arbeitnehmer ist mit seinem gesamten Namen zu bezeichnen.

Stets ist ein Datum anzugeben. Dies ist regelmäßig das Ausstellungsdatum.

Liegt zwischen der Beendigung des Arbeitsverhältnisses und der Zeugniserteilung ein längerer Zeitraum aus Gründen, die der Arbeitgeber zu vertreten hat, so ist das Zeugnis auf den Zeitpunkt der Beendigung des Arbeitsverhältnisses zurückzudatieren,
   BAG, Urt. v. 09.09.1992, AP Nr. 19 zu § 630 BGB.

Darin liegt kein Verstoß gegen die Wahrheitspflicht. Vielmehr folgt dies aus der nachwirkenden Fürsorgepflicht des Arbeitgebers.

Schließlich endet jedes Zeugnis mit der eigenhändigen Unterschrift des Arbeitgeber oder des für ihn handelnden Vertreters,
   LAG Bremen, 23.06.1989, BB 1989, 1825.

Bei dem Vertreter des Arbeitgebers muß es sich jedoch um einen dem Arbeitnehmer übergeordneten Betriebsangehörigen handeln,
   LAG Köln, Urt. v. 14.07.1994, NZA 1995, 685.

Die Zeugniserteilung durch einen Außenstehenden oder durch einen Rechtsanwalt ist unzulässig,
   LAG Hamm, Urt. v. 02.11.1996, DB 1966, 1815.

**183** 7. Schließlich muß der Arbeitgeber eine Leistungsbeurteilung des Arbeitnehmers in das Zeugnis aufnehmen. Es ist üblich eine Gesamtbeurteilung mit folgendem Wortlaut in das Zeugnis aufzunehmen:

Er/Sie hat die ihm/ihr übertragenen Aufgaben

    a. stets zu unserer vollsten Zufriedenheit erledigt/zu unserer vollen Zufriedenheit erledigt und unseren Erwartungen in jeder Hinsicht entsprochen.
Dies bescheinigt eine durchweg sehr gute Leistung.

    b. stets zu unserer vollen Zufriedenheit erledigt,
bescheinigt eine gute Leistung,
        LAG Düsseldorf, Urt. v. 26.02.1985, DB 1985, 2692.

    c. zu unserer vollen Zufriedenheit erledigt,
bescheinigt eine Durchschnittsleistung,
        ArbG Passau, Urt. v. 14.01.1991, BB 1991, 545.

    d. zu unserer Zufriedenheit erledigt,
bescheinigt eine unterdurchschnittliche, noch ausreichende Leistung,
        LAG Frankfurt, Urt. v. 10.09.1987, DB 1988, 1071; a.A. BAG, Urt. v. 12.08.1976, DB 1976, 2111, das BAG hält dies für eine befriedigende Leistung.

    e. im großen und ganzen zu unserer Zufriedenheit erledigt,
bringt eine mangelhafte Leistung zum Ausdruck

    f. Er/Sie hat sich bemüht, die übertragene Arbeit zu unserer Zufriedenheit zu erledigen/führte die übertragene Aufgabe mit großem Fleiß und Interesse durch
bescheinigt völlig ungenügende Leistungen,
        BAG, Urt. v. 24.03.1977, DB 1977, 1369.

8. Im Zeugnisrechtsstreit besteht folgende abgestufte Darlegungs- und Beweislast: Der Arbeitnehmer hat Anspruch auf eine gute überdurchschnittliche Bewertung, wenn der Arbeitgeber Defizite des Arbeitnehmers nicht substantiiert darlegt und notfalls beweist,
    vgl. LAG Köln, Urt. v. 26.04.1996, NZA-RR 1997, 84; a.A. LAG Hamm, Urt. v. 13.02.1992, LAGE § 639 BGB Nr. 16; LAG Frankfurt, Urt. v. 09.06.1991, LAGE Nr. 14 zu § 630 BGB.

Fordert der Arbeitnehmer Bewertungen, die weit über das übliche Maß hinausgehen (z.B. hoher Einsatz, großes Engagement), so ist der Arbeitnehmer darlegungs- und gegebenenfalls beweispflichtig.
    LAG Köln a.a.O.; LAG Hamm, Urt. v. 13.02.1992, LAGE § 639 BGB Nr. 16; LAG Frankfurt, 06.09.1991, LAGE Nr. 14 zu § 630 BGB.

**III.**
Die beklagte Partei hat dem Kläger vor diesem Hintergrund nach folgenden Maßstäben ein Zeugnis zu erteilen:

**IV.**
**184** Möchte der Arbeitnehmer nur in Teilen eine Ergänzung oder Berichtigung des erteilten Zeugnisses, dann ist im Klageantrag im einzelnen anzugeben, in welchen Punkten und wie das Zeugnis geändert bzw. ergänzt werden soll,
    LAG Düsseldorf, Urt. v. 21.08.1973, DB 1973, 1853.

▲

## 5. Muster: Vollstreckung eines Zeugnisanspruchs

Wie wir feststellen mußten, ist bis heute der im Urteil des Arbeitsgerichts    vom    (Aktenzeichen:    ) vollstreckbar titulierte Anspruch unserer Mandantschaft auf ein Zeugnis noch nicht erfüllt worden.

Wir merken uns für die Erledigung dieses Anspruchs eine letzte Frist bis zum

vor.

Sollte bis zu diesem Zeitpunkt der Eingang eines Zeugnisses nicht feststellbar sein, werden wir ohne weitere Mahnung dem uns bereits vorliegenden Zwangsvollstreckungsauftrag nachkommen.

Die Vollstreckung eines Titels auf Erteilung eines Zeugnisses erfolgt nach § 888 ZPO. Es handelt sich hier um eine nicht vertretbare Handlung,
    LAG Frankfurt, Urt. v. 25.06.1980, DB 1981, 534 f.

Sollte das Zeugnis nicht innerhalb der vorgenannten Frist bei uns eingehen, werden wir die Festsetzung eines Zwangsgeldes und, falls dies nicht zum Erfolg führt, die Anordnung von Zwangshaft beantragen.

Nachstehend berechnen wir die Kosten dieser Vollstreckungsandrohung, die ebenfalls durch Sie auszugleichen sind,
    vgl. OLG Düsseldorf, Beschl. v. 20.03.1989, JurBüro 1986, 1043; LG Bonn, Beschl. v. 16.03.1990 – 170549/88 (unveröffentlicht); ArbG Bonn, Beschl. v. 03.04.1990 – 3 Ca 1978/89, (unveröffentlicht).

## 6. Muster: Weihnachtsgeld, Sonderzuwendung, 13. Monatsgehalt

Ob im Falle des Ausscheidens des Arbeitnehmers im Folgejahr ein nicht zur Rückerstattung verpflichtender Anspruch auf Zahlung des Weihnachtsgelds (Sonderzuwendung, 13. Monatsgehalt) besteht, hängt vom Inhalt der zwischen den Parteien getroffenen Abrede im Arbeitsvertrag ab. Soweit aus dem Arbeitsvertrag eine Zweckbestimmung der Sonderzuwendung nicht eindeutig hervorgeht, ist der Zweck der Sonderzahlung durch Auslegung zu ermitteln, §§ 157, 133 BGB. Mit einer solchen Jahresleistung können verschiedene Zwecke verfolgt werden. Die Leistung ist regelmäßig eine zusätzliche Vergütung für die im Bezugsjahr geleistete Arbeit. Sie kann aber auch ein Entgelt für die in der Vergangenheit bewiesene Betriebstreue oder ein Anreiz für künftige Betriebstreue sein. Derartige Zwecke können einzeln oder auch gemeinsam einer Jahresleistung zugrunde liegen,
    BAG, AP Nr. 100 zu § 611 BGB Gratifikation, unter Hinweis auf die bisherige Rechtsprechung des BAG.

Ob mit der Leistung die eine oder andere Zweckbestimmung verbunden werden soll, hängt nicht von ihrer Bezeichnung ab, sondern ergibt sich zunächst aus den Voraussetzungen, von deren Erfüllung sie in der Zusage abhängig gemacht wird. Soll neben der vergangenen auch die zukünftige Betriebstreue mit der Jahresleistung belohnt werden, wird dies in der Zusage meist dadurch sichergestellt, daß der Arbeitnehmer am Ende des Bezugszeitraums in einem ungekündigten Arbeitsverhältnis gestanden haben muß, oder daß er auch nach Beendigung des Bezugszeitraums bis zu einem bestimmten Stichtag des folgenden Jahres noch dem Betrieb angehören muß. Wird dagegen die Zahlung einer Jahresleistung zugesagt, ohne weitere Voraussetzungen des Anspruchs zu benennen, dann ist im Zweifel davon auszugehen, daß lediglich eine zusätzliche Vergütung für die geleistete Arbeit innerhalb des Bezugszeitraums bezweckt wird und daher das Bestehen des Ar-

beitsverhältnisses am Auszahlungstag oder seine Fortdauer über diesen Zeitpunkt hinaus nicht anspruchsbegründend ist. Soll in einer Zusage die Zahlung von dieser Voraussetzung abhängig gemacht werden, so muß dies eindeutig aus der Zusage hervorgehen,
BAG, AP Nr. 100 zu § 611 BGB Gratifikation.

Unerheblich ist, ob im Zeitpunkt der Fälligkeit des Weihnachtsgelds, des 13. Monatsgehalts oder der als Zuwendung bezeichneten Leistung das Arbeitsverhältnis vom Arbeitnehmer oder vom Arbeitgeber gekündigt wurde und noch im Bezugsjahr endet. Zwar kann zwischen den Parteien des Arbeitsverhältnisses vereinbart werden, daß an Arbeitnehmer, die sich in einem gekündigten Arbeitsverhältnis befinden, keine Gratifikation zu zahlen ist. Eine solche Regelung ist jedoch nur anzunehmen, wenn sie ausdrücklich und eindeutig zwischen den Parteien arbeitsvertraglich festgelegt ist,
BAG, AP Nr. 96 zu § 611 BGB Gratifikation.

Wegen weiterer Einzelheiten zu den gültigen Prinzipien der Rechtsprechung verweisen wir auf die Darstellung bei *Schiefer*, NZA 1993, 1015 ff.

## 7. Muster: Klage auf Wiedereinstellung

187 An das
Arbeitsgericht

*Klage*

– klägerische Partei –

Prozeßbevollmächtigte:

gegen

– beklagte Partei –

wegen: Wiedereinstellung.

Wir bestellen uns zu Prozeßbevollmächtigten der klägerischen Partei, in deren Namen und Auftrag wir um kurzfristige Anberaumung eines Gütetermins bitten. Wir werden im übrigen beantragen zu erkennen:

1. Die beklagte Partei wird verurteilt, das Angebot der klägerischen Partei auf Wiedereinstellung ab            zu den Arbeitsbedingungen des bisherigen Arbeitsvertrages vom            als            bei Anrechnung bisheriger Betriebszugehörigkeit seit dem            , Zug um Zug gegen Rückzahlung einer Abfindung in Höhe von DM            , anzunehmen.
2. Die beklagte Partei wird verurteilt, die klägerische Partei über den            hinaus zu den Bedingungen im Klageantrag Ziff. 1 weiter zu beschäftigen.
3. Die beklagte Partei trägt die Kosten des Rechtsstreits.

**Gründe:**
Die klägerische Partei war bei der beklagten Partei als            vom            bis zum            zu einem monatlichen Bruttogehalt von            beschäftigt. Die beklagte Partei hat das Arbeitsverhältnis unter Einhaltung der ordentlichen Kündigungsfrist zum            gekündigt.
Beweis: 1. Vorlage des Arbeitsvertrages in Kopie – Anlage K 1.
2. Vorlage des Kündigungsschreibens in Kopie – Anlage K 2.

Die klägerische Partei hat daraufhin Kündigungsschutzklage erhoben. Der Rechtsstreit war vor dem erkennenden Gericht unter dem Aktenzeichen ▓▓▓▓ anhängig.

Beweis: Beiziehung der Akten ArbG ▓▓▓▓ – Aktenzeichen ▓▓▓▓

Im Gütertermin am ▓▓▓▓ haben die Parteien einen Abwicklungsvertrag geschlossen, wonach zwischen den Parteien Einigkeit besteht, daß das Arbeitsverhältnis durch die ordentliche Kündigung beendet wurde und die beklagte Partei eine Abfindung in Höhe von ▓▓▓▓ zu zahlen hat.

Beweis: Wie vor.

Der Kündigungsgrund bestand darin, daß die beklagte Partei erklärt hatte, sie werde die aus fünf Arbeitnehmern bestehende Betriebsabteilung, in der die klägerische Partei tätig war, ersatzlos schließen. Ein anderer freier Arbeitsplatz sei im Betrieb nicht vorhanden. Vergleichbare Arbeitnehmer würden im Betrieb nicht beschäftigt, eine Sozialauswahl sei daher nicht geboten.

Beweis: Wie vor.

Zwischenzeitlich wurde bekannt, daß durch einen unvorhergesehenen Großauftrag die Geschäftsleitung der beklagten Partei sich umentschieden hat. Die Betriebsabteilung wird nicht geschlossen, sondern fortgeführt.

Beweis: Zeugnis des Betriebsleiters ▓▓▓▓

Nachdem die klägerische Partei hiervon gehört hat, hat sie sich an den Geschäftsführer der beklagten Partei gewandt und nachgefragt, ob sie unter diesen Umständen nicht weiter beschäftigt werden könne. Der Geschäftsführer hat das Angebot auf Wiedereinstellung mit dem Bemerken zurückgewiesen, Vertrag sei Vertrag. Das Arbeitsverhältnis werde noch bis zum Ablauf der Kündigungsfrist abgewickelt, danach sei Schluß.

Beweis: Zeugnis ▓▓▓▓, zu laden über die beklagte Partei.

Die beklagte Partei ist nach einer Reihe von Entscheidungen des BAG verpflichtet, die klägerische Partei wieder zu beschäftigen. Nach Maßgabe der Urteile des BAG,

    Urt. v. 27.02.1997, AP Nr. 1 zu § 1 KSchG 1969 Wiedereinstellung; Urt. v. 06.08.1997, AP Nr. 2 zu § 1 KSchG 1969 Wiedereinstellung; Urt. v. 13.11.1997, BB 1998, 319; Urt. v. 04.12.1997, AP Nr. 4 zu § 1 KSchG 1969 Wiedereinstellung,

besteht ein Wiedereinstellungsanspruch unter folgenden Voraussetzungen,

– der Arbeitgeber verhält sich rechtsmißbräuchlich, wenn er bei Wegfall des betriebsbedingten Kündigungsgrundes noch während der Kündigungsfrist den veränderten Umständen nicht Rechnung trägt und dem Arbeitnehmer die Fortsetzung des Arbeitsverhältnisses anbietet; § 242 BGB kann dabei ausnahmsweise anspruchsbegründende Wirkung entfalten;
– rechtsmißbräuchlich verhält sich der Arbeitgeber nur, wenn er mit Rücksicht auf die Wirksamkeit der Kündigung noch keine Disposition getroffen hat und ihm daher die unveränderte Fortsetzung des Arbeitsverhältnisses nicht unzumutbar ist;
– ein Wiedereinstellungsanspruch besteht nur, soweit die geänderten Umstände noch innerhalb der Kündigungsfrist eintreten; Veränderungen nach deren Ablauf sind unbeachtlich.

Ausgehend von diesen Grundsätzen kann die klägerische Partei verlangen, wieder eingestellt zu werden. Die Kündigungsfrist ist noch nicht abgelaufen, die beklagte Partei hat noch keine anderweitigen Dispositionen getroffen.

## 8. Muster: Kirchliche Arbeitsverhältnisse

Die Verfassungsgarantie des kirchlichen Selbstbestimmungsrechts in Art. 137 WRV ermöglicht den Kirchen, den kirchlichen Dienst nach ihrem bekenntnismäßigen Verständnis zu regeln. Leitbild ist

dabei die Dienstgemeinschaft, wie aus der Präambel der MAVO vom 24.01.1977 hervorgeht. Zwar sind nach der Rechtsprechung des Bundesarbeitsgerichts die Kirchen trotz ihrer Autonomie an das für alle geltende Arbeitsrecht gebunden, wenn sie zur Erfüllung ihrer Aufgaben Personen in abhängiger Stellung als Arbeitnehmer beschäftigen,

BAG, AP Nr. 2 zu Art. 140 GG,

unter Berufung auf die Kirchenautonomie haben die Kirchen sich jedoch im Einklang mit der Rechtsprechung des Bundesverfassungsgerichts nicht zu einer Koalitionsbetätigung zur Erfüllung des Koalitionszwecks entschließen können. Die katholische Kirche wie die evangelische Kirche lehnen den Streik als Arbeitskampfmittel ab, weil sie der Auffassung sind, daß diese Koalitionsmittel mit dem Verständnis von der Dienstgemeinschaft unvereinbar sind. Tarifvertrag und Arbeitskampf stehen aber in einem Funktionszusammenhang. Die Bindung an Art. 9 Abs. 3 GG haben Bundesarbeitsgericht und Bundesverfassungsgericht selbst in einem Vorfeld des Einsatzes von Koalitionsmitteln unterschiedlich beantwortet. Hat das Bundesarbeitsgericht der Gewerkschaft ÖTV den Zutritt zu den Betriebsräumen kirchlicher Einrichtungen gestattet,

BAG, AP Nr. 26 zu Art. 9 GG,

sah das Bundesverfassungsgericht hierin einen Verstoß gegen die Verfassungsgarantie des kirchlichen Selbstbestimmungsrechts und hob das Urteil des Bundesarbeitsgerichts auf,

BVerfGE 57, 220.

Individualarbeitsrechtlich regeln sich die Rechte und Pflichten eines Arbeitnehmers somit, soweit der Vertrag keine Regelung enthält, nach den allgemeinen privatrechtlichen Grundsätzen. Das staatliche Arbeitsrecht findet, soweit der kirchliche Arbeitgeber vom Schrankenvorbehalt keinen Gebrauch macht, Anwendung. Kollektivrechtliche Grundsätze sind demgegenüber aus rechtsdogmatischen Grundsätzen auf kirchliche Arbeitsverhältnisse einschließlich der AVR unübertragbar. Soweit sich kirchliche Arbeitgeber durch die Anwendung von BAT oder AVR zur Anwendung derartiger Bestimmungen bereit erklären, handelt es sich um eine freiwillige Unterordnung unter die für den staatlichen Bereich getroffenen Regelungen.

Die AVR können demgemäß nur Anwendung finden, soweit sie individualrechtlich vereinbart wurden. Die AVR sind, trotz ihrer inhaltlich weitgehenden Anlehnung an BAT-Bestimmungen, eine Art Allgemeine Geschäftsbedingungen, deren Einbeziehung der kirchliche Arbeitnehmer regelmäßig in den heutigen Vertragsformularen vorsieht, die aber erst durch Inbezugnahme Vertragsinhalt werden können und denen jegliche Qualität eines Tarifvertrages abzusprechen ist.

Die Kirche könnte Tarifverträge schließen, sie schließt sie aber nicht und bezeichnet das von ihr in Anspruch genommene Autonomiegebot, vereinfacht formuliert, als einen „dritten Weg". Rechtskonstruktionen wie die der mittelbaren Tarifunterwerfung, die ohnehin nicht unumstritten sind, lassen sich auf den Anwendungsbereich der AVR nicht übertragen.

Die von den Kirchen gewählte Methode der Gestaltung von Arbeitsbedingungen ist verfassungsgemäß. Sie verstößt nicht gegen Art. 9 Abs. 3 GG. Wie das Bundesverfassungsgericht ausgeführt hat, läßt sich nicht annehmen, daß Art. 9 Abs. 3 GG andere Formen einer sinnvollen Ordnung und Befriedung des Arbeitslebens als die des Tarifsystems ausschließen will,

BVerfGE 50, 290.

Die Rechte und Pflichten der Parteien ergeben sich damit ausschließlich aus der individualrechtlichen Abrede, die im kirchlichen Arbeitsrecht mit der in besonderem Maße am Fürsorgeprinzip ausgerichteten „Dienstgemeinschaft" ihren Ausdruck gefunden hat. Die sich aus der Dienstgemeinschaft ergebende, erhöhte Fürsorgepflicht verpflichtet damit die beklagte Partei, die nachfolgenden Sachverhalte arbeitsrechtlich wie folgt zu gewichten:

## 9. Muster: Wiedereingliederung und Gehaltsfortzahlung

▼

Arbeitsunfähig infolge Krankheit ist der Arbeitnehmer dann, wenn ein Krankheitsgeschehen ihn außerstande setzt, die ihm nach dem Arbeitsvertrag obliegende Arbeit zu verrichten, oder wenn er die Arbeit nur unter der Gefahr fortsetzen könnte, in absehbar naher Zeit seinen Zustand zu verschlimmern,
  BAG, Urt. v. 09.01.1985, BAGE 48, 1; BAG, Urt. v. 26.07.1989, AP Nr. 86 zu § 1 LohnFG.

Das Recht der Entgeltfortzahlung im Krankheitsfalle kennt den Begriff der teilweisen Arbeitsunfähigkeit nicht. Die Arbeitsunfähigkeit kann nur im Hinblick auf einen bestimmten Arbeitnehmer und die von diesem zu verrichtende Tätigkeit bestimmt werden. Wesentlich ist dabei der Bezug zu der vertraglich geschuldeten Arbeitsleistung. Arbeitsrechtlich kann das Vorliegen einer Krankheit immer nur im Verhältnis zu den vom Arbeitnehmer vertraglich übernommenen Verpflichtungen beurteilt werden. Die durch Krankheit bedingte Arbeitsunfähigkeit wird deshalb nicht dadurch ausgeschlossen, daß der Arbeitnehmer seine geschuldeten Vertragspflichten anstatt voll nur teilweise zu erbringen vermag. Arbeitsrechtlich bedeutet es keinen Unterschied, ob der Arbeitnehmer durch die Krankheit ganz oder teilweise arbeitsunfähig wird. Auch der vermindert Arbeitsfähige ist arbeitsunfähig krank im Sinne der einschlägigen entgeltfortzahlungsberechtigenden Regelungen, eben weil er seine vertraglich geschuldete Arbeitsleistung nicht voll erfüllen kann,
  BAG, Urt. v. 25.10.1973, AP Nr. 42 zu § 616 BGB.

An diesen Grundsätzen hat sich durch die neue Bestimmung des § 74 SGB V nichts geändert. Hiernach soll der Arzt dann, wenn arbeitsunfähige Versicherte nach ärztlicher Feststellung ihre bisherige Tätigkeit teilweise verrichten können und durch eine stufenweise Wiederaufnahme ihrer Tätigkeit voraussichtlich besser wieder in das Erwerbsleben eingegliedert werden können, auf der Bescheinigung über die Arbeitsunfähigkeit Art und Umfang der möglichen Tätigkeit angeben. Die neue Bestimmung steht rechtssystematisch in einer Reihe von Vorschriften, die die Sicherstellung der kassenärztlichen und kassenzahnärztlichen Versorgung zum Inhalt haben. Schon hieraus geht hervor, daß § 74 SGB V den der Rechtsprechung des Bundesarbeitsgerichts und des Bundessozialgerichts zugrundeliegenden Begriff der Arbeitsunfähigkeit nicht anders regeln wollte,
  von Hoyningen-Huene, NZA 1992, 49; Wanner, DB 1992, 93.

Schon aus der Tatsache, daß der Arbeitgeber nach § 74 SGB V arbeitsunfähig sein muß, ergibt sich, daß der Arbeitgeber nicht verpflichtet ist, eine Tätigkeit des Arbeitnehmers im Wiedereingliederungsverfahren als teilweise Arbeitsleistung entgegenzunehmen. In gleicher Weise ist aber auch der Arbeitnehmer nicht verpflichtet, eine bestimmte Tätigkeit im Wiedereingliederungsverfahren zu übernehmen. Es gibt keinen gesetzlichen Zwang zur Wiedereingliederung eines arbeitsunfähigen Arbeitnehmers,
  BAG, Urt. v. 29.01.1992, NZA 1992, 643.

Beide Seiten, Arbeitgeber und Arbeitnehmer, sind frei, ob sie eine Wiedereingliederungsvereinbarung abschließen wollen oder nicht. Ob der Arbeitgeber aus Gründen der Fürsorgepflicht die Möglichkeit zur Wiedereingliederung eröffnen muß, wurde vom Bundesarbeitsgericht bislang noch nicht entschieden.

Das Wiedereingliederungsverhältnis ist ein Rechtsverhältnis eigener Art, § 305 BGB. Gegenstand der Tätigkeit des Arbeitnehmers ist nicht die vertraglich geschuldete Arbeitsleistung, sondern ein aliud. Im Vordergrund der Beschäftigung stehen Gesichtspunkte der Rehabilitation des Arbeitnehmers. Arbeitsvertragliche Verpflichtungen des Arbeitnehmers für Arbeitsleistungen im üblichen Sinne werden nicht begründet. Dem Arbeitnehmer wird nur Gelegenheit gegeben, zu erproben, ob er auf dem Wege einer im Verhältnis zur vertraglich geschuldeten Arbeitsleistung quantitativ oder/und qualitativ verringerten Tätigkeit zur Wiederherstellung seiner Arbeitsfähigkeit gelangen kann.

Wenn der Arbeitnehmer die vertraglich geschuldete Arbeitsleistung aus dem ruhenden Arbeitsverhältnis nicht in vollem Umfang zu erbringen vermag, können die Parteien einverständlich den ursprünglichen Arbeitsvertrag vorübergehend in einen solchen mit verkürzter Arbeitszeit oder mit verändertem Vertragsgegenstand umwandeln,
   BAG, Urt. v. 25.10.1983, AP Nr. 42 zu § 616 BGB,
oder aber zu dem in seinen Hauptpflichten ruhenden ursprünglichen Arbeitsverhältnis ein weiteres, befristetes Arbeitsverhältnis mit zeitlicher oder inhaltlicher Änderung begründen. Voraussetzung hierfür ist aber, daß die Parteien eine entsprechende Vereinbarung, ausdrücklich oder konkludent, treffen.

191 Da der Arbeitnehmer im Wiedereingliederungsverfahren nicht die geschuldete Arbeitsleistung erbringt, besteht kein Anspruch auf Entgelt für die geleistete Tätigkeit. Eine besondere gesetzliche Grundlage für einen Entgeltanspruch ist nicht gegeben. § 74 SGB V enthält keine Regelung über eine Entgeltzahlungspflicht des Arbeitgebers. Eine entsprechende Pflicht des Arbeitgebers läßt sich auch nicht aus anderen gesetzlichen Bestimmungen ableiten,
   BAG, Urt. v. 29.01.1992, NZA 1992, 643.

Es kann nicht davon gesprochen werden, daß die zur Wiedereingliederung aufgenommene Tätigkeit nach den Umständen nur gegen eine Vergütung zu erwarten ist. Ein dahingehender Anspruch ergibt sich auch nicht aus bereicherungsrechtlichen Gesichtspunkten. Keine Bedenken bestehen nach Auffassung des Bundesarbeitsgerichts dagegen, wenn Arbeitgeber und Arbeitnehmer sich auf eine bestimmte Vergütung für die im Rahmen der Wiedereingliederung erbrachte Tätigkeit einigen. Dazu bedarf es aber einer ausdrücklichen Klarstellung zwischen den Vertragspartnern. Aus dem Wiedereingliederungsverhältnis als solchem folgt eine Entgeltfortzahlungspflicht des Arbeitgebers nicht. Der Arbeitnehmer kann daher unter den krankenversicherungsrechtlichen Voraussetzungen während der Zeit der Wiedereingliederung grundsätzlich nur Krankengeld, nicht hingegen Arbeitslohn in Anspruch nehmen.

 **10. Muster: Vollstreckung des Bruttolohnurteils**

192 Im Schrifttum und in der Rechtsprechung wird teilweise die Auffassung vertreten, nur Nettolöhne seien einklagbar,
   LG Frankfurt, NJW 56, 1764.

Das Bundesarbeitsgericht folgt dieser Auffassung nicht. Der Bruttolohn ist die vom Arbeitgeber geschuldete Leistung. Nur aus technischen Erwägungen werden Lohnsteuer und Sozialversicherungsbeiträge gleich vom Lohn abgezogen. Einer Zwangsvollstreckung stehen keine unüberwindlichen Schwierigkeiten entgegen. Versucht nämlich der Gerichtsvollzieher, die Bruttolohnforderung beim Arbeitgeber zu vollstrecken, so gibt es zwei Möglichkeiten. Entweder weist der Arbeitgeber dem Gerichtsvollzieher die Zahlung von Lohnsteuer an das Finanzamt und die Zahlung von Sozialversicherungsbeiträgen an die Sozialversicherungsträger durch entsprechende Quittungen nach. Dann muß der Gerichtsvollzieher nach § 775 Nr. 4 ZPO insoweit die Zwangsvollstreckung einstellen. Kann der Arbeitgeber diesen Nachweis nicht erbringen, dann vollstreckt der Gerichtsvollzieher den Bruttolohnbetrag. In diesem Fall haftet der Arbeitnehmer gegenüber dem Finanzamt für die Lohnsteuer und den Sozialversicherungsbehörden für den Arbeitnehmeranteil der Sozialversicherungsbeiträge. Der Gerichtsvollzieher ist in diesem Fall gehalten, nach einem bestimmten Formblatt dem für den Vollstreckungsort zuständigen Finanzamt mitzuteilen, ob und in welchem Umfang er eine titulierte Arbeitslohnforderung beigetrieben hat und ob der Schuldner den Lohnsteuerabzug nachgewiesen hat oder nicht.

Hieraus ergibt sich, daß ein auf Bruttolohn lautendes Urteil vollstreckungsfähig ist,
  BAG, Urt. v. 14.01.1964, NJW 1964, 1338; ebenso LG Gießen, Beschl. v. 20.12.1960, NJW 1961, 416; OLG Frankfurt, Beschl. v. 29.01.1990, DB 1990, 1291.

Ein Antrag, der auf einen Bruttolohn lautet, abzüglich an die Sozialversicherungsträger und das Finanzamt zu zahlender Beträge, genügt damit dem Bestimmtheitserfordernis, ohne daß die an Dritte zu leistenden Zahlungen betragsmäßig benannt sein müssen.

## 11. Muster: Örtliche Zuständigkeit des Arbeitsgerichts bei Außendienstmitarbeitern – Wohnsitz des Mitarbeiters

EuGH und BAG haben zu Art. 5 Nr. 1 des Übereinkommens der Europäischen Gemeinschaft über die gerichtliche Zuständigkeit und Vollstreckung gerichtlicher Entscheidungen in Zivil- und Handelssachen entschieden, daß als Erfüllungsort, der nach dieser Bestimmung für die Zuständigkeit in Sachen mit Auslandsberührung maßgebend ist, bei allen Klagen aus Arbeitsverhältnissen nur der Ort der Arbeitsleistung anzusehen ist,
  EuGH, EuGHE 1982, 1891; EuGHE 1989, 358; BAG, AP Nr. 1 zu Art. 5 Brüsseler Abkommen.

Diese Auffassung ist auch bei § 29 ZPO maßgeblich. Bei Arbeitsverhältnissen ist in der Regel von einem einheitlichen, gemeinsamen Erfüllungsort auszugehen. Das ist der Ort, an dem der Arbeitnehmer die Arbeitsleistung zu erbringen hat,
  LAG Berlin, AP Nr. 3 zu § 262 BGB; MüKomm/*Keller*, § 269, Rn 21.

Das für diesen Ort zuständige Arbeitsgericht ist u. a. auch für Kündigungsschutzklagen zuständig. Darauf, von wo aus das Arbeitsentgelt gezahlt wird und wo sich die Personalverwaltung befindet, kommt es regelmäßig nicht an.

Erfüllungsort für die Arbeitsleistung eines für die Bearbeitung eines größeren Bezirks angestellten Reisenden ist dessen Wohnsitz, wenn er von dort aus seine Reisetätigkeit ausübt. Dies gilt unabhängig davon, ob er täglich nach Hause zurückkehrt und in welchem Umfang er vom Betrieb Anweisungen für die Gestaltung seiner Reisetätigkeit erhält,
  BAG, AP Nr. 1 zu Art. 5 Brüsseler Abkommen; BAG, NZA 1994, 479.

Rechtskräftige Verweisungsbeschlüsse sind für das Gericht, an das der Rechtsstreit verwiesen worden ist, bindend, § 48 Abs. 1 ArbGG n.F., § 17 a Abs. 2 Satz 3 GVG n.F. Auch fehlerhafte Verweisungsbeschlüsse sind grundsätzlich bindend. Lediglich eine offensichtlich gesetzwidrige Verweisung kann diese Bindungswirkung nicht entfalten,
  BAG, AP Nr. 20 zu § 36 ZPO; *Zöller/Gummer*, ZPO, § 17a GVG, Rn 13.

Offensichtlich gesetzwidrig ist ein Verweisungsbeschluß dann, wenn er jeder Rechtsgrundlage entbehrt, willkürlich gefaßt ist oder auf der Versagung rechtlichen Gehörs gegenüber den Verfahrensbeteiligten oder einem von ihnen beruht,
  BAG, NZA 1992, 1047; BGHZ 71, 69.

Letzteres ist nur dann anzunehmen, wenn der Beschluß für die Partei, der das rechtliche Gehör verweigert wurde, unanfechtbar ist. Denn der Mangel des rechtlichen Gehörs kann durch nachträgliche Anhörung in der Rechtsmittelinstanz geheilt werden. Die nichtangehörte Partei kann in diesem Fall auf die Einlegung des Rechtsmittels verwiesen werden,
  BAG, Beschl. v. 22.09.1992 – 5 AS 8/92 (unveröffentlicht).

Ist ein erster Verweisungsbeschluß ausnahmsweise nicht bindend, ist dasjenige Gericht als zuständig zu bestimmen, an das die Sache durch den zweiten Verweisungsbeschluß, also durch die Rückverweisung gelangt ist, es sei denn, auch dieser Beschluß ist ausnahmsweise nicht bindend,
  BGH, NJW 1983, 1859; BAG, NZA 1994, 479.

# Kapitel 2: Vertretung von Arbeitgebern

## A. Erläuterungen

Die Schriftsätze für Arbeitgeber sind chronologisch in gleicher Weise aufgebaut wie die Schriftsätze bei der Vertretung von Arbeitnehmern. Sie enthalten die für Arbeitgeber günstigen und von der Rechtsprechung verbrieften Einwendungen bzw. Klagen zur Durchsetzung arbeitgeberseitiger Ansprüche.

Arbeitsrechtsprechung ist Einzelfallrechtsprechung. Auch die Arbeitgebertexte, so wird empfohlen, bilden bloße Anregungen im Hinblick auf entschiedene Sachverhalte. Meist lassen sich Vergleiche, Analogien, Bezüge herstellen, die zu entsprechenden Rechtsgedanken veranlassen.

## B. Schriftsätze

### I. Ordentliche Kündigungen

#### 1. Muster: Bestellungsschreiben

Aktenzeichen:
Gegner: RAe         , zwei Abschriften anbei

*Verteidigungsanzeige*

– klägerische Partei –

Prozeßbevollmächtigte:

gegen

– beklagte Partei –

Prozeßbevollmächtigte:

Wir bestellen uns zu Prozeßbevollmächtigten der beklagten Partei und teilen mit, daß wir uns gegen die Klage verteidigen werden. Der anberaumte Gütetermin ist notiert.

Weiterer Vortrag bleibt vorbehalten.

## § 7 Kapitel 2: Vertretung von Arbeitgebern

### 2. Muster: Bestellungsschreiben mit Ankündigung der Vergleichsbereitschaft

Aktenzeichen:
Gegner: RAe , zwei Abschriften anbei

*Verteidigungsanzeige*

– klägerische Partei –

Prozeßbevollmächtigte:

gegen

– beklagte Partei –

Prozeßbevollmächtigte:

Wir bestellen uns zu Prozeßbevollmächtigten der beklagten Partei und teilen mit, daß wir uns gegen die Klage verteidigen werden. Der anberaumte Gütetermin ist notiert.

Aufgrund von Gesprächen, die zwischen den Beteiligten in der Vergangenheit bereits geführt wurden, erscheint es möglich, zu vergleichsweisen Regelungen zu finden. Dieserhalb soll der Gütetermin genutzt werden. Scheitern die Vergleichsbemühungen im Gütetermin, werden wir ausführlich vortragen. Rein vorsorglich beantragen wir daher bereits jetzt:

1. Die Klage wird abgewiesen.
2. Die Kosten des Rechtsstreits trägt die klägerische Partei.

### 3. Muster: Bestellungsschreiben mit Klageabweisungsantrag

Aktenzeichen:
Gegner: RAe , zwei Abschriften anbei

*Verteidigungsanzeige*

– klägerische Partei –

Prozeßbevollmächtigte:

gegen

– beklagte Partei –

Prozeßbevollmächtigte:

Wir bestellen uns zu Prozeßbevollmächtigten der beklagten Partei und teilen mit, daß wir uns gegen die Klage verteidigen werden. Der anberaumte Gütetermin ist notiert.

Wir werden beantragen:

1. Die Klage wird abgewiesen.
2. Die Kosten des Rechtsstreits trägt die klägerische Partei.

Eingehender Sachvortrag bleibt ausdrücklich vorbehalten.

## 4. Muster: Anhörung des Betriebsrats ordnungsgemäß

▼

Aktenzeichen:
Gegner: RAe         , zwei Abschriften anbei

In Sachen

./.

ist die ordentliche Kündigung vom         nicht gemäß § 102 Abs. 1 Satz 3 BetrVG nichtig. Die beklagte Partei hat den Betriebsrat der klägerischen Partei ordnungsgemäß vor Ausspruch der Kündigung angehört. Da die Betriebsratsanhörung nach § 102 BetrVG nicht darauf abzielt, die Wirksamkeit einer beabsichtigten Kündigung zu überprüfen, sondern sich darauf beschränkt, im Vorfeld der Kündigung auf die Willensbildung des Arbeitgebers Einfluß nehmen zu können, sind an die Mitteilungspflicht des Arbeitgebers im Anhörungsschreiben nicht die gleichen Anforderungen zu stellen, wie an die Darlegungslast im Kündigungsschutzprozeß,
    BAG, Urt. v. 08.09.1988, BAGE 59, 295 = AP Nr. 49 zu § 102 BetrVG 1972; BAG, Urt. v. 22.09.1994, NZA 1995, 363.

Das BAG hat deshalb aus § 102 BetrVG den Grundsatz der subjektiven Determinierung entwickelt. Der Betriebsrat ist immer dann ordnungsgemäß angehört worden, wenn der Arbeitgeber die ihm aus seiner Sicht tragenden Umstände unterbreitet hat,
    BAG, Urt. v. 11.07.1991, AP Nr. 57 zu § 102 BetrVG 1972.

Teilt der Arbeitgeber dem Betriebsrat objektiv kündigungsrechtlich erhebliche Tatsachen nicht mit, weil er die Kündigung darauf zunächst nicht stützen wollte oder weil er sie bei seinem Kündigungentschluß für unerheblich oder entbehrlich gehalten hat, ist die Anhörung trotzdem ordnungsgemäß,
    BAG, Urt. v. 11.07.1991, AP Nr. 57 zu § 102 BetrVG 1972.

Die in objektiver Hinsicht unvollständige Unterrichtung hat lediglich mittelbar die Unwirksamkeit der Kündigung zur Folge, wenn der mitgeteilte Sachverhalt zur sozialen Rechtfertigung der Kündigung nicht ausreicht, weil es dem Arbeitgeber verwehrt ist, Gründe nachzuschieben, die nicht Gegenstand der Betriebsratsanhörung waren,
    BAG, Urt. v. 22.09.1994, NZA 1995, 363.

In seiner neueren Rechtsprechung,
    vgl. *Hümmerich/Mauer*, Neue BAG-Rechtsprechung zur Anhörung des Betriebsrats bei Kündigungen, DB 1997, 165,
hat das BAG mit einer Reihe von Urteilen die Anforderungen an eine ordnungsgemäße Anhörung gemäß § 102 BetrVG deutlich gesenkt.

Mit Urteil vom 18.05.1994 hat das BAG seine Rechtsprechung bestätigt, wonach der Arbeitgeber seiner Anhörungspflicht gegenüber dem Betriebsrat genügt, wenn er in der Wartezeit eine beabsichtigte Kündigung auf ein Werturteil stützt. Selbst dann, wenn der Arbeitgeber keine Gründe hat, oder sein Kündigungsentschluß allein von subjektiven, durch Tatsachen nicht belegbaren Vorstellungen bestimmt wird, so reicht bei einer Probezeit-/Wartezeitkündigung die Unterrichtung über diese Vorstellungen aus. Ein personenbezogenes Werturteil läßt sich in vielen Fällen durch Tatsachen nicht mehr belegen,
    BAG, Urt. v. 18.05.1994, NZA 1995, 24.

Bei einer bewußten Täuschung des Betriebsrats durch den Arbeitgeber mit Fehlinformationen ist die Anhörung nichtig, wobei als bewußte Täuschung die Fälle der gewollt unrichtigen sowie Fälle der bewußt unvollständigen Mitteilung der Kündigungsgründe vom BAG definiert werden,
    BAG, DB 1990, 1928.

Zwischenzeitlich hat das BAG auch zu der Frage Stellung genommen, ob eine unbewußte Falschmitteilung bzw. Fehlinformation des Betriebsrats anhörungsschädlich sei. Der 2. Senat hält am

Grundsatz der subjektiven Determinierung fest. Dieser Grundsatz verbiete, die Analogie zu § 102 BetrVG auf die Fälle einer vermeidbaren oder unbewußten Fehlinformation zu erweitern,
BAG, Urt. v. 22.09.1994, NZA 1995, 363.

Um einen arbeitgeberseitigen Mißbrauch durch die Berufung auf eine unschädliche unbewußte Fehlmitteilung auszuschließen, wird der Arbeitgeberseite die Darlegungs- und Beweislast für die nichtbewußte Irreführung auferlegt. Darlegung zur nichtbewußten Irreführung schuldet der Arbeitgeber allerdings nur dann im Prozeß, wenn eine Abweichung zwischen den mitgeteilten und den objektiven Daten über den Arbeitnehmer feststellbar ist und eine entsprechende Rüge durch den Arbeitnehmer im Prozeß erhoben wurde,
vgl. BAG, Urt. v. 22.09.1994, NZA 1995, 363.

Die Rüge der nicht ordnungsgemäßen Anhörung nach § 102 BetrVG ist damit kein Fall des § 139 ZPO.

Das BAG hat nunmehr auch entschieden, daß zur Mitteilung der Kündigungsgründe nach § 102 Abs. 1 Satz 2 BetrVG nicht die Vorlage von Beweismitteln gehört. Etwas anderes ergibt sich auch nicht aus § 80 Abs. 2 BetrVG,
BAG, Urt. v. 26.01.1995, NZA 1995, 672.

Solange es bei der Vollständigkeit der Informationen auf die subjektive Determination beim Arbeitgeber ankommt, hat der Betriebsrat nicht die Aufgabe, die Berechtigung des Kündigungsentschlusses anhand von Beweismitteln zu überprüfen.

Wie der 2. Senat hervorgehoben hat, sind an ein aus dem kaufmännischen Geschäftsverkehr stammendes Anhörungsschreiben, das nicht an einen Volljuristen gerichtet ist, keine übertriebenen Anforderungen zu stellen,
BAG, Urt. v. 22.09.1994, NZA 1995, 363.

Auf dem Hintergrund der neueren Rechtsprechung des BAG wird die von der beklagten Partei durchgeführte Anhörung des Betriebsrats den durch § 102 Abs. 1 Satz 2 BetrVG gestellten Anforderungen gerecht:

### 5. Muster: Keine erneute Anhörung bei wiederholter Zustellung

Ist eine Kündigung zunächst nicht zugegangen, weil der Arbeitnehmer vor der Absendung des Kündigungsschreibens seine bisherige Wohnung aufgegeben hat, und übersendet der Arbeitgeber, nachdem das Kündigungsschreiben an ihn zurückgelangt ist, das Kündigungsschreiben an die neue Wohnanschrift des Arbeitnehmers, so bedarf es keiner erneuten Anhörung des Betriebsrats, wenn der Betriebsrat mitgeteilt hat, gegen die beabsichtigte Kündigung seien keine Widersprüche erkennbar,
LAG Baden-Württemberg, Urt. v. 03.02.1997, LAGE § 102 BetrVG Nr. 59.

## 6. Muster: Vorzeitiger Abschluß des Anhörungsverfahrens

Das Anhörungsverfahren nach § 102 BetrVG ist abgeschlossen, wenn der Betriebsrat dem Arbeitgeber mitteilt, daß er beschlossen hat, die Anhörungsfrist verstreichen zu lassen,
   Hess. LAG, Urt. v. 18.06.1997, LAGE § 626 BGB Nr. 114.

## 7. Muster: Erwiderungsschriftsatz auf eine beantragte, nachträgliche Zulassung der Kündigungsschutzklage

An das
Arbeitsgericht

*In dem Rechtsstreit*

– antragstellende Partei –

Prozeßbevollmächtigte:

gegen

– antragsgegnerische Partei –

wegen Schadensersatz

Wir bestellen uns zu Verfahrensbevollmächtigten der antragsgegnerischen Partei, in deren Namen und Auftrag wir beantragen zu erkennen:

Der Antrag auf Zulassung der verspäteten Kündigungsschutzklage wird zurückgewiesen.

**Gründe:**

1. Die Kündigungsschutzklage wurde verspätet erhoben, weil es der Prozeßbevollmächtigte der klägerischen Partei versäumt hat, die Klage rechtzeitig einzureichen. Nach dem Vorbringen der antragstellenden Partei hat sie selbst erst ihren Verfahrensbevollmächtigten darauf aufmerksam gemacht, daß ihr nach Ablauf von drei Wochen keine Kopie der Kündigungsschutzklage vorgelegen habe. Sie habe daraufhin bei ihrem Verfahrensbevollmächtigten angerufen. Dieser habe dann festgestellt, daß eine Mitarbeiterin die Kündigung zusammen mit anderem Schriftverkehr in einer nicht hierfür bestimmten Akte abgelegt habe, so daß er es schließlich versäumt habe, die Kündigungsschutzklage fristgerecht zu erheben.

2. Dieser Vortrag gestattet dem Gericht keine nachträgliche Zulassung der Kündigungsschutzklage. Grundsätzlich muß sich der Arbeitnehmer im Verfahren der nachträglichen Zulassung der Kündigungsschutzklage nach § 5 KSchG das Verschulden seines Prozeßbevollmächtigten wie sein eigenes Verschulden zurechnen lassen. Unerheblich ist in diesem Zusammenhang, ob es sich um eine Prozeßhandlung innerhalb eines bereits anhängigen Verfahrens oder um die Einleitung eben dieses Verfahrens handelt,
   ArbG Neumünster, Beschl. v. 15.10.1997 – 3 b Ca 1273/97, SPA 18/1998, 3.

Ein Rechtsanwalt handelt stets dann nachlässig, wenn er einer Anwaltsgehilfin die Überprüfung überläßt, ob ein Schriftstück, das einen Mandanten betrifft, als selbständige Kündigung zu bewerten ist. Der Anwalt darf eine Anwaltsgehilfin mit dieser, eine rechtliche Bewertung erfordernden Fragestellung nicht beauftragen, wenn von dem Ergebnis der Prüfung eine fristgebundene Klageerhebung abhängig ist. Jedenfalls, so das LAG Schleswig-Holstein, darf der Anwalt ei-

ner Anwaltsgehilfin dann diese Aufgabe nicht überantworten, wenn dieselbe Anwaltsgehilfin erst sechs Monate zuvor durch eine gleichartige Fehlentscheidung die Verfristung einer anderen Kündigungsschutzklage verursacht hatte,
LAG Schleswig-Holstein, Beschl. v. 16.04.1998 – 4 Ta 188/97 (unveröffentlicht).

So liegt der Fall hier.

### 8. Muster: Umdeutung einer außerordentlichen in eine ordentliche Kündigung

202 Die Umdeutung nach § 140 BGB macht es möglich, den mit dem ursprünglich gewollten, aber nichtigen Rechtsgeschäft bezweckten Erfolg auf einem anderen Wege ganz oder teilweise zu erreichen, ohne daß es einer erneuten Vornahme des Rechtsgeschäfts bedarf. Umgedeutet werden können nur Rechtsgeschäfte, grundsätzlich aber alle Rechtsgeschäfte, d.h. nicht nur Verträge, sondern auch einseitige Rechtsgeschäfte wie die Kündigung. Es kann sowohl die Kündigungserklärung des Arbeitgebers als auch die Kündigungserklärung des Arbeitnehmers umgedeutet werden. In dem nichtigen oder unwirksamen Rechtsgeschäft müssen die objektiven Bestandteile eines anderen Rechtsgeschäfts enthalten sein. In einer Kündigungserklärung als einseitigem Rechtsgeschäft kann immer nur ein anderes einseitiges Rechtsgeschäft oder eine geschäftsähnliche Handlung enthalten sein. Die Kündigungserklärung, die als außerordentliche Kündigung abgegeben wird, kann eine ordentliche Kündigung enthalten. In der außerordentlichen oder ordentlichen Kündigung kann auch ein Vertragsangebot zum Abschluß eines Aufhebungsvertrages enthalten sein,
BAG, Urt. v. 13.04.1972, EzA § 626 BGB n.F. Nr. 13.

203 In der Kündigungserklärung kann auch eine Anfechtungserklärung enthalten sein, bei der ordentlichen Kündigung scheitert die Umdeutung in eine Anfechtungserklärung jedoch daran, daß diese wegen ihrer sofortigen Wirkung weitergehende Folgen nach sich zieht. Eine Umdeutung ist nur zulässig, wenn das neue Rechtsgeschäft gleiche oder weniger weitreichende Folgen nach sich zieht. Deshalb kann eine ordentliche Kündigung nicht umgedeutet werden in eine außerordentliche Kündigung oder in eine Anfechtung wegen Irrtums oder arglistiger Täuschung, weil diese zur sofortigen Auflösung des Arbeitsverhältnisses führen,
BAG, Urt. v. 14.10.1975, EzA § 140 BGB Nr. 3.

Eine Umdeutung ist möglich, wenn eine außerordentliche Kündigung in eine ordentliche Kündigung umgedeutet wird, weil diese weniger weitreichende Folgen nach sich zieht. Auch wenn die materiellrechtlichen Voraussetzungen für die Umdeutung in eine ordentliche Kündigung erfüllt sind, ist eine Prüfung des § 140 BGB im Prozeß nicht von Amts wegen vorzunehmen,
KR/*Hillebrecht*, § 626 BGB, Rn 265; KR/*M. Wolf*, Grunds. Rn 331 f.; *Herschel*, Festschrift für Rupmann 1985, S. 145 f.

204 Eine ordentliche oder außerordentliche Kündigung kann in ein Angebot zum Abschluß eines Aufhebungsvertrages umgedeutet werden, weil dieses Angebot nicht von selbst, sondern erst nach Zustimmung des anderen Teils durch Annahme des Angebots zur Vertragsbeendigung führt und deshalb weniger weitreichende Folgen hat. Neben den objektiven Voraussetzungen erfordert die Umdeutung als subjektive Voraussetzung, daß der mutmaßliche Wille das neue Rechtsgeschäft umfaßt hätte, falls die Nichtigkeit des ursprünglichen Rechtsgeschäfts bekannt gewesen wäre. Die in § 11 KSchG aF enthaltene Vermutung gegen einen Umdeutungswillen ist ersatzlos entfallen. Eine Umdeutung ist daher dann möglich, wenn diese dem Willen des kündigenden Arbeitgebers entspricht und dieser Wille dem Arbeitnehmer erkennbar geworden ist,
BAG, Urt. v. 20.09.1984, EzA § 626 BGB n.F. Nr. 91.

Zur Ermittlung des hypothetischen Parteiwillens ist nach den wirtschaftlichen Folgen zu forschen, die mit der nichtigen Erklärung bezweckt waren. Es ist auf die objektive Interessenlage und auf die Vorstellungen und die Willensrichtung des Erklärenden abzustellen,
  BAG, Urt. v. 13.04.1972, EzA § 626 BGB n.F. Nr. 13.

Lassen sich die gewollten wirtschaftlichen Folgen mit dem neuen umgedeuteten Rechtsgeschäft ganz oder teilweise ebenfalls erreichen, so kann angenommen werden, daß das neue Rechtsgeschäft gewollt gewesen wäre,
  KR/*M. Wolf*, Grunds. Rn 320.

Bei der Kündigung sind allein die vom Erklärenden gewollten wirtschaftlichen Folgen von Bedeutung, die allerdings dem Erklärungsempfänger als gewollt erkennbar sein müssen, 205
  BAG, Urt. v. 31.05.1979, EzA § 4 KSchG n.F. Nr. 16.

Einer Umdeutung bedarf es nicht, wenn der Kündigende die ordentliche Kündigung vorsorglich für den Fall erklärt, daß die außerordentliche Kündigung unwirksam ist.

Sind die Voraussetzungen der Umdeutung erfüllt, tritt das umgedeutete neue Rechtsgeschäft an die Stelle des alten unwirksamen Rechtsgeschäfts, ohne daß es einer erneuten Vornahme bedarf.

### 9. Muster: Kündigung mit unzureichender Frist

Ist der Zeitraum, der zwischen dem Zugang der Kündigung und dem vom Kündigenden bestimmten 206 Kündigungstermin liegt, geringer als die gesetzliche, tarifliche oder vertragliche Kündigungsfrist, ist die Kündigung nicht absolut unwirksam. In diesem Falle wirkt die Kündigung, wie auch bei der verspätet zugegangenen Erklärung, im Zweifel zu dem nächsten zulässigen Kündigungstermin,
  BAG, Urt. v. 18.04.1985, EzA § 626 BGB n.F. Nr. 21; KR/*M. Wolf*, Grunds. Rn 103; MüKomm/*Schwerdtner*, § 622, Rn 6.

## II. Betriebsbedingte Kündigungen

### 1. Muster: Klageerwiderung bei ordentlicher Kündigung aus betriebsbedingten Gründen

Aktenzeichen: 207
Gegner: RAe , zwei Abschriften anbei
                In dem Rechtsstreit
                     ./.
bestellen wir uns zu Prozeßbevollmächtigten der beklagten Partei, in deren Namen und Auftrag wir beantragen,
1. die Klage wird abgewiesen,
2. die Kosten des Rechtsstreits trägt die klägerische Partei.

## § 7  Kapitel 2: Vertretung von Arbeitgebern

**Gründe:**

Die klägerische Partei hat zutreffend vorgetragen, daß ihr mit Schreiben vom ▓▓▓▓ gekündigt worden ist. Die Klage kann keinen Erfolg haben. Die Kündigung ist aus dringenden betrieblichen Gründen gerechtfertigt. Die beklagte Partei leidet unter erheblichem Auftragsmangel.

Beweis: Gutachten des Steuerberaters ▓▓▓▓

Die beklagte Partei beschäftigt ▓▓▓▓ Arbeitnehmer. Sie stellt ▓▓▓▓ her. Bis zum ▓▓▓▓ waren in der Herstellung ▓▓▓▓ Arbeitnehmer in ▓▓▓▓ Schichten beschäftigt. Im Jahre ▓▓▓▓ hatte sie für die Herstellung von ▓▓▓▓ Aufträge mit einem Auftragswert von ▓▓▓▓ DM. Diese Aufträge sind weitgehend abgebaut. Zur Zeit verfügt die beklagte Partei nur noch über Aufträge mit einem Herstellungswert von ▓▓▓▓ DM.

Beweis: wie vor.

Sie hat aus diesem Grunde die Arbeit auf eine Schicht verteilen müssen und auch innerhalb dieser Schicht nicht mehr alle Arbeitsplätze besetzen können. Infolgedessen ist der Arbeitsplatz der klägerischen Partei weggefallen. Dies hängt damit zusammen, daß ▓▓▓▓.

Maßnahmen der Arbeitsstreckung kommen nicht in Betracht, weil ▓▓▓▓.

Andere Arbeitsplätze stehen auch nicht zur Verfügung, so daß der klägerischen Partei auch nicht ein anderer Arbeitsplatz im Betrieb angeboten werden kann.

▲

### 2. Muster: Betriebsbedingte Kündigung zur Leistungsverdichtung

▼

**208** Aktenzeichen: ▓▓▓▓
Gegner: zwei Abschriften anbei

In Sachen

▓▓▓▓ ./. ▓▓▓▓

verkennt die klägerische Partei, daß die beklagte Partei keine innerbetrieblichen Gründe darzulegen hat, nachdem sie sich entschlossen hat, die Anzahl der Arbeitnehmer zu reduzieren, um die vorhandene Arbeit auf „weniger Schultern zu verteilen".

Wie das BAG in einem neueren Urteil entschieden hat,
  BAG, Urt. v. 24.04.1997, 1766; siehe auch LAG Köln, Urt. v. 01.08.1997, DB 1997, 2181; a. A.: ArbG Köln, Urt. v. 23.09.1997, DB 1998, 626,
gehört zur Organisation und Gestaltung des Betriebes, neben der Anschaffung von Maschinen, Gerätschaften sowie Vorrichtung und der Gestaltung der Arbeitsabläufe, die Stärke der Belegschaft, mit der das Betriebsziel erreicht werden soll. Dazu gehört auch die Entscheidung über die Kapazität an Arbeitskräften und an Arbeitszeit und wie diese Kapazität verteilt werden soll. Dabei kann die Unternehmerentscheidung auch darin liegen, künftig auf Dauer mit weniger Personal zu arbeiten. Soweit dadurch eine Leistungsverdichtung eintritt, wird sie als Konzept gewollt und dadurch notwendig werdende Änderungen werden in Kauf genommen. Der rationelle Einsatz des Personals ist Sache der Unternehmerentscheidung,
  BAG, Urt. v. 24.04.1997, DB 1997, 1776.

Die beklagte Partei hat am ▓▓▓▓ beschlossen, Personal im Umfang von ▓▓▓▓ Mitarbeitern zu reduzieren und die vorhandene Arbeit mit weniger Arbeitskräften zu bewältigen. *Fischermeier* vertritt ebenso die Auffassung, daß die Entscheidung des Arbeitgebers, die von ihrem Volumen her unveränderte Arbeit auf weniger Schultern zu verteilen, als arbeitsgerichtlich grundsätzlich nicht überprüfbar hingenommen werden müsse,
  NZA 1997, 1089.

Die beklagte Partei ist deshalb nach der Entscheidung des BAG vom 24.04.1997 nicht mehr gehalten, unter Angabe weiterer, innerbetrieblicher Gründe, außer denen der Leistungsverdichtung, ihre freie Unternehmerentscheidung darzulegen.

Auch hat die beklagte Partei das Urteil des BAG v. 17.06.1999 beachtet,
> BAG, Urt. v. 17.06.1999 – 2 AZR 141/99, EzA Schnelldienst 1999.

Der zweite Senat hat in dem vorerwähnten Urteil ausgeführt, je näher sich die eigentliche Organisationsentscheidung und die Kündigung als solches seien, desto mehr müsse der Arbeitgeber im Prozeß durch Tatsachenvortrag verdeutlichen, daß ein Bedürfnis für die Beschäftigung des Arbeitnehmers entfallen sei. Die Kündigung mehrerer Mitarbeiter aufgrund einer Unternehmerentscheidung zur dauerhaften Personalreduzierung sei selbst keine freie Unternehmerentscheidung. Die Kündigung als Unternehmerentscheidung besage nur, daß ein bestimmter Arbeitsplatz freigemacht werden solle. Sie sage nichts darüber aus, ob der Arbeitsplatz nach der Kündigung wieder besetzt werden solle.

Die Entscheidung des Arbeitgebers, den Personalbestand auf Dauer zu reduzieren, sei zwar eine Entscheidung, die zum Wegfall von Arbeitsplätzen führen und damit den entsprechenden Beschäftigungsbedarf entfallen lassen könne. Diese Unternehmerentscheidung sei aber hinsichtlich ihrer organisatorischen Durchführbarkeit und hinsichtlich des Begriffs „Dauer" zu verdeutlichen, damit das Gericht überhaupt prüfen könne, ob sie nicht offensichtlich unsachlich, unvernünftig oder willkürlich ist. Reduziere sich die Organisationsentscheidung zur Personalreduzierung auf die Kündigung als solche, seien diese beiden Unternehmerentscheidungen ohne nähere Konkretisierung nicht voneinander zu unterscheiden.

Unter Berücksichtigung der vorgenannten Grundsätze ergibt sich folgendes Bild:

Die Kündigung ist daher sozial gerechtfertigt. Die beklagte Partei hat die Kriterien Dauer der Betriebszugehörigkeit, Lebensalter und Unterhaltspflichten gemäß § 1 Abs. 3 Satz 1 KSchG bei der Sozialauswahl hinreichend beachtet und angewendet.

### 3. Muster: Darlegungslast bei innerbetrieblichen Gründen

Aktenzeichen:
Gegner: RAe , zwei Abschriften anbei

In dem Rechtsstreit

./.

tragen wir folgendes vor:

**I.**

Die Beklagte hat im Geschäftsjahr einen gravierenden Umsatzrückgang erlitten.

Aus diesem Anlaß sah sich die Beklagte gezwungen, sowohl in technischer als auch in personeller Hinsicht Änderungen vorzunehmen.

Darüber hinaus verlangte die schlechte wirtschaftliche Lage des Unternehmens eine personelle Umstrukturierung. Überflüssige und unproduktive Arbeitsplätze und Arbeitskräfte mußten eingespart werden.

Ferner sei nochmals darauf hingewiesen, daß die Beklagte den Kläger in ihrem Betrieb nicht anderweitig beschäftigen kann.

Beweis: Zeugnis

Dafür spricht ebenfalls, daß der Betriebsrat der Kündigung des Klägers nicht widersprochen hat.

## II.

Die Ansicht, es fehle der Nachweis der Beklagten, daß der Arbeitsplatz des Klägers fortgefallen sei und zum anderen fehle der Gegenbeweis für die Behauptung des Klägers, an seinem Arbeitsplatz sei weiterhin Arbeit, verkennt die höchstrichterliche Rechtsprechung zur Darlegungslast des Arbeitgebers bei einer betriebsbedingten Kündigung,

BAG, Urt. v. 07.12.1978, NJW 1979, S. 1902; Urt. v. 24.10.1979, NJW 1981, S. 301; Urt. v. 11.09.1986, EzA Nr. 54 zu § 1 KSchG.

Nach der Rechtsprechung hängt der Umfang der Darlegungslast davon ab, ob der Kündigung außer- oder innerbetriebliche Gründe zugrunde liegen.

Außerbetriebliche Gründe sind z.B. Auftragsmangel und Umsatzrückgang. Eine auf diesen Gründen basierende Kündigung ist nur dann gerechtfertigt, wenn der Arbeitgeber Umsatzzahlen oder die Entwicklung der Auftragslage sowie deren unmittelbare Auswirkung auf den Arbeitsplatz im einzelnen darlegt,

BAG, Urt. v. 24.10.1979, NJW 1981, 301.

Innerbetrieblich begründete Kündigungsgründe liegen dagegen dann vor, wenn der Arbeitgeber die Ertragslage zum Anlaß nimmt, zur Kostenersparnis oder zur Verbesserung des Betriebsergebnisses durch technische oder organisatorische Maßnahmen die Zahl der Arbeitsplätze zu verringern.

In diesem Fall muß der Arbeitgeber darlegen, welche organisatorischen oder technischen Maßnahmen er angeordnet hat und wie sie sich auf den Arbeitsplatz des gekündigten Arbeitnehmers auswirken,

BAG, Urt. v. 24.10.1979, NJW 1981, 301.

Ist ein Verlust im Geschäftsjahr nur der Anlaß für die Umorganisation, so muß der Arbeitgeber nicht zur Begründung der innerbetrieblichen Erfordernisse die Entwicklung des Geschäftsergebnisses und den Anteil der Personalausgaben mit weiteren Angaben und Zahlen belegen,

BAG, aaO S. 302 linke Spalte oben.

Mit dieser Rechtsprechung befindet sich die Darlegung der Beklagten in der ersten Instanz im Einklang.

Eine rückläufige Auftragslage und zurückgehende Gewinne haben die Beklagte dazu veranlaßt, ihren Betrieb im Personalbereich zu rationalisieren. Dieser wirtschaftliche Hintergrund für die innerbetriebliche Umstrukturierung des Unternehmens der Beklagten ist im Interessenausgleich im Einverständnis mit dem Betriebsrat der Beklagten dokumentiert.

Beweis: Vorlage des Interessenausgleichs in Kopie – Anlage B 1.

Hätte die Beklagte dem Kläger allein unter Hinweis auf die rückläufige Auftragslage gekündigt, so hätte der Gegner vielleicht weiteres Zahlenmaterial für erforderlich halten können, um den unmittelbaren Zusammenhang zwischen Auftragsrückgang und Wegfall des Arbeitsplatzes zu veranschaulichen,

vgl. Darlegungslast bei außerbetrieblichen Gründen, BAG, Urt. v. 24.10.1979, NJW 1981, 301.

Da es sich hier aber um einen innerbetrieblich motivierten Kündigungsgrund handelt, besteht kein Anspruch auf weiteren Vortrag, zumal sich der Name der klägerischen Partei auf einer Liste in der Anlage zum Interessenausgleich vom ▬▬▬ befindet.

Beweis: Vorlage der Liste in Kopie – Anlage B 2

Die Beklagte hat die schlechte Auftragslage nur zum Anlaß genommen, ihre Betriebsorganisation zu ändern. Die Entlassung von ▬▬▬ Mitarbeitern zur Reduzierung der Personalkosten um ▬▬▬ Mio war dringend erforderlich, nachdem mittels technischer Umorganisation keine weiteren Umsatzverbesserungen mehr zu erzielen waren.

Diese Einschätzung wurde auch vom Betriebsrat der Beklagten geteilt. ▬▬▬

210 Ist der festgestellte Verlust in einem Geschäftsjahr nur ausschlaggebendes Moment für die Umorganisation, so braucht der Arbeitgeber keine weiteren Zahlenangaben über das Geschäftsergebnis

und den Anteil der Personalausgaben zu machen. Eine solche Darlegungspflicht des Arbeitgebers besteht nicht, weil das Gericht auf innerbetrieblichen Maßnahmen beruhende betriebsbedingte Kündigungsgründe nicht auf ihre Notwendigkeit und Zweckmäßigkeit überprüfen darf. Vielmehr hat das Gericht die freie Unternehmerentscheidung zu respektieren,
BAG, Urt. v. 24.10.1979, NJW 1981, 392.

Ergreift der Arbeitgeber zur Verbesserung seines Betriebsergebnisses technische oder organisatorische Maßnahmen, die die Zahl der Arbeitsplätze verringern, so können die Kündigungen aus innerbetrieblichen Gründen gerechtfertigt sein,
BAG, Urt. v. 24.10.1979, NJW 1981, 301.

Bei solchen Kündigungen aus innerbetrieblichen Gründen muß der Arbeitgeber darlegen, welche organisatorischen oder technischen Maßnahmen er durchführt und wie sie sich auf den Arbeitsplatz des gekündigten Arbeitnehmers auswirken,
BAG, Urt. v. 24.10.1979, NJW 1979, 301.

Diesen Anforderungen entspricht unser Vortrag.

Der Kläger hat behauptet, daß auf seinem Arbeitsplatz noch Arbeit anfalle. Außerdem sei seine Tätigkeit noch notwendig.

Diese Argumentation wäre aber nur dann erheblich, wenn die Beklagte hätte darlegen und beweisen müssen, daß der Arbeitsplatz des Klägers weggefallen sei. Gerade eine solche Darlegungs- und Beweislast des Arbeitgebers besteht bei innerbetrieblich betriebsbedingten Kündigungen, die auf Arbeitskräfteüberhang beruhen, nicht,
BAG, Urt. v. 11.09.1986, EzA § 1 KSchG 1969, Betriebsbedingte Kündigung, Nr. 54, S. 3, 7.

Vielmehr ist es ausreichend, wenn der Arbeitgeber darlegt und bei Bestreiten beweist, „daß durch einen außerbetrieblichen Grund ein Überhang an Arbeitskräften entstanden ist, durch den unmittelbar oder mittelbar das Bedürfnis zur Weiterbeschäftigung eines oder mehrerer (vergleichbarer) Arbeitnehmer entfallen ist",
BAG, Urt. v. 11.09.1986 aaO.

Unter Respektierung der Unternehmerentscheidung genügt es ferner, wenn das Bedürfnis nach Weiterbeschäftigung eines Arbeitnehmers innerhalb einer Gruppe von Arbeitnehmern gesunken ist,
BAG, Urt. v. 30.05.1985, AP Nr. 24 zu § 1 KSchG; Urt. v. 11.09.1986, EzA Nr. 54 zu § 1 KSchG, S. 10.

Vor diesem Hintergrund hat die Beklagte ihrer Darlegungs- und Beweislast genügt.

Es stellt eine freie, vom Gericht zu respektierende Unternehmerentscheidung dar, wenn der Unternehmer, nachdem er einen Arbeitskräfteüberhang festgestellt hat, seinen Betrieb personalmäßig rationalisiert,
BAG, Urt. v. 30.05.1985, AP Nr. 24 zu § 1 KSchG, Betriebsbedingte Kündigung, Gründe II 1.

Diese Unternehmerentscheidung ist nur dann nicht bindend, wenn sie offenbar unsachlich, unvernünftig oder willkürlich ist,
BAG, Urt. v. 24.10.1979, NJW 1981, 301; BAG AP zu § 1 KSchG 1969, Betriebsbedingte Kündigung Nr. 22, Nr. 1.

Für eine beschlossene und tatsächlich durchgeführte Betriebsänderung spricht die Vermutung, daß sie aus sachlichen Gründen erfolgt ist,
BAG, Urt. v. 24.10.1979, NJW 1981, 302.

Ferner sprechen Sozialplan und Interessenausgleich für die soziale Rechtfertigung der Kündigung,
LAG München, Urt. v. 09.09.1982, DB 1982, 2630.

**§ 7** Kapitel 2: Vertretung von Arbeitgebern

 **4. Muster: Arbeitsmangel nach Umorganisation**

▼

**211** 1. Am Arbeitsplatz der klägerischen Partei ist die Arbeit zu ▨▨▨ % weggefallen. Diese Entwicklung trat wie folgt ein:

2. Die Kündigung ist damit durch dringende betriebliche Erfordernisse bedingt. Organisatorische und technische Rationalisierungsmaßnahmen haben zu einem Arbeitsmangel, gezielt am Arbeitsplatz der klägerischen Partei, geführt. Damit haben die innerbetrieblichen organisatorischen Maßnahmen im Sinne der Rechtsprechung des Bundesarbeitsgerichts,

BAG, Urt. v. 08.11.1956, AP Nr. 19 zu § 1 KSchG; Urt. v. 24.10.1979, EzA § 1 KSchG,

bereits greifbare Formen angenommen. Zum Zeitpunkt der Kündigung stand aufgrund betriebswirtschaftlicher Erkenntnismethoden vorhersehbar fest, daß für die Beschäftigung der klägerischen Partei schon jetzt, aber spätestens bei Ablauf der Kündigungsfrist, kein Bedürfnis mehr besteht, so daß die Kündigung auf gesicherten Erkenntnissen und nicht etwa auf Prognoseüberlegungen basiert,

vgl. LAG Hamm, Urt. v. 25.02.1977, DB 1977, 1055.

Bei der gegebenen Sachlage ist weder durch Arbeitsstreckung noch durch sonstige Methoden die Möglichkeit eröffnet, den Arbeitsmangel an dem Arbeitsplatz der klägerischen Partei zu beseitigen oder zu mildern, da es nur einen Arbeitsplatz ▨▨▨ bei der beklagten Partei gibt und nur eine Mitarbeiterin diese allumfassende Vertrauensstellung mit den entsprechenden Kompetenzen wahrnimmt. Sonstige ▨▨▨ werden bei der beklagten Partei nicht beschäftigt, so daß auch nicht durch die Herübernahme anderweitiger Arbeiten in anderen vergleichbaren administrativen Bereichen eine höhere Auslastung der klägerischen Partei erreicht werden könnte. Entsprechende anderweitige, auf die klägerische Partei übertragbare Arbeiten bei der beklagten Partei gibt es nicht.

Da die klägerische Partei auf entsprechendes Befragen durch ▨▨▨ erklärt hat, daß sie an keinerlei Teilzeitarbeitsverhältnis bei der beklagten Partei interessiert sei und dies ablehne, bedurfte es auch keiner Änderungskündigung mit dem Ziel, der klägerischen Partei die Weiterbeschäftigung in Form eines Teilzeitarbeitsverhältnisses anzubieten,

vgl. LAG Düsseldorf, Urt. v. 06.05.1977, DB 1370.

Eine anderweitige Beschäftigung im Betrieb der beklagten Partei ist nicht möglich. Es gibt keinen Arbeitsplatz ▨▨▨, es ist auch kein Arbeitsplatz ▨▨▨ vakant.

Die Sozialauswahl nach § 1 Abs. 3 KSchG führt zu folgendem Ergebnis:

Die beklagte Partei hat damit dargelegt und unter Beweis gestellt, daß wegen Wegfalls des bisherigen Arbeitsplatzes die Kündigung durch dringende betriebliche Erfordernisse bedingt ist. Eine anderweitige Beschäftigung im Betrieb ist nicht möglich. Für die Tätigkeit einer ▨▨▨ fehlt es der klägerischen Partei an der erforderlichen Ausbildung. Wegen der aufgezeigten betrieblichen Notwendigkeit ist eine Weiterbeschäftigung der klägerischen Partei zu gleichen Arbeitsbedingungen nicht möglich.

Sollte die klägerische Partei anderer Auffassung sein, ist es ihre Sache, unter Beweisantritt darzustellen, wie sie sich eine anderweitige Beschäftigung bei der beklagten Partei vorstellt.

▲

 **5. Muster: Wirksame Beendigungskündigung bei Betriebsverlagerung**

▼

**212** Nach § 1 Abs. 2 Nr. 1 KSchG ist eine Kündigung unter anderem sozial ungerechtfertigt, wenn sie nicht durch dringende betriebliche Erfordernisse, die einer Weiterbeschäftigung des Arbeitnehmers

in diesem Betrieb entgegenstehen, bedingt ist. Ein solcher Grund liegt dann vor, wenn zum Zeitpunkt des Ausspruchs der Kündigung feststeht, daß zum Zeitpunkt des Kündigungstermins keine Beschäftigungsmöglichkeit mehr vorhanden ist,
BAG, NZA 1986, 155 = AP § 1 KSchG 1969 – Betriebsbedingte Kündigung – Nr. 24.

Im Rahmen eines bestehenden Arbeitsverhältnisses beantwortet sich die Frage der Beschäftigungsmöglichkeit zunächst nach dem Inhalt des Arbeitsvertrages. Ob der Arbeitgeber bei einer Betriebsverlagerung die Leistung im Wege der Ausübung des Direktionsrechts auch an einem anderen Ort verlangen kann, richtet sich danach, ob der Verlagerung des Betriebssitzes unter Zugrundelegung des Arbeitsvertrages eine erhebliche Bedeutung zukommt und ob die Arbeitsvertragsparteien hierüber eine Regelung getroffen haben.

Wird der Betrieb innerhalb eines Ortes verlegt oder handelt es sich um eine nur geringfügige Ortsverlagerung, so wird der Arbeitgeber in der Regel im Wege der Ausübung des Direktionsrechts die Beschäftigung des Arbeitnehmers an dem neuen Arbeitsort verlangen können, so beispielsweise, wenn der neue Arbeitsplatz im Bereich der Verwaltung liegt, in deren Diensten der Arbeitnehmer steht,
BAG, AP § 615 BGB Nr. 10.

Wird hingegen durch eine Betriebsverlagerung der Leistungsort wesentlich verändert, so insbesondere durch eine Verlegung in eine andere Stadt im Inland oder Ausland, so kann der Arbeitgeber im Wege des Direktionsrechts die Leistungserfüllung an diesem anderen Ort nicht verlangen. Bleibt trotz einer Verlagerung die Betriebsidentität erhalten, so ist eine Weiterbeschäftigung nur dann möglich, wenn der Arbeitnehmer mit der Änderung des Leistungsortes einverstanden ist, was auch konkludent geschehen kann.

Eine Beendigungskündigung ist bei einer solchen Betriebsverlagerung nur dann möglich, wenn der Arbeitnehmer nicht bereit ist, die Leistung am neuen Ort des Betriebssitzes zu erbringen und wenn der Arbeitgeber ihm am ursprünglichen Leistungsort keine Arbeit mehr anbieten kann,
BAG, NZA 1990, 33.

Ist der Arbeitnehmer nicht bereit, in der neuen Betriebsstätte seine Leistung zu erbringen und besteht an der bisherigen Betriebsstätte oder bei dem bisherigen Arbeitgeber keine Möglichkeit, den Arbeitnehmer weiterzubeschäftigen, ist die Beendigungskündigung sozial gerechtfertigt,
BAGE 47, 26 = NZA 1985, 455; BAG, NZA 1990, 33.

Eine Beendigungskündigung ist unter diesen Umständen selbst dann wirksam, wenn der Betrieb oder ein Teil des Betriebs auf einen anderen übergegangen ist und es aus diesem Grunde zu einer Änderung des Leistungsorts gekommen ist. Ist der Arbeitnehmer nicht bereit, trotz eines entsprechenden Angebots, die Arbeit am neuen Betriebsort fortzusetzen, ist die Beendigungskündigung wirksam, in derart gelagerten Fällen kann der Betriebsveräußerer, ohne § 613 a Abs. 4 BGB zu umgehen, wirksam kündigen. Ist mit einer Betriebsveräußerung nämlich eine solche Verlagerung verbunden, daß die Arbeitsleistung nur mit notwendiger Änderung des Arbeitsvertrages erfolgen kann, so ist der leistungsunwillige Arbeitnehmer demjenigen gleichzusetzen, der dem Übergang seines Arbeitsverhältnisses widerspricht,
BAGE 26, 301; 45, 140; BAG, NZA 1987, 524; NZA 1990, 33.

## 6. Muster: Wirksame Beendigungskündigung bei Betriebsstillegung

213 Entschließt sich der Arbeitgeber beispielsweise wegen Alters- oder aus wirtschaftlichen Gründen, seinen Betrieb stillzulegen, so stellt dies eine Unternehmerentscheidung dar, die nicht auf ihre Zweckmäßigkeit nachzuprüfen ist,
BAG, Urt. v. 22.05.1986, EzA § 1 KSchG Soziale Auswahl Nr. 22.

Eine Betriebsstillegung setzt den ernstlichen und endgültigen Entschluß des Unternehmers voraus, die Betriebs- und Produktionsgemeinschaft zwischen Arbeitgeber und Arbeitnehmer für einen seiner Dauer nach unbestimmten, wirtschaftlich nicht unerheblichen Zeitraum aufzuheben,
BAG, Urt. v. 27.09.1984, EzA § 613 a BGB Nr. 40; BAG, Urt. v. 26.02.1987, EzA § 613 a BGB Nr. 57.

Die Stillegung des gesamten Betriebes stellt ein dringliches betriebliches Erfordernis im Sinne des § 1 Abs. 2 Satz 1 KSchG dar,
BAG, Urt. v. 27.02.1987, EzA § 1 KSchG Betriebsbedingte Kündigung Nr. 46; BAG, Urt. v. 23.03.1984, ZIB 1984, 1524; BAG, Urt. v. 07.06.1984, EzA § 22 KO Nr. 4.

Eine wegen Betriebsstillegung erklärte ordentliche Kündigung ist nur dann sozial gerechtfertigt, wenn die auf eine Betriebsstillegung gerichtete unternehmerische Entscheidung zum Zeitpunkt des Zugangs der Kündigung bereits greifbare Formen angenommen hatte,
BAG, Urt. v. 23.03.1984, ZIB 1984, 1524.

Daran fehlt es, wenn der Arbeitgeber zum Zeitpunkt der Kündigung noch in Verhandlungen über eine Veräußerung des Betriebes steht und deswegen nur vorsorglich mit der Begründung kündigt, der Betrieb solle zu einem bestimmten Zeitpunkt stillgelegt werden, falls eine Veräußerung scheitere. Die unternehmerische Entscheidung zur Betriebsstillegung kann auch durch einen Pächter erfolgen,
BAG, Urt. v. 26.02.1987, EzA § 613 a BGB Nr. 57; BAG, Urt. v. 17.03.1987, EzA § 111 BetrVG 1972 Nr. 19.

## 7. Muster: Keine Verpflichtung zur Weiterbeschäftigung zu verschlechterten Arbeitsbedingungen

214 Das Bundesarbeitsgericht hat im Urteil vom 07.12.1978,
BAGE 31, 157,
die Grundsätze zusammengefaßt, die für den Prüfungsmaßstab des Gerichts bei einer auf dringende betriebliche Erfordernisse gestützten Kündigung gelten. Danach können sich die betrieblichen Erfordernisse für eine Kündigung aus innerbetrieblichen Umständen (beispielsweise Rationalisierungsmaßnahmen, Umstellung oder Einschränkung der Produktion) oder durch außerbetriebliche Gründe (beispielsweise Auftragsmangel oder Umsatzrückgang) ergeben. Diese betrieblichen Erfordernisse müssen „dringend" sein und eine Kündigung im Interesse des Betriebes unvermeidbar machen. Diese weitere Voraussetzung ist erfüllt, wenn es dem Arbeitgeber nicht möglich ist, der betrieblichen Lage durch andere Maßnahmen auf technischem, organisatorischem oder wirtschaftlichem Gebiet als durch Kündigung zu entsprechen. Ein Umsatzrückgang kann dann eine betriebsbedingte Kündigung rechtfertigen, wenn dadurch der Arbeitsanfall so zurückgeht, daß für einen oder mehrere Arbeitnehmer das Bedürfnis zur Weiterbeschäftigung entfällt.

Auch wenn durch außer- oder innerbetriebliche Gründe der bisherige Arbeitsplatz des Arbeitnehmers wegfällt, ist eine Kündigung nur dann durch dringende betriebliche Erfordernisse bedingt, wenn dem Arbeitnehmer eine andere Beschäftigung nicht möglich oder nicht zumutbar ist. Bei außerbetrieblichen Gründen ist darüber hinaus zu prüfen, ob Kündigungen nicht durch innerbetriebliche Maßnahmen (insbesondere Arbeitsstreckung) vermieden werden können. Die organisatorischen Maßnahmen, die der Arbeitgeber trifft, um seinen Betrieb dem Umsatzrückgang oder der verschlechterten Ertragslage anzupassen, sind nicht auf ihre Notwendigkeit und Zweckmäßigkeit, wohl aber daraufhin zu überprüfen, ob sie offenbar unsachlich, unvernünftig oder willkürlich sind.

Die soziale Auswahl nach § 1 Abs. 3 Satz 1 KSchG erstreckt sich innerhalb des Betriebes nur auf Arbeitnehmer, die miteinander verglichen werden können. Vergleichbar sind solche Arbeitnehmer, die austauschbar sind,

BAG, Urt. v. 04.12.1959, AP Nr. 2 zu § 1 KSchG Betriebsbedingte Kündigung.

Die Vergleichbarkeit der in die soziale Auswahl einzubeziehenden Arbeitnehmer richtet sich in erster Linie nach arbeitsplatzbezogenen Merkmalen und somit nach der ausgeübten Tätigkeit. Es ist zu prüfen, ob der Arbeitnehmer, dessen Arbeitsplatz weggefallen ist, die Funktion der anderen Arbeitnehmer wahrnehmen kann. Das ist nicht nur bei Identität des Arbeitsplatzes, sondern auch dann der Fall, wenn der Arbeitnehmer aufgrund seiner Fähigkeiten und Ausbildung eine andersartige, aber gleichwertige Tätigkeit ausführen kann. Der Vergleich vollzieht sich insoweit auf derselben Ebene der Betriebshierarchie (sog. horizontale Vergleichbarkeit),

BAG, Urt. v. 07.02.1985, EzA Nr. 151 zu KSchG 1969 § 1 Soziale Auswahl, § 1 Betriebsbedingte Kündigung.

Das Bundesarbeitsgericht hat im Urteil vom 04.12.1959,

AP Nr. 2 zu § 1 KSchG Betriebsbedingte Kündigung,

die Ansicht vertreten, der Arbeitgeber verletze die Pflicht zur sozialen Auswahl nicht, wenn er nicht von sich aus an einen sozial schlechter gestellten Arbeitnehmer herantritt, um ihn zu einer Vertragsänderung zu bewegen, damit für ihn dann durch die Entlassung eines sozial besser gestellten Arbeitnehmers dessen Stelle freigemacht werden kann. Es hat offengelassen, ob der Arbeitgeber nicht auch bei einem solchen Sachverhalt das Arbeitsverhältnis unter geänderten Bedingungen dann fortsetzen muß, wenn der Arbeitnehmer selbst an ihn mit einem entsprechenden Angebot herangetreten ist. Die in diesem Urteil erwogene Einbeziehung von Arbeitnehmern in die soziale Auswahl erstreckt sich auf verschiedene Ebenen der Betriebshierarchie und wird als vertikale Vergleichbarkeit bezeichnet.

Das Bundesarbeitsgericht hat im Urteil vom 13.09.1973,

BAGE 25, 278,

die hiervon zu unterscheidende, die Betriebsbedingtheit der Kündigung nach § 1 Abs. 2 Satz 1 Kündigungsschutzgesetz betreffende Frage entschieden, ob der Arbeitgeber den Arbeitnehmer auf einem anderen freien Arbeitsplatz unter verschlechterten Arbeitsbedingungen weiterbeschäftigen muß. Das Bundesarbeitsgericht vertritt heute die Auffassung, daß der Arbeitgeber im Rahmen der sozialen Auswahl nach § 1 Abs. 3 Satz 1 KSchG jedenfalls nicht verpflichtet ist, von sich aus an den für eine Kündigung in Betracht kommenden Arbeitnehmer wegen einer Weiterbeschäftigung zu geänderten Arbeitsbedingungen heranzutreten,

Urt. v. 13.04.1979, EzA § 1 KSchG Betriebsbedingte Kündigung Nr. 11; Urt. v. 07.02.1985, KSchG 1969 § 1 Soziale Auswahl, § 1 Betriebsbedingte Kündigung Nr. 151.

## 8. Muster: Kein Wiedereinstellungsanspruch bei Wegfall der Kündigungsgründe nach Ablauf der Kündigungsfrist

▼

Ändern sich bei einer betriebsbedingten Kündigung die kündigungsbegründeten Umstände nach Ablauf der Kündigungsfrist, steht dem Arbeitnehmer kein Wiedereinstellungsanspruch aufgrund nachwirkender Fürsorgepflicht zu,
BAG, Urt. v. 4.12.1997, NZA 1998, 701; LAG Köln, Urt. v. 28.06.1996, LAGE § 611 BGB Einstellungsanspruch Nr. 5.

▲

### III. Verhaltensbedingte Kündigungen

#### 1. Muster: Klageerwiderung bei verhaltensbedingter Kündigung

▼

An das
Arbeitsgericht

Aktenzeichen:
Gegner: RAe           , zwei Abschriften anbei

In dem Rechtsstreit

./.

bestellen wir uns zu Prozeßbevollmächtigten der beklagten Partei, in deren Namen und Auftrag wir beantragen zu erkennen:

1. Die Klage wird abgewiesen.
2. Die Kosten des Rechtsstreits trägt die klägerische Partei.

**Gründe:**

Die Kündigung vom           ist sozial gerechtfertigt, da sie durch Gründe im Verhalten der klägerischen Partei bedingt ist, § 1 Abs. 2 Satz 1 KSchG.

I.
1. Nach der Rechtsprechung des Bundesarbeitsgerichts rechtfertigen im Verhalten des Arbeitnehmers liegende Umstände dann eine Kündigung, wenn diese bei verständiger Würdigung die Kündigung als billigenswert und angemessen erscheinen lassen,
BAG, Urt. v. 13.03.1987, NZA 1987, 518; BAG, Urt. v. 22.07.1982, EzA § 1 KSchG Verhaltensbedingte Kündigung Nr. 10.

Mit *Etzel*,
KR/*Etzel*, 5. Aufl., § 1 KSchG Rn 422,

lassen sich die Gründe für verhaltensbedingte Kündigungen in vier Fallgruppen einteilen,
– in die Pflichtwidrigkeiten im Leistungsbereich wie Schlecht- oder Fehlleistungen,
– Verstöße gegen die betriebliche Ordnung (wozu auch Verstöße gegen ein Rauch- oder Alkoholverbot gehören)
– Störungen im personalen Vertrauensbereich (beispielsweise Vollmachtsmißbrauch, Annahme von Schmiergeldern) und
– schließlich in die Verletzung von arbeitsvertraglichen Nebenpflichten wie Verstößen gegen die Gehorsams-, Treue- und Geheimhaltungspflicht.

Die gegen die klägerische Partei ausgesprochene Kündigung gehört zur Gruppe der           .

2. Aus dem Verhältnismäßigkeitsgrundsatz folgt, daß einer sozial gerechtfertigten verhaltensbedingten Kündigung im Regelfalle eine Abmahnung vorauszugehen hat,
   BAG, Urt. 17.02.1994, AP Nr. 115 zu § 626 BGB; BAG, Urt. v. 21.11.1985, EzA § 1 KSchG Nr. 42.

Ausnahme von diesem Grundsatz bildete in der Vergangenheit, daß bei Störungen im Vertrauensbereich eine Abmahnung im allgemeinen entbehrlich war. Mit zwei Entscheidungen hat das BAG das Abmahnungserfordernis auch bei Störungen im Vertrauensbereich zwischenzeitlich bejaht, wenn ein steuerbares Verhalten des Arbeitnehmers vorliege und das Vertrauen wieder herstellbar erscheine,
   BAG, Urt. v. 04.06.1997, AP Nr. 137 zu § 626 BGB; BAG, Urt. v. 26.01.1995, NZA 1995, 517.

Zwischenzeitlich hat das BAG mit Urt. v. 10.02.1999,
   NZA 1999, 708,

klargestellt, daß eine Abmahnung jedenfalls dann entbehrlich sei, wenn es um eine schwere Pflichtverletzung gehe, deren Rechtswidrigkeit für den Arbeitnehmer ohne weiteres erkennbar und bei der eine Hinnahme des Verhaltens durch den Arbeitgeber offensichtlich ausgeschlossen sei.

Die klägerische Partei wurde mit Schreiben vom _____ abgemahnt.

Beweis: Vorlage des Schreibens in Kopie – Anlage B 1.

## II.

1. Die klägerische Partei hat einen Pflichtenverstoß begangen, der, wie vergleichbare Entscheidungen in der Rechtsprechung zeigen, zur ordentlichen, verhaltensbedingten Kündigung berechtigt:

2. Die klägerische Partei handelte auch schuldhaft:

## III.

Nach der Rechtsprechung des BAG ist, wenn ein bestimmter Kündigungsgrund „an sich" geeignet ist, eine außerordentliche Kündigung zu rechtfertigen, nach § 626 Abs. 1 BGB weiterhin in eine Prüfung einzutreten, ob die Fortsetzung des Arbeitsverhältnisses unter Berücksichtigung der konkreten Umstände des Einzelfalles und der Abwägung der Interessen beider Vertragspartner zumutbar ist oder nicht,
   BAG, Urt. v. 13.12.1984, NZA 1985, 288.

Diese Prüfung wird in der Praxis als „zweite Stufe" bezeichnet, in der alle vernünftigerweise in Betracht kommenden konkreten Umstände des Einzelfalles, die für oder gegen eine außerordentliche Kündigung sprechen, miteinander abgewogen werden, insbesondere unter dem Gesichtspunkt, ob diese Umstände die Fortsetzung des Arbeitsverhältnisses bis zum Ablauf der ordentlichen Kündigungsfrist unzumutbar machen oder nicht.

Wenn mehrere verschiedenartige Umstände als Kündigungsgründe in Betracht kommen, muß jeder einzelne Kündigungsgrund zunächst separat betrachtet werden, und wenn jeder dieser Gründe nicht als ausreichend angesehen wird oder aus Vorsichtsgründen ein weiterer argumentativer Weg eingeschlagen werden soll, sind die einzelnen Sachverhalte in eine Gesamtbetrachtung einzustellen,
   BAG, Urt. v. 17.03.1988, AP Nr. 99 zu § 626 BGB.

Im Rahmen der Interessenabwägung sind auf Arbeitgeberseite das objektive Arbeitgeberinteresse an der Auflösung und das arbeitnehmerseitige Interesse an der Erhaltung des Beschäftigungsverhältnisses einander gegenüberzustellen.

Auf Arbeitgeberseite sind Art und Umfang der betrieblichen Störungen und Schäden, generalpräventive Aspekte (Betriebsdisziplin), die Gefährdung anderer Arbeitnehmer oder Dritter, der Verschuldensgrad und die Wiederholungsgefahr zu betrachten. Auf Arbeitnehmerseite schlagen die Ursache des Vertragsverstoßes, der Umfang des Verschuldens, die Dauer der Betriebszugehörigkeit, etwa vorangehend unbeanstandetes Verhalten, das Lebensalter, die Arbeitsmarktsituation und die persönlichen wirtschaftlichen Folgen für den Arbeitnehmer zu Buche.

Eine an diesen Kriterien ausgerichtete Interessenabwägung führt zu folgendem Ergebnis:

▲

## 2. Muster: Verspätete Krankmeldung des Arbeitnehmers

▼

217 Nach § 1 Abs. 2 KSchG ist die Kündigung u. a. sozial ungerechtfertigt, wenn sie nicht durch Gründe, die in dem Verhalten des Arbeitnehmers liegen, bedingt ist. Die unverzügliche Anzeige der Arbeitsunfähigkeit und deren voraussichtliche Dauer durch den Arbeitnehmer nach § 5 EntgeltFZG stellt eine arbeitsvertragliche Nebenpflicht dar. Ein Verstoß gegen diese Pflicht ist jedenfalls nach vorheriger Abmahnung geeignet, eine ordentliche Kündigung sozial zu rechtfertigen,
vgl. BAG, Urt. v. 07.12.1988 – 7 AZR 122/88 – (unveröffentlicht); *Bleistein*, HzA LohnFG, S. 68; KR/*Etzel*, § 1 KSchG, Rn 497.

Gemäß § 5 Abs. 1 EntgeltFZG ist der Arbeitnehmer verpflichtet, dem Arbeitgeber die Arbeitsunfähigkeit anzuzeigen und vor Ablauf des dritten Kalendertages nach Beginn der Arbeitsunfähigkeit eine ärztliche Bescheinigung über die Arbeitsunfähigkeit sowie deren voraussichtliche Dauer nachzureichen.

Nach § 5 EntgeltFZG ist zu unterscheiden zwischen der Anzeige- und der Nachweispflicht. Die Arbeitsunfähigkeit und deren voraussichtliche Dauer sind unverzüglich anzuzeigen. Der Begriff „unverzüglich" ist im Sinne des allgemeinen Rechtsverständnisses als „ohne schuldhaftes Zögern",
vgl. Legaldefinition in § 121 BGB,
zu verstehen, wobei besondere Vorschriften über Form und Inhalt der Anzeige nicht bestehen, insbesondere verlangt das Gesetz nicht eine Unterrichtung durch den Arbeitnehmer selbst,
vgl. *Benedyczuk*, LohnFG, S. 40; *Hunold*, Krankheit des Arbeitnehmers, S. 69; *Jäger*, Krankheit des Arbeitnehmers, § 4, Rn 1, 2; *Kaiser/Dunkl*, Die Entgeltfortzahlung im Krankheitsfall, § 3, Rn 10; *Feichtinger*, Krankheit im Arbeitsverhältnis, S. 81.

Die unverzügliche Anzeige soll es dem Arbeitgeber ermöglichen, sich auf das Fehlen des Arbeitnehmers einstellen zu können,
so zutr. *Hunold*, S. 65; *Bleistein*, S. 58; *Feichtinger*, S. 81.

Die – spätere – Nachweispflicht steht daher hinter der Anzeigepflicht zurück. Wegen der Auswirkungen auf den Betriebsablauf hat der Arbeitgeber in aller Regel ein größeres Interesse an einer Schnellunterrichtung über die Arbeitsunfähigkeit als an einem ärztlichen Nachweis darüber, ob die Behauptungen seines Arbeitnehmers zutreffen,
so zutr. bereits BAG, NZA 1987, 93 = AP § 626 BGB Nr. 93 [zu 2 b]).

Es wird daher zu Recht verlangt, es müsse sichergestellt sein, daß der Arbeitgeber jedenfalls am ersten Tage unterrichtet werde, und zwar durch Zugang der Anzeige, so daß das bloße Absenden einer Erklärung nicht genügt,
vgl. *Bauer/Röder*, Krankheit im Arbeitsverhältnis, S. 52: Briefliche Anzeige in der Regel zu spät; *Feichtinger*, S. 81; *Lepke*, Kündigung bei Krankheit, S. 116: In den ersten Arbeitsstunden; *Schaub*, Arbeitsrecht-Hdb., § 98 VI: In den ersten Arbeitsstunden am ersten Tag.

Zur Abgabe der Krankmeldung ist ein vorheriger Arztbesuch nicht notwendig. Es ist nämlich in diesem ersten Stadium der Anzeigepflicht nicht erforderlich, daß der Arbeitnehmer die Art der Erkrankung beschreibt,
*Kaiser/Dunkl*, § 3, Rn 13.

Das Gesetz trägt dem auch in seiner Formulierung Rechnung. Es verlangt hinsichtlich des Nachweises der voraussichtlichen Dauer der Arbeitsunfähigkeit nicht den Beweis der Richtigkeit der früher erfolgten Anzeige des Arbeitnehmers, sondern fordert eine eigenständige – ärztliche – Bescheinigung der voraussichtlichen Dauer an sich. Wenn aus der Verpflichtung der Anzeige der „voraussichtlichen" Dauer der Arbeitsunfähigkeit gefolgert wird, der Arbeitnehmer könne mit der Anzeige bis zur ärztlichen Diagnose zuwarten, wird der Regelungsgehalt der Vorschrift verkannt. Mit der „Anzeige" verlangt das Gesetz vom Arbeitnehmer nicht eine ärztlich gesicherte Diagnose, sondern eine Selbstdiagnose. Der Arbeitgeber soll sich, da der Nachweis durch Attest ohnehin binnen drei Tagen zu erfolgen hat, darauf einstellen können, ob der Arbeitnehmer demnächst wieder am Arbeitsplatz erscheint oder nicht.

### 3. Muster: Wiederholtes unentschuldigtes Fehlen (Kurzfassung)

Aktenzeichen:
Gegner: RAe              , zwei Abschriften anbei

In dem Rechtsstreit

./.

bestellen wir uns zu Prozeßbevollmächtigten der beklagten Partei, eine auf uns lautende Bevollmächtigung versichernd. Namens und in Vollmacht der beklagten Partei beantragen wir,

1. die Klage wird abgewiesen,
2. die Kosten des Rechtsstreits trägt die klägerische Partei.

**Gründe:**
Die Klage kann keinen Erfolg haben. Die klägerische Partei hat wiederholt unentschuldigt gefehlt, eine Weiterbeschäftigung ist mit einem ordnungsgemäßen Betriebsablauf nicht mehr in Einklang zu bringen.

Wegen ihrer häufigen Fehlschichten ist die klägerische Partei wiederholt ermahnt und abgemahnt worden:

Beweis:   1. Zeugnis
          2. Vorlage des Abmahnungsschreibens in Kopie – Anlage B 1

Die Ermahnungen und Abmahnungen haben nichts genutzt. Die klägerische Partei hat auch am            wiederum unentschuldigt gefehlt.

Beweis:   1. Personalkarte in Kopie – Anlage B 2.
          2. Zeugnis des

Die beklagte Partei mußte daher das Arbeitsverhältnis kündigen, zumal die übrige Belegschaft schon erklärt hat, die klägerische Partei dürfe sich bei der beklagten Partei offensichtlich einfach alles herausnehmen.

Beweis:   Zeugnis

Der Betriebsrat ist gemäß § 102 Betriebsverfassungsgesetz gehört worden und hat der Kündigung zugestimmt.

Beweis:   Schreiben des Betriebsrats in Kopie – Anlage B 3.

## 4. Muster: Wiederholtes unentschuldigtes Fehlen (Langfassung)

▼

Das BAG hat in ständiger Rechtsprechung,
> AP Nr. 58 zu § 626 BGB; AP Nr. 87 zu § 626 BGB; AP Nr. 13 zu § 1 KSchG 1969 verhaltensbedingte Kündigung,

die Auffassung vertreten, es liege ein die Kündigung rechtfertigender Grund vor, wenn es um das Verhalten eines Arbeitnehmers gehe, durch das das Arbeitsverhältnis konkret beeinträchtigt werde; solch eine Beeinträchtigung könne sich u. a. auf den Leistungsbereich beziehen.

Der 2. Senat des BAG hat dann im Urteil vom 17.03.1988,
> BAGE 58, 37 = NZA 1989, 261 und NJW 1991, 1906,

verdeutlicht, wenn ein Arbeitnehmer ohne rechtfertigenden Grund nicht (oder verspätet) zur Arbeit erscheine, dann erbringe er die von ihm geschuldete Arbeitsleistung nicht, was einen Verstoß gegen die arbeitsvertragliche Verpflichtung zur Erbringung der von ihm geschuldeten Arbeitsleistung darstelle. Soweit der Arbeitnehmer seiner Arbeitspflicht im vertraglichen Umfang nicht nachgekommen sei, wirke sich dies unmittelbar als Störung des Arbeitsverhältnisses im Leistungsbereich und als Beeinträchtigung des Verhältnisses von Leistung und Gegenleistung (Äquivalenzstörung) aus. Ob die Fehlzeiten des Arbeitnehmers sich über die Störung im Leistungsbereich hinaus auch noch konkret nachteilig auf den Betriebsablauf oder den Betriebsfrieden ausgewirkt hätten, sei nicht für die Eignung als Kündigungsgrund, sondern für die im Rahmen der Interessenabwägung wesentlichen weiteren Auswirkungen der Pflichtverletzung erheblich.

Was die vom Arbeitgeber anzustellende Prognose anbelangt, so müssen nicht schon jetzt die Auswirkungen auf das betriebliche Geschehen für hypothetisch in der Zukunft zu unterstellende Fehlzeiten dargestellt werden, man würde insoweit vom Arbeitgeber etwas Unmögliches verlangen,
> BAG, NJW 1991, 1907.

Bei der anzustellenden Prognose geht es nur um die zu besorgende Einhaltung der Vertragspflichten durch den Arbeitnehmer. Insoweit hat der Arbeitgeber seiner Darlegungslast genügt, wenn er auf die Vertragsverstöße in der Vergangenheit, die dazu ausgesprochenen Abmahnungen und erneuten Vertragsverstöße des Arbeitnehmers hinweist. Daraus ergibt sich bereits die begründete Befürchtung, der Arbeitnehmer werde auch in Zukunft seiner Arbeitspflicht nicht arbeitstäglich genügen. Denn wer in der Vergangenheit wiederholt und trotz mehrerer Abmahnungen unter Kündigungsandrohung unentschuldigt gefehlt hat, bei dem besteht die Besorgnis, er werde es auch in Zukunft mit seinen Arbeitspflichten nicht so genau nehmen.

Wiederholtes unentschuldigtes Fehlen eines Arbeitnehmers nach Abmahnung ist deshalb geeignet, eine verhaltensbedingte Kündigung (§ 1 Abs. 2 KSchG) zu rechtfertigen. In diesem Falle ist es nicht für die Eignung als verhaltensbedingter Kündigungsgrund erheblich, sondern im Rahmen der abschließenden Interessenabwägung zusätzlich für den Arbeitnehmer belastend, wenn es neben der Störung im Leistungsbereich außerdem noch zu nachteiligen Auswirkungen im Rahmen der betrieblichen Verbundenheit (Betriebsablaufstörungen, Betriebsordnung, Betriebsfrieden) gekommen ist,
> BAG, BAGE 58, 37 = NZA 1989, 261; BAG, NJW 1991, 1906.

Zwar werden bei der krankheitsbedingten Kündigung die Betriebsablaufstörungen unter dem Gesichtspunkt einer erheblichen Beeinträchtigung der betrieblichen Interessen bereits im Rahmen des eigentlichen personenbedingten Kündigungsgrundes geprüft,
> vgl. BAG, BAGE 61, 131 ff.

Aber auch hier finden die betrieblichen Auswirkungen außerdem ihre Berücksichtigung bei der abschließenden Interessenabwägung. Bei krankheitsbedingten Kündigungen liegt es nahe, bereits beim Kündigungsgrund auch die in der Person des Arbeitnehmers liegenden Beweggründe für die Kündigung in Relation zu den betrieblichen Interessen zu setzen. Bei der verhaltensbedingten Kündigung tritt die Leistungsstörung aber bereits dann ein, wenn der Arbeitnehmer seine Arbeitskraft unberechtigt zurückgehalten und vorwerfbar (und damit ihm zurechenbar) gegen seine Vertragspflichten verstoßen hat. Dann kommt etwa dadurch ausgelösten Betriebsablaufstörungen neben dem Vertragsverstoß im Rahmen der Interessenabwägung zusätzlich belastendes Gewicht zu. Das Vorliegen derartiger konkreter Störungen ist aber nicht unabdingbare Voraussetzung für eine Kündigung.

Mit seinem Urteil vom 17.01.1991 (NJW 1991, 1906) hat das BAG noch einmal ausdrücklich klargestellt, daß Betriebsablaufstörungen als Folge unentschuldigten Fehlens eines Arbeitnehmers nicht für die Eignung als Kündigungsgrund, sondern nur zusätzlich im Rahmen der Interessenabwägung erheblich sind, und zwar im Sinne einer Belastung des Arbeitnehmers.

### 5. Muster: Betriebsablaufstörung bei wiederholtem unentschuldigtem Fehlen nicht erforderlich

Wiederholtes, schuldhaft verspätetes Erscheinen eines Arbeitnehmers im Betrieb ist als Verletzung der Arbeitspflicht nach vorheriger Abmahnung grundsätzlich dazu geeignet, eine ordentliche Kündigung aus verhaltensbedingten Gründen sozial zu rechtfertigen. Die verhaltensbedingte Kündigung eines Gabelstaplerfahrers, der innerhalb von 15 Monaten an 52 Tagen zwischen 1 und 59 Minuten verspätet zur Arbeit erschien und dreimal abgemahnt worden war, ist sozial gerechtfertigt,
    LAG Hamm, Urt. v. 08.10.1997, BB 1998, 275.

Ein unentschuldigtes Fehlen zu Beginn der betrieblichen Arbeitszeit mußte bei einem Gabelstapler zu Betriebsablaufstörungen führen. Dem Kläger mußte dies auch bekannt gewesen sein. Auch aus Gründen der Betriebs- und Arbeitsdisziplin konnte der Arbeitgeber weitere Verstöße des Gabelstaplerfahrers gegen seine Verpflichtung, die Arbeit pünktlich aufzunehmen, nicht hinnehmen. Nur dann, wenn der gekündigte Mitarbeiter im Prozeß vorträgt und zumindest glaubhaft macht, daß Betriebsablaufstörungen nicht eingetreten sind, kann der Arbeitgeber im Rahmen der Interessenabwägung gehalten sein, Konkretes vorzutragen, woraus sich tatsächlich Betriebsablaufstörungen ergeben haben,
    LAG Hamm, BB 1998, 275.

Kündigt der Arbeitgeber wegen wiederholten Zuspätkommens zur Arbeit, so kann er sich im Prozeß auf betriebstypische Störungen des Betriebsablaufs auch dann berufen, wenn er diese Störungen dem Betriebsrat im Anhörungsverfahren nicht ausdrücklich mitgeteilt hat. Derartige Verspätungsfolgen sind dem Betriebsrat im allgemeinen bekannt,
    BAG, Urt. v. 27.02.1997, BB 1997, 1949.

### 6. Muster: Abgrenzung Verdachtskündigung – Tatkündigung

Nach ständiger Rechtsprechung des Bundesarbeitsgerichts kann nicht nur eine erwiesene Vertragsverletzung, sondern auch schon der Verdacht einer strafbaren Handlung oder einer sonstigen Verfehlung ein wichtiger Grund zur außerordentlichen Kündigung gegenüber dem verdächtigen Arbeitnehmer sein. Eine Verdachtskündigung liegt aber nur dann vor, wenn und soweit der Arbeitgeber seine Kündigung damit begründet, gerade der Verdacht eines (nicht erwiesenen) strafbaren bzw. vertragswidrigen Verhaltens habe das für die Fortsetzung des Arbeitsverhältnisses erforderliche Vertrauen zerstört,
    BAG, AP § 626 BGB, Verdacht strafbarer Handlungen Nr. 13; BAG NZA, 1986, 677.

Der Verdacht einer strafbaren Handlung stellt gegenüber dem Vorwurf, der Arbeitnehmer habe die Tat begangen, einen eigenständigen Kündigungsgrund dar, der in dem Tatvorwurf nicht enthalten ist. Bei der Tatkündigung ist für den Kündigungsentschluß maßgebend, daß der Arbeitnehmer nach der Überzeugung des Arbeitgebers die strafbare Handlung tatsächlich begangen hat und dem Arbeitgeber aus diesem Grunde die Fortsetzung des Arbeitsverhältnisses unzumutbar ist,
BAG, NZA 1986, 677; KR/*Hillebrecht*, § 626 BGB, Rn 157; MüKomm/*Schwerdtner*, § 626, Rn 150, 152.

Kündigt der Arbeitgeber nach rechtskräftiger Verurteilung des Arbeitnehmers mit der Begründung, der Arbeitnehmer habe die ihm vorgeworfene Straftat tatsächlich begangen, dann ist die Wirksamkeit der Kündigung in der Regel nicht nach den Grundsätzen der Verdachtskündigung zu beurteilen,
BAG, NJW 1993, 83.

Bestreitet der Arbeitnehmer trotz rechtskräftiger Verurteilung weiterhin die Tatbegehung, hat das Arbeitsgericht ohne Bindung an das strafgerichtliche Urteil die erforderlichen Feststellungen selbst zu treffen. Die Ergebnisse des Strafverfahrens können dabei nach den allgemeinen Beweisregeln verwertet werden,
BAG, NJW 1993, 83.

## 7. Muster: Betriebsablaufstörung bei Verstoß gegen Meldepflicht nicht erforderlich

**222** Nach der neueren Rechtsprechung des Bundesarbeitsgerichts ist neben der schuldhaften Verletzung einer Nebenpflicht nicht stets auch eine konkrete Störung des Arbeitsablaufs oder der Arbeitsorganisation Voraussetzung für einen verhaltensbedingten Kündigungsgrund,
Urt. v. 16.08.1991, DB 1992, 1479.

Eine konkrete Beeinträchtigung des Arbeitsverhältnisses liegt bereits in der Nichterbringung der vertraglich geschuldeten Leistung, in der Nichterfüllung der Pflicht zur Leistung der vereinbarten Dienste (§ 611 Abs. 1 BGB) durch Fernbleiben von der Arbeit. Kommt der Arbeitnehmer seiner Arbeitspflicht im vertraglichen Umfang nicht nach, wirkt sich das unmittelbar auf die Störung des Arbeitsverhältnisses im Leistungsbereich und als Beeinträchtigung des Verhältnisses von Leistung und Gegenleistung (Äquivalenzstörung) aus. Ob die Fehlzeiten des Arbeitnehmers sich über diese Störung hinaus auch noch konkret nachteilig auf den Betriebsablauf oder den Betriebsfrieden ausgewirkt haben, ist nicht für die Eignung als Kündigungsgrund, sondern nur für die im Rahmen der Interessenabwägung wesentlichen weiteren Auswirkungen der Pflichtverletzung erheblich. Solche konkreten Störungen sind somit nicht unabdingbare Voraussetzungen für die soziale Rechtfertigung der Kündigung, ihnen kommt vielmehr nur ein neben dem Vertragsverstoß zusätzlich belastendes Gewicht zu. Danach kann nach den Umständen des Einzelfalles bereits die Nichterfüllung der Vertragspflicht, also beispielsweise der Arbeitspflicht, eine Kündigung sozial rechtfertigen. Das gilt im Grundsatz ebenso für die Verletzung vertraglicher Nebenpflichten, deren Eignung als verhaltensbedingter Grund nicht davon abhängt, ob konkrete Störungen des Betriebsablaufs vorliegen, sondern davon, ob sie die Interessen des Vertragspartners beeinträchtigen oder ob sie für die Abwicklung des Arbeitsverhältnisses belanglos sind,
BAG, Urt. v. 16.08.1991, DB 1992, 1479.

Schon der schuldhafte Verstoß gegen die vertragliche Meldepflicht stellt regelmäßig eine Störung des Arbeitsverhältnisses im Leistungsbereich dar. Ob noch zusätzlich Betriebsablaufstörungen verursacht worden sind, ist nur ein für die Interessenabwägung erheblicher Umstand. Im Rahmen der Interessenabwägung gilt für den Bereich der verhaltensbedingten Kündigung das Prognoseprinzip.

Der Kündigungszweck ist zukunftsbezogen ausgerichtet, weil mit der verhaltensbedingten Kündigung das Risiko weiterer Vertragsverletzungen ausgeschlossen werden soll. Entscheidend ist, ob eine Wiederholungsgefahr besteht oder ob das vergangene Ereignis sich auch künftig weiter belastend auswirkt,
> BAG, Urt. v. 10.11.1988, AP Nr. 3 zu § 1 KSchG 1969 Abmahnung.

Abzuheben ist deshalb auf das Maß des Verschuldens, das zur Verletzung der Meldepflicht geführt hat. Abzustellen ist ferner auf die Tatsache, wie oft der Arbeitnehmer seiner Meldepflicht nicht nachgekommen ist. Hat der Arbeitnehmer zweimal seine Meldepflicht verletzt, spricht dies für eine Beharrlichkeit, dieser Pflicht auch in Zukunft nicht nachzukommen und damit eher für eine Wiederholungsgefahr.

### 8. Muster: Nachschieben von Abmahnungsgründen

Verlangt ein Arbeitnehmer vom Arbeitgeber die Entfernung einer Abmahnung aus seinen Personalakten, weil sie angeblich unrichtige Tatsachenbehauptungen enthält, so können unter denselben Voraussetzungen wie beim Nachschieben von Kündigungsgründen weitere Abmahnungsgründe nachgeschoben werden, 223
> LAG Berlin, NZA 1989, 964; vgl. *Schwerdtner* NZA 1987, 361; *Winterstein* NZA 1987, 728.

### 9. Muster: Abmahnung gleichartiger Pflichtverletzungen

Eine zusammenfassende Betrachtung mehrerer abgemahnter Pflichtverstöße kann eine verhaltensbedingte Kündigung rechtfertigen, wenn die Pflichtverstöße gleichartig sind. Die Pflichtverstöße müssen nicht unbedingt identisch sein. 224

Als gleichartig sind Pflichtverletzung anzusehen, die zu vergleichbaren Störungen des Arbeitsverhältnisses führen und als übereinstimmender Ausdruck einer spezifischen Unzuverlässigkeit des Arbeitnehmers angesehen werden können. In diesem Sinne sind unberechtigtes Fehlen und berechtigtes, aber nicht angezeigtes Fernbleiben von der Arbeit gleichartige Pflichtverletzungen,
> LAG Berlin, Urt. v. 05.12.1995, LAGE § 1 KSchG Verhaltensbedingte Kündigung Nr. 52.

### 10. Muster: Warnfunktion einer formal unwirksamen Abmahnung

Ist mit einem Abmahnungsschreiben gegenüber dem Arbeitnehmer unmißverständlich klargemacht worden, er habe bei mangelnder Leistungssteigerung mit arbeitsrechtlichen Konsequenzen zu rechnen, die auch zur Kündigung führen könnten, ist der Arbeitnehmer hinreichend gewarnt, 225
> BAG, NZA 1985, 124; NZA 1991, 557.

Ist die Abmahnung formell unwirksam, beispielsweise weil sie unter Verstoß gegen § 13 BAT zu den Personalakten gelangt ist, hat der Arbeitnehmer aber nicht zum Ausdruck gebracht, daß er aus

den formellen Gründen annahm, das Abmahnschreiben sei unbeachtlich, büßt die Abmahnung ihre kündigungsrechtliche Warnfunktion nicht dadurch ein, daß sie formell unwirksam war,
BAG, NZA 1992, 1028.

## 11. Muster: Kündigung einer Personalleiterin wegen Begünstigung von Arbeitnehmern

226 Einer Personalleiterin, die mit dem Ziel, eine mit dem Betriebsrat geschlossene Betriebsvereinbarung über Mehrarbeit zu umgehen, toleriert, daß ein Mitarbeiter der Personalabteilung die Stempeluhr zum üblichen Arbeitsschluß bedient, dann aber weiterarbeitet, und die, um einem Arbeitnehmer Nachteile bei Zahlung des Arbeitslosengeldes zu ersparen, nach Abschluß des Aufhebungsvertrages den Arbeitsvertrag des ausscheidenden Arbeitnehmers bezüglich der Kündigungsfrist ändert, kann gemäß § 626 BGB fristlos ohne vorherige Abmahnung gekündigt werden. Wägt man allerdings das Interesse eines Arbeitgebers, sich von einer Personalleiterin zu trennen, die Betriebsvereinbarungen offensichtlich nicht ernst nimmt, mit dem Interesse der Personalleiterin, an ihrem Arbeitsplatz festhalten zu dürfen, weil sie ohne konkrete Schädigungsabsicht zu Lasten des Arbeitgebers oder eines einzelnen Arbeitnehmers gehandelt hat, ab, überwiegt das Interesse der Personalleiterin an der Fortsetzung Ihres Arbeitsverhältnisses zumindest bis zum Ende der Kündigungsfrist. Eine Abmahnung muß einer solchen Kündigung nicht vorausgehen, denn die Personalleiterin kann nicht damit rechnen, daß der Arbeitgeber ihr Verhalten tolerieren würde. Das Verhalten der Personalleiterin betrifft den Vertrauensbereich,
LAG Bremen, Urt. v. 31.01.1997, LAGE § 626 BGB Nr. 107.

## 12. Muster: Schadensersatzklage wegen Detektivkosten

227 An das
Arbeitsgericht

*Klage*

– klägerische Partei –

Prozeßbevollmächtigte:

gegen

– beklagte Partei –

wegen: Schadensersatz

Wir bestellen uns zu Prozeßbevollmächtigten der klägerischen Partei, in deren Namen und Vollmacht wir um Anberaumung eines frühestmöglichen Gütetermins bitten. Im übrigen werden wir beantragen zu erkennen:

1. Die beklagte Partei wird verurteilt, an die klägerische Partei          DM nebst          % Zinsen jährlich für den Zeitraum vom          bis zum          sowie          % Zinsen jährlich ab dem          zu zahlen.

# Schriftsätze im arbeitsgerichtlichen Urteilsverfahren § 7

2. Die Kosten des Rechtsstreits trägt die beklagte Partei.

**Gründe:**

1. Die beklagte Partei stand zur klägerischen Partei in einem Arbeitsverhältnis. Das Arbeitsverhältnis wurde durch verhaltensbedingte Kündigung der klägerischen Partei beendet. In dem von der beklagten Partei angestrengten Kündigungsschutzprozeß obsiegte die klägerische Partei.

   Beweis: Beiziehung der Akte ArbG            , Aktenzeichen

2. Die klägerische Partei hat die Kündigung auf ein vertragswidriges Verhalten der beklagten Partei gestützt. Die klägerische Partei hatte Anzeichen dafür, daß die beklagten Partei während einer vermeintlichen Arbeitsunfähigkeit einer Beschäftigung in einer anderen Firma nachging. Um den Sachverhalt näher zu ermitteln, beauftragte die klägerische Partei ein Detektivbüro. Die Kosten des Detektivbüros betragen            DM.

   Beweis: Vorlage der Rechnung in Kopie – Anlage K 1.

   Die klägerische Partei hat außerdem in dem Zeitraum zwischen Krankmeldung durch die beklagte Partei und Kündigung durch die klägerische Partei Entgeltfortzahlung an die beklagte Partei in Höhe von            DM geleistet.

   Beweis: Vorlage eines Nachweises über Entgeltfortzahlung – Anlage K 2.

   Mit der vorliegenden Klage werden die für die Beauftragung des Detektivbüros und die durch die von der beklagten Partei zu Unrecht bezogene Entgeltfortzahlung entstandenen Aufwendungen geltend gemacht. Beide Beträge ergeben zusammen die Klageforderung.

3. Die durch das Tätigwerden des Detektivs entstandenen Kosten waren notwendig, um die beklagte Partei einer vorsätzlichen Vertragsverletzung zu überführen.

   Überträgt der Arbeitgeber anläßlich eines konkreten Tatverdachts gegen den Arbeitnehmer einem Detektiv die Überwachung des Arbeitnehmers und überführt er auf diese Weise den Arbeitnehmer einer vorsätzlichen vertragswidrigen Handlung, hat der Arbeitnehmer dem Arbeitgeber die durch das Tätigwerden des Detektivs entstandenen notwendigen Kosten zu ersetzen,
   BAG, Urt. v. 17.09.1998, NZA 1998, 1334.

## IV. Personenbedingte Kündigungen

### 1. Muster: Klageerwiderung bei ordentlicher Kündigung aus personenbedingten Gründen

Aktenzeichen:
Gegner: RAe            , zwei Abschriften anbei

In dem Rechtsstreit

./.

bestellen wir uns zu Prozeßbevollmächtigten der beklagten Partei, eine auf uns lautende Bevollmächtigung versichernd, und beantragen,

1. die Klage wird abgewiesen,
2. die Kosten des Rechtsstreits trägt die klägerische Partei.

**Gründe:**

Die klägerische Partei hat zutreffend vorgetragen, daß sie als ▓▓▓▓ eingestellt wurde. Richtig ist auch, daß die beklagte Partei ▓▓▓▓ Arbeitnehmer beschäftigt und der klägerischen Partei mit Schreiben vom ▓▓▓▓ gekündigt hat.

Die Kündigung ist sozial gerechtfertigt. Sie erfolgte aus personenbedingten Gründen. Die klägerische Partei leidet an einer ▓▓▓▓ und ist daher schon seit mehreren Jahren häufig längere Zeit arbeitsunfähig krank. Wegen der früheren Erkrankungen wird insoweit auf die in Fotokopie beigefügte Personalkarte der klägerischen Partei verwiesen.

Beweis: Vorlage der Personalunterlagen in Kopie – Anlage B 1.

Im vergangenen Jahr hatte die klägerische Partei folgende Arbeitsunfähigkeits-Fehlzeiten: ▓▓▓▓

Seit dem ▓▓▓▓ ist die klägerische Partei erneut fortlaufend krank.

Wann die klägerische Partei wieder arbeitsfähig sein wird, ist nicht abzusehen. Die klägerische Partei hat am ▓▓▓▓ nach entsprechender Anfrage erklärt, ihr behandelnder Arzt könne noch nicht beurteilen, wann sie wieder arbeiten könne. Sie müsse aber zunächst noch ein Heilverfahren durchführen, das beantragt, allerdings noch nicht bewilligt sei. Im übrigen habe ihr ihr Arzt geraten, sich umschulen zu lassen.

Beweis: 1. Zeugnis Arzt Dr. ▓▓▓▓
           2. Parteivernehmung der klägerischen Partei.

Die beklagte Partei ist nicht in der Lage, die klägerische Partei weiter zu beschäftigen. Die beklagte Partei unterhält nur ein kleines Unternehmen und beschäftigt die klägerische Partei als einzige ▓▓▓▓. Während des Urlaubs oder etwaiger Erkrankungen der klägerischen Partei ist die beklagte Partei genötigt, die im Betrieb anfallenden Arbeiten durch fremde Unternehmen ausführen zu lassen. Die hierdurch erwachsenden Kosten vermag die beklagte Partei nicht mehr zu tragen.

Beweis: Zeugnis des Steuerberaters ▓▓▓▓

Auch ein Einsatz auf einem anderen Arbeitsplatz ist nicht möglich.

Die Klage muß daher abgewiesen werden.

Der Betriebsrat ist zur Kündigung gehört worden. Er hat der Kündigung nicht widersprochen und sich, wie aus der beigefügten Stellungnahme ersichtlich, geäußert.

Beweis: Stellungnahme des Betriebsrats – Anlage B 2.

## 2. Muster: Personenbedingte Kündigung wegen erheblicher Fehlzeiten innerhalb der letzten Jahre bei negativer Gesundheitsprognose

Aktenzeichen: ▓▓▓▓
Gegner: RAe ▓▓▓▓, zwei Abschriften anbei

In dem Rechtsstreit
▓▓▓▓ ./. ▓▓▓▓

beantragen wir,

die Klage abzuweisen.

Die Kündigung vom ▓▓▓▓ ist aus personenbedingten Gründen sozial gerechtfertigt:

# Schriftsätze im arbeitsgerichtlichen Urteilsverfahren § 7

**I.**

Die klägerische Partei ist seit dem ▒▒▒▒ bei der beklagten Partei beschäftigt.

Nach zunächst knapp überdurchschnittlichen Ausfallzeiten der klägerischen Partei infolge Erkrankung stiegen diese jährlich kontinuierlich wie folgt an:

| 1988 | = | ▒▒▒ Tage | 1989 | = | ▒▒▒ Tage |
|---|---|---|---|---|---|
| 1990 | = | ▒▒▒ Tage | 1991 | = | ▒▒▒ Tage |
| 1992 | = | ▒▒▒ Tage | 1993 | = | ▒▒▒ Tage |
| 1994 | = | ▒▒▒ Tage | 1995 | = | ▒▒▒ Tage |
| 1996 | = | ▒▒▒ Tage | 1997 | = | ▒▒▒ Tage |

Ab 1998 wurden krankheitsbedingte Ausfallzeiten wie nachstehend erreicht:

1998:

| vom | ▒▒▒ | bis | ▒▒▒ | = | ▒▒▒ | Tage | | |
|---|---|---|---|---|---|---|---|---|
| vom | ▒▒▒ | bis | ▒▒▒ | = | ▒▒▒ | Tage | | |
| vom | ▒▒▒ | bis | ▒▒▒ | = | ▒▒▒ | Tage | ▒▒▒ | Tage |
| vom | ▒▒▒ | bis | ▒▒▒ | = | ▒▒▒ | Tage | | |
| vom | ▒▒▒ | bis | ▒▒▒ | = | ▒▒▒ | Tage | | |

1999:

| vom | ▒▒▒ | bis | ▒▒▒ | = | ▒▒▒ | Tage | | |
|---|---|---|---|---|---|---|---|---|
| vom | ▒▒▒ | bis | ▒▒▒ | = | ▒▒▒ | Tage | | |
| vom | ▒▒▒ | bis | ▒▒▒ | = | ▒▒▒ | Tage | ▒▒▒ | Tage |
| vom | ▒▒▒ | bis | ▒▒▒ | = | ▒▒▒ | Tage | | |

2000:

| vom | ▒▒▒ | bis | ▒▒▒ | = | ▒▒▒ | Tage | | |
|---|---|---|---|---|---|---|---|---|
| vom | ▒▒▒ | bis | ▒▒▒ | = | ▒▒▒ | Tage | | |
| vom | ▒▒▒ | bis | ▒▒▒ | = | ▒▒▒ | Tage | ▒▒▒ | Tage |
| vom | ▒▒▒ | bis | ▒▒▒ | = | ▒▒▒ | Tage | | |

Die aus den häufigen Erkrankungen resultierenden Lohnfortzahlungskosten belaufen sich nach aktueller Feststellung für die Zeit vom ▒▒▒ bis zum ▒▒▒ auf ▒▒▒ DM.

Aufgrund sukzessive ansteigender krankheitsbedingter Ausfallzeiten wurde die klägerische Partei von dem Leiter ▒▒▒ zu einem Personalgespräch am ▒▒▒ unter Beteiligung des Betriebsrats gebeten, um Auskunft über die weitere berufliche Dispositionsmöglichkeit sowie über die voraussichtliche Dauer der Arbeitsunfähigkeit zu erhalten. Die klägerische Partei sagte diesen Termin ab. Es wurde ein weiterer Termin am ▒▒▒ vereinbart.

In diesem Gespräch erklärte die klägerische Partei: ▒▒▒

Die beklagte Partei bot durch ▒▒▒ der klägerischen Partei eine Stelle als ▒▒▒ an. Die klägerische Partei lehnte jedoch dieses Angebot ab und erklärte, an ihrem bisherigen Arbeitsplatz weiter arbeiten zu wollen.

Der Vorgesetzte widersprach den Ausführungen der klägerischen Partei, vor 1998 kaum nennenswerte Ausfallzeiten aufzuweisen. Es gehe nicht an, Fehlzeiten in

– 1992 von ▒▒▒ Tagen,     1993 von ▒▒▒ Tagen
– 1994 von ▒▒▒ Tagen,     1995 von ▒▒▒ Tagen
– 1996 von ▒▒▒ Tagen und 1997 von ▒▒▒ Tagen

als unwesentlich zu bezeichnen, nur weil die Fehlzeiten in den Folgejahren noch höher geworden seien.

1623

## § 7 Kapitel 2: Vertretung von Arbeitgebern

**II. Arbeitsrechtliche Würdigung:**
Beurteilung aus Gründen in der Person:

230 Nach ständiger Rechtsprechung des Bundesarbeitsgerichts ist die Frage einer etwaigen Sozialwidrigkeit einer wegen häufiger Erkrankungen ausgesprochenen Kündigung in drei Stufen zu prüfen.

1. In der ersten Stufe kommt es darauf an, ob eine negative Gesundheitsprognose vorliegt. Es müssen im Zeitpunkt der Kündigung objektive Tatsachen vorliegen, die die Besorgnis des Arbeitgebers rechtfertigen, daß weiterhin mit überdurchschnittlich hohen krankheitsbedingten Ausfallzeiten zu rechnen ist. Nachdem zum jetzigen Zeitpunkt feststeht, daß die von der klägerischen Partei am ▬▬▬ als unmittelbar bevorstehend bezeichnete OP nicht stattfand und sie trotz Aufforderung nicht erklärte, ob und wann diese OP erfolgen wird, muß die beklagte Partei weitere lang andauernde Ausfallzeiten befürchten.

   Auch allein unter Betrachtung der Tatsache, daß die klägerische Partei arbeitsunfähigkeitsbedingte Ausfallzeiten bis zu ▬▬▬ Tage jährlich als unwesentlich betrachtet, muß der Arbeitgeber auch und insbesondere nach einer eventuellen OP weiterhin mit gleichen oder ähnlich hohen Ausfallzeiten infolge Erkrankung rechnen. Die negative Gesundheitsprognose ist eindeutig und unstreitig.

   Da keine Erkenntnisse zu einer Verbesserung der Fähigkeit zur Verrichtung der arbeitsvertraglich geschuldeten Arbeiten vorliegen, die klägerische Partei darüber hinaus Tätigkeiten mit verändertem Profil mit den geringstmöglichen körperlichen Anforderungen selbst abgelehnt hatte, läßt sich ein Rückgang der bisherigen Krankheitsausfallzeiten in der Zukunft nicht mehr nachvollziehbar erwarten. Die arbeitgeberseitige Befürchtung weiterer, gleich hoch zu erwartender Ausfälle wegen Krankheit ist somit berechtigt.

   Bei häufigen Erkrankungen muß ein Arbeitnehmer nachvollziehbar darlegen, daß künftig mit einem Rückgang seiner Fehlzeiten zu rechnen ist. Sofern dies dem Arbeitnehmer nicht möglich ist oder er dieses bewußt unterläßt und die zu erwartenden Fehlzeiten zu einer erheblichen Beeinträchtigung der betrieblichen Interessen führen, ist eine arbeitgeberseitig ausgesprochene Kündigung wirksam,
   LAG Mainz, Urt. v. 14.11.1995 – 8 Sa 981/95 (unveröffentlicht).

   Die statistische Ausführung der Fehlzeiten der klägerischen Partei kann nicht zu der Auffassung führen, daß künftig mit deutlich geringeren und nur noch durchschnittlichen Ausfallzeiten gerechnet werden kann.

   Soweit die klägerische Partei vorträgt, es habe sich nunmehr, nach Ausspruch der Kündigung, eine Verbesserung ihres Gesundheitszustandes ergeben und es könne eine positive Prognose über ihre weitere gesundheitliche Entwicklung gestellt werden, verfängt dieser Einwand der klägerischen Partei nicht. Die vom BAG in seiner früheren Rechtsprechung vertretene Auffassung, die spätere Entwicklung einer Krankheit nach Ausspruch einer Kündigung könne zur Bestätigung oder Korrektur der Prognose verwertet werden,
   BAG, Urt. v. 10.11.1983, NJW 1984, 1417,

   ist nunmehr überholt. Der zweite Senat hat im Urteil vom 29.04.1999,
   NZA 1999, 978,

   betont, für die Beurteilung einer krankheitsbedingten Kündigung sei allein auf den Kündigungszeitpunkt abzustellen. Zum Kündigungszeitpunkt ergab sich vorliegend eine negative Gesundheitsprognose.

2. In der zweiten Stufe ist zu prüfen, ob die zu erwartenden Fehlzeiten zu einer erheblichen Beeinträchtigung der betrieblichen Belange und Interessen führen und somit eine krankheitsbedingte Kündigung gerechtfertigt ist.

   Die Beeinträchtigung der betrieblichen Interessen durch die Fehlzeiten der klägerischen Partei ist erheblich.

Die klägerische Partei verrichtet Tätigkeiten, die in einem Arbeitsbereich mit einer knapp kalkulierten Anzahl von Mitarbeiterinnen anfallen.

Alle Personalausfälle, insbesondere die, die während des Entgeltfortzahlungszeitraumes ständig zu Lasten des vorhandenen Personals ohne Ersatzgestellmöglichkeiten von Aushilfen erfolgen müssen, sind besonders schwer zu kompensieren. Die Miterledigung der Arbeiten kann jedoch von dem übrigen vorhandenen Personal nicht weiter in dem bisherigen Umfang abverlangt werden.

Die laufenden Arbeiten werden den Funktionen der Mitarbeiter entsprechend verrichtet und müssen zeitlich ineinandergreifend erfolgen.

Im Hinblick auf die von der klägerischen Partei geschuldeten Aufgaben sind diese Arbeiten termingebunden und daher weder verschiebbar noch zeitlich streckbar. In Anbetracht der Aufgabenerfüllung mit dem vorhandenen Personal führt der umfangreiche und häufige Ausfall einer Mitarbeiterin zwangsläufig zu ganz erheblichen Betriebsablaufstörungen. Zudem führt die ständige Kompensierung der von der klägerischen Partei zu verrichtenden Arbeiten durch andere Mitarbeiterinnen zu lautem Unmut unter diesen Beschäftigten.

Hinzu kommen die bisher angefallenen, außergewöhnlich hohen Lohnfortzahlungskosten. Diese zusätzlichen Kosten, die im Falle des Fortbestandes des Arbeitsverhältnisses der klägerischen Partei auch in Zukunft in großer Höhe erwartet werden müssen, stellen zusätzlich eine ganz erhebliche wirtschaftliche Belastung dar.

3. Die vorstehend aufgeführten Beeinträchtigungen betrieblicher Interessen brauchen von der beklagten Partei billigerweise auch nicht mehr hingenommen werden, inbesondere unter Berücksichtigung der Tatsache, daß das Arbeitverhältnis aufgrund der sukzessive angestiegenen Ausfallzeiten fast durchgehend belastet war.

Es bedarf keiner weiteren Ausführungen, daß derartige Fehlzeiten sowohl für die Arbeitskolleginnen als auch für den Arbeitgeber absolut unzumutbar sind. Derartige Beeinträchtigungen brauchen unter keinen Umständen hingenommen zu werden, so daß auch die Anforderungen der dritten Stufe des vom BAG aufgestellten Prüfungsschemas erfüllt sind.

Hinzu tritt, daß bei krankheitsbedingter dauernder Leistungsunfähigkeit in aller Regel ohne weiteres von einer erheblichen Beeinträchtigung der betrieblichen Interessen auszugehen ist,
BAG, Urt. v. 28.02.1990, NZA 1990, 727 = NJW 1990, 2953; bestätigt durch BAG, Urt. v. 29.04.1999, NZA 1999, 978.

4. Alternative Beschäftigung:

Die Frage einer alternativen Beschäftigung stellt sich nicht, zumal der klägerischen Partei eine andere Tätigkeit in Aussicht gestellt wurde, sie jedoch erklärte, ausschließlich als ▬▬▬ eingesetzt werden zu wollen.

5. Lohnfortzahlungskosten:

Mit Entscheidung des Bundesarbeitsgerichts
vom 29.07.1993, DB 1993, 2439,
wurde einer arbeitgeberseitigen Kündigung des Arbeitsverhältnisses einer seit 17 Jahren bei einem Arbeitgeber beschäftigten Mitarbeiterin stattgegeben, weil diese während der letzten drei Jahre an durchschnittlich 55 Tagen wegen Arbeitsunfähigkeit fehlte und dem Arbeitgeber 17.700,00 DM an Lohnfortzahlungskosten entstanden waren,
vgl. hierzu auch BAG, Urt. v. 13.12.1990 – 2 AZR 342/90, mit zusätzlicher Feststellung zur Entlassung nach häufiger Krankheit; v. 10.03.1977 – 2 AZR 79/76 und 2 AZR 154/90.

Die Lohnfortzahlungskosten im Krankheitsfalle betrugen innerhalb der letzten 3 Jahre ▬▬▬ DM.

## § 7 Kapitel 2: Vertretung von Arbeitgebern

### 3. Muster: Personenbedingte Kündigung wegen häufiger Kurzerkrankungen

Nach der Rechtsprechung des Bundesarbeitsgerichts,
    BAG, Urt. v. 28.02.1990, AP Nr. 25 zu § 1 KSchG 1969 Krankheit; Urt. v. 13.12.1990 – 2 AZR 342/90 – (unveröffentlicht),
kann die krankheitsbedingte dauernde Unfähigkeit, die vertraglich geschuldete Arbeitsleistung zu erbringen, als personenbedingter Grund zur ordentlichen Kündigung berechtigen. Steht bei einem Arbeitsverhältnis fest, daß der Arbeitnehmer in Zunkunft die geschuldete Arbeitsleistung überhaupt nicht mehr erbringen kann, ist schon aus diesem Grund das Arbeitsverhältnis auf Dauer ganz erheblich gestört. Die unzumutbare betriebliche Beeinträchtigung besteht darin, daß der Arbeitgeber damit rechnen muß, daß der Arbeitnehmer auf Dauer außerstande sei, die von ihm geschuldete Leistung zu erbringen. Auch in einem solchen Falle liegt dann kein Kündigungsgrund vor, wenn der Arbeitnehmer trotz seines Leidens auf einem anderen Arbeitsplatz weiterbeschäftigt werden könnte. Denn der Arbeitgeber muß nach dem Grundsatz der Verhältnismäßigkeit vor jeder ordentlichen Beendigungskündigung von sich aus eine beiden Parteien zumutbare Weiterbeschäftigung auf einem freien Arbeitsplatz, auch zu geänderten Bedingungen, anbieten,
    BAG, Urt. v. 28.02.1990, AP Nr. 25 zu § 1 KSchG 1969 Krankheit.

Ein freier Arbeitsplatz, der dem Arbeitnehmer hätte angeboten werden können, steht nicht zu Verfügung.

Nach der ständigen Rechtsprechung des BAG,
    zuletzt BAG, Urt. v. 16.02.1989, BAGE 61, 131 v. 06.09.1989 und Urt., AP Nr. 20 und 21 zu § 1 KSchG 1969 Krankheit,
ist die Sozialwidrigkeit einer wegen häufiger Erkrankungen ausgesprochenen ordentlichen Kündigung des Arbeitgebers in drei Stufen zu prüfen. Zunächst ist eine negative Prognose hinsichtlich des voraussichtlichen Krankheitszustandes erforderlich. Die entstandenen und prognostizierten Fehlzeiten müssen zu einer erheblichen Beeinträchtigung der betrieblichen Interessen führen. In der dritten Stufe, bei der Interessenabwägung, ist dann zu prüfen, ob die erhebliche Beeinträchtigung der betrieblichen Interessen zu einer unzumutbaren Belastung des Arbeitgebers führt.

Die Häufigkeit von in der Vergangenheit aufgetretenen Erkrankungen des Arbeitnehmers rechtfertigen eine negative Gesundheitsprognose,
    BAG, Urt. v. 06.09.1989, AP Nr. 20 u. 21 zu § 1 KSchG 1969 Krankheit.

Es ist Sache des Arbeitnehmers, die aus den vergangenheitsbezogenen Fehlzeiten berechtigterweise vom Arbeitgeber entwickelte Gesundheitsprognose dadurch zu entkräften, daß er substantiiert Umstände vorträgt, aufgrund derer keine Besorgnis weiterer Erkrankungen bestehe,
    BAG, Urt. v. 06.09.1989, wie vor.

Maßgebender Zeitpunkt für die Beurteilung der sozialen Rechtfertigung der Kündigung ist ihr Zugang beim Gekündigten. Dies gilt grundsätzlich auch für die bei einer krankheitsbedingten Kündigung anzustellende Gesundheitsprognose. Soweit das Bundesarbeitsgericht ausnahmsweise in seinem Urteil vom 10.11.1983,
    AP Nr. 11 zu § 1 KSchG 1969 Krankheit,
eine Bestätigung oder Korrektur der Gesundheitsprognose durch die tatsächliche spätere Entwicklung einer Krankheit erwogen hat, gilt dies grundsätzlich nur für den Fall, daß der Arbeitnehmer nach dem Ende der Kündigungsfrist zu den bisherigen Bedingungen weitergearbeitet hat.

Außerdem hat das Bundesarbeitsgericht in verschiedenen Urteilen,
    Urt. v. 09.04.1987, AP Nr. 18 zu § 1 KSchG 1969 Krankheit; Urt. v. 06.09.1989, AP Nr. 22 zu § 1 KSchG 1969 Krankheit; Urt. v. 05.07.1990, AP Nr. 26 zu § 1 KSchG 1969 Krankheit,
klargestellt, daß die tatsächliche Entwicklung nach Kündigungsausspruch dann nicht berücksichtigt werden kann, wenn sie auf einem neuen Kausalverlauf beruht, der erst nach dem Kündigungszeitpunkt eingetreten ist. Der neue Kausalverlauf kann durch subjektiv vom Arbeitnehmer beeinflußbare

Umstände ausgelöst werden, wie beispielsweise durch eine nach Kündigungsausspruch durchgeführte und zuvor vom Arbeitnehmer abgelehnte Operation oder Therapie sowie durch eine Änderung der bisherigen Lebensführung, oder durch außerhalb seines Einflußbereiches liegende Umstände, wie z.B. durch die Anwendung eines vom behandelnden Arzt bisher nicht erwogenen Heilmittels.

Allein die entstandenen und künftig zu erwartenden Lohnfortzahlungskosten, die jedoch jeweils für einen Zeitraum von mehr als sechs Wochen aufzuwenden sind, stellen eine erhebliche Beeinträchtigung betrieblicher Interessen bei der Beurteilung der sozialen Rechtfertigung der Kündigung dar. Dies gilt auch dann, wenn der Arbeitgeber Betriebsablaufstörungen nicht dargelegt und eine Personalreserve nicht vorhält,
> BAG, Urt. v. 29.07.1993, NZA 1994, 67; BAG, Urt. v. 05.07.1990, NZA 1991, 185.

Bei Anwendung dieser Grundsätze ist folgendes festzustellen:

Nach der Rechtsprechung des BAG ist die erhebliche Beeinträchtigung der betrieblichen Interessen (2. Prüfungsabschnitt) Teil des Kündigungsgrundes. Als Beeinträchtigungen kommen schwerwiegende Störungen im Produktionsprozeß (Betriebsablaufstörungen) und zum anderen eine erhebliche wirtschaftliche Belastung des Arbeitgebers in Betracht,
> BAG, Urt. v. 16.02.1989, BAGE 61, 11 ff.

Die zu erwartende wirtschaftliche Belastung des Arbeitgebers mit außergewöhnlich hohen Lohnfortzahlungskosten, die für jährlich jeweils einen Zeitraum von mehr als 6 Wochen aufzuwenden sind, stellt für sich allein einen zur sozialen Rechtfertigung der Kündigung geeigneten Grund dar. Dabei ist nur auf die Kosten des Arbeitsverhältnisses abzustellen,
> BAG, Urt. v. 16.02.1989, BAGE 61, 139; BAG Urt. v. 13.12.1990 – 2 AZR 342/90 (unveröffentlicht), S. 17.

Bei Anwendung dieser Grundsätze sind sowohl schwerwiegende Störungen im Betriebsablauf als auch außergewöhnlich hohe Lohnfortzahlungskosten, die zur personenbedingten Kündigung berechtigen, festzustellen:

Im Rahmen der Interessenabwägung ist zu prüfen, inwieweit die Lohnfortzahlungskosten die Mindestgrenze von 6 Wochen übersteigen. Dabei ist es nicht verwehrt, aus dem Gesamtbetrag der angefallenen Lohnfortzahlungskosten den zu berücksichtigenden Anteil zu ermitteln. Allerdings verbietet sich dabei jede quantifizierende Betrachtungsweise,
> BAGE, Urt. v. 25.11.1982, AP Nr. 7 zu § 1 KSchG 1969 Krankheit; BAGE 61, 145 f.

Deshalb bildet die voraussichtliche Kostenbelastung, prognostiziert auf der Grundlage der bisherigen Belastung, auch nur einen von mehreren Gesichtspunkten, die bei der Interessenabwägung zu berücksichtigen sind. Im Rahmen der Interessenabwägung ist aber zu prüfen, welche Kostenbelastung der Arbeitgeber in der Zukunft zu besorgen hat. Deshalb können für diese Wertung auch nur die Lohnfortzahlungskosten berücksichtigt werden, die auf die im Rahmen der negativen Gesundheitsprognose ermittelten Ausfallzeiten entfallen. Bei dieser Betrachtungsweise wird auf das Erfordernis konkret vorliegender und erheblicher Beeinträchtigungen betrieblicher Interessen nicht verzichtet. Ist nämlich anhand der in der Vergangenheit vorgekommenen Fehlzeiten zu prüfen, ob mit erheblichen und unzumutbaren Belastungen zu rechnen ist, und wird diese Frage bejaht, dann liegt auch stets eine konkrete Beeinträchtigung betrieblicher Interessen vor,
> BAG, Urt. v. 13.12.1990 – 2 AZR 342/90 (unveröffentlicht), S. 19.

Nach der Rechtsprechung des Bundesarbeitsgerichts sind die Lohnfortzahlungskosten bereits dann erheblich, wenn sie die für die Lohnfortzahlung im Krankheitsfall geltende Mindestgrenze von 6 Wochen übersteigen. Der zweite Senat des Bundesarbeitsgerichts hat dies in ständiger Rechtsprechung dargelegt,
> Urt. v. 16.02.1989, BAGE 61, 131 ff.; Urt. v. 06.09.1989, AP Nr. 20 u. 21 zu § 1 zu KSchG 1969 Krankheit; Urt. v. 05.07.1990, AP Nr. 26 zu § 1 KSchG 1969 Krankheit.

In den vorerwähnten Entscheidungen hat das BAG stets darauf hingewiesen, daß zu erwartende Lohnfortzahlungskosten bereits dann erheblich und damit geeignet sind, einen Kündigungsgrund abzugeben, wenn sie im Jahr jeweils für mehr als 6 Wochen aufgewendet werden. Alle anderen Umstände, zu denen auch die Höhe der diese Grenze übersteigenden Kosten gehört, dürfen im 3. Prüfungsabschnitt berücksichtigt werden.

Das BAG hat in seinem Urteil vom 06.09.1989 (2 AZR 19/89) eine die Mindestgrenze um 50 % übersteigende Belastung des Arbeitgebers mit Lohnfortzahlungskosten weder als Regelwert noch als festen Grenzwert angesehen. Es hat darüber hinaus alle Vorschläge abgelehnt, die für die Sozialwidrigkeit einer krankheitsbedingten Kündigung an generelle Regeln anknüpfen.

Bei Beachtung dieser Grundsätze des BAG ergibt die Interessenabwägung folgendes Ergebnis:

## 4. Muster: Personenbedingte Kündigung bei Krankheit

233  Die Überprüfung einer krankheitsbedingten Kündigung hat nach 3 Stufen zu erfolgen,
BAG, Urt. v. 07.11.1985, EzA § 1 KSchG Krankheit Nr. 17.

Zunächst bedarf es einer negativen Prognose hinsichtlich des weiteren Gesundheitszustands des zu kündigenden Arbeitnehmers. Sodann ist zu prüfen, ob die entstandenen und prognostizierten Fehlzeiten zu einer erheblichen Beeinträchtigung der betrieblichen Interessen führen. In einer dritten Stufe wird im Rahmen einer Interessenabwägung geprüft, ob die erhebliche Beeinträchtigung der betrieblichen Interessen zu einer unzumutbaren Belastung des Arbeitgebers führt. Das Merkmal der Unzumutbarkeit bezieht sich nicht auf die Weiterbeschäftigung des zu kündigenden Arbeitnehmers, sondern auf die mit den krankheitsbedingten Fehlzeiten verbundenen betrieblichen und wirtschaftlichen Folgen,
BAG, Urt. v. 07.11.1985, EzA § 1 KSchG Krankheit Nr. 17.

Eine krankheitsbedingte Kündigung ist nur dann aus personenbedingten Gründen sozial gerechtfertigt, wenn sich für den Arbeitgeber aufgrund einer einzelfallbezogenen Interessenabwägung eine unzumutbare betriebliche oder wirtschaftliche Belastung ergibt.

## 5. Muster: Beweiswert ärztlicher Arbeitsunfähigkeitsbescheinigungen (LAG München)

234  Angesichts der Großherzigkeit, mit der manche Ärzte Arbeitsunfähigkeitsbescheinigungen ausstellen, meist ohne die jeweils am Arbeitsplatz zu erbringende Arbeitsleistung ihres Patienten überhaupt zu kennen, kann vernünftigerweise heute nicht mehr davon gesprochen werden, daß einer Arbeitsunfähigkeitsbescheinigung eines Arztes der ihr zuerkannte Beweiswert zukommt. Es ist eine gerichtsbekannte Tatsache, daß mißbräuchlich Arbeitsunfähigkeitbescheinigungen erschlichen oder ausgestellt werden. In manchen Betrieben spricht man spöttisch nicht mehr von der ärztlichen Arbeitsunfähigkeitsbescheinigung, sondern vom „gelben Urlaubsschein". Es muß doch zu denken geben, daß fast immer dann, wenn arbeitsrechtliche Konfliktsituationen aufbrechen, also beispielsweise Kündigungsschutz- oder Abmahnungsprozesse vor den Arbeitsgerichten geführt werden, der betroffene Arbeitnehmer zur Zeit aufgrund einer ärztlich festgestellten Arbeitsunfähigkeit seine Arbeitsleistung nicht erbringt, gleichzeitig aber ohne jede Einschränkung als Partei am Güte- oder

Kammertermin teilnehmen kann. Nach allgemeiner Lebenserfahrung wird in diesem Falle die ärztliche Arbeitsunfähigkeit als Flucht vor weiteren sozialen Kontakten mit dem Arbeitgeber in einer konkreten Konfliktlage genutzt, so daß es in derartigen Fällen eine allgemeine Lebenserfahrung, die den Beweiswert der ärztlichen Arbeitsunfähigkeitsbescheinigung rechtfertigt, nicht gibt. Der volkswirtschaftliche Schaden, der durch nicht gerechtfertigte ärztliche Attestierung von Arbeitsunfähigkeit entsteht, wird in Fachkreisen mit ca. 70 Mio. DM jährlich in Ansatz gebracht. Dieser Schaden entsteht zu Lasten der Versichertengemeinschaft, ist also von den übrigen Arbeitnehmern teilweise mitzutragen, da er in die Höhe der Krankenversicherungsbeiträge Eingang findet. Es besteht ein legitimes Interesse der Allgemeinheit, daß Mißbrauch durch die Inanspruchnahme von Rechten nicht betrieben wird, § 242 BGB. Der Rechtsprechung ist das Wächteramt zur Einhaltung der Gesetze in konkreten Einzelfällen übertragen, wobei man heute feststellen muß, daß die Arbeitsgerichte allgemein bei Vorlage ärztlicher Arbeitsunfähigkeitsbescheinigungen einem weiten Krankheitsbegriff zugänglich waren und nicht mit der ihnen ansonsten eigenen hohen Kritikfähigkeit ärztlichen Arbeitsunfähigkeitsbescheinigungen und deren mißbräuchlicher Erstellung und Verwendung entgegentreten. Dies mag außerrechtliche Gründe im Bereich eines die persönliche Abhängigkeit des Arbeitnehmers besonders würdigenden sozialen Mitempfindens haben, dies mag sicherlich auch historisch bedingt sein angesichts einer früher auch in der Rechtsprechung generell verbreiteten Tabuisierung ärztlichen Handelns.

Die Rechtsprechung des LAG München hat diese Fehlentwicklung in einem wegweisenden Urteil vom 09.11.1988 beendet,
  LAG München, NZA 1989, 597.

Die Kammer ist der Auffassung, daß einer ärztlichen Arbeitsunfähigkeitsbescheinigung ein nennenswerter Beweiswert für das tatsächliche Bestehen von krankheitsbedingter Arbeitsunfähigkeit nicht zukomme. Das Landesarbeitsgericht hat die Auffassung aufgegeben, es bestehe eine allgemeine Lebenserfahrung, die besage, daß derjenige, der eine Arbeitsunfähigkeitsbescheinigung vorlege, auch tatsächlich arbeitsunfähig erkrankt sei. Zur Begründung weist das Landesarbeitsgericht darauf hin, daß der die Bescheinigung ausstellende Arzt in weiten Teilen ausschließlich auf die Angaben seines Patienten, der an dem Inhalt der ärztlichen Beurteilung ein höchstpersönliches Interesse habe, angewiesen sei. Da Ärzte einerseits keine „Übermenschen" seien, andererseits wegen des Vertrauensverhältnisses zu ihren Patienten von deren Hilfsbedürftigkeit ausgehen dürften, bestehen nach Auffassung der Kammer schlechte Aussichten dafür, daß der Arzt unwahre Angaben des Patienten durchschaue,
  vgl. *Meisel,* SAE 1983, 181 (184).

Prozessual hat dies zur Folge, daß der Arbeitgeber das Vorliegen von Arbeitsunfähigkeit mit Nichtwissen gemäß § 138 Abs. 4 ZPO bestreiten kann, ohne darüber hinaus nähere Umstände darlegen zu müssen, die ernsthafte Zweifel an der Arbeitsunfähigkeit zu rechtfertigen vermögen,
  LAG München, NZA 1989, 597 (598).

Bei bestrittener Arbeitsunfähigkeit muß der Arbeitnehmer somit immer vollen Beweis für das Vorliegen einer die Arbeitsunfähigkeit bewirkenden Erkrankung antreten. Dabei hat der Arbeitnehmer die Möglichkeit, den behandelnden Arzt als Zeugen unter Entbindung von der ärztlichen Schweigepflicht zu benennen oder durch Vorlage eines ärztlichen Attestes, in dem die behauptete Erkrankung offenbart wird, Beweis zu führen, so daß das Gericht sich selbst ein Urteil über die Arbeitsunfähigkeit bilden kann,
  *Hunold,* BB 1989, 845; ArbG Kiel BB 1979, 1664.

Gegebenenfalls muß dann ein Sachverständigengutachten eingeholt werden.

## § 7 Kapitel 2: Vertretung von Arbeitgebern

### 6. Muster: Überprüfungskompetenz der Hauptfürsorgestelle bei krankheitsbedingter Kündigung

235 Bei der Entscheidung, ob die Hauptfürsorgestelle die Zustimmung zur Kündigung nach pflichtgemäßem Ermessen erteilt hat, darf das Verwaltungsgericht lediglich prüfen, ob die Behörde die gesetzlichen Grenzen des Ermessens überschritten und von dem Ermessen in einer den Zweck der Ermächtigung nicht entsprechenden Weise Gebrauch gemacht hat. Innerhalb dieses Rahmens ist namentlich zu prüfen, ob die Behörde alle entscheidungsrelevanten Tatsachen und Gesichtspunkte ermittelt und als Entscheidungsmaterial in ihre Ermessenserwägungen einbezogen hat, ob sie dabei von einem richtigen Sachverhalt ausgegangen ist, ob die vorgenommene Gewichtung der widerstreitenden Interessen sachgerecht ist und ob schließlich die auf der Gewichtung basierende Abwägung im engeren Sinne eine vertretbare Konfliktlösung ergeben hat.

Dabei ist bei den häufigen krankheitsbedingten Kündigungen zu prüfen, ob etwaige vom technischen Beratungsdienst der Hauptfürsorgestelle vorzuschlagende behindertengerechte Ausstattung von Arbeitsmitteln zu einer Reduzierung der Fehlzeiten führen kann und vorhandene innerbetriebliche Umsetzungsmöglichkeiten zur Erzielung einer leistungsgerechten Beschäftigung dem Schwerbehinderten angeboten wurden. Dabei ist es Aufgabe des Schwerbehinderten, den seiner Behauptung nach für ihn in Betracht kommenden Ersatzarbeitsplatz zu konkretisieren, wenn Betriebsrat und Schwerbehindertenvertretung das Vorhandensein eines solchen freien geeigneten Arbeitsplatzes verneinen. Abzuwägen sind ferner eine drohende längere Arbeitslosigkeit und ein sozialer Abstieg gegen die wirtschaftliche Belastung des Arbeitgebers aufgrund von Lohnfortzahlungen,

VG Köln, Beschl. v. 10.03.1993 – 21 L 1969/92 (unveröffentlicht).

### V. Außerordentliche Kündigungen

### 1. Muster: Replik bei außerordentlicher Kündigung

236 An das
Arbeitsgericht
Aktenzeichen:
Gegner: RAe , zwei Abschriften anbei

In dem Rechtsstreit

./.

bestellen wir uns zu Prozeßbevollmächtigten der beklagten Partei. Namens und in Vollmacht der beklagten Partei werden wir beantragen zu erkennen:

1. Die Klage wird abgewiesen.
2. Die Kosten des Rechtsstreits trägt die klägerische Partei.

**Gründe:**

I.

Der den Gegenstand der Kündigung vom         bildende Sachverhalt ist „an sich" geeignet, einen wichtigen Grund zur fristlosen Kündigung zu ergeben,
BAG, Urt. v. 02.04.1989, AP Nr. 101 zu § 626 BGB; BAG, Urt. v. 17.05.1984, AP Nr. 14 zu § 626 BGB Verdacht strafbarer Handlungen.

Der Kündigungsgrund „an sich" dient der Antwort auf die Frage, ob ein bestimmter Grund generell eine außerordentliche Kündigung zu rechtfertigen vermag. Das BAG hat sich an gesetzlichen Vorschriften wie den §§ 123, 124 GewO, 72 HGB in ihrem damaligen Wortlaut orientiert und hieraus Hinweise darauf abgeleitet, was als wichtiger Grund „an sich" anzusehen sei. Diese Kündigungsgründe sollen nicht als absolute Gründe angesehen werden, weil das BAG bekanntlich Gründe einer Kündigung für nicht verabsolutierbar hält,
    BAG, Urt. v. 20.05.1978, EzA § 626 n. F. BGB Nr. 66.

Kündigungsgründe „an sich" im Sinne von § 626 BGB haben Pflichtverletzungen von einer gewissen Schwere zum Inhalt. Der den Gegenstand der Kündigung vom      bildende Sachverhalt genügt diesen Anforderungen:

## II.
Zum Teil in der ersten, zum Teil in der zweiten Prüfungsstufe angesiedelt, hat die Rechtsprechung ihr zweistufiges Prüfungssystem durch vier weitere Aspekte bereichert, die teilweise auch im Rahmen der zweiten Prüfungsstufe, also im Rahmen der Interessenabwägung zu berücksichtigen sind:

- Das Fehlverhalten des Arbeitnehmers muß sich konkret auf das Arbeitsverhältnis ausgewirkt haben (BAG, Urt. v. 17.03.1988, AP Nr. 99 zu § 626 BGB).
- Im Grundsatz hat jeder fristlosen Kündigung wie auch jeder verhaltensbedingten ordentlichen Kündigung eine Abmahnung des Arbeitnehmers im gleichen Pflichtenkreis vorauszugehen.
- Es ist eine negative Prognose erforderlich (BAG, Urt. v. 04.10.1990, AP Nr. 12 zu § 626 BGB Druckkündigung). Dabei ist eine objektive Prognose im Hinblick auf künftige Belastungen vorzunehmen, wobei bisherige Störungen ein gewichtiges Indiz für weitere künftige Belastungen darstellen (BAG, Urt. v. 09.03.1995, AP Nr. 123 zu § 626 BGB).
- Das Ultima-ratio-Prinzip muß gewahrt sein (BAG, Urt. v. 17.02.1994, AP Nr. 116 zu § 626 BGB). Kommt statt der fristlosen Kündigung die Zuweisung eines anderen Arbeitsplatzes kraft Direktionsrechts oder im Wege der Änderungskündigung (Urt. v. 27.09.1984, AP Nr. 20 zu § 1 KSchG Nr. 69 Betriebsbedingte Kündigung) in Betracht, hat die außerordentliche Kündigung keinen Bestand.

Auch unter Berücksichtigung des 4-Punkte-Katalogs ist die außerordentliche Kündigung der klägerischen Partei sozial gerechtfertigt:

## III.
Nach der Rechtsprechung des BAG ist, wenn ein bestimmter Kündigungsgrund „an sich" geeignet ist, eine außerordentliche Kündigung zu rechtfertigen, nach § 626 Abs. 1 BGB weiterhin in eine Prüfung einzutreten, ob die Fortsetzung des Arbeitsverhältnisses unter Berücksichtigung der konkreten Umstände des Einzelfalles und der Abwägung der Interessen beider Vertragspartner zumutbar ist oder nicht,
    BAG, Urt. v. 13.12.1984, NZA 1985, 288.

Diese Prüfung wird in der Praxis als „zweite Stufe" bezeichnet, in der alle vernünftigerweise in Betracht kommenden konkreten Umstände des Einzelfalles, die für oder gegen eine außerordentliche Kündigung sprechen, miteinander abgewogen werden, insbesondere unter dem Gesichtspunkt, ob diese Umstände die Fortsetzung des Arbeitsverhältnisses bis zum Ablauf der ordentlichen Kündigungsfrist unzumutbar machen oder nicht.

Wenn mehrere verschiedenartige Umstände als Kündigungsgründe in Betracht kommen, muß jeder einzelne Kündigungsgrund zunächst separat betrachtet werden, und wenn jeder dieser Gründe nicht als ausreichend angesehen wird oder aus Vorsichtsgründen ein weiterer argumentativer Weg eingeschlagen werden soll, sind die einzelnen Sachverhalte in eine Gesamtbetrachtung einzustellen,
    BAG, Urt. v. 17.03.1988, AP Nr. 99 zu § 626 BGB.

Im Rahmen der Interessenabwägung sind auf Arbeitgeberseite das objektive Arbeitgeberinteresse an der Auflösung und das arbeitnehmerseitige Interesse an der Erhaltung des Beschäftigungsverhältnisses einander gegenüberzustellen.

Auf Arbeitgeberseite sind Art und Umfang der betrieblichen Störungen und Schäden, generalpräventiver Aspekte (Betriebsdisziplin), die Gefährdung anderer Arbeitnehmer oder Dritter, der Verschuldensgrad und die Wiederholungsgefahr zu betrachten. Auf Arbeitnehmerseite schlagen die Ursache des Vertragsverstoßes, der Umfang des Verschuldens, die Dauer der Betriebszugehörigkeit, etwa vorangehend unbeanstandetes Verhalten, das Lebensalter, die Arbeitsmarktsituation und die persönlichen wirtschaftlichen Folgen für den Arbeitnehmer zu Buche.

Eine an diesen Kriterien ausgerichtete Interessenabwägung führt zu folgendem Ergebnis:

### 2. Muster: Außerordentliche Kündigung wegen Wettbewerbstätigkeit einer Krankenschwester

237 Ein wichtiger Grund für eine außerordentliche Kündigung ist gegeben, wenn eine in einer Klinik beschäftigte Krankenschwester, die nebenberuflich ohne Kenntnis ihres Arbeitgebers eine Heilpraktikerpraxis betreibt, anläßlich eines dienstlichen Kontakts einem Patienten eine Visitenkarte mit der Anschrift ihrer Heilpraktikerpraxis überreicht und diesem im Rahmen einer sich anschließenden Behandlung in ihrer Praxis empfiehlt, die in der Kardiologischen Abteilung der Klinik ihres Arbeitgebers verordneten Medikamente abzusetzen und einen Operationstermin zu verschieben. Es kommt nicht darauf an, ob sich der Gesundheitszustand des Patienten hierdurch verschlechtert hat,
LAG Köln, Urt. v. 11.09.1996 – 8 Sa 290/96, AE 1997, 90.

### 3. Muster: Außerordentliche Kündigung eines Außendienstmitarbeiters aus Gründen der Generalprävention

238 Eine fristlose Kündigung kann grundsätzlich dann gerechtfertigt sein, wenn ein Außendienstmitarbeiter für über eine Stunde seine Arbeit aus eindeutig nicht dienstlichen Gründen unterbricht. Bei der Interessenabwägung ist dem Arbeitgeber auch nicht verwehrt, die Maßnahme der Kündigung aus Gründen der Generalprävention zu ergreifen, um, für alle anderen Mitarbeiter deutlich sichtbar, Präzedenzfälle dieser oder vergleichbarer Art zu verhindern. Schließlich kann es einem Arbeitgeber in seiner Eigenschaft als juristische Person des öffentlichen Rechts nicht verwehrt werden, den Bürgern gegenüber deutlich zu machen, daß er Unregelmäßigkeiten seiner Bediensteten auf Kosten letztlich des Steuerzahlers in keinem Fall hinzunehmen bereit ist,
LAG Baden-Württemberg, Urt. v. 24.11.1994, BB 1995, 625.

### 4. Muster: Annahme von Schmiergeld als außerordentlicher Kündigungsgrund

239 Wer sich als Arbeitnehmer bei der Ausführung von vertraglichen Aufgaben Vorteile versprechen läßt oder entgegennimmt, die dazu bestimmt oder geeignet sind, ihn in seinem geschäftlichen Verhalten zugunsten Dritter und zum Nachteil seines Arbeitgebers zu beeinflussen und damit gegen das sogenannte Schmiergeldverbot verstößt, handelt den Interessen seines Arbeitgebers zuwider und gibt diesem damit in der Regel einen fristlosen Kündigungsgrund. Dabei ist nicht von ausschlaggebender

Bedeutung, ob der Arbeitnehmer aufgrund der erhaltenen Vorteile pflichtwidrig gehandelt hat. Auch wenn der Arbeitnehmer korrekt handelt, darf er von Lieferanten seines Arbeitgebers keine Zuwendungen annehmen. Die eigentliche Ursache dafür, daß ein solches Verhalten die außerordentliche Kündigung rechtfertigen kann, liegt nicht so sehr in der Verletzung vertraglicher Pflichten, sondern in der damit zu Tage tretenden Einstellung des Arbeitnehmers, unbedenklich eigene Vorteile bei der Erfüllung von Aufgaben wahrnehmen zu wollen, obwohl er sie allein im Interesse des Arbeitgebers durchzuführen hat.

Bei verhaltensbedingten Kündigungen mit derart schwerwiegenden Vorwürfen können sich Angaben über das Alter und die Beschäftigungszeit, also Umstände, die nicht die generelle Eignung als Kündigungsgrund betreffen, aus der Sicht des Arbeitgebers nicht mehr entscheidend zugunsten des Arbeitnehmers auswirken. Aus der nicht erfolgten Mitteilung der genauen Sozialdaten an den Betriebsrat kann deshalb nicht der Schluß gezogen werden, daß dem Betriebsrat Angaben über die persönlichen Umstände des Arbeitnehmers vorenthalten werden sollten, also diese bewußt nicht mitgeteilt worden sind,
  LAG Köln, Urt. v. 05.10.1994, LAGE § 102 BetrVG 1972 Nr. 44.

### 5. Muster: „Androhung" einer künftigen Erkrankung durch den Arbeitnehmer

Erklärt der Arbeitnehmer, er werde krank, wenn der Arbeitgeber ihm den im bisherigen Umfang bewilligten Urlaub nicht verlängere, obwohl er im Zeitpunkt dieser Ankündigung nicht krank war und sich aufgrund bestimmter Beschwerden auch noch nicht krank fühlen konnte, so ist ein solches Verhalten ohne Rücksicht darauf, ob der Arbeitnehmer später tatsächlich erkrankt, an sich geeignet, einen wichtigen Grund zur außerordentlichen Kündigung abzugeben,
  BAG, Urt. v. 05.11.1992, NZA 1993, 308.

### 6. Muster: Eigenmächtiger Urlaubsantritt

Bei einem eigenmächtigen Urlaubsantritt oder bei einer eigenmächtigen Urlaubsverlängerung ist der Arbeitgeber grundsätzlich zu einer ordentlichen Kündigung, in schwerwiegenden Fällen zu einer außerordentlichen Kündigung berechtigt,
  BAG, Urt. v. 26.04.1960, AP Nr. 58 zu § 611 BGB Urlaubsrecht; BAG, Urt. v. 10.08.1993–7 AZR 369/81 (unveröffentlicht); LAG Frankfurt, Urt. v. 22.12.1983, DB 1984, 1355; Urt. v. 16.06.1983, BB 1984, 786; LAG Hamm, Urt. v. 25.06.1985, LAGE § 1 KSchG Verhaltensbedingte Kündigung Nr. 5; Urt. v. 29.04.1981, DB 1981, 1732; Urt. v. 19.05.1976, DB 1976, 1726; LAG Düsseldorf, Urt. v. 17.03.1959, 813; Urt. v. 10.10.1967, DB 1967, 1992; Urt. v. 15.04.1967, BB 1967, 799; Urt. v. 14.03.1978, BB 1978, 1571; ArbG Elmshorn, Urt. v. 06.01.1982, BB 1982, 1237; ArbG Krefeld, Urt. v. 19.02.1958, BB 1958, 342; ArbG Marburg, Urt. v. 24.02.1966, BB 1966, 945.

Dabei wird eine ordentliche Kündigung beispielsweise bei kurzfristigen eigenmächtigen Freizeitgewährungen in Betracht kommen oder in solchen Fällen, in denen der Arbeitnehmer zu Unrecht von einem Selbstbeurlaubungsrecht ausgegangen ist. Gewährt sich der Arbeitnehmer hingegen selbst

einen Erholungsurlaub von einer oder mehreren Wochen, besteht grundsätzlich ein Grund zur fristlosen Kündigung nach § 626 BGB,
BAG, NZA 1994, 548.

### 7. Muster: Tätlichkeiten am Arbeitsplatz als Grund zur fristlosen Kündigung

Die aktive Beteiligung an einer tätlichen Auseinandersetzung, die während der Arbeitszeit im Betrieb stattfindet, ist in aller Regel auch ohne vorherige Abmahnung geeignet, ein wichtiger Grund zur fristlosen Kündigung zu sein. Bei Abwägung der beiderseitigen Interessen kann in einem solchen Fall nur ausnahmsweise eine Abmahnung oder Versetzung als besser geeignete oder angemessene Maßnahme angesehen werden,
LAG Köln, Urt. v. 18.03.1998 – 10 (9) Sa 1014/92 (unveröffentlicht).

Die Beteiligung an einer tätlichen Auseinandersetzung unter Arbeitskollegen ist kein absoluter Kündigungsgrund, vielmehr entscheiden die Umstände des Einzelfalles. Zu den dabei zugunsten des Arbeitnehmers zu berücksichtigenden Umständen zählen z.B.: mangelnde Gefährlichkeit und Heftigkeit der Kontakte, keine Schmerzhaftigkeit, keine sichtbaren oder unsichtbaren Folgen, kurze Dauer der Auseinandersetzung, ihre alsbaldige Beendigung aus eigener Initiative, bevor ein Eingreifen Dritter erforderlich wird, schlichtes Niveau des Umfeldes, bisher keine einschlägige Abmahnung,
LAG Köln, Urt. v. 25.06.1993, DStR 1993, 1833.

### 8. Muster: Überprüfungskompetenz der Hauptfürsorgestelle bei außerordentlicher Kündigung

Die Hauptfürsorgestelle hat die Wirksamkeit einer außerordentlichen Kündigung grundsätzlich nicht zu prüfen. § 21 Abs. 4 SchwbG ist als „Soll"-Vorschrift im verwaltungsrechtlichen Sinne ausgestaltet. Im Regelfall bedeutet das „Soll" ein Muß zur Zustimmungserteilung,
BVerwG, Urt. v. 02.07.1992 – 5 C 31/91 (unveröffentlicht).

Nur bei atypischen Fällen darf die Behörde anders verfahren als im Gesetz vorgesehen, wobei die Frage, wann ein atypischer Fall vorliegt, als Rechtsvoraussetzung von den Gerichten zu überprüfen und zu entscheiden ist. Dem Wortlaut des § 21 Abs. 4 SchwbG ist die gesetzliche Wertung zu entnehmen, daß die Nachteile und Gefahren, die der Gruppe der Schwerbehinderten durch eine außerordentliche Kündigung allgemein für ihre Eingliederung in Arbeit, Beruf und Gesellschaft entstehen, die Annahme eines atypischen Falles allein nicht begründen können. Die außerordentliche Kündigung muß vielmehr den Schwerbehinderten in einer die Schutzzwecke des Schwerbehindertengesetzes berührenden Weise besonders hart treffen, ihm im Vergleich zu den der Gruppe der Schwerbehinderten im Falle außerordentlicher Kündigung allgemein zugemuteten Belastungen ein Sonderopfer abverlangen,
BVerwG, Urt. v. 02.07.1992 – 5 C 31/91 (unveröffentlicht); ebenso BVerwG, Urt. v. 10.09.1992 – 5 C 80/88 (unveröffentlicht).

Zweifel an der arbeitsrechtlichen Wirksamkeit der Kündigung stellen keinen Grund zur Zustimmungsverweigerung dar. § 21 Abs. 4 SchwbG erlaubt der Hauptfürsorgestelle nicht die Prüfung, ob die Kündigung aus wichtigem Grunde erfolgt, sondern allein die Prüfung, ob die Kündigung im Zusammenhang mit der Schwerbehinderung erfolgt sei. Es ist nicht Aufgabe des Sonderkündigungsschutzes des Schwerbehindertengesetzes, den von den Arbeitsgerichten zu gewährenden arbeitsrechtlichen Kündigungsschutz zu ersetzen oder gar überflüssig zu machen. Es ist auch nicht Sinn des Sonderkündigungsschutzes, dem Schwerbehinderten die Belastung eines Kündigungsrechtsstreits mit dem Arbeitgeber abzunehmen, da derartige Lasten alle Arbeitnehmer treffen könnten und der Schwerbehinderte insofern nicht gegenüber anderen Arbeitnehmern bevorzugt werden darf. Es ist auch nicht Aufgabe der Hauptfürsorgestelle, den Schwerbehinderten vor vorgetäuschten Kündigungsgründen zu schützen. Dieser Gefahr ist der Schwerbehinderte nicht mehr wie jeder andere Arbeitnehmer auch ausgesetzt, weshalb es gerechtfertigt ist, auch den Schwerbehinderten auf den repressiven Rechtsschutz durch die Arbeitsgerichte zu verweisen.

### 9. Muster: Entbehrlichkeit der Abmahnung

Sowohl bei der außerordentlichen als auch bei der verhaltensbedingten ordentlichen Kündigung gilt der vom Bundesarbeitsgericht aufgestellte Grundsatz, daß vor Ausspruch einer Kündigung der Arbeitnehmer im gleichen Pflichtenkreis nach dem Grundsatz der Verhältnismäßigkeit abgemahnt worden sein muß,
    BAG, DB 1982, 758; NZA 1992, 1028.

244

Für die außerordentliche Kündigung gilt, daß eine Abmahnung als Teil des Kündigungsgrundes nur dann erforderlich ist, wenn der Arbeitnehmer mit vertretbaren Gründen annehmen konnte, sein Verhalten sei nicht vertragswidrig oder werde vom Arbeitgeber zumindest als ein nicht erhebliches, den Bestand des Arbeitsverhältnisses gefährdendes Fehlverhalten angesehen,
    BAG NJW 1984, 1917; NZA 1993, 308; NZA 1992, 1028.

Ein solcher Ausnahmefall ist vorliegend gegeben:

### 10. Muster: Nebentätigkeit während angeblicher Arbeitsunfähigkeit 1

Der Beweiswert einer Arbeitsunfähigkeitsbescheinigung ist erschüttert, wenn ein Arbeiter, der wegen eines Tennisarmsyndroms arbeitsunfähig krankgeschrieben ist, während der Zeit der attestierten Arbeitsunfähigkeit nicht nur gelegentlich schwere Gartenarbeit verrichtet. Wer Arbeitsunfähigkeit vortäuscht, um Lohnfortzahlung zu erhalten, begeht eine strafbare Handlung zum Nachteil des Arbeitgebers. Ein solches Verhalten ist grundsätzlich geeignet, eine fristlose Kündigung zu rechtfertigen. Eine vorherige Abmahnung ist nicht erforderlich,
    LAG Köln, Urt. v. 26.01.1994 – 2 Sa 1106/93 (unveröffentlicht).

245

### 11. Muster: Nebentätigkeit während angeblicher Arbeitsunfähigkeit 2

Ist ein Arbeitnehmer während einer ärztlich attestierten Arbeitsunfähigkeit schichtweise einer Nebenbeschäftigung bei einem anderen Arbeitgeber nachgegangen, so kann je nach den Umständen auch eine fristlose Kündigung ohne vorherige Abmahnung gerechtfertigt sein.

246

Ist in derartigen Fällen der Beweiswert des ärztlichen Attestes erschüttert oder entkräftet, so hat der Arbeitnehmer konkret darzulegen, weshalb er krankheitsbedingt gefehlt hat und trotzdem der Nebenbeschäftigung nachgehen konnte,
BAG, NZA 1994, 63.

### 12. Muster: Arbeitsunfähigkeitsbescheinigung ohne Beweiswert bei fehlender Auseinandersetzung des Arztes mit der Tätigkeit des Arbeitnehmers

247 Nicht jede Krankheit führt zur Arbeitsunfähigkeit des Arbeitnehmers. Krankheit ist jeder regelwidrige Gesundheitszustand,
BAG, NZA 1990, 140.

Arbeitsunfähigkeit infolge Krankheit kann auf zweierlei Weise eintreten: Der Arbeitnehmer kann außerstande sein, die geschuldete Arbeit überhaupt zu leisten oder es kann ihm auf Dauer vernünftigerweise unzumutbar sein, die vertraglich geschuldete Arbeit auszuführen,
BAG, AP Nr. 54 zu § 1 LohnFG.

Das kann beispielsweise der Fall sein, wenn der Arbeitnehmer die geschuldete Arbeit nur unter großen Schmerzen verrichten kann,
BAG, AP Nr. 54 zu § 1 LohnFG.

Ob Arbeitsunfähigkeit vorliegt, muß unter Berücksichtigung der vertraglich geschuldeten Arbeitsleistung des Angestellten festgestellt werden. Maßgebend ist die von dem Arzt nach objektiven medizinischen Kriterien vorzunehmende Bewertung,
BAG, NZA 1990, 140.

Diese setzt wiederum voraus, daß der Arzt sich nach dem Ergebnis seiner Diagnose mit der Frage auseinandergesetzt hat, wie sich die Krankheit des Arbeitnehmers auf seine Arbeitsleistung auswirkt,
BAG, AP Nr. 52 zu § 616 BGB.

Kündigt der Arbeitgeber dem Arbeitnehmer wegen „unentschuldigten Fehlens" und behauptet der Arbeitnehmer, er sei arbeitsunfähig krank gewesen, kann eine ärztliche Arbeitsunfähigkeitsbescheinigung ohne Beweiswert sein, wenn sich der Arzt ersichtlich nicht mit den Auswirkungen der Krankheit auf die von dem Arbeitnehmer zu leistende Arbeit auseinandergesetzt hat und der Arbeitgeber Tatsachen vorträgt, die die Behauptung des Arbeitnehmers erschüttern,
LAG Hessen, NZA 1994, 886.

### 13. Muster: Beharrliche Arbeitsverweigerung als außerordentlicher Kündigungsgrund

248 Eine beharrliche Arbeitsverweigerung des Arbeitnehmers kann den Arbeitgeber zum Ausspruch einer außerordentlichen fristlosen Kündigung berechtigen. Von einer beharrlichen Arbeitsverweigerung kann nur gesprochen werden, wenn der Arbeitnehmer nachhaltig seine Pflichten verletzt. Der Arbeitnehmer muß die ihm übertragene Arbeit bewußt und nachhaltig nicht leisten wollen, obwohl er nach dem Inhalt des Arbeitsvertrages dazu verpflichtet wäre. Es genügt nicht, daß der Arbeitnehmer eine Weisung seines Vorgesetzten unbeachtet läßt, sondern die beharrliche Arbeitsverweigerung setzt voraus, daß eine intensive Weigerung des Arbeitnehmers vorliegt. Beharrlichkeit ist nicht

nur dann gegeben, wenn die Willensrichtung des Arbeitnehmers erkennbar wird, zulässige Anweisungen des Arbeitgebers nicht befolgen zu wollen. Das Moment der Beharrlichkeit kann auch darin zu sehen sein, daß in einem einmaligen Falle der Arbeitnehmer nach wiederholter Ermahnung sich weigert, die Arbeitsanweisung zu erfüllen. Wenn in einer solchen Situation sich der Arbeitnehmer nach ein- oder mehrmaliger Ermahnung immer noch weigert, die berechtigte Anordnung des Arbeitgebers auszuführen, so kann und muß auf eine beharrliche, dh intensive nachhaltige Weigerung geschlossen werden. Irrt sich der Arbeitnehmer über die Berechtigung seiner Arbeitsverweigerung, so ist dies nur dann entschuldbar, wenn der Arbeitnehmer nach sorgfältiger Erkundigung und Prüfung der Rechtslage die Überzeugung gewinnen durfte, zur Arbeit nicht verpflichtet zu sein. Der Arbeitnehmer muß, wenn er sich auf einen unverschuldeten Rechtsirrtum berufen will, nachweisen, daß er sich besonders sorgfältig über die Rechtslage hinsichtlich der Berechtigung des von ihm eingenommenen Rechtstandpunktes informiert hat und kann nicht einfach damit gehört werden, er habe sich zur Ablehnung der von ihm geforderten Arbeit für befugt erachtet. Unverschuldet handelt ein Arbeitnehmer nicht allein deswegen, weil wenn er sich auf eine unrichtige Auskunft seiner Gewerkschaft verläßt,

LAG Berlin, Urt. v. 17.05.1993, LAGE § 626 BGB Nr. 72.

## VI. Änderungskündigungen

### 1. Muster: Änderungskündigung und Umgruppierung

**I.**

Die beklagte Partei hat folgende organisatorischen Änderungen vorgenommen, die aus den nachfolgend dargestellten Gründen erforderlich waren:

1.

   Beweis: Vorlage des Schreibens der beklagten Partei an den Betriebsrat vom    – Anlage B 1

2. Der Betriebsrat der beklagten Partei stimmte der geplanten Änderungskündigung sowohl nach § 102 Abs. 1 BetrVG als auch nach § 99 Abs. 1 BetrVG zu.

   Beweis: Schreiben des Betriebsrats der beklagten Partei vom    – Anlage B 2

   Die Anhörung des Betriebsrats gemäß § 102 Abs. 1 BetrVG und die Unterrichtung nach § 99 Abs. 1 BetrVG können bekanntlich miteinander verbunden werden,
   BAG, AP Nr. 1 zu § 75 BPersVG; KR/*Rost*, § 2 KSchG, Rn 131.

   Die klägerische Partei hat das Änderungsangebot nicht, auch nicht unter Vorbehalt, angenommen, da auch in der Kündigungsschutzklage keine Vorbehaltsannahme enthalten ist, und ein nachträglicher Vorbehalt, der nicht spätestens mit Erhebung der Kündigungsschutzklage erklärt wird, ausgeschlossen ist,
   KR/*Rost*, § 2 KSchG, Rn 75.

**II.**
1. Die Kündigungsschutzklage ist nach § 4 Satz 1 KSchG abzuweisen. Eine Fortsetzung des Arbeitsverhältnisses zu den bisherigen Bedingungen, gemessen an den Kriterien des § 1 Abs. 2 KSchG, ist, da die Kündigung als betriebsbedingte Kündigung sozial gerechtfertigt ist, nicht mehr möglich. Die unstreitig und nachweisbar einzige Möglichkeit der Weiterbeschäftigung für die klägerische Partei ist diejenige, die die beklagte Partei angeboten und die klägerische Partei abgelehnt hat. Eine Prüfung des Angebots an die klägerische Partei, sie als    zu beschäftigen, findet mangels Erklärung eines Vorbehalts der klägerischen Partei nicht statt.

## § 7 Kapitel 2: Vertretung von Arbeitgebern

Bei einem Gewinnverfall ist der Arbeitgeber grundsätzlich dazu berechtigt, geeignete wirtschaftliche oder organisatorische Maßnahmen auf der Betriebs- oder Unternehmensebene durchzuführen. Im Falle einer Unrentabilität braucht er nicht so lange abzuwarten, bis der Zusammenbruch des Betriebes oder des Unternehmens droht. Ein betriebsbedingter Personalabbau ist in diesen Fällen vielmehr bereits dann gerechtfertigt, wenn dies aus Gründen der Kostenersparnis erforderlich ist und für den Arbeitgeber keine anderen zumutbaren Maßnahmen zur Senkung der Kosten bestehen,

BAG, Urt. v. 24.10.1979, EzA § 1 KSchG Betriebsbedingte Kündigung Nr. 13; BAG, Urt. v. 12.12.1968, AP Nr. 20 zu § 1 KSchG Betriebsbedingte Kündigung.

Wegen der nur in beschränktem Umfang gerichtlich nachprüfbaren Unternehmensentscheidung ist der Arbeitgeber grundsätzlich nicht dazu verpflichtet, die hierfür maßgeblichen Erwägungen, z.B. die nach betriebswirtschaftlichen Prognosemethoden angestellten Kalkulationen, offenzulegen. Nach Auffassung des Bundesarbeitsgerichts hat der Arbeitnehmer im Kündigungsschutzprozeß die Umstände darzulegen und im Streitfalle zu beweisen, aus denen sich ergeben soll, daß eine innerbetriebliche Maßnahme offenbar unsachlich, unvernünftig oder willkürlich ist,

BAG, Urt. v. 17.10.1980, EzA § 1 KSchG Betriebsbedingte Kündigung Nr. 15; BAG, Urt. v. 24.10.1979, EzA § 1 KSchG Betriebsbedingte Kündigung Nr. 13; BAG, Urt. v. 07.12.1978, EzA § 1 KSchG Betriebsbedingte Kündigung Nr. 10; BAG, Urt. v. 22.11.1973, EzA § 1 KSchG Nr. 28.

Wegen der im einzelnen vorgetragenen betrieblichen Notwendigkeit, Kosten zu senken, die Organisationsstruktur zu ändern und zu vermeiden, daß _____, ist eine Weiterbeschäftigung der klägerischen Partei zu den bisherigen Arbeitsbedingungen nicht möglich. Die Aufgaben der klägerischen Partei sind fortgefallen, die einzige Möglichkeit der Weiterbeschäftigung ist diejenige, die die beklagte Partei angeboten hat. _____

Würde der klägerischen Partei das bisherige Gehalt, ohne daß sie die Tätigkeitsmerkmale einer _____ noch erfüllt, weitergezahlt, läge hierin eine rechtsgrundlose Gehaltszahlung, soweit das Gehalt die tariflichen Ansprüche gemäß Gehaltsgruppe _____ übersteigt. Eine in Verkennung tariflicher Bestimmungen rechtsgrundlos gezahlte tarifliche Vergütung kann nach der Rechtsprechung des Bundesarbeitsgerichts neuerdings ohne weiteres berichtigt werden, sofern nicht zugleich ein einzelvertraglicher Vergütungsanspruch besteht,

BAG, Urt. v. 21.04.1982, EzA § 4 TVG Eingruppierung Nr. 1; BAG, Urt. v. 23.04.1986, AP Nr. 118 zu §§ 22, 23 BAT 1975.

Nach Auffassung des LAG Niedersachsen ist eine Änderungskündigung dann zulässig, wenn durch Änderung der tatsächlichen Verhältnisse die bisherige tarifliche Eingruppierung nicht mehr zutrifft und eine anderweitige Beschäftigungsmöglichkeit im Rahmen der bisherigen Tätigkeitsmerkmale nicht besteht,

LAG Niedersachsen, Urt. v. 13.03.1981, AuR 1982, 99.

Die Befugnis zur Änderungskündigung zum Zweck der richtigen Einstufung ist stets gegeben, wenn die Tätigkeitsmerkmale der bisherigen Einstufung nicht mehr gegeben sind und keine andere Möglichkeit zur Beschäftigung im Rahmen der bisherigen Tätigkeitsmerkmale besteht,

LAG Bayern, Urt. v. 29.04.1959, AblBayerArbMin 1969, C 18.

2. Die wirtschaftlichen Auswirkungen der Eingruppierung in eine niedrigere Gehaltsgruppe sind auch nicht so dramatisch, wie sie die klägerische Partei darstellen läßt: _____

3. Der Umstand, daß der Betriebsrat der Änderungskündigung und der Versetzung der klägerischen Partei zugestimmt hat, hat nach ständiger Rechtsprechung indizielle Bedeutung.

▲

## 2. Muster: Betriebsbedingte Änderung zur Kostensenkung

Änderungkündigungen, die ein Arbeitgeber ausspricht, um seine Personalkosten zu senken, können nicht nur dann sozial gerechtfertigt sein, wenn durch sie „die Stillegung" des Betriebes oder die Reduzierung der Belegschaft verhindert werden kann,
  BAG, Urt. v. 30.03.1986, NZA 1986, 739.

Sie können auch dann sozial gerechtfertigt sein, wenn betriebliche Interessen von einigem Gewicht diese Maßnahme, ggf. im Rahmen eines Paketes weiterer Schritte zur Kostensenkung, erforderlich machen.

Der Arbeitgeber hat diese betrieblichen Interessen im Änderungsschutzprozeß durch substantiierten Tatsachenvortrag darzustellen. Es genügt nicht, wenn er sich allgemein auf die schlechte wirtschaftliche Lage des Konzerns, zu dem er gehört, beruft, ohne diese und besonders die seines eigenen Unternehmens und des betroffenen Betriebes im Hinblick auf die vorauszusehende künftige Entwicklung konkret und betriebswirtschaftlich nachvollziehbar zu schildern. Er muß darlegen, welche Bedeutung der durch die Änderungskündigungen angestrebten Kostenersparnis für die wirtschaftliche Sicherstellung des Betriebes, auch im Verhältnis zu etwa darüber hinaus durchgeführten weiteren Kostensenkungsmaßnahmen, zukommt,
  LAG Baden-Württemberg, Urt. v. 20.03.1997, BB 1997, 1903.

## VII. Auflösung und Abfindung

### 1. Muster: Auflösungsantrag des Arbeitgebers

Aktenzeichen:
Gegner: RAe        , zwei Abschriften anbei
                    In dem Rechtsstreit
                             ./.

beantragen wir nunmehr zusätzlich noch, was folgt:
  Das Arbeitsverhältnis wird gegen Zahlung einer Abfindung, die in das Ermessen des Gerichts gestellt wird, aber        DM nicht überschreiten sollte, aufgelöst.

Der beklagten Partei ist es nicht zuzumuten, das Arbeitsverhältnis fortzusetzen. Die Umstände, die überwiegend unstreitig sind und auch von der klägerischen Partei eingeräumt werden, haben jedenfalls auf seiten der beklagten Partei einen nachhaltigen Verlust des Vertrauensverhältnisses bewirkt. Das fehlende Vertrauen macht es dem Arbeitgeber nicht mehr zumutbar, einen Arbeitnehmer mit der Wahrnehmung seiner Vermögensinteressen zu beauftragen, so daß das Arbeitsverhältnis in jedem Falle wegen Verlustes des Vertrauensverhältnisses aufzulösen ist.

Es wird rein vorsorglich darauf hingewiesen, daß nach der überwiegenden Rechtsprechung der Landesarbeitsgerichte die Berufung zulässig ist, wenn die Kammer bei der Bemessung der Abfindung erkennbar hinter den im Antrag geäußerten Erwartungen der antragstellenden Partei zurückbleibt,
  vgl. die Übersicht bei *Schaub*, Arbeitsrechtshandbuch, § 141.

# § 7 Kapitel 2: Vertretung von Arbeitgebern

## 2. Muster: Auflösungsantrag bei leitendem Angestellten

**252** Aktenzeichen:
Gegner: RAe           , zwei Abschriften anbei

In dem Rechtsstreit

./.

beantragen wir nunmehr zusätzlich noch, was folgt:

> Das Arbeitsverhältnis wird gegen Zahlung einer Abfindung, die in das Ermessen des Gerichts gestellt wird, aber          DM nicht überschreiten sollte, aufgelöst.

Die klägerische Partei ist Angestellte in leitender Stellung im Sinne des § 14 KSchG. Sie ist bekanntlich bei der beklagten Partei als          beschäftigt. Die klägerische Partei gehört damit zur Gruppe der Geschäftsführer, Betriebsleiter und ähnlichen leitenden Angestellten im Sinne von § 14 Abs. 2 KSchG. Nach dieser Vorschrift findet § 9 Abs. 1 Satz 2 KSchG mit der Maßgabe Anwendung, daß der Antrag des Arbeitgebers auf Auflösung des Arbeitsverhältnisses keiner Begründung bedarf.

Es wird rein vorsorglich darauf hingewiesen, daß nach der überwiegenden Rechtsprechung der Landesarbeitsgerichte die Berufung zulässig ist, wenn die Kammer bei der Bemessung der Abfindung erkennbar hinter den im Antrag geäußerten Erwartungen der antragstellenden Partei zurückbleibt,
> vgl. die Übersicht bei *Schaub*, Arbeitsrechtshandbuch, § 141.

## 3. Muster: Auflösungsgründe für den Arbeitgeber

**253** Das Arbeitsverhältnis ist auf Antrag des Arbeitgebers aufzulösen, wenn Gründe vorliegen, die eine den Betriebszwecken dienliche weitere Zusammenarbeit zwischen Arbeitgeber und Arbeitnehmer nicht erwarten lassen, § 9 Abs. 1 Satz 2 KSchG.

Bei dieser Formulierung handelt es sich um einen unbestimmten Rechtsbegriff. Die Wertung, ob im Einzelfall derartige Gründe vorliegen, ist in erster Linie Sache der Tatsachengerichte. Das Revisionsgericht kann, wie auch bei anderen unbestimmten Rechtsbegriffen, lediglich nachprüfen, ob das Berufungsgericht die Voraussetzungen für einen vom Arbeitgeber gestellten Auflösungsantrag verkannt hat und ob es bei der Prüfung der vom Arbeitgeber vorgetragenen Auflösungsgründe alle wesentlichen Umstände vollständig und widerspruchsfrei berücksichtigt und gewürdigt hat.

Wie im Fall des § 9 Abs. 1 Satz 1 KSchG handelt es sich bei der auf Antrag des Arbeitgebers erfolgenden Auflösung des Arbeitsverhältnisses nicht um eine Ermessensentscheidung des Gerichts. Unter Beachtung der primären Zielsetzung des Kündigungsschutzgesetzes, den Arbeitnehmer im Interesse eines wirksamen Bestandsschutzes des Arbeitsverhältnisses vor einem Verlust des Arbeitsplatzes durch sozialwidrige Kündigungen zu bewahren, ist es gerechtfertigt, an den Auflösungsantrag des Arbeitgebers strenge Anforderungen zu stellen,
> BAG, Urt. v. 05.11.1964, EzA § 7 KSchG Nr. 1; BAG, Urt. v. 16.05.1984, EzA § 9 KSchG.

Das Erfordernis eines strengen Prüfungsmaßstabs besagt jedoch nicht, daß damit für den Arbeitgeber nur solche Umstände als Auflösungsgründe in Betracht kommen, die dazu geeignet sind, eine außerordentliche Kündigung zu rechtfertigen,
> KR/*Becker*, § 9 KSchG, Rn 52.

Für den Arbeitgeber bedeutet § 9 Abs. 1 Satz 2 KSchG eine zusätzliche Lösungsmöglichkeit neben dem sonstigen kündigungsrechtlichen Instrumentarium. Der Ausnahmecharakter der Bestimmung

zeigt sich insbesondere darin, daß dem Arbeitgeber die Möglichkeit eingeräumt wird, trotz Vorliegens einer sozialwidrigen Kündigung sich vom Arbeitnehmer zu trennen,
KR/*Becker*, § 9 KSchG, Rn 53.

Maßgeblicher Zeitpunkt für die Beurteilung der Frage, ob eine den Betriebszwecken dienliche weitere Zusammenarbeit zwischen Arbeitgeber und Arbeitnehmer zu erwarten ist, ist der Zeitpunkt der Entscheidung über den Auflösungsantrag,
BAG, Urt. v. 30.09.1976, EzA § 9 KSchG n.F. Nr. 3; *Herschel/Löwisch*, § 9, Rn 35; KR/*Becker*, § 9 KSchG, Rn 54.

Als Gründe, die eine den Betriebszwecken dienliche weitere Zusammenarbeit zwischen den Parteien nicht erwarten lassen, kommen nur Umstände in Betracht, die das persönliche Verhältnis zum Arbeitgeber, den Wert und die Persönlichkeit des Arbeitnehmers, seine Leistung oder seine Eignung für die ihm gestellten Aufgaben etwa als Vorgesetzter, und sein Verhältnis zu den übrigen Mitarbeitern betreffen,
BAG, Urt. v. 14.10.1954, AP Nr. 6 zu § 3 KSchG.

Dagegen reichen wirtschaftliche oder betriebliche Gründe grundsätzlich nicht aus, um eine gerichtliche Auflösung des Arbeitsverhältnisses auf Antrag des Arbeitgebers zu rechtfertigen. Nach Auffassung des Bundesarbeitsgerichts sind wirtschaftliche oder betriebliche Gründe ausnahmsweise zur Begründung eines vom Arbeitgeber gestellten Auflösungsantrags geeignet, wenn sie zu einer Zerrüttung des Vertrauensverhältnisses führen können.

Die betrieblichen Gegebenheiten sind von Bedeutung, soweit diese eine wichtige Rolle bei der vom Gericht anzustellenden Vorausschau spielen. So können ein zwischenzeitlich eingetretener Wandel der betrieblichen Verhältnisse, Austausch von Vorgesetzten, Beseitigung von Organisationsmängeln oder sonstige organisatorische Änderungen, Veränderungen in der Belegschaftsstruktur, durchaus wichtige Gesichtspunkte im Rahmen der Prognose sein. Als eigenständiger Auflösungsgrund kommen dagegen die betrieblichen Verhältnisse nicht in Betracht. Es ist stets erforderlich, daß die Zerrüttung des Arbeitsverhältnisses in dem Verhalten oder der Person des Arbeitnehmers ihren Grund hat. Dabei kann es sich sowohl um das prozessuale (z.B. Beleidigungen oder sonstige ehrverletzende Äußerungen gegenüber dem Arbeitgeber oder sonstigen Vorgesetzten) als auch um das außerprozessuale Verhalten des Arbeitnehmers handeln (beispielsweise Beeinflussung von Zeugen, Drohungen gegenüber dem Arbeitgeber etc.). Unzutreffende Rechtsausführungen in Schriftsätzen sind durch die Wahrnehmung berechtigter Interessen gedeckt; unzutreffende Tatsachenbehauptungen und zwar insbesondere dann, wenn sie den Tatbestand einer üblen Nachrede oder gar Verleumdung erfüllen, sind grundsätzlich dazu geeignet, das Auflösungsbegehren des Arbeitgebers zu rechtfertigen,
LAG Köln, Urt. v. 29.09.1982 DB 1982, 124.

Dies gilt allerdings nur dann uneingeschränkt, wenn es sich um ein eigenes außerprozessuales oder prozessuales Verhalten des gekündigten Arbeitnehmers handelt. Das außerprozessuale oder prozessuale Verhalten des Prozeßbevollmächtigten kommt dagegen als Auflösungsgrund nur dann in Betracht, wenn der Arbeitnehmer es veranlaßt hat,
BAG, Urt. v. 30.06.1959, AP Nr. 56 zu § 1 KSchG; BAG, Urt. v. 28.03.1961 – 3 AZR 396/60; BAG, Urt. v. 03.11.1983 – 2 AZR 204/82.

Es ist nicht erforderlich, daß die Auflösungsgründe vom Arbeitnehmer schuldhaft herbeigeführt worden sind,
BAG, Urt. v. 30.06.1969, AP Nr. 56 zu § 1 KSchG.

Als Auflösungsgründe können solche Tatsachen herangezogen werden, die sich entweder vor oder nach der Kündigung ereignet haben. Als Auflösungstatsachen können auch solche Umstände in Frage kommen, die die Kündigung selbst nicht rechtfertigen,
BAG, Urt. v. 16.05.1984, EzA § 9 KSchG n.F. Nr. 16.

## 4. Muster: Fälligkeit der Abfindung – Vertragsende

255 Die in einem gerichtlichen oder außergerichtlichen Vergleich festgelegten Abfindungsbeträge entstehen mit dem Abschluß oder mit dem Wirksamwerden der vergleichsweisen Regelung,
   *Herschel/Löwisch*, § 10 KSchG, Rn 31.

Der Eintritt der Fälligkeit hängt von der inhaltlichen Ausgestaltung des Vergleichs ab. Ist in dem Vergleich ein späterer Auflösungszeitpunkt für das Arbeitsverhältnis vorgesehen, so wird die Abfindung erst zu dem vertraglich vereinbarten Beendigungszeitpunkt fällig, es sei denn, die Parteien haben einen früheren Fälligkeitszeitpunkt im Vergleich festgelegt,
   BAG, NZA 1988, 329; LAG Düsseldorf, NZA 1989, 850; LAG Köln, DB 1984, 568; KR/*Becker*, § 10 KSchG, Rn 19a; *Soergel/Wolf*, § 271 BGB, Rn 23.

## 5. Muster: Fälligkeit der Abfindung – sofort

256 Die Frage nach der Fälligkeit der Abfindung im Sinne der §§ 9, 10 KSchG stellt sich nicht nur im Vergleichsfall, sondern auch bei gerichtlicher Auflösung des Arbeitsverhältnisses gegen Abfindungsfestsetzung. Vereinzelt ist geltend gemacht worden, daß die gerichtlich festgesetzte Abfindung nicht beigetrieben werden könne, bevor das Auflösungsurteil Rechtskraft erlangt habe,
   LAG Hamburg, NJW 1983, 134; LAG Berlin, LAGE § 9 KSchG Nr. 1.

Dieser Auffassung ist jedoch zu Recht entgegengehalten worden, daß die vorläufige Vollstreckbarkeit des Auflösungsurteils eine hinreichende Grundlage für die Durchsetzung des Abfindungsanspruchs im Wege der Zwangsvollstreckung bildet,
   BAG, EzA § 9 KSchG nF. Nr. 22; LAG Bremen, NJW 1984, 447 = BB 1983, 1797; LAG Frankfurt, NZA 1987, 211.

Herrschende Meinung ist heute, daß der in einem arbeitsgerichtlichen Vergleich titulierte Abfindungsanspruch i. S. der §§ 9, 10 KSchG mangels anderweitiger Festlegung auch dann sofort zur Zahlung fällig ist, wenn das Arbeitsverhältnis im Zeitpunkt des Vergleichsabschlusses noch nicht beendet ist, sondern gemäß der ausgehandelten Vergleichsregelung noch gewisse Zeit – etwa bis zum Auslauf der ordentlichen Kündigungsfrist – fortdauert. Die Erstattungsfähigkeit entstandener Vollstreckungskosten scheitert nicht daran, daß die Vollstreckungsmaßnahme vor der Beendigung des Arbeitsverhältnisses eingeleitet worden ist,
   so zuletzt LAG Hamm, NZA 1991, 940.

## VIII. Aufhebungsverträge – Abwicklungsverträge (einschl. außergerichtlicher Korrespondenz)

### 1. Muster: Klageerwiderung bei Anfechtung eines Aufhebungsvertrages

Aktenzeichen:
Gegner: RAe          , zwei Abschriften anbei

In dem Rechtsstreit

./.

bestellen wir uns zu Prozeßbevollmächtigten der beklagten Partei und beantragen:

1. Die Klage wird abgewiesen.
2. Die Kosten des Rechtsstreits trägt die klägerische Partei.

**Gründe:**

Zwischen der beklagten und der klägerischen Partei wurde am           ein Aufhebungsvertrag geschlossen (Anlage K           a). Mit Schriftsatz ihrer Bevollmächtigten vom           erklärte die klägerische Partei die Anfechtung des Aufhebungsvertrages wegen angeblich widerrechtlicher Drohung (Anlage K           b). Der Antrag der klägerischen Partei auf Feststellung der Unwirksamkeit des Aufhebungsvertrages ist nicht begründet.

I.

Nach nunmehr gefestigter Rechtsprechung ist die Ankündigung, aus wichtigem Grunde das Arbeitsverhältnis zu kündigen, dann keine widerrechtliche Drohung im Sinne von § 123 Abs. 1 BGB, wenn ein verständiger Arbeitgeber eine außerordentliche Kündigung ernsthaft in Erwägung gezogen hätte; dagegen kommt es nicht darauf an, ob sich die Arbeitgeberkündigung, wenn sie ausgesprochen worden wäre, im Gerichtsverfahren als rechtsbeständig erwiesen hätte,

BAG, Urt. v. 16.11.1979, EzA § 123 BGB Nr. 19; Urt. v. 20.11.1969, AP Nr. 16 zu § 123 BGB; *Schaub*, 9. Aufl., § 122 III.

Ob ein verständiger Arbeitgeber die fristlose Kündigung ernsthaft erwogen hätte, richtet sich nicht nur nach dem tatsächlichen subjektiven Wissensstand eines bestimmten Arbeitgebers. Zu berücksichtigen sind auch die – z.B. erst im Prozeß gewonnenen – Ergebnisse weiterer Ermittlungen, die ein verständiger Arbeitgeber zur Aufklärung des Sachverhalts angestellt hätte. Maßgeblich ist der objektiv mögliche und damit hypothetische Wissensstand des Arbeitgebers.

Ungerechtfertigt ist die Anfechtung eines Aufhebungsvertrages, wenn der Streit über die Berechtigung einer außerordentlichen Kündigung abgekürzt werden soll oder wenn ein verständiger Arbeitgeber nach sorgfältiger Prüfung der Lage eine außerordentliche Kündigung in Aussicht stellt und der Arbeitnehmer vorsorglich in die Auflösung einwilligt, um dem Makel einer fristlosen Kündigung, der Einleitung eines Strafverfahrens usw. zu entgehen,

LAG Baden-Württemberg, Urt. v. 06.12.1973, BB 74, 185; *Schaub*, 9. Aufl., § 122 III 1.

Auf dem Hintergrund dieser Rechtsprechung ist zu prüfen, ob die der klägerischen Partei eingeräumte Möglichkeit, anstelle der fristlosen Kündigung einen Aufhebungsvertrag zu schließen, als widerrechtliche Drohung verstanden werden kann. Um es kurz zu machen: Die Vorhaltungen der klägerischen Partei sind abwegig, die Klage ist unschlüssig. Jeder verständige Arbeitgeber hätte nach den bis zu diesem Zeitpunkt aufgelaufenen und bekanntgewordenen Pflichtverletzungen der klägerischen Partei eine fristlose Kündigung des Arbeitsvertrages ernsthaft in Erwägung ziehen müssen. Im einzelnen:

## II.

258 Bei dieser Sachlage durfte jeder verständige Arbeitgeber eine außerordentliche Kündigung ernsthaft in Erwägung ziehen:

1. Einmalige und geringfügige Vollmachtüberschreitungen können eine außerordentliche Kündigung in der Regel nicht rechtfertigen. Bei wiederholten Verstößen ist jedoch eine ordentliche und bei eigenmächtigen Verstößen eines Arbeitnehmers, namentlich eines leitenden Angestellten, eine außerordentliche Kündigung berechtigt,

BAG, Urt. v. 26.11.1964, AP Nr. 53 zu § 626 BGB.

Das Verhalten der klägerischen Partei, ▮, ist darüber hinaus dem Fall einer eigenmächtigen Entnahme eines Gehaltsvorschusses mindestens ebenbürtig, wenn nicht in seiner Schwere noch wesentlich überlegen. Schon der Fall der eigenmächtigen Entnahme eines Gehaltsvorschusses rechtfertigt die außerordentliche Kündigung,

ArbG Solingen, Urt. v. 02.04.1974, DB 74, 1439.

2. Mit ihrer Arbeitsbummelei sowie ständigen Unpünktlichkeit und unentschuldigtem Fernbleiben von der Arbeit war die beklagte Partei nach wiederholten zwecklosen Ermahnungen befugt, das Arbeitsverhältnis zu kündigen,

vgl. die umfangreichen Rechtsprechungsnachweise in KR/*Hillebrecht*, § 626 BGB, Rn 107.

Auch ein weit entfernt von seinem Arbeitsort wohnender Arbeitnehmer muß dafür sorgen, daß er pünktlich zur Arbeit erscheint und zwar selbst dann, wenn die Anfahrt besondere Kosten verursacht. Kommt er trotz Ermahnung wiederholt zu spät, dann kann ihm fristlos gekündigt werden,

LAG Düsseldorf, Urt. v. 15.03.1967, BB 1967, 799.

Die beklagte Partei war daher zur fristlosen Kündigung gemäß § 626 BGB berechtigt auch wegen der nachhaltigen, ständigen Unpünktlichkeit. Zumindest aber im Sinne eines unterstützenden Kündigungsgrundes kann dieser Sachverhalt herangezogen werden.

3. Ein Arbeitnehmer, der in einer besonderen Vertrauensstellung steht und beispielsweise Spesen abrechnet, die ihm nicht entstanden sind, kann selbst dann fristlos entlassen werden, wenn es sich nur um einen geringen Betrag, wie beispielsweise 27,00 DM handelt,

BAG, Urt. v. 02.06.1960, AP Nr. 42 zu § 626 BGB.

Hat ein Arbeitnehmer Vermögensbetreuungsinteressen des Arbeitgebers selbständig wahrzunehmen, so berechtigt schon die einmalige Verletzung dieser Interessen zur fristlosen Kündigung.

Die klägerische Partei hat vorliegend den Straftatbestand der Untreue verwirklicht. Angesichts der Vermögensbetreuungsinteressen, die die klägerische Partei wahrzunehmen hatte und angesichts des gebotenen besonderen Vertrauensverhältnisses war eine fristlose Kündigung nicht nur bei erwiesener strafbarer Handlung bzw. erwiesener Vertragsverletzung der klägerischen Partei, sondern auch schon aufgrund des Verdachts einer strafbaren Handlung bzw. Pflichtverletzung als wichtiger Grund für eine außerordentliche Kündigung ausreichend,

BAG, Urt. v. 04.06.1964, EzA § 626 BGB Nr. 5; BAG, Urt. v. 10.02.1977, EzA § 103 BetrVG 1972 Nr. 18.

Wenn schon die Unterschlagung eines Stückes Bienenstich durch eine Verkäuferin eine fristlose Entlassung rechtfertigt,

LAG Düsseldorf, Urt. v. 17.10.1984, LAGE § 626 BGB Nr. 17,

so rechtfertigt die Anrichtung eines Schadens in Höhe von ▮ DM erst recht eine Kündigung aus wichtigem Grund.

Die wahrheitswidrige Beantwortung von Fragen, zu deren Offenbarung der Arbeitnehmer verpflichtet ist, berechtigt jedenfalls nur dann zur fristlosen Kündigung, wenn die wahrheitswidrigen Auskünfte dazu dienen, vorangegangene Eigenmächtigkeiten, Handlungen zum wirtschaftlichen Nachteil des Arbeitgebers oder vergleichbare Pflichtwidrigkeiten zu verdecken. Darüber hinaus rechtfertigen die Pflichtwidrigkeiten selbst die fristlose Kündigung gemäß § 626 BGB.

Auch als Verdachtskündigung wäre die Kündigung der klägerischen Partei gerechtfertigt gewesen, denn die Verdachtskündigung ist nicht auf besondere Vertrauensverhältnisse, sondern auf solche Tatbestände bezogen, in denen wegen des Verdachts das für die vereinbarte Arbeitsleistung vorausgesetzte und erforderliche Vertrauen zerstört wird. Diese Auswirkung des Verdachts ist nicht nur bei Arbeitnehmern möglich, die in einer besonderen Vertrauensposition beschäftigt werden, sie ist vielmehr auch bei Angestellten oder gewerblichen Arbeitern kündigungsrechtlich erheblich, die bei der Verwaltung von Geld- oder Sachmitteln des Arbeitgebers oder der Betätigung von Kontrolleinrichtungen nicht ständig überwacht werden können und denen deswegen notwendigerweise ein gewisses Vertrauen entgegengebracht werden muß,

KR/*Hillebrecht*, § 626 Anm. 176; MüKomm/*Schwerdtner*, § 626, Rn 116.

Dieses Vertrauen wurde von der klägerischen Partei tiefgreifend durch die Verletzung von Vermögensinteressen, durch wahrheitswidrige Auskünfte, durch Bereicherung und eigenmächtige Entscheidungen zerstört. Die fristlose Kündigung wäre auch aus diesem Grunde rechtsbeständig gewesen.

4. Schließlich sei angemerkt, daß sich die bislang zu § 123 BGB und der Anfechtung von Aufhebungsverträgen entwickelte Rechtsprechung nicht mit dem Fall befaßt hat, daß dem Arbeitnehmer im Aufhebungsvertrag noch ein Freistellungsanspruch über mehr als           Monate unter Fortzahlung des Gehalts zugebilligt und außerdem eine Abfindung in Höhe von           DM sowie ein weiterer wirtschaftlicher Nachlaß in Höhe von           DM sowie der Verzicht auf die Geltendmachung von Schadensersatzansprüchen, die vorliegend in beträchtlicher Höhe gerechtfertigt wären, eingeräumt wurde. Der Kläger hat sich durch den Abschluß des Aufhebungsvertrages Straffreiheit für die von ihm begangenen mutmaßlichen Straftatbestände wie Untreue etc. verschafft. Und schließlich ist in den vorliegend zur Bewertung der Rechtslage herangezogenen Vergleichs-Entscheidungen des Bundesarbeitsgerichts nie davon die Rede gewesen, daß ein Aufhebungsvertrag geschlossen wurde, der eine abschließende Ausgleichsklausel enthält. Im Aufhebungsvertrag vom           heißt es:

„Mit der Erfüllung dieses Vergleichs sind die zwischen den Parteien bestehenden Rechte und Pflichten vollständig ausgeglichen, seien sie bekannt oder unbekannt."

In keiner der von der Rechtsprechung bisher beurteilten Aufhebungsvereinbarungen war eine solche abschließende Ausgleichsvereinbarung, die auch die Anfechtung der Willenserklärung einer Vertragspartei ausschließt, enthalten, so daß es denkbar erscheint, daß die herangezogene BAG-Rechtsprechung angesichts des Inhalts des zwischen den Parteien geschlossenen Vergleichs nicht einschlägig ist. Die Erledigungsklausel des Aufhebungsvertrages diente der abschließenden Herbeiführung von Rechtsfrieden und ist in dieser Form auch bei den Arbeitsgerichten üblich, wenn eine spätere Anfechtung von Willenserklärungen, die im Rahmen eines arbeitsgerichtlichen Vergleichs abgegeben werden, ausgeschlossen sein soll.

Auch wurde darauf hingewiesen, daß die klägerische Partei an dieser Klausel ein weitaus höheres Interesse hatte als die beklagte Partei, denn mit Hilfe dieser Klausel konnte sich die klägerische Partei vor Schadensersatzansprüchen und (im Zuge von anschließenden Wirtschaftsprüfungen etwa bekanntwerdenden) neuen Tatsachen, die sie zur Haftung verpflichtet hätten, schützen. Diese Schutzfunktion, die der Aufhebungsvertrag erfüllt und die auf ausdrücklichen Wunsch der klägerischen Partei in den Aufhebungsvertrag aufgenommen wurde, entspricht nicht nur der klassischen Funktion des Vergleichs, nämlich gegenseitigem Nachgeben, sie hindert im Lichte der Rechtsprechung an einer Anfechtung des geschlossenen Aufhebungsvertrages. Ungerechtfertigt ist nämlich, wie unter Hinweis auf die einschlägige Rechtsprechung sowie die Fundstelle bei *Schaub* (§ 122 Abs. 3 Satz 1) dargestellt wurde, die Anfechtung eines Aufhebungsvertrages, wenn der Streit über die Berechtigung einer außerordentlichen Kündigung abgekürzt werden soll oder wenn ein verständiger Arbeitgeber nach sorgfältiger Prüfung der Lage eine außerordentli-

## § 7 Kapitel 2: Vertretung von Arbeitgebern

che Kündigung in Aussicht stellt und der Arbeitnehmer vorsorglich in die Auflösung einwilligt, um dem Makel einer fristlosen Kündigung, der Einleitung eines Strafverfahrens oder etwaiger Schadensersatzansprüche entgehen möchte.

Diese Funktion hat die Ausgleichsklausel des Vergleichs auch erfüllt, denn

▲

### 4210  2. Muster: Ablehnung der „Überrumpelungsentscheidung" des LAG Hamburg

▼

260 Die „Überrumpelungsentscheidung" des LAG Hamburg vom 03.07.1991,
   NZA 1992, 309,
wurde vom Bundesarbeitsgericht in seinem Urteil vom 16.01.1992,
   EzA § 123 BGB Nr. 36 = NZA 1992, 1023,
nicht bestätigt. Zwischen den Zeilen liest man in der Entscheidung des Bundesarbeitsgerichts, daß es der Rechtsansicht des Landesarbeitsgerichts Hamburg nicht gefolgt wäre. Dies ergibt sich einmal daraus, daß es ansonsten nicht eingehend die schwierige Prüfung des Tatbestandes des § 123 Abs. 1 BGB mit dem hypothetischen Ausgang des Kündigungsschutzprozesses vorgenommen hätte.

Zum anderen lassen die Zitate zur Bedeutung des Zeitdruckes für die Anfechtung des Aufhebungsvertrages darauf schließen, daß das Bundesarbeitsgericht die Argumentation des LAG Hamburg nicht teilt. Sämtliche Fundstellen belegen nämlich, daß bloßer Zeitdruck weder zur Anfechtung, noch zum Widerruf, noch zur Berufung auf § 242 BGB berechtigt.

Schließlich ist die Rechtsprechung des LAG Hamburg auch auf heftige Kritik der Instanzgerichte und in der Literatur gestoßen,
   vgl. *Ehrich*, Recht des Arbeitnehmers zum Widerruf eines Aufhebungsvertrages wegen „Überrumpelung" durch den Arbeitgeber?, DB 1992, 2239 ff.

Maßgebend für das LAG Hamburg, die Berufung des Arbeitgebers auf den Aufhebungsvertrag als unzulässige Rechtsausübung anzusehen und damit dem Arbeitnehmer ein Widerrufsrecht einzuräumen, waren im wesentlichen drei Gründe: Zeitdruck, fehlende Bedenkzeit und kein Rücktritts- oder Widerrufsrecht.

Hinsichtlich des Zeitdrucks geht die einhellige Meinung davon aus, daß der bloße Zeitdruck infolge Drängens auf Abschluß eines Aufhebungsvertrages nicht zur Anfechtung nach § 123 BGB berechtigt,
   BAG, EzA § 123 BGB Nr. 21.

Mit der Annahme, der Abschluß eines unter Zeitdruck geschlossenen Aufhebungsvertrages bedeute eine unredliche „Überrumpelung" des Arbeitnehmers, würden die von der Rechtsprechung zu § 123 BGB genannten Grundsätze unterlaufen und die Anfechtungsbestimmungen der §§ 119 ff. BGB weitgehend ihre Bedeutung verlieren. Der Arbeitnehmer könnte nämlich immer dann, wenn es schnell geht, den Aufhebungsvertrag durch Ausübung des Widerrufsrechtes beseitigen. Damit würde aber zugleich die Wertung des BGB, nach der eine Beseitigung von Verträgen wegen Beeinträchtigung der rechtsgeschäftlichen Entscheidungsfreiheit nur unter engen Voraussetzungen möglich ist, auf den Kopf gestellt.

Interessanterweise hielt das Bundesarbeitsgericht auch in mehreren Entscheidungen,
   BAG, DB 1983, 1663; BAG, NZA 1987, 91,

Aufhebungsverträge nicht deshalb gemäß §§ 104 Nr. 2, 105 Abs. 1 Satz 2 BGB für nichtig, weil die Arbeitnehmer ihren Angaben zufolge bei Abschluß der Aufhebungsverträge „vollkommen oder erheblich verwirrt" gewesen seien. Offensichtlich ging auch das Bundesarbeitsgericht nicht ernsthaft davon aus, daß es den Arbeitgebern nach Treu und Glauben wegen der Verwirrung der Arbeitnehmer verwehrt war, sich auf die Aufhebungsvereinbarung zu berufen.

Immer dann, wenn der Arbeitnehmer nicht um die Einräumung einer Bedenkzeit gebeten hat, stellt das Nichteinräumen einer Bedenkzeit kein unredliches Verhalten dar. Es sei hier nur darauf verwiesen, daß das Bundesarbeitsgericht selbst dann kein Anfechtungsrecht nach § 123 Abs. 1 BGB annimmt, wenn eine vom Arbeitnehmer erbetene Bedenkzeit seitens des Arbeitgebers abgelehnt wird,

vgl. Nachweise bei *Ehrich*, DB 1992, 2239.

Wenn das LAG Hamburg dann noch ausführt, der klagenden Arbeitnehmerin sei wegen unzulässiger Rechtsausübung ein Rücktritts- oder Widerrufsrecht einzuräumen, da ihr vom Arbeitgeber kein solches eingeräumt worden sei, handelt es sich bei dieser Begründung um einen unbeachtlichen, klassischen Zirkelschluß. Kann der Entscheidung des LAG Hamburg schon aus Rechtsgründen nicht gefolgt werden, so liegen aber im Streitfall die tatsächlichen Verhältnisse anders als im Fall des LAG Hamburg:

### 3. Muster: Keine Anfechtungsmöglichkeit wegen Zeitdrucks

Ein Anfechtungsrecht des Arbeitnehmers besteht auch nicht wegen Zeitdrucks. Ein etwaiger Zeitdruck, unter dem ein Arbeitnehmer einen Aufhebungsvertrag schließt, eröffnet diesem nicht die Anfechtungsmöglichkeit nach § 123 Abs. 1 BGB. Der Zeitdruck stellt keine „Drohung" im Sinne von § 123 Abs. 1 BGB dar,

LAG Düsseldorf, Urt. v. 26.01.1993, NZA 1993, 702.

Ein Anfechtungsrecht wegen Zeitdrucks mag zu bejahen sein, wenn ein Arbeitgeber eine vom Arbeitnehmer erbetene Bedenkzeit abgelehnt hat,

offengelassen in BAG, NZA 1987, 91.

Hat der Arbeitnehmer nicht um eine Bedenkzeit gebeten, aber auch dann, wenn er ausdrücklich im Wortlaut des Aufhebungsvertrags auf eine Bedenkzeit verzichtet hat, scheidet eine spätere Berufung auf einen Zeitdruck bei Abschluß des Aufhebungsvertrages aus,

LAG Düsseldorf, NZA 1993, 703.

261

### 4. Muster: Keine Anfechtung des Aufhebungsvertrages, wenn sich der Arbeitgeber hinsichtlich Arbeitsunfähigkeit des Arbeitnehmers als getäuscht betrachtet

Die Drohung eines Arbeitgebers mit einer außerordentlichen Kündigung und/oder einer Strafanzeige ist nicht widerrechtlich im Sinne des § 123 Abs. 1 BGB, wenn der Arbeitgeber einen bei ihm als Lagerarbeiter (Gabelstaplerfahrer) beschäftigten Arbeitnehmer nach zweimonatiger ärztlich bescheinigter Arbeitsunfähigkeit in seinem eigenen Lokal als Kellner bei der Arbeit antrifft und dann einen Aufhebungsvertrag mit ihm schließt.

Der Mitarbeiter, ein Gabelstaplerfahrer, war arbeitsunfähig geschrieben und in dieser Zeit vom Arbeitgeber mehrfach mittags beim Kellnern in seinem Lokal und beim Rollen und Heben schwerer Fässer beobachtet worden. Ein Arbeitgeber, der nach unstreitigen Hinweisen aus der Belegschaft

262

auf eine Kellnertätigkeit seines Lagermitarbeiters diesen auch tatsächlich in der Stoßzeit des Mittagsgeschäfts beim Kellnern erlebt, darf sich als getäuscht bzw. betrogen betrachten und folglich auch eine fristlose Kündigung bzw. eine Strafanzeige ernsthaft in Erwägung ziehen,
 Hess. LAG, Urt. v. 03.06.1997 – 11 Sa 2061/96, SPA 2/1998, 3.

Auch bei einer einvernehmlichen Beendigung des Arbeitsverhältnisses auf Initiative des Arbeitgebers hin besteht grundsätzlich keine Verpflichtung des Arbeitgebers, den Arbeitnehmer über die Folgen eines entsprechenden Schrittes aufzuklären,
 Hess. LAG, Urt. v. 03.06.1997 – 11 Sa 2061/96, SPA 2/1998, 3.

### 5. Muster: Ausschluß betriebsbedingt gekündigter Arbeitnehmer von freiwilliger Sonderzahlung

263   Das Bundesarbeitsgericht erachtet Klauseln, nach denen eine freiwillige Sonderzahlung nur den Arbeitnehmern zustehen soll, die zu einem maßgeblichen Stichtag in einem ungekündigten Arbeitsverhältnis stehen, in ständiger Rechtsprechung grundsätzlich für zulässig,
 BAG, NZA 1986, 225; NZA 1991, 765.

Allerdings hat das Bundesarbeitsgericht in früheren Entscheidungen ausgesprochen, daß Klauseln in einem Arbeitsvertrag, in einer Betriebsvereinbarung oder in einem Tarifvertrag, die einen Arbeitnehmer vom Bezug einer Sondervergütung für den Fall der betriebsbedingten Kündigung vor einem Stichtag ausschließen, unwirksam seien, weil eine mißbräuchliche Vertragsgestaltung vorliege. Einem Arbeitnehmer, der die ihm obliegende Arbeitsleistung im Bezugszeitraum erbracht habe, dürfe die erwartete Gegenleistung aus Gründen, auf die er keinen Einfluß habe, nicht verweigert werden,
 BAG, AP Nrn. 86, 84, 98 zu § 611 BGB, Gratifikation.

Mit dem Urteil vom 04.09.1985 hat das Bundesarbeitsgericht zunächst für Klauseln in Tarifverträgen, die den Anspruch auf eine Sonderzuwendung von dem Bestehen eines ungekündigten Arbeitsverhältnisses an einem bestimmten Stichtag innerhalb des Bezugsjahres abhängig machen, entschieden, daß diese auch für den Fall einer betriebsbedingten Kündigung wirksam seien, und diese Rechtsprechung mit Urteil vom 25.04.1991 auf entsprechende Bestimmungen in Betriebsvereinbarungen ausgedehnt,
 BAG, NZA 1986, 225; BAG, AP Nr. 138 zu § 611 BGB, Gratifikation.

Daneben vertritt das Bundesarbeitsgericht auch die Auffassung, daß eine solche Klausel Bestandteil einzelvertraglicher Zusagen einer Sonderzahlung sein können. Es ist nicht als unbillig anzusehen, wenn ein Arbeitgeber auch betriebsbedingt gekündigte Arbeitnehmer vom Bezug einer Sonderzahlung ausnimmt,
 BAG, NJW 1993, 1414.

## IX. Allgemeine Schriftsätze bei der Beendigung von Arbeitsverhältnissen

### 1. Muster: Längere Kündigungsfristen für ältere Arbeitnehmer im Tarifvertrag

Seit der Entscheidung des Bundesverfassungsgerichts vom 30.05.1990,
   NZA 1990, 721 = NJW 1990, 2246,
zur Verfassungswidrigkeit der kürzeren Kündigungsfristen für Arbeiter als für Angestellte gemäß § 622 BGB hat das Bundesarbeitsgericht in drei Entscheidungen vorgegeben, wie die Gerichte für Arbeitssachen bis zum Inkrafttreten einer neuen gesetzlichen oder tariflichen Regelung Verfahren zu behandeln haben, in denen über die Wahrung der Kündigungsfrist für das Arbeitsverhältnis eines Arbeiters entschieden werden muß. Das Bundesarbeitsgericht hat dabei zu den verlängerten Kündigungsfristen für ältere Arbeiter in Tarifverträgen, die zugunsten des Arbeiters von der gesetzlichen Regelung abweichen, folgendes entschieden:

1. Wenn die Grundfristen oder die verlängerten Fristen für die ordentliche Kündigung von Arbeitern in Tarifverträgen eigenständig (konstitutiv) geregelt sind (wie beispielsweise in § 2 MTV für die Beschäftigten des Einzelhandels in Niedersachsen), haben die Gerichte für Arbeitssachen in eigener Kompetenz zu prüfen, ob die Kündigungsregelungen im Vergleich zu den für Angestellte geltenden Bestimmungen mit dem Gleichheitssatz des Art. 3 GG vereinbar sind, an den auch die Tarifpartner uneingeschränkt gebunden sind.

2. An sachlichen Gründen für unterschiedliche Regelungen fehlt es, wenn eine schlechtere Rechtsstellung der Arbeiter nur auf einer pauschalen Differenzierung zwischen den Gruppen der Angestellten und der Arbeiter beruht.

3. Sachlich gerechtfertigt sind hinreichend gruppenspezifisch ausgestaltete, unterschiedliche Regelungen, die z.B. entweder nur eine verhältnismäßig kleine Gruppe nicht intensiv benachteiligen, oder funktions-, branchen- oder betriebsspezifischen Interessen im Geltungsbereich des Tarifvertrages mit Hilfe verkürzter Kündigungsfristen für Arbeiter entsprechen (z.B. überwiegende Beschäftigung von Arbeitern in der Produktion), oder gruppenspezifische Schwierigkeiten bestimmter Arbeitnehmer bei der Stellensuche mildern (Beispiel: die höher- und hochqualifizierten Arbeitnehmer gehören überwiegend zur Gruppe der Angestellten). Andere sachliche Differenzierungsgründe werden durch diese Beispiele nicht ausgeschlossen.

4. Dieser Prüfungsmaßstab gilt sowohl für unterschiedliche Grundfristen als auch für ungleich verlängerte Fristen für Arbeiter und Angestellte mit längerer Betriebszugehörigkeit und höherem Lebensalter. Die Frage, ob die einschlägige tarifliche Kündigungsfrist verfassungsgemäß ist, kann nur unter Berücksichtigung des gesamten Tarifinhalts, soweit er einen Bezug zum Bestand des Arbeitsverhältnisses hat, beurteilt werden,
   BAG, Urt. v. 21.03.1991, NZA 1991, 803.

### 2. Muster: Anrechnung anderweitigen Verdienstes während Freistellung

Nach der ständigen Rechtsprechung des Bundesarbeitsgerichts muß sich der Arbeitnehmer, der unter Verzicht auf jede Arbeitsleistung beurlaubt wird, grundsätzlich den Inhalt des in diesem Zeitraum erzielten anderweitigen Verdienstes anrechnen lassen,
   BAG, AP Nr. 24 zu § 615 BGB; AP Nr. 25 zu § 615 BGB.

Dieser Grundsatz, der aus § 615 Satz 2 BGB und aus dem in weiteren Vorschriften manifestierten entsprechenden allgemeinen Rechtsgedanken folgt (vgl. § 324 Abs. 1 Satz 2 BGB; § 24 c Abs. 1

Satz 1 HGB; § 9 KSchG; §§ 555, 616 Abs. 1 Satz 2, 617 Abs. 1 Satz 3 BGB; § 133 c Abs. 2 Satz 2 GewO), wurde vom Bundesarbeitsgericht ausdrücklich auf den Fall bezogen, daß die Suspendierung von der Arbeitsleistung unter Fortzahlung des Gehalts im Einvernehmen zwischen den Arbeitsvertragsparteien erfolgt.

Die Anrechnungsverpflichtung besteht nicht nur dann, wenn dem Arbeitnehmer gekündigt worden ist. Auch dann, wenn sich die Arbeitsvertragsparteien einvernehmlich über die Suspendierung unter Gehaltsfortzahlung geeinigt haben und eine ausdrückliche Regelung nur darüber fehlt, wie für den Fall des anderweitigen Erwerbs zu verfahren ist, ist der anderweitige Verdienst auf das während der Freistellung bezogene Gehalt anzurechnen,
    BAG, AP Nr. 24 zu § 615 BGB; LAG Rheinland-Pfalz, Urt. v. 31.08.1989–5 Sa 300/89.

## 3. Muster: Fristlose Kündigung eines Auszubildenden

Hiermit zeigen wir an, daß wir die rechtlichen Interessen der nachfolgend benannten Mandantschaft

vertreten. Eine auf uns lautende Vollmacht ist beigefügt. Namens und in Vollmacht unserer Mandantschaft

kündigen

wir das mit Ihnen bestehende Ausbildungsverhältnis gemäß § 15 Abs. 2 Ziffer 1 BBiG aus wichtigem Grund

fristlos.

I.
Zur schriftlichen Begründung der Kündigung gemäß § 15 Abs. 3 BBiG möchten wir Ihnen zunächst einen kleinen Überblick über die für Einzelfälle in der Rechtsprechung entwickelten Grundsätze vermitteln und Ihnen alsdann erläutern, weshalb Ihr Verhalten die fristlose Kündigung rechtfertigt.

Wenn ein Auszubildender, während er krankgeschrieben ist, Fahrunterricht nimmt, gibt er damit einen Grund zur fristlosen Kündigung seines Ausbildungsverhältnisses,
    ArbG Stade, Urt. v. 16.10.1970 – Ca 531/70, BBvG Bd. 1, S. 201.

Der Verkauf einer LSD-Tablette an einen anderen Auszubildenden im Betrieb und die mögliche Abhängigkeit von Rauschgift stellen im allgemeinen einen schweren Verstoß gegen die Pflichten aus dem Ausbildungsvertrag dar, der zur fristlosen Kündigung berechtigt,
    LAG Berlin, Urt. v. 17.12.1970–5 Sa 88/70, GewArch. 1980, S. 14.

Die fristlose Kündigung eines Auszubildenden wegen Diebstahls ist zulässig, wenn der Ausbildende im Interesse seiner Kunden auf unbedingte Ehrlichkeit seiner Mitarbeiter besonderen Wert legt,
    LAG Düsseldorf, Urt. v. 06.11.1973–11 Sa 561/73, BBvG Bd. 1, S. 232.

Ein Grund zur fristlosen Kündigung besteht auch dann, wenn Tatsachen vorliegen, aus denen zu schließen ist, daß der Auszubildende wegen eines fortgesetzten, pflichtwidrigen Verhaltens das Ausbildungsziel nicht erreichen wird und auch nicht zu erwarten ist, daß er sich zukünftig in die betriebliche Ordnung einfügt,
    ArbG Aachen, Urt. v. 28.06.1974–2 Ca 343/74, BB 1976, S. 744.

Ebenso rechtfertigt eine grobe Beleidigung des Ausbildenden durch den Auszubildenden eine fristlose Kündigung,
    ArbG Göttingen, Urt. v. 13.04.1976–1 Ca 1/76, BBvG Bd. 1, S. 251.

## Schriftsätze im arbeitsgerichtlichen Urteilsverfahren § 7

Diebstahl gegenüber dem Arbeitgeber oder den Kollegen ist in aller Regel ein Grund, das Ausbildungsverhältnis fristlos zu kündigen,

    LAG Düsseldorf, Urt. v. 29.04.1977 – 16 Sa 1070/76, BBvG Bd. 1, S. 261; ArbG Reutlingen, Urt. v. 20.05.1977 – 1 Ca 8/77, AP Nr. 5 zu § 15 BBiG.

Häufige Unpünktlichkeit des Auszubildenden erweist seine Unzuverlässigkeit und die mangelnde Bereitschaft, sich in die betriebliche Ordnung einzugliedern. Dem Ausbildenden ist es daher nicht zuzumuten, das Berufsausbildungsverhältnis fortzusetzen. Er ist zur fristlosen Kündigung berechtigt,

    LAG Hamm, Urt. v. 07.11.1978 – 6 Sa 1096/78, DB 1979, 606; LAG München, Urt. v. 14.03.1978 – 4 Sa 95/78, BBvG Bd. 1, S. 280 = ARST 1979, S. 142.

Auch eine Kette von Ereignissen, die in einem inneren Zusammenhang stehen, können in ihrer Gesamtheit eine fristlose Kündigung rechtfertigen,

    LAG Berlin, Urt. v. 22.08.1977 – 9 Sa 50/76, BBvG Bd. 1, S. 268.

II.
Wenn Sie sich diese Beispielsfälle vergegenwärtigen, stellt Ihr Verhalten einen wichtigen Grund im Sinne von § 15 Abs. 2 Ziffer 1 BBiG dar:

III.
Wir weisen darauf hin, daß Sie gemäß § 111 Abs. 2 ArbGG die Möglichkeit haben, den zuständigen Schlichtungsausschuß anzurufen.

Unsere Mandantschaft bedauert, daß das Ausbildungsverhältnis eine derartige Entwicklung genommen hat, verweist aber mit Recht darauf, daß Sie für diese Entwicklung selbst verantwortlich sind und es auch selbst in der Hand hatten, die vorzeitige Beendigung des Ausbildungsverhältnisses zu verhindern.

Die Ihnen ggf. noch fehlenden Arbeitspapiere und Unterlagen können bei der Mandantschaft abgeholt werden.

### 4. Muster: Informationsschreiben an Arbeitgeber-Mandant wegen Kündigung zahlreicher Arbeitnehmer

4260

Sehr geehrter Herr ,

267

nachfolgend führe ich Ihnen im einzelnen auf, welche Anzeigepflichten Sie bei der Entlassung einer größeren Zahl von Mitarbeitern beachten müssen:

*I.* Die früher erforderliche Anzeige an den Präsidenten des Landesarbeitsamtes nach § 8 AFG ist seit dem Inkrafttreten des SGB III nicht mehr erforderlich.

*II. Anzeige an das Arbeitsamt nach § 17 KSchG*

    Da Sie bei Beschäftigten durch Entlassung von mehr als Arbeitnehmern unter die Anzeigepflicht des § 17 KSchG fallen, müssen Sie diese Anzeige, die an das örtliche Arbeitsamt zu richten ist, vornehmen.

    Der Anzeige an das Arbeitsamt ist eine Abschrift der Mitteilung an den Betriebsrat über die beabsichtigte Entlassung und wiederum die Stellungnahme des Betriebsrates, die wie oben bei Verweigerung durch den Betriebsrat auch durch Glaubhaftmachung ersetzt werden kann, beizufügen. Darüber hinaus muß die Anzeige folgende Angaben enthalten:

    Den Namen des Arbeitgebers, den Sitz und die Art des Betriebes, die Zahl der in der Regel beschäftigten Arbeitnehmer, die Zahl der zu entlassenden Arbeitnehmer, die Gründe für die Entlassungen und den Zeitraum, in dem die Entlassungen vorgenommen werden sollen. Des weiteren Angaben über Geschlecht, Alter, Beruf und Staatsangehörigkeit der zu entlassenden Arbeitnehmer. Diese persönlichen Angaben über die Arbeitnehmer sollen allerdings nur im Einvernehmen mit dem Betriebsrat an das Arbeitsamt weitergegeben werden.

Die Anzeige nach § 17 KSchG ist vor der tatsächlichen Entlassung zu erstatten. Die Anzeige muß also nicht bereits vor Ausspruch der Kündigung erfolgen.

268 III. *Pflicht zur Erstellung eines Sozialplans, §§ 111, 112 BetrVG*

Nach § 112 a Abs. 1 Nr. 2 Betriebsverfassungsgesetz (BetrVG) besteht bei der von Ihnen beabsichtigten Entlassung von ▢ Arbeitnehmern bei ▢ Beschäftigten keine Pflicht zur Erstellung eines Sozialplans.

IV. *Pflicht zur Erstellung des Interessenausgleichs, §§ 111, 112 BetrVG*

Die Pflicht zur Erstellung eines Interessenausgleichs trifft den Arbeitgeber bereits, wenn er eine Betriebsänderung im Sinne des § 111 BetrVG vornimmt. Nach der Rechtsprechung liegt eine Betriebsänderung schon dann vor, wenn eine größere Anzahl von Arbeitnehmern betroffen ist. Richtschnur ist die Staffel des § 17 Abs. 1 KSchG. Diese Staffel werden Sie bei der Entlassung von ▢ Arbeitnehmern erfüllen. Somit ist § 111 BetrVG im Sinne einer Stillegung eines wesentlichen Betriebsanteils durch Entlassung einer größeren Anzahl von Arbeitnehmern erfüllt. Das Verfahren zur Erstellung eines Interessenausgleichs nach §§ 111, 112 BetrVG setzt eine umfassende und rechtzeitige Unterrichtung des Betriebsrates über die zukünftige Entwicklung aufgrund der geplanten Maßnahmen und deren Auswirkungen auf die Arbeitnehmerschaft voraus. Dies geschieht am besten schriftlich und unter Darlegung der Ursachen. In Ihrem Falle müßte dem Betriebsrat dargelegt werden, daß ▢. Nach dieser Unterrichtung muß auf jeden Fall Zeit zur Erstellung eines Interessenausgleichs vorhanden sein. Gemäß § 113 Abs. 3 Sätze 3 ff. BetrVG können die Beratungen 2 Monate dauern, gerechnet ab Ihrer Aufforderung an den Betriebsrat, in Verhandlungen einzutreten. Wird von einer Partei wegen fehlender Einigung die Einigungsstelle angerufen, verlängert sich die Frist bis zu einem weiteren Monat.

Erst wenn dieses Verfahren abgeschlossen ist, hat der Unternehmer den Interessenausgleich versucht, dürfen die Kündigungen ausgesprochen werden und der Arbeitgeber kann die Betriebsänderung ohne Interessenausgleich durchführen.

Ansonsten trifft den Arbeitgeber, unabhängig davon, ob die von ihm ausgesprochenen Kündigungen wirksam oder unwirksam sind, nach § 113 BetrVG die Verpflichtung, Abfindungen an die Arbeitnehmer zu zahlen.

V. *Ausspruch der betriebsbedingten Kündigungen wegen Betriebsteilstillegung, § 1 KSchG*

Die betriebsbedingte Kündigung nach § 1 KSchG kann bei einer Betriebsteilstillegung gegeben sein. Problematisch ist bei der betriebsbedingten Kündigung die durchzuführende soziale Auswahl. Die soziale Auswahl erfolgt betriebsbezogen,
BAG, Urt. v. 25.04.1985, EzA § 1 KSchG.

269 Das heißt, die Sozialdaten der zu kündigenden Arbeitnehmer sind mit den Daten in ähnlicher oder gleicher Funktion tätiger Arbeitnehmer des Betriebs zu vergleichen. Man unterscheidet hierbei:
1. die horizontale Ebene,
2. die vertikale Ebene.

Bei der horizontalen Ebene richtet sich die Vergleichbarkeit der in die soziale Auswahl einzubeziehenden Arbeitnehmer in erster Linie nach arbeitsplatzbezogenen Merkmalen.

Bei ihrer Überprüfung auf horizontaler Ebene ist auf objektive und subjektive Merkmale abzustellen. Objektive Merkmale sind die Berufsgruppe (Arbeiter, Angestellte), der Ausbildungsberuf (Schlosser, Maurer, Technischer Zeichner) und die ausgeübte Tätigkeit, also die Tätigkeit in der hierarchischen Struktur im Betrieb. Im Rahmen der objektiven Vergleichbarkeit auf horizontaler Ebene sind vergleichbar alle Arbeitnehmer, die denselben Beruf erlernt haben und ausüben. Bei

Identität der zu vergleichenden Tätigkeiten spielen Qualifikationsmerkmale keine Rolle (Ausbildung, berufliche Kenntnisse). Auf der subjektiven Ebene können Qualifikationsunterschiede berücksichtigt werden, wenn die Aufgabenbereiche nur teilweise identisch sind. Soll z.B. ein allgemeiner Betriebsschlosser entlassen werden, so kann er mit einem Betriebsschlosser, der spezielle Aufgaben verrichtet, nur dann verglichen werden, wenn individuelle berufliche Kenntnisse und Fähigkeiten, Leistungsfähigkeit und Leistungsbereitschaft, Lernfähigkeit und -bereitschaft gleich sind. Da es bei der Vergleichbarkeit der Arbeitsplätze nicht um soziale Belange geht, können auch gesundheitsbedingte Leistungsmängel insoweit berücksichtigt werden. Der Routinevorsprung eines Arbeitnehmers ist nur dann zu berücksichtigen, wenn die Einarbeitungszeit nicht ins Gewicht fällt.

Im Rahmen der vertikalen Austauschbarkeit sind grundsätzlich nur Arbeitnehmer derselben hierarchischen Ebene zu überprüfen, also Meister in der Meistergruppe, Gesellen in der Gesellengruppe usw. Hat jedoch ein Meister zu erkennen gegeben, daß er auch zu schlechteren Arbeitsbedingungen weiterbeschäftigt werden könne oder hieran ein Interesse hat, kann dies die soziale Auswahl erweitern.

Auswahlmerkmale der sozialen Auswahl sind:

Lebensalter, Betriebszugehörigkeit und Unterhaltsverpflichtungen der in die Sozialauswahl einzubeziehenden Arbeitnehmer.

Eine Abweichung von den Prinzipien der Sozialauswahl kann auch erfolgen, wenn einzelne Mitarbeiter für den Betrieb unverzichtbare Leistungsträger sind. Diesen Mitarbeitern braucht nicht gekündigt zu werden.

Zur Vorbereitung der beabsichtigten Kündigung ist es daher erforderlich, von der Personalabteilung sämtliche Sozialdaten, die gespeichert sind, der Arbeitnehmer auszudrucken, dann die Arbeitnehmer zu kennzeichnen, die in dem zu schließenden Betriebsteil beschäftigt sind. Im Rahmen einer Vorauswahl sind dann nach den oben genannten Kriterien der sozialen Auswahl die vergleichbaren Arbeitsplätze zu sortieren.

Weitere Einzelheiten können wir in unserem nächsten Besprechungstermin erörtern.

## 5. Muster: Informationsschreiben an Arbeitgeber-Mandant wegen Mutterschutz und Kündigungsmöglichkeiten

Aufgrund der Schwangerschaft unterfällt Ihre Mitarbeiterin dem absoluten Kündigungsverbot des § 9 Mutterschutzgesetz (MuSchG). Nach dieser Vorschrift ist die Kündigung während der Schwangerschaft bis zum Ablauf von 4 Monaten nach der Entbindung unzulässig, wenn dem Arbeitgeber – wovon wir ausgehen – zur Zeit der Kündigung die Schwangerschaft bekannt war oder innerhalb zwei Wochen nach Zugang der Kündigung mitgeteilt wird.

Dieses Verbot ist sehr weitreichend und umfaßt grundsätzlich jede Form der Kündigung. Eine gleichwohl erklärte Kündigung führt gemäß § 134 BGB zur Nichtigkeit der ausgesprochenen Arbeitgeberkündigung,
vgl. KR/*Pfeiffer* § 9 MuSchG, Rn 68 ff.

Maßgeblicher Zeitpunkt für das Ende des Kündigungsverbotes ist der Ablauf des 4. Monats nach der Entbindung. Die Berechnung der Dauer des 4-Monats-Zeitraumes richtet sich nach den Vorschriften der §§ 187 Abs. 1, 188 Abs. 2, Abs. 3, 191 BGB. Danach endet die 4-Monats-Frist mit dem Ablauf des Tages im nachfolgenden 4. Monat, der durch seine Zahl dem Tag der Entbindung entspricht. Fand z.B. die Entbindung am 24.07. statt, so endet die 4-Monats-Frist am 24.11. Fehlt im 4. Monat der dem Datum der Entbindung entsprechende Tag, so endet die Frist bereits mit dem Ablauf des

## § 7 Kapitel 2: Vertretung von Arbeitgebern

letzten Tages dieses Monats, § 188 Abs. 3 BGB. Fand beispielsweise die Entbindung am 31.05. statt, so endet die Schutzfrist bereits am 30.09. Es spielt keine Rolle, ob die 4-Monats-Frist an einem Sonntag, einem staatlich anerkannten Feiertag oder einem Sonnabend endet. Maßgeblicher Zeitpunkt für Geltung des absoluten Kündigungsverbotes ist der Zugang der Kündigungserklärung innerhalb der 4-Monats-Frist. Die Abgabe der Kündigungserklärung z.B. durch die Aufgabe des Kündigungsschreibens zur Post, kann daher bereits unmittelbar vor Ablauf des 4-Monats-Zeitraums erfolgen,

vgl. KR/*Pfeiffer*, § 9 MuSchG, Rn 65, 65 a.

Das bedeutet, daß Sie frühestens nach Ablauf von 4 Monaten nach der Entbindung eine Kündigung aussprechen können. Bei dieser Kündigung sind die Fristen der ordentlichen Kündigung zu wahren.

Für eine Kündigung durch den Arbeitgeber beträgt die gesetzliche Kündigungsfrist, wenn das Arbeitsverhältnis in dem Betrieb oder Unternehmen

1. zwei Jahre bestanden hat, einen Monat zum Ende eines Kalendermonats,
2. fünf Jahre bestanden hat, zwei Monate zum Ende eines Kalendermonats,
3. acht Jahre bestanden hat, drei Monate zum Ende eines Kalendermonats,
4. zehn Jahre bestanden hat, vier Monate zum Ende eines Kalendermonats,
5. zwölf Jahre bestanden hat, fünf Monate zum Ende eines Kalendermonats,
6. fünfzehn Jahre bestanden hat, sechs Monate zum Ende eines Kalendermonats,
7. zwanzig Jahre bestanden hat, sieben Monate zum Ende eines Kalendermonats.

Bei der Berechnung der Beschäftigungsdauer werden Dienstjahre, die vor Vollendung des 25. Lebensjahres liegen, nicht berücksichtigt. Bei der Feststellung der Zahl der beschäftigten Angestellten sind nur Angestellte zu berücksichtigen, deren regelmäßige Arbeitszeit wöchentlich 10 Stunden oder monatlich 45 Stunden übersteigt.

Ausnahmsweise können Sie trotz der Schwangerschaft das Arbeitsverhältnis gemäß § 9 Abs. 3 MuSchG kündigen. Hierzu muß die für den Arbeitsschutz zuständige oberste Landesbehörde die Kündigung für zulässig erklären. Dies bedeutet, daß in einem verwaltungsrechtlichen Verfahren ein Antrag auf Genehmigung der Kündigung gestellt werden muß. Dieser Antrag bedarf keiner bestimmten Form, muß aber inhaltlich bestimmt sein und alle wesentlichen Tatsachen anführen, sowie die Beweismittel angeben. Zu den für die behördliche Entscheidung wesentlichen Tatsachen gehören insbesondere die Art der beabsichtigten Kündigung (z.B. außerordentliche oder ordentliche Kündigung), Kündigungszeitpunkt, Sozialdaten der Arbeitnehmerin (z.B. Lebensalter, Familienstand, Dauer des Arbeitsverhältnisses, Vermögensverhältnisse), Tag der voraussichtlichen oder erfolgten Entbindung sowie die Angabe der Kündigungsgründe.

Die behördlichen Entscheidungsmöglichkeiten sind allerdings dahingehend begrenzt, daß die Behörde dem Antrag des Arbeitgebers nur in besonderen Fällen stattgeben darf. Ein solcher Fall liegt nur dann vor, wenn außergewöhnliche Umstände es rechtfertigen, die vom Mutterschutzgesetz als vorrangig angesehenen Interessen der werdenden Mutter hinter die des Arbeitgebers zurücktreten zu lassen. Die Behörde wird daher stets eine Interessenabwägung vornehmen, und zwar nicht unter spezifisch arbeitsvertraglichen Gesichtspunkten, sondern unter Zugrundelegung von mutterschutzrechtlichen Erwägungen. Dabei hat die Arbeitsbehörde sich insbesondere an dem mit dem Kündigungsverbot verfolgten gesetzgeberischen Zweck zu orientieren, der Arbeitnehmerin während der Schutzfristen des § 9 Abs. 1 MuSchG möglichst die materielle Existenzgrundlage zu erhalten und die mit einer Kündigung in dieser Zeitspanne verbundenen besonderen psychischen Belastungen zu vermeiden.

271 Hinsichtlich der Art der Kündigungsgründe sind zu unterscheiden: personenbedingte Gründe, verhaltensbedingte Gründe und betriebliche Gründe.

Verhaltensbedingte Gründe sind nur dann als besonderer Fall anzuerkennen, wenn die Arbeitnehmerin besonders schwerwiegende Pflichtverletzungen begangen hat, regelmäßig strafbare Handlungen zum Nachteil des Arbeitgebers oder zum Nachteil von Arbeitskollegen.

Betriebliche Gründe können nur dann als besonderer Fall anerkannt werden, wenn keinerlei Möglichkeiten der Weiterbeschäftigung für die Arbeitnehmerin mehr bestehen, z.B. bei der Stillegung des ganzen Betriebes oder eines Betriebsteiles.

Als personenbedingte Gründe genügen z.B. schwangerschaftsbedingte Krankheiten oder mutterschutzrechtliche Beschäftigungsverbote grundsätzlich nicht, sondern allenfalls dann, wenn aufgrund der personenbedingten Gründe die wirtschaftliche Belastung des Arbeitgebers infolge der Erfüllung der sich aus dem Mutterschutz ergebenden Verpflichtungen zu einer Gefährdung der Existenz des Arbeitgebers – oder jedenfalls in die Nähe einer solchen Gefährdung – führen würde,
    vgl. OVG Hamburg, NJW 1983, 1748; BVerwGE 36, 160, 163; KR/*Pfeiffer*, § 9 MuSchG, Rn 122.

Ob die vorliegend genannten Voraussetzungen gegeben sind, vermögen wir nicht zu beurteilen. Vermutlich dürften sich diese Voraussetzungen auch erst in einiger Zeit herausstellen. Wir sind Ihnen dann selbstverständlich gerne behilflich, einen entsprechenden Antrag bei der Behörde zu stellen.

Eine weitere Einschränkung der Kündigungsmöglichkeiten ergibt sich aus dem Bundeserziehungsgeldgesetz (BErzGG).

Teilt Ihnen Ihre Arbeitnehmerin spätestens 4 Wochen vor dem Zeitpunkt, von dem ab sie den Erziehungsurlaub in Anspruch nehmen will, mit, daß und bis zu welchem Lebensmonat des Kindes sie Erziehungsurlaub in Anspruch nehmen will, so ist nicht nur dieser Erziehungsurlaub zu gewähren, sondern gemäß § 18 BErzGG ist Ihnen damit auch verwehrt, das Arbeitsverhältnis während des Erziehungsurlaubes zu kündigen.

Auch hier gibt es wieder die Möglichkeit, einen Antrag bei der für den Arbeitsschutz zuständigen obersten Landesbehörde zu stellen, die ausnahmsweise die Kündigung für zulässig erklären kann. Gemäß § 2 der allgemeinen Verwaltungsvorschriften zum Kündigungsschutz bei Erziehungsurlaub ist eine solche Kündigung im wesentlichen dann für zulässig zu erklären, wenn der Betrieb oder Betriebsteile stillgelegt werden, besonders schwere Verstöße des Arbeitnehmers gegen arbeitsvertragliche Pflichten oder vorsätzliche strafbare Handlungen die Aufrechterhaltung des Arbeitsverhältnisses unzumutbar machen oder durch die Aufrechterhaltung des Arbeitsverhältnisses nach Beendigung des Erziehungsurlaubes die Existenz des Betriebes oder die wirtschaftliche Existenz des Arbeitgebers gefährdet wird oder wenn die wirtschaftliche Existenz des Arbeitgebers durch die Aufrechterhaltung des Arbeitsverhältnisses während des Erziehungsurlaubs unbillig erschwert wird, so daß er in die Nähe der Existenzgefährdung kommt. In Ihrem Fall könnte eine solche unbillige Erschwerung dann angenommen werden, wenn Sie zur Fortführung des Betriebes dringend auf eine qualifizierte Ersatzkraft angewiesen sind, diese aber nur einstellen können, wenn Sie mit der Ersatzkraft einen unbefristeten Arbeitsvertrag abschließen, § 2 Abs. 2, Nr. 1 der allgemeinen Verwaltungsvorschriften. Die Voraussetzungen hierfür muß aber wiederum der Arbeitgeber darlegen und beweisen.

Zusammenfassend ist damit festzustellen, daß der Kündigungsschutz sehr weitreichend ist und nur unter den dargelegten Ausnahmen eine Kündigung ausgesprochen werden kann. Diese Problematik hat auch der Gesetzgeber erkannt und deshalb in § 21 des BErzGG die Möglichkeit geschaffen, einen Arbeitnehmer zur Vertretung für die Dauer der Beschäftigungsverbote nach dem MuSchG und/oder für die Dauer des verlangten Erziehungsurlaubes einzustellen.

Sollten sich für Sie keine Anhaltspunkte ergeben, die ausnahmsweise eine Kündigung rechtfertigen, so können wir Ihnen nur empfehlen, entsprechend den obigen Ausführungen eine Ersatzkraft einzustellen. Bei der Formulierung eines entsprechenden Arbeitsvertrages wären wir Ihnen selbstverständlich gerne behilflich. Wir hoffen, Ihnen mit diesen Angaben zunächst gedient zu haben. Für etwaige Rückfragen stehen wir selbstverständlich jederzeit zur Verfügung.

## 6. Muster: Erwiderungsschriftsatz wegen Freistellung im einstweiligen Rechtsschutz

An das
Arbeitsgericht

In dem Verfahren
des einstweiligen Rechtsschutzes

– antragstellende Partei –

Verfahrensbevollmächtigte:

gegen

– antragsgegnerische Partei –

Verfahrensbevollmächtigte:

bestellen wir uns zu Verfahrensbevollmächtigten der antragsgegnerischen Partei, in deren Namen und Auftrag wir beantragen zu erkennen:

1. Der Antrag wird zurückgewiesen.
2. Die Kosten des Verfahrens trägt die antragstellende Partei.

**Gründe:**

Mit ihrem Antrag wendet sich die antragstellende Partei gegen eine Freistellungserklärung, die die antragsgegnerische Partei am abgegeben hat. Im Arbeitsvertrag der Parteien befindet sich unter Ziff. die Klausel, daß die antragsgegnerische Partei befugt ist, ab Ausspruch einer Kündigung die antragstellende Partei von ihrer Verpflichtung zur Arbeitsleistung freizustellen.

Glaubhaftmachung: Arbeitsvertrag in Kopie – Anlage B 1.

Von dieser Befugnis hat die antragsgegnerische Partei Gebrauch gemacht.

1. Ein Verfügungsanspruch besteht nicht. Nach der Entscheidung des Großen Senats,
   BAG, Beschl. v. 27.02.1985, AP Nr. 14 zu § 611 BGB Beschäftigungspflicht, Bl. 12 ff.,
   besteht das Beschäftigungsinteresse des Arbeitnehmers im gekündigten Arbeitsverhältnis grundsätzlich nur bei offensichtlich unwirksamen Kündigungen. Von einer offensichtlich unwirksamen Kündigung kann nur dann die Rede sein, wenn sich schon aus dem eigenen Vortrag des Arbeitgebers ohne Beweiserhebung und ohne daß ein Beurteilungsspielraum gegeben wäre, jedem Kundigen die Unwirksamkeit der Kündigung geradezu aufdrängt. Die Unwirksamkeit der Kündigung, so das BAG, müsse ohne jeden vernünftigen Zweifel in rechtlicher und in tatsächlicher Hinsicht offen zu Tage liegen,
   BAG, Beschl. v. 27.02.1985, AP Nr. 14 zu § 611 BGB Beschäftigungspflicht, Bl. 12.

   Die antragsgegnerische Partei bestreitet folgende Behauptungen der antragstellenden Partei:

   Von einer offensichtlich unwirksamen Kündigung kann daher wahrlich nicht die Rede sein.

2. Soweit die antragstellende Partei die Unwirksamkeit der Kündigung auf eine mangelnde Bevollmächtigung des kündigenden Herrn stützt, ist die Kündigung ebenfalls nicht offensicht-

lich unwirksam. Wie den anwaltlich Bevollmächtigten in der Vorkorrespondenz bereits mitgeteilt wurde, verfügt Herr ▬▬▬ als Personalchef, Senior Manager Human Resources, über eine Generalvollmacht.

Glaubhaftmachung:     Vorlage der Generalvollmacht in Kopie – Anlage B 2.

Außerdem gilt der Grundsatz, daß es bei der Kündigung durch den Leiter einer Personalabteilung nicht der Vorlage einer Vollmachtsurkunde bedarf. Dieser Grundsatz gilt auch dann, wenn die Vollmacht des Abteilungsleiters (Personalchef) nur im Innenverhältnis, beispielsweise aufgrund einer internen Geschäftsordnung, eingeschränkt ist,

BAG, Urt. v. 29.10.1992, NZA 1993, 307; BAG, Urt. v. 30.05.1972, BAGE, 24, 273; BAG, Urt. v. 30.05.1978, AP Nr. 2 zu § 174 BGB.

Ein Verfügungsanspruch im Sinne einer offensichtlichen Unwirksamkeit der Kündigung mangels Bevollmächtigung des Kündigenden ist daher ebenfalls nicht gegeben.

3. Auch fehlt nach ständiger Rechtsprechung der meisten Landesarbeitsgerichte vorliegend ein Verfügungsgrund. Es entspricht der Rechtsprechung der meisten Landesarbeitsgerichte, daß eine einstweilige Verfügung auf Beschäftigung nach Ausspruch einer ordentlichen Kündigung als Leistungsverfügung,

ArbG Stuttgart, Urt. v. 05.06.1996, NZA-RR 1997, 260,

oder als Befriedigungs- und Erfüllungsverfügung,

LAG Hamm, Urt. v. 18.02.1998, MDR 1998, 1036,

über die der Arbeitnehmer die vorläufige Erfüllung des Beschäftigungs- bzw. Weiterbeschäftigungsanspruchs begehrt, eine bestehende Notlage im Sinne von § 940 ZPO erfordert. An den Nachweis eines Notfalls sind besonders strenge Anforderungen zu stellen,

LAG Hamm, Urt. v. 18.02.1998, MDR 1998, 1036; ArbG Köln, Urt. v. 09.05.1996, NZA-RR 1997, 186; LAG Köln, Beschl. v. 06.08.1996, LAGE § 611 BGB Beschäftigungspflicht Nr. 40; LAG Köln, Urt. v. 20.11.1994 – 5 Sa 569/94; LAG Köln, Urt. v. 30.11.1995 – 3 Sa 1369/94; LAG Rheinland-Pfalz, Beschl. v. 21.08.1986, LAGE § 611 BGB Beschäftigungspflicht Nr. 9; LAG Frankfurt, Urt. v. 23.03.1987, NZA 1988, 37; LAG Niedersachsen, Urt. v. 27.01.1998 – 12 Sa 2162/97. .

Aus der Zweckrichtung der einstweiligen Verfügung, daß in der Regel nur Sicherungsverfügungen gem. § 935 ZPO und Regelungsverfügungen gem. § 940 ZPO zulässig sind, folgt, daß die einmal vorgenommene Beschäftigung naturgemäß nicht mehr rückabwickelbar ist. Damit würde die von der antragstellenden Partei begehrte Verpflichtung und deren Durchsetzung für die Zeitdauer ihrer Wirksamkeit zu einer umfassenden Befriedigung des vermeintlichen Anspruchs des Antragstellers führen. Eine solche gesetzwidrige Befriedigung als ultima ratio kann nur bei Vorliegen einer außergewöhnlichen Interessenlage gerechtfertigt sein.

Die antragstellende Partei hat vorliegend nicht dargetan, worin bei ihr eine außergewöhnliche Interessenlage vorliegen soll.

Damit ist der Antrag zurückzuweisen.

## § 7 Kapitel 2: Vertretung von Arbeitgebern

### X. Bestehendes Arbeitsverhältnis

**4270  1. Muster: Einstweilige Verfügung wegen Herausgabe eines Dienstfahrzeugs**

▼

273

Antrag auf Erlaß einer einstweiligen Verfügung

– antragstellende Partei –

Verfahrensbevollmächtigte:

gegen

– antragsgegnerische Partei –

wegen: Herausgabe eines Dienstfahrzeugs.

Wir bestellen uns zu Verfahrensbevollmächtigten der antragstellenden Partei und beantragen durch einstweilige Verfügung – wegen der Dringlichkeit ohne vorherige mündliche Verhandlung – wie folgt zu beschließen:

1. Der antragsgegnerischen Partei wird aufgegeben, bei Meidung eines vom Gericht festzusetzenden Zwangsgeldes bis zu 50 000,00 DM bzw. Zwangshaft gegen die gesetzlichen Vertreter der antragsgegnerischen Partei, den Dienstwagen , Kfz-Nummer , Fahrzeugnummer , herauszugeben.

2. Die antragsgegnerische Partei hat die Kosten des Verfahrens zu tragen.

**Gründe:**

1. Die antragsgegnerische Partei ist bei der antragstellenden Partei als beschäftigt. Die antragsgegnerische Partei wurde von ihrer Arbeitspflicht freigestellt.

   Glaubhaftmachung:   anliegende eidesstattliche Versicherung

   Die antragsgegnerische Partei wurde aufgefordert, den Dienstwagen herauszugeben sowie die Fahrzeugschlüssel und Fahrzeugpapiere zu übergeben.

   Glaubhaftmachung:   anliegende eidesstattliche Versicherung

   Die antragsgegnerische Partei kam dieser Aufforderung nicht nach.

   Glaubhaftmachung:   wie vor

   Ausweislich des Arbeitsvertrages ist die antragsgegnerische Partei nur befugt, den im Antrag bezeichneten Dienstwagen zu dienstlichen Zwecken zu benutzen.

   Glaubhaftmachung:   wie vor

   Die antragsgegnerische Partei hat, da sie nunmehr von ihrer Arbeitspflicht freigestellt ist, keine Möglichkeit, das Fahrzeug zu dienstlichen Zwecken zu nutzen.

2. Verfügungsanspruch und Verfügungsgrund gemäß §§ 935, 940 ZPO sind gegeben. Die Rechtsprechung hat die Leistungsverfügung unter engen Voraussetzungen sowohl bei Zahlungsansprüchen als auch bei Ansprüchen auf Herausgabe einer Sache anerkannt. Es besteht ein Anspruch auf Herausgabe im Wege einer einstweiligen Verfügung dann, wenn der Besitz durch verbotene Eigenmacht entzogen worden oder gestört ist. Diese Voraussetzungen sind vorliegend erfüllt: .

   Eine verbotene Eigenmacht begeht die antragsgegnerische Partei dadurch, daß sie das Fahrzeug nicht zur Verfügung stellt, obwohl sie sich hierzu verpflichtet hatte. Der antragstellenden Partei wird damit widerrechtlich der Besitz entzogen, sie kann gemäß §§ 861, 858 BGB unverzügliche Herausgabe verlangen.

Der Herausgabeanspruch ergibt sich darüber hinaus aus Vertrag, nämlich         . Schließlich ergibt sich auch ein Herausgabeanspruch aus § 985 BGB, da die antragstellende Partei Eigentümerin des streitbefangenen Fahrzeugs ist. Stützt die antragstellende Partei ihr Herausgabeverlangen materiell auf § 861 BGB, ist sie nicht gehindert, ihr Rechtsfolgebegehren gleichzeitig mit petitorischen Ansprüchen zu begründen,
  BGH, DB 1973, 913.

3. Die antragstellende Partei ist auf das Dienstfahrzeug dringend angewiesen, weil sie es für einen anderen Mitarbeiter benötigt.

   Glaubhaftmachung:    anliegende eidesstattliche Versicherung

   Die Eilbedürftigkeit der Herausgabe des Dienstwagens, insbesondere auch zur Sicherstellung, ist deshalb gegeben, weil die antragsgegnerische Partei das Fahrzeug übermäßig benutzt und eine wesentliche Verschlechterung, gegebenenfalls der Untergang der Sache, droht:

   Die antragsgegnerische Partei hat daher den Dienstwagen gemäß § 986 BGB herauszugeben, da ihr kein Recht zum Besitz zusteht und die antragstellende Partei einen Herausgabeanspruch gemäß § 985 BGB als Eigentümerin hat.

### 2. Muster: Anforderungen an eine Klage wegen Überstundenvergütung

Der Arbeitnehmer, der Überstundenvergütung fordert, muß darlegen, an welchen Tagen und zu welchen Tageszeiten er über die übliche Arbeitszeit hinaus für den Arbeitgeber tätig gewesen ist, da es nur dann dem Arbeitgeber möglich wird, die Behauptungen einer klägerischen Partei im einzelnen nachzuprüfen,
  BAG, Urt. v. 15.06.1961, AP Nr. 7 zu § 253 ZPO.

Diesen strengen Maßstäben braucht eine Klage dann nicht zu entsprechen, wenn die Zeiterfassung mit einem Zeiterfassungsgerät stattfindet und dem Arbeitgeber die Arbeitszeiten des Arbeitnehmers bis auf Minuten genau bekannt sind. Nur in derartigen Fällen ist eine großzügigere Handhabung an die Prüfung der Schlüssigkeit einer Leistungsklage zu legen,
  BAG, Urt. v. 20.07.1989, EzBAT Nr. 5 § 17 BAT; LAG Rheinland-Pfalz, Urt. v. 08.12.1992 – 10 Sa 581/92 (unveröffentlicht).

Der Arbeitnehmer, der im Prozeß von seinem Arbeitgeber die Bezahlung von Überstunden fordert, muß, zumal wenn zwischen der Geltendmachung und der behaupteten Leistung ein längerer Zeitraum liegt, beim Bestreiten der Überstunden im einzelnen darlegen, an welchen Tagen und zu welchen Tageszeiten er über die übliche Arbeitszeit hinaus tätig geworden ist. Er muß ferner eindeutig vortragen, ob die Überstunden vom Arbeitgeber angeordnet oder zur Erledigung der ihm obliegenden Arbeit notwendig oder vom Arbeitgeber gebilligt oder geduldet worden sind,
  BAG, Urt. v. 25.11.1993, NZA 1994, 837.

### 3. Muster: Kein einstweiliger Rechtsschutz wegen Versetzung

Der Arbeitnehmer hat keinen Anspruch auf einstweiligen Rechtsschutz gegen eine auf dem Direktionsrechts beruhende Versetzung, soweit der Arbeitnehmer eine Tätigkeit mit geringerem beruflichen Ansehen ausübt und das Hauptsacheverfahren eingeleitet hat. In der bis zum Falle des Obsiegens

des Arbeitnehmers im Hauptsacheverfahren erfolgenden Beschäftigung mit geringwertigen Aufgaben besteht auch dann kein schwerwiegender Nachteil, wenn der Arbeitnehmer seine beruflichen Fertigkeiten nicht in der bisherigen Weise entfalten kann und diese Tätigkeit mit geringerem beruflichen Ansehen verbunden ist,
LAG Köln, Urt. v. 26.08.1992 – 2 Sa 624/92.

### 4. Muster: Kürzung von Jahressonderzahlungen wegen Fehlzeiten bei Arbeitsunfall

276 Eine Betriebsvereinbarung, die bei Arbeitsunfähigkeit wegen Krankheit eine Kürzung des 13. Monatseinkommens zuläßt, ist dahin auslegungsfähig, daß nur Arbeitsunfähigkeiten wegen Krankheit aufgrund außerbetrieblicher Ursachen die Kürzung erlauben
LAG Baden-Württemberg, Urt. v. 10.10.1997 – 18 (18a) Sa 27/97, AE 1997, 81.

Die gerichtliche Billigkeitskontrolle von Betriebsvereinbarungen gebietet es nicht, Arbeitsunfälle als Grundlage der Kürzung von Jahressonderzahlungen auszuschließen. Ist die Kürzungsmöglichkeit umfassend gestaltet, hat die Jahressonderzahlung den Charakter einer Anwesenheitsprämie und ist als solche nicht zu beanstanden,
BAG, Urt. v. 15.02.1990, AP Nr. 15 zu § 611 BGB, Anwesenheitsprämie.

### 5. Muster: Keine Einschränkung des Direktionsrechts selbst nach langjähriger Tätigkeit

277 Kraft seines Direktionsrechts bestimmt der Arbeitgeber die näheren Einzelheiten der Erbringung der geschuldeten Arbeitsleistung, vor allem deren Ort, Zeit und näheren Inhalt. Das Direktionsrecht kann durch Gesetz, Tarifvertrag, Betriebsvereinbarungen oder Einzelarbeitsvertrag eingeschränkt sein. Soweit hiernach das Direktionsrecht ausgeübt werden kann, muß der Arbeitgeber die Grenzen des billigen Ermessens im Sinne von § 315 Abs. 3 BGB einhalten,
BAG, Urt. v. 23.06.1993, NZA 1993, 1127 mwN.

Die Wahrung billigen Ermessens setzt voraus, daß die wesentlichen Umstände des Falles abgewogen werden. Ob dies geschehen ist, unterliegt der gerichtlichen Kontrolle, die in der Revisionsinstanz uneingeschränkt nachgeprüft wird,
BAG, Urt. v. 23.01.1992, NZA 1992, 795; BAG, NZA 1985, 811.

Setzt ein Krankenhaus die Leiterin einer Station selbst nach 26jähriger Tätigkeit auf eine andere Station um und gibt ihr dort die gleiche Funktion, bewegt sich der Arbeitgeber in den Grenzen seines Direktionsrechts,
BAG, Urt. v. 24.04.1996, NZA 1996, 1088.

Das Direktionsrecht des Arbeitgebers wird nicht dadurch eingeschränkt, daß sich die Arbeitspflicht einer Mitarbeiterin auf die Leitung einer bestimmten Station eines Kreiskrankenhauses konkretisiert hätte.

Selbst eine Umsetzung einer Stationsleiterin zur Behebung von Leistungsmängeln überschreitet nicht die Grenzen billigen Ermessens (§ 315 Abs. 3 BGB). Der Arbeitgeber muß auch nicht bei Ausübung seines Direktionsrechts zur Behebung von Leistungsmängeln die Abmahnung als vermeintlich mildestes Mittel anwenden. Die Erteilung einer Abmahnung belastet in aller Regel den Arbeit-

nehmer stärker als eine bloße Umsetzung, denn mit einer Abmahnung rügt der Arbeitgeber Leistungsmängel und bezeichnet sie auch als solche, während durch die Umsetzung in Ausübung des Direktionsrechts kein vertragswidriges Verhalten förmlich gerügt wird,
   BAG, Urt. v. 24.04.1996, NZA 1996, 1089.

Es ist Sache des Arbeitgebers zu entscheiden, wie er auf Konfliktlagen reagieren will. Der Arbeitgeber ist nicht gehalten, in solchen Situationen anstelle einer Umsetzung eine Abmahnung auszusprechen; außerdem bewirkt eine Abmahnung nicht immer die vom Arbeitgeber angestrebte Verbesserung der Arbeitsleistung. Wenn eine Tätigkeit von ein und derselben Person über einen langen Zeitraum eingenommen worden ist, kann eine Umsetzung, die manchmal eher eine Leistungssteigerung zur Folge hat, damit im beiderseitigen Interesse liegen,
   BAG, Urt. v. 24.04.1996, NZA 1996, 1089.

Auf dem Hintergrund dieser Rechtsprechungsgrundsätze hat sich die beklagte Partei mit ihrer Ausübung des Direktionsrechts in den von der Rechtsprechung aufgestellten Grenzen gehalten:

▲


## 6. Muster: Kein ruhendes Arbeitsverhältnis eines GmbH-Geschäftsführers, wenn das Arbeitsverhältnis zu Erprobungszwecken bestand

▼

Soll der Arbeitnehmer zwecks späterer Anstellung als GmbH-Geschäftsführer zunächst in einem Arbeitsverhältnis erprobt werden, so ist im Zweifel anzunehmen, daß mit Abschluß des Geschäftsführervertrages das ursprüngliche Arbeitsverhältnis beendet sein soll,
   BAG, NZA 1994, 212.

Mit dieser Entscheidung hat das BAG seine bisherige Rechtsprechung teilweise aufgegeben,
   BAG, NZA 1986, 792.

Die Vermutungsregel, daß bei einem zum Geschäftsführer berufenen Angestellten bei in etwa gleichartiger vorangegangener Tätigkeit und vergleichbarer Vergütung noch ein ruhendes Arbeitsverhältnis besteht, gilt nach der neueren Rechtsprechung des BAG jedenfalls in denjenigen Fällen nicht, in denen die Parteien eine „automatische" Vertragsumwandlung vorgenommen haben,
   BAG, NZA 1994, 214.

▲


## 7. Muster: Klage auf Vertragsstrafe

▼

*Klage*

– klägerische Partei –

Prozeßbevollmächtigte:

gegen

– beklagte Partei –

Prozeßbevollmächtigte:
wegen: Vertragsstrafe.

Wir bestellen uns zu Prozeßbevollmächtigten der klägerischen Partei, in deren Namen und Auftrag wir beantragen zu erkennen:

1. Die beklagte Partei wird verurteilt, an die klagende Partei ▨ DM zu zahlen.

**Gründe:**

Die beklagte Partei war bei der klägerischen Partei vom ▨ bis zum ▨ beschäftigt.

Beweis: Vorlage des Arbeitsvertrages in Kopie – Anlage K 1.

Am  hat die beklagte Partei ihre Arbeit verlassen und ist bislang nicht mehr zurückgekehrt. Sie hat auf Nachfrage und Anmahnung erklärt, sie habe inzwischen eine bessere Stelle gefunden.

Beweis: ▨

In dem zwischen den Parteien geschlossenen Arbeitsvertrag ist für den Fall des Vertragsbruches der beklagten Partei eine Vertragsstrafe in Höhe von ▨ DM vereinbart.

Beweis: Vorlage des Arbeitsvertrages in Kopie – Anlage K 1.

Die beklagte Partei ist damit verpflichtet, die vereinbarte Vertragsstrafe zu zahlen.

Der Klage ist damit stattzugeben.

## 8. Muster: Einstweilige Verfügung auf Unterlassung von Wettbewerb im bestehenden Arbeitsverhältnis

An das
Arbeitsgericht

*Antrag auf Erlaß einer einstweiligen Verfügung*

– antragstellende Partei –

Verfahrensbevollmächtigte:

gegen

– antragsgegnerische Partei –

wegen: Unterlassung von Wettbewerb.

Wir bestellen uns zu Prozeßbevollmächtigten der klägerischen Partei und beantragen wegen Dringlichkeit des Falles ohne mündliche Verhandlung durch den Vorsitzenden allein, hilfsweise unter Abkürzung der Ladungsfrist aufgrund einer unverzüglich anzuberaumenden mündlichen Verhandlung den Erlaß einer einstweiligen Verfügung mit folgendem Inhalt:

1. Der antragsgegnerischen Partei wird es geboten, bis zur wirksamen Beendigung des Arbeitsverhältnisses am ▨ jegliche Konkurrenztätigkeit zum Nachteil der klägerischen Partei zu unterlassen, insbesondere im eigenen Namen und für eigene Rechnung ▨.

2. Der antragsgegnerischen Partei wird für jeden Fall der Zuwiderhandlung die Festsetzung eines Ordnungsgeldes bis zur Höhe von 500.000,00 DM oder Ordnungshaft bis zu sechs Monaten angedroht.

3. Die Kosten des Rechtsstreits trägt die antragsgegnerische Partei.

Für den Fall des Obsiegens wird bereits jetzt beantragt,

4. der antragstellenden Partei eine vollstreckbare Kurzausfertigung der Entscheidung (ohne Tatbestand und Entscheidungsgründe) zu erteilen.

## Gründe:

Die antragsgegnerische Partei ist bei der antragstellenden Partei seit dem ▮ als ▮ tätig.

Beweis: Vorlage des Arbeitsvertrages in Kopie – Anlage K 1.

Die antragsgegnerische Partei hat das Arbeitsverhältnis zum ▮ gekündigt.

Beweis: Vorlage des Kündigungsschreibens in Kopie – Anlage K 2.

Die antragsgegnerische Partei ist somit noch ▮ Monate bei der antragstellenden Partei tätig. Der antragstellenden Partei ist nunmehr zu Ohren gekommen, daß die antragsgegnerische Partei den Aufbau eines eigenen Handelsgewerbes betreibt. Die antragsgegnerische Partei hat Abwerbungsgespräche mit folgenden Mitarbeiterinnen und Mitarbeitern der antragstellenden Partei geführt: ▮

Beweis: Zeugnis ▮

Wie die antragstellende Partei durch eine Anfrage beim Gewerbeamt der Stadt ▮ in Erfahrung bringen konnte, ist die antragsgegnerische Partei zwischenzeitlich Inhaber eines Gewerbescheins. Sie hat am ▮ im Geschäftsbereich der antragstellenden Partei ein Gewerbe angemeldet.

Beweis: Zeugnis ▮

Ausweislich des Arbeitsvertrages ist es der antragsgegnerischen Partei ohne Zustimmung der antragstellenden Partei nicht gestattet, eine Nebentätigkeit auszuüben, wie sich aus Ziff. ▮ des Arbeitsvertrages ergibt.

Beweis: Vorlage des Arbeitsvertrages in Kopie – Anlage K 1.

Die antragstellende Partei hat die antragsgegnerische Partei mit Schreiben vom ▮ aufgefordert, jeglichen Wettbewerb zu unterlassen, solange sie noch in einem Arbeitsverhältnis zu der antragstellenden Partei steht und durch das Tätigwerden der antragsgegnerischen Partei Geschäftsinteressen der antragstellenden Partei berührt sind.

Beweis: Vorlage des Schreibens in Kopie – Anlage K 3.

Die antragsgegnerische Partei hüllt sich in Schweigen, setzt jedoch ungeniert ihre Aktivitäten zur eigenen Geschäftsgründung fort.

Die antragstellende Partei hat einen Verfügungsanspruch, der sich aus dem Verbot jeglicher Konkurrenztätigkeit zum Nachteil des Arbeitgebers während des Bestehens eines Arbeitsverhältnisses ergibt, selbst dann, wenn der Einzelarbeitsvertrag keine ausdrückliche Regelung enthält,
    BAG, Urt. v. 16.08.1990, NZA 1991, 141; Urt. v. 06.08.1987, AP Nr. 97 zu § 626 BGB.

Während eines bestehenden Arbeitsverhältnisses, in dem der Arbeitnehmer noch seine Bezüge erhält, muß der Arbeitgeber nicht hinnehmen, daß ihm von seinem Arbeitnehmer auch nur teilweise Konkurrenz gemacht wird. Die Rechtsprechung zum nachvertraglichen Wettbewerbsverbot, wonach eine nicht unerhebliche Übereinstimmung des Fertigungsprogramms des Konkurrenzunternehmens vorliegen muß, ist auf den Fall des Wettbewerbs während eines bestehenden Arbeitsverhältnisses nicht zu übertragen,
    LAG Köln, Urt. v. 08.12.1995, LAGE § 60 HGB Nr. 5.

Die antragsgegnerische Partei kann sich zu ihrer Entlastung auch nicht auf eine Freistellung berufen. Wettbewerbsverbote entfallen nicht durch eine Freistellung,
    BAG, Urt. v. 30.05.1978, AP Nr. 9 zu § 60 HGB; LAG Köln, Urt. v. 08.12.1995, LAGE § 60 HGB Nr. 5.

Der Verfügungsgrund ergibt sich aus dem Umstand, daß der antragstellenden Partei nicht zugemutet werden kann, ein Urteil im Hauptsacheverfahren abzuwarten. Das Hauptsacheverfahren nimmt zwischen drei und sechs Monaten in Anspruch. Das Arbeitsverhältnis besteht nur noch ▮ Monate, so daß vor Ablauf des Arbeitsverhältnisses die antragstellende Partei über keinerlei Rechtsschutz verfügen würde. Der Schaden realisiert sich gegenwärtig während des bestehenden Arbeitsverhältnisses. Die antragstellende Partei kann daher nicht auf das Hauptsacheverfahren verwiesen werden.

## 9. Muster: Klage auf Schadensersatz wegen Schlechtleistung

An das
Arbeitsgericht

*Klage*

– klägerische Partei –

Prozeßbevollmächtigte:

gegen

– beklagte Partei –

wegen: Schadensersatz.

Wir bestellen uns zu Prozeßbevollmächtigten der klägerischen Partei, in deren Namen und Vollmacht wir um Anberaumung eines frühestmöglichen Gütetermins bitten. Im übrigen werden wir beantragen zu erkennen:

1. Die beklagte Partei wird verurteilt, an die klägerische Partei         DM nebst       % Zinsen jährlich für den Zeitraum vom         bis zum         sowie       % Zinsen jährlich ab dem         zu zahlen.
2. Die Kosten des Rechtsstreits trägt die beklagte Partei.

**Gründe:**

Die klägerische Partei betreibt ein Bauunternehmen. Die beklagte Partei ist bei der klägerischen Partei als Baggerfahrer beschäftigt. Das Bruttomonatsgehalt der klägerischen Partei beläuft sich auf         DM.

Die klägerische Partei war von der Firma         beauftragt, ein Gebäude zu errichten. Zunächst mußten Ausschachtungsarbeiten durchgeführt werden, die von der beklagten Partei als Baggerführer im wesentlichen übernommen wurden.

Der Bauleiter hatte am         der beklagten Partei die Pläne übergeben und dabei ausdrücklich auf eine Gasleitung und ihren Verlauf hingewiesen.

Beweis: Zeugnis Bauleiter

Der beklagten Partei waren allen Höhen- und Tiefenmaße mitgeteilt worden. Nachdem der erste Aushub von etwa einem Meter erfolgt war, hatte der Bauleiter zusätzlich noch einmal veranlaßt, daß durch weiße Kreide die etwaige Lage der Gasleitung für die beklagte Partei sichtbar gemacht wurde.

Beweis: 1. Wie vor.
          2. Zeugnis

Trotzdem scherte sich die beklagte Partei um die ihr mitgeteilten Angaben nicht. Im Zuge der Abräumarbeiten ließ sie mit voller Wucht die Baggerschaufel auf die Gasleitung fallen, so daß durch die Funkenbildung anschließend eine Explosion entstand. Die Explosion ist ausschließlich auf das grob fahrlässige Verhalten der beklagten Partei zurückzuführen.

Beweis: Sachverständigengutachten.

Der klägerischen Partei sind durch die Explosion folgende Schäden entstanden:

Der Gesamtschadensbetrag entspricht dem Klageantrag Nr. 1. Die beklagte Partei haftet für den gesamten Schaden, weil sie sich grob fahrlässig verhalten hat.

Bei grober Fahrlässigkeit findet keine Haftungsteilung statt, sondern der Arbeitnehmer hat den Schaden dem Arbeitgeber vollständig zu ersetzen,

> BAG, Urt. v. 27.09.1994, NZA 1994, 1083; BAG, Urt. v. 23.01.1997, NZA 1998, 140; BAG, Urt. v. 22.05.1997, DB 1998, 135.

Ein Mitverschulden der klägerischen Partei besteht nicht. Der Bauleiter hat die beklagte Partei unter Übergabe und anhand der Pläne über die Existenz und den Standort der Gasleitung unterrichtet. Er hat darüber hinaus durch Kreise und Markierungen dem Baggerführer visuelle Hilfen gegeben und ihn gleichzeitig erinnert, daß er die Risiken aus der Gasleitung zu beachten habe. Der Schaden ist daher nicht zu quoteln,

> BAG, Urt. v. 03.11.1970, AP Nr. 61 zu § 611 BGB Haftung des Arbeitnehmers; BAG, Urt. v. 19.02.1998, DB 1998, 1740.

## 10. Muster: Klage auf Schadensersatz des Arbeitgebers wegen Verkehrsunfalls des Arbeitnehmers

An das
Arbeitsgericht

*Klage*

– klägerische Partei –

Prozeßbevollmächtigte:

gegen

– beklagte Partei –

wegen: Schadensersatz.

Wir bestellen uns zu Prozeßbevollmächtigten der klägerischen Partei, in deren Namen und Vollmacht wir um Anberaumung eines frühestmöglichen Gütetermins bitten. Im übrigen werden wir beantragen zu erkennen:

1. Die beklagte Partei wird verurteilt, an die klägerische Partei         DM nebst         % Zinsen jährlich für den Zeitraum vom         bis zum         sowie         % Zinsen jährlich ab dem         zu zahlen.
2. Die Kosten des Rechtsstreits trägt die beklagte Partei.

**Gründe:**

Die beklagte Partei ist bei der klägerischen Partei als Vertriebsmitarbeiterin seit dem         zu einem durchschnittlichen monatlichen Bruttogehalt von         DM tätig.

Beweis:   Vorlage des Arbeitsvertrages in Kopie – Anlage K 1.

Die klägerische Partei hat der beklagten Partei einen Dienstwagen zur Verfügung gestellt, der monatlich mit 1 % seines Anschaffungswertes der beklagten Partei als geldwerter Vorteil berechnet wird.

Beweis:   Vorlage einer Gehaltsbescheinigung – Anlage K 2.

### § 7  Kapitel 2: Vertretung von Arbeitgebern

Am          suchte die beklagte Partei einen Kunden auf. Auf der Fahrt von          nach          verursachte sie in          an der Kreuzung          straße/          straße einen Verkehrsunfall. Der Verkehrsunfall wurde von der nächstgelegenen Polizeidienststelle aufgenommen. Das Protokoll hierüber weist als Verursachung des Verkehrsunfalls die beklagte Partei aus. Der Verkehrsunfall geschah wie folgt:

Beweis: Zeugnis

Bewertet man die Entstehung des Verkehrsunfalls, so hat die beklagte Partei den Schaden mit mittlerer Fahrlässigkeit verursacht. Bei mittlerer Fahrlässigkeit findet eine Schadensteilung zwischen Arbeitgeber und Arbeitnehmer statt,
  BAG, Urt. v. 27.09.1994, NZA 1994, 1083,
wobei die Umstände des Einzelfalls unter Abwägung nach Billigkeits- und Zumutbarkeitsgesichtspunkten über die Höhe des von jeder Partei zu tragenden Schadens entscheiden.

Die klägerische Partei hat unter Berücksichtigung des Gesichtspunkts der Vorhersehbarkeit des Schadenseintritts sowie der Art und Schwierigkeit der Tätigkeit eine Schadensteilung im Verhältnis von 50 % zu 50 % vorgenommen. Mit der vorliegenden Klage wird 50 % des entstandenen Schadens geltend gemacht. Die klägerische Partei hat keine Kaskoversicherung für das Fahrzeug abgeschlossen. Das Fahrzeug ist auch nicht geleast, sondern steht im Eigentum der klägerischen Partei.

## 11. Muster: Klage auf Rückzahlung überzahlten Arbeitsentgelts

An das
Arbeitsgericht

*Klage*

– klägerische Partei –

Prozeßbevollmächtigte:

gegen

– beklagte Partei –

wegen: Rückforderung.

Wir bestellen uns zu Prozeßbevollmächtigten der klägerischen Partei, in deren Namen und Vollmacht wir um Anberaumung eines frühestmöglichen Gütetermins bitten. Im übrigen werden wir beantragen zu erkennen:

1. Die beklagte Partei wird verurteilt, an die klägerische Partei          DM netto nebst          % Zinsen jährlich für den Zeitraum vom          bis zum          sowie          % Zinsen jährlich ab dem          zu zahlen.
2. Die Kosten des Rechtsstreits trägt die beklagte Partei.

**Gründe:**
Die beklagte Partei ist seit dem          bei der klägerischen Partei als          beschäftigt. Ihr monatliches Bruttogehalt beläuft sich auf          DM.
Beweis: Vorlage des Arbeitsvertrages in Kopie – Anlage K 1.

Durch einen Fehler in der Lohnbuchhaltung hat die beklagte Parte das 13. Monatsgehalt im Jahre ▒▒▒▒ zweimal erhalten, und zwar sowohl mit der November-Überweisung als auch mit der Dezember-Überweisung.

Beweis:  1. Vorlage des Überweisungsträgers für November – Anlage K 2.
2. Vorlage des Überweisungsträgers für Dezember – Anlage K 3.

Im Zuge der Revision wurde ein halbes Jahr später festgestellt, daß bei der beklagten Partei eine Überzahlung eingetreten ist. Nach dem Arbeitsvertrag schuldet die klägerische Partei das 13. Monatsgehalt jährlich nur einmal.

Beweis:  Vorlage des Arbeitsvertrages in Kopie – Anlage K 1.

Die klägerische Partei hat mit Schreiben vom ▒▒▒▒ die beklagte Partei zur Rückzahlung eines der beiden „13. Monatsgehälter" aufgefordert. Sie hat dabei gleichzeitig der beklagten Partei Ratenzahlung eingeräumt.

Beweis:  Vorlage des Schreibens in Kopie – Anlage K 4.

Die beklagte Partei hat bislang keine Zahlung erbracht. In einem Gespräch mit der Personalabteilung berief sie sich darauf, sie habe Luxusaufwendungen in Höhe einer der geleisteten Überweisungen aufgewandt und sei heute nicht mehr bereichert.

Beweis:  Zeugnis Personalsachbearbeiter ▒▒▒▒

Die Beklagte ist ungerechtfertigt bereichert im Sinne von § 812 Abs. 1 Satz 1 1. Alt. BGB. Sie hatte von vornherein keinen Anspruch auf die zweimalige Zahlung des 13. Monatsgehalts. Mit Eingang der Dezember-Zahlung hätte für die beklagte Partei klar sein müssen, daß es sich um ein Versehen der Lohnbuchhaltung handelt. Die beklagte Partei hätte zumindest nachfragen müssen, wie es zu dieser Überzahlung gekommen ist. Spätestens dann wäre der Irrtum aufgedeckt worden und die beklagte Partei hätte die angeblichen Luxusaufwendungen, die bis heute nicht nachgewiesen sind und bestritten werden, nicht getätigt.

Die beklagte Partei kann bis heute keine plausible Erklärung dafür anbieten, warum sie ein weiteres 13. Monatsgehalt im Dezember beziehen sollte. Der Einwand des Wegfalls der Bereicherung gem. § 818 Abs. 3 BGB kann daher von der beklagten Partei nicht erfolgreich erhoben werden. Auch handelt es sich nicht nur um eine nur geringfügige Überzahlung, bei der darauf geschlossen werden kann, daß die beklagte Partei sie als laufende Kosten der Lebenshaltung eingesetzt hat. Die Grenze besteht heute im Hinblick auf wiederkehrende Leistungen bei 10 % aller für den Zeitraum zustehenden Bezüge, höchstens jedoch monatlich 200,00 DM,
    BAG, Urt. v. 18.01.1995, NJW 1996, 411.

Diese Erleichterungen der Darlegungs- und Beweislast kommen der beklagten Partei schon deshalb nicht zugute, weil sie zu den Besserverdienenden gehört,
    BAG, Urt. v. 12.01.1994, DB 1994, 1039.

Die klägerische Partei hat die Rückzahlung als Nettoforderung geltend gemacht,
    so *Groß*, ZIP 1987, 5; ähnlich BFH, Urt. v. 27.03.1992, BB 1992, 1272,

wenngleich auch die Auffassung vertreten wird, der Bruttobetrag sei zurückzuerstatten,
    *Matthes*, DB 1973, 331.

## § 7 Kapitel 2: Vertretung von Arbeitgebern

### 12. Muster: Darlegungslast des BR-Mitglieds bei vom Arbeitgeber bestrittener BR-Tätigkeit

Das LAG Berlin,
Urt. v. 20.02.1997–10 Sa 73/96, AE 1997, 97,
hatte über einen Fall zu entscheiden, in dem eine Betriebsratsvorsitzende eines Betriebes mit 110 Arbeitnehmern, zugleich stellvertretende Vorsitzende des Gesamtbetriebsrates, seit zwei Jahren nahezu ausschließlich im Rahmen ihrer Betriebsratsfunktion tätig war und keine nennenswerten Leistungen im Rahmen ihrer vertraglich geschuldeten Tätigkeit für die Arbeitgeberin erbracht hatte. Als Grund für ihre Abwesenheit von der Arbeit gab sie pauschale Schlagworte an, die sie auch wechselte, wenn der Arbeitgeber darauf verwies, daß bereits aus dem Schlagwort heraus erkennbar keine Betriebsratstätigkeit vorlag (Gesamtbetriebsrats-Sprechstunde). Der Arbeitgeber stellte daraufhin die Vergütungsleistung ein. Während das Arbeitsgericht der Klage stattgab mit der Begründung, der Arbeitgeber habe nicht im einzelnen vorgetragen, was die Klägerin anstelle der angemeldeten Gesamtbetriebsratstätigkeit genau getan habe, weshalb an der Erforderlichkeit damit Zweifel nicht dargelegt seien, entschied das LAG Berlin zugunsten des Arbeitgebers in differenzierter Weise:

1. Bestreitet der Arbeitgeber die Erforderlichkeit behaupteter Betriebsratstätigkeit und damit Ansprüche eines Betriebsratsmitgliedes auf Entgeltfortzahlung, so hat das Betriebsratsmitglied zunächst stichwortartig Art der Betriebsratstätigkeit und deren Dauer vorzutragen. Es ist sodann Sache des Arbeitgebers, seinerseits darzulegen, aus welchen Gründen unter Berücksichtigung der stichwortartigen Angaben des Betriebsratsmitglieds sich begründete Zweifel an der Erforderlichkeit der angegebenen Tätigkeit ergeben. Erst dann hat das Betriebsratsmitglied substantiiert darzulegen, aufgrund welcher Umstände es die Betriebsratstätigkeit für erforderlich halten durfte. Beim Streit um die Entgeltfortzahlung nach § 37 Abs. 2 BetrVG iVm § 611 BGB ist mithin von einer abgestuften Darlegungslast auszugehen,
   so auch BAG, Urt. v. 15.03.1995, DB 1995, 1514.

2. Behauptet ein nach der Staffel des § 38 BetrVG nicht freizustellendes Betriebsratsmitglied, es sei zwei Jahre lang jeden Tag mit erforderlicher Betriebsratstätigkeit beschäftigt gewesen, ohne in der Anmeldung über ihre Freistellung Differenzierungen vorzunehmen, so begründet dies berechtigte Zweifel des Arbeitgebers an der Erforderlichkeit der Tätigkeit. Solche Zweifel werden auch begründet, wenn ein Betriebsratsmitglied auf eine Rüge des Arbeitgebers hin Begriffe zur Bezeichnung seiner Tätigkeit einfach auswechselt.

3. Es ist nicht Aufgabe des Arbeitgebers anzugeben, was das Betriebsratsmitglied anstelle der behaupteten Betriebsratstätigkeit getan hat. Dies kann der Arbeitgeber nicht wissen, denn er soll und darf dem Betriebsratsmitglied nicht nachspionieren. Infolgedessen dürfen die Anforderungen an die Darlegungslast des Arbeitgebers nicht überspannt werden. Es wird dem redlichen Betriebsratsmitglied leicht möglich sein darzulegen, daß und was es in der entsprechenden Zeit getan hat.

4. Ist das Betriebsratsmitglied damit gehalten, die Erforderlichkeit der in Anspruch genommenen Freistellung zu belegen, dann genügen Angaben wie „Posteingang, Telefonate mit Betriebsräten, Gesetzestexte gelesen, Gespräch mit der Firma XY" nicht. Weder läßt sich hieraus die Erforderlichkeit dem Grunde nach, noch nach dem zeitlichen Umfang erkennen. Unzureichend sind auch Hinweise auf Gesamtkomplexe, die in einer Position „Geschäftsführungsaufgaben Gesamtbetriebsrat" pauschal geltend gemacht werden. Eine solche Angabe indiziert nicht die Erforderlichkeit. Dazu bedarf es des Nachweises konkreter Betriebsratstätigkeiten.

5. Die Zeit, die ein Betriebsratsmitglied benötigt, seine im Rahmen seines Individualrechtsstreits um seine Vergütung mit dem Arbeitgeber obliegende Darlegungslast zu erfüllen, ist keine Betriebsratstätigkeit
   LAG Berlin, Urt. v. 20.02.1997, 10 Sa 73/96 u. 97/96, AE 1997, 98.

### 13. Muster: Ersatzansprüche gegen geringfügig Beschäftigte wegen nachträglich festgestellter Versicherungspflicht

Nimmt der Arbeitnehmer, der für eine „versicherungsfreie Beschäftigung" eingestellt wurde, ohne Mitteilung an den Arbeitgeber weitere Beschäftigungen auf und wird das Arbeitsverhältnis damit versicherungspflichtig, steht dem Arbeitgeber ein Anspruch auf Ersatz der nunmehr von ihm nachträglich zu erbringenden Arbeitgeberanteile zur Sozialversicherung zu,
   LAG Rheinland-Pfalz, Urt. v. 19.06.1992 – 10 Sa 284/92 (unveröffentlicht); LAG Frankfurt, Urt. v. 12.10.1992 – 10 Sa 360/92 (unveröffentlicht).

### 14. Muster: Kein Zurückbehaltungsanspruch des Arbeitnehmers an Betriebsgegenständen des Arbeitgebers wegen Lohnforderungen

Der Anspruch des Arbeitgebers auf Herausgabe von Arbeitsmitteln und Betriebsgegenständen gegen den Arbeitnehmer folgt aus dem Eigentümer-Besitzerverhältnis, §§ 987 ff. BGB. Die Regelungen über das Eigentümer-Besitzerverhältnis enthalten nach allgemeiner Meinung eine erschöpfende, andere Ansprüche ausschließende Sonderregelung.

Ein Recht zum Besitz hat der Arbeitnehmer, der noch Lohnforderungen im Verhältnis zum Arbeitgeber besitzt, an Betriebsgegenständen des Arbeitgebers nicht. Der Arbeitnehmer hat grundsätzlich die ihm überlassenen Werkzeuge, Geschäftsunterlagen uä nach Beendigung des Arbeitsverhältnisses an den Arbeitgeber herauszugeben. Gegenüber diesem Herausgabeanspruch besteht kein Zurückbehaltungsrecht,
   LAG Düsseldorf, Urt. v. 04.07.1975, DB 1975, 2040.

Allerdings kann gegenüber dem Nutzungsentschädigungsanspruch aus §§ 987 f. BGB nach Maßgabe der §§ 387 f. BGB vom Arbeitnehmer mit eigenen Lohnforderungen gegen den Arbeitgeber die Aufrechnung erklärt werden,
   LAG Düsseldorf, Urt. v. 04.07.1975, DB 1975, 2040.

## Kapitel 2: Vertretung von Arbeitgebern

### XI. Befristete Arbeitsverhältnisse und freie Mitarbeit

#### 1. Muster: Klageerwiderung wegen fehlender Arbeitnehmereigenschaft

*Verteidigungsanzeige in Sachen*

– klägerische Partei –

gegen

– beklagte Partei –

Prozeßbevollmächtigte:

Wir bestellen uns zu Prozeßbevollmächtigten der beklagten Partei, in deren Namen und Auftrag wir beantragen werden zu erkennen:

1. Die Klage wird abgewiesen.
2. Die klägerische Partei trägt die Kosten des Rechtsstreits.

**Gründe:**

I.

Die klägerische und die beklagte Partei stehen seit dem            in privatrechtlichen Rechtsbeziehungen. Aufgrund dieser Rechtsbeziehungen wurde zwischen den Parteien jedoch kein Arbeitsrechtsverhältnis begründet, so daß das angerufene Gericht sachlich nicht zuständig ist, § 2 ArbGG. Die Klage ist überdies nicht begründet.

II.

Die Tätigkeit der klägerischen Partei ist derart überwiegend von einer selbständigen Aufgabenerledigung geprägt, daß nicht, entsprechend der gängigen Definition des Arbeitsverhältnisses, von der Leistung fremdbestimmter Arbeit in persönlicher Abhängigkeit im Dienste eines Arbeitgebers die Rede sein kann. Nach gefestigter Auffassung in Rechtsprechung und Schrifttum ist Arbeitnehmer, wer aufgrund eines privatrechtlichen Vertrages im Dienste des Arbeitgebers zur Leistung fremdbestimmter Arbeit in persönlicher Abhängigkeit verpflichtet ist,

vgl. BAG, AP Nr. 1 zu § 611 BGB, Abhängigkeit; AP Nr. 1 zu § 611 BGB Erfinder, AP Nr. 21 zu § 611 BGB, Abhängigkeit; *Hueck/Nipperdey*, Lehrbuch, Bd. 1, 7. Aufl. § 9 III, 3; *Söllner*, Grundriß des Arbeitsrechts, § 3 I 1; *Hanau/Adomeit*, Arbeitsrecht, S. 2.

In einer Vielzahl von Entscheidungen hat das Bundesarbeitsgericht, insbesondere der 5. Senat, Abgrenzungskriterien zu entwickeln unternommen, über die sich objektiv herausarbeiten läßt, ob der Beschäftigte in persönlicher Abhängigkeit zum Arbeitgeber steht.

In der älteren Rechtsprechung entwickelte das Bundesarbeitsgericht eine Reihe formaler Kriterien, anhand derer sich beurteilen lassen sollte, ob auf seiten des Beschäftigten eine persönliche Abhängigkeit zum Arbeitgeber besteht. Zu diesen Kriterien gehören:
– Umfang der Weisungsgebundenheit
– Unterordnung unter andere im Dienste des Geschäftsherrn stehende Personen
– Bindung an feste Arbeitszeiten
– Rechtspflicht zum regelmäßigen Erscheinen
– Zulässigkeit von Nebentätigkeiten oder Pflicht, die gesamte Arbeitskraft dem Geschäftsherrn zur Verfügung zu stellen
– Ort der Erledigung der Tätigkeit
– Form der Vergütung
– Frage der Abführung von Steuern und Sozialversicherungsbeiträgen
– Gewährung von Urlaub

- Bereitstellung von Arbeitsgeräten
- Führung von Personalunterlagen
  vgl. BAG AP Nr. 6 zu § 611 BGB Abhängigkeit.

In einer Vielzahl von Entscheidungen hat das Bundesarbeitsgericht seine Rechtsprechung verfestigt, wonach für die Statusbeurteilung die persönliche Abhängigkeit des Mitarbeiters weiterhin maßgebliches Kriterium ist. Arbeitnehmer ist danach derjenige, der seine Dienstleistung im Rahmen einer von Dritten bestimmten Arbeitsorganisation erbringt,
  BAG, AP Nrn. 34, 35, 36, 45 zu § 611 BGB Abhängigkeit.

Nach Auffassung des Bundesarbeitsgerichts enthält § 84 Abs. 1 S. 2 HGB ein typisches Abgrenzungsmerkmal. Nach dieser Bestimmung ist selbständig, wer im wesentlichen frei seine Tätigkeit gestalten und seine Arbeitszeit bestimmen kann. Unselbständig und deshalb persönlich abhängig ist dagegen der Mitarbeiter, dem dies nicht möglich ist. Zwar gilt diese Regelung unmittelbar nur für die Abgrenzung des selbständigen Handelsvertreters vom abhängig beschäftigten Handlungsgehilfen. Über diesen unmittelbaren Anwendungsbereich hinaus enthält die Vorschrift jedoch eine allgemeine gesetzgeberische Wertung, die bei der Abgrenzung des Dienstvertrages vom Arbeitsvertrag zu beachten ist, zumal dies die einzige Norm ist, die hierfür Kriterien enthält. Unterliegt also der Beschäftigte hinsichtlich Zeit, Dauer und Ort der Ausführung der versprochenen Dienste einem umfassenden Weisungsrecht, liegt ein Arbeitsverhältnis vor. Kann er im wesentlichen die Arbeitsbedingungen frei gestalten, ist er ein freier Mitarbeiter. Die das Rechtsverhältnis prägenden charakteristischen Merkmale sind zu beurteilen, wie sie sich aus dem Inhalt des Vertrages und der praktischen Durchführung und Gestaltung der Vertragsbeziehungen ergeben,
  BAG, AP Nr. 32 zu § 611 BGB Lehrer, Dozenten; AP Nr. 45 zu § 611 BGB Abhängigkeit.

Wie es zu einer planmäßigen Einbindung des „freien Mitarbeiters" in die Arbeit beim Arbeitgeber kommt, ist unerheblich. Auch wenn ursprünglich nicht geplant war, einen „freien Mitarbeiter" in den betrieblichen Arbeitsablauf einzubinden und sich dies erst im Laufe der Zeit ergeben hat, kann der „freie Mitarbeiter" in Wahrheit Arbeitnehmer sein und die arbeitsrechtliche Stellung des Arbeitnehmers mit unbefristetem Arbeitsverhältnis beanspruchen,
  BAG, AP Nr. 21 zu § 611 BGB Abhängigkeit; ArbG Frankfurt, Urt. v. 15.03.1982 – 9 Ca 120/81.

Daß die Parteien die Rechtsbeziehungen als „freies Mitarbeiterverhältnis" bezeichnet haben, ist für die rechtliche Beurteilung ohne Bedeutung: es kommt nach ständiger Rechtsprechung des Bundesarbeitsgerichts allein darauf an, wie die Parteien ihre Vertragsbeziehungen tatsächlich ausgestaltet haben,
  BAG, AP Nrn. 17, 44 zu § 611 BGB Abhängigkeit.

**III.**
Unter Berücksichtigung der gefestigten Rechtsprechung des Bundesarbeitsgerichts hat die klägerische Partei bei dieser Sachlage nicht den Status eines Arbeitnehmers:

## 2. Muster: Arbeitnehmerähnliche Person – Begriffsbestimmung am Beispiel eines Rundfunkmitarbeiters

Aktenzeichen:
Gegner: RAe         , 2 Abschriften anbei

In dem Rechtsstreit

./.

bestellen wir uns zu Prozeßbevollmächtigten der beklagten Rundfunkanstalt, in deren Namen und Auftrag wir beantragen zu erkennen:

1. Die Klage wird abgewiesen.
2. Die Kosten des Rechtsstreits trägt die klägerische Partei.

Gründe:

### A. Tätigkeit der klägerischen Partei

#### I. Inhalt der Tätigkeit

Die klägerische Partei ist seit dem Jahre         bei der beklagten Rundfunkanstalt im Ressort         tätig; in diesem Ressort sind zur Zeit         festangestellte Mitarbeiter als Ressortleiter und         ständige freie Mitarbeiter – darunter die klägerische Partei – eingesetzt. Die klägerische Partei nimmt folgende Aufgaben im Rahmen folgender Sendungen wahr:         .

Zusammenfassend ist der Inhalt der Tätigkeit der klägerischen Partei so zu beschreiben, daß sie eigenständig Beiträge für Sendungen beschafft, deren Themen sie entweder selbst vorschlägt oder die ihr von dem Report-Moderator (teilweise auch von der Nachrichtenredaktion) als Anregung oder als Auftrag vorgegeben werden. Für den Inhalt der Beiträge ist – unbeschadet der Verantwortlichkeit des Beitragsverfassers (Korrespondent oder Reporter etc.) die klägerische Partei selbst verantwortlich, ohne daß an sie jedoch die redaktionelle Verantwortung delegiert wäre. Diese verbleibt nach dem hierarchischen Aufbau bei dem Ressortleiter, der aus diesem Grund auch das „Letztentscheidungsrecht" über die Ausstrahlung eines Beitrags hat.

#### II. Organisation der Tätigkeit

1. Arbeitseinteilung

2. Weisungsverhältnisse

3. Urlaubsregelung

4. Bezahlung

### B. Rechtliche Bewertung

Die rechtliche Einordnung einer Beschäftigten als freie Mitarbeiterin oder Festangestellte erfolgt unter zwei Aspekten. Materiell-inhaltlich kommt nach der Rechtsprechung des Bundesverfassungsgerichts eine Stellung als freie Mitarbeiterin nur in Betracht, wenn die betreffende Person „programmgestaltend" tätig ist. Formell-organisatorisch setzt eine freie Mitarbeit nach der Rechtsprechung des

Bundesarbeitsgerichts voraus, daß zwischen den Parteien kein Verhältnis der persönlichen Abhängigkeit besteht. Ersteres erfordert, daß die freie Mitarbeiterin zu den „Programmachern" zählt; letzteres liegt vor, wenn die Betreffende „nicht verplant wird, sondern sich selbst verplant".

## I. Das materiell-inhaltliche Kriterium des Bundesverfassungsgerichts – die „programmgestaltende" Tätigkeit

1. In seinem Beschluß vom 13.01.1982 (BVerfGE 59, 231) führt der erste Senat des Bundesverfassungsgerichts zum Verhältnis zwischen dem Grundrecht der Rundfunkfreiheit und dem Status der Mitarbeiter der öffentlich-rechtlichen Rundfunkanstalten aus:

„Insoweit hängt vielmehr die Erfüllung der Aufgaben des Rundfunks davon ab, daß deren personelle Voraussetzungen hergestellt und aufrechterhalten werden können. Problematisch, dafür um so wichtiger, kann dies werden, wenn – etwa wegen der jeweiligen weltpolitischen Entwicklung – neue Informationsbedürfnisse entstehen, während andere zurücktreten, ... wenn also die Notwendigkeit eines Wechsels entsteht. Es ist Sache der Rundfunkanstalten, diesen und ähnlichen Erfordernissen ihres Programmauftrags durch den Einsatz von für die jeweilige Aufgabe qualifizierten Mitarbeitern gerecht zu werden. Dazu wären sie nicht in der Lage, wenn sie ausschließlich auf ständige feste Mitarbeiter angewiesen wären, welche unvermeidlich nicht die ganze Vielfalt der in den Sendungen zu vermittelnden Inhalte wiedergeben und gestalten könnten. Sie müssen daher auf einen breit gestreuten Kreis geeigneter Mitarbeiter zurückgreifen können, was seinerseits voraussetzen kann, daß diese nicht auf Dauer, sondern nur für die Zeit beschäftigt werden, in der sie benötigt werden" (BVerfGE 59, 231, 259).

Das Bundesverfassungsgericht erkennt an, daß „den Rundfunkanstalten die zur Erfüllung ihres Programmauftrages notwendige *Freiheit und Flexibilität*" (BVerfGE 59, 231, 268, Hervorhebung vom Unterzeichner) genommen würde, wenn sie verpflichtet wären, die für andere Bereiche geltenden arbeitsrechtlichen Maßstäbe uneingeschränkt zu übernehmen. Erforderlich zur Umsetzung der Rundfunkfreiheit ist damit unter anderem, daß den Rundfunkanstalten ein Spielraum zur Verfügung steht, innerhalb dem sie die Rechtsverhältnisse zu ihren Mitarbeitern in einer Weise regeln können, die eine effektive Umsetzung der Verpflichtung der Rundfunkanstalten zu umfassender, vielfältiger und ausgewogener Information gewährleistet. Vorrang hat damit die Rundfunkfreiheit, der „arbeitsrechtliche Bestandsschutz" muß zurücktreten:

„(Aus) der besonderen Bedeutung der Rundfunkfreiheit folgt, daß der Rundfunkfreiheit bei der Zuordnung zu dem verfassungsrechtlich legitimierten Bestandsschutz des Arbeitsrechts ein hohes Gewicht beizumessen ist, welches dasjenige des arbeitsrechtlichen Bestandsschutzes übersteigen kann" (BVerfGE 59, 231, 267).

Der Auffassung Ossenbühls, das Grundrecht der Rundfunkfreiheit und das Sozialstaatsgebot stünden sich gleichrangig gegenüber,

*Ossenbühl*, Rechtsprobleme der freien Mitarbeit im Rundfunk (1978, S. 123 f.),

hat das Bundesverfassungsgericht eine klare Absage erteilt:

„Eine unmittelbare Begrenzung (Anm.: der Rundfunkfreiheit) durch das Sozialstaatsprinzip würde voraussetzen, daß das Prinzip zu der Frage, inwieweit Rundfunkanstalten „freie Mitarbeiter" als Arbeitnehmer beschäftigen müssen, einen konkreten und verbindlichen Auftrag enthielte. Das ist nicht der Fall" (BVerfGE 59, 231, 263).

Der Gestaltungsspielraum der Rundfunkanstalten bei der Umsetzung dieser Grundsätze ist freilich nicht unbegrenzt. Der Grundsatz der Verhältnismäßigkeit verpflichtet die Rundfunkanstalten, nur auf solche Gestaltungsmittel zurückzugreifen, die geeignet und erforderlich sind, die Rundfunkfreiheit in bezug auf die Ausgestaltung der Mitarbeiterverhältnisse zu effektuieren. Über die Geeignetheit der Vereinbarung freier Mitarbeiterverhältnisse zur Erreichung dieses Zwecks bestehen keine Zweifel. Im Hinblick auf die Erforderlichkeit schränkt das Bundesverfassungsgericht die Gestaltungsfreiheit allerdings unter 2 Aspekten ein. Zum einen besteht der Gestaltungsspielraum nur im Hinblick auf einen bestimmten Mitarbeiterkreis (2.), zum anderen muß die Rundfunkanstalt einen gewissen Mindeststandard an sozialer Absicherung gewährleisten (3.). Die Beschäftigung der Klägerin als freie Mitarbeiterin bewegt sich innerhalb dieser Grenzen (4.).

2.  a) Den Rundfunkanstalten kommt ein Spielraum bei der Gestaltung der Beschäftigungsverhältnisse nur im Hinblick auf solche Mitarbeiter zu, „die an Hörfunk- und Fernsehsendungen inhaltlich gestaltend mitwirken" (BVerfGE 59, 231, 260). Dagegen besteht kein Gestaltungsspielraum in bezug auf Mitarbeiter, die „nicht unmittelbar den Inhalt der Sendungen mitgestalten". Zu letzterem Beschäftigtenkreis zählt das Bundesverfassungsgericht neben den Technikern und Verwaltungsangestellten auch „solche Mitarbeiter, deren Tätigkeit sich, wenn auch im Zusammenhang mit der Verwirklichung des Programms stehend, in dessen technischer Realisation erschöpft und ohne inhaltlichen Einfluß auf dieses bleibt" (BVerfGE 59, 231, 261).

    b) Die klägerische Partei ist „programmgestaltend" im Sinne dieser Rechtsprechung tätig. Ihre Tätigkeit erschöpft sich keineswegs in der „technischen Realisation" vorgegebenen Materials. Sie selbst nimmt vielmehr Einfluß auf den Inhalt des Programms. Ihre Tätigkeit besteht darin, ▓▓▓▓▓. Daß diese Tätigkeit inhaltlich auf das Programm Einfluß hat, dürfte außer Frage stehen. Denn wer sonst, wenn nicht derjenige, der ▓▓▓▓▓.

3.  a) Der Spielraum des Beklagten bei der Ausgestaltung der Beschäftigungsverhältnisse ist auch insoweit begrenzt, als nicht sämtliche Maßnahmen der sozialen Sicherung für Beschäftigte zu Lasten der programmgestaltend tätigen Rundfunkmitarbeiter ausgeschlossen werden können. So hält das Bundesverfassungsgericht die Rechtsvorschriften des Sozialversicherungsrechts (Altersversorgung, Schutz bei Krankheit) für unverzichtbar, weil hierdurch „nicht die Entscheidungsfreiheit der Rundfunkanstalten über die Auswahl, Einstellung oder Beschäftigung programmgestaltend tätiger Mitarbeiter" beeinträchtigt wird (BVerfGE 59, 231, 268).

    Das Bundesverfassungsgericht kommt auf diese Weise zu einem sachgerechten Ausgleich zwischen dem Erfordernis der Flexibilität für die Rundfunkanstalten einerseits und dem Bedürfnis nach sozialer Sicherung für die programmgestaltenden Mitarbeiter andererseits. Es sei allerdings nochmals darauf hingewiesen, daß dieser Ausgleich nicht zu einer völlig gleichgewichtigen Berücksichtigung beider Belange führen kann. Rundfunkfreiheit und soziale Sicherheit der Arbeitnehmer stehen sich nicht gleichrangig gegenüber und müssen daher nicht im Sinne einer praktischen Konkordanz in Einklang gebracht werden.

    b) Der vom Bundesverfassungsgericht geforderte soziale Schutz ist in bezug auf die Klägerin nicht nur gewahrt, sondern deutlich überschritten worden.

    Die freien Mitarbeiter zählen zu den arbeitnehmerähnlichen Personen im Sinne von § 12 a TVG. Der Aspekt der sozialen Absicherung der freien Mitarbeiter war ausdrücklich erklärter Gesetzeszweck beim Erlaß dieser Vorschrift. Die amtliche Begründung enthält ausdrücklich den Hinweis, daß diese Regelung vor allem für die freien Mitarbeiter bei Rundfunk und Fernsehen gedacht war,

    vgl. BT-Drs. 7/975, S. 20.

    Dies wird in dem Sozialbericht 1976,
    BT-Drs. 7/4953,
    der sich schwerpunktmäßig mit den Auswirkungen des § 12 a TVG befaßt hat, nochmals ausdrücklich wiederholt.

    Für die freien Mitarbeiter des Beklagten sieht der „Tarifvertrag für die arbeitnehmerähnlichen Personen nach § 12 a TVG" eine Vielzahl sozialer Sicherungen vor, die der sozialen Schutzbedürftigkeit freier Mitarbeiter in einem hohen Maße Rechnung tragen.

    Im einzelnen sieht der Tarifvertrag eine Vergütungsregelung vor, sowohl für den Fall der Arbeitsunfähigkeit als auch für den Fall der Schwangerschaft. Der Beklagte leistet sämtliche Sozialabgaben. Darüber hinaus steht den freien Mitarbeitern die Mitgliedschaft bei der Pensionskasse für freie Mitarbeiter der Deutschen Rundfunkanstalten und dem Versorgungswerk der Presse offen. Die beklagte Rundfunkanstalt leistet hierzu den satzungsgemäß vorgeschriebenen Anteil.

Weiterhin sieht der Tarifvertrag für freie Mitarbeiter vor, daß die Mitarbeiterverhältnisse nicht abrupt beendet werden können. Es sind Auslauffristen einzuhalten, deren Länge sich nach der Dauer der Beschäftigung richtet. Insoweit sind die freien Mitarbeiter erheblich besser gestellt als diejenigen Arbeitnehmer, mit denen befristete Arbeitsverträge vereinbart werden. Deren Verträge enden automatisch mit Fristablauf; Kündigungsschutzbestimmungen oder Kündigungsfristen finden auf sie keine Anwendung.

Weiterhin haben die freien Mitarbeiter des Beklagten Anspruch auf bezahlten Urlaub.

Darüber hinaus wird den sog. ständigen freien Mitarbeitern eine ihren Bedürfnissen angemessene soziale Sicherheit im Rahmen der betrieblichen Mitbestimmung eingeräumt. Gemäß § ▬ BPersVG werden sie den Angestellten gleichgestellt. Damit unterliegen die sie betreffenden Personalangelegenheiten beispielsweise der Mitbestimmung des Personalrats.

Schließlich werden die ständigen freien Mitarbeiter personalvertretungsrechtlich auch im Hinblick auf die Konfliktlösung bei inhaltlichen Divergenzen mit dem Beschwerdeführer den festangestellten Arbeitnehmern gleichgestellt.

Damit sind die freien Mitarbeiter tarifvertraglich und personalvertretungsrechtlich in einer Weise abgesichert, die erheblich über den vom Bundesverfassungsgericht geforderten Mindeststandard sozialer Sicherung hinausgeht.

4. Nach der Rechtsprechung des Bundesverfassungsgerichts darf es den Rundfunkanstalten nicht verwehrt werden, Mitarbeiterverhältnisse mit programmgestaltenden Mitarbeitern zu vereinbaren.

Das Bundesverfassungsgericht hat die Feststellung eines unbefristeten Arbeitsverhältnisses bei programmgestaltend tätigen Mitarbeitern durch die Arbeitsgerichte als unzulässigen Eingriff in die Rundfunkfreiheit gewertet. Auch werde den Anforderungen der Rundfunkfreiheit nicht bereits durch die Erleichterung der Kündigung von festangestellten Mitarbeitern in hinreichendem Maß Rechnung getragen:

„Das Recht der Rundfunkanstalten, frei von fremdem Einfluß über Auswahl, Einstellung und Beschäftigung der Mitarbeiter zu bestimmen, wird nicht erst durch die Erschwerung der Kündigung, sondern bereits durch die Feststellung beeinträchtigt, daß der klagende Mitarbeiter ungeachtet des zwischen den Parteien geschlossenen Vertrags in einem unbefristeten Arbeitsverhältnis zur Anstalt stehe. Der Einfluß der Rundfunkfreiheit macht sich also schon in dem früheren Stadium geltend, in dem die Gerichte jeweils zu entscheiden hatten",
    BVerfGE 59, 231 (270); ebenso BVerfGE 64, 256 (260),

Bei der Frage, in welchem „früheren Stadium" die Rundfunkfreiheit auf die Auslegung und Anwendung des Dienstvertrags- und Arbeitsrechts einwirkt, hat sich das Bundesverfassungsgericht keineswegs darauf beschränkt, ausschließlich befristete Arbeitsverhältnisse für ausreichend zu erachten, um dem Gebot der Programmvielfalt zu genügen. Es hat lediglich „die Möglichkeit befristeter Arbeitsverträge *nicht ausgeschlossen*",
    BVerfGE 59, 231 (268) (Hervorhebung vom Unterzeichner).

Später hat das Bundesverfassungsgericht zumindest angedeutet, daß die Rundfunkfreiheit bereits die Bestimmung des Mitarbeiterstatus' beeinflußt. Die Verfassungsbeschwerde, so das Bundesverfassungsgericht, betreffe „die Frage, welche Bedeutung der Rundfunkfreiheit bei der Bestimmung des Status von Rundfunkmitarbeitern zukommt (vgl. BVerfGE 59, 231)",
    BVerfGE 64, 256 (257).

Das Bundesverfassungsgericht hat dabei erkennbar folgendes Modell vor Augen: Die Rundfunkanstalt wird befristete Arbeitsverhältnisse eingehen für Tätigkeiten, die zeitlich oder sachlich in die Zukunft hin abgrenzbar sind. Dagegen sind freie Mitarbeiterverhältnisse grundsätzlich geeignet und erforderlich für solche Mitarbeiter, die in einem Zeitraum programmgestaltend tätig sind, der weder zeitlich noch sachlich abgrenzbar und für die daher die Vereinbarung einer Befristung somit nicht sinnvoll möglich ist.

Zu dieser Gruppe zählt auch die klägerische Partei. Sie kann als sogenannte ständige freie Mitarbeiterin für einen in die Zukunft hin nicht abgrenzbaren Zeitraum beim Beklagten eingesetzt werden. Da sie zur Gruppe der programmgestaltenden Mitarbeiter zählt und der Beklagte ihr eine hinreichend ausgestaltete soziale Sicherung gewährt, durfte sich die beklagte Rundfunkanstalt nach der Rechtsprechung des Bundesverfassungsgerichts der Vereinbarung eines freien Mitarbeiterverhältnisses in Ausfüllung seines Gestaltungsspielraums bedienen.

## II. Das formal-organisatorische Kriterium des Bundesarbeitsgerichts – die persönliche Abhängigkeit

291 Die Frage der persönlichen Abhängigkeit eines Mitarbeiters wird anhand verschiedener Kriterien beurteilt. Das wichtigste Kriterium der Rechtsprechung des Bundesarbeitsgerichts ist die weisungsgebundene Eingliederung des Betroffenen in eine Arbeitsorganisation (1.),
vgl. § 84 Abs. 2 Satz 2 HGB und BAG AP Nr. 6 zu § 611 BGB Abhängigkeit.

Darüber hinaus zieht das Bundesarbeitsgericht die Art der Tätigkeit als Beurteilungskriterium heran (2.).

1. Weisungsgebundenheit kann sowohl in zeitlicher als auch in örtlicher oder sachlicher Hinsicht gegeben sein,
BAG, Urt. v. 13.06.1990 – 5 AZR 419/89.

Unabhängig davon, ob bereits das Vorliegen eines dieser Faktoren ausreicht, um eine Weisungsgebundenheit anzunehmen, wird im folgenden dargelegt, daß im Verhältnis der Parteien dieses Rechtsstreits zueinander nicht ein einziges Kriterium verwirklicht wird.

292 a) Das zeitliche Kriterium wird bereits nicht dadurch erfüllt, daß die klägerische Partei seit ▓▓▓▓▓▓▓ für den Beklagten tätig ist. Die Dauer der Tätigkeit vermag selbstverständlich keine Weisungsabhängigkeit zu begründen. Das Merkmal der Weisungsabhängigkeit bestimmt sich allein nach dem Inhalt der Tätigkeit. Einfluß auf den Inhalt hat die in Jahren bemessene Tätigkeitsdauer nicht. Anderenfalls wäre eine über Jahre andauernde sogenannte ständige freie Mitarbeit nicht möglich.

Dementsprechend hat das Bundesarbeitsgericht in einem Urteil vom 27.02.1991
– 5 AZR 107/90 –

festgestellt, die Tatsache, daß die Parteien über lange Zeit in einem Dauerarbeitsverhältnis zusammenarbeiten, habe für sich genommen noch keinen arbeitsrechtlichen Indizwert,
vgl. auch BAG, Urt. v. 13.01.1983, AP Nr. 42 zu § 691; LAG München, Urt. v. 20.09.1980 – 6 Sa 724/78.

Der zeitliche Faktor könnte vorliegend allenfalls unter dem Aspekt von Bedeutung sein, daß die klägerische Partei im Rahmen des Dienstplans an bestimmte Arbeitszeiten gebunden war. Für die im Dienstplan vorgesehenen Arbeitszeiten hat sich die klägerische Partei jeweils ▓▓▓▓▓▓▓ Tage im voraus eintragen lassen. Der Beklagte ist insoweit darauf verwiesen, die monatliche Disposition der klägerischen Partei zu akzeptieren. Die klägerische Partei setzt ihre Arbeitskraft nach eigenen Wünschen und Vorstellungen ein. Erst wenn die klägerische Partei sich im Rahmen der monatlichen Vorausplanung auf bestimmte Arbeitszeiten festgelegt hatte, mußte sie sich daran halten. Erst dann entstand eine Verpflichtung der klägerischen Partei zur Dienstleistung.

Im Gegensatz zu den festangestellten Arbeitnehmern war die klägerische Partei, wie dargelegt, keineswegs verpflichtet, sich überhaupt oder für einen bestimmten Mindestzeitraum in den Dienstplan eintragen zu lassen. Gerade hierin liegt ein Unterschied zwischen den festangestellten Redakteuren und den freien Mitarbeitern. Während Festangestellte eine bestimmte Anzahl von Arbeitstagen einhalten müssen, können freie Mitarbeiter sich von Monat zu Monat in unterschiedlichem Maße einteilen lassen. Gerade dieser tatsächliche Unterschied zwischen Festangestellten und freien Mitarbeitern rechtfertigt es, auch deren rechtlichen Status jeweils unterschiedlich zu bewerten,

vgl. BAG AP Nr. 10, 17, 20 zu § 611 BGB, Abhängigkeit.

Allein die Tatsache der „Vorausverplanung" ermöglicht es nicht, die klägerische Partei als Arbeitnehmerin des Beklagten anzusehen. Im Sachbereich des ▒▒▒ ist die monatliche Vorausplanung, wie gezeigt, ein organisatorisches Muß. Auf andere Weise kann nicht gewährleistet werden, daß die zur Aktualität verpflichtende Tätigkeit stets in gleichem Maße personell abgedeckt ist. Wenn aber ein freier Mitarbeiter „kraft Sachzwangs" die Dienste an einem bestimmten Ort zu einer bestimmten Zeit verrichten muß, liegt darin noch nicht die für ein Arbeitsverhältnis typische Abhängigkeit,

BAG AP Nr. 13, 22, 32 zu § 611 BGB Lehrer/Dozenten.

Dementsprechend mißt die Rechtsprechung der Entscheidungsfreiheit des Mitarbeiters in bezug auf seinen Arbeitseinsatz eine hohe Bedeutung für die Frage zu, ob der jeweilige Mitarbeiter als freier Mitarbeiter oder als festangestellter Arbeitnehmer zu qualifizieren ist:

- So hat das Bundesarbeitsgericht bei Volkshochschuldozenten, die sich – ähnlich wie die klägerische Partei – an die einmal vereinbarten Kurszeiten halten müssen, deren Arbeitnehmereigenschaft verneint, da der Arbeitgeber außerhalb der vereinbarten Zeiten nicht innerhalb eines festgelegten Rahmens über die Arbeitskraft dieser Mitarbeiter verfügen konnte,

    BAG AP Nr. 13, 22, 32 zu § 611 BGB Lehrer/Dozenten.

Genauso verhält es sich bei der Tätigkeit der klägerischen Partei. Sie konnte sich zwar in einer Weise in den Dienstplan eintragen lassen, die einem festangestellten Mitarbeiter entsprach, sie mußte dies jedoch nicht. Soweit sie hinter dem Leistungspensum eines festangestellten Mitarbeiters zurückblieb, hatte der Beklagte keine Möglichkeit, über diesen überschießenden Zeitraum zu verfügen.

- Dementsprechend befand das Landesarbeitsgericht München im Falle einer Nachrichtenredakteurin, die nach Dienstplan zu den in der Nachrichtenredaktion üblichen Dienstzeiten in den Räumen der beklagten Rundfunkanstalt wie förmlich festgestellte Nachrichtenredakteure eingesetzt war (monatlich durchschnittlich 20 Arbeitstage zu je 8 Stunden),

    LAG München, Urteil vom 29.03.1990 – 8 Sa 350/89.

Das LAG München führt unter anderem aus, daß „die beklagte Rundfunkanstalt bei den freien Mitarbeitern anders als bei den festangestellten Redakteuren nicht innerhalb eines von vornherein festgelegten zeitlichen Rahmens über deren Arbeitskraft nach seinen Wünschen und Vorstellungen verfügt hat." Die Festlegung eines monatlichen Arbeitsplanes kann demnach auch nach diesem Urteil nicht dazu führen, die betreffende freie Mitarbeiterin als Festangestellte zu qualifizieren.

- Auch das Landesarbeitsgericht Baden-Württemberg hat die Arbeitnehmereigenschaft eines Nachrichtenredakteurs einer aktuellen Fernsehnachrichtensendung verneint, da unter anderem hinsichtlich dessen Tätigkeit nicht der Schluß gezogen werden konnte, es bestehe im Sinne eines Regelarbeitsverhältnisses die Verpflichtung, seine Dienste in einem bestimmten zeitlichen Umfang zur Verfügung zu stellen,

    LAG Baden-Württemberg, Urt. v. 12.12.1990 – 3 Sa 37/90.

- In einer weiteren Entscheidung hat das Landesarbeitsgericht Baden-Württemberg ebenfalls die Arbeitnehmereigenschaft eines Redakteurs verneint,

    LAG Baden-Württemberg, Urteil vom 12.12.1990 – 3 Sa 38/90.

- Das Arbeitsgericht Bremen hat die Festanstellungsklage einer Sprecherin, die an durchschnittlich 12 Diensten pro Monat und zusätzlich in Lang- und Kurzproduktionen eingesetzt war (die Klage ging auf ein 2/3 Vollarbeitsverhältnis) unter anderem mit der Begründung abgewiesen, daß die beklagte Rundfunkanstalt den zeitlichen Einsatz der dortigen

Klägerin nicht von sich aus festlegte und damit nicht über die Arbeitskraft zeitlich disponierte,
ArbG Bremen, Urt. v. 14.11.1989–4 B Ca 4155/88.

Auch die Koordinierung der Urlaube der verschiedenen Mitarbeiter durch das Erfordernis, den jeweiligen Urlaub anzuzeigen, führt nicht dazu, anzunehmen, die beklagte Rundfunkanstalt disponiere über die Arbeitszeit der klägerischen Partei. In Ergänzung zu dem Sachvortrag verweisen wir insoweit auf das Urteil des Landesarbeitsgerichts München vom 20.09.1990 (-6 Sa 724/78). Dort heißt es auf S. 11 UA:

„Wenn Urlaubsplanungen möglichst weitgehend vorher der Redaktion angezeigt werden sollten, so erfolgte dies nach Bekundung des Zeugen nicht etwa im Sinne einer Urlaubsgenehmigung, sondern um zu verhindern, daß zu viele freie Mitarbeiter gleichzeitig Urlaub machen. Von seiten der Redaktion wurde dann lediglich der Versuch unternommen, die Urlaubsplanung zu entzerren. Derartige Rücksichten lassen aber keine zwingenden Schlußfolgerungen auf ein Arbeitsverhältnis zu, sondern sind charakteristisch für viele Dauerrechtsbeziehungen, in denen Vertragspartner aufeinander Rücksicht nehmen",
vgl. ebenso LAG Baden-Württemberg, Urt. v. 12.12.1990–3 Sa 38/90.

293  b) Die gleiche Erwägung rechtfertigt es auch nicht, aufgrund der Tatsache, daß die klägerische Partei während der von ihr ausgewählten Dienstzeiten in den Räumen des Beklagten anwesend sein muß, auf eine Weisungsabhängigkeit in örtlicher Hinsicht abzustellen. Auch hier ergibt sich die Notwendigkeit zur Anwesenheit aus der Natur der Tätigkeit im Rahmen des Aktuellen Dienstes. Die Fernschreiber, Telefaxgeräte und andere Kommunikationseinrichtungen, die zur Ausübung dieser Tätigkeit unbedingt erforderlich sind, befinden sich nun einmal ausschließlich in den Räumen des Beklagten. Hieraus kann auf eine Weisungsabhängigkeit jedoch nicht geschlossen werden.

Dem entspricht auch die jüngste Rechtsprechung des Bundesarbeitsgerichts. Im Urteil vom 27.02.1991 führt der 5. Senat aus:

„Daß die Klägerin bei der technischen Abwicklung der Herstellung ihrer Filmbeiträge auf die entsprechenden Einrichtungen und auch auf bestimmte Mitarbeiter des Beklagten angewiesen ist, bedeutet ebenfalls noch keine Eingliederung der Klägerin in den Betrieb des Beklagten mit der Rechtsfolge der persönlichen Abhängigkeit." (UA S. 11; ebenso LAG München, Urt. v. 20.09.1990–6 Sa 724/78, UA S. 9).

294  c) Schließlich ist die klägerische Partei auch fachlich weisungsunabhängig. Die Klägerin selbst hat bislang keinerlei Tatsachen vorgetragen, die dafür sprechen, daß sie Weisungen eines Mitarbeiters oder einer Mitarbeiterin des Beklagten bei der Erstellung oder Umsetzung ihrer Beiträge unterworfen sei.

In der Tat ist die klägerische Partei in Auswahl und Gestaltung ihrer Beiträge weitgehend frei. Ihre Tätigkeit besteht darin, eigene Beiträge aus dem eingehenden Nachrichtenmaterial zusammenzustellen, diese Beiträge umzusetzen und Senderegie zu führen. Die Erstellung eigener Beiträge ist eine naturgemäß kreative Tätigkeit, die schlechthin im Rahmen einer Weisungsgebundenheit nicht vorstellbar ist.

Beweis:  Schreiben vom

Die Tatsache, daß der Ressortleiter das Letztentscheidungsrecht über die Ausstrahlung einer Sendung hat, führt nicht zu einer Weisungsgebundenheit der klägerischen Partei. Die Letztentscheidungsbefugnis ist das Korrelat zu dessen redaktioneller Verantwortlichkeit. Dementsprechend führt auch das Landesarbeitsgericht München zutreffend aus:

„Aus der Tatsache, daß ein Sendebeitrag von dem zuständigen Abteilungsleiter bzw. Chefredakteur abgenommen werden mußte, läßt sich nichts für ein Arbeitsverhältnis entnehmen. Der Grund liegt nicht in erster Linie in einer fachlichen Weisungsgebundenheit hinsichtlich der Art der Arbeitsausführung, sondern in der journalistischen Verantwortung für den Beitrag, den im Rahmen des Rundfunks der Chefredakteur bzw. die von ihm beauftragten Abteilungsleiter wahrnehmen." (Urt. v. 20.09.1990 – 6 Sa 724/78, UA S. 12).

2. Die Art der Tätigkeit der klägerischen Partei wurde bereits im Zusammenhang mit der Darstellung der Rechtsprechung des Bundesverfassungsgerichts ausführlich erörtert. Hieraus ergibt sich, daß die klägerische Partei, die eigene Texte erstellt, in eigener Verantwortung das Nachrichtenmaterial auswertet, selbst Senderegie führt und eigenständig den Inhalt der Beiträge bestimmt, eine Tätigkeit ausübt, die nach ihrer Art und Weise fachliche Unabhängigkeit voraussetzt.

Zusammenfassend läßt sich feststellen, daß auch nach der Rechtsprechung des Bundesarbeitsgerichts eine persönliche Abhängigkeit der klägerischen Partei nicht gegeben ist. Die klägerische Partei ist somit auch unter Zugrundelegung der Kriterien des Bundesarbeitsgerichts als freie Mitarbeiterin anzusehen.

### III. Das Verhältnis beider Aspekte zueinander

Da in der Person der klägerischen Partei sowohl der inhaltlich-materielle als auch der formell-organisatorische Aspekt der Stellung als freie Mitarbeiterin vorliegt, kann die Frage nach dem Verhältnis der beiden Kriterien an sich dahingestellt bleiben. Für den Fall, daß die Kammer in der Beurteilung eines der beiden Kriterien nicht mit dem Beklagten übereinstimmen sollte, wird im folgenden aus Gründen äußerster anwaltlicher Vorsicht auf diese Problematik eingegangen.

1. Vielfach gehen die Arbeitsgerichte – der Rechtsprechung des Bundesarbeitsgerichts folgend – davon aus, daß das Grundrecht der Rundfunkfreiheit sich nicht auf die Bestimmung des Mitarbeiterstatus auswirke. Dementsprechend findet die Rundfunkfreiheit oft nicht ausreichend Eingang in die Abwägung der Rechtsprechung. Das Bundesarbeitsgericht hatte einst wie folgt formuliert:

„Nur die Feststellung eines unbefristeten Arbeitsverhältnisses von Rundfunkmitarbeitern, nicht schon die Feststellung eines Arbeitsverhältnisses, kann das Grundrecht der Rundfunkfreiheit des beklagten Senders berühren. Dies folgt aus dem Gesamtzusammenhang der Entscheidungsgründe (Anm.: der Entscheidung BVerfGE 59, 231)." Die Rundfunkfreiheit wirke sich nicht bereits auf die Abgrenzung zwischen Arbeitnehmer und freiem Mitarbeiter aus. Das geeignete „Einfallstor" für die Rundfunkfreiheit sei „die Prüfung, ob ein sachlicher Grund eine oder mehrere Befristungen rechtfertigt",
BAG AP Nr. 42 zu § 611 BGB Abhängigkeit.

Aufgrund dieser Rechtsprechung berücksichtigen die Instanzgerichte in der Folgezeit das Grundrecht der Rundfunkfreiheit allenfalls bei der Frage der Befristung von Arbeitsverhältnissen der Rundfunkmitarbeiter. Rechtssatzgleich wurde die Auffassung des Bundesarbeitsgerichts aus dem zitierten Urteil befolgt, die Abgrenzung zwischen Arbeitnehmer und freiem Mitarbeiter sei anhand der überkommenen Kriterien zu treffen; eine rundfunkspezifische Abgrenzung sei nicht vorzunehmen.

Die Arbeitsgerichte haben in der Vergangenheit häufig die Notwendigkeit der Vereinbarung freier Mitarbeiterverhältnisse bei programmgestaltend tätigen Rundfunkmitarbeitern verkannt. Ihre Rechtsauffassung führt unter Berücksichtigung anderer Aspekte der bundesarbeitsgerichtlichen Festanstellungsjudikatur sogar zu einem nachteiligen Sonderarbeitsrecht für Rundfunkmitarbeiter.

a) In der Rundfunkpraxis nehmen die freien Mitarbeiter eine im Hinblick auf eine umfassende, vielfältige Information von Zuschauern und Hörern entscheidende Rolle ein. Allein durch die Beschäftigung einer Vielzahl freier Mitarbeiter werden die Rundfunkanstalten in die Lage versetzt, flexibel auf die sich zum Teil täglich verändernden Informationsbedürfnisse zu reagieren. Die Anstalten können kurzfristig auf ein gewisses Potential unterschiedlich qualifizierter Mitarbeiter zurückgreifen, die der veränderten Informationslage entsprechend eingesetzt werden können. Exemplarisch sei dies an zwei Beispielen, den Ereignissen um die deutsche Vereinigung und die Kuwait-Krise, verdeutlicht.

Beide Ereignisse erforderten einen überdurchschnittlichen Einsatz von Rundfunkmitarbeitern, der nicht möglich gewesen wäre, wenn den Rundfunkanstalten nicht eine Vielzahl freier Mitarbeiter kurzfristig zur Verfügung gestanden hätte. Dies wird belegt durch den starken Anstieg der Einsatzzeiten freier Mitarbeiter während der Hochphasen solcher Ereignisse.

Bei beiden Ereignissen konnte weder im voraus gesagt werden, daß bzw. wann sie eintreten würden, noch konnte man erahnen, wie lange der Informationsbedarf einen überdurchschnittlichen Einsatz von Rundfunkmitarbeitern erfordern würde, noch konnte bzw. kann man vorhersehen, welche speziellen Informationsbedürfnisse in Zukunft auftreten werden.

Die Vereinbarung zeitlich befristeter Arbeitsverhältnisse ist in solchen Situationen völlig unpraktikabel. Niemand konnte bzw. kann voraussagen, wie lange insoweit Informationsbedarf besteht. Der Abschluß einer Vielzahl von kürzesten befristeten Arbeitsverhältnissen, die nach Bedarf jeweils erneuert werden könnten, wäre ebenfalls im höchsten Maße unpraktikabel; man denke nur an den damit verbundenen Verwaltungsaufwand beim Abschluß der Verträge und bei der Durchführung der jeweils erforderlichen sozialversicherungsrechtlichen An- und Abmeldung.

Auch eine projektbezogene Befristung hilft in diesen Fällen nicht weiter. Dazu müßte die Dauer des Projekts sachlich abgrenzbar sein. Informationsbedarf besteht ohne Zweifel nach wie vor. Allerdings haben sich die Themenschwerpunkte in beiden Bereichen verlagert. Die Berichterstattung über die deutsche Vereinigung verlangt heute nicht mehr Erlebnisreportagen, die vom Brandenburger Tor und anderen Orten die Stimmung der Bevölkerung nach dem Sturz der Mauer oder nach der ersten gesamtdeutschen Wahl einfangen. Gefordert sind heute vielmehr Finanz- und Währungsexperten, Sozial- und Wirtschaftsfachleute, Telekommunikations- und Verkehrsexperten, die sich mit den Detailproblemen des Zusammenwachsens von Ost und West auseinandersetzen, um den sich verändernden Informationsbedarf der Bevölkerung zu befriedigen. In Kuwait werden, soweit der Golfkrieg überhaupt noch Informationswert besitzt, heute keine Fachleute für Kriegsstrategie mehr benötigt, sondern Naturwissenschaftler, die über die Folgen der Inbrandsetzung der Ölquellen informieren können.

Die Beispiele verdeutlichen den sich fortwährend ändernden Informationsbedarf, mit dem die Personalausstattung einer Rundfunkanstalt korrespondieren muß. Das arbeitsrechtliche Gestaltungsmittel eines befristeten Arbeitsvertrages ist weder in Form einer zeitlichen noch einer projektbezogenen Befristung in der Lage, diese Interdependenz von Informationsbedarf und personeller Ausstattung zu gewährleisten. Schließt die Rundfunkanstalt beispielsweise spekulativ einen auf 6 Monate befristeten Vertrag und kann der betreffende Mitarbeiter bereits nach 4 Monaten die neu aufgetretenen Informationsaufgaben wegen seiner spezifischen Ausbildung oder Kenntnisse nicht mehr bewältigen, muß er zwei weitere Monate bezahlt werden, obwohl ein anderer Mitarbeiter mit anderen Fähigkeiten dringender benötigt würde. Bei einer projektbezogenen Befristung kann es, selbst wenn das jeweilige Projekt noch nicht abgeschlossen ist, wegen der Schwerpunktverlagerung innerhalb des Projekts erforderlich sein, bestimmte Mitarbeiter durch andere zu ersetzen, deren Ausbildung sie zu einer bestmöglichen Information über die jeweils aktuellen Prioritäten befähigt.

Es ist somit in einer Vielzahl von Fällen weder durch die Vereinbarung einer zeitlichen noch durch die Vereinbarung einer projektbezogenen Befristung möglich, die personelle Ausstattung der Rundfunkanstalt den programmlichen Erfordernissen mit hinreichender Flexibilität anzupassen. Die Rechtsprechung wird daher dem Grundrecht der Rundfunkfreiheit nicht gerecht, wenn sie den Einfluß des Grundrechts auf die Frage der Zulässigkeit einer Befristung beschränkt. Die Kammer muß sich demnach mit der Frage auseinandersetzen, ob es das Grundrecht der Rundfunkfreiheit nicht gebietet, mit dem programmgestaltend tätigen Kläger des Ausgangsverfahrens ein freies Mitarbeiterverhältnis zu vereinbaren.

b) Die Unvereinbarkeit der Rechtsprechung des Bundesarbeitsgerichts mit dem Grundrecht der Rundfunkfreiheit zeigt sich auch an folgender Überlegung:

Die Rechtsprechung führt nicht lediglich dazu, daß die Wahlfreiheit in bezug auf den Status programmgestaltender Mitarbeiter in verfassungswidriger Weise eingeengt wird.

*Rüthers*, Rundfunkfreiheit und Arbeitsrechtsschutz, RdA 1985, 192,

weist darauf hin, daß die Statusbestimmung durch das Bundesarbeitsgericht sogar in einem nachteiligen Sonderarbeitsrecht der Rundfunkanstalten resultiert. Das Bundesarbeitsgericht mißt bei der Frage der persönlichen Abhängigkeit eines Mitarbeiters dessen Zugehörigkeit zu einem „Mitarbeiterteam" und seiner Angewiesenheit auf dieses Team entscheidende Bedeutung bei,

BAG AP Nr. 21 und 26 zu § 611 BGB Abhängigkeit.

Da aber gerade programmgestaltende Tätigkeit regelmäßig im Team stattfindet, führt die Auffassung des Bundesarbeitsgerichts dazu, daß die historisch gewachsene Erscheinungsform des freien Mitarbeiters im Rundfunkbereich bedeutungslos würde. Dadurch wird die Wahlfreiheit in bezug auf den Mitarbeiterstatus bei Rundfunkanstalten im Vergleich zu anderen Auftraggebern eingeschränkt,

vgl. *Rüthers*, RdA 1985, 141.

Die Ausklammerung der Statusfrage bei der Berücksichtigung der Rundfunkfreiheit durch das Bundesarbeitsgericht führt damit ganz offenbar zu Ergebnissen, die der Rundfunkfreiheit nicht gerecht werden.

Deshalb und wegen der mangelnden Praktikabilität befristeter Arbeitsverträge entspricht in einer Vielzahl von Fällen einzig der Status des freien Mitarbeiters den Anforderungen, die die Rundfunkfreiheit an die Flexibilität der Rundfunkanstalten bei der Ausgestaltung der Beschäftigungsverhältnisse mit programmgestaltenden Mitarbeitern stellt.

2. Damit verkennt das Bundesarbeitsgericht den Einfluß der Rundfunkfreiheit auf die Bestimmung des Arbeitnehmerstatus. Es verletzt den Beklagten in seinem Grundrecht aus Art. 5 Abs. 1 GG, indem es in seine Programmfreiheit (a.) und seine Haushaltsautonomie (b.) eingreift.

a) Rundfunkfreiheit in ihrer wesentlichen Bedeutung als Programmfreiheit verlangt, daß die öffentlich-rechtlichen Rundfunkanstalten Meinungsbildung frei von jeder fremden Einflußnahme auf Auswahl, Inhalt und Ausgestaltung der Programme vermitteln können. Insofern ist die Rundfunkfreiheit Abwehrrecht insbesondere gegen jegliche staatliche Beeinflussung und damit auch gegen die Beeinflussung durch die Gerichte,

BVerfGE 57, 295 (323 f.); 74, 297 (324); *Ossenbühl*, Rechtsprobleme der freien Mitarbeit im Rundfunk (1978), S. 114.

Eine umfassende Meinungsbildung durch den Rundfunk verlangt darüber hinaus, daß die Bevölkerung durch die Rundfunkanstalten umfassend informiert wird, dh, daß das gesamte Spektrum der Meinungen im Programm seinen Niederschlag finden muß. Die Meinungsvielfalt muß in der verfassungsrechtlich gebotenen Weise gesichert sein,

BVerfGE 73, 118 (157 f.); 74, 297 (325 f.); DVBl. 1991, 310 (312).

Die Rundfunkanstalten dürfen sich nicht damit begnügen, diese Aufgabe „irgendwie" zu erfüllen. Sie sind verpflichtet, ihre Funktion bestmöglich, nach Ansicht von Ossenbühl: „optimal", wahrzunehmen,

*Ossenbühl*, aaO, S. 119.

Die bestmögliche Aufgabenerfüllung steht selbstverständlich unter dem Vorbehalt der begrenzten finanziellen Ausstattung der Rundfunkanstalten. Diese müssen sich bei ihren Planungen innerhalb des ihnen von dem Landesgesetzgeber vorgegebenen finanziellen Rahmens bewegen und die Grundsätze einer öffentlichen Haushaltsführung beachten.

Siehe die einschlägigen Landesrundfunkgesetze beispielsweise § 29 Saarl.LRG; zu den Einschränkungen aus Gründen der sozialen Sicherheit siehe unten 4.

Programmvielfalt und personelle Ausstattung der Rundfunkanstalt sind untrennbar miteinander verknüpft. Eine differenzierte Programmstruktur erfordert eine differenzierte Mitarbeiter-

struktur; Veränderungen im Informationsbedürfnis erfordern Veränderungen in der Zusammensetzung der Mitarbeiterschaft; je schneller sich die Informationsbedürfnisse ändern, um so schneller müssen Mitarbeiter ersetzt werden. Denn: „Ein Programmangebot, das der gebotenen Vielfalt Rechnung trägt, ... setzt auch, wenn nicht in erster Linie, voraus, daß die Sendungen von Personen gestaltet werden, die in der Lage sind, die gebotene Vielfalt in das Programm einzubringen",
   BVerfGE 59, 231 (259).

Die Verpflichtung zu einer bestmöglichen Umsetzung des Gebots der Programmvielfalt verbietet es den Rundfunkanstalten, auch nur vorübergehend „zweitbeste" Mitarbeiter mit der Erfüllung der ihnen obliegenden Informationspflichten zu betrauen, wenn für die jeweilige Aufgabe ein besser geeigneter Mitarbeiter auf dem Arbeitsmarkt zur Verfügung steht. Sobald sich daher die Informationsbedürfnisse ändern, müssen die Rundfunkanstalten den am besten geeigneten Mitarbeiter einsetzen. Die Rundfunkanstalten bei der bestmöglichen praktischen Umsetzung dieser flexiblen, an der Pflicht zur umfassenden Information orientierten Aufgabenerfüllung zu hindern, verbietet das Grundrecht der Rundfunkfreiheit.

Konkret gebietet die Rundfunkfreiheit in diesem Zusammenhang, daß die Rundfunkanstalt in bezug auf die Ausgestaltung der Rechtsbeziehungen mit programmgestaltend tätigen Mitarbeitern frei wählen darf, sie als freie Mitarbeiter oder als Arbeitnehmer beschäftigen zu wollen. Das Bundesverfassungsgericht beschreibt die Wahlfreiheit der Rundfunkanstalt wie folgt:

„Insofern (Anm: in bezug auf programmgestaltend tätige Mitarbeiter) umfaßt der Schutz der Rundfunkfreiheit vorbehaltlich der noch zu erörternden Grenzen neben der Auswahl der Mitarbeiter die Entscheidung darüber, ob Mitarbeiter fest angestellt werden oder ob ihre Beschäftigung aus Gründen der Programmplanung auf eine gewisse Dauer oder auf ein bestimmtes Projekt zu beschränken ist und wie oft ein Mitarbeiter benötigt wird. Dies schließt die Befugnis ein, bei der Begründung von Mitarbeiterverhältnissen den jeweils geeigneten Vertragstyp zu wählen",
   BVerfGE 59, 231 (260); ebenso BVerfGE 64, 256 (260).

Die Wahlfreiheit hinsichtlich des Vertragstypus ist allerdings begrenzt auf den Kreis der programmgestaltend tätigen Mitarbeiter.

b) Zur Haushaltsautonomie:

aa) Die Haushaltsautonomie ist ein wesentlicher Bestandteil der autonomen Selbstverwaltung der Rundfunkanstalten. Sie stellt innerhalb des den Rundfunkanstalten durch Gebühren- und Werbeeinnahmen vorgegebenen finanziellen Rahmens sicher, daß die vorhandenen Mittel so eingesetzt werden können, wie es nach Auffassung der Rundfunkanstalt zur Erfüllung des ihr obliegenden Rundfunkauftrages am sinnvollsten ist. *Badura* bezeichnet die „finanziell-haushaltsrechtliche Unabhängigkeit der Rundfunkanstalten" als „zu den Wesensmerkmalen des von der Organisationsgarantie der Rundfunkfreiheit gesicherten Rundfunks" gehörend,
   *Badura*, Rundfunkfreiheit und Finanzautonomie (1986), S. 44.

Unabhängig davon, ob die Rundfunkfreiheit es erfordert, den Rundfunkanstalten die Festlegung der Rundfunkgebühr zu überlassen,
   so der BayVGH in seinem Vorlagebeschluß vom 06.07.1988, MP Dok. 1988, 89; vgl. hierzu *Hoffmann/Riem*, JZ 1989, 242,
müssen die Anstalten jedenfalls in der Lage sein, unter Beachtung der Grundsätze der öffentlichen Haushaltsführung über die Verwendung der ihnen zur Verfügung stehenden Mittel frei zu verfügen. Dies erfordert das Gebot der Staatsferne des Rundfunks als Ausformung des Abwehrcharakters des Grundrechts der Rundfunkfreiheit,
   vgl. dazu oben III. 1.

Dementsprechend sieht § 29 Abs. 1 Saarl.LRG vor:

„Die Anstalt ist in ihrer Haushaltswirtschaft selbständig".

bb) Jeder Eingriff in die Haushaltsautonomie bedeutet gleichzeitig einen Eingriff in die Programmgestaltungsautonomie der Rundfunkanstalt.

Ebenso wie die Gerichte daran gehindert sind, die vom öffentlichen Haushaltsgesetzgeber getroffenen Entscheidungen durch eigene zu ersetzen,
  für den Bundeshaushalt: BVerfGE 45, 32,
darf der im Haushaltsplan der Rundfunkanstalt vorgesehene Stellenplan nicht durch die Arbeitsgerichte grundlegend geändert werden. Für den Bereich des Beamtenrechts ist anerkannt, daß es den Gerichten verwehrt ist, eine Anstellungskörperschaft zur Einstellung eines Bewerbers zu verpflichten, wenn der Haushalt hierfür keine Stelle ausweist,
  *Maunz*, in: *Maunz/Dürig/Herzog/Scholz*, Grundgesetz, Art. 33 GG, Rn 17.

Gleiches muß für die Rechtsverhältnisse der Mitarbeiter bei Rundfunkanstalten gelten. Auch die Anstalten dürfen durch gerichtliche Entscheidungen nicht gezwungen werden, zusätzliche Stellen für festangestellte Mitarbeiter in ihren Haushalt aufzunehmen.

Die Auswirkungen auf den Haushalt des Beklagten wären einschneidend, können also nicht mit der Erwägung gerechtfertigt werden, sie stellten wegen Geringfügigkeit keinen Eingriff dar. Der Beklagte beschäftigt zur Zeit          Mitarbeiter.

## XII. Arbeitsverhältnis in der Anbahnung

**Muster: Schadensersatzanspruch wegen Vertragsbruchs bei nicht angetretener Stelle**

*Klage*

– klägerische Partei –

Prozeßbevollmächtigte:

gegen

– beklagte Partei –

Prozeßbevollmächtigte:

wegen: Schadensersatz.

Wir bestellen uns zu Prozeßbevollmächtigten der klägerischen Partei, in deren Namen und Auftrag wir beantragen zu erkennen:

1. Die beklagte Partei wird verurteilt, an die klägerische Partei          DM nebst          % Zinsen jährlich für den Zeitraum vom          bis zum          sowie          % Zinsen jährlich ab dem          zu zahlen.
2. Die Kosten des Rechtsstreits trägt die beklagte Partei.

**Gründe:**
1. Die klägerische Partei betreibt ein          Unternehmen. Die bei ihr vakante Stelle eines          wurde mit Zeitungsanzeige ausgeschrieben. Die beklagte Partei bewarb sich neben          anderen Bewerbern um diese Stelle. Nach Durchführung eines zeitaufwendigen Auswahlverfahrens entschied sich die klägerische Partei für die beklagte Partei und schloß mit ihr den Arbeitsvertrag vom          .

Beweis: Vorlage des Arbeitsvertrages in Kopie – Anlage K 1a.

Die klägerische Partei schrieb daraufhin allen anderen Stellenbewerbern ab.

Beweis: Zeugnis

Die beklagte Partei teilte schließlich vor dem im Arbeitsvertrag vorgesehenen Arbeitsantritt mit, daß sie es sich anders überlegt habe und die Stelle nicht antreten wolle.

Beweis: Vorlage des Schreibens der beklagten Partei in Kopie – Anlage K 2b.

2. Das Verhalten der beklagten Partei stellt einen Vertragsbruch dar; die der klägerischen Partei hierdurch erwachsenen Schäden sind nach Maßgabe folgender, in der Rechtsprechung entwickelter Grundsätze von der beklagten Partei zu ersetzen:

a) Ersatz des entgangenen Gewinns, wenn Arbeiten nicht oder nur verspätet ausgeführt werden konnten,

vgl. *Gumpert*, BB 63, 397; *Klein*, Schadenshaftung im Arbeitsverhältnis, 1964, S. 100.

Nach § 252 Satz 2 BGB gilt als entgangen der Gewinn, der nach dem gewöhnlichen Lauf der Dinge oder nach den besonderen Umständen, insbesondere nach den getroffenen Anstalten und Vorkehrungen mit Wahrscheinlichkeit erwartet werden konnte,

BAG, AP Nr. 2 zu § 252 BGB.

Hat ein Arbeitgeber eine Ersatzkraft nicht gefunden und die anfallende Mehrarbeit selbst erledigt, so besteht der dann zu ersetzende Schaden in der Einkommensminderung, die er infolge des Vertragsbruches ohne eine schadensabwendende Tätigkeit erlitten hätte,

BGHZ 55, 329; BAG, AP Nr. 7 zu § 249 BGB.

b) Mehrvergütungen

Mehrvergütungen an Arbeitnehmer, die durch Überstunden den Ausfall des vertragsbrüchigen Arbeitnehmers ausgleichen, sind ebenfalls vom vertragsbrüchigen Arbeitnehmer zu erstatten,

LAG Düsseldorf, DB 1968, 90; LAG Baden-Württemberg, BB 1961, 529.

c) Zu erstatten ist schließlich die Differenz zwischen dem Entgelt des vertragsbrüchigen Arbeitnehmers und einem eventuellen höheren Entgelt einer Ersatzkraft,

LAG Stuttgart, BB 1958, 40; BB 1961, 529; LAG Berlin, DB 1974, 638; LAG Schleswig-Holstein, BB 72, 1229.

d) Zu erstatten sind ferner die Kosten wegen des Stillstands von Maschinen,

*Frey*, BB 1959, 744.

e) Zu erstatten sind Konventionalstrafen des Arbeitgebers wegen nicht rechtzeitiger Leistung,

LAG Düsseldorf, DB 1968, 90; *Herget*, DB 1969, 2347.

f) Ebenfalls zu erstatten sind die Vorstellungskosten für Bewerber; soweit also beispielsweise Anreisekosten anderer Bewerber vom Arbeitgeber gezahlt wurden, hat der vertragsbrüchige Arbeitnehmer diese zu erstatten,

ArbG Bielefeld, BB 1957, 257; ArbG Kassel, BB 1962, 180.

g) Inseratskosten werden im Hinblick auf BAG AP Nr. 7 zu § 276 BGB Vertragsbruch (= NJW 1981, S. 2430) nicht geltend gemacht.

3. Aus den nach der Rechtsprechung in Frage kommenden Schadenspositionen kommen folgende Ansprüche der klägerischen Partei zur Anwendung:

▲

## XIII. Sonstige Schriftsätze

### 1. Muster: Klageerwiderung bei Zeugnisklage

▼

Aktenzeichen:
Gegner: RAe          , zwei Abschriften anbei

In dem Rechtsstreit

./.

begründen wir den Klageabweisungsantrag wie folgt:

I.
Die beklagte Partei hat der klägerischen Partei ein Zeugnis erteilt, das den Anforderungen der Rechtsprechung genügt.
Beweis:   Vorlage des Zeugnisses in Kopie – Anlage B 1.
Der Wortlaut des Zeugnisses steht im Ermessen des Arbeitgebers, auf eine bestimmte Formulierung hat der Arbeitnehmer keinen Anspruch,
  vgl. BAG, AP Nr. 6 zu § 630 BGB.
Weiterhin muß ein Zeugnis der Wahrheit entsprechen. Auch wenn der Arbeitgeber die Arbeitsleistung während des Arbeitsverhältnisses nicht beanstandet hat, bedeutet dies noch nicht, daß die Arbeitsleistung dann bereits überdurchschnittlich bewertet werden muß,
  vgl. LAG Düsseldorf, DB 1985, 2692.
Zwar muß die im Zeugnis enthaltene Würdigung die eines wohlwollenden und verständigen Arbeitgebers sein, auch darf dem Arbeitnehmer das Fortkommen nicht unnötig erschwert werden, dies bedeutet jedoch nicht, daß Ungünstiges nicht gesagt werden dürfe,
  vgl. BAG, AP Nr. 1 zu § 73 HGB; BAG, AP Nr. 6 zu § 630 BGB.
Deshalb gehören in eine Beurteilung auch Mängel der Arbeitsleistung,
  vgl. ArbG Darmstadt, DB 1967, 734.
Aufgabe der Rechtsprechung im Zeugnisrechtsstreit kann es deshalb nur sein, einem Arbeitszeugnis etwaige „Spitzen" zu nehmen.

II.
Unter Würdigung dieser Umstände ist das der klägerischen Partei erteilte Zeugnis nicht zu beanstanden.

▲

### 2. Muster: Haftungsbeschränkung des Betriebserwerbers in der Insolvenz

▼

Geht ein Betrieb oder Betriebsteil durch Rechtsgeschäft auf einen anderen Inhaber über, so tritt dieser gemäß § 613 a Abs. 1 Satz 1 BGB in die Rechte und Pflichten aus den im Zeitpunkt des Übergangs bestehenden Arbeitsverhältnissen ein. Zu den Rechten und Pflichten aus einem Arbeitsverhältnis gehören auch Anwartschaften auf eine betriebliche Altersversorgung. Das gilt namentlich, wenn der Arbeitgeber die Altersversorgung über eine rechtlich selbständige Unterstützungskasse erbringen will,
  BAG, AP Nr. 7 zu § 613 a BGB = NJW 1977, 2326; BAG, NJW 1979, 2533; NZA 1989, 679; NZA 1992, 217.

Wird ein Betrieb im Rahmen eines Insolvenzverfahrens veräußert, ist § 613 a BGB insoweit nicht anwendbar, wie diese Vorschrift die Haftung des Betriebserwerbers für schon entstandene Ansprüche vorsieht. Insoweit haben die Verteilungsgrundsätze des Insolvenzverfahrens Vorrang. Das bedeutet für Versorgungsansprüche, daß der Betriebserwerber nur den Teil der Leistung schuldet, den der Arbeitnehmer bei ihm erdient hat. Für die ihm beim Veräußerer bis zum Insolvenzfall erdient hat. Für die ihm beim Veräußerer bis zum Insolvenzfall erdienten unverfallbaren Anwartschaften haftet der Träger der gesetzlichen Insolvenzversicherung,
   BAG, Urt. v. 11.02.1992, NZA 1993, 20.

Diese durch die Eröffnung eines Insolvenzverfahrens eingetretene Haftungsbeschränkung des Betriebserwerbers wird durch die spätere Einstellung des Insolvenzverfahrens mangels einer die Kosten des Verfahrens deckenden Masse nicht berührt,
   BAG, NZA 1993, 20.

Für die Beurteilung der Frage, ob ein Betrieb im Rahmen eines Insolvenzverfahrens oder außerhalb des Insolvenzverfahrens übergeht, kommt es auf den Zeitpunkt der Eröffnung des Insolvenzverfahrens und der Betriebsübernahme an. Wird der Betrieb vor Eröffnung des Insolvenzverfahrens auf einen Erwerber übertragen, so treten die Rechtsfolgen des § 613 a BGB ohne eine Haftungsbegrenzung ein. Der Erwerber und nicht der Pensionssicherungsverein haftet dann für die beim Betriebsveräußerer erdienten Anwartschaften. Das gilt auch in den Fällen der Übernahme eines schon insolvenzreifen Betriebs,
   BAG, NJW 1979, 2634.

Die Haftungserleichterung tritt auch nicht ein, wenn eine Insolvenzeröffnung mangels Masse abgelehnt wurde,
   BAG, NZA 1985, 393.

Maßgeblich für die Feststellung des Betriebsübergangs ist der Zeitpunkt, in dem der Erwerber die Leitungsmacht im Betrieb im Einvernehmen mit dem Betriebsveräußerer ausüben kann,
   BAG, NZA 1992, 217.

### 3. Muster: Klage auf Unterlassung nachvertraglichen Wettbewerbs

*Klage*

– klägerische Partei –

Prozeßbevollmächtigte:

gegen

– beklagte Partei –

Prozeßbevollmächtigte:
wegen: Unterlassung von Wettbewerb.
Wir bestellen uns zu Prozeßbevollmächtigten der klägerischen Partei, in deren Namen und Auftrag wir beantragen zu erkennen:

1. Die beklagte Partei wird verurteilt, Wettbewerb zum Nachteil der klägerischen Partei, insbesondere den Vertrieb nachfolgender Gegenstände          im Bezirk          zu unterlassen.
2. Die beklagte Partei wird verurteilt, ihre Tätigkeit bei der Firma          einzustellen.

3. Die beklagte Partei wird verurteilt, an die klägerische Partei eine Vertragsstrafe in Höhe von ▮ DM nebst ▮ % Zinsen jährlich für den Zeitraum vom ▮ bis zum ▮ sowie ▮ % Zinsen jährlich ab dem ▮ zu zahlen.

Gründe:

1. Die beklagte Partei war bei der klägerischen Partei vom ▮ bis zum ▮ im Vertrieb beschäftigt.

   Beweis: Vorlage des Arbeitsvertrages in Kopie – Anlage K 1a.

   Die beklagte Partei ist zum ▮ bei der klägerischen Partei ausgeschieden.

   Im Arbeitsvertrag ist ein Wettbewerbsverbot vereinbart, das folgenden Wortlaut hat:

   „▮"

   Beweis: wie vor.

   Außerdem haben die Parteien eine Vertragsstrafe für den Fall des Verstoßes gegen das Wettbewerbsverbot vereinbart.

   Beweis: wie vor.

   Wie die klägerische Partei nunmehr in Erfahrung bringen konnte, ist die beklagte Partei seit dem ▮ bei der Firma ▮ als ▮ beschäftigt. Damit tritt die beklagte Partei unmittelbar in Wettbewerb zu der klägerischen Partei, denn ▮.

   Der Wettbewerb wird auch im räumlichen Geltungsbereich des vereinbarten Wettbewerbsverbots ausgeübt.

   Die beklagte Partei ist daher antragsgemäß zu verurteilen.

## 4. Muster: Zugang einer Kündigung im Urlaub

Eine schriftliche Willenserklärung ist nach § 130 Abs. 1 BGB zugegangen, sobald sie in verkehrsüblicher Weise in die tatsächliche Verfügungsgewalt des Empfängers bzw. eines empfangsberechtigten Dritten gelangt ist und für den Empfänger unter gewöhnlichen Verhältnissen die Möglichkeit besteht, von dem Inhalt des Schreibens Kenntnis zu nehmen,

vgl. RGZ 60, 334; BGHZ 67, 271; BAG, Urt. v. 16.01.1976, AP Nr. 7 zu § 130 BGB.

Wenn für den Empfänger diese Möglichkeit unter gewöhnlichen Verhältnissen besteht, ist es unerheblich, wann er die Erklärung tatsächlich zur Kenntnis genommen hat oder ob er daran durch Krankheit, zeitweilige Abwesenheit oder andere besondere Umstände zunächst gehindert war,

BAG, Urt. v. 16.01.1976 – AP Nr. 7 zu § 130 BGB; *Staudinger/Neumann*, BGB, Vorbem. § 620, Rn 44.

Uneinigkeit besteht aber darüber, unter welchen Voraussetzungen der Empfänger diese „Möglichkeit der Kenntnisnahme unter gewöhnlichen Verhältnissen" hat, wenn er sich urlaubsbedingt nicht in seiner Wohnung aufhält,

BAG, Urt. v. 16.3.1988 – AP Nr. 16 zu § 130 BGB.

Das Bundesarbeitsgericht hat zunächst in einem unveröffentlichten Urteil,

vom 25.08.1978 – 2 AZR 693/76,

das einem Familienangehörigen des Arbeitnehmers ausgehändigte Kündigungsschreiben als dem Arbeitnehmer zugegangen angesehen, obwohl dieser urlaubsbedingt ortsabwesend war. Es hat dies damit begründet, eine zufällige vorübergehende Abwesenheit des Empfängers spiele für die Frage des Zugangs keine Rolle, solange die Erklärung nur in seinen Machtbereich gelangt sei, sei es durch Einwurf in eine technische Empfangsvorrichtung (Hausbriefkasten, Postfach etc.) oder durch

Übergabe an einen empfangsberechtigten Dritten. Dies soll auch dann gelten, wenn der Arbeitgeber gewußt hat, daß der Arbeitnehmer während seines Urlaubs verreisen wollte, jedenfalls wenn ihm dieser seine Urlaubsanschrift nicht mitgeteilt hat.

Von einzelnen Instanzgerichten und einem Teil der Literatur,
> ArbG Rheine, Urt. v. 24.10.1966, DB 1966, 1975; LAG München, Urt. v. 20.03.1974, AMBl. 1975, C 14; *Corts*, DB 1979, 2081 ff.; *Staudinger/Neumann*, Vorbem. § 620, Rn 45,

ist dagegen der Standpunkt vertreten worden, der Zugang einer schriftlichen Kündigung trete im Falle einer dem Arbeitgeber bekannten urlaubsbedingten Abwesenheit des Arbeitnehmers erst mit dessen Rückkehr aus dem Urlaub ein. Begründet wird dies insbesondere damit, daß der Arbeitgeber in diesem Fall grundsätzlich nicht erwarten könne, ein an die Heimatadresse gerichtetes Kündigungsschreiben werde dem Arbeitnehmer vor Ablauf des Urlaubs zugehen. Dies gelte auch dann, wenn dem Arbeitgeber die Urlaubsanschrift des Arbeitnehmers nicht bekannt sei. Das Interesse des Arbeitgebers an einer Kündigung auch während der Urlaubsabwesenheit des Arbeitnehmers müsse grundsätzlich hinter dessen Interesse zurücktreten, nicht während seiner Abwesenheit von einer auf die Beendigung seines Arbeitsverhältnisses zielenden Willenserklärung des Arbeitgebers überrascht zu werden. Vielmehr dürfe der Arbeitnehmer mangels gegenteiliger Anhaltspunkte darauf vertrauen, daß sich während seiner dem Arbeitgeber bekannten Urlaubsreise an dem Arbeitsverhältnis nichts ändern werde. Der Arbeitgeber habe den Status des Urlaubs zu respektieren.

Das Bundesarbeitsgericht hat im Urteil vom 16.12.1980,
> BAGE 34, 305, 308 = AP Nr. 11 zu § 130 BGB,

304 die Zugangsdefinition von *Corts* übernommen und den Zugang des Kündigungsschreibens erst nach Rückkehr des Arbeitnehmers aus dem Urlaub bejaht. Es hat dies im wesentlichen damit begründet, der Arbeitgeber, dem im Zeitpunkt der Abgabe der Kündigungserklärung bekannt gewesen sei, daß der Arbeitnehmer im Urlaub verreist ist, könne im Regelfall nicht erwarten, diesem werde ein an die Heimatanschrift gerichtetes Kündigungsschreiben vor Ablauf des Urlaubs bzw. Rückkehr von der Urlaubsreise zugehen. Umgekehrt dürfe der Arbeitnehmer mangels gegenteiliger Anhaltspunkte darauf vertrauen, daß sich während seiner dem Arbeitgeber bekannten Urlaubsreise an dem Arbeitsverhältnis nichts ändern werde.

Diese bisherige Rechtsauffassung hat das Bundesarbeitsgericht mit
> Urt. v. 16.03.1988, AP Nr. 16 zu § 130 BGB

aufgegeben, insbesondere gibt der Senat das zusätzliche Zugangserfordernis „wenn und sobald der Erklärende die Kenntnisnahme des Adressaten vom Erklärungsinhalt berechtigterweise erwarten kann" auf. Denn entgegen der Ansicht von *Corts* handelt es sich hierbei nicht „lediglich um eine Umformulierung" der bisherigen Zugangsdefinitionen, sondern um die zusätzliche Berücksichtigung konkreter Erwartungen des Erklärenden, die nach Auffassung des 2. Senats weder der Rechtsklarheit dient noch wegen der Interessenlage des Erklärungsempfängers geboten ist.

305 Zur Erreichung einer sachgerechten, den Interessen beider Beteiligten gerecht werdenden Verteilung des Transportrisikos des Erklärenden und des Kenntnisnahmerisikos des Empfängers, wie sie der Empfangstheorie und der traditionellen Zugangsdefinition zugrunde liegt, ist vielmehr davon auszugehen, daß grundsätzlich auch bei Kenntnis des Arbeitgebers von der urlaubsbedingten Ortsabwesenheit des Arbeitnehmers diesem ein an die Heimatanschrift gerichtetes Kündigungsschreiben wirksam zugehen kann. Dies gilt in aller Regel selbst dann, wenn der Arbeitnehmer seine Urlaubsanschrift dem Arbeitgeber mitgeteilt hat; lediglich bei besonderen Umständen des Einzelfalles kann sich aus § 242 BGB eine abweichende Wirkung ergeben.

Hierfür spricht zum einen die mit den Bedürfnissen des rechtsgeschäftlichen Verkehrs schwer zu vereinbarende Unsicherheit einer konkreten Erwartung des Erklärenden von der Kenntnisnahme durch den Empfänger. Es gibt keine allgemein gültigen Erfahrungswerte über das konkrete Urlaubsverhalten der Arbeitnehmer. Auch ist der Arbeitnehmer im Regelfall nicht verpflichtet, dem Arbeitgeber mitzuteilen, ob und wohin er während des Urlaubs verreist,
> vgl. BAG, AP Nr. 11 zu § 130 BGB.

Andererseits kann der Arbeitgeber nicht gehalten sein, sich über das individuelle Urlaubsverhalten seiner Arbeitnehmer Kenntnis zu verschaffen. Berücksichtigt man zudem die Möglichkeit einer späteren Veränderung der Umstände, wie z.B. den Nichtantritt der Urlaubsreise wegen Erkrankung einer Begleitperson,

> BAG, AP Nr. 16 zu § 130 BGB,

einen Hotelwechsel wegen mangelnder Leistungserbringung seitens des Reiseveranstalters, eine kurzfristige Änderung der Urlaubspläne wegen des Wetters oder aus sonstigen persönlichen Gründen, so wird die mit dem subjektiven Zugangserfordernis der Erwartungen des Erklärenden verbundene Unsicherheit vollends deutlich. Bei irrigen Vorstellungen des Erklärenden würde das Abstellen auf seine konkrete Erwartung zu nicht sachgerechten Lösungen führen. Hinzu kommt die mit den subjektiven Vorstellungen einer Partei stets verbundene Darlegungs- und Beweisschwierigkeit im Prozeß.

Es besteht auch keine rechtliche Notwendigkeit, dem Urlaub des Arbeitnehmers allein in der Rechtsbeziehung zum Arbeitgeber eine zugangshemmende Wirkung zukommen zu lassen, während dies in seinem sonstigen Rechtsverkehr nicht der Fall ist,

> vgl. BVerfGE 37, 100, 102; 40, 88, 91; 40, 182, 186; 41, 332, 336; BGH, VersR 1982, 652, 653; 1984, 81, 82; BVerwG, MDR 1977, 431.

**306**

Dies gilt insbesondere angesichts der Möglichkeit einer Zulassung verspäteter Klagen gemäß § 5 KSchG. Eine nachträgliche Zulassung der Kündigungsschutzklage wegen urlaubsbedingter Abwesenheit ist schon im Hinblick auf die Rechtsprechung des BVerfG zur Frage der Wiedereinsetzung in den vorigen Stand in aller Regel geboten,

> vgl. BVerfGE 25, 158, 166 = AP Nr. 26 zu Art. 103 GG; BVerfGE 26, 315, 319; 34, 154, 156 f. = AP Nr. 28 zu Art. 103 GG; BVerfGE 37, 100, 102; 40, 182, 186; 41, 332, 336; vgl. *Wenzel*, BB 1981, 1031; KR/*Friedrich*, 3. Aufl., § 5 KSchG, Rn 60.

Danach braucht, wer eine ständige Wohnung hat und diese nur vorübergehend während des Urlaubs nicht benutzt, für diese Zeit keine besonderen Vorkehrungen hinsichtlich möglicher Zustellung zu treffen. Vielmehr darf der Bürger damit rechnen, Wiedereinsetzung in den vorigen Stand zu erhalten, falls ihm während seiner Urlaubszeit ein Schriftstück zuging und er hieran anknüpfende Fristen versäumt hat. Dies gilt grundsätzlich selbst dann, wenn die Zuleitung einer Willenserklärung bzw. eines Bescheides zu erwarten war. Etwas anderes kann allerdings dann gelten, wenn dem Empfänger ein sonstiges Verschulden zur Last gelegt werden kann, er also z.B. die Abholung vernachlässigt hat oder sich einer erwarteten Zustellung vorsätzlich entziehen sollte,

**307**

> vgl. hierzu auch LAG Hamm, Beschlüsse v. 23.03.1972–8 Ta 13/72, BB 1972, 711 und vom 30.07.1981, aaO; LAG Berlin, Beschl. v. 11.03.1982–3 Ta 1/82, ZIP 1982, 614; hinsichtlich prozessualer Fristen BGH, VersR 1982, 652, 653; 1984, 81, 82.

Deshalb gilt nunmehr im Arbeitsrecht der Grundsatz, daß ein an die Heimatanschrift des Arbeitnehmers gerichtetes Kündigungsschreiben diesem grundsätzlich auch dann zugeht, wenn dem Arbeitgeber bekannt ist, daß der Arbeitnehmer während seines Urlaubs verreist ist.

▲

## 5. Muster: Annahmeverweigerung einer Kündigung durch Empfangsboten

4372

▼

Nach § 130 Abs. 1 BGB wird eine unter Abwesenden abgegebene empfangsbedürftige Willenserklärung in dem Zeitpunkt wirksam, in dem sie dem Empfänger zugeht. Eine schriftliche Willenserklärung ist danach zugegangen, sobald sie in verkehrsüblicher Weise in die tatsächliche Verfügungsgewalt des Empfängers bzw. eines empfangsberechtigten Dritten gelangt ist und für den Empfänger unter gewöhnlichen Verhältnissen die Möglichkeit besteht, von dem Inhalt des Schreibens Kenntnis zu nehmen. Wenn für den Empfänger diese Möglichkeit besteht, ist es unerheblich, wann er die Er-

**308**

klärung tatsächlich zur Kenntnis genommen hat oder ob er daran durch Krankheit, zeitweilige Abwesenheit oder andere besondere Umstände zunächst gehindert war. Dabei genügt es, wenn der Brief an eine Person ausgehändigt wird, die nach der Verkehrsauffassung als ermächtigt anzusehen ist, den Empfänger in der Empfangnahme zu vertreten. Es ist nicht erforderlich, daß dem Dritten, der die schriftliche Willenserklärung für den Empfänger entgegennimmt, eine besondere Vollmacht oder Ermächtigung erteilt worden ist. Abzustellen ist auf die Verkehrssitte, so daß die Grundsätze über die sog. Duldungsvollmacht nicht herangezogen zu werden brauchen,
BAG, NJW 1976, 1284.

309 Lehnt der Empfänger, der dem gleichen Lebenskreis wie der Adressat angehört, grundlos die Annahme einer Willenserklärung ab, so muß er sich allerdings nach Treu und Glauben gemäß § 242 BGB so behandeln lassen, als sei ihm das Schreiben im Zeitpunkt der Ablehnung zugegangen, wenn er im Rahmen vertraglicher Beziehungen mit rechtserheblichen Mitteilungen rechnen muß. Verhindert jedoch ein nur als Empfangsbote in Betracht kommender Dritter durch Annahmeverweigerung den Zugang der Willenserklärung, so kann dies dem Adressaten nicht zugerechnet werden, wenn er hierauf keinen Einfluß hat. Er muß die Erklärung in diesem Fall nur dann als zugegangen gegen sich gelten lassen, wenn der Dritte im Einvernehmen mit ihm bewußt die Entgegennahme verweigert und damit den Zugang vereitelt,
RAG, DR 1941, 1796.

310 Lehnt ein als Empfangsbote anzusehender Familienangehöriger des abwesenden Arbeitnehmers die Annahme eines Kündigungsschreibens des Arbeitgebers ab, so muß der Arbeitnehmer die Kündigung nur dann als zugegangen gegen sich gelten lassen, wenn er auf die Annahmeverweigerung, etwa durch vorherige Absprache mit dem Angehörigen, Einfluß genommen hat,
BAG, NZA 1993, 259.

### 6. Muster: Kein Wiedereinstellungsanspruch bei Wegfall des Kündigungsgrundes nach Ablauf der Kündigungsfrist

311 Entscheidet sich der Arbeitgeber, eine Betriebsabteilung stillzulegen und kündigt deshalb den dort beschäftigten Arbeitnehmern, so kann er zur Wiedereinstellung entlassener Arbeitnehmer nur verpflichtet sein, wenn er sich noch während der Kündigungsfrist entschließt, die Betriebsabteilungen mit einer geringeren Anzahl von Arbeitnehmern doch fortzuführen. Hat er einen Vergleich mit einem gekündigten Arbeitnehmer geschlossen und entschließt er sich, zeitlich nach Ablauf der Kündigungsfrist des Mitarbeiters, die Produktion mit einem geänderten Produktionsverfahren doch fortzusetzen, hat der durch den Vergleich ausgeschiedene Mitarbeiter keinen Anspruch auf Wiedereinstellung gegen Rückzahlung der Abfindung,
BAG, Urt. v. 27.02.1992–2 AZR 160/96, SPA 6/1997, 8.

### 7. Muster: Anrechnung anderweitigen Arbeitseinkommens auf Karenzentschädigung

312 1. Das hier zwischen den Parteien vereinbarte Wettbewerbsverbot ist verbindlich und wirksam. Die gemäß §§ 74 ff. HGB, 126 BGB erforderliche Schriftform ist eingehalten worden.

In die Vertragsurkunde wurden auch sämtliche Abreden, insbesondere der Fall der Entschädigungspflicht, aufgenommen.

2. Bei der Wettbewerbsvereinbarung selbst handelt es sich um einen gegenseitigen Vertrag im Sinne der §§ 320 ff. BGB. Die Verpflichtung des Arbeitnehmers geht dahin, sich des Wettbewerbs zu enthalten. Demgegenüber steht die Verpflichtung des Arbeitgebers, dem Arbeitnehmer eine Karenzentschädigung zu zahlen.

Gemäß § 74 Abs. 2 HGB hat der Arbeitgeber für jedes Jahr des Wettbewerbsverbots mindestens die Hälfte der von dem Arbeitnehmer zuletzt bezogenen vertraglichen Leistungen zu erbringen. Die vom Arbeitgeber zu zahlende Karenzentschädigung ist in ihrer Höhe jedoch davon abhängig, wieviel der Arbeitnehmer in einem Folgearbeitsverhältnis verdient.

Gemäß § 74 c HGB hat sich der Arbeitnehmer auf die Karenzentschädigung das anrechnen zu lassen, was er durch die anderweitige Verwertung seiner Arbeitskraft erhält.

Anzurechnen ist hierbei jedes anderweitige Einkommen aus selbständiger oder unselbständiger Tätigkeit,
    vgl. *Schaub*, Arbeitsrechtshandbuch, § 58 V, S. 310 f.

Die Anrechnung anderweitigen Erwerbseinkommens soll nach Vorstellung des Gesetzgebers verhindern, daß durch die Vereinbarung eines Wettbewerbsverbots ein Anreiz dafür geschaffen werde, eine Arbeitsstelle aufzugeben, um sodann, ohne arbeiten zu müssen, von der Karenzentschädigung zu leben oder um eine neue Stelle anzutreten und gleichsam als Prämie für den Stellenwechsel zusätzlich zum Arbeitsentgelt die Karenzentschädigung zu erhalten,
    vgl. BAG, AP Nr. 11 zu § 74 c HGB.

3. Die Karenzentschädigung soll dem Arbeitnehmer jedoch erhalten bleiben, soweit sie zusammen mit dem Arbeitseinkommen nicht 110 % des früheren Einkommens übersteigt,
    vgl. BAG, AP Nr. 11 zu § 74 c HGB; NJW 1988, 3173.

Das letzte Arbeitseinkommen des Arbeitnehmers betrug monatlich          DM. Die anrechnungsfreie Grenze von 110 % beläuft sich mithin auf          DM. Das im Anspruchszeitraum vom Arbeitnehmer bezogene monatliche Arbeitsentgelt beträgt derzeit          DM. Die vereinbarte Karenzentschädigung von          DM und das derzeitige monatliche Arbeitseinkommen von          DM ergeben zusammen monatlich          DM.

## 8. Muster: Rückzahlungsklausel für Ausbildungskosten im Arbeitsvertrag

Nach der Rechtsprechung des Bundesarbeitsgerichts wird in das Grundrecht des Arbeitnehmers auf freie Arbeitsplatzwahl nicht unzulässig eingegriffen, wenn eine zeitlich befristete Arbeitsplatzbindung des Arbeitnehmers einem schutzwürdigen Interesse des Arbeitgebers entspricht,
    BAG, Urt. v. 24.07.1991, NZA 1992, 405, 406; BAG, Urt. v. 11.04.1990, NZA 1990, 178, 179.

Rückzahlungsklauseln sind danach zulässig, wenn sie bei Abwägung aller Einzelumstände dem Arbeitnehmer nach Treu und Glauben zumutbar sind und vom Standpunkt eines verständigen Beobachters einem begründeten und zu billigenden Interesse des Arbeitgebers entsprechen. Die für den Arbeitnehmer ertragbaren Bindungen müssen im Rahmen einer Interessen- und Güterabwägung unter Berücksichtigung des Verhältnismäßigkeitsgrundsatzes und aller Umstände des Einzelfalles, für die der Arbeitgeber darlegungs- und beweispflichtig ist, gefunden werden,
    BAG, Urt. v. 23.04.1986, AP Nr. 10 zu § 611 Ausbildungsbeihilfe.

## Kapitel 2: Vertretung von Arbeitgebern

Der Arbeitnehmer muß eine angemessene Gegenleistung für die Rückzahlungsverpflichtung erhalten haben. Weitere Billigkeitsgesichtspunkte sind die Dauer der Bindung, der Umfang der Arbeitgeberleistung, die Höhe des Rückzahlungsbetrages und dessen Abwicklung,
    BAG, Urt. v. 11.04.1984, AP Nr. 8 zu § 611 Ausbildungsbeihilfe.

In die Interessenabwägung müssen demnach der geldwerte Vorteil, den der Arbeitnehmer erhalten hat, und die Interessen des Arbeitgebers an der gewährten Ausbildungsleistung sowie die Länge des Bindungszeitraumes und die Höhe der Rückzahlungssumme eingestellt werden. Handelt es sich um eine spezifische Ausbildung, dh eine auf den Arbeitgeber ausgerichtete Ausbildung, so hat der Arbeitgeber darzulegen und zu beweisen, daß außerhalb seines eigenen Betriebes Bedarf nach in der Art ausgebildeten Arbeitskräften besteht,
    BAG, Urt. v. 24.07.1991, NZA 1992, 405.

Daher ergibt sich für den vorliegenden Fall folgendes:

Die Rückzahlungsklausel ist ferner unwirksam, wenn sie die Wirkung einer unterschiedlich langen Kündigungsfrist für Arbeitgeber und Arbeitnehmer entfaltet und damit nach den §§ 622 Abs. 5, 134 BGB unwirksam ist. Das Bundesarbeitsgericht setzt Kündigungserschwernisse mit unterschiedlich langen Kündigungsfristen gleich.
    BAG, Urt. v. 09.03.1972, AP Nr. 12 zu § 622 BGB.

Die Rückzahlungsklausel verstößt nur dann nicht gegen das Gebot gleicher Kündigungsfristen gemäß § 622 Abs. 5 BGB, wenn die Rückzahlungsklausel sachlich gerechtfertigt ist,
    BAG, Urt. v. 05.06.1984, AP Nr. 11 zu § 611 Ausbildungsbeihilfe; *Staudinger/Neumann*, § 622, Rn 34.

Die Rückzahlungsklausel ist nur dann sachlich gerechtfertigt, wenn sie dem sachgerechten Ausgleich zwischen den Interessen beider Parteien dient.

### 9. Muster: Klage auf verschleiertes Arbeitseinkommen nach vorangegangenen vergeblichen Vollstreckungsversuchen

*Klage*

– klägerische Partei –

Prozeßbevollmächtigte:

gegen

– beklagte Partei –

Prozeßbevollmächtigte:

wegen: Forderung

Streitwert (vorläufig):            DM

Wir bestellen uns zu Prozeßbevollmächtigten der klägerischen Partei, in deren Namen und Auftrag wir beantragen werden zu erkennen:

1. Die beklagte Partei wird verurteilt, an die klägerische Partei         DM nebst         % Zinsen jährlich für den Zeitraum vom         bis zum         sowie         % Zinsen jährlich ab dem         zu zahlen.
2. Die Kosten des Rechtsstreits werden der beklagten Partei auferlegt.

## Gründe:

1. Der Klage liegt folgende Forderung zugrunde:

Die klägerische Partei macht im Wege des Einziehungsprozesses Ansprüche gegen den Arbeitgeber von ▬▬▬ geltend. Die klägerische Partei erwirkte am ▬▬▬ einen Titel gegen ▬▬▬. Dieser wurde zur Zahlung von ▬▬▬ DM nebst ▬▬▬ % seit dem ▬▬▬ sowie zur Kostentragung in Höhe von ▬▬▬ % verurteilt. Bei der Klageforderung des vorliegenden Rechtsstreits handelt es sich um einen Teilbetrag der titulierten Forderung.

Der Titel wurde dem Schuldner am ▬▬▬ zugestellt. Der klägerischen Partei wurde am ▬▬▬ die vollstreckbare Ausfertigung erteilt.

Beweis: Vollstreckbare Ausfertigung des Urteils des ▬▬▬ vom ▬▬▬ – Anlage K 1.

Am ▬▬▬ ist die vollstreckbare Ausfertigung anläßlich eines fruchtlos verlaufenden Sachpfändungsversuches durch den Obergerichtsvollzieher ▬▬▬ zugestellt worden.

Beweis: Zeugnis des Obergerichtsvollziehers ▬▬▬, Vollstreckungsprotokoll vom ▬▬▬ – Anlage K 2.

Aus diesem Protokoll ergibt sich ebenfalls, daß der Schuldner die eidesstattliche Versicherung abgegeben hat und über pfändbare Sachwerte angeblich nicht verfügt.

Die klägerische Partei erwirkte daher am ▬▬▬ einen Pfändungs- und Überweisungsbeschluß. Gepfändet und überwiesen wurden hierin unter der Rubrik A Ansprüche auf Zahlung des gesamten gegenwärtigen und künftigen Arbeitseinkommens. Drittschuldnerin des Beschlusses ist die jetzige Beklagte, die Arbeitgeberin und Ehefrau des Schuldners, handelnd als Geschäftsführerin der Fa. ▬▬▬.

Beweis: Pfändungs- und Überweisungsbeschluß vom ▬▬▬ – Anlage K 3.

Dieser Beschluß ist der beklagten Partei am ▬▬▬ zugestellt worden.

Beweis: Zustellungsurkunde vom ▬▬▬ – Anlage K 4.

Auf dieser Urkunde gab die Beklagte die Drittschuldnererklärung gemäß § 840 ZPO ab. Sie erklärte, daß ihr Mann von ihr mit ▬▬▬ DM pro Monat entlohnt werde.

Beweis: wie vor

Die beklagte Partei ist am ▬▬▬ in das Gewerberegister der Stadt ▬▬▬ eingetragen worden. Ihre Tätigkeit hat sie am ▬▬▬ aufgenommen. Das Unternehmen, das vom Schuldner ▬▬▬ betrieben wurde, ist für den gleichen Tag abgemeldet worden. Als Tätigkeit wurde für ▬▬▬ unter der Geschäftsführung der beklagten Partei ▬▬▬ angemeldet.

Beweis: Zeugnis des Mitarbeiters der Stadt ▬▬▬, Auskunftsschreiben der Stadt ▬▬▬ vom ▬▬▬ – Anlage K 5.

Der Vollstreckungsschuldner steht in einem Arbeitsverhältnis bei der Beklagten, für deren Verbindlichkeiten jedoch die Beklagte als in deren Namen handelnd gemäß § 11 Abs. 2 GmbHG haftet. Die Beklagte ist damit Drittschuldnerin des gepfändeten Arbeitseinkommens. Sofern der Schuldner tatsächlich, anders als in der Drittschuldnererklärung der Beklagten behauptet, mehr als ▬▬▬ DM pro Monat als Arbeitseinkommen erhält, steht dieser Betrag aufgrund des Pfändungs- und Überweisungsbeschlusses unter Berücksichtigung der Pfändungsfreigrenze ohne weiteres der klägerischen Partei zu.

Dies gilt jedoch nach § 850 Abs. 2 ZPO auch für einen etwaigen Differenzbetrag zwischen dem tatsächlich gezahlten Monatslohn und einer angemessenen Vergütung (verschleiertes Arbeitseinkommen).

Der Schuldner leistet der Beklagten ständig Dienste. Ein solches Dienstverhältnis ergibt sich bereits aus der Drittschuldnererklärung der Beklagten. Es ergibt sich aber auch daraus, daß die Beklagte keinen weiteren Mitarbeiter mit der Ausbildung eines ▬▬▬ in ihrer Firma beschäftigt. Auch die Beklagte selbst besitzt keine Ausbildung, die sie befähigen würde, die dem Geschäftsgegenstand und der Ausbildung des ▬▬▬ entsprechende Tätigkeit zu erbringen. Die Erbrin-

## § 7 Kapitel 2: Vertretung von Arbeitgebern

gung von ▨ ist jedoch der Geschäftszweck der ▨. Auch der Name der Firma ist auf eine ständige Mitarbeit des Schuldners zugeschnitten. Die Firma hat ihre Tätigkeit auch bereits aufgenommen.

Die Tätigkeit eines ▨ erfolgt üblicherweise nur gegen Vergütung.

Eine Vergütung von ▨ DM pro Monat ist unverhältnismäßig gering. Dies ergibt sich aus einem Vergleich mit derjenigen Vergütung, die als angemessen zu betrachten ist. Als angemessen im Sinne des § 850 h Abs. 2 ZPO gilt dabei der Tariflohn, der für die zu beurteilende Tätigkeit zu zahlen ist,

> BAG MDR 1965, 944; *Schaub*, Arbeitsrechtshandbuch, § 89 IV 4; *Zöller/Stöber*, ZPO § 850 h, Rn 3.

Gemäß § ▨ des Rahmentarifvertrages für die ▨ ist der Schuldner in die Gehaltsgruppe ▨ einzustufen.

Für diese Gruppe ergibt sich aus § ▨ ein monatliches Bruttogehalt in Höhe von ▨ DM.

Beweis: Tarifvertrag vom ▨ – Anlage K 6.

Der Vollstreckungsschuldner ist seit vielen Jahren als ▨ tätig.

Verglichen mit einem Betrag von ▨ DM ist eine Vergütung von ▨ DM pro Monat als unverhältnismäßig gering im Sinne von § 850 h Abs. 2 ZPO anzusehen. Es gilt daher die angemessene monatliche Vergütung von ▨ DM gegenüber der klägerischen Partei als durch die Beklagte geschuldet.

Dieser, möglicherweise fiktive, Arbeitslohn ist auch von dem Pfändungs- und Überweisungsbeschluß erfaßt. Der Pfändungs- und Überweisungsbeschluß erfaßt nach seinem Wortlaut das gesamte Arbeitseinkommen des Schuldners. Hierunter fällt nach allgemeiner Auffassung auch das verschleierte Arbeitseinkommen nach § 850 h Abs. 2 ZPO,

> vgl. *Stein/Jonas*, ZPO, § 850 h, Rn 41.

Aufgrund des Brutto-Gehaltes ist somit zu berechnen, in welcher Höhe die Bezüge des Schuldners pfändbar sind.

Ausgehend von einer Eingruppierung des Schuldners in die Lohnsteuerklasse V ergeben sich folgende abzugsfähige monatliche Belastungen des Einkommens des Schuldners:

Krankenversicherungsbeiträge: ▨ DM
Rentenversicherungsbeiträge: ▨ DM
Beiträge zur Arbeitslosenversicherung: ▨ DM
Lohnsteuer Klasse IV: ▨ DM
Kirchensteuer: ▨ DM
Solidaritätszuschlag: ▨ DM
Abzüge gesamt: ▨ DM

Es verbleibt dem Schuldner daher ein Nettoeinkommen von ▨ DM.

Der Schuldner ist im Erwerbsgeschäft seiner Ehefrau tätig. Er kann daher weitere Abzüge im Sinne eines Freibetrages für seine Ehefrau oder seine Kinder nicht geltend machen,

> *Stöber*, Forderungspfändung, Rn 1224.

Nach der Anlage 2 zu § 850 c ZPO ist damit ein Betrag von ▨ DM monatlich pfändbar, der nach dem Pfändungs- und Überweisungsbeschluß des Amtsgerichtes ▨ vom ▨ zugunsten der Kläger auch gepfändet und zur Einziehung überwiesen wurde. Aus diesem Einziehungsrecht geht die klägerische Partei nunmehr vor. Von der Pfändung erfaßt ist das Gehalt des Schuldners ab ▨. Die Klageforderung setzt sich aus dem pfändbaren Einkommen des Schuldners für die Monate ▨ bis ▨ zusammen. Die Erweiterung der Klage um während des Verfahrens fällig werdende weitere Monatseinkommen behalten wir uns ebenso vor, wie die Geltendmachung solcher Bezüge, die später fällig werden.

2. Der geltend gemachte Zinsanspruch rechtfertigt sich als Anspruch auf Prozeßzinsen aus §§ 284 Abs. 1 Satz 2, 285, 286 Abs. 1, 288 Abs. 1 BGB.

## 10. Muster: Klageerwiderung wegen Wiedereinstellungsverlangen bei Verdachtskündigung

An das
Arbeitsgericht

Aktenzeichen:
Gegner: RAe , zwei Abschriften

In dem Rechtsstreit
./.

bestellen wir uns zu Prozeßbevollmächtigten der beklagten Partei, eine auf uns lautende Vollmacht versichernd, und beantragen:

1. Die Klage wird abgewiesen.
2. Die Kosten des Rechtsstreits trägt die klägerische Partei.

**Gründe:**

Die klägerische Partei macht unter Hinweis auf ein gegen sie eingestelltes Ermittlungsverfahren geltend, ihr sei seinerzeit zu Unrecht gekündigt worden. Ihre Kündigungsschutzklage bildete Gegenstand eines Verfahrens vor dem erkennenden Gericht.

Beweis: Beiziehung der Akte ArbG , Aktenzeichen

Zutreffend ist, daß der dem Ermittlungsverfahren zugrundeliegende Tatkomplex Gegenstand einer Verdachtskündigung der beklagten Partei gegen die klägerische Partei bildete. Durch die Einstellung des Ermittlungsverfahrens nach § 170 Abs. 2 Satz 1 StPO wurde jedoch weder der Verdacht gegen die klägerische Partei ausgeräumt, noch stellt die Einstellung des Ermittlungsverfahrens einen Restitutionsgrund dar.

Wie das BAG bereits entschieden hat,
    Urt. v. 22.01.1998 – 2 AZR 455/97 (unveröffentlicht),

hätten Urkunden aus dem Strafverfahren, selbst wenn sie in der Zeit des Kündigungsschutzprozesses errichtet und vorgelegt worden wären, eine für die klägerische Partei günstigere Entscheidung jedenfalls nicht mit Gewißheit gewährleistet, denn die Arbeitsgerichte müssen alle relevanten Verdachtsumstände eigenständig würdigen, ohne an die Entscheidungen im Strafverfahren gebunden zu sein. Die Einstellung eines staatsanwaltlichen Ermittlungsverfahrens nach § 170 Abs. 2 Satz 1 StPO steht der Wirksamkeit einer Verdachtskündigung darüber hinaus nicht entgegen. Sie begründet keine, erst recht keine im arbeitsgerichtlichen Verfahren unwiderlegbare Vermutung für die Unschuld des Arbeitnehmers. Ein Vertrauensschutz auf den Bestand der Einstellungsverfügung besteht nicht. Geht die Staatsanwaltschaft bei einem bestimmten Verfahrensstand davon aus, die Straftat sei dem verdächtigen Arbeitnehmer jedenfalls nicht beweisbar, so hindert dies den Arbeitgeber nicht, im Arbeitsgerichtsverfahren den Beweis für eine vollendete Straftat oder zumindest einen entsprechenden Tatverdacht zu führen.

Zwar kann ein Anspruch des Arbeitnehmers auf Wiedereinstellung in Betracht kommen, wenn dem Arbeitnehmer wegen Verdachts einer strafbaren Handlung gekündigt worden ist und sich später seine völlige Unschuld herausstellt oder zumindest nachträglich Umstände bekannt werden, die den bestehenden Verdacht vollständig beseitigen,
    BAG, Urt. v. 14.12.1956, BAGE 3, 332; BAG, Urt. v. 27.02.1997, NZA 1997, 757.

Die bloße Einstellung des staatsanwaltlichen Ermittlungsverfahrens nach § 170 Abs. 2 Satz 1 StPO begründet jedoch keinen Wiedereinstellungsanspruch,
 BAG, Urt. v. 20.08.1997, NZA 1997, 1340.

Ist die Kündigungsschutzklage eines Erziehers rechtskräftig abgewiesen worden, da gegen den Kläger der schwerwiegende Verdacht des sexuellen Mißbrauchs von Kindern bestand, scheidet ein Wiederaufnahmeverfahren aus, auch wenn eine Strafkammer die Eröffnung des Hauptverfahrens wegen mangelnden Tatverdachts abgelehnt hat,
 BAG, Urt. v. 22.11.1998 – 2 AZR 455/97 (unveröffentlicht).

Weder ein Protokoll über eine Zeugenvernehmung noch ein die Eröffnung des Hauptverfahrens ablehnender Beschluß eines Landgerichts stellen Urkunden im Sinne von § 580 Nr. 7 b ZPO dar, die eine Restitution begründen könnten. Dies folgt daraus, daß diese Urkunden erst nach der Abweisung der Kündigungsschutzklage errichtet wurden und ebensowenig wie ein nachträglicher Strafbefehl oder Freispruch die Arbeitsgerichte binden.

## 11. Muster: Örtliche Zuständigkeit des Arbeitsgerichts bei Außendienstmitarbeitern – Sitz des Arbeitgebers

317 Die Verpflichtung eines Außendienstmitarbeiters besteht nicht darin, Dienstreisen anzutreten, sondern darin, in den verschiedenen Orten des ihm zugewiesenen Gebiets Kunden zu besuchen. Der Wohnsitz dieses Mitarbeiters dürfte allenfalls der „ruhende Pol" seiner Lebensführung sein, nicht jedoch der wirtschaftlich-technische Mittelpunkt seines Arbeitsverhältnisses,
 ArbG Regensburg, Urt. v. 16.03.1994, NZA 1995, 96; LAG Saarland, Urt. v. 02.04.1995 – 2 Sa 169/74 (unveröffentlicht).

Mit dem Aufsuchen der Kunden und dem Anbieten und Verkaufen der Produkte erfüllen Außendienstmitarbeiter ihre gegenüber dem Arbeitgeber vertraglich geschuldete Hauptleistungsverpflichtung. Der Leistungsort befindet sich daher am jeweiligen Sitz des Kunden. Von seinem eigenen Wohnsitz aus hat der Außendienstmitarbeiter allenfalls vertragliche Nebenpflichten zu erfüllen. Das Hauptgewicht der Tätigkeit des Außendienstmitarbeiters liegt somit auch in zeitlicher Hinsicht auf regelmäßigem Außendienst und nicht in der Tätigkeit an seinem Wohnsitz.

Damit läßt sich ein einheitlicher Erfüllungsort im Sinne von §§ 29 Abs. 1 ZPO, 46 Abs. 2 ArbGG nicht ermitteln. Dies hat zur Folge, daß eine Wahlmöglichkeit des besonderen Gerichtsstands nach § 35 ZPO nicht besteht und somit das Gericht am allgemeinen Gerichtsstand des Schuldners zuständig ist.

Zudem dient es auch der Prozeßökonomie, wenn Zeugen aus dem Betrieb, insbesondere der Betriebsrat oder ein Personalleiter, nicht zum möglicherweise entfernt gelegenen Wohnsitzgericht des Außendienstmitarbeiters reisen müssen, sondern am allgemeinen Gerichtsstand des Arbeitgebers erscheinen können,
 ArbG Leipzig, Beschl. v. 23.10.1997 – 16 Ca 10.086/97, AE 1997, 99; ArbG München, Beschl. v. 19.03.1997 – 10 b Ca 1930/96 I, AE 1997, 31; ArbG Augsburg, Beschl. v. 23.07.1998 – 4 Ca 2079/98, AE 1999, 116; ArbG Karlsruhe, Beschl. v. 29.2.1993 – 4 Ca 248/93 (unveröffentlicht).

## 12. Muster: Zugang eines Kündigungsschreibens

Für den Zugang eines Kündigungsschreibens reicht es aus, daß der Bote den Brief mangels Verfügbarkeit eines Hausbriefkastens nach vergeblichem Klingeln auffällig zwischen Glasscheibe und Metallgitter der von der Straße nicht einsehbaren Haustür des Einfamilienhauses des Empfängers steckt, das zur Straßenseite hinter einem umfriedeten Vorgarten mit verschlossenem, wenn auch nicht abgeschlossenem, Gartentörchen liegt,
    LAG Hamm, NZA 1994, 32.

# Kapitel 3: Statusneutrale Schriftsätze im Urteilsverfahren

## A. Erläuterungen

Auch die statusneutralen Schriftsätze im arbeitsgerichtlichen Urteilsverfahren erläutern sich aus sich selbst. Eine Reihe von Mustern stellen Ergänzungen zu den an Parteiinteressen orientierten Mustern in § 7 Kapitel 1 und 2 dar.

## B. Schriftsätze

### I. Erstinstanzliche und für sonstige Verfahrenszüge geeignete Schriftsätze

#### 1. Muster: Maske für arbeitsgerichtliche Klage

*Klage*

– klägerische Partei –

Prozeßbevollmächtigte:

gegen

– beklagte Partei –

Prozeßbevollmächtigte:

wegen:

Wir bestellen uns zu Prozeßbevollmächtigten der klägerischen Partei, in deren Namen und Vollmacht wir um Anberaumung eines möglichst frühen

Gütetermins

bitten. Sollte die Güteverhandlung ergebnislos bleiben, werden wir beantragen:

1. 
2. Die Kosten des Rechtsstreits trägt die beklagte Partei.

**Gründe:**

# § 7  Kapitel 3: Statusneutrale Schriftsätze im Urteilsverfahren

## 2. Muster: Maske für arbeitsgerichtliche Klageerwiderung

▼

321 An das
Arbeitsgericht

*Klage*

– klägerische Partei –

Prozeßbevollmächtigte:

gegen

– beklagte Partei –

Prozeßbevollmächtigte:

wegen:

Wir bestellen uns zu Prozeßbevollmächtigten der beklagten Partei, in deren Namen und Auftrag wir, sollte die Güterverhandlung ergebnislos bleiben, beantragen:

1. Die Klage wird abgewiesen.
2. Die Kosten des Rechtsstreits trägt die klägerische Partei.

**Gründe:**

▲


## 3. Muster: Maske für Antrag auf Erlaß einer einstweiligen Verfügung

▼

322 An das
Arbeitsgericht

*Antrag auf Erlaß einer einstweiligen Verfügung*

– antragstellende Partei –

Verfahrensbevollmächtigte:

und

– antragsgegnerische Partei –

wegen:

Wir bestellen uns zu Verfahrensbevollmächtigten der antragstellenden Partei und beantragen wegen Dringlichkeit des Falles ohne mündliche Verhandlung durch den Vorsitzenden allein, hilfsweise unter Abkürzung der Ladungsfrist aufgrund einer unverzüglich anzuberaumenden mündlichen Verhandlung den Erlaß einer einstweiligen Verfügung mit folgendem Inhalt:

1.
2. Die antragsgegnerische Partei hat die Kosten des Verfahrens zu tragen.

Für den Fall des Obsiegens wird bereits jetzt beantragt,

3. der antragstellenden Partei eine vollstreckbare Kurzausfertigung der Entscheidung (ohne Tatbestand und Entscheidungsgründe) zu erteilen.

**Gründe:**

▲

## 4. Muster: Maske für Abweisung eines Antrags auf Erlaß einer einstweiligen Verfügung

▼

An das
Arbeitsgericht

*In dem Verfahren*
auf Erlaß einer einstweiligen Verfügung

– antragstellende Partei –

Verfahrensbevollmächtigte:

und

– antragsgegnerische Partei –

Verfahrensbevollmächtigte:

wegen:

bestellen wir uns zu Verfahrensbevollmächtigten der antragsgegnerischen Partei. Wir haben den Termin zur mündlichen Verhandlung notiert. Wir werden beantragen, wie folgt zu beschließen:

1. Der Antrag wird abgewiesen.
2. Die Kosten des Verfahrens trägt die antragstellende Partei.

**Gründe:**

▲

## 5. Muster: Antrag auf Vertagung eines Gerichtstermins

An das Arbeitsgericht

Aktenzeichen:
Gegner: RAe

In dem Rechtsstreit

– klägerische Partei –

Prozeßbevollmächtigte:

gegen

– beklagte Partei –

Prozeßbevollmächtigte:

beantragen wir,

den Gütetermin zu verlegen.

**Gründe:**

1. Der Unterzeichner ist der alleinige Sachbearbeiter in allen arbeitsrechtlichen Angelegenheiten der Beklagten. Am gleichen Terminstage findet am Arbeitsgericht B        ein Gütetermin statt, den der Unterzeichner wahrnehmen muß.

   Beweis: Vorlage der Ladung in Kopie – Anlage B 1.

   Da der Termin des Verfahrens vor dem Arbeitsgericht B        zeitlich vor dem Verfahren vor dem Arbeitsgericht A        anberaumt wurde, hat das Verfahren vor dem Arbeitsgericht B        Vorrang.

2. Den Vorgang, der Gegenstand des Verfahrens vor dem Arbeitsgericht B        bildet, konnte der Unterzeichner nicht mit der für Personalangelegenheiten zuständigen Prokuristin am        besprechen und sich dementsprechend schriftsätzlich äußern. Am        ist die Prokuristin zu einem 2 1/2-wöchigen Urlaub mit ihrer Familie aufgebrochen, so daß der Unterzeichner noch nicht einmal über den Sachverhalt des vorliegenden Verfahrens unterrichtet ist. Eine Vertreterin in Personalangelegenheiten hat die Prokuristin nicht. Die Prokuristin wird am        ihren Dienst wieder aufnehmen. Zu diesem Tag hat der Unterzeichner über die Sekretärin, von der er auch die Prozeßunterlagen per Fax kommentarlos erhalten hat, einen Besprechungstermin vereinbart. Wenn der Gütetermin einen Sinn machen soll, dann sicherlich den, zu einer Einigung zwischen den Parteien zu gelangen. Hierzu ist aber Voraussetzung, daß der Unterzeichner die Wirksamkeit der Kündigung und die Prozeßchancen beider Parteien beurteilen kann. Insofern macht es keinen Sinn, einen Gütetermin durchzuführen mit einem nichtinformierten Parteivertreter.

   Es wird deshalb um Verlegung des Termins ab der        KW gebeten.

## 6. Muster: Vertagung und Antrag auf Frist zur Rückäußerung

Das Gericht muß den Rechtsstreit vertagen und unserer Partei nach § 283 ZPO angemessene Zeit für eine Rückäußerung gewähren. Art. 103 Abs. 1 GG gibt jedermann Anspruch auf rechtli-

ches Gehör. Der Anspruch auf rechtliches Gehör ist ein elementarer Prozeßgrundsatz. Den Parteien muß nach ständiger Rechtsprechung des Bundesverfassungsgerichts ausreichend Gelegenheit gegeben werden, sich zum gesamten Prozeßstoff zu äußern. Nur solcher Prozeßstoff darf der Entscheidung zugrundegelegt werden, zu der Gehör gewährt wurde,
BVerfGE 9, 261, 267; 69, 145, 148; 21, 191, 194; 69, 145, 148; 70, 288, 293 f.

Die Fristen, die vom Gericht für eine Rückäußerung gesetzt werden, müssen objektiv ausreichend sein,
BVerfGE 49, 212, 216.

Nach der Rechtsprechung des Bundesverfassungsgerichts sind 3 Arbeitstage oder 6 Tage mit eingeschlossenem Wochenende nicht ausreichend; lediglich 1 Tag genügt nicht einmal in vorläufigen Rechtsschutzverfahren,
BVerfGE 12, 6, 9; 24, 23, 25 f.; 65, 227, 235.

Der Anspruch der Parteien aus Art. 103 Abs. 1 GG, daß ihnen ausreichend Gelegenheit gegeben werden muß, sich zum gesamten Prozeßstoff zu äußern, gilt auch im arbeitsgerichtlichen Verfahren,
BAG, AP Nr. 33 zu Art. 103 GG.

Unserer Partei war daher eine angemessene Frist einzuräumen, um auf das Vorbringen des Beklagten in der Klageerwiderung eingehen zu können. Zu diesem Zweck muß unserem Antrag auf Vertagung zwingend entsprochen werden (§ 227 Abs. 1 Nr. 2 ZPO),
BAG, AP Nr. 33 zu Art. 103 GG.

Unserer Partei kann nicht entgegengehalten werden, daß die von dem Gegner erstmals vorgelegten Unterlagen bekannt waren. Auch in einem solchen Fall muß, nach der Rechtsprechung des Bundesarbeitsgerichts, „ihm und seinem Bevollmächtigten ausreichend Gelegenheit gegeben werden, sämtliche Unterlagen ohne Hast zu prüfen und sich darüber zu beraten",
BAG, AP Nr. 33 zu Art. 103 GG.

Dies gilt insbesondere dann, wenn – wie hier – der Inhalt der Unterlagen nicht mit einem Blick zu erfassen ist.

Es ist uns eine angemessene Frist zur Rückäußerung nach § 283 ZPO zu gewähren und der Rechtsstreit antragsgemäß für eine entsprechende Zeit zu vertagen.

## 7. Muster: Einspruch gegen Versäumnisurteil

An das
Arbeitsgericht

*Einspruch*

– klägerische Partei –

Prozeßbevollmächtigte:

gegen

– beklagte Partei –

Prozeßbevollmächtigte:
wegen: Einspruch gegen Versäumnisurteil.

## § 7 Kapitel 3: Statusneutrale Schriftsätze im Urteilsverfahren

Wir bestellen uns zu Prozeßbevollmächtigten der ▨ Partei und legen gegen das Urteil des Arbeitsgerichts ▨ vom ▨, Aktenzeichen: ▨

*Einspruch*

ein und werden beantragen zu erkennen:

1. Das Versäumnisurteil des Arbeitsgerichts ▨ vom ▨ wird aufgehoben.
2. ▨
3. Die ▨ Partei trägt mit Ausnahme der durch Säumnis entstandenen Kosten die Kosten des Rechtsstreits.

**Gründe:**

### 8. Muster: Fristen im Urteilsverfahren

▼

327   Angriffs- und Verteidigungsmittel können grundsätzlich bis zum Schluß des letzten Termins der mündlichen Verhandlung geltend gemacht werden; gleiches gilt für Beweismittel.

Ausdrücklich ausgeschlossen ist die Anwendbarkeit der Vorschriften über den frühen ersten Termin und das schriftliche Vorverfahren, §§ 46 Abs. 2 ArbGG, 275-277 ZPO. Das Arbeitsgericht ist nicht berechtigt, die §§ 275–277 ZPO anzuwenden. Insbesondere kann es den Parteien nicht nach § 275 Abs. 1, 3 und 4, § 276 Abs. 1 und 3 ZPO Fristen setzen, bei deren Überschreitung das Vorbringen als verspätet zurückgewiesen werden muß,

*Grunsky*, Kommentar zum Arbeitsgerichtsgesetz, § 46a, Rn 34, § 48, Rn 6.

Das Arbeitsgericht kann nur zur vorbereitenden mündlichen Verhandlung den Parteien eine Frist setzen, § 56 Abs. 1 Satz 2 Nr. 1 ArbGG. Dabei muß das Gericht aber konkret angeben, welche Punkte es für klärungsbedürftig hält,

BAG, AP § 56 ArbGG 1979, Nr. 1.

Werden Angriffs- und Verteidigungsmittel erst nach Ablauf der nach § 56 Abs. 1 Satz 2 Nr. 1 ArbGG gesetzten Frist vorgebracht, so sind sie nur zuzulassen, wenn nach der freien Überzeugung des Gerichts ihre Zulassung die Erledigung des Rechtsstreits nicht verzögern würde oder wenn die Partei die Verspätung genügend entschuldigt, § 56 Abs. 2 ArbGG. § 56 Abs. 2 ArbGG entspricht § 296 Abs. 1 ZPO. Allerdings müssen die Parteien über die Folgen der Fristversäumnis belehrt werden, § 56 Abs. 2 Satz 2 ArbGG. Ist die Belehrung unterblieben, kommt eine Zurückweisung des verspäteten Vorbringens nicht in Betracht. Dies gilt auch dann, wenn die Partei anwaltlich vertreten ist,

BGHZ 88, 180, 183 ff; *Grunsky*, Kommentar zum Arbeitsgerichtsgesetz, § 56, Rn 7.

Die Belehrung setzt voraus, daß der Partei der konkrete Nachteil einer Versäumung der Frist klar gemacht wird, die bloße Wiedergabe des Textes der die Zurückweisung anordnenden Vorschrift genügt nicht,

BGHZ 86, 218.

Eine Sonderregelung bezüglich der Fristen besteht im Kündigungsschutzverfahren, § 61 a ArbGG. Der Vorsitzende hat dem Beklagten für die schriftliche Klageerwiderung eine Frist von mindestens 2 Wochen zu setzen, § 61 a Abs. 3 ArbGG. Nur in rechtlich oder tatsächlich schwierig gelagerten Fällen kann eine längere Frist geboten sein,

*Grunsky*, Kommentar zum Arbeitsgerichtsgesetz, § 61 a, Rn 18.

Eine Verlängerung der Frist ist unter den Voraussetzungen des § 224 Abs. 2 ZPO möglich. Bei Versäumung einer Partei nach Abs. 3 und 4 gesetzten Frist, ist das verspätete Vorbringen zurückzuweisen, § 61 Abs. 5 ArbGG. Die Vorschrift entspricht § 296 Abs. 1 ZPO. Nach § 61a Abs. 6 ArbGG sind die Parteien über die Folgen der Versäumung in der nach Abs. 3 und Abs. 4 gesetzten Frist zu belehren.

## 9. Muster: Mittelbare Beweisführung im Arbeitsgerichtsprozeß

Die Beweisführung muß nicht unmittelbar auf die Tatsachen gerichtet sein, die den gesetzlichen Tatbestand des geltend gemachten Rechts ausfüllen. Auch die Beweisführung durch Indizien, aus denen auf die gesetzlichen Tatbestandsmerkmale geschlossen werden kann, ist prozeßrechtlich zulässig,
    BGH, NJW 1984, 2039; *Zöller/Stephan*, ZPO, § 286, Rn 9a.

Sowohl das Arbeitsgerichtsgesetz als auch die ZPO überlassen es den Prozeßbeteiligten, wie sie das Gericht überzeugen,
    vgl. *Stein/Jonas/Leipold*, ZPO, § 284, Rn 23.

Entgegen der von *Prütting/Weth* (DB 1989, 2276) vertretenen Ansicht verletzt die Beweisführung mit einer notariellen Erklärung die Grundsätze der Unmittelbarkeit, der Öffentlichkeit und der Parteiöffentlichkeit der Beweisaufnahme nicht, §§ 87 Abs. 2, 64 Abs. 7, 52 ArbGG, 355 Abs. 1, 357 Abs. 1 ZPO.

Wird eine generell einer Beweisaufnahme zugängliche, gewöhnlich im Wege der Zeugenvernehmung zu beweisende Tatsache durch notarielle Erklärung in den Rechtsstreit eingeführt, wird die notarielle Erklärung im Wege des Urkundenbeweises über Hilfstatsachen verwertet. Damit werden sowohl der Beweiswert der mittelbaren Beweismittel als auch die dadurch festgestellten Indizien selbständig und eigenverantwortlich beurteilt.

Die notarielle Erklärung ist eine öffentliche Urkunde im Sinne des § 415 ZPO. Zu den Amtsbefugnissen der Notare gehört die Erstellung einer Tatsachenbescheinigung. Nach § 20 Abs. 1 Satz 2 BNotO sind die Notare zuständig, Beurkundungen jeder Art vorzunehmen. Zu ihren Aufgaben gehört auch die Ausstellung einer Bescheinigung über amtlich von ihnen wahrgenommene Tatsachen. Die Wahrnehmung ist amtlich, wenn der Notar auftragsgemäß in seiner Eigenschaft als Notar tätig geworden ist. Zu den von ihm wahrgenommenen Tatsachen zählen auch nichtrechtsgeschäftliche Erklärungen.

Erscheint eine Person bei einem Notar, gibt sie die Erklärung ab, bei einer bestimmten Firma beschäftigt zu sein, legt sie den Reisepaß vor und eine Banküberweisung, die zugleich die für eine Lohnabrechnung typischen Angaben enthält, und wird ferner ein Arbeitsvertrag vorgelegt, der auf den Namen dieser Person lautet, so begründet eine entsprechende Urkunde des Notars den vollen Beweis dafür, daß diese Person bei dem näher beschriebenen Arbeitgeber in einem Arbeitsverhältnis steht. Die Gewerkschaft hat in einem solchen Falle durch mittelbares Beweismittel, ohne den Namen ihres im Betrieb des Arbeitgebers beschäftigten Mitglieds zu nennen, Beweis erbracht, daß sie in dem Betrieb vertreten ist,
    BAG, Beschl. v. 25.03.1992, NJW 1993, 612.

## 10. Muster: Im Urteil festgesetzter Streitwert nicht mit Beschwerde anfechtbar

329 Der nach § 61 Abs. 1 ArbGG im Urteil festgesetzte Streitwert kann nicht mit dem Rechtsmittel der Beschwerde angefochten werden, da es sich nach der Rechtsprechung des BAG bei diesem Streitwert nach wie vor um einen nach § 24 Satz 1 GKG unanfechtbaren Rechtsmittelstreitwert handelt, dessen Funktion darin besteht, im Berufungsverfahren die Beschwer zu begrenzen,
  BAG, Urt. v. 02.03.1983 – 5 AZR 594/82, EzA § 64 ArbGG Nr. 12; LAG Bremen, Urt. v. 01.11.1982 – 3 Ta 63/82, EzA § 61 ArbGG Nr. 9; LAG Hamm, Urt. v. 24.11.1983 – 8 Ta 320/83, EzA § 61 ArbGG Nr. 10; *Grunsky*, ArbGG, § 61, Rn 6.

Durch die Bindung des Kostenstreitwerts an den Rechtsmittelstreitwert gemäß § 24 Satz 1 GKG wäre demnach auch ein Antrag gemäß §§ 9 BRAGO, 25 Abs. 1 GKG auf Festsetzung des Kostenstreitwerts ausgeschlossen, wenn der Streitwert schon im Urteil gemäß § 61 Abs. 1 ArbGG festgesetzt ist. Durch § 12 Abs. 7 Satz 3 ArbGG ist die Bindung des Kostenstreitwerts an den Rechtsmittelstreitwert aufgegeben worden. § 12 Abs. 7 Satz 3 ArbGG ist dem strengen Wortlaut nach zwar auf Streitigkeiten über den Bestand des Arbeitsverhältnissen beschränkt. Es wird jedoch vertreten, daß es sich bei § 12 Abs. 7 Satz 3 ArbGG um eine grundsätzliche Regelung handelt, die für alle Arbeitsgerichtsprozesse gilt,
  LAG Bremen, Urt. v. 01.11.1982 – Ta 63/82, EzA § 61 ArbGG Nr. 9; LAG Hamm, Urt. v. 24.11.1983 – 8 Ta 320/83, EzA § 61 ArbGG Nr. 10; LAG Berlin, Urt. v. 04.01.1982, AnwBl 1982, 393; *Schneider*, Anm. zu LAG Hamm EzA § 61 ArbGG Nr. 10; a.A. *Grunsky*, § 61, Rn 7.

Das ist damit begründet worden, daß die Unanfechtbarkeit der erstinstanzlichen Festsetzung eines für die Kostenberechnung verbindlichen Streitwerts systemwidrig sei und nach dieser Auffassung der Trennung von Kosten- und Rechtsmittelstreitwert die Kostenabrechnung in die geregelten Bahnen einmünden läßt. Dies sei aus Gründen der Kostengerechtigkeit erforderlich, zumal eine einheitliche erstinstanzliche Bewertungspraxis nicht bestehe.

Beschwerden gegen die Streitwertfestsetzung sind demnach zurückzunehmen und es ist ein Kostenfestsetzungsantrag beim Arbeitsgericht gemäß §§ 9 BRAGO, 25 Abs. 1 GKG zu stellen. Ein daraufhin ergehender Beschluß wäre seinerseits dann auch mit der Beschwerde anfechtbar.

## 11. Muster: Verspätete Urteilsabsetzung

330 Gelangt ein vollständig abgesetztes Urteil erst nach Ablauf von 5 Monaten seit seiner Verkündung mit allen richterlichen Unterschriften zur Geschäftsstelle des Gerichts, so ist dies als ein Urteil ohne Entscheidungsgründe anzusehen, das auf Verfahrensrüge aufzuheben und an das LAG zurückzuverweisen ist,
  BAG, NZA 1993, 1150; GmS-OGB, Beschl. v. 27.04.1993, NZA 1993, 1147.

## 12. Muster: Befangenheitsgesuch

Aktenzeichen:
Gegner: RAe         , zwei Abschriften anbei

In dem Rechtsstreit

./.

begründen wir das im Termin vom         für unsere Partei gestellte Befangenheitsgesuch wie folgt:

**Gründe:**

1. Die die Besorgnis der Befangenheit begründenden Tatsachen ergeben sich aus der beigefügten anwaltlichen Versicherung.

    Glaubhaftmachung:   Beigefügte anwaltliche Versicherung des Unterzeichners

2. Bei dieser Sachlage ist die klägerische Partei berechtigterweise besorgt, daß es dem abgelehnten Richter an der gebotenen Unvoreingenommenheit mangelt. Befangenheit ist ein innerer Zustand des Richters, der seine vollkommen gerechte, von jeder falschen Rücksicht freie Einstellung zur Sache, seine Neutralität und Distanz gegenüber den Verfahrensbeteiligten beeinträchtigen kann,
    BVerfGE 21, 146; BGHSt 1, 34.

Dieser Zustand kann in der Regel nicht bewiesen werden. Daher ist die Ablehnung schon begründet, wenn ein Grund vorliegt, der geeignet ist, Mißtrauen gegen die Unparteilichkeit eines Richters zu rechtfertigen. Es ist also nicht erforderlich, daß der Richter in der Tat parteilich oder befangen ist, auch kommt es weder darauf an, ob er sich selbst für unbefangen hält, noch darauf, ob er für Zweifel an seiner Unbefangenheit Verständnis aufbringt,
    BVerfGE 32, 290; BayOBLGZ 1974, 135; DRiZ 1977, 244.

Vielmehr ist die Ablehnung begründet, wenn der Ablehnende einen vernünftigen Grund zu der Annahme hat, daß der Richter befangen sei,
    RGSt 55, 57; 60, 44; 61, 69; BGHSt 24, 338; OLG Koblenz VRS 44, 292;
    OLG Celle NdsRpfl 1982, 101.

Dafür spielt es keine Rolle, wie eine dem Verfahren fernstehende Person die Sachlage beurteilt. Ausschlaggebend ist vielmehr, ob die Umstände dem Ablehnenden von seinem Standpunkt aus begründeten Anlaß geben, an der Unparteilichkeit des Richters zu zweifeln,
    OLG Frankfurt VRS 57, 206.

Dabei ist ein objektiver Maßstab anzulegen,
    OLG Hamm, JMBlNW 1982, 222; OLG Düsseldorf VRS 66, 28; EGH Frankfurt StrVert. 1981, 31; BGHSt 21, 341.

Von diesem Standpunkt aus ist das Mißtrauen der klägerischen Partei gegenüber dem abgelehnten Richter aus folgenden Gründen berechtigt:         .

## 13. Muster: Befangenheitsgesuch bei Hinweis des Richters auf Einreden oder Gegenrechte

▼

Aktenzeichen:
Gegner: RAe            , zwei Abschriften anbei

In dem Rechtsstreit

./. 

lehnt unsere Partei den Richter am Arbeitsgericht            wegen Besorgnis der Befangenheit ab.

**Gründe:**

I.

Die die Besorgnis der Befangenheit begründenden Tatsachen:

Beweis:   Beiziehung der Gerichtsakte, Anliegende anwaltliche Versicherung des Unterzeichners

II.

Bei dieser Sachlage ist unsere Partei berechtigterweise besorgt, daß es dem abgelehnten Richter an der gebotenen Unvoreingenommenheit ihr gegenüber mangelt.

Befangenheit ist ein innerer Zustand des Richters, der seine vollkommen gerechte, von jeder falschen Rücksicht freie Einstellung zur Sache, seine Neutralität und Distanz gegenüber den Verfahrensbeteiligten beeinträchtigen kann,

BVerfGE 21, 146.

Da die subjektive Einstellung eines Richters gegenüber einer Prozeßpartei in der Regel nicht nachweisbar ist, kommen nur objektive Gründe in Frage, um das Mißtrauen gegen die Unparteilichkeit des Richters zu rechtfertigen. Derartige objektive Gründe liegen vor, wenn vom Standpunkt des Ablehnenden aus bei vernünftiger Betrachtung die Befürchtung geweckt wird, der Richter stehe der Sache nicht unvoreingenommen und damit nicht unparteiisch gegenüber,

BayObLG, NJW 1975, 699 mwN; BayObLG Rechtspfleger 1980, 193; OLG Köln, Versicherungsrecht 1980, 93; OLG Köln, OLGZ 83, 121, 122.

Es ist also nicht erforderlich, daß der Richter in der Tat parteiisch oder befangen ist, auch kommt es weder darauf an, ob er sich selbst für unbefangen hält, noch darauf, ob er für Zweifel an seiner Unbefangenheit Verständnis aufbringt,

BVerfGE 32, 290; 35, 253; 43, 127; BayObLGZ 1974, 135; BayObLG, DRiZ 1977, 244.

Es kommt ausschließlich darauf an, ob aus der Sicht des Ablehnenden genügend objektive Gründe vorliegen, die nach Meinung einer ruhig und vernünftig denkenden Partei Anstoß geben, gegen die Unparteilichkeit des Richters mißtrauisch zu sein,

BGHZ 77, 72; OLG Köln, NJW-RR 1986, 420; LAG Frankfurt, AP Nr. 5 zu § 49 ArbGG 1953.

Dafür spielt es keine Rolle, wie eine dem Verfahren fernstehende Person die Sachlage beurteilt; ausschlaggebend ist vielmehr, ob die Umstände dem Ablehnenden von seinem Standpunkt aus begründeten Anlaß geben, an der Unparteilichkeit des Richters zu zweifeln,

OLG Frankfurt, VRS 1957, 206.

Auch insoweit ist ein objektiver Maßstab anzulegen,

OLG Hamm, JMBNW 1982, 222; OLG Düsseldorf, VRS 1966, 28; BGHSt 21, 341.

Von diesem Standpunkt aus ist das Mißtrauen unserer Partei gegenüber dem abgelehnten Richter gerechtfertigt:

Die Frage des Richters            kommt einem Hinweis an den Prozeßgegner auf Einreden oder Gegenrechte gleich, zumal der Gegner keinen entsprechenden Vortrag beigebracht hat. Die an die gegnerische Partei gerichteten Aufforderungen sind in keiner Weise durch die richterliche Aufklärungs-

## Schriftsätze im arbeitsgerichtlichen Urteilsverfahren § 7

pflicht (§§ 139, 278 Abs. 3 ZPO) gedeckt. Ebenso wie es dem Richter untersagt ist, den Prozeßgegner auf bestehende Einreden und Gegenrechte hinzuweisen,

OLG Köln MDR 1979, 1027; OLG Bremen NJW 1986, 999; OLG Hamburg NJW 1984, 2710; LG Berlin NJW 1986, 1000; *Prütting*, NJW 1980, 364/365; *Stürner*, Die richterliche Aufklärung im Zivilprozeß, 1982, Rn 80,

ist es dem Richter auch verwehrt, den Prozeßgegner darauf hinzuweisen, daß es möglicherweise bereits an der Grundlage für den wirksamen Abschluß des von ihm angefochtenen Vertrages mangelt. So hat bereits das Reichsgericht,

RGZ 106, 119,

erkannt, daß es von der richterlichen Aufklärungspflicht im Rahmen des § 139 ZPO nicht umfaßt ist, einer Partei neue, in deren Sachvortrag auch nicht andeutungsweise enthaltene Klagegründe nahezulegen. Auch darf der Richter die Partei nicht auf eine andere tatsächliche Begründung ihres Antrags hinlenken,

RGZ 109, 70,

oder anspruchsbegründende Tatsachen erst herbeiführen,

OLG Frankfurt, NJW 1970, 1884.

Genau dies aber hat der abgelehnte Richter vorliegend getan: .

### 14. Muster: Erforderlichkeit der Vollziehung einer einstweiligen Verfügung

Versäumt es der Gläubiger, eine einstweilige Verfügung innerhalb der Monatsfrist zu vollziehen, so kann der Schuldner den Antrag auf Aufhebung auch in der Berufungsinstanz stellen.

Auch wenn eine im Beschlußverfahren ergangene einstweilige Verfügung von Amts wegen zugestellt wird, so ersetzt dies nicht die Vollziehung durch den Gläubiger. Dies gilt auch für die Zustellung im Parteibetrieb. Die grundsätzliche Notwendigkeit der Vollziehung durch Zustellung gilt auch für einstweilige Verfügung auf Unterlassung bestimmter Handlungen,

LAG Frankfurt, NZA 1991, 30.

Diese Rechtsauffassung entspricht auch der Rechtsprechung des BGH und der Oberlandesgerichte,

BGH, WRP 1993, 308.

Allein die 12. Kammer des Landesarbeitsgerichts Berlin hat für den Fall der Vollziehung eines zur Weiterbeschäftigung verurteilenden Verfügungsurteils entschieden, daß die Zustellung im Parteibetrieb dann entbehrlich sei, wenn der Arbeitgeber nach Verkündung des Verfügungsurteils den Arbeitnehmer zunächst weiterbeschäftige,

LAG Berlin, LAGE Nr. 2 zu § 929 ZPO.

### 15. Muster: Eidesstattliche Versicherung

*Eidesstattliche Versicherung*

Ich bin über die Strafbarkeit der Abgabe einer vorsätzlich oder auch nur fahrlässig falschen Versicherung an Eides statt gemäß §§ 156, 163 StGB eindringlich belehrt worden.

§ 156 StGB lautet:

„Wer vor einer zur Abnahme einer Versicherung an Eides statt zuständigen Behörde eine solche Versicherung falsch abgibt oder unter Berufung auf eine solche Versicherung falsch aussagt, wird mit Freiheitsstrafe bis zu 3 Jahren oder mit Geldstrafe bestraft."

§ 163 Abs. 1 StGB lautet:

„Wenn eine der in den §§ 154 bis 156 begangenen Handlungen aus Fahrlässigkeit begangen worden ist, so tritt Freiheitsstrafe bis zu einem Jahr oder Geldstrafe ein."

Im Bewußtsein der Tatsache, daß diese Erklärung einem Gericht vorgelegt werden wird, erkläre ich,

folgendes an Eides statt:

Ich habe den Schriftsatz der Rechtsanwälte  vom         sorgfältig gelesen. Die darin enthaltenen Angaben entsprechen der Wahrheit. Es ist nichts hinzugefügt oder weggelassen worden, was sinnentstellend sein könnte. In meine eidesstattliche Versicherung beziehe ich insbesondere folgende Feststellungen ein:

▲

## II. Zweitinstanzliche Schriftsätze

### 1. Muster: Berufung des Klägers

▼

Berufung

In Sachen

– klägerische und berufungsklägerische Partei –

Prozeßbevollmächtigte:

gegen

– beklagte und berufungsbeklagte Partei –,

Prozeßbevollmächtigte:

Wir bestellen uns zu Prozeßbevollmächtigten der klägerischen und berufungsklägerischen Partei, in deren Namen und Auftrag wir

Berufung

gegen das Urteil des Arbeitsgerichts         vom         , zugestellt am         , einlegen.

Wir beantragen:

1. das Urteil des Arbeitsgerichts         vom         (Aktenzeichen:         ) abzuändern und nach den Schlußanträgen erster Instanz zu erkennen;
2. die Kosten des Rechtsstreits der berufungsbeklagten Partei aufzuerlegen.

Die Berufungsbegründung bleibt einem gesonderten Schriftsatz vorbehalten.

▲

Schriftsätze im arbeitsgerichtlichen Urteilsverfahren  §7

## 2. Muster: Berufung des Beklagten

*Berufung*

In Sachen

– klägerische und berufungsbeklagte Partei –

Prozeßbevollmächtigte:

gegen

– beklagte und berufungsklägerische Partei –

Prozeßbevollmächtigte:

Wir bestellen uns zu Prozeßbevollmächtigten der beklagten und berufungsklägerischen Partei, in deren Namen und Auftrag wir

Berufung

gegen das Urteil des Arbeitsgerichts         vom         , zugestellt am         , einlegen.

Wir beantragen:

1. das Urteil des Arbeitsgerichts         vom         (Aktenzeichen:         ) abzuändern und nach den Schlußanträgen erster Instanz zu erkennen;
2. die Kosten des Rechtsstreits der berufungsbeklagten Partei aufzuerlegen.

Die Berufungsbegründung bleibt einem besonderen Schriftsatz vorbehalten.


## 3. Muster: Bestellungsschreiben für Berufungsbeklagten

Aktenzeichen:
Gegner: RAe         , 2 Abschriften anbei

In dem Berufungsrechtsstreit

./.

bestellen wir uns für die berufungsbeklagte Partei.

Unter Hinweis auf §§ 9 Abs. 1, 66 Abs. 1 Satz 4 ArbGG bitten wir bereits jetzt, die Berufungsbegründungsfrist für die berufungsklägerische Partei nicht zu verlängern. Eine solche Verlängerung würde eine Verzögerung des Rechtsstreits bedeuten.

Die berufungsbeklagte Partei ist auf eine umgehende, rechtskräftige Entscheidung insbesondere deswegen angewiesen, weil hiervon erhebliche wirtschaftliche Dispositionen abhängen.

## § 7 Kapitel 3: Statusneutrale Schriftsätze im Urteilsverfahren

### 4. Muster: Anschlußberufung des Berufungsbeklagten

339 An das
Landesarbeitsgericht

*Anschlußberufung*

In der Berufungssache

– berufungsklägerische Partei –

Prozeßbevollmächtigte:

gegen

– berufungsbeklagte Partei –

legen wir namens der Berufungsbeklagten gegen das ihr am            zugestellte Urteil des Arbeitsgerichts            vom            , Aktenzeichen            ,

*Anschlußberufung*

ein. Die beklagte Partei schließt sich der Berufung der klägerischen Partei gegen das Urteil des Arbeitsgerichts            vom            , Aktenzeichen:            an. Namens der beklagten Partei beantragen wir zu erkennen:

1. Die Berufung der klägerischen Partei gegen das Urteil des Arbeitsgerichts            vom            , Aktenzeichen            , wird zurückgewiesen.
2. Auf die Anschlußberufung der beklagten Partei wird das Urteil des Arbeitsgerichts            vom            , Aktenzeichen            , abgeändert.
3. 
4. Die Kosten des Verfahrens trägt die klägerische Partei.

**Gründe:**

### 5. Muster: Keine Erstattungspflicht der Prozeßgebühr des Rechtsmittelbeklagten vor Begründung des nur zur Fristwahrung eingelegten Rechtsmittels

340 An das
Landesarbeitsgericht

Aktenzeichen:
Gegner: RAe            , zwei Abschriften anbei

In dem Rechtsstreit

./.

wird beantragt,

die Kosten des Prozeßbevollmächtigten der berufungsbeklagten Partei nicht als erstattungsfähig anzuerkennen.

## Gründe:

Die berufungsklägerische Partei hat mit Schriftsatz vom ▒▒▒▒▒▒ Berufung eingelegt. Sie hat mit Post vom gleichen Tage die Prozeßbevollmächtigten der berufungsbeklagten Partei davon in Kenntnis gesetzt, daß die Berufung zunächst nur fristwahrend erfolgen solle. Die Prozeßbevollmächtigten der berufungsbeklagten Partei wurden ausdrücklich gebeten, sich bis zur Begründung der Berufung nicht zu bestellen, da noch nicht sicher sei, ob das Berufungsverfahren durchgeführt werde. Derzeit würden zunächst noch die Erfolgschancen geprüft.

Beweis: Vorlage des Anwaltsschreibens in Kopie – Anlage ▒▒▒▒▒

Die mit der fristwahrenden Berufungseinlegung verbundene Bitte an den Berufungsgegner, dieser möge zunächst von der Bestellung eines zweitinstanzlichen Prozeßbevollmächtigten Abstand nehmen, bis feststehe, ob das Rechtsmittel durchgeführt werde, wird weder mit der, sei es auch mehrfachen, Verlängerung der Begründungsfrist noch mit der vorübergehenden Mandatsniederlegung durch den Anwalt des Berufungsführers hinfällig. Nicht ausgeräumte Unklarheiten über den Stand des Entscheidungsprozesses beim Berufungskläger sind nicht geeignet, unter Erstattungsgesichtspunkten eine vorzeitige Anwaltsbestellung für den Berufungsbeklagten zu rechtfertigen, erst recht nicht mit der Anbringung eines Sachantrages auf Zurückweisung der Berufung.

Kosten des Prozeßbevollmächtigten des Berufungsbeklagten sind auch nicht insoweit erstattungsfähig, als dieser nach Rücknahme der Berufung einen Antrag gemäß § 515 Abs. 3 ZPO stellt.

OLG Köln, Beschl. v. 13.07.1992 – 17 W 13/92, OLG Report 22/92, S. 266.

Es entspricht ständiger Rechtsprechung der Oberlandesgerichte und auch der Landesarbeitsgerichte, daß der Gegner bei einem erklärtermaßen nur zur Fristwahrung eingelegten Rechtsmittel unter Erstattungsgesichtspunkten im Regelfalle gehalten ist, von der Beauftragung eines Rechtsanwalts für das Rechtsmittelverfahren zunächst Abstand zu nehmen, wenn der Rechtsmittelkläger ihn hierum gebeten hat.

### 6. Muster: Vertrauensschutz des Anwalts auf Verlängerung der Berufungsbegründungsfrist

Es entspricht der ständigen Rechtsprechung des BGH,
  VersR 1985, 972; NJW RR 1989, 1280; NJW 1991, 2080,
daß der Anwalt regelmäßig erwarten kann, seinem ersten Antrag auf Verlängerung der Berufungsbegründungsfrist werde entsprochen, wenn einer der Gründe des § 519 Abs. 2 S. 3 ZPO vorgebracht wird. Eine Praxis, die generell die im Verlängerungsgesuch vorgetragenen Gründe ohne Glaubhaftmachung für nicht ausreichend hält, bewegt sich nicht mehr im Rahmen zulässiger, am Einzelfall orientierter Ermessensausübung. Auf eine solche Praxis braucht sich der Anwalt grundsätzlich nicht einzustellen,
  BGH, VersR 1985, 972; BVerfG, NJW 1989, 1147; BAG, NZA 1994, 907.

Im arbeitsgerichtlichen Verfahren gilt nichts anderes. Wenn § 66 Abs. 1 S. 4 ArbGG im Gegensatz zu § 519 Abs. 2 Satz 3 ZPO ausdrücklich die einmalige Verlängerung der Berufungsbegründungsfrist zuläßt, dient dies dem im arbeitsgerichtlichen Verfahren vorherrschenden Grundsatz der Beschleunigung, der bei Berufungen in Kündigungsschutzprozessen gemäß § 64 Abs. 8 ArbGG besonders hervorgehoben ist. Daraus lassen sich jedoch keine Schlüsse auf Anforderungen ziehen, die generell und abweichend von § 519 Abs. 2 Satz 3 ZPO an die Darlegung und Glaubhaftmachung erheblicher Gründe für die Fristverlängerung zu stellen wären. Das verdeutlicht bereits der insoweit gleiche Wortlaut beider Vorschriften.

### § 7 Kapitel 3: Statusneutrale Schriftsätze im Urteilsverfahren

Es entspricht deshalb heute auch der Rechtsprechung des BAG, daß ein Prozeßbevollmächtigter solange auf eine positive Entscheidung über seinen Antrag auf Verlängerung einer Rechtsmittelbegründungsfrist beim LAG vertrauen darf, als im Vergleich zu einer höchstrichterlichen Rechtsprechung – wie des BGH – nicht eine deutlich restriktivere Praxis des LAG in dessen Bezirk bekanntgeworden ist,
BAG, NZA 1995, 189.

### 7. Muster: Wiedereinsetzung in den vorigen Stand wegen zu Unrecht abgelehnter Verlängerung der Berufungsbegründungsfrist

342 Trägt ein Prozeßbevollmächtigter in einem Antrag auf Verlängerung der Berufungsbegründungsfrist gemäß § 66 Abs. 1 Satz 4 ArbGG vor, eine ordnungsgemäße Bearbeitung der Sache sei aufgrund einer Vielzahl gleichzeitig ablaufender Fristen nicht möglich, darf der Vorsitzende, sofern nicht besondere Umstände vorliegen, ohne Gewährung rechtlichen Gehörs von einer Verlängerung der Begründungsfrist nicht mit der Begründung absehen, die Gründe seien nicht nach § 224 Abs. 2 ZPO glaubhaft gemacht.
BAG, DB 1994, 1248.

Dem Beschleunigungsgrundsatz nach § 9 Abs. 1 ArbGG ist dadurch genügt, daß die Frist nach § 66 Abs. 1 Satz 4 ArbGG nur einmal verlängert werden kann. Zudem ist der Vorsitzende nach Vornahme einer am Einzelfall orientierten Ermessensausübung nicht verpflichtet, die Monatsfrist voll auszuschöpfen,
BAG, DB 1994, 1248.

### 8. Muster: Verlängerungsantrag am letzten Tag der Berufungsbegründungsfrist

343 Die pauschale Begründung des Prozeßvertreters, noch weitere Informationen vom Mandanten zu benötigen, rechtfertigt im allgemeinen nicht die beantragte Verlängerung der Berufungsbegründungsfrist. Ein Berufungskläger, der seinen Antrag auf Verlängerung der Berufungsbegründungsfrist erst am letzten Tag der Frist per Telekopie stellt, ohne sich nach dessen Schicksal telefonisch zu erkundigen, kann nicht erwarten, daß ihm das Gericht telefonisch auf dessen Erfolglosigkeit hinweist,
LAG Köln, Beschl. v. 10.06.1994 – 13 Sa 110/94 (unveröffentlicht); LAG Berlin, LAGE § 66 ArbGG 1979, Nr. 8; LAG Düsseldorf, LAGE § 66 ArbGG 1979 Nr. 10.

## 9. Muster: Beschwerde gegen einen Beschluß des Arbeitsgerichts

An das
Landesarbeitsgericht

In dem Beschlußverfahren
mit den Beteiligten

1.

– beschwerdeführende/beschwerdegegnerische Partei –

Prozeßbevollmächtigte:

2. Betriebsrat:

– beschwerdeführende/beschwerdegegnerische Partei –

Prozeßbevollmächtigte:

wegen:

legen wir namens und in Vollmacht der beschwerdeführenden Partei gegen den Beschluß des Arbeitsgerichts vom , Aktenzeichen , der Beteiligten zu zugestellt am ,

*Beschwerde*

ein. Eine Kopie des Beschlusses des Arbeitsgerichts vom ist beigefügt.

Namens der beschwerdeführenden Partei beantragen wir zu erkennen:

1. Der Beschluß des Arbeitsgerichts vom , Aktenzeichen , wird abgeändert.
2.

**Gründe:**


## 10. Muster: Sofortige Beschwerde gegen einen Beschluß des Arbeitsgerichts

An das
Landesarbeitsgericht .

*Sofortige Beschwerde*

– Beschwerdeführer(in) –

Prozeßbevollmächtigte:

gegen

– Beschwerdegegner(in) –

Prozeßbevollmächtigte:
wegen: Zulässigkeit des Rechtswegs.

Namens und in Vollmacht der beschwerdeführenden Partei legen wir gegen den Beschluß des Arbeitsgerichts

*sofortige Beschwerde*

ein. Es wird beantragt,

den Beschluß des Arbeitsgerichts         vom         , Aktenzeichen         aufzuheben.

**Gründe:**

▲

### 11. Muster: Bestellungsschreiben gegen Nichtzulassungsbeschwerde

▼

Bundesarbeitsgericht
Hugo-Preuß-Platz 1
99084 Erfurt
Aktenzeichen:
Gegner: RAe         , 6 Abschriften anbei

In dem Verfahren
der Nichtzulassungsbeschwerde

– beschwerdeführende Partei –

Prozeßbevollmächtigte:

gegen

– beschwerdegegnerische Partei –

Prozeßbevollmächtigte:

bestellen wir uns zu Prozeßbevollmächtigten der beschwerdegegnerischen Partei und beantragen,

die Nichtzulassungsbeschwerde der beschwerdeführenden Partei vom         gegen das Urteil des Landesarbeitsgerichts         vom         (Aktenzeichen:         ) kostenpflichtig zurückzuweisen.

Die Begründung unseres Abweisungsantrags erfolgt fristgerecht.

▲

## III. Drittinstanzliche Schriftsätze

### 1. Muster: Nichtzulassungsbeschwerde wegen grundsätzlicher Bedeutung

▼

Bundesarbeitsgericht
Hugo-Preuß-Platz 1
99084 Erfurt

*Nichtzulassungsbeschwerde*

In Sachen

– klägerische/beklagte Partei –

Prozeßbevollmächtigte:

gegen

– klägerische/beklagte Partei –

Prozeßbevollmächtigte II. Instanz:

Namens und in Vollmacht der            Partei legen wir wegen der Nichtzulassung der Revision in dem Urteil des Landesarbeitsgerichts            vom            (Aktenzeichen:            )

Nichtzulassungsbeschwerde

ein und beantragen zu erkennen:

Die Revision gegen das Urteil des Landesarbeitsgerichts            vom            (Aktenzeichen:            ) wird zugelassen.

Eine auf uns lautende Vollmacht ist beigefügt.

Wir werden alle Schriftsätze in siebenfacher Ausfertigung überreichen.

**Gründe:**

1. Gegenstand des Rechtsstreits bildet            .

   Im Mittelpunkt des Rechtsstreits steht damit die Auslegung eines Tarifvertrages, der bundesweit angewendet wird.

   Das Landesarbeitsgericht hat die Revision nicht zugelassen.

2. Die Nichtzulassung der Revision erfolgte zu Unrecht. Nach § 72 a Abs. 1 Nr. 2 i. V. m. § 72 Abs. 2 Nr. 1 ArbGG ist die Nichtzulassungsbeschwerde an das BAG zulässig, wenn die Rechtssache grundsätzliche Bedeutung hat und die Parteien über die Auslegung eines Tarifvertrages, dessen Geltungsbereich sich über den Bezirk des Landesarbeitsgerichts hinaus erstreckt, streiten. Diese Voraussetzungen sind vorliegend gegeben:

   Der            Tarifvertrag gilt über den Bezirk des Landesarbeitsgerichts            hinaus.

   Das Landesarbeitsgericht hat den Tarifvertrag so ausgelegt, daß            .

   Zu der vom Landesarbeitsgericht vorgenommenen Auslegung hat das Bundesarbeitsgericht bislang noch keine Entscheidung gefällt. Damit hat die Rechtssache grundsätzliche Bedeutung.

▲

## § 7 Kapitel 3: Statusneutrale Schriftsätze im Urteilsverfahren

### 2. Muster: Nichtzulassungsbeschwerde wegen Divergenz

An das
Bundesarbeitsgericht
Hugo-Preuß-Platz 1
99084 Erfurt

*Nichtzulassungsbeschwerde*

In Sachen

– klägerische/beklagte Partei –

Prozeßbevollmächtigte:

gegen

– klägerische/beklagte Partei –

Prozeßbevollmächtigte II. Instanz:

Namens und in Vollmacht der         Partei legen wir wegen der Nichtzulassung der Revision in dem Urteil des Landesarbeitsgerichts         vom         , Aktenzeichen

*Nichtzulassungsbeschwerde*

ein und beantragen zu erkennen:

Die Revision gegen das Urteil des Landesarbeitsgerichts         vom         , Aktenzeichen:         , wird zugelassen.

Eine auf uns lautende Vollmacht ist beigefügt.

Wir werden alle Schriftsätze in siebenfacher Ausfertigung überreichen.

**Gründe:**

**I.**

Die Parteien streiten darüber, ob

Das Arbeitsgericht hat wie folgt entschieden:

Das Landesarbeitsgericht hat wie folgt entschieden:

Das Landesarbeitsgericht hat die Revision nicht zugelassen. Die Nichtzulassung der Revision erfolgte zu Unrecht, da das Landesarbeitsgericht mit seinem Urteil von einem Rechtssatz des Bundesarbeitsgericht abweicht, § 72 Abs. 2 Nr. 2 ArbGG. Die Nichtzulassungsbeschwerde ist durch diese Divergenz begründet.

**II.**

Das Landesarbeitsgericht hat in seinem Urteil bei der Darstellung seiner die Entscheidung tragenden Urteilsgründe folgendes festgestellt:         . Schließlich hat es wörtlich folgendes ausgeführt:

Mit dieser Formulierung hat das Landesarbeitsgericht einen abstrakten Rechtssatz aufgestellt, auf den es seine Entscheidung in dem angefochtenen Urteil gründet.

Der vom Landesarbeitsgericht in der angefochtenen Entscheidung aufgestellte abstrakte Rechtssatz weicht von dem Rechtssatz ab, den das BAG in seiner Entscheidung         aufgestellt hat. In dieser Entscheidung formuliert das BAG wie folgt:

Das anzufechtende Urteil des Landesarbeitsgerichts beruht auf dieser Divergenz. Das Urteilsergebnis des Landesarbeitsgerichts hätte anders ausfallen können, wenn das Urteil nicht auf diesem divergierenden Rechtssatz aufbauen würde, sondern auf dem Rechtssatz aus dem zitierten Urteil des BAG.

### 3. Muster: Erwiderung auf unzulässige Nichtzulassungsbeschwerde

An das
Bundesarbeitsgericht
Hugo-Preuß-Platz 1
99084 Erfurt

In Sachen

– klägerische/beklagte Partei –

Prozeßbevollmächtigte:

gegen

– klägerische/beklagte Partei –

Prozeßbevollmächtigte II. Instanz:

Wir bestellen uns zu Prozeßbevollmächtigten der          Partei und beantragen für Recht zu erkennen:

1. Die Nichtzulassungsbeschwerde der          Partei gegen das Urteil des Landesarbeitsgerichts          vom          , Aktenzeichen          , wird zurückgewiesen.
2. Die Kosten des Verfahrens trägt die          Partei.

**Gründe:**

Die Nichtzulassungsbeschwerde gegen das Urteil des Landesarbeitsgerichts          vom          , Aktenzeichen          , ist unzulässig. Ihre Begründung wird den Anforderungen der §§ 72 Abs. 1 und 3 Satz 2 i. V. m. § 72 Abs. 2 Nr. 2 ArbGG nicht gerecht. Die Nichtzulassungsbeschwerde setzt sich zwar mit dem Urteil des Landesarbeitsgerichts          umfänglich auseinander. In ihrer Begründung trägt die beschwerdeführende Partei jedoch nur vermeintliche Rechtsfehler in der Entscheidung des Landesarbeitsgerichts vor, die aus der Anwendung der §§          resultieren.

Eine sich an den Anforderungen des Gesetzes orientierende Begründung einer Nichtzulassungsbeschwerde erfordert den Nachweis, daß in dem angefochtenen Urteil des Landesarbeitsgerichts ein abstrakter Rechtssatz aufgestellt wird, den das Landesarbeitsgericht seinen das Urteil tragenden Erwägungen zugrundegelegt hat und daß dieser Rechtssatz von einem abstrakten Rechtssatz, den das Bundesarbeitsgericht in einer früheren Entscheidung aufgestellt hat, abweicht. Den gesetzlichen Anforderungen entspricht ebenfalls eine Nichtzulassungsbeschwerde, in der nachgewiesen wird, daß von einer Entscheidung einer anderen Kammer desselben Landesarbeitsgerichts oder eines anderen Landesarbeitsgerichts abgewichen worden ist und das Bundesarbeitsgericht in dieser Rechtsfrage noch keine Entscheidung gefällt hat und die Entscheidung auf der Abweichung beruht.

Mit diesen Anforderungen an eine Nichtzulassungsbeschwerde hat sich der gegnerische Schriftsatz nicht befaßt, so daß die Nichtzulassungsbeschwerde unzulässig ist.

### 4. Muster: Erläuterung negativer Prozeßchancen bei Nichtzulassungsbeschwerde für Mandanten

**350** In obiger Angelegenheit teilen wir Ihnen mit, daß wir nach eingehender Überprüfung der höchstrichterlichen Entscheidungen und der arbeitsrechtlichen Literatur zu dem Ergebnis gelangen, daß die von uns zunächst fristwahrend eingelegte Nichtzulassungsbeschwerde in der Sache voraussichtlich keinen Erfolg haben wird.

Voraussetzung für die Begründetheit der Nichtzulassungsbeschwerde gemäß § 72a ArbGG ist, daß das Landesarbeitsgericht die Revision nicht zugelassen hat, obwohl die Voraussetzungen des § 72 Abs. 2 ArbGG vorlagen.

Gemäß § 72 Abs. 2 ArbGG hat das Landesarbeitsgericht die Revision zuzulassen, wenn entweder (1) die Rechtssache grundsätzliche Bedeutung hat oder (2) eine Divergenz vorliegt.

1. Die grundsätzliche Bedeutung einer Rechtssache setzt voraus, daß die Entscheidung über den Einzelfall hinaus von Bedeutung ist und es nicht lediglich um die Rechtsbeziehungen der konkreten Verfahrensparteien geht,
   vgl. BAGE 2, 26, 28; 21, 80, 82.

In diesem Rahmen ist allerdings zu beachten, daß eine grundsätzliche Bedeutung nur dann gegeben sein kann, wenn sich die über den Einzelfall hinausreichende Wirkung des Urteils auf einen größeren Bezirk als den eines Landesarbeitsgerichts erstreckt. Andernfalls könnten die Unklarheiten durch das Landesarbeitsgericht selbst geklärt werden, ohne daß es hierzu der Einschaltung des Bundesarbeitsgerichts bedürfte. Weiterhin entfällt eine Entscheidungserheblichkeit der Rechtsfrage dann, wenn die Entscheidung im Ergebnis auch von einer anderen Begründung getragen wird.

Nach eingehender Überprüfung der Rechtslage konnte – ungeachtet der nicht zu verkennenden großen Bedeutung der Angelegenheit für Sie persönlich – von unserer Seite keine grundsätzliche Bedeutung des Rechtsstreits festgestellt werden, die zu einem Erfolg der Nichtzulassungsbeschwerde führen könnte. Die Urteilsbegründung des Landesarbeitsgerichts beruht unter anderem darauf, daß            .

Diese Begründung ist nur in Ihrem Falle entscheidungserheblich; eine Auswirkung dieser Gerichtsentscheidung über Ihren Fall hinaus auf die Allgemeinheit im Sinne einer Rechtsfortbildung ist nach strengen Rechtssprechungsmaßstäben nicht zu erkennen.

2. Bei der Divergenzrevision ist entscheidend, ob die Entscheidung des Landesarbeitsgerichts von einer Entscheidung des gemeinsamen Senats der obersten Gerichtshöfe des Bundes, von einer Entscheidung des Bundesarbeitsgerichts oder, solange eine Entscheidung des Bundesarbeitsgerichts in der Rechtsfrage nicht ergangen ist, von einer Entscheidung einer anderen Kammer desselben Landesarbeitsgerichts oder eines anderen Landesarbeitsgerichts abweicht und die Entscheidung auf dieser Abweichung beruht.

Unsere Prüfung hat ergeben, daß die Voraussetzungen des § 72 Abs. 2 Nr. 2 ArbGG ebenfalls nicht vorliegen. Nach Überprüfung der höchstrichterlichen Rechtsprechung konnte eine Abweichung des landesarbeitsgerichtlichen Urteils von höchstrichterlichen Entscheidungen sowie anderer landesarbeitsgerichtlicher Entscheidungen nicht festgestellt werden.

Damit kommen wir insgesamt zu dem Ergebnis, daß von der Durchführung der Nichtzulassung zwecks Vermeidung weiterer Kosten abgesehen werden sollte.

Wir möchten Sie daher bitten, uns kurzfristig Ihre Entscheidung telefonisch mitzuteilen.

## 5. Muster: Revision des Klägers

Bundesarbeitsgericht
Hugo-Preuß-Platz 1
99084 Erfurt

*Revision*

– Revisionskläger –

Prozeßbevollmächtigte:

gegen

– Revisionsbeklagte –

Prozeßbevollmächtigte:

Wir bestellen uns zu Prozeßbevollmächtigten des Klägers und Revisionsklägers, in dessen Namen und Vollmacht wir

Revision

gegen das Urteil des Landesarbeitsgerichts        einlegen. Anträge und Revisionsbegründung bleiben einem gesonderten Schriftsatz vorbehalten.

Es wird bereits jetzt beantragt, wegen der Schwierigkeit der Vereinbarung eines frühzeitigen Besprechungstermins mit der klägerischen Partei die Revisionsbegründungsfrist zu verlängern.

Wir werden alle Schriftsätze in siebenfacher Ausfertigung einreichen.

## 6. Muster: Revision des Beklagten

Bundesarbeitsgericht
Hugo-Preuß-Platz 1
99084 Erfurt

*Revision*

– Revisionskläger –

Prozeßbevollmächtigte:

gegen

– Revisionsbeklagte –

Prozeßbevollmächtigte:

Wir bestellen uns zu Prozeßbevollmächtigten des Beklagten und Revisionsklägers, in dessen Namen und Vollmacht wir

Revision

gegen das Urteil des Landesarbeitsgerichts        einlegen. Anträge und Revisionsbegründung bleiben einem gesonderten Schriftsatz vorbehalten.

Es wird bereits jetzt beantragt, wegen der Schwierigkeit der Vereinbarung eines frühzeitigen Besprechungstermins mit der klägerischen Partei die Revisionsbegründungsfrist zu verlängern.

Wir werden alle Schriftsätze in siebenfacher Ausfertigung einreichen.

## 7. Muster: Bestellungsschreiben für Revisionsbeklagten

Bundesarbeitsgericht
Hugo-Preuß-Platz 1
99084 Erfurt
Aktenzeichen:
Gegner: RAe           , 2 Abschriften anbei

In dem Rechtsstreit
./.

bestellen wir uns zu Prozeßbevollmächtigten des Revisionsbeklagten, in dessen Namen und Auftrag wir beantragen,

die Revision gegen das Urteil des Landesarbeitsgerichts           vom           (Aktenzeichen:           ) zurückzuweisen und nach unserem Schlußantrag II. Instanz zu entscheiden.

Außerdem beantragen wir,

dem Revisionskläger die Kosten des Rechtsstreits aufzuerlegen.

Ausführlicher Vortrag bleibt nach Eingang der Revisionsbegründung vorbehalten.

Wir werden alle Schriftsätze in siebenfacher Ausfertigung einreichen.

## 8. Muster: Rechtsbeschwerde

An das
Bundesarbeitsgericht
Hugo-Preuß-Platz 1
99084 Erfurt

In der Rechtsbeschwerdesache
mit den Beteiligten

1.

– beschwerdeführende Partei –

Verfahrensbevollmächtigte:

und

2.

– der Beschwerde entgegentretende Partei –

Verfahrensbevollmächtigte:

wegen:

legen wir namens und in Vollmacht der beschwerdeführenden Partei gegen den Beschluß des Landesarbeitsgerichts ▓▓▓ vom ▓▓▓, Aktenzeichen ▓▓▓, den Prozeßbevollmächtigten der beschwerdeführenden Partei zugestellt am ▓▓▓,

*Rechtsbeschwerde*

ein. Eine Kopie des Beschlusses des Landesarbeitsgerichts ▓▓▓ vom ▓▓▓ fügen wir bei.

Namens der beschwerdeführenden Partei beantragen wir zu erkennen:

1. Der Beschluß des Landesarbeitsgerichts ▓▓▓ vom ▓▓▓, Aktenzeichen ▓▓▓, wird aufgehoben. Auf die Beschwerde wird unter Abänderung des Beschlusses des Arbeitsgerichts ▓▓▓ vom ▓▓▓.

Hilfsweise:

2. Unter Aufhebung des Beschlusses des Arbeitsgerichts ▓▓▓ vom ▓▓▓, Aktenzeichen ▓▓▓, wird die Sache zur anderweitigen Verhandlung und Entscheidung an das Landesarbeitsgericht ▓▓▓ zurückverwiesen.

**Gründe:**
▓▓▓

▲

## 9. Muster: Bestellungsschriftsatz des Rechtsbeschwerdegegners

▼

An das
Bundesarbeitsgericht
Hugo-Preuß-Platz 1
99084 Erfurt

In der Rechtsbeschwerdesache
mit den Beteiligten

1. ▓▓▓

— beschwerdeführende Partei —

Verfahrensbevollmächtigte: ▓▓▓

und

2. ▓▓▓

— der Beschwerde entgegentretende Partei —

Verfahrensbevollmächtigte: ▓▓▓

beantragen wir namens und in Vollmacht der der Rechtsbeschwerde entgegentretenden Partei für Recht zu erkennen:

Die Rechtsbeschwerde des Beteiligten Ziff. ▓▓▓ gegen den Beschluß des Landesarbeitsgerichts ▓▓▓ vom ▓▓▓, Aktenzeichen ▓▓▓, wird zurückgewiesen.

**Gründe:**
▓▓▓

▲

# § 8 Schriftsätze im arbeitsgerichtlichen Beschlußverfahren

## Literatur

**Ascheid**, Urteils- und Beschlußverfahren im Arbeitsrecht, 1995; **Bulla**, Die Konkurrenz von arbeitsgerichtlichem Urteils- und Beschlußverfahren, RdA 1978, 209; **Dütz**, Verfahrensrecht der Betriebsverfassung, ArbuR 1973, 353; **Etzel**, Probleme des arbeitsgerichtlichen Beschlußverfahrens, RdA 1974, 215; **Eylert/Fenski**, Untersuchungsgrundsatz und Mitwirkungspflichten im Zustimmungsersetzungsverfahren nach § 103 Abs. 2 BetrVG, BB 1990, 2401; **Hecker/Tschöppe**, Der Arbeitsgerichtsprozeß, 1989; **Herbst/Reiter/Schindele**, Handbuch zum arbeitsgerichtlichen Beschlußverfahren, 1994; **Körnich**, Das arbeitsgerichtliche Beschlußverfahren in Betriebsverfassungssachen, 1978; **Laux**, Die Antrags- und Beteiligungsbefugnis im arbeitsgerichtlichen Beschlußverfahren, 1985; **Lepke**, Die Antragsbefugnis im arbeitsgerichtlichen Beschlußverfahren, ArbuR 1973, 15; **ders.**, Der Vergleich im arbeitsgerichtlichen Beschlußverfahren, DB 1977, 629; **Matthes**, Zur Antragstellung im Beschlußverfahren, DB 1984, 453; **Molkenbur**, Verfahrensrechtliche Probleme des arbeitsgerichtlichen Beschlußverfahrens, DB 1992, 425; **Olderof**, Probleme des einstweiligen Rechtsschutzes im Bereich der sozialen Mitbestimmung, NZA 1985, 756; **Prütting**, Unterlassungsanspruch und einstweilige Verfügung in der Betriebsverfassung, RdA 1995, 257; **Rudolf**, Vorläufige Vollstreckbarkeit von Beschlüssen des Arbeitsgerichts, NZA 1988, 420; **Wenzel**, Zur einstweiligen Verfügung im Arbeitskampf-, Vertrags- und Betriebsverfassungsrecht, NZA 1984, 112; **Weth**, Das arbeitsgerichtliche Beschlußverfahren, 1995.

## Kapitel 1: Vertretung von Betriebsräten im Beschlußverfahren

### A. Erläuterungen

#### 1. Abgrenzung zwischen Einigungsstellen- und Beschlußverfahren

Die zahlreichen prozessualen und materiell-rechtlichen Fragen des Beschlußverfahrens können hier nicht erläutert werden. Insofern wird auf die Darstellungen in den einschlägigen betriebsverfassungsrechtlichen und arbeitsgerichtlichen Kommentaren verwiesen. 1

Seine Rechte bzw. die Rechte der Mitarbeiter macht der Betriebsrat in zwei verschiedenen Verfahren geltend: Im arbeitsgerichtlichen **Beschlußverfahren**, das in den §§ 80 bis 98 ArbGG geregelt ist und im außergerichtlichen **Verfahren vor der Einigungsstelle**, das in den §§ 76, 76 a BetrVG rudimentär ausgestaltet ist. Die Einigungsstelle wird auf Antrag des Betriebsrats entweder **fakultativ**, durch Vereinbarung mit dem Arbeitgeber, oder **obligatorisch** zuständig, wenn innerbetriebliche Verhandlungen im Bereich der erzwingbaren Mitbestimmung gescheitert sind.

Nicht im arbeitsgerichtlichen Beschlußverfahren zu behandeln sind demnach folgende, der Einigungsstelle zugewiesene Sachverhalte: 2

- Streit über die Berücksichtigung betrieblicher Notwendigkeiten wegen der Freistellung von Mitgliedern des Betriebsrats und der Jugend- und Auszubildendenvertretung für Schulungs- und Bildungsveranstaltungen;[1]

---

1 §§ 37 Abs. 4 und 7, 65 Abs. 1 BetrVG.

- Meinungsverschiedenheiten über die pauschale Freistellung von Betriebsratsmitgliedern;[2]
- Meinungsverschiedenheiten über die Einrichtung von Sprechstunden für den Betriebsrat und die Jugend- und Auszubildendenvertretung;[3]
- Meinungsverschiedenheiten über die Festlegung der Zahl der Mitglieder des Gesamtbetriebsrats und der Gesamtjugend- und Auszubildendenvertretung sowie des Konzernbetriebsrats;[4]
- Behandlung von Beschwerden eines Arbeitnehmers;[5]
- Ausgleichsmaßnahmen wegen Änderungen von Arbeitsablauf oder Arbeitsumgebung;[6]
- Meinungsverschiedenheiten über Personalfragebogen, Formularverträge oder Beurteilungsgrundsätze;[7]
- Uneinigkeit über den Inhalt von Auswahlrichtlinien für Einstellungen, Versetzungen, Umgruppierungen und Kündigungen;[8]
- Meinungsverschiedenheiten bei der Durchführung betrieblicher Bildungsmaßnahmen;[9]
- Zustimmung des Betriebsrats bei vereinbarter, erweiterter Mitbestimmung gemäß § 102 Abs. 6 BetrVG;
- Auskunftserteilung an den Wirtschaftsausschuß, den Betriebsrat und den Gesamtbetriebsrat gemäß § 109 BetrVG;
- Versuch eines Interessenausgleichs und Vereinbarung eines Sozialplans bei Betriebsänderungen;[10]
- Maßnahmen im Bereich der Seeschiffahrt;
- in Tarifverträgen gesondert geregelte Zuständigkeit.

3  Neben diesen, zum Teil im Betriebsverfassungsgesetz verstreut angesiedelten Zuständigkeiten gehören generell in die Zuständigkeit der Einigungsstelle alle **sozialen Angelegenheiten**, die in § 87 Abs. 1 Ziff. 1 bis Ziff. 12 BetrVG enumerativ aufgeführt sind.

Das arbeitsgerichtliche Beschlußverfahren ist einzuleiten, wenn es sich um eine Angelegenheit handelt, die unter § 2 a ArbGG fällt. Der häufigste Anwendungsfall sind Maßnahmen aus dem Bereich des **Betriebsverfassungsgesetzes** und, erheblich seltener, Angelegenheiten aus dem **Sprecherausschußgesetz**. Außerdem sollen immer dann, wenn die durch das BetrVG geregelte Ordnung des Betriebes und die gegenseitigen Rechte und Pflichten der Betriebspartner als Träger dieser Ordnung im Streit sind, die Arbeitsgerichte im Beschlußverfahren als einer dafür gesondert geschaffenen Verfahrensart entscheiden.[11] Eine Sonderstellung in den Verfahrensarten bildet der Fall **der**

---

[2] § 38 Abs. 2 BetrVG.
[3] §§ 39 Abs. 1, 69 BetrVG.
[4] §§ 47 Abs. 6, 72 Abs. 6, 55 Abs. 4 BetrVG.
[5] § 85 Abs. 2 BetrVG.
[6] § 91 Abs. 2 BetrVG.
[7] § 94 Abs. 1 und 2 BetrVG.
[8] § 95 Abs. 1 und 2 BetrVG.
[9] § 98 Abs. 3 und 4 BetrVG.
[10] §§ 112 Abs. 2 bis 4, 112 a BetrVG, 113 Abs. 3 Sätze 2 und 3 BetrVG.
[11] BAG, Beschl. v. 26.05.1992, AR-Blattei, ES 10 Nr. 5.

**Bestimmung des Vorsitzenden einer Einigungsstelle.** Gemäß § 76 Abs. 2 Satz 2 BetrVG bestellt das Arbeitsgericht den Vorsitzenden der Einigungsstelle, wenn sich die Parteien nicht einigen können. Hierzu besteht ein Verfahren gemäß § 98 ArbGG, das ähnlich dem arbeitsgerichtlichen Beschlußverfahren organisiert ist. Allerdings entscheidet nach gegenwärtiger Rechtslage noch über die Besetzung der Einigungsstelle allein der Vorsitzende,[12] nicht also die Kammer, wie im gewöhnlichen Beschlußverfahren. § 98 ArbGG soll allerdings nach einem Gesetzesentwurf der Bundesregierung vom 30.03.1998[13] in der Weise geändert werden, daß für die Bestellung des Einigungsstellenvorsitzenden nicht mehr der Kammervorsitzende am Arbeitsgericht, sondern die Kammer in ihrer vollen Besetzung mit zwei Beisitzern, wie also im üblichen Beschlußverfahren, zuständig wird. Im Hinblick auf den in den meisten Fällen bestehenden Beschleunigungsbedarf, so beispielsweise in den Fällen des § 113 Abs. 3 Sätze 2 und 3 BetrVG, dürfte sich die Neuregelung, wenn sie Gesetz werden sollte, beschleunigungshemmend auswirken.[14]

## 2. Einzelbeispiele für Streitigkeiten in Beschlußverfahren

In einer Vielzahl von Entscheidungen hat das Bundesarbeitsgericht festgelegt, wann eine **betriebsverfassungsrechtliche Streitigkeit** im Sinne von § 2a ArbGG vorliegt. Zunächst einmal gehören Streitigkeiten über die Errichtung von Betriebsverfassungsorganen zu den betriebsverfassungsrechtlichen Streitigkeiten, beispielsweise die Bildung eines verkleinerten Gesamtbetriebsrates nach § 47 Abs. 5 BetrVG[15] oder der Streit zwischen Arbeitgeber und Betriebsrat über die Bildung des Wirtschaftsausschusses.[16] Im Beschlußverfahren muß ebenfalls geklärt werden, ob räumlich nicht getrennte Unternehmensteile einen oder mehrere Betriebe im Sinne von § 18 Abs. 2 Satz 2 BetrVG bilden[17] oder ob mehrere Unternehmen einen einheitlichen Betrieb darstellen.[18] Will der Betriebsrat feststellen lassen, ob bestimmte im Betrieb tätige Gruppen von Mitarbeitern als Arbeitnehmer im Sinne von § 5 BetrVG anzusehen sind, ist das betriebsverfassungsrechtliche Beschlußverfahren die richtige Verfahrensart.[19] Gemäß § 23 Abs. 1 BetrVG gehören ebenfalls Streitigkeiten über die Auflösung des Betriebsrats oder den Ausschluß eines Betriebsratsmitglieds in das Beschlußverfahren.

4

Auch **Wahlstreitigkeiten** wie Verfahren über die Anfechtung einer Betriebsratswahl gemäß § 19 BetrVG[20] oder der Feststellungsantrag über die Nichtigkeit einer Betriebsratswahl[21] gehören, wenn eine Beteiligtenstellung von Arbeitgeber und Betriebsrat gewollt ist, in das Beschlußverfahren. Auch Streitigkeiten über rechtlich selbständige Teilakte des Wahlverfahrens oder Maßnahmen des Wahlvorstandes schon vor Abschluß der Betriebsratswahl werden im Beschlußverfahren entschieden.[22] Gleiches gilt für die Wirksamkeit einer Wahl des Wahlvorstandes[23] oder für das aktive und passive Wahlrecht der Arbeitnehmer oder bestimmter Arbeitnehmergruppen.[24] Auch Streitigkeiten über den

5

---

12 § 98 Abs. 1 Satz 1 ArbGG.
13 BR-Drs. 13/10242.
14 Siehe *Hümmerich*, DB 1998, 1133.
15 BAG, Beschl. v. 15.08.1978, AP Nr. 3 zu § 47 BetrVG 1972.
16 BAG, Beschl. v. 01.10.1974, AP Nr. 1 zu § 106 BetrVG 1972.
17 BAG, Beschl. v. 23.09.1982, AP Nr. 3 zu § 4 BetrVG 1972.
18 BAG, Beschl. v. 07.08.1986, AP Nr. 5 zu § 1 BetrVG 1972.
19 BAG, Beschl. v. 10.02.1981, AP Nr. 25 zu § 5 BetrVG 1972.
20 BAG, Beschl. v. 12.10.1976, AP Nr. 5 zu § 19 BetrVG 1972.
21 BAG, Beschl. v. 04.10.1977, AP Nr. 2 zu § 18 BetrVG 1972.
22 BAG, Beschl. v. 15.12.1972, AP Nr. 1 zu § 14 BetrVG 1972.
23 BAG, Beschl. v. 03.06.1975, AP Nr. 1 zu § 5 BetrVG 1972, Rotes Kreuz.
24 BVerwG, Beschl. v. 18.10.1978, Buchholz 238.3 A § 53 Nr. 3.

## § 8 Kapitel 1: Vertretung von Betriebsräten im Beschlußverfahren

Zeitpunkt einer Betriebsratswahl oder die Pflicht des Arbeitgebers zur Unterstützung des Wahlvorstandes sind im arbeitsgerichtlichen Beschlußverfahren zu behandeln.[25]

6 Im Beschlußverfahren werden auch **Organstreitigkeiten** zwischen einzelnen Betriebsverfassungsmitgliedern oder zwischen Betriebsverfassungsmitgliedern und dem Betriebsrat entschieden. Bei Streitigkeiten über die Freistellung eines Betriebsratsmitgliedes oder seines Vorsitzenden,[26] bei Meinungsverschiedenheiten über die Zuweisung von Aufgaben,[27] bei Streit über Einsichtsrechte von Betriebsratsmitgliedern in Unterlagen[28] oder dann, wenn die Herausgabe von Betriebsratsakten von einzelnen Betriebsratsmitgliedern verlangt wird,[29] ist das Beschlußverfahren die richtige Verfahrensart.

Im Beschlußverfahren werden Streitigkeiten über Entsendungs- und Vorschlagsrechte der einzelnen Gruppen in Ausschüssen[30] behandelt, aber auch Fragen der Zutrittsrechte für Betriebsratsmitglieder zum Betrieb.[31]

7 Einen breiten Raum nehmen betriebsverfassungsrechtliche Streitigkeiten über **die Kosten der Betriebsratstätigkeit**[32] ein. Hierzu gehören beispielsweise Meinungsverschiedenheiten über die Kostentragungspflicht des Arbeitgebers bei einer auswärts stattfindenden Betriebsratssitzung,[33] Rechtsanwaltskosten,[34] Tragung der Kosten einer Informationsschrift des Betriebsrats,[35] zur Verfügung zu stellende Sachmittel, wie Räume, Bürobedarf oder Fachliteratur, Kosten eines PC.[36] Auch der Ersatz des Schadens eines Betriebsratsmitglieds, der in der Ausübung einer Betriebsratstätigkeit entstanden ist, ist im Beschlußverfahren zu verhandeln.[37]

8 Zu den ebenfalls leidigen Verfahren nach § 2 a ArbGG gehören Streitigkeiten um den **Honoraranspruch** des Vorsitzenden einer Einigungsstelle[38] oder um den Honoraranspruch der Beisitzer.[39] Aus dem Bereich der Einigungsstelle sind ebenfalls die Kostenerstattung eines Beisitzers für die gerichtliche Durchsetzung seines Honoraranspruchs gegen den Arbeitgeber[40] und die durch eine vom Betriebsrat veranlaßte Beauftragung eines Rechtsanwalts entstandenen Kosten[41] zu erwähnen.

Auch die Anfechtung eines Spruchs einer Einigungsstelle nach § 76 Abs. 5 Satz 4 BetrVG wegen Ermessensüberschreitung sowie sonstige Streitigkeiten über die **Wirksamkeit eines Einigungsstellenspruchs**[42] gehören in das Beschlußverfahren.

---

25 LAG Hamm, Beschl. v. 27.05.1977, DB 1977, 1269.
26 BAG, Beschl. v. 11.03.1992, AP Nr. 11 zu § 38 BetrVG 1972.
27 BAG, Beschl. v. 13.11.1991, AP Nr. 9 zu § 26 BetrVG 1972.
28 BAG, Beschl. v. 27.05.1982, AP Nr. 1 zu § 34 BetrVG 1972.
29 BAG, Beschl. v. 03.04.1957, AP Nr. 46 zu § 2 ArbGG 1953.
30 BAG, Beschl. v. 01.06.1976, AP Nr. 1 zu § 28 BetrVG 1972; Beschl. v. 07.10.1980, AP Nr. 1 zu § 27 BetrVG 1972.
31 BAG, Beschl. v. 21.09.1989, AP Nr. 72 zu § 99 BetrVG 1972.
32 BAG, Beschl. v. 31.10.1972, AP Nr. 2 zu § 40 BetrVG 1972.
33 BAG, Beschl. v. 10.10.1969, AP Nr. 1 zu § 8 ArbGG 1953.
34 BAG, Beschl. v. 03.10.1978, AP Nr. 14 zu § 40 BetrVG 1972.
35 BAG, Beschl. v. 21.11.1978, AP Nr. 15 zu § 40 BetrVG 1972.
36 BAG, Beschl. v. 21.04.1983, AP Nr. 20 zu § 40 BetrVG 1972; BAG, Beschl. v. 12.05.1999, NZA 1999, 1290.
37 BAG, Beschl. v. 03.03.1983, AP Nr. 8 zu § 20 BetrVG 1972.
38 BAG, Beschl. v. 15.12.1978, AP Nr. 5 zu § 76 BetrVG 1972.
39 BAG, Beschl. v. 06.04.1973, AP Nr. 1 zu § 76 BetrVG 1972.
40 BAG, Beschl. v. 26.07.1989, AP Nr. 4 zu § 2 a ArbGG 1979.
41 BAG, Beschl. v. 05.11.1981, AP Nr. 9 zu § 76 BetrVG 1972.
42 BAG, Beschl. v. 28.02.1984, AP Nr. 4 zu § 87 BetrVG 1972, Tarifvorrang.

Die Anerkennung von Schulungsveranstaltungen nach § 37 Abs. 2 BetrVG hat der Betriebsrat, wenn Streit hierüber mit dem Arbeitgeber besteht, im Beschlußverfahren zu beantragen.[43] Die Statusfrage, ob ein Arbeitnehmer leitender Angestellter ist nach § 5 Abs. 3 BetrVG, ist im Streit zwischen Arbeitgeber und Arbeitnehmer im Urteilsverfahren, bei Streit im Verhältnis zwischen Betriebsrat und Arbeitgeber im Beschlußverfahren auszutragen.[44] Auch das Verfahren, in dem das Arbeitsgericht die Zustimmung des Betriebsrats zu einem Kündigungsentschluß des Arbeitgebers nach § 103 BetrVG ersetzen soll, fällt unter § 2 a ArbGG.[45] Besteht Streit über die Befugnis der Verbände, ist das Beschlußverfahren zu wählen. Streitet der Arbeitgeber über ein Zutrittsrecht von Gewerkschaftsbeauftragten zum Betrieb bei einer Betriebsversammlung, ist eine Entscheidung im Beschlußverfahren herbeizuführen.[46] Gleiches gilt für die Teilnahme von Gewerkschaftsbeauftragten an einer Sitzung des Wirtschaftsausschusses.[47]

### 3. Besonderheiten des Beschlußverfahrens

Das Beschlußverfahren ist nicht nur in betriebsverfassungsrechtlichen Angelegenheiten, die nicht der Einigungsstelle vorbehalten sind, sondern auch in **personalvertretungsrechtlichen Angelegenheiten** maßgeblich.[48] Bei den Verwaltungsgerichten sind deshalb entsprechende Fachkammern (beim Bundesverwaltungsgericht ein Fachsenat mit fünf Berufsrichtern) gebildet worden, in denen das arbeitsgerichtliche Beschlußverfahren in personalvertretungsrechtlichen Angelegenheiten gemäß der Ermächtigungsgrundlage in § 187 Abs. 2 VwGO angewendet wird. Bei den Verwaltungsgerichten sind die Spruchkörper, wie auch beim Arbeitsgericht, mit einem Berufsrichter und mit zwei ehrenamtlichen Richtern besetzt, wobei der eine ehrenamtliche Richter aus Kreisen der Arbeitnehmer, der andere aus Kreisen der Arbeitgeber des öffentlichen Dienstes stammt.

Das arbeitsgerichtliche Beschlußverfahren kennt nicht die Dialektik des kontradiktorischen Verfahrens. Optisch sichtbar wird dies am Aufbau der Antragsschrift bzw. des gerichtlichen Beschlusses oder des Schriftsatzes des Arbeitgebers. Die Parteien sind nicht Kläger oder Beklagte, sondern werden üblicherweise als „**Beteiligte**" bezeichnet. Gebräuchlich ist daneben der Begriff „**Antragsteller**".[49] Einen Antragsgegner kennt das Beschlußverfahren nicht.[50] Antragsteller sind meist entweder der Betriebsrat oder der Arbeitgeber.

Neben diesen Beteiligten sind alle Personen oder Stellen, die durch die vom Antragsteller begehrte Entscheidung, und sei es auch nur über einen Hilfsantrag,[51] in ihrer betriebsverfassungsrechtlichen, personalvertretungsrechtlichen Rechtsstellung unmittelbar betroffen sind, ebenfalls Beteiligte des Beschlußverfahrens.[52] Die materielle Betroffenheit einer Person oder Stelle, die sich im Laufe eines Verfahrens ändern kann, kann auch einen **Wechsel in der Person** oder Stellung als Beteiligter zur Folge haben, so daß der Vorsitzende in jeder Lage des Verfahrens den Beteiligten-Status prüfen und

---

43 BAG, Beschl. v. 18.12.1973, AP Nr. 7 zu § 37 BetrVG 1972.
44 BAG, Urt. v. 23.01.1986, AP Nr. 30 zu § 5 BetrVG 1972.
45 BAG, Beschl. v. 22.08.1974, AP Nr. 1 zu § 103 BetrVG 1972.
46 BAG, Beschl. v. 08.02.1957, AP Nr. 1 zu § 82 BetrVG.
47 BAG, Beschl. v. 18.11.1980, AP Nr. 2 zu § 108 BetrVG 1972.
48 §§ 83 Abs. 2 BPersVG, 187 Abs. 2 VwGO.
49 § 83 a Abs. 3 ArbGG.
50 BAG, Beschl. v. 20.07.1982, AP Nr. 26 zu § 76 BetrVG 1952.
51 BAG, Beschl. v. 12.10.1976, AP Nr. 1 zu § 8 BetrVG 1972.
52 BAG, Beschl. v. 13.03.1984, AP Nr. 9 zu § 83 ArbGG 1979; Beschl. v. 29.08.1985, AP Nr. 13 zu § 83 ArbGG 1979, Beschl. v. 19.09.1985, AP Nr. 12 zu § 19 BetrVG 1972; Beschl. v. 25.09.1986, AP Nr. 7 zu § 1 BetrVG 1972.

ggf. den Betreffenden zum Beschlußverfahren beiladen muß.[53] Das bloße rechtliche Interesse einer Person oder Stelle begründet die Beteiligtenstellung noch nicht. Beim Verfahren der Zustimmungsersetzung nach § 99 BetrVG, ist der betroffene Arbeitnehmer nicht Beteiligter.[54] Dies hat zur Folge, daß der betroffene Arbeitnehmer im Verfahren kein eigenes Antragsrecht hat.[55] Anderer Ansicht ist *Hanau*,[56] der ein Rechtsschutzinteresse des Arbeitnehmers nur verneint, wenn dieser unmittelbar gegen den Arbeitgeber klagen kann.

Das Beschlußverfahren richtet sich, wie auch das Arbeitsgerichtsverfahren, in weiten Bereichen nach der ZPO. In einem wichtigen Bereich unterscheidet es sich grundlegend vom Arbeitsgerichtsverfahren und von der ZPO: Die für das Gericht maßgeblichen Tatsachen sind nicht nur durch die Parteien nach dem sog. Beibringungsgrundsatz, sondern gemäß § 83 Abs. 1 ArbGG von Amts wegen zu erforschen. Der **Amtsermittlungsgrundsatz** des Beschlußverfahrens beinhaltet keine Pflicht der Kammer zur Durchführung eines Ausforschungsbeweises.[57] Das Gericht hat dagegen solche Tatsachen von Amts wegen zu ermitteln, die erst den Anspruch begründen könnten, also die Antragsbegründung konkretisieren und vervollständigen, wenn hierzu Anhaltspunkte in den Schriftsätzen der Parteien enthalten sind.[58] Generell kann man sagen, daß zunächst einmal das Beschlußverfahren gemäß den von der Parteimaxime beherrschten Verfahrensarten verläuft, allerdings hat das Gericht, wenn es über die Schriftsätze oder Erklärungen der Parteien oder Zeugen im Verfahren auf maßgebliche Beweistatsachen stößt, diese zu berücksichtigen und ggf. über Auflagen um zusätzliche Erkenntnisse zu erweitern.[59]

Im übrigen bestehen keine herausragenden Besonderheiten im Beschlußverfahren. Das Verfahren wird anstelle eines Urteils durch **Beschluß** beendet.[60] Darüber hinaus können die Parteien das Verfahren durch Vergleich beenden, das Gericht stellt das Verfahren ein, wenn die Beteiligten es für erledigt erklärt haben.[61]

13  Das Verfahren kann in beschleunigter Weise anstelle des üblichen Beschlußverfahrens durch **einstweilige Verfügung** mit oder ohne mündliche Verhandlung[62] geführt werden.[63] Es können **Leistungsanträge** und **Feststellungsanträge** im ordentlichen Beschlußverfahren gestellt werden. Die Zwangsvollstreckung aus Beschlüssen ergibt sich aus § 85 Abs. 1 ArbGG.

Gegen Beschlüsse des erstinstanzlichen Verfahrens findet die **Beschwerde** an das Landesarbeitsgericht statt[64] und im dritten Rechtszug besteht die Möglichkeit der **Rechtsbeschwerde**.[65]

---

53 BAG, Beschl. v. 28.08.1988, AP Nr. 55 zu § 99 BetrVG 1972; Beschl. v. 18.10.1988, AP Nr. 10 zu § 81 ArbGG 1979.
54 BAG, Beschl. v. 27.05.1982, AP Nr. 3 zu § 80 ArbGG 1979; BAG Beschl. v. 22.03.1983, 31.05.1983, AP Nr. 6 zu § 101 BetrVG 1972 und AP Nr. 27 zu § 118 BetrVG 1972; BAG, Beschl. v. 17.05.1983, AP Nr. 18 zu § 99 BetrVG.
55 *Boemke*, ZfA 1992, 473, 490 ff.; *Matthes*, DB 1974, 2010.
56 RdA 1973, 288.
57 BAG, Beschl. v. 21.10.1980, AP Nr. 1 zu § 54 BetrVG 1972.
58 BAG, Beschl. v. 21.10.1980, AP Nr. 1 zu § 54 BetrVG 1972.
59 Siehe BAG, Beschl. v. 03.06.1969, AP Nr. 17 zu § 18 BetrVG.
60 § 84 ArbGG.
61 § 83 a BetrVG.
62 Siehe Muster 6028, § 8 Kap. 1, M 24.
63 § 85 Abs. 2 ArbGG.
64 § 87 ArbGG.
65 § 92 ArbGG.

Im arbeitsgerichtlichen Beschlußverfahren wird der Betriebsrat durch seinen Vorsitzenden gemäß 14
§ 26 Abs. 3 BetrVG im Rahmen der vom Betriebsrat gefaßten Beschlüsse vertreten. Aus diesem
Grunde muß der Betriebsratsvorsitzende, wenn er entweder selbst einen Antragsschriftsatz im arbeitsgerichtlichen Beschlußverfahren verfaßt oder einen Anwalt oder den DGB mit der Interessenwahrnehmung beauftragt, zwei Voraussetzungen beachten: Zum einen setzt die Einleitung des
Gerichtsverfahrens einen entsprechenden, eindeutigen **Betriebsratsbeschluß** voraus, der allerdings
auch noch notfalls im Laufe eines arbeitsgerichtlichen Beschlußverfahrens gefaßt werden kann.[66]
Deshalb muß der Betriebsratsvorsitzende auch, um dem Amtsermittlungsbedürfnis der Kammer zu
genügen, das Protokollbuch oder einen hieraus gefertigten, beglaubigten Auszug zum Gerichtstermin
mitbringen, damit die Kammer sich vom Bestehen eines entsprechenden Beschlusses überzeugen
kann.

Wird ein Rechtsanwalt als Verfahrensbevollmächtigter beauftragt, muß der Betriebsrat ebenfalls
einen entsprechenden Beschluß fassen und sollte den protokollierten Beschluß rein vorsorglich zum
Kammertermin zur Verfügung haben.

### 4. Bestimmtheit des Antrags

In Schriftsätzen für Betriebsräte ergibt sich bei der Prozeßführung häufig das Problem, einen An- 15
trag hinreichend bestimmt genug zu formulieren. Vor allem bei **Unterlassensanträgen**, in denen
sich der Betriebsrat gegen Verletzung seiner Mitbestimmungsrechte wendet und für die Zukunft, verbunden mit einer Ordnungsgeldandrohung, sicherstellen möchte, daß seine Mitbestimmungsrechte
gewahrt werden, muß sorgfältig geprüft werden, ob nicht in Wahrheit ein unzulässiger Globalantrag gestellt wurde. Hinsichtlich der Bestimmtheit eines Antrags im Beschlußverfahren gelten nach
Ansicht des BAG[67] bei einem Leistungsbegehren nicht die gleichen Anforderungen wie bei einem
Feststellungsbegehren. Die Bestimmtheit eines **Leistungsantrages** ist darauf zu überprüfen, ob die
erstrebte Entscheidung die Möglichkeit einer Vollstreckung eröffnet. Demgegenüber verlangt die
erforderliche Bestimmtheit eines **Feststellungsantrages** nur, daß diejenigen Maßnahmen bzw. betrieblichen Vorgänge, bei denen der Betriebsrat ein Beteiligungsrecht geltend macht, so genau bezeichnet sind, daß mit der Entscheidung feststeht, für welche Maßnahme bzw. für welchen Vorgang
das Mitbestimmungsrecht angenommen wird.[68] Bei der Verpflichtung zu einer Handlung läßt sich
die Grenze zwischen bestimmtem und unbestimmtem Klageantrag nur von Fall zu Fall ziehen, wobei
dem Gesichtspunkt der Vollstreckungsfähigkeit besondere Bedeutung zukommt.[69]

Ein unbestimmter Antrag ist unzulässig, § 253 Abs. 2 Satz 2 ZPO. Wenn das Begehren des Antrag- 16
stellers nicht eindeutig bestimmt ist, muß zunächst geprüft werden, ob der Antrag auslegungsfähig
ist.[70]

Die **Rechtsprechung** zur Bestimmtheit von Anträgen im Beschlußverfahren ist nicht eindeutig. So 17
ist der nachfolgende Antrag mangels Bestimmtheit unzulässig[71]: „Dem Beteiligten zu 2. wird aufgegeben, die Mitwirkungs-, Mitbestimmungs- und Informationsrechte des Beteiligten zu 1. nach

---

66 BAG, Beschl. v. 11.03.1992, AP Nr. 11 zu § 38 BetrVG 1972.
67 Beschl. v. 29.04.1992, AP Nr. 3 zu § 1 TVG, Durchführungspflicht.
68 BAG, Beschl. v. 19.02.1991, AP Nr. 26 zu § 95 BetrVG 1972.
69 BAG, Beschl. v. 29.04.1992, AP Nr. 3 zu § 1 TVG, Durchführungspflicht.
70 BAG, Beschl. v. 13.09.1977, AP Nr. 1 zu § 42 BetrVG 1972.
71 BAG, Beschl. v. 17.03.1987, AP Nr. 7 zu § 23 BetrVG 1972.

dem BetrVG zu wahren, insbesondere gemäß § 99 BetrVG den Beteiligten zu 1. vor jeder Einstellung, Eingruppierung, Umgruppierung und Versetzung zu unterrichten, ihm die erforderlichen Bewerbungsunterlagen vorzulegen und Auskunft über die Person der Beteiligten zu geben sowie dem Antragsteller unter Vorlage der erforderlichen Unterlagen Auskünfte über die Auswirkung der geplanten Maßnahmen zu geben und die Zustimmung des Beteiligten zu 1. zu der geplanten Maßnahme einzuholen."

Auch ein Antrag, der nur den Gesetzeswortlaut wiedergibt, ist nach der BAG-Rechtsprechung zu unbestimmt. Als unzulässig zurückgewiesen hat das BAG folgenden Antrag: „Es wird festgestellt, daß der Beteiligte zu 2. verpflichtet ist, den im Unternehmen gebildeten Wirtschaftsausschuß rechtzeitig und umfassend über die wirtschaftlichen Angelegenheiten des Unternehmens unter Vorlage der erforderlichen Unterlagen zu unterrichten, soweit dadurch nicht die Betriebs- und Geschäftsgeheimnisse des Unternehmens gefährdet werden, sowie die sich daraus ergebenden Auswirkungen auf die Personalplanung darzustellen".[72]

**18** Dagegen hält das BAG folgenden Antrag für hinreichend bestimmt: „Dem Beteiligten zu 2. wird aufgegeben, Mitarbeiterversammlungen zu unterlassen, in denen Themen zur Sprache kommen, die zum Aufgabenbereich des Beteiligten zu 1. gehören".[73] Hier bestehen Zweifel, ob sich aus einer so weiten Formulierung noch ein vollstreckbarer Ordnungsgeldanspruch bei Verstößen ohne Durchführung eines neuen Erkenntnisverfahrens durchsetzen läßt.

Für ausreichend bestimmt hielt das BAG außerdem den Feststellungsantrag über ein Mitbestimmungsrecht „bei den Zielvorgaben des Jahreszieleinkommens und den Bestimmungsgrößen der Bandbreiten bei der Festlegung der ergebnisabhängigen Bezahlung der Abteilungsleiter im Verkauf".[74]

**19** Als zu unbestimmt hat das BAG dagegen den Antrag eines Betriebsrats zurückgewiesen, „dem Arbeitgeber aufzugeben, ihn künftig rechtzeitig vor Informations- und Bildungsveranstaltungen, zu denen nicht leitende Angestellte eingeladen werden, über Inhalt, vorgesehene Referenten und vorgesehenen Teilnehmerkreis zu informieren".[75]

Es fällt schwer, in der Rechtsprechung des BAG zur Bestimmtheit von Anträgen im Beschlußverfahren eine einheitliche Linie festzumachen. Die nachfolgenden Muster enthalten solche Anträge, die, soweit bekannt, bislang noch nicht als unbestimmt zurückgewiesen wurden.

---

72 BAG, Beschl. v. 29.06.1988, AP Nr. 37 zu § 118 BetrVG 1972.
73 BAG, Beschl. v. 27.06.1989, AP Nr. 5 zu § 42 BetrVG 1972.
74 BAG, Beschl. v. 31.11.1989, AP Nr. 12 zu § 81 ArbGG 1979.
75 BAG, Beschl. v. 17.05.1983, AP Nr. 19 zu § 80 BetrVG 1972.

## B. Schriftsätze

### 1. Muster: Feststellung von Arbeitnehmereigenschaft

An das Arbeitsgericht

In dem Beschlußverfahren
mit den Beteiligten

1. Betriebsrat

– Antragsteller und Beteiligter zu 1. –

Verfahrensbevollmächtigte:

und

2.

– Beteiligte zu 2. –

Verfahrensbevollmächtigte:

und

Betriebsangehöriger Arbeitnehmer

– Beteiligter zu 3. –

Wir bestellen uns zu Verfahrensbevollmächtigten des Antragstellers und beantragen, einen möglichst frühen Anhörungstermin anzuberaumen, in dem wir beantragen zu erkennen:

1. Es wird festgestellt, daß der Beteiligte zu 3. Arbeitnehmer im Sinne des § 5 Abs. 1 BetrVG ist.
2. Der Streitwert wird festgesetzt.

**Gründe:**

I.

Der Antragsteller ist der Betriebsrat im Betrieb des Beteiligten zu 2. Der Beteiligte zu 3. ist im Betrieb des Beteiligten zu 2. als        beschäftigt.

Der Beteiligte zu 2. hat mit dem Beteiligten zu 3. eine Vereinbarung geschlossen, wonach der Beteiligte zu 3. freier Mitarbeiter sein soll.

Beweis: Vorlage des Vertrages, vorzulegen durch die Beteiligten zu 2. und zu 3.

Die Rechtsbeziehungen zwischen den Beteiligten zu 2. und zu 3. beinhalten bei materieller Betrachtung ein Arbeitsverhältnis. Der Beteiligte zu 1. hat an dieser Feststellung ein berechtigtes und schützenswertes Interesse, da von der Arbeitnehmereigenschaft gemäß § 5 BetrVG die Anwendbarkeit des Betriebsverfassungsgesetzes abhängig ist. Ob der Beteiligte zu 3. über das aktive Wahlrecht bei einer Betriebsratswahl verfügt oder ob der Beteiligte zu 1. die Interessen des Beteiligten zu 3. im Betrieb wahrzunehmen berechtigt ist, beispielsweise bei personellen Einzelmaßnahmen, hängt von der Feststellung der Arbeitnehmereigenschaft des Beteiligten zu 3. ab. Der Beteiligte zu 1. ist daher antragsbefugt,

*Däubler/Kittner/Klebe/Schneider*, BetrVG, § 5, Rn 277;
*Fitting/Kaiser/Heither/Engels*, § 5, Rn 211, 212;
BAG, Beschl. v. 23.01.1986, AP Nr. 30 zu § 5 BetrVG 1972.

II.

Der Beteiligte zu 3. ist Arbeitnehmer. Als Arbeitnehmer gilt, wer auf privatrechtlicher Grundlage im Dienste eines anderen zu fremdbestimmter Arbeit in persönlicher Abhängigkeit verpflichtet ist,

BAG, Urt. v. 06.07.1975, NZA 1996, 33; siehe auch *Hromadka*, NZA 1997, 569;
*Hümmerich*, NJW 1998, 2625.

## § 8 Kapitel 1: Vertretung von Betriebsräten im Beschlußverfahren

Wann persönliche Abhängigkeit besteht, entscheidet sich anhand einer Reihe von in der Rechtsprechung aufgestellten Kriterien. So kommt es auf den Umfang der Weisungsgebundenheit, die Unterordnung unter andere im Dienste des Arbeitgebers stehende Personen, auf die Bindung an feste Arbeitszeiten, auf eine Rechtspflicht zum regelmäßigen Erscheinen, auf die Zulässigkeit von Nebentätigkeiten oder die Pflicht, die gesamte Arbeitskraft dem Arbeitgeber zur Verfügung zu stellen, an. Indiziell wirken aber auch der Ort der Erledigung der Tätigkeit, die Form der Vergütung, der Umstand, daß Urlaub gewährt wird, Personalunterlagen geführt und Arbeitsgeräte bereitgestellt werden,

vgl. *Hümmerich*, BlStSozArbR 1975, 81 f.

Unter Zugrundelegung der Kriterien der Rechtsprechung handelt es sich bei dem Beteiligten zu 3. in Wahrheit nicht um einen freien Mitarbeiter, denn ▒▒▒▒.

### III.

Der Beteiligte zu 3. ist auch als betroffener Arbeitnehmer Beteiligter dieses Beschlußverfahrens (BAG, Beschl. v. 25.10.1989, AP Nr. 42 zu § 5 BetrVG 1972; BAG, Beschl. v. 27.04.1988, AP Nr. 37 zu § 5 BetrVG 1972).

### 2. Muster: Antrag auf Bestellung eines Wahlvorstandes zur Betriebsratswahl

An das Arbeitsgericht
▒▒▒▒

In dem Beschlußverfahren
mit den Beteiligten

1. ▒▒▒▒

– Antragsteller und Beteiligter zu 1. –

Verfahrensbevollmächtigte: ▒▒▒▒

und

2. ▒▒▒▒

– Beteiligter zu 2. –

Verfahrensbevollmächtigte ▒▒▒▒

Wir bestellen uns zu Verfahrensbevollmächtigten des Antragstellers und beantragen, einen möglichst frühen Anhörungstermin anzuberaumen, in dem wir beantragen zu erkennen:

1. Das Arbeitsgericht bestellt einen aus drei Personen bestehenden Wahlvorstand zur Durchführung der Betriebsratswahl, bestehend aus
   1. ▒▒▒▒ als Vorsitzende(r) sowie
   2. Angestellte(r) ▒▒▒▒
   3. Arbeiter(in) ▒▒▒▒ als Beisitzende.
2. Der Streitwert wird festgesetzt.

**Gründe:**

Der Beteiligte zu 2. beschäftigt ▒▒▒▒ Arbeitnehmer. Er ist daher gem. § 1 BetrVG betriebsratspflichtig. Ein Betriebsrat besteht nicht.

Der Antragsteller hat am ▒▒▒▒ zu einer Betriebsversammlung eingeladen. Die Betriebsversammlung hat keinen Wahlvorstand gewählt.

Beweis: ▒▒▒▒

Gem. § 17 BetrVG hat daher das Arbeitsgericht einen Wahlvorstand zu bestellen. Die Vorgeschlagenen sind zur Übernahme des Amtes bereit.

Beweis: Anliegende Erklärungen – Anlagen K 1 – K 3.

### 3. Muster: Unterlassen der Anordnung von Überstunden durch einstweilige Verfügung

An das Arbeitsgericht

*Antrag auf Erlaß einer einstweiligen Verfügung*

In dem Beschlußverfahren

mit den Beteiligten

1. Betriebsrat

– Antragsteller und Beteiligter zu 1. –

Verfahrensbevollmächtigte:

und

2.

– Beteiligter zu 2. –

Verfahrensbevollmächtigte:

Wir bestellen uns zu Verfahrensbevollmächtigten des Antragstellers und beantragen, durch einstweilige Verfügung – wegen der Dringlichkeit ohne vorherige mündliche Verhandlung – wie folgt zu beschließen:

1. Dem Beteiligten zu 2. wird aufgegeben, es zu unterlassen, Überstunden ohne Beachtung des Mitbestimmungsrechts des Antragstellers anzuordnen oder zu dulden.
2. Für jeden Fall der Zuwiderhandlung gegen die Verpflichtung aus Nr. 1 wird dem Beteiligten zu 2. – bezogen auf jeden Tag und jeden Arbeitnehmer – ein Ordnungsgeld, dessen Höhe in das Ermessen des Gerichts gestellt wird, ersatzweise Ordnungshaft, angedroht.
3. Der Streitwert wird festgesetzt.

**Gründe:**
1. Der Antragsteller ist der Betriebsrat im Betrieb des Beteiligten zu 2. Es besteht die unmittelbare Gefahr, daß der Beteiligte zu 2. gegen seine Verpflichtungen aus dem Betriebsverfassungsgesetz verstößt. Im Betrieb des Beteiligten zu 2. sollen Überstunden ohne Zustimmung des Antragstellers durchgeführt werden. Die fehlende Zustimmung wurde auch nicht durch einen Einigungsstellenspruch ersetzt.

Glaubhaftmachung: Eidesstattliche Versicherung des Betriebsratsvorsitzenden – Anlage K 1.

Bei dem von dem Beteiligten zu 2. vorgesehenen Umfang von Überstunden ohne jegliche Zustimmung des Antragstellers handelt es sich um einen groben Verstoß im Sinne von § 23 Abs. 3 BetrVG. Die Anordnung von Überstunden ohne Zustimmung des Betriebsrats oder ohne den Betriebsrat zu fragen (BAG, Beschl. v. 27.11.1990, AP Nr. 41 zu § 87 BetrVG 1972, Arbeitszeit) und auch das mehrfache Übergehen der Mitbestimmungsrechte des Betriebsrats bei der Anordnung von Überstunden (BAG, Beschl. v. 18.04.1985, AP Nr. 5 zu § 23 BetrVG 1972) stellt eine grobe Pflichtverletzung im Sinne von § 23 Abs. 3 BetrVG dar.

2. Gemäß § 85 Abs. 2 ArbGG ist auch im Beschlußverfahren der Erlaß einer einstweiligen Verfügung zulässig. Dies gilt auch, soweit die in § 23 Abs. 3 BetrVG geregelten Ansprüche des Betriebsrats durchgesetzt werden,

   BAG, Beschl. v. 18.04.1985, AP Nr. 5 zu § 23 BetrVG 1972; LAG Düsseldorf, Beschl. v. 16.05.1990, NZA 1991, 29; LAG Schleswig-Holstein, Beschl. v. 15.11.1984, BB 1985, 997; LAG Köln, Beschl. v. 22.04.1985, NZA 1985, 634; ArbG Münster, Beschl. v. 08.09.1986, BB 1987, 61; ArbG Bamberg, Beschl. v. 30.11.1984, NZA 1985, 259.

3. Dem Antragsteller steht ein allgemeiner Unterlassunganspruch zu,

   BAG, Beschl. v. 18.04.1985, AP Nr. 5 zu § 23 BetrVG 1972; LAG Frankfurt, Beschl. v. 14.08.1990, LAGE Nr. 21 zu § 87 BetrVG 1972, Arbeitszeit; LAG Frankfurt, Beschl. v. 24.10.1989, DB 1990, 2126; LAG Hamburg, Beschl. v. 09.05.1989, ArbuR 1990, 202; LAG Köln, Beschl. v. 22.04.1985, NZA 1985, 634.

Der Verfügungsanspruch ergibt sich weiterhin aus § 87 Abs. 1 Nr. 3 BetrVG, wonach ohne Beachtung des Mitbestimmungsrechts angeordnete Überstunden zu unterlassen sind und deren Ableistung auch nicht geduldet werden darf, BAG, Beschl. v. 27.11.1990, AP Nr. 41 zu § 87 BetrVG 1972, Arbeitszeit.

Der Hauptantrag findet seinen Rechtsgrund in § 23 Abs. 3 BetrVG, da die vorliegende Sachlage leicht überschaubar und rechtlich eindeutig ist und der Beteiligte zu 2. entgegen der ausdrücklichen Zustimmungsverweigerung durch den Betriebsrat und außergerichtlichen Abmahnung durch die Verfahrensbevollmächtigten nachhaltig gegen das Mitbestimmungsrecht nach § 87 Abs. 1 Nr. 3 BetrVG verstößt. Angesichts des kollektivrechtlichen Abmahnungsanspruchs ist weder die Darlegung einer Wiederholungsgefahr noch ein Verschulden des Beteiligten zu 2. erforderlich,

   BAG, Beschl. v. 18.04.1985, AP Nr. 5 zu § 23 BetrVG.

3. Der Verfügungsgrund ergibt sich außerdem aus dem Umstand, daß die Beteiligungsrechte des Antragstellers entwertet werden, wenn die Rechtskraft eines Hauptsacheverfahrens abgewartet werden müßte,

   LAG Frankfurt, Beschl. v. 19.04.1988, BB 1988, 2464; LAG Berlin, Beschl. v. 08.11.1990, AiB 1991, 110; LAG Bremen, Beschl. v. 25.07.1986, LAGE Nr. 7 zu § 23 BetrVG 1972; LAG Hamm, Beschl. v. 19.04.1973, DB 1973, 1024; ArbG Frankfurt/Main, Beschl. v. 11.02.1991, NZA 1991, 398.

Die besondere Eilbedürftigkeit folgt aus dem Umstand, daß die Einflußmöglichkeiten des Antragstellers, die dieser im Rahmen seines Mitbestimmungsrechts zugunsten der Arbeitnehmer auszuüben hat, täglich unwiederbringlich verlorengehen, solange es dem Betriebsrat nicht möglich ist, gegen den Arbeitgeber ein Zwangsmittel einzusetzen. Sollte der Vorsitzende gleichwohl eine mündliche Verhandlung für erforderlich halten, wird beantragt, die Ladungsfrist auf drei Tage zu verkürzen.

## 4. Muster: Unterlassen einer personellen Maßnahme

An das Arbeitsgericht

In dem Beschlußverfahren
mit den Beteiligten

1. Betriebsrat

— Antragsteller und Beteiligter zu 1. —

Verfahrensbevollmächtigte:

und

2.

— Beteiligter zu 2. —

Verfahrensbevollmächtigte:

Wir bestellen uns zu Verfahrensbevollmächtigten des Antragstellers und beantragen, einen möglichst frühen Anhörungstermin anzuberaumen, in dem wir beantragen zu erkennen:

1. Dem Beteiligten zu 2. wird aufgegeben, es zu unterlassen, Einstellungen oder Versetzungen vorzunehmen, sofern der Antragsteller die Zustimmung nicht erteilt hat oder im Verweigerungsfall die fehlende Zustimmung im arbeitsgerichtlichen Beschlußverfahren ersetzt worden ist.
2. Für jeden Fall der Zuwiderhandlung gegen die Verpflichtung aus Ziff. 1 wird dem Beteiligten zu 2. – bezogen auf jeden Tag und jeden Arbeitnehmer – ein Ordnungsgeld, dessen Höhe in das Ermessen des Gerichts gestellt wird, angedroht.
3. Der Streitwert wird festgesetzt.

**Gründe:**

Der Antragsteller ist der Betriebsrat bei dem Beteiligten zu 2. Der Antragsgegner hat im Bereich der personellen Mitbestimmung gegen seine Verpflichtungen aus dem Betriebsverfassungsgesetz verstoßen. Im einzelnen:

Dieser Verstoß ist sogar ein grober Verstoß,
    vgl. die Beispiele bei *Fitting/Kaiser/Heither/Engels*, § 23, Rn 66,
weshalb sich der Antrag in Ziff. 1 aus § 23 Abs. 3 BetrVG ergibt. Der Antrag wird nicht nur wegen eines Verstoßes, sondern wegen eines groben Verstoßes geltend gemacht. Der Anspruch wird nicht auf den allgemeinen Unterlassungsanspruch, sondern auf den Anspruch aus § 23 Abs. 3 BetrVG gestützt. Ziff. 2 enthält einen Antrag auf Ordnungshaft.

### § 8 Kapitel 1: Vertretung von Betriebsräten im Beschlußverfahren

**5. Muster: Unterlassen der Beschäftigung eines eingestellten Mitarbeiters ohne Zustimmung des Betriebsrats**

▼

24   An das Arbeitsgericht

*Antrag auf Erlaß einer einstweiligen Verfügung*

In dem Beschlußverfahren

mit den Beteiligten

1. Betriebsrat

– Antragsteller und Beteiligter zu 1. –

Verfahrensbevollmächtigte:

und

2.

– Beteiligte zu 2. –

Verfahrensbevollmächtigte:

und

– Beteiligter zu 3. –

wegen: Beschäftigung eines Arbeitnehmers trotz fehlender Zustimmung nach § 99 BetrVG.

Wir bestellen uns zu Verfahrensbevollmächtigten des Antragstellers und beantragen durch einstweilige Verfügung – wegen der Dringlichkeit ohne vorherige mündliche Verhandlung – wie folgt zu beschließen:

1. Der Beteiligten zu 2. wird untersagt, bei Meidung eines vom Gericht festzusetzenden Zwangsgeldes bis zu 50.000,00 DM oder Zwangshaft gegen die gesetzlichen Vertreter der Beteiligten zu 2., den Beteiligten zu 3. im Betrieb der Beteiligten zu 2. zu beschäftigen und tätig werden zu lassen, solange die Zustimmung zu seiner Einstellung nicht vom Antragsteller erteilt wurde oder die fehlende Zustimmung zur Einstellung gerichtlich ersetzt wurde.

2. Der Streitwert wird festgesetzt.

**Gründe:**

**I.**

Der Beteiligte zu 3. hat sich bei der Beteiligten zu 2. blind beworben. Später wurde seine Bewerbung der Stellenauschreibung      von der Personalabteilung zugeordnet und mit Schreiben vom      dem Antragsteller mit der Bitte um Zustimmung zur Einstellung nach § 99 BetrVG vorgelegt.

Glaubhaftmachung:   Vorlage des Einstellungsantrags mit Anlagen – Anlage K 1.

Der Antragsteller teilte der Beteiligten zu 2. mit, daß er noch nicht ausreichend informiert sei und erbat ergänzende Unterlagen, so daß die 7-Tage-Frist des § 99 BetrVG noch nicht in Lauf gesetzt wurde.

Glaubhaftmachung:   Schreiben des Antragstellers – Anlage K 2.

Darauf antwortete die Personalabteilung der Beteiligten zu 2. wie folgt:

Glaubhaftmachung:   Schreiben vom      – Anlage K 3.

Der Antragsteller erbat mit Schreiben vom      erneut Informationen.

Glaubhaftmachung:   Schreiben des Antragstellers vom      – Anlage K 4.

Daraufhin antwortete die Beteiligte zu 2. nicht mehr, sondern ließ den Beteiligten zu 3. die Arbeit am ▬▬▬ im Betrieb aufnehmen.

Glaubhaftmachung: Eidesstattliche Versicherung des ▬▬▬ – Anlage K 5.

II.
Zwischen den Beteiligten zu 1. und zu 2. besteht eine Betriebsvereinbarung über innerbetriebliche Stellenausschreibung.

Glaubhaftmachung: Vorlage der Stellenausschreibung in Kopie – Anlage K 6.

Die Fragen des Antragstellers beziehen sich damit auf den Verweigerungsgrund des § 99 Abs. 2 Ziff. 1 BetrVG. Für den Antragsteller ist von Bedeutung, daß die Antragsgegnerin Blindbewerbungen, also solche Bewerbungen, die nicht auf Stellenausschreibungen erfolgen, nunmehr, wenn derzeit aus Sicht der Personalabteilung keine Stelle vakant ist, der sie zugeordnet werden können, zurückschickt, ohne daß der Antragsteller hiervon Kenntnis erlangt.

Glaubhaftmachung: Eidesstattliche Versicherung des Betriebsratsvorsitzenden – Anlage K 7.

Damit werden dem Antragsteller nicht die Unterlagen aller Bewerber vorgelegt, zu einem großen Teil erhält der Antragsteller überhaupt keine Kenntnis von den Bewerbungen, die bei der Beteiligten zu 2. eingehen.

Nach unumstrittener Rechtsprechung hat der Betriebsrat einen Anspruch darauf, daß ihm unter Vorlage der erforderlichen Bewerbungsunterlagen Auskunft auch über die Bewerber gegeben wird, die vom Arbeitgeber nicht berücksichtigt werden,
 BAG, Beschl. v. 06.04.1973, AP Nr. 1 zu § 99 BetrVG 1972.

In der erwähnten Entscheidung hat das Bundesarbeitsgericht unter Bezugnahme auf die Begründung zum Regierungsentwurf grundsätzlich ausgeführt, daß unter Vorlage der erforderlichen Bewerbungsunterlagen bei Einstellungen die Unterlagen aller Bewerber verstanden werden müssen. Die Unterrichtungspflicht des Arbeitgebers hinsichtlich aller Bewerber für einen Arbeitsplatz in einem Betrieb besteht auch unabhängig davon, ob dem Betriebsrat im Einzelfall ein Zustimmungsverweigerungsrecht aus einem der Gründe des § 99 Abs. 2 BetrVG 1972 zusteht oder jedenfalls zustehen könnte.

Die Beteiligte zu 2. hat durch ihr Verhalten zum Ausdruck gebracht, daß sie sich über das System des Betriebsverfassungsgesetzes grundlegend hinwegsetzt. Nach § 99 Abs. 3 BetrVG besteht im Falle einer verweigerten Zustimmung des Betriebsrats kein eigenes, das Ermessen des Betriebsrats ersetzendes Prüfungsrecht der Beteiligten zu 2. Vielmehr hätte die Beteiligte zu 2. die Zustimmung, sofern möglich, durch das Arbeitsgericht ersetzen lassen müssen. Im übrigen ist es so, daß durch die nicht ausreichende Information des Antragstellers die Wochenfrist des § 99 BetrVG noch nicht in Lauf gesetzt worden ist. Die Beteiligte zu 2. hat auch keine vorläufige Maßnahme nach § 100 BetrVG beantragt.

Der Verfügungsgrund ergibt sich vorliegend daraus, daß dem Antragsteller ein weiteres Zuwarten nicht zugemutet werden. Mit jedem Tag, an dem der Beteiligte zu 3. seiner Arbeitstätigkeit nachgeht, verdichtet sich dessen Rechtsposition und es kann deshalb die Beschränkung auf das Hauptsacheverfahren, bei dem vielleicht erst in mehreren Monaten angesichts der Belastung der Arbeitsgerichte ein Termin durchgeführt werden kann, nicht zugemutet werden. Es ist auch im Interesse des Beteiligten zu 3., daß er frühzeitig über die seiner Beschäftigung entgegenstehenden betriebsverfassungsrechtlichen Hinderungsgründe erfährt.

▲

## 6. Muster: Antrag auf Festsetzung von Zwangsgeld wegen Nichtaufhebung einer personellen Maßnahme

An das Arbeitsgericht

In dem Beschlußverfahren
mit den Beteiligten

1. Betriebsrat der Firma

– Antragsteller und Beteiligter zu 1. –

Verfahrensbevollmächtigte:

und

2. Firma

– Antragsgegnerin und Beteiligte zu 2. –

Verfahrensbevollmächtigte:

3. Arbeitnehmer

– Beteiligter zu 3. –

wegen Festsetzung eines Zwangsgeldes.

Namens und in Vollmacht des Antragstellers bestellen wir uns zu Verfahrensbevollmächtigten und beantragen die Einleitung eines Vollstreckungsverfahrens im Beschlußverfahren. Wir stellen folgende Anträge:

1. Der Antragsgegnerin wird aufgegeben, den Beteiligten zu 3. bei Meidung eines Zwangsgeldes, dessen Höhe in das Ermessen des Gerichtes gestellt wird, aus dem Betrieb zu entlassen.
2. Der Streitwert wird festgesetzt.

**Gründe:**

Die Antragsgegnerin hat den Beteiligten zu 3. am eingestellt. Der Antragsteller hat seine Zustimmung zur Einstellung verweigert. Das Arbeitsgericht hat den Antrag der Antragsgegnerin auf Ersetzung der Zustimmung des Antragstellers mit Beschluß vom zurückgewiesen und auf Antrag des Antragstellers die Antragsgegnerin zur Aufhebung der Einstellung verurteilt.

Beweis: Beschluß vom , BV / , dessen Beiziehung beantragt wird.

Der Beschluß ist seit dem rechtskräftig. Obwohl die Antragsgegnerin gehalten ist, die Einstellung rückgängig zu machen, beschäftigt sie den Beteiligten zu 3. weiter. Es bedarf daher der Festsetzung eines Zwangsgeldes, dessen Höhe in das Ermessen des Gerichts gestellt wird, § 101 Satz 2 BetrVG.

## Schriftsätze im arbeitsgerichtlichen Beschlußverfahren § 8

### 7. Muster: Unterlassen einer Eingruppierung ohne Zustimmung des Betriebsrats

▼

An das Arbeitsgericht

In dem Beschlußverfahren

mit den Beteiligten

1. Betriebsrat

– Antragsteller und Beteiligter zu 1. –

Verfahrensbevollmächtigte:

und

2.

– Beteiligte zu 2. –

Verfahrensbevollmächtigte:

wegen: Umgruppierung eines Arbeitnehmers ohne Beteiligung des Betriebsrats nach § 99 BetrVG.

Wir bestellen uns zu Verfahrensbevollmächtigten des Antragstellers und beantragen, einen möglichst frühen Anhörungstermin anzuberaumen, in dem wir beantragen zu erkennen:

1. Dem Beteiligten zu 2. wird untersagt, die Eingruppierung der Mitarbeiterin aufrechtzuerhalten, ohne die Zustimmung des Betriebsrats durch das Arbeitsgericht ersetzen zu lassen.
2. Der Streitwert wird festgesetzt.

**Gründe:**

I.

Die Beteiligten streiten über die Mitbestimmungspflichtigkeit der Umgruppierung der Mitarbeiterin von Tarifgruppe in Tarifgruppe .

Mit Schreiben vom teilte die Beteiligte zu 2. dem Antragsteller zunächst mit, daß die Mitarbeiterin ab dem in die Abteilung versetzt werden solle und bat um Zustimmung zu dieser personellen Maßnahme. Aus diesen Zustimmungsantrag ergab sich des weiteren, daß eine Höhergruppierung der Mitarbeiterin , die zu diesem Zeitpunkt in Tarifgruppe eingruppiert war, nicht erfolgen sollte. Im Schreiben heißt es wörtlich „Bezüge: bleiben".

Beweis: Vorlage des Schreibens der Antragsgegnerin vom in Kopie – Anlage K 1.

Mit einem Zustimmungsantrag vom teilte die Beteiligte zu 2. dem Antragsteller nunmehr mit, daß für die Mitarbeiterin eine Umgruppierung von Tarifgruppe , mit einem monatlichen Bruttogehalt von , in Tarifgruppe , mit einem Bruttogehalt von DM erfolgen sollte und bat um Zustimmung des Antragstellers. Dieses Schreiben ging am beim Antragsteller ein.

Beweis: Vorlage des Schreibens der Antragsgegnerin vom in Kopie – Anlage K 2.

Mit Schreiben vom widersprach der Antragsteller dieser Umgruppierung ausdrücklich gemäß § 99 Absatz 2 Ziff. 3 BetrVG und verweigerte somit seine Zustimmung. Dies geschah, weil ihm keinerlei Informationen, wie beispielsweise die der Stelle zugrundeliegende Bandbreitenbestimmung, vorlagen, die eine Höhergruppierung der Mitbeiterin rechtfertigen könnten und im Falle einer Umgruppierung daher Nachteile für andere im Betrieb beschäftigte Arbeitnehmer zu befürchten waren.

Beweis: Vorlage des Schreibens des Antragstellers vom in Kopie – Anlage K 3.

Daraufhin bat die Beteiligte zu 2. mit Schreiben vom , eingegangen am , erneut um Zustimmung zur Höhergruppierung der Mitarbeiterin . In diesem Schreiben teilte die Beteiligte zu 2. lediglich mit, daß nach ihrer Beurteilung der neue Arbeitsplatz von Frau ▓▓▓ gemäß Tarifvertrag mit mindestens der Tarifgruppe ▓▓▓ zu bewerten sei. Eine Bandbreitenbestimmung für diese Stelle sei jedoch erst für ▓▓▓ vorgesehen.

Beweis: Vorlage des Schreibens der Antragsgegnerin vom ▓▓▓ in Kopie – Anlage K 4.

Mit Schreiben vom ▓▓▓ widersprach der Antragsteller erneut der Umgruppierung der Mitarbeiterin ▓▓▓. Der Antragsteller teilte der Beteiligten zu 2. in diesem Schreiben mit, daß er ihre Beurteilung, der neue Arbeitsplatz von Frau ▓▓▓ sei gemäß Tarifvertrag mit mindestens der Tarifgruppe ▓▓▓ zu bewerten, nicht teile.

Beweis: Vorlage des Schreibens des Antragstellers vom ▓▓▓ in Kopie – Anlage K 5.

Bei der Durchsicht der Gehaltsliste vom ▓▓▓ stellte der Antragsteller fest, daß die Mitarbeiterin ▓▓▓ ohne seine Zustimmung seit ▓▓▓ in die Tarifgruppe ▓▓▓ umgruppiert wurde. Dies teilte er der Beteiligten zu 2. mit Schreiben vom ▓▓▓ mit und bat um deren Stellungnahme bis zum ▓▓▓.

Beweis: Vorlage des Schreibens des Antragstellers vom ▓▓▓ in Kopie – Anlage K 6.

Daraufhin äußerte sich die Beteiligte zu 2. gegenüber dem Antragsteller durch Schreiben vom ▓▓▓ dahingehend, daß sie diesen im vorangegangen Schriftverkehr um dessen Mitbeurteilung nach § 99 BetrVG gebeten habe. Die für die Richtigkeitskontrolle erforderlichen Unterlagen lägen dem Antragsteller in Form des Tarifvertrages, der Gehaltslisten und der Tätigkeitsbeschreibung vor. Dem Schreiben vom ▓▓▓ war eine Stellenbeschreibung für Frau ▓▓▓ beigefügt.

Beweis: Vorlage des Schreibens der Antragsgegnerin vom ▓▓▓ in Kopie – Anlage K 7.

Daraufhin hat der Betriebsrat den Beschluß gefaßt, die unter Mißachtung der Rechte des Betriebsrats nach § 99 BetrVG erfolgte Umgruppierung der Frau ▓▓▓ im Beschlußverfahren anzufechten.

II.

28  In der Umgruppierung der Frau ▓▓▓ liegt eine mitbestimmungspflichtige personelle Einzelmaßnahme im Sinne von § 99 Abs. 1 Satz 1, 3. Fall BetrVG vor.

Eine Umgruppierung liegt vor, wenn die Einordnung des Arbeitnehmers in das kollektive Entgeltschema geändert wird,
  vgl. *Däubler/Kittner/Klebe*, BetrVG, § 99, Rn 75.

Die geänderte Einordnung der Mitarbeiterin ▓▓▓ von Tarifgruppe ▓▓▓ in Tarifgruppe ▓▓▓ ist somit eine Umgruppierung im Sinne des § 99 Abs. 1 Satz 1, 3. Fall BetrVG.

Die Umgruppierung eines Arbeitnehmers ergibt sich aus der ausgeübten bzw. auszuübenden Tätigkeit. Die Mitbestimmung des Betriebsrats dient daher der Mitbeurteilung der gegebenen Rechtslage und ist daher eine Richtigkeitskontrolle,
  vgl. BAG, Urt. v. 15.04.1986, EzA § 99 BetrVG 1972 Nr. 49.

Aufgrund der ihm zur Verfügung stehenden Beurteilungsgrundlagen ist der Antragsteller der Auffassung, daß alle von der Mitarbeiterin ▓▓▓ auszuführenden Tätigkeiten allenfalls von der Tarifgruppe ▓▓▓ erfaßt werden.

Da eine gleichwohl durchgeführte Umgruppierung dem geltenden Tarifvertrag widersprechen würde und des weiteren Nachteile für andere Arbeitnehmer im Hinblick auf den Gleichbehandlungsgrundsatz zu befürchten waren, hat der Antragsteller seine Zustimmung innerhalb der Wochenfrist des § 99 Abs. 3 BetrVG verweigert und der Umgruppierung der Mitarbeiterin ▓▓▓ gemäß § 99 Abs. 2 Ziff. 1, 3 BetrVG ausdrücklich widersprochen.

III.

Nach der Rechtsprechung des BAG ist die Eingruppierung oder Umgruppierung in eine bestimmte Lohn- oder Gehaltsgruppe keine rechtsgestaltende Handlung, sondern nur Rechtsanwendung, nämlich die Entscheidung, daß die Tätigkeit des Arbeitnehmers bestimmten Tätigkeitsmerkmalen entspricht und der Arbeitnehmer deshalb Anspruch auf das Arbeitsentgelt einer bestimmten Lohn- oder Gehaltsgruppe hat (BAG, Urt. v. 22.03.1983, AP Nr. 6 zu § 101 BetrVG 1972).

Der Betriebsrat kann daher der Ein- oder Umgruppierung nur mit der Begründung widersprechen, die Tätigkeit entspreche nicht der vom Arbeitgeber vorgesehenen Lohn- oder Gehaltsgruppe (BAG, Beschl. v. 28.01.1986, AP Nr. 32 zu § 99 BetrVG 1972) oder die vom Arbeitgeber angemahnte Vergütungsgruppe dürfe nicht angewandt werden (BAG, Beschl. v. 27.01.1987, AP Nr. 42 zu § 99 BetrVG 1972).

Deshalb kann der Betriebsrat nach der Rechtsprechung des BAG in einem Beschlußverfahren nicht beantragen, die Eingruppierung oder Umgruppierung aufzuheben. Der vorliegend gestellte Antrag entspricht der Rechtsprechung des BAG,

vgl. Beschl. v. 27.01.1987, AP Nr. 42 zu § 99 BetrVG 1972.

## 8. Muster: Replik bei Zustimmungsverweigerung wegen zu hoher Eingruppierung

An das Arbeitsgericht

In dem Beschlußverfahren

mit den Beteiligten

1. Firma

— Antragstellerin und Beteiligte zu 1. —

Verfahrensbevollmächtigte:

und

2. Betriebsrat der Firma

— Beteiligter zu 2. —

Verfahrensbevollmächtigte:

3. (Arbeitnehmer/Arbeitnehmerin)

— Beteiligter zu 3. —

Wir bestellen uns zu Verfahrensbevollmächtigten des Beteiligten zu 2. und beantragen, wie folgt zu erkennen:

1. Der Antrag wird abgewiesen.
2. Der Streitwert wird festgesetzt.

**Gründe:**

1. Der Beteiligte zu 2. ist der Betriebsrat im Betrieb der Antragstellerin. Es ist zutreffend, daß dem Beteiligten zu 2. mit Schreiben vom ein Antrag der Antragstellerin vorgelegt wurde, die Zustimmung zur Eingruppierung des Beteiligten zu 3. zu erteilen. Der Beteiligte zu 2. kam in seiner Sitzung am zu dem Ergebnis, daß die von der Personalabteilung vorgesehene Eingruppierung des Beteiligten zu 3. höher war, als sie laut Tarifvertrag vorzunehmen gewesen wäre.

Beweis: Auszug aus dem Protokoll der Betriebsratssitzung vom — Anlage B 1.

Der Beteiligte zu 2. hat daraufhin noch innerhalb der Wochenfrist der Antragstellerin mitgeteilt, daß die vorgesehene Vergütungsgruppe nicht zutreffend sei, und der Beschlußlage entsprechend die Zustimmung zur Eingruppierung des Beteiligten zu 3. verweigert.

2. Die für den Beteiligten zu 3. vorgesehene Vergütung ist nicht tarifgerecht und fällt zu hoch aus, weil .

3. Soweit die Antragstellerin vorträgt, das Ablehnungsschreiben des Beteiligten zu 2. habe bloß den lapidaren Hinweis auf § 99 Abs. 2 Nr. 1 BetrVG enthalten, wonach die Zustimmung zu einer Eingruppierung verweigert werde, weil eine niedrigere als die vorgesehene Vergütungsgruppe zutreffend sei, führt dies nicht zu einer unwirksamen bzw. unbeachtlichen Zustimmungsverweigerung.

Nur in Fällen, in denen die Begründung offensichtlich auf keinen der Verweigerungsgründe des § 99 Abs. 2 Bezug nimmt, ist sie für den Arbeitgeber unbeachtlich, mit der Folge, daß die Zustimmung des Betriebsrats als erteilt gilt,

BAG, Urt. v. 26.01.1988, DB 1988, 1167.

Teilt der Betriebsrat dagegen fristgerecht mit, auf welchen rechtlichen Tatbestand er die Zustimmungsverweigerung stützt, kann er auch noch nach Ablauf der Wochenfrist des § 99 Abs. 3 Satz 1 seine Zustimmungsverweigerung ergänzend auf rechtliche Argumente stützen, die er im Verweigerungsschreiben noch nicht angeführt hatte,

BAG, Urt. v. 28.04.1998, NZA 1999, 52.

Dem Betriebsrat ist es auch nicht verwehrt, einer Eingruppierung mit der Begründung zu widersprechen, sie sei deshalb unzutreffend, weil der Arbeitnehmer geringerwertige Tätigkeiten ausübe,

BAG, Urt. v. 12.01.1993, BAGE, 72, 123; BAG, Urt. v. 31.10.1995, NZA 1996, 890.

4. Dem Arbeitgeber ist es unbenommen, über das Tarifgehalt hinaus ein zusätzliches Entgelt zu zahlen, beispielsweise in der Form einer freiwilligen Zulage. Das aber bedeutet nicht, daß eine über die tarifliche Eingruppierung hinausgehende Eingruppierung durch den Arbeitgeber willkürlich vorgenommen werden kann. Daß ggf. bei der Gewährung einer außertariflichen Zulage ein Mitbestimmungsrecht des Betriebsrats nach § 87 Abs. 1 Nr. 10 BetrVG besteht, ist ohne Auswirkung auf die Befugnisse des Betriebsrats im Falle einer fehlerhaften tariflichen Eingruppierung,

BAG, Urt. v. 14.06.1994, NZA 1995, 543.

## 9. Muster: Freistellung von notwendigen Kosten

An das Arbeitsgericht

In dem Beschlußverfahren
mit den Beteiligten

1. Betriebsrat

– Antragsteller und Beteiligter zu 1. –

Verfahrensbevollmächtigte:

und

2.

– Beteiligte zu 2. –

Verfahrensbevollmächtigte:

Wir bestellen uns zu Verfahrensbevollmächtigten des Antragstellers und beantragen, einen möglichst frühen Anhörungstermin anzuberaumen, in dem wir beantragen zu erkennen:

## Schriftsätze im arbeitsgerichtlichen Beschlußverfahren §8

1. Die Beteiligte zu 2. wird verpflichtet, den Antragsteller von seiner Verpflichtung für die von ihm beschafften Hilfsmittel ▓▓▓ in Höhe von ▓▓▓ DM gegenüber der Firma ▓▓▓ freizustellen.
2. Der Beschluß ist vorläufig vollstreckbar.
3. Der Streitwert wird festgesetzt.

**Gründe:**

1. Der Antragsteller ist der Betriebsrat im Betrieb des Beteiligten zu 2. Der Betriebsrat bedarf zur Durchführung seiner Aufgaben des Hilfsmaterials ▓▓▓.

   Am ▓▓▓ faßte der Betriebsrat den Beschluß, das oben erläuterte Hilfsmaterial anzuschaffen.

   Mit Schreiben vom ▓▓▓ teilte er dies dem Beteiligten zu 2. mit und bat ihn, das näher bezeichnete Hilfsmaterial dem Betriebsrat zur Verfügung zu stellen. Rein vorsorglich verband der Beteiligte zu 1. die Bitte um Überlassung des Hilfsmaterials mit einer Frist zum ▓▓▓.

   Beweis: Vorlage des Schreibens in Kopie – Anlage K 1.

   Der Beteiligte zu 2. stellte jedoch die erbetenen Hilfsmittel nicht zur Verfügung. Nach Ablauf der gesetzten Frist bestellte der Beteiligte zu 1. die Hilfsmittel bei der Firma ▓▓▓.

   Beweis: Vorlage des Bestellschreibens in Kopie – Anlage K 2.

2. Der Betriebsrat benötigt die erwähnten Hilfsmittel aus folgenden Gründen: ▓▓▓

3. Der Beteiligte zu 2. ist gemäß § 40 BetrVG verpflichtet, die Kosten des Hilfsmaterials zu tragen.

   Die angefallenen Kosten sind auch nicht unverhältnismäßig: ▓▓▓

4. Die vorläufige Vollstreckbarkeit ergibt sich daraus, daß es sich bei dem geltend gemachten Anspruch um eine geldwerte Leistung handelt. In vermögensrechtlichen Streitigkeiten sind Beschlüsse der Arbeitsgerichte vorläufig vollstreckbar, §§ 85 Abs. 2 Satz 2 1. Halbsatz, 87 Abs. 2 Satz 1 ArbGG. Nach der Rechtsprechung des BAG liegt eine vermögensrechtliche Streitigkeit dann vor, wenn über Ansprüche entschieden werden soll, die auf Geld oder eine geldwerte Leistung zielen, die auf vermögensrechtlichen Beziehungen beruhen oder wenn mit dem Verfahren in erheblichem Umfang wirtschaftliche Zwecke verfolgt werden,
   BAG, Beschl. v. 22.05.1984, AP Nr. 7 zu § 12 ArbGG 1979.

   Deshalb wird die Auffassung vertreten, daß Angelegenheiten aus dem betriebsverbandlichen Bereich generell als vermögensrechtliche Angelegenheiten zu werten sind, weil die Betriebsverfassung durchweg keine rein ideelle, sondern auch vorrangig wirtschaftliche Bedeutung hat. Nicht vermögensrechtlich sind somit im wesentlichen nur Persönlichkeitsrechte,
   *Rudolf*, NZA 1988, 420; *Dütz*, DB 1980, 1120.

## § 8 Kapitel 1: Vertretung von Betriebsräten im Beschlußverfahren

### 10. Muster: Erstattung von Anwaltsgebühren

An das Arbeitsgericht

In dem Beschlußverfahren
mit den Beteiligten

1. Betriebsrat

– Antragsteller und Beteiligter zu 1. –

Verfahrensbevollmächtigte:

und

2.

– Beteiligte zu 2. –

Verfahrensbevollmächtigte:

und

Rechtsanwalt

– Beteiligter zu 3. –

Wir bestellen uns zu Verfahrensbevollmächtigten des Antragstellers und beantragen, einen möglichst frühen Anhörungstermin anzuberaumen, in dem wir beantragen zu erkennen:

1. Die Beteiligte zu 2. wird verurteilt, an den Beteiligten zu 3. DM Anwaltsgebühren nebst 4 % Zinsen seit Zustellung der Antragsschrift zu zahlen.
2. Der Beschluß ist vorläufig vollstreckbar.
3. Der Streitwert wird festgesetzt.

**Gründe:**

I.

Der Antragsteller ist der Betriebsrat im Betrieb des Beteiligten zu 2. Der Beteiligte zu 3. ist Rechtsanwalt und hat den Betriebsrat in dem arbeitsgerichtlichen Beschlußverfahren (Hauptsacheverfahren) mit dem Aktenzeichen anwaltlich vertreten.

Beweis: Beiziehung der Akte , Aktenzeichen .

Außerdem hat der Beteiligte zu 3. den Beteiligten zu 1. in dem parallel hierzu anhängig gemachten einstweiligen Verfügungsverfahren vor dem Arbeitsgericht mit dem Aktenzeichen vertreten.

Beweis: Beiziehung der Akte , Aktenzeichen .

Mit Abschluß der Angelegenheit stellte der Beteiligte zu 3. dem Beteiligten zu 1. die Anwaltsgebühren für das einstweilige Verfügungsverfahren und das Hauptsacheverfahren in Rechnung. Die Rechnung über das Hauptsacheverfahren, über deren Erstattung die Parteien vorliegend alleine noch streiten, ergeben sich aus der Kostennote vom .

Beweis: Vorlage der Rechnung in Kopie – Anlage K 1.

Die Beteiligte zu 2. lehnte den Ausgleich der vom Betriebsrat vorgelegten Kostennote mit der Begründung ab, es handele sich nicht um notwendige Kosten im Sinne von § 40 BetrVG. Nachdem der Beteiligte zu 1. im einstweiligen Verfügungsverfahren bereits erfolgreich war, hätte es der Durchführung eines Hauptsacheverfahrens nicht mehr bedurft. Schließlich habe die Beteiligte zu 2. den Beschluß aus dem einstweiligen Verfügungsverfahren befolgt, so daß die im Hauptsacheverfahren angefallenen Anwaltskosten unverhältnismäßige und vermeidbare, somit also keine notwendigen Kosten im Sinne von § 40 BetrVG gewesen seien.

Beweis: Vorlage des Schreibens der Verfahrensbevollmächtigten der Beteiligten zu 2. in Kopie – Anlage K 2.

**II.**

1. Die Anwaltsgebühren können von dem Beteiligten zu 1. entweder, wie vorliegend, geltend gemacht werden, indem die Zahlung an den Rechtsanwalt gefordert wird oder dadurch, daß sich der Rechtsanwalt den Kostenfreistellungsanspruch gegenüber dem Arbeitgeber abtreten läßt.
    BAG, Beschl. v. 13.05.1998 – 7 ABR 65/96 (unveröffentlicht); LAG Berlin, Beschl. v. 10.10.1988, DB 1989, 683; *Fitting/Kaiser/Heither/Engels*, BetrVG, § 10, Rn 117.

2. Der Anspruch des Beteiligten zu 1. auf Erstattung der Anwaltsgebühren aus dem Hauptsacheverfahren besteht dem Grunde wie der Höhe nach. Entgegen der Rechtsauffassung der Beteiligten zu 2. entsprach die gleichzeitige Anhängigmachung von einstweiligem Verfügungs- und Hauptsachverfahren der Üblichkeit eines prozessualen Vorgehens. Zum Zeitpunkt der Einreichung der Schriftsätze konnte der Beteiligte zu 1. nicht sicher wissen, daß dem Antrag auf Erlaß einer einstweiligen Verfügung im Beschlußverfahren stattgegeben werden würde.

    Hätten der Beteiligte zu 1. und der Beteiligte zu 3. nach Anhängigmachung eines einstweiligen Verfügungsverfahrens im Beschlußverfahren das Hauptsacheverfahren noch nicht beim Arbeitsgericht anhängig gemacht, wäre es Sache des Arbeitsgerichts gewesen, im Regelfall auf Antrag, binnen einer zu bestimmenden Frist anzuordnen, das Hauptsacheverfahren anhängig zu machen. Andernfalls wird die einstweilige Verfügung nämlich gemäß §§ 926, 936 ZPO aufgehoben. Zwar bestimmen die vorgenannten Vorschriften nur, daß bei dem Antrag der jeweiligen antragsgegnerischen Partei das Gericht dies zwingend anzuordnen hat, im Umkehrschluß folgt hieraus jedoch, daß die vorherige oder parallele Anhängigmachung des Hauptsacheverfahrens zu einem einstweiligen Verfügungsverfahren den Regelfall des prozessualen Vorgehens darstellt,
    vgl. *Fitting/Kaiser/Heither/Engels*, BetrVG, Nach § 1, Rn 56.

    Somit hatte ursprünglich die Beteiligte zu 2. die hierdurch verursachten Kosten des Betriebsrats gemäß § 40 Abs. 1 BetrVG durch Erfüllung des Freistellungsanspruchs zu erfüllen. Der Antrag ist damit begründet.

    Zur Höhe der angefallenen Gebühren werden von seiten der Beteiligten zu 2. keine Einwände erhoben. Die geltend gemachten Gebühren entsprechen den Vorschriften der BRAGO.

3. Die vorläufige Vollstreckbarkeit ergibt sich daraus, daß es sich bei dem geltend gemachten Anspruch um eine geldwerte Leistung handelt. In vermögensrechtlichen Streitigkeiten sind Beschlüsse der Arbeitsgerichte vorläufig vollstreckbar, §§ 85 Abs. 2 Satz 2 1. Halbsatz, 87 Abs. 2 Satz 1 ArbGG. Nach der Rechtsprechung des BAG liegt eine vermögensrechtliche Streitigkeit dann vor, wenn über Ansprüche entschieden werden soll, die auf Geld oder eine geldwerte Leistung zielen, die auf vermögensrechtlichen Beziehungen beruhen oder wenn mit dem Verfahren in erheblichem Umfang wirtschaftliche Zwecke verfolgt werden,
    BAG, Beschl. v. 22.05.1984, AP Nr. 7 zu § 12 ArbGG 1979.

    Deshalb wird die Auffassung vertreten, daß Angelegenheiten aus dem betriebsverbandlichen Bereich generell als vermögensrechtliche zu werten sind, weil die Betriebsverfassung durchweg keine rein ideelle, sondern auch vorrangig wirtschaftliche Bedeutung hat. Nicht vermögensrechtlich sind somit im wesentlichen nur Persönlichkeitsrechte,
    *Rudolf*, NZA 1988, 420; *Dütz*, DB 1980, 1120.

## 11. Muster: Anwaltliche Vertretung des Betriebsrates – erforderliche Kosten

33 Gemäß § 40 Betriebsverfassungsgesetz 1972 hat der Arbeitgeber die durch die Tätigkeit des Betriebsrates entstehenden Kosten zu tragen. Dazu zählen sowohl die sachlichen als auch die persönlichen Kosten der Tätigkeit des Betriebsrates und seiner Mitglieder.

Bei den sachlichen Kosten des Betriebsrates handelt es sich in erster Linie um die sog. Geschäftsführungskosten. Zu den Geschäftsführungskosten des Betriebsrates gehören auch Kosten, die der gerichtlichen Verfolgung oder Verteidigung von Rechten des Betriebsrates oder seiner Mitglieder dienen. Der Betriebsrat kann deshalb betriebsverfassungsrechtliche Streitfragen auf Kosten des Arbeitgebers gerichtlich klären lassen. Gleichgültig ist, zwischen wem das arbeitsgerichtliche Streitverfahren schwebt, ob zwischen dem Betriebsrat und dem Arbeitgeber, zwischen dem Betriebsrat oder einem anderen betriebsverfassungsrechtlichen Organ (z.B. Gesamtbetriebsrat oder Konzernbetriebsrat), zwischen dem Betriebsrat und einer im Betrieb vertretenen Gewerkschaft (z.B. bei einer Wahlanfechtung oder bei einem Antrag auf Auflösung des Betriebsrates) oder zwischen dem Betriebsrat und einem seiner Mitglieder,
   vgl. *Fitting/Kaiser/Heither/Engels*, Betriebsverfassungsgesetz, Handkommentar, § 40, Rn 9.

Der Arbeitgeber hat in allen oben genannten Fällen die Kosten zu tragen, die dem Betriebsrat durch seine Beteiligung an einem derartigen gerichtlichen Verfahren entstehen, und zwar unabhängig davon, ob der Betriebsrat in dem Gerichtsverfahren obsiegt oder nicht. Nur wenn die Einleitung eines gerichtlichen Verfahrens durch den Betriebsrat zur Klärung der Streitfrage nicht erforderlich ist, etwa weil eine anderweitige Klärung möglich ist (z.B. einvernehmliches Abwarten eines Parallelverfahrens oder eines Musterprozesses), oder weil die Rechtsverfolgung oder Verteidigung von vornherein offensichtlich aussichtslos oder mutwillig ist, trifft den Arbeitgeber entsprechend dem allgemeinen Grundsatz, daß er nur die notwendigen Kosten des Betriebsrates zu tragen hat, keine Kostentragungspflicht,
   BAG, Beschl. v. 03.10.1978, AP Nr. 14 zu § 40 BetrVG 1972; *Fitting/Auffarth/Kaiser/Heither/Engels*, aaO, § 40, Rn 9 mwN.

Zu den vom Arbeitgeber im Rahmen von Rechtsstreitigkeiten zu tragenden Auslagen des Betriebsrates zählen auch die Kosten einer Prozeßvertretung des Betriebsrates durch einen Rechtsanwalt, wenn der Betriebsrat bei pflichtgemäßer und verständiger Würdigung aller Umstände die Interessenwahrnehmung durch einen Rechtsanwalt für notwendig halten konnte,
   BAG, Beschl. v. 03.10.1978 u. v. 04.12.1979, AP Nr. 14 und 18 zu § 40 BetrVG 1972; LAG Berlin, Beschl. v. 07.03.1983 u. v. 26.01.1987, AP Nr. 21 und 25 zu § 40 BetrVG 1972; *Fitting/Kaiser/Heither/Engels*, aaO, § 40, Rn 10 mwN.

34 Notwendig ist die Hinzuziehung eines Rechtsanwalts stets in der Rechtsbeschwerdeinstanz, da im Rechtsbeschwerdeverfahren die Vertretung durch einen Anwalt zwingend vorgeschrieben ist. Darüber hinaus ist die Hinzuziehung eines Anwalts auch dann notwendig, wenn der Betriebsrat sie aus seiner Sicht aus sachlichen, in der Natur des Rechtsstreits liegenden Gründen für erforderlich halten darf, etwa wegen der wahrscheinlich bestehenden Schwierigkeit der Sach- oder Rechtslage oder wenn zur Beurteilung der Sach- oder Rechtslage bestimmte, dem Anwalt in besonderem Maße bekannte Verhältnisse von Bedeutung sind.

Bei der Beurteilung der Frage, ob die Sach- oder Rechtslage Schwierigkeiten aufweist, ist zu berücksichtigen, daß sich dies nicht selten erst im Laufe des Prozesses herausstellt und sich deshalb einer exakten vorausschauenden Beurteilung des juristisch oft nicht oder nur wenig geschulten Betriebsrates entzieht. Für die Berechtigung des Betriebsrates, auf Kosten des Arbeitgebers einen Rechtsanwalt hinzuzuziehen, muß eine bestehende Unsicherheit des Betriebsrates hinsichtlich der Beurteilung der Schwierigkeiten der Sach- oder Rechtslage ausreichen, da dies auch sonst ein wesentlicher Gesichtspunkt für die Beauftragung eines Anwaltes ist,
   vgl. BAG, Beschl. v. 03.10.1978, AP Nr. 14 zu § 40 BetrVG 1972.

Die Hinzuziehung eines Rechtsanwaltes erfordert einen ordnungsgemäßen Beschluß des Betriebsrates, und zwar gesondert für jede Instanz,
    LAG Schleswig-Holstein, Beschl. v. 19.04.1983, BB 1984, S. 533; LAG Berlin, Beschl. v. 26.01.1987, AP Nr. 25 zu § 40 BetrVG 1972.

Liegen die Voraussetzungen dafür vor, darf also die Prozeßvertretung durch einen Anwalt als erforderlich erscheinen, so ist der Betriebsrat auch berechtigt, bereits in der I. Instanz einen Rechtsanwalt auf Kosten des Arbeitgebers hinzuzuziehen, obwohl in dieser Instanz nach § 11 ArbGG auch eine Vertretung durch einen Gewerkschaftsvertreter möglich ist,
    BAG, Beschl. v. 03.10.1978 u. v. 04.12.1979, AP Nr. 14 und Nr. 18 zu § 40 BetrVG 1972.

Denn in der Wahl seines Prozeßvertreters ist der Betriebsrat grundsätzlich frei. Er kann denjenigen Verfahrensvertreter wählen, zu dem er im Hinblick auf die zu vertretende Angelegenheit das größte Vertrauen hat,
    vgl. *Fitting/Kaiser/Heither/Engels*, aaO, § 40, Rn 12; *Richardi*, Betriebsverfassungsgesetz, § 40, Rn 20 mwN.

Da der Betriebsrat weder rechts- noch vermögensfähig ist, muß er bei Streitigkeiten über Geschäftsführungskosten seinen Antrag auf die Verpflichtung des Arbeitgebers richten, die Kosten zu übernehmen oder, sofern eine Verbindlichkeit gegenüber einem Dritten bereits entstanden ist, den Betriebsrat von dieser Verbindlichkeit freizustellen,
    LAG Berlin, Beschl. v. 26.01.1987, AP Nr. 25 zu § 40 BetrVG 1972.

Rechtsgrund für den Anspruch des Betriebsrates gegen den Arbeitgeber, von Honoraransprüchen eines Rechtsanwalts freigestellt zu werden, die dem Betriebsrat aus Anlaß eines Beschlußverfahrens entstehen, ist allein § 40 Abs. 1 Betriebsverfassungsgesetz,
    BAG, Beschl. v. 03.10.1978 u. v. 04.12.1979, AP Nr. 14 und 18 zu § 40 BetrVG 1972; LAG Berlin, Beschl. v. 26.01.1987, AP Nr. 25 zu § 40 BetrVG 1972.

Über das Leistungsbegehren des Betriebsrates hat das Gericht im arbeitsgerichtlichen Beschlußverfahren zu entscheiden (§ 80 Abs. 1 iVm § 2a Abs. 1 Nr. 1 und Abs. 2 ArbGG), da es sich zwischen dem Betriebsrat einerseits und dem Arbeitgeber andererseits um eine Streitigkeit handelt, ob dem Betriebsrat ein Kostenfreistellungsanspruch zusteht oder nicht.

▲

## 12. Muster: Antrag des Betriebsrats auf moderne Kommunikationsmittel

▼

An das Arbeitsgericht

In dem Beschlußverfahren
mit den Beteiligten

1. Betriebsrat

— Antragsteller und Beteiligter zu 1. —

Verfahrensbevollmächtigte:

und

2.

— Beteiligter zu 2. —

Verfahrensbevollmächtigte:

Wir bestellen uns zu Verfahrensbevollmächtigten des Beteiligten zu 1., in dessen Namen und Auftrag wir um kurzfristige Anberaumung eines Anhörungstermins bitten. Wir werden beantragen:

## § 8 Kapitel 1: Vertretung von Betriebsräten im Beschlußverfahren

1. Der Beteiligte zu 2. hat dem Antragsteller folgende Kommunikationsmittel zur Verfügung zu stellen: PC, Telefax, Handy und Zugang zu Intranet und Internet.
2. Der Streitwert wird festgesetzt.

**Gründe:**

1. Der Antragsteller ist der Betriebsrat des Beteiligten zu 2. Im Betrieb sind ▆▆▆▆▆ Mitarbeiter beschäftigt. Gegenstand des Betriebs bildet ▆▆▆▆▆. Der Jahresumsatz beläuft sich auf ▆▆▆▆▆. Der Betrieb ist generell äußerst modern ausgestattet. Jeder Mitarbeiter, mit Ausnahme ▆▆▆▆▆, hat einen PC sowie einen Intranet- und Internetanschluß. Der zunehmend häufigere Kommunikationsweg zwischen den Mitarbeitern, den Kunden, den Lieferanten und zwischenzeitlich auch einigen Behörden ist die E-mail.

    Die Ausstattung des Betriebsrats besteht aus ▆▆▆▆▆.

2. Der Antragsteller benötigt zur Bewältigung seiner täglichen Arbeit die Ausstattung mit einem PC, einem Pentium-Rechner, einem Drucker sowie einem Scanner, und es muß gewährleistet sein, daß der Rechner des Betriebsrats an Internet und Intranet angeschlossen ist. Für den Betriebsratsvorsitzenden wird darüber hinaus die Anschaffung eines Handys geltend gemacht, damit der Betriebsratsvorsitzende sowohl für die Personalabteilung als auch für die Belegschaft erreichbar ist, wenn er sich nicht im Betriebsratsbüro, sondern an seinem Arbeitsplatz oder außerhalb des Betriebes aufhält.

3. Der Antragsteller hat einen Anspruch auf Anschaffung von PC, Telefax, Handy und Zugang zu Intranet und Internet.

    a) Nachdem in der älteren Rechtsprechung die Überlassung eines Personalcomputers für den Betriebsrat meist generell abgelehnt wurde,

    > LAG Hannover, Beschl. v. 13.12.1988, NZA 1989, 442; ArbG Göttingen, Beschl. v. 16.05.1988, DB 1988, 2056,

    hat das BAG in seiner neueren Rechtsprechung klargestellt, daß ein Anspruch des Betriebsrats auf Bereitstellung eines PC mit entsprechendem Zubehör (Drucker und Software) auf Kosten des Arbeitgebers besteht, wenn vom Betriebsrat die Erforderlichkeit nachgewiesen werden kann,

    > BAG, Beschl. v. 11.03.1998, DB 1998, 1820; BAG, Beschl. v. 12.05.1999, NZA 1999, 1290; BAG, Beschl. v. 11.11.1998, NZA 1999, 945.

    Sache des Betriebsrats ist es, darzulegen und zu beweisen, daß er mit herkömmlichen Mitteln seine Arbeit nicht mehr sachgerecht erledigen kann. Nicht ausreichend ist lediglich der Hinweis auf eine Rationalisierung der Betriebsratsarbeit, es müssen vielmehr die Aufgaben der laufenden Geschäftsführung quantitativ und qualitativ so angewachsen sein, daß sie mit den bisherigen Sachmitteln nur unter Vernachlässigung anderer Rechte und Pflichten nach dem BetrVG bewältigt werden können. Der Betriebsrat kann zur Begründung der Erforderlichkeit auch auf geplante Aufgaben in der Zukunft zurückgreifen, wie beispielsweise die Bewältigung anstehender Mitbestimmungsrechte, die zum Abschluß einer Betriebsvereinbarung führen.

    Nach der Rechtsprechung des BAG zu § 40 Abs. 2 BetrVG bestimmt sich bei der Geltendmachung von Kosten für moderne Kommunikationsmittel der Umfang der erforderlichen Sachmittel nicht ausschließlich, aber auch nach der entsprechenden Ausstattungsniveau des Arbeitgebers. Die Größe des Betriebes und damit der Umfang der Betriebsratstätigkeit sowie die technische Ausstattung des Betriebes bieten wichtige Anhaltspunkte.

    Mit dem vorliegenden Antrag wird auch keine Bereitstellung eines mobilen Computers (Laptop/Notebook) geltend gemacht, wie er vom LAG Köln, trotz bestehender Reisetätigkeit des Betriebsrats, verworfen wurde,

    > LAG Köln, Beschl. v. 17.10.1997, NZA-RR 1998, 163.

Unter Berücksichtigung der zuvor dargestellten Rechtsgrundsätze ergibt sich der Anspruch des Beteiligten zu 1. wie folgt:

b) Der Anspruch des Beteiligten zu 1. auf Internet-, Intranet- und E-mail-Anschluß ergibt sich aus § 40 Abs. 2 BetrVG. Zwar hat das BAG in zwei älteren Entscheidungen den Anspruch eines Betriebsrats auf ein internes Kommunikationsmittel nicht anerkannt,

   BAG, Beschl. v. 17.02.1993, DB 1993, 1426; BAG, Beschl. v. 11.03.1998, DB 1998, 1820.

In der sog. „Mailbox-Entscheidung" hat das BAG einen Anspruch auf Beteiligung des Betriebsrats am Intranet verneint und ausgeführt, allein daraus, daß der Arbeitgeber seine Arbeitnehmer durch ein elektronisches Kommunikationssystem mit Mailbox unter Benutzung eines sonst gesperrten Schlüssels „an alle" informiere, folge nicht, daß es i. S. v. § 40 Abs. 2 BetrVG erforderlich wäre, dem Betriebsrat dasselbe Informationssystem mit demselben Schlüssel uneingeschränkt zur Verfügung zu stellen. Ein solcher Anspruch ergebe sich auch nicht aus § 2 Abs. 1 BetrVG. Der Betriebsrat könne nicht verlangen, die gleiche technische Ausstattung zur Verfügung gestellt zu erhalten, wie sie der Arbeitgeber benutze. Auch aus dem Benachteiligungsverbot des § 78 BetrVG ergibt sich nach Auffassung des BAG im Beschluß vom 11.03.1998 nichts anderes,

   BAG, Beschl. v. 11.03.1998, DB 1998, 1821.

Inzwischen hat sich aber eine hiervon abweichende, modernere und auf dem Vormarsch begriffene Rechtsprechung entwickelt. So hat das ArbG Paderborn mit Beschluß vom 25.01.1998,

   DB 1998, 678 = MDR 1998, 377 mit Anm. Henninge,

entschieden, daß der Arbeitgeber nach § 40 Abs. 2 BetrVG verpflichtet sei, dem Betriebsrat eine eigene Homepage im unternehmenseigenen Datenkommunikationssystem (Intranet) zur Verfügung zu stellen. Das ArbG Paderborn hat sich auf den konkreten Einzelfall bezogen und berücksichtigt, daß es sich in dem zu entscheidenden Fall um ein innovatives High-Tech-Unternehmen der Elektronikbranche handelte, bei dem der Großteil des Schriftverkehrs elektronisch abgewickelt wird und das E-mail-System im Unternehmen stark verbreitet ist. Die Homepage im Intranet wäre daher als erforderliches Kommunikationsmittel mit dem sog. „Schwarzen Brett" vergleichbar, das das BAG dem Betriebsrat stets zugebilligt hat,

   BAG, Beschl. v. 21.11.1978, DB 1979, 751.

Auch das LAG Baden-Württemberg hat dem Betriebsrat einen Anspruch auf Nutzung des bereits seit Jahren eingerichteten betriebsinternen E-mail-Systems nach § 40 Abs. 2 BetrVG gestattet,

   LAG Baden-Württemberg, 26.09.1997, DB 1998, 887.

In dem vom LAG Baden-Württemberg entschiedenen Fall war von den Mitarbeitern bereits seit vier Jahren das E-mail-System genutzt worden, und die Mitarbeiter waren auch seit vier Jahren gewohnt, Mitteilungen des Betriebsrats über E-mail zu empfangen.

c) Auch der Anspruch des Betriebsrats auf Zurverfügungstellung eigener Telefaxgeräte folgt aus § 40 Abs. 1 BetrVG. Zwar gibt es eine Rechtsprechung, die besagt, daß immer dann, wenn Telefax und Kopierer vom Betriebsrat mühelos mitbenutzt werden können, ein Anspruch auf eigene Geräte entfällt,

   LAG Rheinland-Pfalz, Beschl. v. 02.02.1996, BB 1996, 2465; LAG Rheinland-Pfalz, Beschl. v. 08.10.1997, BB 1998, 1211; LAG Düsseldorf, Beschl. v. 24.06.1993, NZA 1993, 1143; LAG Hamm, Beschl. v. 14.05.1997, BB 1997, 2052.

Vorliegend beträgt die Entfernung zwischen dem nächstmöglichen Fax-Gerät und dem Betriebsratsbüro aber _____ Meter, so daß eine Mitbenutzung unter organisatorischen Gesichtspunkten, insbesondere unter Gewährung eines ordnungsgemäßen administrativen Ab-

## § 8 Kapitel 1: Vertretung von Betriebsräten im Beschlußverfahren

laufs der Betriebsratstätigkeit, ausscheidet. Hinzu tritt, daß die Mitbenutzung des Fax-Geräts in der ▬▬▬-Abteilung bedeuten würde, daß auch sämtliche eingehenden Faxe mit vertraulichstem Inhalt, sei es durch Mitarbeiter, sei es durch die Gewerkschaften, sei es durch Mitglieder des Betriebsrats, den in der Abteilung ▬▬▬ tätigen Mitarbeitern jederzeit offenstehen würden. Der Grundsatz der Vertraulichkeit der Betriebsratstätigkeit wäre somit nicht mehr gewahrt. In einem solchen Falle ist es auch nach Auffassung des LAG Hamm erforderlich, daß dem Betriebsrat ein eigener Telefax-Anschluß mit Telefax-Gerät zur Verfügung gestellt wird,

>   LAG Hamm, BB 1997, 2052 = AiB 1998, 43.

d) Zwar wird die Mitbenutzungsrechtsprechung im allgemeinen auch im Hinblick auf die Telefonbenutzung vertreten, d. h. bei Betriebsräten, die einen Telefonanschluß mitbenutzen können, ist die Begründung eines eigenen Amtsanschlusses nicht erforderlich,

>   LAG Frankfurt, Beschl. v. 18.03.1986, NZA 1986, 650; LAG Rheinland-Pfalz, Beschl. v. 09.12.1991, 1993, 426.

Ein Anspruch eines Betriebsrats auf Bereitstellung eines Mobilfunktelefons (Handy) ist jedoch zwischenzeitlich in der Rechtsprechung anerkannt,

>   ArbG Frankfurt/M., Beschl. v. 12.08.1997, AiB 1998, 223,

wenn der Betriebsrat weit auseinanderliegende Betriebsstätten ohne eigene Betriebsratsbüros zu betreuen hat und es andernfalls zu Mitbestimmungslücken kommen könnte. So liegt der Fall auch hier: ▬▬▬

## 6040  13. Muster: Erstattung von Schulungskosten

36  An das Arbeitsgericht

In dem Beschlußverfahren
mit den Beteiligten

1. Betriebsrat ▬▬▬

– Antragsteller und Beteiligter zu 1. –

Verfahrensbevollmächtigte: ▬▬▬

und

2. ▬▬▬

– Beteiligter zu 2. –

Verfahrensbevollmächtigte: ▬▬▬

und

das Betriebsratsmitglied ▬▬▬

– Beteiligter zu 3. –

Wir bestellen uns zu Verfahrensbevollmächtigten des Antragstellers und beantragen, einen möglichst frühen Anhörungstermin anzuberaumen, in dem wir beantragen zu erkennen:

1. Der Beteiligte zu 2. wird verpflichtet, an den Antragsteller ▬▬▬ DM nebst 5 % Zinsen über dem Basiszinssatz seit Einleitung des Beschlußverfahrens zu zahlen.
2. Der Beschluß ist vorläufig vollstreckbar.
3. Der Streitwert wird festgesetzt.

## Schriftsätze im arbeitsgerichtlichen Beschlußverfahren § 8

**Gründe:**

Der Antragsteller ist der Betriebsrat im Betrieb des Beteiligten zu 2. Der Beteiligte zu 3. ist Mitglied des Betriebsrats.

Der Antragsteller faßte am ▇ den Beschluß, daß der Beteiligte 3. an einer Bildungsveranstaltung des Veranstalters ▇ mit folgendem Inhalt ▇ teilnehmen soll.

Beweis: Vorlage des Beschlusses in Kopie – Anlage K 1.

Im Betrieb des Beteiligten zu 2. sind etwa ▇ Arbeitnehmer beschäftigt. Der Betriebsrat besteht aus ▇ Mitgliedern.

Die Bildungsveranstaltung umfaßt folgenden Themenkatalog: ▇

Der Beschluß des Betriebsrats wurde dem Beteiligten zu 2. in der Sitzung am ▇ mitgeteilt. Der Beteiligte zu 2. erhob keine Einwände wegen des Zeitpunkts der Bildungsveranstaltung, bestreitet jedoch die Notwendigkeit der Schulung und verweigerte die Übernahme der Schulungskosten.

Beweis: ▇

Der Beteiligte zu 3. hat an der Veranstaltung teilgenommen. Gleichwohl weigert sich der Beteiligte zu 2. weiterhin, die Schulungskosten zu tragen.

Die Schulungskosten sind nach § 40 Abs. 1 BetrVG von dem Beteiligten zu 2. zu tragen. Nach § 37 Abs. 6 BetrVG hat ein Betriebsratsmitglied Anspruch auf die Teilnahme an Schulungs- und Bildungsveranstaltungen, in denen Kenntnisse vermittelt werden, die für die Arbeit des Betriebsrats erforderlich sind. Unbeachtlich ist in diesem Zusammenhang, ob die Schulungs- oder Bildungsveranstaltung nach § 37 Abs. 7 BetrVG von der zuständigen Behörde als geeignet anerkannt ist,
*Fitting/Kaiser/Heither/Engels*, § 40, Rn 28 b.

Nach der Rechtsprechung gelten die vermittelten Kenntnisse dann als erforderlich, wenn sie unter Berücksichtigung der konkreten Situation im Betrieb und im Betriebsrat benötigt werden, damit Betriebsratsmitglieder ihre derzeitigen oder demnächst anfallenden Aufgaben erfüllen können. Es muß deshalb für die Schulung ein konkreter, betriebsbezogener Anlaß vorhanden sein, der eine Vermittlung von Kenntnissen für bestimmte Aufgaben des Betriebsrats notwendig macht,
*Fitting/Kaiser/Heither/Engels*, § 37, Rn 80 mit zahlreichen Nachweisen aus der Rechtsprechung.

Vorliegend sind unter Berücksichtigung des dem Betriebsrat zustehenden Ermessensspielraums die Voraussetzungen einer die Anforderungen des § 37 Abs. 6 erfüllenden Schulungsveranstaltung gegeben. Im einzelnen:

Die Schulung vom ▇ bezieht sich nach dem Themenplan auf Aufgaben des Betriebsrats. Die Schulungsveranstaltung war nach den Verhältnissen des Betriebsrats aktuell notwendig, denn ▇.

Das Betriebsratsmitglied war schulungsbedürftig und es war ihm auch nicht zuzumuten, sich bei anderen Betriebsratsmitgliedern oder aus allgemein zugänglichen Quellen zu informieren, da ▇. Die Dauer der Schulungsveranstaltung war unter Berücksichtigung des zu vermittelnden Wissens angemessen.

Die Höhe der Schulungskosten beträgt ▇ DM. Die Schulungskosten setzen sich aus folgenden Einzelpositionen zusammen: ▇

Beweis: ▇

Der Beteiligte zu 2. ist daher verpflichtet, die Schulungskosten für den Beteiligten zu 3. zu tragen.

Die vorläufige Vollstreckbarkeit des mit dem Antrag Ziff. 1. geltend gemachten Anspruchs ergibt sich daraus, daß es sich um eine vermögensrechtliche Streitigkeit handelt. In diesem Falle sind Beschlüsse vom Arbeitsgericht für vorläufig vollstreckbar zu erklären, §§ 85 Abs. 1 Satz 2 1. Halbsatz, 87 Abs. 2 Satz 1 ArbGG.

▲

## 14. Muster: Hinzuziehung eines Sachverständigen durch einstweilige Verfügung

An das Arbeitsgericht

*Antrag auf Erlaß einer einstweiligen Verfügung*

In dem Beschlußverfahren

mit den Beteiligten

1. Betriebsrat

– Antragsteller und Beteiligter zu 1. –

Verfahrensbevollmächtigte:

und

2.

– Beteiligte zu 2. –

Verfahrensbevollmächtigte:

Wir bestellen uns zu Verfahrensbevollmächtigten des Antragstellers und beantragen durch einstweilige Verfügung – wegen der Dringlichkeit ohne vorherige mündliche Verhandlung – wie folgt zu beschließen:

1. Der Beteiligten zu 2. wird aufgegeben, mit dem Antragsteller folgende Vereinbarung zu schließen: „Im Einverständnis der Beteiligten zu 2. beauftragt der Antragsteller Herrn           mit der gutachterlichen Beratung des Antragstellers zu den im Zusammehang mit          stehenden Fragen        . Dem beauftragten Sachverständigen wird eine angemessene Vergütung zugesagt."

2. Der Streitwert wird festgesetzt.

**Gründe:**

1. Der Antragsteller ist der Betriebsrat im Betrieb der Beteiligten zu 2. Er besteht aus         Mitgliedern, von denen keines über eine Sachkunde auf dem hier maßgeblichen Gebiet verfügt. Im Betrieb sind etwa         Arbeitnehmer beschäftigt.

Folgende Maßnahmen sind im Betrieb der Beteiligten zu 2. geplant:

Der Antragsteller sieht sich nicht in der Lage, die Vielzahl der anstehenden Fragestellungen zu beurteilen und auch vor dem Hintergrund dieser komplexen Materie seine Rechte als Betriebsrat ohne die erforderlichen Fachkenntnisse auszuüben. Er ist deshalb auf die Hinzuziehung eines Sachverständigen angewiesen. Er hat auch versucht, sich mit der Beteiligten zu 2. über die Hinzuziehung eines Sachverständigen zu dem im Antrag genannten Gutachtenauftrag zu verständigen.

Glaubhaftmachung:

Die Beteiligte zu 2. hat es jedoch abgelehnt, daß der Antragsteller eine dritte Person einschaltet.

Glaubhaftmachung:

Der vom Antragsteller vorgeschlagene Sachverständige hat erklärt, daß er wegen des Kostenrisikos nicht bereit sei, ohne Zustimmung der Beteiligten zu 2. seine Tätigkeit aufzunehmen.

Glaubhaftmachung:   Eidesstattliche Versicherung des Betriebsratsvorsitzenden

2. Gemäß § 85 Abs. 2 ArbGG ist auch im Beschlußverfahren der Erlaß einer einstweiligen Verfügung zulässig.

Der Verfügungsanspruch ergibt sich aus § 80 Abs. 3 BetrVG, wonach der Antragsteller Anspruch auf Hinzuziehung eines Sachverständigen hat. Die Erforderlichkeit ist gegeben, wenn der Betriebsrat angesichts der Materie eine in seine Zuständigkeit fallende Aufgabe nicht ordnungsgemäß wahrnehmen kann, insbesondere wenn sich der Betriebsrat die notwendige Kenntnis nicht auf andere Weise rechtzeitig beschaffen oder aneignen kann.

Der Verfügungsgrund ergibt sich daraus, daß die Beteiligungsrechte des Antragstellers entwertet werden, wenn eine die Instanz beendende Entscheidung oder gar die Rechtskraft eines Hauptsacheverfahrens abgewartet werden müßte. Die Eilbedürftigkeit ergibt sich auch aus der Rechtsprechung des BAG, wonach der Betriebsrat einen Sachverständigen nur nach vorheriger Zustimmung des Arbeitgebers hinzuziehen darf,
  BAG, Beschl. v. 25.07.1989, AP Nr. 38 zu § 80 BetrVG 1972.

Der Antragsteller kann seine gesetzlichen Pflichten aber nur erfüllen, wenn er frühzeitig informiert ist und bereits im Planungsstadium gestaltenden Einfluß auf die mitbestimmungspflichtige Materie nehmen kann.

Deshalb kann die Zustimmung zur Hinzuziehung eines Sachverständigen durch einstweilige Verfügung ersetzt werden,
  LAG Köln, Beschl. v. 05.03.1986, LAGE Nr. 5 zu § 80 BetrVG 1972; LAG Baden-Württemberg, Beschl. v. 22.11.1985, AiB 1986, 261; LAG Düsseldorf, Beschl. v. 09.11.1983, ArbuR 1984, 191.

Dem Erlaß der einstweiligen Verfügung steht nicht entgegen, daß dem Antragsteller damit vollständige Befriedigung seines Anspruchs zuteil wird. Im Rahmen der gerichtlichen Beurteilung ist eine Abwägung der schutzwürdigen Interessen beider Seiten vorzunehmen. Die Regelungsverfügung kann deshalb nach § 940 ZPO erlassen werden, wenn sie zur Abwendung wesentlicher Nachteile nötig ist. Derartige Nachteile wurden vorstehend im einzelnen vorgetragen.

3. Für den Fall, daß das Gericht meint, dem Antrag in der gestellten Form nicht entsprechen zu können, wird die Kammer gem. § 938 ZPO gebeten, nach freiem Ermessen zu bestimmen, welche Anordnungen zur Erreichung des mit der einstweiligen Verfügung verfolgten Zwecks erforderlich sind.

## 15. Muster: Unterrichtung über geplante Betriebsänderung durch einstweilige Verfügung

An das Arbeitsgericht

*Antrag auf Erlaß einer einstweiligen Verfügung*

In dem Beschlußverfahren

mit den Beteiligten

1. Betriebsrat

— Antragsteller und Beteiligter zu 1. —

Verfahrensbevollmächtigte:

und

2.

— Beteiligte zu 2. —

Verfahrensbevollmächtigte:

### § 8 Kapitel 1: Vertretung von Betriebsräten im Beschlußverfahren

Wir bestellen uns zu Verfahrensbevollmächtigten des Antragstellers und beantragen durch einstweilige Verfügung – wegen der Dringlichkeit ohne vorherige mündliche Verhandlung – wie folgt zu beschließen:

1. Die Beteiligte zu 2. wird verpflichtet, dem Antragsteller das vollständige und gesamte Gutachten ▪▪▪▪▪▪, insgesamt ca. ▪▪▪▪▪▪ Seiten, im Original oder in Kopie auszuhändigen.

2. Hilfsweise wird beantragt:

   Die Beteiligte zu 2. wird verpflichtet, dem Antragsteller das vollständige und gesamte Gutachten ▪▪▪▪▪▪, insgesamt ca. ▪▪▪▪▪▪ Seiten, für die Dauer von mindestens einem Monat, hilfsweise von 14 Tagen zur Verfügung zu stellen.

3. Der Streitwert wird festgesetzt.

**Gründe:**

41  1. Die Beteiligte zu 2. ist ein Unternehmen auf dem Gebiet der ▪▪▪▪▪▪. Der Antragsteller ist der Betriebsrat der Beteiligten zu 2. Im vergangenen Jahr waren bei der Beteiligten zu 2. durchschnittlich ▪▪▪▪▪▪ Arbeitnehmer beschäftigt. Inzwischen ist die Zahl auf ▪▪▪▪▪▪ abgesunken. Der Antragsteller erfuhr über verschiedene Mitarbeiter, daß ein weiterer Personalabbau geplant sei.

Glaubhaftmachung:   Eidesstattliche Versicherung des Betriebsratsvorsitzenden

Außerdem wurde dem Antragsteller bekannt, daß die Geschäftsleitung eine Wirtschaftsprüfungsgesellschaft mit einer umfassenden Studie zur wirtschaftlichen Situation und künftigen Entwicklung des Unternehmens beauftragt hat.

Seit mehreren Monaten waren mehrere Mitarbeiter der Wirtschaftsprüfungsgesellschaft und eines ihr angeschlossenen Beratungsunternehmens in der Firma, um Recherchen und Untersuchungen vor Ort durchzuführen. Die Wirtschaftsprüfer haben einen Abschlußbericht gefertigt, der einen Umfang von ca. ▪▪▪▪▪▪ Seiten haben soll und eine globale Bestandsaufnahme beinhaltet, aus der Entscheidungsvorschläge für die zukünftige Entwicklung des Unternehmens abgeleitet werden.

Glaubhaftmachung:   wie vor

Der Antragsteller hat darüber hinaus festgestellt, daß zunehmend Mitarbeiter im Betrieb darauf angesprochen werden, ob sie durch Aufhebungsvertrag ausscheiden wollen. Begründet werden diese Gespräche von der Personalabteilung stets mit anstehenden erheblichen Umstrukturierungsmaßnahmen.

Glaubhaftmachung:   ▪▪▪▪▪▪

Alle Anfragen des Antragstellers bei der Geschäftsleitung, was an den Gerüchten über geplante Umstrukturierungen und Betriebsänderungen wahr sei, wurden bislang nicht beantwortet. Der Antragsteller hat bislang keine Auskunft über die geplanten Umstrukturierungen, Änderungen von Betriebsabläufen, Einschränkungen oder den etwaigen Fortfall ganzer Betriebsteile erhalten.

42  2. Nach § 85 Abs. 2 ArbGG ist auch im Beschlußverfahren der Erlaß einer einstweiligen Verfügung zulässig. Der Verfügungsanspruch ergibt sich vorliegend aus §§ 111, 80 Abs. 2 BetrVG. Nach § 111 Satz 1 BetrVG hat der Arbeitgeber über geplante Betriebsänderungen rechtzeitig und umfassend zu unterrichten.

§ 80 Abs. 2 Satz 2 BetrVG ist die allgemeine Vorschrift zu § 111 Satz 1 BetrVG. Die Unterrichtung ist danach gemäß § 80 Abs. 2 Satz 2 BetrVG vorzunehmen,
   *Fitting/Kaiser/Heither/Engels*, BetrVG, § 80, Rn 25; GK/*Fabricius*, BetrVG, § 111, Rn 25.

Damit ist die Beteiligte zu 2. verpflichtet, die Unterlagen dem Betriebsrat „zur Verfügung zu stellen". Auch wenn der Antragsteller Anspruch auf das Original des Gutachtens hat, das ihm zur Verfügung zu stellen ist, würde er sich auch mit einer Kopie begnügen. In jedem Falle ist der Antragsteller umfassend und rechtzeitig zu unterrichten.

Immer dann, wenn bereits im Betrieb Entscheidungsträger über Entscheidungsgrundlagen verfügen, die eine Betriebsänderung zum Inhalt haben, hat eine Aushändigung der maßgeblichen Unterlagen auch gegenüber dem Betriebsrat zu erfolgen.

Sollte die Beteiligte zu 2. einwenden, im Gutachten seien Betriebsgeheimnisse enthalten, ist es ihr unbenommen, von ihren Rechten gemäß § 79 Abs. 1 BetrVG Gebrauch zu machen. Soweit Tatsachen zugleich Betriebsgeheimnisse sind, ist der Betriebsrat gerade wegen der Regelung in § 79 Abs. 1 BetrVG von der Kenntniserlangung nicht ausgeschlossen.

3. Auch der Verfügungsgrund ist gegeben. Offensichtlich befindet sich die Beteiligte zu 2. in der Entscheidungsphase. Gemäß § 90 Abs. 2 BetrVG sollen Informationen an den Betriebsrat so rechtzeitig durch den Arbeitgeber vorgenommen werden, daß Vorschläge und Bedenken des Betriebsrats auch noch in der Planung berücksichtigt werden können.

Dementsprechend ist anerkannt, daß die Informationspflicht nach § 111 BetrVG auch mit einer einstweiligen Verfügung durchgesetzt werden kann,
*Däubler/Kittner*, BetrVG, § 111, Rn 130; *Fitting/Kaiser/Heither/Engels*, BetrVG, § 111, Rn 41.

## 16. Muster: Unterlassen betrieblicher Bildungsmaßnahmen ohne Information des Betriebsrats mit Ordnungsgeldandrohung

An das Arbeitsgericht

*Antrag auf Einleitung des Beschlußverfahrens*

mit den Beteiligten

1. Betriebsrat

— Antragsteller und Beteiligter zu 1. —

Verfahrensbevollmächtigte:

und

2.

— Beteiligte zu 2. —

Verfahrensbevollmächtigte:

Wir bestellen uns zu Verfahrensbevollmächtigten des Antragstellers, bitten um Anberaumung eines zeitnahen Termins, in dem wir beantragen werden:

1. Der Beteiligten zu 2. wird aufgegeben, es zu unterlassen, innerbetriebliche Bildungsmaßnahmen ohne vorherige Information und Zustimmung bzw. einen die Zustimmung ersetzenden Spruch einer Einigungsstelle durchzuführen.
2. Der Beteiligten zu 2. wird es untersagt, außerbetriebliche Bildungsmaßnahmen durchzuführen, ohne den Antragsteller zuvor über die Teilnehmer zu informieren und ihm Gelegenheit zur Stellungnahme hierzu zu geben.
3. Der Beteiligten zu 2. wird für jeden Fall der Zuwiderhandlung gegen eine Entscheidung entsprechend den Anträgen zu 1. und 2. ein Ordnungsgeld angedroht, dessen Höhe in das Ermessen des Gerichts gestellt wird.
4. Der Streitwert wird festgesetzt.

**Gründe:**

**I.**

Der Antragsteller ist der Betriebsrat im Betrieb der Beteiligten zu 2.

Mit Schreiben vom            erinnerte der Antragsteller die Beteiligte zu 2. an die Beachtung seines Mitbestimmungsrechtes gemäß den §§ 96 bis 98 BetrVG.

Der Antragsteller macht geltend, daß seit            zahlreiche inner- und außerbetriebliche Bildungsmaßnahmen ohne Information, geschweige denn Bitte um Zustimmung des Antragstellers gemäß § 98 BetrVG durchgeführt worden sind. Dem Antragsteller sind auch nicht die Teilnehmer der jeweiligen Bildungsmaßnahme rechtzeitig mitgeteilt worden, so daß er von seinem Vorschlagsrecht gemäß § 98 Abs. 3 2. Alt. BetrVG nicht Gebrauch machen konnte. Im einzelnen:

**II.**

Mit vorliegendem Antrag begehrt der Antragsteller, daß der Beteiligten zu 2. untersagt wird, künftig innerbetriebliche Bildungsmaßnahmen gemäß § 98 Abs. 1 BetrVG ohne vorherige Zustimmung des Antragstellers durchzuführen bzw. außerbetriebliche Bildungsmaßnahmen ohne vorherige Information über die ausgewählten Teilnehmer durchzuführen. Insofern hat der Antragsteller das Recht, alternative Vorschläge zu machen. Die Wahrnehmung dieses Rechts setzt jedoch voraus, daß ihm die von der Beteiligten zu 2. ausgewählten Teilnehmer zuvor mitgeteilt werden.

Wie der 1. Senat des Bundesarbeitsgerichts in seinen Entscheidungen vom 03.05.1994 (1 ABR 24/93, DB 1994, 2450) sowie vom 06.12.1994 (1 ABR 30/94, NZA 1995, 488) festgestellt hat, steht dem Betriebsrat bei Verletzung seiner Mitbestimmungsrechte ein Anspruch auf Unterlassung der mitbestimmungswidrigen Maßnahme zu. Dieser Anspruch setzt keine grobe Pflichtverletzung des Arbeitgebers im Sinne von § 23 Abs. 3 BetrVG voraus. Insoweit hat der Senat seine entgegenstehende frühere Rechtsprechung aufgegeben.

Die Durchfürung innerbetrieblicher Bildungsmaßnahmen ist mitbestimmungspflichtig; dies ergibt sich aus dem klaren Wortlaut des § 98 Abs. 1 BetrVG. Der Betriebsrat kann verlangen, daß dem Arbeitgeber die mitbestimmungswidrige Durchführung derartiger Bildungsmaßnahmen untersagt wird.

Im Hinblick auf außerbetriebliche Bildungsmaßnahmen hat der Betriebsrat das Recht, alternative Vorschläge zu machen. Insoweit hat er natürlich im Hinblick auf die Auswahl des Arbeitgebers ein Informationsrecht, um sein Vorschlagsrecht ausüben zu können. Dieses Vorschlagsrecht würde leerlaufen, wenn der Betriebsrat nicht auch hier einen Anspruch darauf hätte, daß der Arbeitgeber außerbetriebliche Bildungsmaßnahmen ohne entsprechende Information an ihn unterläßt.

Die Anträge sind demnach begründet.

## 17. Muster: Unterlassen von Kündigungen vor Abschluß des Interessenausgleichsversuchs durch einstweilige Verfügung

▼

An das Arbeitsgericht

*Antrag auf Erlaß einer einstweiligen Verfügung*

In dem Beschlußverfahren

mit den Beteiligten

1. Betriebsrat

— Antragsteller und Beteiligter zu 1. —

Verfahrensbevollmächtigte:

und

2.

— Beteiligte zu 2. —

Verfahrensbevollmächtigte:

Wir bestellen uns zu Verfahrensbevollmächtigten des Antragstellers und beantragen durch einstweilige Verfügung — wegen der Dringlichkeit ohne vorherige mündliche Verhandlung — wie folgt zu beschließen:

1. Der Beteiligten zu 2. wird untersagt, personelle Maßnahmen, seien es Kündigungen, Änderungskündigungen oder Versetzungen, vorzunehmen, bis die Verhandlungen über einen Interessenausgleich entsprechend § 112 Abs. 1 und 2 BetrVG abgeschlossen oder gescheitert sind.
2. Für jeden Fall der Zuwiderhandlung gegen die Verpflichtung aus Nr. 1. wird der Beteiligten zu 2. ein Ordnungsgeld bis zu 500.000,00 DM, ersatzweise Ordnungshaft, angedroht.
3. Der Streitwert wird festgesetzt.

**Gründe:**

1. Der Antragsteller ist der Betriebsrat im Betrieb der Beteiligten zu 2.

   Am          führte die Beteiligte zu 2. eine Informationsveranstaltung für alle Mitarbeiter im Betrieb durch, wobei durch die Geschäftsleitung erklärt wurde, aufgrund Auftragsrückgangs und zu hoher Personalkosten sei ein erheblicher Personalabbau erforderlich. Bis zum heutigen Tage hat die Beteiligte zu 2. keine Verhandlungen zum Abschluß eines Interessenausgleichs mit dem Antragsteller aufgenommen.

   Glaubhaftmachung: Eidesstattliche Versicherung des Betriebsratsvorsitzenden

   Der Antragsteller hat einen Anspruch auf Erlaß einer einstweiligen Verfügung gemäß §§ 111 Satz 1 und 112 Abs. 1 und Abs. 2 Satz 1 und 2 BetrVG.

   Spätestens seit dem Datum, ab dem die Beteiligte zu 2. den in der Informationsveranstaltung bekanntgegebenen massiven Personalabbau plant, steht fest, daß Beendigungskündigungen in über die nach der Rechtsprechung des BAG erforderlichen Prozentsätze hinausgehendem Umfang ausgesprochen werden müssen, um den von der Geschäftsleitung angestrebten Personalabbau umzusetzen. Nach § 111 BetrVG ist die Beteiligte zu 2. daher verpflichtet, den Antragsteller über eine geplante Betriebsänderung zu unterrichten und dies mit ihm zu beraten. Der Betriebsrat hat einen entsprechenden Anspruch,
   LAG Frankfurt, Beschl. v. 21.09.1982, DB 1983, 613.

   Zur Sicherung dieser betriebsverfassungsrechtlichen Ansprüche auf Unterrichtung und Beratung ist der Beteiligten zu 2. zu untersagen, einzelne Maßnahmen im Rahmen der Durchführung der Betriebsänderung vorzunehmen.

Nach der gesetzlichen Regelung in den §§ 111, 112 und 113 Abs. 3 BetrVG ist die Beteiligte zu 2. auch verpflichtet, vor Durchführung einer Betriebsänderung mit dem Betriebsrat hierüber zu verhandeln und den Versuch eines nicht erzwingbaren Interessenausgleichs durch Gespräche mit dem Betriebsrat zu unternehmen. Der Gesetzgeber hat damit über ein bloßes Informations- und Beratungsrecht hinaus ein Verfahren festgelegt, das dem Ziel dient, einen Interessenausgleich zu erreichen.

Der Beteiligten zu 2. ist daher die Durchführung der Betriebsänderung bis zum Abschluß des Verfahrens zum Versuch eines Interessenausgleichs einschließlich der Einigungsstellenverhandlungen zu untersagen.

45    Die Verletzung des Mitbestimmungsrechts des Antragstellers gibt diesem einen Unterlassungsanspruch, der im wesentlichen auf die Entscheidung des BAG vom 18.04.1985 gestützt wird. Das BAG führt u. a. aus:

„Daraus ergibt sich zugleich, daß beide Seiten jeweils diejenigen Handlungen zu unterlassen haben, die geeignet sind, die gemeinsam auszuübenden Normsetzungsbefugnisse inhaltlich auszuschließen oder ihre Wahrnehmung unmöglich zu machen. Damit kommen nach § 87 Abs. 1 BetrVG nicht nur Unterlassungsansprüche des Betriebsrats, sondern auch des Arbeitgebers in Betracht . Damit ist eine positive gesetzliche Regelung von Unterlassungsansprüchen in § 87 Abs. 1 BetrVG nicht notwendig. Ihr könnte nur deklaratorische Bedeutung zukommen."
BAG, Beschl. v. 18.04.1985, AP Nr. 5 zu § 23 BetrVG 1972.

Ein Unterlassungsanspruch während der Verhandlungen über einen Interessenausgleich wird weitgehend in der Rechtsprechung angenommen:

LAG Frankfurt, Beschl. v. 30.08.1984, BB 1985, 659; LAG Hamburg, Beschl. v. 08.06.1983, DB 1983, 2369; LAG Frankfurt, Beschl. v. 21.09.1982, DB 1983, 613; ArbG Eisenach, Beschl. v. 01.02.1994, ArbuR 1994, 35; ArbG Bamberg, Beschl. v. 30.11.1984, NZA 1985, 259.

Der Verfügungsgrund ergibt sich daraus, daß die Beteiligungsrechte des Antragstellers entwertet werden, wenn die Rechtskraft eines Hauptsacheverfahrens abgewartet werden müßte. Hierzu im einzelnen:

*Dütz*, Unterlassungs- und Beseitigungsansprüche des Betriebsrats gegen den Arbeitgeber, Düsseldorf 1983, S. 64 ff.; *Pahle*, NZA 1990, 51; *Jauernig*, NJW 1973, 1671.

Um die Rechte des Antragstellers zu wahren, ist es erforderlich, den Beginn der Durchführung der Betriebsänderung solange zu untersagen, bis der Interessenausgleich ausreichend verhandelt worden ist. Hierzu gehören auch die Verhandlungen vor der Einigungsstelle. Das Mitbestimmungsrecht des Betriebsrats verpflichtet den Arbeitgeber, zunächst den Interessenausgleich mit dem Betriebsrat zu versuchen. Führt dies nicht zum Erfolg, ist die Einigungsstelle anzurufen.

Mit der vorliegenden einstweiligen Verfügung begehrt der Antragsteller keine Regelungsverfügung. Der Antragsteller macht allein eine vorläufige und zeitlich begrenzte, aber keine endgültige Regelung geltend.

## 18. Muster: Information des Betriebsrats über Konzernstruktur

An das Arbeitsgericht

In dem Beschlußverfahren
mit den Beteiligten

1. Betriebsrat

– Antragsteller und Beteiligter zu 1. –

Verfahrensbevollmächtigte:

und

2.

– Beteiligte zu 2. –

Verfahrensbevollmächtigte:

Wir bestellen uns zu Verfahrensbevollmächtigten des Antragstellers und beantragen, einen möglichst frühen Anhörungstermin anzuberaumen, in dem wir beantragen zu erkennen:

1. Die Beteiligte zu 2. wird verpflichtet, den Antragsteller durch Aushändigung und Vorlage schriftlicher Unterlagen darüber zu unterrichten, wieviele Arbeitnehmer durchschnittlich in den einzelnen Konzernunternehmen beschäftigt werden, in welcher Rechtsform die Konzernunternehmen betrieben werden, wo sie ihren Firmensitz haben, welches Registergericht zuständig ist, unter welcher Rechtsordnung die zum Konzern gehörenden Unternehmen geführt werden, durch wen die zum Konzern gehörenden Gesellschaften vertreten werden und welche Aufsichtsorgane in den Konzernunternehmen bestehen sowie wer diese Aufsichtsorgane bestellt hat.
2. Der Streitwert wird festgesetzt.

**Gründe:**

1. Der Antragsteller ist der Betriebsrat im Betrieb die Beteiligten zu 2. Die Beteiligte zu 2. ist ein in mehreren europäischen Ländern tätiges Konzernunternehmen. Der Betriebsrat hat zunächst mit Schreiben vom und späterhin mit Schreiben seiner anwaltlichen Bevollmächtigten vom die im Antrag Ziff. 1 beschriebenen Auskünfte außergerichtlich geltend gemacht.

Beweis: 1. Vorlage des Schreibens des Betriebsrats vom in Kopie – Anlage K 1.

2. Vorlage des Anwaltsschreibens vom in Kopie – Anlage K 2.

Die Geschäftsleitung des Beteiligten zu 2. hat es abgelehnt, dem Betriebsrat die erbetenen Auskünfte zu erteilen. Schriftliche Antworten sind beim Antragsteller bis heute nicht eingegangen. Mündlich erklärte am Herr

Beweis: Zeugnis des Herrn

2. Der Antragsteller hat einen Informationsanspruch über die Konzernstruktur und die Beschäftigtenzahlen in den einzelnen Konzernunternehmen.

Durch die Information soll der Betriebsrat in die Lage versetzt werden, zu prüfen, ob die Voraussetzungen für die Einrichtung eines besonderen Verhandlungsgremiums gegeben sind. Im Rahmen dieses Informationsanspruchs ist der Betriebsrat darüber zu unterrichten, ob das Unternehmen mit anderen Unternehmen des Konzerns in dem Sinne verbunden ist, daß das Unternehmen selbst oder die Gesellschaft des Unternehmens direkt oder indirekt Anteile daran halten.

Die Unternehmensleitung ist zur Erfüllung des Informationsanspruchs verpflichtet,

ArbG Wesel, Urt. v. 05.08.1998, AiB 1999, 165; bestätigt durch LAG Düsseldorf, Beschl. v. 21.01.1999, Bibliothek BAG (Juris).

### 19. Muster: Unterlassen des arbeitgeberseitigen Angebots von Aufhebungsverträgen vor Abschluß eines Interessenausgleichsversuchs durch einstweilige Verfügung

An das Arbeitsgericht

*Antrag auf Erlaß einer einstweiligen Verfügung*

In dem Beschlußverfahren

mit den Beteiligten

1. Betriebsrat

– Antragsteller und Beteiligter zu 1. –

Verfahrensbevollmächtigte:

und

2.

– Beteiligte zu 2. –

Verfahrensbevollmächtigte:

Wir bestellen uns zu Verfahrensbevollmächtigten des Antragstellers und beantragen durch einstweilige Verfügung – wegen der Dringlichkeit ohne vorherige mündliche Verhandlung – wie folgt zu beschließen:

1. Die Beteiligte zu 2. wird verpflichtet, es zu unterlassen, mit Mitarbeitern der Beteiligten zu 2. Aufhebungsverträge über die Beendigung ihrer Arbeitsverhältnisse abzuschließen, bis das Verfahren über einen Interessenausgleich nach §§ 111 ff. BetrVG entweder durch Abschluß eines Interessenausgleichs oder durch Feststellung des Scheiterns der Verhandlungen über einen Interessenausgleich durch den Einigungsstellenvorsitzenden abgeschlossen ist.

   Hilfsweise:
   Die Beteiligte zu 2. wird verpflichtet, es bis zum             zu unterlassen, mit Mitarbeitern der Beteiligten zu 2. Aufhebungsverträge über die Beendigung ihrer Arbeitsverhältnisse abzuschließen.

2. Der Beteiligten zu 2. wird für jeden Fall der Zuwiderhandlung gegen eine Entscheidung entsprechend dem Antrag zu 1. ein Ordnungsgeld, dessen Höhe in das Ermessen des Gerichts gestellt wird, angedroht.

3. Der Streitwert wird festgesetzt.

**Gründe:**

1. Der Beteiligte zu 1. ist der gewählte Betriebsrat der Beteiligten zu 2. Geschäftszweck der Beteiligten zu 2. ist             .

2. Die Beteiligte zu 2. hat in einer Betriebsversammlung am             und in einer Monatsbesprechung mit dem Antragsteller erklärt, daß ihr Betrieb am             auf die Firma             übergehen werde. Der Betriebserwerber habe allerdings verlangt, daß eine wesentlich schlankere Personalstruktur angestrebt werde und die Beteiligte zu 2. in diesem Zusammenhang gebeten, auch vor Betriebsübergang bereits in ausreichendem Umfange Maßnahmen zum Personalabbau zu ergreifen.

Glaubhaftmachung: Eidesstattliche Versicherung des Betriebsratsvorsitzenden

In der Zwischenzeit hat die Beteiligte zu 2. in einer Monatsbesprechung dem Antragsteller 40 Mitarbeiter namentlich benannt, mit denen Gespräche über Aufhebungsvereinbarungen geführt werden sollen.

Glaubhaftmachung: Eidesstattliche Versicherung des Betriebsratsvorsitzenden

Nachdem die Beteiligte zu 2. dem Antragsteller im einzelnen erläutert hat, welche Änderungen in den Verfahrensabläufen und der Produkt- und Vertriebsstrategie neben dem Betriebsübergang anstehen, steht fest, daß nicht nur ein Betriebsübergang, sondern auch eine Betriebsänderung im Sinne von § 111 BetrVG vorgenommen werden soll. Im einzelnen:

3. Die Beteiligte zu 2. ist danach verpflichtet, über die gesamte Betriebsänderung mit dem Antragsteller zu verhandeln. Denn insoweit ist die geplante Betriebsänderung nicht teilbar. Gemäß den vorliegenden Unterlagen und den Erklärungen der Geschäftsleitung sollen generell schlankere Strukturen geschaffen werden. Dies beinhaltet eine Reduzierung des Personals, die unter anderem durch den Abschluß der Aufhebungsverträge erreicht werden soll. Die Reduzierung des Personals unter Aufrechterhaltung der bisherigen Leistungsfähigkeit kann nur durch Leistungsverdichtung und Abbau von Hierarchieebenen sowie eine Angleichung des Vergütungsgefüges erreicht werden.

Entscheidend für die Frage der Teilbarkeit von Betriebsänderungen ist der Inhalt der Planungsentscheidung. Beruhen selbst zeitversetzt durchgeführte gleichartige Maßnahmen auf einer einheitlichen Planungsentscheidung des Unternehmens, so bleiben sie wirtschaftlich-sozial eine einheitliche Maßnahme, die nur insgesamt einheitlich beurteilt werden kann,

BAG, Urt. v. 22.05.1979, AP Nr. 3 zu § 111 BetrVG; BAG, Urt. v. 26.10.1982, AP Nr. 10 zu § 111 BetrVG.

Selbst bei verschiedenartigen Maßnahmen ist eine Zusammenrechnung vorzunehmen, wenn zwischen den verschiedenen Maßnahmen ein derartiger Zusammenhang besteht, daß letztlich materiell eine einheitliche Planungsentscheidung vorliegt. Ein solcher Zusammenhang ist gegeben, wenn betriebswirtschaftlich-organisatorisch die Maßnahmen so eng zusammenhängen, daß über sie nur einheitlich entschieden werden kann,

vgl. zum ganzen *Baeck/Diller*, NZA 1997, 689.

Vorliegend kann nur von einer einheitlichen Planungsentscheidung ausgegangen werden. Dies ergibt sich aus sämtlichen Erklärungen der Geschäftsleitung. Eine Personalreduzierung in dem vorgesehenen Umfang ist nach den Planungen nur möglich, wenn Synergieeffekte genutzt und durch eine entsprechende Reorganisation der bisherigen Strukturen umgesetzt werden können. Beide Maßnahmen bilden mithin eine Einheit.

An diesem Ergebnis ändert sich nichts dadurch, daß zusätzlich zur Betriebsänderung ein Betriebsübergang nach § 613 a BGB geplant ist. Beginnt der Betriebsveräußerer mit der Umsetzung einer einheitlichen Betriebsänderung, wird diese nicht dadurch teilbar, daß der Erwerber während des Verlaufes der Betriebsänderung im Wege der Einzelrechtsnachfolge in die Rechte und Pflichten des Betriebsveräußerers eintritt. Zielsetzung des § 613 a BGB, der durch das Betriebsverfassungsgesetz 1972 (vom 15.01.1972, BGBl. I 1972, Seite 13) eingefügt worden ist, war erklärtermaßen, daß sich die Betriebsveräußerung auf den Fortbestand der betriebsverfassungsrechtlichen Organe nicht auswirken sollte,

vgl. *Richardi*, RdA 1976, 56, 57; *Wiedemann/Willemsen*, RdA 1979, 419, 420

Der Gesetzgeber ist davon ausgegangen, daß durch den Eintritt des Betriebserwerbers in die Rechtsstellung des Betriebsveräußerers allein weder die betriebliche Identität beeinträchtigt wird, noch die Kontinuität der Arbeit des Betriebsrats unterbrochen wird. Dementsprechend hat der Betriebsveräußerer, wenn er mit der Umsetzung einer einheitlichen Betriebsänderung beginnt, hierüber auch in vollem Umfang die Interessenausgleichsverhandlungen zu führen.

Dem Beteiligten zu 1. steht mithin ein Verhandlungsanspruch über den Interessenausgleich gemäß §§ 111 ff. BetrVG zu. Die Beteiligte zu 2. beabsichtigt, mit dem Abschluß der Aufhebungsverträge vollendete Tatsachen zu schaffen und mithin den Verhandlungsanspruch des Beteiligten zu 1. zu unterlaufen. Sind die Aufhebungsverträge erst abgeschlossen, steht dem Beteiligten zu 1. darüber ein Verhandlungsanspruch innerhalb von Interessenausgleichsverhandlungen nicht mehr zu. Ein Rechtsschutzbedürfnis des Betriebsrats auf Verhandlung über einen Interessenausgleich wird nach Umsetzung der geplanten Maßnahmen verneint.

Mit der eingeleiteten Umsetzung der Betriebsänderung unterläuft die Beteiligte zu 2. aber nicht nur den Verhandlungsanspruch des Beteiligten zu 1., vielmehr hindert die Beteiligte zu 2. den Beteiligten zu 1. auch daran, seine Aufgaben gemäß § 80 Abs. 1 Nr. 1 BetrVG im Interesse der Arbeitnehmer wahrzunehmen. Die Beteiligte zu 2. hat die Planungsentscheidung getroffen, einen erheblichen Personalabbau vorzunehmen. Bei einem Abbau des Personals aus betriebsbedingten Gründen hat gemäß § 1 Abs. 3 Satz 1 KSchG eine Sozialauswahl zu erfolgen, bei der die Sozialdaten Betriebszugehörigkeit, Lebensalter und Unterhaltspflichten zu berücksichtigen sind. Mit dem Abschluß von Aufhebungsverträgen will die Beteiligte zu 2. diese gesetzlich vorgeschriebene Sozialauswahl vermeiden. Gerade in diesem sensiblen Bereich, in dem durch den Abschluß von Aufhebungsverträgen die Mechanismen des Kündigungsschutzgesetzes gezielt umgangen werden sollen, ist es dringend erforderlich, daß zumindest der Beteiligte zu 1. in die Konzeption einbezogen wird und der Steuerungsfunktion des Interessenausgleichs gerecht werden kann.

50 In der Rechtsprechung der Instanzgerichte ist das Bestehen eines Unterlassungsanspruchs, der im Wege einer einstweiligen Verfügung durchgesetzt werden kann, umstritten. Für das Bestehen eines solchen Unterlassungsanspruchs sprechen die folgenden Erwägungen:

Das Verfahren von Interessenausgleich und Sozialplan einschließlich des Versuchs eines Interessenausgleichs muß noch in einem Zeitraum umgesetzt werden, in dem die geplante Betriebsänderung noch nicht, auch nicht teilweise, verwirklicht worden ist. Wenn der Betriebsrat einen Anspruch auf Aufnahme von Verhandlungen über den Abschluß eines Interessenausgleichs hat, wenn er inhaltliche Beratung über die Frage, ob, wann und wie die geplante Betriebsänderung durchgeführt werde, bis hin zur Einsetzung einer Einigungsstelle fordern kann, dann gebietet der Grundsatz der vertrauensvollen Zusammenarbeit, daß der Unternehmer grundsätzlich vor Durchführung von Einzelmaßnahmen aus einer geplanten Betriebsänderung so lange zu warten hat, bis das Verfahren über einen möglichen Interessenausgleich abgeschlossen ist.

Würden die Maßnahmen vom Unternehmer vorher durchgeführt, so ist ein Interessenausgleich nicht mehr möglich und die Rechte des Betriebsrats werden zur Makulatur. Ein die Mitbestimmungsrechte übergehendes Unternehmerverhalten widerspricht dem Grundsatz und dem Gebot der vertrauensvollen Zusammenarbeit nach § 2 Abs. 1 BetrVG. Das Zusammenarbeitsgebot ist gerichtet auf das Wohl der Arbeitnehmer und des Betriebs.

Im Einzelfall hat deswegen eine Abwägung mit den Interessen des Betriebsrats als des Vertreters der Belegschaft stattzufinden, um etwa unverhältnismäßig große Schäden für den Betrieb zu vermeiden. Nach § 85 Abs. 2 Satz 2 ArbGG iVm § 938 Abs. 1 ZPO ist es in das freie Ermessen des Gerichts gestellt, welche Anordnungen zu Erreichung des mit der einstweiligen Verfügung verfolgten Zwecks für erforderlich gehalten und getroffen werden. Deshalb können einzelne Maßnahmen untersagt werden, wie beispielsweise der Ausspruch betriebsbedingter Kündigungen, wobei eine zeitliche Begrenzung zu dem Zweck einer nur vorläufigen Sicherung nach § 2 BetrVG erfolgen kann. Nach § 940 ZPO ist jede Regelung zulässig, sofern sie zur Abwendung wesentlicher Nachteile oder aus anderen Gründen nötig erscheint,

> LAG Hamburg, Urt. v. 13.11.1981, AuR 1982, 389; ArbG Hamburg, Urt. v. 07.11.1985, (unveröffentlicht), bestätigt durch LAG Hamburg, Urt. v. 05.02.1986, DB 1986, 598; LAG Frankfurt, Urt. v. 21.09.1982, DB 1983, 613; LAG Berlin, EzA Schnelldienst 1995, Nr. 23, Seite 12; ArbG Hamburg, Urt. v. 29.11.1993 – 27 BVGa 5/93 (unveröffentlicht); offengelassen und die Durchsetzbarkeit des Verhandlungsanspruchs per einstweiliger Verfügung bejahend ArbG

Bonn, Urt. v. 15.06.1994 – 2 BVGa 8/94 (unveröffentlicht); aus der Literatur: *Fitting/Kaiser/ Heither/Engels,* Betriebsverfassungsgesetz, § 111 BetrVG, Rn 90 ff., GK/*Fabricius,* § 111 BetrVG, Rn 357; *Derleder,* AuR 1995, 17.

Die gegenteilige Ansicht wird im wesentlichen darauf gestützt, daß es sich bei dem Interessenausgleich lediglich um eine Naturalobligation ohne kollektivrechtlichen Durchsetzungsanspruch handelt,

vgl. hierzu *Richardi,* NZA 1995, 8; *Walker,* DB 1995, 1961, 1965; *Konzen,* NZA 1995, 865, 872, *Hümmerich/Spirolke,* BB 1996, 1986.

Durch die neueren Gesetzgebungsmaßnahmen ist die Haltbarkeit dieser Prämisse jedoch in Zweifel zu ziehen. So hatte der Gesetzgeber in dem seit 01.10.1996 eingefügten § 1 Abs. 5 KSchG bestimmt, daß dann, wenn bei einer Kündigung aufgrund einer Betriebsänderung nach § 111 BetrVG die Arbeitnehmer, denen gekündigt werden soll, in einem Interessenausgleich zwischen Arbeitgeber und Betriebsrat namentlich bezeichnet sind, vermutet wird, daß die Kündigung durch dringende betriebliche Erfordernisse im Sinne des Absatzes 2 bedingt ist. Diese Regelung ist zwar zwischenzeitlich durch das Gesetz zu Korrekturen in der Sozialversicherung und zur Sicherung der Arbeitnehmerrechte vom 19.12.1998 (BGBl I, 3843) aufgehoben worden. In § 323 Abs. 2 UmwG ist aber nach wie vor bestimmt, daß die Zuordnung der Arbeitnehmer zu einem bestimmten Betrieb oder Betriebsteil nach einer Verschmelzung, Spaltung oder Vermögensübertragung in einem Interessenausgleich durch das Arbeitsgericht nur auf grobe Fehlerhaftigkeit überprüft werden kann. Zudem enthält § 125 InsO eine weitgehend dem früheren § 1 Abs. 5 KSchG inhaltsgleiche Bestimmung. Wenn der Gesetzgeber nunmehr dem Interessenausgleich ein erheblich größeres Gewicht beimißt, indem er erstmals an den Interessenausgleich individualrechtliche Folgewirkungen knüpft, die auf die Wirksamkeit einer Kündigung unmittelbar durchschlagen, so kann von einer bloßen „Naturalobligation" kaum mehr gesprochen werden;

vgl. hierzu *Däubler,* RdA 1995, 136, 141; offengelassen bei *Bader,* NZA 1996, 1125, 1133.

Bislang wurde aus der Systematik der §§ 111 ff. BetrVG insbesondere im Hinblick auf die Sanktion des Nachteilsausgleichs in § 113 BetrVG gefolgert, daß der Gesetzgeber eben an den Interessenausgleich bzw. das Unterlassen des Versuchs eines Interessenausgleichs keine Wirksamkeitsfolgen für eine unter Verstoß gegen den Verhandlungsanspruch des Betriebsrats ausgesprochene Kündigung geknüpft hat. Aus den neueren gesetzlichen Vorschriften ergibt sich unterdessen, daß der Gesetzgeber die Funktion des Interessenausgleichs insoweit aufgewertet hat, als er nunmehr individualrechtliche Folgewirkungen an den Interessenausgleich knüpft.

Rein vorsorglich stellt der Beteiligte zu 1. die Hilfsanträge.

Abschließend ist darauf hinzuweisen, daß der Beteiligten zu 2. durch Erlaß der begehrten einstweiligen Verfügung kein unverhältnismäßiger Schaden droht.

## § 8 Kapitel 1: Vertretung von Betriebsräten im Beschlußverfahren

### 20. Muster: Unterlassen der Durchführung einer geplanten Betriebsänderung durch einstweilige Verfügung

▼

An das Arbeitsgericht

*Antrag auf Erlaß einer einstweiligen Verfügung*

In dem Beschlußverfahren

mit den Beteiligten

1. Betriebsrat

— Antragsteller und Beteiligter zu 1. —

Verfahrensbevollmächtigte:

und

2.

— Beteiligte zu 2. —

Verfahrensbevollmächtigte:

wegen: Unterlassung der Durchführung der geplanten Betriebsänderung

Wir bestellen uns zu Verfahrensbevollmächtigten des Antragstellers und beantragen, durch einstweilige Verfügung – wegen der Dringlichkeit ohne vorherige mündliche Verhandlung – wie folgt zu beschließen:

1. Der Beteiligten zu 2. wird untersagt, bei Meidung eines vom Gericht festzusetzenden Zwangsgeldes bis zu 50.000,00 DM bzw. Zwangshaft gegen die gesetzlichen Vertreter der Antragsgegnerin, die Auslagerung des Betriebsteils von nach so lange nicht vorzunehmen, bis ein Interessenausgleich abgeschlossen oder durch Spruch der Einigungsstelle das Scheitern der Verhandlungen über den Abschluß eines Interessenausgleichs festgestellt wurde.

2. Der Streitwert wird festgesetzt.

**Gründe:**

I.

Die Beteiligte zu 2. ist ein Unternehmen innerhalb der Konzerngruppe . Der Hauptbetriebssitz ist in .

In dem Hauptbetrieb existiert unter anderem der Betriebsteil . Die Beteiligte zu 2. beabsichtigt, diesen Betriebsteil von nach zur Konzernmuttergesellschaft nach zu verlagern. Nach dem nunmehrigen Informationsstand des Antragstellers ist die konkrete Umsetzung der Maßnahme für geplant, ohne daß die Rechte des Betriebsrats gewahrt werden sollen.

Bei der Maßnahme handelt es sich um den Abbau von . Von dieser Maßnahme werden Arbeitnehmer betroffen, deren Stellen durch den Vollzug dieser Maßnahme in Wegfall geraten. Verantwortlich für diese Maßnahme zeichnet Herr .

Bereits am schlossen die Verfahrensbeteiligten einen Interessenausgleich und einen Sozialplan.

Mittel der Glaubhaftmachung:

Die jetzt eingeleiteten bzw. beabsichtigten Maßnahmen sind nicht durch den Interessenausgleich gedeckt.

Im Hinblick auf die o.g. Maßnahme ist es bisher zu keinerlei Verhandlungen, geschweige denn zu Vereinbarungen zwischen den verfahrensbeteiligten Parteien gekommen.

Mittel der Glaubhaftmachung: Vorlage der eidesstattlichen Versicherung des Betriebsratsvorsitzenden, ▓▓▓▓.

Daß die konkrete Planung und Umsetzung der Maßnahme vollzogen werden sollte, erfuhr der Betriebsrat und Antragsteller erst ab etwa ▓▓▓▓ durch sporadische mündliche und teilweise schriftliche Informationen. Am ▓▓▓▓ wandte sich der Betriebsrat an den Geschäftsführer und forderte diesen auf, die beabsichtigte Maßnahme sofort zu stoppen. Der Kenntnisstand des Antragstellers beruhte zum damaligen Zeitpunkt lediglich auf mündlichen Informationen. Eine Antwort auf dieses Schreiben erhielt der Antragsteller nicht.

Mittel der Glaubhaftmachung: Vorlage des Schreibens des Betriebsrats an die Geschäftsführung vom ▓▓▓▓.

Erneut wandte sich der Betriebsrat schriftlich an die Geschäftsleitung.

Mittel der Glaubhaftmachung: Vorlage des Schreibens des Betriebsrats an die Geschäftsführung vom ▓▓▓▓.

Hierauf erwiderte die Geschäftsleitung mit einer kurzen Mitteilung, wonach bisher keine entsprechenden Entscheidungen getroffen worden seien.

Mittel der Glaubhaftmachung: Vorlage des Antwortschreibens vom ▓▓▓▓.

Die Antwort war jedoch für den Betriebsrat ebenso unvollständig wie unkonkret und konnte nur als weitere Hinhaltetaktik der Beteiligten zu 2. interpretiert werden.

Schließlich erfuhr der Betriebsrat noch folgendes:

▓▓▓▓

## II.

Aufgrund dieser Sachlage ist der Erlaß einer einstweiligen Verfügung geboten.

1. Der Antragsteller leitet seinen Verfügungsanspruch aus dem bestehenden Interessenausgleich vom ▓▓▓▓ ab. Von der Rechtsprechung des Bundesarbeitsgerichts ist in ständiger Rechtsprechung anerkannt, daß der Betriebsrat vom Arbeitgeber die Durchführung bzw. Einhaltung einer Betriebsvereinbarung und die Unterlassung entgegenstehender Handlungen verlangen kann. Dieser Anspruch besteht unabhängig von der Streitfrage eines allgemeinen Unterlassungsanspruchs des Betriebsrats,

   Vgl. BAG, Urt. v. 24.02.1987 sowie v. 10.11.1987, AP Nr. 21 und 24 zu § 77 BetrVG 1972; *Fittig/Kaiser/Heither/Engels*, BetrVG, § 77, Rn 193 mwN.

   Die zwischen den Parteien abgeschlossene Betriebsvereinbarung ist Anspruchsgrundlage für den vorliegend geltend gemachten Unterlassungsanspruch in Verbindung mit § 77 Abs. 1 Satz 1 BetrVG.

   Die Beteiligte zu 2. hat sich im vorliegenden Fall im Interessenausgleich vom ▓▓▓▓ verpflichtet, nur die im Interessenausgleich vereinbarten Betriebsänderungen durchzuführen.

   Darüber hinaus geltende Betriebsänderungen dürfen nur durchgeführt werden, wenn hierüber der Versuch eines Interessenausgleichs vom Arbeitgeber unternommen wurde, wofür ein Zeitraum von bis zu 3 Monaten für Verhandlungen und Einigungsstelle zur Verfügung steht, § 113 Abs. 3 BetrVG.

2. Der Verfügungsgrund ergibt sich daraus, daß die Beteiligungsrechte des Betriebsrats und die Einwirkungsmöglichkeiten auf einen Interessenausgleich unmöglich gemacht werden, wenn die geplanten Maßnahmen bereits am ▓▓▓▓ durchgeführt werden. Die Ansprüche der Arbeitnehmer auf Nachteilsausgleich nach § 113 BetrVG stellen keine ausreichenden Sanktionen dar, die die Beteiligte zu 2. veranlassen könnten, die Beteiligungsrechte des Betriebsrats zu beachten.

   Parallel zur Antragstellung im einstweiligen Verfügungsverfahren wird das Hauptsacheverfahren in einem gesonderten Schriftsatz anhängig gemacht.

### 21. Muster: Feststellung der Zustimmungspflichtigkeit einer Maßnahme

An das Arbeitsgericht

In dem Beschlußverfahren
mit den Beteiligten

1. Betriebsrat

— Antragsteller und Beteiligter zu 1. —

Verfahrensbevollmächtigte:

und

2.

— Beteiligte zu 2. —

Verfahrensbevollmächtigte:

Wir bestellen uns zu Verfahrensbevollmächtigten des Antragstellers und beantragen, einen möglichst frühen Anhörungstermin anzuberaumen, in dem wir beantragen zu erkennen:

1. Es wird festgestellt, daß die Einstellung/Versetzung/Eingruppierung/Umgruppierung des Herrn der Zustimmung des Betriebsrats bedarf.
2. Der Streitwert wird festgesetzt.

**Gründe:**

Es hat sich folgender Sachverhalt zugetragen: .

Mit Schreiben vom forderte der Antragsteller die Beteiligte zu 2. auf, bei dieser personellen Maßnahme das Mitbestimmungsrecht des Antragstellers zu beachten und die Zustimmung des Antragstellers einzuholen.

Die Beteiligte zu 2. bestreitet, daß bei dieser Sachlage ein Mitbestimmungsrecht des Antragstellers besteht.

Die Auffassung der Beteiligten zu 2. ist unzutreffend, denn .

### 22. Muster: Gegenantrag bei vorläufiger personeller Maßnahme nach §§ 99, 100 BetrVG

An das Arbeitsgericht

In dem Beschlußverfahren
mit den Beteiligten

1.

— Antragsteller und Beteiligter zu 1. —

Verfahrensbevollmächtigte:

und

2. Betriebsrat

— Beteiligter zu 2. —

Verfahrensbevollmächtigte:

## Schriftsätze im arbeitsgerichtlichen Beschlußverfahren § 8

Wir bestellen uns zu Verfahrensbevollmächtigten des Beteiligten zu 2. und beantragen, einen möglichst frühen Anhörungstermin anzuberaumen, in dem wir beantragen zu erkennen:

1. Die Anträge werden abgewiesen.
2. Es wird festgestellt, daß die am ▓▓▓▓ vorgenommene Einstellung des Herrn ▓▓▓▓ offensichtlich aus sachlichen Gründen nicht dringend war.
3. Dem Beteiligten zu 1. wird ein Zwangsgeld in Höhe von bis zu 500,00 DM für jeden Tag der Zuwiderhandlung angedroht, falls er die personelle Maßnahme mit Ablauf von zwei Wochen nach Rechtskraft der Entscheidung noch aufrechterhält.
4. Der Streitwert wird festgesetzt.

**Gründe:**

1. Der Beteiligte zu 2. hat die Zustimmung zur personellen Einzelmaßnahme bei Herrn ▓▓▓▓ mit folgender Begründung verweigert: ▓▓▓▓.

   Der im Verweigerungsschreiben enthaltene Sachverhalt berechtigt den Beteiligten zu 2. zur Zustimmungsverweigerung gemäß § 99 Abs. 2 Ziff. 1 bis 6 BetrVG, denn ▓▓▓▓.

2. Auch die Voraussetzungen für eine vorläufige personelle Maßnahme nach § 100 BetrVG sind nicht gegeben. Der Beteiligte zu 2. hat mit Schreiben vom ▓▓▓▓ bestritten, daß die Maßnahme aus sachlichen Gründen dringend erforderlich ist.

   Beweis: ▓▓▓▓

   Zwar hat der Beteiligte zu 1. daraufhin innerhalb von drei Tagen sowohl den Zustimmungsersetzungsantrag als auch den Feststellungsantrag gestellt (hätte er nur den Feststellungsantrag gestellt, wäre dieser unzulässig: BAG, Beschl. v. 18.10.1988, AP Nr. 57 zu § 99 BetrVG 1972).

   Die Anträge des Arbeitgebers sind dennoch abzuweisen, weil die Maßnahme offensichtlich nicht dringend erforderlich war,
   BAG, Beschl. v. 07.11.1977, AP Nr. 1 zu § 100 BetrVG 1972.

   Ob Offensichtlichkeit vorliegt, hat das Arbeitsgericht von Amts wegen zu prüfen und ggf. in der Beschlußformel zum Ausdruck zu bringen, weil sich Abs. 2 und Abs. 3 in § 100 BetrVG inhaltlich nicht decken,
   BAG, Beschl. v. 18.10.1988, AP Nr. 4 zu § 100 BetrVG 1972.

   Das Merkmal der Offensichtlichkeit erfordert eine grobe, ohne weiteres ersichtliche Verkennung der sachlich-betrieblichen Notwendigkeiten für eine alsbaldige Durchführung der Maßnahme, wobei von dem Zeitpunkt der Entscheidung des Arbeitgebers, nicht von der nachträglichen Beurteilung der Situation auszugehen ist,
   BAG, Beschl. v. 07.11.1977, AP Nr. 1 zu § 100 BetrVG 1972.

   Bei dieser Sachlage fehlte es offensichtlich an einer dringenden Erforderlichkeit der Durchführung der personellen Maßnahme, denn ▓▓▓▓.

   Wegen der Dringlichkeit des Falles wird angeregt, vorab durch Teilbeschluß über den Feststellungsantrag des Arbeitgebers, daß die vorläufige Einstellung aus sachlichen Gründen dringend erforderlich war, zu entscheiden.

▲

## 23. Muster: Aufhebung einer personellen Maßnahme

An das Arbeitsgericht

In dem Beschlußverfahren

mit den Beteiligten

1. Betriebsrat

– Antragsteller und Beteiligter zu 1. –

Verfahrensbevollmächtigte:

und

2.

– Beteiligte zu 2. –

Verfahrensbevollmächtigte:

Wir bestellen uns zu Verfahrensbevollmächtigten des Antragstellers und beantragen, einen möglichst frühen Anhörungstermin anzuberaumen, in dem wir beantragen zu erkennen:

1. Der Beteiligten zu 2. wird untersagt, die Einstellung/Versetzung des Herrn aufrechtzuerhalten.
2. Für jeden Tag der Zuwiderhandlung gegen die Verpflichtung aus Nr. 1 wird der Beteiligten zu 2. ein Ordnungsgeld bis zu 500,00 DM angedroht.
3. Der Streitwert wird festgesetzt.

**Gründe:**

Der Antragsteller ist der Betriebsrat im Betrieb der Beteiligten zu 2. Die Beteiligte zu 2. teilte dem Antragsteller am mit, sie beabsichtige, den Arbeitnehmer einzustellen/nach zu versetzen.

Beweis:

Der Antragsteller hat am seine Zustimmung nach § 99 BetrVG verweigert und dies der Beteiligten zu 2. noch am schriftlich mitgeteilt.

Beweis:

Die Beteiligte zu 2. hat kein Zustimmungsersetzungsverfahren eingeleitet.

Beweis: Amtliche Auskunft des Direktors des hiesigen Arbeitsgerichts.

Die Beteiligte zu 2. hat die personelle Maßnahme durchgeführt bzw. aufrechterhalten. Hiermit hat sie einen mitbestimmungswidrigen Zustand herbeigeführt, so daß der Antragsteller mit dem vorliegenden Schriftsatz ein Verfahren nach § 101 Satz 1 BetrVG einleitet.

Der Antragsteller macht nicht von der Möglichkeit Gebrauch, nach § 101 BetrVG der Beteiligten zu 2. aufzugeben, die personelle Maßnahme aufzuheben. Hebt nämlich der Arbeitgeber entgegen einer rechtskräftigen gerichtlichen Entscheidung die personelle Maßnahme nicht auf, ist er auf Antrag des Betriebsrats hierzu durch Zwangsgeld anzuhalten. Diese Regelung des § 101 BetrVG entspricht der Zwangsvollstreckung aus einem Titel zur Vornahme einer unvertretbaren Handlung i. S. v. § 888 ZPO. Nach dieser Regelung entfällt jedoch die Beitreibung des Zwangsgeldes, wenn der Schuldner bis zur Beitreibung die aufgegebene Handlung vornimmt. Um Probleme in der Zwangsvollstreckung zu vermeiden, wird der vorliegende Antrag deshalb als Unterlassungsantrag formuliert.

Die Androhung des Ordnungsgeldes bereits im Erkenntnisverfahren ist zulässig,
BAG, Beschl. v. 06.12.1988–1 ABR 42–43/87 (unveröffentlicht); LAG Bremen, Beschl. v. 18.07.1986, AP Nr. 6 zu § 23 BetrVG 1972; LAG Frankfurt, Beschl. v. 03.06.1988, DB 1989, 536.

Die Rechtsprechung verlangt allein, daß im Antrag genau definiert sein muß, was als „Fall der Zuwiderhandlung" anzusehen ist,
vgl. ArbG Stuttgart, Beschl. v. 05.11.1992 – 21 BV 6/87 (unveröffentlicht).

### 24. Muster: Abgeltung und Freizeitausgleich für Betriebsratstätigkeit

An das Arbeitsgericht

In dem Beschlußverfahren

mit den Beteiligten

1. Betriebsrat

– Antragsteller und Beteiligter zu 1. –

2. Beteiligter: Mitglied des Betriebsrats

– Beteiligter zu 2. –

Verfahrensbevollmächtigte:

und

3.

– Beteiligte zu 3. –

Verfahrensbevollmächtigte:

Wir bestellen uns zu Verfahrensbevollmächtigten des Antragstellers und beantragen, einen möglichst frühen Anhörungstermin anzuberaumen, in dem wir beantragen zu erkennen:

1. Die Beteiligte zu 3. hat dem Beteiligten zu 2. für Betriebsratstätigkeit Freizeitausgleich im Umfang von          Stunden zu gewähren.
2. Für jeden Tag der Zuwiderhandlung gegen die Verpflichtung aus Nummer 1. wird der Beteiligten zu 3. ein Ordnungsgeld bis zu 500,00 DM angedroht.
3. Der Streitwert wird festgesetzt.

**Gründe:**
Gemäß § 37 Abs. 2 BetrVG sind nicht freigestellte Mitglieder des Betriebsrats von ihrer beruflichen Tätigkeit ohne Minderung des Arbeitsentgelts zu befreien, wenn und soweit es nach Umfang und Art des Betriebs zur ordnungsgemäßen Durchführung ihrer Aufgaben erforderlich ist. Daraus ergibt sich, daß die zur Betriebsratsarbeit notwendige Arbeitsversäumnis den Arbeitgeber nicht zur Minderung des Arbeitsentgelts berechtigt,

*Richardi*, BetrVG, § 37, Rn 13.

Voraussetzung für die Befreiung von beruflicher Tätigkeit ist, daß Geschäfte wahrgenommen werden, die zu den Amtsobliegenheiten eines Betriebsratsmitglieds gehören. Wenn der Betriebsrat oder das Betriebsratsmitglied sich mit Angelegenheiten befassen, die nicht in den gesetzlich zugewiesenen Aufgabenbereich fallen, besteht kein Anspruch auf Arbeitsbefreiung. Zu den Aufgaben eines Betriebsratsmitglieds gehört vor allem die Teilnahme an den Sitzungen des Betriebsrats, des Betriebsausschusses und der sonstigen Ausschüsse des Betriebsrats sowie an Betriebs- und Abteilungsversammlungen.

Liegen die Voraussetzungen des § 37 Abs. 2 BetrVG vor, so besteht ein Rechtsanspruch auf Arbeitsbefreiung. Für die Zeit der Arbeitsversäumnis hat das Betriebsratsmitglied den Anspruch auf Fortzahlung seines Arbeitsentgelts, und zwar sind die Bezüge zu zahlen, die es erhalten hätte, wenn es während dieser Zeit gearbeitet hätte. Bei Angestellten mit festem Monatsgehalt ist das volle Gehalt einschließlich aller Zulagen, auch soweit diese auf die Erbringung der Arbeitsleistung abstellen, weiterzuzahlen.

Zum Ausgleich für Betriebsratstätigkeit, die aus betriebsbedingten Gründen außerhalb der Arbeitszeit durchzuführen ist, hat das Betriebsratsmitglied gemäß § 37 Abs. 3 BetrVG Anspruch auf entsprechende Arbeitsbefreiung unter Fortzahlung des Arbeitsengelts. Die Arbeitsbefreiung ist vor Ablauf eines Monats zu gewähren. Ist dies aus betriebsbedingten Gründen nicht möglich, so ist die aufgewendete Zeit wie Mehrarbeit zu vergüten.

Bei der Tätigkeit, die ein Betriebsratsmitglied außerhalb seiner Arbeitszeit durchführt, muß es sich wie bei § 37 Abs. 2 BetrVG um die Erfüllung einer Amtsobliegenheit handeln. Weitere Voraussetzung ist, daß die Betriebsratstätigkeit aus betriebsbedingten Gründen außerhalb der Arbeitszeit durchgeführt werden muß. Betriebsbedingte Gründe liegen vor, wenn wegen der Eigenart des Betriebs oder der Gestaltung des Arbeitsablaufs das Betriebsratsmitglied gezwungen ist, Amtsobliegenheiten außerhalb seiner Arbeitszeit zu erfüllen, z. B. weil es in Wechselschicht beschäftigt wird und daher Freizeit opfern muß, um an den außerhalb der Schichtzeit liegenden Betriebsratssitzungen teilzunehmen,

*Wiese*, GK-BetrVG, § 37, Rn 20; *Richardi*, BetrVG, § 37, Rn 38 mwN.

Die Ursache für die erforderliche Betriebsratsmehrarbeit muß also in Umständen liegen, die vom Arbeitgeber veranlaßt werden und damit dem Arbeitgeberbereich zuzuordnen sind,

BAG, Beschl. v. 09.10.1973, AP Nr. 4 zu § 37 BetrVG 1972; *Richardi*, BetrVG, § 37, Rn 38 mwN.

Der Anspruch besteht daher nicht, wenn lediglich die Gestaltung der Betriebsratsarbeit erfordert, daß ein Betriebsratsmitglied Freizeit opfert, um sein Amt auszuüben.

BAG, aaO; *Wiese*, GK-BetrVG, § 37, Rn 20.

Eine weitere Einschränkung ergibt sich aus dem Gesichtspunkt, daß durch die Freizeitgewährung nur Nachteile ausgeglichen werden sollen, die ein Betriebsratsmitglied deshalb erleidet, weil es aus betriebsbedingten Gründen seine Aufgaben nicht während, sondern außerhalb der Arbeitszeit durchführen muß. Daher besteht der Anspruch auf Freizeitausgleich nur, wenn das Betriebsratsmitglied für eine Tätigkeit während der Arbeitszeit nach § 37 Abs. 2 BetrVG (wie oben dargestellt) von seiner Arbeit zu befreien wäre. Es muß sich also um eine Betriebsratstätigkeit handeln, für deren ordnungsgemäße Durchführung nach Umfang und Art des Betriebs Versäumnis von Arbeit notwendig wäre, wenn das Betriebsratsmitglied nicht aus betriebsbedingten Gründen dazu gezwungen wäre, sie außerhalb der Arbeitszeit zu erledigen,

*Wiese*, GK-BetrVG, § 37, Rn 19; *Richardi*, BetrVG, § 37, Rn 40.

Gemäß § 37 Abs. 3 BetrVG hat das Betriebsratsmitglied bei Vorliegen der genannten Voraussetzungen Anspruch auf entsprechende Arbeitsbefreiung unter Fortzahlung des Arbeitsentgelts, wobei die Arbeitsbefreiung den gleichen Umfang haben muß, wie Freizeit aufgewendet wurde, um die Betriebsratsaufgaben außerhalb der Arbeitszeit zu erfüllen. Für die Zeit der Arbeitsbefreiung hat das Betriebsratsmitglied den Anspruch auf Fortzahlung seines Arbeitsentgelts; es gilt wie bei einer Arbeitsversäumnis nach § 37 Abs. 2 BetrVG das Lohnausfallprinzip. Das Betriebsratsmitglied erhält also nicht die außerhalb seiner Arbeitszeit durchgeführte Betriebsratstätigkeit als Mehrarbeit vergütet, denn ein derartiger Anspruch besteht nur, wenn ein Freizeitausgleich aus betriebsbedingten Gründen nicht möglich ist. Das Betriebsratsmitglied hat dem Arbeitgeber, sofern dieser davon keine Kenntnis hat, mitzuteilen, wann und wie lange es außerhalb der Arbeitszeit Betriebsratsaufgaben durchgeführt hat. Die Arbeitsbefreiung ist dann vom Arbeitgeber vor Ablauf eines Monats zu gewähren (§ 37 Abs. 3 Satz 2 BetrVG).

Ist aus betriebsbedingten Gründen eine Arbeitsbefreiung innerhalb eines Monats nicht möglich, so ist die für Betriebsratstätigkeit aufgewendete Zeit gemäß § 37 Abs. 3 Satz 2, Halbsatz 2 BetrVG wie Mehrarbeit zu vergüten. Eine Abgeltung kommt also nur dann in Betracht, wenn betriebsbedingte Gründe einer Befreiung von der Arbeitstätigkeit entgegenstehen. Das Betriebsratsmitglied kann somit nicht statt des Freizeitausgleichs die Abgeltung verlangen, und auch der Arbeitgeber kann nicht statt des Freizeitausgleichs die Abgeltung gewähren,

*Richardi*, BetrVG, § 37, Rn 48.

Wenn aber ein Freizeitausgleich nicht innerhalb eines Monats erfolgt ist, kann das Betriebsratsmitglied davon ausgehen, daß betriebsbedingte Gründe entgegenstehen und seinerseits Abgeltung verlangen. Der Arbeitgeber würde gegen Treu und Glauben verstoßen, wenn er diesem Begehren entgegenhalten würde, daß ein Freizeitausgleich möglich sei, denn er handelt pflichtwidrig, wenn er nicht innerhalb eines Monats Freizeitausgleich gewährt, obwohl betriebsbedingte Gründe nicht entgegenstehen. Voraussetzung ist allerdings, daß er von der Betriebsratstätigkeit Kenntnis hat.

Sind die Voraussetzungen für eine Abgeltung gegeben, so ist die für die Betriebsratszugehörigkeit aufgewendete Zeit wie Mehrarbeit zu vergüten. Der Anspruch auf Abgeltung durch Zahlung eines Mehrarbeitszuschlags besteht nur, wenn die Teilnahme an Betriebs- oder Abteilungsversammlungen durch die Betriebsratstätigkeit veranlaßt ist, es sich also nicht um eine Versammlung handelt, der das Betriebsratsmitglied als Arbeitnehmer angehört,

*Richardi*, BetrVG, § 37, Rn 50.

Wie Mehrarbeit sind auch die Zeiten zu vergüten, die aus betriebsbedingten Gründen für die Durchführung der Betriebsratstätigkeit außerhalb der Arbeitszeit notwendig sind. Für die Mehrarbeitsvergütung ist § 15 Abs. 2 AZO maßgebend. Als angemessene Vergütung ist ein Zuschlag von 25 % anzusehen, wenn nicht die Beteiligten eine andere Regelung vereinbaren, hier also insbesondere durch Tarifvertrag oder Betriebsvereinbarung etwas anderes bestimmt ist,

*Richardi*, BetrVG, § 37, Rn 51.

## 25. Muster: Mitbestimmung bei Anrechnung von Tariflohnerhöhungen auf Zulagen

An das Arbeitsgericht

In dem Beschlußverfahren

mit den Beteiligten

1. Betriebsrat

– Antragsteller und Beteiligter zu 1. –

Verfahrensbevollmächtigte:

und

2.

– Beteiligte zu 2. –

Verfahrensbevollmächtigte:

Wir bestellen uns zu Verfahrensbevollmächtigten des Antragstellers und beantragen, einen möglichst frühen Anhörungstermin anzuberaumen, in dem wir beantragen zu erkennen:

1. Der Beteiligten zu 2. wird aufgegeben, es zu unterlassen, die Anrechnung von Tariflohnerhöhungen auf übertarifliche Zulagen bei den Gehältern der Mitarbeiterinnen und Mitarbeiter vorzunehmen.

2. Der Beteiligten zu 2. wird für jeden Fall der Zuwiderhandlung gegen eine Entscheidung entsprechend dem Antrag zu 1. ein Ordnungsgeld angedroht, dessen Höhe in das Ermessen des Gerichts gestellt wird.

3. Der Streitwert wird festgesetzt.

**Gründe:**

In mehreren neueren Beschlüssen hat das Bundesarbeitsgericht festgestellt, daß die Anrechnung von Tariflohnerhöhungen auf übertarifliche Zulagen generell der Mitbestimmung des Betriebsrats nach § 87 Abs. 1 Nr. 10 BetrVG unterliegt.

So liegt ein das Mitbestimmungsrecht des Betriebsrats gemäß § 87 Abs. 1 Nr. 10 BetrVG bei der Anrechnung von Tariflohnerhöhungen auf übertarifliche Zulagen begründender kollektiver Tatbestand in der Regel vor, wenn die Anrechnung aus Leistungsgründen, wegen der Kürze der Betriebszugehörigkeit bzw. der absehbaren Beendigung des Arbeitsverhältnisses oder wegen einer zuvor stattgefundenen Gehaltsanhebung erfolgt. Kein kollektiver Tatbestand ist hingegen anzunehmen, wenn die Anrechnung auf Wunsch eines Arbeitnehmers zur Vermeidung steuerlicher Nachteile vorgenommen wird,

BAG, Beschl. v. 27.10.1992, NZA 1993, 561.

Der Betriebsrat hat bei der Anhebung der Gehälter von AT-Angestellten gemäß § 87 Abs. 1 Nr. 10 BetrVG ebenfalls ein Mitbestimmungsrecht, solange ein mitbestimmtes Gehaltsgruppensystem noch nicht besteht,

BAG, Beschl. v. 27.10.1992, NZA 1993, 561.

Das Mitbestimmungsrecht des Betriebsrats bei der Anrechnung von Tariflohnerhöhungen auf übertarifliche Zulagen erstreckt sich immer nur auf kollektive Tatbestände,

BAG, Beschl. v. 03.12.1991, NZA 1992, 749.

Wird die Tariflohnerhöhung gegenüber einzelnen Arbeitnehmern aus Leistungsgründen angerechnet, während sie an andere voll weitergegeben wird, ist regelmäßig von einem kollektiven Tatbestand auszugehen, weil die Leistungen der einzelnen Arbeitnehmer notwendigerweise zueinander in ein Verhältnis gesetzt werden müssen,

BAG, Beschl. v. 22.09.1992, NZA 1993, 566.

Wird die Tariflohnerhöhung gegenüber einem Teil der Arbeitnehmer angerechnet, weil sie nach Auffassung des Arbeitgebers zu viele Tage infolge Krankheit gefehlt haben, ist regelmäßig von einem kollektiven Tatbestand auszugehen, weil die Leistungen der einzelnen Arbeitnehmer notwendigerweise zueinander in ein Verhältnis gesetzt werden müssen,

BAG, Beschl. v. 22.09.1992, NZA 1993, 568.

Wird die Tariflohnerhöhung gegenüber einem einzelnen Arbeitnehmer mit Rücksicht darauf angerechnet, daß dieser trotz Umsetzung auf einen tariflich niedriger bewerteten Arbeitsplatz unverändert die bisherige Vergütung erhält, handelt es sich dabei in der Regel nicht um einen der Mitbestimmung unterliegenden kollektiven Tatbestand,

BAG, Beschl. v. 22.09.1992, NZA 1993, 569.

Der Betriebsrat hat allerdings mitzubestimmen bei der Anrechnung einer in einer Betriebsvereinbarung vereinbarten Prämienlohnerhöhung auf übertarifliche Leistungen,

BAG, Beschl. v. 22.09.1992, NZA 1993, 570.

Beabsichtigt der Arbeitgeber, eine Tariferhöhung auf übertarifliche Zulagen teilweise anzurechnen, so hat der Betriebsrat bei den Verteilungsgrundsätzen ein Mitbestimmungsrecht nach § 87 Abs. 1 Nr. 10 BetrVG. Dieses Mitbestimmungsrecht sowie der Grundsatz vertrauensvoller Zusammenarbeit (§ 2 Abs. 1 BetrVG) werden verletzt, wenn der Arbeitgeber eigene Verteilungsgrundsätze vorgibt, über die er keine Verhandlungen zuläßt, sondern für den Fall abweichender Vorstellungen des Betriebsrats von vornherein eine mitbestimmungsfreie Vollanrechnung vorsieht. Widerspricht der Betriebsrat hingegen in einem solchen Fall nicht der Verteilung, sondern der Kürzung des Leistungsvolumens, so überschreitet er sein Mitbestimmungsrecht nach § 87 Abs. 1 Nr. 10 BetrVG. Reagiert der Arbeitgeber darauf mit einer vollständigen Anrechnung, um einer Blockade seiner Maßnahmen auszuweichen, so ist das nicht zu beanstanden.

BAG, Urt. v. 26.05.1998, FA 1998, 379.

## 26. Muster: Antrag auf Errichtung einer Einigungsstelle wegen Mitarbeiterbeschwerden

An das Arbeitsgericht

Antrag auf Errichtung einer Einigungsstelle

in dem Beschlußverfahren

mit den Beteiligten

1. Betriebsrat der

— Antragsteller und Beteiligter zu 1. —

Verfahrensbevollmächtigte:

und

2.

— Beteiligter zu 2. —

Verfahrensbevollmächtigte:

Wir bestellen uns zu Verfahrensbevollmächtigten des Beteiligten zu 1., in dessen Namen und Auftrag wir um kurzfristige Anberaumung eines Termins bitten. Wir werden beantragen:

1. Der Richter am Arbeitsgericht wird zum Vorsitzenden der Einigungsstelle zur Behandlung der Beschwerden der Mitarbeiter vom bestellt.
2. Die Zahl der von jeder Seite zu benennenden Beisitzer wird auf festgesetzt.

**Gründe:**

I.

Die Beteiligten streiten über die Behandlung der von den Mitarbeitern erhobenen schriftlichen Beschwerde vom .

Beweis: Vorlage der Beschwerdeschreiben vom in Kopie – Anlage K 1

Mit Schreiben vom hat der Beteiligte zu 1. die Beschwerde unterstützt und den Beteiligten zu 2. aufgefordert, auf Abhilfe hinzuwirken, § 85 Abs 1 BetrVG.

Beweis: Vorlage des Schreibens vom in Kopie – Anlage K 2

Der Beschwerde der Mitarbeiter wurde durch den Beteiligten zu 2. nicht abgeholfen. Der Beteiligte zu 1. hat am noch einmal festgestellt, daß die Beschwerde zu Recht besteht. Dies hat er dem Beteiligten zu 2. mit Schreiben vom mitgeteilt.

Beweis: Vorlage des Schreibens des Antragstellers vom in Kopie – Anlage K 3

Mit Schreiben vom ist die Einigungsstelle angerufen und Herr Richter am Arbeitsgericht als Vorsitzender der Einigungsstelle vorgeschlagen worden.

Beweis: Vorlage des Schreibens vom in Kopie – Anlage K 4

Unter dem ▓▓▓ lehnte der Beteiligte zu 2. die Bildung einer Einigungsstelle ab.

Beweis: Vorlage des Schreibens vom ▓▓▓ in Kopie – Anlage K 5

II.

Mit vorliegendem Antrag begehrt der Beteiligte zu 1. die Bestellung des Vorsitzenden der Einigungsstelle und die Festsetzung der Zahl der Beisitzer für die nach § 85 Abs. 2 Satz 1 BetrVG zuständige Einigungsstelle.

Gemäß § 98 Abs. 1 Satz 2 können Anträge auf Bestimmung des Vorsitzenden und der Anzahl der Beisitzer wegen fehlender Zuständigkeit zurückgewiesen werden, wenn die Einigungsstelle offensichtlich unzuständig ist.

Offensichtlich unzuständig ist die Einigungsstelle dann, wenn sich die zu regelnde Frage rechtlich nicht in den Zuständigkeitsbereich einordnen läßt; die beizulegende Streitigkeit zwischen Arbeitgeber und Betriebsrat darf sich bei fachkundiger Beurteilung durch das Gericht sofort erkennbar nicht unter einen mitbestimmungspflichtigen Tatbestand des Betriebsverfassungsgesetzes subsumieren lassen.

> LAG Schleswig-Holstein, Beschl. v. 21.12.1989, NZA 1990, 703; *Germelmann/Matthes/Prütting*, ArbGG, 2. Aufl., § 98 Rn 11.

Das ist der Fall, wenn eine Beschwerde im Sinne des § 85 BetrVG nicht vorliegt. Das ist auch der Fall, wenn es sich bei dem Gegenstand der Beschwerde um einen Rechtsanspruch im Sinne des § 85 Abs. 2 Satz 3 BetrVG handelt.

Der Begriff der Beschwerde setzt voraus, daß der Beschwerdeführer eine Beeinträchtigung aus dem Arbeitsverhältnis mitteilt, hierzu Tatsachen angibt und Abhilfe begehrt. Der Beschwerdeführer muß geltend machen, in seiner individuellen Position beeinträchtigt zu sein. Er kann nicht geltend machen, daß Arbeitskollegen benachteiligt oder ungerecht behandelt werden oder sich allgemein über Mißstände im Betrieb beschweren, da ein Recht zur Popularbeschwerde nicht besteht,

> LAG Schleswig-Holstein, Beschl. v. 21.12.1989, NZA 1990, 703; *Richardi*, BetrVG § 84 Rn 5; *Fitting*, BetrVG, § 84 Rn 4.

Nach diesen Grundsätzen ist die hier angerufene Einigungsstelle nicht offensichtlich unzuständig im Sinne des § 98 Abs. 1 Satz 2 ArbGG, weil Beschwerden im Sinne der §§ 84, 85 BetrVG vorliegen, über deren Berechtigung die Einigungsstelle zu entscheiden hat.

## 27. Muster: Ordnungsgeldantrag aus Vergleich

An das Arbeitsgericht
▓▓▓

In dem Beschlußverfahren
mit den Beteiligten

1. Betriebsrat ▓▓▓

– Antragsteller und Beteiligter zu 1. –

Verfahrensbevollmächtigte: ▓▓▓

und

2. ▓▓▓

– Beteiligte zu 2. –

Verfahrensbevollmächtigte: ▓▓▓

## Schriftsätze im arbeitsgerichtlichen Beschlußverfahren § 8

überreichen wir in der Anlage die zugestellte und vollstreckbare Ausfertigung des vor dem Arbeitgericht ▒▒▒ (Aktenzeichen ▒▒▒) geschlossenen Vergleichs vom ▒▒▒ und beantragen,

> gegenüber der Beteiligten zu 2. wegen Verstoßes gegen ihre Verpflichtung aus der Ziffer ▒▒▒ des Vergleiches ein Ordnungsgeld, dessen Höhe in das Ermessen des Gerichts gesetzt wird, entsprechend dem Androhungsbeschluß vom ▒▒▒ festzusetzen.

**Gründe:**

**I.**
Im Vergleich vom ▒▒▒ hat die Beteiligte zu 2. sich verpflichtet zu unterlassen, ▒▒▒.

**II.**
Gegen diese Vereinbarung im Vergleich vom ▒▒▒ hat die Beteiligte zu 2. aus folgendem Grund verstoßen: ▒▒▒.

▲

# Kapitel 2: Vertretung von Arbeitgebern

## A. Erläuterungen

Bei der Vertretung von Arbeitgebern im Beschlußverfahren gehört zu den häufigsten Fällen der Antrag auf Ersetzung der Zustimmung nach § 99 BetrVG bzw. der beschleunigte Antrag bei personellen Eilverfahren gemäß § 100 Abs. 2 Satz 3 BetrVG. Beispiele enthalten die Muster 6100 und 6105. Nicht nur der Antrag auf Ersetzung der Zustimmung zur personellen Maßnahme gehört nach § 99 Abs. 4 BetrVG ins Beschlußverfahren, sondern auch der hilfsweise Feststellungsantrag, daß die Zustimmung des Betriebsrats nach ordnungsgemäßer Unterrichtung wegen Fristablaufs als erteilt gilt.[76] Das Zustimmungsersetzungsverfahren kann schon eingeleitet werden, wenn der neu zu besetzende Arbeitsplatz noch nicht frei ist.[77] Eine Frist zur Einleitung des Zustimmungsersetzungsverfahrens enthält § 99 Abs. 4 BetrVG nicht.[78]

Ein weiterer häufiger Anwendungsfall des Beschlußverfahrens für den Arbeitgeber entsteht bei Streitigkeiten mit einem **Auszubildenden** darüber, ob ein Arbeitsverhältnis besteht (§ 78 a BetrVG). Über den Antrag des Arbeitgebers, nach § 78 a Abs. 4 BetrVG festzustellen, daß ein Arbeitsverhältnis mit einem Auszubildenden nicht begründet wird, oder über den Antrag, ein solches Arbeitsverhältnis aufzulösen, ist im Beschlußverfahren zu entscheiden.[79] Das Beschlußverfahren ist die richtige Verfahrensart auch dann, wenn der Arbeitgeber geltend macht, daß die Voraussetzungen des § 78 a Abs. 2 BetrVG für ein Weiterbeschäftigungsverlangen nicht gegeben sind.[80] Die ältere Rechtsprechung, über die Anträge des Arbeitgebers im Urteilsverfahren zu entscheiden,[81] wurde vom BAG aufgegeben.

Wenn allerdings der Auszubildende feststellen lassen will, daß ein Arbeitsverhältnis nach § 78 a Abs. 2 BetrVG zustandegekommen ist, hat er nicht im Beschlußverfahren, sondern durch Feststellungsklage im Urteilsverfahren eine Entscheidung zu beantragen.[82]

---

76 BAG, Beschl. v. 28.01.1986, AP Nr. 34 zu § 99 BetrVG 1972.
77 BAG, Beschl. v. 15.09.1987, AP Nr. 45 zu § 99 BetrVG 1972.
78 BAG, Beschl. v. 15.09.1987, AP Nr. 46 zu § 99 BetrVG 1972.
79 BAG, Beschl. v. 05.04.1984, AP Nr. 13 zu § 78 a BetrVG 1972.
80 BAG, Beschl. v. 13.03.1986 – 6 AZR 424/85 (unveröffentlicht).
81 BAG, Urt. v. 03.02.1976, AP Nr. 2 zu § 78 a BetrVG 1972 und 23.03.1976, AP Nr. 3 zu § 78 a BetrVG 1972.
82 BAG, Urt. v. 22.09.1983, AP Nr. 11 zu § 78 a BetrVG 1972.

# § 8 Kapitel 2: Vertretung von Arbeitgebern

## B. Schriftsätze

**1. Muster: Ersetzung der Zustimmung bei personeller Maßnahme gemäß § 99 Abs. 4 BetrVG**

63   An das Arbeitsgericht

In dem Beschlußverfahren<br>mit den Beteiligten

1. Firma

– Antragstellerin und Beteiligte zu 1. –

Verfahrensbevollmächtigte:

und

2. Betriebsrat der Firma

– Beteiligter zu 2. –

Verfahrensbevollmächtigte:

wegen: Antrag gemäß § 99 Abs. 4 BetrVG.

Wir bestellen uns zu Verfahrensbevollmächtigten der Antragstellerin, in deren Namen und Auftrag wir beantragen, wie folgt zu erkennen:

1. Die vom Beteiligten zu 2. verweigerte Zustimmung zur Einstellung/Eingruppierung/Umgruppierung des Herrn      wird ersetzt.
2. Der Streitwert wird festgesetzt.

**Gründe:**

1. Der Beteiligte zu 2. ist der Betriebsrat bei der Antragstellerin. Die Parteien streiten über die Zulässigkeit der Einstellung von Herrn      .

2. Mit Schreiben vom      hat die Antragstellerin den Beteiligten zu 2. um Zustimmung zur Einstellung des Herrn      gebeten.

   Beweis:   Vorlage des Schreibens in Kopie

   Der Beteiligte zu 2. hat innerhalb der Wochenfrist der Antragstellerin mitgeteilt, die Einstellung des Herrn      verstoße gegen § 99 Abs. 2 Nr.      BetrVG.

   Beweis:   Vorlage des Schreibens in Kopie

   Damit ist die Antragstellerin gehalten, einen Antrag gemäß § 99 Abs. 4 BetrVG zu stellen.

3. Der Beteiligte zu 2. hat die Zustimmung zur Einstellung zu Unrecht verweigert. Gemäß § 99 Abs. 2 Nr.      BetrVG gilt als Verweigerungsgrund nur,      .

   Diese Voraussetzungen sind vorliegend nicht erfüllt, denn      .

## 2. Muster: Zustimmungsersetzung bei eiliger personeller Maßnahme gemäß §§ 99 Abs. 4, 100 BetrVG

An das Arbeitsgericht

In dem Beschlußverfahren

mit den Beteiligten

1. Firma

– Antragstellerin und Beteiligte zu 1. –

Verfahrensbevollmächtigte:

und

2. Betriebsrat der Firma

– Beteiligter zu 2. –

Verfahrensbevollmächtigte:

wegen: Antrag gemäß §§ 99 Abs. 4, 100 BetrVG.

Wir bestellen uns zu Verfahrensbevollmächtigten der Antragstellerin, in deren Namen und Auftrag wir beantragen, wie folgt zu erkennen:

1. Die vom Beteiligten zu 2. verweigerte Zustimmung zur Einstellung/Eingruppierung/Umgruppierung des Herrn vom wird ersetzt.
2. Es wird festgestellt, daß die am vorgenommene vorläufige Einstellung aus sachlichen Gründen dringend erforderlich war.

**Gründe:**

I.

Die Antragstellerin hat den Beteiligten zu 2. am über die beabsichtigte Einstellung/Eingruppierung/Umgruppierung unterrichtet. Der Beteiligte zu 2. hat mit Schreiben vom seine Zustimmung zu der personellen Maßnahme verweigert.

Beweis: Schreiben des Beteiligten zu 2. vom

Die vom Beteiligten zu 2. angegebenen Gründe zur Verweigerung der Zustimmung sind nicht gerechtfertigt. Im einzelnen:

II.

Die Antragstellerin hat den betroffenen Arbeitnehmer am vorläufig eingestellt bzw. eingruppiert. Sie hat dies dem Beteiligten zu 2. unverzüglich mitgeteilt. Der Beteiligte zu 2. hat mit Schreiben vom bestritten, daß die vorläufige Maßnahme dringend erforderlich war. Die von dem Beteiligten zu 2. vertretene Auffassung ist jedoch unzutreffend. Nur dann, wenn die Maßnahme offensichtlich nicht dringend war, darf sie nach der ständigen Rechtsprechung nicht durchgeführt werden,

BAG, Beschl. v. 18.10.1988, AP Nr. 4 zu § 100 BetrVG 1972; Beschl. v. 07.11.1977, AP Nr. 1 zu § 100 BetrVG 1972.

Wie auch immer man zu der Entscheidung der Antragstellerin stehen mag, am Merkmal der Offensichtlichkeit fehlt es in jedem Falle.

## § 8 Kapitel 2: Vertretung von Arbeitgebern

### 6120  3. Muster: Ausschluß eines Betriebsratsmitglieds gemäß § 23 Abs. 1 BetrVG

▼

65 An das Arbeitsgericht

In dem Beschlußverfahren

mit den Beteiligten

1. Firma

— Antragstellerin und Beteiligte zu 1. —

Verfahrensbevollmächtigte:

und

2. Mitglied des Betriebsrats

— Beteiligter zu 2. —

Verfahrensbevollmächtigte:

wegen: Ausschluß aus dem Betriebsrat.

Wir bestellen uns zu Verfahrensbevollmächtigten der Antragstellerin, in deren Namen und Auftrag wir beantragen, wie folgt zu erkennen:

1. Der Beteiligte zu 2. wird aus dem bei dem Antragsteller gebildeten Betriebsrat ausgeschlossen.
2. Der Streitwert wird festgesetzt.

**Gründe:**

I.

66 Die Antragstellerin ist auf dem Gebiet des            tätig. Der Beteiligte zu 2. ist Mitglied des bei der Antragstellerin bestehenden Betriebsrats. Auch bei Zugrundelegung strenger Maßstäbe ist eine weitere ordnungsgemäße Zusammenarbeit mit dem Beteiligten zu 2. auch nur vorübergehend nicht mehr möglich. Im Interesse des Betriebsfriedens und des ordnungsgemäßen Arbeitsablaufs bei dem Antragsteller, auch in der Zusammenarbeit mit dem Beteiligten zu 2., ist es unabdingbar, daß dem Beteiligten zu 2. die weitere Amtsausübung untersagt und der Beteiligte zu 2. aus dem Betriebsrat ausgeschlossen wird.

II.

67 Jegliche konstruktive Zusammenarbeit mit dem Beteiligten zu 2. ist aufgrund des Verhaltens des Beteiligten zu 2. seit einiger Zeit deutlich erschwert worden. Dabei geht es dem Antragsteller nicht darum, daß der Beteiligte zu 2. als Mitglied des Betriebsrats Mitbestimmungsrechte, uU auch intensiv, wahrnimmt. Der Beteiligte zu 2. hat jedoch gegenüber dem Antragsteller und gegenüber den Mitarbeitern beim Antragsteller einen derart unerträglichen Konfrontationskurs eingeschlagen, daß einzelne Verhaltenweisen, aber auch das Verhalten des Beteiligten zu 2. in seiner Gesamtheit, mit dem Leitbild der Zusammenarbeitsgrundsätze in § 2 BetrVG nicht mehr in Einklang zu bringen sind. Dabei hat der Beteiligte zu 2. auch seine Befugnisse als Mitglied des Betriebsrats eklatant überschritten. Der Betriebsfrieden bei dem Antragsteller ist schwer gestört.

Auslösendes Ereignis für den nunmehrigen Antrag bildet folgender Sachverhalt:

Darüber hinaus hat der Beteiligte zu 2. in der Vergangenheit bereits folgendes Verhalten an den Tag gelegt:

III.

68 Das Verhalten des Beteiligten zu 2. in seiner Gesamtheit begründet den Vorwurf grober Pflichtverletzung im Sinne von § 23 Abs. 3 BetrVG.

In der Rechtsprechung sind als grobe Pflichtverletzungen anerkannt die Verletzung der Schweigepflicht, wenn sie wiederholt auftritt oder schwerwiegende Folgen hat,
  BAG, Beschl. v. 05.09.1967, AP Nr. 8 zu § 23 BetrVG.

Die rücksichtslose Preisgabe vertraulicher, unter Ausnutzung oder doch aufgrund der Betriebsratseigenschafts erlangter Informationen an den Arbeitgeber kann eine grobe Pflichtverletzung sein,
  LAG München, Beschl. v. 15.11.1977, DB 1978, 895.

Ebenso bildet die Weitergabe von Gehaltslisten an außerbetriebliche Stellen (beispielsweise an die Gewerkschaft zur Überprüfung der Beitragsehrlichkeit) eine grobe Pflichtverletzung,
  BAG, Beschl. v. 22.05.1959, AP Nr. 3 zu § 23 BetrVG.

Die ungerechtfertigte, gehässige Diffamierung von Betriebsratsmitgliedern, aber auch der Aufruf zu einem wilden Streik oder das Aufwiegeln zur Rebellion sind grobe Pflichtverletzungen,
  LAG Düsseldorf, Beschl. v. 19.08.1977, DB 1977, 2191.

Der grobe Mißbrauch des Betriebsratsamtes zum Schaden des Betriebes und seiner Arbeitnehmer oder zur Bekämpfung der demokratisch gebildeten Gewerkschaften,
  *Fitting/Kaiser/Heither/Engels*, § 23, Rn 19,
gehört zu den groben Pflichtverletzungen ebenso wie die wiederholte parteipolitische Agitation im Betrieb,
  BAG, Beschl. v. 21.02.1978, AP Nr. 1 zu § 74 BetrVG 1972,
oder die Entgegennahme von besonderen, nur dem betreffenden Betriebsratsmitglied zugewandten Vorteilen zum Zwecke der Beeinflußung der Amtsführung oder zur Belohnung einer vorausgegangenen pflichtwidrigen Amtsführung,
  LAG München, Beschl. v. 15.11.1977, DB 1978, 895.

Legt man diese, von der Rechtsprechung entschiedenen Sachverhalte zur Grundlage, nimmt man sie als Maßstab für die Bewertung eines Verhaltens, das als grobe Pflichtverletzung im Sinne von § 23 Abs. 3 BetrVG anzusehen ist, kommt man bei dem vorliegenden Sachverhalt zu folgendem Ergebnis:

Der Anspruch der Antragstellerin auf Beendigung des Betriebsratsmandats des Beteiligten zu 2. folgt bei dieser Sachlage zwingend aus § 23 Abs. 3 BetrVG.

### 4. Muster: Antrag auf Entbindung von der Pflicht zur Weiterbeschäftigung eines Auszubildenden

An das Arbeitsgericht

In der Beschlußsache
mit den Beteiligten

1. Firma , gesetzlich vertreten ,

— Antragstellerin und Beteiligte zu 1. —

Verfahrensbevollmächtigte:

und

2. Auszubildende(n) , gesetzlich vertreten durch

— Antragsgegner(in) und Beteiligte(r) zu 2. —

Verfahrensbevollmächtigte: ,

## § 8 Kapitel 2: Vertretung von Arbeitgebern

3. Betriebsrat der Firma ........, vertreten durch den/die Betriebsratsvorsitzende(n) ........,
zu laden bei der Firma ........

– Beteiligter zu 3. –

4. Jugend- und Auszubildendenvertretung der Firma ........, vertreten durch den/die Vorsitzende(n) der Jugend- und Auszubildendenvertretung ........,
zu laden bei der Firma ........

– Beteiligter zu 4. –

wegen: Beendigung eines Ausbildungsverhältnisses.

Namens und in Vollmacht des Antragstellers beantragen wir im Beschlußverfahren was folgt:

1. Es wird festgestellt, daß ein Arbeitsverhältnis zwischen der Antragstellerin und dem/der Antragsgegner(in) nach Ablauf der Ausbildungszeit am ........ nicht begründet wird.
2. Der Streitwert wird festgesetzt.

**Gründe:**

I.

Die Antragstellerin ist tätig auf dem Gebiet des ........ . Sie beschäftigt ........ Arbeitnehmer, darunter ........ Auszubildende. Bei ihr besteht ein Betriebsrat. Dieser hat ........ Mitglieder. Betriebsratsvorsitzende(r) ist ........ . Die Jugend- und Auszubildendenvertretung hat ........ Mitglieder. Deren Vorsitzende(r) ist ........ .

Die Antragstellerin hat mit dem/der Antragsgegner(in) einen Ausbildungsvertrag über die Ausbildung zum ........ abgeschlossen.

Es war eine Ausbildungszeit vom ........ bis ........ vorgesehen. Das Ausbildungsverhältnis endet mithin voraussichtlich am ........ . Der Prüfungstermin ist am ........ .

Der/Die Antragsgegner(in) ist seit dem ........ Mitglied der Jugend- und Auszubildendenvertretung. Die Antragstellerin hat dem/der Antragsgegner(in) bereits am ........ mitgeteilt, daß sie nicht beabsichtigt, mit ihm/ihr ein Arbeitsverhältnis einzugehen. Der/Die Antragsgegner(in) hat mit Schreiben vom ........ seine/ihre Weiterbeschäftigung verlangt.

Der Antragstellerin kann unter Berücksichtigung aller Umstände die Weiterbeschäftigung des Antragsgegners/der Antragsgegnerin nicht zugemutet werden.

II.

Der Betrieb der Antragstellerin hat in jüngster Zeit folgende Entwicklung genommen ........ . In letzter Zeit hat sich der Stellenplan wie folgt entwickelt ........ . Personell besteht damit gegenwärtig ein Überhang und eine frei werdende Stelle ist nicht absehbar.

▲

## 5. Muster: Antrag im Beschlußverfahren auf Ersetzung der Zustimmung des Betriebsrats zur Kündigung

▼

An das Arbeitsgericht

In der Beschlußsache

mit den Beteiligten

1. Firma         , gesetzlich vertreten         ,

– Antragstellerin und Beteiligte zu 1. –

Verfahrensbevollmächtigte:

und

2. Betriebsrat der Firma         , vertreten durch den/die Betriebsratsvorsitzende(n)         , ebenda

– Beteiligter zu 2. –

Verfahrensbevollmächtigte:         ,

wegen: Ersetzung der Zustimmung des Betriebsrates zur Kündigung eines Betriebsratsmitgliedes.

Wir bestellen uns zu Verfahrensbevollmächtigten der Antragstellerin und beantragen namens und in Vollmacht des Antragstellers:

1. Die Zustimmung des Betriebsrats zur Kündigung des Betriebsratsmitglieds         , wird ersetzt.
2. Der Streitwert wird festgesetzt.

**Gründe:**

Die Antragstellerin ist ein Unternehmen für         . Sie beschäftigt rd.         Arbeitnehmer. Der Antragsgegner ist der Betriebsrat der Antragstellerin.

Die Antragstellerin beabsichtigt, dem Beteiligten außerordentlich zu kündigen. Dieser ist seit dem         bei der Antragstellerin als         beschäftigt. Er ist         Jahre alt, verheiratet und hat         Kinder. Seit dem         gehört er dem Betriebsrat an.

Die Antragstellerin hat mit Schreiben vom         bei dem Antragsgegner um Zustimmung zur außerordentlichen Kündigung gebeten. Der Antragsgegner hat in der Sitzung vom         beschlossen, die Zustimmung nicht zu erteilen und dies der Antragstellerin mit Schreiben vom         mitgeteilt.

Der Antragsgegner hat die Zustimmung zu Unrecht verweigert; für die außerordentliche Kündigung besteht ein wichtiger Grund (§ 626 BGB).

▲

## 6. Muster: Kein allgemeiner Unterlassensanspruch des Betriebsrats bei Verstoß gegen Unterrichtungspflicht bei Bildungsmaßnahmen

▼

In dem Beschlußverfahren
betreffend die Beteiligten

Betriebsrat

— Antragsteller und Beteiligter zu 1. —

Verfahrensbevollmächtigte:

gegen

— Antragsgegnerin und Beteiligte zu 2. —

Verfahrensbevollmächtigte:

Wir werden beantragen,
1. die Anträge zurückzuweisen.
2. den Gegenstandswert festzusetzen.

**Begründung:**

I.

Der Antragsteller schildert den Sachverhalt im wesentlichen zutreffend.

Der Beteiligte zu 2. hat sich immer bereiterklärt, den Antragsteller über alle inner- und außerbetrieblichen Maßnahmen im Sinne der §§ 96 bis 98 BetrVG ordnungsgemäß zu unterrichten.

Der Beteiligte zu 2. unterrichtet den Antragsteller über langfristig geplante inner- und außerbetriebliche Bildungsmaßnahmen frühzeitig, dh zu Jahresbeginn, wenn zu diesem Zeitpunkt bereits die Bildungsmaßnahmen bekannt sind. Über die übrigen, dh kurzfristiger geplanten Bildungsmaßnahmen berichtet der Antragsgegner dem Antragsteller jeweils in den Monatsgesprächen vorab. Dies entspricht den gesetzlichen Anforderungen, die das Betriebsverfassungsgesetz an die Unterrichtungspflicht des Arbeitgebers gegenüber dem Betriebsrat stellt.

vgl. *von Hoyningen-Huen*e, BetrVG, S. 228

II.

Die Unterlassungsanträge des Beteiligten zu 1. sind unbegründet und dementspechend auch der Antrag auf Androhung eines Ordnungsgeldes.

1. Der Antragsteller beantragt, dem Beteiligten zu 2. aufzugeben, es zu unterlassen, innerbetriebliche Bildungsmaßnahmen gemäß § 98 Abs. 1, Abs. 6 BetrVG ohne vorherige Information und Zustimmung bzw. einen die Zustimmung ersetzenden Spruch der Einigungsstelle durchzuführen. Zwar steht dem Antragsteller bezüglich innerbetrieblicher Bildungsmaßnahmen gemäß § 98 Abs. 1, Abs. 6 BetrVG ein Mitbestimmungsrecht zu, hieraus folgt jedoch kein Anspruch des Antragstellers auf Unterlassung mitbestimmungswidriger Maßnahmen.

Einen allgemeinen Unterlassungsanspruch des Betriebsrats im Sinne eines negatorischen Rechtsschutzes sieht das Betriebsverfassungsgesetz nicht vor. Ein Unterlassungsanspruch ist nach dem Betriebsverfassungsgesetz gemäß § 23 Abs. 3 Satz 1 BetrVG vielmehr nur in den Fällen begründet, in denen grobe Verstöße des Arbeitgebers gegen seine Verpflichtungen aus dem Betriebsverfassungsgesetz gegeben sind. Hieraus folgt im Umkehrschluß, daß ein allgemeiner Unterlassungsanspruch, dh auch ohne grobe Verstöße des Arbeitgebers im Sinne von § 23 Abs. 3 Satz 1 BetrVG, nicht existiert.

Ein allgemeiner Unterlassungsanspruch des Betriebsrats, der im vorliegenden Fall erforderlich wäre, wird auch nicht durch die neue Rechtsprechung des ersten Senats des Bundesarbeitsgerichts anerkannt. In den Beschlüssen des ersten Senats vom 06.12.1994 sowie vom 03.05.1994 hat das Bundesarbeitsgericht lediglich für einzelne Fallkonstellationen innerhalb des § 87 BetrVG einen außerhalb des § 23 Abs. 3 BetrVG existierenden Unterlassungsanspruch des Betriebsrats anerkannt. Einen allgemeinen, dh für alle Fälle der Verletzung des Mitbestimmungsrechts existierenden Unterlassungsanspruch hat das Bundesarbeitsgericht bisher nicht anerkannt. Bereits im Beschluß des ersten Senats vom 03.05.1994, DB 1994, S. 2450 (2451) heißt es,

„Es ist daher nicht widersprüchlich, einen Unterlassungsanspruch bei Verstößen gegen § 87 BetrVG zu bejahen, ihn aber im Zusammenhang mit der Mitbestimmung bei personellen Einzelmaßnahmen oder in wirtschaftlichen Angelegenheiten zu verneinen."

Diese Negation eines allgemeinen Unterlassungsanspruchs bestätigt die weitere Entscheidung des ersten Senats vom 06.12.1994, NZA 1995, S. 488 (488). Der erste Senat führt in dieser Entscheidung aus (aaO, S. 488, rechte Spalte):

„Aus den für die Annahme eines Unterlassungsanspruchs des Betriebsrats im Bereich des § 87 BetrVG maßgeblichen Gründen ergibt sich nicht zwingend ein allgemeiner Unterlassungsanspruch, der auch gegen die Verletzung anderer Mitbestimmungsrechte geltend gemacht werden kann."

Ein außerhalb von § 23 Abs. 3 BetrVG existierender allgemeiner Unterlassungsanspruch ist nach der Rechtsprechung des Bundesarbeitsgerichts also nur in besonderen Ausnahmefällen anerkannt worden. Als solche Ausnahmefälle hat das Bundesarbeitsgericht bisher nur Unterfälle des § 87 BetrVG anerkannt.

2. Der Antrag des Antragstellers, wonach es dem Antragsgegner untersagt werden soll, außerbetriebliche Bildungsmaßnahmen durchzuführen, ohne den Antragsteller zuvor über die Teilnehmer zu informieren und ihm Gelegenheit zur Stellungnahme hierzu zu geben, ist ebenfalls unbegründet.

Unabhängig davon, daß ein allgemeiner Unterlassungsanspruch des Betriebsrats nach wie vor nicht existiert, ist dieser jedenfalls nach der Rechtsprechung des Bundesarbeitsgerichts auf die Fälle beschränkt, in denen dem Betriebsrat ein Mitbestimmungsrecht zusteht. Dies ist bezüglich der außerbetrieblichen Bildungsmaßnahmen bereits nach dem Vortrag des Antragstellers nicht der Fall. Bezüglich der außerbetrieblichen Bildungsmaßnahmen hat der Arbeitgeber mit dem Betriebsrat lediglich über die Teilnahme an außerbetrieblichen Bildungsmaßnahmen zu beraten, § 97 BetrVG. Ein erzwingbares Mitbestimmungsrecht steht dem Antragsteller vorliegend diesbezüglich also nicht zu. Die Verletzung eines erzwingbaren Mitbestimmungsrechts des Betriebsrats ist jedoch nach der Rechtsprechung des Bundesarbeitsgerichts Voraussetzung für die Anerkennung des „allgemeinen Unterlassungsanspruchs".

vgl. BAG, DB 1994, S. 2450 (2451, rechte Spalte)

# § 8 Kapitel 2: Vertretung von Arbeitgebern

## 7. Muster: Unterlassungsverfügung gegen Betriebsratswahl

73 An das Arbeitsgericht

*Antrag auf Erlaß einer einstweiligen Verfügung*

In dem Beschlußverfahren

mit den Beteiligten

1. Der Firma

– Antragstellerin und Beteiligte zu 1. –

Verfahrensbevollmächtigte:

und

2. dem aus folgenden Mitarbeiterinnen und Mitarbeitern bestehenden Wahlvorstand für die Wahl zum Betriebsrat der Firma
   1. 
   2. 
   3. 

– Beteiligter zu 2. –

Verfahrensbevollmächtigte:

Wir bestellen uns zu Verfahrensbevollmächtigten des Antragstellers und beantragen – wegen der Dringlichkeit ohne vorherige mündliche Verhandlung – wie folgt zu beschließen:

1. Dem Beteiligten zu 2. wird aufgegeben, es zu unterlassen, die Wahl zu einem Betriebsrat in der Firma des Antragstellers fortzuführen.
2. Für jeden Fall der Zuwiderhandlung gegen die Verpflichtung aus Nummer 1 wird dem Beteiligten zu 2. – bezogen auf jeden Tag der Fortsetzung des Wahlverfahrens – ein Ordnungsgeld, dessen Höhe in das Ermessen des Gerichts gestellt wird, ersatzweise Ordnungshaft, angedroht.
3. Der Streitwert wird festgesetzt.

**Gründe:**

**I.**

1. Der Beteiligte zu 2. ist der gegenwärtig bei dem Antragsteller bestehende Wahlvorstand, der gem. Schreiben vom          die Wahl zum Betriebsrat eingeleitet hat.

Glaubhaftmachung: Schreiben vom

Das Betriebsrats-Wahlverfahren läuft gegenwärtig und ist noch nicht zum Abschluß gekommen.

Glaubhaftmachung:

2. Das Wahlverfahren leidet an mehreren schwerwiegenden Mängeln:

Es besteht daher ein Verfügungsanspruch des Antragstellers auf Unterlassung der Fortsetzung der an schwerwiegenden Mängeln leidenden Betriebsratswahl.

**II.**

Der Antragsteller hat auch einen Verfügungsgrund.

Im allgemeinen wird die Auffassung vertreten, auch wenn mögliche Anfechtungsgründe bestehen, solle in ein laufendes Betriebsratswahlverfahren nicht durch den Erlaß einer einstweiligen Verfügung eingegriffen werden,

LAG München, Beschl. v. 14.04.1987, DB 1988, 347; LAG Baden-Württemberg, Beschl. v. 13.04.1994, DB 1994, 109.

Dagegen wird die Auffassung vertreten, daß eine Abwägung vorzunehmen sei zwischen dem Gebot der Gewährung effektiven Rechtsschutzes einerseits und dem Verbot des Eingriffs in betriebsverfassungsrechtliche Rechte von Arbeitnehmern andererseits. Weist das Wahlverfahren einen Mangel auf, der zur Nichtigkeit der Wahl führen würde, halten es eine Reihe von Landesarbeitsgerichten für vertretbar, durch einstweilige Verfügung die Wahl vorläufig zu unterbinden und damit auch einen vorübergehend betriebsratslosen Zustand herbeizuführen,

> LAG Köln, Beschl. v. 05.07.1987, DB 1987, 1996; LAG Köln, Beschl. v. 27.12.1989, AiB 1990, 421; LAG Hessen, Beschl. v. 12.03.1998, NZA-RR 1998, 544.

Nach überwiegender Auffassung besteht daher ein Verfügungsgrund, wenn aufgrund der Wahlnichtigkeit ein Betriebsrat als von Anfang an nicht existent angesehen würde.

Das hessische LAG macht noch eine Einschränkung, die sich auf die Existenz eines noch bestehenden Betriebsrats bezieht. Immer dann, wenn kein betriebsratsloser Zustand durch den Erlaß einer einstweiligen Verfügung droht, besteht ein Verfügungsanspruch auf seiten des Arbeitgebers.

## 8. Muster: Zurückweisung eines Globalantrags

An das Arbeitsgericht

In dem Beschlußverfahren

mit den Beteiligten

1. Betriebsrat der Firma

– Antragsteller und Beteiligter zu 1. –

Verfahrensbevollmächtigte:

und

2. Firma

– Beteiligte zu 2. –

Verfahrensbevollmächtigte:

Wir bestellen uns zu Verfahrensbevollmächtigten der Beteiligten zu 2. und beantragen, einen möglichst frühen Anhörungstermin anzuberaumen, in dem wir beantragen zu erkennen:

1. Der Antrag wird zurückgewiesen.
2. Der Streitwert wird festgesetzt.

**Gründe:**

Der Antrag im Schriftsatz des Antragstellers ist unzulässig. Es handelt sich um einen zu weit gefaßten Antrag, der Fallgestaltungen einschließt, bei denen das vom Beteiligten zu 1. in Anspruch genommene Recht nicht besteht. In derartigen Fällen handelt es sich um einen unzulässigen Globalantrag und der Antrag ist zurückzuweisen,

> BAG, Beschl. v. 10.03.1992, AP Nr. 1 zu § 77 BetrVG 1972, Regelungsabrede.

Beim unbegründeten Globalantrag geht es um den qualitativen Umfang des Streitgegenstandes, der Antrag ist zu weit gefaßt. Dem Betriebsrat würden im Obsiegensfalle Rechtspositionen eingeräumt, die zu seinen Gunsten nach dem Wortlaut des Gesetzes nicht bestehen. Solange der Antragsteller keine Einschränkungen beim Globalantrag vornimmt,

> siehe hierzu *Matthes*, DB 1984, 453,

bleibt sein Antrag unzulässig. Globalanträge wie zu unbestimmte Anträge lassen sich nicht ohne Durchführung eines weiteren Erkenntnisverfahrens vollstrecken.

### 9. Muster: PC-Schulung von Betriebsräten bedeutet keine notwendigen Kosten bei fehlendem aktuellem Anlaß

Nach ständiger Rechtsprechung des BAG ist die Vermittlung von Kenntnissen und Fähigkeiten nur dann für die Betriebsratsarbeit erforderlich, wenn der Betriebsrat sie unter Berücksichtigung der konkreten betrieblichen Situation benötigt, um seine derzeitigen oder demnächst anfallenden Arbeiten sachgerecht wahrnehmen zu können. Dazu bedarf es der Darlegung eines aktuellen oder absehbaren betrieblichen oder betriebsratsbezogenen Anlasses, aus dem sich der Schulungsbedarf ergibt. Lediglich bei erstmals gewählten Betriebsratsmitgliedern wird auf eine nähere Darlegung der Schulungsbedürftigkeit verzichtet, wenn es sich um die Vermittlung von Grundkenntnissen im Betriebsverfassungsrecht oder im allgemeinen Arbeitsrecht handelt.

In diesem Sinne sind Kosten für eine Betriebsratsschulung am PC zur Erledigung von Betriebsratsaufgaben ohne aktuellen oder absehbaren betriebsratsbezogenen Anlaß nicht vom Arbeitgeber gemäß § 40 Abs. 1 BetrVG zu tragen,
BAG, Beschl. v. 19.07.1995, DB 1995, 2378.

# Kapitel 3: Statusneutrale Schriftsätze

## A. Erläuterungen

Im nachfolgenden Kapitel können die Schriftsatzmasken für Arbeitgeber und Betriebsrat ausgetauscht werden. Es ist also gleichgültig, ob Antragsteller der Arbeitgeber oder der Betriebsrat ist.

## B. Schriftsätze

### 1. Muster: Bestellung eines Einigungsstellenvorsitzenden und der Beisitzer durch Arbeitgeber – Antrag wegen Versuchs eines Interessenausgleichs

An das Arbeitsgericht

In dem Beschlußverfahren

mit den Beteiligten

1. Firma

– Antragstellerin und Beteiligte zu 1. –

Verfahrensbevollmächtigte:

und

2. Betriebsrat der Firma

– Beteiligter zu 2. –

Verfahrensbevollmächtigte:

Wir bestellen uns zu Verfahrensbevollmächtigten der Antragstellerin, in deren Namen und Auftrag wir beantragen, wie folgt zu erkennen:

1. Es wird beantragt, Herrn Richter zum Vorsitzenden einer Einigungsstelle zu bestellen.
2. Es wird beantragt, die Zahl der von jeder Seite zu benennenden Beisitzer für die im Antrag Ziff. 1 erwähnte Einigungsstelle auf zwei Mitglieder zu begrenzen.
3. Der Streitwert wird festgesetzt.

**Gründe:**

I.

Der Beteiligte zu 2. ist der gewählte Betriebsrat bei der Antragstellerin. Die Antragstellerin beabsichtigt, eine Betriebsänderung gemäß § 111 BetrVG durchzuführen. Zu diesem Zweck hat sie seit zwei Monaten Verhandlungen mit dem Beteiligten über einen Interessenausgleich geführt. Diese Verhandlungen haben keinen Erfolg gehabt.

Beweis:

Nunmehr unternimmt die Antragstellerin gemäß § 113 Abs. 3 Sätze 3 und 4 BetrVG den Versuch eines Interessenausgleichs im Rahmen einer Einigungsstelle.

## Kapitel 3: Statusneutrale Schriftsätze

### II.

In den Vorgesprächen konnten sich die Parteien nicht auf die Person des Einigungsstellenvorsitzenden einigen. Die Antragstellerin hatte Herrn Richter am Arbeitsgericht vorgeschlagen. Der Betriebsrat war mit der Person dieses Richters nicht einverstanden und schlug stattdessen Herrn Richter am Arbeitsgericht vor. Einvernehmen zwischen den Parteien konnte über beide Kandidaten nicht erzielt werden.

Wir halten es für eine Stilfrage, uns nicht an einer Diskussion über die Vor- und Nachteile der einzelnen Richterpersönlichkeiten zu beteiligen. Eine Begründung des Antrags Ziff. 1 muß damit unserer Auffassung nach entfallen.

Aus den Vorgesprächen wissen wir, daß der Beteiligte zu 2. eine Besetzung der Einigungsstelle mit dem Betriebsratsvorsitzenden, dem Anwalt des Betriebsrats und einem Gewerkschaftssekretär wünscht. Wir halten diese Besetzung schon allein aus Kostengründen für überzogen. Der Arbeitgeber müßte in diesem Falle die Kosten sowohl des nicht betriebsangehörigen Gewerkschaftssekretärs als auch des Rechtsanwalts als Mitglied der Einigungsstelle tragen. Hierzu besteht keine Notwendigkeit, insbesondere im Hinblick auf einen Interessenausgleich, den der Arbeitgeber gemäß § 112 Abs. 3 Satz 2 BetrVG nur zu versuchen hat, können angesichts der gegenwärtigen Ertragslage der Antragstellerin, die die Betriebsänderung erforderlich macht, keine überflüssigen Kosten übernommen werden. Die Kosten zweier, nicht betriebsangehöriger Mitglieder einer Einigungsstelle sind solche überflüssigen Kosten, weshalb die Beschränkung auf zwei Beisitzer mit dem Antrag Ziff. 2 begehrt wird.

### 2. Muster: Bestellung eines Einigungsstellenvorsitzenden durch Betriebsratantrag wegen Mitarbeiter-Beschwerden

**78** Arbeitsgericht

Antrag auf Errichtung einer Einigungsstelle

in dem Beschlußverfahren

mit den Beteiligten

1. Betriebsrat

– Beteiligter zu 1. –

Verfahrensbevollmächtigte:

und

2. 

– Beteiligter zu 2. –

Wir bestellen uns zu Verfahrensbevollmächtigten des Antragstellers, in dessen Namen und Auftrag wir um kurzfristige Anberaumung eines Termins bitten. Wir werden beantragen:

1. Der Richter am Arbeitsgericht wird zum Vorsitzenden der Einigungsstelle zur Behandlung der Beschwerden der Mitarbeiter vom bestellt.
2. Die Zahl der von jeder Seite zu benennenden Beisitzer wird auf zwei festgesetzt.
3. Der Streitwert wird festgesetzt.

**Gründe:**

I.

Die Beteiligte zu 2. ist ein Unternehmen auf dem Gebiet . Der Beteiligte zu 1. ist der Betriebsrat der Beteiligten zu 2.

## § 8 Schriftsätze im arbeitsgerichtlichen Beschlußverfahren

Die Beteiligten streiten über die Berechtigung der von den im Antrag zu 1. genannten Mitarbeitern erhobenen schriftlichen Beschwerden vom _____. Sämtliche Mitarbeiter gehören dem Arbeitsbereich _____ an. Sie hatten sich beim Betriebsrat über _____ und die damit verbundene, nicht mehr zumutbare Arbeitsbelastung beschwert.

Beweis: Vorlage der Beschwerdeschreiben vom _____ als Anlage K 1.

Mit Schreiben vom _____ hat der Beteiligte zu 1. die Beschwerden unterstützt und die Beteiligte zu 2. aufgefordert, auf Abhilfe hinzuwirken.

Beweis: Vorlage des Schreibens vom _____ in Kopie als Anlage K 2.

Am _____ und am _____ haben daraufhin zwei Besprechungen zwischen den betroffenen Mitarbeitern, dem Beteiligten zu 1. und der Beteiligten zu 2. stattgefunden.

In diesen Besprechungen wurden zwar _____. Abhilfe im Hinblick auf die den Gegenstand der Beschwerde der einzelnen Mitarbeiter bildenden Umstände wurde jedoch nicht geschaffen. Den Beschwerden der Mitarbeiter wurde nicht in einem Falle abgeholfen. Der Beteiligte zu 1. hat in seiner Sitzung am _____ noch einmal festgestellt, daß die Beschwerden der Mitarbeiter zu Recht bestehen. Er hat außerdem beschlossen, die Beschwerden weiterzuverfolgen. Dies hat er der Beteiligten zu 2. auch mit Schreiben vom _____ mitgeteilt.

Beweis: Vorlage des Schreibens vom _____ in Kopie als Anlage K 3.

Weiterhin hat der Beteiligte zu 1. den Unterzeichner beauftragt, das Einigungsstellenverfahren einzuleiten. Mit Schriftsatz des Unterzeichners vom _____ ist die Einigungsstelle angerufen und Richter am Arbeitsgericht _____ als Vorsitzender der Einigungsstelle vorgeschlagen worden.

Beweis: Vorlage des Schreibens vom _____ in Kopie als Anlage K 4.

Unter dem _____ lehnte die Beteiligte zu 2. die Bildung einer Einigungsstelle ab.

Beweis: Vorlage des Schreibens vom _____ in Kopie als Anlage K 5.

**II.**

Mit vorliegendem Antrag begehrt der Beteiligte zu 1. die Bestellung des Vorsitzenden der Einigungsstelle und die Festsetzung der Zahl der Beisitzer für die nach § 85 Abs. 2 Satz 1 BetrVG zuständige Einigungsstelle.

Gemäß § 98 Abs. 1 Satz 1 können Anträge auf Bestimmung des Vorsitzenden und der Anzahl der Beisitzer wegen fehlender Zuständigkeit zurückgewiesen werden, wenn die Einigungsstelle offensichtlich unzuständig ist.

Offensichtlich unzuständig ist die Einigungsstelle dann, wenn sich die zu regelnde Frage rechtlich nicht in den Zuständigkeitsbereich einordnen läßt; die beizulegende Streitigkeit zwischen Arbeitgeber und Betriebsrat darf sich bei fachkundiger Beurteilung durch das Gericht sofort erkennbar nicht unter einen mitbestimmungspflichtigen Tatbestand des Betriebsverfassungsgesetzes subsumieren lassen,
   LAG Schleswig-Holstein, Beschl. v. 21.12.1989, NZA 1990, S. 703; *Germelmann/Matthes/Prütting*, ArbGG, § 98, Rn 11.

Das ist der Fall, wenn eine Beschwerde im Sinne des § 85 BetrVG nicht vorliegt. Das ist auch der Fall, wenn es sich bei dem Gegenstand der Beschwerde um einen Rechtsanspruch im Sinne des § 85 Abs. 2 Satz 3 BetrVG handelt.

Der Begriff der Beschwerde setzt voraus, daß der Beschwerdeführer eine Beeinträchtigung aus dem Arbeitsverhältnis mitteilt, hierzu Tatsachen angibt und Abhilfe begehrt. Der Beschwerdeführer muß geltend machen, in seiner individuellen Position beeinträchtigt zu sein. Er kann nicht geltend machen, daß Arbeitskollegen benachteiligt oder ungerecht behandelt werden, oder sich allgemein über Mißstände im Betrieb beschweren, da ein Recht zur Popularbeschwerde nicht besteht,
   LAG Schleswig-Holstein, Beschl. v. 21.12.1989, NZA 1990, S. 703; *Richardi*, BetrVG, § 84, Rn 4.

## § 8 Kapitel 3: Statusneutrale Schriftsätze

Nach diesen Grundsätzen ist die hier angerufene Einigungsstelle nicht offensichtlich unzuständig im Sinne des § 98 Abs. 1 Satz 2 ArbGG, weil Beschwerden im Sinne der §§ 84, 85 BetrVG vorliegen, über deren Berechtigung die Einigungsstelle zu entscheiden hat.

### 3. Muster: Bestellung eines Einigungsstellenvorsitzenden durch Betriebsrat – Antrag wegen mitbestimmungspflichtiger Maßnahmen

An das Arbeitsgericht

In dem Beschlußverfahren
mit den Beteiligten

1. Betriebsrat

– Antragsteller und Beteiligter zu 1. –

Verfahrensbevollmächtigte:

und

2.

– Beteiligte zu 2. –

Verfahrensbevollmächtigte:

Wir bestellen uns zu Verfahrensbevollmächtigten des Antragstellers. Namens und in Vollmacht des Antragstellers beantragen wir,

1. einen Vorsitzenden der Einigungsstelle gemäß § 76 BetrVG zu bestellen. Die Einigungsstelle soll über          entscheiden.
2. Der Streitwert wird festgesetzt.

**Gründe:**

I.

Bei der Beteiligten zu 2. handelt es sich um eine Firma auf dem Gebiet          . Der Antragsteller ist der Betriebsrat der Beteiligten zu 2. Die Beteiligte zu 2. plant folgende mitbestimmungspflichtige Maßnahmen:          .

Der Antragsteller hat mit der Beteiligten zu 2. Gespräche am          geführt. Diese Gespräche sind ergebnislos verlaufen.

Beweis: ·

Bei dieser Sachlage ist die Einigungsstelle anzurufen und ein Einigungsstellenverfahren gemäß § 76 BetrVG durchzuführen.

II.

In den Vorgesprächen haben sich der Antragsteller und die Beteiligte zu 2. darüber unterhalten, wer den Vorsitz in der Einigungsstelle übernehmen soll. Eine Einigung konnte nicht erzielt werden. Deshalb muß zur Besetzung der Einigungsstelle gemäß § 68 ArbGG gerichtliche Hilfe in Anspruch genommen werden.

## 4. Muster: Anfechtung einer Betriebsratswahl

1. Die Betriebsratswahl vom           wird für unwirksam erklärt.
2. Der Streitwert wird festgesetzt.

**Gründe:**
1. Der Antrag ist zulässig, da er binnen zwei Wochen nach Bekanntgabe des Wahlergebnisses gestellt ist, § 19 Abs. 2 BetrVG.

   Die Antragsteller sind auch antragsbefugt, denn die Antragsbefugnis liegt bei einer im Betrieb vertretenen Gewerkschaft, beim Arbeitgeber oder bei mindestens drei wahlberechtigten Arbeitnehmern, § 19 Abs. 2 BetrVG.

2. Am           fand die Betriebsratswahl statt. Das Wahlergebnis wurde am           durch den Wahlvorstand bekanntgegeben. Das Wahlergebnis wurde falsch ermittelt:

## 5. Muster: Ermessensfehler bei undifferenzierter Festsetzung von Abfindungen im Sozialplan durch Spruch einer Einigungsstelle

1. Der Beschluß der Einigungsstelle vom           über den Sozialplan           ist unwirksam.
2. Der Streitwert wird festgesetzt.

**Gründe:**
1. Nachdem sich die Beteiligten nicht über den Wortlaut eines Sozialplans im Rahmen von Sozialplanverhandlungen einigen konnten, wurde eine Einigungsstelle gebildet. Die Einigungsstelle tagte am           und am           .

   Am           wurde ein Sozialplan beschlossen.

   Beweis:

2. Der verabschiedete Sozialplan sieht unter Ziff.           vor, daß bei jedem Arbeitnehmer, dessen Arbeitsverhältnis wegen der Rationalisierungsmaßnahme aufgelöst wurde bzw. aufgelöst wird, eine Abfindung in Höhe von           % des Bruttomonatsgehalts pro Beschäftigungsjahr gezahlt wird.

   Beweis:     Vorlage des Sozialplans.

   Der Beschluß der Einigungsstelle über den Sozialplan ist unwirksam, weil sich die Einigungsstelle nicht innerhalb der Ermessensgrenzen bewegt hat.

   a) Zwar ist die Einigungsstelle grundsätzlich in den Grenzen von Recht und Billigkeit frei, darüber zu entscheiden, ob und welche Nachteile der Arbeitnehmer, die der Verlust des Arbeitsplatzes infolge einer sozialplanpflichtigen Betriebsänderung mit sich bringt, durch eine Abfindung ausgeglichen oder gemildert werden soll,
       BAG, Beschl. v. 28.09.1988, DB 1989, 48.

      Mit dem durch das Beschäftigungsförderungsgesetz ab 01.05.1985 eingeführten § 112 Abs. 5 BetrVG sind der Einigungsstelle jedoch Leitlinien für die Ermessensentscheidung vorgegeben worden, deren Nichtbeachtung den von der Einigungsstelle beschlossenen Sozialplan ermessensfehlerhaft macht. Die Einigungsstelle hat demnach nicht nur die sozialen Belange der betroffenen Arbeitnehmer zu berücksichtigen und auch die wirtschaftliche Vertretbarkeit ihrer Entscheidung für das Unternehmen zu achten, sondern insbesondere den Gegebenheiten des konkreten Einzelfalles Rechnung zu tragen, die Aussichten der betroffenen Arbeitnehmer auf dem Arbeitsmarkt zu berücksichtigen und diejenigen Arbeitnehmer, die eine zumutbare Weiterbeschäftigung ablehnen, von Leistungen aus dem Sozialplan auszuschließen (§ 112 Abs. 5 Nr. 2 BetrVG) sowie bei der Bemessung des Gesamtbetrages der Sozialplanleistungen darauf zu achten, daß der Fortbestand des Unternehmens oder die nach Durchführung der Betriebsänderung verbleibenden Arbeitsplätze nicht gefährdet werden (§ 112 Abs. 5 Nr. 3 BetrVG).

Diesen Anforderungen entspricht der von der Einigungsstelle beschlossene Sozialplan nicht. Die Einigungsstelle muß sich darum bemühen, den Ausgleich feststellbarer oder zu erwartender materieller Einbußen des Arbeitnehmers im Einzelfall zu berücksichtigen und sie darf deshalb keine allein generell pauschale Abfindungssummen festsetzen,
 BTDrs. 10/2102, S. 17.

Es stellt deshalb eine Ermessensüberschreitung dar, wenn unabhängig von den individuellen Gegebenheiten der Arbeitnehmer Pauschalabfindungen festgesetzt werden,
 BAG, Beschl. v. 14.09.1994, DB 1995, 430; Beschl. v. 26.05.1988, DB 1988, 2154.

## 6. Muster: Beschwerde

6220

An das Landesarbeitsgericht

In dem Beschlußverfahren
mit den Beteiligten

1.

– Antragsteller und Beschwerdeführer –

Verfahrensbevollmächtigte:

und

2.

– Antragsgegner und Beschwerdegegner –

Verfahrensbevollmächtigte:

und

3.

– Beteiligter zu 3. –

wegen:

zeigen wir an, daß wir den Antragsteller und Beschwerdeführer auch in der Beschwerdeinstanz vertreten.

Gegen den Beschluß des Arbeitsgerichts   vom  , Aktenzeichen  , zugestellt am  , legen wir

*Beschwerde*

ein.

Rubrum und Tenor des angefochtenen Beschlusses fügen wir in Abschrift bei.

Wir werden beantragen:

1. Der Beschluß des Arbeitsgerichts        vom        , Aktenzeichen        , wird abgeändert.
2. Es wird beantragt, nach dem Schlußantrag im Anhörungstermin zu entscheiden.

Die Begründung erfolgt in einem gesonderten Schriftsatz.

### 7. Muster: Bestellungsschriftsatz im Beschwerdeverfahren

An das Landesarbeitsgericht

In dem Beschlußverfahren
mit den Beteiligten

1. 

— Antragsteller und Beschwerdeführer —

Verfahrensbevollmächtigte:

und

2. 

— Antragsgegner und Beschwerdegegner —

Verfahrensbevollmächtigte:

und

3. 

— Beteiligter zu 3. —

wegen:

zeigen wir an, daß wir den Antragsgegner und Bescherdegegner auch in der Beschwerdeinstanz vertreten.

Wir werden beantragen:

Der Beschluß des Arbeitsgerichts        vom        , Aktenzeichen        , bleibt aufrechterhalten.

Die Begründung erfolgt in einem gesonderten Schriftsatz.

# § 8 Kapitel 3: Statusneutrale Schriftsätze

## 8. Muster: Rechtsbeschwerde

An das Bundesarbeitsgericht

In dem Beschlußverfahren
mit den Beteiligten

1.

— Antragsteller und Rechtsbeschwerdeführer —

Verfahrensbevollmächtigte:

und

2.

— Antragsgegner und Rechtsbeschwerdegegner —

Verfahrensbevollmächtigte:

und

3.

— Beteiligte zu 3. —

wegen:

zeigen wir an, daß wir den Antragsteller und Rechtsbeschwerdeführer auch in der Rechtsbeschwerdeinstanz vertreten.

Gegen den Beschluß des Landesarbeitsgerichts        vom        , Aktenzeichen        , zugestellt am        , legen wir

*Rechtsbeschwerde*

ein.

Rubrum und Tenor des angefochtenen Beschlusses werden, wie auch die Durchschriften dieses Schriftsatzes, in siebenfacher Ausfertigung beigefügt.

Wir werden beantragen,

1. der Beschluß des Landesarbeitsgerichts        vom        , Aktenzeichen        , wird abgeändert.
2. Es wird beantragt, nach den Schlußanträgen II. Instanz zu entscheiden.

Die Begründung bleibt einem gesonderten Schriftsatz vorbehalten.

## 9. Muster: Bestellungsschreiben im Verfahren der Rechtsbeschwerde

An das Bundesarbeitsgericht

In dem Beschlußverfahren
mit den Beteiligten

1.
— Antragsteller und Rechtsbeschwerdeführer —

Verfahrensbevollmächtigte:

und

2.
— Antragsgegner und Rechtsbeschwerdegegner —

Verfahrensbevollmächtigte:

und

3.
— Beteiligte zu 3. —

wegen:

zeigen wir an, daß wir den Antragsgegner und Rechtsbeschwerdegegner auch in der Rechtsbeschwerdeinstanz vertreten.

Die Durchschriften dieses Schriftsatzes werden in siebenfacher Ausfertigung beigefügt.

Wir werden beantragen,

der Beschluß des Landesarbeitsgerichts       vom       , Aktenzeichen       , wird bestätigt.

Die Begründung bleibt einem gesonderten Schriftsatz vorbehalten.

## 10. Muster: Zwangsvollsteckung wegen einer unvertretbaren Handlung

An das Arbeitsgericht

In dem Rechtsstreit
./.

wegen: Vornahme einer Handlung

übersenden wir die vollstreckbare Ausfertigung des Beschlusses/Vergleichs des Arbeitsgerichts       vom       , Aktenzeichen

und beantragen,

gegen den Schuldner ein Zwangsgeld, ersatzweise Zwangshaft, festzusetzen.

Zum Zwecke der Zwangsvollstreckung bitten wir, uns eine vollstreckbare Ausfertigung des Festsetzungsbeschlusses zuzusenden.

**Gründe:**

Der Schuldner ist durch Beschluß des Arbeitsgerichts/Vergleich vor dem Arbeitsgericht vom ▨ , verpflichtet worden, ▨ .

Dieser Verpflichtung ist der Schuldner bis auf den heutigen Tag nicht nachgekommen.

Eine Ausfertigung des Beschlusses/Vergleichs ist dem Schuldner zugestellt worden. Den Zustellungsnachweis haben wir beigefügt.

Nach Zustellung wurde der Schuldner unter Fristsetzung aufgefordert, der Verpflichtung aus dem Beschluß/Vergleich nachzukommen. Eine Kopie des Schreibens vom ▨ liegt bei. Auch diese Aufforderung ist vom Schuldner unbeachtet geblieben.

Wir schlagen ein Zwangsgeld in Höhe von ▨ DM vor, das angemessen, aber auch angesichts der beharrlichen Weigerung des Schuldners erforderlich ist.

# Stichwortverzeichnis

Fette Zahlen = §§, magere Zahlen = Randnummern; der Zusatz „M" vor einer mageren Zahl kennzeichnet, daß unter dieser Randnummer ein Muster zu finden ist.

**Abberufung**
- AG-Vorstand **1** 684 f.; **4** 340 f., 343
- AG-Vorstandsmitglied, Beschluß des Aufsichtsrats **1** M783
- Bestehen eines Arbeitsverhältnisses, Feststellungsklage **7** M113
- GmbH-Geschäftsführer **1** 684 f.; **4** 339
- GmbH-Geschäftsführer, Protokoll einer Gesellschafterversammlung **1** M782

**Abfindung**
- 58er-Regelung **4** M453
- AG-Vorstandsmitglied **4** 346
- Anrechnung auf Arbeitslosengeld **4** 292 ff.
- Berechnung des Monatsentgelts **7** M69
- Fälligkeit **7** M73, M255
- Fälligkeit, sofortige **7** M74, M256
- Fälligkeitsregelung **4** 351
- Formulierungen **4** 350 ff.
- fristlose Kündigung **4** 356
- GmbH-Geschäftsführer **4** 346
- Höhe **4** 359
- hydraulische Klausel **4** 396 f.
- Nachteilsausgleich *s. dort*
- rentenversicherungsrechtliches Umfeld **4** 317 ff.
- Sozialplan *s. Sozialplanabfindung*
- Sozialversicherungsabgaben **4** 352
- steuerermäßigte Abfindung **4** 256 ff.
- steuerfreie Abfindung **4** 244 ff.
- steuerliche Vereinbarungen **4** 353 f.
- Streitwertberechnung **6** M34
- Streitwertberechnung bei Kündigungsschutzklage **6** M32
- Vereinbarung mit AG-Vorstandsvorsitzendem **4** M438
- Verrechnung mit künftigen Rentenansprüchen **4** 358
- Zusammenballung von Einkünften **4** 244

**Abmahnung 3** 85 ff.
- Alkoholverbot, Verstoß **3** M127
- als Kündigungsverzicht **7** M38 ff.
- Anhörung des Arbeitnehmers **3** 90
- arbeitnehmerseitige Abmahnung **3** M132
- Entbehrlichkeit **7** M244
- Erforderlichkeit **7** M36
- Erforderlichkeit bei außerordentlicher Kündigung im Vertrauensbereich **7** M60
- fehlende Anhörung **7** M126
- Form **3** 89
- Formular **3** M125
- Gehaltsrückstand **3** M132
- gleichartige Pflichtverletzungen **7** M224
- Nachschieben von Abmahnungsgründen **7** M223
- objektiver Pflichtenverstoß **3** 86
- Pflichtverletzungen im Leistungsbereich **3** 87
- Pflichtverletzungen im Vertrauensbereich **3** 88
- Rauchverbot, Verstoß **3** M130
- Rücknahme und Entfernung aus Personalakte, Klage **7** M125
- Schreiben **3** M126
- Streitwertberechnung, Entfernung aus Personalakte **6** M35
- Streitwertberechnung, Entfernung mehrerer Abmahnungen aus Personalakte **6** M36
- teilweise unrichtige Abmahnung **7** M127
- unentschuldigtes Fehlen **3** M128
- Verspätungen, letztmalige Abmahnung **3** M129
- Warnfunktion bei formaler Unwirksamkeit **7** M225
- Zwangsvollstreckung des Anspruchs auf Entfernung aus Personalakte **7** M128

**Abrufarbeit 1** 21 ff.
- Rahmenvereinbarung **1** M335

**Abstraktes Schuldversprechen 3** M119

**Abtretungsverbote 1** 25 ff., 29 ff.
- Restschuldbefreiung **1** 33

**Abwicklungsvertrag 4** M446
- 58er-Regelung **4** M452 f.
- Abdingbarkeit der Aufklärungspflicht **4** 239
- Abfindung *s. dort*
- Abgrenzung zum Aufhebungsvertrag **4** 185
- Angebot im Kündigungsschreiben **3** M61
- arbeitslosenversicherungsrechtliches Umfeld **4** 273 ff.
- Aufklärungspflichten des Arbeitgebers **4** 231 ff.
- Beteiligung des Betriebsrats **4** 194 f.
- betriebsbedingte Kündigung **4** 196
- Betriebsgeheimnisklausel **4** 369 f.
- Betriebsstättenverlegung **4** M449
- Betriebsstättenverlegung – in italienischer Sprache **4** M450
- Dienstwagenklausel **4** 373 ff.
- englische Sprache **4** M447
- Erledigungsklausel **4** 376 ff.
- Freistellungsklausel **4** 384 ff.
- Frühpensionierung **4** M451
- Geheimhaltungsklausel **4** 390
- leitender Angestellter **4** M448
- nach Erhebung einer Kündigungsschutzklage **4** M444
- Präambel-Lösung **4** 191
- Prozeßprotokollierungsvereinbarung **4** 400 ff.
- rentenversicherungsrechtliches Umfeld **4** 317 ff.

## Stichwortverzeichnis

- Schriftform **4** 201 ff.
- Sperrzeit bei Arbeitslosengeld **4** 284 ff.
- steuerrechtliches Umfeld bei Abfindungen **4** 244
- Tantiemeregelungen **4** 409 f.
- Urlaubs- und Urlaubsabgeltungsregelungen **4** 411 ff.
- vereinbarte Kündigungsschutzklage **4** 192
- Vererbbarkeitsklausel **4** 414 ff.
- Verzicht auf Kündigungsschutzklage **4** 190
- vollstreckbarer Anwaltsvergleich **4** 419 ff.
- vor Erhebung einer Kündigungsschutzklage **4** M445
- Vorteile **4** 187 ff.
- Wettbewerbsverbotsklausel **4** 422 ff.
- Widerrufs- und Rücktrittsklausel **4** 425 ff.
- Wiedereinstellungsanspruch **4** 228 ff.
- Zeugnisklausel **4** 428 ff.

**AGB-Gesetz 1** 10
- Arbeitgeberdarlehen **2** 84
- Handelsvertretervertrag **1** 581

**AG-Vorstand 1** 681 ff.
- Abberufung **1** 684 f.; **4** 340 f., 343
- Abberufungsbeschluß **1** M783
- Abfindung **4** 346
- Amtsniederlegung **1** 715
- Anstellungsvertrag s. AG-Vorstand, Anstellungsvertrag
- Aufhebungs- und Abfindungsvereinbarung für freigestellten Vorsitzenden **4** M437 f.
- Aufhebungsvertrag **4** 345 ff.
- Aufhebungsvertrag mit Vorsitzendem **4** M441
- Aufhebungsvertrag mit Vorsitzendem einer Bank **4** M440
- Aufhebungsvertrag mit Vorstand einer konzernverbundenen AG **4** M439
- Ausgleichsklausel **4** 348
- Bestätigungsklausel **4** 349
- drohende feindliche Übernahme **1** 716 f.
- Freistellung **1** 687
- Freistellungsvereinbarung **1** M784
- Geschäftsordnung **1** M767 f.
- Konzern **1** 689 f.
- Krankheit **1** 721
- Kreditgewährung **1** 726
- Kündigung durch die Gesellschaft **1** 722
- Kündigungsbeschluß **1** M783
- nachvertragliches Wettbewerbsverbot **2** 19
- Pensionszusage **1** M769
- Übergangsgelder **1** 734
- Verschmelzung **1** 691 f.
- Versorgungsbezüge **1** 721

**AG-Vorstand, Anstellungsvertrag 1** 711 ff., M762 ff., M770 ff., M777 f.
- Altersversorgungsregelungen **1** 728 ff.
- Amtsniederlegung **1** 715
- Änderungen **1** 727
- Anpassung der Altersversorgung **1** 731 f.
- Befristung **1** 714
- Bestellungsverlängerung **1** M777

- drohende feindliche Übernahme **1** 716
- Ergänzungen **1** 727
- Form **1** 727
- Freistellung nach Kündigung **1** 723
- Kreditgewährung **1** 726
- Mängel **1** 718
- Modalitäten des Vertragsschlusses **1** 712 f.
- Pensionsvereinbarung **1** M779 f.
- Pensionsvertrag **1** M772, M775 f.
- Pensionszusage **1** M769
- Streitwertberechnung **6** M41
- teilthesaurierte Tantieme **1** M778
- Vergütung **1** 719 ff.
- Verlängerung der Vertragslaufzeit **1** 688
- Vorsitzender einer Bank mit Pensions- und Darlehensvertrag **1** M773 ff.
- Vorstandsvertrag mit Pensionsvertrag **1** M770 ff.
- Wettbewerbsverbot **1** 724 f.
- Widerruf oder Minderung der Altersversorgung **1** 733

**Aktiengesellschaft**
- Vorstand s. AG-Vorstand

**Aktienoptionen**
- ergänzende Vereinbarung **1** M564
- Gesamtzusage **1** M566 ff.
- Sprecherausschuß-Richtlinie **5** M65 ff.

**Aktienoptionspläne** s. Stock Options

**Alkoholismus** s. auch Alkoholverbot
- Interessenabwägung **7** M46
- Kündigungsschutzklage **7** M45
- personenbedingte Kündigung **4** 40

**Alkoholverbot**
- Abmahnung wegen Verstoßes **3** M127
- Betriebsvereinbarung **5** M100
- Kündigung wegen Verstoßes **4** 96

**Altenpflegerin**
- Arbeitsvertrag **1** M478 f.

**Altersgrenzenklauseln 1** 34 ff., 124; **5** 29

**Altersrente**
- Abfindung bei Aufhebungs- und Abwicklungsverträgen **4** 317 ff.
- Abschlag **4** 318 f.
- Abschlag bei Frauen **4** 321
- Abschlag, Berücksichtigung bei Sozialplanabfindung **5** M232 f.
- Arbeitslosigkeit **4** 322 ff.
- Schwerbehinderte **4** 320

**Altersteilzeit**
- Arbeitszeitgestaltung **4** 463
- Gesamtbetriebsvereinbarung **5** M72 f.
- Tarifvertrag zur Regelung der Altersteilzeit **4** 464
- Voraussetzungen **4** 455 ff.
- Vertrag s. Altersteilzeitvertrag
- Wiederbesetzung der Stelle **4** 457
- Zuschuß der Bundesanstalt für Arbeit **4** 458 ff.

# Stichwortverzeichnis

**Altersteilzeitvertrag 4** M466 f., M468
- geblockte Arbeitszeit **4** M469 f.
- geblockte Arbeitszeit im öffentlichen Dienst **4** M471

**Altersversorgung** *s. auch Betriebliche Altersversorgung; Ruhegeldvereinbarung*
- Pensionszusage eines Konzernvorstands **1** M769

**Änderungskündigung 3** 34, M95
- Anhörung des Betriebsrats **3** M74
- Annahme unter Vorbehalt **7** M65
- außerordentliche Änderungskündigung **3** M67
- fehlende Betriebsratszustimmung **7** M66, M68
- Klageerwiderung auf Änderungsschutzklage **7** M249
- Kostensenkung **7** M250
- Kündigungsschutzklage **7** 6, M62 ff.
- ordentliche Änderungskündigung **3** M65
- ordentliche Änderungskündigung wegen Organisationsänderung **3** M66
- Sonderzuwendungen, Ablösung **4** 34
- Streitwertberechnung **6** M40
- Vergütungsminderung **7** M67
- Vorrang vor Beendigungskündigung **7** M28

**Änderungsvertrag**
- Unwirksamkeit bei Betriebsübergang **7** M34

**Anfechtung**
- Arbeitsvertrag wegen verschwiegener Schwerbehinderteneigenschaft **3** M47
- Aufhebungsvertrag durch Arbeitnehmer und Täuschung des Arbeitgebers **7** M262
- Aufhebungsvertrag wegen Überrumpelung **7** M87 ff., M260
- Aufhebungsvertrag wegen widerrechtlicher Drohung **4** 209 ff.; **7** M81 ff., M86
- Aufhebungsvertrag wegen Zeitdrucks **7** M261
- Aufhebungsvertrag, Klageerwiderung **7** M257 ff.
- Betriebsratswahl **8** M80
- Kündigungsandrohung als widerrechtliche Drohung **7** M90
- Streitwertberechnung bei Anfechtung eines Arbeitsvertrags **6** M43
- Streitwertberechnung bei Anfechtung eines Aufhebungsvertrags **6** M43

**Angestellter** *s. Arbeitsvertrag mit Angestelltem*

**Anlageberater**
- Arbeitsvertrag **1** M519 ff.

**Annahmeverzug**
- des Arbeitgebers nach unwirksamer Kündigung **7** M95
- des Arbeitgebers nach unwirksamer Kündigung und Arbeitsunfähigkeit **7** M96
- Zahlungsklage wegen Annahmeverzugs nach unwirksamer Kündigung **7** M97

**Anrechnungsklauseln 1** 40 f.

**Anschreiben**
- als Arbeitsvertrag **1** M384 ff., M487

**Anwaltsgebühren**
- Einigungsstellenverfahren und anschließende Prozeßvertretung **6** M128
- Erstattung der Anwaltsgebühren des Betriebsrats **8** M31 f.
- Gebühren außergerichtlicher Interessenwahrnehmung *s. dort*
- Gebühren gerichtlicher Interessenwahrnehmung *s. dort*
- Honorarvereinbarung *s. dort*
- Rechtsweg bei Klage Anwalt gegen Mandant **6** M76
- Vollstreckungskosten **6** M127

**Anwesenheitsprämie 1** 42 ff.
- durch bezahlten Urlaub **3** M107
- Widerrufsvorbehalt **1** 45

**Arbeiter** *s. Arbeitsvertrag mit Arbeiter*

**Arbeitgeber**
- Unklarheit über die Person **1** 18

**Arbeitgeberdarlehen**
- Abgrenzung zu sonstigen finanziellen Leistungen **2** 81 f.
- AGB-Gesetz **2** 84
- Darlehensvertrag **2** M99
- Darlehensvertrag mit Schuldanerkenntnis **2** M101
- Darlehensvertrag mit Sicherungsübereignung eines Pkw **2** M100
- Rückzahlung **2** 83, 87
- Streitwertberechnung **6** M56
- Vertragsgestaltung **2** 83 ff.
- Zinsanspruch **2** 85
- Zinsvorteile für Arbeitnehmer **2** 86

**Arbeitnehmereigenschaft**
- Abgrenzungskriterien, klassische **1** 606 f.
- Aufhebungsvertrag und streitige Arbeitnehmereigenschaft **4** 328 ff.
- Beschlußverfahren über Feststellung der Arbeitnehmereigenschaft **8** M20
- Festanstellungsklage **7** M145 f.
- GmbH-Geschäftsführer **1** 682
- Klageerwiderung **7** M287 f.
- Rundfunkmitarbeiter **1** 600
- Rundfunkmitarbeiter, Klageerwiderung **7** M289 ff.
- Scheinselbständigkeit **1** 604 ff.
- Streitwertberechnung bei Statusklage **6** M78
- Weisungsrecht des Arbeitgebers **1** 597

**Arbeitnehmererfindung**
- Anlage/Merkblatt zum Arbeitsvertrag **1** M497
- Meldung einer Diensterfindung **3** M123
- Vergütungsvereinbarung **1** M572

**Arbeitnehmerüberlassung**
- Arbeitnehmerüberlassungsvertrag **1** M527
- Bauarbeiter aus dem Ausland **1** 242 f.
- Befristungsgrund **1** 92
- Checkliste für Entleiher **1** M534
- Merkblatt der Bundesanstalt für Arbeit für Leiharbeitnehmer **1** M533

1803

## Stichwortverzeichnis

- umfangreicher Vertrag zwischen Verleiher und Leiharbeitnehmer **1** M530 ff.
- Vertrag zwischen Verleiher und Leiharbeitnehmer **1** M528 f.

**Arbeitsbereitschaft**
- Begriff **1** 55

**Arbeitsbeschaffungsmaßnahme 1** 111

**Arbeitsbescheinigung**
- Streitwertberechnung **6** M45

**Arbeitsentgelt** *s. Vergütung*

**Arbeitskampf**
- Kündigung wegen Teilnahme **4** 102 f.

**Arbeitslosengeld**
- Abfindungsanrechnung **4** 292 ff.
- Anrechnung auf Karenzentschädigung **2** 36
- Anrechnung von Nebenverdienst **4** 298
- Anspruch **4** 276 ff.
- Anspruchsübergang auf die Bundesanstalt für Arbeit **4** 299
- Erstattung bei älteren Arbeitnehmern *s. Erstattung des Arbeitslosengeldes*
- Ruhen des Anspruchs **4** 281 ff.
- Sperrzeit **4** 283 ff.

**Arbeitslosenversicherung**
- Abfindungen **4** 273 ff.

**Arbeitslosigkeit**
- Altersrente **4** 322 ff.

**Arbeitsordnung**
- Einzelhandel **1** M444

**Arbeitsordnung, allgemeine 5** M83 ff.
- allgemeine Verhaltenspflichten **5** M84
- Arbeitsentgelt **5** M87
- Arbeitszeit **5** M85
- Beendigung des Arbeitsverhältnisses **5** M90
- Einstellung **5** M83
- sonstige Verhaltensregeln **5** M89
- Urlaub und Arbeitsversäumnis **5** M88
- Verhalten bei der Arbeit **5** M86

**Arbeitsort 1** 46 ff.

**Arbeitspapiere**
- einstweilige Verfügung auf Herausgabe **7** 10, M101 ff.
- Streitwertberechnung **6** M46

**Arbeitsunfähigkeit**
- Beweiswert **7** M247
- Kürzung von Gratifikationen **1** 44
- Mitteilungs-/Anzeigepflichten **1** 143
- Nebentätigkeit während Arbeitsunfähigkeit, außerordentliche Kündigung **7** M245, M246
- Wiedereingliederungsverhältnis **7** M189 ff.

**Arbeitsunfähigkeitsbescheinigung**
- Beweiswert **7** M47, M234, M247
- Kündigung wegen Nichtvorlage **4** 106
- Mitteilungs-/Anzeigepflichten **1** 143

**Arbeitsvertrag** *(die Arbeitsverträge zu den einzelnen Branchen/Berufsgruppen stehen unter dem entsprechenden Stichwort)*
- AGB-Gesetz **1** 10

- Anfechtung wegen verschwiegener Schwerbehinderteneigenschaft **3** M47
- Angestellter *s. Arbeitsvertrag mit Angestelltem*
- Anlagen zum Arbeitsvertrag bei Schriftformklausel **1** 252
- Anschreiben mit Organisationsanweisung **1** M384 ff.
- Arbeiter *s. Arbeitsvertrag mit Arbeiter*
- ausländisches Tochterunternehmen **1** M542 ff.
- Auslandsarbeitsvertrag *s. dort*
- BAT-Arbeitsvertrag **1** M390
- Befristung *s. Befristeter Arbeitsvertrag*
- englische Sprache *s. Arbeitsvertrag in englischer Sprache*
- flämische Sprache *s. Arbeitsvertrag in flämischer Sprache*
- französische Sprache *s. Arbeitsvertrag in französischer Sprache*
- gemäß Nachweisgesetz **1** M333
- Kellnerin **1** M448 f.
- Kirche *s. Kirchliche Arbeitsverhältnisse*
- Kündigungsgründe **1** 3
- leitender Angestellter *s. Arbeitsvertrag mit leitendem Angestellten*
- mit ausländischem Arbeitnehmer **1** M545 f.
- mit Eheleuten **1** 17, M355 ff.
- Mitbestimmung des Betriebsrats bei der Gestaltung **1** 229
- mittelständisches Unternehmen mit Betriebsrat **1** M391 ff.
- nichttypische Vertragsklauseln **1** 12
- niederländische Sprache *s. Arbeitsvertrag in flämischer Sprache*
- Schriftform **1** 6
- Streitwertberechnung bei Anfechtung **6** M43
- Streitwertberechnung bei Beratung vor Vertragsschluß **6** M42
- Tarifbindung *s. Arbeitsvertrag mit Tarifbindung*
- Tarifverträge **1** 9
- Verhandlung über einvernehmliche Auflösung, Aufforderungsschreiben **7** M77, M78, M79, M80
- Vollständigkeitsklauseln **1** 133

**Arbeitsvertrag in englischer Sprache 1** M551 ff.
- Datenschutz, Anlage/Merkblatt **1** M496
- Übersetzung **1** M547 ff.

**Arbeitsvertrag in flämischer Sprache 1** M555
- Übersetzung **1** M555

**Arbeitsvertrag in französischer Sprache 1** M554
- Übersetzung **1** M554

**Arbeitsvertrag mit Angestelltem 1** M378 ff.
- Bankangestellter **1** M484 f.
- chemische Industrie **1** M488 ff.
- Detailregelungen im Anhang **1** M506 ff.
- Elektro- und Metallindustrie **1** M500
- kaufmännischer Angestellter **1** M466
- Paketabfertigung **1** M506 ff.
- umfangreicher Arbeitsvertrag **1** M506 ff.

## Stichwortverzeichnis

**Arbeitsvertrag mit Arbeiter**
- als Anschreiben (Groß- und Außenhandel) **1** M492
- eingeschlossene mögliche Tarifbindung **1** M373 f.
- mit einbezogener Betriebsvereinbarung **1** M365 ff.
- mit Tarifbezug **1** M368
- mit teilweisem Tarifbezug **1** M371 f.
- Sechs-Tage-Woche **1** M369 f.

**Arbeitsvertrag mit leitendem Angestellten**
- Chefredakteur **1** M416 ff.
- Generalbevollmächtigter **1** M424 f.
- Leiter Finanzabteilung **1** M397 f.
- Leiter Forschung und Entwicklung **1** M410 ff.
- Leiter Gesamtvertrieb **1** M404 f.
- Leiter Konstruktionsabteilung **1** M401 ff.
- Leiter Merchandising/Verkaufsförderung **1** M437 f.
- Leiter Produktionsmanagement **1** M408 f.
- Leiter Warenhaus **1** M399 f.
- Niederlassungsleiter Bauunternehmen **1** M406 f.
- Niederlassungsleiter Beratungsunternehmen **1** M472 f.
- oberer Führungskreis **1** M420 ff.
- Prokurist **1** M395 f.
- Statusklauseln **1** 286
- technischer Leiter **1** M413 ff.

**Arbeitsvertrag mit Tarifbindung**
- befristeter Arbeitsvertrag **1** M375 ff.
- Einschluß möglicher Tarifbindung **1** M373 f.

**Arbeitsverweigerung**
- außerordentliche Kündigung **7** M248
- Gewissensgründe **7** M41
- Kündigungsgrund **4** 109 ff.
- Zurückbehaltungsrecht an Arbeitskraft bei Umweltgiften **7** M141

**Arbeitszeit 1** 52 ff. *s. auch Arbeitsbereitschaft; Bereitschaftsdienst; Rufbereitschaft*
- Arbeitszeitblock **1** 54
- Bestimmung der Lage **1** 56
- Betriebsvereinbarung **5** M104 ff.
- elektronische Zeiterfassung, Betriebsvereinbarung **5** M112
- flexible Arbeitszeit, Betriebsvereinbarung **5** M103
- flexible Arbeitszeit, Rahmenvereinbarung **1** M335
- gleitende Arbeitszeit, Betriebsvereinbarung **5** M109 ff., M118 f., M143
- KAPOVAZ, Betriebsvereinbarung **5** M116 f.
- Regelung mit Unternehmensberater **1** M503
- variable Arbeitszeit, Betriebsvereinbarung **5** M113 ff.

**Arzthelferin**
- Arbeitsvertrag **1** M480 f.

**Ärztliche Untersuchung 1** 80 ff.
- Einwilligung **3** M118

**Assistenzarzt**
- Arbeitsvertrag **1** M482 f.

**Aufhebungsvertrag 4** 197 ff., M431, M434
- Abdingbarkeit der Aufklärungspflicht **4** 239
- Abfindung *s. dort*
- Abgrenzung zum Abwicklungsvertrag **4** 185
- AG-Vorstandsmitglied **4** 345 ff.
- AG-Vorstandsvorsitzender **4** M441
- AG-Vorstandsvorsitzender, freigestellter **4** M437 f.
- Altersversorgungsvereinbarung **4** 360 ff.
- Anfechtung durch Arbeitnehmer und Täuschung des Arbeitgebers **7** M262
- Anfechtung wegen Überrumpelung **7** M87 ff., M260
- Anfechtung wegen widerrechtlicher Drohung **4** 209 ff.; **7** M81 ff., M86
- Anfechtung wegen Zeitdrucks **7** M261
- Anfechtung, Klageerwiderung **7** M257 ff.
- Anspruchsübergang auf die Bundesanstalt für Arbeit **4** 299
- arbeitslosenversicherungsrechtliches Umfeld **4** 273 ff.
- Aufforderungsschreiben zu Verhandlungen **7** M77, M78, M79, M80
- Aufhebungsklauseln **4** 363 ff.
- Aufklärungspflichten des Arbeitgebers **4** 223, 231 ff.; **7** M91
- Ausgleichsklausel bei AG-Vorstandsmitglied **4** 348
- Ausgleichsklausel bei GmbH-Geschäftsführer **4** 348
- Auslauffrist **4** 366
- bedingter Aufhebungsvertrag **4** 205 ff.
- Beendigungsbegründungsklausel **4** 367 f.
- Befristungskontrolle **4** 227
- Bestätigungsklausel bei AG-Vorstandsmitglied **4** 349
- Bestätigungsklausel bei GmbH-Geschäftsführer **4** 349
- Betriebsgeheimnisklausel **4** 369 f.
- Betriebsübergang **4** 222
- Diensterfindungen **4** 371 f.
- Dienstwagenklausel **4** 373 ff.
- Erledigungsklausel **4** 376 ff.
- freier Mitarbeiter **4** M443
- Freistellungsklausel **4** 384 ff.
- für Zeit nach Ablauf des Erziehungsurlaubs **4** M436
- Geheimhaltungsklausel **4** 390
- GmbH-Geschäftsführer **4** 342, 344, 346 ff., M442
- Hinweisklauseln **4** 391 ff.
- Ingenieur, leitender **4** M432 f.
- Kündigungsandrohung als widerrechtliche Drohung **7** M90
- Lohnsteueranrufungsauskunft vor Abschluß **4** 271 f.
- Provisionsregelungen **4** 398 f.

## Stichwortverzeichnis

- rentenversicherungsrechtliches Umfeld **4** 317 ff.
- Rückdatierung **4** 217, 364
- Rücktritts- und Widerrufsrecht **4** 240 ff.
- rückwirkende Vertragsauflösung **4** 220
- salvatorische Klausel **4** 403
- Schriftform **4** 199 f., 202 ff.
- Schuldanerkenntnis **4** 404 ff.
- Schwerbehinderter **4** M435
- Sittenwidrigkeit **4** 214 ff.
- Sonderkündigungsschutz **4** 237
- Sperrzeit bei Arbeitslosengeld **4** 284 ff.
- steuerrechtliches Umfeld bei Abfindungen **4** 244
- Stock Options **4** 408
- streitige Arbeitnehmereigenschaft **4** 328 ff.
- Streitwertberechnung **6** M47
- Streitwertberechnung bei Anfechtung **6** M43
- Tantiemeregelungen **4** 409 f.
- Unterlassen des Angebots auf Abschluß vor Interessenausgleichsversuch, einstweilige Verfügung **8** M47 ff.
- Unwirksamkeit bei Betriebsübergang **7** M34
- Urlaubs- und Urlaubsabgeltungsregelungen **4** 411 ff.
- Vererbbarkeitsklausel **4** 414 ff.
- Versorgungsnachteile, Aufklärungspflicht **4** 235 f.
- vollstreckbarer Anwaltsvergleich **4** 419 ff.
- Vorstandsmitglied einer konzernverbundenen AG **4** M439
- Vorstandsvorsitzender einer Bank **4** M440
- Wettbewerbsverbotsklausel **4** 422 ff.
- Widerrufs- und Rücktrittsklausel **4** 425 ff.
- Wiedereinstellungsanspruch **4** 228 ff.
- Zeugnisklausel **4** 428 ff.

**Auflösungsantrag 7 M70**
- Auflösungsgründe für Arbeitgeber **7** M253 f.
- Auflösungsgründe für Arbeitnehmer **7** M71
- beiderseitiger Auflösungsantrag **7** M72
- des Arbeitgebers **7** M251
- des Arbeitgebers bei leitendem Angestellten **7** M252
- Streitwertberechnung **6** M48

**Aufrechnung**
- Streitwertberechnung **6** M49

**Ausbeiner**
- Freier-Mitarbeiter-Vertrag **1** M680

**Ausbildungsvertrag** s. *Berufsausbildungsverhältnis*

**Ausgleichsanspruch des Handelsvertreters 1 594**
- Streitwertberechnung **6** M50

**Ausgleichsquittung 3 M76**

**Aushilfsarbeitsverhältnis 1 101 f.; 7 M150**
- Arbeitsvertrag Einzelhandel **1** M446 f.
- Kündigungsfrist **1** 237

**Auskunft**
- Klage auf Auskunft und Provision **7** M121

**Auskunftsklage**
- Streitwertberechnung **6** M51

**Ausländischer Arbeitnehmer**
- Arbeitsvertrag **1** M545 f.
- Betriebsvereinbarung **5** M52

**Ausländisches Tochterunternehmen**
- Arbeitsvertrag **1** M542 ff.

**Auslandsarbeitsvertrag 1 57 ff.**
- Sozialversicherungsrecht **1** 60 ff.
- Steuerrecht **1** 67 ff.
- Stiftung **1** M535 f.

**Auslandsentsendungsvertrag 1 M537 ff.**
- Monteur **1** M563

**Ausschlußfristen 1 70 ff.**
- betriebliche Altersversorgung **1** 75
- einseitige Ausschlußfrist **1** 73 f.
- Nachweisgesetz **1** 76

**Außendienstmitarbeiter**
- Arbeitsvertrag **1** M427 ff., M436
- Arbeitszimmer **1** 595
- Erfüllungsort **1** 616
- Fachberater **1** M439 f.
- örtliche Zuständigkeit des Arbeitsgerichts **7** M193, M317

**Auswahlrichtlinien**
- Betriebsvereinbarung **5** M127
- Betriebsvereinbarung Auswahlrichtlinie bei Kündigungen **5** M128 f.
- Sozialauswahl zum Interessenausgleich **5** M258

**Auszubildender** s. *Berufsausbildungsverhältnis*

**Bankangestellter**
- Arbeitsvertrag **1** M484 f.

**BAT-Arbeitsvertrag 1 M390**

**Bedingung**
- auflösende Bedingung **1** 14

**Befangenheitsgesuch 7 M331**
- Hinweis des Richters auf Einreden oder Gegenrechte **7** M332 f.

**Befristeter Arbeitsvertrag 1 83 ff., M345**
- Abrufarbeit **1** 21 ff.
- Arbeitnehmerüberlassung als Befristungsgrund **1** 92
- Arbeitsbeschaffungsmaßnahme **1** 111
- Aushilfsarbeitsverhältnis s. *dort*
- Aushilfstätigkeit **7** M150
- Auslauftatbestände **1** 103
- Bedarfsschwankungen **1** 104
- befristete Aufenthaltserlaubnis als Befristungsgrund **1** 92
- befristete Haushaltsmittel **1** 94, 99
- Benennung des Befristungsgrundes **1** 87
- Deckungsantrag gegenüber Rechtsschutzversicherung bei Entfristungsklage **6** M102
- Drittmittelfinanzierung **1** 96, 100
- einmalige Befristung **1** 85
- Entfristungsklage **7** M148 ff.
- gerichtlicher Vergleich **1** 90
- Hochschulen **1** 93 ff.
- Kettenbefristungen **1** 110

- Klagefrist **1** 125
- Kündigungsklauseln **1** 86
- Lektoren **1** 113 ff.
- mit Rufbereitschaft **1** M375 ff.
- mit Tarifbindung **1** M375 ff.
- nach BeschFG **1** 105
- nachträgliche Befristung **1** 89
- öffentlicher Dienst **7** M154
- Presse-/Rundfunkmitarbeiter **1** 112
- Probearbeitsverhältnis s. dort
- Rahmenvereinbarung **1** M364
- Rotationsmodelle **1** 113 ff.
- Schriftformerfordernis **1** 123
- Schwangerschaftsvertretung **1** 107 ff.
- sozialer Überbrückungszweck **1** 121
- Stock Options **1** 275
- Streitwertberechnung bei Entfristungsklage **6** M61
- Student **1** 22 f.
- Wunsch des Arbeitnehmers **1** 122
- Zweckbefristung **1** 88; **7** M155
- Zweckbefristung im öffentlichen Dienst **7** M156

**Beleidigung**
- Kündigungsgrund **4** 117 ff.
- Streitwertberechnung **6** M58

**Benachteiligungsverbot**
- Schadensersatz bei Verstoß **7** M160

**Beratervertrag 1** M637 f., M639
- personalwirtschaftliche Beratung **1** M640

**Bereitschaftsdienst**
- Begriff **1** 55

**Berufsausbildungsverhältnis**
- Ausbildungsvertrag **1** M340 ff.
- Entbindung von der Pflicht zur Weiterbeschäftigung eines Mitglieds eines Betriebsverfassungsorgans **8** M69
- fristlose Kündigung **7** M266
- Pflichten des Ausbildenden **1** M341
- Pflichten des Auszubildenden **1** M342
- Streitwertberechnung bei Bestandsstreitigkeiten **6** M52
- Weiterbeschäftigung eines Mitglieds eines Betriebsverfassungsorgans **7** M105; **8** M62

**Berufung**
- Anschlußberufung des Berufungsbeklagten **7** M339
- Beklagter **7** M337
- Bestellungsschreiben für Berufungsbeklagten **7** M338
- Erstattung der Prozeßgebühr des Rechtsmittelbeklagten bei nur zur Fristwahrung eingelegtem Rechtsmittel **7** M340
- Kläger **7** M336

**Berufungsbegründungsfrist**
- Verlängerungsantrag am letzten Tag **7** M343
- Vertrauensschutz auf Verlängerung **7** M341
- Wiedereinsetzung wegen zu Unrecht abgelehnter Verlängerung **7** M342

**Beschäftigungsanspruch**
- einstweilige Verfügung **7** M111
- Streitwertberechnung **6** M53
- unveränderte Beschäftigung nach rechtswidriger Versetzung, Klage **7** M137

**Beschlußverfahren**
- Abgeltung und Freizeitausgleich für Betriebsratstätigkeit **8** M57
- allgemeiner Unterlassungsanspruch des Betriebsrats **8** M71 f.
- Amtsermittlungsgrundsatz **8** 12
- Angebot von Aufhebungsverträgen vor Interessenausgleich, einstweilige Verfügung auf Unterlassen **8** M47 ff.
- Anrechnung von Tariflohnerhöhungen auf übertarifliche Zulagen **8** M58
- Anwendungsbereich **8** 3 ff.
- Ausschluß eines Betriebsratsmitglieds **8** M65 f.
- Beschäftigung eines neu Eingestellten, einstweilige Verfügung auf Unterlassen **8** M24 f.
- Beschwerde **7** M344; **8** M82
- Beschwerde, Bestellungsschreiben **8** M83
- Besonderheiten **8** 10 ff.
- Bestellung eines Einigungsstellenvorsitzenden und der -beisitzer für Versuch Interessenausgleich **8** M77
- Bestellung eines Einigungsstellenvorsitzenden wegen Mitarbeiterbeschwerden **8** M78
- Bestellung eines Einigungsstellenvorsitzenden wegen mitbestimmungspflichtiger Maßnahmen **8** M79
- Bestimmtheit des Antrags **8** 15 ff.
- Beteiligte **8** 11 f.
- Betriebsänderung, einstweilige Verfügung auf Unterlassen **8** M52 f.
- Betriebsänderung, einstweilige Verfügung auf Unterrichtung **8** M40 ff.
- Betriebsratswahl, Anfechtung **8** M80
- Betriebsratswahl, Unterlassungsverfügung **8** M73
- betriebsverfassungsrechtliche Streitigkeit **8** 4
- Bildungsmaßnahmen ohne Unterrichtung des Betriebsrats, Unterlassen **8** M43
- Eingruppierung, Unterlassen **8** M27 f.
- Einigungsstelle, Antrag auf Errichtung wegen Mitarbeiterbeschwerden **8** M59
- Einigungsstellenverfahren, Abgrenzung **8** 2 f.
- Entbindung von der Pflicht zur Weiterbeschäftigung eines Auszubildenden **8** M69
- Ermessensfehler der Einigungsstelle **8** M81
- Erstattung von Anwaltsgebühren **8** M31 f., M33 f.
- Feststellung der Arbeitnehmereigenschaft **8** M20
- Gegenstandswert **6** 30 f.
- Gegenstandswertberechnung, tabellarische Übersicht **6** M83
- Globalantrag, Zurückweisung **8** M74
- Honorar des Einigungsstellenvorsitzenden **8** 8

## Stichwortverzeichnis

- Information über Konzernstruktur **8** M46
- Kosten des Betriebsrats **8** 7
- Kosten des Betriebsrats, Freistellungsantrag **8** M30
- Kündigungen vor Interessenausgleichsversuch, einstweilige Verfügung auf Unterlassen **8** M44 f.
- moderne Kommunikationsmittel für Betriebsrat **8** M35
- Ordnungsgeldantrag aus Vergleich **8** M60
- Organstreitigkeiten **8** 6
- Personalvertretungsrecht **8** 10
- personelle Maßnahme, Aufhebung **8** M56
- personelle Maßnahme, Feststellung der Zustimmungspflichtigkeit **8** M54
- personelle Maßnahme, Unterlassen **8** M23
- Rechtsbeschwerde **8** M84
- Rechtsbeschwerde, Bestellungsschreiben **8** M85
- Sachverständiger, einstweilige Verfügung auf Hinzuziehung **8** M38 f.
- Schulungskosten, Erstattung **8** M36 f., M75
- Streitwertberechnung, tabellarische Übersicht **6** M83
- Überstundenanordnung, einstweilige Verfügung auf Unterlassen **8** M22
- Vertretung des Betriebsrats **8** 14
- vorläufige personelle Maßnahme, Gegenantrag **8** M55
- Wahlstreitigkeiten **8** 5
- Wahlvorstand, Bestellung **8** M21
- Weiterbeschäftigung eines Auszubildenden **8** M62
- Zustimmungsersetzung gemäß § 103 Abs. 2 BetrVG **8** M70
- Zustimmungsersetzung gemäß § 99 Abs. 4 BetrVG **8** M61, M63
- Zustimmungsersetzung gemäß §§ 99 Abs. 4, 100 BetrVG **8** M64
- Zustimmungsverweigerung wegen zu hoher Eingruppierung, Replik **8** M29
- Zwangsgeldfestsetzung wegen Nichtaufhebung einer personellen Maßnahme **8** M26
- Zwangsvollstreckung wegen unvertretbarer Handlung **8** M86

**Beschwerde**
- Beschlußverfahren **7** M344; **8** M82
- Beschlußverfahren, Bestellungsschreiben **8** M83
- sofortige Beschwerde **7** M345

**Besprechungsgebühr**
- Deckungsschutz der Rechtsschutzversicherung **6** M114, M115
- und Vergleichsgebühr – Deckungsschutz der Rechtsschutzversicherung **6** M117

**Betrieb**
- einheitlicher Betrieb, Betriebsvereinbarung **5** M42
- Teile *s. Betriebsteile*

**Betriebliche Altersversorgung** *s. auch Ruhegeldvereinbarung*
- AG-Vorstand **1** 728 ff.
- Anpassung bei AG-Vorstand und GmbH-Geschäftsführer **1** 731 f.
- Anpassung, Klage **7** M163
- Anrechnung von Vordienstzeiten, Klage gegen Unterstützungskasse **7** M162
- Aufhebungsvertrag mit Altersversorgungsvereinbarung **4** 360 ff.
- Auskunft über unverfallbare Anwartschaften, Klage **7** M164
- Ausschlußfristen **1** 75
- Betriebsvereinbarung **5** M70 f.
- GmbH-Geschäftsführer **1** 728 ff.
- Karenzentschädigung **2** 26
- Klage auf Feststellung einer Ruhegeldverpflichtung **7** M161
- private Dienstwagennutzung **2** 53
- Streitwertberechnung bei Arbeitnehmern **6** M38
- Streitwertberechnung bei vertretungsberechtigten Organmitgliedern **6** M39
- Widerruf Versorgungszusage, Feststellungsklage **7** M165 ff.

**Betriebliche Übung**
- Gratifikation **1** 208
- Stock Options **1** 274

**Betriebsablaufstörung**
- verhaltensbedingte Kündigung **7** M220, M222

**Betriebsänderung 5** 148 ff.
- Betriebsspaltung **5** 156
- einheitliche Planungsentscheidung **5** 152, 155
- einheitliche Rahmenentscheidung **5** 153
- Honorarvereinbarung **6** M24
- Interessenausgleich *s. dort*
- Kostenvoranschlag des Rechtsanwalts **6** M26
- Schwellenwert **5** 151
- Unterlassen, einstweilige Verfügung **8** M52 f.
- Unterlassungsanspruch des Betriebsrats **5** 170 f.
- Unterrichtung des Betriebsrats, einstweilige Verfügung **8** M40 ff.
- Zahlenstaffel **5** 151, 157

**Betriebsgeheimnis**
- Klausel in Aufhebungs-/Abwicklungsvertrag **4** 369 f.
- Kündigung wegen Verrats **4** 46, 122
- Verpflichtungserklärung zur Wahrung **3** M115

**Betriebsordnung 5** M99 *s. auch Arbeitsordnung, allgemeine*
- Betriebsordnung für gewerbliche Arbeitnehmer und Angestellte *s. dort*

**Betriebsordnung für gewerbliche Arbeitnehmer und Angestellte**
- Arbeitsentgelt **5** M96
- Arbeitszeit **5** M94
- Beginn und Beendigung des Arbeitsverhältnisses **5** M93
- Betriebsvereinbarung, erzwingbare **5** M92
- Eingruppierung **5** M95
- Entgeltzahlung im Krankheitsfall **5** M97
- Urlaub **5** M98

## Stichwortverzeichnis

**Betriebsrat**
- Abgeltung und Freizeitausgleich für Tätigkeit – Beschlußverfahren **8** M57
- Ausschluß eines Betriebsratsmitglieds – Beschlußverfahren **8** M65 ff.
- außerordentliche Kündigung wegen häufiger Krankheit **7** M61
- Beschlußverfahren bei Organstreitigkeiten **8** 6
- Beschlußverfahren bei Streit über Kosten **8** 7
- Beschlußverfahren bei Streit über Kosten, Freistellungsantrag **8** M30
- Erstattung der Anwaltsgebühren **8** M31 f., M33 f.
- Hinzuziehung eines Sachverständigen – Beschlußverfahren **8** M38 f.
- Information über Konzernstruktur – Beschlußverfahren **8** M46
- Kündigung eines Betriebsratsmitglieds, Zustimmungsersetzung **8** M70
- Mitbestimmung in personellen Angelegenheiten s. dort
- Mitbestimmung in sozialen Angelegenheiten s. dort
- moderne Kommunikationsmittel – Beschlußverfahren **8** M35
- Schulungskosten – Beschlußverfahren **8** M36 f., M75
- Unterlassen von Bildungsmaßnahmen ohne Unterrichtung des Betriebsrats **8** M43
- Vertretung im Beschlußverfahren **8** 14

**Betriebsratstätigkeit**
- Darlegungslast **7** M284

**Betriebsratswahl**
- Anfechtung **8** M80
- Beschlußverfahren **8** 5
- Beschlußverfahren zur Bestellung eines Wahlvorstands **8** M21
- Unterlassungsverfügung **8** M73

**Betriebsstillegung**
- Beendigungskündigung **7** M213
- betriebsbedingte Kündigung **4** 9
- betriebsbedingte Kündigung wegen Betriebsteilstillegung **3** M60
- Deckungsantrag gegenüber Rechtsschutzversicherung **6** M106
- Honorarvereinbarung **6** M24, M25
- Interessenausgleich bei Betriebsauflösung im Konzern **5** M276
- Sozialplan bei Betriebsauflösung im Konzern **5** M277 f.
- Sozialplan/Betriebsvereinbarung **5** M223 f.
- verdeckte Betriebsübernahme – Kündigungsschutzklage **7** M30 ff.

**Betriebsteile**
- Honorarvereinbarung bei Stillegung **6** M25
- Interessenausgleich bei Veräußerung **5** M256 f.
- Interessenausgleich Zusammenführung **5** M262 f., M283

- Interessenausgleich wegen Fusion und Zusammenführung **5** M244
- Sozialplan bei Veräußerung **5** M260 f.
- Sozialplan bei Zusammenführung **5** M263 ff.
- Sozialplan wegen Fusion und Zusammenführung **5** M245 ff.

**Betriebsübergang**
- Anwendung von § 613 a BGB in der Insolvenz **7** M35
- Aufhebungsvertrag **4** 222
- betriebsbedingte Kündigung **4** 10 f.
- Haftungsbeschränkung des Betriebserwerbers in der Insolvenz **7** M301
- Honorarvereinbarung **6** M25
- Interessenausgleich bei Versicherungsgesellschaft **5** M304
- Klage **7** M33
- Sozialplan bei Versicherungsgesellschaft **5** M305 f.
- unwirksame Änderungs- und Aufhebungsverträge **7** M34
- verdeckte Betriebsübernahme – Kündigungsschutzklage **7** M30 ff.

**Betriebsvereinbarung 5** 1 ff. *s. auch Interessenausgleich; Sozialplan*
- ablösende Betriebsvereinbarung **5** 33
- Abschlußmängel **5** 18 f.
- Altersgrenze **5** 29
- arbeitsvertragliche Regelungen **5** 28, 34
- außerordentliche Kündigung **5** 32
- Bekanntmachung **5** 17
- betriebliche Einheitsregelungen **5** 35
- betriebliches Bündnis für Arbeit **5** 4 ff.
- erzwingbare *s. Betriebsvereinbarung, erzwingbare*
- freiwillige *s. Betriebsvereinbarung, freiwillige*
- Geltungsbereich **5** 20 ff.
- Günstigkeitsprinzip **1** 128 f.
- Inhalt **5** 13 f.
- Kollision zweier Betriebsvereinbarungen **5** 31
- Nichtigkeit **5** 18
- Öffnungsklauseln **1** 128 ff.
- Rahmenbetriebsvereinbarung über einen Interessenausgleich/Sozialplan **5** M225
- Rechtskontrolle **5** 30
- Rechtsnatur **5** 12
- Schranken der Regelungsmacht **5** 23 ff.
- Schriftform **5** 16
- Stock Options **1** 272
- Tarifvorbehalt **5** 24 ff.
- teilmitbestimmungspflichtige Betriebsvereinbarung **5** 38
- umstrukturierende Betriebsvereinbarung **1** 129
- verschlechternde Betriebsvereinbarung **1** 129 f.
- Zustandekommen **5** 15

**Betriebsvereinbarung, erzwingbare**
- Alkoholmißbrauch **5** M100
- Arbeitsordnung, allgemeine **5** M83 ff.
- Arbeitszeitflexibilisierung **5** M103

1809

## Stichwortverzeichnis

- Arbeitszeitregelung **5** M104 ff.
- Auswahlrichtlinie bei Kündigungen **5** M128 f.
- Auswahlrichtlinien **5** M127
- Beteiligung des Betriebsrats bei Einführung neuer DV-Systeme **5** M120 ff.
- Betriebsordnung für gewerbliche Arbeitnehmer und Angestellte **5** M92 ff.
- elektronische Zeiterfassung **5** M112
- gleitende Arbeitszeit **5** M109 ff., M118 f.
- gleitende Arbeitszeit, Erfassung und Auswertung **5** M143
- KAPOVAZ **5** M116 f.
- Kurzarbeit, Einführung **5** M139
- Nachwirkung **5** 76
- Personal-, Abrechnungs- und Infomationssystem (PAISY), Einführung und Anwendung **5** M123 f.
- Personalinformationssystem **5** M125
- Prämiensystem für Verkäufer **5** M102
- Rahmenrichtlinien **5** M77 ff.
- Regelungsgegenstände **5** 74 f.
- Teilzeitarbeit, Förderung **5** M140
- Telearbeit **5** M145
- Telearbeit, alternierende **5** M144
- Telefonanlage, Einsatz **5** M126
- übertarifliche Zulage **5** M101
- Unfallschutz **5** M142
- Urlaubsgewährung **5** M141
- variable Arbeitszeit **5** M113 ff.
- Video- und Kameraüberwachung **5** M146
- Vorschlagswesen **5** M130 ff., M137 f.
- Wochenend- und Feiertagsarbeit **5** M107 f.

**Betriebsvereinbarung, freiwillige**
- Altersteilzeit, Gesamtbetriebsvereinbarung **5** M72 f.
- Betriebsjubiläen **5** M55
- Betriebsrente **5** M70 f.
- Betriebsversammlungen, Durchführung **5** M45
- Bildschirmarbeit **5** M59 f.
- einheitlicher Betrieb **5** M42
- Einigungsstelle **5** M44
- E-Mail und Internet **5** M60
- Europäischer Betriebsrat **5** M46 ff.
- Frauenförderung **5** M51
- Gratifikation, freiwillige **5** M56
- Gruppenarbeit **5** M53 f.
- Mitarbeiterbeschwerden, Behandlung **5** M43
- Nachwirkung **5** 39 f.
- Personalplanung **5** M50
- Regelungsgegenstände **5** 36 ff.
- Schutz ausländischer Arbeitnehmer **5** M52
- ständige Einigungsstelle **5** 36
- Stellenausschreibung, innerbetriebliche **5** M57
- Suchtprobleme **5** M62 f.
- teilmitbestimmungspflichtige Betriebsvereinbarung **5** 38
- Umweltschutz **5** M64
- Werksparkplatz **5** M58

**Betriebsverlagerung**
- Beendigungskündigung **7** M212

- Interessenausgleich **5** M251
- Sozialplan **5** M252 ff.

**Betriebsversammlungen**
- Betriebsvereinbarung über Durchführung **5** M45

**Beurteilung**
- Bewerber **3** M39
- Leistung s. *Leistungsbeurteilung*
- Mitarbeiterbeurteilung **3** M93

**Beurteilungsgespräch 3** 78

**Beurteilungsgrundsätze**
- Mitbestimmung des Betriebsrats **3** 12 f., 79 f.

**Bewachungspersonal**
- Arbeitsvertrag **1** M452 ff.

**Beweisführung**
- mittelbare Beweisführung **7** M328
- notarielle Erklärung **7** M328

**Beweisgebühr**
- Deckungsschutz der Rechtsschutzversicherung **6** M122

**Beweislast** s. auch *Verwertungsverbot*
- Haftung des Arbeitnehmers **1** 135
- Mankohaftung **7** M144
- Vereinbarung **1** 131 ff.
- Vereinbarung bei der Verrechnung von Provisionsvorschüssen **1** 134
- Vereinbarung bei Wettbewerbsverbot **1** 136
- Vereinbarung zur Gesundheit des Mitarbeiters **1** 138

**Beweiswert**
- Arbeitsunfähigkeitsbescheinigung **7** M47, M234, M247

**Bewerber**
- Absage **3** M46
- Einladung zum Vorstellungsgespräch **3** M44
- Offenbarungspflicht **3** 4 f.
- Zusage **3** M45
- Zwischennachricht **3** M43

**Bewerberbeurteilung 3** M39

**Bewerbungsgespräch**
- Einladung **3** M44
- Fragenkatalog **3** 10, M42
- Vorstellungskosten, Klage **7** M159

**Bezugnahme auf Tarifvertrag 1** 331 f.
- Arbeitsvertrag eines Arbeiters **1** M368
- Arbeitsvertrag eines Arbeiters mit teilweiser Bezugnahme **1** M371 f.
- BAT-Arbeitsvertrag **1** M390
- Teilverweisung **1** 332
- Verbandsaustritt **1** 332

**Bildschirmarbeit**
- Betriebsvereinbarung **5** M59 f.

**Bruttoklage 7** 8 f., M114
- Zwangsvollstreckung des Bruttolohnurteils **7** M192

**Call-Center**
- Arbeitsvertrag mit Telefonakquisiteur **1** M522 ff.

1810

## Stichwortverzeichnis

**Chefredakteur**
– Arbeitsvertrag **1** M416 ff.

**Chemische Industrie**
– Arbeitsvertrag mit Angestelltem **1** M488 f.
– Arbeitsvertrag mit Angestelltem als Anschreiben **1** M487

**Darlegungslast**
– betriebsbedingte Kündigung, innerbetriebliche Gründe **7** M209 f.
– Betriebsratstätigkeit **7** M284

**Darlehen**
– AG-Vorstand **1** 726
– Arbeitgeberdarlehen *s. dort*

**Datenschutz**
– Anlage zum Arbeitsvertrag **1** M496
– Merkblatt **3** M116
– Merkblatt in englischer Sprache **1** M496
– Verpflichtungserklärung **3** M114

**Datenschutzbeauftragter**
– Geschäftsbesorgungsvertrag **1** M674 f.

**Datenverarbeitung**
– Betriebsvereinbarung PAISY **5** M123 f.
– Betriebsvereinbarung Personalinformationssystem **5** M125
– Betriebsvereinbarung über Betriebsratsbeteiligung bei Einführung neuer Systeme **5** M120 ff.

**Deckungsantrag gegenüber Rechtsschutzversicherung** *s. auch Deckungsschutz*
– außergerichtliche Interessenwahrnehmung durch Sachverhaltsschilderung **6** M97
– außergerichtliche Interessenwahrnehmung durch Schriftsatzbezug **6** M96
– außergerichtliche Interessenwahrnehmung und Beschränkung des Gegenstandswerts **6** M98
– außergerichtliche Interessenwahrnehmung wegen Schikanen **6** M99
– Betriebsstillegung **6** M106
– Entfristungsklage **6** M102
– gerichtliche Tätigkeit nach erfolglosem außergerichtlichem Verhandeln **6** M95
– Kündigungsschutzklage, eilige **6** M94
– verdeckte Geschäftsbesorgung gegenüber Arbeitgeber **6** M113
– Verfahren vor der Hauptfürsorgestelle **6** M112
– wegen Kündigung **6** M100
– wegen Kündigungsandrohung **6** M101
– Weiterbeschäftigungsantrag **6** M103, M105
– Weiterbeschäftigungsantrag als Eventual-Hilfsantrag **6** M104

**Deckungsschutz**
– Besprechungs- und Vergleichsgebühr **6** M117
– Besprechungsgebühr **6** M114, M115
– Beweisgebühr bei informatorischer Befragung **6** M122
– der Rechtsschutzversicherung bei Verfahren **6** M112
– Einigungsstellenverfahren und anschließende Prozeßvertretung **6** M128
– Erörterungsgebühr für Gütetermin **6** M123
– Prozeßvertretung durch Referendar **6** M126
– Rechtspflichtverstöße im Arbeitsverhältnis **6** 85
– Risikoausschluß der vorsätzlichen Herbeiführung des Versicherungsfalles **6** 87
– Streitwertaddition bei Vergleich **6** M120
– streitwerterhöhende Einbeziehung von Regelungen über Altersversorgung und Zeugnis im Vergleich **6** M121
– Umfang **6** 88
– Verfahren vor Hauptfürsorgestelle **6** M112
– Vergleichsgebühr **6** M116
– Vergleichsgebühr bei globaler Bereinigung der Rechtsbeziehung **6** M119
– Vergleichsgebühr bei Ursächlichkeit für Vergleichsabschluß **6** M118
– Vergleichsgebühr im Gütetermin **6** M124
– Vergleichsgebühr im PKH-Verfahren **6** M125
– vorvertraglicher Pflichtverstoß bei fristloser Kündigung **6** M108
– Zahlungs- neben Kündigungsschutzklage **6** M109
– Zwangsvollstreckungskosten **6** M127
– Zwischenzeugnis, fehlendes **6** M108

**Detektiv**
– Arbeitsvertrag **1** M456 ff.

**Diensterfindung**
– Aufhebungsvertrag **4** 371 f.
– Meldung **3** M123

**Dienstreiseantrag 3** M102

**Dienstvertrag**
– Fremdgeschäftsführer *s. Fremdgeschäftsführer-Dienstvertrag*
– GmbH-Geschäftsführer *s. dort*
– Holding-Vorstand **1** M755 ff.

**Dienstwagen**
– Aufhebungs-/Abwicklungsvertrag **4** 373 ff.
– Haftung des Arbeitnehmers **1** 222 f.; **2** 58
– Herausgabe, einstweilige Verfügung **7** M131, M273
– Kündigung wegen Schwarzfahrten **4** 153
– Nutzungsumfang **2** 51
– private Nutzung *s. Kfz-Nutzungsverträge*
– Schadensersatzklage wegen Entzugs **7** M133 f.
– Unfallmeldung **2** M80

**Direktionsrecht**
– Arbeitsort **1** 46 f.
– Einschränkung nach langjähriger Tätigkeit **7** M277
– geringerwertige Tätigkeit **1** 285, 287, 289 ff.
– gleichwertige Tätigkeit **1** 287 f.
– Grenzen **1** 284 f.
– Grenzen, Klage **7** M138 f.
– öffentlicher Dienst **1** 295
– Streitwertberechnung **6** M57
– Tätigkeitsbeschreibung **1** 278 ff.
– vergütungsmindernde Direktionsrechtserweiterungsklauseln **1** 290 ff.

## Stichwortverzeichnis

**Drogenkonsum**
- außerordentliche Kündigung **7** M58
- verhaltensbedingte Kündigung **4** 124

**Druckkündigung 4** 14, 49, 125

**EDV** s. *Datenverarbeitung*

**Eheleute**
- Arbeitsvertrag mit Eheleuten **1** 17, M355 ff.

**Eidesstattliche Versicherung 7** M335
- einstweilige Verfügung auf Herausgabe der Arbeitspapiere **7** M104

**Eigenkündigung**
- Erstattung des Arbeitslosengeldes **4** 307 f.
- Sozialplanabfindung **5** 178; **7** M75

**Einarbeitungsvertrag nach Krankheit 1** M346

**Einfühlungsverhältnis 1** 119

**Eingruppierung**
- Höhergruppierungsklage im öffentlichen Dienst **7** M129 f.
- Zustimmungsverweigerung wegen zu hoher Eingruppierung, Replik **8** M29
- Streitwertberechnung **6** M59
- Unterlassungsantrag im Beschlußverfahren **8** M27 f.

**Einigungsstelle**
- Beschlußverfahren **8** 8
- Bestellung eines Vorsitzenden und der Beisitzer für Versuch Interessenausgleich **8** M77
- Bestellung eines Vorsitzenden wegen Mitarbeiterbeschwerden **8** M78
- Bestellung eines Vorsitzenden wegen mitbestimmungspflichtiger Maßnahmen **8** M79
- Betriebsvereinbarung **5** 36, M44
- Ermessensfehler **8** M81
- Errichtung wegen Mitarbeiterbeschwerden **8** M59
- Interessenausgleich **5** 166 f.
- Sozialplan **5** 181, 199 ff.
- Sozialplan/Betriebsvereinbarung nach Einigung **5** M223 f.
- Spruch nach Insolvenz eines Tiefbauunternehmens **5** M216
- Verfahren s. *Einigungsstellenverfahren*

**Einigungsstellenverfahren 8** 1 ff.
- Anwaltsgebühren bei anschließender Prozeßvertretung **6** M128
- Beschlußverfahren **8** 8
- Protokoll mit Einigung **5** M222

**Einstellung**
- Absage **3** M46
- Antrag auf Zustimmung des Betriebsrats **3** M51
- Bekanntgabe der Einstellung eines leitenden Angestellten an den Betriebsrat **3** M52
- Bewerberbeurteilung **3** M39
- Mitbestimmung des Betriebsrats **3** 22 ff.
- vorläufige personelle Maßnahme, Gegenantrag **8** M55

- Zusage **3** M45

**Einstweilige Verfügung**
- Beschäftigung eines neu Eingestellten, Unterlassen **8** M24 f.
- Beschäftigungsanspruch **7** M111
- Erforderlichkeit der Vollziehung **7** M334
- Freistellung, Erwiderung **7** M272
- Herausgabe der Arbeitspapiere **7** 10, M101 ff.
- Herausgabe eines Dienstfahrzeugs **7** M131, M273
- Hinzuziehung eines Sachverständigen für den Betriebsrat **8** M38 f.
- Maske für Antrag **7** M322
- Maske für Antrag auf Abweisung **7** M323
- Streitwertberechnung **6** M60
- Überstundenanordnung, Unterlassen **8** M22
- Umsetzung **7** 10
- Unterlassen des Angebots von Aufhebungsverträgen vor Interessenausgleichsversuch **8** M47 ff.
- Unterlassen einer Betriebsratswahl **8** M73
- Unterlassen einer geplanten Betriebsänderung **8** M52 f.
- Unterlassen nachvertraglichen Wettbewerbs **7** M302
- Unterlassen von Kündigungen vor Interessenausgleichsversuch **8** M44 f.
- Unterlassen von Wettbewerb im bestehenden Arbeitsverhältnis **7** M280
- Unterrichtung über geplante Betriebsänderung **8** M40 ff.
- Versetzung **7** M275
- Versetzung/Umsetzung **7** M135 f.
- Weiterbeschäftigungsanspruch nach Betriebsratswiderspruch **7** M109
- Weiterbeschäftigungsanspruch, allgemeiner **7** M110
- Zahlungsansprüche **7** M119

**Einzelhandel**
- Arbeitsanweisung für Verkäufer **1** M447
- Arbeitsordnung **1** M444
- Arbeitsvertrag **1** M441 ff.
- Aushilfsarbeitsverhältnis **1** M446 f.
- Teilzeit-Arbeitsvertrag **1** M445

**Elektro- und Metallindustrie**
- Arbeitsvertrag mit Angestelltem **1** M500

**Elektromeister**
- Arbeitsvertrag **1** M486

**E-Mail**
- Betriebsvereinbarung **5** M60

**Englischsprachiger Arbeitsvertrag**
s. *Arbeitsvertrag in englischer Sprache*

**Entfristungsklage 7** M148 ff.

**Entgeltfortzahlung 1** 140 ff.
- Erkrankung eines Kindes **7** M169 f.
- Erkrankung eines Kindes – BAT **7** M172
- Erkrankung eines Kindes – Tarifvertrag **7** M171
- GmbH-Geschäftsführer **1** 709
- Jeweiligkeitsklausel **1** 142

- Mitteilungs-/Anzeigepflichten **1** 143
- negatives Schuldanerkenntnis **1** 146

**Entreicherung**
- Überzahlung **7** M120

**Erfindung** s. Arbeitnehmererfindung

**Erholungsurlaub** s. Urlaub

**Ermahnung**
- offenes Feuer, verbotenes **3** M131

**Erörterungsgebühr**
- Gütetermin – Deckungsschutz der Rechtsschutzversicherung **6** M123

**Erstattung des Arbeitslosengeldes 4** 300 ff.
- Beschäftigungszeit **4** 303 f.
- Bezug anderweitiger Sozialleistungen **4** 312
- Eigenkündigung **4** 307 f.
- Kleinunternehmen **4** 305 f.
- nach § 148 SGB III **4** 313 ff.
- sozial gerechtfertigte Kündigung **4** 309
- Übergangsbestimmungen **4** 310

**Erziehungsurlaub**
- Antrag **3** M111
- Aufhebungsvertrag für Zeit nach Ablauf **4** M436
- Checkliste **3** M113
- Schreiben des Arbeitgebers nach Geltendmachung **3** M112

**Euro 1** 147 ff.

**Europäischer Betriebsrat**
- Betriebsvereinbarung **5** M46 ff.

**Fachberater**
- Arbeitsvertrag **1** M439 f.

**Feiertag**
- Betriebsvereinbarung über Wochenend- und Feiertagsarbeit **5** M107 f.

**Festanstellungsklage 7** M145 ff.
- Klageerwiderung **7** M287 f.
- Klageerwiderung bei Rundfunkmitarbeiter **7** M289 ff.

**Feststellungsklage**
- gegen Unterstützungskasse wegen Anrechnung von Vordienstzeiten **7** M162
- Grenzen des Direktionsrechts **7** M138 f.
- Ruhegeldverpflichtung **7** M161
- Streitwertberechnung bei Entfristungsklage **6** M62
- Streitwertberechnung bei Kündigungsschutzklage und Feststellungsantrag **6** M70

**Financial Consultant**
- Arbeitsvertrag mit internationaler Gesellschaft **1** M556 f.

**Finanzabteilungsleiter**
- Arbeitsvertrag **1** M397 f.

**Forschung und Entwicklung, Leiter**
- Arbeitsvertrag **1** M410 ff.

**Fortbildungsvertrag 2** M102, M103
- gestaffelte Rückzahlungsklausel **2** M104
- Rückzahlungsklauseln **2** 88 ff.; **7** M313

**Fragebogen** s. Personalfragebogen

**Fragerecht des Arbeitgebers 3** 2, 4 ff. s. auch Personalfragebogen

**Französischsprachiger Arbeitsvertrag**
s. Arbeitsvertrag in französischer Sprache

**Frauenförderung**
- Betriebsvereinbarung **5** M51

**Freier Mitarbeiter**
- Aufhebungsvertrag **4** M443
- Festanstellungsklage **7** M145 ff.
- Klageerwiderung bei Festanstellungsklage **7** M287 f.
- Klageerwiderung bei Festanstellungsklage eines Rundfunkmitarbeiters **7** M289 ff.
- nachvertragliches Wettbewerbsverbot **2** 7
- Rundfunkmitarbeiter als „Freie" oder Angestellte **1** 600
- Rundfunkmitarbeiter als „Freie" oder Angestellte, Klageerwiderung **7** M289 ff.
- Streitwertberechnung bei Statusklage **6** M78
- Vertrag s. Freier-Mitarbeiter-Vertrag
- Vertragsanpassung nach erfolgreicher Festanstellungsklage **7** M157

**Freier-Mitarbeiter-Vertrag 1** 573 f., M641
- Arbeitszimmer **1** 596 ff.
- Ausbeiner **1** M680
- Auskunft gegenüber dem Rentenversicherungsträger **1** 614
- Beratervertrag s. dort
- Creativ-Consultant **1** M655
- Dauerverpflichtung **1** 598
- Freiheit in Arbeitsorganisation und -durchführung **1** 601 f.
- Gerichtsstandsvereinbarung **1** 616
- Grafik- und Layout-Mitarbeiter **1** M652 ff.
- Kranken- und Rentenversicherung **1** 615
- Moderator **1** M665 ff.
- Nettovereinbarung **1** 616
- objektiver Geschäftsinhalt **1** 596
- Programmgestalter **1** 600, M665 ff.
- Programmierer **1** M642 ff.
- Rundfunkmitarbeiter **1** 600
- Scheinselbständigkeit **1** 604 ff.
- Softwareentwickler **1** M646 f.
- Steuerberatervertrag **1** M660 ff.
- Telearbeit **1** 603
- verselbständigte Monteursgruppe **1** M676 ff.
- Vertraulichkeitsvereinbarung **1** M648 ff.
- Vertraulichkeitsvereinbarung in englischer Sprache **1** M650 f.
- Weisungsrecht **1** 597
- Wettbewerbsverbot **1** 617
- Wirtschaftsprüfer **1** M656 ff.

**Freistellung 1** 155 f.
- AG-Vorstand **1** 687, M784
- Anrechnung anderweitigen Verdienstes **7** M265
- einstweilige Verfügung, Erwiderung **7** M272
- GmbH-Geschäftsführer **1** 686

## Stichwortverzeichnis

- Klausel in Aufhebungs-/Abwicklungsvertrag **4** 384 ff.
- nachträgliche Freistellungsvereinbarung **3** M99
- Streitwertberechnung **6** M63

**Fremdgeschäftsführer-Dienstvertrag 1** M735 ff.

**Fristen im Urteilsverfahren 7** M327

**Gebühren außergerichtlicher Interessenwahrnehmung**
- Besprechungs- und Vergleichsgebühr **6** M117
- Besprechungsgebühr **6** M114, M115
- Einbeziehung von Regelungen über Altersversorgung und Zeugnis im Vergleich **6** M121
- Streitwertaddition bei Vergleich **6** M120
- verdeckte Geschäftsbesorgung gegenüber Arbeitgeber **6** M113
- Vergleichsgebühr **6** M116
- Vergleichsgebühr bei Ursächlichkeit für Vergleichsabschluß **6** M118
- Vergleichsgebühr im PKH-Verfahren **6** M125

**Gebühren gerichtlicher Interessenwahrnehmung**
- Beweisgebühr bei informatorischer Befragung **6** M122
- Erörterungsgebühr für Gütetermin **6** M123
- Prozeßvertretung durch Rechtsreferendar **6** M126
- Vergleichsgebühr in Gütetermin **6** M124

**Gegenstandswert**
- Berechnung *s. Streitwertberechnung*
- Beschlußverfahren **6** 30 f.
- Geltung in gerichtlichen und außergerichtlichen Verfahren **6** 29
- maßgebliche Vorschrift **6** 28

**Gehaltsanpassungsklauseln 1** 157 ff.

**Gehaltsgruppen**
- Betriebsvereinbarung **5** M81
- Betriebsvereinbarung (Anhang) **5** M213

**Geheimhaltung** *s. auch Vertraulichkeitsvereinbarung; Verschwiegenheitspflicht*
- Anlage zum Arbeitsvertrag **1** M495
- Klausel in Aufhebungs-/Abwicklungsvertrag **4** 390

**Generalbevollmächtigter**
- Arbeitsvertrag **1** M424 f.

**Gerichtsstandsvereinbarung**
- Freier-Mitarbeiter-Vertrag **1** 616
- Handelsvertretervertrag **1** 575
- Überprüfungsklauseln **1** 160 ff.

**Gerichtstermin**
- Antrag auf Vertagung **7** M324
- Antrag auf Vertagung wegen Rückäußerung **7** M325

**Geringfügig Beschäftigte 1** 165 ff.
- Antrag auf Erteilung einer Bescheinigung zur Steuerfreistellung **1** M570
- Besteuerung **1** 174 ff.
- Ersatzansprüche wegen nachträglich festgestellter Versicherungspflicht **7** M285
- Fragebogen für geringfügig Beschäftigte **1** M571
- kurzfristige Beschäftigung **1** 166
- mehrere geringfügige Beschäftigungen **1** 167 f.
- Saisonbeschäftigung **1** 166
- Sozialversicherungspflicht **1** 169 ff.
- Vertrag **1** M334

**Gesamtbetriebsrat**
- Untätigkeit bei Betriebsänderungen **5** 168 f.

**Gesamtvertrieb, Leiter**
- Arbeitsvertrag **1** M404 f.

**Geschäftsbesorgungsvertrag**
- Datenschutzbeauftragter **1** M674 f.

**Geschäftsführer**
- Arbeitsvertrag mit Verbandsgeschäftsführer **1** M469 ff.
- Fremdgeschäftsführer, Dienstvertrag **1** M735 ff.
- GmbH *s. GmbH-Geschäftsführer*

**Geschäftsordnung**
- AG-Vorstand **1** M767 f.

**Gesetzliches Verbot 1** 14
- Widerrufsvorbehalt **1** 15

**Gesundheitsgefährdung**
- Zurückbehaltungsrecht **7** M141

**Gewerkschaft**
- Beweisführung für Vertretensein im Betrieb **7** M328

**Gleichbehandlung**
- Gratifikation **1** 203 f.
- Stock Options **1** 273
- Teilzeitbeschäftigter **1** 300 f.
- Teilzeitbeschäftigter, Klage **7** M132
- Weihnachtsgeld, Differenzierung zwischen Arbeitern und Angestellten **7** M142

**Gleitende Arbeitszeit**
- Betriebsvereinbarung **5** M109 ff., M118 f.
- Betriebsvereinbarung über Erfassung und Auswertung **5** M143
- elektronische Zeiterfassung, Betriebsvereinbarung **5** M112
- Rückzahlung von Vergütung bei irrtümlichen Zeitgutschriften **7** M140

**GmbH**
- Geschäftsführer *s. GmbH-Geschäftsführer*
- Gesellschafterversammlung, Beschluß über Geschäftsverteilung **1** M758
- Gesellschafterversammlung, Protokoll über Abberufung und außerordentliche Kündigung des Geschäftsführers **1** M782

**GmbH-Geschäftsführer 1** 681 ff.
- Abberufung **1** 684 f.; **4** 339
- Abberufung, Protokoll einer Gesellschafterversammlung **1** M782
- Abfindung **4** 346
- Altersversorgungsregelungen **1** 728 ff.
- Anpassung der Altersversorgung **1** 731 f.

- Anstellungsvertrag **1** 683
- Arbeitnehmereigenschaft **1** 682
- Arbeitslosengeld **4** 280
- Aufhebung des Anstellungsvertrags **1** 710
- Aufhebungsvertrag **4** 342, 344, 346 ff., M442
- Ausgleichsklausel **4** 348
- außerordentliche Kündigung, Protokoll einer Gesellschafterversammlung **1** M782
- Bestätigungsklausel **4** 349
- Bestellung **1** 694
- Dienstvertrag bei GmbH mit Aufsichtsrat **1** M739 ff.
- Dienstvertrag bei GmbH ohne Aufsichtsrat **1** M747 ff.
- Dienstvertrag eines Steuerberaters bei GmbH ohne Aufsichtsrat **1** M752 ff.
- Entgeltfortzahlung **1** 709
- Entlastung **4** 347
- Freistellung **1** 686
- Gehaltsanpassungsklausel **1** 703
- Gehaltserhöhung **1** 704
- Gehaltsreduzierung **1** 705
- GmbH & Co. KG **1** 695 f.
- Haftung **1** 699 f.
- Konzern **1** 689 f.
- Modalitäten des Vertragsschlusses **1** 697
- nachvertragliches Wettbewerbsverbot **2** 19
- Ruhegeldvereinbarung **1** 709, M759 ff.
- ruhendes Arbeitsverhältnis **7** M278
- Ruhensvereinbarung **1** M565
- Sorgfaltspflicht **1** 698
- Sozialversicherungspflicht **1** 708
- steuerrechtliche Haftung **1** 700
- Streitwert Anstellungsvertrag **6** M41
- Tantieme **1** 701 f.
- Übergangsgelder **1** 734
- Vergütungsregelungen **1** 701 ff.
- Verschmelzung **1** 691 ff.
- Vertragsänderungen **1** 710
- Wettbewerbsverbot **1** 706 f.
- Widerruf oder Minderung der Altersversorgung **1** 733
- Wiederaufleben des ruhenden Arbeitsverhältnisses, Klage **7** M112

**Grafik- und Layout-Mitarbeiter**
- Freier-Mitarbeiter-Vertrag **1** M652 ff.
- Nutzungsrechte **1** M653

**Gratifikation 1** 190 ff. *s. auch Anwesenheitsprämie*
- Änderungskündigung zur Ablösung **4** 34
- Ausscheiden des Arbeitnehmers **7** M186
- Ausschluß bei betriebsbedingter Kündigung **7** M263
- betriebliche Übung **1** 208
- Betriebstreue **1** 191, 197 ff.
- Betriebsvereinbarung **5** M56
- Differenzierung zwischen Arbeitern und Angestellten **7** M142
- Entgeltfunktion **1** 191 ff.
- Fehlzeiten **1** 194 ff.
- Freiwilligkeits-/Widerrufsvorbehalt **1** 201 ff.
- Gleichbehandlung **1** 203 f.
- Kürzung wegen Fehlzeiten bei Arbeitsunfall **7** M276
- Rückzahlungsklausel **1** 207; **7** M100
- Stichtagsklausel **1** 193, 198 ff.
- Vereinbarung mit Freiwilligkeitsvorbehalt **1** M359
- Weihnachtsgeld **1** 197 f.

**Groß- und Außenhandel**
- Arbeitsvertrag **1** M490 f.
- Arbeitsvertrag für Arbeiter als Anschreiben **1** M492

**Gruppenarbeit**
- Betriebsvereinbarung **5** M53 f.

**Guideline 1** M386 f.
- für Betriebsräte: Voraussetzungen einer Zustimmung bei Versetzung und Umgruppierung **3** M96
- für Betriebsräte: Voraussetzungen einer Zustimmungserteilung **3** M53

**Günstigkeitsprinzip 1** 128

**Gütetermin**
- Erörterungsgebühr **6** M123
- Vergleichsgebühr **6** M124

**Haftung des Arbeitgebers**
- arbeitnehmereigenes Kfz **1** 213
- Begrenzungsklauseln **1** 210 ff.
- eingebrachte Gegenstände **1** 212
- Haftungsbeschränkung des Betriebserwerbers in der Insolvenz **7** M301
- Haftungs-Verzichtserklärung eines Mitfahrers **2** M79
- Zeugnis **3** 149 f.

**Haftung des Arbeitnehmers 1** 214 ff.; **7** M143
- Beweislast **1** 135
- Dienst-Kfz **1** 222 f.; **2** 58
- Grundsätze **1** 214 f.
- Haftungs-Verzichtserklärung eines Mitfahrers **2** M79
- Mankohaftung *s. dort*
- Nichtleistung **1** 219
- Risikoausgleich **1** 216

**Haftungsbegrenzungsklauseln**
- Sachschäden **1** 210
- zugunsten des Arbeitgebers **1** 210 ff.

**Handelsvertretervertrag 1** 573 ff., M618 f.
- Abgrenzung zum Makler **1** 578
- AGB-Gesetz **1** 581
- Alleinvertretungsrecht **1** 581
- Arbeitszimmer **1** 595
- Ausgleichsanspruch *s. Ausgleichsanspruch des Handelsvertreters*
- außerordentliche Kündigung **1** 592
- Bezirksrecht **1** 582
- Bonitätsprüfung des Kunden **1** 583
- Dauerschuldverhältnis **1** 577

1815

### Stichwortverzeichnis

- Einfirmenvertreter mit Vertriebsgebiet **1** M626 ff.
- Einfirmenvertreter ohne Vertriebsgebiet **1** M629 ff.
- Fixum **1** M631
- Formfreiheit **1** 579
- Gerichtsstandsvereinbarung **1** 575
- internationaler Handelsvertretervertrag **1** M634 ff.
- Konkurrenzverbot **1** 586
- Mitteilungspflicht **1** 585
- nachvertragliches Wettbewerbsverbot **1** 593
- Provision **1** 588 ff., M619, M623 f., M635
- Rückzahlung von Ausbildungskosten **2** 95
- Selbständigkeit **1** 576
- Vermittlungsagent für Anzeigen und Adreßverzeichnisse **1** M632 f.
- Vertriebsgebiet eines Mehrfirmenvertreters **1** M620 ff.
- zwingende Vorschriften des HGB **1** 579 f.

**Handlungsvollmacht**
- Erteilung **3** M97

**Hauptfürsorgestelle**
- Antrag auf Zustimmung zur Kündigung **3** M71
- Streitwertberechnung bei Anfechtung der Zustimmung **6** M82
- Überprüfungskompetenz bei außerordentlicher Kündigung **7** M243
- Überprüfungskompetenz bei krankheitsbedingter Kündigung **7** M235

**Herausgabeanspruch 1** 224 f.
- Dienstwagen, einstweilige Verfügung **7** M131, M273
- Dienstwagen, Klage wegen Entzugs **7** M133 f.
- Streitwertberechnung **6** M65

**Hochschulen**
- befristete Arbeitsverträge **1** 93 ff.
- Lektoren *s. dort*

**Höhergruppierungsklage**
- öffentlicher Dienst **7** M129 f.

**Holding-Vorstand**
- Dienstvertrag **1** M755 ff.

**Honorarvereinbarung**
- Abtretung des Honoraranspruchs von Betriebsrat an Anwalt **6** 7
- allgemeine arbeitsrechtliche Honorarvereinbarung **6** M20, M21
- Beratervertrag **1** M638
- Betriebsänderung oder -stillegung **6** M24
- Erfolgshonorar **6** 12
- Gebührengutachten **6** 19
- Hauptanwendungsfälle **6** 1
- höhere Honorarvereinbarung als die gesetzliche Vergütung **6** 2 ff.
- Mischformen vereinbarten Honorars **6** 16
- neben Deckungsschutz durch Rechtsschutzversicherer **6** 93
- niedrigere Honorarvereinbarung als die gesetzliche Vergütung **6** 5

- Outplacement **6** M22
- Pauschalhonorar **6** 13 f.
- Steuerberatervertrag **1** M662
- Teilbetriebsstillegung, Betriebsauflösung und -übergang **6** M25
- unangemessenes Honorar **6** 18 f.
- Zeithonorar **6** 15
- Zeitpunkt **6** 9 ff.
- Zusatzhonorar neben Gebühreneinnahme durch Rechtsschutzversicherung **6** M23

**Incentiv-Klausel 1** 226 f.

**Insolvenz**
- Anwendung von § 613 a BGB **7** M35
- Einigungsstellenspruch nach Insolvenz eines Tiefbauunternehmens **5** M216
- Haftungsbeschränkung des Betriebserwerbers **7** M301

**Interessenausgleich 5** 147 ff.
- Abgrenzung zum Sozialplan **5** 174
- Antrag an Landesarbeitsamt auf Zuschußgewährung zu Sozialplanmaßnahmen **5** M314
- Auswahlrichtlinien **5** M258
- Bestellung eines Einigungsstellenvorsitzenden und der -beisitzer für Versuch Interessenausgleich **8** M77
- Betriebsänderung *s. dort*
- Betriebsauflösung im Konzern **5** M276
- Betriebsstättenverlagerung **5** M256 f.
- Betriebsteilveräußerung **5** M256
- Betriebsübergang und Sitzverlegung einer Versicherungsgesellschaft **5** M304
- Betriebsverlagerung **5** M251
- DV- und Orgaprojekte, Umsetzung **5** M234 ff.
- Einführung einer verflachten Hierarchie **5** M208 f.
- Einigungsstelle **5** 166 f.
- Fusion und Zusammenführung von Betriebsteilen **5** M244
- Fusionierung zweier Getränkehersteller **5** M295 f.
- hinreichende Unterrichtung des Betriebsrats **5** 162
- Inhalt **5** 172 f.
- Kleinbetrieb **5** 159
- Kombination mit Sozialplan **5** 182 f.
- Kostendruck – Kombination mit Sozialplan **5** M287 ff.
- Outsourcing **5** M272 ff.
- Personalabbau **5** 163, M238 f.
- Qualitätsmanagement **5** M214 f.
- Rahmenbetriebsvereinbarung über einen Interessenausgleich/Sozialplan **5** M225
- Rationalisierungsvorhaben **5** M234 ff.
- Sanktionenkatalog **5** 164
- Sozialauswahl **5** M289
- Sozialplan *s. dort*
- Transferinteressenausgleich **5** M311 f.

- Umsetzungsmaßnahmen einer Restrukturierung – Kombination mit Sozialplan **5** M227 ff.
- Umstrukturierung – Kombination mit Sozialplan **5** M226
- Umwandlung von Betriebsbüros in technische Büros **5** M266
- Untätigkeit des Gesamt- oder Konzernbetriebsrats **5** 168 f.
- Unterlassen des Angebots von Aufhebungsverträgen vor Interessenausgleichsversuch, einstweilige Verfügung **8** M47 ff.
- Unterlassen von Kündigungen vor Interessenausgleichsversuch, einstweilige Verfügung **8** M44 f.
- Verbesserung des Leistungsmanagements **5** M208, M210 ff.
- Verlagerung eines Verbandes – Kombination mit Sozialplan **5** M309 f.
- Verschmelzung **5** M256 f.
- Versetzung **5** M228
- Versuch **5** 160 f.
- Vertrag mit Unternehmensberatung zur Erfüllung eines Interessenausgleichs **5** M313
- Vertriebsumstrukturierung – Kombination mit Sozialplan **5** M287 ff.
- Zusammenführung und Fusion von Betriebsteilen **5** M244
- Zusammenführung von Betriebsteilen **5** M262 f., M283

**Internet**
- Benutzerrichtlinien **3** M117
- Betriebsvereinbarung **5** M60

**Jahressonderzahlung** *s. Gratifikation*
**Job-Sharing-Vertrag 1** M360
**Jubiläen**
- Betriebsvereinbarung **5** M55

**Jugend- und Auszubildendenvertreter**
- Weiterbeschäftigung nach Ausbildungsende **7** M105
- Weiterbeschäftigung nach Ausbildungsende, Entbindung von der Pflicht **8** M69

**Kameraüberwachung**
- Betriebsvereinbarung **5** M146

**KAPOVAZ**
- Betriebsvereinbarung **5** M116 f.

**Karenzentschädigung 2** 14 ff. *s. auch Wettbewerbsverbot, nachvertragliches*
- Anrechnung anderweitigen Verdienstes **2** M35 ff.; **7** M312
- Aufforderung zur Auskunft über anderweitigen Erwerb **2** M47
- ausdrückliche Zusage **2** 20
- Ausnahmen **2** 16 f.
- außerordentliche Kündigung **2** 17
- bei Bezug betrieblichen Ruhegeldes **2** 26
- fehlende Vereinbarung **2** 22 f.
- Kündigungsschutzprozeß **2** 18
- Steuerermäßigung **4** 259
- Streitwertberechnung **6** M80
- Zahlungsklage wegen unzureichender Karenzentschädigung **7** M106
- zu niedrige Karenzentschädigung **2** 23 f.

**Kellnerin**
- Arbeitsvertrag **1** M448 f.

**Kfz-Nutzungsverträge 2** 52 f., M66
- Arbeitsvertragsergänzung mit Nutzungspauschale für Privatfahrten **2** M68 ff.
- betriebliche Altersversorgung **2** 53
- Dienst- und Privatfahrten mit Abrechnung nach Einzelnachweis **2** M67
- einkommensteuerrechtliche Behandlung **2** 55 ff.
- Fahrer **2** 54
- jederzeit widerrufliche Nutzungsverträge **2** M75 f.
- Leasingfahrzeug **2** M77
- Nutzungsentgelt **2** 54
- Nutzungspauschale für Privatfahrten **2** M66
- Vorenthaltung des Fahrzeugs **2** 62 ff.

**Kinderbetreuung**
- Entgeltfortzahlung bei Erkrankung eines Kindes – BAT **7** M172
- Entgeltfortzahlung bei Erkrankung eines Kindes – Tarifvertrag **7** M171
- Entgeltfortzahlung bei Erkrankung eines Kindes **7** M169 f.
- Krankengeld bei Erkrankung eines Kindes **7** M173
- verhaltensbedingte Kündigung **7** M168

**Kirchliche Arbeitsverhältnisse 7** M188
- Arbeitsvertrag mit Einrichtung der evangelischen Kirche **1** M389
- Arbeitsvertrag mit Einrichtung der katholischen Kirche **1** M388 f.

**Klage**
- Maske für arbeitsgerichtliche Klage **7** M320

**Klageerwiderung**
- Änderungskündigung **7** M249
- Anfechtung eines Aufhebungsvertrages **7** M257 ff.
- außerordentliche Kündigung **7** M236
- betriebsbedingte Kündigung **7** M207
- Festanstellungsklage **7** M287 f.
- Festanstellungsklage eines Rundfunkmitarbeiters **7** M289 ff.
- Maske für arbeitsgerichtliche Klageerwiderung **7** M321
- personenbedingte Kündigung **7** M228
- verhaltensbedingte Kündigung **7** M216
- Wiedereinstellungsverlangen bei Verdachtskündigung **7** M316
- Zeugnisklage **7** M299

**Klagefrist**
- befristeter Arbeitsvertrag **1** 125

**Kleinstbetriebsklausel 7** M98
**Konfliktanalyse**
- Checkliste **3** M133

## Stichwortverzeichnis

**Konkurrenzverbot** *s. auch Wettbewerbsverbot*
- Handelsvertreter **1** 586
- Kündigung wegen Verstoßes **4** 130 f.

**Konstruktionsabteilung, Leiter**
- Arbeitsvertrag **1** M401 ff.

**Konzern**
- AG-Vorstand **1** 689 f.
- betriebsbedingte Kündigung **4** 18
- GmbH-Geschäftsführer **1** 689 f.
- Information über Konzernstruktur – Beschlußverfahren **8** M46
- nachvertragliches Wettbewerbsverbot **2** 8 ff.

**Konzernbetriebsrat**
- Untätigkeit bei Betriebsänderungen **5** 168 f.

**Konzernversetzungsklausel 1** 51, 297

**Kostenvoranschlag des Rechtsanwalts**
- Betriebsänderung **6** M26

**Krankengeld**
- Betreuung eines erkrankten Kindes **7** M173

**Krankenhauspersonal**
- Arbeitsvertrag Privatklinik **1** M475 ff.
- Gewinnbeteiligung **1** M476

**Krankenpfleger/-schwester** *s. Krankenhauspersonal*

**Krankheit** *s. auch Arbeitsunfähigkeit; Entgeltfortzahlung*
- AG-Vorstand **1** 721
- Androhung einer Krankheit als Grund für außerordentliche Kündigung **7** M240
- Definition **4** 67
- Einarbeitungsvertrag nach längerer Krankheit **1** M346
- Frage nach Krankheiten **3** 5
- Kündigung *s. Kündigung, krankheitsbedingte*
- Pflichtwidrigkeiten bei Krankheit als Kündigungsgrund **4** 142 ff.
- verspätete Krankmeldung **7** M217

**Kündigung**
- Anhörung des Betriebsrats **3** 36 ff., M72 ff.
- Anhörung des Sprecherausschusses **3** M75
- Annahmeverzug des Arbeitgebers nach unwirksamer Kündigung **7** M95
- Annahmeverzug des Arbeitgebers nach unwirksamer Kündigung und Arbeitsunfähigkeit **7** M96
- Berechtigung **3** 27
- Betriebsvereinbarung über Auswahlrichtlinie bei Kündigungen **5** M128 f.
- Deckungsantrag gegenüber Rechtsschutzversicherung **6** M100
- Deckungsantrag gegenüber Rechtsschutzversicherung wegen Kündigungsandrohung **6** M101
- des AG-Vorstandsmitglieds durch die Gesellschaft **1** 722
- des Sozialplans **5** 204
- Kündigungsschreiben *s. dort*
- Kündigungsschutzklage **7** 3 ff.
- Massenentlassung *s. dort*

- nachvertragliches Wettbewerbsverbot **2** 34
- ordentliche Kündigung **3** M54
- ordentliche Kündigung in englischer Sprache **3** M55
- ordentliche Kündigung, Kündigungsschutzklage **7** M11 ff.
- Rücknahme als Beendigungstatbestand im Kündigungsschutzprozeß **7** M99
- sittenwidrige Kündigung, Kündigungsschutzklage **7** M19 f.
- Stock Options bei gekündigtem Arbeitsverhältnis **1** 275
- Streitwertberechnung bei Kündigungsschutzklage **6** M66 ff.
- treuwidrige Kündigung, Kündigungsschutzklage **7** M21 ff.
- Unterlassen vor Interessenausgleichsversuch, einstweilige Verfügung **8** M44 f.
- vor Dienstantritt **1** 230 ff.; **7** M158

**Kündigung, außerordentliche 3** 33, M64
- Abfindung **4** 356
- Abmahnung, Entbehrlichkeit **7** M244
- AG-Vorstandsmitglied, Beschluß des Aufsichtsrats **1** M783
- Androhung einer künftigen Erkrankung **7** M240
- Anhörung des Betriebsrats **3** M73
- Aufforderung, die Gründe der Kündigung mitzuteilen **3** M69
- Auszubildender **7** M266
- beharrliche Arbeitsverweigerung **7** M248
- Betriebsratsmitglied wegen häufiger Krankheit **7** M61
- des Arbeitnehmers wegen Gehaltsrückstands **3** M70
- einer Betriebsvereinbarung **5** 32
- eines Sozialplans **5** 204
- Generalprävention **7** M238
- GmbH-Geschäftsführer, Protokoll einer Gesellschafterversammlung **1** M782
- Handelsvertretervertrag **1** 592
- Haschischkonsum **7** M58
- Karenzentschädigung **2** 17
- Klageerwiderung auf Klage gegen außerordentliche Kündigung **7** M236
- krankheitsbedingte Kündigung **4** 65
- Kündigungsgründe im Arbeitsvertrag **1** 233 ff.
- Kündigungsschutzklage **7** 7, M48 ff.
- Nebentätigkeit während Arbeitsunfähigkeit **7** M245
- Schmiergeldannahme **7** M239
- Selbstbeurlaubung **7** M59
- Streitwertberechnung bei Kündigungsschutzklage **6** M67
- Tätlichkeiten **7** M242
- Überprüfungskompetenz der Hauptfürsorgestelle **7** M243
- Umdeutung in ordentliche Kündigung **7** M202 ff.
- Urlaubsantritt, eigenmächtiger **7** M241

- Verdachtskündigung *s. dort*
- Verfristung **7** M53
- Verfristung bei Anhörung des Betriebsrats **7** M55
- Verfristung bei Ermittlungsverfahren **7** M54
- Wettbewerbstätigkeit einer Krankenschwester **7** M237

**Kündigung, betriebsbedingte** *s. auch Personalabbau*
- Abbau und Umwandlung von Arbeitsplätzen **4** 1
- Abberufung **4** 2
- Abkehrwille **4** 3
- Abwicklungsvertrag **4** 196
- Änderungs- vor Beendigungskündigung **7** M28
- Anforderungsprofil **4** 4
- Arbeitsmangel **4** 5
- Arbeitsmangel nach Umorganisation **7** M211
- Aufforderung, die Gründe der Sozialauswahl mitzuteilen **3** M68
- Auftragsrückgang **3** M57; **4** 6
- Austauschkündigung **4** 7
- Betriebseinschränkung **4** 8
- Betriebsstillegung **4** 9; **7** M213
- Betriebsteilstillegung **3** M60
- Betriebsübergang **4** 10 f.
- Betriebsunterbrechung **4** 12
- Betriebsverlagerung **7** M212
- Darlegungslast bei innerbetrieblichen Gründen **7** M209 f.
- drittfinanzierte Arbeitsverträge **4** 13
- Druckkündigung **4** 14
- Fehldisposition **4** 15
- Gewinnverfall **4** 16
- Klageerwiderung auf Kündigungsschutzklage **7** M207
- Konkursverfahren **4** 17
- Konzernarbeitsverhältnis **4** 18
- Kostenreduzierung **4** 19
- Kündigungsschutzklage **7** 5
- Kurzarbeit **4** 20
- Leistungsverdichtung **3** M58; **7** M208
- Lohneinsparung **4** 21
- Lohnfindungsmethode, neue **4** 22
- mit Angebot Abwicklungsvertrag **3** M61
- öffentlicher Dienst **4** 23 ff.
- Outsourcing **4** 28
- Produktionsmethoden, Änderung **4** 29
- Produktionsrückgang **3** M59
- Produktionsverlagerung ins Ausland **4** 30
- Rationalisierungsmaßnahmen **4** 31 f.
- Sonderzuwendungen, Ablösung **4** 34
- Sonderzuwendungen, Ausschluß **7** M263
- Umsatzrückgang **4** 36
- Unrentabilität **4** 33
- Unterlassungsanspruch des Betriebsrats **5** 170 f.
- Vorgesetztenwechsel **4** 38
- Weiterbeschäftigung zu verschlechterten Arbeitsbedingungen **7** M214
- willkürliche Kündigung **7** M26 f.
- Witterungsgründe **4** 39

**Kündigung, krankheitsbedingte 4** 64 ff.
- Alkoholismus **7** M45
- außerordentliche Kündigung **4** 65
- Darlegungs- und Beweislast **4** 66
- Entgeltfortzahlungskosten **4** 68
- erhebliche Fehlzeiten bei negativer Gesundheitsprognose **7** M229 f.
- häufige Kurzerkrankungen **4** 70 ff.; **7** M231 f.
- Hauptfürsorgestelle, Überprüfungskompetenz **7** M235
- Interessenabwägung **4** 69
- Klageerwiderung auf Kündigungsschutzklage **7** M229 f.
- Kündigungsschutzklage **7** M43 f.
- langanhaltende Krankheit **3** M63; **4** 73 f.
- Leistungsunfähigkeit, krankheitsbedingte **4** 75 f.
- Minderung der Leistungsfähigkeit, krankheitsbedingte **4** 77
- Prüfungsmaßstab **4** 78; **7** M233
- Überbrückungsmaßnahmen **4** 80
- Wiederherstellung, ungewisse **4** 81

**Kündigung, personenbedingte**
- Alkoholsucht **4** 40
- Alter **4** 41
- Arbeitserlaubnis, fehlende **4** 42
- Aufenthaltserlaubnis, fehlende **4** 43
- Berufsausübungserlaubnis, fehlende **4** 44
- Berufskrankheit **4** 45
- Betriebsgeheimnis, Verrat **4** 46
- Betriebsunfall **4** 47
- Doppelverdiener **4** 48
- Druckkündigung **4** 49
- Ehescheidung **4** 50
- Eheschließung **4** 51
- Ehrenamt **4** 52
- Eignung, fehlende **4** 53 ff.
- Fahrerlaubnisentzug **4** 56
- Geschlechtsumwandlung **4** 57
- Gewissensentscheidung **4** 58
- Haft **4** 59
- HIV-Infektion **4** 61
- Homosexualität **4** 62
- Kirchenaustritt **4** 63
- Klageerwiderung auf Kündigungsschutzklage **7** M228
- krankheitsbedingte Kündigung *s. Kündigung, krankheitsbedingte*
- Kuraufenthalt **4** 82
- Leistungsfähigkeit, nachlassende **4** 83
- Pensionsalter **4** 84
- Sicherheitsbedenken **4** 85
- Stasi-Mitarbeit **4** 86 f.
- Straftaten **4** 88
- Transsexualität **4** 89
- Vorstrafen **4** 90
- Wehrdienst **4** 91

## Stichwortverzeichnis

**Kündigung, verhaltensbedingte** 3 M62 *s. auch Kündigung, außerordentliche*
- Abkehrmaßnahmen **4** 92
- Abwerbung **4** 93 f.
- Alkohol **4** 95 ff.
- antisemitische Äußerungen **4** 97
- Anzeige gegen Arbeitgeber **4** 99 f.
- Anzeige gegen Arbeitskollegen **4** 101
- Arbeitskampfteilnahme **4** 102 f.
- Arbeitspapiere, Nichtvorlage **4** 104
- Arbeitspflichtverletzungen **4** 105
- Arbeitsunfähigkeitsbescheinigung, Nichtvorlage **4** 106
- Arbeitsversäumnis, unerlaubte **4** 107 f.
- Arbeitsverweigerung **4** 109 ff.
- ausländerfeindliche Äußerungen **4** 97
- ausländerfeindliches Verhalten **4** 114
- außerdienstliches Verhalten **4** 115
- Bedrohung **4** 116
- Begünstigung von Arbeitnehmern **7** M226
- Beleidigung **4** 117 ff.
- Betriebsablaufstörung bei unentschuldigtem Fehlen **7** M220
- Betriebsablaufstörung bei Verstoß gegen Meldepflicht **7** M222
- Betriebsfrieden, Störung **4** 121
- Betriebsgeheimnis, Verrat **4** 122
- Denunziation **4** 123
- Detektivkosten, Schadensersatzklage **7** M227
- Drogenkonsum **4** 124
- Druckkündigung **4** 125
- Falschbeantwortung von Fragen **4** 126
- Fehlen, unentschuldigtes **7** M218, M219
- Genesungsverzögerung **4** 142
- Haft **4** 127
- intimes Verhältnis **4** 128
- Kindesbetreuung **7** M168
- kirchliche Grundsätze, Verstoß **4** 129
- Klageerwiderung auf Kündigungsschutzklage **7** M216
- Konkurrenztätigkeit **4** 130 f.
- Kontrolleinrichtungen, Mißbrauch **4** 132
- Krankheit, Pflichtwidrigkeiten **4** 142 ff.
- Krankheitsandrohung **4** 133
- Krankheitsvortäuschung **4** 134 f.
- Krankmeldung, verspätete **7** M217
- Kritik **4** 136
- Kündigungsgründe **3** 31
- Lebenswandel **4** 137 f.
- Lohnpfändung **4** 139
- Loyalitätsverstoß **4** 140
- Nebentätigkeit **4** 141
- politische Betätigung **4** 146 f.
- Privatangelegenheiten im Dienst **4** 148
- Rauchverbot, Verstoß **4** 149
- Schlecht- und Minderleistung **4** 150
- Schmiergeld-/Geschenkannahme **4** 151
- Schulden **4** 152
- Schwarzfahrten **4** 153
- Selbstbeurlaubung **4** 154 f.
- sexuelle Belästigung **4** 156
- Sicherheitsbedenken **4** 157
- Spesenbetrug **4** 161
- strafbare Handlungen **4** 162 ff.
- Tätlichkeiten **4** 166 f.
- Telefongespräche, private **4** 168
- tendenzwidriges Verhalten **4** 169
- üble Nachrede **4** 170
- Unpünktlichkeit **4** 171 f.
- Verdachtskündigung **4** 174 ff.
- Verdachtskündigung – Abgrenzung zur Tatkündigung **7** M221
- Vorsorgeuntersuchung, Verweigerung **4** 178
- Vorstrafen, Verschweigen **4** 179
- Widerruf einer Behauptung, Weigerung **4** 181

**Kündigungsfrist** **1** 236 ff.
- Aushilfsarbeitsverhältnis **1** 237
- längere Kündigungsfrist bei älteren Arbeitnehmern **7** M264
- Probezeit **1** 239
- Tarifvertrag **1** 238
- unzureichende **7** M206
- Urlaubnahme während der Kündigungsfrist **1** 312
- Verkürzung **1** 237 ff.
- Verlängerung **1** 239 f.

**Kündigungsgründe**
- im Arbeitsvertrag **1** 3, 233 ff.
- im Kündigungsschreiben **1** 253; **3** 30 ff.
- Mitteilungsverlangen bei außerordentlicher Kündigung **3** M69

**Kündigungsschreiben**
- Annahmeverweigerung durch Empfangsboten **7** M308 f.
- ausführliches Schreiben ohne Begründung **3** M56
- außerordentliche Kündigung **3** M64
- betriebsbedingte Kündigung **3** M57 ff.
- in englischer Sprache **3** M55
- Kündigungsgründe **1** 253
- langanhaltende Krankheit **3** M63
- Mindestinhalt **3** M54
- Schriftform **3** 25 f.
- Schriftformvereinbarung **1** 254
- verhaltensbedingte Kündigung **3** M62
- Zugang **3** 28; **7** M318
- Zugang im Urlaub **7** M303 ff.

**Kündigungsschutzklage**
- Abmahnung als Kündigungsverzicht **7** M38 ff.
- Abmahnung vor außerordentlicher Kündigung im Vertrauensbereich **7** M60
- Abmahnung vor verhaltensbedingter Kündigung **7** M36
- Abwicklungsvertrag mit vereinbarter Kündigungsschutzklage **4** 192
- Abwicklungsvertrag nach Erhebung einer Klage **4** M444
- Abwicklungsvertrag vor Erhebung einer Klage **4** M445

- Abwicklungsvertrag, Verzicht auf Kündigungsschutzklage **4** 190
- Alkoholismus **7** M45, M46
- Änderungskündigung **7** 6, M62 ff.
- Änderungskündigung – fehlende Betriebsratszustimmung **7** M66, M68
- Änderungskündigung – Vergütungsminderung **7** M67
- Arbeitsplätze von Leiharbeitnehmern **7** M29
- außerordentliche Kündigung **7** 7, M48 ff.
- außerordentliche Kündigung eines Betriebsratsmitglieds wegen häufiger Krankheit **7** M61
- Bestellungsschreiben für beklagten Arbeitgeber **7** M195
- Bestellungsschreiben für beklagten Arbeitgeber mit Ankündigung Vergleichsbereitschaft **7** M196
- Bestellungsschreiben mit Klageabweisungsantrag **7** M197
- betriebsbedingte Kündigung **7** 5
- Betriebsrat nicht gehört **7** M15
- Betriebsrat ordnungsgemäß angehört **7** M198 ff.
- Betriebsrat unvollständig angehört **7** M16 f.
- Betriebsübernahme, verdeckte **7** M30 ff.
- Deckungsantrag gegenüber Rechtsschutzversicherung **6** M94
- fehlerhafte Sozialauswahl **7** M25, M26 f., M28
- Haschischkonsum **7** M58
- Klageerwiderung *s. dort*
- krankheitsbedingte Kündigung **7** M43 f.
- nachträgliche Zulassung **7** M18, M201
- öffentliche Zustellung bei ausländischer Vertretung in Deutschland **7** M24
- ordentliche Kündigung **7** 3 ff., M11 ff.
- Selbstbeurlaubung **7** M59
- sittenwidrige Kündigung **7** M19 f.
- Streitwertberechnung bei außerordentlicher Kündigung **6** M67
- Streitwertberechnung bei Feststellungsantrag **6** M70
- Streitwertberechnung bei gleichzeitiger Entgeltklage **6** M73
- Streitwertberechnung bei mehreren Arbeitgebern **6** M69
- Streitwertberechnung bei mehreren Kündigungen **6** M68
- Streitwertberechnung bei ordentlicher Kündigung **6** M66
- Streitwertberechnung bei Weiterbeschäftigungsanspruch **6** M71
- Streitwertberechnung bei Weiterbeschäftigungsanspruch als Eventual-Hilfsantrag **6** M72
- treuwidrige Kündigung **7** M21 ff.
- Verdachtskündigung, Ermittlungsverhalten des Kündigenden **7** M54
- Verdachtskündigung, unterbliebene Anhörung **7** M57
- verfristete außerordentliche Kündigung **7** M53 ff., M54, M55
- Widerspruch des Betriebsrats **7** M14, M56
- willkürliche betriebsbedingte Kündigung **7** M26 f.

**Kündigungsschutzverfahren**
- Auflösungsantrag *s. dort*
- Karenzentschädigung **2** 18
- Kündigungsschutzklage *s. dort*
- Rücknahme der Kündigung als Beendigungstatbestand im Prozeß **7** M99

**Kurzarbeit 1** 241
- betriebsbedingte Kündigung **4** 20
- Betriebsvereinbarung **5** M139

**Lehrkraft**
- Arbeitsvertrag Privatschule **1** M474

**Leiharbeit** *s. Arbeitnehmerüberlassung*

**Leistungsbeurteilung 3** M92
- Beurteilungsgespräch **3** M 78

**Leistungsklage**
- Streitwertberechnung **6** M74

**Leitende Angestellte**
- Abwicklungsvertrag **4** M448
- Arbeitsvertrag *s. Arbeitsvertrag mit leitendem Angestellten*
- Auflösungsantrag des Arbeitgebers **7** M252
- Zeugnisformulierungen zum Sozialverhalten **3** M163

**Lektoren**
- befristete Arbeitsverträge **1** 113 ff.

**Lkw-Fahrer**
- Arbeitsvertrag **1** M459 ff.
- EG-Kontrollgerät **1** M462

**Lohngruppen**
- Betriebsvereinbarung **5** M80

**Lohnpfändungen 1** 27 ff.
- Festbetragspauschalen **1** 32
- Kostenerstattungsregelungen **1** 31
- Kündigungsgrund **4** 139

**Lohnsteueranrufungsauskunft**
- 58er-Regelung **4** M454
- vor Abschluß eines Aufhebungsvertrags **4** 271 f.

**Mandantenschutzklausel 2** 29, M46
**Mankohaftung 1** 220 f.; **7** M144
**Mankovereinbarung 3** M122
**Massenentlassung**
- Anzeige **5** M308
- Informationsschreiben an Arbeitgeber-Mandant **7** M267 ff.

**Merchandising/Verkaufsförderung, Leiter**
- Arbeitsvertrag **1** M437 f.

**Mietvertrag**
- Werkswohnung **1** M347 ff.

**Mitarbeiterbeteiligung**
- Vereinbarung Aktienoptionen **1** M564

**Mitbestimmung in personellen Angelegenheiten**
- Abwicklungsvertrag und Kündigung **4** 194 f.

## Stichwortverzeichnis

- Änderung von Arbeitsbedingungen **3** 81 f.
- Anhörung bei außerordentlicher Kündigung **3** M73
- Anhörung bei Kündigung **3** 36 ff.; **7** M14 ff.
- Anhörung bei Kündigung ordnungsgemäß **7** M198 ff.
- Anhörung bei ordentlicher Änderungskündigung **3** M74
- Anhörung bei ordentlicher Kündigung **3** M72
- Antrag auf Zustimmung zur Einstellung **3** M51
- Aufhebung einer personellen Maßnahme, Antrag **8** M56
- Bekanntgabe der Einstellung eines leitenden Angestellten **3** M52
- Beurteilungsgrundsätze **3** 12 f., 79 f.
- Einstellungen **3** 22 ff.
- Feststellung der Zustimmungspflichtigkeit einer personellen Maßnahme, Antrag **8** M54
- innerbetriebliche Stellenausschreibung **3** 20 f.
- Personalfragebogen **3** 11 f.
- Unterlassen der Beschäftigung eines neu Eingestellten, einstweilige Verfügung **8** M24 f.
- Unterlassen einer Eingruppierung ohne Zustimmung **8** M27 f.
- Unterlassen einer geplanten Betriebsänderung, einstweilige Verfügung **8** M52 f.
- Unterlassen einer personellen Maßnahme, Antrag **8** M23
- Unterrichtung über geplante Betriebsänderung, einstweilige Verfügung **8** M40 ff.
- unvollständige Unterrichtung bei Kündigung **7** M16 f.
- Voraussetzungen einer Zustimmung bei Versetzungen und Umgruppierungen (Guideline) **3** M96
- Voraussetzungen einer Zustimmungserteilung (Guideline) **3** M53
- vorläufige personelle Maßnahme, Gegenantrag **8** M55
- Zwangsgeldfestsetzung wegen Nichtaufhebung einer personellen Maßnahme **8** M26

**Mitbestimmung in sozialen Angelegenheiten**
- Anwesenheitsprämie **1** 45
- Arbeitsvertragsgestaltung **1** 229
- Direktionsrecht **1** 284
- Stock Options **1** 276
- Unterlassen der Anrechnung von Tariflohnerhöhungen auf Zulagen, Antrag **8** M58

**Monteur**
- Auslandsentsendungsvertrag **1** M563
- verselbständigte Monteursgruppe **1** M576 ff.

**Mutterschutz**
- Informationsschreiben an Arbeitgeber-Mandant über Kündigungsmöglichkeiten **7** M270 f.

**Nachteilsausgleich 5** 164
- nicht ausgeschöpfte Einigungsbemühungen **7** M76

**Nachvertragliches Wettbewerbsverbot**
s. *Wettbewerbsverbot, nachvertragliches*

**Nachweisgesetz**
- Arbeitsvertrag **1** 6
- Darlegungs- und Beweislast **1** 18 f.
- Niederschrift gemäß Nachweisgesetz **1** M333
- tarifliche Ausschlußfristen **1** 76

**Nebentätigkeit 1** 244 f.
- Anlage zum Arbeitsvertrag **1** M495
- Kündigungsgrund **4** 141
- Teilzeitarbeitsvertrag **1** 304
- während Arbeitsunfähigkeit, außerordentliche Kündigung **7** M245, M246

**Nettoklage 7** 8 f., M118

**Nichtzulassungsbeschwerde**
- Bestellungsschreiben für Beschwerdegegner **7** M346
- Divergenz **7** M348
- Erläuterung negativer Prozeßchancen für Mandanten **7** M350
- Erwiderung auf unzulässige Nichtzulassungsbeschwerde **7** M349
- grundsätzliche Bedeutung **7** M347
- Streitwertberechnung **6** M75

**Niederlassungsleiter**
- Arbeitsvertrag (Bauunternehmen) **1** M406 f.
- Arbeitsvertrag (Beratungsunternehmen) **1** M472 f.

**Nutzungsrechte**
- Grafik- und Layout-Mitarbeiter **1** M653
- Rundfunkmitarbeiter **1** M668

**Offenbarungspflicht**
- Bewerber **3** 4 f.

**Öffentlicher Dienst**
- befristeter Arbeitsvertrag **7** M154
- Entfernung einer Abmahnung aus der Personalakte wegen fehlender Anhörung **7** M126
- Höhergruppierungsklage **7** M129 f.
- Zweckbefristung **7** M156

**Organisations-Handbuch 1** M386 f.

**Örtliche Zuständigkeit**
- Außendienstmitarbeiter **7** M193, M317

**Outplacement**
- Honorarvereinbarung **6** M22

**Outsourcing**
- betriebsbedingte Kündigung **4** 28
- Interessenausgleich **5** M272 ff.
- Sozialplan **5** M275

**PAISY**
- Betriebsvereinbarung **5** M123 f.

**Paketabfertigung**
- Arbeitsvertrag **1** M506 ff.

**Parkplatz**
- Betriebsvereinbarung **5** M58

**Personalabbau**
- Antrag an Landesarbeitsamt auf Zuschußgewährung zu Sozialplanmaßnahmen **5** M314
- Interessenausgleich **5** M238 f.
- Sozialplan **5** M240 ff.

**Personalakte**
- Einsichtnahme, Erklärung/Protokoll **3** M120
- Klage auf Entfernung einer Abmahnung **7** M125
- Klage auf Entfernung einer Abmahnung wegen fehlender Anhörung **7** M126
- Streitwertberechnung bei Geltendmachung des Rechts auf Einsichtnahme **6** M37
- Zwangsvollstreckung der Entfernung einer Abmahnung **7** M128

**Personalauswahl 3** 14 ff.

**Personalfragebogen 3** M40, M41
- Mitbestimmung des Betriebsrats **3** 11 f.
- Schwangerschaftsfrage **3** 3
- Täuschung bei Ausfüllen **7** M42

**Personalinformationssystem**
- Betriebsvereinbarung **5** M125

**Personalplanung**
- Betriebsvereinbarung **5** M50

**Personalvertretungsrecht**
- Beschlußverfahren **8** 10

**Personenbedingte Kündigung** *s. Kündigung, personenbedingte*

**Pfändungsverbote 1** 28, 30 ff.

**Pkw**
- Dienstwagen *s. dort*
- privater *s. Privat-Pkw*

**Prämienvereinbarung**
- Anlage zum Arbeitsvertrag mit Telefonakquisiteur **1** M525 f.
- Betriebsvereinbarung über Prämiensystem für Verkäufer **5** M102

**Privat-Pkw**
- Haftungs-Verzichtserklärung eines Mitfahrers **2** M79
- Personenschäden bei Dienstfahrt **2** 60
- Schäden bei Dienstfahrt **2** 59
- Sicherungsübereignung im Rahmen eines Darlehensvertrags **2** M100
- Unfallmeldung **2** M80
- Vereinbarung über dienstliche Nutzung **2** M78

**Privatschullehrer**
- Arbeitsvertrag **1** M474

**Probearbeitsverhältnis 1** 117 ff.; **7** M151
- Kündigungsfrist **1** 238

**Produktionsmanagement, Leiter**
- Arbeitsvertrag **1** M408 f.

**Programmierer**
- Arbeitsvertrag **1** M467 f.
- Freier-Mitarbeiter-Vertrag **1** M642 ff.
- Rechtserwerb des Auftraggebers **1** M644
- Softwareentwickler *s. dort*

**Projektmanager**
- Arbeitsvertrag **1** M493 ff.

**Prokura**
- Erteilung **3** M98

**Prokurist**
- Arbeitsvertrag **1** M395 f.

**Provision 1** 326 ff.
- Abrechnung **1** 591
- Aufbauversicherung **1** 327
- Auskunft und Zahlung, Klage **7** M121
- Befristung von Provisionsregelungen **7** M122
- Beweislastvereinbarung bei der Verrechnung von Vorschüssen **1** 134
- Handelsvertreter **1** 588 ff., M619, M623 f., M635
- Höhe **1** 589
- Kollisionen **1** 589
- Provisionsregelung **1** M440
- Provisionsregelung mit Zielvereinbarung **1** M435
- Regelungen im Aufhebungsvertrag **4** 398 f.
- Tarifgehalt **1** 327
- Topfvereinbarung **1** 590
- Überwälzung des Marktrisikos **1** 329
- Vorschüsse **1** 328

**Prozeßkostenhilfe**
- Antrag **7** M174

**Qualitätsmanagement**
- Interessenausgleich/Betriebsvereinbarung über Workshops und Trainingsmaßnahmen **5** M214 f.

**Rahmenrichtlinien für gewerbliche Arbeitnehmer und Angestellte 5** M77 ff.
- Gehaltsgruppen **5** M81
- Lohngruppen **5** M80

**Raucherklausel 1** 246 f.

**Rauchverbot**
- Abmahnung wegen Verstoßes **3** M130
- Kündigung wegen Verstoßes **4** 149

**Rechtsbeschwerde 7** M354; **8** M84
- Bestellungsschreiben **8** M85
- Bestellungsbeschriftsatz des Rechtsbeschwerdegegners **7** M355

**Rechtsreferendar**
- Gebührenentstehen bei Prozeßvertretung – Deckungsschutz der Rechtsschutzversicherung **6** M126

**Rechtsschutzversicherung**
- Aushandeln eines Aufhebungs-/Abwicklungsvertrags **6** 87
- Deckungsantrag *s. Deckungsantrag gegenüber Rechtsschutzversicherung*
- Deckungsschutz, Umfang **6** 88
- Einwand der Vorvertraglichkeit **6** 86
- Erläuterung des Streitwertbeschlusses **6** M110
- Gegenstandswert bei Aufhebungsvertrag **6** 89
- Honorarvereinbarung **6** 93
- Informationspflicht gegenüber Rechtsschutzversicherung **6** 90 f.

## Stichwortverzeichnis

– Rechtspflichtenverstöße im Arbeitsverhältnis **6** 85
– Risikoausschluß der vorsätzlichen Herbeiführung des Versicherungsfalles **6** 87, M111
– Situation des beratenden Anwalts **6** 92 f.

**Rechtsweg**
– Klage Anwalt gegen Mandant wegen Gebühren und Auslagen **6** M76

**Regelungsabrede 5** 1 ff.
– betriebliches Bündnis für Arbeit **5** 4 ff.

**Reisekostenabrechnung 3** M103

**Reisevertreter**
– Arbeitsvertrag **1** M426

**Rentenversicherung** s. Altersrente

**Revision**
– Beklagter **7** M352
– Bestellungsschreiben für Revisionsbeklagten **7** M353
– Kläger **7** M351

**Rückzahlungsklausel**
– Arbeitgeberdarlehen **2** 87
– beruflicher Vorteil bei Fortbildung **2** 90 f.
– Bindungsdauer für Rückzahlung von Fortbildungskosten **2** 96 ff.
– Fortbildungsverträge **2** 88 ff.; **7** M313
– gestaffelte Rückzahlungsklausel bei Fortbildungsvertrag **2** M104
– Gratifikation **1** 207; **7** M100
– TÜV-Schweißer-Zeugnis **2** 94

**Rufbereitschaft 1** 24
– befristeter Arbeitsvertrag **1** M375 ff.
– Begriff **1** 55

**Ruhegeld** s. Betriebliche Altersversorgung

**Ruhegeldvereinbarung**
– AG-Vorstand **1** M772, M775 f., 728 ff., M779 f.
– GmbH-Geschäftsführer **1** 709, 728 ff., M759 f.

**Ruhensvereinbarung**
– GmbH-Geschäftsführer **1** M565

**Rundfunkmitarbeiter**
– freie Mitarbeiter oder Angestellte **1** 600
– freier Mitarbeiter oder Angestellter, Klageerwiderung **7** M289 ff.
– Moderator **1** M665 ff.
– Nutzungsrechte **1** M668
– Programmgestalter **1** 600, M665 ff.
– Vergütung **1** M669

**Sachbearbeiterin**
– Arbeitsvertrag **1** M505

**Saisonarbeit 1** 121

**Salvatorische Klauseln 1** 248 f.
– Aufhebungsvertrag **4** 403

**Schadensersatz**
– Benachteiligungsverbot, Verstoß **7** M160
– Detektivkosten, Klage **7** M227
– Kündigung vor Dienstantritt **7** M158
– Nichtantritt einer Stelle **7** M299
– Schlechtleistung **7** M281

– Verkehrsunfall des Arbeitnehmers **7** M282
– vertragswidriges Arbeitgeberverhalten, Klage **7** M92 f.
– Vorenthaltung der privaten Dienstwagennutzung **2** 62 ff.

**Scheinselbständigkeit 1** 604 ff.
– Aufhebungsvertrag und streitige Arbeitnehmereigenschaft **4** 328 ff.

**Schlechtleistung 1** 218
– Kündigungsgrund **4** 150
– Schadensersatzklage **7** M281
– Vertragsstrafe **1** 320

**Schriftform**
– Abwicklungsvertrag **4** 201 ff.
– Anlagen zum Arbeitsvertrag **1** 252
– Aufhebung des vereinbarten Formzwangs **1** 252
– Aufhebungsvertrag **4** 199 f., 202 ff.
– befristeter Arbeitsvertrag **1** 123
– Betriebsvereinbarung **5** 16
– Kündigungsschreiben **3** 25 f.
– Schriftformklauseln **1** 250 ff.

**Schuldanerkenntnis**
– Aufhebungsvertrag **4** 404 ff.

**Schuldversprechen, abstraktes 3** M119

**Schwangerschaft**
– Frage nach der Schwangerschaft **3** 2 f.
– Informationsschreiben an Arbeitgeber-Mandant über Kündigungsmöglichkeiten **7** M270 f.
– Mitteilung an das Gewerbeaufsichtsamt **3** 110
– Schreiben des Arbeitgebers vor der Niederkunft **3** M109

**Schwerbehinderte**
– Altersrente **4** 320
– Anfechtung des Arbeitsvertrags wegen Verschweigens **3** M47
– Antrag auf Zustimmung der Hauptfürsorgestelle zur Kündigung **3** M71
– Aufhebungsvertrag **4** M435
– Frage nach Schwerbehinderung **3** 4
– Gleichstellungsantrag **3** M121
– Mitteilung der Schwerbehinderteneigenschaft nach Kündigung **7** M94

**Sechs-Tage-Woche**
– Arbeitsvertrag mit Arbeiter **1** M369 f.

**Sekretärin**
– Arbeitsvertrag **1** M463 ff.

**Selbstbeurlaubung**
– außerordentliche Kündigung **7** M59
– verhaltensbedingte Kündigung **4** 154 f.

**Sexuelle Belästigung**
– als Kündigungsgrund **4** 156
– Streitwertberechnung bei Schadensersatzanspruch **6** M77

**Sittenwidrigkeit**
– Aufhebungsvertrag **4** 214 ff.
– sittenwidrige Kündigung, Kündigungsschutzklage **7** M19 f.
– vertragliche Vereinbarung **1** 16

## Stichwortverzeichnis

**Softwareentwickler**
- Freier-Mitarbeiter-Vertrag **1** M646 f.
- Programmierer *s. dort*
- Rechtserwerb des Auftraggebers **1** M647

**Sonderurlaub 3** 84 f.
- Genehmigung **3** M106

**Sozialauswahl**
- Änderungs- vor Beendigungskündigung **7** M28
- Aufforderung, die Gründe der Sozialauswahl mitzuteilen **3** M68
- Auswahlrichtlinien *s. dort*
- gesetzliche Kriterien **5** M259
- Interessenausgleich **5** M289
- Kündigungsschutzklage **7** M25, M26 f., M28
- Teilzeit-/Vollzeitbeschäftigte **4** 35

**Sozialplan 5** 174 ff.
- Abänderung **5** 203
- Abfindung *s. Sozialplanabfindung*
- Abgrenzung zum Interessenausgleich **5** 174
- ältere Mitarbeiter **5** M291
- Auslegung **5** 180
- Auswahlverfahren bei frei werdenden Arbeitsplätzen **5** M268
- Beendigung von Arbeitsverhältnissen **5** M221
- Betriebsauflösung im Konzern **5** M277 ff.
- Betriebsstättenverlegung **5** M260 f.
- Betriebsstillegung **5** M223 f.
- Betriebsteilveräußerung **5** M260 f.
- Betriebsübergang und Sitzverlegung einer Versicherungsgesellschaft **5** M305 f.
- Betriebsverlagerung **5** M252 f.
- DV- und Orgaprojekte, Umsetzung **5** M234 ff.
- Einigungsstelle **5** 181, 199 ff.
- Einigungsstellenspruch nach Insolvenz eines Tiefbauunternehmens **5** M216
- Erzwingbarkeit **5** 163
- Fusion und Zusammenführung von Betriebsteilen **5** M245 ff.
- Fusionierung zweier Getränkehersteller **5** M297 ff.
- Geltungsbereich **5** 177 f.
- Gestaltungsverbote **5** 190
- Inhalt **5** 184 ff.
- Klage einzelner Arbeitnehmer **5** 205
- Kombination mit Interessenausgleich **5** 182 f.
- Kostendruck – Kombination mit Interessenausgleich **5** M287 ff.
- Kündigung des Sozialplans **5** 204
- Meinungsverschiedenheiten **5** 206
- Mietzuschußmodell **5** M303
- Mobilitätsbeihilfen **5** M236
- Outsourcing **5** M275
- Personalabbau **5** 197, M240 ff.
- Rahmenbetriebsvereinbarung über einen Interessenausgleich/Sozialplan **5** M225
- Rationalisierungsvorhaben **5** M234 ff.
- steuerliche Auswirkungen **5** 207
- steuerliche Rahmenbedingungen (Anlage zum Sozialplan) **5** M307

- Transfersozialplan **5** M315
- Umsetzungsmaßnahmen einer Restrukturierung – Kombination mit Interessenausgleich **5** M227 ff.
- Umstrukturierung – Kombination mit Interessenausgleich **5** M226
- Umwandlung von Betriebsbüros in technische Büros **5** M267 ff.
- Verlagerung eines Tendenzbetriebs **5** M217 ff.
- Verlagerung eines Verbandes – Kombination mit Interessenausgleich **5** M309 f.
- Verschmelzung **5** M260 f.
- Versetzung **5** 196, M219 f., M228, M253, M278 ff.
- Vertriebsumstrukturierung – Kombination mit Interessenausgleich **5** M287 ff.
- Vorruhestandsregelung **5** M265
- Wiedereinstellungsverpflichtungen **5** 179
- wirtschaftliche Möglichkeiten des Unternehmens **5** 201
- Zusammenführung und Fusion von Betriebsteilen **5** M245 ff.
- Zusammenführung von Betriebsteilen **5** M263 ff., M284 ff.

**Sozialplanabfindung 5** 186 ff., 202, M221, M230, M232 f., M237, M241, M243, M254, M264, M270, M285 f., M292, M300
- Altersversorgung, Berücksichtigung **5** M232 f.
- Aufhebungsvertrag **4** 357
- Ausschluß von Arbeitnehmern **5** 189
- Berechnung **5** 191 ff., M224
- Eigenkündigung **5** 178; **7** M75
- Ermessensfehler der Einigungsstelle **8** M81
- Gestaltungsverbote **5** 190
- Multiplikatorentabelle **5** M243
- Punktetabelle **5** M246, M302
- Rentenabschläge, Berücksichtigung **5** M233
- Streitwertberechnung **6** M33
- Vererbbarkeit **5** 188

**Sozialversicherung**
- Auslandsarbeitsvertrag **1** 65 f.
- Entsendung und Abordnung **1** 60 ff.
- geringfügig Beschäftigte **1** 169 ff.
- GmbH-Geschäftsführer **1** 708

**Spesenregelung**
- Unternehmensberater **1** M503

**Sprecherausschuß**
- Anhörung bei Kündigung **3** M75

**Sprecherausschuß-Richtlinie**
- Aktienoptionen, Gewährung **5** M65 ff.
- Stock Options **1** 272

**Statusklage**
- Streitwertberechnung **6** M78

**Stellenausschreibung**
- Betriebsvereinbarung **5** M57
- geschlechtsneutrale Stellenausschreibung **3** 18
- interne Stellenausschreibung **3** 20 f.
- interne Stellenausschreibung (Aushang) **3** M49
- öffentlicher Dienst **3** 19

### Stichwortverzeichnis

**Stellenbeschreibung 3** M48
- Fragebogen zur Erarbeitung einer Stellenbeschreibung **3** M50

**Stellenbewerber** *s. Bewerber*

**Steuerberater**
- Dienstvertrag als GmbH-Geschäftsführer **1** M752 ff.
- Vertrag **1** M660 ff.

**Steuerrecht**
- Abfindung, steuerermäßigte **4** 256 ff.
- Abfindung, steuerfreie **4** 244 ff.
- Aufhebungsvertrag und streitige Arbeitnehmereigenschaft **4** 332 ff.
- Auslandsarbeitsvertrag **1** 69
- Entsendung und Abordnung **1** 67 f.
- Freistellung geringfügig Beschäftigter **1** M570
- geringfügig Beschäftigte **1** 174 ff.
- Haftung, steuerrechtliche des GmbH-Geschäftsführers **1** 700
- Lohnsteueranrufungsauskunft vor Abschluß eines Aufhebungsvertrags **4** 271 f.
- private Dienstwagennutzung **2** 55 ff.
- Sozialplan **5** 207
- steuerliche Rahmenbedingungen (Anlage zum Sozialplan) **5** M307
- Zusammenballung von Einkünften **4** 244

**Stock Options 1** 255 ff., M557
- Aufhebungsvertrag **4** 408
- befristete/gekündigte Arbeitsverhältnisse **1** 275
- betriebliche Übung **1** 274
- Betriebsvereinbarung **1** 272
- Gleichbehandlung **1** 273
- Mitbestimmung **1** 276
- nicht handelbare Optionen **1** 261 ff.
- Sprecherausschuß-Richtlinie **1** 272
- Vereinbarung als Anlage zum Arbeitsvertrag **1** M562
- virtuelle Optionsprogramme **1** 269
- voll handelbare Optionen **1** 264 ff.

**Straftaten**
- als Kündigungsgrund **4** 162 ff.

**Streitwertberechnung**
- Abfindung als eigenständiger Anspruch **6** M34
- Abfindung bei Kündigungsschutzklage **6** M32
- Abmahnung, Entfernung aus Personalakte **6** M35
- Abmahnungen, mehrere, Entfernung aus Personalakte **6** M36
- Akteneinsicht **6** M37
- Änderungskündigung **6** M40
- Anfechtung eines Arbeitsvertrags **6** M43
- Anfechtung eines Aufhebungsvertrags **6** M43
- Ansprüche aus wiederkehrenden Leistungen **6** M44
- Anstellungsverträge von GmbH-Geschäftsführern und Vorständen **6** M41
- Arbeitsbescheinigung **6** M45
- Arbeitspapiere **6** M46
- Aufhebung des Arbeitsverhältnisses, Verhandlungen **6** M47
- Auflösungsantrag **6** M48
- Aufrechnung **6** M49
- Auskunftsklage **6** M51
- Beratung vor Abschluß eines Arbeitsvertrags **6** M42
- Berufsausbildungsverhältnis, Bestand **6** M52
- Beschäftigung, tatsächliche **6** M53
- Beschlußverfahren, tabellarische Übersicht **6** M83
- betriebliche Altersversorgung von Arbeitnehmern **6** M38
- betriebliche Altersversorgung von vertretungsberechtigten Organmitgliedern **6** M39
- Darlehen **6** M56
- Direktionsrecht **6** M57
- Ehrverletzung **6** M58
- Einbeziehung von Regelungen über Altersversorgung und Zeugnis im Vergleich **6** M121
- Eingruppierungsstreitigkeit **6** M59
- einstweilige Verfügung **6** M60
- Entfristungsklage **6** M61
- Feststellungsantrag neben Kündigungsschutzklage **6** M70
- Feststellungsklage **6** M62
- Freistellung **6** M63
- Herausgabeanspruch **6** M65
- Kündigungsschutz- und Zahlungsklage **6** M73
- Kündigungsschutzklage gegen außerordentliche Kündigung **6** M67
- Kündigungsschutzklage gegen mehrere Arbeitgeber **6** M69
- Kündigungsschutzklage gegen mehrere Kündigungen **6** M68
- Kündigungsschutzklage gegen ordentliche Kündigung **6** M66
- Kündigungsschutzklage und Feststellungsantrag **6** M70
- Kündigungsschutzklage und Weiterbeschäftigungsanspruch **6** M71
- Kündigungsschutzklage und Weiterbeschäftigungsanspruch als Eventual-Hilfsantrag und Antrag auf Zwischenzeugnis **6** M72
- Leistungsklage **6** M74
- Monatsentgelt, Berechnung **6** M54
- Nichtzulassungsbeschwerde **6** M75
- sexuelle Belästigung, Schadensersatz **6** M77
- Sozialplanabfindung neben Kündigungsschutz **6** M33
- Statusklage **6** M78
- Vergleich **6** M79
- Vergleich, Streitwertaddition **6** M120
- Vergütungsansprüche **6** M64
- Vierteljahresbezug, Berechnung **6** M55
- Wettbewerbsverbot/Karenzentschädigung **6** M80
- Zeugnisanspruch **6** M81
- Zustimmung der Hauptfürsorgestelle, Anfechtung **6** M82

**Streitwertbeschluß**
- Anfechtbarkeit **7** M329
- Erläuterungspflicht des Rechtsanwalts **6** M110

# Stichwortverzeichnis

**Studenten**
- befristeter Arbeitsvertrag **1** 22 f.

**Subunternehmer**
- Vertrag **1** M671 f., M673

**Suchtprobleme**
- Betriebsvereinbarung **5** M62 f.

**Suspendierung** *s. Freistellung*

**Systemgastronomie**
- Teilzeitarbeitsvertrag **1** M450 f.

**Tabakrauchfreier Arbeitsplatz**
- Klage **7** M123

**Tantieme 1** 298
- GmbH-Geschäftsführer **1** 701 f.
- Regelung in Aufhebungs-/Abwicklungsvertrag **4** 409 f.
- teilthesaurierte Tantieme bei AG-Vorstand **1** M778

**Tarifbindung** *s. Arbeitsvertrag mit Tarifbindung*

**Tarifvertrag**
- Entgeltfortzahlung bei Erkrankung eines Kindes **7** M171
- Entgeltfortzahlung bei Erkrankung eines Kindes – BAT **7** M172
- Kündigungsfristen **1** 238
- Öffnungsklausel **5** 27

**Tätigkeitsbeschreibung 1** 278 ff.
- Direktionsrecht **1** 278 ff.
- Konkretisierungen **1** 281, 294
- Statusklauseln **1** 286
- Vorbehaltsklausel **1** 290

**Technischer Leiter**
- Arbeitsvertrag **1** M413 ff.

**Teilzeitarbeit**
- Arbeitsvertrag *s. Teilzeitarbeitsvertrag*
- Betriebsvereinbarung **5** M140

**Teilzeitarbeitsvertrag 1** 299 ff.
- Arbeitszeitkonten-Regelung **1** 302
- Einzelhandel **1** M445
- Nebentätigkeitsklausel **1** 304
- Systemgastronomie **1** M450 f.
- Überstunden **1** 303

**Teilzeitbeschäftigte**
- Arbeitsvertrag *s. Teilzeitarbeitsvertrag*
- Gleichbehandlung **1** 300 f.
- Gleichbehandlung, Klage **7** M132
- Sozialauswahl mit Vollzeitbeschäftigten **4** 35

**Telearbeit 1** 20, M361 ff.
- Arbeitsverhältnis oder selbständige Tätigkeit **1** 603
- Betriebsvereinbarung **5** M145
- Betriebsvereinbarung über alternierende Telearbeit **5** M144
- Vereinbarung über alternierende Telearbeit **3** M101

**Telefonakquisiteur**
- Arbeitsvertrag **1** M522 ff.

- Prämienvereinbarung und Berechnungsgrundlagen **1** M525

**Telefonanlage**
- Betriebsvereinbarung **5** M126

**Tochterunternehmen, ausländisches**
- Arbeitsvertrag **1** M542 ff.

**Touristik**
- Arbeitsvertrag **1** M498 f.

**Treu und Glauben**
- treuwidrige Kündigung, Kündigungsschutzklage **7** M21 ff.

**Trinkgeld**
- Anzeige des Arbeitnehmers **3** M124

**Überstunden 1** 305 ff.
- einstweilige Verfügung auf Unterlassen der Anordnung von Überstunden **8** M22
- Pauschalierungsabreden **1** 307 ff.
- Teilzeitarbeitsverhältnis **1** 303
- Zahlungsklage bei ausdrücklicher Anordnung **7** M116
- Zahlungsklage bei stillschweigender Duldung **7** M117
- Zahlungsklage, Anforderungen **7** M274
- Zusatzentgelt **1** 306

**Überzahlung**
- Arbeitsentgelt **7** M283
- Einwand der Entreicherung **7** M120

**Umdeutung**
- außerordentliche in ordentliche Kündigung **7** M202 ff.

**Umgruppierung**
- Voraussetzungen (Guideline für Betriebsräte) **3** M96

**Umsetzung** *s. auch Versetzung*
- einstweilige Verfügung **7** 10, M135 f.
- Interessenausgleich/Sozialplan, kombinierter **5** M227 ff.

**Umweltschutz**
- Betriebsvereinbarung **5** M64

**Unentschuldigtes Fehlen**
- Abmahnung **3** M128
- Betriebsablaufstörung **7** M220, M222
- Klageerwiderung auf Kündigungsschutzklage **7** M218, M219
- Kündigungsgrund **4** 107 f.

**Unfallmeldung**
- Kfz **2** M80

**Unfallschutz**
- Betriebsvereinbarung **5** M142

**Unterlassungsanspruch**
- allgemeiner Unterlassungsanspruch des Betriebsrats **8** M71 f.
- des Betriebsrats bei betriebsbedingten Kündigungen **5** 170 f.

**Unternehmensberater**
- Arbeitsvertrag **1** M501 ff.

**Urheberrechte**
- Anlage/Merkblatt zum Arbeitsvertrag **1** M497

1827

## Stichwortverzeichnis

**Urlaub 1** 2, 310 ff.; **3** 83 ff.
- Antrag **3** M104
- Anwesenheitsprämie durch bezahlten Urlaub **3** M107
- Betriebsvereinbarung über Urlaubsgewährung **5** M141
- eigenmächtiger Urlaubsantritt als Grund für außerordentliche Kündigung **7** M241
- Genehmigung **3** M105
- Klage auf Gewährung **7** M124
- Regelungen in Aufhebungs-/Abwicklungsvertrag **4** 411 ff.
- Rückforderung **1** 312
- Sonderurlaub *s. dort*
- unbezahlter Urlaub *s. Sonderurlaub*
- Urlaubnahme während der Kündigungsfrist **1** 312
- Zugang eines Kündigungsschreibens **7** M303 ff.

**Urlaubsabgeltungsansprüche**
- Regelungen in Aufhebungs-/Abwicklungsvertrag **4** 411 ff.
- Verzicht **1** 311
- Zahlungsklage **7** M175

**Urlaubsbescheinigung 3** M108

**Urteil**
- verspätete Absetzung **7** M330

**Variable Arbeitszeit**
- Betriebsvereinbarung **5** M113 ff.

**Variable Vergütung 1** M561; **5** M212 f.

**Verbandsgeschäftsführer**
- Arbeitsvertrag **1** M469 ff.

**Verbesserungsvorschläge**
- Betriebsvereinbarung **5** M130 ff., M137 f.

**Verdachtskündigung 4** 174 ff.
- Abgrenzung zur Tatkündigung **7** M221
- Verfristung **7** M54
- Wiedereinstellungsanspruch **4** 228 f.; **7** M316

**Vergleich**
- Befristung eines Arbeitsverhältnisses **1** 90
- Einbeziehung von Regelungen über Altersversorgung und Zeugnis im Vergleich **6** M121
- Streitwertaddition **6** M120
- Streitwertberechnung **6** M79

**Vergleichsgebühr**
- Deckungsschutz der Rechtsschutzversicherung **6** M116
- globale Bereinigung der Rechtsbeziehung – Deckungsschutz der Rechtsschutzversicherung **6** M119
- Gütetermin – Deckungsschutz der Rechtsschutzversicherung **6** M124
- im PKH-Verfahren – Deckungsschutz der Rechtsschutzversicherung **6** M125
- und Besprechungsgebühr – Deckungsschutz der Rechtsschutzversicherung **6** M117

- Ursächlichkeit für Vergleichsabschluß – Deckungsschutz der Rechtsschutzversicherung **6** M118

**Vergütung 1** 312 *s. auch Gehaltsanpassungsklauseln*
- Abmahnung wegen Rückständen **3** M132
- AG-Vorstand **1** 719 ff.
- Änderungskündigung **7** M67
- Anrechnung anderweitigen Verdienstes während Freistellung **7** M265
- Anrechnung auf Karenzentschädigung **2** 35
- Berechnung des Monatsentgelts **7** M69
- GmbH-Geschäftsführer **1** 701 ff.
- Klage *s. Zahlungsklage*
- nach erfolgreicher Festanstellungsklage **7** M157
- Rückzahlung bei Überzahlung **7** M283
- Rundfunkmitarbeiter **1** M669
- Streitwertberechnung **6** M64, M74
- Streitwertberechnung – Berechnung des Monatsentgelts **6** M54
- Streitwertberechnung – Berechnung des Vierteljahresbezugs **6** M55
- Überprüfungsklauseln **1** 158
- Überzahlung, Einwand der Entreicherung **7** M120
- variable Vergütung **5** M212 f.
- variable Vergütung (Payout) **1** M561
- Vereinbarung für Arbeitnehmererfindung **1** M572
- verschleiertes Arbeitseinkommen **7** M314 f.
- Zahlungsklage *s. dort*

**Vergütungsvereinbarung**
- Unternehmensberater **1** M502

**Verhaltensbedingte Kündigung** *s. Kündigung, verhaltensbedingte*

**Verkauf einer Tochtergesellschaft**
- Ruhensvereinbarung mit GmbH-Geschäftsführer **1** M565

**Verkäufer**
- Arbeitsanweisung **1** M447
- Prämiensystem, Betriebsvereinbarung **5** M102

**Verkehrsunfall**
- Schadensersatzklage des Arbeitgebers **7** M282

**Vermittlungsagent**
- Handelsvertretervertrag **1** M632 f.

**Vermögensberater**
- Arbeitsvertrag **1** M519 ff.

**Versäumnisurteil**
- Einspruch **7** M326

**Verschwiegenheitspflicht 1** 313 ff. *s. auch Vertraulichkeitsvereinbarung*
- Klausel in Aufhebungs-/Abwicklungsvertrag **4** 390
- Kundenschutzklauseln **1** 317

**Versetzung 3** M94 *s. auch Umsetzung*
- einstweilige Verfügung **7** M135 f., M275
- Interessenausgleich/Sozialplan, kombinierter **5** M228

– Sozialplan **5** 196, M219 f., M253, M278 ff.
– unveränderte Beschäftigung nach rechtswidriger Versetzung, Klage **7** M137
– Versetzungsklausel **1** 48 ff., 296 f.
– Voraussetzungen (Guideline für Betriebsräte) **3** M96

**Versorgungszusage**
– Feststellungsklage nach Widerruf **7** M165 ff.

**Verspätungen**
– als Kündigungsgrund **4** 171 f.
– letztmalige Abmahnung **3** M129

**Vertagung**
– Antrag **7** M324
– Antrag auf Vertagung wegen Rückäußerung **7** M325

**Vertragsstrafe 1** 318 ff.
– Arbeitsversäumnis **1** 320
– Höhe **1** 319
– Nichtaufnahme der Tätigkeit **1** 232, 318
– Schlechtleistungen **1** 320
– Vertragsbruch **1** 318
– Zahlungsklage **7** M279

**Vertraulichkeitsvereinbarung**
– freie Mitarbeiter **1** M648 ff.
– freie Mitarbeiter – in englischer Sprache **1** M650 f.

**Vertrieb**
– EDV **1** M432 ff.
– Fachberater **1** M439 f.
– Mitarbeiterverträge **1** 322 ff.
– Provision *s. dort*
– Verkaufsgebiet **1** 324 ff.

**Verwaltungskraft**
– Arbeitsvertrag mit Leistungszulage/Erfolgsbeteiligung **1** M504

**Verweisungsklauseln 1** 330 ff.
– Bezugnahme auf Tarifvertrag *s. dort*

**Verwertungsverbot**
– verdeckte Videoaufnahmen **7** M37

**Videoüberwachung**
– Betriebsvereinbarung **5** M146

**Volontariatsvertrag 1** M336 ff.

**Vorruhestandsregelung**
– Sozialplan **5** M265

**Vorschlagswesen**
– Betriebsvereinbarung **5** M130 ff., M137 f.

**Vorstand**
– Aktiengesellschaft *s. AG-Vorstand*

**Vorstellungsgespräch** *s. Bewerbungsgespräch*

**Vorstrafen**
– Frage nach Vorstrafen **3** 4

**Warenhausleiter**
– Arbeitsvertrag **1** M399 f.

**Weihnachtsgeld** *s. Gratifikation*

**Weiterbeschäftigung**
– Antrag in Kündigungsschutzklage **7** 3
– Auszubildender und Mitglied eines Betriebsverfassungsorgans **7** M105; **8** M62
– Deckungsantrag gegenüber Rechtsschutzversicherung – Weiterbeschäftigungsantrag **6** M103, M104, M105
– einstweilige Verfügung aus allgemeinem Weiterbeschäftigungsanspruch **7** M110
– einstweilige Verfügung nach Betriebsratswiderspruch **7** M109
– Entbindung von der Pflicht zur Weiterbeschäftigung eines Auszubildenden **8** M69
– Streitwertberechnung bei Kündigungsschutzklage und Weiterbeschäftigungsanspruch als Eventual-Hilfsantrag **6** M72
– Streitwertberechnung bei Kündigungsschutzklage und Weiterbeschäftigungsanspruch **6** M71
– zu verschlechterten Arbeitsbedingungen – betriebsbedingte Kündigung **7** M214

**Werbeagentur**
– Creativ-Consultant **1** M655
– Freier-Mitarbeiter-Vertrag **1** M652 ff.

**Werkswohnung**
– Mietvertrag **1** M347 ff.

**Wettbewerbsverbot 2** M42
– einstweilige Verfügung im bestehenden Arbeitsverhältnis **7** M280
– freier Mitarbeiter **1** 617
– Klage wegen Unwirksamkeit mit Mindestkarenzentschädigung **7** M107 f.
– Kündigung wegen Verstoßes **4** 131
– Streitwertberechnung **6** M80

**Wettbewerbsverbot, nachvertragliches 2** 1 ff., M40, M42
– AG-Vorstand **1** 725
– AG-Vorstandsmitglieder **2** 19
– als Arbeitsvertragsklausel **1** M402; **2** M43
– als freier Mitarbeiter **2** 7
– als Selbständiger **2** 7
– Aufhebungs-/Abwicklungsvertrag **4** 422 ff.
– bedingtes Wettbewerbsverbot **2** 30 ff.
– Beweislastvereinbarung **1** 136
– einstweilige Verfügung **7** M302
– formelle Wirksamkeitsvoraussetzungen **2** 28
– gesetzliche Grundlagen **2** 1
– GmbH-Geschäftsführer **1** 707; **2** 19
– Handelsvertreter **1** 593
– Karenzentschädigung *s. dort*
– konzerndimensioniertes Wettbewerbsverbot **2** 8 ff.
– Kündigung **2** 34
– Lösungserklärung des Arbeitnehmers **2** M48
– Mandantenschutzklausel **2** 29, M46
– nichtiges Wettbewerbsverbot **2** 21 f.
– räumlicher Geltungsbereich **2** 11 ff.
– tätigkeitsbezogene Klausel **2** M45
– tätigkeitsbezogenes Wettbewerbsverbot **2** 4 f., M42
– umfängliches Wettbewerbsverbot **2** 6

## Stichwortverzeichnis

- unternehmensbezogene Klausel **2** M44
- unternehmensbezogenes Wettbewerbsverbot **2** 2 f., M41, M42
- unverbindliches Wettbewerbsverbot **2** 24 f.
- Verzicht des Arbeitgebers **2** 33, M49
- Wegfall **2** 33 f.

**Widerrufsvorbehalt 1** 15

**Wiedereingliederungsvertrag 1** 144; **3** M100; **7** M189 ff.

**Wiedereinstellungsanspruch**
- Klage auf Wiedereinstellung **7** M187
- Verdachtskündigung **4** 228 ff.; **7** M316
- Wegfall der Kündigungsgründe **7** M215, M311

**Wirtschaftsprüfervertrag 1** M656 ff.

**Wochenende**
- Betriebsvereinbarung über Wochenendarbeit **5** M107 f.

**Zahlungsklage**
- Annahmeverzug nach unwirksamer Kündigung **7** M97
- Brutto- oder Nettoklage **7** 8 f.
- Bruttoklage **7** M114
- Deckungsschutz Zahlungs- neben Kündigungsschutzklage **6** M109
- Karenzentschädigung, unzureichende **7** M106
- Nettoklage **7** M118
- Provision **7** M121
- Streitwertberechnung Zahlungs- und Kündigungsschutzklage **6** M73
- Überstunden, Anforderungen an eine Klage **7** M274
- Überstunden, ausdrücklich angeordnete **7** M116
- Überstunden, stillschweigend geduldete **7** M117
- überzahltes Arbeitsentgelt **7** M283
- Urlaubsabgeltung **7** M175
- Vergütung **7** M115
- verschleiertes Arbeitseinkommen **7** M314 f.
- Vertragsstrafe **7** M279
- Vorstellungskosten **7** M159

**Zeitarbeit** s. Arbeitnehmerüberlassung

**Zeiterfassung, elektronische**
- Betriebsvereinbarung **5** M112

**Zeugnis 7** 4
- Änderung und Neuerteilung **3** 151 f.
- Androhung der Zwangsvollstreckung des Zeugnisanspruchs **7** M185
- Anspruchsberechtigte **3** 136
- Anspruchsverpflichtete **3** 137
- Aufhebungs-/Abwicklungsvertrag **4** 428 ff.
- ausreichende Leistungen **3** M160
- befriedigende Leistungen **3** M159
- Beurteilungscodes nach LAG Hamm **3** M162
- Beurteilungsspielraum **3** 145
- Dankes- und Bedauernformeln **3** 147, M164
- Darlegungs- und Beweislast **3** 153
- einfaches Zeugnis **3** 143
- Fälligkeit des Anspruchs **3** 138
- Form **3** 141
- Funktion **3** 140
- gute Leistungen **3** M158
- Haftung des Arbeitgebers **3** 149 f.
- Holschuld/Schickschuld **3** 135
- Klage auf Berichtigung **7** M180 ff.
- Klage auf Erteilung **7** M176 ff.
- Klage auf Erteilung oder Berichtigung **3** 154
- Klageerwiderung **7** M300
- mangelhafte Leistungen **3** M161
- qualifiziertes Zeugnis **3** 145 ff.
- Rechtsnatur des Anspruchs **3** 135
- sehr gute Leistungen **3** M157
- Sozialverhalten leitender Angestellter **3** M163
- Streitwertberechnung für Anspruch auf Erteilung **6** M81
- Zwischenzeugnis s. dort

**Zugang**
- Annahmeverweigerung einer Kündigung durch Empfangsboten **7** M308 f.
- Kündigungsschreiben **3** 28; **7** M318
- Kündigungsschreiben im Urlaub **7** M303 ff.

**Zulage 1** 332
- Anrechnung von Tariflohnerhöhungen **1** 40 f.
- Anrechnung von Tariflohnerhöhungen – Unterlassungsantrag **8** M58
- Betriebsvereinbarung über übertarifliche Zulage **5** M101

**Zurückbehaltungsrecht**
- an Betriebsgegenständen wegen Lohnforderungen **7** M286
- an der Arbeitskraft wegen Umweltgiften **7** M141

**Zuspätkommen**
- als Kündigungsgrund **4** 171 f.
- letztmalige Abmahnung **3** M129

**Zuständigkeit, örtliche**
- Außendienstmitarbeiter **7** M193, M317

**Zustimmungsersetzungsverfahren 8** M63
- Antrag gemäß § 103 Abs. 2 BetrVG **8** M70
- Antrag gemäß § 99 Abs. 4 BetrVG **8** M63
- Antrag gemäß §§ 99 Abs. 4, 100 BetrVG **8** M64

**Zwangsgeld**
- Festsetzung wegen Nichtaufhebung einer personellen Maßnahme **8** M26

**Zwangsvollstreckung**
- Androhung der Zwangsvollstreckung des Zeugnisanspruchs **7** M185
- Bruttolohnurteil **7** M192
- Entfernung einer Abmahnung aus der Personalakte **7** M128
- Kosten – Deckungsschutz der Rechtsschutzversicherung **6** M127
- unvertretbare Handlung – Beschlußverfahren **8** M86
- verschleiertes Arbeitseinkommen **7** M314 f.

**Zwischenzeugnis 3** 139; **7** 4
- Deckungsantrag gegenüber Rechtsschutzversicherung wegen fehlendem Zwischenzeugnis **6** M107

# Benutzerhinweise zur CD-ROM

Auf der dem Werk beiliegenden CD-ROM sind sämtliche abgedruckten Formulare als Datei enthalten. Im Druckwerk sind zu jedem Formular Referenznummern vergeben, die Sie aus dem jeweils neben dem Formular angeordneten CD-ROM-Symbol entnehmen können.

Sollten Sie die **Textverarbeitung Word für Windows** verwenden, haben Sie die Möglichkeit, nach der Ausführung der nachfolgend beschriebenen Installationsroutine die Formulare direkt zu übernehmen und wie gewohnt zu bearbeiten.

Falls Sie eine **andere Textverarbeitung als Word für Windows** verwenden, so können Sie die Formularmuster direkt über das Menü „Datei, Datei öffnen" Ihrer Textverarbeitung laden. Voraussetzung ist, daß ihre Textverarbeitung einen entsprechenden Importfilter (RTF, DOS-Text . . .) hat und daß dieser Filter auch installiert wurde.
Alle Formulare stehen auf der CD-ROM zusätzlich
– als RTF-Dateien im Verzeichnis \rtf,
– als MS-DOS-(ASCII-)Textdateien im Verzeichnis \txt und
– als WINDOWS-(ANSI-)Textdateien im Verzeichnis \ansi.
Die Textdateien (MS-DOS und Windows) beinhalten nur den reinen Text ohne Formatierungen.

Sollten Sie auf eine Installation auf Platte verzichten wollen, können Sie als Word für Windows-Benutzer die Formulardateien auch direkt von der CD über „Datei, Öffnen" laden oder über „Einfügen, Datei" in Ihre eigenen Dokumente einfließen lassen.

**Installation unter Word für Windows**

Es sind folgende **EDV-Voraussetzungen** zu beachten:
– Windows 3.1x oder höher
– Microsoft Word für Windows, Version 6.0 deutsch oder höher
– ca. 14 MB freier Platz auf einer Festplatte.

Wählen Sie im Programm-Manager aus dem Menü „Datei" die Option „Ausführen". Unter Windows 9x bzw. Windows NT 4.x die Funktion „Ausführen" im Startmenü. Starten Sie dann das Programm Setup.exe von der CD-ROM. Folgen Sie danach bitte den weiteren Anweisungen am Bildschirm.

Bei Nutzern von **Word 2000** kann der Hinweis auf dem Bildschirm erscheinen, daß die Makros aktiviert werden müssen. Dies wird in Word 2000 über das Menü „Extras, Makro, Sicherheit" eingestellt. Wählen Sie mindestens die Sicherheitsstufe „Mittel", besser „Niedrig", aus und starten Sie die CD-ROM erneut. Beachten Sie jedoch, daß die Einstellungen für alle Word-Dokumente gelten. Im Einzelfall kann es demnach sinnvoll sein, vor dem Öffnen eines „unsicheren" Word-Dokumentes die Sicherheitsstufe wieder auf „Hoch" zu setzen.

Während der Installation wird, falls nicht bereits vorhanden, eine eigene Programmgruppe „Anwalt-Verlag" für die Anwendung eingerichtet. Zum Öffnen der Formulare unter Word für Windows genügt ein Doppelklick auf die Ikone „Anwaltformulare Arbeitsrecht" in der Programmgruppe AnwaltVerlag.

Sie können die Formulare auch öffnen, indem Sie unter Word für Windows über „Datei, Öffnen" das Zentraldokument ArbRecht.doc im Zielverzeichnis (normalerweise C:\AnwVerl\ArbRecht) laden.

## Benutzerhinweise zur CD-ROM

Zur **Auswahl des gewünschten** Formulars nutzen Sie die Inhaltsübersicht, indem Sie auf die entsprechende Formular-Ikone ( ) doppelklicken. Durch die Inhaltsübersicht bewegen Sie sich mit den bekannten Cursortasten bzw. mit der Maus.

Darüber hinaus können Sie über die **Symbolleiste**

das gewünschte Formular durch Eingabe der Dokument-Nr. öffnen. Klicken Sie dafür auf die Ikone „Öffne Dokument Nr." (dritte von rechts) und geben Sie die Nummer des Formulars ein.

Wenn Sie ein Formular verändern wollen, so müssen Sie zunächst **den Schreibschutz aufheben** – dazu gibt es eine Ikone (zweite von links) in der Symbolleiste.

Sie können innerhalb des Dokumentes mit der Ikone „Nächstes Feld" (zweite von rechts) **von Feld zu Feld** springen. Bei Benutzung dieser Funktion wird der Schreibschutz der Formulare automatisch aufgehoben.

Sollten Sie den **Originalzustand eines Dokumentes wiederherstellen** wollen, legen Sie die CD-ROM in das entsprechende Laufwerk und benutzen die Ikone „Dokument-Wiederherstellen" (dritte von links).

Für die Bedienung der einzelnen Programmfunktionen beachten Sie bitte auch die **Hinweise im Hilfetext**, den Sie über die Ikone „Hilfe zur Formularsammlung" (erste von rechts) erhalten.

S. 359 Wh.-Klausel

S. 358 Geheimhaltung
 130